LandesChronik Oberösterreich

Hinweispfeile (→) im Text ohne Seiten- oder Jahresangabe verweisen auf Beiträge im gleichen Zeitabschnitt.

Die Abbildung auf dem Schutzumschlag zeigt das prunkvolle Nordportal des Linzer Landhauses, um 1570.
Schutzumschlag Rückseite: der Linzer Hauptplatz, Farblithogrphie nach einer Zeichnung von Captain Batty, 1821.
Vor- und Nachsatz: der Linzer Hauptplatz, Aquarell von Jakob Alt, 1839.
Die Vignette auf Seite 1 zeigt den Bindenschild und das Wappen des Landes ob der Enns aus dem Greiner Marktbuch, 1490.
Der Verlag dankt allen öffentlichen und privaten Sammlungen und deren Mitarbeitern,
ohne deren Rat und Hilfe das vorliegende Buch nicht zu publizieren gewesen wäre.
Der Verlag dankt auch allen urheberrechtsberechtigten Institutionen oder Personen von Werken,
die in dem Buch reproduziert oder zitiert werden.
Grafisches Konzept: Christian Brandstätter
Bildrecherche: Christian Brandstätter, Rudolf Lehr und Helmut Maurer
Gestaltung und technische Betreuung: Franz Hanns
Reprografie und Bildbearbeitung: Pixelstorm, Wien
Printed inAustria

ISBN 978-3-85033-632-1
Christian Brandstätter Verlag
GmbH & Co KG
A-1080 Wien, Wickenburggasse 26
Telefon (+43-1) 512 15 43-0, Fax (+43-1) 512 15 43-231
E-Mail: info@cbv.at – Internet: www.cbv.at

Rudolf Lehr

LandesChronik Oberösterreich

3000 Jahre
in Daten, Dokumenten
und Bildern

Mit 1420 Abbildungen

Brandstätter

LandesChronik Oberösterreich

Von Prof. Rudolf Lehr

Mit Beiträgen von:

Univ.-Prof. Ing. Dr. Adolf Adam
W. Hofrat Dr. Dietmar Assmann
Prof. Peter Baum, ehem. Direktor der Neuen Galerie der Stadt Linz (Lentos Kunstmuseum)
Prof. Herbert Erich Baumert
Hofrat Prof. Dr. Katharina Dobler
Prof. Dr. Rudolf Fochler
Prof. Dr. Gottfried Glechner
Chefredakteur Dr. Johannes Jetschgo
Senatsrat Dr. Willibald Katzinger, ehem. Direktor des Linzer Stadtmuseums Nordico
W. Hofrat Univ.-Doz. Dr. Hermann Kohl
Senatsrat Dr. Peter Kraft
Hofrat Dr. Johann Lachinger, ehem. Direktor des Adalbert-Stifter-Instituts des Landes Oberösterreich
W. Hofrat Univ.-Prof. Dr. Franz C. Lipp
Prof. Helga Litschel
Prof. Dr. Walter Luger
W. Hofrat Dr. Gerhart Marckhgott, Direktor des OÖ. Landesarchivs
W. Hofrat Mag. Manfred Mohr
W. Hofrat Prof. Dr. Karl Pömer
Redakteur Hubert Potyka
Hofrat Dr. Franz Pree
Anneliese Ratzenböck
Dr. Christine Schwanzar, OÖ. Landesmuseum
Mag. Dr. Wilfried Seipel, ehem. Direktor des OÖ. Landesmuseums
Prof. Reinhold Tauber
W. Hofrat Dr. Otto Wutzel
Dr. Franz Zamazal
und Landeshauptmann Dr. Josef Pühringer

Die Bezirksbeiträge wurden verfasst von:

Bezirkshauptmann Mag. Dr. Georg Wojak (Braunau am Inn)
Bezirkshauptmann Dr. Michael Slapnicka (Eferding)
Bezirkshauptmann a. D. W. Hofrat Dr. Hans Peter Zierl (Freistadt)
Bezirkshauptmann Ing. Mag. Alois Lanz (Gmunden)
Bezirkshauptmann Mag. Christoph Schweitzer (Grieskirchen)
Bezirkshauptmann Hofrat Dr. Dieter Goppold (Kirchdorf an der Krems)
Bezirkshauptmann W. Hofrat Dr. Rudolf Doleschal (Linz-Land)
Bezirkshauptmann Ing. Mag. Werner Kreisl (Perg)
Bezirkshauptmann Hofrat Dr. Franz Pumberger (Ried im Innkreis)
Bezirkshauptfrau Hofrätin Dr. Wilbirg Mitterlehner (Rohrbach)
Bezirkshauptmann Dr. Rudolf Greiner (Schärding)
Bezirkshauptfrau Hofrätin Mag. Cornelia Altreiter-Windsteiger (Steyr-Land)
Bezirkshauptmann a.D. W. Hofrat Dr. Dietmar Obed (Urfahr-Umgebung)
Bezirkshauptmann Dr. Paul Gruber (Urfahr-Umgebung)
Bezirkshauptmann W. Hofrat Dr. Peter Salinger (Vöcklabruck)
Bezirkshauptmann W. Hofrat Dr. Josef Gruber (Wels-Land)
Bürgermeister Dr. Peter Koits (Wels)
Ing. Dr. Raimund Locicnik, Leiter des Stadtarchivs Steyr (Steyr)
Archiv der Stadt Linz

Mitarbeiter:

Mag. Dr. Walter Aspernig · Dr. Christian Brandstätter · Prof. Dr. Johannes Ebner, Direktor des Diözesanarchivs Linz · Dr. Peter Eisler · W. Hofrat Dr. Heribert Forstner · Gerhard Hasenöhrl, Leiter der Presseabteilung der OÖ. Landesregierung · Redakteur Walter Höferl · Günter K. Kalliauer, Leiter des Stadtarchivs Wels · Senatsrat Dr. Willibald Katzinger, Direktor des Linzer Stadtmuseums Nordico · Herwig und Marianne Mayer · Senatsrat Dr. Fritz Mayrhofer, Direktor des Linzer Stadtarchivs · Oskar Reif · W. Oberamtsrat Klaus Schöfecker · Dr. Gernot Zimmermann

Inhalt

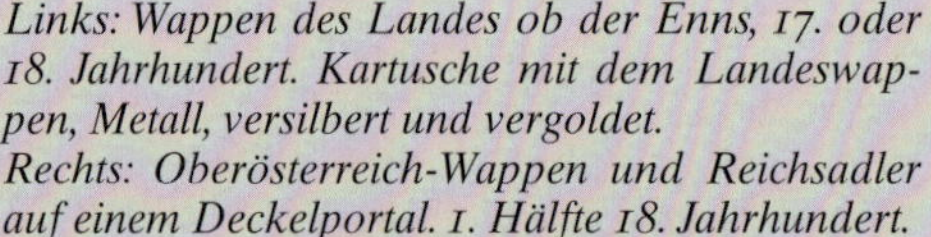

Links: Wappen des Landes ob der Enns, 17. oder 18. Jahrhundert. Kartusche mit dem Landeswappen, Metall, versilbert und vergoldet.
Rechts: Oberösterreich-Wappen und Reichsadler auf einem Deckelportal. 1. Hälfte 18. Jahrhundert.

Oberösterreich – Heimatliebe und Weltoffenheit

Im Jahr 1983 beleuchtete die erfolgreiche OÖ Landesausstellung „1000 Jahre Oberösterreich" in der Welser Burg mit einer großangelegten Präsentation erstmals die Geschichte unseres Bundeslandes und setzte damit neue Maßstäbe. 1987 setzte die „LandesChronik Oberösterreich", eine hervorragend recherchierte Publikation, die sich in chronologischer Form mit der oberösterreichischen Historie auseinander setzte, ebenfalls neue Maßstäbe. Der Linzer Journalist und Autor Prof. Rudolf Lehr schuf damit ein umfassendes Standardwerk, das eine Fülle von Daten und Fakten mit einer höchst repräsentativen Gestaltung und Ausstattung verbindet.

Reich bebildert, fachlich fundiert und interessant geschrieben, beleuchtet die „LandesChronik Oberösterreich" die Wurzeln und Schätze unserer Kultur, die Vielfalt und Schönheit unserer Natur, die Berühmtheiten und Originale unter den Menschen und die Dynamik in der Entwicklung unseres Landes. Dieses „Tagebuch ob der Enns", wie Prof. Lehr sein Buch auch nennt, gibt einen tiefen Einblick in die Vergangenheit unseres Bundeslandes, zeigt aber zugleich deutlich, wie Oberösterreich seine Augen stets auf die Zukunft gerichtet hielt. Somit ist dieses opulente Buch auch ein Porträt der Dynamik unseres Landes, in dem Heimatverbundenheit und Weltoffenheit keine Widersprüche sind, sondern einander fruchtbar ergänzen.

Der große Erfolg dieses Buches lässt sich auch daran messen, dass seit dem erstmaligen Erscheinen schon mehrere Auflagen nachgedruckt werden mussten, da das Werk regelmäßig vergriffen ist. Zuletzt ist im Jahr 2008 eine Neuauflage erschienen. In dankenswerter Weise haben sich Prof. Rudolf Lehr und der Christian Brandstätter Verlag jetzt erneut entschlossen, die „LandesChronik Oberösterreich" aktualisiert und noch einmal erweitert und neu gestaltet aufzulegen.

Ich danke Prof. Lehr und dem Brandstätter Verlag für den Entschluss zur Neuauflage der „LandesChronik Oberösterreich", die nicht nur ein höchst informatives Werk ist, sondern sich aufgrund der gediegenen Aufbereitung und Gestaltung auch als repräsentatives Geschenk trefflich eignet. Ich bin überzeugt, dass auch diese Auflage viele interessierte Leserinnen und Leser finden wird. Ihnen allen wünsche ich interessante Stunden und viel Freude beim Schmökern in der „LandesChronik Oberösterreich".

Dr. Josef Pühringer
Landeshauptmann

„Oberösterreich ist ein selbständiges Bundesland der demokratischen Republik Österreich. Als selbständiges Land übt es alle Rechte aus, welche nicht ausdrücklich dem Bund übertragen sind.“

Artikel 1 des oberösterreichischen Landesverfassungsgesetzes 1971.

Offizielles Landeswappen Oberösterreichs.

Oberösterreich auf einen Blick

Fläche: 11.987,40 km²

Einwohner: 1,412.640 (2011)*
1,376.797 (2001)
1,333.480 (1991)

Landeswappen und Landesfarben: Das Landeswappen besteht aus einem mit dem österreichischen Erzherzogshut gekrönten gespaltenen Schild, der links einen goldenen Adler im schwarzen Feld zeigt, rechts dreimal von Silber und Rot gespalten ist. Im historischen Landeswappen war der Adler manchmal rechts. (→ S. 46 oben und 105). Die Farben des Landes sind weiß-rot.

29 Stadtgemeinden: Altheim, Ansfelden, Attnang-Puchheim, Bad Hall, Bad Ischl, Bad Leonfelden, Braunau am Inn, Eferding, Enns, Freistadt, Gallneukirchen, Gmunden, Grein, Grieskirchen, Kirchdorf an der Krems, Laakirchen, Leonding, Marchtrenk, Mattighofen, Perg, Peuerbach, Pregarten, Ried im Innkreis, Rohrbach, Schärding, Schwanenstadt, Steyregg, Traun, Vöcklabruck.

3 Magistrate: Linz, Steyr, Wels.

149 Marktgemeinden

263 Ortsgemeinden (Stand 2011)

Länge der Staatsgrenze: 356 km (Bundesrepublik Deutschland und Tschechische Republik).

Höchster Gipfel: Hoher Dachstein (2995 m).

Flusslängen auf oberösterreichischem Gebiet:

Traun:	132 km
Donau:	111 km
Enns:	91,5 km
Inn:	68 km

Seen (über 2 km²):

Attersee:	45,9 km²
Traunsee:	24,5 km²
Mondsee:	14,2 km²
Hallstätter See:	8,4 km²
Zeller- oder Irrsee:	3,5 km²
Wolfgangsee:	13 km² (1,2 km² in Oberösterreich)

Die meisten Oberösterreicher sind Oberösterreicherinnen

Einzelheiten per 1. 1. 2011:
(In Klammern 2001)

- 718.338 Oberösterreicher sind weiblich (704.256)
- 694.302 Oberösterreicher sind männlich (672.541)

Familienstand**

verheiratet	603.400	(610.181)
ledig	624.500	(604.219)
verwitwet	81.100	(92.833)
geschieden	82.200	(69.564)

Altersgruppen*

jünger als 15	218.006	(250.554)
zwischen 15 und 19	90.420	(90.199)
zwischen 20 und 29	179.511	(173.832)
zwischen 30 und 39	180.294	(233.291)
zwischen 40 und 49	236.189	(198.376)
zwischen 50 und 59	191.120	(152.640)
zwischen 60 und 69	141.069	(131.180)
zwischen 70 und 79	109.251	(100.986)
zwischen 80 und 89	58.746	(39.694)
über 90	8.034	(6.045)

Staatsangehörigkeit*

Österreicher	1,297.731	(1,277.180)
Ausländer	114.909	(99.617)

Staatsangehörigkeit der Ausländer*

ehem. Jugoslawen	44.955	(52.778)
Türken	14.026	(17.276)
Deutsche	18.944	(10.723)
sonstige Europäer	24.202	(12.114)
andere	12.782	(6.726)

Bildungsebenen**

Pflichtschule:	342.300	(431.061)
Lehre:	453.400	(406.074)
Fachschule:	131.500	(115.336)
Berufsbildende mittlere Schule:	133.900	(103.117)
Universität, Hochschule und verwandte Anstalten:	106.600	(70.655)

* laut ZMR-Populationsregister (Zentrales Melderegister) von Statistik Austria, 1. 1. 2011.
** laut Arbeitskräfteerhebung 2010.

Vier Viertel hat's Landl

Innviertel Roß und Troad,
Mühlviertel Flachs und Gjoad,
Hausruckviertel Obst und Schmalz,
Traunviertel Holz und Salz.

Sie entspringt einer kriegerischen Notwendigkeit zur Zeit der Hussiteneinfälle, die Einteilung Oberösterreichs in Viertel, aber sie hat die Menschen, die in diesen Vierteln leben, so sehr geprägt, dass etwa ein Schärdinger, nach seinem Herkommen befragt, mit an Sicherheit grenzender Wahrscheinlichkeit antworten wird: Ich bin ein Innviertler; und ein Freistädter wird sich als Mühlviertler deklarieren. Erst in zweiter Linie fühlen sich beide als Oberösterreicher. Das verwundert.
Ein Ganzes besteht aus vier Vierteln. So auch Oberösterreich. Und doch gab es Zeiten, da waren es deren fünf. Das verwirrt.
Beginnen wir also von vorn: Bei einer Neuordnung der Heeresorganisation 1432 wurde das Land unter den Schutz von vier Viertel-Hauptleuten gestellt, je zwei diesseits und jenseits der Donau. Wenige Jahre später hatten die Viertel ihre Namen: Nördlich der Donau trennte der Haselgraben das Mühlviertel vom Machlandviertel, südlich des Stromes bildete die Traun die Grenze zwischen dem Hausruck- und dem Traunviertel. Dabei blieb es mit geringen Änderungen bis 1779.
Als der Friede von Teschen den Bayerischen Erbfolgekrieg beendete, kamen sieben Ämter vom Rentamt Burghausen an Österreich. Damit besaß Oberösterreich das Innviertel als fünftes Viertel, worauf man flugs das Machlandviertel im Mühlviertel aufgehen ließ, so dass die Viertelwelt zahlenmäßig wieder im Lot war. Und doch: Heute noch legt mancher Bewohner des Landes zwischen Donau und Nordwald Wert darauf, als Ober- oder Untermühlviertler bezeichnet zu werden.
Die nächste Turbulenz brachten die Napoleonischen Kriege. 1809 fiel das Innviertel mit Teilen des Hausruckviertels an Frankreich und wurde Bayern einverleibt. Knapp sieben Jahre später waren aus den Bayern vom rechten Inn- und Salzachufer wieder Inn- und Hausruckviertler geworden, nahezu gleichzeitig wies man Stadt und Land Salzburg als fünftes Viertel oder Kreis dem Land ob der Enns zu. Erst der junge Kaiser Franz Joseph erkannte 1849 Salzburg als Kronland eine eigene Landesregierung zu.
Seither wurde zwar an der Viertel-Einteilung nicht mehr gerüttelt, doch hat sich viel verändert im Land ob der Enns. Die Nöte des Zweiten Weltkrieges zogen darüber hin, und mit ihnen kamen Flüchtlinge und Heimatvertriebene, die vordem von der Existenz Oberösterreichs kaum eine Ahnung hatten, geschweige denn von seinen vier Vierteln. Die Nachkriegszeit sah das Mühlviertel in der russisch besetzten Zone, getrennt von den drei anderen Landesteilen, in denen die GIs das Sagen hatten, und die einsetzende Industrialisierung ab den fünfziger Jahren des 20. Jahrhunderts strafte den einleitenden Vierzeiler zusehends Lügen.
Trotzdem hat sich das erhalten, was die Eigenart des Oberösterreichers ausmacht. Immer noch kann es vorkommen, dass der freie, stolze Innviertler den Hausruckviertler Landler einen „Bandler und Nudeldrucker" nennt. In diesem wieder schlummert noch der Traum von der Reichsunmittelbarkeit, den einst das mächtige Geschlecht der Schaunberger für ihn träumte. Der Mühlviertler ist sich der herben Schönheit seiner Heimat zutiefst bewusst und lächelt nur, wenn andere Witze über ihn erzählen. Und im Traunviertel, in den Gebirgstälern der Traun und der Enns und im ehemals kaiserlichen Salzkammergut, formte sich ein völlig eigenständiger Menschenschlag, der vielleicht am besten jene Meinung vertreten kann, die den Oberösterreichern allgemein zu eigen ist: Mir san mir, und wem's net passt, der soll's nur sagen!

Helga Litschel

Troad: Getreide, Gjoad: Jagd

„Natur und Kunst Producten Karte von Oestreich ob der Ens."
Kolorierter Stich von H. W. Blum, Freiherr von Kempen. Um 1795.

Von links nach rechts:
Wappen von Linz, Freistadt, Ried im Innkreis, Gmunden und Steyr. Farblithographie, 1885.

Vier Viertl is a Ganz

Obrösterei, Österei,
Bist so schen, bist so rei,
Liabs, schens Obrösterei,
Dir bleib i treu!

Vier Viertl is a Ganz,
Und ganz dein ghört da Franz,
Wia a Muada sein Suh(n),
Und sein Muada bist du!

Franz Stelzhamer
(Aus „Königin Not", 1868).

Vier Viertel hat's Landl

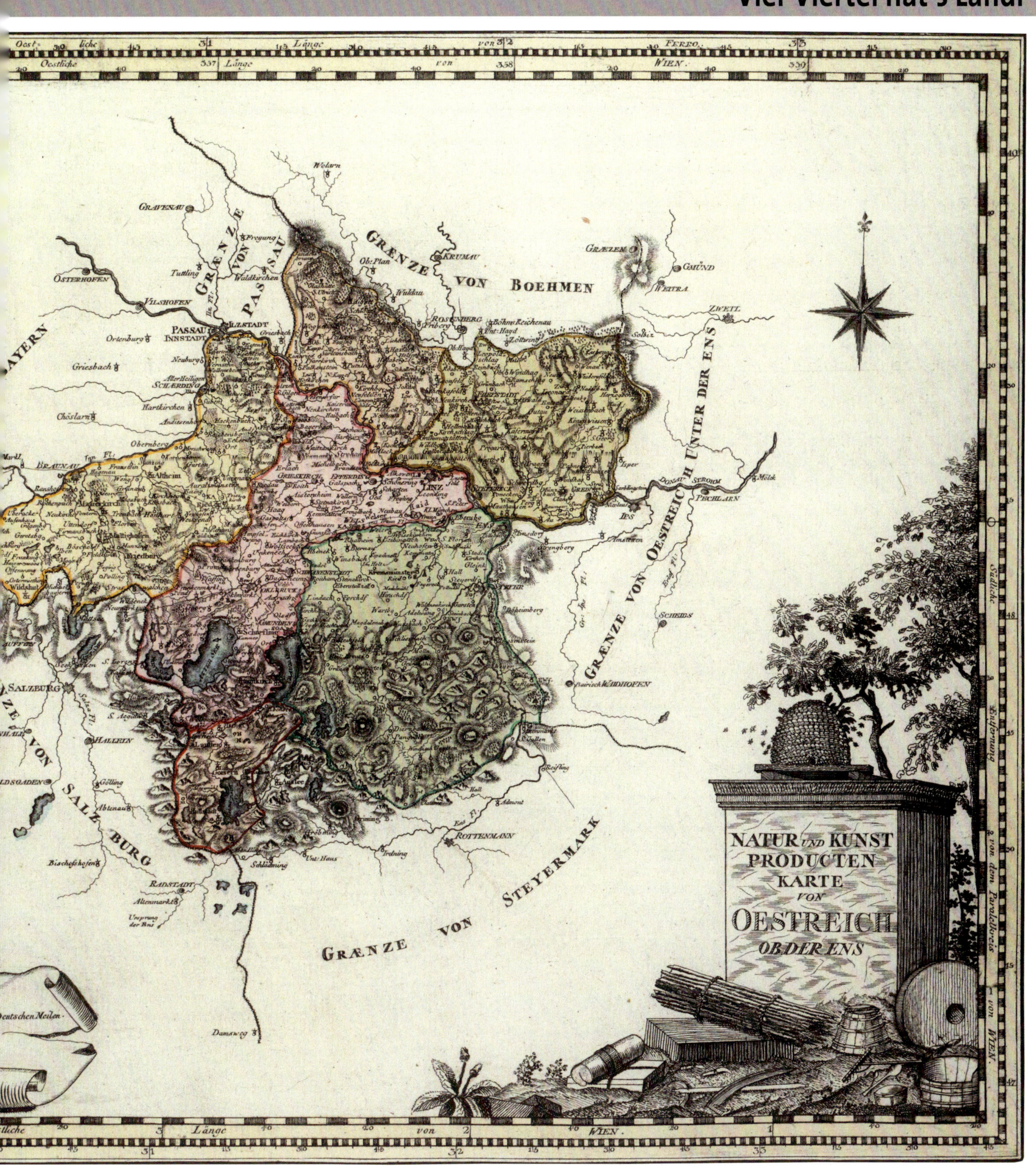

■ *Der Bezirk Freistadt hat eine Ausdehnung von 994,71 Quadratkilometern.*
■ *Der Bezirk zählt 64.982 Einwohner (2011). 2001: 64.008.*
■ *Der Bezirk grenzt im Norden an die Tschechische Republik, im Osten an das niederösterreichische Waldviertel, im Süden an den Bezirk Perg und im Westen an den Bezirk Urfahr-Umgebung.*
■ *Der Bezirk umfasst 27 Gemeinden, darunter die Städte Freistadt und Pregarten und 17 Marktgemeinden.*

Freistadt. Hauptplatz mit dem von Johann Baptist Spaz geschaffenen Marienbrunnen (1704) und dem Bergfried im Hintergrund.

Der Bezirk Freistadt

Der Bezirk Freistadt verdankt seine Entstehung so wie alle anderen Bezirke des Landes einem langen, auf bessere Verwaltung zielenden Entwicklungsprozess, der unter Maria Theresia einsetzte und 1868 mit dem Gesetz zur Einrichtung der Bezirke und der Bezirkshauptmannschaften endete.

In diesem Geburtsjahr 1868 umfasste der Bezirk Freistadt die Gerichtsbezirke Freistadt, Leonfelden und (Unter)Weißenbach mit insgesamt 46.199 Einwohnern. Bei der Volkszählung 1910 – inzwischen war der Gerichtsbezirk Leonfelden weg- und der Gerichtsbezirk Pregarten dazugekommen – wohnten 49.646 Menschen auf den rund tausend Quadratkilometern. (1920: 49.355; 1951: 51.067; 1961 52.861; 1971: 56.131; 1981: 57.770; 1991: 61.641; 2001: 64.008.)

Die Stadt Freistadt war schon immer der Mittelpunkt dieses Gebietes und wurde 1849 Bezirkshauptstadt. Das Amt bezog 1850 das alte Rathaus am Hauptplatz und blieb dort über hundert Jahre, bis es 1968 in das neue Amtsgebäude außerhalb der Altstadt, Promenade 5, übersiedelte.

Durch Jahrhunderte unberührt

Die Geschichte dieses Bezirkes ist untrennbar mit der Entwicklung des Unteren Mühlviertels verbunden. Bis ins hohe Mittelalter erstreckte sich der sogenannte „Nordwald" zwischen der Donau und dem heutigen Böhmerwald als Ausläufer eines gewaltigen Waldmassives über das ganze Mühlviertel vom Dreisesselberg (1330 m) bis zum Viehberg bei Sandl (1111 m) und zum Brockenberg bei Liebenau (1058 m). Illyrer, Kelten und Römer, die durchziehenden Stämme der Völkerwanderungszeit, die Hunnen, die Awaren, die Ungarn und anfangs sogar die Baiern, die das Land südlich der Donau besiedelten, ließen den Wald im Norden unberührt und so, wie er immer war: dunkel und geheimnisvoll, undurchdringlich und voller Gefahren, Zuflucht für Wölfe und Bären.

Die Stadtpfarrkirche Freistadt mit dem Dechanthofturm.

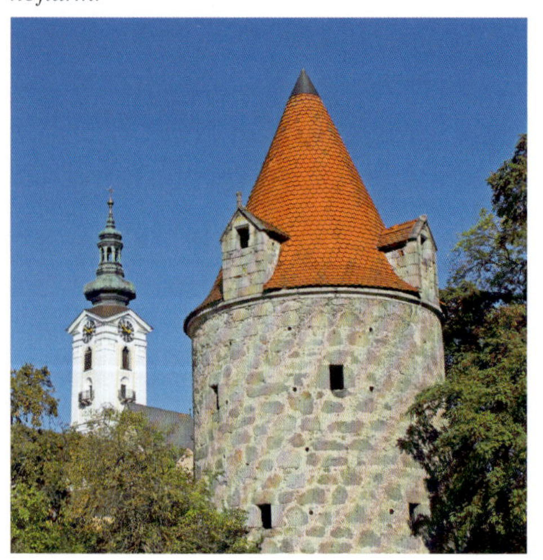

Burgruine Prandegg. Die wesentlichen Teile der Ruine stammen aus dem 15. Jahrhundert.

Erst unter den Babenbergern begann man im 12. und 13. Jahrhundert den Wald zu roden. Von der Donauebene her kletterten die Siedler Stufe um Stufe in Richtung Norden höher, bis sie nahe dem Höhenkamm des Böhmerwaldes auf jene slawischen Siedler stießen, die schon von Norden her gekommen waren, nun aber dem Druck der deutschen Siedler erlagen.

Klöster, Burgen, Schlösser

Hand in Hand mit dieser mühsamen Landnahme gingen die Gründungen von Ortschaften und Burgen und Tausenden Einzelhöfen. Klosterstiftungen, mit denen Otto von Machland schon 1141 (Baumgartenberg) und 1147 (Waldhausen) im heutigen Bezirk Perg begann, setzten im Bezirk Freistadt erst 1643 mit dem Kapuzinerkloster in Freistadt und 1752 mit der Berufung der Piaristen nach Freistadt ein.

Der Burgenbau folgte der nordwärts wandernden Rodung und erreichte im 12. und 13. Jahrhundert den Höhepunkt: Ruttenstein, Greisingberg, Hagenberg, Reichenstein, Haus, Weinberg, Wartberg bei St. Oswald, Prandegg, Dornach bei Lasberg und als nördlichste Burg Freistadt. Manche verfielen zu Ruinen; Hagenberg, Haus, Weinberg und Freistadt entwickelten sich zu Schlössern, Freistadt schließlich wurde die einzige Stadt des Mittelalters im Unteren Mühlviertel. (Grein folgte 1491, Steyregg 1612.)

Typische Mühlviertler Landschaft

Bei den Ortschaften gab es die verschiedensten Formen. Manche wurden durch ein Privileg zum Markt. Die eigentliche Siedlungsform war und blieb bis in unser Jahrhundert der Einzelhof, hoch oben auf der Kuppe eines Hügels oder weich angeschmiegt in den Hang hineingesetzt, inmitten seines Besitzes an Wiesen, Feldern und Wald, sei es der Vierkanthof oder der Dreiseithof oder der „Fränkische Hof" oder der „Mühlviertler Hof": mit unverputztem Bruchsteinmauerwerk und weiß herausgestrichenen Fugen und mit Stroh gedeckt. Und so wurde durch die Siedler schließlich diese Landschaft zur typischen Mühlviertler Landschaft: Hügel reiht sich an Hügel, viele tragen einen dunklen Fichtenwald, aus dem das helle Grün der Laubbäume herausschimmert, das sich im Herbst bunt färbt und der Landschaft ihren besonderen Reiz verleiht. Zwischen den Hügeln liegen die Wiesen und Felder, aus den Wäldern sprudeln unzählige kleine Bäche, die ihr klares bräunliches Wasser zur Aist, zur Gusen oder zur Naarn und damit zur Donau tragen, oder zur Moldau und damit zur Nordsee. Hier im Bezirk liegt eine europäische Wasserscheide.

Bauern im rauen Klima

Diese Landschaft bestimmt natürlich auch die Wirtschaft, die seit jeher von der Landwirtschaft beherrscht wird, obwohl die geringe Fruchtbarkeit des Bodens, die Schwierigkeit des Geländes (steile „Leiten") und das raue Klima mit zu geringen Niederschlägen, dem kalten „böhmischen" Wind und der starken nächtlichen Abkühlung die Arbeit des Bauern erschweren und den Ertrag mindern. 21 Gemeinden liegen über 500 Meter und haben in der Regel nur drei frostfreie Monate (Juni, Juli, August), die beiden höchstgelegenen Gemeinden von Oberösterreich, Sandl und Liebenau (zwischen 900 bis 1000 m), nicht einmal die.

Durch die geringen Erträge aus der Land-

Reine Luft und klare Wässer

„Einen ganzen Monat später erscheint der Lenz und reifen die Cerealien und das Obst. Desto reiner und klarer aber ist die Luft; überall entsprudeln den Waldgebirgen klare Wässer."

F. C. Weidmann: „Der Mühlkreis im Erzherzogthum Österreich, Land, ob der Enns", Wien 1840.

Freistadt. Stich von Matthäus Merian. 1649.

wirtschaft sind immer mehr Bauern gezwungen, einen Zu- oder Nebenerwerb zu finden. Die „Landflucht" konnte durch verschiedene Eigeninitiativen der Bauern, wie Eigenvermarktung der Produkte bzw. Zusammenschluss zu Verkaufsgemeinschaften, gestoppt werden. Ein sehr gutes Beispiel dafür ist unter anderem die Textilwerkstatt Weitersfelden. Auch die Forstwirtschaft ist von Bedeutung, sind doch rund 40 Prozent der Bezirksfläche mit Wald bedeckt, wobei der Fichtenbestand überwiegt. Aber auch in diesem Bereich wird bei Aufforstungen vermehrt auf die Wiederherstellung des seinerzeit heimischen Mischwaldbestandes geachtet.

Handel, Gewerbe, Fremdenverkehr

Betrachtet man die Entwicklung von Handel und Gewerbe, muss die ehemals landesfürstliche Stadt Freistadt hervorgehoben werden, die von den Babenbergern als Grenzfestung gegen Böhmen angelegt und später mit zahlreichen Privilegien (1277 Niederlagsrecht, 1363 Meilenrecht) ausgestattet wurde. Ihre beherrschende wirtschaftliche und militärische Stellung behielt die Stadt bis in die Zeit des höfischen Absolutismus und des Merkantilismus, ihren Reichtum verdankt sie vor allem dem Handel mit Salz (aus dem Salzkammergut) und

Typischer Mühlviertler Dreiseithof.

mit Eisenwaren (aus Steyr), die auf der uralten Eisen- und Salzstrasse Mauthausen/Enns-Pregarten-Freistadt und Kerschbaumer Sattel (700 m) nach Böhmen und weiter verfrachtet wurden.

Wichtig war seit jeher die Eisenbahn. Der erste Schienenweg des europäischen Kontinents, die Pferdeeisenbahn Budweis–Linz, führte auf einer langen Strecke durch den Bezirk und wurde schließlich mit geringer Trassenänderung 1873 zur Dampfeisenbahn (Linz–Gaisbach–Wartberg–Freistadt) und diese 1975 elektrifiziert.

In Erinnerung an die Bedeutung der Pferdeeisenbahn wurde in Kerschbaum, (Gemeinde Rainbach) etwa ein halber Kilometer des Gleiskörpers originalgetreu restauriert und kann mit nachgebauten Wagen befahren werden. Im revitalisierten Bahnhof Kerschbaum ist ein Museum eingerichtet. Die ehemalige Trasse der Pferdeeisenbahn kann durchgehend von Unterweitersdorf bis zur Staatsgrenze als Wanderweg genutzt werden. Durch die A 7, die bis Unterweitersdorf geht, ist der Bezirk seit 1983 auch an das internationale Autobahnnetz angeschlossen.

Die Betriebe des Bezirkes sind durchwegs Klein- und Mittelbetriebe. Mehr als 15.000 Pendler haben ihren Arbeitsplatz außerhalb des Bezirkes. Seit dem Fall des „Eisernen Vorhangs" wurde der tote Winkel nach Norden kontinuierlich aufgehoben. Bereits im Vorfeld der EU-Erweiterung 2004 kam es zu einer deutlichen Steigerung der Betriebsgründungen und Betriebsanlagengenehmigungen. Neugeschaffene INKOBA-Betriebsbaugebiete und der geplante Bau der Mühlviertler Schnellstraße bringen durch neue Betriebsansiedelungen einen zusätzlichen wirtschaftlichen Aufschwung.

Die Gemeinden des Bezirkes haben sich unter dem Motto „Sanfter Tourismus" zu den Tourismusregionen „Mühlviertler Kernland" und „Mühlviertler Alm" zusammengeschlossen. Der Reichtum an Kulturgütern wird durch die „Mühlviertler Museumstraße" und die „Mühlviertler Gotikstraße", die den ganzen Bezirk umfassen, dem Besucher erschlossen.

Als dieser Teil des Landes besiedelt wurde, hatte sich der Stil der Gotik durchgesetzt, er beherrscht mit seinen Kirchen das Kunstschaffen. Von der gotischen Ausstattung – Kefermarkt (→ S. 96), Waldburg und Oberrauchenödt – ist manches geblieben, und schließlich ist die Stadt Freistadt ein Kind der Gotik, das sich fast unverfälscht erhalten hat. Manche Häuser und Höfe der Stadt, vor allem aber das Schloss Weinberg, sind Zeugen der Renaissance, die aber bald abgelöst wird durch das Barock, das seine Kunst an vielen Kirchen (Freistadt, Hagenberg) und Kapellen, Schlössern (Weinberg, Rosenhof) und Bürgerhäusern, Bildern, „Marterln" und Statuen (Florian, Johann Nepomuk) zeigt und bis ins 19. Jahrhundert wirkt, mehr getragen vom frommen Bürgertum als vom Adel. Auch der Klassizismus, der Historismus und der Jugendstil hinterlassen Spuren, die aber gegenüber dem aufkommenden Zweckdenken bei Industrie- und Wohnbauten bedeutungslos sind.

Das Bildungs- und Schulwesen blieb hinter dieser Entwicklung nicht zurück und fand seinen natürlichen Mittelpunkt und Schwerpunkt in der Stadt Freistadt, die zu einer echten Schulstadt geworden ist. Bedeutung erlangten das Forschungsinstitut „RISC" der Universität Linz, der Softwarepark und die Fachhochschule in Hagenberg und das Technologiezentrum in Freistadt.

Hans Peter Zierl, Bezirkshauptmann a. D.

Waldburg. Spätgotischer Flügelaltar um (1523): Christus mit der Heiligen Barbara und dem Heiligen Laurentius. Darunter musizierende Engel mit mittelalterlichen Instrumenten.

■ *Der Bezirk Rohrbach hat eine Ausdehnung von 827,72 Quadratkilometern.*
■ *Der Bezirk zählt 56.932 Einwohner (2011). 2001: 57.909.*
■ *Der Bezirk liegt in der Nordwestecke Oberösterreichs zwischen Böhmerwald und Donau und ist der einzige mit zwei Staatsgrenzen. Er grenzt im Norden an die Tschechische Republik, im Osten an den Bezirk Urfahr-Umgebung, im Süden an die Bezirke Eferding und Grieskirchen, im Westen an den Bezirk Schärding und an Deutschland.*
■ *Der Bezirk umfasst 42 Gemeinden, darunter die Stadt Rohrbach und 15 Marktgemeinden.*

Die imposante Brücke über die Große Mühl bei Neufelden.

Der Bezirk Rohrbach

Bereits 500 n. Chr. haben die ersten Siedler nördlich der Donau Fuß gefasst. Die planmäßige Besiedlung setzte nach dem Jahr 955, der Gründung der Ostmark im oberen Mühlviertel ein. Adelsgeschlechter wie Falkensteiner, Griesbacher, Plankenberger und Waxenberger begleiteten ihre Siedler und gründeten Burgen, Kirchen und Dorfanlagen.

Die Untertanen des Klosters Schlägl (eine Falkensteiner-Gründung aus dem Jahr 1218) drangen bis in den Böhmerwald vor. Zur Zeit der Hussiteneinfälle und Bauernkriege wurde vieles wieder zerstört. Sowohl der erste Bauernaufstand 1594 als auch der zweite 1626 nahm im Bezirk Rohrbach seinen Ausgang. Mit den Reformen Maria Theresias und Josephs II. blühten Landwirtschaft und Gewerbe auf. Die Franzosenkriege 1805 und 1809 verursachten einen wirtschaftlichen Rückschlag. Erst nach der Grundentlastung 1848 und der Verwaltungsreform erholten sich Landwirtschaft und Gewerbe (Leinenerzeugung).

Die Industrialisierung des 19. Jahrhunderts brachte den Leinenhandel zum Erliegen. 1934 fielen NS-Legionäre aus Bayern im Bezirk Rohrbach ein, im März 1938 erfolgte die NS-Machtübernahme, verbunden mit der Angliederung böhmischer Gebiete im Oktober 1938.

Im April 1945 betraten US-Truppen im oberen Mühlviertel erstmals oberösterreichischen Boden. Nach der Vertreibung der Böhmerwäldler wurde 1948 entlang der CSR-Grenze der „Eiserne Vorhang“ errichtet, der bis 1989 den Bezirk abgeschottet hat. Im Jahr 1992 erhielt der Bezirk Rohrbach erstmals in Guglwald wieder einen Grenzübergang nach Böhmen.

Rathaus und Turm der Pfarrkirche heiliger Jakob in Rohrbach.

Landschaft und Klima

Der Bezirk Rohrbach liegt im Granithochland. Die höchsten Berge sind im Böhmerwald (Plöckenstein), im westlichen Passauerwald (Ameisberg) und im östlichen Linzerwald (Hansberg). Der Böhmerwald im Norden des Bezirkes ist die kontinentale Wasserscheide zwischen Nordsee und Schwarzem Meer.

Alle Bäche und Flüsse des Bezirkes Rohrbach fließen zur Donau. Das Klima ist bedingt durch die Höhenlage rau, Schutzlagen bilden die Täler. Schnee liegt im Böhmerwald bis April.

Land- und Forstwirtschaft

Trotz mäßiger Bodenfruchtbarkeit und rauem Klima bilden Land- und Forstwirtschaft einen entscheidenden Wirtschaftsfaktor im Bezirk Rohrbach. Überdurchschnittlich hoch ist die Anzahl der Bergbauernbetriebe bzw. Nebenerwerbsbetriebe. Vollerwerbsbauern und Biobauern mit Spezialkulturen sind in der Minderheit. Als aufstrebendes Wirtschaftsgebiet hat sich der Bezirk von seiner landwirtschaftlichen Prägung gelöst.

Gewerbe-, Industrie- und Dienstleistungsbetriebe

Die Wirtschaft des Bezirkes Rohrbach war in der Vergangenheit vom „Eisernen Vorhang“ negativ beeinträchtigt. Nunmehr bietet sich durch die EU-Osterweiterung eine große Chance zur Weiterentwicklung. Die Gemeinden des Bezirkes haben hiefür attraktive Gewerbegebiete erschlossen. Sie verfügen über die notwendige Infrastruktur und Verkehrserschließung. Zur Verkehrsanbindung an den Süden von Oberösterreich wurden die Brücken von Niederranna und Aschach gebaut. Die seit 1888 bestehende Mühlkreisbahn bildet auch in Zukunft ein wichtiges Verkehrsmittel. Grenzübergänge nach Böhmen begünstigen die Anbindung nach Norden.

Rund 990 Handels-, 390 Tourismus- und 320 Dienstleistungsbetriebe sowie verschiedene andere Unternehmen haben Standorte im Bezirk. Dadurch finden viele Bewohner gute Verdienstmöglichkeiten vor. Der Mangel an qualifizierten Arbeitsplätzen zwingt jedoch zur Abwanderung beziehungsweise zum Auspendeln in den Zentralraum. Ein Technologiezentrum in Neufelden und ein Dienstleistungszentrum in Haslach an der Mühl beleben die heimische Wirtschaft.

Die größten Dienstleistungsbetriebe des Bezirkes sind neben den Pflichtschulen mit zirka 640 Lehrer, die Firma Internorm Bauelemente GmbH mit etwa 610 Beschäftigten, das Landeskrankenhaus Rohrbach mit rund 540 Mitarbeiterinnen und Mitarbeitern, der Sozialhilfeverband Rohrbach mit seinen 6 Alten- und Pflegeheimen in Aigen im Mühlkreis, Haslach an der Mühl, Kleinzell im Mühlkreis, Lembach im Mühlkreis, Rohrbach und Ulrichsberg mit annähernd 420 Bediensteten. Auch die Bezirksverwaltungsbehörde sowie die berufsbildenden mittleren und höheren Schulen, das Gymnasium, die Textilschule Haslach an der Mühl, die Landwirtschaftsschule Schlägl und die Behindertenwerkstätte in Altenfelden gehören dazu.

Schule und Bildung

Das Pflichtschulwesen ist mit 35 Volks- und 13 Hauptschulen (davon Sporthauptschulen in Niederwaldkirchen und Ulrichsberg plus eine Musikhauptschule in Neufelden) sowie einem Sonderpädagogischen Zentrum in Altenfelden und den Polytechnischen Schulen Aigen-Schlägl, Rohrbach und Neufelden flächendeckend. Eine Bundeshandelsakademie und ein Bundesgymnasium sowie eine höhere Bundeslehranstalt für wirtschaftliche Berufe befinden sich in Rohrbach. Weiters gibt es zwei Internatsschulen: die kaufmännische Berufschule und die Krankenpflegeschule in Rohrbach. Inter-

Der Pranger auf dem Marktplatz von Putzleinsdorf, um 1900.

Da Handschlag

Und selten gibt's a Klag ban G'richt,
da hat da Handschlag nu a G'wicht.

Norbert Hanrieder (1842–1913).

Hoch über dem linken Donauufer gelegen: Schloss Rannariedl.

Der Markt Ulrichsberg am Fuße des Böhmerwaldes.

natsschulen sind auch die landwirtschaftliche Fachschule in Schlägl und die technische Fachschule in Haslach an der Mühl. Die höhere technische Lehranstalt für Maschinenbau und Automatisierungstechnik hat ihren Sitz in Neufelden. Das Landesmusikschulwesen ist im gesamten Bezirk vertreten. Institutionen wie Volkshochschule, Wirtschafts- und Arbeiterkammer und Vereine bieten Kurse und Veranstaltungen an. Musikkapellen und Chöre sind unersetzliche Kulturträger. Der Schlägler Chorherr Rupert Gottfried Frieberger ist ein über die Landesgrenzen hinaus bekannter Musiker und Komponist. Erwin Reiter und seine Gattin Edda Seidl-Reiter, Wolfgang Zöhrer und weitere Bildhauer/innen, Maler/innen und Grafiker/innen bieten ihr kulturelles Schaffen an.

Gesundheit und Sozialbereich

Im Bezirk gibt es 39 Allgemeinmediziner, 22 Fachärzte und 17 Zahnärzte. Wichtige Aufgaben für die Allgemeinmediziner(innen) sind die Familienmedizin, die Koordination der Spezialistenbefunde und die Vernetzung der sozialmedizinischen Dienste. Durch den organisierten Bereitschaftsdienst gewährleisten die Hausärzte eine Versorgung ihrer Patienten rund um die Uhr. Mit dem Rohrbacher Ärztezentrum wurde eine Einrichtung geschaffen, die dem Bedarf der Patienten auf bestmögliche fachärztliche Versorgung gerecht wird. Das Landeskrankenhaus Rohrbach ist das medizinische Zentrum des Bezirkes. Durch die Kooperation mit den niedergelassenen praktischen Ärzten und den Fachärzten des Bezirkes wird eine optimale Versorgung der Bevölkerung erreicht. Die Behindertenwerkstätte in Altenfelden sowie Wohnheime für Mehrfachbehinderte und psychisch Kranke mit Werkstätten werden von einschlägig befassten Vereinen vorbildlich geführt. Die sozialen Dienste und Beratungsstellen ergänzen mit ihren Angeboten diesen Bereich. Das Rote Kreuz mit zehn Ortsstellen ist ebenfalls flächendeckend im gesamten Bezirk Rohrbach vertreten. Hauskrankenpflege, mobile Altenfachbetreuung, mobile Heimhilfe und soziale Dienste werden im Auftrag des Sozialhilfeverbandes Rohrbach vom OÖ. Roten Kreuz, der ARCUS Sozialnetzwerk GmbH und der Caritas durchgeführt. Gemeinnützige und private Einrichtungen bieten weiters eine Vielzahl von mobilen Hilfen an.

Der Bezirk Rohrbach ist in die Dekanate Altenfelden, St. Johann am Wimberg und Sarleinsbach eingeteilt. Von den 31 Kirchengemeinden betreut das Prämonstratenser-Chorherrenstift Schlägl 24, das Augustiner-Chorherrenstift St. Florian drei Pfarreien. In vier Pfarren wurden weltliche Priester berufen. Im Bezirk Rohrbach gibt es 12 Pfarrcaritas-Kindergärten, die mit finanzieller Unterstützung der Gemeinden betrieben werden. Außerdem leistet die Caritas im Bezirk wertvolle soziale Dienste.

Der Bezirk Rohrbach und seine 42 Gemeinden sind Mitglied der EUREGIO Bayerischer Wald – Böhmerwald. Trilaterale Zusammenarbeit besteht mit Bayern, Tschechien und den weiteren Bezirken des Mühlviertels.

Gemeindekooperationen gewinnen immer mehr an Bedeutung – neben dem Sozialhilfe- und Bezirksabfallverband wurden in den letzten Jahren auch Gemeindeverbände gebildet, die die wirtschaftliche Entwicklung des Bezirkes (Wirtschaftspark) und den Ausbau des Angebotes im „öffentlichen Verkehr" unterstützen. In den Bereichen Trinkwasserversorgung und Abwasserbeseitigung wird ebenfalls gemeindeübergreifend zusammengearbeitet.

Tourismus, Sport und Freizeit

Die klimatischen Gegebenheiten und die kurze Sommersaison verlangen von den Fremdenverkehrsbetrieben im Bezirk Ideenreichtum und Flexibilität. Daher können sich die Beherbergungsbetriebe mit den traditionellen Tourismusgebieten des Landes messen. Böhmerwald, Passauerwald und Linzerwald sind gut frequentierte Wandergebiete. Radwandern ist nicht nur auf den ausgebauten Radwegen entlang der Donau, sondern im gesamten Bezirk beliebt. Zwei Golfanlagen, einige Tennis- und Squashhallen, Hallen- und Freibäder, Reithallen sowie Reitwege, Asphaltstockhallen und andere sportliche Einrichtungen werden angeboten. Im Gebiet um Schöneben ist ein Langlaufzentrum entstanden, das aufgrund seiner idealen Lage und der konstanten Schneeverhältnisse zunehmend an überregionaler Bedeutung gewinnt. Auch der aus Aigen im Mühlkreis stammende Olympiasieger und Weltmeister Christian Hoffmann hat nachhaltig zur Belebung des Langlaufs im Bezirk beigetragen.

Das Skigebiet Hochficht hat sich mit modernen Sesselbahnen, Schlepp- und Übungsliften zu einem zukunftsorientierten Alpinzentrum entwickelt. Das lawinensichere Familienschigebiet im Oberen Mühlviertel ist weit über die Grenzen hinaus bekannt und beliebt. Daraus ergibt sich im Wintertourismus für die gesamte Region eine enorme Wertschöpfung.

Bildergalerien, Museen, Bibliotheken, der Wildpark Altenfelden, der Steinlehrpfad Plöcking und der Schwarzenberg'sche Schwemmkanal aus 1789 sind einige Ziele für Besucher des Bezirkes. Das bedeutendste Judozentrum des Landes ist Niederwaldkirchen. Asphaltstockhallen, Turn- und Fitnesseinrichtungen werden von rührigen Vereinen betrieben.

Wilbirg Mitterlehner, Bezirkshauptfrau

Der Grenzübergang Schöneben nach dem Fall des „Eisernen Vorhangs".

■ *Der Bezirk Perg hat eine Ausdehnung von 613,18 Quadratkilometern.*
■ *Der Bezirk zählt 65.626 Einwohner (2011). 2001: 63.955.*
■ *Der Bezirk grenzt im Norden an den Bezirk Freistadt, im Osten und Süden an Niederösterreich und den Bezirk Linz-Land, im Westen an die Stadt Linz und den Bezirk Urfahr-Umgebung.*
■ *Der Bezirk umfasst 26 Gemeinden, darunter die Städte Perg und Grein und 18 Marktgemeinden.*

Links: Die Stadtpfarrkirche Perg mit dem Einhorn im Vordergrund, dem Wappentier von Perg. (Ein Werk der Hauptschule 1.)

Der Bezirk Perg

Der Bezirk Perg liegt im Südosten des Mühlviertels zwischen den Ballungsräumen Linz und Amstetten mit der Donau als Grenze im Süden. Das wirtschaftliche Zentrum konzentriert sich auf die Hauptverkehrsachse „Donau Bundesstraße" und den Zentralraum. Der Strudengau im östlichen Teil ist insbesonders touristisch sowie land- und forstwirtschaftlich attraktiv. Zwei wesentliche Ereignisse, der Bau des Machlanddamms und ein neuer Wirtschaftspark „Machland-Perg", schaffen Rahmenbedingungen für eine neue Dimension einer abgestimmten Gesamtentwicklung des Bezirkes zu mehr Lebensqualität und wirtschaftlichem Erfolg. Der Sozialhilfeverband sorgt gemeinsam mit seinen Systempartnern für soziale Wärme im Bezirk.

Der Bezirk reicht vom stark gegliederten Berg- und Hügelland im Norden über die Mittellagen, mit innen eingelagerten Becken bis zu den Donauebenen, die zum Alpenvorland gehören. Die Hochlagen sind Ausläufer des Böhmischen Massivs, eines Mittelgebirges, sie erreichen in der Gemeinde St. Georgen am Walde (Burgstall) ihre höchste Erhebung (948 m). Der Strudengau im Osten ist das tiefstgelegene Gebiet Oberösterreichs (Seehöhe um 230 m). Besonders die Hoch- und Mittellagen im nordöstlichen Teil sind naturbelassenes waldreiches Hügelland mit großer landschaftlicher Schönheit.

Die Bezirkshauptmannschaft hatte ihren Sitz ursprünglich (1849–1854) in Grein, das schon 1491 das Stadtrecht erhalten hatte.

Donauschiffer. Illustration im Greiner Marktbuch. 1490.

Votivtafel in der Greiner Pfarrkirche zum Gedenken an den Brand 1642.

Als 1868 der damalige Markt Perg (Stadterhebung 1969) als neuer Sitz bestimmt wurde, gehörte zu ihrem Zuständigkeitsbereich auch noch der Gerichtsbezirk Pregarten. Dieser wurde 1903 bei der Errichtung der Bezirkshauptmannschaft Urfahr-Umgebung dem Bezirk Freistadt zugeschlagen.

Der Wiederaufbau der Verwaltung nach dem Chaos zum Kriegsende 1945 stand fast vor unlösbaren Problemen. Der Bezirk war anfangs in eine amerikanische und eine russische Besatzungszone aufgeteilt. Die Demarkationslinie lag etwa zwei Kilometer südöstlich von Perg, später entlang der Bahnlinie Mauthausen-Gaisbach, bis im August 1945 den sowjetischen Truppen das gesamte Mühlviertel überlassen wurde. Die Führung der Bezirksverwaltung lag bis Mitte Juli 1945 in den Händen eines von den drei politischen Parteien eingesetzten Triumvirates. Erst am 23. Juli 1945 wurde von der niederösterreichischen Landesregierung ein provisorischer Bezirkshauptmann eingesetzt. Mit Errichtung der Zivilverwaltung Mühlviertel konnte dann unter der Hoheit des Landes Oberösterreich eine geordnete Verwaltungstätigkeit auf Bezirksebene eingerichtet werden.

1869 lebten innerhalb der heutigen Bezirksgrenzen 38.911 Einwohner, heute sind es 65.626 und die Einwohnerentwicklung des Gesamtbezirks ist weiterhin positiv, wobei sich die Zuwächse zuletzt auf den Westen und den Zentralraum konzentrierten. Die Bevölkerungsbewegung ist somit durchaus auch Spiegelbild der strukturellen, wirtschaftlichen und gesellschaftlichen Änderungen im Bezirk.

Schönheiten des Unteren Mühlviertels

Touristisch punktet Perg mit Gesundheit, Wandern, Radfahren und Jugendtourismus. Beim Radeln entlang des Donauradweges, beim Wandern entlang des Donausteigs und anderer markierter Wanderwege oder durch den Naturpark Mühlviertel (1046 ha) können die Schönheiten erlebt werden. Klöster, Burgen und Schlösser erzählen von einer großen Vergangenheit und laden zum Verweilen ein. Wanderungen durch romantische Schluchten und Täler oder eine Bootsfahrt auf der Donau lassen einen Aufenthalt zum Erlebnis werden. Ein reichhaltiges kulinarisches Programm mit regionalen Schmankerln und bodenständiger Küche wartet auf die Besucher. Granit prägt die Landschaft in weiten Teilen des Bezirkes. Eine Reihe kultureller Sehenswürdigkeiten, u. a. das Stadttheater Grein mit jährlichen Sommerspielen und die Freilichtbühne Aiser in Schwertberg sind zu erwähnen. Eine Besonderheit sind die donauFESTWOCHEN Strudengau als Bühne lebendiger Zwiesprache von alter Musik mit der Moderne. Das Schifffahrtsmuseum Grein, Schlossmuseum Clam, Apothekermuseum Mauthausen, Keltendorf in Mitterkirchen und Heimatmuseen in Perg und

Die prächtigsten Ufer

„Hier zeigen sich zum Theile die prächtigsten Ufer des Stromes, auf seinem ganzen Lauf durch Österreich."

F. C. Weidmann: „Der Mühlkreis im Erzherzogthum Österreich, Land ob der Enns", Wien 1840.

Der Donaustrudel bei Grein. Gemälde von Joseph Rebell, 1807.

Mauthausen, besonders sehenswerte Kirchen (die ehemaligen Stiftskirchen in Waldhausen und Baumgartenberg), bekannte Schlösser und Burgen (u.a. Burg Clam, Schloss Greinburg, Wasserburg Schwertberg, Burg Kreuzen, Burgruine Werfenstein) runden das Angebot ab. Das Areal der Burg Clam wird auch als Open-Air-Veranstaltungsgelände in unvergleichbarer Atmosphäre für überregional erfolgreiche Konzerte namhafter Musikgrößen genutzt.

Dunkle Seiten der Geschichte

Im Konzentrationslager Mauthausen waren zwischen 1938 und 1945 mehr als 200.000 Personen aus ganz Europa inhaftiert, etwa die Hälfte wurde dort ermordet. Die KZ Gedenkstätten Mauthausen und Gusen sollen die Erinnerung an diese Periode wach halten und deren Opfer gedenken. Sie ziehen jährlich tausende Besucher aus dem In- und Ausland an.

Wirtschaft und Landwirtschaft

Eine ausgewogene Mischung zwischen Groß-, Mittel- und Kleinunternehmen mit einem überdurchschnittlich hohen Anteil des industriell-gewerblichen Sektors sichert eine pulsierende Wirtschaft und zirka 28.000 Arbeitsplätze. Dominant sind vor allem die Bereiche Bauwirtschaft, Maschinenbau und Logistik. Von den etwa 2500 Unternehmungen sind etwa ein Drittel im Dreieck Mauthausen–Schwertberg–Perg angesiedelt. Diese drei Gemeinden weisen den höchsten Industrialisierungsgrad des Mühlviertels auf. Maßgebend für diese positive Entwicklung waren günstige Standortfaktoren, wie zentrale Lage, geeignete Grundflächen und vor allem die Qualifikation und Einsatzbereitschaft der Mitarbeiter. (Perger Unternehmen sprechen vom „Mühlviertel-Faktor".) Begünstigt wird diese Entwicklung auch durch die gute verkehrsmäßige Aufschließung der Donau-Bundesstraße und der Donauuferbahn mit geringer Entfernung zur Autobahn und zum trimodalen Ennshafen als wichtiger Güterumschlagsplatz an der Donau. 2011 wurde der Wirtschaftspark Machland-Perg, ein Musterbeispiel für gelebte Gemeindekooperation, gegründet, der auf 150 ha Top-Flächen für Betriebsansiedlungen zur Verfügung stellt, um weitere Arbeitsplätze zu schaffen.

Der Stadtplatz von Grein.

Perg ist für seine guten Facharbeitskräfte und eine traditionell niedrige Arbeitslosenrate bekannt. Die Bezirksstadt hat sich in den letzten Jahrzehnten zu einer attraktiven Schulstadt mit BORG, HAK, HAS, HTL und HLW entwickelt. Gut eingefügt hat sich auch das Europagymnasium Baumgartenberg. Das Technologiezentrum Perg entwickelte sich zu einem wesentlichen Eckpfeiler für wirtschaftlichen Erfolg und zielgerichtete Qualifikation.

Der Anteil der bäuerlichen Bevölkerung ist in den letzten Jahren stark gesunken. 54.448 ha Grundfläche, rund 89 Prozent der Gesamtfläche (45 % Wald, 35 % Acker-, 20 % Wiesenfläche), werden von Betrieben mit einer Nutzfläche von über zwei Hektar bewirtschaftet. Von den rund 1966 Betrieben liegen 1352 im benachteiligten (Berg-)Gebiet. Die Bonität des Bodens ist sehr unterschiedlich. Sehr fruchtbar ist das Machland, das zwischen den bis an die Donau herantretenden Ausläufern des Mühlviertler Granitmassivs bis Mauthausen und Dornach-Saxen liegt, teilweise aber immer wieder von Hochwassern betroffen ist.

Hochwasserschutz

Perg ist der einzige Bezirk Österreichs mit zwei Donaukraftwerken (Wallsee-Mitterkirchen, Abwinden-Asten). Durch den Bau und die damit einhergehende Verlagerung der Donau haben sich die Gemeinde-, Bezirks- und Landesgrenzen verschoben, sodass ein Teil des Bezirkes heute südlich der Donau im niederösterreichischen Mostviertel bzw. im Bezirk Linz-Land liegt. Das Jahrhunderthochwasser 2002 hat den Bezirk massiv betroffen. Neben der Donau waren es vor allem die Flüsse Aist und Naarn mit ihren gewaltigen Fluten, die große Sachschaden anrichteten. Die Hilfsbereitschaft der Bevölkerung war groß. Für die Beseitigung der Schäden und den Wiederaufbau waren große finanzielle Anstrengungen erforderlich. Die vom Hochwasser der Aist 2002 hauptbetroffenen Großunternehmen wurden mittlerweile durch Hochwasserschutzdämme gesichert. An der Donau von Mauthausen bis St. Nikola wird 2013 der Machlanddamm, das größte Hochwasserschutzgebiet Österreichs (rund 166 Millionen Euro) fertiggestellt. Er soll zirka 36,4 Kilometer lang nachhaltig mehr als tausend Häuser, Unternehmen und Kulturgüter schützen und damit die Lebensqualität der Bewohner weiter erhöhen und das natürliche Gleichgewicht der Donauau wiederherstellen.

Gut ausgebaute Verkehrswege sind die Lebensadern des Bezirkes. Mit Weitblick wird mittlerweile auch der öffentliche Verkehr sehr gut koordiniert und ausgebaut. Im Verkehrskonzept bildet die Vernetzung von Bahn und Bus einen besonderen Schwerpunkt. Die Summerauerbahn, die durch die Ostöffnung zu Tschechien zusätzlich an Bedeutung gewinnt, und die Achse der Donauuferbahn von Mauthausen bis St. Nikola (neu ist die Schleife nach Enns mit Direktverbindung nach Linz) sind die Hauptverkehrsstrecken.

Der Perger Mühlviertler ist seinem Land verbunden, denn er ist nach den Worten Rudolf Walter Litschels „Eingekehrt in eine Welt, in der das Große klein und das Kleine groß wirkt".

Werner Kreisl, Bezirkshauptmann

Haus des Lebzelters Poschacher in Mauthausen.

■ *Der Bezirk Urfahr-Umgebung hat eine Ausdehnung von 650,37 Quadratkilometern.*
■ *Der Bezirk zählt 81.152 Einwohner (2011). 2001: 77.742.*
■ *Der Bezirk grenzt im Norden an die Tschechische Republik, im Osten an die Bezirke Freistadt und Perg, im Süden an den Bezirk Linz-Land sowie an Linz-Stadt und im Westen an die Bezirke Rohrbach und Eferding.*
■ *Der Bezirk umfasst 27 Gemeinden, darunter die Städte Bad Leonfelden, Gallneukirchen und Steyregg und zwölf Marktgemeinden.*
■ *Sitz der Bezirkshauptmannschaft ist Linz-Urfahr.*

Winterliches Kirchschlag.

Der Bezirk Urfahr-Umgebung

Der Bezirk Urfahr-Umgebung wurde 1903 gegründet. Er wurde wie üblich nach dem Sitz der Bezirkshauptmannschaft genannt, nach der Stadt Urfahr, die ihren Namen wiederum von der Überfuhr herleitet, die man in alten Tagen benötigte, um in ihre größere Schwesterstadt Linz zu gelangen. Als 1919 die Stadt Urfahr an die Landeshauptstadt Linz angegliedert wurde, erhielt der Bezirk die Gestalt, die er – abgesehen von den Zeiten der nationalsozialistischen Herrschaft – auch heute hat. Freilich, als er 1945 neu entstand, befand er sich in der sowjetischen Besatzungszone und litt hart darunter. Erst mit dem Gewinn der vollen Souveränität Österreichs konnte sich ab 1955 eine in jeder Hinsicht dynamische Entwicklung anbahnen.

Geographisch gesehen ist Urfahr-Umgebung die Mitte des Mühlviertels, der Bezirk reicht von der Donau bzw. der Linzer Stadtgrenze nach Norden bis zur Staatsgrenze gegen die Tschechische Republik. Der Bezirk hat Anteil an der Donauniederung, insbesondere mit dem nördlichen Eferdinger Becken und mit der Bucht von Steyregg und genießt damit die Vorteile des fruchtbaren Bodens und des milden Klimas. Auch das Gallneukirchener Becken erfreut sich einer vorteilhaften Lage. Daran schließt sich unvermittelt das Granit- und Gneishochland der böhmischen Masse mit tief eingeschnittenen zur Donau führenden Tälern. Mit dem Sternstein reicht die Seehöhe bis über 1100 m. Ein großer Teil des Bezirkes leidet daher an den Nachteilen eines schlechten Bodens und des rauen Klimas. Die Schneedecke liegt im Schnitt doppelt so lang wie in der Niederung.

Die Stadtrandlage bewirkt einen stetigen starken Bevölkerungszuwachs mit einem österreichischen Spitzenwert: Im Zusammenhang mit der Öffnung der Grenze zur Tschechischen Republik und dem EU-Beitritt der Tschechischen Republik kann auch in den früher vom Bevölkerungsverlust bedrohten Grenzgemeinden des Nordens eine Stabilisierung, wenn nicht sogar ein leichter Zugewinn an Bevölkerung festgestellt werden. Insgesamt ist Optimismus eingekehrt.

Ganz wesentlich durch die Bedingungen der Bodenqualität und des Klimas bestimmt, weisen Land- und Forstwirtschaft im Bezirk einen hohen Stellenwert auf: 58 Prozent der Bezirksfläche werden landwirtschaftlich, 33 Prozent forstwirtschaftlich genutzt. Die Donauniederung und das Gallneukirchener Becken weisen gute bis sehr gute Produktionsbedingungen für die Landwirtschaft auf und erlauben den Anbau von Mais, Zuckerrüben, Obst und Feldgemüse. In den Hochlagen hat zwangsläufig die Milchviehhaltung Vorrang. Nur ein Sechstel aller Betriebe wird im Vollerwerb bewirtschaftet. Weit überwiegend finden sich Nebenerwerbsbetriebe. Manche Bauern nehmen die Chancen im biologischen Landbau und in der Direktvermarktung wahr. Der bäuerliche Waldbesitz wirkt sich sehr positiv aus. Immerhin stehen Werte wie etwa die aktive Gestaltung und Pflege der Kultur und Erholungslandschaft, die Erhaltung lebendiger Dörfer in einem intakten ländlichen Raum und die Pflege bäuerlicher Kultur heute außer Streit.

Im Zentralraum findet sich der überwiegende Teil aller Arbeitsplätze für die Bevölkerung des Bezirks. Die Pendler verdienen gut, mit ihnen fließt aber auch sehr viel Kaufkraft aus dem Bezirk ab. In den stadtnahen Gemeinden findet sich auch der größte Teil der ohnehin wenigen industriell geführten Betriebe. Der Bezirk weist eine eindeutig klein- und mittelbetriebliche Struktur auf, wobei die Dienstleistungen des Handels, der Tourismusbetriebe und der Banken großgeschrieben sind.

In den letzten Jahren setzt man auch im Bereich der Wirtschaft bewusst auf die Stärken der Regionalität; die Initiative „Das Guute liegt so nah" hat sich mit dem Ziel des Kampfes gegen den Kaufkraftabfluss bestens im Bezirk etabliert und wurde auch von Bundesstellen für diese Initiative ausgezeichnet.

Vor allem der Wirtschaftsfaktor Tourismus weist eine dynamische Entwicklung auf. Wenn tagelang eine dichte Nebeldecke der Niederung jede Sonne nimmt, bewegen sich ganze Ausflüglerströme Richtung Norden. Die zunehmend schneearmen Winter erlauben es leider fast nur noch Bad Leonfelden, durchgehend Möglichkeiten für den Wintersport anzubieten. Im Sommer muss der wachsende Radtourismus entlang der Donau beachtet werden. Ein wesentlicher Motor für den Tourismus bilden aber die Kurorte: Bad Leonfelden bietet Kneipp- und Moortherapien an, punktet in den letzten Jahren aber vor allem durch das Angebot moderner Wellnesshotels mit stark wachsenden Übernachtungszahlen. Auch in Bad Mühllacken können Kneippkuren genossen werden.

Öffnung der Grenze und EU-Erweiterung

Die Öffnung der Grenze zur Tschechischen Republik und der Beitritt Österreichs und der Tschechischen Republik zur Europäischen Union haben für den Bezirk Urfahr-Umgebung wesentliche Impulse bedeutet. Über die Grenzen hinweg erstreckt sich die EUREGIO: die Gemeinden des Mühlviertels, des Bayerischen Waldes und Südböhmens lernen, gemeinsam die Interessen, Stärken und Fähigkeiten einzusetzen. Die Mitgliedschaften in der Europäischen Union bedeuten jedenfalls auch namhafte Förderung für Wirtschaft und Landwirtschaft.

Um gleichgerichtete Interessen und Chancen zu nutzen, schlossen sich Gemeinden in der Region Bad Leonfelden zum „Sterngartl", die Gemeinden im Bereich Gallneukirchen zur Region „Gusental" zusammen, in weiterer Folge zu einer Region „Sterngartl-Gusental". Im westlichen Bereich des Bezirkes entstand mit der Region „Urfahr-West" ebenfalls eine neue Form gemeindeübergreifender Zusammenarbeit.

Ein wichtiger und kennzeichnender Faktor für den Bezirk sind seine Verkehrsströme. Die Landeshauptstadt Linz hat als Ziel- und Quellort einerseits für den Pendler- und andererseits für den Ausflugsverkehr zentrale Bedeutung. Das Straßennetz ist im Prinzip gut: Im Südosten gewinnen einige Gemein-

Natürlich ist der Pöstlingberg der Linzer Hausberg. Aber viele Wege, Wiesen und Wälder am Pöstlingberg gehören zu den Gemeinden Gramastetten und Puchenau und damit zum Bezirk Urfahr-Umgebung.

Waxenberg. Aquarell von Franz von Zülow, 1929.

Zwischen der Glasau und Kirchschlag

„In den Feldern zwischen der Glasau und Kirchschlag standen die Getreide, über ihnen sangen zahlreiche Lerchen, und ein Frieden und eine Art Heiligkeit war über allen Fluren, daß man nicht begreifen konnte, daß Menschen, die sich vernünftige Wesen nennen, sich im scheußlichsten Dinge, das es auf Erden gibt, im Krieg zerfleischen können."

Adalbert Stifter (1805–1868) in einem Brief an seine Gattin Amalia, Kirchschlag, 24. Juli 1866.

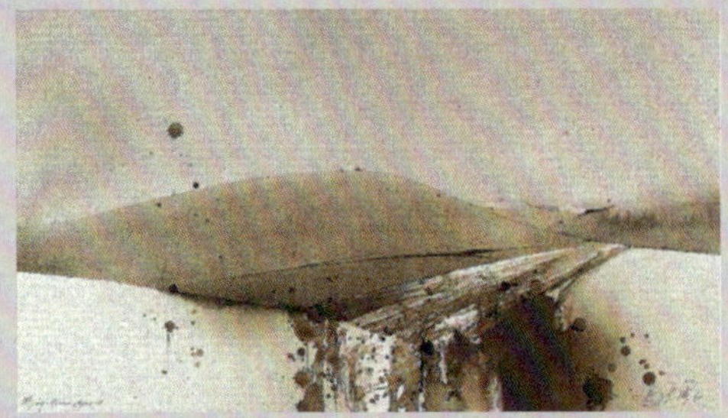

Hügellandschaft bei Waxenberg. Aquarell von Ernst Balluf, 1984.

den durch die Autobahn- bzw. Bundesstraßenverbindung von Linz nach Freistadt und Prag; durch den Haselgraben führt eine gut ausgebaute Bundesstraße über Bad Leonfelden in die Tschechische Republik. Ost-West-Verbindungen bestehen im Süden längs der Donau Richtung Perg bzw. über Aschach nach Passau und Richtung Rohrbach. Im Norden verbindet die Bundesstraße Rohrbach über Bad Leonfelden mit Freistadt. Auf der Mühlkreisbahn wurde zwischen Rottenegg und Urfahr eine schnellbahnartige Verbindung entwickelt. In den Stoßzeiten wird diese Verbindung nach Linz von vielen gerne genützt.

Der Adalbert-Stifter-Ort Kirchschlag. Kolorierte Ansichtskarte, um 1900.

Bildung und Soziales

Über den Zugang der Bezirksbewohner zur Bildung kann man zufrieden sein.
Im Stadtbereich von Linz, insbesondere auch in Urfahr, findet sich ein vielfältiges Angebot an höheren Schulen, auch die Universitäten bieten sich hier an. Im Bereich des Bezirkes hat sich besonders Bad Leonfelden als Schulort entwickelt, der, abgesehen von Volks- und Hauptschule, auch über eine Musikschule sowie über Bundesoberstufenrealgymnasium und Tourismusschulen verfügt.
Im Bezirk gibt es zwar kein Krankenhaus, für zuverlässige und rasche Hilfe ist aber gesorgt: Rettung und Krankentransport einschließlich notärztlicher Versorgung besorgt das Rote Kreuz, das Ortsstellen in Bad Leonfelden, Herzogsdorf, Walding, Kirchschlag und Gallneukirchen unterhält; Feldkirchen hat auch einen Vertrag mit dem Arbeiter-Samariter-Bund abgeschlossen.
Der Sozialhilfeverband garantiert die soziale Versorgung der Bevölkerung durch unmittelbare Unterstützung, durch den Betrieb von Seniorenheimen und durch Mobile Dienste.
27 Gemeinden bilden den Bezirk Urfahr-Umgebung. Viele von ihnen haben chronisch damit zu kämpfen, ihre dringendsten Aufgaben und Projekte zu finanzieren. Die Einnahmen aus Steuern und Abgaben sind so gering wie in kaum einem anderen Bezirk des Landes. Die Gemeinden sind darum vielfach zu einem großen Anteil auf finanzielle Mittel des Landes oder des Bundes angewiesen, wenn sie größere und manchmal auch nur bescheidene Projekte in die Wirklichkeit umsetzen wollen.

Blick in die Zukunft

Mit Sicherheit müssen wir davon ausgehen, dass das Bevölkerungswachstum anhält und dass sich die mit einer großen Pendlerzahl und dem starken Verkehr verbundenen Probleme verschärfen. Gemeinsame Lösungen mit anderen Bezirken und mit der Landeshauptstadt Linz müssen gefunden werden.
Von einer Grenzlage des Bezirkes kann spätestens seit dem EU-Beitritt Österreichs und der Tschechischen Republik nicht mehr gesprochen werden. Urfahr-Umgebung liegt nun „mitten in Europa"; diese Lage bringt sowohl nachteilige Entwicklungen wie z. B. im Bereich Verkehr, aber auch große Chancen mit sich. Die landschaftlichen und kulturellen Schätze Südböhmens werden eine Befruchtung für den Tourismus bedeuten; so wird auch im Jahr 2013 eine gemeinsame Landesausstellung in Bad Leonfelden mit den südböhmischen Orten Hohenfurth und Krumau sowie mit Freistadt vorbereitet. Die neue geografische Lage des Bezirkes wird von seinen Bewohnern als Potenzial angesehen.
Der Bezirk Urfahr-Umgebung ist daher zum einen geprägt von schwierigen Bodenverhältnissen und einem rauen Klima, von einer geringen Dichte der Wirtschaftsbetriebe, einem täglichen Pendlerstrom und dementsprechenden Verkehrsproblemen. Der Reichtum und die Chancen des Bezirkes liegen aber in seiner wunderbaren Landschaft, den hübschen gepflegten Orten und gleichzeitig seiner Linz-Nähe, vor allem in der Freundlichkeit, Tüchtigkeit und Findigkeit seiner Bevölkerung. Das lässt eine gute Zukunft erwarten.

Dietmar Obed, Bezirkshauptmann a.D.
Paul Gruber, Bezirkshauptmann

Der Marktplatz von Leonfelden. Ansichtskarte, um 1900.

Wappen von Schärding, Farblitographie, 1885.

■ *Der Bezirk Schärding hat eine Ausdehnung von 618,43 Quadratkilometern.*
■ *Der Bezirk zählt 56.517 Einwohner (2011). 2001: 56.996.*
■ *Der Bezirk grenzt im Nordosten an den Bezirk Rohrbach, im Norden und Westen an Deutschland, im Süden an den Bezirk Ried und im Osten an den Bezirk Grieskirchen.*
■ *Der Bezirk umfasst 30 Gemeinden, darunter die Stadt Schärding und neun Marktgemeinden.*

Der Bezirk Schärding

Der Bezirk Schärding deckt sich im Wesentlichen mit dem Gebiet des Unteren Innviertels. Im Westen begrenzt ihn der Inn, welcher die Staatsgrenze zum Freistaat Bayern bildet, und im Norden die Donau, welche von Achleiten, knapp unterhalb Passaus, bis kurz vor Engelhartszell ebenfalls die Staatsgrenze zu Bayern markiert. Von hier bis zur Schlögener Schlinge trennt die Donau die Bezirke Schärding und Rohrbach und damit zugleich Inn- und Mühlviertel. Durch den Sauwald zwischen Inn und Donau hat der Bezirk Anteil am Böhmischen Granithochland, das ihn zum Großteil erfüllt. Im Süden schließt der Bezirk Ried, im Osten der Bezirk Grieskirchen, im Norden der Bezirk Rohrbach an.

Auf Grund des Friedens von Teschen, der den Bayerisch-Österreichischen Erbfolgekrieg beendete, trat Bayern sein Staatsland östlich von Inn und Salzach an das Erzherzogtum ob der Enns, das heutige Bundesland Oberösterreich, ab. Die Trennung vom alten Stammland, die teils strengen Neuerungen Kaiser Josephs II., besonders in der Besteuerung, der wirtschaftliche Rückschlag durch den Verlust des niederbayerischen Wirtschaftsraumes westlich des Inns sowie die neue scharfe Zollgrenze trafen die Bevölkerung schwer. Erst die gemeinsame Not der Napoleonischen Kriege und die neu heranwachsende Generation ließen ein österreichisches Staatsbewusstsein entstehen.

Einen günstigen Zug in die Verwaltung und Jurisdiktion brachte die Einrichtung der „Bezirksämter“ als politische Behörden mit Gesetz vom 1. Jänner 1850 anstelle der bisherigen Kreisämter und Pflegegerichte. 1868 erfolgte die Umgestaltung der Bezirksämter in Bezirkshauptmannschaften bzw. Bezirksgerichte. So wurde Schärding Amtssitz des politischen Bezirkes Schärding, der damals 37 Gemeinden mit 31.900 Einwohnern umfasste. Im Juli 1850 wurde das Bezirksgericht I. Klasse geschaffen, das zugleich Bezirks-Kollegialgericht für Schärding, Engelhartszell, Raab und Peuerbach war. Letzteres wurde mit seinen sieben Gemeinden 1911 dem zu bildenden Bezirk Grieskirchen zugeteilt.

Blick auf die barocken Hausgiebel von Schärding mit der Pfarrkirche des hl. Georg (1726–1730).

Der Bezirk Schärding umfasst mehrere Landschafts- und Siedlungsräume: Tief in das Urgesteinsmassiv der Böhmischen Masse sind das Donautal zwischen Passau und der Schlögener Schlinge und das Inntal zwischen Schärding und Passau eingeschnitten. Die auf einer Seehöhe von etwa 300 m gelegenen Täler grenzen den Bezirk nach Norden und Nordwesten ab. Aus ihnen steigt der Sauwald als Hochebene bis zu etwa 700 m Seehöhe auf. Einzelne Kuppen ragen daraus empor, die höchste Erhebung ist der Haugstein mit 895 m. Der Sauwald wird durch zum Teil tiefe Schluchten der zur Donau fließenden Bäche durchschnitten. Den hohen Wert der Landschaft unterstreicht die Ausweisung von mehr als 60 Hektar Waldfläche im Tal des Kleinen Kößlbaches als Naturschutzgebiet und die Nominierung des Donautales zwischen Passau und Aschach als Europaschutzgebiet.

Bauern- und Waldland

Die Landschaft des Bezirkes ist vorwiegend durch land- und forstwirtschaftliche Nutzung geprägt. Im rauen Klima des Sauwaldes haben wir auch einen höheren Grünlandanteil als im Pramtal. Mangels an Alternativen verlagert sich die Milchproduktion immer stärker in dieses Gebiet. Ideal ist der Sauwald für den Erdäpfelanbau.

Die Waldwirtschaft ist ein wichtiges Standbein in dieser Region. 27 Prozent der Gesamtfläche des Bezirkes sind mit Wald bedeckt und die Waldbesitzer erwirtschaften seit jeher den Wald nachhaltig. Den höchsten Waldanteil hat Vichtenstein mit 65 Prozent und den niedrigsten Dorf an der Pram mit acht Prozent.

Im klimatisch günstiger gelegenen Pramtal dominieren der Ackerbau und die Schweineproduktion. Im Ackerbau hat in den letzten Jahren der Mais- und Rapsanbau stark zugenommen. Aber auch Kulturen wie Soja, Kürbis, etc. stellen wichtige Alternativen dar.

Die Entwicklung der Anzahl der landwirtschaftlichen Betriebe sieht wie folgt aus: 1970: 5118, 1999: 2770, 2008: 1888 und 2001: 1787 landwirtschaftliche Betriebe.

Seit 1995 hat sich die Anzahl der Milchlieferanten von 2000 auf 1000 reduziert. Die Anzahl der Schweineproduzenten hat sich von 1495 auf unter 600 reduziert.

Die durchschnittliche Betriebsgröße aller bäuerlichen Familienbetriebe stieg von

Die Bezirkshauptstadt Schärding am Inn.

1970 bis 1999 von 11 auf 18 Hektar. 2011 liegen wir bei zirka 20 Hektar landwirtschaftlicher Nutzfläche.

Seit dem EU-Beitritt konnten durch gezielte Förderungsmaßnahmen in der ländlichen Entwicklung bereits wichtige Impulse in den Leaderregionen Sauwald und Pramtal gesetzt werden. Die Landwirtschaftskammer unterstützt dabei die Bäuerinnen und Bauern mit einer Vielzahl von Bildungs- und Beratungsangeboten.

Die Wirtschaft

Der Bezirk zählt rund 2445 Betriebe. Es entfallen auf das Gewerbe 999, den Handel 1112, den Fremdenverkehr 382, den Verkehr 203, auf die Industrie 52 und das Geld-, Kredit- und Versicherungswesen 51. Bei einem hohen Anteil handelt es sich um Kleinstbetriebe, die keine unselbständigen Erwerbstätigen beschäftigen. Wegen des äußerst geringen Flächenumfanges der Bezirksstadt Schärding, von dem noch ein beachtlicher Teil hochwassergefährdet ist, können arbeitsintensive Betriebe kaum angesiedelt werden.

Bereits vor dem EU-Beitritt Österreichs wurden durch besondere Grenzlandförderungsmaßnahmen viele neue Arbeitsplätze geschaffen und so die Anzahl der Pendler nach Bayern erheblich reduziert. Die extreme Grenz- und Randlage des Bezirkes fern im Nordwesten des Zentralraumes des Bundeslandes sowie die schwierige Lage der Landwirtschaft im rauen Klima des Sauwaldes ergeben nicht leicht zu behebende Schwierigkeiten am Arbeitsmarkt. Dem zu begegnen laufen eine Reihe von Initiativen des Landes, der Wirtschaftskammer und der Bezirkshauptmannschaft. Besondere Beachtung findet dabei auch die Hebung der Lebens- und Wohnqualität, um die Abwanderung zu steuern bzw. zu verhindern. Hervorzuheben ist mit dem EU-beitrittsbedingten Fall der Grenzen auch noch das

Der Inn

Die Au, die grüne Au,
die Weiden, wildumgangen,
der Himmel, siegesblau,
wo Schloß und Klöster prangen!

Der Inn, der grüne Inn
kommt aus den Bergestälern.
Durch meine Adern rinn'
sein Zorn, den Dämme schmälern.

Der Inn, der grüne Inn,
fließt durch die Heimatgaue.
Sein Herz ich mir gewinn',
wann seiner Wog ich traue.

Richard Billinger (1890–1965),
„Sichel am Himmel", 1931.

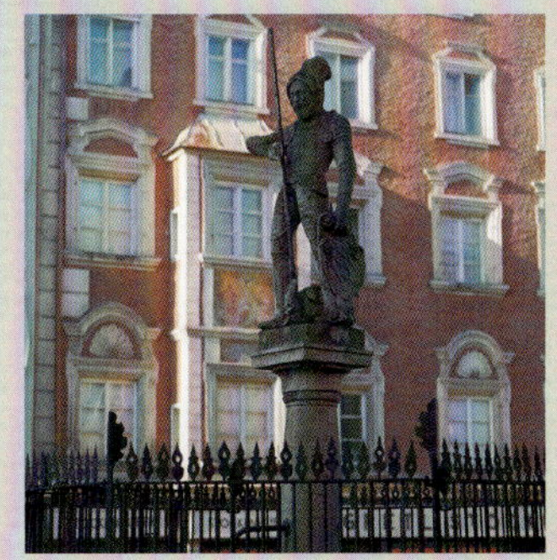

Der St. Georg-Brunnen auf dem Stadtplatz von Schärding.

Wirken der Inn-Salzach EUREGIO im grenzüberschreitenden Raum und das Bestreben, EU-Fördermöglichkeiten optimal zu nutzen.

Schul- und Verkehrswesen

Der Bezirk hat seit Jahren im Schulwesen, im Ausbau des Verkehrsnetzes und für die Freizeitgestaltung sehr viel geleistet. In 29 Volksschulen, 12 Hauptschulen und einer Sonderschule wird im Pflichtschulbereich für die schulische Grundausbildung der Kinder gesorgt. Mit erheblichem finanziellen Aufwand der schulerhaltenden Gemeinden wurden alle Pflichtschulbauten auf modernsten Standard gebracht. Im Herbst 1945 als Privatgymnasium gegründet und seit 1948 in öffentlicher Trägerschaft, erfuhr das Bundesgymnasium Schärding nach Bezug des Neubaues 1959 eine Ausweitung, so dass 1979 ein Großbau erfolgte, in dem auch die Bundeshandelsschule und -akademie untergebracht ist; seit 2002 HTL- und Fachschule Innviertel-Nord in Andorf:
Höhere Technische Lehranstalt für Werkstoffingenieurwesen (5-jährig).
Ausbildungsschwerpunkt Kunststoff- und Umwelttechnik: Die Ausbildungsinhalte reichen von Chemie über Maschinenbau, Kunststofftechnik, Umwelttechnik bis zu Material- und Verarbeitungstechnik.
Fachschule für Maschinen- und Fertigungstechnik (4-jährig): Der Schwerpunkt liegt in der fachpraktischen Ausbildung. Die Ausbildungsinhalte sind breit gefächert, der Abschluss ist laut BAG einer Lehrausbildung gleichgestellt.
Landwirtschaftliche Berufs- und Fachschule Otterbach: Eine 4-jährige Fachschule, wobei das vierte Jahr ein Praxisjahr ist.
Derzeit werden 150 Schüler und Schülerinnen in sechs Klassen und in einer Abendschule unterrichtet. Zur Schule gehört ein Rinderstall (Milchvieh-Laufstall), der an den FIH verpachtet ist.
Landwirtschaftliche Berufs- und Fachschule Andorf:
Seit über 30 Jahren gibt es in der Marktgemeinde Andorf die Landwirtschaftliche Fachschule – Fachrichtung Ländliche Hauswirtschaft – mit drei verschiedenen berufsvorbereitenden Ausbildungsschwerpunkten: Gesundheit und soziale Berufe , ECO-Design, Gastromanagement.
Die LWBFS Andorf ist eine berufsbildende mittlere Schule mit angeschlossenem Internat, in welcher derzeit über 200 Schüler und Schülerinnen unterrichtet werden. Darüber hinaus dient die Schule als regionales Kommunikations- und Bildungszentrum und so ist auch eine Abendschule für Erwachsene – Fachrichtung Ländliche Hauswirtschaft – integriert.

Die Donauschlinge bei Schlögen.

Lebensqualität, Fremdenverkehr, Kultur

Zur Hebung der Lebensqualität bietet der Bezirk gute Voraussetzungen. Die großzügige Wald- und Wiesenlandschaft und die reine Luft bilden ein abwechslungsreiches Erholungsgebiet mit Wander- und Radwegen, Gelegenheit zur Jagd, Fischerei und Reitsport. Die Stauseen an Inn und Donau laden zum Wassersport ein. In Zusammenarbeit von Gemeinden und Sportvereinen sind zahlreiche Sport- und Tennisplätze, Frei- und Schwimmbäder sowie Turnhallen entstanden. Im Winter stehen im Sauwald attraktive Langlaufloipen zur Verfügung.
In den Bemühungen um weiteren wirtschaftlichen Aufstieg spielt der Fremdenverkehr eine wichtige Rolle. Besonders der landschaftliche Reiz als Erholungsgebiet ist eine wertvolle Grundlage, die durch Verbesserung der Beherbergungsbetriebe sowie die angeführten Freizeitmöglichkeiten bereichert wurde. Als anziehend erweisen sich vor allem die Erholungsdörfer im Sauwald, das romantische Donautal und besonders die Bezirksstadt Schärding wegen ihres gepflegten historischen Ortsbildes, der Kneippkuranstalt, der ausgezeichneten Gastronomie und der komfortablen Hotels. Von großer Bedeutung sind die international bekannten und jährlich von tausenden Touristen angenommenen Radwege durch das Donautal (Donauradweg von Donauursprung bis Budapest bzw. Passau bis Wien) und das Inntal (Tauernradweg).
Nicht zuletzt ist der Bezirk Schärding Teil einer uralten Kulturlandschaft, die seit der Jungsteinzeit bis heute durchgehend besiedelt wurde und vielen Völkerschaften Heimstatt gegeben hat, wie den Illyrern, Kelten, Römern und Baiern. Die reichen Funde in den Heimathäusern legen davon Zeugnis ab. Das kraftvolle Wald-, Wiesen- und Ackergebiet mit seinen Flüssen und Bächen, den breitgelagerten Vierseithöfen und den Dörfern ist noch immer vorherrschend Bauernland, in das nur da und dort industrielle Betriebe eingestreut sind. Die Kapellen, Kirchen, Schlösser und Klöster sowie die Architektur der Märkte und der Stadt Schärding ergeben ein prächtiges Bilderbuch der Kunstgeschichte.
Bedeutende Künstler entstammen dem Bezirk oder wählen ihn als Lebensraum. Um nur einige zu nennen. Die bildenden Künstler Max Hirschenauer, Alfred Kubin, Margret Bilger, Herbert Fladerer, Hans Breustedt, Alois Dorn, Ernst Degn, Arnulf Rainer, Alois Riedl, Helmut W. Hundstorfer, Annerose Riedl, Helga Hofer und Max Holzapfel, die Schriftsteller Richard Billinger, Herbert Lange, Friedrich Ch. Zauner.
Bedeutende Mittelpunkte des kulturellen Lebens sind neben der Bezirksstadt mit ihren Galerien und dem Kubinsaal das Landeskulturzentrum Schloss Zell an der Pram, das Schloss Sigharting, das Kubin-Haus in Wernstein, das Bilger-Haus in Taufkirchen an der Pram, die Kirche in Brunnenthal sowie das Stift Engelszell.

Rudolf Greiner, Bezirkshauptmann

■ *Der Bezirk Ried im Innkreis hat eine Ausdehnung von 584,65 Quadratkilometern.*
■ *Der Bezirk zählt 58.680 Einwohner (2011). 2001: 58.203.*
■ *Der Bezirk grenzt im Norden an den Bezirk Schärding sowie an Deutschland, im Osten an den Bezirk Grieskirchen, im Süden an den Bezirk Vöcklabruck und imWesten an den Bezirk Braunau.*
■ *Der Bezirk umfasst 36 Gemeinden, darunter die Stadt Ried und acht Marktgemeinden.*

Die Stadt Ried im Innkreis, um 1860. Bleistiftzeichnung.

Rechts: Ried, Vorstadtstraße. Alte Fotografie.

Der Bezirk Ried

So wie das gesamte Innviertel gehört der Bezirk Ried im Innkreis seit dem Frieden von Teschen im Jahre 1779 zu Österreich. Durch diesen Vertrag wurden die Grenzen Österreichs an den Inn verlegt und Ried wurde Mittelpunkt des nunmehr österreichischen Innviertels und Sitz der Zentralbehörden des neuen „Innkreises".

Die Zugehörigkeit des Innviertels zu Österreich wurde noch einmal unterbrochen, als in dem von Napoleon aufgezwungenen Frieden von Schönbrunn (1809) dieser Landstrich abgetreten wurde. 1810 wurde das Innviertel durch den Pariser Vertrag an den rheinbundtreuen bayrischen König Maximilian I. als Dank für die geleistete Kriegsgefolgschaft übertragen. Bayern sagte sich im Zweiten Rieder Vertrag (1813) von Rheinbund und Napoleon los, wollte aber das Innviertel unbedingt erhalten.

Eine typische Innviertler Landschaft.

Nach der Niederlage Napoleons wurden auf dem Wiener Kongress die europäischen Verhältnisse neu geregelt. 1816 wurde das Innviertel endgültig Österreich zugesprochen. Die Innviertler sind also relativ junge Österreicher.

Das seit 1780 bestandene k. k. Innkreisamt wurde durch eine neue Organisation der politischen Verwaltungsbehörden aufgelöst und am 1. 1. 1850 begann die k. k. Bezirkshauptmannschaft als politische Behörde ihre Amtstätigkeit . Neben den Gerichtsbezirken Obernberg und Ried gehörte damals auch der Gerichtsbezirk Haag und der Markt Riedau dazu.

Nach Experimenten im Verwaltungsbereich mit Kreisämtern und Bezirksämtern wurden die Bezirkshauptmannschaften 1868 als untere Verwaltungsbehörde wieder eingerichtet. Ried verlor damit wieder den Charakter als Behördenkreisvorort des Innviertels bzw. erhielt ihn nur noch als Sitz des Kreisgerichtes (heute Landesgericht).

Mit der Errichtung einer eigenen Bezirkshauptmannschaft Grieskirchen und der damit verbundenen Abtrennung des Gerichtsbezirkes Haag im Jahre 1911 entstanden für den Bezirk, von geringfügigen Änderungen abgesehen, die noch heute gültigen Bezirksgrenzen.

Herzstück des Innviertels

Nicht nur wegen der geografischen Lage, sondern auch wegen seiner wirtschaftlichen Bedeutung nimmt der Bezirk innerhalb der Wirtschaftsregion Inn- und Hausruckviertel eine besondere Stellung ein.

Trotz des auch hier stattfindenden Strukturwandels werden noch immer fast 80 Prozent der Gesamtfläche des Bezirkes land- und forstwirtschaftlich genutzt. Die fruchtbaren Böden, vor allem im Norden des Bezirkes, eignen sich vor allem für Ackerbau, während im Süden die Viehzucht noch eine bedeutende Rolle spielt.

Nicht zufällig liegen im Bezirk Ried auch die Wurzeln so manchen bäuerlichen Fortschritts: Führende Molkereiverbände und Lagerhausgenossenschaften wurden hier gegründet und werden auch heute noch in einer den geänderten wirtschaftlichen Rahmenbedingungen angepassten Form betrieben. Die bäuerlichen Maschinen und Betriebshilferinge sind zum Vorbild für Einrichtungen dieser Art auch andernorts geworden. Die „Internationale Landwirtschaftsmesse Ried" beweist Anziehungskraft weit über Österreich hinaus. Der Fleckviehzuchtverband Inn- und Hausruckviertel wurde durch seine Exporte weltweit bekannt und hat sein Leistungsangebot durch die Errichtung der Besamungsstation in Hohenzell wesentlich erweitert.

Die prächtige Rokoko-Stuckfassade des Apothekerhauses in Obernberg am Inn.

Die Wirtschaft

Wenngleich die Landwirtschaft nach wie vor das Bild der Landschaft im Bezirk prägt, ist nicht zu übersehen, dass durch eine rege Bautätigkeit neue Siedlungen und Betriebsstätten entstanden sind. Auf Grund des Strukturwandels hat der Anteil der in der Landwirtschaft Beschäftigten in den letzten Jahren ständig abgenommen. Heute finden die Menschen fast ausschließlich Beschäftigung in Gewerbe und Industrie sowie Dienstleistungbetrieben.

Gerade in den letzten Jahren haben zahlreiche Initiativen und Aktivitäten dafür gesorgt, dass der Bezirk Ried für Betriebsansiedler attraktiv geworden ist. Die Zahl der Betriebe ist gestiegen und der Arbeitsmarkt hat sich gut entwickelt. Derzeit beschäftigen rund 3000 Betriebe der gewerblichen und industriellen Wirtschaft rund 23.000 Personen, wobei vor allem die Klein- und Mittelbetriebe die Basis für die wirtschaftliche Kraft des Bezirkes Ried bilden.

Titelminiatur im Einschreibbuch der Rieder Sebastians-Bruderschaft. 1503.

Zu den weit über die Region hinaus bekannten Unternehmen gehören insbesondere die Skifabrik Fischer und die im Flugzeugteilebau tätige FACC. Daneben gibt es vor allem Firmen, welche Produkte auf dem Gebiet des Maschinenbaus, technischer Anlagen und der Holzverarbeitung erzeugen und in viele Länder exportieren. Diese Unternehmen sind auch Träger eines seit einigen Jahren bestehenden Technologiezentrums in Ried.

Neben den bereits bestehenden Gewerbezentren in Ried, Gurten, Hohenzell, St.

A Wunsch is ja frei

Dnetta ains war mein Wunsch,
Und a Wunsch is ja frei;
I mecht z' Schildern bograbn
Lögn bon Müederl hiebei!

Franz Stelzhamer (1802–1874) in „'s Gläut“ (Schildern = Schildorn bei Pramet, Bezirk Ried im Innkreis).

Lithographie aus der Innviertler Topographie von Franz Ferdinand von Schrötter. 1779.

Martin und Aurolzmünster, in denen sich laufend Betriebe ansiedeln, hat auch das Betriebsbaugebiet in der Nähe der Abfahrt Ort der A8-Innkreis-Autobahn überregionale Bedeutung gewonnen.
Mit der Errichtung der Therme Geinberg gelang die wirtschaftliche Nutzung einer der erschlossenen Heißwasservorkommen entlang des Inn, damit wurde ein touristischer Leitbetrieb für die gesamte Region geschaffen.

Schulen, Gesundheit und Soziales

Die Bezirkshauptstadt Ried kann mit Recht als Schulstadt bezeichnet werden. Mit der HTL für Maschinenbau sind alle Typen weiterführender höherer Schulen vorhanden. Für die Ausbildung der Lehrlinge sorgen eine kaufmännische und eine gewerbliche Berufschule. Im Bezirk gibt es 42 Volksschulen, 10 Hauptschulen mit Polytechnischen Schulen und eine Sonderschule. Für die musische Bildung sorgen zwei Landesmusikschulen in Ried und Obernberg mit insgesamt sechs Zweigstellen.
Das allgemeine öffentliche Krankenhaus der Barmherzigen Schwestern mit rund 450 Betten wurde ständig erweitert und modernisiert. Durch die Schaffung zusätzlicher Abteilungen wurde das Angebot an medizinischen Leistungen verbessert, sodass dieses Krankenhaus als Schwerpunktkrankenhaus anerkannt worden ist. Eine segensreiche und geschätzte Einrichtung ist die dem Krankenhaus angeschlossene Palliativstation St. Vinzenz.
Im Sozialbereich bemühen sich die Gemeinden im Wege des Sozialhilfeverbandes mit hohen finanziellen Aufwendungen um einen Ausbau der Angebote an sozialen Leistungen im mobilen und stationären Bereich. So hat der Sozialhilfeverband in Obernberg und Ried neue Pflegeheime errichtet. Auch das Seniorenheim Mehrnbach ist für die Altenpflege unverzichtbar. Daneben werden die Angebote der Mobilen Dienste laufend ausgebaut.
Ein besonderes Anliegen ist die Schaffung von Betreuungseinrichtungen für Menschen mit Behinderungen. Neben Tagesstätten und geschützten Werkstätten ist besonders das Förderzentrum in Pramet zu erwähnen.
In der Bezirksstelle des Roten Kreuzes, das auch einen Notarztwagen betreibt, ist die Leitstelle für die Koordination der Rettungseinsätze im gesamten Innviertel eingerichtet. Für den Katastrophenhilfsdienst stehen neben dem Roten Kreuz und den Männern des Panzergrenadierbataillons 13 – Ried ist Garnisonsstadt – und der Exekutive vor allem die Freiwilligen Feuerwehren mit mehr als 6000 Mitgliedern zur Verfügung.

Kultur und Sport

Kulturelle Zentren des Bezirkes sind die Stadt Ried und das Chorherrenstift Reichersberg, das bereits dreimal Ort einer Landesausstellung war. Seit mehr als 40 Jahren finden im Rahmen des „Reichersberger Kultursommers“ kulturelle Veranstaltungen und Konzerte statt. Auch der „Rieder Kultursommer“ ist zu einem kulturellen Fixpunkt geworden.
In Ried wurde das Museum Innviertler Volkskundehaus in den letzten Jahren umgebaut und um den auch in architektonischer Hinsicht gelungenen Stadtsaal erweitert. Neben laufenden Ausstellungen verschiedener Künstler befinden sich in diesem Museum neben einer interessanten Darstellung der Stadtgeschichte volkskundliche Sammlungen und die Galerie der Stadt Ried. Sie bietet einen Überblick über das künstlerische Schaffen im Innviertel, das stark von der 1923 gegründeten Innviertler Künstlergilde geprägt ist. Dieser Vereinigung gehörten auch überregional bedeutende Künstler, wie Alfred Kubin, Margret Bilger, Wilhelm Dachauer und Herbert Dimmel an.
Besonders hervorzuheben ist, dass in Ried die berühmte Bildhauerfamilie Schwanthaler mehr als zwei Jahrhunderte lang ansässig und künstlerisch tätig war. Ihre Werke sind heute im Museum Innviertler Volkskundehaus, in der Rieder Stadtpfarrkirche und in vielen Kirchen der Umgebung zu besichtigen.
Von den zahlreichen Kulturvereinen ist der 1953 gegründete Brucknerbund zu nennen, der für Generationen von Musikerinnen und Musikern aktive Musikpflege ermöglichte und mit seinen Konzerten ein unverzichtbarer Teil des kulturellen Lebens der Region ist. Wichtige Impulse für den Musikbereich gehen von der Landesmusikschule Ried aus, die im Kulturzentrum St. Josef (ehemaliges Konvikt) untergebracht ist.
In einigen Orten außerhalb von Ried, wie Obernberg und Osternach (Ort im Innkreis), gibt es interessante Heimatmuseen. Besonders zu erwähnen ist Großpiesenham in Pramet, die Heimat des Dichters Franz Stelzhamer und seines würdigen Nachfahren Hans Schatzdorfer.
In Mettmach werden seit dem Zweiten Weltkrieg alle zehn Jahre Passionsspiele aufgeführt, deren Anziehungskraft weit über den Bezirk hinausreicht. Die dort tätige Spielgemeinschaft bringt aber auch andere Theateraufführungen auf die Bühne mit bemerkenswerter Qualität.
Selbstverständlich hat auch die Blasmusik im Bezirk Ried einen hohen kulturellen Stellenwert. Die 38 Blasmusikkapellen gestalten und prägen das gesellschaftliche Leben in den Gemeinden und tragen so wesentlich zur Lebensqualität der Menschen bei.
Bei vielen Sportvereinen wird vor allem den Jugendlichen die Möglichkeit zur sportlichen Betätigung geboten. Das hohe Interesse am Fußball ist auch auf die besonderen Leistungen des SV Ried zurückzuführen, der in einem neu gebauten Fußballstadion eine entsprechende Arena gefunden hat und schon seit mehr als einem Jahrzehnt in der obersten Spielklasse Österreichs viele Erfolge feiern konnte.

Franz Pumberger, Bezirkshauptmann

Die Stadt Ried von oben.

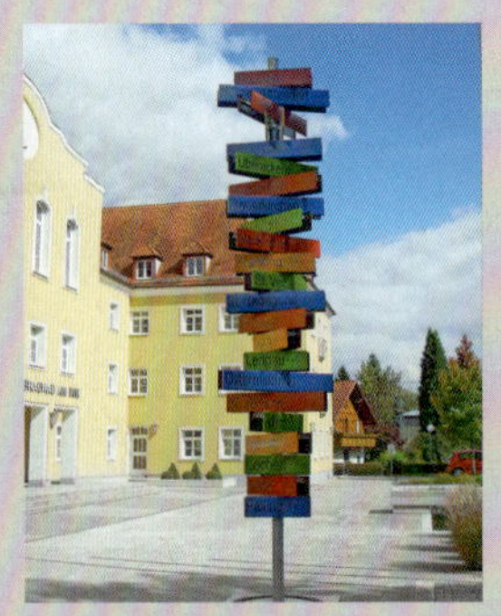

Gemeindenbaum der Künstlerin Ulrike Neumaier vor der Bezirkshauptmannschsft Braunau.

- *Der Bezirk Braunau am Inn hat eine Ausdehnung von 1040,70 Quadratkilometern; er ist flächenmäßig der viertgrößte Bezirk nach Gmunden, Kirchdorf und Vöcklabruck.*
- *Der Bezirk zählt 97.614 Einwohner (2011). 2001: 95.189.*
- *Der Bezirk grenzt im Norden und Westen an Deutschland, im Süden an Salzburg und im Osten an die Bezirke Vöcklabruck und Ried.*
- *Der Bezirk umfasst 46 Gemeinden, darunter die Städte Altheim, Braunau und Mattighofen und fünf Marktgemeinden.*

Der Bezirk Braunau

Die Bürgermeister und Amtsleiter der 46 Gemeinden des Bezirkes Braunau haben gemeinsam mit dem Team der Bezirkshauptmannschaft im Jahr 2008 einstimmig den Beschluss gefasst, Braunau als ersten Themenbezirk Österreichs zu positionieren. Sich der geschichtlichen Verantwortung als Geburtsstadt Hitlers bewusst, versteht sich der Bezirk Braunau mit seinen Gemeinden nunmehr als „Friedensbezirk".

Mit Franz Xaver Gruber, dem Komponisten des weitweit bedeutendsten Friedensliedes „Stille Nacht, Heilige Nacht", dem selig gesprochenen Franz Jägerstätter aus der Friedensgemeinde St. Radegund und Maria Hafner, dem „Engel der 4. Armee", stammen drei Lichtgestalten des Friedens aus dem westlichsten Bezirk Oberösterreichs.

Im Bezirk mit dem „tolerantem und sozialem Antlitz" steht das respektvolle, wertschätzende Miteinander im Vordergrund. Friedenssymbole in zahlreichen Gemeinden sind Beweis dieser Mentalität und Einstellung, mit der auch Konflikte mit Anstand gelöst werden sollen. Der „Mahnstein wider den Faschismus", klassische Symbole wie Friedenskreuze, -plätze, -brücken, -panoramen, -Labyrinthe bis zum „Rotkreuz-Park", der allen Ehrenamtlichen des Bezirks gewidmet ist, zeigen das positive Potenzial des Friedensbezirks. Stolz ist man auf den „Gemeindenbaum" vor der Bezirkshauptmannschaft, der die Bürgernähe und Serviceorientierung dokumentiert.

Am 21. Mai jeden Jahres gedenken wir des seliggesprochenen Franz Jägerstätter. Aus Glaubens- und Gewissensgründen verweigerte Franz Jägerstätter den Militärdienst und wurde schließlich nach Gefängnisjahren mit Folter im August 1943 in Brandenburg enthauptet. Jägerstätter gilt weltweit als Symbol mutiger Friedens- und Glaubensorientierung.

Am 24. Dezember ist der Bezirk Braunau in jeder Familie präsent, denn der Komponist von „Stille Nacht, Heilige Nacht", Franz Xaver Gruber, stammt aus diesem Bezirk, aus Hochburg-Ach, wo er in der „Steinpointsölde" am 25. November 1787 zur Welt kam.

Die Tridoppler aus Aspach.

Die weitgehend gotische Stadt Braunau mit der Stadtpfarrkirche St. Stephan (1439–1466).

Durch investitionsfreudige und innovative Unternehmer und durch den Fleiß und die hohe Qualifikation der Arbeitskräfte hat der Bezirk Braunau eine wirtschaftliche Krisensituation in der Vergangenheit gemeistert und sich zu einer prosperierenden Wirtschaftsregion entwickelt. KTM, Bernecker&Rainer, Palfinger AMAG, Austria Aluguss, WIEHAG, Wiesner-Hager und zahlreiche weitere Unternehmen zählen europa- und weltweit zu den führenden Firmen in ihren Bereichen. Die meisten Beschäftigten arbeiten jedoch in den vielen fleißigen Klein- und Mittelbetrieben. Ein Spezifikum des Bezirkes sind sicherlich die vier Privatbrauereien. Besonders stolz sind wir auf die Schnapsbrennerei Andre Christon in Munderfing, die älteste der Welt – seit 1800.

74 Pflichtschulen, zwei Berufsschulen, eine AHS und drei BHS sind Grundlage des umfassenden Bildungsangebots, das durch zwei landwirtschaftliche Fachschulen komplettiert wird.

Die Land- und Forstwirtschaft ist im Bezirk Braunau ein wesentlicher Erwerbszweig. Etwa 2900 land- und forstwirtschaftliche Betriebe bewirtschaften Grund und Boden des Bezirkes, von dem mehr als ein Drittel mit Wald bedeckt ist. Die österreichischen Bundesforste mit knapp 7000 Hektar Wald und der Forstwirt Castell-Castell mit rund 5000 Hektar sind die größten Grundbesitzer des Bezirkes. Weitere 24.000 Hektar sind Klein- und Kleinstwald.

Der gesamte Holzeinschlag liegt bei etwa 250.000 Festmetern pro Jahr, wobei mit knapp 60 Prozent die Fichte unsere Hauptbaumart ist. Als forstlicher Sonderstandard ist das Ibmer Moor zu erwähnen, wo Moorbirke, Moorkieferweide und Erle bestandsdominant sind.

Viele erfolgreiche Landwirte kümmern sich engagiert darum, dass Braunau ein grüner Bezirk ist. Milchwirtschaft und Viehzucht haben einen hohen Stellenwert in der Landwirtschaft.

Rund 8,2 Prozent beträgt der Ausländeranteil im Bezirk, wobei es unser Bemühen ist, unsere ausländischen Mitbürger bei ihren Integrationsbemühungen mit Rat und Tat zu unterstützen.

Der Bezirk Braunau ist auch im sozialen Bereich sehr engagiert und betreibt fünf Alten- und Pflegeheime (Braunau am Stadtbach und Braunau am Rosengarten, Altheim, Mattighofen und Ostermiething). Das

Der Komponist des weltberühmten Weihnachtsliedes „Stille Nacht" stammt aus dem Bezirk Braunau. In der Steinpointsölde (Gemeinde Hochburg-Ach) erblickte Franz Xaver Gruber 1787 das Licht der Welt.

Mahnstein in der Salzburger Vorstadt von Braunau.

Sonnenaufgang bei Handenberg.

Heimplätzeangebot des Sozialhilfeverbandes beträgt 510 Plätze. In Maria Schmolln besteht das Alten- und Pflegeheim der Franziskanerinnen mit 80 Plätzen, in Mauerkirchen bietet die evangelische Diakonie ebenfalls 80 Plätze in dem von ihr geführten Alten- und Pflegeheim an.

78 freiwillige Feuerwehren und vier Betriebsfeuerwehren in den Städten Altheim, Braunau und Mattighofen sowie in der Gemeinde St. Pantaleon sind in vier Feuerwehrabschnitte gegliedert. Rund 10.000 Feuerwehrfrauen und -männer sind ehrenamtlich im Dienste der Gemeinschaft tätig.

Der Bezirk hat zehn Ortsstellen des Roten Kreuzes mit 700 Mitarbeitern, 630 davon tun dies ehrenamtlich. Die gesundheitliche Versorgung gewährleisten das St. Josef-Krankenhaus in Braunau und knapp 80 niedergelassene Allgemein- und Fachärzte. Elf Polizeiinspektionen sowie die Stadtpolizei Braunau sorgen für die Sicherheit der Bevölkerung.

Die westliche Grenze des Bezirkes Braunau wird durch das Salzachtal gebildet. Die langgestreckte Tallandschaft der Unteren Salzach wird begleitet von einem lebendigen Auwald und sauren Wiesen. In der Gemeinde Überackern mündet die Salzach in den Inn. Dieser bildet in weiterer Folge die nördliche Grenze des Bezirkes. Die breite Talniederung mit der Austufe und den anschließenden Schotterterrassen führen zu einem Nebeneinander von agrarischen Produktionsflächen und dem international bedeutenden Vogelschutzgebiet Europareservat Unterer Inn.

Martin Zürn: Dachungsengel auf dem Katharienaltar in der Stadtpfarrkirche Braunau, 1663/64.

Die Mattig mit ihrem Talboden durchfließt den Bezirk Braunau von Süden nach Norden. Das zerfurchte Hügelland im Osten des Bezirkes Braunau mit Seehöhen bis knapp 800 m wird durch die ausgedehnten Waldflächen des Hausruck- und Kobernaußerwaldes gebildet. Aufgrund der Größe des zusammenhängenden Waldkomplexes ist der Hausruck- und Kobernaußerwald das grüne Rückgrat des Alpenvorlandes.

Der größte Moorkomplex Österreichs

Im Zentrum der wellig-buckligen Moränenlandschaft im Süden des Bezirkes Braunau liegt mit dem Ibm-Bürmoos-Weidmoos der größte Moorkomplex Österreichs.

Randlich begrenzt werden die Moorflächen durch eine landschaftlich reizvoll strukturierte Kulturlandschaft. Zerstreut liegende Streuwiesen und Trockenböschungen inmitten der Oberinnviertler Seenplatte durchmischt mit zahlreichen, oft wenigen Hektar großen, sehr artenreichen Buchenwäldern verleihen diesem Landschaftsraum seinen besonderen Reiz.

Der nordwestliche Bezirk Braunau ist geprägt durch die Forstlandschaft des Weilhart- und Lachforstes. Diese Forstlandschaft wird als dunkler Wald mit kleinen Seen, Vernässungen und Niedermooren beschrieben.

„Wegen Schönheit paradiesfähig" schrieb die renommierte deutsche Schriftstellerin Brigitte Kronauer an ihren nicht minder prominenten Literaturkollegen Eckhard Henscheid. Gemeint hat sie damit gewiss unseren Bezirk Braunau.

Diese Feststellung ist kein Zeichen von Arroganz, sondern nur Ausdruck eines gesunden Selbstbewusstseins, für das wir Oberinnviertler zu Recht stehen. Überzeugen Sie sich von den paradiesischen Zuständen unseres Bezirks! Denn unser Bezirk ist ein besonders gelungener, und unser Menschenschlag gehört zum Besten des Landes! Und zu den Friedliebenden, denn die Gemeinden Moosdorf und St. Radegund führen im Ortsnamen die Bezeichnung Friedensgemeinde. Und diese Motivation wollen wir im Bezirk leben und in die Welt tragen!

Georg Wojak, Bezirkshauptmann
gemeinsam mit dem Team der Bezirkshauptmannschaft Braunau:
Hans Gruber, Angela Stoffner, Eva Gaisbauer, Peter Kölblinger, Hans Reschenhofer, Hans Zillner, Josef Brandmayr, Josef Stöger und Johanna Spitzer.

Der Franz-Xaver-Gruber-Friedensweg in Hochburg-Ach ist eines der Aushängeschilder und Wahrzeichen des Friedensbezirkes.

Detail eines Pfingstornats der Stadtpfarrkirche Linz aus dem 17. Jahrhundert mit dem Linzer Wappen.

- *Linz, Landeshauptstadt von Oberösterreich, Stadt mit eigenem Statut, mit 189.367 Einwohnern (2011) die größte Stadt Oberösterreichs und drittgrößte Stadt Österreichs. 2001: 183.504.*
- *Linz hat eine Ausdehnung von 96,05 Quadratkilometern.*
- *Linz im Kulturhauptstadt-Jahr* *→ 2009*

O Linz am Donaustrande

Linz, o Linz am Donaustrande,
Linz in Oberösterreich,
Denk ich deiner, wird das Auge
Feucht, und wird das Herze weich.

Wilhelm Raabe (1831–1910) in der Novelle „Keltische Knochen", 1864.

Die Landeshauptstadt Linz

Die Wurzeln von Linz, der drittgrößten Stadt Österreichs, reichen bis rund 500 v. Chr. zurück, als hier keltische Stamme siedelten. Der Name leitet sich vom keltischen Wort „Lentos" für „an der Biegung des Flusses" her. Die Römer hatten hier den Militärstützpunkt „Lentia" errichtet.

Im 8. Jahrhundert scheint unter bairischer Herrschaft die Siedlung „Linze" im Bereich der Martinskirche auf. Sie wurde 799 erstmals genannt und ist eine der ältesten Kirchen Österreichs. In der Raffelstätter Zollordnung zu Beginn des 10. Jahrhunderts scheint Linz als königlicher Marktort mit überregionaler Bedeutung auf.

Mit der von international renommierten Architekten entworfenen solarCity Pichling hat Linz ein viel beachtetes Stadtentwicklungsprojekt realisiert.

Aufschwung im 13. Jahrhundert

Im 13. Jahrhundert wurde Linz unter den Babenbergern mit dem markanten Hauptplatz und der Stadtpfarrkirche nach Osten erweitert. Bürgerliche Rechte und bürgerliche Selbstverwaltung wurden etabliert. Linz wurde bevorzugter Verhandlungsort in politischen Angelegenheiten. Aus den beiden Kirchtagen hatten sich überregionale Jahrmärkte entwickelt.

Linz wird Landeshauptstadt

1489 machte Kaiser Friedrich III. bis zu seinem Tod 1493 Linz zur Residenzstadt. 1490 wurde die Stadt zur Hauptstadt des Landes ob der Enns und der Kaiser gestattete die freie Wahl eines Bürgermeisters. 1497 erhielt Linz nach Wien und Krems die dritte Donaubrücke Österreichs. Linz war zwar keine Residenzstadt mehr, konnte sich jedoch wirtschaftlich gut entwickeln.

1521 war Linz Schauplatz der Fürstenhochzeit des Habsburgers Ferdinand mit Anna von Ungarn. Sie legte den Grundstein für die Donaumonarchie. Die Stände gewannen großen Einfluss, den die Errichtung des Landhauses (1564) symbolisierte. Ab 1600 entstanden der Neubau des Linzer Schlosses und eine Reihe weiterer bedeutender historischer Bauten. An der ständischen Landschaftsschule lehrte ab 1612 der Astronom Johannes Kepler, dessen Gesetze über die Planetenbewegung Weltgeltung erlangten. Der geistigen Blütezeit folgten die Wirren der Bauernkriege mit der Belagerung von Linz im Jahr 1626.

Größte Manufaktur Europas

1672 kam es zur Gründung der Linzer Wollzeugfabrik, die nach ihrer Verstaatlichung im 18. Jahrhundert zur größten Manufaktur Europas werden sollte. Im Zuge des Österreichischen Erbfolgekrieges 1741/42 wurde die Stadt durch Truppen des bayerischen Kurfürsten besetzt. Napoleons Armee besetzte Linz in den Jahren 1800, 1805 und 1809. Als Folge entstanden die zum Teil noch erhaltenen Maximilianischen Befestigungsanlagen.

Wandel zum Wirtschaftszentrum

Die Biedermeierzeit brachte technische Neuerungen: 1832 wurde die Pferdeeisenbahn nach Budweis eröffnet. 1837/38 begann die Dampfschifffahrt auf der Donau. 1858 erreichte die Westbahn Linz. 1898 erfolgte die Inbetriebnahme der Pöstlingbergbahn als steilste Adhäsionsbahn in Europa. Die wirtschaftliche Entwicklung wurde durch die aufstrebende Textilindustrie wesentlich beeinflusst. Eine Reihe weiterer neu gegründeter Fabriken wie die Schiffswerft, die Tabakfabrik und andere Nahrungs- und Genussmittelhersteller stärkten ebenfalls den produzierenden Sektor. Das städtische Leben war noch eher beschaulich, doch erfolgte in der zweiten Hälfte des 19. Jahrhunderts ein beträchtliches Bevölkerungswachstum. Das Stadtgebiet wurde zunächst durch die Eingemeindungen von Lustenau und Waldegg erweitert. 1868 hatte Linz rund 30.000 Einwohner, 1880 bereits 41.700 und um die Jahrhundertwende 58.800. Es folgten die Eingemeindungen von St. Peter (1915), Urfahr und Pöstlingberg (1919), Kleinmünchen (1923) sowie von Ebelsberg und St. Magdalena (1938). Die 100.000 Einwohner-Marke wurde mit der Eingemeindung von Kleinmünchen überschritten.

Im Jahr 1929 war Linz der bedeutendste Industriestandort Oberösterreichs. 95 Betriebe zählten 8000 Mitarbeiter, während in Steyr nur 3850 Arbeitnehmer registriert wurden.

Nach dem „Anschluss" Österreichs wurden 1938 der Stahlerzeuger Reichswerke Her-

Linz aus der Vogelperspektive.

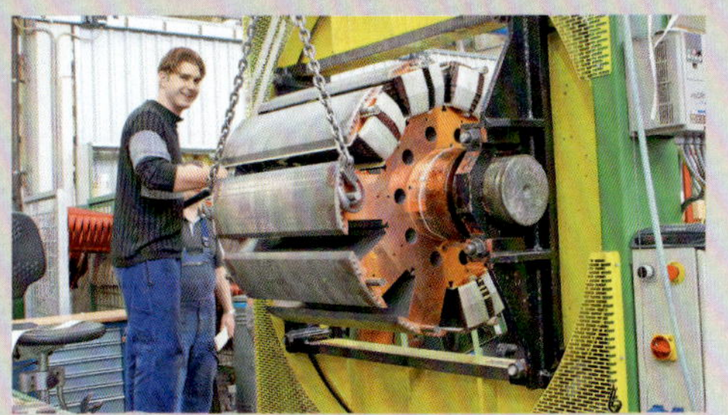

Rund 200.000 Arbeitsplätze machen Linz zum zweitgrößten Wirtschaftsraum Österreichs.

Linz is á Stadtl ...

Linz is á Stadtl
Und Wean ist a Stadt
Und z'Linz iß i's Bratl
Und z'Wean in Salat.
Alter Vierzeiler.

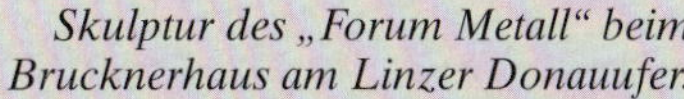

Skulptur des „Forum Metall" beim Brucknerhaus am Linzer Donauufer.

mann Göring und die Stickstoffwerke Ostmark gegründet. Die siebenjährige Periode der nationalsozialistischen „Wehrwirtschaft" warf die industrielle Entwicklung von Linz nach kurzen anfänglichen Erfolgen um Jahre zurück.
In der Nachkriegszeit erhielten fast alle größeren Linzer Industriebetriebe im Rahmen des amerikanischen Marshall-Plans finanzielle Mittel für den Wiederaufbau und die Modernisierung. Linz stieg zum zweitgrößten Wirtschaftszentrum Österreichs auf und leistete einen wesentlichen Beitrag zum österreichischen „Wirtschaftswunder". Das von der VOEST entwickelte LD-Verfahren revolutionierte weltweit die Stahlerzeugung.
An der Jahreswende 1985/86 gerieten die beiden größten Betriebe VOEST-Alpine AG und Chemie Linz AG durch hohe Verluste in eine existenzgefährdende Krise. Mit neuen Strukturen konnte die Stahl- und Chemiebranche jedoch eine zukunftsweisende Entwicklung einleiten. Allein der Leitbetrieb voestalpine investierte seit 2001 rund zwei Milliarden Euro in seinen Linzer Standort, der zu den weltweit modernsten und umweltfreundlichsten Stahlwerken zählt. Die Stadt Linz gab kräftige Impulse für die Wirtschaftsentwicklung. So entstanden das 1994 eröffnete Kongress- und Ausstellungszentrum Design Center, der Betriebspark Franzosenhausweg und das Betriebsansiedlungsgebiet Südpark im Stadtteil Pichling.
Der Linzer Wirtschaftsraum mit seiner Vielzahl an Betrieben verschiedenster Größen und Branchen ist sehr dynamisch. Linz hat derzeit rund 190.000 Einwohner und bietet rund 200.000 Arbeitsplätze. Davon entfallen drei Viertel auf den Dienstleistungsbereich.

Die Martinskirche gilt als der älteste teilweise noch ursprünglich erhaltene Kirchenbau Österreichs. → S. 68

Der Linzer Hauptplatz ist einer der größten barocken Hauptplätze Zentraleuropas.

Hohe Lebensqualität

Etwa die Hälfte des Linzer Stadtgebietes besteht aus Grünflächen. 1985 steckte sich Linz das Ziel, sauberste Industriestadt Österreichs zu werden. Durch Maßnahmen bei der Großindustrie und bei Gewerbebetrieben sowie die Umstellung von Wohnungsheizungen auf leitungsgebundene Energieträger konnten die Emissionen drastisch reduziert werden. Zur hohen Lebensqualität trägt das in den vergangenen zwei Jahrzehnten kräftig ausgebaute soziale Leistungsangebot wesentlich bei. Auch in moderne Sportparks und ein zeitgemäßes Angebot von Hallenbädern und Saunen hat die Stadt Linz kräftig investiert.

Bildungsstadt

Die 1966 gegründete Johannes Kepler Universität mit ihren drei Fakultäten hat sich als Stätte praxisnaher Forschung und Lehre einen Namen gemacht. ihre Technisch-Naturwissenschaftliche Fakultät ist ein geschätzter Innovationspartner der oberösterreichischen Wirtschaft. Die Linzer Kunstuniversität (ihre Vorläuferin war die 1947 gegründete Kunstschule der Stadt Linz) ist gleichermaßen Bildungseinrichtung wie Motor des kulturellen Lebens in der Stadt. Speziell in den Bereichen Mediendesign, Industrial Design und Architektur gibt es auch starke Anknüpfungspunkte zum Wirtschaftsleben.
Wichtige kulturelle Aktivposten sind das 1974 eröffnete Brucknerhaus und die Anton Bruckner Privatuniversität, die aus dem früheren Brucknerkonservatorium hervorgegangen ist. Die Katholisch-Theologische Privatuniversität bietet neben dem Theologiestudium auch die Studienrichtung Kunstwissenschaft und Philosophie. Die seit 2001 bestehende Linzer Fachhochschule deckt das Kompetenzfeld „Gesundheit und Soziales" ab.
Das Bekenntnis der Stadt Linz zur Bildung für alle signalisiert der im Herbst 2007 eröffnete, 63 Meter hohe Wissensturm beim Hauptbahnhof. Er vereint die Volkshochschule und die Zentrale der Stadtbibliotheken unter einem Dach und ist ein gefragtes Zentrum für Lesen, Literatur, Mediennutzung und lebensbegleitendes Lernen.

Kulturhauptstadt 2009

Der Stadt Linz ist es gelungen, sich auch als Kulturstadt international zu profilieren, sie war 2009 Europäische Kulturhauptstadt. (→ S. 542/543) Veranstaltungen wie das Brucknerfest, die Klangwolke und die Ars Electronica sind ebenso Teil des kulturellen Selbstverständnisses wie das umfassende Veranstaltungsangebot des Zeitkulturzentrums Posthof und Events wie das turbulente Pflasterspektakel. Als unkonventionelles „Museum der Zukunft" hat sich das Ars Electronica Center seit 1996 einen Namen gemacht. Es wurde mit Hinblick auf das Kulturhauptstadtjahr neu gestaltet und wesentlich erweitert. Ebenfalls seit 2009 bereichert der neue Südtrakt des Schlossmuseums die Linzer Museenlandschaft. Ein markantes Zeichen des kulturellen Engagements ist seit 2003 auch das gegenüber dem Ars Electronica Center an der Donau situierte Kunstmuseum Lentos.

■ Der Bezirk Linz-Land hat eine Ausdehnung von 460,14 Quadratkilometern.
■ Der Bezirk zählt 138.721 Einwohner (2011), er liegt damit von der Bevölkerungszahl her an erster Stelle (außer der Stadt Linz). 2001: 129.059.
■ Der Bezirk grenzt im Norden an den Bezirk Urfahr-Umgebung, im Osten an den Bezirk Perg sowie an Niederösterreich, im Süden an die Bezirke Steyr-Land und Kirchdorf an der Krems und im Westen an die Bezirke Wels-Land und Eferding.
■ Der Bezirk umfasst 22 Gemeinden, darunter die Städte Ansfelden, Enns, Leonding und Traun und sieben Marktgemeinden.
■ Sitz der Bezirkshauptmannschaft ist Linz.

Leonding. Aquarell von Fritz Störk, 1987.

Der Bezirk Linz-Land

Der Bezirk Linz-Land, im Zentrum des Städtedreiecks Linz–Wels–Steyr gelegen, hat sich in den letzten Jahren zum bevölkerungsreichsten und wirtschaftsstärksten Bezirk entwickelt. Während im äußeren Bereich des Bezirkes nach wie vor die Landwirtschaft vorherrscht, überwiegen im Nahbereich der Landeshauptstadt Linz bzw. entlang der Verkehrsachse Traun–Enns Gewerbe, Industrie und Einkaufszentren.

Der mit dem Steigen der Wirtschaftskraft verbundene Wohlstand hat auch der zugezogenen Bevölkerung ein neues Selbstverständnis gegeben und die Voraussetzungen für eine dauerhafte Selbstverwaltung der Gemeinwesen geschaffen.

Lage und Landschaft

Als Herzstück des oberösterreichischen Zentralraumes umfasst der ursprünglich die Landeshauptstadt zur Gänze umschließende Bezirk Linz-Land jetzt nur noch, wie ein breiter Gürtel, deren südlichen Teil von der Donau im Westen bis in den Osten. Im Raume von Wilhering reicht der Bezirk Urfahr-Umgebung und im Raume Asten der Bezirk Perg mit Enklaven über die Donau herüber. Im Westen grenzen die Bezirke Eferding und Wels-Land an, im Süden die Bezirke Kirchdorf an der Krems und Steyr-Land, im Osten bildet die Enns die natürliche Landes- und damit Bezirksgrenze.

Die Voralpen- und Donaulandschaft des Bezirkes zeigt eine deutliche Gliederung:

Von der Enns bis zur Traun erstreckt sich die Traun–Enns-Platte, die schließlich steil in das bis zu acht Kilometer breite Terrassental der unteren Traun abfällt. Eine weite

Das ehemalige Rathaus der Stadt Enns (Münzhaus), heute Museum.

Ebene breitet sich aus, ein Teil der Welser Heide als extremes Schotterfeld, nur von einer dünnen Humusschicht bedeckt. Im Norden gebietet die Geländestufe von Wagram, eine fruchtbare Lehm-Löß-Schwelle, die zum Harter Plateau führt, dieser Ebene plötzlich Einhalt. Daran schließt sich, allmählich ansteigend, eine fruchtbare Hochterrasse bis zur Schwelle von Kirchberg-Scharten an, einem Ausläufer des Hausruckviertler Schlierhochlandes. Diese Schwelle leitet zum geschlossenen Waldgebiet des Kürnbergs über, der als Sporn des Mühlviertler Granit- und Gneishochlandes über die Donau reicht.

Die Funktion des Bezirkshauptortes übt seit den Zeiten seiner Gründung die Landeshauptstadt Linz aus, in der auch die Bezirkshauptmannschaft ihren Sitz hat. Während die kleinste Gemeinde (Eggendorf im Traunkreis) lediglich 751 Einwohner zählt, leben in der größten, der Stadtgemeinde Traun, bereits an die 24.000 Menschen. Die Bevölkerungszahl des Bezirkes ist von etwa 47.000 im Jahr 1938 und 70.000 im Jahr 1950 auf 138.721 gestiegen.

Zunehmende Industrialisierung

Mit der Bevölkerungsentwicklung ging im Bezirk Linz-Land die Ansiedlung zahlreicher Gewerbe- und Industriebetriebe sowie Einkaufszentren Hand in Hand. Linz-Land zeichnet sich durch hervorragende Standortbedingungen und eine attraktive Verkehrsinfrastruktur für national und international tätige Betriebe aus. Kein anderer Bezirk in Österreich bietet alle Möglichkeiten von regionalen und überregionalen Verkehrswegen bzw. Verkehrsverbindungen auf Straße, Wasser, Schiene und in der Luft. Aufgrund dieser günstigen infrastrukturellen Verhältnisse sind neben den Neugründungen auch viele Betriebe aus Linz in den Bezirk übersiedelt.

Zur Unterstützung dieses starken Wirtschaftsraumes wurde in St. Florian ein Technologie- und Innovationszentrum errichtet. Es soll durch ihr Know-how, durch Erfahrungsaustausch, regionale Kooperationen, Mitwirkung an regionalen, überregionalen und europäischen Projekten zusätzliche wirtschaftliche und technische Multiplikatoreffekte entfalten.

Zur Bündelung der Interessen des Bezirkes wurde der Verein „Regionalforum Linz-Land" gegründet, der neben den Gemeinden auch die Interessensvertretungen angehören.

Etwa 33.000 Hektar oder 70 Prozent des Bezirkes werden noch immer landwirtschaftlich genutzt. Rund 6500 Hektar der Gesamtfläche sind von Wäldern bedeckt.

Günstige Verkehrslage

Die Dynamik des Bezirkes ist in entscheidendem Maße auf die Gunst der Verkehrslage zurückzuführen. Die wichtigsten und am stärksten frequentierten Verkehrswege Österreichs führen durch diesen Raum bzw. kreuzen sich hier. Die Lage des Bezirkes an der Wasserstraße der Donau hat zur Entwicklung des Hafens Enns geführt und erweist sich damit ebenso vorteilhaft wie der günstige Anschluss an den internationalen Flugverkehr durch den im Bezirk liegenden Flughafen Linz-Hörsching (Blue Danube Airport).

Die West- und die Pyhrnbahn sowie wichtige Straßen (Westautobahn, Innkreisauto-

Das barocke Augustiner-Chorherrenstift St. Florian.

Auf den Thurm krakseln

„Wenn Jemand nach Enns kummt, so soll er's ja nit versäumen, auf den Thurm auffiz'krakseln, denn da genießt man eine himmlische Aussicht. Es ist ein Panorama, was i nit so bald g'seh'n hab."

Hans-Jörgel: „Reise nach Oberösterreich, Salzburg und Bayern", Wien 1844.

Bauernhof bei St. Florian.

bahn, Mühlkreisautobahn ab Ansfelden sowie Wiener- und Kremstal-Bundesstraße) führen durch den Bezirk und bieten dem Personen- und Güterverkehr aus nah und fern günstige Voraussetzungen.
Die überdurchschnittliche Schwerpunktbildung durch Industrie und Wirtschaft sowie die ständig zunehmende Motorisierung erforderten einen Ausbau des gesamten Straßennetzes, der bei weitem noch nicht abgeschlossen ist. Die intensiven Betriebsansiedlungen, aber auch der tägliche Pendlerverkehr von bzw. nach Linz bedingen zusätzliche Straßenbaumaßnahmen bzw. den Ausbau der öffentlichen Verkehrsmittel. Der örtliche Verkehr ist durch den Kraftfahrzeugbestand, der auf rund 100.000 gestiegen ist, geprägt.

Schulwesen

Der enorme Bevölkerungszuwachs hat seine Auswirkungen auf das Schulwesen. Durch das Steigen der Schülerzahlen bzw. dem Trend zum Besuch höherer Schulen bedingt wurden in den letzten Jahren neue Schulen bzw. Schulzubauten geschaffen oder bestehende Bauten den modernen Anforderungen entsprechend adaptiert. Der EDV-gerechten Ausstattung der Schulen wurde ein besonderes Augenmerk zugewandt.
Derzeit bestehen im Bezirk 33 Volksschulen, an denen in 287 Klassen 5909 Kinder unterrichtet werden. Die 18 Hauptschulen des Bezirkes werden in 175 Klassen von 3740 Kindern besucht. Die vier Polytechnischen Schulen besuchen 442 Schüler in 19 Klassen. Daneben bestehen fünf Sonderschulen, die in 51 Klassen von 350 Schülern besucht werden. Die insgesamt 10.441 Pflichtschüler werden von 1285 Pflichtschullehrern unterrichtet.
In den sechs höheren Lehranstalten (Bundesrealgymnasium und Bundeshandelsakademie Traun, Bundesrealgymnasium Enns, Stiftsgymnasium Wilhering, Höhere Landwirtschaftliche Bundeslehranstalt St. Florian und die Höhere Technische Bundeslehranstalt in Leonding mit Spezialisierung auf Elektronik, Nachrichtentechnik und EDV) sowie in der Bundeshandelsschule Traun und in der Landwirtschaftlichen Fachschule Ritzlhof werden rund 3600 Schüler unterrichtet.

Altenvorsorge, Sicherheitswesen

Auf dem Gebiet der Altenvorsorge kann der Bezirk ebenfalls auf bedeutende Anstrengungen und Leistungen verweisen. Derzeit bestehen in Leonding, Hart, Haid (Stadtgemeinde Ansfelden), Enns, Hörsching, Neuhofen an der Krems, St. Florian und Traun Bezirksaltenheime. Darüber hinaus gibt es im Bezirk noch ein Gemeindealtenheim in Pasching. In allen diesen Heimen finden insgesamt mehr als tausend Menschen Unterkunft und Pflege.

Enns. Kolorierter Holzschnitt von Georg Hufnagel, 1617.

Ein weiterer Schwerpunkt im Bereich der Altenvorsorge ist die Errichtung von betreubaren Wohnungen, wobei der Sozialhilfeverband Linz-Land die Betreuung der Bewohner übernommen hat.
Außerdem gibt es in verschiedenen Gemeinden Tagesheimstätten für Ältere sowie Essen auf Rädern. Durch das Rote Kreuz wird im Bezirk eine Hauskrankenpflege, durch den Sozialhilfeverband Linz-Land in Zusammenarbeit mit der Caritas Mobile Hilfe und Betreuung angeboten.
Der zunehmende Straßenverkehr und die einer schnell wachsenden Bevölkerung in der Nähe einer Großstadt eigenen Konfliktstoffe und Spannungen stellen an die Sicherheitsorgane des Bezirkes immer höhere Anforderungen. Gegenwärtig stehen im Bezirk 246 Polizisten, verteilt auf neun Polizeiinspektionen und eine Grenzpolizeiinspektion im Einsatz. Günstig ist die Lage auf dem Gebiet der „technischen Nothilfe".
Die ärztliche Betreuung der Bevölkerung besorgen zwei Amtsärzte, 84 praktische Ärzte, 53 Fachärzte sowie 40 Zahnärzte.
Das Landeskrankenhaus Enns ist trotz der Nähe zahlreicher Linzer Krankenanstalten zumindest für den östlichen Teil des Bezirkes von außerordentlicher Wichtigkeit.
Auf dem Gebiet des Veterinärdienstes, der Tierseuchenvorsorge und der Tierheilkunde sind im Bezirk neben dem Amtstierarzt 19 Tierärzte freiberuflich tätig.

Der Erholungsraum blieb erhalten

Angesichts der starken Industrialisierung könnte man glauben, der Bezirk habe an Erholungswert verloren. Doch ist dies durchaus nicht der Fall. Es besteht in diesem Bezirk eine seltene Harmonie zwischen Industrie und Erholungsraum. Die farbenfrohe Landschaft, deren sanfte Hügel sich mit fruchtbaren Feldern und stattlichen Vierkanthöfen schmücken und deren grünende Wiesen mit vielen eingestreuten Wäldern und noch unberührten Augebieten zu einer Rast einladen, vermag einen reizvollen Hintergrund für erholsame Spaziergänge und Wanderungen abseits des pulsierenden Lebens zu geben. So ist es auch weniger der Urlauber als der Ausflugsfremdenverkehr, dem die durchaus gutqualifizierte Gastronomie des Bezirkes dient. Insbesondere dem Ausbau des Geh- und Radwanderwegnetzes wurde in den letzten Jahren besonderes Augenmerk zugewandt. Weiters bestehen zahlreiche Möglichkeiten für sportliche Betätigung auf ca. 250 Sportanlagen.
Zweifellos hat der Bezirk Linz-Land das turbulente Wachstumsproblem gemeistert. Bei Bewahrung des Erreichten und konsequenter Verfolgung des eingeschlagenen Weges wird ihm auch die Zukunft gehören.

Rudolf Doleschal, Bezirkshauptmann

■ Der Bezirk Eferding hat eine Ausdehnung von 259,66 Quadratkilometern; er ist flächenmäßig der kleinste Bezirk in Oberösterreich, außer den Städten Linz, Wels und Steyr.
■ Der Bezirk zählt 31.743 Einwohner (2011). 2001: 30.718. Der Bezirk weist die geringste Bezirks-Einwohnerzahl auf.

Schloss Eferding. Der heutige Zustand geht im Wesentlichen auf Ausbauten des 16. und 18. Jahrhunderts zurück. Das Schloss beherbergt das Stadtmuseum und die Sammlung der fürstlichen Familie Starhemberg.

■ Der Bezirk grenzt im Norden an den Bezirk Rohrbach, im Osten an die Bezirke Urfahr-Umgebung und Linz-Land, im Süden an den Bezirk Wels-Land und im Westen an den Bezirk Grieskirchen.
■ Der Bezirk umfasst zwölf Gemeinden, darunter die Stadt Eferding und drei Marktgemeinden.

Der Bezirk Eferding

Adalbert Stifter lässt seinen Romanhelden Witiko die Burg Schaunberg nahe Aschach besuchen. „Er ritt die Waldhöhe entlang. Als sie zu der Stelle kamen, oberhalb welcher der Bau errichtet wurde, ritten sie zu dem Werke empor. Es war eine Höhenzunge, welche sich von dem Berge hinwegstreckte. Auf der Zunge wurde die Burg erbaut ... Witiko stieg von seinem Pferde und auf ein Gerüste, und der Schaffner zeigte ihm, wie die Donau durch das schöne Land geht, da hinab, wo Wilheringen liegt und der Wald und die alte Burg Kürenberg, und wie jenseits der Donau die Berge hinansteigen, immer einer höher als der andere, bis sie das böhmische Land erreichen, wo sie am höchsten sind.“
Der Burgschaffner rühmt dem Gast die Aussicht: „Und von hier bis zu den blauen Bergen ist ein gesegnetes Land ... Höfe und Burgen liegen in ihm, und das Getreide und das Obst ist in Fülle.“

Landschaft und Geschichte

Diese Dichterworte gelten dem Eferdinger Becken, in alten Urkunden oft „Eferdinger Landl“ oder „Aschachwinkel“ genannt – und der Burg Schaunberg. Es ist keine heroische, sondern eine liebliche und fruchtbare Landschaft. Getreide-, Gemüse- und Obstbau bilden bis heute das wirtschaftliche Schwergewicht. Ihren Aufbau bestimmen Hügelland, Donau-Augürtel und Flachland. Von Westen kommend zwängt sich der „Nibelungenstrom“ durch das landschaftlich markant ausgeprägte, von dunklen Wäldern begleitete Engtal der „Schlögener Schlinge“ und tritt bei Aschach in die Weite des „Eferdinger Beckens“ ein. Bei Aschach treten die Granit-Bergzüge nach Norden und Süden zurück und umschließen das Becken in einem großen Oval, das sich bei Wilhering wieder schließt. In dieser Form erscheint die Landschaft wie eine grün geflammte Bauernschüssel mit flachem Boden und steil aufgeworfenen Rändern.

Keine heroische, dafür aber eine fruchtbare und liebliche Landschaft: Getreide-, Obst- und Gemüseanbau bilden das wirtschaftliche Schwergewicht des Bezirkes Eferding.

Dass der Bezirk Eferding sehr geschlossen erscheint und dass die hier lebenden Menschen ein starkes „Bezirksbewusstsein“ auszeichnet, hat seine Wurzeln unter anderem auch in der historischen Entwicklung. Das Gebiet des heutigen Bezirkes bildete früher das Herzstück des sogenannten „Schaunberger-Landls“, eines über lange Zeit hinweg von Österreich unabhängigen Territoriums (Reichsgrafschaft Schaunberg) mit eigenständigem Charakter. Da die Reichsgrafen von Schaunberg auch über Ländereien in Pettau (Ptuj, Slowenien) und Territorien in Schwaben herrschten, war die Burg Schaunberg ein kleines politisches Machtzentrum mit europäischen Verflechtungen.
Als die Grafen von Schaunberg 1599 ausstarben, ging ihr Erbe zum größten Teil auf die Herren, später Grafen und Fürsten von Starhemberg über. Von dieser Familie wurde vor allem Ernst Rüdiger von Starhemberg als Türkenbefreier von Wien sehr bekannt.
Ein nicht nur für den Bezirk Eferding folgenschweres Ereignis begab sich im Jahre 1626, als es im Zuge des großen oberösterreichischen Bauernkrieges im Emlinger Holz zu einer hohen Blutzoll fordernden Schlacht zwischen den aufständischen Bauern und den ständischen Truppen kam. (→ S. 124)
Bis zum Jahr 1848 wurde das Leben der Menschen in den altösterreichischen Ländern in ihren rechtlichen, sozialen, wirtschaftlichen und kulturellen Belangen vorwiegend von der Institution der Grundherrschaft bestimmt. An die Stelle der aus dem Mittelalter weiterwirkenden Grundherrschaft traten ab 1848 die Gemeinden. Das Gebiet des heutigen Bezirkes gehörte bis Anfang 1900 zur Kreisbehörde Wels des Hausruckkreises. Aus den Kreisämtern gingen nach mannigfachen Umgestaltungen und nach der Trennung der Justiz und Verwaltung in der zweiten Hälfte des 19. Jahrhunderts die Bezirkshauptmannschaften und die Bezirksgerichte hervor. Die Bezirkshauptmannschaft Eferding wurde erst später aus dem Verband mit Wels gelöst und 1907 als eigene Institution eingerichtet, obwohl in Eferding bereits ab 1850 eine Expositur bestand.
Dem Bezirk gehörten bei seiner Errichtung insgesamt 19 Gemeinden an und es bestand dieser aus den Gerichtsbezirken Eferding und Waizenkirchen.
Im Jahre 1923 wurde der Gerichtsbezirk Waizenkirchen aufgelöst und mit Ausnahme von Prambachkirchen und St. Marienkirchen der Bezirkshauptmannschaft Grieskirchen zugeteilt. Ende 1938 wurde die Bezirkshauptmannschaft Eferding aufgelöst und der Bezirk während der NS-Herrschaft an Grieskirchen angegliedert. Der oö. Landtag fasste in der Sitzung am 20. 3. 1946 den Beschluss, die Bezirkshauptmannschaft Eferding wieder zu errichten und mit 1. 8. 1948 nahm schließlich diese ihre Tätigkeit wieder auf.

Die Gemeinden und deren Kultur

Bei einer Rundreise durch den Bezirk stößt man auf Orte von hoher historischer Bedeutung, unzähligen Denkmälern, einer herrlichen Landschaft, hochentwickelter Landwirtschaft und modernen Gewerbebetrieben. Plätze reger Betriebsamkeit wechseln mit Orten, die zum Verweilen und Nachdenken in einer weitgehend unberührten Natur einladen.
Die Bezirkshauptstadt, die Stadt Eferding, war schon in römischer Zeit besiedelt und erhielt als eine der ersten Städte Österreichs im Jahre 1222 das Stadtrecht. Besondere literarische Berühmtheit erlangte die Stadt durch ihre Erwähnung im Nibelungenlied. Die unter den Schaunbergern erbaute Stadtpfarrkirche, der „Eferdinger Dom“, zählt zu den drei bedeutendsten Bauwerken der Gotik in Oberösterreich.

Die Eferdinger Spitalskirche hl. Jungfrau Maria. Gotischer Westturm (14. Jahrhundert).

Gedenke Deiner Ahnen

„Gedenke Deiner Ahnen, die hier gefallen sind im Kampfe für Freiheit und Heimat."

Aufschrift auf dem Holztor zum Eingang des Bauernkriegsdenkmals im Emlinger Holz, dort, wo sich die Gemeinden Alkoven und Fraham berühren.

Eferding. Stich von Matthäus Merian. 1649.

Kunstwerke von hohem Rang sind auch die von den Freiherrn Schifer gegründete Spitalskirche und das Eferdinger Schloss, welches bis heute im Eigentum der Fürsten von Starhemberg steht.

Die Bezirksstadt Eferding hat sich auch zu einer Schulstadt entwickelt; neben einem ausreichenden Angebot an Pflichtschulen gibt es auch eine Handelsschule und eine Handelsakademie sowie ein Polytechnikum.

Gelangt man von Linz her in den Bezirk Eferding, so kommt man zuerst nach Alkoven, der flächen- und einwohnermäßig größten Gemeinde des Bezirkes. Am Rande dieses Ortes liegt das Schloss Hartheim mit einem der schönsten Arkadenhöfe im Renaissancestil. Die mit dem Schloss verbundenen Vorfälle in der jüngsten Geschichte sollten Anlass zum Nachdenken geben. (→ S. 349) Neben dem Schloss befindet sich das Institut Hartheim, eine moderne Betreuungsstätte für behinderte Menschen.

Für Freunde sakraler Kunst lohnt sich der Besuch der Wallfahrtskirche Maria Scharten in der gleichnamigen Gemeinde. Die Toleranz-Kirche in Scharten ist eine der ersten evangelischen Kirchenbauten Österreichs.

Besondere Genüsse werden in der Marktgemeinde St. Marienkirchen an der Polsenz geboten. Im Mostmuseum wird das Entstehen der oberösterreichischen „Landessäure" sehr informativ vorgeführt und die Landwirte, so wie dies überall im Eferdinger Landl, bieten Most von höchster Qualität an.

Die Gegend um die Marktgemeinde Prambachkirchen zeugt von uraltem Kultur- und Siedlungsgebiet. Funde aus der Jungsteinzeit und der Römerzeit beweisen dies.

In dieser Gemeinde befindet sich auch das Ordenshaus Dachsberg mit einem Gymnasium. Die Klosterkirche in der Gemeinde Pupping ist der Sterbeort des heiligen Wolfgang. Diesem wurde 1994 anlässlich der 1000-jährigen Wiederkehr gedacht. Die Gemeinde ist auch durch ihre als Vorbild zu würdigende Ortsbildgestaltung und durch die vielbesuchte „Gemüsemesse" bekannt.

Das Pfarrdorf Stroheim hat seine historische Bedeutung als Sitz einer Kommende der Malteser-Ritter, die von den Reichsgrafen von Schaunberg gestiftet worden war. Auf dem 655 m hohen Mayrhoferberg, der höchsten Erhebung des Bezirkes, befindet sich die 1884 errichtete Aussichtswarte.

Der Ort Hartkirchen birgt in seiner Kirche ein besonderes Juwel barocker Illusionsmalerei aus der Mitte des 18. Jahrhunderts und die gotische Wallfahrtskirche zu Hilkering, wohl ein Werk der Dombauhütte St. Stephan zu Wien, ist ein verstecktes Kleinod.

Das Donaukraftwerk Aschach.

In Hartkirchen liegt auf einem ausgeprägten Bergsporn die Burgruine Schaunberg; Oberösterreichs größte und mächtigste Burganlage.

Ein vielbesuchter Ort ist die bereits im Jahre 777 erwähnte Marktgemeinde Aschach an der Donau. Die prachtvollen Plätze an der Donau mit ihren schönen Häusern erinnern an die ehemalige Bedeutung dieses Ortes als Hafen und Mautstelle. Der Markt ist auch Standortgemeinde eines großen Donaukraftwerkes.

Die Gemeinde Haibach ob der Donau ist ein sehr beliebtes Ausflugsziel, vor allem wegen der vielen beeindruckenden Aussichtspunkte in die „Schlögener Schlinge", einen der schönsten Abschnitte des gesamten Donaustromes.

Im Bezirk herrscht insgesamt ein sehr reges kulturelles Leben, wozu insbesondere mehrere Chöre (zum Beispiel der Davidchor, nach dem Eferdinger Komponisten Johann Nepomuk David benannt), die Musikschulen und Musikkapellen beitragen. Auch das Brauchtum wird sehr gepflegt.

Die Infrastruktur des Bezirkes

Da das Eferdinger Becken sehr fruchtbar ist – vor allem wird neben Getreide und Mais auch der Gemüse- und Obstbau betrieben – bilden Betriebe, die diese Produkte verarbeiten und vermarkten, einen natürlichen Schwerpunkt des Bezirkes. Das Eferdinger Becken wird daher auch als „Gemüse-Feinkostladen" Oberösterreichs bezeichnet.

Die gewerbliche Wirtschaftsstruktur des Bezirkes ist an sich sehr ausgewogen, wobei die meisten Gewerbe- und Industriebetriebe im Bereich der Bezirksstadt und in den angrenzenden Gemeinden konzentriert sind. Weitere Zentren größerer Betriebe sind Aschach, Hartkirchen, Alkoven und Prambachkirchen. Es überwiegen wie überall in Oberösterreich aber die Klein- und Mittelbetriebe.

Der Bezirk ist ein dynamischer und attraktiver Wirtschaftsstandort, was sich auch in der niedrigsten Arbeitslosenzahl von Oberösterreich bzw. des gesamten Bundesgebietes niederschlägt.

Beim Sommertourismus steht die Naherholung (Erlebnisbad Eferding, Freibäder und Badeseen; Wander- und Radwege) für die umliegenden Ballungszentren im Vordergrund. Von der Schlögener Schlinge donauabwärts führt einer der schönsten Abschnitte des Donau-Radweges. Auch für den Wintertourismus gibt es einige Möglichkeiten, wie einen Skilift mit Beschneiungsanlage in der Ortschaft Dorf (Gemeinde Hartkirchen) und Langlaufloipen in Haibach und Stroheim. In der Ortschaft Seebach (Gemeinde Hinzenbach) wird eine Skisprungschanze betrieben. Der dortige Skisprungverein ist eine Talenteschmiede für die jungen Adler Österreichs.

Der Bezirk Eferding, das Eferdinger Landl, ist somit ein Bezirk, der sich aus seinen tiefen geschichtlichen Wurzeln nährt und heute zu einem pulsierenden und dynamischen Wirtschafts- und Lebensraum für seine Bevölkerung geworden ist, die mit Liebe und Stolz zu ihrem „Landl" steht.

Michael Slapnicka, Bezirkshauptmann

Wappen von Grieskirchen. Farblithographie, 1885.

■ *Der Bezirk Grieskirchen hat eine Ausdehnung von 578,97 Quadratkilometern.*
■ *Der Bezirk zählt 62.644 Einwohner (2011). 2001: 61.960.*
■ *Der Bezirk grenzt im Norden an den Bezirk Rohrbach, im Osten an die Bezirke Eferding und Wels-Land, im Süden an den Bezirk Vöcklabruck, im Westen an den Bezirk Ried im Innkreis und im Nordwesten an den Bezirk Schärding.*
■ *Mit seiner Gründung 1911 ist Grieskirchen der jüngste oberösterreichische Bezirk.*
■ *Der Bezirk umfasst 34 Gemeinden, darunter die Städte Grieskirchen und Peuerbach und 14 Marktgemeinden.*

Der Bezirk Grieskirchen

Der Bezirk Grieskirchen erstreckt sich zwischen den Ausläufern des Sauwaldes und dem südlichen Donauufer in der Schlögener Schlinge bis zum Hausruck-Kamm im Süden und dem Westrand der Welser Heide im Osten sowie dem Eferdinger Becken im Nordosten. Die höchste Erhebung liegt mit 750 m im Hausruck. Die Landschaft ist als welliges, fruchtbares, freundliches Hügelland mit bewaldeten Kuppen typisch für diesen Landesteil Oberösterreichs und gibt der Region den Namen „s'Landl". Charakteristisch für „s'Landl" ist die prächtige Baumblüte der zahlreichen Obstbäume im Frühling. Ein weiteres Charakteristikum sind die vielen Schlösser, die sich historisch aus der Nähe zur alten Landesgrenze zwischen Oberösterreich und Bayern erklären, denn diese läuft entlang der Grenze („Granatz") zu den angrenzenden Bezirken Ried und Schärding.

Der Innenhof des Renaissance-Schlosses Parz.

Die Geschichte des heutigen Bezirkes ist eng verbunden mit den Bauernkriegswirren um 1626. Stefan Fadinger, den die aufständischen Bauern zu ihrem Führer ernannt hatten, war ein Bauer aus Fatting am Walde (Gemeinde St. Agatha) und führte gemeinsam mit seinem Schwager Christoph Zeller die Bauern an. Auf der Ledererwiese bei Peuerbach gelang den Bauern ein vernichtender Sieg über die Truppen des Grafen Herberstorff. Bis zum Erwerb des Innviertels im Jahr 1779 war der Bezirk Grieskirchen Grenzland und hatte zur Absicherung viele Burgen und Schlösser. Als Mitte des 19. Jahrhunderts die Bezirkshauptmannschaften gegründet wurden, gehörte der heutige Bezirk Grieskirchen zum Bezirk Wels bzw. zu Schärding. Die Überlastung dieser Bezirkshauptmannschaften, die schlechten Verkehrsbedingungen und die langen Anfahrtswege für die Bürgerinnen und Bürger führten schließlich dazu, dass mit Kundmachung des Ministeriums des Inneren in Wien vom 11. April 1911 die Errichtung der Bezirkshauptmannschaft in Grieskirchen mit den Gerichtsbezirken Grieskirchen (vorher Wels), Haag/H. (vorher Ried/I.) und Peuerbach (vorher Schärding/I.) genehmigt wurde. Der Beginn der Amtstätigkeit der Bezirkshauptmannschaft Grieskirchen und damit die Geburtsstunde des Bezirkes Grieskirchen waren der 1. Juli 1911.

Der Bezirk feierte im Jahr 2011 seinen 100. Geburtstag und hat in den ersten 100 Jahren seines Bestehens eine dynamische Entwicklung erfahren, Fleiß, Kreativität, visionäres Denken, aber auch Bodenständigkeit, Brauchtumspflege und vor allem gesellschaftlicher Zusammenhalt haben für eine dynamische Entwicklung gesorgt, die für hohe Lebensqualität, gute Ausbildungsstätten und innovative Betriebe mit sicheren Arbeitsplätzen sorgen. War das „Landl" bis in die Mitte des 19. Jahrhunderts gefestigtes Bauernland, so hat die einsetzende Industrialisierung nach 1848 und das Vordringen der Technik in Verbindung mit dem Entstehen von Eisenbahnlinien für diesen großen wirtschaftlichen Aufschwung gesorgt. Der erste Weltkrieg und seine wirtschaftlichen Folgeerscheinungen mit Inflation und Arbeitslosigkeit brachten große Veränderungen, die zu Abwanderungstendenzen (Landflucht) führten. Diese Entwicklung ist erst in den sechziger Jahren des 20. Jahrhunderts zum Stillstand gekommen und führt die gute wirtschaftliche Entwicklung seither zu einer Bevölkerungszunahme.

Grieskirchen vom Süden gesehen. Photographie um 1930.

Wirtschaft und Infrastruktur

Die wirtschaftlichen Zentren liegen im Trattnachtal mit den Gemeinden Grieskirchen, Schlüßlberg, Wallern an der Trattnach, Bad Schallerbach, aber auch rund um Peuerbach mit den Umlandgemeinden Bruck-Waasen und Steegen sowie an der Achse zu Waizenkirchen und Neukirchen am Walde und im Süden an der Achse Weibern und Haag am Hausruck. Die Maschinen- und Stahlbauindustrie zählt traditionell zu den bedeutendsten Sparten, Nahrungs- und Genussmittelindustrie sowie Elektro- und Elektronikindustrie, keramische und chemische Industrie und besondere Innovationen im Bereich der Energietechnik sind verantwortlich für den großen wirtschaftlichen Aufschwung. Ebenso charakteristisch für den Bezirk Grieskirchen sind die handwerklich dominierten klein- und mittelständischen Unternehmen mit einem guten Mix durch alle Wirtschaftssparten. Sie sind zusammen mit Dienstleistung, Handel und Gewerbe ein stabiles und be-

Wellenförmig ist die Gegend

„Wellenförmig ist die Gegend, und in den Tälern
liegen die freundlichen Dörfer versteckt unter blühenden Bäumen,
welche die ganze Umgebung erfüllen mit lieblichem Dufte."

Matthias Altmann (1790–1880) im „Oberösterreichischen Georgicon", 1845.

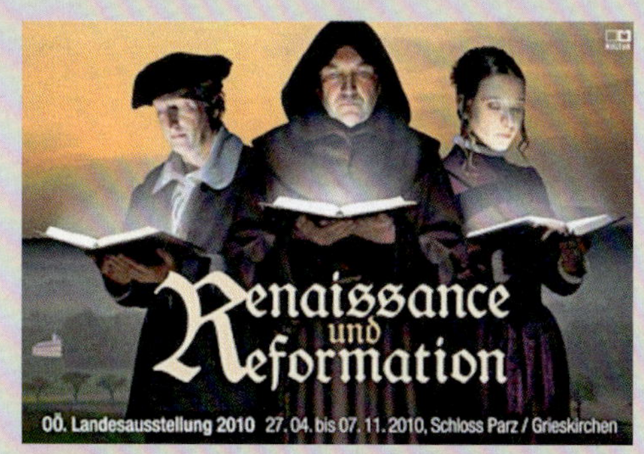

233.200 Besucher kamen zur Landesausstellung in das Schloss Parz bei Grieskirchen.

deutendes Standbein in der Region. Der Bezirk Grieskirchen zählt regelmäßig zu den österreichweit besten Regionen mit niedrigsten Arbeitslosenraten um drei Prozent. „Handwerk mit Weltruf" ist heute eine Dachmarke des Bezirkes Grieskirchen.
In der Raumordnung hat sich diese wirtschaftliche Entwicklung entlang der Hauptverkehrsadern der A8 Innkreisautobahn und dem Trattnachtal entfaltet. Ein interkommunales Betriebsbaugebiet konnte in den drei Gemeinden Grieskirchen, St. Georgen und Tollet geschaffen werden, ebenso im Raum Peuerbach und Waizenkirchen. Wertvolle Entwicklungsimpulse gehen von den Regionalentwicklungsvereinen und den Leader-Regionen aus, deren Zielsetzung die weitere wirtschaftliche Entfaltung im ländlichen Raum ist. Zwei Leader-Regionen, das Mostlandl-Hausruck und Hausruck-Nord setzen viele Akzente.
Im Gesundheits- und Wellnesstourismus hat das Land Oberösterreich mit seinem Engagement durch die Schaffung des EurothermenResorts in Bad Schallerbach dafür gesorgt, dass der Bezirk Grieskirchen sich mit weiteren Angeboten in Gallspach und St. Agatha österreichweit als nächtigungsstarke Destination etablieren konnte. Das EurothermenResort ist heute der größte Thermenbetrieb Österreichs. Der Tourismusverband Vitalwelt-Hausruck zwischen Wallern und Haag hat mit dem Weg der Sinne in Haag dem Ausbau des Radwanderangebotes im Trattnachtal sowie der Anbindung an den Donauradwanderweg das Angebot noch ausgebaut.
Land- und Forstwirtschaft haben traditionelle und hohe Bedeutung, die land- und forstwirtschaftlich bewirtschaftete Fläche beträgt 50.000 Hektar, wobei etwa 75 Prozent auf landwirtschaftlich genutzte Flächen entfallen. Rund 17 Prozent der Fläche sind Waldgebiet.
Infrastrukturell verfügt der Bezirk Grieskirchen über ein dichtes Straßennetz, das sich an der Ost-West-Achse orientiert. Der bessere Ausbau der Nord-Süd-Verbindungen und eine Optimierung der Anbindung an die A8 Innkreisautobahn ist der Wirtschaft ein wichtiges Anliegen. Neben elektrischer Energie konnten in den letzten Jahren die wichtigsten industriellen und gewerblichen Standorte mit Erdgas als weiteren Energieträger erschlossen werden. Im Bereich der erneuerbaren Energie wurde durch innovative Betriebe mit Hackschnitzel- und Biomasseanlagen besonderes Know-how und damit eine sehr gute Marktposition erarbeitet. Bemerkenswert ist auch die Wärmeversorgung der Gemeinden Geboltskirchen und Haag am Hausruck durch geothermische Anlagen.

Das Klinikum Wels-Grieskirchen der Kreuzschwestern versorgt die gesamte Region mit ausgezeichneten Gesundheitsdienstleistungen. Zur Behandlung von Bewegungsbehinderungen, Rheuma und Herz-Kreislauferkrankungen stehen die Kuranstalten und Rehabilitationseinrichtungen in Bad Schallerbach mit dem Schwefelthermalwasser sowie das weltberühmte Institut Zeileis in Gallspach zur Verfügung. Der Bezirk Grieskirchen verfügt über mehrere Behinderteneinrichtungen, wie das Dorf von Assista in Altenhof am Hausruck sowie St. Pius in Peuerbach und die Rehabilitationseinrichtungen des Zivilinvalidenverbandes in Tollet und Schlüßlberg.
Der Sozialhilfeverband Grieskirchen als Verband aller 34 Gemeinden bietet in den Bezirksalten und -pflegeheimen in Grieskirchen, Gaspoltshofen, Pram und Peuerbach zusammen mit dem Gemeindealtenheim in Waizenkirchen sowie dem Ordensheimen in Gallspach und ab 2013 auch in Bad Schallerbach ein gutes stationäres Angebot, das durch ein umfassendes Angebot an mobilen Diensten für die älteren Bewohner ergänzt wird. Die starke und enge Koordination und Kooperation im Gesundheits- und Sozialbereich auf Bezirksebene sorgt für ein enges soziales Netz. Die enge Zusammenarbeit in der Versorgungsregion 42 mit Wels, Wels-Land, Eferding und Grieskirchen ist beispielgebend bei den Sozial- und Gesundheitsdienstleistungen. Mobil vor stationär ist ein wichtiger Grundsatz, um die älteren und pflegebedürftigen Menschen möglichst lange im häuslichen Umfeld zu halten.
Der Bezirk verfügt über ausgezeichnete Aus- und Weiterbildungseinrichtungen. Die Altenfachbetreuungsschule des Landes Oberösterreich hat mit Gaspoltshofen ebenfalls einen Standort in Grieskirchen. 2011 konnte das Schulzentrum Grieskirchen eröffnet und die Höhere Technische Lehranstalt für EDV und Organisation verbundlicht werden, was für die Betriebe und die Wirtschaft ein wichtiger Faktor ist.

Kulturgüter und Landesausstellung

Der kulturelle Reichtum des Bezirkes und die besondere Bedeutung dieser Region in der zweiten Hälfte des zweiten Jahrtausends mit den vielen daraus entstandenen Schlössern wie Parz bei Grieskirchen, Tollet oder Aistersheim waren Hintergrund der Landesausstellung 2010. Gemeinsam mit der evangelischen Kirche Oberösterreichs hat das Land Oberösterreich mit dem Thema „Renaissance und Reformation" den zeitlichen Schnittpunkt zwischen Mittelalter und Neuzeit bearbeitet. Die Landesausstellung war mit 233.200 Besuchern in Parz und 81.200 Besucher bei sonstigen Landesausstellungs-Projekten sehr erfolgreich und trug nachhaltig zur wirtschaftlichen und kulturellen Entwicklung des Bezirkes Grieskirchen bei. Das Landschloss Parz zählt zu den schönsten Renaissance-Schlössern mit einem umfangreichen Wandmalereizyklus aus dem späten 16. Jahrhundert an der Südfront, die den größten im Original erhaltenen Zyklus von Außenfresken der Renaissance nördlich der Alpen bildet. Es war zusammen mit Schloss Tollet, dem evangelischen Museum in Rutzenmoos, der evangelischen Pfarrgemeinde Wallern und der Stadt Peuerbach Austragungsort der Landesausstellung. Schloss Aistersheim ist eines der schönsten und typischsten Wasserschlösser der Spätrenaissance in Österreich. Die Schiffskanzel in der Pfarrkirche von Gaspoltshofen ist eine sakrale Rarität. Im Schloss Peuerbach ist das Bauernkriegsmuseum eingerichtet, mit der Schaffung des „Kometors" aus Anlass der Landesausstellung 2010 wurde dem Mathematiker und Kometenforscher Georg von Peuerbach ein astronomisches Denkmal geschaffen. Ihm ist auch die Astrolabium-Uhr am Peuerbacher Rathaus gewidmet.

Schloss Tollet in Grieskirchen, erbaut 1601–1611, heute Heimatmuseum.

Historisch-kulturelles Bewusstsein, soziales Engagement und der Zusammenhalt in der Region sind gute Grundlagen für die hohe Lebensqualität und gute Voraussetzungen für das Meistern der zukünftigen Herausforderungen im jüngsten Bezirk Oberösterreichs – Grieskirchen ist ein Bezirk mit Zusammenhalt, Tradition und Zukunft!

Christoph Schweitzer, Bezirkshauptmann

Wappen von Wels. Farblithographie, 1885.

■ *Wels, Stadt mit eigenem Statut, mit 58.713 Einwohnern (2011) die zweitgrößte Stadt Oberösterreichs. 2001: 56.478.*
■ *Wels hat eine Ausdehnung von 45,91 Quadratkilometern.*

Dynamisches Wels: Gründerzeit und moderne Architektur ergänzen einander.

Die Stadt Wels

Stadt und Bezirk Wels liegen in einem ebenen Gebiet des Alpenvorlandes, an der Welser Heide, in der sich wichtige Verkehrsverbindungen in West-Ost-Richtung mit solchen aus den Alpen nach Böhmen kreuzen. Funde aus der Jungsteinzeit deuten auf frühe Besiedlung hin. Der Name Wels selbst lässt sich aus dem keltischen „vilesos" – an den Windungen (der Traun) gelegen – ableiten.

Die Ansiedlung am seichten Traunübergang errang wesentliche Bedeutung in der Römerzeit. Die verkehrsgünstige Lage im Schnittpunkt wichtiger Straßenzüge bestimmte das römische Ovilava zum städtischen Zentrum der Provinz Noricum nördlich der Alpen. Bei der Erhebung zur „colonia" (= Großstadt) durch Kaiser Caracalla im frühen 3. Jahrhundert n. Chr. unterstand Ovilava ein Landbezirk, der dem Kernland des heutigen Oberösterreich gleichzusetzen ist. Unter Kaiser Diokletian, um 300 n. Chr., wurde Ovilava Hauptstadt der Provinz Ufernoricum und Sitz des Statthalters. Die Schausammlung im Welser Stadtmuseum zeigt aus dieser Zeit hervorragende Zeugnisse: die „Venus von Wels", den Meilenstein aus der Zeit des Kaisers Maximinus Thrax (236 n. Chr.) und den Ursa-Stein, das früheste Zeugnis der Christianisierung nördlich der Alpen aus der Zeit um 400.

Stadtplatz und Rathaus von Wels. Stahlstich von E. Höfer nach einem Gemälde von E. Willmann, um 1840.

Das „castrum Uueles"

Zu Beginn der Völkerwanderung zogen sich die Romanen zurück, dennoch ist eine Siedlungskontinuität von geringem Umfang anzunehmen. Die erste urkundliche Erwähnung als „castrum Uueles" im Jahre 776 zeugt von neuer zentraler Bedeutung des frühmittelalterlichen Ortes. Die bebaute Fläche umfasste nur einen Bruchteil der ehemals römischen Stadtanlage.

Um die Jahrtausendwende war Wels im Besitz der Grafen von Wels-Lambach, deren letzter, der heilige Adalbero, die Herrschaft bald darauf an das Hochstift Würzburg vererbte. Schon in den Jahren 1056 und 1061 wird Wels als Marktort erwähnt. Bald nach dem Kauf der Marktsiedlung durch die Babenberger (vor 1207) wird Wels im Jahre 1222 erstmals als „civitas" (Stadt) genannt. In diese Zeit fällt sowohl der Baubeginn der mittelalterlichen Stadtbefestigung mit ihren vier Stadttoren als auch die Umbauung des Stadtplatzes in seiner heutigen Größe. Im Westen wird dieser schöne Straßenplatz vom Ledererutor, dem heutigen Wahrzeichen der Stadt, abgeschlossen. In die Südostecke der Stadtanlage wurde die Burg eingeschlossen, deren bauliche Ursprünge allerdings im Dunkeln liegen. Im Nordwesten verstärkte das Schloss des Adelsgeschlechtes der Polheimer die Befestigung.

Die Stadtpfarrkirche, wahrscheinlich karolingischen Ursprungs, wurde um 1200 als Steinbau in romanischem Stil errichtet. Beim Umbau in gotischem Stil im 14. Jahrhundert blieb einerseits das romanische Westportal erhalten, andererseits erhielt der Chor farbenprächtige Glasfenster aus der Zeit um 1350. Fast gleichzeitig erfolgte die planmäßige Anlage des Vorstadtplatzes (heute Kaiser-Joseph-Platz), den jedoch nie eine Mauer umgeben hat.

Die Bedeutung der Stadt wuchs im Spätmittelalter durch Privilegierungen seitens der Landesfürsten; diese betrafen Wochen- und Jahrmärkte, das Holzstapelrecht an der Traun, Handelsrechte und Steuererleichterungen. Ein besonderer Förderer war Kaiser Maximilian I., der „Letzte Ritter", der von Wels aus häufig Jagdausflüge unternahm, seine Burg ausbaute und im Jänner 1519 in ihr verstarb.

Internationale Handelsstadt

Im 16. Jahrhundert erlebte Wels eine Blüte als Handelsstadt, auch internationalen Ausmaßes, was sich auch in der Verbesserung der Bausubstanz der Bürgerhäuser in spätgotischem Stil und in der Errichtung zahlreicher Arkadenhöfe bemerkbar machte. Von besonderer Bedeutung war der Handel mit landwirtschaftlichen Produkten. Seit 1569 durften die Welser Bürger aus ihrer Mitte einen Bürgermeister wählen.

Der Welser Hauptbahnhof, eröffnet am 25. November 2005.

Die schönste Landstadt

„Wels ist unstreitig die schönste Landstadt in Österreich ob der Ens, schön selbst durch seine Bewohnerinnen."

Franz Sartori (1782–1832) in „Neueste Reise durch Österreich ob und unter der Ens", Wien 1811.

Das Rathaus auf dem Stadtplatz von Wels. Spätbarocker Umbau 1748.

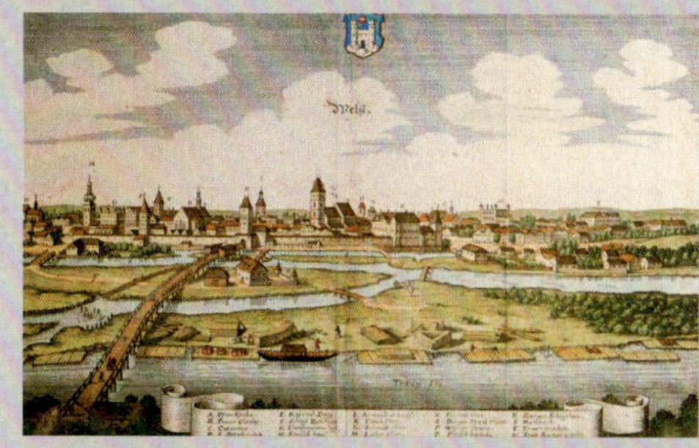

Kupferstich von Matthäus Merian. 1649.

Die Auswirkungen der Gegenreformation und die Zerstörung mehrerer Vorstadtviertel im Bauernkrieg des Jahres 1626 zogen vor allem in wirtschaftlicher Hinsicht eine Phase der Regression nach sich. Allerdings entstanden im Barock und Rokoko einige bemerkenswerte Bauten, wie die ehemalige Kapuzinerkirche, die Kalvarienbergkirche, der Neubau des Rathauses, mehrere Adelspalais in der Stadt und Schlösser im näheren Umkreis (Puchberg, Pernau). Zahlreiche gotische Bürgerhäuser erhielten barocke Fassaden vorgeblendet.
Der neuerliche Aufschwung im 19. Jahrhundert nahm seinen Ausgang vornehmlich durch die Bahnbauten. Der Anschluss an das internationale Fernverkehrsnetz durch die Westbahn (1859) und die Bahnlinie nach Passau (1861) sowie die Errichtung von Nahverkehrslinien durch die Welser Lokalbahngesellschaft (nach Aschach, Rohr und Grünau) ermöglichte die Verbindung zu internationalen Märkten und die Erschließung des landwirtschaftlichen Umlandes für einen verstärkten Warenaustausch mit Wels als Zentrum. Zahlreiche Gewerbe- und Industriebetriebe, vor allem mit Bezug zur Verarbeitung landwirtschaftlicher Produkte, ließen sich hier nieder.

Auf das Zehnfache gewachsen

Nach den Stagnationen der Zwischenkriegszeit und nach den Zerstörungen des Zweiten Weltkrieges mussten neben dem Wiederaufbau zusätzlich längst überfällige infrastrukturelle Einrichtungen (Kanalisation, zentrale Wasserleitung, Fernwärme) geschaffen werden, hatte sich doch die Gemeindefläche von Wels durch die Eingemeindungen von Lichtenegg, Pernau und Puchberg in den Jahren 1938 und 1939 auf das Zehnfache vergrößert. Daneben ist es gelungen, die Stadt zu einem bedeutenden Wirtschaftszentrum auszubauen: Fand vorerst eine neue Industrialisierungswelle in den fünfzigern und sechziger Jahren statt, genießt Wels heute einen ausgezeichneten Ruf als Standort zahlreicher innovativer Technologie- und Dienstleistungsunternehmen. Der Ruf als Schulstadt wird unterstrichen durch die Gründung der Fachhochschule im Jahre 1993 und deren Ausbau bis in die jüngste Vergangenheit. Wie keine zweite Stadt Österreichs ist Wels in das internationale Straßennetz eingebunden.
Ihrer besonders nach dem Zweiten Weltkrieg gewonnenen Bedeutung gemäß wurde die Stadtgemeinde Wels mit Wirkung vom 1. Jänner 1964 zu einer Stadt mit eigenem Statut erhoben. Nach über einhundertjährigen Bemühungen entstand dadurch der jüngste Bezirk Oberösterreichs.
Lebensqualität wird in Wels groß geschrieben: Neben der Renovierung der Altstadt mit Burg und den ehemaligen Minoriten-Bauten mit jeweils neu gestalteten musealen Präsentationen bringen zahlreiche Kulturvereine zum Teil überregional beachtete kulturelle Programme an die Interessenten heran. Am attraktiven Wirtschaftsstandort wuchs und wächst die Bevölkerungszahl ungebrochen. Für die Integration des hohen Bevölkerungsanteils an ausländischen Bewohnern unternimmt die Stadt große Anstrengungen, und das mit Erfolg.

Die Messestadt Wels …

Ihren internationalen Ruf verdankt die Stadt im Besonderen den Messeveranstaltungen. Im September 1878 wurde auf Initiative von Welser Bürgern erstmals das „Welser Volksfest", verbunden mit einer industriellen, gewerblichen und landwirtschaftlichen Ausstellung, veranstaltet. Nach diesem ersten Erfolg ist Wels ohne „seine" Messen nicht mehr vorstellbar. Mit der „Agraria" findet alle zwei Jahre die größte landwirtschaftliche Fachmesse Österreichs statt. Parallel zur Bewältigung der erforderlichen Umstrukturierungen, wie der Umstellung der Besitzverhältnisse in eine Ges.m.b.H. im Jahre 1993, erfolgten seither namhafte Investitionen in das Messezentrum Ost und zuletzt in das Messezentrum Neu mit einer Ausstellungsfläche in der Größe von drei Fußballfeldern.

… auf dem Weg zur Energie-Hauptstadt

Ausgehend von den Initiativen aus der im Eigentum der Messe Wels befindlichen Energiesparmesse ist es der Stadt Wels in den letzten Jahren gelungen, einen zumindest europaweiten Ruf als Hauptstadt der erneuerbaren Energie zu gewinnen. Mit der „Energiedeklaration 2003" wurde ein Bekenntnis zum sinnvollen Umgang mit den natürlichen Ressourcen abgelegt sowie die Unterstützung und Förderung erneuerbarer Energie verankert. Die „Passivhaus-Deklaration" vom April 2008 verpflichtet den Magistrat bei Neubauten und Sanierungen die Nutzung erneuerbarer Energie einzuplanen. Neben Investitionen in Forschung und Lehre wird viel für die Bewusstseinsbildung in der Wirtschaft und bei Häuserbauern für den Einstieg in die Solarthermie unternommen.
Schließlich bietet seit April 2011 das Welios – OÖ. Science Center Wels die Möglichkeit, die fünf Formen der erneuerbaren Energie (Biomasse, Geothermie, Solarenergie, Wasser- und Windkraft) in Form einer Mitmachausstellung zu erkunden und erleben.

Peter Koits, Bürgermeister

Das Messezentrum Neu, eröffnet am 10. Oktober 2007.

Das Welios – OÖ. Science Center Wels, eröffnet am 16. April 2011.

■ *Der Bezirk Wels-Land hat eine Ausdehnung von 458,10 Quadratkilometern.*
■ *Der Bezirk zählt 67.569 Einwohner (2011). 2001: 63.004.*
■ *Der Bezirk grenzt im Norden an den Bezirk Eferding, im Osten an den Bezirk Linz-Land, im Süden an die Bezirke Gmunden und Kirchdorf und im Westen an die Bezirke Grieskirchen und Vöcklabruck.*
■ *Der Bezirk umfasst 24 Gemeinden, darunter die Stadt Marchtrenk und neun Marktgemeinden.*
■ *Sitz der Bezirkshauptmannschaft ist die Stadt Wels.*

Das schönste Barockhaus von Lambach: Die ehemalige Stiftstaverne auf dem Marktplatz ist heute eine Apotheke.

Der Bezirk Wels-Land

Seit der Errichtung der Bezirkshauptmannschaften im Jahre 1868 bildeten die Stadt Wels und ihre Umgebung verwaltungsmäßig eine Einheit. Am 1. Jänner 1964 wurde Wels zur „Stadt mit eigenem Statut" und somit selbstständiger Verwaltungsbezirk. Der Bezirk ohne Stadt Wels führt seither die Bezeichnung „Wels-Land". Von der langjährigen gemeinsamen Verwaltung sind vielfältige wechselseitige Beziehungen und ein gut nachbarliches Verhältnis geblieben.

Im Herzen Oberösterreichs

Der wichtigste Fluss der Region, die Traun, durchfließt den Bezirk von Südwest nach Nordost und teilt ihn in zwei annähernd gleich große Hälften. Die bevölkerungsstärkste Gemeinde des Bezirkes, die Stadtgemeinde Marchtrenk (rund 12.000 Einwohner), das aufstrebende Weißkirchen an der Traun und das dörfliche Holzhausen bilden die Bezirksgrenze im Osten, das verkehrsgünstig gelegene Sattledt und der Schulort Eberstalzell nach Süden. Im äußersten Westen liegt das Wirtschafts- und Siedlungszentrum der drei Gemeinden Lambach, Stadl-Paura und Edt bei Lambach, sowie die ländlichen Gemeinden Aichkirchen, Neukirchen bei Lambach und Bachmanning. Der nördliche Rand des Bezirkes besteht aus den Gemeinden Pichl bei Wels, Krenglbach und Buchkirchen.

Hauptportal des Benediktinerstiftes Lambach. Photographie. Um 1930.

In wirtschaftlicher Hinsicht ist der Bezirk von der dynamischen Entwicklung des oberösterreichischen Zentralraums in den letzten Jahrzehnten miterfasst worden und gehört zu den prosperierendsten Regionen Oberösterreichs. Eine große Zahl wirtschaftlicher Unternehmen hat sich in der Region niedergelassen, wobei vornehmlich die der Stadt Wels benachbarten Gemeinden Buchkirchen, Gunskirchen, Marchtrenk und Thalheim, aber auch Sattledt und Stadl-Paura sowie Edt bei Lambach, Krenglbach, Pichl bei Wels, Steinhaus, Eberstalzell und Weißkirchen bevorzugte Standorte für Betriebsansiedlungen geworden sind. Zirka 4000 der Wirtschaftskammer zugehörige Unternehmen haben ihren Standort im Bezirk. Davon ein erheblicher Teil von Betrieben in der Metallverarbeitung, Chemischen- sowie Kunststoffindustrie, aber auch Betriebe mit starker Ausrichtung im Zukunftsfeld erneuerbarer Energie. Schlüsselbetriebe im Bereich Großhandel aber auch Logistik ergänzen den guten Branchenmix.
Die geografisch und verkehrsmäßig günstige Lage – der Bezirk wird von wesentlichen Hauptverkehrsadern in Richtung West-Ost und Nord-Süd (vier Autobahnen, hochrangige Landesstraßen, zwei Haupteisenbahnlinien sowie zwei Nebenbahnen) aufgeschlossen – begünstigt diese Entwicklung. Wesentliche Impulse für eine zukunftsorientierte Weiterentwicklung sollen vor allem auch von dem 2008 ins Leben gerufenen Regional Innovations Center (RIC) in Gunskirchen ausgehen. Derzeit muss ein beträchtlicher Teil der unselbständigen Beschäftigten hauptsächlich nach Wels und in den Großraum Linz zur Arbeit auspendeln. Energiewirtschaftlich sind die Traunkraftwerke Lambach, Traunleiten (Gemeinde Steinhaus) und Marchtrenk sowie Österreichs größtes Solar-Kraftwerk in Eberstalzell von Bedeutung.
In den ländlichen Gemeinden beherrschen die mächtigen Vierkanthöfe bzw. vereinzelt im Westen des Bezirks die Hausruckhöfe – eine Variante des Vierkanters – das Landschaftsbild. Die Landwirtschaft hat in den letzten Jahrzehnten einen einschneidenden Strukturwandel erlebt. Die Zahl der Landwirtschaftsbetriebe ist zwischen 1960 und 2011 von 4000 auf 1350 zurückgegangen. Dazu kommt, dass mehr als 60 Prozent Betriebe als Neben- und Zuerwerbsbetriebe bewirtschaftet werden. In der landwirtschaftlichen Bodennutzung dominiert der Ackerbau mit einem Anteil von 90 Prozent. Wiesenflächen sind fast gänzlich verschwunden. (Anteil 10 Prozent.)
Die Ackerflächen werden hauptsächlich mit Getreide und Mais bestellt. Auf Grund hervorragender Produktionsbedingungen werden bei diesen Kulturen Erträge erzielt, die im österreichischen Spitzenfeld liegen. Daneben gibt es aber auch spezialisierte Betriebe mit Obstbau, aber auch mit Feldgemüsebau mit Spezialkulturen vom Speisekartoffelbau bis hin zur Teeproduktion.
In der Veredelungswirtschaft gab es die stärksten Veränderungen. Früher war auf jedem Bauernhof eine gemischte Tierhaltung mit Rindern, Schweinen und Hühnern anzutreffen. Heute haben sich die landwirtschaftlichen Betriebe hauptsächlich auf Schweinezucht und -mast spezialisiert. Die Region ist im Bereich der Schweinehaltung Spitzenreiter in Österreich. Mit verschiedenen Projekten des Regionalforums Wels-Eferding und der LEADER-Region LEWEL wird die erfolgreiche regionale Entwicklung zusätzlich gefördert und voran getrieben.

Der Wald und die Auen

Der Bezirk Wels-Land ist zu 16 Prozent bewaldet, ein landesweit markant unterdurchschnittlicher Anteil. Größtenteils handelt es sich beim Wald um Wirtschaftswald, bei dem die Nutzfunktion vorherrscht. Die Wohlfahrts- und Erholungsfunktion gewinnt aber immer mehr an Bedeutung. Die Hauptbaumart Fichte geht kontinuierlich zugunsten eines gesünderen Mischwaldes zurück. Das vermehrte Auftreten von orkanartigen Stürmen und markanten Trockenperioden sowie andauernd starker Borkenkäferbefall haben zu großen Schäden an den fichtendominierten Altbeständen geführt. Zuletzt war auch wieder ein Ansteigen der Fichtenblattwespe sowie anderer Fichtenschädlinge zu beobachten. Das aktuelle Eschentriebsterben lässt befürchten, dass eine wichtige Mischbaumart der Auwaldbereiche stark zurückgedrängt wird. Seit 1994 wird jährlich der Verbissgrad an den Jungkulturen bewertet. Durch die Abschussplanverordnung des Jahres 1993 werden die Abschussziffern beim Rehwild nach dem Zustand des Waldes festgelegt. Die Erhöhung der Abschusszahlen bewirkt in vielen Teilen des Bezirkes ein besseres Aufkommen der Naturverjüngung von wichtigen Mischbaumarten wie Tanne, Esche, Bergahorn und Eiche. Die Umwandlung der weit verbreiteten Fichtenmonokulturen in stabilere und leistungsfähige Laubmischwälder bleibt nicht zuletzt wegen des prognostizierten Klimawandels ein langfristiges Ziel.
Mit Ausnahme des Kurortes Bad Wimsbach-Neydharting, dessen Moorbad über die Grenzen Österreichs hinaus bekannt ist, spielt der Nächtigungstourismus eine untergeordnete Rolle. Kulturstätten wie das Stift

Ein sehr schönes Bild

„Ein sehr schönes Bild geben von hier der jenseits der Traun gelegene, lebhafte Markt Lambach, das herrliche Stiftsgebäude und die mit Höfen, Kapellen und Kirchen gekrönten Waldhügel des Traunufers."

F. C. Weidmann: „Die Budweis–Linz–Gmundner-Eisenbahn", Wien 1842.

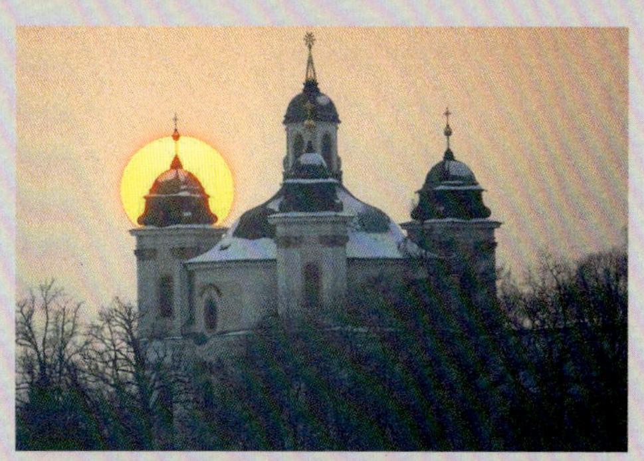

Die Dreifaltigkeitskirche von Stadl-Paura. Eine der bedeutendsten Schöpfungen des Barockbaumeisters Johann Michael Prunner. *→ S. 155*

Der Bezirk Wels-Land

Eine Attraktion: Der Zoo Schmiding (Gemeinde Krenglbach).

Lambach, die Dreifaltigkeitskirche in Stadl-Paura und andere, aber auch der Zoo mit Tropenhaus und Aquazoo Schmiding (Gemeinde Krenglbach) und das „Agrarium" bei Almegg (Gemeinde Steinerkirchen an der Traun) werden zwar von Tagestouristen sehr gerne besucht, auf die Nächtigungsbilanz der Beherbergungsbetriebe findet das aber kaum einen Niederschlag. Der Bezirk ist allerdings bevorzugtes Naherholungsgebiet für die städtische Bevölkerung. Die Naturschutzgebiete der Almauen, der Fischlhamer Au und des Neydhartinger Moors mit dem Wimtal, aber auch die Traunauen, sind ebenso Wanderparadiese für die erholungsuchenden Menschen wie das Europaschutzgebiet „Untere Traun", das sich über Teilflächen der Gemeinden Stadl-Paura, Bad Wimsbach-Neydharting, Steinerkirchen, Fischlham, Steinhaus, Edt bei Lambach, Gunskirchen und Sipbachzell erstreckt.

Die Bevölkerung der Region ist allem Modernen gegenüber aufgeschlossen, pflegt aber gleichzeitig auch die überkommenen Traditionen und die alten Volksbräuche. Ob bodenständige Einwohner oder Heimatvertriebene, die sich nach dem Zweiten Weltkrieg hier angesiedelt haben, für sie alle ist der Bezirk Wels-Land im Herzen Oberösterreichs ihre geliebte Heimat.

Historische Wurzeln, Kulturgeschichte

Schon am Ende der Jungsteinzeit (um 2300 v. Chr.) setzen im Welser Raum die Funde ein (Siedlungsfund von Niederperwend, Gemeinde Marchtrenk). Die kontinuierliche Besiedlung der Region ab dieser Zeit ist durch Funde belegt.

Im 5. Jahrhundert v. Chr. siedeln hier die Noriker, ein aus dem Westen eingewanderter keltischer Stamm. Die Kultur der vermutlichen Stammeinwohner dieses Gebietes, der Illyrer, wird unter der keltischen Herrschaft nicht unwesentlich beeinflusst.

Im Jahr 15 v. Chr. gelangt das Gebiet unter die Herrschaft der Römer. Ovilava, verkehrsmäßig äußerst günstig gelegen, wird zum Mittelpunkt des regen Handels. Der heutige Bezirk Wels-Land bildet einen Teil des „Landesgebietes" der Römerstadt. Besonders viele Funde aus dieser Zeit belegen die rege Siedlungstätigkeit (erwähnenswert sind insbesondere die Villae Rusticae bei Bad Wimsbach-Neydharting und Steinhaus). In der Zeit der Völkerwanderung verblieb die Landbevölkerung im Wesentlichen in ihren angestammten Orten.

Im 10. Jahrhundert ist Wels und das Umland den Grafen von Wels und Lambach unterworfen. Während der Herrschaft der steirischen Otakare erlebt Wels und die Umgebung einen bedeutenden wirtschaftlichen Aufschwung. Die Lehre Luthers findet, gefördert durch den Adel, rasche Verbreitung, so dass um 1600 der größte Teil der Bevölkerung der Region evangelisch ist. In den Wirren der Bauernkriege – Lambach wird von den aufständischen Bauern dreimal besetzt – hat das Land viel zu leiden. Am Beginn des 19. Jahrhunderts, insbesondere in den Jahren 1800, 1805 und 1809, kommt durch die Franzosenkriege wieder Unheil über diese Gegend. Der Friede von Schönbrunn (1809) bringt mit sich, dass die Landesgrenze von Bayern ganz nahe an den Bezirk rückt (Abtretung des Innviertels und von Teilen des Hausruckviertels).

Das Gebiet um Wels ist weder durch kriegerische Ereignisse noch durch Umbauten zur Gänze der romanischen und gotischen Baudenkmäler beraubt worden. Die Klosteranlage in Lambach birgt in ihren Mauern Fresken, die zu den bedeutendsten Schöpfungen der Romanik in Österreich gehören. Ein Beispiel für spätgotischen Kirchenbau ist die Filial- und Wallfahrtskirche in Schauersberg (1493 vollendet). In Weißkirchen an der Traun sind in der spätgotischen Hallenkirche ebenfalls einige Kostbarkeiten aus dieser Epoche vorhanden. In Schleißheim enthält die dem heiligen Gallus geweihte Kirche zwei bemerkenswerte Chorfenster (hl. Nikolaus und Heimsuchung Mariens, um 1400) und die äußerst seltene Darstellung des hl. Leonhard (Staffelschrein des rechten Seitenaltars). Erwähnenswert ist auch die Kirche von Offenhausen; sie wurde unter Verwendung mittelalterlicher Bauteile im letzten Drittel des 16. Jahrhunderts in mehreren Abschnitten errichtet und ist ein Beispiel für einen Renaissancebau dieser Gegend. Das Barockstift Lambach (→ S. 148) erhielt seine heutige Form unter kunstsinnigen Äbten; einer von ihnen, Maximilian Pagl (1668–1725), ließ die Dreifaltigkeitskirche in Stadl-Paura bauen.

Bei der Errichtung der Ansitze des Landadels wurde anfangs auf die besondere Lage, die Schutz gab, geachtet (Burgstelle der Göltinger in Buchkirchen, Burgstelle der Oberhamer, Krenglbach). Bei den jüngeren Edelsitzen war mehr die politisch-strategische Lage ausschlaggebend. Die Schlösser wurden durch Wassergräben und Teiche zu befestigten Anlagen gemacht, wie zum Beispiel Mistelbach (Buchkirchen), Bernau (Fischlham), Irnharting (Gunskirchen), Würting (Offenhausen), Schmiding und Haiding (Krenglbach).

Ein Renaissancebau ist das Schloss Würting; der spätmittelalterliche, unregelmäßige Baukern wurde mit wuchtigen Türmen bewehrt. Die meisten Landschlösser bekamen im 17. Jahrhundert ihre heutige Gestalt. Mit der Auflösung der Grundherrschaften hat der Adel die Landsitze verlassen, die Gebäude verfielen teilweise oder wurden baulich stark verändert.

Josef Gruber, Bezirkshauptmann

Kanzel der Pfarrkirche Fischlham, als „Schifflein Petri" gestaltet. Bildhauer: Franz Xaver Leithner. 1759.

Wappen von Vöcklabruck. Farblithographie. 1885.

■ *Der Bezirk Vöcklabruck hat eine Ausdehnung von 1085,54 Quadratkilometer; er ist flächenmäßig der drittgrößte Bezirk nach Gmunden und Kirchdorf.*

■ *Der Bezirk zählt 130.088 Einwohner (2011). 2001: 126.599. Der Bezirk liegt von der Bevölkerungszahl her (außer der Stadt Linz) an zweiter Stelle nach Linz-Land.*

■ *Vöcklabruck grenzt im Norden an die Bezirke Ried und Grieskirchen, im Osten an die Bezirke Wels-Land und Gmunden, im Südwesten an Salzburg und im Westen an den Bezirk Braunau.*

■ *Der Bezirk umfasst 52 Gemeinden, darunter die Städte Vöcklabruck, Schwanenstadt und Attnang-Puchheim und 13 Marktgemeinden.*

Der Bezirk Vöcklabruck

Wenn man den Bezirk Vöcklabruck kurz charakterisieren soll, dann drängt es einen, auf die landschaftliche Vielfalt und Schönheit hinzuweisen: Mehrere Landschaftselemente, die für Oberösterreich typisch sind, treffen im Bezirk Vöcklabruck aufeinander, ergänzen und vereinigen sich hier: die Ausläufer des Kobernaußerwaldes; die hügelig gegliederte Landschaft des Hausrucks im Norden; die fruchtbaren Felder und Äcker, die sich im Osten um Schwanenstadt erstrecken und über die Bezirksgrenze bis in den oberösterreichischen Zentralraum reichen; das Seengebiet im Süden als ein Teil des weltberühmten Salzkammergutes – von den romantischen Felswänden der Kalkalpen bis zu den reich bewaldeten Kuppen der Flyschberge – und schließlich ganz im Westen die Berührung mit der sanften Landschaft des Salzburger Flachgaus.

Drei Salzkammergut-Seen

Drei große Salzkammergut-Seen liegen zur Gänze im Bezirk Vöcklabruck. An der Spitze steht der Attersee, der größte See Österreichs, der seine Wasserfläche ausschließlich in unserem Bundesgebiet hat. Lieblich und romantisch, aufregend und dramatisch bewegt kann uns dieser See entgegentreten, und immer zeigt er ein anderes Gesicht, je nachdem, ob wir ihm vom Norden oder vom Süden her begegnen, ob wir den Blick vom Westufer zu den steilen Abstürzen des Höllengebirges oder vom Osten auf die sanften Sandsteinberge zwischen Unterach und Attersee richten. Weit erstreckt er sich gegen Norden, und an manchen Tagen, wenn der morgendliche Dunstschleier ihn noch züchtig zudeckt, kann man von Burgau aus sein Nordende nicht mehr erkennen. Wenn sich aber dann der Nebel in der strahlenden Sonne zerteilt und den Blick freigibt hinaus bis zum Schloss Kammer, dann weist uns der Attersee den Blick über die wechselnden Landschaften vom Hochgebirge bis zu den Moränenhügeln, die diesen herrlichen See begrenzen.

Die Insel Litzlberg bei Seewalchen am Attersee.

Auch der Mondsee zeigt uns vielerlei Gesichter, doch ist die senkrecht gegen den See hin abfallende Drachenwand von keiner Seite her zu übersehen. Das Benediktiner-Kloster Mondsee, im Jahr 748 als erstes Kloster Österreichs vom Baiernherzog Odilo gegründet, wurde zwar 1791 aufgehoben, die kulturelle Ausstrahlung ist aber bis heute geblieben. Anlässlich der Renovierung des weitläufigen Gebäudes wurden nicht nur Funde aus der Jungsteinzeit und aus der Römerzeit zutage gefördert, man kann sich seither auch ein gutes Bild vom mittelalterlichen Kloster machen, dessen Schreibstube einst von europäischer Bedeutung war.
Neben der prächtigen Kirche lädt auch das Heimatmuseum zu einem Besuch ein. Hier gewinnt man nicht nur einen Eindruck vom einstigen Glanz des Klosters, man wird auch mit 5000-jähriger Geschichte konfrontiert. Zahlreiche prähistorische Funde aus Pfahlbausiedlungen rund um den Mondsee lassen uns heute von der Mondseekultur sprechen. Der Zeller- oder Irrsee kann zwar an Größe und Großartigkeit mit dem Attersee und dem Mondsee nicht mithalten, wer aber die Beschaulichkeit und die Stille sucht, wird sich ans Ufer dieses verträumten Wassers setzen und Hast und Unruhe ablegen können.
Der Bergsteiger freilich wird sich an die senkrechten Wände des Höllengebirges halten und dort Mut und Können erproben. Vielleicht ist er dann, wenn er auf fast ungangbaren Steigen den Berg bezwungen hat, überrascht, dass auch Bergwanderer mit geringerer Anstrengung das gleiche Ziel erreicht haben, aber das ist die Besonderheit der Nördlichen Kalkalpen, dass sie sich jedem öffnen, dem Wanderer ebenso wie dem Kletterer. Weit streicht der Blick vom Hochleckenhaus, das von der Alpenvereinssektion Vöcklabruck betreut wird, hinaus ins ebene Land, bis er sich weit im Norden, wo die Berge des Böhmerwaldes zu ahnen sind, verliert.

Die Vöckla-Ager-Zone

Vöcklabruck, die Bezirkshauptstadt, ist nicht nur Sitz der Verwaltungsbehörden und Ämter des Bezirkes, sie ist Schul- und Einkaufsstadt, aber auch Mittelpunkt der wirtschaftlich bedeutenden Vöckla-Ager-Zone, die im regionalwirtschaftlichen Entwicklungsleitbild Oberösterreichs neben den Zentren Linz, Wels und Steyr als wichtigster gewerblicher Wachstumspol genannt wird und auch tausenden Menschen Arbeitsplätze bietet.
Die fünf Gemeinden Vöcklabruck, Attnang-Puchheim, Lenzing, Timelkam und Regau haben sich zu einem Planungsverbund zusammengeschlossen und können gemeinsam auf eine maßgebliche Wirtschaftskraft verweisen. Attnang-Puchheim, die zweitgrößte Stadt des Bezirkes, hat nicht nur als Bahnknotenpunkt einen Namen, maßgebliche Betriebe, aber auch ein Technologiezentrum, tragen zur wirtschaftlichen Bedeutung bei.

Unterer Torturm von Vöcklabruck, mit Wappenfresken. 1502.

Der Name der Marktgemeinde Lenzing ist aufs engste mit der Lenzing AG verbunden, die sich als Fasererzeugungsbetrieb neben wenigen Konkurrenten auf dem Weltmarkt behaupten kann. Die Lenzing AG kann durchaus als Leitbetrieb und maßgeblicher Arbeitgeber des Bezirkes bezeichnet werden. Zahlreiche Investitionen auf dem Umweltsektor haben nicht nur dazu beigetragen, dass Luft und Wasser in der Region wieder sauber gehalten werden, die Umwelttechnologie des Betriebes ist auch beispielgebend und zukunftsweisend. In Timelkam ist vor allem das Kraftwerk der Energie AG zu nennen, das große Teile des Ballungsgebietes um Vöcklabruck umweltfreundlich mit Fernwärme versorgt.
In früheren Zeiten war es die Kohle aus dem Hausruck, die vielfach als Energiequelle zur Verfügung stand und für viele Menschen Arbeit bedeutete. Heute gilt es, die alte Bergmannstradition und 200 Jahre Geschichte des Kohleabbaus im Hausruck historisch zu dokumentieren.
Die ausgedehnten Wälder der Region werden natürlich zur Holzverarbeitung in verschiedenster Form genutzt. Zahlreiche Sägewerke, Tischlereien und Stiegenbauer liefern hervorragende Produkte ins In- und

Die Vöcklabruckerinnen

„Etliches wurde geschrieben, damals in Vöcklabruck, von Kaufleuten und Ratsherren, Klerikern und Schulmeistern, von kleinen und größeren Adeligen, das meiste über Handel und Recht, manches übers Religiöse. Doch keiner, keiner von all diesen Schreibern hat je etwas über die Vöcklabruckerinnen festgehalten, etwa daß sie schön und anmutig seien oder etwa liebreizend. Eine Stadtgeschichte ohne Kompliment. Schade. Es war kein Dichter dabei."

Der Vöcklabrucker Schriftsteller Eduard Christoph Heinisch in einem Feuilleton über die Vöcklabruckerinnen, 1984.

Der Stadtplatz von Schwanenstadt. Photographie. Um 1910.

Ausland. In großen Hackschnitzelheizanlagen werden die Marktgemeinden Frankenmarkt und Frankenburg durch erneuerbare Energie versorgt. Auch die Getränkeindustrie muss erwähnt werden: die Brauerei Zipf als Traditionsbetrieb mit einem breiten Angebot hervorragender Biersorten, auch solcher mit geringem Alkoholgehalt, und die Getränkeerzeuger, deren Produkte als Durstlöscher weit über die Grenzen bekannt sind. Schwanenstadt ist Einkaufsstadt, kultureller und gastronomischer Brennpunkt der Umgebung.

Landwirtschaft und Tourismus

Bedeutend ist aber auch die Landwirtschaft im Bezirk. Die geänderten Marktverhältnisse haben aber in den letzten Jahren viele Landwirte auch nach Alternativen suchen lassen. Direktvermarktung in Bauernläden und Märkten, aber auch Verkauf ab Hof, Schafzucht, Schnapserzeugung und Mostschänken gewinnen daher an Bedeutung.

Der Bezirk Vöcklabruck kann natürlich schon wegen der landwirtschaftlichen Schönheiten vieles für Touristen bieten. Aber die saftiggrünen Wiesen sind auch auf die zahlreichen Niederschläge, den sprichwörtlichen Salzkammergut-Regen, zurückzuführen. Es liegt daher nahe, dass auch für schlechtes Wetter und außerhalb der kurzen Badesaison attraktive Angebote für die Gäste zur Verfügung stehen müssen. Der Stehrerhof in Neukirchen an der Vöckla mit seinem Handwerksmuseum, das Kinderweltmuseum in Walchen und das Heimathaus in Vöcklabruck seien als interessante Angebote genannt. Aber auch Pferdefreunde und Radfahrer finden großartige Möglichkeiten.

Karl Peter Greul: Stadtpfarrkirche Vöcklabruck, Mischtechnik, 2009.

Mondsee. Kolorierte Lithographie von Johann Fischbach (1797–1871).

Kunst und Kultur

Mit Stolz ist auf viele Besonderheiten zu verweisen: Prähistorische Funde, römische Mosaike und Grabsteine, langobardische Buchbeschläge aus der Vöcklabrucker Dörflkirche und kostbare Schriften aus dem Kloster Mondsee zählen zu den ältesten Schätzen des Bezirkes. In der kleinen Pfarrkirche zu Gampern befindet sich einer der großen Flügelaltäre aus der Zeit der Spätgotik. Gotische Meisterwerke finden wir aber auch in den Kirchen der Vöcklamarkter Bauhütte, die durch den Namen Stefan Wultinger gekennzeichnet ist. Die Barockzeit ist im Bezirk Vöcklabruck mit den berühmten Namen Schwanthaler, Guggenbichler und Altomonte verbunden. Im 20. Jahrhundert hat Gustav Klimt in vielen Sommeraufenthalten am Attersee weltberühmte Werke geschaffen (→ S. 303), Gustav Mahler hat in Steinbach am Attersee in den neunziger Jahren des 19. Jahrhunderts seine zweite und dritte Symphonie komponiert. (→ S. 269)

Dass Kunst und Kultur lebendig sind, wird in vielen Ausstellungen, Konzerten und Theateraufführungen sowie in zahlreichen Aktivitäten verschiedener Vereine im Bezirk bewiesen. Die Atterseer Kunsthalle bietet jährlich eine anspruchsvolle Ausstellung. Die Konzerte und Lesungen des Attergauer Kultursommers, die Konzerte in Schloss Kammer und Mondsee, die Mondseer Literaturtage, das sind nur einige besonders attraktive Kulturangebote, die von vielen Veranstaltungen der Kulturvereine ergänzt werden. Auf besonderes Interesse stoßen immer wieder die Aufführungen des Theaters am Hausruck, das durch die Aufbereitung der jüngsten Geschichte der Region in den Stücken „Hunt" und „Zipf" österreichweit Aufsehen erregt hat. Besonderer Beliebtheit erfreuen sich die Kellerbühne Attnang-Puchheim, der Mondseer Jedermann und das Frankenburger Würfelspiel.

Allein im Bereich der Blasmusik sind im Bezirk etwa 50 Kapellen mit ausgezeichneter Besetzung tätig. Kunst und Kultur ist in diesem Bezirk für viele ein Anliegen, Lebensinhalt und Lebensfreude.

Vöcklabruck ist ein landwirtschaftlich reizvoller Bezirk, aber auch ein Bezirk voll Lebensqualität: Die Menschen finden hier Arbeit und Erholung, aber auch für Ausbildung, soziale Notfälle und gesundheitliche Probleme stehen ausgezeichnete Einrichtungen zur Verfügung. Gerade die Hilfsbereitschaft und das soziale Engagement so vieler Menschen, die ehrenamtlich in verschiedenen Körperschaften und Vereinen tätig sind, macht neben der landschaftlichen Schönheit die Liebenswürdigkeit dieses Bezirkes aus.

Peter Salinger, Bezirkshauptmann

■ *Der Bezirk Gmunden hat eine Ausdehnung von 1433,51 Quadratkilometern; er ist flächenmäßig der größte Bezirk.*
■ *Der Bezirk zählt 99.529 Einwohner (2011). 2001: 99.355. Der Bezirk liegt damit von der Bevölkerungszahl her (außer der Stadt Linz) an dritter Stelle (nach Linz-Land und Vöcklabruck).*

Gmunden. Kupferstich von Matthäus Merian. 1649.

■ *Der Bezirk grenzt im Westen an den Bezirk Vöcklabruck, im Norden an Wels-Land, im Osten an den Bezirk Kirchdorf und im Süden an die Bundesländer Steiermark und Salzburg.*
■ *Der Bezirk umfasst 20 Gemeinden, darunter die Städte Gmunden, Bad Ischl und Laakirchen sowie sieben Marktgemeinden.*

Der Bezirk Gmunden

Wenn vom Bezirk Gmunden die Rede ist, so verbindet man damit unwillkürlich den Begriff „Salzkammergut"; eine Bezeichnung, die sich erstmals 1524 für die landesfürstliche Eigenherrschaft „Unseres Camergutes des Saltzes" (im Ersten Reformationslibell) findet. Heute bezieht man diesen Namen nicht nur auf das ursprüngliche Salzwesen, vielmehr kommt er einem Gütesiegel für die Region in ihrem wirtschaftlichen und kulturellen Dasein gleich.

Der Bezirk Gmunden umfasst als südlichste Region Oberösterreichs den größten Teil des Salzkammergutes. Er reicht vom Hohen Dachstein im Süden bis an den Rand der Welser Heide im Norden, im Westen wird er vom Höllengebirge und im Osten vom Toten Gebirge begrenzt.

Eine Vielzahl von Seen prägt die Schönheit dieses Naturraumes. Die Flüsse mit ihren Tallandschaften dienten seit der frühen Landnahme als Siedlungs- und Verkehrsräume. Der höchste Berg des Bundeslandes, der Hohe Dachstein (2995 m), der Gosaukamm mit seiner eindrucksvollen Silhouette, der Feuerkogel als am längsten erschlossenes Alpinskigebiet, der Traunstein als weithin sichtbarer Wächter des Salzkammergutes und die Gipfel bis zum Großen Priel (2515 m) geben Zeugnis von der Faszination der Gebirgswelt des Bezirkes.

Blick vom Rudolfsturm auf dem Hallstätter Salzberg hinunter zum Hallstätter See und zum Markt Hallstatt.

Kultur: Am Anfang war das Salz

Illyrer und Kelten sind vor mehr als 2500 Jahren in die Dachsteinregion vorgedrungen und haben dabei vermutlich auf ihren Jagdzügen Salz in Form von Quellsole entdeckt. Der Kulturraum Hallstatt prägte den Namen einer ganzen Zeitepoche (Ältere Eisenzeit 800–400 v. Chr.): die Hallstattzeit. Auch die Römer fanden Gefallen an dieser Landschaft. Sie siedelten von Hallstatt bis über Gmunden hinaus und nannten den Traunsee wegen seiner landschaftlichen Schönheit, in die er eingebettet ist, „lacus felix" (glücklicher See); im Jahr 488 n. Chr. mussten sie den herandrängenden Germanen weichen.

Die frühere Landstraße und spätere Poststraße in Ischl. (Heute Kaiser-Franz-Joseph-Straße) Photographie um 1903.

Zu den bedeutenden Persönlichkeiten der nachfolgenden Jahrhunderte zählte Johannes von Gmunden, der im Jahr 1385 hier als Sohn eines Schneidermeisters zur Welt kam und als Dekan an der Wiener Universität Mathematik und Astronomie lehrte.

Der Aufenthalt des Kaiserhauses in Ischl führte in den vergangenen zwei Jahrhunderten viele berühmte Personen ins Salzkammergut, zum Beispiel Nikolaus Lenau, Anton Bruckner, Johannes Brahms und Richard Strauss, Jakob Alt und Ferdinand Georg Waldmüller, Franz Lehár und Emmerich Kálmán. Tief verwurzeltes Brauchtum, wie etwa die Fronleichnamsprozessionen auf dem See in Traunkirchen und Hallstatt, der Ebenseer Glöcklerlauf und Faschingsfetzenzug, sind dabei gleichermaßen hervorzuheben wie der seit Jahrhunderten verbriefte Vogelfang, das Stachelschützenwesen oder der „Liebstattsonntag" in Gmunden.

Zu den kulturellen Sehenswürdigkeiten des Bezirkes zählen zahlreiche Schlösser und Villen, der Pacheraltar in St. Wolfgang, die Kaiservilla in Bad Ischl, die Fischerkanzel in Traunkirchen und das Seeschloss Ort in Gmunden. Besondere Bedeutung wurde seitens der UNESCO dem Raum Hallstatt–Dachstein zuerkannt, die Region wurde zum Weltkultur- und Naturerbe erklärt. → 1997

Die Wirtschaft

Ab dem 14. Jahrhundert entwickelte sich das Salzwesen zur bedeutenden Einnahmequelle für Kaiser und Könige und sicherte die wirtschaftliche Existenz vieler Menschen. Reger Güteraustausch führte zur frühen Blüte der Salzstadt Gmunden, wo bereits im Jahre 1335 der landesfürstliche Amtsmann seinen Sitz hatte. Die staatliche Aufsicht über Salzgewinnung und Salzhandel brachte besondere soziale Strukturen mit sich: die Arbeiter waren zur Sesshaftigkeit verpflichtet, vom Militärdienst und von

Das Rathaus in Gmunden. Photographie um 1910.

Wappen von Ischl. Farblithographie, 1885.

Bilder für die Ewigkeit

„Nun wird Ihre Hand ergriffen werden vom unwillkürlichen Drange zu zeichnen; Sie werden Sich für die Ewigkeit die Bilder aufbewahren wollen, die Ihre Sinne bezauberten und Ihre Seele erfüllten."

Joseph August Schultes (1773–1831) über das Salzkammergut, in „Reisen durch Oberösterreich in den Jahren 1794, 1795, 1802, 1803, 1804 und 1808", Tübingen 1809.

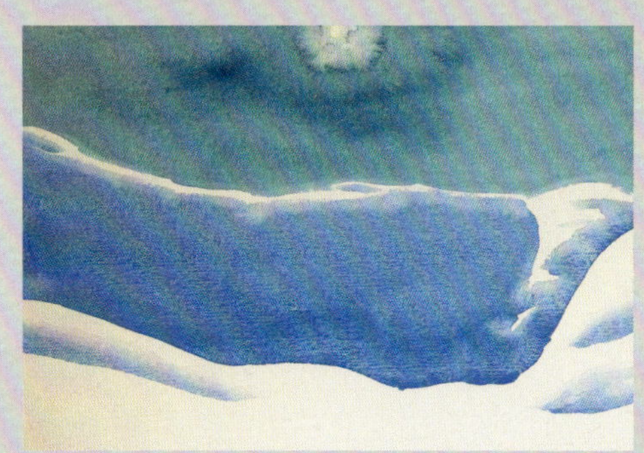

Dachstein. Aquarell von Hans Franta. Um 1930.

Der Bezirk Gmunden

Blick auf das weltberühmte Seeschloss Ort bei Gmunden.

verschiedenen Steuern befreit. Frühzeitig wurde auch eine ärztliche Versorgung der Arbeitskräfte eingeführt.

Wenige Jahre nach der Entdeckung des Ischler Salzberges (1563) wurde in Ebensee eine Sudhütte errichtet (1607). Zu diesem Zweck verlegte man eine aus Holzstämmen gefertigte Soleleitung von Hallstatt bis Ebensee. Mit Salzschiffen gelangte von hier das kostbare Handelsgut auf der Traun und Donau bis Wien und darüber hinaus. Seit 1836 transportierte man das Salz mit der Pferdeeisenbahn von Gmunden über Linz nach Budweis, 1856 wurde die Bahn auf Dampfbetrieb umgerüstet. Diese technischen Neuerungen prägten in der Folgezeit nachhaltig die wirtschaftliche und gesellschaftliche Entwicklung des Bezirkes.

Neben dem Salzwesen, der Jagd und Forstwirtschaft, hat sich seit mehr als einem Jahrhundert der Tourismus – die Sommerfrische – im Gefolge des Kaiserhauses zu einem bedeutsamen Erwerbszweig entwickelt. Es war die Sole, die in den Badeanstalten von Ischl und Gmunden wegen ihrer heilenden Wirkung Menschen aus nah und fern in die Region führte.

Es entstand schon im Jahre 1839 auf dem Traunsee eine Dampfschifffahrt, die von den Engländern John Andrews und Joseph John Ruston betrieben wurde. Die Traunseestadt Gmunden verfügte bereits im Jahre 1894 über eine elektrische Straßenbeleuchtung und eine elektrisch betriebene Straßenbahn, die heute zu den ältesten und steilsten Adhäsionsbahnen Europas zählt; der Firmenname Stern und Hafferl ist damit auf das engste verbunden. 1927 errichtete Rudolf Ippisch in Ebensee eine Seilschwebebahn auf den Feuerkogel, er zählte damit zu den Pionieren der Erschließung unserer Bergwelt.

Nach dem Niedergang einst regional wichtiger Wirtschaftszweige, wie etwa der Sensenindustrie im Almtal, verfügt heute der Bezirk über rund 5800 gewerbliche Unternehmen mit etwa 25.000 Beschäftigten. Besondere Bedeutung kommt dabei dem Tourismus zu, dessen Anfänge ins 19. Jahrhundert zurückreichen. Weiters zählen die Salz-, Papier- und Zementerzeugung, der Schotterabbau, die Chemische Industrie, Metall- und Kunststoffverarbeitungsbetriebe sowie die Nahrungs- und Bierproduktion zu den wichtigsten Einnahmsquellen der Region.

Zukunftsperspektiven

Der Erhaltung einer hohen Lebensqualität im Salzkammergut ist besondere Priorität einzuräumen, wobei zu beachten ist, dass in dieser einmaligen Landschaft die notwendigen Freiräume für gegenwärtige und zukünftige Generationen bewahrt werden. Es ist in diesem Zusammenhang unumgänglich, der Wirtschaft, als materielle Basis unseres Daseins, die erforderlichen Ressourcen zu sichern, ohne aber die intakten Naturräume mit ihren Erholungsfunktionen nachhaltig zu schmälern. Darüber hinaus sollten wir die eigenständige kulturelle Identität unserer Region auch in einem vereinten Europa nicht ablegen, uns dabei aber keinesfalls dem positiven Einfluss fremder Kulturen im Interesse einer friedlichen Koexistenz der Völker dieser Welt verschließen.

Alois Lanz, Bezirkshauptmann

Bootsfahrt am Traunsee. Ölgemälde von Joseph Mössmer. 2. Viertel 19. Jahrhundert.

Kirchdorf an der Krems, Kupferstich von Matthäus Merian. 1649.

■ *Der Bezirk Kirchdorf hat eine Ausdehnung von 1239,61 Quadratkilometern; er ist flächenmäßig der zweitgrößte Bezirk nach Gmunden.*
■ *Der Bezirk Kirchdorf zählt 55.666 Einwohner (2011). 2001: 55.167.*

■ *Der Bezirk grenzt im Norden an die Bezirke Wels-Land und Linz-Land, im Osten an den Bezirk Steyr-Land, im Süden an die Steiermark und im Westen an den Bezirk Gmunden.*
■ *Der Bezirk umfasst 23 Gemeinden, darunter die Stadt Kirchdorf und sechs Marktgemeinden.*

Rechts: Die Geschichte der Sensenhämmer in dieser Gegend geht bis ins 15. Jahrhundert zurück.

Der Bezirk Kirchdorf

Der Bezirk Kirchdorf ist wie kein anderer von Gegensätzen und Harmonien geprägt. Er zählt zu den wirtschaftlich stärksten Regionen Oberösterreichs und bietet für den Tourismus eine verdichtete Form aller in Österreich vorhandener Landschaftsformen.

Im Norden gehört der Bezirk zum hügeligen Alpenvorland und ist Teil des oberösterreichischen Zentralraumes. Im Süden hat er einen weiten Anteil an den oberösterreichischen Kalkalpen mit ihren schroffen Spitzen des Toten Gebirges, wie dem Großen und Kleinen Priel, der markanten Spitzmauer, dem Großen und Kleinen Pyhrgas und anderen bekannten Bergen. Im Norden prägen den Bezirk Ackerbau und Viehzucht, der Süden ist von ausgedehnten Wäldern und der Forstwirtschaft beherrscht. Eine beachtliche Industrialisierung mit einigen weltmarktorientierten Betrieben (Greiner Holding AG, Fronius, TCG Unitech, Kirchdorfer Gruppe, Bernegger Bau GmbH, Haidlmair GmbH, IFW Kunststofftechnik GmbH) steht in Konkurrenz zur Tourismusentwicklung, die vor allem in der Ferienregion Pyhrn-Priel einen hohen Stellenwert besitzt. Mit dem Weltcuport Hinterstoder (Hutterer Höss) und der Wurzeralm in Spital am Pyhrn verfügt der Bezirk über schneesichere attraktive Skigebiete.

Der Nationalpark Kalkalpen bildet einen wichtigen Beitrag zur Erhaltung des Naturerbes. Er ist der größte österreichische Wald-Nationalpark und hat sich in den letzten Jahren zu einem Besuchermagneten entwickelt.

Kulturelle Zentren

Die kulturelle Entwicklung dieses Raumes wurde im Wesentlichen vom Wirken des Stiftes Kremsmünster geprägt, dessen Ausstrahlung seit seiner Gründung im Jahre 777 durch den Baiernherzog Tassilo III. weit über den Bezirk hinausreicht. (→ S. 162)

Der Wahlspruch der Benediktiner, „ora et labora“, hat die Menschen seit jeher stark geformt.

Die Marktgemeinde Kremsmünster ist ein kultureller Schwerpunkt des Bezirkes. Konzerte, Ausstellungen und Kulturveranstaltungen bereichern das Kulturleben und finden österreichweites Interesse. Die im Benediktinerstift anlässlich des großen Jubiläums im Jahre 1977 veranstaltete Landesausstellung fand mit einem Besucherrekord von etwa 500.000 Menschen sogar europaweite Beachtung.

Neben Kremsmünster ist auch das Wirken des Zisterzienserstiftes Schlierbach von großer pastoraler und kultureller Bedeutung. Mit der Landesausstellung 2009 wurde im dafür prädestinierten Stift mit der Schaukäserei und dem Genusszentrum die Kulturgeschichte der Kulinarik, mit all ihren historischen, gegenwärtigen aber auch zukünftigen Erscheinungsformen dargestellt.

Das ehemalige Stift Spital am Pyhrn ist mit seiner freskengeschmückten Kirche und seinem Felsbildermuseum ebenfalls bekannt. Einen hohen Stellenwert im Kulturleben des Bezirkes hat auch der „Musiksommer Kremstal-Pyhrn“ mit einem anspruchsvollen Musikprogramm quer durch den ganzen Bezirk.

Ausstellungskasten im Sensenschmiedemuseum von Micheldorf.

Ein wichtiges Kulturelement des Bezirkes ist auch das Brauchtum. Die Pflege der Volksmusik und das Tragen von Trachten sind wichtige Aspekte des Kulturlebens. Zahlreiche Blasmusikkapellen, Gesangsgruppen und Trachtenvereine prägen die Veranstaltungen in den Gemeinden. Von besonderer Bedeutung sind der Georgiritt in Micheldorf (auf dem Georgenberg) und die Leonhardiritte in Pettenbach (nach Heiligenleithen) und in Spital am Pyhrn zur Leonhardskirche.

Die Stadt Kirchdorf ist zu einer bedeutenden Schulstadt aufgestiegen, die fast alle Schultypen anbietet. Als Sitz der Behörden, eines bedeutenden Krankenhauses und wichtiger kommunaler Einrichtungen ist sie ein umfassendes Bezirkszentrum.

Schicksalsstraßen

Die Geschichte des Bezirkes steht im engen Zusammenhang mit seiner Lebensader, dem Pyhrnpass. Dieser Alpenübergang war und ist einer der wichtigsten Verkehrswege durch die Ostalpen und spielte bereits vor mehr als 2000 Jahren eine große Rolle.

Hier zogen die römischen Legionäre von Aquileia nach Lauriacum und Ovilava. Zahlreiche Ausgrabungen (insbesondere in Windischgarsten) legen Zeugnis von dieser Epoche ab. Die Römer gründeten entlang dieser Straße mehrere Militärstationen, wie Tutatio (Kirchdorf-Micheldorf), Ernolatia (Abzweigung nach Hinterstoder) und Gabromagus (Windischgarsten). Während der Völkerwanderung marschierten auf diesem Weg germanische Stämme in den Süden. Diese Straßenverbindung hat ihre einstige Bedeutung nicht verloren.

Aus dem steinigen Weg ist längst eine moderne leistungsfähige Straßenverbindung – die Pyhrnautobahn – geworden, die eine große Verkehrsentlastung und Hebung der Lebensqualität in den Zentren gebracht hat. Schon Ende des 19. Jahrhunderts wurde diese wichtige Verkehrslinie durch den Ausbau der Pyhrnbahn verstärkt. Auch deren Modernisierung im Interesse der Gesamtentwicklung macht große Fortschritte.

Die zweite Lebensader des Bezirkes ist der Steyrfluss. Er prägte jahrhundertelang die wirtschaftliche Struktur dieses Raumes, indem er sein Wasser zum Antrieb der Sensenhämmer zur Verfügung stellte. Besondere Bedeutung erlangten die Sensenschmiede, Sichelhersteller und Messerer im 18. und 19. Jahrhundert. Seit den siebziger Jahren des 20. Jahrhunderts stehen die Hämmer endgültig still. Lediglich das Sensenwerk Schröckenfux in Roßleithen erzeugt neben neuer innovativer Produkte weiterhin seine qualitätsvollen Sensen. Das Leben und Wirken der „Schwarzen Grafen“ und der Arbeiter von damals ist im Sensenschmiedemuseum Micheldorf eindrucksvoll dokumentiert. Nach krisenhaften Erscheinungen in den achtziger Jahren des 20. Jahrhunderts kam der Bezirk wieder zu einem großen wirtschaftlichen Aufschwung, der bis heute anhält. Kirchdorf gehört zu den Bezirken in Österreich mit sehr geringer Arbeitslosigkeit.

Wo der liebe Gott ...

„Wo der liebe Gott zwischen den Almen und Äckern, Wäldern und Wiesen vor den grandiosen Felsklippen des Priels und Warschenecks noch Platz ließ, da wurden ihm zu Ehren Kapellen und Kirchlein gesetzt.“

Rudolf Lehr in „Ein vorletztes Paradies“, Linz 1986.

Leonstein. Aquarell von Joseph Edelhöcher.

Der Bezirk Kirchdorf

Oben: Blick auf die kühnen Gipfel des Prielmassivs. Rechts der Große Priel (2515 m), links davon die markante Spitzmauer. Im Vordergrund der Schafkogelsee auf der Höss in Hinterstoder.
Unten: Pfarrkirche und das 1578 neben der Burg erbaute Schloss Klaus.

Region der Nachhaltigkeit

Die Nachhaltigkeit als Leitprinzip des Bezirkes Kirchdorf und das Bekenntnis zur „Naturregion für Arbeit und Freizeit“ wurde in einem Agenda-21-Prozess entwickelt. Für die Wirtschaft hat dies viele neue Impulse gebracht. Im Wesentlichen wurde damit eine Ausgewogenheit von Ökonomie und Ökologie, das Bekenntnis zur Erhaltung der wunderbaren Landschaft, einer gesunden Lebensweise und zur partnerschaftlichen Beziehungskultur erreicht.

Wie sehr diese Idee bereits fruchtbar geworden ist, beweisen die Gemeinden Steinbach an der Steyr und Hinterstoder, die neue Wege entwickelt und dafür den europäischen Dorferneuerungspreis erhalten haben.

Mit SPES in Schlierbach wurde die erste Akademie für den ländlichen Raum entwickelt, die sich in erster Linie mit dem Thema Nachhaltigkeit beschäftigt.

Der im Bezirk Kirchdorf eingeschlagene Weg erscheint erfolgversprechend. Es gilt ihn konsequent fortzusetzen.

Dieter Goppold, Bezirkshauptmann

■ *Steyr, Stadt mit eigenem Statut, mit 38.313 Einwohnern (2011) die drittgrößte Stadt Oberösterreichs (nach Linz und Wels). 2001: 39.340.*
■ *Steyr hat eine Ausdehnung von 26,56 Quadratkilometern.*

Aus dem Manuskript zur Annales Styrenses. 1740.

Reise in die Jugend

„Jeder Besuch in Steyr ist für mich eine Reise in meine Jugend, aber gleichzeitig auch eine begründete Hoffnung für eine gute Zukunft der Heimat."

Bundespräsident Rudolf Kirchschläger anlässlich der 1000-Jahr-Feier der Stadt Steyr, 1980.

Die Stadt Steyr

In seiner gegenwärtigen Bedeutung als Industriestandort ist Steyr vor allem wegen seinem historischen Altstadtkern, seiner bewegten Geschichte und seiner umfassenden Kultur bekannt. Ehemals an der wichtigen Handelsroute vom steirischen Erzberg entlang der Enns zur Donau gelegen, verdankt die Stadt den Großteil seiner Bedeutung der Verarbeitung und Vermarktung des Eisens.

Die erste Nennung einer Burg erfolgt 972 in einem Bericht über die Synode zu Mistelbach des Bischofs Pilgrim von Passau und dann 985, wo von der „Stirapurhc" (Styrapurc) die Rede ist. Um 1170 und 1252 tauchen die Bezeichnungen für eine Siedlung rund um die Burg und für eine Stadt, „Urbs" und „Civitas", auf. Bereits Mitte des 11. Jahrhunderts kam die Burgherrschaft Steyr in den Besitz der aus dem Chiemgau stammenden Otakare. Als Markgrafen unterstanden die Otakare bis 1122 den Herzögen von Kärnten.

Als Residenz der begüterten Markgrafen war die Styraburg wohl auch der Schauplatz ausgeprägten ritterlichen und höfischen Lebens. Von 1180 bis zum Tod Otakars IV. (1192) war Steyr quasi die Hauptstadt der Steiermark. Noch heute erinnert das gleiche Wappen des Bundeslandes Steiermark und der Stadt Steyr an die Zeit der gemeinsamen Geschichte. Am 23. August 1287 bestätigte Herzog Albrecht I. die alten Eisenhandelsprivilegien und gewährte der Stadt zahlreiche neue Begünstigungen. Gleichzeitig bekam Steyr mit diesem Schreiben auch das Stadtrecht verliehen. Das in lateinischer Sprache abgefasste „große Privilegium" ist die älteste Urkunde der Stadt. Für Steyr begann ab diesem Zeitpunkt ein rasanter wirtschaftlicher Aufstieg, der durch die Lage an den beiden Flüssen Enns und Steyr und die Nähe zum steirischen Erzberg noch begünstigt wurde. 1397 kam es zu einer Verfolgung und Exekution gegen die Sekte der Waldenser. Hundert Angehörige dieser Glaubensrichtung wurden im Stadtteil Pyrach verbrannt. 1443 befand sich die Stadt an einem wirtschaftlichen und kulturellen Höhepunkt und der Rat beschloss den Neubau der Stadtpfarrkirche unter der Leitung von Hans Puchsbaum aus Wien. Steyr avancierte in dieser Phase zur wichtigsten und reichsten Stadt nach Wien im österreichischen Teil des Habsburgerreiches. 1499 erhielt die Stadt die Erlaubnis zur Wahl eines Bürgermeisters. Bis dahin war der Stadtrichter oberste Instanz. Auch das viel bestaunte spätgotische „Bummerlhaus" am Stadtplatz dürfte in dieser Zeit (datiert 1497) seine heutige Form erhalten haben. Kaiser Maximilian I. war der „Eisenstadt", die bedeutende Summen zur Bekämpfung der Ungarn aufbrachte, sehr gewogen. Er war einige Male in Steyr, holte sich von hier seinen Hofhistoriographen Johannes Stabius und schenkte seinem Sekretär Joseph Grünpeck die Spitalmühle, wo dieser seinen Lebensabend verbrachte und um 1532 starb.

Wahrzeichen der alten Eisenstadt Steyr ist das Bummerlhaus, das hervorragendste spätgotische Bürgerhaus nicht nur Oberösterreichs, sondern Österreichs. Aquarell von Rudolf von Alt, 1871.

Ein Bollwerk des Luthertums

Die umfangreichen und teilweise sehr persönlichen Beziehungen der Steyrer Bürger und Kaufleute zu den großen Handelsstädten Deutschlands machten sie schon früh empfänglich für neue Ideen und Geistesströmungen. So wurde auch die Lehre Luthers vom Stadtpatriziat begeistert aufgenommen. Beim oberösterreichischen Bauernaufstand 1525 hielt Steyr in logischer Konsequenz zu den Revoltierenden und unterstützte ihre Führer. Schon 1522 hatte ein fürchterlicher Stadtbrand große Teile der Altstadt und vor allem die neu erbaute mächtige Stadtpfarrkirche in Schutt und Asche gelegt. 1532 standen die Türken vor den Toren Steyrs und zogen mordend und brandschatzend durch das ohnehin schon arg in Mitleidenschaft gezogene Umland. Dazu kamen Seuchen, Abwanderung von Arbeitskräften und schließlich eine massive Geldentwertung. Aus der einstmals blühenden Stadt war ein „Armenhaus" geworden. Die Pest wütete unerbittlich, 1572 riss das größte Hochwasser, welches die Stadt jemals erlebt hatte, alle Brücken mit sich fort, brachte die Stadtmauer am Ennskai zum Einsturz und zerstörte den größten Teil der Handwerksbetriebe.

Die Gegenreformation und der Bauernaufstand von 1626 beschleunigten den wirtschaftlichen Niedergang. In den blutigen Auseinandersetzungen des Dreißigjährigen Krieges wurde Steyr erneut zum Zentrum der Ereignisse. Unter Führung von Stefan Fadinger errichteten die Aufständischen hier ihren Verpflegungsmittelpunkt und versuchten von Steyr aus die Landeshauptstadt Linz zu erobern. 1643 standen in Steyr 228 Häuser leer, 70 davon waren eingestürzt. Drückende Schulden führten in der Folge zum lange befürchteten völligen Zusammenbruch der Stadtfinanzen.

Neue Blüte im Barockzeitalter

Schon gegen Mitte des 17. Jahrhunderts, besonders nach dem Sieg Prinz Eugens über die Türken, kam es zu einem langsamen aber stetigen Aufschwung der Stadt. Viele prächtige Bauten (Michaelerkirche, Marienkirche, Cölestinerinnenstift und die Wallfahrtskirche Christkindl) entstanden in dieser Zeit. Die positive Entwicklung hielt bis zum Ausbruch des Österreichischen Erbfolgekrieges 1741 an und schenkte der Stadt auch einen monumentalen, barocken Schlossneubau durch den Linzer Baumeister Johann Michael Prunner nach dem Stadtbrand von 1727. Trotz der kriegerischen Ereignisse und der Besetzung der Stadt durch die Bayern gelang es den Bürgern 1765 mit dem Neubau eines Rathauses zu beginnen. Bauherr und Planer war der Bürgermeister der Stadt, Johann Gotthard Hayberger, der eines der schönsten Rokoko-Rathäuser Europas in den durchwegs von gotischen Bauten dominierten Stadtplatz stellte.

Nicht nur, dass Steyr nach dem Ende des Erbfolgekrieges eine neuerliche Finanzkrise zu durchleben hatte, machte der Stadt auch die Josephinische Politik ab 1780 schwer zu schaffen. Mit der Aufhebung des Cölestinerinnenklosters, des Klosters Garsten und des Klosters Gleink wurden drei wesentliche Bildungs-, Kultur- und Wirtschaftsträger lahmgelegt. Anfang Dezember 1800 erreichte die Stadt jedoch ein weit größeres Unheil: Im Zuge der Franzosenkriege verlagerten sich die Auseinandersetzungen mit Napoleon immer mehr nach Oberösterreich und somit auch nach Steyr. Die aus den Franzosenkriegen resultierende Wirtschaftskrise wurde durch zahlreiche Brandkatastrophen und Hochwasser noch verschärft. 1821 erreicht eine Überschwemmung ein derartiges Ausmaß, dass sogar der Stadtplatz in Mitleidenschaft gezogen war und zahlreiche Brücken und Mühlen zerstört wurden.

Mittelalter und Neuzeit

„Mittelalter und Neuzeit vermählen in Dir sich harmonisch."

Veronika Handlgruber-Rothmayer in „Ode an das Steyrer Bummerlhaus", Festschrift „Tausend Jahre Steyr", Steyr 1980.

Links: Stadtwappen an der Fassade des Steyrer Rathauses.
Rechts: Die spätgotische Bürgerspitalskirche und Michaelskirche (1635–1670).

Industrielle Revolution und Mobilität

Trotz der zahlreichen Probleme, mit denen die Stadt zu kämpfen hatte, kam es seit dem Ende des 18. Jahrhunderts zu gravierenden Umänderungen im Bereich des Handwerks und des Handels. Immer deutlicher wurde die von England ausgehende industrielle Revolution auch in Steyr spürbar. So entstand aus den vier Rohrhämmern in Unterhimmel 1786 eine Gewehrfabrik. Im gleichen Jahr wurde im Dominikanerkloster eine Manchester-Baumwollsamtfabrik eingerichtet. Ihre Waren wurden nahezu in alle Kronländer der Monarchie geliefert. Von den Fabrikbetrieben, die im 19. Jahrhundert entstanden, ist jene von Leopold Werndl wohl die wichtigste. Seit 1830 erzeugte er in seinem Werk in Letten bei Steyr Gewehrbestandteile und Bajonette. Seine Söhne Josef und Franz erweiterten 1864 die Firma beträchtlich und übersiedelten mit ihr nach Steyr. Gemeinsam mit seinem Werkmeister Karl Holub entwickelte Josef Werndl ein modernes Hinterladergewehr, das in kürzester Zeit Weltruf erlangte. In der Blüte des Unternehmens mit dem Namen „Steyrer Waffenfabriksgesellschaft" fanden um 1890 10.000 Arbeiter Beschäftigung. Maßgeblich beteiligt war Josef Werndl auch an der Finanzierung einer Bahnverbindung von St. Valentin ins Ennstal. 1884 hatte Steyr als erste Stadt auf dem Kontinent eine Straßenbeleuchtung mit elektrischem Strom aus Wasserkraft.

Der Erste Weltkrieg brachte viele Entbehrungen für die Stadt. Die Zeit zwischen den Kriegen war durch Wirtschaftskrisen, Arbeitslosigkeit, Geldentwertung, Lebensmittelmangel und Epidemien gekennzeichnet. 1933 war Steyr die ärmste Stadt der jungen Republik Österreich. Ein Jahr später war die Stadt Schauplatz der erbitterten Februar-Kämpfe zwischen Heimwehr und Schutzbund im Bürgerkrieg.

Der Ennskai. Rechts im Hintergrund die Stadtpfarrkirche.

Krieg und Wiederaufbau

Im Zweiten Weltkrieg erlitt Steyr als Industriestandort und somit als strategisches Bomberziel schwere Zerstörungen und Verluste. Der erste Angriff erfolgte am 23. Februar 1944. Knapp tausend Bomben wurden auf Steyr abgeworfen. Am 5. Mai 1945 zogen die siegreichen Amerikaner in Steyr ein, am 9. Mai folgten die siegreichen Russen aus dem Osten. Durch die zahlreichen Flüchtlinge und Soldaten stieg 1945 die Bevölkerungszahl auf 103.000.

Die Probleme der Stadtverwaltung waren vor allem die Beseitigung der Bombenschäden sowie die Wiederherstellung und Verbesserung der Infrastruktur. In der langen Steyrer Stadtgeschichte gibt es keinen Zeitabschnitt, der eine so umfangreiche Neugestaltung aufweisen könnte.

Errichtet wurden zahlreiche Wohn- und Schulbauten, Bäder und Sportanlagen, Bildungseinrichtungen, Fernheizwerke, die neuen Brücken über Enns und Steyr und mehrere neue Betriebe. 1979 erfolgte der Baubeginn des BMW-Motorenwerkes, das seither zum größten Betrieb in Steyr avancierte. Von 1972 bis 1978 kam es zu einer erbitterten Auseinandersetzung einer Bürgerinitiative mit der Steyrer Kommunalverwaltung wegen der Erhaltung des historischen Wehrgrabens. Der Streit endete nicht zuletzt durch die engagierte Unterstützung des Steyrer Kunstprofessors Heribert Mader und zahlreicher Medien mit einem Sieg für die Erhalter des Stadtteiles. Ab 1988 beginnt die Zerteilung und der Verkauf der Betriebsstätten der Steyr-Daimler-Puch AG.

Mit der Ansiedlung einer Fachhochschule und zahlreicher innovativer Forschungs- und Ausbildungsprojekte präsentiert sich Steyr heute als selbstbewusste, traditionsreiche, aber ebenso moderne und innovative Stadt am Rande des oberösterreichischen Zentralraumes.

Raimund Locicnik

Unten: Blick vom Tabor auf Steyr. Photographie, um 1880.

- Der Bezirk Steyr-Land hat eine Ausdehnung von 973,59 Quadratkilometern.
- Der Bezirk zählt 58.784 Einwohner (2011). 2001: 57.611.
- Der Bezirk grenzt im Norden an den Bezirk Linz-Land, im Osten an Niederösterreich, im Süden an die Steiermark und im Westen an den Bezirk Kirchdorf.
- Der Bezirk umfasst 20 Gemeinden, darunter die Stadt Bad Hall und sechs Marktgemeinden.
- Sitz der Bezirkshauptmannschaft ist die Stadt Steyr.

Weyer an der Enns. Kupferstich von Matthäus Merian. 1649.

Der Bezirk Steyr-Land

Der Bezirk Steyr-Land liegt in der Südostecke des Bundeslandes Oberösterreich. Keine der zwanzig Gemeinden zählt weniger als tausend Einwohner. Die Stadt Bad Hall verfügt als weltbekannter Kurort über die stärkste Jodquelle Mitteleuropas. Der Markt Garsten geht auf die Klostergründung im 11. Jahrhundert zurück. Die Benediktinerabtei wurde zum überragenden Kulturzentrum für das Enns- und Steyrtal. In dem unter Joseph II. aufgehobenen Stift ist jetzt eine Männerstrafanstalt untergebracht. Die Stiftskirche zählt zu den bedeutendsten Leistungen des österreichischen Barock in der zweiten Hälfte des 17. Jahrhunderts.

Zwischen Garsten und Weyer reihen sich im landschaftlich reizvollsten Teil des Bezirkes die Erholungsdörfer des Ennstales und seiner Seitentäler. In der südlichsten Gemeinde, Weyer, befindet sich im Dreibundesländereck die höchste Erhebung des Bezirkes, die Stumpfmauer. Sie überragt mit 1769 m Höhe den Traunstein und bietet einen wunderschönen Rundblick vom Dachstein bis zum Hochschwab. Die höchstgelegene Gemeinde (607 m) ist der Wallfahrtsort Maria-Neustift. St. Ulrich hat sich als „Friedensgemeinde" weltweiten Ruf erworben. Geologisch interessant ist das Buch-Denkmal im Pechgraben, ein Findlingsblock aus Granit.

Der Bezirk ist uralter Kulturboden. Die vielen Funde aus Steinzeit und Bronzezeit weisen auf illyrische und keltische Einwanderer hin. Ein halbes Jahrtausend stand das Gebiet unter Römerherrschaft. Um die Mitte des 6. Jahrhunderts erfolgte die Landnahme durch die Bayern, die an der Enns ihre Stellung gegen die aus dem Osten anstürmenden Awaren zu behaupten vermochten. Zur Sicherung gegen feindliche Einfälle wurde im 10. Jahrhundert die Styraburg am Zusammenfluss der Enns und Steyr errichtet. Damals war die ausgedehnte Burgherrschaft Steyr Eigenbesitz des Chiemgauer Grafengeschlechtes der Otakare. In ihr findet sich im Wesentlichen das Territorium des heutigen Bezirkes vorgezeichnet.

Postkarte aus Bad Hall aus dem Jahr 1869.

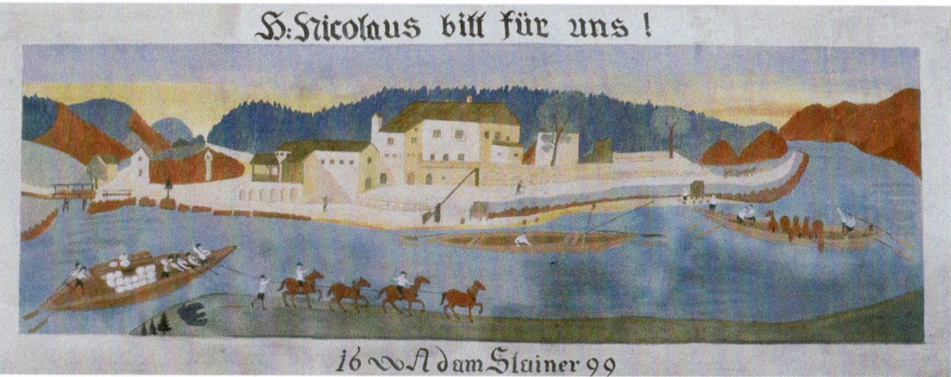

H: Nicolaus bitt für uns !
16 Adam Stainer 99

Fresko „Der Treidlzug" am „Kasten" von Weyer.

Die Eisenwurzen

Die Kleineisenindustrie bildete schon frühzeitig eine wichtige Erwerbsquelle. Mit den Stahl- und Eisensorten der Hammerwerke wurden die Erzeugnisse der „Eisenwurzen" bis in die west- und nordeuropäischen Länder exportiert. Messer und andere Klingenwaren wurden auch nach Venedig geliefert. Besondere Erwähnung verdienen die Zünfte der Sensen- und Nagelschmiede. Letzte Nachfahren dieser Eisenindustrie sind die Taschenfeitelerzeuger im Trattenbachtal (Gemeinde Ternberg), die noch in alle Welt exportieren. In der zweiten Hälfte des 16. Jahrhunderts wurde für den Eisentransport die Schifffahrt auf der Enns eingerichtet, da sie mehr Raueisen befördern konnte als die Flöße. Die Flößerei auf der Enns blieb aber für den Holztransport bis zur Donau noch bis ins 20. Jahrhundert in Betrieb.

Land- und Forstwirtschaft

Im Norden und Westen sind jene Gebiete zu finden, die tiefgründige, humuse Lehmböden aufweisen und auf Deckenschotter liegen. Rechts der Steyr und südlich der Stadt Steyr zieht sich weit nach Süden quer durch den Bezirk, teilweise in die Seitengräben der Enns, eine Flyschsandzone. Die Kalkzone beginnt 15 Kilometer südlich von Steyr und erstreckt sich bis zur Bezirksgrenze im Süden. Der Norden des Bezirkes ist gekennzeichnet durch intensiven Ackerbau, im Osten Richtung Enns mit einem erheblichen Zuckerrübenanteil, im Süden, das eigentliche Voralpengebiet (Berggebiet), liegt das Hauptgewicht auf Forstwirtschaft und Viehzucht. Die Anzahl der landwirtschaftlichen Betriebe geht ständig zurück und nicht mehr alle stehen im Vollerwerb.

Die landwirtschaftliche Nutzfläche beträgt knapp 40.000 Hektar, davon sind 42 Prozent Acker und 53 Prozent Wiese und Kulturweide. Auf 36 Almen werden in erster Linie Rinder bzw. Jungrinder, aber auch Pferde und Schafe aufgetrieben. Im Berggebiet dominieren die Rinderbesitzer, die Milchkühe, aber auch vermehrt Mutterkühe halten. Im Flachland gibt es überwiegend Schweinehalter. In einigen Betrieben werden auch Schafe, Ziegen und Geflügel gehalten.

Die Waldfläche beträgt 53.338 Hektar. Sie hat seit 2000 um etwa ein Prozent zugenommen. Der größte Waldanteil steht im Eigentum der bäuerlichen Kleinwaldbesitzer, gefolgt von den österreichischen Bundesforsten und privaten Forstverwaltungen. Waldschäden auf Grund von Schadstoffbelastungen durch Luftverunreinigungen haben in den letzten Jahren durch Umweltmaßnahmen stetig abgenommen. Bei den Verbissschäden durch Schalenwild ist so wie bei den Schälschäden durch Rotwild eine leichte Besserung zu verzeichnen. Im Bezirk gibt es 78 Jagdgebiete (24 Genossenschaftsjagden, 54 Eigenjagden) und drei Fischereireviere. Der Bezirk hat auch einen 7150 Hektar großen Anteil am Nationalpark Kalkalpen, der den Status eines Europaschutzgebietes besitzt.

Der Nationalpark Kalkalpen ist das größte Wald-Schutzgebiet im Herzen Österreichs. Bunte Mischwälder, aussichtsreiche Berggipfel, verborgene Schluchten, unberührte Bergbäche und reizvolle Almen erwarten den Naturliebhaber. Seltene und gefährdete Tiere und Pflanzen finden hier Lebensraum und Rückzugsgebiet – zum Beispiel Luchs, Weißrückenspecht und Alpenbockkäfer sowie Clusius-Primel und Frauenschuh.

Mei Heimath

Mei Heimath, die geht ma bevor –
Es gibt nur an Losstaner-Pfarr'.
Frische Leut
Voller Freud,
Guat unkait,
Das gfreut mir gar.

Anton Schosser (1801–1849), in „Nachgelassene Gedichte in der Volksmundart des Traunkreises", Steyr 1850.

Wappen von Bad Hall. Farblithographie, 1885.

Das Benediktinerstift Garsten. Photographie, um 1915.

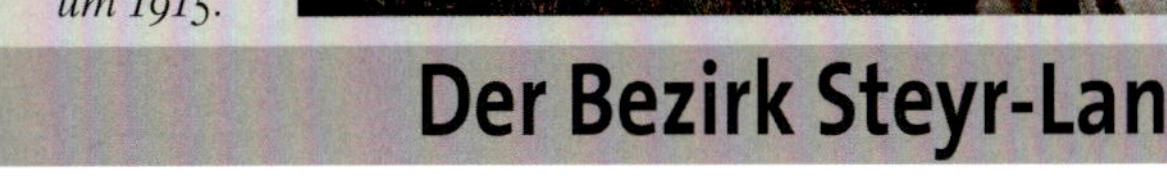

Der Bezirk Steyr-Land

Die Brunnbachschule im Nationalpark Kalkalpen.

Handel, Gewerbe, Fremdenverkehr

Die Betriebe des Bezirks sind durchwegs Klein- und Mittelbetriebe. Mit Stichtag Juni 2011 befinden sich im Bezirk 3373 Betriebe der gewerblichen Wirtschaft, das bedeutet gegenüber dem Jahr 2002 ein Plus von 860 und gegenüber dem Jahr 1996 ein Plus von 1405. Insgesamt werden in der gewerblichen Wirtschaft 7881 Arbeitnehmer beschäftigt. Derzeit gibt es 303 Ausbildungs (Lehr)betriebe (2002 waren es 334 und 1996 waren es 348), es werden derzeit 783 Lehrlinge beschäftigt (2002 waren es 733 Lehrlinge und 1996 waren es 797 Lehrlinge).

Für den weiteren wirtschaftlichen Aufstieg spielt der Fremdenverkehr eine sehr wichtige Rolle. Besonders die landschaftliche Schönheit als Erholungsgebiet ist eine wertvolle Grundlage, die eine stete Zunahme von Übernachtungen verzeichnen lassen. Ein Aufenthalt zum Erholen in der Kuranstalt oder als Gesundheitsurlaub bietet das EurothermenResort Bad Hall.

Aufgrund der Vielzahl an Freizeitmöglichkeiten ist Steyr-Land auch als Sport- und Erlebnisgebiet zu bezeichnen. Als anziehend erweisen sich im Sommer Wander- und Klettertouren, Mountainbikestrecken, Floßfahrten sowie die Hochseilklettergarten und im Winter stehen die Skigebiete Forsteralm, Viehtaleralm sowie Glasenberg für den Freizeitspaß zur Verfügung.

Die Tradition macht neben dem landschaftlichen Reiz die Liebenswürdigkeit des Bezirkes aus. Der Garstner Adventmarkt ist seit 1977 bekannt für unverfälschtes Brauchtum, bodenständiges Handwerk und qualitätsvolle Ausstellungen. Weitere bekannte traditionelle Veranstaltungen sind der Adlwanger Kirtag oder der Reichraminger Hintergebirgsteufellauf.

Bedeutende Sehenswürdigkeiten wie die Burgruine in Losenstein oder die Wallfahrtskirche Heiligenstein in Weyer gehören zu begehrten Ausflugszielen. Das Stiftsgebäude in Garsten weist eine beinahe 1000jährige Geschichte auf. Heute zählt die Kirche des ehemaligen Benediktinerstiftes, die im Jahr 1792 zur Pfarrkirche erklärt wurde, zu den schönsten Barockkirchen Österreichs. Im Jahr 1850 wurde das Klostergebäude zur Strafanstalt. Wichtig für den Fremdenverkehr ist auch die Gemeinde Großraming. Hier wird seit einigen Jahren der Film „Die Landärztin" gedreht.

Steyr-Land ist ein landschaftlich reizvoller Bezirk, aber auch ein Bezirk voll Lebensqualität.

Die Bedeutung der Enns

Die in mehr als 30jähriger Bauzeit errichtete Kette der Ennskraftwerke ist aus der Energieversorgung unseres Bundeslandes nicht mehr wegzudenken. Acht Kraftwerke liegen im Bezirk Steyr-Land. Sie haben für die betroffenen Gemeinden strukturelle und verkehrsmäßige Verbesserungen gebracht. Die Enns, sieben Jahrhunderte lang ein rauschender und oft gefährlicher Wasserweg zur Holzbeförderung, wurde manchem Flößer zum feuchten Grab. Die Ennskraftwerke haben in der Taverne am Kasten und beim Talübergang Gaflenz an der Eisenbundesstraße der Holzflößerei ein Denkmal gesetzt.

Steyr-Land 2021

Um die zukünftigen Herausforderungen zu bewältigen, wurde im Jahr 2010 das Projekt „Steyr-Land 2021" eingeleitet. „Steyr-Land 2021" ist ein eigeninitiativer Prozess der 20 Gemeinden mit der Bezirkshauptmannschaft Steyr-Land zur strategischen Entwicklung und Zusammenarbeit in der Region. Im Jahr 2011 wurde dazu ein Bezirksleitbild erstellt. Ziel ist es, Steyr-Land als eine deutlich erkennbare Region zu positionieren und ein Zentrum regionaler Kooperation und innovativer Mobilität zu sein.

Cornelia Altreiter-Windsteiger,
Bezirkshauptfrau

Das Wildniscamp Holzgraben im Nationalpark Kalkalpen.

Bindenschild und Wappen Oberösterreichs aus dem Greiner Marktbuch, 1490.

Die meistgesungene Hymne

„Die oberösterreichische Landeshymne, 's Hoamatland, ist die auf der ganzen Welt meistgesungene Landeshymne."

Landeshauptmann Josef Pühringer bei der Feier zum 100. Todestag des Landeshymne-Komponisten Hans Schnopfhagen in dessen Geburtsort Oberneukirchen, 28. 6. 2008.

's Hoamatgsang

Hoamatland, Hoamatland!
Han dih so gern
Wiar a Kinderl sein Muader,
A Hünderl sein' Herrn.

Durih 's Tal bin ih glaffn,
Af'n Hechl (Hügel) bin ih glegn,
Und dein Sunn hat mih trückert,
Wann mih gnetzt hat dein Regn.

Dein Hitz ist net z'grimmi,
Net z'graoß is dein Frost,
Ünser Traubn hoaßt Hopfn,
Ünsern Wein nennt ma Most.

Und zun Bier und zun Most
Schmeckt a kräftige Kost
Und die wachst alle Jahr,
Mit der Naot hat's koan Gfahr.

Deine Bam, deine Staudna
Sand graoß wordn mit mir
Und sie blüahn schön und tragn
Und sagn: „Mach 's als wia mir!"

Am schönern macht 's Bacherl,
Laft allweil tala,
Aber 's Herz, von wo 's auerrint,
's Herz laßt 's da.

Und ih und die Bachquelln
San Veder und Moahm:
Treibt 's mih woderwill umher,
Mein Herz ist dahoam.

Dahoam is dahoam,
Wannst net fort muaßt, so bleib;
Denn d' Hoamat is ehnter
Der zweit Muaderleib.

Franz Stelzhamer

Die erste, zweite und letzte Strophe des Gedichts wurden 1952 mit Landesgesetz zur Landeshymne erklärt.

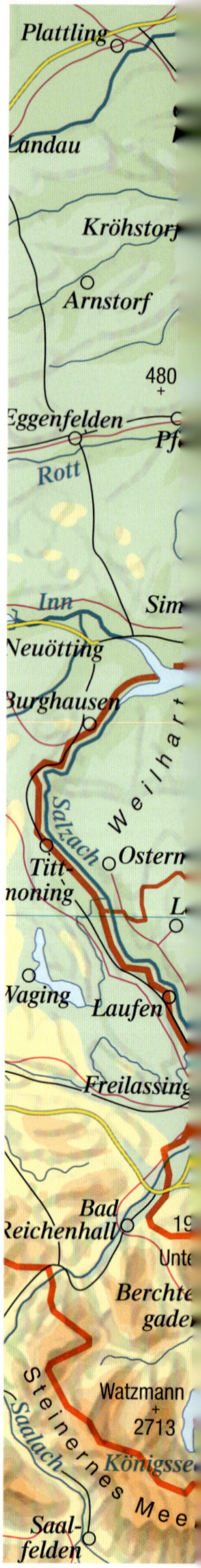

Das oberösterreichische Wappen, gehalten von Putti, über dem Nordportal des Linzer Landhauses, um 1570.

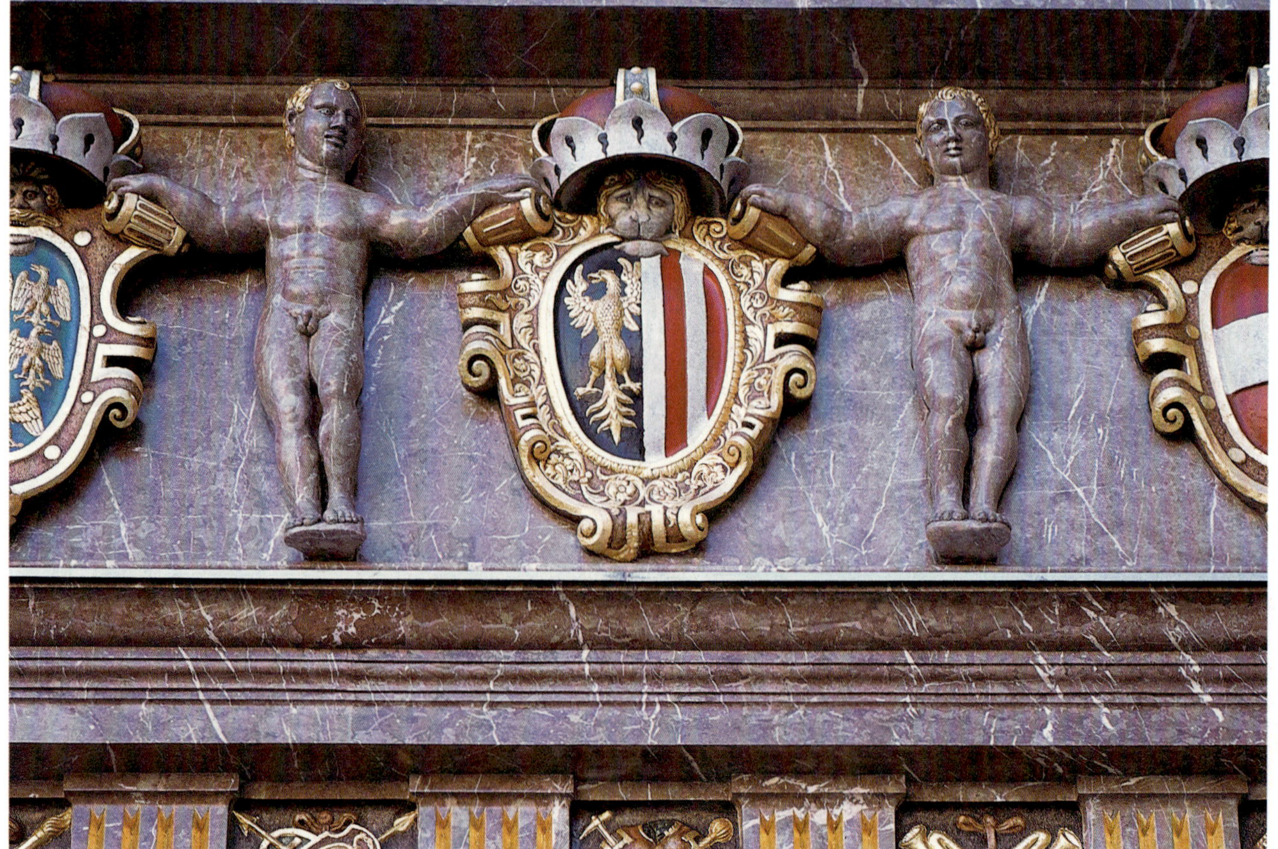

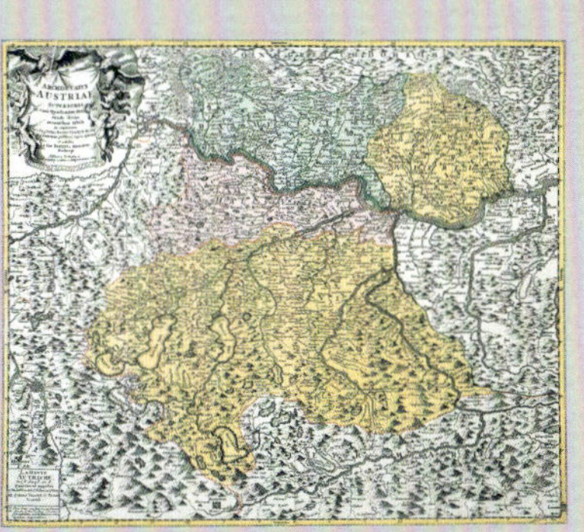

Johann Baptist Homann:
„Oberösterreich mit seinen Vierteln“. Um 1710.

Der Gosaukamm

Die vielbewunderten bizarren Zinnen und Zacken des Gosaukamms sind nichts anderes als die Reste einer Rifflandschaft. An das längst versunkene tropische Tierparadies erinnern die Reste von Korallen, Muscheln und Schnecken.

Bevor es Menschen gab

Erdurzeit

(Präkambrium)

Vor 4,5 Milliarden Jahren. Beziehen wir die gesamte Erdgeschichte von mehr als 4,5 Milliarden Jahren auf ein Kalenderjahr, dann entfallen davon auf die Geschichte der Menschheit nur etwa die letzten fünf Stunden; das entspricht den 2 bis 2,5 Millionen Jahren des jüngsten geologischen Abschnittes, des Quartärs oder Eiszeitalters. Spuren des Lebens kann die Forschung aber bis nahe an den Beginn der Geschichte der Erde zurückverfolgen.

Erdaltertum

(Paläozoikum)

Vor 570–230 Millionen Jahren. Höhere Lebewesen beginnen sich allerdings erst im Erdaltertum (Paläozoikum) zu entwickeln. Bald erobern Frühformen von Pflanzen und Tieren das Festland. Die ersten Wirbeltiere treten auf und schließlich entfalten sich die aus baumförmigen Bärlapp-, Schachtelhalm- und Farngewächsen bestehenden Sumpfwälder der Steinkohlenzeit (Karbon). In Oberösterreich ist jedoch von all diesen frühen Lebensspuren nichts erhalten. Hier lassen nur die zum **Böhmischen Massiv** gehörenden Gesteine des Mühlviertels als stumme Zeugen dieser Zeit gewisse Aussagen zu.
Sie hatten ihr heutiges kristallines Gepräge einst viele Kilometer unter der Oberfläche während einer Gebirgsbildungszeit des späteren Erdaltertums (variszische Gebirgsbildung) lange vor der Entstehung unserer Alpen erhalten. Nach jahrmillionenlanger Zerstörung und Abtragung dieses Gebirges gewährt uns dieser Landesteil Einblick in dessen Grundfesten: in eine mehrfach umgewandelte Gesteinshülle, in die vor 380 bis 280 Millionen Jahren wiederholt Granite als geschmolzene Gesteinsmasse eingedrungen waren.

Erdmittelalter

(Mesozoikum)

Vor 230–65 Millionen Jahren. Das folgende, in Trias, Jura und Kreide unterteilte Erdmittelalter (Mesozoikum) ist das Zeitalter der Riesenechsen, der Saurier. In Oberösterreich haben wir aber nur Reste der Tier- und Pflanzenwelt aus den Ablagerungen des damaligen Tethysmeeres erhalten, eines Ozeans, der sich, ständig erweiternd, keilförmig aus dem Bereich des Pazifik nach Westen zwischen Afrika und dem alten eurasiatischen Kontinent vorgeschoben hatte. Die in unseren heutigen **Kalkalpen** gut rekonstruierbare Ablagerungsfolge setzt bereits im auslaufenden Erdaltertum mit Salz und Gips führenden Zonen aus flachen Lagunen ein. Im Laufe der Triaszeit folgen bei Absenkung und Ausweitung des Meeresbodens je nach Tiefe und Landferne mehr sandige, tonige oder kalkreiche Ablagerungen in Verbindung mit Korallenriffen. Dabei entstehen die mehrere tausend Meter mächtigen Kalksteinpakete, aus denen die Dachsteinkalke unserer Kalkhochalpen (Dachstein, Totes Gebirge) und die Wettersteinkalke der Kalkvoralpen (Höllengebirge, Traunstein) hervorgegangen sind.
Tieferen Bereichen entstammen die durch ihren Reichtum an Ammoniten (Kopffüßer mit schneckenähnlichen Gehäusen) bekannten Hallstätter Gesteine. In der folgenden Jurazeit ist dieses Meer zeitweise zur Tiefsee geworden.
Der einst gegen 1000 Kilometer breite Meeresboden wird dann, die Gebirgsbildung der Alpen bedingend, von der Kreidezeit an immer weiter eingeengt, so dass diese einst weit südlich ihrer heutigen Position abgelagerten Gesteinsmassen gefaltet und stapelweise übereinandergeschoben und gleichzeitig weit nach Norden verfrachtet werden. Dabei taucht der Südrand der bereits starren Böhmischen Masse in die Tiefe, so dass während der Kreidezeit hier ein eigener Meerestrog entsteht, in dem die Gesteine (Sandsteine und Mergel) der heute den Alpenrand bildenden **Flyschalpen** abgelagert werden. Kaum hat sich das Gebirge über das Meeresniveau erhoben, stößt in der späteren Kreidezeit das Tethysmeer neuerlich vor. Die zurückbleibenden Konglomerate, Sandsteine und Mergel werden nach dem oberösterreichischen Gosau als Gosauablagerungen bezeichnet.

Erdneuzeit

(Känozoikum)

Vor 65 Millionen Jahren. Die Gebirgsbildung der Alpen setzt sich aber auch noch anschließend in mehreren intensiven Phasen bis in die Tertiärzeit hinein fort, die Erdneuzeit (Känozoikum). Erst zu dieser Zeit erhalten die Alpen zunehmend ihr Gebirgsrelief.
Zwischen den aus dem Erdaltertum stammenden Gesteinen der Böhmischen Masse und jenen aus dem Erdmittelalter unserer Kalkalpen und Flyschalpen breitet sich der jüngste Teil unseres Landes aus, das **Alpenvorland**. Seine als Molasse bezeichneten Ablagerungen, sandige Mergel (Schlier), Strandsande, gelegentlich auch Schotter, entstammen einem Meeresarm, der während des Großteils der Tertiärzeit den Senkungsraum des weit unter die Alpen abtauchenden Massivrandes einnimmt. Tiefbohrungen, zum Beispiel in Grünau, und seismische Untersuchungen haben bezeugt, daß Flysch- und Molassegesteine die Kalkalpen zur Gänze unterlagern, das heißt, dass die alpine Gebirgsbildung immer noch andauert. Die tertiäre Meeresmolasse enthält, wie auch einige der sie unterlagernden Schichten, stellenweise (beiderseits des Kremstales, des Vöckla-Ager-Tales und in der Umgebung des Kobernaußer- und Hausruckwaldes) Erdöl und Erdgas.
Die anfangs erst wenig über dieses Meer aufragenden Kalkalpen werden von Flüssen aus den bereits höher gehobenen Zentralalpen gequert. Sie hinterlassen auf den inzwischen hoch emporgehobenen Gebirgsstöcken Reste von Quarzschottern, die sogenannten Augensteine. Je höher diese Kalkalpen emporgehoben werden, um so mehr setzt die Zertalung ein und damit auch die Verkarstung, die zur Höhlenbildung und unterirdischen Entwässerung führt. Die Erdneuzeit bringt die reiche Entfaltung der Säugetiere und Vögel mit sich, auch der Meeressäuger, wie Wale und Delphine, deren Überreste in der Umgebung von Linz gefunden wurden.

Vor 17 Millionen Jahren. Im jüngeren Tertiär weicht vor etwa 17 Millionen Jahren dieses Molassemeer zurück. Das sich über den Meeresablagerungen ausbildende Flußnetz hinterläßt gewaltige Schottermassen und begräbt dabei Sümpfe, aus denen die Braunkohlenflötze des oberen Innviertels und des Hausrucks hervorgegangen sind. Im Zuge der folgenden allgemeinen Landhebung und der damit verbundenen Ausbildung des Reliefs werden diese Schotter bis auf die heute noch im Kobernaußerwald und Hausruck erhaltenen Reste ausgeräumt. Elefantenartige Dickhäuter der Gruppe Mastodon sowie Vorläufer des Nashorns, des Tapirs usw. durchstreifen die subtropischen bis warmgemäßigten lichten Wälder des landfest gewordenen Alpenvorlandes.

Ein oberösterreichischer Wal *Einer der bemerkenswertesten Funde stammt aus einer Baugrube in Traun-Pucking. Bei dem 1981 gefundenen Skelettrest handelt es sich um einen Zahnwal (Odondoceti). Die erhaltene Länge von 230 cm entspricht ungefähr einem Drittel der gesamten Körperlänge.*

Der Mondsee lag 60 Meter höher

Auch die zwischeneiszeitlichen Wärmeperioden haben Spuren hinterlassen. So enthalten die Ablagerungen eines vor mehr als 100.000 Jahren bestehenden Mondsees, dessen Spiegel um 60 Meter höher gelegen war als der des heutigen Sees, Blütenstaub (Pollen), der die Rekonstruktion des Vegetationsablaufes zu dieser Zeit bis zum Eintreffen des hocheiszeitlichen Gletschers zulässt. Schließlich verdanken wir den eiszeitlichen Gletschern die besonderen Reize unserer Gebirgslandschaft, die herrlichen Seen, die tief eingefressenen Kare und Trogtäler, etwa um das Tote Gebirge und den Dachstein.

Hallstätter Kalk

„Hallstätter Kalk ist durch außergewöhnlich bunte Farben gekennzeichnet. Nach dem Ort Hallstatt ist die ganze geologische Zone als Hallstätter Zone bekannt. Die Geologen schätzen die Hallstätter Zone als ein Gebiet unerschöpflicher Problematik, die Fossiliensammler kennen sie als schier unerschöpfliches Fossilfundgebiet."

Herbert Summesberger und Johanna Kovar: „Die Zeit der wachsenden Riffe" in: „Österreichs Boden im Wandel der Zeit", Wien 1982.

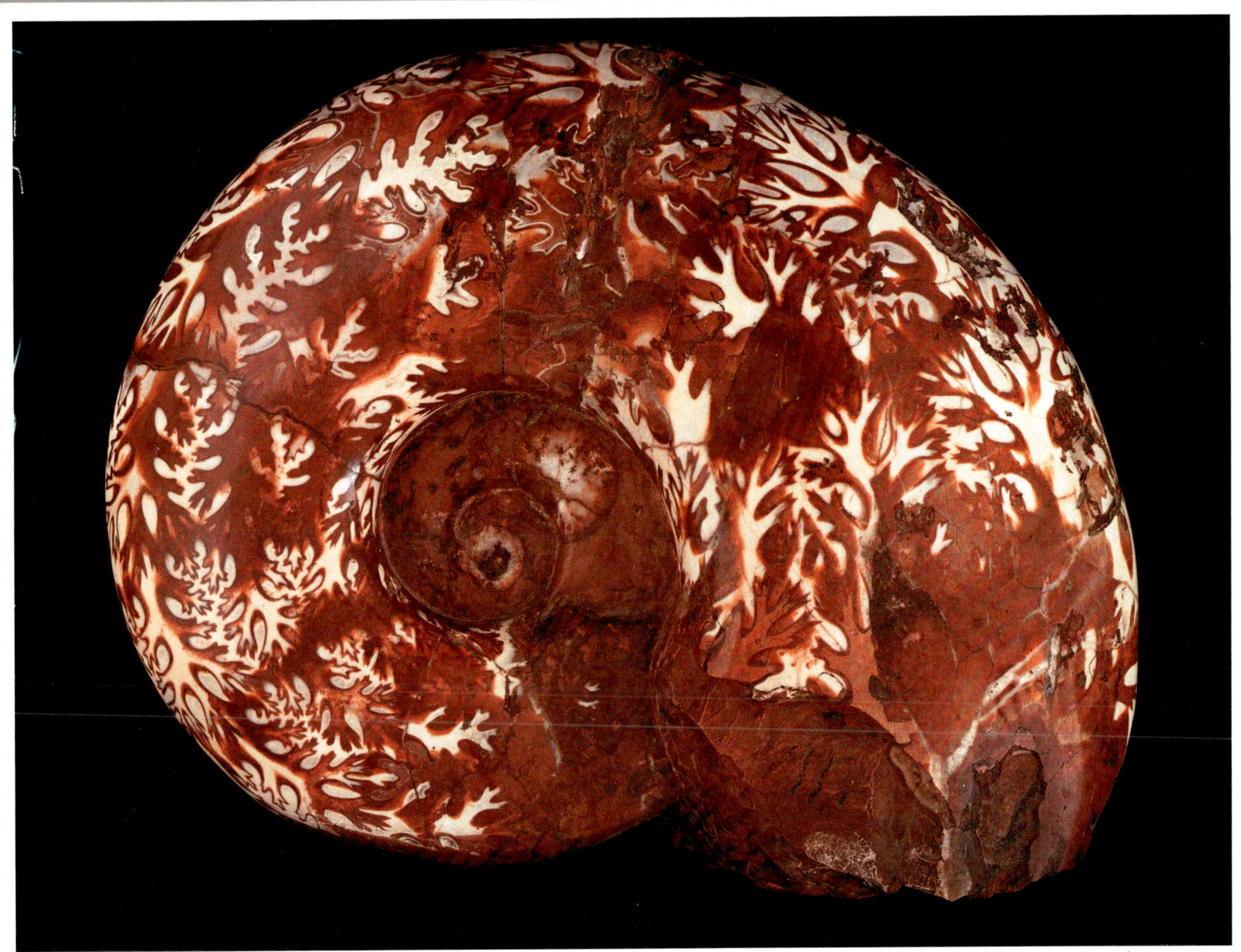

Meisterwerk der Natur *Dieser besonders attraktive Ammonit, heute eine Zierde der Sammlungen des Oberösterreichischen Landesmuseums, wurde vom Entdecker des Hallstätter Gräberfelds, Johann Georg Ramsauer (1795–1874), gefunden. Auch wenn man nicht weiß, dass es sich um einen „Rhacophyllites neojurensis" handelt, der zur Überfamilie der Phylloceratacea gehört, ist man von diesem viele Millionen Jahre alten Meisterwerk der Natur fasziniert. (Gehäusedurchmesser 38 cm.)*

Vor 2,5 Millionen Jahren. Eine weltweite Abkühlung führt zum **Eiszeitalter**. Es ist durch verhältnismäßig kurzfristige Klimaschwankungen zwischen gemäßigten Warmzeiten und sich allmählich verstärkenden Kaltzeiten gekennzeichnet.

Vor etwa 600.000 Jahren stoßen die inzwischen groß gewordenen Alpengletscher während der letzten vier großen Vereisungsperioden wiederholt bis ins Alpenvorland vor. Sie hinterlassen dort mit ihren Moränenablagerungen die Marken ihrer jeweils größten Ausdehnung, wie sie in dieser klassischen Anordnung kaum anderswo so präzise zu finden sind. Die äußersten Spuren der älteren Gletscher verlaufen vom oberen Innviertel über den Südrand des Kobernaußerwaldes in die Traun-Enns-Platte bei Vorchdorf, Sattledt und Kremsmünster.

Vor 20.000 Jahren. Die Gletscher der letzten Kaltzeit, der Würmeiszeit, mit ihrem Höhepunkt vor 20.000 Jahren, erfüllten gerade noch die großen Seebecken am Alpenrand, weiter östlich enden sie bereits tief im Gebirge.
Im nicht vergletscherten Gebiet herrschen über Jahrtausende hinweg Tundra und Kaltsteppe mit einer diesen Verhältnissen angepassten Tierwelt, wie Mammut, Wollhaarnashorn, Riesenhirsch, Steppenwisent, Rentier, Höhlenbär, und längst vor dem Gletscherhöchststand der Würmeiszeit durchstreift auch der Mensch bereits unser Land, der in klimatisch günstigeren Abschnitten auf seinen Jagdzügen bis hoch ins Gebirge vordringt.
Während der Schmelzperioden werden gewaltige Schottermassen angereichert, aus denen in trockenen Jahreszeiten der Wind den als Löß bezeichneten Staub in die Umgebung verweht. Auf den Höhen des Mühlviertels geraten im Auftaubereich des ständig gefrorenen Bodens im Sommer gewaltige Block- und Schuttströme in Bewegung.

Vor rund 12.000 Jahren. Es beginnen sich wieder Holzgewächse auszubreiten.

Vor 10.000 Jahren. Es folgen die geschlossenen nacheiszeitlichen Wälder, bis schließlich ab der Jungsteinzeit der Mensch sesshaft wird und damit zunehmend in die natürliche Entwicklung eingreift.

Hermann Kohl

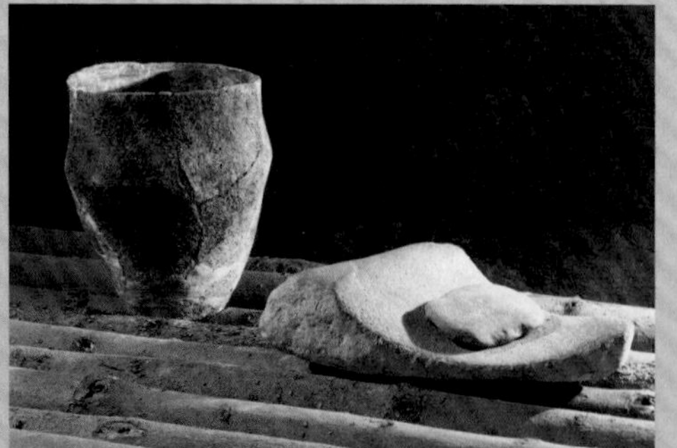

Eindrucksvolle Funde

„In Oberösterreich sind besonders die Notenkopf-, die Band- und Schnurkeramik sowie die Münchshöfener-, die Mondsee- und die Glockenbecherkultur durch eindrucksvolle Funde nachgewiesen."

Josef Reitinger in „Schloßmuseum Linz, Führer durch die Sammlungen", 1978.

Frühes Zeugnis des Ackerbaues: Tongefäß und Reibplatte mit Reibstein, wie sie zur Zeit der Mondseekultur zum Zerquetschen des Getreides verwendet wurden.

Wurzeln unserer Zivilisation

„Die Funde aus den Seeufersiedlungen zeigen neben einer ausgeprägten bäuerlichen Wirtschaft bereits Ansätze spezifischer handwerklicher Tätigkeiten, die eine grundlegende Umformung sozialer und kultureller Wertigkeiten mit sich brachten. Die Wurzeln unserer modernen Zivilisation reichen tief in diese frühesten Anfänge bäuerlicher Kultur."

Johann Offenberger: „Die Pfahlbauten der Salzkammergutseen", in: Ausstellungskatalog „Das Mondseeland", Linz 1981.

Die ersten Oberösterreicher

Altsteinzeit

(Paläolithikum)

Seit 300.000 Jahren. bis vor etwa 40.000 Jahren, lebten **Neandertaler** (→) in Europa. Sie haben milde und kalte Perioden überstanden und waren zweifellos die erfolgreichsten Menschen der Urgeschichte. Ihren Namen erhielten sie nach dem ersten Skelettfund im Neandertal bei Düsseldorf (1856). Ein Lagerplatz von eiszeitlichen Jägern auf einem Hügel in den Donauauen bei Gusen (Gemeinde Langenstein), im Volksmund „Berglitzl" genannt, und Funde in Weinzierl (Perg) führen in die Zeit von 130.000 bis 40.000 vor heute zurück. Zu den ältesten Funden in Oberösterreich zählen auch die Artefakte aus einem Steinbruch bei Mauthausen.

Ca. 64.000–40.000 vor heute. Grabungen in den Jahren 1980 bis 1983 in der Ramesch-Knochenhöhle (Warscheneck) brachten den Beweis: Die größte Überraschung war der Fund eines Feuersteingerätes, das zu den schönsten Artefakten zu zählen ist, die aus dieser Zeit im alpinen Raum gefunden wurden. Auf der Suche nach Bärenknochen machten Archäologen des Oberösterreichischen Landesmuseums im Sommer 1986 auch in der Nixluke bei Losenstein eine sensationelle Entdeckung: Neben Knochen von Höhlenbären fanden die Forscher die für den Neandertaler typischen Werkzeuge.

Neben dem Höhlenbären ist das Mammut das bekannteste Eiszeittier. Knochen des Mammuts und anderer Säugetiere fand man auf dem Linzer Froschberg in der Lehmgrube einer Ziegelei: Neben einem Bisonknochen lag ein paläolithischer Hornsteinschaber.

Ca. 8000 v. Chr. Mit der fortschreitenden Erwärmung und dem Aussterben der Großsäuger (Mammut, Riesenhirsch) endet das Paläolithikum.

Ein Pfahlbaudorf im Mondsee, wie es auch heute noch auf Schultafeln und in Schulbüchern zu sehen ist. Das romantisierte Bild vom Leben in den von Wasser umgebenen Pfahlbaudörfern entspricht allerdings nicht mehr dem heutigen Wissensstand. In den meisten Fällen handelt es sich bei diesen jungsteinzeitlichen Bauten um Uferrandsiedlungen.

Mittlere Steinzeit

(Mesolithikum)

Ca. 8000–6000 v. Chr. Die bisher besten Funde aus dieser Zeit wurden bei Bad Ischl am linken Traunufer entdeckt.

Jungsteinzeit

(Neolithikum)

Ca. 6000–4300 v. Chr. Frühneolithikum. In den späteiszeitlichen Lößlandschaften, vor allem beiderseits der Donau, siedelt schon in der frühen Jungsteinzeit eine sesshafte bäuerliche Bevölkerung. Diese Epoche wird als **Donauländische** oder **bandkeramische Kultur** bezeichnet. (Weil die ornamental verzierten Gefäße mit eingeritzten Bändern geschmückt sind.) Durch einen glücklichen Zufall wurden 1960 erstmals auch in Oberösterreich Funde aus dieser Zeit gemacht, und zwar in der Nähe von Rutzing (Gemeinde Hörsching). Bei Planierarbeiten wurde ein kleines Hockergräberfeld freigelegt. (Die Toten wurden in Hockerstellung mit Gefäßen, Steinwerkzeugen und Schmuckstücken beigesetzt.) Man fand Gefäße mit Notenkopfdekor (das Dekor besteht aus eingeritzten Linien, die in regelmäßigen Abständen von kleinen Dellen unterbrochen sind und daher eine Ähnlichkeit mit Musiknoten ausweisen), Schmuckstücke (Ringe, röhren- und walzenförmige Perlen) und Schuhleistenkeile (ein typisch bandkeramisches Steinwerkzeug). Schuhleistenkeile sind auch in Linz und in der Umgebung von Linz als Einzelfunde aufgetaucht. Bandkeramische Siedlungen sind in Leonding und in Ölkam bei St. Florian (bei Linz) nachzuweisen.

Aus dem Ort, der seit Jahrhunderten für archäologische Überraschungen sorgt, kam 2002 eine erstaunliche Erkenntnis: Ein schon 1838 im Hallstätter Salzberg gefundener Pickel aus Hirschgeweih ist nach neuen Untersuchungen rund 7000 Jahre alt und berechtigt zu der Annahme, dass schon viel früher als bisher angenommen in Hallstatt Salz abgebaut wurde.

4300–2300 v. Chr. Spätneolithikum. Die ältesten Funde im Gebiet der Linzer Altstadt, auf der Kuppe des heutigen Hofberges, stammen aus dieser Zeit.

Eine Regionalform der späten Jungsteinzeit wird nach dem Ort Münchshöfen in Niederbayern **Münchshöfener Kultur** genannt. Diese Kultur strahlte ganz deutlich auch auf das Gebiet Oberösterreichs aus. Nachzuweisen ist diese Kultur auf der Burgwiese bei Ansfelden, in Niederperwend bei Marchtrenk, Dornach-Saxen, Engerwitzdorf, Lungitz, Luftenberg, Stadl-Paura, Ufer bei Ebelsberg und wieder in Rutzing bei Hörsching, ferner in Grubenwohnungen, die bei Grabungen in der Linzer Altstadt gefunden wurden. Es handelt sich dabei um muldenförmig in den Lehmboden eingetiefte Wohngruben, die bis zu fünf Meter lang waren; zwei hatten in der Mitte ein Pfostenloch mit Steinkranz und auch eine Herdstelle.

Zum Zeitabschnitt am Ende der Jungsteinzeit gehört auch die ostalpine **Pfahlbaukultur**, deren bedeutendste Fundplätze an den Seen des oberösterreichischen Salzkammergutes liegen. Diese zu großer Berühmtheit und Popularität gelangten Pfahlbaudörfer werden vielfach der **Mondseekultur** gleichgesetzt, obwohl die Fundplätze der Mondseekultur keineswegs auf das Salzkammergut beschränkt sind, sondern (im Gegensatz zur Donauländischen Kultur) im ganzen Land zwischen Inn und Enns liegen. Die bekanntesten Landsiedlungen sind die in Lindbruck bei Waizenkirchen, Edtstorf (Gemeinde Engerwitzdorf), Laussa und Garsten.

Andererseits ist nicht alles, was für eine Pfahlbausiedlung gehalten wurde, wirklich eine solche, meistens handelt es sich um Ufersiedlungen, die

um 3370 v. Chr. bei einem Bergsturz durch den Seeanstieg überflutet wurden. Das bedeutete das Ende der Mondseekultur.

Die Bezeichnung „Pfahlbau" wird von den Wissenschaftern mehr und mehr gemieden, man spricht lieber von Seeufersiedlungen.

Ein „richtiger", im Wasser stehender Pfahlbau ist zweifellos Mooswinkl (Mondsee), dagegen werden See am Mondsee (Gemeinde Unterach), Scharfling (Mondsee) sowie Weyregg und Misling (Attersee) eindeutig als Uferrandsiedlungen (Feuchtbodensiedlungen) ausgewiesen. Die Pfahlbauforschung bedient sich heute der modernsten Tauchtechniken, die neuen Grabungsbefunde der Unterwasserarchäologie haben das romantische Bild, wie es uns auf Schultafeln noch heute vermittelt wird, weitgehend zerstört. Anstelle der Vorzeitidylle trat der Beweis für eine Bautechnik der jungsteinzeitlichen Besiedler in den Feuchtböden.

Unbestritten bleibt, dass ein Großteil der Pfahlbausiedlungen an den Salzkammergutseen in der Zeit der Mondseekultur errichtet wurde. In dieser letzten Epoche der Jungsteinzeit kennt man auch schon Gebrauch und Verarbeitung des Kupfers, deshalb auch der Name **Kupferzeit** (Funde in Altenberg und Pulgarn/Steyregg).

Jüngste Forschungen ergaben, dass auch das Beil des „Ötzi", wie die 1991 in den Ötztaler Alpen entdeckte Eismumie genannt wird, aus einem Rohkupfer gegossen wurde, dessen Herkunft in den Lagerstätten der Mondseekultur zu suchen ist. Der „Ötzi" lebte zwischen 3400 und 3350 v. Chr.

Die Schlussphase der ausgehenden Jungsteinzeit wird von den Wissenschaftern als **Glockenbecherkultur** bezeichnet, weil als keramische Hauptform glockenförmige Bechergefäße auftauchten. 1940 wurden in Linz-Scharlinz zwei Hockergräber der Glockenbecherkultur gefunden. Ebenfalls in Scharlinz finden sich Spuren der **Schnurkeramikkultur**. Steinäxte aus dieser Zeit, die ihren Namen nach den eigenartigen, von abgedrückten Schnüren herrührenden Verzierungen hat, fand man auch in Freudenstein (Gemeinde Feldkirchen an der Donau), Punzing (Gemeinde Waizenkirchen), Kematen bei Wels und Gaisbuchen (Gemeinde Natternbach).

Zentrum des technischen Fortschritts

„Wir müssen uns bewußt sein, daß man im 3. Jahrtausend v. Chr. hier gelebt hat, in einer Zeit, als die Hochkulturen in Ägypten und im Zweistromland sich zu formen begannen."

„... daß das Mondseeland im Vergleich mit den gleichzeitigen Kulturgruppen der Nachbarschaft als ein Zentrum des technischen Fortschrittes jener Zeit gelten kann."

Elisabeth Ruttkay: „Typologie und Chronologie der Mondsee-Gruppe", in: Ausstellungskatalog „Das Mondseeland", Linz 1981.

Warme Höhlenbärenzeit

„Während der Höhlenbärenzeit zwischen 65.000 und 30.000 Jahren war das Klima wärmer als heute, die Waldgrenze lag in der Nähe des Höhleneinganges."

Katalog zur Ausstellung „Höhlenbär und Bärenjäger – Ausgrabungen in der Ramesch-Knochenhöhle im Toten Gebirge", gestaltet von Gernot Rabeder und Bernhard Gruber, Kataloge des OÖ. Landesmuseums, Neue Folge 6 (1986).

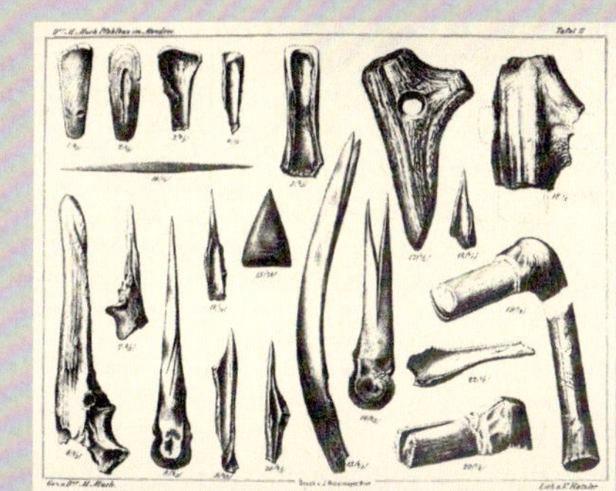

Der Neandertaler

Wir haben von diesem europäischen Frühmenschen meist eine sehr verzerrte Vorstellung. Man stecke einen Neandertaler „in einen Konfektionsanzug und schicke ihn zum Einkaufen in einen Lebensmittelladen – man wird ihn dort überhaupt nicht beachten", meint der amerikanische Anthropologe F. Clark Howell. Dass die Neandertaler affenähnliche Wesen waren, ist durch die Forschung längst widerlegt. Sie lebten in kleinen Stammesgemeinschaften, waren vor allem Jäger, kannten die Kleidung – was in der Eiszeit höchst notwendig war – und sie bestatteten ihre Toten mit Ehrfurcht. Nachweisbar sind freilich auch Kindesmorde – in Notzeiten eine für das Überleben eines Stammes notwendige Maßnahme.

Die bedeutendsten Fundplätze der ostalpinen Pfahlbaukultur am Ende der Jungsteinzeit liegen an den Seen des oberösterreichischen Salzkammergutes. Oben: Henkeltöpfchen der Mondseekultur. Rechts oben: Knochenfunde der Pfahlbauforschungen im Mondsee wurden bereits 1876 vom Altmeister der prähistorischen Forschung, Mathäus Much (1832–1909), publiziert.

Der Höhlenbär

Er war ein gewaltiges Tier, wog bis zu 700 Kilo und war, wenn er sich aufrichtete, bis zu 2½ Meter groß. Über Zehntausende von Jahren lebte der Höhlenbär auch in unseren Gegenden. In der Ramesch-Knochenhöhle ist seine Anwesenheit vor 65.000 bis vor 30.000 Jahren nachzuweisen. Damals war das Klima allerdings wärmer, die Waldgrenze lag ebenso wie die Bärenhöhlen bei fast 2000 Meter Seehöhe. Der Höhlenbär (sein wissenschaftlicher Name lautet Ursus spelaeus) unterscheidet sich von seinem nächsten noch heute lebenden Verwandten, dem Braunbären, in vielen Merkmalen des Skeletts (Schädel, Gebiss, Extremitäten) sowie in der Größe. Bemerkenswert ist das Gebiss des Höhlenbären: es ist ein typisches Pflanzenfressergebiss. Auch andere Umstände lassen den Schluss zu, dass sich der Höhlenbär fast ausschließlich von Pflanzen ernährt hat.

Bärenhöhlen sind in Oberösterreich keine Seltenheit: Die bekanntesten Fundorte sind die Schreiberwandhöhle am Dachstein, die Dachstein-Rieseneishöhle, die Gamssulzenhöhle am Gleinkersee und die Lettenmayerhöhle bei Kremsmünster.

Die interessantesten Funde aber sind die in der Höhle von Ramesch, dem alleinstehenden, dem Warscheneck vorgelagerten Felsblock im Toten Gebirge. Diese Höhle erhielt auch ihren Namen von den Bärenskeletten: die Ramesch-Knochenhöhle. Hier hat – das bewiesen die Grabungsfunde – der Höhlenbär das ganze Jahr über gelebt, hier befanden sich auch die Kinderstuben der kleinen Bären. Man fand Knochen von ganz jungen Bären, auch von neugeborenen. Die Tiere fanden in der Umgebung also genug Nahrung, um hier ihre Jungen aufzuziehen.

In vielen Höhlen des Landes ist die Anwesenheit des Höhlenbären nachzuweisen. Über Zehntausende von Jahren fühlte sich dieses gewaltige Tier bei uns wohl – sofern es nicht von den Neandertalern gejagt wurde. (Fundort Lettenmayerhöhle bei Kremsmünster.)

Höhlenlöwen

Einige Funde in der Ramesch-Knochenhöhle deuten darauf hin, dass hier einst auch Höhlenlöwen hausten. Ungeklärt ist, ob es sich dabei um einen Verwandten des heutigen Löwen handelt. Vermutlich hat der Höhlenlöwe seine Opfer unter kranken und jungen Höhlenbären gesucht.

Der Neandertaler hinterließ seine Spuren auch im Gebiet des heutigen Oberösterreich.

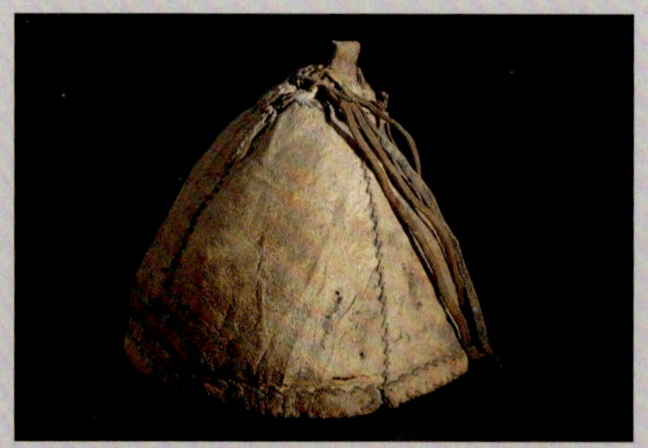

Gefestigte Kultur

„[Es] sei festgehalten, dass die Hallstattkultur eine solche Fülle menschlicher Lebensäußerungen und so viele ideelle und materielle Abweichungen und Fortschritte gegenüber dem bis dahin Gewesenen erkennen lässt, daß wir ihr – trotz Fehlens von Schrift und städtischen Siedlungszentren – mit großer Berechtigung den Charakter einer wohldifferenzierten, geschlossenen und gefestigten Kultur zuerkennen können. Von der vorausgegangenen Urnenfelderzeit hebt sie sich als selbständige und zukunftsweisende Neuformung klar ab. Sie ist bedeutend genug, um als einer der Grundpfeiler unserer mitteleuropäischen Tradition gewertet zu werden."

Der Prähistoriker Josef Reitinger (1922–1994).

Lederhelm eines hallstattzeitlichen Bergknappen.

Urgeschichte in Oberösterreich

Bronzezeit

Ca. 2300–1500 v. Chr. Frühe Bronzezeit
Als Siedlungsplätze der älteren (frühen) Bronzezeit, wegen der Bestattungsform auch **Hockergräberkultur** genannt, führt der oberösterreichische Ur- und Frühgeschichtler Josef Reitinger (1922 bis 1994) vor allem Linz-Froschberg, Aigerding (Gemeinde St. Florian am Inn) und Mauthausen an. Größere frühbronzezeitliche Gräberfelder fand man in Haid, Holzleithen bei Hörsching und in Linz-St. Peter, auf dem Gelände der heutigen Voest. Neben Gefäßen, Werkzeug und Waffen tauchen in dieser Zeit auch bereits zahlreiche Schmuckstücke auf: Knochen- und Muschelschmuck. Im Formenreichtum dieses Schmuckes sieht Josef Reitinger Beispiele für „verfeinerte Lebensansprüche und gewandeltes modischen Empfinden".

1500–1300 v. Chr. Mittlere Bronzezeit
Das Flachgrab wird vom Hügelgrab abgelöst, daher der Name **Hügelgräberkultur** für diese Epoche. Der Tote wurde in gestreckter Lage, die Arme seitlich am Körper anliegend, auf den Erdboden gelegt und mit Steinen umgeben, darüber wurde ein Grabhügel aufgeschüttet. Diese Bestattungsart ist zweifellos auch ein Beweis dafür, dass man in dieser Zeit sesshaft bleiben wollte. Manche dieser Grabhügel sind das, was wir heute als Familiengräber bezeichnen würden. Die unterschiedliche Größe der Grabhügel weist auf die soziale Differenzierung hin.
In der ältesten Phase dieser Zeit kommen jedoch noch Hockergräber und Grabhügel vor (Gräberfeld Gmunden), der Wechsel der Bestattungsformen ist eben nicht spontan erfolgt. Fundorte aus dieser Zeit sind neben Gmunden noch Bad Wimsbach-Neydharting, Reingrub (Gemeinde Wilhering) am Südwesthang des Kürnberges und Kronstorf. Der Leiter der Ausgrabungen im Hallstätter Salzbergwerk, Fritz Eckart Barth, fand 1977 Spuren einer ersten **Salzproduktion**, die als mittel- bis spätbronzezeitlich anzusehen ist. Das ergab die Überprüfung von Tonscherben. Archäologische Grabungsergebnisse aus den Jahren 2001 und → 2004 bestätigen eine Salzproduktion in noch viel früheren Jahrtausenden. Durch neue Methoden ist eine genaue Datierung einer prähistorischen Holzstiege in das Jahr
1344 v. Chr. möglich. Das älteste Salzbergwerk der Welt hat somit ein Datum.

Tongefäße aus der mittleren Bronzezeit (etwa 1500–1300 v. Chr.). Das große Gefäß stammt aus dem Grabfund von Kronstorf. (Schlossmuseum Linz.)

Ein Tragkorb aus Rindsfell und Leder, wie ihn der Bergmann der Hallstattzeit (800–400 v. Chr.) benutzte. Etwa 45 Kilo Salzgestein fasste ein solcher Korb.

Im Tausch für das Salz erwarben die Hallstätter Kostbarkeit um Kostbarkeit. Links ein bronzener Kessel, rechts ein kunstvoll verzierter bronzener Eimerdeckel; beides aus dem Hallstätter Gräberfeld.

A guidene Kron

Indessen ich am anderen Morgen noch im Schlafe lag, klopfte es an der Thür, ein Bote trat ein und benachrichtigte mich mit folgenden Worten von dem großen Ereigniß: „Se soit'n schnell außi kema, ham a guidene Kron g'funden." Ich traute meinen Ohren nicht und ließ mir, während ich meine Augen rieb, den Fund beschreiben. Es war kein Zweifel. Hocherfreut und begierig, das Wunderding zu sehen, kleidete ich mich schnell an und eilte hinaus.

Der Innviertler Künstler und Forscher Hugo von Preen (1854–1941) über den Fund des goldenen hallstattzeitlichen Halsreifens in Uttendorf im Jahr 1885.

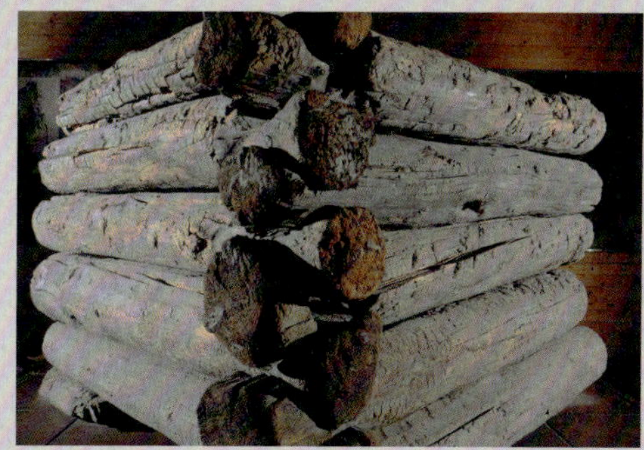

Die Reste eines hallstattzeitlichen Blockhauses.

1300–800 v. Chr. Späte Bronzezeit
Hügel- und Brandbestattungen treten nebeneinander auf, die Toten werden fast immer verbrannt, weshalb diese Zeit auch **Urnenfelderkultur** genannt wird. Funde aus dieser Zeit gibt es in Wels, bei Grein und in Sipbachzell. Der Freinberg in Linz wurde in der Urnenfelderzeit mit Wällen befestigt, ein Beispiel einer urnenfeldzeitlichen Höhensiedlung ist der Luftenberg.
In Hallstatt ist auch in dieser Zeit die bergmännische Salzgewinnung eindeutig nachzuweisen.

Hallstattkultur

800–400 v. Chr. Hallstattzeit (Ältere Eisenzeit)
Der Übergang in das Zeitalter der Hallstattkultur verläuft friedlich. Nur damit ist der unerhörte kulturelle Aufschwung zu erklären. Die Menschen der Hallstattzeit finden in regen Handels- und Kulturbeziehungen den Anschluss an die Welt des klassischen Altertums, ihre Kunst und ihre aufgeklärte Lebensweise.
Nach dem reichsten prähistorischen Fundort nördlich der Alpen erhält die ältere Eisenzeit 1874 den Namen Hallstattzeit. → S. 54

Eine hallstattzeitliche Prunkfibel mit reichem Gehänge.

Gräber und Funde aus der Hallstattzeit sind nicht nur aus Hallstatt, sondern aus vielen Teilen Oberösterreichs bekannt. Mitterkirchen ist mit seinen etwa 80 frühhallstattzeitlichen Gräbern der wichtigste Fundort neben Hallstatt.
Einer der wertvollsten und schönsten Fundgegenstände aus dem 6. Jahrhundert v. Chr. ist zweifellos ein Halsreifen aus Gold mit geometrischen Ornamenten und Verschlussknopf, der in einem Hügelgrab in Uttendorf (Bezirk Braunau) gefunden wurde. Es ist jener Halsreifen, der 1980 für die Landesausstellung über die Hallstattkultur in Schloss Lamberg in Steyr zum Signet dieser Ausstellung gewählt wurde. Das prunkvolle Schmuckstück ist das wohl bedeutendste Objekt der ur- und frühgeschichtlichen Sammlung des Oberösterreichischen Landesmuseums.

Um 400 v. Chr. Die Kelten besiedeln das Land. → S. 56

4. Jh. v. Chr. Eine Erdrutsch-Katastrophe im Salzberghochtal verwüstet die Landschaft, verlegt die Mundlöcher der Stollen und beendet in Hallstatt eine Kulturepoche.

Auch die prähistorische Frau wollte schön sein: Dieser Halsreifen aus Gold schmückte vor 2500 Jahren eine hallstattzeitliche Frau. Sie war allerdings nicht im Salzkammergut, sondern im heutigen Innviertel zu Hause. Das Schmuckstück wurde in einem Hügelgrab in Uttendorf gefunden.

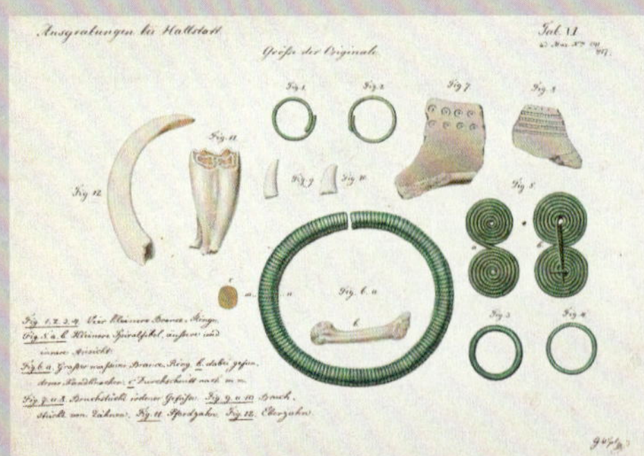

Funde aus Hallstatt: Bronzeringe, Bruchstücke irdener Gefäße, Reste von Pferde- und Eberzähnen und die für die Hallstattzeit typischen Spiralenfibeln.

Schwert ist Männersache?

„Methodisch falsche Gedankenspiele" nennt es Jutta Leskovar, Abteilungsleiterin für Ur- und Frühgeschichte im Oberösterreichischen Landesmuseum, wenn die Formel „Grab mit Schwert ist gleich Männergrab" ohne ausreichende Untersuchungen des Skelett- oder Leichenbrandmaterials gebraucht wird. „Geschlechtsspezifische Beigaben kann es gegeben haben, doch ist nicht aus dem Handgelenk von jedem Schwert auf einen Mann und von jedem Spinnwirtel auf eine Frau zu schließen."

Ausstellungskatalog „Worauf wir stehen – Archäologie in Oberösterreich", 2003.

Hallstattzeit

Hallstatt – Taufpate einer Geschichtsepoche

Die ersten Österreicher, die in die Geschichte traten, taten es gleich so kräftig, dass sie einer ganzen Kulturepoche der Menschheit ihren Namen gaben. Nach dem reichsten prähistorischen Fundort nördlich der Alpen wurde die ältere Eisenzeit (800 bis 400 vor Christus) Hallstattzeit genannt. Seither ist der Dachsteinort Hallstatt nicht nur wegen seiner Berge und seiner zeitlosen landschaftlichen Schönheit weltberühmt, sondern auch wegen seiner bedeutenden Vergangenheit.

Nicht dort allerdings, wo die Besucher aus aller Welt heute den lieblichen Markt Hallstatt bewundern, war der Sitz der vorgeschichtlichen Kultur, sondern 350 Meter über dem Hallstätter See, auf dem schwer zugänglichen Salzberg-Hochtal.

„Die Siedlung Hallstatt", formulierte es der Urgeschichtsforscher Karl Kromer, „hat ihren Raum dort gefunden, wo eigentlich kein Raum ist". Steil fällt der Berghang in den See ab, kein ebener Streifen säumt das Ufer. Ein schäumender Gebirgsbach stürzt durch eine Klamm und hat sich aus Geröll und Geschiebe ein kleines Delta gebaut, wo ein paar Häuser Fuß fassen konnten.

Diese zwischen Berg und See pittoresk auf- und übereinandergeschachtelten Häuser, die auf einem schmalen Felsvorsprung hockende gotische Kirche, dahinter der mächtige Hochwald und der über die Felsen brausende Wasserfall, das ist es, was diesem Hallstatt seinen unvergleichlichen Reiz verleiht.

Eine der bedeutendsten Nekropolen des alten Europa ist das Hallstätter Gräberfeld. Schon im 19. Jahrhundert fertigten Johann Georg Ramsauer und Isidor Engl (→ S. 224) genaue Skizzen an.

Die Entdeckung des Gräberfeldes

Die große Geschichte ist in Hallstatt nirgends aufdringlich: Prähistorische Funde im Museum, auf dem Salzberg ein paar Hinweise, wo die weltberühmte Entdeckung gemacht wurde, zwei Schaugräber, für die Bergwerksbesucher eine kleine Ausstellung.

Wenig spektakulär war auch jenes Ereignis, das inzwischen von den Wissenschaftern als eine Sensation ersten Ranges eingestuft wird. Man stelle sich das heute vor: Kein Wissenschafter, sondern ein Laie ergreift die Initiative zu Ausgrabungen, deren Ergebnis das Bild der Urgeschichte gründlich verändern sollte. Nicht die Historiker und nicht die Archäologen, sondern ein schlichter Bergmann erhellte die ersten bedeutenden vierhundert Jahre mitteleuropäischer Geschichte. Dieser Bergmann hieß Johann Georg Ramsauer. Er lebte von 1795 bis 1874. → S. 224

Bei der Öffnung einer Schottergrube entdeckte Ramsauer 1846 das Hallstätter Gräberfeld – und was noch viel erstaunlicher ist, er war sich auch der Bedeutung dieser Entdeckung bewusst. In siebzehn Jahren grub Ramsauer in 980 Gräbern insgesamt 19.497 Objekte aus und führte darüber genaue Protokolle. Bis heute sind ihm die Wissenschafter dafür dankbar.

Zu seiner Zeit hatte er keinen Dank: Ohne adelige und akademische Titel wurde er als Sonderling belächelt. Als man die Bedeutung seiner Entdeckung erkannte, ließen sich andere feiern. Das Gräberfeld wurde regelrecht geplündert – da waren dann schon Leute mit adeligen und akademischen Titeln beteiligt.

Es ist ein Wunder, dass noch immer so viel da ist von diesen Schätzen. Sie reichen, um die prähistorischen Abteilungen der Museen zu schmücken.

Geblieben ist Hallstatt vor allem der historische Ruhm. Immer wieder kommen Wissenschafter aus Ost und West nach Hallstatt, um ihre Erfahrungen und Erkenntnisse über Hallstattzeit und Hallstattkultur auszutauschen.

Das prähistorische Bergwerk

Heute wissen wir, dass der prähistorische Hallstätter Bergbau kein hinterwäldlerischer Kleinbetrieb war, sondern ein straff organisiertes Unternehmen, mit raffinierten, bis heute nicht rekonstruierbaren Abbaumethoden, mit Spezialarbeitern, mit dem, was wir heute Management nennen, mit ausgedehnten Wirtschaftsbeziehungen.

Für den Kampf ungeeignet und nur als Schmuckstücke geeignet sind vielfach die Waffen aus dem Hallstätter Gräberfeld. Typisch für das sechste Jahrhundert vor Christus sind die Antennendolche.

Für die Archäologen ist der Salzberg immer wieder eine Fundgrube. Schon deswegen, weil im Salz Gegenstände erhalten blieben, die unter anderen Lagerbedingungen nicht mehr vorhanden wären: Holzgefäße, Schäftungsreste, Leuchtspäne, Gewebe-, Leder- und Fellreste. Nirgends sonst in der Welt gibt es eine prähistorische Abbaukammer zu sehen, weil sich im plastischen Salzgebirge die Hohlräume des prähistorischen Bergbaues normalerweise längst wieder geschlossen haben. Hier lassen sich die Abbaumethoden industrieller Salzgewinnung aus dem letzten vorchristlichen Jahrtausend studieren.

Frühform europäischer Einheit

Hallstattzeit, Hallstattkultur, das ist allerdings viel mehr, als man in dem kleinen oberösterreichischen Salinenmarkt sieht und ahnt. Mitten im urgeschichtlichen Mitteleuropa entstand die erste gemeinsame kontinentaleuropäische Kultur, von deren

Das älteste Salzbergwerk der Welt

„Hallstatt ist ganz sicher das älteste Salzbergwerk der Welt und es wird immer älter." (Die Nachweise für eine bergmännische Salzgewinnung in Hallstatt reichen immer weiter in die Vergangenheit zurück.)

Der Archäologe Anton Kern bei der Jahreshauptversammlung des Hallstätter Musealvereins, 31. 3. 2007.

Stifter über die Hallstätter Funde

„Die Sache ist für die Geschichte von größtem Wert und würde anderwärts Aufsehen machen, wenn das zur Öffentlichkeit käme, während wir sie so gehen lassen."

Adalbert Stifter in einem Brief vom 16. April 1855 an Gustav Kolb, Chefredakteur der „Augsburger Allgem. Zeitung".

Der Dachsteinort Hallstatt, berühmt wegen seiner reizvollen Lage zwischen Berg und See, vor allem aber als Taufpate einer Geschichtsepoche.

Hoch über dem Hallstätter See, in einem schwer zugänglichen Tal, war der Sitz der vorgeschichtlichen Kultur, die den Namen Hallstatts trägt. (800–400 v. Chr.) Links der Rudolfsturm, Sitz der Bergbaubehörde und Wohnstätte des Bergwerksbeamten Johann Georg Ramsauer, der 1846 das Hallstätter Gräberfeld entdeckte. (Aquarell aus dem Grabungsprotokoll Ramsauer, 1846–1863.)

räumlicher Ausdehnung wir uns heute kaum eine Vorstellung machen können. „Frühform europäischer Einheit" nannte sich mit Recht eine internationale Ausstellung, die zu einem Panorama der hallstattzeitlichen Funde wurde. (Steyr, 1980.)
Ein Gebiet, das heute durch verschiedene Staaten und verschiedene Sprachen getrennt ist, war eine Einheit. Von Frankreich bis Slowenien sprach alles eine Sprache, wenn auch mundartlich verschieden, die Menschen hatten eine gemeinsame Kultur. Selbst nüchterne Wissenschafter überfällt da gelegentlich die Begeisterung: „Es gab einmal", rief bei einer Tagung in Hallstatt ein Prähistoriker aus, „eine schöne Zeit, die Hallstattzeit!"

Wie lebten die alten Hallstätter?

War es eine schöne Zeit? Ganz sicher für die hallstattzeitliche High-Society: Auf der Heuneburg bei Sigmaringen, beim Hohenasperg bei Stuttgart, auf dem Mont Lassois bei Chatillon-sur-Seine. Aber wie war das auf dem Hallstätter Salzberg, wo der Arbeitstag des Bergmannes vermutlich zwölf Stunden dauerte? Die Skelette liefern eindeutige Beweise für ungewöhnlich kräftige Oberarme, bedingt durch eine lebenslange schwere körperliche Arbeit. Umso verblüffender ist es, dass gar nicht so wenige dieser Menschen fünfzig und sechzig Jahre alt wurden. Hallstattzeitliche Gewerkschaften gab es nicht. Trotzdem scheint der Lebensstandard hoch gewesen zu sein. Man merkt das an den vielen schönen Gegenständen, die diese Menschen ihren Toten ins Grab legten: prunkvolle Schmuckstücke, reichverzierte Waffen. Sogar reine Gebrauchsgegenstände, wie Schalen und Eimer, weisen kunstvolle Verzierungen auf.
Noch eines ist an den Hallstätter Funden bemerkenswert und macht uns die Menschen dieser Zeit so sympathisch: In den Gräbern der Krieger fand man für den Kampf ungeeignete, dafür aber prächtig geschmückte Waffen. Die Kunst lag den alten Hallstättern offenbar mehr als der Krieg. Es war eine friedliche, vermutlich auf demokratischen Grundlagen aufgebaute Gesellschaft. Natürlich gab es eine soziale Gliederung: Bergmänner und Bergherren, Techniker und Transportarbeiter, Handelsleute und einen Wehrstand. Doch für die Wissenschafter ist die Erkenntnis immer wieder verblüffend, dass sich der Reichtum der alten Hallstätter weitgehend gleichmäßig verteilte.
In allen andern Kulturen sind prunkvolle Grabausstattungen das Vorrecht hoher Persönlichkeiten. In Hallstatt jedoch ist kaum ein Grab ohne Beigaben. Sie reichen vom schlichten Armreifen bis zur kostbaren Kette. Gewiss gab es auch in Hallstatt Ärmere und Reichere, aber ganz Arme gab es nicht.

Das Salz sicherte den Wohlstand

Es war das Salz, das den Wohlstand sicherte. Im Tausch dafür erwarben die Hallstätter Kostbarkeit um Kostbarkeit: Gold aus Griechenland, Bernstein aus der Ostsee, Waffen aus Süddeutschland, Bronzegeschirr aus dem Donauraum, Glas aus dem Süden, sogar Elfenbein aus Afrika.
Das Salz, das ist die Antwort auch auf die Frage: Wieso zog es die Menschen der Urzeit in dieses unwegsame Hochtal?
Schon vor der Hallstattzeit, in der jüngeren Steinzeit, waren die ersten Siedler in diese Gegend gekommen, die später nicht zufällig den Namen Salzkammergut erhielt. Das Wild wies ihnen die Spuren zu den natürlichen Salzsolequellen. In der Bronzezeit wurde nachweislich erstmals im Berg gegraben.
Hallstatt ist auch heute und in Zukunft eine ergiebige Forschungsstätte. Der Leiter der prähistorischen Ausgrabungen, Anton Kern (Naturhistorisches Museum Wien), vermutet noch tausende Gräber im Salzberg-Hochtal. Zum Unterschied von früheren Grabungen begnügt man sich heute nicht damit, ein Grab gefunden und erforscht zu haben, sehr häufig liegen unter den Gräbern noch weitere Gräber.
Die Geschichte ist in Hallstatt Gegenwart: Sie besuchen das älteste Salzbergwerk der Welt und begegnen dabei einem Bergmann von heute. Denn auch heute wird, wenn auch mit anderen Methoden, Salz aus dem Berg geholt – wie vor hundert, vor fünfhundert, vor dreitausend Jahren.

Rudolf Lehr

Das Volk, das aus dem Dunkeln kam

„Vor allem Franzosen beanspruchen für ihr gallisches Stammvolk einen ebenso tiefen Raum wie viele Deutschtümler für die Germanen. Forscher dagegen, die keinen Grund sehen, die Vorfahren von Brennus (Keltenhäuptling) in geschlossener Formation schon aus der Urzeit heranrücken zu lassen, gestehen ihnen als Geburtsjahr äußerstenfalls 600 vor Christus zu."

Gerhard Herm in „Die Kelten", 1975.

Grausame Kulthandlung

Dem Bericht des Archäologen Manfred Pertlwieser ist zu entnehmen, dass in einem in Leonding untersuchten Schacht die Skelette bzw. Überreste von mindestens 14 Erwachsenen und eines Kindes sowie die von zwei Hunden und vier Feldhasen in unterschiedlicher Tiefe in Sturzlage aufgefunden wurden. Die Rekonstruktion der archäologischen Fakten weist auf eine grausame Kulthandlung hin, im Verlauf der ein über dem Opferschacht errichteter Holzbau mit daran festgebundenen Menschen und Tieren in Brand gesetzt wurde. → 1997

Aus dem Ausstellungskatalog „Worauf wir stehen – Archäologie in Oberösterreich", 2003, Beitrag von Erwin M. Ruprechtsberger.

La-Tène-Zeit

Kalender

Um 400/390 v. Chr. Die Hallstattkultur wird bei uns von der La-Tène-Kultur abgelöst. (Nach dem Fundort La Tène am Neuenburger See in der Schweiz.) Träger dieser Kultur der jüngeren Eisenzeit sind die Kelten, die von Frankreich und Südwestdeutschland ausgehend in die fruchtbaren Ackergebiete des Alpenvorlandes einwandern, das Land besiedeln und im Laufe der Zeit die einheimische (illyrische?) Bevölkerung überlagern. Keltische Saevaken und Alaunen siedeln im oberösterreichisch-salzburgischen Raum.

400/350. v. Chr. In einem kleinen Gräberfeld von Hallstatt zeigen sich erstmals keltische Einflüsse. Eine höchst qualitätsvoll verzierte Schwertscheide und ein keltisches Eisenschwert aus einem Kriegergrab bestätigen das. Eine etruskische Schnabelkanne und zwei Beckenschalen aus einem Grab in Sunzing (Mining, Bezirk Braunau) unterstreichen die weitläufigen Handelskontakte der Kelten. →

100 v. Chr. Der Salzbergbau in Hallstatt, der auch nach dem Erdrutsch im 4. Jahrhundert v. Chr. wohl nie gänzlich zum Stillstand gekommen sein dürfte, verlagert sich in die höchsten Teile des Salzbergreviers. Die Kelten errichten eine etwa 1000 m² große Betriebsstätte. (Dammwiese, Grabungen 1887–1890, 1936–1937.)
Eine Soleverdampfungsanlage wurde entdeckt, ein Stollen aus dieser Zeit freigelegt. Eine Reihe von keltischen Goldmünzen belegen die wirtschaftlichen Verbindungen Oberösterreichs zu den keltischen Bojern, die im Gebiet des heutigen Tschechien wohnten.

Um 60 v. Chr. Der norische König Voccio verheiratet seine Schwester mit dem in Gallien wohnenden Germanenfürsten Ariovist (gest. vor 54 v. Chr.). Noricum bleibt auf Grund dieser Verbindung vermutlich von Germaneneinfällen verschont.

100–15 v. Chr. Aus dieser Zeit stammen mehrere Höhensiedlungen aus der Gegend um Linz (Freinberg, Gründberg, Luftenberg).. Da die Römer an vielen Plätzen siedelten, wo vorher schon Kelten wohnten, leben keltische Ortsnamen in den römischen nach.

15. v. Chr. Die Stiefsöhne des Augustus, Drusus (38–9 v. Chr.) und Tiberius (42 v. Chr.–37 n. Chr.), führen Krieg gegen die Alpenkelten, die sie in heftigen Kämpfen besiegen. Noricum wird besetzt.

Das größte Keltendorf

2. bis 1. Jh. v. Chr. Bei dem 2005 in Neubau bei Hörsching entdeckten Keltendorf handelt es sich vermutlich um die größte bisher gefundene Keltensiedlung Österreichs. Auf der rund zwölf Hektar großen Fläche sollen sich zahlreiche Höfe befunden haben. Unter den Funden befinden sich Werkzeuge, Geschirr und Schmuckstücke.

Erste Staatenbildung

Um 180/170 v. Chr. In dieser Zeit kommt es zur ersten Staatenbildung auf oberösterreichischem Boden. Das Königreich Noricum (regnum Noricum) entsteht, zu dem die keltischen Stämme unseres Landes zählen. Zu Beginn regieren es Cincibilus und sein Bruder als Doppelkönige.

In einer Schottergrube in Frauenstein (Mining) fand man 1906 das Grab eines 17jährigen Mädchens mit zahlreichen bronzenen Schmuckstücken aus der frühen La-Tène-Zeit. (Oberösterreichisches Landesmuseum Linz.)

Eisenschwert mit figuraler Gravur. Grabbeigabe aus dem Hallstätter Gräberfeld. 4. Jahrh. v. Chr.

Schöpferisch

„Obwohl die Kelten von griechischen und römischen Autoren gewöhnlich als auf Kampf versessene Barbaren geschildert wurden, waren sie in der Tat bemerkenswert schöpferisch."

Duncan Norton-Taylor in „Die Kelten", Nederland 1976.

Keltischer Durst

„Die keltische Kunst verdanken wir dem keltischen Durst."

Geflügeltes Wort unter den Keltenforschern, weil es in der keltischen Kunst von Kannen und Schalen, Trinkbechern und Trinkhörnern wimmelt.

Zeitgenossen über die Kelten

„Der ganze Volksstamm ... ist kriegerisch und mutig und rasch zum Kampfe, übrigens aber aufrichtig und nicht bösartig. Deshalb laufen sie, zum Zorne gereizt, scharenweise zum Kampf zusammen, offen und ohne Vorsicht."

„Die meisten liegen noch bis jetzt auf der Erde und speisen auf Strohkissen sitzend. Ihre hauptsächlichste Nahrung besteht aus Milch und allerlei Fleisch, vornehmlich aber Schweinefleisch, teils frisch, teils eingesalzen."

Strabo, griechischer Philosoph (um Chr. Geb.).

*

„Ihr Aussehen ist furchterregend, der Ton ihrer Stimme tief und äußerst rauh. Im Gespräch drücken sie sich kurz und rätselhaft aus und deuten manches nur an. Sie erlauben sich viele Übertreibungen, um sich selbst zu erheben und andere herabzusetzen. Auch sprechen sie gerne in einem drohenden, stolzen, feierlichen Ton. Sie haben eine scharfe Urteilskraft und zum Lernen fehlt es ihnen nicht an Begabung."

„Sie speisen alle sitzend, aber nicht auf Stühlen, sondern auf dem Boden mit Wolf- und Hundefellen als Unterlage."

„Bei Tisch geraten sie häufig über Kleinigkeiten in Streit und fordern einander zum Zweikampf heraus. Denn das Ende des Lebens achten sie für nichts."

„Ihre Weiber, die übrigens nicht häßlich sind, achten sie sehr wenig."

Diodor, griechischer Geschichtsschreiber (1. Jh. v. Chr.).

Der schönste Fund aus dieser Zeit

In einem keltischen Fürstengrab, das man bei Sunzing (Mining) fand, schlummerte diese bronzene Schnabelkanne aus dem 4. Jahrhundert vor Christus; ein etruskisches Importstück. Sie wurde 1895 von einem Bauern gefunden. (Oberösterreichisches Landesmuseum Linz.)

Spuren der Römer

„So stand schon ein großer Teil unserer Landsleute in fremden Ländern voll Bewunderung und Staunen vor den Leistungen römischer Ingenieure, Architekten und Künstler … Aber nur wenigen wird es beim Betrachten bewußt, daß auch unsere engere Heimat Oberösterreich auf eine fünfhundertjährige römische Vergangenheit zurückblicken kann."

Gerhart Winkler in „Die Römer in Oberösterreich", Linz 1975.

Oberösterreichische Übersetzung

Wie spricht man Ovilavis aus? O wie lab is!

Unautorisierte Spott-Übersetzung des lateinischen Ovilavis (Ovilava, Wels) in den oberösterreichischen Dialekt. Übersetzung der Übersetzung für Nicht-Oberösterreicher: O wie fad ist es! („Lab" = lau, fad, gehaltlos.)

Römerzeit

Kalender

15. v. Chr. Noricum wird von den Römern besetzt. → S. 56

Um 50. n. Chr. Unter Beibehaltung seiner eigenen Könige wird das keltische Königreich Noricum Teil des römischen Weltreiches. Die Eingliederung Noricums in die römische Verwaltung erfolgt unter Kaiser Claudius (10 v. Chr.–54 n. Chr., Kaiser seit 41). An der Spitze steht ein procurator Augusti provinciae Noricae. In Lentia (Linz) entsteht bereits ein Kastell und ein Lagerdorf, weitere Niederlassungen finden sich in Ovilava (Wels), Eferding, Lauriacum (Lorch-Enns) und Hallstatt. Man weiß heute auch, dass die Römer die keltischen Abbaureviere des Salzbergwerks benützten.

117–138. Der römische Kaiser Hadrian (76 bis 138, Kaiser seit 117) besucht die Provinz Noricum. Er lässt Reiseerinnerungsmünzen prägen, auf denen das norische Heer und das norische Eisen erwähnt werden. Anlässlich dieser Reise erhält Wels das Stadtrecht und heißt dann municipium Aelium Ovilavis.

138–169. Das Kleinkastell in Schlögen wird gebaut. Es kommt zu einer großen wirtschaftlichen Blüte in Oberösterreich. Gutshöfe entstehen und Luxusgüter aus dem Süden erreichen uns über die norische Hauptstraße, die von Aquileia kommend über den Pyhrnpass nach Ovilava und Lauriacum führt.

170/171. Einfälle der Markomannen in die Provinz Noricum. Sie richten schwere Schäden an.

173/174. Die II. italische Legion wird in Albing (heute Niederösterreich) an der Enns stationiert.

185/191. Verlegung der Legion nach Lauriacum.

201. Die verfallenen und beschädigten Meilensteine auf den Straßen Noricums werden erneuert und ausgebessert. →

205. Der Lagerbau Lauriacum ist abgeschlossen, was eine Bauinschrift bezeugt.

211–217. Die gleichzeitig mit dem Lager errichtete Zivilstadt Lauriacum erhält unter Kaiser Caracalla (188–217, Kaiser seit 211) das Stadtrecht. Ovilava, das einen Teil seines Stadtgebietes an Lauriacum abtreten muss, wird in den höheren Rang einer Colonia erhoben und heißt dann Colonia Aurelia Antoniniana. Alle freien Bewohner des römischen Reiches erhalten das Bürgerrecht. Mit der ständigen Stationierung der Legion kommt es zu einer Änderung des Verwaltungsstatus der Provinz. An der Spitze steht der Legionskommandant, der dem Senatorenstand angehört. Teile der zivilen Verwaltung werden nach Ovilava verlegt.

213. Die Straße entlang des Donauufers wird ausgebaut und verbessert. Sie dient als Verbindungsweg der Kastelle und zum raschen Truppentransport. Die neuen Feinde liegen im Nordwesten, es sind die Alamannen.

213–234. Die germanischen Alamannen und Juthungen zerstören bei einem Überfall die Zivilstadt Lauriacum. In dieser Zeit wird Ovilava von einer Mauer umgeben.

235–238. Kaiser Maximinus Trax (173–238, Kaiser seit 235) lässt die von den Germanen zerstörten Straßen und Meilensteine wiederherstellen.

Oberösterreich zur Römerzeit

Zwischen den Kelten des norischen Königreichs und den Römern gibt es im 2. Jahrhundert vor Christus erstmals direkte Kontakte. Man tauschte Gesandtschaften aus und schloss Freundschafts- und Bündnisverträge. Allmählich kamen Händler und Kaufleute ins Land, deren Interesse vor allem den Bodenschätzen Noricums galt, nämlich Eisen und Gold. Am Magdalensberg in Kärnten, dem Sitz der norischen Fürsten, entstand im 1. Jahrhundert vor Christus ein bedeutendes Handelszentrum, wo Kelten und Römer nebeneinander wohnten.

Durch die Großmachtspolitik des Kaisers Augustus änderte sich die Situation für das norische Königreich grundlegend. Seine Stiefsöhne Drusus und Tiberius führten um 15 vor Christus heftige Kämpfe gegen die Räter und Vindeliker. Im Zuge dieser Kampfhandlungen wurde Noricum friedlich besetzt und zur Zeit des römischen Kaisers Claudius in die Verwaltung des römischen Reiches eingegliedert.

Nach Oberösterreich kamen die Römer über die sogenannte norische Hauptstraße, die von Aquileia kommend über den Pyhrnpass nach Ovilava (Wels) und Lauriacum (Lorch-Enns) führte.

Anfänglich war in Oberösterreich nur wenig Militär stationiert. Die Römer ließen sich dort nieder, wo schon vorher Kelten siedelten. Daher gehen auch viele römische Ortsbezeichnungen auf keltische Sprachwurzeln zurück.

Grabstein einer römischen Familie aus Lauriacum. In einer flachen Nische befinden sich die Brustbilder des Elternpaares und zweier Kinder übereinander angeordnet. 3. bis 4. Jh. n. Chr. Weißer Marmor.

Die „Venus von Wels", gefunden in Gunskirchen. 1. bis 2. Jahrhundert n. Chr.

In dieser Zeit gestaltete sich das Leben recht friedlich und die Bewohner erlangten einen beträchtlichen Wohlstand. Luxusgüter aus allen Teilen des römischen Weltreiches wurden importiert, die überlegene Technologie der Römer führte zu verbesserten handwerklichen Produkten und einer höheren Lebensqualität, die sich auch in reich ausgestatteten und geheizten Häusern widerspiegelt.

Obwohl die Kelten auch die lateinische Sprache und die Religionsvorstellungen der Römer übernahmen, begleiteten doch viele einheimische Elemente in Tracht, Religion und Kunst die provinzialrömische Kultur des Landes.

Dieses friedliche Leben wurde durch den Einfall der Markomannen empfindlich gestört. Die germanischen Stämme überschritten vermutlich in der Nähe von Albing (Niederösterreich) um 170 nach Christus die Donau und stießen ins Alpenvorland vor, wobei sie große Zerstörungen hinterließen.

Dies hatte zur Folge, dass die zweite italische Legion zuerst in Albing stationiert und dann nach Lauriacum verlegt wurde. Die ständige Anwesenheit einer solchen bedeutenden Truppeneinheit zeigte auch, dass sich das Interesse der römischen Politik vom südlichen Teil der Provinz in den nördlichen verlagerte, da der Grenze gegen die

Spitzeldienste

Die Einrichtung des cursus publicus (Post- und Transportdienst) diente zur Ausübung der staatlichen Macht und war daher, genau wie die kaiserlichen Kuriere, die auch Spitzedienste leisteten, bei der Bevölkerung nicht sehr beliebt.

Christine Schwanzar in „Straßen und Reiseverkehr“, Katalog zur Ausstellung „Oberösterreich – Grenzland des römischen Reiches“, 1986/87.

Die römischen Provinzen auf einer Landkarte des ältesten oberösterreichischen „Heimatforschers“ Job Hartmann Enenkel (1576–1627). → 1627

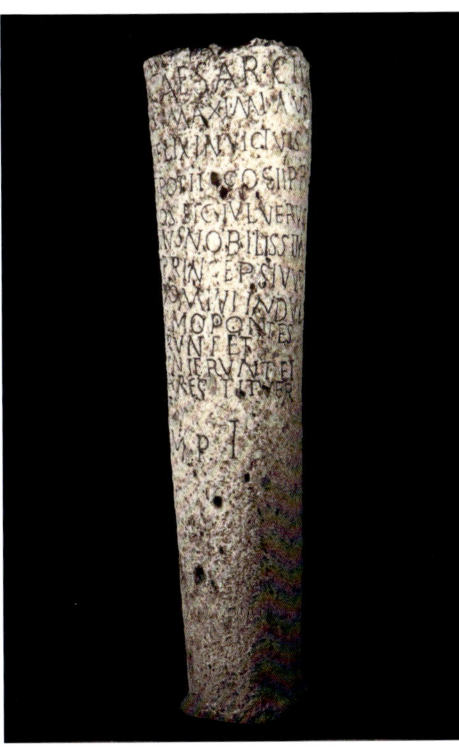

Germanen nun verstärkte Bedeutung zukam. Das Kommando über diese Truppe lag in den Händen eines Legionskommandanten, der dem Senatorenstand angehörte und der zugleich auch an der Spitze der Provinzverwaltung stand.

Drei Verwaltungsbezirke

Ganz Oberösterreich teilte sich damals in drei große Verwaltungseinheiten auf, in die Stadtgebiete von Ovilava-Wels und Lauriacum-Lorch sowie die kaiserlichen Krongüter im Salzkammergut. In dieser Zeit, im 3. und 4. Jahrhundert nach Christus, ist in diesem Raum die stärkste Bevölkerungsdichte zu verzeichnen. Im 3. Jahrhundert nach Christus entsteht im Nordwesten der Provinz eine neue Gefahr, nämlich die Alamannen und Juthungen, die von da an nun ständig die römische Grenze an der oberösterreichischen Donau bedrohten.

In der zweiten Hälfte des 4. Jahrhunderts unternahm Kaiser Valentinian den Versuch, die Grenze nochmals zu verstärken. Er ließ einen dichten Kordon von Wachtürmen und Kleinkastellen entlang der Donau errichten. Im 5. Jahrhundert nach Christus hatte sich die Situation für die romanische Bevölkerung aber entscheidend verschlechtert. Den Schutz der Grenze nahmen nun immer häufiger bewaffnete Grenzbauern wahr. Die großen Militärlager dienten als Fluchtburgen für die Bevölkerung, wo man sich im Falle eines Germanenüberfalls mit Hab und Gut zurückzog.

Die vom Mönch Eugippius verfasste Lebensbeschreibung des heiligen Severin vermittelt uns ein gutes Bild des Lebens der damaligen Zeit.

Mit dem Befehl Kaiser Odoakers (488 n. Chr.), alle Romanen mögen nach Italien zurückkehren, endete offiziell die Römerzeit in Oberösterreich.

Damals zogen aber nicht alle ab, eine Kontinuität der Besiedlung ist an einigen Plätzen bis zum Frühmittelalter hin feststellbar.

Christine Schwanzar

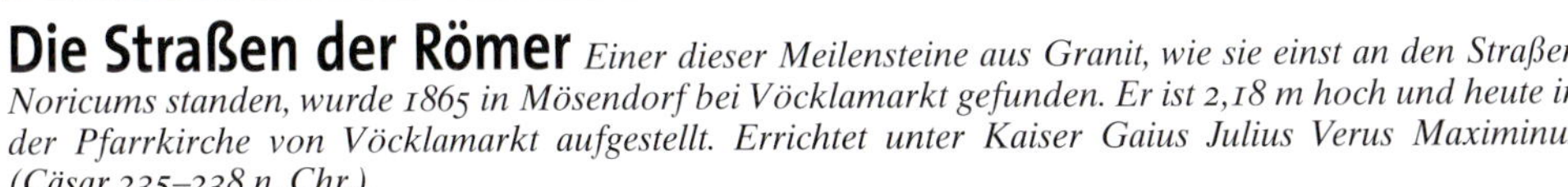

Die Straßen der Römer *Einer dieser Meilensteine aus Granit, wie sie einst an den Straßen Noricums standen, wurde 1865 in Mösendorf bei Vöcklamarkt gefunden. Er ist 2,18 m hoch und heute in der Pfarrkirche von Vöcklamarkt aufgestellt. Errichtet unter Kaiser Gaius Julius Verus Maximinus (Cäsar 235–238 n. Chr.).*

Amor und Psyche *Die Römer haben sich mit ganz bezaubernden Bildern bei uns verewigt. Dieses Deckenfresko (Amor und Psyche, 2. Jh. n. Chr.) wurde in Enns gefunden. (Museum Lauriacum.)*

Ein oberösterreichischer Herkules: In Watzing bei Gaspoltshofen fand man diesen Herkules aus Bronze. Vor allem bei den Soldaten erfreute sich dieser Gott großer Beliebtheit. Er wurde erst nach dem Vollbringen zwölf schwieriger Taten in den Olymp aufgenommen. Seine Attribute sind Keule und Löwenfell, dieser Herkules hat noch zusätzlich ein Trinkgefäß zur Hand. 2. bis 3. Jh. n. Chr.

Trauer um die Gattin

Flavius Ianuarius, Soldat, hat diesen Grabstein bei seinen Lebzeiten errichtet. Geborgen im Grabe allhier ruht Ursa, eine gläubige Christin, im Alter von 38 Jahren. Infolge einer Geburt raffte das grausame Schicksal sie plötzlich hinweg und lieferte sie der tiefsten Unterwelt aus und mich hat sie plötzlich verlassen, den Gatten, der ihr fürs Leben verbunden. Ich Unglückseliger irre umher und suche sie, die ich selbst für immer unter der Erde bestattet habe. Oh, was könnte das Schicksal noch bieten, das liebende Gatten trennt, so wie wir nicht vereint Liebe auf Erden genießen durften. Dies sag ich den Lesern – und Tränen begleiten die Worte. In Liebe verbundene Leute sollen immer glücklich sich preisen, weil es nichts Süßeres geben wird als die erste Jugend.

Übersetzung der Inschrift des Grabsteins der Ursa, Stadtmuseum Wels (Übersetzung Rudolf Noll).

Kalender

268–275. Neuerlicher Überfall der germanischen Stämme. Die wiederaufgebaute Zivilstadt Lauriacum wird in Schutt und Asche gelegt.

Ab 275. Noch unter Kaiser Aurelian (214–275) setzt der Wiederaufbau der Stadt ein, der seinen Höhepunkt unter Kaiser Konstantin (um 285 bis 337) und seinen Söhnen erreicht.

24. 6. 341. Constantius II. (317–361), der Sohn von Kaiser Konstantin, ist in Lauriacum.

Um 350. Die Zivilstadt Lauriacum wird durch eine Brandkatastrophe zerstört und sofort wieder aufgebaut.

364–375. Es regiert Kaiser Valentinian (321 bis 375), der Grenzgeneral in Ufernoricum heißt Ursicinus. Die Befestigungen werden zu dieser Zeit nochmals verstärkt, in Wilhering befindet sich eine Militärziegelei, die das Baumaterial für diese Bauten liefert. Valentinians Mitkaiser Gratian (359–383) weilt einmal in Lauriacum.

Um 370. In Lauriacum steht bereits die erste große Kirche, die auf den Fundamenten eines heidnischen römischen Bauwerkes errichtet wurde. Weitere Zeugnisse des christlichen Glaubens, wie zum Beispiel der Grabstein der Ursa aus Wels, sowie Lampen und Ringe mit dem XP-Monogramm aus den Gräberfeldern in Enns, stammen ungefähr aus dieser Zeit. →

400–425. Der Name der Keltensiedlung Lentia (Linz) taucht erstmals in der Notitia dignitatum auf, einem Verzeichnis aller zivilen und militärischen Würdenträger des ost- und weströmischen Reiches. Lentia ist Standort einer Abteilung von Bogenschützen zu Pferd und eines Teils der zweiten italischen Legion.

451. Attila (König seit 434, gestorben 453) kommt mit den Hunnen auf seinem Zug nach Westen auch in das Gebiet des heutigen Oberösterreich und zerstört Wels und das Lager Lorch.

456. Der heilige Severin kommt nach Ufernoricum. →

478. Wie alle übrigen an der Donau gelegenen Kastelle dürfte auch Lentia zugrunde gegangen sein.

488. Ende der römischen Herrschaft in unserem Land. Der Germanenkönig Odoaker (433–493) befiehlt die Rückkehr der romanischen Bevölkerung Ufernoricums. Oberösterreich wird für einige Zeit ein Niemandsland, durch das verschiedene germanische Stämme ziehen.

Die Christin Ursa *Eine aus der Umgebung von Ovilava (Wels) stammende und heute im Besitz des Welser Stadtmuseums befindliche Inschriftenplatte ist das einzige aus dem Boden Noricums überlieferte Zeugnis, das eine „Crestiana fidelis", eine gläubige, rechtschaffene, beständige Christin, namentlich nennt. Der Soldat Flavius Ianuarius ließ den Grabstein für seine Gattin errichten, in bewegten Worten wird ihr Tod betrauert. →*

Die Gefangennahme des heiligen Florian. Tafelbild um 1510. Landesmuseum Linz.

Links: Ein Christogramm (längsgestelltes konstantinisches Chi-Rho-Monogramm) auf der runden Ringplatte trägt dieser im Gräberfeld Ziegelfeld (Lauriacum) gefundene Bronzering. (Wende 4./5. Jahrhundert.)

Todestage

Der heilige Florian

4. Mai 304. In Lauriacum (Lorch-Enns) erleidet der heilige Florian den Märtyrertod. Er war ein zwangspensionierter Kanzleivorstand, der in Wels seinen Dienst versehen hatte und in Cetium (St. Pölten) im Ruhestand lebte. Anlässlich der Diokletianischen Verfolgung war er nach Lauriacum gekommen, er bekannte sich zum Christentum, wurde vom Statthalter Aquilinus zum Tod verurteilt und nach vielen Martern mit einem Mühlstein um den Hals in die Enns gestürzt. Der Legende nach wurde seine Leiche von den Wellen auf einen Felsen gespült und von einem Adler bewacht, später von einer frommen Frau gefunden. Sie ließ Florian bestatten, über seinem Grab entstand später das Stift St. Florian. Der Heilige ist Diözesanpatron, seit 2004 zweiter Landespatron.

Der heilige Severin

8. Jänner 482. Severin von Noricum, wie er auch genannt wird, eine der markantesten Erscheinungen seiner Zeit, stirbt in Favianis (Mautern bei Krems an der Donau). Severin war ein hochgestellter, frommer Mann, über dessen Herkunft man nichts weiß. Vermutlich war er mit dem römischen

Traditionsbewußte Noriker

„Daß die Noriker sehr traditionsbewußt waren und gern an keltischem Brauchtum festhielten, zeigt sich auch darin, daß noch lange Zeit unter römischer Herrschaft die landeseigene Tracht getragen wurde.“

Monika Gerstmayer in „Das tägliche Leben in Stadt und Land“. Katalog zur Ausstellung „Oberösterreich – Grenzland des römischen Reiches“, 1986/87.

Sankt Severin heute

Gott sandte ihn von Osten her
den Völkern Heil zu bringen.
Zu unserm Trost, zu seiner Ehr
soll dieses Lied erklingen.
Sankt Severin, zu deiner Zeit
trugst du ein rauhes Pilgerkleid.
Du lebtest mit den Armen.
Nun blick aus deiner Herrlichkeit
hernieder auch auf diese Zeit,
dich unser zu erbarmen.

Carl Martin Eckmair (1907–1984).

Albrecht Dürer: Die Schutzheiligen von Österreich. Holzschnitt, um 1515. Severin mit aufgeschlagenem Codex, neben ihm der heilige Florian.

Kaiserhaus verwandt. Sein Wirken in Lauriacum ist historisch belegt. Lauriacum, das bedeutendste kirchliche Zentrum in Ufernoricum, hatte damals auch einen Bischof, er hieß Constantius. Als Mönch, Staatsmann und Klostergründer kommt Severin am Ende der Römerherrschaft in unser Land und bietet hier in unruhiger Zeit der bedrängten Bevölkerung Hilfe. Er lindert die Not, warnt vor Germanenüberfällen, regelt aber auch die Lebensmittelversorgung. In der Laurentius-Basilika, die nach dem Rückzug der Hunnen wieder hergerichtet und umgebaut worden war, soll er Wunder gewirkt haben. In Favianis, wohin er einen großen Teil der Romanen geführt hatte, als die Grenze nicht mehr zu halten war, stirbt der Heilige. Bei der Rückkehr der Romanen nach Italien nehmen sie seinen Leichnam mit. Severin ist seit 1935 (nach Florian) der zweite Diözesanpatron.

Der Heilige Severin. Severinaltar in Neapel. Meister von San Severino. Um 1470.

Öllämpchen, wie sie im ganzen Römischen Reich gebräuchlich waren.

Grenzen des heutigen Oberösterreich

284–305. Die Reichsreform unter Kaiser Diokletian (um 240–um 316, Kaiser 284 bis 305) schafft eine Verwaltungseinteilung; er teilt die Provinz Noricum in Ufer- und Binnennoricum. Oberösterreich gehört nun zu Ufernoricum. Die Grenzen des heutigen Oberösterreich sind damit (mit Ausnahme des nördlich der Donau gelegenen Mühlviertels) bereits teilweise vorgezeichnet, zum Beispiel der Inn als westliche Grenze gegen Rätien.

Die Trennung der Verwaltung der Provinz in militärische und zivile Gewalt führt dazu, dass Ovilava (Wels) Hauptstadt der neuen Provinz Ufernoricum wird. Den Grenzschutz nimmt ein Grenzgeneral wahr.

Die frühen Christen

Materielle Zeugnisse des frühen Christentums setzten erst im 4. Jahrhundert nach Christus ein, doch hatte es vermutlich schon im 2. und 3. Jahrhundert bei uns Christen gegeben. So berichtet der Schriftsteller Tertullian (um 160–nach 220), dass auf einem der Feldzüge gegen die Markomannen sich im Quadenland, dem nördlichen Niederösterreich, das Blitz- und Regenwunder ereignet hätte, wo die Römer aufgrund der Gebete christlicher Soldaten aus einer ausweglosen Situation befreit worden waren. Es gab also damals im norischen Donauraum schon christliche Soldaten. Auch der Umstand, dass zusammen mit dem heiligen Florian vierzig weitere Christen getötet wurden, deren Gebeine man in der frühchristlichen Kirche unter der Laurentiusbasilika in einem Steinkistenreliquiar entdeckte, spricht für eine bereits starke Christengemeinde in den römischen Städten. Die bedeutendste frühchristliche Kirche der damaligen Zeit in unserem Land war die sich unter der Laurentius-Kirche befindende römische Basilika. Sie wurde um 370 nach Christus auf den Fundamenten eines heidnischen Vorgängerbaues errichtet und blieb bis in das Mittelalter in Funktion. Hier wirkte zu Zeiten des heiligen Severin der Bischof Constantius, auch das Ölwunder des Heiligen ereignete sich hier. Daneben gab es in Lauriacum noch eine zweite Kirche. Sie wurde in die Ruinen des zerstörten Lagerspitals gebaut, man entdeckte sie unter der Maria-Angerkirche.

Auch am Georgenberg bei Micheldorf und in Wels standen frühchristliche Kirchen. Lampen und Ringe mit dem konstantinischen Christusmonogramm (XP) aus den Gräbern um Enns sowie der Grabstein der Ursa aus Wels geben ein beredtes Zeugnis des christlichen Glaubens zur damaligen Zeit.

Christine Schwanzar

Goldener Münzfingerring mit gefaßter Goldmünze. Mitte 7. Jahrhundert.

Norische Pferde

„Berühmt waren die norischen Pferde (Noricus russus) und noch zu Beginn des 6. Jahrhunderts bemerkt König Theoderich, daß die norischen Pferde im Verhältnis zu den alemannischen zwar kleiner von Wuchs, aber tauglicher zur Arbeit seien.“

Monika Gerstmayer in „Das tägliche Leben in Stadt und Land“, Katalog zur Ausstellung „Oberösterreich – Grenzland des römischen Reiches“, 1986/87.

Kalender

493. Die Ostalpen gehören nun zum Reich des Ostgotenkönigs Theoderich (456–526, König seit 471), der als Dietrich von Bern in die Sage eingeht.

Ende 5. Jahrhundert. Im Norden und Osten Österreichs treten Langobarden auf. Sie treffen in mehreren Kämpfen auf die Gepiden, schließen ein Bündnis mit den östlich der Enns siedelnden Awaren und ziehen 568 nach Oberitalien.

510. Von der unteren Elbe rücken die Langobarden unter König Theoderich an die Donau vor.

512. Die Heruler unter König Rudolf werden von den Langobarden (König Tato) vernichtet. Rudolf ist das Urbild des Rüdiger von Pechelarn aus dem Nibelungenlied.

546. Der oströmische Kaiser Justinian tritt den Langobarden Noricum und Pannonien ab.

550. Das Land ob der Enns wird zur bairischen Grenzmark. Die Enns bildet die östliche Grenze.

551. Erstmals taucht in unserem Land der Name der Bajuwaren (Bayern) auf. Ihre Herkunft ist unbekannt. In letzter Zeit nimmt man an, dass sich der Stamm aus mehreren Volkssplittern entwickelt hat. Sie finden neben den Slawen auch noch eine romanische Restbevölkerung vor.

568. Langobarden verlassen unter König Albuin das Land, um sich in Oberitalien anzusiedeln. In ihr Gebiet sickern die Awaren ein. Sie sind wie die Hunnen ein wenig sesshaftes Reitervolk. In ihrem Gefolge kommen die Slawen von Süden und Norden in unser Gebiet. Auf sie gehen viele Orts- und Flussnamen zurück, besonders im Bereich der Flüsse Rodl, Gusen, Aist und Naarn, um Linz und Steyr, an der Krems, im Tal von Windischgarsten und im Ischlland. In den freien Raum dringen vom Westen die Baiern und Awaren ein.

Vor 596. Herzog Theodo II. von Baiern schenkt dem Bistum Salzburg einen Hof und einen Herrensitz zu Bachmanning.

695. Der heilige Rupert kehrt auf seiner Missionsreise in Enns-Lorch ein und wendet sich nach Salzburg, wo er ein Bistum gründet.

700. Die Awaren fallen westlich der Enns ein und verwüsten das Gebiet um Enns.

Die Romanen

Nicht alle Romanen sind im Jahr 488 nach Süden gezogen. Eine dünne Restbevölkerung tradiert die alten Siedlungsnamen, die germanisiert werden. (Lentia = Linz, Ovilava = Wels, Lauriacum = Lorch.) Andere Siedlungen der Romanen erhalten von den Baiern volksbezeichnende Namen mit der Endung -walchen (= welsche). Schließlich weisen in Salzburger Quellen noch Personennamen des 8. und 9. Jahrhunderts auf Romanen hin (Tonazanus, Usinus, Vivolus, Fidolius usw.)
Die Bauten römischer Siedlungen und Legionslager werden weiter bewohnt (zum Beispiel Lorch). Der Weinbau, die Almwirtschaft und die Bienenzucht der Römer haben die Völkerwanderung überdauert, mancherorts auch die Flurteilung (Enns-Lorch). Auch die römischen Straßen werden (oft bezeichnet als Hoch- oder Heidenstraßen) weiter verwendet.

Schnalle mit Riemenschlaufe, Bairischer Fund aus Alkoven-Emling. Zweite Hälfte 7. Jahrhundert.

Awaren und Slawen

Die Awaren stammen aus Zentralasien. Sie treten etwa gleichzeitig mit den Baiern auf. Ihr Machtbereich reicht von der Ostsee bis zu den Karpaten. Im Westen, etwa an der Enns, stoßen sie auf die Baiern. Vor ihnen flüchten (meist vergeblich) die Slawen. Sie dringen in den Ostalpenraum ein.
Ähnlich wie die Sippe bei den Germanen bildete bei den Slawen die Wohngemeinschaft der Großfamilie (Zadruga) die Grundlage der Stammesgliederung. In Oberösterreich sind nördlich der Donau die Böhmen und Mährer, südlich die Slowenen zu vermuten.

592. Herzog Tassilo I. von Baiern erringt einen Sieg im „Slawenland“.

610. Die Baiern werden bei Aguntum (Lienz) geschlagen.

Ein fränkischer Kaufmann Samo wird König eines unabhängigen Slawenreiches.

Um 650. In Baiern werden Bulgaren, die sich ebenfalls gegen die Awaren empört haben, zuerst gastfreundlich aufgenommen und dann bestialisch hingeschlachtet. Einer neuen Theorie zufolge sollen ihre Gebeine in St. Florian ruhen.

Um 700. Im Kampf zwischen Baiern und Awaren wird das Gebiet um Lorch-Enns verwüstet. Die ungefähre Grenze der beiden Einflussgebiete verlief zwischen Traun und Enns und nördlich der Donau am Haselgraben.

Die Baiern

Der Stamm der Baiern wächst aus mehreren germanischen Völkern zusammen.

Nach 530. Die Baiern geraten unter König Theudebert (Regierungszeit 530–548) unter fränkische Herrschaft. Sie siedeln in Einzelhöfen, Weilern und Dörfern, deren Namen auf -ing(en) oder -heim enden und deren ersten Teil ein Personenname bildet. Bedeutend war der Landbesitz des Herzogs.

Baierische Gräberfelder

Um das Jahr 600 lässt sich eine Gruppe von Bajuwaren im Bereich der ehemaligen römischen Straßenstation Tergolape (Schwanenstadt) nieder. Die in den Jahren 1978, 1979 und 1996 erforschten und dokumentierten 98 Gräber des Gräberfeldes Schwanenstadt (Grabungsleitung: Vlasta Tovornik und Manfred Pertlwieser) umfassen einen Zeitraum von rund einem Jahrhundert. Eines der bedeutendsten baierischen Gräberfelder des 7. Jahrhunderts wurden schon in den Jahren 1941 bis 1945 und 1958 bis 1962 in Linz-Zizlau, auf dem Gelände der heutigen Voest, gefunden und erforscht.

Die Christianisierung des Landes

Die fränkische Mission unter den baierischen Agilolfingern fand einerseits Rudimente römischen Glaubens und ostgotisch-arianischer Anschauung vor, andererseits bei den Baiern vollkommenes Heidentum. Eustasius und Agilus vom Kloster Luxeuil versuchten 612 bis 615 eine grundlegende Missionierung, die aber nicht von Dauer war. Erfolgreicher war Rupert, der erste Bischof von Salzburg, der 695 von Regensburg nach Osten aufbrach. Er kehrte in Enns um und wendete sich nach Seekirchen und Salzburg. Er dürfte an der Enns auf intakten Glauben gestoßen sein.
739 organisiert der hl. Bonifatius die baierische Kirchenprovinz neu, unterteilt sie in die Bistümer Regensburg, Freising, Salzburg und Passau. Das in diesem Jahr erstmals genannte Bistum Passau ist ein paar Jahre älter. In dieser Zeit fällt die Errichtung der Mittelalterkirche in Lorch und der Anfang der endgültigen Christianisierung des Landes.

Mode um 750

„Charakteristischer Schmuck sind für die vornehme Baierin die goldenen Ohrringe, die bunten Glas-Stein-Ketten und der mit Werkzeug reich bestückte Gürtel. Der Brauch, Ledertaschen mit zierscheibengeschmücktem Deckel zu tragen, war auch in Oberösterreich nicht fremd. Im 8. Jahrhundert kennt man bereits längst den Leinenstrumpf. Die Schuhe gleichen im Schnitt rezenten Stücken."

Franz C. Lipp in „Zur Tracht der Baiern in der Zeit des agilolfingischen Stammesherzotums", Ausstellungskatalog „Baiern in Oberösterreich", Linz 1977.

Die berühmten Tassilo-Leuchter aus dem Stift Kremsmünster, die vermutlich aus dem umgearbeiteten Szepter Herzog Tassilos III. gefertigt wurden.

Kalender

27.10.739. Gregor III. (Papst von 731–741) beklagt in einem Brief an Bonifatius den Niedergang der Kirche in Baiern. Nur Bischof Vivilo von Passau sei von ihm eingesetzt worden. Die Priester würden von fragwürdigen Bischöfen geweiht.

1.11.739. Der Passauer Bischof Vivilo weiht die Marienkirche von Pischelsdorf (heute Bezirk Braunau).

748. Gründung des Klosters Mondsee durch Odilo, Herzog von Baiern. Die ersten Mönche kommen vom Kloster Monte Cassino. Erster Abt wird Opportunus. Reiche Schenkungen begründen den Besitz an der Vils und an der Rott (Baiern), um Mattighofen und Munderfing, bei Hörsching, am Attersee und im Salzburger Flachgau.

748. Nach dem Tod Herzog Odilos von Baiern folgt ihm sein siebenjähriger Sohn Tassilo III.

750. Über den Pyhrn ziehen slawische Volksgruppen ins Garstnertal, die Ortsbezeichnung Windischgarsten erinnert daran.

759. Mattighofen wird „villa Matahcauui" (herzoglicher Wirtschaftshof) genannt. Der in der Folge häufig genannte Mattiggau reicht vom Gurtenbach im Nordosten bis zum Inn und wird durch die Gegenden von Mattsee und Mondsee begrenzt.

Um 765. Herzog Tassilo III. heiratet die langobardische Königstochter Liutpirc. → S. 65

8.9.776. Erste Nennung von Wels im Mittelalter: In einer Schenkungsurkunde des Grafen Machelm wird Wels als „Castrum" (Burg) bezeichnet. Damals waren die Mauern der römischen Stadt zu einem Wall umfunktioniert worden.

Zwischen 1.9.777 und 18.1.778. Herzog Tassilo III. (741–nach 794) aus dem Hause der Agilolfinger gründet das Kloster Kremsmünster. Wahrscheinliches Weihedatum: 9. 11. 777.

777. Bad Hall scheint in der Gründungsurkunde von Kremsmünster auf. Es liegt am „Suls"bach. Beide Namen weisen auf die Salzgewinnung hin, die bis ins 14. Jahrhundert hier erfolgte. Als Gut der bairischen Herzöge hieß es ursprünglich auch Herzogenhalle. Später ging es an die Babenberger über und wurde der Herrschaft Steyr einverleibt.

Das in der Kremsmünsterer Stiftungsurkunde genannte „Ascha" (Aschach an der Donau) weist einen Weinbau auf.

Erste Erwähnung von Ansfelden.

781. Der aufmüpfige Herzog Tassilo III. muss zu Worms vor Kaiser Karl dem Großen (742–814) den Lehenseid erneuern.

782. Die fromme Liutperht vermacht dem Hochstift Passau die „ecclesia sancti Johannis in loco Dratihaha" (Hofkirchen an der Trattnach) samt dem Eigenbesitz in „uuiuuari" (Weibern).

782/83. Die Awaren erscheinen mit Heeresmacht an der Enns, ohne militärische Aktivitäten zu setzen.

11.3.788. Ranshofen (Rantesdorf) scheint als Herzogshof auf.

788. Mondsee wird nach dem Sturz Herzog Tassilos Reichsabtei.

So sah ein oberösterreichischer Buchmaler des 15. Jahrhunderts Karl den Großen. Aus einer Inkunabel der oberösterreichischen Landesbibliothek.

788. Graman, der Graf im Traungau, schlägt die Awaren auf dem Ybbsfeld.

20.9.791. Bischof Atto von Freising schlichtet in Enns einen Streit zwischen den Huosiern (einem altbairischen Adelsgeschlecht) und der Kirche von Holzhausen.

793. Auf Befehl Karl des Großen wird die Arbeit am Rhein-Donaukanal aufgenommen (fossa Carolina). Regengüsse und Dammrutsche verhindern das Projekt.

20.6.799. Erste schriftliche Erwähnung des Namens „Linze".

799. Der Graf des Ostlandes, Gerold, fällt in einem Scharmützel gegen die Awaren.

Um 800. Das Land zerfällt in mehrere Gaue: Mattiggau, Rottgau, Attergau, Traungau.

Karl der Große in Enns

Herbst 791. Karl der Große bereitet sich in Enns drei Tage lang mit Gebetsübungen auf den Awarenfeldzug vor. Auf dem Georgenberg halten seine Sendboten einen Gerichtstag ab. Das ehemalige Legionslager besteht zu dieser Zeit noch. Das Gebäude der ehemals römischen Kommandantur war der Hof der ehemaligen bairischen Herzöge. Im Lager und vor den Mauern befand sich je eine Kirche.

Buchbeschlag, gefunden in der Sakristei der Dörflkirche (St. Ägidiuskirche) von Vöcklabruck. Mitte 8. Jahrhundert.

701–800

Geburtstag

Um 741.

Tassilo (III.) Der spätere Herzog von Baiern, Sohn von Herzog Odilo und Hiltrude, einer Schwester des fränkischen Königs Pippin des Jüngeren, wurde 741 geboren. Er war verheiratet mit Liutpirc, Tochter des Langobardenkönigs Desiderius. Tassilo III. ist der Gründer des Klosters Kremsmünster. Er starb nach 794, an einem 11. Dezember, in Lorsch, Hessen. → S. 65, 162

Todestag

784

Der heilige Virgil. Gestorben 27. 11. 784 in Salzburg. Ein Ire adeliger Herkunft. Als Wandermönch kommt er an den Hof Pippins d. J., 745 nach Salzburg. (Abt seit 746/47, Bischof seit 15. 6. 749.) Er gilt als Erbauer einer mächtigen Kathedrale, des ersten Vorgängerbaues des Salzburger Doms. Möglicherweise ist er der Schöpfer des Tassilokelches. → S. 65. Heiligsprechung in Rom am 18. 6. 1233.

Freie, Freigelassene und Leibeigene

740–748. Unter Herzog Odilo von Baiern wird das Stammesrecht aufgezeichnet: An der Spitze steht ein Herzog. Er ist oberster Richter und Heerführer, und ihm gehören alles herrenlose Gut sowie die Einnahmen von Bergwerken, Salinen, Zöllen und Strafgeldern. Ihm am nächsten stehen fünf altadelige Geschlechter. Die übrige Bevölkerung teilt sich auf in Freie, Freigelassene und Leibeigene. Nur die Freien dürfen Waffen tragen und an der Gerichtsversammlung teilnehmen. Die Baiern stehen von Anfang an in Abhängigkeit zu den fränkischen Königen.

Schreibschule Mondsee

Um 770. Im Kloster Mondsee entwickelt sich die bekannteste frühmittelalterliche Schreibschule Oberösterreichs. Auf sie gehen das Mondseer und Ingolstädter Evangeliar und vielleicht auch der Codex Millenarius des Klosters Kremsmünster zurück. Mit der Übergabe des Klosters an Regensburg (833) ist auch die Bedeutung des Skriptoriums verlorengegangen.

Buchmalerei mit der Darstellung des hl. Lukas aus dem Codex Millenarius, um 800, in Kremsmünster entstanden.

Knauf eines der beiden Tassiloleuchter, die zur gleichen Zeit wie der Kelch entstanden sind.

Der Hochzeitskelch des Herzogs Tassilo

Die Historiker sehen im Tassilokelch, der zu den bedeutendsten Kunstwerken nicht nur Oberösterreichs, sondern der Welt gehört, zuerst einmal ein Dokument: Dieser Kelch, eine prächtige und kunstvolle Goldschmiedearbeit aus dem Jahr 768, bezeugt das politische Bündnis des bairischen Fürsten mit den Langobarden.

Eines der bedeutendsten Kunstwerke nicht nur Oberösterreichs, sondern der Welt: der Tassilokelch von Kremsmünster; vollendet in Form und Technik, überwältigend in seinem Ideengehalt.

Der Kelch besteht aus drei Teilen: aus dem Kelchfuß mit Knauf, der Kuppa (Schale) und einem an der Verbindungsstelle herumgelegten Perlenring. Höhe des Kelches: 25,5 cm (Fuß mit Knauf 12 cm, Kuppa 13,5 cm). Durchmesser: Kuppa 15,6 cm, Fuß 13,6 cm. Fassungsvermögen: 1,75 Liter. Das Material ist reines Kupfer, mit Gold und Silber verziert. Schwarzes Niello hebt die Bildstellen plastisch hervor und grenzt die einzelnen Teile ab. Die Technik des Niello (Mischung aus Blei, Kupfer, Silber und Schwefel) erfüllt beim Tassilokelch nicht nur eine künstlerische, sondern auch eine praktische Funktion: sie macht Niete weitgehend überflüssig.

Am Fuß des Kelches lautet eine Inschrift:

TASSILO DVX FORTIS + LIVTPIRC VIRGA REGALIS

Tassilo, tapferer Herzog, Liutpirc königliches Reis (königlicher Spross)

Tassilo von Baiern bestellte den Hochzeitskelch gemeinsam mit Liutpirc, der Tochter des Langobardenkönigs Desiderius. Das Bündnis zwischen Bajuwaren und Langobarden wurde durch den Lebensbund der beiden Fürstlichkeiten besiegelt.

Der Herzogsohn Tassilo übernahm nach dem Tod seines Vaters Odilo im Jahr 748 als siebenjähriges Kind die Regierung, vorerst unter der Vormundschaft seiner Mutter. Nach deren Tod war sein Onkel Pippin Vormund, dem er als Sechzehnjähriger, nachdem er für „mündig und wehrhaft" erklärt wurde, den Vasalleneid leisten musste. Aber schon sechs Jahre später sagte sich Tassilo von seinem Onkel los, kehrte mit seinem Heer nach Bayern zurück und regierte dort bis 781 als faktisch unabhängiger Fürst. Nach einem Aufstand (787) gegen den fränkischen Lehensherrn wurde er im Juli 788 auf einer Reichsversammlung zu Ingelheim am Rhein zum Tode verurteilt. Es hieß, dass er sich mit den Awaren verbündet hätte. Todeswürdig war bereits sein eigenmächtiges Verlassen des fränkischen Heeres im Jahre 763 (Harisliz = Hochverrat). Tassilo wurde nach der Urteilsverkündung begnadigt: zur lebenslänglichen Verbannung in ein Kloster.

Neben der politischen Bedeutung dominiert im Hochzeitskelch von Herzog Tassilo die religiöse Aussage. Sie zeugt von der besonderen Glaubenstiefe des zu dieser Zeit 28jährigen Fürsten.

Ein tiefgläubiger Mensch ist wohl auch der Schöpfer des Kelchs gewesen. Der Künstler muss, wie ein Kenner dieses Meisterwerkes, der Kremsmünsterer Pater Pankraz (Stollenmayer) feststellt, „ein bedeutender Theologe und vor allem ein vertrauter Freund Tassilos gewesen sein". Man wird, räumt Pater Pankraz ein, beim Versuch einer Lösung der Fragen nach Entstehungsort und Meister des Kelches wohl kaum über bloß Wahrscheinliches hinauskommen. Aber unter den Möglichkeiten hat die, dass der heilige Virgil von Irland als Schöpfer in Betracht kommt, doch viel für sich: Virgil wurde früh an den bairischen Hof berufen, er war Abt von St. Peter und Bischof von Salzburg. Und es war in dieser Zeit durchaus üblich, dass Bischöfe und Äbte Codices schrieben und sich künstlerisch oder kunsthandwerklich betätigten.

Wer immer dieses Meisterwerk geschaffen hat: es zählt seit mehr als tausend Jahren zu den größten Schätzen der Welt.

Rudolf Lehr

Die Gunthersage

Herzog Tassilo nahm seinen Sohn Gunther mit auf die Jagd. Bei der Verfolgung eines Wildschweins verirrte sich der Prinz. Im Wald fand er schließlich eine Quelle. Im Kampf mit einem Eber brach ihm beim Zustoßen der Schaft des Speeres. Das wütende Tier verletzte Gunther, der einsam verbluten musste. Von Hunden geführt, fanden die Jäger den toten Prinzen. Erschüttert stand Tassilo vor der Leiche seines Sohnes und gelobte, hier ein Kloster zu stiften.

Zum Tausch von Mondsee

„Es scheint völlig unerklärlich, daß Bischöfe mit einem Stifte so umgehen konnten, wie die von Regensburg mit dem Stifte Mondsee verfahren sind."

Aus „Stift Mondsee und Schloß Wartenfels, Geschichtliche Skizze von P. St." zum Tausch des Stifts Mondsee (833) gegen das bayerische Frauenkloster Obermünster, womit das ehemalige freie Reichskloster Mondsee Eigenkloster der Bischöfe von Regensburg wurde; Salzburg 1882.

Ohrfeigenaffäre

Im November 870 beruft Erzbischof Adalwin von Salzburg (Bischof seit 859, gest. 873) eine Synode gegen die Slawenapostel Cyrill und Method ein. Der freiwillig erschienene Method wird gefangengesetzt und drei Jahre eingekerkert. Bischof Ermenrich von Passau (Bischof seit 866, gest. 874), der ihm auf der Synode Ohrfeigen versetzt, wird später von Johannes VIII. (Papst 872–882) abgesetzt, Method voll rehabilitiert.

Kalender

802. Gotram, Graf im Ostland, fällt bei Güns (heute Ungarn) im Kampf gegen die Awaren.

805. Enns scheint als Markt auf.

In einer Anordnung Karls des Großen wird die Ausfuhr von Waffen von Enns nach Osten verboten.

817. Ludwig der Deutsche (806–876) bekommt von seinem Vater, Kaiser Ludwig dem Frommen (778–840), das „Regnum Bavaricum" zugesprochen.

819. In einer Klosterliste aus Aachen scheint Mondsee als eines der mächtigsten Klöster des Reiches auf.

821–853. Wilhelm ist als Graf im Traungau bezeugt.

827. Auf einem Gerichtstag des Grenzgrafen Wilhelm, der in Puchenau abgehalten wird, scheinen Baiern und Slawen einträchtig in einer Urkunde nebeneinander auf.

829. Das Kloster Mondsee erhält von König Ludwig dem Deutschen den Wolfgangsee und den dazugehörigen Forst mit allen Jagd- und Fischereirechten.

830–855. Graf Ratbod herrscht in der östlichen fränkischen Mark.

19.6.831. Ranshofen wird als „palacium" (Pfalz) bezeichnet.

831. Die „cella Antesana", eine bald wieder abgekommene Klostergründung, ist die Vorläuferin des späteren Marktes Aurolzmünster.

833. Das Kloster Mondsee wird Eigenkloster des Bistums Regensburg.

843. Im Vertrag von Verdun erhält Ludwig der Deutsche definitiv das Gebiet östlich des Rheins zugesprochen.

853. Der Grenzgraf Wilhelm schenkt dem Kloster St. Emmeram in Regensburg das Gebiet zwischen den Flüssen Aist und Naarn.

856. König Ludwig der Deutsche belehnt seinen Sohn Karlmann (829–880) mit den östlichen Marken. Mit Hilfe der Mährer lehnt sich Karlmann gegen den Vater auf; er unterliegt, verliert aber seine Stellung nicht.

859. Graf Ratbod wird wegen Hochverrats abgesetzt.

20.11.860. König Ludwig der Deutsche beurkundet eine Schenkung an das Erzbistum Salzburg in „Matahhoua villa regia" (Pfalz des Königs).

865. Der Ostlandpräfekt Graf Werner wird in einen Konflikt zwischen Ludwig dem Deutschen und seinen Sohn verstrickt und abgesetzt.

871–909. Aribo wird als Graf im Traungau oftmals genannt.

876. König Karlmann tritt nach dem Tod Ludwigs des Deutschen die Regierung im ostfränkischen Reich an.

Um 880. Das Stift St. Florian wird gegründet. → S. 150

882. Karl III., der Dicke (839–888), Sohn Ludwigs des Deutschen, tritt die Herrschaft im Ostfränkischen Reich an. Er erweist sich als unfähig und wird 887 von Karlmanns unehelichem Sohn Arnulf von Kärnten abgesetzt. →

25.8.885. Wels erscheint mit Ranshofen und Mattighofen in einer Urkunde Kaiser Karls III. als Königshof.

887. König Arnulf von Kärnten hält sich in seiner Pfalz Atarnhova (Attersee) auf.

13.4.888. König Arnulf übergibt seinem Kaplan Zazco alle Lehen, die dieser „ad Welas" innehatte. Die in diesem Zusammenhang genannte „capella", eine königliche Kirche, könnte der Vorläufer der Welser Stadtpfarrkirche sein.

888–893. Unter Abt Snello erhält das Kloster Kremsmünster Besitzungen in Niederösterreich.

898. König Arnulf von Kärnten stiftet der Pfalz Ranshofen eine Kirche und bedenkt sie mit reichen Schenkungen.

900. Erster Einfall der Ungarn im Lande westlich der Enns. Beim Rückzug wird ihre Nachhut an der Donau vom bayerischen Markgrafen Liutpold und Bischof Richar von Passau geschlagen. Zum Schutz des Reiches wird an der Enns das alte Lauriacum wieder instand gesetzt.

Die Laurentiuskirche in Enns, die auf die antike Christenheit in Enns zurückgeht, wird erstmals schriftlich erwähnt.

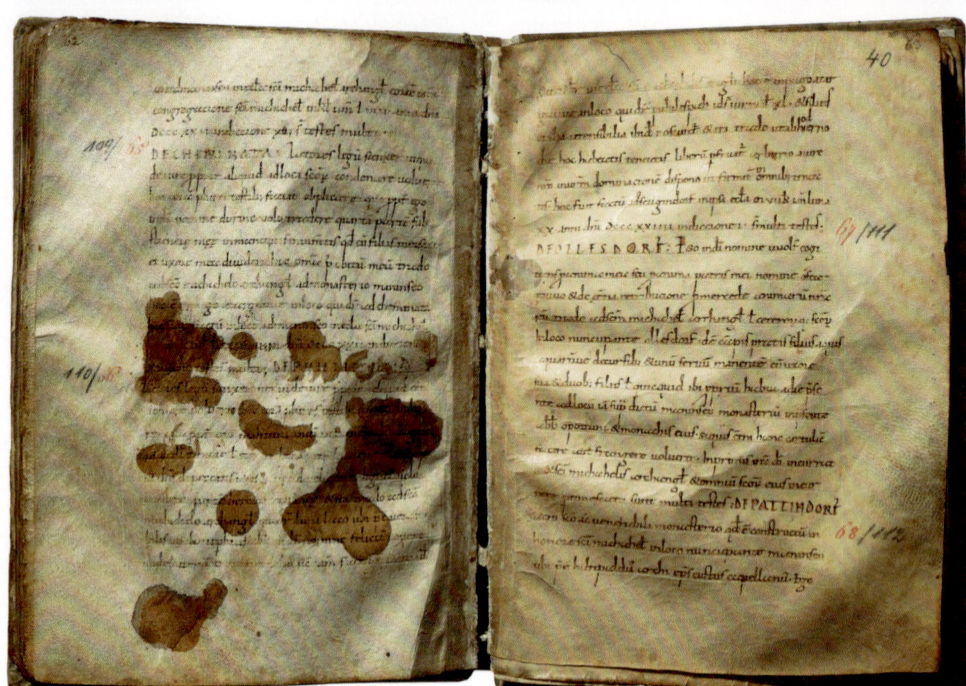

Ältestes Traditionsbuch Österreichs *Aus der Mitte des 9. Jahrhunderts stammt dieses Traditionsbuch des Klosters Mondsee, in dem die dem Kloster gemachten Schenkungen, nach Gauen und Ortschaften gruppiert, aufgezeichnet werden.*

Todestag

899

Arnulf von Kärnten. Ostfränkischer König, römisch-deutscher Kaiser 896–899. Gestorben 8. 12. 899. (Geboren um 855.) Sein Sohn und Nachfolger, Ludwig „das Kind", ist zu dieser Zeit sechs Jahre alt. 898 ließ Arnulf in Ranshofen eine Kapelle erbauen. Im Bezirksmuseum Braunau ist er in Lebensgröße zu sehen.

Verstümmelt und geblendet

882. Die Grafen Wilhelm und Engelschalk versuchen, sich gewaltsam des Landes zu bemächtigen, werden aber von ihrem Gegner, Markgraf Aribo, mit Hilfe des Mährenfürsten Swatopluk geschlagen. Engelschalks Sohn und ein Verwandter werden gefangen und verstümmelt. Der Sohn entführt später die (uneheliche) Tochter König Arnulfs, er wird 893 geblendet, die Güter der Familie werden konfisziert und dem Kloster Kremsmünster geschenkt.

Die Nachkommen der Babenberger

„Eine Überlegenheit der Oberösterreicher, als ob sie die besseren Österreicher wären, läßt sich nur für Scherzbolde ableiten. Aber schlechtere als jene, die im einstigen Stammland der Babenberger wohnen, wollen sie auch wieder nicht sein.“

Hubert Feichtlbauer: „Josef Pühringer“, Linz, 2002.

„hunger und leuse“

„Ornolfus [Arnulf von Kärnten] ward chaiser nach Christi gepürd 878. Er erslug der Normeinen [Normannen] her … Zu der zeit zugen die Unger gen Sachsen und gen Düring und wüsten die lande. Die zeit was ain hunger alz grozz, daz die lewt under ainander sich assen. Ornolfus, Karlmannes sun, starb ze Regenspurg, wan in die leuse da frassen.“

Österreichische Chronik aus der Zeit um 1395 (Anonymus) über die Zeit um 900.

901–1000

Kalender

901. König Ludwig IV., „das Kind“ (893–911), schenkt dem Kloster St. Florian das neu befestigte Lager von Lauriacum-Enns.

8.9.903. Erste Erwähnung von Eberschwang.

903. Erste Erwähnung von Altheim.

903–905. Die Zollordnung von Raffelstetten (Gemeinde Asten) weist Linz als Zollstätte und gesetzlichen Marktort aus. Rosdorf scheint als Mautstätte auf (wahrscheinlich Landshaag, gegenüber Aschach). Seit dem 12. Jahrhundert befindet sich in Aschach eine Maut der Schaunberger. →

904. Bei einem Gastmahl, das die Bayern zu Ehren des Ungarnführers Kurzan veranstalten, wird dieser meuchlings ermordet.

4.7.907. Die Bayern erleiden bei Pressburg eine vernichtende Niederlage. In einem Blutbad kommen auch Markgraf Liutpold, Erzbischof Thietmar von Salzburg, die Bischöfe Udo von Freising und Zacharias von Säben-Brixen sowie zahlreiche andere Grafen ums Leben. Die Enns wird nach dieser Schlacht zur festen Grenze im Osten.

907. Markgraf Liutpolds Sohn Arnulf (→ S. 68) nennt sich das erstemal nach Tassilo III. wieder Herzog von Bayern „und der angrenzenden Länder“ (Ober- und Niederösterreich). Er lebt trotz einiger Kämpfe in guter Nachbarschaft mit den Ungarn.

19.2.909. König Ludwig „das Kind“ schenkt dem Grafen Aribo und Erzbischof Pilgrim I. von Salzburg die Abtei „Trunseo“ (Traunsee oder Altmünster).

914. Herzog Arnulf von Bayern („der Böse“) flieht vor König Konrad I. zu den Ungarn und kehrt erst zwei Jahre später zurück.

926. Bischof Drakulf von Freising verunglückt auf einer Reise im Donaustrudel bei Grein tödlich.

930. Graf Meginhard wird für den Traungau (Bachmanning) genannt. Er wird als der erste aus dem mächtigsten Geschlecht in Oberösterreich, der Wels-Lambacher, angesehen.

937. Auf Herzog Arnulf von Bayern folgt sein Bruder Berthold als Markgraf. Arnulfs Sohn Eberhard wird von Kaiser Otto I. (912–973) mit Waffengewalt vertrieben. Nach Bertholds Tod (947) setzt Otto seinen Bruder Heinrich in Bayern ein.

930–1010. Das Land ist in Grafschaften gegliedert und wird von (Mark-)Grafen regiert.

943. Berthold von Bayern siegt bei Wels gegen die Ungarn.

950. Herzog Heinrich I. von Bayern (919/922 bis 955) unternimmt eine Offensive gegen Ungarn und bringt die Ennsburg in seinen Besitz.

10.8.955. Schlacht auf dem Lechfeld bei Augsburg. Kaiser Otto I. besiegt die Ungarn endgültig. Die Ennsgrenze wird dadurch wieder aufgehoben.

In Bayern stirbt der kaiserliche Bruder (Heinrich I., geb. 919/22) und hinterlässt einen vierjährigen Sohn, Heinrich II., „der Zänker“ (951–995).

Bischof Pilgrim von Passau und Kriemhild. Miniatur aus dem Hundeshagenschen Kodex.

960. In Bayern und an der Donau regiert ein Markgraf Burkhard, der das Gebiet östlich der Enns zurückgewinnt. Auch er ist in die Person Rüdigers von Pechelarn aus dem Nibelungenlied verwoben.

974. Herzog Heinrich II. kämpft mit seinem Vetter, Otto II. (955–983), um die deutsche Kaiserkrone und unterliegt. 976 wird er abgesetzt, Kärnten wird von Bayern abgetrennt. Markgraf Burkhard wird in diesen Kampf verwickelt. An seine Stelle tritt Liutpold (Leopold I., → S. 68), vorher Graf im „Donaugau“ – es ist dies der erste Babenberger in Österreich.

21.6.975. Kaiser Otto II. bestätigt Pilgrim von Passau, dass das Kloster Kremsmünster Eigengut des Bistums ist.

22.7.976. Otto II. erklärt auf Verlangen Bischof Pilgrims von Passau, dass St. Florian Eigengut des Bistums ist.

1.10.977. Das Erzbistum Salzburg lässt sich von Otto II. die Besitzungen bestätigen, darunter die Gebiete im Atter- und Mattiggau.

5.10.977. Kaiser Otto II. schenkt dem Passauer Bischof Pilgrim die Ennsburg und zehn Königshufen (Bauerngüter) bei Lorch „in der Grafschaft Leopolds“. Enns könnte möglicherweise die erste Pfalz der Babenberger in Österreich gewesen sein.

977. Herzog Heinrich von Kärnten hat sich mit dem geächteten Heinrich II. (dem Zänker) verbündet und Passau eingenommen. Bischof Pilgrim muss fliehen, erlangt aber die volle Gunst des Kaisers, der den Aufstand niederschlägt. Er bestätigt dem Bischof den Besitz von Kremsmünster, St. Florian und Lorch. Auf Veranlassung Pilgrims entsteht eine „Progapandaschrift“: das Nibelungenlied.

985/991. Bischof Pilgrim von Passau lässt bei einer Zusammenkunft in Mistelbach die Zehentrechte seines Bistums in Oberösterreich feststellen. Dabei wird auch die „Styrapurc“ (Steyr) erstmals genannt.

993. Mit Arnold schein der erste sichere Vertreter der Wels-Lambacher auf. Sie besitzen reichen Grund im Salzkammergut, um Wels und im Hausruckviertel.

1.11.996. Das Wort Österreich (Ostarrichi) scheint erstmals in einer Urkunde auf.

Die Babenberger

7. Juli 976. Kaiser Otto II. belehnt die Babenberger mit der Ostmark: Leopold I. (Liutpold) wird erster Markgraf. Damit beginnt die 270jährige Herrschaft der Babenberger.

Weltende 1000

So kam endlich der Silvestertag des Jahres 1000 heran. In Sierning sollte der letzte Tag des Jahres zugebracht und das Weltende in der Pfarrkirche unter Andachtsübungen erwartet werden. Je näher der Abend herankam, je näher die Mitternachtsstunde nahte, desto größer wurde der Zudrang zum Gotteshaus, das die Schar der aufgeregten Menge nicht mehr zu fassen vermochte, und Hunderte standen vor dem Kirchentor und warteten auf Einlaß. In der Kirche selbst herrschte Verzweiflung. Die einen beteten, andere weinten und schluchzten und wieder andere harrten in stiller Ergebung der Dinge, die da kommen sollten. Nun war es zwölf. Langsam schlug vom Turm Glockenschlag auf Schlag. Nun mußte das Schreckliche geschehen, die Welt mit lautem Getöse in ihr Nichts, aus dem sie geworden, zurücksinken. Regungslos erwartete die abergläubische Menge das Anbrechen des Jüngsten Tages. Sie wartete lang und geduldig. Doch zum großen Erstaunen geschah nichts. Der Pfarrer von Sierming trat in vollem Ornat zum Altare und stimmte das Te Deum an. Mit inniger Freude stimmte die Menge jubelnd mit ein. Das „Weltende" war wieder in unabsehbare Ferne hinausgeschoben.

Max Danner in „Sierning", 1985.

Todestage

937

Arnulf von Bayern („Der Böse"). Herzog. Gestorben 14. 7. 937 in Regensburg. → S. 67

947

Berthold von Bayern. Gestorben 23. 11. 947. Seit 927 Herzog in Kärnten, 938 von Bayern. → S. 67

991

Pilgrim von Passau. Bischof (971–991). Gestorben 21. 5. 991 in Passau. → S. 67

994

Leopold I. (Liutpold), „der Erlauchte". Erster Markgraf aus dem Geschlecht der Babenberger. Ein Sohn (oder Enkel?) Arnulfs von Bayern. Gestorben 10. 7. 994 in Würzburg nach einem Pfeilschuss aus dem Hinterhalt. → S. 67

Rätsel um die Martinskirche

Ist die Linzer Martinskirche jene in einer Urkunde von 799 erwähnte karolingische Kapelle und damit der älteste noch erhaltene Kirchenbau Österreichs? Nach den Grabungsergebnissen der Jahre 1947/48 glaubte man das. Dreißig Jahre später ergaben neue Grabungen, dass von der karolingischen Kapelle nur Reste vorhanden sind und das heute noch erhaltene Gotteshaus erst nach dem Jahr 955 (Schlacht auf dem Lechfeld), zur Zeit des Episkopates von Bischof → Pilgrim von Passau errichtet wurde. Die Grabungen haben jedoch den Beweis erbracht, „dass im Bereich der Kirche eine Siedlungskontinuität besteht, die auf die Anfänge der Römer in Linz zurückgeht, wahrscheinlich aber auch die vorausgehende keltische Periode einschließt". (Wilhelm Rausch in der Festschrift zur Wiedereröffnung der Martinskirche, 1977.) Einzelfunde gibt es sogar aus der Jungsteinzeit.

Der heilige Wolfgang

Er ist einer der am meisten verehrten Heiligen Oberösterreichs, Schutzpatron der Bildschnitzer, Holzknechte, Zimmerleute, Köhler, Schiffsleute und Hirten, in den Alpenländern ein Volksheiliger. Mehrere Kirchen und Kapellen sind ihm geweiht.

„Wolfgangikasten" aus St. Wolfgang, Anfang 19. Jahrhundert.

Historisch bezeugt, ist er einer der bedeutendsten deutschen Kirchenfürsten des Mittelalters. 924 in Pfullingen (Schwaben) geboren, Leiter der Domschule in Trier, mit 40 Jahren Benediktinermönch zu Einsiedeln in der Schweiz. Als armer Glaubensbote zieht er durch Noricum, ist Erzieher der bayerischen Herzogstochter Gisela, der Gemahlin des legendären Ungarnkönigs Stefan I. (975–1038). 968 zum Priester geweiht, durchquert er vier Jahre später auf einer eher erfolglosen Missionsreise nach Ungarn das Gebiet Oberösterreichs. 973 wird er Bischof von Regensburg. Im Krieg von 976 muss er Regensburg verlassen und begibt sich nach Mondsee (Gründung von St. Wolfgang), beteiligt sich am Feldzug Kaiser Ottos II. nach Frankreich und kehrt nach Regensburg zurück. Bei einer Visitationsfahrt zu den Regensburger Besitzungen in Österreich geht er in Brandstatt (Bezirk Eferding) an Land und stirbt am 31. Oktober 994 in der Otmarkapelle von Pupping. In der Krypta von St. Emmeram in seiner Bischofsstadt Regensburg wird er bestattet. 1052 erfolgt seine Heiligsprechung. St. Wolfgang am Abersee (→ S. 94) war im Mittelalter einer der berühmtesten Wallfahrtsorte Europas.

Karolingischer Flechtbandstein von der Linzer Martinskirche. Stadtmuseum Linz.

Das Verdienst der Babenberger

„Aus einem orientierungslosen Durchzugsland ein gut organisiertes Herrschaftsgebiet im Rahmen des Reichs geschaffen zu haben, das bald in manchen Bereichen der Kultur führend wurde, ist im Wesentlichen das Verdienst der Babenberger."

Der Mittelalterforscher Georg Scheibelreiter in der Radiosendung „Betrifft Geschichte", ORF 1, 24. Juni 2011.

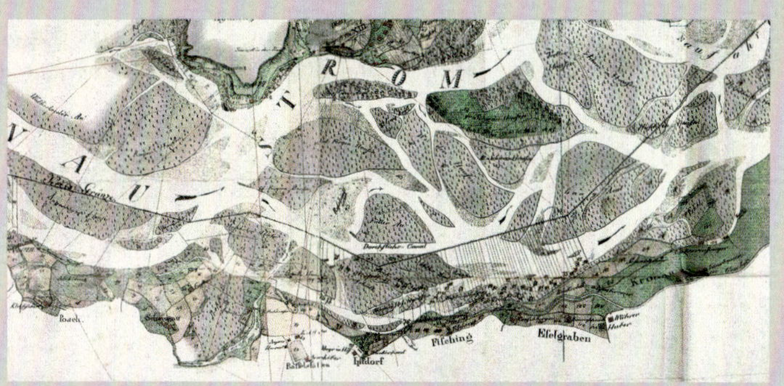

Plan der Donau bei Raffelstetten. Landkarte des 19. Jahrhunderts.

Die Zollordnung von Raffelstetten

905. Aufgrund der neuen Situation im Osten des Reiches, hervorgerufen durch die ungarischen Kriegsscharen, war der Handel auf der Donau schwer beeinträchtigt worden. König Ludwig beauftragte daher den Markgrafen Aribo, gemeinsam mit Erzbischof Theotmar von Salzburg und Bischof Burkhard von Passau auf einer großen Tagung, die ordentlichen Mautstellen und die gerechten Zölle zu erheben. Bei der Versammlung in Raffelstetten bei Asten waren mehr als vierzig Zeugen – Bayern und Slawen – anwesend.

Wesentlichstes Handelsgut war das Salz, das von Passau donauabwärts und aus dem Salzkammergut auf der Traun verschifft wurde.

Das umfangreiche Dokument nennt einige Zollstätten, deren Lokalisierung sehr umstritten ist. Die bedeutende Rolle von Linz im Donauhandel wird nicht angezweifelt, aber „Eperaespurch" und „Matarun" werden in Oberösterreich und Niederösterreich gesucht. Das erste könnte mit Ebelsberg gleichzusetzen sein und das zweite mit Mauthausen.

Fälschungsaktion

974–976. Pilgrim von Passau versucht in einer groß angelegten Fälschungsaktion zu beweisen, dass das Bistum Passau auf das spätantike Bistum Lorch zurückgeht und dort bis zum Jahre 700 seinen Sitz hatte. Es sei damit das älteste Bistum Bayerns und demnach vor Salzburg, Regensburg und Freising zu reihen. Dem Bischof ging es dabei nicht nur um die Unabhängigkeit von Salzburg, sondern auch um das Vorrecht, die Ungarn zu bekehren. Benedikt VII. (Papst 974–983) hat die vorgelegten Urkunden jedoch nicht bestätigt.

So sah die Gau-Einteilung im 10. Jahrhundert auf einer 1863 vom Kunstverein der Diözese Linz herausgegebenen Landkarte aus.

Die Florianer Sängerknaben

1071 beginnt die Vorgeschichte der Florianer Sängerknaben; die im liturgischen Bereich des Klosters tätigen Knaben gelten als Vorläufer des Knabenchors. Von „Sängerknaben“ ist jedoch erst in den Rechnungsjournalen vornehmlich des 19. Jahrhunderts die Rede; es waren aber nur maximal zehn bis zwölf. Erst mit der Errichtung des Stiftsgymnasiums und der intensiven Choralpflege ab 1929 wurde die Zahl der Sängerknaben erhöht, die seit den sechziger Jahren des 20. Jahrhunderts über den lokalen Bereich hinaus bekannt sind.

Marsbach an der Donau, die älteste urkundlich nachweisbare Burg des Mühlviertels.

Kalender

1002. König Heinrich II. (973–1024) schenkt dem völlig verarmten Kloster St. Florian ein Gut am Ipfbach.

7.12.1006. Auf Bitten seiner Gattin Kunigunde („die Heilige“) macht Heinrich II. dem Erzbistum Salzburg das Gut Schlierbach zum Geschenk.

1007. Dem Bistum Bamberg schenkt Heinrich II. den Attergau.

1010. Heinrich II. schenkt dem Kloster Niedernburg in Passau das Gebiet zwischen Ilz und Großer Mühl, das später als „Land der Abtei“ unter der Herrschaft des Bistums Passau steht. Die Urkunde ist allerdings eine spätere Fälschung.

1013–1045. Leonding erscheint als „Liutmuntinga“ erstmals in einer Urkunde.

1020/40. Das Frauenkloster Traunkirchen wird von Graf Wilhelm von Reichenhall und seiner Gattin Legurgis gegründet.

1034. Aribo, ein Bruder Arnolds II. von Wels-Lambach, scheint als Inhaber der Ennsburg auf.

1035. König Konrad II. (990–1039) belehnt die Wels-Lambacher mit der Karantanischen Mark (Steiermark). In ihrem Gefolge kommen viele bairische Adelige in das Gebiet.

1040. Das Schloss Walchen bei Vöcklamarkt ist urkundlich einer der ältesten Wehrbauten Oberösterreichs.

1045. Adalbero wird mit 35 Jahren zum Bischof von Würzburg gewählt. →

8.2.1050. Markgraf Gottfried von Wels-Lambach wird erschlagen. Die steirischen Otakare erben den Besitz im Traungau, die Grafen von Formbach Gebiete am Inn und westlich der Traun.

1056. Bischof Adalbero von Würzburg, Graf von Wels und Lambach, gründet die Benediktinerabtei Lambach. → S. 148

1061. König Heinrich IV. (1050–1106) bestätigt dem Kloster Lambach seine Besitzungen, darunter den Markt in Wels und den Zoll in Lambach.

17.5.1065. Altmann wird während seiner Pilgerreise in das Heilige Land zum Bischof von Passau gewählt. Mit ihm beginnt die kirchliche Gliederung in Pfarrsprengel.

30.9.1067. Im (gefälschten) Stiftsbrief für das Chorherrenstift St. Nikola in Passau werden die Pfarren Eberschwang, Schildorn, Aspach und Vöcklamarkt als Neurodungen erwähnt.

30.9.1067. Das erstmals genannte Eferding (Everdinge) muss für die Bekleidung der Brüder des neu gegründeten Chorherrenstifts St. Nikola in Passau sechs Pfund beisteuern.

1070. Mit Wiehart de Idina wird der erste aus dem Geschlecht der Ibmer erwähnt, auf das die Burg Ibm (Gemeinde Eggelsberg) zurückgeht. Mit Eberhard nobilis wird der erste der Braunauer Reichsministerialen genannt.

25.6.1071. Erste Erwähnung von Ebelsberg.

1071. Bischof Altmann von Passau (→) reformiert das Kloster St. Florian und führt die Statuten von Cluny ein.

26.12.1074. Als Bischof Altmann von Passau in der Domkirche die päpstliche Bulle über die Einführung des Zölibats und der Laieninvestitur verliest, bricht ein Tumult aus. Es ist dies der Beginn des Investiturstreits in unserer Gegend.

1074. Markgraf Otakar wird anlässlich der Gründung der Benediktinerabtei Admont erstmals nach seinem Sitz Steyr genannt, der dann den Namen für das Land Steiermark bilden sollte.

1076. Der vom Papst gebannte König Heinrich IV. fällt in Passau ein, setzt Bischof Altmann ab und vertreibt ihn.

1080. König Heinrich IV. fällt in Österreich ein und unterwirft die Markgrafen Leopold II. von Österreich und Otakar II. von Steier.

1080/84. Der edle Wernher widmet seine Burg Reichersberg zu einem Augustiner-Chorherrenstift um. → S. 132

22.11.1082. Nach der Ermordung Adalberos tritt sein Bruder Otakar II. die Herrschaft in der Mark Steier an. Die beiden hatten gegeneinander Krieg geführt.

1082. Markgraf Otakar II. von Steier tauscht von Bischof Altmann von Passau die Pfarre Garsten ein und errichtet dort einen Sitz für Weltkleriker.

Um 1084. Die Grafentochter Tuta gründet in der väterlichen Burg Suben eine Priestergemeinschaft.

1088. Mit „Hartwicus de Hagenawe“ erscheint der erste dieses Geschlechts, an den das Renaissanceschloss Hagenau an der Mattigmündung (1571) erinnert.

Vor 1089. Die Fresken im Stift Lambach entstehen. → S. 78, 148

14.9.1089. Vollendung des Klosters Lambach. →

6.10.1090. Nach dem Tod Bischof Adalberos von Würzburg (→) erbt Graf Ekbert von Formbach Teile seiner Besitzungen. (Landgerichte Schärding, Erlach, Peuerbach und das Donautal bis Linz.)

1096. Auf dem ersten Kreuzzug fällt ein Heer am Donauweg plündernd im Land ein.

1100. Eine Seuche rafft viele Menschen hinweg.

Geburtstag

1092 oder 1093

Gerhoch von Reichersberg. Propst von Reichersberg (1132–1169). Geboren 1092 oder 1093 in Polling, Oberbayern. (Gestorben 27. 6. 1169 in Reichersberg.) → 1169

Todestage

1018

Heinrich I., „der Starke“, Markgraf, Babenberger. Gestorben 23. oder 24. 6. 1018. (Geboren um 970.) Unter seiner Herrschaft taucht erstmals der Name Ostarrichi auf (1. 11. 996), die älteste Form des Namens Österreich.

1020

Otachar. Stammvater der steirischen Otakare. Gestorben 5. 3. 1020. Verheiratet mit einer Tochter Arnolds II. von Wels-Lambach.

1055

Adalbert, „der Siegreiche“, „der Leichtfertige“. Markgraf von Österreich, Babenberger. Gestorben 26.5.1055 in Melk. (Geboren um 990.)

Arnold II. von Wels-Lambach. Markgraf. Gestorben um 1055. → S. 148

1075

Otakar I. von Steier. Markgraf an der Mur und Erbe der Wels-Lambacher. Gestorben 29. 3. 1075 in Rom.

Ernst, „der Tapfere“. Markgraf von Österreich, Babenberger. Gefallen in der Schlacht bei Homburg an der Unstrut am 9. 6. 1075. (Geb. 1027.)

1086

Wernher von Reichersberg. Gründer des Stiftes Reichersberg. Gestorben 5. 10. 1086. →

1095

Leopold II., „der Schöne“. Markgraf, Babenberger. Gestorben 12. 10. 1095 in Gars am Kamp. (Geboren 1050.)

Donau-Raubritter

1075. Eine der ältesten urkundlich nachweisbaren Burgen des Mühlviertels ist Marsbach an der Donau (Bezirk Rohrbach). Sie gehörte den Bischöfen von Passau. Die Marsbacher waren ein äußerst streitlustiges Geschlecht. Als Raubritter machten sie für die Kaufleute die Donaureisen von Passau nach Linz zu gefährlichen Unternehmen.

Der edle Wernher

Der edle Wernher von Reichersberg, Gründer des Augustiner-Chorherrenstifts Reichersberg. Grabstein mit Kirchenmodell aus Marmor, um 1470.

Gerhoch über Wernher

„Um diese Zeit war in der Burg Reichersberg Wernher Herr dieser Burg, ein sehr edler und reicher Mann (vir valde nobilis et dives), der sich vermählt hatte mit Dietbirga, einer Schwester des Erzbischofs Gebhard von Salzburg. Da er nach dem Tode seines Sohnes Gebhard, der im Jünglingsalter gestorben war, und dem Dietbirgas (seiner Gemahlin) keinen Erben hatte und zwischen seinen weiteren und engeren Verwandten (inter propinquos et consanguineos suos) heftiger Streit wegen seines Erbes entstand, entschloß er sich um so mehr (magis elegit … habere heredes), Gott und den heiligen Michael zum Erben zu wählen."

Der Annalist Gerhoch von Reichersberg (1092/93–1169) über die Gründung des Stifts Reichersberg (→ S. 132) im Jahr 1084. (Zitiert aus „900 Jahre Augustiner Chorherrenstift Reichersberg", Linz 1983.)

Bischof Altmann

8. August 1091. Kaum ein Jahr nach Bischof Adalbero stirbt die zweite große kirchliche Persönlichkeit dieser Zeit: Bischof Altmann von Passau. Geboren 1015 in Westfalen, begleitete er 1064 Agnes, die Witwe Kaiser Heinrichs III., auf der Pilgerfahrt nach Jerusalem. Nach der Rückkehr bestellt sie ihn zum Bischof von Passau. Er führt geistliche Reformen in der Diözese (St. Florian, Kremsmünster, St. Pölten) ein, setzt sich für das Zölibat und gegen die Laieninvestitur ein. Im Investiturstreit steht er damit auf der Seite des Papstes und nicht nur gegen die Geistlichkeit seiner Diözese, die ihn schließlich aus Passau vertreibt. Er stirbt in Zeiselmauer (Niederösterreich) und ist in seiner Stiftung Göttweig begraben. Große Verdienste erwarb er sich bei der Pfarrregulierung und als Erbauer vieler Kirchen in Oberösterreich. 1914 wird er heiliggesprochen.

Eine Federzeichnung auf Pergament aus dem 12. Jahrhundert zeigt Bischof Altmann. Aus „Explicatio symboli".

Bischof Adalbero kniet vor der Madonna. Stifterbild aus dem Kloster Lambach, Tempara auf Holz, um 1430.

Bischof Adalbero – Der Heilige von Lambach

6. Oktober 1090. Bischof Adalbero von Würzburg stirbt. Er ist als Gründer der Benediktinerabtei Lambach in die Geschichte eingegangen.

Aus dem Geschlecht der Grafen von Wels-Lambach stammend, wird er um 1010 in Lambach geboren. Nach dem Tod seines Vaters Arnold II. (um 1055) ist er der letzte seines Stammes. Er wird in der Domschule von Würzburg erzogen, studiert in Paris, kehrt nach Würzburg zurück, wo er Domherr wird. 1045 wird er zum Bischof von Würzburg geweiht. 1056 gründet er das Kloster Lambach. Bis zum Investiturstreit 1076 ist er kaisertreu, dann tritt er auf die Seite von Papst Gregor VII. Zweimal muss er die kaisertreue Stadt Würzburg verlassen; er zieht sich ins Kloster nach Lambach zurück, wo er schließlich stirbt.

1883 wird in Rom der Adalbero-Kult offiziell anerkannt. Am 14. September 1884 erfolgt die Reliquienerhebung. → S. 148

Rechts: Darstellung der Gründungsgeschichte von Traunkirchen. In der rechten Bildhälfte übergibt Markgraf Otakar I. von Steier an seine Schwester Ata, die erste Äbtissin, Stab und Schlüssel. Ölgemälde aus 1598 nach einer Vorlage von 1532.

Im Meitschenhof (Pregarten) fand man Münzen und ein Gefäß aus dem 12. Jahrhundert.

Löwen und Hyänen

„Die Hyänen folgen dem Löwen auf seinem Streifzuge, und wo ein Mächtiger seine schwere Hand auf ein schutzloses Stift legte, da erhob sich auch ringsum die niedrige Ritterschaft, um wenigstens einige Abfälle von der Beute zu erhaschen. So war es auch in Mondsee. Als die Bischöfe von Regensburg das Stift allseitig beraubten, war auch der benachbarte kleine Adel eifrigst bestrebt, sich durch die Güter des Stiftes zu bereichern."

Aus „Stift Mondsee und Schloß Wartenfels, Geschichtliche Skizze von P. St.", Salzburg 1882.

1101–1200

Kalender

1101. Ein spezifisch bayerisch-österreichischer Kreuzzug scheitert. Viele prominente Pilger kehren nicht mehr zurück.

1108. Garsten wird Benediktinerabtei. → S. 187

Um 1110. Der Name Braunau scheint erstmals auf.

23.8.1111. Wartperch (Wartberg ob der Aist) und Munichispach (Mönchsbach, heute Münzbach) werden erstmals urkundlich erwähnt.

1111. In einer Bestätigungsurkunde des Klosters St. Florian wird die Pfarre Gleink erstmals urkundlich erwähnt.

1116. Graf Dietrich von Formbach gilt als Erbauer der Burg Vichtenstein an der Donau. Unter großen Opfern behaupten die Bischöfe von Passau den Besitz der vor ihrer Stadt gelegenen Burg.

1122. Nach dem Tod von Otakar II. verlegen die Otakare ihren Regierungssitz von der Styraburg zu Steyr nach Graz.

Der steirische Dienstmann Arnhalm von Gleink gründet auf seinen Besitzungen ein Kloster. Kurz darauf erbaut er zwischen Enns und St. Florian eine Burg, nach der sich er und seine Nachfolger „von Volkenstorf" nennen.

Die Herren von Perge nennen sich „von Machland", ein anderer Zweig „von Klam".

30.7.1125. Gründung des Chorherrenstifts Ranshofen → S. 188. In der Gründungsurkunde wird die Siedlung Prounouge (Braunau) genannt.

1125. Adalbert von Griesbach stiftet für sein Seelenheil dem Kloster St. Florian eine Kirche in Lozperch (Lasberg).

Mit Liutbirg, Witwe des „nobilis vir Ekkerich de Luffinberc", scheint die Burg am Fuße des keltischen Ringwalles am Luftenberg auf.

1127. Konrad wird Abt in Mondsee. Er reformiert das Kloster in geistiger und wirtschaftlicher Hinsicht und macht sich dadurch Feinde. (1145 ermordet.)

1128. Weihe der Pfarrkirche Wartberg (ob der Aist) durch Bischof Reginmar von Passau.

Um 1130. Hartheim und die Hartheimer treten erstmals in Urkunden auf.

29.8.1134. Urkundliche Erwähnung einer Brücke über die Vöckla. (Pons Veckelahe, das spätere Vöcklabruck.)

1136. Mit Pilgrim von Puchheim scheint der erste eines Geschlechts auf, das besonders im Spätmittelalter Bedeutung erlangte.

Erste urkundliche Erwähnung von Ried im Innkreis.

1138. Mit „Hartnid von Ort" scheint der erste Besitzer des späteren Seeschlosses Ort bei Gmunden auf, das bekannteste und am schönsten gelegene Wasserschloss Oberösterreichs. → S. 261

Im Stift Reichersberg werden auch Chorfrauen eingekleidet.

1138–1140. Die Welser Brücke wird aus dem Würzburger Besitz gelöst, der bayerische Adelige Friedrich von Rohr beseitigt die hohen Brückenzölle, was sich für Wels vorteilhaft auswirkt.

1139. König Konrad III. (um 1093–1152) verleiht dem Markgrafen Leopold IV. (um 1108–1141) das Herzogtum Bayern, das er dem Welfen Heinrich X., „dem Stolzen" (um 1100–1139) entzogen hat. Es herrschen damit erstmals Babenberger im Gebiet des heutigen Oberösterreich.

24.10.1140. Weihe der Kirche von Gaflenz.

1140. Die Brüder Ulrich und Cholo von Wilhering erbauen die Burg Waxenberg.

Die Münzstätte in Enns beginnt um diese Zeit zu arbeiten.

26.10.1143. Einweihung der St. Ägidiuskirche (Dörflkirche) in Vöcklabruck.

1145. Die Burg Riedegg (Gemeinde Alberndorf) wird gebaut.

3.9.1146. Gründung des Stiftes Wilhering. → S. 166

11.11.1146. Mit Ditmarus de Eistersheim scheint der erste dieses Geschlechts im Gefolge des Erzbischofs Konrad I. von Salzburg auf.

1146. Als einer der frühesten Märkte Oberösterreichs wird Ottensheim erwähnt.

1147. Das Heer eines Kreuzzugs mit prominenten Teilnehmern durchzieht unser Land: König Konrad III., Herzog Heinrich II. („Jasomirgott") von Bayern, Markgraf Otakar III. von Steier, Bischof Otto von Freising und sein Bruder, Bischof Reginbert von Passau sowie zahlreiche andere Mitglieder des Hochadels. Viele Teilnehmer, darunter der Bischof von Passau, kehren nicht mehr heim.

1150. Das Schloss St. Martin gehört zu den ältesten Bauten des Innviertels.

1152. Gallneukirchen erscheint in der Namensform „Novenkirchen" erstmals in einer Urkunde.

17.9.1156. Herzog Heinrich II. von Bayern-Österreich muss auf einem Reichstag zu Regensburg auf Bayern verzichten. Als Ersatz wird die Markgrafschaft Österreich von Bayern getrennt und zum Herzogtum erhoben. (Privilegium minus). Für Oberösterreich bestand die Auswirkung darin, dass nun Heinrich der Löwe (1129–1195) als oberster Herr über Oberösterreich bestimmte.

25.12.1161. Der Ortsname „Wolfsegg" taucht erstmals in einer Urkunde auf.

14.7.1167. Mit Ugo von Lonsdorf (bei Linz) scheint erstmals ein Geschlecht auf, das den berühmten Linzer Pfarrer und Passauer Otto von Lonsdorf, der 1254–1265 Bischof von Passau war, hervorbrachte.

1170. Markt und Burg Steyr wird „civitas" (Stadt) genannt.

1173. Die Haichenberger, verwandt mit den Falkensteinern, treten erstmals in Urkunden auf. (Burg gleichen Namens im Mühlviertel.)

1175. In einem Krieg zwischen Herzog Heinrich II. („Jasomirgott") und Markgraf Otakar IV. wird Enns zerstört.

1177. Mit Pillung von Pernstein scheint der erste Inhaber der Burg Altpernstein auf.

1180. Die Steier(mark) wird zum Herzogtum erhoben. Große Teile Oberösterreichs werden damit dem Herzogtum Bayern entzogen.

In der Schreibstube des Klosters Garsten entstehen die „Garstner Annalen", „Traditionskodex" und „Vita Bertholdi".

In den Güteraufzeichnungen des Stifts Reichersberg werden für Ried „urbani" (Burg- oder Stadtbewohner) genannt.

In einer Urkunde des Klosters Waldhausen erscheint Königswiesen als „forum" (Markt).

1184. Erster Nachweis über eine romanische Kirche in Hallstatt.

1188. Der Erbauer der Burg Tannberg an der Kleinen Mühl heißt Walter von Tannberg. Sein Geschlecht gilt in der Mitte des 14. Jahrhunderts als eines der reichsten im oberen Mühlviertel.

7.3.1189. Ein erster Stadtrichter von Wels (Wernhardus) wird ernannt.

1189. Kaiser Friedrich Barbarossa (um 1125 bis 1190) lässt Mauthausen niederbrennen, weil es die Bewohner gewagt haben, von seinen ostwärts ziehenden Kreuzfahrern Zoll einzuheben.

Durch die Weihe der Ägydienkirche in Aigen (Wels-Thalheim) erhält die Brückenstiftung ihren geistlichen Mittelpunkt.

1190. Bischof Otto II. von Bamberg gründet auf Rat und mit Hilfe Bischofs Diepold von Passau und Erzbischofs Adalbert von Salzburg ein Hospital am Pyhrn für Arme und Reisende.

Mit Gundacker beginnt die Stammreihe der Losensteiner. Sie sind Dienstmannen Herzog Otakars IV. von Steiermark.

1191. Mit Chunradus de Wolvesekke, Dienstmann Herzog Otakars von Steier, scheint die Burg Wolfsegg erstmals auf.

Nach dem Tod Friedrichs von Perg fallen den Babenbergern große Besitzungen in der Riedmark zu.

Der verkleidete Dichter

Dietmar von Aist verkleidet sich als Kaufmann, um sich einer Dame zu nähern. Aus der „Großen Heidelberger Liederhandschrift", 1150/70.

Leopold VI., Herzog von Steiermark und Österreich von 1198 bis 1230. Darstellung auf einem Glasfenster der Stadtpfarrkirche Steyr. Um 1300.

Salzburger Tradition

„Von der Salzburger Tradition sind die Miniaturen des Liutholdus Monachus abhängig, der 19 Codices geschrieben haben soll."

Rupert Feuchtmüller über das Evangeliar des Liutholdus Monachus, in „Kunst in Österreich", Wien 1972.

Die Burg Altpernstein, urkundlich 1147 erwähnt.

Vor 1192. Der Abt von Wilhering gibt dem an Aussatz erkrankten Herzog Otakar von Steier einen Bruderkuss. Der Herzog ist so gerührt, dass er daraufhin dem Kloster einen stattlichen Hof schenkt.

24.5.1192. Kaiser Heinrich VI. (1165–1197) belehnt Herzog Leopold V. und dessen Sohn Friedrich I. mit dem Herzogtum Steier(mark).

1192. Nach dem Tod Otakars IV. kommt die Steier(mark) gemäß den Bestimmungen der „Georgenberger Handfeste" von 1186 (→ S. 75) an den Babenberger Leopold V.

30.6.1198. Die von den Haunspergern erbaute Burg Wildberg kommt im Erbwege an die Starhemberger, die sie bis heute besitzen.

Geburtstag

1163

Otakar IV. von Steier. Geboren 19. 8. 1163. → Todestag 1192

Todestage

1121

Ulrich I. von Passau (Udalrich). Bischof. (1092 bis 1121) Gestorben 7. 8. 1121. in Passau.

1122

Otakar II. von Steier. Markgraf. Gestorben 1122. → S. 70, 72

1129

Leopold „der Starke". Markgraf. Sohn von Otakar II. Gestorben 24. 10. 1129. Mitbegründer des Klosters Gleink.

1136

Leopold III. von Österreich, „der Heilige". Markgraf, Babenberger. Gestorben 15. 11. 1136. (Geboren um 1075.) Seit → 1663 Schutzpatron von Österreich und damit auch Landespatron von Oberösterreich. Heiligsprechung → 1485

1141

Leopold IV. „der Freigebige". Markgraf von Österreich, Herzog von Bayern, Babenberger. Gestorben 18. 10. 1141 im Kloster Niederaltaich, Bayern. (Geboren um 1108) → 1139

1142

Berthold. Erster Abt von Garsten. Gestorben 27. 7. 1142. (Herkunft unbekannt.) Garsten wird mit ihm zum Zentrum der Klosterreform. Heiligsprechung im 13. Jahrhundert, offizielle Anerkennung des Kults durch Rom 1970.

1145

Konrad. Abt von Mondsee (seit 1127). Ermordet 16. 1. 1145 bei Oberwang. Als Täter wird ein Bauer vermutet, als Motiv die rigorose Abgabenpolitik des Abtes. Konrad wird durch Jahrhunderte als Heiliger verehrt.

1164

Otakar III. von Steier. Markgraf. Gestorben 31. 12. 1164. (Geboren 1129.) → 1147

1165

Wernhart von Julbach. Ahnherr der Schaunberger. Gestorben 1165.

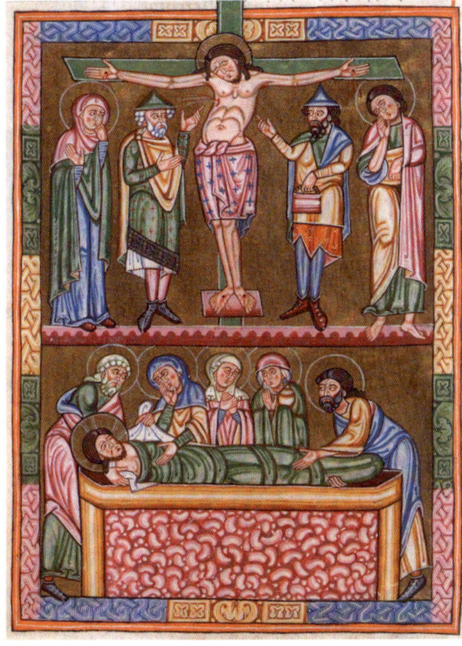

Mondseer Evangeliar

Aus dem Evangeliar des Liutholdus Monachus dessen Hauptwerk: Kreuzigung und Grablegung. 2. Viertel des 12. Jahrhunderts, Mondsee.

1169

Gerhoch von Reichersberg. Propst von Reichersberg (1132–1169). Gestorben 27. 6. 1169 in Reichersberg. (Geboren 1092 oder 1093 in Polling, Oberbayern.) Er gilt als originellster und gedankenreichster deutscher Theologe des 12. Jahrhunderts. Auch die Päpste hörten auf seinen Rat. → S. 132

1177

Heinrich II., „Jasomirgott". Markgraf. Herzog von Bayern und Österreich, Babenberger. (Sohn Leopolds III.) Gestorben 13. 1. 1177 in Wien, nach einem Sturz vom Pferd. (Geboren um 1107.) → S. 72

1192

Otakar IV. von Steier. Markgraf. Der letzte seines Geschlechts. Gestorben 8. 5. 1192 am Aussatz. (Geboren 19. 8. 1163). → S. 72, 75

1194

Leopold V., „der Tugendhafte". Herzog von Österreich und Steier, Babenberger. Gestorben 31. 12. 1194 in Graz, wie sein Vater (Heinrich II.) nach einem Sturz vom Pferd und einer mit Jagdmesser und Hammer vorgenommenen Beinamputation. (Geboren 1157.) → S. 75

1195

Magnus von Reichersberg. Chorherr und Geschichtsschreiber. Gestorben 12. 4. 1195.

1198

Friedrich I., „der Katholische". Herzog von Österreich und Steier, Babenberger. (Sohn Leopolds V.) Gestorben 16. 4. 1198 auf der Heimreise von einem Kreuzzug in Palästina. (Geboren um 1175).

Die Minnesänger

Dietmar von Aist, der Kürenberger, Walther von der Vogelweide – sie klingen schon vom Namen her dem Oberösterreicher vertraut. Sicher waren die donauländischen Minnesänger auch in unserer Gegend. Sie haben uns unvergleichlich schöne Liebesgedichte hinterlassen, von ihren Lebensumständen weiß man aber sehr wenig. In einer Reiserechnung eines Passauer Bischofs taucht 1203 der Name Walther von der Vogelweide auf, „der von Kürenberg" wird einem oberösterreichischen Rittergeschlecht zugewiesen. Dietmar von Aist hat zwar nichts mit dem Mühlviertler Fluss zu tun, vielleicht aber mit dem oberösterreichischen Freiherrn Dietmarus de Agist. Diese Ritter lebten im 12. Jahrhundert und zu Beginn des 13. Jahrhunderts. Im berühmtesten mittelhochdeutschen Heldenepos, dem Nibelungenlied, ist von der Traun die Rede, von Enns und Eferding.

Ruine Spielberg

1159. Die in diesem Jahr mit „Dietrich de Spieleberch" erstmals erwähnte Festung ist im Kern romanisch und erinnert an die Burgen der Stauferkaiser in Schwaben und Apulien. Die Ruine ist nur vom linksseitigen Donauufer (von Langenstein bei Mauthausen) erreichbar, gehört aber zur Gemeinde Enns, der Hauptstrom der Donau ist also nördlich der Burg verlaufen. Spielberg war ursprünglich Reichslehen und zeitweise Mautstation für die Donauschifffahrt.

Der erste Starhemberger

1160. Mit Gundaker von Steyr scheint der erste eines oberösterreichischen Adelsgeschlechts (Starhemberg) auf, das bis in die Gegenwart eine Rolle spielt. Gundaker von Steyr war mit Richeza von Steinbach (bei Grieskirchen) verheiratet.

Die Ennser Messe

Sie wurde natürlich nicht so genannt, aber die Internationalität ist dem Fernmarkt, der in Enns abgehalten und im Jahr 1191 erstmals erwähnt wird, nicht abzusprechen. Händler aus Holland und Russland waren bei diesem Markt anwesend, der zwei Wochen dauerte.

Gotisches Hochgrab für Ulrich den Jüngeren von Schaunberg (gestorben 1398). Stiftskirche Wilhering, Anfang 15. Jahrhundert.

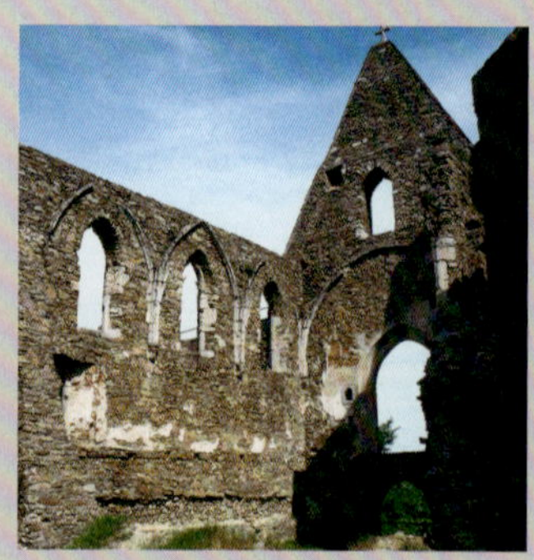

Kapelle mit eingestürztem Gewölbe der ehemaligen Burg Schaunberg. Urkundlich 1161. Mitte 14. Jahrhundert.

Die Schaunberger

Mit Wernhart von Julbach scheint 1120 der Stammvater der Schaunberger erstmals auf. Sein Herrschaftszentrum befand sich westlich des Inns auf der Höhe von Braunau. Er war verheiratet mit Benedicta, einer Erbtochter eines Adalram von Aschach, der wieder in enger Beziehung zu den Grafen von Formbach stand.

Die beiden hatten drei Söhne: Wernhart, Gebhart und Heinrich (I.). Über die Erbschaft ihrer Mutter dürften sie an die Donau gekommen sein. Wernhart nennt sich 1154 bereits nach der neu errichteten Burg Stauf und Heinrich 1161 nach der ebenfalls neuen Burg Schaunberg. Letzterer stirbt, ohne Erben zu hinterlassen (nach 1181). Gebhart, vermählt mit Sophia von Schönhering, brachte durch die Heirat deren Gebiet an das Haus Schaunberg und vererbte es seinem Sohn Wernhart (III.), der zwei Söhne hatte, Heinrich (II.) und Wernhart (IV.). Sie sind wie ihr Vater im Gefolge der Babenberger zu finden. Heinrich war vermählt (etwa 1230) mit Hedwig von Plain, einer Schwester des letzten Grafen Liutpolt von Plain. Er erbte dessen Güter im Attergau.

Heinrichs Bruder Wernhart hat Hedwig, die Erbtochter der Waxenberg-Griesbacher, geheiratet, wodurch die Schaunberger in den Besitz der Herrschaft Waxenberg im Norden der Donau gelangten. Sie wurden damit auch Vögte von Wilhering. Wernhart starb 1267, Heinrich 1277. Das gesamte Gut erbten die Söhne Heinrichs, Wernhart (V.) und Heinrich (III.).

Wernhart war bei der Belehnung Albrechts I. mit den Ländern Österreich und Steier zu Augsburg anwesend (1282). Er schützte die Donau zwischen Passau und Eferding vor den Raubrittern von Falkenstein, Tannberg und Marsbach. Wernharts (gestorben 1286) Bruder und Nachfolger Heinrich nannte 1289 seinen Herrschaftsbereich „terra nostra" (unser Land), wie es die Herzöge von Österreich taten. Jahrzehnte später (1316) nennt sich derselbe in einer Urkunde erstmals „Graf" und sein Gebiet eine „Grafschaft". Seine Schwester war mit Wok von Rosenberg verheiratet. Die Linie wurde mit den Kindern Heinrichs III. fortgesetzt. Der älteste Sohn (Heinrich IV.) erreichte 1331 von Kaiser Ludwig (IV.) von Bayern eine Urkunde, die ihm die Reichsunmittelbarkeit und damit die Unabhängigkeit von Österreich und den Habsburgern bestätigt.

Dies sollte am Ende des Jahrhunderts zur großen Schaunberger Fehde führen, die von Seiten der österreichischen Herzöge jahrzehntelang vorbereitet wurde, indem sie Burgen und Herrschaften rund um das Schaunberger Land an sich brachten und die bayerischen Herzöge zu gewinnen suchten. Nach außen hin standen die Schaunberger in besten Beziehungen zu den Habsburgern. Die Herzöge Albrecht II. und Rudolf IV. nannten Ulrich von Schaunberg Oheim. Im Krieg gegen Bayern um das Herzogtum Tirol standen die Schaunberger auf österreichischer Seite. Sie verteidigten die Stadt Schärding und fielen mehrmals sengend und brennend in Bayern ein. Graf Ulrich (I.) wurde 1369 sogar Landeshauptmann; dennoch schloss er mit den bayerischen Herzögen ein Geheimbündnis.

Die Burg der Schaunberger. Lavierte Bleistiftzeichnung. Stiftsarchiv Lambach.

Detail der Seitenwand des südlichen Hochgrabs der Schaunberger in der Stiftskirche Wilhering. Vermutlich für Wernhart IV. (Anfang 14. Jahrhundert.)

Inzwischen (1367) hatte er auch vom Bistum Passau die Stadt Eferding gekauft. In Mattseer Annalen wird er als großer Leuteschinder beschrieben. Seine Frau hätte ihm eine Missgeburt mit vier Füßen und einem Hundekopf geboren. Ulrich ließ jedenfalls alle seine Burgen, den Markt Peuerbach und Eferding stark befestigen. Sein Nachfolger Heinrich (VII.) verbündete sich 1378 mit dem Erzbischof von Salzburg, als sich die bayerischen Herzöge mit Albrecht III. verbanden. Der Erzbischof hatte es verstanden, die Schaunberger Ritter auf seine Seite zu ziehen. Graf Heinrich versicherte sich durch die Heirat seiner Tochter Barbara der Hilfe der Rosenberger in Böhmen.

Im März 1380 eröffnete Reinprecht II. von Wallsee als Landeshauptmann die Fehde. Die Burg Schaunberg wurde zu einem Friedensvertrag gezwungen. Damit hatte Heinrich die letzten Bundesgenossen verloren. 1381 kam es zu einem vorläufigen Frieden, der erst 1383 endgültig wurde und dem sich der Graf unterwarf. Die Schaunberger büßten damit die Sonderstellung ein und wurden zu einem Hochadelsgeschlecht wie alle anderen in Österreich auch, allerdings zu einem der reichsten. Die Familie erlosch mit Graf Wolfgang, der am 12. Juni 1559 in Eferding starb. Das reiche Erbe traten nach langen Verhandlungen die Starhemberger an.

Willibald Katzinger

Wie er Stir (Steier) gewunnen hat ...

wie er Stir gewunnen hat,
daz wil ich iu sagen drat,
wan ichz ze Wienn geschriben vant:
ze den Schotten tet mirz der apt bekant,
da las ichz unde hanz gesehen,
des muoz ich von der warheit jehen,
wan ez wart mir von im bekant,
daz er der waer der Stirlant
kouft von einem fürsten kranc;
der muost vil gar an sinen danc
daz lant da verkoufen
umb silberine houfen.
der selbe fürst uzsetzic was.
als ich an dem buoch las.

Zur Georgenberger Handfeste (1186), aus „Jans Enikels Fürstenbuch", 13. Jahrhundert.

Die Georgenberger Handfeste

Reitersiegel Herzog Leopolds V., 1176. Urkunde aus dem Stift Heiligenkreuz.

17. August 1186. Auf einer großen Versammlung aller Adeligen aus den Herzogtümern Österreich und Steier(mark) auf dem Georgenberg zu Enns, an der damaligen Grenze der beiden Länder, wurde zwischen Leopold V. (1157–1194) und Otakar IV. (1163 bis 1192) die Vereinbarung getroffen, dass bei einem kinderlosen Tod einer den anderen beerben sollte. Otakar war damals 23 Jahre alt und vom Aussatz gezeichnet. An eine Heirat und an Nachkommen war also nicht zu denken.

Sechs Jahre später trat der Erbfall ein. Österreich und Steiermark wurden fortan von einem Herzog regiert, als Länder blieben sie unabhängig. Es war damit eine Macht- und Wirtschaftsbasis geschaffen, die um 1240 beinahe dazu geführt hätte, dass die beiden Länder zu einem Königtum erhoben worden wären.

Nach der kaiserlosen Zeit belehnte König Rudolf I. (1218–1291) seinen Sohn Albrecht mit den beiden Herzogtümern. Sie wurden zur Hausmacht der Habsburger, auf der aufbauend sie zum mächtigsten Geschlecht in Europa aufsteigen sollten. Neben dieser beinahe weltpolitischen Dimension der Urkunde ist sie auch die erste Verfassungsurkunde des Landes Steiermark; sie hatte bis in das 18. Jahrhundert rechtskräftige Gültigkeit.

Für Oberösterreich, von dem große Teile ja zum Land Steier gehört haben, hat sie nur deshalb keine größere Bedeutung mehr erlangen können, weil es sich ab Mitte des 13. Jahrhunderts als eigenes Land herausgebildet hat.

Auf dem Georgenberg an der Enns wird am 17. August 1186 das älteste Landrecht in Österreich besiegelt.

Links: Chor der Klosterkirche Kremsmünster, errichtet unter Heinrich von Playen (Abt 1230 bis 1247).
Unten: Der Wanderstab des heiligen Wolfgang in der Fassung des 13. Jahrhunderts. Pfarrkirche St. Wolfgang.

Romanik in Oberösterreich

Wenig ist erhalten geblieben. Oberösterreich ist keine romanisch geprägte Kulturlandschaft. Wer Romanik in Oberösterreich erleben will, muss auf Spurensuche gehen.

Romanik, das ist die Kunstform des Hochmittelalters, 11. bis spätes 13. Jahrhundert, mit fließenden Übergängen zur vorangegangenen karolingisch-ottonischen Kunst und zur nachfolgenden Gotik. Im „heiligen römischen Reich deutscher Nation" ist es die sagenumwobene Epoche der salischen und staufischen Kaiser, in der ottonischen Ostmark, seit 1156 Herzogtum Österreich, räumlich das heutige Niederösterreich mit Wien, die nicht minder glanzvolle Zeit der Babenberger (976–1246). Das politische Schicksal des heutigen Oberösterreich war in dieser Geschichtsperiode bestimmt von der Entwicklung „Vom ‚östlichen Baiern' zum ‚Land ob der Enns'" (Max Weltin im Katalog zur Landesausstellung 1983 „1000 Jahre Oberösterreich"). Die bestimmenden politischen Kräfte waren damals in diesem Landschafts- und Kulturraum die Grafen von Lambach, die steirischen Otakare und bald auch die Babenberger. Vor diesem politischen Hintergrund ist die Kunst dieser Zeit zu verstehen.

Oberösterreich ist kein „weißer Fleck" in der romanischen Landschaft. Dagegen sprechen allein schon wichtige historische Daten; so zum Beispiel in Nachfolge der bereits bestehenden frühmittelalterlichen Klosteranlagen Mondsee, Kremsmünster und St. Florian, die hochmittelalterlichen Neugründungen Lambach (um 1056), Garsten (um 1108), Gleink (um 1125), Wilhering (1146), nördlich der Donau Baumgartenberg (1141), Waldhausen (1147) und Schlägl (um 1204 bzw. 1218), im altbayerischen Innviertel Suben (um 1050), Reichersberg (um 1085) und Ranshofen (um 1125). In dem sicherlich noch dünn besiedelten, von einzelnen Herrenburgen beherrschten Land beginnen sich frühe städtische Siedlungskerne zu bilden. In erster Linie sind hier zu nennen: Wels, das römische Ovilava und frühmittelalterliche castrum Weles, Lorch-Enns mit der um 900 erbauten Ennsburg und Steyr, das namengebend für die Steiermark wurde, mit der Ende des 10. Jahrhunderts urkundlich zum erstenmal erwähnten Styraburg, viele Jahre Residenz der steirischen Otakare, im Sagenkreis um Dietrich von Bern als Gründung seines Gesellen Biterolf und dessen Sohn Dietleib erwähnt.

Romanische Madonna aus dem Stift Schlägl. Bayern um 1220.

Urkundlich überlieferte Weihenotizen bezeugen auch für Oberösterreich in dieser Frühzeit einen regen Kirchenbau – Klosterkirchen, Dorfkirchen, Wallfahrtskirchen. In Klöstern entstehen Schreibschulen. Bildhauer und Freskanten finden ihre Auftraggeber.

Von diesem reichen Kulturerbe haben in Oberösterreich nur Relikte die Zeitstürme überstanden.

Romanische Architektur

Am Georgenberg in Micheldorf wurde im Chor der Kalvarienbergkirche zum heiligen Georg, bekannt durch jährliche Georgiritte, ein frühchristlicher Kirchenbau ergraben, dem im 9. Jahrhundert eine Holzkirche folgte, die im 12. Jahrhundert wiederum durch einen Steinbau ersetzt worden ist. Stand dort die sagenhafte Ulsburg? (Spätantike Fluchtburg.)

In St. Georgen im Attergau wird laut Grabungsbefund eine einschiffige romanische Kirche angenommen. Im Mühlviertel ruhen unter dem Fußboden der wegen ihres gotischen Flügelaltares bekannten Filialkirche St. Michael ob Rauhenödt die Fundamente einer alten Holzkirche mit darauffolgender romanischer Saalkirche mit Ostturm, also der Typus der hochmittelalterlichen Chorturmkirchen. Ähnlich lautet der Grabungsbericht für die ehemalige Wenzelkirche in Wartberg ob der Aist, heute eine Gedenkstätte für die Opfer der beiden Weltkriege. Bekannt sind auch Beispiele von Landkirchen, bei denen im aufgehenden Mauerwerk romanische Bauteile enthalten sind.

Wieder ist das Mühlviertel als eine kulturgeschichtliche Beharrungslandschaft hervorzuheben. Genannt seien als lohnenswerte Ausflugsziele die Filialkirche von Altenburg (Bezirk Perg) mit ihrer romanischen Nord-, West- und Südwand sowie die Pfarrkirchen von Naarn (eindrucksvolles Quadermauerwerk), Pergkirchen (geweiht von Bischof Altmann von Passau 1088) und Saxen.

Ein bemerkenswertes romanisches Architekturdenkmal besitzt die Stadtpfarrkirche von Wels mit ihrem Westportal in der Turmhalle, letzter sichtbarer Rest der dreischiffigen Basilika aus dem späten 12. Jahrhundert.

Detail aus der Schlierbacher Riesenbibel. Initiale „V" auf Blatt 31v. Vermutlich aus Oberitalien. 3. Viertel elftes Jahrhundert.

Löwe (?) aus der ursprünglich romanischen Stadtpfarrkirche Wels. 2. Hälfte 12. Jahrhundert.

Romanik in Oberösterreich

Die älteste Holzschnitzarbeit Oberösterreich, ein Kreuzigungsrelief aus Ried im Traunkreis. Das Lindenholzrelief entstand im späten elften Jahrhundert und ist heute im Oberösterreichischen Landesmuseum (Schlossmuseum) zu sehen. Mit Sol und Luna (Sonne und Mond).

Die eindrucksvollsten Begegnungen mit romanischen Architekturrelikten sind in den Klosterkirchen von Wilhering, Suben, Schlägl, Baumgartenberg, St. Florian, Kremsmünster und Lambach zu erleben, obwohl diese weitläufigen Anlagen heute mit Recht zu den Paradebeispielen österreichischer Barockkunst gezählt werden.
In der Turmfassade von Wilhering fällt der schlichte, dreimal abgetreppte Haupteingang zunächst kaum auf, Rest der 1254 fertiggestellten romanischen Kirche, ältestes „Zisterzienserportal" in Österreich.
Von der ursprünglich romanischen Basilika von Suben am Inn gibt nur noch der gedrungene Kirchturm Zeugnis, allerdings stark verändert durch barocke Umbauten.

Krypta unter dem westlichen Chorjoch der Stiftskirche Schlägl. Im Zentrum ein achteckiger Mittelpfeiler mit Knospenkapitell. Mitte 13. Jahrhundert.

Ein Raumerlebnis besonderer Art ist in Schlägl möglich. Unter dem Chor der frühbarocken Stiftskirche befindet sich die Krypta, eine Unterkirche, die möglicherweise die romanische Klosterkirche aus der Gründungszeit dieser Prämonstratenser-Chorherren-Abtei war: ein quadratischer Raum, 7,50 Meter im Geviert, die steingemauerte Deckenkonstruktion getragen von einer einzigen wuchtigen Achtecksäule mit Knospenkapitell und einem Männerkopf.

Zeugnis einer schicksalhaften Epoche

„Ergriffen stehen wir heute vor einem ausdruckstarken Zeugnis einer schicksalhaften Epoche der deutschen Geschichte. Wir spüren, daß die Menschen, die dieses Werk veranlaßten und ausführten, als Kinder ihrer bewegten Zeit ihr religiöses und politisches Erleben mit in ihr Kunstwerk einbanden, so daß es von uns nach 900 Jahren zwar nicht eindeutig nacherklärt, aber doch nacherlebt werden kann."

Franz Korger in „Lambacher Fresken",
Ried im Innreis 1979.

Romanik in Oberösterreich

In Kremsmünster führt ein romanisches Stufenportal in den stimmungsvollen Mönchsfriedhof. An der Außenmauer des nördlichen Seitenschiffes wurde ein romanisches Rundbogenportal freigelegt.

Im Raum befinden sich noch zwei weitere eingemauerte fratzenartige Köpfe. Bei Grabungen wurde ein dritter Männerkopf gefunden, sicherlich eine abgeschlagene Architekturplastik.
Auch in der hochbarocken Stiftskirche von St. Florian lohnt sich ein Gang in die Krypta mit Mauerwerk vom Kirchenbau des frühen 13. Jahrhunderts.
Die drei Bauperioden der alten Zisterzienserkirche von Baumgartenberg sind am heutigen Kirchenbau deutlich ablesbar, wobei die Romanik weitgehend die Außenwirkung bestimmt: Westgiebel des Langhauses mit Rundfenster und streng geometrischem Rundbogenfries; einfaches, rundbogiges, in der Barockzeit verändertes Westportal.

Die 1200-jährige Geschichte von Kremsmünster belegen nicht nur die Kostbarkeiten der Schatzkammer, sondern auch in den letzten Jahrzehnten freigelegte Architekturelemente. Wir wissen heute, dass in der hochbarocken Stiftskirche der Baukern der dreischiffigen Basilika des 13. Jahrhundert enthalten ist. Ehrfurcht empfinden wir vor einem romanischen Stufenportal, das einst aus dem Gotteshaus in den Kreuzgang führte, heute Ort des stimmungsvollen Mönchsfriedhofes. Auch an der Außenmauer des nördlichen Seitenschiffes wurde ein romanisches Rundbogenportal freigelegt. Großartig der Blick aus dem Konventgarten auf die Außenarchitektur des hochmittelalterlichen Dreiapsidenchores der Kirche.

Der Lambacher Freskenzyklus

In ihrem romanischen Westwerk besitzt die Stiftskirche von Lambach mit einem in langjähriger Arbeit freigelegten Freskenzyklus ein hochmittelalterliches Kunstdenkmal von großer Bedeutung. In leuchtenden Farben werden Szenen aus dem Leben Christi dargestellt, wobei die drei Magier aus dem Morgenland, das von ihnen ausgelöste Erschrecken von König Herodes und die Wunderwerke Christi die thematischen Inhalte bilden. Bei Betrachtung dieser archaisch-byzantinisch wirkenden Bildwelt werden wir zurückversetzt in die Gründungszeit von Lambach mit dem glaubensstarken Adalbero, Bischof von Würzburg (um 1010–1090), dem letzten männlichen Spross des Herrengeschlechtes der Grafen von (Wels)-Lambach, treuen Gefolgsmann des Papstes im Investiturstreit, der im 11. Jahrhundert zu einem dramatischen Zusammenstoß des Kaisertums (imperium) mit dem Papsttum (sacerdotium) führte.
In die Nähe des Ranges dieser Wandmalereien ist die hochmittelalterliche Buchkunst im Lande zu rücken. Zentren, oft mit eigenen Schreibschulen (Skriptorien), waren auch hier die Klöster, voran St. Florian, Kremsmünster und Lambach. Die einst ebenso reichen Bestände der Klöster Mondsee, Garsten, Gleink und Ranshofen kamen nach deren Aufhebung in fremde Hände. Die mittelalterliche Bibliothek von Reichersberg fiel einem Brand 1624 zum Opfer. Zwei ausgewählte vornehme Beispiele: Die Florianer Riesenbibel, wahr-

Weltdarstellung aus der Historia Scholastica des Petrus Comestor. Stift Baumgartenberg. Mitte 13. Jh.

Romanischer Türzieher in Form eines Löwenkopfes an der Westtür der ehemaligen Stiftskirche Gleink. (Geweiht 1273.)

scheinlich ein Geschenk Bischof Altmanns von Passau an das von ihm reformierte Kloster, sowie das altehrwürdige Liuthold-Evangeliar aus dem späten 12. Jahrhundert, einst Stolz der Mondseer Klosterbibliothek, heute im Besitz der Österreichischen Nationalbibliothek in Wien.

Karg ist auch die Überlieferung von Objekten des Kunsthandwerks und der Plastik aus romanischer Zeit. Die erhaltenen Beispiele sind dafür umso kostbarer. Hervorhebung verdienen in der Schatzkammer von Kremsmünster ein formschönes Scheibenkreuz, früher als Vortrags- und Altarkreuz verwendet, aus dem späten 12. Jahrhundert, ein Reliquienkästchen und ein Reliquienkreuz, das mit dem bedeutenden Kremsmünsterer Abt Friedrich von Aich (Abt 1275–1325) in Verbindung gebracht werden kann. Im Schlossmuseum Linz sind als Spitzenwerke hochmittelalterlicher Plastik zu sehen: das bereits in vielen Ausstellungen gezeigte Kreuzigungsrelief aus Ried im Traunkreis, eine farbig gefasste Lindenholzskulptur, datiert in das späte 11. Jahrhundert, die nicht weniger bedeutende Madonna von Schlägl, um 1220 datiert, ferner das aus Privatbesitz stammende Abtkreuz von Mondsee, erste Hälfte des 13. Jahrhunderts, aus Kupfer, vergoldet und emailliert. Dazu gehört im Kirchenschatz von St. Wolfgang ein Abtstab, ein ähnlicher Abtstab in St. Florian, der dorthin vermutlich aus Gleink gekommen ist.

Nicht als Architekturfragmente, sondern weitgehend im ursprünglichen Zustand sind in Oberösterreich nur zwei romanische Bauten erhalten geblieben, allerdings mit späten Anbauten und Ergänzungen. In

Das berühmteste, durch eine Sonderpostmarke der Christusdarstellung (1967) weltweit bekannte Bild der im 11. Jahrhundert entstandenen Fresken von Lambach, aufgefunden im ehemaligen Läuthaus: Die Heilung eines Besessenen.

Mauthausen erinnert eine Totenkapelle (Karner) in der Umgebung der Pfarrkirche an das 1208 urkundlich zum ersten Mal genannte "Muthusen", ein Rundbau mit gotischem Aufbau, im Innenraum eindrucksvolle spätromanische Würfelkapitelle und um 1260 datierte Fresken mit dem Weltgericht als Hauptthema. Weit zurück in die Welt des Hochmittelalters führt uns auch ein Besuch der bescheidenen Filialkirche zum hl. Nikolaus in Aurachkirchen. Das Mauerwerk des Kirchenschiffes stammt aus dem 12. Jahrhundert; die Zeitstürme überstanden haben zwei Kirchenglocken aus dem Ende des 12. Jahrhunderts.

Otto Wutzel

Detail der Szene links neben dem Fenster der Südwand: Ende des Herodes. Auf seinem Sterbelager wird Herodes daran gehindert, sich selbst zu töten.

Gesamtansicht der Südwand. Unter dem Fenster die Versuchung Christi. Links Ende des Herodes, rechts Herodes und sein Sohn Antipater.

Detail an der Westwand: Zwei Männergruppen (auf dem Bild die linke mit 12 Personen, vermutlich die Apostel) verfolgen, wie Christus einen Kranken heilt.

Die Ketzer mussten „sieden und braten“

Im Bistum Passau werden um 1210 viele Ketzer hingerichtet. Es handelt sich um Katharer, die Herzog Leopold VI. „sieden und braten“ ließ. Die Katharer (= Die Reinen) waren die größte Sekte im Mittelalter.

Ueber die Traune ...

Nun war gen Everdingen die Königin gekommen.
Man hatt' im Bayerlande von Schächern wohl vernommen,
Die auf den Straßen raubten wie es ihr Gebrauch:
So hätten sie die Gäste mögen schädigen auch.
Das hatte wohl verhütet der edle Rüdiger:
Er führte tausend Ritter oder wohl noch mehr.

Da kam auch Gotelinde, Rüdigers Gemahl;
Mit ihr in stolzem Zuge kühner Recken große Zahl.
Ueber die Traune kamen sie bei Ense auf das Feld;
Da sah man aufgeschlagen Hütten und Gezelt,
Daß gute Ruhe fänden die Gäste bei der Nacht.
Für ihre Kost zu sorgen war der Markgraf bedacht.

„Nibelungenlied“, Brautfahrt Kriemhilds zu König Etzel, Übersetzung K. Simrock.

Kalender

Um 1205. Linz geht von den Herren von Haunsperg in den Besitz des österreichischen Herzogsgeschlecht der Babenberger über.

14.4.1207. Papst Innozenz III. (um 1160–1216) schreibt Bischof Menegold von Passau, dass Herzog Leopold VI. ein eigenes Bistum errichten möchte, um die Ketzer besser bekämpfen zu können. Das Bistum Passau war mit 42.000 Quadratkilometern das größte im römisch-deutschen Reich. → 1469

1207. Ein Teil der späteren Stadt Wels kommt durch einen Kauf vom Bistum Würzburg an Herzog Leopold VI. (1176–1230) von Österreich und Steier.

1208. Der Markt Zell wird erstmals erwähnt.

1209. Mit Heinrich von Traun scheint die Burg Eschelberg erstmals auf. Erwähnung auch der Burg Ruttenstein (Pierbach) und der Burg Kreuzen, die als Besitz der Machländer jedoch wesentlich älter ist.

30.12.1210. Erste geschichtlich erwähnte Nachricht von einem Hochwasser in Steyr.

1210. Die mittelhochdeutsche Dichtung „Biterolf und Dietleib“ wird von einem Spielmann gedichtet. Sie umfasst 13.000 Verse und erwähnt die Styraburg (Steyr).

Otto von Machland. Um 1500. Das Wappenschild bildet die Urform des oberösterreichischen Landeswappens. (Ehemalige Stiftskirche Waldhausen.)

1213–1221/23. Mit Propst Altmann von St. Florian taucht der erste Rechtsgelehrte (Kanonist) in Österreich auf.

1215. Grein scheint als Markt auf.

24.1.1217. Kaiser Friedrich II. (1194–1250) überträgt dem Bistum Passau die Grafschaftsrechte zwischen der Ilz in Bayern und der Großen Mühl.

2.7.1217. Neufelden scheint als Markt auf.

9.7.1218. Neubesiedlung und Verlegung des vormaligen Zisterzienserstifts Schlägl durch Prämonstratenser aus Mühlhausen in Böhmen.

1218. Aschach an der Donau scheint als Markt auf, es ist die Zollstätte der Schaunberger.

1220/22. Nachdem auch die letzten Gebiete von Wels vom Bistum Würzburg an die Babenberger gelangten, wird die Siedlung „civitas“ (Stadt) genannt. Als „libera civitas“ erscheint Freistadt erstmals in schriftlichen Unterlagen. Über den Markt Zell bei Zellhof heißt es, dass er zerstört wurde. Gutau scheint als Markt auf.

14.7.1222. Bischof Gebhart von Passau bestätigt die Rechte der Stadt Eferding. Es ist dies das zweitälteste erhaltene Stadtrecht Oberösterreichs.

3.8.1225. Das einzige kaiserliche Jahrmarktsprivileg von Oberösterreich besitzt Frankenmarkt: Kaiser Friedrich II. erlaubt die Abhaltung eines vierwöchigen Jahrmarkts zu Michaelis.

22.10.1228. Erstmals werden urkundlich „Bürger von Linz“ erwähnt.

28.10.1228. Ottensheim erhält die gleichen Maut- und Zollfreiheiten wie Linz und Enns.

1228. Der Schaunbergische Ort Neumarkt (am Hausruck) scheint erstmals auf.

5.4.1231. Der Salzburger Erzbischof Eberhard II. von Regensburg (gest. 1246) schenkt dem Stift St. Peter den „Wald in der Goach“ (Gosau).

18.6.1233. In Rom wird der Salzburger Bischof Virgil, vermutlich der Schöpfer des Tassilokelchs, heilig gesprochen. → S. 64, 65

1233. Die Bayern fallen in Oberösterreich ein und verwüsten das Kloster Suben sowie die Gegend um Wels und Lambach.

Juni 1235. Kaiser Friedrich II. hält sich bei seinem Feldzug gegen Herzog Friedrich II. (den Streitbaren) in Wels auf und stellt für das Kloster Kremsmünster eine Urkunde aus.

Juni 1236. Kaiser Friedrich II. verhängt über Friedrich den Streitbaren die Reichsacht. Er beauftragt den König von Böhmen, den Herzog von Bayern und etliche Bischöfe mit der Führung eines Reichskriegs gegen Österreich.

1236. Frankenmarkt erhält das Recht zur Abhaltung eines Wochenmarkts.

1237. Bischof Ekbert von Bamberg wird zum Reichsverweser Österreichs und der Steiermark bestimmt.

1238. Erste urkundliche Erwähnung eines Dachsteingipfels, des Torsteins (2947 m).

1240. Erste urkundliche Erwähnung von Waldkirchen am Wesen.

1.3.1242. Ein Hermann, „der alte Richter“ (iudex senior) scheint in einer Urkunde als erstes Stadtoberhaupt von Linz auf.

15.4.1242. Erste urkundliche Erwähnung von Attnang.

1243. Nach seiner zweiten Scheidung verlobt sich Herzog Friedrich II., „der Streitbare“, in Wels mit Elisabeth, einer Tochter seines früheren Gegners Otto II. von Bayern (1206–1253). Im gleichen Jahr geht Friedrich gegen die Dienstmannen des Passauer Bischofs vor, die im Gebiet des späteren Innviertels Raubzüge unternehmen. Er besetzt

1244. Obernberg am Inn und übergibt es den Schaunbergern. Von dem Verlöbnis mit Elisabeth tritt er zurück.

1246. Dietmar von Steyr (später von Losenstein) bemächtigt sich der Stadt und Feste Steyr und übergibt beide erst 1252 König Ottokar von Böhmen (um 1230–1278). Dietmar von Steyr wird mit der Herrschaft Losenstein entschädigt.

Juni 1248. Kaiser Friedrich II. verleiht Herzog Otto von Bayern die Grafschaften Neuburg und Schärding. Sie werden Anlass zu vielen Feindseligkeiten zwischen Österreich und Bayern.

4.10.1250. Nach dem Tod Hermanns von Baden fällt der bayerische Herzogssohn Ludwig (1229 bis 1294) in Oberösterreich ein und besetzt auch Linz und Enns. Die österreichischen Adeligen rufen den Sohn des Böhmenkönigs Wenzel I., Ottokar, ins Land.

1250. Die neuerbaute Klosterkirche von St. Florian stürzt ein.

Das früheste überlieferte Marktrecht in Oberösterreich ist das für Gallneukirchen.

Obernberg am Inn scheint als Markt auf.

Detail aus dem Urbar des Klosters Baumgartenberg (um 1335). Schild und Helmzier des Ritters zeigen das (angebliche) Machländer Wappen.

Niemand lehrt mit Hieben

Nieman kan mit gerten
kindes zuht beherten
den man zeron bringen mag
dem ist ein wort als ein slag
dem ist ein wort als ein slag
den man zeron bringen mag
nieman kan beherten
kindes zuht mit gerten

Niemand lehrt mit hieben
kinder tugend lieben
wen man zu erziehn vermag
dem gilt ein wort wie ein schlag
dem gilt ein wort wie ein schlag
wen man zu erziehn vermag
niemand lehrt mit hieben
kinder tugend lieben.

Walther von der Vogelweide (um 1170–1228/30), „Jugendlehren" (Nieman kan mit gerten).

Älteste Stadtansicht von Freistadt, 16. Jahrhundert. Die Grenzen markieren die Landesgerichtsgrenzen.

Geburtstage

Um 1230

Jans Enikel. Reimchronist. Verfasser eines Fürstenbuches von Österreich. → S. 75. Geboren um 1230/40. (Gestorben um 1302.)

1237

Weikard von Polheim (Weichart, Wichard). Bischof von Passau (1280–1282). Geboren 25. 2. 1237 in Wels. (Gestorben 16. 1. 1282 in Wien.)

Todestage

1230

Leopold VI., „der Glorreiche". Herzog von Österreich und Steier, Babenberger. Gestorben 28. 7. 1230 in San Germano, Italien. Die Herrschaft geht auf seinen Sohn Friedrich II. über. (Geboren 1176.) → S. 73, 80

1242

Gerlach oder Orthold. Gründungspropst des Prämonstratenserstiftes Schlägl (1218–1242). Gestorben 1. 11. 1242 in Schlägl.

1246

Friedrich II., „der Streitbare". Herzog von Österreich und Steier. Gefallen am 15. 6. 1246 in der Schlacht an der Leitha gegen die Ungarn. Möglicherweise wurde er von eigenen Leuten getötet. Er war der letzte Babenberger im Mannesstamm. (Geb. 15. 6. 1211 in Wiener Neustadt.) → S. 80

Baumgartner Urbar. Übergabe der Kirche. Um 1335.

Das älteste Stadtrecht

22.4.1212. Leopold VI. erteilt als Herzog von Steier(mark) den Bürgern von Enns ein umfangreiches Stadtrecht. Es ist dies das älteste erhaltene Stadtrecht Österreichs.

Die Geburt des Landes ob der Enns

Schon 1246 sprachen Garstener Annalen vom Gebiet der Dienstleute „circa Anesum et Trunam" als „superiores partes" der „terra Austria", den „oberen Teilen" des Landes Österreich. In dieser Zeit vollzog sich die Loslösung von der ehemaligen Mark Steier hin zu Österreich.

Im Streit zwischen Kaiser und Herzog 1236/39 setzte sich der Adel des oberösterreichischen Gebietes von den steirischen Landherren ab und hielt zu Herzog Friedrich II. (Der einzige kaiserliche Parteigänger, Albero von Polheim, hatte nur in Wels und Umgebung Einfluss.) Dies führte dazu, dass im Frieden von Ofen (1254) der Pyhrn als Grenze zwischen (Ober- und Nieder-) Österreich und der Steiermark festgelegt wurde. Um 1266 steht in einer Urkunde „per Austriam et supra Anasum", also Österreich und Ob der Enns.

Verwaltungsmäßig wurde das Gebiet vom „scriba" oder „procurator Anasy" betreut, der in Enns seinen Sitz hatte und sich 1240 erstmals nachweisen lässt. Die erste deutsche Erwähnung des Landesnamens fällt in das Jahr 1273, als Irnfried, der Sohn des Gozzo von Krems, „phleger ob der Ense" genannt wird. 1274 setzte König Ottokar einen Militärbefehlshaber für das „obere Österreich" ein, den „capitaneus Anasi" oder „capitaneus Austriae superioris". Die Verpfändung an Herzog Heinrich XIII. von Bayern durch König Rudolf I. hat ebenfalls zur Grenzbildung beigetragen und schließlich hat Herzog Albrecht (I.) 1281 mit Ulrich von Kapellen einen „oberen Landrichter" eingesetzt und ein „gericht ob der Ense" geschaffen.

Es war dies nur ein kleines Gebiet. Daneben bestanden die Herrschaft Steyr, das Ischelland mit Gmunden, die Riedmark, das Machland und die Herrschaft Waxenberg sowie das Land der Schaunberger. Ulrich von Kapellen wurde 1288 von Eberhard IV. (III.) von Wallsee als Landrichter abgelöst; das Amt blieb bis ins 15. Jahrhundert in dieser Familie, seit etwa 1330 nannten sie sich Hauptmann ob der Enns. Nur von 1369 bis 1373 hatte Graf Ulrich von Schaunberg dieses Amt inne. Im 15. Jahrhundert wurden die selbständigen Teile Oberösterreichs nach und nach integriert und verschmolzen zum Land ob der Enns, das dann mit Herzog Albrecht VI. (1418–1463) einen eigenen Landesfürsten bekommen sollte.

Willibald Katzinger

Gemalter Setzschild der Stadt Enns. 2. Hälfte 15. Jahrhundert.

Gefälschtes Testament

1246. Nach dem Tod Herzog Friedrichs II. legt Bischof Rudigier von Passau ein gefälschtes Testament des Herzogs vor und ein ebenso erfundenes Lehensbekenntnis, in dem Linz und Enns als bischöfliche Lehen bezeichnet werden.

Eingemauert

1248. Im Stift St. Florian lässt sich im Alter von 18 Jahren die fromme Wilburg einmauern. Durch ein kleines Fenster an der Kirchenmauer werden der Inclusin (inclusio = Einschluss) Speisen gereicht, sie kann so auch die Messe verfolgen. 48 Jahre später (1296) stirbt sie.

Der erste Landeshauptmann

Konrad von Summerau heißt der Mann, der mit einigen Begründungen als erster Landeshauptmann von Oberösterreich angesprochen werden kann. Das wichtigste Indiz: Er hat am 1. Juli 1264 als „iudex provinciae Austriae superioris" (Richter in der Provinz des oberen Österreich) einen Gerichtsbrief zugunsten des Abtes von Garsten ausgestellt.

Wie bei vielen mittelalterlichen Persönlichkeiten sind Geburts- und Sterbedaten nicht feststellbar. Erstmals scheint Konrad in einer Urkunde vom 25. Oktober 1258 als Zeuge auf, gemeinsam mit seinem Bruder Heinrich, 1264 dann in dem zitierten Gerichtsbrief. 1271 stellt Konrad zu Ride (Ried in der Riedmark) eine Urkunde aus, 1272 zu Ebelsberg.

Mit dem oberösterreichischen Ort Summerau (Gemeinde Rainbach im Mühlkreis) hat Konrad von Summerau nichts zu tun. Es handelt sich um Sommerau in Niederösterreich (Gemeinde Wallsee-Sindelburg, Bezirk Amstetten). Hier war der namengebende Sitz der Zakking-Summerauer, die in dieser Zeit zu den mächtigsten Adelsgeschlechtern zwischen Enns und Ybbs gehörten. Auch die oberösterreichischen Burgen Luftenberg und Werfenstein sowie das niederösterreichische Freienstein waren im Besitz dieser Adelsherren, die damit die Donaustraße kontrollierten.

Zweifellos genoss Konrad als Landrichter ob

Kalender

November 1251. Ottokar von Böhmen (um 1230 bis 1278) marschiert im Land ob der Enns ein und heiratet kurz darauf (11. 2. 1252) Margarete, die Witwe Heinrichs (VII.).

1251. Vöcklabruck, (Bad) Hall und Pregarten scheinen als Märkte auf.

1251/76. Münzbach scheint als Markt auf.

30.8.1252. Vertrag Herzog Ottokars und Ditmars von Steyr über die Auslieferung der Stadt Steyr.

1.4.1253. Ottokar von Böhmen erlaubt Bischof Berthold von Passau, seine Städte Eferding und St. Pölten zu befestigen.

3.4.1254. Im Frieden zu Ofen wird König Ottokar von Böhmen Österreich das Land ob der Enns und die Grafschaft Pitten zugesprochen, König Bela IV. der Rest der Steiermark. Enns ist Amtssitz des Landschreibers. Ein strenger Landfrieden wird eingeführt.

1254. Otto von Lonsdorf, aus einem im Raum Linz ansässigen Ministerialengeschlecht stammend, Pfarrer von Linz, wird zum Bischof von Passau gewählt.

29.4.1255. Mit Helmhardus de sancto Georio scheint der erste des Geschlechts der Jörger von Tollet auf.

26.10.1256. Auf einem Landtag zu Ilzstadt werden von Bischof Otto von Passau die Verhältnisse im „Land der Abtei" (oberes Mühlviertel) geregelt.

23.4.1257. Bei einer Zusammenkunft in Linz verbünden sich Bischof Otto von Passau und Ottokar von Böhmen gegen die Herzöge von Bayern. Ein Feldzug des Böhmenkönigs endet mit einer Niederlage bei Mühldorf am Inn. Im Friedensvertrag (1258) muss er Neuburg und Schärding, aber auch die Burg Ried zurückgeben.

1258. Ebelsberg wird erstmals als Markt erwähnt.

12.7.1260. Nach der für Ungarn verheerenden Schlacht bei Kroißenbrunn an der March fällt die Steiermark wieder an König Ottokar.

1260. Stadtgründung von Braunau. Der Bayernherzog Heinrich XIII. (1235–1290) lässt eine Holzbefestigung und eine Brücke über den Inn errichten. Die reichen Bauern der Umgebung werden gezwungen, in die Stadt zu ziehen, wo sie das Bürgerrecht erhalten.

25.10.1262. König Ottokar, der sich von Margarete wegen Kinderlosigkeit scheiden ließ, heiratet Kunigunde, eine Enkelin des Ungarnkönigs Bela.

1263. Mit Dietricus pincerna de Dobra scheint der erste namentlich bekannte Landrichter des Ischellandes auf Burg Wildenstein auf.

1264/66. Zum erstenmal taucht der Landesname Oberösterreich auf: 1264 bei einem Gerichtstag des Böhmenkönigs Ottokar II.: „iudex provinciae Austriae superioris" (Richter der Provinz des oberen Österreich), 1266 → S. 81

1266. Die Inquisition entdeckt in 17 oberösterreichischen Pfarren Ketzer, darunter in Steyr, St. Florian, Enns, Wels, Schwans (Schwanenstadt), Grieskirchen. Es handelt sich um Mitglieder einer Sekte, die sich gegen Kirchenbesitz und verschiedene Glaubensartikel (zum Beispiel die Jungfräulichkeit Mariens) wandten.

27.7.1269. Die Bürger von Perg erhalten die gleichen Handelsrechte wie die von Linz und Enns.

1.7.1272. Neufelden wird als „civitas" (Stadt) bezeichnet, ein Status, der aber nicht verwirklicht werden konnte.

20.11.1274. Herzog Albrecht, der älteste Sohn Rudolfs von Habsburg, heiratet in Wien Elisabeth, Prinzessin von Kärnten, Görz und Tirol. → S. 83, 84, 85, 86, 87

24.6.1275. Über Ottokar von Böhmen wird die Reichsacht verhängt, 1276 die „Aberacht".

26.2.1276. Erste Erwähnung eines Stadtgerichts für Linz.

Anfang Oktober 1276. Der am 1. Oktober 1273 zum römisch-deutschen König gewählte Rudolf von Habsburg (1218–1291) bricht mit etwa 30.000 Reitern von Passau nach Österreich auf, begleitet von einer Flotte auf der Donau. Die oberösterreichischen Adeligen Gundaker von Starhemberg, Ulrich von Kapellen und Konrad von Summerau bekennen sich zu König Rudolf, die Städte Linz und Enns werden ihm ohne Widerstand übergeben.

15.10.1276. Das Heer Rudolfs von Habsburg lagert vor Enns, drei Tage später erreicht es Wien. Aus Ottokars Heer laufen viele zu Rudolf über.

21.11.1276. Absetzung Ottokars in Österreich und Steiermark. Nach dem Friedensvertrag kann Rudolf von Habsburg am

30.11.1276 in Wien einziehen.

2.12.1276. Ein allgemeiner Landfriede wird erlassen, der die Hochadelsgeschlechter begünstigt.

1276–1278. Die Bischöfe von Passau, Regensburg, Salzburg und Bamberg übertragen den Söhnen von König Rudolf von Habsburg ihre in Österreich gelegenen Lehen.

1276/1281. In Enns und in Wels werden Minoritenklöster gegründet.

26.7.1277. König Rudolf I. verleiht Freistadt das Stapelrecht. Das bedeutet, dass alle Kaufleute, die von Linz, Enns oder Budweis nach Freistadt kommen, ihre Waren den Bürgern der Stadt zum Kauf anbieten müssen. (Monopol für den Zwischenhandel.) Besonders wichtig wurde dieses Recht für den Salzhandel nach Böhmen.

14.6.1278. Bischof Heinrich von Regensburg verkauft alle Güter seiner Kirche um Mondsee an den Erzbischof von Salzburg. Damit wird das Erzstift Salzburg Grundherr im Mondseeland. Erstmalige Erwähnung Mondsees als Markt.

26.8.1278. In der Schlacht bei Dürnkrut wird Ottokar von Böhmen ermordet. Konrad von Summerau und Ulrich von Kapellen nehmen an diesen Kämpfen teil und verhelfen dem Habsburger zum Sieg.

Ende 1278. Herzog Heinrich XIII. von Niederbayern (1235–1290) muss auf die Pfandschaft des Landes ob der Enns verzichten und behält vorderhand nur Neuburg am Inn, Klingenberg, Freistadt und Mauthausen als Pfand.

1278. Wahrscheinlich Stadterhebung Gmunden.

1279. Ulrich von Kapellen wird von König Rudolf I. zum Landrichter und Hauptmann ob der Enns ernannt.

Mai 1281. König Rudolf I. kehrt nach fünfjähriger Anwesenheit in Österreich in das Reich zurück. Als Verweser setzt er seinen Sohn Albrecht (1255–1308) ein.

31.12.1281. Peuerbach scheint als Markt auf.

1281. Bildung des Gerichts- und Verwaltungsbezirks ob der Enns.

9.7.1282. Steyregg scheint als Markt auf.

1.6.1283. Im Vertrag von Rheinfelden wird der älteste Sohn von König Rudolf I., der spätere König Albrecht I., mit den österreichischen Ländern belehnt.

August 1283. Albrecht zieht mit Heeresmacht nach Ober- und Niederösterreich, um die von seinem Vater übergebenen Burgen zurückzuholen.

10.10.1283. Kirchdorf (an der Krems) wird Markt genannt.

1284. Albrecht lässt als Wehrturm auf dem Hallstätter Salzberg den Rudolfsturm erbauen.

2.2.1286. Erste Erwähnung der Linzer Stadtpfarrkirche.

23.8.1287. Herzog Albrecht verleiht der Stadt Steyr ein Stadtrecht, in dem die Gerichtsbarkeit in der Stadt und ein Holz- und Eisenstapelrecht festgelegt wird. Ferner wird der (Eisen-)Handel aus der Steiermark und auf der Donau bis Wien geregelt.

25.11.1287. Schwertberg und Tragwein scheinen als Märkte auf.

28.1.1288. Erstmals ist in Linz ein Stadtrat beurkundet.

29.1.1288. Eberhard IV. (III.), von Wallsee, ein reicher schwäbischer Adeliger, wird Landrichter ob der Enns. Er residiert in der Linzer Burg, erwirbt im Land großen Besitz, ist aber wenig beliebt. Seine Nachkommen bestimmen in den kommenden Jahrhunderten das Schicksal Oberösterreichs mit.

1288. Erste Erwähnung der Linzer Minoritenkirche.

28.8.1289. Nach einem Krieg mit Ungarn verpfändet Herzog Albrecht die Herrschaften Freistadt, Riedmark und das Machland an Eberhard von Wallsee.

1289. Herzog Albrecht belagert die Burg Falkenstein und zwingt sie durch Aushungern zur Übergabe. Es ist dies der Anfang späterer habsburgischer Hoheit im passauischen Land der Abtei (Oberes Mühlviertel).

1290. Die Burg Windhaag (bei Perg) scheint erstmals in Urkunden auf. Der Landschaftssyndikus Joachim Enzmillner (1600–1678) baute hier bis 1673 ein prächtiges Renaissanceschloss mit einer Bibliothek von etwa 16.000 Bänden, die den Grundstock der späteren Nationalbibliothek bildete.

12.3.1293. Gründung des Klosters Engelszell. → S. 167

21.11.1298. König Albrecht I. belehnt seine Söhne Rudolf, Friedrich und Leopold mit den österreichischen Ländern.

1.5.1300. Raab (Rurippe) wird als Markt genannt.

Mai 1300. Die Hofmark Neukirchen am Walde wird als Markt genannt.

der Enns das Vertrauen seines Landesfürsten Ottokar von Böhmen, der ihm 1276 die Verteidigung der Ennslinie übertrug. Doch im Konflikt Ottokars mit Rudolf von Habsburg stand Konrad auf der Seite des Habsburgers. Enns wurde kampflos übergeben. Damit rettete er nicht nur die Stadt, sondern auch sein Amt. Der König belohnte ihn großzügig mit Besitztümern.

1281 finden wir Konrad von Summerau unter den 16 Räten von Rudolfs Sohn Albrecht. Dieser Herzog Albrecht freilich hat sich 1283 die Besitzungen mit Waffengewalt zurückgeholt – und damit hatte er in Konrad von Summerau einen Todfeind. 1295 stellte sich Konrad an die Spitze einer Verschwörung gegen Albrecht. Nach Scheitern dieser Revolte musste Konrad 1296 zu König Adolf von Nassau (um 1255 bis 1298) fliehen. Konrads Burgen wurden zum Teil zerstört. Der bedeutungslose rheinische Graf Adolf war 1292 zum König gewählt worden, er hatte den Aufstand der österreichischen Adeligen unterstützt.

Über das Schicksal Konrads nach der Absetzung und dem Tod Adolfs und der Wahl Albrechts zum deutschen König (1298) wissen wir wenig. Konrad von Summerau blieb im Exil und hoffte dort auf den Tag der Rückkehr und der Vergeltung.

Aber dieser Tag kam nicht.

1300. Das Mondseeland wird als „land ze Maense“ erstmals erwähnt.

Um 1300. Vergrößerung des Stadtareals von Wels auf das Doppelte und planmäßige Anlage des Vorstadtplatzes (heute Kaiser-Joseph-Platz) als Wiederholung des Stadtplatzes.

Geburtstage

1255

Albrecht I. Herzog von Österreich, König. Der älteste Sohn Rudolfs von Habsburg. Geboren Juli 1255 in Brugg, Schweiz. Am 24. 8. 1298 in Aachen zum römisch-deutschen König gekrönt. Vermählung mit Elisabeth von Görz-Tirol am 20. 11. 1274 in Wien. König Albrecht wird am 1. 5. 1308 bei Brugg an der Aare ermordet: von seinem Neffen Johann, Herzog von Österreich und Steier, seither genannt „Parricida“ (Vatermörder). → S. 81, 82, 84

Um 1262/63

Elisabeth von Görz-Tirol. Königin. Gattin Albrechts I. Geboren 1262/63. (Gestorben 28. 10. 1313 in Königsfelden bei Brugg, Schweiz.) → S. 82, 84, 85, 86, 87

Um 1282

Rudolf III. Herzog von Österreich. (Als König von Böhmen und Polen Rudolf I., 1306–1307.) Ältester Sohn Albrechts I. Geboren 1281/82 in Wien. (Gestorben 3. oder 4. 7. 1307 in Horazdowitz bei Prag.)

Um 1289

Friedrich I., „der Schöne“. König (seit 1314). Als Herzog Friedrich III. Zweiter Sohn Albrechts I. Geboren 1289 in Wien. (Gestorben 13. 1. 1330 in Gutenstein, Niederösterreich.) → S. 84, 85

Um 1290

Leopold I., „der Glorwürdige“. Herzog von Österreich. Dritter Sohn Albrechts I. Geboren vor 4. 8. 1290 in Wien. (Gestorben 28. 2. 1326 in Straßburg.)

1298

Albrecht II. Herzog von Österreich, „der Weise“, „der Lahme“. Vierter Sohn Albrechts I. Geboren 12. 12. 1298 auf der Habsburg, Schweiz. (Gestorben 20. 7. 1358 in Wien.) → S. 84

Todestage

1260

Heinrich I. Propst von Schlägl (1242–1260). Gestorben 16. 9. 1260 in Schlägl. Gründer von Aigen (1242).

1265

Otto von Lonsdorf. Bischof von Passau (1254 bis 1265). Gestorben 10. 4. 1265. Er ist im österreichischen Interregnum (1246–1276) Gegenspieler der Herzöge von Bayern und versucht auf Grund von Güteraufzeichnungen die weltliche Macht der Passauer Diözese wiederherzustellen. → 1254, 1256

1278

Ottokar II. Premysl. Markgraf von Mähren, Herzog von Österreich, seit 1253 König von Böhmen. Ermordet am 26. 8. 1278 nach der Schlacht auf dem Marchfeld bei Dürnkrut, Niederösterreich. (Geboren um 1230.) → S. 80, 81, 82

1282

Katharina. Tochter Rudolfs von Habsburg. Gestorben 4. 4. 1282 in Landshut. Gemahlin von Herzog Otto III. von Niederbayern. Mit ihrem Tod wird die Verpfändung oberösterreichischer Gebiete an Bayern gegenstandslos. (Geboren 11. 2. 1261.)

Tassilos Sohn

Um das Jahr 1300 (oder früher) entstand das heute im Stift Kremsmünster im Erdgeschoss des Südturmes aufgestellte Grab mit der Liegefigur Gunthers (Gunthergrab). Es zeigt den Sohn Tassilos, der der Sage nach bei einer Jagd von einem Eber getötet wurde: mit Schwert und Hifthorn, dem toten Eber, einem zerbrochenen Speer und dem Jagdhund, der die Jäger zum Unfallort holte. *→ S. 162*

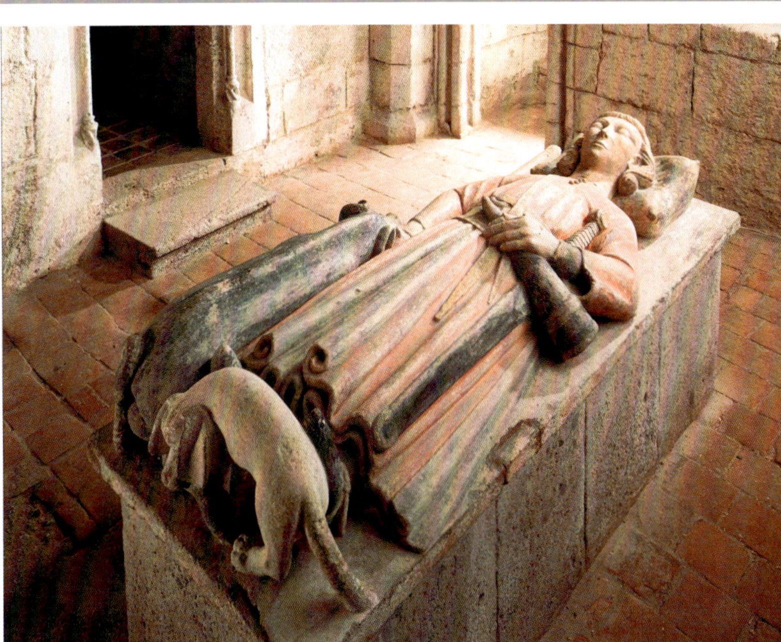

Beginn der fast 650-jährigen Herrschaft der Habsburger

Mit dem 1273 zum römisch-deutschen König gewählten Rudolf I. (1218–1291) beginnt die Herrschaft der Habsburger, die wie kein anderes Geschlecht die europäische Geschichte bis → 1918 bestimmt hat.

Mord in St. Florian

1256. Während eines Essens mit dem Propst ermordet Ortolf von Volkenstorf im Stift St. Florian den Landschreiber Witigo. Ortolf und seine Familie werden daraufhin von König Ottokar von Böhmen geächtet, die Besitzungen eingezogen.

Wernher der Gärtner

Er stammt aus dem Innviertel, der Dichter Wernher der Gärtner (Wernher de Gartenaere), der um 1250 eine Versnovelle verfasst, die als erste realistische Dorfgeschichte in deutscher Sprache gilt und von einem Bauernsohn erzählt, der als Raubritter gehängt wird. Einige Ortsnamen des „Meier Helmbrecht“ weisen ins (damals zum Herzogtum Bayern gehörige) Innviertel.

Der Salzkrieg mit dem Salzburger Erzbischof

24.5.1293. Linzer Friedensschluss. Herzog Albrecht verzichtet vorübergehend auf das Recht des Salzsiedens in Gosau, hält jedoch das Verbot der Einfuhr von Halleiner Salz aufrecht.

Nach 11.11.1295. Konrad IV. (1291–1312 Erzbischof von Salzburg) lässt nach einem Gerücht über den Tod Albrechts die Salzpfannen des Herzogs in Gosau und in der Siedlung Traunau am Hallstätter See (Trohneawe, erster Kern der Siedlung Hallstatt) zerstören, wobei die mehr als zweitausend Soldaten Konrads „mit den Inwohnern grausam verfuhren“.

Juli 1296. Erzbischof Konrad IV. verhängt über Herzog Albrecht den Kirchenbann.

November 1296. Ergebnislose Verhandlungen in Linz zwischen Herzog Albrecht, Erzbischof Konrad und Otto III. von Niederbayern. Weitere ergebnislose Verhandlungen am

2.2.1297 in Passau und im

Juni 1297 in Rottenmann.

24.9.1297. Friedensschluss in Wien. „Die fromme Friedensstifterin“, wie Albrechts Frau Elisabeth in den Chroniken genannt wird, hatte dabei wesentlichen Anteil.

Erzteufel und Pharao

„Holofernes, Erzteufel und Pharao."

Rudolf IV. wird in den Mattseer Annalen so genannt, weil er in einem Gesetz gegen die Anhäufung von Gütern der „toten Hand" den Kirchenbesitz antastete. (20. Juli 1361.)

Wahlspruch

Quod optimum, idem iucundissimum. (Das Beste ist das Angenehmste.)

Wahlspruch Albrechts I.

Die Burg Clam bei Perg.

Kalender

27.3.1302. Erste Kunde von einem Brand in Steyr. Burg und Pfarrkirche werden schwer beschädigt.

1302. Weihbischof Hermann von Passau weiht in Hallstatt ein neues Gotteshaus ein.

24.11.1303 Helpfau-Uttendorf scheint als „marckt zu Helpfawe" erstmals auf.

1303. In Hallstatt wird der „Alte Neubergstollen" angeschlagen, der bis 1576 in Betrieb ist.

1304. Herrschaft und Burg Steyr kommen an Königin Elisabeth (1262/63–1313), die Gemahlin des Habsburger-Königs Albrecht I.

1309. Otto III., Herzog von Niederbayern (1261 bis 1312) belagert Neuburg am Inn.

August 1310. Friedrich „der Schöne" (1289–1330) zieht gegen Bayern und nimmt Ried ein.

1310 und Folgejahre. Hungersnot in Österreich.

21.1.1311. Königin Elisabeth, die Witwe des 1308 ermordeten Königs Albrecht I., erteilt den Bürgern von Hallstatt das Marktrecht, verleiht an sie je 12 Pfannhaus- und Salzfertigerrechte und ordnet damit den Siedebetrieb und Salzhandel. Beginn des staatlichen Salzbergbetriebs.

25.3.1311. Herzog Friedrich II. erhält Neuburg am Inn und Wernstein, verzichtet aber auf Schärding.

10.8.1312. Königin Elisabeth schließt einen Vertrag mit Traunkirchen, in dem das Kloster gegen eine jährliche Abfindungssumme auf alle Rechte am Hallstätter Salzberg und am „Pfanlein in dem Ischellandt" verzichtet. Unter Ischelland ist nicht nur die Umgebung von Ischl, sondern das gesamte innere Salzkammergut zu verstehen. Seither ist der Bergbau im Kammergut ausschließlich landesfürstlicher Besitz.

28.7.1313. Margaretha von Falkenberg übergibt das Spital zu Pulgarn dem Konvent in Wien. Die Ordensgemeinschaft, die Kranke pflegte, umfasste zeitweise bis zu 18 Frauen und sechs priesterliche Brüder.

1315. Die Schaunberger legen sich den Grafentitel zu.

20.1.1316. Schärding wird Stadt.

1320. Rohrbach wird als Markt genannt.

1321. Das Kloster Schlägl wird im Krieg zwischen Österreich und Bayern niedergebrannt.

28.9.1322. Schlacht bei Mühldorf am Inn (Bayern), bei der der Bayernkönig Ludwig IV. (1282 bis 1347) den Gegenkönig Friedrich „den Schönen" von Österreich besiegt.

1325. Das schon 888 erwähnte Neuhofen an der Krems wird als Markt bezeichnet.

10.(?)11.1327. Der Salzburger Erzbischof fordert die Geistlichen seiner Erzdiözese auf, in ihren Kirchen und Kapellen für den Wiederaufbau des zerstörten Benediktinerinnenklosters Traunkirchen zu sammeln.

24.4.1328. Im Testament von Königin Elisabeth werden die Bürgerspitäler von Linz, Enns, Wels und Steyr bedacht.

1331. Die Handwerkervorstadt von Wels wird als Neustadt erstmals erwähnt.

1.9.1333. Die „bescheiden leut" von Hofkirchen (Mühlkreis) dürfen Wochenmärkte abhalten.

Siegel Herzog Rudolfs IV. von Österreich am Privileg vom 29. Juni 1363, in dem Freistadt unter anderem das Niederlassungsrecht zugesichert wird.

Miniatur aus dem Urbar des Klosters Baumgartenberg mit Einzelheiten aus der Stiftungsgeschichte: Der Klostergründer Otto von Machland verkündet seinen letzten Willen, Heimkehr von der Jagd.

1334. Erneuerung des Frauenklosters Pulgarn.

1.–5.5.1335. Verhandlungen zwischen Kaiser Ludwig IV., dem Bayern, und den österreichischen Herzögen Albrecht II. (1298–1358) und Otto (1301–1339) in Linz. Durch die Belehnung der Habsburger mit Kärnten, Südtirol und Krain wird der Handel mit Venedig gefördert, wobei Steyr eine führende Stellung einnimmt.

1335. In den Güteraufzeichnungen des Klosters Baumgartenberg erscheint erstmals das spätere Landeswappen, allerdings mit einem silbernen Adler auf rotem Grund statt des goldenen Adlers auf schwarzem Grund.

Mauthausen wird als Markt bezeichnet.

9.10.1336. Der Friede von Enns sichert den Habsburgern die Herrschaft über Kärnten.

1338. Heuschreckenplage in Oberösterreich.

11.9.1341. Die Rosenberger erwerben vom Passauer Bistum den Markt Haslach. (1329 als Markt genannt.)

30.7.1348. Kaiser Karl IV. (1316–1378) trifft sich in Linz mit Herzog Albrecht II.

1349. Die Pest wütet! In ihrem Gefolge kommt es zu Geißlerzügen, die sich von der Steiermark aus über halb Europa ausbreiten.

1351. Die Gegend um Linz wird in einer Stammesfehde verwüstet.

5.6.1352. Herzog Albrecht II. erlaubt den Welsern, für Wasserschutzbauten an der Traun den erforderlichen Grund zu nehmen.

25.2.1353. Die Bürger von Vöcklabruck, das erstmals als Stadt genannt wird, erhalten 20 Jahre Steuerfreiheit.

22.2.1355. Gründung des Stiftes Schlierbach. → S. 157

29.6. bzw. 4.7.1356. Schenkenfelden und Leopoldschlag, Leonfelden, Oberneukirchen und Klam werden als Märkte genannt. Konflikt von Leonfelden mit Freistadt, das als einzige Siedlung den Handel mit Böhmen kontrollieren will.

30.7.1356. Erste Nachweise einer Auflehnung von Untertanen gegen die Obrigkeit im Land ob der Enns: Der Landeshauptmann, Eberhard V. (IV.) von Wallsee, trifft nach einem Streit zwischen dem Abt von Kremsmünster und seinen Untertanen einen Vergleich.

8.5.1357. Herzog Albrecht von Bayern-Straubing (1336–1404) verpfändet die Grenzfeste Schärding an Herzog Albrecht II. von Österreich.

24.3.1359. Niedere Gerichtsbarkeit für den Markt Waldhausen.

14.8.1360. Wels erhält Pfändungsrecht.

14.6.1361. Sarmingstein und Waldhausen erhalten das Recht auf Jahr- und Wochenmärkte.

16.6.1361. Herzog Rudolf IV. lässt eine Urkunde fälschen, nach der sich die Schaunberger bereit erklären, ihre Besitzungen von ihm als Lehen zu nehmen. In dieser Urkunde scheint Swans, das spätere Schwanenstadt, als Markt auf.

27.7.1362. Wochenmarktrecht für Aigen.

1363. Baubeginn für den Bergfried des Schlosses in Freistadt.

24.9.1364. Schärding erhält das Stadtrecht mit allen Handelsfreiheiten, Ried scheint erstmals ausdrücklich als „Markt" auf.

Die Mutter des Salzkammergutes

ist Königin Elisabeth, die Witwe des 1308 ermordeten Königs Albrecht I. Elisabeth hatte den herzoglichen Besitz im Salzkammergut als Morgengabe erhalten. Mit großem Geschick organisierte sie das Salzwesen. Sie gilt als die Begründerin des staatlichen Salzbergbaues, der fast 700 Jahre lang (bis → 1997) die Existenzgrundlage für die Menschen im inneren Salzkammergut war. Auch als Stammmutter der Habsburger ging Elisabeth in die Geschichte ein: Sie schenkte 21 Kindern das Leben. Zehn starben unmittelbar nach der Geburt oder im frühen Kindheitsalter. Zwei ihrer Söhne wurden Könige: Rudolf III., als König von Böhmen und Polen Rudolf I., und Friedrich I., „der Schöne", römisch-deutscher König. Eine Tochter, Agnes, wurde Königin von Ungarn. *→ S. 82, 83, 84, 86, 87*

Blick auf den bis heute gut erhaltenen mittelalterlichen Kern von Freistadt.

Das Seelenkammerl von Hallstatt

Das Beinhaus von Hallstatt, auch „Seelenkammerl" genannt, in der Krypta der Michaelskapelle, dem ältesten noch erhaltenen Kirchenbau von Hallstatt (um 1300). Bis ins Jahr 1600 lässt sich in Hallstatt auch der Brauch des Totenkopfmalens verfolgen: die Schädel der Toten werden mit Namen und Lebensdaten versehen, manchmal auch mit Blumen verziert.

1364. Im Krieg zwischen Österreich und Bayern wird Ried zerstört. In Kirchberg (bei Mattighofen) werden dreißig bayerische Bauernsoldaten, die sich in der Kirche verborgen haben, mitsamt dem Gotteshaus verbrannt.

11.9.1365. Pilgrim von Puchheim wird zum Erzbischof von Salzburg gewählt. (Pilgrim II., gestorben 5. 4. 1396.)

4.11.1367. Die Schaunberger erwerben die Stadt Eferding.

29.9.1369. Mit dem „Frieden von Schärding" wird der Streit um Tirol beigelegt. Tirol fällt an Österreich (außer Kufstein, Kitzbühel und Rattenberg), Schärding muss an Bayern zurückgegeben werden.

1370. Verfolgungen von Juden, ihre Güter werden zur herzoglichen Kammer eingezogen.

Der erste namentlich bekannte Lehrer von Steyr heißt Franciscus.

28.4.1372. Die Welser erhalten das Stapelrecht für den Holzhandel auf der Traun.

5.6.1373. Wochenmarktrecht von Mauerkirchen.

25.7.1373. Im Vertrag zu Wien bekommt Herzog Albrecht III. (1348–1395) Österreich ob und unter der Enns mit der Herrschaft Steyr und dem Salzkammergut, Herzog Leopold III. (1351 bis 1386) Tirol, die Vorlande und Krain. Der Bruderzwist dauert trotzdem an.

1373. Erste urkundliche Erwähnung des „Kastens" an der Enns. (Speicher und Verladeplatz, Rastplatz und Quartier der Flößer, Schiffs- und Fuhrleute.)

1376. Ausbau der Welser Stadtbefestigungen und des Stadtgrabens.

25.11.1379. Erster Rieder Vertrag: Anerkennung der Grenze zwischen Bayern und Österreich.

1379. Reinprecht II. von Wallsee-Enns (1364 bis 1422) wird Landeshauptmann.

Juni 1380. Albrecht III. belagert Peuerbach.

14.8.1380. In der Schaunberger Fehde wird das befestigte Peuerbach als „stat" angesehen.

1380. Eine Urkunde weist für die Linzer Pfarrkirche eine Orgel nach.

Die Starhemberger erhalten den „markcht zu Zwetling" (Zwettl). Auch St. Wolfgang hat Marktcharakter.

13.10.1383. Ende der Schaunberger Fehde. → S. 74

Um 1385. Gotische Fresken in der Kapelle der Burg Clam.

20. 2. 1386. Landeshauptmann Reinprecht (II.) von Wallsee-Enns belagert die Burg Neuhaus an der Donau, in die sich Heinrich (VII.) von Schaunberg verschanzt hat, um einen neuerlichen Aufstand zu wagen.

18.6.1389. Wolfsegg wird als Markt bezeichnet.

1390. Bestätigung des Marktrechts für Weyer.

5.9.1392. Ischl wird Markt. Die „armen Leute im Dorfe zu Ischl" erhalten die Handelsrechte der Städte ob der Enns.

25.10.1392. Bürger und Arbeiter von Hallstatt und Lauffen im Ischelland rebellieren gegen Herzog Albrecht. Nach der Niederschlagung des Aufstandes unterwerfen sie sich und stellen dem Herzog einen neuen Gehorsamsbrief aus.

1392. Baubeginn der Pfarrkirche Pischelsdorf.

16.10.1393. In einem Streit zwischen dem Pfarrer zu Pyhrn und seinen Untertanen treffen der Pfleger zu Steyr und der Landrichter im Ennstal einen Vergleich.

5.7.–1.8.1394. König Wenzel von Böhmen, (1361 bis 1419), wird auf der Burg Wildberg gefangengehalten.

1396. Erstmals werden die Städte zu einem allgemeinen ständischen Landtag berufen, auf dem die Abwehr der Türken beraten wird.

15.7.1397. Erster Nachweis eines Streiks im Land ob der Enns: Die Bäckerknechte von Freistadt weigern sich, das Mehl zu beuteln.

Die Burg Neuhaus, die in der Auseinandersetzung mit Heinrich (VII.) von Schaunberg belagert wurde.

Gotische Eisentür mit „Mannloch" (Einsteigöffnung) in der Burg Clam.

„Die Wallseer als Stifter der Ennser Minoritenkirche". Aquarelliertes Votivbild Friedrichs II. und Reinprechts I. von Wallsee mit ihren Frauen. Vorlage dieser Papierhandschrift von 1350/55, vermutlich für ein Glasfenster. Abbildung aus dem Manuscriptum genealogicum des Reichard Strein von Schwarzenau, 1719.

1301–1400

Geburtstage

Um 1320

Konrad von Waldhausen (Conradus de Austria). Reformprediger. Geboren um 1320 in oder um Waldhausen. (Gestorben 8. 12. 1369 in Prag.)

1336

Albrecht I. von Bayern-Straubing. Herzog. Geboren 25. 7. 1336 in München. (Gestorben 13. 12. 1404 im Haag, Den Haag.) → 1357

1339

Rudolf IV., „der Stifter". Herzog von Österreich. Ältester Sohn Albrechts II. Geboren 1. 11. 1339 in Wien. (Gestorben 27. 7. 1365 in Mailand.) →, → S. 84

1348

Albrecht III., Herzog von Österreich („Der mit dem Zopfe"). Sohn Albrechts II. (1298–1358). Geboren 9. 9. 1348 in Wien. (Gestorben 29. 8. 1395 in Schloss Laxenburg bei Wien.) → S. 85, 87

1361

Wenzel. Deutscher König (1378–1400), als König von Böhmen Wenzel IV. Geboren 26. 2. 1361 in Nürnberg. (Gestorben 16. 8. 1419 in Schloss Wenzelstein bei Prag.) → S. 85

1377

Albrecht IV. Herzog von Österreich („Das Weltwunder"). Sohn Albrechts III. Geboren 19. 9. 1377 in Wien. (Gestorben 14. 9. 1404 in Klosterneuburg.)

1385

Johannes von Gmunden. Astronom, Mathematiker. Geboren 1385 in Gmunden. (Gestorben 23. 2. 1442 in Wien.) → S. 93

1397

Albrecht V., Herzog von Österreich. Als deutscher König seit 1438 Albrecht II. Ältester Sohn Albrechts IV. Geboren 10. 8. 1397 in Wien. (Gestorben 27. 10. 1439 in Neszemély bei Gran-Esztergom, Ungarn.) → S. 92

Todestage

Um 1302

Jans Enikel. Reimchronist. Verfasser eines Fürstenbuches von Österreich. → S. 75. Gestorben um 1302. (Geboren 1230/40.)

1307

Rudolf III. Herzog von Österreich. (Als König von Böhmen und Polen Rudolf I., 1306–1307.) Ältester Sohn Albrechts I. Gestorben 3. oder 4. 7. 1307 in Horazdowitz bei Prag. (Geboren 1281/82 in Wien.)

1308

Albrecht I. König (seit 1298). Ermordet von seinem Neffen Johann, Herzog von Österreich und Steier (genannt „Parricida", Vatermörder) am 1. 5. 1308 bei Brugg, Schweiz. (Geboren Juli 1255 in Brugg.) → S. 81, 82, 83, 84

1309

Hertwig von Schlüsselberg. Prior von Kremsmünster. Gestorben 9. 11. 1309 in Kremsmünster. Glasmaler und Goldschmied.

1313

Bernhard von Prambach. Bischof von Passau (1285–1313). Er stiftete 1293 aus dem Besitz seines elterlichen Erbes das Kloster Engelszell und starb am 28. oder 29. 7. 1313 im Alter von 92 Jahren.

Elisabeth von Görz-Tirol. Königin. Gestorben 28. 10. 1313 in Königsfelden bei Brugg, Schweiz. (Geboren 1262/63). Gattin von Herzog (König) Albrecht I. Hochzeit 20. 11. 1274 in Wien. Zur Königin gekrönt in Nürnberg 1298 („am Sonntag nach dem St. Martinstag"). An der Stelle, an der Albrecht ermordet wurde, ließ Elisabeth das Minoriten- und Klarissenkloster Königsfelden errichten. Dort wurde sie auch bestattet. Später kamen ihre Gebeine in die Apsis der Stiftskirche St. Paul im Lavanttal. → S. 82, 83, 84, 85, 87

Einwik Waizlan. Propst von St. Florian (1295 bis 1313). Gestorben 25. 12. 1313 in St. Florian. (Geboren um 1240 in Enns.) Verfasser einer Geschichte des Stifts.

1315

Weikard von Polheim (Weichard). Erzbischof von Salzburg (1312–1315). Gestorben 6. 10. 1315 in Salzburg. (Geboren 27. 12. 1263.) Er stammt aus einer oberösterreichischen Ministerialenfamilie und ist der einzige Schriftsteller unter den spätmittelalterlichen Landesfürsten.

1325

Eberhard IV. von Wallsee (Nach neueren Forschungen III.). Gestorben 12. 10. 1325. Begründer der Linzer Linie der Wallseer. Landrichter ob der Enns (1288–1325). Er hatte seinen Sitz im Linzer Schloss. (Geboren vor 1248.)

Um 1365 entstand dieses berühmte Gemälde Herzog Rudolfs IV. von Österreich („Der Stifter").

1326

Heinrich I. von Wallsee. Hauptmann zu Enns (1309–1326). Gestorben 1. 3. 1326. (Geboren 1280.)

Leopold I., „der Glorwürdige". Herzog von Österreich. Sohn Albrechts I. Gestorben 28. 2. 1326 in Straßburg. (Geboren vor 4. 8. 1290 in Wien.)

Friedrich I. von Aich. Abt von Kremsmünster (1274–1325). Gestorben 22. 11. 1326 in Kremsmünster.

Bernardus Noricus. Benediktiner. Gestorben 2. 8., um 1326. (Geboren vor 1270). Komponist und Geschichtsschreiber.

1330

Friedrich I., „der Schöne". König (Als Herzog Friedrich III.) Zweiter Sohn Albrechts I. Gestorben 13. 1. 1330 in Gutenstein, Niederösterreich. (Geboren 1289 in Wien.) → S. 84, 85

1339

Otto von Kärnten. Herzog. Gestorben 16. 2. 1339. (Geboren 23. 7. 1301.)

1358

Albrecht II. Herzog von Österreich, „der Weise", „der Lahme". Sohn Albrechts I. Gestorben 20. 7. 1358 in Wien. (Geboren 12. 12. 1298 auf der Habsburg, Schweiz) → S. 84

1365

Rudolf IV., „der Stifter". Herzog von Österreich. Gestorben 27. 7. 1365 in einem Feldlager in Mailand. (Geboren 1. 11. 1339 in Wien.) → S. 84

1371

Eberhard V. von Wallsee. (Nach neueren Forschungen IV.) Hauptmann ob der Enns (1325 bis 1361). Gestorben 21. 4. 1371. (Geboren 1304.)

1395

Albrecht III. Herzog von Österreich („Der mit dem Zopfe"). Gestorben 29. 8. 1395 in dem von ihm erbauten Schloss Laxenburg bei Wien. (Geboren 9. 9. 1348 in Wien.) → S. 85, 87

1396

Pilgrim (II.) von Puchheim. Erzbischof von Salzburg (1365–1396). Gestorben 5. 4. 1396 in Salzburg. (Geboren um 1330, vermutlich in Schloss Puchheim.)

Erzschelm, Ochse und Esel

April 1359. Herzog Rudolf IV., der Stifter (1339–1365), reist mit seinem Bruder Friedrich zu Kaiser Karl IV. (1316–1378), um sich das in seiner Kanzlei gefälschte Privilegium maius für seine Länder bestätigen zu lassen. Der am Hof anwesende Dichter und Historiker Francesco Petrarca (1304–1374) erklärt jeden, der die Urkunde für echt ansieht, als „Erzschelm, brüllenden Ochsen und schreienden Esel".

Die unbekannte Elisabeth

„Der Name Elisabeth ist für jeden einigermaßen geschichtsbewussten Österreicher untrennbar mit der Kaiserin Elisabeth verbunden, der Gemahlin von Kaiser Franz Joseph, der Sissy der Romy-Schneider-Filme. Viel weniger bekannt ist, dass es in der österreichischen Geschichte auch eine andere Elisabeth gibt, eine Königin Elisabeth, die zwar rund 600 Jahre vor der Kaiserin Elisabeth gelebt hat, die ihr aber an Bedeutung, an Familiensinn und Pflichtbewusstsein, an politischem Einfluss und wirtschaftlichem Weitblick haushoch überlegen war."

Rudolf Lehr: „Die unbekannte Königin Elisabeth", 2011.

Schärding wird am 20. Jänner 1316 Stadt. Die Wehrhaftigkeit der Stadt zeigt eine passauisch-bayrisch-österreichische Salzkarte von 1515/16.

Weyer kontra Steyr

1384. Herzog Albrecht III. entscheidet den seit Jahren schwelenden Streit zwischen den Bürgern von Weyer und Steyr: Weyer muss sein Eisen drei Tage in Steyr feilbieten und nach dem Wert verkaufen, den zwei Mitglieder des Rats bestimmen. Erst dann darf es weitertransportiert werden.

Die älteste Rechnung

Als wohl älteste erhaltene Rechnung Österreichs ist eine Einnahmenabrechnung des Welser Bruckamtes aus dem Jahr 1350 erhalten.

Folio der ältesten Rechnung Österreichs.

Herzog Albrecht III.

Herzog Albrecht III. von Österreich mit den Insignien des von ihm gegründeten Zopfordens. Im 16. Jahrhundert entstandenes Gemälde nach einem verlorengegangenen Original.

Inquisition

1311. Bischof Bernhard von Passau bestellt für seine Diözese Inquisitoren. Der größte Ketzerprozess findet in Steyr statt.

1338. Ketzerverfolgungen in Steyr und Enns mit vielen Hinrichtungen.

1395–1397. In Steyr tagt volle zwei Jahre ein Inquisitionsgericht, mehr als tausend Personen werden verhört, mehr als hundert verbrannt.

Oberösterreich = Tirol

1395/96. Für heutige Begriffe sehr verwirrend sind die Bezeichnungen in den Verträgen von Hollenburg (NÖ) und Wien, wo sich die Vettern Albrecht IV. (1377–1404), Wilhelm („der Freundliche", 1370–1406) und Leopold IV. (1371–1411) über die Regierung in den habsburgischen Ländern einigten. „Niederösterreich" war seit dieser Zeit das Gebiet von Ober- und Niederösterreich, als „Oberösterreich" wurden Tirol und der südwestdeutsche habsburgische Länderkomplex bezeichnet, Steiermark, Kärnten, Krain und Friaul waren „Innerösterreich".

Detail aus dem Bummerlhaus in Steyr. Um 1497.

Gotik in Oberösterreich

Die Gotik umspannt in der Geschichte Oberösterreichs, wie in anderen Regionen auch, den Zeitabschnitt vom 14. bis ins frühe 16. Jahrhundert. In einem langwierigen Verselbständigungsprozess entwickelte sich in dieser Periode die „Hauptmannschaft ob der Enns". Für das Landschaftsbild wurden die Stadtgründungen des 13. Jahrhunderts von Bedeutung.

Diese frühen Städte erhielten damals ihren heute noch ablesbaren Grund- und Aufriss. Neben Feudal- und Klosterkunst bildete sich eine bürgerliche Stadtkultur aus. Vor allem sind die otakarischen Städte Enns und Steyr zu nennen. Enns war damals ein zentraler Handelsplatz. Weite Teile seiner mittelalterlichen Stadtmauer mit Türmen sind erhalten geblieben. Ein bedeutendes gotisches Ennser Baudenkmal ist die einstige landesfürstliche Burg in der Wiener Straße. Über das Stadtbild von Steyr hingegen wird gesagt: „Mittelalterliche und barocke Bürgerhäuser sind so zahlreich und in solcher Geschlossenheit erhalten wie kaum anderswo." (Dehio-Handbuch Oberösterreich.) Österreichweit bekannt sind das „Bummerlhaus" und der „Dunklhof". Als Kleinode gotischer Stadtbaukunst sind auch Freistadt und Braunau hervorzuheben. Linz, Wels, Vöcklabruck, Gmunden und Schärding reichen mit ihren Gründungsdaten wohl in die Gotik zurück, doch sind in ihren Stadtbildern Barock und 19. Jahrhundert vorherrschend geworden, mittelalterliche Relikte ausgenommen, wie zum Beispiel in der Stadtpfarrkirche von Wels ein Glasfensterzyklus aus der zweiten Hälfte des 14. Jahrhunderts. Ein reiches spätmittelalterliches Bauerbe besitzt die ehemals Schaunbergische Stadt Eferding. Wie der Städtebau erlebte in dieser Zeit auch der Burgenbau einen eindrucksvollen Aufschwung. Es entstand der Typus der Wohnburg, siehe Clam, Rannariedl, Marsbach, Neuhaus, Altpernstein, als Beispiel der vielen Burgruinen wäre die mächtige Anlage der Schaunberger zu nennen.

Buchillustration aus dem Missale des Heinrich von Marsbach. 1306.

Kielbogenportal mit Vorbau der Braunauer Stadtpfarrkirche.

Bedeutungsvoll war in dieser Periode vor allem eine in ihrer Dichte einmalige kirchliche Bauwelle. Oberösterreich stand damals unter dem baukünstlerischen Einfluss von Wien, Passau, Salzburg und Niederbayern, brachte aber auch eigenständige „Werkmeister" hervor.

Steyr, Enns und Eferding

Für den 1443 begonnenen spätgotischen Neubau der Stadtpfarrkirche von Steyr wurde eine Viertellade der Wiener Bauhütte eingerichtet. Der Wiener Dombaumeister Hans Puchspaum zeichnete die ersten Entwürfe. (Diese bauhistorische Verbindung von Steyr mit Wien blieb bis ins 19. Jahrhundert aufrecht, als 1885–1889 der Architekt des neugotischen Wiener Rathauses, Friedrich von Schmidt, den Steyrer Stadtpfarrkirchturm nach einem Brand in seine heutige Bauform brachte.) Enns besitzt in der Wallseer Kapelle aus der ersten Hälfte des 14. Jahrhunderts, ein Anbau an die ab 1270 errichtete Stadtpfarrkirche „Maria Schnee", ein Architekturjuwel.

Die Basilika Enns-Lorch ist mit ihrem Baukontinuum von der Römerzeit über die Gotik bis in die Gegenwart nachdrücklich zu erwähnen.

Der Einfluss Wiens fand an der Enns seine Grenzlinie. Bereits der nächstgelegene bedeutendere gotische Kirchenbau, der ab 1446 errichtete „Dom" zu Eferding, entstand in Verbindung mit der Passauer Dombauhütte. Sein Planer war der Passauer Hüttenmeister Jörg Windisch.

Braunau und Mondsee

Nach Steyr, Enns und Eferding sind als weitere Standorte wichtiger spätmittelalterlicher Kirchenbauten in Oberösterreich Braunau und Mondsee anzuführen. Unter den Baumeistern der Braunauer Stadtpfarr-

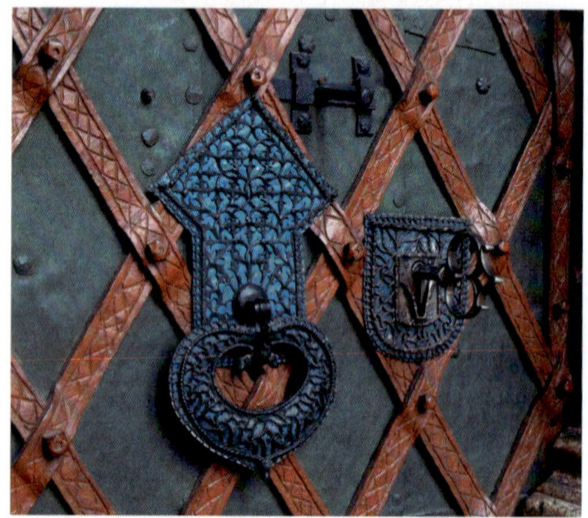

Schlüsselschild und Zugring an der Sakristeitür der Stiftskirche Mondsee – ein Meisterwerk gotischer Schmiedeeisenkunst. 1487.

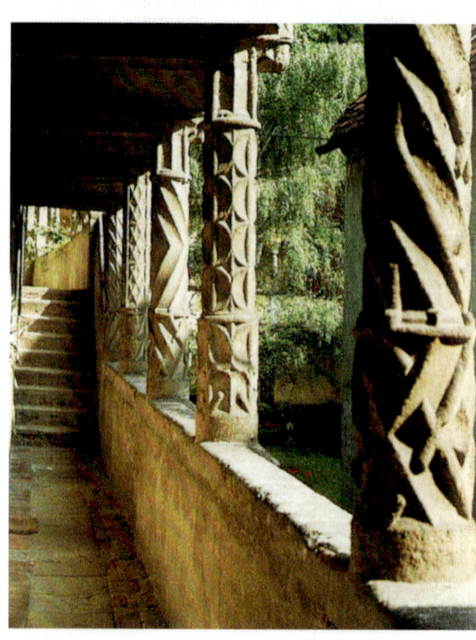

Der Arkadengang mit reich verzierten Säulen im Dunklhof in Steyr, dem schönsten spätgotischen Hof der Stadt.

Links: Der Mondsee mit dem Schafberg. Zeichnung von Wolf Huber. 1510.
Rechts: Ostermiething, alter Pfarrhof. Detail der Wandmalereien aus 1462, aufgefunden 1941. Sie stellen Jagd- und Spielszenen und Bilder aus der „verkehrten Welt" dar.

Portal der Hallstätter Pfarrkirche Mariae Himmelfahrt (1519). Das Entstehungsjahr der Kirche (1505) ist durch einen Ablassbrief bekannt.

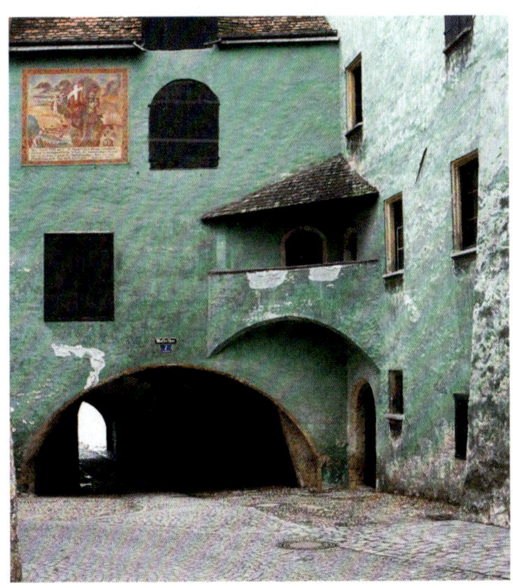

Das Wassertor in Schärding (1427). Es hieß früher Inntor oder Zollturm.

Eine der vielen und eine der berühmtesten gotischen Madonnen im Land ist die von Frauenstein, ein um 1510/15 von Gregor Erhart geschaffenes Meisterwerk. (Manche Kunsthistoriker vertreten die Ansicht, dass es sich auch um ein Werk seines Vaters Michael Erhart, geboren um 1440, gestorben nach 1522, handeln könnte.)

kirche ist Stephan Krumenauer an erster Stelle zu nennen. Geboren im südböhmischen Krumau, lernte er bei Hans von Burghausen (Hans Stethaimer). Er starb 1461 als Stadtbürger von Braunau.

Die 1430 geweihte Bürgerspitalskirche in Braunau ist ein Hauptbeispiel des Typs der „Sechseckkirchen". Weitere Beispiele dieser für die Gotik in Niederbayern charakteristischen Architekturform finden wir auf oberösterreichischem Boden in Hochburg, Eggelsberg, Laakirchen und Frankenburg. Die ehemalige Stiftskirche von Mondsee ist das einzige ursprünglich erhaltene Baudenkmal gotischer Klosterarchitektur in Oberösterreich. Baumeister war Hans Lengdörffer, dessen künstlerische Beziehungen zu Salzburg und Burghausen erwiesen sind.

Attergau, Hallstatt, Mühlviertel

Eine interessante spätgotische Kirchenbaugruppe begegnet uns im Attergau: Frankenmarkt, Gampern, Kemating, St. Georgen im Attergau, Schöndorf, Schörfling, Vöcklabruck, Vöcklamarkt, Weißkirchen im Attergau, Zell am Pettenfirst, als Außenposten Hallstatt. Alle diese Bauten stehen mit dem Namen der bodenständigen Baumeisterfamilie Wultinger in Verbindung. (Sterbejahr von Stefan Wultinger 1520.)

Im Mühlviertel ist vor allem die Liebfrauenkirche in Freistadt zu nennen, „ein Hauptwerk der österreichischen Architektur Mitte 15. Jahrhundert" (Benno Ulm). Als Bau-

Links: Schloss Greinburg (1488–1493). Erdgeschossraum mit weitgespannten Zellengewölbe.

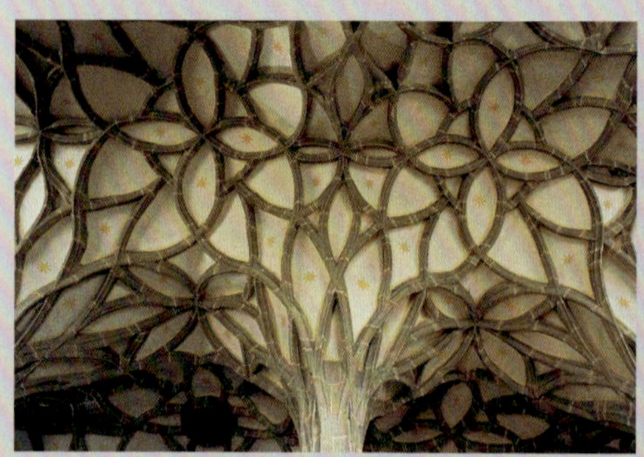

Rechts: Schlinggewölbe der Pfarrkirche Königswiesen, ein hervorragendes Bauwerk der Endgotik in Österreich.

Gotik in Oberösterreich

meister der bedeutungsvollen Stadtpfarrkirche von Freistadt und der ländlichen Pfarrkirchen von Kefermarkt und Rainbach im Mühlkreis ist der heimische Meister Mathes Klayndl urkundlich gesichert.

Das Schlingrippengewölbe im Chor der Taufkapelle in der Freistädter Stadtpfarrkirche vermittelt den Übergang zu einer Baugruppe, für die der Begriff „Baukunst der Donauschule“ eingeführt worden ist. Bekanntestes Beispiel hiefür ist das Gewölbe der Pfarrkirche Königswiesen.

In vielen Barockkirchen steckt heute noch der gotische Baukern. Anzuführen sind in diesem Zusammenhang vor allem die einstige Zisterzienserstiftskirche Baumgartenberg, die Prämonstratenserabteikirche Schlägl und die Stiftskirche von Kremsmünster.

Rund tausend Flügelaltäre

In der Gotik erfuhren nicht nur die Hüttenmeister und Steinmetze eine soziale Aufwertung, sondern ebenso die Maler und Bildhauer (Bildschnitzer). Vornehmste bildnerische Aufgabe ab etwa 1400 bis ins frühe 16. Jahrhundert war der Flügelaltar. In Oberösterreich dürften in dieser Periode

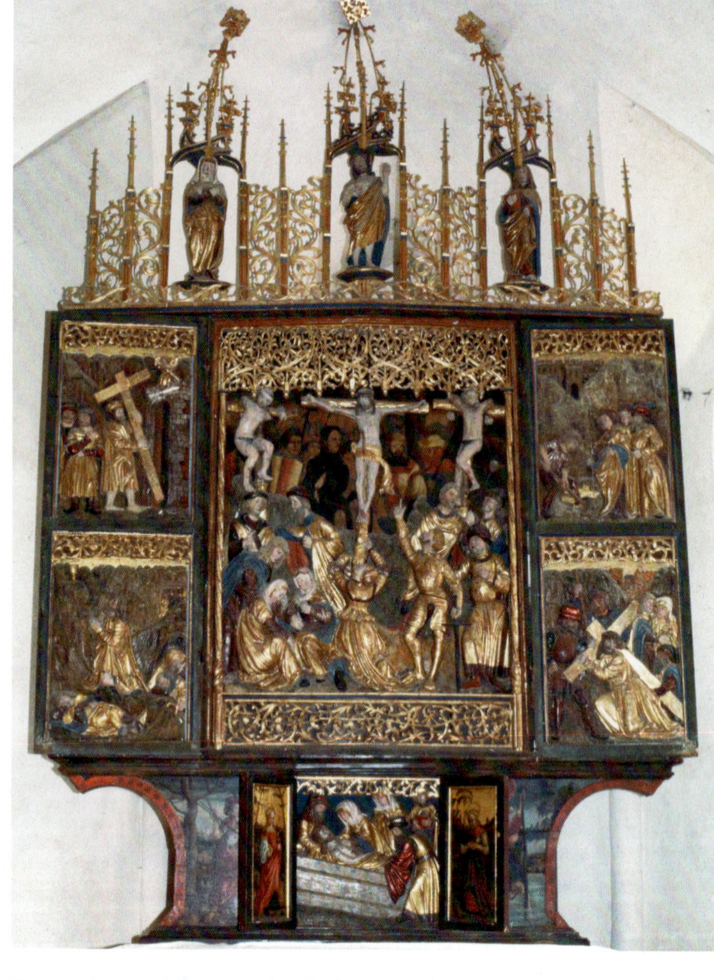

Der spätgotische Flügelaltar der Pfarrkirche von Gebertsham (1515–1520), Gordian Gugg aus Laufen zugeschrieben.

Der spätgotische Hallstätter Marienaltar von Leonhart Astl, entstanden 1505–1515. Die Muttergottes mit der heiligen Katharina und der heiligen Barbara.

rund tausend Altäre dieser Art errichtet worden sein. Das Barock hat mit diesem Kulturerbe gründlich aufgeräumt. In situ sind in unserem Land nur elf erhalten geblieben. Den europäischen Spitzenkunstwerken in St. Wolfgang (→ S. 94) und Kefermarkt (→ S. 96) sind die mächtigen Schnitzaltäre von Gampern und Hallstatt unmittelbar nachgeordnet, beide der Werkstatt Leonhart Astl zugeschrieben. Als Heimat dieses produktiven Altarbauers wird das Salzkammergut (Gmunden) angenommen. Auch Wels und das steirische Ennstal wurden als mögliche Standorte genannt. In der Nordkapelle der katholischen Pfarrkirche von Hallstatt ist noch ein kleiner gotischer Altar (um 1450), dessen Flügel 1987 gestohlen wurden.

Den Ruf des Mühlviertels als gotische Kunstlandschaft bekräftigen sechs in diesem Raum erhaltene Schnitzaltäre: Außer Kefermarkt in der Pfarrkirche von Waldburg der 1517 datierte Hochaltar und zwei ländlich derbe Seitenaltäre, in der Einschicht von Oberrauchenödt (St. Michael ob Rauhenödt) der 1517 beurkundete Michaelsaltar und in der Leonhardikirche von Pesenbach ein diesem beliebten bäuerlichen Schutzpatron geweihtes Altarwerk aus dem Jahr 1495.

Im westlichen Innviertel finden wir in der kleinen Filialkirche von Gebertsham einen Schnitzaltar von besonderer Originalität. Als Urheber wird der Laufener Bildschnitzer Gordian Gugg, als Entstehungszeit 1515–1520, also bereits Nachgotik, angenommen.

In Vergangenheit und Gegenwart haben sich oft kunstsinnige Pfarrer um eine Neuverwendung von gotischen Altarresten in ihren Kirchen bemüht, als prominentestes Beispiel ist der Bäckeraltar in der Stadtpfarrkirche von Braunau anzuführen. Die meisten Überreste von abgebrochenen Flügelaltären kamen im Lauf der Zeit in musealen Sammlungen. Neben dem Landesmuseum sind in diesem Zusammenhang vor allem die Kunstsammlungen des Stiftes St. Florian zu nennen. Größter Kunstschatz sind dort die Tafeln eines Sebastianaltares von Albrecht Altdorfer, der 1509–1516 datiert wird. In Stiftsbesitz befinden sich von

Die Filialkirche St. Leonhard bei Pucking mit den 1946 freigelegten mittelalterlichen Fresken (um 1450).

Das Pesendorfer Altärchen. Stift St. Florian.

Gotisches Glasgemälde der Stadtpfarrkirche Wels, 2. Hälfte 14. Jahrhundert. Detail aus dem Mittelfenster.

diesem einst mächtigen Flügelaltar 14 Tafeln, acht mit Darstellungen aus der Passion Christi, vier mit Schilderung der Sebastianslegende und zwei Predellenflügel. Albrecht Altdorfer, gestorben 1538, war ein Meister der Farbe und ein für die Spätgotik typischer Vertreter einer dramatischen Landschafts- und Menschendarstellung.

Maria im Wochenbett

Eine Sonderstellung in der gotischen Kunstüberlieferung Oberösterreichs nehmen einige Plastiken ein – in der Stiftskirche Kremsmünster das legendäre Gunthergrab (1304), in den Florianer Sammlungen zwei überlebensgroße Schnitzfiguren des heiligen Florian (frühes 14. Jahrhundert) und eine farbig gefasste Terrakottafigur „Maria im Wochenbett" (etwa 1370) sowie die liebenswürdigen Marienstatuen im Kreuzgang von Schlierbach, in der neu erbauten Kirche von Inzersdorf im Kremstal, in der Pfarrkirche Gampern und in der Vöcklabrucker Filialkirche Schöndorf.

Einer der größten Kunstschätze des Landes; der Sebastianaltar von Albrecht Altdorfer. Dieser Altar wird als Hauptwerk der Donauschule angesehen (1509–1518). Mit Donauschule (Donaustil) wird die Kunstrichtung im bayerisch-österreichischen Raum in der ersten Hälfte des 16. Jahrhunderts bezeichnet. (Stift St. Florian.)

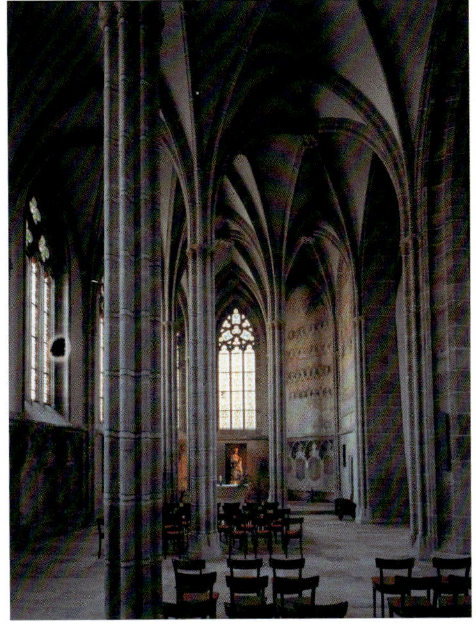

Langhaus der Ennser Stadtpfarrkirche Maria Schnee. Ende 13. Jahrhundert, gewölbt vermutlich 2. Hälfte 15. Jahrhundert.

Aus der Vielzahl prachtvoller gotischer Epitaphien und Grablegen werden als Beispiele die beiden Schaunberger Hochgräber in der Eingangszone der Stiftskirche Wilhering herausgegriffen.

Freilegungen beweisen immer wieder, dass die Gotik farbenfreudig war. Kirchenräume müssen wir uns bunt bemalt vorstellen. Angeführt seien einige markante Beispiele: In der Burg Clam die ehemalige Schlosskapelle; im Ennser Frauenturm ein Freskenzyklus aus etwa 1320; besonders die reich freskierte Filialkirche St. Leonhard bei Pucking.

Otto Wutzel

„Stadt Pfarrkirche in Stadt-Steyer". Xylographie von Ignaz Gielge. 1815.

Kalender

1402. In Ober- und Niederösterreich werden gegen das Raubrittertum geheime Gerichtsverfahren („Geraune") abgehalten: Die Bewohner der Orte haben Räuber anzugeben, die Beschuldigten werden sofort hingerichtet.

15.8.1406. Aurolzmünster scheint als Markt auf.

1406. Steyr, Linz, Wels, Enns, Gmunden, Freistadt und Vöcklabruck schließen sich zum oberösterreichischen Städtebund zusammen.

20.7.1408. Erster selbstständiger Landtag ohne Beteiligung der niederösterreichischen Stände: Die Prälaten und Städte beraten in Enns.

2.6.1411. Die österreichischen Stände huldigen Herzog Albrecht V. (1397–1439), der die Großjährigkeit erreicht hat. Sein Hofmeister wird mit Reinprecht von Wallsee (IV.) ein Adeliger des Landes ob der Enns.

1415. Die Stände des Landes bringen bei Herzog Albrecht V. eine Beschwerde gegen jene Märkte ein, die keine „Bannmärkte" sind: Ebelsberg, Kirchdorf, Neuhofen, Grieskirchen, Lambach, Hall, Zell, Pregarten, Gallneukirchen, Gutau, Tragwein, Schwertberg, St. Oswald, Lasberg, Leonfelden, Hellmonsödt.

Älteste Nachricht über ein Linzer Stadtarchiv.

19.5.1416. Das Konzil von Konstanz bestätigt dem Kloster Mondsee alle seine Privilegien.

Pfingsten 1416. Herzog Albrecht V. erobert die Styraburg (Steyr).

14.7.1416. Im Landgericht Waxenberg geht es um Streit und Auflehnung: zwischen dem Abt Jakob von Wilhering und seinen Untertanen und Zehentholden, die den Zehent nur in Körnern geben wollen. In der Landschranne zu Waxenberg werden die Untertanen zur Reichung des Zehents auf dem Felde verurteilt.

1416. Erbauung der „Veste Eferding".

31.3.1417. Bestätigung der Marktfreiheiten für Peuerbach.

1417. Baubeginn für die Spitalskirche und das Bürgerspital in Braunau.

15.7.1418. Die 13jährige Katharina von Rosenberg wird mit Reinprecht IV. von Wallsee (1414–1450) verheiratet. Als Morgengabe erhält sie den Markt Haslach.

1418. Der Pfarrer Stephan Lamp aus Gutau wird zum Inquisitor gegen Waldenser, Anhänger von John Wyclif (1320–1384) und hussitische Wanderprediger ernannt.

1420. Baubeginn für die Pfarrkirche Eggelsberg.

22.4.1422. Herzog Albrecht V. heiratet Elisabeth (1409–1442), Tochter von König Sigismund. Der König (1368–1437) sieht in Albrecht einen starken Verbündeten gegen die Hussiten. Die Verbindung führt auch tatsächlich zur Verstrickung Österreichs in die Hussitenkriege.

17.5.1422. Wels erhält die hohe Gerichtsbarkeit und das Recht, einen Galgen aufzustellen.

1424. „Auf der Reiffling" gibt es vier große Eisenhämmer und einen Zainhammer, mit dem man Feineisen und Eisenstäbchen (Zaime) herstellt.

1424, 1427, 1432. Dreimal dringen die tschechischen Hussiten ins Mühlviertel ein. Ulrichsberg, Aigen, Rohrbach, Haslach und Sarleinsbach werden gebrandschatzt.

10.12.1427. Papst Martin V. (1368–1431) erlaubt dem Kloster Mondsee (Mensee) in seinen Pfarren St. Wolfgang und St. Konrad zu Oberwang den Gebrauch tragbarer Altäre für Gottesdienste außerhalb der Kirche.

25.11.1429. Weihe des Friedhofs und der Kirche in Suben durch den Passauer Weihbischof.

1427–1436. In Schärding entsteht die Stadtmauer mit den im Laufe der Geschichte zerstörten, umgebauten, zum Teil jedoch bis heute erhaltenen vier Toren: Linzer Tor, Wassertor, Passauer Tor, Äußeres Burgtor.

1430. Baubeginn für die Pfarrkirche St. Wolfgang.

Die Madonna von Inzersdorf (Kremstal) entsteht.

1432. Das Frauenstift Reichersberg beginnt sich wegen mangelnder Klosterdisziplin aufzulösen.

Herzog Albrecht schenkt seiner Gattin Elisabeth Stadt und Herrschaft Steyr mit allen „Nutzen und Einkommen" als Morgengabe und zum eventuellen Witwenbesitz.

Neuordnung der Heeresorganisation mit Viertelhauptleuten. → S. 8

10.8.1436. In der Gründungsurkunde des Stifts scheint Mattighofen erstmals als Markt auf.

1436. Baubeginn für die Stiftskirche (Pfarrkirche) von Baumgartenberg.

9.2.1438. Albrecht V. setzt ein Kollegialorgan als Statthalter in Österreich ein.

18.3.1438. Albrecht V. wird zum römisch-deutschen Kaiser (Albrecht II.) gewählt.

28.5.1438. Wochenmarktrecht für Ebelsberg.

19.8.1439. Marktfreiheit für Gallspach.

1439. Baubeginn für die Pfarrkirche Braunau.

16.4.1441. Großfeuer in Linz.

17.4.1444. Wochenmarktverleihung für Windischgarsten.

1444. Baubeginn des Scheiblingsturms der Stadtbefestigung von Freistadt.

Ein Brand vernichtet große Teile der Stadt Linz.

1445. Der spätere Papst Pius II. (1405–1464, Papst seit 1458), beginnt als Pfarrer von Aspach (Innviertel) seine priesterliche Laufbahn. →

5.4.1446. König Friedrich III. (1415–1493) bestätigt den Mauthausenern ihr altes Recht, das Blutgericht auszuüben.

29.5.1447. Die Stadt Wels kauft am Stadtplatz ein Haus und macht es zum Rathaus.

1447. Altheim wird als Markt bezeichnet. (Marktrecht 1581.)

15.3.1448. Bestätigung des Jahrmarktsrechts für Aurolzmünster.

29.4.1449. Neuhofen an der Krems werden Vorrechte gegenüber anderen Märkten eingeräumt.

23.5.1450. In einem Handschreiben schlichtet König Friedrich III. einen Streit zwischen den Ortschaften Ischl, Lauffen, Gmunden, wer das Urfahr (Recht zur Überfuhr) besitzt, Wallfahrer über den Traunsee zu befördern.

1450. In Hallstatt entsteht der kleine gotische Flügelaltar, das Werk eines unbekannten Bergmannes. →

Ritter aus St. Florian

Eine besonders schöne Ritterfigur aus der Stiftsgalerie von St. Florian. Um 1420/30.

Orgelempore mit Maßwerkbrüstung und Kielbogen der Pfarrkirche hl. Hippolyt in Eferding (1451–1457).

Geburtstage

1405

Aeneas Sylvius Piccolomini (Papst Pius II). Geboren 18. 10. 1405 in Corsignano; später Pienza. (Gestorben 15. 8. 1464 in Ancona). Seit 1442 Kanzleisekretär Kaiser Friedrichs III., seit 1445 Priester und als solcher Pfarrer in Aspach (Innviertel), er lebte auch im Schloss Ebelsberg.

1415

Friedrich III. Kaiser. Geboren 21. 9. 1415 in Innsbruck. Als Herzog Friedrich V., als König Friedrich IV. Am 2. 2. 1440 in Frankfurt am Main zum römisch-deutschen König gewählt, am 17. 6. 1442 in Aachen gekrönt, als letzter deutscher Kaiser am 19. 3. 1452 in Rom zum „Römischen Kaiser" gekrönt; von Papst Nikolaus V. (1397–1455, Papst seit 1447). Vermählung mit Eleonore, Infantin von Portugal (1436–1467) am 16. 3. 1452 in Rom. Friedrich III. stirbt am 19. 8. 1493 in Linz. → S. 102

1418

Albrecht VI. Herzog von Österreich. Geboren 18. 12. 1418 in Wien. (Gestorben 2. 12. 1463 in Wien.) → S. 101

1423

Georg von Peuerbach (auch Peurbach, Purbach). Mathematiker und Astronom. Geboren 30. 5. 1423 in Peuerbach. (Gestorben 8. 4. 1461 in Wien.) → 1454, S. 408

1440

Ladislaus (Postumus). König. Geboren 22. 2. 1440 in Komorn. (Gestorben 23. 11. 1457 in Prag.) → S. 100

Um 1445

Rueland Frueauf der Ältere. Spätgotischer Tafelmaler. Geboren um 1445 in Obernberg am Inn. (Gestorben 1507 in Passau.)

Todestage

1404

Albrecht IV. Herzog von Österreich („Das Weltwunder"). Gestorben 14. 9. 1404 in Klosterneuburg. (Geboren 19. 9. 1377 in Wien).

Albrecht I. von Bayern-Straubing. Herzog. Gestorben 13. 12. 1404 in Haag, Den Haag. (Geboren 25. 7. 1336 in München.) → 1357

1419

Wenzel. Deutscher König (1378–1400), als König von Böhmen Wenzel IV. Gestorben 16. 8. 1419 Schloss Wenzelstein bei Prag. (Geboren 26. 2. 1361 in Nürnberg.) → S. 85

1429

Eberhard IV. von Starhemberg. Erzbischof von Salzburg (1427–1429). Gestorben 8. 2. 1429 in Salzburg. (Geboren um 1360/70.)

1436

Johannes III. von Dachsberg. Abt von Lambach (1422–1436). Gestorben 22. 3. 1436 in Lambach.

1439

Albrecht II. König (seit 1438). Als Herzog Albrecht V. Gestorben 27. 10. 1439 auf einem Feldzug gegen die Türken in Neszmély bei Gran (Esztergom), Ungarn. Dreieinhalb Monate später schenkte seine Witwe (Elisabeth, Prinzessin von Böhmen und Ungarn) einem Knaben das Leben, der Ladislaus Postumus („Der Nachgeborene") genannt und im Alter von drei Monaten zum König von Ungarn gewählt wird. → S. 100. (Albrecht wurde am 10. 8. 1397 in Wien geboren.)

1442

Johannes von Gmunden. Gestorben 23. 2. 1442 in Wien. Hervorragender Mathematiker und Astronom an der Wiener Universität. (Geboren 1385 in Gmunden.) Er schuf den ersten mehrjährigen Kalender und gilt als Begründer der Wiener Universitätsbibliothek.

Hauptbild auf dem kleinen Flügelaltar von Hallstatt, der früher in der Häuerhauskapelle am Salzberg stand. Um 1450.

Die Frau des Mesners

Die Frau des Mesners von St. Laurenz bei Enns soll zu Ostern einem Juden eine Hostie zu frevelhaftem Missbrauch verkauft haben. Unter der Folter kommt es zu diesem Geständnis. Zur gleichen Zeit sind in Wien drei Christenknaben verschwunden. Daraufhin werden am 23. Mai 1420 die Juden in den österreichischen Städten gefangengenommen, am 12. März 1421 werden die angeblichen Ennser Hostienfrevler mit 110 anderen bedauernswerten Opfern in Erdberg bei Wien verbrannt. (Andere Quellen sprechen von 240 bzw. 400 Opfern.) Alle Juden werden aus Österreich ausgewiesen.

Die vornehmste Stadt Österreichs

Um das Jahr 1450 erreichte die landesfürstliche Eisenniederlagstadt Steyr den Höhepunkt ihrer wirtschaftlichen und kulturellen Entwicklung. Steyr ist neben Wien die vornehmste Stadt Österreichs und eine der bedeutendsten Handelsstädte Mitteleuropas. Die Hauptquelle für den Reichtum der Bürgerschaft bildet die Eisenverarbeitung und der Fernhandel mit Eisen.

Die Steyrer Stadtpfarrkirche

1443 wird mit dem spätgotischen Neubau der Stadtpfarrkirche von Steyr begonnen, eines bereits 1275 urkundlich erstmals erwähnten Baues. Sandsteinfigur der heiligen Agnes in der Vorhalle der Stadtpfarrkirche Steyr. Um 1410.

Jeder zehnte Bauer musste zum Militär

28. April 1431. Im Zusammenhang mit den Hussitenkriegen und nach dem Vorbild der Aufgebotsordnung des Reiches erlässt Herzog Albrecht V. eine Landwehrordnung. Je neun Bauern müssen einen zehnten, den stärksten und tauglichsten, ausrüsten und verpflegen. Man versucht nach Vorbild der Hussiten ein Milizheer aus Landsleuten statt der Söldnertruppen aufzustellen. Damals wird für die Rekrutierung auch die Vierteleinteilung des Landes ob der Enns eingeführt. → S. 8

Detail aus dem Schrein des Pacher-Altar von St. Wolfgang: Engel jubeln zur Krönung Mariens.

Die gotischen Flügelaltäre von St. Wolfgang und Kefermarkt

Die gotischen Flügelaltäre von St. Wolfgang und Kefermarkt gehören zu den Zimelien mittelalterlicher Kunst in Österreich. In ihrer Entstehungszeit gläubigen Wallfahrern gewidmet, die zu ihnen im Geiste einer Volksfrömmigkeit pilgerten, die in der Spätgotik die katholische Welt zutiefst bewegte, sind sie heute Pilgerstätten der Kunstbegeisterung. Seit langem beschäftigt sich mit ihnen die internationale Kunstwissenschaft. Die Denkmalpflege ist um sie besonders bemüht.

Das Patrozinium der beiden Kirchen, in denen diese großartigen Schnitzwerke aufgestellt sind, lautet auf den heiligen Wolfgang. → S. 68

Die Zeitgenossen beeindruckte an diesem Mann vor allem seine strenggläubige mönchische Lebensweise, die er auch als Bischof beibehielt. Mit Mondsee, damals Eigenkloster des Bistums Regensburg, kam er durch seine politische Flucht in nähere Verbindung. Als sein Landesherr, Herzog Heinrich der Zänker, mit Kaiser Otto II. in Konflikt geriet, zog sich der kaisertreue Regensburger Bischof für einige Zeit in sein Kloster in den Bergen des Salzkammergutes zurück. Das gläubige Volk formte daraus eine Legende, die bald zu einem blühenden Wallfahrtskult führte.

Unter den Wolfgang-Wallfahrten, die im Mittelalter entstanden, lag St. Wolfgang am Abersee – so die historische Ortsbezeichnung – an erster Stelle. Hier sollen sich ja die wunderbaren Begebenheiten seines Lebens ereignet haben: Einsiedelei am Falkenstein, über den heute noch ein gern begangener Wallfahrerweg führt; Steinerweichungen; Beilwurf zur Auffindung eines von Gott bestimmten Kirchenbauplatzes; schließlich der Kirchenbau selbst mit geheimnisvollen Teufelszenen.

Gnadenstatue des heiligen Wolfgang, der in Oberösterreich besonders verehrt wird.

Bischofsstab mit dem heiligen Wolfgang.

Um 1500 wird St. Wolfgang in einer Straßenkarte Mitteleuropas – einer „Romkarte" – neben Aachen und Einsiedeln zu den berühmtesten Wallfahrtsorten dieser Zeit erzählt.

Der Erstbau des Gotteshauses von St. Wolfgang, urkundlich aus dem 12. Jahrhundert bezeugt, vermutlich aber älteren Datums, war eine kleine romanische Kirche, die den zunehmenden Pilgerstrom bald nicht mehr fassen konnte. Nach mehreren Umbauten war jedoch erst im 15. Jahrhundert ein großzügiger Neubau möglich. Ein Ortsbrand im Jahr 1429 gab den äußeren Anstoß. Die Erhebung der Mondseer Tochterkirche zur selbständigen Pfarre und die Errichtung eines eigenen Konvents gaben den seelsorglichen Impuls.

Der Auftrag an Michael Pacher

Den künstlerischen Schlussstein dieser Bauführung setzte der baufreudige Abt Benedikt Eck des Klosters Mondsee, zu dessen Herrschafts- und Seelsorgebereich ja die Wallfahrt von St. Wolfgang gehörte, mit dem Auftrag – „abred und das geding" – an den „Meister Michael Pacher, Maler von Bruneck", eine „Tafel gen sand wolfgang ze machen". Dieser Vertrag ist mit 13. Dezember 1471 datiert und im Original erhalten. Inschriften auf der Rückseite des Altars belegen 1479 und 1481 als Fertigstellungsjahre dieses Gesamtkunstwerkes.

Gesamtkunstwerk! Die Bezeichnung ist berechtigt. Ein gotischer Altarbauer musste Architekt, Bildhauer und Maler in einem sein. Er war aber auch Unternehmer mit einem umfangreichen Werkstattbereich.

Hergestellt wurde der Wolfganger Altar zur Gänze in Bruneck im Pustertal, dem Heimatort Michael Pachers. Der Transport nach St. Wolfgang erfolgte auf der Straße über den Brenner bis Hall in Tirol, von dort innabwärts zu Wasser bis Braunau, dann wieder mit Pferdefuhrwerken an den Abersee. Aufgestellt ist er im 1477 eingeweihten Chorraum des Südschiffes der zweischiffigen spätgotischen Hallenkirche. Er besteht neben den getischlerten Teilen aus 77 Figuren und 31 Tafeln. Michael Pacher hatte die Visierung gemacht, die leider in Verlust geraten ist, führte die Oberaufsicht in der Werkstatt, von seiner Hand selbst stammen die wesentlichsten Werkstücke; die plastische Gruppe des Hauptschreins mit den

Im Mittelpunkt des Pacher-Altars von St. Wolfgang steht Maria. Sie ist Fürbitterin für die Menschen. Ihr Gesicht wendet sie der Erde zu und den Gläubigen, die vor ihr knien. Damit ist die Verbindung der Betenden mit dem Dargestellten hergestellt. Detail aus dem Hauptschrein des Altars.

Ein Posaune blasender Putto, im Vordergrund der Bischofsstab des heiligen Wolfgang.

Der Pacher-Altar von St. Wolfgang

Schreinwächtern und die vier Tafelbilder des Marienzyklus. Für die acht Tafeln des Christus-Zyklus wird eine gemeinsame Autorschaft von Michael und Friedrich Pacher angenommen. Letzterem, einem Schüler Michael Pachers, mit ihm aber nicht verwandt, werden auch die vier stimmungsvollen Tafeln mit der Darstellung der Wolfganglegende zugeschrieben, wobei eine Vorzeichnung des Hauptmeisters möglich erscheint. Als wichtiger Mitarbeiter am Wolfganger Altar wird auch ein Hans Pacher genannt, vielleicht ein Sohn Michaels. Die Werkstattmitglieder, die vor allem an den Plastiken des Gesprenges und den Malereien der Altarrückseite arbeiteten, blieben anonym.

Dem Kunstwerk war ein gütiges Schicksal beschieden. Es überstand die Baulust der Barockzeit und den historisierenden Übereifer der Neugotik. Restaurierungen sind aus den Jahren 1856–1862 und 1908 bekannt. In jüngster Zeit, 1969–1976, war der Altar von St. Wolfgang Mittelpunkt einer groß angelegten Kampagne des Bundesdenkmalamtes Wien mit internationaler Beteiligung.

Gesamtansicht des 1481 fertiggestellten Altars von Michael Pacher, eine Meisterleistung seines Schöpfers und ein Höhepunkt altdeutscher Kunst.

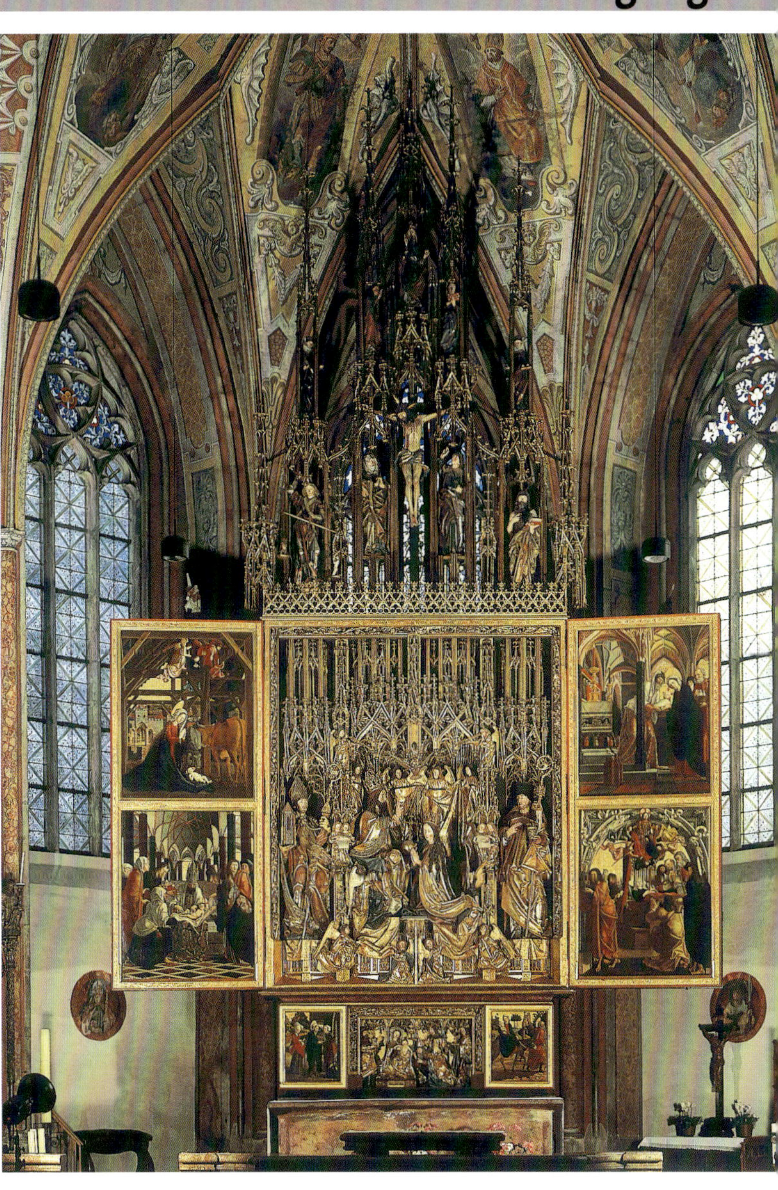

Meisterleistung seines Schöpfers

Dieses Kunstwerk verlangt andächtige Versenkung. Es ist eine „Meisterleistung seines Schöpfers" (Nicolò Rasmo), ein Höhepunkt altdeutscher Kunst.

Der Altar besteht, wie alle gotischen Flügelaltäre, aus Predella (Unterbau), Hauptschrein mit den Schreinwächtern und bekrönendem Gesprenge. Besonders reich ist in St. Wolfgang die Ausstattung mit Tafelbildern: am Schrein der Predella angefügt ein Flügelpaar, am Hauptschrein zwei beidseitig bemalte Flügelpaare. Zur Gänze bemalt ist auch die Altarrückseite.

Der heutige Beschauer erlebt den Altar – ausgenommen in der Fastenzeit – in völlig geöffnetem Zustand, wie er sonst nur an hohen kirchlichen Festtagen zu sehen war. Überwältigend in seiner Pracht und Herrlichkeit die Figurengruppe des Hauptschreins: Krönung Mariens, umrahmt von 16 musizierenden Engelsgestalten, beiderseits angeordnet in majestätischer Haltung die Heiligen Wolfgang und Benedikt. In Hohlkehlen des Schreinrahmens sind 24 Kleinplastiken – Propheten und alttestamentarische Vorfahren Christi – zu erkennen.

Bildhauerisches Hauptthema des Predellaschreines ist die Anbetung der Heiligen Drei Könige.

Die geöffneten Innenflügel des Hauptschreines zeigen in prächtiger Tafelmalerei einen Marien-Zyklus: Geburt Christi, Beschneidung Jesu, Darstellung Jesu im Tempel, Marientod. Darunter die geöffneten Flügel des Predellaschreines mit Darstellung der Heimsuchung Mariens und der Flucht nach Ägypten.

Werden die Innenflügel geschlossen, so erleben wir in acht Tafelbildern das christologische Programm des Altars, von oben nach unten betrachtet: Taufe Christi, Versuchung Christi, Hochzeit zu Kana, Wunderbare Brotvermehrung, Versuch einer Steinigung Christi, Austreibung der Wechsler aus dem Tempel, Christus und die Ehebrecherin, Auferweckung des Lazarus.

Werden auch die Außenflügel geschlossen, so sehen wir den Altar in seiner tabernakelartigen gotischen Architektur. Die meisterhaft geschnitzten Schreinwächter, die Heiligen Georg und Florian, sind sichtbar. Die vier Tafelbilder zeigen Szenen aus der Wolfganglegende: Der Heilige als Prediger, der Heilige als Almosenspender, Kirchenbau in St. Wolfgang mit einer liebenswürdigen Landschaftsdarstellung des Abersees (deutlich erkennbar der Gipfel des Sparbers im Bildhintergrund). Der Heilige heilt Besessene bei einem Kirchenbau in Regensburg. Thematik der Außenseiten der Predellaflügel: die Kirchenväter.

Die in reicher Architekturschnitzerei eingefügten zehn Figuren des Gesprenges werden von einer Darstellung Gottvaters bekrönt.

Gesamthöhe des Altars 10,10 Meter, Gesamtbreite 6,50 Meter, Schnitzmaterial im allgemeinen Zirbelholz.

Der Altar von Kefermarkt → S. 96

Die Pfarrkirche von Kefermarkt, 1476 von Weihbischof Albert von Passau eingeweiht. Vor allem wegen des berühmten Flügelaltars ist die Kirche bekannt.

Pflicht für das Schöne

„Einst mußte man wohl die Schönheit dieses Werkes geliebt haben, sonst wäre es nicht entstanden, wenn man auch seinen hohen Werth inniger Naivetät nicht so gefühlt haben mag, wie ja das naive Kinde nicht weiß, daß es naiv ist, wie die Unschuld nicht weiß, daß sie unschuldig ist. Dann kamen Zeiten, in denen der Werth des Kunstwerkes verkannt, ja als Trödel einer beschränkten, bigotten Zeit verachtet wurde, wie die abscheulichen Verbesserungen, die man anbrachte, beweisen. Auf solche Art ging

Das Schicksal des Altars von Kefermarkt

Künstlerisch nicht weniger bedeutungsvoll als der Altar von St. Wolfgang, in seiner Historie jedoch bescheidener, gestaltete sich das Schicksal des gotischen Flügelaltars von Kefermarkt (Bezirk Freistadt) in der kargen Landschaft des Mühlviertels.

Die Pilger nach „Khefferndorf", das 1479 zum Markt erhoben und 1480 selbständige Pfarre wurde, kamen aus den Siedlungen beiderseits des Nordwaldes. Der Burgherr vom benachbarten Weinberg, Christoph von Zelking (→ S. 100), ließ 1470 bis 1476 im jungen Pfarrort eine neue Kirche errichten, die 1491 einen Chorneubau erhielt, der zur Aufnahme eines kostbaren Altars bestimmt war. Testamentarisch verfügte er 1490 die Bereitstellung von Geldmitteln bis 1497 für den von ihm in Auftrag gegebenen Hochaltar. Bereits ein Jahr später starb er, Meister und Programm des Kunstwerkes sind nicht genannt. Die Schnitzwerke von St. Wolfgang und Kefermarkt trennen nach den überlieferten Daten rund zwanzig Jahre.

Gesamtansicht des Altars von Kefermarkt.

Das wechselvolle Schicksal des Altars

Das weitere Schicksal des Schnitzaltars von Kefermarkt war wechselvoll, für seinen Erhaltungszustand nicht günstig. Sein Aufbau wurde mehrmals verändert. 1852–1855 nahm sich Adalbert Stifter seiner, nach einem Hilferuf des damaligen Kefermarkter Pfarrers Franz Xaver Hölzl, in romantischer Begeisterung für die Kunst des Mittelalters in besonderer Weise an. Unter seiner Aufsicht erfolgte eine umfangreiche Restaurierung, die in die Geschichte der österreichischen Denkmalpflege eingegangen ist. Restaurator war der spätere k. k. Hofbildschnitzer Johann Rint (1814–1900).

1896 war erneut eine Rettungsaktion notwendig. Die Anregung kam diesmal von dem in Kefermarkt gebürtigen Neuseelandforscher Andreas Reischek, die technische Ausführung wurde der k. k. Fachschule für Holzbearbeitung in Hallstatt unter ihrem damaligen Direktor Gustav Goebel übertragen. Weitere Restaurierungsjahre: 1904, 1916–1918, schließlich 1929 die zu ihrer Zeit sensationelle „Rettung des Kefermarkter Altares unter Verwendung einer neuen Methode" (Vergasung mit Zyklon). Zum letzten Mal stand Kefermarkt 1959 im Blickpunkt der Denkmalpflege. Damals wurde der Altar gründlich gereinigt und imprägniert, die Fenster des Kirchenchores erhielten eine das Holz vor schädlichem Lichteinfall schützende Neuverglasung.

Bedauerlich ist der im Lauf der Zeiten eingetretene Verlust der Predella, der Rückseiten der heute feststehenden Flügel sowie der Fassung (Bemalung und Vergoldung), wobei allerdings die Frage gestellt werden kann, ob jemals eine gotische Fassung vorhanden war.

Wer ist der Meister des Altars?

Ein heißes Eisen der österreichischen Kunstgeschichtsforschung ist die Meisterfrage von Kefermarkt. Da kein Künstlername urkundlich belegt ist, die Qualität des Kunstwerkes jedoch höchste Meisterschaft voraussetzt – „Er ist als solches ein Kunstwerk von so großem Kunstwerthe, daß sehr wenige ihm gleiche in dieser Gattung bestehen werden" (Adalbert Stifter) –, wurden fast alle bedeutenden Bildschnitzer der deutschen Spätgotik als Schöpfer in Betracht gezogen. Augenblicklich bestehen zwei gegensätzliche Meinungen. Benno Ulm nimmt als Künstler einen selbständigen einheimischen Meister mit Sitz der Werkstatt in Freistadt an. In Passau wird die Autorschaft der dort ansässigen Werkstatt Martin Kriechbaums für gesichert angenommen.

Gesamthöhe des Altars 13,50 Meter, Gesamtbreite mit geöffneten Flügeln 6,30 Meter, Material Lindenholz.

Detail aus dem Schrein: Der heilige Christophorus.

Ruhe, Größe, Heiligkeit

Den Gesamteindruck bestimmt im heutigen Zustand der Holzton. Ohne Farbe und Vergoldung kommt die Feinheit der Schnitzarbeit eindrucksvoll zur Geltung.

Der Hauptschrein ist in drei Nischen unterteilt. Auf reichgeschnitzten, mit lieblichen Engelsfiguren geschmückten Konsolen stehen drei knapp überlebensgroße vollplastische Figuren: in der Mitte in fürstlicher Haltung und Gewandung der heilige Wolfgang, zu seinen Füßen als Attribut eine Kirche mit Beil im Dach; links von ihm, fest in sich ruhend, ebenfalls kostbar bekleidet, der heilige Petrus; rechts als Symbol der leidenden Menschheit der heilige Christophorus mit knorpeligem Baumast als Wanderstab, auf seinen Schultern das Jesuskind – Christophorus heißt ja Christusträger. Bekrönt werden diese Hauptfiguren von wieder reichgeschnitzten Baldachinen. Im Rahmen des Schreinkastens erkennen wir als Kleinplastiken die Gestalten der Heiligen Stephanus und Laurentius. Kostbar die Details an all diesen Figuren, so etwa der Mantelsaum des heiligen Petrus oder die Mantelschnalle und Mitra des heiligen Wolfgang.

Die feststehenden Flügel (bereits im Jahr 1684 so fixiert) zeigen vier Hochreliefs, die Begebenheiten aus dem Marienleben darstellen. Diese Darstellungen sind wahre Bilderbücher. Sie vermitteln einen tiefen Einblick in die Geistigkeit der Spätgotik: Mariä Verkündigung, Geburt Christi, Anbetung der Heiligen Drei Könige, Marientod. Hingewiesen sei vor allem auf die Innigkeit des Weihnachtsreliefs.

Die Schreinwächter begegnen uns wie in St. Wolfgang als Verkörperungen edlen Rittertums.

Im Gesprenge sind in der unteren Reihe die Gottesmutter, die heilige Katharina und die heilige Barbara zu erkennen, darüber die heilige Agnes mit zwei flankierenden Prophetenbüsten, als oberste Figur die heilige Helena.

Als Schlusswort sei noch ein Satz Adalbert Stifters aus seinem Bericht zitiert: „Der Grundton des Kunstwerkes ist Ruhe, Größe und Heiligkeit."

Otto Wutzel

die Kenntniß des künstlerischen Schatzes verloren, und außer einzelnen Freunden der Kunst, die sich an dem Werke zu verschiedenen Zeiten ergötzten und die Ueberlieferung von demselben auf ihres Gleichen fortpflanzten, war die größere Menge der Menschen mit dem Dasein desselben unbekannt. Leider trug hiezu ein Fehler auch das Seinige bei, mit dem der Oesterreicher so gerne behaftet ist, von dem man nicht weiß, soll man ihn Bescheidenheit oder Trägheit nennen (vielleicht ist es ein Gemisch von Beiden), der ihn verleitet, wenn er etwas Herrliches besitzt oder gethan hat, sich daran zu freuen, weiter aber kein Aufheben davon zu machen, selbst in dem Falle nicht, wo Verbreitung sogar Pflicht für das Schöne und Gute und Pflicht gegen die Nebenmenschen wäre.“

Adalbert Stifter (1805–1868) „Über den geschnitzten Hochaltar in der Kirche zu Kefermarkt“, Linz, 17. April 1853.

Johannesschüssel. Meister des Kefermarkter Altars. 1490.

Das Schicksal des Altars von Kefermarkt

Schrein des Kefermarkter Altars: St. Wolfgang zwischen den Heiligen Petrus und Christophorus.

In ein Linzer Bürgerhaus hatte sich Friedrich III. in seinen letzten Lebensjahren zurückgezogen, hier dürfte er auch gestorben sein. Vermutlich ist es das Kremsmünstererhaus, nach seiner Restaurierung ein Schmuckstück der Linzer Altstadt.

Die vier Viertel

Mit der Einteilung des Landes in vier Viertel (1478) wird der Hauptmann ob der Enns zum Landeshauptmann. Die vier Viertel: Hausruckviertel (am Hausruck zwischen Donau und Traun), Traunviertel (zwischen Traun und Enns), Mühlviertel (westlich des Haselgrabens), Machlandviertel (östlich des Haselgrabens). (Das Innviertel kommt erst 1779 zu Oberösterreich, dann gehört auch das Machlandviertel zum Mühlviertel.)

1451–1500

Kalender

9.1.1452. Obderennsische Ständeversammlung (Landtag) in Wels.

18.3.1452. Friedrich III. wird in Rom vom Papst zum Kaiser gekrönt. → S. 93

9.10.1453. Linz erhält die Blutgerichtsbarkeit.

10.8.1454. Wolfgang V. von Wallsee wird oberster Hauptmann im Land ob der Enns. (Er regiert bis 1466.)

1454. Georg von Peuerbach (1423–1461) hält als Professor an der Universität Wien als erster Vorlesungen über antike Klassiker und wird so zum Wegbereiter des Humanismus in Österreich. Er ist auch als Mathematiker und Astronom eine europäische Kapazität. → S. 408

1455. Ladislaus Postumus (1440–1457) erhebt Anspruch auf Stadt und Burg Steyr. Da sein Ansinnen nicht erfüllt wird, lässt er Steyr durch Heinrich von Liechtenstein erobern.

6.12.1455. In Linz tagt eine Währungskonferenz von Bayern und Österreich, um eine Münzreform mit einheitlichen Geldwerten einzuführen.

1462. Schloss Würting (Bezirk Wels) wird gebaut.

2.8.1463. Wochenmarktrechte für St. Georgen im Attergau.

14.3.1466. Ischl wird von Kaiser Friedrich III. neuerlich zum Markt erhoben.

15.8.1469. Bei einem Einfall der Böhmen wird Haslach niedergebrannt.

1470. Die Messerer-Innungen von Steyr, Wien, St. Pölten, Waidhofen, Wels und Krems werden zu einem großen Zunftverband, der „Hauptmessererwerkstätte", vereinigt, deren Mittelpunkt Steyr ist.

Baubeginn der Pfarrkirche von Kefermarkt.

13.12.1471. Abt Benedikt und der Konvent des Klosters Mondsee vereinbaren mit Michael Pacher die Anfertigung eines Altars in der Kirche zu St. Wolfgang. → S. 94

1471. Schloss Aistersheim wird zerstört.

Neumarkt im Hausruckkreis erhält ein Jahrmarktprivileg.

1472. Gründung des Dominikanerklosters in Steyr und Bau einer Kirche (heute Marienkirche). 1543 verlassen die Mönche Steyr wieder.

1474 und 1504. Steyregg wird als Stadt bezeichnet.

30.10.1476. Die Kirche von Kefermarkt, heute vor allem wegen des berühmten Flügelaltars bekannt, wird von Weihbischof Albert von Passau eingeweiht. → S. 96

10.8.1477. Beginn des Kriegs mit König Matthias Corvinus von Ungarn (1443–1490). Friedrich III. muss fliehen und zieht sich vorerst nach Gmunden zurück.

1478. In der Stadtpfarrkirche von Steyr wird vom bayerischen Orgelbauer Hannes Laus die erste Orgel gebaut, die 1522 von einem Brand zerstört wird. (Im Jänner 1987 wird im Linzer Stadtarchiv eine Urkunde entdeckt, die für die Linzer Pfarrkirche eine Orgel schon für das Jahr 1380 nachweist.)

17.9.1479. Chefferndorf wird zum Markt Kefermarkt erhoben.

14.10.1479. Kaiser Friedrich III. gibt den Herren von Prüschenk das Schloss Sarmingstein und die Maut „daselbst".

Um 1480. In Wels wird an der Südfront des Minoritenklosters die Barbarakapelle (Polheimer-, Sigmarkapelle) mit ihrem Netzrippengewölbe errichtet und mit Fresken ausgestattet.

1481. Der Krieg mit Ungarn bricht erneut aus.

28.10.1482. Kreuzen wird Markt.

Vor 1485. In Kremsmünster entsteht das einzige in Österreich noch erhaltene „Beutelbuch", ein Buch, das bei Reisen am Gürtel getragen werden konnte.

6.1.1485. Markgraf Leopold III. (um 1075–1136) wird heilig gesprochen. (Seit → 1663 Landespatron von Oberösterreich.)

14.11.1485. Die Untertanen von Schloss Ebelsberg sagen dem Bischof von Passau den Gehorsam auf. Sie werden wieder zum Gehorsam gebracht, ohne dass dadurch dem Lande „Aufruhr oder Schaden entstände".

1485. Die Sakristei der Stadtpfarrkirche Steyr wird mit einer prächtigen Wappentür geschmückt.

19.5.1486. Kaiser Friedrich III. ernennt Erzbischof Johann III. von Gran-Salzburg (1427/28 bis 1489) zum Statthalter von Österreich ob und unter der Enns. Linz, Enns, Freistadt, Grein und Steyr werden neu befestigt.

16.12.1488. Waffenstillstand mit dem Ungarnkönig Matthias. Das Land ob der Enns wächst noch mehr als bisher zusammen.

26.1.1489. Vecklastorf (Vöcklamarkt) wird zum Markt erhoben.

8.3.1489. Wegen verschiedener Beschwerden und Zwistigkeiten der Urbarleute zu Frankenburg beauftragt Kaiser Friedrich III. den Hauptmann ob der Enns, eine Tagsatzung zwischen ihnen und dem Grafen Jörg von Schaunberg und seinem Pfleger abzuhalten. Er soll sie oder ihre Anwälte anhören und möglichst gütlich vereinen.

30.4.1489. Kremsmünster wird zum Markt erhoben.

31.10.1489–17.1.1490. Turniere auf dem Linzer Hauptplatz, die ersten in Linz.

1489. Kaiser Friedrich III. macht Linz zu seiner Residenz. → S. 102

10.3.1490. Kaiser Friedrich III. verleiht der Stadt Linz das Recht zur Wahl eines Bürgermeisters und bezeichnet die Stadt als Hauptstadt des Landes ob der Enns.

Um 1490. Der Flügelaltar von Gampern entsteht.

1490/97. Der Kefermarkter Flügelaltar entsteht. → S. 96

24.1.1491. Wimsbach wird Markt.

27.8.1491. Grein wird Stadt.

20.7.1492. Der Dichter Delius wird in Linz von Friedrich III. zum Poeta laureatus gekrönt.

24.10.1492. Der Humanist Johannes Reuchlin (1455–1522) wird in Linz von Kaiser Friedrich III. zum Pfalzgrafen ernannt.

Ab 1492. Das „Hafnerhaus beim Stadtgraben" von Gmunden wird erwähnt. Erster Hinweis auf Gmundner Keramik (von jungsteinzeitlichen Funden und Resten eines römischen Töpferofens abgesehen).

Das Linzer Turnier *Am Samstag nach dem neuen Jahr (3. Jänner 1490) traf König Maximilian in Linz mit seinem Fechtmeister Anton von Yffan zusammen. (Aquarell der Bayerischen Staatsbibliothek, Cod. icon. 398, folio 10r.)*

Auf der Gämsenjagd

Über Kaiser Maximilian I., der ein begeisterter Jäger und Bergsteiger war, hat sich die Anekdote erhalten, dass er sich bei einer Gämsenjagd verstiegen hatte und weder vor noch zurück konnte. Drei Tage soll er so in einer Wand verbracht haben, bis ihn ein „Gämsjäger" befreite, der zum Dank dafür geadelt wurde.

Kaiser Maximilian I. Bildnis aus der Werkstatt Bernhard Strigels (1460–1528). Öl auf Holz.

Geburtstage

Um 1455

Johann von Geumann. Zweiter Hochmeister des von Kaiser Friedrich III. gegründeten Ritterordens zum hl. Georg (1508). Geboren um 1455, vermutlich in Eferding, Schloss Starhemberg. (Gestorben 23. 12. 1533.)

1459

Maximilian I. Geboren 22. 3. 1459 in Wiener Neustadt als Sohn von Kaiser Friedrich III. (1415 bis 1493), seit 1486 König, seit 1493 römisch-deutscher Kaiser. (Gestorben 12. 1. 1519 in Wels.) → S. 104, 106

Um 1460

Johannes Stabius (Stöberer). Humanist. Geboren um 1460 in Steyr. (Gestorben 1. 1. 1522 in Graz.) → S. 106, 409

Um 1465

Gregor Erhart. Bildschnitzer. Geboren um 1465 in Ulm. (Gestorben 1540 in Augsburg.) Schöpfer der Frauensteiner Madonna (1510/15). → S. 89

1480

Albrecht Altdorfer. Maler, Baumeister, Zeichner, Kupferstecher, Holzschnittzeichner. Geboren um 1480. (Gestorben 12. 2. 1538 in Regensburg.) → S. 91, 104, 150

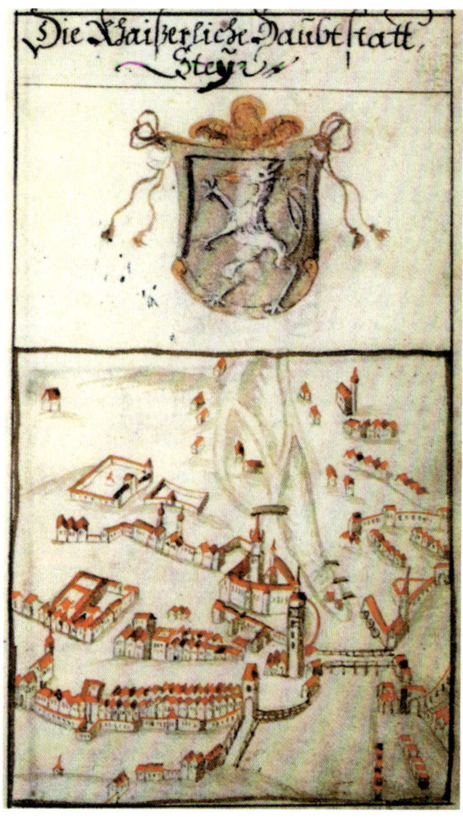

„Die Kaiserliche Haubtstatt Steyr". Ansicht mit Stadtwappen aus dem Schlösserbuch des Johann Seyfried Hager von Allentsteig, Pagina 183, 1661.

8.6.1493. Kaiser Friedrich III. wird in Linz das rechte Bein amputiert.

24.6.1493. In Gmunden wird der Ehevertrag von Maximilian I. mit seiner zweiten Frau, Bianca Maria Sforza, aufgesetzt.

5.7.1493. Für die Verdienste im Kampf gegen die Ungarn verleiht Friedrich III. St. Florian (bei Linz) das Marktrecht.

10.5.1496. Weihe von Kirche und Kloster Pupping.

3.3.1497. Maximilian I. (1459–1519) gestattet den Linzer Bürgern den Bau einer Brücke über die Donau. Es ist nach Wien und Krems die dritte Donaubrücke im österreichischen Raum.

1497. Propst Johannes IV. vom Kloster Schlägl führt bei seinen Untertanen in Österreich ob der Enns nach böhmischem Brauch den „Todtenfall" ein. Der gesamte Nachlass sollte nicht den Erben, sondern dem Kloster zufallen. Dies führt zur Verweigerung von Roboten durch die Untertanen. Der Streit wird erst 1525 bzw. 1529 beigelegt und fortan nur das Totenhaupt (zweitbester Ochse beim Mann und zweitbeste Kuh bei der Frau) gefordert.

In Steyr entsteht das Bummerlhaus. → S. 88

1500. Die Freistädter Sensenschmiede gründen eine Zunft.

Fast ein Wunder

„... kam das bayerische Barock nach Braunau – drängend, fordernd, und es muß fast als ein Wunder bezeichnet werden, daß sich Kunstdenkmäler, wie der Epitaph des Bischofs Mauerkircher aus Passau oder das Wunderwerk der Kanzel erhalten haben."

Rudolf Walter Litschel (1923–1980) über die alten Kunstwerke in Braunau, in „Kunststätten in Oberösterreich", Linz 1964.

Ein vollständiger Idiot

„Dieser ist ein Bischof wie das Schwein ein Briefträger."

Kaiser Friedrich III. (1415–1493) vor versammeltem Hofstaat über Erzbischof Friedrich V. von Schaunberg.

*

„Zwar von edler Geburt, sonst aber ein vollständiger Idiot." – „Er hatte etwa 19 Jahre lang eine bösartige Mätresse und Ehebrecherin bei sich, die ihn vollständig beherrschte." – „Der erzbischöfliche Hof wurde unter diesem Weib zu einem Zufluchtsort für Räuber, Diebe und anderes Gesindel."

Aus einer Chronik im Stiftsarchiv St. Peter, Salzburg.

Wolf Huber. Maler, Zeichner, Baumeister. Geboren nach 1480 in Feldkirch. (Gestorben 3. 6. 1553 in Passau.) → 1553

1495

Leonhard Paminger. Kirchenmusiker und Schriftsteller. Geboren 29. 3. 1495 in Aschach an der Donau. (Gestorben 3. 5. 1567 in Passau.)

1496

Peter Hofmandl. Bürgermeister von Linz (1542 bis 1551 und 1555). Geboren 1496. Eine Porträtmedaille in Silber (1535) zeigt das Bild des damals 39-jährigen Bürgermeisters.

Todestage

1457

Ladislaus (Postumus). König. Gestorben 23. 11. 1457 in Prag an der Beulenpest, auch ein Giftmord wird vermutet. Geboren 22. 2. 1440 in Komorn, dreieinhalb Monate nach dem Tod seines Vaters, König Albrecht II. (1397–1439), darum der Name Postumus (der Nachgeborene).

Nach 1458

Conrad von Hallstatt. Philosoph und Jurist. Gestorben nach 1458. Er wurde neunmal zum Rektor der Universität Wien gewählt. (1426, 1430, 1432, 1436, 1440, 1442, 1450, 1452 und 1456.)

1461

Georg von Peuerbach (auch Peurbach, Purbach). Mathematiker und Astronom. Gestorben 8. 4. 1461 in Wien. (Geboren 30. 5. 1423 in Peuerbach.) → S. 98, 408

1463

Albrecht VI. Herzog von Österreich. Gestorben 2. 12. 1463 in Wien. (Geboren 18. 12. 1418 in Wien.) → S. 101

1464

Aeneas Sylvius Piccolomini (Papst Pius II.). Gestorben 15. 8. 1464 in Ancona. (Geboren 18. 10. 1405 in Corsignano, später Pienza.) Seit 1442 Kanzleisekretär Kaiser Friedrichs III., seit 1445 Priester und als solcher Pfarrer in Aspach (Innviertel), Papst seit 1458.

1481

Andreas I. Rieder. Propst von Schlägl (1444 bis 1481). Gestorben 26. 1. 1481 in Schlägl. Er führte das Stift zur ersten Blüte.

1482

Bartholomäus Hoyer. Propst von Reichersberg (1469–1482). Gestorben 9. 2. 1482 in Reichersberg. (Geboren 1423 in Schloss Itter, Tirol.)

1483

Reinprecht V. von Wallsee. Hauptmann ob der Enns (1467–1478). Gestorben 19. 5. 1483. Er war der Letzte aus dem Geschlecht der Herren von Wallsee.

1487

Bernhard von Rohr. Erzbischof von Salzburg, (1466–1481). Gestorben 21. 3. 1487 in Salzburg. (Geboren 1417/18, in Schloss Leonstein.)

1491

Christoph von Zelking. Besitzer der Herrschaft Weinberg bei Kefermarkt. Gestorben 2. 8. 1491 in Freistadt. 1455 erste Erwähnung Christoph von Zelkings. Bauherr der Kirche von Kefermarkt. In seinem Testament vom 28. 10. 1490 sicherte er die Finanzierung des von ihm in Auftrag gegebenen Altars. (Geboren zwischen 1436 und 1440). → S. 96

1493

Friedrich III. Kaiser. Gestorben 19. 8. 1493 in Linz. (Geboren 21. 9. 1415 in Innsbruck.) → S. 93, 102

1494

Friedrich V. von Schaunberg. Erzbischof von Salzburg. Gestorben 4. 10. 1494 in Salzburg. Wahl 19. 12. 1489. (Geboren 1439.) →

1499

Benedikt II. Eck von Piburg. Abt von Mondsee (1463–1499). Gestorben 21. 3. 1499 in Mondsee. Auftraggeber für den Flügelaltar von Michael Pacher für St. Wolfgang. → S. 94

1500

Christoph von Schachner. Bischof von Passau (1490–1500). Gestorben 3. oder 4. 1. 1500. (Geboren um 1447 in der Gegend von Ried im Innkreis.)

Die Braunauer Stadtpfarrkirche *Das bedeutendste mittelalterliche Bauwerk des Innviertels: der Turm der Stadtpfarrkirche Braunau. Er stand ursprünglich frei und wurde erst später mit der Kirche verbunden.*

Der entführte Landes„herr"

6. September 1452. Der zwölfjährige Ladislaus (Postumus) wird von den Ständen seinem Vormund, Kaiser Friedrich III., entführt. Im Triumphzug wird das Kind nach Wien geleitet. Es ist nunmehr Landesherr auch für das Land ob der Enns. Allerdings übernimmt ein ständischer Rat die Regierungsgeschäfte.

Ablassbrief

„… Universis et singulis Christifidelibus praesentes litteras inspecturis lecturis et audituris salutem in domino sempiternam …" (Gruß im Herrn allen, die diesen [Ablaß]brief lesen …")

Aus einem Ablassbrief aus Rom für die Pfarre Hartkirchen vom 6. November 1484, in dem denen 100 Tage Ablass gewährt wird, die die Pfarrkirche an bestimmten Feiertagen besuchen und andere Bedingungen (Spenden) erfüllen.

Bruderkrieg

1458–1463. Erster Bruderkrieg im Hause Habsburg. Kaiser Friedrich III. erhebt Anspruch auf die Albertinischen Länder (Ober- und Niederösterreich). Sein Bruder, Herzog Albrecht VI. (1418–1463), stellt sich ihm entgegen. Nach Verhandlungen kommt es am 3. August 1458 in Wiener Neustadt zur Teilung Österreichs: Albrecht soll in Oberösterreich, Friedrich in Niederösterreich herrschen. Albrecht VI. zieht Anfang November 1458 in Linz ein, um von hier aus das Land ob der Enns zu regieren. Zur Verwaltung der Einkünfte bestellt er Münz-, Hub- und Rentmeister; ein weiterer Schritt zur Verselbständigung des Landes.
Nach Albrechts Tod (1463) übernimmt Friedrich die Herrschaft über das Land ob der Enns.

Lokaler Krieg

25. 4. 1464. Kaiser Friedrich III. verpfändet Jörg von Stein Burg und Herrschaft Steyr für ein Jahr. Als dieser die Pfandschaft nicht herausgibt, erhebt sich die Puchheimer Fehde, die im unteren Mühlviertel und um Steyr mit Raub, Mord und Plünderungen ausgetragen wird. Im Februar 1465 dehnt Jörg von Stein den Krieg auf St. Florian, Garsten und Lambach aus und plündert die Klöster. Aus diesem lokalen Krieg entwickelt sich schließlich ein Krieg mit Böhmen, der im Land tobt.

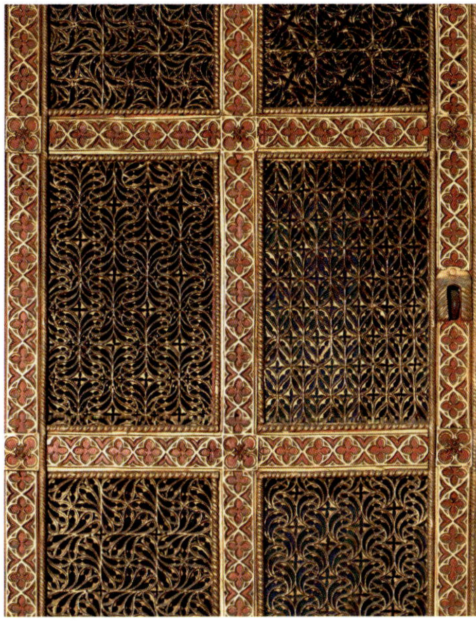

Reichvergoldete spätgotische Schmiedeeisengittertür am Sakramentshäuschen der Stadtpfarrkirche Steyr.

Erzherzog Albrecht VI.

Erzherzog Albrecht VI., Miniatur in Pergamenthandschrift (Gebetbuch für Albrecht VI.), 1455/63.

Großbistum Passau

1469. Mit der Errichtung des Bistums Wien beginnt das Ende des Großbistums Passau, das im Mittelalter eine Fläche von 42.000 Quadratkilometer umfasste und das größte Bistum des römisch-deutschen Reiches war. (Die Abtrennung des Diözesangebiets von Linz und St. Pölten erfolgte → 1783, 1785.)

Frieden von Gmunden

1. Dezember 1477. Im Frieden von Gmunden muss Kaiser Friedrich reichspolitisch große Zugeständnisse an Matthias von Ungarn machen und außerdem 100.000 Gulden Kriegsentschädigung zusagen, die die Länder ob und unter der Enns aufbringen sollten, aber aufgrund der zerrütteten Lage der Länder nicht mehr aufbringen können.

Georg Hoefnagel nach Lucas van Valckenborch. Kupferstich. Linz 1594.

Friedrich III.

Wenn man in Österreich Kaiser sagt, denkt man an Franz Joseph I., den langlebigsten Monarchen, den wir je hatten: 68 Jahre lang regierte er, seine glücklichste Zeit verbrachte er in Ischl. Eine Kaiserstadt aber, wie vielfach behauptet, war Ischl nie – eine Stadt wurde es erst, als es längst keinen Kaiser mehr gab (1940). Dagegen war Linz einmal eine Kaiserstadt, in einer ganz anderen Zeit. Unter Friedrich III. war Linz mehr als vier Jahre, von 1489 bis 1493, Residenz des Heiligen Römischen Reiches Deutscher Nation.

Die Ehre einer Kaiserresidenz können in Linz zwei Gebäude beanspruchen: neben dem Schloss ein Stadthaus in der Altstadt, vermutlich das Kremsmünstererhaus. Hierher hat sich der Kaiser in seinen letzten Lebensjahren zurückgezogen, wahrscheinlich ist er hier auch gestorben.

Erzschlafmütze des Reiches

Man nannte ihn „des Heiligen Römischen Reiches Erzschlafmütze", weil er bis in die späten Vormittagsstunden im Bett blieb – von extrem niedrigem Blutdruck wusste man damals noch nichts. Sein Lieblingsspruch war „Lasst mich nur machen!". Er machte dann allerdings nichts. Wodurch sich aber bekanntlich auch einiges erledigt.

Friedrichs Sekretär beklagte sich über „das elende Leben" am Hof des sparsamen Kaisers und hinterließ der Nachwelt diesen Stoßseufzer: „Nur der Unkundige meint, dass man hier in Freuden lebe, denn die Mahlzeiten sind ebenso schlecht wie der Wein, der in Holzkannen gereicht wird, die nur einmal im Jahr gereinigt werden; mehrere müssen zusammen schlafen. Den Sold erhalten die Beamten nie rechtzeitig und nie vollständig."

Bekannt ist auch, dass Friedrich einem seiner Diener als Belohnung eine reiche Bürgerstochter vermitteln wollte, um Geld zu sparen.

Kaiser Friedrichs A. E. I. O. U. ist auf dem Westtor (Friedrichstor) des Linzer Schlosses als Kopie zu sehen, das Original befindet sich im Schlossmuseum.

Funeralschild und Funeralhelm vom Begräbnis Kaiser Friedrichs III. Holz bzw. Leder, bemalt. 1493.

Trotzdem hielten die Zeitgenossen Kaiser Friedrich für unsagbar reich. In Graz, Linz und Wiener Neustadt habe er seine Schätze verborgen, hieß es. Dem Ruf des reichen Geizhalses verdankte es Friedrich auch, dass man ihn laufend bestahl. Der Kaiser entdeckte die Diebstähle manchmal und vermerkte sie peinlich genau in seinem Notizbuch:

„In der Fasten hat mir der Kreiger aus meinem Geld gestohlen, mehr als 2000 Gulden."

„Wechinger auch viel gestohlen."

Die Notizen führten zu nichts. Denn eines Tages stahl man dem Kaiser auch das Notizbuch …

Erfinder der Habsburger-Hausmarke

Erst zweihundert Jahre später taucht das ungewöhnliche Dokument, bei dem ganze Seiten durchgestrichen sind und Blätter fehlen, wieder auf.

Friedrichs Notizbuch ist für die Historiker trotzdem von unschätzbarem Wert. In diesem Notizbuch finden sich nämlich die für die österreichische Geschichte so bedeutsamen Buchstaben A. E. I. O. U.: „Bei welchem Bau oder auf welchem Silbergeschirr oder Kirchengewand oder anderen Kleinoden A. E. I. O. U., der Strich und die fünf Buchstaben stehen, das ist mein, Herzog Friedreis des Jüngeren gewesen oder ich habe das selbige bauen oder machen lassen", vermerkte schon der 21-jährige in seinem Notizbuch.

Zweifellos ist Friedrich der Erfinder der Habsburger-Hausmarke, aber dass er damit das Habsburgerziel „Alles Erdreich ist Österreich untertan" anpeilte, ist höchst unwahrscheinlich. Kaiser Sigismund (1368 bis 1437) aus dem Hause der Luxemburger lebte und regierte, Friedrich konnte zu dieser Zeit nicht daran denken, dass ihm jemals Österreich untertan sein werde, geschweige denn alles Erdreich. Vermutlich wollte der geizige und misstrauische Friedrich mit dem Fünfvokalzeichen nur sein persönliches Eigentum markieren. (Im Linzer Schloss ist auf dem Friedrichstor das A. E. I. O. U. zu sehen, als Kopie, das Original befindet sich im Schlossmuseum.)

Am liebsten in Österreich

Friedrich entstammt der steirischen Linie des Hauses Habsburg, er wird am 21. September 1415 in Innsbruck als Sohn des Herzogs Ernst des Eisernen von Österreich (1377–1424) geboren, während einer Reise seiner Eltern. In Österreich hält er sich auch am liebsten auf – immer wieder wird ihm vorgeworfen, dass sich der deutsche Kaiser nur um Österreich kümmere.

Mit 25 Jahren wird er deutscher König, mit 37 römischer Kaiser. Ein halbes Jahrhundert ist untrennbar mit seinem Namen verbunden, denn Friedrich wurde fast 78 Jahre alt.

Die Beinamputation in Linz an Kaiser Friedrich III. hat ein unbekannter Meister festgehalten. Pergamentblatt mit Deckfarbenmalerei. Ende 15. Jahrhundert.

A. E. I. O. U.

Mehr als 300 lateinische und ungefähr 500 deutsche Deutungen hat dieses von Friedrich III. erfundene Habsburgische Hauszeichen bisher erfahren. Die bekanntesten:

Austriae est imperare orbi universo.
Alles Erdreich ist Österreich untertan.
Als Erdreich ist Osterrich underthan.
Allen Ernstes ist Österreich unersetzlich.
Aller Ehren ist Österreich voll.
Aller Einigkeit ist Österreichs Unsterblichkeit.

Aber **E**iniges **I**st **O**ffenbar **U**nhistorisch.
Auch die unhistorischen Auslegungen von „A. E. I. O. U." sind Legende. Zum Beispiel:
Allen Ernstes ist Österreich unregierbar.
Auch Eselei ist offenkundig unsterblich.
Am End' is olles umasunst.

Ansicht der Stadt Linz. Fresko im Palazzo Vecchio, Florenz.

Einmal war Linz eine Kaiserstadt

Kaiser Friedrich III. Abbildung im Greiner Marktbuch. Pergamenthandschrift. Um 1490.

In seinen letzten Lebensjahren ist Friedrich ein Linzer geworden. Er erklärt Linz zur Hauptstadt des Landes ob der Enns, er sichert den Linzern die freie Wahl des Bürgermeisters zu.

Es war die Flucht vor den Ungarn, die Linz zu der Ehre verhalfen, für einige Jahre de facto die Hauptstadt des Heiligen Römischen Reiches Deutscher Nation zu sein, behaupten die meisten Historiker. Der ungarische König Matthias Corvinus machte ihm zu schaffen, die Wiener waren zu ihm übergelaufen, die Buchstaben A. E. I. O. U. wurden von Friedrichs Anhängern nun mit „Aller erst ist Österreich verloren" gedeutet. „Doch die Entscheidung, in Linz Residenz zu nehmen, entsprach nicht nur den Zwängen, sondern auch politischen Maßnahmen und Programmen", konstatiert der Salzburger Historiker Heinrich Koller 1986 in einer Arbeit über Friedrich III. und die Stadt Linz. Die Wahl für Linz ist sicherlich keine „Notlösung" gewesen. Zweifellos fühlt sich der Kaiser trotz seiner Sorgen in Linz wohl, das geht aus vielen Einzelheiten hervor, die man von ihm weiß: Er lebt bescheiden in seinem Bürgerhaus in der Altstadt, befasst sich mit mathematischen und astrologischen Spielereien, mit Gartenbau und Vogelkunde, versucht ein Lebenselixier herzustellen und Gold zu machen, umgibt sich mit gelehrten Männern und diskutiert eifrig mit ihnen, besorgt zwischendurch die politischen Geschäfte.

Mit 78 ein Bein amputiert

Einige Jahre geht das so, bis zum 8. Juni 1493. An diesem Tag wird Friedrich ein Bein amputiert, das vom Wundbrand befallen war.

Der Kaiser übersteht diese Operation und ist noch einige Wochen in guter Verfassung. Dass er dann schließlich nach dem Genuss von unreifen Melonen gestorben sein soll, die er zu gierig verschlungen hatte, wurde zwar von Chronisten behauptet und wird seither von Geschichtsschreibern ständig wiederholt, gehört aber in das Reich der Legenden. Möglicherweise steckt die Absicht dahinter, diesem Herrscher, über dessen Einschätzung sich die Historiker bis heute nicht einig sind und den manche als unfähig bezeichnen, auch ein unwürdiges Ende anzudichten. Es existiert jedoch ein ausführlicher Bericht des kaiserlichen Arztes, der die Melonenstory mit keinem Wort erwähnt.

Wahrscheinlich ist es ein Schlaganfall, der am 19. August 1493 das Leben des fast 78jährigen sanft beendet. Die Grabstätte teilt sich Linz mit Wien: In der Linzer Stadtpfarrkirche ruhen Herz und Eingeweide des Kaisers, im Stephansdom die übrigen sterblichen Überreste.

Rudolf Lehr

Eleonore von Portugal, die Gemahlin Kaiser Friedrichs III. Anonymes Ölgemälde aus dem 15. Jahrhundert.

Säu und Misthaufen

„Nachdem bisher die Gassen durch Säu und Misthaufen etwas unwießlich gehalten worden, empfehlen wir euch mit Ernst, daß ihr darob seint, damit dieselben Säu und Mist ab den Straßen getan."

Maximilian I., 1501.

Der hochlöblich König

Hier hat gerast der hochlöblich König.

Inschrift über einen Besuch Maximilians I. auf dem Hallstätter „Saltzperg", 5. Jänner 1504.

Rechts: Bauer und Geistlicher. Holzschnitte aus Sebastian Münsters „Cosmographia".

1501–1550

Kalender

1501

1.3. Erste Theateraufführung in Linz: Das Linzer Schloss ist Schauplatz eines Festspiels, als Vinzenz Longinus vor Kaiser Maximilian I. (1459 bis 1519) und seinem Hof zum Dichter gekrönt wird.

15./16.8. Hochwasser in Linz und den anderen Donauorten.

1503

Linz wird ständiger Tagungsort der Landstände.

1505

Fertigstellung der gotischen Kirche von Hallstatt. Weihe der Nikolauskirche in Urfahr, Ottensheimerstraße. (1789 gesperrt.)

1506

16.1. Das Mondseeland kommt zu Österreich. Unterhändler der Herzöge Albrecht und Wolfgang von Bayern und des Königs Maximilian schließen ein Übereinkommen über die Abtretung der dem König zugesicherten Gebiete, darunter auch des Landgerichts Wildeneck (Mondseeland). Die von den österreichischen Landesfürsten erworbenen Gebiete werden jedoch an die Salzburger Erzbischöfe (bis 1584) verpfändet. Zu Oberösterreich kommen auch Neuburg am Inn, Rannariedl und Neuhaus an der Donau.

14.11. Maximilian I. zur Jagd auf dem Traunstein.

1507

17.8. In Vorderstoder wird die erste Kirche zu Ehren des heiligen Leopold (um 1075–1136), seit → 1663 Schutzpatron von Österreich, geweiht.

13.9. Stadtbrand in Freistadt: 28 Tote.

1508

Nach der Zerstörung in den Hussitenkriegen (1422) und den böhmischen Grenzkriegen (1468) wird die Pfarrkirche Wartberg (ob der Aist) als dreischiffige Hallenkirche errichtet.

Der kaiserliche Baumeister Hans Geyer (gestorben 1525) erhält den Auftrag zum Umbau der Burg in Steyr.

1509

1.4. Stadtbrand in Linz.

Albrecht Altdorfer (um 1480–1538) erhält den Auftrag, für das Stift St. Florian einen Sebastianaltar zu malen. Das malerische Hauptwerk des Meisters wird 1518 aufgestellt. → S. 91

1510–1515

In Hallstatt entsteht der Flügelaltar von Leonhart Astl. Gregor Erhart (um 1465/70–1540) schafft mit der Frauensteiner Madonna eines der großen Meisterwerke des Landes. → S. 89

1511

In Hallstatt wird der Neue Maximilianstollen angeschlagen, der bis heute (als Wasserförderstollen) in Betrieb ist.

1511–1514

Die harte Eintreibung von Steuern und Pfändungen von Vieh durch den tyrannischen Wolfgang von Polheim, Pfandinhaber der Herrschaften Kammer, Kogl und Frankenburg, führt zu einem bewaffneten Aufstand. Die Untertanen vertreiben die Steuereinnehmer, werden aber überwältigt und gefangen genommen. Am 20. Mai 1512 reichen die Bauern beim Kaiser eine Beschwerdeschrift ein. Er sichert ihnen zu, dass sie nicht weiter bedrückt werden.

1512

Datierung der gotischen Fresken in der Gruft von Altenburg (Windhaag bei Perg).

1513

Der „Meistersinger aus Nürnberg", Hans Sachs (1494–1576), in Wels. → S. 107

Beginn der Arbeiten am Linzer Rathaus-Neubau.

1514

12.3. Der Humanist Joachim Watt (1483/84–1551) wird von Kaiser Maximilian I. zum Poeta laureatus gekrönt.

18. und 29.4. Kaiser Maximilian I. im Stift St. Florian, wo die Suche nach dem Märtyrer-Leichnam des heiligen Florian besprochen wird.

4.8. Kaiser Maximilian I. schließt in Gmunden ein Bündnis mit Russland.

Um 1515/20

Spätgotische Flügelaltäre in Waldburg (Hochaltar 1517 datiert) und Gebertsham.

1516

1.9. Neun Jahre nach dem Stadtbrand in Freistadt sind bei einem Großbrand 19 Menschenleben zu beklagen.

In Steyr wird die „Gesellschaft des gestreckten Stahls" gegründet. Der in den Hammerwerken von Weyer und Umgebung erzeugte Vorderkernstahl wird im Steyrtal (Neuzeug und Sierning) in kleinen Streckhämmern zu besseren Stahlsorten (Scharsachstahl) verarbeitet.

1518

13.12. In Linz veröffentlicht Kardinal Cajetan (1469–1534) als Legat Papst Leos X. die amtliche päpstliche Verlautbarung über die Lehre vom Ablass. Kardinal Cajetan war nach Verhandlungen des Augsburger Reichstags und Gesprächen mit Martin Luther auf dem Weg nach Wien und Rom. In Linz dürften ihn die Boten des Papstes erreicht haben. Der Ablassmissbrauch war eine der Ursachen der religiösen Unruhen.

30.12. Maximilian I. verfasst in Wels sein Testament. →

In Altmünster entsteht der spätgotische Allerheiligenaltar mit einer Renaissance-Umrahmung. → S. 108

Albrecht Altdorfer. Tafel „Händewaschung" vom Sebastianaltar. 1509–1518. St. Florian.

1519

2.2. Die Stände des Landes formieren sich in Linz zur Opposition.

Um 1520

Erhöhung des Langhauses in der Pfarrkirche Königswiesen, eines der hervorragendsten Bauwerke der Spätgotik in Österreich.

1520/25

Der „Stippelhof" entsteht (später Dunklhof), eines der bedeutendsten erhaltenen spätgotischen Bürgerhäuser von Steyr.

1521

5.6. Landtag der Länder Österreich ob und unter der Enns. Der Enkel Maximilians, Erzherzog Ferdinand I. (1503–1564), weist die Forderungen der Stände ab. Gegen die Straßenräuberei im Mühlviertel werden Maßnahmen eingeleitet.

7.11. In einem Benefizium für den Allerheiligenaltar von Altmünster wird erstmals darauf hingewiesen, dass die Reformation erwartet wird.

Die älteste Urkunde über die Post in Oberösterreich. Moritz von Paar scheint als Postmeister von Linz auf.

1522

18.3. In Steyr vernichtet eine Feuerbrunst 55 Häuser, fünf Stadttürme, zwei Stadttore sowie die Ennsbastei, einen großen Teil der Befestigung, das Dominikanerkloster und den Pfarrhof.

Oberösterreich wird Erzherzogtum und damit Niederösterreich gleichgestellt.

1523

23.6. Weihebrief über die Allerheiligenkapelle in Altmünster mit Aufzählung der im Altar niedergelegten Reliquien.

In Weigersdorf (Gemeinde Ried im Traunkreis) entsteht das Langhaus der Kirche, das schönste Beispiel spätgotischer, zweischiffiger Landkirchen des Traunviertels.

Der Stadtrichter von Steyr erhält die Jurisdiktion über Leben und Tod.

1524

4.1. In einer Versammlung aller Welt- und Ordenspriester Oberösterreichs in Linz herrscht eine erregte Proteststimmung.

In der Formulierung „Unseres camerguts des Saltzs" taucht erstmals der Begriff Salzkammergut auf.

In Steyr wird zum ersten Mal die obere Brücke über die Enns („Neubrücke") erbaut.

1525

4.4. Erzherzog Ferdinand erlässt den Befehl nach Steyr, aufrührerische Schriften zu unterdrücken.

Mai–Juli. Bauernunruhen, vor allem in St. Georgen im Attergau und Vöcklamarkt.

Wenn ein Pfarrer strafen will ...

„Wenn ein Pfarrer einen äußeren oder inneren Untertan strafen will, soll er es in rechtem Ausmaß tun. Sollte ein Pfarrer einen Untertan zu hart in seinem Gefängnis halten, so daß ihm diese Strafe zum Verderben wird, darf der Betreffende diese Sache vor den Vogt in Steyr bringen …
Die Dorfleute haben den Krautgarten des Pfarrhofes zu betreuen und darin die Pflanzen zu setzen. Wenn sie das tun, erhalten sie Brot und Käse. Zum Pfarrhof gehören auch zwei Wiesen, von diesen müssen die Pfarrhofuntertanen bei jeder Ernte das Heu aufladen und helfen, es in Schober zu bringen.
Wenn ein Pfarrhofuntertan einer dieser Verpflichtungen bewußt nicht nachkommt, so nimmt man ihm als Strafe die Stubentür oder schlägt ihm den Ofen nieder. Es sei denn, er vergleicht sich mit dem Pfarrer."

Aus dem „Weistum" über Rechte und Pflichten des Gotteshauses Sierning und seiner Untertanen, 4. 11. 1526, zitiert aus „Sierning", 1985.

Das Erczherzogtumb Oesterreich ober Enns *Die älteste Regionalkarte Oberösterreichs: „Beschreibung des Erczherzogtumb Oesterreich ober Enns durch Augustin Hirschvogel". Augustin Hirschvogel lebte von 1503 bis 1553 in Nürnberg. Nach der 1542 entstandenen und nicht mehr erhaltenen Karte wurden vierzig Jahre später Kupferstiche angefertigt.*

Mit insgesamt 200 Zechen und Bruderschaften ist Steyr im Zunftwesen führend im Land ob der Enns.

Von Wolf Huber (1480–1553) entsteht „Geißelung und Dornenkrönung" für St. Florian. Mit 1525 datiert ist ein Secco-Bild in der Pfarrkirche Altheim.

1527

In Wels können sich der lutherisch gesinnte Stadtpfarrer Wolfgang Mosenauer und seine beiden Kooperatoren mit Hilfe der Bevölkerung der Verhaftung entziehen. Der Welser Mosenauer, 1505 Rektor der Wiener Universität, gilt als Wegbereiter des Protestantismus in Wels.

1527–1528

Prozesse gegen Wiedertäufer in Steyr enden mit Todesurteilen.

1529

28.8. Ferdinand I. (1503–1564), seit 1526 ungarischer König, erlässt in Linz einen flammenden Aufruf „an die gesamte Christenheit" gegen die Türken, „den grausamen Tyrann".

1532

12.–20.9. Aufenthalt von Kaiser Karl V. (1500 bis 1558) in Linz, auf der Durchreise von Passau nach Wien.

Türkische Scharen kommen in der Gegend von Enns und Steyr ins Land ob der Enns. Weyer wird gebrandschatzt. Es ist der westlichste Punkt Europas, den die Türken erreichen.

1534

11.9. Frieden von Linz: Die Abgesandten König Ferdinands I. und der Herzöge Wilhelm IV. (1493–1550) und Ludwig (1495–1545) von Bayern schließen in Linz ein Bündnis und eine Heiratsabrede zwischen Österreich und Bayern, nachdem Bayern die Königswahl Ferdinands I. anerkannt hatte.

1537

Ein Schifffahrtskanal zähmt den „Wilden Lauffen", das größte Hindernis für die Traunschifffahrt zwischen Hallstatt und Ischl.

1538

Das um 1422 erbaute Steyrer Rathaus wird renoviert.

1539–1542

Soziale Unruhen wegen zu hoher Steuern und Dienste im Garstental. Zehn Rädelsführer werden zur Zwangsarbeit in den Wiener Stadtgräben verurteilt.

Sommer 1541

Gesamtösterreichischer Landtag in Linz.

Der Herzog aus Gnaden …

„… hat der Herzog aus Gnaden den Sitz Forstern mitsamt dem Fischwasser, das da gehet bis auf den Inn mit Wunn und Weid und aller Zugehörigkeit, nichts ausgenommen, der Stadt Braunau dergestalten gegeben und geschenkt, daß die Bürger damit handeln, tun und lassen können wie mit anderem der Stadt eigenem Gut, mit dem ernstlichen Gebot, daß die fürstlichen Amtleute sich daran festiglich halten und die Stadt handhaben und dabei verbleiben lassen sollen, wenn sie schwere Strafen und den Verlust der fürstlichen Gnade vermeiden wollen.“

Geben zu Braunau am Mittichen vor St. Veitstag 1504.

Prangersäule auf dem Marktplatz von Putzleinsdorf, 1580.

Geburtstage

1525

Urban von Trennbach. Bischof von Passau (1561 bis 1598). Geboren 10. 5. 1525 in Schloss St. Martin im Innkreis. (Gestorben 9. 8. 1598 in Passau.)

1526

Elisabeth. Erzherzogin, Königin von Polen. Geboren 9. 7. 1526 in Linz. (Gestorben 15. 6. 1545 in Wilna.) Älteste Tochter von Kaiser Ferdinand I. (1503–1564) und Anna von Böhmen und Ungarn (1503–1547). Vermählt (1543) mit König Sigismund II. August (1520–1572). → S. 112

1529

Ferdinand II., Erzherzog von Österreich-Tirol. Geboren 14. 6. 1529 in Linz. (Gestorben 24. 1. 1595 in Innsbruck.) Sohn Kaiser Ferdinands I., Bruder von Elisabeth. Verheiratet mit der Patriziertochter Philippine Welser (um 1527–1580).

Um 1530/35

Michael Freiherr von Aitzing. (Eitzing, Eitzinger, Aitsingerus, Eyzinger). Geschichtsschreiber. Geboren um 1530 in Obereitzing, Gemeinde Eitzing, Bezirk Ried. (Gestorben 1598 in Bonn.) Herausgeber eines Periodikums, eines Vorläufers von Zeitungen.

Lucas van Valckenborch. Niederländischer Maler und Zeichner. Geboren vor 1535 in Löwen oder Mecheln. (Gestorben 2. 2. 1597 in Frankfurt am Main.) 1581–1591 in Linz und Kremsmünster.

1549

Georg Calaminus. (Rörig). Dichter. Geboren 23. 4. 1549 in Silberberg, Schlesien. (Gestorben 11. 12. 1595 in Linz.) → S. 112

Todestage

1504

Johannes IV. Suerzwandel (Scherzwadel). Abt von Lambach (1474 bis 1504). Gestorben 24. 5. 1504 in Lambach. → S. 148

1507

Rueland Frueauf der Ältere. Spätgotischer Tafelmaler. Gestorben 1507 in Passau. (Geboren um 1445 in Obernberg am Inn.)

1512

Wolfgang Freiherr von Polheim und Wartenburg. „Regent“ von Österreich unter und ober der Enns, Steyer, Kärnten und Krain (1501–1512). Gestorben 11. 11. 1512. (Geboren 1458.) „Ein Herr von großen Ansehen, und sondern Vertrauen bey Kaiser Maximilian, mit den er viel Jahr in den Niederlanden gewest, auch samt denselben und andern vornehmen Herrn zu Brugg in Flandern gefangen worden.“ (Valentin Preuenhueber, gestorben 1642, in einem „Catalogus aller im Ertz-Hertzogthum Oesterreich ob der Enns gewester Haupt- und Landts-Hauptleuth“.)

1514

Ladislaus von Prag. (Laßla Prager). Freiherr von Windhaag (bei Perg). Gestorben 28. 11. 1514. Grabstein in der Gruft von Altenburg → S. 104.

1519

Maximilian I. Gestorben 12. 1. 1519 in Wels. Seit 1486 römischer König, seit 1493 römisch-deutscher Kaiser. (Geboren 22. 3. 1459 in Wiener Neustadt.)

1521

Wolfgang Haberl. Abt von Mondsee (1499 bis 1521). Gestorben 12. 10. 1521 in Mondsee, an der Pest. (Geb. in Lindau, Gemeinde Zell am Moos.)

1522

Johannes Stabius (Stöberer). Humanist. Gestorben 1. 1. 1522 in Graz. (Geboren um 1460 in Steyr.) Mathematiker, Astronom, Geschichtsschreiber, Kartograph. → S. 409

1533

Cyriak Freiherr von Polheim und Wartenburg. Statthalter der österreichischen Lande (Landeshauptmann) 1521–1533. Gestorben 2. 7. 1533 in Linz. (Geboren 6. 6. 1495.)

Johann von Geumann. Zweiter Hochmeister des von Kaiser Friedrich III. gegründeten Ritterordens zum hl. Georg (1508). Gestorben 23. 12. 1533. (Geboren um 1455, vermutlich auf der Feste Starhemberg.)

1534

Michael Leroch. Abt von Lambach (1514–1534). Gestorben 28. 3. 1534 in Lambach.

1538

Albrecht Altdorfer. Maler, Baumeister, Zeichner, Kupferstecher. Gestorben 12. 2. 1538 in Regensburg. (Geboren um 1480.) Hauptmeister der Donauschule. Hauptwerk: Sebastianaltar für St. Florian. → S. 91, 104, 150

1539

Helferich Freiherr von Meggau. Landeshauptmann (1533–1539). Gestorben 6. 2. 1539. Grabstein in Bad Kreuzen.

1540

Gregor Erhart. Bildschnitzer. Gestorben 1540 in Augsburg. (Geboren um 1465/70 in Ulm.) Der Schöpfer der Frauensteiner Madonna (1510/15). → S. 89

Leonhard Schilling. Gestorben 1540 in Mondsee. Humanist, Verfasser vieler historischer Werke. (Geboren in Hallstatt.)

1545

Peter Maurer. Propst von St. Florian (1508–1545). Gestorben 28. 5. 1545 in St. Florian. (Geboren in St. Florian.) Er war der Auftraggeber von Albrecht Altdorfer. →

Elisabeth. Königin von Polen. Gestorben 15. 6. 1545 in Wilna. → Geburtstag 1526

Die Steeger Klause

1511. Zur besseren Schiffbarmachung der oberen Traun wird in Steeg am Hallstätter See die erste Flussregulierung vorgenommen, die „Steeger Klause“, eine 110 Meter lange Schleusenanlage mit elf Klausentoren. Dadurch wird der Wasserspiegel um einen Meter gehoben. Wenn Salzzillen traunabwärts fahren, wird das Klauswasser abgelassen, drei Stunden vor Beginn der Schifffahrt werden die Schleusen geöffnet. Die Flutwelle hebt den Wasserspiegel, die Salzschiffe haben das erforderliche Fahrwasser.

Maximilians Testament

30./31. Dezember 1518. Von Todesahnungen erfüllt, die ihn veranlassten, auf seinen Reisen stets den Sarg mitzuführen, diktiert Kaiser Maximilian I. in dieser Nacht in der kaiserlichen Burg zu Wels seinem Sekretär Johann Vinsterwalder seinen Letzten Willen. „Darauf ergeben Wir uns dem Allmächtigen und thun uns seiner göttlichen Gnad woll uns als ein(en) frommen Christenmenschen erfunden lassen werden“, heißt es darin. Er ordnet die Beisetzung in der von seinem Vater (Friedrich III.) errichteten Georgskapelle in der Wiener Neustädter Burg an und verfügt, dass ihm nach dem Tod das Haupthaar geschoren und die Zähne ausgebrochen werden sollen, dass sein Körper mit Kalk und Asche bestreut werden müsse, bevor man ihn in Hüllen gewickelt in den Sarg legen würde. So, als Büßer, ist der Kaiser wenige Tage später, am 12. Jänner 1519, vor seinen Schöpfer getreten.

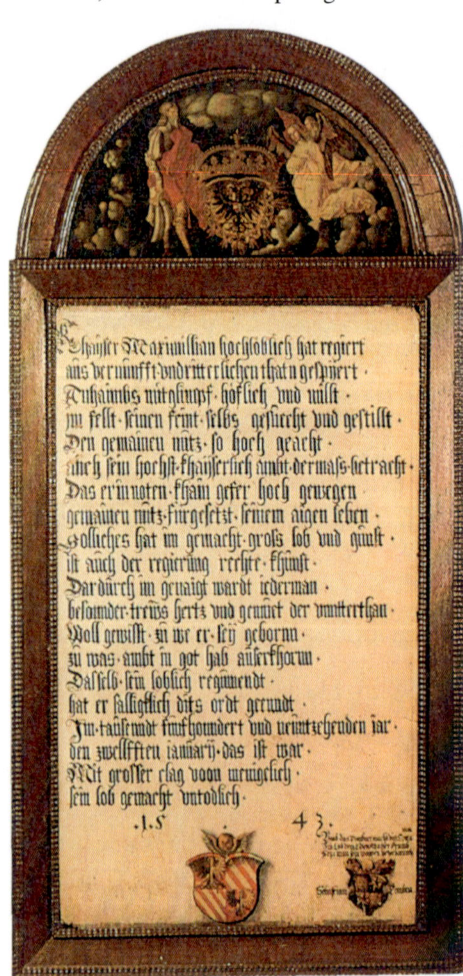

Epitaph des Sebastian Tombner aus dem Sterbezimmer Maximilians. Schrifttafel 1543, Lünette 1556. Malerei auf Holz.

Hans Sachs in Wels

In solchem schweren Phantasieren
Ging ich hin vor das Tor spazieren
Ueber ein Wasser, heißt die Traun,
und kam vor einen runden Stecken-Zaun.

Hans Sachs in einem Gedicht aus dem Jahr 1536 über seinen Aufenthalt im Jahr 1513 in Wels, erneuert von Richard Kralik, zitiert in: Ferdinand Wiesinger „Die Heimat im Wandel der Zeiten", Wels 1932.

Viel Hunger leiden

„dehshalb die Arbeiter viel Hunger leiden zu der großen strenngen Arbeit die Tag und Nacht werd …"

Aus dem „Ersten Reformationslibell" (1524), das den Arbeitern von Hallstatt das Fischen erlaubt, das sonst nur der kaiserlichen Familie und den Hofbeamten vorbehalten bleibt.

Ehemalige kaiserliche Burg in Wels. (Burgmuseum mit Sterbezimmer Maximilians I.)

Historische Hochzeit

26. Mai 1521. Linz ist der Schauplatz einer historischen Fürstenhochzeit: Der Habsburger Ferdinand, Enkel Maximilians I., Bruder von Karl V. und späterer Kaiser, heiratet im Alter von 18 Jahren die Tochter des Königs Wladislaw von Böhmen und Ungarn, Anna. Die Hochzeit findet mit aller fürstlichen Pracht statt, mit Turnieren und Ritterspielen (Losensteiner Turnier →). Diese Verbindung schafft die Voraussetzung für die territoriale Ausdehnung der späteren Donaumonarchie.
Schon am 22. 7. 1515 hatte Ferdinands Großvater, Kaiser Maximilian I., in Vertretung eines seiner Enkel die damals zwölfjährige Anna im Wiener Stephansdom geheiratet. Am 20. 7. 1516 fand in der Wiener Hofburg eine Ferntrauung statt. Erst 1521 hat sich das Brautpaar in Linz zum ersten Mal gesehen. Trotzdem wurde diese politische Verbindung eine der wenigen glücklichen Ehen im Hause Habsburg. Anna schenkte 15 Kindern das Leben, von denen zwölf das Kaiserpaar überlebten.

Die Pest im Land

1521–1585. Ein Beispiel für viele, das eine ungefähre Vorstellung vermittelt vom Wüten der Pest in unserem Land: In der Gemeinde Hartkirchen (Bezirk Eferding), heute eine Gemeinde mit rund 4000 Einwohnern, fordert die Pest im Jahr 1521 mehr als tausend Opfer. Die Stadt Linz wird vor allem in den Jahren 1540/41 von der Seuche heimgesucht, Steyr außer in diesen Jahren noch 1569/70 und 1584/85.

Bauernaufstand

26. Mai 1525. In St. Georgen im Attergau versammeln sich die unzufriedenen Bauern.

1. Juni. Die Bauern bewaffnen sich und schicken Boten nach Mondsee, Kammer, Frankenmarkt und Vöcklabruck, um die Unzufriedenen zu sammeln.

11. Juni. Ein in allen Kirchen des Landes verlesenes abmahnendes „Generali" der Stände reizt die Bauern zum Aufstand.

12. Juni. In Vöcklamarkt versammeln sich 2000 Aufständische und plündern das Gerichtshaus.

1. Juli. In St. Georgen im Attergau schließen die Bauern einen Bund und verlangen die Aufhebung der Robot (Frondienst). Durch Uneinigkeit endet der Aufstand jedoch noch im gleichen Monat.

Das „Losensteiner Turnier" des Jahres 1521 in der Darstellung eines Biedermeiermalers. Vor der Ehrentribüne sorgen landständische Trompeter und Pauker für die musikalische Umrahmung des Turniers. Unsigniertes Ölbild aus dem Jahr 1825.

Taler aus dem Jahr 1545 aus der Münzstätte Linz (1526–1563) mit dem Bildnis Ferdinands I. Beidseitig beschlagene Silbermünze.

Komm, heiliger Geist!

16. August 1527. Am Innufer von Schärding wird der Vikar von Waizenkirchen, Leonhard Kaiser (Käser), verbrannt. Das Lied „Komm, heiliger Geist", das der Verurteilte anstimmt, wird von der Zuschauermenge mitgesungen.

Losensteiner Turnier

1521. Häufig erzählt wird in Oberösterreich die Geschichte des mutigen Sebastian von Losenstein, der sich bei der Fürstenhochzeit einem prahlerischen spanischen Ritter zum Turnier stellte. Der Losensteiner war klüger, stärker und tapferer – und sicherte sich damit einen Platz in den Lesebüchern.

Marktrechte

In den Jahren um 1500 bis 1550 erhalten verschiedene Orte Marktrechte und Marktordnungen oder diese werden bestätigt: Aschach an der Donau, Dimbach und Riedersdorf (Pabneukirchen), Gramastetten, Haslach, Lasberg, Mauerkirchen, Neukirchen am Walde, Neumarkt am Hausruck, Oberneukirchen, Obernberg am Inn, Offenhausen, Riedau, St. Nikola und Sarmingstein, Sarleinsbach, Schörfling, Timelkam, Windischgarsten, Zwettl an der Rodl.

335.000 Oberösterreicher

Um das Jahr 1527 hat Oberösterreich rund 335.000 Einwohner.

Renaissance-Stuckverzierung mit mythologischer Figur. Schloss Weinberg.

Renaissance in Oberösterreich

Wir können die Renaissance in Oberösterreich in vier Entwicklungsstufen verfolgen. Die erste Stufe reichte vom Beginn des 16. Jahrhunderts bis zum Türkenkrieg von 1529 und verlief demnach parallel mit der Spätgotik. Die Baugesinnung war noch weitgehend der Gotik verhaftet, doch wurden nun verschiedentlich „modische Gags" angebracht, man entnahm einzelne Bauelemente dem Formenvokabular der Renaissance.

Die Renaissance kam einerseits dem Denken der Humanisten entgegen, andererseits fand diese Kunstrichtung auch die interessierte, ja begeisterte Zustimmung des Kaisers, des Adels und der Stände. Die Habsburger waren, wie ihre Heiratspoltik zeigt, stets bereit, Fremdes mit Einheimischem zu vermischen. Überdies schickten die Adeligen und die wohlhabenden Bürger ihre Söhne an die Universitäten nach Italien, wo sie mit der neuen Kunst in Verbindung traten und als ihre Verfechter zurückkehrten. In der Folge reisten die heimischen Meister nach dem Süden, um die Besonderheiten der Renaissance kennenzulernen.

Allerheiligenaltar in Altmünster

Wir haben in Oberösterreich zwei sehenswerte Beispiele der Sakralkunst aus der Zeit vor 1530: Der Allerheiligenaltar in Altmünster stammt aus 1518. Die stark individualisierten Gestalten zeigen sich vor einer Renaissancearchitektur mit Pilastern und Girlanden. Das zweite Beispiel ist der im Oberösterreichischen Landesmuseum befindliche Lorcher Altar. Er besteht u. a. aus drei Reliefs mit der Darstellung des Bethlehemitischen Kindermordes. Herodes sitzt auf einem Renaissancethron, die Gewänder der Figuren sind überreich mit Ketten, Perlen und Stickereien verziert. Wir sehen, wie hier die spätgotische Richtung der Donauschule versucht, alte Formen abzuschütteln und neuen zuzustreben.

Ein anderes Beispiel aus dieser Zeit ist der Wallfahrerbrunnen von St. Wolfgang. Die Laube besteht aus vier durch Rundbogen verbundenen toskanischen Säulen und verwendet antike Formen. Im weltlichen Bereich wäre hier das Linzer Rathaus anzuführen, das 1513 errichtet wurde, doch hat sich aus dieser Zeit nur noch der achtseitige turmartige Eckerker erhalten.

In der zweiten Phase erreichte die weltliche Architektur ihre Blütezeit. Nun wanderten zahlreiche italienische Baumeister, Stukkateure, Bildhauer, Maler und Kunsthandwerker ins Land. Die „welschen Maurer" waren übrigens durchaus willkommen, da man sie als Fachleute auf dem Gebiet des Festungsbaues schätzte. Man begann die Burgen zu Schlössern umzubauen, man stattete die Gebäude – weiterhin – mit Ecktürmen aus, gab ihnen palastartige Fassaden, versah sie mit prächtigen Portalen und repräsentativen Stiegenaufgängen, errichtete die schönen Laubenhöfe und sorgte für eine reiche Ausstattung der Innenräume durch Holzdecken – beliebt waren Kassettendecken-Wandverkleidungen, prunkvolle Öfen, Keramiken aller Art und Intarsientüren.

Das prächtige Nordportal des Linzer Landhauses, aus rotem Marmor und mit Reliefs und Wappen verziert, um 1570.

Der Allerheiligenaltar in Altmünster aus dem Jahr 1518 mit der prachtvollen Renaissance-Umrahmung.

Im ersten Stock des Abteitrakts des Stifts Kremsmünster befindet sich ein Zimmer mit Renaissance-Kassettendecke. 1610.

Vermutlich in einer Steyrer Werkstätte entstand gegen Ende des 16. Jahrhunderts dieser Renaissance-Kachelofen für das Schloss Würting bei Wels.

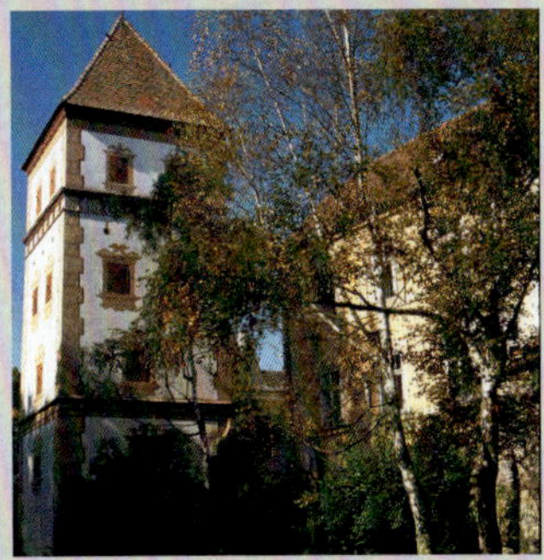

Der Wasserturm in Wels, 1577–1579 erbaut. Rekonstruierte ornamentale und heraldische Renaissance-Fassadenmalerei.

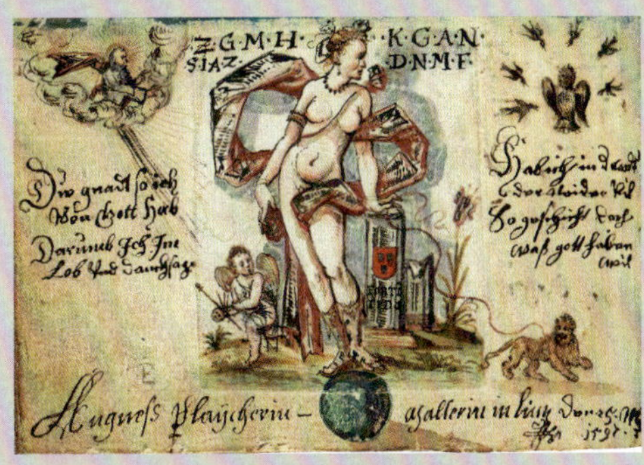

Weitgehend unbekannt ist die Buchkunst der Renaissancezeit.

Renaissance in Oberösterreich

Ein Hauptwerk der Renaissance in Österreich: das Linzer Landhaus mit seinem berühmten Arkadenhof und dem Planetenbrunnen.

Das Linzer Landhaus

Das bedeutendste Bauwerk dieses Zeitabschnittes und zugleich ein Hauptwerk der Renaissance in Österreich ist das Linzer Landhaus. Das um drei Höfe angelegte Bauwerk entstand in den Jahren 1564/68. Zwischen 1568 und 1574 wurde der stattliche Arkadenhof errichtet. Das aus rotem Marmor angefertigte Portal entstand um 1570. (→ S. 46).

Von den Schlössern, die in dieser Periode errichtet oder umgebaut wurden, seien genannt: Schloss Mattighofen (marmorne Renaissancetore aus 1551), Schloss Neuhaus (1554), Schloss Marsbach (1561–1598, Haupthaus mit Rundturm), Wasserschloss Bernau, Gemeinde Fischlham (Mitte 16. Jahrhundert), Schloss Peuerbach (zweigeschossiges Renaissanceportal, 1571), Schloss Reichenstein (1567, heute Ruine), Schloss Katzenberg, Bezirk Ried (Schlosshof mit offenen Laubengängen, 16. Jahrhundert), Schloss Ennsegg (1565), Schloss Weyer, Gemeinde Kematen (kleines Wasserschloss mit Ecktürmchen, 16. Jahrhundert), Schloss Pragstein, Gemeinde Mauthausen (Tonnengewölbe mit Renaissancerahmen verziert, 16. Jahrhundert), Schloss Rannariedl (Hof mit Laubengängen, 16. Jahrhundert), Schloss Sprinzenstein, Bezirk Rohrbach (Renaissancetor aus 1607).

Der neue Stil fand auch in den Städten Eingang, es entstanden wichtige öffentliche Bauwerke in Form vergrößerter Bürgerhäuser, wie das Rathaus von Enns (1547) oder das Rathaus von Gmunden (Ende 16. Jahrhundert) und es wurden repräsentative Stadthäuser des Adels und prächtige Bürgerhäuser geschaffen.

Die Fenster wurden anfänglich rundbogig, später mit geradem Sturz versehen und bekamen eine architektonische Einfassung in Form von Pilastern, Säulen, Gebälks- oder Dreieckgiebel. Herausragende Beispiele sind das Haus der Salome Alt in Wels (Stadtplatz 24), das einen bemerkenswerten gotischen Eckerker aus der Mitte des 16. Jahrhunderts besitzt und in dem architektonische Renaissanceelemente und Wappenmalerei der Renaissance entdeckt wurden,

Das Wasserschloss Würting (Bezirk Wels), um 1610 von Christoph Weiß von Würting ausgebaut und prunkvoll ausgestattet.

sowie das Freihaus Losenstein in Linz, Altstadt 2, aus 1573. Oftmals kam es nur zu hofseitiger Erweiterung der Wohnhäuser, wobei die wunderschönen Renaissancehöfe entstanden.

Städte und Schlösser

Die dritte Phase, die bis zur Jahrhundertwende reichte, ist jene der virtuosen Beherrschung der Mittel. Man nahm alle Einflüsse, vor allem auch jene aus den Niederlanden auf, formte sie aber nach eigenen Ideen um. Zu den Schlössern, die in dieser Zeit entstanden oder umgebaut wurden, zählen in erster Linie das Linzer Schloss, das Kaiser Rudolf II. 1599 auf den Grundfesten der Burg Friedrichs III. erbauen ließ und dessen mächtiger Block 1607 im Rohbau vollendet war. Ferner sind anzuführen: Schloss Ebelsberg (1542–1546, nach einem Brand 1586–1589 von Christoph Canevale erbaut). Schloss Weinberg (Ende 16. Jahrhundert mit Ahnensaal aus 1604, Rittersaal und Kaisersaal), Schloss Eggendorf (1580), Schloss Starhemberg, Haag am Hausruck (langgestreckter Hof mit Bogengängen, Balkendecken, zwei glasierten Öfen) und die Schlösser Engelhof und Engelsegg in Steyr (Ende 16. Jahrhundert).

Die Städte und wichtigen Siedlungen wie Aschach, Braunau, Enns, Eferding, Freistadt, Gmunden, Grieskirchen, Linz, Steyr und Wels erhielten damals ihr besonderes Gepräge. Besonders sehenswerte Objekte: die Stiftshäuser in Linz, vor allem das Kremsmünstererhaus (Altstadt 10 → S. 98), das Weißsche Freihaus in Wels (Stadtplatz 39, aus 1589), das Haus Wels, Stadtplatz 40, das Schönthanhaus in Steyr (Stadtplatz 9, 1. Hälfte 17. Jahrhundert) und das Madlsederhaus in Steyr (Stadtplatz 39, 1579) und das Haus in Freistadt, Samtgasse 8 (1592).

Die architektonisch fruchtbarste Zeit war die vierte Phase, die nach 1600 anzusetzen ist. Obwohl damals schon weithin die barocke Gesinnung durchschlug, können wir in Oberösterreich den reinsten Renaissanceformen begegnen. Vor allem wurden in dieser Zeit die schönsten Renaissanceschlösser des Landes errichtet, sie gehören alle dem Typus des mit Türmen bewehrten Wasserschlosses an: Aistersheim (es zählt zu den schönsten Wasserschlössern der Spätrenaissance in Österreich), Schloss Hartheim, Schloss Würting (Bezirk Wels), Landschloss Parz bei Grieskirchen, Schloss Gallspach (um 1600, mit Eckturm und Laubengängen), Schloss Riedegg (Bezirk Urfahr) und die im 16. und 17. Jahrhundert entstandenen Schlösser Almegg (Bezirk Wels), Steyregg, das im Kern gotische Seeschloss Ort mit Renaissance-Arkaden und das Landschloss Ort mit den vier Ecktürmen.

Schließlich sind als „Nachzügler" der Renaissance die spätgotische Greinburg zu nennen, die noch 1621 einen großartigen dreigeschossigen Arkadenhof erhielt, Piberstein (Bezirk Rohrbach, mit bemerkenswertem Innenhof) sowie die 1633 errichtete Tillysburg.

Von den zahlreichen Stadthäusern dieser Periode verdienen das Nordico Linz (ehe-

Schloss Aistersheim, eines der schönsten und zugleich auch eines der typischsten Wasserschlösser der Spätrenaissance in Österreich. Vollendet um 1600.

Eines der schönsten Häuser von Wels, das 1589 als adeliges Stadthaus entsteht: das mit Renaissance-Stuckdecken und Marmortürstöcken ausgestattete „Weißsche Freihaus".

Kratzputzverzierungen aus der zweiten Hälfte des 16. Jahrhunderts auf dem ehemaligen Messerzechenhaus in der Kirchengasse in Steyr.

Schloss Weinberg bei Kefermarkt (Bezirk Freistadt).

Renaissance in Oberösterreich

Linz vom Pöstlingberg gesehen. Kolorierter Kupferstich des niederländischen Malers Lucas van Valckenborch, der zehn Jahre in Linz und Kremsmünster verbrachte.

maliges Stiftshaus Kremsmünster), das Haus Hauptplatz 17 in Linz (mit langgestrecktem schmalem Renaissancehof), das Freihaus Starhemberg in Linz, Hofgasse 9 (1619) und das Stiftshaus St. Florian, Landstraße 22, erwähnt zu werden. Als eine Besonderheit dieser Zeit gilt der Innerberger Stadel in Steyr, der 1612 als Getreidespeicher erbaut wurde. In Steyr werden wir nicht selten erinnert, dass der typische Fassadenschmuck dieser Zeit die Kratzputzmalerei (Sgraffito) war.

Neben diesen zahlreichen profanen Werken nehmen sich die Kirchenbauten sehr bescheiden aus. Es wurden Schlosskapellen errichtet, wie jene von Schloss Neuhaus, Schloss Ennsegg, Schloss Eschelberg, Schloss Altpernstein, Schloss Aistersheim (Kapellenausstattung aus 1656) und Schloss Weinberg.

Die Kirchenbauten des protestantischen Adels, in Klaus, auf dem Georgenberg bei Micheldorf und wahrscheinlich in Steinhaus bei Wels sind den Kapuzinerkirchen ähnlich. Zwei Beispiele von Bedeutung sind anzuführen:

Die Pfarrkirche von Offenhausen aus dem späten 16. Jahrhundert; der Altar in der Jakobskapelle (1655) stammt aus Schloss Würting, Marmoraltar der Florianskapelle (um 1615, ursprünglich Grabdenkmal). Eines der wichtigsten Werke der sogenannten Nachgotik in Österreich ist die Pfarrkirche Waldhausen (1610–1612). Bemerkenswert ist das Renaissanceportal an der Südfassade, das Sakramentshäuschen, das gotisch empfunden, aber mit Renaissanceschmuck versehen ist, und die Kanzel mit Einlegearbeiten aus dem Formenrepertoire der Renaissance.

Die Malerei der Renaissancezeit wurde weithin von fremden Künstlern bestimmt. Das Porträt, ein besonderes Anliegen der Renaissance, pflegte der vermutlich in Niederösterreich geborene Maler Jakob Seisenegger (1505), der Linz zu seinem Altensitz erwählte. Mit ihm befreundet war der Nürnberger Radierer, Glasmaler und Keramiker, Geometer und Kartograph Augustin Hirschvogel (1503–1553), der 1542 die erste Karte von Oberösterreich zeichnete, die zugleich die früheste Regionalkarte eines österreichischen Bundeslandes war. Der Landschaft widmete sich der Niederländer Lucas van Valckenborch (vor 1535–1597), der eine Ansicht von Linz vom Pöstlingberg aus malte. Das Landesmuseum besitzt eine Reihe weiterer Bilder von Niederländern aus dieser Zeit. Aufsehen erregte 1987 die Entdeckung von Renaissance-Fresken im Landschloss Parz bei Grieskirchen.

Oberösterreich spielte in der Renaissancezeit auch in Bezug auf das Handwerk eine beträchtliche Rolle. Es sei auf die im Landesmuseum befindlichen Holzportale aus Eferding und Hartheim hingewiesen, die sich durch herrliche Einlegearbeiten (Herkules- und Jupiterthemen) auszeichnen. Und es seien die Hafner- und Töpferarbeiten erwähnt, die gerade auch in Oberösterreich (Linz, Wels, Vöcklabruck, Traunviertel, Kremstal) eine beachtliche Qualität erreichten.

Karl Pömer

Ende des 16. Jahrhunderts entstehen diese mit kostbaren Einlegearbeiten geschmückten Portale. Schloss Hartheim bei Wels.

Das hilzerne Geschütz

„Infolge der Bauernrebellion im Mühlviertel ergeht an die Gerichte des Fürstentums Passau die Anweisung: die Bevölkerung solle sich ruhig verhalten, Waffentragen ist verboten, es darf keine Munition verkauft werden. Der Richter von Wegscheid und der Pfleger von Marsbach sollen Erkundigungen einziehen über das hilzerne Geschütz, das die aufständischen Bauern angeblich mit sich führen."

Marktchronik Wegscheid (Bayern), 2. August 1595.

Die unglücklichen Königstöchter

Im Linzer Schloss stirbt 1572 die 38jährige polnische Königin Katharina, die sechs Jahre vorher enttäuscht, verbittert und gebrochen Polen verlassen und das Land nie wieder betreten hat. Seit 1567, bis zu ihrem Tod, lebte sie in Linz. Dass „sie am liebsten zu Lintz wanen wolt", steht in ihrem Tagebuch. Wie schon ihre unglückliche Schwester Elisabeth war auch sie mit dem Polenkönig Sigismund II. August verheiratet worden. Ihr Vater, Ferdinand I. (damals noch König, seit 1556 Kaiser) hatte diese politischen Ehen forciert. Die älteste Königstochter, die in Linz geborene Elisabeth (→ S. 106) war noch ein Kind, als die Ehe mit dem polnischen König vereinbart wurde. Nach schweren Kränkungen und Demütigungen starb Elisabeth im Alter von 19 Jahren. Seinen Widerwillen gegenüber den Habsburgerinnen gab der polnische König ganz offen zu und begründete ihn damit, dass ihn die epileptischen Anfälle der beiden Frauen angeekelt hätten.

Der Stadthauptmann und sein Bart

Weit über seinen Tod hinaus ist er im Land bekannt: der Braunauer Stadthauptmann und Handelsherr Hanns Staininger, der am 28. 9. 1567, 59-jährig, stirbt, der Legende nach an seinem Bart. Als er bei einem Brand flüchten wollte, vergaß er in der Aufregung, seinen langen Bart aufzuwickeln, stolperte über ihn und brach sich dabei das Genick. An der Außenseite der Braunauer Stadtpfarrkirche ist er mit vollem Bartschmuck zu sehen – ganz sicher das originellste Grabdenkmal des Landes.

Meistersinger von Steyr

4. Jänner 1570. Der Ahlschmied Severin Kriegsauer, der im Ratsprotokoll von Steyr aufscheint, ist mit seinen 15 eigenen Werken oder „Meistertönen" der berühmteste Meistersinger Österreichs.

Marktrechte

Neue Marktprivilegien und Marktordnungen bzw. Bestätigung solcher Rechte für: Altheim, Engelhartszell, Münzbach, Putzleinsdorf, St. Georgen an der Gusen, Waizenkirchen, Wesenufer.

Todestage

1553

Wolf Huber. Maler, Zeichner, Baumeister. Gestorben 3. 6. 1553 in Passau. (Geboren nach 1480 in Feldkirch.) Werke in St. Florian.

1558

Gregor Lechner. Abt von Kremsmünster (1543 bis 1558). Gestorben 27. 8. 1558 in Kremsmünster. Begründer des öffentlichen Gymnasiums.

1559

Graf Wolfgang. Der letzte Schaunberger. Gestorben 12. 6. 1559 in Eferding. (Geboren 1512.)

1571

Thomas Brunner. Dichter und Schulrektor. Gestorben 28. 10. 1571 in Steyr. (Geb. in Landshut.)

1572

Katharina. Königin von Polen. Gestorben 28. 2. 1572 im Linzer Schloss. Begraben im Stift St. Florian. (Geboren 15. 9. 1533 in Innsbruck.) Tochter Kaiser Ferdinands I. (1503–1564). In zweiter Ehe (1553) vermählt mit Sigismund II. August (1520–1572), der zuvor mit Katharinas Schwester Elisabeth (1526–1545) verheiratet war. →

1573

Wolfgang I. Gassner. Propst des Stiftes Reichersberg. Gestorben 11. 5. 1573 im 78. Lebensjahr, Propst seit 1558.

1577

Dietmar (V.) von Losenstein. Landeshauptmann (1571–1577). Gestorben 20. 1. 1577 in Linz.

1585

Wolfgang II. Kammerschreiber. Abt von Lambach (1571–1585). Gest. 25. 1. 1585 in Lambach.

Ferdinand Helfrich Freiherr von Meggau. Landeshauptmann (1582–1584). Gestorben 10. 7. 1585.

1595

Georg Calaminus (Rörig). Dichter. Lehrer an der Landschaftsschule in Linz (seit 1578). Gestorben 11. 12. 1595 in Linz. (Geboren 23. 4. 1549 in Silberberg, Schlesien.) Errichtete in Linz ein Schultheater, sein Stück „Rudolph und Ottakar" wurde zur Anregung für Franz Grillparzers „König Ottakars Glück und Ende".

1597

Lucas van Valckenborch. Niederländischer Maler und Zeichner. Gestorben 2. 2. 1597 in Frankfurt am Main. (Geboren vor 1535 in Löwen oder Mecheln.) 1581–1591 in Linz und Kremsmünster.

Leonhard (V.) Graf von Harrach. Landeshauptmann (1577–1581). Gestorben 5. 2. 1597. (Geboren 1542.)

Christoph von Schallenberg. Lyriker. Gestorben 25. 4. 1597 in Wien. (Geboren 31. 1. 1561 in Schloss Piberstein, Bezirk Rohrbach.)

1598

Urban von Trennbach. Bischof von Passau (1561 bis 1598). Gestorben 9. 8. 1598 in Passau. (Geboren 10. 5. 1525 in Schloss St. Martin im Innkreis.)

1599

Burkhard Furtenbach. Abt von Lambach (1585 bis 1599). Gestorben 19. 8. 1599 in Wien. (Geboren 1544 in Füssen im Allgäu.)

Die Ennsflößer

In den Jahren 1538 bis 1559 erreicht der Eisentransport auf der Enns einen Höhepunkt. Aus der Ladstatt Reifling gehen in dieser Zeit 16.772 Flöße ab. Die Ladungen gehen nach Steyr und zu den Hammerwerken unterhalb von Großreifling.

Der wichtigste Stützpunkt der Flößer zwischen Hieflau und Steyr ist der „Kasten an der Enns". (Als Kasten wird in der Eisenwurzen der Speicher = Kasten und Verladeplatz für das Roheisen bezeichnet.) Der Kasten ist aber auch Treffpunkt, Rastplatz und Quartier der Schiffs- und Fuhrleute im oberen Ennstal.

Als man mit dem Holz sparsamer umzugehen beginnt, baut man statt der Wegwerfflöße Holzzillen, die flußaufwärts von Pferden gezogen werden. Voraussetzung ist der Bau eines „Treppelweges" von Steyr bis Hieflau, der 1563 fertiggestellt wird.

Im Flößermuseum von Kastenreith-Weyer (Ennsmuseum – Flößertaverne am Kasten) ist das bedeutende Kapitel der Enns-Schifffahrt bewahrt.

Das Wahrzeichen von Enns

Das Wahrzeichen von Enns, der mächtige Stadtturm, vereinigt Gotik und Renaissance. Die Entstehungszeit (1564–1568) ist auf einem Spruchband vermerkt, in dem es unter anderem (in deutscher Übersetzung der lateinischen Inschrift) heißt: „Eine kleine Stadt mit kleinem Namen siehst du hier, für welche dennoch der ewige Gott seine besondere Sorge und Liebe hat." Neueste Forschungen haben ergeben, dass der Erbauer ein rheinländischer Maurermeister („Hans aus Mainz") war.

„Guet bier“

„Braunau eine feine wolerbaute Statt nahent beim In auf einem bühl gelegen, alda guet bier gemacht wiert.

Eintragung in einem Reisebuch unter 18. März 1597.

Die alte Sensenschmiedekultur wird im Oberösterreichischen Sensenschmiedemuseum in Micheldorf bewahrt.

Hochblüte der Kunst

In Wels entsteht das „Haus der Salome Alt“ (→ S. 116) mit dem spätgotischen Erker, 1577 der Wasserturm der Stadtbefestigung, 1589 wird das „Weißsche Freihaus“ erbaut.

In Weyer entstehen um 1560 Bürgerhäuser in spätgotischer Tradition mit Renaissanceformen, Schloss Weyer wird um einen Arkadenhof erweitert.

In Grein wird 1562 das Rathaus gebaut, die Jahreszahl 1563 trägt das Seifensiederhaus in Perg. In Enns wird 1564 mit dem Bau des Stadtturms, in Linz 1568 mit dem Bau des Landhaus-Arkadenhofs begonnen.

In Steyr wird nach der Hochwasserkatastrophe von 1572 das Neutor als Schutzbau und Stadttor erbaut.

Um 1600 wird Schloss Aistersheim vollendet. In Hartheim entsteht als einheitlicher Renaissancebau das Schloss.

Die Erfindung eines Micheldorfer Schmieds

1584. Die Geschichte der alten Sensenhämmer lässt sich bis ins 15. Jahrhundert zurückverfolgen. Entscheidend für den großen Aufschwung der oberösterreichischen Sensenerzeugung ist jedoch eine Erfindung des Micheldorfer Schmieds Konrad Eisvogel. Er kommt im Jahr 1584 auf den Gedanken, den Wasserhammer, mit dem man die Knüttel schmiedete, auch zum Ausschmieden des Sensenblattes zu benützen. Mit dieser Erfindung des wassergetriebenen Breithammers beginnt die fabriksmäßige Sensenherstellung.

Die bisher mühevolle Arbeit des Sensenbreitens mit den Handhämmern, für die man viele Gesellen oder „Schlagbuben“ brauchte, kann nun unter dem Breithammer allein vom Eßmeister ausgeführt werden. Mit dem starken Schlag des Breithammers lässt sich auch ein besseres, gleichmäßigeres Sensenblatt herstellen als mit der mühsamen Faustarbeit.

Für das Handwerk ist damit eine neue Zeit angebrochen. Die Sensen aus den Werkstätten der kleinen oberösterreichischen Alpentäler, die „blauen Sensen“, wie sie wegen ihrer Farbe genannt werden, treten einen Siegeszug an, wie er für diese Zeit ohne Beispiel ist. Die technische Erfindung des oberösterreichischen Sensenschmieds verbreitet sich über alle Länder, die oberösterreichischen Sensen gelten als die besten in Europa.

Hexenprozesse

1570. Kremsmünster.
1572/73. Frankenmarkt.
1575. Steyr.
1595. Spital am Pyhrn.
1597. Kremsmünster.

Der Wasserbaukünstler Thomas Seeauer

Der Traunfall bei Roitham. Thomas Seeauer baute hier schon im 16. Jahrhundert einen Fahrkanal.

Einen „Wasserbaukünstler“ nennen ihn die Historiker, den Salzkammergut-Bauern Thomas Seeauer, dessen bahnbrechende Leistung die technische Bewältigung des Salztransportes von Hallstatt nach Böhmen war. Sein Verdienst ist die Erbauung eines Fahrkanals an der Traun, durch den der Traunfall (bei Roitham) umgangen wird, er schafft die Moldauregulierung, wozu er sich Techniker aus dem Salzkammergut holt, er baut eine Seeklause bei Steeg am Hallstätter See, übernimmt die Wiederherstellung der vom Hochwasser zerstörten Bauten am Wilden Lauffen, wird bei Regulierungsarbeiten an der Enns, bei der Erbauung eines Rechens in Großreifling und bei der Schiffbarmachung der Mur herangezogen.

Thomas Seeauer wird zwischen 1490 und 1500 geboren und beschließt sein tatenreiches Leben zwischen 1586 und 1587, nach der Überlieferung soll er jedoch erst im Jahr 1610 im Alter von 110 Jahren gestorben sein.

Fest steht, dass Thomas Seeauer seinen Bauernhof in der Seeau bei Steeg hatte, dass er 1523 in den Dienst der Saline trat und vorerst nur für die Fällung und Zubringung von Holz zuständig war. Rund vierzig Jahre war er als Holz-, Klaus-, Wühr- und Forstmeister tätig. (Ein Wührmeister war jener Beamte, der den Oberlauf der Traun von Hallstatt bis Ebensee zu betreuen hatte.)

1575, mit der Bestellung seines Sohnes zum Waldmeister, tritt er in den Ruhestand. Kaiser Rudolf II. (1552–1612) erhebt ihn 1582 in den Adelsstand – Seeauer schafft damit den ungewöhnlichen Aufstieg vom Bauernstand in die höhere Gesellschaftsschicht.

Allerdings ist in den alten Akten auch vermerkt, dass Thomas Seeauer, vor allem aber sein Sohn Wolf (der nicht lesen und schreiben konnte und dem deshalb das Salzamt auf seine Kosten einen schreibkundigen Gehilfen zur Seite stellen musste) die Machtstellung bedenkenlos ausnützten. Wolf Seeauer soll durch eigenmächtige Schlägerungen junger Bestände den Wald verwüstet, Schiff- und Bauholz zu Pfannholz verhackt, Markenzeichen verfälscht und Holzlieferungen doppelt verrechnet haben.

Über den Ausgang der Untersuchungen der Hofkammer gibt es keine Dokumente, doch scheint man von einer Bestrafung des Sohnes nur in Ansehung der Verdienste des Vaters abgesehen zu haben.

Der Sierninger Bund

„Alle für einen Mann stehen und Leib und Leben darüber lassen“,

schwören die Protestanten von Sierning am 26. Juni 1588. Auf einem Wagen stehend nimmt der 70-jährige Schulmeister Franz Rottenhofer mit dem Amtmann den Aufständischen den Eid ab.

Also befehle ich ...

„Also befehle ich, führt die Sole dem Walde nach, wenn der Wald rar wird bei den Bergen.“

Kaiser Rudolf II. in seinem Auftrag zum Bau der Soleleitung, 1595.

Kalender

1552

19.4. König Ferdinand I. verhandelt in Linz mit den Kurfürsten von Sachsen, Brandenburg und Bayern über die Beilegung der Religionsstreitigkeiten. Die Verhandlungen bleiben ohne Erfolg, sind aber die Voraussetzungen für die Passauer Verhandlungen, die schließlich den Augsburger Religionsfrieden von 1555 herbeiführen.

Thomas Seeauer errichtet den Fahrkanal neben dem Traunfall. → S. 113

1554

23.4. 70 Menschenleben sind bei einem Brand in Steyrdorf zu beklagen, 200 Häuser werden zerstört.

In Wels wird das beinahe ausgestorbene Minoritenkloster aufgehoben und in ein kaiserliches Hofspital umgewandelt.

1563

13.5. Die oberösterreichischen Landstände erwerben einen großen Teil des Linzer Minoritenklosters zur Errichtung eines Landhauses.

25.7. Anschlag des ersten Stollens in Ischl.

1564

In Steyr wird eine Eisenkammer eingerichtet.

1565

26.3. Kaiser Maximilian II. (1527–1576) belehnt das Adelsgeschlecht der Harrach mit dem Erbland-Stallmeisteramt in Österreich ob der Enns.

1567

29./30.6. Hochwasserkatastrophen in Steyr. Alle Brücken, Stege, Schleifen, Fluder und Mühlwerke werden zerstört.

Gründung der protestantischen Landschaftsschule im Minoritenkloster von Enns. (1574 Verlegung in das Linzer Landhaus.)

1567–1572

Robotaufstand der Bauern von Reichenstein gegen ihre Herrschaft. Anführer sind der protestantische Prädikant von Weitersfelden, Koloman Khunringer, und der Bauer Siegmund Geißrucker. Am 5. Juni 1571 wird der Burgherr Christoph von Haym erschossen.

1568

26.4. Die Stadt Linz erhält das Privileg zum Handel mit Ochsenhäuten.

7.12. Auf einem Landtag in Linz gibt Kaiser Maximilian II. dem obderennsischen Adel das mündliche Zugeständnis der freien Religionsausübung nach dem Augsburger Bekenntnis. Die landesfürstlichen Städte sind von diesem Recht ausgenommen.

1569

10.2. Die Stadt Wels erhält das Recht, jährlich einen Bürgermeister zu wählen.

1570

12.8. Für die protestantische Landschaftsschule erscheint eine Schulordnung.

Bauern, Säumer und Karrer rotten sich aufrührerisch gegen die Herrschaft Frankenburg zusammen. Acht Rädelsführer werden verhaftet und „in Eisen“ nach Linz gebracht.

1570–1572, 1589–1594

Revolten im Garstental: Bewaffnete Volksscharen vertreiben in den Pfarren Windischgarsten und St. Pankraz die katholischen Geistlichen und setzen protestantische Pastoren ein.

1571

14.1. Die von Kaiser Maximilian II. erlassene Assekuration bewilligt den evangelischen Glauben „in allen Schlössern, Häusern und Gütern“, jedoch nicht in den landesfürstlichen Städten und Märkten. Die Urkunde bildet bis zur Gegenreformation die Grundlage des Kirchenwesens der Landstände.

In Ischl wird das neue Sudhaus in Betrieb genommen.

1572

8.7. Die größte Hochwasserkatastrophe in der Geschichte der Steyr und des „Kastens“ an der Enns.

Um die Brunnen auf dem Steyrer Stadtplatz versorgen zu können, lässt die Stadt in Zwischenbrücken einen Wasserturm errichten, ein für diese Zeit technisches Meisterwerk.

1573

In der Gegend von Steyr führen hohe Steuern, Teuerung und Hungersnot zur Zusammenrottung von rund tausend Bauern.

1574

Die 1567 in Enns gegründete Landschaftsschule wird nach Linz verlegt. (Südtrakt des Landhauses, bis 1624.)

1575

16.12. Schloss Lichtenegg bei Wels wird von Kaiser Maximilian II. zum Adelssitz erhoben.

Bauernauflauf im Traunkreis.

1577–1579

An der südlichen Stadtmauer von Wels wird der Wasserturm samt Pumpwerk errichtet.

1578

1.7. Kaiser Rudolf II. (1552–1612) hält sich zur Huldigung durch die obderennsischen Stände in Linz auf.

5.9. Der obderennsische Adel beschließt mit den landesfürstlichen Städten eine Kirchenordnung, die die unbedingte Einhaltung der Augsburger Konfession auch nach der Erbhuldigung an Kaiser Rudolf II. nachweist.

1579

26.8. Die landesfürstlichen obderennsischen Städte schließen ein geheimes Schutz- und Trutzbündnis, in dem sie sich gegenseitig Hilfe bei weiterer religiöser Unterdrückung zusichern.

1580

Letztes Gottesurteil in Steyr: Ein des Mordes angeklagter Tuchscherer wird freigesprochen.

1581

Trotz der Proteste einflussreicher Steyrer Bürger wird die „Steyrer Eisenkompagnie“ gegründet, die dem privaten Eisenhandel ein Ende bereitet.

1582

Gewaltsame Vertreibungen katholischer Geistlicher und Ersetzung durch protestantische Pastoren in der Umgebung von Linz.

Kaiser Rudolf II. (1552–1612). Ölgemälde eines anonymen Künstlers aus dem Jahr 1600. Schlossmuseum Linz.

1584

Als oberste staatliche Lokalbehörde für das gesamte Eisenwesen im Land wird in Steyr die Eisenobmannschaft ins Leben gerufen.

1586

29.6. Nahezu ganz Ebelsberg wird ein Raub der Flammen.

1588–1592

In Sierning, Windischgarsten, Spital am Pyhrn, Gaspoltshofen, Hofkirchen an der Trattnach, Vöcklamarkt und Pfaffing werden katholische Geistliche vertrieben, auch in Losenstein und Weyer-Gaflenz kommt es zu Zusammenrottungen. Anführer des Aufruhrs, der die Einleitung zum zweiten oberösterreichischen Bauernaufstand bildet, ist der Sierninger Schulmeister Franz Rottenhofer. →

1594

Sieben Hafnermeister von Gmunden werden erwähnt.

Ein Pfarrerwechsel in St. Peter am Wimberg führt zu einem Bauernaufstand, der sich über die Florianer, Schlägler und Wilheringer Stiftspfarren im Mühlviertel und Hausruckviertel ausdehnt. 27 Rädelsführer werden erhängt. (Beginn des zweiten oberösterreichischen Bauernaufstands, der bis 1597 bzw. 1599 dauert.)

1595

16.10. Kaiser Rudolf II. erteilt den Auftrag für den Bau der Soleleitung. →

Oktober. Georg Erasmus Tschernembl (1567 bis 1626), Führer der oberösterreichischen Stände, verfasst ein Gutachten über Möglichkeiten zur Beendigung von Bauernunruhen, weist auf die Nöte der Bauern und auf Missstände bei den Adeligen hin und sieht die Ursache für die Unruhen in den gegenreformatorischen Maßnahmen der Pfarren. Tschernembl tritt für Gewissensfrei-

Prozess um Getränkesteuer

Drei Jahre sollte ein Streit dauern, bei dem es um einen einzigen Eimer Bier ging, der beim Ostermarkt des Jahres 1589 in einem Handwerkerhaus ausgeschenkt wurde. Angeblich wurde dabei der Stadt Linz die Getränkesteuer vorenthalten. Der Prozess endete mit einem Sieg der Handwerker.

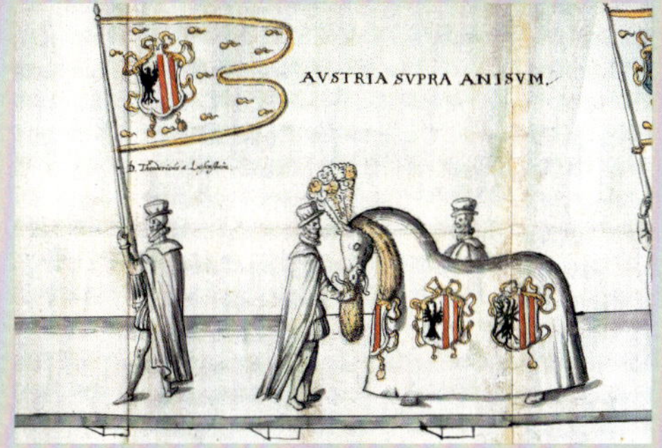

Der Leichenzug Kaiser Ferdinands I. im Jahr 1564. Detail mit den Abgesandten Oberösterreichs. Kolorierte Federzeichnung nach Bartholomäus Hannewald.

heit ein, lehnt Gewaltanwendung der Untertanen gegen die Obrigkeit jedoch ab.

Erste Handwerksordnung der Sensenschmiede von Kirchdorf/Micheldorf.

1596

15.8. Kaiserliches Generalmandat zur Errichtung eines Pfannhauses in Ebensee.

1596–1599

In Steyr brechen am 7. Oktober 1596 Bauernunruhen aus. Der Aufstand wird niedergeschlagen, zwei Bauern werden am 13. November ohne Prozess hingerichtet. Am 2. Februar 1597 belagern und plündern 8000 aufständische Bauern das Schloss St. Peter in der Au. Am 2. Mai 1598 wird der Bauernführer Georg Tasch zum Tode verurteilt, am 16. September 1599 wird er auf dem Steyrer Stadtplatz hingerichtet. Am 29. Mai 1600 berichtet der Burggraf von Steyr nach Linz, dass in der Stadt wieder normale Zustände herrschen.

1597

23.8. In einer Ordnung für das gesamte Sanitätspersonal des Landes wird verfügt, dass Linz mit zwei Ärzten zu besetzen ist, Wels, Steyr und Freistadt mit je einem Arzt.

25.8. Kaiser Rudolf II. erteilt den Auftrag zur Rückstellung aller kaiserlichen und geistlichen Pfarren an die katholische Seelsorge.

7.12. In Gunskirchen muss der Pfarrer Georg Ziegler in die Sakristei flüchten, als er von der Kanzel eine kaiserliche Verordnung verkündet. Er wird erschlagen. Drei der Täter werden hingerichtet.

1598–1616

Unruhen der Bergbauern im Garstental gegen ihren Peiniger, den Propst von Spital am Pyhrn.

1598

11.1. Landeshauptmann Hanns Jakob von Löbl (ernannt 1592, gestorben 1602) setzt in Gunskirchen den Nachfolger für den ermordeten Pfarrer Georg Ziegler (→) ein und eröffnet damit einen Gegenreformationsfeldzug im Land.

17.8. Alle drei Steyrer Brücken fallen einem Unwetter zum Opfer.

1599

22.12. In St. Wolfgang werden 38 Häuser ein Raub der Flammen.

1600

15.3. Kaiser Rudolf II. ordnet die Abschaffung der protestanischen Religionsausübung in Linz und anderen Orten Oberösterreichs an.

22.3. Verbot und Ausweisung der evangelischen Prediger von der Landschaftsschule in Linz.

28.3. Die Bewohner von Steyr werden ins Rathaus befohlen, wo der kaiserliche Befehl verlesen wird, wonach alle Steyrer nur noch an katholischen Gottesdiensten teilnehmen dürfen.

21.7. Der Befehl an die Salzarbeiter, katholisch zu werden, löst einen Aufstand der Bürger, Bauern und Holzknechte aus Ischl, Lauffen, Goisern, Gosau und Hallstatt aus. Erst 1602 wird der Aufstand niedergeschlagen, die Anführer werden hingerichtet, ihre Häuser verbrannt.

Rechts: Prämienmedaille der evangelischen Landschaftsschule in Linz. Um 1610.

Geburtstage

1555/60

Hans Zürn der Ältere. Bildhauer. Geboren 1555/60. (Gestorben nach 1631.) Der älteste Vertreter der bedeutenden Bildhauerfamilie Zürn, Vater der fünf Bildhauer Jörg, Hans, Martin, Michael (d. Ä.) und David. → S. 144

1561

Christoph von Schallenberg. Lyriker. Geboren 31. 1. 1561 in Schloss Piberstein, Bezirk Rohrbach. (Gestorben 25. 4. 1597 in Wien.)

1567

Georg Erasmus von Tschernembl. Leitfigur im oberösterreichischen Bauernkrieg. Geboren 26. 1. 1567 in Schwertberg. (Gestorben 18. 11. 1626 in Genf.) → 1626

Wolf Wilhelm (II.) von Volkenstorf. Landeshauptmann (1610–1616). Geboren 19. 12. 1567. (Gestorben 12. 12. 1616.)

1568

Salome Alt. Lebensgefährtin von Erzbischof Wolf Dietrich. Geboren 21. 11. 1568 in Salzburg. (Gestorben 27. 6. 1633 in Wels.) → S. 116

Um 1570

Hans Waldburger. Bildhauer. Geboren um 1570 in Innsbruck. (Gestorben vor dem 12. 8. 1630 in Salzburg.) Sein Hauptwerk ist der Hochaltar in Mondsee.

1571

Johannes Kepler. Astronom und Mathematiker. Geboren 27. 12. 1571 in Weil der Stadt, Württemberg. (Gestorben 15. 11. 1630 in Regensburg.) Lebt von 1612 bis 1626 in Linz. → S. 121

1573

Leopold Zehetner. Propst von St. Florian (1612 bis 1646). Geboren 1573 in St. Florian. (Gestorben 30. 9. 1646 in St. Florian.) Begann die Barockisierung des Stifts, Vermittler im Bauernkrieg 1626.

1576

Job Hartmann von Enenkel. Sammler und Bewahrer historischer Quellen des Landes. Geboren 14. 9. 1576 in Heinrichschlag bei Spitz, Niederösterreich. (Gestorben 9. 2. 1627 in Wien.) → 1627

1577

Thomas Lansius (Lanß). Gelehrter. Geboren 27. 2. 1577 in Perg. (Gestorben 22. 12. 1657 in Tübingen.)

1581

Anton Wolfradt. Abt von Kremsmünster (1613 bis 1639). Geboren 9. 7. 1581 in Köln. (Gestorben 1. 4. 1639 in Wien.) Beginn des frühbarocken Umbaues; Bischof von Wien.

1582

Matthias Bernegger. Humanist. Geboren 8. 2. 1582 in Hallstatt. (Gestorben 3. 2. 1640 in Straßburg.) Professor für Geschichte und „Beredsamkeit“. Freund von Johannes Kepler. → S. 122

1583/84

Jörg Zürn. Barockbildhauer. Geboren 1583/84. (Gestorben zwischen 1635 und 1638.) Sohn von Hans Zürn (d. Ä.).

1585

Adam Graf von Herberstorff. Bayerischer Statthalter im Land ob der Enns (1620–1628), Landeshauptmann (1628–1629). Geboren 15. 4. 1585 Schloss Kalsdorf bei Ilz, Steiermark. (Gestorben 11. 9. 1629 in Schloss Ort.) → S. 124, 128

1585/90

Martin Zürn. Barockbildhauer. Geboren 1585/90. (Gestorben nach 1665.) Sohn von Hans Zürn (d. Ä.), Bruder von Jörg, Hans (d. J.), Michael (d. Ä.) und David Zürn.

1585/95

Michael Zürn d. Ä. Barockbildhauer. Geboren 1585/95 in Waldsee. (Vermutliche Todeszeit nach 1651, vielleicht 1658 in Appenzell.) Sohn von Hans Zürn (d. Ä.), Bruder von Jörg, Hans (d. J.), Martin und David Zürn.

1592

Martin Greysing. Propst von Schlägl (1627–1665). Geboren 1592 in Mellau, Bregenzerwald. (Gestorben 27. 10. 1665 in Schlägl.)

1593

Heinrich Wilhelm Graf von Starhemberg. Landeshauptmann (1671–1675). Geboren 28. 2. 1593. (Gestorben 2. 4. 1675 in Wien.)

Matthäus Merian. Kupferstecher, Buchhändler. Geboren 22. 9. 1593 in Basel. (Gestorben 19. 6. 1650 in Bad Schwalbach bei Wiesbaden.) Herausgeber der Topographien europäischer Länder, mit zahlreichen Oberösterreich-Ansichten.

1594

Benedikt Lechler. Benediktiner. Geboren 24. 4. 1594 in Füssen. (Gestorben 18. 1. 1659 in Kremsmünster.) Komponist, Dirigent, Lautenspieler.

1595

Hans Spindler. Bildhauer. Geboren um 1595. (Sterbedaten unbekannt.) Hauptwerk: Hochaltar Garsten (1617–1619).

1600

Joachim Graf Enzmillner. Herr zu Windhaag (bei Perg). Geboren 21. 2. 1600. in Babenhausen an der Günz (Schwaben). (Gestorben 21. 5. 1678.) → S. 82, 138.

Der einzige Chronist

„Der einzige der älteren Chronisten, der es wagte, schriftlich für Salome Stellung zu beziehen, war Johann Benignus Schlachtner. Um 1700 schreibt er die Schuld an dem „Sündenfall“ ausschließlich dem Erzbischof zu, der sie aber auch gebüßt habe, und hebt anerkennend hervor, daß die schöne Salzburgerin durch ihre bescheidene Zurückhaltung niemals dieselben Probleme hervorrief wie die Gräfin Agnes Mansfeld in Köln.“*

Aus Eva Stahl: „Wolf Dietrich von Salzburg“, Wien 1987.

* Der Kölner Kurfürst und Erzbischof Gebhard (1547–1601) trat 1583 zum Protestantismus über und heiratete die protestantische Gräfin Agnes Mansfeld.

Salome Alt

Zwei Liebende stehen gegen das Urteil der Welt offen zueinander. Eines der schönsten Häuser von Wels, das Hoffmannsche Freihaus, erinnert an die ungewöhnliche Frau, die ihr Leben auf einen einzigen Mann ausgerichtet hatte, der nie ihr Ehemann werden konnte.

Heute gilt dieses Haus als der schönste Renaissancebau am Welser Stadtplatz. Hierher war Salome Alt mit ihren Kindern zu den Verwandten geflüchtet, als der Salzburger Erzbischof in den Kerker geworfen wurde, hier wartete sie nach seinem traurigen Ende auf ihren Tod. (Wolf Dietrich von Raitenau wurde 1559 geboren und starb 1617, Salome Alt wurde 1568 geboren und starb 1633.)

Die Geliebte des Erzbischofs war niemals eine Pompadour, sondern immer eine Dulderin. Sie strebte nicht nach Glanz und Macht, die Wolf Dietrich in Fülle besaß. Sie lieferte sich in guten wie in schlechten Tagen bedenkenlos dem geliebten Mann aus. Auch der Erzbischof bekannte sich immer zu dieser Frau und seinen Kindern. Und von dem Tag an, als er als junger Domherr der schönen Salzburger Ratsherrentochter begegnete bis zu seinem Tod, also rund dreißig Jahre lang, glaubte er, dass die Erlaubnis für Priesterehen nur noch eine Frage von Tagen sein konnte. Es war zeit seines Lebens sein sehnlichster Wunsch, das Verhältnis zu der Frau, die im wahrsten Sinn des Wortes mit ihm „durch dick und dünn“ ging, zu legitimieren.

Als Wolf Dietrich 1587 Fürsterzbischof wird, nimmt der 28jährige Landesherr die Frau seines Herzens in sein Haus. Durch eine als Schrank getarnte Tür sind ihre Gemächer mit den Fürstenzimmern verbunden. Ein Erzbischof ist mächtig, die Tore seiner Residenz sind stark, die Diener verschwiegen. Auch weiß der Raitenauer aus der Zeit, die er in Rom verbrachte, dass an einer Geliebten eines geistlichen Würdenträgers niemand Anstoß nimmt.

Wenn er für sein Amüsement irgendeine Kurtisane ausgesucht hätte, oder, wie sein Vetter und Nachfolger Marcus Sitticus, eine verheiratete Frau, wäre ihm verständnisvolle Nachsicht sicher gewesen. Ein Spielzeug wird auch einem geistlichen Herrn zugestanden. Aber eine Liebe? Das passt nicht in das Rollenbild, das für eine erzbischöfliche Gespielin vorgesehen ist.

Und natürlich wird Wolf Dietrich, als seine Gegner innerhalb und außerhalb des Domkapitels seinen Sturz vorbereiten, auch sein „ärgerliches Leben“ vorgeworfen. Er habe „eines ehrlichen Bürgers Tochter gleich Anfangs zu sich genommen, dieselbe die ganze Zeit seiner Regierung mit Männiglich Aergerniß im Erzbischöflichen Palaste unterhalten“, auch habe er mit ihr „zehen lebendige Kinder erzeugt, diese in allem Ueberfluße auferzogen, ansehnliche Summen Geldes an sie verschwendet, sie in fremden Ländern unter einem andern Namen, doch, daß man sie für Erzbischöfliche Söhne wohl erkannte, unterhalten, der Konkubine sehr köstliche Sachen an Silber, Gold, Kleinodien, Kleidern, nicht anders, als wäre sie eine Fürstin, begabt“.

Das schönste Mädchen der Stadt

Salome Alt ist nicht irgendein Bürgermädchen. Ihre Eltern zählen zu den angesehensten Patrizierfamilien. Der Vater ist „kramer und vragner“, heute würden wir Großhändler und Frächter dazu sagen, er besitzt mehrere Häuser, er sitzt im Stadtrat. Auch die Mutter gehört zu einer namhaften Salzburger Familie.

Grabstein der 1624 verstorbenen Eusebia Alt, der vierten Tochter von Erzbischof Wolf Dietrich von Raitenau und Salome Alt.

Am 21. November 1568 wird Salome als siebtes Kind geboren. Bald gilt sie als das schönste Mädchen der Stadt. Und sie besitzt „neben vollkommener Schönheit solche Fertigkeiten in der Zung und darbey so ville Freundligkeit, dass jedermanan ob ihren Annehmligkaiten erstaunete“.

Mit siebzehn verliert Salome den Vater. Wann ihre Bekanntschaft mit Wolf Dietrich beginnt, ist unbekannt. Angeblich hat sie nach ihrem Einzug in die Residenz das Elternhaus nie mehr betreten – oder betreten dürfen.

Der Bauherr Salzburgs

Im Urteil der Nachwelt ist Wolf Dietrich, zweifellos eine der faszinierendsten Gestalten der österreichischen Geschichte, vor allem jener Mann, dem Salzburg den Großteil seiner weltberühmt gewordenen Schönheiten verdankt. Wolf Dietrich ist jedoch nicht nur der großzügige Renaissancefürst und Bauherr Salzburgs, er hat durch seine Neutralitätspolitik die Residenzstadt auch vorausschauend vor den verheerenden Schrecken des Dreißigjährigen Krieges bewahrt.

Der junge Erzbischof hat die Zügel der Regierung fest in die Hand genommen. Althergebrachtes im Gottesdienst reformiert er, veraltete Bräuche bei Hofe und in der Verwaltung schafft er ab. Unerbittlich ist er gegen Protestanten. Niemand darf in der Residenzstadt als Bürger und Einwohner aufgenommen werden, der nicht schwört, Katholik zu sein.

Auch in Fragen der gemischten Ehe ist er, der in diesem Punkt doch wohl nicht gerade ein Vorbild gibt, äußerst intolerant. Dem Pfarrer von Gastein verbietet er, die Kirchentür zu öffnen, als ein Protestant dort eine Katholikin heiraten will, im Jahr 1595 verweigert er sogar Salomes Kusine, Felicitas Alt, die Eheerlaubnis mit dem verwitweten Protestanten Christoph Weiss. Als die Ehe trotz des Verbots im toleranteren Oberösterreich geschlossen wird, sperrt Wolf Dietrich die Ausfuhr der Mitgift nach Wels. Dieser Welser Kaufmann muss ein gutmütiger und großherziger Mann gewesen sein. Denn als Salome Jahre später mit ihren Kindern in der Not Zuflucht sucht, ist er es, der sie bereitwillig in seinem Haus aufnimmt.

Wolf Dietrichs Festungshaft

Trotz seiner Unerbittlichkeit gegenüber den Protestanten wird Wolf Dietrich nach seinem Sturz die Verbindung zu protestantischen Fürsten, das „Paktieren mit Ketzern“, vorgeworfen. Anlass für seinen Sturz ist der Bayernherzog Maximilian I. (1573–1651), der einen Bruch der Salzverträge provo-

Die Kinder von Salome Alt und Wolf Dietrich

Hannibal *von Altenau (1593–1616)*
Beigesetzt in der Welser Pfarrkirche
Helena *von Altenau (1594–1610)*
Euphemia *(um 1595–1638)*
Verheiratet mit einem Linzer Kanzlisten und in zweiter Ehe mit einem Adeligen.
Maria Salome *(1596–1605)*
Eusebia *(um 1598–1624)*
Cäcilia *(1601–1667)*
Verheiratet mit einem kaiserlichen Beamten.
Anton *(1602–1652)*
Leistete 1623 die Profess im Stift Admont.
Viktor *(1604–1663 oder 1668)*
Verheiratet mit einer bayerischen Adeligen. Er bewohnte das mütterliche Haus in Wels.
Eberhard *von Raitenau (1605–1675)*
Als Ordensmann von Kremsmünster Pater Ägidius.
Susanne *(um 1607–1644)*
Verheiratet mit einem kaiserlichen Beamten. (Fünf weitere Kinder starben im frühen Kindesalter.)

Die Gefährtin des Erzbischofs

Eine der faszinierendsten Gestalten der österreichischen Geschichte: Der Salzburger Fürsterzbischof Wolf Dietrich von Raitenau. (Auf diesem anonymen Ölbild im Alter von 30 Jahren.)

Das „Haus der Salome Alt" in Wels. Hier verbrachte die Gefährtin des Erzbischofs ihre letzten Lebensjahre, hier starb sie.

Alles andere als eine Mätresse: Salome Alt. Anonymes Ölbild. Um 1590.

ziert. Nach fast 25jähriger unumschränkter Herrschaft wandert Wolf Dietrich in die Gefangenschaft. Zwei Franziskanermönche und zwei Diener werden mit dem Fürsten eingeschlossen und müssen widerwillig das Los des Gefangenen teilen, bis zu seinem Tod. Auch Salome wird verhaftet, bald jedoch auf Befehl des Domkapitels wieder freigelassen. Wels wird nun für Salome Alt eine zweite Heimat.

Hierher kommen Dietrichs heimliche Briefe, hier wachsen auch ihre Kinder auf, die sie standesgemäß erzieht. 1616 stirbt im Alter von 23 Jahren der älteste Sohn. Er wird in der Welser Pfarrkirche beigesetzt, ein Zeichen des Ansehens, das die Familie auch im Unglück genießt. Salome Alt hat die Trauerkleider noch nicht abgelegt, als sie aus Salzburg die Nachricht vom Tod des Vaters ihrer Kinder erreicht. Am 16. Jänner 1617 stirbt Wolf Dietrich auf der Festung Hohensalzburg, nach mehr als fünfjähriger Gefangenschaft.

Von diesem Tag an legt Salome Alt ihre Trauerkleidung nicht mehr ab. 16 Jahre lang, bis zu ihrem Tod. Sie starb am 27. Juni 1633 in Wels und wurde dort auch begraben. Ihre Grabstätte kennt man nicht.

Rudolf Lehr

„Musiker mit Instrumenten", Wappenbuch. 1603.

Da kimp da schwarzi Tod!

„Der schwarze Mann aber schritt, sich um kein Gerede kümmernd, zum Rathaus, und als er dort den Richter nicht fand, ging er stehenden Fußes nach Voglsang; die Steyrer sahen ihm neugierig nach, als plötzlich ein kleiner Schulbub in der Berggasse mit heller Stimme sagte: „Da kimp da schwarzi Tod!" Hui! Fuhr da plötzlich alles in die Häuser zurück, die Tore wurden zugeschlagen, und der fremde Mann begegnete auf seinem Weg nach Voglsang keiner Seele mehr."

Enrica von Handel-Mazzetti (1871–1955) im Roman „Stephana Schwertner", der im Steyr zur Zeit von Kaiser Matthias spielt.

1601–1627

Kalender

1601

11.2. Im Linzer Landhaus wird nach der Vertreibung der evangelischen Landschaftsprediger (22. 3. 1600) erstmals wieder ein protestantischer Gottesdienst abgehalten.

25.10. Die Salzorte geloben feierlich, ihren protestantischen Glauben bis aufs Letzte zu verteidigen. Ein Aufstand im Salzkammergut unter der Führung des Ischler Marktrichters Joachim Schwärzl, an dem sich protestantische Bürger, Bauern, Holzknechte und Salzarbeiter beteiligen, wird mit militärischer Hilfe des Salzburger Erzbischofs niedergeschlagen.

Bei der Herrschaft Wildeneck (Kloster Mondsee) bricht wegen der brutalen Haltung des Pflegers und der Pflegerin eine Revolte aus.

1605

30.4. In Linz beschließen mehrere Erzherzöge bei einer Zusammenkunft, dem angeblich an Verfolgungswahn leidenden Kaiser Rudolf II. (1552–1612) nahezulegen, die Regierung in Ungarn seinem älteren Bruder Matthias (1557 bis 1619) zu übergeben.

28.5. Der Kaiser erteilt Matthias wohl die Vollmacht für den Krieg in Ungarn, lehnt die Vorschläge der Erzherzöge jedoch ab.

1606

29.8. Der Bischof von Passau bewilligt die Gründung eines Kapuzinerklosters in Linz. (Grundsteinlegung 21. 9. 1606.)

1607

8.2. In Ebensee wird zum ersten Mal Salz gesotten.

1608

Gründung des Jesuitengymnasiums in Linz. Es tritt an die Stelle der aufgehobenen protestantischen Landschaftsschule. Mit dem gleichzeitig gegründeten Jesuitentheater beginnt in Linz eine theaterfreudige Zeit.

1609

17.5. Die obderennsischen Stände huldigen in Linz Erzherzog Matthias.

18.5. In Neumarkt im Mühlkreis brennen 22 Häuser ab.

Hexenprozess in Kremsmünster.

1610

3.5. Grundsteinlegung zum Bau des Schlosses Pernau auf der Heide bei Wels.

Das „wilde Passauer Kriegsvolk" fällt mit 12.600 Mann im oberen Mühlviertel ein, raubt, plündert und brandschatzt. Der Anführer, Oberst Lorenz von Rameé, im Volksmund „Oberst Ramauf" genannt, fällt später beim Passauer Erzbischof Leopold V. (1586–1632) in Ungnade und wird am 23. 4. 1613 hingerichtet. Auch Wels wird angegriffen, der Lederertum schwer beschädigt.

1611

Jänner. Der habsburgische „Bruderzwist" wird auch in Oberösterreich auf dem Rücken der Bevölkerung ausgetragen. Wieder wütet das von Passau nach Prag ziehende Kriegsvolk im Land ob der Enns. Linz ist vom 10. bis 13. Jänner eingeschlossen.

11.6. Der Astronom Johannes Kepler (→ S. 121) wird zum Landschaftsmathematiker bestellt.

1612

Mai. Johannes Kepler übersiedelt nach Linz.

2.9. Weihe der von den Kapuzinern in Linz erbauten Klosterkirche.

1613

30.10. Johannes Kepler heiratet die Eferdinger Tischlerstochter Susanna Reuttinger (1589 bis 1636). – Erste Ehe 1597 mit Barbara Müller (1573–1611.)

1614

3.5. Kaiser Matthias befiehlt dem Abt von Mondsee, keine Unkatholischen in der Herrschaft Wildeneck (Mondseeland) aufzunehmen.

5.7.–11.8. Kaiser Matthias beruft in Linz den Generallandtag ein, in dem es um die Türkengefahr geht. 75 Abgesandte nehmen teil.

Die Landstände errichten in Linz das erste Ballhaus vor dem Schmidtor (heute Taubenmarkt).

1616

2.6. (Fronleichnam). Glaubenswechsel des steirischen Adeligen Adam Graf von Herberstorff. Er schwört dem Luthertum ab und wird wenige Jahre später zum Symbol des Schreckens der Gegenreformation in Oberösterreich.

1617

9.7. In Haag am Hausruck brennen 120 Häuser ab.

1618

15.5. Johannes Kepler findet in Linz das dritte seiner Planetengesetze.

9.11. Schloss Puchberg bei Wels erhält von Kaiser Matthias die Freiheiten eines Adelssitzes.

1619

Johannes Kepler gibt in Linz sein bedeutendstes Werk heraus: „Harmonices mundi".

1620

30.6. Kaiser Ferdinand II. (1578–1637) beauftragt den Bayernherzog Maximilian (1573–1651) mit der Niederschlagung der Aufstandbewegung und verpfändet ihm dafür das Land ob der Enns.

15.7. Gerüchte über den Einmarsch bayerischer Truppen führen in Aistersheim zu Zusammenrottungen von Bauern. Unter Führung des Adeligen Achaz Wiellinger ziehen sie nach Haag am Hausruck und plündern das passauische Schloss Starhemberg. Auch in Peuerbach und Walchen rotten sich Bauern zusammen.

Abbildung aus der Bibel des Superintendenten D. Hieber. 1611–1624.

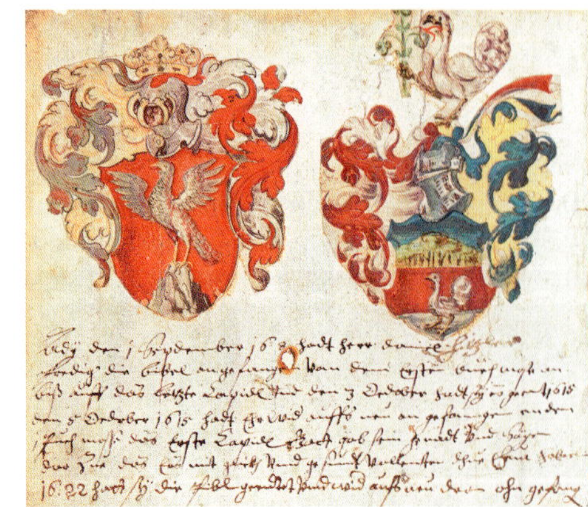

Kaiser Ferdinand II., der das Land ob der Enns an Bayern verpfändet.

25.7. Die bayerische Armee rückt mit 30.000 Mann in Oberösterreich ein. Schloss Aistersheim wird gestürmt, der Pfleger wird enthauptet, Bauern werden gehängt. Der nach Wien reisende Herzog Ernst von Sachsen-Lauenburg wird am 25. Juli 1620 von Bauern erschlagen. Sengend und plündernd zieht die bayerische Soldateska durch das Land.

20.8. Die Stände des Landes ob der Enns müssen dem Bayernherzog huldigen. Adam Graf von Herberstorff wird Statthalter mit allen Vollmachten eines Landeshauptmannes.

1621

9.3. Kaiser Ferdinand II. fordert den Salzamtmann auf, den Gehorsambrief an den Herzog von Bayern zu verfassen.

21.6. Herberstorff beordert als Statthalter des Landes ob der Enns die Offiziere des Salzamtes Gmunden für 29. Juni 1621 zur Huldigung an Bayern nach Linz.

Kepler über das Jahr 1613

„Durch einen Schnitt der Ader brachte ich das Eitern der Schulter zum Stillstand. Mit dem neuen Kaiser reiste ich nach Regensburg. Nach der Rückkehr des Kaisers nach Linz am 30. Oktober feierte ich Hochzeit mit einer einheimischen Jungfrau."

Aus Keplers Jahresnotizen „Revolutio anni", 1613 (zitiert in Justus Schmidt: „Johann Kepler", Linz 1970).

Fanatischer Hexenjäger

In Sarleinsbach wird Adam Johann Christoph Lebald von Lebenwaldt geboren, der als Pestarzt und Dichter, vor allem aber als fanatischer Hexenjäger in die Geschichte einging. (Geboren 15. 11. 1624, gestorben 20. 5. 1696 in Leoben.)

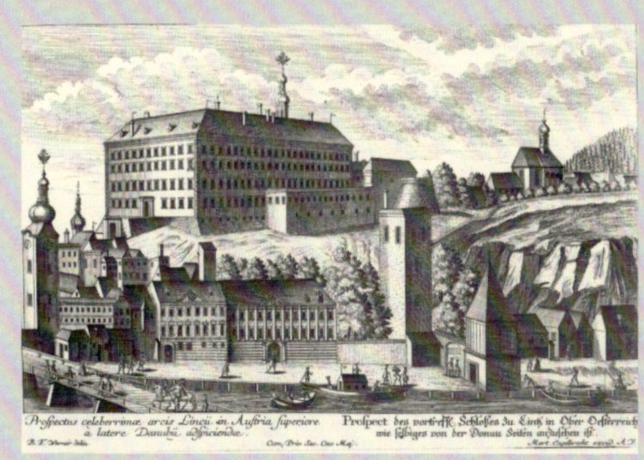

1602 wird mit dem Neubau des Linzer Schlosses begonnen. Stich von Friedrich B. Werner. Um 1732.

1622

3.3. Die römische Kurie bestätigt die Errichtung der Sebastianbruderschaft in der Kirche St. Stephan (Stadtpfarrkirche) in Braunau.

1624

Anfang Mai. Stift und Kirche Reichersberg werden ein Raub der Flammen.

4.10. Das Land ist vorwiegend protestantisch. Kaiser Ferdinand II. will es katholisch machen. Er erlässt das Reformationspatent: Alle evangelischen Prädikanten und Schulmeister müssen binnen acht Tagen das Land verlassen. Die Vernichtung des evangelischen Glaubenslebens beginnt, die zum Blutgericht auf dem Haushamerfeld und zum oberösterreichischen Bauernkrieg führt.

10.11. Zur Durchführung der Gegenreformation in Steyr wird dem Dominikanerorden die Kirche, am 12. 2. 1625 das Kloster übergeben.

1625

Jänner. In Natternbach werden ein katholischer Pfarrer und der Reformationskommissär mit Steinwürfen vertrieben. Fünf Rädelsführer lässt Graf Herberstorff mit der Begründung wieder frei, dass es unbillig sei, „deutschen Bauern einen italienischen Priester aufzudrängen".

15.5. Das grausame „Frankenburger Würfelspiel". → S. 125

Gründung der Innerberger Hauptgewerkschaft (Zusammenschluss der Eisenerzer Ratgewerken, der Weyrer Hammerherren und der Eisenverleger = Händler).

1626

Bauernkrieg → S. 124–126

November. Johannes Kepler verlässt Linz.

8.12. Der Welser Minoritenkonvent wird aktiviert, das kaiserliche Hofspital in die Pfarrgasse verlegt.

Zaubereiprozess in Steyr.

1627

15.1. Im Zuge der Gegenreformation wird die Gründung eines Kapuzinerklosters in Wels beschlossen.

11.8. Der Markt Schwans wird zur Stadt Schwanenstadt erhoben.

Das Schnallentor in Steyr, erbaut 1613.

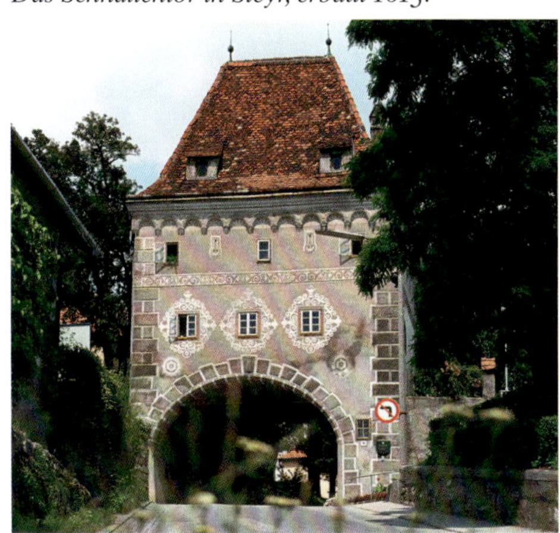

Der Innerberger Stadel

Der prachtvolle Renaissancebau, in dem heute das Städtische Museum von Steyr untergebracht ist, wird 1612 als Speicher für Eisen und Lebensmittel errichtet: der Innerberger Stadel.

Geburtstage

1604

David (II.) Ungnad Graf von Weißenwolff. Landeshauptmann (1657–1671). Geboren 1604. (Gestorben 6. 3. 1672.)

1605

Eberhard von Raitenau. (Pater Ägidius.) Benediktiner. Geboren 17. 2. 1605 in Salzburg. (Gestorben 25. 1. 1675 in Kremsmünster.) → 1675

1606

Georg Freiherr von Derfflinger. Preußischer Generalfeldmarschall. Geboren 10. 3. 1606 in Neuhofen an der Krems. (Gestorben 5. 2. 1695 in Guslow.)

Joachim von Sandrart. Maler. Geboren 12. 5. 1606 in Frankfurt am Main. (Gestorben 14. 10. 1688.) Werke in Altmünster, Garsten, Kremsmünster, Lambach, Linz, Waldhausen.

1607

Johann Eberhard Nidhart. Kardinal. Geboren 8. 12. 1607 als Sohn des Schlosspflegers von Rannariedl. (Gestorben 1. 2. 1681 in Rom.)

1609

Johann Worath. Bildhauer. Geboren 1. 11. 1609 in Taufers. (Gestorben 5. 2. 1680 in Aigen im Mühlkreis.) Hauptwerk: Kanzel in der Stiftskirche Schlägl.

1611

Placidus Buechauer. Abt von Kremsmünster (1644 bis 1669). Geboren 23. 12. 1611 in Schongau. (Gestorben 27. 6. 1669 in Kuchl.)

1613

David Fuhrmann. Propst von St. Florian (1667 bis 1689). Geboren 1613 in Straubing. (Gestorben 6. 10. 1689 in Linz.) Barocker Bauherr des Stifts.

1615

Placidus Georg Hieber. Abt von Lambach (1640 bis 1678). Geboren 22. 10. 1615 in Greifenstein-Füssen. (Ermordet 12. 9. 1678 in Lambach.) → 1678

1616

Laurentius Voß. Propst von Waldhausen (1647 bis 1680). Geboren 10. 8. 1616. (Gestorben 1680.) Erbauer des Barockstiftes.

1618

Matthias Abele von und zu Lilienberg. Schriftsteller. Geboren 17. 2. 1618 (1616?) in Steyr. (Gestorben 14. 11. 1677 in Steyr.) → 1677

1623

Johann Grueber. Jesuitenmissionar in China, Tibet und Indien, Astronom, Geograph. Geboren 28. 10. 1623 in Linz. (Gestorben 30. 9. 1680 in Sárospatak, Ungarn.) → S. 138

Clemens Beuttler. Maler, Zeichner, Kartograph. Geboren um 1623 in Säckingen. (Gestorben 10. 4. 1682 in Ebelsberg.)

Moskauer Raufhändel

„... etliche Verwundte bei der Moscawitterischen Pottschaft gehailt."

Aus einem Bericht über die Arbeit des Barbiers nach Raufhändeln bei der russischen Gesandtschaft, die am 12. Dezember 1613 nach Linz gekommen war.

Münze mit dem Bildnis des Abtes Alexander a Lacu von Wilhering und Kremsmünster, vermutlich in der Zeit zwischen 1601 und 1613 geprägt.

Verlorene Heimat

„Wir mueßten wohl die ganz welt aus ziehen, wir wurn kein Land ob der Enns finden."

Susanne von Tschernembl, die Frau des nach Würtemberg und später in die Schweiz geflüchteten Erasmus von Tschernembl in einem Brief an eine Freundin vom 3. 10. 1622, in dem sie „das ganze innere Leid um die verlorene Heimat zum Ausdruck brachte".

(Hans Sturmberger: „Georg Erasmus Tschernembl", Graz 1953.)

1601–1627

Todestage

1602

Hanns Jakob (II.) Freiherr von Löbl. Landeshauptmann (1592–1602). Gestorben 10. 10. 1602. Er eröffnete 1598 in Oberösterreich einen Feldzug der Gegenreformation.

1605

Georg Scherer. Hof- und Domprediger. Gestorben 26. 11. 1605 in Linz. (Geboren 3. 11. 1539 oder 1540 in Schwaz, Tirol.)

1613

Alexander a Lacu. Abt von Wilhering (1587 bis 1600) und Kremsmünster (1601–1613). Gestorben 19. 5. 1613 in Linz. (Geboren um 1550 in Lugano.) Führt in Stiften und Pfarren die Gegenreformation durch.

Johannes Memhard. Rektor der protestantischen Landschaftsschule in Linz (1576–1601). Gestorben 2. 10. 1613 in Linz. (Geburtsjahr unbekannt.)

1616

Wolf Wilhelm (II.) von Volkenstorf. Landeshauptmann (1610–1616). Gestorben 12. 12. 1616. (Geboren 19. 12. 1567.)

1619

Sigmund Freiherr von Lamberg. Landeshauptmann (1590–1592). Gestorben 18. 11. 1619 in Kitzbühel. (Geboren 1536.)

Marmorportal zum Steinernen Saal des Linzer Landhauses, innen und außen mit Reliefs und Inschriften versehen. Um 1570.

Ständepyramide mit den Wappen des Herrenstandes 1526–1729. Kolorierte Zeichnung auf Papier. Nach 1731.

Um 1625

Paul Peuerl. Komponist. Gestorben um 1625, wahrscheinlich in Steyr. (Geboren um 1570.) Bestimmt als erster Nichtitaliener die Musik des Frühbarock.

1626

Stefan Fadinger. Der oberösterreichische Bauernführer stirbt am 5. 7. 1626 an den Folgen einer Schussverletzung. → S. 126

Christoph Zeller. Bei der Belagerung von Linz wird der Bauernführer am 18. 7. 1626 von einer Gewehrkugel tödlich getroffen. → S. 126

Georg Erasmus von Tschernembl. Herr auf Schwertberg und Windegg. Führer der oberösterreichischen Stände, Vorkämpfer der Religionsfreiheit, Leitfigur beim oberösterreichischen Bauernkrieg und Hüter des evangelischen Bekenntnisses. Gestorben 18. 11. 1626 im Exil in Genf. (Geboren 26. 1. 1567 in Schwertberg.)

1627

Job Hartmann von Enenkel. Sammler und Bewahrer historischer Quellen des Landes. Gestorben 9. 2. 1627 in Wien. (Geboren 14. 9. 1576 in Heinrichschlag bei Spitz, Niederösterreich.) Lebte im schallenbergischen Schloss Leombach bei Wels und besaß die für diese Zeit erstaunliche Zahl von 8000 Büchern.

Eine Godenschale aus der „Blauen Periode". 2. Viertel 18. Jahrhundert.

Bedeutende Bauten

1604 wird mit dem Neubau des Linzer Schlosses begonnen, um 1610 entsteht das Renaissance-Wasserschloss Würting bei Offenhausen. 1612 wird in Steyr der Innerberger Stadel (→), 1613 das Schnallentor der Stadtbefestigung Steyr gebaut, in Wels wird 1616/19 der Ledererturm umgebaut. Nach 1621 entsteht der Großteil der Greinburg.

Stadtrechte, Marktrechte

Steyregg, Grieskirchen und Schwans (Schwanenstadt) werden zu Städten erhoben (1612, 1613, 1627), Frankenburg, Kematen am Innbach, Lembach, Mattighofen und Neumarkt im Mühlkreis werden besondere Bürgerrechte und Marktrechte zugesprochen bzw. die Rechte erneuert.

Der erste Buchdrucker

13.2.1615. Die Landstände erteilen dem Buchdrucker Johann Planck, den Johannes Kepler aus Erfurt nach Linz gebracht hat, die erste Druckereikonzession in Oberösterreich. Das erste Druckwerk ist die „Nova stereometria" von Johannes Kepler. (Johann Planck lebte von 1615 bis 1627 in Linz, Geburt- und Todesdaten unbekannt.)

Gmundner Fayencen

November 1625. Der Stadtmagistrat Gmunden bestätigt die Handels- oder Zechordnung der Gmundner Hafner und begründet damit das, was bis ins 19. Jahrhundert als „Alt-Gmundner Fayence" zu einem Begriff geworden ist. Die handwerkliche Hafnertradition lässt sich in Gmunden bis ins 15. Jahrhundert zurückverfolgen. In den Bildmotiven der Gmundner Fayencen dominiert neben religiösen Themen der Mensch des Salzkammerguts: Bauer, Handwerker, Schiffsleute, Wirte, Jäger, Holzknechte. In den oft sehr deftigen Sprüchen kommt echter Volkswitz zum Ausdruck. → S. 161

Das Kepler-Denkmal auf dem Linzer Schlossberg.

Johannes Kepler

Wegbereiter moderner Naturwissenschaft

Johannes Kepler (1571–1630) wurde am Tag des Evangelisten Johannes (27. Dezember) in der schwäbischen Reichsstadt Weil der Stadt als erstes Kind protestantischer Eltern geboren, nach römisch-katholischem Ritus getauft und war zeitlebens dem Augsburger Bekenntnis verbunden. Den Lehren des „göttlichen" Nikolaus von Kues (1401–1464) zugetan, kämpfte er für die Wiedervereinigung der gespaltenen christlichen Konfessionen und musste als „Gekreuzigter" (so Adalbert Stifter) Verfolgung leiden um der Gerechtigkeit willen. Seine hohe Ethik und tiefe Gläubigkeit ließen ihn die Härten der Gegenreformation fühlen.

Ein gestörtes Familienleben, mannigfaltige Krankheiten, Zwistigkeiten in den Schulen und heftiges Theologengezänk der Eiferer, seine Ablehnung der strengen Konkordienformel (1577) wider den Calvinismus und das Eintreten für die Lehren des Nikolaus Kopernikus (1473–1543) in den Disputationen veranlassten den Tübinger Senat, diesen unbequemen Feuergeist noch vor Abschluss seiner theologischen Studien nach Graz „wegzuloben", wo er eine Professur an der protestantischen Stiftschule (Gymnasium) und die Stellung eines Landschaftsmathematikers wahrnahm.

„Mysterium cosmographicum"

In Graz vollzog sich auch der Wandel Keplers vom philosophierenden Theologen ohne Aussicht auf ein Pfarramt zum „theologischen" Astronomen, dem künftighin die Naturforschung ein heiliger Dienst war.

In dieser Zeit (1594–1600) schuf er das „Mysterium cosmographicum" (Weltgeheimnis, 1595), in dem er die Abstände der Planetensphären mit den fünf regulären platonischen Körpern in Verbindung brachte, er konstruierte die ventillose Zahnradpumpe und entwarf ein Planetarium. Aus Graz erfolgte auch der erste schriftliche Kontakt mit Galileo Galilei (1564–1642), dessen kalter und egozentrischer Intellekt nicht zur Spiritualität Keplers fand.

Galileis Methode, von der mathematischen Berechnung zur Kündigung der „ewigen Wahrheit" zu gelangen, entsprach nicht der schlichten Beobachtung und Herstellung einer erfahrungsgestützten Theorie, wie es schon vor Johannes Kepler Nikolaus von Kues (De staticis experimentis, 1450) gefordert hatte.

Galileis Ignoranz gegenüber den astronomischen Erkenntnissen Keplers rächte sich auch im „politischen" Inquisitionsprozess gegen Galilei (1633), der nicht zuletzt durch Galileis Unbotmäßigkeit und Überheblichkeit geradezu provoziert wurde.

Die Zwänge der Gegenreformation führten den Kosmographen nach Prag (1600 bis 1611), wo er dank der hervorragenden Himmelsjournale des Tycho de Brahe (1546 bis 1601) die „Astronomia nova" (Neue Astronomie, 1609) mit den ersten beiden Planetengesetzen verfasste und auch die neuzeitliche Optik (1604, 1611) begründete.

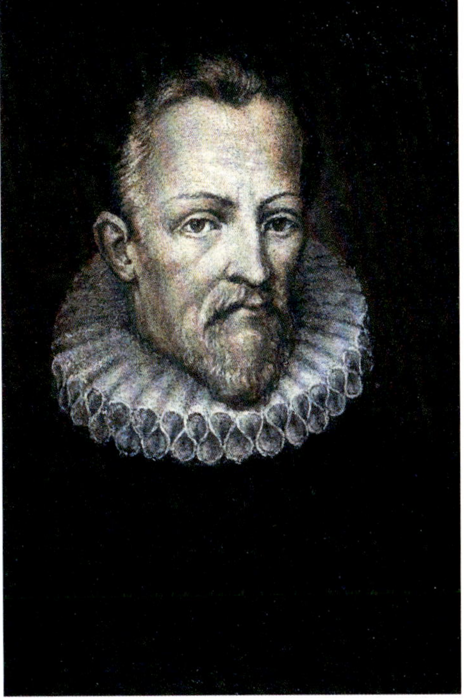

Porträt Johannes Keplers von einem unbekannten Maler des 17. Jahrhunderts.

Ein Raum auf dem Prager Hradschin, wo Johannes Kepler als Hofmathematiker Rudolfs II. tätig war. Auf dem Tisch eine Erstausgabe seiner „Astronomia nova".

Kepler über Kepler

„Ich kann mich nicht einer festen Ordnung unterwerfen, kann mich nicht an die Zeiteinteilung binden und bin regellos. Wenn ich etwas Brauchbares zustande bringe, so ist es zehnmal überarbeitet worden. Ein in der Eile gemachter Rechenfehler wirft mich zuweilen um Wochen zurück. Und ich hätte doch so vieles zu sagen."

Johannes Kepler in einem Brief aus Linz vom 17. 2. 1619 an Vinzenz Bianchi in Venedig, zitiert aus Günter Doebel „Johnnes Kepler", Graz 1983.

Wegbereiter moderner Naturwissenschaft

Übersiedlung nach Linz

Als die Lage in Prag durch die Entmachtung (1611) und den späteren Tod (1612) des Kaisers Rudolf II. für Kepler untragbar wurde, nahm der kaiserliche Mathematikus die Bestellung (11. Juni 1611) als Landschaftsmathematiker der Stände des „Erzherzogtums ob der Enns" an und übersiedelte nach Linz, wo er nach eigenem Zeugnis die längste und fruchtbarste Zeit (1612 bis 1626) seines ruhelosen Lebens verbrachte. Die Beamtung als Landschaftsmathematiker wurde auf Wunsch Keplers erst im Juli 1628 einvernehmlich gelöst. Sein Vermögen beließ er „ob der Enns". Die Behebung des Zinsertrages (6 Prozent), der für den 11. November 1630 verfügbar gestellt wurde, erfolgte nicht, da Kepler auf seiner Reise nach Linz am 15. November 1630 in Regensburg verstarb.

Keplers Glaube

Anlässlich eines einmaligen Treffens in Linz (17. Juli 1612) mit dem jungen Hallstätter Gelehrten Matthias Bernegger (1582 bis 1640), dem später berühmten Humanisten und Professor der Geschichte in Straßburg, wurde die christliche Ökumene begründet. Keplers liberale Haltung im Streit der Konfessionen (Katholizismus, Luthertum, Calvinismus) führten (1612) zu seiner Exkommunikation durch Daniel Hitzler, Superintendent der evangelischen Kirchengemeinde und Inspektor der Landschaftsschule zu Linz; aber auch die späteren Versuche der Gesellschaft Jesu (insbesondere von Paul Guldin, Mathematikprofessor in Wien und Graz) schlugen fehl, durch ein lukratives Angebot den katholisch Getauften und protestantisch Exkommunizierten zum Katholizismus zu bewegen. Keplers ökumenische Bestrebungen wurden erst wieder durch den Polyhistor Gottfried Wilhelm Leibniz (1646–1716) aufgenommen.

Das deutsche Triumvirat Cusanus (Nikolaus von Kues), Kepler und Leibniz schöpfte aus dem Synergismus von Naturwissenschaft und Glaubensweisheit seine unvergänglichen Werke und schlug die Brücke vom prädikativen Substanzdenken der Antike und Scholastik zum funktionellen Strukturdenken der Moderne.

Tisch-Sonnenuhr und andere astronomische Instrumente aus der Renaissance.

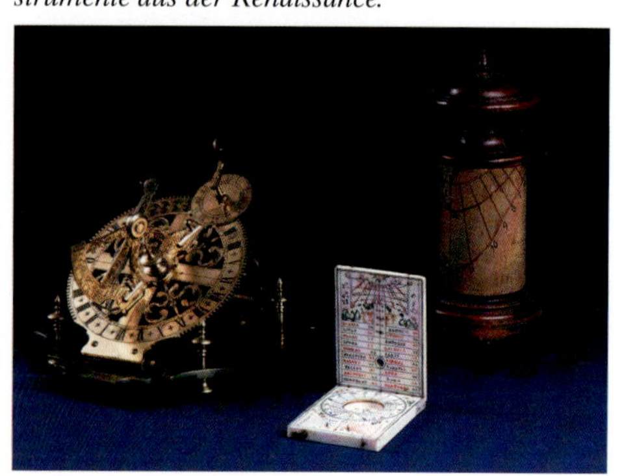

Länger als in jedem anderen Ort hat Johannes Kepler in Linz gelebt. Hier fand er das Lebensglück einer harmonischen Ehe, hier vollendete er seine wissenschaftlichen Hauptwerke, hier kämpfte er verbissen um das Leben seiner Mutter. Das einzige sicher als Wohnstätte Keplers dokumentierte Haus ist das in der Rathausgasse. Andere Wohnungen Keplers sind nicht mehr mit Sicherheit festzustellen oder befanden sich in Häusern, die inzwischen abgerissen wurden.

Die Kepler-Kommission der Hochschule Linz befasste sich anlässlich des Internationalen Kepler-Symposiums (1971) beziehungsweise der Namensgebung der „Alma mater Kepleriana" mit den unerforschten Problemen in Keplers Werk und würdigte vor allem seine Verdienste um die Genese der Informations- und Systemwissenschaften.

Die Harmonices mundi

Die Harmonices mundi (Weltharmonik, Linz, 1618), Keplers reifstes und oft missverstandenes Bekenntniswerk einer systemorientierten Naturphilosophie, verwendet als Leitmaxime einen wohldefinierten Harmoniebegriff.

Der Nobelpreisträger Roger Sperry hat 1983 auf die wesentlichen neurophysiologischen Leit- und Schaltfunktionen kulturimmanenter Wert- und Zielsysteme hingewiesen und damit den Harmonikalismus von Kepler mit einer neuen Facette bestätigt.

Aber auch die Musiktheoretiker, Staatswissenschafter, Tiefenpsychologen, Archestrukturenforscher und andere mehr werden in der Weltharmonik eine Fülle moderner Gedanken orten, die uns noch immer das Ingenium des geistig Hochbegnadeten bewundern lassen.

Rudolfinische Tafeln, Planetengesetze

Die vorwiegend in Linz fertiggestellten Rudolfinischen Tafeln sind das erste Großwerk modellgestützter Datenverarbeitung. Diese Planetengesetze, deren Entdeckung wohl auch dem cusanischen Programm der Experimentalwissenschaft (1450), insbesondere der empirischen Hypothesenprüfung, zu verdanken war, lassen bereits die Statistik als Lehre von den Massenerscheinungen und Wiederholungsvorgängen erkennen.

Bemerkenswert ist, dass Kepler dieses astronomische Tafelwerk auch für die christliche Missionierung in China gemacht hat.

Keplers Fassmesskunde (Doliometrie, 1615 und 1616) enthält bereits infinitesimale Ansätze, und seine Metrologie versucht erstmalig, Maße und Gewichte in Zusammenhang zu bringen (Ulmer Maßkessel, 1627) und solcherart Vorleistungen für die späteren physikalischen Maßsysteme zu erbringen.

Keplers Beiträge zum Bau der ersten Digitalrechenmaschine auf Räderbasis (Wilhelm Schickard, 1623) sind unbestritten, und Frank D. Prager (1971) wies nach, dass Blaise Pascal (1623–1662), der Erfinder einer Rechenmaschine (1642), von den einschlägigen Bemühungen Schickards wusste.

Der Kalenderreformer

Als Kalenderreformer trat Kepler für den Gregorianischen Kalender (Reichstag zu Regensburg, 1613) ein. Er hat sich auch um die Berichtigung der Geburtsdaten Christi (1606, 1613) verdient gemacht.

Posthum erschienen der „Traum vom Mond" (1634), den man als Vorreiter der Science-fiction-Literatur mit bemerkenswertem kosmonautischen Einschlag bezeichnen könnte.

In diesem Opus ist bereits das Gravitationsgesetz (Isaac Newton, 1666) verbal skizziert. Die von ihm entworfene Weltkarte (1630) zur Illustration der Rudolfinischen Tafeln (Erstauflage 1627) zeigt, dass Kepler die Voraussetzungen besaß, der größte Kartograph seiner Zeit zu sein, hätte nicht die Rechenfron an den Rudolfinischen Tafeln einen Gutteil seiner Schaffenskraft gelähmt. Sein Lebenswerk war ein Hohelied der Ordnung, der Harmonie und des Friedens.

Adolf Adam

Katharina Kepler

Geboren 8.11.1547 in Eltingen (Württemberg). Eltern: Margarete und Melchior Guldenmann, Gastwirt in Eltingen. Verheiratet mit Heinrich Kepler (1547–1590), Kanonier. Hochzeit: 15. 5. 1571 in Eltingen. Mutter von sieben Kindern. Gestorben 13.4.1622 in Heumaden.

38 Frauen verbrannt

200 Familien lebten in der Zeit Keplers in seinem Geburtsort Weil. Zwischen 1615 und 1629 wurden allein in diesem Ort 38 Frauen als Hexen verbrannt.

Mit Beystandt ihres Sohns

„Die Verhafftin erscheint leider mit Beystandt ihres Herrn Sohns, Johannes Keppler, Mathematici."

Aus dem Protokoll des Güglingener Stadtschreibers, 20. August 1621.

Die Tränenprobe

Das Gericht bediente sich bei der „Tränenprobe" folgender Methode: Der Beschuldigten wurden Bibelstellen vorgelesen, dabei musste sie in Tränen ausbrechen. Blieben die Augen trocken, galt das als Schuldbeweis. Man kann sich denken, dass es kaum einem dieser bedauernswerten Opfer gelang, unter Todesangst auf Befehl zu weinen.

Wie Kepler seine Mutter vor dem Scheiterhaufen rettete

Auch für den Mann, der mit seinem Werk über die Harmonie der Welt berühmt wurde, war die Welt alles andere als harmonisch. Während Johannes Kepler in Linz an „Harmonices mundi" und an vielen anderen bis heute richtungweisenden astronomischen Werken arbeitete, musste das überragende Genie seines Jahrhunderts alle Intelligenz, alle Kraft und allen Einfluss aufwenden, um seine Mutter davor zu bewahren, als Hexe verbrannt zu werden.

Von jenem Himmel herab, dem Johannes Kepler so viele Geheimnisse entlockte, warf der Mond sein kaltes Licht über die Stadt Linz. Durch die schmalen Gassen der Altstadt zwängte sich ein pfeifender Nachtwind. So rasch und so unauffällig wie möglich führte in dieser Dezembernacht des Jahres 1616 der kaiserliche Mathematiker und Lehrer an der protestantischen Landschaftsschule in Linz eine kleine, schmächtige alte Frau in sein Haus: seine Mutter.

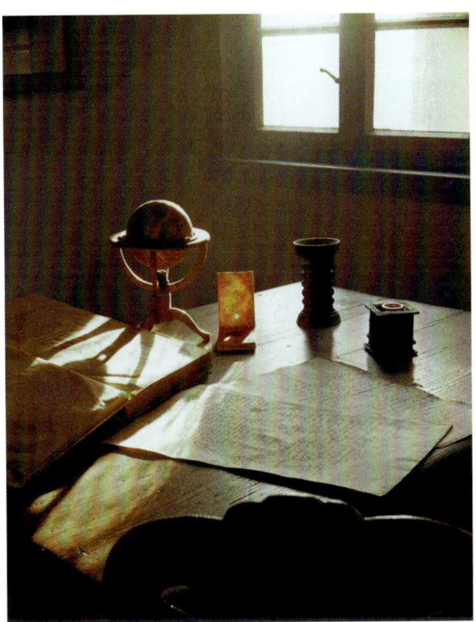

Keplers Studierstube im Kepler-Museum seiner Geburtsstadt Weil. Auf dem Tisch liegen astronomische Instrumente und zwei Briefe.

Glückliche Linzer Jahre

Als Kepler im Jahr 1612 nach Linz kommt, erhält er eine Dienstwohnung zugewiesen. In Briefen an Kepler taucht die Anschrift „Im Weingarten" auf, vermutlich war das ein Haus in einem ursprünglich großen Garten in der Hirschgasse. 1613 heiratet Kepler zum zweiten Mal und übersiedelt in die Hofgasse. Das Haus in der Rathausgasse (Nr. 5), an dem heute eine Gedenktafel angebracht ist, wird in den Dokumenten erst 1625 erwähnt.

Insgesamt lebt Johannes Kepler 14 Jahre in Linz, länger als an irgendeiner anderen Stätte seines Wirkens. Hier findet er das Lebensglück einer harmonischen Ehe, hier werden sechs seiner Kinder geboren, hier vollendet er seine wissenschaftlichen Hauptwerke – Grund genug, dass sich die Stadt heute Kepler-Stadt nennt, dass die Linzer Universität den Namen dieses berühmten Astronomen trägt.

Als Kepler nach seiner Verheiratung mit der 24-jährigen Eferdinger Tischlerstochter Susanna Reuttinger in eine größere Wohnung zieht, lässt er sich auch ein paar Weinfässer in den Keller bringen. Dabei bemerkt er, wie umständlich es ist, den Inhalt eines Fasses mit gekrümmten Seitenflächen zu berechnen. Kurz darauf erscheint ein Werk zur „Raumlehre der Weinfässer".

Mit Klugheit gegen Hexenjäger

Fest steht, dass Johannes Kepler in den sechs Jahren, die er verbissen um das Leben seiner Mutter ringt, in der Linzer Altstadt wohnt. Von hier aus richtet er am 1. September 1617 einen Brief an Herzog Friedrich von Württemberg, in dem er über seine Mutter schreibt, „daß sie ihres angerechneten Verbrechens der Zauberei ganz unschuldig und daß sie sich jederzeit, wie einer christlichen, ehrliebenden Frau gebührt, soviel nach menschlicher Schwachheit möglich, verhalten".

Niemals hat Kepler offiziell versucht, den Hexenwahn an sich zu bestreiten. Keine seiner Schriften, auch kein Brief, gibt Auskunft darüber, wie Kepler darüber dachte. Seine Mutter hätte er mit der totalen Ablehnung der Hexerei auch ganz sicher nicht retten können.

Es ist übrigens ein einzigartiger Fall in der blutigen Geschichte der Hexenverfolgungen, dass eine der Hexerei beschuldigte Frau den Hexenjägern entkam. Das ging nur mit Klugheit. Und klug war nicht nur der auch damals schon berühmte Astronom, klug war auch seine Mutter.

Mathematicus Seiner Majestät

Einen Beweis dafür liefert die Frau bei der sogenannten „Tränenprobe". (→) Die Mutter Keplers versucht es gar nicht, auf Befehl zu weinen. Sie hat in ihrem Leben schon so viel weinen müssen, dass ihr keine Tränen mehr übrigbleiben, schleudert sie den verdutzten Ratsherren und Hexenrichtern entgegen. Und die finden sich mit dieser Erklärung ab.

Alle Klugheit hätte wahrscheinlich nichts genützt, wäre Kepler nicht auch zu seiner Zeit schon eine geachtete Persönlichkeit gewesen. Kepler vergisst auch nicht, in seinen Verteidigungsschriften auf seine Stellung bei Hof hinzuweisen. Ein „Mathematicus Seiner Kaiserlichen Majestät", das ist den Hexenrichtern unheimlich. Es deutet auf eine Vertrauensstellung beim Kaiser hin.

Nicht wegen der Entdeckung der Gesetze des Planetenumlaufs, die seinen Namen in der Nachwelt unsterblich gemacht haben, gilt Kepler zu Lebzeiten als Berühmtheit. Zu den Aufgaben eines Landschaftsmathematikers gehört es auch, Kalender herauszugeben mit Weissagungen. Und mit einem Mann, von dem sich Fürsten, Feldherren und Kaiser das Schicksal voraussagen lassen, verscherzt man es sich nicht. Nur damit ist zu erklären, dass für Keplers Mutter überhaupt eine Verteidigung zugelassen wird – von keinem anderen Hexenprozess ist das bekannt. Und ungewöhnlich ist auch, dass der Sohn, der sich für eine der Hexerei beschuldigte Frau einsetzt, nicht sofort selbst der Hexerei bezichtigt wird. Im Allgemeinen werden Angeklagte eben so lange gefoltert, bis sie ein Schuldbekenntnis ablegen.

Die Anklagepunkte sind lächerlich: Eine Nachbarin behauptet, nach einer Berührung mit der Keplerin krank geworden zu sein. Ferner: Ein zwölfjähriges Mädchen hat Ziegel getragen und bei der Begegnung mit der Keplerin einen Stich verspürt, so dass sie den Arm kurz nicht bewegen kann. Das ist natürlich nicht auf die schweren Ziegel zurückzuführen, das war glatte Hexerei …

Johannes Kepler tritt die Flucht nach vorne an: Die Verfolger sind „vom Teufel aufgehetzt", behauptet er kühn. Er gewinnt damit Zeit, und so rasch als möglich lässt er die Mutter zu sich nach Linz kommen.

Mit 73 Jahren in Ketten

Aber die Mutter hat Heimweh, und nach neun Monaten kehrt sie in ihre Heimatgemeinde zurück. Die lange Abwesenheit wird als Flucht, die Flucht als Schuldbeweis gedeutet.

Katharina Kepler ist 73 Jahre alt, als sie verhaftet und in Ketten gelegt wird. Einer der neuen Anklagepunkte lautet: Sie wurde gesehen, wie sie durch verschlossene Türen ging – eine Gabe, die sie im Gefängnis wohl brauchen hätte können.

Kepler eilt sofort zu seiner Mutter. Mehr als ein Jahr vergeht noch, in dem die arme Frau angekettet im Gefängnis schmachtet, bis Kepler ein Gutachten der juridischen Fakultät Tübingen erreicht. Die gelehrten Herren empfehlen, sich mit der Androhung der Folter zu begnügen. Keplers Mutter bleibt standhaft und geht frei.

Ein halbes Jahr später stirbt sie. Eines natürlichen Todes.

Rudolf Lehr

„Unsern Vater gebt's mir!"

„Nachher schleppten die Knechte den Georg Preuner zur Todesstätte. Dann wollten sie den Georg Preuner fassen. Der aber wurde ganz wütig und wehrte sich mit seiner großen Leibeskraft. Ein paar Soldaten mußten helfen, um den starken, vollblütigen Mann zu bändigen. Aber auch da wand und krümmte er sich noch, denn es war ihm so schwer, angesichts seines Heimatortes zu sterben. Einige hundert Schritt' von der Linde stand seine Hofstatt, bangte sein Weib, warteten seine Kinder. Kämpfend und balgend war der Menschenknäuel unter die Stricke gelangt. Der Freimann hielt eine Schlinge auf. Die Knecht' steckten den Kopf des Preuner hinein. Dann ließen sie den schweren Körper los und es war schrecklich anzusehen, wie der Preuner in seinem gewaltsamen Sterben mit Händ' und Füß'um sich schlug, bis ihm der Tod die Muskelkraft löste. Da kam plötzlich ein Weib hergelaufen. Von Hausham her. Sie wollte zur Linde, aber die Soldaten wehrten ihr's. Das war das Weib des Preuner.

‚Mein'n Mann möcht ich!' schrie sie gellend. ‚Unsern Vater gebt's mir!' heulte sie jammernd. Dann wieder schluchzte sie gottsjämmerlich und fluchte dazwischen, daß selbst den Soldaten bange wurde. Und wie nach einer Weile ihre Kinder von Hausham herangelaufen kamen, da reckte sich das Weib in ihrer ganzen Größe, zeigte mit ausgestreckter Hand auf den starken Körper des Preuner und schrie gellend in die Weite:

‚Da hängt der Vater, Kinder! Der rothaarige

Der oberösterreichische Bauernkrieg 1626

Der Dreißigjährige Krieg sei ein Glaubenskrieg gewesen, ist in manchen Büchern zu lesen, ein Bürgerkrieg der Konfessionen. Verschwiegen wird meist, dass in diesem Krieg vorwiegend Söldner kämpften, die für jeden in die Schlacht zogen, der sie bezahlte, und die jeden verließen, wenn ein anderer besser zahlte. Sie raubten, plünderten und mordeten – und sie fragten nicht, ob es sich um Glaubensgenossen handelte oder um Glaubensgegner. Die einzigen, die mit echten und edlen Motiven kämpften, waren die Bauern.

Sie griffen in ihrer Not zu den Waffen, sie waren verbittert über die fremden Fürsten, die eingesetzt worden waren, empört über die Willkür der Besatzungstruppen und nicht zuletzt über die rücksichtslosen Methoden, mit denen die Rekatholisierung betrieben wurde.

Kampf gegen übermächtige Obrigkeit

Überall sind die Bauern die Leidtragenden dieses Krieges. „Der Krieg muß den Krieg ernähren", hatte Wallenstein gesagt. In Oberösterreich kam hinzu, dass Kaiser Ferdinand II. (1578–1637), den der Kampf um Böhmen immer mehr Geld kostete, das Land ob der Enns 1620 an Bayern verpfändete, dass Besatzungstruppen ins Land zogen und hier mit brutaler Macht wüteten.

Der bayerische Statthalter Herberstorff hielt in Frankenburg ein schreckliches Strafgericht gegen die Bauern, die die Einsetzung eines katholischen Geistlichen verhindern wollten. Das makabre Frankenburger Würfelspiel wird in Oberösterreich nie vergessen werden.

Gedechtnis des Bauren Kriegs im Jahr 1626.

Psal: 37. Der Herr hilfft den Gerechten. Er ist ihre Stercke in der Noth.

Psal: 20. In Nahmen unsers GOTTES werffen wir Banier auff.

Der Österreichischen Ob der Ens gesambten Bauerschafft an Ihr Kayß: May: begeren stehet in folgenden 12. Articulem.

1. Das Wort GOTTES.
2. Den Kayser zum Herren, und nicht den Beyerfürsten.
3. Den Stadthalter zu Lintz abzuschaffen.
4. Einen Landtshauptmã der in Lande geseßen.
5. In den Städten Lutherische Richter und Burgemeister zusetzen, den Catholischen ist nicht zutrauen.
6. Die Prælaten auß den Rath und die Bauren hinnein zusetzen, wie in Tyrol der brauch.
7. Das die Soldaten aus den lande mit stäblein geweiset, dan wir Bauren wollen das landt schutzen.
8. Die Guarnison in Städten abzuschaffen, soll Jahrlich etlich gelt darfur gegeben werden.
9. Das Jesuitische Pfaffengesinde außer die Prælaten auß den lande zuschaffen.
10. Einen General Perdon allen Armen und Reichen Hohes und Nider standes.
11. Die Capitulation so Kayser Matthias verheischen, ein ieder Landtherr auff seinen Güttern einen Prediger zu halten.
12. Allen vertribenen ihre Gütter gentzlich zu Restituiren und widerumb in geruigen Posses zusetzen.

Gegeben in Ländlein Ob der Ens.

Die „12 Artikel" der Bauern zum „Gedechtnis des Bauren Kriegs im Jahr 1626" mit der Forderung, in die Landstandschaft aufgenommen zu werden.

Der verhassteste Mann der oberösterreichischen Geschichte, Symbol des Schreckens der Gegenreformation: Adam Graf von Herberstorff *(→ S. 128)**. Anonymes Ölgemälde. 17. Jahrhundert.*

Die Empörung der Bauern wurde immer größer. Schließlich waren sie zum Kampf fest entschlossen. So kam es zum Bauernkrieg des Jahres 1626. Es war die schwerste kriegerische Auseinandersetzung auf österreichischem Gebiet während des Dreißigjährigen Krieges.

Die Chronik der Ereignisse 1626

Mai/Juni. In Lembach gibt es am 17. Mai bei einer Rauferei mit bayerischen Soldaten sechs Tote. Im Mühlviertel, aber auch im Hausruckviertel, vor allem im „Rebellenwinkel" um Peuerbach, Aschach, St. Agatha und Neukirchen am Walde, beginnt der Aufstand der Bauern. Schlösser werden in Brand gesteckt, Pfarrhöfe geplündert, ihre Bewohner erschlagen. Herberstorff zieht mit einer Streitmacht und Geschützen von Linz nach Eferding den Aufständischen entgegen. In Peuerbach locken ihn die Bauern in eine Falle. Nur mit Mühe kann er Linz erreichen. Die Bauern bringen Wels, Steyr, Gmunden und Vöcklabruck in ihre Hand. Am 24. Juni beginnt die Belagerung von Linz, bei der die Bauernführer Stefan Fadingern und Christoph Zeller ums Leben kommen. → S. 120, 125, 126

September. Ein Waffenstillstand wird vom bayerischen Kurfürsten Maximilian I. (1573 bis 1651) ignoriert, seine Truppen marschieren in Oberösterreich ein. Die Bauern schlagen sie jedoch zurück. Maximilian beruft Oberst Gottfried Heinrich von Pappenheim (1594–1632) an die Spitze seiner Truppen.

Oktober. In vielen Orten des Landes flammen die Kämpfe wieder auf. Ein gemeinsames Vorgehen der bayerischen und kaiserlichen Kräfte wird beschlossen.

4. November. Pappenheim zieht in Linz ein und vereinigt sich hier mit den kaiserlichen Truppen.

9. November. Beim Emlinger Holz in der Nähe von Eferding kommt es zu einem grausamen Gemetzel. Pappenheim selbst schätzt die Zahl der getöteten Bauern auf 3000.

15. November. Ein zweites Blutbad: Bei Pinsdorf sterben rund 2000 Bauern.

19. November. Die letzte Schlacht des Bauernkriegs: Etwa 4000 Bauern stellen sich bei Wolfsegg dem Angriff der Truppen Pappenheims. Der Markt wird besetzt, geplündert, auch die Einwohner, die nicht geflüchtet sind, werden brutal misshandelt.

Grausames Strafgericht 1627

3. Jänner. Im Ennstal kommt es zu einem letzten Aufflackern des Bauernwiderstands. Der Losensteiner Mauteinnehmer Max Luckner, auf den sich die Wut der Aufständischen konzentriert, wird erschlagen. Ein halbes Jahr später werden dreißig Teilnehmer an diesem Aufstand verhaftet und nach Steyr gebracht: elf von ihnen werden zur Zwangsarbeit verurteilt, drei werden dem Henker übergeben.

26. März. Auf dem Linzer Hauptplatz werden acht Hauptleute der Bauern, die Haft und Folter überstanden haben, hingerichtet. Achaz Wiellinger wird als Adeliger enthauptet, andere, wie Wolf Madlseder und Hans Vischer, müssen vor ihrem Tod zusätzliche Grausamkeiten erdulden:

Schachspiel auf Schloss Weinberg. Besonders markant sind Bauern und Läufer. Entstehungszeit vermutlich Anfang 17. Jahrhundert.

Judas hat ihn umbringen lassen! Der Statthalter! Verflucht soll er sein! Der Hund! Der Leutschinder! Der Bauerntod! – Kinder, Kinder, wir hab'n kein'n Vater mehr!'
Dann fiel sie hin. Und die Kinder umweinten sie. Als die Preunerin wieder aufstand, war sie wahnsinnig geworden. Schreiend und fluchend lief sie der nahen Heimstatt zu."

Karl Itzinger (1888–1948) im Roman „Das Blutgericht am Haushamerfeld", 1934.

Niedergehaut wie die Hunde

„Es war das wunderbarste Fechten, welches vielleicht in langen Jahren geschehen ist. Kein Bauer hat seine Waffen weggeworfen, noch viel weniger sind sie weggelaufen. Obwohl sie weichen mußten, ist es doch nur Fuß für Fuß geschehen. Hier haben sie einem sein Pferd niedergestochen, dort einen vor den Kopf geschlagen und sich selbst ohne Achtung und Wehsagen niederhauen lassen wie die Hunde. Und ob sie gleich oft versucht haben, die Pikeniere zu trennen, ist es ihnen doch unmöglich gewesen und haben dabei ihr Leben eingebüßt. Das hat so anderthalb Stunden und mehr bis an die Stadt Eferding hin gewährt und ist das Feld hin überall mit Toten belegt gewesen."

Oberst Gottfried Heinrich von Pappenheim (1594–1632) im Schlachtbericht an den bayerischen Kurfürsten.

Detail einer Tafel der Ereignisse im Bauernkrieg: Linz, Enns, Wels und Geiersberg.

Das Blutgericht auf dem Haushamerfeld

11.5.1625. In Frankenburg will der Oberpfleger Abraham Grünbacher, früher selbst Protestant, auf Befehl der Reformationskommission einen katholischen Pfarrer einsetzen. Die Geistlichen werden verprügelt und davongejagt. Der Pfleger flieht ins Schloss Frankenburg, das die Bauern belagern und beschießen. Erst nach drei Tagen, als er schriftlich zusichert, dass niemand bestraft wird, lässt man ihn frei.
Statthalter Herberstorff ist wütend, er will ein Exempel statuieren. Am 14. Mai erlässt er ein Patent an die am Aufstand beteiligten Bauern: Sie müssen am darauffolgenden Tag auf dem Haushamerfeld erscheinen. Jeder, so versichert er, der Gnade begehre, werde sie finden. Gleichzeitig trommelt er Truppen zusammen und zieht mit drei Geschützen und dem Henker nach Frankenburg.
Die Vertreter der Pfarren müssen sich aufstellen, Herberstorff erklärt, er werde Gnade walten lassen, wenn der Widerstand aufhört. Da jedoch die Hauptschuldigen geflohen seien, sollen die Gemeindevertreter bestraft werden, die durch ihre Passivität den Aufstand ermöglicht hatten. Das grausame „Frankenburger Würfelspiel" beginnt.

Madlseder wird vorerst die rechte Hand abgeschlagen, mit der er einen Beschwerdebrief verfasst hat. Dann erst zielt der Henker nach dem Kopf. Der Leichnam wird gevierteilt, die einzelnen Stücke werden an den Landstraßen vor Linz aufgespießt, der Kopf wird in Steyr zur Schau gestellt und dort erst nach eineinhalb Jahren abgenommen.
Nach Wiellinger und Madlseder werden nacheinander Hans Hausleitner aus Parz, Hans Vischer, Balthasar Mayr, Tobias Angerholzer, Kilian Haizenauer von Losenstein und der Stadtschreiber Georg Hofmann aus Steyregg enthauptet.

23. April. Zehn weitere Aufständische werden in Linz hingerichtet, andere werden in Eisen gelegt und zur Strafarbeit in die Wiener Stadtgräben geschickt, Frauen und Kinder der Verurteilten werden außer Landes gejagt.

5. Mai. Die Leichen von Stefan Fadinger und Christoph Zeller werden auf Befehl von Graf Herberstorff vom Eferdinger Friedhof ausgegraben und im Seebacher Moos verscharrt. Statt eines Kreuzes wird an der Stelle ein Galgen aufgestellt. → S. 126

13. Juni. Mit einem Generalpardon von Kaiser Ferdinand II. enden die Strafprozesse keineswegs. Die „Rädelsführer" sind ausgenommen.

12. August. Noch zwei öffentliche Hinrichtungen auf dem Linzer Hauptplatz: Der Bürger Hofmann aus Steyr und der Bauer Sandperger aus Eferding müssen den Gang zum Richtplatz antreten.

1628

7. Juli. Noch mehr als ein Jahr nach dem kaiserlichen Generalpardon werden in Gmunden der Bauernhauptmann Sebastian Fux und der Corporal Georg Paurnösel „aus Gnade" zur Hinrichtung durch das Schwert verurteilt, auch ihre Köpfe werden aufgesteckt.

Das Frankenburger Würfelspiel

Am 15. Mai 1625, um drei Uhr Nachmittag, sind auf dem Haushamerfeld bei Frankenburg 5000 Menschen versammelt. Herberstorff wählt 36 Aufständische aus, sie müssen um ihr Leben würfeln. „Der verlieret, soll henken." Zwei dieser Unglücklichen werden auf Wunsch des Pflegers begnadigt, 16 Verlierer in diesem grausamen Spiel und ein später gefangener Bauernanführer werden auf der Linde im Haushamerfeld und auf den Kirchtürmen von Frankenburg, Vöcklamarkt und Neukirchen an der Vöckla aufgehängt.

Mahnmal auf dem Haushamerfeld für die Toten des „Frankenburger Würfelspiels".

Die Belagerung des Linzer Landhauses. Diorama aus dem oberösterreichischen Bauernkrieg. Schlossmuseum Linz.

Bauernkriegsgedenkstätten

gibt es in den Gemeinden Alkoven (Emlinger Holz), Bruck-Waasen, Enns, Freistadt, Gmunden, Grieskirchen, Langenstein, Lembach, Linz, Neukirchen am Walde, Neumarkt im Hausruckkreis, Pfaffing (Haushamerfeld), Pinsdorf, Pram, Pupping (Seebacher Moos), Schenkenfelden, St. Agatha, St. Florian (Tillysburg), Vorderstoder, Windischgarsten.

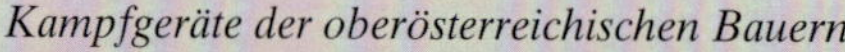

Kampfgeräte der oberösterreichischen Bauern.

Stefan Fadingers letzte Stunden 1626

„Bedrückt standen viel hundert Bauern wortarm am Marktplatz in Ebelsberg. So still war es manchmal unter ihnen, daß man plätschern hörte das Wasser des steinernen Brunnens. Immer wieder richteten sich die Blicke der Bauern hinauf gegen das Schloß, denn sie wußten, der Obristhauptmann hatte heut wohl seinen letzten Tag." – So schildert der oberösterreichische Schriftsteller Karl Itzinger in seinem Roman „Es muß sein" die letzten Stunden des Bauernführers Stefan Fadinger.

Stefan Fadinger, den die Aufständischen zu ihrem Führer ernannt hatten, war ein Bauer aus Fatting am Walde (Parz, heute Gemeinde St. Agatha, bei Eferding). Fadinger dürfte um die vierzig gewesen sein, er hatte jedenfalls schon erwachsene Kinder. Auf knapp sieben Wochen beschränkte sich der Auftritt Stefan Fadingers in der Geschichte – doch bis heute ist er nicht vergessen. Stefan Fadinger ist so etwas wie ein oberösterreichischer Andreas Hofer. Er ist zu einer Symbolfigur geworden für den Widerstand gegen Ungerechtigkeiten.

Das grausame Strafgericht traf auch die Angehörigen der Bauernführer. Die Anwesen von Stefan Fadinger und Christoph Zeller wurden niedergebrannt, die Frauen und Kinder aus dem Land gejagt. Sogar die Toten wurden bestraft: Die in Eferding beigesetzten Leichen von Fadinger und Zeller mussten ausgegraben und von einem Henker „in ein wildes unwohnsamliches Ort oder Moos" verscharrt werden. An dieser Stelle, im Seebacher Moos (Bezirk Eferding) erinnert ein Denkmal an die Bauernführer.

Der Bauernführer Stefan Fadinger.

Die Historiker sind sich allerdings einig, dass Fadinger zwar bei den Bauern großes Ansehen genoss, dass er aber keinerlei militärische Erfahrung hatte, dass er auch keine politischen Fähigkeiten besaß. Woher auch sollte er solche Fähigkeiten haben? Er war zweifellos ein Mann mit untadeligem Charakter, die Bauern vertrauten ihm, er war einer von ihnen! Das alles wog mehr als alles andere, nur zur erfolgreichen Führung eines Aufstands reichte es eben nicht.

Fest steht, dass er einen schlecht bewaffneten Haufen von kriegsunerfahrenen Bauern nicht nur zu begeistern, sondern auch zu organisieren verstand. Fest steht aber auch, dass es gelinde gesagt sträflicher Leichtsinn war, der zu seiner tödlichen Verwundung führte.

Die Bauern besiegen Graf Herberstorff

Bei Peuerbach gelingt den Bauern ein Sieg über die Truppen Herberstorffs, der mit Müh und Not ins befestigte Linz fliehen kann. Stefan Fadinger zieht mit seinen Bauern nach Linz, verlangt die Übergabe der Stadt und die Auslieferung Herberstorffs.

Tausende Bauern haben sich schließlich auf den Anhöhen der Stadt versammelt. Sie erobern die Gebiete außerhalb der Stadtmauern.

„Heut am Nachmittag umreit ich mit enk die Mauer!" sagt Fadinger zu seinen Bauern. So steht's im Roman von Karl Itzinger und so dürfte es wohl auch gewesen sein an jenem denkwürdigen 28. Juni 1626. Fadinger reitet den Stadtgraben entlang, um für einen Angriff die schwächste Stelle ausfindig zu machen.

„Jetzt geht's bei uns um krump oder grad! Linz mueß in unsere Hand fallen, kost' was es kosten mag!"

Auf der Stadtmauer stehen die Soldaten und sehen die Bauern. Schimpfworte fliegen hin und her. Voran reitet der Obristhauptmann …

Stefan Fadinger bietet sich als Zielscheibe geradezu an. Plötzlich schiebt sich ein Büchsenlauf aus dem Fenster des Landhausturms. Kurz hintereinander fallen zwei Schüsse.

„Bindt's die Hund!"

Während die erschrockenen Bauern ihrem Anführer zu Hilfe kommen wollen, lässt Herberstorff aus allen Geschützen feuern.

„Der Fadinger is' troffen!"

„Hurrah", jubeln die Söldner.

„Gnade!", flehen die Bauern.

„Bindt's die Hund!", schreit Herberstorff von der Festungsmauer herunter.

So zu lesen in einem um 1900 entstandenen Fadinger-Drama von Gustav Streicher (1873–1915).

Die Bauern müssen sich zurückziehen. Als sie drei Wochen später erneut stürmen und unter unsäglichen Opfern scheitern, ist Stefan Fadinger bereits tot.

Mit einem zerschmetterten Bein hat man den Bauernführer in die Herrenstraße gebracht, wo man einen Verband anlegt, um ihn dann ins Hauptquartier der Bauern, nach Ebelsberg, zu bringen.

In dem Haus in Ebelsberg, das heute eine Gedenktafel ziert (Fadingerplatz 5), erleidet der Bauernführer seine letzten Stunden. Sieben Tage währt der Todeskampf Stefan Fadingers. Unter Qualen erlebt er noch eine Freude: Die Nachricht „Freistadt in der Hand der Bauern".

Am 5. Juli 1626 stirbt Stefan Fadinger, im Bewusstsein, dass die Gerechtigkeit siegen werde.

Sie siegt nicht. Es folgt ein grausames Strafgericht, das auch die Toten nicht verschont. Dass „ihre Körper neben Ehrlichen nicht ruhen sollen", entscheidet Herberstorff über den toten Stefan Fadinger und seinen ebenfalls beim Kampf um Linz gefallenen Schwager Christoph Zeller.

Die Toten werden ausgegraben, der Scharfrichter von Linz verscharrt die Leichen und muss über dem Grab einen Galgen errichten, „zu ihrem ewigen unehrlichen und schändlichen Nachgedenken".

Rudolf Lehr

Ansicht des Stiftshauses Kremsmünster zu Linz. Kupferstich von Friedrich Bernhard Werner. Um 1732.

Windischgarstener Sensen

„Es sagen schon die Augsburger, ich machte ihnen Konkurrenz. Die Armaturen führen wir bis in Polen aus; mit meinen windischgarstener Sensen aber schneiden Waliser und Burgunder ihr Traid."

Enrica von Handel-Mazzetti (1871–1955) im Roman „Stephana Schwertner", der im Steyr des 17. Jahrhunderts spielt.

Kalender

1628

5.5. Ende der Bayernherrschaft. Feierliche Übergabe des Landes an kaiserliche Kommissare.

Fronleichnam (22.6.). Erstmals nachweisbar eine Prozession auf dem Hallstätter See.

30.8. Der ehemalige bayerische Statthalter Adam Graf von Herberstorff wird kaiserlicher Landeshauptmann.

22.9. Der Kopf des am 26. März 1627 in Linz hingerichteten Wolf Madlseder wird von der Schaustange abgenommen, mit den übrigen Leichenteilen vereint und in Steyr begraben.

Die Jesuiten gründen in Linz das erste Knabenseminar.

1629

3.1. Nach einer Urkunde verfügt Kaiser Ferdinand II. (1578–1637), dass in Linz nur Katholiken als Bürger aufgenommen werden und dass bei der Wahl des Bürgermeisters, Richters und Rates ein kaiserlicher Kommissär anwesend sein muss.

Nach dem Sieg der Gegenreformation übernehmen die Jesuiten die Leitung der ehemals protestantischen Landschaftsschule in Linz.

Der „Kasten" an der Enns, wichtigster Stützpunkt der Flößer zwischen Hieflau und Steyr (→ S. 112), brennt ab und wird wieder aufgebaut.

Zaubereiprozess in Steyr.

1631

31.8. Weihe der Kapuzinerkirche in Wels.

1632

Fronleichnam (10. 6.). Nach Hallstatt findet nun auch in Traunkirchen eine Seeprozession statt.

1636

Februar. Die Hofkammer in Wien ordnet an, „daß bei unserem Kammergutswesen eingerissene Unordnung, Konfusionen, Ungleichheiten, dabei vermerkte Eigennützlichkeiten und Unwirtschaft in beständige Ordnung gebracht werde".

1638

Vor Kaiser Ferdinand III. (1608–1657) spielt am Fronleichnamstag das Linzer Jesuitentheater „Sankt Aloisius".

In Vöcklabruck fallen 38 Häuser und die Dächer der beiden Stadttürme einem Brand zum Opfer.

1640

21./22.8. Großbrand in Obernberg am Inn. Bis auf einige Häuser wird der ganze Ort, einschließlich Kirche und Rathaus, in Schutt und Asche gelegt.

1642

23.5. Stadtbrand in Grein.

1644

3.4. In Ottensheim werden 44 Häuser ein Raub der Flammen.

30.5. Der Rat der Stadt Linz erlässt eine „Hochzeitsordnung", um den Luxus von Speisen und Getränken bei Hochzeitsfeiern einzuschränken.

1645

24.1. In Windischgarsten beginnt das Verhör des 22jährigen Michael Hecher, der im Markt der Außenposten einer Diebs- und Mörderbande war. Er wird zum Tod durch Radflechten verurteilt, seine Leiche wird den Raben überlassen.

13.12. Der „Frieden von Linz" („Linzer Pazifikation") wird zwischen dem Kaiser und dem Fürsten Georg I. Rákószi von Siebenbürgen (1593 bis 1648) geschlossen, der sein Bündnis mit Schweden und Frankreich aufgibt und dafür ungarische Gebiete erhält. Religionsfreiheit für die Protestanten, sie erhalten ihre Kirchen zurück.

1646

25.4. In Windischgarsten vernichtet ein Brand zehn Häuser.

1647

Krimineller „Bürgerprotest" in Ampflwang: Weil kein eigener Vikar geschickt wurde, zünden einige Ampflwanger den Pfarrhof an.

1648

2.7. Kaiser Ferdinand III. heiratet in Linz die 16jährige Maria Leopoldine, Erzherzogin von Österreich-Tirol. Sie stirbt 13 Monate später nach der Geburt ihres Sohnes Karl Joseph. 1646 war Ferdinands erste Frau, Maria Anna, in Linz gestorben.

Zaubereiprozesse in Scharnstein und Pernstein.

1649

In Ried im Innkreis fordert die Pest in diesem Jahr 236 Todesopfer.

Um 1650

In Wels wird das Bruderhaus für verarmte und kranke Bewohner gegründet.

Geburtstage

1628

Georg Matthäus Vischer. Priester, Kartograph, Topograph. (Landkarte und Ansichten von Oberösterreich.) Geboren 22. 4. 1628 in Wenns, Pitztal. (Gestorben 13. 12. 1696 in Linz.) → S. 136, 138

1634

Erenbert II. Schrevogl. Abt von Kremsmünster (1669–1703). Geboren 11. 5. 1634 in Schongau. (Gestorben 11. 4. 1703 in Kremsmünster.)

Thomas Schwanthaler. Bedeutendster Künstler der berühmten Innviertler Bildhauerfamilie. Geboren 5. 6. 1634 in Ried im Innkreis. (Gestorben 13. 2. 1707 in Ried.) Sohn von Hans Schwanthaler, Bruder von Matthias Schwanthaler. Hauptwerk: Doppelaltar in der Kirche von St. Wolfgang, 1675/76. → S. 144, 145

Simon Rettenbacher (Rettenpacher). Benediktiner, Lyriker und Dramatiker. Geboren 17. 10. 1634 in Aigen, Salzburg. (Gestorben 10. 5. 1706 in Kremsmünster.) → S. 163

1635

Helmhard Christoph Ungnad Graf von Weißenwolff. Landeshauptmann (1675–1686). Geboren 1635. (Gestorben 20. 2. 1702.)

Carlo Antonio Carlone. Baumeister. Geboren um 1635 in Scaria, heute Lanzo d'Intelvi-Scaria, Como. (Gestorben 1. 5. 1708 in St. Nikola bei Passau.) Bruder von Giovanni Battista. → S. 141, 154

Hinrichtungen auf dem Hauptplatz *Auf dem Linzer Hauptplatz wird am 20. Juni 1636 der „Laimbauer" (Martin Eichinger) gemeinsam mit sechs weiteren Anführern eines Bauernaufstands mit dem Schwert hingerichtet. → S. 129 (Zeichnung von Wenzel Hollar, Sammlung des Herzogs von Devonshire.)*

Ausblick vom Linzer Pfarrkirchenturm. Aquarellierte Zeichnung aus dem Jahre 1636.

Die schönen Künste

1631 wird in Traunkirchen mit dem Bau der Pfarrkirche, 1635 in Steyr mit dem der Michaelskirche begonnen. Martin Zürn und sein jüngerer Bruder Michael Zürn (der Ältere, → S. 144) arbeiten in den Jahren 1642 bis 1650 für die Stadtpfarrkirche von Braunau und für St. Georgen an der Mattig.

1628–1650

1637

Andreas III. Schmidt. Abt von Schlägl (1677 bis 1684). Geboren 1637 in Aigen. (Gestorben 15. 9. 1684 in Spital am Pyhrn.)

Um 1644

Matthias Steinl (Steindl). Baumeister und Bildhauer. Geboren um 1644. (Gestorben 18. 4. 1727 in Wien.) Wirkte in Kremsmünster.

1645

Matthias Schwanthaler. Bildhauer. Geboren 5. 9. 1645 in Ried. (Gestorben Ende 1686 in Krems.) Bruder von Thomas Schwanthaler.

1646

Rupert Ignaz Mayr. Komponist. Geboren 1646 in Schärding. (Gestorben 7. 2. 1712 in Freising.) Musiker am Hof in München und beim Fürstbischof von Passau.

1647

Anselm Angerer. Abt von Garsten (1683–1715). Geboren 31. 3. 1647 in Steyr. (Gestorben 29. 4. 1715 in Garsten.)

1649

Johann Meinrad Guggenbichler. Barockbildhauer. Geboren 17. 4. 1649 in Einsiedeln, Schweiz. (Gestorben 10. 5. 1723 in Mondsee.) Seit 1679 Werkstatt in Mondsee. → S. 146

Todestage

1630

Hans Waldburger. Bildhauer. Gestorben vor dem 12. 8. 1630 in Salzburg. (Geboren um 1570 in Innsbruck.) Hauptwerk: Hochaltar Mondsee.

Johannes Kepler. Astronom und Mathematiker. Gestorben 15. 11. 1630 in Regensburg. (Geboren 27. 12. 1571 in Weil der Stadt, Württemberg.) Lebte von 1612 bis 1626 in Linz. → S. 121

Nach 1631

Hans Zürn d. Ä. Der älteste Vertreter der bedeutenden Bildhauerfamilie Zürn, Vater der fünf Bildhauer Jörg, Hans, Martin, Michael (d. Ä.) und David, Großvater von Michael Zürn (d. J.). Gestorben nach 1631. (Geboren zwischen 1555 und 1560.) → S. 144

1632

Georg Sigmund Graf von Lamberg. Landeshauptmann (14. 12. 1604 bis 10. 1. 1607.) Gestorben 5. 5. 1632 in Kitzbühel. (Geboren 14. 4. 1565.)

1633

Salome Alt. Lebensgefährtin von Erzbischof Wolf Dietrich. Gestorben 27. 6. 1633 in Wels. (Geboren 21. 11. 1568 in Salzburg.) → S. 116

1634

Hans Krumper (Krumpper, Khrumpper, Krumptner, auch Hans von Weilheim). Architekt, Bildhauer, Bildschnitzer. Gestorben zwischen 7. und 14. 5. 1634. (Geboren um 1570 in Weilheim, Oberbayern.) Werke in Grünau und Spital am Pyhrn.

1635/38

Jörg Zürn. Barockbildhauer. Gestorben vermutlich 1635–1638. (Geboren 1583/84.) Bruder von Hans (d. J.), Martin, Michael (d. Ä.) und David.

1638

Johannes VIII. Bimmel. Abt von Lambach (1600 bis 1634). Gestorben 25. 1. 1638 in Lambach. (Geboren 1564 in Friedberg, Bayern.)

Georg II. Grill. Abt von Wilhering (1614–1638). Gestorben 12. 10. 1638 in Wilhering. (Geburtsdaten unbekannt.) Erneuerer des Stifts.

1639

Anton Wolfradt. Abt von Kremsmünster (1613 bis 1639). Gestorben 1. 4. 1639 in Wien. (Geboren 9. 7. 1581 in Köln.) Beginn des frühbarocken Umbaus; Bischof von Wien.

1640

Matthias Bernegger. Humanist. Gestorben 3. 2. 1640 in Straßburg. Professor für Geschichte und „Beredsamkeit". (Geboren 8. 2. 1582 in Hallstatt.)

Philipp Nagl. Abt von Lambach (1634–1640). Gestorben 15. 3. 1640 in Lambach. (Geboren 1601.)

1642

Valentin Preuenhueber (Prevenhueber). Geschichtsschreiber. Gestorben 1642. Begraben 7. 4. in Haag, NÖ. Sekretär der Innerberger Hauptgewerkschaft. Seine Chronik von Steyr ist die erste Stadtchronik.

1644

Leonhard Helfrich Freiherr von Meggau. Erblandhofmeister, Herr auf der Greinburg. (Sohn von Landeshauptmann Ferdinand Helfrich von Meggau.) Der Letzte seines Geschlechts. Gestorben 23. 4. 1644 in Wien. (Standbild auf dem Stadtbrunnen von Grein, 1872.)

1646

Maria Anna. Kaiserin. Die Gemahlin Kaiser Ferdinands III. (1608–1657), Mutter des späteren Kaisers Leopold I., stirbt am 13. 5. 1646 im Linzer Schloss bei der Geburt ihres sechsten Kindes. (Geboren 18. 8. 1606 in Madrid.)

Leopold Zehetner. Propst von St. Florian (1612 bis 1646). Gestorben 30. 9. 1646 in St. Florian. (Geboren 1573 in St. Florian.) Begann die Barockisierung des Stifts, Vermittler im Bauernkrieg 1626, erster Landrat aus dem Prälatenstand.

1650

Matthäus Merian. Kupferstecher, Buchhändler, Verleger. Gestorben 19. 6. 1650 in Bad Schwalbach bei Wiesbaden. (Geboren 22. 9. 1593 in Basel.) Herausgeber der 30-bändigen Topographie europäischer Länder, mit zahlreichen Oberösterreich-Ansichten (1642–1688).

Verhasster Herberstorff

11. September 1629. Auf Schloss Ort am Traunsee stirbt Adam Graf Herberstorff, zweifellos der verhassteste Mann der oberösterreichischen Geschichte. Er war von 1620 bis 1628 bayerischer Statthalter des von Ferdinand II. bis zum Ersatz der Kriegskosten an Bayern verpfändeten Landes ob der Enns und von 1628 bis zu seinem Tod Landeshauptmann von Oberösterreich. Er gilt als der tyrannische Gegenreformator, der blutige Henker aufständischer Bauern. Die Historiker gehen milder um mit Herberstorff als die allgemeine Volksmeinung. Er war der Typ des rauhen Kriegsobersten des Dreißigjährigen Krieges, ein Diener und Exekutor der Befehle im absolutistischen Fürstenstaat, meint der oberösterreichische Historiker Hans Sturmberger. In Frankenburg bediente sich Herberstorff „lediglich der Praktiken des Kriegsrechts von damals" und „sah Gnade darin, daß er durch das Würfeln der Hälfte der dem Tode geweihten Bauern und Bürger das Leben schenkte". Ein gebürtiger Oberösterreicher ist dieser „verhaßteste Oberösterreicher" allerdings nicht: Herberstorff wurde am 15. April 1585 im Schloss Kalsdorf bei Ilz (Steiermark) geboren. → S. 118, 124

Die Bildhauer–Brüder Michael und Martin Zürn

Michael Zürn (d. Ä.) und der Werkstatt seines Bruders Martin werden Hochaltar und Seitenaltäre der Filialkirche St. Georgen an der Mattig zugeschrieben (1645 und 1649).

Marktrechte

Marktrechte werden verliehen und bestätigt, Marktordnungen erlassen: für Neufelden, Reichenau im Mühlkreis, St. Leonhard bei Freistadt, Windhaag bei Freistadt.

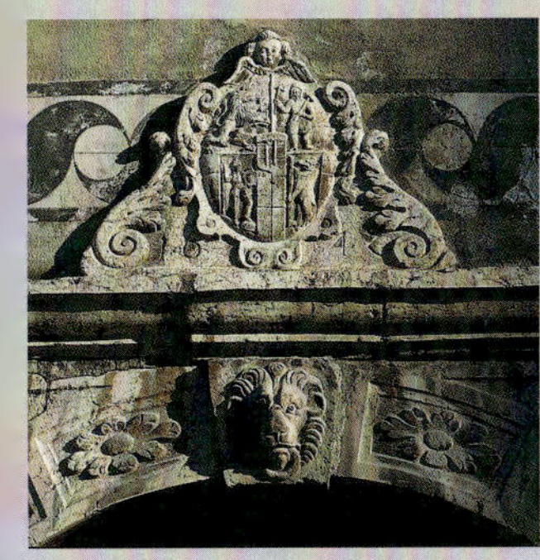
Wappen der Innerberger Hauptgewerkschaft über dem Hauptportal des Prevenhueberhauses in Weyer.

Graf Hans Ludwig von Kueffstein, Landeshauptmann von 1630 bis 1657. Anonymes Ölgemälde. Entstehungszeit unbekannt.

Das Prevenhueberhaus *Das Prevenhueberhaus in Weyer (Marktplatz 6), in der zweiten Hälfte des 16. Jahrhunderts im Stil eines spätgotischen Bürgerhauses erbaut, erhält im Jahr 1642 das Renaissanceportal. Auf dem noch erhaltenen Haustor prangt der mächtige Doppeladler (um 1800). Die Familie Prevenhueber (Preuenhueber) hatte sich Ende des 16. Jahrhunderts in Weyer und Steyr niedergelassen.*

Michaelskirche Steyr

Sie bestimmt bis heute das Gesicht der Stadt Steyr: die 1635 als Jesuitenkirche erbaute Michaelskirche.

Die älteste Zeitung der Welt

16. Juli 1630. Der Linzer Buchdrucker Crispinus Voytlender gibt bekannt, dass ihm bewilligt wurde, wöchentlich „Ordinari Zeitungen im Druck zu verfertigen". Er ladet zum Abonnement ein und legt dreißig Exemplare zur Ansicht bei. In dieser Zeitung wird die Vorläuferin der „Amtlichen Linzer Zeitung" gesehen, deren ältestes noch erhaltenes Exemplar, ein „Lintzer Extract-Blatl Der Ordinari-Zeitungen", aus dem Jahr 1677 stammt. Damit ist das Amtsblatt der oberösterreichischen Landesregierung, die „Amtliche Linzer Zeitung", das älteste gegenwärtig noch existierende Periodikum der Welt.

Frauen und Kinder müssen zusehen

1632. Wieder gärt es im Land. Der aus dem Mühlviertel stammende „Rebellenprädikant" Jakob Greimbl predigt im Traun- und Hausruckviertel gegen den Katholizismus. Östlich von Ried versammeln sich die Bauern, die auf eine Hilfe des Schwedenkönigs hoffen. Am 13. August marschieren 6000 Bauern nach Peuerbach, verhaften den herrschaftlichen Pfleger und ermorden ihn auf dem Hauptplatz von Waizenkirchen. Am 7. September besetzen die Bauern Vöcklabruck, am 17. September werden sie besiegt, am 9. Oktober wird in der Schlacht beim Bauernlager Hagleiten bei Eferding ihr Schicksal besiegelt. Es folgen grausame Strafgerichte. In Wels werden sechs und in Linz drei Bauernführer dem Henker ausgeliefert. Jakob Greimbl, dem die Flucht nach Böhmen gelungen war, wird dort aufgegriffen und am 19. Februar 1633 auf dem Hauptplatz in Linz hingerichtet.

Mai/Juni 1636. Im Machland bricht ein Aufstand aus: Männer, Frauen und Kinder, bewaffnete Anhänger des „Laimbauern" (Martin Eichinger), der das Landvolk mit Prophezeiungen und Erscheinungen fasziniert, ziehen sich nach Gefechten in die Kirche von Frankenberg (Langenstein/St. Georgen an der Gusen) zurück, die am 12. Mai 1636 von Söldnern erobert und in Brand gesteckt wird. Am 20. Juni 1636 werden der Laimbauer und sechs weitere Anführer des Aufstands mit dem Schwert hingerichtet (→ S. 127), zwei andere werden gehängt. Frauen und Kinder müssen dem grässlichen Geschehen zusehen. Drei weitere Rädelsführer werden zur Zwangsarbeit in die ungarische Grenzfeste Raab verschickt. Damit endet die letzte evangelisch-politische Bauernbewegung in Oberösterreich.

Gefangener Erzbischof

19. Juli 1636. Kaiser Ferdinand II. befiehlt, den am 26. März 1635 bei der Einnahme des französischen Trier durch die Spanier gefangenen Erzbischof von Trier, Kurfürst Philipp von Soetern, nach Linz zu bringen. Am 12. November 1636 trifft er hier ein und wird im Linzer Schloss interniert. Am 7. März 1637 wird der Erzbischof aus dem Gewahrsam des Kaisers in die Haft des Heiligen Stuhls transferiert. Erst am 13. August 1637 kommt der Befehl Kaiser Ferdinands III., Landeshauptmann Graf Kueffstein solle den Erzbischof nach Wien bringen, von wo er erst 1645 aus der Gefangenschaft entlassen wird, nach Trier zurückkehrt und sich erneut Frankreich zuwendet.

Die Prämonstratenserabtei mit Klosterkirche Mariae Himmelfahrt und dem Markt Aigen.

Das Prämonstratenserstift Schlägl

Das obere Mühlviertel war im 12. und 13. Jahrhundert noch dünn besiedelt und von großen Waldgebieten bedeckt. Für die Rodung und Besiedlung des nordwestlichen Teiles des oberen Mühlviertels war das Prämonstratenserstift Schlägl von großer Bedeutung, das bis heute noch ein wirtschaftlicher und kultureller Mittelpunkt in diesem Gebiet ist.

Die Stiftskirche Schlägl mit Kanzel und Hochaltar (1728) und dem Gemälde Mariae Himmelfahrt von August Palme (1845).

Kalhoch von Falkenstein, der Gründer des Klosters Schlägl, berief zunächst Zisterzienser aus dem Kloster Langheim in der Diözese Bamberg in seine Stiftung. Diese erste Gründung scheiterte jedoch an den klimatischen und wirtschaftlichen Schwierigkeiten, sodass die Zisterzienser nach siebeneinhalb Jahren wieder nach Langheim zurückkehrten. Nun übergab Kalhoch von Falkenstein 1218 die zweite Klostergründung Prämonstratensern aus Mühlhausen in Böhmen. Diese lag am linken Ufer der Großen Mühl, wo sich das Kloster noch heute befindet.

Vermutlich waren die ersten Klostergebäude aus Holz. Aus dieser ersten Zeit ist allerdings ein bemerkenswerter quadratischer Steinbau (etwa 1220–1230) mit einer romanischen Mittelsäule erhalten. Dieser als „Krypta“ bezeichnete Raum ist wohl als erste Kirche anzusehen. Bereits unter Propst Heinrich I. (1242–1260)* kam es zu einem Klosterneubau, wie aus einem Ablassbrief des Papstes Alexander IV. vom 13. Februar 1257 ersichtlich ist. Die mit „großem Aufwand“ (opere sumptuose) über dem ersten romanischen Raum neu erbaute Kirche wurde am 1. Mai 1261 geweiht.

Der Klosterbesitz vergrößert sich

Schenkungen verschiedener Geschlechter, besonders der Witigonen, einem in Südböhmen mächtigen und einflussreichen Geschlecht, vergrößerten den Klosterbesitz und verbesserten dadurch auch die wirtschaftlichen Verhältnisse von Schlägl. So erhielt es von den Witigonen 1258 die Pfarre Kirchschlag mit allen dazugehörigen Besitzungen und 1305 die Nachbarpfarre Friedberg an der Moldau. 1264 kam Schlägl in den Besitz von Schindlau mit allen Bächen, Wäldern und Fischstellen. Unter Propst Rudger (1289–1304) erhielt das Kloster Besitzungen mit Weingärten in Niederösterreich.

Um Schlägl machte die Rodung des Waldes weitere Fortschritte. Unter Propst Ulrich I. (1304–1338) wurde Ulrichsberg gegründet. 1321 bestätigte der Bischof von Passau die Schenkung der Pfarre Rohrbach. 1362 wurde Aigen bei Schlägl von Rudolf IV. das Recht verliehen, jede Woche am Samstag einen Markt abzuhalten.

Die Hussitenkriege, die das Mühlviertel verwüsteten, verschonten auch Schlägl nicht. Erst unter Propst Andreas I. Rieder (1444–1481) erholte sich Schlägl wieder langsam. Das zum Teil zerstörte Kloster wurde wieder aufgebaut. Anstelle der einschiffigen romanischen Kirche wurde eine dreischiffige gotische Kirche erbaut. Im Ostjoch des linken Seitenschiffes entstand der mächtige Turm. Propst Johannes III. erhielt vom Papst Innozenz VIII. 1489 das Recht der Pontifikalien.

Die Reformation breitete sich allmählich im ganzen Mühlviertel aus und auch das Kloster Schlägl blieb von ihr nicht verschont. Unter Propst Wenzel Zypser (1589–1608) normalisierte sich das monastische und wirtschaftliche Leben im Kloster und in den Pfarreien wieder. Propst Zypser sorgte auch für geordnete Verhältnisse seiner Untertanen und gab 1599 Aigen eine neue Marktordnung.

Auch die Bauernkriege fügten der ganzen Gegend schwere Schäden zu. Am 26. Mai 1626 zog der Bauernführer Christoph Zeller mit Aufständischen vor das Kloster und plünderte es. Am 21. Oktober desselben Jahres wurde das Kloster Schlägl erneut von aufständischen Bauern belagert.

Martin Greysing, der bereits unter Propst Wilhelm Capreolus zum Prior gewählt worden war, wurde nach dem Tode des Propstes 1626 zum Administrator bestellt und ein Jahr später zum Propst gewählt (1627 bis 1665). 1657 erhob das Generalkapitel des Ordens Schlägl zur Abtei.

Martin Greysing war einer der bedeutendsten und tatkräftigsten Äbte von Schlägl. Er vergrößerte den Stiftsbesitz, die Pfarren St. Oswald und Haslach wurden vom Stift St. Florian an Schlägl abgetreten, 1638 ließ er in Sonnenschlag bei Schwarzenberg eine Glashütte errichten.

Bedeutende Werke des Frühbarock

Für seine Restaurierungsarbeiten und Neubauten berief er zahlreiche Künstler nach Schlägl, durch die bedeutende Werke des Frühbarock entstanden. Die Arbeiten des Wiederaufbaues übergab er dem Baumeister Passibili Castelazzi, der schon unter sei-

„Closter Schlögl“. Kupferstich von Georg Matthäus Vischer. 1674.

„Zu Nutz und Zier für Schlägl“ erbaut: die barocke Stiftsbibliothek.

nem Vorgänger im Stift gearbeitet hatte. Neben der Priestersakristei wurde die Prälatensakristei neu erbaut. Die Stuckarbeiten in der Kirche und in einzelnen Räumen stammen von den „Khalchschneidern“ Jakob und Georg Kandler. Die barocke Innenausstattung wurde fortgesetzt. 1634 ließ Abt Greysing vom Passauer Orgelbauer Andreas Putz die noch heute bestehende Orgel errichten. Sie gehört zu den bedeutendsten Orgeln des 17. Jahrhunderts. Der Bildhauer Johann Worath schuf 1646/47 die mächtige Kanzel in der Stiftskirche. Von ihm sind auch die Altäre in der von Cipriano Novo erbauten Wallfahrtskirche St. Wolfgang am Stein.

In Aigen ließ Abt Martin Greysing das Martinsspital mit der Martinskirche erbauen. Zur Sicherung dieser Stiftung legte er ein Kapital von 5000 Gulden an, von dessen Zinsen sechs alte und kranke Leute gepflegt werden sollten. Sein Nachfolger war Abt Franz I. Freisleben (1666–1677), dessen Aufzeichnungen wichtige Beiträge zur Geschichte des Stiftes sind. Der große Hochaltar von Hans Waldburger aus dem Jahre 1626 fiel 1702 einem Brand zum Opfer. Der jetzt noch bestehende Hochaltar stammt aus dem Jahre 1848. Das reich geschnitzte Chorgestühl stammt aus dem Jahre 1735.

Einer der erfolgreichsten und bedeutendsten Äbte von Schlägl war Dominik Lebschy (1838–1884). Als Landeshauptmann von Oberösterreich war er erfolgreich in der Landespolitik tätig (1861–1868). → 1861 Die Grundablöse des Jahres 1848 brachte für Schlägl wirtschaftliche Einbußen. Abt Dominik Lebschy versuchte daher, diesen Verlust durch andere Einnahmequellen auszugleichen. Da ein großer Teil des Stiftsbesitzes Wald war, wurde die Waldnutzung immer wichtiger.

Abtstab. Anfang 15. Jahrhundert.

Maria im Ährenkleid. 1440–1450.

Das 19. und 20. Jahrhundert

Der Stiftsbrand von 1850 zerstörte große Teile des Stiftes. Der Westtrakt des Stiftes, der nur einstöckig war, wurde nun bis zur Höhe der anderen Gebäude ausgebaut und dadurch der geschlossene Gesamteindruck erreicht. Der bereits 1830 begonnene Ausbau der Bibliothek wurde vollendet. Die aus dem 15. Jahrhundert stammende Maria-Anger-Kirche war unter Kaiser Joseph II. gesperrt worden. 1856 ließ Abt Dominik Lebschy die Kirche renovieren und neue Altäre aufstellen. Unter Abt Norbert Schachinger (1885–1922) wurde der Ausbau des Stiftes durch die 1898 neu errichtete Bildergalerie vollendet. Im Raum neben der Gemäldegalerie befindet sich eine interessante Porträtsammlung der einzelnen Stiftsherren seit dem Beginn des 19. Jahrhunderts. Abt Norbert Schachinger vermehrte den Stiftsbesitz 1890 durch den Kauf des Gutes Kammer am Attersee von der Gräfin Horvat-Khevenhüller und ließ dort zur Verwaltung ein Forsthaus errichten.

Nach dem Ersten Weltkrieg wurde 1924 die Landwirtschaftsschule gegründet, die ein Zentrum der bäuerlichen Weiterbildung wurde. 1941 wurde das Stift aufgelöst. Nach der Rückkehr des Konvents 1945 wurde Abt Kajetan Lang neuer Klostervorstand (1946–1958). 1957 wurde das Jubiläum „300 Jahre Abtei“ gefeiert. Der 1958 gewählte Florian Pröll (Abt bis 1989) hatte schon als Forstmeister das Schlägler Forstwesen neu organisiert. 1959 wurde die Spanplattenfabrik des Skigebietes „Holzschlag-Hochficht“ begonnen, das sich zu einem bedeutenden Wintersportgebiet entwickelt hat. 1965 kam es zur Übernahme der Verantwortung für die Abtei Hamborn in Norddeutschland. Im Stift wurde die Bildergalerie des Bildhauers Johann Worath (1609 bis 1680) neu aufgestellt. Nach Restaurierung des Sommerhauses konnte hier 1985 das Musikzentrum „St. Norbertus“ eröffnet werden.

Walter Luger

* Hier beziehen sich die Daten bei den Pröpsten und Äbten auf die Regierungszeit.

Westportal mit Marienstatue.

Links und rechts: Fresken in der Stiftsbibliothek von Reichersberg.

Das Augustiner-Chorherrenstift Reichersberg

Auf einer Hochterrasse des rechten Innufers zwischen Braunau und Schärding liegt das Augustiner-Chorherrenstift Reichersberg. Obwohl in der Diözese Passau gelegen, war Reichersberg Eigenstift des Erzbistums Salzburg und gehörte von Anfang an dem Salzburger Reformkreis an.

Es ist eine Stiftung von Wernher von Reichersberg (geboren 1092/93, Probst von 1132 bis 1169, → S. 70) und dessen Gattin Dietbirga, einer Schwester des Salzburger Erzbischofs Gebhard. Nach dem frühen Tod ihres einzigen Sohnes wandelten sie ihre Burg 1084 zu einem Kloster um. Nach dem Tode seiner Frau trat Wernher selbst in dieses Kloster ein. Der gotische Grabstein in der Kirche erinnert an die Stifter.

Nach dem Tode Wernhers machten dessen Verwandte Erbansprüche, die Chorherren wurden vertrieben. Der erste nachweisbare Propst war Berwin (1110–1116)*, den der Salzburger Erzbischof Konrad I. (1106 bis 1147) aus Sachsen berufen hatte. Er kehrte allerdings in den Wirren des Investiturstreites mit einem Teil der Chorherren wieder nach Sachsen zurück.

Nach dem Ende des Investiturstreites und nach Abschluss des Wormser Konkordates 1122 setzte Erzbischof Konrad I. von Salzburg in Reichersberg Gottschalk zum neuen Propst (1122–1132) ein. 1126 weihte Erzbischof Konrad die neue Stiftskirche ein.

Blütezeit unter Propst Gerhoch

Als Nachfolger berief Erzbischof Konrad den Rottenbucher Chorherrn Gerhoch (1132–1169), wohl eine der interessantesten Persönlichkeiten seiner Zeit, dessen Bedeutung weit über die engere Heimat reichte. Als Gerhoch von Reichersberg ging er in die Geschichte ein. Er verfasste zahlreiche theologische und kirchenpolitische Werke. Er war ein Verfechter der Unabhängigkeit der Kirche vom Staat, verurteilte aber auch die Verweltlichung der Kirche, war ein entschiedener Verfechter der cluniazensischen Reformen und unterhielt einen reichhaltigen Briefwechsel. Er war auch Ratgeber einiger Päpste und legte Papst Innozenz II. seine Ansichten über den Unterschied von Welt- und Regularklerus dar.

Gerhoch hatte eine glänzende Ausbildung erhalten. Er war Schüler der Domschule zu Freising. Die Theologiestudien absolvierte er an der Domschule zu Hildesheim. Bereits 1118 war er Domherr in Augsburg. 1123 nahm er am Laterankonzil in Rom teil. 1124 trat er in das Stift Rottenbuch in Oberbayern ein. 1132 brachte eine entscheidende Wende im Leben Gerhoch: seine Berufung zum Propst des Stiftes Reichersberg, das unter seiner Leitung eine erste Blütezeit erreichte.

In kurzer Zeit war es ihm gelungen, den Besitz durch Schenkungen beiderseits des Inn zu vergrößern und dem Stift eine solide wirtschaftliche Grundlage zu verschaffen. 1138 gründete er ein Chorfrauenkloster, das bis ins 15. Jahrhundert bestand. 1144 schenkte Erzbischof Konrad dem Stift den Zehent im Bereich der Pfarren Pitten und Bromberg (bei Wr. Neustadt) sowie den Zehent der Pfarren, die bis zur damaligen ungarischen Grenze und zum Hochwechsel noch entstehen würden. Gerade hier im Grenzland hatte Reichersberg Bedeutendes für die Besiedlung und Missionierung geleistet.

Seit 1160 übten die Chorherren auch dort die Seelsorge aus. Auch heute gehört die Seelsorge in diesen Gebieten in der „Buckligen Welt“ zu den Hauptaufgaben der hier wirkenden Chorherren, die im Priorat Pitten zusammengefasst sind.

Propst Gerhoch war es auch gelungen, sowohl päpstliche als auch kaiserliche Privilegien zu erhalten.

Im weiteren Verlauf der Auseinandersetzung zwischen Papst und Kaiser verfiel Propst Gerhoch als Anhänger des Papstes der Reichsacht und musste fliehen. Stift Reichersberg wurde zweimal geplündert und 1167 gebrandschatzt. Im folgenden Jahr konnte Propst Gerhoch nach Reichersberg zurückkehren, wo er am 27. Juni 1169 gestorben ist.

Gerhochs Bruder und andere Nachfolger

Propst Arno (1169–1175), der Bruder von Gerhoch von Reichersberg, war ebenfalls ein bedeutender Theologe seiner Zeit, der die wissenschaftliche Tradition fortsetzte und die theologischen und kirchenpolitischen Ansichten seines Bruders weiter vertrat. Die unsicheren Zeiten des 13. Jahrhunderts wirkten sich auch auf die wirtschaftlichen und monastischen Verhältnisse des Stiftes aus. Die Türkenkriege belasteten Reichersberg nicht nur durch die hohen Steuern, es wurden auch die niederösterreichischen Pfarreien immer wieder verwüstet. Auch die Reformation im 16. Jahrhundert verbreitete sich besonders in diesen Gebieten.

Unter Propst Wolfgang I. Gassner (1558 bis 1573) konnte das klösterliche Leben nach der Regel des heiligen Augustinus wieder aufgenommen werden. Auch ein wirtschaftlicher Aufschwung setzte ein. Diese Aufbauarbeiten wurden aber durch den Brand von 1624 zunichte gemacht. Das Stiftsgebäude, die Kirche mit der ganzen Einrichtung und die Bibliothek wurden vernichtet. Nur das Archiv konnte gerettet werden.

Rechts: Das Innere der Stiftskirche zum hl. Michael

Das Augustiner-Chorherrenstift Reichersberg am Inn.

Landesausstellungen im Stift Reichersberg

„Die Bildhauerfamilie Schwanthaler" (1974).
„900 Jahre Stift Reichersberg" (1984).
„Grenzenlos – Geschichte der Menschen am Inn – Bauern, drent und herent" (2004).

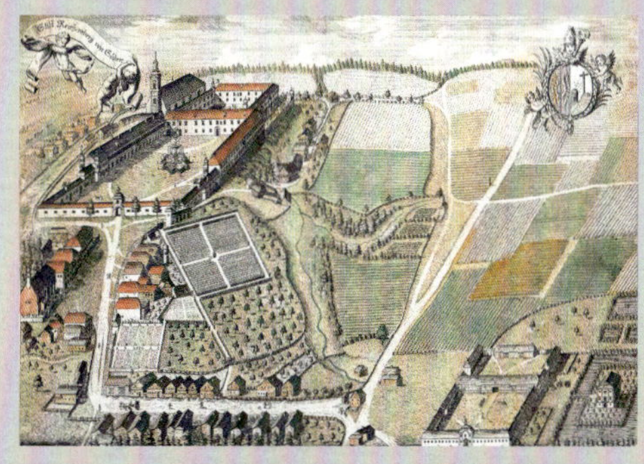

Alte Ansicht der Stiftsanlage Reichersberg.

Das Augustiner-Chorherrenstift Reichersberg

Der Bayerische Saal im Nordtrakt des Stifts mit Fresken von Johannes Nepomuk Schöpf. 1771.

Rege Bautätigkeit in schwerer Zeit

Trotz der Bauernaufstände und der Wirren des Dreißigjährigen Krieges konnte der Wiederaufbau begonnen werden. Eine Reihe bedeutender Pröpste führte Reichersberg zu einer Blütezeit. Die barocke Bautätigkeit erfasste Reichersberg. Es entstand ein einheitlicher Barockbau, der heute noch das Bild des Gesamtkomplexes bestimmt.

Propst Johannes IV. Zörer (1621–1627) begann den Wiederaufbau mit dem neuen Konventsgebäude um den Kreuzgang, 1629 begann der Rieder Baumeister Christoph Weiß mit dem Neubau der Kirche. Sie wurde 1644 mit großen Feierlichkeiten vom Passauer Weihbischof Johann Bartholomäus Kobolt geweiht. Unter den Pröpsten Adam Pichler (1650–1675) und Theobald Antißner (1685–1704) wurde der Gebäudekomplex um den äußeren Stiftshof mit dem Torturm errichtet. Die Fassaden dieser Gebäude wurden durch Laubengänge aufgelockert. Im Nordtrakt befindet sich der Bayerische Saal, im Südtrakt der Sommersaal (Augustinussaal). Der Stiftshof wird durch den Michaelsbrunnen mit einer Michaelsfigur von Thomas Schwanthaler beherrscht.

Schwer litt das Stift im Spanischen Erbfolgekrieg (1701–1714), in dem sich Österreich und Bayern feindlich gegenüberstanden. Es erfolgten Einquartierungen, Abgaben mussten geleistet werden, die Besitzungen in Niederösterreich wurden vorübergehend beschlagnahmt.

Trotz dieser schwierigen Verhältnisse konnte besonders in den Stiftspfarren eine rege Bautätigkeit entfaltet werden und auch im Stift wurde die Sakristei der Kirche mit Stuck von Franz Josef Ignaz Holzinger neu erbaut. Doch der österreichische Erbfolgekrieg (1741–1748) brachte für das Stift neue Belastungen. 1743 und 1744 lagerten zeitweise auf den Stiftsfeldern bis zu 30.000 österreichische Soldaten, im Stift war ein Militärspital eingerichtet.

Bereits Propst Karl Stephan (1752–1770) war es gelungen, die Schulden des Stiftes zu tilgen. Die unter ihm begonnene Bautätigkeit konnte von seinem Nachfolger Propst Ambros Kreuzmayr (1770–1810) fortgesetzt werden. 1771 entstand die neue Bibliothek mit Fresken von Johann Nepomuk Schöpf. 1774 stürzte während Restaurierungsarbeiten der Kirchturm ein. Innerhalb von drei Jahren wurde er wieder aufgebaut. Die Deckengemälde in der Stiftskirche schuf 1778–1779 der Münchner Hofmaler Christian Wink.

1779 wurde das Innviertel und somit auch Reichersberg von Bayern an Österreich abgetreten. Das Stift verlor alle Einkünfte aus den bayerischen Besitzungen. Die napoleonischen Kriege brachten für das Stift erneut Truppeneinquartierungen und schwere Belastungen. Vorübergehend kam es wieder unter bayerische Herrschaft. Unter Administration gestellt, entging es nur mit Mühe der Aufhebung. Durch die abermalige Rückgabe des Innviertels an Österreich 1816 und durch kaiserlichen Entscheid war die Auflösung endgültig gebannt. Das Jahr 1848 brachte für das Stift erneut wirtschaftliche Schwierigkeiten.

Jüngste Vergangenheit und Gegenwart

Unter Propst Konrad Meindl (1900–1915) setzten Restaurierungsarbeiten ein. Besondere Verdienste erwarb er sich aber durch seine schriftstellerische Tätigkeit.

Im Zweiten Weltkrieg war Reichersberg nicht aufgehoben, doch war in einem Teil des Stiftes eine Fliegerschule untergebracht. Heute ist es ein religiöses und kulturelles Zentrum des Innviertels. Im Bildungszentrum des Stiftes finden seit 1969 Kurse und Seminare des Oberösterreichischen Volksbildungswerkes statt. Marksteine im kulturellen Leben des Stiftes waren die oberösterreichischen Landesausstellungen.

Walter Luger

* Hier beziehen sich die Daten bei den Pröpsten auf die Regierungszeit.

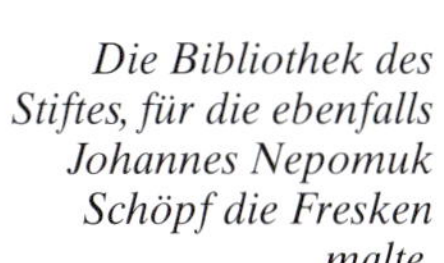

Die Bibliothek des Stiftes, für die ebenfalls Johannes Nepomuk Schöpf die Fresken malte.

Blick in das Langhaus des Alten Doms. Je drei längsgerichtete Seitenkapellen mit Emporen darüber.

Jagdlust der Adeligen

Die ungezügelte Jagdlust der adeligen Wildbannbesitzer und des kaiserlichen Hofes führt zur Verelendung der Bauern. Zahlreich sind die verzweifelten Versuche, sich dagegen zu wehren: 1658 im Bereich der Herrschaft Wildberg, 1662 an der Enns, 1675/76 in Kronstorf, 1685/90 im Raum der Herrschaft Steyr.

Kalender

1656

Kaiser Ferdinand III. (1608–1657) benützt den Ausdruck „in Unserm Salzkammergut" für das bis dahin meist als „Ischlland" bezeichnete Gebiet der Herrschaft Wildenstein.

1658

In Kleinreifling sind 17 Hämmer in Betrieb.

1662

18.12. Blutiges Strafgericht gegen ungehorsame Untertanen der zum Kloster Mondsee gehörenden Herrschaft Wildenegg: Zwei Bauern werden hingerichtet, neun nach ausgestandener Todesangst als Leibeigene verschenkt. Die schon vorher zur Eisenarbeit an der ungarischen Grenze verurteilten Untertanen gehen dort jämmerlich zugrunde.

1666

25.8. Johann Maximilian Graf von Lamberg (1608–1682) erwirbt die Herrschaft Steyr.

Jeder in Steyr Wohnende hat an der Osterbeichte teilzunehmen, die Kommunion zu empfangen und den Osterbeichtzettel im Stadtpfarramt abzuliefern.

1667

18.10. Der Passauer Bischof bestätigt die Kirch- und Altarweihe in Friedburg.

In Linz wird eine „Kadisfabrik und Schönfärberei" (Kadis = Name eines Wollgewebes nach der spanischen Stadt Cádiz) eröffnet. (Wollzeugfabrik → 1672.)

1668

6.4. Die Marktprivilegien für Klam werden bestätigt.

1669

11.12. Der Kremsmünsterer Pater Rupertus Kympfler wird in die Ingolstädter Fakultät als Professor aufgenommen.

Vertrag zwischen den oberösterreichischen Landständen und den Jesuiten zur Angliederung eines dreijährigen philosophischen Kurses an den bisherigen Lehrplan der Landschaftsschule.

1672

11.3. Kaiser Leopold I. (1640–1705) erteilt dem Inhaber der Linzer „Kadisfabrik und Schönfärberei", Christian Sind, das Privileg zur Errichtung einer Wollzeugfabrik. → 1754, 1791, 1850, 1969

10.11. Ein Großteil von Windischgarsten wird ein Raub der Flammen.

1673

Vollendung des Schlosses Windhaag (bei Perg). → 1290

1674

20.4. Graduierungsrecht für das Linzer Lyceum. Die Jesuiten machen von diesem Recht jedoch keinen Gebrauch, so dass auch die seit 1672 eingerichteten theologischen Studien nicht mit einem akademischen Grad abgeschlossen werden.

Zusammenrottungen der Untertanen der Herrschaft Steyr wegen Erhöhung der Abgaben. Die Rädelsführer werden verhaftet und wegen „mutwillig gemachtem Aufstand" zur Schlossarbeit verurteilt.

Der Alte Dom *Immer noch ein Wahrzeichen von Linz, trotz Pöstlingbergkirche und Dreifaltigkeitssäule: der Alte Dom von Linz (Ignatiuskirche, Jesuitenkirche). Die zwei wuchtigen Türme hatten allerdings nicht immer so ausgesehen; erst 1805 wurden die Turmhauben anstelle von Zwiebelhelmen errichtet. 1669 wurde mit dem Bau der Kirche begonnen, die seit der Gründung der Diözese (→ 1785) bis 1909 die Linzer Domkirche war.*

Links: Die Fassade („Schauseite") des Alten Doms von Linz. Zeichnung von Friedrich Höß. 18. Jahrhundert.

Geburtstage

1651

Severin (Max Karl) Blaß. Abt von Lambach (1678–1705). Geboren 10. 4. 1651 in Ischl. (Gestorben 2. 1. 1705 in Linz.) → S. 149

1652

Marian Rittinger. Bildhauer. Geboren 14. 5. 1652 in Klagenfurt. (Gestorben 26. 5. 1712 in Garsten.) → 1712

Johannes Andreas Wolf. Maler. Geboren 11. 12. 1652 in München. (Gestorben 9. 4. 1716 in München.) → 1716

1653

Theobald Antißner. Propst von Reichersberg (1685–1704). Geboren 1653 in Obernberg am Inn. (Gestorben 29. 2. 1704 in München.)

1654

Michael Zürn d. J. Barockbildhauer. Geboren 1654 in Wasserburg am Inn. (Gestorben 1698 in Passau.) Sohn von David Zürn, Neffe von Jörg, Hans (d. J.), Martin und Michael Zürn (d. Ä.). → S. 144

1655

Johann Beer. Gastwirtssohn, Schauspieler, Musiker, Komponist, Dichter. Geboren 28. 2. 1655 in St. Georgen im Attergau. (Gestorben 6. 8. 1700 in Weißenfels.) → S. 138, 139

1656

Alexander II. Strasser. Abt von Kremsmünster (1709–1731). Geboren 28. 9. 1656 in Kremsmünster. (Gestorben 24. 9. 1731 in Kremsmünster.)

1657

Martino Altomonte (Martin Hohenberg). Barockmaler. Geboren 8. 5. 1657 in Neapel. (Gestorben 14. 9. 1745 in Wien.) Seit 1719 in Linz. → S. 143

Das kurioseste Testament

stammt zweifellos vom Ischler Salzverweser (= Verwalter) Christof Eysl von Eyselsberg, der 1668 starb: Der Herr von Schloss Grub bei Hallstatt bestimmte, dass sein Sarg alle fünfzig Jahre, jeweils an seinem Todestag, aus der Gruft geholt, rund um die Kirche getragen und dann auf dem See bis zu seinem Schloss gefahren werden müsse. Einige Male soll diesem Wunsch auch entsprochen worden sein, denn der barocke Schlossherr hatte der Pfarrkirche eine Kapelle gestiftet. Eysl von Eyselsberg, ein Vorfahre des Chirurgen Anton Freiherr von Eiselsberg (1860–1939), hatte sich 1665 in sein Gut zurückgezogen. Von 1646 bis 1665 war Eyselsberg Salzverweser, er galt aber als schwarzes Schaf seines angesehenes Geschlechts; er war „dem Trunke ergeben" und machte sich einiger Veruntreuungen schuldig, die schließlich zu seiner Entlassung führten.

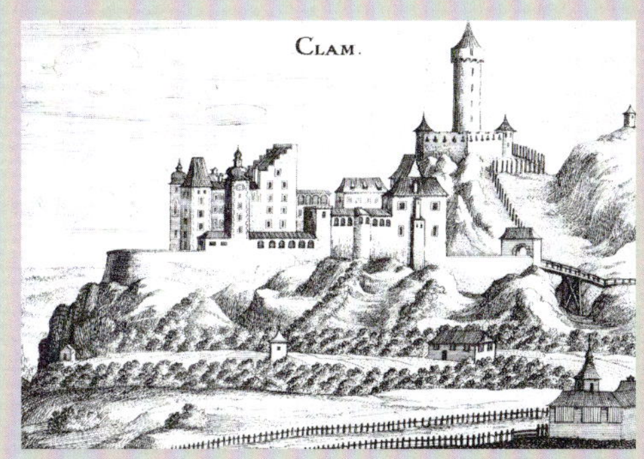

Burg Clam. Kupferstich von Georg Matthäus Vischer, 1674.

1658

Johann Carl von Reslfeld. Barockmaler. Geboren 1658 in Schwaz. (Gestorben 13. 1. 1735 im Kloster Garsten.) → S. 1735

1660

Jakob Prandtauer. Baumeister. Getauft 16. 7. 1660 in Stanz bei Landeck. (Gestorben 16. 9. 1726 in St. Pölten.) → 1726

1661

Christoph Wilhelm Graf von Thürheim (der Ältere). Landeshauptmann (1713–1738). Geboren 13. 3. 1661 in Salaberg bei Haag, Niederösterreich. (Gestorben 8. 1. 1738 im Linzer Schloss.)

Siard I. Worath. Abt von Schlägl (1701–1721). Geboren 1. 5. 1661 in Aigen. (Gestorben 23. 2. 1721 in Schlägl.) Sohn des Bildhauers Johann Worath (1609–1680).

Wenzel Halbax. Maler. Geboren um 1661 in Ebenfurt, Niederösterreich. (Gestorben 11. 8. 1711 in St. Florian.) Deckenfresken in St. Florian.

1663

Johann Philipp Ruckerbauer. Maler. Geboren 8. 2. 1663 in Sarleinsbach. (Gestorben 1. 7. 1740 in Sarleinsbach.)

1664

Johann Georg Harrucker. Proviantmeister bei den Feldzügen des Prinzen Eugen (1663–1736). Geboren 25. 3. 1664 in Schenkenfelden. (Gestorben 18. 4. 1742 in Wien.)

1668

Maximilian Pagl. Abt von Lambach (1705–1725). Geboren 21. 5. 1668 in Stadl bei Lambach. (Gestorben 23. 2. 1725 in Lambach.) → S. 149, 156

1669

Johann Georg Adam Freiherr von Hoheneck. Schlossherr, Geschichtsschreiber. Geboren 29. 1. 1669 in Schloss Schlüßlberg bei Grieskirchen. (Gestorben 11. 8. 1754 in Schlüßlberg.) → 1754

Johann Michael Prunner. Bedeutendster Barockbaumeister Oberösterreichs. Geboren 3. 9. 1669 in Linz. (Gestorben 26. 4. 1739 in Linz.) → S. 155

1670

Basilius Schwanthaler. Bildhauer. Geboren 4. 3. 1670 in Ried im Innkreis. (Gestorben 17. 11. 1717 in Wien.) Sohn von Thomas Schwanthaler (1634 bis 1707). → S. 154

1672

Johann Adam Pruner. Bürgermeister von Linz (1718–1732). Geboren 22. 6. 1672 in Linz. (Gestorben 7. 2. 1734 in Linz.) → S. 155, 160

1673

Ernbertus Antonius Josephus Frideli (P. Xaver Ernbert Fridelli). China-Missionar. Getauft 11. 3. 1673 in Linz. (Gestorben 4. 7. 1743 in Peking.) → 1743

1674

Johann Pachl. Ordenshistoriker. Geboren 4. 8. 1674 in St. Veit im Mühlkreis. (Gestorben 14. 2. 1744 in St. Florian.)

Leopold (Josef) Sint. (Auch Sindt, Sündt.) Geschichtsschreiber. Geboren 11. 11. 1674 in Linz. (Gestorben 27. 12. 1749 in Linz.) → 1749

Hexenprozesse

1651/52. Puchham (Alkoven).
1657. Eggenberg (Vorchdorf).
1658, 1665, nach 1673. Kremsmünster.
1668, 1671, 1672, 1673. Pernstein.

Landespatron Leopold

19. 10. 1663. Der heilige Leopold (Markgraf Leopold III. von Österreich, um 1075–1136) wird der Landespatron der Länder unter und ober der Enns: mit Patent des Kaisers, der Leopold heißt. (Leopold I., 1640–1705.) „Leopolditag" ist heute der 15. November.

Kleine und große Meisterwerke

In Lambach wird 1652 mit dem Neubau der Stiftskirche begonnen, in Reichersberg beginnt der Stifts-Neubau 1663, in Linz wird ab 1669 die Jesuitenkirche (Ignatiuskirche, Alter Dom) erbaut und 1674 der Grundstein zum Bau der Karmelitenkirche gelegt, im Innviertel arbeitet die Künstlerfamilie Zürn (Rieder Martinsaltar) und in Kolomansberg (Vöcklabruck) wird 1658 eine Kapelle zu Ehren des heiligen Koloman erbaut: sie ist eine der ältesten, mit Brettschindeln verkleidete Holzkirche. 1675 erteilt der Abt von Mondsee Thomas Schwanthaler den Auftrag für den Doppelaltar von St. Wolfgang. → S. 144

Der sagenhafte Stadtgründer *Mit dem Standbild des sagenhaften Stadtgründers von Ried, dem Dietmarbrunnen, besitzt Ried das älteste Profandenkmal im Land. Der steinerne Marktbrunnen wurde 1665 errichtet. Dietmar der Anhanger soll im 12. Jahrhundert gelebt haben.*

Vom Kerschpaum erfallen

„… ist Daniel Lederer, so sich von einem Kerschpaum erfallen hat, begraben worden.“

Eintragung im Kirchbuch der Pfarre Peilstein im Mühlviertel, 14. 7. 1661.

Die linke obere und linke untere Ecke der oberösterreichischen Landkarte von Georg Matthäus Vischer.

1651–1675

Königin der Landkarten

1669 erscheint die Karte von Oberösterreich, die der in Linz geborene Priester, Kartograph und Topograph Georg Matthäus Vischer (1628–1696) für die oberösterreichischen Landstände schuf. Sie gilt bis heute als „Königin der Landkarten“ und bleibt über ein Jahrhundert die Grundlage aller Kartenwerke. 1666 kam Georg Matthäus Vischer als Pfarrer nach Leonstein.

Bergmaisters Aydts-Pflicht/ Ambts-Handlung/ Besoldung/ Gnadengeldt vnd Purckhuett.

DEr soll Ihrer Mayestätt Saltz-Ambtmann/ in beyseyn der anderen Ambtleuth vnd Officier einen leiblichen Aydt zu GOTT schwören vnd geloben/ daß er bemeldtem Saltz-Ambtmann/ auch Hoffschreiber/ Gegenschreiber/ vnd Pfießlschreiber zu Hallstatt in allem dem/ so Ihrer Mayest: Saltzberg berührt/ vnd was sonst zu Nutz/ vnd Beförderung deß Ambts vnd Siedens dienet/ gehorsamb; vnd sonderlich denen Saltz-Bergen mit fleissiger Schin: vnd anderer guter nothtürfftiger Zuesehung/ wie von alters herkommen ist/ gewertig seyn/ vnd darzu im abmessen vnd beschawen Ihrer Mayestätt Schaden sonderlich fürkommen vnd anzaigen/ auch in allweg keinen Bergmann für den andern hassen/ fürderen/ noch hinderen/ sondern mit jhrem Rath in allen sachen/ was fürträglich ist/ handlen/ vnd alle andere Articul/ seine Verwaltung betreffend/ laut diser vnd anderer Ihrer Mayestätt Ordnunge vnd Befelch/ halten/ vnd darinnen seinen selbst aignen Nutzen noch Vorttl nicht suechen/ noch gebrauchen/ sondern Ihrer Mayest: vnd derselben Siedens nutzen vnd frommen allzeit betrachten/ vnd fürderen/ Schaden wenden vnd warnen/ vnd alles das thuen/ daß ein getrewer Bergmaister vnd Diener seinem Herrn zuthun schuldig ist/ wie er solches gegen GOTT am Jüngsten Tag verantworten wölle/ vngefehrlich/ ꝛc.

VNd damit ein jeder Bergmaister allzeit nothtürfftiglichen zu denen Saltz-Bergen sehen/ vnd denselben Arbeiten obligen möge/ ist der Thurn/ Rudolphs-Stain genannt/ von Ihrer Mayest: Vorfahren zubawen angesehen/ das allweg ein Bergmaister häußlich darinnen sitzen vnd wohnen solle/ daß Ihre Mayestätt auch hiemit verordnen vnd schaffen/ welcher Thurn auch/ so vil die nothturfft erfordert durch den Hoffschreiber allzeit mit Baw vnd Besserung vnderhalten werden solle/ doch wo ichts nambhaffts zubawen fürfille/ soll solches mit rath vnd vorwissen Ihrer Mayest: Saltz-Ambtmanns beschehen/ zu welchem Thurn sambt nachbestimbter Purckhuett ein jeder Bergmaister sich der Gründ gebrauchen vnd geniessen soll/ vnd mag/ wie das jetzt im brauch/ vnd von alter herkommen ist. Rudolphs-Stain Bergmaisters Wohnung.

FErner als ein Bergmaister allweg drey Eysenheyer zu jhm nimbt/ die man die geschwornen/ oder die beschawer nennet/ mit denen er die sachen zu Berg Bschawer.

K beschawt/

Reformierte Ordnung des Salzwesens zu Gmunden und Hallstatt. 1656.

Handwerker werden ratsfähig

Seit 1665 gelten in Linz die Handwerker als ratsfähig. „Doch dürfen wir diese Tatsache nicht etwa als Fortschritt in der Demokratisierung betrachten“, meint dazu der Historiker Willibald Katzinger. Vielmehr ist damit zu rechnen, dass sich immer weniger vermögende Bürger um Ratsstellen bewarben. Die Gründe dafür entziehen sich noch unserer Kenntnis.

Todestage

Nach 1651

Michael Zürn d. Ä. Barockbildhauer. Vermutliche Todeszeit nach 1651, vielleicht 1658 in Appenzell. (Geboren 1585/95 in Waldsee.) Bruder von Jörg, Hans (d. J.), Martin und David Zürn.

1656

Hans Schwabenthaler (Schwanthaler). Bildhauer. Gestorben 20. 11. 1656 in Ried im Innkreis. (Geburtsdaten unbekannt.) Begründer der berühmten Künstlerfamilie. → S. 145

1657

Hans Ludwig Graf von Kueffstein. Landeshauptmann (1630–1657). Gestorben 27. 9. 1657 in Linz. (Geboren 1582/83.) → S. 129

1659

Benedikt Lechler. Benediktiner. Gestorben 18. 1. 1659 in Kremsmünster. (Geboren 24. 4. 1594 in Füssen.) Komponist, Dirigent, Lautenspieler.

1664

Karl Joseph. Erzherzog, Bischof. Der Sohn Kaiser Ferdinands III. wurde mit 13 Jahren Bischof von Passau, mit 14 Jahren zusätzlich Bischof von Olmütz. Wenige Monate nach seinem 14. Geburtstag (am 27. 1. 1664) stirbt er in Linz. (Geboren 7. 8. 1649 in Wien.)

1665

Martin Greysing. Propst von Schlägl (1627–1665). Gestorben 27. 10. 1665 in Schlägl. (Geboren 1592 in Mellau, Bregenzerwald.)

Nach 1665

Martin Zürn. Barockbildhauer. Vermutliche Todeszeit nach 1665. (Geboren zwischen 1585 und 1590.) Bruder von Jörg, Hans (d. J.), Michael (d. Ä.) und David Zürn. → S. 144

1666

David Zürn. Barockbildhauer. Gestorben 8. 11. 1666 in Wasserburg am Inn. (Geboren 1598?). Bruder von Martin Zürn und Michael Zürn d. Ä., Vater von Michael Zürn d. J. → S. 144

1669

Placidus Buechauer. Abt von Kremsmünster (1644–1669). Gestorben 27. 6. 1669 in Kuchl. (Geboren 23. 12. 1611 in Schongau.) Rege Bautätigkeit, Förderer von Kunst und Wissenschaft.

1672

David (II.) Ungnad Graf von Weißenwolff. Landeshauptmann (1657–1671). Gestorben 6. 3. 1672. (Geboren 1604.)

1675

Eberhard von Raitenau (Pater Ägidius). Benediktiner. Gestorben 25. 1. 1675 in Kremsmünster. (Geboren 17. 2. 1605 in Salzburg.) Mathematiker und Architekt. Sohn von Erzbischof Wolf Dietrich von Raitenau und Salome Alt. → S. 116

Heinrich Wilhelm Graf von Starhemberg. Landeshauptmann (1671–1675). Gestorben 2. 4. 1675 in Wien. (Geboren 28. 2. 1593.)

Maustodt gefallen

„... ist Susanne Gebrielin in Hinterschlag, welche von einem Habernwagen herunter und maustodt gefallen begraben worden.“

Eintragung im Kirchbuch der Pfarre Peilstein im Mühlviertel, 21. 9. 1698.

Kalender

1676

30.6. Die Marktfreiheiten für Schwertberg werden bestätigt.

Fertigstellung des 1672 begonnenen Baus der Festungsanlage Braunau.

1677

6.1. Erste Opernaufführung in Linz: Im Landhaus wird anlässlich des Aufenthalts von Kaiser Leopold I. (1640–1705) und seiner Gemahlin Eleonore Magdalena (1655–1720) am Geburtstag der Kaiserin „Hercole acquistatore dell'immoralità“ von Antonio Draghi (1634/35–1700) aufgeführt.

24.4. In Linz erscheint das „Lintzer Extract-Blatl Der Ordinari-Zeitungen“, das älteste noch vorhandene Exemplar einer oberösterreichischen Zeitung. → S. 129

Num. LXXX. 1683.

Lintzer Extract-Blatl
Der
Ordinari-Zeitungen /
So
Disen Erchtag als den 5. October bey der
Post hin- und wider eingeloffen.

Wienn vom 3. October.

Dise Täg hindurch seynd überauß vil Chur-Bayris. Proviant-Wägen zu dero Armee durchpassirt / ingleichen zu Wasser einige Völcker dahin vorbey gangen / nit weniger hat man abermahlen in 50. Türcken / Tartarn / und gefangene Rebellen anhero gebracht / zweiffelsohne zum Schantzen applicirt zu werden; Indessen last es sich nun allhier sowol wegen deß Gestancks / als wegen Zuführung allerseits Victualien in etwas favorabler ansehen. Von der Kayserl. Armee in 4. Meilen unter Preßpurg wird vom 29. passato berichtet / daß sich Ihr Excell. Hr. General Feldmarschall von Stahrnberg mit dero eigenen / dann den Schäfftenberg- und Sousis- wehrender hiesiger

„Lintzer Extract-Blatl“, ein Exemplar aus dem Jahr 1683.

1679

Die Ursulinen kommen gegen den Willen der Stadtgemeinde nach Linz und errichten eine Niederlassung.

1679/83

Untertanen der Herrschaft Vichtenstein nehmen an einer Revolte der Bauern im Bayerischen Wald teil, die mit Militärgewalt niedergeschlagen wird.

1680

9./10.9. Kaiser Leopold I. besucht die Sudwerke Ebensee.

1681

Gegen Wildschäden und hohe Herausforderungen wehren sich die Untertanen der Herrschaft Steyr. 13 Rädelsführer werden deshalb in Linz in den Wasserturm gesperrt.

In Zusammenhang mit dem böhmischen Bauernkrieg (1680) kommt es bei den Untertanen der Herrschaft Schlägl zu einer Bauernrebellion.

Fertigstellung des Hauses Domgasse 12 in Linz, wo das von den Jesuiten 1628 gegründete Knabenseminar untergebracht wird.

1683

8.7. Kaiser Leopold I. trifft auf der Flucht vor den Türken mit seinem Hofstaat in Linz ein.

23.7. Der bayerische Kurfürst Maximilian II. Emmanuel (1662–1726) bricht in Schärding mit 12.000 Mann auf, um sich am Kampf gegen die Türken zu beteiligen.

Die Türken überfallen Weyer. In Weinberg und Steyr kommt es zu Aufständen der Bauern.

1684

5.3. Linz: Unterzeichnung der „Heiligen Liga“, ein Bündnis zwischen Kaiser, Papst und der Republik Venedig im Kampf gegen die Türken.

1686

2.6. Ein durch Brandstiftung ausgelöster Großbrand zerstört in Perg 23 Häuser.

26.8. In Kirchdorf an der Krems verwüstet ein Brand 86 Häuser.

1688

3.10. Weihe der Kalvarienbergkirche in Linz-Margarethen.

1689

26.5. Ober- und Unterburgau mit dem Schafberggebiet werden an Salzburg abgetreten.

12.11. Für den Krieg gegen die Türken werden Schiffe aus Gmunden nach Belgrad befohlen.

1693

4.8. Im zweiten Ebenseer Pfannhaus wird das erste Salz gesotten.

1699

19.4. Großbrand im Stift Engelszell.

Geburtstage

1677

Johann Baptist Födermayr. Propst von St. Florian (1716–1732). Geboren 18. 5. 1677 in St. Florian. (Gestorben 11. 8. 1732 in St. Florian.) Unter seiner Regierung werden Marmorsaal und Sommerrefektorium und das Schloss Hohenbrunn gebaut.

1678

Bonaventura Schwanthaler. Bildhauer. Geboren 14. 7. 1678 in Ried. (Gestorben 17. 5. 1744 in Enzenkirchen.) Sohn von Thomas Schwanthaler (1634–1707) aus zweiter Ehe. → S. 154

1679

Gotthard (Johann) Haslinger. Abt von Lambach (1725–1735). Geboren 5. 5. 1679 in Wels. (Gestorben 31. 7. 1735 in Linz.)

1680

Wolfgang Grinzenberger. „Maurermeister“. Geboren 10. 7. 1680 in Kremsmünster. (Gestorben 14. 11. 1758 wahrscheinlich in Wels.) Der wichtigste Barockbaumeister von Wels. → S. 141

Stadtpfarrkirche Linz *In den Jahren 1665/95 wird die Linzer Stadtpfarrkirche „Mariä Himmelfahrt“ (Pfarrplatz) barockisiert, die bis heute das Linzer Stadtbild entscheidend prägt. Sie spielt in der Geschichte Oberösterreichs nicht nur wegen ihrer kunsthistorischen Schätze eine Rolle: in dieser Kirche ruhen Herz und Eingeweide von Kaiser Friedrich III., in dieser Kirche wirkte viele Jahre der größte Musiker des Landes, Anton Bruckner. Lithographie von Johann Hardinger.*

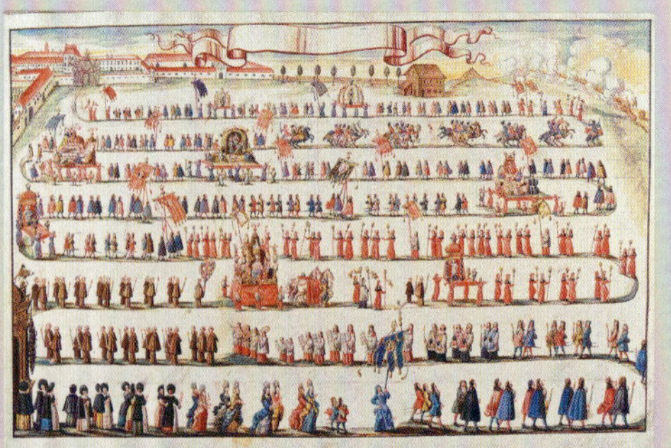

Prozession der Braunauer Bürgerschaft zum Stift Ranshofen. 28. August 1699.

113 Jahr

„... ist Hans Gumpenberger, seines Alters 113 Jahr, begraben worden."

Eintragung im Kirchbuch der Pfarre Peilstein im Mühlviertel, 8. 5. 1687.

1676–1700

Johannes VII. Wöss. Abt von Schlägl (1721–1743). Geboren 24. 12. 1680 in Graz. (Gestorben 22. 12. 1743 in Schlägl.) Ausgestaltung der Stiftskirche.

Jakob Pawanger. Barockbaumeister. Geboren 28. 12. 1680 in Wien. (Gestorben 5. 8. 1743 in Passau.) → S. 142

1681

Johann Josef Schwanthaler. Bildhauer und Nachtwächter. Geboren 12. 2. 1681 in Ried. (Gestorben 6. 2. 1743 in Ried.) Sohn von Thomas Schwanthaler aus zweiter Ehe.

1682

Johann Georg Meindl. Führer der Bauernrebellion. Geboren 1682 in Weng am Innkreis. (Gestorben 9. 3. 1767 in Salzburg.) → S. 153

1683

Johann Franz Schwanthaler. Bildhauer. Geboren 19. 8. 1683 in Ried. (Gestorben 3. 7. 1762 in Ried.) Sohn von Thomas Schwanthaler aus zweiter Ehe.

Maria Anna Josepha. Königin von Portugal (1708–1754), Tochter von Kaiser Leopold I. Geboren 7. 9. 1683 in Linz. (Gestorben 14. 8. 1754 in Lissabon.)

Ludwig Andreas Graf Khevenhüller. Feldmarschall. Geboren 30. 11. 1683 in Linz. (Gestorben 26. 1. 1744 in Wien.) → 1741/42

1686

Alexander III. Fixlmillner. Abt von Kremsmünster (1731–1759). Geboren 24. 9. 1686 in Pfarrkirchen. (Gestorben 21. 1. 1759 in Kremsmünster.) Erbauer der Sternwarte.

1688

Leopold Till. Abt von Garsten. Geboren 14. 6. 1688 in Scheibbs. (Gestorben 16. 6. 1757 in Garsten.)

1690

Simon (Bernhard) Lidl. Abt von Mondsee (1729 bis 1773). Geboren 27. 10. 1690 in Ischl. (Gestorben 4. 9. 1773 in Mondsee.) Barocker Bauherr.

1691

Florentius (Max Michael) Miller. Abt von Lambach (1739–1746). Geboren 24. 8. 1691 in Lambach. (Gestorben 17. 9. 1746 in Lambach.)

1694

Bartolomeo Altomonte. Barockmaler. Geboren 24. 2. 1694 in Warschau. (Gestorben 11. 11. 1783 in St. Florian.) → S. 171

Ferdinand Bonaventura Ungnad Graf von Weißenwolff. Landeshauptmann (1738–1748). Geboren 29. 6. 1694. (Gestorben 30. 12. 1781.)

1695

Johann Georg Wiesmayr. Propst von St. Florian (1732–1755). Geboren 4. 4. 1695 in St. Florian. (Gestorben 9. 7. 1755 in St. Florian.) Vollender der barocken Stiftsanlage.

Johann Gotthard Hayberger. Barockbaumeister, Bürgermeister von Steyr. (1759–1764). Geboren 28. 4. 1695 in Peuerbach. (Gestorben 7. 3. 1764 in Steyr.) → 1764

Michael Angelo Unterberger. Maler. Geboren 11. 8. 1695 in Cavalese. (Gestorben 27. 6. 1758 in Wien.) Altarbilder in Schärding, Spital am Pyhrn, Aurolzmünster.

1697

Johann Baptist Modler. Stukkateur. Geboren 30. 5. 1697 in Hohenfels, Oberpfalz. (Gestorben 11. 11. 1774 in Obernberg am Inn.) → S. 143, 174, 175

1698

Johann IV. Baptist Hinterhölzl. Abt von Wilhering (1734–1750). Geboren 31. 8. 1698 in Zwettl. (Gestorben 6. 2. 1750 in Wilhering.) → 1750

Todestage

1677

Matthias Abele von und zu Lilienberg. Schriftsteller. Gestorben 14. 11. 1677 in Steyr. (Geboren 17. 2. 1618 – oder 1616 – in Steyr.) Sekretär der Innerberger Eisengewerkschaft (seit 1648), kaiserlicher Hofhistoriograph (seit 1671).

1678

Joachim Graf Enzmillner. Herr zu Windhaag (bei Perg). Gestorben 21. 5. 1678. Gruft in Münzbach. (Geboren 21. 2. 1600 in Babenhausen an der Günz, Schwaben). → S. 82

1680

Johann Worath. Bildhauer. Gestorben 5. 2. 1680 in Aigen im Mühlkreis. (Geboren 1. 11. 1609 in Taufers.) Kanzel in der Stiftskirche Schlägl.

Raimund Graf von Montecuccoli. Türkenbesieger. Gestorben 16. 10. 1680 in Linz. (Geboren 21. 2. 1609 bei Pavullo, Italien.)

Pietro Francesco Carlone. Baumeister. Gestorben im September oder Oktober 1680 in Seckau oder Judenburg. (Geboren zwischen 1605 und 1607 in Scaria, heute Lanzo d'Intelvi-Scaria, Como.) Seit etwa 1665 in Oberösterreich. → S. 141

1682

Clemens Beuttler. Maler, Zeichner, Kartograph. Gestorben 10. 4. 1682 in Ebelsberg. (Geboren um 1623 in Säckingen.) In Ebelsberg ansässig.

1683

Cölestin Kolb. Abt von Mondsee (1668–1683). Gestorben 30. 6. 1683 in Mondsee. (Geb. 1631.)

1684

Andreas III. Schmidt. Abt von Schlägl (1677 bis 1684). Gestorben 15. 9. 1684 in Spital am Pyhrn. (Geboren 1637 in Aigen.)

1686

Christian Sint. Gründer der Linzer Wollzeugfabrik. Gestorben 19. 12. 1686 in Linz, im Alter von 72 Jahren.

1688

Joachim von Sandrart. Maler. Gestorben 14. 10. 1688. (Geboren 12. 5. 1606 in Frankfurt am Main.) Werke in Altmünster, Garsten, Kremsmünster, Lambach, Linz, Waldhausen.

1689

David Fuhrmann. Propst von St. Florian (1667 bis 1689). Gestorben 6. 10. 1689 in Linz. (Geboren 1613 in Straubing.) Begründer der barocken Klosteranlage von St. Florian.

1690

Karl V. Leopold von Lothringen (als Herzog Karl IV.). Großvater von Franz I. Stephan. Gestorben 18. 4. 1690 in Wels. (Geboren 5. 4. 1643 in Wien.)

1695

Georg Freiherr von Derfflinger. Preußischer Generalfeldmarschall. Gestorben 5. 2. 1695 in Guslow, Brandenburg. (Geboren 10. 3. 1606 in Neuhofen an der Krems.)

1696

Georg Matthäus Vischer. Priester, Kartograph, Topograph. Gestorben 13. 12. 1696 in Linz. (Geboren 22. 4. 1628 in Wenns, Pitztal.) 1667/68 Landkarte von Oberösterreich für die oberösterreichischen Landstände, 222 Ansichten für die „Topographia Austriae Superioris modernae".

1698

Michael Zürn d. J. Im Sterbeverzeichnis der Passauer Marianischen Bürgerkongregation ist vermerkt, dass 1698 „der kunstreiche Michael Zihrn" (Michael Zürn d. J.) verstorben ist. (Geboren 1654 in Wasserburg am Inn.) → S. 144

1700

Johann Beer. Gastwirtssohn, Protestant, von Beruf Schauspieler, Musiker, Komponist, Dichter, Bibliothekar im Dienste des Herzogs von Sachsen-Weißenfels. Gestorben 6. 8. 1700 in Weißenfels. (Geboren 28. 2. 1655 in St. Georgen im Attergau.) Ein großartiger Fabulierer und Zeitkritiker. Er schrieb 21 Ritterromane und Satiren. → S. 139

Schauspieler, Musiker und Dichter: Johann Beer. Gemälde von Pieter Schenk, 1700.

Weltreisender aus Linz

Johann Grueber, geboren am 28. Oktober 1623 in Linz, Missionar in China, Tibet und Indien, stirbt am 30. September 1680 in Sárospatak, Ungarn. Er war einer der größten Weltreisenden seiner Zeit. Mathematiklehrer in Ödenburg, Graz und Leoben, 1655 zum Priester geweiht, 1658 trat er die Fernostreise an, 1659 erreichte er Peking, wo er als kaiserlicher Hofmaler und Landkartenzeichner tätig war. Als verkleideter Lamapilger kam er 1661 als erster Europäer nach Tibet und überreichte dem Dalai-Lama (V.) ein Angebot des Papstes für diplomatische Beziehungen. 1662 war er in Indien, 1664 in Rom, dann in Kleinasien und zuletzt an der österreichischen Grenze in Siebenbürgen.

Kurtzweilige Sommer-Täge

„Die Oberösterreichische Landschaft ist eine unter den Vornehmsten des Teutschlandes. Ihre herrliche Situation / und die gesunde Lufft haben sie allenthalben / noch mehr aber ihre schöne Gebäude / bekannt gemacht / mit welchen sie so wol / als das Latium pranget. Die Höflichkeit der Einwohner / hat denen Ausländern allezeit zu einer Verwunderung gedienet / und danhero ist dem Österreich der rühmliche Nahme zugewachsen / daß es vor allen anderen Ländern / die sich gegen Orient befunden / billich das Höfliche genennet wird."

Johann Beer (1655–1700) in „Die kurtzweiligen Sommer-Täge", 1683.

Kunst-Kalender

Barock → S. 140, Schwanthaler → S. 145, Guggenbichler → S. 146, Prunner → S. 155

1675/76. Thomas Schwanthaler schafft für die Kirche von St. Wolfgang den Doppelaltar.

1677. Beginn des Neubaues der ehemaligen Stiftskirche Garsten. (Vollendet 1685; Carlo Antonio Carlone.)

4.9.1678. Weihe der Jesuitenkirche (Alter Dom) in Linz.

1679. In Mondsee errichtet Johann Meinrad Guggenbichler eine Werkstatt und schafft für die Stiftskirche fünf Altäre.

1680. Neubau der Stiftskirche Schlierbach.

1681. Frühbarocke Fresken in der Armenseelenkapelle von Altheim.

1681/93. Marmorportal des Stiftes Lambach.

1682. Auf dem Linzer Ostermarkt kauft der kunstsinnige Abt des Benediktinerstifts Kremsmünster ein Elfenbeinkruzifix von Michael Zürn d. J., womit die schicksalshafte Bindung dieses Künstlers an das Stift Kremsmünster beginnt. Im gleichen Jahr bestellt der Abt vier Altäre für die barockisierte Stiftskirche und überlebensgroße Marmorengel, die von den Kunsthistorikern als Meisterwerke von europäischem Rang eingestuft werden.

5.4.1684. Aus einem Brief des Bildhauers Michael Zürn d. J. geht hervor, dass der Abt am Überschwang seiner Engel Anstoß nahm. Um einen zweiten Auftrag zu erhalten, muss der Künstler Konzessionen machen.

4.5.1684. Kaiser Leopold I. unternimmt nach dem Sieg über die Türken gemeinsam mit seiner dritten Frau Eleonore Magdalena und einer seiner Töchter eine Dankwallfahrt nach St. Florian. Der heilige Florian wird in dieser Zeit vor allem als Schutzpatron gegen den Einfall Ungläubiger verehrt. Seiner himmlischen Mithilfe verdankt man den Sieg. Der Kaiser stiftet zum Fest des Märtyrers ein silbernes Brustkreuz und stellt seine Votivgabe in Anwesenheit einer großen Volksmenge auf den Altar des Heiligen (in der gotischen Vorgängerkirche der heutigen Stiftskirche). Unter dem Eindruck dieser kaiserlichen Dankwallfahrt wird der Neubau des Stiftes beschlossen.

1685. Auf dem Steyrer Stadtplatz wird der Leopoldibrunnen errichtet.

15.8.1686. Zum Patroziniumsfest Mariae Himmelfahrt findet die feierliche Grundsteinlegung für den barocken Neubau des Stifts St. Florian statt (Carlo Antonio Carlone, ab 1708 Jakob Prandtauer).

1688. Eines der besten Werke des Barockmalers Johann Carl von Reslfeld entsteht: Das Gemälde „Anbetung der Hl. drei Könige" (Stadtpfarrkirche Steyr).

1688–1691. In Vöcklabruck wird die St. Ägidiuskirche (Dörflkirche) gebaut (Carlo Antonio Carlone).

1689. Michael Zürn d. J. schafft die heute in der Pfarrkirche von Gmunden aufgestellten Figuren von Zacharias und Elisabeth, die Eltern Johannes des Täufers.

Die Karmelitenkirche in Linz. Lithographie von Johann Hardinger.

1690. Beginn des Neubaues der Karmelitenkirche in Linz, an dem Johann Michael Prunner mitwirkt. Carlo Antonio Carlone baut in Kremsmünster den Fischbehälter. Im gleichen Jahr vollendet Michael Zürn d. J. für die Kirche von Altmünster einen Altar, von dem nur die Plastiken erhalten blieben: die Schreinwächter Georg und Florian. Im gleichen Jahr entsteht der Seitenaltar für die Pfarrkirche von Grünau im Almtal und werden die Figuren für die Pfarrkirche Vorchdorf vollendet: die Schreinwächter Sebastian und Florian, drei weibliche Heilige, eine Gruppe der Anna Selbdritt.

1699. Baubeginn des Ostflügels des Stiftes Schlierbach.

Mühlviertler Glasmacher

Schon im Jahr 1449 wird ein „Hennsl" als Besitzer einer Glashütte bei Liebenau genannt, im ausgehenden 17. Jahrhundert erlebt dieses Gewerbe einen wirtschaftlichen Aufstieg in der Gegend um Liebenau. Als erster namentlich bekannte Besitzer der Glashütte in Liebenau gilt Georg Ringl (1578–1674). Neben der Ringlhütte in Liebenau sind noch die Pumhütte in Liebenstein, die Schönebener Hütte und die Christophstalhütte bekannt.

Hexenprozesse

Hexen- und Zaubereiprozesse finden im ganzen Land statt: 1680 in Windischgarsten, 1694 in Weinberg, 1695 in Reichenstein, 1697 in Wildeneck (Mondsee). Für das größte Aufsehen sorgt der Greinburger Prozess (1694–1696): 18 Menschen müssen ihr Leben lassen, die grauenvollen Hinrichtungen locken viele Zuschauer an.

Mord im Kloster Lambach

12.9.1678. Der Abt des Stiftes Lambach wird das Opfer eines Mordanschlags, den ein Mitbruder ausführt: Weil Abt Placidus Georg Hieber den Pater Küchenmeister getadelt hatte, vergiftet ihn dieser. Der Zucker, den der Abt ahnungslos auf sein „Apfelküchl" streut, ist tödlich.

Trauriges Ende

1696. Der Barockbildhauer Michael Zürn d. J., der kaum noch Aufträge erhielt und sich 1692 um das Bürgerrecht in Rosenheim beworben hatte, aber auch dort nicht Fuß fassen konnte, verliert seine Existenz. (Er kam „in die Gant"; Versteigerung.) Nach mündlichen Überlieferungen soll er sich als Gastwirt durchgebracht haben, anderen Berichten zufolge lebte er im Elend. Urkundlich steht fest, dass er sich 1696 nach Passau wandte, wo er Bürger wurde und vergeblich auf Aufträge hoffte. → S. 144

Oberösterreich hat 450.000 Einwohner

Um das Jahr 1700 hat Oberösterreich rund 450.000 Einwohner. (1600: 380.000, 1800: 626.000, 1900: 810.854, 2001: 1,376.787, 2011: 1,412.640.)

Das Hauptwerk Michael Zürns

Als noch nicht Dreißigjähriger beginnt Michael Zürn d. J. (1654 bis 1698) die Arbeit an seinem Hauptwerk: lebensgroße Engelsfiguren für die Stiftskirche von Kremsmünster. (Entstanden in zwei Aufträgen in den Jahren 1682 bis 1684 und 1685/86.)

Das Gesicht Österreichs

„Das Erbe des Barock ist das Gesicht Österreichs".

Rainer Reinisch in „Altstadt in Österreich", Wien 1986.

Barock in Oberösterreich

Oberösterreich ist reich an Werken der Barockkunst. Und der Oberösterreicher liebt das Barock – auch heute noch. Er liebt die Schönheit dieses Stils und er liebt das Einigende, das hinter ihm steckt.

Wer vom österreichischen Barock spricht, meint die Zeit vom Beginn des 17. bis zur Mitte des 18. Jahrhunderts und umschreibt dabei eine Periode der Befreiung und Erneuerung, die sich im Habsburgerreich vollzog und ihm zu höchstem Glanz und Ansehen verhalf. Dem Kaiser war es mit Hilfe der Kirche und verschiedener europäischer Länder gelungen, die gefährliche Bedrohung der abendländischen Kultur durch die Türken abzuwehren. Und er war auch drauf und dran, die Gegenreformation zum Abschluss zu bringen. Beides galt als Erfolg, der dem Haus Habsburg den Nimbus eines Schirmherrn der Christenheit und eines Retters des Abendlandes eintrug. In Oberösterreich hatte ein stürmische Zeit ein Ende gefunden: jene der Bedrängnisse durch den Dreißigjährigen Krieg, der bayerischen Pfandherrschaft, der Bauernkriege und der offenen Gegnerschaft zwischen Kaiser und Ständen.

Schöpferischen Ausdruck fand dieses Gefühl der Befreiung und Erneuerung in der Kunst des Barock.

Es heißt Prinz-Eugen-Bett, aber der große österreichische Feldherr hat in diesem Bett ganz gewiss nie geschlafen. Das Zimmer im Stift St. Florian wurde nach einem Porträt des Prinzen Eugen so genannt, auf diese Weise kam auch das Bett zu seinem Namen. Zweifellos war es für das Schlafgemach des Kaisers bestimmt. Im Gefühl des Sieges über die Türken sollte sich die Majestät einem friedlichen Schlaf hingeben können. Das Prunkbett ist ein Werk des Florianer Barockbildhauers Leonhard Sattler.

Barockisierung der Klöster

Am frühesten fand die barocke Strömung bei den Gegenreformationszentren, den Klöstern, Eingang, die gleich Adel und Bürgertum eine ungeheure Bauwelle im Land auslösten. Im Stift Kremsmünster (→ S. 162) begann man bereits ab 1601 mit der Barockisierung der Klostergebäude, die bis Mitte des 18. Jahrhunderts kontinuierlich fortgesetzt wurde. Die Kapuziner errichteten in Linz 1606 eine Kirche und zwischen 1690 und 1694 ein Kloster in Urfahr (jetzt Pfarrkirche Urfahr und Pfarrhof). Im Stift Reichersberg setzten die Neubauarbeiten nach dem großen Brand von 1624 ein. → S. 132

Zu den frühesten Kirchenbauten der Gegenreformation zählt auch jener der Dominikanerkirche in Steyr (1642–1647). Der Bau der Jesuitenkirche in Steyr erfolgte 1635–1677. Vom italienischen Jesuitenbarock beeindruckt, kam es im Stift Schlägl nach dem Brand von 1626 zu Erneuerungsarbeiten. Es folgte der Um- und Neubau zahlreicher weiterer Stifte: Lambach, Gleink, Waldhausen, Garsten, Schlierbach, St. Florian, Suben, Spital am Pyhrn, Ranshofen, Baumgartenberg, Mondsee. In Linz entstehen Jesuitenkollegium (1652–1656) und Jesuitenkirche („Alter Dom"), ihr Baumeister war vermutlich Pietro Francesco Carlone, 1669–1678. In Windhaag bei Perg wurde 1668 das Dominikanerinnenkloster gegründet. Der Rohbau der Barmherzigen-Brüder-Kirche in Linz, ehemals eine Kirche der Karmelitinnen, wurde nach Plänen von Johann Michael Prunner (→ S. 155) 1713 bis 1716 vollendet (Weihe 1743), die ehemalige Deutschordenskirche (Harrachstraße) 1718 bis 1725 nach Plänen von Johann Lukas von Hildebrandt von Michael Prunner gestaltet. Die Ursulinenkirche wurde 1736–1740 errichtet: Bauausführung Johann Haslinger (1701–1741) und nach dessen Tod Johann Matthias Krinner (um 1700–1784). Nach einem Entwurf des Wiener Architekten Paul Ulrich Trientl baute Krinner 1762–1768 Kirche und Kloster der Elisabethinen.

Das Tor im Westflügel des Stiftes St. Florian.

Von den weiteren bedeutenden sakralen Bauten des Barock seien noch genannt: die Pöstlingbergkirche (1738–1786, Stuckverzierung von Johann Kaspar Modler um 1770), die Stadtpfarrkirche Linz, die 1665 und 1695 barockisiert wurde; die Pfarr- und Wallfahrtskirche Stadl-Paura (1714–1724, Johann Michael Prunner), die Pfarr- und

Faszination des Barock

„Man wird von den festlichen Räumen des Barock immer noch fasziniert, die Bildsprache verwandelt sie in Denkmale in des Wortes eigentlicher Bedeutung.“

Rupert Feuchtmüller, wissenschaftlicher Leiter der Landesausstellung „Welt des Barock“ im Stift St. Florian, 1986.

Barock in Oberösterreich

Wallfahrtskirche Christkindl bei Steyr (1706 bis 1725, Carlo Antonio Carlone und Jakob Prandtauer).

In der letzten Phase des Barock, dem Rokoko, wurden das Stift Wilhering und das Stift Engelszell (→ S. 166/167) errichtet sowie die ehemalige Minoritenkirche in Linz (1751, Johann Matthias Krinner) und die Stiftskirche Suben (1766–1770, Simon Frey). Bedeutende im Rokoko entstandene Kirchen sind die von Kirchberg bei Kremsmünster (1753/54), Pfarrkirchen bei Bad Hall (1744 bis 1777), Hartkirchen (1748 bis 1751) und Frankenmarkt (1759).

Barockisierung der Schlösser

Oberösterreich kann auch auf eine Reihe sehenswerter Schlösser verweisen, die in der Barockzeit errichtet bzw. umgebaut werden. So erfolgte 1691–1710 nach den Plänen des Graubündner Architekten Johann Kaspar Zuccalli der Bau des Schlosses Aurolzmünster. Das Seeschloss Kammer erfuhr 1710 durch Johann Michael Prunner eine Neugestaltung, ebenso das Schloss Kogl (Bezirk Vöcklabruck), das jedoch später umgebaut wurde, schließlich das Schloss Feyregg (1717–1733, Bezirk Steyr). Das Schloss Tillysburg mit dem Stiegenhaus im Stil von St. Florian wurde 1733 begonnen, das Jagdschloss Hohenbrunn (1725–1729) plante Jakob Prandtauer. Anlässlich des Jagdbesuches von Kaiser Karl VI. wurde 1730–1732 das Landschloss Neuwartenburg errichtet. Schließlich wurde auch das Schloss Zell an der Pram 1709–1712 umgebaut und 1760–1774 von dem Münchner Baukünstler Franz de Cuvillies erweitert.

Bedeutende Baumeister

Überblickt man die Barockarchitektur im Land Oberösterreich, so begegnet man folgenden wichtigen Baukünstlern: Der Familie Carlone, insbesondere ihrem bedeutendsten Vertreter Carlo Antonio sowie seinem Bruder Giovanni Battista. Carlo Antonio Carlone erbte von seinem Vater, Pietro Francesco Carlone, neben Besitzungen in Italien auch den Betrieb in Leoben. Wir finden Carlo Antonio Carlone ab 1680 im Chorherrenstift St. Nikola in Passau, von wo er die bayerischen und oberösterreichischen Baustellen bereiste. Er war Baumeister in Stiften und Pfarren. Werke in Ansfelden, Ried in der Riedmark, Baumgartenberg, Christkindl, Freistadt, Garsten, Heiligenkreuz bei Kremsmünster, Kremsmünster, Lambach, Linz, Marbach, Oberthalheim, Oepping, Ottnang, Reichersberg, Rohrbach, St. Florian, Schlierbach, Schwertberg, Vöcklabruck. Werke von Giovanni Battista Carlone finden wir in Garsten, St. Florian, Schlierbach, Gleink, Reichersberg.

Um 1680 beginnt die Barockisierung der Stiftskirche von Kremsmünster.

Ein Zweckbau eigentlich, ein Fischbehälter, wird in Kremsmünster mit Recht als künstlerische Meisterleistung bewundert. Erbaut 1690 bis 1692 von Carlo Antonio Carlone, erweitert von Jakob Prandtauer.

Jakob Prandtauer (1660–1726), der zu den bedeutendsten und erfolgreichsten Baumeistern des Spätbarock zählte, begegnen wir in Christkindl bei Steyr, Garsten, Hohenbrunn, Kremsmünster, Linz, Neupernstein, St. Florian. Außerdem treffen wir auf Johann Michael Prunner, einen Künstler von außergewöhnlicher Schöpferkraft, der durchaus mit dem Dreigestirn Fischer von Erlach, Lukas von Hildebrandt und Jakob Prandtauer vergleichbar ist. Wir finden Johann Gotthard Hayberger (1695–1764), dessen Leistungen von beachtlicher Qualität sind (Hofkirchen an der Trattnach, Molln, St. Florian, Steyr). Wir stoßen auf den Welser Maurermeister Wolfgang Grinzenberger (1680–1758; Kalvarienbergkirche Wels um 1715, Umbau des Rathauses Wels 1738 bis 1739, Mitarbeit bei der Stuckierung in der Stiftskirche Kremsmünster und in der Wallfahrtskirche Heiligenkreuz). Wir können den Bischofshof in der Herrenstraße, einen der bedeutendsten profanen Barockbauten von Linz, als Leistung des Linzer Baumeisters Franz Michael Pruckmayr bewundern (nach Plänen Jakob Prandtauers),

Seitenkapelle in der ehemaligen Klosterkirche Garsten mit Stuckdekorationen des führenden Stukkateurs der Künstlerfamilie Carlone, Giovanni Battista Carlone, Bruder des Baumeisters Carlo Antonio Carlone.

Die reichgeschnitzte Kanzel in der ehemaligen Stiftskirche Waldhausen. 1672.

wir können uns mit den Werken des Linzer Baumeisters Johann Haslinger auseinandersetzen (Ursulinenkirche, Plan für den Ausbau des Stiftes Wilhering) sowie mit dem baukünstlerischen Schaffen des Linzers Johann Matthias Krinner (Hartkirchen, Kirchberg bei Kremsmünster, Minoritenkirche Linz, Ursulinenkirche Linz, Filialkirche Obermühl, Pichl bei Wels). In einer Reihe von Bauten entdecken wir den Stil des Barockbaumeisters Jakob Pawanger (1680 bis 1743), ein Talent, dem seine expressive Kühnheit leider mehrmals zum Verhängnis wurde. (Aistersheim, Attersee, Gaspoltshofen, Hofkirchen an der Trattnach, Kallham, Pram, St. Georgen im Attergau, Taufkirchen an der Pram.) In St. Florian schließlich werden wir auf den Namen des Maurermeisters und Poliers Jakob Steinhuber aufmerksam. Er errichtete nach den Plänen Jakob Prandtauers das Schloss Hohenbrunn und baute im Stift das Sommerrefektorium aus.

Alle diese Hinweise geben jedoch nur bruchstückhaft wieder, wie sehr das Barock das Antlitz des Landes Oberösterreich geprägt hat. Man müsste die Namen der vielen Pfarr- und Filialkirchen hinzufügen, die in überraschend schöner Form barocke Frömmigkeit ausstrahlen, man müsste den Gestaltungskräften nachgehen, die weithin unsere Städtebilder formten, die die Fassaden unserer Bürgerhäuser schmückten und im Inneren die Wände mit Stuck überzogen, um sich der Fülle des barocken Lebens und Schaffens bewusst zu werden.

Der größte und prunkvollste Saal des Stiftes Schlierbach, der Bernhardisaal im Osttrakt des Stiftsgebäudes. Um 1699–1701.

Die Plastik in der Barockzeit

In der Plastik stehen am Übergang zum Barock die Madonna von Oberwang (Filialkirche, um 1600) und der Hochaltar der Kirche von Mondsee (Hans Waldburger). Die barocke Plastik erreichte in Oberösterreich schon sehr früh einen hohen Stellenwert. Ein erster Impuls ging von den Künstlern aus, die im oberbayerischen Städtchen Weilheim ihr Zentrum hatten.

Bereits 1610 schloss der aus Weilheim stammende Münchner Hofbildhauer Hans Krumper (um 1570–1634) mit dem Stift Spital am Pyhrn einen Vertrag über die Gestaltung des Hochaltars. Er nahm mehrere Künstler mit, vor allem seinen Schwager Hans Degler (um 1570–1637) und den Degler-Schüler Hans Spindler (um 1595–um 1647), der sich als Bildhauer von Garsten einen Namen machte. (Frauenstein, Grünau im Almtal, Pettenbach, Steyr, Eferding.) Bald kam aus dem Bodensee eine neue künstlerische Welle. Sie wurde von den Brüdern Martin und Michael Zürn d. Ä., Söhne des aus Waldsee in Oberschwaben stammenden Hans Zürn d. Ä., ausgelöst. → S. 144

Ein bedeutendes Bildhauergeschlecht tritt uns mit dem Namen Schwanthaler entgegen. → S. 145. Ein Künstler, der im Salzkammergut arbeitete und es dort zu liebenswerter Meisterschaft und Popularität brachte, ist Meinrad Guggenbichler. → S. 146

Das plastische Schaffen im Land wird aber noch durch andere Namen verdeutlicht. Von ihnen seien genannt: Marian Rittinger (1652–1712; Steyr, Christkindl, Frauenstein, Großraming, Sattledt, Ternberg, Kremsmünster, St. Magdalena bei Linz), Leonhard Sattler (1676–1744; St. Florian: Figuren des

Einheitliches Weltbild

„Ohne die Barockzeit glorifizieren zu wollen, finde ich aber doch in ihr noch ein einheitliches Weltbild, in dem nicht nur gemessen und gewogen, sondern gelebt wird. Der Mensch hat noch seinen Platz in der großen Schöpfungsordnung und lebt religiös, d. h. eingebunden, er weiß um seinen Ursprung und sein Ziel, aus Gott und in Gott. Leben ist wert-voll. So möchte ich leben, aber heute.“

Wilhelm Neuwirth, Propst des Stiftes St. Florian, auf die Frage „Möchten Sie in der Barockzeit leben?“ In „Barock-Illustrierte“, Linz 1986.

Hauptportals, Adlerbrunnen im Hof, Barockmöbel), ferner Sebastian Gründler, der zwischen 1655 und 1667 in Kremsmünster tätig war. Zu wenig bekannt ist der Bildhauer Johann Worath (1609 bis 1680); Kalvarienbergkirche und Spitalskapelle Aigen, Neufelden, St. Wolfgang am Stein, Stift Schlägl, Berg bei Rohrbach.

Zu den meistbeschäftigten und einfallsreichsten Künstlern zählte der Bildhauer und Stukkateur Franz Josef Ignaz Holzinger (1691–1775; Werke in Aurolzmünster, Hohenbrunn, Kremsmünster, Lambach, Stadl-Paura, Reichersberg, St. Georgen im Attergau, Schärding, Wilhering).

Auch die Modlers zählten zu den angesehenen Stukkateuren. Johann Baptist Modler (1697–1774) kam als Wandergeselle nach Obernberg und übte seine Tätigkeit vor allem in Landorten aus. (Obernberg am Inn, Stift Engelszell, Pfarrkirche Raab, Reichersberg, Suben.) Sein Sohn Kaspar arbeitete in Engelszell mit, schuf Deckenstuck in der Minoritenkirche und in der Pöstlingbergkirche, gestaltete die Stuckdecke des Festsaales in Wilhering.

Orgelempore der Stiftskirche Waldhausen.

Die Barockmalerei

Die Malerei des Barock ist im Lande ebenfalls durch bedeutende Künstlernamen und durch qualitätvolle Leistungen vertreten. Es gab aber auch lokale Größen. Zu diesen gehören: die Burghausner Künstler Balthasar Mayr (Altäre in Feldkirchen, Gilgenberg und Handenberg), Tobias Schin(n)agl (Altäre in Aschau, Stadtpfarrkirche Braunau, Eggelsberg, St. Florian bei Helpfau, St. Pantaleon, Schalchen) und Johann Miller (Werke in Gilgenberg, Haigermoos, Handenberg, Hochburg). In Sarleinsbach lebte und arbeitete der Maler Philipp Ruckerbauer (1663–1740; Werke: Schloss Weinberg, Kirchberg im Mühlkreis, Putzleinsdorf, Sarleinsbach, St. Florian, Ranshofen).

Internationale Bedeutung besaß Joachim von Sandrart (1606–1688), dessen Werke wir in Altmünster, Garsten, Kremsmünster, Lambach, Linz und Waldhausen begegnen. Beachtliche Leistungen erbrachte Johann Carl von Reslfeld, der in Garsten tätig war (1658–1735). Er war mehr als 50 Jahre Stiftsmaler. Seine Werke sind in nahezu allen Garstner Stiftspfarren des Enns- und Steyrtales zu finden. Ein Zeitgenosse war Jakob Zanus(s)i (1679–1755). Er arbeitete vor allem im Mondseeland. In Kremsmünster, St. Florian und Lambach machte sich der Freskant Melchior Michael Steidl einen Namen (gestorben 1727).

Ein Maler von hohem Rang war Johann Michael Rottmayr (1654–1730; Kremsmünster, St. Florian, Schärding, Schlierbach). Österreichweite Bedeutung erlangten Martino Altomonte und sein Sohn Bartolomeo Altomonte. → S. 171. Eine eigenwillige schöpferische Persönlichkeit ist auch Wolfgang Andreas Heindl (1693–1757); Fallsbach, Hartkirchen, Hofkirchen/Trattnach, Kirchberg/Kremsmünster, Lambach, Linz, Niederneukirchen, Pfarrkirchen bei Bad Hall, Spital am Pyhrn, Viechtwang, Vorderstoder, Weitersfelden. Schließlich ist noch Martin Johann Schmidt (Kremser Schmidt) zu nennen. → S. 170. Er zählte zu den fruchtbarsten Malern seiner Zeit.

Karl Pömer

Die Form eines Schiffes weist die Kanzel in der Pfarrkirche Gaspoltshofen auf, ein Werk des Lambachers Joachim Ertl, entstanden um 1770, also etwas später als die Fischerkanzel in Traunkirchen (1753) und das „Schifflein Petri“ in der Pfarrkirche Fischlham bei Lambach (1759).

Barocke Schätze in der Filialkirche hl. Sebastian in Andorf: der Nothelfer-Altar des Rieder Bildhauers Ludwig Vogl (um 1640) und eine Schutzmantelmadonna von Thomas Schwanthaler (1670).

Barockbildhauer in Oberösterreich

Oberösterreich war immer wieder ein offenes Land für die verschiedensten künstlerischen Einflüsse und ein beliebtes Tätigkeitsgebiet für Künstler aus den benachbarten Bundesländern und aus einzelnen außerösterreichischen Kunstzentren. So zogen im 16. Jahrhundert nicht nur Künstler aus Italien zu, sondern auch aus den Niederlanden und nicht zuletzt aus Süddeutschland. Zu Beginn der Barockzeit verstärkte sich diese Entwicklung. Da wanderten aus der Künstlerkolonie Weilheim im bayerischen Pfaffenwinkel Hans Krumper, Hans Degler und Hans Spindler ein. Da ließen sich 1643 die aus dem schwäbischen Waldsee im Bodenseegebiet stammenden Brüder Martin und Michael Zürn in Braunau nieder. Und da fasste schließlich 1633 ein Hans Schwabenthaler in Ried im Innkreis Fuß, der der Ahnherr eines Bildhauergeschlechtes werden sollte, das wie kein anderes in der Kunstgeschichte schöpferisch tätig war. Schließlich wählte der Bildhauer Meinrad Guggenbichler, der 1649 in der Schweiz geboren wurde, Mondsee zum Ort seines Wirkens.

17 Bildhauer der Familie Zürn

Begründer des Geschlechtes Zürn, das innerhalb von vier Generationen 17 Bildhauer hervorbrachte, war Hans Zürn, der zwischen 1555 und 1560 geboren wurde und sich 1582 als „Meister der freien Kunst des Bildhauens in Stein und Holz“ und als Bürger von Waldsee mit Barbara Näthin vermählte. Die Frau schenkte ihm sechs Söhne. Nicht annähernd die Bedeutung ihrer Brüder Martin und Michael d. Ä. erlangten Jörg, Hans d. J., David und Hans Jakob.
Martin (geb. um 1585/90) und Michael (geb. um 1585/95) tauchen zunächst im Zusammenhang mit unerfreulichen Rechtshändeln auf, die sie mit Bildhauerkollegen ausfochten. 1636 werden sie in Wasserburg am Inn, 1639 in Burghausen genannt. Auch in Wasserburg kam es zu Auseinandersetzungen, diesmal mit dem Bildhauer Jeremias Hartmann, der seit 37 Jahren hier arbeitete. Dieser war schon mit dem seit 1628 ansässigen David Zürn in Konflikt geraten und fühlte sich nun durch die drei Zürnbrüder ganz in die Ecke gedrängt. Der Streit konnte erst durch den bayerischen Kurfürsten beendet werden. Selbst David bekam die Vorherrschaft von Martin und Michael zu spüren.
1643 kamen die beiden nach Braunau. Die Nachrichten aus dieser Zeit sind allerdings spärlich, so dass wir nur wissen, daß Martin im gleichen Jahr, und damit im Alter von etwa 50 Jahren, die Braunauer Hafnertochter Katharina Baur heiratete und dass 1644 eine Tochter, namens Christine Clara, und 1649 ein Sohn mit dem Namen Georg Martin getauft wurde. Seinen Lebensabend verbrachte Martin Zürn vermutlich in Braunau. Noch weniger ist über das Leben von Michael d. Ä. zu erfahren. Fest steht nur, dass er 1651 den Hochaltar des Frauenklosters St. Maria der Engel in Appenzell in der Schweiz vollendete. Er erhielt für diese Arbeit nur einen bescheidenen Lohn sowie Kost und Quartier, der Konvent versprach ihm daher, nach seinem Tod drei Seelenmessen zu lesen. Michael Zürn ist nach 1651 gestorben.
Martin und Michael haben mehrfach Werke miteinander geschaffen, als letzte gemeinsame Arbeit gelten die Altäre in St. Georgen an der Mattig. Wohl sind die Werke der Brüder weitgehend signiert, die Deutung des Monogramms ist jedoch schwierig, weil die Anfangsbuchstaben „M. Z.“ für beide zutreffen. Bisher wurde die Anwesenheit Michaels in Braunau aus den Stilmerkmalen abgelesen. Hier wird ja die von Martin vertretene konservativere Richtung zugunsten der von Michael vollzogenen Hinwendung zu barocker Bewegtheit zurückgedrängt. Zürn-Werke haben sich in Oberösterreich neben St. Georgen an der Mattig erhalten in: Braunau, Ranshofen, Burgkirchen, Eggelsberg, Hart, Ried i. I., Weilbach, Aspach.

Thomas Schwanthalers Doppelaltar von St. Wolfgang (links), der durch Großzügigkeit und Feingefühl überzeugt. Ein Hauptwerk des Künstlers. 1675/76.

Martin Zürn: Hl. Martin, Pfarrkirche Ried. 1656/58.

Michael d. J. (1654–1698) war der jüngste Sohn des in Wasserburg ansässigen David Zürn. Dieser talentierte künstlerische Einzelgänger wurde nach neueren Forschungen 1654 geboren und arbeitete nach seiner Ausbildung zusammen mit seinem Bruder David (II.) bei dem um 24 Jahre älteren Stiefbruder Franz in Olmütz. Wegen Raufhändel verließ er 1681 diese Stadt. Im folgenden Jahr ließ er sich in Gmunden nieder. Ein Elfenbeinkruzifix von Michael Zürn, das der Abt des Stiftes Kremsmünster, Erenbert Schrevogl, 1682 auf dem Linzer Ostermarkt erstand, führte zur Einladung an den Künstler, für vier Altäre in der eben barockisierten Stiftskirche knieende bzw. stehende Engel zu gestalten. Diese Engel zeigen, wie sehr Michael das Geistig-Seelische, die innere Spannung in die äußere Form umzusetzen verstand. Zugleich aber wird bereits das Wild-Bewegte, das Überzogene, Manieristische seiner Arbeiten angedeutet. Der Abt nahm an dem Überschwang Anstoß und erteilte dem Künstler erst nach längerem Zögern den Auftrag für weitere acht Engel. Dadurch wurde dieser in eine innere Zerrissenheit gestürzt, die an einem Stilbruch ablesbar ist. Man merkt es an den weiteren Werken: 1689 gestaltete Michael Zürn in Gmunden für die Annenkapelle einen Altar (dieser besteht nicht mehr, die Hauptfiguren befinden sich heute auf dem Hochaltar), 1690 vollendete er einen großen Altar für die Pfarrkirche in Altmünster, von dem allerdings nur noch die Plastiken erhalten sind. Im gleichen Jahr schuf er für die Pfarrkirche Grünau einen Seitenaltar (freiplastische Gruppe der Anbetung der Hirten) und schmückte den Hochaltar von Vorchdorf mit Figuren. 1692 zog er nach Rosenheim, 1698 starb er in Passau. → S. 139
Seine Brüder Abraham, Sebastian und Georg haben kaum eine Bedeutung, ebenso wenig die Vertreter der vierten Generation: Franz der Jüngere, Anton, Udalrich und David (III.). → Aufstellung im Personenregister

Thomas Schwanthaler: Namenlose Heilige. Uttendorf. Um 1680.

Detail des Schwanthaler-Doppelaltars in St. Wolfgang mit dem heiligen Wolfgang.

Die Schwanthaler und Oberösterreich

Hans Schwanthaler (gestorben 1656 in Ried), der erste des Geschlechtes, ließ sich, aus Altötting kommend, in Ried im Innkreis nieder, das durch zwei Jahrhunderte für fünf Generationen des Bildhauergeschlechtes der Schwanthaler zum Wohnort wurde. Von hier strahlte ihre Leistungskraft und ihr Wollen weithin aus. Sobald freilich ein Vertreter versuchte, sich anderwärts eine Existenz aufzubauen, tat er es mit keinem oder geringem Erfolg. So hinterließ der Bruder von Thomas, Matthias, der nach Krems ging, bei seinem Tod eine Fülle von Schulden. Die Söhne von Thomas aus erster Ehe wollten in Wien ihr Glück versuchen, ihr Schicksal liegt weithin im Dunkeln. In der vierten Generation treffen wir auf einen Johann Dionysius, der sich in Hals bei Passau niederließ.

Erfolgreicher war in der fünften Generation Johann Georg, der die Gmundner Linie der Schwanthaler begründete.

Freilich wandelte sich das Kunsthandwerkliche. Franz Jakob begründete die Münchner Linie der Schwanthaler, die mit seinem Sohn Ludwig Michael wohl einen künstlerischen Höhepunkt erreichte, aber mit Rudolf (1842–1879) das Verlöschen des Geschlechtes einleitete.

Hans Schwanthalers Werkstatt übernahm der 22jährige Sohn Thomas (1634–1707), er sorgte auch für die Mutter und für fünf Geschwister. 1660 heiratete er die Buchbindertochter Eva Vorberger und nach deren Tod Maria Katharina Zetler. Die Arbeiten des Künstlers zeigen eine kraftvolle, selbstsichere Hand und sind durch einen überhöhten Naturalismus gekennzeichnet. Im Doppelaltar von St. Wolfgang überzeugt Thomas durch Großzügigkeit und Feingefühl, in der Rieder Ölberggruppe (Stadtpfarrkirche) durch seine Vielseitigkeit. Beide Werke gehören zusammen mit der Gruppe „Enthauptung der hl. Barbara" in Schalchen zu seinen hervorragendsten Leistungen.

Weitere Werke sind zu finden in: Eitzing, Zell am Pettenfirst, Stift Reichersberg, Hohenzell, Altmünster, Andorf, Aspach, Atzbach, Aurolzmünster, Braunau, Mattighofen, Mörschwang, Pattigham, Ried im Innkreis, Tumeltsham, Ungenach, Waldzell. Thomas Schwanthaler war zweimal verheiratet und Vater von 15 Kindern. Die Söhne von Thomas aus erster Ehe zogen nach Wien, große Erfolge aber blieben ihnen versagt. Erst der Letztgeborene aus der zweiten Ehe von Thomas, Johann Franz (1683–1762), führte das Erbe des Vaters in der Rieder Werkstatt weiter. Seine Arbeiten, die eine klassizistische Tendenz zeigen, befinden sich in Andrichsfurt, Gurten, Hohenzell, Mettmach, Münsteuer, Polling, Ried, Schildorn, Waldzell, Wippenham. Der erste Sohn aus der zweiten Ehe von Thomas war Bonaventura Schwanthaler. → S. 154

Sein Bruder Johann Josef (1681–1743) hatte keine Erfolge. Nach einer Bestrafung wurde er als Nachtwächter beschäftigt, man übertrug ihm nur Ausbesserungsarbeiten.

Thomas Schwanthaler: Enthauptung der hl. Barbara. Filialkirche Schalchen. 1672.

Martin und Michael Zürn: Detail des Georgs-Altar in St. Georgen an der Mattig. Um 1645/50.

Meinrad Guggenbichler: Schmerzensmann in der Pfarrkirche von Lochen. Um 1710.

Barockbildhauer in Oberösterreich

Der älteste Sohn des Johann Franz war Franz Mathias (1714–1782), er gründete um 1740 eine Werkstatt. Sein Sohn Johann Georg (1740–1810) ist der Begründer der Gmundner Schwanthaler-Linie. Werke von Franz Mathias befinden sich in Aspach, Lengau, Geiersberg, Lambrechten, Hohenzell, Lohnsburg, Pattigham, St. Georgen bei Obernberg, Taiskirchen, Tumeltsham und Waldzell, solche von Johann Georg in Altmünster, Kematen an der Krems, Nußbach und Schöndorf.

Johann Dionysius Schwanthaler (1718 bis 1783) übersiedelte nach Hals bei Passau und heiratete, um das Bürgerrecht zu erhalten und Meister werden zu können, die Witwe eines Bildhauers. Johann Peter d. Ä., Enkel von Thomas (1720–1795), konnte den Betrieb in Ried neu festigen. Er gilt als bedeutender Rokokokünstler. Werke besitzen u. a. Aspach, Eitzing, Hohenzell, Mehrnbach, Ried, Tumeltsham, Waldzell, Weilbach. Dass er auch in Stein arbeitete, beweist ein Gnadenstuhl in der Bründlkapelle in Andrichsfurt. Besondere Bedeutung erlangten die Kleinplastiken und Reliefs von Johann Peter d. Ä. Das Hauptwerk stellt die Krippe in Pram dar.

Johann Peters Sohn Franz Jakob Schwanthaler (1760–1820) war der Erste, der eine akademische Bildung erwarb. Er durfte an der Ausschmückung des neuen Hofbibliotheksaales in München mitarbeiten. Von Johann Peter dem Jüngeren (1762–1838) ist außer einem klassizistischen Friedhofskreuz nichts überliefert. Franz Xaver Schwanthaler (1799–1854), Sohn von Johann Peter d. J., lebte zunächst in Ried, ging aber dann nach München zu seinem Onkel Franz Jakob in die Lehre und wurde die Hauptstütze seines Vetters Ludwig. Damit wurde die Münchner Gruppe der Schwanthaler begründet. Ludwig Michael Schwanthaler (1802–1848), Sohn Franz Jakobs, erfreute sich der Gönnerschaft König Ludwigs I., dessen schwärmerisch-romantische Haltung er teilte. Er schuf fast ausschließlich Werke höfischer Repräsentation. Der einzige Sohn Franz Xavers, Rudolf, der das Schwanthaler-Atelier in München übernahm, stellte vor allem Nachbildungen seines Vaters her. Mit seinem Sohn Ludwig, einem Antiquitätenkaufmann, erlosch das Schwanthalergeschlecht.

Insgesamt zeigen die Werke der Schwanthaler unterschiedliche Qualität. Es gab bei einigen Vertretern, insbesondere bei Thomas, hervorragende Leistungen, der größere Teil der künstlerischen Hinterlassenschaft aber besitzt nur lokale Bedeutung. Wenig weiß man über den ersten Sohn von Thomas Schwanthaler, der Johann Franz oder Johann hieß. Nur der Vollständigkeit halber anzuführen sind in der fünften Generation Franz Anton und ein zweiter Franz Jakob, in der sechsten Generation Franz Schwanthaler. → Aufstellung im Personenregister

Links: Zur Periode der „Hohen Reife" wird der Rosenkranzaltar gezählt, den Meinrad Guggenbichler für die Kirche von St. Wolfgang schuf. 1706.

Meinrad Guggenbichler

Über die Kindheit von Meinrad Guggenbichler (1649–1723), dieses ebenso liebenswerten wie ausdrucksstarken und wandlungsfähigen Bildhauers, der vor allem im Mondseeland und im Innviertel mit Werken vertreten ist, wissen wir wenig. Sein Vater war Baumeister und Steinbildhauer im Dienste des Klosters Einsiedeln, in dessen Kirche Meinrad 1649 getauft wurde. 1670 finden wir den Künstler als „Laubschneider" (Hersteller von ornamentalen Schnitzereien) im Stift St. Florian beschäftigt. 1672 lässt sich sein Name in Straßwalchen und in Zell am Moos nachweisen. Damals begannen die Kontakte zum Stift Mondsee, die zu einer Dauerverbindung werden sollten. 1679 heiratete Guggenbichler Katharina Aidtenbichler, die Tochter eines Mondseer Ratsbürgers, die ihm neun Kinder schenkte. Der Bildhauer wurde zuerst für die Ausschmückung der Stiftskirche und dann für die Innengestaltung der Kirchen in den umliegenden Pfarren herangezogen. 1723 ist Meinrad Guggenbichler in Mondsee gestorben.

Nach Heinrich Decker kann man im Schaf-

Meinrad Guggenbichler: Thronende Maria mit Kind. Pfarrkirche Lochen. Um 1710.

Detail aus der Ölberggruppe in der „Elendkapelle“ (Beichtkapelle) der Stadtpfarrkirche Ried, ein Spätwerk Thomas Schwanthalers.

fen Guggenbichlers fünf Perioden unterscheiden:
1. „Jugendlicher Lyrismus“ (1672–1683), z. B. Altarwerke in Straßwalchen, Stiftskirche Mondsee: Hl.-Geist-, Wolfgang- und Pestaltar.
2. „Das große Pathos“ (1684–1692), z. B. Mondseer Kanzel und verschiedene Arbeiten in der Filialkirche Irrsdorf.
3. „Werkstattschaffen“ (1692–1705), z. B. Irrsdorfer Kanzel oder Altäre von Abtsdorf und St. Georgen i. A.
4. „Hohe Reife“ (1705–1709), z. B. Rosenkranz-, Antonius- und Kreuzaltar sowie Kanzel und Schmerzensmann in St. Wolfgang sowie Hochaltar, Kanzel und Kreuzigungsgruppe in Lochen.
5. „Altersstil“: z. B. Arbeiten in Munderfing, Sebastianaltar in Mondsee sowie Leonhardaltar in Irrsdorf.

Karl Pömer

Die Fischerkanzel in Traunkirchen

Wie originell auch sakrale Kunstwerke sein können, beweist die barocke Kanzel in der Pfarrkirche Traunkirchen: die phantasievoll geschnitzte Fischerkanzel, ein im Jahr 1753 entstandenes, in der gesamten Kunstgeschichte einmaliges Werk.

Eines der originellsten sakralen Kunstwerke des Barock ist in der Pfarrkirche von Traunkirchen zu sehen.

Die Geschichte vom Wunder des reichen Fischzugs hatte es den Bewohnern des seenreichen Salzkammerguts besonders angetan. Im Apostel Petrus, der bekanntlich auch ein See-Anrainer und Fischer war, sahen sie sozusagen einen Berufskollegen. Deshalb wollten sie, dass ihr Pfarrer von einem Boot aus predigen sollte.

Die Kanzel hat die Form eines Fischerboots, die Bootswände sind mit Fischernetzen bedeckt. Die Apostel Jakobus und Johannes ziehen ein mit reicher Beute gefülltes Netz empor. Im Hintergrund kniet Petrus vor Christus und erhält den Auftrag, Menschenfischer zu werden. Auf dem Schalldeckel ist ein Krebs zu sehen, der dem heiligen Franz Xaver – auch er war als Missionar ein Menschenfischer – das Kruzifix zurückbringt. Es war ihm von einer Woge aus der Hand geschlagen worden, als er mit dem gegen das Meer gehaltenen Kreuz einen Sturm beschwichtigen wollte. Schließlich hat der Künstler, dessen Namen wir nicht kennen, auch noch Heiden postiert, die dem christlichen Prediger lauschen.

Der 1622 heilig gesprochene Franz Xaver ging vor allem als Missionar in die Kirchengeschichte ein. Er war in Indien und China, 1549 entstand in Japan die erste christliche Gemeinde. 1,200.000 Seelen soll er bekehrt haben. Diese Zahl ist auf einem Band zu lesen. Franz Xaver ist der am meisten verehrte und dargestellte Heilige der Jesuiten, die 1622 das ehemalige Frauenkloster übernommen hatten.

Das Symbol des Fischfangs wird heute anders gedeutet. Nicht nach Menschen soll gefischt werden, so der Traunkirchner Pfarrer Franz Haidinger, „sondern dass man im Netz des Glaubens gut aufgehoben ist“. („Traunspiegel“, September 2003.)

Die ganze barocke Schaulust zeigt sich hier, aber auch die lebensnahe Beziehung der Bewohner des Salzkammerguts zur Religion. Religiosität kommt für diese Menschen vor allem dort zum Ausdruck, wo sie eine Verbindung herstellen können mit ihrem eigenen Leben: Die Apostel im Fischerboot, die in ihrer Arbeit abhängig sind von der Mitwirkung Gottes, konnten sie verstehen.

Rudolf Lehr

Das Kloster Lambach. Kolorierte Lithographie von Johann Ziegler (um 1750–1812).

Das Benediktinerstift Lambach

Auf einer langgestreckten, diluvialen Schotterzunge, unterhalb der Einmündung der Ager in die Traun, liegt das Stift Lambach. Schon früher war auf diesem verkehrsgünstigen Ort die Stammburg der Grafen von Wels-Lambach gestanden. Arnold II. von Wels-Lambach errichtete um 1040 in Burg Lambach eine Stiftung für zwölf weltliche Kanoniker. Nach seinem Tod wandelte sein Sohn, der heilige Adalbero (→ S. 71), die Gründung seiner Eltern 1056 in eine Benediktinerabtei um.

Diese neue Gründung stattete er mit Schenkungen aus seinem Familienbesitz aus. 1061 bestätigte Kaiser Heinrich IV. dem Stift diese Schenkungen.

Die ersten Mönche kamen aus Münsterschwarzach bei Würzburg. Zum ersten Abt von Lambach wurde Egbertus (Ekkebert) bestellt. Er war vorher Abt von Münsterschwarzach. 1089 konnte der heilige Adalbero zusammen mit seinem Jugendfreund Altmann, dem Bischof von Passau, die romanische Kirche einweihen. Die romanischen Fresken im ehemaligen Westchor der Kirche stammen aus dieser Zeit. Sie gehören zu den bedeutendsten und eindrucksvollsten Kunstschöpfungen der europäischen Monumentmalerei dieser Zeit. → S. 79

Im Jahr 1089 wurde von Lambach aus das Kloster Melk besiedelt. 1090 starb der heilige Adalbero in Lambach und wurde in der Klosterkirche beigesetzt.

Um 1200 bestand in Lambach eine bedeutende Schreibschule. Handschriften aus dieser Zeit, zum Teil mit schönen Initialen und Miniaturmalereien, zeugen vom Kunstsinn der damaligen Mönche. So schrieb der Mönch Haimo das Lambacher Rituale. Die Vita B. Adalberonis und die Miracula B. Adalberonis sind wertvolle Quellen für die Stiftsgeschichte.

Orgelempore in der Stiftskirche Lambach.

Südseitige Ansicht des Benediktinerstifts Lambach, im Vordergrund die Traun.

Geplündert und fast zerstört

Im Krieg gegen den letzten Babenbergerherzog fiel der Bayernherzog Otto in das Land ein. 1233 wurde das Kloster Lambach geplündert und fast zerstört. Nur der westliche Teil der Kirche mit den Türmen blieb stehen. Dadurch sind die alten Fresken erhalten geblieben. Langsam erholte sich das Kloster. Es dauerte geraume Zeit, bis die nachfolgenden Äbte die Kirche, nun im gotischen Stil, wieder aufbauen konnten.

Gegen Ende des 13. Jahrhunderts scheint die Verbindung des Klosters mit dem Salzhandel urkundlich auf. In dieser Urkunde werden einem Heinrich Stecher zwei Salzstadeln verliehen, die schließlich dem Lambach gegenüberliegenden Ort Stadl-Paura den Namen gaben. Innig verbunden mit dem Kloster blieb die Geschichte der Ansiedlung Lambach, die 1365 von Rudolf IV. das Marktrecht erhalten hatte.

Allmählich blühte auch das geistige und kulturelle Leben wieder auf. 1419 wurde in Lambach die Melker Reform eingeführt. Die Lambacher Schreibschule erreichte eine neue Blütezeit. Die gotische Kirche wurde umgebaut, die Krypta fiel diesem Umbau zum Opfer. Das Chorgebet wurde von dem oberen in den unteren Chor verlegt. 1459 erhielt Abt Thomas Messerer für sich und seine Nachfolger das Recht der Pontifikalien.

Blütezeit humanistischer Bildung

Im Zeitalter des Humanismus setzte unter Abt Johannes IV. Suerzwadel (1474 bis 1504)* auch in Lambach eine Blütezeit humanistischer Bildung ein. Die Bibliothek wurde durch den Ankauf von Handschriften und Wiegendrucken bereichert. Die Lambacher Äbte standen mit bedeutenden Humanisten in Verbindung, wie der Abt Paulus Graff (1507–1514) mit Conrad Celtis (1459–1508), der für den heiligen Adalbero eine Grabinschrift verfasst hat.

Die Wende vom Mittelalter zur Neuzeit brachte auch für das Klosterleben große Veränderungen. Die Reformation breitete sich auch in Lambach und Umgebung aus, Steuern, Abgaben und Schulden wuchsen, so dass das wirtschaftliche Fundament des Klosters bedroht wurde. Kaum war diese schwere Zeit überwunden, besetzten 1610 bayerische Truppen das Kloster. 1626 und 1632 plünderten aufständische Bauern Markt und Kloster und zerstörten es zum Teil.

Das große Äbte-Dreigestirn

Eine neue Blütezeit erlebte das Stift Lambach in der Barockzeit unter dem Äbte-Dreigestirn Placidus Hieber (1640–1678), Severin Blaß (1678–1705) und Maximilian Pagl (1705–1725).

Die große bauliche Tätigkeit begann unter Abt Placidus Hieber. In kurzer Zeit war es

Stiftsgebäude mit Torturm.
Photographie von Bruno Reiffenstein. Um 1920.

ihm gelungen, Lambach zu neuer Blüte zu bringen. Innerhalb des Klosters führte er wieder eine strenge Disziplin ein. In Linz kaufte er zwei Häuser und ließ sie 1671/72 zum stattlichen Lambacher Haus umgestalten. Die Klosterschule erreichte einen neuen Höhepunkt und die Kirchenmusik wurde gefördert. Eifrig wurde Theater gespielt. Die Klosteranlage erhielt unter ihm die heutige Form. An Stelle der gotischen Kirche wurde in den Jahren 1652–1656 die neue einschiffige Barockkirche erbaut. Zur Ausschmückung der Kirche berief der Abt eine Reihe bedeutender Künstler. Vom Orgelbauer Christoph Egedacher wurde 1657 die neue Orgel aufgestellt. Die Stuckdekoration schuf der Linzer Künstler Thomas Zaisel. Die hervorragenden Deckenfresken stammen zum größten Teil von Melchior Michael Steidl (1698).

Einen wertvollen Schmuck der Kirche bilden die Altarbilder von Joachim von Sandrart. Darüber schrieb der Künstler in der „Teutschen Academie", unter seinen Bildern „leuchten insonderheit die sieben Altarblätter, die Er auf Erforderung des Hochlobwürdigen Herrn Praelatus Placidi in das Gotteshaus und Kloster Lambach verfärtiget, worin Er alte und junge Geist- und Weltliche, hohe und niedere Personen, alter und neuer Weltarten, Historien und Gedichte, Gebäude und Landschaften, Tag und Nacht, Liecht und Dunkel vorgestellt". 1664 wurde der Südtrakt mit dem Turm erbaut. Abt Placidus Hieber starb am Genuß einer vergifteten Speise. → 1678

Abt Severin Blaß setzte die Bautätigkeit fort. So wurden u. a. alte Befestigungsbauten um das Kloster abgetragen und 1693 das prächtige Barockportal von Jakob Auer geschaffen.

Der Adalberokelch im Stift Lambach.

Der kunstsinnige Abt Maximilian Pagl

Einer der bedeutendsten Äbte von Lambach war Maximilian Pagl. Er wurde am 6. Februar 1695 zum Priester geweiht, wurde Novizenmeister und Prior. Am 10. Februar 1705 wurde er zum Abt von Lambach geweiht.

Bald entwickelte er eine rege Bautätigkeit. Er vollendete die barocke Neugestaltung des Klosters durch die Errichtung des prachtvollen Sommerrefektoriums und des darüberliegenden Ambulatoriums nach Plänen von Carlo Antonio Carlone. Die Stuckarbeiten sind von Diego Francesco Carlone. Die Fresken im Sommerrefektorium sind von Wolfgang Andreas Heindl.

An Stelle des hölzernen Hochaltares wurde ein neuer monumentaler Hochaltar errichtet. 1711 kaufte Pagl eine Feuerspritze, auf dem Marktplatz ließ er ein Wasserbassin anlegen. 1724 wurde im Stift eine Apotheke errichtet. In Stadl-Paura errichtete er eine Waisenhausstiftung. Abt Pagl legte am 30. Juni 1717 den Grundstein zur Dreifaltigkeitssäule in Linz. In der Umgebung von Lambach ließ Pagl eine Reihe entzückender Barockbauten errichten. Als Krönung seines Lebens schuf er die Dreifaltigkeitskirche in Stadl-Paura, ein Juwel des österreichischen Barock. → S. 155

Unter Abt Amand Schickmayr (1746 bis 1794) wurde die Stiftskirche Pfarrkirche, die ehemalige Pfarrkirche wurde Friedhofskirche. Zwei bedeutende Männer lebten und wirkten zu jener Zeit in Lambach:

Pater Maurus Lindemayr (1723–1783) schrieb in der Mundart seiner Heimat, mit seinem „Kurzweiligen Hochzeitsvertrag" wurde am 23. April 1770 das Klostertheater anlässlich der Anwesenheit von Marie-Antoinette eröffnet. Pater Koloman Felner (1750–1818) war ein bedeutender Kupferstecher und Lithograph. → S. 204

Schwere Zeiten machte das Stift unter Abt Julian Ricci (1794–1812) mit. Dreimal – 1800, 1805, 1809 – hatten Stift und Markt Lambach unter den Franzosenkriegen zu leiden. Zweimal nahm Napoleon im Stift Quartier (1805, 1809). Pater Koloman Felner rettete am 2. Mai 1809 Napoleon das Leben, ohne dass der Kaiser von dem Anschlag erfahren hatte, den ein Büchsenmacher ausführen wollte.

1848 hörte die Grundherrschaft des Stiftes zu bestehen auf. Es wurden die Gemeinden Lambach, Edt und Stadl-Paura gebildet. Unter Abt Theoderich Hagn (1859–1872) erholte sich das Stift langsam wieder. 1883 wurde in Rom der St.-Adalbero-Kult anerkannt. 1884 fand die erste Adalberoprozession statt. 1941–1945 war das Stift aufgelöst. Als 1945 die Mönche wieder in das Stift zurückkehrten, begann man sofort mit Wiederaufbau- und Restaurierungsarbeiten. Auch die alte Schultradition wurde wieder aufgenommen. 1946 wurde eine Landwirtschaftsschule, 1948 eine Aufbaumittelschule und 1974 eine Handelsschule gegründet. 1956 konnte das Kloster das 900-jährige Bestehen begehen.

Walter Luger

Stift Lambach. Kolorierter Kupferstich von Matthäus Merian. 1649.

* Hier beziehen sich die Daten bei den Äbten auf die Regierungszeit.

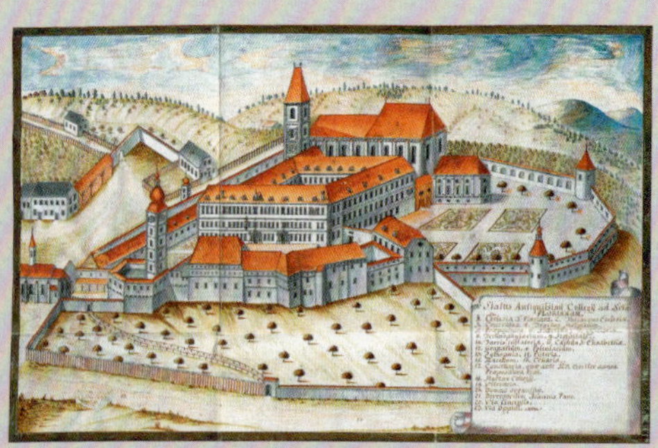

„Topographia Florianensis" (1741/42): Gesamtanlage des alten Stifts von Süden (um 1670). Aquarell.

Das Augustiner-Chorherrenstift St. Florian

Stift und Markt verdanken ihren Namen dem heiligen Florian. Er war ein hoher Beamter im römischen Ufernorikum. Für sein Bekenntnis zum Christentum erlitt er 304 den Märtyrertod. Mit einem Mühlstein um den Hals soll er in die Enns gestürzt worden sein. Der Überlieferung nach entstand über seinem Grab die Kirche.

Vom bereits in der karolingischen Zeit bestehenden Kloster sind aus dem Ende des 8. Jahrhunderts die ersten schriftlichen Quellen überliefert. Im 9. Jahrhundert mehren sich die schriftlichen Zeugnisse von der Existenz des Klosters. In einer Urkunde König Arnulfs aus dem Jahre 888 wird das „Kloster des hl. Märtyrers Florian" genannt. Bei den Ungarneinfällen des 10. Jahrhunderts wurde das Kloster schwer beschädigt.

Ein neuer Abschnitt in der Geschichte des Klosters begann durch Bischof Altmann von Passau, als er 1071 die Augustinerregel einführte. In der neu erbauten romanischen Kirche weihte Bischof Altmann fünf Altäre, das Kloster wurde erweitert. Schenkungen vermehrten den Besitz, die Klosterschule erlangte für das ganze Gebiet Bedeutung. Seit dem 12. Jahrhundert leistete das Kloster wichtige Rodungs-, Kultur- und Seelsorgearbeiten, nicht nur in der näheren Umgebung, sondern auch im Mühlviertel zwischen Mühl und Rodl und zwischen Gusen und Aist, sowie in der Gegend von Vöcklabruck und in der Wachau.

Erste Blütezeit im 13. Jahrhundert

Eine Blütezeit erlebte St. Florian im 13. und 14. Jahrhundert. Die 1235 abgebrannte Kirche wurde 1274 bis 1291 im gotischen Stil erbaut. Meister Wolfhart schuf dazu die Glasfenster. Zwei Holzfiguren in den Kunstsammlungen stammen aus jener Zeit. Handschriften entstanden in der Schreibschule, die zu den bedeutendsten des Landes gehörten. Aus der großen Zahl der Handschriften scien Messbücher mit schönen Miniaturen sowie die bedeutende „Biblia pauperum" aus dem Jahre 1310 hervorgehoben. Der Chorherr Altmann der Ältere schrieb die Legende des heiligen Florian in Hexametern. Propst Einwik Waizlan schilderte in der Kirchenchronik und in der Lebensbeschreibung der Klausnerin Wilburg, die 1296 in ihrer Zelle in St. Florian gestorben war, anschaulich die Ereignisse des 13. Jahrhunderts.

Herzog Albrecht VI. erwirkte 1458 beim Papst für die Pröpste des Klosters das Recht der Pontifikalien. In der zweiten Hälfte des 15. Jahrhunderts wurden die Altäre der Kirche erneuert und wertvolle Goldschmiedearbeiten für Kirche und Kloster angefertigt. Die Ausstattung der gotischen Kirche erreichte aber mit dem von Albrecht Altdorfer unter Propst Petrus III. Maurer (1508–1554)* geschaffenen Sebastianaltar ihren Höhepunkt. Die 14 Bilder des Altares, die sich heute in der neu aufgestellten Gemäldegalerie des Stiftes befinden, gehören zu den besonderen Kostbarkeiten der Stiftssammlung.

Propst Peter III. Maurer erließ auch 1521 eine Marktordnung für den 1493 von Kaiser Friedrich III. zum Markt erhobenen Ort St. Florian.

Reformationszeit, Bauernkriege und Türkenkriege belasteten das Stift schwer. St. Florian hatte aber das Glück, in dieser schwierigen Zeit in Propst Leopold Zehetner (1612–1646) eine tatkräftige Persönlichkeit zu haben, die die großen Schwierigkeiten überwinden konnte. Er förderte das Hausstudium. Die Bibliothek vergrößerte er durch Ankauf zahlreicher Bücher. Mit der Entfernung des Lettners begann er die Barockisierung der gotischen Kirche.

Die große barocke Bauzeit

Die große barocke Bauzeit begann aber erst unter Propst David Fuhrmann (1667 bis 1689). Großzügig hat man das Alte abgetragen und dadurch Platz für das Neue geschaffen. Kirche und Stift wurden neu gebaut, so dass ein Komplex von seltener Geschlossenheit entstand. Fast 70 Jahre arbeitete man am Bau und an der Einrichtung. Bedeutende Künstler schufen einmalige Werke des österreichischen Barock.

Am 15. August 1686 wurde der Grundstein zur Stiftskirche gelegt und damit der Neubau der Kirche und des Stiftes begonnen. Planer und Baumeister war Carlo Antonio Carlone.

Die Kirche erhebt sich mit einer zweitürmigen Fassade am Nordende der mächtigen Westfront des Stiftsgebäudes. Die Meister-

Der Marmorsaal im Südflügel. Entwurf von Jakob Prandtauer. 1718.

Der große Stiftshof mit dem Adlerbrunnen, im Hintergrund Treppenhaus und Bläserturm.

Links: „Topographia Florianensis" (1741/42): Gesamtanlage des Stifts von Westen. Aquarell.

Rechts: „Topographia Florianensis": Gesamtanlage des geplanten Stiftsneubaus von Süden (vor 1686). Aquarell nach einem Entwurf von Carlo Antonio Carlone.

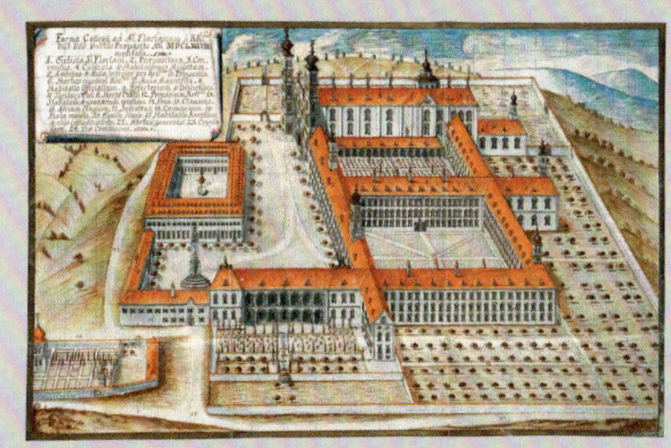

leistung Carlones liegt in der Raumwirkung des Kircheninneren. Neben der reichen, in Weiß gehaltenen Stuckausstattung spielen Scheinarchitektur und Illusionsmalerei eine bedeutende Rolle. Die Deckengemälde schufen die Maler Johann Anton Gumpp und Melchior Michael Steidl. Der Hochaltar von Giovanni Battista Colomba ist ein prunkvolles Werk des italienischen Barock. Beim Tode von Carlo Antonio Carlone 1708 war die Kirche als Bauwerk vollendet. Die Inneneinrichtung dauerte noch länger. Die berühmte Orgel von Franz Xaver Krismann wurde erst 1770 bis 1774 erbaut.
Als Nachfolger von Carlone wurde Jakob Prandtauer, „Pau vnd Maurer Maister in St. Pölten", bestellt. Die 200 Meter lange Westfront wird nur durch den Bläserturm und das Stiftsportal unterbrochen, dessen Entwurf von Jakob Prandtauer stammt. Vom Innenhof zeigt sich die Westfront zu einem gewaltigen Stiegenhaus erweitert. Es wurde von Carlo Antonio Carlone 1706 begonnen, jedoch von Jakob Prandtauer zu dieser großartigen Ausführung gebracht.
Unter Propst Johann Baptist Födermayr (1712–1732) wurde der Südflügel mit dem Marmorsaal erbaut, der ursprünglich als Speisesaal für kaiserliche Besuche gedacht war. Er gehört zu den hervorragendsten Leistungen von Jakob Prandtauer. Der reiche Stuck stammt von Franz Josef Ignaz Holzinger, das Deckengemälde nach einem Entwurf von Martino Altomonte von seinem Sohn Bartolomeo.

Das Jagdschloss Hohenbrunn

In den Jahren 1724 bis 1729 ließ Propst Födermayr an der Stelle seines Geburtshauses nach Plänen von Jakob Prandtauer das Jagdschloss Hohenbrunn erbauen, in dem

Stiftskirche. Deckenfresken aus dem „Leben des hl. Florian": „Brückensturz". 1690–1695.

Der Bibliothekssaal im Ostflügel. Nach teilweisem Entwurf von Jakob Prandtauer von Johann Gotthard Hayberger erbaut.

seit 1967 das Jagdmuseum untergebracht ist.
Als letzter der großen Innenräume des Stiftes wurde 1745 bis 1751 der Bibliotheksaal geschaffen, der die Mitte des Osttraktes einnimmt. Baumeister war Johann Gotthard Hayberger aus Steyr.
Im Zuge der josephinischen Reform gingen die Weingärten und Lesehöfe in Niederösterreich verloren. Das Hausstudium musste aufgelassen, die Kleriker mussten an das Generalseminar nach Wien geschickt werden. In den Franzosenkriegen wurde im Stift ein Spital eingerichtet.
Eine vollkommene wirtschaftliche Umstellung brachte die Grundentlastung von 1848. Das Stift erhielt als Ablöse einen bedeutenden Rentenbesitz, der allerdings 1921 durch die Geldentwertung vorloren ging.
Im 19. Jahrhundert war Stift St. Florian erneut eine Stätte der Wissenschaft. Neben theologischen Werken entstanden Werke der Geschichtsschreibung und Geschichtsforschung. Es seien u. a. genannt: die Chorherren Franz Kurz, Jodok Stülz und Franz Xaver Pritz. 1847 wurde eine philosophisch-theologische Lehranstalt gegründet.

Musik vor und nach Anton Bruckner

Die Musikpflege war in St. Florian ein Hauptgegenstand der klösterlichen Erziehung. Hier empfing auch Anton Bruckner als Sängerknabe seine ersten musikalischen Eindrücke. Hier wirkte er später als Lehrer und Stiftsorganist. Auch nach seiner Berufung nach Wien kehrte er immer wieder nach St. Florian zurück, wo er seinem Wunsche gemäß in der Gruft unter der großen Orgel, die seit 1930 Brucknerorgel heißt, beigesetzt worden ist.
Im 20. Jahrhundert brachten die beiden Weltkriege erhebliche Opfer für das Stift. 1941 wurde es aufgehoben und kam in den Besitz des Reichsgaues Oberdonau. Es sollte Barockmuseum und Bruckner-Kultstätte werden. 1942 wurde es an den Reichsrundfunk verpachtet. Das Stift wurde zur Heimstätte des neu gegründeten Brucknerorchesters, das zu einem Spitzenorchester ausgebaut hätte werden sollen.
Am 24. Juni 1945 konnte Propst Leopold Hager mit einigen Chorherren in das Stift zurückkehren. Doch erst 1949 erfolgte durch Bescheid der Finanzlandesdirektion die endgültige Rückstellung des Stiftes und dessen Besitzungen an die Chorherren.
Die schulische Tradition wurde wieder aufgenommen, die philosophisch-theologische Lehranstalt und ein Sängerknabenkonvikt wieder eröffnet. Auch die Musiktradition wurde wieder gepflegt, es seien hier Franz Xaver Müller und Augustinus Franz Kropfreiter genannt. Marksteine im kulturellen Leben des Stiftes waren die Landesausstellungen „Die Kunst der Donauschule" (1965) und „Die Welt des Barock" (1986).

Walter Luger

* Hier beziehen sich die Daten bei den Pröpsten auf die Regierungszeit.

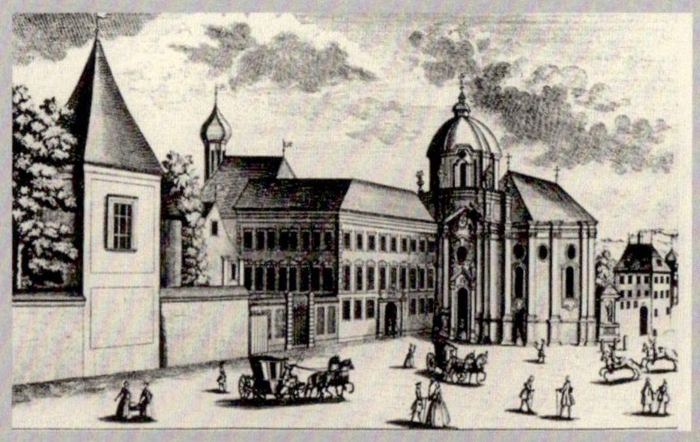

Ansicht der „Gräffl. Stahrenbergischen Capell und so genanten Deutschen Hauses in der Vorstadt zu Lintz" (heute Priesterseminarkirche Zum Heiligen Kreuz). Kupferstich von Friedrich Bernhard Werner. Um 1732.

Von Donnerfeuer erschlagen

„... ist Johann Reisinger, Bauer in Hinterschiffl, welcher von einem Donnerfeuer erschlagen und halb verbrannter begraben worden."

Eintragung im Kirchbuch der Pfarre Peilstein im Mühlviertel, 13. Juni 1715.

Rechts: Wallfahrtskirche Christkindl bei Steyr. Kolorierter Plan.

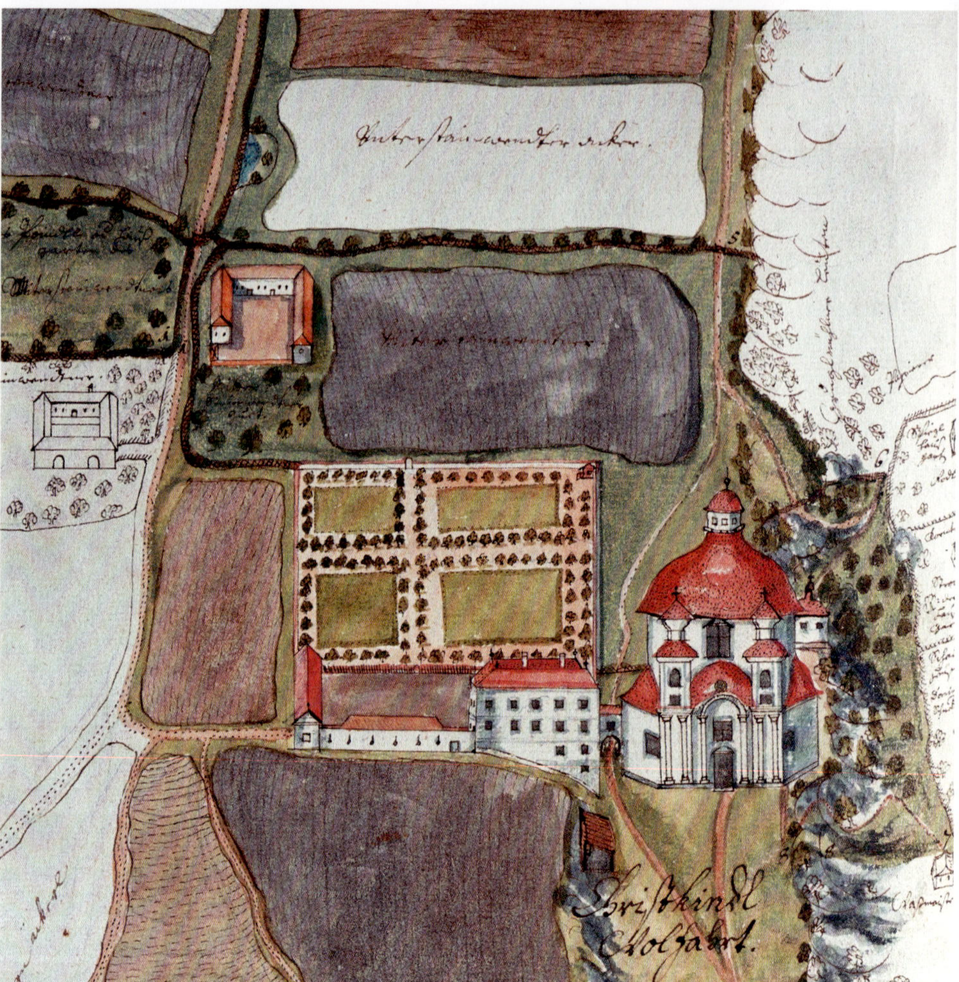

Kalender

1702

16.7. Einweihung der Pfarrkirche Urfahr.

1705

17.4. Das Bürgerbuch der Stadt Linz vermerkt, dass Johann Michael Prunner (1669–1739) „einen Gebäuderiß als Meisterstück vollbracht".

1706

Im Toten Gebirge (Almsee) wird der letzte Steinbock auf oberösterreichischen Gebiet erlegt.

1707

Erweiterung des Linzer Stadtgebiets durch Ankauf des Schullerbergs.

1708

4.5. Peilstein wird als Markt bestätigt.

16.7. Großbrand in Perg: 108 Häuser, Kirche und Schule werden zerstört.

In Linz wird von den obderennsischen Ständen eine Ingenieurschule ins Leben gerufen, in der die adelige Jugend Unterricht in Mathematik, Geometrie, Architektur und Fortifikation (Befestigungskunst) erhält.

1713

30.12. In den Steyrer Protokollen ist vermerkt, dass die Pestseuche im Land ob der Enns fast zur Gänze aufgehört habe.

1715

Ein Steyrer Gastwirt stiftet eine barocke Mariensäule („Messererkreuz"), weil er und seine Gattin von der Pest (die in Steyr 104 Todesopfer forderte) verschont blieben.

1716

26.6. Wegen der Errichtung der Dreifaltigkeitssäule wird auf dem Linzer Hauptplatz der Pranger abgetragen und (auf den heutigen Taubenmarkt) verlegt.

13.10. Weihe des Klosters der Karmeliterinnen (heute Barmherzige Brüder) in der Herrengasse in Linz.

Advent. Die vom Linzer Bildhauer Ignaz Jobst geschnitzte Pietà wird auf der Pöstlingberghöhe angebracht, ab 1720 beginnt der Zustrom der Pilger zu diesem Gnadenbild.

1717

Die bei der Eroberung von Belgrad errichtete Schiffsbrücke besteht zum Großteil aus in Gmunden gebauten „Siebnerinnen". (Vom Salzamt festgesetzte Schiffstype in der Größe 32,2–34,1 m Länge, 3,2 m Breite.)

1719

In Hallstatt wird der Kaiserin-Christina-Stollen angeschlagen, in den heute noch die Besucher des Salzbergwerks geführt werden.

1720

3.7. Das schwerste Unglück in der Traun: Bei Mitterweißenbach prallt eine große Zille gegen einen Felsen: 50 Menschen ertrinken.

Geburtstage

1702

Hugo Schmidinger. Abt von Schlägl (1754–1762). Geboren 20. 12. 1702 in Friedberg. (Gestorben 21. 11. 1762 in Schlägl.)

1704

Josef Franz. Mathematiker und Physiker. Geboren 23. 2. 1704 in Linz. (Gestorben 12. 4. 1776 in Wien.) Lehrer Kaiser Josephs II. (1741–1790).

1705

Franz Josef Jetschgo. Leinwand-Handelsherr. Geboren 30. 12. 1705 in Putzleinsdorf. (Gestorben 4. 6. 1795 in Sarleinsbach.)

1709

Josef Riepel. Komponist, Musiktheoretiker. Geboren 22. 1. 1709 in Hörschlag, Rainbach bei Freistadt. (Gestorben 23. 10. 1782 in Regensburg.)

1711

Jakob Pach von Kleinmariazell. Abt von Kremsmünster (1752–1782). Geboren 14. 11. 1711 in Kallham. (Gestorben 30. 9. 1791 in Kremsmünster.) Barocke Umgestaltung des Klosters.

1712

Bernhard Schmid. Maler und Goldschmied. Geboren 14. 8. 1712 in Gmunden. (Gestorben 18. 5. 1772 in Gmunden.)

1714

Franz Mathias Schwanthaler. Bildhauer. Geboren 20. 6. 1714 in Ried. (Gestorben 16. 4. 1782 in Ried.) → S. 145

1715

Augustin Lipowsky. Historiker. Geboren 2. 6. 1715 in Eberschwang. (Gestorben 16. 1. 1791 in Reichersberg.) Mitglied der Churbayerischen Akademie in München.

Ignaz Parhamer. Jesuit, Erzieher. Geboren 15. 6. 1715 in Schwanenstadt. (Gestorben 1. 4. 1786 in Wien.) → 1786

1716

Amand (Josef) Schickmayr. Abt von Lambach (1746–1794). Geboren 19. 3. 1716 in Parz bei Grieskirchen. (Gestorben 23. 2. 1794 in Lambach.) → S. 149

1718

Johann Dionysius Schwanthaler. Bildhauer. Geboren 8. 4. 1718 in Ried. (Gestorben 21. 2. 1783 in Hals bei Passau.) → S. 145

Von einem Öxl

„... ist Alexander Schueller zu Diendorf, welcher von einem Öxl in das männliche Glid zu todt geschlagen, begraben worden."

Eintragung im Kirchbuch der Pfarre Peilstein im Mühlviertel, 6. März 1716.

Ansicht des neuen Seminariums in der Harrach zu Linz. Zeichnung von Joseph Löw. Um 1725.

Ins eigene Säckel

„... scharrete gar zu viel weg, seinen Säckel zu füllen ... hat eine schöne Einrichtung, liebt starken Trunk, besitzt Vermögen und leiht Geld, ja, bietet solches auch in den Wirtshäusern an."

Aus dem Bericht der Untersuchungskommission von 1711 über den Oberbergschaffer von Hallstatt; Salzoberamtsarchiv, Faszikelnr. 52/2.

Martin Johann Schmidt (Kremser Schmidt). Geboren 25. 9. 1718 in Grafenwörth bei Krems. (Gestorben 28. 6. 1801 in Stein an der Donau.) → S. 170

1719

Joseph Walcher. Mathematiker und Physiker. Geboren 8. 1. 1719 in Linz. (Gestorben 29. 11. 1803 in Wien.)

1720

Johann Peter Schwanthaler (der Ältere). Bildhauer. Geboren 24. 6. 1720 in Ried. (Gestorben 20. 7. 1795 in Ried.) → S. 145

Kunst-Kalender

Barock → S. 140, Schwanthaler → S. 145, Guggenbichler → S. 146, Altomonte → S. 171

1701. Thomas Schwanthaler schnitzt die Ölberggruppe für die Stadtpfarrkirche Ried im Innkreis.

1702. Baubeginn der Wallfahrtskirche in Christkindl bei Steyr (Giovanni Battista Carlone).

1706. Meinrad Guggenbichler schafft für die Kirche von St. Wolfgang Kanzel und Altäre, darunter den Rosenaltar.

1709. Hochaltar der Pfarrkirche Lochen (Meinrad Guggenbichler).

1712. Johannes Andreas Wolf malt für die Stiftskirche Kremsmünster das Hochaltarbild „Verklärung Christi". →

In Wels wird die Bürgerspitalskirche erneuert (Johann Michael Prunner, Wolfgang Grinzenberger), im Stift Schlierbach entsteht die Bibliothek (Johann Michael Prunner), in Schenkenfelden die Kalvarienbergkirche (Johann Michael Prunner).

1713. Die Stadt Linz gelobt, zu Ehren der Dreifaltigkeit auf dem Hauptplatz eine Säule zu errichten.

1714. Johann Michael Prunner arbeitet in Spital am Pyhrn und beginnt mit dem Bau seines berühmtesten Werks: der Dreifaltigkeitskirche in Stadl-Paura.

27.10.1715. Weihe der Stiftskirche St. Florian.

1715/16. Kalvarienbergkirche Wels (Wolfgang Grinzenberger).

30.6.1717. Grundsteinlegung der Dreifaltigkeitssäule auf dem Linzer Hauptplatz, errichtet als Dank nach der Pestwelle 1713.

1717. Jakob Prandtner erweitert den von Carlo Antonio Carlone erbauten Fischbehälter des Stiftes Kremsmünster.

1718. Baubeginn der Deutschordenskirche (Priesterseminarkirche) in Linz (Lukas von Hildebrandt und Johann Michael Prunner).

1719. Der Barockmaler Martino Altomonte wird in Linz wohnhaft und richtet vermutlich in St. Florian bei Linz seine Werkstatt ein.

28.2.1720. Ausbau eines Welser Vorstadthauses zum barocken Adelspalais (Johann Michael Prunner). Heute Bezirkshauptmannschaft Wels-Land.

Das Mondseer Rauchhaus

Die Jahreszahl 1708 ist im First des Mondseer Rauchhauses eingeschnitten, das heute als Freilichtmuseum die im Mondseeland einst allgemein verbreitete Gehöftform erhält: das Rauchhaus (der Name kommt von der offenen Feuerstelle, deren Rauch die darüberliegenden Getreidegarben trocknete), dazugehörende Nebenbauten, Hütte mit eingebautem Troadkasten, Hoarbad, Hausmühle, Dörrbadl, Kapellenbildstock, Austragshäusl. Der Hof musste 1959 dem Autobahnbau weichen, wurde jedoch behutsam übertragen und bewahrt eine im Aussterben begriffene Hofform. Darüber hinaus vermittelt das Mondseer Rauchhaus eine Vorstellung des altbäuerlichen Lebens.

Zwangsarbeit

1704. Die Bauern im Bereich der Herrschaft Burg Enns wehren sich gegen die Willkür in den kaiserlichen Forsten, die Anführer werden verhaftet und zur Eisenarbeit in den Wiener Stadtgräben verurteilt. In Steyregg kommt es zu einem Tumult, als 300 Bauern vor dem Schloss erscheinen und den Pfleger zwingen, verhaftete Bauernführer freizulassen. Für viele von ihnen bedeutet das ebenfalls Zwangsarbeit. In Molln will die Bevölkerung die Errichtung eines Schanzgebäudes bei Klaus und die Verhackung des Waldes verhindern. Die Anführer, die ursprünglich von ihrer Herrschaft im bewaffneten Widerstand bestärkt wurden, werden ebenfalls zur Zwangsarbeit verurteilt.

Mit den Ausmaßen 6½ x 4 m ist die „Verklärung Christi" von Johannes Andreas Wolf das größte Altarbild Oberösterreich (Kremsmünster).

Student als General

Im Spanischen Erbfolgekrieg (1701–1714) kommt es immer wieder zu Kampfhandlungen zwischen Bayern und Österreich. „Die Altheimer, zwischen beiden Heeren eingeklemmt, versteckten ihre beste Habe", schreibt darüber das „Heimatbuch Altheim". Johann Georg Meindl (1682–1767), ein Brauersohn aus Altheim – weil er in Salzburg studiert hatte „Der Student von Altheim" genannt – sammelt die Bauern der Umgebung, stürmt das Gericht in Mauerkirchen, verjagt die Beamten. Die Schlösser Neuhaus und Katzenberg werden überfallen, die Stadt Braunau belagert, schließlich sogar Schärding eingenommen (1705). Das Bauernheer zählt 20.000 Mann, Meindl teilt sie in Kompanien ein und wird ihr General. Nach dem Sieg der Österreicher wird er für vogelfrei erklärt, später wird er Kommandant der Leibgarde des Salzburger Erzbischofs und stirbt hochbetagt.

Korruption auf dem Hallstätter Salzberg

1707. Die Hauptvisitationskommission unter dem Hofkammerpräsidenten Josef Graf Starhemberg stellt bei der Verwaltung des Salzberges Verlotterung und Korruption fest. Die Meister bereicherten sich mit blinden Schichten, nützten ärarische Arbeitskräfte für eigene Zwecke aus, legten falsche Rechnungen und wurden dabei vom Hofschreiber Christof von Seeau gedeckt. Statt der zuerst als begründet erachteten Todesstrafe gegen den Oberbergmeister Georg Stieger empfehlen die Richter schließlich Freisprüche. Stieger und der Hofschreiber von Seeau können die Affäre mit Geld applanieren. Auf die Kosten ihrer Bemühungen wollten die Richter nicht verzichten.

Zur Seelenruhe

3. Dezember 1712. Ferdinand Joseph Graf von Rheinstein, Schlossherr von St. Martin im Innkreis, 53 Jahre alt, wird in einem Wald in der Nähe von St. Peter am Hart ermordet. Der Überlieferung nach soll sein Sohn, Graf Maximilian Franz (1687–1762), der Anstifter gewesen sein. Er wendet sich wegen dieser Gerüchte an das päpstliche Gericht in Rom, wo ihm zur immerwährenden Seelenruhe seines Vaters die Erbauung einer Kirche aufgetragen wird. Die Wallfahrtskirche Maria Schnee in Bründl bei Raab entstand auf diese Weise.

Das Genack entzei ...

„... ist Johann Naderhirn, welcher von einem Kerschbaum herab und ihme das Genack entzei gefahlen, begraben worden."

Eintragung im Kirchbuch der Pfarre Peilstein im Mühlviertel, 15. Juli 1720.

Wilddiebstahl

„Jeder, der beim Wilddiebstahl irgendwie mithilft, Unterkunft gibt, Fleisch oder Haut kauft, den Verbrecher nicht anzeigt, wird wie ein Wilderer behandelt und kann selbst mit der Galeere bestraft werden."

Strafbestimmungen gegen Wilderer, 1718.

Zart und formvollendet

Als „eine der zartesten und zugleich formvollendetsten Weihnachtskrippen Österreichs und als eine Spitzenleistung der Kleinplastik" (so der Volkstumsforscher Franz C. Lipp) gilt die um 1712 für Garsten geschnitzte Weihnachtskrippe von Marian Rittinger (1652–1712).

Todestage

1702

Tobias Schin(n)agl. Maler. Gestorben 17. 1. 1702. (Geburtsdaten unbekannt.) → S. 143

Helmhard Christoph Ungnad Graf von Weißenwolff. Landeshauptmann (1675–1686). Gestorben 20. 2. 1702. (Geboren 1635.)

1703

Erenbert II. Schrevogl. Abt von Kremsmünster (1669–1703). Gestorben 11. 4. 1703 in Kremsmünster. (Geboren 11. 5. 1634 in Schongau.) Größter barocker Bauherr des Stifts.

1704

Theobald Antißner. Propst des Stiftes Reichersberg (1685–1704). Gestorben 29. 2. 1704 in München. (Geboren 1653 in Oberndorf am Inn.)

1705

Severin (Max Karl) Blaß. Abt von Lambach (1678–1705). Gestorben 2. 1. 1705 in Linz. (Geboren 10. 4. 1651 in Ischl.) → S. 149

1706

Simon Rettenbacher (Rettenpacher). Benediktiner, Lyriker und Dramatiker. Gestorben 10. 5. 1706 in Kremsmünster. (Geboren 17. 10. 1634 in Aigen, Salzburg.) → S. 163

1707

Thomas Schwanthaler. Bildhauer. Gestorben 13. 2. 1707 in Ried am Innkreis. (Geboren 5. 6. 1634 in Ried.) Hauptwerk: Doppelaltar in der Kirche von St. Wolfgang, 1675/76. → S. 144, 145

1708

Carlo Antonio Carlone. Baumeister. Gestorben 1. 5. 1708 in St. Nikola bei Passau. (Geboren um 1635 in Scaria, heute Lanzo d'Intelvi-Scaria, Como.) Klosterkirche Garsten, Klosteranlage und Kirche und Fischbehälter Kremsmünster, Stiftskirche Schlierbach. (Bruder von Giovanni Battista.)

1711

Johann Baptist Carlperger. Bildhauer. Gestorben 29. (30.) 5. 1711. (Geboren um 1665 in Ried im Innkreis.)

Wenzel Halbax. Maler. Gestorben 11. 8. 1711 in St. Florian. (Geboren um 1661 in Ebenfurth, Niederösterreich.) Deckenfresken in St. Florian.

1712

Rupert Ignaz Mayr. Komponist. Gestorben 7. 2. 1712 in Freising. (Geboren 1646 in Schärding.) Musiker am Hof in München und beim Fürstbischof von Passau.

Marian Rittinger. Bildhauer. Gestorben 26. 5. 1712 in Garsten. (Geboren 14. 5. 1652 in Klagenfurt.) Hauptwerke in Garsten (Hochaltar, Weihnachtskrippe), Ternberg, Kremsmünster.

Johann Philipp Graf von Lamberg. Diplomat, Bischof von Passau (1689–1712), seit 1700 Kardinal. Gestorben 20. 10. 1712 im Kloster St. Emmeram, Regensburg. (Geboren 25. 5. 1652.) Einer der bedeutendsten Staatsmänner zur Zeit Kaiser Leopolds I. (1640–1705).

Franz Josef Graf von Lamberg. Landeshauptmann (1686–1712). Gestorben 2. 11. 1712. (Geboren 28. 10. 1638 in Wien.)

1715

Anselm Angerer. Abt von Garsten (1683–1715). Gestorben 29. 4. 1715 in Garsten. (Geboren 31. 3. 1647 in Steyr.)

1716

Johannes Andreas Wolf. Maler. Gestorben 9. 4. 1716 in München. (Geboren 11. 12. 1652 in München.) Bayerischer Hofmaler. Garsten: „Tod des hl. Joseph", Kremsmünster: „Verklärung Christi", Karmelitenkirche Linz: „Tod der hl. Theresia".

1717

Johann Kaspar Zuccalli. Gestorben 14. 5. 1717 in Adelholzen, Bayern. (Geboren 1667 in Roveredo.) Schuf Pläne für das Schloss Aurolzmünster.

Basilius Schwanthaler. Bildhauer. Gestorben 17. 11. 1717 in Wien. (Geboren 4. 3. 1670 in Ried im Innkreis.) Sohn von Thomas Schwanthaler (1634 bis 1707.) Manche Forscher nennen ihn als Mitschöpfer der Rieder Ölberggruppe. → S. 147

Giovanni Battista Carlone. Bildhauer und Stukkateur. Gestorben um 1717 (?) in Scaria (?), Italien. (Geboren 1668 in Scaria.) Der führende Stukkateur der Familie. Werke in Garsten, Schlierbach, Schlägl, Vöcklabruck (St.-Ägidius-Kirche). Bruder des Baumeisters Carlo Antonio Carlone.

Jagdaufstände

1716/1719. Wegen der übermäßigen Wildhege greifen 1716 die Bauern zur Selbsthilfe und schießen 700 Stück Rotwild ab. Der Bereich der aufständischen Bauern erstreckt sich schließlich von den Forsten um St. Valentin bis an die Traun und vom Mühlviertel bis ins Gebirge an der Enns. Die Folge: Die Bauern werden von der kaiserlichen Miliz entwaffnet, die Rädelsführer gefangengenommen. Am 24. Mai 1719 wird auf dem Linzer Hauptplatz Gericht gehalten: Einige Bauernführer werden zum Tod verurteilt, jedoch nach ausgestandener Todesangst zu Zwangsarbeit an der türkischen Grenze und auf den Galeeren begnadigt.

Der Rebell Schwanthaler

Bonaventura Schwanthaler (1678–1744), der älteste Sohn aus der zweiten Ehe von Thomas Schwanthaler (1634–1707), war zwar auch, wie sein Vater, Großvater, Onkel und Bruder, ein Bildhauer, aber er spielt noch eine andere Rolle in der Geschichte: Er war einer der führenden Köpfe in der bayerischen Bauernrebellion von 1705/06, die sich recht vehement gegen die österreichische Besatzungsmacht zur Wehr setzte. Nachdem die Kaiserlichen den Aufstand niedergeschlagen hatten, musste Bonaventura Schwanthaler das Land verlassen. Er kehrte erst 1719 zurück und war Schullehrer von Enzenkirchen, wo er auch starb.

Eine der drei kostbaren Orgeln in der Dreifaltigkeitskirche Stadl-Paura.

Das merkwürdige Testament des Johann Michael Prunner

Der Mann, dem Oberösterreich die größten und schönsten Barockbauwerke verdankt, der die Stadt Linz zur Barockstadt gemacht hat, bezeichnete sich schlicht als „Maurermeister": Johann Michael Prunner.

Den Linzern fällt beim Namen Prunner zuerst das Prunerstift ein. Genau das aber hat seinen Namen nicht von Johann Michael Prunner, sondern von dessen Bruder Johann Adam Pruner, der 14 Jahre Bürgermeister von Linz war und dabei offenbar ein „n" seines Namens verlor. Als Junggeselle vermachte er sein Vermögen nach seinem Tod armen Bürgern. Weil ihm an einem Siebenundzwanzigsten eine verloren geglaubte Schiffsladung als gerettet gemeldet worden war, sollten es 27 Waisenkinder, 27 arme ledige Frauen und 27 arme ledige Männer sein, denen er mit seinem Geld ein menschenwürdiges Leben ermöglichen wollte. So kam es zum Bau des Prunerstifts, das eine besonders bewegte Vergangenheit hat: Es war Armenhaus, Irrenhaus, Gebär- und Findelanstalt, Polizeidirektion, Obdachlosenheim, Wohnhaus – heute ist die Musikschule hier untergebracht; die Kapelle ist Gottesdienststätte der Altkatholiken.

Aber zurück zu Johann Michael Prunner: Als „aufgenommener Maurermeister" hat er am 17. April 1705 „einen Gebäuderiß als Meisterstück vollbracht". So vermeldet das Bürgerbuch der Stadt Linz. Prunner ist damals 36 Jahre alt.

Wir wissen nicht viel von diesem großen Mann, nicht einmal wie er aussah. Zu dem wenigen, was nachweisbar ist, gehören Tauf- und Sterbedaten: Am 4. September 1669 wird Johann Michael Prunner in der Linzer Stadtpfarrkirche getauft. Nach einem ungewöhnlich arbeitsreichen Leben stirbt er am 26. April 1739, wenige Monate vor seinem 70. Geburtstag. Als Geburtstag wird allgemein der 3. September 1669 angenommen.

Carlo Antonio Carlone schuf für Prunners Dreifaltigkeitskirche das Kuppelfresko „Allerheiligste Dreifaltigkeit".

Wir wissen nicht, wie er aussah, der größte oberösterreichische Barockbaukünstler Johann Michael Prunner, wir kennen ihn nur aus seinen Werken, mit denen das Land reich gesegnet ist. Eine der bedeutendsten und originellsten Schöpfungen Prunners ist die Dreifaltigkeitskirche in Stadl-Paura.

Bei einem Spaziergang durch die Linzer Altstadt wird man das Wohnhaus Johann Michael Prunners nicht sofort bemerken. Das Haus Hofberg 5 ziert immerhin eine Gedenktafel. Seit dem Jahr 1726 war dieses Haus im Besitz des berühmten Barockbaumeisters. Er baute es um und lebte hier bis zu seinem Tod.

In diesem Haus hat Johann Michael Prunner am 5. März 1739 sein Testament verfasst, das zu den wenigen Dokumenten über sein Leben gehört und aus dem man wenigstens einige Rückschlüsse ziehen kann, wie dieses Leben ausgesehen hat.

Ein erfolgreiches Leben

Es war ein erfolgreiches Leben. Das sieht man nicht nur an seinen vielen Bauwerken. Das zeigt sich auch an seinen Besitzungen, die aufzuteilen Prunner in seinem Testament nicht wenig Mühe hat. Johann Michael Prunner hatte es zu Wohlstand und Ansehen gebracht.

Es war aber auch ein sorgenvolles Leben. Was muss in einem Vater vorgehen, bevor er sich entschließt, in seinem letzten Brief zu schreiben, dass der Sohn sich nach seinem „väterlichen Willen und guten Rat niemals aufgeführt"?

Im Originaltext liest sich diese Stelle so: „... meinen Sohnn Fridrich aber, der sich nach meinen vätterlichen Willen unnd gueten Rath niemahls aufgefihret ..."

Mit 64 Jahren wieder geheiratet

Zur Verhütung von „Gezank" habe er sein Testament verfasst, schreibt Johann Michael Prunner.

Das „Gezank" betrifft das Verhältnis zwischen dem Sohn aus erster Ehe und seiner Stiefmutter. Johann Michael Prunner hat ein Jahr nach dem Tod seiner Frau Katharina wieder geheiratet. Längst ist der „Maurermeister" ein begehrter Architekt.

Prunner ist 64 Jahre alt, als er sich zu dieser zweiten Ehe entschließt – ein hohes Alter in dieser Zeit. Und er ist für einen Bürgerlichen ungewöhnlich reich. In seinem sechs Jahre später aufgesetzten Testament hat er 25.000 Gulden zu verteilen.

Prunners Hauptwerke

Dreifaltigkeitskirche Stadl-Paura
Stiftskirche Spital am Pyhrn
Kirche der Barmherzigen Brüder Linz (Kirche der Karmelitinnen)
Karmelitenkirche Linz
Minoritenkloster und Minoritenkirche Linz
Deutschordenskirche Linz (Priesterseminarkirche)
Spitalskirche Wels
Turm der Stadtpfarrkirche Gmunden
Turm und Portal der Stadtpfarrkirche Wels
Turm der Stadtpfarrkirche Freistadt
Kalvarienbergkirche Kremsmünster
Kalvarienbergkirche Schenkenfelden
Stiftsbibliothek Schlierbach
Rathaus Wels
Die Schlösser Lamberg (Steyr), Klaus, Tillysburg, Kammer am Attersee
Wollzeugfabrik Linz (1969 abgebrochen)

Das von Prunner erbaute Schloss Kammer. Anonymes Aquarell. Um 1800.

Das merkwürdige Testament des Johann Michael Prunner

Einer der drei Altäre der Dreifaltigkeitskirche Stadl-Paura: Der Hl.-Geist-Altar von Domenico Parodi. 1720–1724.

Abt Maximilian Pagl hatte zum Dank dafür, dass Lambach von der Pest verschont wurde, vom Linzer Baumeister Johann Michael Prunner die Dreifaltigkeitskirche erbauen lassen. Das Altarbild von Martino Altomonte zeigt Pagl mit dem Bauplan der Paura-Kirche.

Wie viel das ist, davon erhalten wir eine Vorstellung von Prunner selbst: Das Bergschlössl (auf der Gugl) wird von Johann Michael Prunner mit all seinen Zimmern, Kammern, mit Kapelle, Sakristei, Garten, Stadel, Stallungen, Keller und Wagenschuppen auf 5000 Gulden geschätzt. Das Haus in der Altstadt, in dem sich all das zugetragen hat, was wir heute nur mühsam rekonstruieren können, kostet Michael Prunner 3000 Gulden. Außerdem besitzt Prunner an der Landstraße einen Hof mit Pferden, Wagen und Vieh, mit einem Stadel und mit Kalkgruben. Am Graben, im Hause seines Sohnes, befindet sich der Keller für die väterlichen Weine.

Prunners zweite Frau, Susanna Josepha, sichert sich ab: In einem Heiratskontrakt verpflichtet sich der Baumeister, das Heiratsgut von 1000 Gulden, das seine Frau in die Ehe brachte, „mit dem doppelten Betrag zu widerlegen". Susanna Prunner wird zur Universalerbin: Auch das Haus in der Altstadt erbt sie. Im Testament ist es als „aigenthombliche Behausung bey der goldenen Cronn" angeführt, zeitgemäß übersetzt das Eigentumshaus bei der „Goldenen Krone".

Der führende Architekt des Landes

Innerhalb weniger Jahre ist Johann Michael Prunner zum führenden Architekten Oberösterreichs aufgestiegen. Er steht an Bedeutung den beiden anderen berühmten Barockkünstlern, Jakob Prandtauer und Lukas von Hildebrandt – die übrigens im gleichen Jahrzehnt geboren wurden wie Prunner –, keineswegs nach.

Immer aber, auch als angesehener und vielbeschäftigter Architekt, bezeichnet er sich schlicht als „Paumeister". Und er ist sich auch für die Tätigkeiten eines Maurermeisters nicht zu gut. Er begnügt sich nicht mit der Planung, sondern fühlt sich als Bauunternehmer auch für die Ausführung verantwortlich, bis hin zu den Materialien. Wir wissen das aus erhaltenen Rechnungen, in denen Prunner genau anführte, wieviel Ziegel und Marmorplatten, Kalk und Stukkaturrohr, Lattennägel und Faustpinsel er gebraucht hatte.

Zur künstlerischen Anerkennung kommt die gesellschaftliche. 1734 wird er als Mitglied des Äußeren Rats bezeichnet. „Rath unnd burgerlicher Paumaister in der kays. unnd landts-fürstlichen Haubt-Statt Linz", so schreibt Johann Michael Prunner auch in sein Testament.

Was die Stiefmutter geben wollte

Es ist ein beachtliches Vermögen, das er zu verteilen hat. Seiner „liebsten Ehewürthin", wie er die Gattin bezeichnet, vermacht Prunner in diesem merkwürdigen Testament den größten Brocken seines Vermögens, „zur Vergeltung ihrer Liebe und Treue". Er denkt aber auch an seine Schwester in Tirol, an einen Cousin, der als Steinmetz in Deutsch-Altenburg lebt, sogar an seinen Polier.

Ein Dutzend Kirchen und Klöster, für die er im Laufe der Zeit gearbeitet hatte, beteilt Prunner mit stattlichen Summen, allerdings mit einer kleinen Rückversicherungsklausel für das Jenseits: Sie müssen ihm Messen lesen lassen und beten.

Eine etwas ungewöhnliche Großzügigkeit beweist Prunner gegenüber einem Fleischhauer aus Steyr: Er verzichtet auf die 467 Gulden, die ihm dieser noch schuldet.

Großzügigkeit beweist Johann Michael Prunner auch in vielen Kleinigkeiten – aus acht engbeschriebenen Blättern besteht dieses Testament. Nur seinen „aus erster Ehe erzeugten Sohnn Fridrich" hat er, wie wir heute sagen würden, auf den Pflichtteil beschränkt. Ihm stand nur zu, was ihm „dessen Frau Stiefmutter aus purer Gutwilligkeit will zukommen lassen".

Dieser Sohn, der den Beruf des Vaters ergriffen hat, ist der einzige, für den Prunner böse Worte findet in seinem Testament. Ob er wirklich so böse war oder ob ein Teil der Schuld an dem schlechten Verhältnis zwischen Stiefmutter und Stiefsohn vielleicht nicht bei ihm lag? Wir werden es nie wissen.

Rudolf Lehr

Das Kloster Schlierbach. Kupferstich von Georg Matthäus Vischer. 1674.

Das Zisterzienserstift Schlierbach

Das Zisterzienserstift Schlierbach liegt an den fruchtbaren Hängen des Kremstales im Voralpenland. Anstelle des Klosters stand im Mittelalter eine Burg, die der schwäbische Graf Zwentibold im 10. Jahrhundert erbaut hatte. Nach wechselvollen Schicksalen kaufte sie 1352 Eberhard V. (IV.) von Wallsee, der Landeshauptmann des Landes ob der Enns. Mit der bereits 1337 erworbenen Herrschaft Pernstein hatte er ein ziemlich geschlossenes Gebiet in seinem Besitz.

Das schwäbische Geschlecht der Wallseer spielt in der Geschichte von Oberösterreich eine bedeutende Rolle. 1355 stiftete Eberhard von Wallsee seine Burg Schlierbach für ein Kloster, das mit Zisterzienserinnen aus seiner schwäbischen Heimat vom Kloster Baindt besiedelt wurde.

Nach der Klostertradition brachten die ersten Zisterzienserinnen aus ihrer Heimat eine bedeutende gotische Holzstatue mit (Schlierbacher Madonna, um 1320).

Wie aus einem Urbar von 1362 ersichtlich ist, war die erste Ausstattung für das Nonnenkloster Schlierbach nicht sehr groß, so dass Eberhard von Wallsee Einkünfte der Herrschaft Pernstein dem Kloster übergab. Durch Käufe, Schenkungen und Stiftungen konnte der Besitz von Schlierbach erweitert werden.

Das Zisterzienserstift Schlierbach.

18 Äbtissinnen

Wenn auch die finanzielle Unabhängigkeit des Klosters gesichert schien, so war doch das Leben der Zisterzienserinnen von Schlierbach bescheiden. In den 200 Jahren des Bestehens des Klosters ist weder von einem Neubau noch von Umbauten etwas überliefert. 18 Äbtissinnen standen in dieser Zeit dem Kloster vor, die letzte war 1554 nur probeweise bestellt.

Die Reformationszeit brachte Schlierbach das vorläufige Ende. Da man für die Gebäude keine rechte Verwendung hatte, verfiel es immer mehr. Das Kloster wurde von Administratoren verwaltet, die Schulden wurden immer größer.

In der Glasfensterwerkstätte des Stiftes Schlierbach.

Von 1609 bis 1620 wurde das Stift Kremsmünster mit der Verwaltung von Schlierbach beauftragt. Den Kremsmünsterer Äbten Alexander a Lacu und Anton Wolfradt gelang es, die Schulden zu tilgen und die Gebäude zum Teil instandzusetzen. Nikolaus II. Boucheret, Generalabt der Zisterzienser, wurde anlässlich einer Visitation der österreichischen Zisterzienserklöster auf Schlierbach aufmerksam. Dem Plan, es wieder zu besiedeln, stimmte auch Kaiser Ferdinand II. zu, das Kloster sollte aber Mönchen übergeben werden.

Abt Mattias Gülger vom Stift Rein (Steiermark) wurde mit der Wiederbesiedlung von Schlierbach beauftragt. 1620 zog der Prior Pater Wolfgang Sommer – er war auch der erste Abt von Schlierbach – mit einigen Mönchen in Schlierbach ein. Eine der Hauptaufgaben war es, die Seelsorge im oberen Kremstal wieder aufzubauen. Die Bauernaufstände, die sich auch auf das obere Kremstal erstreckten, erschwerten zunächst diese Aufgabe. Abt Franz Keller (1627 bis 1644)* erhielt aber bereits Sitz und Stimme bei den Landständen. Abt Balthasar Rauch erhielt 1654 für sich und seine Nachfolger das Recht der Pontifikalien. Rasch vollzog sich dann der geistige und materielle Aufstieg.

Die barocke Bautätigkeit

Im Zuge der allgemeinen barocken Bautätigkeit in Österreich begann Abt Nivard I. Geyregger (1660–1679) mit dem Neubau des Stiftes. Die alten Gebäude wurden abgetragen, 1674 waren die Westfront, 1678 die Nord- und Ostfront des Prälatenhofes sowie der Abteiturm fertiggestellt. Abt Benedikt Rieger (1679–1695) setzte die barocke Bautätigkeit fort. Unter ihm wurde 1680 bis 1683 von Pietro Francesco Carlone und dessen Sohn Carlo Antonio die Stiftskirche erbaut. Die monumentale Kirchenfassade mit den Statuen der Bischöfe Otto von Freising und Konrad (I.) von Salzburg schließt innerhalb des Stiftes den Prälatenhof im Süden ab. Die Ausstattung der Kirche ist eine der Hauptschöpfungen des österreichischen Barocks um 1700.

* Hier beziehen sich die Daten bei den Äbten auf die Regierungszeit.

Fest stehn wird dieses Haus

Fest stehn wird dieses Haus,
wohl auf die drei Säulen sich stützend:
Bernhard und die Jungfrau
und den allmächtigen Gott.

Übersetzung der Inschrift auf dem Renaissanceportal des Stiftes Schlierbach.

Das Zisterzienserstift Schlierbach

Betritt man das Innere, ist man von der überreichen und prachtvollen Ausstattung überwältigt. Sie ist unter Abt Nivard II. Dierer (1696–1715) entstanden. Prächtig ornamentaler und figuraler Stuck ziert die Wände und das Gewölbe. Die Fresken stammen von Giovanni Battista Carlone, der laut Vertrag 1685 damit begonnen hat. Nach 1700 kam es noch zu einer Steigerung der barocken Innenausstattung. Die Pilaster wurden mit reichem Goldrankenwerk und Blumenstücken vom Linzer Bildhauer Johann Baptist Wanscher verziert. Die prächtige, mit figuralem und ornamentalem Schmuck reich verzierte Kanzel endet mit einem kronenartigen Schalldeckel. Der mächtige säulenreiche Hochaltar bildet mit seinem monumentalen architektonischen Aufbau den Abschluss des Chores. Das Hochaltarbild von Franz Tamm stellt die Himmelfahrt Mariens dar.

Bernhardisaal und Bibliothek

Der größte und prunkvollste Raum des Stiftes ist der Bernhardisaal. Der fast 19 Meter lange Saal besitzt an den Wänden und an der Decke reiche Stuckverzierung. Die 1712 erbaute Bibliothek bildet den Abschluss der barocken Bautätigkeit in Schlierbach. Sie wird dem Linzer Baumeister Johann Michael Prunner zugeschrieben. Es ist ein kreuzförmiger Prunkraum mit Hängekuppel. Der Innenraum mit seiner zierlichen Ausschmückung zeigt bereits die charakteristischen Merkmale des beginnenden 18. Jahrhunderts. Eine Galerie auf schlanken Säulen führt um den ganzen Raum herum. Auch die Bücherschränke fügen sich harmonisch in den entzückenden Gesamtraum. Den wirtschaftlichen Aufschwung setzte Abt Christian Stadler (1715–1740) fort. Unter ihm wurden Mühle, Sägewerk und Bäckerei errichtet. Auch in monastischer Hinsicht war diese Zeit ein Höhepunkt, der Konvent zählte dreißig Mönche.

Die Stiftsbibliothek von Schlierbach, 1712 von Johann Michael Prunner erbaut.

Die Schlierbacher Madonna. Um 1320.

Die josephinische Zeit und die Napoleonischen Kriege führten auch in Schlierbach zu einem wirtschaftlichen Niedergang. Ein Brand des Meierhofes 1825 erschwerte noch diese Situation. Die Auflösung der Grundherrschaft 1848 brachte für das Stift eine vollständige Umstellung in wirtschaftlicher Hinsicht. Tatsächlich war fast fünfzig Jahre kein Abt Vorsteher des Stiftes. Erst gegen Ende des 19. Jahrhunderts konnte sich das Stift wieder erholen.

Leistungen der Gegenwart

Der erste bedeutende Abt der Gegenwart war der mit 32 Jahren gewählte Abt Alois Wiesinger (1917–1955). Mitten im Ersten Weltkrieg übernahm er als 14. Abt die Leitung des Stiftes. In den schweren Nachkriegsjahren schuf er neue und gesunde wirtschaftliche Grundlagen. Betriebe wie Schlosserei, Tischlerei, Gärtnerei wurden neu ausgestattet. Eine Klosterkäserei wurde eingerichtet, die bald ein wichtiger wirtschaftlicher Faktor wurde.
1922 entstand das Laienbrüderinstitut wieder, und viele Zisterzienserstifte folgten diesem Beispiel. Abt Alois Wiesinger griff auch den schulischen Gedanken auf. 1922 nahm er im Stiftsgebäude eine Landwirtschaftsschule auf. 1925 errichtete er ein Gymnasium, das 1932 das Öffentlichkeitsrecht erhielt.
Auf dem Generalkapitel von 1925 regte er die Klostergründung in Missionsländern an. 1939 wurde von Schlierbach aus in Brasilien das Tochterkloster Jequitibá gegründet, das 1950 zur Abtei erhoben wurde. Bei einem Aufenthalt in Brasilien in diesem Kloster überraschte ihn der Zweite Weltkrieg, und er konnte erst nach Kriegsende nach Schlierbach zurückkehren, wo er sofort mit dem Wiederaufbau des klösterlichen und wirtschaftlichen Lebens begann. Das 1938 geschlossene Gymnasium wurde 1946 eröffnet und besitzt seit 1947 auch das Öffentlichkeitsrecht.
Eine besondere Stellung innerhalb der klösterlichen Betriebe nimmt der jüngste Betrieb, die Glasmalerei, ein, die zu den führenden Österreichs zählt. Umfangreiche Restaurierungsarbeiten konnten 1975 mit jenen der Bibliothek abgeschlossen werden. Im selben Jahr veranstaltete das Land Oberösterreich in den Räumen des Stiftes eine umfangreiche Gedächtnisausstellung der 1971 verstorbenen Künstlerin Margret Bilger (→ S. 387, 420), die zum Teil dort gelebt und in der Glaswerkstätte ihre bedeutenden Glasfenster geschaffen hat. Im Rahmen des Oberösterreichischen Volksbildungswerkes finden im Stift Schlierbach zahlreiche Kurse und Seminare statt.

Walter Luger

Schmuggler und Räuber

In der Ortschaft Stratberg, Gemeinde Kollerschlag, erinnert der „Drucker-Franzl-Stein", ein zerklüftetes Granitriff mit vielen kleinen Höhlen, an den Schmuggler und Räuber Franz Niedl, den sie den Drucker-Franzl nannten, weil er sich vor jeder Strafe drückte. Er wurde um 1700 geboren und machte die ganze Gegend des Oberen Mühlviertels unsicher. Obwohl die Stratberger sein Versteck kannten, verrieten sie ihn nicht. Schließlich wurde er aber doch erwischt und angeblich 1754 in Passau hingerichtet.

Kalender

1722

Eine Aufstellung der vier Grenzstationen Aschach, Haslach, Frankenmarkt und Mondsee weist für zwei Jahre den Export von 358.563 Sensen, 104.395 Strohmessern und 90.400 Sicheln von Oberösterreich nach Regensburg aus.

1724

Fronleichnam. (15. 6.) In Schärding löst während der Prozession eine Salve der Bürgergarde einen Brand aus, dem 32 Häuser zum Opfer fallen.

1727

29.8. Stadtbrand in Steyr. Ennsdorf, die Hälfte der Stadt, das Schloss, das Frauenkloster mit mehreren Häusern am Berg und die Ortschaft Vogelsang sowie die untere Ennsbrücke und Steyrbrücke werden ein Raub der Flammen.

1728

27.11. Die Stände des Landes beschließen, von jedem Eimer (rund 57 Liter) Most einen Aufschlag von 6 Kreuzern einzuheben.

1729

Hexenprozess in Freistadt.

1730

2.2. Der Linzer Handelsmann und Bürgermeister Johann Adam Pruner (1672–1734) stellt in seinem Testament ansehnliche Beträge für Stiftungen zur Verfügung. → S. 155

22.4. Der bayerische Kurfürst bestätigt die Marktprivilegien von Mattighofen.

In St. Florian heiratet der Barockmaler Bartolomeo Altomonte (1694–1783) die „wohledelgeborene Jungfrau Anna Magdalena Rendtlin, Tochter des Thomas Rendl, Einnahmeramts-Gegenhändler und Bürger zu Linz".

1732

10.9. Die oberösterreichischen Landstände leisten Kaiser Karl VI. (1685–1740) im Linzer Schloss die Erbhuldigung.

Hexenprozess in Kremsmünster.

1733

6.3. Eine Brandstiftung zerstört Kirche und Teile des Klosters Wilhering.

13.9. „Der Markt Gutau ist bis auf fünf oder acht Häuser völlig abgebrannt", berichtet ein Zeitgenosse.

31.12. Weitersfelden erhält eine Marktordnung. Gründung des Linzer Hausregiments, des k.k. Infanterieregiments Nr. 14 (Hessen).

Hexenprozess in Wartberg ob der Aist.

1734

28.6. Großbrand in Kefermarkt. 13 Häuser werden ein Raub der Flammen.

9.7. Aus Linz werden 263 Protestanten in neue Länder der Monarchie „transmigriert". In ganz Oberösterreich dürfte es in dieser Zeit zu mehr als 700 solcher Transporte gekommen sein.

1735

14.9. Der Maler Wolfgang Andreas Heindl (1693–1757) wird als Bürger zu Wels aufgenommen. → 1757, → S. 143

1736

18.7. In Steyr reißt das Hochwasser die Enns- und die Steyrbrücke weg.

3.9. Der Passauer Bischof bestätigt die Kirchen- und Altarweihe in Gaspoltshofen.

1.10. Einem Großbrand in Gallneukirchen fallen 51 Häuser zum Opfer.

1738

Weihe des Prunerstifts in Linz samt Kirche.

1739

5.3. Sieben Wochen vor seinem Tod (26.4.) verfasst der oberösterreichische Barockbaumeister Johann Michael Prunner sein Testament. → S. 155

Geburtstage

1721

Placidus Fixlmillner. Benediktiner; Astronom, Komponist. Geboren 28. 5. 1721 in Achleiten bei Kematen an der Krems. (Gestorben 27. 8. 1791 in Kremsmünster.) → 1791

1722

Johann Ferdinand Schwanthaler. Bildhauer. Geboren 19. 10. 1722 in Ried. (Gestorben 16. 7. 1782 in Waldzell.) → 1782

1723

Kajetan Benedikt (Maurus) Lindemayr. Prior des Benediktinerstifts Lambach, Mundartdichter. Geboren 17. 11. 1723 in Neukirchen bei Lambach. (Gestorben 19. 7. 1783 in Neukirchen bei Lambach.) → 1783

1726

Ludwig Bertrand Neumann. Erster Rektor des neugegründeten Piaristenkollegs in Freistadt. Geboren 24. 5. 1726 in Freistadt. (Gestorben 12. 8. 1777 in Horn.)

Konstantin Langhayder. Benediktiner. Geboren 13. 7. 1726 in Feldkirchen. (Gestorben 29. 12. 1787 in Salzburg.) Jurist, Rektor der Universität Salzburg.

Ambros Kreuzmayr. Propst von Reichersberg. (1770–1810) Geboren 2. 9. 1726 in Schärding. (Gestorben 17. 1. 1810 in Reichersberg.) → 1810

1728

Franz Aumann. Komponist. Geboren 19. 3. 1728 in Traismauer. (Gestorben 30. 3. 1797 in St. Florian.)

Johann Michael Herstorfer. Steinmetz und Baumeister. Geboren 16. 6. 1728 in Linz. (Gestorben 4. 1. 1784 in Linz.)

Marian Pachmayr. Benediktiner. Geboren 22. 10. 1728 in Kematen. (Gestorben 17. 6. 1805 in Weißkirchen.)

1729

Michael Denis. Dichter. Geboren 27. 9. 1729 in Schärding. (Gestorben 29. 9. 1800 in Wien.) → 1800

1730

Siard II. Dengler. Abt von Schlägl (1763–1797). Geboren 25. 5. 1730 in Hofkirchen im Mühlkreis. (Gestorben 30. 12. 1797 in Schlägl.)

Georg Pasterwiz. Benediktiner. Komponist. Geboren 7. 6. 1730 in Bierhütte/Hohenau. (Gestorben 26. 1. 1803 in Kremsmünster.)

1731

Christoph Wilhelm Graf von Thürheim (der Jüngere). Landeshauptmann (1763–1783), Landesregierungspräsident (1783–1786). Geboren 3. 1. 1731 in Linz. (Gestorben 29. 7. 1809 in Linz.) → S. 196

Jakob Sattler. Bildhauer. Geboren 27. 2. 1731 in St. Florian bei Linz. (Gestorben 23. 10. 1783 in St. Florian.)

Ernest Johann Nepomuk Reichsgraf von Herberstein. Bischof von Linz (1785–1788). Geboren 20. 4. 1731 in Wien. (Gestorben 17. 3. 1788 Linz.) → S. 185

Dreifaltigkeitssäule

Am 15. Mai 1723 ist die Dreifaltigkeitssäule auf dem Linzer Hauptplatz nach sechsjährigerBauzeit fertiggestellt. Es ist nirgends vermerkt, warum sie erst fünf Jahre später (1728) eingeweiht wurde.

Aufriss des Prunerstifts. Johann Haslinger, vor 1737.

Gnadenort Pöstlingberg

„Weithers hat den 27ten Jenner 1722 ein 8jähriges Mägdl eine Sperl (?) verschlunckhen und grosse Schmerzen gelitten, durch Anrueffung der Mutter Jesu auf dem Pöstlingberg aber glickhlich von solcher entkommen."

„Wahrhaffte Beschreibung des unter die hochgräflich Heinrich Starhembergische Herrschaft Wildtberg gehörig wunderthättigen Gnadenorths Pöstlingberg im Erzherzogthumb Öessterreich ob der Enns nächst Linz, verfaßt 1747."

1721–1740

Schloss Lamberg in Steyr: Treppenhaushalle.

1735

Franz Steinkogler. Unterbergmeister in Hallstatt, Salinenzeichner. Geboren 25. 3. 1735. (Gestorben um 1805.)

1736

Franz von Thugut. Diplomat. Geboren 31. 3. 1736 in Linz. (Gestorben 28. 5. 1818 in Wien.) → 1818

1740

Johann Georg Schwanthaler. Bildhauer. Geboren 16. 2. 1740 in Aurolzmünster. (Gestorben 23. 9. 1810 in Gmunden.) → 1810

Carl Conti. Maler, Zeichner und Kupferstecher (einige Oberösterreich-Motive). Geboren März 1740 in Wien. (Gestorben 26. 10. 1795 in Wien.)

Kunst-Kalender

1722. Bartolomeo Altomonte im Stift St. Florian, Vertrag für das Deckengemälde im Kaisersaal (Marmorsaal).

15.5.1723. Die Dreifaltigkeitssäule auf dem Linzer Hauptplatz wird fertiggestellt.

3.7.1725. Weihe der nach Plänen von Lukas von Hildebrandt (1668–1745) durch den Linzer Baumeister Johann Michael Prunner ausgeführten Deutschordenskirche (Priesterseminarkirche).

25.9.1726. Weihe der Karmelitenkirche in Linz.

1727–1731. Bau des Steyrer Schlosses Lamberg (Johann Michael Prunner).

1731/32. Johann Michael Prunner baut den Turm der Stadtpfarrkirche Wels.

1733. Baubeginn der Stiftskirche Wilhering nach dem Brand.

1736/39. Umbau des Welser Rathauses (Johann Michael Prunner, Wolfgang Grinzenberger).

Todestage

1721

Siard I. Worath. Abt von Schlägl (1701–1721). Gestorben 23. 2. 1721 in Schlägl. (Geboren 1. 5. 1661 in Aigen.) Sohn des Bildhauers Johann Worath (1609–1680).

1723

Johann Meinrad Guggenbichler. Bildhauer. Gestorben 10. 5. 1723 in Mondsee. (Geboren 17. 4. 1649 in Einsiedeln, Schweiz.) Er schuf fünf Altäre für die Kirche in Mondsee, Altar und Kanzel für St. Wolfgang. → S. 146

1725

Maximilian Pagl. Einer der bedeutendsten und kunstsinnigsten Äbte des Benediktinerstifts Lambach. Gestorben 23. 2. 1725 in Lambach nach 20jähriger Regierungszeit. (Geboren 21. 5. 1668 in Stadl bei Lambach.) → S. 149, 156

1726

Jakob Prandtauer. Baumeister. Gestorben 16. 9. 1726 in St. Pölten. (Getauft 16. 7. 1660 in Stanz bei Landeck.) Der bedeutende Barockbaumeister ist mit Oberösterreich untrennbar verbunden: St. Florian, Fischbehälter Kremsmünster, Bischofshof Linz, Jagdschloss Hohenbrunn, Steyr-Christkindl.

1727

Matthias Steinl (Steindl). Baumeister und Bildhauer. Gestorben 18. 4. 1727 in Wien. (Geboren um 1644.) Wirkte in Kremsmünster.

Franz Anton Graf von Harrach. Erzbischof von Salzburg (1709–1727, vorher Bischof in Wien). Gestorben 18. 7. 1727 in Salzburg. (Geboren 4. 10. 1665.)

Melchior Michael Steidl. Maler. Gestorben 4. 8. 1727 in München. (Geboren in Innsbruck.) Wirkte in St. Florian, Kremsmünster und Lambach.

1731

Alexander II. Strasser. Abt von Kremsmünster (1709–1731). Gestorben 24. 9. 1731 in Kremsmünster. (Geboren 28. 9. 1656 in Kremsmünster.) Abschluss der Barockisierung des Stifts, Bau des Bischofshofes Linz.

1732

Johann Baptist Födermayr. Propst von St. Florian (1716–1732). Gestorben 11. 8. 1732 in St. Florian. (Geboren 18. 5. 1677 in St. Florian.) Unter seiner Regierung werden Marmorsaal und Sommerrefektorium des Stifts und Schloss Hohenbrunn gebaut.

1734

Johann Adam Pruner. Bürgermeister von Linz (1718–1732). Gestorben 7. 2. 1734 in Linz. (Geboren 22. 6. 1672 in Linz.)

Der Pruner mit „n" *Wann er das zweite „n" verlor, das ihn von seinem älteren Bruder, dem Barockbaumeister Johann Michael Prunner, unterscheidet, oder ob dieser sich dieses „n" unrechtmäßig zulegte, darüber sollen die Gelehrten streiten. Johann Adam Pruner war jedenfalls einer der bedeutendsten Linzer Bürgermeister (von 1718 bis 1732) und er stiftete ein beträchtliches Vermögen. → S. 155*
Rechts: Das Prunerstift in Linz.

Rechts: Das Philippsberg-Kirchlein bei Schwanenstadt, seit 1721 in seiner jetzigen Gestalt und berühmt wegen einer mechanischen Passionskrippe. (Rötelzeichnung von Karl Peter Greul, 2004.)

Links: Originell selbst in den seriös-religiösen Motiven sind viele Gmundner Fayencen, wie diese „schwangere Maria" auf dem Birnkrug aus der „Blauen Periode" (2. Viertel 18. Jahrhundert). Daneben ein Krug mit einer Schäferszene, um 1820. → *S. 120, 445*

1735

Johann Carl von Reslfeld. Barockmaler. Gestorben 13. 1. 1735 im Kloster Garsten. (Geboren 1658 in Schwaz.) Seit 1684 im Dienst des Klosters Garsten. Fresken in Garsten, Schloss Lamberg/Steyr, Wallfahrtskirche Christkindl, Schlosskapelle Rosenegg bei Steyr, Altargemälde in Aschach an der Steyr, Gaflenz, Großraming, Losenstein, Molln, St. Magdalena bei Linz, St. Ulrich bei Steyr, Steyr (Anbetung der Hl. drei Könige; Stadtpfarrkirche), Windischgarsten, Baumgartenberg, Vöcklabruck; Serie von 14 Ansichten der Pfarren des Klosters Garsten.

Gotthard (Johann) Haslinger. Abt von Lambach (1725–1735). Gestorben 31. 7. 1735 in Linz. (Geboren 5. 5. 1679 in Wels.)

1738

Christoph Wilhelm Graf von Thürheim (der Ältere). Landeshauptmann (1713–1738). Gestorben 8. 1. 1738 im Linzer Schloss. (Geboren 13. 3. 1661 in Salaberg bei Haag, Niederösterreich.)

1739

Johann Michael Prunner. Der bedeutendste Barockbaumeister Oberösterreichs. Gestorben 26. 4. 1739 in Linz. (Geboren 3. 9. 1669 in Linz.) → S. 155

1740

Johann Philipp Ruckenbauer. Maler. Gestorben 1. 7. 1740 in Sarleinsbach. (Geboren 8. 2. 1663 in Sarleinsbach.)

24.000 Bettler

1726. In Oberösterreich gibt es schätzungsweise 24.000 Bettler.

Der Garstener Stiftsmaler Johann Carl von Reslfeld. Links: Selbstporträt, oben: Kuppelfresko Himmelfahrt Mariae in der Wallfahrtskirche Christkindl bei Steyr.

Der letzte Hexenprozess

1729–1731. In den Landgerichten Prandegg, Schwertberg und Ruttenstein findet der letzte große Hexenprozess Oberösterreichs statt: Die Bäuerin Magdalena Grillenberger aus dem Wagenlechnergut der Herrschaft Zellhof wurde von ihrer Enkelin belastet, daraufhin werden sieben Familienmitglieder, von der Großmutter bis zur Enkelin, gefoltert und hingerichtet. Vorher wurde der Großmutter eine Narbe aufgeschnitten, weil man darunter eine gestohlene Hostie vermutete; das herausfließende Blut wurde vom Pfarrer mit einem Tuch aufgefangen.

Der Mann im Salz

1. April 1734. Hallstätter Bergknappen finden im Geröll eines eingestürzten Stollens „den natürlichen Körper von einem toten Menschen". Wie die Chronik weiter vermerkt, war der Tote „in das Gebirg völlig verwachsen". Vor mehr als zweitausend Jahren war hier ein prähistorischer Bergmann verunglückt, doch noch immer sah er aus, als wäre er vor wenigen Tagen gestorben. Das Salz hatte seine Leiche konserviert. Die Bedeutung dieser Entdeckung erkannte man seinerzeit leider nicht. Vermutlich wurde der inzwischen in der ganzen Welt berühmt gewordene „Mann im Salz" nicht, wie damals für Ungetaufte üblich, in der Selbstmörderecke verscharrt. Im Totenbuch von Hallstatt ist in lateinischer Sprache vermerkt, dass der Tote „dennoch im Friedhof begraben" wurde, „er, von dem nicht erwiesen ist, dass er ein schlechter Mensch oder nicht-katholisch gewesen ist". (Übersetzung Doris Ennser, Lateinprofessorin.)

Die Mühlviertler Leinenweber

15. Juni 1730. Sogar der Kaiser ist um den Ruf der oberösterreichischen Leinwand besorgt und erlässt die „Universal-Leinwath Bschau und Blaicherordnung" für Oberösterreich. Leinenweberei und Leinenhandel haben im oberen Mühlviertel eine Tradition, die bis ins 15. Jahrhundert zurückreicht. Viel früher schon wurde in dieser Gegend Flachs angebaut und Leinwand für den Hausbedarf verarbeitet. 1807 gibt es in Haslach 87 Leinenweber. Hier erinnert heute das Webereimuseum an die Geschichte dieser typischen Heimindustrie.

Das Bild von Adalbert Stifter „Blick auf Kremsmünster und Umgebung“ entstand in den Jahren 1823 bis 1825.

Der Schüler Adalbert Stifter

„Im 12ten Lebensjahre kam ich in die Benediktiner-Abtei Kremsmünster in die lateinische Schule. Dort hatte ich über eine außerordentlich schöne Landschaft hin täglich den Blick auf die blauen Alpen und ihre Prachtgestalten; dort lernte ich zeichnen …“

Adalbert Stifter (1805–1868) in einem Brief vom 21. Juni 1866 an den Buchhändler und Schriftsteller Gottlob Christian Richter (1807–1884).

Das Benediktinerstift Kremsmünster

Die Benediktiner-Abtei Kremsmünster wurde 777 vom Herzog Tassilo III. aus dem Geschlecht der Agilolfinger gegründet und mit ausgedehntem Landbesitz ausgestattet. Als wertvolle Kunstschätze aus dieser Zeit besitzt Kremsmünster den bedeutenden Tassilokelch (→ S. 65), die Tassiloleuchter und den Codex millenarius, eine Evangelienhandschrift mit ganzseitigen Bildern der Evangelisten und ihrer Symbole.

Nach der Niederlage Tassilos gegenüber Karl dem Großen Ende des 8. Jahrhunderts wurde Kremsmünster königliche Abtei und erreichte unter den Karolingern eine neue Blütezeit. In den Ungarneinfällen im 10. Jahrhundert wurde Kremsmünster zum Teil zerstört. Nach dem Sieg Ottos I. über die Ungarn (955) wurde Kremsmünster Passauisches Eigentum und bekam erst hundert Jahre später wieder eigene Äbte.

Unter dem Abt Friedrich von Aich (1275 bis 1325)* erlebte das Kloster eine neue Blütezeit. In den ersten Jahren seiner Regierung wurde das Langhaus der romanischen Kirche mit dem Grab Gunthers, des Sohnes von Tassilo, vollendet. Seit 1948 befindet sich dieses Hochgrab mit der vollplastischen Liegefigur Gunthers im Erdgeschoss des Südturmes. → S. 83

Die berühmte Schreibschule

Die Schreibschule, die damals bestand, war weithin berühmt. Von den bedeutenden Handschriften, die hier entstanden sind, ist die bekannteste die „Aich-Bibel“ mit sehr gut erhaltenen Miniaturen. Auch der Geschichtsschreiber Bernardus Noricus wirkte unter Abt Friedrich von Aich.

Brückenturm mit Marmorportal.

Mit der Melker Reform drang Anfang des 15. Jahrhunderts auch der Humanismus nach Kremsmünster. Abt Johannes Schreiner (1505–1524) war als Magister artium nach Kremsmünster gekommen und Lehrer der Klosterschule geworden. Er stand mit bedeutenden Humanisten wie Conrad Celtis in Verbindung. Als Kaiser Maximilian I. in der Burg zu Wels im Sterben lag, wurde der Abt als Beichtvater geholt.

1549 entstand aus der alten Klosterschule das heute noch bestehende Gymnasium. Der Bau einer Papiermühle, „die ältist Werstatt“ in Oberösterreich, wurde 1542 vollendet. Abt Johannes Spindler ließ 1542 eine Apotheke errichten. Sie muss mit Arzneimitteln reichlich versehen gewesen sein: ein Kremsmünsterer Hafner lieferte 1594 für die Apotheke „700 Pixlein für Ihro Gnaden Apotheke“ sowie „1000 kleine Häferl“.

Das Barock

Im Barock erhielt die Klosteranlage weitgehend ihr heutiges Aussehen. Die Äbte dieser Zeit wirkten im Sinne der Gegenreformation und der monastischen Erneuerung. Abt Alexander a Lacu (1601–1613) begann mit dem Neubau des Abteitraktes. Er stammte aus Lugano und hatte oberitalienische Künstler mitgebracht. So schufen zum Beispiel Mitglieder des vom Luganer See stammenden Künstlergeschlechtes Spaz in Kremsmünster bedeutende Werke. In einer Abrechnung vom 15. August 1607 mit dem Stift Kremsmünster wird Johann Baptist Spaz als „Welscher Pildhauer“ bezeichnet. Unter Abt Anton Wolfradt (1613–1639) wurde mit der Barockisierung der Kirche begonnen. Der mittelalterliche Bau blieb jedoch erhalten. 1618 wurde der neue Hochaltar fertiggestellt; er wurde 1712 abgetragen und in der Pfarrkirche in Grünau aufgestellt, wo er sich heute noch befindet. In der Stiftskirche von Kremsmünster wurde damals ein neuer, prächtiger Hochaltar errichtet. 1623 wurde Abt Wolfradt von Kaiser Ferdinand II. zum Hofkammerpräsidenten ernannt und schließlich zum Fürstbischof von Wien bestellt.

Höhepunkte barocker Bautätigkeit erreichte Kremsmünster unter den Äbten Erenbert Schrevogl (1669–1703) und Alexander Fixlmillner (1731–1759). Unter Abt Erenbert Schrevogl erhielt die Klosteranlage das heutige Aussehen. Es erfolgte die endgültige Umgestaltung und Barockisierung der Stiftskirche. Der reiche barocke Gewölbestuck betont die festliche Raumwirkung. Die barocke Ausstattung der Kirche ist bestimmend für die Einheitlichkeit des Raumes. Nach Plänen von Carlo Antonio Carlone wurde der Kaisersaal mit dem zarten Stuck von Diego Francesco Carlone erbaut. Die Bildnisse von Rudolf von Habsburg bis Kaiser Karl VI. stammen von Martino Altomonte. Refektorium und Bibliothek sind großartige Beispiele barocker Raumgestaltung.

Die Fischbehälter

Ein einzigartiges Baudenkmal sind die 1690 bis 1692 von Carlo Antonio Carlone erbauten und von Jakob Prandtauer erweiterten Fischbehälter. Nach Entwürfen von Jakob Prandtauer wurden in Oberösterreich auch

Das Benediktinerstift Kremsmünster.

Die prächtige, mit Stuckdecken verzierte Bibliothek.

Gesamtansicht des Stiftes mit der in den Jahren 1748 bis 1759 erbauten Sternwarte. Aquarell, um 1800.

das dem Stift gehörende Schloss Neupernstein (1717) und das Kremsmünsterer Stiftshaus in der Herrenstraße in Linz (1721–1726) erbaut, heute ist es der Bischofshof.
In dieser Zeit lebte und wirkte in Kremsmünster der Barockdichter Simon Rettenbacher (1634–1706). Er studierte in Salzburg, Rom und Padua und war seit 1661 Benediktiner der Abtei Kremsmünster. Von 1671 bis 1675 war er Leiter des Salzburger Hochschultheaters. In Kremsmünster setzte er seine Bühnentätigkeit fort und wirkte auch als Dichterkomponist. Neben seinen Dramen und Übersetzungen verfasste er zahlreiche Gedichte, unter denen besonders seine vaterländische Lyrik hervorzuheben ist.

Ritterakademie und Tuchfabrik

Unter Abt Alexander Fixlmillner wurde 1744 die Ritterakademie zur Erziehung und Bildung junger Adeliger gegründet, für die er auch die Bestätigung von Maria Theresia erhielt. Da sich die Zahl der Schüler, die im Stift Wohnung und Verpflegung hatten, vergrößerte, waren Umbauten und Neubauten notwendig. Um neue Verdienstmöglichkeiten für die Bevölkerung zu schaffen, errichte der Abt 1744 eine Tuchfabrik.
Auf einem Hügel gegenüber dem Stift wurde 1736–1737 die Kalvarienbergkirche erbaut. Es ist eine bemerkenswerte kreuzförmige Anlage mit einem Kuppelgemälde, das die Himmelfahrt Christi darstellt, von Wolfgang Andreas Heindl. Die beiden Seitenaltarbilder – Kreuzabnahme und hl. Johannes von Nepomuk – stammen von Bartolomeo Altomonte. Die lebensgroße Kreuzigungsgruppe des Hochaltars schuf Anton Remele.

Der Prälatenhof des Stiftes mit der Stiftskirche.

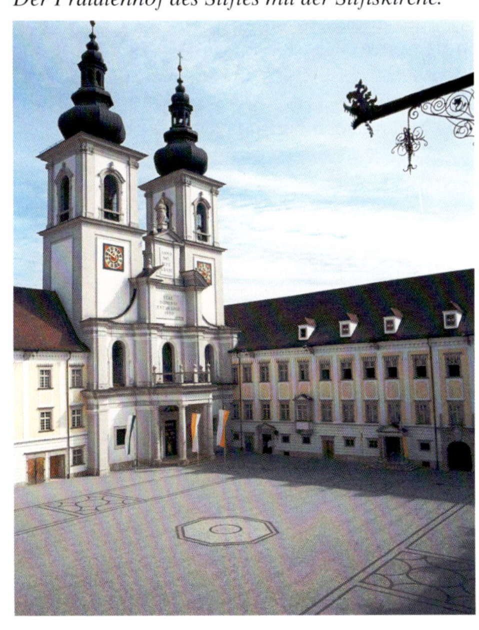

Der Prälatenhof mit der Innenfront des Brückenturms.

Sternwarte und Stiftsgymnasium

Am Ostende des Stiftes erhebt sich die acht Stock hohe Sternwarte. Dieser 50 Meter hohe Bau wurde in den Jahren 1748–1759 erbaut und ist ein architektonisches Meisterwerk des 18. Jahrhunderts. In den Sälen sind die naturwissenschaftlichen Sammlungen untergebracht, die in den Jahren 1975/76 neu aufgestellt und geordnet wurden. An den Stiegenwänden hängen 240 Porträts von Mitgliedern der 1789 aufgelassenen Ritterakademie. Die Kuppelräume dienten astronomischen und meteorologischen Beobachtungen, so gibt es zum Beispiel seit 1763 ununterbrochene Wetteraufzeichnungen.
Schwere Zeiten erlebte Kremsmünster während der Franzosenkriege.
Die Auflösung der Grundherrschaft brachte für das wirtschaftliche Leben des Stiftes grundlegende Änderungen. Ein wichtiger wirtschaftlicher Faktor wurde nun das Forstwesen. Das Stiftsgymnasium genoss auch weiterhin einen guten Ruf, nicht nur als Unterrichtsstätte, sondern auch als Ort der Wissenschaft. 1891 erhielt das Gymnasium neben der Sternwarte ein eigenes Gebäude. Bedeutende Männer sind aus ihm hervorgegangen, zum Beispiel der Komponist Franz Xaver Süßmayr (1766–1803), Vollender von Mozarts Requiem, und der Dichter Adalbert Stifter (→ S. 236). Die Musikpflege erlebte zu jener Zeit eine Blüte. Unter großen Feierlichkeiten konnte Abt Cölestin Ganglbauer das 1100-jährige Jubiläum des Stiftes feiern. Aus diesem Anlass wurden Stiftsgebäude und Kirche einer gründlichen Renovierung unterzogen. 1881 wurde der Abt zum Fürstbischof von Wien ernannt und 1884 wurde ihm vom Papst Leo XIII. der Kardinalshut verliehen.
Die Zeit nach dem Ersten Weltkrieg war vor allem von der Wirtschaftskrise gekennzeichnet.

Krieg, Nachkrieg und Gegenwart

1941 wurde Kremsmünster aufgehoben. 1945 war kurze Zeit die slowakische Exilregierung unter Jozef Tiso im Stift untergebracht. (→ 1945) Im selben Jahr kehrten Abt Ignatius Schachermair und die Mönche zurück und man baute das klösterliche Leben wieder auf. Zu den bedeutendsten Aufgaben gehört nach wie vor die Führung von Gymnasium und Konvikt. Die von Kremsmünster aus gegründete Kongregation der „Schwestern des Unbefleckten Herzens Mariae von Subiaco“ mit ihrem Mutterhaus in Steinerkirchen an der Traun wurde 1949 kirchlich anerkannt. 1966 übernahm Kremsmünster Seelsorge und Verwaltung von Mariazell. Die Wiederaufbauarbeiten, Restaurierungen und Neuaufstellungen der Sammlungen konnten 1977 abgeschlossen werden. Mit einer Landesausstellung wurde dieses Jubiläum „1200 Jahre Kremsmünster“ gefeiert.

Walter Luger

* Hier beziehen sich die Daten bei den Äbten auf die Regierungszeit.

Mineralogischer Saal der Sternwarte Kremsmünster.

Danzer und Danzerinnen

„Disen Morgen thaten die Herrschafften dermahligen Landschaffs-Praesidenten Graffen Antoni v. Weißenwolff die höchste Gnad, sich nach dessen Schloß Steyeregg zu begeben und ... einem auf dortigen Landsart producirten Bauerndantz zuzusehen. Der Haußherr hatte einen besonderen Platz hierzu eigends zurichten und die Danzer und Danzerinnen ganz neu kleiden lassen, welche leztere aber wegen ihrer kurtzen Röcke nicht sehr decent aussahen, zuvorderst weillen sie bei dem Dantz sehr gedräht und in die Höhe geschupfft zu werden pflegen. Abends kehrte mann zuruck nach Lintz."

Johann Joseph Khevenhüller-Metsch (1706 bis 1776), Obersthofmeister von Maria Theresia, Tagebuchaufzeichnung 27. Juni 1743.

Kalender

1743

9.5. Bei Simbach werden die Bayern vernichtend geschlagen. Die Kaiserlichen belagern die Festung Braunau.

25.6. Erbhuldigung für Maria Theresia (zwei Monate vor ihrer Niederkunft zu ihrem sechsten Kind) und Franz I. Stephan in Linz. In Oberösterreich hatte ein großer Teil des Adels und der wohlhabenden Bürgerschaft nach dem Einmarsch der bayerischen und französischen Truppen Karl Albrecht von Bayern (1697–1745) als Landesherrn anerkannt. Die Rede Maria Theresias klingt trotzdem mild, Franz Stephan zeigt sich beim Mittagsmahl besonders freundlich.

4.7. Stadt und Festung Braunau werden den österreichischen Truppen übergeben.

1745

17.7. Ernestine von Sternegg, die Gründerin der Kongregation der Elisabethinen, kommt mit vier Schwestern des Konvents von Wien nach Linz, um hier die Krankenpflege zu betreiben.

Das älteste Hochhaus

Die Sternwarte Kremsmünster, das älteste Hochhaus Europas. Der modern anmutende Bau wird in den Jahren 1748 bis 1759 errichtet, als „Mathematischer Turm". Das Wort „Hochhaus" kennt man zu dieser Zeit noch nicht.

1747

1.3. Propst Johann Georg Wiesmayr (1695–1755) erlässt die erste gedruckte „Feur-Ordnung bey dem löblichen Stueft und Marckt St. Florian".

Hexenprozess in Freistadt.

1748

15.7. Stadtbrand in Wels. Neun Bürgerhäuser und das Rathaus werden ein Raub der Flammen.

25.7. Ein Blitzschlag setzt die Welser Minoritenkirche in Brand.

1749

22.3. Einzug der ersten Elisabethinen in ihr neu erbautes Linzer Kloster.

22.4. Eröffnung des Krankenhauses der Elisabethinen in Linz.

9.5. In Steyrdorf werden 53 Häuser ein Raub der Flammen.

1750

19.3. Erneuerung der Marktfreiheiten für Schwertberg.

20.9. Ortsbrand in Hallstatt. 35 Häuser werden zerstört, vier Menschen kommen ums Leben.

Geburtstage

1741

Joseph Valentin Eybel. Landrat. Geboren 3. 3. 1741 in Wien. (Gestorben 30. 7. 1805 in Linz.) → 1805

1745

Sigismund Graf von Hohenwart. Bischof von Linz (1809 bzw. 1815–1825), Bergsteiger und Naturwissenschafter. Geboren 7. 6. 1745 in Cilli. (Gestorben 22. 4. 1825 in Linz.) → 190, 198

Julian (Anton Bartholomäus) Ricci. Abt von Lambach (1794–1812). Geboren 24. 8. 1745 in Vöcklabruck. (Gestorben 16. 6. 1812 in Lambach.) → S. 149

Amand Berghofer. Philosoph und Schriftsteller. Geboren 1. 12. 1745 in Grein. (Gestorben 7. 2. 1825 in Graz.) → 1825

1746

Ignaz de Luca. Schriftsteller. Geboren 29. 1. 1746 in Linz. (Gestorben 24. 4. 1799 in Wien.) Pionier der Lexikographie und Statistik.

1748

Franz Schwediauer. Medizinischer Fachschriftsteller. Geboren 24. 3. 1748 in Steyr. (Gestorben 23. 8. 1824 in Paris.)

Joseph Anton Gall. Bischof von Linz (1788 bis 1807). Geboren 27. 3. 1748 in Weil, Diözese Rottenburg. (Gestorben 18. 6. 1807 in Linz.) → 185

1749

Johann Christian Thielisch. Evangelischer Superintendent (1783–1827). Geboren 1749 in Teschen. (Gestorben 25. 9. 1827.)

1750

Josef Reiter. Dichter vieler patriotischer Lieder. Geboren 8. 1. 1750 in Weinberg. (Gestorben 29. 5. 1809 in St. Florian.)

Koloman Felner. Benediktiner, Kupferstecher. Geb. 19. 3. 1750 in Pisdorf, Gemeinde Aichkirchen. (Gest. 18. 4. 1818 in Lambach.) → S. 204

Linz ist eingeschlossen

1741/42

Nach dem Tod Karls VI. (1740), beim Regierungsantritt seiner Tochter Maria Theresia (1717 bis 1780), brechen Bayern, Sachsen und Preußen die Abmachungen der Pragmatischen Sanktion (1713), in der die weibliche Erbfolge im Hause Habsburg festgelegt wurde. Sie werden dabei von Frankreich und Spanien unterstützt. Mit dieser Rückendeckung beginnt 1741 der bayerische Kurfürst Karl Albrecht den Krieg gegen Österreich. (Österreichischer Erbfolgekrieg.)

10. September 1741. Kurfürst Karl Albrecht übergibt den oberösterreichischen Landständen die Kriegserklärung an Maria Theresia.

11. September. Die bayerischen Truppen erreichen St. Willibald (Bezirk Schärding) und stehen knapp vor der (damaligen) bayerisch-österreichischen Grenze.

12. September. Das bayerische Heer betritt österreichischen Boden.

13. September. Die Bayern erreichen Eferding und vereinigen sich mit den Franzosen.

14. September. Unangefochten erreichen die ersten Franzosen Linz.

15. September. Kurfürst Karl Albrecht zieht in Linz ein und wohnt im Linzer Schloss. Auch Wels wird besetzt.

16. September. Lambach wird besetzt, der Marsch in Richtung Salzkammergut fortgesetzt, Gmunden kampflos eingenommen.

18. September. Besetzung der Flussübergänge bei Enns und Steyr.

1. Oktober. Die Besatzungstruppen überschreiten die Enns.

2. Oktober. Karl Albrecht lässt sich als Erzherzog von Österreich huldigen. Die oberösterreichischen Landstände leisten keinen Widerstand.

22. November. Feldmarschall Ludwig Andreas Graf Khevenhüller (1683–1744) beginnt mit der Aufstellung einer kleinen Armee.

30. Dezember. Die österreichischen Truppen erreichen bei Kronstorf das Land ob der Enns. Khevenhüller überschreitet die Enns.

1. Jänner 1742. Linz wird eingeschlossen und in den kommenden drei Wochen belagert.

2. Jänner. Wels wird zurückerobert.

3. Jänner. Gmunden wird eingenommen, die Österreicher dringen nach Ischl vor. Der Pandurenoberst Franz Freiherr von der Trenck (1711 bis 1749) erobert Klaus, Windischgarsten und Spital am Pyhrn. Mit Ausnahme von Linz ist ganz Oberösterreich wieder österreichisch.

Bis 23. Jänner. Die Lage in Linz wird mit jedem Tag verzweifelter. Die Lebensmittel gehen aus, gescheiterte Ausbruchsversuche vermehren die Zahl der Verwundeten.

23. Jänner. Die Artillerie beschießt Linz, Freiwillige setzen Häuser in Brand. Am gleichen Tag wird den Österreichern das Landhaustor übergeben.

25. Jänner. Franz I. Stephan, der Gemahl Maria Theresias, zieht feierlich in Linz ein.

28. Jänner. Die österreichischen Truppen marschieren gegen Bayern. (Am 3. Februar besetzen sie Braunau, am 13. Februar München.)

Ein oberösterreichischer Robinson

Der 31jährige Johann Georg Peyer aus Urfahr wird 1744 nach einem Schiffbruch auf eine Insel vor der brasilianischen Küste verschlagen, wo er gemeinsam mit einer Türkin und einem Hamburger elf Jahre lebt. Der „oberösterreichische Robinson", wie Johann Georg Peyer genannt wird, stirbt um 1783 in Kremsmünster. (Geboren 1. 5. 1713 in Urfahr.)

Linz vom Norden während der Besetzung durch bayerische und französische Truppen. Ölgemälde eines unbekannten Malers. Stadtmuseum Linz.

Die Pöstlingbergkirche, das Wahrzeichen von Linz und sogar von ganz Oberösterreich, entsteht 1742–1746, Einweihung 9. Dezember 1748. Aquarell von Johann Maria Monsorno, 1830.

Todestage

1741

Johann Haslinger. Baumeister. Gestorben 27. (28.) 5. 1741 in Linz. (Geboren 1701 in Linz.) → S. 140

1742

Johann Georg Harrucker. Proviantmeister bei den Feldzügen des Prinzen Eugen (1663–1736). Gestorben 18. 4. 1742 in Wien. (Geboren 25. 3. 1664 in Schenkenfelden.)

1743

Johann Josef Schwanthaler. Bildhauer und Nachtwächter. Gestorben 6. 2. 1743 in Ried. (Geboren 12. 2. 1681 in Ried.) Sohn von Thomas Schwanthaler aus zweiter Ehe.

P. Xaver Ernbert Fridelli (Ernbertus Antonius Josephus Frideli). China-Missionar und Kartograph (Reichskartenwerk von China). Gestorben 4. 7. 1743 in Peking. (Getauft 11. 3. 1673 in Linz.)

Jakob Pawanger. Barockbaumeister. Gestorben 5. 8. 1743 in Passau. (Geboren 28. 12. 1680 in Wien.) Zahlreiche Bauten in Oberösterreich. → S. 142

Johannes VII. Wöss. Abt von Schlägl (1721–1743). Gestorben 22. 12. 1743 in Schlägl. (Geboren 24. 12. 1680 in Graz.) Ausgestaltung der Stiftskirche.

1744

Ludwig Andreas Graf Khevenhüller. Feldmarschall. Gestorben 26. 1. 1744 in Wien. (Geboren 30. 11. 1683 in Linz.) → 1741/42

Johann Pachl. Ordenshistoriker. Gestorben 14. 2. 1744 in St. Florian. (Geboren 4. 8. 1674 in St. Veit im Mühlkreis.)

Bonaventura Schwanthaler. Bildhauer. Gestorben 17. 5. 1744 in Enzenkirchen. (Geboren 14. 7. 1678 in Ried.) Sohn von Thomas Schwanthaler aus zweiter Ehe. → S. 154

Leonhard Sattler. Bildhauer. Gestorben 17. 10. 1744 in St. Florian. (Geboren 1676 in Altstetten, Allgäu.) Er schuf das Prinz-Eugen-Bett in St. Florian. → S. 140

1745

Martino Altomonte. Barockmaler. Gestorben 14. 9. 1745 in Wien. (Geboren 8. 5. 1657 in Neapel.) Werke in St. Florian, Kremsmünster, Wilhering, Stadl-Paura, Linz. → S. 171

1746

Florentius (Max Michael) Miller. Abt von Lambach (1739–1746). Gestorben 17. 9. 1746 in Lambach. (Geboren 24. 8. 1691 in Lambach.)

Jakob Steinhuber (Stainhuber). Polier, „Maurer" nach Jakob Prandtauer. Gestorben 12. 10. 1746 in St. Florian. (Tödlicher Sturz aus dem Fenster.) Seit 1710 in St. Florian. → S. 142

1749

Leopold (Josef) Sint. (Auch Sindt, Sündt.) Geschichtsschreiber. Gestorben 27. 12. 1749 in Linz. (Geboren 11. 11. 1674 in Linz.) Verzeichnete die Bestände des Linzer Stadtarchivs in einem vierbändigen „Directorium registraturae".

1750

Johann IV. Baptist Hinterhölzl. Abt von Wilhering (1734–1750). Gestorben 6. 2. 1750 in Wilhering. (Geboren 31. 8. 1698 in Zwettl.) In seine Zeit fällt der Wiederaufbau von Kirche und Kloster nach dem Brand von 1733.

Diego Francesco Carlone. Bildhauer und Stukkateur. Gestorben 25. 6. 1750 in Scaria. (Geboren 1674 in Scaria, heute Lanzo d'Intelvi-Scaria, Como.) Werke in St. Florian, Kremsmünster, Linz, Lambach. Sohn von Giovanni Battista Carlone.

Kapitulation

„Capitulation, welche in den lager ihro königl(icher) hoheit des herrn Großherzogens v(on) Toscana den 23. Jan(unarius) 1742 mit denen herren Grafen v(on) Segur und Minuzi, dan der garnison von Linz geschlossen worden.

1. Wird die garnison das Landhaus thor sogleich einraumben, alß die capitulation wird unterschriben seyn.

2. Wird die garnison folgenden tags alß den 24. mit allen militarischen ehren, nebst gewöhr, bagage und so vill stuck als selbe mit sich aus Frankreich gebracht hat, ausziehen.

3. Verbindet sich besagte garnison, von welcher eine exacte specification mit allen nahmen von allen h(erren) g(ene)ralen, off(icier)en und Reg(i)m(en)tern wird eingereichet werden, wider ihro May(estät) die Königin weder directe noch indirecte innerhalb einer jahresfrist die waffen nicht zu tragen.

4. Die franz(ösischen) trouppen werden auf der anderen seiten der Donau nach Donauwerth abgehen, wo sie biß halben April verbleiben und darauf in Frankreich marchiren werden und mittler weil, alß sie zu Donauwerth seyn werden, verbindet sich m(onsieu)r de Segur, im fall die armeé ihro Mayestät der Königin sich dahin annähern solte, sich weithers und an einen solchen orth ruck zu ziehen, welcher ihme von dem jenigen, so besagte armeé comandiret, wird angezeiget werden.

5. Die bayerischen trouppen werden eben auf der jenigen seiten in die Obere Pfalz marchiren, wo sie sich auf den blatten land während der zeit des gedachten jahrs logiren können.

6. Der herrn gen(eral) Minuzi wird die gaiseln, welche auf U(unter)ö(sterreich) abgeführt worden und annoch würklich in Bayern angehalten seynd, rukzustellen haben.

7. Im Fall sich von denen königl(ichen) deserteurs in der guarnison finden sollen, so sollen solche sowohl von denen Franzosen alß Bayern rukgestellet werden.

8. Es wird aus denen archiven keine Schrift entzohen und wan einige hätten sollen entzohen worden seyn, die sollen rukgegeben werden.

9. Ist denen franz(ösischen) h(erren) kriegsgefangenen off(ici)rn bewilliget, daß sie auf parola und biß sie ausgewechslet werden, nachher haus gehen können.

(Im französischen Original folgen die Unterschriften von Ségur, Minuzzi und Tingry.)

Aus der Kapitulationsurkunde vom 23. Jänner 1742.

Reste des spätromanisch-frühgotischen Kreuzganges im Stift Wilhering (1195–1220), freigelegt in den Jahren 1935 bis 1940.

Das Deckengemälde der Stiftskirche Wilhering schuf Bartolomeo Altomonte. 1741.

Das Zisterzienserstift Wilhering

Das Zisterzienserstift Wilhering liegt am rechten Donauufer, am Beginn des Engtales, das der Fluss bis Linz bildet. Es ist eine Gründung der Brüder Ulrich und Cholo von Wilhering-Waxenberg. Die Besiedlung erfolgte 1146 vom Zisterzienserstift Rein in der Steiermark aus.

Wirtschaftliche Schwierigkeiten und Nachwuchsmangel bedrohten die junge Gründung. Um besser helfen zu können, trat das Stift Rein seine Vaterabtsrechte an das Zisterzienserstift Ebrach bei Würzburg ab, das 1129 schon Stift Rein besiedelt hatte.

Am Ende des 12. Jahrhunderts wurde mit dem Klosterbau aus Stein und dem Bau der Kirche begonnen. Diese Kirche war eine dreischiffige Pfeilerbasilika. Aus jener romanischen Bauperiode stammen das Eingangsportal sowie 1939 freigelegte Reste des Kreuzganges.

Schenkungen verschiedener Geschlechter, darunter vor allem der Grafen von Schaunberg, förderten den Wohlstand des Klosters. Zwei gotische Hochgräber der Grafen von Schaunberg rechts und links vom Haupteingang der Stiftskirche erinnern an jene Zeit. Im Mühlviertel leistete Wilhering bedeutende kolonisatorische Tätigkeit entlang der Großen Rodl bis an die böhmische Grenze.

Drei Tochtergründungen

Mit dieser Entwicklung war auch ein wirtschaftlicher und kultureller Aufschwung verbunden. Das aufblühende Kloster konnte drei Tochtergründungen durchführen – Hohenfurt an der Moldau (1259), Engelszell (1293) und Säusenstein (1336), beide an der Donau. In der Schreibschule entstanden bedeutende Handschriften.

Das Zisterzienserstift Wilhering.

Wirtschaftliche Belastungen und schwere Opfer hatte das Kloster in den Türkenkriegen zu tragen. Die Reformation verbreitete sich auch in Wilhering und auch die Bauernkriege machten vor dem Kloster nicht halt. Es bedurfte der Tatkraft tüchtiger Äbte, um diesen Tiefstand zu überwinden.

Bedeutende Äbte der Barockzeit waren Georg Grüll (1614–1638)*, Bonus Pemerl (1730–1734) und Johann Baptist Hinterhölzl (1734–1750).

Abt Georg Grüll gelang es, das Stift wirtschaftlich zu festigen und damit die Grundlagen für einen neuen Aufschwung zu schaffen. Diese Entwicklung wurde aber wieder unterbrochen, als am 6. März 1733 Kirche und Stiftsgebäude durch Brandstiftung ein Raub der Flammen wurden.

„Für die Bedeutung des Bauwerkes ist das Innere entscheidend, das wohl als der hervorragendste kirchliche Raum des Rokoko in Österreich bezeichnet werden kann.“ (Dehio, Handbuch Kunstdenkmäler, Wien 1956.)

Das Rokokojuwel: Die Stiftskirche

Diese Katastrophe leitete für Stift Wilhering eine Epoche durchgreifender Umgestaltung ein. Aus den Ruinen der alten Kirche wurde das Rokokojuwel der heutigen Stiftskirche geschaffen, deren Wirkung auf einer ausgeglichenen Harmonie der vielgestaltigen und farbigen Ausschmückung des Raumes beruht. Dabei haben die Äbte selbst das groß angelegte theologische Programm für die Verherrlichung von Maria aufgestellt.

Abt Bonus Pemerl hatte Matthias Götz aus Passau mit der Ausführung des Neubaues beauftragt. Dessen Entwürfe fanden aber keine Zustimmung. Abt Johann Baptist Hinterhölzl beauftragte nun mit dem Bau der Kirche den Linzer Baumeister Johann Haslinger. Dieser arbeitete mit Andreas Al-

Ab 2.45 Uhr

„Für die Klostergemeinschaft beginnt ein Tag in Engelszell um 2.45 Uhr und endet um 19.30 Uhr. Trappisten halten auch die nächtlichen Abschnitte des heiligen Offiziums zu den ursprünglich festgesetzten Zeiten.“

H. Herrmann in der Broschüre „Stift Engelszell“, ohne Datum

Deckenfresko in der Stiftskirche Engelszell, von Bartolomeo Altomonte.

Herausforderung der Stille

„Die Herausforderung der Stille ist durchzuhalten.“

Der Engelszeller Abt Marianus Hauseder in der ORF-Sendung „Donauklöster“, 2. 1. 2005

tomonte zusammen, von dem auch der Entwurf zum Hochaltar stammt. Sein Bruder Bartolomeo Altomonte schuf das Deckengemälde – die Verherrlichung Mariens –, ein einzigartiges Kunstwerk jener Zeit. Der Vater der beiden, Martino Altomonte, malte das Hochaltarbild, die Himmelfahrt Mariens darstellend, und die Bilder der Seitenaltäre. Die Stuckarbeiten im Langhaus schuf der österreichische Stukkateur Franz Josef Ignaz Holzinger.

Sorgen bis ins 20. Jahrhundert

Diese großartigen Aufbauarbeiten wurden durch neue Kriegsereignisse unterbrochen. Im österreichischen Erbfolgekrieg gab es mehrmals Einquartierungen im Stift Wilhering, wirtschaftliche und finanzielle Belastungen waren die Folge. Erst nach den Auseinandersetzungen zwischen Habsburgern und Wittelsbachern konnten die Aufbauarbeiten in Wilhering wieder aufgenommen werden.

Abt Johann Baptist Hinterhölzl ließ die künstlerische Ausgestaltung der Kirche fortsetzen. Mit der Fertigstellung der Stuckausstattung der Kirche wurden jetzt die Wessobrunner Künster Johann Michael Feichmayr, „Stukkador von Augsburg“, und Johann Georg Übelherr, „Stukkador in Wessobrunn“, beauftragt. Der große Plan des barocken Neubaues der Stiftsanlage konnte, sowie bei manchem anderen Stift, nicht vollendet werden. Der Südabschluss, der ehemalige Gastflügel, wurde 1778–1781 erbaut. Der Westflügel mit dem Konviktsbau wurde erst 1955–1956 errichtet. Das Stiftsgymnasium, das bis 1938 nur mit alternierenden Klassen geführt wurde, ist bereits 1893 unter Abt Theobald Grasböck gegründet worden. Seit 1928 unterhält Wilhering eine Missionsstation in Bolivien.

Die Wirtschaftskrise zwischen den beiden Weltkriegen machte auch vor Wilhering nicht halt. Im 1940 aufgehobenen Stift befand sich vom Herbst 1943 bis April 1945 eine technische Hochschule. 1945 kehrten die Mönche wieder in das Stift zurück und begannen sofort mit den Wiederaufbauarbeiten. Konvikt und Gymnasium, das zu einer achtklassigen Mittelschule erweitert wurde, wurden wieder eröffnet. Neben der Seelsorge ist die Verwaltung des großen Wirtschaftskörpers (Forst, Landwirtschaft und Gartenbaubetrieb mit zahlreichen Glashäusern) eine wichtige Aufgabe des Stiftes. In den Jahren 1971–1977 konnte die Stiftskirche vollständig restauriert werden. Seit 1983 befindet sich in den Räumen des ehemaligen Gästehauses gegenüber dem Stiftsgebäude eine moderne Galerie mit Bildern des Linzer Malers Fritz Fröhlich (1910 bis 2001).

Die Trappistenabtei Engelszell

Das einzige Trappistenkloster in Österreich liegt am rechten Donauufer in der Nähe von Engelhartszell. Das Kloster wurde 1293 vom Passauer Fürstbischof Bernhard von Prambach als Zisterzienserkloster gegründet und mit Mönchen des Zisterzienserstiftes Wilhering besiedelt. Er hatte das neugegründete Kloster mit Gütern aus seinem Familienbesitz ausgestattet. Mit Zustimmung des Domkapitels von Passau übergab er auch Pfarrkirche und Markt Engelhartszell dem Kloster.

Bereits unter Abt Christian (1296–1317) ist eine rege kolonisatorische Tätigkeit zu verzeichnen. Schenkungen erhielt das Kloster auch von den Herzögen Otto und Albrecht (II.) von Österreich, den Herren von Falkenstein, von Marsbach und den Grafen von Schaunberg. Bei einer Visitation wurden die Verhältnisse des Klosters als günstig bezeichnet.

Im 14. Jahrhundert wurden Kirche und Kloster vergrößert. 1466 erhielten die Äbte das Recht zum Tragen der Inful (Mitra mit herunterhängenden Bändern). Aus dieser Zeit ist noch der gotische Kapitelsaal erhalten. Katastrophal wirkte sich die Pest aus. Innerhalb kurzer Zeit starben der Abt und der ganze Konvent. Dazu kamen noch die Wirren der Reformationszeit. Von 1577 bis 1618 wurde Engelszell nur noch von Administratoren verwaltet.

Mit Unterstützung von Wilhering gelang es Engelszell, sich wirtschaftlich zu erholen und das monastische Leben wieder aufzunehmen. Da brach 1699 ein Brand aus, der Kirche und Kloster weitgehend zerstörte.

Eine neue Blütezeit erreichte Engelszell unter Abt Leopold Reichl (1747–1786). Unter ihm entstand im Barockstil die neue Klosteranlage und die entzückende Rokokokirche mit Stuck und Figuren von Johann Georg Übelherr. Das Langhaus wurde ähnlich wie in Wilhering großräumig gestaltet. Die Deckenfresken stammen von Bartolomeo Altomonte. Anstelle der 1838 wegen Bauschäden im Gewölbe zerstörten Fresken im Langhaus schuf Fritz Fröhlich 1957 ein neues Fresko, Maria mit den Engelschören.

Opfer der Klosterreform

Die Blütezeit von Engelszell währte nur kurze Zeit. Unmittelbar nach dem Tod von Abt Leopold Reichl (1786) wurde es ein Opfer der josephinischen Klosterreform, die Einrichtung wurde verkauft. Die Orgel, ein Werk des bedeutenden Orgelbauers Franz Xaver Krismann, von dem auch die berühmte Bruckner-Orgel im Stift St. Florian stammt, wurde 1789 in den Alten Dom in Linz übertragen, wo sie sich noch heute befindet. Die wertvollen Bestände der Bibliothek kamen zum Teil in die Studienbibliothek in Linz, zum Teil in die Nationalbibliothek in Wien.

Im Kloster war 1798–1910 eine Porzellanfabrik, dann ging es in Privatbesitz über, 1925 kaufte es der Trappistenorden, nun kehrte wieder klösterliches Leben ein. 1939–1945 wurde Engelszell erneut aufgehoben. Sofort nach Kriegsende kehrten jedoch die Trappisten in das Kloster zurück. Walter Luger

* Hier beziehen sich die Daten bei den Äbten auf die Regierungszeit.

Das Zisterzienserstift Engelszell an der Donau.

Mit Goldoni in Linz

„Zum erstenmal trat ich am Ostermontag in einem extemporierten Lustspiel (Der Lügner von Goldoni) in der Rolle des zweiten Liebhabers auf. Ich wußte zwar nicht, was ich in der Rolle gesagt hatte, aber meine Herren Collegen versicherten, ich hätte gut gesprochen.“

Simon Friedrich Koberwein in einer 1803 erschienenen Selbstbiographie über sein Auftreten beim Linzer Theaterunternehmer Jakob Brenner am Ostermontag des Jahres 1753.

1751–1760

Kalender

1751

22.11. In Ottensheim werden 80 Häuser ein Raub der Flammen.

Hexenprozess in Kremsmünster.

1752

Regelmäßige Postwagenfahrten von Steyr nach Linz.

1754

9.11. Übernahme der Linzer Wollzeugfabrik in staatliche Verwaltung.

Oberösterreich hat 526.000 Einwohner. (1700: 450.000, 1800: 626.000, 1900: 810.854, 2001: 1,376.797, 2011: 1,412.640.)

1755

24.1. Bei einem Großbrand in Gallneukirchen werden 49 Häuser eingeäschert.

1757

1.7. Acht Barmherzige Brüder treffen in Linz ein. Sie übernehmen das Siechenhaus Straßfelden (heute Schillerplatz).

17.8. Die Stände beschließen auf Antrag der Bräumeister eine Beschränkung des Mostausschankes auf die Zeit von Georgi bis Michaeli (23. April bis 29. September). → S. 439

1758

Hexenprozess in Steyr.

1759

Hexenprozess in Erlach (Neumarkt im Hausruckkreis).

Geburtstage

1752

Benedikt Cremeri. Dramatiker und Theaterdirektor in Linz. Geboren 13. 8. 1752 in Wien. (Gestorben 11. 7. 1795 in Linz.)

Franz Konrad. Propst. Geboren 28. 12. 1752 in Grieskirchen. (Gestorben 12. 9. 1823 in Passau.) Der letzte Propst des ehemaligen Augustiner-Chorherrenstiftes St. Nikola vor Passau.

1753

Franz J. Freindaller. Professor der Dogmatik in Linz. Geboren 2. 2. 1753 in Ybbs. (Gestorben 29. 12. 1825 in Vöcklabruck.) Begründer der theologisch-praktischen Monatsschrift.

1754

Matthias Höfer. Benediktiner. Geboren 7. 2. 1754 in Waizenkirchen. (Gestorben 21. 10. 1826 in Kematen.) Verfasser eines Dialektwörterbuchs.

Ferdinand Runk. Landschaftsmaler und Radierer. Zahlreiche Oberösterreich-Ansichten. Geboren 14. 10. 1754 in Freiburg i. Br. (Gestorben 4. 12. 1834 in Wien.)

1755

Georg Huebmer. Schwemm-Meister, Sozialreformer. Geboren 11. 4. 1755 in Gosau. (Gestorben 20. 3. 1833 in Naßwald, NÖ.)

Aloys Blumauer. Schriftsteller der Aufklärung. Geboren 21. 12. 1755 in Steyr. (Gestorben 16. 3. 1798 in Wien.)

1756

Franz Josef Ritter von Gerstner. Pionier der Pferdeeisenbahn Linz–Budweis. Geboren 23. 2. 1756 in Komotau. (Gestorben 25. 6. 1832 in Mladiegov bei Gitschin, Böhmen.) → S. 213

1758

Franz Michael Vierthaler. Pädagoge, Dramatiker der Aufklärung. Geboren 25. 9. 1758 in Mauerkirchen. (Gestorben 3. 10. 1827 in Wien.)

1760

Franz Jakob Schwanthaler. Bildhauer. Geb. 2. 8. 1760 in Ried. (Gest. 4. 12. 1820 in München.) Sohn von Johann Peter d. Ä. (1720–1795), Bruder von Johann Peter d. J. (1762–1838), Urenkel von Thomas Schwanthaler (1634–1707). → S. 145

Todestage

1754

Johann Georg Adam Freiherr von Hoheneck. Schlossherr, Geschichtsschreiber. Gestorben 11. 8. 1754 in Schlüßlberg bei Grieskirchen. (Geboren 29. 1. 1669 im Schloss Schlüßlberg.) Er legte eine wertvolle Quellensammlungen an. Sein Hauptwerk ist eine Genealogie der Stände des Landes ob der Enns.

1755

Johann Georg Wiesmayr. Propst von St. Florian (1732–1755). Gestorben 9. 7. 1755 in St. Florian. (Geboren 4. 4. 1695 in St. Florian.) Vollender der barocken Stiftsanlage, Förderer von Ordensdisziplin und Wissenschaft.

Die Türme der Linzer Ursulinenkirche.

Marksteine der Kunst

Die Fischerkanzel in Traunkirchen entsteht in diesen Jahren (1753, → S. 147), die Stiftskirche (Trappistenkloster) Engelszell (1754), die Ursulinenkirche in Linz wird geweiht (1757), das Schloss Zell an der Pram neu gebaut (1760).

Ansicht von Wolfsegg. Photographie. Um 1895.

1757

Leopold Till. Abt von Garsten. Gestorben 16. 6. 1757 in Garsten. (Geboren 14. 6. 1688 in Scheibbs.)

Wolfgang Andreas Heindl. Maler. Gestorben 28. 7. 1757 in Wels. (Geboren 1693 in Linz.) Seit 1735 Bürger in Wels. Bilder und Fresken in zahlreichen oberösterreichischen Kirchen. → S. 143

1758

Michael Angelo Unterberger. Maler. Gestorben 27. 6. 1758 in Wien. (Geboren 11. 8. 1695 in Cavalese.) Altarbilder in Schärding, Spital am Pyhrn, Aurolzmünster.

Wolfgang Grinzenberger. „Maurermeister". Gestorben 14. 11. 1758 wahrscheinlich in Wels. (Geboren 10. 7. 1680 in Kremsmünster.) Der wichtigste Barockbaumeister von Wels. → S. 141

1759

Alexander III. Fixlmillner. Abt von Kremsmünster (1731–1759). Gestorben 21. 1. 1759 in Kremsmünster. (Geboren 24. 9. 1686 in Pfarrkirchen.) Erbauer der Sternwarte.

Entdeckung der Kohle

1756. In Wildshut entdeckt man Kohlevorkommen. Der Pfleger und Kassenamtsverweser Johann Michael Oberndorfer berichtet an die Hofkammer in München (das Gebiet gehört in dieser Zeit zu Bayern), dass man öfters lose Steinkohlenstücke, „Brand" genannt, finde. (Erst 1795 wird ein Stollenbau angelegt, dann schon auf österreichische Kosten.)

1757/1760. Der Wolfsegger Bierbrauer Johann Georg Mayr will seinen Kuhstall erweitern und findet dabei Kohle, zur gleichen Zeit stößt man bei Aushubarbeiten am Schlossteich auf Kohle. Bereits am 1. September 1757 wird die „oberösterreichische Repräsentation und Kammer" beauftragt, sich zu äußern, „ob Steinkohlen in hinlänglicher Quantität und Qualität zu finden, und ob hiervon ein Gebrauch bey dem Bergwesen zu machen sey". (Steinkohle gilt zu dieser Zeit als Oberbegriff für alle mineralischen Kohlen, im Gegensatz zur Holzkohle.) Diese Braunkohlenfunde sollten für zwei Jahrhunderte für diese Gegend von großer Bedeutung werden. → 1995

Linzer Wassertheater

Linz erhält 1752 ein festes Theatergebäude, das im Auftrag der Stände in einem Stadel an der Donau eingerichtet wird und wegen seiner Lage „Wassertheater" genannt wird. „Bis auf den kleinen Umstand, daß man sich bei hohem Wasser der Gefahr des Ertrinkens" aussetzt, ist dieses Theater, wie ein Zeitgenosse überliefert hat, „prächtig und für den Adel bequem eingerichtet." (Es besteht bis 1786.)

Die Soleleitungsbrücke *Ein Hallstätter (er hieß Johann Spielbichler) hatte 1757 die Idee der drucklosen Überquerung des Gosautals für die aus dem Salzberg fließende Sole: eine über sieben steinerne Pfeiler führende Soleleitungsbrücke. Sie wurde schon in den ersten Reisebeschreibungen des Salzkammerguts gebührend bewundert. Dieses Bild brachte Joseph August Schultes (1773–1831) in seinem Buch mit dem Titel „Reisen durch Oberösterreich in den Jahren 1794, 1795, 1802, 1803, 1804 und 1808". (Tübingen 1809.)*

„Ansicht der Klosterfrauen- (Ursulinen-) und Karmeliter Kirche" in Linz.

Dem Land Oberösterreich verbunden

„Daß auch Martin Johann Schmidt sich dem Land Oberösterreich verbunden fühlte, lassen die Briefe sowie seine künstlerischen Ansichten, die er den Heiligenbildern einfügte, erkennen.“

Rupert Feuchtmüller in „Kremser Schmidt in Oberösterreich“, Zeitschrift „Oberösterreich“, Heft 4/1983.

Der Kremser Schmidt in Oberösterreich

Selbstbildnis des Kremser Schmidt. Federzeichnung 1790.

Zweifellos einer der populärsten Maler des österreichischen Barock ist der Kremser Schmidt (1718–1801), der laut Taufschein Martin Johann Schmidt hieß.

In Oberösterreich begegnen wir ihm auf Schritt und Tritt: in Buchkirchen bei Wels, Eggendorf (Linz-Land), Feldkirchen an der Donau, Garsten, Linz (Ursulinenkirche, Minoritenkirche, Kirche der Barmherzigen Brüder), Mauthausen, Mistelbach bei Wels, Neufelden, Rohr, St. Veit im Mühlkreis, Sattledt (ein Werk des 83jährigen Künstlers, die Steinigung des heiligen Stephanus, entstand im Todesjahr 1801), Schwarzenberg im Mühlkreis, Steyr (Bürgerspitalskirche), Vorderstoder, Waizenkirchen, Walding, Wilhering, Windischgarsten.
Vor allem aber in Spital am Pyhrn:
Der Kremser Schmidt ist auf dem Höhepunkt seines Schaffens, das mit der Ernennung zum Mitglied der kaiserlichen Akademie auch offizielle Anerkennung fand, als er 1770, damals 52 Jahre alt, von den Augustiner-Chorherren die ersten Aufträge für das Stift Spital am Pyhrn erhält. Dieser Orden wird zu den wichtigsten Auftraggebern des Künstlers. Insgesamt malt der Kremser Schmidt mehr als dreißig Bilder allein für Spital. „Einen künstlerischen Höhepunkt im Bereich des Malerischen“ bringen diese Arbeiten für Spital am Pyhrn, konstatiert der österreichische Kunsthistoriker Rupert Feuchtmüller, denn „so unmittelbar hatte noch kein österreichischer Barockmaler empfunden“.

Unmittelbar ist das Leid, am deutlichsten sichtbar in den Kreuzigungsdarstellungen. Trauer und Leid sind für den Maler nicht nur künstlerische Themen: Innerhalb weniger Monate hat ihm der Tod vier seiner Kinder geraubt. Sie wurden Opfer der Blattern, einer damals grausam wütenden Krankheit. Unmittelbar ist auch die Freude: in den Engelsdarstellungen, im Sieg über die Türken, in einem Selbstporträt, das der Künstler in einem Altarbild von Spital am Pyhrn (Dominikus-Altar) eingeschmuggelt hat. Als Mönch verkleidet klopft er sich mit einer Hand selbstbewusst an die Brust, mit der anderen zeigt er stolz auf sein Werk, als wolle er sagen: Na, habe ich das nicht gut gemacht?

Rudolf Lehr

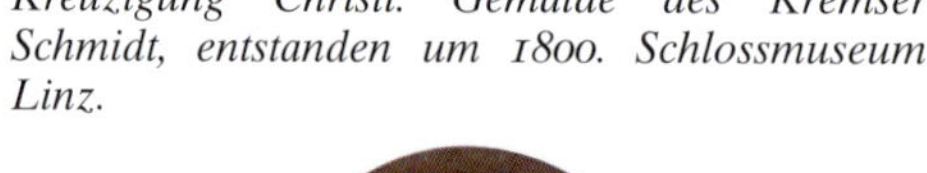

Kreuzigung Christi. Gemälde des Kremser Schmidt, entstanden um 1800. Schlossmuseum Linz.

Zu den großartigsten Arbeiten des Kremser Schmidt zählt der Apostelaltar in der ehemaligen Stiftskirche von Spital am Pyhrn. 1781.

Dieses Altarblatt malte der Kremser Schmidt für eine Kapelle in Großalm (Neukirchen bei Altmünster).

In einem der schönsten Räume des Stifts St. Florian, der heute Altomontesaal heißt, hat sich Bartolomeo Altomonte mit einem Selbstporträt verewigt.

Entdeckungen um Bartolomeo Altomonte

Selbstbildnis von Bartolomeo Altomonte.

Wer kennt ihn nicht, den Freskenmaler von St. Florian, Wilhering, Spital am Pyhrn und Engelszell? Sechzig Jahre seines Lebens verbrachte er in Linz, zehn Jahre wirkte er in St. Florian, seine Fresken für die Kirche in Spital am Pyhrn zählen zu den größten ihrer Art im österreichisch-süddeutschen Raum.

Im ganzen Land sind seine Werke zu sehen, im „Dehio", dem Handbuch der Kunstdenkmäler, ist er auf 46 Seiten vertreten. Was kann es bei einem so bekannten, populären Künstler noch zu entdecken geben? Zuerst einmal: In den meisten Handbüchern und Kunstführern stimmen die Angaben über seine Geburt und seinen Tod nicht. Der Linzer Kunsthistoriker Johann Sturm hat sich die Mühe gemacht und in das Totenregister des Stiftes St. Florian geschaut: dort ist als Todestag eindeutig der 11. November 1783 vermerkt. Unklarheiten über die Geburt hat ein Archivfund der polnischen Forschung beseitigt: Bartolomeo Altomonte wurde am 24. Februar 1694 als drittes von sechs Kindern in einer Vorstadt des heutigen Warschau geboren, wohin sein Vater (Martino Altomonte) als Hofmaler berufen worden war. Übrigens von jenem König Sobieski, der auch als Retter in der Schlacht gegen die Türken auf dem Kahlenberg ein Begriff ist. Martino Altomonte (1657–1745) hatte, der Mode der Zeit entsprechend, seinen Namen Martin Hohenberg italianisiert und sich damit wohl auch einträglichere Aufträge gesichert. Er gilt als der Begründer der österreichischen Barockmalerei und ist in Oberösterreich immer wieder anzutreffen: in Frankenmarkt, Gleink, Kefermarkt, Kremsmünster, Linz (Ursulinen- und Karmelitenkirche), Stadl-Paura, St. Florian, St. Pankraz, Sarleinsbach, Timelkam, Wilhering. Martino Altomonte wurde 1719 in Linz wohnhaft und richtete vermutlich in St. Florian bei Linz seine Werkstatt ein.

Trotzdem meint man in Oberösterreich, wenn man Altomonte sagt, meist den Sohn. Für eine zweite Entdeckung über Bartolomeo Altomonte sorgte vor wenigen Jahren das Linzer Stadtmuseum: Es spürte in einer Privatsammlung ein Hauptwerk der österreichischen Barockmalerei auf, von dem man noch dazu wusste, dass es in Linz entstanden ist, das aber als unwiederbringlich verloren galt: „Aurora weckt Morpheus". Aurora, die strahlende Göttin der Morgenröte, thront auf einer Wolke. Ein geflügelter Genius nähert sich mit der Fackel des Lichts und vertreibt die Dämonen der Nacht, unterstützt von zwei Putti. Ein anderer Genius reicht ihr eine blumengefüllte Schale. Der Blick Auroras ist auf Morpheus gerichtet, dem Sohn des Schlafgottes Hypnos. Das Bild ist 1769 entstanden, Bartolomeo Altomonte hat es demnach mit 75 Jahren gemalt.

Rudolf Lehr

Nach einer Odyssee heimgekehrt an den Ort seiner Entstehung: Eines der Hauptwerke der österreichischen Barockmalerei, „Aurora weckt Morpheus" von Bartolomeo Altomonte, ist wieder in Linz.

Vater Martino Altomonte: Ölskizze (oben). Flucht nach Ägypten, Ölbild, Schlossmuseum Linz (unten).

Eigenschaften eines Lehrers

1. Ein Lehrer nehme vor allen Dingen die Neigung eines Vaters an …
2. Er muß selbst nichts Tadelnswürdiges tun und dergleichen auch an seinen Schülern nicht dulden …
3. Er muß nicht jachzornig seyn; er muß Fehler nicht übersehen, welche bemerket und verbessert zu werden verdienen …
4. Schüler muß er, wenn sie es verdienen, zuweilen loben …
5. Sehr oft, oder noch besser, täglich, sage er ihnen etwas, das nützlich seyn, und sie mit guten Grundsätzen erfüllen kann …
6. Das vorsichtige und kluge Bezeigen des Lehrers in einer Schule muß Schüler … vor dem Verderben bewahren …
7. Schüler aller Art, und von jeder Gemütsbeschaffenheit, muß ein Lehrer durch gehörige Zucht in Ordnung halten …

Johann Ignaz von Felbiger in „Eigenschaften, Wissenschaften, und Beziehungen rechtschaffener Schulleute …", 1768.

Das Schulwesen zur Zeit Maria Theresias

Das heutige Oberösterreich war zur Zeit Maria Theresias ein Teil der Diözese Passau. Das gesamte Schulwesen lag im Wesentlichen in den Händen der Kirche und der Grundherrschaft; in den Städten gab es städtische Schulen und eine landständische Schule in Linz. Mit Maria Theresia beginnen im Schulbereich die staatlichen bzw. staatlich kontrollierten Schulen. Die Schulreformen, die Maria Theresia nach Verwaltungs- und Kirchenreform eingeleitet hatte, waren die dritte und letzte Säule der Modernisierung ihres Staatswesens. Ihre Schulgesetze waren ein Teil ihres Sozialprogramms.

In der ersten Phase der Bildungsreform (bis etwa 1748) wollte die Monarchin die traditionelle scholastische Lehrmethode der Jesuiten unter dem Einfluss der Ideen der Aufklärung und der Staatskirchenidee des holländischen Theologen Cornelius Jansen (1585–1638) brechen. In Oberösterreich traf es die Jesuitengymnasien in Linz und Steyr und die Bildungsstätte Traunkirchen. Die Aufhebung des Ordens durch den Papst milderte der zuständige Bischof von Passau. In Oberösterreich verblieb nur noch das Linzer Gymnasium.

„Kavalierserziehung"

Den Unterricht übernahmen ehemalige Jesuiten, Weltpriester und Ordensgeistliche aus den Klöstern St. Florian, Wilhering und Schlägl. Sie hatten ab 1777 nach staatlichen Lehrplänen zu unterrichten. Unterrichtsstätte war das Haus Domgasse 12.

Einige Bilder der 245 Ritterakademiker zieren das Stiegenhaus und der unteren Kabinette der Sternwarte Kremsmünster.

Joannes Ignat. de Felbiger
antiquissimæ ac celeberrimæ Ducalis
Canoniæ Canonicorum regularium
S. August: Congregat: lateran: ad B.V.
Sagani Prælatus et Abbas &c.

Ein halber Oberösterreicher

Der Vater der modernen Schulordnung in Österreich, der schlesische Abt Johann Ignaz von Felbiger, war ein halber Oberösterreicher: seine Mutter war eine gebürtige Schärdingerin. Stich von J. E. Mansfeld, 1775.

Unabhängig vom Gymnasium wurde eine ständische Akademie geführt, die im Linzer Landhaus untergebracht war. Ihr Lehrplan: Kavalierserziehung für Hof- und Kriegsdienst, Unterricht in modernen Fremdsprachen, Musik, Tanzen, Ballspiel, Fechten, Reiten, Fahnenschwingen. Während das Gymnasium sechs Jahre dauerte, währte die Kavalierserziehung zwei Jahre. Die Linzer Ritterakademie wurde schließlich mit der Neugründung der Ritterakademie im Stift Kremsmünster verschmolzen und dorthin verlegt (1750).

Kremsmünster hatte unter seinem bedeutenden Abt Alexander Fixlmillner (1686 bis 1759, Abt 1731–1759) folgende Schulen: ein Gymnasium (durch kaiserliches Dekret ab 1735 eine öffentliche Schule), eine philosophische Lehranstalt (Lyzeum mit Logik, Metaphysik, Physik, Mathematik und Experimentalphysik), eine Ritterakademie, die bereits 1754 mehr Grafen und Barone der Monarchie barg als jede andere im Reich. Dem 1777 bestätigten Bestand der Akademie „für immerwährende Zeiten" durch Maria Theresia wurde durch ihren Sohn Joseph II. bereits 1785 ein jähes Ende bereitet. Eine weitere Pioniertat Kremsmünsters: es hatte 1780 erstmals anstelle des Abtes einen auswärtigen Direktor.

Um das Elementarschulwesen kümmerten sich die Orden der Piaristen und der Ursulinen. In Freistadt gründeten die Piaristen 1760 eine Hauptschule. Man lehrte Religion, Lesen, Schreiben, Rechnen; schließlich kam noch eine Lateinklasse dazu. Für Mädchen gründeten die Ursulinen in der Landstraße ihr Institut, das auch in Handarbeit unterwies.

Das Hauptaugenmerk richtete Maria Theresia in ihrem Reformwerk auf das niedere, das deutsche Schulwesen. Große Impulse gingen dabei vom Verantwortlichen des Landes ob der Enns auf die gesamte Monarchie aus: der schulfreundliche Bischof von Passau, Graf Leopold Ernst von Firmian, Statthalter Christoph Wilhelm Graf von Thürheim und der Dechant von Enns, Engel von Wagrain, thematisierten 1769 Lehrergehälter, Zulassung zum Lehramt, Schulordnung, öffentliches Bewusstsein und Schulpflicht. Allerdings erfasste erst der Staatsrat in Wien die Dringlichkeit dieses Anliegens. So kam es am 6. Dezember 1774 zur Erlassung der „Allgemeinen Schulordnung für die deutschen Normal-, Haupt- und Trivialschulen in sämtlichen Kayserlich Königlichen Erblanden".

Diese Magna Charta des deutschen Schulwesens war ein Treibsatz für fast ein Jahrhundert und bestimmte das bildungspolitische Geschehen der Nachfolgegenerationen. Die Institutionalisierung der Ausbildung von Schulmeistern sollte ab 1775 in der Linzer Normalschule in Kursen erfolgen, welche die dreimonatigen Präparandenkurse (ab 1773) ablösten. Das erste Quartier wurde in der Hofgasse 23 aufgeschlagen. Der berühmteste Schüler: Anton Bruckner.

Ämteranhäufer gab es auch damals

Der Leiter der Schule, Georg Edler von Dornfeld, war ein richtiger Ämteranhäufer: er war Direktor des Gymnasiums, Direktor der Normalschule, als solcher oberstes staatliches Aufsichtsorgan über die deutschen Schulen (Landesschulinspektor), Mitglied der Schulkommission im Land ob der Enns, Landrat und in zahlreichen Spezialfunktionen tätig.

Die Durchführung der Reformen stieß gerade im niederen Schulwesen auf den Widerstand zahlreicher Pfarrer, denn sie brachte Unruhe, neue Arbeit und zusätzliche materielle Belastung. Sie hatten ja die angestammte Schulaufsicht. Ihre Mitwirkung wurde erzwungen, indem ein Priester nur noch dann eine Pfründe (= Lebensgrundlage) erhielt, wenn er vor einer Kommission über das „verbesserte Schulwesen"

Disciplinar-Vorschriften für Lehrer

„Vernünftige Lehrer, die den Umfang ihrer Pflichten kennen, und folglich einsehen, daß die anvertraute Jugend nicht nur in Wissenschaften, sondern auch in guten Sitten unterrichtet werden muß, haben sich bereits aus eigener Erfahrung hinlänglich überzeugen können, daß bey der häufigen Schuljugend auf eine standhafte moralische Bildung gar nicht zu denken ist, wenn nicht eine gute ernstliche, aber doch bescheidene Schuldisciplin zum Grunde geleget wird".

Aus „Disciplinar-Vorschriften, Wien 1781.

Der Schulaufseher

„Die Aufseher jedes Orts haben zu Ostern, und Michaelis, dem Oberaufseher von dem Zustande der Schulen, worüber sie bestellt sind, und vor allem, was sie hierinfalls angeht, Bericht zu erstatten, welchem Berichte sie jedesmal einen Tabellenextrakt nach dem Schema H. beifügen müssen …"

§ 23 der Allgemeinen Schulordnung, 1774.

Unterricht in einer Schulstube um 1750.

Bescheid wusste. Der Vater der neuen Ordnung war Abt Johann Ignaz von Felbiger (1724–1788).
Neben den geistlichen gab es seit Felbiger auch weltliche Aufsichtsorgane. Der Inspektor auf Landesebene war für das niedere Schulwesen der jeweilige Direktor der Normalschule. Der berühmteste oberösterreichische Schulrat war Adalbert Stifter. Die Tätigkeit der Inspektoren leitet das bürokratische Zeitalter des Schulwesens ein und eine Kulturinnovation von unabschätzbarer Bedeutung. Man vermag ab nun die Schulwirklichkeit ständig im Auge zu behalten; für die Zeitgenossen zu überregionaler Planung, für die Nachfahren durch das Studium der Berichte aus den regelmäßigen Visitationen. Diese Berichte verraten die Umsetzungsschwierigkeiten der Schulreform: geringer Schulbesuch, Missachtung der Vorschriften durch die Schulmeister, minderer Wissenstand, unzeitgemäßer Unterricht, missliche Raumlage, Fehlen jeglicher Unterrichtsbehelfe.

Linz war eine Schulstadt

In Linz gab es um 1780 rund 1100 Schüler; schlägt man die unbekannte Zahl der Schüler, die durch Privatlehrer unterrichtet wurden, den errechneten 1200 schulpflichtigen Schülern zu, so kann man für Linz sagen, dass die Reform Maria Theresias bereits voll gegriffen hatte. Linz war mit dem Gymnasium, der Normalschule, den Ursulinen, der Ritterakademie (bis 1750) und den drei Pflichtschulen eine richtige Schulstadt mit etwa 1600 Schülern bei einer Einwohnerzahl von ungefähr 16.000.
Die Eisenstadt Steyr hatte ein noch dichteres Netz von Schulen: fünf niedere Schulen, das Jesuitengymnasium (bis 1773) und wie in anderen Städten etliche Winkelschulen, die von den vom Magistrat bestellten Schulmeistern erbittert bekämpft wurden. Den Steyrer Lehrern erging es wie allen anderen: Empfehlungsschreiben waren gefragt, Hilfsdienste gefordert (Mesner, Musikant, Schreiber für den Magistrat, Hilfe für Schreibunkundige usw.), die Besoldung war niedrig, manchmal sogar ohne festen Satz. In den Städten hatten Lehrer die Chance, am Ende der Dienstzeit in Versorgungshäusern unterzukommen, auf dem Land nicht einmal das. Es sei denn, ihrer nahm sich die Grundherrschaft oder der Patronatsherr an. Auch stiegen die Chancen eines rüstigen jungen Schulmeisters, wenn er die Witwe seines Vorgängers heiratete.
In Wels war das Schulwesen auf eine Stadtschule beschränkt (Schloss Polheim), erst 1783 kam es zur Gründung einer dreiklassigen Hauptschule. Die ehemalige Lateinschule wurde zur Zeit Maria Theresias nur privat betrieben.
Die Städte Ried, Braunau und Schärding standen bis 1779 unter bayerischer Verwaltung. Neben den Pfarrschulen gab es seit dem 16. Jahrhundert Lateinschulen, die zur Zeit Maria Theresias bereits verfallen waren. Für Bayern kam eine neue Schulordnung 1770. Die Eingliederung des Innviertels in das Land ob der Enns brachte keine einschneidenden Schulprobleme.
In den übrigen Städten (Eferding, Grein, Grieskirchen, Schwanenstadt, Steyregg) gab es Pfarr- oder Stadtschulen. In Freistadt wurde zur Schule der Piaristen eine Art Bürgerschule gegründet. Es gab heftige Konkurrenzkämpfe zwischen der Lateinschule der Piaristen und der Hauptschule. Sie endeten 1789 zugunsten der Piaristenschule.
Unter der bäuerlichen Bevölkerung stießen Schulpflicht und Schulgeld auf wenig Gegenliebe. Im Mühlviertel besuchten noch 1807 von 14.097 schulfähigen Kindern nur 9117 die Schule.
Die Belastung des Schulträgers und des Staates versuchte man in engen Grenzen zu halten. Denn der erste seit 1770 diskutierte und schließlich in jeder Schulkommission begründete Schulfonds füllte sich nur zögernd. Der Rückgriff auf das Vermögen des aufgelösten Jesuitenordens war nur beschränkt möglich. Die Besonnenheit der oberösterreichischen Schulkommission auf die ökonomischen und lokalen Aspekte verhinderte einerseits einen breiten Widerstand gegen die Veränderungen im gemeinen Schulwesen, andererseits sicherte dieses Zögern den Folgegenerationen die Weiterführung des Erbes Maria Theresias im Schulwesen.
Auf der Strecke blieben weiterhin die Lehrer im Besoldungsrecht. Ihr Ziel erreichten sie erst im 20. Jahrhundert.

Franz Pree

Comoedianť zu Linz

Supplucatum Fridrich Koberwein, Comoediant zu Linz bittet um Erlaubnis daselbst öffentliche Schauspiele aufführen zu dürfen. Resolotum. Der Landeshauptmannschaft in Österr. ob d. Enns mit der Erinnerung einzuschließen, daß dem Supplicanten, insoferne kein besonders Bedenken fürwaltet, die Abhaltung der Schauspiele erlaubet werden möge. ad protoc. dd. 27 et 28 X ber 1765.

Aus dem Protokoll für Oberösterreich, Archiv des Bundesministeriums des Inneren in Wien, 1766–1767.

„Prospekt des neu Erbauten Closter", Kloster und Spital der Elisabethinen in Linz. Zeichnung von Johann Matthias Krinner. 1755.

Kalender

1761

14.8. In Steyr werden von einem Hochwasser die drei Stadtbrücken weggerissen.

1762

17.5. Verheerender Großbrand in Eferding.

26.9. Von Passau kommend, trifft Leopold Mozart mit seinen Kindern Wolfgang (6) und Nannerl (11) in Linz ein. Unterkunft im Gasthof „Zur Dreifaltigkeit". → S. 180

1.10. Die Mozartkinder veranstalten in Linz ein öffentliches Konzert, das auch die Gemahlin des landesfürstlichen Kommissars in Oberösterreich, Graf Leopold Schlick, und Graf Karl Hieronymus Palffy aus Wien besuchen.

4.10. Auf dem „Wasser ordinaire" reisen die Mozarts am Nachmittag nach Mauthausen, wo sie um 1/28 Uhr abends eintreffen. Am nächsten Tag reisen sie weiter.

1763

2.1. Mozart auf der Durchreise in Linz.

Rebellion der Losensteiner Nagelschmiedgesellen gegen eine staatliche Verordnung, die ihre Arbeitsplätze bedroht. 13 Aufständische werden zu einem Jahr „öffentlicher Arbeit in Eisen" verurteilt.

1764

21.10. Weihe der neuen Stiftskirche Engelszell.

1765

25.10. Festlegung der Grenze zwischen Österreich und Bayern.

Neuorganisation des Landes. Dem Landeshauptmann unterstehen auch die Stände.

Das Postpersonal von Linz besteht aus acht Beamten und zwei Hilfskräften.

1766

Im Hausruckviertel findet man Kohle, die „zum Brodbacken, zum Bierbrauen, zum Branntweinbrennen und bey der Linzer Wollzeugfabrik" zu gebrauchen ist.

1767

11./13.9. Mozarts Vater reist gemeinsam mit seinen Kindern Wolfgang und Nannerl, dem „Bäsle" Maria Anna und dem Bedienten Bernhard von Salzburg nach Wien, sie übernachten in Vöcklabruck. Am nächsten Tag sind sie in Lambach und übernachten in Linz.

Hexenprozess in Steyr.

1768

26./27.2. Die Steyrer werden von einem Erdbeben aufgeschreckt. Der Magistrat lässt ein Dankhochamt zelebrieren, eine Dankprozession zieht durch die Stadt.

20.11. In Mauerkirchen versetzt ein Meteor die Bevölkerung in Angst und Schrecken.

1770

23.4. Eröffnung des Lambacher Barocktheaters mit dem Stück „Der kurzweilige Hochzeitsvertrag" von Maurus Lindemayr (1723–1783) in Anwesenheit der Erzherzogin Marie-Antoinette. →

29.5. Maria Theresia stiftet ein Benefizium in St. Agatha (Pfarre Goisern).

Das Woerndle- und Apothekerhaus *Zwei der schönsten Häuser des Landes sind in Obernberg am Inn zu bewundern: das Woerndlehaus (oben) und das Apothekerhaus (rechte Seite). Die prächtigen Rokoko-Stuckfassaden, aber auch reich stuckierte Zimmer stammen von Johann Baptist Modler, der als Wandergeselle nach Obernberg gekommen war, hier heiratete und arbeitete: im Sommer als Stukkateur, im Winter als Tuchmacher.*

Geburtstage

1762

Johann Peter Schwanthaler (der Jüngere). Bildhauer. Geboren 2. 7. 1762 in Ried. (Gestorben 10. 6. 1838 in Ried.) → 1838

1763

Johann Batsányi. Ungarischer Dichter. Geboren 11. 5. 1763 in Tapolcza. (Gestorben 12. 5. 1845 in Linz.)

Nikolaus Ungnad Graf von Weißenwolff. Feldmarschall-Leutnant. 16. 8. 1763 in Prag. (Gestorben 11. 4. 1825 in Linz.)

1764

Franz Xaver Glöggl. Musiker. Geboren 21. 2. 1764 in Linz. (Gestorben 16. 7. 1839 in Linz.) → S. 201

Johann Nepomuk Mayrhofer. Maler. Geboren 9. 5. 1764 in Oberneukirchen. (Gestorben 1832 in München.)

Josef Abel. Historien- und Porträtmaler. Geboren 22. 8. 1764 in Aschach an der Donau. (Gestorben 7. 10. 1818 in Wien.)

1765

Kajetan Haslinger. Buchhändler. Geboren 2. 4. 1765 in Linz. (Gestorben 6. 11. 1835 in Linz.)

1766

Franz Xaver Süßmayr. Komponist, Schüler Mozarts. Geboren 1766 in Schwanenstadt. (Gestorben 17. 9. 1803 in Wien.) Er vollendete Mozarts „Requiem". → S. 181

1767

Kaspar Duftschmid. Arzt und Insektenforscher. Geboren 19. 11. 1767 in Gmunden. (Gestorben 17. 12. 1821 in Linz.) → 1821

1768

D. Johann Steller. Evangelischer Superintendent (1832–1854, seit 1833 in Vertretung). Geboren 16. 7. 1768 in Kirchdrauf an der Zips. (Gestorben 27. 8. 1857 in Thening.)

Johann Michael Vogl. Schauspieler und Sänger, Freund Franz Schuberts. Geboren 10. 8. 1768 in Steyr. (Gestorben 20. 11. 1840 in Wien.)

Johann Maria Monsorno. Historien- und Porträtmaler. Geboren 1768 in Fiamma bei Ampezzo. (Gestorben 10. 11. 1836 in Wien.) Zahlreiche Ansichten von Oberösterreich.

1770

Josef Wenzel Hayböck. Schulmeister. Geboren 15. 2. 1770 in Urfahr. (Gestorben 29. 8. 1842 in Liebenau.) Bekannt wegen unerschrockener Taten während der Franzosenkriege.

Gregorius Thomas Ziegler. Bischof von Linz (1827–1852). Geboren 7. 3. 1770 in Kirchheim, Diözese Augsburg. (Gestorben 15. 4. 1852 Linz.) → 1827

Leopold Kiesling. Bildhauer. Geboren 8. 10. 1770 in Schöneben bei Liebenau. (Gestorben 27. 11. 1827 in Wien.)

Der reisende Fürstbischof

199 Visitationsreisen von Joseph Dominikus Graf von Lamberg sind aktenmäßig bekannt – eine Sensation für diese Zeit. Graf Lamberg, von 1723 bis 1761 Bischof von Passau, seit 1737 Kardinal, hat die Diözese am längsten regiert und gilt als der bedeutendste Seelsorgebischof des Passauer Großbistums. Er starb am 30. 8. 1761 in Passau. (Geboren 8. 7. 1680 in Steyr.)

Gedenktafel in Steyr am Geburtshaus des „ersten Schubert-Sängers", des Schauspielers und Sängers Johann Michael Vogl, (1768-1840), Freund Franz Schuberts und Vorkämpfer für dessen Musik.

Maria Immaculata auf dem Apothekerhaus in Obernberg.

Rechts: Marie-Antoinette. Kreide und Rötel. 1762.

Unten: Einladung zum Theaterabend in Lambach.

Todestage

1762

Johann Franz Schwanthaler. Bildhauer. Gestorben 3. 7. 1762 in Ried. (Geboren 19. 8. 1683 in Ried.) Sohn von Thomas Schwanthaler aus zweiter Ehe. Er übernimmt 1710 die in den letzten drei Jahren als Witwenbetrieb geführte väterliche Werkstatt. → S. 145

Hugo Schmidinger. Abt von Schlägl (1754–1762). Gestorben 21. 11. 1762 in Schlägl. (Geboren 20. 12. 1702 in Friedberg.)

1764

Johann Gotthard Hayberger. Barockbaumeister, Bürgermeister von Steyr (1759–1764). Gestorben 7. 3. 1764 in Steyr. (Geboren 28. 4. 1695 in Peuerbach.) Stift St. Florian, Steyrer Rathaus.

Johann Joseph Graf von Harrach. Gründer und Komtur der Deutschordenskommende in Linz (1712–1764). Gestorben 8. 8. 1764 in Wien. (Geboren 22. 10. 1678.)

1767

Johann Georg Melndl. Führer der Bauernrebellion. Gestorben 9. 3. 1767 in Salzburg. (Geboren 1682 in Weng im Innkreis.) → S. 153

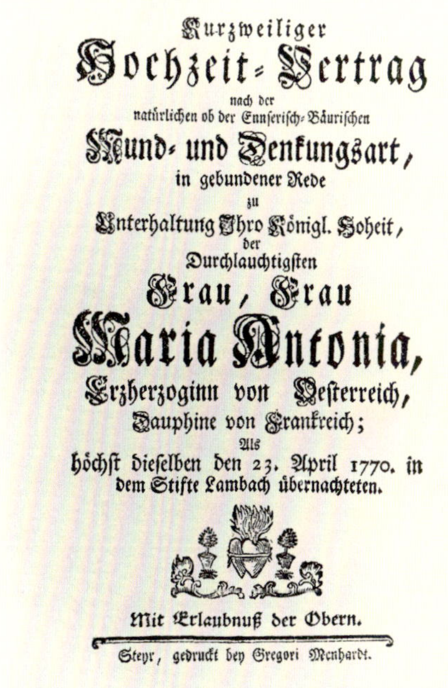

Kurzweiliger
Hochzeit-Vertrag
nach der
natürlichen ob der Ennserisch-Bäurischen
Mund- und Denkungsart,
in gebundener Rede
zu
Unterhaltung Ihro Königl. Hoheit,
der
Durchlauchtigsten
Frau, Frau
Maria Antonia,
Erzherzoginn von Oesterreich,
Dauphine von Frankreich;
Als
höchst dieselben den 23. April 1770. in
dem Stifte Lambach übernachteten.

Mit Erlaubnuß der Obern.

Steyr, gedruckt bey Gregori Menhardt.

Prachtbauten

In Linz wird 1762 mit dem Bau der Elisabethinenkirche begonnen. (Weihe 25. 10. 1768), Steyr baut das Rathaus (1765/1778), Suben die Stiftskirche (1766). In diesen Jahren entstehen prachtvolle Bürgerhäuser mit Rokokofassaden: in Wels, in Steyr, die schönsten in Obernberg am Inn. 1770/72 entsteht in Linz die Ursulinenkirche.

Die kaiserliche Braut

21. Jänner 1765. Joseph II. (1741–1790) trifft in Wels seine Braut, die Prinzessin Maria Josepha von Bayern (1739–1767). So romantisch, wie sich das anhört, ist diese Begegnung allerdings nicht. Nach dem Tod seiner Frau Isabella von Parma (1741–1763) war Joseph von seiner Mutter Maria Theresia eine zweite Ehe verordnet worden. Ohne Rücksicht auf Gefühle war die Wahl auf eine Frau gefallen, die von abstoßender Hässlichkeit und beschränkter Intelligenz war. Am 23. Jänner findet in Schönbrunn die Hochzeit statt, nach zwei unglücklichen Ehejahren stirbt Maria Josepha, 28jährig, an den Blattern. Der Kaiser nimmt nicht einmal am Begräbnis teil.

Prinzessin Marie-Antoinette

22. bis 24. April 1770. Die Erzherzogin Marie-Antoinette, Tochter Maria Theresias, kommt auf dem Weg nach Frankreich, dessen Königin sie werden wird, ins Land ob der Enns. In den kleineren Orten müssen bei der Durchreise die Glocken läuten, an allen militärischen Plätzen hat die Artillerie Salut zu schießen. Die erste Nacht (22./23.) verbringt die Prinzessin im auerspergischen Schloss Ennsegg (Enns), wo ihr zu Ehren ein Festspiel mit Ballett aufgeführt wird. Am nächsten Tag geht die Reise über Kleinmünchen, Neubau und Wels nach Lambach, wo Marie-Antoinette im Kloster übernachtet. Mit einem Theaterabend im Stift, einem Wasserfest und einem Schwerter- und Fackeltanz auf festlich geschmückten Traunschiffen wird die Prinzessin verabschiedet. Am 24. April verlässt sie bei Haag das Land ob der Enns, die nächste Nacht verbringt sie in Braunau, das zu dieser Zeit noch eine bayerische Stadt ist.

Schön und gut

„Schön und gut für Oberösterreich.“
Kaiser Joseph II. (1741–1790) bei seinem Besuch im Innviertel. 1779.

Das Innviertel kommt zu Oberösterreich

In der Silvesternacht 1777/78 herrscht am Hof Kaiser Josephs II. eine fieberhafte Stimmung, die aber nicht von Sektlaune, sondern von politischen Aktivitäten bestimmt ist. Der Tod des bayerischen Kurfürsten Maximilian III. Joseph am 30. Dezember 1777 bedeutet für den Sohn Maria Theresias eine Chance: Der Wittelsbacher hatte keine Kinder, das bayerische Erbe fällt dem Kurfürsten Karl Theodor von der Pfalz zu, der jedoch an Bayern wenig Interesse zeigt und der gerne bereit ist, es gegen habsburgische Besitzungen im Westen zu tauschen. Das passt sehr gut in die Pläne des Kaisers, der durch den Erwerb Bayerns den Verlust von Schlesien an Preußen ausgleichen will.

Von den Preußen kommen allerdings auch jetzt die Schwierigkeiten. Friedrich II. erhebt Einspruch gegen die Abmachungen zwischen dem Kaiser und dem bayerischen Kurfürsten. Schließlich kommt es deshalb zu einem Krieg, der zynischerweise als „Kartoffelkrieg“ (bei den Preußen) oder „Zwetschkenrummel“ (bei den Österreichern) in die Geschichte eingegangen ist, weil dabei angeblich mehr gestohlen als geschossen wurde. Für die rund 20.000 Österreicher, die ihr Leben lassen mussten, war dieser Krieg ganz sicher kein heiterer Rummel. Die offizielle Bezeichnung „Bayerischer Erbfolgekrieg“ ist wohl zutreffender. Erst 1779, mit einem Waffenstillstand im März und mit dem Frieden von Teschen im Mai, wird dieser Krieg beendet. Mit diesem Frieden wird das Innviertel ein Teil Oberösterreichs.

Karte des Innviertels. Erschienen im Verlag Tobias Conrad Lotter in Augsburg. 1779.

Innviertler Wirtshausszene. Ölgemälde von Johann Baptist Wengler. 1848.

Sammelbild mit Ansichten und Volksszenen aus dem Innviertel. Anonyme aquarellierte Federzeichnung. Um 1845.

Fünf Viertel

Mit dem kaiserlichen Patent vom 31. Mai 1779, das die Inbesitznahme des von Bayern an Österreich übergegangenen Landesteiles am Inn proklamierte und die Bezeichnung „Innviertel" verkündete, hatte das Land ob der Enns plötzlich fünf Viertel. Man wusste sich zu helfen, indem man kurz darauf die nördlich der Donau gelegenen Viertel, das Mühlviertel und das Machlandviertel, zu einem Viertel vereinigte, dem „Mühlviertel".

Auf ins Innviertel

„Drum auf ins Innviertel, wo sich so gut und selbstbewusst leben lässt!"

Der Historiker Roman Sandgruber, „Oberösterreichische Nachrichten", 10. Juni. 2010.

Das Innviertel kommt zu Oberösterreich

Kaiser Joseph II.

Der Friede von Teschen

3. Jänner 1778. Vier Tage nach dem Tod des bayerischen Kurfürsten Maximilian III. Joseph von Bayern wird in Wien ein Vertrag unterzeichnet, der den Anspruch Josephs II. auf Bayern anerkennt. Unmittelbar danach setzen sich österreichische Truppen in Marsch und besetzen die Österreich zugesprochenen Landesteile in Niederbayern.

14. Jänner. Schärding wird besetzt.

21. Jänner. Feierliche Besitzergreifung der bayrischen Landesteile durch Österreich. Das bayerische Wappen wird durch den kaiserlichen Adler ersetzt. Zu den von Österreich in Besitz genommenem Gebiet gehört auch jener Teil des späteren Innviertels, der rechts der festgesetzten Demarkationslinie liegt, die von Geiersberg über St. Ulrich bei St. Martin und zwischen Obernberg und Katzenberg an den Inn führt. Dieser Teil des Innviertels gehört also bereits seit Jänner 1778 de facto zu Österreich.

5. Juli. Preußische Truppen überschreiten die böhmische Grenze. Damit beginnt der Bayerische Erbfolgekrieg.

13. Mai 1779. Mit der Unterzeichnung des Friedensvertrags in der zu Österreichisch-Schlesien gehörenden Kleinstadt Teschen kommt durch Hofkammerdekret vom 9. 6. 1779 das Innviertel an das Kaisertum Österreich, das dafür „ewigen Verzicht" auf Bayern schwören muss. Österreich bekommt „die Ämter Wildshut, Braunau, nebst der Stadt dieses Namens, Mauerkirchen, Friedburg, Mattighofen, Ried, Schärding und überhaupt den ganzen Teil von Bayern, der zwischen der Donau, Inn und Salzach liegt". (Obernberg am Inn und Vichtenstein bleiben bis 1782 in der Landeshoheit des Hochstifts Passau.)

31. Mai. In einem kaiserlichen Patent taucht erstmals der Name „Innviertel" auf.

2. Juni. Gemäß den Vereinbarungen ziehen die österreichischen Truppen aus Niederbayern ab, am gleichen Tag huldigt die Bevölkerung in Braunau dem neuen Landesherrn, den der oberösterreichische Landeshauptmann Christoph Wilhelm Graf Thürheim vertritt.

28. Oktober bis 3. November. Kaiser Joseph II. kommt ins Innviertel, das er „schön und gut und für Oberösterreich sehr gelegen" findet. (In den Napoleonischen Kriegen wird das Innviertel von den Franzosen 1809 besetzt und 1810 den Bayern zugesprochen, Wiedervereinigung mit Österreich am 14. April 1816.)

Ans Innviertler Volk

In an herzliaben Landl
Woaß ih herzliabe Leut;
Und denan mecht ih was antoan,
Was s' rechtsinni freut.

Mei Vada, mei Muader
Und allerloa Freund,
Dö ham ghaust durt und hausen
Nu viel bis auf heunt.

Mir rödn dösell Sprach,
Ih wia sö, sö wia ih
Und, natürli, vostehn üns,
Ih sö und sö mih.

Und alls had ma Guats tan,
Und alls had mih gern;
Und drum mecht i iahn a
Gern a Bildl vorehrn.

Aber, mein Gott! Ih han nix,
Ih bin nix, ih kann nix –
Müat na sein, daß 's enk gfällt,
Wann oans – singt und vozählt!

Ih wunsch, daß 's enk gfiel,
Gfällt 's enk nöt, aft ist 's schad;
Doh, a Spitzbua, sagt 's Sprihwort,
Gibt mehr als a had!

Franz Stelzhamer

Kolorierter Plan aus dem Stift Reichersberg.

Aquarell eines Schiffszuges an der Donau. Anonym.

Bittseufzer der Schiffleut

Gesetzt, das Schiff zerbricht.
Uns selbst verlaß doch nicht!
Auch Petrus fing schon an zu sinken.
Doch ließest Du ihn nicht ertrinken.
Auch unser Leben, Hab und Gut
Ist, Herr, in Deiner Hut.

Bittseufzer der k. k. Salzschiffleute am Stadel vor der Salzausfuhr um eine beglückte Schifffahrt, 1771.

Übler Sitten halber

„An die Landeshauptmannschaft in Ö. ob d. E. per Decretum über die Vorstellung der Linzer Theatral-Impresa von 30. April seye resolviret, daß die sogenannte Tillische Comoedianten-Familie ihrer bekannten üblen Sitten halber binnen 3 wochen a die recepti nicht nur von Linz

1771–1780

Kalender

1771

18.1. Gründung der k. k. Agrikultur-Gesellschaft im Erzherzogtum Österreich ob der Enns.

3.5. Großbrand in Aistersheim.

1772

Winter. Im Kirchenholz von Mauerkirchen wird der letzte Bär im Innviertel erlegt.

Gründung einer Chirurgenschule in Linz. (1808 aufgehoben.)

1773

11.3. Bei einem Großbrand in Gallneukirchen werden 64 Häuser zerstört.

1774

9.5. Größte Brandkatastrophe in Mondsee: 146 von 193 Häusern werden ein Raub der Flammen.

24.(?)9. Mozart auf der Durchreise von Wien nach Salzburg in Linz.

Nach Aufhebung des Jesuitenordens in Linz, Steyr und Traunkirchen werden die Bibliotheken dieser Klöster zur „Bibliotheca publica" vereinigt (der späteren Studien- bzw. Landesbibliothek).

1775

24.4. Eröffnung der k. k. Normalschule in Linz mit zwei Klassen.

1776

2.1. Abschaffung der „Tortur" (Folter) in Österreich.

1777

22.4. Großbrand in Ischl.

30.12. Mit dem Tod des Kurfürsten Maximilian III. Joseph (geb. 1727) sterben die in Bayern regierenden Wittelsbacher aus, Kaiser Joseph II. (1741–1790) meldet Ansprüche auf bayerisches Gebiet an. → S. 176/77

Das Welser Stadthaus „Kremsmünstererhof" erhält eine Rokokofassade.

In einem handgeschriebenen Kochbuch werden für die Linzer Torte drei verschiedene Arten der Herstellung angeführt. → S. 437

1779

29.3. Großbrand in Schärding.

26.10. Auf seiner Oberösterreich-Reise besichtigt Kaiser Joseph II. die Salzkammergut-Salinen.

1780

Oberösterreich hat 601.000 Einwohner. (1700: 450.000, 1800: 626.000, 1900: 810.854, 2001: 1,376.797, 2011: 1,412.640.)

Geburtstage

1771

Michael Arneth. Propst von St. Florian (1823 bis 1854). Geboren 9. 1. 1771 in Leopoldschlag. (Gestorben 24. 3. 1854 in St. Florian.) → 1854

Mathias Leopold Schleifer. Dichter, Freund von Nikolaus Lenau. Geboren 10. 3. 1771 in Wildendürnbach, NÖ. (Gest. 26. 9. 1842 in Gmunden.)

Franz de Paula Wirer. Begründer des Kurortes Ischl. Geboren 2. 4. 1771 in Korneuburg. (Gestorben 30. 3. 1844 in Wien.) → S. 208

Franz Kurz. Augustiner-Chorherr. Geboren 2. 7. 1771 in Kefermarkt. (Gestorben 12. 4. 1843 in St. Florian.) → 1843

1772

Friedrich Immanuel Eurich. Buchhändler und Buchdrucker. Geboren 15. 1. 1772 in Stuttgart. (Gestorben 10. 6. 1851 in Linz.)

1773

Joseph August Schultes. Reiseschriftsteller. Geboren 15. 4. 1773 in Wien. (Gestorben 21. 4. 1831 in Landshut.) → S. 213

Franz Ferdinand Schiller. Salzoberamtmann in Gmunden (1824–1844). Geboren 15. 7. 1773 in Pontebba. (Gestorben 25. 8. 1861 in Graz.) Reformer des Salinenwesens im Kammergut.

Josef Schmidberger. Florianer Chorherr. Geboren 4. 11. 1773 in Urfahr. (Gestorben 10. 8. 1844 in St. Florian.) → 1844

Franz Xaver Prinz. Stadtsyndikus (1810–1838) und Bürgermeister (1812–1818) von Schwanenstadt. Geboren 23. 11. 1773 in Deutschböhmen. (Gest. 15. 1. 1838 in Schwanenstadt.) Verfasser der „Schwanenkunde" (Urkundensammlung).

1774

Anton (Placidus) Hall. Ordenspriester, Lehrer Adalbert Stifters. Geboren 13. 1. 1774 in Kaplitz. (Gest. 2. 5. 1853 in Pfarrkirchen bei Bad Hall.)

1775

Maurus (Franz Bor.) Stützinger. Abt von Lambach (1812–1820). Geboren 5. 1. 1775 in Gmunden. (Gestorben 7. 8. 1842 in Salzburg.) → 1842

1777

Adolph Friedrich Kunike. Lithograph, Zeichner. Geboren 25. 2. 1777 in Greifswald oder auf Rügen. (Gestorben 17. 4. 1838 in Wien.) → 1838

Michael Huemer. „Bauernadvokat". Geboren 17. 8. 1777 in Elmberg bei Linz. (Gestorben 10. 5. 1849 in Oberweitersdorf.) → 1849

Josef Bischoff. Der am längsten amtierende Bürgermeister von Linz (1821–1848) und der letzte beamtete (geprüfte) Bürgermeister. Geboren 21. 8. 1777 in Kremsmünster. (Gest. 25. 8. 1855 in Linz.)

1779

Johann Ungnad Graf von Weißenwolff. Oberst-Erblandhofmeister. Geboren 11. 5. 1779 in Wien. (Gestorben 27. 4. 1855 in Linz.) Erster Vorstand des Museums Francisco Carolinum in Linz, Präsident des Oberösterreichischen Kunstvereines.

Johann Nepomuk Schödlberger. Maler und Radierer (Gemälde des Traunfalls). Geboren 22. 5. 1779 in Wien. (Gestorben 26. 1. 1853 in Wien.)

Johann Baptist Schiedermayr. Komponist, Linzer Domorganist. Geboren 23. 6. 1779 in Pfaffenhofen, Bayern. (Gestorben 6. 1. 1840 in Linz.)

Benedikt Pillwein. Historiograph und Heimatforscher. Geboren 26. 11. 1779 in Obersulz, Niederösterreich. (Gestorben 27. 1. 1847 in Linz.)

1780

Johann Georg Kaiser. Büchsenmacher, Graveur. Geboren 30. 5. 1780 in Kremsmünster. (Gestorben 13. 5. 1874 in Kremsmünster.)

Theodor Graf Baillet von Latour. Kriegsminister. Geboren 15. 6. 1780 in Linz. (Ermordet 6. 10. 1848 in Wien.)

Anton Mayer. Gründer der Linzer Musikschule. Geboren 21. 6. 1780 in Dobesch, Böhmen. (Gestorben 27. 8. 1854 in Linz.) → S. 207

Der Schifferort Stadl mit alten Salzstadeln.

Schiffleute von Stadl

1776. Ein markantes Ereignis für die Traunschifffahrt: Das Salztransportamt kommt nach Stadl, dem wichtigsten Umschlagplatz des Salzes auf dem Weg vom Salzkammergut nach Norden und Westen. Schon in der Urgeschichte wurde die Traun als Transportweg für das Salz benützt, in Gmunden gab es schon 1343 eine Schifferinnung, die „Stadlinger Schiffleute" tauchen 1416 in einer Urkunde auf. Der natürliche Hafen in der Nähe des Zusammenflusses von Traun und Ager bot sich als Umschlag- und Lagerplatz an, Grundherr war das Stift Lambach. Im Schiffleutemuseum von Stadl-Paura wird aufbewahrt, was an die alte Schifferzunft und an diesen durch Jahrhunderte wichtigen Wirtschaftsfaktor erinnert: Werkzeuge und Urkunden, Modelle der Salzstadel und Salzschiffe.

sondern auch aus allen Erblanden ohne weiterem abgeschafft werden sollte. Wien den 7. May 1774."

Archiv des Innenministeriums, Wien, 1774–1775, über den Konflikt des Theaterunternehmers Johann Tilly mit der Keuschheitskommission.

Extemporieren verboten

„Das k. k. Landesgesetz endlich, wodurch auf allen erbländischen Bühnen das Extemporieren verboten wurde, machte den Bernardonischen, Burlinischen, Riplischen, Kasperlianischen Spässen ganz ein Ende."

Aus „K. k. allergn. priv. neue Realzeitung", Wien 1777.

Ochsenstall als Schauspielhaus

„In der Hauptstadt hat man sinnreicherweise einen Ochsenstall in ein Schauspielhaus verwandelt und diesem die Form einer chinesischen Mausfalle gegeben. Rückwärts des Theaters, an einem anstoßenden abgelegenem Platze ist die Holz- und Mühlsteinniederlage."

Aus „Anselmus Rabiosus Reise nach dem Kürbislande im Jahre 1779". (Mit „Kürbisland" ist Oberösterreich gemeint.)

Das Schiffleutemuseum

Erinnerung an die alte Tradition der Schiffer: das Schiffleutemuseum in Stadl-Paura. Gemälde von Adolf van der Venne. 19. Jahrhundert.

Todestage

1772

Paul Ulrich Trientl. Baumeister. Gestorben 6. 4. 1772 in Wien. (Geboren 1700.) → S. 140

Bernhard Schmid. Maler und Goldschmied. Gestorben 18. 5. 1772 in Gmunden. (Geboren 14. 8. 1712 in Gmunden.)

1773

Simon (Bernhard) Lidl. Abt von Mondsee (1729 bis 1773). Gestorben 4. 9. 1773 in Mondsee. (Geboren 27. 10. 1690 in Ischl.) Barocker Bauherr des Stifts.

1774

Johann Baptist Modler. Stukkateur. Gestorben 11. 11. 1774 in Obernberg am Inn. (Geboren 30. 5. 1697 in Hohenfels, Oberpfalz.) Woerndle- und Apothekerhaus Obernberg. → S. 143, 174, 175

1776

Josef Franz. Mathematiker und Physiker. Gestorben 12. 4. 1776 in Wien. (Geboren 23. 2. 1704 in Linz.) Lehrer Kaiser Josephs II. (1741–1790).

1777

Ludwig Bertrand Neumann. Erster Rektor des neugegründeten Piaristenkollegs in Freistadt. Gestorben 12.8.1777 in Horn. (Geboren 24. 5. 1726 in Freistadt.)

Die treue Sef

1776. Aus Hallstatt flüchtet der Deserteur Franz Engl in die Koppenbrüllerhöhle (Obertraun), wo ihn seine Geliebte, die „Hofer Sef", verborgen hält. Als er erkrankt, schleicht sie zum Pfarrer von Hallstatt, um ihn zu einem Versehgang zu bewegen. Auf seine Bitte hin soll er von Maria Theresia begnadigt worden sein.

Schiffmann in Festtracht und mit Paraderuder aus Stadl-Paura. Aquarell von Rudolf Haase. 2. Hälfte 19. Jahrhundert.

Der Kaiser gibt nach

Ein Pfarrvikar von Kleinzell, Mathias Jetschgo (1735–1781), widersetzt sich 1777 der kaiserlichen Anordnung, das Wallfahrtsbild „Maria Landshut" aus der Kirche zu entfernen. Lieber lassen sie Leib und Leben als dieses Bild, sagen viele Gläubige, und der Pfarrer macht sich zu ihrem Sprecher. Er schildert die Stimmung so eindringlich, dass schließlich die Bewilligung für die Wallfahrten erteilt wird, was die Beliebtheit Kleinzells als Marien-Wallfahrtsort noch steigert.

Wappen von Lauffen auf dem „Gott'smanns-Stoan".

Stiftsorgel St. Florian

Nach vierjähriger Bauzeit ist sie 1774 vollendet, jene prächtige Stiftsorgel von St. Florian, die früher Krismann-Orgel hieß (nach dem Orgelbauer Franz Xaver Krismann), die inzwischen jedoch nach dem berühmtesten Musiker, der je auf ihr spielte, allgemein als Bruckner-Orgel bekannt ist. Nach mehreren Modernisierungen besitzt sie 7343 Pfeifen und 103 klingende Register.

Adresse à Lintz

„Du kannst mir auf diesen Brief noch antworten, aber du mußt die Adresse à Lintz poste restante machen."

Wolfgang Amadeus Mozart in einem Brief vom 17. Oktober 1790 aus Mainz an seine Frau Constanze. Mozart kam vermutlich am 8. November 1790 nach Linz, auf der Durchreise von München zu den Krönungsfeierlichkeiten für Joseph II. in Wien.

Mozart und Lambach

Mehrmals war Mozart im Benediktinerstift Lambach (1767, 1769, 1773, 1783). Über die „Lambacher Sinfonie" bzw. die Lambacher Sinfonien sind sich die Wissenschafter nicht ganz einig. Wahrscheinlich ist die „Neue Lambacher Sinfonie" ein Werk von Leopold Mozart (um 1768/69), die „Alte Lambacher Sinfonie" (KV 45A) dürfte Wolfgang Amadeus Mozart schon 1766, also mit zehn Jahren, komponiert haben.

So entstand Mozarts „Linzer Sinfonie"

Mozart gehört nach Salzburg, das weiß man, viele wissen auch, dass Linz eine Brucknerstadt ist, aber was verbindet Mozart und Linz? Musikkenner wissen, dass es eine „Linzer Sinfonie" gibt, aber auch sie können meist nicht sagen, in welchem Haus dieses Werk entstand, das seit mehr als zweihundert Jahren in der ganzen Welt auf den Konzertprogrammen steht.

Von Kindheit an war Mozart, der ja als Wunderkind mehr verehrt wurde als in späteren Lebensjahren, ans Reisen gewöhnt. So bequem, wie wir heute reisen, war das seinerzeit allerdings nicht. Auch nicht so romantisch, wie es uns in den historischen Filmen vorgeführt wird. Mozart hat selbst einmal geschildert, wie er bei solchen Reisen ausgesehen hat: „... die Hände auf das Polster gestützt und den Hintern in Lüften haltend."

Mehrmals auf seinen Reisen fährt Mozart durch Linz, mehrmals bleibt er auch in Linz, wenn auch niemals für längere Zeit. 1762, im Alter von sechs Jahren, übernachtet der kleine Wolferl mit seinen Eltern im Gasthof „Zur Dreifaltigkeit" in der Linzer Hofgasse. Es ist dies einer der längsten Aufenthalte Mozarts in Linz.

Die Mozarts sind unterwegs nach Wien, dabei sind einige Tage in Linz eingeplant. Bei dieser Reise muss sich auch niemand auf Polster stützen oder „den Hintern in Lüften halten", denn man kommt per Schiff nach Linz.

Der kleine Mozart holte sich den „Linzer Katarrh"

Von Passau kommend, trifft die Familie Mozart, in Begleitung des Passauer Domherrn Ernst Johann Graf Herberstein, am Nachmittag des 26. September 1762 in Linz ein.

„Haben sie nicht geglaubt, wir wären schon in Wien, da wir doch noch in Linz sind", heißt es in einem Brief Leopold Mozarts. Vater Mozart bedauert, dass er in Passau „wider unsern Willen" fünf Tage zubringen musste, denn diese Verzögerung, „daran Sr. Fürstl. Gnaden in Passau schuld sind", kostete ihn 30 Gulden.

Am 1. Oktober 1762 veranstalten die Mozart-Kinder Wolfgang und Nannerl in Linz ein öffentliches Konzert. Es findet vermutlich im Gasthof „Zur Dreifaltigkeit" statt. Sehr viel wissen wir darüber nicht, außer dass daran die Gemahlin des landesfürstlichen Kommissars in Oberösterreich, Graf Leopold Schlick, und Graf Karl Hieronymus Palffy aus Wien teilgenommen haben – und dass dem kleinen Mozart die Linzer Luft nicht besonders gut tat. Erst zwei Wochen später kann der Vater in einem Brief aus Wien berichten, dass der Bub den Linzer Katarrh überstanden habe und gottlob wieder gesund sei.

Drei Tage nach dem Konzert, am 4. Oktober, geht die Reise der Mozarts weiter. Auf dem „Wasser ordinaire" fährt man bis Mauthausen, in den nächsten zwei Tagen nach Wien.

Als Elfjähriger übernachtet Mozart wieder in Linz, 1774 ist noch eine Übernachtung in den Mozart-Biographien vermerkt, aber dabei handelt es sich, wie möglicherweise auch noch später, nur um Aufenthalte auf der Durchreise.

Die nachhaltigste Berührung mit der oberösterreichischen Landeshauptstadt findet im Herbst des Jahres 1783 statt. Mozart ist damals 27 Jahre alt, er hat ein Jahr vorher Constanze Weber geheiratet, im Wiener Burgtheater ist „Die Entführung aus dem Serail" zum ersten Mal aufgeführt worden, jenes Werk, das zu Lebzeiten Mozarts sein größter Bühnenerfolg ist.

Mozart war in Salzburg, wo er vergeblich

So sah er aus, der kleine Mozart, als er im Herbst 1762 zum ersten Mal nach Linz kam und gemeinsam mit seiner Schwester Nannerl hier ein öffentliches Konzert gab. Am Wiener Hof hatte der Sechsjährige dieses Kostüm geschenkt bekommen, mit dem ihn kurz darauf ein unbekannter Künstler porträtierte.

In Linz wurde er „in diesem Hause mit höflichkeit überschüttet", schrieb Mozart an seinen Vater. In diesem Hause, heute Altstadt/Klosterstraße (rechts), komponierte Mozart während eines kurzen Aufenthalts jenes Werk, das in aller Welt als „Linzer Sinfonie" auf den Konzertprogrammen steht.

Schwermut und Fröhlichkeit

„Die äußere Anlage des Werkes ist wie die Instrumentation auf festlichen Glanz gestimmt, dabei aber reich an Gegensätzen zwischen rauschender Fröhlichkeit und schwärmerischer Kantabilität. Dieses Werk blieb vor den vier berühmten Arbeiten der späteren Wiener Zeit, die Mozarts symphonisches Lebenswerk großartig abschlossen, das letzte. Diesen an Kraft und seelischer Vertiefung nicht ganz ebenbürtig, ist es doch voll verhaltener Schwermut hinter der glänzenden Gebärde."

Der Mozart-Forscher und Dirigent Bernhard Paumgartner (1887–1971) über die „Linzer Sinfonie".

versucht hat, den Vater mit seiner Frau auszusöhnen. Am 30. Oktober 1783 treffen Wolfgang und Constanze Mozart in Linz ein, nach Aufenthalten in Vöcklabruck (Mozart nennt es scherzhaft „Vögelbruck"), Lambach und Ebelsberg. In Lambach, wo Mozart auf der Orgel spielt, hört er, dass „den andern tag zu Ebelsperg eine opera aufgeführt wird". Da „fast ganz linz aldort versammelt seyn wird", entschließt sich Mozart, „also auch dabey zu seyn".

Das Ehepaar Mozart wohnt beim Grafen Johann Anton Thun-Hohenstein, mit dem die Mozarts seit langem befreundet sind. „Ich möchte nur gleich bey ihm anfahren, denn ich müsste bey ihm Logiren", schreibt Mozart über diese Einladung. Als die Mozarts die Stadt Linz erreichen, „war schon ein bedienter da, um uns zum alten grafen thun zu führen, alwo wir nun auch Logiren. Ich kann ihn nicht genug sagen wie sehr man uns in diesem Hause mit höflichkeit überschüttet …"

„Über Hals und Kopf" eine Symphonie komponiert

Das in der Barockzeit umgebaute Freihaus Starhemberg ist bis heute ein schöner und imposanter Bau. Gegenüber dem der Altstadt zugekehrten Renaissance-Portal des Landhauses steht das mächtige Eckhaus in einem reizvollen Kontrast zu dem lieblichen Plätzchen am Treffpunkt von Altstadt und Klosterstraße. Zu Mozarts Zeiten war hier der Minoritenplatz.

Was heute im Wesentlichen doch nur eine Straße ist, war früher allerdings wirklich ein Platz, der zur Theaterseite hin geschlossen war. Die Fortsetzung der Klosterstraße zur Promenade, die heutige Theatergasse, gibt es erst seit dem Stadtbrand von 1800.

Am 30. Oktober 1783 kam Mozart nach Linz, fünf Tage später sollte im Linzer Theater eine Akademie stattfinden, die der Graf arrangiert hatte.

„… und weil ich keine einzige Simphonie bey mir habe, so schreibe ich über hals und kopf an einer Neuen, welche bis dahin fertig seyn muß", berichtet Mozart seinem Vater. Und beendet den Brief, indem er nur noch hinzufügt: „Nun muß ich schlüssen, weil ich nothwendigerweise arbeiten muß." Einen Tag vor der Aufführung hat Mozart die Arbeit vollendet. Er widmet sie seinem Gastgeber Graf Thun.

Bis heute zählt dieses Werk zum ständigen Programm der Konzerte. Es trägt den Namen der Stadt Linz in alle Welt: die Sinfonie Nr. 36 in C-Dur, KV 425, genannt „Linzer Sinfonie", ein äußerst populäres, liebenswürdiges Werk.

Rudolf Lehr

Dieses Bild stammt etwa aus der Zeit, in der die Linzer Sinfonie entstand. Es ist das letzte, unvollendete Porträt. Ölgemälde von Joseph Lange. 1782/83.

Franz Xaver Süßmayr: Mozarts unfreiwilliger Hofnarr

Sofort nach Mozarts Tod (1791) wollte seine Frau Constanze das unfertig hinterlassene Requiem zu Geld machen. Übel mitgespielt wurde dabei jenem Mann, der inzwischen als der Vollender des Requiems gewürdigt wird: dem in Schwanenstadt geborenen, damals 25jährigen Franz Xaver Süßmayr.

Nach Mozarts Tod wandte sich die Gunst des Publikums dem Vorzugsschüler Mozarts zu, von dem man wusste, dass er auch privat engen Kontakt mit dem Meister hatte. Der Theaterdirektor Emanuel Schikaneder, Textdichter der „Zauberflöte", verstand das sofort auszunützen. „Zögling der beiden Kapellmeister Herrn Salieri und weiland Herrn Mozart" lautete Schikaneders Werbemasche. 1794 erzielte das Duo Schikaneder-Süßmayr mit der Oper „Der Spiegel von Arkadien" einen Volltreffer. Das Werk ist ein Abklatsch der „Zauberflöte". Den Leuten gefiel es. Süßmayr komponierte für sein Publikum, nicht für die Nachwelt. Seine Melodien gingen ins Ohr. Er war ein Erfolgskomponist geworden: mit 40 Symphonien, 26 Opern, Singspielen und Operetten, mit Messen, Liedern, Chorwerken, Balletten, Tänzen und Märschen.

Wenn man Mozarts Briefe nach Äußerungen über Süßmayr absucht, darf man nicht zimperlich sein: „Süssmayr soll mir doch Nr. 4 und 5 von meiner schrift (gemeint war die „Zauberflöte") schicken – auch was ich sonst begehrt habe, und soll mich am Arsch lecken", schreibt er an seine Frau Constanze nach Baden bei Wien.

Süßmayr war Mozarts Schüler, Notenschreiber, Handlanger und wohl auch Prügelknabe. Der gutmütige Süßmayr fand sich mit der Rolle eines Hofnarren ab. Er erduldete Mozarts Schrullen und Demütigungen.

Die Demütigungen reichten über Mozarts Tod hinaus. Als das Requiem in Druck erschien, wusste niemand, dass Süßmayr an diesem Werk wesentlichen Anteil hatte. Sein Name wurde totgeschwiegen.

Nicht einmal zehn Jahre dauerte die Erfolgsserie des Komponisten Süßmayr. Der Stern war verblasst, das Geld verprasst. Süßmayr führte ein flottes Leben und glich seinem Lehrer und Vorbild auch darin, dass ihm das Geld zwischen den Finger zerrann. Immer mehr musste er sich aufs Bitten verlegen, um eines seiner Werke unterzubringen. Schließlich begann er zu trinken und war schwer verschuldet. Mit 37 Jahren starb er und wurde in einem Wiener Armengrab bestattet.

Rudolf Lehr

Die schönen Linzerinnen

„Ich hatte viel von den schönen Linzerinnen gehört. Ich habe bey meiner zweymaligen Anwesenheit genau darauf Acht gegeben, und den Ruf bestätigt gefunden. Es fällt einem aufmerksamen Beobachter sehr in die Augen, dass beide Geschlechter hier schön sind, besonders aber das weibliche. Ich habe fast nirgends so wie hier lauter schön gewachsene Frauenzimmer, ohne Ausnahme gesehen. Die meisten haben eine blendend weiße Haut und schmachtende Augen."

Friedrich Nicolai (1733–1811) in „Beschreibung einer Reise durch Deutschland und die Schweiz im Jahre 1781", Berlin-Stettin 1783/86.

Der Kremsmünsterer Stiftshof, 1721–1726 von Jakob Prandtauer erbaut, wird 1784 Residenz des Linzer Bischofs (Gartenseite).

1781–1800

Kalender

1781

Aufhebung der Leibeigenschaft in den habsburgischen Ländern.

1782

12.1. Klosteraufhebungsdekret Kaiser Josephs II. (1741–1790). →

27.6. Linzer Vertrag. Innerhalb des 1779 zu Österreich gekommenen Innviertels gab es noch zwei Enklaven, in denen das Hochstift Passau die Landeshoheit innehatte. Zwischen Bischof Leopold Ernst von Passau (1708–1783) und Kaiser Joseph II. tritt nun das Hochstift seine Hoheitsrechte über Obernberg am Inn und Vichtenstein an der Donau an Österreich ab.

1783

16.1. Einführung der „Civil-Ehe" in Österreich.

16.3. Errichtung der Diözese Linz durch Kaiser Joseph II. →

19.5. Johann Christian Thielisch (1749–1827), Pfarrer in Scharten, wird zum ersten Superintendenten der neu gegründeten Evangelischen Superintendenz-Diözese Augsburger Bekenntnisses für Oberösterreich ernannt.

21.7. Resolution Kaiser Josephs II. über die Neuregelung des Landes, in der auch die Unterstellung des bisher von der Wiener Hofkammer verwalteten Salzkammerguts unter die „ob der ennsische Regierung" in Linz verfügt wird.

27./30.10. Wolfgang und Constanze Mozart reisen von Salzburg über Vöcklabruck, Lambach und Ebelsberg nach Linz, wo sie am 30. Oktober eintreffen und Gäste des Grafen Johann Anton Thun-Hohenstein sind.

4.11. Uraufführung von Mozarts „Linzer Sinfonie" (KV 425) im Theater in Linz. → S. 180

1784

29.1. Das dem Stift Kremsmünster gehörende Haus in der Linzer Herrenstraße wird zur Residenz des Linzer Bischofs bestimmt. →

22.3. Kaiserliche Bestätigung der Marktprivilegien von Engelhartszell.

12.9. Ein Professor am Linzer Lyzeum, der Ex-Jesuit Franz Racher, lässt vom Bergschlössl zwei mit Wasserstoff gefüllte „Luftbälle" aufsteigen.

4.12. Die Linzer Ignatiuskirche wird Domkirche.

Im Zuge der Josephinischen Magistratsregulierung tritt in Linz anstelle der alten Bürgerverfassung an die Spitze der Gemeinde ein Amtsbürgermeister. Ihm zur Seite stehen sechs geprüfte Magistratsräte.

1784/87

Mit Knüppeln bewaffnet wehren sich die Untertanen der Herrschaft Greinburg gegen übermäßige Robote und verjagen die Landgerichtsdiener. Die Aufständischen werden eingekerkert und zu Zwangsarbeit verurteilt.

1785

1.3. In Kremsmünster wird eine Temperatur von – 37,5 Grad gemessen.

Das Berggericht Steyr untersucht „das Gebirge von Wolfsegg"; Anschlag des ersten Stollens in Kohlgrube.

In Wels kommt es zu einer Neuordnung des Gemeindewesens, Schulwesens und der Armenfürsorge, zur Trockenlegung des Stadtgrabens und zu einem Verbot von Wasserspeiern und der Vorschreibung von Dachrohren.

1786

Mit der Gründung der Ärarischen Gewehrfabrik Unterhimmel (dann Manchesterfabrik im ehemaligen Dominikanerkloster) beginnt in Steyr die Industrialisierung.

In Wels werden die Galgen abgebrochen.

1787

28.1. Das Gebäude des säkularisierten Klosters der Karmelitinnen in Linz (Herrenstraße) wird als Spital für die Barmherzigen Brüder bestimmt.

1788

Die Landstände bauen den Linzer Redoutensaal in ein Schauspielhaus um, das Theater zieht als „Landschaftliches Theater" ein.

1789

18.1. Kaiserliche Errichtungsurkunde für das Bistum Linz. Damit ist das Ende des Großbistum Passau perfekt. → 1469

1.3. Feierliche Amtsübernahme des zweiten Bischofs der Diözese Linz, Joseph Anton Gall (1748–1807). → 185

7.10. In Steyr findet im ehemaligen Cölestinerinnenkloster die erste Theatervorstellung statt.

28.10. Die Barmherzigen Brüder in Linz ziehen in das Gebäude in der Herrenstraße ein. 21 Kranke werden von 19 Brüdern versorgt.

Hexenprozess in Freistadt.

1791

Die Bergwerkskolonie Kohlgrub (Kohlgrube) entsteht, heute eine Ortschaft der Gemeinde Wolfsegg am Hausruck.

1793

18.8. In Vöcklabruck werden 108 Gebäude ein Raub der Flammen.

Für die Neugestaltung seines Lustschlosses in Laxenburg werden Kaiser Franz (1768–1835) historische Fenster der Stadtpfarrkirche Steyr überlassen. Drei Jahre später kommen überzählige alte Glasfenster nach Steyr zurück, es sind jedoch solche aus anderen Kirchen.

1795

In Wildshut wird ein Stollen angelegt, jährlich werden 1000 bis 2000 Zentner Kohle gefördert und auf dem Wasserweg nach Wien gebracht.

1796

16.5. Eröffnung des Steyrer Theaters in der Berggasse („Altes Theater").

1796/97

Aufnahme des Bergbaubetriebs im oberösterreichischen Kohlenrevier von Wolfsegg bis Ampflwang.

1797

15.4. In Regau brennen 20 Häuser ab.

1800

15.8. (Mariä-Himmelfahrt-Feiertag). Stadtbrand in Linz. Schäden am Schloss, Landhaus, in der Altstadt. Stadtgraben und Stadtwall werden daraufhin eingeebnet. Am gleichen Tag werden in Leopoldschlag 29 Häuser ein Raub der Flammen.

Der große Linzer Stadtbrand im Jahre 1800.

4.10. 13 Wallfahrer ertrinken im Wolfgangsee.

1.11. Kaiser Franz gibt die Zustimmung zum Bau eines Linzer Theatergebäudes. → S. 190

Geburtstage

1781

Carl Friedrich Schinkel. Maler und Architekt. Geboren 13. 3. 1781 in Neuruppin. (Gestorben 9. 10. 1841 in Berlin.) Salzkammergut-Zeichnungen.

Joseph Sutter. Historienmaler. Geboren 28. 11. 1781 in Wien. (Gestorben 11. 5. 1866 in Linz.) → 1866

1782

Adolph Ludwig Graf von Barth-Barthenheim. Staatsbeamter. Gründer der Sparkasse Linz. Geboren 23. 8. 1782 in Hagenau im Elsaß. (Gestorben 11. 6. 1864 in Linz.)

1783

Johann VI. Baptist Schober. Abt von Wilhering (1832–1850). Geboren 15. 1. 1783 in Vorderweißenbach. (Gestorben 9. 6. 1850 in Mühldorf.)

Matthias Reisacher. Ordenspriester, Geschichtsschreiber. Geboren 21. 4. 1783 in Egglham, Bayern. (Gestorben 28. 4. 1840 in Leonfelden.) → 1840

1784

Marianne Jung, besser bekannt unter ihrem Ehenamen Marianne von Willemer. Geboren 20. 11. 1784 in Linz. (Gestorben 6. 12. 1860 in Frankfurt am Main.) Als Goethes „Suleika" ging sie in die Literaturgeschichte ein. → S. 202

Georg Riezlmayr. Zeichner und Lithograph. Geboren 1784 in Weißkirchen. (Gestorben 22. 9. 1852 in Kremsmünster.) Zeichenlehrer Adalbert Stifters in Kremsmünster.

1787

Tobias Haslinger. Musikverleger. Geboren 1. 3. 1787 in Zell bei Zellhof. (Gestorben 18. 6. 1842 in Zell bei Zellhof.)

Franz Steinfeld. Maler. Geboren 26. 5. 1787 in Wien. (Gestorben 5. 11. 1868 in Pisek, Böhmen.) → S. 207, 246

Die Franzosenkriege

20.4.1792. *Frankreich erklärt Österreich und Preußen den Krieg. (1. Koalitionskrieg.)*

9.2.1796. *Erzherzog Karl (1771–1847), der jüngere Bruder von Kaiser Franz (1768–1835), wird zum Reichsgeneralfeldmarschall ernannt.*

17.10.1797. *Frieden von Campoformido zwischen Österreich und Frankreich.*

12.3.1799. *Frankreich erklärt Österreich den Krieg. (2. Koalitionskrieg.)*

1800:

17.10. *Bei Frankenmarkt fallen 300 Österreicher den Franzosen in die Hände. In Vöcklabruck übernimmt Erzherzog Karl den Oberbefehl und ordnet den Rückzug an.*

18.10. *Empfindliche Verluste der Österreicher bei Vöcklabruck und Schwanenstadt.*

3.12. *Schlacht bei Hohenlinden. Sieg der Franzosen über die unter Erzherzog Johann (1782 bis 1859) kämpfenden Österreicher. Napoleon befiehlt den „Marsch auf Wien".*

21.12. *Linz wird von den Franzosen besetzt. Wahrscheinlich haben Geldgeschenke die Stadt vor der Plünderung bewahrt.*

25.12. *Waffenstillstand von Steyr zwischen Österreich und Frankreich. Damit ist dieser Krieg für Österreich beendet.*

Johann Mayrhofer. Lyriker, Schubert-Freund. Geboren 3. 11. 1787 in Steyr. (Selbstmord 5. 2. 1836 in Wien.)

Franz Xaver Gruber. Schöpfer der unsterblichen „Stille-Nacht"-Melodie. Geboren 25. 11. 1787 in Unterweizberg/Hochburg-Ach. (Gestorben 7. 6. 1863 in Hallein.) → 1818, 1863

1788

Ludovika (Lulu) von Thürheim. Schriftstellerin und Malerin. Geboren 14. 3. 1788 in Schloss Orbeck, Flandern. (Gestorben 22. 5. 1864 in Wien.) Lebte seit 1794 in Schwertberg.

Ernst Welker. Landschaftsmaler. Geboren 1. 5. 1788 in Gotha. (Gestorben 30. 9. 1857 in Wien.) → 1832, 1857

Michael Wagner. Bischof von St. Pölten (1835 bis 1842). Geboren 19. 9. 1788 in Linz. (Gestorben 23. 10. 1842 in St. Pölten.)

Josef Pflügl. Militäringenieur. Geboren 15. 10. 1788 in Linz. (Gestorben 27. 8. 1861 in Linz.) → 1861

Josef Freiherr von Spaun. Beamter, Freund von Franz Schubert. Geboren 11. 11. 1788 in Linz. (Gestorben 26. 11. 1865 in Linz.)

1789

Sebastian Haydecker. Mundartdichter. Geboren 14. 1. 1789 in Ranshofen. (Gestorben 4. 9. 1850 in Mauthausen.)

Jakob Alt. Maler und Zeichner. Geboren 27. 9. 1789 in Frankfurt am Main. (Gestorben 30. 9. 1872 in Wien.) Er schuf zahlreiche Oberösterreich-Ansichten.

1790

Bonifaz Schwarzenbrunner. Benediktiner, Direktor der Sternwarte Kremsmünster. Geboren 25. 1. 1790 in Garsten. (Gestorben 29. 4. 1830 in Kremsmünster.)

Matthias Altmann. Bauer und Dichter. Geboren 24. 2. 1790 in Erlach bei Kallham. (Gestorben 28. 4. 1880 in Neumarkt am Hausruck.) → S. 258, 444

Anton Ritter von Spaun. Klassische Gestalt der Romantik in Oberösterreich. Geboren 31. 5. 1790 in Linz. (Gestorben 26. 6. 1849 in Kremsmünster.) → S. 212

1791

Josef Gabriel Frey. Lederermeister, Maler. Geboren 3. 3. 1791 in Weyer. (Gestorben 10. 6. 1884 in Weyer.)

Josef Ritter von Arneth. Altertumsforscher, Numismatiker. Geboren 12. 8. 1791 in Leopoldschlag. (Gestorben 21. 10. 1863 in Karlsbad.)

Franz Xaver Pritz. Augustiner-Chorherr. Historiker. Geboren 4. 11. 1791 in Steyr. (Gestorben 22. 3. 1872 in Ansfelden.)

Joseph Schrötter. Pfarrer in Münzbach und Altenfelden, Zeichner (Mühlviertler Ansichten). Geboren 21. 12. 1791 in Linz. (Gestorben 30. 10. 1867 in Altenfelden.)

1792

Joseph Gaisberger. Theologe, Historiker, Numismatiker. Geboren 6. 1. 1792 in Brunnenthal bei Schärding. (Gestorben 5. 9. 1871 in St. Florian bei Linz.) Vater der Archäologie in Oberösterreich.

Josef Lobmeyr. Glaskünstler. Geboren 17. 3. 1792 in Grieskirchen. (Gestorben 8. 5. 1855 in Wien.) → 1855

Josef Eberl. Tuchscherer in Gmunden, Vedutenmaler. Geboren 8. 9. 1792 in Mauerkirchen. (Gestorben 13. 5. 1880 in Gmunden.) → S. 221

Marian Koller. Benediktiner. Geboren 31. 10. 1792 in Feistritz. (Gestorben 19. 9. 1866 in Wien.) Mitbegründer der Zentralanstalt für Meteorologie.

Johann Adam Klein. Maler, Radierer, Lithograph (Salzkammergut-Bilder). Geboren 24. 11. 1792 in Nürnberg. (Gestorben 21. 5. 1875 in München.)

1793

Ferdinand Georg Waldmüller. Maler. Geboren 15. 1. 1793 in Wien. (Gestorben 23. 8. 1865 in Mödling bei Wien.) Zahlreiche Ansichten des Salzkammerguts zählen zu seinen besten Werken. Waldmüllers Mutter, Anna Elisabeth Widmann, wurde 1764 in Ried im Innkreis geboren.

Thomas Mitterndorfer. Abt von Kremsmünster (1840–1860). Geboren 19. 1. 1793 in Sierning. (Gestorben 3. 8. 1860 in Kremsmünster.)

Carl Wilhelm Gropius. Maler und Zeichner. Geboren 4. 4. 1793 in Braunschweig. (Gestorben 20. 2. 1870 in Berlin.) → 1870

Freiherr August Daniel von Binzer. Dichter und Musiker. Geboren 30. 5. 1793 in Kiel. (Gestorben 20. 3. 1868 in Neisse, auf einer Reise.) Gatte von Emilie Binzer. → S. 249

Thomas Ender. Maler. Geboren 4. 11. 1793 in Wien. (Gestorben 28. 9. 1875 in Wien.) → 1875

1794

Josef Poeschl. Industrieller und liberaler Politiker. Geboren 24. 1. 1794 in Rohrbach. (Gestorben 13. 12. 1882 in Rohrbach.)

Joseph Laimer. Salinenbediensteter und Zeichner. Geboren 24. 3. 1794 in Ischl. (Gestorben 11. 12. 1867 in Ischl.) Ansichten vom Salzkammergut und von Engelhartszell.

Alois Johann Baptist Souvent. Kartograph. Geboren 5. 6. 1794 im Schloss Faal, Kreis Marburg. (Gestorben 17. 8. 1864 in Linz.) → 1864

Joseph Kenner. Dichter, Geschichtsschreiber, Zeichner, Mitschüler und Freund Franz Schuberts. Geboren 24. 6. 1794 in Wien. (Gestorben 20. 1. 1868 in Ischl.) → 1868

1795

Julius Schoppe d. Ä. Maler und Lithograph. Geboren 27. 1. 1795 in Berlin. (Gestorben 30. 3. 1868 in Berlin.) → 1868

Johann Georg Ramsauer. Entdecker des Hallstätter Gräberfelds. Getauft 7. 3. 1795 in Hallstatt. (Gestorben 1. 1. 1874 in Linz.) → S. 224

Franz Zola. Ingenieur. Geboren 8. 8. 1795 in Venedig. (Gestorben 27. 3. 1847 in Marseille.) → 1829, 1847

Ignaz Ritter von Kürsinger. Staatsbeamter und Topograph. Geboren 7. 12. 1795 in Ried im Innkreis. (Gestorben 18. 8. 1861 in Salzburg.)

1796

Alois Fischer. Vom Kaiser ernannter Chef des Landes bzw. Statthalter (1848–1851). Geboren 28. 1. 1796 in Landeck. (Gestorben 8. 4. 1883 in Innsbruck.) → S. 227, 260

Franz Glöggl. Musikverleger. Geboren 2. 4. 1796 in Linz. (Gestorben 23. 1. 1872 in Wien.) Sohn des Linzer Stadtmusikdirektors Franz Xaver Glöggl (1764–1839). → S. 200, 201

Gottfried Wasinger. Komponist, Zeichner und Lithograph. Geboren 8. 4. 1796 in St. Stefan am Walde. (Gestorben 3. 8. 1853 in Helfenberg.) → 1853

Franz Anton Ritter von Gerstner. Erbauer der Pferdeeisenbahn Linz–Budweis, gemeinsam mit seinem Vater Franz Josef Ritter von Gerstner (1756–1832). Geboren 19. 4. 1796 in Prag. (Gestorben 12. 4. 1840 in Philadelphia.)

Johann Konrad Vogel. Linzer Konditormeister. Geboren 9. 8. 1796 in Weihenzell, Bayern. (Gestorben 6. 10. 1883 in Linz.) Verhilft der „Linzer Torte" zum Welterfolg. → S. 437

1797

Johann Fischbach. Maler. Geboren 5. 4. 1797 in Schloss Grafenegg bei Krems. (Gestorben 19. 6. 1871 in München.) Ansichtsfolge auch über Oberösterreich.

Jakob Ernst Koch. Evangelischer Superintendent (1856). Geboren 1797 in Wallern. (Gestorben 16. 10. 1856.)

1798

Joseph Chmel. Florianer Stiftshistoriker. Geboren 18. 3. 1798 in Olmütz. (Gestorben 28. 11. 1858 in Wien.)

Carl Kreil. Meteorologe und Erfinder. Geboren 4. 11. 1798 in Ried im Innkreis. (Gestorben 21. 12. 1862 in Wien.)

1799

Jodok Stülz. Propst von St. Florian (1859–1872), Historiker, Politiker. Geboren 23. 2. 1799 in Bezau, Vorarlberg. (Gestorben 28. 6. 1872 in Badgastein, begraben in St. Florian.) → 1872

Josef Hafner. Lithograph und Zeichner. Geboren 22. 5. 1799 in Enns. (Gestorben 10. 4. 1891 in Linz.) → 1891

Dominik Anton Lebschy. Abt von Schlägl (1838 bis 1884), Landeshauptmann von Oberösterreich (1861–1868). Geboren 23. 9. 1799 in Wien. (Gestorben 1. 7. 1884 in Schlägl.) → 1861

1800

Josef Dierzer Ritter von Traunthal. Liberaler Politiker, Industrieller. Geboren 15. 2. 1800 in Linz. (Gestorben 8. 11. 1857 in Linz.) Provisorischer Bürgermeister von Linz (1854–1856), seit 1851 erster Präsident der oberösterreichischen Handelskammer.

Karl Wiser. Liberaler Politiker. Geboren 6. 3. 1800 in Wien. (Gestorben 18. 6. 1889 in Linz.) Bürgermeister von Linz (1873–1885).

Franz Xaver Bobleter. Maler. Geboren 6. 8. 1800 in Feldkirch. (Gestorben 2. 5. 1869 in Feldkirch.) Schuf das Kaiserbild für den Linzer Landhaussaal.

Das einzig erhaltene barocke Schultheater Österreichs befindet sich im Stift Lambach. Die Bühnenwand des Klostertheaters stammt von Johann Wenzel Turetschek, 1770.

Nieder-Österreich ob der Enns

Mit der Schaffung dieser staatlichen Landesstelle Linz („Ob der ennsische Landesregierung", 1783) erreichte Joseph II. die endgültige Verselbständigung des Landes ob der Enns, das bisher stets mit Niederösterreich in einem gewissen Zusammenhang gestanden war. Auch das Salzkammergut, das bisher der Hofkammer in Wien unterstellt gewesen war, gehörte jetzt unmittelbar zum Lande, dessen offizieller Name nunmehr lautete Erzherzogtum Nieder-Österreich ob der Enns.

Georg Heilingsetzer: „Grundzüge der politischen territorialen Entwicklung Oberösterreichs in der frühen Neuzeit", in: Ausstellungskatalog „Tausend Jahre Oberösterreich", 1983.

1781–1800

Todestage

1781

Ferdinand Bonaventura Ungnad Graf von Weißenwolff. Landeshauptmann (1738–1748). Gestorben 30. 12. 1781. (Geboren 29. 6. 1694.)

1782

Franz Mathias Schwanthaler. Bildhauer. Gestorben 16. 4. 1782 in Ried. (Geboren 20. 6. 1714 in Ried.) Sohn von Johann Franz Schwanthaler und Enkel von Thomas Schwanthaler. → S. 145

Johann Ferdinand Schwanthaler. Bildhauer. Gestorben 16. 7. 1782 in Waldzell. (Geboren 19. 10. 1722 in Ried.) Sohn von Johann Franz Schwanthaler und Enkel von Thomas Schwanthaler. → S. 145

Josef Riepel. Komponist, Musiktheoretiker. Gestorben 23. 10. 1782 in Regensburg. (Geboren 22. 1. 1709 in Hörschlag, Rainbach bei Freistadt.)

1783

Johann Dionysius Schwanthaler. Bildhauer. Gestorben 21. 2. 1783 in Hals bei Passau. (Geboren 8. 4. 1718 in Ried.) Sohn von Johann Franz Schwanthaler und Enkel von Thomas Schwanthaler. → S. 145

Prior und Dichter: P. Maurus Lindemayr. Kupferstich von seinem Mitbruder P. Koloman Felner, 1777.

Maurus (Kajetan Benedikt) Lindemayr. Prior des Benediktinerstifts Lambach, später auf eigenen Wunsch Pfarrer in seinem Geburtsort Neukirchen bei Lambach. Gestorben 19. 7. 1783 in Neukirchen bei Lambach. (Geboren 17. 11. 1723.) Vater der oberösterreichischen Mundartdichtung. →

Jakob Sattler. Bildhauer. Gestorben 23. 10. 1783 in St. Florian bei Linz. (Geboren 27. 2. 1731 in St. Florian.)

Bartolomeo Altomonte. Barockmaler. Gestorben 11. 11. 1783 in St. Florian. (Geboren 24. 2. 1694 in Warschau.) → S. 171

1784

Johann Michael Herstorfer. Steinmetz und Baumeister. Gestorben 4. 1. 1784 in Linz. (Geboren 16. 6. 1728 in Linz.)

Johann Matthias Krinner. Baumeister. Gestorben 22. 11. 1784 in Linz. (Geboren um 1700.) → S. 140

1786

Ignaz Parhamer. Pädagoge. Gestorben 1. 4. 1786 in Wien. (Geboren 15. 6. 1715 in Schwanenstadt.) Beichtvater von Kaiser Franz I. Stephan (1708 bis 1765). Religionslehrer des späteren Kaisers Joseph II. (1741–1790). Der berühmteste Prediger seiner Zeit, Förderer Mozarts, Rektor der Wiener Universität, erfolgreicher Schriftsteller. Sein Katechismus wurde in mehrere Sprachen übersetzt. Seine Lebensaufgabe sah er in der Erziehung der Waisenkinder. „Waisenvater der Monarchie" wurde er genannt.

1787

Konstantin Langhayder. Benediktiner. Gestorben 29. 12. 1787 in Salzburg. (Geboren 13. 7. 1726 in Feldkirchen.) Jurist, Rektor der Universität Salzburg.

1791

Augustin Lipowsky. Historiker. Gestorben 16. 1. 1791 in Reichersberg. (Geboren 2. 6. 1715 in Eberschwang.) Mitglied der Churbayerischen Akademie in München.

Jakob Pach von Kleinmariazell. Abt von Kremsmünster (1752–1782). Gestorben 30. 9. 1791 in Kremsmünster. (Geboren 14. 11. 1711 in Kallham.) Barocke Umgestaltung des Klosters.

1794

Amand (Josef) Schickmayr. Abt von Lambach (1746–1794). Gestorben 23. 2. 1794 in Lambach. (Geboren 19. 3. 1716 in Parz bei Grieskirchen.) → S. 149

1795

Franz Joseph Jetschgo. Leinwand-Handelsherr. Gestorben 4. 6. 1795 in Sarleinsbach. (Geboren 30. 12. 1705 in Putzleinsdorf.)

Benedikt Cremeri. Dramatiker und Theaterdirektor in Linz. Gestorben 11. 7. 1795 in Linz. (Geboren 13. 8. 1752 in Wien.)

Johann Peter Schwanthaler (der Ältere). Bildhauer. Gestorben 20. 7. 1795 in Ried. (Geboren 24. 6. 1720 in Ried.) Sohn von Johann Franz Schwanthaler und Enkel von Thomas Schwanthaler. Übernimmt 1759 noch zu Lebzeiten seines Vaters die Rieder Hauptwerkstätte. → S. 145

Carl Conti. Maler, Zeichner, Kupferstecher. Gestorben 26. 10. 1795 in Wien. (Geboren März 1740 in Wien.) Um 1790 einige Radierungen von Gmunden, Traunfall und Lambach.

Der Dichter Johann Michael Denis. Stich um 1785.

1797

Franz Aumann. Komponist. Gestorben 30. 3. 1797 in St. Florian bei Linz. (Geboren 19. 3. 1728 in Traismauer.)

Siard II. Dengler. Abt von Schlägl (1763–1797). Gestorben 30. 12. 1797 in Schlägl. (Geboren 25. 5. 1730 in Hofkirchen im Mühlkreis.)

1798

Aloys Blumauer. Schriftsteller der Aufklärung. Gestorben 16. 3. 1798 in Wien (Geboren 21. 12. 1755 in Steyr.)

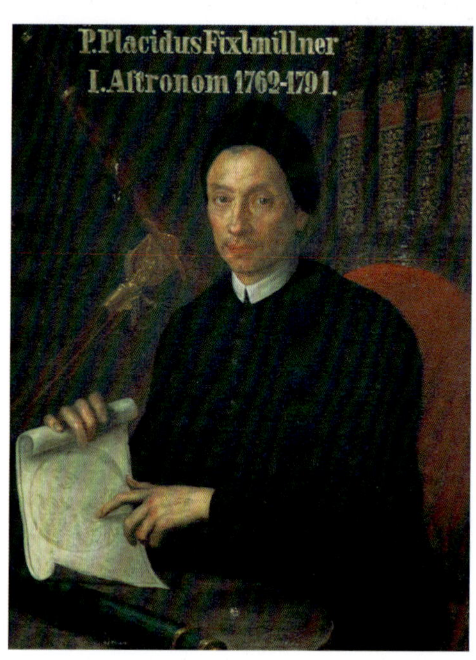

Placidus Fixlmillner

27. August 1791. In Kremsmünster stirbt Placidus Fixlmillner, von dem es in einem Nachruf heißt, dass ihn der Pariser königliche Astronom „die Zierde Deutschlands" genannt und „unter die drey ersten Astronomen Europas" gereiht habe. („Paßauerzeitung Oder Kurrier an der Donau" Nr. 140, 1. 9. 1791.) Zweifellos war Fixlmillner eine der großen Persönlichkeiten des Stifts. Geboren am 28. 5. 1721 in Achleiten bei Kematen an der Krems – sein Vater war der Bruder des Abtes Alexander Fixlmillner (1686–1759) –, studierte er in Salzburg Philosophie, trat ins Benediktinerstift Kremsmünster ein und trat als Historiker, Kirchenrechtler, Komponist und in späten Jahren vor allem als Astronom hervor.

Aktueller geht's nicht

Bei'n Ausgabn kan kaina mehr klöcka;
Denn d'Stoiern wern alli Jahr mehr.
Ma kan nöt gnue göbn und gnue ströcka;
Haißt alliweil: Baur, gib nur her!

Maurus Lindemayr, Auszug aus dem Gedicht „Der klagende Bauer", in „Dichtungen in ob der ennsischer Volksmundart", Linz 1822.

Amtliche Bestätigung der Übertrittserklärung einer oberösterreichischen Familie zum Augsburger Bekenntnis, 1785.

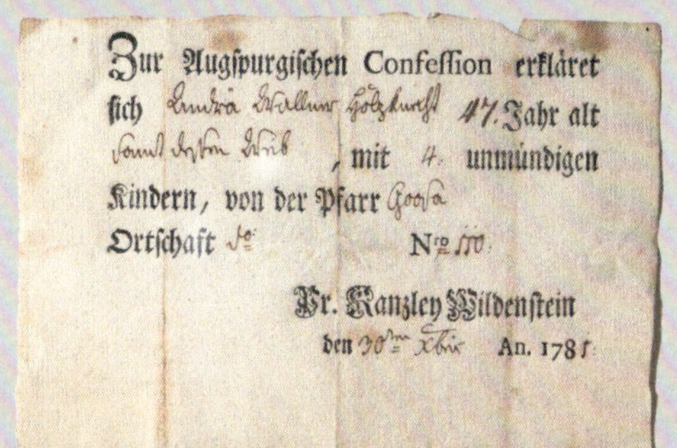

Zur Augspurgischen Confession erkläret sich 47. Jahr alt
, mit 4. unmündigen
Kindern, von der Pfarr
Ortschaft N° 110.

Pr. Kanzley Wildenstein
den An. 1781.

Mutige Gosauerin

„Von mir woaß es eh schon a jeds, dass i lutherisch bi; dreimal habt's mi eh scho eingsperrt, müaßt's mi halt a vierts mal einsperren, wann's net wahr is, was ihr da sagts!"

Brigitte Wallner zu den Befürchtungen, in eine Falle zu geraten, wenn man sich nach dem Toleranzpatent als evangelisch eintragen ließ. Gosau, 30. Dezember 1781. (Zitiert aus „Kirche in Oberösterreich", Linz 1985.)

1799

Ignaz de Luca. Schriftsteller. Gestorben 24. 4. 1799 in Wien. (Geboren 29. 1. 1746 in Linz.) Pionier der Lexikographie und Statistik.

1800

Michael Denis. Dichter. Gestorben 29. 9. 1800 in Wien. (Geboren 27. 9. 1729 in Schärding.) Bis heute kennt man seine Lieder „Hier liegt vor deiner Majestät" und „Tauet Himmel, den Gerechten".

Freiheit für Protestanten

13. Oktober 1781. Kaiser Joseph II. erlässt das Toleranzpatent. Am 2. Dezember dieses Jahres findet in Wels ein evangelischer Bekenntnistag statt. Viertausend Menschen nehmen am 9. Juni 1782 in der Scheune beim Meier zu Edt in Unterscharten (heute Bezirk Eferding) an einem evangelischen Gottesdienst teil; es ist der erste öffentlich gefeierte evangelische Gottesdienst. Die ersten Toleranzgemeinden in Oberösterreich sind Eferding, Goisern, Gosau, Neukematen, Rutzenmoos, Scharten, Thening, Wallern und Wels. → 1783 wird die evangelische Superintendenz-Diözese gegründet. 1861 folgt das Protestantenpatent, 1961 das Protestantengesetz.

Der Papst in Oberösterreich

23. bis 25. April 1782. Vom Stift Melk kommend, trifft Papst Pius VI. (1717–1799) am 23. April in St. Florian ein, wo er übernachtet. Am nächsten Tag reist er nach einem Besuch der Messe nach Linz, wo er um 10 Uhr vom Balkon des Linzer Rathauses den Segen erteilt. Auf der Weiterreise nach Lambach lässt er in Wels die Vorhänge seines Wagens zuziehen, weil sich hier nach dem Toleranzpatent besonders viele zum Protestantismus bekannt hatten, auf Bitten des Stadtpfarrers verlässt er schließlich aber doch seinen Wagen und erteilt auch den Welsern den Segen. Am Nachmittag ist der Papst in Lambach, um acht Uhr abends bereits in Ried, wo mehrere Personen „von Distinction" zum Handkuss zugelassen werden. Am 25. April erteilt Pius VI. zu Mittag den Braunauern den Segen und fährt nach Simbach weiter.

Das Greiner Stadttheater

Das älteste im ursprünglichen Zustand erhaltene Theater Österreichs, das Rokoko-Stadttheater in Grein, wird 1791 im Rathaus eingebaut. Hier kann man noch sehen, woher der Ausdruck „Sperrsitz" kommt: Die in den vorderen Reihen hochgeklappten Sitzflächen sind mit einem in die Rückenlehne greifenden Schloss abzusperren.

Der erste Linzer Bischof

Der erste Bischof der neuen Diözese Linz, Ernest Johann Nepomuk Reichsgraf von Herberstein, ist nicht einmal drei Jahre im Amt. Ein Aderlass führt zum Tod; er stirbt am 17. März 1788 in Linz. (Geboren 20. 4. 1731 in Wien.)

Der letzte Landeshauptmann

1783 wird von Joseph II. die Landeshauptmannschaft, in dieser Zeit nur eine Mittelbehörde zwischen dem Hof und den Ständen, abgeschafft. An die Stelle der Landeshauptmannschaft tritt ein Landesregierungspräsident, ein Amt, das bis 1786 der frühere Landeshauptmann Christoph Wilhelm Graf von Thürheim (1731–1809) ausübt. Fast acht Jahrzehnte, bis 1861, gibt es keinen Landeshauptmann von Oberösterreich. → S. 196, 559

Der josephinische Bischof

Der zweite Bischof von Linz, Joseph Anton Gall, gilt als „Der josephinische Bischof" (Kirchenhistoriker Rudolf Zinnhobler). Gall kam 1789 mit 41 Jahren auf den Bischofsthron, mit 59 Jahren starb er.

Gründung der Diözese Linz

28. Jänner 1785. Papst Pius VI. anerkennt mit der Bulle „Romanus Pontifex" die Sanktion Kaiser Josephs II., die der kirchlichen Oberherrschaft von Passau in Österreich ein Ende bereitet (1783). Damit scheidet das Land ob der Enns auch kirchenrechtlich aus dem Diözesanverband Passau aus. Erster Linzer Bischof wird Ernest Johann Nepomuk Reichsgraf von Herberstein (1731–1788), seit 1776 passauischer Offizial und Generalvikar für das Land unter der Enns. →

Klöstersterben

Innerhalb von fünf Jahren werden unter Joseph II. in Oberösterreich 24 Klöster und Stifte aufgehoben.

1782: Linz (Karmelitinnen), Steyr (Cölestinerinnen), Windhaag bei Perg (Dominikanerinnen).

1784: Baumgartenberg, Enns, Gleink, Grein, Linz (Franziskaner), Münzbach, Oberthalheim, Ried im Innkreis, Steyr (Ursulinen), Suben, Wels (Minoriten).

1785: Braunau, Freistadt, Linz (Minoriten, Kapuziner), Steyr (Dominikaner), Wels (Kapuziner).

1786: Engelszell, Pupping, Steyr (Kapuziner).

1787: Garsten.

Zunftzeichen der Messerschmiede von Steyr.

Bei den Messerern

„Es gibt in Steyr eine Menge Klingen-, Schermesser-, Ahl- und Feilschmiede, Hammermeister, Fischangelmacher. Nadler, Schleifer, Polierer u. dgl. Ich besuchte von jeder Art eine Werkstätte; auf vielen Orten sah ich Weibspersonen mitarbeiten, besonders bei den Messerern, welche nämlich nicht die Klingen, sondern die Schalen und Montierungen machen. Von diesem Gewerbe allein sind über 60 Meister in Steyer. Die Feuerarbeiter haben unter sich eine Kommunität in Hinsicht der Kohlen; sie besteht aus mehr als 150 Mitgliedern und hat vierzehn Kohlengruben. Einen Begriff von dem Bedarf an diesem Material kann man sich daraus machen, dass ein einziger Hammerschmied wöchentlich zwölf Mutt (altes Hohlmaß, 1885 Liter) verbraucht. Das ganze Erfordernis des Jahres mag wohl über 4000 Mutt betragen."

Kajetan Franz von Leitner (1768–1805) in „Vaterländische Reise von Grätz über Eisenerz nach Steyer", 1798.

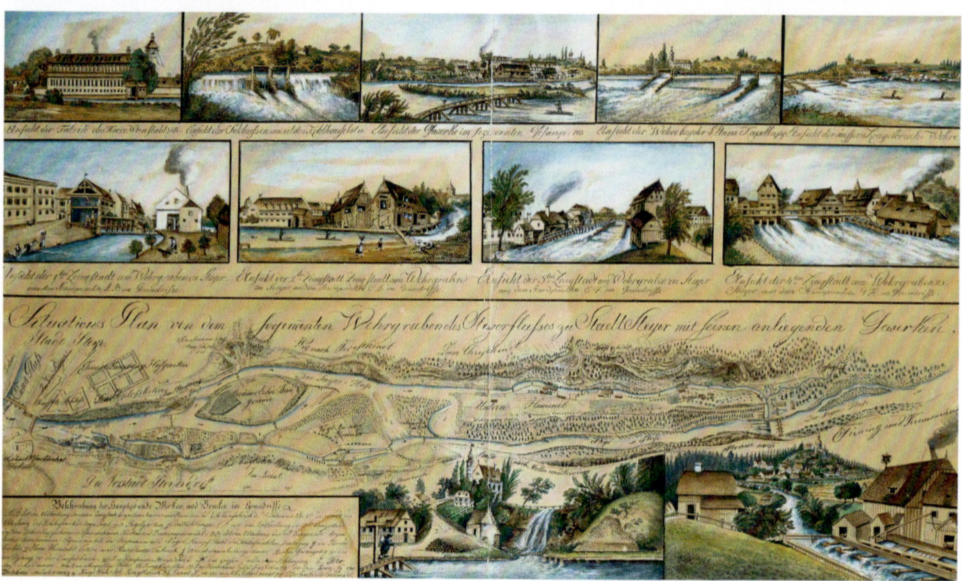

Tableau des Wehrgrabens in Steyr mit benachbarten Handwerks- und Industriebetrieben. Kolorierter Situationsplan, anonym, 1820–1830.

Das Schicksal der Ordensleute

Das Klostersterben geht auch nach dem Tod von Kaiser Joseph II. (1790) weiter. 1791 wird das Benediktinerstift Mondsee aufgehoben, 1792 das Augustiner-Chorherrenstift Waldhausen, 1796 der Deutsche Orden in Linz. „Über die Schwere des individuellen Schicksals, das die vertriebenen Ordensangehörigen zu erleiden hatten, scheint nur wenig in den Quellen auf", konstatiert der Florianer Stiftshistoriker Karl Rehberger. Jene Klöster, die den Josephinischen Klostersturm überstanden hatten, mussten mit einer Fülle staatlicher Eingriffe leben.

Rebellion

1794–1799. Die Not der Arbeiterschaft des Salzkammerguts führt zu einer Rebellion unter der Führung des Bergzimmerknechts Josef Pfandl, dessen Motto lautet: „Es wird hier so werden wie in Frankreich." Nach einem Jahr Kerkerhaft gelingt ihm die Flucht, ein Gesuch aus der Fremde an den Hof, ihm die Heimreise zu erlauben, wird später genehmigt. Kaiser Franz gewährt den Kammergutsarbeitern schließlich auch eine Aufbesserung in Geld und Naturalien.

Der Sauschneider war ein Büchernarr

Hie und da ist auch die Geschichte wie ein spannendes Quizspiel: Wer besitzt in diesen Jahren die größte Privatbibliothek im Land? Man würde es niemals erraten! Ein Sauschneider aus Pergern bei Garsten. Als der 55jährige Kaspar Schiffner am 13. Mai 1797 stirbt, hinterlässt er 3596 Bücher. Dazu der oberösterreichische Historiker Georg Heilingsetzer: „Das ist für eine Privatbibliothek der damaligen Zeit eine enorme Anzahl, bedenkt man etwa, dass selbst Gelehrte meist keine zahlenmäßig derart umfangreiche Büchersammlung besaßen."

Oben: Ansicht der Linzer Wollzeugfabrik.

Rechts: Stoffmuster der Linzer Wollzeugfabrik aus dem Jahr 1743.

Die Linzer Wollzeugfabrik

1791. Die Linzer Wollzeugfabrik, 1672 gegründet, seit 1754 unter staatlicher Verwaltung, erreicht mit 49.229 Beschäftigten ihren höchsten Personalstand. Der Großteil (Spinner und Weber) arbeitet außerhalb der Fabrik (insgesamt 45.376). Für die Verwaltung und Buchhaltung braucht man 36 Beamte.

626.000 Oberösterreicher

1800. Oberösterreich hat 626.000 Einwohner. (1700: 450.000, 1900: 810.854, 2001: 1,376.797, 2011: 1,412.640.)

Rechts außen: Das „Closter Steier = Garsten“. Kupferstich von Georg Matthäus Vischer, 1674.

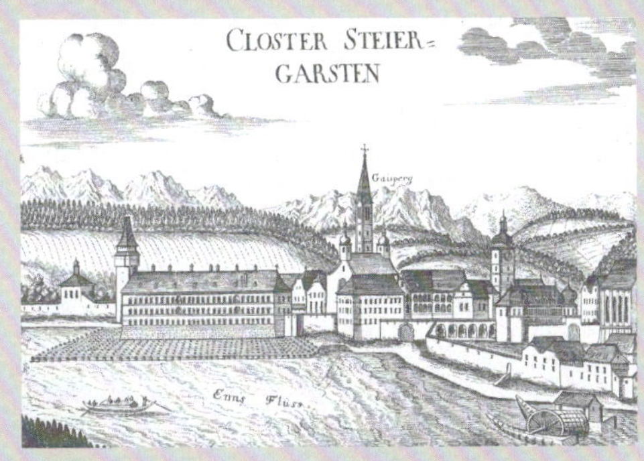

Das „Kloster Ranßhofen“. Kupferstich von Franz Ferdinand von Schrötter, 1779.

Die aufgehobenen Stifte

Stifte in Oberösterreich, da denkt man an Kremsmünster, St. Florian und Schlierbach, an Lambach, Wilhering und Schlägl, Engelszell und Reichersberg. In Oberösterreich gab es einst aber viel mehr Stifte: Mondsee, Traunkirchen, Altmünster, Garsten, Gleink, Ranshofen, Suben, Baumgartenberg, Waldhausen, Spital am Pyhrn, Mattighofen.

Klosterkirche und Stiftsgebäude des Stiftes Garsten.

Mondsee

Bereits im Jahr 748 gründete der Agilolfinger Herzog Odilo das Benediktinerstift Mondsee.
Nach der Niederlage seines Sohnes Herzog Tassilo im Krieg gegen Karl den Großen wurde Mondsee ebenso wie Kremsmünster Reichsabtei. Unter Abt Chunrad II. (Konrad) erhielt es 1142 wieder das Recht der freien Abtwahl. In dieser Zeit bestand in Mondsee eine bedeutende Schreibschule. In den nun folgenden zwei Jahrhunderten hatte das Kloster Rückschläge zu ertragen durch Kriege, Brände, Pest. Erst das 15. Jahrhundert brachte Mondsee wieder eine Blütezeit. 1400 erhielt Abt Chunrad III. das Recht der Pontifikalien. Unter Abt Eck von Piburg (1463–1499) kam es zum Neubau der Kirche, die auch heute noch zu den schönsten gotischen Kirchen in Oberösterreich zählt. Abt Wolfgang Haberl gründete 1514 das Stiftsgymnasium, das bis zur Auflösung des Stiftes 1791 bestand. Zu einer Barockisierung der gotischen Kirche ist es nicht gekommen. Bei der barocken Ausstattung haben jedoch bedeutende Künstler mitgewirkt. 1626 schuf Hans Waldburger den Hochaltar, die meisten Altäre stammen von Meinrad Guggenbichler (→ S. 146). Unter Abt Bernhard Lidl (1729–1773)* konnte das 1000-jährige Bestehen des Stiftes gefeiert werden. 1791 wurde es aufgelöst. Die Stiftskirche wurde Pfarrkirche, das Stiftsgebäude kam in den Besitz des Fürsten Karl Philipp von Wrede (1767–1838).

Traunkirchen

Um 1020 wurde Traunkirchen von Benediktinerinnen besiedelt. Eine Blütezeit erlebte das Kloster im 12. und 13. Jahrhundert. 1327 zerstörte ein Brand den größten Teil der Klosteranlage. Davon konnte sich das Kloster nie mehr erholen. In der Reformationszeit wurde es 1572 aufgelöst. 1622 wurde Traunkirchen den Jesuiten übergeben, in deren Besitz es bis 1773 blieb. Sie haben die Kirche im Barockstil neu aufgebaut. Von der barocken Ausstattung ist vor allem die „Fischerkanzel“ (→ S. 147) hervorzuheben.

Detail aus einem Plan des Stiftes Garsten. Aquarellierte Federzeichnung. 1735.

Altmünster

Bereits in spätkarolingischer Zeit bestand in Altmünster die Benediktinerabtei „Trunseo“. Sie ging in den Ungarnkriegen des 10. Jahrhunderts wieder zugrunde. Nur das Patrozinium des heiligen Benedikt in der heutigen Pfarrkirche erinnert noch daran.

Garsten

Das 1082 als Kollegiatsstift gegründete Garsten wurde 1108 von Otakar II. in eine Benediktinerabtei umgewandelt und von Mönchen aus Göttweig besiedelt. Die erste Blütezeit erlebte das Kloster unter dem bedeutenden Abt Berthold I. (1111–1142), einem eifrigen Verfechter der cluniazensischen Reformen. Den in der Kirche beigesetzten Abt Berthold verehrte man schon bald als Seligen, doch erst 1970 erfolgte von Rom aus die Heiligsprechung. Zu den wichtigsten Aufgaben des Klosters wurde die religiöse und wirtschaftliche Erschließung des Ennstales und des Steyrtales. Von den mittelalterlichen Bauten von Garsten blieb durch die Umgestaltung in der Barockzeit wenig übrig. Einen neuerlichen Aufschwung erlebte das Stift unter den Äbten Johann Rauscher (1642–1683) und Anselm Angerer (1683–1715). Nach Plänen von Pietro Francesco Carlone wurde 1677 mit dem Neubau der Kirche begonnen, der von seinen Söhnen Carlo Antonio (Bau) und Giovanni Battista (Stuck) vollendet worden ist. Die Kirche zählt zu den bedeutendsten Schöpfungen des österreichischen Barock. Unter den Künstlern der barocken Ausgestaltung wären u. a. der Bildhauer Rittinger und der Maler Johann Carl von Reslfeld zu nennen. Der Bau des Stiftsgebäudes wurde von Pietro Carlone begonnen und von Jakob Prandtauer fortgesetzt. In der von

Deckenfresko des Laienbruders Christof Lehrl in der ehemaligen Stiftskirche Ranshofen. Um 1700.

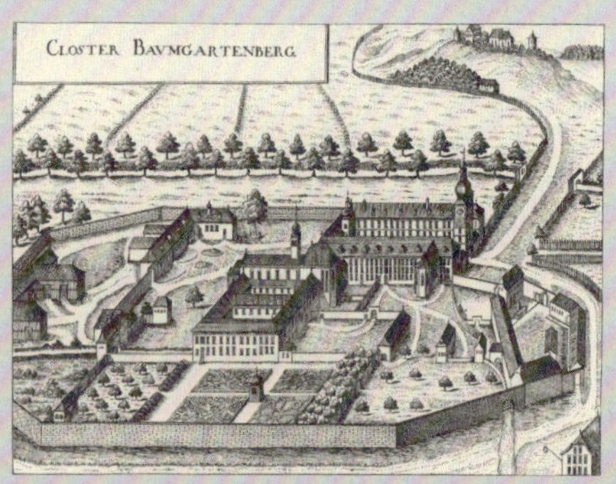

Das Kloster Baumgartenberg.

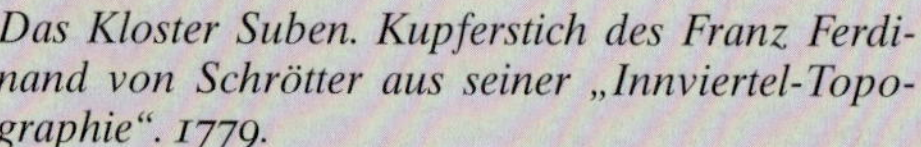

Das Kloster Suben. Kupferstich des Franz Ferdinand von Schrötter aus seiner „Innviertel-Topographie“. 1779.

Die aufgehobenen Stifte

Carlo Antonio Carlone und Jakob Prandtauer erbauten Wallfahrtskirche Christkindl bei Steyr schuf ebenfalls Reslfeld das groß angelegte Kuppelfresko. Im Zuge der josephinischen Reformen wurde das Stift Garsten 1787 aufgehoben. Die Stiftskirche wurde Pfarrkirche, das Stiftsgebäude Strafanstalt.

Gleink

Das Benediktinerstift Gleink wurde 1125 von Bruno und Arnhalm von Gleink gegründet. Der erste Abt kam aus Garsten. 1273 wurde die Klosterkirche geweiht. In der Reformationszeit hatte sich in der Filialkirche Stadlkirchen ein protestantisches Zentrum gebildet. Nach einer vorübergehenden Administration erfolgte 1631 wieder eine Abtwahl. Unter Abt Augustin I. (1648–1658) wurde die Stiftskirche barockisiert. Die Stiftsanlage wurde gegen Ende des 17. Jahrhunderts zu einem regelmäßigen und geschlossenen Baukomplex zusammengefasst. Nach der Aufhebung 1784 wurde die Stiftskirche Pfarrkirche, das Stift kam 1791 in den Besitz des Linzer Bischofs.

Ranshofen

Die Anfänge von Ranshofen gehen in die Karolingerzeit zurück. Auf Veranlassung von Erzbischof Konrad I. von Salzburg entstand hier 1125 ein Augustiner-Chorherrenstift. 1135 wurde die Kirche des neu gegründeten Klosters geweiht. Damals bestand in

Die ehemalige Stiftskirche und heutige Pfarrkirche Mariae Himmelfahrt in Baumgartenberg.

Die ehemalige Stiftskirche und heutige Pfarrkirche hl. Pankraz in Ranshofen, die Ende des 17. Jahrhunderts ihre barocke Ausstattung erhielt.

Ranshofen eine bedeutende Schreibschule. Im Grenzland war es immer wieder Plünderungen und Zerstörungen ausgesetzt. Die 1505–1520 erbaute Hallenkirche erhielt gegen Ende des 17. Jahrhunderts die barocke Form. 1779 trat Bayern im Frieden von Teschen das Innviertel an Österreich ab. In den napoleonischen Kriegen war Ranshofen einige Male Lazarett. Vorübergehend kam das Innviertel wieder unter bayerische Herrschaft, während der das Stift 1811 aufgehoben wurde. Heute ist die Stiftskirche Pfarrkirche, das ehemalige Stiftsgebäude ist nur zum Teil erhalten.

Suben

Um 1084 gründete Tuta aus dem Geschlecht der Grafen von Formbach das Kloster Suben. Dieses weltliche Kollegiatsstift wurde 1126 in ein Augustiner-Chorherrenstift umgewandelt. Im 12. und 13. Jahrhundert erlebte die Schreibschule eine Blütezeit. Wie die anderen Innklöster war es immer wieder kriegerischen Auseinandersetzungen ausgesetzt. Verhältnismäßig spät setzte in Suben die barocke Bautätigkeit ein. 1766–1770 entstand der heutige Bau der Stiftskirche. Nachdem 1779 das Innviertel an Österreich abgetreten worden war, wurde das Kloster Suben unter Joseph II. 1784 aufgehoben. Die Stiftskirche wurde Pfarrkirche, das Stiftsgebäude ist seit 1855 Strafanstalt.

Baumgartenberg

Das ehemalige Zisterzienserstift Baumgartenberg liegt an der fruchtbaren Ebene des Machlandes. Es wurde 1141 von Otto von Machland und seiner Gattin Jutta gegründet. Die romanische Kirche wurde 1243 geweiht. Nach den Verwüstungen der Hussitenkriege erfolgte im 15. Jahrhundert die Wiederherstellung der Kirche und der Gebäude. Im Zuge der Barockisierung im 17. Jahrhundert erhielt die Kirche eine reiche Stuckdekoration. 1784 wurde das Stift aufgelöst. Die ehemalige Stiftskirche ist heute Pfarrkirche. Seit 1867 gehört das Stiftsgebäude den Frauen zum guten Hirten, die eine Mädchenerziehungsanstalt führen.

Waldhausen

Das ehemalige Augustiner-Chorherrenstift Waldhausen geht auf Otto von Machland zurück, der 1147 die Chorherren ursprünglich in Säbnich oberhalb von Sarmingstein ansiedelte. Infolge der ungünstigen Lage zogen sie um 1161 in das geschütztere Waldhausen. Das Kloster wurde bald Mittelpunkt für die kulturelle und wirtschaftliche Erschließung dieses Gebietes. Im 14. Jahrhundert lebte und wirkte dort der als Kanzelredner berühmte Konrad von Waldhausen. Im 15. Jahrhundert wurden Stift und Kirche in den Hussiteneinfällen geplündert und zerstört. Unter Propst Laurentius Voß (1647–1680) kam es zum Neubau von Stift

Das Kloster Waldhausen (Kupferstich von Matthäus Merian, 1674) und das Stift Spital am Pyhrn.

und Kirche. Nach der Aufhebung des Stiftes 1792 wurden fast alle Stiftsgebäude abgetragen und als Baumaterial für die Franzensburg nach Laxenburg transportiert.

Spital am Pyhrn

Das ehemalige Kollegiatsstift wurde 1190 als Hospiz am Fuße des Pyhrnpasses vom Bischof Otto II. von Bamberg gegründet. 1418 wurde es in ein Kollegiatsstift weltlicher Chorherren umgewandelt. Große Verdienste erwarb sich das Stift um die wirtschaftliche Erschließung des ganzen Gebietes. Nach dem barocken Neubau der Stiftsgebäude wurde 1714–1730 von Johann Michael Prunner die Kirche (mit Fresken von Bartolomeo Altomonte) erbaut. 1807 wurde das Stift aufgehoben und den Benediktinern aus St. Blasien im Schwarzwald übergeben, die jedoch 1809 nach St. Paul im Lavanttal übersiedelten. Die Stiftskirche wurde Pfarrkirche.

Die ehemalige Stiftskirche Spital am Pyhrn, ein Werk Johann Michael Prunners. 1714–1730.

Mattighofen

In seinem Testament von 1436 stiftete Johann Kuchler die Mattighofener Güter zur Errichtung eines Kollegiatsstiftes in Mattighofen. Die Bestätigungsurkunde wurde 1440 ausgestellt. Zunächst unterstand Mattighofen dem Kollegiatsstift Spital am Pyhrn. Es wurde jedoch im 17. Jahrhundert aufgelöst. Der Pfarrer von Mattighofen erhielt den Propsttitel. Walter Luger

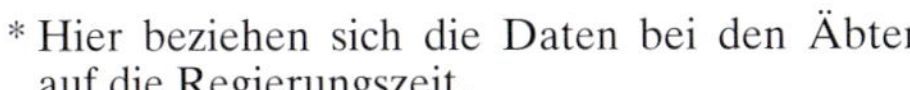

* Hier beziehen sich die Daten bei den Äbten auf die Regierungszeit.

Fresko von Johann Jakob Zeiller in der ehemaligen Stiftskirche von Suben. 1768.

Waldhausen mit der ehemaligen Stiftskirche, 1650–1665.

Auf der Alm

„Kaum waren wir eingeschlafen, als ungefähr in der zweiten Stunde nach Mitternacht ein rüstiger Bursche, ein Holzknecht, mit Steigeisen an den Beinen und einem mächtigen Griesbeile hereintrat, und durch die Gewalt seiner Tritte uns weckte. Wir stutzten anfangs über diesen Besuch, als wir aber gar bald sahen, daß er nicht uns, sondern unserer Hausjungfer galt, waren wir beruhigt, und wir wären wieder eingeschlafen, wenn nicht Szenen, die kein Dichter üppiger und derber malen kann, und die wir unglücklicherweise durch die offen stehenden Fugen unseres Verschlages sehen mußten, uns hätten kein Auge schließen lassen."

Joseph August Schultes (1773–1831) in „Reisen durch Oberösterreich in den Jahren 1794, 1795, 1802, 1803, 1804 und 1808", Tübingen 1809.

Die Franzosenkriege

1801

5.1. *Übergabe der Stadt Braunau an die Franzosen.*

9.2. *Frieden von Lunéville zwischen Österreich und Frankreich.*

1805

25.8. *Vertrag von Bogenhausen zwischen Frankreich und Bayern.*

8./9.9. *Österreichische Truppen marschieren in Schärding und Braunau über die Grenze.*

Das neue Linzer Theater *Der große Brand 1800 in Linz macht den Neubau des Theaters notwendig. Die Landstände beginnen nach dem Vorbild des Schikaneder-Theaters an der Wien und nach Plänen des Landschaftsingenieurs Ferdinand Mayr jenen Theaterneubau im Empirestil, der am 4. Oktober 1803 festlich eröffnet wird.*

Kalender

1801

7.12. Baubeginn des Linzer Landestheaters an der Promenade. (Landständiges Theater)

1802

23.8. Der später zum Linzer Bischof ernannte Sigismund Graf von Hohenwart steht mit 57 Jahren auf dem Gipfel des Großglockners, zwei Jahre nach der Erstbesteigung.

12.10. Bei einem Großbrand in Perg werden 43 Häuser und zehn Stadel vernichtet.

1804

23.6. In Aschach an der Donau zerstört ein Brand 36 Häuser.

1805

2.1. Das „Linzer Bürgerblatt für Ökonomie, Land- und Hauswirtschaft, Polizey, Handlung und Unterhaltung" erscheint. Emanuel Schikaneder (1751–1812), Librettist von Mozarts „Zauberflöte", ist 1805 für kurze Zeit Direktor des „Alten Theaters" in Steyr.

1806

Josef Ressel (1793–1857), Erfinder der Schiffsschraube, besucht bis 1808 in Linz das Gymnasium (Rathausgasse 8).

1807

Errichtung einer Kotton- und Musselinfabrik in Wels.

1808

13.5. Nikolaus Johann van Beethoven (1776–1848) erwirbt die Linzer Wasserapotheke. → S. 200

30.8. Schleifung der Festung Braunau.

16.12. Urfahr erhält das Marktrecht.

Geburtstage

1801

Matthias Ritter von Schönerer. Eisenbahnpionier. Geboren 9. 1. 1807 in Wien. (Gestorben 30. 10. 1881 in Wien). → 1881

Theresia Helm. Mutter Anton Bruckners. Geboren 6. 4. 1801 in Neuzeug als Tochter eines Gastwirts und Amtsverwalters. (Gestorben 11. 11. 1860 in Ebelsberg.)

Baronesse Emilie von Gerschau (verehelichte Binzer). Geboren 6. 4. 1801 in Berlin. (Gestorben 9. 2. 1891 in München.) → S. 249

Anton Schosser. Mundartdichter. Geboren 7. 6. 1801 in Losenstein. (Gestorben 26. 7. 1849 in Steyr.) → S. 45

1802

Franz Freiherr von Spiegelfeld. Statthalter von Oberösterreich (1863–1867). Geboren 10. 5. 1802 in Marburg. (Gestorben 20. 10. 1885 in Volders.)

Franz Stelzhamer. Oberösterreichs größter Mundartdichter wird am 29. 11. 1802 in Piesenham bei Ried als siebtes Kind des Kleinhäuslers Johann Stelzhamer und seiner Frau Maria geboren. (Gestorben 14. 7. 1874 in Henndorf.) → S. 255

1803

Reinhold Körner. Liberaler Politiker, Bürgermeister von Linz (1850–1854, 1861–1867). Geboren 11. 3. 1803 in Linz. (Gestorben 11. 2. 1873 in Linz.) → 1850

Aloys Zötl. Maler. Geboren 13. 4. 1803 in Freistadt. (Gestorben 21. 10. 1887 in Eferding.)

Erich Martin Sääf. Evangelischer Superintendent (1857–1880). Geboren 1803 in Schweden. (Gestorben 16. 5. 1880 in Scharten.)

1804

Johann Duftschmid. Arzt, Botaniker, Zeichner. Geboren 22. 7. 1804 in Linz. (Gestorben 11. 12. 1866 in Linz.) → 1866

Karl Adam Kaltenbrunner. Mundartdichter. Geboren 30. 12. 1804 in Enns. (Gestorben 6. 1. 1867 in Wien.) → S. 214, 235, 246

1805

Josef Freiherr von Weiß. Landeshauptmann von Salzburg (1861–1872). Geboren 12. 1. 1805 in Zellhof. (Gestorben 13. 1. 1887 in Salzburg.)

Adalbert Stifter. Der bedeutendste Dichter des Landes wird am 23. 10. 1805 in Oberplan (Böhmerwald) geboren. (Gestorben 28. 1. 1868 in Linz.) → S. 236

Friedrich Wilhelm Arming (William Fitz-Berth). Arzt, Schriftsteller. Geboren 25. 10. 1805 in Wels. (Gestorben 1864 in Brooklyn.) → S. 227

Josef Reiter. Kirchenlehrer. Geboren 8. 12. 1805 in St. Florian. (Gestorben 12. 4. 1876 in Linz.) Fast 40 Jahre Professor für Kirchengeschichte und Kirchenrecht, führend in katholischen Vereinen tätig.

1806

Franz Honauer. Industrieller und Politiker. Geboren 31. 8. 1806 in Geisheim, Bayern. (Gestorben 26. 12. 1871 in Linz.) → 1871

1807

Vinzenz Fink. Verleger, Heimatforscher, liberaler Politiker. Provisorischer Gemeindevorstand (Bürgermeister) von Linz (1856–1861). Geboren 13. 2. 1807 in Linz. (Gestorben 13. 2. 1877 in Linz.)

Anton Freiherr von Hye. Hochschullehrer und Staatsmann. Geboren 26. 5. 1807 in Gleink. (Gestorben 8. 12. 1894 in Wien.) → 1894

Robert Führer. Komponist und Organist. Geboren 2. 6. 1807 in Prag. (Gestorben 28. 11. 1861 in Wien.) Zog als Wander-Organist durch Oberösterreich (Wolfsegg, Braunau, Altheim, Ried, Garsten).

Ignaz Karl Figuly von Szep. Rechtsanwalt und liberaler Politiker. Geboren 2. 9. 1807 in Wien. (Gestorben 15. 7. 1875 in Linz.) → 1875

23.9. *Frankreich erklärt Österreich den Krieg. (3. Koalitionskrieg.)*
22.10. *Der Oberkommandierende der russischen Armee, Feldmarschall Fürst Michail Ilarionowitsch Kutusow (1745–1813) trifft mit seinen Truppen in Braunau ein.*
28.10. *Französische und bayerische Truppen überschreiten den Inn.*
29.10. *In Wels trifft Kaiser Franz (1768–1835) Feldmarschall Kutusow. Es wird der Rückzug über die Enns beschlossen.*
30.10. *Napoleon betritt oberösterreichischen Boden und schlägt sein Hauptquartier in Braunau auf.*
1.11. *In Linz kommt es nach dem Abzug der österreichischen Soldaten zu Plünderungen.*
2.11. *Die Franzosen nehmen ohne Widerstand die Stadt Linz ein.*
4./5.11. *In dem von den Franzosen besetzten Urfahr kommt es zur Gegenwehr, doch sind die Österreicher hoffnungslos unterlegen.*
4.–9.11. *Napoleon logiert im Linzer Landhaus.*
2.12. *Schlacht bei Austerlitz. Wegen der Anwesenheit von Kaiser Franz, Zar Alexander I. (1777–1825) und Napoleon „Dreikaiserschlacht" genannt. Ein triumphaler Sieg Napoleons.*
10.12. *Mit dem Brünner Vertrag erhebt Napoleon Bayern zum Königreich.*
26.12. *Frieden von Preßburg zwischen Österreich und Frankreich.*

1808

Josef Wimmer. Druckereipionier. Geboren 27. 4. 1808 in Linz. (Gestorben 22. 5. 1894 in Linz.)

Augustin Reslhuber. Abt und Direktor der Sternwarte Kremsmünster. Geboren 5. 6. 1808 in Saaß bei Garsten. (Gestorben 25. 9. 1875 in Kremsmünster.)

Martin Kestler. Nagelschmied und Maler. Geboren 23. 8. 1808 in Ried im Innkreis. (Gestorben 9. 8. 1841 in Aurolzmünster.)

Todestage

1801

Martin Johann Schmidt (Kremser Schmidt). Gestorben 28. 6. 1801 in Stein an der Donau. (Geboren 25. 9. 1718 in Grafenwörth bei Krems.) → S. 170

1802

Mark Anton Gotsch. Lehrer und Historiker. Gestorben 5. 11. 1802. (Geboren 1769 in Prag.) Persönlichkeit der oberösterreichischen Aufklärung.

1803

Georg Pasterwiz. Benediktiner. Komponist. Gestorben 26. 1. 1803 in Kremsmünster. (Geboren 7. 6. 1730 in Bierhütte/Hohenau.)

Franz Xaver Süßmayr. Komponist, Schüler Mozarts. Gestorben 17. 9. 1803 in Wien. (Geboren 1766 in Schwanenstadt.) Vollendete Mozarts „Requiem". → S. 181

1804

Joseph Rosenauer. Ingenieur. Gestorben 15. 3. 1804 in Krumau, Böhmen. (Geboren 26. 2. 1735 in Kalsching.) Erbauer des Schwarzenbergschen Schwemmkanals (Mühlviertel).

1805

Marian Pachmayr. Benediktiner. Gestorben 17. 6. 1805 in Weißkirchen. (Geboren 22. 10. 1728 in Kematen.)

Joseph Valentin Eybel. Landrat. Gestorben 30. 7. 1805 in Linz. (Geboren 3. 3. 1741 in Wien.) Persönlichkeit der oberösterreichischen Aufklärung.

1807

Joseph Anton Gall. Bischof von Linz (1788 bis 1807). Gestorben 18. 6. 1807 in Linz. (Geboren 27. 3. 1748 in Weil, Diözese Rottenburg.) → 1789

„Weiße Erde"

1803. In den handgeschriebenen Marktkommuneschriften der Pfarre Tragwein findet sich erstmals die Berufsbezeichnung „Weißenmacher". 1827 wird in der Tragweiner Chronik von „Weißer Erde" gesprochen, die nach Linz geliefert wurde. „Schwertberger Weißton" wurde von Bauern an Ofensetzer und kleine keramische Betriebe verkauft. Es handelt sich um die bis heute einzigen bekannten und abbauwürdigen Vorkommen von Kaolin in Österreich.

Maria Elisabeth

In Linz findet Maria Elisabeth, eine Tochter der Kaiserin Maria Theresia, ihre letzte Ruhestätte. Maria Theresia und Franz Stephan tauften zwei Kinder auf den Namen Maria Elisabeth: die Erstgeborene starb als Kind (1737–1740), drei Jahre nach ihrem Tod wurde jene Maria Elisabeth geboren, die als Äbtissin in Innsbruck lebte. Sie starb am 22. September 1808. (Geboren 13. 8. 1743.) Der Kupfersarkophag der Erzherzogin steht im Alten Dom (Jesuitenkirche).

Sandler Hinterglasbilder

In Sandl beginnt um das Jahr 1805 die hüttengewerbliche Hinterglasmalerei, die hier eine Hochblüte erlebt und bis in das Spätbiedermeier reicht. Von einem Höhepunkt des volkskünstlerischen Konnens sprechen die Volkskundler. Manche Werkstätten produzieren bis zu 200 Bilder am Tag. Die Popularität der Sandler Bilder ist jedoch nicht nur auf die großen Mengen dieser Erzeugung zurückzuführen, sondern auch auf die hervorragende Qualität und die besondere Wirkung der strahlenden Farben. Alte Hinterglasbilder aus Sandl und dem benachbarten südböhmischen Buchers haben seit Jahren einen beachtlichen Sammlerwert.

Hinrichtung in Braunau *In Braunau wird am 26. August 1806 der Nürnberger Buchhändler Johann Philipp Palm wegen Verbreitung der Schrift „Deutschland in seiner tiefen Erniedrigung" von den Franzosen erschossen. Geistlichen Trost spendet dem protestantischen Delinquenten der 37-jährige katholische Priester Thomas Pöschl, der kurz darauf mit seiner Sekte traurige Berühmtheit erlangen sollte.* *→ 1817*

Detail aus einem Teufelskasten, vermutlich Werkstätte Weny oder Reiter aus Neukirchen am Walde, 1815: „Bäuerin vertreibt den in Gestalt eines Teufels auftretenden Versucher".

Öffentliche Sammlungen von Bauernmöbeln aus Oberösterreich

Schlossmuseum Linz
Freilichtmuseum St. Florian-Samesleiten
Mühlviertler Heimathaus Freistadt
Museum Lauriacum Enns
Landwirtschaftsmuseum Wels
Museum der Stadt Steyr
Kammerhofmuseum Gmunden
Volkskundehaus Ried

Bauernmöbel

Eintüriger Schrank der Losensteinleithner Werkstätte, 1824. Im oberen Feld die hl. Theresia, im unteren ein Rispenstrauch, im rhombischen Mittelfeld eine Wirtsgartenszene.

„Land ob der Enns", das war, von Wien aus gesehen, stets nur ein „Landl" – aber der hier heimische „Landlertanz" hat sich in Wien zum Walzer aufgeschwungen, die „Schöne Linzerin mit der Goldhaube" wurde zur „Belle Autrichienne" schlechthin – wobei ungewiss ist, ob der Goldhaube oder der Schönheit wegen. In den großen Höfen zwischen Alpen und Böhmerwald (von denen ein berühmter deutscher Schriftsteller des 19. Jahrhunderts behauptet hat, er würde lieber der „Moar" auf einem stolzen Vierkanter als der Kaiser von Österreich in der Hofburg sein) findet man auch die wahrscheinlich größte Vielfalt und Schönheit an bemalten Möbeln in Mitteleuropa.

Gewiss hängt dies, um es vorwegzunehmen, mit dem verhältnismäßig günstigen Status der oberösterreichischen Bauern zusammen, namentlich jener, die „im Schatten des Krummstabes", das heißt etwa im Klosterland um St. Florian, Kremsmünster, Wilhering, Lambach, Schlierbach, Baumgartenberg oder Reichersberg ihren Zehent entrichteten, oder auch, die in der Dienstbarkeit einsichtiger Grundherren wie jenes Wolfgang Helmhardt von Hohberg standen, dessen Beschreibung des adeligen Landlebens im westlichen Niederösterreich auch die Verhältnisse im benachbarten Traunviertel mit einbezieht. (1701.)

Prunkmöbel für die „gfeirate Stubn"

Es gehörte zum Stand und Anstand „ganzer" oberösterreichischer Bauern des 18. und auch noch der ersten Hälfte des 19. Jahrhunderts, der Tochter eine vollständige Ausstattung bemalter Möbel mit Betten, Kästen, Truhen, Tischen und Bänken, Stühlen, Wiegen und sonstigem Hausrat mitzugeben. Diese Ausstattung wurde nach altem Brauch feierlich durch das ganze Dorf geführt und im Haus der Braut zur „Bschau" gestellt. Nach der Hochzeit kamen die Prunkmöbel in die „gfeirate Stubn", wo sie oft ein ganzes Leben nur hergezeigt werden durften – benützt hat man meist nur die ältere Garnitur der von den Eltern übernommenen Möbel.
Das erklärt vieles, auch warum sich gerade die schönsten Möbel in den reichsten Bauerngegenden befinden. Diese sind in Oberösterreich zweifellos im unteren Traunviertel, dem angrenzenden Hausruckviertel und in den begünstigteren Gebieten des Innviertels und des unteren Mühlviertels zu suchen.

Zentrum Traun- und Hausruckviertel

Eine gezielte Möbelforschung hat herausgefunden, dass dort auch die bedeutendsten Werkstätten zu Hause sind. Bis vor wenigen Jahren waren die Erzeuger bemalter Möbel

Heimathaus Braunau
Heimathaus Schärding
Heimathaus im Schloss Starhemberg, Eferding
Bauernmuseum Osternach (Ort im Innkreis)
Schloss Walchen, Vöcklamarkt
Denkmalhof Kernstockhaus Pöring, Gampern
Sammlung Hans Muckenhumer, Prambachkirchen

Reiterduell zwischen Kaiserlichen und Franzosen: Detail einer Sockeltruhe aus dem nordwestlichen Hausruckviertel, 1801.

anonym geblieben. Heute kennt man die Namen der wichtigsten Werkstätten, und man weiß, dass hauptsächlich zwei Zentren zu unterscheiden sind: das untere Traunviertel und das nördliche Hausruckviertel. Im Traunviertel ist es der Raum Linz–St. Florian–Enns, mit St. Florian als Mitte, wo sich ja auch die berühmte Werkstätte der Stiftstischler Stefan und Christian Jegg befand, die auch zur Wiege der nicht weniger berühmten Florianer Bauernmöbel der „Werkstatt auf der Wies" von Hans Georg und Johann Georg Grabmer (tätig zwischen 1725 und 1805) wurde. Bekannt sind diese Möbel auch unter dem Begriff der „Reiterkästen", farbige und floral bereicherte Um- und Übersetzungen der intarsierten und mit Edelhölzern furnierten barocken Paradeschränke. Ein Ast dieser „Florianer Möbel" reicht als „Hirschbacher Reiterkästen" bis in die Höhe von Freistadt (Werkstättenzentrum ist Reichenau), ein anderer über Enns bis auf die Höhe von Amstetten. Besonders fruchtbar erwies sich der Südrand dieser Gruppe mit Losensteinleithen, Sierning und Neuhofen an der Krems als Zentren.

Im 19. Jahrhundert entwickelte sich aus der Mitte des „Florianer-Bodens" der überaus bunte Stil der „Kronstorfer Möbel" mit ihren „Flammenden Tulpen" auf blauem Grund und die fruchtbare Werkstätte des „Gimpelmalers" Peter Brunner (1743 bis 1811) in Schiedlberg-Hilbern.

Ist, abgesehen von den letztgenannten Werkstätten, der Stil der „Florianer Gruppe" eher nach dem Vorbild der Stifte und Schlösser vornehm und kavaliersmäßig („Reiter" als häufigstes Motiv) geprägt, so erfreut die Gruppe westlich der Traun und westlich der Stadt Wels durch eine stärkere Hinwendung zum religiösen, allegorischen wie überhaupt figuralen Motiv. Unverkennbar ist die rustikale Freude an der „Selbstdarstellung" des bäuerlichen Menschen.

Gehackte Brauttruhe aus St. Florian, rot und dunkelblau lasiert, 17./18. Jahrhundert.

Hausruckviertler Truhe, 1782.

Innviertler Interieur im Freilichtmuseum Sumerauerhof, St. Florian-Samesleiten. Rechts ein Vedutenschrank aus Hohenzell bei Ried, 1812.

Bauernmöbel

Diesen Typ finden wir vom Vöcklatal über Ottnang und Ungenach (Hauptmeister ist Michael Glück 1817–1859), in Lambach (Matthias Huemer, der Meister der „Jahreszeiten-Kästen“, 1737–1811), in Offenhausen, Krenglbach, Schallerbach-Grieskirchen bis Neukirchen am Walde. Als besonders fruchtbarer Boden erwies sich Offenhausen, wo nicht nur der überaus produktive „Tischler im Moos“, Georg Praitwieser (1768–1849), sondern auch der nicht minder berühmte Urban Huemer (1728–1790) und deren beachtenswerte Nachfahren ihre großartigen Möbel schufen. Die Möbel der Werkstätte des Urban Huemer und seines Sohnes Andreas sind meist als „Gunskirchner Möbel“ bekannt. In Krenglbach wirkten der „Meister der Jagdszenen“, Georg Kapsamer (1734–1823), im Raum Schallerbach-Grieskirchen die Tischler mit der Signatur P. WM und A. WM. Sie waren die vielleicht typischsten Vertreter des „Hausruckviertler Stiles“, der mit den bekannten „Eferdinger Spreißeltruhen“ (zwischen 1611 und 1785) einsetzte und den der Neukirchner Tischlermaler Anton Weny –

Detail der „Saufbrüder“-Truhe: „Zwey Narren Unter Einen Hueth / der dritte unß anschauen Thuet.“ Nordwestliches Hausruckviertel, 1785.

er wirkte zwischen 1810 und 1859 – zum Höhepunkt und Abschluss brachte.

Meister des Inn- und Mühlviertels

Es wäre ungerecht, die Möbellandschaften des Innviertels oder des Mühlviertels deshalb geringschätziger zu beurteilen, weil die bedeutenden Meisternamen gegenüber dem

Links: Hirschbacher Schrank mit Aufsatz, Reitermotiven und ländlichen Szenen. Werkstätte Franz Pauckner, Reichenau im Mühlkreis, um 1800.
Unten: Detail einer Vierkanthoftruhe aus Haidershofen bei Steyr, im Mittelfeld das Hochzeitspaar zwischen vier Vierkanthöfen, 1816.

Interieur aus Regau (Bezirk Vöcklabruck), um 1840. Freilichtmuseum Sumerauerhof in St. Florian-Samesleiten.

Farbenwunder aus Oberösterreich

Gmundner Vogerlkasten, 1812.

Zentralraum zurücktreten. Immerhin befindet sich auch hier noch ein Nachkomme der Bildhauersippe Schwanthaler unter jenen Innviertler Tischlern, deren Möbel bekannt geworden sind. Als Schöpfer der „Hirschbacher Möbel" aus dem Mühlviertel dürfen die Reichenauer Tischler Franz und Johann Pauckner (1783–1858) gelten. Freunde archaischer und kraftvoller Bauernmalerei kommen im Innviertel und Mühlviertel voll auf ihre Rechnung. Besonders die Bezirke Braunau und Rohrbach melden sich da zu Wort.

Alpenvorland und Salzkammergut

Dagegen zeichnet sich das Alpenvorland vom Attergau bis zu den Voralpen um Schlierbach und Grünburg an der Steyr durch Zartheit der Malerei aus. „Hauptmeister" ist eine Frau aus Regau, Eleonore Fettinger (1813–1890), die als Herstellerin der beliebten rosafarbenen „Vogerlkästen" bekannt wurde. Weiter gegen Osten überwiegen im Alpenvorland „Polsterlkästen" in kräftig blauroter Farbigkeit.
Das innere Salzkammergut hat neben seltener bemalten Zirbenmöbeln das Kleinmöbel (Schüsselrehme, Löffelrehme) kultiviert und ist auf diesem Sektor führend geworden.
Die farbigen Möbel Oberösterreichs sind ein aufgeschlagenes Bilderbuch. Wir erfahren aus ihm viel von der Geschichte, aber auch von der Art und der tief verwurzelten Frömmigkeit dieses Landes und seiner Menschen.

Franz Carl Lipp

Ein Bett aus Rutzing an der Traun, 1828. Aufgemalte Sprüche sind für Hausruckviertler Bauernmöbel besonders typisch.

Glücklicher Tag

„Mehr denn 33 Jahre flossen in den Strom der Zeit, als auf den mit Tränen benetzten Lippen des Innviertlers der laute herzliche Wunsch für Bayerns Fürsten erstarb. Am 29. des Herbstmondes strahlte die vaterländische Sonne wieder auf unsere Gefielde."

Das „Rieder Intelligenzblatt" über die Rückgabe des Innviertels an Bayern am 7. März 1810.

Taugt nicht zum Soldaten

„Der Österreicher taugt nicht zum Soldaten!" sagten mehrere. „Er kann wohl den Pflug führen, aber nicht das Schwert; er liebt den Frieden und versteht den Krieg nicht. Wenn 's der gnädigste Kaiser befiehlt, marschieren wir alle, aber wenn 's auf uns ankommt, bleiben wir halt alle zu Haus."

Eferding, den 13. Mai 1809.
Der Preuße Johann Jakob Otto August Rühle von Lilienstern (1780–1847) in „Reise mit der Armee 1809", Rudolstadt 1810, Wien, 1986.

Schaudern

„Seitdem weiß ich, was Schaudern ist. Kenner versichern, der Anblick von Ebelsberg wäre tausendmal gräßlicher als der aller sonstigen Schlachtfelder."

Aus dem Tagebuch des Henri Beyle, der sich als Dichter Stendhal nannte (1783–1842) und zum Stab von Graf Pierre Daru (1767–1829), Generalintendant der französischen Armee, gehörte.

1809–1810

Kalender

1809

13.1. Kaiser Franz (1768–1835) ernennt den Generalvikar der Diözese Gurk-Klagenfurt, Sigismund Graf von Hohenwart (1745–1825), zum Bischof von Linz. Die päpstliche Konfirmation erfolgt erst fast sechs Jahre später. → 1814/15

Vollendung des „Franzosenkanals" in Linz, der von der oberen Promenade über den Graben und Pfarrplatz zur Donau führt.

1810

3.9. Franz Joachim Ritter von Kleyle (1775 bis 1854) erreicht mit Führern und Trägern über Schafeck und Gjaidalm den Hallstätter Gletscher, kapituliert aber vor dem Dachstein.

10.9. In Österreich werden neue und strengere Zensurbestimmungen eingeführt.

Im Jahr 1810 hat Oberösterreich 630.000 Einwohner (1900: 810.854, 2001: 1,376.797, 2011: 1,412.640.)

Geburtstage

1809

Josef Schachermayer. Schlossermeister. Geboren 20. 3. 1809 in Neuhofen an der Krems. (Gestorben 31. 5. 1880 in Linz.) Gemeinderat, Begründer der Firma Schachermayer.

Ferdinand Redtenbacher. Maschinenbauer. Geboren 25. 7. 1809 in Steyr. (Gestorben 16. 4. 1863 in Karlsruhe.) → 1863

Mathias Nißl. Tuchscherer, Freiheitskämpfer. Geboren 27. 8. 1809 in Urfahr. (Gefallen bei den Kämpfen am 30. 10. 1848 in Wien.) → 1848

Johann Grillmayr. Fabrikant. Geboren 17. 11. 1809 in Grünburg. (Gestorben 5. 7. 1881 in Wien.) Gründer und Besitzer der Kleinmünchner Baumwollspinnereien.

1810

Josef Redtenbacher. Chemiker. Geboren 12. 3. 1810 in Kirchdorf an der Krems. (Gestorben 5. 3. 1870 in Wien.)

Johann Anzengruber. Hofbeamter, Vater des Dichters Ludwig Anzengruber (1839–1889). Geboren 21. 3. 1810 in Hofkirchen an der Trattnach. (Gestorben 8. 11. 1844 in Wien.)

Eduard Zöhrer. Mundartdichter und Komponist. Geboren 7. 4. 1810 in Sarleinsbach. (Gestorben 15. 5. 1885 in Lambrechten.)

Ignaz Mayer. Schiffbaupionier. Geboren 19. 6. 1810 in Budapest. (Gestorben 31. 8. 1876 in Linz.) → S. 219, 258

Rudolf Kner. Naturforscher. Geboren 24. 8. 1810 in Linz. (Gestorben 27. 10. 1869 in Oed, Piestingtal.)

Beda (Leopold) Piringer. Priester, Politiker, Dichter. Geboren 14. 10. 1810 Zulissen, Rainbach im Mühlkreis. (Gestorben 3. 5. 1876 in Kremsmünster.) → 1848, 1876

Geteiltes Land

Im Dezember 1809 wird die neue Westgrenze Österreichs festgelegt. Sie führt von der Donauschlinge bei Schlögen über die nunmehr außerhalb Österreichs liegenden Orte Waizenkirchen, Michaelnbach, Pollham, Grieskirchen, Gallspach, Meggenhofen, Gaspoltshofen, Niederthalheim und Schwanenstadt, entlang der Ager bis zum Attersee und über den Wolfgangsee (Falkenstein) ins Salzburger Land.

Der letzte Landeshauptmann

Am 29. 7. 1809 stirbt in Linz Christoph Wilhelm Graf von Thürheim, der Jüngere. (Geboren 3. 1. 1731 in Linz.) Er war von 1763 bis zur Abschaffung der Landeshauptmannschaft durch Joseph II. im Jahre 1783 der letzte Landeshauptmann. Ab 1783 tritt an die Stelle der Landeshauptmannschaft ein Landesregierungspräsident, ein Amt, das ebenfalls (bis 1786) Graf Thürheim ausübt. → S. 559

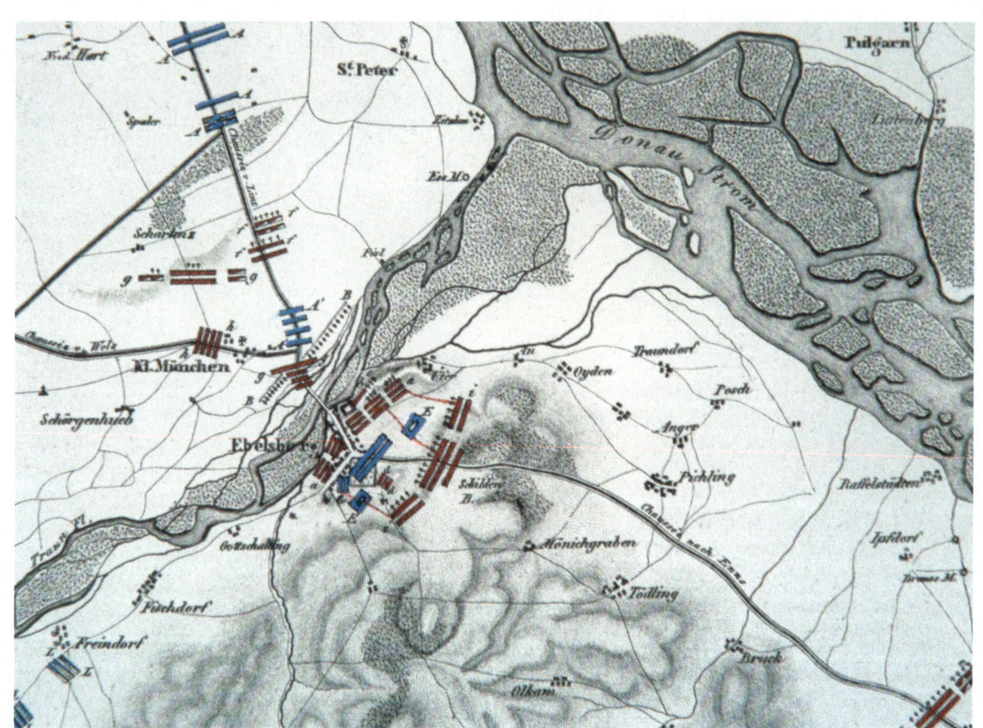

Karte der Schlacht bei Ebelsberg, 1809.

Kaiser Franz mit Marschallstab. Gemälde von Johann Baptist Lampi, 1806.

Der Kaiser in Schärding

April 1809. Die österreichischen Truppen, die Erzherzog Karl (1771–1847) in Oberösterreich konzentrieren will, erreichen am 9. April den Inn. Kaiser Franz bezieht an diesem Tag in Schärding Quartier, hier empfängt er auch den Tiroler Freiheitshelden Andreas Hofer (1767–1810). Am 10. April überschreiten die Österreicher den Inn bei Schärding, Obernberg und Braunau. Sie erleiden am 22. April eine entscheidende Niederlage. Der Krieg tobt nun in Oberösterreich. Am 26. April wird Schärding vom jenseitigen Innufer aus beschossen: die Pfarrkirche, das Bürgerspital, das Rathaus und 158 Häuser brennen nieder. Am 28. April kommt es zu ersten Kämpfen auf oberösterreichischem Boden, am 30. April überschreitet Napoleon bei Burghausen/Ach die Salzachgrenze.

Die Franzosenkriege

1809

9.4. *Kriegserklärung Österreichs an Frankreich. Beginn der Volkserhebung in Tirol.* → *S. 196*

2.5. *Napoleon in Ried. Aus einem Dachbodenfenster soll der Holzschuhmacher Heinrich Tuschl auf Napoleon geschossen haben. In Lambach verhindert ein Pater einen Anschlag auf den Franzosenkaiser.* → *S. 149*

3.5. *Die Franzosen ziehen in Linz ein. Schlacht bei Ebelsberg.* →

5.5. *Vom Schlossberg und der Donaulände aus beschießen die Franzosen Urfahr und legen 33 Häuser in Schutt und Asche.*

21./22.5. *Der Braunauer Schiffmeister Michael Fink zerstört französische Behelfsbrücken.*

21./22.5. *Die erste Niederlage Napoleons: Erzherzog Karl (1771–1847) siegt bei Aspern über die Franzosen.*

Juni. *Für den Bau der französischen Befestigungsanlagen in Urfahr werden 61 Häuser abgerissen.*

5./6.7. *Niederlage der Österreicher bei Deutsch Wagram.*

14.10. *Mit dem Frieden von Schönbrunn kommen das Innviertel und Teile des Hausruckviertels unter französische Herrschaft.*

1810

5.1. *Ried wird Sitz der französischen Landesregierung.*

28.2. *Pariser Vertrag. Die französischen Besatzungsgebiete des Inn- und Hausruckviertels werden dem Königreich Bayern überlassen.*

Die Schlacht bei Ebelsberg

3. Mai 1809. An diesem Tag kommt es zu einem der blutigsten Gefechte auf oberösterreichischem Boden. Napoleon soll über diese Schlacht bei Ebelsberg gesagt haben, es sei eines der „häßlichsten und unbesonnensten Unternehmen" der Kriegsgeschichte gewesen. Nicht zuletzt verwirrt durch widersprechende Befehle, unterliegen die Österreicher. In dem kaum fünf Stunden dauernden Kampf sterben Tausende. Die Militärhistoriker kommen auf 12.000 Mann, die in dieser Schlacht ihr Leben, ihre Gesundheit oder ihre Freiheit verloren. Ebelsberg ist ein Schutthaufen, die französischen Soldaten plündern.
Am Abend der denkwürdigen Schlacht bei Ebelsberg soll Napoleon im Baumgartnerhof (Gottschalling 12) übernachtet haben, heute „Napoleonhof" genannt. Wahrscheinlich hat er hier aber nur ein Nachtmahl eingenommen und die Nacht in seinem feudal eingerichteten Zelt verbracht.

„Ebelsberg war ausgebrannt, die Straße, durch die wir zogen, war mit Toten gesäumt", schreibt als Augenzeuge der Dichter Stendhal in sein Tagebuch.

Blick auf den Großen Priel (rechts).

Todestage

1809

Josef Reiter. Dichter vieler patriotischer Lieder. Gestorben 29. 5. 1809 in St. Florian bei Linz. (Geboren 8. 1. 1750 in Weinberg.)

1810

Ambros Kreuzmayr. Propst des Stiftes Reichersberg (1770–1810). Gestorben 17. 1. 1810 in Reichersberg an einer Seuche, an der mit Ausnahme der Novizen alle Stiftsgeistlichen erkranken und an der auch 1000 französische Soldaten sterben, die in dem als Lazarett verwendeten Stift untergebracht sind. (Geboren 2. 9. 1726 in Schärding.)

Johann Georg Schwanthaler. Bildhauer. Gestorben 23. 9. 1810 in Gmunden. (Geboren 16. 2. 1740 in Aurolzmünster.) Sohn von Franz Mathias Schwanthaler (1714–1782), Urenkel von Thomas Schwanthaler (1634–1707). Gründet eine Werkstatt in Gmunden. Seine Werke sind in zahlreichen Kirchen und Museen Oberösterreichs zu sehen. → S. 145

Wildschützen auf dem Großen Priel

Wer war der Erste auf dem höchsten Gipfel des Toten Gebirges, dem 2515 m hohen Großen Priel? Die offizielle Erstbesteigung fand am 29. August 1817 statt. Franz Sigmund Graf von Engl (1774–1853) nimmt den Ruhm der ersten „touristischen Ersteigung" in Anspruch. Mit dieser Formulierung wurden einheimische Erstbesteiger ausgeschaltet. Erzherzog Johann schreibt 1810 in sein Tagebuch: „Wildschützen bestiegen ihn schon."

Aus der Theater-Ordnung

welche in Folge des bestehenden allerhöchsten Befehls durch die Ober Oesterreichische Landesregierung zur allgemeinen Wissenschaft und Betrachtung bekannt gemacht wird:

Verboth des dreymaligen Applaudirens und Vorrufens

Das dreymalige Applaudiren ist eine Ehrenbezeugung des Publikums, die nur dem Allerhöchsten Hof gebührt, dasselbe wird daher gegen das Theaterpersonale untersagt.

Verboth des Pfeiffens, Zischens und Lärmens

Da die Bezahlung des Eintrittsgeldes Niemanden ein Recht geben kann, eine unanständige Handlung zu begehen, so wird das Pfeiffen, Zischen, Stoßen mit Stöcken, u. d. gl. als ein lärmendes Zeichen des Mißfallens, welches oft die Wirkung einer Laune oder Kabale ist, und ohnehin schon durch ein allgemeines Stillschweigen hinreichend zu erkennen gegeben wird, bey wirklicher Arretirung und Bestrafung verbothen.

Linz, 1815

Salz und Holz

„Die göttliche Vorsehung hat es so eingerichtet, daß eben die Berge, die Salz in sich enthalten, und ihre Umgebungen mit Holz reichlich bewachsen sind. Des Salzkammergutes größter Reichthum ist nach dem Salze der Überfluß an Holz, der selbst durch den großen Verbrauch nicht erschöpft werden kann.“

Franz Sartori (1782–1832): „Die österreichische Schweiz; oder mahlerische Schilderungen des Salzkammergutes in Oesterreich ob der Ens“, Wien 1813.

1811–1815

Kalender

1811

23.1. Die königlich-bayerische Brandassekuranzordnung wird erlassen, mit der für ganz Bayern eine Brandversicherungsanstalt ins Leben gerufen wird. In der Folge kommt es zur Gründung der OÖ. Landesbrandschaden-Versicherungsanstalt.

Ostern (April). In Wels wird eine eigene Schule für Mädchen eröffnet.

26.10. Eine königlich-bayerische Kommission verkündet die Aufhebung des Augustiner-Chorherrenstifts Ranshofen, das seit 1125 bestand. Einrichtung, Wertsachen und Bücher werden verkauft und versteigert.

1812

13.3. Für eine vom Kaiser genehmigte Apotheke in Urfahr ordnet die Hofkanzlei eine Ausschreibung an: Nikolaus Johann van Beethoven (1776 bis 1848), der geschäftstüchtige Bruder Ludwig van Beethovens, wird als Bewerber abgelehnt, weil er bereits eine Apotheke besitzt (Wasserapotheke). Erst einige Jahre später kommt er in den Besitz der Urfahrer Apotheke.

Der neue Bischof

Am 13. Jänner 1809 ernannte Kaiser Franz den Generalvikar der Diözese Gurk-Klagenfurt, Sigismund Graf von Hohenwart (1745–1825), zum Bischof von Linz. Die päpstliche Konfirmation erfolgt erst fast sechs Jahre später, am 19. Dezember 1814. Am 7. Mai 1815 wird Hohenwart in Wien zum Bischof geweiht, die feierliche Inthronisation des dritten Linzer Bischofs erfolgt am 15. Mai 1815.

5.10. Ludwig van Beethoven trifft bei seinem Bruder in Linz ein und vollendet hier seine achte Symphonie. → S. 200

8.11. In der Linzer Stadtpfarrkirche schließt der Apotheker Nikolaus Johann van Beethoven mit Theresia Obermayer den Bund der Ehe. → S. 200

1813

12.4. In St. Florian bei Linz brennen 39 Häuser ab.

8.6. Raab erhält vom bayerischen König die Rechte eines privilegierten Marktes.

Ein Besuch von Kaiser Franz I. (1768–1835) ist der Anlass, dass in Steyr die Stadtbeleuchtung verbessert wird.

1814

24.7. In Peilstein werden 23 Häuser durch einen Brand zerstört.

20.8. Kaiser Franz besucht in Begleitung der Kaiserin die Saline Ebensee und fährt anschließend nach Ischl.

23.8. Auf der Richtstätte am Riedholz wird die Bäckerstochter Maria Kasteneder aus Hohenzell, die ihren Mann mit Rattengift getötet hat, öffentlich mit dem Schwert hingerichtet. Vorher wurde sie auf dem Rieder Hauptplatz mit abgeschnittenen Haaren an den Pranger gestellt. Viele Schaulustige hatten die Nacht vor der Hinrichtung im Freien verbracht, weil es in Ried keine Quartiere mehr gab.

8.10.1814 und 28.3.1815. Bei den Stadtbränden in Schwanenstadt werden 12 bzw. 22 Häuser und wertvolle Dokumente der Stadtgeschichte zerstört.

1815

28.3. → 1814

15.5. Inthronisation des Linzer Bischofs Sigismund Graf von Hohenwart (1745–1825). →

2.11. Franz Stelzhamer beginnt in Salzburg die Gymnasialstudien. → S. 255

Linzer-Zeitung.

Nro. 52.

Mit Approbation Seiner Exzellenz des Herrn Gouverneurs von Linz und Oberösterreich.

Montag den 17. July 1809.

Verlegt und gedruckt bei Franz Auinger.

Suspension	Waffenstillstand
d'Armes conclue entre Sa Majeste l'Empereur des Francais, Roi d'Italie, Protecteur de la confederation du Rhin, et Sa Majesté l'Empereur d'Autriche au camp devant Znaim le 12. Juillet 1809 dans la forme suivante:	zwischen Sr. Majestät dem Kaiser der Franzosen, und König von Italien, und Sr. Majestät dem Kaiser von Oesterreich.
Art. I.	Erster Artikel.
Il y aura suspension d'armes entre les Armées de S. M. l'Empereur des Français, Roi d'Italie, et S. M. l'Empereur d'Autriche.	Zwischen den Armeen Sr. Majestät des Kaisers der Franzosen, Königs von Italien, und Sr. Majestät des Kaisers von Oesterreich wird ein Waffenstillstand Statt haben.
Art. II. La ligne de démarcation sera du coté de la haute-Autriche, la frontiere qui separe l'Autriche de la Boheme, le cercle de Znaim, celui de Brünn, et une ligne tirée de la frontiere de la Moravie sur Raab, qui commencera au point où la frontiere du cercle de Brünn touche la Marche, et en descendant la Marche jusqu' au confluent de la Taya; de la à St. Johann, et à la route jusqu' à Presbourg, Presbourg et une demie lieu autour de la ville; le Grand Danube jusqu' à l'embouchure de la Raab. Raab à une lieu autour, la Raab jusqu' à la frontiere de la Styrie, la Carniole, l'Istrie, et Fiume, sauf la ratification de l'Archiduc Charles (pour Fiume seulement.)	II. Artikel. Die Demarkazions-Linie wird für Oesterreich ob der Enns die Gränze zwischen Oesterreich und Böhmen seyn, sodann der Znaymer Kreis, der Brünner Kreis, und eine Linie, welche von der Gränze von Mähren bis nach Raab gezohen wird: Diese Linie wird von dem Punkte, wo die Gränze des Brünner-Kreises an die March stößt, ihren Anfang nehmen, und längst der March bis zur Mündung der Thaya herunterlaufen: Von da geht sie über St. Johann auf der Strasse bis Presburg, begreift Presburg, und einen Kreis um die Stadt von einer halben Stunde, ferner die große Donau bis zur Mündung der Raab; umschließt die Stadt Raab, und einen Umkreis von einer halben Stunde; läuft längst dem Raabflusse bis an.

Faksimile der „Linzer=Zeitung“ vom 17. July 1809.

Geburtstage

1811

Peter Rittinger. Salinenbeamter, Erfinder. Geboren 23. 1. 1811 in Neutitschein, Mähren. (Gestorben 7. 12. 1872 in Wien.) → S. 235

Josef Fink. Historiker und Buchhändler. Geboren 1. 3. 1811 in Linz. (Gestorben 13. 9. 1870.)

Eleonore (Lory) Auegg-Dilg. Miniaturmalerin. Geboren 24. 3. 1811 in Wien. (Gestorben 17. 8. 1890 in Graz.) 1830–1870 in Linz tätig.

Franz Joseph Rudigier. Bischof von Linz (1853 bis 1884). Geboren 7. 4. 1811 in Partenen (Vorarlberg) als achtes Kind eines Kleinbauern. (Gestorben 29. 11. 1884 in Linz.) → S. 250

Viktor Ritter von Drouot. Liberaler Bürgermeister von Linz (1867–1873). Geboren 10. 6. 1811 in Höritz im Böhmerwald. (Gestorben 6. 5. 1897 in Linz.)

Leopold Zinögger. Maler. Geboren 26. 6. 1811 in Linz. (Gestorben 22. 7. 1872 in Linz.)

Ludwig Karl Heinrich Freiherr von der Pfordten. Politiker. Geboren 11. 9. 1811 in Ried im Innkreis. (Gestorben 18. 8. 1880 in München.) Außenminister in Sachsen (1848) und Bayern (1849 und 1864).

Anton Wurmb. Brauer, Politiker. Geboren 1811 in Neumarkt am Hausruck. (Selbstmord 27. 4. 1866 in Neumarkt.) → 1848

1812

Josef Moser. Heimatdichter. Geboren 27. 2. 1812 in Schloss Parz bei Grieskirchen. (Gestorben 27. 4. 1893 in Steyr.)

Heinrich Reitzenbeck. Apotheker, Schriftsteller. Geboren 7. 7. 1812 in Wels. (Gestorben 6. 2. 1893 in Salzburg.) Freund und Biograph Stifters.

Karl Zappe. Dom- und Stadtpfarrkapellmeister. Geboren 1. 9. 1812 in Prag. (Gestorben 15. 6. 1871 in Linz.)

Hermann von Gilm (zu Rosenegg). Schriftsteller. Geboren 1. 11. 1812 in Innsbruck. (Gestorben 31. 5. 1864 in Linz.)

1813

Johann Otto Prechtler. Schriftsteller. Geboren 21. 1. 1813 in Grieskirchen. (Gestorben 6. 8. 1881 in Innsbruck.)

Franz Thomas. Historien- und Porträtmaler. Geboren 2. 2. 1813 in Warnsdorf, Böhmen. (Gestorben 1890 in Warnsdorf.) 1861–1869 in Linz, zahlreiche Bilder für das Stift Schlägl.

Aloys Ritter Auer von Welsbach. Erfinder. Geboren 11. 5. 1813 in Wels. (Gestorben 10. 7. 1869 in Wien.) → 1869

Ludwig Luber. Mundartdichter. Geboren 14. 5. 1813 in Aurolzmünster. (Gestorben 1. 8. 1850 in Ried im Innkreis.) → 1850

Johann Baptist Reiter. Porträt- und Genremaler. Geboren 28. 5. 1813 in Urfahr. (Gestorben 10. 1. 1890 in Wien.)

Napoleon

Nach
Allen
Politischen
Operationen
Liegt
Er
Ohnmächtig
Nieder

Aus einem 1814 in Linz erschienenen Flugblatt.

Die Franzosenkriege

1813

12.8. *Kriegserklärung Österreichs an Frankreich. (Befreiungskrieg.)*

8.10. *Im Vertrag von Ried tritt Bayern vom Bündnis mit Frankreich zurück und aus dem Rheinbund aus. Mit 36.000 Mann schließt es sich nun dem Kampf gegen Napoleon an. Österreich muss seine Ansprüche auf die zwangsweise abgetretenen Gebiete jedoch noch zurückstellen.*

16.–19.10. *Die Völkerschlacht bei Leipzig endet mit einer Niederlage Napoleons.*

1814–1815

3.6.1814. *In Paris wird die Rückgabe des Innviertels und des westlichen Hausruckviertels an Österreich vereinbart.*

18.9.1814–9.6.1815. *Wiener Kongress, Neuordnung Europas.*

Norbert Purschka. Mundartdichter. Geboren 6. 6. 1813 in Linz. (Gestorben 18. 7. 1898 in Waldneukirchen.)

Karl Puchner. Mundartdichter. Geboren 23. 9. 1813 in Gröming, Gemeinde Gaspoltshofen. (Gestorben 15. 2. 1880 in Schwanenstadt.)

Rudolf Jungmair. Mundartdichter. Geboren 23. 10. 1813 in Ebenzweier. (Gestorben 25. 12. 1875 in Vöcklabruck.)

Franz de Paula Schleiß. Begründer der Hafnerdynastie Schleiß. Geboren 26. 10. 1813 in Gmunden. (Gestorben 20. 7. 1887 in Gmunden.)

Friedrich Simony. Dachsteinpionier. Geboren 30. 11. 1813 in Hrochowteinitz, Böhmen. (Gestorben 20. 7. 1896 in St. Gallen bei Admont.) → S. 218

Hans Hueber. Maler. Geboren 10. 12. 1813 in Waizenkirchen. (Gestorben 15. 11. 1889 in Waizenkirchen.)

Anton Storch. Musiker. Geboren 23. 12. 1813 in Wien. (Gestorben 31. 12. 1887 in Wien.) „Oberleiter“ des Linzer Musikvereins 1856–1860.

Josef Netwald. Liberaler Politiker. Geboren 1813 in Graz. (Gestorben 23. 9. 1873 in Frohnleiten.) Arzt, Lehrer, erster Chefredakteur der „Tagespost“ (1866–1869). → S. 244

1814

Johann Rint. Bildhauer. Geboren 2. 1. 1814 in Kukus an der Elbe. (Gestorben 5. 1. 1900 in Linz.) → 1900

Franz Anton Stecher. Jesuit, Maler. Geboren 16. 8. 1814 in Nauders. (Gestorben 19. 8. 1853 in Innsbruck.) → 1853

Konrad Deubler, bekannt geworden als „Bauernphilosoph“. Geboren 26. 11. 1814 in Goisern. (Gestorben 31. 3. 1884 in Goisern.) → 1884

Eduard Freiherr von Bach. Statthalter von Oberösterreich (1851–1863). Geboren 21. 12. 1814 in Loosdorf. (Gestorben 8. 2. 1884 in Wien.)

1815

Herman Schmid. Schriftsteller. 30. 3. 1815 in Waizenkirchen. (Gestorben 19. 10. 1880 in München.)

Franz Groß. Liberaler Politiker, Bürgermeister von Wels (1861–1879, 1883–1886). Geboren 27. 6. 1815 in Hennersdorf, Schlesien. (Gestorben 15. 1. 1890 in Wels.) → 1861

Todestag

1812

Julian (Anton Bartholomäus) Ricci. Abt von Lambach (1794–1812). Gestorben 16. 6. 1812 in Lambach. (Geboren 24. 8. 1745 in Vöcklabruck.) → S. 149

Bitte um Besoldung

Ende Juli 1814. Die Magistratsbeamten der Stadt Steyr unterbreiten dem Bürgerausschuss das Ersuchen, man möge ihnen gleich den Staatsbeamten die Besoldung immer nach vier Monaten Dienst auszahlen und nicht erst nach einem Jahr.

Sitzung des Wiener Kongresses. Zeitgenössische Karikatur. In der Mitte Kaiser Franz I.

Erzherzog Karl auf dem Dachstein

Erzherzog Karl (1771–1847), der durch seinen Sieg über Napoleon (bei Aspern) in die Geschichte einging, erreicht am 27. August 1812 den Hallstätter Gletscher, der ihm zu Ehren den Namen Karls-Eisfeld erhält.

Klemens Wenzel Fürst Metternich. Gemälde (Ausschnitt) von Thomas Lawrence. Um 1815.

Ein Tiroler in Leonding

27. Juli 1811. Der Bauer und Schützenmajor Josef Speckbacher (1767–1820), Kampfgefährte des am 20. Februar 1810 erschossenen Tiroler Freiheitshelden Andreas Hofer, erhält einen Vorschuss von 200 Gulden, um damit das für die Familie Hofer in Leonding gekaufte Haus „Bauer im Ort“ zu verwalten. Die Witwe Andreas Hofers wollte Tirol nicht verlassen, der Sohn Hans blieb ein Jahr in Leonding, Speckbacher verließ Leonding am 2. August 1813.

Augenzeuge

„Es wurde mehreres musiziert und Lieder von Beethoven gesungen", schreibt der Augen- und Ohrenzeuge Franz Glöggl über Beethovens Auftreten in Linz. „Er selbst wurde gebeten, auf dem Pianoforte zu phantasieren, welches er durchaus nicht wollte … Er phantasierte beiläufig eine Stunde, wo nach und nach alles aufstand und sich herum versammelte. Nun fiel ihm erst ein, daß man ihn schon lange zum Speisen gerufen – er eilte vom Sessel ins Nebenzimmer. An der Tür stand ein Tisch mit Porzellangeschirr – er stieß aber an den Tisch so an, daß das Porzellan auf der Erde lag. Graf Dönhoff, ein reicher Kavalier, lachte dazu, und man setzte sich mit Beethoven neuerdings zu Tische.

Franz Glöggl (Sohn von Franz Xaver Glöggl) in seinen Erinnerungen an Beethoven, 1872.

Ludwig van Beethoven und sein Bruder in Linz

Glücklich war er gewiss nicht in Linz, der große Ludwig van Beethoven. Er kam wegen seines Bruders, des Apothekers Nikolaus Johann van Beethoven. Aber mit diesem gab es nichts als Streit, nicht zuletzt wegen dessen „schandvoller Verbindung", wie sie Ludwig van Beethoven nannte.

Das Haus des Bruders, die alte Wasserapotheke, mußte im Jahr 1872 der Verbreiterung der Ausfahrt zur Donaubrücke weichen. In dieses Haus müssen wir uns zurückversetzen, wenn wir Ludwig van Beethoven bei seinen Linzer Aufenthalten kennenlernen wollen, hier war auch 1870 eine Gedenktafel (zum 100. Geburtstag Beethovens) angebracht worden.

Nicht die hohen Sphärenklänge

Der Streit der Brüder ging im Grunde nur um die Gefährtin Nikolaus Johann van Beethovens: Theresia.

Sie war die Schwägerin eines Arztes, an den Nikolaus Johann van Beethoven einen Teil seines Hauses vermietet hatte. Beim Herrn Apotheker war sie Haushälterin. „Und noch etwas mehr", heißt es dazu in einer Untersuchung über die Geschichte der Linzer Wasserapotheke, die Georg Wacha (1928 bis 2009) 1973/74 im Historischen Jahrbuch der Stadt Linz veröffentlichte.

Na ja, so ging's halt zu im alten Linz. Das bemerkten nicht nur die Historiker unserer Zeit, sondern auch die Zeitgenossen Beethovens. Von einer „schandvollen Verbindung" sprach der ältere Bruder Ludwig.

Das „schandvoll" bezieht sich auf den für diese Zeit ganz entsetzlichen Umstand, dass die junge Frau ein lediges Kind hatte – das in der Familienchronik der Beethovens noch eine Rolle spielen sollte.

Das Kind ist fast sechs Jahre alt, als Ludwig van Beethoven seinen Bruder besucht. Am 5. Oktober 1812 trifft er in Linz ein.

Es ist kein angenehmer Aufenthalt für Ludwig van Beethoven. Dass die anmutige Aussicht auf das herbstliche Linz den Komponisten zu seiner achten Symphonie inspirierte, hört sich zwar schön an, entspricht aber sicher nicht der Wirklichkeit. Nicht die hohen Sphärenklänge beschäftigen Beethoven in Linz, sondern die niederen Streitigkeiten.

Ludwig van Beethoven unternimmt alles, um seinen Bruder von dieser Frau abzubringen. Er interveniert beim Linzer Stadtpfarrer, anderen Quellen zufolge auch beim Bischof, er wendet sich sogar an die Polizei, um die unliebsame Frau aus dem Haus seines Bruders zu bringen.

Alles, was er erreicht, ist, dass sein Bruder das Verhältnis legitimiert: Am 8. November 1812 schließen in der Linzer Stadtpfarrkirche „der wohledle Hr. Johann van Beethoven, bürgerl. Apotheker allhier, kath., 36 Jahre alt, unverehelicht", und die „wohledle Jgfr. Theresia Obermayr, bürgl. Bäckerstochter von Wien, kathol., 25 Jahre alt, unverehelicht", den Bund der Ehe. Die uneheliche Tochter der Frau, Ludowika, wird von Johann van Beethoven adoptiert.

Vom Linzer Apotheker Nikolaus Johann van Beethoven, dem jüngeren Bruder des Komponisten, gibt es nur ein einziges Bild, das ihn im Alter von 65 Jahren zeigt. Theresia van Beethoven, die Ursache des Streites der beiden Beethoven-Brüder, war zu dieser Zeit längst tot.

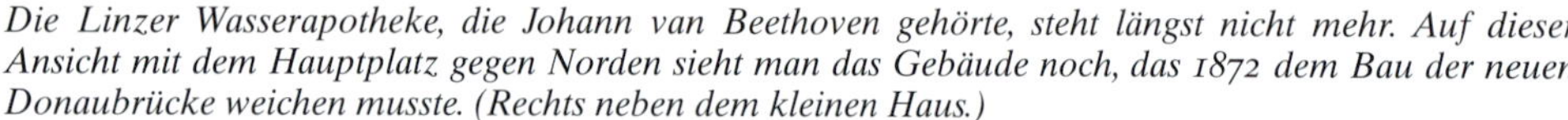

Die Linzer Wasserapotheke, die Johann van Beethoven gehörte, steht längst nicht mehr. Auf dieser Ansicht mit dem Hauptplatz gegen Norden sieht man das Gebäude noch, das 1872 dem Bau der neuen Donaubrücke weichen musste. (Rechts neben dem kleinen Haus.)

In Linz vollendet: die „Achte"

Für die Musikgeschichte freilich ist interessanter, dass Ludwig van Beethoven in Linz noch an der Endfassung seiner achten Symphonie arbeitet, ein Werk, das im krassen Widerspruch zu der Verfassung steht, in der der Komponist während dieser letzten Arbeiten steht. Es ist ein witziges, geistsprühendes Werk. Robert Schumann fand dafür die Bezeichnung „humoristische Tiefe".

Dass das Werk in Linz vollendet wurde, ist durch eine handschriftliche Bemerkung von Ludwig van Beethoven belegt: „Sinfonia Linz, im Monat Oktober 1812", schrieb Beethoven auf das Notenblatt.

Die Versuche der musikbegeisterten Linzer, Beethoven zu einem öffentlichen Konzert zu bewegen, schlagen fehl. „Der große Tondichter und Tonkünstler Louis van Beethoven hat unsere Stadt wieder verlassen, ohne unsere sehnlichsten Wünsche zu erfüllen,

Orpheus Beethoven

„5. Oktober. Nun haben wir das schon längst gewünschte Vergnügen, den Orpheus und größten musikalischen Dichter unserer Zeit Herrn L. v. Beethoven hier seit einigen Tagen in unserer Hauptstadt zu besitzen."

Der Linzer Stadtmusikdirektor Franz Xaver Glöggl über den Aufenthalt Ludwig van Beethovens in Linz „Linzer Musikzeitung", 1812.

Ludwig van Beethoven und sein Bruder in Linz

Ludwig van Beethoven setzte alle Mittel ein, um der „schandvollen Verbindung" seines Bruders mit einer Frau, die ein lediges Kind hatte, ein Ende zu bereiten. Für die Musikgeschichte ist wichtiger, dass Beethoven anlässlich seines Aufenthalts in Linz im Oktober 1812 seine achte Symphonie vollendete. Das Gemälde von Willibrord Joseph Mähler (1778–1860) stammt etwa aus dieser Zeit (um 1815).

ihn öffentlich in einem Konzert zu hören", können am 10. November 1812 die Linzer lesen. „Nur ein kleiner Zirkel war so glücklich, ihn bei einem liberalen Kunstfreunde, Herrn Grafen von Dönhoff, zu hören."

Über dieses einzige Auftreten Beethovens bei einer Soiree des Grafen Nikolaus Ludwig von Dönhoff gibt es einen Augenzeugenbericht des späteren Musikverlegers Franz Glöggl (1796–1872), der damals 16 Jahre als war. Er ist der Sohn des Linzer Stadtmusikdirektors Franz Xaver Glöggl (1764–1839).

Beethovens Bruder ist zu dieser Soiree nicht eingeladen worden.

Misstrauisch und streitsüchtig

Es ist wohl auch Ludwig van Beethovens schweres Schicksal der beginnenden Ertaubung, das ihn misstrauisch und streitsüchtig macht. In den Konversationsheften Beethovens finden sich ungewöhnlich harte Worte über seinen Bruder: „Alles wurde gethan, um ihn von dieser „schandvollen Verbindung zurückzuhalten", heißt es da. „Vergebens, er ist aber, wie ich ihn kenne, nichts beßeres werth! er suchte nur allzeit das gemeinste."

Es sind ungleiche Brüder, zweifellos. Nicht nur weil der eine ein Künstler von überragender Größe und der andere ein schlichter Bürger ist, weil der eine ständig unter Geldnot leidet, der andere ein mehrfacher Hausbesitzer ist. (Auch die erste Apotheke in Urfahr gehört Nikolaus Johann van Beethoven.)

Die Brüder sind auch in ihrem Charakter verschieden: Ludwig van Beethoven ist in sich gekehrt, Nikolaus Johann weltoffen, Ludwig von einer peniblen Sittenstrenge, Johann angeblich das gerade Gegenteil. Er ist, allerdings vor seiner Linzer Zeit, in eine Ehescheidungsaffäre verwickelt, es wird auch Klage geführt, „daß die Medikamente, welche der bürgerliche Apotheker van Beethoven liefert, nicht immer die gehörige Qualität haben sollen".

Streit mit der zweiten Schwägerin

Andererseits hat Ludwig van Beethoven seinen Bruder auch nur deshalb beschimpft, weil dieser das Geld zurückhaben will, das er ihm geliehen hat. Zum Geldborgen ist ihm der Bruder, der „nur allzeit das gemeinste" sucht, nämlich schon recht.

Mit gutem Grund haben Beethoven-Forscher immer wieder Versuche einer Ehrenrettung des Bruders unternommen.

Ludwig van Beethoven geht es nicht nur um die Moral, wenn er gegen seine Schwägerin opponiert. Er bedrängt seinen Bruder immer wieder, das Testament zugunsten des Neffen Karl zu ändern.

Beethovens zweiter Bruder, Kaspar Anton Karl, mit dem es allerdings nicht weniger Streit gab, überträgt in seinem Testament die Sorge für seinen Sohn Karl seiner Frau Johanna und dem Bruder Ludwig. Deswegen führt Ludwig van Beethoven auch gegen diese Schwägerin einen erbitterten Kampf, den moderne Beethoven-Forscher mit seiner Familienlosigkeit und einer Art Vaterkomplex erklären.

Schwägerinnen hatten es mit Ludwig van Beethoven nicht leicht.

Nikolaus Johanns Ehe ist ein Unglück

In einem Punkt behält Ludwig van Beethoven recht: Johanns Ehe ist ein Unglück. Er gesteht das schließlich auch dem Bruder. Er habe sogar das Recht, schreibt er, „sie bei der ersten Bekanntschaft, die sie wieder macht, ohne weiteres sogleich davon zu jagen". Das ist 1824. Vier Jahre später stirbt Theresia van Beethoven. Die ihr zustehende Hälfte des Vermögens erbt ihre Tochter. Diese heiratet bald und stirbt nach ihrem ersten Kind. Es erbt ihr Mann. Ludwig van Beethoven ist zu dieser Zeit längst nicht mehr am Leben. Er starb am 26. März 1827. Was Nikolaus Johann van Beethoven, der 1848 kinderlos stirbt, hinterlässt, erbt sein Neffe Karl. Wie Ludwig van Beethoven das immer gewünscht hat.

Rudolf Lehr

Der Hauptplatz in Linz. Aquarell von Jakob Alt, 1839. Der Kunsthistoriker Walter Koschatzky (1921 bis 2003) schreibt zu diesem Bild neben den Namen Jakob Alt auch den des Sohnes Rudolf Alt. Signiert: J. Alt. („Des Kaisers Guckkasten", 1991.)

Marianne von Willemer: Sehnsuchtslied an den Westwind

*Ach, um deine
feuchten Schwingen,
West, wie sehr ich dich
beneide:
Denn du kannst ihm
Kunde bringen
Was ich in der
Trennung leide!*

*Die Bewegung deiner
Flügel
Weckt im Busen stilles
Sehnen;
Blumen, Augen, Wald
und Hügel
Stehn bei deinem
Hauch in Tränen.*

*Doch dein mildes
sanftes Wehen
Kühlt die wunden
Augenlider;
Ach, für Leid müßt ich
vergehen,
Hofft ich nicht zu sehn
ihn wieder.*

*Eile denn zu meinem
Lieben,
Spreche sanft zu
seinem Herzen;
Doch vermeid ihn zu
betrüben
Und verbirg ihm
meine Schmerzen.*

*Sag ihm, aber sag's
bescheiden:
Seine Liebe sei mein
Leben,
Freudiges Gefühl von
beiden
Wird mir seine Nähe
geben.*

Marianne von Willemer

Die große Liebe einer schönen Linzerin

Eine der romantischsten Liebesgeschichten der Weltliteratur schrieb nicht ein Dichter, sondern das Leben. Johann Wolfgang von Goethe und die schöne Linzerin Marianne von Willemer waren in einem Glück vereint, das ihnen nicht von dieser Erde erschien. Doch was immer man über diese Liebe denken mag, es spricht alles dafür, dass die beiden mehr Gedichte getauscht haben als Küsse. Er hat mit ihr „Poesie getrieben", formulierte das Thomas Mann.

Goethe und die Frauen – mit diesem Thema könnte man ganze Bibliotheken füllen. Sicher ist: Marianne von Willemer nahm unter den Frauen um Goethe eine Sonderstellung ein: Zum ersten Mal in seinem Leben antwortete dem Dichter eine Dichterin. Er hatte die Frau gefunden, die ihm ebenbürtig war – aber er wusste auch, dass er sie zu spät gefunden hatte.

Goethe hat seine Liebe zu einer Frau immer in Versen ausgesprochen. Eine Liebeserklärung, die einseitig bleiben musste. Nur mit Marianne von Willemer war das anders: Sie antwortete in Versen, die den Fluss und die Reime der seinen wiederholten und damit bewiesen, dass sie sich sein ganzes Wesen, den Dichter und den Menschen, zu eigen gemacht hatte.

Marianne von Willemer entdeckt durch die Begegnung mit dem Größten seiner Zeit eine Begabung, die in den Wechselgedichten Suleika–Hatem in die Literatur eingegangen ist. Hatem, das ist Goethe, Suleika, das ist Marianne.

Goethe wählt mit Absicht für die Geliebte den Namen Suleika: So heißt in der arabischen Legendendichtung die unerreichbare Geliebte Jussuphs. Weniger poetisch gesagt: Jeder der beiden Liebenden ist verheiratet! Goethe weiss, dass diese Liebe keine dauernde Bindung sein kann. Er ist 65, Marianne 30.

Dieser Austausch von lyrischen Liebesbekenntnissen Goethe–Marianne ist in der Weltliteratur ohne Beispiel. Doch es hat lange gedauert, bis Marianne von Willemer als die Schöpferin jener Verse erkannt wurde, die Goethe in den „Westöstlichen Divan" als eigene aufgenommen hatte. Er zögerte nicht, um sich mit fremden Federn zu schmücken, sondern um die geliebte Frau vor der Außenwelt zu schützen.

Gedicht um einsame Frauenliebe

Still, bescheiden und anspruchslos, wie sie war, hatte Marianne nicht den Ehrgeiz, neben Goethe genannt zu werden. Schweigsam legte sie ihre Liederperlen zu dem Schatz des Meisters. Erst neun Jahre nach ihrem Tod wurde das Geheimnis ihrer Mitwirkung am Buch „Suleika" enthüllt.

Heidelberg, 1815: Nach vielen schönen Herbsttagen regnet es. Mariannes Gatte drängt zur Abreise. Goethe hat versprochen, vor seiner Rückkehr nach Weimar noch einmal zu Marianne zu kommen. Doch er erscheint nicht. Marianne verzögert das Einsteigen in den Wagen immer wieder. Schließlich kann sie keine Einwände mehr machen.

Marianne von Willemer. Pastell von Johann Jacob de Lose, 1809.

Sie sieht Goethe nie mehr wieder.

Marianne glaubt an eine kurze Trennung. Im Wagen, zwischen Verzweiflung und Hoffnung, schreibt sie ein Gedicht um die vereinsamte Frauenliebe, das berühmt gewordene Sehnsuchtslied an den Westwind. →

Das Geheimnis mit ins Grab genommen

Das Lied galt als eine Perle der Goetheschen Lyrik. Marianne hat den wahren Ursprung dieses Gedichts nie verraten.

Es gibt viele Geheimnisse um diese faszinierende Frau. Auch über ihre Geburt. An der Hofmauer des Linzer Stadtpfarrhofes erinnert ein Steinporträt an Marianne von Willemer. Mit dem Geburtsdatum: 20. 11. 1784. Doch das Haus, in dem Marianne geboren wurde, lässt sich mit Sicherheit nicht mehr feststellen. Manchmal wird auch angezweifelt, dass sie überhaupt in Linz geboren wurde. Dagegen steht als wichtigstes Indiz, dass Marianne selbst (bei ihrer Vermählung mit Willemer am 27. September 1814 in Frankfurt) als ihren Geburtsort Linz angab.

Marianne ist die uneheliche Tochter der 1761 in Almegg (Gemeinde Steinerkirchen an der Traun) geborenen Elisabeth Pirngruber. Ihr Vater ist wahrscheinlich der Tanzmeister Johann Baptist von Gangelt, der damals 62jährige Lehrer der 23jährigen Elisabeth Pirngruber.

Marianne gab bei ihrer Vermählung Matthias Jung als Vater an. So kam ein Linzer Instrumentenmachergehilfe in die Literaturgeschichte. Aktenkundig ist jedoch die Heirat von Elisabeth Pirngruber mit dem Wiener Theaterunternehmer Joseph Matthias Georg Jung. Marianne war damals vier Jahre alt. Sie erinnerte sich später nicht einmal an seinen Vornamen.

Sicher ist, dass die Mutter alleinstehend ist, als sie und ihre Tochter mit einer wandernden Balletttruppe durchs Land ziehen. So kommt die 14jährige Marianne nach Frankfurt, in die Stadt, die ihr zum Schicksal werden sollte.

An der Sechzehnjährigen schon wird die Schönheit gerühmt. Zu ihren Bewunderern zählt auch der Dichter Clemens Brentano. Einer der prominentesten und reichsten Männer von Frankfurt ist der Bankier und Geheimrat Johann Jakob von Willemer (1760–1838). Seine Theaterliebschaften bilden viel Gesprächsstoff. Als der vierzigjährige Witwer 1800 die um 24 Jahre jüngere Marianne als Pflegekind in sein Haus nimmt, spottet man über seine „pädagogische Vorliebe".

Willemer schreibt an Mariannes Mutter, die wieder in Linz ist, er wolle die junge Schauspielerin „den Verlockungen des Theaterstandes entziehen". Er zahlt der Mutter dafür eine Abfindung und eine Rente.

Es ist Ende Juni 1814, als Goethe nach fast zwanzig Jahren zum ersten Mal wieder in seine Vaterstadt Frankfurt kommt. Marianne ist damals noch die Demoiselle Jung, offiziell nur die Freundin von Willemers Töchtern. Das Drama der Leidenschaft zwischen Goethe und Marianne beginnt …

Gerade jetzt drängt Willemer auf eine Ehe. Völlig überstürzt und ohne die üblichen Fristen und Formalitäten findet die Trauung statt.

Ein Glück von wenigen Wochen

Nicht einmal ein Jahr später, im Sommer 1815, kommt Goethe zur Kur nach Wiesbaden und dann nach Frankfurt. Volle drei Wochen verbringt er ohne Unterbrechung im Hause Willemers. Es sind ungetrübte und glückliche Tage für Goethe und Marianne. Hier hat – so steht es in den Literaturgeschichtsbüchern – Hatem seine Suleika gefunden. Doch Hatem und Suleika sind fiktive Gestalten. Goethe und Marianne sind blutvolle Menschen.

45 Jahre später. In einem Witwenheim stirbt Marianne von Willemer am 6. Dezember 1860. Über einem „Kontörchen", in dessen Geheimfächern die alte Dame unzählige Erinnerungen an frühere Tage aufbewahrt, hängt das Porträt des Mannes, mit dem sie ein paar Wochen so glücklich war, dass sie ihr ganzes Leben davon zehrte.

Rudolf Lehr

„Bedauerliche Excesse“

„Es fielen bedauerliche Excesse vor. Nach dem Einmarsch der Jäger wurden die bairischen Wappen und Embleme zerschlagen, die bei den Aemtern angehefteten Kundmachungen in Fetzen gerissen und in den Kot geworfen, die bairischen Zollbeamten, wenn sie sich blicken ließen, beschimpft, mit Gläsern und Steinen beworfen, die abziehenden bairischen Gendarmen insultiert, wegen ihrer bairischen Gesinnung bekannte Bürger gehöhnt.“

Konrad Meindl (1844–1915) über die Maitage des Jahres 1816 in Ried. „Geschichte der Stadt Ried in Oberösterreich“, München 1899.

Erzherzog Johann und der Dachstein

„Bei den Excursionen, welche dieser erhabene Prinz in den folgenden Jahren in den Alpen der Steyermark unternahm, fesselte der Dachstein in stets erhöhtem Maße dessen Aufmerksamkeit, und vom Jahre 1817 an wurden auf Veranlassung Sr. kaiserl. Hoheit ernste Anstalten getroffen, den Gipfel zu ersteigen, da Höchstderselbe selbst sodann diese Ersteigung vorzunehmen gedachte.“

Aus den „Darstellungen aus dem Steyermärk'schen Oberlande“ von F. C. Weidmann, 1834.

Kalender

1816

14.4. Das Innviertel und Teile des Hausruckviertels, in den napoleonischen Kriegen von den Franzosen den Bayern zugesprochen, kommen mit dem Vertrag von München wieder zu Österreich. →

30.4. Die bayerischen Truppen verlassen das Inn- und Hausruckviertel.

1.5. Der Regierungspräsident von Oberösterreich, Freiherr Bernhard Gottlieb von Hingenau (1760–1833) nimmt in Salzburg das Inn- und Hausruckviertel wieder in österreichischen Besitz. Auch das Herzogtum Salzburg wird als Salzachkreis dem Land ob der Enns eingegliedert. (Bis 4. 3. 1849.) Damit ist Oberösterreich größer als vor den Franzosenkriegen.

1817

3.3. Uraufführung „Cunegunde, die Seherin“ von Zacharias Werner im Linzer Landestheater.

20.3. Geburtsdatum des Urfahrer Markts: Die „Ortsgemeinde Ufer“ erhält das Recht, zweimal im Jahr Märkte abzuhalten. → 1818

29.8. Erste überlieferte Besteigung des Großen Priel durch Franz Sigmund Graf von Engl (1774 bis 1853) mit den Jägern Hans, Anton, Engelbert und Ferdinand Riedler. → S. 197

1818

18.5. Der erste urkundlich belegte Jahrmarkt wird auf dem Marktplatz in Urfahr abgehalten.

27.8. Joseph Fouché (1759–1820) alias Herzog von Otranto trifft in Linz ein, wo er bis 1820 in einem Prunkpalais lebt. → S. 205

November. Adalbert Stifter tritt im Stiftsgymnasium Kremsmünster ein.

1819

Sommer. Franz Schubert (1797–1828) in Steyr, bei seinem Freund Johann Michael Vogl (1768–1840). Weitere Aufenthalte in Oberösterreich 1823 und → 1825.

1820

8.11. Franz Stelzhamers Eltern übergeben ihr Anwesen in Piesenham ihrem Sohn Andreas (1799–1834).

Erzherzog Johann

Er gibt den Anstoß zur Eroberung des Dachsteins: Erzherzog Johann (1782–1859).

Geburtstage

1816

Sigismund Fellöcker. Benediktiner. Geboren 19. 2. 1816 in Neuhofen. (Gestorben 5. 9. 1887 in Kremsmünster.) Naturwissenschafter.

Theoderich (Georg) Hagn. Abt des Stiftes Lambach (1859–1872). Geboren 23. 3. 1816 in Griesbach in Bayern. (Gestorben 29. 8. 1872 in Lambach.) → S. 149

Franz Isidor Proschko. Schriftsteller, Polizeibeamter in Linz. Geboren 2. 4. 1816 in Hohenfurt, Böhmen. (Gestorben 6. 2. 1891 in Wien.) Herausgeber des Katholischen Volkskalenders.

Wilhelm Steinfeld. Landschaftsmaler. Geboren 16. 4. 1816 in Wien. (Gestorben 8. 9. 1854 in Ischl.) → 1854

Johann Baptist Wengler. Maler und Radierer. Geboren 4. 6. 1816 in St. Radegund. (Gestorben 6. 4. 1899 in Aigen bei Salzburg.)

Florian Wimmer. Benediktiner, Kunsthistoriker. Geboren 22. 9. 1816 in Steinhaus. (Gestorben 25. 8. 1890 in Pfarrkirchen.)

Franz Reinhold. Landschaftsmaler. Geboren 19. 12. 1816 in Wien. (Gestorben 19. 5. 1893 in Wien.) Viele Salzkammergut-Motive.

Johann Baptist Lamprecht. Topograph. Geboren 28. 12. 1816 in Schärding. (Gestorben 18. 8. 1895 in Raab.)

1817

Ida Wohlbrück (später Schuselka-Brüning). Theaterdirektorin. Geboren 15. 1. 1817 in Königsberg. (Gestorben 16. 11. 1903 in Wien.) Als erste Frau leitet sie 1855–1857 das Landschaftliche Theater in Linz.

Erzherzog Ludwig und der Priel

Zwei Jahre nach der ersten überlieferten Erstbesteigung des Großen Priel steht Erzherzog Ludwig (1784–1864), der elfte Sohn von Kaiser Leopold II. und Bruder des weit populärer gewordenen Bergsteiger-Erzherzogs Johann, am 27. August 1819 auf dem Gipfel. Überliefert ist, dass dabei dem Schullehrer von Hinterstoder die Ehre widerfuhr, das erzherzogliche Kaffeegeschirr auf den Priel zu tragen.

Mehrfach hat Adalbert Stifter seine Erinnerungen an Kremsmünster in Bildern festgehalten.

Menschenopfer „für den Herrn“

30. März 1817. Ein religiöser Spuk, der weite Teile Oberösterreichs erfasst hat, erreicht am Palmsonntag einen traurigen Höhepunkt: Vermutlich sogar mit ihrem Einverständnis wird in Ampflwang eine junge Frau erschlagen, zur vermeintlichen Sündenreinigung. Auch ein altes Ehepaar wird Opfer der religiösen Raserei. Oberhaupt der fanatischen Sekte ist der Priester Thomas Pöschl (1769–1837), der 1806 in Braunau dem Buchhändler Johann Philipp Palm vor der Erschießung geistlichen Beistand leisten musste. Zweifellos war dieses Erlebnis der Anlass für die religiösen Wahnvorstellungen des Priester. Er prophezeit die Wiederkunft Christi und das bevorstehende Ende der Welt. Dass der Herr Menschenopfer fordere und die „Ermordung der Unreinen“ gebiete, predigt er. Die weltliche und kirchliche Obrigkeit hat alle Mühe, das Unwesen der „Pöschlianer“, wie sich die Sekte nennt, zu beseitigen. Nach den Morden wird Pöschl in ein Priesterhaus nach Wien gebracht, wo er auch stirbt.

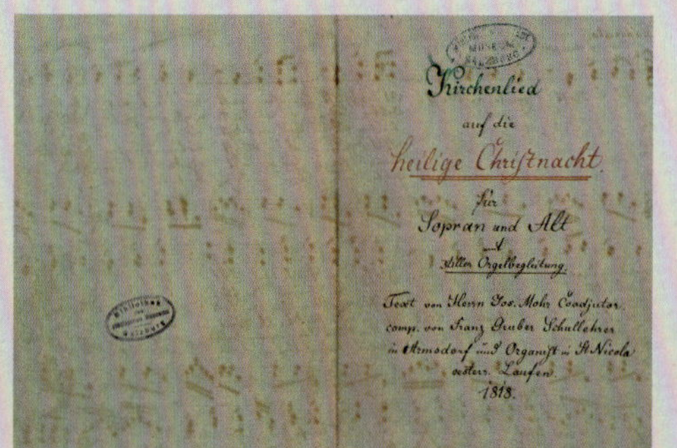

Abscheu vor dem Militär

„Es ist ihnen der größte Schmerz, der so glücklichen Abgeschiedenheit ihres Tales entrissen zu werden. Daher der Abscheu unter den Alpensöhnen vor dem Militärstand. Sie zehren dabei an ihrem Körper ab, wenn das Sehnen nach der geliebten Heimat, bei den lebhaftesten, wehmütigsten Erinnerungen an ihre heimischen Feste und Vergnügen, die der Getrennte jetzt vermißt, überhand nimmt."

Johann Steiner in „Der Reisegefährte durch die oesterreichische Schweitz oder das ob der ennsische Salzkammergut", Linz 1820.

Der Innviertler Franz Xaver Gruber komponiert 1818 eine Melodie, die unsterblich werden sollte. Handschrift von Grubers „Kirchenlied auf die heilige Christnacht".

1816–1820

Josef Edlbacher. Maler und Zeichner. Geboren 27. 1. 1817 in Grünburg an der Steyr. (Gestorben 4. 4. 1868 in Linz.) → 1868

Karl Fiedler. Reorganisator der Mittel- und Hochschulen. Geboren 16. 8. 1817 in Urfahr. (Gestorben 20. 12. 1887 in Wien.)

Cölestin Ganglbauer. Kardinal-Fürsterzbischof von Wien. Geboren 20. 8. 1817 in Schiedlberg. (Gestorben 14. 12. 1889 in Wien.) Abt von Kremsmünster (1876–1881).

Leopold Weismann. Landschafts- und Porträtmaler. Geboren 2. 10. 1817 in Wels. (Gestorben 1. 8. 1887 in Wels.)

Franz Krackowizer. Landschafts- und Porträtmaler. Geboren 6. 11. 1817 in Spital am Pyhrn. (Gestorben 18. 11. 1893 in Salzburg.) Zahlreiche Ortsansichten von Steyr und Umgebung.

Anton Gartner. Mundartdichter. Geboren 8. 12. 1817 in Pernstein. (Gestorben 27. 5. 1858 in Vöcklabruck.)

1818

Philipp Freiherr von Ebenhof-Weber. Statthalter von Oberösterreich (1881–1889). Geboren 30. 4. 1818 in Cehernitz bei Kolin. (Gestorben 21. 7. 1900 in Linz.)

Georg Wasmer. Feuerschwammerzeuger in Leonfelden. Geboren 16. 5. 1818 in Bistritz, Böhmen. (Gestorben 20. 8. 1898 in Getzersdorf, NÖ.) → S. 231

Ludwig Egbert Thürheim. Offizier und Weltreisender. Geboren 27. 5. 1818 in Wien. (Gestorben 19. 7. 1894 in Schwertberg.) Er ließ sein Schloss Weinberg restaurieren.

Julius von der Traun (Julius Alexander Schindler). Schriftsteller. Geboren 26. 9. 1818 in Wien. (Gestorben 16. 3. 1885 in Wien.) Skizzenbuch „Oberösterreich" (1848).

Karl Schiedermayer. Arzt und Botaniker. Geboren 3. 11. 1818 in Linz. (Gestorben 29. 10. 1895 in Kirchdorf an der Krems.)

Franz Sterrer. Porträt- und Genremaler. Geboren 16. 11. 1818 in Wels. (Gestorben 17. 9. 1901 in Ecully bei Lyon.)

Otto Freiherr von Wiedenfeld. Statthalter von Oberösterreich (1872–1877). Geboren 16. 11. 1818 in Troppau. (Gestorben 5. 8. 1877 in Altaussee.)

1819

Vinzenz Statz. Erster Baumeister des Linzer Mariä-Empfängnis-Doms. Geboren 9. 4. 1819 in Köln. (Gestorben 21. 8. 1898 in Köln.)

Franz Zöhrer. Sänger. Geboren 12. 5. 1819 in Sarleinsbach. (Gestorben 1868 in Berlin.) → 1868

August Göllerich. Deutschnationaler Politiker. Geboren 2. 7. 1819 in Piacenza. (Gestorben 23. 8. 1883 in Wels.) Vater des Musikers August Göllerich (1859–1923).

Ignaz Rode. Taubstummer Zeichner und Lithograph. Geboren 1819 in St. Kanzian in Krain. (Gestorben 1. 1. 1857 in Linz.) Seine Lieblingsmotive: Mühlviertel und Salzkammergut.

Beda Weinmann. Maler und Kupferstecher. Geboren 1819 in Schöringen, Württemberg. (Gestorben 19. 3. 1888 in Budapest.) Er schuf zahlreiche Ansichten aus dem Innviertel.

Todestage

1817

Johann Stifter. Leinweber und Flachshändler, Vater Adalbert Stifters. Tödlich verunglückt am 30. 11. 1817 nahe der Taverne „Wirt am Berg" bei Gunskirchen. Begraben auf dem Friedhof Gunskirchen. (Geboren 27. 8. 1781 in Oberplan.)

1818

Koloman Felner (Fellner). Benediktiner. Zeichner, Kupferstecher, Gründer der Stiftssammlungen Lambach. Gestorben 18. 4. 1818 in Lambach. (Geboren 19. 3. 1750 in Pisdorf, Pfarre Aichkirchen.)

Bildnis des Pater Koloman Felner. Stift Lambach.

Franz von Thugut. Diplomat. Gestorben 28. 5. 1818 in Wien. (Geboren 31. 3. 1736 in Linz.) Erreicht als Gesandter in der Türkei beim Sultan die Abtretung der Bukowina an Österreich.

Josef Abel. Maler. Gestorben 7. 10. 1818 in Wien. (Geboren 22. 8. 1764 in Aschach an der Donau.)

1820

Franz Jakob Schwanthaler. Bildhauer. Gestorben 4. 12. 1820 in München. (Geboren 2. 8. 1760 in Ried.) Sohn von Johann Peter d. Ä. → S. 145

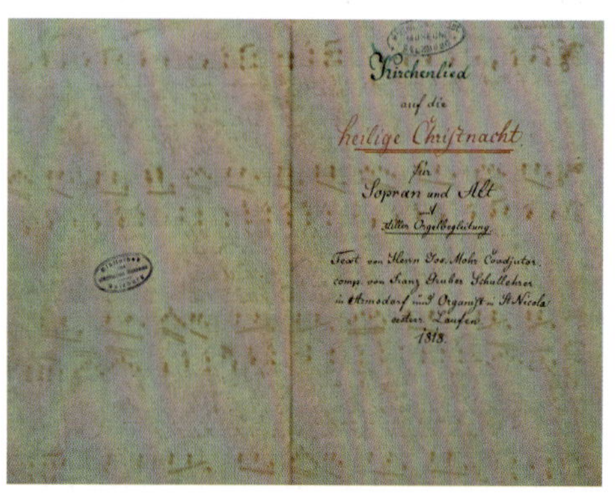

Handschrift des Komponisten Gruber. Um 1855.

Der Dachstein. Anonyme Zeichnung. 1790.

Der Jakl auf dem Torstein

August 1819. Einer der Bergbegleiter von Erzherzog Johann, der kaiserliche Jäger Jakob Buchsteiner, genannt Schladminger Jakl oder Jägerjagel, besteigt den Torstein, in der damals üblichen Annahme, den höchsten Gipfel des Dachsteingebirges bezwungen zu haben. (Torstein: 2947 m, Hoher Dachstein 2995 m.) Um zu beweisen, dass er die Spitze erreicht hat, muss er auf dem Gipfel eine Flintenkugel, einen Feuerstein und ein Stück Brot hinterlassen.

Franz Xaver Gruber.

Stille Nacht

Advent 1818. Das Weihnachtslied „Stille Nacht, heilige Nacht" entsteht. Der Schöpfer der weltberühmten Melodie ist der im Innviertel geborene Lehrer und Chorregent Franz Xaver Gruber. (Geboren 25. 11. 1787 in Unterweizberg, Hochburg-Ach, gestorben 7. 6. 1863 in Hallein.)

Die Hausparteien

Fouché Joseph, Herzog von Otranto
Ernestine Comtesse de Castellane, Gattin
Fouché Joseph, Graf von Otranto, Sohn
Fouché Armand, Graf von Otranto, Sohn
Fouché Athanase, Graf von Otranto, Sohn
Fouché Josephine, Comtesse de Otranto, Tochter
Fagnet Theodor, Haushofmeister
Jealliot Xavier, Koch
Lange Aurelia, Kammermädchen
Strauß Joseph, Kutscher
Uhl Anton, Reitknecht
Eichler Wenzel, Roßwärter
Monie Angelo, Bedienter
Mur N., Zimmerputzer
Pollhammer Joseph, Hausmeister
Pollhammer Eva, Gattin
Kronberger Elisabeth, Magd
Obermayer Leopoldine, Magd

Begraben bei lebendigem Leibe

„Noch immer webt die alte Spinne ihre geheimen Netze, aber sie bleiben im Linzer Dachsparren unbeachtet."

*

„Die Geschichte, dieser Anwalt der Ewigkeit, nimmt die grausamste Rache an dem Manne, der immer nur an den Augenblick gedacht: sie begräbt ihn bei lebendigem Leibe."

Stefan Zweig (1881–1942) in „Joseph Fouché", 1929.

Das Nobelexil des Massenmörders Fouché

Wohin wandte er sich, der für Tausende Morde und Hinrichtungen verantwortliche, gefürchtete französische Polizeiminister Joseph Fouché, als es ihm endlich an den Kragen ging? Nach Linz. Sein Kragen wurde allerdings verschont. Er wurde österreichischer Staatsbürger und bewohnte als Millionär in der oberösterreichischen Hauptstadt ein prunkvolles Palais. Von den vielen Menschen, die heute täglich in dieses Gebäude kommen, in dem nun ein Kaufhaus untergebracht ist, beachtet kaum jemand die an der Hausmauer angebrachte Tafel, auf der vermerkt ist, dass hier einmal Fouché lebte.

Revolution in Frankreich, 1793: Joseph Fouché stimmt als Abgeordneter und Mitglied des Konvents für die Hinrichtung König Ludwigs XVI. Die Massenmorde unter Robespierre beginnen. In Lyon werden rund 200 Menschen im Schnellverfahren durch die Artillerie hingerichtet.
Das ist das Werk von Joseph Fouché.
1794 wird Robespierre gestürzt und geköpft. Als Barras die Macht übernimmt, ernennt er einen Polizeiminister, der einen Polizei- und Spitzelapparat aufbaut, wie ihn die Welt bisher nicht gekannt hat.
Der Polizeiminister heißt Joseph Fouché. Barras wird von Napoleon gestürzt. Ludwig XVIII., der Bruder von Ludwig XVI., den Fouché aufs Schafott geschickt hat, braucht einen Polizeiminister.
Er heißt Joseph Fouché.
Joseph Fouché hatte sieben Amtseide geschworen – und sieben gebrochen. Er ist zum Inbegriff des rücksichtslosen, über Leichen gehenden Machtmenschen geworden, des gefürchteten und gehassten, raffinierten und kalten Technikers der Macht. Er war als Bürger Fouché ein fanatischer Revolutionär, als Herzog von Otranto sofort ein ebenso fanatischer Unterdrücker der Revolution.
Irgendwann – das ist in den Geschichtsbüchern nachzulesen, aber auch in der berühmtesten aller Fouché-Biographien, bei Stefan Zweig – ging es jedoch auch diesem Joseph Fouché an den Kragen. Was aber bei dem Mann, der seine Morde nicht mehr zählen konnte, nicht wörtlich zu nehmen war. Als er gestürzt wurde, ging er als Millionär in die Emigration.

Ehrenvoller Empfang in Linz

Österreich wird sein Asylland. Auf Anraten Metternichs gibt Kaiser Franz die Zustimmung für die Einreise nach Österreich, „unter gehöriger polizeilicher Beobachtung", wie es heißt.
Joseph Fouché zieht vorerst nach Prag. Aber dort gefällt es ihm bald nicht mehr, weil der Sohn eines anderen Emigranten seiner Gattin allzu stürmisch den Hof macht. Fouché ersucht Metternich, übersiedeln zu dürfen: nach Linz.
Um die Mittagsstunde des 27. August 1818 trifft Fouché in Linz ein.
Er steht zwar offiziell unter Polizeiaufsicht, aber er ist inzwischen österreichischer Staatsbürger und genießt höchste Ehren. Längst ist auch ein würdiges Domizil für den Nobel-Mörder ausgesucht worden: das Palais Weißenwolff am Hauptplatz.
Joseph Fouché mietet das Haus (heute Hauptplatz 26/27) für 400 Gulden im Jahr, was grob auf unsere Währung umgerechtet einer Monatsmiete von 200 Euro entspricht.

Ratlosigkeit der Gesellschaft

Der Mietvertrag wird nur auf zwei Jahre abgeschlossen, mit dem Recht auf vierteljährliche Kündigung. Er sehe nicht ein, sagt Fouché, falls er sich wieder nach Paris oder anderswohin begebe, „den Mietzins umsonst zu bezahlen".
Der Linzer Gesellschaft verursacht der Einzug Fouchés Kopfzerbrechen. Soll man ihn einladen? Soll man seine Einladungen annehmen?
Diese Fragen beschäftigen die Hautevolee von Linz. Schließlich sei er ein Herzog, ein Mann mit Vermögen. Ein adeliger Linzer lässt wissen, er sehe nicht ein, warum er nicht einem der Fouché-Söhne die Hand seiner Tochter geben solle. Andererseits jagen die blutigen Taten dieses hageren Mannes mit dem fahlen Gesicht den Linzern kalte Schauer über den Rücken.
Fouché unternimmt alles, um mit dem Adel und den maßgeblichen Kreisen der Linzer Bürgerschaft in Kontakt zu treten. Er schickt seine Visitenkarten an alle Honoratioren. Man erwidert die Höflichkeit. Aber man weiß immer noch nicht recht, wie man sich verhalten soll.
Da bringt der Zufall den in Prag wohnenden Grafen Vincenz Carl von Auersperg nach Linz. An ihn wendet sich der oberösterreichische Regierungspräsident Freiherr Bernhard Gottlieb von Hingenau in seiner Gewissensqual. Wie hat man es denn in Prag gemacht? Der Graf meint, dass Fouché in keiner Societé erschienen sei", dass ein Aristokrat, den Fouché mit seinem Besuch „beglückt" habe, deshalb von der Gesellschaft gehänselt worden sei.
Jetzt endlich wissen die Linzer, wie sie dran sind. Wie sich die große Welt gegenüber dem prominenten Emigranten verhielt.

Die noblen Gäste fehlen

Der Adel schneidet ihn nun, auch das wohlhabende Bürgertum, das sich am Adel orientiert. An der reichhaltigen Tafel, zu der Fouché häufig einladet, sitzen nur Kleinbürger und Lieferanten.

Von 1818 bis 1820 ein Linzer: der gefürchtete und gehasste Joseph Fouché.

Die Polizei überwacht Fouché. Diesem Umstand verdanken wir es, dass über seinen Linzer Aufenthalt relativ viele Details bekannt sind.
Er leidet keine Not, dieser Nobel-Emigrant, lässt es sich gut gehen in seinem Palais, in dem mehr als ein Dutzend Bedienstete für sein Wohl sorgen. Meistens verbringt er den Tag mit Ausfahrten in die Umgebung von Linz. Nur die gesellschaftlichen Misserfolge ärgern ihn. Er ersucht schließlich Metternich, „sich in Wien ansässig machen zu dürfen". Als ihm dies nicht genehmigt wird, will er nach Triest, das zu dieser Zeit noch zu Österreich gehört. Um die Jahreswende 1819/20 dürfte Fouché Linz verlassen haben.
Sein letztes Lebensjahr verbringt Fouché in Triest. Dort stirbt er, 61jährig, zu Weihnachten 1820. Beim Begräbnis, so wurde erzählt, soll ein furchtbarer Schneesturm gewütet haben und der Sarg vom Leichenwagen auf die Straße gestürzt sein.

Rudolf Lehr

„Da sitz ich in Linz …"

„Du kannst Dir denken, wie sehr mich das ärgern muß, daß ich in Linz an Dich einen Brief schreiben muß nach Lemberg!!! Hol' der Teufel die infame Pflicht, die Freunde grausam auseinanderreißt, wenn sie kaum aus dem Kölch der Freundschaft genippt haben. Da sitz ich in Linz, schwitze mich halbtodt in dieser schändlichen Hitz, habe ein ganzes Heft neuer Lieder, und Du bist nicht da! Schämst Dich nicht? Linz ist ohne Dich wie ein Leib ohne Seele oder wie ein Reiter ohne Kopf, wie eine Suppe ohne Salz. Wenn nicht der Jägermeier ein so gutes Bier hätte und auf dem Schloßberg ein passabler Wein zu haben wäre, so müßte ich mich auf der Promenade aufhängen mit der Überschrift: Aus Schmerz über die entflohene Linzer Seele! Du siehst, daß ich ordentlich ungerecht werde gegen das übrige Linzthum, indem ich doch in Deiner Mutter Hause, in der Mitte Deiner Schwester, des Ottenwalt und des Max recht vergnüglich bin und aus den Leibern manches noch anderen Linzers Dein Geist herauszublitzen scheint. Nur fürchte ich, wird dieser Geist nach und nach verblitzen, und da möchte man dann vor Unmuth zerplatzen."

Franz Schubert (1797–1828), 21. Juli 1825 an seinen Freund Josef von Spaun (1788–1865).

1821–1825

Kalender

1821

1.3. Beginn des „Stadt- und Landrechts".

September. Enns und Steyr werden zu reißenden Strömen. In Steyr überflutet die Enns die Stadtmauer, das Wasser der Steyr reicht in einigen Häusern bis zum ersten Stock. Die Brücken der Stadt werden schwer beschädigt.

1822

18.3. Im Hallstätter See ertrinken 41 Menschen (nach anderen Quellen 39), die nach einem Begräbnis auf der Heimfahrt von Hallstatt nach Obertraun von einem Gewitter überrascht wurden.

22.6. Die Baronesse Emilie von Gerschau heiratet den Freiherrn August Daniel von Binzer. → S. 249

Errichtung eines Eisenblechwerkes in der alten Noitzmühle in Wels-Lichtenegg.

1823

5.8. Der steirische Naturforscher und Topograph Carl Schmutz (1787–1873) berichtet über „die erste Besteigung des Dach- oder Thorsteins". Auch er hält, wie bis dahin üblich, den Torstein (2947 m) für den höchsten Berg des Dachsteinmassivs. (Hoher Dachstein 2995 m.)

20.10. Johann Georg Ramsauer (1795–1874), Entdecker des Gräberfeldes von Hallstatt, (→ S. 224) heiratet die 29jährige Anna Maria Riezinger, die eine Tochter und ein zweites, später als Stieftochter bezeichnetes Kind in die Ehe bringt. Acht eheliche Kinder folgen. Zwei Wochen nach der Geburt ihres zehnten Kindes stirbt Anna Maria Ramsauer am 22. 4. 1835 in Hallstatt am Kindbettfieber.

Hallstatt: Rudolphsturm. Lithographie 1825.

1824

21.6. In Steyr (Ennsdorf) fallen 103 Gebäude einem Brand zum Opfer.

24.8. Adalbert Stifter (1805–1868), Schüler des Gymnasiums Kremsmünster, trägt im Kaisersaal des Stifts (Marmorsaal) ein von ihm verfasstes Gedicht vor: „Das Freudenfest am Trauerdenkmale".

5.12. Franz Stelzhamer (1802–1874) erhält im Salzburger Gymnasium das Abschlusszeugnis.

1825

24.2. Im Linzer „Bürgerblatt" erscheint die erste Linzer Theaterkritik, die nicht nur eine Inhaltsangabe bringt, sondern auch die Namen der Schauspieler anführt.

28.7. Spatenstich zum Bau der Pferdeeisenbahn von Linz nach Budweis.

Wegen Leistung von Naturalroboten anstatt des bisher üblichen Robotgeldes kommt es zu Auseinandersetzungen zwischen der Herrschaft Schwertberg und ihren Untertanen. Die revoltierenden Untertanen werden daraufhin mit Stockstreichen gezüchtigt.

„Die vorzüglichsten Ansichten des k. k. Salzkammergutes und dessen Umgebungen in Ober Oesterreich" von Jakob Alt (1789–1872) erscheinen. →

Jakob Alt: „Der Gosauzwang". Aus der Salzkammergut-Bilderfolge. 1825.

Geburtstage

1821

Josef Wallhamer. Maler. Geboren 27. 1. 1821 in Wolfsegg. (Gestorben 5. 1. 1871 in Vöcklabruck.)

Albin Czerny. Stiftsbibliothekar und Historiker. Geboren 19. 2. 1821 in Wien. (Gestorben 7. 7. 1900 in St. Florian.)

Heinrich Graf Brandis. Konservativer Politiker. Geboren 20. 4. 1821 in Graz. (Gestorben 17. 2. 1900 in Wien.) → 1900

Rudolph Freiherr von Handel. Liberaler Politiker. Geboren 1. 8. 1821 in Nieder-Ingelheim. (Gestorben 17. 9. 1879 in Linz.) → 1879

Sigmund Freiherr Conrad von Eybesfeld. Statthalter von Oberösterreich (1871–1872). Geboren 11. 8. 1821 in Schloss Kainberg, Steiermark. (Gestorben 9. 7. 1898 in Graz.)

Paul Ritter von Finkenzeller. Offizier. Geboren 29. 11. 1821 in Altheim. (Gestorben 17. 1. 1905 in Salzburg.) Haus- und Schankknecht, der es zum Major und Adelsstand brachte.

1822

Ignaz Freiherr von Schurda. Statthalter von Oberösterreich (1867–1868). Geboren 13. 3. 1822 in Radnitz, Böhmen. (Gestorben 16. 7. 1879 in Purkersdorf, Niederösterreich.)

Johannes (Georg) Lasser (Ritter von Zollheim). Abt von Lambach (1873–1889). Geboren 24. 4. 1822 in Matrei, Osttirol. (Gestorben 25. 12. 1889 in Lambach.)

Ernest Maria Müller. Bischof von Linz (1885 bis 1888). Geboren 30. 6. 1822 in Irritz, Diözese Brünn. (Gestorben 28. 9. 1888 in Linz.) → 1885

Moriz Ritter von Eigner. Liberaler Politiker, Landeshauptmann von Oberösterreich (1868–1884). Geboren 7. 11. 1822 in Retz. (Gestorben 25. 3. 1900 in Linz.) → 1868

1823

Carl Friedrich Löffler. Porträt-, Genre- und Historienmaler. Geboren 13. 2. 1823 in Haslach. (Gestorben 30. 6. 1905 in Wien.)

Johannes Aprent. Freund und Nachlassverwalter Adalbert Stifters. Geboren 16. 3. 1823 in Olmütz. (Gestorben 18. 4. 1893 in Linz.) → S. 238

Gregor Doblhamer. Ordenspriester und Politiker. Geboren 26. 4. 1823 in St. Lambrechten. (Gestorben 9. 2. 1899 in Reichersberg.)

Franz Fritsch. Gründer der Welser Kunstmühle. Geboren 13. 6. 1823 in Malejow, Böhmen. (Gestorben 4. 11. 1886 in Wels.)

Josef Hafferl. Kaufmann und liberaler Politiker. Geboren 9. 7. 1823 in Linz. (Gestorben 15. 6. 1896 in Lambach.)

1824

Guido Freiherr von Eiselsberg. Gutsbesitzer, liberaler Politiker. Geboren 2. 1. 1824 in Linz. (Ge-

Erzherzog Johann und seine Nani

„Außerhalb S. Ilgen (St. Gilgen) wurde stillgehalten und das Mädchen sezte sich zu dem Brandhofer (so nannte sich Erzherzog Johann in seinen ‚eigenhändigen Aufzeichnungen‘) in die Calesche, so gieng es auf diesem damals noch wenig befahrenen Weeg, ohne jemand zu begegnen bis kurz vor Ischl, wo jeder wieder seinen alten Platz einnahm. Diese stündige Fahrt benüzten beyde, um ernstlich alles zu besprechen, da späterhin keine solche Gelegenheit sich ergeben dürfte, auch sie es für rathsamer hielten, alles zu vermeiden, was zu Redereyen Anlaß geben konnte.“

Erzherzog Johann (1782–1859) über die Fahrt von St. Gilgen nach Ischl am 5. Oktober 1822 mit der damals 18jährigen Ausseer Postmeisterstochter Anna Plochl.

Am 18. März 1822 fordert der Hallstätter See 41 (39?) Menschenleben. Votivbild aus Hallstatt mit dem heiligen Christophorus, Mitte 18. Jahrhundert.

1824 malt Franz Steinfeld (1787–1868) einige Bilder vom Hallstätter See, die als Geburtsbilder des Biedermeier gelten.

storben 30. 3. 1887 in Steinhaus bei Wels.) Vertreter des Großgrundbesitzes im Landtag. Vater des Chirurgen Anton Freiherr von Eiselsberg (1860–1939). → 1939

Josef Maria Kaiser. Maler. Geboren 1. 2. 1824 in Kremsmünster. (Gestorben 6. 5. 1893.)

Karl Sigmund Graf zu Hohenwart-Gerlachstein. Statthalter von Oberösterreich (1868–1871). Geboren 12. 2. 1824 in Wien. (Gestorben 26. 4. 1899 in Wien.) 1871 Ministerpräsident.

Adalbert Markus. Lehrer und Stifter-Forscher. Geboren 1. 4. 1824 in Friedberg. (Gestorben 22. 2. 1913 in Linz.)

Anton Bruckner. Im Schulhaus von Ansfelden wird am 4. September 1824 Oberösterreichs größter Komponist geboren. (Gestorben 11. 10. 1896 in Wien.) → S. 247, 276

Franz Reininger. Handelskammerpräsident (1873–1878). Geboren 25. 9. 1824 in Linz. (Gestorben 6. 2. 1888 in Linz.) → 1888

Carl Heinrich Friedrich von Binzer. Maler. Geboren 19. 10. 1824 in Schloss Glücksburg in Schleswig. (Gestorben 22. 7. 1902 in München-Schwabing.) Er regt gemeinsam mit Adalbert Stifter die Restaurierung des Kefermarkter Altars an. → S. 249

1825

Franz Pracher. Lithograph. Geboren 28. 3. 1825 in Helfenberg. (Gestorben 18. 3. 1885 in Helfenberg.)

Friedrich Uhl. Theaterkritiker und Schriftsteller. Schwiegervater von August Strindberg. Geboren 14. 5. 1825 in Teschen, Österreichisch-Schlesien. (Gestorben 20. 1. 1906 in Mondsee.) → S. 269, 291, 357

Josef Roman Lorenz Ritter von Liburnau. Naturforscher. Geboren 26. 11. 1825 in Linz. (Gestorben 13. 11. 1911 in Wien.) → 1911

Todestage

1821

Kaspar Duftschmid. Insektenforscher. Gestorben 17. 12. 1821 in Linz. (Geboren 19. 11. 1767 in Gmunden.) Dreibändige „Fauna Austriae“.

1823

Simon Hollnsteiner. Bauernführer. Gestorben 7. 7. 1823. (Geboren 1737.) Bauer bei Öpping.

Franz Konrad. Propst. Gestorben 12. 9. 1823 in Passau. (Geboren 28. 12. 1752 in Grieskirchen.) Der letzte Propst des ehemaligen Augustiner-Chorherrenstiftes St. Nikola vor Passau.

1824

Franz Schwediauer. Medizinischer Fachschriftsteller. Gestorben 23. 8. 1824 in Paris. (Geboren 24. 3. 1748 in Steyr.)

Anton Hitzenthaler. Maler. Gestorben 9. 11. 1824 in Linz. (Geboren 1750). Schüler des Kremser Schmidt.

1825

Amand Berghofer. Philosoph und Schriftsteller. Gestorben 7. 2. 1825 in Graz. (Geboren 1. 12. 1745 in Grein.) Einer der originellsten Menschen des josephinischen Zeitalters.

Nikolaus Ungnad Graf von Weißenwolff. Feldmarschall-Leutnant. Gestorben 11. 4. 1825 in Linz. (Geboren 16. 8. 1763 in Prag.)

Sigismund Graf von Hohenwart. Bischof von Linz (1809 bzw. 1815–1825). Gestorben 22. 4. 1825 in Linz. (Geboren 7. 6. 1745 in Cilli.) → S. 196, 198

Franz J. Freindaller. Professor der Dogmatik in Linz. Gestorben 29. 12. 1825 in Vöcklabruck. (Geboren 2. 2. 1753 in Ybbs.)

Die erste Linzer Musikschule

28.9.1820. Der Linzer Musiker Anton Mayer (1780–1854) wendet sich mit der Idee einer Gesellschaft der Musikfreunde an die Linzer.

19.9.1821. Kaiser Franz I. (1768–1835) genehmigt die Satzungen des Linzer Musikvereins.

1.3.1823. Der Linzer Musikverein errichtet eine Gesangschule für Knaben und Mädchen, mit zwölf Schülern und sechs Lehrstunden pro Woche.

4.9.1823. In der neuen Gesangsschule von Linz findet die erste Prüfung statt, sie ergibt „befriedigende Resultate“.

2.9.1824. Die Zahl der Linzer Musikschüler wird auf 20 erhöht.

Postkarte aus dem Jahr 1890 mit der Schubert-Gedenktafel in Steyr.

Schubert zu Gast

20. Mai 1825. Franz Schubert kommt nach Oberösterreich. Er ist vorerst zwei Wochen in Steyr, vom 4. Juni bis Mitte Juli in Gmunden, Ende Juli und die erste August-Woche wieder in Steyr, von wo er über Kremsmünster und Vöcklabruck nach Salzburg und Gastein reist. Am 12. September ist er wieder in Gmunden, Mitte bis Ende September wieder in Steyr. In der Zweiflüssestadt erhält er die Anregung für eines seines berühmtesten Werke: das Forellenquintett.

Der Oberlauf der Traun. Anonymes Ölgemälde aus dem 18. Jahrhundert.

Die ersten Erfolgsmeldungen

„Das Merkwürdigste für Ischl und für das ganze Salzkammergut ist die in der neueren Zeit entstandene Solebad-Anstalt. Bisher haben nachstehende Krankheiten, deren Wesen mit den Bestandteilen der Sole in heilwirkender Beziehung stehen, größtenteils Hilfe gefunden: Skrofeln, Flechte, chronische Rheumatismen, Gicht, Hämorrhoiden, Leberleiden, überhaupt Anschoppungen und Verhärtungen im Unterleibe, Nervenleiden, chronischer Kopfschmerz, Hypochondrie, Hysterie, Krämpfe, Konvulsionen, Fallsucht."

Aus „Der Reise-Gefährte durch die Oesterreichische Schweiz oder das obderennsische Salzkammergut" von Johann Steiner, Linz 1832.

Die Heilkraft des Salzes

Schon für die Mutter von Kaiser Franz Joseph war Ischl der Lieblingsaufenthaltsort. Wenn man ihr glauben will, hat der Monarch mit der längsten Regierungszeit in Österreichs Geschichte sein Leben dem Ischler Salz zu verdanken.

Die Erzherzogin Sophie (1805–1872), Tochter des Bayernkönigs Maximilian I. Joseph (1756–1825), schrieb es jedenfalls der Heilkraft des Ischler Salzes zu, dass sie nach langem Warten und mehreren Fehlgeburten im Jahr 1830 dem Haus Habsburg einen Thronfolger schenken konnte, dem kurz darauf noch zwei Brüder folgten: 1832 Ferdinand Maximilian, 1833 Karl Ludwig. „Salzprinzen" wurden die drei Buben deshalb genannt. Das niederösterreichische Eisen- und Moorbad Pirawarth hatte nichts genützt, Ischl hatte geholfen.

Das Salz, Nahrungsmittel und Würzstoff, für die Bewohner des Salzkammergutes seit Jahrtausenden die Grundlage ihrer Existenz, war zum Heilmittel avanciert.

Schon Paracelsus hatte die Heilkraft der Sole gekannt, der salzgesättigten Lauge, die aus den Bergwerken zu weiteren Verarbeitung in die Sudwerke floss.

Franz de Paula Wirer.

Der Hofarzt Franz de Paula Wirer

Die früheste aktenmäßige Nachricht über die Heilwirkungen der Salzkammergut-Sole stammt aus dem Jahr 1822. „Es haben sich auf Anraten des berühmten praktischen Arztes, Herrn Dr. Wirer in Wien, einige Private nach Gmunden begeben, um in den Sommermonaten allhier Seebäder, die mit Mutterlauge gesättigt sind, zur Heilung von Gichtübeln und Rheumatismus zu gebrauchen", berichtete der Gmundener Salinenphysikus Franz von Wolf nach Wien. „Es

Titelblatt für den Einband der Badeliste. 1848.

wäre zu wünschen, dass auch hier solche Bäder vielseitig versucht und für die Arbeiter in der Nähe der Salzpfannen Badevorrichtungen in Anwendung gebracht würden, wodurch den Arbeitern bei gichtischen und Hautkrankheiten geholfen und an Arznei erspart werden könnte."

Einige prominente Wiener Ärzte trafen im Jahr 1821 mit der Postkutsche im Salzkammergut ein, das in dieser Zeit allgemein als „österreichische Schweiz" gepriesen wurde. Unter ihnen befand sich der kaiserliche Leibarzt Franz de Paula Wirer (1771–1844), der später wegen seiner Verdienste den Titel „Ritter von Rettenbach" erhielt und an den heute in Bad Ischl ein Denkmal (errichtet 1838, Bildhauer Johann Doppler) und eine Straße erinnern. Mit zwei Büchern setzte sich Wirer bereits selbst ein Denkmal. „Ischl und seine Soolenbäder" (1826) und „Ischl und seine Heilquellen" (1842). Wirer wollte 1821 eigentlich nur dem Kammerguts-Sekundar-Physikus Dr. Josef Götz (1774–1839) einen Höflichkeitsbesuch abstatten. Stolz berichtete der Salzkammergut-Arzt von seinen Erfolgen mit Solebädern bei den Salinenarbeitern, die er bei Gicht, Rheumatismus, Ausschlägen und für Unterleibsorgane verordnete.

Solebäder waren große Mode

Sole als Ersatz für Meeresbäder, das war damals in Deutschland große Mode geworden. So war es kein Wunder, dass Wirer und Götz die Idee aufgriffen. 1823 bewilligte die

Plan des Kurorts Ischl aus dem Jahr 1898.

Gegen die Sittlichkeit

„Wenngleich durch eigene Aus- und Anziehkabinette und durch den Gebrauch der eigenen Bademäntel der äußere Anstand zwischen beiden Geschlechtern nicht verletzt zu sein scheint, so dürfte man die Konversationen in Kommunbädern denn doch immer als einen Anstoß gegen die äußere Sittlichkeit betrachten, wozu jedem moralisch Denkenden, ohne bigott zu sein, die Lage, in der sich die Badenden gegenseitig befinden, die Kleidung, der Faltenwurf, das Recht geben. Was ist ein Bademantel anderes als ein von oben bis unten geschlossenes Hemd über den nackten Körper, und welche Person männlichen oder weiblichen Geschlechts von Bildung würde sich bewegen lassen, in einem Gesellschaftssaal in einem solchen Anzuge zu erscheinen?“

Aus „Der Reise-Gefährte durch die Oesterreichische Schweiz oder das obderennsische Salzkammergut“ von Johann Steiner, Linz 1832.

Salzkristalle.

Die Heilkraft des Salzes

Nro. 20. August und September. 1847.

Der angekommenen Cur- und Badegäste

Fortlaufende Zahl.	Ankunft.	Namen und Charakter.	Wohnung.	Personen-Zahl.
		Uebertrag .		1386
478	25. August	**Ihre k. Hoheit Prinzessin Amalie von Schweden,** mit Begleitung:	Hôtel garni	8
479	do.	Baronne von Scharnhorst, Hofdame und Chanoinesse		
480	do.	Herr Rumfitt, Rentier, aus England . .	Gratzerstr. Nr. 245	1
481	do.	Herr Felix Joel, Doctor der Rechte, von Gastein	Posthof	1
482	26. „	**Herr Graf von Zollern,** mit Begleitung:	Esplanade Nr. 39	16
483	do.	Geheimer Staats-Minister, General Graf zu Stolberg	Hôtel garni	
484	do.	Flügeladjutant Major von Bonin . . .	detto	
485	do.	General-Stabsarzt, Leibarzt Dr. Grimm .	detto	
486	do.	Geh. Kämmerier Schöning	detto	
487	do.	Kammerdiener Tiedge		
488	do.	Herr Wenzel Brazda, Casse-Controllor, mit Gemahlin, von Steyr	Gratzerstrasse Nr. 239	2
489	do.	Herr Roettgen, Kaufmann, aus Bonn .	Posthof	1
490	do.	Lady Caroline Forbes, mit Schwiegertochter, von Dresden	Gratzerstrasse Nr. 245	3
		Fürtrag .		1418

Faksimile der Ischler Bade-Liste 1847.

Familie Dr. Eltz in Ischl. Gemälde von Ferdinand Georg Waldmüller. 1857.

Hofkammer dem Verwesamt in Ischl die Herstellung eines geeigneten Behälters zum Bedarfe der für viele Krankheiten so heilsam geschilderten Solebäder. Es ist das Geburtsjahr des Kurortes Ischl. Der Ischler Salinenkassier Michael Tänzl (1779–1857) hatte in seinem Haus eine kleine Badeanstalt mit einigen Wannen eingerichtet. Aus dem Pfannhaus holte er die Mutterlauge, dafür überließ er dem Verwesamt einen Baderaum für die ärarischen Arbeiter. Im Badehaus mit 25 kleinen Kabinen konnten im ersten Jahr vierzig Gäste begrüßt werden, im zweiten Jahr bereits 136. Solebäder wurden zum ermäßigten Preis auch an Private abgegeben. Zu diesen Privaten zählte übrigens kein Geringerer als der Fürst Klemens Wenzel von Metternich (1773–1859), der sich neunzig Eimer Sole nach Wien bringen ließ.

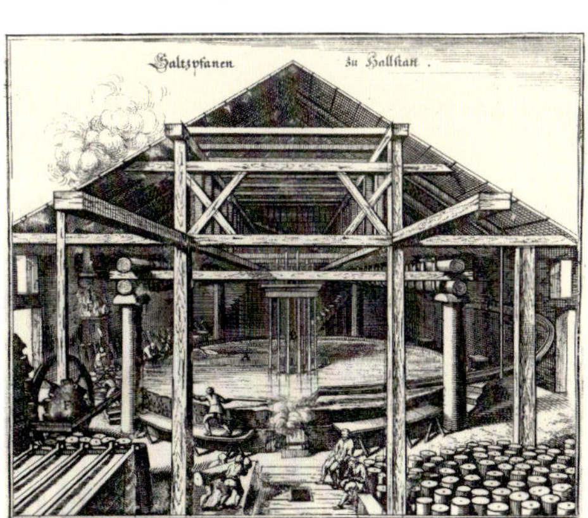

Das Salz, in Hallstatt seit Jahrtausenden Existenzgrundlage der Menschen, avanciert im 19. Jahrhundert zum Heilmittel. Die Salzpfannen in Hallstatt. Kupferstich von Matthäus Merian. 1649.

Für die Anreise von Wien brauchte man $2^1/_2$ Tage. Am ersten Tag fuhr man bis zum Strengberg, am zweiten bis Gmunden, um die Mittagszeit des dritten Tages traf die Postkutsche in Ischl ein.

Endgültig gewonnen für den kaiserlichen Hof war der neue Kurort Ischl, als der Bruder von Kaiser Franz, der rheumakranke Erzherzog Rudolf (1788–1831), Kardinal-Fürsterzbischof von Olmütz, zur Kur ins Salzkammergut gereist war. Mit ihm war erstmals ein Mitglied des Kaiserhauses nach Ischl gekommen.

Aus Ischl wird Bad Ischl

Im Jahr 1826 gab die Gemeinde Ischl schon eine Liste mit 13 vornehmen Gästen heraus. 1829 ließ sich die Erzherzogin Sophie bei ihrem Kuraufenthalt in Ischl täglich ein auf Velinpapier geschriebenes Verzeichnis der ankommenden Herrschaften und sonstigen Gäste vorlegen. Um die Mitte des 19. Jahrhunderts konnte die Kurliste bereits 280 Gäste aus Deutschland, 108 aus England, 80 aus Russland, 28 aus Polen, 18 aus den USA, 16 aus Frankreich, 11 aus Rumänien und 15 aus Italien verzeichnen.

1906 verwandelte sich Ischl in „Bad Ischl“, 1920 wurde es zum Heilbad erklärt, 1940 zur Stadt erhoben. Heute ist Bad Ischl das führende Sole-Schwefel-Schlamm-Bad.

Rudolf Lehr

Wasser-Heilanstalt Kreuzen bei Grein. 1871.

Mädchen, Hauben und Torten

„Bei einem Spaziergange durch die Stadt besuchten wir die Promenade, um hier nebenbei die Linzer Schönen ins Auge zu fassen. Bekanntlich aber sind die Linzer Mädchen, die Linzer Hauben und die Linzer Torten sehr berühmte Artikel in Österreich, welche selbst in der Kaiserstadt goutiert und gesucht werden. Die Schönen mußten sich übrigens gänzlich zurückgezogen haben, denn weder auf der Promenade, noch im Theater, welches, verbunden mit dem Kasino, an derselben gelegen ist, wurden wir durch ungewöhnliche weibliche Reize in Anspruch genommen."

E. A. F. Klingemann: „Kunst und Natur", Braunschweig 1828.

Festungsturm auf dem Pöstlingberg. Photographie. Um 1900.

1826–1830

Kalender

1826

13.–20.3. Wegen der Krankheit des Kaisers bleibt das Landständische Theater in Linz geschlossen.

17.9. Errichtung des Staatshengstendepots in Stadl-Paura.

1827

28.4. Das Ischler Theater wird eröffnet. Gespielt wird „Der Blinde Gärtner" von August von Kotzebue.

1828

11./12.4. Ein Großbrand vernichtet Schörfling.

29.5. Beendigung der Demolierung des Linzer Schmidtorturmes.

1829

26.4. Festliche Eröffnung des Linzer Volksgartens.

16.6. Franz Zola (1795–1847), Vater des Schriftstellers Emile Zola (1840–1902), erwirbt ein kaiserliches Privileg für den Bau einer Bahn von Linz nach Gmunden. (Er ist auch Bauleiter der Pferdeeisenbahn Linz–Budweis.)

18.9. Der „Probeturm" der Maximilianischen Befestigungslinie (→) auf dem Linzer Freinberg wird in Anwesenheit von Kaiser Franz I. vom Jägermayr aus beschossen.

Salztransport über den zugefrorenen Traunsee. Gouache von F. Rabl, 1830.

Der Linzer Schmidtorturm. Aquarellierte Federzeichnung von Franz Laudacher. 1828.

4.11. In Wels eröffnet der Theaterverein in der ehemaligen Spitalskirche ein Theater, das bis 1904 bespielt wird.

1830

Oktober. Die Cholera in Wels, Marchtrenk, Traun und Hörsching.

Geburtstage

1826

Leonard Achleuthner. Abt des Stifts Kremsmünster (1881–1905), Landeshauptmann von Oberösterreich (1884–1897). Geboren 10. 1. 1826 in Kremsmünster. (Gestorben 15. 2. 1905 in Kremsmünster.) → 1884

Karl Blumauer. Gold- und Silberarbeiter, Maler und Zeichner. Geboren 8. 9. 1826 in Vöcklabruck. (Gestorben 25. 12. 1903 in Linz.)

Franz Hölzlhuber. Dichter, Musiker, Maler, Sänger. Geboren 22. 9. 1826 in Sierning. (Gestorben 4. 2. 1898 in Wien.) → 1898

Felix Maria Freiherr Pino von Friedenthal. Statthalter von Oberösterreich (1879–1881). Geboren 14. 10. 1826 in Wien. (Gestorben 14. 4. 1906 in St. Ruprecht bei Völkermarkt.)

1827

Friedrich Graf von Revertera-Salandra. Gutsbesitzer, konservativer Politiker. Geboren 21. 1. 1827 in Lemberg. (Gestorben 28. 4. 1904 in Brixen, begraben in Tollet.) → 1904

Ludwig Haase. Historienmaler. Geboren 30. 4. 1827 in Lambach. (Gestorben 29. 3. 1907 in Linz.)

„La belle Autrichienne de Linz": Kolorierter Stich von J. Waldherr. Um 1820.

Josef Andreas Graf von Thürheim. Militärschriftsteller. Geboren 17. 5. 1827 in Eferding. (Gestorben 23. 12. 1904 in Schloss Weinberg.)

Karl Edler von Heyß. Politiker. Geboren 4. 10. 1827 in Ried im Innkreis. (Gestorben 19. 10. 1912 in Linz.) Statthalter in Holstein (1866).

Ersteigung des Pöstlingbergs

„Einen schönen Spaziergang gewährt bei guten Wetter die Ersteigung des Pöstlingberges, eine halbe Stunde vom Urfahr entfernt. Von der westlichen Seite empfängt ein junger Nadelwald den Wanderer; ohne besonders steil zu seyn, führt der Pfad zusehends zu weiteren und freieren Uebersichten, bis man an der Stufe der geräumigen Wallfahrtskirche, die Höhen im Oberlande alle wieder erkennt, die der geprüfte Fuß jüngstens berührte. Der Pfarrhof und ein Wirtshaus, nebst einigen Krambuden, sind die Begränzungen dieses Gnade bringenden Ortes. Die Bettelleute scheinen dieses sehr gut zu wissen, da sie in Linz nicht geduldet, hier ihre Schwadronen versammeln, und die vorüberziehenden Frommen und Neugierigen gleich zudringlich verfolgen."

Joseph Kyselak (um 1795–1831), von Beruf „Registraturs-Accessist bei der Hofkammer", verfasste 1828 ein Buch mit dem Bandwurmtitel „Skizzen einer Fußreise durch Oesterreich, Steyermark, Kärnthen, Salzburg, Berchtesgaden, Tirol und Bayern nach Wien, nebst einer romantisch-pittoresken Darstellung mehrerer Ritterburgen und Eisglätscher, auf dieser Wanderung unternommen im Jahre 1825", Wien 1829.

1828

Johann Rosenbauer. Firmengründer, Feuerwehrpionier. Geboren 14. 6. 1828 in Linz. (Gestorben 3. 2. 1894 in Linz.)

Otto Schirmer. Architekt. Geboren 17. 6. 1828 in Köln. (Gestorben 13. 12. 1904 in Hinterbrühl.) Dombaumeister in Linz.

Hans Jungwirth. Mundartdichter. Geboren 8. 11. 1828 in Linz. (Gestorben 14. 3. 1893 in Linz.)

1829

Julius Graf von Falkenhayn. Konservativer Politiker, Landeshauptmann von Oberösterreich (1871). Geboren 20. 2. 1829 in Wien. (Gestorben 12. 1. 1899 in Wien.) → S. 252

Josef Weinlechner. Arzt. Geboren 3. 3. 1829 in Altheim. (Gestorben 20. 9. 1906 in Bruck an der Leitha.) → 1906

Hanns Köttl. Fischereipionier. Geboren 11. 3. 1829 in Ungenach. (Gestorben 24. 6. 1905 in Neukirchen an der Vöckla.) → S. 242

Franz Christian Feurstein. Arzt, Gründer der Kurstadt Gmunden. Geboren 17. 5. 1829 in Bezau, Vorarlberg. (Gestorben 9. 8. 1896 in Bad Tüffer, Steiermark, heute Slowenien.)

1830

Karl Holub. Erfinder. Geboren 29. 1. 1830 in Stradonitz. (Gestorben 23. 5. 1903 in Steyr.) → 1903

Franz Joseph Karl von Habsburg-Lothringen. Als Kaiser (1848–1916) Franz Joseph I. Geboren 18. 8. 1830 in Wien-Schönbrunn. (Gestorben 21. 11. 1916 in Wien-Schönbrunn.)

Josef Kaar. Liberaler Politiker. Geboren 9. 10. 1830 in Linz. (Gestorben 30. 4. 1894 in Linz-Urfahr.) Bürgermeister von Urfahr seit 1886.

Todestage

1826

Matthias Höfer. Benediktiner. Gestorben 21. 10. 1826 in Kematen. (Geboren 7. 2. 1754 in Waizenkirchen.) Verfasser eines Dialektwörterbuchs.

1827

Franz Michael Vierthaler. Pädagoge, Dramatiker der Aufklärung. Gestorben 3. 10. 1827 in Wien. (Geboren 25. 9. 1758 in Mauerkirchen.)

Leopold Kiesling. Bildhauer. Gestorben 27. 11. 1827 in Wien. (Geboren 8. 10. 1770 in Schöneben bei Liebenau.)

Johann Christian Thielisch. Evangelischer Superintendent (1783–1827). Gestorben 25. 9. 1827. (Geboren 1749 in Teschen.) → 1783

1830

Bonifaz Schwarzenbrunner. Benediktiner. Direktor der Sternwarte Kremsmünster. Gestorben 29. 4. 1830 in Kremsmünster. (Geboren 25. 1. 1790 in Garsten.)

„Ansicht des Anfanges des Baues des südlichen Turmes auf dem Pöstlingberge". Aquarell von Johann Maria Monsorno. Um 1832.

Linzer Festungstürme

1827–1837. Rund um Linz entstehen die Befestigungstürme, die Erzherzog Maximilian d'Este (1782–1863), Cousin von Kaiser Franz, erbauen lässt und von denen einer berühmt werden sollte. Nicht durch kriegerische Ereignisse, denn diese Befestigungsanlage hat außer Probeschüssen keine Kanonenkugel gehört, sondern durch die Grottenbahn, die dort ab → 1906 gemütlich ihre Runden dreht.

Hinrichtungen als Schauspiele

In Dietfurth (Gemeinde St. Peter am Hart) wird am 19. August 1828 eine 50-jährige Dienstmagd durch den Strang hingerichtet. Sie hatte 34 Brände gelegt, bei denen 47 Häuser zerstört wurden. Zu dieser Hinrichtung kommen 10.000 Zuschauer. Am 13. Mai 1830 werden in Ried im Innkreis zwei Männer wegen Raubes und Mordes öffentlich hingerichtet. 15.000 Zuschauer kommen deshalb nach Ried, für den Ordnungsdienst muss ein Infanterieregiment aus Salzburg eingesetzt werden.

Bischof für 25 Jahre

Gregorius Thomas Ziegler (1770–1852) wird am 13. April 1827 zum Bischof von Linz ernannt. Am 9. September zieht der frühere Bischof von Tyniec-Tarnow in Linz ein und bleibt ein Vierteljahrhundert im Amt.

Bischof Gregorius Thomas Ziegler.

Wäre ich ein Vogel ...

„Heute ist weithin heiterer Himmel mit tiefem Blau, die Sonne scheint durch mein geöffnetes Fenster; das draußen schallende Leben dringt klarer herein, und ich höre das Rufen spielender Kinder. Gegen Süden stellen sich kleine Wolkenballen auf, die nur der Frühling so schön färben kann, die Metalldächer der Stadt glänzen und schillern, der Vorstadtthurm wirft goldne Funken, und ein ferner Taubenflug läßt aus dem Blau zu Zeiten weiße Schwenkungen vortauchen. Wäre ich ein Vogel, ich sänge heute ohne Aufhören auf jedem Zweige, auf jedem Zaunpfahle, auf jeder Scholle ...“

Adalbert Stifter, 25. April 1834.
(Feldblumen: Veilchen, 1840.)

Kolorierte Zeichnung einer „Schwimmer“-Reisekutsche.

1831–1835

Kalender

1831

7.7. Nikolaus Lenau (1802–1850) besteigt den Traunstein. Seine Erlebnisse schildert er seinem Schwager Anton Schurz (1794–1859). → S. 214

19.10. Das Linzer Landestheater führt Abonnementvorstellungen ein.

1832

7.5. Eröffnung einer Kleinkinderbewahranstalt in Linz.

21.7. Eröffnung der Pferdeeisenbahn Linz–Budweis (→). Aufnahme des Güterverkehrs und fallweisen Personentransportes am 1. 8. 1832.

6.8. Hellmonsödt erhält Marktrechte bestätigt.

23.10. Franz Stelzhamer (1802–1874) tritt als Externist in das Linzer Priesterseminar ein. (Bis 1833.)

Erstbesteigung des Dachsteingipfels (2995 m) durch den Bauern und Bergführer Peter Gappmayr aus Filzmoos (1789–1868). → S. 216

Der Weinschenker und Zuckerbäcker Johann Zauner (1803–1868) eröffnet in Ischl eine Konditorei, die bis heute zu den beliebtesten in ganz Österreich gehört.

1833

26.1. Uraufführung „Die blutige Locke“ von Johann Otto Prechtler im Linzer Landestheater.

9.4. In Steyrdorf vernichtet ein Brand 23 Häuser.

7.6. Der neunjährige Anton Bruckner wird in Linz gefirmt. Firmpate ist sein Vetter, der Schulmeister Johann Baptist Weiß.

11.–28.10. Kaiser Franz I. (1768–1835) in Linz. Es werden Feste gefeiert, der Monarch inspiziert die maximilianische Befestigungsanlage. Am 18. 10. besucht der Kaiser im Landestheater eine Aufführung des Lokalstückes „Der Kirchtag von Magdalena“ von Heinrich Börnstein, der 1833 bis 1835 gemeinsam mit Eduard Neufeld und bis 1839 allein Direktor des Theaters ist.

1834

1.6. Das Teilstück der Pferdeeisenbahn von Linz nach Maxlhaid bei Wels wird in Betrieb genommen.

18.7. Peter Carl Thurwieser (1789–1865), Bibelwissenschafter und Professor für orientalische Sprachen, erreicht den Dachsteingipfel, „woselbst ein hölzernes Kreuz errichtet wurde“, wie der Vikar von Filzmoos, Georg Niederjauffner, dem „Salzburger Amts- und Intelligenzblatt“ berichtet. → S. 216

27. 7. In Vöcklabruck legt ein Brand 17 Häuser in Schutt und Asche.

18.8. Der 4. Geburtstag des Prinzen Franz Joseph, des späteren österreichischen Kaisers, wird in Ischl mit einem Kinderfest gefeiert.

1835

9.7. Ein Großbrand in Ebensee zerstört Salinenanlage, Kirchturm und Privathäuser.

1.8. Eröffnung der Pferdeeisenbahnlinie von Linz bis Lambach.

1835/36

Winter. Franz Stelzhamer ist Schauspieler in Passau.

Anton Ritter von Spaun, Gründer des Musealvereins.

Geburtstage

1831

Josef Werndl. Steyrer Waffenschmied und Begründer des Stammhauses der Steyr-Daimler-Puch AG. Geboren 26. 2. 1831 in Steyr. (Gestorben 29. 4. 1889 in Steyr.) → 1889

Michael Dörr. Ordenspriester. Geboren 27. 7. 1831 in Windigsteig, NÖ. (Gestorben 12. 1. 1886 in Niederwaldkirchen.) Initiator des Katholischen Preßvereins, erster Redakteur des „Linzer Volksblatts“.

1832

Hermann Widerhofer. Hofarzt der kaiserlichen Familie. Geboren 24. 3. 1832 in Weyer. (Gestorben 28. 7. 1901 in Ischl.)

Isidor Engl. Oberhutmann (Grubensteiger) in Hallstatt. Geboren 4. 4. 1832 in Hallstatt. (Gestorben 15. 2. 1918 in Hallstatt). Aquarelle von den Funden im Hallstätter Gräberfeld. → S. 54, 224

Josef Munsch. Maler. Geboren 4. 10. 1832 in Linz. (Gestorben 28. 2. 1896 in München.)

1833

Eduard Graf von Taaffe. Staatsmann. Geboren 24. 2. 1833 in Wien. (Gestorben 29. 11. 1895 in Ellischau, Böhmen.) Minister, Ministerpräsident, 1867 Statthalter von Oberösterreich.

Adolf Obermüllner. Landschaftsmaler. Geboren 3. 9. 1833 in Wels. (Gestorben 29. 10. 1898 in Wien.)

Johann Habert. Komponist. Geboren 18. 10. 1833 in Oberplan. (Gestorben 1. 9. 1896 in Gmunden.)

Johann Ev. Wimhölzel. Liberaler Politiker, Bürgermeister von Linz (1885–1894). Geboren 20. 10. 1833 in Pischelsdorf bei Mattighofen. (Gestorben 15. 8. 1900 in Linz.)

Geburtsstunde des Landesmuseums

10. Februar 1833. Als Geburtsstunde des Landesmuseums kann dieser Tag gelten, an dem Anton Ritter von Spaun (1790–1849), Syndikus der oberösterreichischen Stände, beim Präsidenten der Regierung und Stände eine Eingabe zur Gründung eines Geschichtsvereins macht.

19. November 1833. Kaiser Franz genehmigt den „Verein des vaterländischen Museums für Österreich ob der Enns mit Innbegriff des Herzogtums Salzburg“.

18. Juli 1834. Erste Versammlung des Vereins.

18. März 1835. Kaiser Franz genehmigt die Statuten des Vereins. Die dem Verein gestifteten Sammlungsgegenstände werden im Ständischen Expeditorhaus an der Promenade aufgestellt, das somit als die räumliche Keimzelle des späteren Landesmuseums gelten kann. → S. 270

Pionier der Landeskunde: Julius Strnadt.

Julius Strnadt. Pionier der historischen Landeskunde. Geboren 23. 10. 1833 in Schwertberg. (Gestorben 5. 11. 1917 in Graz.)

1834

Otto Kitzler. Cellist und Kapellmeister in Linz, Kompositionslehrer von Anton Bruckner. Geboren 16.3.1834 in Dresden. (Gestorben 6.9.1915 in Graz.)

Alois Bahr. Notar und liberaler Politiker. Geboren 11. 4. 1834 in Brünn. (Gestorben 5. 9. 1898 in Salzburg.) Vater von Hermann Bahr. → S. 243

Friedrich von Kenner. Leiter des kaiserlichen Münz- und Antikenkabinetts (seit 1883). Geboren 15. 7. 1834 in Linz. (Gestorben 22. 11. 1922 in Wien.)

Ludwig Martinelli. Maler, Schauspieler. Geboren 9. 8. 1834 in Linz. (Gestorben 13. 6. 1913 in Gleichenberg.)

Lobeshymnen auf den Dachstein

Nach einem abenteuerlichen Leben stirbt am 21. April 1831 in Landshut Joseph August Schultes, der von 1784 bis 1818 Reisen durch Oberösterreich unternahm und dem wir die ersten farbigen Schilderungen des Salzkammergutes verdanken. Er hat nicht nur die ersten Lobeshymnen auf den Dachstein angestimmt, er hat auch als erster erkannt hat, dass nicht der Priel, sondern der Dachstein der höchste Berg Oberösterreichs ist. (Geboren wurde Schultes am 15. April 1773 in Wien.) → *S. 169, 190*

Pferdestationsplatz Linz, Südbahnhof.

Warnung.

Obschon die Eisenbahn nicht die Bestimmung hat, zu einem Spaziergang zu dienen, indem sie allein zu dem Zweck erbaut ist, Personen und Waaren mit ihren Wägen darauf zu führen, so will man doch Niemand des Vergnügens berauben, auf der Bahn spazieren gehen zu dürfen; man findet aber für nothwendig, da weder Wagen noch Pferde die Bahn verlassen können, Jedermann zu ersuchen, denselben zur rechter Zeit auszuweichen, bei Begegnung der Stell- und Transportwägen sich von der Bahn zu entfernen, und den Transport ruhig vorbeiziehen zu lassen. Insbesondere werden Eltern darauf aufmerksam gemacht, ihren Kindern das Nachlaufen und Besteigen der vorbeifahrenden Eisenbahnwägen strenge zu untersagen, weil die Eisenbahn-Unternehmung sich gegen jede Verantwortlichkeit verwahrt, wenn durch Nichtbeachtung dieser Vorschrift und demnach durch eigene Schuld irgend Jemand sich ein Unglück zuziehen sollte.

Das Fahren mit Wägen und Schubkarren, das Reiten und Viehtreiben auf der Eisenbahn und innerhalb der Grenzen derselben wird hiermit allen nicht zu Arbeiten an der Bahn Berufenen untersagt, und Jedermann bedeutet, sich zur Vermeidung von Unannehmlichkeiten an der Uebersetzung der Bahn nur der ämtlich bestimmten Ueberfahrtswege zu bedienen.

Von der Local-Direction
der k. k. privil.
ersten Eisenbahn-Gesellschaft.

Anschlag der Local-Direction der k. k. priv. ersten Eisenbahn-Gesellschaft.

Die Pferdeeisenbahn *In Anwesenheit des österreichischen Kaiserpaares, Franz I. und Caroline Augusta, wird am 21. Juli 1832 mit einem Hofzug die erste Schienenbahn des europäischen Festlandes eröffnet: die Pferdeeisenbahn von Linz (St. Magdalena) nach Budweis. Die Strecke ist 128,8 Kilometer lang, hat drei Stationen zum Umspannen und 46 Wächterhäuser.*

1835

Josef Untersberger. Holzbildhauer. Geboren 6. 1. 1835 in St. Georgen im Attergau. (Gestorben 6. 1. 1912 in Gmunden.)

Franz Sales Reiter. Lehrer, Komponist. Geboren 26. 1. 1835 in Ischl. (Gest. 7. 11. 1888 in Urfahr.)

Max Edlbacher. Liberaler Politiker. Geboren 13. 2. 1835 in Sierning. (Gest. 6. 8. 1893 in Linz.)

Todestage

1831

Joseph August Schultes. →

1832

Franz Josef Ritter von Gerstner. Erbauer der Pferdeeisenbahn Linz–Budweis. Gestorben 25. 6. 1832 in Mladiegov bei Gitschin, Böhmen. (Geboren 22. 2. 1756 in Komotau.)

Johann Nepomuk Mayrhofer. Maler. Gestorben 1832 in München. (Geboren 9. 5. 1764 in Oberneukirchen.)

1833

Georg Huebmer. Schwemm-Meister, Sozialreformer. Gestorben 20. 3. 1833 in Naßwald, NÖ. (Geboren 11. 4. 1755 in Gosau.)

1834

Ferdinand Runk. Landschaftsmaler und Radierer. Gestorben 4. 12. 1834 in Wien. (Geboren 14. 10. 1754 in Freiburg im Breisgau.) Zahlreiche Oberösterreich-Ansichten.

1835

Kajetan Haslinger. Buchhändler. Gestorben 6. 11. 1835 in Linz. (Geboren 2. 4. 1765 in Linz.)

Malerprominenz in Hallstatt *Das Salzkammergut wird zum bevorzugten Motiv der Malerprominenz. Einer der bekanntesten Landschaftsmaler dieser Zeit, Ernst Welker (1788–1857), schuf 1832 dieses Aquarell von Hallstatt.*

Der Traunsee-Dampfer „Sophie“ (Erzherzogin Sophie).

Der Alpenriese

„Ein Alpenriese, der himmelhohe Traunstein, zeigt seine überall schaubare Gestalt.“

Richard Billinger (1890–1965): „Palast der Jugend“, 1946.

Der Traunstoan

Der Traunstoan – da hast'n!
Da schau dir 'n guet an,
Und betracht' da den Kunten,
Dast rödn kanst davon!

Karl Adam Kaltenbrunner (1804–1867), in „Oesterreichische Feldlerchen“, 1857.

Nikolaus Lenau und der Traunstein

Der prominenteste Traunsteinwanderer war kein Erzherzog und kein Bergpionier, sondern ein Dichter: Nikolaus Lenau. Dieser Name ist mit dem Traunstein für immer verbunden. Kein anderer konnte ihn da verdrängen, auch wenn Nikolaus Lenau nicht mit Seil und Steigeisen, sondern mit Feder und Papier zum Bergpionier geworden ist.

Nikolaus Lenau, eigentlich Nikolaus Franz Niembsch Edler von Strehlenau – sein Leben endete kurz nach seinem 48. Geburtstag, am 22. August 1850, in geistiger Umnachtung –, ist von der Literaturgeschichte als düsterer Sänger unheilvoller Schwermut charakterisiert worden, als Melancholiker und Neurotiker, Poet des Weltschmerzes und der inneren Zerrissenheit. Man muss das vorausschicken, bevor man Lenaus Schilderung eines Traunstein-Erlebnisses liest, die voll von Lebensfreude und Ausgelassenheit ist. Von einem „Freudenrausch“ ist die Rede und dass er hier die allerschönste Minute seines Lebens genossen hatte. Lenau schwärmt und scherzt, lässt sich ein Pfeifchen schmecken und einen Schluck Wein und sogar einen Blick aus dem blauen Auge eines „Mägdleins“. Dieses blauäugige „Mägdlein“, es hieß Nani, schrie ängstlich, als Lenau auf den äußersten Rand eines senkrechten Abgrundes hinaustrat. Sein Begleiter Hansgirgl bestätigte ihm „Kuraschi“ (Courage). Die Bemerkung, Lenau würde „auf den Traunstein wie ein Hund hinauflaufen“, ist übrigens nichts anderes als ein handfestes Kompliment eines Einheimischen und wurde von Lenau auch so verstanden, sonst hätte er es wohl nicht wörtlich zitiert.

Nikolaus Lenau. Lithographie von Josef Kriehuber. 1841.

Ein ganz anderer Lenau

Nikolaus Lenau ist 29 Jahre alt, als er auf den Traunstein steigt. Über das Erlebnis vom 7. Juli 1831 schreibt er zwei Tage später aus Gmunden einen Brief an seinen Schwager Anton Schurz (1794–1859). Dieser Brief ist nicht nur ein wertvolles Dokument in der Geschichte des Traunsteins, er ist auch literaturgeschichtlich bedeutsam. Denn Lenau erweist sich hier als ein naturverbundener, begeisterungsfähiger, leidenschaftlicher junger Poet, der so gar nicht in das Bild passt, das uns in den literaturgeschichtlichen Handbüchern überliefert wird.

Für die meisten Österreicher ist Nikolaus Lenau bis heute nicht mehr als ein kurzes Kapitel im Deutschunterricht, von dem bestenfalls das „Lieblich war die Maiennacht“ in Erinnerung geblieben ist.

Nikolaus Franz Niembsch Edler von Strehlenau, der aus den letzten zwei Silben seines Familiennamens einen Dichternamen gebildet hatte, wurde am 13. August 1802 in Csatád in Ungarn, dem heute in Rumänien gelegenen Lenauheim, geboren. Er war das Kind einer nicht gerade harmonischen Ehe: Der Vater ein hasardierender Offizier, die Mutter „leichtblütig und gallsüchtig“, wie sie eben jener Schwager Lenaus beschrieb, an den der Traunstein-Bericht gerichtet ist.

Mit fünf Jahren verlor Lenau den Vater. Spannungen zwischen Mutter und Großeltern, zwischen seinem Geburtsland Ungarn und der Hauptstadt Wien, zwischen Tradition und Revolution verspürte er bald. Das großväterliche Erbe machte ihn zwar finanziell unabhängig, aber er blieb ein Unglücklicher. Enttäuschungen in der Liebe: Die Liebe seines Lebens war die Frau seines Freundes. In Opposition zum herrschenden System: Metternich hasst er, die Helden seiner Dichtungen sind nicht zufällig Rebellen, Ketzer, Gegner des Obrigkeitsstaates. Erfüllt von Freiheitshoffnungen reist er 1832 – ein Jahr nach seinem Traunstein-Erlebnis – nach Amerika, kehrt aber schon 1833 enttäuscht zurück. „Diese Amerikaner sind himmelanstinkende Krämerseelen“, schrieb er an seinen Schwager. „Todt für alles geistige Leben, maustodt.“ (Baltimore, 16. Oktober 1832.)

Mit 42 Jahren, 1844, verfiel Nikolaus Lenau dem Wahnsinn. Als aus dem Wien des Walzers ein Wien der Barrikaden geworden war, lag Lenau in einem Irrenhaus in Wien-Döbling, von Paralyse gezeichnet. Im Revolutionsjahr 1848 kam der Schriftsteller Johann Gabriel Seidl zu ihm, jener Seidl, der das „Gott erhalt, Gott beschütze“ gedichtet hat, das in Österreich-Ungarn 64 Jahre lang, bis zum Ende der Monarchie, bei jedem feierlichen Anlass gesungen wurde. Der einst untertänigst den Kaiser besang, brachte Lenau die Botschaft: „Wir sind frei!“ Aber der Dichter der Freiheit verstand die Botschaft nicht mehr und wandte sich teilnahmslos ab.

Rudolf Lehr

Ferdinand Georg Waldmüller: Gmunden mit Traunsee vom Kalvarienberg aus. Um 1835.

Auf dem Gipfel

„Meine Pflicht als Gmundner nun endlich erfüllt! Einmal am Traunstein, das erste und letztemal."

Eintragung im Traunstein-Gipfelbuch aus dem 20. Jahrhundert.

Wetterprophet

Hat der Traunstein an Sabel,
wird's Wetter miserabel,
hat der Traunstein an Huat,
wird's Wetter wieder guat.

Volksmund in der Traunsteingegend.

's Traunstoahoamweh

Wia oft, wia oft hat d' Ahnl g'sagt:
„Du wirst kan Fried net geb'n,
Bis daß di's Traunstoahoamweh packt,
Das bringst net los dei Leb'n!"

Franz Keim (1840–1918).

Nikolaus Lenau und der Traunstein

Jakob Alt: Traunkirchen mit dem Traunstein. Öl auf Pappe, 1. Hälfte 19. Jahrhundert.

Vivat Traunstein!

Aus dem Brief von Nikolaus Lenau an seinen Schwager Anton Schurz:

Vorgestern hab' ich den Traunstein bestiegen. Um sechs Uhr des Morgens fuhr ich von Gmunden zu Wasser ohngefähr 5/4 Stunden nach der Lanauerstiege. Meine Begleiter waren Hansgirgl und seine Schwester Nani; er ein rüstiger Gemsenjäger, sie eine hübsche blauäugige Dirne. Wir stiegen aus und die steilen Stufen hinan. Schon am Fuße des Berges hat mich eine Art Freudenrausch ergriffen, denn ich ging voraus, und kletterte die Stiege mit solcher Eilfertigkeit hinauf, daß mir der Jäger oben sagte: Das ist recht! so halt! weil Sie da herauf so gut kommen sind, werden Sie auf den Traunstein wie ein Hund hinauflaufen.' Und es ging trefflich, in 3 Stunden waren wir oben. Welche Aussicht! Ungeheure Abgründe in der Nähe, eine Riesenkette von Bergen in der Ferne, und endlose Flächen. Das war einer der schönsten Tage meines Lebens; mit jedem Schritte bergan wuchs mir Freude und Muth. Ich war begeistert. Wenn mir mein Führer sagte: Jezt kommt eine gefährliche Stelle, so lachte ich und hinüber ging es mit einer Leichtigkeit, die ich bey kaltem Blute nimmermehr zusammenbrächte, und die mir jezt am Schreibtisch unbegreiflich vorkommt. Meine Zuversicht stieg mit jedem Schritte; ganz oben trat ich hinaus auf den äußersten Rand eines senkrechten Abgrundes, daß die Nani aufschrie, mein Jäger aber frohlockte: Das ist Kuraschi, da ist noch keiner von den Stadtherren außitreten.
Der gute Kerl wollte mich bereden, in Gmunden zu bleiben noch einige Zeit, er würde mich dann mitnehmen auf die Gemsenjagd. Bruder, die Minute, die ich auf jenem Rande stand, war die allerschönste meines Lebens, eine solche mußt auch Du genießen. Das ist eine Freude! Trotzig hinabzuschauen in die Schreken eines bodenlosen Abgrundes und den Tod heraufgreifen sehen bis an meine Zehen, und stehn bleiben, und so lange der furchtbar erhabenen Natur ins Antlitz sehen, bis es sich erheitert, gleichsam erfreut über die Unbezwinglichkeit des Menschengeistes, bis es mir schön wird das Schreckliche: Bruder, das ist das Höchste, was ich bis jezt genossen, das ist ein süßer Vorgeschmack von den Freuden des Schlachtfeldes. Ich jauchze wenn ich daran zurükdenke. Wenn Du nach Gmunden kommst, geh zum Jagerhiasl hinterm Traunstein, sein Sohn Hansgirgl soll Dich auf den Traunstein führen, und Dir jene Stelle zeigen, da trit hinaus und denke dann in der seligsten Minute Deines Lebens an mich, Du wirst mich dann noch mehr lieben. – Ich brachte dann den größten Theil des Tages auf der Spitze des Berges zu. Ha, wie schmekte das Pfeifchen Ungartabaks! Wie schmekte der treffliche Wein, und der Blik aus dem blauen Auge des Mägdleins! Vivat Traunstein! Abends um 6 Uhr ging es hinab, rüstig und schnell, in 5/4 Stunden waren wir unten in der Maralm, ich lernte den Gebrauch des Griesbeils bald, stellenweise fuhren wir auch ab über das Geröll, tathen manchen lustigen Sprung, und trieben allerlei Kurzweil. Besonders über ein Pflänzlein, auf der Spitze des Traunsteins gepflükt, und Nimmernix genannt. Du erhältst es in diesem Briefe. Die Senninnen geben ihren Burschen, wenn sie von ihnen besucht werden, immer einen Blumenstrauß; findet sich darin dieses Nimmernix, so ist es nix. –

Carl Schweninger d. Ä.: Laakirchen mit dem Traunstein. Öl auf Leinwand, 2. Hälfte 19. Jahrhundert.

Lange nach Montblanc und Großglockner, Watzmann und Zugspitze wird 1832 der Dachstein erobert, der höchste Berg an der Dreiländerecke Oberösterreich, Steiermark und Salzburg.

Stifter und der Dachstein

„Als das Auffallendste, was sie in ihrer Umgebung haben, ist der Berg der Gegenstand der Betrachtung der Bewohner, und er ist der Mittelpunkt vieler Geschichten geworden. Es lebt kein Mann und Greis in dem Dorfe, der nicht von den Zacken und Spitzen des Berges, von seinen Eisspalten und Höhlen, von seinen Wässern und Gerollströmen etwas zu erzählen wüßte."

Adalbert Stifter: „Bergkristall", 1845 →

Die Eroberung des Dachsteins

Maler auf dem Hallstätter Gletscher, Lithographie von Julius Schoppe und Carl Wilhelm Gropius, 1823.

Die ersten Dachsteinpioniere

„Da würde sich selbst der liebe Gott wundern, wenn er im Himmel ein Gipfeltreffen der ersten Dachsteinpioniere veranstalten wollte: Zwischen zwei Erzherzögen kämen einige prominente steirische Wilderer und Wirtshausraufer zu sitzen, ein Salzburger Professor für orientalische Sprachen müßte Platz nehmen neben jenem Bauern aus Filzmoos, den er um die Ehre der Erstbesteigung betrogen hat. Einzuladen wären ferner zwei Herren aus Böhmen: ein bergfanatischer Geographie-Universitätsprofessor und dessen Freund, der von der Nachwelt als Österreichs größter Dichter gefeiert wird. Auf diese bunte Gesellschaft hat der große Szeniker die Hauptrollen bei der Eroberung des Dachsteins verteilt."

Rudolf Lehr in „Dachstein – Abenteurer in Vergangenheit und Gegenwart", Linz 1982.

*

Gemeint sind die Erzherzöge Karl und Johann, „Wilderer und Wirtshausraufer" spielten bei der Eroberung der Dachstein-Südwand eine Rolle, als „erster Tourist" auf dem Dachstein ließ sich Peter Carl Thurwieser (1789–1865) feiern (alpinistische Taten der Einheimischen wurden in dieser Zeit nicht registriert), der Geographieprofessor ist Friedrich Simony, sein Freund Adalbert Stifter. → *S. 218*

Der Erstbesteiger war ein Bauer

1832. So viel beachtet die ersten Torsteinbesteigungen verlaufen waren, so still vollzog sich 1832 die Erstbesteigung der Dachsteinspitze durch den damals 43-jährigen Bauern Peter Gappmayr. Selbst heute stellen sich einer Würdigung seiner Leistung unüberwindliche Hindernisse entgegen. Denn von dieser bergsteigerischen Großtat sind keine Einzelheiten überliefert. Man weiß lediglich, dass Gappmayr allein war und dass er über den Gosaugletscher (Westgrat) auf- und abgestiegen ist. Auch in der Chronik seines Heimatortes ist über Gappmayr nur vermerkt, dass er 1789 in Filzmoos geboren wurde, 1821 in Filzmoos geheiratet hat und 1868 in Filzmoos gestorben ist.

Blick von der Gosauer Seite (Vorderer Gosausee) auf den Hohen Dachstein.

Eine Gruppe alter Dachstein-Pioniere, flankiert von zwei Namensgebern der Südwandrouten: Ganz links der Steiner Irg (Steinerweg, seit 1909), ganz rechts Eduard Pichl (Pichl-Anstieg, seit 1901).

Die mütterliche Natur

„Einen der schönsten dichterischen Gedanken hat Adalbert Stifter in der Erzählung ‚Bergkristall' ausgesprochen: die mütterliche Natur erbarmt sich des unschuldigen Lebens der Kinder. Denn sicher hätten sie der Kälte nicht mehr lange Widerstand leisten können, wenn sie nicht durch den unheimlichen Ton des krachenden Eises aus dem beginnenden Schlaf geweckt worden wären."

Rudolf Lehr: „Der Kampf um den Dachstein", Linz 1971.

Das erste Dachsteinkreuz

„Droben weilten sie, lebendige Zeugen dem Worte des Herrn, daß der Mensch herrsche über alles, was sich findet auf Erden, lebendige Zeugen, was des Menschen fester Sinn zu erstreben vermöge. Oft des Tages hindurch zog es mich ans Fernrohr, und dieses wanderte von Aug zu Aug der staunenden Bewohner dieses Tales. Nachmittags, um 3 3/2 Uhr, bemerkte man nur noch ein hölzernes Kreuz, und wir schlossen, daß die Rückreise angetreten ist. Ich harrte mit Sehnsucht, und nach 8 Uhr auch mit Bangigkeit ihrer Rückkunft entgegen; bis sie endlich um 10 Uhr erfolgte, und uns alle mit Freuden erfüllte. Ein hölzernes Kreuz verkündet jetzt in weite ferne: Auch der Dachstein ist erstiegen."

Vikar Georg Niederjauffer in „Salzburger Amts- und Intelligenzblatt", 1834.

Die Eroberung des Dachsteins

Wie hoch ist der Dachstein?

„Ein Wort zur Höhe des Dachsteingipfels: In manchen Büchern, auch auf Landkarten und Ansichtskarten, ist er 2993, 2995, 2996 oder sogar 3004 Meter hoch. Begründet werden diese Divergenzen mit dem unterschiedlichen Niveau der Meere, nach denen man die Höhe der Berge mißt. Andere glauben, die Werbemanager des Fremdenverkehrs hätten da ein bißchen korrigierend eingegriffen. Schließlich wurde der Streit um die Gipfelhöhe sogar politisch interpretiert: Hitler hätte in seinem Heimatgau unbedingt einen Dreitausender haben wollen. Die Wahrheit ist jedoch sehr einfach, denn die unterschiedlichen Höhenangaben haben alle eine gemeinsame Ursache: Die wenigsten Bücherschreiber, Landkartenhersteller und Ansichtskartenfabrikanten haben sich der Mühe unterzogen, bei den zuständigen Stellen nachzufragen oder nachzuschauen. Dabei läßt sich die exakte Höhe des Dachsteins sehr wohl angeben, auf den Zentimeter genau sogar. Also ein für allemal: Der Hohe Dachstein ist 2.995,01 Meter hoch. (Am KT-Stein – Katastertriangulierungsstein. Laut Vermessungen des Bundesamtes für Eich- und Vermessungswesen in den Jahren 1963 bis 1977.) Am Fuße des Gipfelkreuzes befinden wir uns in einer Höhe von 2994,50 Meter. Das Gipfelkreuz mißt 5 1/2 Meter. Wenn Sie also einen echten Dreitausender bezwingen wollten, müßten Sie auch noch auf das Gipfelkreuz steigen".

Rudolf Lehr in „Dachstein – Abenteuer in Vergangenheit und Gegenwart", Linz 1982.

Ansicht des Dachsteins mit dem Hallstätter Gletscher. Ölbild von Ferdinand Georg Waldmüller, 1838.

Stifters „Bergkristall"

Im Sommer 1845 folgt Adalbert Stifter einer Einladung von Friedrich Simony (1813–1896) und fährt mit seiner Frau Amalia (1811–1883) nach Hallstatt. Stifter trägt dem um acht Jahre Jüngeren das Du-Wort an. Bei einem Spaziergang im Echerntal kommt Stifter die Idee für eine Kindergeschichte, die zu einer der schönsten der Weltliteratur werden sollte: die Erzählung „Der heilige Abend", die später, überarbeitet, als „Bergkristall" in die „Bunten Steine" aufgenommen wird. Schauplatz dieser Erzählung ist die Eis- und Höhlenwelt des Dachsteins.

„Das stolzeste Schaustück der Nördlichen Kalkalpen" nannten die ersten Dachstein-Pioniere den Dreitausender. Bis heute wird dieser Berg bewundert und begehrt, geliebt und gefürchtet. (Blick vom Süden auf das Dachsteinmassiv.)

Titelseite zur ersten Auflage der „Bunten Steine" (1853) mit der Erzählung „Bergkristall" von Adalbert Stifter, gezeichnet von Ludwig Richter.

Simonys erhabenste Stunde

„Wenigen mochte wohl bis jetzt der nicht gar leicht zu erringende Genuß geworden sein, auf einer fast 10.000 Fuß hohen Bergspitze, die in weitem Umkreise alles beherrscht, wie der Dachstein, ich möchte sagen: die Gottheit selbst bei der Staffelei ihres täglich neu werdenden Werkes zu belauschen, wie sie das Schleiertuch der Nacht vom Bilde abrollt und nun allmählich mit der Prometheusfackel das Feuer des Lebens entflammt. Ich habe ihn gehabt, diesen Genuß, er schuf mir die schönste, die erhabenste Stunde meines Lebens"

Friedrich Simony nach einer Nacht auf dem Hohen Dachstein (16./17. September 1843).

Nach einer Nacht auf dem Gipfel des Hohen Dachsteins fertigt Friedrich Simony diese Zeichnung an. *→ S. 223*

Friedrich Simony

Ein Leben für den Dachstein

Er war nicht der Erste auf dem Gipfel des Hohen Dachsteins, aber er hat für diesen Berg ungleich mehr getan als auf ihm herumzuwandern und herumzuklettern.

Friedrich Simony hat das Dachsteingebiet für den Alpinismus erschlossen. Er hat die Wege angelegt, darunter den ersten gesicherten Steig der Ostalpen. Er hat Schutzhütten gebaut. Er hat als Erster den Dachstein im Winter bestiegen. Er war der Erste, der eine Nacht auf dem Dachsteingipfel verbrachte und darüber einen eindrucksvollen Bericht schrieb. Er war ein Vorkämpfer des Naturschutzes und zugleich der Begründer des Fremdenverkehrs im Salzkammergut. Er hat sich als Wissenschafter, vor allem als Seen-, Gletscher- und Eiszeitforscher bleibende Verdienste erworben. In Zeichnungen, Gemälden und Fotografien hielt er die bisher unbekannte Dachsteinwelt fest. Durch seine Freundschaft mit Adalbert Stifter ist der Dachstein in die Weltliteratur eingegangen.

Simonyhütte, Simonyscharte ...

Simony ist im Salzkammergut und darüber hinaus bei allen Freunden der Berge eine geradezu mythische Gestalt. Simonyhütte und Simonyscharte, Simonyspitze und Simonywarte, Simonyhöhlen, Simonykapelle, Simonystraßen und ein Simonygedenkstein erinnern an diesen Mann, dessen Leben untrennbar mit dem Dachstein und seiner Erschließung verbunden ist.

Die Erzherzöge Karl und Johann, ein Bauer, der den Dreitausender als Erster bezwungen hat, und ein Professor, der sich als Erstbesteiger feiern ließ, der Dichter Adalbert Stifter, nicht zuletzt Bergführer und Höhlenforscher, aber auch Wilderer und Raufer, sie alle spielten bei der Eroberung des Dachsteins Hauptrollen. Keiner aber ist im Bewusstsein der Bevölkerung so lebendig geblieben wie Simony.

Der Dachstein gilt, als Friedrich Simony 1840 nach Hallstatt kommt, nicht mehr als unbezwingbar. Noch immer aber ist es – acht Jahre nach der Erstbesteigung – ein tollkühnes Abenteuer, sich auf den Gipfel zu wagen.

Die Einheimischen schmunzeln deshalb nur, als sie hören, dass dieser „Zuagroaste" auf den Hohen Dachstein will. Niemand ahnt, dass man noch nach mehr als einem Jahrhundert vom Dachstein nur in Verbindung mit dem Namen dieses „Zuagroasten" sprechen wird.

Traurige Kindheit, trauriges Ende

In Hrochowteinitz in Böhmen erblickt Friedrich Simony am 30. November 1813 das Licht der Welt. Für ihn ist es eher ein

Friedrich Simony: ein Abenteurer im Gelehrtenrock.

Dunkel: Simonys Eltern sind arme Kleinhäusler. (→ 1993) Als sie sterben, ist er noch ein Kind. Dunkel ist das Leben Friedrich Simonys auch immer geblieben, trotz aller äußeren Erfolge. Einsam, wie es begonnen hat, endet dieses Dasein. Simony hat Frau und Kinder verloren, er ist an den Rollstuhl gefesselt und blind. In St. Gallen in der Steiermark stirbt er am 20. Juli 1896.

Die Karriere Friedrich Simonys vom Waisenkind zum Universitätsprofessor mutet fast amerikanisch an: Von mildtätigen Verwandten wird Simony für den Beruf eines Apothekergehilfen vorbereitet. Um die Mitte der dreißiger Jahre kommt er nach Wien, um schon in verhältnismäßig vorgerückten Jahren Student zu werden. Er will die Naturwissenschaften studieren.

Der alte Simony: an den Rollstuhl gefesselt und blind.

Gönner helfen weiter, indem sie Friedrich Simony die Mittel für die für einen österreichischen Botaniker und Geographen unentbehrlichen Wanderungen in die Alpen verschaffen. Mit 38 Jahren ist Simony Professor an der Universität Wien.

Am 8. September 1842 gelingt Simony, begleitet von seinem Hallstätter Bergführer Johann Wallner, die Ersteigung des Hohen Dachsteins. Es ist der sechste Gipfelsieg über den Dachstein, die erste Überschreitung des Gipfels von Osten nach Westen. Simony steigt über die Nordostflanke (Randkluft) auf, über den Westgrat ab. Kurz nach der ersten Bekanntschaft Friedrich Simonys mit dem Dachsteingipfel erscheint in der „Wiener Zeitschrift für Kunst, Literatur, Theater und Mode" ein Bericht, der die beobachteten Erscheinungen mit wissenschaftlicher Genauigkeit und anschaulich wiedergibt und der doch zugleich die Ergriffenheit eines einfachen und großen Herzens fühlen lässt. Zwischen dem Tag, an dem der junge Naturforscher den Dreitausender zum ersten Mal bezwingt, und dem Abschluss seiner großen Monographie über den Dachstein liegt fast ein halbes Jahrhundert. Von diesen fünfzig Jahren hat Friedrich Simony fünfzig Jahre für den Dachstein gelebt.

Für einen Geographen ist Friedrich Simony erstaunlich wenig gereist. Das Meer dürfte er niemals in seinem Leben gesehen – und auch keine Sehnsucht danach verspürt haben. Wohl fühlt er sich nur in den Bergen. Aber selbst wenn er die Tiroler Gletscher untersucht, geschieht es hauptsächlich, um Vergleiche für seine Dachsteinstudien zu erhalten.

Abschied vom Berg seines Lebens

Noch mit siebzig Jahren steigt Simony auf den Dachstein. Das vierzigjährige Jubiläum seiner ersten Dachsteinbesteigung feiert er auf dem Gipfel seines Lebensberges. In seinen Erinnerungen an diesen Tag schreibt Friedrich Simony:

„Als ich nun, auf der von eisigem Wind und Nebel umwirbelten Spitze stehend, mich erinnerte, daß von allen denen, die mich auf meinen zahlreichen Dachstein-Besteigungen begleitet hatten, die meisten schon lange im Grabe ruhen und die paar noch Übriggebliebenen auch schon als Invaliden dem Gebirge Lebewohl gesagt haben, da war es nicht mehr jene stürmische, siegestrunkene Erregung, welche mich bei der ersten Ersteigung überwältigte. Es war einzig das warme Dankgefühl dafür, daß es mir an der Schwelle der Siebziger gegönnt war, nochmals die erhabene Zinne zu betreten."

→ 1996

Rudolf Lehr

Stelzhamer über Stifter

„Ihre Feldblumen' wachsen auf einem gesegneten Felde, das der Ackerbauer Geist mit seinen treuemsigen Gehülfen: Herz und Phantasie mit Eifer und Geschick bearbeitet hat und zu einem königlichen Ziergarten vorbereitet."

Franz Stelzhamer über Adalbert Stifters „Feldblumen". In: „Wiener Zeitschrift" vom 28. Dezember 1840.

Modell des Raddampfers „Maria Anna". Namensgeberin des Schiffes war Kaiserin Maria Anna (1803–1884).

Kalender

1836

April. Franz Stelzhamer (1802–1874) gelingt der Durchbruch zum anerkannten Mundartdichter.

1.5. Die Pferdeeisenbahn Budweis–Linz wird bis Gmunden verlängert. Damit verliert die Salzschifffahrt ihre Bedeutung.

1.–16.6. Adalbert Stifter (1805–1868) im Salzkammergut.

12.10. Die von Stifter geliebte Kaufmannstochter Fanny Greipl (1808–1839) heiratet den Kameralsekretär Josef Fleischanderl aus Ried im Innkreis und zieht mit ihm nach Wels.

21.11. Uraufführung des Stückes „Konstantin XI." von Karl Adam Kaltenbrunner im Linzer Landestheater.

1837

14.1. Die Auflösung der seit 1754 unter staatlicher Verwaltung stehenden Linzer Wollzeugfabrik wird von der Landesregierung beschlossen. → 1850

7.6. In Ansfelden stirbt der Lehrer Anton Bruckner, der Vater des Komponisten. (Geboren 11. 6. 1791 in Ansfelden.) Bruckners Mutter, ohne alle Mittel, hat nun für fünf Kinder zu sorgen: Anton (13), Rosalia (8), Josefa (7), Ignaz (4), Maria Anna (1). Noch am Sterbetag des Mannes geht die Frau zum Stift St. Florian. Ihre Bitte, den Ältesten als Sängerknaben aufzunehmen, wird erhört.

20.6. Johann Georg Ramsauer (1795–1874), der Entdecker des Hallstätter Gräberfeldes (→ S. 224), heiratet die Halbschwester seiner ersten Frau, Notburga Baumgartner. (Anna Maria Ramsauer starb am 22. 4. 1835, zwei Wochen nach der Geburt ihres zehnten Kindes.) Den sieben noch lebenden Kindern Ramsauers aus erster Ehe folgen 14 Kinder mit der zweiten Frau.

2.7. Kaiser Ferdinand I. (1793–1875) kommt nach Linz, wo er sich vier Tage aufhält.

15.11. Adalbert Stifter heiratet in Wien Amalia Mohaupt (1811–1883).

Franz Stelzhamers erstes Buch erscheint: Lieder in obderennsischer Volksmundart.

1838

Gründung des Vereins der Musikfreunde in Steyr.

Gründung des Schlossereibetriebes Josef Schachermayer in Linz.

1839

Erzherzog Franz Karl (1802–1878), der Vater des späteren Kaisers Franz Joseph, übernimmt das Protektorat des „Vereins des vaterländischen Museums für Österreich ob der Enns mit Inbegriff des Herzogtums Salzburg". Ihm zu Ehren trägt das Museum, bis zur Übernahme durch das Land (1920), den Namen „Museum Francisco-Carolinum". → S. 270

1840

26.3. Landes-Fabriks-Befugnis für die „Baumwollenzeug-Fabrika" in Kleinmünchen.

9.5. Weihe der Maximilianskirche beim Jesuitenkloster auf dem Freinberg in Linz.

1.10. Anton Bruckner tritt in Linz (Hofgasse) in den Präparandenkurs ein, wo er (bis zum Sommer 1841) zum Schulgehilfen ausgebildet wird.

12.11. Der erste eiserne Frachtkahn läuft in der Linzer Werft (Schifftwerft) des Ignaz Mayer (1810–1876) vom Stapel.

Im Jahr 1840 hat Oberösterreich 699.324 Einwohner. (1800: 626.000, 1900: 810.854, 2001: 1,376.797, 2011: 1,412.640.)

Adalbert Stifters Erzählungen „Der Condor" und „Das Heidedorf" erscheinen.

Friedrich Simony (1813–1896) kommt nach Hallstatt. Beginn der wissenschaftlichen und touristischen Erschließung des Dachsteinmassivs. → S. 218

Ignaz Mayer, Schiffbaupionier und Gründer der Linzer Werft.

Geburtstage

1836

Bohuslav Ritter von Widmann. Statthalter von Oberösterreich (1877–1879). Geboren 12. 3. 1836 in Olmütz. (Gestorben 23. 8. 1888 in Platsch, Mähren.)

Bernhard Söllinger. Wilheringer Stiftsarchivar. Geboren 19. 4. 1836 in Mitterkirchen. (Gestorben 16. 5. 1894 in Krems.)

Jakob Ernst Koch (III.). Evangelischer Superintendent (1880–1907). Geboren 23. 10. 1836 in Wallern. (Gestorben 22. 11. 1907.)

1837

Friedrich Wutschl. Maler und Restaurator. Geboren 3. 2. 1837 in Brünn. (Gestorben 15. 8. 1922 in Linz.) Porträts vieler Linzer Bischöfe.

Adolf Dürrnberger. Botaniker. Geboren 4. 6. 1837 in Linz. (Gestorben 26. 10. 1896 in Linz.) Reichstagsabgeordneter.

Elisabeth Amalie Eugenie. Herzogin in Bayern, Tochter des Herzog Max von Bayern, Kaiserin von Österreich („Sisi"). Geboren 24. 12. 1837 in München. (Ermordet 10. 9. 1898 in Genf.) → S. 232

1838

Wilhelm Pailler. Pfarrer, Lieder- und Schauspieldichter. Geboren 23. 3. 1838 in Linz. (Gestorben 17. 3. 1895 in St. Peter am Wimberg.) → 1895

Maximilian Groller von Mildensee. Archäologe. Geboren 5. 6. 1838 in Prag. (Gestorben 20. 5. 1920 in Wien.) Ausgrabungen in Lauriacum.

Das erste Dampfschiff in Linz *17. September 1837. Nach zweitägiger Bergfahrt legt zum ersten Mal ein Dampfschiff der 1829 gegründeten Donau-Dampfschifffahrts-Gesellschaft, die „Maria Anna", an der Linzer Lände an. Die Fahrtdauer von Wien nach Linz beträgt 55 Stunden und 22 Minuten. Das Schiff hat Platz für 250 Personen. Es ist 45 m lang, 6,70 m breit, 2,70 m hoch, hat einen Tiefgang von 0,87 m und ist mit einer Niederdruck-Kondensationsmaschine von 60 PS ausgestattet. Im gleichen Jahr, am 22. Oktober 1837, kommt von Regensburg der Dampfer „Ludwig I." nach Linz. Aquarell von Alois Greil (1841–1902).*

Hallstatt bei der Ankunft von Kaiser Ferdinand I. und seiner Gemahlin Maria Anna. Kolorierter Stich von Wolf von Weissenbach. August 1837. (Das Kaiserpaar war 1837 und 1841 auch in Ischl.)

Tragweiner Faust

Hanswurst: *Mir is's häufti gnua. Schau, ich brauh ja a großö Kost. A Schüßl voll Supp'n mit a acht Maß, zween Loab Brot, a Trumm Speck als wia a Holzschlögl friß ih dar all Tag z'samm, mir nix, dir nix, und auf d'Nacht wollt i dert nuh an Wolf z'reiß'n vor lauter Hunga.*

Faust: *Das ist gut, es zeigt von einer guten Gesundheit.*

Hanswurst: *Ja, g'sund bin ih wia a schweinerer Löberknödl. Ih han mei Löbta koa G'schwar über nings ghot.*

Aus dem „Tragweiner Faust", dem einzigen erhaltenen oberösterreichischen Faustdrama, verfasst vom Lederer und Marktrichter Joseph Freudenreich, zusammengeschrieben von Gregor Johann Koller, Lehrer im Markt Tragwein, 1839. (Linz, 1952.)

1836–1840

D. Friedrich Koch. Evangelischer Superintendent (1907–1920). Geboren 15. 6. 1838 in Wallern. (Gestorben 1921.)

Josef Rint. Bildschnitzer. Geboren 3. 10. 1838 in Kukus an der Elbe. (Gestorben 12. 12. 1876 in Wien.) Sohn von Johann Rint. → 1876

Karl Graf von Chorinsky. Jurist, Politiker. Geboren 18. 10. 1838 in Linz. (Gestorben 10. 7. 1897 in Mödling.) → 1897

1839

Lambert Guppenberger. Benediktinerpater. Geboren 5. 1. 1839 in St. Marienkirchen bei Schärding. (Gestorben 1. 3. 1907 in Bad Hall.) Direktor des Collegium Petrinum (1895–1900).

Franz Xaver Pausinger. Tier- und Landschaftsmaler. Geboren 10. 2. 1839 in Frankenburg. (Gestorben 7. 4. 1915 in Frankenburg.)

Julius von Hann. Meteorologe. Geboren 23. 2. 1839 in Schloss Haus, Wartberg ob der Aist. (Gestorben 1. 10. 1921 in Wien.)

Joseph Strinzl. Domkapitular am fürsterzbischöflichen Domkapitel zu Prag (seit 1892). Geboren 9. 3. 1839 in Linz. (Gestorben 8. 11. 1898 in Prag.)

Anton Reidinger. Volksdichter. Geboren 29. 4. 1839 in Krenglbach. (Gestorben 24. 12. 1912 in Obernberg am Inn.) → 1912

Max Pfliegl. Kaufmann, Fabrikant, konservativer Politiker. Geboren 5. 8. 1839 in Mauerkirchen. (Gestorben 4. 5. 1916 in Obernberg am Inn.)

Josef Sailer. Propst von St. Florian (1901–1920). Geboren 9. 9. 1839 in Linz. (Gestorben 29. 1. 1920 in St. Florian.) Erster Generalabt der Österreichischen Chorherrenkongregation.

1840

Johann Schauer. Liberalnationaler Politiker, Zeichner und Maler. Geboren 26. 4. 1840 in Lambach. (Gestorben 1. 6. 1914 in Wels.) → 1914

Heinrich Brunner. Rechtsgelehrter. Geboren 21. 6. 1840 in Wels. (Gestorben 11. 8. 1915 in Bad Kissingen.)

Franz Keim. Schriftsteller. Geboren 28. 12. 1840 in Alt-Lambach = Stadl-Paura. (Gestorben 27. 6. 1918 in Brunn am Gebirge.) → S. 215

Todestage

1836

Johann Mayrhofer. Lyriker, Schubert-Freund. Selbstmord 5. 2. 1836 in Wien. (Geboren 3. 11. 1787 in Steyr.)

Johann Maria Monsorno. Maler. Gestorben 10. 11. 1836 in Wien. (Geboren 1768 in Fiamma bei Ampezzo.) Kammermaler des Erzherzogs Maximilian d'Este (1782–1863). Viele Ansichten von Oberösterreich. → S. 165, 211

1837

Michael Burglehner. Bauernführer und Richter. Gestorben 24. 12. 1837 in Breitenaich. (Geboren 1784.)

1838

Franz Xaver Prinz. Stadtsyndikus (1810–1838) und Bürgermeister (1812–1818) von Schwanenstadt. Gestorben 15. 1. 1838 in Schwanenstadt. (Geboren 23. 11. 1773 in Deutschböhmen.) Verfasser der „Schwanenkunde" (Urkundensammlung).

Maria Stelzhamer (Hofstötter). Mutter von Franz Stelzhamer. Gestorben 10. 3. 1838 in Piesenham im Alter von 65 Jahren. → „Müaderl", S. 256

Adolph Friedrich Kunike. Lithograph, Zeichner und Verleger. Gestorben 17. 4. 1838 in Wien. (Geboren 25. 2. 1777 in Greifswald oder auf Rügen.) „264 Donauansichten".

Johann Peter Schwanthaler (der Jüngere). Bildhauer. Gestorben 10. 6. 1838 in Ried. (Geboren 2. 7. 1762 in Ried.) Sohn von Johann Peter d. Ä. (1720–1795), Bruder von Franz Jakob Schwanthaler (1760–1820), Urenkel von Thomas Schwanthaler (1634–1707). → S. 145

1839

Josef Götz. Mitbegründer des Kurortes Ischl. Gestorben 3.6.1839 in Ischl. (Geboren 6. 3. 1774.) → S. 208

Franz Xaver Glöggl. Musiker. Gestorben 16. 7. 1839 in Linz. (Geboren 21. 2. 1764 in Linz.) Linzer Musikdirektor, Stadtturnermeister, Theaterdirektor, Domkapellmeister. → S. 201

1840

Johann Baptist Schiedermayr. Komponist, Linzer Domorganist. Gestorben 6. 1. 1840 in Linz. (Geboren 23. 6. 1779 in Pfaffenhofen, Bayern.)

Franz Anton Ritter von Gerstner. Erbauer der Pferdeeisenbahn Linz–Budweis (gemeinsam mit seinem Vater Franz Josef Ritter von Gerstner, 1756–1832). Gestorben 12. 4. 1840 in Philadelphia. (Geboren 19. 4. 1796 in Prag.)

Matthias Reisacher. Ordenspriester, Geschichtsschreiber. Gestorben 28. 4. 1840 in Leonfelden. (Geboren 21. 4. 1783 in Egglham, Bayern.) Verfasser einer 18-bändigen Topographie.

Franz Schubert (rechts) und sein Freund Johann Michael Vogl. Karikatur von Moritz von Schwind.

Johann Michael Vogl. Schauspieler und Sänger. Gestorben 20. 11. 1840 in Wien. (Geboren 10. 8. 1768 in Steyr.) → S. 175

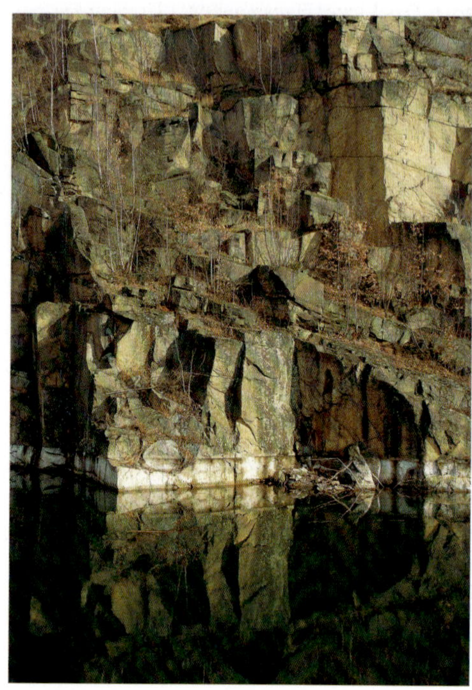

Mühlviertler Granit

1839 beginnt Anton Poschacher (1812–1873), der eine Mauthauserin heiratete, den Mühlviertler Granit wirtschaftlich zu nutzen. Bis heute sind die Mauthausener Granitwerke Anton Poschacher ein Familienbetrieb: Anton Poschacher Sohn lebte von 1841 bis 1904, Anton Poschacher Enkel von 1889 bis 1967, es folgte der Urenkel Leopold Helbich (1926–2004). Anton Helbich-Poschacher, wurde 1954 geboren. Poschacher Granit wurde für den Dombau in Linz ebenso verwendet wie für die Großbauvorhaben der Nachkriegszeit: Autobahnen, Kraftwerke und Brücken.

Bahnhofsgastwirtschaften

Wirte sind erfinderisch. In Lambach und Kerschbaum (Rainbach im Mühlkreis) entstehen in diesen Jahren die ersten Bahnhofsgastwirtschaften.

Der erste Traunsee-Dampfer

22. April 1839. Probefahrt des ersten Traunsee-Dampfers „Sophie" von Ebensee nach Traunkirchen.

1. Mai. Die „Sophie" dampft bis Gmunden.

15. Mai. Die offizielle Betriebsaufnahme. → S. 214

Donaufahrt nach Linz

„Die Donaufahrt von Wien geht, oder sollte wenigstens gehn, Tag und Nacht bis Linz. Ich fuhr den 15., Sonntags von Nußdorf bei Wien um neun Uhr früh ab. Den ersten Tag ging es bei schönem Wetter trefflich vorwärts, doch schon am zweiten Tag drei Uhr morgens mußten wir Nebels wegen vier Stunden stillstehen. Darüber ward es sieben Uhr, und wir fuhren etwa noch zwei Stunden weiter und kamen an ein kleines, schöngelegenes Dörflein Namens Nicolai, wo wir haltmachen mußten. Dieses liegt nicht weit unterhalb jener berüchtigten Stromstelle, die man den Strudel nennt."

Nikolaus Lenau (1802–1850) am 22. September 1844 an Marie Behrends (1811–1889), die er „Geliebte Braut" nennt.

Entwurfskizzen von Moritz von Schwind für das Linzer Landhaus. Farbzeichnung. 1846.

Kalender

1841

26.4. Das Linzer Hausregiment „Erzherzog Ludwig von Hessen" kehrt nach 27-jähriger Abwesenheit (Preßburg) in die Heimatgarnison Linz zurück. → S. 223

3.8. Kaiser Ferdinand I. (1793–1875) zieht mit einem Hoftross von 22 Wagen in Steyr ein, wo er sich drei Tage aufhält.

3.10. Der Schulgehilfe Anton Bruckner tritt seine erste Dienststelle an: In Windhaag an der Maltsch (heute Windhaag bei Freistadt). Er bleibt dort bis 1843.

9.10. Feuer in Altheim, ausgebrochen in der Brauerei Lindinger. Nach diesem Brand verändert sich das Ortsbild entscheidend: an die Stelle der Innviertler Holzhäuser treten Ziegelbauten.

Die Barmherzigen Schwestern des hl. Vinzenz von Paul gründen eine Niederlassung in Linz.

Franz Stelzhamers Gedicht „'s Hoamatgsang" wird erstmals veröffentlicht. Seit 1952 Landeshymne Oberösterreichs. → 1952

Erster Auf- und Abstieg über die Nordostflanke (Randkluft) des Hohen Dachsteins (Johann Ramsauer, Franz Linertner).

Glockenweihe auf dem Stadtplatz von Gmunden am 28. August 1842. Temperabild des Gmundners Josef Eberl, Tuchscherer, 1844.

1842

3./4.5. In Steyrdorf (Steyr) werden 75 Häuser ein Raub der Flammen, fünf Menschen sterben in den Flammen. →

8.9. Friedrich Simony (1813–1896) gelingt mit einem Hallstätter Bergführer vom Hallstätter Gletscher aus die Ersteigung des Hohen Dachstein und damit die erste Überschreitung des Dachsteingipfels von Osten nach Westen. → S. 216, 218

14.9. Uraufführung der Oper „Percival und Griselda" von Friedrich Müller im Landestheater.

28.9. Erste Veröffentlichung über den Dachstein und erste Veröffentlichung Friedrich Simonys überhaupt. (In der „Österreichischen kaiserlichen Wiener Zeitung".)

8./10.12. Friedrich Simony unternimmt mit dem Hallstätter Bergführer und Fuderlsalzträger Johann Wallner (1802–1878) die erste Winterbesteigung des Dachsteins, mit der bewiesen wurde, dass ein Winteraufenthalt nicht, wie man bisher glaubte, „todbringend" sei.

In Wels wird das mittelalterliche Trauntor abgebrochen.

Diese Lithographie zeigt den Brand in Steyrdorf in der Nacht vom 3. auf 4. Mai 1842, der fünf Menschenleben fordert.

1843

23.1. Anton Bruckner tritt seine neue Stelle als Schulgehilfe in Kronstorf an. Es ist, nach seinen eigenen Worten, „in jeder Weise ein Avancement".

29.11. Uraufführung des Stückes „Der Fasching unter der Donau" von Carl Ludolf im Linzer Landestheater.

Gründung der Keramik-Kachelofenfabrik Sommerhuber in Steyr, seit 1900 „Kaiserlicher Hoflieferant".

1844

20.10. Weihe der evangelischen Kirche in Linz, Landstraße/Johann-Konrad-Vogelstraße (Martin-Luther-Kirche).

30.12. Der Plan einer Eisenbahn-Westverbindung Oberösterreichs mit Bayern taucht auf: Der Handelsmann Anton Wurmb (1811–1866) aus Neumarkt am Hausruck reicht ein Privilegiumsgesuch für den Bau einer Eisenbahn von Linz über Neumarkt nach Braunau ein. Das Gesuch wird abgelehnt.

Im Hause des Staatskanzlers Fürst Metternich (1773–1859), der Adalbert Stifter (1805–1868) für seinen ältesten Sohn als Mathematik- und Physiklehrer verpflichtet hatte, kommt es zur Bekanntschaft und Freundschaft mit dem um acht Jahre jüngeren Friedrich Simony.

1845

Frühjahr. Der Pfarrer von Ebelsberg erstattet Anzeige, weil für die in den Linzer Baumwollgarngespinstfabriken arbeitenden Kinder „selbst die schon an sich fast unerträgliche 15stündige Arbeitszeit" nicht immer eingehalten wird.

Kundmachung für die Traunschiffleute und Flößer

„Die wiederholte Erfahrung hat gezeigt, daß sich die Traunschiffleute und Flößer am Wege zwischen Linz und Neubau der Eisenbahnwägen bedienen und zu diesem Zwecke während des Fahrens auf die Wägen aufspringen, oder sich an den Fußtritten derselben anhängen, wodurch nicht nur die Reisenden sowohl der Wägen der zweiten, als auch der ersten Classe sehr belästigt und die Wägen beschädigt werden, sondern auch die persönliche Sicherheit und selbst das Leben dieser Schiffleute und Flößer im höchsten Grade in Gefahr gerät. Um diesen Uebelstand zu begegnen hat die Local-Direktion die Einrichtung getroffen daß vom 1. Mai d. J. angefangen, während der Dauer der Schifffahrtszeit täglich zwischen Linz und Neubau auf der Ausweichstation beim Gasthaus Klinitsch, auch Antichrist genannt, ein Wagen für die Traunschiffleute und Flößer in Bereitschaft steht, welcher sich dann Nachmittags an den ersten von Linz kommenden Personen-Wagenzug anschließt. Von diesem Ort weg werden die Traunschiffleute und Flößer unendgeldlich nach Neubau befördert, wo sie dann für eine weitere Fahrt nach Wels oder Lambach die Gebühr nach den bestehenden Tarifen zu entrichten haben."

Von der Local-Direction der k. k. priv. ersten Eisenbahn-Gesellschaft J. Netsuda m. p. Linz, den 24. April 1845.

1841–1847

6.8. Franz Stelzhamer heiratet die Kleidermacherin und Kellnerin Anna Barbara Reyß, genannt „Betty" (1818–1856). Die Hochzeitsreise geht nach Gmunden.

25.9. Anton Bruckner wird Hilfslehrer an der Pfarrschule St. Florian.

7.11. Franz Stelzhamers Tochter Linerl wird in Ried geboren. Sie wurde nur sechs Jahre alt.

1846

29.9. In Windischgarsten verhindern etwa 200 Bauern die Versteigerung von gepfändetem Vieh und verprügeln einen Käufer. Die Strafen .sind ungewöhnlich milde und werden später mit dem „Wetterleuchten vor der Revolution des Jahres 1848" erklärt: 24 Stunden bis 14 Tage Arrest.

November. Bei Öffnung einer Schottergrube entdeckt der Hallstätter Bergmeister Johann Georg Ramsauer (1795–1874) das Hallstätter Gräberfeld. → S. 54, 224

1847

26.1. Friedrich Simony bricht zu einer zweiten, 13-tägigen Winterexpedition auf den Dachstein auf.

15.5. Eröffnung einer Kleinkinderbewahranstalt in Steyr.

25.5. Uraufführung des Stückes „Der Mann ist tot" von Eduard Liebold im Linzer Landestheater.

25.6. Uraufführung des Stückes „Paul Lambert" von Eduard Liebold im Linzer Landestheater.

Ende Juni. Das „Untere Wassertor" in Linz wird abgebrochen.

2.7. Der Hallstätter Bergmeister Johann Georg Ramsauer erstattet dem k. k. Salzoberamts-Präsidium Bericht über seine Grabungen in dem von ihm im November 1846 entdeckten Gräberfeld.

Mehrmals steht er auf den Brettern der oberösterreichischen Landesbühne: der zu dieser Zeit mehr als Schauspieler und Komiker und weniger als Theaterdichter bekannte Johann Nestroy (1801 bis 1862). Vermerkt sind Gastspiele in den Jahren 1843, 1848, 1849, 1850 und 1854.

Geburtstage

1841

Gustav Bancalari. Schriftsteller, Oberst. Geboren 4. 2. 1841 in Linz. (Gestorben 13. 5. 1900 in Linz.)

Karl Kronberger. Genremaler. Geboren 7. 3. 1841 in Freistadt. (Gest. 27. 10. 1921 in München.)

Alois Greil. Maler und Zeichner. Geboren 27. 3. 1841 in Linz. (Gest. 12. 10. 1902 in Wien.) → 1902

Karl Waldeck. Komponist. Geboren 22. 9. 1841 in St. Thomas am Blasenstein. (Gestorben 25. 3. 1905 in Linz.)

1842

Viktor Freiherr von Puthon. Statthalter von Oberösterreich (1890–1902). Geboren 3. 3. 1842 in Wien. (Gestorben 11. 1. 1919 in Salzburg.)

Hans Hildebrand. Schwedischer Kulturhistoriker und Archäologe. Geb. 5. 4. 1842 in Stockholm. (Gest. 2. 2. 1913 in Stockholm.) Initiator für die Bezeichnung Hallstattzeit. → S. 53, 253, 302

Norbert Hanrieder. Mundartdichter. Geboren 2. 6. 1842 in Kollerschlag. (Gestorben 14. 10. 1913 in Linz.) → S. 289

Norbert Schachinger. Abt von Schlägl (1885 bis 1922). Geboren 23. 6. 1842 in Gurten. (Gestorben 27. 1. 1922 in Schlägl.) Seit 1906 Generalabt der Prämonstratenser.

Johann (Gottfried) Hauenschild. Ordenspriester, Bergsteiger, Fabrikant. Geboren 14. 8. 1842 in Windischgarsten. (Gestorben 26. 6. 1901 in Graz.) → S. 240, 245, 286

Johann Jax. Fabrikant. Geboren 26. 9. 1842 in Schenkenfelden. (Gestorben 1. 7. 1937 in Linz.)

1843

Matthias Rupertsberger. Insektenforscher, Historiker. Geboren 29. 3. 1843 in Peuerbach. (Gestorben 31. 5. 1931 in Ebelsberg.)

1844

Friedrich Katzer. Priester. Geboren 7. 2. 1844 in Ebensee. (Gestorben 20. 7. 1903 als Erzbischof von Milwaukee.) → 1903

Cölestin Baumgartner. Ordenspriester, Abt, Politiker. Geboren 9. 2. 1844 in Waizenkirchen. (Gestorben 30. 4. 1934 in Lambach.) → 1934

Franz Poche. Liberaler Bürgermeister von Linz (1894–1900). Geboren 29. 2. 1844 in Linz. (Gestorben 2. 4. 1916 in Graz.)

Heinrich Natter. Bildhauer. Geboren 16. 3. 1844 in Graun, Südtirol. (Gestorben 13. 4. 1892 in Wien.) Seit 1884 in Gmunden ansässig. → 1892

Emil Dierzer Ritter von Traunthal. Fabriksbesitzer und liberaler Politiker. Geboren 26. 4. 1844 in Linz. (Gestorben 15. 2. 1904 in Mailand.)

Ferdinand Zöhrer. Schriftsteller. Geboren 17. 5. 1844 in Linz. (Gestorben 21. 4. 1901 in Linz.) → 1881

August Zeininger. Päpstlicher Hausprälat. Geboren 21. 5. 1844 in Linz. (Gestorben 25. 3. 1920 in Linz.) 1888 Kanzler des Erzbischofs von Milwaukee, USA, seit 1890 Generalvikar, 1899 nach Linz zurückgekehrt.

Karl Sterrer. Bildhauer. Geboren 25. 5. 1844 in Wels. (Gestorben 18. 10. 1918 in Wien.)

Ferdinand Krackowizer. Historiker und Archivar. Geboren 27. 5. 1844 in Wels. (Gestorben 20. 10. 1933 in Linz.)

Viktor Stiegler. Bürgermeister von Steyr (1902 bis 1907). Geboren 30. 5. 1844 in Steyr. (Gestorben 11. 11. 1914 in Steyr.)

Franz Graf von Merveldt. Statthalter von Oberösterreich (1889–1890). Geboren 14. 7. 1844 in Wien. (Gestorben 27. 1. 1916 in Wien.)

Konrad Meindl. Propst des Stiftes Reichersberg, Historiker. Geboren 15. 9. 1844 in Raab. (Gestorben 12. 7. 1915 in Reichersberg.)

Viktor Tilgner. Bildhauer. Geboren 25. 10. 1844 in Preßburg. (Gestorben am 26. 4. 1896 in Wien.) → 1896

Otto Schönauer. Waffenkonstrukteur. Geboren 27. 10. 1844 in Reichraming. (Gestorben 16. 9. 1913 in Steyr.) → 1913

Viktor Freiherr von Handel-Mazzetti. Generalmajor, Archivar. Geboren 26. 11. 1844 in Prag. (Gestorben 7. 1. 1927 in Braunau.)

1845

Matthias Hiptmair. Kirchenhistoriker. Geboren 4. 1. 1845 in Schwanenstadt. (Gestorben 27. 11. 1918 in Linz.)

Hans Schnopfhagen. Komponist der Landeshymne. Geboren 17. 1. 1845 in Oberneukirchen. (Gestorben 27. 6. 1908 in St. Veit im Mühlkreis.) → 1908, 1952

Franz Maria Doppelbauer. Bischof von Linz (1889 bis 1908). Geboren 21. 1. 1845 in Waizenkirchen. (Gestorben 2. 12. 1908 in Linz.) → S. 293

Friedrich Arnleitner. Komponist. Geboren 20. 2. 1845 in Hofkirchen bei St. Florian. (Gestorben 9. 10. 1903 in Linz.) Berühmt wurde das Lied „O hast du noch ein Mütterlein".

Johann Nepomuk Greil. Bildhauer. Geboren 12. 9. 1845 in Linz. (Gestorben 27. 7. 1909 in Ebensee.)

Andreas Reischek. Naturforscher. Geboren 15. 9. 1845 in Linz. (Gestorben 3. 2. 1902 in Linz.) Brachte es unter Südsee-Insulanern zum „Weißen Häuptling der Maori". → 1902

1846

Bertha von Tarnoczy. Malerin. Geboren 1. 4. 1846 in Innsbruck. (Gestorben 6. 3. 1936 in Wien.) Lebte lange in Linz.

Josef Urbanski. Initiator der Linzer Pöstlingbergbahn. Geboren 26. 5. 1846 in Wadowiče, Galizien. (Gestorben 23. 10. 1903 in Wien.) → S. 279

Hermann Krackowizer. Architekt. Geboren 18. 8. 1846 in Wels. (Gestorben 19. 5. 1914 in Linz.) → 1914

Hans Zöttl. Natur- und Heimatpfleger. Geboren 4. 9. 1846 in Schärding. (Gestorben 28. 12. 1938 in Eferding.)

Theobald (Matthias) Grasböck. Ordenspriester, Politiker. Geboren 16. 9. 1846 in Leonfelden. (Gestorben 27. 9. 1915 in Wilhering.) → 1915

Gustav Adolf Koch. Geologe. Geboren 10. 10. 1846 in Wallern. (Gestorben 27. 5. 1921 in Gmunden.)

Die von Kugeln zerfetzte Fahne der Hessen. Das Linzer Hausregiment kehrt 1841 in die Heimatgarnison Linz zurück.

Salzkammergut-Maler

„Das ganze Salzkammergut existiert in Öl."

Johann Nestroy (1801–1862) in „Zwei ewige Juden für einen", 1846.

Die Sonnenfinsterniß

„Nie und nie in meinem ganzen Leben war ich so erschüttert, von Schauer und Erhabenheit so erschüttert, wie in diesen zwey Minuten – es war nicht anders, als hätte Gott auf einmal ein deutliches Wort gesprochen, und ich hätte es verstanden."

Adalbert Stifter (1805–1868) über „Die Sonnenfinsterniß am 8. July 1842".

Edward Samhaber. Dichter. Geboren 26. 12. 1846 in Freistadt. (Gestorben 27. 3. 1927 in Linz.)

1847

Edmund Graf Attems. Landeshauptmann der Steiermark (1893–1896, 1897–1918). Geboren 17. 8. 1847 in Linz. (Gestorben 26. 5. 1929 in Hofgastein.)

Michael Gitlbauer. Philologe. Geboren 3. 9. 1847 in Leonding. (Gestorben 31. 5. 1903 in Wien.)

Todestage

1841

Martin Kestler. Nagelschmied und Maler. Gestorben 9. 8. 1841 in Aurolzmünster. (Geboren 23. 8. 1808 in Ried im Innkreis.)

Carl Friedrich Schinkel. Maler und Architekt. Gestorben 9. 10. 1841 in Berlin. (Geboren 13. 3. 1781 in Neuruppin.) 1811 entstehen auf einer Reise Salzkammergut-Zeichnungen.

1842

Tobias Haslinger. Musikverleger. Gestorben 18. 6. 1842 in Zell bei Zellhof. (Geboren 1. 3. 1787 in Zell bei Zellhof.)

Maurus (Franz Bor.) Stützinger. Abt von Lambach (1812–1820). Gestorben 7. 8. 1842 in Salzburg. (Geboren 5. 1. 1775 in Gmunden.) 1820 wurde ihm wegen völliger Überschuldung die Verwaltung des Stifts entzogen. Er zog sich zuerst nach Linz, 1826 nach Salzburg zurück.

Josef Wenzel Hayböck. Schulmeister. Gestorben 29. 8. 1842 in Liebenau. (Geboren 15. 2. 1770 in Urfahr.) Bekannt wegen unerschrockener Taten während der Franzosenkriege.

Mathias Leopold Schleifer. Dichter, Freund von Nikolaus Lenau. Gestorben 26. 9. 1842 in Gmunden. (Geboren 10. 3. 1771 in Wildendürnbach.)

Michael Wagner. Bischof von St. Pölten (1835 bis 1842). Gestorben 23. 10. 1842 in St. Pölten. (Geboren 19. 9. 1788 in Linz.)

1843

Franz Kurz. Augustiner-Chorherr. Gestorben 12. 4. 1843 in St. Florian. (Geboren 2. 7. 1771 in Kefermarkt.) Vater der wissenschaftlichen Geschichtsschreibung in Oberösterreich, Begründer der St. Florianer Historikerschule. Er entdeckte das Ennser Stadtrecht von 1212.

1844

Franz de Paula Wirer. Begründer des Kurortes Ischl. Gestorben 30. 3. 1844 in Wien. (Geboren 2. 4. 1771 in Korneuburg.) → S. 208

Ignaz Gielge. Geschichtsschreiber. Gestorben 28. 5. 1844 in Linz. (Geboren 21. 3. 1765 in Ponitz, Oberschlesien.)

Josef Schmidberger. Florianer Chorherr. Gestorben 10. 8. 1844 in St. Florian. (Geboren 4. 11. 1773 in Urfahr.) International anerkannter Pomologe (Obstbaufachmann), Förderer der Obstbaumzucht in Oberösterreich.

Johann Anzengruber. Hofbeamter, Vater des Dichters Ludwig Anzengruber (1839–1889). Gestorben 8. 11. 1844 in Wien. (Geboren 21. 3. 1810 in Hofkirchen an der Trattnach.)

Der Augustiner-Chorherr Franz Kurz (1771–1843) gilt als Vater der wissenschaftlichen Geschichtsschreibung in Oberösterreich. Ölgemälde von Wilhelm Vita, nach einem Bild von Leopold Schutz, 1894.

1845

Johann Batsányi. Dichter. Gestorben 12. 5. 1845 in Linz. (Geboren 11. 5. 1763 in Tapolcza.)

1847

Benedikt Pillwein. Historiograph und Heimatforscher. Gestorben 27. 1. 1847 in Linz. (Geboren 26. 11. 1779 in Obersulz, Niederösterreich.)

Franz Zola. Ingenieur. Gestorben 27. 3. 1847 in Marseille. (Geboren 8. 8. 1795 in Venedig.) Bauleiter der Pferdeeisenbahn (→ 1829). Vater des Schriftstellers Emile Zola (1840–1902).

Allein eine Nacht auf dem Dachsteingipfel

In Begleitung von acht Männern und einem Mädchen bricht Friedrich Simony am 15. September 1843 in Hallstatt auf, um eine Nacht auf dem Dachsteingipfel zu verbringen (16./17. September). Nicht einmal eine Woche später wiederholt Friedrich Simony das aufsehenerregende Unternehmen: diesmal bleibt er allein eine Nacht auf dem Gipfel des Dreitausenders (21./22. September).

Aus dem Schaffen Stifters

1841. „Feldblumen", „Die Mappe meines Urgroßvaters" (I.).

1842. „Der Hochwald", „Die Mappe meines Urgroßvaters" (II.), „Die Sonnenfinsterniß".

1843. „Abdias", „Brigitta", „Die Narrenburg", „Wirkungen eines weißen Mantels" (später „Bergmilch"), „Der späte Pfenning".

1844. „Die drei Schmiede ihres Schicksals", „Das alte Siegel", „Studien" I. und II.

1845. „Der Hagestolz", „Der Waldsteig", „Der Heilige Abend" („Bergkristall").

1846. „Der beschriebene Tännling", „Zwei Schwestern".

1847. „Der arme Wohltäter" (später „Kalkstein"), „Der Waldgänger", „Studien" III. und IV.

Simonys Rat

„Ich glaube, lieber Freund, sie sollten nicht zögern, Ihre schöne Sammlung zu verkaufen, aus dem einfachen Grund, weil früher oder später irgendein geschäftiger Bürokrat herausbringen könnte, daß die ganze Collektion vor Gott und rechtswegen eigentlich dem Staat gehört und Sie höchstens einen Anspruch auf Entschädigung, und zwar nur auf ein Belobungsdekret haben. Ich erwähne dies nicht ohne Grund, da ich schon ähnliche Äußerungen im Salzkammergut selbst mehrmals gehört habe. Bekommt heute oder morgen das k. k. Antikenkabinett in Wien ein Gelüste nach Ihrer Sammlung, so wird es höchstwahrscheinlich den für dasselbe wohlfeilsten Weg einschlagen und Ihnen dürfte dann sehr leicht nicht jener Lohn werden, den Ihre viele Mühe und Sorgfalt verdient haben.“

Friedrich Simony (1813–1896) in einem Brief vom 17. Mai 1850 an den Entdecker des Hallstätter Gräberfelds, Johann Georg Ramsauer (1795–1874).

Johann Georg Ramsauer

Nicht ein Historiker und nicht ein Archäologe, sondern ein kleiner Bergwerksbeamter markierte das Jahr 1 der österreichischen Geschichte. Er hieß Johann Georg Ramsauer, lebte von 1795 bis 1874 und entdeckte 1846 in Hallstatt jenes Gräberfeld, das die ersten vierhundert Jahre österreichischer Geschichte und damit auch das Bild der europäischen Geschichte gründlich veränderte.

Dieser Mann, dessen Entdeckung einer ganzen Kulturepoche der Menschheit den Namen gab (Hallstattzeit, 800–400 v. Chr. → S. 54), erlebte das klassische Schicksal großer Österreicher: Er wurde belächelt, verdächtigt, nach seinem Tod bewundert und gepriesen.

Die höchsten wissenschaftlichen Kapazitäten anerkennen heute Ramsauers Leistungen und kanzeln sie keineswegs als Zufallstreffer der Geschichte ab. Zu Lebzeiten Ramsauers jedoch sah die gebildete Welt das ganz anders. Ramsauer war ein Mann ohne akademischen und adeligen Titel, da dachte man nicht nach über die Bedeutung seiner Entdeckung.

Gewiss, es wurde gebührend bestaunt, was der unbekannte Laie da im Hallstätter Salzberg an schönen Waffen und Schmuckgegenständen entdeckt hatte. Von Ischl aus wurden die Grabungen besichtigt. Sogar der Kaiser und die Kaiserin fanden sich einmal zur Öffnung eines Grabes ein und ließen sich eine bronzene Rinderfigur schenken. Aber das alles wurde doch eher als schickes gesellschaftliches Ereignis betrachtet und weniger als kulturelle Großtat.

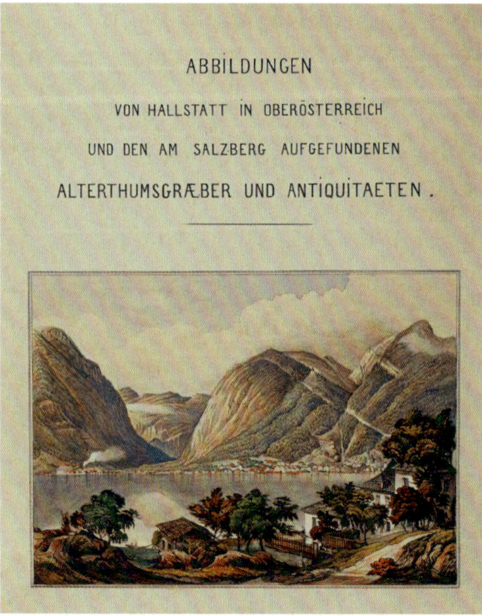

ABBILDUNGEN
VON HALLSTATT IN OBERÖSTERREICH
UND DEN AM SALZBERG AUFGEFUNDENEN
ALTERTHUMSGRÆBER UND ANTIQUITAETEN.

Der Hallstätter Bergmann Isidor Engl fertigte von den Funden im Gräberfeld Aquarelle und genaue Skizzen an.

Der Entdecker des Hallstätter Gräberfelds, der Salinenbeamte Johann Georg Ramsauer.

19.497 Objekte registriert

Im November 1846, also noch bevor Heinrich Schliemann Troja ausgegraben hatte, glückte Ramsauer „durch Öffnung einer Schottergrube“ die „Aufdeckung eines unbekannten Leichenfeldes“ (→). Was aber zumindest ebenso entscheidend war als diese Entdeckung: Ramsauer war sich der Bedeutung dieser Funde bewusst. Und mit einer erstaunlichen Genauigkeit führte er Buch über all diese 980 Gräber, die er innerhalb von 17 Jahren ausgegraben hatte und über 19.497 Objekte.

Diese Protokolle waren eine Sensation für die damalige primitive Ausgrabungstätigkeit. Datum, Nummer, Beschreibung der Fundgegenstände und der Umstände des Fundes, Grabestiefe, alles wurde sorgfältig registriert. Der Hallstätter Oberhutmann (Grubensteiger) Isidor Engl (1832–1918) fertigte dazu Aquarelle und Skizzen von den Fundgegenständen und Grabsituationen an.

Heute würdigt die Wissenschaft diese Leistungen Ramsauers, seine Aufzeichnungen gelten als die ersten Protokolle einer prähistorischen Grabung in Mitteleuropa.

Vater von 22 Kindern

Vergeblich bemühte sich Ramsauer um Anerkennung. Ein 1858 eingebrachtes Gesuch an den Kaiser um Drucklegung seiner Grabungsprotokolle wurde abgelehnt. Im gleichen Jahr schrieb Ramsauer einen Brief, der auch seine prekäre finanzielle Situation illustriert. →

Johann Georg Ramsauer war dreimal verheiratet und Vater von 22 Kindern, die zwei Töchter nicht mitgerechnet, die seine erste Gattin in die Ehe brachte.

Aus der ersten Ehe gingen acht Kinder hervor, die zweite Gattin schenkte Ramsauer 14 Kinder. Mit 64 heiratete Ramsauer zum drittenmal: eine um 34 Jahre Jüngere. Diese Ehe blieb kinderlos.

Am härtesten traf den von Schicksalsschlägen verfolgten Mann der Vorwurf der Unterschlagung. In einem Schreiben an den Direktor des Münz- und Antikenkabinetts wehrte sich Ramsauer gegen die Beschuldigung des Oberstkämmerers, er hätte ein Schwert mit Elfenbein und Bernstein verschwinden lassen. „Ergebenst“ und „auf Ehre“ versicherte Ramsauer: „Ein drittes Schwert mit Elfenbein und Bernstein ist nicht gefunden worden, und ich kann nicht unterlassen, beizufügen, dass mich eine Vermutung der Hinweggabe oder Zurückbehaltung eines derlei wichtigen Gegenstandes sehr kränken und jede Freude für die weitere Forschung nehmen würde.“

Mit 68 Jahren ging Ramsauer in Pension. Seine Dienstwohnung auf dem Rudolfsturm in Hallstatt musste er räumen, darum verließ er Hallstatt und zog nach Linz, wo eine seiner Töchter verheiratet war. Hier starb er auch am Neujahrstag des Jahres 1874.

Der Kaiser lehnte ab

In einem Nachruf, der am 4. Jänner 1874 in der amtlichen „Linzer Zeitung“ erschien, wird Ramsauer als rühriger, lebhafter alter Herr geschildert, trotz seiner 79 Jahre mit braunem Scheitel und rosigen Wangen, leutselig, heiter in Gesellschaft. Vor allem aber: dem Kaiser treu ergeben.

Der Kaiser allerdings hatte Ramsauers Herzenswunsch, die Drucklegung jener Grabungsprotokolle, deren Abschriften den Wissenschaftern heute viel Kopfzerbrechen verursachen, nicht erfüllt. Er hatte ihm dafür einen Orden zugebilligt.

Einen Haken haben diese Ramsauer-Protokolle nämlich: Es gibt davon mehrere Versionen. Wahrscheinlich hat Ramsauer von Anfang an seine Protokolle in mehreren Exemplaren geschrieben, später wurden auch Abschriften angefertigt, nicht nur von ihm selbst.

Die wissenschaftlichen Recherchen haben ergeben, dass Ramsauer im Jahr 1855 dem Museum Joanneum in Graz wahrscheinlich unaufgefordert zwei hallstattzeitliche Fibeln übersandte, denen er im Jahre 1856 noch einen großen Bronzekessel folgen ließ. Wohl auf Grund dieser Geschenke wurde er zum korrespondierenden Mitglied

Mit zwölf unversorgten Kindern

„Zugleich erlaube ich mir Euer Hochwohlgeborn das mich getroffene so schwere Unglück zu berichten, das mir vor 2 Wochen meine Gattin, mit der ich durch 22 Jahren in sehr glücklicher Ehe lebte, bei der Entbindung zum 18ten Kinde, durch den Todt entrissen worden ist. Ich befinde mich gegenwärtig mit 12 unversorgten Kindern in einer sehr bedrängten Lage.“

Johann Georg Ramsauer in einem Brief vom 9. Dezember 1858 an den Direktor des k. k. Münz- und Antikenkabinetts, Josef Ritter von Arneth.

des „Historischen Vereins für Steiermark“ ernannt. Für diese hohe Ehre bedankte sich Ramsauer wiederum durch Übersendung einer Abschrift seines Grabungsprotokolls sowie der dazugehörenden Tafeln. In einem Brief zollte der Ausschuss des Vereins Johann Georg Ramsauer volle Anerkennung für seine Arbeit und kündigte auch an, sich für eine finanzielle Entschädigung zu verwenden.

Man kann sich heute kaum vorstellen, was ein solches Anerkennungsschreiben für den kleinen Hallstätter Salinenbeamten bedeutete. → 1996 Rudolf Lehr

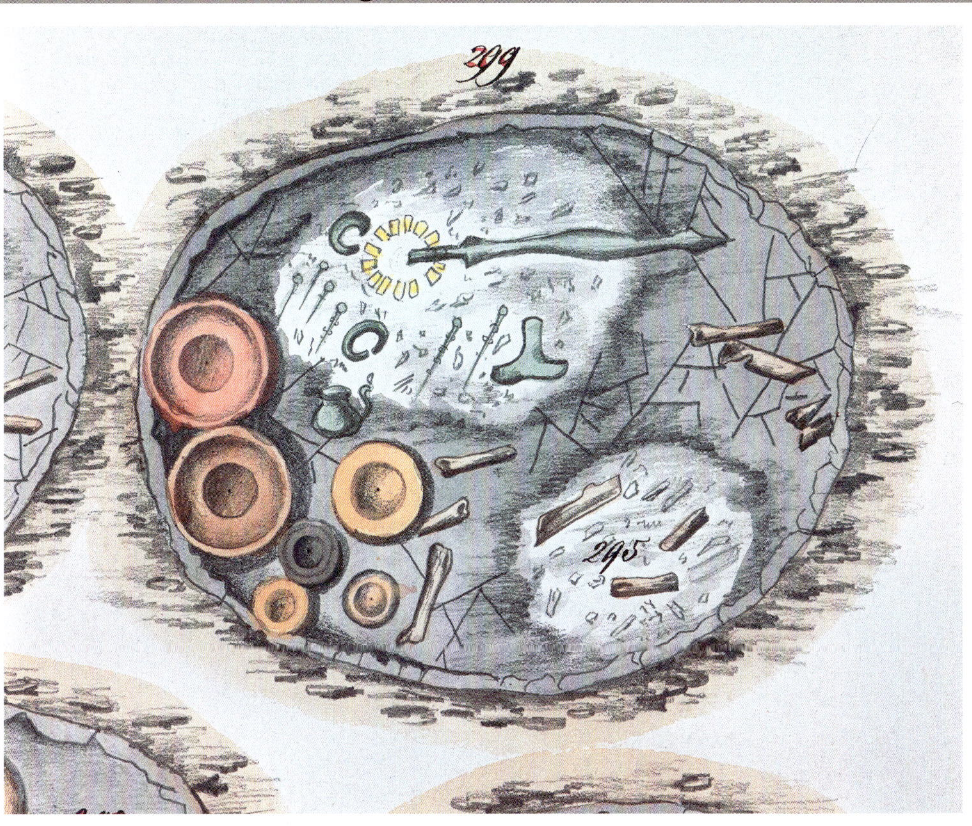

Rechts: Die Gewissenhaftigkeit, mit der Ramsauer und Engl ihre Funde registrierten, wissen die Wissenschafter heute zu schätzen.
Unten: Ein besonders hübscher Fund aus dem Hallstätter Gräberfeld: ein Schöpfgefäß mit einer Kuh, der ihr Kälbchen folgt. (6. Jahrhundert vor Christus.)

Durch Öffnung einer Schottergrube

„Der Verfahser kamm auf dieselbe Weise nemlich durch Öffnung einer Schottergrube im November 1846, womit ein zerstörtes Skelett gefunden, zur Aufdeckung des noch unbekannten Leichenfeldes, und zwar damit, dahs er hierauf in seinen Beisein und mit aller Sorgfalt einen Flächenraum von 4 Quadrat-Klafter aufgraben liehs, womit er so glücklich war 7 Skelette mit einigen Schmucksachen zu treffen, und sich zugleich auch, durch die Lage der Skelette, alle in ziemlich gleicher Richtung, das Gesicht gegen Sonnenaufgang gewendet, gestreckte Lage des Körpers, die Hände nach den Leib oder an die Brust gelegt, einen ordentlichen Begräbnisplatz erkennen liehs.

So wie es bei jeden unbekannten Unternehmen gewöhnlich der Fall ist, dahs man nur durch pracktische Erfahrungen und Übung zum Ziele gelangt, so war es auch hier. Anfänglich erkante man die Leichenbrände nicht, und war nur damit zur Kentnihs gekomen, als man öftermalen auf den verbrandten oft nur wenigen Knochenresten und Kohlen (welche sich nur einmal in einer Urne befunden haben) die Antiken-Gegenstände unmittelbar obenauf gefunden hatte, und dann zur weiteren Überzeugung durch Schlämung und sorgfältiges Scheiden der Knochenreste hierunter Menschenzähne, Schedelknochen oder Kiefertheile erhalten hat, von welcher Zeit an der Verfahser in dem von ihm geführten Tagebuch über die Nachgrabungen, die mit Anticken belegten Knochenreste als Leichenbrände verzeichnet worden sind.“

Aus den Protokollen Johann Georg Ramsauers.

Klinke an Adalbert Stifters Wohnhaus in Linz, das Hartl'sche Haus an der Unteren Donaulände. Im Mai 1848 zog Stifter für immer in dieses Haus, das heute das Adalbert-Stifter-Institut beherbergt.

Erster konstitutioneller Bürgermeister von Linz: Reinhold Körner. Photographie um 1860.

1848–1850

Kalender

1848

5.4. Uraufführung des Stückes „Der Cid" von Emil Mayer im Linzer Landestheater.

6.5. Adalbert Stifter zieht für immer in die Wohnung im Hartl'schen Haus an der Donaulände in Linz. → S. 236

20.5. Die oberösterreichischen Stände übernehmen die Leitung der Oberösterreichischen Landesbrandschaden-Versicherungsanstalt.

30.6. Dem ersten österreichischen Reichstag gehören 16 Abgeordnete aus Oberösterreich an.

16.7. Erzherzog Johann (1782–1859), zu dieser Zeit Reichsverweser, besucht das Landständische Theater in Linz.

24.7. Erste Sitzung des neuen Landtags.

31.7. Der Reichsverweser Erzherzog Johann reist auf dem Weg nach Frankfurt durch Linz, übernachtet in Peuerbach und entkommt so der spektakulärsten Linzer Demonstration im Zusammenhang mit den Ereignissen des Jahres 1848.

1.8. In Peilstein werden 18 Häuser durch einen Brand zerstört.

8.8. Einstimmige Annahme einer Petition im oberösterreichischen Landtag zur Gleichberechtigung der evangelischen Kirche.

2.10. Requiem in der Linzer Stadtpfarrkirche für die im März 1848 in Wien gefallenen Revolutionäre.

6.10. In Grieskirchen werden 23 Häuser ein Raub der Flammen.

2.12. Franz Joseph wird Kaiser. Ischl wird damit für mehr als ein halbes Jahrhundert sommerliche Kaiserresidenz und Schauplatz welthistorischer Ereignisse, aber auch zahlreicher Romanzen und Histörchen.

Revolution → S. 228

1849

4.3. Das Herzogtum Salzburg, seit → 1816 zum Land ob der Enns gehörend, wird mit kaiserlichem Patent ein eigenes Kronland. (Neuerliche Unterstellung an Oberösterreich → 1860–1861.)

5.8. Eröffnung der Allgemeinen Sparkasse Linz.

13.9. Anton Bruckners Requiem in d-Moll wird in der Stiftskirche von St. Florian uraufgeführt.

12.10. Anton Bruckner wird Privatlehrer der Florianer Sängerknaben.

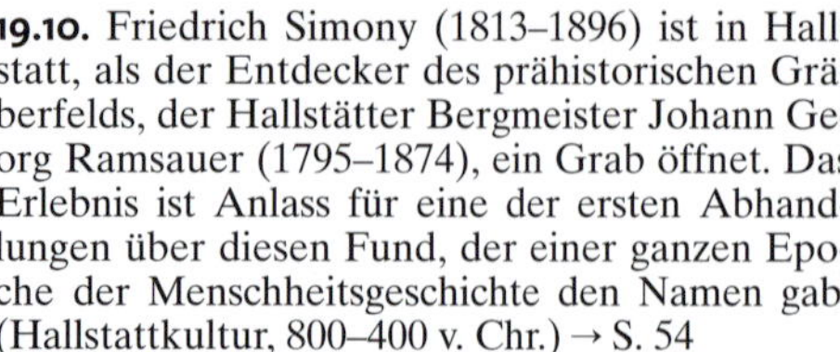

19.10. Friedrich Simony (1813–1896) ist in Hallstatt, als der Entdecker des prähistorischen Gräberfelds, der Hallstätter Bergmeister Johann Georg Ramsauer (1795–1874), ein Grab öffnet. Das Erlebnis ist Anlass für eine der ersten Abhandlungen über diesen Fund, der einer ganzen Epoche der Menschheitsgeschichte den Namen gab (Hallstattkultur, 800–400 v. Chr.) → S. 54

27.10. Erster Amtstag der Allgemeinen Sparkasse Linz im Hause Spittelwiese 11.

20.11. Eröffnung der ersten Telegraphenstation in Linz.

24./25.11. Der 19-jährige Kaiser Franz Joseph ist in Linz. 101 Kanonenschüsse und Glockengeläute gibt es zur Begrüßung, später eine Festvorstellung der Donizetti-Oper „Lucretia Borgia" im Landestheater. „Der Kaiser wohnte der Vorstellung bis nach dem zweiten Acte bei." Es folgt ein Fackelzug mit Musikkapellen. Am zweiten Besuchstag stehen Militärkaserne, Militärspital, Taubstummen- und Blindeninstitut, Audienzen und Hoftafel auf dem Programm, am Abend ein Festball im Redoutensaal, „dem auch der Kaiser einige Zeit anwohnte".

30.12. Ein kaiserliches Patent verkündet Landesverfassungen und Landtagswahlordnungen.

1850

1.1. In Oberösterreich wird das Amt eines k. k. Statthalters als Chef der politischen Verwaltung geschaffen.

28.2. Anton Bruckner wird provisorischer Stiftsorganist von St. Florian.

4.4. Der „dem Staat zur Last fallende Betrieb" in der Linzer Wollzeugfabrik wird aufgelassen. Die Fabrik war das größte Textilunternehmen der Monarchie. → 1672, 1754, 1791, 1969

9.4. Eröffnung des neu geschaffenen Landesgerichts im Landhaus. (1852 Übersiedlung in den Neubau Museumstraße.)

1.6. Das neueingerichtete Oberlandesgericht Linz nimmt seine Tätigkeit auf.

3.6. Adalbert Stifter wird (in dem neu geschaffenen Amt eines Schulrates) zum provisorischen Schulrat (Landesschulinspektor) ernannt.

26.6. Beginn der Tabak- und Zigarettenerzeugung in der ehemaligen Linzer Wollzeugfabrik.

11.8. Zum ersten konstitutionellen Bürgermeister von Linz wird der liberale Politiker Reinhold Körner (1803–1873) gewählt. Er bleibt bis 1854 und dann noch von 1861 bis 1867 das Linzer Stadtoberhaupt. →

14.–27.9. Generalversammlung der katholischen Vereine Deutschlands in Linz.

1850–1851. Anton Bruckner besucht als Externer zwei Klassen Unterrealschule in Linz.

Kaiser Franz Joseph I. Kolorierte Lithographie von Eduard Kaiser, um 1855.

Geburtstage

1848

Ferdinand von Mannlicher. Waffentechniker. Geboren 30. 1. 1848 in Mainz. (Gestorben 20. 1. 1904 in Wien.) Erfinder des in Steyr erzeugten Mannlichergewehrs. (Mehrlader mit Gradzug-Verschluss.)

Franz Schnopfhagen. Arzt (Landes-Irrenanstalt

Elende Regierungsform

„Die elendste aller Regierungsformen ist die constituitionelle Monarchie auf breitester Basis."

Jodok Stülz (1799–1872), Augustiner-Chorherr, Historiker und Politiker, 1849.

Niedernhart), Pionier des Rudersports. Geboren 31. 3. 1848 in Oberneukirchen. (Gestorben 17. 7. 1925 in Linz.) Der jüngere Bruder des „Hoamatland"-Komponisten Hans Schnopfhagen (1845 bis 1908).

Emil Zeller. Bergpionier. Geboren 8. 7. 1848 in Windischgarsten. (Gestorben 31. 5. 1932 in Windischgarsten.) → 1902, 1932

Franz Statz. Baumeister des Linzer Doms. Geboren 1. 12. 1848 in Köln. (Gestorben 17. 6. 1930 in Köln.) Sohn des Schöpfers des Linzer Doms, Vinzenz Statz (1819–1898).

1849

Laurenz Pröll. Historiker. Geboren 11. 2. 1849 in Dietrachschlag, Gemeinde Ulrichsberg. (Gestorben 27. 6. 1913 in Schlägl.)

Josef Stern. Pionier der Elektrizitätswirtschaft und des Lokalwesens. Geboren 18. 3. 1849 in Ebenau bei Salzburg. (Gestorben 22. 3. 1924 in Gmunden.) → 1882, 1924

Carl Heinrich Franck. Industrieller. Geboren 16. 4. 1849 in Vaihingen an der Enz. (Gestorben 2. 11. 1926 in Linz.) → 1926

Johann Huemer. Altphilologe. Geboren 18. 4. 1849 in Raab. (Gestorben 20. 9. 1915 in Reichenau, NÖ.)

Josef Kepplinger. Altarbauer. Geboren 1. 7. 1849 in St. Peter am Wimberg. (Gestorben 19. 3. 1898 in Ottensheim.)

Josef Brucker. Luftschifffahrtspionier. Geboren 30. 10. 1849 in Ischl. (Sterbedaten unbekannt.) Wanderte nach Amerika aus und stand an der Spitze der europäisch-amerikanischen Luftschiffahrtsgesellschaft.

1850

Julius Laska. Direktor des Linzer Landestheaters (1884–1891). Geboren 28. 1. 1850 in Linz. (Gestorben 24. 8. 1933 in Linz.)

Karl Wurmb. Alpen-Bahnbauer. Geboren 18. 9. 1850 in Neumarkt im Hausruck. (Gestorben 30. 1. 1907 in Wien.)

Todestage

1848

Franz Philipp Graf von Lamberg. Feldmarschallleutnant. Ermordet am 28. 9. 1848 auf der Kettenbrücke in Pest. Sein Leichnam wurde auf Sensen aufgespießt. Graf Lamberg war Oberbefehlshaber der königlichen Streitkräfte in Ungarn. (Geboren 30. 11. 1791 in Moor bei Preßburg.)

Theodor Graf Baillet von Latour. Kriegsminister. Ermordet 6. 10. 1848 in Wien. (Geboren 15. 6. 1780 in Linz.)

Mathias Nißl. Tuchscherer, Freiheitskämpfer. Gefallen bei den Kämpfen am 30. 10. 1848 in Wien. (Geboren 27. 8. 1809 in Urfahr.) → 1848

1849

Anton Ritter von Spaun. Klassische Gestalt der Romantik in Oberösterreich. Gestorben 26. 6. 1849 in Kremsmünster. (Geboren 31. 5. 1790 in Linz.)

Anton Schosser. Mundartdichter. Gestorben 26. 7. 1849 in Steyr. (Geboren 7. 6. 1801 in Losenstein.) → S. 45

1850

Johann VI. Baptist Schober. Abt von Wilhering (1832–1850). Gestorben 9. 6. 1850 in Mühldorf. (Geboren 15. 1. 1783 in Vorderweißenbach.)

Ludwig Luber. Mundartdichter. Gestorben 1. 8. 1850 in Ried im Innkreis. (Geboren 14. 5. 1813 in Aurolzmünster.) „Gesänge in obderennsischer Mundart." Ein Freund von Franz Stelzhamer.

Sebastian Haydecker. Mundartdichter. Gestorben 4. 9. 1850 in Mauthausen. (Geboren 14. 1. 1789 in Ranshofen.)

Erster Statthalter Oberösterreichs

nach der Neuordnung der Verwaltung 1850 ist der Rechtsanwalt Alois Fischer (1796–1884); bis 1851. Der Statthalter ist in dieser Zeit der erste Mann im Land, er ist Chef der Verwaltung und Vertreter des Kaisers. Einen Landeshauptmann gibt es erst wieder ab 1861. (Fischer war schon seit 1848 der vom Kaiser ernannte Chef des Landes.) Lithographie von August Prinzhofer. 1850.

Der Bauernadvokat

12. Mai 1849. In Alberndorf wird Michael Huemer zu Grabe getragen, der „Kalchgruber", wie er genannt wird. Als „Bauernadvokat", als Vorkämpfer für die Befreiung der Bauern von der Grundherrschaft, lebt er in der Überlieferung weiter und findet sogar in einem Gedenkstein die offizielle Würdigung. Zu seinen Lebzeiten wird er von den Behörden mit weniger schmeichelhaften Bezeichnungen versehen: „Untertanenaufwiegler", „Winkelschreiber", „Vagabund". (Geboren 17. 8. 1777 in Elmberg bei Linz, gestorben 10. 5. 1849 in Oberweitersdorf.)

Auswanderer

Am 28. Mai 1850 verlässt der in Spital am Pyhrn geborene Arzt Ernst Krackowizer (1821–1875) Europa, der als Hauptmann der Wiener Studentenlegion nach dem Zusammenbruch der Revolution von 1848 verfolgt wurde und über Wels und Vöcklabruck nach Deutschland flüchtete. Mit einem Segelschiff verlässt er Europa. Ein Jahr später wandert der Steyrer Kreiswundarzt Friedrich Wilhelm Arming (1805–1864) mit Frau und drei Kindern in die USA aus, einer der Vormärzliberalen und Enttäuschten von 1848, für die Polizei ein „hochgebildeter Mann", aber auch ein „gefährlicher Schriftsteller".

Am 18. März 1852 sucht Georg Fleischer, besser bekannt als „Poldl Blitz", Redakteur des radikalen „Freien Linzer Postillion", der als Freiwilliger 1848 nach Wien zog, bei der Polizeidirektion Linz um eine Auswanderungsbewilligung an. Das Gesuch wird genehmigt, weil „die Entfernung dieses Menschen aus dem Kaiserstaate bei seiner politischen und sonstigen Bedenklichkeit nur wünschenswert erscheinen dürfte".

Der Linzer Schuhmacher Josef Eder, „einer der Schreier und Krawallmacher der gewiß bescheidenen Unruhen in Linz" (so der oberösterreichische Historiker Hans Sturmberger), wandert 1853 nach Amerika aus, kehrt jedoch 1854 enttäuscht zurück, wird dann aber in Österreich des Landes verwiesen, geht nach München und erhält 1856 gnadenweise die österreichische Staatsbürgerschaft. „Haben Sie Erbarmen, retten Sie mich von meinem Elend und Untergang, denn ich halte es nicht mehr lange aus, wenn ich nicht in mein Vaterland zurück darf", schreibt Josef Eder an die Statthalterei von Linz.

Pressefreiheit

Nach Inkrafttreten der Aprilverfassung von 1848 machen vor allem die katholischen Kreise von der neu gewonnenen Pressefreiheit eifrig Gebrauch, eine Reihe von Zeitungen erscheint. In Linz gibt es seit 21. Juni 1848 das „Volksblatt für Religion und Gesetz", das sich ab 1849 „Katholische Blätter" nennt. In Wels erscheinen seit 1. April 1848 „Der Welser Landbote" und seit 4. April „Das Konstitutionelle Wochenblatt". Beide Zeitungen bestehen jedoch nur bis 1849. Seit 8. März 1848 erscheint die „Theologisch praktische Quartalsschrift".

706.316 Oberösterreicher

1850. Oberösterreich hat 706.316 Einwohner, um 6992 mehr als im Jahr 1840.

Arme von Linz!

Arme von Linz! Auf, auf! Jetzt ist es Zeit, Eure heiligen Menschenrechte zu behaupten. Der Präsident hat Euch an die Bäcker verkauft! Nieder mit ihm! Graf Barthenheim gibt Euch Roßfleisch zum Essen, daß Ihr alle krank werdet. Nieder mit ihm! Schlagt ihn todt! Der Magistrat saugt Euch das Blut aus, der Bürgermeister ist ein Räuber. Weg mit den Hunden! … Der Adel schwelgt im Überfluß und verachtet Euch. Auf! Vertilgt ihn! Die reichen Hausbesitzer und Bürger sehen mit Stolz auf Eure Armut herab, sie sind Wucherer, die Euch das Blut aussaugen, nehmt ihnen ihren Raub ab. Schlagt die Hunde todt. Dierzer, Rädler und Grillmaier stehlen Euch Arbeit und Verdienst, sie werden reich und Ihr arm, brennt ihre Fabriken nieder … Wir sind dreißig Verschworene, wir führen Euch, folgt uns, wenn die Losung auf den Dächern leuchtet, auf, rächt Euch, holt Euch Brot und schützt Eure heiligen Menschenrechte. Auf! Verliert keine Zeit!

Flugblatt der „Dreißig Verschworenen", Linz 1848.

*

Josef Dierzer, die Gebrüder Franz Xaver und Johann Michael Rädler und Johann Grillmayr waren Linzer Textilfabrikanten.

1848

Mehr noch als für Wien galt für Oberösterreich, dass bei der Revolution von 1848, die große Teile Europas erfasste, in Österreich der Charakter einer bürgerlichen Revolution überwog, konstatiert Helmut Konrad, Mitarbeiter am Institut für Neuere Geschichte und Zeitgeschichte an der Universität Linz und Mitarbeiter des Ludwig-Boltzmann-Institutes für Geschichte der Arbeiterbewegung. Die Arbeiterklasse spielte dabei eine gewisse Rolle, doch gelang es ihr nicht, die soziale Frage zur Kernfrage der Revolution zu machen.

Es gab Unruhen in Oberösterreich, einen Hungerkrawall in Linz, doch standen hinter diesen Aktionen keine politischen Ziele. Ein Flugblatt der „Dreißig Verschworenen" (→) drückte solche politischen Ziele zwar äußerst vehement aus, doch fand es unter den angesprochenen Armen kein Echo.

Die Ankunft der oberösterreichischen Stadt- und Landesdeputation in Wien am 22. März 1848 zeigt diese Lithographie. Es fehlt nicht an Kritik für diese Reise, die den Zweck hatte, den Dank der Oberösterreicher auszusprechen für das Versprechen, eine Konstitution (Verfassung) zu gewähren.

Unruhen im ganzen Land

Hauptsächlich wegen des hohen Getreide- und Brotpreises kommt es in Linz zu Unruhen. Der Versuch, die Brotläden zu stürmen, wird verhindert. Am Abend des 31. Juli zieht eine Menschenmenge von der Donaubrücke zum Landhaus. Die Nationalgarde wird mit Steinen beworfen, einige Revolutionäre dringen in das Landhaus ein, werden jedoch abgedrängt.

In dem Schreiben eines leider Unbekannten, das der Linzer Historiker Willibald Katzinger 1986 als „Zufallsfunde zum Revolutionsjahr 1848" veröffentlichte, wird die Befürchtung ausgesprochen, dass „die Noth und der Trug eine gewaltige, und vielleich blutige Umstürzung herfor bringen muß".

Bereits am 17. März wird in Linz die Revolution mit einem Fackelzug gefeiert, am 19. April findet die Fahnenweihe der neuerrichteten Nationalgarde statt, am 27. März tritt diese Nationalgarde bei einem Straßenkrawall in Linz zum ersten Mal in Aktion. Am 14. April kommt es zu einem Marsch der Straßenarbeiter nach Wilhering und zu einem Eingreifen der Nationalgarde, am 2. Juni bereitet am Linzer Pfarrplatz eine Menschenmenge „den geistlichen Herrn ein gräßlich klingendes Ständchen".

In der Landeshauptstadt Linz und in mehreren Orten des Mühlviertels (St. Martin, Waxenberg, Leonfelden, Zell, Gramastetten, Oberkappel) kommt es zu Misshandlungen der unbeliebten uniformierten Finanzwachebeamten.

In Steyr versuchen am 23. März etwa fünfzig Handwerksburschen, Geschäfte zu plündern.

In Lambach, wo mit der Errichtung der Pferdeeisenbahn Lambach–Gmunden die Schiffsleute von Stadl-Paura ihre Arbeit verloren haben und zu Bettlern verarmen, werden Bahnschienen herausgerissen. Von einer Bestrafung wird abgesehen, der Fall wird ad acta gelegt.

Zwischen Mauthausen und Wartberg rotten sich böhmische Salzfuhrknechte zusammen und wollen die Pferdeeisenbahn zerstören, lassen von ihrem Vorhaben aber schließlich ab.

In Peilstein versuchen die Bewohner, zum Teil mit Tätlichkeiten, bei den Kaufleuten, Bäckern und Fleischhauern niedrigere Preise zu erzwingen.

Pater Beda Piringer aus Kremsmünster: 1848 Abgeordneter der Nationalversammlung in Frankfurt.

Kremsmünster-Abt Thomas Mitterndorfer, Mitglied der Ständischen Herren im Provinzialständerat.

Eine neue Zeit ist da

„Innviertler, Männer, Brüder! Eine neue Zeit ist da. Ungeheures ist geschehen. Wie sich gesunde, frische Kinder im Frühlingsgrase wälzen, so wälzten sich dieses Frühjahr die Völker Europas. Und wie jene, so ritzten sich auch diese im alten, verdorrten Strunkwerk – den traurigen Ueberresten eines traurigen, gottlob! dahingegangenen Jahres."

Franz Stelzhamer in der Nr. 1 „Rieder Wochen-Blatt, der freimüthige Innviertler", 2. 5. 1848.

Das Alte muß zugrunde gehen

„Das Alte muß zugrunde gehen, da es nur noch leeres Formelwerk ist, aus dem der Geist schon längst gewichen ist."

Jodok Stülz (1799–1872), Augustiner-Chorherr, Historiker und Politiker, 1848.

Vorlesung des Herrn Franz Stelzhammer.

Im Abonnement.

Landständisches Theater in Linz.

Herr Franz Stelzhammer wird nachfolgende, von ihm selbst verfaßte politische Gedichte in den Zwischenakten vorzutragen die Ehre haben, und zwar:

Nach dem ersten Akte:

Oesterreich frei.

Märzlied. Politisches Gedicht von Franz Stelzhammer.

Nach dem zweiten Akte:

Des Kaisers Flucht.

Mailied. Politisches Gedicht von Franz Stelzhammer.

Titelseite von Franz Stelzhamers „Oesterreich frei!", 1848. Am 21. August 1848 liest der Dichter im Landständischen Theater in Linz politische Gedichte.

Die Revolution in Oberösterreich

Der

Bauer ist frei.

Kein Zehent, keine Roboth mehr,

beschlossen und mit allgemeiner Stimmenmehrheit angenommen durch die

hohe Reichsversammlung,

am 30. und 31. August 1848.

Die Grundentlastung gehörte zu den ganz wenigen Zielen, die von der Revolution von 1848 dauerhaft erreicht wurden.

In Weinberg und in den Forsten von Weyer und Breitenau wird das Wild abgeschossen. Die Losensteiner Nagelschmiede verprügeln die Jäger.
Am 16. Oktober 1848 schiffen sich 140 Nationalgardisten aus Urfahr und Linz unter dem Kommando ihres Hauptmannes Franz Nißl von Urfahr nach Wien ein. Sie werden im Endkampf um Wien am Belvedereplatz eingesetzt, mehrere, so auch Hauptmann Nißl, fallen im Kampf.

Im Salzkammergut

Die revolutionäre Bewegung erreicht auch die abgelegensten Gebirgsorte. Die Hallstätter Bergarbeiter verlangen den Wiedergenuss des ihnen entzogenen Proviantbezuges, billigeren Stockzins für das ihnen im Wald angewiesene Brennholz und uneingeschränktes Streubezugsrecht. In Ischl erzwingen die Arbeiter die sofortige Herabsetzung des Mehl- und Grießpreises, in Ebensee hagelt es Drohbriefe.
Für das Salzoberamt bringt das Jahr 1848 entscheidende Veränderungen: Es hört auf, die politische, gerichtliche und steueramtliche Obrigkeit im Kammergut zu sein und bleibt auf die Leitung des Salzwesens und der Forstwirtschaft beschränkt.
Im September 1848 werden aufgehoben:
1. Das Untertänigkeits- und schutzobrigkeitliche Verhältnis,
2. alle Unterschiede zwischen Herrschafts- und bäuerlichem Grundbesitz und
3. alle aus dem Untertänigkeitsverhältnis entsprungenen, dem untertänigen Grunde anhaftenden Lasten, Giebigkeiten und Dienstleistungen.

An der Aurachbrücke bei Gmunden kann sich im Herbst 1848 der Bauernbefreier Hans Kudlich (1823–1917) der Verhaftung entziehen. Auf einem Zettel, der dieser „gemalten Scene" beigegeben ist, steht, dass sich Kudlich in einer Wirtsmühle versteckt hielt, von wo ihm die Flucht nach Salzburg gelang.

„Die Demokratie ist meine Religion"

Einer der maßgeblichen und radikalsten Männer des Jahres 1848 ist in Oberösterreich der Bürgermeister von Neumarkt am Hausruck, der Brauer Anton Wurmb (1811–1866). Er flüchtet in die Schweiz, wandert dann nach seiner Rückkehr 1849 in den Kerker. 1862 wird ihm das Recht abgesprochen, in den Landtag gewählt zu werden, 1866 wirft er sich vor einen Zug. Wegen des Selbstmords, aber auch wegen seiner Äußerungen im Landtag („Die Demokratie ist meine Religion") wird ihm ein kirchliches Begräbnis verweigert.

Der Untertan wird Staatsbürger

„Als im Jahre 1848 die Revolution ausbrach, da geschah dies im Lande ob der Enns in bescheidenen Formen, und das böse Wort von dem pustenden Spießbürger, der sich mit Schärpen und Dolchen behängt und seine Stammtischbegeisterung auf die Straße trägt, galt in vieler Hinsicht auch für unser Land. Im Landtag von 1848 gab es in Oberösterreich neben den Vertretern der alten Landstände auch bereits gewählte Abgeordnete. Wenn die Revolution im ganzen scheiterte, so gehen doch die moderne Verwaltung des Landes, die Abschaffung der Grundherrschaften, die Einrichtung der Bezirkshauptmannschaften und der politischen Ortsgemeinden sowie die staatliche Gerichtsorganisation auf die Revolutionszeit zurück. Auch das Repräsentativsystem im Landtag, der erstmals im Jahre 1861 als ein gewählter Landtag zusammentrat, hat seine Wurzel im Jahre 1848. Aus dem Untertan war der Staatsbürger geworden.
In der Folge der Revolution von 1848 erwuchs das moderne politische Leben, es entstanden in der zweiten Jahrhunderthälfte die politischen Parteien zunächst als Vereine – der Liberal-politische Verein und der Katholische Volksverein von Oberösterreich. Und während der in Linz wirkende Adalbert Stifter hier seine Werke schuf und Anton Bruckner seine Symphonien schrieb, begann im Lande Oberösterreich ein leidenschaftlicher politischer Kampf zwischen einer mächtigen bürgerlich-liberalen Bewegung und den katholisch-konservativen Kräften. Der Linzer Bischof Franz Josef Rudigier ist die bedeutendste Erscheinung dieser klassischen Zeit des jungen oberösterreichischen Parlamentarismus."

Der oberösterreichische Historiker Hans Sturmberger (1914–1999) über das Jahr 1848 in Oberösterreich und die Folgen der Revolution. In „Land ob der Enns und Österreich", 1979.

Linz ist festlich geschmückt, als Kaiser Franz Joseph seine Braut Elisabeth begrüßt.

Bismarck über die Oberösterreicherinnen

„… daß wie in Linz und Gmunden alle Mädchen bildhübsch sind."

Otto von Bismarck (1815–1898) in einem Brief an seine Frau, Norderney, 27. August 1853.

Kalender

1851

13.1. Die „Kammer für Handel und Gewerbe des Erzherzogthums Österreich ob der Enns" hält ihre konstituierende Sitzung ab.

10.2. In Linz findet die erste Schwurgerichtsverhandlung statt.

16.2. Beschluss über die Gründung einer Linzer Feuerwehr. Im neoabsolutistischen Staat waren Vereine jedoch verdächtig, sodass es erst im Zuge der Liberalisierung → 1866 zu einer Wiedergründung kam.

20.2. Die Jesuiten ziehen wieder in ihr Kolleg auf dem Linzer Freinberg.

17.4. Gründungsversammlung des Oberösterreichischen Kunstvereins.

19.4. Friedrich Simony (→ S. 218) wird Professor der physikalischen Geographie an der Universität Wien.

21.6. In einem Staatsvertrag mit Bayern verpflichtet sich Österreich zum Bau einer Eisenbahn von Wien über Linz nach Salzburg. (Aufnahme des Verkehrs am 15. Dezember 1858.)

5.8. Das „Gmundner Wochenblatt" erscheint.

3.12. Eröffnung der k. k. Oberrealschule in Linz.

1852

31.3. Konstituierung des Linzer Katholischen Gesellenvereins.

18.5. Adolf Kolping (1813–1865), Begründer der Gesellenvereine, erstmals in Linz.

In Ischl stirbt 1854 im Alter von 38 Jahren der Landschaftsmaler Wilhelm Steinfeld, der wie sein Vater Franz Steinfeld mit Vorliebe im Salzkammergut seine Motive suchte.

13.9. Adalbert Stifter hält einen Vortrag „über den geschnitzten Altar in der Kirche zu Kefermarkt". → S. 96, 236

Gründung der Lambacher Flachsspinnerei in Stadl-Paura, Ansiedlung von Facharbeitern aus Böhmen.

1853

5.6. In der Wiener Augustinerkirche wird Franz Joseph Rudigier (1811–1884, → S. 250) zum Bischof von Linz geweiht.

19.8. In Ischl verlobt sich Kaiser Franz Joseph I. mit Elisabeth, Herzogin in Bayern. → S. 232

2./3.9. Kaiser Franz Joseph in Linz.

18.10. Der bayerische König Maximilian II. (1811 bis 1864) erteilt die Ermächtigung für eine „Privat-Aktiengesellschaft zur Begründung und zum Betriebe einer Dampfschifffahrt auf dem Inn und der Donau".

18.10. Eröffnung des Braunauer Theaters.

Baubeginn der Dragonerkaserne in Wels, bis ins 20. Jahrhundert der größte Baukomplex der Stadt.

1854

25./26.2. Der Turm der Pfarrkirche in Ried im Innkreis wird vom Blitz getroffen und brennt ab.

21.4. Kaiser Franz Joseph begrüßt in Linz seine aus Bayern kommende Braut, überraschend und außerhalb des Protokolls. (Hochzeit in Wien am 24. 4. 1854.)

29.5. Beginn der Wirksamkeit der politischen Landesbehörden.

1.6. Eröffnung des bischöflichen Lehrerseminars in Linz. (1875 aufgelassen, 1904 wieder eröffnet.)

18.7. Eine Dampflokomotive fährt auf der Pferdebahntrasse von Linz nach Budweis. Die erste Fahrt ist auch die letzte, weil sich die Strecke für den Dampfbetrieb nicht eignet.

4.9. Der Dampfer „Vorwärts" macht eine Probefahrt auf dem Inn. Die Fahrt von Passau bis Braunau dauert 8 Stunden und 42 Minuten.

Die 1849 errichteten zwölf Bezirkshauptmannschaften werden durch Bezirksämter ersetzt, die den Kreisämtern untergeordnet sind. (Bis 1868.)

1855

1.1. In Steyr erscheint die erste Nummer der Zeitung „Der Alpen-Bote". (Eingestellt 1915.)

25.1. Anton Bruckner legt an der k. k. Normal-Hauptschule in Linz die Abschlussprüfung ab.

1.3. Aufnahme des Dampfbetriebes auf der Bahnstrecke zwischen Linz und Lambach.

30.3. Gründung des Linzer Diözesanblattes.

1.5. Bischof Rudigier verkündet seinen Entschluss, eine neue Domkirche zu bauen.

25.6. Cholera-Epidemie in Linz (bis 14.10.)

18.8. Unterzeichnung des Konkordats zwischen Österreich und dem Heiligen Stuhl, um das nach den Kirchengesetzen von 1868 vor allem in Oberösterreich ein heißer Kampf entbrennen sollte. Wortführer in diesem Kampf mit dem Liberalismus wird der Linzer Diözesanbischof Franz Joseph Rudigier. → S. 250

19.9. In Gegenwart von Kaiser Franz Joseph I. und Kaiserin Elisabeth werden auf dem Hallstätter Salzberg zwei prähistorische Gräber geöffnet.

3.11. In Wels erscheint der „Welser Anzeiger" (ab 1861 das bedeutendste liberale Wochenblatt Oberösterreichs, eingestellt im April 1939).

13.11. Anton Bruckner wird provisorischer Dom- und Stadtpfarrorganist.

24.12. Anton Bruckner zieht im Mesnerstöckl am Linzer Pfarrplatz ein.

Geburtstage

1851

Josef Zaunegger. Christlichsozialer Politiker. Geboren 26. 1. 1851 in Vorchdorf. (Gestorben 28. 3. 1923 in Grieskirchen.) → 1923

Anton Weiguny. Sozialdemokratischer Politiker. Geboren 29. 3. 1851 in Urfahr. (Gestorben 14. 12. 1914 in Linz.) → 1914

Anton Matosch. Mundartdichter. Geboren 10. 6. 1851 in Linz. (Gestorben 10. 5. 1918 in Wien.) → S. 295

Matthäus Bauchinger. Pionier des landwirtschaftlichen Genossenschaftswesens. Geboren 3. 9. 1851 in Frankenburg. (Gestorben 9. 4. 1934 in Pöchlarn.)

Ferdinand Krackowizer. Heimatforscher. Geboren 11. 12. 1851 in Gmunden. (Gestorben 29. 6. 1929 in Gmunden.)

1852

Joseph Ignatius Sattler. Bildhauer. Geboren 1. 2. 1852 in Linz. (Gestorben 12. 2. 1927 in Linz.) → 1927

Rudolf Poeschl. Industrieller und liberalnationaler Politiker. Geboren 5. 5. 1852 in Rohrbach. (Gestorben 1. 4. 1940 in Rohrbach.)

Karl Reininger. Handelskammerpräsident (1905 bis 1911). Geboren 15. 7. 1852 in Linz. (Gestorben 29. 7. 1911 in Karlsbad.) → 1911

Alois Ebner. Schriftsteller. Geboren 25. 9. 1852 in Taufkirchen an der Pram. (Gestorben 25. 11. 1900 in Taufkirchen.)

Erzherzog Johann Nepomuk Salvator. Geboren 25. 11. 1852 in Florenz. (Verschollen 1890 bei der Überfahrt nach Südamerika.) Nach dem Bruch mit dem Kaiserhaus nimmt er den Namen Johann Orth an. → S. 261

1853

Alois Höfler. Psychologe. Geboren 6. 4. 1853 in Kirchdorf an der Krems. (Gestorben 26. 2. 1922 in Wien.)

Carl Rabl. Anatom und Histologe. Geboren 2. 5. 1853 in Wels. (Gestorben 24. 12. 1917 in Leipzig.)

Franz Wickhoff. Kunsthistoriker. Geboren 9. 5. 1853 in Steyr. (Gestorben 6. 4. 1909 in Venedig.)

Albert Ritzberger. Genre- und Porträtmaler. Geboren 20. 5. 1853 in Pfaffstätt bei Mattighofen. (Gestorben 8. 11. 1915 in Linz.)

Leopold Schleiß. Keramiker. Geboren 12. 9. 1853 in Gmunden. (Gestorben 19. 2. 1910 in Gmunden.) Gründer der Gmundner Tonwarenfabrik Schleiß (1903).

Hans Commenda. Heimatforscher. Geboren 23. 12. 1853 in Linz. (Gestorben 20. 4. 1939 in Linz.)

1854

Josef Medelsky (Pseudonym Werkmann). Tisch-

Schulrat Stifter

„Da beide Lehrer den Ausruf des Direktors ‚Himmelssakrament' (obwohl als zu verschiedenen Zeiten gebraucht) angeben, da derselbe Ausruf bei einer anderen Gelegenheit (Tintenkleks) auch bezeugt wird, so scheint es doch troz der Abläugnung des Direktors, daß dieser Ausruf seinem Munde nicht fremd sein dürfte."

Adalbert Stifter, k. k. Schulrath u. Inspector der Volks- und Realschule. Linz, 21. Juli 1854.

Hebbel in Gmunden

„Es gefällt mir hier so wohl, daß ich mich gestern hier angekauft habe."

Friedrich Hebbel (1813–1863) in einem Brief vom 9. August 1855 aus Gmunden. (Der Dichter bewohnte das Haus jeden Sommer.)

Postkarte mit dem Hebbelhaus in Gmunden.

ler, Bühnenschriftsteller. Geboren 22. 1. 1854 in Wien. (Gestorben 19. 2. 1924 in der Landesirrenanstalt Linz-Niedernhart.) Er lebte in Weyer.

Artur Graf von Bylandt-Rheidt. Statthalter von Oberösterreich (1902–1904). Geboren 3. 2. 1854 in Prag. (Gestorben 6. 7. 1915 in Baden bei Wien.)

Gilbert Schartner. Abt von Schlägl (1922–1925). Geboren 1. 4. 1854 in Gallneukirchen. (Gestorben 10. 1. 1925 in Schlägl.)

Eduard Kyrle. Liberaler Politiker. Geboren 22. 4. 1854 in Schärding. (Gestorben 28. 1. 1922 in Schärding.) Landtags- und Reichstagsabgeordneter.

Hugo von Preen. Maler und Heimatforscher. Geboren 25. 5. 1854 in Osternberg, Braunau. (Gestorben 24. 2. 1941 in Braunau.) → 1941

1855

Konrad Ungnad Graf von Weißenwolff. Freiherr von Sonnegg und Ennsegg. Oberst-Erblandhofmeister. Geboren 14. 1. 1855 in Dubiecko, heute Polen. (Gestorben 24. 10. 1912 in Steyregg.) Präsident des Oberösterreichischen Kunstvereines.

Alfred Ebenhoch. Christlichsozialer Politiker, Landeshauptmann von Oberösterreich (1898 bis 1907). Geboren 18. 5. 1855 in Bregenz. (Gestorben 30. 1. 1912 in Wien.) → 1898

Karl Teutschmann. Dichter und Philosoph. Geboren 1. 11. 1855 in St. Florian bei Linz. (Gestorben 10. 8. 1928 in Linz.)

Max Dümler. Lehrer, Bergpionier. Geboren 29. 11. 1855 in Kremsmünster. (Gestorben 8. 5. 1896 in Windischgarsten.) Erbauer der Dümlerhütte (Warscheneck). → 1894

Über Antrag der k. k. Central-Commission zur Erforschung und Erhaltung der Baudenkmale im Oesterreichischen Kaiserstaate, berufe ich den

Herrn k. k. Schulrath, Ritter des k. k. österreichischen Franz Josef-Ordens, etc.

Adalbert Stifter

zum Ehrenamte eines Conservators für das Kronland Ober Oesterreich mit dem in meinem Erlasse vom 24. Juni 1853, 1250 H. M. festgestellten Wirkungskreise. Wien am 30ten Juni 1854.

Sr. k. k. apostolischen Majestät Minister für Handel, Gewerbe und öffentliche Bauten.

Mit Erlass vom 24. Juni 1853 wird Adalbert Stifter zum Konservator der Zentralkommission zur Erforschung und Erhaltung der Denkmäler ernannt.

Stifters Arbeiten

1851. „Der Pförtner im Herrenhause" (später „Turmalin").

1853. Die „Bunten Steine" mit Stifters programmatischer Vorrede über „Großes und Kleines" („Sanftes Gesetz"). → S. 237

1854. Das „Lesebuch zur Förderung humaner Bildung" wird abgelehnt.

Todestage

1851

Friedrich Immanuel Eurich. Buchhändler und Buchdrucker. Gestorben 10. 6. 1851 in Linz. (Geboren 15. 1. 1772 in Stuttgart.)

1852

Gregorius Thomas Ziegler. Bischof von Linz (1827–1852). Gestorben 15. 4. 1852 in Linz. (Geboren 7. 3. 1770 in Kirchheim.) → 1827

Georg Riezlmayr. Zeichner und Lithograph. Gestorben 22. 9. 1852 in Kremsmünster. (Geboren 1784 in Weißkirchen.) Zeichenlehrer Adalbert Stifters.

1853

Johann Nepomuk Schödlberger. Genre- und Landschaftsmaler, Radierer. Gestorben 26. 1. 1853 in Wien. (Geboren 22. 5. 1779 in Wien.) 1821: Gemälde des Traunfalls.

Placidus Anton Hall. Ordenspriester, Lehrer Adalbert Stifters. Gestorben 2. 5. 1853 in Pfarrkirchen bei Bad Hall. (Geboren 13. 1. 1774 in Kaplitz.)

Gottfried Wasinger. Schullehrer in Helfenberg, Musiker und Komponist, Zeichner und Lithograph. Gestorben 3. 8. 1853 in Helfenberg. (Geboren 8. 4. 1796 in St. Stefan am Walde.) Mehrere Ortsansichten aus dem Mühlviertel.

Franz Anton Stecher. Jesuit, Maler. Gestorben in geistiger Umnachtung 19. 8. 1853 in Innsbruck. (Geboren 16. 8. 1814 in Nauders.) 1839–1843 im Kollegium am Freinberg. Einer der letzten Vertreter der nazarenischen Malerei in Österreich.

1854

Michael Arneth. Propst von St. Florian (1823 bis 1854). Gestorben 24. 3. 1854 in St. Florian. (Geboren 9. 1. 1771 in Leopoldschlag.) Direktor der oberösterreichischen Gymnasialstudien, Förderer Anton Bruckners.

Anton Mayer. Gründer der Linzer Musikschule. Gestorben 27. 8. 1854 in Linz. (Geboren 21. 6. 1780 in Dobesch, Böhmen.) → S. 207

Wilhelm Steinfeld. Landschaftsmaler. Gestorben 8. 9. 1854 in Ischl. (Geboren 16. 4. 1816 in Wien.) → S. 230

1855

Johann Ungnad Graf von Weißenwolff. Oberst-Erblandhofmeister. Gestorben 27. 4. 1855 in Linz. (Geboren 11. 5. 1779 in Wien.) Erster Vorstand des Museums Francisco Carolinum in Linz, Präsident des Oberösterreichischen Kunstvereines.

Josef Lobmeyr. Glaskünstler. Gestorben 8. 5. 1855 in Wien. (Geboren 17. 3. 1792 in Grieskirchen.) Vorfahre der Wiener Glasmanufaktur Lobmeyr.

Josef Bischoff. Der am längsten amtierende Bürgermeister von Linz (1821–1848) und der letzte beamtete (geprüfte) Bürgermeister. Gestorben 25. 8. 1855 in Linz. (Geboren 21. 8. 1777 in Kremsmünster.)

Ankunft der Kaiserbraut in Linz. Lithographie von Josef Edlbacher. 1854.

Evangelischer Turm

26. Juni 1852. Die erste evangelische Kirche in der gesamten Monarchie mit einem Kirchturm wird in Wels eingeweiht. (Christuskirche im neugotischen Stil, Architekt: Karl von Haseloff.)

„Schwammaklopfer"

In den fünfziger Jahren beginnt vor allem in Leonfelden und Sandl der Aufschwung eines im Zeitalter des Zündholzes und Feuerzeugs gänzlich unbekannten Wirtschaftszweiges: der Feuerschwammfabrikation, „Schwammaklopfer" genannt. In den sechziger und siebziger Jahren liefert allein der Familienbetrieb Georg Wasmer in Leonfelden jährlich rund 3000 Feuerschwämme, die aus dem Buchenschwamm, einem auf Stämmen und Ästen der Buchen ohne Strunk breit aufsitzenden Schwamm, erzeugt werden. Meist sind es Familienmitglieder, die diese Arbeit verrichten.

Kaiserliche Cottage in Ischl, „Marmorschlößl" genannt, oberhalb der Ischler Kaiservilla. Heute Photomuseum.

Franz Josephs Mutter auf der Suche nach einer Kaiserin

Die Monarchie hatte einen jungen Kaiser. Wo gab es eine passende Kaiserin? Die Erzherzogin Sophie hatte ihren Sohn auf den Thron gehievt, sie und niemand anderer sollte auch bestimmen, wer Kaiserin werden sollte. Soviel war sicher. Wo aber fand sich die richtige Frau für den österreichischen Kaiserthron?

Die Kaisermutter verbrachte deshalb wohl schlaflose Nächte. Bei ihrer Schwester Elisabeth, der Königin von Preußen, war sie abgeblitzt. Sophie hatte an die Nichte des kinderlosen Königspaares gedacht, doch die Aussicht, eine Kaiserin in der Familie zu haben, hatte die Preußen nicht beeindruckt. Sophie hatte vergessen, dass man an der Spree auf die Habsburger nicht gut zu sprechen war, außerdem wäre ein Religionswechsel, wie man ihn zur Bedingung gemacht hatte, nicht in Frage gekommen.

Gut katholisch waren dagegen die Wittelsbacher, Sophies Familie in Bayern. Ihre um drei Jahre jüngere Schwester Ludovika, im Familienkreis Luise genannt, und Herzog Max in Bayern hatten eine Tochter im heiratsfähigen Alter, die 19-jährige Helene („Nené"). Dass Geschwisterkinder nach kanonischem Recht nicht heiraten durften, störte in diesen Kreisen nicht. Der Papst werde schon eine Dispens erteilen, dachte man. Er tat es ja auch, als dann nicht Helene, sondern deren jüngere Schwester den Kaiserthron bestieg: Elisabeth, Herzogin in Bayern, allgemein „Sisi" genannt. In der falschen Schreibweise „Sissy" hat Elisabeth vor allem durch eine international erfolgreiche Filmreihe posthum Weltruhm erlangt.

Die Kaiservilla *In Ischl, im Lieblingsort von Franz Joseph und seiner Mutter, sah sich die Erzherzogin Sophie 1853 um ein passendes Hochzeitsgeschenk um. Sie kaufte von einem Ischler Salinenarzt jenes biedermeierliche Landhaus, das ein Wiener Notar am Fuße des Jainzen erbaut hatte, sie ließ es großzügig umbauen und mit zwei Flügelbauten erweitern, damit es die Form eines „E" (Elisabeth) erhalte. In den kommenden Jahrzehnten wurde die Kaiservilla zum Treffpunkt der großen Welt, zum Wahrzeichen der Kurstadt Bad Ischl und schließlich zum Pflichtprogramm aller Besucher.*

Die Mutter Sr. Majestät, die Allergnädigste Erzherzogin Sophie, begibt sich auf Brautschau.

Sisi wurde von ihrer Mutter nur aus Anstandsgründen nach Ischl mitgenommen, als Begleiterin für Helene. Am 16. August 1853 erschien Sophies bayerische Verwandtschaft in Ischl. Hier, so der deutsche Historiker Franz Herre, sollte die Verlobung zustande kommen, „in einer romantischen Umgebung, von der Franz Joseph, den man bisher nicht gefragt hatte, noch immer weich und mild gestimmt worden war. Und im richtigen Zeitpunkt, zum 23. Geburtstag des Kaisers, an dem er es gewohnt war, sich von seiner Mutter beschenken zu lassen".

So kamen sie: Ludovika, die erwartungsvolle Mutter. Nené, verlegen und hölzern, und Sisi, unbeteiligt und darum unbekümmert, „eher nach dem extravaganten Vater als der hausbackenen Mutter geraten, dem Hallodri Max, der nichts als Reisen, Gelage, Zitherspielen, Verseschmieden, Jagen, Pferde und Seitensprünge im Sinne hatte".

Franz Joseph, darüber sind sich auch die unromantischen Historiker einig, hatte sich verliebt: An seiner Geburtstagstafel, am 18. August 1853, saß bereits Sisi neben ihm, und nicht Nené. Anschließend ging der Kaiser zur Mama, sie solle doch bittschön die Tante Luise fragen, ob nicht die Sisi seine Frau werden könnte statt der Nené. Mama sagte ja, die Tante sagte ja, schließlich sagte auch Sisi ja.

Vom Siriuskogel verkündeten kurz darauf

Da 24. April 1854

Aber er heirat't nöt,
wia dö moast'n dö Herr'n,
denn so viel, als ma woaß,
hat er s' sakarisch gern.
Und sie iehm, die Prinzössing,
is in Boarn dahoam,
is von Münicha eina
a seinige Moahm.

Rudolf Jungmair (1813–1875): „Da 24. April 1854", in: „Dichtungen in ob der Enns'scher Volksmundart", Linz 1893.

Huldigung für Elisabeth

21. April 1854. Prinzessin Elisabeth verlässt mit dem Dampfschiff ihre bayerische Heimat, um die Gemahlin Franz Josephs I. und österreichische Kaiserin zu werden. In Linz betritt sie an diesem Tag den Boden ihrer neuen Heimat. Eine 26 Mitglieder umfassende Abordnung der oberösterreichischen Stände eilt ihr bis Passau entgegen, um der künftigen Kaiserin und Landesfürstin die erste Huldigung zu erbringen. Am Abend findet ein Théâtre paré mit dem Festspiel „Die Rosen der Elisabeth" statt. Im Linzer Landhaus übernachtet die Kaiserbraut vor ihrer Weiterfahrt nach Wien.

Kaiser Franz Joseph in Feldmarschalluniform. Photographie 1863.

Kaiserin Elisabeth von Österreich. Photographie, Um 1855/60.

die mit einem Brautkranz geschmückten Leuchtbuchstaben „FJ" und „E" die Verlobung von Kaiser Franz Joseph mit Elisabeth, Herzogin in Bayern.
Noch in Ischl ging die Mutter des Monarchen daran, aus Sisi eine Kaiserin zu formen. Mit dem familiären „Du" müsse es aus sein, die Hofetikette verbiete das im Umgang zwischen Kaiserin und Kaisermutter, es gehöre sich auch nicht für eine angehende Kaiserin, dass sie so viel reite. Schließlich musste der bayerische Prinzessin erst beigebracht werden, sich die Zähne zu putzen. Sie rieche nicht gut und sie habe gelbe Zähne, fand die Schwiegermutter in spe.

Rudolf Lehr

Das Kaiserpaar aus Wiener Biskuitporzellan: Franz Joseph als Jäger und die Kaiserin in Ischler Tracht aus dem Hochzeitsjahr 1854, im Hochzeitsjahr promenierend, 1855 mit der neugeborenen Erzherzogin Sophie.

Liebe Mama!

Ischl, 20. Oktober 1858

Liebe Mama, soeben von der Jagd zurückgekehrt, auf welcher wir gestern 21 Gemsen und heute 1 Hirsch und 38 Gemsen erlegten, frage ich mich an, ob wir heute abend zum Tee zu Ihnen kommen können. Wollten Sie, liebe Mama, im Bejahungsfalle vielleicht auch Albert und den Herzog von Nassau** einladen?*

Ihre Hände küssend

Ihr treuer Sohn Franz

* Albert von Sachsen Teschen (1828–1902)
** Adolf von Nassau (1839–1866)

Allerhöchste Entschließung

„Seine k. k. apostolische Majestät haben mit Allerhöchster Entschließung vom 20. November 1857 den Markt Ried im Innkreise zu einer Stadt zu erheben geruht.“

Amtliche Kundmachung, Ried, 6. 12. 1857.

Kalender

1856

25.1. Anton Bruckner wird als Organist im (alten) Dom und in der Stadtpfarrkirche angestellt. (Bis → 1868)

6.3. Für den Bau einer Eisenbahn von Wien über Linz nach Salzburg und an die bayerische Grenze bis Passau wird die Konzession erteilt. (Aufnahme des Verkehrs Linz–Wien am 15. Dezember 1858.)

26.4. Gründung der Wolfsegg-Traunthaler Kohlenwerks- und Eisenbahn-Gesellschaft.

1.6. Aufnahme des Dampfbetriebs auf der Bahnstrecke Lambach–Gmunden.

14.9. Eröffnung der Giselawarte auf dem Lichtenberg bei Linz, im Volksmund „Gis“.

6.11. Uraufführung des Stückes „Die Ehre des Regiments“ von Franz Stelzhamer im Linzer Landestheater.

1857

18.3. Die Stadt Linz schließt mit der Gasgesellschaft in Triest einen Vertrag über die Errichtung eines Gaswerks in Linz ab.

4.4. Ende der Direktion Ida Schuselka-Brüning (1817–1903) am Landschaftlichen Theater in Linz (seit 1855).

18.4. Die Sparkasse Linz erwirbt das Haus Promenade 11.

6.5. In Neuhofen an der Krems werden 45 Häuser ein Raub der Flammen.

20.11. Ried im Innkreis wird als größter Markt Österreichs zur Stadt erhoben. →

Adalbert Stifters Roman „Der Nachsommer“ erscheint. → S. 238

1858

17.3. Inbetriebnahme der Linzer Gasbeleuchtung.

20.5. In Linz wird der Volksgartensalon eröffnet. (1944 wurde das Gebäude von Bomben getroffen, 1954 abgetragen.)

23.7. Im „Stoderbuch“ ist eine „erste Besteigung der Spitzmauer“ von Karl Stoitzner vermerkt.

28.7. Spapellauf des Traunseedampfers „Elisabeth“ in Ort bei Gmunden.

576 Donau-Dampfschiffe mit 424 angehängten Schleppern durchfahren in diesem Jahr den Greiner Strudel talwärts, 574 mit 436 Schleppern sind es bergwärts.

In Linz wird erstmals ein Volksfest abgehalten.

1859

1.1. Auf der „Kaiserin-Elisabeth-Bahn“ (Westbahn) wird der Frachtentransport aufgenommen.

25.4. Oberhalb von Mauthausen wird die Leiche von Adalbert Stifters Ziehtochter Juliane gefunden. → S. 239

1.6. Anton Bruckner erhält in Linz das Heimatrecht.

21.6. Wilhelm Raabe (1831–1910) erwähnt in seinem Tagebuch die „in Salz eingewachsenen Werkzeuge, Hauben, Ledertaschen“. In seiner Novelle „Keltische Knochen“ (→ 1864) behandelt er humorvoll den Gelehrtenstreit um das Hallstätter Gräberfeld.

27.6. Übersiedlung der Linzer Sparkasse von der Spittelwiese auf die Promenade.

2.7. Ein Blitzschlag auf dem Sonnstein löst einen Großbrand aus, der acht Tage wütet.

1.9. Die ehemalige Pferdeeisenbahn stellt ihren Betrieb zwischen Linz und Lambach ein.

13.9. Johann Georg Ramsauer (Entdecker des Hallstätter Gräberfelds, → S. 224) heiratet in dritter Ehe im Alter von 64 Jahren die 30jährige Franziska Josefa Serafina Ludwig.

Oktober. Das Finanzministerium schickt Johann Georg Ramsauer das Manuskript seiner Grabungsprotokolle mit der Bemerkung zurück, dass dem Gesuch um Drucklegung keine Folge gegeben wird.

1860

1.1. Auflösung der Landesregierung Salzburg und Unterordnung des Kronlandes Salzburg unter die Statthalterei Linz. (Bis 15. 5. 1861.)

10.4. In Steyr ziehen Hunderte Eisenarbeiter vor das Rathaus, um gegen die Erhöhung des Bierpreises zu demonstrieren.

12.8. Die Eisenbahnlinie Wien–Salzburg ist durchgehend befahrbar. Ab jetzt ist die Westbahnstrecke bis zur bayerischen Grenze fertig.

7.11. Anton Bruckner wird zum 1. Chormeister des Sängerbunds „Frohsinn“ gewählt.

Vollendung des Klosters der Karmeliterinnen in Linz.

Eröffnung der Staatsbahn-Hauptwerkstätte in Linz.

Geburtstage

1856

Viktor Kerbler. Pionier des landwirtschaftlichen Genossenschaftswesens. Geboren 2. 1. 1856 in Linz. (Gestorben 3. 7. 1947 in Linz.)

Julius Wimmer. Druckereibesitzer. Geboren 9. 3. 1856 in Linz. (Gestorben 8. 9. 1945 in Linz.)

Adolf Fischer. Maler. Geboren 18. 5. 1856 in Linz. (Gestorben 23. 2. 1908 in Linz.) Leiter einer Gmundner Malschule.

Conrad Rosenbauer. Fabrikant, Feuerwehrpionier. Geboren 7. 9. 1856 in Linz. (Gestorben 13. 11. 1909 in Linz.) → 1909

Ludwig Hatschek. Erfinder und Fabrikant. Geboren 9. 10. 1856 in Tyeschetitz. (Gestorben 15. 7. 1914 in Linz.) → 1900

1857

Wilhelm Kienzl. Komponist. Geboren 17. 1. 1857 in Waizenkirchen. (Gestorben 3. 10. 1941 in Wien.) → 1941

Franz Hafferl. Bahnbauer. Geboren 30. 1. 1857 in Wimsbach. (Gestorben 2. 6. 1925 in Bad Ischl.) → 1882, 1925

Josef Pfluger. Weihbischof von Wien (1911 bis 1929), seit 1927 Titular-Erzbischof. Geboren 7. 2. 1857 in Raab. (Gestorben 10. 1. 1929 in Wien.)

Franziska Baernreither. Landschafts- und Porträtmalerin. Geboren 3. 3. 1857 in Linz. (Gestorben 30. 11. 1927 in Linz.)

Georg Eckl. Bahningenieur, deutschnationaler Politiker. Geboren 4. 3. 1857 in Eisendorf, Böhmen. (Gestorben 22. 3. 1934 in Linz.) Vater der Malerin Vilma Eckl (1892–1982).

Julius Wagner-Jauregg. Psychiater. Geboren 7. 3. 1857 in Wels. (Gestorben 27. 9. 1940 in Wien.) → 1940

Richard Hofmann. Zementfabrikant. Geboren 13. 10. 1857 in Linz. (Gestorben 14. 2. 1926 in Linz.) Präsident der Handelskammer (1912 bis 1925).

Leopold Hörmann. Mundartdichter. Geboren 26. 10. 1857 in Urfahr. (Gest. 19. 6. 1927 in Linz.)

Leopold Kern. Priester, Politiker. Geboren 10. 11. 1857 in Aigen. (Gestorben 8. 9. 1903 in Linz.) Reichstagsabgeordneter, Pionier des katholischen Schrifttums.

1858

Alois Riegl. Kunsthistoriker. Geboren 4. 1. 1858 in Linz. (Gestorben 17. 6. 1905 in Wien.)

Anton Vergeiner. Liederkomponist. Geboren 2. 3. 1858 in Freistadt. (Gestorben 31. 7. 1901 in Freistadt.)

Ludwig von Gallois. Direktor der Kleinmünchner Spinnerei. Geboren 25. 4. 1858 in Linz. (Gestorben 25. 2. 1932 in Linz.)

Hermann Hoernes. Flugtechniker. Geboren 31. 7. 1858 in Venedig. (Gestorben 17. 1. 1948 in Linz.) Einer der ersten Ballonfahrer Österreichs.

Adolf Schwayer. Dramatiker. Geboren 12. 8. 1858 in Poysdorf. (Gest. 16. 5. 1922 in Linz.) → 1906

1859

Leopold Breinbauer. Orgelbauer. Geboren 15. 1. 1859 in Ottensheim. (Gestorben 18. 5. 1920 in Ottensheim.)

Julius Titze. Industrieller. Geboren 1. 3. 1859 in Linz. Gestorben 12. 11. 1921 in Linz.) Gründer der Feigenkaffeefabrik Titze.

Rudolf Scharitzer. Mineraloge. Geboren 1. 4. 1859 in Freistadt. (Gestorben 14. 12. 1935 in Freistadt.)

Georg Wieninger. Pionier der bäuerlichen Volksbildung. Geboren 5. 4. 1859 in Schärding. (Gestorben 3. 11. 1925 in Wien.) → 1925, S. 418

August Göllerich. Eine der großen Musikerpersönlichkeiten Oberösterreichs. Geboren 2. 7. 1859 in Wels. (Gest. 16. 3. 1923 in Linz.) → 1923

Hermann Pius Vergeiner. Komponist. Geboren 11. 7. 1859 in Freistadt. (Gestorben 28. 10. 1900 in München.)

Rudolph Hittmair. Bischof von Linz (1909–1915). Geboren 24. 7. 1859 in Mattighofen. (Gestorben 5. 3. 1915 in Linz.) → 1915

Moritz Gallois. Erfinder, Zeugdruck-Chemiker. Geboren 28. 8. 1859 in Linz. (Gestorben 2. 12. 1928 in Frankfurt/Main.)

Leander Czerny. Abt von Kremsmünster (1905 bis 1929). Geboren 4. 10. 1859 in Mödritz. (Gestorben 22. 11. 1944 in Pettenbach.)

Michael Freiherr von Kast. Konservativer Politiker, Landeshauptmann von Oberösterreich (1897 bis 1898). Geboren 15. 10. 1859 in Schloss Nedelischt bei Königgrätz. (Gestorben 29. 7. 1932 in Ebelsberg.)

Alfred Cavar. Direktor des Linzer Landestheaters (1897–1903). Geboren 2. 12. 1859 in Wien. (Ge-

D' Muettersprach

Mit Leuten, dö gspreizt san
und dö i nöt kenn,
röd i herrisch, damit i
ma 's Mäul nöt verbrenn.
Aber d' Leut, dö ma gfalln,
Röd i an mit der Sprach,
dö ma kimmt, wann i 's Herz
für mei Hoamat aufmach.

Karl Adam Kaltenbrunner (1804–1867), in „Oesterreichische Feldlerchen", 1857.

Nestroy in Steyr

„Ein Tausendkünstler hat einmal anonciert, daß er am Schluß der Produktion in eine Champagnerbouteille kriechen wird; glaubwürdige Augenzeugen versichern, daß er nicht hineingekrochen, sondern unmittelbar vor dem Kunststück abpascht ist; wenn er aber wirklich hineingekrochen wäre in die Bouteille, dann hätt' er drin ungefähr das Gefühl gehabt, was ich hier in Steyr habe."

Johann Nestroy (1801–1862) in „Umsonst", 1857.

Der 36-jährige Schüler Anton Bruckner

„Ich fühle mich gedrungen, Ihnen zu sagen, daß ich noch gar keinen fleißigeren Schüler hatte als Sie."

Simon Sechter (1788–1867), Hoforganist, Kapellmeister am Hofoperntheater, Professor am Wiener Konservatorium und bedeutendster Musiktheoretiker Österreichs in diesen Jahren, in einem Brief vom 13. Jänner 1860 an den damals 36-jährigen Anton Bruckner.

storben 15. 9. 1920 in Wien.) Glanzperiode des Linzer Theaters.

1860

Maurice Reinhold Stern. Schriftsteller. Geboren 3. 4. 1860 in Reval. (Gestorben 28. 10. 1938 in Ottensheim.)

Carl Beurle. Deutschnationaler Politiker, Advokat. Geboren 24. 4. 1860 in Großhof, Mähren. (Gestorben 4. 1. 1919 in Linz.)

Erasmus Freiherr von Handel. Christlichsozialer Politiker. Geboren 1. 6. 1860 in Schloss Mirskofen bei Landshut. (Gestorben 6. 6. 1928 in Salzburg.) Statthalter von Oberösterreich 1905 bis 1916, 1917–1918.

Ludwig Linzinger. Bildhauer. Geboren 18. 6. 1860 in München. (Gestorben 14. 2. 1929 in Linz.)

Anton Freiherr von Eiselsberg. Vorkämpfer der Unfallchirurgie. Geboren 31. 7. 1860 in Schloss Steinhaus bei Wels. (Tödlich verunglückt 25. 10. 1939 bei einem Eisenbahnunglück in St. Valentin.) → 1939

August Ontl. Oberst. Geboren 10. 8. 1860 in Split, Dalmatien. (Gestorben 22. 2. 1921 in Linz.) → 1921

Todestage

1856

Johann Theodor Wehrenfennig. Evangelischer Superintendent (1855–1856, seit 1833 in Vertretung). Gestorben 26. 1. 1856 in Goisern. (Geburtsdaten unbekannt.)

Jakob Ernst Koch. Evangelischer Superintendent (1856). Gestorben 16. 10. 1856. (Geboren 1797 in Wallern.)

1857

Ignaz Rode. Taubstummer Zeichner und Lithograph. Gestorben 1. 1. 1857 in Linz. (Geboren 1819 in St. Kanzian in Krain.)

D. Johann Steller. Evangelischer Superintendent (1832–1854, seit 1827 provisorisch). Gestorben 27. 8. 1857 in Thening. (Geboren 16. 7. 1768 in Kirchdrauf an der Zips.)

Ernst Welker. Landschaftsmaler. Gestorben 30. 9. 1857 in Wien. (Geboren 1. 5. 1788 in Gotha.) Zahlreiche Oberösterreich-Motive (Klam bei Grein, Sarmingstein, Hallstatt, Traunsee). → S. 213

Josef Dierzer Ritter von Traunthal. Industrieller und liberaler Politiker. Gestorben 8. 11. 1857 in Linz. (Geboren 15. 2. 1800 in Linz.) Provisorischer Bürgermeister von Linz (1854–1856), seit 1851 erster Präsident der OÖ. Handelskammer.

1858

Magdalena Stifter (Friepeß). Mutter Adalbert Stifters. Gestorben 27. 2. 1858 in Oberplan. (Geboren 26. 6. 1784 in Oberplan.)

Anton Gartner. Mundartdichter, Arzt. Gestorben 27. 5. 1858 in Vöcklabruck. (Geboren 8. 12. 1817 in Pernstein.

Notburga Ramsauer (Baumgartner). Die zweite Frau von Johann Georg Ramsauer (Entdecker des Hallstätter Gräberfelds). Gestorben 14. 11. 1858 in Hallstatt im Alter von 46 Jahren nach der Totgeburt ihres 14. Kindes. → S. 219, 224

Joseph Chmel. Florianer Stiftshistoriker. Gestorben 28. 11. 1858 in Wien. (Geboren 18. 3. 1798 in Olmütz.) Mitglied der österreichischen Akademie der Wissenschaften.

1859

Juliane Mohaupt. Ziehtochter Adalbert Stifters. Freitod am 21. 3. 1859. (Geboren 15. 2. 1841 in Kamenitz bei Peterwardein, Ungarn.) → S. 239

1860

Thomas Mitterndorfer. Abt von Kremsmünster (1840–1860). Gestorben 3. 8. 1860 in Kremsmünster. (Geboren 19. 1. 1793 in Sierning.) → S. 228

Theresia Bruckner (Helm). Mutter Anton Bruckners. Wäscherin und Helferin. Gestorben 11. 11. 1860 in Ebelsberg. (Geboren 6. 4. 1801 in Neuzeug.)

Marianne von Willemer. Goethes „Suleika". Gestorben 6. 12. 1860 in Frankfurt/Main. (Geboren 20. 11. 1784 in Linz.) → S. 202

Linz–Wien in acht Stunden

2. November 1858. Auf der „Kaiserin-Elisabeth-Bahn" (Westbahn) wird die erste Probefahrt bis Linz durchgeführt. An der Ennsbrücke wird bei einem Festakt die letzte Schiene befestigt. „So wie diese Schiene Ober- und Niederösterreich verbindet, so möge auch das Volk dieser herrlichen Länder immerwährend vereint bleiben in Liebe und Treue zu dem angestammten Herrscherhaus", sagt der Verwaltungsratchef, Mathias Constantin Graf Wickenburg.

Die festliche Eröffnung der Bahn findet am 21. November statt, doch weil starker Frost die endgültige Fertigstellung der Bahnanlagen behindert, kann der öffentliche Verkehr erst am 15. Dezember aufgenommen werden. In der ersten Zeit stehen den Reisenden zwischen Linz und Wien in jeder Richtung je ein Personenzug und ein Postzug zur Verfügung. Die Fahrzeit von Linz nach Wien beträgt sieben bis acht Stunden.

Bahnhöfe und Brückenanlagen der Kaiserin-Elisabeth-Bahn (Westbahn). Ansichten aus dem Album zur Eröffnung der Strecke Wien–Salzburg 1860.

Naturdenkmal

Eine Versammlung deutscher Naturforscher und Ärzte in Wien beschließt am 20. September 1856 die Errichtung eines Denkmals für den bedeutendsten Geologen und Paläontologen seiner Zeit, Leopold von Buch, Freiherr von Gelmersdorf-Schöneberg (1774–1853). Man wählte dazu die mehr als vier Meter hohen Granitblöcke in einem Wäldchen im Pechgraben, nahe der Straße von Großraming nach Laussa. Dieses ungewöhnliche erdkundliche Denkmal ist heute durch ein Europa-Prädikat des Naturschutzes geschützt.

Erfinder der Wärmepumpe

In der Saline Ebensee führt in den Jahren 1856/57 der k. k. Sektionsrat Peter Rittinger (1811–1872) Versuche über die „Reproduktion der im Wasserdampf gebundenen Wärme durch Wasserkraft behufs ihrer Verwendung zum Abdampfen der Salzsole" durch. Dabei werden die theoretischen Vorausberechnungen und das Prinzip der heute vielfach angewendeten „Wärmepumpe" bestätigt. Peter Rittinger gilt als Erfinder und erster Anwender der Wärmepumpe für die industrielle Verdampfung.

Hermann Bahr über Stifter

„Um zu verstehen, was wir an ihm haben, müßten wir uns erst auf uns selbst besinnen. Und wenn wir uns aber erst einmal auf uns selbst besännen, dann hätten wir ihn ja gar nicht mehr so dringend not!“

Hermann Bahr (1863–1934):
Tagebuch, 10. 2. 1918.

Packe Deine Sachen ...

Willst Du aber liebenswürdige Menschen finden, so packe Deine Sachen zusammen und ziehe südwärts mit den Schwalben nach Klagenfurt, wo Du um zehn Percent älter werden kannst als anderswo, und wo Du nebenbei ein Publikum liebenwürdiger Weiber findest, welche für Deine „Studien“ schwärmen und sich glücklich fühlen würden, mit Dir verkehren zu können. Außer dem Frauengeschlecht, welchem

Oberösterreich und die Weltliteratur: Adalbert Stifter

Adalbert Stifter gibt nach wie vor Anstöße, er ist ein Dichter, an dem sich die Geister scheiden. Stifters Ambivalenzen geben immer wieder Anlass zur Parteinahme pro und kontra. Unbestritten bleibt, dass dieser Schriftsteller zu den wichtigsten Erscheinungen der österreichischen Literatur- und Kulturgeschichte des 19. Jahrhunderts zählt.

Für Oberösterreich ist Stifter eine integrale Gestalt aufgrund seines vielseitigen kulturellen Engagements. Er wirkt hier nicht nur als Schriftsteller, sondern auch als hervorragender Pionier des geistig-kulturellen Lebens nach 1848: als pädagogisch inspirierter Schulmann, Denkmalpfleger und als kultureller Organisator im Bereich der bildenden Kunst. Er tritt als markante Persönlichkeit des geistigen Lebens in Oberösterreich in Erscheinung, er verkörpert in gewisser Weise den geistigen Horizont Oberösterreichs in seiner Zeit. Die Fundamente von Kultur und Bildung Stifters werden zu einem wesentlichen Teil in Oberösterreich gelegt, sein Wirken als Beamter im pädagogischen Dienst betrifft wiederum Oberösterreich.

Die Dimensionen seiner Welt bestimmten sein Denken und seine Sprache: Diese Welt war in ihrer Weite und Tiefe geprägt von seiner Herkunft aus dem bäuerlichen Kulturraum des Böhmerwaldes, von der geistlichen Bildungssphäre des Benediktinergymnasiums in Kremsmünster, von den Studien der Naturwissenschaften, der Rechts- und Staatswissenschaften an der Universität Wien in der Metternich-Zeit, von der Sphäre der bildenden Kunst und der Geisteswelt der antiken, deutschen und westeuropäischen Literatur und Philosophie, soweit diese unter den Bedingungen der österreichischen Zensur im Vormärz verfügbar war. Unter diesen hier nur grob skizzierten Voraussetzungen entfaltete sich Stifters Weltbild und Kunst. Stifter wurde mit dieser Kunst zu einem der „merkwürdigsten, hintergründigsten, heimlich kühnsten und wunderlich packendsten Erzähler der Weltliteratur“ (Thomas Mann).

Adalbert Stifter im Alter von 58 Jahren. Gemälde von Bartholomäus Székelyi, 1863.

Kindheit, Bildung, Liebe, Ehe

Adalbert Stifter wurde am 23. Oktober 1805 als Sohn einer Leinenweber- und Kleinbauernfamilie in Oberplan in Südböhmen geboren. Er wuchs in dem bescheidenen, bäuerlich-handwerklich geprägten Milieu des Waldlandes auf, seine primären Erfahrungen waren die genau geregelte Lebenswelt der ländlichen Gemeinschaft und die Naturlandschaft des Böhmerwaldes. Der Unfalltod seines Vaters bei einer Handelsfahrt in Oberösterreich bedeutete eine schmerzliche Zäsur für den Zwölfjährigen. Als hochbegabter Schüler kam Adalbert 1818 an das Gymnasium des Benediktinerstiftes Kremsmünster. Unter der Führung ausgezeichneter Lehrer absolvierte Stifter mit besten Erfolgen das Gymnasialstudium. Wie die im Geiste einer milden Aufklärung vermittelte Lehre von Natur und Kultur in Kremsmünster sich in den wachen Schüler einprägte, so formte ihn ebenso das Erlebnis der Kunstwelt des Stiftes und die bäuerliche Kulturlandschaft des oberösterreichischen Alpenvorlandes. Erste Dichtungen und Malereien Stifters stammen aus dieser Zeit. 1826 ging Stifter nach Wien und nahm das Studium der Rechtswissenschaften auf, noch vor seinem Abschluss wechselte er zur Mathematik, Naturwissenschaft und Astronomie über, daneben betätigte er sich autodidaktisch als Maler. Eine ganze Reihe von Landschaftsbildern mit Böhmerwald- und Alpenmotiven, nächtlichen Mondszenerien, Natur- und Wolkenstudien lassen ihn mit ihrem duftigen Realismus als Zeitgenossen der Wiener Biedermeiermalerei erkennen, mit einigen impressionistisch anmutenden Vorstadtszenen weist er über diesen Kreis hinaus. Den Lebensunterhalt verdiente sich Stifter als Hauslehrer bei Bürger- und Adelsfamilien, in den vierziger Jahren unterrichtete er auch einen Sohn Metternichs in Mathematik und Physik.

Zu tragischen Grunderfahrungen wurden seine Liebesbeziehungen: Das vergebliche Werben um Fanny Greipl, die Tochter eines wohlhabenden Leinwandgroßhändlers im heimatlichen Friedberg, wurde für Stifter zu einem Trauma – er flüchtete in die Ehe: 1837 heiratete er die attraktive, aber geistig anspruchslose Wiener Putzmacherin (Hutmacherin) Amalia Mohaupt. Das Ehepaar fristete mit dem mageren Einkommen Stifters als Hauslehrer und freischaffender Künstler ein dürftiges Leben.

Unerwartete Erfolge

Mit der Veröffentlichung der ersten Erzählungen in Zeitschriften und Taschenbüchern, die später in der sechsbändigen Sammlung „Studien“ (1844–1850) erschienen, hatte Stifter unerwarteten Erfolg. Seine Geschichten vom Künstlertum, dem die *ich jedenfalls den Vorzug vor unserem genus gebe – Du findest unter jenen manche Maler- und Musiktalente und noch mehr hübsche Gesichter, so hübsch wie das Land – begegnen Dir hie und da Männer von bedeutender Intelligenz, welche in gesellschaftlicher Beziehung Deinen geistigen Bedarf schon decken können. In allem Ernste gesprochen, meine Aufforderung an Dich, hieher zu kommen, ist nicht bloß ein flüchtiger Gedanke, sie ist aus der lang genährten Überzeugung hervorgegangen, daß Du hier den Boden finden wirst, der Dir bisher mangelte, um etwas wahrhaft Schönes, Ganzes zustande zu bringen. Die einseitige Richtung in Deinen „Studien" hat schon manche gewichtige Widersacher hervorgerufen; einen Vorwurf, den auch ich Deinen Arbeiten machen muß, nämlich den allzu großen Mangel an historischem Stoff, wodurch Du verleitet wirst. Deine herrlichsten Gedankenblüten an Unbedeutendheiten zu vergeuden, wirst Du hier beseitigen können. In Kärnten kannst Du ein Walter Scott werden, in Linz wirst Du Dich selbst vergessen machen.*

Friedrich Simony (1813–1896)
in einem Brief vom 3. Februar 1849 an
Adalbert Stifter (1805–1868).

Liebe geopfert werden muss, wie er sie in „Der Condor" und „Das Heidedorf" schildert, sind transformierte Selbsterfahrungen, sie sprachen das städtische Lesepublikum spontan an, frappierend neu war die Darstellung genau beobachteter Natur. Der Erfolg setzte sich fort mit Erzählungen, die – wie schon „Das Heidedorf" – das ferne Waldland des Böhmerwaldes realistisch vor Augen führen, etwa mit „Der Hochwald", eine Geschichte von Krieg, tragischer Liebe und Zerstörung inmitten einer urtümlichen Naturlandschaft, oder mit der Erzählung „Die Mappe meines Urgroßvaters", in der vom geläuterten Wirken eines Arztes erzählt wird, der zuletzt auch zu seinem Lebensglück findet.
Allesamt sind es Spiegelungen und Projektionen des eigenen Schicksals. Dazu kommen psychologische Problemgeschichten, wie „Brigitta", dann Erzählungen von heiter-komischen oder bitteren Lebensschicksalen von Sonderlingen, wie „Der Waldsteig" und „Der Hagestolz", die in alpine Regionen führen, oder Erzählungen von merkwürdigen tragischen Figuren wie „Abdias".
Mit den „Studien" wurde Stifter berühmt. Zunächst Jean Pauls subjektivistisch-romantischem Stil verpflichtet, hat er immer klarer, in steter Annäherung an Goethe, seine eigentümliche gegenständlich-objektive Sprache entwickelt, die zum unverkennbaren Signum seiner Kunst werden sollte.

Stifter und die Revolution

Die Revolution von 1848, die Stifter als gemäßigter Liberaler zunächst begrüßt hatte, schockierte ihn in ihren extremen Erscheinungen zutiefst – er sah nicht nur das Ideal der ersehnten Freiheit, sondern mit dem Auftreten separatistischer Tendenzen den politischen Bestand der Monarchie bedroht. Im Mai 1848 wich Stifter nach Linz aus, um die Beruhigung der Lage in Wien abzuwarten. Linz wurde schließlich sein endgültiger Wohnsitz und Wirkungsort. Nach vorübergehender Tätigkeit als Mitarbeiter des oberösterreichischen Landeschefs Alois Fischer (1796–1883) und als Redakteur der offiziösen „Linzer Zeitung" wurde er 1850 zum Landesschulinspektor für die Volksschulen in Oberösterreich bestellt. Seine Überzeugung, dass eine von der Mitbestimmung des Volkes begründete Verfassung mündige Bürger voraussetze, Mündigkeit aber nur durch wissensmäßige und sittliche Bildung des Volkes erreichbar sei, bestimmte Stifters pädagogisches und schriftstellerisches Wirken. Stifters Hauptwerken nach 1848 liegt ein betont pädagogisches Programm zugrunde, nach seiner eigenen Auffassung sollten seine Kunstwerke „sittliche Offenbarungen" sein. Ganz in diesem Sinne ist Stifters „sanftes Gesetz" in der Vorrede zu den „Bunten Steinen" zu verstehen, in dem die aufbauenden, gesetzmäßig wirkenden Kräfte der Natur mit den aufbauenden Normen der Sitte in Kongruenz gebracht werden. Das einfache Vollziehen des Lebensgesetzlichen verbürge den Bestand des Einzelnen und der Gesellschaft, ja, insgesamt den Bestand der Völker. Die Erzählungen der Sammlung „Bunte Steine" (1853), die als erbauliche Jugendlektüre gedacht waren, handeln von Kinderschicksalen, von Errettung aus bedrohlichen Situationen, wie in „Granit", „Katzensilber" und „Bergkristall", oder von düsteren Familienverhältnissen, wie in „Turmalin", oder einfach von unbegreiflicher De-

Mit zwölf Jahren kam Stifter an das Stiftsgymnasium Kremsmünster. Dieses Bild malte er um 1823–1825.

Adalbert Stifters Bild „Im Gosautal" (Die Holzmeisteralm mit dem Dachstein), gemalt 1834.

Stifter und die Naturwissenschaften

„Adalbert Stifters Interesse an den Naturwissenschaften und ihren Erkenntnissen war primär ein spekulativ-naturphilosophisches, im Grunde, möchte ich sagen, ein aufklärerisch-theologisches. Er sah in den Naturwissenschaften die dem Menschen gegebene Möglichkeit, die Vernünftigkeit der göttlichen Schöpfung Schritt für Schritt nachzuvollziehen."

Der Stifter-Forscher und Direktor des Adalbert-Stifter-Institutes Johann Lachinger in: Vierteljahresschrift des Adalbert-Stifter-Institutes, 1992, 3/4.

Stifter heute

„Stifters Menschen sind immer gefährdet, nicht nur im Hinblick auf die Natur, der sie unterliegen, sondern auch im Hinblick auf die Gesellschaft, in der sie leben."

Der Regisseur und Autor Kurt Palm, in: „Oberösterreichische Nachrichten", 16. 7. 2003.

mut („Kalkstein"). Erziehung und Bildung sind die Hauptthemen des Romans „Der Nachsommer" (1857). Hier wird der Bildungsweg eines jungen Mannes in der Sphäre vollkommener Harmonie von Mensch, Natur und Kultur, verkörpert im pädagogischen Bezirk des Rosenhauses, exemplarisch dargestellt. Diese dem Utopischen angenäherte ideale Modellwelt stellte Stifter als Antithese den Zuständen der zeitgenössischen Realität gegenüber. Die kritische Beurteilung, ja Ablehnung dieses ästhetisch-ethischen Musterwerkes, u. a. durch Friedrich Hebbel, empfand Stifter als fatales Missverständnis und als Kränkung. Es waren andere Themen und Fragestellungen, die die Zeit bewegten: politische Emanzipation, wirtschaftlicher und technischer Fortschritt, nationale Machtpolitik und die soziale Frage des anbrechenden Industriezeitalters – diese Themen bestimmten seit den Tagen des „Jungen Deutschland" und in der Epoche des Realismus die progressive Literatur der Zeit. Stifter arbeitete dennoch unbeirrt an seinen idealen Konzepten weiter. Im großen epischen Historiengemälde aus dem mittelalterlichen Böhmen, „Witiko" (1865–1867), führt Stifter ein Modell des rechten politischen Handelns an der Gestalt des jungen Adeligen Witiko vor. Im Kampf der politischen Kräfte um die Herrschaft verhilft Witiko einem höheren Recht zum Sieg und begründet dadurch sein eigenes Dominium im Böhmerwald. Stifter gibt mit seiner idealisierten Darstellung Böhmens im Verband des mittelalterlichen Heiligen

Die Totenmaske Adalbert Stifters, abgenommen von Josef Rint (1838–1876).

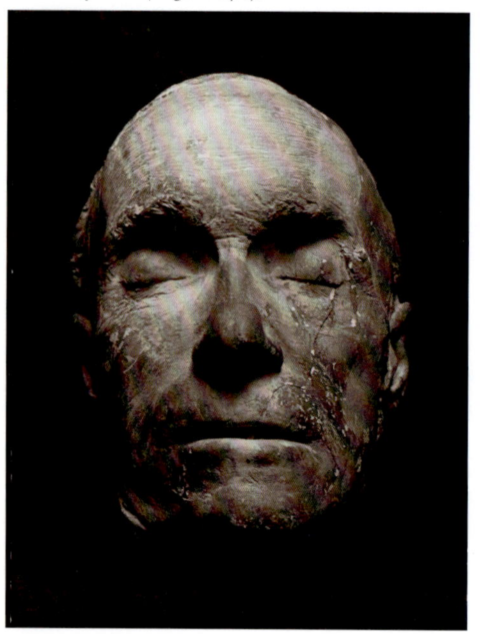

Diese Aufnahme entstand 1868, kurz vor dem Tod Adalbert Stifters.

Römischen Reiches eine Antwort auf die zu seiner Zeit virulente Frage der Stellung Böhmens in der österreichischen Monarchie sowie auf den aufbrechenden Nationalitätenkonflikt in Böhmen.

Mit klarem Bewusstsein hatte Stifter die prekäre historische Entwicklung Österreichs in der zweiten Hälfte des 19. Jahrhunderts verfolgt, mit seiner idealen Kunst postulierte er die unverbrüchliche Gültigkeit der Maßstäbe von Humanität und Legitimität, die Kontinuität und organische Entfaltung garantieren.

Wirken in Oberösterreich

In Oberösterreich engagierte sich Stifter entschieden für den kulturellen Aufbau: Als Landesschulinspektor setzte er sich für die Verbesserung des Schulwesens ein, er bemühte sich um die Hebung des Standards der Lehrer, um die Renovierung desolater Schulgebäude, er war maßgeblich an der Gründung der ersten Realschule in Linz beteiligt. Sein mit Johannes Aprent (1823 bis 1893) zusammengestelltes „Lesebuch zur Förderung humaner Bildung" (1854) wurde jedoch von der Ministerialbürokratie abgelehnt. Im künstlerischen Bereich steht seine Tätigkeit als Landeskonservator obenan – seine Maßnahmen zur Restaurierung des gotischen Flügelalters in Kefermarkt trugen entscheidend zur Rettung dieses erstrangigen Kunstwerkes bei. Renovierungsarbeiten im Geiste der historistischen Neugotik erfolgten unter seiner Leitung an den gotischen Kirchen von Braunau und Steyr. Das Linzer Kulturleben wurde durch die von Stifter initiierte Landesgalerie am Landesmuseum wesentlich bereichert, Ausstellungen auswärtiger zeitgenössischer Maler fanden durch Stifter Förderung, mit seinen ausführlichen Besprechungen in der „Linzer Zeitung" suchte er auch breitere Publikumsschichten anzusprechen.

Die bitteren letzten Jahre

Stifters letzte Lebensjahre waren von Bitterkeit über die mangelnde Resonanz seines künstlerischen Schaffens überschattet, das politische Geschick Österreichs unter der Bedrohung Preußens erschütterte ihn zutiefst. Mehr und mehr hatte er unter psychosomatischen Störungen zu leiden, schließlich ergriff ihn ein unheilbares Leberleiden. Genesungsurlaube im bayerischen Lackenhäuser und in Kirchschlag bei Linz und Kuraufenthalte in Karlsbad brachten nur vorübergehende Besserung. Das chronische Leiden erzwang seine Pensionierung, 1865 trat er als k. k. Hofrat in den Ruhestand. Unermüdlich arbeitete er bis zuletzt, schreibend, zeichnend und malend.

Die „Winterbriefe aus Kirchschlag" (1866) sind ein Dokument seines naturwissenschaftlichen Interesses und seiner pädagogischen Intentionen, die Schilderung der Schneekatastrophe in „Aus dem bairischen Walde" (1868) ein Zeugnis seiner seelischen Labilität. Die Romanfassung der „Mappe" konnte er nicht mehr vollenden. Nach Wochen schwerer Krankheit fügte sich Stifter in der Nacht vom 25. auf 26. Jänner 1868 mit dem Rasiermesser einen Schnitt in den Hals zu. Er starb am 28. Jänner 1868. Sein Grab befindet sich im St.-Barbara-Friedhof in Linz.

Johann Lachinger

Seit 1848, bis zu seinem Tod 1868, lebte Stifter in dem Haus an der Unteren Donaulände in Linz. (Heute Adalbert-Stifter-Platz 1.)

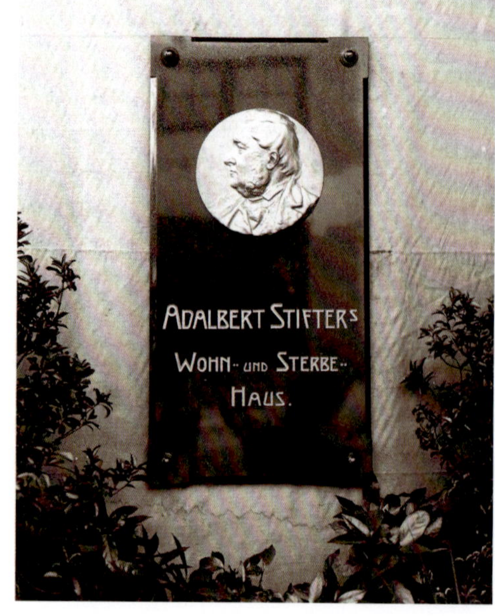

Unzweifelhaft war Stifters Pflegetochter Juliane das Vorbild für zwei Erzählungen, mit denen sich der Dichter seinen Kummer von der Seele schrieb: „Katzensilber" mit dunklem Ausgang und „Waldbrunnen" mit einer Wendung zum Guten. Diese Illustration zu „Waldbrunnen" stammt aus einer Ausgabe, die zu Lebzeiten Stifters erschien. Ein Bild von der unglücklichen Juliane gibt es nicht.

26 Dienstmädchen

Das ehemalige Dienstmädchen bei Stifter, Maria Langfellner, gab einem Stifter-Biographen (Alois Raimund Hein) folgende Auskunft: „Auch die Ziehtochter Juliane habe die Frau wenig liebevoll behandelt, wie denn überhaupt Freundlichkeit, Güte oder gar Herzlichkeit kaum jemals bei ihr wahrzunehmen gewesen wären." Vor Maria Langfellner waren bei Stifter kurz nacheinander elf Dienstmädchen beschäftigt, nach ihr hatten noch weitere 14 Mädchen den wenig begehrten Posten inne.

Die Schicksalsjahre Adalbert Stifters

„Wir konnten das Rätsel nicht entwirren", schreibt Adalbert Stifter an seinen Freund Franz Grillparzer. Den Selbstmord seiner Pflegetochter Juliane kann Stifter nie ganz überwinden. Kaum ein Jahr ist vergangen seit dem Tod seiner Mutter. Und genau in dieser Zeit kommt auch noch von einem der namhaftesten Dichter seiner Zeit, von Friedrich Hebbel, die böseste Kritik für Stifters soeben vollendeten Roman „Der Nachsommer", der heute als eines der großen Werke der Weltliteratur gilt.

Die Sterne verblassen. Allmählich hebt sich die Stadt aus der Dunkelheit. Ängstlich um sich blickend, tritt ein junges Mädchen aus dem Haus an der Donaulände. „Ein blühendes, schönes, lebensfrohes Mädchen", beschreibt Adalbert Stifter seine Pflegetochter Juliane, eine Nichte seiner Frau, in einem Brief an Franz Grillparzer. Sie „verließ am Morgen des 21. März im Hausgewande, ohne irgend etwas mit zu nehmen, unser Haus", heißt es in dem Brief.

Fünf Wochen später, am 25. April 1859, wird oberhalb von Mauthausen ein weiblicher Leichnam ans Donauufer geschwemmt. „Unsern Zustand kann ich Ihnen nicht schildern", schreibt Stifter. „Sie ist 18 Jahre alt geworden, und hat allen Anzeichen nach ihren Tod selbst gesucht." Der Stifter-Forscher Wolfgang Wittkowski (New York): „Sie ließ sich mit einem Hausbewohner, einem Lehrer, ein, wurde schwanger und ertränkte sich." (Jahrbuch des Adalbert-Stifter-Institutes, 1996.) Schon einige Jahre vorher, Weihnachten 1851, ist das Kind von zu Hause weggelaufen. Nach zwei Wochen fand man es bei einem Wirt: Es wollte als Dienstmädchen aufgenommen werden, um nicht zur Tante und Ziehmutter zurückkehren zu müssen.

Stadtklatsch und Selbstanklage

Die Affäre und der damit verbundene Linzer Stadtklatsch belasten den Dichter sehr. Er, der Pädagoge, klagt sich an, als Erzieher versagt zu haben. Er hat das Kind gern gehabt, das er sehr begabt, doch abenteuerlich und wild genannt hat.

Ein wildes, zigeunerhaftes Mädchen ohne Namen, das spurlos verschwindet, steht auch im Mittelpunkt einer Stifter-Erzählung, „Katzensilber":

„So bleibe bei uns", fuhr die Mutter fort, „hier ist deine Mutter, hier ist dein Vater, wir teilen alles mit dir, was wir haben, wir teilen unser Herz mit dir." So steht es bei Stifter. Der Dichter erzählt in „Katzensilber" die Geschichte eines Mädchens, bei dem der Versuch, es in eine Familiengemeinschaft einzugliedern, scheitert: „An das Haus hoffte man es zu binden, indem

Als eine „sehr schöne, im häuslichen Leben aber sehr unpraktische, sekkante und geizige Frau" wird die Gattin Stifters von den Zeitgenossen beschrieben. Die Nichte sei von ihr geschlagen worden.

man wie bisher die sanften Fäden der Liebe und Nachsicht walten ließ."

Opfer einer frühen Liebe

Das mit der Nachsicht ist allerdings dichterische Erfindung. Alte und treue Freunde Stifters berichten, dass Juliane „von Frau Stifter geschlagen" wurde. In einem Brief eines bekannten Ehepaares heißt es, dass Frau Stifter eine „sehr schöne, im häuslichen Leben aber sehr unpraktische, sekkante und geizige Frau" gewesen sei, dass die Ehe „eine nicht so glückliche gewesen sein" soll, „als man gewöhnlich darstellt". Die modernen Stifter-Forscher urteilen unverblümt: Sie „war in Liebessachen nicht so unbewandert wie in Wissenschaft und Kunst". (Wittkowski.)

Das Haus, in dem Adalbert Stifter lebte, ist heute jedem Oberösterreicher ein Begriff. Es beherbergt das Stifter-Institut und ist mit Möbeln und Gemälden aus dem Besitz Stifters ausgestattet. Seit 1848 wohnt Stifter in diesem Haus an der Unteren Donaulände, bis zu seinem Tod. (Heute Adalbert-Stifter-Platz 1.)

So wohnte Adalbert Stifter

Stifter fühlt sich wohl in diesem Haus, und er schwärmt von der Aussicht: „Die herrlichste Baumblüte von weit und breit schaut bei meinen Fenstern herein."

Die Wohnung besteht aus Küche, Wohnzimmer, Schlafzimmer, Arbeitszimmer und einem sogenannten „Salon", der allerdings „in seiner gediegenen Einfachheit anspruchslos" ist, wie die ersten Stifter-Biographen vermerken.

Seitenlange Abhandlungen wurden über die wertvollen Möbel geschrieben, die sich in Stifters Wohnung befanden. Weitgehend unbekannt ist dagegen, dass Stifter die alten Möbel, die er bei seinen Dienstreisen als Schulinspektor aufstöbert, auch selbst restauriert. Er schreitet nicht nur gedankenschwer durch diese Wohnung, die wir heute bewundern können, er sitzt nicht nur dichtend am Schreibtisch, sondern er wird nicht selten mit aufgestülpten Hemdsärmeln und mit einer langen, blauen Schürze angetroffen, wenn er damit beschäftigt ist, im Schweiße seines Angesichts einen alten Kasten zu polieren.

„So still und mild ist alles draußen, als sei ringsherum lauter Glück", schildert Adalbert Stifter in der Erzählung „Feldblumen" die Stimmung, die er in seiner Wohnung empfindet.

„Wir sind jetzt allein"

Am 27. Februar 1858 stirbt Stifters Mutter. „Seit mehr als vierzig Jahren gingen die Fäden meiner besten Gefühle, meiner Vorstellungen und meiner Wünsche, in dem Herzen meiner Mutter zusammen", schreibt er. Nachdem er auch die Ziehtochter verloren hat, bekennt er über sich und seine Frau: „Wir sind jetzt allein, zwei entlaubte Stämme ..."

Zu den Schicksalsschlägen kommen die öffentlichen Demütigungen. Sein Dichter-„Kollege" Friedrich Hebbel degradiert Stifter öffentlich zum Blumen- und Käferpoeten, er verspricht jedem, der den „Nachsommer" ausgelesen hat, „die Krone von Polen". Stifter, „verhätschelt, wie er wurde", habe alles Maß verloren: „Zuerst begnügte er sich, uns die Familien der Blumen aufzuzählen, die auf seinen Lieblingsplätzen gediehen; dann wurden uns die Exemplare vorgerechnet, und jetzt erhalten wir das Register der Staubfäden."

Verödung und Vereinsamung

Stifter ist verbittert. Von „Verödung und Vereinsamung" spricht er, zugleich tröstet er Louise von Eichendorff, die Schwester des Dichters, mit der er in einem vertrauten Briefwechsel steht: „Ich werde unter allen Plagen und Bedrängnissen, selbst unter schweren Schicksalsschlägen, nicht unglücklich werden ..."

Am 26. Jänner 1868, kurz nach Mitternacht, schneidet sich Adalbert Stifter mit dem Rasiermesser in den Hals. Er lebt noch, angeblich bewusstlos, mehr als fünfzig Stunden.

Rudolf Lehr

Spaziergang mit Sisi

„Vorgestern habe ich allein mit Sisi beim herrlichsten Wetter eine sehr hübsche Partie gemacht. Wir sind um 10 Uhr zum Steg gefahren und von dort zu Fuß auf der Soleleitung auf den Rudolfsturm und dann nach Hallstatt gegangen, wo wir schon um 1 Uhr waren und um 2 Uhr auf dem Balkon des Wirtshauses speisten. Nach Tisch sind wir zum Waldbachstrub gegangen. Das Tal war herrlich beleuchtet und vom frischesten Grün; nur durch eine Menge Trotteln, wie immer, und durch eine neue, in dieser schönen Gegend höchst unpassende Zivilisation verunstaltet."

Kaiser Franz Joseph I. in einem Brief an seine Mutter, 1. Juli 1865.

Kalender

1861

26.2. Im Februarpatent Kaiser Franz Josephs I. wird das Land ob der Enns als eigenständiges Erzherzogtum anerkannt, das Land erhält eine neue Landesordnung und in der Folge einen Landtag, der nach dem Kurienwahlrecht (→ S. 242) beschickt wird. Erstmals gibt es eine Mitbestimmung des Volkes an der Gesetzgebung.

Februar. In Wels beginnt mit der Wahl von Franz Groß (1815–1890) zum Bürgermeister die Neuorganisation der Stadtverwaltung.

März. Die ersten Landtagswahlen in Oberösterreich finden statt, bei denen es allerdings noch keine politischen Parteien gibt. Wahlberechtigt sind nur direkt Steuer zahlende Bürger.

9.4. Das Protestantenpatent bringt eine weitgehende Gleichberechtigung mit den römisch-katholischen Bürgern, schränkt jedoch die Freiheit der evangelischen Kirche gegenüber den Staatsbehörden ein.

15.5. Offizielles Ende der seit → 1860 bestehenden Unterstellung des Landes Salzburg an Oberösterreich.

12./13.6. In Mattighofen wird dem Bürgermeister und Brauereibesitzer Anton Wieninger (1813 bis 1880) wegen einer geplanten Bierpreiserhöhung eine „Katzenmusik" dargebracht.

23.6. In Altheim reißt ein Orkan die Kuppel vom Kirchendach.

1.7. Die Sparkasse Wels eröffnet ihren Betrieb im Erdgeschoss des Rathauses.

1.8. Für die Landesbehörde im Erzherzogtum Österreich ob der Enns kommt ein eigenes Verordnungsblatt heraus.

3.8. Die in den Felsen gesprengte Straße von Traunkirchen nach Ebensee wird eröffnet. →

1.9. Der erste Zug fährt von Wels nach Passau.

1862

3.2. Hochwasser in Linz und den anderen Donauorten.

19.3. Gründungsversammlung des „Linzer Turnvereins 1862".

1.5. Grundsteinlegung für den Neuen Dom in Linz (Mariä-Empfängnis-Dom). → 1924

17.5. Gmunden wird das Kurstatut verliehen.

7.6. Uraufführung im Linzer Landestheater: „Der Linzer Postillon" von Nikolaus A. Hölzel.

17.7. Eröffnung des ersten Gmundner Kurhauses.

7.9. Das erste Dampfschiff auf dem Hallstätter See: die „Hallstatt". Wegen Kohleknappheit wird der Dampfer mit Holz geheizt.

29.12. Der oberösterreichische Landtag bewilligt Franz Stelzhamer (1802–1874) einen jährlichen Ehrensold.

1863

23.5. Wilhelm Raabe (1831–1910) trägt in sein Tagebuch ein: „Beginn der Novelle über den Hallstätter See = Keltische Knochen". → 1864

8.6. Letzte öffentliche Hinrichtung auf der Linzer Richtstätte in der Dorfgemeinde Kleinmünchen. (Später erfolgen die Hinrichtungen im „Galgenhof" des Linzer Landesgerichts.)

Der erste Landeshauptmann

Erster Chef der autonomen Landesverwaltung, somit erster Landeshauptmann von Oberösterreich, wird am 6. April 1861 der Abt des Prämonstratenserstiftes Schlägl, Dominik Anton Lebschy (1799–1884). 46 Jahre lang ist er Abt, Landeshauptmann bis 22. 8. 1868. (Gemälde von August Palme.)

12.10. Der Linzer Musikverein bietet Anton Bruckner die Leitung an.

5.11. Johann Georg Ramsauer (1795–1874), der Entdecker des Hallstätter Gräberfelds, geht in den Ruhestand und zieht nach Linz.

Der Vizebürgermeister von Steyr wendet sich mit einem Majestätsgesuch an den Kaiser, um einen Anschluss für die seit 1858 bestehende Bahnverbindung Wien–Salzburg zu erreichen. Fünf Jahre später dampft der erste Zug von Steyr nach St. Valentin.

1864

16.4. Josef Werndl (1831–1889) gründet die Firma „Josef und Franz Werndl & Comp., Waffenfabrik und Sägemühle in Oberletten" (später „Österreichische Waffenfabriks-Gesellschaft", später „Steyr-Werke AG"). → 1889

29.5. „Nachm. 2 Uhr" trägt Wilhelm Raabe in sein Tagebuch ein, als er die Hallstatt-Novelle „Keltische Knochen" beendet. In dieser Novelle ironisiert Raabe den Gelehrtenstreit um das Hallstätter Gräberfeld.

6.6. Einem Großbrand in Oberneukirchen fallen 43 Gebäude zum Opfer.

Sommer. Als erste gedruckte Komposition von Anton Bruckner erscheint bei Josef Kränzl in Ried im Innkreis der „Germanenzug" für Männerchor und Harmonie-Begleitung.

12.9. Die erste bekannte echte Höhlenforschung in Oberösterreich: P. Gottfried Hauenschild (1842–1901, → 1901) durchforscht die Kreidelucke bei Hinterstoder, vermisst die Höhle und verfasst bereits so etwas wie eine Höhlenmonographie, die in den Jahrbüchern des Alpenvereins 1865 und 1866 veröffentlicht wird.

1.11. Im Haselgraben wird eine Mautstelle eingerichtet. Für das angespannte Zugvieh müssen 4 Kreuzer, für jedes Stück „schweres Triebvieh" 2 Kreuzer und für jedes Stück „kleines Triebvieh" 1 Kreuzer bezahlt werden.

20.11. Das erste Meisterwerk Anton Bruckners, die Messe Nr. 1 in d-Moll, wird im (alten) Dom von Linz uraufgeführt.

14.12. Anlässlich der Erstaufführung von Charles Gounods „Margarethe" im Landschaftlichen Theater wird elektrisches Licht verwendet.

21.12. In Stadl-Paura beziehen die Barmherzigen Schwestern des hl. Karl Borromäus das Kloster Nazareth.

Adalbert Stifters Erzählung „Die Nachkommenschaften" erscheint.

1865

1.1. Die erste Nummer der „Tages-Post" erscheint in Linz. →

5.6. Beim ersten oberösterreichischen Sängerbundfest in Linz wird der „Germanenzug" von Anton Bruckner uraufgeführt. Bruckner erhält den zweiten Preis.

27./28.6. In Mauerkirchen verursacht ein Brandstifter einen Großbrand.

21.7. Ein kaiserliches Handschreiben bewilligt die Führung des Namens „Kronprinz-Rudolfs-Bahn" für eine neue Bahnverbindung, deren erstes Teilstück, von Steyr nach St. Valentin, am 15. August 1868 eröffnet wird.

21.7. Großbrand in der Pfarrgasse in Ischl.

3.8. Verkauf der Welser Burg an den Schmalzaussieder Ludwig Hinterschweiger.

15.11. Gründung des Ärztevereins für Oberösterreich.

1865/67

Adalbert Stifters „Witiko" erscheint. → S. 238

Geburtstage

1861

Leonhard Angerer. Benediktiner. Geboren 28. 2. 1861 in Kremsmünster. (Gestorben 28. 5. 1934 in Linz.) Naturwissenschafter.

Otto Grillnberger. Wilheringer Stiftsarchivar. Geboren 10. 3. 1861 in Oberneukirchen. (Gestorben 16. 8. 1904 in Wilhering.)

Leopold Erb. Lehrer, deutschnationaler Politiker. Geboren 1. 4. 1861 in Steyr. (Gestorben 22. 11. 1946 in Steyr.)

Gustav Muher. Bildhauer. Geboren 9. 5. 1861 in Buda, Ungarn. (Gestorben 18. 6. 1951 in Linz.)

Carl Wallner. Direktor des Linzer Landestheaters (1903–1906), gemeinsam mit Oskar Schramm. Geboren 10. 5. 1861 in Wien. (Gestorben 22. 10. 1926 in Wien.)

Gustav Eder. Deutschnationaler Politiker, Linzer Bürgermeister (1900–1907). Geboren 23. 7. 1861 in Pottendorf. (Gestorben 7. 7. 1909 in Linz.)

Der kaiserlichen Metropole ähnlich

Linz fängt nach und nach an, das Gepräge, wenn auch nicht einer Großstadt, so doch einer größeren Stadt anzunehmen und bemüht sich, nach Maßgabe der ihm zu Gebote stehenden Kräfte, der kaiserlichen Metropole möglichst ähnlich zu werden. Man baut hier wie dort thurmhohe Häuser mit recht vielen Fenstern und stockfinsteren Stiegen, man schraubt – wie in Wien – die Miethzinse zu einer fabelhaften, für die hiesigen Verhältnisse fast unerschwinglichen Höhe hinauf, und führt dadurch – wie es auch in Wien geschieht – die Miether größerer Lokalitäten allmählig an den Rand des lieblichen Vergleichsverfahrens; man beleuchtet die Straßen und Plätze der Stadt eben so unzureichend – wie in Wien, – man ißt und trinkt hier gerade so gut und viel wie dort, man besucht Theater, Bälle und Concerte, gibt mehr Geld aus, als man einnimmt – und fühlt sich wohl dabei.

Aus der ersten Nummer der „Tages-Post", 1. Jänner 1865.

Der Löwe ohne Zunge

Zur Erinnerung an die fertig gestellte Uferstraße zwischen Traunkirchen und Ebensee wird 1861 an der Gemeindegrenze ein steinernes Monument errichtet, um das sich bald eine Legende rankt: Der namentlich unbekannte Bildhauer, der das Denkmal schuf, hatte vergessen, dem Löwen eine Zunge zu geben. Als man ihn darauf aufmerksam machte, soll er sich das so zu Herzen genommen haben, dass er sich neben seinem Werk in den Traunsee stürzte.

Siegmund Ehrentletzberger. Kaufmann. Geboren 13. 8. 1861 in Linz. (Gestorben 6. 10. 1932 in Linz.)

Hans Claar. Direktor des Linzer Landestheaters (1906–1918). Geboren 13. 9. 1861 in Wien. (Gestorben 6. 6. 1918 in Gmunden.)

Georg Wagnleithner (Pseudonym Stibler). Dichter und Komponist. Geboren 30. 10. 1861 in Aspach. (Gestorben 2. 7. 1930 in Grieskirchen.)

Ludwig Bermanschläger. Priester, Dichter. Geboren 21. 11. 1861 in Steyr. (Gestorben 11. 11. 1921 in Linz.) Verfasser von Volksstücken.

Ernst Rüdiger Fürst von Starhemberg. Großgrundbesitzer und katholischer Politiker. Geboren 30. 11. 1861 in Schloss Bergheim. (Gestorben 16. 11. 1927 in Schloss Auhof bei Linz.)

Emilie Mediz-Pelikan. Malerin. Geboren 12. 12. 1861 in Vöcklabruck. (Gestorben 19. 3. 1908, Dresden.)

1862

Gabriel Fazeny. Abt von Wilhering (1915–1938). Geboren 9. 1. 1862 in Ebelsberg. (Gestorben 3. 10. 1938 in Wilhering.)

Friedrich Tscherne. Großkaufmann in Linz. Geboren 16.3.1862 in Linz. (Gestorben 1. 7. 1928 in Linz.)

Josef Reiter. Komponist. Geboren 19. 1. 1862 in Braunau. (Gestorben 2. 6. 1939 in Bad Reichenhall.)

Josef Krempl. Mundartdichter. Geboren 11. 2. 1862 in Taufkirchen an der Trattnach. (Gestorben 4. 4. 1914 in Baumgarten bei Wien.)

Simon Rabeder. Altarbauer. Geboren 10. 4. 1862 in Ottensheim. (Gestorben 7. 10. 1941 in Ottensheim.)

Hans Ernest (Pseudonym H. E. Linz). Schriftsteller. Geboren 11. 8. 1862 in Linz. (Gestorben 29. 8. 1928 in Linz.) → 1920

Heinrich Hinsenkamp. Deutschnationaler Politiker, Bürgermeister von Urfahr (1901–1919). Geboren 28. 8. 1862 in Triest. (Gestorben 17. 9. 1934 in Linz.) → 1934

Carl Schraml. Reorganisator des Salzbergbaues Hallstatt. Geboren 25. 10. 1862 in Linz. (Gestorben 23. 1. 1946 in Linz.)

Floridus Blümlinger. Ordenspriester, Volksschriftsteller. Geboren 1. 11. 1862 in Utzenaich. (Gestorben 26. 12. 1901 in Reichersberg.)

1863

Michaele Pfaffinger. Malerin. Geboren 28. 1. 1863 in Mattighofen. (Gestorben 9. 9. 1898 in Linz.)

Hermann Bahr. Dichter und Kritiker. Geboren 19. 7. 1863 in Linz als Sohn des Notars Alois Bahr. (Gestorben 15. 1. 1934 in München.) → S. 243

Fanny Kaltenhauser. Schriftstellerin. Geboren 12. 12. 1863 in Wien. (Gestorben 30. 5. 1941 in Enns.)

1864

Michael Mayr. Christlichsozialer Politiker. Geboren 10. 4. 1864 in Adlwang. (Gestorben 21. 5. 1922 in Waldneukirchen.) Von 1920 bis 1921 österreichischer Bundeskanzler. → 1920

Ferdinand Wiesinger. Historiker. Geboren 17. 11. 1864 in Wels. (Gestorben 21. 10. 1943 in Wels.) → 1943

Anton Maximilian Pachinger. Kulturhistoriker. Geboren 22. 11. 1864 in Linz. (Gestorben 30. 11. 1938 in Wien.) → 1938

Karl Wiesner. Christlichsozialer Politiker. Geboren 11. 12. 1864 in Steyr. (Gestorben 17. 3. 1914 in Linz.) → 1914

1865

Franz de Paula Fellinger. Weihbischof und Generalvikar von Jerusalem (1929–1940). Geboren 23. 3. 1865 in St. Thomas bei Waizenkirchen. (Gestorben 22. 7. 1940 in Jerusalem.)

Jakob Ernst Koch (IV.). Evangelischer Superintendent (1921–1936). Geboren 3. 8. 1865 in Wallern. (Gestorben 23. 10. 1947.)

Norbert Orthner. Arzt. Geboren 10. 8. 1865 in Linz. (Gestorben 1. 3. 1935 in Salzburg.) Behandelte Kaiser Franz Joseph I. bis zu seinem Ableben.

Evermod Hager. Chorherr des Prämonstratenserstifts Schlägl. Geboren 13. 8. 1865 in Pram. (Gestorben 30. 6. 1925 in Linz.) Lokalhistoriker und Topograph.

Otto Pflanzl. Mundartdichter. Geboren 17. 8. 1865 in Urfahr. (Gestorben 23. 9. 1943 in Salzburg.)

Michael Blümelhuber. Stahlschnittmeister. Geboren 23. 9. 1865 in Unterhimmel bei Steyr. (Gestorben 20. 1. 1936 in Steyr.) → 1924

Todestage

1861

Ignaz Ritter von Kürsinger. Staatsbeamter und Topograph. Gestorben 18. 8. 1861 in Salzburg. (Geboren 7. 12. 1795 in Ried im Innkreis.)

Franz Ferdinand Schiller. Salzoberamtmann in Gmunden (1824–1844). Gestorben 25. 8. 1861 in Graz. (Geboren 15. 7. 1773 in Pontebba.) Reformer des Salinenwesens im Kammergut.

Josef Pflügl. Militäringenieur. Gestorben 27. 8. 1861 in Linz. (Geboren 15. 10. 1788 in Linz.) Schuf Verteidigungsbauwerke in Österreich, Deutschland und Oberitalien.

1864 gründet Josef Werndl in Steyr jene Fabrik, die bis heute die Geschicke der Stadt weitgehend bestimmt.

San Sie auch Kaiser?

Der jüngere Bruder von Kaiser Franz Joseph, Maximilian (1832–1867), wird 1864 Kaiser von Mexiko. In Ischl erzählt man sich in diesem Jahr eine Anekdote:
Der Vater des österreichischen Kaisers, Erzherzog Franz Karl (1802–1878), wird von einem Salzkammergutler gefragt:
„Ham Sie Kinder?"
„Ja!"
„Auch an Buben?"
„Ja!"
„Was ist denn der?"
„Kaiser!"
„Haben Sie noch an zweiten Buben?"
„Ja!"
„Und was is der?"
„Kaiser!"
„Ja, san Sie nacha vielleicht auch Kaiser?"
Darauf Franz Karl: „Nein, das hat meine Frau net erlaubt!"

Erzherzog Franz Karl, Vater von Kaiser Franz Joseph, vor der Pension „Austria" in Ischl.

1861–1865

Robert Führer. Komponist und Organist. Gestorben 28. 11. 1861 in Wien. (Geboren 2. 6. 1807 in Prag.) Zog als Wander-Organist durch Oberösterreich (Wolfsegg, Braunau, Altheim, Ried, Garsten).

1862

Carl Kreil. Meteorologe und Erfinder. Gestorben 21. 12. 1862 in Wien. (Geboren 4. 11. 1798 in Ried im Innkreis.)

1863

Ferdinand Redtenbacher. Ingenieur. Gestorben 16. 4. 1863 in Karlsruhe. (Geboren 25. 7. 1809 in Steyr.) Begründer des wissenschaftlichen Maschinenbaues.

Maximilian Josef (Maximilian d'Este). Erzherzog, Sohn von Ferdinand Karl Anton (1754 bis 1806), Enkel von Maria Theresia (1717–1780). Gestorben 1. 6. 1863 in Ebenzweier bei Altmünster. (Geboren 14. 7. 1782 in Mailand.) → S. 211

Franz Xaver Gruber. Schöpfer der unsterblichen „Stille-Nacht"-Melodie. Gestorben 7. 6. 1863 in Hallein. (Geboren 25. 11. 1787 in Unterweizberg, Hochburg-Ach.) Gemeinsam mit dem Hilfspriester Josef Mohr (1792–1848) entstand im Advent 1818 das weltberühmte Weihnachtslied. → 1818

Josef Ritter von Arneth. Altertumsforscher, Numismatiker. Gestorben 21. 10. 1863 in Karlsbad. (Geboren 12. 8. 1791 in Leopoldschlag.)

1864

Ludovika (Lulu) von Thürheim. Schriftstellerin und Malerin. Gestorben 22. 5. 1864 in Wien. (Geboren 14. 3. 1788 in Schloss Orbeck in Flandern.) Lebte seit 1794 in Schwertberg.

Hermann von Gilm (zu Rosenegg). Schriftsteller. Gestorben 31. 5. 1864 in Linz. (Geboren 1. 11. 1812 in Innsbruck.) Seit 1854 Statthaltereisekretär in Linz.

Adolph Ludwig Graf von Barth-Barthenheim. Staatsbeamter, Gründer der Sparkasse Linz. Gestorben 11. 6. 1864 in Linz. (Geboren 23. 8. 1782 in Hagenau im Elsass.)

Alois Johann Baptist Souvent. Katastralmappenarchivar in Linz. Gestorben 17. 8. 1864 in Linz. (Geboren 5. 6. 1794 in Schloss Faal, Kreis Marburg.) 1839 Umgebungskarte von Ischl, 1857 Administrativkarte des Erzherzogtums Österreich ob der Enns.

1865

Ferdinand Georg Waldmüller. Landschaftsmaler. Gestorben 23. 8. 1865 in Mödling bei Wien. (Geboren 15. 1. 1793 in Wien.) Zahlreiche Ansichten des Salzkammerguts zählen zu seinen besten Werken.

Josef Freiherr von Spaun. Beamter, Freund von Franz Schubert. Gestorben 26. 11. 1865 in Linz. (Geboren 11. 11. 1788 in Linz.)

1862 wird der Grundstein für den Neuen Linzer Dom gelegt. Photographie vom Bauzustand 1883.

Der erste vom Volk gewählte Landtag

6. April 1861. Konstituierung des ersten aus einer Volkswahl hervorgegangenen Landtags. Mit der Begrüßung des neugewählten oberösterreichischen Landtags durch den kaiserlichen Statthalter Eduard Freiherr von Bach (1814–1884) beginnt die Geschichte der modernen Landesverwaltung. Der Landtag besteht aus 50 Abgeordneten, die Zusammensetzung erfolgt nach Kurien (Steuerklassen): 10 Großgrundbesitz, 3 Handelskammer, 17 Städte und Industrieorte, 19 Landgemeinden. Dazu kommt als nicht gewählter Vertreter die Virilstimme des Bischofs.

Erste Fischzuchtanstalt

In Neukirchen an der Vöckla entsteht die erste Forellenzuchtanstalt Österreich–Ungarns, die die gesamte Monarchie beliefert. Links im Bild Hanns Köttl (1829–1905), der mit seinem Betrieb in die Geschichte der Fischerei eingehen sollte. „In der Kienmühle Nr. 6 Wegleiten beym Stadl den ersten Teuch gegraben, in einer Hütte 6 Coste'sche Apparathe aufgestellt", steht in Köttls Tagebuch.

688.294 Einheimische

1861. Das „Statistische Handbüchlein für die Österreichische Monarchie 1861" liefert exakte Angaben über das Erzherzogtum Österreich ob der Enns: 1861 leben

- 688.294 „Einheimische" hier, mit
- 707.450 wird die „effective Bevölkerung im Ganzen" beziffert.

Nestroy-Uraufführung

23. März 1863. Erst die Theaterhistoriker wissen das Ereignis dieses Tages zu schätzen: Ein Stück von Johann Nestroy (1801 bis 1862) wird in Linz uraufgeführt. Es trägt auch einen Titel, der es als oberösterreichisches Stück ausweist: „Staberls Reiseabenteuer zwischen Linz und Gramastetten".

1304 Mittelschüler

1865. Im Land Oberösterreich gibt es 145 Theologiestudenten, 1304 Mittelschüler, 3440 Schüler an Hauptschulen, 71.057 an Trivialschulen (Volksschulen), ferner 32.054 an Sonntagsschulen.

Zeitgenossen über Hermann Bahr

„… der brave, lammfromme Philister, der diensteifrige Reporter und Scheininterviewer."

Karl Kraus (1874–1936)

„Den Unoriginalen ist der Originale lästig."

Anton Kuh (1890–1941)

„Er ist bei einem großen Teil der Presse so verhaßt, so sehr zur politischen Person geworden, daß ich voller Bedenken bin."

Thomas Mann (1875–1955)

„Den Bahr gibt es nur noch in einem einzigen Exemplar … Seinen früheren scharfen Geruch hat es in den mildern der Heiligkeit gewandelt, und die Hörner hat das Tier, seit es den Teufel fürchtet, ebenso wie die Zähne, längst verloren. Dafür wuchsen ihm Mähne und Bart immer länger, was dem Bahre ein ehrwürdiges Aussehen gibt."

Franz Blei (1871–1942)

Der Vater des Dichters Hermann Bahr, der Linzer Notar und liberale Landtagsabgeordnete Alois Bahr (1834–1898).

Hermann Bahrs traurige Kindheit

In Linz erblickt Hermann Bahr das Licht der Welt. Als Linzer will er auch abtreten: „Ich fürcht", meint er, „ich werde beim Jüngsten Gericht auch noch linzerisch Rede stehn." Er fühlt sich als Linzer und Oberösterreicher, bezeichnet sich gern als „Mostschädel", aber schöne Erinnerungen an die Stadt seiner Kindheit kann er kaum haben.

Er ist ein armes Kind, obwohl er von wohlhabenden Eltern abstammt. Er leidet gewiss keine Not. Der Tisch ist reich gedeckt im Hause des Linzer Notars Dr. Alois Bahr, der es bis zum Landtagsabgeordneten und Mitglied des Landesschulrates gebracht hat. Es ist trotzdem tieftraurig, was sich in seinem Elternhaus in der Linzer Herrenstraße ereignet.

Hermann Bahrs Kindheit ist überschattet vom gestörten Verhältnis zu seiner Mutter. Es fehlt ihm das, was man Mutterliebe nennt. Keines der vier Kinder wird derart lieblos behandelt wie der Erstgeborene.

Sein einziger Wunsch: Weihnachten daheim

Wegen „Platzmangels" muss Hermann Bahr das Elternhaus verlassen. Aus Salzburg schreibt der 15jährige Gymnasiast rührende Briefe: Als einziges Weihnachtsgeschenk möge ihm sein Vater seinen sehnlichsten Wunsch erfüllen und ihm erlauben, das Fest bei der Familie verbringen zu können. Das ist nicht nur Heimweh, das ist der verzweifelte Aufschrei eines Kindes, dem die Liebe fehlt.

Man fragt sich natürlich: warum? Gewissenhaft lässt sich diese Frage nicht beantworten. Wir kennen keine Hintergründe. Wir kennen nur einige Fakten. Sie sind traurig genug.

Zweifellos ist Hermann Bahr, vor allem im jugendlichen Sturm- und Drangalter, ein Sorgenkind. Man kann sich unschwer vorstellen, wie peinlich es der angesehenen Linzer Familie ist, als der Sohn bei einer Schulschlussfeier für einen Skandal sorgt, der zur strafweisen Pensionierung des Direktors führt. Bahr hatte die Aristokraten beleidigt. (Mit dem Satz: „Die Aristokratie der Geburt hat ihre Bedeutung eingebüßt, an ihre Stelle ist die Aristokratie des Geldes getreten, an ihre Stelle wird die Aristokratie der Arbeit treten.")

Die Eltern sind entsetzt: dass ihr Sohn als 19jähriger, wenn auch unter einem Pseudonym, im „Linzer Sonntagsblatt" Artikel veröffentlicht mit antiklerikaler, antiliberaler und antisemitischer Tendenz. Dass er von der Universität Wien ausgeschlossen wird. Dass er es wegen Hetzreden mit der Polizei zu tun bekommt. Dass er sich auf ein Duell eingelassen hat. Dass er sein Studium

„Dirigent der europäischen Stilentwicklungen": der Linzer Hermann Bahr.

nicht beendet. Dass er es beim Militär nur zu einem Mannschaftsgrad bringt.

Dokumente der Herzlosigkeit

Trotzdem bleibt es unverständlich, dass eine Mutter einen Brief an ihren Sohn schreibt, der nicht mit „Lieber Sohn" oder „Lieber Hermann" beginnt, sondern mit „An Hermann Bahr". Unterschrieben ist dieser Brief nicht mit „Deine Mutter", sondern mit „Minna Bahr". Auch was zwischen Anrede und Unterschrift steht, ist – gelinde gesagt – ungewöhnlich für eine Mutter:

„Da ich nun schon beim Schreiben bin und heute Dienstag ist, so kann ich nicht umhin, meine Verwunderung auszudrücken, daß sich Dein Vater noch darauf einläßt, Deine faden, albernen, phrasenreichen Briefe zu empfangen."

Vergebliche Bitte um Versöhnung

Wörtlich nennt die Mutter ihren Sohn „Du armer Wicht" und schreibt, dass er ihr „erbärmlich" vorkomme. Sie rät ihm „eine Fahrt ohne Abschied" nach Amerika. Auch brieflich will sie vom Sohn nichts mehr hören: „Ich brauche keine Antwort, mir sind Deine Schwätzereien auch gar so uninteressant."

Viele Jahre meidet Hermann Bahr Linz. Muss es schließlich meiden, denn nachdem er (1895) gegen den Wunsch der Eltern die jüdische Schauspielerin Rosa Jokl heiratet, darf er nicht mehr ins Elternhaus kommen.

In Briefen an den Vater sucht er die Versöhnung, bittet um ein Wiedersehen. Der Wunsch bleibt unerfüllt. Er sieht den Vater, der drei Jahre später stirbt, nie mehr. Es gibt auch keine Versöhnung mit der Mutter, die 1902 stirbt.

Die Wunden verheilen nie. Hermann Bahr redet nicht gern darüber. Doch Linz bleibt für ihn die Heimat, zum Linzerischen bekennt er sich.

Er wuchs in zwei Sprachen auf, sagt er einmal: der befohlenen der Bildung, die ihm von vornherein verdächtig war, und der verbotenen des Volkes, die für ihn reizend klang. Es gibt viele Bekenntnisse von Linzern zu ihrer Heimatstadt, aber dass dabei jemand die Art, wie die Linzer reden, in den Mittelpunkt stellt, das findet man selten.

Das Linz seiner Kindheit

In Linz wird Hermann Bahr am 19. Juli 1863 geboren, in dieser Stadt verbringt er seine Kindheit.

Als Hermann Bahr nach vielen Jahren wieder nach Linz kommt, schreibt er in sein Tagebuch: „Ich entdecke jetzt die Schönheit meiner Vaterstadt." Und er erinnert sich an das Linz seiner Kindheit:

„Linz war damals noch eine rechte Kleinstadt, Adalbert Stifter ging in den stillen Gassen als nachdenklicher Hofrat herum."

Der nüchterne, kritische Bahr kommt ins Schwärmen, wenn er von seiner Geburtsstadt spricht: Sie „liegt wunderschön, im Norden von Bergen eingeschlossen, die der Böhmerwald herab an den Strom schickt, sonst aber frei, mit gesegneten Fluren und Äckern bis zum Horizont …"

Im 71. Lebensjahr stirbt Hermann Bahr am 15. Jänner 1934 in München.

Man kennt Hermann Bahr heute fast nur noch als Theaterautor. Seine Dreieckskomödie „Das Konzert" gehört zum Grundbestand der österreichischen Komödienliteratur.

Der Linzer mit dem europäischem Blick

Bahr war jedoch nicht nur ein erfolgreicher Theaterautor, er war auch Regisseur, Dramaturg, Kritiker, Romanschriftsteller, wortgelenkig als Schreiber und Redner, als Kulturkritiker. Der „Linzer mit dem europäischen Blick" wurde er genannt, ein „Dirigent der europäischen Stilentwicklungen". Er hat schon 1891 den Begriff „Die Moderne" für eine Gesamtheit künstlerischer und gesellschaftlicher Prozesse geprägt, ein Wort, das ihm dann Millionen nachsagten.

Rudolf Lehr

Alles lief in höchster Angst

„Alles lief in höchster Angst und Verzweiflung händeringend durcheinander, das Geschrei der an den inmitten der Donau fortschwimmenden Trümmern sich anklammernden Personen und der an den Ufern befindlichen war markerschütternd."

„Tages-Post", 7. 5. 1868. (Ein manövrierunfähiger Donauschlepper bringt am 5. Mai 1868 die Linzer Donaubrücke zum Einsturz. Es dürften jedoch alle gerettet worden sein.)

Herausgeber-Urteil

„Dieser war nichts weniger als eine Intelligenz, lieferte wenig und brauchte viel."

Julius Wimmer (1856–1945) über den ersten, 1866 bestellten Chefredakteur der „Tages-Post", Josef Netwald (1813–1873). In „Josef Wimmer", Linz 1894.

1866–1870

Kalender

1866

14.4. Anton Bruckner vollendet seine Erste Symphonie in c-Moll (1., „Linzer" Fassung).

17.4. Großbrand in Peilstein. Nur Kirche, Pfarrhof und Schule bleiben verschont.

27.6. In Riedau stehen 84 Häuser in Flammen.

15.7. Konstituierende Versammlung der Freiwilligen Feuerwehr der Stadt Linz, die schon → 1851 gegründet, als verdächtiger Verrein im neoabsolutistischen Staat aber unerwünscht gewesen war.

19.10. Die Landesgalerie des oberösterreichischen Kunstvereins geht in das Eigentum des Landes über.

31.10. Eröffnung eines Linzer Volkstheaters in der Volksfesthalle (Hessenplatz).

11.11. „Zum Bau und Betrieb einer Lokomotiv-Eisenbahn von St. Valentin über Steyr, Hieflau, Rottenmann, St. Michael" wird die Konzession erteilt. (Eröffnung der ersten Teilstrecke von Steyr nach St. Valentin am 15. August 1868.) →

Adalbert Stifters „Der Kuß von Sentze" und die „Winterbriefe aus Kirchschlag" erscheinen.

1867

19.1. Erster Arbeiterverein Oberösterreichs: In Hallstatt gründen 116 „ärarische Arbeiter" einen Verein zur Fortbildung und Verbesserung der materiellen Lage.

26.1. Arbeiterkrawall bei der Hammermühle in Steyr.

Jänner/Februar. Landtagswahlen.

8.5.–8.8. Anton Bruckner in Kreuzen.

20./21.8. Provinzialversammlung der katholischen Vereine Oberösterreichs in Linz.

22.9. Eröffnung der Landes-Irrenanstalt Linz-Niedernhart.

19./28.9. Adalbert Stifter zum letzten Mal in Kirchschlag.

6.10. Erstes Landwirtschaftliches Ausstellungsfest. (Beginn der Rieder Messe.)

30.11. Erste Hauptversammlung der Freiwilligen Gemeindefeuerwehr von Wels.

Dezember. Erste gewerkschaftliche Vereinigung Oberösterreichs: In Linz wird der Fortbildungsverein der Buchdrucker und Schriftgießer gegründet.

1868

6.1. Gründung des Arbeiterkonsumvereins Hallstatt, der damit Keimzelle der Konsumgenossenschaften im Salzkammergut ist. → S. 288, 2011.

13.1. Gründungsversammlung des Kaufmännischen Vereins Linz.

11.2. Gründung des „Liberal-politischen Vereines" in Wels. Vorstand wird der Gemeindesekretär August Göllerich (1819–1883).

4.4. Im Gründungskonzert des „Frohsinn" dirigiert Anton Bruckner die Uraufführung des Schlusschors der „Meistersinger" von Richard Wagner.

22.4. In Waldhausen werden sieben Häuser ein Raub der Flammen.

9.5. Anton Bruckner dirigiert selbst die Uraufführung seiner Ersten Symphonie (c-Moll) im Linzer Redoutensaal.

Liberaler Landeshauptmann

Als erster und einziger Liberaler wird der Advokat Moriz Ritter von Eigner (1822–1900) mit kaiserlicher Entschließung vom 24. Juni 1868 Landeshauptmann von Oberösterreich. Er bleibt es (mit einer dreimonatigen Unterbrechung 1871) 16 Jahre lang. (Amtszeit bis 10. 9. 1884.)

25.5. Kaiser Franz Joseph sanktioniert die drei Kirchengesetze, die eine Beschränkung des Konkordats bewirken (Maigesetze). Deshalb kommt es nun zu einem heißen politischen Kampf, dessen Wortführer der Linzer Diözesanbischof Franz Joseph Rudigier wird.

11.6. Gesetz über die Gerichtsbezirke.

5.7. Gründung des ersten Linzer Arbeiterbildungsvereins.

13.7. Gründung des Arbeiter-Bildungs-Vereines Wels unter liberaler Dominanz.

30.7. Das Bezirksamt Gmunden erteilt den Industriellen Augustinus von Barber und Carl Clusemann die Genehmigung zur Errichtung der Papierfabrik Steyrermühl.

7.9. Der Linzer Bischof Franz Joseph Rudigier erlässt einen Hirtenbrief, der ihn in Konflikt mit dem Staat bringt. → S. 250

Ende September. Anton Bruckner verlässt Linz und geht (mit seiner Schwester Maria Anna) nach Wien.

2.11. Eröffnung des Allgemeinen öffentlichen Krankenhauses Linz.

6.11. Der Schnürmeister des Linzer Theaters, Franz Neuhauser, stürzt während einer Probe vom Schnürboden und ist auf der Stelle tot.

25.11. Franz Stelzhamer (1802–1874) heiratet Theresia Böhm-Pammer, eine um 34 Jahre jüngere Lehrerin. (Seine erste Frau, Anna Barbara, starb 1856 im Alter von 38 Jahren.) Mit seiner zweiten Frau hatte Stelzhamer zwei Kinder: Luzian und Rosalia Franziska. → S. 253

1869

2.1. Erstes Erscheinen der Tageszeitung „Linzer Volksblatt". →

23.2. Gründung der „Arbeiter-Kranken- und Invalidenkasse in Linz".

27.2. In Kammer läuft der erste Attersee-Schraubendampfer vom Stapel, der auf den Namen „Ida" getauft wird.

5.6. Der Linzer Bischof Franz Joseph Rudigier wird zum Landesgericht abgeführt.

1.7. Die „Bank für Oberösterreich und Salzburg" öffnet in Linz ihre Schalter.

12.7. Schwurgerichtsverhandlung in Linz gegen Bischof Franz Joseph Rudigier. Der Bischof wird zu 14 Tagen Kerker verurteilt, am nächsten Tag jedoch vom Kaiser begnadigt.

14.7. Konstituierende Versammlung des „Liberal-politischen Vereines" in Linz.

29.9. Bei der Einweihung der Votivkapelle des Linzer Domes wird Anton Bruckners e-Moll-Messe uraufgeführt.

16.10. Gründung des „Katholischen Volksvereins für Oberösterreich".

25.12. Gründung des „Katholischen Preßvereins der Diözese Linz".

Gründung des Arbeiterbildungsvereins Steyr.

Friedrich Simony (1813–1896) dringt in die höher gelegenen Teile der Koppenbrüllerhöhle (Obertraun) vor.

Errichtung des ersten öffentlichen botanischen Gartens in Linz (Dinghoferstraße).

1870

24./25.4. Bei einem Brand in Wels werden 30 Gebäude zerstört.

Anfang Mai. Baubeginn der neuen Eisenbahnbrücke über die Donau von Linz nach Urfahr anstelle der alten, zerstörten Holzbrücke.

Sommer. Der Komponist Karl Goldmark (1833 bis 1896) kommt erstmals nach Gmunden, wo er bis 1914 die Sommermonate verbringt; viele seiner Werke entstanden hier.

15.7. Der Gipfel des Großen Priel (2515 m) wird von einem acht Meter hohen Gipfelkreuz gekrönt.

31.7. Das „Linzer Volksblatt" geht in das Eigentum des Katholischen Preßvereins über.

25.8. Entdeckung einer Pfahlbausiedlung am Ausfluss der Ager aus dem Attersee.

1.10. Eröffnung der ersten Knabenbürgerschule in Linz, Spittelwiese.

17.11. Erste Generalversammlung des Katholischen Volksvereins für Oberösterreich.

22.11. Anton Bruckner wird Ehrenbürger seines Geburtsorts Ansfelden.

20.12. Der erste Zug fährt von Neumarkt-Kallham nach Braunau.

Geburtstage

1866

Otto Bahr. Musikkritiker. Geboren 8. 1. 1866 in Linz. (Gestorben 18. 7. 1927 in Linz.) Bruder des Dichters Hermann Bahr (1863–1934).

Auf der Spitzmauer

„Wahrhaft grauenvoll war der Absturz nach Osten gegen das Stodertal anzusehen. Ein tiefer Schlund gähnte herauf."

P. Gottfried Hauenschild (1842–1901) über eine Besteigung der Spitzmauer im August 1867, in: „Jahrbuch des Österreichischen Alpenvereins", Wien 1868.

Linz ist cholerafrei

„Die Nachricht: Linz ist cholerafrei machte mich jubeln."

Adalbert Stifter (1805–1868) in einem Brief an seinen Hausarzt Karl Essenwein (1813–1878) vom 26. November 1866.

Tadeln ist leichter

„Wenn hie und da ein Artikel einem Priester nicht recht gefallen will, so muß er denken, daß alles Menschliche unvollkommen, daß insbesondere die Arbeit auf dem Gebiete der Journalistik überaus schwer ist, und dann, daß wohl auch der Geschmack und die Bedürfnisse der Leser überaus verschieden sind. Überhaupt ist das Tadeln viel leichter als das Rechtmachen."

Bischof Franz Joseph Rudigier (1811–1884) im „Linzer Diözesanblatt" zum Erscheinen des „Linzer Volksblatts", 1869.

Anton Schott. Schriftsteller. Geboren 8. 2. 1866 in Hinterhäuser, Böhmen. (Gestorben 4. 4. 1945 in Mettmach.) Schrieb 50 Unterhaltungsromane.

Alois Schießer. Freund, Sekretär und Fotograf des Schriftstellers Karl May (1842–1912). Geboren 5. 3. 1866 in Linz. (Gestorben 20. 1. 1945 in Linz.)

Johann Nepomuk Hauser. Priester, Landeshauptmann von Oberösterreich (1908–1927). Geboren 24. 3. 1866 in Kopfing. (Gestorben 8. 2. 1927 in Linz.) → 1908

Alois Forstmoser. Maler. Geboren 10. 5. 1866 in Uttendorf. (Gestorben 3. 11. 1905 in Uttendorf.)

Franz Salvator. Erzherzog. Sohn von Erzherzog Karl Salvator (1839–1892), Gatte der Tochter von Kaiser Franz Joseph, Marie Valerie (1868–1924). Geboren 21. 8. 1866 in Altmünster. (Gestorben 20. 4. 1939 in Wien.)

Leopold Andres. Kartograph. Geboren 14. 11. 1866 in Linz. (Gestorben 20. 5. 1950 in Kainbach, Steiermark.)

Benedikt Sobotka. Abt von Schlägl (1925–1946). Geboren 14. 11. 1866 in Leonding. (Gestorben 1. 2. 1948 in Schlägl.)

1867

Friedrich Pesendorfer. Literat, Priester. Geboren 9. 3. 1867 in Gmunden. (Gestorben 7. 5. 1935 in Linz.) → 1935

Josef Gruber. Lehrer und sozialdemokratischer Politiker. Bürgermeister von Linz (1930–1934). Geboren 12. 3. 1867 in Lambach. (Gestorben 5. 9. 1945 in Linz.) Landeshauptmann-Stellvertreter (1818–1930). → 1930

Franz Hönig. Mundartdichter. Geboren 24. 10. 1867 in Ried i. I. (Gestorben 29. 10. 1937 in Linz.)

Johannes Maria Gföllner. Bischof von Linz (1915 bis 1941). Geboren 17. 12. 1867 in Waizenkirchen. (Gestorben 3. 6. 1941 in Linz.)

1868

Ignaz Gruber. Komponist, Domkapellmeister. Geboren 26. 2. 1868 in Linz. (Gestorben 17. 1. 1937 in Linz.)

Susi Wallner. Volkstümliche Erzählerin. Geboren 3. 3. 1868 in St. Leonhard bei Freistadt. (Gestorben 22. 4. 1944 in Linz.)

Peter Behrens. Architekt. Geboren 14. 4. 1868 in Hamburg. (Gestorben 27. 2. 1940 in Berlin.) Erbauer der Linzer Tabakfabrik. → 1935

Marie Valerie. Jüngste Tochter von Kaiser Franz Joseph I. und Kaiserin Elisabeth. Geboren 22. 4. 1868 in Ofen, Ungarn. (Gestorben 6. 9. 1924 in Schloss Wallsee, Niederösterreich.)

Josef Dametz. Sozialdemokratischer Politiker, Bürgermeister von Linz (1919–1927). Geboren 26. 5. 1868 in Linz. (Gestorben 21. 9. 1927 in Linz.) → 1906

Fritz Lach. Maler und Zeichner. Geboren 29. 5. 1868 in Linz. (Gestorben 9. 10. 1933 in Wien.) → S. 335

Emil Kugler. Vorkämpfer der Tbc-Vorsorge. Geboren 17. 9. 1868 in Brixen. (Gestorben 30. 8. 1941 in Gmunden.) Begründer der Lungenheilstätte am Gmundnerberg.

Oskar Gerzer. Schriftsteller. (Pseudonym Weilhart.) Geboren 26. 9. 1868 in Mattighofen. (Gestorben 28. 11. 1929 in Linz.)

1869 kann der erste Bauabschnitt für den Neuen Dom in Linz (Mariä-Empfängnis-Dom) abgeschlossen und mit einer Einweihung gefeiert werden.

Freifrau Edith Krieg von Hochfelden. (Pseudonym Edith Salburg.) Schriftstellerin. Geboren 14. 10. 1868 in Schloss Leonstein. (Gestorben 3. 12. 1942 in Dresden.)

Hedwig Bleibtreu. Schauspielerin. Geboren 23. 12. 1868 in Linz. (Gestorben 25. 1. 1958 in Pötzleinsdorf bei Wien.)

1869

Hermann Haböck. Der letzte Schüler Anton Bruckners. Geboren 14. 6. 1869 in Bad Hall. (Gestorben 31. 5. 1946 in Linz.)

Ernst Nadler. Komponist. Geboren 24. 6. 1869 in Wallern. (Gestorben 1. 5. 1950 in Wels.)

Ludwig Moser. Komponist, Schüler Anton Bruckners. Geboren 26. 8. 1869 in Linz. (Gestorben 7. 3. 1938 in Wien.)

Robert Reininger. Philosoph. Geboren 28. 9. 1869 in Linz. (Gestorben 17. 5. 1955 in Wien.) → S. 307

Josef Schlegel. Christlichsozialer Politiker, Landeshauptmann von Oberösterreich (1927–1934). Geboren 29. 12. 1869 in Schönlinde, Böhmen. (Gestorben 27. 4. 1955 in Linz.) → 1927

1870

Graf Theodor Salburg zu Sallaberg auf Falkenstein. Beamter, Schriftsteller. Geboren 7. 1. 1870 in Schloss Leonstein. (Gestorben 4. 11. 1954 in Schloss Altenhof im Mühlkreis.)

Oscar Straus. Operettenkomponist. Geboren 6. 3. 1870 in Wien. (Gestorben 11. 1. 1954 in Bad Ischl.)

Josef Moser. Priester und Politiker. Geboren 2. 4. 1870 in Enzenkirchen. (Gestorben 6. 7. 1952 in Linz.) Mitglied des Bundesrates.

Matthäus Schlager. Dombaumeister. Geboren 10. 4. 1870 in Sigharting. (Gestorben 30. 12. 1959 in Linz.) → 1959

Franz Léhar. Operettenkomponist. Geboren 30. 4. 1870 in Komorn. (Gestorben 24. 10. 1948 in Bad Ischl.) → S. 369

Franz Xaver Müller. Komponist, Priester, Domkapellmeister, Schriftsteller. Geboren 10. 5. 1870 in Dimbach bei Grein. (Gestorben 3. 2. 1948 in Linz.)

Franz Neuhofer. Komponist. Geboren 8. 9. 1870 in Freistadt. (Gestorben 15. 11. 1949 in Linz.)

Viktor Wessely. Rechtsanwalt, deutschnationaler Politiker, Bergsteiger. Geboren 12. 9. 1870 in Linz. (Gestorben 4. 5. 1949 in Linz.)

Franz Metzner. Bildhauer. Geboren 18. 11. 1870 in Wscherau bei Pilsen. (Gestorben 24. 3. 1919 in Berlin.) Schöpfer des Stelzhamer-Denkmals im Linzer Volksgarten.

Todestage

1866

Anton Wurmb. Brauer, Politiker. Selbstmord 27. 4. 1866 in Neumarkt. (Geboren 1811 in Neumarkt im Hausruck.) → 1848

Joseph Sutter. Historienmaler. Gestorben 11. 5. 1866 in Linz. (Geboren 28. 11. 1781 in Wien.) Mitbegründer der nazarenischen Kunstrichtung.

Marian Koller. Benediktiner. Gestorben 19. 9. 1866 in Wien. (Geboren 31. 10. 1792 in Feistritz.) Mitbegründer der Zentralanstalt für Meteorologie.

Johann Duftschmid. Arzt, Botaniker, Zeichner. Gestorben 11. 12. 1866 in Linz. (Geboren 20. 7. 1804 in Linz.) Verfasser eines für Oberösterreich grundlegenden Werkes: Flora von Oberösterreich.

1866 findet die konstituierende Versammlung der Freiwilligen Feuerwehr der Stadt Linz statt. Photographie von Richard Grill. 1900.

Vedute von der Strecke Steyr–St. Valentin, die nach der Eröffnung (1868) angefertigt wurden.

Zwölf Bezirke

Seine k. k. Apostolische Majestät hat „allergnädigst zu genehmigen geruht", das Erzherzogtum Österreich ob der Enns in zwölf politische Bezirke einzuteilen, mit den Amtsorten Linz, Freistadt, Perg, Rohrbach, Vöcklabruck, Wels, Steyr, Kirchdorf, Gmunden, Braunau, Ried und Schärding. (19. Mai 1868.)

1867

Karl Adam Kaltenbrunner. Mundartdichter. Gestorben 6. 1. 1867 in Wien. (Geboren 30. 12. 1804 in Enns.) Werke: „Obderennsische Lieder", „Alm und Zither", „Oesterreichische Feldlerchen". Seit 1842 Beamter und später Vizedirektor der k. k. Hof- und Staatsdruckerei in Wien. → S. 214, 235

Erzherzog Maximilian. Kaiser von Mexiko, Bruder von Kaiser Franz Joseph. Hingerichtet am 19. 6. 1867 in Mexiko. (Geboren 6. 7. 1832 in Wien.) Kurz vor seiner Hinrichtung schreibt er an die Linzerin Emilie von Binzer (1801–1891) einen erschütternden Abschiedsbrief. → S. 249

Joseph Schrötter. Pfarrer, Zeichner. Gestorben 30. 10. 1867 in Altenfelden. (Geboren 21. 12. 1791 in Linz.) Mühlviertler Ansichten.

Joseph Laimer. Salinenbediensteter und Zeichner. Gestorben 11. 12. 1867 in Ischl. (Geboren 24. 3. 1794 in Ischl.) Ansichten vom Salzkammergut und von Engelhartszell.

1868

Joseph Kenner. Lyriker und Zeichner. Gestorben 20. 1. 1868 in Ischl. (Geboren 24. 6. 1794 in Wien.) Mitschüler Franz Schuberts, Beamter in Linz, Freistadt und Ischl. Einige seiner Gedichte wurden von Franz Schubert vertont, Moritz von Schwind zeichnete dazu einen Zyklus. Scherenschnitte und Ortsansichten von Linz.

Adalbert Stifter. Der größte Dichter des Landes. Gestorben 28. 1. 1868 in seiner Wohnung in Linz. (Geboren 23. 10. 1805 in Oberplan, Böhmerwald.) → S. 236

Freiherr August Daniel von Binzer. Dichter und Musiker. Gestorben 20. 3. 1868 in Neisse, auf einer Reise. (Geboren 30. 5. 1793 in Kiel.) Gatte von Emilie Binzer. → S. 249

Julius Schoppe d. Ä. Maler und Lithograph. Gestorben 30. 3. 1868 in Berlin. (Geboren 27. 1. 1795 in Berlin.) 1823/25 gemeinsam mit Carl Wilhelm Gropius (→) „Malerische Ansichten verschiedener Gegenden und Merkwürdigkeiten auf einer Reise durch Österreich, Steiermark, Tyrol, die Schweiz, Ober- und Unteritalien." → S. 216

Josef Edlbacher. Beamter, Maler und Zeichner. Gestorben 4. 4. 1868 in Linz. (Geboren 27. 1. 1817 in Grünburg an der Steyr.) Sammelbilder von Linz, vom Steyr- und Kremstal. Mitbegründer des oberösterreichischen Kunstvereins.

Johann Zauner. Zuckerbäcker in Ischl. Gestorben 4. 7. 1868 in Ischl. (Geboren 1803 in Haugsdorf, Niederösterreich.) Gründer der Konditorei Zauner.

Franz Steinfeld. Landschaftsmaler. Gestorben 5. 11. 1868 in Pisek, Böhmen. (Geboren 26. 5. 1787 in Wien.) Er schuf 1824 mit Bildern vom Hallstätter See die Geburtsbilder des Biedermeier. → S. 207

Franz Zöhrer. Sänger. Gestorben 1868 in Berlin. (Geboren 12. 5. 1819 in Sarleinsbach.) Der Sohn des Sarleinsbacher Schullehrers wird von Giacomo Meyerbeer (1791–1864) an die Berliner Oper geholt.

1870

Carl Wilhelm Gropius. Maler und Zeichner. Gestorben 20. 2. 1870 in Berlin. (Geboren 4. 4. 1793 in Braunschweig.) 1823/25 gemeinsam mit Julius Schoppe d. Ä. (1795–1868) „Malerische Ansichten". → S. 216

Josef Redtenbacher. Chemiker. Gestorben 5. 3. 1870 in Wien. (Geboren 12. 3. 1810 in Kirchdorf an der Krems.)

Josef Fink. Historiker und Buchhändler. Gestorben 13. 9. 1870. (Geboren 1. 3. 1811 in Linz.)

Von Steyr nach St. Valentin

15. August 1868. An diesem Samstag besteigt der Bürgermeister von Steyr gemeinsam mit vielen Festgästen den Eröffnungszug der „Kronprinz-Rudolf-Bahn" für die Fahrt von Steyr nach St. Valentin. Ein langgehegter Wunsch der Bevölkerung des Steyr- und Ennstales ist damit erfüllt worden. Täglich drei Züge in jeder Richtung, früh, mittags und abends, dampfen zwischen Steyr und St. Valentin. Sie sind auf die Anschlusszüge der Westbahn abgestimmt.

736.856 Oberösterreicher

31. Dezember 1869. Mit diesem Stichtag leben in Oberösterreich 736.856 Personen. Das Gebiet des heutigen Österreich hat insgesamt 4,497.873 Einwohner. Nur 121.864 sind siebzig und älter (2,7%).

Josef Werndl, der Begründer des Stammhauses der Steyr-Daimler-Puch. Photographie, um 1875.

Auer von Welsbach

Aloys Ritter Auer von Welsbach, Direktor der Hof- und Staatsdruckerei in Wien, Erfinder des Galvanoplastischen Naturselbstdruckes, stirbt am 10. Juli 1869 in Wien. (Geboren 11. 5. 1813 in Wels.) Er ist der Vater von Carl Freiherr Auer von Welsbach (1858-1929), dem Erfinder des Glühstrumpfes.

Steyrer Welterfolg

4. September 1867. Der erste Großauftrag für Steyr: 100.000 Gewehre nach dem neuen, von Josef Werndl (1831–1889) und seinem Werkmeister Karl Holub (1830–1903) konstruierten Hinterladergewehr mit Wellenverschluss (Tabernakelverschluss), das alle bisherigen Gewehrsysteme übertrifft. Anlass für die Erfindung war 1866 der preußisch-österreichische Krieg, in dem die Österreicher mit den althergebrachten Lorenz-Vorderladern den preußischen Hinterladergewehren unterlegen waren.

1. August 1869. Die Firma „Josef und Franz Werndl & Comp." wird in die Österreichische Waffenfabriks-Gesellschaft" überführt, mit Josef Werndl als Generaldirektor. Steyr hat 4500 Beschäftigte. 33 Wasserräder liefern über 700 PS zum Betrieb von 2000 Arbeitsmaschinen, in hundert Flammöfen und Schmiedefeuern glüht das Eisen. Der Geschäftsverkehr weitet sich aus und erstreckt sich bald über den ganzen Erdball.

Der Chormeister

Als Chormeister ärgerte sich Bruckner über die Sänger: Eine Pianostelle war ihm nicht leise genug. Die Sänger wurden deutlich leiser. Darauf Bruckner: „Dös klingt noch alleweil wia a Trompeten!“ Die geplagten Sänger hörten nun überhaupt zu singen auf. Bruckner merkte es nicht, dirigierte weiter und rief dann ganz entzückt: „Ja, jetzt is' recht!“

Lieber einen Wirt als den Bruckner

So anspruchslos in Liebesdingen wie es in den Anekdoten erzählt wird, war Anton Bruckner gar nicht, der Domorganist von Linz, der an einem Sommertag des Jahres 1866 in seiner Wohnung im Mesnerstöckl am Pfarrplatz die halbfertigen Notenblätter liegen lässt und an seinen Freund einen Brief schreibt.

In Steyr, berichtet Anton Bruckner seinem um elf Jahre jüngeren Freund Rudolf Weinwurm, habe er beim Herrn Lederermeister Turek ein „liebes schönes Mädchen“ gesehen. „Das liebe Wesen heißt Henriette Reiter 18 Jahre alt“, steht in dem Brief, und schon im nächsten Satz ist vom Geld die Rede: „Das Mädchen soll 3000 fl. Vermögen besitzen. Das ist freilich blutwenig.“

Zum Vergleich: Ein Herrenhemd kostet um diese Zeit 1,50 bis 4,50 fl. (Gulden). Wenn man heute dafür 10 bis 30 Euro rechnet, so wären 3000 Gulden etwa 20.000 Euro.

Dass sich Bruckners Liebesleben in seiner Dienstwohnung im zweiten Stock des Mesnerstöckls am Pfarrplatz auf das Schreiben von Liebesbriefen oder auf Vermittlungsversuche in Liebesdingen beschränkt, darf als sicher angenommen werden.

Als Bruckner am Heiligen Abend des Jahres 1855 ins Mesnerstöckl am Pfarrplatz einzieht – das Haus wird bereits 1872 abgerissen –, werden ihm die Räume des zweiten Stocks zugewiesen. Unter ihm wohnt der Mann, der sonst über ihm steht: Der Linzer Dom- und Stadtpfarrkapellmeister Karl Zappe, der auch Orchesterdirektor des Theaters ist. Rund ein Dutzend Jahre seines Lebens verbringt Bruckner in diesem Haus.

Zwei Zimmer und eine Küche

Dem ehemaligen Schulgehilfen wird die Wohnung großartig vorgekommen sein: Sie besteht aus zwei Zimmern und einer Küche. Das erste Zimmer benützt Bruckner als Schlafzimmer, hier steht auch das Klavier. Das zweite Zimmer dient dem Komponisten als Arbeitsraum. Die Küche bleibt jahrelang unbenützt, denn der Herr Domorganist geht ins Gasthaus essen. Erst 1866 nimmt er seine jüngste Schwester Nani (Maria Anna, 1836–1870) zu sich, die ihm die Wirtschaft führt. Ein anderes weibliches Wesen hat sich Bruckner zwar immer gewünscht, aber es blieb bei den Wünschen.

Es gibt im Zusammenhang mit Bruckners Liebesplänen übrigens kaum einen Brief, in dem er nicht auch von seinen finanziellen Vorstellungen spricht, die er mit den Heiratsabsichten verbindet. Mit Henriette Reiter spricht er kaum zehn Worte, aber er weiß Bescheid über ihre materielle Ausstattung, und wo er es nicht weiß, knüpft er daran seine Vermutungen. „Vielleicht besitzt selbe nicht einmal so viel, vielleicht bekommt sie einst weit mehr …“

Das Mesnerstöckl am Linzer Pfarrplatz, in dem Anton Bruckner lebte, steht nicht mehr. Hier sehen wir es noch, rechts von der Pfarrkirche.

Ziemlich direkt bittet er den Freund, sich nicht nur über die Sitten des Mädchens, sondern auch über ihr Geld zu erkundigen: „… möchtest Du Dich nicht, da der Schritt so nöthig ist, – nicht näher um ihre Sitten etc. um ihre pecuniären Verhältnisse erkundigen bei sicherer Quelle, bei Leuten aus der Nachbarschaft, beim Bezirksamte wegen Vermögens etc. ..“

Während er seinen Freund um Nachforschungen über die Vermögensverhältnisse eines Mädchens bittet, schreibt er in dem gleichen Brief ganz enttäuscht, er habe auch „bei den bescheidensten Ansprüchen kein Glück“.

Bruckner ist immer auf ganz junge Mädchen scharf, und er ist eitel genug, sich deshalb jünger zu machen, als er ist. „Daß ich 42 Jahre alt wäre, dürfte das Mädchen nicht zuerst wissen, bis sie mich öfter gesehen“, heißt es in dem Brief auch, „denn sie möchte 36 Jahre – ich sehe noch etwas jünger aus.“

Die Geschenke kamen zurück

Immer noch ist es der gleiche Brief, aber in einem Atemzug mit den Erkundigungen über die 18-jährige Steyrerin streckt Bruckner bereits die Fühler nach einem anderen Mädchen aus: „Was wolltest Du mir neulich in Salzburg sagen? Welches Mädchen? hübsch? reich? lieb? Sei doch offen – denn der Moment muß nahen …“

Ungefähr zur gleichen Zeit bewirbt sich Bruckner auch um die Tochter eines Fleischhauers: Josephine Lang. Bruckner schickt ihr eine goldene Uhr, ein Gebetbuch und Liebesbriefe, die man freilich nicht mit dem Attribut „glühend“ versehen kann, viel eher müsste man sie unterwürfig nennen: „Darf ich auf Sie hoffen und bei ihren lieben Ältern um Ihre Hand werben? oder ist es Ihnen nicht möglich, aus Mangel an persönlicher Zuneigung mit mir den ehelichen Schritt zu thun? Fräulein sehen, daß die Frage ganz entscheidend ist. Das eine oder andere bitte ich inständigst mir so bald als

Bruckner an der Orgel. Schattenriss von Otto Böhler.

Kein Mittelding

Wollen Fräulein ganz offen u. aufrichtig und ganz entschieden schreiben, entweder: ich darf um Sie werben, oder gänzliche ewige Absage; (kein Mittelding etwa vertrösten oder umschreiben, da bei mir die höchste Zeit bereits vorhanden ist,) (zudem wird sich Ihr Gefühl nicht leicht verändern, weil Fräulein sehr vernünftig sind.) Fräulein dürfen die reine Wahrheit mir unbesorgt sagen, weil selbe in jedem Falle mir Beruhigung gewähren wird. Mit Handkuß einer möglichst baldigen entschiedenen Antwort entgegen harrend.

Linz, den 16. August 1866. Anton Bruckner.

Auszug eines Briefes an Josephine Lang (1844–1930).

Lieber einen Wirt als den Bruckner

Die Fleischhauerstocher Josephine Lang heiratet lieber den Gastwirt Weilnböck als den Musiker Bruckner.

Anton Bruckner im Alter von 39 Jahren.

möglich eben so entschieden, aber gewiss, ebenso entschieden zu schreiben."

Josephine Lang hat sich sofort entschieden: Ein Wirt ist ihr lieber als der Bruckner. Sie schickt die Geschenke zurück und heiratet einen Gasthofbesitzer. Dass Anton Bruckner bei Josephine abblitzt, hindert ihn allerdings nicht, Jahre später bei deren halbwüchsiger Tochter die Werbung zu wiederholen.

Hans Conrad Fischer führt in seinem Bruckner-Buch den Wunsch des Komponisten nach jungen, schönen und reichen Mädchen einerseits auf das traurige Schicksal seiner Muter zurück und auf die Angst vor materieller Unsicherheit, andererseits auf den verfeinerten Sinn, der ihn als Künstler auszeichnet. Josef Laßl, Verfasser eines „Kleinen Brucknerbuches", sieht in den Symphonien Bruckners auch die Kräfte des Eros und Sexus: „Die Gewalt der wilden Aufschreie, die Längen des Ausströmens, das dunkle Verweilen in den Füllseln – hier offenbart sich das Triebhafte unverstellt für den, der nicht gewillt ist, einer frömmelnden Schönfärberei zu erliegen."

Bruckner ist, das darf man ebensowenig übersehen, unbeholfen im Umgang mit Frauen und mit dem städtischen Leben ganz allgemein. Linz ist im Jahr 1855, als Bruckner den Lehrerberuf aufgibt, um die Stelle eines Dom- und Stadtpfarrkirchen-Organisten anzunehmen und er seine Dienstwohnung am Pfarrplatz bezieht, ein Städtchen mit 30.000 Einwohnern. Für den an dörfliches und klösterliches Leben gewohnten Bruckner ist das eine krasse Umstellung.

Sein Leben vollzieht sich im wesentlichen auch nur zwischen Pfarrplatz-Wohnung, Stadtpfarrkirche und Dom. Durch seine Klavierstunden bekommt er Kontakt mit Linzer Bürgerfamilien. Bald wird er auch Mitglied der Linzer Liedertafel „Frohsinn", viele Jahre ist er ihr Chormeister.

Drei Messen, die „Nullte" und die Erste Symphonie, entstehen in den Linzer Jahren. Als erstes Meisterwerk, darüber sind sich alle Bruckner-Forscher einig, gilt die Messe Nr. 1 in d-Moll, die am 20. November 1864 im (alten) Dom uraufgeführt wird. Es wird berichtet, dass Bruckner mit bleichem Antlitz und am ganzen Körper zitternd das Zeichen zum Einsatz gab.

Am 18. Dezember wird das Werk im Linzer Redoutensaal wiederholt. Der Erfolg ist eindeutig. Und was ein Musikkritiker damals schrieb, stimmt bis heute. Es war der Tag, an dem Bruckner „in vollem Glanze leuchtend am Horizont emporsteigt".

Rudolf Lehr

Oberösterreich im Leben und Werk Anton Bruckners → S. 276

Wie schon der Mutter, macht Bruckner viele Jahre später auch der Tochter den Hof. „Wie oft betrachte ich das schöne Bild meines lieben Ersatzes", schreibt er 1891 an Caroline Weilnböck, die Tochter von Josephine Weilnböck, geborene Lang.

Abschiedsbrief vor der Hinrichtung

Verehrte Baronin! Noch einmal sei es mir gegönnt, bevor ich schuldlos einem unverdienten Tode entgegengehe, einige Zeilen rasch an Sie zu richten, um Ihnen mit ganzer Innigkeit und voller Seele für die mir stets liebreich bewiesene Freundschaft und meinem Herzen so wohltuende Anhänglichkeit zu danken. Möge Gott Ihnen, verehrte Frau Baronin, Ihre edlen Gefühle lohnen und Ihnen, verehrte Frau Baronin, und Ihrer werten Familie Glück und Frieden schenken. Indem ich Sie bitte, Ihre werte Familie nochmals herzlichst zu grüßen, und meine Seele Ihrem frommen Gebete empfehle, verbleibe ich

Ihr Ihnen aufrichtig ergebner Maximilian.

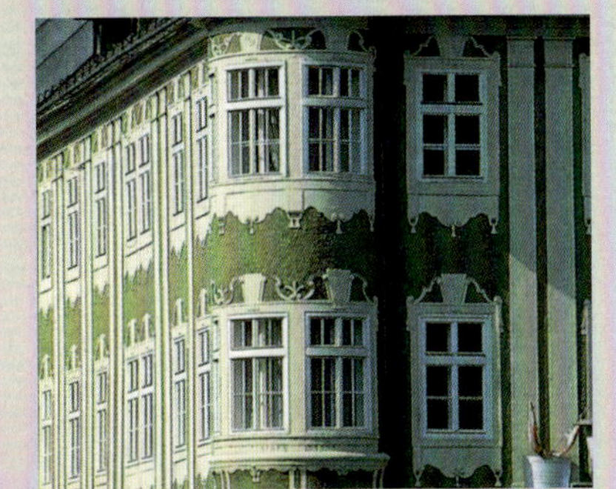

Das Wohnhaus einer der vornehmsten Familien von Linz, in das Stifter fast täglich zu seinem Nachmittagskaffee kam, in dem sich der Bruder der Kaisers, der spätere Kaiser von Mexiko, wohlfühlte: das Eckhaus Promenade/Klammstraße.

Emilie von Binzer

Der Salon einer geistreichen Linzerin

Das Linzer Eckhaus mit der spätbarock-klassizistischen Fassade, wo heute die von der Klammstraße kommenden Autos in die Promenade fahren, könnte viele Geschichten erzählen. Der größte Dichter unseres Landes, Adalbert Stifter, kam zum Nachmittagskaffee hierher, auch die Idee zu einer kunsthistorischen Pioniertat, der Rettung des Kefermarkter Altars, wurde in diesem Haus geboren, in dem eine der geistreichsten Frauen von Linz lebte: jene Emilie von Binzer, die mit Grillparzer und mit dem Kaiser von Mexiko befreundet war.

Im milden Morgenlicht des Spätfrühlings 1867 eilt der Briefbote über die Promenade zum Wohnhaus einer der vornehmsten Familien von Linz. Der Brief ist für die Dame des Hauses bestimmt, die Baronin Emilie von Binzer. Mit angemessener Untertänigkeit nähert sich der Briefbote, ohne freilich zu ahnen, was er in Händen hält: ein erschütterndes Dokument der Geschichte des österreichischen Kaiserhauses.

Der Bruder von Kaiser Franz Joseph, der unglückliche Maximilian, der als Kaiser von Mexiko von einem Kriegsgericht zum Tode verurteilt wird, denkt noch in seinen letzten Tagen an die von ihm verehrte Linzerin und richtet an sie einen erschütternden Abschiedsbrief. →

Noch nicht 35 Jahre alt ist Maximilian, als er am 19. Juni 1867 hingerichtet wird. Rund zehn Jahre früher suchte er eine geeignete Persönlichkeit, die seine literarischen Versuche kritisch beurteilen könne. Über Vermittlung Grillparzers entschied man sich für Emilie Binzer, eine erfolgreiche Schriftstellerin und eine der wenigen emanzipierten Frauen, die sich in ihren Novellen für Gleichberechtigung einsetzte.

Eine langjährige Freundschaft verbindet Grillparzer mit dieser Frau.

„Sie war ohne Frage die geistreichste Frau unseres jungen Kreises", berichtet ein Zeitgenosse, der Archäologe Gustav Parthey.

Zwischen Emilie Binzer und dem jungen Erzherzog entwickelt sich eine innige Freundschaft. Vor seiner Abreise nach Mexiko kommt er eigens nach Linz, um sich von Emilie zu verabschieden.

Mit Maximilians Hinrichtung beginnt Emilie Binzers traurigste Zeit. Innerhalb weniger Monate verliert sie alle Menschen, die ihr lieb waren. Im Jänner 1868 stirbt Adalbert Stifter, wenige Wochen später Emilies Mann, August Daniel von Binzer. Vier Jahre später stirbt auch Franz Grillparzer.

Der Eintritt in die große Welt

Mit Grillparzer hatte mehr als ein halbes Jahrhundert früher Emilies Eintritt in die große Welt begonnen. Sie war damals sechzehn. Keine Geringere als die attraktive und vielseitig begabte Herzogin Wilhelmine von Sagan nahm die kleine Emilie 1817 zur Uraufführung von Grillparzers „Ahnfrau" mit.

Emilie von Gerschau, verehelichte von Binzer, gemalt während des Wiener Kongresses, 1815.

Die Herzogin hatte Emilie gemeinsam mit drei anderen an Kindes Statt angenommen. Eingeweihte wussten, welche Bewandtnis es mit den vier Komtesslein hatte: Sie waren allesamt uneheliche Kinder von Verwandten der Herzogin.

Der offizielle Vater dieses Mädchens war der Freiherr von Gerschau, ein Mitglied des kurländischen Adels mit dem Titel eines „Oberforstmeisters von Finnland".

Emilie von Gerschau wurde am 6. April 1801 in Berlin geboren. Ihre Kindheit verbrachte sie auf den Gütern der Herzogin, später in einer Pension in Prag. Bei der großen Burgschauspielerin Sophie Schröder lernte Emilie die Vortragskunst; Ernst Welker, einer der angesehensten Aquarellisten seiner Zeit, erteilte ihr Zeichenunterricht, mit 14 Jahren feierte Emilie in Mailand bereits Ballett-Triumphe, in Paris plauderte der Herzog von Wellington mit ihr.

Daniel von Binzer

Von Kindheitstagen an ist Emilie die große Gesellschaft gewohnt. Bei einer der literarisch-musikalischen Veranstaltungen, in deren Mittelpunkt die Komtess Emilie steht, sucht man einen Sänger. „Eines Tages", erinnert sich Emilie, „als wir uns zu Tische versammelten, war er da": der 29jährige Freiherr August Daniel von Binzer. Kurz darauf wurde auf Schloss Sagan geheiratet.

Dieser Binzer war zweifellos eine interessante Gestalt der deutschen Romantik. Er war Musiker und hinterließ eine Menge von Liedern und Quartetten (am bekanntesten sind die Lieder „Frei ist der Bursch" und „Wir hatten gebauet ein stattliches Haus").

Stifter als Wohnungsvermittler

Die ersten Ehejahre sind gekennzeichnet von unruhiger Wanderschaft. Schließlich wird das Ehepaar in Wien sesshaft. Der Salon Binzer rückt in den Mittelpunkt des künstlerischen und gesellschaftlichen Lebens.

Was diese Salons im 19. Jahrhundert bedeuten, können wir heute kaum ermessen. Hier wird die Kunst des Gespräches gepflegt und die noch schwierigere des Zuhörens. Jeder Virtuose lässt sich zuerst in den Salons und dann erst in den Konzertsälen hören. Die größten österreichischen Klassiker und Romantiker geben sich im Salon Binzer ein Stelldichein. Interieur und verschiedene Lokalitäten in Stifters Romanen und Erzählungen sind geradezu nach dem Salon Emilie von Binzers nachgezeichnet. 1848 übersiedelt Adalbert Stifter nach Linz, kurz darauf folgt die Familie Binzer. Stifter betätigt sich den Freunden zuliebe sogar als Wohnungsvermittler. Er entscheidet sich für das Eckhaus auf der Promenade.

In diesem Salon animiert der Sohn des Ehepaares Binzer, der Maler Carl von Binzer, den Dichter Adalbert Stifter, der seit 1853 Landeskonservator ist, zu einer Pioniertat. Die erste Restaurierung des gotischen Flügelaltars von Kefermarkt ist ein Beispiel dafür, dass die romantischen Ideen des Biedermeier-Salons Binzer zu konkreten Resultaten führen.

Noch im Alter faszinierend

„Er kam abends oft zu uns", erinnert sich Emilie von Binzer, „setzte sich mit der Versicherung hin, daß er nur kurze Zeit bleiben könne, und – blieb drei Stunden sitzen. Er sprach dann fast ununterbrochen. Er war in diesen Gesprächen so anziehend und fesselnd, wie in irgendeiner seiner Erzählungen; ein Unterschied waltete aber vor: Er schrieb das beste Deutsch, machte auch im Sprechen nie einen grammatikalischen Fehler, während seine Aussprache das meistmögliche Oberösterreichisch war."

Am 9. Februar 1891, kurz vor ihrem 90. Geburtstag, stirbt Emilie Freifrau von Binzer in München, wohin sie ihrem Sohn gefolgt ist und wo sie noch im Greisenalter die Aufmerksamkeit eines berühmten Mannes, des romantischen Königs Ludwig II, auf sich ziehen konnte.

In Linz ist sie zu dieser Zeit längst vergessen.

Rudolf Lehr

Gefährdung der Sittlichkeit

„Rudigier setzte klare Prioritäten: etwa waren ihm moralische Anliegen wichtiger als soziale. 1853 soll er die Entlassung unehelicher Mütter wegen Gefährdung der Sittlichkeit von der Direktion der Lambacher Flachspinnerei gefordert haben."

Harry Slapnicka in „Die Bischöfe von Linz", Linz, 1985.

Bischof Aichern über Rudigier

„Es gibt gerade in der Geschichte unseres Landes Beispiele dafür, wie schnell die Kirche oder ihre Amtsträger der Feindschaft und Verfolgung ausgesetzt waren, wenn sie sich nicht beugten oder ihr eigenes Engagement aus dem Glauben heraus vertraten. Ich denke da an Bischof Rudigier."

Diözesanbischof Maximilian Aichern, in: „Oberösterreichische Nachrichten", 15. 7. 2003.

Franz Joseph über Rudigier

„Ein guter Bischof, aber kein kommoder."

Kaiser Franz Joseph über Bischof Rudigier.

Warum die Polizei Bischof Rudigier abführte

„Jessas, das auch noch!", rief entsetzt der Linzer Gemeindesekretär Eduard Thum, als Bischof Franz Joseph Rudigier darauf bestand, sein geistliches Kleid anzulegen, bevor er von zwei Polizisten abgeführt wurde. An diesem 5. Juni 1869 flog die Nachricht durchs ganze Land, bis ins letzte Dorf, bis zur höchsten Alm: Der Bischof von Linz im vollen Ornat von Wachleuten angepackt, als wär's ein ertappter Dieb!

Der Dichter Hermann Bahr war zu dieser Zeit noch ein Kind, er war 21, als Rudigier starb. Niemand hat jedoch bisher so eindringlich geschildert, was sich im Bischofshof in der Herrenstraße nur ein paar Schritte von Bahrs Geburtshaus entfernt an diesem Tag ereignete.

Hermann Bahr (1863–1934) hatte zum streitbaren und umstrittenen Linzer Bischof Rudigier von seiner Linzer Kindheit an eine besondere Beziehung: Der Vater war im oberösterreichischen Landtag mehrfach als Hauptredner gegen den Bischof aufgetreten. Dem altklugen Knaben wurde so der politische Kampf zur häuslichen Angelegenheit, „und er hätte den Bischof hassen mögen, wenn er ihn nicht hätte lieben müssen, von klein auf ja zur Ehrfurcht vor dem geistlichen Oberhaupt erzogen".

Wir folgen bei der Schilderung der Ereignisse vorerst weitgehend den Schilderungen Hermann Bahrs:

Um die Mittagszeit fuhr beim Bischofshof eine Kutsche vor, der der Bürgermeister von Linz, Viktor Drouot, entstieg, begleitet

Bischof Franz Joseph Rudigier. Ölgemälde aus dem 19. Jahrhundert.

vom Gemeindesekretär Eduard Thum. (Es war das Amt, das dem heutigen Magistratsdirektor entspricht.)

„Die Herren hatten es sichtlich eilig und hätten's lieber schon hinter sich gehabt. Doch mußten sie sich gedulden, der Bischof war vom Pöstlingberge noch nicht zurück, wo er in der Wallfahrtskirche am Altar der schmerzhaften Mutter die hl. Messe las, in Erinnerung, daß er vor sechzehn Jahren an diesem Tage zum Bischof geweiht worden war."

Als er kam, ließ er gleich den Bürgermeister vor und schloss sich mit ihm ein. Endlich öffnete sich die Tür, der Bürgermeister kam unwirsch zurück und sprach zu seinem Sekretär: „Es ist alles umsonst!"

Indessen hatte der Bischof das Domkapitel holen lassen und erklärt, nur der Gewalt zu weichen.

Mit Rochett, Mozetta und Birett angetan, kam der Bischof und fragte den Sekretär: „Ich bin fertig, aber wo ist die Gewalt?"

„Ich wünsche, daß man mich fasse!"

Der Sekretär rief, die Wachmänner traten ein und standen verlegen da, der Sekretär fragte:

„Was wünschen Bischöfliche Gnaden jetzt, daß geschehen soll?"

„Ich wünsche", antwortete der Bischof, „daß man mich bei beiden Armen fasse!"

Da legte die Polizei Hand an den Bischof von Linz.

„Seit Österreich besteht", kommentierte Bahr diese Vorfälle, „war in unseren Landen niemals dem katholischen Glauben ein solcher Schimpf, niemals einem geweihten Manne so schmähliches Leid angetan, niemals ein Diener Gottes so bitter gekränkt worden."

Franz Joseph Rudigier (1811–1884), an den heute die von der Mozartkreuzung zum Neuen Dom führende Straße erinnert, ist im Bewusstsein der Bevölkerung als Dombauherr lebendig, auch als Förderer Anton Bruckners. Was sich im Jahre 1869 abspielte, ist dagegen weitgehend unbekannt.

Ein politischer Bischof

Er ist ein politischer Bischof, das steht außer Zweifel. 23 Jahre sitzt er als Abgeordneter im Landtag, wobei er als einziger eigentlich nicht „abgeordnet" ist. Sein Landtagssitz steht ihm als Diözesanbischof zu. Kräftig greift Rudigier ins politische Geschehen ein, im Landtag, auf den Kanzeln. Rudigier ist ein erbitterter Gegner aller Liberalisierungsbestrebungen und der seit der Aufhebung des Konkordats bestehenden Gesetze, mit denen die Kirche manche Vorrechte einbüßte. In der heftig geführten Auseinandersetzung mit dem Staat ist er der Wortführer der Kirche, mit einem Hirtenbrief setzt er 1868 nach Meinung der Behörden den Tatbestand des „Verbrechens der Störung der öffentlichen Ruhe".

Mit aller Schärfe wendet sich der Bischof gegen die Zivilehe und gegen die Trennung der Kirche von der Schule und behauptet,

Schauplatz eines Zwischenfalls, der ohne Beispiel ist, aber auch Zentrum des Kampfes der Kirche für ihre Rechte und gegen den aufkommenden Liberalismus, war in den siebziger Jahren der Linzer Bischofshof.

Aus der Anklage

„... daß er in Druckwerken zur Verachtung und zum Hasse gegen die Regierung und Staatsverwaltung aufzureizen und zum Ungehorsam, zur Auflehnung und zum Widerstande gegen die Gesetze aufzufordern, anzueifern und zu verleiten sucht. Ein solches Vorgehen begründet nach Lehre des § 65a und b StG. das Verbrechen der Störung der öffentlichen Ruhe.“

Liebe zu Oberösterreich

„Ich liebe das Land und Volk wenigstens so wie ein geborener Oberösterreicher.“

Franz Joseph Rudigier, Landtagsprotokoll vom 27. 2. 1863.

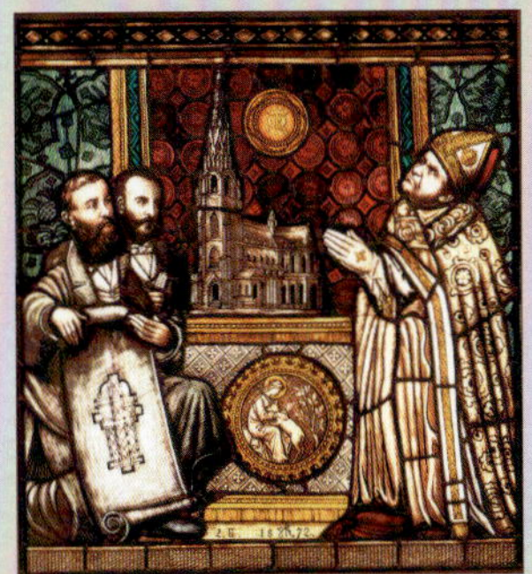

Dieses Glasgemälde aus dem Jahr 1872 zeigt Bischof Rudigier mit dem Linzer Dom.

Warum die Polizei Bischof Rudigier abführte

dass in den österreichischen Staatsgesetzen „die Lüge ihre ganze Kraft erprobt“.
Wenn ein Gesetz im Widerspruch zum göttlichen Willen steht, sollte man es nicht befolgen. So steht es, sprachlich etwas umständlich, aber doch unmissverständlich im Hirtenbrief.
Worin wird nach Rudigiers Meinung der göttliche Wille verletzt? Durch die Trennung von Schule und Kirche sei „die Entchristlichung der Jugend“ beabsichtigt. Zum Gesetz über die Zivilehe erklärt Rudigier rundweg, sie sei „ungültig“. Er nennt sie „etwas ganz Verwerfliches“, „Abscheuliches“, „ein ganz unsittliches Verhältnis“, „ein pures Concubinat“. Die in einer Zivilehe Lebenden „sind öffentliche Sünder“.
Andersgläubige hasst Rudigier über den Tod hinaus: Der katholische Friedhof ist eine von der Kirche geweihte Stätte und für die Leichname ihrer Gläubigen da, „welche da der Auferstehung harren“.
Den Vorwurf der Lüge hätte man vielleicht noch hingenommen, der öffentliche Aufruf, die Gesetze nicht zu beachten, ist den Hütern der staatlichen Ordnung jedoch zuviel. Der Hirtenbrief wird von der Polizei beschlagnahmt, auf Weisung der Staatsanwaltschaft ist eine Untersuchung einzuleiten. Am 11. Mai 1869 erhält Rudigier ein Schreiben des Untersuchungsrichters, sich bei Gericht zu einer Einvernahme einzufinden.
Rudigier erscheint nicht. Ein weltliches Gericht sei für ihn nicht zuständig, erklärt er. Daraufhin geht der Untersuchungsrichter höchstpersönlich zum Beschuldigten. Im Bischofshof legt der Untersuchungsrichter einen Vorführungsbefehl vor und will den Bischof zum Gericht begleiten.
Rudigier geht nicht mit.
Daraufhin muss als Chef der städtischen Polizei der Bürgermeister einschreiten. Er tut das wie geschildert, mit allem Respekt, aber natürlich erregt es ungeheures Aufsehen, als der Bischof in der Kutsche des Polizeichefs zum Gericht gebracht wird.
Er werde dem Gericht nicht Rede und Antwort stehen – das ist alles, was Rudigier sagt.
Am 12. Juli 1869 findet die Schwurgerichtsverhandlung statt. Rudigier erscheint nicht. „Ist er schuldig, daß er in Druckwerken zum Ungehorsam gegen die österreichischen Staatsgesetze vom 25. Mai 1868 zu verleiten versucht habe?“ so lautet eine der Fragen an die Geschworenen. Diese Frage wird einstimmig bejaht.

Sofort vom Kaiser begnadigt

Daraufhin wird Franz Joseph Rudigier, Diözesanbischof von Linz, wegen des „versuchten Verbrechens der Störung der öffentlichen Ruhe zu Kerker in der Dauer von 14 Tagen“ verurteilt. Am nächsten Tag schon erfolgt die Begnadigung durch den Kaiser.
Die politische Tätigkeit des Bischofs ist vielfach kommentiert worden: Demütig von Hermann Bahr. Polemisch von Zeitgenossen: In der „Tages-Post“ ist zum Tode Rudigiers zu lesen, „daß dieser Mann und seine Prinzipien dem Lande Oberösterreich kein Glück gebracht haben“. Sachlich von den Historikern: Harry Slapnicka stellt fest, dass dieser Bischof zweifellos „eine gewisse Veranlagung zum Märtyrer“ mit sich brachte.
In seiner bischöflichen Residenz stirbt Franz Joseph Rudigier am 29. November 1884, in jenem Haus, das der schönste barocke Profanbau von Linz ist, geschaffen von Jakob Prandtauer, dem Meister von Melk, St. Florian, Kremsmünster.

Sein Plan, sein Lebenswerk, seine letzte Ruhestätte: der Mariä-Empfängnis-Dom in Linz.

Der Bischofshof ist mit dem Namen Rudigier in ganz besonderer Weise verbunden: Hier erlebte dieser Bischof in den mehr als drei Jahrzehnten seines Wirkens Siege und Niederlagen. Rudigier war es auch, der den Bischofshof dem Stift Kremsmünster abkaufte und damit dem Bistum, wie er erklärte, „ein rechtmäßiges eigenes Haus“ sicherte. In diesem Haus reifte schließlich der Plan für den Mariä-Empfängnis-Dom, den Neuen Dom – im 19. Jahrhundert der größte Kirchenbau in der Österreichisch-Ungarischen Monarchie.
In diesem, seinem Dom, fand Franz Joseph Rudigier die letzte Ruhestätte, hier wartet er auf seine Seligsprechung.

Rudolf Lehr

Wie schon drei Jahre zuvor steigt auch 1872 die Donau wieder aus den Ufern.

Kaiserliches Lob

„Seine Majestät geruhten sich teilnahmsvoll für das Emporkommen der Stadt Linz auszusprechen."

„Tages-Post", 16. 9. 1873.

Auf dem Schafberg

„Die Gebiete, die wir hier überschauen, gehören Ländern an, so unermeßlich weit ist der Horizont. Berge, die in Böhmen stehen, in Kärnten und Bayern, umfassen wir mit raschem Auge; es fehlt kaum ein berühmter Name in der ungeheuren Rundsicht. Das ‚Tote Gebirg' und die Dachsteingruppe richtet seine Gigantenmauer empor, nicht weit von ihm das Höllengebirge und der Traunstein. Dort ragt die kolossale Bergeswelt über dem Königssee

Kalender

1871

15.3. Verbot einer vom „Liberal-politischen Verein" geplanten deutschen Sieges- und Friedensfeier.

11.8. Der deutsche Kaiser Wilhelm I. (1797 bis 1888) fährt gemeinsam mit dem österreichischen Kaiser Franz Joseph I. (1830–1916) auf dem festlich geschmückten Dampfer „Elisabeth" von Gmunden nach Ebensee.

19.7. Großbrand in Braunau: 14 Häuser werden zerstört.

19.8. Friedrich Simony (1813–1896) schildert dem Literaturhistoriker Emil Kuh (1828–1876) seine Begegnung mit Adalbert Stifter und beschreibt auch, wie bei einem Spaziergang der beiden Männer Stifter die Idee für die Erzählung „Der heilige Abend" (später „Bergkristall") hatte.

28.–30.9. Pedro II. (1825–1891), Kaiser von Brasilien, Sohn der Habsburgerin Leopoldine (einer Schwester des 1848 abgedankten österreichischen Kaisers Ferdinand I.), ist mit seiner Frau, Kaiserin Donna Theresa Christina, in Ischl.

2.–5.9. Landtagswahlen.

14.9. Für drei Monate wird während der konservativen Landtagsmehrheit der Großgrundbesitzer Julius Graf von Falkenhayn (1829–1899) Landeshauptmann von Oberösterreich. →

24.9. Erste Ausfahrt des neuen Traunsee-Raddampfers „Gisela".

In Gmunden wird der neue Seebahnhof der Bahnstrecke Lambach–Gmunden eröffnet.

7.11. In Steyr protestieren 500 Arbeiter vor dem Rathaus gegen eine geplante Bierpreiserhöhung.

11.–14.12. Landtagswahlen.

Gründung der Österreichischen Baugesellschaft mit Sitz in Linz.

Gründung der „Kleinmünchner Aktiengesellschaft für mechanische Spinnerei und Weberei".

Kronprinz Rudolf. „Die edelste der Perlen, die Österreich, die unser Kaiser besitzt", schreibt das „Linzer Volksblatt" 1871 anlässlich eines Aufenthaltes des 13jährigen Kaisersohnes in Linz.

Höchster Besuch im Linzer Landschaftlichen Theater: Am 14. September 1873 gibt es für Kaiser Franz Joseph eine Festvorstellung, die dieser nach einer halben Stunde verlässt. Am 16. Oktober 1871 sitzt Seine kaiserliche Hoheit, der 13jährige Kronprinz Rudolf, in der Ehrenloge. (Gemälde von Otto Nowak, 1912.)

1872

4.2. In Oberösterreich wird ein Nordlicht beobachtet.

Februar. Das Hochwasser in Linz reicht bis zur Dreifaltigkeitssäule auf dem Hauptplatz.

6.5. In Ried kommt es wegen einer Bierpreiserhöhung zu Krawallen.

22.6. Eröffnung des Gmundner Stadttheaters.

21.9. Uraufführung der Operette „Das Orakel zu Delphi (Kleopatra)" von Carl Michael Ziehrer im Linzer Landestheater.

2.12. Eröffnung der Linzer Eisenbahnbrücke.

15.12. Letzte Fahrt auf der Pferdeeisenbahn Linz–Budweis.

Gründung des Oberösterreichischen Volksbildungsvereins. → S. 418

1873

16.3. In Haslach brennen 15 Häuser ab.

2.4. Im Reichstag ist Oberösterreich mit 17 (früher 10) Abgeordneten vertreten.

5.5. Eröffnung des humanistischen Gymnasiums Linz (Spittelwiese).

20.5. Beginn der Schifffahrt auf dem Wolfgangsee mit dem Dampfschiff „Kaiser Franz Joseph I."

22.6. Die Industrie- und Kommerzialbank in Linz stellt nach dem Zusammenbruch der Wiener Börse ihre Zahlungen ein.

1.7. Der Linzer Diözesanbischof Rudigier (1811 bis 1884) und der Linzer Bürgermeister Karl Wiser (1800–1889) beraten nach dem Börsenkrach Maßnahmen zum „Schutz für die Ersparnisse der Fleißigen und für den Notpfennig der Alten und Gebrechlichen".

30.7. Seine persische Majestät, Schah Nasir od-Din (1848–1896), lässt sich auf der Durchreise eine Stunde in Linz huldigen und äußert dabei den Wunsch, „die Damen mögen nicht in den Hintergrund gedrängt werden, damit sie ihn besser sehen können".

10.8. Stadl-Traun und Stadl-Hausruck werden zur Gemeinde Stadl-Paura vereinigt.

8.9. In Gutau brennen 14 Häuser ab.

14./15.9. Kaiser Franz Joseph in Linz: Festvorstellung im Landestheater, Manöverbesuch, Besichtigung des Gymnasialgebäudes Spittelwiese und der Landesirrenanstalt Niedernhart.

20.12. Die Bahnstrecke Linz–Gaisbach-Wartberg–Freistadt wird dem Verkehr übergeben.

Gründung der k. k. Fachschule für Holzschnitzerei und Marmorbearbeitung in Hallstatt.

1874

13.3. Oberösterreich erhält eine „Dienstbotenordnung".

28.3. Innerhalb einer Stunde stehen in Braunau 120 Häuser in Flammen. Im Rathaus werden unersetzliche Dokumente zerstört.

30.3. Gründungsversammlung der Sektion Linz des Deutschen und Österreichischen Alpenvereins.

Landeshauptmann für drei Monate (14. September bis 18. Dezember 1871) ist Julius Graf von Falkenhayn (1829–1899). Gemälde aus dem Jahr 1871.

mit ihren wunderbaren sagenhaften Namen: das ‚Steinerne Meer' und die ‚Übergossene Alm', der Hohe Göll und der Untersberg. Ja, sie sind steinern und leblos, aber zwischen ihnen liegt die blaue Woge gefangen, bald traurig-schön, bald heiter lachend im vollen Lichte. Sie gießt ihr flüssiges Leben durch dies Gestein und selbst die greisen Häupter tragen noch einen Widerschein von jener Poesie, die auf dem Grunde der Wogen ruht. Sie schauen uns anders an, wenn die schmiegsamen Elfen des Bergsees zu ihren Füßen spielen, als wenn sie einsam wären, ohne Welle, nur das schroffe unerbittliche Gestein!

Von dem Gipfel, auf dem wir stehen, schweift der Blick über zahlloses Gewässer hin. Mehrere kleine Hochseen, die in den zerklüfteten Kesseln des Berges selber liegen, reichen beinahe bis in die Hälfte des Wegs empor. Drunten aber liegen die mächtigen Genossen, bald in träumerischem Schlafe, bald in lichtem bewegten Wellenspiegel. So ist der Mondsee und Attersee und jener, der unter dem Schutze St. Wolfgangs steht."

Karl Stieler (1842–1885) in dem 1873 „Seiner Majestät König Ludwig II. von Bayern" gewidmeten und gemeinsam mit Herman Schmid (1815–1880) herausgegebenen Buch „Wanderungen im Bayerischen Gebirge und im Salzkammergut".

1.5. Krawalle vor dem Hatschek'schen Brauhaus in Linz wegen Erhöhung des Bierpreises.

6.6. Die „Allgemeine Oberösterreichische Arbeiterkrankenkasse in Linz" wird gegründet.

14.6. Eröffnung einer Schwimmschule in Steyr.

7.–17.8. Auf Vorschlag des schwedischen Kulturhistorikers und Archäologen Hans Hildebrand (1842–1913) wird auf einem internationalen Anthropologen- und Archäologen-Kongress in Stockholm beschlossen, die ältere Eisenzeit (800–400 v. Chr.) nach dem reichsten prähistorischen Fundort nördlich der Alpen als Hallstattzeit zu bezeichnen.

31.8. In Steyr stürmen die Arbeiter das Haus eines Feilenhauers. Ursache des Aufruhrs ist die Delogierung eines Arbeiters. 280 Pioniere aus Linz werden gegen die Aufrührer eingesetzt.

17.10. Erster gedruckter Bericht des Katholischen Preßvereins: eine Schnellpresse wurde gekauft.

29.11. Eröffnung der Handels- und Gewerbefortbildungsschule Wels.

Errichtung einer Fachschule für Eisenindustrie in Steyr.

1875

1.2. Der Attersee wird öffentliches Gut.

13.2. Arbeiterunruhen in Mauthausen.

29.3. Josef Kotzky wird Linzer Theaterdirektor. → 1881

9.5. Gründung des ersten katholischen Arbeitervereins Oberösterreichs in Steyr.

30.5. Mit Böllern und Bürgerkapelle, Sekt und Salinenmusik feiert Ischl die Eröffnung des neuen Kurhauses.

2.7. Errichtung des Ehrengrabs für Franz Stelzhamer (1802–1874) in Henndorf bei Salzburg. Hier ruhen auch Stelzhamers Frau Therese (1836–1911), seine Kinder Luzian (1867–1933) und Rosa Kuntschik-Stelzhamer (1871–1952) sowie der Enkel Franz Stelzhamer (1900–1985).

13.9. Der Bauplatz für die Simonyhütte auf dem Dachstein wird bestimmt.

Geburtstage

1871

Enrica von Handel-Mazetti. Schriftstellerin. Geboren 10. 1. 1871 in Wien. (Gestorben 8. 4. 1955 in Linz.) → S. 386

Wilhelm Höhnel. Maler. Geboren 19. 3. 1871 in Linz. (Gestorben 31. 3. 1941 in Linz.)

Friedrich Frank. Maler. Geboren 23. 8. 1871 in Frankenmarkt. (Gestorben 29. 6. 1945 in Werfenweng.)

Konrad Schiffmann. Historiker und Bibliothekar. Geboren 25. 8. 1871 in Grieskirchen. (Gestorben 12. 3. 1941 in Linz.)

Franz Karl Ginzkey. Schriftsteller. Geboren 8. 9. 1871 in Pola, Istrien. (Gestorben 11. 4. 1963 in Wien.) Seit 1944 in Seewalchen am Attersee. → 1963

Sepp Huber. Priel-Pionier. Geboren 19. 12. 1871 in Enns. (Gestorben 15. 12. 1952 in Wels.) → 1952

1872

Eduard Bloch. Linzer Hausarzt von Hitlers Mutter Klara. Geboren 30.1.1872 in Frauenberg an der Moldau. (Gestorben 1. 6. 1945 in New York.) → S. 293, 344

Moritz Vogelgesang. Arzt. Geboren 17. 2. 1872 in Hazdorf (Reichenberg), Böhmen. (Gestorben 15. 6. 1912 in Losenstein.) Namensgeber der „Vogelgesangklamm". → 1905

Justin Wöhrer. Titularabt von Säusenstein. Geboren 4. 3. 1872 in Traberg. (Gestorben 18. 12. 1943 in Apolo, Bolivien.) → 1943

Frida Uhl. Schriftstellerin, zweite Gattin von August Strindberg. Geboren 4. 4. 1872 in Mondsee. (Gestorben 28. 6. 1943 in Salzburg.) → S. 269, 357

Rudolf Lampl. Rechtsanwalt. Geboren 11. 10. 1872 in Urfahr. (Gestorben 24. 6. 1948 in Linz.) Präsident des Bundesverbandes der Freiwilligen Feuerwehren Österreichs.

Mauriz Balzarek. Architekt. Geboren 21. 10. 1872 in Türnau, Mähren. (Gestorben 17. 2. 1945 in Linz.) Jugendstil- und Sachlichkeit-Baumeister. → 1907

Rudolf Graf von Meran. Statthalter von Oberösterreich (1917). Enkel von Erzherzog Johann. Geboren 9. 12. 1872 in Graz. (Gestorben 17. 9. 1959 in Salzburg.) → 1917

1873

Georg Lahner. Höhlenforscher, von Beruf Eisenbahner. Geboren 21. 1. 1873 in Linz. (Gestorben 15. 5. 1963 in Linz.) → S. 297

Franz Dinghofer. Bürgermeister von Linz (1907 bis 1918). Geboren 6. 4. 1873 in Ottensheim. (Gestorben 12. 1. 1956 in Wien.) → 1907, 1956

Karl Steiger. Letzter Bürgermeister von Kleinmünchen (1919–1923). Geboren 4. 5. 1873 in Linz. (Gestorben 20. 6. 1937 in Linz.)

Gregorius Eisvogel. Erster Trappisten-Abt von Engelszell (1931–1950). Geboren 28. 5. 1873 in Schaffhausen. (Gestorben 19. 11. 1950 in Linz.)

Peter Krenn. Heimatforscher, Maler, Schnitzer. Geboren 14. 6. 1873 in Leonfelden. (Gestorben 5. 5. 1957 in Bad Leonfelden.)

Gustav Streicher. Schriftsteller. Geboren 2. 7. 1873 in Auerbach, Innviertel. (Gestorben 3. 8. 1915 in Bad Hall.) → S. 126

Max Doblinger. Historiker, Direktor des steiermärkischen Landesarchivs. Geboren 18. 9. 1873 in Perg. (Gestorben 15. 8. 1965 in Aschach/D.)

Augustin Popp. (Heinrich Suso Waldeck). Schriftsteller. Geboren 3. 10. 1873 in Wscherau bei Pilsen. (Gestorben 4. 9. 1943 in St. Veit i. M.)

Michael Valentin Zeileis. Begründer des Zeileis-Instituts für elektro-physikalische Therapie in Gallspach. Geboren 7. 10. 1873 in Wachenroith, Bayern. (Gestorben 17. 7. 1939 in Gallspach.)

1874

Walter Franck. Großindustrieller. Geboren 13. 1. 1874 in Ludwigsburg. (Gestorben 21. 7. 1967 in Linz.)

Carl Anton Reichel. Maler und Zeichner. Geboren 5. 4. 1874 in Wels. (Gestorben 25. 10. 1944 in Wien.)

Eduard Euller. Sozialdemokratischer Politiker. Bürgermeister von Linz (1929–1930). Geboren 20. 4. 1874 in Linz. (Gestorben 15. 11. 1935 in Linz.)

Franz Berger. Historiker. Geboren 23. 9. 1874 in Ried im Innkreis. (Gestorben 6. 3. 1953 in Linz.) Arbeiten über die Rieder Stadtgeschichte.

Johannes Schober. Bundeskanzler, Vizekanzler, Außenminister in der Ersten Republik, Wiener Polizeipräsident. Geboren 14. 11. 1874 in Perg. (Gestorben 19. 8. 1932 in Baden bei Wien.) → 1932

1875

Josef Wokral. Steyrer Bürgermeister (1919 bis 1926). Geboren 26. 1. 1875 in Wien. (Gestorben 2. 4. 1926 in Steyr.)

Josef Hafner. Lehrer und Politiker. Geboren 20. 2. 1875 in Mattighofen. (Gestorben 4. 3. 1932 in Bad Ischl.) Erster sozialdemokratischer Landtagsabgeordneter.

Anton Hanak. Bildhauer. Geboren 22. 3. 1875 in Altbrünn. (Gestorben 7. 1. 1934 in Schloss Hetzendorf.) „Volksgartenmitzi" → 1908

Heinrich Kandl. Arbeiterkammerpräsident (1946 bis 1959) Geboren 15. 7. 1875 in Riegerschlag, Böhmerwald. (Gestorben 30. 12. 1968 in Linz.)

Karl Schappeller. Tischler, Postmeister, Erfinder, Schlossherr. Geboren 18. 7. 1875 in Aurolzmünster. (Gestorben 13. 7. 1947 in Aurolzmünster.) → 1927

Eduard Weisse. Landschaftsmaler. Geboren 23. 7. 1875 in Prag. (Gestorben 18. 4. 1931 in Linz.)

Heinrich Hagin. Direktor des Linzer Landestheaters (1924–1925). Geboren 3. 8. 1875 in Ludwigshafen. (Selbstmord 4. 9. 1925.)

Karl Mayer-Freinberg. Schriftsteller. Geboren 24. 8. 1875 im Bummerlhaus Steyr. (Gestorben 17. 8. 1949 in Steyr.)

Gregor Goldbacher. Mundartdichter. Geboren 10. 10. 1875 in Steyr. (Gestorben 22. 8. 1950 in Steyr.)

Franziska Fürstin von Starhemberg. Christlichsoziale Politikerin. Geboren 24. 10. 1875 in Wien. (Gestorben 27. 4. 1943 in Bad Darkau, Oberschlesien.) 1920–1931 im Bundesrat. → 1920

Die Lokomotive „Wels" der Bahn Lambach–Gmunden.

Schwimmschule

„Ich gebe mir hiemit die Ehre anzuzeigen, daß die von mir neuerbaute Schwimm- und Badeanstalt im Josefstal am 14. Juni a. c. eröffnet und der allgemeinen Frequenz übergeben werden wird und überreiche im Beischlusse die bezügliche Kundmachung zur gefälligen Kenntnisnahme. Herr Karl Langer wird diese Anstalt verwalten und mich eventuell darin vertreten."

Steyr, 28. Mai 1874. Achtungsvoll Josef Werndl.

Fremdes Mannvolk

„Böse Zungen hatten einst behauptet, der Bau der Eisenbahn in den siebziger Jahren, der viel fremdes Mannvolk ins Land brachte, hätte den Nachwuchs günstig beeinflußt."

Carl Schraml (1862–1946) zum Thema Kretinismus im inneren Salzkammergut. („Das österreichische Salinenwesen", Band III., Wien 1936.)

Todestage

1871

Josef Wallhamer. Maler. Gestorben 5. 1. 1871 in Vöcklabruck. (Geboren 27. 1. 1821 in Wolfsegg.)

Karl Zappe. Dom- und Stadtpfarrkapellmeister. Gestorben 15. 6. 1871 in Linz. (Geboren 1. 9. 1812 in Prag.)

Johann Fischbach. Maler. Gestorben 19. 6. 1871 in München. (Geboren 5. 4. 1797 in Schloss Grafenegg bei Krems.) 1852: Ansichtsfolge von Salzburg und Oberösterreich.

Joseph Gaisberger. Theologe, Historiker, Numismatiker. Gestorben 5. 9. 1871 in St. Florian bei Linz. (Geboren 6. 1. 1792 in Maria-Brunnenthal bei Schärding.) Vater der Archäologie in Oberösterreich.

Franz Honauer. Industrieller und liberaler Politiker. Gestorben 26. 12. 1871 in Linz. (Geboren 31. 8. 1806 in Geisheim, Bayern.) Er baute die „k. k. Baum- und Schafwollfabrik" aus und beschäftigte mehr als tausend Heimweber aus dem Mühlviertel und aus Böhmen. Kinderlos und erblindet, stiftete er sein Vermögen für den Ausbau des Linzer Krankenhauses und für die Errichtung eines Blindeninstituts.

1872

Franz Glöggl. Musikverleger. Gestorben 23. 1. 1872 in Wien. (Geboren 2. 4. 1796 in Linz.) Sohn des Linzer Stadtmusik-Direktors Franz Xaver Glöggl (1764–1839). → S. 200

Franz Xaver Pritz. Augustiner-Chorherr. Historiker. Gestorben 22. 3. 1872 in Ansfelden. (Geboren 4. 11. 1791 in Steyr.)

Jodok Stülz. Propst von St. Florian (1859–1872), Historiker, Politiker. Gestorben 28. 6. 1872 in Badgastein, begraben in St. Florian. (Geboren 23. 2. 1799 in Bezau, Vorarlberg.) Abgeordneter im Frankfurter Parlament (1848) und im oberösterreichischen Landtag (1861–1867). K. k. Reichshistoriograph.

Leopold Zinögger. Blumen- und Landschaftsmaler. Gestorben 22. 7. 1872 in Linz. (Geboren 26. 6. 1811 in Linz.)

Theoderich (Georg) Hagn. Abt des Stiftes Lambach (1858–1872). Gestorben 29. 8. 1872 in Lambach. (Geboren 23. 3. 1816 in Griesbach, Bayern.) → S. 149

Jakob Alt. Maler und Zeichner. Gestorben 30. 9. 1872 in Wien. (Geboren 27. 9. 1789 in Frankfurt am Main.) Vater von Rudolf von Alt (1812 bis 1905). Zahlreiche Oberösterreich-Ansichten.

Peter Rittinger. Salinenbeamter, Erfinder. Gestorben 7. 12. 1872 in Wien. (Geboren 23. 1. 1811 in Neutitschein, Mähren.) → S. 235

1873

Reinhold Körner. Liberaler Politiker, Linzer Bürgermeister (1850–1854, 1861–1867). Gestorben 11. 2. 1873 in Linz. (Geboren 11. 3. 1803 in Linz.) → 1850

Carl Schmutz. . Naturforscher und Topograph. Gestorben 20. 4. 1873 in Linz. (Geboren 1. 1. 1787 in Freundsberg, Gemeinde Scheifling, Steiermark.) → S. 206

Josef Netwald. Liberaler Politiker. Gestorben 23. 9. 1873 in Frohnleiten. (Geboren 1813 in Graz.) Arzt, Lehrer, erster Chefredakteur der „Tages-Post" (1866–1869). → S. 244

1874

Johann Georg Ramsauer. Entdecker des Hallstätter Gräberfelds. Gestorben 1. 1. 1874 in Linz. (Getauft 7. 3. 1795 in Hallstatt.) → S. 224

Johann Georg Kaiser. Büchsenmacher, Graveur. Gestorben 13. 5. 1874 in Kremsmünster. (Geboren 30. 5. 1780 in Kremsmünster.)

Franz Stelzhamer. Oberösterreichs größter Mundartdichter. Gestorben 14. 7. 1874 in Henndorf bei Salzburg. (Geboren 29. 11. 1802 in Piesenham bei Ried.) → S. 255

1875

Johann Adam Klein. Maler, Radierer, Lithograph. Gestorben 21. 5. 1875 in München. (Geboren 24. 11. 1792 in Nürnberg.) Salzkammergut-Bilder.

Augustin Reslhuber. Abt und Direktor der Sternwarte Kremsmünster. Gestorben 25. 9. 1875 in Kremsmünster. (Geboren 5. 6. 1808 in Saaß bei Garsten.)

Thomas Ender. Maler. Gestorben 28. 9. 1875 in Wien. (Geboren 4. 11. 1793 in Wien.) Schuf zahlreiche Bilder vom Salzkammergut.

Rudolf Jungmair. Mundartdichter. Gestorben 25. 12. 1875 in Vöcklabruck. (Geboren 23. 10. 1813 in Ebenzweier.)

Der Liberale Figuly

Eine der markantesten Persönlichkeiten der liberalen Epoche war Ignaz Karl Figuly von Szep, Rechtsanwalt, Handelskammersekretär, Abgeordneter zum Reichstag und Landtag. (Gestorben 15. 7. 1875 in Linz, geboren 2. 9. 1807 in Wien.)

Das Zeileis-Institut in Gallspach. Michael Valentin Zeileis, Begründer des nach ihm benannten Instituts für elektro-physikalische Therapie in Gallspach, wird 1873 geboren.

Konfessionslos

25. April 1871. Großes Aufsehen verursacht in Steyr der erste konfessionslose Kondukt eines ungetauften Fabriksarbeiterkindes. Trotz der Weigerung des Pfarrers wird das Kind im Friedhof beerdigt.

11 Lehrerinnen

Weibliche Lehrpersonen gehören in dieser Zeit noch zu den großen Ausnahmen. Im Jahr 1871 gibt es im Land Oberösterreich insgesamt 853 Lehrer: 842 Männer und 11 Frauen.

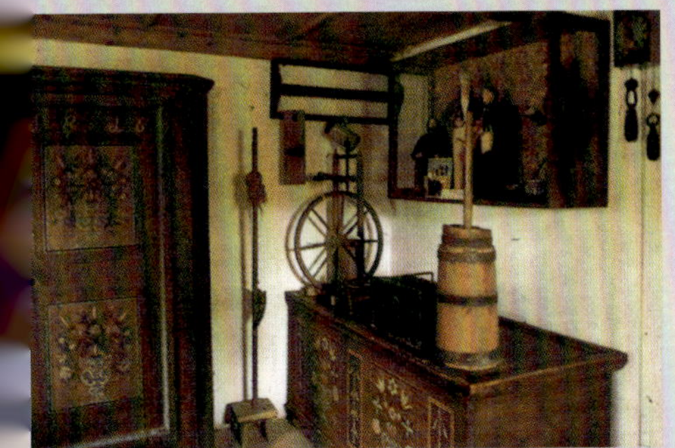

Das „Müadastübl“ im Geburtshaus Franz Stelzhamers.

Legende und Wahrheit

„Dem Andenken des Dichters kann nicht mit Legendenbildung, sondern mit der reinen wissenschaftlichen Wahrheit gedient sein.“

Alois Großschopf (1916–1977) zum 100. Todestag Franz Stelzhamers, „Oberösterreichische Nachrichten“, 13. 7. 1974.

Franz Stelzhamer – unter Denkmalschutz?

Franz Stelzhamer ist nach der landläufigen Meinung der Oberösterreicher der bedeutendste Mundartdichter des Landes. Einige Städte haben ihm ein Denkmal errichtet, nicht wenige Gemeinden eine Straße nach ihm benannt. Die Vereinigung der oberösterreichischen Mundartfreunde hat ihn zu ihrem Namenspatron erwählt. Heimat- und Volkstumsveranstaltungen laufen hierzulande nicht selten unter der Bezeichnung „Stelzhamerabend“. Schließlich ist er auch der Dichter der oberösterreichischen Landeshymne. (→ S. 46) Franz Stelzhamer ist ein oberösterreichisches Denkmal.

Die Lebenszeit des Dichters erstreckt sich von 1802 bis 1874. Er ist also ein Zeitgenosse Adalbert Stifters. Grillparzer ist rund zehn Jahre älter, Peter Rosegger vierzig Jahre jünger. Der Geburtsort ist das Dorf Piesenham bei Ried im Innviertel – daher heißt er auch „Der Franz von Piesenham“. („Der sich vom Dorf den Adel nahm.“) Der Vater ist Schneider und Kleinlandwirt. Gestorben und begraben ist Stelzhamer in Henndorf bei Salzburg.

Schon auf dem Gymnasium in Salzburg zeigte sich die Veranlagung des Dichters: Er konnte sich zu keiner Tätigkeit überwinden, die ihm zuwider war. Als Ersatz für nicht erbrachte Pflichterfüllung und Leistung schuf er sich ein poetisches Phantasiereich. Er studierte unter anderem Jus in Graz und Wien, Theologie in Linz und war eine Weile berufsmäßiger Schauspieler.

„Nebenbei“ Mundartgedichte

Das alles aber war nur Ersatz, denn im Grunde fühlte er sich als Dichter. Er arbeitete für verschiedene Zeitschriften, denen er Gedichte, Geschichten und Novellen in der Hochsprache lieferte. Sie fanden nicht allzu viel Anklang, und auch wir Heutigen können das schriftsprachliche Werk Stelzhamers nur als Durchschnitt einschätzen. Seine Lyrik hat Züge der pathetischen Spätromantik, seine Erzählungen wirken gekünstelt in der Nachfolge Jean Pauls.

Mehr zufällig und nebenbei schrieb Stelzhamer ein paar Mundartgedichte, die bei Freunden spontan Beifall ernteten. Von da an versuchte er sich öfter und öfter in der Mundart, und diese seiner „Lieder“ wurden mit Begeisterung aufgenommen. Er unternahm Vortragsreisen durch ganz Österreich, dann in die größeren Städte ringsum, las wiederholt in Linz, Graz, Wien; in München sogar vor Herzog Max und der Hofgesellschaft, er wurde ein berühmter Mann. Seine Gedichte erschienen nun auch gedruckt. Das alles brachte ihm viel Ehre, aber wenig Geld.

Das Leben Stelzhamers war nicht gerade schön. Er lebte in bitterer Armut. In seinen Briefen geht es ständig um Geld: Gute Freunde werden angepumpt, hochgestellten Persönlichkeiten Bittschriften zugespielt, Schulden immer wieder verlängert. Dabei war er noch nicht einmal der Hauptleidtragende, wenn kein Brot mehr da war. Er ging einfach auf Wanderschaft und war ein genialer Gast in vielen Häusern, seine Familie aber lebte vom Borgen und Betteln. 1862 erhielt Stelzhamer einen jährlichen Ehrensold des Landes Oberösterreich, bald darauf eine Staatspension. Er heiratete ein zweites Mal – seine erste Frau und seine Tochter waren gestorben –, wurde auch noch zweimal Vater und starb 1874 in Henndorf bei Salzburg.

Ein Außenseiter seiner Zeit

Als Kriterium für die Beurteilung eines Künstlers hat einzig sein Werk zu gelten, nicht die moralischen oder bürgerlichen Erfolgsqualitäten seines Lebens. Stelzhamer

Franz Stelzhamer.

Franz Stelzhamers Geburtshaus in Piesenham. Bis heute ist der größte Mundartdichter des Landes für die Oberösterreicher „Der Franz von Piesenham“. Amtlich heißt der Ort nun Großpiesenham, Gemeinde Pramet.

Mein Müaderl

I mag wiedawöll sein,
I mag wiedawöll wern,
Mein Müaderl, dös old,
Had mi dena nuh gern!
'n Müadern eahn Herz
Is an ewiga Brunn,
Und so warm geht's davan
Wiar in Moa vo da Sunn.

Die ersten beiden Strophen des Gedichts, „Franz Stelzhamer's Ausgewählte Dichtungen", Leipzig 1884.

Stelzhamer „mit einem M"

„Stelzhamer hieß ich, mit einem M,
Das war den Leuten stets unbequem,.
Und wie wenig sie gaben fürs Leben her,
Im Namen bekam ich immer mehr."

Aus den „Biographischen Liedern", zitiert in Rich. Plattensteiner: „Franz Stelzhamer zu seinem hundertsten Geburtstag", Wien–Leipzig, 1903.

Franz Stelzhamer – unter Denkmalschutz?

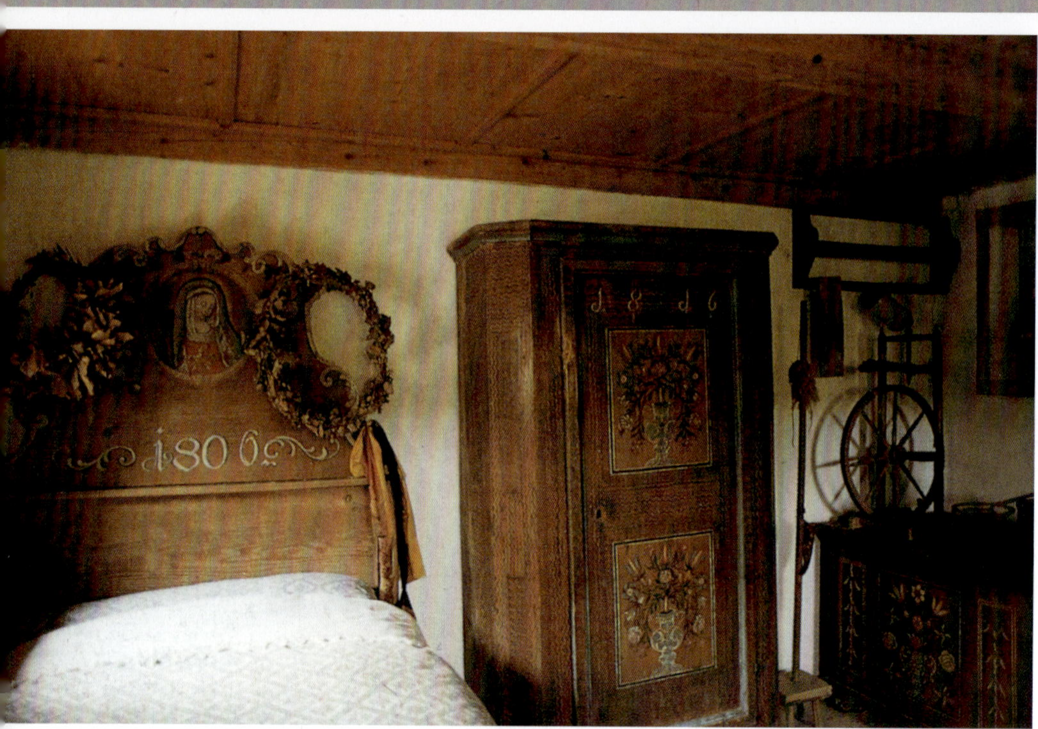

„Wann i brav wir und frum; zwögn da Muader is g'scheha", heißt es in der letzten Strophe des berühmten Stelzhamer-Gedichts vom „Müaderl". Ein Blick ins „Müadastübl".

war seinem innersten Wesen nach eine Künstlernatur, in der nur Ideen und Gedanken eine Rolle spielten, erfüllt von tiefem Nichtverstehen allen äußerlichen Raffens und Strebens, ein Mann, dem die Freiheit über alles ging und dem die Tretmühle der täglichen Pflichterfüllung so unausstehlich war, dass er sie einfach nicht schaffte.

Sicherlich hat Stelzhamer die Auch-Berechtigung einer solchen Lebensauffassung gespürt, aber nie wurde sie ihm zur bewussten Selbstverständlichkeit. Immer litt er unter seiner „Haltlosigkeit" und war voll von guten Vorsätzen. Er war von tiefem Respekt erfüllt vor seinen tüchtigen Eltern, die strebsamen Bauern und Bürger ringsum schienen ihm die Welt darzustellen, wie sie zu sein hat. Und er wollte in diese Welt hinein, immer wieder nahm er einen neuen Anlauf: Er studierte Jus, trat ins Priesterseminar ein, wurde berufsmäßiger Schauspieler, gründete einen bürgerlichen Haus- und Ehestand, bewarb sich um einen Posten im Schulaufsichtswesen von Oberösterreich. Aber alle diese Versuche endeten mit einem Fiasko. Der Franz von Piesenham hielt die geordnete Erfüllung gleichbleibender Berufspflichten nicht aus.

Erst allmählich stellte sich ein ruhigeres Selbstbewusstsein bei ihm ein. Er sah sich als den Baum, der zwar keine Früchte bringt, dafür aber in ewiger Blüte steht – ein wunderbares Bild für das Sein des Künstlers –, und beruhigte sich darüber. Wenn er weiterhin materiellen Gütern nachlaufen musste, dann doch hauptsächlich, um satt zu werden, nicht mehr, um sich selbst zu bestätigen.

Das Beste in unserer Sprache

Es braucht ein wenig Weisheit und Güte, Stelzhamers Leben zu verstehen und gelten zu lassen. Einzigartig aber ist, was für uns allein zählen darf, sein Werk. Es ist auf jeden Fall das Beste und Schönste, was in unserer Sprache gesagt und geschrieben worden ist: unsere Sprache, das ist für den weitaus größten Teil aller Österreicher und Bayern die Mundart.

Das mundartliche Werk Stelzhamers besteht aus ein paar Gedichtbändchen und zwei kurzen Epen. Das ist umfangmäßig sehr wenig. Stelzhamer ist seiner eigentlichen Begabung nach vor allem Epiker. Seine Gedichte zeichnen sich zwar durch ihren Bekenntnischarakter, durch meisterliche Sprachbeherrschung und Wortgewalt aus, sind reich an treffenden Bildern, und beinahe jede Zeile ist – für sich allein betrachtet – gelungen. Trotzdem leiden manche seiner Gedichte an der mangelnden Disziplin des Dichters. Oft wird das angeschlagene Thema nicht konsequent verfolgt, der Dichter lässt sich, plötzlichen Einfällen und Assoziationen folgend, auf Umwege und Abwege locken.

Am besten ist Stelzhamer im Epos. In dieser formal lockeren Dichtungsart darf der Dichter, ohne dem Werk zu schaden, auch Nebenepisoden beliebig nachgehen und kann seine Fabulierlust und -kunst in epischer Breite dahinfließen lassen.

Stelzhamers Zeitgenossen haben den Wert seiner Mundartdichtung anerkannt. Ja von mehreren Persönlichkeiten seiner Zeit liegen uns Zeugnisse begeisterter Zustimmung vor (Adalbert Stifter, Peter Rosegger und andere). Eine seltene Auszeichnung ist schließlich auch der Ehrensold, der ihm vom Land und vom Staat gewährt wurde. Stelzhamers Dichtung war eben anders, neuartig, einmalig! Besonders tiefen Widerhall fand aber Stelzhamer im Volk, dessen Sprache und Denkart hier zum ersten Mal zu künstlerischer Vollendung kam. Und das haben ihm die Leute nie vergessen, nicht bis zum heutigen Tag.

Die Bekanntheit Stelzhamers unter einfachen Leuten ist ein merkwürdiges Phänomen. Und ebenso auffallend ist es, dass sich in der hellen Beleuchtung unseres Zeitalters um einen Menschen noch Legenden ranken können, wie es dem Franz von Piesenham widerfährt. Immer wieder hört man gesprächsweise Episoden aus dem Leben Stelzhamers, die in keiner Biographie stehen und wahrscheinlich erfunden sind.

Ein Großteil der heutigen Menschen kann freilich weder mit Stelzhamer noch überhaupt mit der Mundartdichtung viel anfangen.

Es wäre ungerecht, an Mundartdichtungen einen gütigen Kleinkindermaßstab anzulegen, wie es leider allzu oft geschieht. Es ist daher auch die – in Oberösterreich – kanonisch gewordene Werteinstufung Stelzhamers, nach der er ganz einfach der „größte" Mundartdichter Österreichs sei, immer wieder in Zweifel zu ziehen und zu überprüfen. Wer könnte auch so ein Pfundurteil bestätigen? Das eine freilich steht fest: In Oberösterreich ist bisher kein Dialektdichter über Stelzhamer hinausgewachsen.

Ein Dichter einer toten Sprache?

Infolge des allgemeinen Verfalls unserer Mundarten ergeben sich düstere Prognosen. Der Dichter ist mit seiner Sprache schicksalhaft verkettet: Geht sie unter, wird er vergessen. Und sosehr es einem Leid tun mag: Manche sehen Stelzhamer in irgendwelcher Zukunft nur noch im Bücherschrank weniger Menschen, zwischen Kommentar und Wörterbuch wie Homer und Horaz, Dichter einer toten Sprache.

Gottfried Glechner

Pflichten des Wählers

„Niemand lasse sich von der Ausübung dieses Rechtes abhalten durch Trägheit oder Gleichgiltigkeit; der Staatsbürger muß nun Antheil nehmen an dem öffentlichen Leben; Niemand lasse sich abhalten durch den Gedanken, daß es ja auf seine Stimme nicht ankommen werde."

Bischof Franz Joseph Rudigier (1811–1884) in einem Hirtenbrief „Über die Pflichten bei den politischen Wahlen", 19. August 1878.

Steyr ist konkurrenzlos

„Durch unsere technische Leistung stehen wir in der Qualität der Waffen unerreicht da und haben dort, wo die Qualität entscheidet, keine Konkurrenz zu fürchten."

Josef Werndl (1831–1889) am 23. August 1880 bei der 900-Jahr-Feier der Stadt Steyr.

Stadtpfarrkirche Steyr. Aquarell von Franz Hölzlhuber. 1880.

Kalender

1876

5.1. Die erste Nummer der „Steyrer-Zeitung" erscheint.

28.1. Der Linzer Ruderverein „Ister" hält seine Gründungsversammlung ab.

27.3. Der Neubau der Linzer Lehrerbildungsanstalt in der Honauerstraße wird bezogen. (Architekt ist Karl Stattler.)

1877

11./12.4. Großbrand in Kirchdorf an der Krems.

17.5. Die nach Plänen von Ignaz Scheck (1841 bis 1903) in romanischen Formen erbaute Synagoge von Linz wird eingeweiht. → 1938, 1968

18.5. Großbrand in der Spinnerei Kleinmünchen.

8.8. Zwei Kaiser unternehmen auf dem Hallstätter See eine Rundfahrt: Franz Joseph I. (1830–1916) mit seinem Gast, dem deutschen Kaiser Wilhelm I. (1797–1888).

23.10. Die Kronprinz-Rudolfs-Bahn (Stainach-Irdning–Attnang-Puchheim–Schärding) wird eröffnet.

18.11. Antrittsrede des ersten evangelischen Pfarrers von Steyr seit 1624.

23.12. Gründungsbeschluss für das Welser Volksfest.

1878

6.9. Wels feiert sein erstes Volksfest. (Seit 1952 Österreichische Landwirtschaftsmesse, seit 1964 Internationale Landwirtschaftsmesse.)

11.–16.9. Landtagswahlen.

1879

2.–3.6. In Kammer am Attersee findet der erste österreichische Fischereitag statt.

22.6. Großbrand in Ebelsberg.

31.8.–1.9. In Linz findet ein deutsch-österreichischer Parteitag statt.

7.9. Kaiser Franz Joseph eröffnet das Linzer Volksfest und besichtigt den Dombauplatz.

3.10. Gründung der „Schlaraffia" in Linz.

Der Verschönerungsverein Wels erhält die Genehmigung zur Anlage des Volksgartens.

1880

2.5. Der dritte Großbrand in der Geschichte von Freistadt. Menschenleben sind (zum Unterschied von 1507 und 1516) nicht zu beklagen.

26.6. Gründung des oberösterreichischen Ingenieur- und Architektenvereins.

Zur Errichtung der Landesirrenanstalt Niedernhart kauft das Land ein Grundstück.

1.7. Eröffnung der Linzer Pferdetramway.

30.7. Errichtung des Linzer „Central-Frachten- und Rangierbahnhofes".

22.8. Kaiser Franz Joseph kommt nach Steyr zur Jubiläumsausstellung „900 Jahre Steyr".

22.11. In Linz findet der erste deutsch-konservative Parteitag Österreichs statt.

21.12. Gründung der „Innviertler Volkszeitung" in Ried.

Gründung eines Linzer Zweigbetriebes der Münchner Lokomotivfabrik Krauß.

In der Nacht vom 8. auf 9. Jänner 1876 brennt der Turm der Steyrer Stadtpfarrkirche.

Geburtstage

1876

Hedda Wagner. Schriftstellerin. Geboren 21. 1. 1876 in Linz. (Gestorben 24. 3. 1950 in Linz.)

Florian Oberchristl. Linzer Domherr und Erforscher des Kefermarkter Altars. Geboren 4. 5. 1876 in Kefermarkt. (Gest. 11. 9. 1951 in Linz.)

Franz Fuchs. Gastwirt, Politiker. Geboren 8. 6. 1876 in Garsten. (Tödlich verunglückt an der russischen Front 15. 9. 1914.) Der erste christliche Arbeiterpolitiker Oberösterreichs.

Franz Gräflinger. Komponist, Musikkritiker und Musikschriftsteller. Geboren 26. 11. 1876 in Linz. (Gestorben 9. 9. 1962 in Bad Ischl.)

1877

Anton Bulgari. Sozialdemokrat. Schutzbundkämpfer. Geboren 4. 3. 1877 in Znaim. (Hingerichtet 22. 2. 1934 in Linz.)

Alfred Kubin. Zeichner. Geboren 10. 4. 1877 in Leitmeritz, Böhmen. (Gestorben 20. 8. 1959 in Zwickledt bei Wernstein am Inn.) → S. 394

Florian Födermayr. Bauer und christlichsozialer Politiker. Geboren 18. 4. 1877 in Kronstorf. (Gestorben 7. 3. 1960 in Linz.) → 1960

Wilhelm Bauer. Historiker. Geboren 31. 5. 1877 in Wien. (Gestorben 23. 11. 1953 in Linz.)

Bernhard Pösinger. Stiftsarchivar. Geboren 10. 6. 1877 in Sierning. (Gestorben 19. 12. 1921 in Kremsmünster.)

Hans Finsterer. Chirurg. Geboren 24. 6. 1877 in Weng. (Gestorben 4. 11. 1955 in Wien.) Er schuf neue Operationsmethoden.

Franz Langoth. Deutschnationaler Politiker. Geboren 20. 8. 1877 in Linz. (Gestorben 17. 4. 1953 in Goisern.) Landtagsabgeordneter (1909–1934), Landeshauptmann-Stellvertreter (1919–1934), Oberbürgermeister von Linz (1944–1945).

Jutta Sika. Malerin. Geboren 17. 9. 1877 in Linz. (Gestorben 3. 1. 1964 in Wien.) Mitbegründerin des Vereins „Wiener Kunst im Haus".

Johann Gföllner. Insektenforscher. Geboren 21. 10. 1877 in Linz. (Gestorben 21. 6. 1931 in Linz.)

Alois (Ignaz) Schachermair. Abt von Kremsmünster (1929–1970). Geboren 14. 11. 1877 in St. Marien. (Gest. 14. 6. 1970 in Kremsmünster.)

1878

Rudolf Ippisch. Erbauer der Feuerkogelseilbahn. Geboren 4. 4. 1878 in Ebensee. (Gestorben 2. 3. 1953 in Bad Ischl.) → 1927

Julius Gschaider. Bürgermeister von Steyr (1912 bis 1919). Geboren 8. 5. 1878 in Steyr. (Gestorben 31. 7. 1963 in Steyr.)

Ignaz Zibermayr. Archivar und Historiker. Geboren 2. 6. 1878 in St. Florian bei Linz. (Gestorben 18. 10. 1966 in Linz.)

Arnold Hartig. Medailleur und Bildhauer. Geboren 12. 8. 1878 in Brand, Böhmen. (Gestorben 2. 2. 1972 in Wien.)

Leopold Forstner. Maler, Mosaikkünstler, Glaserzeuger. Geboren 2. 11. 1878 in Leonfelden. (Gestorben 5. 11. 1936 in Stockerau.) Gründer der Wiener Mosaik-Werkstätte (1906). → S. 485, 486

1879

Josef Schicker. Arzt und Historiker. Geboren 13. 1. 1879 in Summerau bei Freistadt. (Gestorben 16. 1. 1949 in Enns.)

Hans Posse. Kunsthistoriker, Beauftragter Hitlers für das geplante Führermuseum in Linz. Geboren 6. 2. 1879 in Dresden. (Gestorben 10. 12. 1942 in Dresden.) → 1939, 1941

Karl Breitenthaler. Gauhauptmann von Oberdonau (1940–1945). Geboren 13. 5. 1879 in Linz. (Gestorben 10. 5. 1950 in Linz.)

Hans Feichtelbauer. Architekt. Geboren 16. 7. 1879 in Andorf. (Gestorben 14. 8. 1957 in Linz.) Schuf den Winklerbau Linz. → 1931

Gustav Jagerspacher. Maler. Geboren 16. 8. 1879 in Gmunden. (Gest. 2. 2. 1929 in Gmunden.)

Anton Gerhart. Bildhauer. Geboren 1. 12. 1879 in Gmunden. (Gestorben 2. 2. 1944 in Gmunden.) Stelzhamer-Denkmal Ried. → 1911

1880

Margareta Brunner-Pausinger. Malerin. Geb. 23. 1. 1880 in Weyer. (Gest. 7. 2. 1956 in Lambach.)

Emilie Schleiß, geb. Simandl. Keramikerin. Geboren 27. 1. 1880 in Rottenburg, Mähren. (Gestorben 2. 5. 1962 in Gmunden.) → 1962

Karl Rausch. Komponist. Geboren 12. 3. 1880 in Wien. (Gestorben 7. 5. 1951 in Ried im Innkreis.)

Franz Rosenauer. Hydrograph. Geboren 16. 3. 1880 in Wels. (Gestorben 3. 3. 1968 in Linz.)

Franz Jäger. Heimatdichter. Geboren 26. 4. 1880 in Gallneukirchen. (Gestorben 29. 12. 1958 in Gallneukirchen.)

Selbst in der Traun die Fischl ...

Seit fünfzig Jahren kommt Erzherzog Franz Karl (1802–1878), der Vater des Kaisers, jeden Sommer nach Ischl. Zum Jubiläum wird 1877 ein grandioses Fest veranstaltet und dem berühmten Stammgast ein Gedicht gewidmet:

Fünfzig Jahr bist jetzt kumma
Zu uns alle Summa.
Hast nur Guats gethan
Bist a seltener Mann.
All's hat Dich gern,
Thut Dich hochverehr'n
Selbst in der Traun die Fischl,
Denn Du bist der Schutzgeist von Ischl!

Maximilian Josef Auer. Bruckner-Biograph. Geboren 6. 5. 1880 in Vöcklabruck. (Gestorben 24. 9. 1962 in Bad Ischl.)

Karl Stern. Verkehrs- und Energiepionier. Geboren 17. 6. 1880 in Altheim. (Gestorben 11. 12. 1967 in Gmunden.)

Josef Kyrle. Insulinforscher. Geboren 8. 12. 1880 in Schärding. (Gestorben 21. 3. 1926 in Wien.)

Erich Martin Sääf. Evangelischer Superintendent (1857–1880). Gestorben 16. 5. 1880 in Scharten. (Geboren 1803 in Schweden.)

Josef Schachermayer. Schlossermeister. Gestorben 31. 5. 1880 in Linz. (Geboren 20. 3. 1809 in Neuhofen an der Krems.) Gemeinderat, Begründer der Firma Schachermayer.

Ludwig Karl Heinrich Freiherr von der Pfordten. Politiker. Gestorben 18. 8. 1880 in München. (Geboren 11. 9. 1811 in Ried im Innkreis.) Außenminister in Sachsen (1848) und Bayern (1849 und 1864).

Herman Schmid. Schriftsteller. Gestorben 19. 10. 1880 in München. (Geboren 30. 3. 1815 in Waizenkirchen.)

Todestage

1876

Josef Reiter. Kirchenlehrer. Gestorben 12. 4. 1876 in Linz. (Geboren 8. 12. 1805 in St. Florian.) Fast 40 Jahre Professor für Kirchengeschichte und Kirchenrecht, führend in katholischen Vereinen.

Beda (Leopold) Piringer. Priester, Politiker, Dichter. Gestorben 3. 5. 1876 in Kremsmünster. (Geboren 14. 10. 1810 in Zulissen, Rainbach/M.) 1848 Abgeordneter der Deutschen Nationalversammlung in Frankfurt. → 1848

Ignaz Mayer. Schiffbaupionier. Gestorben 31. 8. 1876 in Linz. (Geboren 19. 6. 1810 in Budapest.) Der erste Schiffbauer im Donauraum, der zum Bau seiner Kähne nicht mehr Holz, sondern Eisenblech verwendet. Gründer der Linzer Schiffswerft, Handelskammerpräsident. → S. 219

Josef Rint. Bildschnitzer. Gestorben 12. 12. 1876 in Wien. (Geboren 3. 10. 1838 in Kukus an der Elbe.) Gründete 1865 gemeinsam mit Carl von Binzer (1824–1902) einen Verein der bildenden Künstler Oberösterreichs. Sohn von Johann Rint (1814–1900).

1877

Vinzenz Fink. Verleger, Heimatforscher, liberaler Politiker. Provisorischer Gemeindevorstand (Bürgermeister) von Linz (1856–1861). Gestorben 13. 2. 1877 in Linz. (Geboren 13. 2. 1807 in Linz.)

Otto Freiherr von Wiedenfeld. Statthalter von Oberösterreich (1872–1877). Gestorben 5. 8. 1877 in Altausee. (Geboren 16. 11. 1818 in Troppau.)

1879

Ignaz Freiherr von Schurda. Statthalter von Oberösterreich (1867–1868). Gestorben 16. 7. 1879 in Purkersdorf, Niederösterreich. (Geboren 13. 3. 1822 in Radnitz, Böhmen.)

Rudolph Freiherr von Handel. Liberaler Politiker. Gestorben 17. 9. 1879 in Linz. (Geboren 1. 8. 1821 in Nieder-Ingelheim.) Reichtagsabgeordneter. 1878 zum Präsidenten des Francisco-Carolinum (später Landesmuseum) gewählt.

1880

Karl Puchner. Mundartdichter. Gestorben 15. 2. 1880 in Schwanenstadt. (Geboren 23. 9. 1813 in Gröming, Gemeinde Gaspoltshofen.)

Matthias Altmann. Bauer und Dichter. Gestorben 28. 4. 1880 in Neumarkt am Hausruck. (Geboren 24. 2. 1790 in Erlach bei Kallham.) Berühmt ist seine Schilderung der Bauernarbeit im „Oberösterreichischen Georgicon". → S. 444

Josef Eberl. Tuchscherer in Gmunden, Vedutenmaler. Gestorben 13. 5. 1880 in Gmunden. (Geboren 8. 9. 1792 in Mauerkirchen.) → S. 221

Die erste Dachsteinhütte

„Hotel Simony" nennen die Dachsteinpioniere diesen ersten Rastplatz auf dem Weg zum Hohen Dachstein, eine winzige Schutzhöhle im Wildkar unterhalb der später erbauten Simonyhütte. Friedrich Simony (1813–1896) hat diese erste Dachsteinhütte im Jahr 1876 selbst fotografiert.

Die erste Simonyhütte

Die Seniorin unter den Dachstein-Schutzhütten, die Simonyhütte (2203 m), wird am 18. August 1877, am 47. Geburtstag von Kaiser Franz Joseph, feierlich eröffnet. Friedrich Simony hat von „seiner" Hütte diese Zeichnung angefertigt.

Kurkapellmeister Gustav Mahler

12. Mai 1880. In Bad Hall tritt Gustav Mahler (1860–1911) die Stelle eines zweiten Kapellmeisters am Kurtheater an. Er muss Operetten einstudieren und dirigieren, bei Possen für die Musikbegleitung sorgen. „Schade, daß ich nicht auch noch in Chargenrollen auftreten muß", heißt es in einem Brief. Er hat auch, wie Kurt Blaukopf in seinem Mahler-Buch berichtet, „vor der Aufführung die Noten auf den Pulten aufzulegen, das Klavier abzustauben und nach der Vorstellung die Noten wieder einzuräumen". In den Pausen muss er das Kinderwagerl mit dem Baby des Kurkapellmeisters spazieren fahren. In manchen Mahler-Biographien wird der Kurort auch im Zusammenhang mit einer Verliebtheit des Zwanzigjährigen erwähnt. Sehr lang dauert aber weder diese Verliebtheit noch das Gastspiel Gustav Mahlers in Oberösterreich. Am 1. Juli beendet Mahler seine Tätigkeit als zweiter Kapellmeister.

Kurhaus und Kurpark von Hall, das seit 1876 das Prädikat „Bad" führt.

So lustig und froh

„Mit dem ersten Finkenschlag ist der Holzknecht an der Arbeit, die Eule ruft ihn ab. Und doch lebt er und liebt er so lustig und froh. Die Zither, oft meisterhaft gespielt, eine Legion ‚Schnaderhüpfl' dazu sind der Ausdruck seiner Lebenslust und der Freude seines Daseins; den „Juchatzer" eines Holzknechts im oberösterreichischen Kammergute macht keiner nach."

Ferdinand Zöhrer (1844–1901) in „Ob der Enns", Gera 1881.

Frauen und die Wahlen

„Bezüglich der Frauenspersonen ist es zweifelhaft, ob dieselben für die Wahlen zum Landtage wahlberechtigt seien oder nicht."

Aus den stenographischen Protokollen der Sitzungen des Landtagsplenums vom 20. September 1883.

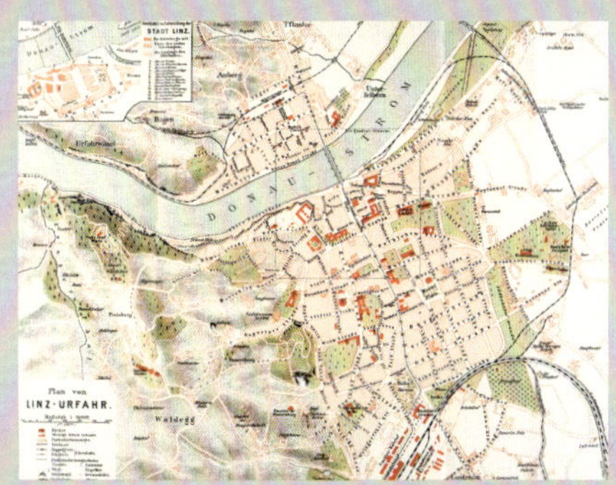

1882 wird Urfahr zur Stadt erhoben. Stadtplan von Linz-Urfahr aus dem Jahr 1901.

1881–1885

Kalender

1881

10.1. Oberösterreichischer Bauerntag in Linz.

30.1. Gründung der „Neuen Warte am Inn".

1.3. Gründung des „Oberösterreichischen Bauernvereins" in Wels.

12.3. Sozialistenversammlung in Steyr. Zu Beginn des Jahres werden in der Stadt heimlich Flugblätter „An die Arbeiter in Österreich!" verteilt.

30.4. Eröffnung der Kremstalbahn von Linz nach Kremsmünster.

1.6. Hallstatt erhält auf dem gegenüberliegenden Seeufer eine Bahnhaltestelle. Zwischen Bahn und Ort verkehren seither Linienschiffe.

23.8., 2.24 Uhr. Der Kaiser reitet zum Manöver von Linz nach Kleinmünchen.

12.12. Im Zeichen der Trauer für die Opfer des Wiener Ringtheaterbrandes (8. 12.) bleibt das Landestheater geschlossen. Im darauffolgenden Sommer erhält auch die oberösterreichische Landesbühne einen eisernen Vorhang.

Dezember. Gründung des Roten Kreuzes in Wels.

In Linz wird für unheilbare Kranke das Haus der Barmherzigkeit gegründet.

1882

8.5. Während viele Bewohner von Kollerschlag beim Viehmarkt in Rohrbach sind, bricht im Ort ein Großbrand aus.

9.5. In Linz wird probeweise erstmals die regelmäßige Abfuhr von Hausmüll verfügt.

15.7. Eröffnung des Telegraphenamtes Linz.

1.9. Veröffentlichung des „Linzer Programms" der Deutschnationalen Partei Österreichs. →

14.9. Weihe der Kreuzschwesternkirche in Linz. (Wurmstraße; 1959 demoliert.)

1.10. Die Linzer Handelsakademie wird auf dem Hofberg in der ehemaligen Normalschule eröffnet.

10.10. Friedrich Simony (1813–1896, → S. 218) steigt mit seinem Sohn Oskar (1852–1915) zum 40jährigen Gipfeljubiläum auf den Dachstein.

4.11. Urfahr wird zur Stadt erhoben.

Josef Stern (1849–1924) und Franz Hafferl (1857 bis 1925) gründen in Wien die Firma Stern & Hafferl, die einige Jahre später den Schwerpunkt ihrer Tätigkeit nach Oberösterreich verlegt. → S. 319, 321

1883

2.1. Hochwasser in Oberösterreich.

6.2. Uraufführung des Einakters „Die Wunderkur" von Hermann Bahr (1863–1934) im Linzer Landestheater.

5.3. Hermann Bahrs radikale Rede im Wiener Sophiensaal führt zum Ausschluss von der Universität „für immer". → S. 243

29.6. In Leopoldschlag brennen 26 Häuser ab, drei Todesopfer sind zu beklagen.

1.9. Kaiser Franz Joseph I. in Linz: Manöverbesuch, Besichtigung des Dombauplatzes.

1.10. Adalbert Schreyer (Lebensdaten unbekannt) wird Linzer Musikdirektor und entfaltet „in den Jahren 1883–1896 eine wahrhaft segensreiche Tätigkeit". (Franz Gräflinger, 1876–1962.)

15.12 Versteigerung eines Großteils der Türme der Maximilianischen Befestigung in Linz.

24.12. Erzherzog Johann Salvator (später Johann Orth), Feldmarschallleutnant und Divisionskommandeur, wird nach Linz versetzt. →

Gründung der Webereifachschule Haslach.

1884

18.8. Am Großen Priel wird das „Karl-Krahl-Schutzhaus" eröffnet. An seiner Stelle steht heute das Prielschutzhaus (1420 m).

19.8. Der „Schlosser von Steyr" tafelt mit dem Kaiser. Franz Joseph I. besucht die „Steyrer Elektrische Ausstellung", bei einem Abendessen sitzt Josef Werndl (1831–1889, → S. 264) neben dem Kaiser.

25.8.–3.9. Die Landtagswahlen bringen einen Führungswechsel. Seit 1861 dominierten die Liberalen, nun sind es die Katholisch-Konservativen.

10.9. Der Abt des Stifts Kremsmünster, Leonard Achleuthner, wird von Kaiser Franz Joseph I. zum Landeshauptmann ernannt. →

14.11. Bei einer Firmungsreise erkrankt der Linzer Bischof Rudigier schwer. Er stirbt am 29. 11.

Linz wird Sitz einer k. k. Eisenbahndirektion.

Gründung der Streichholzfabrik Solo in Linz. (Aufgelassen 1972.)

1885

7.1. In dritter Ehe heiratet der 47jährige Zollamts-Offizial Alois Hitler in Braunau die 24jährige Bauerntochter Klara Pölzl. (Eltern von Adolf Hitler.)

8.3. Der populäre Operettenkomponist Richard Heuberger (1850–1914) dirigiert in Linz.

26.3. Im Wiener Stephansdom wird der neue Bischof von Linz, Ernest Maria Müller (1822 bis 1888) geweiht.

8./9.7. In Schwanenstadt brennen 10 Häuser ab.

18.8. Am 55. Geburtstag des Kaisers tritt der Schauspieler Alexander Girardi (1850–1918) gemeinsam mit Katharina Schratt (1853–1940), der „Seelenfreundin" des Kaisers, im Ischler Theater im „Verschwender" von Ferdinand Raimund auf.

7.9. Mit fast 72 Jahren steigt Friedrich Simony zum letztenmal auf den Dachsteingipfel. → S. 218

Wir Franz Joseph der Erste

von Gottes Gnaden Kaiser von Oesterreich, Apostolischer König von Ungarn

Die Stadterhebungsurkunde von Urfahr. Erst 1919 wird die Stadt Urfahr mit der Landeshauptstadt Linz vereinigt. → 1919

Abt wird Landeshauptmann

„Ich bin kein Mann der Fehde und des Kampfes, ich bin ein Mann des Friedens und der Eintracht – nicht mitzuhassen, mitzulieben bin ich da", zitierte Leonard Achleuthner (1826–1905) Goethe bei seiner Antrittsrede als Landeshauptmann am 15. September 1884. Ordenspriester von Kremsmünster, als „schöner junger Gelehrter" und „ganz ausgezeichneter, aber strenger Lehrer" charakterisiert, wird er mit 55 Abt von Kremsmünster, mit 58 Landeshauptmann, eine Funktion, die er zwölf Jahre ausübt. „Wegen seiner Gewissenhaftigkeit und strengen Objektivität von allen Parteien des Landes gleich geschätzt", bestätigt die „Tages-Post", damals das Sprachrohr der politischen Gegner Achleuthners. (Amtszeit bis 17. 1. 1897.)

15.9. In Windischgarsten werden 28 Häuser ein Raub der Flammen.

28.9. Uraufführung des Stückes „Irma" von Adam Müller-Guttenbrunn im Landestheater.

1.10. Aufnahme des Telephonverkehrs in Linz.

3.11. Bei der Eröffnung der Volksschule Kirchschlag wird erstmals das von Hans Schnopfhagen vertonte Stelzhamer-Gedicht „'s Hoamatgsang" zu einem offiziellen Anlass vorgetragen. (Seit → 1952 Landeshymne.)

Geburtstage

1881

Wilhelm Dachauer. Maler. Geboren 5. 4. 1881 in Ried im Innkreis. (Gest. 26. 2. 1951 in Wien.)

Julius Schulte. Architekt. Geboren 14. 5. 1881 in Steyrermühl. (Gest. 11. 8. 1928 in Linz.) → 1928

Josef Raukamp. Glasmaler. Geboren 4. 9. 1881 in Linnich/Aachen. (Gestorben 12. 2. 1960 in Linz.)

Edmund Baumgartner. Stiftshistoriker. Geboren 5. 10. 1881 in Kirchham. (Gestorben 11. 11. 1958 in Kremsmünster.)

Hans von Hammerstein-Equord. Schriftsteller und Politiker. Geboren 5. 10. 1881 in Schloss Sitzental bei Melk. (Gestorben 9. 8. 1947 in

Plakat zur Steyrer Elektrischen Ausstellung.

Im Olymp des Landestheaters

Sind voll die Logen oder leer,
Stets kommt olympisch das Geplärr,
Das Timelkam und Schwanenstadt,
Jedoch nicht Wels und Steyr hat:
Bäckerei gefällig?

Aus einem Gedicht über das Linzer Landestheater. „Tages-Post" 6. 1. 1883.

Elektrisches Straßenlicht

2. August bis 30. September 1884. Bei der von Josef Werndl veranstalteten „Steyrer Elektrischen Ausstellung" werden einzelne Straßenzüge und Plätze der Stadt durch Bogenlampen erhellt. Es ist dies der erste Versuch auf dem europäischen Kontinent, Straßen elektrisch zu beleuchten.

Micheldorf.) 1934 Sicherheitsdirektor von Oberösterreich.

1882

Franz Stiendl. Mundartdichter. Geboren 22. 1. 1882 in Altmünster. (Gestorben 8. 12. 1965 in Lambach.) → S. 405, 453

Karl Hayd. Maler und Zeichner. Geboren 8. 2. 1882 in Hainburg. (Gestorben 14. 10. 1945 in Linz.) → S. 308, 336

Hermann Bock. Höhlenforscher. Geboren 9. 2. 1882 in Brünn. (Gestorben 2. 1. 1969 in Graz.) → 1969

Edmund Glaise von Horstenau. Generalstabsoffizier und großdeutscher Politiker. Geboren 27. 2. 1882 in Braunau. (Selbstmord 20. 7. 1946 im Gefängnis Langwasser bei Nürnberg.)

Wolfgang Denk. Chirurg. Geboren 21. 3. 1882 in Linz. (Gestorben 4. 2. 1970 in Wien.) → 1970

Hans Gerstmayr. Stahlschnittkünstler (in Steyr). Geboren 14. 4. 1882 in St. Valentin. (Gestorben 27. 10. 1987 in Mauthausen.)

Ernst Neweklowsky. Ingenieur, Historiker. Geboren 26. 7. 1882 in Linz. (Gestorben 7. 3. 1963 in Linz.)

Curt Kühne. Architekt. Geboren 8. 8. 1882 in Zeulenroda. (Gestorben 25. 8. 1963 in Linz.) Linzer Bauten: Diesterwegschule, Parkbad, Stadion auf der Gugl. → 1931

Engelbert Daringer. Maler und Restaurator. Geboren 16. 9. 1882 in Wildenau bei Aspach. (Gestorben 27. 4. 1966 in Ried im Innkreis.)

Rudi Gfaller. Operettenkomponist. Geboren 10. 11. 1882 in Wien. (Gestorben 11. 2. 1972 in Bad Ischl.)

Wolfgang von Wersin. Architekt, Architektur-Plastiker. Geboren 4. 12. 1882 in Prag. (Gestorben 13. 6. 1976 in Bad Goisern.) → 1976

1883

Adolf Eigl. Landeshauptmann. Geboren 14. 2. 1883 in St. Pölten. (Gestorben 5. 3. 1958 in Linz.) 1945 Chef der von den Amerikanern eingesetzten kurzfristigen Beamtenregierung. → 1945

Karl Sadleder. Deutschnationaler Politiker, Linzer Bürgermeister (1918–1919). Geboren 5. 3. 1883 in Linz. (Gestorben 13. 10. 1930 in Linz.)

Franz von Zülow. Maler. Geboren 15. 3. 1883 in Wien. (Gestorben 26. 2. 1963 in Wien.) Seit 1928 Wohnsitz in Hirschbach. → S. 17, 402, 484, 486

Franz Resl. Humorist und Schriftsteller. Geboren 3. 5. 1883 in Linz. (Gestorben 6. 1. 1954 in Linz.) → 1954

Oskar Sachsperger. Buchhändler, Maler. Geboren 29. 5. 1883 in Linz. (Gestorben 19. 11. 1965 in Linz.)

Theodor Mayer. Verfassungs- und Landeshistoriker. Geboren 24. 8. 1883 in Neukirchen an der Enknach. (Gestorben 26. 11. 1972 in Salzburg.)

Adalbert Depiny. Volkskundler. Geboren 30. 8. 1883 in Budapest. (Gestorben 19. 12. 1941 in Linz.) → S. 418

Isidor Stögbauer. Komponist und Organist. Geboren 19. 9. 1883 in Kuschwarda, Böhmen. (Gestorben 7. 11. 1966 in Linz.)

Konrad Meindl. Maler. Geboren 26. 10. 1883 in Wien. (Gestorben 22. 12. 1970 in Linz.) → 1913

1884

Franz Hueber. Heimwehrführer. Geboren 10. 1. 1884 in Grünburg. (Gestorben 10. 7. 1981 in Salzburg.)

Josef Aigner. Christlichsozialer Politiker. Geboren 19. 3. 1884 in Linz. (Gestorben 5. 8. 1947 in Linz.) Präsident des katholischen Volksvereins 1920–1934.

Matthias May. Maler. Geboren 5. 6. 1884 in Köln. (Gestorben 28. 7. 1923 in Linz.) → S 302, 486

Hermann Voss. Kunsthistoriker, Beauftragter Hitlers für das geplante Führermuseum in Linz. Geboren 30. 7. 1884 in Lüneburg. (Gestorben 28. 4. 1969 in München.) → 1941

Franz Kronberger. Bildschnitzer. Geboren 7. 9. 1884 in Uttendorf. (Gestorben 4. 8. 1971 in Vöcklabruck.)

Egon Hofmann. Großindustrieller und Maler. Geboren 13. 9. 1884 in Linz-Kleinmünchen. (Gestorben 30. 11. 1972 in Linz bei einem Straßenbahnunfall.) → 1972.

Andreas Markus. Schriftsteller. Geboren 25. 9. 1884 in Linz. (Gestorben 23. 12. 1971 in Linz.)

Franz Schleiß. Keramiker. Geboren 1. 10. 1884 in Gmunden. (Gestorben 27. 6. 1968 in Gmunden.) Gründete → 1917 die Keramische Schule Schleiß.

Anselm Blumenschein. Benediktiner. Geboren 20. 12. 1884 in St. Ulrich bei Steyr. (Gefallen als Feldkurat 17. 4. 1916 am Col di Lana.)

1885

Eduard Straßmayr. Historiker und Archivar. Geboren 25. 1. 1885 in Aschach an der Steyr. (Gestorben 31. 5. 1960 in Linz.)

Max Hirschenauer. Maler. Geboren 2. 3. 1885 in Schärding. (Gestorben 28. 11. 1955 in Schärding.)

Peter Mandorfer. Bauer und christlichsozialer Politiker. Geboren 19. 4. 1885 in Waldneukirchen. (Gestorben 30. 7. 1953 in Linz.) → 1953

Anton Gasperschitz. Katholischer Politiker. Geboren 5. 5. 1885 in Spittal an der Drau. (Gestorben 11. 11. 1975 in Linz.) → 1975

Alois Wiesinger. Abt, Missionar. Geboren 3. 6. 1885 in Magdalenaberg, Kremstal. (Gestorben 3. 1. 1955 in Schlierbach.) → 1955

Wilhelm Gärtner. Volksbildner. Geboren 1. 9. 1885 in Johannesthal, Böhmen. (Gestorben 27. 6. 1952 in Linz.) → S. 418

Lambert Zauner. Abt von Lambach (1934 bis 1946). Geboren 11. 10. 1885 in Kematen an der Krems. (Gestorben 3. 8. 1950 in Wels.) → 1950

Karl Jax. Altphilologe. Geboren 25. 11. 1885 in Linz. (Gestorben 10. 2. 1968 in Innsbruck.)

Todestage

1881

Johann Grillmayr. Fabrikant. Gest. 5. 7. 1881 in Wien. (Geb. 17. 11. 1809 in Grünburg.) Gründer der Kleinmünchner Baumwollspinnereien.

Johann Otto Prechtler. Schriftsteller. Gestorben 6. 8. 1881 in Innsbruck. (Geboren 21. 1. 1813 in Grieskirchen.)

Matthias Ritter von Schönerer. Eisenbahnpionier. Gestorben 30. 10. 1881 in Wien. (Geboren 9. 1. 1807 in Wien.) Bauleiter der Pferdeeisenbahn Budweis-Linz-Gmunden. Vater des deutschnationalen Politikers Georg Ritter von Schönerer (1842–1921).

Josef Kotzky (Kotzian). Theaterpionier. Gestorben 31. 12. 1881 in Innsbruck. Seit 1875 Direktor des Landestheaters.

1882

Anton Leingartner. Letzter Berufsscharfrichter im Bereich des Oberlandesgerichts Linz. Gest. 9. 8. 1882 in Linz. (Geb. 19. 4. 1793 in Wernstein.)

Josef Poeschl. Industrieller und liberaler Politiker. Gestorben 13. 12. 1882 in Rohrbach. (Geboren 24. 1. 1794 in Rohrbach.)

1883

Amalia Stifter. Witwe Adalbert Stifters. Gestorben 3. 2. 1883 in Linz. (Geboren 11. 7. 1811 in Kojetein, Mähren.) → S. 236

Alois Fischer. Vom Kaiser ernannter Chef des Landes bzw. Statthalter (1848–1851). Gestorben 8. 4. 1883 in Innsbruck. (Geboren 28. 1. 1796 in Landeck.) Gilt als Wegbereiter einer bürgernahen Verwaltung → S. 227

August Göllerich. Deutschnationaler Politiker. Gestorben 23. 8. 1883 in Wels. (Geboren 2. 7. 1819 in Piacenza.) Vater des Musikers August Göllerich (1859–1923).

Johann Konrad Vogel. Linzer Konditormeister. Gestorben 6. 10. 1883 in Linz. (Geboren 9. 8. 1796 in Weihenzell, Bayern.) Verhilft der „Linzer Torte" zum Welterfolg. → S. 437

1884

Eduard Freiherr von Bach. Statthalter in Oberösterreich (1851–1863). Gestorben 8. 2. 1884 in Wien. (Geboren 21. 12. 1814 in Loosdorf.)

Josef Gabriel Frey. Lederermeister, Maler und ein Original. Gestorben 10. 6. 1884 in Weyer an der Enns. (Geboren 3. 3. 1791 in Weyer.)

Dominik Anton Lebschy. Abt von Schlägl (1838 bis 1884), katholisch-konservativer Politiker, Landeshauptmann von Oberösterreich (1861 bis 1868). Gestorben 1. 7. 1884 in Schlägl. (Geboren 23. 9. 1799 in Wien.) → 1861

Franz Joseph Rudigier. Bischof von Linz (1853 bis 1884). Gestorben 29. 11. 1884 in Linz. (Geboren 7. 4. 1811 in Partenen, Vorarlberg.) → S. 250

1885

Julius von der Traun (Julius Alexander Schindler). Schriftsteller. Gestorben 16. 3. 1885 in Wien. (Geboren 26. 9. 1818 in Wien.)

Franz Pracher. Lithograph. Gest. 18. 3. 1885 in Helfenberg. (Geboren 28. 3. 1825 in Helfenberg.)

Eduard Zöhrer. Mundartdichter und Komponist. Gest. 15. 5. 1885 in Lambrechten. (Geb. 7. 4. 1810 in Sarleinsbach.) Freund von Franz Stelzhamer.

Sigmund Ehrentletzberger. Kaufmann, Linzer Vizebürgermeister. Gestorben 25. 7. 1885 in Linz. (Geboren 1824 in Pirowat, Ungarn.)

Franz Freiherr von Spiegelfeld. Statthalter von Oberösterreich (1863–1867). Gest. 20. 10. 1885 in Volders, Tirol. (Geboren 10. 5. 1802 in Marburg.)

Aus dem Linzer Programm 1882

„… es ist sowohl im nationalen, als im staatlichen Interesse gelegen, daß diejenigen Länder der österreichisch-ungarischen Monarchie, welche ehemals dem Deutschen Bunde angehörten, für sich ein möglichst unabhängiges und streng einheitlich organisiertes Ganzes bilden. Es ist durch die Lage und durch die historische Entwicklung der diesseitigen Reichshälfte bedingt, daß jenen Ländern der Monarchie, welche ehemals dem Deutschen Bunde angehörten, der deutsche Charakter gewahrt bleibe, und es muß daher gefordert werden, daß durch ein Gesetz die deutsche Sprache als Staatssprache erklärt …“

Auszüge aus dem insgesamt 33 Punkte umfassenden „Linzer Programm“ vom 1. September 1882, das zur Grundlage der deutschnationalen Bewegung in Österreich wurde.

In Haslach wird 1883 die Webereifachschule gegründet. Auf dem Bild Mühlviertler Hausweber. Photographie, vor 1900.

Schloss Ort bei Gmunden, das Erzherzog Johann Salvator (Johann Orth) renovieren ließ.

Das Inselschloss Ort

Als Stammsitz des verschollenen Erzherzogs Johann Nepomuk Salvator ist das Inselschloss Ort bei Gmunden heute bevorzugter Schauplatz für Fernsehfilme. Der jüngste Sohn von Großherzog Leopold II. von Toskana, Ururenkel von Maria Theresia, 1852 geboren, ist wie Kronprinz Rudolf von Freiheitsidealen und Reformplänen erfüllt. In seinen kritischen Schriften „Betrachtungen über die österreichische Artillerie“ und „Drill oder Erziehung?“ stellt er nach Ansicht des Monarchen den militärischen Gehorsam in Frage und fällt in Ungnade. Er wird nach Linz versetzt, wo er bis 1887 bleibt. In dieser Zeit lässt er das baufällige Schloss Ort bei Gmunden renovieren.

Als es wegen eigenmächtiger politischer Handlungen zum völligen Bruch mit dem Kaiserhaus kommt, wird Johann auch seines Postens in Linz enthoben und zieht sich auf sein Schloss zurück. 1889 verzichtet er auf Titel und Rechte als Erzherzog und nimmt den Namen Johann Orth an. Ein Jahr später setzt er sich mit einem Segelschiff nach Südamerika ab und wird nie mehr gesehen. Dass die nicht standesgemäße Liebe zur Tänzerin Milly Stubel, die er kurz vor Antritt der Reise geheiratet hat, das Motiv für die Flucht in unbekannte Fernen gewesen ist, wird von den Historikern bezweifelt; größere Konflikte als die schon vorhandenen hätte auch eine Mesalliance nicht auslösen können.

Die Linzer Parteiprogramme

Drei ideologisch völlig verschiedene Parteiprogramme werden in Linz veröffentlicht:

1882. Das „Linzer Programm“ der Deutschnationalen. Neben den national-politischen Grundsätzen wird die Verstaatlichung großer Wirtschaftsunternehmen gefordert sowie „eine Reform der Fabriksgesetzgebung, Beschränkung der Kinder- und Frauenarbeit, Haftpflicht der Arbeitgeber für Unfälle der Arbeiter, Einführung von Fabriksinspektoren“. Die meisten dieser Forderungen sind bereits erfüllt, als

1923 das „Linzer Programm“ der Christlichen Arbeiter Österreichs entsteht. → 1923

1926 wird das „Linzer Programm“ der Sozialdemokraten formuliert. → 1926

Der Bauernphilosoph

31. März 1884. In Goisern stirbt Konrad Deubler, bekannt geworden als „Bauernphilosoph“. Mit 18 Jahren Müller in Ischl, mit 23 Jahren Besitzer einer Mühle in Hallstatt, seit 1848 Wirt in Goisern. Das Gasthaus „Zur Wartburg“ wird zum Mittelpunkt von freigeistigen Bürgern und Arbeitern. 1853 wird Deubler als Anhänger der Revolution verhaftet, zunächst freigesprochen, im Revisionsverfahren wegen Hochverrats und Religionsstörung zu zwei Jahren Kerker verurteilt, die er in Brünn absitzen muss. Anschließend wird er bis 1857 als „gefährlicher Bürger“ in Olmütz interniert. Nach Goisern zurückgekehrt, erwirbt Deubler 1864 in Goisern ein Haus mit Landwirtschaft, baut es aus und macht es zum Treffpunkt von Schriftstellern und Philosophen. Kurze Zeit (1870/71) ist er Bürgermeister von Goisern. (Geboren 26. 11. 1814 in Goisern.)

Der Bauernphilosoph Konrad Deubler bei der Gartenarbeit in seinem Haus in Goisern, das zum Treffpunkt von Schriftstellern und Philosophen wird.

Eine liebliche Alpenblume

„Wahren Enthusiasmus rief im Sommer 1890 die Nachricht hervor, daß die Erzherzogin Marie Valerie ihre Hochzeitsfeier in Ischl begehen werde. Ist doch gerad die jüngste der beiden Kaisertöchter wie eine liebliche Alpenblume an den Ufern der Traun emporgeblüht, hat in zarten und kräftigen Versen den Reiz der heimischen Berge besungen, und sich vom Kindes- bis zum Mädchenalter nirgends wohler gefühlt, als im Herzen des Salzkammergutes."

„Viribus Unitis", „Das Buch vom Kaiser", 1890.

In Ischl

„Denken Sie sich das Unglück, ich bin schon wieder in Ischl!"

Daniel Spitzer (1835–1893): „Aus Ischl", 18. August 1889.

1886–1890

Kalender

1886

März. Hermann Bahr (1863–1934) wird bei einem Duell verwundet.

1.5. Weihe des Isabellen-Kinderspitals in Linz.

11./12.7. und 13./14.8. In Schwanenstadt brennen neun bzw. sechs Häuser ab.

24.8. Der Linzer Radfahrverein hält sein erstes Rennen ab.

1887

12.2. Uraufführung im Linzer Landestheater: „Fernando" von Wilhelm Floderer.

8.9. Erster oberösterreichischer Gewerbetag in Linz.

28.9. Landes-Katholikentag in Linz.

2.10. Der Linzer Gemeinderat verleiht dem in Ungnade gefallenen Erzherzog Johann Salvator (→ S. 261) das Ehrenbürgerrecht. →

Der Advokat Johann Hochhauser (1834–1908) beantragt im Steyrer Gemeinderat die Abtragung des Schnallentores als „geschmackloses Bauwerk".

1888

1.1. Die Welser Lokalbahngesellschaft eröffnet den Betrieb.

2.1. Die Sparkasse Linz nimmt ihren Betrieb auf.

7.1., 1.3. Uraufführungen im Linzer Landestheater: „Der Wettermacher" von Eduard Steinböck und „La Marquesa" von Hermann Bahr.

23.1. Erzherzog Johann Salvator beugt sich dem Druck des Kaisers und legt die Ehrenbürgerschaft von Linz zurück.

16.6. Gründung des Deutschnationalen Vereins für Oberösterreich.

1.9. Drei Hofzüge kommen nach Gmunden: der russische mit der Zarin Maria Feodorowna (1847–1928) und ihrem Sohn, dem Thronfolger Nikolaus (1868–1918), der englische mit Prinzessin Alexandra von Wales (1844–1925) und der österreichische von Kaiser Franz Joseph I.

17.10. Das Festmahl in Aigen anlässlich der Betriebsaufnahme der Mühlkreisbahn umfasst zehn Gänge und dauert vier Stunden.

15. 12. Die „Welser Zeitung" erscheint zum ersten Mal.

30.12. Am ersten Parteitag der Sozialdemokraten in Hainfeld (Niederösterreich) nehmen fünf oberösterreichische Delegierte teil.

1889

1.1. Gründung der „Mühlviertler Nachrichten" in Rohrbach.

5.5. Mit Franz Maria Doppelbauer (1845–1908) kommt erstmals ein Oberösterreicher auf den Bischofsstuhl von Linz. → S. 293

12.6. Die Linzer Straßenpolizeiverordnung bestimmt, dass Fuhrwerke jeder Art mit Einschluss des Fahrrades, Automobilwagens und Motorrades in der Innenstadt nur im Tempo eines Fußgehers fahren dürfen.

29.9. Eröffnung des Linzer Mädchenlyzeums in den Räumen der Lehrer- und Lehrerinnenbildungsanstalt Honauerstraße.

6.10. Erzherzog Johann Salvator verzichtet auf Titel und Rechte und nimmt den Namen Johann Orth an. Im Dezember heiratet er die Tänzerin Ludmilla („Milly") Stubel. → S. 261

23.10. In Putzleinsdorf brennen acht Häuser ab.

Das Linzer Landestheater engagiert für die Spielzeit 1889/90 als „zweiter Soubrette" Fritzi Massary (1882–1939), die später eine Weltkarriere als Operettendiva macht.

1890

Frühling. Der „Fabriksarm" der Donau bei der ehemaligen Linzer Wollzeugfabrik, durch das Hochwasser 1572 entstanden, wird zugeschüttet.

1.5. Nach langen Verhandlungen gibt die Steyrer Waffenfabrik gemeinsam mit anderen Betrieben diesen Tag arbeitsfrei.

26.5. Der Komponist Hugo Wolf (1860–1903) zieht sich mit Gottfried Kellers Gedichtzyklus „Alte Weisen" nach Unterach am Attersee zurück. →

12.7. Letzte Nachricht von Johann Orth. Der

21.7. ist der vom Gericht angenommene Todestag von Johann Orth.

31.7. In Ischl heiratet die jüngste Tochter des Kaisers, Marie Valerie (1868–1924), Erzherzog Franz Salvator (1866–1939). Auf der Orgel der Pfarrkirche spielt Anton Bruckner. →

5.8. Das Teilstück Strobl–Ischl der Salzkammergut-Lokalbahn wird in Betrieb genommen.

25.8.–3.9. Landtagswahlen.

Herbst. Erzherzog Franz Salvator und die Kaisertochter Marie Valerie pachten Schloss Lichtenegg (Wels) und bewohnen es bis 1897.

1.10. Eröffnung der Handelsschule Wels.

4.10. Eröffnung des Armenversorgungshauses in Urfahr.

Im Riesenhof in Urfahr wird die erste Kaltwasserheilanstalt nach dem System von Pfarrer Sebastian Kneipp (1821–1897) eingerichtet.

Geburtstage

1886

Bernardus (Petrus) Burgstaller. Abt des Stiftes Wilhering. Geboren 14. 2. 1886 in Eidenberg. (Gestorben 1. 11. 1941 im Zuchthaus Anrath bei Krefeld.) → 1941

Wilhelm Groß. Mathematiker. Geboren 24. 3. 1886 in Molln. (Gestorben 22. 10. 1918 in Wien.)

Robert Mehr. Bürgermeister von Linz (1927 bis 1929). Geboren 1. 4. 1886 in Linz. (Gestorben 21. 4. 1935 in Linz.) → 1929

Louise Kartousch. Soubrette. Geboren 18. 8. 1886 in Linz. (Gestorben 13. 2. 1964 in Wien.)

Paul Preuß. Bergsteiger. Geboren 19. 8. 1886 in Altausee. (Tödlich abgestürzt am Gosaukamm, vermutlich am 3. 10. 1913.) → 1913

Ignaz Brantner. Linzer Theaterdirektor (1932 bis 1945, 1948–1953). Geboren 22. 10. 1886 in Villach. (Gestorben 24. 12. 1960 in Wien.) → S. 379

1887

Georg Kyrle. Prähistoriker und Höhlenforscher. Geboren 19. 2. 1887 in Schärding. (Gestorben 16. 7. 1937 in Wien.)

August Pepöck. Operettenkomponist. Geb. 10. 5. 1887 in Gmunden. (Gest. 5. 9. 1967 in Gmunden.)

Wilhelm Binder. Obmann des Katholischen Preßvereins (1938–1940, 1945–1961). Geboren 28. 5. 1887 in Linz. (Gestorben 7. 3. 1963 in Linz.)

Ralph (Rudolph) Benatzky. Operettenkomponist. Geboren 5. 6. 1887 in Mährisch-Budwitz. (Gestorben 17. 10. 1957 in Zürich.) Mit der Erfolgsoperette „Im weißen Rößl" machte er das Salzkammergut in aller Welt bekannt. → 1930

Moritz Dolch. Chemiker. Geboren 8. 6. 1887 in Linz. (Gestorben 6. 9. 1931 in Engelhartszell.)

Maria Jeritza. Sängerin. Geboren 6. 10. 1887 in Brünn. (Gestorben 10. 7. 1982 in Orange, New Jersey.) Sie lebte viele Jahre in Unterach.

Schratt-Villa

Katharina Schratt (1853–1940), die „Seelenfreundin" von Kaiser Franz Joseph I. (1830–1916), bezieht 1889 in Ischl die „Villa Felicitas". Das Haus, das dem Ischler Bürgermeister gehört, ist von der Kaiservilla bequem zu erreichen. In diesem Haus, der „Schratt-Villa", kann sich seine Apostolische Majestät, Herrscher über fünfzig Millionen Untertanen, wohl fühlen und wie ein kleiner Hauspascha nach Herzenslust die Beine ausstrecken und sein Kipferl in den Kaffee tauchen.

Localbahn auf den Schafberg

„Wir, Franz Joseph I., verleihen den Concessionären das Recht zum Baue und Betriebe einer als schmalspurige Localbahn auszuführenden Locomotiveisenbahn von Ischl über Strobl, St. Gilgen und Mondsee nach Salzburg zum Anschlusse an die gleichnamige Station der Staatsbahnlinie Wien–Salzburg, mit einer Abzweigung von Mondsee zur Station Steindorf der vorgenannten Staatsbahnlinie. Die Concessionäre sind ferner berechtigt, eine von der Hauptlinie abzweigende, als Zahnradbahn auszuführende Localbahn auf den Schafberg herzustellen."

Bewilligung vom 13. Jänner 1890.

Bis heute eine Fremdenverkehrs-Attraktion: die Schafbergbahn. (Eröffnung 1893.)

Lothar Rendulic. Offizier und Diplomat. Geboren 23. 11. 1887 in Wiener Neustadt. (Gestorben 18. 1. 1971 in Eferding.) → S. 359, 360, 420

1888

Maria von Peteani. (Sauer) Erzählerin. Geboren 2. 2. 1888 in Prag. (Gest. 28. 7. 1960 in Linz.)

Wolfgang Gurlitt. Kunsthändler. Geboren 15. 2. 1888 in Berlin. (Gestorben 26. 3. 1965 in München.) Seine Galerie zählt zum Grundbestand der Neuen Galerie der Stadt Linz.

Karl Itzinger. Schriftsteller. Geboren 26. 2. 1888 in Ried am Innkreis. (Gestorben 13. 4. 1948 in Linz.) → S. 124–126

Franz Schnopfhagen. Komponist. Geboren 10. 3. 1888 in St. Veit im Mühlkreis. (Gestorben 9. 11. 1967 in Linz.)

Ferdinanda Floßmann. Sozialdemokratische Politikerin. Geboren 12. 3. 1888 in Linz. (Gestorben 13. 7. 1964 in Linz.) → 1964

Franz Koch. Germanist und Philosoph. Geb. 21. 3. 1888 in Attnang. (Gest. 26. 12. 1969 in Linz.)

Rudolf Breinbauer. Bildhauer und Bootbauer. Geboren 13. 4. 1888 in Ottensheim. (Gest. 13. 11. 1973 in Ottensheim.) Pionier des Kajakbaues.

Marianne Thalmann. Literaturhistorikerin in den USA. Geboren 27. 4. 1888 in Linz. (Gestorben 5. 11. 1975 in München.)

Egmont Colerus von Geldern. Schriftsteller. Geb. 12. 5. 1888 in Linz. (Gest. 8. 4. 1939 in Wien.)

Richard Bernaschek. Arbeiterfunktionär. Geboren 12. 6. 1888 in Budapest. (Gest. 18. 4. 1945 im Konzentrationslager Mauthausen.) → 1934

Paul Ikrath. Maler, Kunstpädagoge. Geboren 28. 6. 1888 in Wien. (Gestorben 13. 3. 1970 in Linz.)

August Kubizek. Jugendfreund Hitlers. Geboren 3. 8. 1888 in Linz. (Gestorben 23. 10. 1956 in Linz.) Stadtamtsleiter in Eferding. Verfasser einer Hitler-Biographie.

Lambert Stelzmüller. Priester und Heimatforscher. Geboren 1. 10. 1888 in Liebenau. (Gestorben 11. 7. 1946 in Kefermarkt.)

1889

Julius Zerzer. Schriftsteller. Geboren 5. 1. 1889 in Mureck. (Gestorben 29. 10. 1971 in Linz.)

Hans Commenda. Volkskundler. Geboren 5. 2. 1889 in Linz. (Gest. 25. 1. 1971 in Linz.) → S. 419

Richard Strasser. Sozialdemokratischer Politiker. Geboren 28. 3. 1889 in Eferding. (Gestorben 22. 10. 1982 in Linz.)

Otto Jungmair. Mundartdichter und Stifter-Forscher. Geboren 6. 4. 1889 in Molln. (Gestorben 4. 10. 1974 in Linz.)

Adolf Hitler. Geboren 20. 4. 1889 in Braunau. (Selbstmord 30. 4. 1945 in Berlin.) → 1938–1945, → S. 284

Balduin Wiesmayer (Ordensname Petrus). 1941 zum Abt des beschlagnahmten Zisterzienserstiftes Wilhering gewählt. Geboren 5. 5. 1889 in Leonding. (Gestorben 17. 5. 1948 in Wilhering.)

Sophie Koko. Malerin. Geboren 27. 6. 1889 in Linz. (Gestorben 3. 10. 1968 in Linz.) Schwester von Demeter Koko (1891–1929).

Josef Schadler. Geologe. Geboren 29. 8. 1889 in Gmunden. (Gestorben 8. 4. 1978 in Linz.)

Der Riese von Lengau

Am 24. August 1887 stirbt, kaum 27 Jahre alt, in Lengau der größte Mensch der Welt: Franz Winkelmeier. Er war 2,58 m groß und wurde als Naturwunder in aller Welt hergezeigt. (Geboren 27. April 1860 in Lengau.) Das kurze Leben dieses bedauernswerten Menschen lieferte den Stoff für die Oper „Der Riese von Steinfeld" von Friedrich Cerha, die → 2002 in der Wiener Staatsoper uraufgeführt wurde.

Karl Eder. Kirchenhistoriker. Geboren 10. 9. 1889 in Lindach. (Gestorben 1. 5. 1961 in Graz.)

Max Fellerer. Architekt. Geboren 15. 10. 1889 in Linz. (Gestorben 27. 3. 1957 in Wien.)

Johannes Gruber. Priester, Widerstandskämpfer. Geboren 20. 10. 1889 in Tegernbach, Gemeinde Schlüßlberg. (Ermordet am 7. 4. 1944 in Gusen.) → 1944

Karl Emmerich Baumgärtel. Schriftsteller. Geboren 3. 11. 1889 in Mauer, Niederösterreich. (Gestorben 27. 8. 1958 in Linz.)

1890

Richard Karl Diller. Maler. Geboren 15. 3. 1890 in Wels. (Gestorben 7. 6. 1969 in Linz.)

Hans Eder. Evangelischer Superintendent (1937 bis 1940). Geboren 20. 3. 1890 in Buch, St. Georgen im Attergau. (Gestorben 29. 2. 1944 in Wien.)

Erich Trinks. Historiker. Geboren 25. 3. 1890 in Ried im Innkreis. (Gest. 11. 11. 1958 in Wels.)

Ferdinand Kögl. Schriftsteller. Geboren 17. 5. 1890 in Linz. (Gestorben 14. 2. 1956 in Wien.)

Richard Rankl. Benediktiner. Geboren 26. 5. 1890 in Schlierbach. (Gestorben 26. 12. 1946 in Wels.) Vertreter des Abtes von Kremsmünster während der NS-Zeit.

Franz Xaver Weidinger. Maler. Geboren 17. 6. 1890 in Ried im Innkreis. (Gestorben 15. 10. 1972 in Bad Ischl.)

Richard Billinger. Schriftsteller. Geboren 20. 7. 1890 in St. Marienkirchen bei Schärding. (Gestorben 7. 6. 1965 in Linz.) → S. 406

Friedrich Morton. Hallstatt-Forscher. Geboren 1. 11. 1890 in Görz. (Gest. 10. 7. 1969 in Hallstatt.)

Oskar Walleck. Intendant des Linzer Landestheaters (1953–1956). Geboren 27. 11. 1890 in Brünn. (Gestorben 1. 7. 1976 in Coburg.) → S. 387

Hanns Wallner. Scherenschnittkünstler. Geboren 7. 12. 1890 in Linz. (Gest. 11. 11. 1972 in Linz.)

Albert Weinschenk. Musiker. Geboren 9. 12. 1890 in Wien. (Gestorben 26. 4. 1976 in Steyr.)

Todestage

1886

Michael Dörr. Ordenspriester. Gestorben 12. 1. 1886 in Niederwaldkirchen. (Geboren 27. 7. 1831 in Windigsteig, NÖ.) Initiator des Katholischen Preßvereins, erster Redakteur des „Linzer Volksblatts".

Franz Fritsch. Gründer der Welser Kunstmühle. Gestorben 4. 11. 1886 in Wels. (Geboren 13. 6. 1823 in Malejow, Böhmen.)

1887

Josef Freiherr von Weiß. Landeshauptmann von Salzburg (1861–1872). Gestorben 13. 1. 1887 in Salzburg. (Geboren 12. 1. 1805 in Zellhof.)

Guido Freiherr von Eiselsberg. Gutsbesitzer, liberaler Politiker. Gestorben 30. 3. 1887 in Steinhaus bei Wels. (Geboren 2. 1. 1824 in Linz.) Vertreter des Großgrundbesitzes im Landtag. Vater des Chirurgen Anton Freiherr von Eiselsberg (1860 bis 1939). → 1939

Franz de Paula Schleiß. Begründer der Hafnerdynastie Schleiß. Gestorben 20. 7. 1887 in Gmunden. (Geboren 26. 10. 1813 in Gmunden.)

Leopold Weismann. Landschafts- und Porträtmaler. Gestorben 1. 8. 1887 in Wels. (Geboren 2. 10. 1817 in Wels.)

Sigismund Fellöcker. Benediktiner. Gestorben 5. 9. 1887 in Kremsmünster. (Geboren 19. 2. 1816 in Neuhofen.) Naturwissenschafter, erster Fotograf des Klosters.

Friedrich Theodor Vischer. Schriftsteller und Philosoph. Gestorben 14. 9. 1887 in Gmunden. (Geboren 30. 6. 1807 in Ludwigsburg.) Langjähriger Sommergast in Gmunden.

Aloys Zötl. Maler. Gestorben 21. 10. 1887 in Eferding. (Geboren 13. 4. 1803 in Freistadt.)

Karl Fiedler. Reorganisator der Mittel- und Hochschulen. Gestorben 20. 12. 1887 in Wien. (Geboren 16. 8. 1817 in Urfahr.)

Anton Storch. Musiker. Gestorben 31. 12. 1887 in Wien. (Geboren 23. 12. 1813 in Wien.) „Oberleiter" des Linzer Musikvereins 1856 bis 1860.

1888

Franz Reininger. Kaufmann. Handelskammerpräsident (1873–1878). Gestorben 6. 2. 1888 in Linz. (Geboren 25. 9. 1824 in Linz.) Vater des Philosophen Robert Reininger (1869–1955).

Bruckners Tischdame

Im Ischler Casino sitzt Anton Bruckner neben einer jungen Dame. Alle ihre Versuche, Bruckner in ein Gespräch zu ziehen, scheitern an seiner Gehemmtheit. Schließlich beklagt sich die junge Dame: „Sie haben nicht einmal bemerkt, daß ich eigens für Sie mein schönstes Kleid angezogen habe!"

Darauf Bruckner ganz verlegen: „Wegen meiner hätten S' überhaupt nix anziehen müssen!"

Liberaler Bürgermeister von Linz: Karl Wiser Photographie um 1860.

Elisabeth auf der Karbach-Alm

Ich saß, des langen Wanderns müde,
Am Herde einer kleinen Alm;
Auf meiner Seele lag der Friede,
Ich betete den Abendpsalm.

Kaiserin Elisabeth (1837–1898) im Gedicht „Karbach-Alm", 28. August 1887. (Die Karbach-Alm ist östlich des Traunsees auf dem Weg zum Traunstein.)

1886–1890

Beda Weinmann. Maler und Kupferstecher. Gestorben 19. 3. 1888 in Budapest. (Geboren 1819 in Schöringen, Württemberg.) Um 1835: zahlreiche Ansichten aus dem Innviertel.

Leopold Munsch. Maler. Gestorben 17. 6. 1888 in Preßburg. (Geboren 15. 6. 1826 in Wien.) Oberösterreich-Motive (Langbathsee.)

Bohuslav Ritter von Widmann. Statthalter von Oberösterreich (1877–1879). Gestorben 23. 8. 1888 in Platsch, Mähren. (Geboren 12. 3. 1836 in Olmütz.)

Ernest Maria Müller. Bischof von Linz (1885 bis 1888). Gestorben 28. 9. 1888 in Linz. (Geboren 30. 6. 1822 in Irritz, Diözese Brünn.) → 1885

Franz Sales Reiter. Lehrer, Komponist. Gestorben 7. 11. 1888 in Urfahr. (Geboren 26. 1. 1835 in Ischl.)

1889

Karl Wiser. Rechtsanwalt und Politiker. Gestorben 18. 6. 1889 in Linz. (Geboren 6. 3. 1800 in Wien.) Einer der Gründer der Liberalen in Oberösterreich. 1873–1885 Bürgermeister von Linz. →

Hans Hueber. Maler. Gestorben 15. 11. 1889 in Waizenkirchen. (Geboren 10. 12. 1813 in Waizenkirchen.)

Cölestin Ganglbauer. Kardinal-Fürsterzbischof von Wien. Gestorben 14. 12. 1889 in Wien. (Geboren 20. 8. 1817 in Schiedlberg.) Abt von Kremsmünster (1876–1881).

Johannes (Georg) Lasser (Ritter von Zollheim). Abt von Lambach (1873–1889). Gestorben 25. 12. 1889 in Lambach. (Geboren 24. 4. 1822 in Matrei, Osttirol.)

1890

Johann Baptist Reiter. Porträt- und Genremaler. Gestorben 10. 1. 1890 in Wien. (Geboren 28. 5. 1813 in Urfahr.)

Das von Viktor Tilgner (1844–1896) geschaffene Denkmal in Steyr zeigt Josef Werndl, umringt von Arbeitern, in besonderer Lebensechtheit. (Enthüllung 10. 11. 1894.)

Franz Groß. Liberaler Politiker, Bürgermeister von Wels 1861–1879 und 1883–1886. Gestorben 15. 1. 1890 in Wels. (Geboren 27. 6. 1815 in Hennersdorf, Schlesien.) → 1861

Johann Orth. (Erzherzog Johann Nepomuk Salvator). Der 21. 7. 1890 ist der vom Gericht angenommene Todestag des Habsburgers. (Geboren 25. 11. 1852 in Florenz.) Von 1883 – 1887 in Linz, Erwerb und Ausbau von Schloss Ort bei Gmunden. Nach dem Bruch mit dem Kaiserhaus nimmt er den Namen Johann Orth an. Verschollen bei der Überfahrt nach Südamerika. → S. 261

Eleonore (Lory) Auegg-Dilg. Miniaturmalerin. Gestorben 17. 8. 1890 in Graz. (Geboren 24. 3. 1811 in Wien.) Zwischen 1830 und 1870 in Linz tätig.

Florian Wimmer. Benediktiner, Kunsthistoriker. Gestorben 25. 8. 1890 in Pfarrkirchen. (Geboren 22. 9. 1816 in Steinhaus.)

Franz Thomas. Historien- und Porträtmaler. Gestorben 1890 in Warnsdorf, Böhmen. (Geboren 2. 2. 1813 in Warnsdorf.) Zwischen 1861 und 1869 in Linz, schuf zahlreiche Bilder für das Stift Schlägl.

Hugo Wolf und das Salzkammergut

September 1888. Hugo Wolf (1860–1903) ist Gast in der Villa der Industriellenfamilie Eckstein in Unterach am Attersee. Mit dem Fabrikantensohn Friedrich Eckstein verbindet ihn eine Freundschaft. Wann immer es ihm beliebt, kann er in der Eckstein-Villa wohnen. In Unterach entstehen die berühmtesten Werke des Komponisten, der als Begründer des modernen Liedes gilt: Zwölf Eichendorff- und zehn Mörike-Lieder. Hugo Wolf selbst hat erklärt, „daß meine eigentliche Schaffenszeit von 1888 datiert". Außer in Unterach hält sich der Komponist in den Jahren bis 1898 häufig auch in Traunkirchen und in Ebensee auf. → S. 265, 269

Die Fahrradabteilung der alten Waffenfabrik in Steyr. Photographie um 1912.

Der Schlosser von Steyr

Als Josef Werndl am 29. April 1889 die Augen schließt, beschäftigt sein Betrieb 10.000 Arbeiter. Es gibt Arbeitersiedlungen und sogar Versicherungen. Mit 24 Jahren hat Werndl, der das Handwerk des Büchsenmachers erlernte, den väterlichen Betrieb übernommen. Mit ihm beginnt ein neuer Abschnitt in der Geschichte von Steyr. „Der Schlosser von Steyr" gründet eine Waffenfabrik (später Steyr-Werke) und sichert Steyr eine Vorrangstellung in der Waffenerzeugung. Das nach ihm benannte Hinterladergewehr mit dem Tabernakelverschluss übertraf alle bisherigen Gewehrsysteme. (Geboren 26. 2. 1831 in Steyr.)

143.140 Analphabeten

1890. In Oberösterreich gibt es 69.834 Männer und 73.306 Frauen, die weder lesen noch schreiben können (6,16 bzw. 6,53 %).

Das größte Schwein

30. Dezember 1889. Der Bäckermeister und Großbauer Anton Landerl (1833–1917), an den in Sierning eine Straße erinnert, weil er mit seinem Geld viele gute Taten setzte, sorgt für eine heitere Sensation: Ein von ihm gefüttertes Schwein wird nicht nur gewogen und für 400 Kilo schwer befunden, sondern auch gemessen: es ist 2,25 m lang und hat einen Umfang von 2,18 m.

Hugo Wolf in Unterach und Ebensee

„Seit zwei Tagen weile ich wiederum in dem schönen Unterach, die herrliche Luft und die Schönheit der Natur in vollen Zügen genießend. Aber nicht der Drang, in stiller Zurückgezogenheit der Muse zu leben, hat mich so frühzeitig hierhergeführt; ich bin leider Patient, dem von Seiten des Arztes Luftveränderung als das geeignetste Arzneimittel empfohlen wurde."

Unterach, 1. Juni 1891.

„Mein jetziges Domizil, eine halbe Stunde vom Traunsee entfernt, liegt, Gott seis geklagt, in nächster Nähe eines Steinbruchs, darin von ¹/₄ Uhr früh bis zum späten Abend ununterbrochen gearbeitet wird, und zwar abwechselnd geklopft und gesprengt. Außerdem wimmelt diese Gegend von Hühnern und Hähnen, deren unentwegtes Gegacker und Gekrächze mich schon irrsinnig machten."

Ebensee 14, am Traunsee, 27. Juni 1891. „Hugo Wolf's Briefe an Emil Kauffmann", 1903.

Man steckte mich nach Linz

„Man steckte mich nach Linz in eine Handelsakademie, wo ich eine trostlose Comptoirzukunft vor mir dämmern sah."

René (Rainer Maria) Rilke an Ludwig Ganghofer, München, 16. April 1897.

Kalender

1891

1.2. Die neugegründete Oberösterreichische Landes-Hypothekenanstalt nimmt im Linzer Landhaus den Geschäftsverkehr auf.

12.2. Am Linzer Bahnhof erglüht die erste elektrische Beleuchtung.

Sommer. Hugo Wolf zieht sich in ein Zimmer im Pfarrhof von Traunkirchen zurück.

September. Rainer Maria Rilke (1875–1926) damals noch „René" (die Namensänderung erfolgte erst 1897) besucht bis Mai 1892 die Linzer Handelsakademie. →

22.11. Erste Landeskonferenz der Sozialdemokratischen Partei für Oberösterreich und Salzburg.

2.12. Die Steyrtalbahn Pergern–Sierning–Bad Hall ist durchgehend befahrbar. (Am 1. 8. 1933 wird die Teilstrecke Sierning–Bad Hall und am 31. 12. 1966 die gesamte Strecke stillgelegt.)

1892

17.2. Der Linzer Gemeinderat beschließt die Auflassung der seit dem Mittelalter bestehenden Linzer Märkte.

10.4. In Leonfelden werden 92 Häuser, Pfarrkirche und Schulhaus ein Raub der Flammen. Brandstifter ist ein Gastwirt, der sich nach seiner Festnahme erhängte.

17.7. Eröffnung der Marienwarte am Reinberg (Thalheim bei Wels).

26.7. Eröffnung der Sommerkonzerte in der Villa „Fernblick" in Gmunden, in die sich eine der berühmtesten Sängerinnen ihrer Zeit, Pauline Lucca (1841–1908), ein mit allen Möglichkeiten der Akustik ausgestattetes Haustheater einbauen ließ.

8.–11.8. Katholikentag in Linz.

11.8. Einführung der Kronen-Heller-Währung, Ende der von Maria Theresia 1750 eingeführten Gulden-Währung.

Die Planung einer Dampfzentrale in St. Wolfgang mit 25 PS markiert das Geburtsjahr der Stromversorgung im Salzkammergut und damit der OKA (Oberösterreichische Kraftwerke AG).

Gründung der Linzer Schiffswerft.

In Schärding wird eine Kaltwassser-Kuranstalt nach dem System von Pfarrer Sebastian Kneipp (1821–1897) eingerichtet.

Plakat für das Welser Volksfest 1892, das „unter dem Protectorate Sr. k. u. k. Hoheit des durchlauchtigsten Herrn Erzherzogs Franz Salvator" stand.

Geburtstage

1891

Franz Sedlacek. Maler. Geboren 21. 1. 1891 in Breslau. (Vermisst seit 1945 in Rußland.) Wirkte in Oberösterreich. → S. 485, 486

Franz von Nusko. Regierungskommissär (Bürgermeister) von Linz vom 13. 2. bis 7. 11. 1934. Geboren 28. 2. 1891 in Baden bei Wien. (Gefallen in den Maitagen 1945.)

Alfred Proksch. Eisenbahner, Politiker. Geboren 8. 3. 1891 in Larischau, Österreich-Schlesien. (Gestorben 3. 1. 1981 in Wien.) Gründete → 1919 in Linz die erste oberösterreichische Ortsgruppe der NSDAP.

Frida Kern. Komponistin. Geboren 9. 3. 1891 in Wien. (Gestorben 23. 12. 1988 in Linz.)

Ernst Koref. Bürgermeister von Linz von 1945 bis 1962 (SP.) Geboren 11. 3. 1891 in Linz. (Gestorben 15. 11. 1988 in Linz.) → 1945, 1946

Richard Tauber (Denemy). Tenor mit internationaler Karriere. Geboren 16. 5. 1891 in Linz. (Gestorben 8. 1. 1948 in London.) → S. 267

Demeter Koko. Maler. Geboren 13. 6. 1891 in Linz. (Gestorben 28. 10. 1929 in Linz.) → 1929

Hans Pollack. Maler. Geboren 7. 7. 1891 in Linz. (Gestorben 14. 8. 1968 in Linz.)

Karl Gattermeyer. Mundartdichter. Geboren 31. 7. 1891 in Sierning. (Gestorben 13. 7. 1975 in Linz.)

Alexander Popp. Architekt. Geboren 10. 8. 1891 in St. Leonhard am Forst, Niederösterreich. (Gestorben 7. 12. 1947 in Linz.) → 1935

Hermann Priesner. Insektenforscher. Geboren 19. 11. 1891 in Linz. (Gestorben 11. 8. 1974 in Linz.)

Moriz Enzinger. Literaturhistoriker. Geboren 30. 12. 1891 in Steyr. (Gestorben 4. 10. 1975 in Wien.)

1892

Heinrich Klein. Komponist. Geboren 2. 2. 1892 in Budapest. (Gestorben 12. 7. 1977 in Linz.)

Heinz Bitzan. Kunstgewerbler. Geboren 21. 2. 1892 in Linz. (Gestorben 7. 4. 1965 in Linz.)

Karl Lugmayer. Politiker und Volksbildner. Geboren 25. 2. 1892 in Ebensee. (Gestorben 16. 4. 1972 in Wien.)

Gustav von Festenberg. Schriftsteller. Geboren 13 3. 1892 in Wiener Neustadt. (Gestorben 3. 8. 1968 in Wien.) Lebte und wirkte in Oberösterreich.

Als Museumsbahn dampft die alte Steyrtalbahn heute von Steyr nach Grünburg.

Aloys Wach (Alois Wachlmeier). Maler und Graphiker. Geboren 30. 4. 1892 in Lambach. (Gestorben 18. 4. 1940 in Braunau.) → S. 352

Felix Kern. Landeshauptmann-Stellvertreter (1948 bis 1955). Geboren 21. 5. 1892 in Unterweißenbach. (Gestorben 23. 10. 1955 in Linz.)

Vilma Eckl. Malerin und Zeichnerin. Geboren 26. 6. 1892 in Lorch/Enns. (Gestorben 10. 6. 1982 in Linz.) → 1982

Cyrill (Johann) Fischer. Franziskaner, Soziologe. Geboren 12. 7. 1892 in Schwarzenberg. (Gestorben 11. 5. 1945 in Santa Barbara, USA.) Berater von Franz Werfel (1890–1945).

Hanns Kobinger. Maler. Geboren 26. 7. 1892 in Linz. (Gestorben 25. 1. 1974 in Gramastetten.)

Andreas Reischek. Oberösterreichischer Rundfunkpionier. Geboren 11. 8. 1892 in Klosterneuburg. (Gestorben 13. 8. 1965 in Wien.) Sohn des Naturforschers Andreas Reischek (1845–1902).

Andreas Plenk. Arzt. Geboren 30. 8. 1892 in Ödenburg. (Gestorben 2. 10. 1959 in Linz.) Seit 1928 in Linz, Chirurg mit internationalem Ansehen.

Franz Bachinger. Bauer und Politiker. Geboren 31. 10. 1892 in Gaspoltshofen. (Gestorben 7. 7. 1938 in Gaspoltshofen.) Minister 1932/33.

Hugo Plachetta. Komponist, Tierarzt. Geboren 16. 11. 1892 in Olmütz. (Gestorben 21. 6. 1971 in Linz.) Vater des Schauspielers Gunther Philipp (1918–2003).

Dem Schützen in die Brust ...

Der Mörder hat geschossen
aus einer Waldesschlucht
dem ahnungslosen Schützen
die Kugel in die Brust.

„Geschehen am 26. Juli 1891, gedichtet im Arrest", schrieb der 27jährige Josef Kefer, der Wilderergefährte Johann Klackls, unter sein Gedicht.

Der Kaiser an die Kaiserin

„In der Nacht brach wieder ein Gewitter los, während welchem die Freundin ihren Einzug in die Felicitas hielt."

Kaiser Franz Joseph an Kaiserin Elisabeth. Ischl, den 18. Juli 1891 1/25 Uhr früh. (Die „Freundin" ist Katharina Schratt, „Felicitas" ist die Villa von Katharina Schratt.)

Franz Joseph im Goisener Thal

„Um 1/2 6 Uhr fuhr ich wieder mit Valerie nach Goisern, von wo wir auf der Soolenleitung nach Anzenau gingen und dann nach Haus fuhren. Das Goisener Thal ist wunderschön grün, die Vegetation herrlich und da verliert im Vergleiche die, mir doch so theuere, Gasteiner Gegend freilich viel."

Kaiser Franz Joseph an Kaiserin Elisabeth. Ischl, den 16. Juli 1891 1/2 6 Uhr früh.

Todestage

1891

Franz Isidor Proschko. Schriftsteller, Polizeibeamter in Linz. Gestorben 6. 2. 1891 in Wien. (Geboren 2. 4. 1816 in Hohenfurt, Böhmen.) Herausgeber des Katholischen Volkskalenders.

Emilie Freifrau von Binzer. Schriftstellerin. Gestorben 9. 2. 1891 in München. (Geboren 6. 4. 1801 in Berlin.) Ihr Salon war viele Jahre der geistige Mittelpunkt von Linz. → S. 249

Josef Hafner. Lithograph und Zeichner. Gestorben 10. 4. 1891 in Linz. (Geboren 22. 5. 1799 in Enns.) Landschaftsbilder und Ortsansichten aus Oberösterreich. Gründete 1824 in Linz eine lithographische Anstalt. Mitbegründer des Kunstvereins.

1892

Heinrich Natter. Bildhauer. Gestorben 13. 4. 1892 in Wien. (Geboren 16. 3. 1844 in Graun, Südtirol.) Seit 1884 in Gmunden ansässig. Schöpfer des Andreas-Hofer-Denkmals auf dem Bergisel in Innsbruck und des Haydn-Denkmals in Wien.

Der Wilderer Johann Klackl

26. Juli 1891. Was den Bayern der Jennerwein-Girgl, das ist im Salzkammergut der Klackl-Hans. Ein blumenreicher Legendenkranz wurde auch um seinen Wilderertod gewunden. Auch er wurde beim Wildern heimtückisch erschossen. Wer den tödlichen Schuss abgab, wurde niemals geklärt. Zum Unterschied vom Jennerwein-Girgl war der Klackl-Hans keineswegs in der Blüte seiner Jugend hinweggerafft worden. Als ihn der Wilderertod ereilte, war Johann Klackl 64 Jahre alt.

Johann Klackl, Zimmermann in Sulzbach (Bad Ischl), war mit zwei Kameraden, dem Meierknecht Urban Wimmer und dem Sägeknecht Josef Kefer, die beide in der Rettenbachmühle beschäftigt waren, im Katergebirge unterwegs. Während sich Klackl kniend über ein erlegtes Reh beugte, krachte ein Schuss.

Johann Klackl konnte angeblich noch sagen: „Aus is, mich hat's troffen", dann sank er tot zusammen.

Klackls Wilderergefährten Josef Kefer und Urban Wimmer wurden zu vier bzw. fünf Monaten schwerem und verschärftem Kerker verurteilt. Nach ihrer Haftentlassung wurden beide zu ehrbaren Bürgern. Urban Wimmer wurde Jäger, Josef Kefer brachte es zum Sägemeister.

Im Gefängnis von Wels entstanden jene Lieder, in denen der Klackl-Hans fortlebt. In den Wirtshäusern des Salzkammergutes, auf den Almen und in den Holzknechthütten werden diese Lieder bis heute gesungen. →

Die Simonyhütte 1892 *So sieht die Simonhütte (2203 m) im Jahr 1892 aus, inzwischen längst zum klassischen Stützpunkt der Dachsteinwanderer geworden.*

Eine Weltreise von Salzburg nach Ischl

28. Juli 1891. Das 31,6 km lange Teilstück der Salzkammergut-Lokalbahn von Salzburg nach Mondsee wird in Betrieb genommen. Eine Reise von Salzburg nach Ischl sieht jetzt so aus:

- Salzburg–Mondsee: Salzkammergut-Lokalbahn,
- Mondsee–Scharfling: Dampfschiffverbindung,
- Scharfling–St. Gilgen: Pferdeomnibus,
- St. Gilgen–Strobl: Wolfgangseedampfer,
- Strobl–Ischl: Salzkammergut-Lokalbahn.

In Volksliedern, Zeichnungen und Bildern ist der Wilderer eine beliebte, romantisierte Figur.

Richardl, sei still

„Auf den Proben im Theater saß ich auf einem Sessel in der Damengarderobe, stumm wie ein Ölgötze, denn es hieß ununterbrochen: ‚Richardl, sei brav, Richardl, sei still, Richardl, sitz ruhig!' Als ich dann schon laufen konnte, wartete ich das Ende der Proben schon in irgendeinem Winkel zwischen den Kulissen ab und lernte früh, mich so zu placieren, daß kein Auf- und Abtreten der Schauspieler oder gar ein Theaterarbeiter mich mit einem Versatzstück hätte niedertretern können."

Richard Tauber über seine Kindheit.

Richard Tauber als Goethe in der Léhar-Operette „Friederike".

Richard Tauber

Wiegenlied in einem Hotelzimmer

Der Heldenbariton und Wagner-Sänger, Kammersänger Leopold Demuth, Stimmprüfer der k. u. k. Hofoper in Wien, warnt den Vater: „Dein Sohn hat einen Zwirnsfaden, aber keine Stimme! Glaube mir, aus ihm wird niemals ein Sänger!" Der „Zwirnsfaden" in der Kehle Richard Taubers erobert später die ganze Welt. Er ist in der Oper genauso zu Hause wie in der Operette und im neuen Medium des Tonfilms. In Linz erblickt Richard Tauber das Licht der Welt. In dem Hotelzimmer, in dem er geboren wird, hört er von seiner Mutter, die am Linzer Landestheater als Soubrette engagiert ist, die ersten Wiegenlieder.

Der Vater, ein nicht gerade berühmter Schauspieler, denkt zu dieser Zeit nicht mehr an die Liebe zu der Linzer Theaterkollegin. Auch von den Folgen, die das kurze Engagement in Linz brachte, hat er keine Ahnung.

Richards Mutter ist fast 44, der Vater 30. Von einer festen Bindung zwischen den beiden war nie die Rede.

Eine Schauspielerin mit einem Kind, das ist aus mehreren Gründen nicht leicht. Das sogenannte „süße Geheimnis", das Elisabeth Denemy eines Tages spürt, ist für sie „ein bitteres", vermerkt später Richard Tauber in seinem Tagebuch, „weil die Theater-Direktion zu jener Zeit das Recht hatte, eine Schauspielerin, die ein Kind erwartete, sofort auf die Straße zu setzen".

Als Elisabeth Seifferth, geborene Denemy, 1879 ans Linzer Theater kam, war sie 32 Jahre alt und bereits Witwe. Sie trug den Namen ihres früh verstorbenen Mannes, des Operettenregisseurs Karl Seifferth.

Im Gasthof „Zum Schwarzen Bären" werden Künstler sehr häufig einquartiert. Es sind nur ein paar Schritte zum Theater, und es ist billig. Richard Tauber über seine Geburt: „Am 16. Mai 1891, kurz vor Mitternacht, betrat ich hier laut schreiend die Weltbühne."

Er erhält den Mädchennamen seiner Mutter, den Vornamen des Vaters.

Drei Wochen nach Richards Geburt steht die Mutter wieder auf der Bühne. Der Bub wandert vorerst zu zwei alten Leuten in ein Bauernhaus am Urfahrer Donauufer.

Der Vater, Richard Anton Tauber, ist nicht wenig überrascht, als er von der Existenz seines Sohnes erfährt. Er ist inzwischen in Prag als jugendlicher Held engagiert, da passt ein Kind nicht ins Rollenbild. Aber er freut sich über den Buben. Mit der Mutter zieht der Bub nach Reichenberg, dann nach Olmütz.

„Es ist meiner Mutter bestimmt nicht leichtgefallen, mich überall mitzuschleppen", schreibt Richard Tauber über seine ersten Lebensjahre, „Rollen zu studieren, zu proben, auf der Bühne zu stehen und noch für mich zu sorgen."

Richard Taubers Geburtshaus in der Linzer Herrenstraße.

Als Richard Denemy sein sechstes Lebensjahr erreicht, gastiert die Mutter wieder in Linz. Hier schreibt sie ihn in die Volksschule auf der Spittelwiese ein. Nur ein paar Monate, bis zum 28. April 1898, sitzt er dort auf den Bänken der ersten Klasse.

„Für mich war es immer ein besonderer Festtag, wenn Vater uns in den Sommerferien besuchen kam", erinnert sich Richard Tauber. Er ist stolz auf den Vater: „Daß ihm die Frauenwelt besonders zugetan war, möchte ich nicht verschweigen, denn ein Künstler braucht nun einmal das Fluidum holder Weiblichkeit." Dem Buben bleibt zu diesem Thema vor allem eines in Erinnerung: Er wurde von den Verehrerinnen seines Vaters verwöhnt. „Man fütterte mich mit Konfekt, und ich mußte wahre Berge von Schlagobers verzehren."

Eine dieser Verehrerinnen, Tochter eines wohlhabenden Musikverlegers, will den Buben zu sich nehmen. Die Mutter gibt ihre Zustimmung. So wandert der kleine Richard eines Tages „aus einem kleinen Hotelzimmer in Linz in die herrliche Villa der Frau K. in Graz".

Sehnsucht nach der Armut

Damit wäre das Kapitel von Richard Taubers Kindheit in Oberösterreich eigentlich beendet, würde man nur die äußeren Lebensumstände berücksichtigen und nicht auch das, was in der kleinen Seele des Kindes vorging. „Ich sehnte mich nach den Tagen der Armut", bekennt Richard Tauber, „in das kahle Hotelzimmer in Linz. Meine Mitschüler beneidete ich, da sie im Kreise ihrer Eltern und Geschwister leben konnten".

Das Kind kann sich nicht verstellen. Frau K. merkt das, setzt sich mit dem Vater in Verbindung. Der nimmt den Buben schließlich zu sich. Wieder hat der kleine Richard ein Hotelzimmer als Wohnung: statt bei der Mutter ist er beim Vater, statt in Linz nun in Prag.

Dorthin war der Vater gezogen, als in Graz nach kurzer Ehe seine Frau verstarb.

Mit dem Vater zieht Richard von Prag nach Berlin. Er ist neun Jahre alt, besucht kurz die Volksschule, bis er wieder in die Nähe der Mutter kommt, die in Salzburg engagiert ist. Bis zu seinem zwölften Lebensjahr ist der Bub in einem Internat in Salzburg, dann verlieren die Tauber-Biographen die Spur der Mutter. Wieder nimmt der Vater das Kind zu sich, diesmal nach Wiesbaden.

Einen Vorteil bringt das Zigeunerleben: Eines Tages kommt der musik- und theaterbegeisterte Richard, inzwischen zum jungen Mann herangereift, doch an die richtige Adresse. Das ist in Freiburg im Breisgau, wo ein Gesangspädagoge die Stimme und die sängerischen Fähigkeiten entdeckt und schließlich zur Entfaltung bringt.

Wann wurde aus Richard Denemy ein Richard Tauber? Erst als er längst erwachsen ist. Im Taufbuch findet sich die Eintragung, dass er am 27. März 1913 von seinem Vater adoptiert wurde und den Doppelnamen Denemy-Tauber führt. Dieser Doppelname steht auch im Reisepass des Sängers. Auf den Theaterzetteln und Plakaten nennt er sich Richard Tauber.

Die Weltkarriere ist weithin bekannt. Alle Opernhäuser reißen sich um ihn, Franz Léhar, der seinen internationalen Ruhm nicht zuletzt Richard Tauber verdankt, bekennt, das sei die Stimme, die er beim Komponieren höre. In seine Geburtsstadt Linz kommt Richard Tauber 1935 aus einem ungewöhnlichen Anlass: Er dirigiert hier eine von ihm komponierte Operette. → 1935

Hitler treibt den Sänger in die Emigration. (Sein Vater war Jude, stellt sich nun heraus.) Als Richard Tauber nach dem Krieg zum ersten Mal für die Wiener Staatsoper singt (bei einem Auslandsgastspiel), ist es zugleich das letztem Mal. Das ist am 27. September 1947 in London. Ein paar Tage später wird er operiert. Die Ärzte stellen fest, dass der linke Lungenflügel bereits völlig zerfressen ist, dass er also für die Wiener Staatsoper nur mit einem Lungenflügel gesungen hat. Was nach dem Urteil der Ärzte gar nicht möglich sein kann …

Am 8. Jänner 1948 stirbt Richard Tauber an Lungenkrebs.

Rudolf Lehr

Brahms zu Gast

Krebsensuppe, Forellen, gebratener Schinken, Aspikreis mit Hirn und Huhn, Rebhühner, Faschingskrapfen, Gefrorenes und verschiedene Bäckereien.

Das gab es, den Aufzeichnungen von Frau Olga von Miller zufolge, am 10. September 1893 beim Mittagstisch in der Villa von Victor von Miller zu Aichholz in Gmunden, in der Johannes Brahms (1833–1897) zu Gast war.

Gemeindevoranschlag

Der Bürgermeister:

Anschaffn kann a iada Narr,
Dasselbi, das gang gschwind –
Aba, Vöda, wann' s zun Zahln aft is,
Da geht a andra Wind.
Schauts – gar nix thoan, is a was than –
Dö Zeitn san viel z' schlecht;
I moan halt:
Ös dageht si schan –
Und alls wird wieda recht.

Chor der Gemeindevertreter:

Versteht si – ös dageht si schan –
Und alls wird wieda recht.

Aus dem Gedicht „Ein Gemeindevorschlag" von Josef Moser (1812–1893).

1893–1895

Kalender

1893

5.5. Eröffnung des Neubaues der Allgemeinen Sparkasse Linz, Promenade 11.

6.5. Eröffnung der allgemeinen Wasserleitung in Linz.

20.6. Mit der 22,5 km langen Teilstrecke von Strobl nach St. Lorenz ist die Salzkammergut-Lokalbahn, eine Kleinbahn mit 76 cm Spurweite, fertig. Sie fährt nun von Ischl bis Salzburg. (Eingestellt → 1957.)

12.7. Kaiser Franz Joseph befährt erstmals die gesamte Strecke der Salzkammergut-Lokalbahn.

1.8. Eröffnung der Zahnradbahn von St. Wolfgang auf den Schafberg. Die Fahrzeit beträgt 1 1/2 Stunden.

1894

1.5. In Ried im Innkreis wird eine „elektrische Beleuchtungsanstalt" eröffnet.

26.5. Die Diözese Linz erwirbt die Gründe zur Errichtung des Knabenseminars Kollegium Petrinum.

11.7. Anton Bruckner wird Ehrenbürger von Linz.

15.7. Inbetriebnahme des Dampfkraftwerks St. Wolfgang.

7.8. In Tragwein werden 20 Häuser ein Raub der Flammen.

13.8. Als erste österreichische Stadt hat Gmunden eine elektrische Straßenbahn.

15.8. Eröffnung des Warscheneck-Schutzhauses (1495 m) im Toten Gebirge. (Seit 1902 Dümlerhütte.)

21.8. Weihe des Neubaus der Erziehungsanstalt zum „Guten Hirten" in Linz.

26.8. Kaiser Franz Joseph fährt mit einem Sonderzug der Zahnradbahn von St. Wolfgang auf den Schafberg.

4.9. Feier zum 70. Geburtstag von Anton Bruckner in Steyr.

Oktober. Am Stadtplatz von Braunau wird die neue Reichsbrücke fertiggestellt, deren Eingang ein nach dem Entwurf von Raimund Jeblinger (1853–1937) geschmiedeter Doppeladler bildet.

Die erste Höhlenverbreitungskarte Oberösterreichs erscheint, in der bereits rund 50 oberösterreichische Höhlen erwähnt werden.

Steyr nimmt die Erzeugung von Fahrrädern auf, die berühmt gewordenen Waffenräder.

1895

13.2. Im Linzer Hotel „Schiff" (Landstraße 36) wird erstmals ein Grammophon, der „Original-Edison-Phonograph", öffentlich vorgeführt.

6.3. Brand im Kostümmagazin des Linzer Landestheaters.

15.4. In Ried im Innkreis werden die letzten vier Nachtwächter entlassen.

2.5. Erster Schultag von Adolf Hitler in der Volksschule Fischlham bei Lambach.

5.5. Hermann Bahr (1863–1934) heiratet die 23-jährige Schauspielerin Rosa Jokl. → S. 243, 295

29.5. Eröffnung des neuen Gebäudes des Landesmuseums → S. 270.

10.8. In Perg werden sieben Häuser ein Raub der Flammen.

2.10. In einem Protokoll wird festgestellt, dass die Traunsee-Schwäne zum Vermögen der Kurkommission gehören.

Geburtstage

1893

Fanny Newald. Malerin. Geboren 10. 1. 1893 in Linz. (Gestorben 3. 10. 1970 in Linz.)

Heinrich Gleißner. Landeshauptmann von Oberösterreich (1934–1938, 1945–1971). Geboren 26. 1. 1893 in Linz. (Gestorben 18. 1. 1984 in Linz.) → S. 479–481

Konrad Rosenbauer. Industrieller und Feuerwehrpionier. Geboren 30. 1. 1893 in Linz. (Gestorben 30. 9. 1969 in Linz.)

Franz Karl Salvator. Erzherzog. Sohn von Erzherzog Franz Salvator (1866–1939) und der Tochter von Kaiser Franz Joseph, Marie Valerie (1868 bis 1924.). Geboren 17. 2. 1893 in Schloss Lichtenegg bei Wels. (Gestorben 10. 12. 1918 in Schloss Wallsee, Niederösterreich.)

Ferdinand Hüttner. Lehrer, Sportamtsleiter, Schutzbundführer. Geboren 8. 3. 1893 in Paris. (Gestorben 30. 1. 1947 in Linz.)

Peter Graf von Revertera-Salandra. Großgrundbesitzer und Politiker. Geboren 18. 3. 1893 in Paris. (Gestorben 9. 4. 1966 in Helfenberg.) Heimwehrführer.

Malachias Birklbauer. Wilheringer Ordenspriester. Mundartdichter. Geboren 27. 4. 1893 in Leonfelden. (Gestorben 16. 5. 1969 in Linz.)

Ludwig Kasper. Bildhauer. Geboren 2. 5. 1893 in Gurten. (Gest. 28. 8. 1945 in Mauerkirchen.)

Hans Franta. Maler und Zeichner. Geboren 17. 6. 1893 in Linz. (Gest. 19. 3. 1983 in Linz.) → S. 39

Leopold Brellinger. Jesuitenpater. Missionsbischof in China (seit 1947). Geboren 27. 7. 1893 in Ebelsberg. (Gestorben 18. 9. 1967 in Taipeh.)

Alfred Carl Ferdinand Kuzmany. Stadtkommandant von Linz (1945). Geboren 24. 10. 1893 in Dorna-Watra, Rumänien. (Gestorben 4. 10. 1961 in Wien.)

1894

Anton Lutz. Maler. Geboren 19. 2. 1894 in Prambachkirchen. (Gestorben 2. 5. 1992 in Linz.)

Kurt Fischer-Colbrie. Schauspieler und Regisseur. Geboren 28. 4. 1894 in Traun. (Gestorben 2. 9. 1960 in Linz.) 1956/57 interimistischer Leiter des Linzer Landestheaters.

Hubert Salvator. Erzherzog. Geboren 30. 4. 1894 in Schloss Lichtenegg bei Wels. (Gestorben 24. 3. 1971 in Schloss Persenbeug.) Bruder von Franz Karl Salvator.

Ferdinand Fageth. Bergmann und Politiker. Geboren 22. 5. 1894 in Ottnang. (Gestorben 11. 12. 1976 in Salzburg). Als Schutzbundführer 1934 zu lebenslänglichem Kerker verurteilt. Gastwirt, Bürgermeister von Braunau (1945–1949).

Kerstin Strindberg. Tochter des Dichters August Strindberg (1849–1912). Geboren 26. 5. 1894 in Dornach, Gemeinde Saxen. (Gestorben 30. 4. 1956 in Stockholm.) → S. 269

Anton Freiherr von Hye

Anton Freiherr von Hye, Hochschullehrer und Politiker. Die heute noch geltenden Bürgerrechte tragen seine Unterschrift. Hye stirbt am 8. Dezember 1894 in Wien. (Geboren 26. 5. 1807 in Gleink.) Er war eine populäre Persönlichkeit im Revolutionsjahr 1848 und wurde des Hochverrats beschuldigt. 1867 war er Justizminister. Er modernisierte Strafgesetzbuch und Strafprozessordnung.

Leo Sturma. Oberbürgermeister von Linz (1940 bis 1943). Geboren 13. 6. 1894 in Wels. (Gestorben 18. 2. 1965 in Wels.)

Manfred Reiffenstein. Erfinder. Geboren 10. 8. 1894 in Mondsee. (Gestorben 24. 6. 1986 in Wien.) → 1986

Herbert Dimmel. Maler. Geboren 31. 8. 1894 in Ried im Innkreis. (Gestorben 21. 10. 1980 in Linz.)

Egon Ranshofen-Wertheimer. Völkerrechtler. Geboren 4. 9. 1894 in Schloss Ranshofen bei Braunau. (Gestorben 27. 12. 1957 in New York.) → 1957

Alfred Fuchshuber. Industrieller. Geboren 13. 10. 1894 in Wels. (Gestorben 4. 12. 1974 in Linz.)

Klemens Brosch. Maler. Geboren 21. 10. 1894 in Linz. (Selbstmord 17. 12. 1926 in Puchenau bei Linz.) → S. 322, 484/485

1895

Anton Mitmannsgruber. Heimatforscher. Geboren 16. 1. 1895 in Liebenau. (Gestorben 21. 2. 1986 in Amstetten.)

Erna Blaas. Schriftstellerin. Geboren 19. 2. 1895 in Kirchdorf an der Krems. (Gestorben 8. 9. 1990 in Salzburg.)

Johannes Hollnsteiner. Historiker. Geboren 14. 3. 1895 in Linz. (Gestorben 1. 2. 1971 in Linz.)

Max Kislinger. Bild-Chronist oberösterreichischer Volkskultur. Geboren 4. 4. 1895 in Linz. (Gestorben 11. 10. 1983 in Linz.)

Karl Ludwig Diernhofer. Veterinär. Geboren 12. 6. 1895 in Schwertberg. (Gestorben 11. 12. 1980 in Schwertberg.) → 1980

Franz Kinzl. Komponist. Geboren 2. 7. 1895 in Mettmach. (Gestorben 23. 4. 1978 in Lambach.) → S. 426, 449

Verhaßter Vogelgesang

„Werden Sie's glauben, daß mir Traunkirchen und zumal der Pfarrhof geradezu verhaßt geworden ist wegen des Vogelgesanges? Sie können sich es gar nicht vorstellen, was ich unter diesem vermaledeiten eintönigen, in stets wohlgezählten kurzen Pausen sich wiederholenden Gezwitscher der Finken zumal zu leiden habe."

Hugo Wolf (1860–1903) in einem Brief an Emil Kauffmann, 10. Juli 1893. („Hugo Wolf's Briefe an Emil Kauffmann", Berlin 1903.)

Mahlers Komponierhäuschen

„Im Juni 1893 zogen Mahlers ein und die in vollster Feldblumenblütenpracht prangende Wiese, auf die Mahler durch sein Fenster blickte, gab ihm den Gedanken ein, an ihrem See-Ende ein Arbeitshäuschen zu bauen. Dies geschah im nächsten Sommer 1894."

Alfred Rosé, Sohn von Gustav Mahlers Schwester Justine, in „Intimes aus Gustav Mahlers Sturm- und Drangperiode", in „Neues Wiener Journal", 19. 8. 1928.

„In diesem von Efeu dicht bewachsenen ‚Komponierhäuschen', dessen Mobiliar Klavier, Tisch, Sessel und Sofa bildeten, dessen Tür beim Öffnen unzählige Käfer aus dem Efeu auf den Eintretenden herabschüttelte, verbrachte er seine Vormittage, um dort ungestört durch die Geräusche des Hauses und der vorbeiführenden Straße zu arbeiten."

Bruno Walter (1876–1962) in „Gustav Mahler, ein Porträt", Berlin/Frankfurt 1957.

Johann Blöchl. Bauer und Politiker. Geboren 12. 7. 1895 in Lasberg. (Gestorben 4. 4. 1987 in Lasberg.) → 1987

Franz Sichelrader. Dreher, Politiker. Geboren 16. 7. 1895 in Steyr. (Gestorben 17. 2. 1962 in Steyr.) → 1962

Arthur Fischer-Colbrie. Schriftsteller. Geboren 25. 7. 1895 in Linz. (Gestorben 30. 12. 1968 in Linz.)

Arnolt Bronnen. Schriftsteller. Geboren 19. 8. 1895 in Wien. (Gestorben 12. 10. 1959 in Ost-Berlin.) → 1959

Hermann Heinz Ortner. Schriftsteller. Geboren 14. 11. 1895 in Kreuzen. (Gestorben 18. 8. 1956 in Salzburg.)

Johann Nepomuk David. Komponist. Geboren 30. 11. 1895 in Eferding. (Gestorben 22. 12. 1977 in Stuttgart.)

Harry John Collins. US-General. Geboren 7. 12. 1895 in Chicago. (Gestorben 8. 3. 1963 in Salzburg.) Befehlshaber in der amerikanischen Zone 1945–1948.

Hubert Hauttmann. Miterfinder des LD-Verfahrens. Geboren 11. 12. 1895 in Kammer am Attersee. (Gestorben 19. 9. 1982 in Linz.)

Wilhelm Bock. Beamter, Politiker, Priester. Geboren 27. 12. 1895 in Linz. (Gestorben 31. 10. 1966 in Vöcklabruck.) Bürgermeister von Linz (1934–1938). → 1966

Todestage

1893

Heinrich Reitzenbeck. Apotheker, Schriftsteller. Gestorben 6. 2. 1893 in Salzburg. (Geboren 7. 7. 1812 in Wels.) Freund und erster Biograph Adalbert Stifters.

Hans Jungwirth. Mundartdichter. Gestorben 14. 3. 1893 in Linz. (Geboren 8. 11. 1828 in Linz.)

Johannes Aprent. Freund und Nachlassverwalter Adalbert Stifters. Gestorben 18. 4. 1893 in Linz. (Geboren 16. 3. 1823 in Olmütz.) → S. 238

Josef Moser. Heimatdichter. Gestorben 27. 4. 1893 in Steyr. (Geboren 27. 2. 1812 in Schloss Parz bei Grieskirchen.) →

Josef Maria Kaiser. Maler. Gestorben 6. 5. 1893. (Geboren 1. 2. 1824 in Kremsmünster.)

Franz Reinhold. Landschaftsmaler. Gestorben 19. 5. 1893 in Wien. (Geboren 19. 12. 1816 in Wien.) Bevorzugte Salzkammergut-Motive.

Max Edlbacher. Liberaler Politiker. Gestorben 6. 8. 1893 in Linz. (Geboren 13. 2. 1835 in Sierning.) Reichsrats- und Landtagsabgeordneter.

Franz Krackowizer. Landschafts- und Porträtmaler. Gestorben 18. 11. 1893 in Salzburg. (Geboren 6. 11. 1817 in Spital am Pyhrn.)

1894

Johann Rosenbauer. Firmengründer, Feuerwehrpionier. Gestorben 3. 2. 1894 in Linz. (Geboren 14. 6. 1828 in Linz.)

Josef Wimmer. Druckereipionier. Gestorben 22. 4. 1894 in Linz. (Geboren 27. 4. 1808 in Linz.)

Josef Kaar. Liberaler Politiker. Gestorben 30. 4. 1894 in Urfahr. (Geboren 9. 10. 1830 in Linz.) Bürgermeister von Urfahr seit 1886.

Bernhard Söllinger. Wilheringer Stiftsarchivar. Gestorben 16. 5. 1894 in Krems. (Geboren 19. 4. 1836 in Mitterkirchen.)

Ludwig Egbert Thürheim. Offizier und Weltreisender. Gestorben 19. 7. 1894 in Schwertberg. (Geboren 27. 5. 1818 in Wien.) Ließ sein Schloss Weinberg restaurieren.

1895

Wilhelm Pailler. Pfarrer, Lieder- und Schauspieldichter. Gestorben 17. 3. 1895 in St. Peter am Wimberg. (Geboren 23. 3. 1838 in Linz.) Begründer der Volksliedforschung in Oberösterreich.

Johann Baptist Lamprecht. Topograph. Gestorben 18. 8. 1895 in Raab. (Geboren 28. 12. 1816 in Schärding.)

Karl Schiedermayer. Arzt und Botaniker. Gestorben 29. 10. 1895 in Kirchdorf an der Krems. (Geboren 3. 11. 1818 in Linz.)

Eduard Graf von Taaffe. Staatsmann. Gestorben 29. 11. 1895 in Ellischau, Böhmen. (Geboren 24. 2. 1833 in Wien.) Minister, Ministerpräsident, 1867 Statthalter von Oberösterreich.

August Strindbergs unglückliche Ehe

Schwedens berühmtester Dichter, August Strindberg (1849–1912), ist durch eine seiner drei gescheiterten Ehen mit Oberösterreich verbunden. Am 7. Jänner 1893 lernt er die um 23 Jahre jüngere Frida Uhl kennen (→ S. 357), eine in Mondsee geborene Hofratstochter. Vier Monate später (2. 5. 1893) findet auf Helgoland die Hochzeit statt. Im Sommer desselben Jahres kommt Strindberg nach Mondsee, wo er in der „Villa Uhl" bei der Schwiegermutter wohnt – und auf seine in London gebliebene Frau wartet. Im August verlässt er Mondsee, irrt durch halb Europa und kommt im November zu den Großeltern seiner Frau, nach Dornach, Gemeinde Saxen. Dort wird am 26. Mai 1894 das einzige Kind aus dieser Ehe geboren, die Tochter Kerstin. Die Ehe geht kurz darauf in Brüche. (Offiziell „ungültig erklärt nach österreichischem Recht" am 5. 2. 1897.) Strindberg reist weiter in der Welt umher, kommt auch wieder nach Österreich und wohnt auf Vermittlung seiner Schwägerin, Melanie Uhl, in einem Haus in Klam bei Grein. Ein „Strindberg-Wanderweg" erinnert an diesen Aufenthalt des unglücklichen Dichters, der sich auf seinen Spaziergängen durch das Klamtal von Geistern verfolgt fühlt, die sich mit langen Messern von den Bäumen herab auf ihn stürzen wollen.

Im Herbst 1896 verlässt Strindberg Oberösterreich, sucht jedoch auch später noch Anlässe für eine Rückkehr: mit schwarzer Magie will er deshalb seiner Tochter eine leichte Krankheit „anhexen". In seiner Geburtsstadt Stockholm stirbt August Strindberg am 14. Mai 1912. Als eines seiner genialsten dramatischen Werke wertet die Nachwelt das 1902 entstandene „Traumspiel": In der Verwirrung des Lebens erscheint der Tod als Erlösung.

Gustav Mahlers glückliche Jahre am Attersee

In Steinbach am Attersee verbringt Gustav Mahler (1860–1911) mit seinen Schwestern Justine (1868–1938) und Emma (1875 bis 1933) und mit einer langjährigen Freundin des Hauses (Natalie Bauer-Lechner, 1858 bis 1921) die Sommerferien der Jahre 1893 bis 1896. Es sind glückliche und erfolgreiche Jahre. „Das eigentliche Komponieren mußte in den Ferien beendet werden", schreibt der Dirigent Bruno Walter (1876–1962), der ihn 1896 in Steinbach besucht und dem er auf dem Klavier Teile seiner hier entstandenen Werke vorspielt. Sowohl Bruno Walter (der damals noch Bruno Schlesinger heißt) als auch der Sohn von Gustav Mahlers Schwester Justine beschreiben das „Komponierhäuschen" (→), das sich Gustav Mahler 1894 bauen lässt und in dem er an seiner Zweiten und Dritten Symphonie und teilweise auch schon an seiner Vierten Symphonie arbeitet. Von Steinbach am Attersee aus besucht Gustav Mahler mehrmals Johannes Brahms in Ischl. → 1896

Gustav Mahlers Komponierhäuschen in Steinbach am Attersee. Hier arbeitet er an seiner Zweiten, Dritten und Vierten Symphonie.

In Anwesenheit von Kaiser Franz Joseph wird am 29. Mai 1895 in Linz das Gebäude für das Museum Francisco-Carolinum (Landesmuseum) feierlich eröffnet. (Erbaut nach Plänen des Architekten Bruno Schmitz, Kolossalfries von Bildhauer Melchior zur Strassen.)

Land der Museen

Oben: Das Linzer Landesmuseum (Museum Francisco-Carolinum).
Unten: Das monumentale Treppenhaus des Landesmuseums.

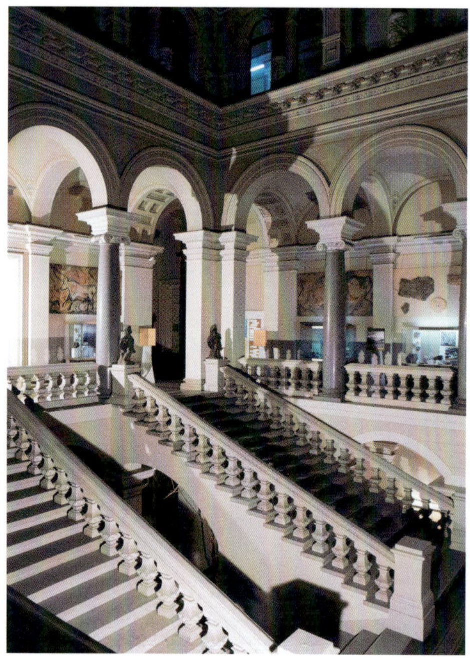

Nicht nur die Absicht, die Landeskunde zu fördern, stand 1833 hinter der Gründung des Geschichtsvereins, sondern auch der Wunsch, durch die Anziehungskraft der zu erwartenden Sammlungen den Fremdenverkehr zu heben. Wenn Linz damals auch nicht mehr als 24.000 Einwohner zählte, so schien seine günstige Lage am Schnittpunkt der gerade eröffneten Pferdeeisenbahn und der beginnenden Dampfschifffahrt auf der Donau zusammen mit dem Museum dazu geeignet, „Tausende von gebildeten Reisenden namentlich aus den deutschen Bundesstaaten anzuziehen".

Am 10. Februar 1833 brachte Anton Ritter von Spaun (1790–1849) beim Präsidenten der Regierung und Stände, Graf Alois von Ugarte (1784 oder 1787–1845), die Eingabe zur Gründung eines Geschichtsvereins ein, eine Idee, die vor ihm schon von dem bedeutenden oberösterreichischen Urkundenforscher Franz Kurz (1741–1843) geäußert worden war und die in den seit 1830 bestehenden bayerischen Geschichtsvereinen und in der zu Beginn des Jahres 1833 in Nürnberg gebildeten „Gesellschaft zur Erhaltung der Denkmäler vaterländischer Geschichte, Literatur und Kunst" ihre Vorläufer hatte.

Die Sorge für die immer mehr gefährdeten Denkmäler, seien es die römischen Inschriftensteine oder die von Mottenfraß bedrohten Urkunden, war eine besondere Verpflichtung für den Staat, dessen Reifeprozess in der Sicht Spauns von den Erfahrungen aus der Geschichte bestimmt wurde. Neben der Einrichtung einer Bibliothek sollte der Verein die Dokumente der Geschichte sammeln, erhalten und durch ihre Veröffentlichung „den geschichtlichen Sinn der Bevölkerung wecken und nähren".

Die entgegen aller Skepsis hohe Anzahl der von Gründungsmitgliedern gestifteten Sammlungsgegenstände wurde zuerst einmal im Ständischen Expeditorhaus an der Promenade aufgestellt, das somit als die räumliche Keimzelle des späteren Landesmuseums gelten kann. (Später war hier bis zum Neubau 1972 der Sitz des Landesarchivs.)

Der Museumsneubau

Die drängende Raumnot der immer umfangreicher gewordenen Sammlungen führte seit 1845 zu Plänen für einen Museumsneubau. Doch erst 1875 fiel nach mehreren Ansuchen des Vereins der endgültige Beschluss des Landtags für einen Architektenwettbewerb bzw. die Bereitstellung entsprechender Mittel. Nach einem zweiten Wettbewerb wurde dem damals unbekannten Düsseldorfer Architekten Bruno Schmitz (1858–1916), der später das Völkerschlachtdenkmal zu Leipzig entwarf und als einer der bedeutendsten Architekten des Späthistorismus galt, der Bauauftrag erteilt. Am 29. Mai 1895 erfolgte die feierliche Eröffnung des Museums Francisco-Carolinum durch Kaiser Franz Joseph I., der sich nach den Feierlichkeiten mit den Worten verabschiedete: „Es war schön, ich bin ganz überrascht."

Die durch den Neubau bezeugte Bereitschaft des Landes, den Verein zu unterstützen, ermutigte zahlreiche private Mäzene zu großzügigen Stiftungen und Schenkungen. Entsprechend den 1885 neu gefassten Statuten wurde alsbald der enge regionale Rahmen überschritten und alles, was der „Verallgemeinerung des Wissens" diente, gesammelt. Darunter fiel vor allem die neuseeländische „Exotensammlung" des Forschers Andreas Reischek, der bis 1901 der zoologischen Abteilung vorstand.

Am 5. Mai 1920 beschloss der Landtag die Übernahme der Sammlungen in den Besitz des Landes. Seit diesem Zeitpunkt bestehen das „Oberösterreichische Landesmuseum" und der „Oberösterreichische Musealverein" als zwei zwar voneinander unabhängige, durch die gemeinsame Zielsetzung jedoch eng verbundene Institutionen.

Sosehr auch der 1895 eröffnete Neubau ei-

Museum in die Schule

Die Aktionen „Vorschulkinder ins Museum", „Schule ins Museum" und „Museum in die Schule" haben sicher dazu beigetragen, das Museum auch einem jungen Publikum zu erschließen.

Landeshauptmann Josef Ratzenböck in „150 Jahre Oberösterreichisches Landesmuseum", Linz 1983.

nen bedeutenden Entwicklungsschritt und die wichtigste Leistung des Vereins bedeutet hat, sowenig waren damit die nach wie vor drängenden Raumprobleme endgültig gelöst. Die seit der Jahrhundertwende vermehrt zufließenden Zugänge führten alsbald zu einer unerträglichen Raumnot.

Das Schlossmuseum

Die Frage der Wiederverwendung des seit 1851 als Kaserne genützten Linzer Schlosses wurde 1959 mit einer endgültigen Widmung für das Landesmuseum entschieden. Der historischen Bedeutung des Gebäudes entsprechend und ausgehend von seiner besonderen Raumstruktur bot es die idealen Voraussetzungen für die Aufstellung der kunst- und kulturgeschichtlichen Sammlungsbestände. Am 24. September 1966 erfolgte die Eröffnung des gesamten Schlossmuseums. Auf einer Fläche von fast 6000 Quadratmetern bietet es einen repräsentativen Querschnitt durch die Geschichte, Kunst und Kultur Oberösterreichs. Beginnend mit der Ur- und Frühgeschichte (Goldener Halsring aus Uttendorf), der Römerzeit (Terra sigillata), über die Baiernzeit und das frühe Mittelalter, die Romanik (Rieder Kreuzigung), Gotik (Linzer Kreuzigung), Renaissance und das Barock führt die Entwicklung reich dokumentiert bis zum Jugendstil. Die Waffensammlung umfasst das 12. bis 19. Jahrhundert, die Musikinstrumentensammlung zählt zu den bedeutendsten Österreichs und darüber hinaus (Erard-Flügel Ludwig van Beethovens). Weitere Schwerpunkte bilden die Möbelsammlung, das Kunstgewerbe sowie die Volkskunde, das Mostmuseum, das Eisenbahnmuseum sowie das Museum Physikum aus dem Jesuiten-Lyzeum von Linz.

Seit 1947 das bedeutendste Museum für moderne Kunst in Oberösterreich: Die Neue Galerie der Stadt Linz. Seit → 2003 in einem neuen Haus (Lentos-Kunstmuseum).

Blick in die Abteilung spätgotischer Kunstwerke des Linzer Schlossmuseums (Landesmuseum).

Während die alte Galerie vorwiegend niederländische Maler des 16. bis 18. Jahrhunderts umfasst (Bruyn, Brouwer, Brueghel), sind in der Galerie des 19. Jahrhunderts hauptsächlich österreichische oder oberösterreichische Künstler vertreten (Waldmüller, Steinfeld, Reiter, Stifter). Besondere Bereicherungen erfuhren die Bestände der neuen Galerie durch die Erwerbung der Sammlung Pierer sowie das Legat Kastner, das neben mittelalterlicher Kunst die Werke von 150 österreichischen Künstlern umfasst und den systematischen Bilderbogen bis ins 20. Jahrhundert fortführt (Klimt, Schiele, Faistauer). Die rund 30.000 Blätter umfassende Graphiksammlung enthält als größten Bestand von Arbeiten eines Künstlers über 4000 Originale von Alfred Kubin und ist damit die umfangreichste ihrer Art.

Obwohl durch die Einrichtung des Schlossmuseums die räumliche Situation im Francisco-Carolinum entspannt wurde, blieb sie für die umfangreichen naturkundlichen Sammlungsbestände sowohl ausstellungstechnisch als auch konservatorisch unbefriedigend. So wurden im Jahre 1985 die naturwissenschaftlichen Sammlungen zum Teil in neue Magazine ausgelagert und die

Das Museum lebt

„Im Laufe der Jahre des Bestehens des Museums im Schloss waren umfangreiche Großausstellungen und Neuerwerbungen Anlass, die Räume neu aufzustellen und auch umzugestalten. Daraus ist erkennbar, dass der Organismus des Museums nicht tot ist, sondern lebt, und erweitert und bereichert werden kann."

Benno Ulm in „150 Jahre Oberösterreichisches Landesmuseum", Linz 1983.

Das größte der etwa vierzig österreichischen Feuerwehrmuseen und eines der größten Europas ist im Stiftsmeierhof von St. Florian untergebracht.

Land der Museen

Das Oberösterreichische Jagdmuseum im Schloss Hohenbrunn bei St. Florian, ein Werk des Barockbaumeisters Jakob Prandtauer. 1722–1732.

Schauräume wieder ihrem ursprünglichen Zweck zugeführt.
Am 29. Jänner 1986 konnte das bereits 1983 im Rahmen der Feierlichkeiten zum 150-jährigen Bestehen des Landesmuseums außen renovierte Gebäude auch mit wiederhergestelltem Inneren der Öffentlichkeit präsentiert und somit der Landesgalerie mit Schwerpunkt auf zeitgenössischer oberösterreichischer Kunst eine neue Heimstatt eingerichtet werden. Zur besseren Verwirklichung des Öffentlichkeitsauftrags des Landesmuseums und seiner stärkeren Einbindung in das gesellschaftliche Bewusstsein des Landes kam es 1987 zur Gründung der „Gesellschaft der Freunde und Förderer des ÖÖ. Landesmuseums".

Museen im ganzen Land

Die überreichen Bestände des Landesmuseums haben es in bestimmten Fällen sinnvoll erscheinen lassen, zusammengehörige Komplexe an anderen Orten auszustellen und dadurch zu einer erheblichen Bereicherung der oberösterreichischen Museumslandschaft beizutragen. Dazu gehören das oberösterreichische Schifffahrtmuseum in Grein, das Freilichtmuseum Sumerauerhof in Samesleiten, das Jagdmuseum Schloss Hohenbrunn, das Mühlviertler Heimathaus in Freistadt; weitere umfangreiche Bestände finden sich im österreichischen Kriminalmuseum Schloss Scharnstein, im Feuerwehrmuseum St. Florian. Auch das Anton-Bruckner-Geburtshaus in Ansfelden gehört zu den Belangen des Landesmuseums, ebenso das Kubin-Haus in Zwickledt.
Von den zahlreichen Museen Oberösterreichs, die sich aufgrund ihrer Bestände besonders gut in das historische und sammlungsmäßige Umfeld des Landesmuseums einfügen, gehört vor allem das Fotomuseum (Sammlung Frank) im Marmorschlössl bei der Kaiservilla in Bad Ischl. Als einziges Spezialmuseum seiner Art in Österreich vereint es bedeutende historische Fotobestände mit Sammlungen zur Entwicklungsgeschichte der Fotografie und ihrer technischen Voraussetzungen.
Technologische Entwicklungen sind auch Gegenstand der Darstellung im Webereimuseum in Haslach, im Sensenschmiedemuseum in Micheldorf, im Freilichtmuseum Sägenhammer „Hofwies" in Windhaag bei Freistadt, im Getreidekasten von Altenfelden. Über drei Dutzend Heimathäuser und Volkskundesammlungen zeugen von der lebendigen Auseinandersetzung mit den traditionellen Werten der näheren und ferneren Vergangenheit, die nicht zuletzt durch die begeisterte Privatinitiative so mancher Museumsleiter gewahrt bleiben.
Bedeutend und umfassend sind die kostbaren Sammlungen der oberösterreichischen Stifte und Klöster. Von den Schlössern mit Ausstellungen wurde schon Scharnstein erwähnt, auch Schloss Ebelsberg mit seiner wehrgeschichtlichen Dauerausstellung aus Beständen des Landesmuseums soll nicht vergessen werden.
Von den zahlreichen Spezialmuseen müssen das Bauernkriegmuseum im Schloss Peuerbach mit über 15.000 Zinnfiguren, das Felsbildmuseum in Spital am Pyhrn, das Kin-

In einem der schönsten Vierkanthöfe Oberösterreichs, im Sumerauerhof Samesleiten-St. Florian, ist ein Freilichtmuseum untergebracht, das heimatkundliche Schätze beherbergt: Bauernmöbel aus fünf Jahrhunderten, aber auch eine Stallbuben- und Rossknechtkammer sowie einen Pferdestall, ferner alte Dampf- und Dreschmaschinen.

Von der Arbeit der Sensenhämmer, die mehr als drei Jahrhunderte in ganz Europa ein bedeutender Wirtschaftsfaktor waren, vermittelt die Gradn-Werkstatt in Micheldorf einen unmittelbaren Eindruck.

dermuseum in Vöcklamarkt und das Mühlviertler Waldhaus in Windhaag bei Freistadt genannt werden.

Von Hallstatt bis Mauthausen

Eine Sonderstellung nimmt das bereits 1884 gegründete Heimathaus (Museum) in Hallstatt ein, dessen Sammlungen vorwiegend durch die Funde im Gräberfeld von Hallstatt und seinen jahrtausendealten Salzbergbau gekennzeichnet sind.
Die Mahn- und Gedenkstätte im Museum Mauthausen erinnert eindringlich an eine schreckliche, nicht allzu ferne Vergangenheit.
Stadt- und Regionalmuseen von nicht geringer Bedeutung befinden sich in Braunau, Eferding, Gmunden (Kammerhofmuseum), Enns (Museum Lauriacum mit bedeutenden römerzeitlichen Funden), Steyr (Heimathaus mit Spezialmuseum für Eisen und Eisenverarbeitung, Museum Arbeitswelt), Wels (Stadtmuseum und Burgmuseum mit wichtigen römerzeitlichen Fundkomplexen, Biedermeiersammlung, Stadtentwicklung).
Geht man von Besucherzahl, Aktivität und Ausstellungstätigkeit aus, so kann das Stadtmuseum Linz-Nordico neben dem Landesmuseum als das wichtigste Museum Oberösterreichs angesehen werden. Obzwar erst 1928 gegründet und erst seit 1973 im Nordico untergebracht, nimmt es eine bedeutsame Stellung im Kulturleben der Landeshauptstadt ein.
Als das bedeutendste Museum für moderne und zeitgenössische Kunst in Oberösterreich und eines der wichtigsten Österreichs muss die Neue Galerie der Stadt Linz bezeichnet werden. Österreichs bildende Kunst des 20. Jahrhunderts ist mit Ausnahme der Plastik fast vollständig vertreten. Ausstellungen zeitgenössischer, oft noch unbekannter junger Künstler machen die Neue Galerie zu einem wichtigen Ort der Diskussion und Information über das moderne Kunstgeschehen in und außerhalb Österreichs. (Seit 2003 Lentos-Kunstmuseum.)
Weit über hundert Museen, verstreut im ganzen Land, lassen die Bezeichnung Oberösterreichs als „Land der Museen" wahrhaft gerechtfertigt erscheinen. Die stets aufgeschlossene Kulturpolitik des Landes, die Beweglichkeit und das Engagement vieler kunst- und kulturbeflissener Heimat- und Geschichtsforscher der Vergangenheit und Gegenwart haben den Boden dafür bereitet. Heimatverbundenheit und das Interesse an der eigenen Geschichte, aber auch die Aufgeschlossenheit neuen Strömungen gegenüber, seien sie technologischer, wissenschaftlicher oder künstlerischer Art, waren und sind stets die Voraussetzung kulturell bedeutsamer Leistungen. Dies galt für die Gründungsväter des Landesmuseums ebenso, wie es auch jetzt noch für die zahlreichen unterschiedlichen Träger der heute bestehenden Museen gilt. Und wenn diese und zukünftige neue Museen diesem Anspruch auch weiterhin gerecht werden wollen, dass unsere so komplexe Welt in allen ihren Bereichen – ob in Kunst und Kultur, Natur oder Umwelt, Wissenschaft oder Technologie – im Museum nicht nur veranschaulicht, sondern auch verstanden, nicht nur verurteilt, sondern auch verstehbar wird, dann müssen die Museen weiterhin mit allen Kräften bemüht sein, ihren Beitrag zu leisten, um die Probleme unserer Gegenwart und Zukunft einer breiten Öffentlichkeit zu entschlüsseln und so an ihrer Lösung mitzuwirken.

Wilfried Seipel

Die Gradn Werkstatt in Micheldorf bewahrt als Sensenschmiedemuseum die alte Sensenschmiedekultur.

Das Freilichtmuseum Pelmberg (Hellmonsödt) ist in einem typischen Mühlviertler Bauernhof untergebracht.

Bruno Walter zu Besuch am Attersee

„An einem herrlichen Julitage kam ich mit dem Dampfer an; Mahler erwartete mich am Landungssteg und schleppte trotz meinem Protest meinen Koffer eigenhändig den Steg hinunter, bis er ihm von einem dienstbaren Geist abgenommen wurde. Als mein Blick auf unserem Wege nach seinem Haus auf das Höllengebirge fiel, dessen starre Felswände den Hintergrund der sonst so anmutigen Landschaft bilden, sagte Mahler: „Sie brauchen gar nicht mehr hinzusehen – das habe ich schon alles wegkomponiert'; und er sprach sofort vom Aufbau des ersten Satzes …"

Bruno Walter (1876–1962) in „Gustav Mahler, ein Porträt", Berlin/Frankfurt 1957 über seinen Besuch bei Mahler im Sommer 1896.

Mahler besucht in Ischl Johannes Brahms

„In Ischl war es famos. Brahms war diesmal besonders herzlich, und, was er noch nie tat, er bat mich, ich möchte die Symphonie, die heuer gedruckt wurde, zusenden, was ich morgen tun will."

Gustav Mahler (1860–1911) in einem undatierten Brief, vermutlich vom 17. Juli 1896; Brahms stirbt am 3. April 1897.

1896–1897

Kalender

1896

10. 1. Landtagsbeschluss für die Gründung eines Landesarchivs.

9.3. Die Bahnstrecke Obertraun–Aussee wird durch Lawinen verschüttet, der Eisenbahnverkehr ist für Wochen lahm gelegt.

1.5. Die Waffenfabrik Steyr gibt den Arbeitern an diesem Tag frei.

2.7. Grundsteinlegung des Bischöflichen Knabenseminars Kollegium Petrinum in Urfahr.

12.7. Der Linzer Bicycleclub veranstaltet ein Internationales Radwettrennen, das von Wiener Radfahrern boykottiert wird, weil für eine gewisse Distanz eine Maximalzeit festgesetzt wird.

4.9. Der „Ortsverband der Arbeitervereinigungen von Steyr" konstituiert sich.

6.9. Bei der Eröffnung des Welser Volksfests spricht der Statthalter von Oberösterreich, Viktor Freiherr von Puthon (1842–1919), beim Rundgang durch die unfertige Ausstellungshalle Worte von zeitloser Bedeutung: „Haben Sie schon jemals gehört, dass eine Ausstellung bei der Eröffnung ganz fertig war?"

8.9. Erster oberösterreichischer Sparkassenbeamtentag in Linz.

24.9.–2.10. Landtagswahlen.

29.9. Mit Taufwasser, das aus dem Jordan kommt, wird in der Ischler Kaiservilla das vierte Kind der Kaisertochter Marie Valerie und des Erzherzogs Franz Salvator auf den Namen Hedwig Maria Immakulata Ignatia getauft. „Die neugeborene Erzherzogin nimmt regelmäßig Nahrung auf", heißt es im ärztlichen Bulletin des Hofes. (Geboren 24. 9. 1896 in Ischl, gestorben 1. 11. 1970 in Hall/Tirol.)

15.10. In der Krypta der Stiftskirche von St. Florian, unter der von ihm geliebten Orgel, findet Anton Bruckner seine letzte Ruhestätte.

Gründung der „Salzkammergut-Zeitung".

1897

17.1. Der Gutsbesitzer Michael Freiherr von Kast (1859–1932) wird Landeshauptmann. (Bis 6. 5. 1898.) →

17.3. Im Linzer Hotel Schiff gibt es die erste Kinovorstellung. Am Programm: „In der Waschanstalt", „Die Magdalenenstraße in Paris", „Auf der Pariser Stadtbahn", „12 Uhr in einer Pariser Fabrik", „In der Schwimmschule" und „Der Einzug des Csárdáspaares in Paris". →

27.4. Gründung eines Kneipp-Vereins in Steyr.

Juni. König von Rama V. (Chulalongkorn) von Siam (1853–1910) verbringt mit drei Söhnen einen Kuraufenthalt in Ischl.

7.7. In Ampflwang werden 16 Häuser und der Kirchturm ein Raub der Flammen.

26.–30.7. Hochwasserkatastrophe in Ebensee: Die Bäche werden zum Wildwasser, Häuser und Brücken werden zerstört.

31.7. Die Linzer Straßenbahn nimmt den elektrischen Betrieb auf.

3.11. Bei einem Brand in Steyregg werden zwanzig Häuser ein Raub der Flammen.

Landeshauptmann Kast

Landeshauptmann für etwas mehr als ein Jahr wird 1897 Michael Freiherr von Kast.

Geburtstage

1896

Maximilian Narbeshuber. Schriftsteller. Geboren 9. 2. 1896 in Gmunden. (Gest. 7. 11. 1963 in Linz.)

Alois Janak. Fräser, Politiker. Geboren 20. 2. 1896 in Steyr. (Gestorben 12. 8. 1959 in Steyr.) Heimwehrführer, Zentralbetriebsrat der Steyr-Werke.

Marc Wayne Clark. US-General. Geboren 1. 5. 1896 in Madison Barracks, New York. (Gest. 17. 4. 1984 in Charleston, USA.) → 1946/47, 1984.

Ludwig Karl Mayer. Musikkritiker und -schriftsteller. Geboren 9. 5. 1896 in München. (Gestorben 12. 5. 1963 in Linz.)

Franz Seraph Forster. Bildhauer. Geboren 25. 5. 1896 in St. Florian bei Linz. (Gestorben 20. 5. 1993 in St. Florian.) → 1928

Franz Glaubacker. Maler. Geboren 20. 6. 1896 in Sarajewo. (Gest. 23. 10. 1974 in Linz.) → S. 432

Joseph Calasanz Fließer. Bischof von Linz (1946 bzw. 1941–1955). Geboren 28. 7. 1896 in Perg. (Gestorben 12. 6. 1960 in Linz.) → 1941

Wilhelm Albert Jenny. Museumsdirektor. Geboren 27. 9. 1896 in Linz. (Gest. 12. 6. 1960 in Linz.)

Hans Malzacher. Generaldirektor der Göring-Werke (1941–1942, 1945). Geboren 14. 10. 1896 in Traisen, NÖ. (Gest. 16. 10. 1974 in Villach.) → 1974

Leopold Daxsperger. Komponist und Chorleiter. Geboren 11. 11. 1896 in Raab. (Gestorben 17. 10. 1963 in Salzburg.)

1897

Anton Filzmoser. Maler. Geboren 15. 1. 1897 in Ostermiething. (Gest. 11. 9. 1969 in Braunau.)

Leo Adler. Maler und Graphiker. Geboren 19. 1. 1897 in Wels. (Gestorben 21. 2. 1987 in Ried im Traunkreis.) → S. 304, 309

Rudolf Reinhart. Metallplastiker. Geboren 20. 1. 1897 in Linz. (Gest.10. 11. 1975 in Hall in Tirol.)

Norbert Schachinger. Benediktiner. Geboren 9. 2. 1897 in Bad Hall. (Gestorben 9. 11. 1974 in Kremsmünster.) Gründer der Benediktinerinnen vom Unbefleckten Herzen Mariens.

Hans Guritzer. Flugzeugkonstrukteur. Geboren 19. 2. 1897 in Urfahr. (Tödlich abgestürzt 28. 8. 1932 in Vöcklabruck.)

Emanuel Scherbaum. Mundartdichter und Volksliedkomponist. Geboren 27. 3. 1897 in Neufelden. (Gestorben 7. 8. 1972 in Neufelden.)

Johann Hazod. Maler und Graphiker. Geboren 30. 3. 1897 in Oberkappel. (Gestorben 30. 7. 1981 in Linz.)

Eduard Haas. Industrieller. Geboren 19. 6. 1897 in Untergaumberg. Gründer der Nährmittelfabrik Haas. (Gestorben 13. 10. 1986 in Wien.)

Max Bauböck. Historiker. Geboren 9. 7. 1897 in Ried im Innkreis. (Gestorben 22. 2. 1971 in Ried.) Arbeiten zur Rieder Stadtgeschichte.

Hans Schatzdorfer. Geigenbauer und Mundartdichter. Geboren 19. 7. 1897 in Großpiesenham bei Ried. (Gestorben 24. 12. 1969 in Großpiesenham.)

Rudolf Wimmer. Komponist. Geboren 19. 7. 1897 in Gunskirchen. (Gest. 13. 12. 1963 in Wels.)

Franz Schrangl. Sozialdemokratischer Politiker. Geboren 27. 7. 1897 in Vöcklabruck. (Gestorben 9. 7. 1945 in Steyr.)

Rudolf Baschant. Maler. Geboren 29. 8. 1897 in Salzburg. (Gestorben 1. 7. 1955 in Linz.)

Karl Rössing. Holz- und Linolschneider. Geboren 25. 9. 1897 in Gmunden. (Gestorben 19. 8. 1987 in Wels.) → S. 486

Hans Strigl. Maler, Landesschulinspektor. Geboren 13. 12. 1897 in Linz. (Gestorben 17. 2. 1956 in Linz.) Begründer der Berufsvereinigung bildender Künstler.

Hedwig Schraml. Keramikerin. Geboren 17. 12. 1897 in Hallstatt. (Gestorben 2. 12. 1992 in Bad Ischl.)

Todestage

1896

Josef Munsch. Genre- und Historienmaler. Gestorben 28. 2. 1896 in München. (Geboren 4. 10. 1832 in Linz.)

Viktor Tilgner. Bildhauer. Gestorben 26. 4. 1896 in Wien. (Geboren 25. 10. 1844 in Preßburg.) Werke: Bruckner- und Werndl-Denkmal in Steyr, Brunnen vor der Ischler Kaiservilla.

Max Dümler. Lehrer. Bergpionier. Gestorben 8. 5. 1896 in Windischgarsten. (Geboren 29. 11. 1855 in Kremsmünster.) Erbauer der Dümlerhütte (Warscheneck). → 1894

Josef Hafferl. Kaufmann und liberaler Politiker. Gestorben 15. 6. 1896 in Lambach. (Geboren 9. 7. 1823 in Linz.)

Friedrich Simony. Dachsteinpionier. Gestorben 20. 7. 1896 in St. Gallen bei Admont. (Geboren 30. 11. 1813 in Hrochowteinitz.) → S. 218

Franz Christian Feuerstein. Arzt, Gründer der Kurstadt Gmunden. Gestorben 9. 8. 1896 in Bad

Wohltätigkeit-Concert

Im großen Cursaal in Ischl zu Gunsten der Armen von Ischl, der durch Hochwasser schwer Betroffenen und der „Charitas“ in Ischl unter gefälliger Mitwirkung von Frau Katharina Schratt, k. u. k. Hofschauspielerin, Fräulein Ilona Eibenschütz, Claviervirtuosin, Herr Alexander Girardi.

14. August 1897.

Lebende Photographien
Hotel „Zum goldenen Schiff“

vom 20. bis incl. 28. März
Lebende Photographien, Cinematograph Demonstration:

Vormittags 10, 11 und 12 Uhr
Nachm. ½3, ¼4, ½5 u. ½6 Uhr
Entree: I. Platz: 50 kr., II. Platz: 30 kr

„Tages-Post“, 20. 3. 1897.

Die Arbeiterclasse erwacht

„Die Arbeiterclasse Oesterreichs ist erwacht, sie durchschaut die ‚liberale‘ Lüge, die ‚nationale‘ Phrase wie die ‚christlich-sociale‘ Heuchelei.

Aus der ersten Nummer der „Wahrheit“. Linz 5. 2. 1897.

Tüffer, Steiermark, heute Slowenien. (Geboren 17. 5. 1829 in Bezau, Vorarlberg.)

Johann Habert. Komponist. Gestorben 1. 9. 1896 in Gmunden. (Geboren 18. 10. 1833 in Oberplan.)

Anton Bruckner. Oberösterreichs größter Komponist. Gestorben 11. 10. 1896 im Kustodenstöckl des Schlosses Belvedere in Wien. (Geboren 4. 9. 1824 in Ansfelden.) → S. 247, 276

Adolf Dürrnberger. Botaniker. Gestorben 26. 10. 1896 in Linz. (Geboren 4. 6. 1837 in Linz.) Reichstagsabgeordneter. Setzte sich für die Freigabe des Attersees ein.

Botaniker und Politiker: Adolf Dürrnberger.

1897

Josef Hermann Hillischer. Buchdrucker, Badepionier. Gestorben 23. 4. 1897 in Linz. (Geboren 19. 3. 1825 in Wien.) Erster Badeverwalter von Bad Hall. Er legte 1856 den Kurpark an.

Viktor Ritter von Drouot. Liberaler Bürgermeister von Linz (1867–1873). Gestorben 6. 5. 1897 in Linz. (Geboren 10. 6. 1811 in Höritz im Böhmerwald.)

Karl Graf von Chorinsky. Jurist, Politiker. Gestorben 10. 7. 1897 in Mödling. (Geboren 18. 10. 1838 in Linz.) Landeshauptmann von Salzburg (1880 bis 1890), Präsident des Oberlandesgerichts Wien, Mitglied des Herrenhauses und des Reichsgerichts, Schöpfer der Sammlung Chorinsky. (Quellenwerk zur österreichischen Rechtsgeschichte.)

Sozialdemokratisches Wahlplakat

Ausschließlich gegen die „schwarzen Reactionäre“ wendet sich das erste in Oberösterreich hergestellte sozialdemokratische Wahlplakat für die Reichstagswahl 1897.

Der Adlergraf

Gab es ihn wirklich, diesen starrsinnigen Aristokraten in Lederhosen, den fanatischen Jäger aus Leidenschaft, wie ihn Ludwig Ganghofer (1855–1920) in seinem in diesen Jahren populär gewordenen Roman „Schloß Hubertus“ schildert? In St. Martin im Innkreis weiß man es, dass ihr „Adlergraf“ das Vorbild der Romanfigur ist, der Schlossherr Maximilian Joseph Graf von und zu Arco Zinneberg (1811–1885). Er war als Zitherspieler genau so bekannt wie als Jäger, seine verwegenen Adlerjagden haben ihm den Ehrennamen eingebracht.

Die erste Zeitung der Sozialdemokratie

5. Februar 1897. Die erste Nummer der „Wahrheit“ erscheint in Linz. (→) Es ist die Geburtsstunde der sozialdemokratischen Presse in Oberösterreich. Die Redaktion befindet sich im Hause Domgase 5, Administration und Expedit sind in der Hirschgasse 9. Die Zeitung erscheint zuerst zweimal, dann dreimal im Monat, ab 1898 einmal in der Woche.

In diesem Haus in Ansfelden wurde Anton Bruckner am 4. September 1824 geboren.

Anton Bruckner

Als „fremd und unähnlich", später aber als für Bruckners Wesenszüge typisch wird dieses Porträt bezeichnet, das der Maler Hermann Kaulbach (1846–1909) anfertigte, als Bruckner 1885 in München war.

Oberösterreich spielt für Anton Bruckner und sein Schaffen im tiefsten Sinne die Rolle der Heimat, und dies umso mehr, als er dieser Heimat weit länger auch äußerlich verbunden geblieben ist, als dies bei den meisten großen schöpferischen Musikern der Fall war. Bruckner war bereits ein guter Vierziger, als er Oberösterreich verließ, um nach Wien zu übersiedeln. Es ist daher auch erklärlich, dass er nie ein Wiener geworden und immer bewusst ein Oberösterreicher geblieben ist, sich immer wieder in der engeren Heimat neue Kraft geholt hat und schließlich seinem Wunsch gemäß dort auch begraben wurde.

Die Sphäre des Geburtsortes und die Lehrer-Tätigkeit des Vaters bestimmten auch die ersten musikalischen Erlebnisse des hochbegabten Knaben, dessen erste Unterweisungen sich der Vater selbst angelegen sein ließ. Die ersten zehn Lebensjahre verbrachte Anton Bruckner in Ansfelden. Dann hielt es der Vater für geraten, die weitere Ausbildung dem Sohn seines Schwagers, Josef Weiß, dem 1814 geborenen Schulmeister und Organisten des von Ansfelden ein paar Gehstunden entfernten Dorfes Hörsching, zu überantworten. Die künstlerische Betätigung und Unterweisung des kleinen Anton erstreckte sich in Hörsching auf Singen im Kirchenchor, Violinspiel, Klavier und vor allem Orgel.

Der Tod des Vaters bedeutete für den dreizehnjährigen Buben den ersten großen Schmerz. Wenn erzählt wird, er sei am Sterbebett von Weh übermannt ohnmächtig zusammengebrochen, so sehen wir darin einen Beweis für die ungewöhnliche Intensität, mit der Bruckner schon in jugendlichem Alter erlebte, und ein Zeichen für die gesteigerte Empfindsamkeit, die neben vitaler Robustheit zeitlebens sein Wesen als Mensch und als Künstler entscheidend bestimmte.

Der Tod des Vaters brachte für Bruckner den Verlust seiner ersten Heimstätte mit sich, da die Mutter dem Amtsnachfolger Platz zu machen hatte, ließ ihn aber auch in weiterer Folge gerade jetzt den Ort finden, der als die geistige Heimat des Künstlers zu gelten hat: das benachbarte Augustiner-Chorherrenstift St. Florian, wo er durch den Prälaten Michael Arneth als Sängerknabe aufgenommen wurde und verständnisvolle Förderung seiner Talente erfuhr. Vor die Wahl gestellt, Geistlicher oder Lehrer zu werden, entschied er sich für den Lehrerstand und erhielt daraufhin in St. Florian eine zusätzliche Vorbereitung für einen zehnmonatigen Präparandenkurs für Gehilfen an Trivialschulen (Volksschulen).

So bilden also Ansfelden, Hörsching und St. Florian den ersten Dreiklang in Bruckners Werden. In den Jahren 1837 bis 1840 aber war der Grund gelegt worden zu dem Heimatgefühl, das ihn fortan für immer mit St. Florian als dem Ort verband, an dem er die entscheidenden Impulse empfangen hatte.

Wer das Stift St. Florian kennt, der muss etwas von der aufwühlenden und suggestiven Kraft verspüren, die es auf einen empfänglichen jungen Menschen, wie Bruckner es war, ausüben musste. Für ihn war natürlich die große Orgel der Stiftskirche höchst bedeutungsvoll, deren Töne die optischen Eindrücke des strömenden Lichtes, des farbigen Glanzes und des raumweitenden architektonischen Linienspieles adäquat ins Akustische übersetzen und so die gesamtkünstlerische Wirkung des Ganzen erst vollenden und beseelen konnten.

Den nächsten Dreiklang im Leben des jungen Bruckner bilden Linz, die Landeshauptstadt, in der er jenen zehnmonatigen Kurs absolvierte, mit dem er sich zur Verwendung als Gehilfe an Trivialschulen qualifizierte, und die Dörfer Windhaag bei Freistadt und Kronstorf.

Die musikalischen Kenntnisse Bruckners erhielten eine erhebliche Erweiterung, und zwar sowohl in theoretischer als auch in praktischer Beziehung. So bekam er nicht nur Gelegenheit, sein Orgelspiel zu vervollkommnen, sondern machte sich auch mit dem Schaffen der Meister, besonders Mozarts und Haydns, soweit es kirchenmusikalischer Art war, vertraut. Die Begegnungen mit großer weltlicher Musik waren zwar gering, dürften aber von desto nachhaltigerer Wirkung gewesen sein.

Wohlgewappnet und zukunftsfroh zog der neuernannte siebzehnjährige Schulgehilfe Anton Bruckner an den ersten Ort seiner Berufstätigkeit, nach Windhaag bei Freistadt, und damit erneut in die Abgeschiedenheit ländlichen Lebens, diesmal im Norden Oberösterreichs, im Mühlviertel. Es war keine gute Zeit für Bruckner, denn es kam bald zu Konflikten mit seinem Vorgesetzten, und als ihm dieser Dienstleistungen auferlegte, die sein Selbstbewusstsein kränkten, widersetzte er sich, so dass Meldung an die übergeordnete Stelle, den Abt von St. Florian, peinliches Verhör und Strafversetzung die Folgen waren. Die Güte und wohlwollende Einsicht des Prälaten Michael Arneth, der Bruckner sechs Jahre zuvor

Zahllos sind in Oberösterreich die Gedenktafeln für den größten Komponisten des Landes.

als Sängerknaben aufgenommen hatte, wandte jedoch alle Misshelligkeiten zum besten, indem dieser seinen Schützling für eine Stelle in St. Florian selbst in Aussicht stellte und zunächst dessen einstweilige Versetzung nach Kronstorf bewirkte.

Trotz allem war aber der Aufenthalt in Windhaag in musikalischer Beziehung nicht ohne Gewinn gewesen. Die aus Linz mitgebrachte Abschrift von Bachs „Kunst der Fuge" wurde dort eifrig auf ihre Geheimnisse durchforscht und ein Lehrbuch des Generalbasses studiert. Eine „Messe in C" für Altsolo, zwei Hörner und Orgel sowie ein „Pange lingua" zum Fronleichnamsfest für A-cappella-Chor waren Früchte dieser Bemühungen; Kompositionsversuche von rührend reiner Einfalt, unbeholfen noch im Handwerklichen, aber doch schon mit gelegentlichen typischen Bruckner- Zügen.

Neben dieser Versenkung in die Kunst ging eine Betätigung einher, die der junge Lehrgehilfe, wie ehedem sein Vater, nun in ziemlich ausgedehntem Maß ausübte. Er spielte mit ein paar Dörflern auf Tanzböden, in Spinnstuben und zu Hochzeiten mit der Geige auf.

In Kronstorf nun, wo Bruckner im Jänner 1843 antrat, war zwar das Milieu an sich das gleiche, es stand aber doch in einem freundlicheren Licht, nicht nur durch das Wesen des neuen Vorgesetzten, sondern vor allem auch durch den Umstand, dass St. Florian in unmittelbarer Nähe war und die Städte Linz, Steyr und Enns in Reichweite lagen. In Kronstorf ergab sich Gelegenheit, Hausmusik zu treiben, wobei auch Bruckners Improvisationskunst Beifall fand. Auf sein Betreiben wurde ein Männerquartett gebildet, in dem er selbst den Bass sang. Bruckner vollendet in Kronstorf sein zweites Lebensjahrzehnt. Bei allem musikalischen Eifer ist er – wenigstens nach außen hin – immer noch nicht Musiker, sondern werdender Lehrer und als solcher unterzog er sich denn auch im Mai 1845 in Linz der vorgeschriebenen Konkursprüfung, die er mit sehr gutem, in den musikalischen Fächern mit ausgezeichnetem Erfolg bestand. Nun konnte auch die ihm in Aussicht gestellte Berufung nach St. Florian erfolgen, wo er 1845 als Hilfslehrer angestellt wurde. Zehn Jahre, bis gegen Weihnachten 1855, hielt St. Florian den Heimgekehrten fest. Hatte der frühere Aufenthalt die erste Berufsentscheidung gebracht, so vollzog sich innerhalb dieser zehn Jahre die entscheidende Hinwendung zur Musik als Lebensaufgabe. Der Lehrer wurde zunächst zum hauptamtlichen Organisten und dieser wiederum strebte mehr und mehr dem eigenen Schaffen zu. Unter den in St. Florian entstandenen zahlreichen Kompositionen sind zunächst fünf „Tantum ergo" aus dem Jahre 1846 hervorzuheben, die der Meister selbst noch vier Jahrzehnte später zur Drucklegung freigab.

Die Bruckner-Orgel in St. Florian. Auf der von Franz Xaver Chrismann 1770–1774 erbauten Orgel spielte Bruckner besonders gern, ihm zu Ehren heißt sie Bruckner-Orgel, in ihrer Nähe fand er seine letzte Ruhestätte.

Einen besonderen Platz nimmt die „Missa solemnis" in b-Moll für Soli, Chor und Orchester ein. Mit diesem Werk reiht sich Bruckner bereits in die kirchenmusikalische Produktion seiner Zeit ein.

Diese Messe war es auch, die ihm die Aufmerksamkeit des berühmten Wiener Kontrapunktmeisters Simon Sechter (1788 bis 1867) erwarb, der ihn nach Durchsicht der Partitur als Schüler annahm. Prälat Fried-

Anton Bruckner und St. Florian

„Von hier aus wird sein künstlerischer Lebensweg, wird sein Werk begreifbar, hier ist der Ausgangspunkt zu suchen."

Hans Conrad Fischer in „Anton Bruckner – sein Leben", Salzburg 1974.

Chaos und Kosmos

„Er zwang das Chaos in den Kosmos, wenn er von Gott und seinen Menschen sang."

Josef Laßl: „Das kleine Brucknerbuch", Salzburg 1965.

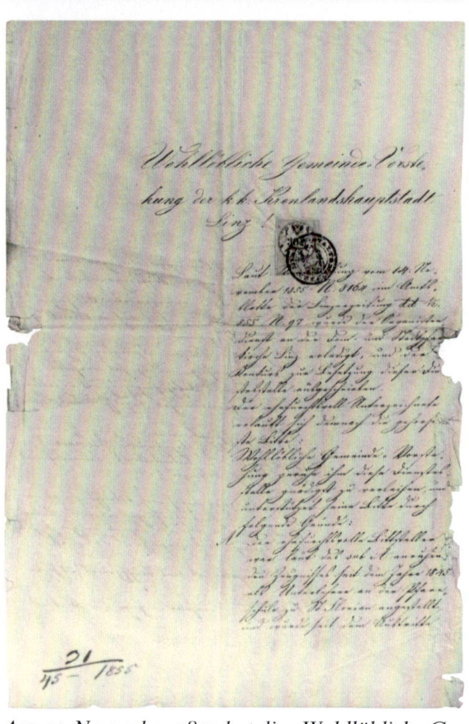

Wohllöbliche Gemeinde-Vorstehung der k. k. Kronlandshauptstadt Linz!

Am 14. November 1855 hat die „Wohllöbliche Gemeinde-Vorstehung der k. k. Kronlandshauptstadt Linz" Anton Bruckner zum Domorganisten ernannt. (Nach bestandener „Concurs-Prüfung" am 13. 11.)

rich Mayr, Probst von 1854 bis 1858, war es, der Bruckner geraten hatte, sich Sechter anzuvertrauen, der seinerseits dem neuen Schüler nahelegte, sich aus der Enge von St. Florian zu befreien.

So kam es dazu, dass Bruckner, der die Notwendigkeit einer Veränderung selber fühlte, sich um die Stelle des Dom- und Stadtpfarrorganisten in Linz bewarb, die er durch entscheidendes Eingreifen des Bischofs Franz Joseph Rudigier, in dem er einen neuen Gönner gefunden hatte, auch zugesprochen erhielt.

Diese zwölf Jahre, in denen Bruckner in Linz als Organist wirkte, sind, obwohl sie äußerlich ziemlich ruhig dahinfließen, die ereignisreichsten und entscheidendsten seines ganzen Lebens. In diesen Linzer Jahren erfolgt der Durchbruch. Diese Tatsache stellt alles andere, wie seine zunehmende Beachtung und Entwicklung als Organist, vor allem als Improvisator, seine episodische Wirksamkeit als Chormeister des Sängerbundes „Frohsinn", weit in den Schatten. Bruckner hatte die Studien bei Sechter mit bestem Erfolg hinter sich gebracht und war von seinem Lehrer selbst als Meister des Kontrapunktes anerkannt worden. Zur Ergänzung der erworbenen Kenntnisse betrieb er bei dem damaligen Linzer Opernkapellmeister Otto Kitzler (1834–1915) noch Studien in Formenlehre und Instrumentation.

Wichtiger aber erwies sich die Berührung mit der Kunst Richard Wagners. Was Wunder, dass Bruckner fortan Wagner in wahrhaft grenzenloser Bewunderung verehrte, zumal er diesen persönlich kennengelernt hatte und von ihm akzeptiert worden war. So entstanden zunächst zwar noch einige Werke, die den Charakter von Studien tragen, wie eine Ouvertüre in g-Moll, ein Streichquartett in c-Moll, eine Symphonie in f-Moll, die Bruckner ausdrücklich als „Schularbeit" bezeichnete, und eine weitere in d-Moll, die er später annullierte und die daher die „Nullte" genannt wird. Mit der Komposition des 112. Psalms feierte der fromme Meister dann noch den Abschluss der Lehrzeit und die gewonnene innere Sicherheit zu freiem Schaffen, darauf folgen die ersten echten Geniewürfe: die drei Messen in d-Moll, c-Moll und f-Moll und – zwischen den ersten beiden Messen – die Erste Symphonie in c-Moll, die Bruckner später gern das „kecke Beserl" nannte, an dem er „wie ein verliebter Narr" gearbeitet habe.

So beginnt also die Neunzahl der Symphonien Bruckners mit dieser in der Zeit vom Jänner 1865 bis zum Frühjahr 1866 komponierten und am 9. Mai 1868 von ihm selbst in Linz uraufgeführten Ersten, die neben Mozarts Linzer Symphonie und der Achten Beethovens zu den drei berühmten „Linzer" Symphonien zählt.

Ein künstlerisches Schaffen solcher Art noch mit dem Heimatbegriff in Beziehung setzen zu wollen, müsste fast vermessen erscheinen. Sie ließe sich auch kaum nachweisen, es sei denn in den Ländlerklängen der Scherzi. Es steht aber fest, dass Bruckner zeitlebens seiner Heimat Oberösterreich die Treue hielt, es steht auch fest, dass er in den fast drei Jahrzehnten seines Wirkens und Werkens in Wien stets der Bäuerliche geblieben ist, der er seiner Herkunft nach war. Von der Besonderheit seines künstlerischen Wesens darf aber wohl ein Schimmer auch auf sein Heimatland fallen, dessen Bewohner sich in aller Bescheidenheit und Verehrung als seine, des „Musikanten Gottes", Landsleute fühlen mögen.

Geschnitztes Portal von Bruckners Wohnhaus in Windhaag bei Freistadt, wo er 1841–1843 als Schulgehilfe tätig war.

Was sterblich an Bruckner war, birgt die Gruft in St. Florian, was er geschaffen hat, gehört der Welt.

Gekürzte und überarbeitete Fassung nach Ludwig K. Mayer (1896–1963).

1971 wurde Bruckners Geburtshaus als Gedenkstätte renoviert.

Bei Schnürlregen im offenen Wagen

Das Wetter war das denkbar schlechteste, und ein sogenannter Schnürlregen sowie ein geradezu orkanartiger Wind machten das Sitzen in dem offenen Motorwagen etwas unangenehm; nichts destoweniger langte die Gesellschaft nach circa 30 Minuten in bester Laune am Endpunkte der Fahrt, „Station Pöstlingberg", an und nach kurzem Aufenthalte in der neben der Haltestelle befindlichen Restauration wurde die Talfahrt, welche gleich wie die Bergfahrt anstandslos vonstatten ging, angetreten.

„Tages-Post", 1. 6. 1898.

Das Stationsgebäude der „Urfahr-Bergbahn" auf den Pöstlingberg. Der Mann, dem diese Bahn zu verdanken ist, ist so gut wie vergessen. Es gibt auch kein Bild von ihm.

Josef Urbanski

Ein österreichisches Erfinderschicksal

Der Betriebsleiter der „Tramway- und Elektricitäts-Gesellschaft Linz-Urfahr" beendet seine Ansprache mit einem dreifachen Hoch auf den Präsidenten der Gesellschaft. Dann setzt sich, am 29. Mai 1898, der Wagen in Bewegung, zur ersten Fahrt mit der Pöstlingbergbahn. Der Name Josef Urbanski wird an diesem Tag nicht erwähnt. Er ist ja auch nur der, der die Idee hatte für diese Bahn auf den Linzer Hausberg und der den Bau konkret geplant hatte. Ein typisch österreichisches Erfinderschicksal.

In Anerkennung „der vielen Mühen, welche die Entwicklung des Projectes forderte", wird dem Ingenieur Josef Urbanski von der Gemeindeverwaltung Linz der Betrag von 100 Gulden zuerkannt.

Der Linzer Kulturverwaltungsdirektor und Stadtforscher Wilhelm Rausch, dem die Ehrenrettung Josef Urbanskis zu danken ist, hat nachgerechnet, wieviel das war: Der Erfinder konnte sich auf der von ihm ersonnenen Bergbahn 200 Hin- und Rückfahrten leisten, in Verbindung mit je einer Straßenbahnfahrt.

Urbanski hatte in einem Schreiben vom 16. November daran erinnert, dass ihm „der löbliche Gemeinde-Ausschuß" seinerzeit einen Beitrag zu den Trassierungskosten der von ihm projektierten Pöstlingbergbahn „in gütige Aussicht gestellt" hatte.

Die 100 Gulden waren die Antwort.

Bis heute eine technische Rarität

Die Pöstlingbergbahn ist bis heute etwas Besonderes. Sie ist nicht nur für Tausende von Firmlingen ein Begriff und eine liebe Erinnerung, sondern als steilste Adhäsionsbahn (Bodenhaftung, also ohne Zahnräder) auch eine technische Rarität.

An seinem 43. Geburtstag erschien Josef Urbanski bei der Linzer Polizeibehörde, um sich und seine Frau Henriette anzumelden. Das ist im Jahr 1889.

Am 26. Mai 1846 wird Josef Urbanski in Galizien geboren. Zu der Zeit, als er nach Linz kommt, hat Urbanski bereits große Erfahrungen im Bahnbau aufzuweisen. Er ist beim Bau von verschiedenen Eisenbahnen in Ungarn und Slowenien beschäftigt gewesen und beim Bau sowohl der galizischen als auch der mährischen Transversalbahn, darüber hinaus bei der Trassierung der Straßen in der von Österreich-Ungarn zu dieser Zeit nur verwalteten Provinz Bosnien und Herzegowina.

An das Hohe Ministerium

Nach Linz kommt Josef Urbanski in seiner Eigenschaft als Ingenieur der Kremstal-Betriebsleitung. Er ist der einzige für die Bahnerhaltung zuständige Ingenieur. Ursprünglich denkt Ing. Urbanski an eine Zahnradbahn auf den Pöstlingberg. Das erste Dokument über den Plan einer Bergbahn zu dem bis heute beliebten Wallfahrts- und Ausflugziel stammt aus dem Jahr 1891. Urbanski eröffnet dem „Hohen k. k. Handels-Ministerium", dass er mit den Vorarbeiten „zur Anlage einer Zahnrad-Bahn mit dem Ausgangspunkte Urfahr auf den Pöstlingberg" beschäftigt ist. Er wolle mit diesen Vorarbeiten in sechs Monaten fertig sein.

Aber so schnell, wie die Eisenbahnen fahren, die Urbanski mitgebaut hat, werden die Akten in den Amtsstuben nicht bewegt. Dies ist jedoch nur eine der vielen bitteren Erfahrungen, die Urbanski machen muss. Zwar hat Urbanski schriftlich vom Linzer Bürgermeister ein Dokument, dass dieser wünsche, der Bau einer Pöstlingbergbahn möge „zur baldigsten Ausführung gelangen", doch scheitert das Ganze am Geld. „Nach den gepflogenen Erhebungen" wird festgestellt, dass Urbanski „die Mittel nicht besitzt, um die mit diesen Vorarbeiten verbundenen Auslagen zu bestreiten".

Zum Glück findet Josef Urbanski einen Gönner. Ein vermögender Oberrealschulprofessor übernimmt die Kosten für die Vermessungsarbeiten – er hat sein Geld vermutlich zeitlebens nicht mehr gesehen. Urbanski hat keine andere Wahl, er muss sich um einen Partner umsehen. Er findet ihn in einer Wiener Baufirma. „Wie wir heute wissen", fasst Wilhelm Rausch seine Forschungen über Josef Urbanski zusammen, „hatte er den Richtigen nicht gefunden, sondern sich mit dieser Liierung selbst um den Triumph seiner Arbeit gebracht."

Rausch vermerkt auch ausdrücklich, dass die Berühmtheit der Pöstlingbergbahn als steilste Adhäsionsbahn der Trasse von Josef Urbanski zu verdanken ist, den er als den „geistigen Vater der Pöstlingbergbahn" bezeichnet.

Josef Urbanski scheint offiziell zwar immer noch als Konzessionswerber auf, de faco hatte er jedoch auf das Unternehmen keinen Einfluss mehr.

Enttäuscht und verbittert

Enttäuscht und verbittert kehrt er im Spätsommer des Jahres 1897 der Stadt Linz den Rücken. Ein paar Monate später, im Frühling 1898, findet die Eröffnung der Pöstlingbergbahn statt.

Vor der Abfahrt des ersten „Trains" nimmt das gesamte Personal der Bergbahn – Wagenführer, Conducteur und Weichenwärter – in der Remise Aufstellung. Der Betriebsleiter hält eine Ansprache und lässt den Präsidenten der Gesellschaft dreifach hochleben. Der Name Urbanski wird nicht einmal erwähnt.

Fünf Jahre später, am 23. Oktober 1903, stirbt Josef Urbanski, 57jährig, in Wien an einem Gehirnschlag. Er wird im Zentralfriedhof, Gruppe 63, Reihe 28, Grab 21, beigesetzt.

Heute gibt es auch dieses Grab nicht mehr. Das Sterbehaus ist längst einem Industriepalast gewichen. Es gibt kein Bild von Josef Urbanski, und niemand weiss, wie dieser Mann ausgesehen hat und wie er war. Die einzige Erinnerung an Josef Urbanski ist seine Pöstlingbergbahn.

Rudolf Lehr

So sahen die „offenen Motorwagen" der „Tramway- und Elektricitäts-Gesellschaft Linz-Urfahr" aus, die seit 1898 auf den Pöstlingberg fuhren.

Geruhen zu würdigen

„Ein k. k. Ministerium des Inneren geruhen alle angeführten Gründe zu würdigen, unsere Wünsche zu hören und den dringenden Bedürfnissen der Bevölkerung eines der steuerkräftigsten Landstriche Oberösterreichs Rechnung tragend, eine Bezirkshauptmannschaft für die Gerichtsbezirke Eferding, Waizenkirchen und Peuerbach mit dem Sitze in Eferding zu errichten."

Eferding, am 10. 12. 1899.
(Erst am 25. 7. 1907 wird diese Bitte erfüllt.)

Abschied für immer

In Ischl, wo er sie kennengelernt hatte, sieht der Kaiser seine Frau im Juli 1898 zum letzten Mal. Am 10. September wird Elisabeth, Kaiserin von Österreich und Königin von Ungarn, in Genf ermordet. →

1898–1899

Kalender

1898

6.1. Deutscher Volkstag für Oberösterreich und Salzburg in Linz.

8.2. Eröffnung des Konzertsaales im Hotel Greif Wels.

3.5. Das Kollegium Petrinum in Linz wird geweiht.

29.5. Erste Fahrt der Pöstlingbergbahn. → S. 279

Das erste Bruckner-Denkmal in Österreich wird in Steyr enthüllt. (Bildhauer Viktor Tilgner.)

30.6. Kaiser Franz Joseph besucht Linz.

4.7. Eröffnung der Bahnlinie Mauthausen-Grein.

Sommer. Erbauung eines Lagerhauses der DDSG (Donaudampfschifffahrtsgesellschaft) am Umschlagplatz an der Donau (heute Donaupark).

Das Pöstlingberghotel wird eröffnet.

18.8. In Steyr findet anlässlich des Kaiserjubiläums die erste oberösterreichische Landesausstellung statt. (Bis 18.9.)

13.9. Aus Protest gegen eine neue Verrechnungsart legen die Steyrer Gießereiarbeiter die Arbeit nieder.

4.10. Der Komponist Hugo Wolf (1860–1903) wird nach einem Selbstmordversuch im Traunsee in einer Landesirrenanstalt interniert.

18.10. Höhepunkt der Arbeiterunruhen in Steyr: 1200 Fabriksarbeiter streiken.

20.12. Eröffnung des Neubaues des Kaufmännischen Vereinshauses in Linz.

Konstituierung der Tramway- und Elektrizitätsgesellschaft Linz-Urfahr.

Der Bicycle-Club errichtet in Linz einen Eislaufplatz.

1899

2.1. Eröffnung des neuen Linzer Schlachthofs.

3.6. Johann Strauß stirbt in Wien. In seinem Nachlass findet man den „Ischler Walzer", veröffentlicht 1900 als „nachgelassener Walzer Nr. 2".

7.6. Brandkatastrophe in Ottensheim: neun Menschen kommen ums Leben, 143 Wohnhäuser werden zerstört.

9.9. Hochwasserkatastrophe in ganz Oberösterreich. Viele Häuser und Brücken stürzen ein.

12./13.9. Auf der Eisenbahnlinie Linz-Wien muss wegen des Hochwassers der Verkehr eingestellt werden.

22.10. Eröffnung der Sternsteinwarte bei Leonfelden.

13.11. Gründung der Oberösterreichischen Landeshypothekenanstalt.

30.11. In Steyr demonstrieren Arbeiter für die Einführung des Wahlrechts in die Gemeindevertretungen.

Die „Literatur- und Kunstgesellschaft Pan" gibt in Linz die Zeitschrift „Kyffhäuser" heraus. (Bis 1902.)

Brandkatastrophe in Ottensheim am 7. Juni 1899.

Geburtstage

1898

Karl Hauk. Maler und Plastiker, Lehrer an der Kunstschule Linz. Geboren 1. 5. 1898 in Klosterneuburg. (Gestorben 13. 8. 1974 in Wien.)

Kajetan Lang. Abt von Schlägl (1946–1958). Geb. 28. 5. 1898 in Julbach. (Gest. 16. 10. 1958 in Linz.)

Ferdinand Markl. Bürgermeister von Urfahr während der Besatzungszeit (1945–1955). Geboren 5. 7. 1898 in Josefstadt, Böhmen. (Gestorben 25. 4. 1960 in Linz.)

Hans Kinzl. Geograph, Gletscherforscher. Geboren 5. 10. 1898 in St. Florian am Inn. (Gestorben 23. 10. 1979 in Innsbruck.)

Rudolf Wernicke. Maler und Graphiker. Geboren 6. 10. 1898 in Stuttgart. (Gestorben 28. 11. 1963 in Linz.) → 1963

Viktor Fleßl. Dritter im Rudern der Olympiade 1928. Geboren 6. 11. 1898 in Linz. (Gefallen 18. 12. 1943.)

Josef Hofer. Widerstandskämpfer. Geboren 9. 11. 1898 in Dorf an der Pram. (Gestorben 6. 1. 1958 in Grieskirchen). → 1958

1899

Josef Günther Lettenmair. Schriftsteller. Geboren 1. 3. 1899 in Kremsmünster. (Gestorben 20. 5. 1984 in Linz.)

Georg Meindl. Generaldirektor der Steyr-Daimler-Puch AG (1938–1945). Geboren 1.3.1899 in Uttendorf. (Gest. 10. 5. 1945 bei Steyr.) → 1945

Ernst Rüdiger Fürst von Starhemberg. Großgrundbesitzer und Politiker. Geboren 10. 5. 1899 in Eferding. (Gestorben 15. 3. 1956 in Schruns.) Heimwehrführer und Führer der Vaterländischen Front, Minister und Vizekanzler in der Ersten Republik. Seit 1938 bis kurz vor seinem Tod im Ausland. → 1929, 1935

Ludwig Bernaschek. Landeshauptmann-Stellvertreter 1945–1969 (SPÖ). Geboren 15. 5. 1899 in Budapest. (Gestorben 31. 5. 1970 in Linz.)

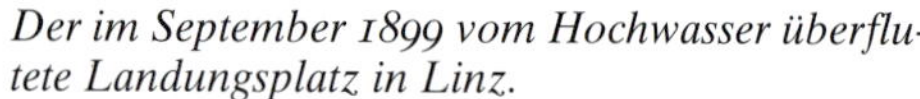

Der im September 1899 vom Hochwasser überflutete Landungsplatz in Linz.

500 Glühlichter

„In Mondsee fand am 16. März im ‚Hotel Krone' eine gut besuchte Versammlung wegen Einführung des elektrischen Lichtes in Mondsee statt. Der Vertreter der Electricitäts-Actiengesellschaft, vormals W. Lachmeyer & Comp., Zweigniederlassung München, hielt in der Versammlung einen Vortrag, worauf von den Hausbesitzern über fünfhundert Glühlichter angemeldet wurden."

„Ischler Wochenblatt", 25. 3. 1899.

Girardis Einzling

„Dem gefeierten Operettenliebling Alexander Girardi sind gestern in Ischl Zwillinge geboren worden", meldet 1899 eine Zeitung. Darauf telegrafiert der Schauspieler: „Von Theaternachrichten ist immer nur die Hälfte zu glauben. Der Einzling heißt Anton Maria. Vater, Mutter und Sohn sind wohlauf."

Alexander Girardi (1850–1918).

Franz Oehner. Textilkünstler. Geboren 16. 7. 1899 in Linz. (Gestorben 2. 7. 1987 in Gramastetten.)

Nikolaus Negrelli-Moldelbe. Schriftsteller und Journalist. Geboren 20. 7. 1899 in Linz. (Gestorben 7. 9. 1988 in Linz.) → 1948

Paul Pleiger. Generaldirektor der „Reichswerke Hermann Göring" (1938–41, 1942–45). Geboren 28. 9. 1899 in Buchholz, Deutschland. (Gestorben 22. 7. 1985 in Buchholz.) → 1985

Wilhelm Mensing-Braun. Evangelischer Superintendent (1941–1966). Geboren 15. 12. 1899 in Nürnberg. (Gestorben 18. 12. 1967 in Salzburg.)

Todestage

1898

Josef Kepplinger. Altarbauer. Gestorben 19. 3. 1898 in Ottensheim. (Geboren 1. 7. 1849 in St. Peter am Wimberg.)

Sigmund Freiherr Conrad von Eybesfeld. Statthalter von Oberösterreich (1871–1872). Gestorben 9. 7. 1898 in Graz. (Geboren 11. 8. 1821 in Schloss Kainberg, Steiermark.)

Norbert Purschka. Mundartdichter. Gestorben 18. 7. 1898 in Waldneukirchen. (Geboren 6. 6. 1813 in Linz.)

Georg Wasmer. Feuerschwammerzeuger in Leonfelden. Gestorben 20. 8. 1898 in Getzersdorf, NÖ. (Geboren 16. 5. 1818 in Bistritz, Böhmen.) → S. 231

Vinzenz Statz. Erster Baumeister des Linzer Mariä-Empfängnis-Doms. Gestorben 21. 8. 1898 in Köln. (Geboren 9. 4. 1819 in Köln.)

Alois Bahr. Notar und liberaler Politiker. Gestorben 5. 9. 1898 in Salzburg. (Geboren 11. 4. 1834 in Brünn.) Vater von Hermann Bahr. → S. 243

Michaele Pfaffinger. Malerin. Gestorben 9. 9. 1898 in Linz. (Geboren 28. 1. 1863 in Mattighofen.)

Elisabeth von Österreich. Kaiserin. Ermordet 10. 9. 1898 in Genf. (Geboren 24. 12. 1837 in München.) → S. 232

Adolf Obermüllner. Landschaftsmaler. Gestorben 29. 10. 1898 in Wien. (Geboren 3. 9. 1833 in Wels.)

Joseph Strinzl. Domkapitular am fürsterzbischöflichen Domkapitel zu Prag (seit 1892). Gestorben 8. 11. 1898 in Prag. (Geboren 9. 3. 1839 in Linz.)

Maria Antonia. Großherzogin. Gestorben 17. 11. 1898 in Ort. (Geboren 19. 12. 1814 in Palermo.) Lebte meist in Gmunden. Mutter von Erzherzog Johann Nepomuk Salvator (Orth). → S. 261

1899

Julius Graf von Falkenhayn. Konservativer Politiker, Landeshauptmann von Oberösterreich (1871). Gestorben 12. 1. 1899 in Wien. (Geboren 20. 2. 1829 in Wien.)

Gregor Doblhamer. Ordenspriester und konservativer Politiker. Gestorben 9. 2. 1899 in Reichersberg. (Geboren 26. 4. 1823 in St. Lambrechten.)

Johann Baptist Wengler. Maler und Radierer. Gestorben 6. 4. 1899 in Aigen bei Salzburg. (Geboren 4. 6. 1816 in St. Radegund.)

Landeshauptmann Ebenhoch

43 Jahre alt und bereits prominenter Politiker ist Alfred Ebenhoch (1855–1912), als ihn Kaiser Franz Joseph am 6. Mai 1898 zum Landeshauptmann von Oberösterreich ernennt. Er ist seit 1891 Präsident des katholischen Volksvereins. Landeshauptmann bleibt er bis 30. 12. 1907, später wird er Ackerbauminister, auch als Schriftsteller und Bühnenautor ist er erfolgreich.

Franz Hölzlhuber: Lehrer, Bahnbeamter, Dichter, Sänger, Maler, Komponist.

Karl Sigmund Graf zu Hohenwart-Gerlachstein. Statthalter von Oberösterreich (1868–1871). Gestorben 26. 4. 1899 in Wien. (Geboren 12. 2. 1824 in Wien.) 1871 Ministerpräsident.

Gratulation der Erzherzöge

Zum 68. Geburtstag gratulieren am 18. August 1898 in Ischl die Kinder der Erzherzogin Marie Valerie ihrem kaiserlichen Opa: Erzherzog Hubert Salvator im ungarischen Kostüm, Erzherzogin Hedwig im Iglauer Kostüm, Erzherzog Franz Karl Salvator im Tiroler Kostüm, Erzherzogin Elisabeth Franziska im dalmatinischen Kostüm. (Dahinter Erzherzogin Marie Valerie.)

Schulg'hilf

A Schulg'hilf aufn Land
Kann vor Hunga nöt pfnausn,
Es hungert'n in da Fruah,
Z'mittag und auf d'Jausn.

Er woas gegn sein Hunga
Koan Mittel nöt z'findn,
Z'mittag ißt a Strasand,
Auf d'Nacht sauft a Tintn!

Von Franz Hölzhuber ist dieses Gedicht, er war Lehrer in Leonstein und Bad Hall – und ein Tausendsasa. 1852 geht er als Bariton ans Wiener Theater in der Josefstadt, ein Jahr später wandert er nach Amerika aus, wo er als Sänger und Lehrer tätig ist. 1860 kehrt er zurück, lenkt 1863 mit Dutzenden Landschaftsbildern die Aufmerksamkeit auf sich, wird 1867 Bahnbeamter, zwischendurch dichtet und komponiert er: Kirchenmusik, eine Oper, ein Singspiel. Franz Hölzhuber stirbt am 4. Februar 1898 in Wien. (Geboren 22. September 1826 in Gründberg, Gemeinde Sierning.)

Automobilverkehrsvorschrift

„Die Fahrgeschwindigkeit muß vermindert werden und nöthigenfalls der Automobilwagen ganz angehalten werden, wenn das Herannahen desselben Pferde oder andere Thiere erschreckt und dadurch Veranlassung zu Unordnungen oder Unglücksfällen gegeben sein kann."

Aus der „Automobilverkehrsvorschrift" der k. k. Bezirkshauptmannschaft Gmunden, 1900.

1900

Kalender

1.1. Die neue Kronen-Währung wird ausschließliches gesetzliches Zahlungsmittel. (→ 1892)

26.4. Uraufführung im Linzer Landestheater: „Frühling" von Rudolf Holzer.

1.5. Eröffnung der neuen Inn-Drahtseilfähre Obernberg-Egglfing.

24.5. Im Schloss Hartheim wird eine Pflegestätte für körperlich und geistig behinderte Menschen eingerichtet. (1940 wird aus diesem Ort der Menschlichkeit eine Stätte des Grauens, eine Anstalt zur Vernichtung „unwerten Lebens".) → S. 349

1./2.6. Automobilfernfahrt von Salzburg über Linz nach Wien in zwei Teilstrecken. Der Sieger braucht für die Fahrt von Linz nach Wien 4 Stunden und 38 Minuten.

1.8. Eröffnung des Neubaues der Staatsbahndirektion Linz an der Bahnhofstraße.

27.9. Erste Veranstaltung des Bildungsvereins „Urania" in Wels.

September. In Gmunden entsteht das erste Brahmsmuseum der Welt.

4.11. In Sarleinsbach brennen zwölf Häuser ab.

6.11. Eröffnung des Kreisgerichtsgebäudes Wels.

14.11. Eröffnung der Eisenbahnbrücke Linz-Urfahr.

16.11. Peter Rosegger (1843–1918) spricht in Linz.

22.12. Uraufführung von Hermann Bahrs Stelzhamer-Stück „Franzl" im Linzer Landestheater.

Die Feichtauhütte (Sengsengebirge) wird erbaut (1360 m).

1900–1904

Adolf Hitler besucht die Staats-Realschule in Linz. → S. 284

Historismus in Linz *Das Administrationsgebäue der k. k. Staatsbahndirektion für Oberösterreich und Salzburg wird am 6. August eingeweiht. Der nach Plänen von Ignaz Scheck (1841–1903) errichtete Monumentalbau ist eines der bedeutendsten Zeugnisse des späten Historismus in Linz.*

Am 14. November wird die Linzer Eisenbahnbrücke eröffnet, dieses Bild entstand im März 1900.

Geburtstage

Josef Rosenhammer. Franziskaner. Missionsbischof in Bolivien (1949–1974). Geboren 1. 1. 1900 in Mauerkirchen. (Gestorben 26. 4. 2003 in San Ignacio, Bolivien.)

Rudolf Heckl. Architekt. Geboren 20. 2. 1900 in Eger. (Gestorben 12. 12. 1967 in Gmunden.) Verfasser einer oberösterreichischen Baufibel.

Edmund Aigner. Bürgermeister von Linz (SP) 1962–1968. Geboren 29. 3. 1900 in Gaspoltshofen. (Gestorben 3. 5. 1968 in Linz.)

Herbert Bayer. Maler, Plastiker, Architekt. Geboren 5. 4. 1900 in Haag am Hausruck. (Gest. 30. 9. 1985 in Montecito, USA.) → S. 483, 484, 486

Fred Schlesinger, Edler von Kirchwehr. Tanzlehrer. Geboren 2. 5. 1900 in Hainburg. (Gestorben 4. 9. 1975 in Linz.) Nestor der Tanzlehrer.

Johann Kapsamer. Industrieller. Geboren 15. 5. 1900 in Eferding. (Gestorben 9. 12. 1988 in Wels.) Gründer der Joka-Werke Schwanenstadt.

Hans Reinthaler. Verfasser von Mundartgedichten und Legendenspielen. Geboren 19. 5. 1900 in Offenhausen. (Gest. 10. 3. 1964 in Wien.) → 1963

Ludwig Daxsperger. Komponist. Geb. 8. 7. 1900 in Raab. (Gest. 20. 11. 1996 in Zell an der Pram.)

Georg Grüll. Landesforscher. Geboren 21. 7. 1900 in Rechberg. (Gestorben 18. 9. 1975 in Linz.)

Gustav Putz. Journalist. Geboren 27. 7. 1900 in Linz. (Gestorben 2. 2. 1979 in Linz.)

Wettfahren

„Ein entschieden viel Sensation erregendes Moment der heurigen Saison wird das vom Österreichischen Automobilclub am 9. August d. J. zu arrangierende Wettfahren um die drei Salzkammergut-Seen bilden, welches bei weiten Kreisen des In- und Auslandes bereits vielfach discutiert wird. Als Ausgangspunkt des Wettfahrens ist Ischl bestimmt und wird die Fahrtrichtung Ischl–St. Gilgen–Scharfling–Kienbergwand–Unterach–Weißenbach am Attersee–Ischl werden."

„Salzkammergut-Zeitung", 11. 3. 1900.

Todestage

Johann Rint. Bildhauer. Gestorben 5. 1. 1900 in Linz. (Geboren 2. 1. 1814 in Kukus an der Elbe.) Zuerst Pfeifenschnitzer, in München zum Bildhauer ausgebildet. Restaurierte 1852–1855 unter der Leitung von Adalbert Stifter den Altar von Kefermarkt. Seit 1863 „Hofbildschnitzer". Vater von Josef Rint (1838–1876).

Heinrich Graf Brandis. Politiker. Gestorben 17. 2. 1900 in Wien. (Geboren 20. 4. 1821 in Graz.) „Führer der christlichen Volksbewegung Oberösterreichs" („Linzer Zeitung").

Moriz Ritter von Eigner. Liberaler Politiker, Landeshauptmann von Oberösterreich (1868–1884). Gestorben 25. 3. 1900 in Linz. (Geboren 7. 11. 1822 in Retz.) → 1868

Eine Deputation von sechs Salzkammergut-Gemeinden bringt dem Kaiser am 18. August 1900 in der Kaiservilla in Ischl ihre Huldigung zum 70. Geburtstag dar. Zeichnung von Wilhelm Gause (1854–1916), 1900.

Der Militär- und Heimatschriftsteller Gustav Bancalari.

Gustav Bancalari. Schriftsteller, Oberst. Gestorben 13. 5. 1900 in Linz. (Geboren 4. 2. 1841 in Linz.)

Albin Czerny. Stiftsbibliothekar und Historiker. Gestorben 7. 7. 1900 in St. Florian. (Geboren 19. 2. 1821 in Wien.)

Philipp Freiherr von Ebenhof-Weber. Statthalter von Oberösterreich (1881–1889). Gestorben 21. 7. 1900 in Linz. (Geboren 30. 4. 1818 in Cehernitz bei Kolin.)

Johann Ev. Wimhölzel. Liberaler Politiker, Bürgermeister von Linz (1885–1894). Gestorben 15. 8. 1900 in Linz. (Geboren 20. 10. 1833 in Pischelsdorf bei Mattighofen.)

Hermann Pius Vergeiner. Komponist. Gestorben 28. 10. 1900 in München. (Geboren 11. 7. 1859 in Freistadt.)

Alois Ebner. Schriftsteller. Gestorben 25. 11. 1900 in Taufkirchen. (Geboren 25. 9. 1852 in Taufkirchen an der Pram.)

Hatscheks Welterfolg

Am 30. März 1900 meldet Ludwig Hatschek (1856–1914) eine Erfindung an, die unter dem Namen „Eternit" (aeternum = ewig) ein Welterfolg wurde. 1893 hatte Hatschek in Schöndorf bei Vöcklabruck eine Papiermühle erworben, hier experimentierte er und hier gelang ihm der große Wurf. Mit dem Eternit, das durch die Vermengung der unbrennbaren Asbestfaser mit Zement entsteht, wurde ein Werkstoff erfunden, der vor allem als leichtes Dachmaterial die feuergefährlichen Stroh- und Holzdächer ersetzt hat.

12 Hauptschulen

1900. In Oberösterreich gibt es 511 Volksschulen und 12 Bürgerschulen (Hauptschulen.) In diesen Schulen werden 118.790 Schüler von 2720 Lehrern unterrichtet.

„Der fidele Bauer" war ein Oberösterreicher

Nicht nur Bad Ischl und St. Wolfgang, und nicht nur Franz Léhar, Ralph Benatzky und Emmerich Kálmán gehören zum Thema „Oberösterreich und die Operette", sondern auch die kleine, oberhalb des Mondsees gelegene Bauerngemeinde Oberwang. Hier verbringt Leo Fall (1873–1925) um die Jahrhundertwende seine Ferien, hier begegnet er in der Ortschaft Großenschwandt dem „Roiderhansl", der eigentlich Matthias Schloßleithner hieß und ein Original gewesen sein muss. Dass er jener „fidele Bauer" war, der ab 1907 zu einem Operetten-Welterfolg wurde, hat der „Roiderhansl" allerdings nie erfahren.

810.854 Oberösterreicher

31. Dezember 1900. Mit diesem Stichtag leben in Oberösterreich 810.854 Personen. Linz hat zu diesem Zeitpunkt 58.791 Einwohner. (1600: 380.000, 1700: 450.000, 1800: 626.000, 2001: 1,376.797, 2011: 1,412.640.)

Hitlers Abschlusszeugnis

Sittliches Betragen	*3 (befriedigend)*
Fleiß	*4 (ungleichmäßig)*
Religionslehre	*4 (genügend)*
Deutsche Sprache	*5 (nicht genügend)*
Geographie, Geschichte	*4 (genügend)*
Mathematik	*5 (nicht genügend)*
Chemie	*4 (genügend)*
Physik	*3 (befriedigend)*
Freihandzeichnen	*2 (lobenswert)*
Turnen	*1 (vorzüglich)*
Stenographie	*5 (nicht genügend)*

Steyr,
16. September 1905.

Adolf Hitler (oben, rechts außen) auf dem einzigen Klassenfoto aus der Linzer Realschulzeit, das es von ihm gibt. 1951 wurde das Bild aus dem Ausstellungsraum der Linzer Fadingerschule gestohlen.

Der Schüler Adolf Hitler

Es ist erstaunlich, wie ein Mann, der leider entscheidend in die Geschichte eingegriffen hat, seine schlechten Schulnoten begründete: er wollte keine besseren.

In „Mein Kampf", dem Buch, in dem Adolf Hitler sein Leben schildert, steht wörtlich: „Ich glaubte, daß, wenn der Vater erst den mangelnden Fortschritt in der Realschule sähe, er gut oder übel eben doch mich meinem erträumten Glück würde zugehen lassen."

Das erträumte Glück war damals noch nicht, Führer und Reichskanzler von Großdeutschland zu sein: „Ich wollte Maler werden und um keine Macht der Welt Beamter", schreibt Hitler.

Nach dem Tod des Vaters

Vier Jahre, von 1900 bis 1904, besucht Hitler die Staats-Realschule in der Steingasse in Linz. In den ersten drei Jahren wohnt er in Leonding, im vierten Jahr in einem Linzer Schülerheim. Nach dem Tod des Vaters im Jahr 1903 verkauft die Mutter das Haus in Leonding und zieht nach Linz, in eine Wohnung in der Humboldtstraße 31, dann nach Urfahr, Blütenstraße 9. Auch im Haus Huemerstraße 6 hat Hitler gewohnt.

In den Rummel der Erinnerungsstätten sind diese Häuser erfreulicherweise niemals hineingezogen worden. So soll es auch bleiben. Andererseits kann Hitler aus der Geschichte nicht gestrichen werden, auch nicht aus der Oberösterreichs.

Ob es uns passt oder nicht: Die Linzer Staats-Realschule spielt durch Adolf Hitler in der Geschichte eine Rolle, genauso wie die Staats-Oberrealschule in Steyr, die Hitler allerdings nur ganz kurz (von September 1904 bis Ende Juni 1905) besuchte. Es ist freilich unvorstellbar, dass vor diesem Menschen, der hier die Schulbank drückte und so gar nichts Auffälliges und Außerordentliches an sich hatte, ein paar Jahrzehnte später die ganze Welt zittern sollte, dass er von Millionen angehimmelt und von Millionen gehasst wurde.

Die erste Klasse Realschule muss Hitler wiederholen. (Nichtgenügend in Mathematik und Naturgeschichte.) In der dritten Klasse hat er eine Wiederholungsprüfung in Französisch. Er besteht die Prüfung im Herbst 1904, muss aber dem Prüfer versprechen, die Schule zu wechseln.

Hitler hält sein Versprechen und meldet sich in Steyr für die vierte Klasse der Staats-Oberrealschule an. Dass er in Linz deshalb aus der Schule fliegt, weil er bei der Kommunion eine Hostie ausgespuckt haben soll, gehört in den Bereich der Legenden – wie vieles in der Biographie dieses Mannes.

Ein paar Fakten sind aber doch sozusagen aktenkundig. Nicht zuletzt durch Hitler selbst. Seine Einstellung zur Schule lautet (so steht es in „Mein Kampf"):

„Was mich freute, lernte ich, vor allem auch alles, was ich meiner Meinung nach später als Maler brauchen würde." Und weiter: „Was mir in dieser Hinsicht bedeutungslos erschien oder mich auch sonst nicht so anzog, sabotierte ich vollkommen."

Hitler gibt zu: „Sicher war zunächst nur mein ersichtlicher Mißerfolg in der Schule."

Auch in Steyr, wo Adolf Hitler ein Jahr später, am 16. September 1905 (er ist damals 16 Jahre alt), sein Zeugnis ausgehändigt bekommt, überwiegen die schlechten Noten. „Vorzüglich" gibt es nur für Freihandzeichnen und Turnen, „nicht genügend" für Geometrie und Stenographie.

Hitler ist froh, der Schule den Rücken kehren zu können: „Da kam mir plötzlich eine Krankheit zu Hilfe und entschied in wenigen Wochen über meine Zukunft und die dauernde Streitfrage des väterlichen Hauses."

Vier Jahre besuchte Hitler die Linzer Staats-Realschule in der Steingasse.

Hitlers Wohnhaus in der Huemerstraße in Linz.

„Ich wollte nicht Beamter werden!"

Die Mutter willigt ein und nimmt den Buben aus der Schule. „Einen Koffer mit Kleidern und Wäsche in den Händen, mit einem unerschütterlichen Willen im Herzen, fuhr ich so nach Wien …"

Schon in Linz, als der Vater noch lebte, hat sich Hitler mit Händen und Füßen dagegen gewehrt, eine Beamtenlaufbahn einzuschlagen. Den Satz „Ich wollte nicht Beamter werden" schreibt er in „Mein Kampf" gleich zweimal hintereinander.

Hitler bezeichnet sich selbst als „kleiner Rädelsführer" in der Schule, der „leicht und damals auch sehr gut lernte, sonst aber ziemlich schwierig zu behandeln war".

Von einem Lehrer an der Linzer Realschule (Leopold Pötsch, 1853–1942) behauptet Hitler, er sei bestimmend für sein ganzes späteres Leben gewesen. „Unser kleiner nationaler Fanatismus ward ihm ein Mittel zu unserer Erziehung, indem er, öfter als einmal an das nationale Ehrgefühl appellierend, dadurch allein uns Rangen schneller in Ordnung brachte …"

Es existieren noch Konferenzprotokolle der Linzer Realschule, die 1938 bei der Beschlagnahme der Hauptkataloge durch die Gestapo vergessen wurden. Im Protokoll Nr. 4 über die am 30. Oktober 1903 abgehaltene Konferenz steht: „In Bezug auf Sitten ist Hitler, im Fleiße Kralka zu tadeln." Am 21. Dezember 1903 heißt es im Protokoll Nr. 7 über die III.a: „Fleiß: fast befriedigend. Zu tadeln sind Hitler, Höbart, Kralka, Brunner."

„Nein, ich bete nicht!"

In der Hitler-Biographie von Werner Maser sind auch Adolf Hitlers Äußerungen über seine Linzer Schulzeit vermerkt, vor allem über den Religionsunterricht, die ein Augen- und Ohrenzeuge 1942 notierte:

Eines Tages sagte der Professor zu Hitler: „Und betest du denn morgens und mittags und abends?"

„Nein, Herr Professor, ich bete nicht; ich glaube nicht, daß der liebe Gott ein Interesse daran hat, ob ein Realschüler betet!"

Rudolf Lehr

Gosau-See

„Ruhiger, spiegelnder See – – –. Alles Umgebende nimmst du auf. Aber eure Seelen sind so voll Unruhe, daß sich die Welt darin nicht spiegeln kann!“

Peter Altenberg (1859–1901) in „Ansichtkarten,“ 1901.

Mir san Landsleut

„Mir san Landsleut, Linzerische Buama.“

Nicht von einem Linzer, sondern von einem Wiener, dem Volksdichter und Liedersänger Carl Lorens (1851–1909) stammt das in diesen Jahren bekannt gewordene und seither bekannt gebliebene Lied.

In Wels wird 1902 die Eisenkonstruktion der Traunbrücke errichtet.

Kalender

1901

18.3. Uraufführung des Stückes „Ostern“ von Adolf Schwayer, dem späteren Linzer Erfolgsdramatiker, im Linzer Landestheater. → 1906

19.5. Im Variete Roithner in der Waltherstraße in Linz, wo die ersten „lebenden Photographien“ gezeigt werden, bricht ein Brand aus. Verletzt wird niemand, der Sachschaden ist beträchtlich.

25.5. Die Eisenbahn-Teilstrecke von Sattledt nach Grünau wird dem Verkehr übergeben.

5.-6.6. Der amerikanische Zirkus „Barnum und Bailey“, in dieser Zeit der größte der Welt, gastiert in Linz.

15.6. Ludwig Hatschek (1856–1914) meldet die „Verarbeitung von Asbest und Zement auf der Pappemaschine“ als österreichisches Patent an. → 1900

1.7. Spatenstich zum Bosruck-Eisenbahntunnel (Pyhrnbahn).

14.7. Beginn der Bohrarbeiten für den Bosruck-Tunnel an der Nordseite.

22.7. Eröffnung der Lokalbahn von Lambach nach Haag am Hausruck. → 2009

27.7. Erste Durchsteigung der Dachstein-Südwand mit Ausstieg auf die Schulter; Pichl-Anstieg. (Eduard Pichl, Eduard Gams, Franz Zimmer.)

18.9. Unterrichtsbeginn im Gymnasium Wels.

9.10. Das Kreuz des Linzer Doms wird aufgerichtet.

23.11. Hermann Bahrs „Der Krampus“ wird im Linzer Landestheater uraufgeführt.

18.12. In Mattighofen wird die neue Wasserleitung eröffnet und dabei auch der in Backstein ausgeführte Wasserturm eingeweiht.

31.12. Der Turm des Linzer Doms wird abgerüstet. (Turm- und Glockenweihe → 1902.)

1902

1.2. Uraufführung im Linzer Landestheater: „Am Nikolotage“ von Gustav Streicher.

8.2. Eine neue Epoche der oberösterreichischen Elektrizitätswirtschaft beginnt mit der Errichtung des Wasserkraftwerks Traunfall, das als erstes Drehstromkraftwerk den Betrieb aufnimmt.

22.4. Uraufführung im Linzer Landestheater: „Bürgermeister Bojer“ von Adolf Schwayer.

30.4. Die neue Drahtseilfähre in Mauthausen wird in Betrieb genommen. Ein 300 m langes Drahtseil, 47 mm stark und 2400 kg schwer, reicht vom Dach des Schlosses Pragstein in 22,55 m Höhe (über dem Pegel) zu einem 22 m hohen Eisenmast in der Au.

1.5. Turm- und Glockenweihe des Linzer Neuen Doms. →

24.5. Auf der Promenade in Linz wird das Denkmal für Adalbert Stifter (1805–1868) enthüllt: eine sitzende Bronzefigur von Hans Rathausky (1858–1912). →

19.7. Weihe der neuen Stadtpfarrkirche Schwanenstadt.

2.8. Kaiser Franz Joseph I. unternimmt an Bord des Dampfers „Franz Ferdinand“ eine Rundfahrt auf dem Attersee.

1902 wird auf der Promenade in Linz das Denkmal für Adalbert Stifter enthüllt.

14.8. Wassereinbruch beim Bau des Bosruck-Eisenbahntunnels.

27.10.-10.11. Landtagswahlen.

9.11. Die neue Urfahrer Wasserleitung wird mit Hochreservoir und Pumpenhaus am Heilhamer Feld eröffnet. Das Versorgungsnetz von Urfahr ist 14,2 km lang.

19.12. Die Linzer Straßenbahn fährt nun von der Blumau bis zur Ebelsberger Traunbrücke.

Im Toten Gebirge (Warscheneck) wird die Zellerhütte erbaut (1575 m).

Geburtstage

1901

Rudolf Steinbüchler. Maler. Geboren 12.2.1901 in Linz. (Gestorben 11.10.1985 in Linz.)

Franz Spindler. Schriftsteller und Mundartdichter. Geboren 15. 2. 1901 in Prag. (Gestorben 23. 7. 1969 in Linz.)

Hans Alexander Puluj. Kulturfilmproduzent. Geboren 12. 5. 1901 in Prag. (Gestorben 31. 12. 1984 in Litzldorf bei Rosenheim.) Seit 1948 in Linz.

Eduard Macku. Komponist. Intendant der Ischler Operettenwochen. Geboren 30. 6. 1901 in Linz. (Gestorben 11. 4. 1999 in Wien.)

Franz Pfeffer. Gründer und Leiter des Instituts für Landeskunde (1947–1966). Geboren 14. 7. 1901 in Mauthausen. (Gestorben 25. 4. 1966 in Linz.) → S. 418

Hans Joachim Breustedt. Maler. Geboren 16. 9. 1901 in Steinach, Thüringerwald. (Gestorben 28. 9. 1984 in Verey am Genfersee.) Lebte in Taufkirchen an der Pram.

1902

Franz Linninger. Historiker. Geboren 1. 2. 1902 in St. Florian. (Gestorben 12. 9. 1970 in St. Florian.) Kustos der Stiftssammlungen.

Herbert Ploberger. Maler. Geboren 6. 4. 1902 in Wels. (Gestorben 22. 1. 1977 in München.)

Josef Walk. Bürgermeister von Steyr (1934 bis 1938). Geboren 22. 5. 1902 in München. (Gestorben 18. 10. 1978 in Linz.)

Otto Stöber. Moor-Pionier. Geboren 18. 7. 1902 in Hermsdorf, Böhmen. (Gestorben 25. 10. 1990 in Leonding.) → 1947

Wilhelm Jerger. Komponist und Direktor des Linzer Brucknerkonservatoriums (1958–1974). Geboren 27. 9. 1902 in Wien. (Gestorben 24. 4. 1978 in Linz.)

Theodor Grill. Bürgermeister von Linz (SP) 1968–1969. Geboren 15. 10. 1902 in Ischl. (Gestorben 6. 8. 1986 in Linz.)

Karl Seemann. Bildschnitzer. Geboren 16. 10. 1902 in Hallstatt. (Gest. 18. 3. 1989 in Hallstatt.)

Leo Losert. Sportler. Geboren 31. 10. 1902 in Linz. (Gestorben 22. 10. 1982 in Linz.) Olympia-Dritter 1928 im Rudern.

Altman Kellner. Benediktiner. Geboren 18. 11. 1902 in Vöcklabruck. (Gestorben 27. 3. 1981 in Wels.) Komponist, Kirchenmusiker.

Viktor Kalisch. Sportler. Geboren 4. 12. 1902 in Linz. (Gestorben 21. 7. 1976 in Linz.) Olympia-Silbermedaillengewinner. → 1936

Häuptling der Maori

Der Naturforscher Andreas Reischek stirbt am 3. Februar 1902 in Linz. Als Waisenkind ist er in Pflege bei einer Witwe in Schloss Weinberg bei Kefermarkt, dann folgt die Schulzeit zum Teil in Linz. Später ist er Bäckerlehrling in Unterweißenbach, dann Soldat und fünf Jahre auf Weltreisen. Anschließend arbeitet er als Lebensmittelhändler und Tierpräparator in Wien. Ein Auftrag zur Errichtung eines Museums bringt ihn zwölf Jahre nach Neuseeland, wo er zu den Maoris vordringt, ihre Sprache erlernt und die Würde eines „Weißen Häuptlings der Maori“ erhält. 1894 lässt er sich in Kefermarkt nieder, baut die naturhistorischen Sammlungen des oberösterreichischen Landesmuseums in Linz auf und erwirbt ein Haus in Linz. (Geboren 15. 9. 1845 in Linz.)

Der Krummschnabeltuscher

Im 18. Jahrhundert wurde er geboren, im 20. Jahrhundert starb er: der älteste Goiserer, der eigentlich Josef Besendorfer hieß, wegen seiner Vogel-Leidenschaft aber nur der „Krummschnabeltuscher" genannt wurde. Am 13. Jänner 1798 wurde er geboren, am 26. Juli 1902 starb er. Sein hohes Alter führte er darauf zurück, dass er sich jeden Morgen mit dem vom Vortag übriggebliebenen, mit Vogelspeichel vermischten Wasser labte.

Wie hoch sind die Türme?

Ulm: 161 m
Köln: 156 m
Straßburg: 142 m
Rom, St. Peter: 138 m
Wien, St. Stephan: 136,8 m
Linz: 134,8 m
Landshut: 132,5 m
Freiburg i. Br.: 125 m
Regensburg: 105 m

Todestage

1901

Ferdinand Zöhrer. Schriftsteller. Gestorben 21. 4. 1901 in Linz. (Geb. 17. 5. 1844 in Linz.) → 1881

Hermann Widerhofer. Hofarzt der kaiserlichen Familie. Gestorben 28. 7. 1901 in Ischl. (Geboren 24. 3. 1832 in Weyer.)

Anton Vergeiner. Liederkomponist. Gest. 31. 7. 1901 in Freistadt. (Geb. 2. 3. 1858 in Freistadt.)

Franz Sterrer. Porträt- und Genremaler. Gestorben 17. 9. 1901 in Ecully bei Lyon. (Geboren 16. 11. 1818 in Wels.)

Franz Emmerich Graf von Lamberg. Konservativer Politiker. Gestorben 18. 9. 1901 in Steyr. (Geboren 30. 4. 1832 in Graz.) Er war der Sohn des 1848 ermordeten Feldmarschallleutnants Franz Philipp Graf von Lamberg.

Floridus Blümlinger. Ordenspriester, Volksschriftsteller. Gestorben 26. 12. 1901 in Reichersberg. (Geboren 1. 11. 1862 in Utzenaich.)

1902

Carl Heinrich Friedrich von Binzer. Maler. Gestorben 22. 7. 1902 in München-Schwabing. (Geboren 19. 10. 1824 in Schloss Glücksburg, Schleswig.) Er regte gemeinsam mit Adalbert Stifter die Restaurierung des Kefermarktes Altars an.

Alois Greil. Maler und Zeichner. Gestorben 12. 10. 1902 in Wien. (Geboren 27. 3. 1841 in Linz.) Schilderer des oberösterreichischen Volkslebens. Adalbert Stifter entdeckte Alois Greil und förderte als Landesschulinspektor und Vorstandsmitglied des Kunstvereins den 15-jährigen.

Richard Graf Belcredi. Politiker. Gestorben 2. 12. 1902 in Gmunden. (Geboren 12. 2. 1823 in Ingrowitz, Mähren.)

Zeitungsboten und Zeitungverkäufer vor dem Gebäude des Katholischen Preßvereins, das in den Jahren 1902/03 erbaut wurde.

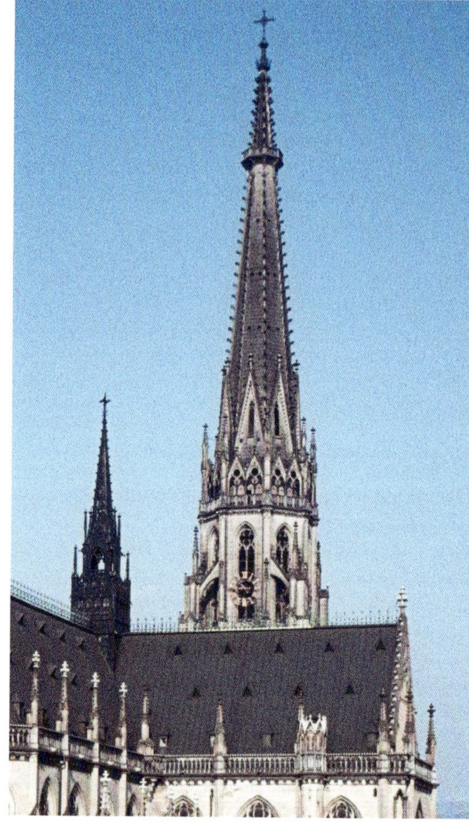

Der Turm des Doms

Zum Turmbau werden 26.612 Stück behauene Steine im Ausmaße von 2887 m³ verwendet. Das Gewicht des Turmes beträgt rund 6,353.000 kg. Auf 393 Stufen (vom Fußboden an gerechnet) gelangt man in der Höhe von 68 Meter aus dem Inneren des Turmes auf die Lauben-Galerie. In der Höhe von 125 m hat die Spitze ein kleines Gesims als Stützpunkt für die Krone, die den Übergang zu Turmkreuz und Kugel vermittelt.

Der Urfahraner Markt

Es gibt ihn seit 20. März 1817, den Urfahrer Markt oder „Urfahraner Markt", der zuerst an verschiedenen Plätzen abgehalten wurde. Seit 1902 hat er seinen festen Platz an der Donaulände.

Ordenspriester, Fabrikant, Bergsteiger, Erfinder

26. Juni 1901. In Graz stirbt der Erfinder Johann Hauenschild. Ein Hauenschild mit dem Vornamen Gottfried taucht in alten Alpenvereinsbüchern häufig auf, als Bergsteiger (→ 1868), als der erste Höhlenforscher Oberösterreichs (→ 1864). Schließlich gibt es in Kremsmünster einen Pater Hauenschild. Erst die Recherchen für die LandesChronik ergaben, dass es sich um ein und denselben Mann handelt. Eine ungewöhnliche Persönlichkeit: Geboren am 14. August 1842 in Windischgarsten (Taufname Johann), tritt Hauenschild 1863 ins Kloster Kremsmünster ein, wird 1868 Priester, studiert dann in Wien Naturgeschichte und Physik, wird 1871 Professor im Kremsmünsterer Stiftsgymnasium – und tritt 1872 aus dem Orden aus, um Protestant zu werden. Er ändert sein Leben vollkommen, wird Direktor von Zementfabriken, 1876 Lehrer an der Gewerbeschule in Wien, wo er eine Versuchsanstalt für Baumaterialien gründet. 1880 ist er in Berlin, 1883 in Vouvry (Wallis). 1892 gründet er in Berlin die technisch-chemische Anstalt für Zementindustrie. In der Wirtschaftsgeschichte ist er als Erfinder des kontinuierlichen Brennens von Portlandzement im Schachtofen bekannt.

17.770 Kilo Glocken

Das gesamte Geläute des Mariä-Empfängnis-Doms von Linz wiegt 17.770 kg. Die einzelnen Glocken:
Immakulata-Glocke: Ton F, Durchmesser: 2,38 m, 8120 kg
Josefi-Glocke: Ton A, Durchmesser: 1,82 m, 3930 kg.
Petrus-Glocke: Ton C, Durchmesser: 1,55 m, 2370 kg.
Rosenkranzkönigin-Glocke: Ton D, Durchmesser: 1,37 m, 1640 kg.
Agnes-Glocke: Ton F, Durchmesser: 1,15 m, 940 kg.
Maximilian-Glocke: Ton A, Durchmesser: 0,91 m, 480 kg.
Michaeli-Glocke: Ton C, Durchmesser: 0,76 m, 290 kg.

Arbeiter auf dem Weg zur oder von der Arbeit. Auf der Wiener Reichstraße in Linz.

Anfänge der Arbeiterbewegung in Oberösterreich

Der weitaus überwiegende Teil der Arbeiterschaft Oberösterreichs war bis in die erste Hälfte des 20. Jahrhunderts in der Landwirtschaft tätig. Zahlenmäßig bedeutende Sondergruppen entstanden im Textilgewerbe (Mühlviertel), im eisenverarbeitenden Gewerbe (Traunviertel) und durch die ins Mittelalter zurückgehende Salzgewinnung im Salzkammergut.

Den ersten Schritt ins industrielle Zeitalter bedeutete die Gründung großer Textilfabriken im Mühlviertel, von denen die ansässigen, großteils verarmten Weber mit Arbeit versorgt wurden, und südlich von Linz, wo sich in Kleinmünchen binnen kurzer Zeit Hunderte „Hilfsarbeiter" mit ihren Familien niederließen.

Gruppenaufnahme des Katholischen Arbeitervereins von Viechtwang.

16-Stunden-Tag, Kinderarbeit

Die Arbeitsbedingungen in diesen frühen Fabriken waren überaus hart. Die tägliche Arbeitszeit betrug bis zu 16 Stunden, bei Bedarf wurde auch an Sonn- und Feiertagen produziert. Die Löhne waren so niedrig gehalten, dass die in der Landwirtschaft von jeher verbreitete Kinderarbeit auch in den Fabriken praktiziert wurde, um den Lebensunterhalt der Familien zu gewährleisten.

Unzureichenden Ersatz öffentlicher Sozialvorsorge boten Pfarr-Armeninstitute und von den Arbeitern finanzierte, fabriksinterne Unterstützungskassen. Jahrzehntelang konnte man sich nicht zu gesetzlichen Schutzmaßnahmen durchringen, während den Arbeitern selbst durch das sogenannte „Koalitionsverbot" organisierte Maßnahmen zur Durchsetzung ihrer Interessen verwehrt blieben. So kam es zwar vor und im Jahr 1848 zu vereinzelten Unruhen und Krawallen, doch sind bis zur Jahrhundertmitte in Oberösterreich keine nennenswerten Ansätze zu einer Organisierung der Arbeiterschaft zu verzeichnen.

Lehrlinge aus dem Jahr 1918. Ansichtskarte, die einer der Abgebildeten an seinen Bruder in Frankenmarkt schrieb.

Gesellen- und Arbeitervereine

Die ersten Jahrzehnte der Arbeiterbewegung in Oberösterreich sind geprägt von einer Fülle von Vereinsgründungen, die sich die Verbesserung der Lage der Arbeiter zum Ziel setzten. Bereits 1852 entstanden in Linz und Steyr die ersten Gesellenvereine, die sich vor allem der durch die Auflösung der Zunftverfassung „heimatlos" gewordenen Handwerksgesellen annahmen und ihnen neben einem materiellen Angebot (Unterkunft und Verpflegung) auch Möglichkeiten zur beruflichen und geistigen Weiterbildung boten. Untrennbar sind diese Gesellenvereine mit Adolf Kolping (1813 bis 1865) verbunden, der die Lösung der sozialen Probleme der (Handwerks-)Burschen durch praktische Umsetzung katholischer Soziallehre anstrebte.

Die Idee erwies sich als überaus fruchtbar; es entstanden in der Folge zahlreiche weitere „Kolpingfamilien" in Oberösterreich, die unabhängig von der politischen Entwicklung bis heute einen Teil der katholischen Arbeiterbewegung ausmachen.

Auch außerhalb der Kolpingbewegung befasste sich zu dieser Zeit ein Teil des Klerus und des katholischen Bürgertums mit der sogenannten „Arbeiterfrage". Aus diesem

Am Beispiel Steyr

„Am Beispiel Steyr kann die Problematik des naiven Vertrauens der Gewerkschaften in die gesellschaftliche ‚Neutralität' des technischen Fortschritts ersehen werden. Mochte der politische Aufschwung der Arbeiterbewegung 1918/19 noch die Illusion nähren, daß die Rationalisierung gepaart mit ‚Wirtschaftsdemokratie' Österreich dem sozialistischen Endziel näherbringen würde, so führte die Rationalisierungswelle 1924 bis 1928 den Gewerkschaften eine neue gesellschaftspolitische Dimension vor Augen."

Ulrike Weber-Felber: „Die Seele des Arbeiters dem industriellen Fortschritt", in „Arbeit – Mensch – Maschine", Ausstellungskatalog 1987.

Anfänge der Arbeiterbewegung in Oberösterreich

Engagement entstanden zahlreiche katholisch-kirchlich orientierte, lokale Arbeitervereine, die sich vorwiegend humanitären und geistigen Zielen widmeten. Hauptziel war in der Regel nicht das Erkämpfen von Rechten für die Arbeiter, sondern der einvernehmliche Interessenausgleich zwischen Arbeitgebern und Arbeitnehmern auf der Basis christlichen Verantwortungsbewusstseins.

Durch tiefgreifende Verfassungsänderungen 1860/61 wurde in Österreich der Liberalismus zur beherrschenden politischen Strömung, die schon bald einen scharf antikirchlichen Kurs steuerte und neue Ansätze in der Arbeiterpolitik suchte. Exponent dieser Richtung in Oberösterreich war der Arzt und Journalist Josef Netwald (1813–1873), der 1866 die Redaktion der „Tages-Post" übernahm. Sein sozialpolitisches Engagement basierte auf den genossenschaftlichen Ideen von Hermann Schulz-Delitzsch (1808–1883). In der Festrede zur Gründung des Linzer Arbeiterbildungsvereines im Juni 1868 warnte Netwald vor „Haß gegen das große Kapital" und „Träumereien über Kommunismus und Sozialismus"; nicht politische Angelegenheiten sollten Hauptziel des Vereines sein, sondern Bildung: „Es gibt nämlich keine ärgere Sklaverei als jene der Unwissenheit."

Noch offenkundiger war der liberale Einfluss bei der im selben Jahr erfolgten Gründung des Welser Arbeiterbildungsvereines durch den national-liberal gesinnten Redakteur August Göllerich (1819–1883).

Betriebsschluss im Werk Steyr. Photographie 1910.

In manchen Gegenden kam es jedoch auch ohne direkte liberale oder kirchliche „Geburtshilfe" zur Gründung von lokalen Arbeitervereinen, wobei die Bedeutung regionaler, wirtschaftlich bedingter Sondertraditionen nicht zu übersehen ist.

Besonders deutlich wird dies in den Anfängen der oberösterreichischen Konsumgenossenschaften. Ab 1868 entstanden binnen weniger Jahre solche Einkaufsgenossenschaften in Ebensee, Ischl, Hallstatt, Goisern, Traun, Weyer, Wolfsegg, Thomasroith und Kleinmünchen. In Steyr, Oberletten und Steyrermühl ging die Initiative von den Fabriksleitungen aus. Nur der älteste Konsumverein in Linz war eine rein liberale Gründung.

Die heftigen Auseinandersetzungen um den Linzer Bischof Rudigier (1811–1884) führten ab 1868 zu einer tiefgehenden Entfremdung zwischen katholischen und antiklerikalen Vereinen, die für die weitere Entwicklung der Arbeiterbewegung mitbestimmend blieb. Es gelang weder der Kirche noch den Liberalen, mit ihren Programmen und Sozialmodellen die ständig wachsende Masse der Industriearbeiter anzusprechen und zu organisieren. Schon 1868 hatte der „Erste Allgemeine Wiener Arbeiterbildungsverein" das Gedankengut von Ferdinand Lassalle (1825–1864) übernommen. Der Tischler Hermann Hartung (1843 bis 1929), führender Kopf dieser neuen, aus Deutschland übernommenen Richtung, hielt 1868 im Linzer Arbeiterbildungsverein einen Vortrag, der zur Gründung eines Komitees „für die Bestrebungen der Sozialdemokratischen Partei" Anlass gab.

Die ersten Sozialdemokraten

In den folgenden Jahren wurden in den meisten Arbeiter(bildungs)vereinen überraschend schnell die liberalen zugunsten sozialdemokratischer Grundgedanken aufgegeben. Die Verbreitung des Lassalleschen Programms in Oberösterreich ist weniger auf einheimische Initiativen, sondern vor allem auf das Engagement der Wiener sozialdemokratischen Parteiführer zurückzuführen. Behördliches Misstrauen und scharfe polizeiliche Überwachung hatten in dieser Übergangszeit einen starken Rückgang der Vereinsmitgliederzahl zur Folge. Neben Linz wurde vor allem Steyr mit der ständig expandierenden Waffenfabrik zu einem Zentrum der jungen, quantitativ freilich noch unbedeutenden sozialdemokratischen Bewegung. Neben den Arbeiterbildungsvereinen als „Vorfahren" der sozialdemokratischen Partei entstanden zu Beginn der siebziger Jahre als Vorläufer der Gewerkschaften die ersten sogenannten „Fachvereine". Bezeichnenderweise gehen auch auf diesem Gebiet Arbeiter aus traditionsreichen, handwerklichen Berufen in Linz und Steyr voran (Buchdrucker, Schuhmacher und -gehilfen, Holzarbeiter, Kleidermacher und -gehilfen), während die Arbeiter der Textil- und Metallindustrie noch nicht in Erscheinung treten.

In den siebziger Jahren und frühen achtziger Jahren blieben auch den oberösterreichischen Sozialdemokraten interne Auseinandersetzungen und Spaltungen zwischen Gemäßigten und Radikalen nicht erspart. Polizeiliche Verfolgung – vor allem gegen Anarchisten gerichtet, die den Sturz der kapitalistischen Ordnung durch „revolutionäre Aktionen" herbeiführen wollten – ließ keine kontinuierliche Entwicklung zu. In dieser Phase interner Auseinandersetzungen spielten auch die zahlreichen tschechischen Arbeiter und ihre Organisationen in Oberösterreich eine wesentliche Rolle.

1887 wurde der Linzer Arbeiterverein neu gegründet, wobei sich endgültig die Gemäßigten durchsetzten, unter der Führung von Anton Weiguny (1851–1914). Er einigte 1887 die oberösterreichischen Sozialdemokraten und wandelte die Wochenzeitung „Wahrheit" in die Tageszeitung „Tagblatt" um.

Am Hainfelder Parteitag (1888) nahmen fünf oberösterreichische Delegierte aus Linz, Steyr, Gmunden, Wels und Ried teil. 1891 fand eine erste Landeskonferenz für Oberösterreich und Salzburg statt: 83 Delegierte aus 22 Orten vertraten etwa 1250 Mitglieder von Arbeiter- und Fachvereinen. 1893 errichteten die Sozialdemokraten erstmals eine ganz Oberösterreich umspannende Parteiorganisation mit zehn Bezirksgruppen, womit die organisatorischen Voraussetzungen für die Entwicklung zur Massenpartei geschaffen waren.

Die Enzyklika „Rerum novarum"

Zwei Jahre vorher, 1891, erschien in Rom das für die katholische Soziallehre maßgebende Dokument, die Enzyklika „Rerum novarum", die sowohl der kirchlichen als auch der christlichsozialen Arbeiterbewegung für Jahrzehnte neue Impulse verlieh. Eine unmittelbare Folge davon war, dass Versuche der Sozialdemokraten, auch die Landarbeiterschaft zu gewinnen, wenig erfolgreich blieben. Vor allem aber entstanden in der Folgezeit starke christliche Fachverbände und Gewerkschaften, die unter der Führung von Leopold Kunschak (1871–1953) bis zur berufständischen Umgestaltung der Verfassung 1934 neben den sozialdemokratisch orientierten Gewerkschaften eine wesentliche Rolle in der Arbeiterbewegung spielten.

Gerhart Marckhgott

Das erste Dienstauto

Am 2. Juni 1904 schafft die oberösterreichische Statthalterei für dienstliche Zwecke das erste Automobil an. Zwei Tage später tritt der Statthalter, Artur Graf von Bylandt-Rheidt (1854 bis 1915), seine erste Dienstreise an, die ihn von Linz nach Perg führt.

Mein Oberösterreich

„Wie lob' ich dich, o Heimat,
mein Oberösterreich.
Du bist an Reiz und Anmut
den schönsten Ländern gleich.
Wie glühen deine Alpen,
wie leuchten deine Seen,
wie rein sind deine Lüfte,
die auf den Bergen wehn!

Allüberall bewohnt dich
ein männliches Geschlecht
von unverfälschtem Stamme,
die Herzen schlicht und echt,
zugänglich und bescheiden,
vergnügt und treu wie Gold;
Gott schütze Land und Leute
und sei der Heimat hold."

Norbert Hanrieder, 1904.

Kalender

1903

27.1. Bei Hermann Bahrs Blindarmoperation gibt es Komplikationen. Die schweren Gesundheitsstörungen und Depressionen dauern über ein Jahr und führen zu einer Wiederannäherung des Dichters an den katholischen Glauben.

21.4. In Linz wird neben dem Portal des Landhauses ein Denkmal für die Kaiserin Elisabeth enthüllt, entworfen von Hans Rathausky (1858 bis 1912). 1938 wird es zerstört. Die erhalten gebliebene Marmorbüste steht heute in einer Nische in einem Gang des Landhauses.

25.4. Uraufführung im Linzer Landestheater: „Stephan Fadinger" von Gustav Streicher.

6.5. Ende der Direktion von Alfred Cavar (1859 bis 1920), der seit 1897 das Landestheater leitete.

23.5. Der Volksgartensalon in Linz wird eröffnet. (Nach einem Bombenschaden von 1944 wird der Rest 1954 abgetragen.)

9./10.6. Kaiser Franz Joseph besichtigt die Kleinmünchner Spinnerei und die neuen Werkswohnhäuser, am nächsten Tag nimmt er an der Eröffnung der Kleinmünchner „Landeshauptschießstätte" teil.

2.7. Durch ein Missverständnis werden in Sierning zwei Soldaten, die bei einer Übung von Gendarmen für Einbrecher gehalten wurden, erschossen.

20.7. Am Wohn- und Sterbehaus von Adalbert Stifter (1805–1868) an der Unteren Donaulände in Linz wird eine Gedenktafel mit einem Medaillon von Hans Rathausky enthüllt.

18.8. Béla Bartók (1881–1945) vollendet in Gmunden sein erstes großes Orchesterwerk, „Kossuth".

13.9. Inbetriebnahme der Lokalbahnstrecke Lambach–Vorchdorf.

14.9. Gründungsversammlung des „Arbeiter-Turnvereins Linz".

26.9. Doppeldirektion am Linzer Landestheaters: Carl Wallner (1861–1926) und Oskar Schramm (keine Lebensdaten bekannt). Am 7. 1. 1906 scheidet Carl Wallner aus, Oskar Schramm führt das Theater bis 5. 5. 1906 allein weiter.

29.9. Beginn eines Streiks in der Steyrer Hafnerei und Ofenfabrik des k. k. Hoflieferanten Rudolf Sommerhuber.

September. In den von der Stadtgemeinde Linz dem Oberösterreichischen Kunstverein zur Verfügung gestellten Räumen im Volksgartensalon findet die erste Kunstausstellung statt.

Franz Léhar kommt erstmals nach Ischl.

Gründung der Gmundner Tonwarenfabrik Leopold Schleiß.

1904

5.1. Ein nicht alltägliches Theaterereignis: Das Stück „Queretaro", das im Landestheater uraufgeführt wird, stammt von dem auch als Schriftsteller erfolgreichen Landeshauptmann Alfred Ebenhoch (1855–1912).

2.2. Nach Schließung des Welser Theatergebäudes (13.1.) wird der Spielbetrieb im Konzertsaal des Hotel Greif aufgenommen.

22.5., Pfingsten. Adolf Hitler wird im Neuen Linzer Dom gefirmt. Firmpate ist der 32-jährige Zollbeamte Emanuel Lugert.

20.6. Eröffnung des „Welser Steiges" im Grieskar beim Almsee durch den Verein „D' Almtaler" und die Sektion Wels des Alpenvereins.

5.7. In Fraham brennen zwölf Häuser ab.

10.8. Zündelnde Kinder lösen in Mistlberg (Gemeinde Kollerschlag) einen Brand aus, dem elf Häuser zum Opfer fallen.

4.9. Eröffnung des städtischen Museums im Sparkassengebäude Wels.

Errichtung des Bischöflichen Lehrerseminars in Linz.

Gründung des Oberösterreichischen Automobilclubs.

Feier vor dem Linzer Landhaus anlässlich der Enthüllung des Denkmals für Kaiserin Elisabeth.

Am 23. September 1903 wird die Warte auf dem Ameisberg eröffnet.

Der Ministrant Gleißner

26. April 1903. Ministranten gehen nicht in die Geschichte ein. Im Leben des zehnjährigen Heinrich Gleißner, der später für insgesamt dreißig Jahre Landeshauptmann von Oberösterreich werden sollte (→ 1984), spielt dieser Tag jedoch eine große Rolle. Er darf, als Bischof Franz Maria Doppelbauer (1845–1908) die Weihe der Herz-Jesu-Kirche in Linz vornimmt, ministrieren. Der Architekt der Kirche ist Raimund Jeblinger (1853–1937).

Geburtstage

1903

Heinrich Justus Schmidt. Kunsthistoriker. Geboren 15. 1. 1903 in Wien. (Gestorben 15. 8. 1970 in Linz.)

Josef Dobretsberger. Christlichsozialer Politiker, Universitätsprofessor. Geboren 28. 2. 1903 in Linz. (Gestorben 23. 5. 1970 in Graz.) Sozialminister 1935/36.

Sommerfreiheit

„Ich liebe die Landungsstege der Dampfschiffe an den Salzkammergut-Seen, die alten grauschwarzen und die neueren gelben. Sie sind mir so ein Wahrzeichen von Sommerfreiheit, Sommerfrieden, und sie duften wie von jahrelang eingesogenem Sonnenbrande – – –"

Peter Altenberg (1859–1919) in „Der Landungssteg", Wien 1903.

Majestäts-Kompliment

„Ich mache Ihnen mein Kompliment zum Zustand dieser Anstalt."

Kaiser Franz Joseph I. bei einem Besuch des Kollegiums Petrinum am 9. Juni 1903.

1903–1904

Roman Felleis. Jugendfunktionär. Geboren 18. 3. 1903 in Linz. (Hingerichtet 1944.) Gemeinsam mit Bruno Kreisky (1911–1990) Führer der illegalen „Revolutionären Sozialistischen Jugend".

Toni Hofer. Grafiker. Geboren 24. 5. 1903 in Linz. (Gestorben 27. 9. 1979 in Linz.)

Adolf Kainz. Olympiasieger. Geboren 5. 6. 1903 in Linz. (Gestorben 12. 7. 1948 in Linz.) → 1936

Ludwig Engel. Schlosser. Industriepionier. Geboren 3. 8. 1903 in Altker. (Gestorben 26. 8. 1965 in Linz.) → 1965

Hans Sittner. Präsident der Akademie für Musik und darstellende Kunst (1948–1971). Geboren 9. 8. 1903 in Linz. (Gestorben 9. 5. 1990 in Wien.)

Josef Ofner. Steyrer Stadthistoriker. Geboren 22. 8. 1903 in Molln. (Gestorben 29. 11. 1973 in Steyr.)

1904

Heinrich Richter-Brohm. Generaldirektor der Voest (1947–1952). Geboren 9. 1. 1904 in Kehl, Deutschland. (Gestorben 12. 4. 1994.)

Erwin Schaller. Komponist. Geboren 9. 2. 1904 in Linz. (Gestorben 20. 12. 1984 in Wien.)

Hermann Derschmidt. Volkstumspfleger. Geboren 15. 2. 1904 in Kollerschlag. (Gestorben 17. 7. 1997 in Wels.)

Alfred Hoffmann. Landeshistoriker. Geboren 11. 4. 1904 in Linz-Urfahr. (Gestorben 3. 7. 1983 in Bad Ischl.)

Emil Rameis. Landeskapellmeister des oö. Blasmusikverbandes, Komponist. Geboren 28. 4. 1904 in Regau. (Gestorben 22. 4. 1973 in Linz.)

Walter Ritter. Bildhauer. Geboren 26. 5. 1904 in Graz. (Gestorben 3. 2. 1986 in Linz.)

Karl Fellinger. Arzt mit internationalem Ruf. Geboren 19. 6. 1904 in Linz. (Gestorben 8. 11. 2000 in Wien.)

Margret Bilger. Malerin, Grafikerin und Glaskünstlerin. Geboren 12. 8. 1904 in Graz. (Gestorben 24. 7. 1971 in Schärding.) → 1956, 1971

Hubert Razinger. Theaterkritiker, Theaterwissenschafter. Geboren 30. 10. 1904 in Linz. (Gestorben 12. 12. 1967 in Linz.)

Franz Xaver Roser. Jesuit, Physiker. Geboren 14. 11. 1904 in St. Martin im Mühlkreis. (Gestorben 12. 2. 1967 in Rio de Janeiro.)

Sepp Teufl. Kommunistischer Politiker. Geboren 24. 11. 1904 in Steyr. (Ermordet 29. 4. 1945 in Mauthausen.) → 1945

Franciscus Salesius Zauner. Bischof von Linz (1956–1980). Geboren 11. 12. 1904 in Grieskirchen. (Gestorben 20. 2. 1994 in Linz.) → 1940, 1949, 1956, 1991, 1994

Hans Dibold. Arzt und Schriftsteller. (Geboren 18. 12. 1904 in Linz. (Gestorben 10. 5. 1991 in Linz.)

Allerhöchster Besuch

Für Linz und Urfahr ist der 9. Juni 1903 ein großer Tag. Seine Apostolische Majestät, Kaiser Franz Joseph I., weilt hier auf Besuch. Eine Abordnung der Honoratioren von Urfahr hat sich zur Begrüßung des Kaisers auf der Donaubrücke postiert.

Todestage

1903

Alois Hitler. Gestorben 3. 1. 1903 in Leonding. (Geboren 7. 6. 1837 in Strones bei Döllersheim als Alois Schicklgruber, Namensänderung auf Hitler 1876.) K. k. Zollamts-Oberoffizial i. R., Vater von Adolf Hitler (1889–1945). → S. 347

Karl Holub. Erfinder. Gestorben 23. 5. 1903 in Steyr. (Geboren 29. 1. 1830 in Stradonitz.) 1869 bis 1885 technischer Direktor der Steyrer Waffenfabrik, an vielen Erneuerungen und Erfindungen von Josef Werndl (1831–1889) beteiligt.

Michael Gitlbauer. Philologe. Gestorben 31. 5. 1903 in Wien. (Geboren 3. 9. 1847 in Leonding.)

Franz Xaver Katzer. (Friedrich Katzer). Erzbischof von Milwaukee. Gestorben 20. 7. 1903. (Geboren 7. 2. 1844 in Ebensee.) Seit 1886 Bischof von Grenn Bay, seit 1891 Erzbischof von Milwaukee.

Leopold Kern. Priester, Politiker. Gestorben 8. 9. 1903 in Linz. (Geboren 10. 11. 1857 in Aigen.) Reichstagsabgeordneter, Pionier des katholischen Schrifttums.

Heinrich Skriwanek. Direktor des Linzer Landestheaters (1891–1897). Gestorben 7. 10. 1903 in Ollersbach, Mähren. (Geburtsdaten unbekannt.)

Friedrich Arnleitner. Komponist. Gestorben 9. 10. 1903 in Linz. (Geboren 20. 2. 1845 in Hofkirchen bei St. Florian.) Berühmt wurde das Lied „O hast du noch ein Mütterlein".

Josef Urbanski. Initiator der Linzer Pöstlingbergbahn. Gestorben 23. 10. 1903 in Wien. (Geboren 26. 5. 1846 in Wadowiče, Galizien.) → S. 279

Ida Schuselka-Brüning. Theaterdirektorin. Gestorben 16. 11. 1903 in Wien. (Geboren 15. 1. 1817 in Königsberg.) Als erste Frau leitete sie von 1855 bis 1857 das Landschaftliche Theater in Linz (Landestheater).

Karl Blumauer. Gold- und Silberbearbeiter, Maler und Zeichner. Gestorben 25. 12. 1903 in Linz. (Geboren 8. 9. 1826 in Vöcklabruck.)

1904

Ferdinand von Mannlicher. Waffentechniker. Gestorben 20. 1. 1904 in Wien. (Geboren 30. 1. 1848 in Mainz.) Erfinder des in Steyr erzeugten Mannlichergewehrs.

Emil Dierzer Ritter von Traunthal. Fabriksbesitzer und Politiker. Gestorben 15. 2. 1904 in Mailand. (Geboren 26. 4. 1844 in Linz.)

Friedrich Graf von Revertera-Salandra. Gutsbesitzer, Politiker. Gestorben 28. 4. 1904 in Brixen, begraben in Tollet. (Geboren 21. 1. 1827 in Lemberg.) Vertreter des Großgrundbesitzes im oberösterreichischen Landtag (1869).

Otto Grillnberger. Wilheringer Stiftsarchivar. Gestorben 16. 8. 1904 in Wilhering. (Geboren 10. 3. 1861 in Oberneukirchen.)

Otto Schirmer. Architekt. Gestorben 13. 12. 1904 in Hinterbrühl. (Geboren 17. 6. 1828 in Köln.) Dombaumeister in Linz.

Josef Andreas Graf Thürheim. Militärschriftsteller. Gestorben 23. 12. 1904 in Schloss Weinberg. (Geboren 17. 5. 1827 in Eferding.)

Der Schüler Wittgenstein

Wittgenstein erhielt bis zu seinem 14. Lebensjahr Privatunterricht. In der Schule fiel der wohlbehütete, sensible und damals noch stets feingekleidete Ludwig dadurch auf, dass er von seinen 14-jährigen Mitschülern verlangte, mit „Sie" angeredet zu werden. Seine Zeugnisse aus dieser Zeit lassen kaum etwas von seinen späteren Leistungen ahnen.

Archiv des Bundesrealgymnasiums Linz, Fadingerstraße, früher k. k. Oberrealschule. Der spätere Philosoph Ludwig Wittgenstein (1889–1951) besuchte von 1903 bis zur Matura 1906 dieses Gymnasium.

Kalender

1905

4.2. Im Landschaftlichen Theater in Linz (Landestheater) stürzt während einer Vorstellung ein Luster auf die Bühne, der glücklicherweise keinen Mitwirkenden trifft.

4.4. Erstmals beteiligen sich die Sozialdemokraten bei der Linzer Gemeinderatswahl.

17.5. Mit 1100 Liter pro Sekunde tost das Wasser in den Bosruck-Eisenbahntunnel, der kurz vor der Fertigstellung steht. Noch kommen keine Menschen zu Schaden. Fünf Tage später löst dieser Wassereinbruch eine Katastrophe aus. →

17.6. Die Salinenverwaltungen Ebensee, Ischl, Hallstatt, Aussee, Hallein und Hall in Tirol werden der k. k. Finanzdirektion in Linz unterstellt.

16.9. In der Staats-Oberrealschule in Steyr, wo er ein Jahr zur Schule ging, erhält Adolf Hitler sein Zeugnis. → S. 284

1.10. Im Linzer Volksgarten wird das Denkmal für den Turnvater Friedrich Ludwig Jahn (1758 bis 1852) enthüllt.

19.11. Die Pyhrnbahn Teilstrecke von Klaus nach Spital wird in Betrieb genommen.

22.11. Beim Bosruck-Eisenbahntunnel erfolgt der „Durchstich".

30.12. Gründung der Firma Stern & Hafferl AG.

Für das Solvay-Werk Ebensee wird eine Soleleitung von Altaussee über die Blaa-Alm und durch das Rettenbachtal nach Ischl gebaut.

Arnold Schönberg (1874–1951) schreibt in Gmunden sein erstes Streichquartett.

1906

2.2. Wie schon 1904, wird wieder ein Stück von Landeshauptmann Alfred Ebenhoch (1855 bis 1912) im Linzer Landestheater uraufgeführt: „Johann Philipp Palm".

28.3. Gründung eines Theaterbauvereins zur Errichtung eines neuen Landestheaters in Linz.

21.5. In Wels wird die Anlage eines Probebrunnens für die neue städtische Wasserleitung in Au bei der Traun beschlossen. (Die Realisierung erfolgt fast sechzig Jahre später.)

22.7. Eröffnung des Prielschutzhauses.

19.8. Weihe der Pfarrkirche Quirin in Linz-Kleinmünchen, errichtet nach Plänen von Dombaumeister Matthäus Schlager (1870–1959).

20.8. Eröffnung des Bosruck-Eisenbahntunnels. Die Eisenbahnlinie Linz–Selzthal (Pyhrnbahn) ist durchgehend befahrbar.

21.8. Das Kraftwerk Münichsee bei St. Wolfgang, ein Speicherwerk der Stern & Hafferl AG, nimmt den Betrieb auf.

7.9. Aus Ischl wird „Bad Ischl".

21.9. Im Linzer Landestheater übernimmt Hans Claar (1861–1918) für zwölf Jahre die Direktion.

Geburtstage

1905

August Karl Stöger. Schriftsteller. Geboren 19. 1. 1905 in Ischl. (Gestorben 18. 4. 1989 in Bad Ischl.)

Josef Dametz

Der 38-jährige Linzer Buchdrucker Josef Dametz wird 1906 Vorsitzender der Sozialdemokratischen Partei Oberösterreichs und bleibt es bis zu seinem Tod am 21. 9. 1927. Am 11. 6. 1919 wird er einstimmig zum Linzer Bürgermeister gewählt. Er ist damit der erste sozialdemokratische Bürgermeister von Linz.

Bert Rudolf. Komponist. Geboren 25. 4. 1905 in Seifersdorf, Österreichisch-Schlesien. (Gestorben 7. 11. 1992 in Linz.)

Heinrich Ferihumer. Landesforscher. Geboren 28. 7. 1905 in Pola. (Gestorben 9. 11. 1975 in Schärding.)

Josef Ramsauer. Komponist. Geboren 28. 7. 1905 in Ischl. (Gestorben 4. 2. 1976 in Bad Ischl.)

Paul Karnitsch. Historiker, Archäologe. Geboren 1. 9. 1905 in Linz. (Gestorben 8. 12. 1967 in Linz.)

Sepp Wolkersdorfer. Oberbürgermeister von Linz (1938–1940). Geboren 1. 9. 1905 in Linz. (Gestorben 20. 5. 1990 in Linz.)

Alfons Kral. Sänger. Geboren 20. 9. 1905 in Wien. (Gestorben 24. 9. 1974 in Linz.) Beliebter Bassist am Landestheater.

1906

Josef Buttinger. Politiker (SP), Publizist. 1935 bis 1938 Führer der „Revolutionären Sozialisten". Geboren 30. 4. 1906 in Waldzell. (Gestorben 4. 3. 1992 in New York.)

Hans Wagner. Maler. Geboren 8. 5. 1906 in Dietreichs, Südböhmen. (Gestorben 10. 12. 1977 in Zürich.) Lebte und arbeitete als Porträt- und Landschaftsmaler in Schwanenstadt.

Wolfgang Hebenstreith. Schauspieler. Geboren 28. 8. 1906 in Linz. (Gestorben 27. 6. 1968 in Wien.)

Franz Pühringer. Schriftsteller, Leiter der Linzer Puppenspiele. Geboren 27. 12. 1906 in Pernegg, Steiermark. (Gestorben 30. 8. 1977 in Linz.)

Todestage

1905

Paul Ritter von Finkenzeller. Offizier. Gestorben 17. 1. 1905 in Salzburg. (Geboren 29. 11. 1821 in Altheim.) Haus- und Schankknecht, der es zum Major und Adelsstand brachte.

Leonard Achleuthner. Abt des Stifts Kremsmünster (1881–1905), konservativer Politiker, Landeshauptmann von Oberösterreich (1884–1897). Gestorben 15. 2. 1905 in Kremsmünster. (Geboren 10. 1. 1826 in Kremsmünster.) → 1884

Rudolf von Alt. Maler und Zeichner. Gestorben 12. 3. 1905 in Wien. (Geboren 29. 8. 1812 in Wien.) Sohn von Jakob Alt (1789–1872). Langjähriger Sommergast im Salzkammergut, er schuf viele Werke mit oberösterreichischen Motiven.

Karl Waldeck. Komponist. Gestorben 25. 3. 1905 in Wien. (Geboren 22. 9. 1841 in St. Thomas am Blasenstein.)

Alois Riegl. Kunsthistoriker. Gestorben 17. 6. 1905 in Wien. (Geboren 4. 1. 1858 in Linz.)

Hanns Köttl. Fischereipionier. Gestorben 24. 6. 1905 in Neukirchen an der Vöckla. (Geboren 11. 3. 1829 in Ungenach.) → S. 242

Carl Friedrich Löffler. Maler. Gestorben 30. 6. 1905 in Wien. (Geboren 13. 2. 1823 in Haslach.) Von Adalbert Stifter geförderter Maler, von 1869 bis 1877 in Linz wohnhaft.

Alois Forstmoser. Maler. Gestorben 3. 11. 1905 in Uttendorf. (Geboren 10. 5. 1866 in Uttendorf.).

Otto Thinemann. Architekt. Gestorben 28. 11. 1905 in Wien. (Geboren 11. 8. 1827 in Gotha.) Erbauer des Linzer Eckhauses Hauptplatz/ Schmidttorstraße 1 (1862).

1906

Friedrich Uhl. Theaterkritiker und Schriftsteller. Vater von Frida Uhl (→ S. 357), Schwiegervater von August Strindberg (→ S. 269). Gestorben 20. 1. 1906 in Mondsee. (Geboren 14. 5. 1825 in Teschen, Österreichisch-Schlesien.)

Felix Maria Freiherr Pino von Friedenthal. Statthalter in Oberösterreich (1879–1881). Gestorben 14. 4. 1906 in St. Ruprecht bei Völkermarkt. (Geboren 14. 10. 1826 in Wien.)

Josef Weinlechner. Arzt. Gestorben 20. 9. 1906 in Bruck an der Leitha. (Geboren 3. 3. 1829 in Altheim.) Erfinder von Operationsmethoden.

16 Tote im Bosrucktunnel

22. Mai 1905. Beim Bau des Bosrucktunnels kommt es zu einer verhängnisvollen Methangas-Explosion. Ursache ist der Wassereinbruch vom 17. Mai. „Man hörte plötzlich außerhalb des Tunnels einige Zeit nach Eintritt der Arbeiter ein dumpfes Getöse und vermutete daher, daß ein Unglück geschehen sei", berichtet die „Tages-Post" am 24. Mai 1905. Die Vermutung wird zur Gewissheit. Von den 17 im Tunnel beschäftigten Arbeitern überleben nur drei, außerdem müssen bei den Bergungsarbeiten noch zwei Menschen ihren Einsatz für andere mit dem Leben bezahlen.

Die Schartner Quelle

„Aus einem Brunnen bei der Mühle floß sonderbarerweise jahrein und jahraus warmes Wasser. Auch in den strengsten Wintertagen fror das Brunnenwasser nie zu. Der Mühlenbesitzer Mayrzedt kam auf den Gedanken, das Mühlrad im Winter mit dem warmen Brunnenwasser zu betreiben. Darum ließ er 1905 das Brunnenloch erweitern und tiefer bohren. In großer Menge floß das Wasser aus eigener Kraft mit einer Wärme über 21 Grad Celsius. Nun wurden vom Brunnen aus Rohre gelegt, die das warme Wasser auf das Mühlrad leiteten. Und siehe da! Nun konnte Mayrzedt auch im Winter mahlen. In der Nähe des Bohrloches erbaute Mayrzedt ein Badehäuschen, das auch als Waschküche verwendet wurde. In einem gemauerten Wasserbecken konnte das Hausgesinde warm baden. Bald redeten die Leute in der ganzen Umgebung von dem warmen Wasser aus dem Brunnen in Leppersdorf.“

Aus „Eferdinger Land“, Eferding 1985.

Alfred Maleta

Alfred Maleta verbrachte in Linz seine Kindheit, schon in der Mittelschule war er politisch tätig, auch seine Karriere begann in Oberösterreich. Maleta ist einer der großen Männer des Nachkriegs-Österreich. Von 1961 bis 1962 war er Dritter Nationalratspräsident, von 1962 bis 1970 Erster Nationalratspräsident, von 1970 bis 1975 Zweiter Nationalratspräsident, Herausgeber der „Oberösterreichischen Nachrichten“. (Geboren 15. 1. 1906 in Mödling. Gestorben 16. 1. 1990 in Salzburg.) → 1934, 1938

Die längste Klamm Oberösterreichs

5. Oktober 1905. Der Name der längsten Klamm Oberösterreichs gibt immer wieder Anlass zu Missverständnissen. Mit Recht fragt man sich, wie und wo in den von Wildwassern durchtobten Felsschluchten ein Vogelgesang zu hören sein soll. Kenner des Landes kennen des Rätsels Lösung: Mit dem Gesang der Vögel hat dieser Vogelgesang nichts zu tun. Bis zum 5. Oktober 1905 ist die Vogelgesangklamm die „Fallbachklamm“. Jener Vogelgesang jedoch, der ab nun der Klamm den Namen gibt, ist Gemeindearzt in Spital am Pyhrn. Als Vorsitzender der Alpenvereinssektion regt Moritz Vogelgesang (1872–1912) an, in die wildromantische Gebirgsschlucht einen Weg zu bauen. Die ersten Holzsteige werden zwar bald vom Hochwasser weggerafft, doch eine Pioniertat ist dieser erste Weg durch die Schlucht zweifellos.

Der Hernler-Steig

Die heute meistgewählte Route auf den 1691 m hohen Traunstein, der Hernler-Steig, wird 1905 eröffnet. Hans Hernler (1861–1933) war Obmann des Gmundner Touristenklubs und Erstbesteiger von acht Traunstein-Routen.

Erste Auto-Kennzeichen

7. Jänner 1906. Die Bestimmungen über die Einführung von Nummerntafeln für Automobile treten in Österreich-Ungarn in Kraft. Oberösterreich erhält als Kennbuchstaben das „C“ zugewiesen. Es wird 1938 vom „Od“ abgelöst (Oberdonau), 1945 kommt das „O“ bzw. für Linz das „L“, seit 1990 gibt es Bezirkskennzeichen.

Die Sittennote

24. März 1906. Ein großer Tag für das Linzer Landestheater: Das hier uraufgeführte Schauspiel „Die Sittennote“ des Linzer Bahnbeamten Adolf Schwayer (1858 bis 1922) erweist sich als Volltreffer. Von Linz aus erobert das Stück zahlreiche Bühnen in Österreich, Deutschland und der Schweiz; am Wiener Burgtheater wird es dreißigmal gespielt. Das Stück gilt als Anklage gegen Schule und Elternhaus.

Erdbebenopfer

18. August 1906. Der in Linz geborene Maler Karl Kahler, der in Australien und in den USA arbeitete, kommt beim Erdbeben in San Francisco ums Leben. (Geboren 12. 9. 1856.)

Die Grottenbahn eröffnet

Was wäre ein Ausflug auf den Pöstlingberg ohne einen Besuch bei den Zwergerln in der Grottenbahn? Als sie am 6. August 1906 in einem der Befestigungstürme des ehemaligen Forts Pöstlingberg eröffnet wird, ahnt man noch nichts von der steigenden Beliebtheit bei jung und alt.

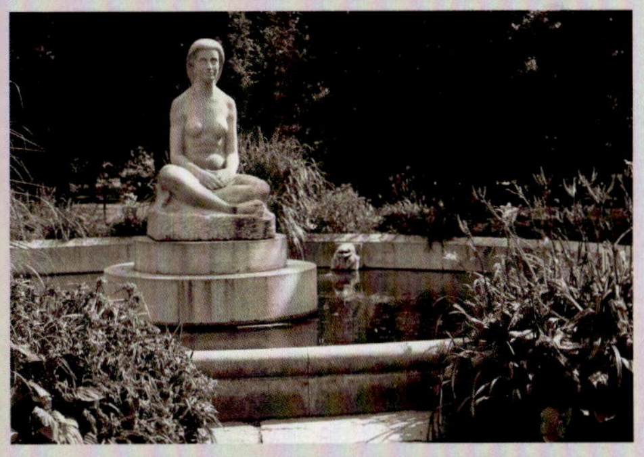

Der erste moderne Brunnen in Linz, die von einem Linzer Bäckermeister in Auftrag gegebene „Freude am Schönen" des Bildhauers Anton Hanak (1875–1934), wird am 20. Juni 1908 von der Stadt Linz übernommen und im Volksgarten aufgestellt. Der Volksmund nennt sie „Volksgartenmitzi".

Hitlers jüdischer Hausarzt

„In meiner ganzen Karriere habe ich niemanden gesehen, der so vom Kummer vernichtet war wie Adolf Hitler." – „Kein Mensch hätte damals auch nur im mindesten geahnt, dass er einmal die Verkörperung aller Schlechtigkeit werden wird."

Der jüdische Linzer Arzt Eduard Bloch 1941 in den USA über den Tod von Hitlers Mutter 1907. Aus Brigitte Hamann: „Hitlers Edeljude", München 2008.

Kalender

1907

14.–23.5. Erste allgemeine Wahlen in Österreich.

25.7. „Allerhöchste Entschließung" zur Errichtung der Bezirkshauptmannschaft Eferding.

18.8. Eröffnung einer von der Firma Stern & Hafferl errichteten Bahn von Unterach am Attersee nach See am Mondsee.

6.10. Auf dem Traunstein wird die Gmundnerhütte der Sektion Gmunden des Österreichischen Alpenvereins eröffnet (1661 m).

16.11. Versammlung des Aktionskomitees der Sensenarbeiter Österreichs in Windischgarsten.

Die Nahrungsmittelfabrik Knorr nimmt ihren Betrieb in Wels auf. Vorläufig werden nur Makkaroni hergestellt, andere Artikel werden aus Heilbronn übernommen und in Wels abgepackt.

Privatgrabungen der Großherzogin Maria von Mecklenburg im Hallstätter Gräberfeld. Die Funde kommen in ihre Privatsammlung, nach dem Tod der Großherzogin werden sie in New York versteigert.

1908

17.–27.1. In Oberösterreich streiken an diesen Tagen insgesamt 1300 Sensenarbeiter.

21.1. An der Welser Traunbrücke wird der automatische Pegel in Betrieb genommen.

28.3. Uraufführung im Linzer Landestheater „Die eiserne Brücke" von Adolf Schwayer.

12.8. Der englische König Edward VII. (1841 bis 1910) auf Besuch beim Kaiser in Bad Ischl. Dem Gast zuliebe besteigt Kaiser Franz Joseph I. zum ersten Mal in seinem Leben ein Automobil.

18.8. Im Linzer Volksgarten wird das Denkmal für Franz Stelzhamer (1802–1874) enthüllt, ein Werk des Bildhauers Franz Metzner (1870–1919).

30.9. Die k. k. Poststation in Wels wird aufgelassen.

1.10. Inbetriebnahme des Wasserkraftwerks Offensee I der Stern & Hafferl AG, die den Strom bis Salzburg und Hallein liefert.

28.12. Das Erdbeben, das die sizilianische Stadt Messina zerstört, ist auch in Oberösterreich zu spüren.

31.12. Die Wolfsegg-Traunthaler-Kohlenwerks- und Eisenbahngesellschaft erreicht mit 434.988 Tonnen die bis dahin höchste Jahreserzeugung. Der Betrieb hat 1629 Beschäftigte.

Im Dachsteingebiet wird die Adamekhütte erbaut (2196 m).

Geburtstage

1907

Rudolf Hans Seidl. Generaldirektor der Zellwolle Lenzing bzw. Chemiefaser Lenzing (1960 bis 1976). Geboren 3. 1. 1907 in Wien. (Gestorben 9. 7. 1989 in Gmunden.)

Gudrun Baudisch. Keramikerin. Bildhauerin und Malerin (Hallstatt-Keramik). Geboren 17. 3. 1907 in Pöls ob Judenburg. (Gestorben 16. 10. 1982 in Salzburg.)

August Eigruber. NS-Politiker. Geboren 16. 4. 1907 in Steyr. (Hingerichtet 27. 5. 1947 in Landsberg am Lech.) Gauleiter von Oberdonau von 1938 bis 1945. → 1938–1945

Hilde Hager-Zimmermann. Komponistin. Geboren 17. 4. 1907 in Rosenthal im Böhmerwald. (Gestorben 21. 9. 2002 in Steyr.)

Alfons Ortner. Maler und Grafiker. Erster Rektor der Linzer Kunsthochschule (1974–1977). Geboren 17. 4. 1907 in Linz. (Gestorben 14. 6. 1992 in Linz.)

Franz Jägerstätter. Bauer. Geboren 20. 5. 1907 in St. Radegund. Er weigerte sich, dem „Führer" den bedingungslosen Fahneneid zu schwören, und wurde deshalb am 9. 8. 1943 in Brandenburg enthauptet. → 1943, seliggesprochen → 2007

Wilhelm Traeger. Maler und Grafiker. Geboren 27. 5. 1907 in Wien. (Gestorben 10. 7. 1980 in Ried im Innkreis.)

Hans Linser. Biologe. Geboren 4. 7. 1907 in Linz. (Gestorben 2. 11. 1991 in Regensburg.) Pflanzenphysiologe und philosophischer Schriftsteller. → 1991

Sepp Seethaler. Bergführer und Hüttenwirt. Geboren 18. 8. 1907 in Hallstatt. (Gestorben 15. 9. 1980 in Hallstatt.) → S. 458

Franz Haider. Landesobmann der KPÖ Oberösterreich (1946–1968). Geboren 4. 9. 1907 in Linz. (Gestorben 15. 3. 1968 in Linz.)

Eckart Lindinger. Astronom. Geboren 6. 9. 1907 in Obernberg am Inn. (Gestorben 21. 10. 1982 in Schärding.)

Albrecht Dunzendorfer. Maler. Geboren 12. 9. 1907 in Oberneukirchen. (Gestorben 31. 10. 1980 in Hellmonsödt.)

Carl Martin Eckmair. Schriftsteller. Geboren 28. 10. 1907 in Eferding. (Gestorben 25. 9. 1984 in Linz.)

Fritz Eckhardt. Schauspieler. Bühnen-, Film- und Fernsehautor. Geboren 30. 11. 1907 in Linz. (Gestorben 31. 12. 1995 in Klosterneuburg.)

Alexander Hammid (Alexander Siegfried Georg Smahel Hackenschmied). Fotograf und Filmemacher. Geboren 17. 12. 1907 in Linz. (Gestorben 26. 7. 2004 in New York.) Oscar-Preisträger 1966.

1908

Paul Fuchsig. Chirurg. Geboren 3. 3. 1908 in Schärding. (Gestorben 20. 6. 1977 in Wien.) → 1977

Walter Hitzinger. Voest-Generaldirektor (1952 bis 1961). Geboren 8. 4. 1908 in Linz. (Gestorben 26. 7. 1975 in Bad Ischl.) → 1975

Alois Dorn. Bildhauer und Holzplastiker. Geboren 20. 5. 1908 in Mühlheim am Inn. (Gestorben 24. 8. 1985 in Leonding.)

Franz Schütz. Handelskammerpräsident (1957 bis 1980). Geboren 26. 5. 1908 in Linz. (Gestorben 17. 11. 1984 in Linz.)

Herbert Lange. Schriftsteller und Kulturkritiker. Geboren 9. 8. 1908 in Dresden. (Gestorben 19. 5. 1971 in Schärding.)

Carl Hans Watzinger. Schriftsteller. Geboren 7. 9. 1908 in Steyr. (Gestorben 27. 9. 1994 in Linz.)

Hugo Dachinger. Maler und Erfinder. Geboren 19. 9. 1908 in Gmunden. (Gestorben 1995 in London.)

Todestage

1907

Karl Wurmb. Alpen-Bahnbauer. Gestorben 30. 1. 1907 in Wien. (Geboren 18. 9. 1850 in Neumarkt im Hausruck.)

Lambert Guppenberger. Benediktinerpater. Gestorben 1. 3. 1907 in Bad Hall. (Geboren 5. 1. 1839 in St. Marienkirchen bei Schärding.) Direktor des Kollegium Petrinum (1895–1900).

Ludwig Haase. Historienmaler. Gestorben 29. 3. 1907 in Linz. (Geboren 30. 4. 1827 in Lambach.)

Jakob Ernst Koch. (III.) Evangelischer Superintendent (1880–1907). Gestorben 22. 11. 1907. (Geboren 23. 10. 1836 in Wallern.)

Klara Hitler (Pölzl). Gestorben 21. 12. 1907 in Linz-Urfahr. (Geboren 12. 8. 1860 in Spital, Gemeinde Weitra.) Mutter von Adolf Hitler (1889 bis 1945). →

1908

Adolf Fischer. Maler. Gestorben 23. 2. 1908 in Linz. (Geboren 18. 5. 1856 in Linz.) Leiter einer Gmundner Malschule.

Emilie Mediz-Pelikan. Malerin. Gestorben 19. 3. 1908 in Dresden. (Geboren 12. 12. 1861 in Vöcklabruck.)

Hans Schnopfhagen. Komponist. Gestorben 27. 6. 1908 in St. Veit im Mühlkreis. (Geboren 17. 1. 1845 in Oberneukirchen.) Er komponierte zum Gedicht „'s Hoamatgsang" von Franz Stelzhamer die Melodie, die seit 1952 auch amtlich als oberösterreichische Landeshymne gilt. → 1952

Erster Bischof aus Oberösterreich

Am 2. Dezember 1908 stirbt in Linz Franz Maria Doppelbauer, Bischof seit 1889. Doppelbauer, Sohn eines Fleischhauers, war in der mehr als hundertjährigen Geschichte der Diözese Linz der erste Oberösterreicher auf dem Bischofsstuhl von Linz. (Geboren 21. 1. 1845 in Waizenkirchen.)

Edward VII. in Bad Ischl

„Ich kam am Morgen des 12. August 1908 in Ischl an und fand den freundlichen alten Kaiser von Österreich bei bester Gesundheit und sehr interessiert und aufgemuntert."

König Edward VII. über seinen Besuch bei Franz Joseph I. in Bad Ischl.

Das Kraftwerk Steyr-Durchbruch (links) und die Landesvilla Bad Hall (unten), das bedeutendste Jugendstilgebäude Oberösterreichs. Tuschzeichnungen.

Franz Joseph an Katharina Schratt

„Daß Sie ein Automobil gemietet haben, freut mich weniger, da man sich beständig ängstigen muß."

Kaiser Franz Joseph I. am 18. März 1907 an Katharina Schratt.

Architekt des Jugendstils

Die markanteste Architektenpersönlichkeit des Jugendstils und der Neuen Sachlichkeit in Oberösterreich ist Mauriz Balzarek (1872–1945), der 1908 das Kraftwerk Steyr-Durchbruch baut. Balzarek schafft in vielen Städten des Landes bedeutende Bauten: Den Musikpavillon in Bad Hall (1907), das ESG-Haus in der Museumstraße in Linz (1912/13), Rathaus und Schwefelbad Schallerbach (1923), eine Mädchen-Volksschule in Wels (1912), die Hauptschule Perg (1929, durch Renovierung verdorben) und eine der schönsten Jugendstilfassaden des Landes: in Kirchdorf an der Krems. → 1914

Bürgermeister Dinghofer

Mit 34 Jahren wird Franz Dinghofer (1873–1956) am 17. Mai 1907 Bürgermeister von Linz. Er ist der Sohn eines Gastwirts und Postmeisters aus Ottensheim, Richter in Linz, Urfahr und Wien, Begründer des „Deutschen Volksbundes" und Obmann der Großdeutschen Partei. Mit 28 Jahren kommt er in den Linzer Gemeinderat, mit 32 wird er Vizebürgermeister. Dinghofer ist bis 1918 Linzer Bürgermeister, seine Karriere führt ihn noch in den Reichsrat und Nationalrat, er wird 1918 Präsident der Provisorischen Nationalversammlung, später Vizekanzler, Justizminister und Präsident des Obersten Gerichtshofes.

Der Schwanenstädter Fund

15. Juni 1907. Bei der Umgestaltung eines Abstellraumes zu einem Badezimmer stoßen im Haus des Schwanenstädter Kaufmanns Anton Hager (1871–1939), Stadtplatz 8, die Bauleute auf eine in Leinen gehüllte hölzerne Truhe, in der sich ein Schatz befindet, wie er sonst nur in Märchen vorkommt: prallgefüllte Säcke mit Silber- und Goldmünzen, kostbares Geschirr, prunkvolle Trinkgefäße, Schalen aus Gold, reich bestickte Wäschestücke. Während des Dreißigjährigen Krieges hatte ein Leinen- und Leinwandhändler diesen Schatz versteckt, der trotz verlockender Angebote im Land blieb und heute im Besitz des Oberösterreichischen Landesmuseums ist.

Die ersten Postbusse

15. Dezember 1907. Die erste Postautobuslinie nicht nur Oberösterreichs, sondern im ganzen Gebiet des heutigen Österreich, wird mit der Strecke von Linz nach Eferding eröffnet. Eine bis dahin eingeführte Pferdepostlinie wird im Frühjahr eingestellt.

Priester als Landeshauptmann

Johann Nepomuk Hauser (1866–1927), Priester und christlichsozialer Politiker, wird am 4. Mai 1908 Landeshauptmann in Oberösterreich. Er ist seit 1899 Landtagsabgeordneter, seit 1902 Mitglied des Landesausschusses. (Landeshauptmann bis zu seinem Tod am 8. 2. 1927.)

Geburtsstunde des LASK

25. Juli 1908. Der Linzer Sport Klub (LSK) wird gegründet. Der Name wird 1919 auf LASK geändert.

Eine angenehme Lage

Nach dar Enns, nach da Traun
Machant d' Berign an 'n Zaun;
Und was hergucka kann,
Lacht d' Linzastadt an.

Schen broat und schen frei
Rinnt d' Doana vabei;
Und auf d' Bruck übaquer
Schaut 's Mühlviertl her.

Und drinn in da Stadt –
Glückseli wer's hat –
A gmüatli schens Sein,
Wir in Landl selm drein.

Anton Matosch (1851–1918), Gedichte in oberösterreichischer Mundart, Linz 1910.

Das Damenschwimmbad in Linz 1910.

Kalender

1909

14.1. Uraufführung des Stückes „Die dunkle Macht" von Adolf Schwayer im Linzer Landestheater.

21.1. Inbetriebnahme des Wasserkraftwerks Offensee II.

29.1. Neue Landtagswahlordnung.

13.2. Eröffnung des „Grand Théâtre électrique" als erstes ständiges Linzer Kino (Lifka-Kino).

8.4. Inbetriebnahme des Wasserkraftwerks Schwarzensee.

1.5. Die Funktion einer Kathedralkirche geht auf den Neuen Dom in Linz über, die Jesuiten übernehmen wieder die Ignatiuskirche (ehemalige Jesuitenkirche, Alter Dom) in der Domgasse.

10. und 17.5. Landtagswahlen.

14.5. Hermann Bahr (1863–1934) wird von seiner Frau Rosalia (geborene Jokl) geschieden. Am

22.8. heiratet er in Salzburg die Hofopernsängerin Anna von Mildenburg (1872–1947).

19.9. Eröffnung der k.k. Staats-Realschule (später Bundesgymnasium) in Linz, Fadingerstraße 4. Architekt war Karl Bundsmann.

22.9. Die Geburtsstunde des „Steinerwegs" in der Dachstein-Südwand. Der bis heute bei Kletterern begehrteste Dachstein-Südwand-Durchstieg, eine der schönsten Kletterpartien der Ostalpen, wird erstmals begangen. (Franz und Georg Steiner.)

30.10. Das Luftschiff „Estaric I." (Lenkballon) steigt auf dem Südbahnhofgelände in Linz auf.

4.12. Eröffnung der Donauufer-Bahnlinien Grein–Krems.

Die Triester Schiffbaufirma „Stabilimento Tecnico Triestino" erwirbt die Linzer Schiffswerft.

1910

13.1. Der Posten des Feuerwächters in der Türmerstube der Linzer Stadtpfarrkirche wird aufgelassen.

17.7. Erste Expedition in die Dachstein-Eishöhle. → S. 297

31.7. Im Traunsee kommen bei einem Sturm 15 Mädchen und Burschen aus Traunkirchen und Altmünster ums Leben.

24.8. Zum 80. Geburtstag von Kaiser Franz Joseph I. (18. August) wird in Bad Ischl (Engleithen) das Kaiser-Jagdstandbild enthüllt. →

6.–13.11. Flugwoche in Wels. Erste Vorführung einer Flugmaschine (Zweidecker des Systems Wright).

12.11. Der oberösterreichische Landtag nimmt einen Antrag zur Erschließung der Dachstein-Rieseneishöhle an.

13.12. Das Kraftwerk Steeg am Hallstätter See nimmt als erstes Glied der geplanten Kraftwerkskette Gosausee-Gosaubach (Gosau V) den Betrieb auf. → 1914

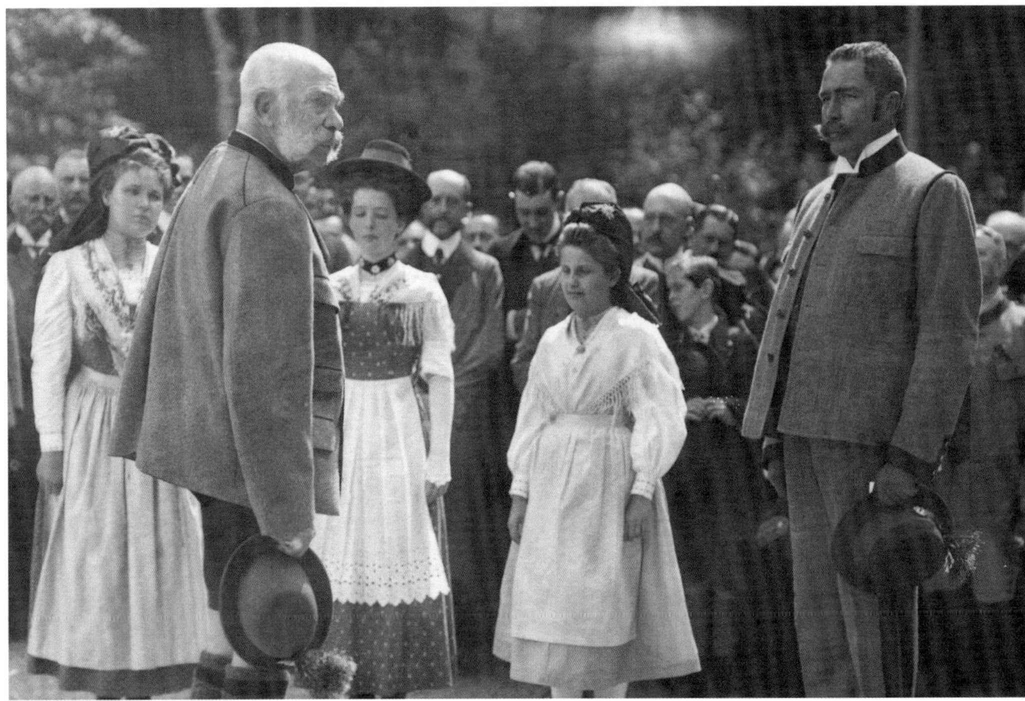

Trachtengeschmückt begrüßt die Bevölkerung des Salzkammerguts den Kaiser, der in Bad Ischl zur Enthüllung seines Denkmals kommt. *→ S. 296*

Geburtstage

1909

Sepp Wallner. Alpinist und Alpenschriftsteller. Geboren 10. 4. 1909 in St. Marien bei Linz. (Gestorben 7. 9. 1975 auf dem Priel; Herztod.)

Linus Kefer. Schriftsteller. Geboren 21. 7. 1909 in Garsten. (Gestorben 10. 1. 2001 in Kirchdorf an der Krems.)

Fritz Störk. Maler und Zeichner. Geboren 23. 9. 1909 in Linz. (Gestorben 22. 7. 1994 in Linz.) → S. 26

Otto Schnopfhagen. Direktor des Wagner-Jauregg-Krankenhauses Linz (1958–1974). Geboren 17. 11. 1909 in Linz. (Gestorben 9. 12. 1974 in Salzburg.)

Hans Gillesberger. Kapellmeister und Chorleiter (der Wiener Sängerknaben). Geboren 29. 11. 1909 in Ebensee. (Gestorben 4. 3. 1986 in Wien.)

Felix Neumüller (Pater Willibrord). Historiker. Geboren 8. 12. 1909 in Wien. (Gestorben 17. 6. 1978 in Kremsmünster.)

1910

Josef Fellinger. Bürgermeister von Steyr (1958 bis 1974). Geboren 11. 1. 1910 in Wien. (Gestorben 14. 11. 1981 in Steyr.)

Joseph Kronsteiner. Komponist und Domkapellmeister (1943–1981). Geboren 15. 2. 1910 in Losenstein. (Gestorben 15. 5. 1988 in Linz.)

Fritz Fröhlich. Maler. Geboren 13. 5. 1910 in Linz. (Gestorben 19. 11. 2001 in Linz.)

Odulf Danecker. Propst des Stifts Reichersberg (1963–1980). Geboren 16. 6. 1910 in Ried im Innkreis. (Gestorben 4. 5. 1980 in Ried im Innkreis.)

Todestage

1909

Ernst von Wildenbruch. Schriftsteller. Gestorben 15. 1. 1909 in Berlin. (Geboren 3. 2. 1845 in Beirut.) Er verfasste das bekannte Lobgedicht auf die „Linzer Torte". → S. 436

Franz Wickhoff. Kunsthistoriker. Gestorben 6. 4. 1909 in Venedig. (Geboren 7. 5. 1853 in Steyr.)

Gustav Eder. Deutschnationaler Politiker, Linzer Bürgermeister (1900–1907). Gestorben 7. 7. 1909 in Linz. (Geboren 23. 7. 1861 in Pottendorf.)

Johann Nepomuk Greil. Bildhauer. Gestorben 27. 7. 1909 in Ebensee. (Geboren 12. 9. 1845 in Linz.) War am Aufbau der Fachschule Hallstatt beteiligt.

Conrad Rosenbauer. Fabrikant, Feuerwehrpionier. Gestorben 13. 11. 1909 in Linz. (Geboren 7. 9. 1856 in Linz.) Fabrikant für Feuerlöschgeräte, Landeskommandant der Feuerwehren Oberösterreichs.

1910

Leopold Schleiß. Keramiker. Gestorben 19. 2. 1910 in Gmunden. (Geboren 12. 9. 1853 in Gmunden.) Gründer der Gmundner Tonwarenfabrik Schleiß (1903).

Viktor von Miller zu Aichholz. Industrieller. Gestorben 14. 5. 1910 in Wien. (Geboren 21. 10. 1845 in Wien.) Seine Gmundner Villa war Treffpunkt vieler Komponisten (Brahms, Goldmark, Bartók).

Josef Schweighofer. Erster Präsident des oö. Landtages (VP, 1969–1973). Geboren 4. 10. 1910 in Linz. (Gestorben 29. 12. 2010 in Linz.)

Zweite Heimat

„Mein Geburtsland ist zwar Ungarn, Wien und Gmunden sind aber meine zweite Heimat."

Der Komponist Karl Goldmark (1830–1915) in einem Brief aus dem Jahr 1910.

Keine größere Rauferei

„Eine Besserung trat in diesem Jahr schon ein in Bezug auf eine alte Unsitte, die früher Gang und gebe war, nämlich das Stänkern und Raufen. Es kam vergangenen Jahre keine größere Rauferei mehr vor."

Pfarrer Leopold Schnitzer in der Pfarrchronik von Kollerschlag über das Jahr 1909.

Die Welser 4er-Dragoner marschieren. An der Spitze der österreichische Thronfolger Erzherzog Franz Ferdinand (1863–1914).

1909–1910

Bischof Rudolph Hittmair

Der fünfzigjährige Innviertler Rudolph Hittmair (1859–1915) wird „mit Allerhöchster Entschließung" vom 17. März 1909 Bischof von Linz. Am 1. Mai erhält er im Mariä-Empfängnis-Dom seine Weihe.

Keinen Sinn für die Kunst

12. Februar 1909. Der Steyrer Gemeinderat beschließt die Schleifung des Innerberger Stadels, eines der hervorragendsten Baudenkmäler der Renaissance in Oberösterreich, das 1612 als Speicher für Eisen und Lebensmittel errichtet wurde (heute Städtisches Museum). Das Vorhaben wird vom österreichischen Thronfolger, Erzherzog Franz Ferdinand (1863–1914), verhindert.

Automobil-Wettrennen

16. Juni 1909. Mehr als hundert Rennwagen kommen auf der „Prinz-Heinrich-Automobil-Wettrennfahrt" durch Oberösterreich, die auf einer 1800 Kilometer langen Strecke von Berlin über Breslau, die Hohe Tatra, Budapest und Wien nach Salzburg und München führt.

853.595 Oberösterreicher 11.240 Analphabeten

31. Dezember 1910. Mit diesem Stichtag leben in Oberösterreich 853.595 Personen. Zurückgegangen ist die Zahl der Analphabeten. Im Jahr 1910 gibt es in Oberösterreich 11.240 Menschen, die „weder lesen noch schreiben" können. (1,7 Prozent der Bevölkerung. 1890 waren es 6,3 Prozent.) Der Anteil der Analphabeten in der gesamten Monarchie beträgt 3,5 Millionen (16,5 Prozent).

Standbild für Franz Joseph

So wie er sich am liebsten sah und so wie er vor allem im Salzkammergut in der Erinnerung fortlebt, steht seit 24. August 1910 der Kaiser auf einem Standbild in seinem Lieblingsort Ischl: mit Lodenrock, Kniehose, Wadenstrümpfen und mit einem Gamsbart auf dem Hut.

Kaiser Franz Joseph I. schreitet zur Enthüllung seines Denkmals in Bad Ischl (Engleithen), wenige Tage nach seinem 80. Geburtstag.

Marksteine der Höhlenforschung

17. Juli 1910. Erste Expedition in die Dachstein-Rieseneishöhle.

7. August. Öffnung der Koppenbrüllerhöhle.

21. August. Entscheidender Durchbruch und erste Forschertätigkeit in der Dachsteineishöhle.

13. September. Erste Expedition in die Dachstein-Mammuthöhle.

31. Oktober. Konstituierung des oberösterreichischen Vereins für Höhlenkunde.

12. November. Der Landtag beschließt, die Eishöhle zu erschließen und zugänglich zu machen.

Ein wahres Feenschloss

„Unstreitig gebührt der Rieseneishöhle von allen unterirdischen Wundern des Dachsteinhöhlenparkes vom ästhetischen Standpunkte aus der Vorrang, wenngleich sie an Längenausdehnung noch weit hinter ihrer Nachbarin, der Mammuthöhle, zurückbleibt. Die Pracht ihrer Eisgebilde ist unbeschreiblich, der Glanz der Höhle, ihre Erhabenheit sind etwas Erd-Entrücktes – ein wahres Feenschloss."

Georg Lahner: „Die Dachsteinhöhlen", 1920.

Ein Abenteuer war die Erforschung der Höhlen.

„Diese grauslichen Löcher"

Das Jahr 1910 ist das Jahr der großen Entdeckungen in der unterirdischen Welt Oberösterreichs, vor allem in den Dachsteinhöhlen: In den Vormittagsstunden des 17. Juli zieht eine mit enormem Ausrüstungsmaterial bepackte Gesellschaft aus, um die Dachsteineishöhle zu suchen.

Die ersten Höhlenentdecker waren zweifellos Viehhüter, Senner und Sennerinnen, Jäger und vielleicht auch Wilderer. Die Einheimischen kannten das „große Windloch", wie sie es nannten, weil dort ständig eisiger Wind herausblies. Geisterfurcht und Aberglaube waren jedoch stärker als Neugierde und Wissensdurst. So ist es zu erklären, dass niemand Lust verspürte, in das sagenumwobene Reich der „fauchenden Höhlendrachen" einzudringen.

Bekannt ist, dass im Jahr 1897 der „Gams Peter" (Peter Gamsjäger) aus Obertraun auf der Suche nach einem abgängigen Ziegenbock zum Höhleneingang gekommen war und dass er hier vor einem Gewitter in das „große Windloch" flüchtete. Dabei sah er „viel Eis und im Eis einen scheinbar bodenlosen Abgrund".

Die Begeisterung für die Berge hatte in diesen Jahren schon viele Menschen erfasst. Die steilsten Gipfel waren bezwungen, doch in die ewige Nacht der Höhlen hinunterzusteigen, davor schreckten lange Zeit auch die mutigsten Kletterer zurück. „Manchen schien es gruselig und gänsehäutig, sich wie ein Senklot in die mit ewiger Nacht gefüllten, noch von keinem Menschenfuß betretenen Räume hinabzulassen", konnte man in der Zeitschrift „Der Tourist" 1887 über die erste bekannte „Durchforschung" einer Dachsteinhöhle lesen, geschildert von Johann Knauß, Bergführer in Schladming-Ramsau. „Viele wären überhaupt nicht zu bewegen gewesen, in dieses grausliche Loch hinunterzugehen."

Der Prinz war ein Eisenbahner

Der Prinz, der den unterirdischen Eispalast der Dachstein-Rieseneishöhle aus seinem tiefen, jahrhundertelangen Dornröschenschlaf weckt, ist ein Eisenbahner aus Linz: Georg Lahner (1873–1963). Mit einer Anzahl bergerfahrener Freunde macht er sich am 17. Juli 1910 mit Steigeisen und Seilen, Drahtseilleitern und primitiven Lichtquellen in die ungewisse Dunkelheit der Dachstein-Unterwelt auf. Zweifellos ist es mehr Abenteuerlust als Forscherdrang, was die Männer zu ihrem Vorhaben bewegt. Drei Wochen später wird die Koppenbrüllerhöhle für den allgemeinen Besuch geöffnet. Wieder zwei Wochen später gelingt einem Höhlenpionier, dem Grazer Ingenieur Hermann Bock (1882–1969), in der Dachstein-Rieseneishöhle die Überwindung des Eisabgrundes. Er erreicht damit eine Schlüsselstelle für weitere Forschungen.

Die bizarren Eisgebilde in der Dachstein-Rieseneishöhle bieten ein einmaliges Naturschauspiel.

Dome, Burgen und Paläste

Verzaubert von der Naturszenerie der eisigen Zacken, Türme und Klüfte finden die ersten Menschen, die in die unterirdische Dachstein-Eiswelt eindringen, teils pathetische und teils originelle Namen aus der Sagenwelt, die auch die heutigen Höhlenbesucher beeindrucken und amüsieren: König-Artus-Dom, Eispalast der Königin Kondwiramur, Parzivaldom, Montsalwatschgletscher, Gralsburg, Tristandom, Große Eiskapelle.

Auch in der Dachstein-Mammuthöhle beginnen im Jahr 1910 die ersten Forschungen. Sieben Stunden halten sich Hermann Bock und der Salzburger Maler Alexander Mörk von Mörkenstein (gefallen 1914) in den gigantischen Domhallen der Mammuthöhle auf.

Noch im Jahr der Entdeckung der Dachstein-Rieseneishöhle nimmt der oberösterreichische Landtag einstimmig einen Antrag zur Erschließung dieser „phänomenalen Naturerscheinungen" an.

Wie dick ist das Eis?

Mit etwa 13.000 Kubikmeter Eismasse auf einer Oberfläche von 5000 Quadratmetern zählt die Dachstein-Rieseneishöhle zu den größten Eishöhlen der Alpen. Die Eisdicke erreicht bis zu 25 Meter.

Rudolf Lehr

Wie entstanden die Dachsteinhöhlen? → Geologie in Oberösterreich, Erdneuzeit, S. 48

Wie alt ist das Eis der Eishöhle? → 1968

Oberösterreichs Schau-Höhlen

Dachstein-Rieseneishohle: 1418 m, 1460 m. Obertraun. Erste Teilstrecke der Dachstein-Seilbahn (Schönberghaus). Führungsdauer: 1 Stunde. Höhlentemperatur: -1,5 Grad. Kleidung: Zusatzkleidung (Weste oder Mantel), festere Schuhe.

Dachstein-Mammuthöhle: 1365 m. Obertraun. Erste Teilstrecke der Dachstein-Seilbahn (Schönberghaus). Führungsdauer: 1 Stunde. Höhlentemperatur: + 3 Grad. Kleidung: Zusatzkleidung (Weste oder Mantel), festere Schuhe.

Koppenbrüllerhöhle: Obertraun. Führungsdauer: 1 Stunde. Höhlentemperatur: + 7 Grad. Kleidung: Straßenkleidung, festere Schuhe.

Gaßlhöhle: 1225 m. Ebensee-Rindbach. Anmarsch 2 bis 2 ½ Stunden. Führungsdauer: 1 Stunde. Höhlentemperatur: + 7 Grad. Kleidung: Wanderkleidung.

Bescheidener Anfang

„In unserer Parteibewegung haben sich die einzelnen Bestrebungen immer gegenseitig ergänzt oder sie waren miteinander verbunden. Ein eigenes Heim für unsere Partei zu besitzen, wünschten schon lange alle Genossen; ebenso allgemein war von jeher das Verlangen nach einer eigenen Zeitung."

Aus der Festschrift zur ersten Nummer „Wahrheit" als Tagblatt, Linz, 1. 1. 1911.

Tschechengefahr

„Dieser Tage hat der Bauer Josef Littringer aus Oberaustall, Gemeinde Steinerkirchen an der Traun, sein Anwesen an einen Tschechen verkauft. Mit diesem Besitzübergang beginnen die Tschechen in den Landesteil Oberösterreichs einzudringen, der sich bisher von ihnen frei zu halten wußte."

„Tages-Post", 12. 1. 1912.

Ungleiches Wahlrecht

„Es wird eine Gruppe von Wählern, welche nicht oder nicht wesentlich mitzuzahlen haben, mitzubestimmen haben, was zu verausgaben sein wird."

Der deutschnationale Abgeordnete Carl Beurle (1860–1919) am 11. Jänner 1912 bei der Landtagsdebatte über die Reform des Gemeindewahlrechts, das vom Steueraufkommen abhängig war.

Kalender

1911

26.3. Bei einem Großbrand in Hörsching werden 23 Objekte zerstört.

12.4. Eine Kommission prüft die Voraussetzungen für eine Straßenbahnlinie in Linz von der Stockhofstraße zur Weißenwolffstraße. (Betriebsaufnahme → 1914.)

6.5. Johann Orth (Erzherzog Johann Nepomuk Salvator, 1852–1890) wird von einem Senat des Obersthofmarschallamtes für tot erklärt.

25.5. Ein Volksfest feiert Ried bei der Aufstellung des Stelzhamer-Denkmals, geschaffen vom Gmundner Bildhauer Anton Gerhart (1879 bis 1944).

17.6. Konstituierende Versammlung der Wolfsegg-Traunthaler Kohlenwerks-Aktiengesellschaft (früher Wolfsegg-Traunthaler Kohlenwerks- und Eisenbahngesellschaft).

1.7. Errichtung der Bezirkshauptmannschaft Grieskirchen.

4.11. Ende der Transport-Schifffahrt auf der Traun.

Die Kranabethsattelhütte wird der erste alpine Stützpunkt im Höllengebirge (1765 m).

Die Gmundner Tonwarenfabrik ändert ihre Firmenbezeichnung in „Gmundner Keramik".

Die Linzer Körnerschule

Am 23. September 1911 wird der Neubau des Linzer Mädchen-Lyzeums (Körner-Schule) eröffnet. Die Pläne stammen von Julius Schulte (1881 bis 1928), sie schaffen eine Verbindung historischer Bauteile mit secessionistischen Dekorationselementen. Über dem Portal in einer Nische Pallas Athene, in der Gesimszone Reliefs historischer Künstlerpersönlichkeiten (Hans Sachs, Walther von der Vogelweide) von Gustav Muher (1861 bis 1951). Von Julius Schulte stammen auch die Raimundschule in Linz (1912), die Weberschule in Urfahr (1913), das Rathaus von Urfahr (1913), die Traunfallbrücke (1925) und die Hauptschule Ebensee (1927).

1912

14.1. Eine Abordnung von 50 Lehrern aus allen Teilen Oberösterreichs spricht beim Landeshauptmann vor, um auf die unzureichenden Bezüge der Lehrerschaft hinzuweisen.

21.3. Eröffnung der Lokalbahnen Gmunden–Vorchdorf und Linz–Eferding.

27.3. Stapellauf des Traunseeschiffes „Undine".

12.4. Gründung des „Welser Sportclubs".

7.6. Der pferdebespannte Post-Stellwagen wird auf der Strecke Linz–Gallneukirchen durch einen Kraftwagen ersetzt.

15.6. Auf dem Traunsee kommt es zu einem Zusammenstoß des Elektrobootes „Traunstein" mit dem Raddampfer „Gisela", der einige Schäden abbekommt.

4.7. Zusammenlegung der Gemeinden Attnang und Puchheim. (Bahnstation Attnang-Puchheim seit 1892.)

7.7. Eröffnung des Eilschiffsverkehrs Linz–Wien.

14.7. „Eröffnungsbegehung" der Dachstein-Rieseneishöhle.

20.10. Feierliche Kreuzsteckung und Weihe des Vierungsturmes des Neuen Doms von Linz.

26.11. Im Toten Gebirge stürzt der Offizier Wilhelm Werner mit einem Ballon ab. Er war der erste Fluglotse Oberösterreichs.

Geburtstage

1911

Alfons Dorfner. Olympiasieger. Geboren 27. 1. 1911 in Lembach. (Gestorben am 22. 1. 1982 in Linz.) → 1936

Gertrude Schleiß. Keramikerin. Geboren 15. 2. 1911 in Gmunden. (Gestorben 25. 2. 1995 in Gmunden.)

Johann Diwold. Präsident der Landwirtschaftskammer (1959–1966). Geboren 5. 4. 1911 in Ried in der Riedmark. (Gestorben 19. 5. 1978 in Linz.)

Rudolf Rinesch. Voest-Hüttendirektor. Geboren 15. 7. 1911 in Bismarckhütte, Oberschlesien. (Gestorben 4. 11. 1976 in Bad Zell.) Er ist maßgeblich an der Entwicklung des LD-Verfahrens beteiligt.

Herbert Koller. Voest-Generaldirektor (1961 bis 1977). Geboren 19. 7. 1911 in Wösendorf, NÖ. (Gestorben 27. 4. 1995 in Krems.) → 1961

Kurt Holter. Stadtgeschichtsforscher und Kunsthistoriker. Geboren 3. 10. 1911 in Wels. (Gestorben 28. 12. 2000 in Wels.)

Lelio Spannocchi. Landtagspräsident (1971 bis 1973). Geboren 20. 10. 1911 in Salzburg. (Gestorben 15. 3. 1986 in Sarleinsbach.)

Friedrich Neugebauer. Schriftenkünstler. Geboren 16. 11. 1911 in Kojetin, Mähren. (Gestorben 3. 8. 2005 in Bad Goisern.).

Otto Kranzlmayr. Richter, Staatsanwalt, Politiker (VP). Staatssekretär (1961–1963). Geboren 17. 11. 1911 in Linz. (Gestorben 4. 5. 1972 in Ried/I.)

Hans Köttenstorfer. Medailleur. Geboren 29. 11. 1911 in Steyr. (Gestorben 3. 12. 1995 in Steyr.) Chefmedailleur des Hauptmünzamtes.

1912

Franz Tumler. Schriftsteller. Geboren 16. 1. 1912 in Gries bei Bozen. (Gestorben 20. 10. 1998 in Berlin.) Begann als Volksschullehrer in Oberösterreich.

Hans Kreczi. Historiker und Schriftsteller. Geboren 10. 2. 1912 in Wien. (Gestorben 25. 6. 2003 in Linz.)

Gertrud Fussenegger (Dietz). Schriftstellerin. Geboren 8. 5. 1912 in Pilsen. (Gestorben 19. 3. 2009 in Linz.) → S. 476/477

Ludwig Schwarzer. Maler. Geboren 16. 10. 1912 in Wien. (Gestorben 5. 2. 1989 in Linz.)

Franz Poetsch. Maler. Geboren 28. 10. 1912 in Artholz bei Neubistritz. (Gestorben 20. 8. 1971 in Puchenau bei Linz.)

Todestage

1911

Karl Reininger. Handelskammerpräsident (1905 bis 1911). Gestorben 29. 7. 1911 in Karlsbad, begraben in Linz. (Geboren 15. 7. 1852 in Linz.) Bruder von Franz Reininger (1824–1888).

Josef Roman Lorenz Ritter von Liburnau. Naturforscher. Gestorben 13. 11. 1911 in Wien. (Geboren 26. 11. 1825 in Linz.) Präsident der Österreichischen Meteorologischen Gesellschaft, Gründer der Hochschule für Bodenkultur in Wien.

1912

Josef Untersberger. Holzbildhauer. Gestorben 6. 1. 1912 in Gmunden. (Geboren 6. 1. 1835 in St. Georgen im Attergau.)

Alfred Ebenhoch. Christlichsozialer Politiker, Landeshauptmann von Oberösterreich (1898 bis 1907). Gestorben 30. 1. 1912 in Wien. (Geboren 18. 5. 1855 in Bregenz.) → 1898

Moritz Vogelgesang. Arzt. Gestorben 15. 6. 1912 in Losenstein. (Geboren 17. 2. 1872 in Hazdorf, Böhmen.) Namensgeber der „Vogelgesangklamm". → 1905

Karl Edler von Heyß. Politiker. Gestorben 19. 10. 1912 in Linz. (Geboren 4. 10. 1827 in Ried im Innkreis.) Statthalter in Holstein (1866).

Konrad Ungnad Graf von Weißenwolff. Freiherr von Sonnegg und Ennsegg. Oberst-Erblandhofmeister. Gestorben 24. 10. 1912 in Steyregg. (Geboren 14. 1. 1855 in Dubiecko, heute Polen.) Präsident des Oberösterreichischen Kunstvereines.

Anton Reidinger. Volksdichter. Gestorben 24. 12. 1912 in Obernberg am Inn. (Geboren 29. 4. 1839 in Krenglbach.)

Der Giftgadern

Eine ungewöhnliche Idee hat der Apotheker Sepp Melichar (1868–1937), Mitglied des Linzer Gemeinderates: 1912 richtet er neben der „Schutzengel-Apotheke" einen mit einem kleinen Gitter versehenen Raum ein, den „Giftgadern". Hier werden Künstler, Gelehrte und sonstige Persönlichkeiten empfangen.

Inserat

„Ordentliches Mädchen gesetzten Alters sucht Stelle. Sieht mehr auf gute Behandlung als auf hohen Lohn."

Resi Krische, Marienanstalt Linz.
(„Tages-Post", 18. 2. 1912.)

Treppenhaus der Villa Toscana in Gmunden.

Gmundner und Wiener Keramik

In den Jahren 1912/13 kommt es zur Fusion der Gmundner Keramik mit der Wiener Keramik. Auf den Bildern eine Figur in oberösterreichischer Tracht (oben) und eine Deckeldose von Dagobert Peche (unten).

Die Villa Toscana *Ein hervorragendes Beispiel der Wiener Secession sehen die Fachleute in der „Villa Toscana" (Toscanapark Gmunden), mit deren Bau 1867 begonnen wurde, 1873 erfolgte der erste Umbau, 1912 der entscheidende Aus- und Umbau.*

Das Bundesheer im Einsatz zur Erhaltung alten Kulturguts. (Auf der Ruine Schaunberg.)

Denkmalpflege in Oberösterreich

Ausgangspunkt der modernen Denkmalpflege war die im 19. Jahrhundert wiederentdeckte Kunst des Mittelalters. Die Dichter und Maler der Romantik sorgten für die Verbreitung des neuen Gedankengutes, aufsteigendes Nationalbewusstsein und Patriotismus wurden zur Triebfeder. Beim zunehmenden naturkundlichen Interesse und der Entdeckung der heimatlichen Landschaft – in diese Zeit fällt die erste Besteigung des Großglockners – spielt das Salzkammergut für Oberösterreich eine besondere Rolle.

Der k. k. Forstbeamte Johann Steiner legte das Hauptgewicht eines 1820 erschienenen „Reisegefährten durch die Oesterreichische Schweitz oder das ob der ennsische Salzkammergut" in die Darstellung der Salzfertigung, der politischen Geschichte, von Naturschönheiten und „Lokalprodukten". Ein Interesse an kunsthistorischen Denkmälern bekundet er ausschließlich in der Beschreibung eines römischen Grabsteines an der Stadtpfarrkirche von Ischl.

Diesem engen Denkmalbegriff entsprach auch eine der Hauptaufgaben des 1833 gegründeten oberösterreichischen Musealvereines. Zum Bereich urkundlicher Geschichtsquellen zählten jene steinernen Urkunden, die sich als Grabsteine in fast unübersehbarer Zahl an den Kirchen befanden. Sie zu erfassen und auch Abbildungen der zum Teil mit reichen architektonischen Umrahmungen und Reliefs geschmückten Denkmäler anzufertigen, schwebte dem Gründer des Musealvereins, Anton Ritter von Spaun (1790–1849), als eines der wichtigsten Ziele vor. Die Erhaltung des unbeweglichen Kunstbesitzes sah er nicht als primäre Aufgabe an, lag doch das Hauptinteresse des Vereins in der Schaffung eines prächtigen Museumsgebäudes und der Bereitstellung der entsprechenden Ausstellungsobjekte. Eine große Zahl kam aus Kirchen und Kapellen des Landes. So stammt zum Beispiel der Grundstock der Sammlung gotischer Tafelgemälde und Bildwerke im Museum Francisco-Carolinum (Landesmuseum) aus der kunsthistorisch höchst beachtenswerten ehemaligen Klosterkirche in Pulgarn, die auch heute noch Reste eines gotischen Altars besitzt.

Im Jahr 1984 wird die Ruine Schaunberg restauriert.

Ausgrabungen 1973 in Enns. Wandmalereien eines römischen Hauses werden sichtbar.

Restaurierung des Kefermarkter Altars

Dennoch bemühte sich der oberösterreichische Musealverein gemeinsam mit amtlichen Stellen auch um die Restaurierung von Kunstwerken, die mangels Betreuung gelitten hatten.

So beauftragte der Statthalter von Oberösterreich, Eduard Freiherr von Bach, 1852 den Linzer Bildhauer Johann Rint (1814 bis 1900) mit der Restaurierung des gotischen Hochaltars in Kefermarkt. Die fachliche Leitung übertrug er dem Literaten und Schulrat Adalbert Stifter (1805–1868), dessen Kunstsinn, ästhetisches Wissen und richtiges Kunsturteil er als „notorisch" bezeichnete. Damit wurde ein Vorstandsmitglied des Musealvereins mit der praktischen Denkmalpflege betraut und zum Mittler zur staatlichen Denkmalpflege gemacht.

Grabungen im ganzen Land

Im Bestreben, die Geschichte des Landes zu klären, entfaltete der Musealverein eine emsige Tätigkeit bei der Erforschung der Bodendenkmäler. Auf seine Anregung hin wurden die Grabungen in Schlögen, jene in Enns, vor allem aber auch die Arbeiten in Hallstatt und Überackern aufgenommen. Gerade der unablässigen Beschäftigung mit Bodenfunden ist es zu danken, dass am Museum Francisco-Carolinum dem Konservierungsverfahren der verschiedenen Stoffe besondere Aufmerksamkeit gewidmet wurde. Und dennoch hätte man heute, bei vollkommeneren technischen Mitteln, vielleicht noch reichere Aufschlüsse gewinnen können.

Auf die Verbindung zur staatlichen Denkmalpflege wurde im Zusammenhang mit Adalbert Stifter bereits hingewiesen. Im 17. Jahrhundert hatte König Gustav Adolf (1594–1632) in Schweden in der „Ryksantiquarius" eine bis heute existierende Einrichtung geschaffen, 1820 wurde im Kirchenstaat die „Commission der Schönen Künste" bestellt, 1830 begann in Frankreich eine von der Regierung angeordnete Erhebung über den Bauzustand von Baudenkmälern. 1834 erklärte man die Monumente der griechischen Kunst zum Nationalheilig-

Denkmalschutzgesetz

Die … enthaltenen Beschränkungen finden auf von Menschen geschaffene unbewegliche und bewegliche Gegenstände von geschichtlicher, künstlerischer oder sonstiger kultureller Bedeutung (Denkmale) Anwendung, wenn ihre Erhaltung dieser Bedeutung wegen im öffentlichen Interesse gelegen ist. Diese Bedeutung kann den Gegenständen für sich allein zukommen, aber auch aus der Beziehung oder der Lage zu anderen Gegenständen entstehen. Die Bestimmungen für Einzeldenkmale gelten auch für Gruppen von unbeweglichen Gegenständen (Ensembles) und Sammlungen von beweglichen Gegenständen, wenn diese Gruppen und Sammlungen wegen ihres geschichtlichen, künstlerischen oder sonstigen kulturellen Zusammenhanges einschließlich ihrer Lage ein einheitliches Ganzes bilden und ihre Erhaltung dieses Zusammenhanges wegen als Einheit im öffentlichen Interesse gelegen ist.

Aus dem § 1 (1) des Bundesgesetzes vom 15. März 1978.

tum der Hellenen. Die 1850 in Wien eingerichtete „K. k. Centralcommission für die Erforschung und Erhaltung der Baudenkmale" konnte sich auf die Kräfte der örtlichen Vereine in den österreichischen Kronländern stützen.

Ehrenamtliche Forschung

Die Organisation war zunächst dem Ministerium für Handel und Gewerbe unterstellt, kam jedoch bald zum Ressort für Kultus und Unterricht und bestand ausschließlich aus ehrenamtlich tätigen Konservatoren und Korrespondenten. Die Hauptaufgabe lag in der Erforschung der Denkmäler. Mit der Frage der Restaurierung und deren Methoden beschäftigte man sich weniger. Die Konservatoren, die auf fünf Jahre bestellt wurden, waren verpflichtet, sich über alle in ihrem Bezirk vorhandenen Denkmäler Kenntnis zu verschaffen, doch hatten sie in der Gesetzgebung keinerlei Strafsanktionen gegen gemeinschädliches Vorgehen in der Hand. Gerade in dieser Zeit setzten mit den radikalen technischen, sozialen und wirtschaftlichen Umschichtungen starke Veränderungen am Bestand des architektonischen Erbes ein.
1911 wurde aus der „K. k. Centralcommission" das „Staatsdenkmalamt", ein kollegiales Organ von wissenschaftlichen und technischen Beamten. Die Kunsthistoriker Max Dvorak (1874–1921) und Alois Riegl (1858–1905) hatten sich in Fachschriften mit neuen Begriffen auseinanderzusetzen, wie historischem, künstlerischem und kunsthistorischem Wert. Der Neuheitswert, Gebrauchs- und Alterswert zog in die Literatur ein. Das Denkmal wurde zum historischen Dokument, die Restaurierung zum wissenschaftlichen und technischen Problemfall.

Ausgrabungen bei der Linzer Martinskirche.

Denkmalschutzgesetze

Die Verluste an beweglichem Kunstbesitz im Ersten Weltkrieg förderten das Zustandekommen eines Denkmalschutzgesetzes 1923. Dieses Gesetz definiert die Denkmäler als unbewegliche und bewegliche Gegenstände von geschichtlicher, künstlerischer oder kultureller Bedeutung. Über die Vorstellung des Einzeldenkmals greift der Begriff der „Gruppe" und „Sammlung" von Gegenständen hinaus. Man spricht von Denkmaleinheiten und Denkmalgebieten. Die Republik Österreich hatte die Einrichtung des Staatsdenkmalamtes in der Form des Bundesdenkmalamtes übernommen. Doch boten die unruhigen und von wirtschaftlichen Krisen erschütterten zwanziger Jahre keine gesunde Basis zur besonderen Blüte. Man hielt aber an einer zentralen Führung fest, was sich nach dem Zweiten Weltkrieg als nützlich erweisen sollte. Gerade die Not des Krieges ließ die Denkmalpfleger zusammenrücken. In aller Stille wurde eine Restaurierungswerkstätte und eine Fotoabteilung aufgebaut, fieberhaft wurde in den Städten die Bestandsaufnahme durchgeführt.
1945 wurde durch das Verfassungsüberleitungsgesetz das Bundesdenkmalamt als Behörde wieder errichtet. Damit wurde der Rechtszustand, der vor 1934 herrschte, wiederhergestellt. Etwa zehn Jahre nach Beendigung des Zweiten Weltkrieges setzte – nicht zuletzt auch in Anbetracht gesteigerter internationaler Aktivitäten auf dem Gebiet des Denkmalschutzes – das Bestreben ein, das geltende Recht des Denkmalschutzes neuen Bedürfnissen anzupassen. Die Novelle des Jahres 1978 schuf den Begriff des Ensembles und damit die Möglichkeit der Unterschutzstellung von mehreren Objekten, an deren Erhalten, für sich allein betrachtet, noch kein ausreichendes öffentliches Interesse bestehen würde. Somit hat der Denkmalbegriff, ausgehend von der historischen Urkunde bis zum eher unbedeutenden Bauwerk, das nur im Zusammenhang mit einem „Denkmal" gesehen wird, einen weiteren Inhalt bekommen.

Manfred Mohr

Fund eines Zahnwales im Trauner Schlier, 1981.

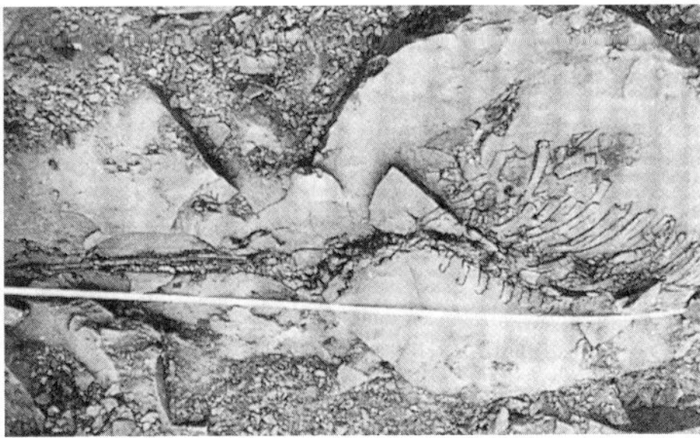

Zusammenkunft zur letzten Treibjagd mit Kaiser Franz Joseph in Ischl am 28. August 1913.

Bureaukratismus

„Die Ursache der Verzögerung liegt im Bureaukratismus, da es Monate lang braucht, bis irgendeine Entscheidung herauskommt, wenn diese da ist, sich die Notwendigkeit noch anderer Entscheidungen herausstellt, die natürlich beim heiligen Bureaukratismus ebenso lang keine Erledigung finden."

Bürgermeister Franz Dinghofer (1873–1956) am 3. April 1913 im Linzer Gemeinderat.

1913

Kalender

14.1. Eröffnung der schmalspurigen Lokalbahn Attersee–Vöcklamarkt.

1.4. Das Linzer Gaswerk geht in den Besitz der Stadt Linz über.

Frühling. Gründung der Linzer Künstlervereinigung „Maerz".

25.7. Eröffnung der musealen Sammlungen im Innerberger Stadel in Steyr.

15.–17.8. Katholikentag in Linz.

19.8. Im Ischler Theater wird dem Kaiser ein Film vorgeführt. Franz Joseph beglückwünscht Thomas Alva Edison telegraphisch.

28.8. Die Florianerbahn von Linz–Ebelsberg nach St. Florian wird eröffnet.

29.8. Stadtbrand in Steyregg: sieben Häuser werden ein Raub der Flammen.

21.9. Grundsteinlegung für die Dachsteinkapelle, das höchstgelegene Gotteshaus Oberösterreichs, durch Bischof Rudolph Hittmair. Einweihung 1. 9. 1914. (Neben der Simonyhütte, 2203 m.)

13.12. Beginn des ersten großen Druckerstreiks, der bis 17. 2. 1914 dauert.

Unterhalb des Großen Priel (2515 m) wird die Welser Hütte erbaut (1815 m).

Der Linzer Maler Konrad Meindl (1883–1970) reist nach Marokko und Algerien, wo seine spätimpressionistischen Arbeiten entstehen, die 1916 dem Invalidenfonds der Freiwilligen Schützen Oberösterreichs zur Verfügung gestellt werden.

Gründung der Fabrik für elektrische Apparate „Sprecher & Schuh" in Linz.

Geburtstage

Friederike Renate Stolz. Bildhauerin. Geboren 23. 1. 1913 in Linz, (Gestorben 14. 7. 1989 in Gallspach.) → 1989

Willi Kefer. Mundartdichter. Geboren 13. 5. 1913 in Goisern. (Gestorben 11. 11. 1975 in Bad Goisern.)

Florian Pröll. Abt von Schlägl (1958–1989). Geboren 6. 7. 1913 in Dietrichschlag bei Ulrichsberg. (Gestorben 19. 5. 1993 in Schlägl.)

Alfred Siebenhüter. Abt von Lambach (1972 bis 1986). Geboren 28. 7. 1913 in Bergheim, Bayern. (Gestorben 28. 12. 1995 in Lambach.)

Franz Carl Lipp. Volkskundeforscher. Geboren 30. 7. 1913 in Bad Ischl. (Gestorben 30. 5. 2002 in Bad Ischl.)

Hermann Schweigl. Maler und Bildhauer. Geboren 6. 9. 1913 in Weyer. (Gest. 8. 8. 1985 in Wels.)

Albert II. Bruckmayer. Abt von Kremsmünster (1964–1982). Geboren 3. 12. 1913 in Schärding. (Gestorben 26. 6. 1982 in Wels.)

Leopold Temmel. Evangelischer Superintendent (1966–1980). Geboren 11. 12. 1913 in Krieglach. (Gestorben 11. 11. 2000 in Golling.)

Johanna Dorn-Fladerer. Malerin. Geboren 22. 12. 1913 in Suben. (Gestorben 28. 11. 1988 in Schärding.)

Sepp Plieseis. Widerstandskämpfer. Geboren 29. 12. 1913 in Bad Ischl. (Gestorben 21. 10. 1966 in Bad Ischl.) → 1943, 1945

Todestage

Hans Hildebrand. Schwedischer Kulturhistoriker und Archäologe. Gestorben 2. 2. 1913 in Stockholm. (Geboren 5. 4. 1842 in Stockholm.) Auf seine Initiative wurde 1874 beschlossen, die ältere Eisenzeit (800–400 v.Chr.) als Hallstattzeit zu bezeichnen. → S. 53, 253

Adalbert Markus. Stifter-Forscher. Gestorben 22. 2. 1913 in Linz. (Geboren 1. 4. 1824 in Friedberg.)

Ludwig Martinelli. Maler, Schauspieler. Gestorben 13. 6. 1913 in Gleichenberg. (Geboren 9. 8. 1834 in Linz.)

Laurenz Pröll. Historiker. Gestorben 27. 6. 1913 in Schlägl. (Geboren 11. 2. 1849 in Dietrichschlag, Gemeinde Ulrichsberg.)

Otto Schönauer. Waffenkonstrukteur. Gestorben 16. 9. 1913 in Steyr. (Geboren 27. 10. 1844 in Molln.) Gestaltete 1900 das Mannlichergewehr um (Schönauer-System).

Paul Preuß. Bergsteiger. Tödlich abgestürzt im Gosaukamm, vermutlich am 3. 10. 1913, gefunden 14. 10. 1913. (Geboren 19. 8. 1886 in Altaussee.) Der beste Bergsteiger seiner Zeit. →

Norbert Hanrieder. Mundartdichter, Pfarrer. Gestorben 14. 10. 1913 in Linz. (Geboren 2. 6. 1842 in Kollerschlag.) → 1904

Egon Schiele in Altmünster

„Schieles Aufenthalt in Altmünster war von Wetterglück begnadet … Wir ruderten oft auf dem See, schlenderten nach Gmunden, das Schiele außerordentlich gefiel, besuchten einige Male das Inselschloß Orth, für das Schiele eine ganz besondere Vorliebe hegte, so zwar, daß er sagte: ‚Da möcht' ich schon wohnen. Können Sie das nicht machen? …' Wir stiegen auf die Waldhöhen hinter dem Dorf, wanderten am Seeufer entlang in all die traulichen Orte und Weiler, die aus dem Busch- und Baumgrün weiß auf den blauen See hinausblinken."

Arthur Roessler (1877–1955) über Egon Schiele (1890–1918) in Altmünster (1913), in „Erinnerungen an Egon Schiele", Wien 1921.

Egon Schiele malte 1910 dieses Ölbild seines Förderers Arthur Roessler.

Die Preußschen Grundsätze

1. Bergtouren, die man unternimmt, soll man nicht gewachsen, sondern überlegen sein.

2. Das Maß der Schwierigkeiten, die ein Kletterer im Abstieg mit Sicherheit zu überwinden imstande ist und sich auch mit ruhigem Gewissen zutraut, muß die oberste Grenze dessen darstellen, was er im Aufstieg begeht.

3. Die Berechtigung für den Gebrauch von künstlichen Hilfsmitteln entsteht daher nur im Falle einer unmittelbar drohenden Gefahr.

4. Der Mauerhaken ist eine Notreserve und nicht die Grundlage einer Arbeitsmethode.

5. Das Seil darf ein erleichterndes, niemals aber das alleinseligmachende Mittel sein, das die Besteigung der Berge ermöglicht.

6. Zu den höchsten Prinzipien gehört das Prinzip der Sicherheit. Doch nicht die krampfhafte, durch künstliche Hilfsmittel erreichte Korrektur eigener Unsicherheit, sondern jene primäre Sicherheit, die bei jedem Kletterer in der richtigen Einschätzung seines Könnens zu seinem Wollen beruhen soll.

Paul Preuß (1886–1913), in: Mitteilungen des Deutschen und Österreichischen Alpenvereins, 1911.

Viele Namen für ein Schiff

13. Mai. Auf dem Attersee wird das erste Elektroboot in Betrieb genommen. Es wird nach dem kaiserlichen Statthalter „Baron Handel" genannt. 1918 wird der Schiffsname auf „Handel" verkürzt, 1938 wird daraus ein „Heimatgau", 1945 erhält das Schiff seinen vierten Namen: „Burgau".

Matthias May und seine Malschule

22. Oktober. Der aus Köln stammende Maler Matthias May (1884–1923) heiratet in Puchenau bei Linz eine Urfahrer Gastwirtstochter. Er übersiedelt daraufhin nach Linz, richtet hier 1920 eine Malschule ein und wird der Lehrer vieler Linzer Künstler, zugleich ein wesentlicher Anreger moderner Kunst in Oberösterreich.

Der Thronfolger in Bad Ischl

18. August. Am Geburtstag des Kaisers bedankt sich sein Neffe, der Thronfolger Erzherzog Franz Ferdinand (1863–1914) in Bad Ischl für seine Ernennung zum „Generalinspektor der gesamten bewaffneten Macht".

Trafikanten drohen

Falls die Gastwirte von der unberechtigten Forderung, Tabakwaren im Verlage zu fassen, nicht ablassen wollen, werden die Trafikanten sofort den Flaschenbierhandel anmelden.

Beschluss der Trafikantenversammlung in Linz vom 4. Mai 1913.

Zeppelin „Sachsen" über den Dächern von Linz. 9. Juni 1913.

Gustav Klimt. Schloss Kammer am Attersee. Öl auf Leinwand, 1910.

Klimt und der Attersee *Der Lieblingsort von Gustav Klimt (1862–1918) bietet ihm auch Lieblingsmotive. Von seinen Aufenthalten am Attersee gibt es eine Reihe von Bildern, eines der berühmtesten trägt den Titel „Kirche in Unterach am Attersee" (oben). Es entsteht – ebenso wie das Photo unten – im Jahr 1916.*

Gustav Klimt und seine langjährige Freundin Emilie Flöge im Ruderboot am Attersee, um 1905.

Nach der Kriegserklärung: Rückkehr Kaiser Franz Josephs von Ischl nach Schönbrunn, 30. Juli 1914.

Einen Hirschen schießen ...

„Es war doch ausgezeichnet, daß wir ein paar Tage früher hergekommen sind, da genieße ich diese Herrlichkeit der Natur viel länger. Morgen gehe ich auf den Berg einen Hirschen schießen.“

Kaiser Franz Joseph zu seinem Adjutanten Eduard Graf Paar, 27. Juni 1914. (Am 28. Juni werden in Sarajewo der Thronfolger und seine Gemahlin ermordet.)

Abschied von Linz

Als sich der Zug langsam in Bewegung setzte, rief Erzherzog Josef Ferdinand: „Seine Majestät, unser allergnädigster Kaiser und oberster Kriegsherr, lebe hoch! hoch! hoch!“ Im selben Augenblicke flogen die Schwerter der versammelten Offiziere aus den Scheiden und unter brausenden Hochrufen, die sich immer wieder erneuerten und auch von der Straße her ertönten, verließ der Hofzug langsam die Station.

1914

Kalender

15.4. Inbetriebnahme des Wasserkraftwerks Gosau III, der Vordere Gosausee dient als Jahresspeicher. (Die Kraftwerke Gosau I, Gosau II und Gosau IV wurden projektiert, aber nicht gebaut.)

17.4. Uraufführung im Linzer Landestheater: „Die Myrte“, „Die Ausgeschlossenen“ und „Zur Lieb' und Treu'“ von Adolf Schwayer.

7.–18.8. Die oberösterreichischen Einheiten verlassen das Land in Richtung russische Front.

1.9. Einweihung der Dachsteinkapelle neben der Simonyhütte (2203 m).

6.9. In Steyr trifft der erste Verwundetentransport (136 Mann) ein.

11.9. In Bad Ischl trifft ein Verwundetentransport ein.

22.9. Zwischen Mauthausen und Schwertberg wird ein Kriegsgefangenenlager errichtet. (Heute „Italienerfriedhof“.)

22.11. Die Linzer Straßenbahnlinie „M“ wird in Betrieb genommen. (Weißenwolffstraße-Waldeggstraße, bis → 1968.)

27.12. Erlass zur Aufstellung von freiwilligen Schützen in Oberösterreich. → 1915

„Tauglich“, fürs Vaterland zu dienen. Stolze Bauernsöhne mit Sträußchen und bunten Glaskugeln am Hut.

Schicksalstage

28. Juni. Um 11.45 Uhr, drei Viertelstunden nach dem Attentat in Sarajewo, trifft in Bad Ischl das Telegramm mit der Nachricht von der Ermordung des Thronfolgerpaares ein. (Erzherzog Franz Ferdinand und Sophie, Herzogin von Hohenberg.) Der Generaladjutant des Kaisers, Eduard Graf Paar, hat die traurige Pflicht, dem Kaiser die Schreckensnachricht zu überbringen. „Entsetzlich! Die armen Kinder! Wir fahren morgen nach Wien“, notierte später seine Tochter Marie Valerie in ihrem Tagebuch die Worte des Kaisers an diesem Tag.

24. Juli. Im kleinen Salon der Ischler Kaiservilla wird das Ultimatum an Serbien unterzeichnet.

25. Juli. Das Ultimatum läuft ab. Um 19.15 Uhr trifft in Bad Ischl die Nachricht des k.u.k. Gesandten in Belgrad, Wladimir von Giesl, ein. Die serbische Regierung lehnt das Ultimatum ab. Noch am gleichen Tag unterzeichnet der Kaiser den Befehl zur Mobilisierung der für den Kriegsfall B (Serbien und Montenegro) aufzubietenden acht Korps.

28. Juli. Der neue Thronfolger, Erzherzog Karl, trifft in Bad Ischl ein. Am Abend des gleichen Tages unterzeichnet Kaiser Franz Joseph I. das Kriegsmanifest „An Meine Völker“. (Kriegserklärung an Serbien.) →

30. Juli, 6,40 Uhr. Der Kaiser verlässt Bad Ischl. Bei der Kaiservilla und auf dem Bahnhof bereitet ihm die Bevölkerung einen herzlichen Abschied. Bei einem Zwischenaufenthalt in Linz ist die ganze Garnison versammelt, an der Spitze Erzherzog Josef Ferdinand (1872–1942). Der Kaiser spricht einige Worte zu den versammelten Offizieren (→), dann besteigt er den Sonderzug zur Weiterfahrt nach Wien. Er kehrt nie mehr nach Oberösterreich zurück.

Abschiedsworte

„Es hat mich sehr gefreut, die Herren hier zu sehen, und ich sage zum Abschied in dieser ernsten Stunde nur die wenigen Worte, daß ich auf den guten Geist, die Ausdauer und die Tapferkeit der Armee baue.“

Franz Joseph I. am 30. Juli 1914 in Linz.

Feuertaufe des oberösterreichischen Infanterieregiments Nr. 14, 1914. Gemälde von Leo Adler, 1926.

Die Kapellen spielten die Volkshymne und der Generalmarsch wurde geschlagen und geblasen. Der Kaiser dankte, militärisch grüßend, für die erhebende Kundgebung und winkte auch den Truppen noch zu, die dem Gleis entlang aufgestellt waren. Bei der Übersetzung brach das dort angesammelte Publikum in stürmische Hochrufe aus, die erst verhallten, als der Hofsonderzug nicht mehr zu sehen war. Der Zug war an den Truppen vorüber sehr langsam gefahren. Das rüstige Gehaben des Kaisers fiel allgemein auf; sein Gesichtsausdruck ließ allerdings erkennen, daß der Monarch Tage schwerer Sorge und angestrengter Arbeit hinter sich habe.*

„Tages-Post", 30. 7. 1914.

Kriegsbegeisterung

„Krieg! Wir kennen seine Schrecknisse nicht mehr, doch wir verkennen sie nicht … Und doch: mit jubelnder Begeisterung hat ganz Oesterreich erfüllt das entscheidende Wort: es ist Krieg. Und dieses in Kriegsbegeisterung aufjauchzende Oesterreich: Kaiser! Das ist Dein erster Sieg in diesem Krieg."

Bischof Rudolph Hittmair (1859–1915) in einem Hirtenbrief zum Kriegsbeginn 1914.

Ins Feld ziehende Truppen auf der Landstraße in Linz. 1914.

Schönster Jugendstil

Sie gilt als eine der schönsten Jugendstilfassaden des Landes und ziert das Haus Hauptplatz 3 in Kirchdorf an der Krems. (Erbaut 1914, Architekt ist Mauriz Balzarek.)

Geburtstage

Hans Sturmberger. Historiker. Geboren 29. 1. 1914 in Kirchdorf an der Krems. (Gestorben 22. 8. 1999 in Linz.)

Oskar Sakrausky. Evangelischer Bischof von Österreich (1968–1983). Geboren 24. 3. 1914 in Linz. (Gestorben 10. 2. 2006 in Friesach.)

Hermann Kronsteiner. Komponist. Geboren 25. 3. 1914 in Losenstein. (Gestorben 13. 11. 1994 in Linz.)

Kurt Wöss. Dirigent. Geboren 2. 5. 1914 in Linz. (Gestorben 4. 12. 1987 in Dresden.)

Elfriede Gollmann. Schauspielerin. Geboren 8. 6. 1914 in Linz. (Gestorben 18. 11. 2007 in Linz.)

Emmerich Doninger. Wilheringer Ordenspriester, Mundartdichter. Geboren 22. 9. 1914 in St. Florian am Inn. (Gestorben 10. 3. 1964 in Linz.)

An Meine Völker

„Es war Mein sehnlichster Wunsch, die Jahre, die Mir durch Gottes Gnade noch beschieden sind, Werken des Friedens zu weihen und Meine Völker vor den schweren Opfern und Lasten des Krieges zu bewahren. Im Rate der Vorsehung war es anders beschlossen. Die Umtriebe eines haßerfüllten Gegners zwingen Mich, zur Wahrung der Ehre Meiner Monarchie, zum Schutze ihres Ansehens und ihrer Machtstellung, zur Sicherung ihres Besitzstandes nach langen Jahren des Friedens, zum Schwerte zu greifen … In dieser ernsten Stunde bin ich Mir der ganzen Tragweite Meines Entschlusses und Meiner Verantwortung vor dem Allmächtigen voll bewußt. Ich habe alles geprüft und erwogen. Mit ruhigem Gewissen betrete ich den Weg, den die Pflicht Mir weist."

Aus dem Kriegsmanifest
Kaiser Franz Josephs I., Ischl, 28. Juli 1914.

In Bad Ischl diktiert Kaiser Franz Joseph am 28. Juli 1914 das Kriegsmanifest „An Meine Völker".

Todestage

Karl Wiesner. Christlichsozialer Politiker. Gestorben 17. 3. 1914 in Linz. (Geboren 11. 12. 1864 in Steyr.) 15 Jahre Bürgermeister von Sierning. Als Politiker genoss er den Ruf „Der Wiesner setzt alles durch!"

Josef Krempl. Mundartdichter. Gestorben 4. 4. 1914 in Baumgarten bei Wien. (Geboren 11. 2. 1862 in Taufkirchen an der Trattnach.)

Hermann Krackowizer. Architekt. Gestorben 19. 5. 1914 in Linz. (Geboren 18. 8. 1846 in Wels.) Zahlreiche Bauten in Linz (Museum, Sparkasse, Zeitungshaus Wimmer, Versorgungshaus, Kaufmännisches Vereinshaus), Freistadt und Kremsmünster (Gymnasien).

Johann Schauer. Liberal-nationaler Politiker. Bürgermeister von Wels (1887–1914), Landtags- und Reichstagsabgeordneter, Landschaftsmaler. Gestorben 1. 6. 1914 in Wels. (Geboren 26. 4. 1840 in Lambach.) Mitarbeiter an dem Werk „Die Österreichisch-Ungarische Monarchie in Wort und Bild".

Ludwig Hatschek. Erfinder und Fabrikant. Gestorben 15. 7. 1914 in Linz. (Geboren 9. 10. 1856 in Tyeschetitz.) → 1900

Franz Fuchs. Gastwirt, Politiker. Tödlich verunglückt an der russischen Front 15. 9. 1914. (Geboren 8. 6. 1876 in Garsten.) Der erste christliche Arbeiterpolitiker Oberösterreichs.

Viktor Stiegler. Bürgermeister von Steyr (1902 bis 1907). Gestorben 11. 11. 1914 in Steyr. (Geboren 30. 5. 1844 in Steyr.)

Sozialist der ersten Stunde

„Oberösterreichs Sozialist der ersten Stunde" wird Anton Weiguny genannt, Schneider aus Urfahr. Mit 23 Jahren Funktionär des Arbeiterbildungsvereins, mehrmals eingesperrt, beginnt er 1888 mit dem Aufbau der Sozialdemokratischen Partei in Oberösterreich. Er ist Herausgeber der Wochenzeitung „Wahrheit" (1906), seit 1911 der Tageszeitung „Tagblatt", von 1905 bis zu seinem Tod ist er Mitglied des Linzer Gemeinderats, 1907 einer der drei ersten Reichstagsabgeordneten der oberösterreichischen Sozialdemokraten. (Gestorben 14. 12. 1914 in Linz, geboren 29. 3. 1851 in Urfahr.)

Die Jungschützen

„Am 11. Juli 1915 fuhren von Linz 42 Offiziere und 1178 Mann ab, in einer Novembernacht des Jahres 1918 kamen nur 10 Offiziere und 220 Mann zurück … Die Ruhmestaten unseres freiwilligen Schützenregimentes sind als hehrer Beweis glühender Vaterlandsliebe und opferbereiter Treue in die Geschichte der Heimat eingegangen."

„Linzer Volksblatt". 13. 6. 1962.

Hittmair als Prediger

„Alle erlebten die Predigt mit, sie erzitterten mit dem Redner vor Furcht, vor Angst des Gewissens, vor Ratlosigkeit, dann wieder waren sie froh mit ihm, vor Freude, vor Trost und Beruhigung: Bald war er die gellende Posaune, die alles zum Gerichte ruft, dann war er wieder der Engel, der den müden Wanderer vom Schlafe erweckt und stärkt."

Wilhelm Binder in: Friedrich Pesendorfer: „Bischof Rudolph von Linz", Erinnerungsblätter, Linz 1915.

Obermühl oder Niederkappel

„Kaum jemand wußte, dass Kirchschläger in Niederkappel geboren ist, nicht einmal Kirchschläger selbst."

Ronald Meyer in „Oberösterreich heute" ORF 2, 1. 2. 2005

*

„Die Ortschaft Obermühl teilt sich in der Kleinen Mühl, ein Teil gehört nach Kirchberg, ein Teil gehört nach Niederkappel."

Der Bürgermeister von Niederkappel Rudolf Kehrer im ORF 2, 1. 2. 2005

Kalender

1915

2.1. Eingemeindung von Linz-St. Peter.

25.1. In Mauthausen sterben 186 Kriegsgefangene an Fleckfieber.

März. Die Stadtgemeinde Steyr übernimmt den Butter- und Eierverkauf, um der Preistreiberei entgegenzuwirken.

19.5. Wegen des unmittelbar bevorstehenden Kriegsausbruchs mit Italien werden die Formationen der „Oberösterreichischen Freiwilligen Schützen" mobilisiert. →

26.5. Enthüllung des „Eisernen Wehrmanns" auf dem Linzer Hauptplatz. Für einen kleinen Geldbetrag für Kriegsfürsorgezwecke kann man einen eisernen Nagel einschlagen.

2.6. Ein Erdbeben reißt die Rieder um 3.30 Uhr aus dem Schlaf. Es dauert fünf Sekunden.

Emmerich Kálmán (1882–1953) komponiert in der Ischler Villa „Rosenstöckl" eine seiner erfolgreichsten Operetten: „Die Csárdásfürstin".

1915/16

Im militärischen Auftrag wird die Aluminium- und Elektrodenfabrik in Steeg am Hallstätter See errichtet.

1916

27.8. Der Bezirk Ried muss für die Städte Linz und Steyr 80.000 Eier liefern.

14.9. Auf dem Steyrer Stadtplatz demonstrieren 8000 Arbeiter und Frauen gegen die unzureichende Lebensmittelversorgung. Erst nach Zusicherung einer Mehllieferung zerstreut sich die Menge.

19.9. Die Vermahlung und Verschrotung für den eigenen Haushalt wird verboten.

„Dahoam is dahoam", zitierte Bundespräsident Rudolf Kirchschläger gerne den Dichter Franz Stelzhamer, und fügte hinzu: „Und ich fühle auch so!"

Kriegsgefangene werden durch Linz eskortiert.

Geburtstage

1915

Koloman (Ignaz) Holzinger. Einer der bedeutendsten Äbte des Stiftes Admont. Geboren 13. 1. 1915 in Bad Hall. (Gestorben 2. 9. 1978 in Admont.)

Josef Laßl. Schriftsteller, Theater- und Kulturkritiker. Geboren 17. 3. 1915 in Nöstlbach-St. Marien bei Linz. (Gestorben 13. 4. 1977 in Linz.) → S. 358, 448

Rudolf Kirchschläger. Bundespräsident (1974 bis 1986). Geboren 20. 3. 1915 in Niederkappel, Bezirk Rohrbach. (Gestorben 30. 3. 2000 in Wien.) → S. 42, 316, 329, 431, 460, 461, 474, 488

Heinz Fischer-Karwin. Journalist. Geboren 23. 4. 1915 in Linz. (Gestorben 27. 10. 1987 in Wien.)

Aldemar Schiffkorn. Volksbildner. Geboren 26. 7. 1915 in Graz. (Gestorben 22. 11. 1987 in Wels.)

1916

Josef Lenzenweger. Kirchenhistoriker. Geboren 13. 2. 1916 in Kleinreifling. (Gestorben 20. 2. 1999 in Wien.)

Alois Großschopf. Stifter-Forscher und Leiter des Adalbert-Stifter-Instituts (1967–1976). Geboren 6. 4. 1916 in Deutsch-Beneschau, Böhmen. (Gestorben 1. 7. 1977 in Linz.)

Gottfried Glechner. Schriftsteller und Heimatforscher. Geboren 3. 7. 1916 in Freiling, Gemeinde Gurten. (Gestorben 10. 10. 2004 in Braunau.)

Rudolf Hoflehner. Bildhauer und Eisenplastiker. Geboren 8. 8. 1916 in Linz. (Gestorben 2. 9. 1995 in Collalto, Casole d' Elsa, Italien.)

Herbert Grau. Volkshochschulpionier. Geboren 22. 8. 1916 in Frankenmarkt. (Gestorben 20. 9. 1973 in Linz.)

Helmut Eder. Komponist. Geboren 26. 12. 1916 in Linz. (Gestorben 8. 2. 2005 in Salzburg.) → S. 473

Todestage

1915

Franz Xaver Pausinger. Tier- und Landschaftsmaler. Gestorben 7. 4. 1915 in Frankenburg. (Geboren 10. 2. 1839 in Frankenburg.)

Artur Graf von Bylandt-Rheidt. Statthalter von Oberösterreich (1902–1904). Gest. 6. 7. 1915 in Baden bei Wien. (Geb. 3. 2. 1854 in Prag.)

Konrad Meindl. Propst des Stiftes Reichersberg (1900–1915). Historiker. Gestorben 12. 7. 1915 in Reichersberg. (Geboren 15. 9. 1844 in Raab.)

Gustav Streicher. Schriftsteller. Gestorben 3. 8. 1915 in Bad Hall. (Geboren 2. 7. 1873 in Auerbach, Innviertel.) → S. 126

Heinrich Brunner. Rechtsgelehrter. Gestorben 11. 8. 1915 in Bad Kissingen. (Geboren 21. 6. 1840 in Wels.)

Otto Kitzler. Cellist und Kapellmeister in Linz, Kompositionslehrer von Anton Bruckner. Gestorben 6. 9. 1915 in Graz. (Geboren 16. 3. 1834 in Dresden.)

Johann Huemer. Altphilologe. Gestorben 20. 9. 1915 in Reichenau, NÖ. (Geboren 18. 4. 1849 in Raab.)

Theobald (Matthias) Grasböck. Ordenspriester, Politiker. Gestorben 27. 9. 1915 in Wilhering. (Geboren 16. 9. 1846 in Leonfelden.) Abt seit 1892, Generalvikar der österreichisch-ungarischen Ordensprovinzen, erster Assistent des Generalabtes in Rom. Gründete in Mähren ein Kloster der Zisterzienserinnen.

Albert Ritzberger. Genre- und Porträtmaler. Gestorben 8. 11. 1915 in Linz. (Geboren 20. 5. 1853 in Pfaffstätt bei Mattighofen.)

1916

Franz Graf von Merveldt. Statthalter von Oberösterreich (1889–1890). Gestorben 27. 1. 1916 in Wien. (Geboren 14. 7. 1844 in Wien.)

Franz Poche. Liberaler Bürgermeister von Linz (1894–1900). Gestorben 2. 4. 1916 in Graz. (Geboren 29. 2. 1844 in Linz.)

Sinnloser Opfertod

„Hittmairs Größe war sein ziemlich zweckloser Opfertod in Mauthausen; ein hochgestellter Priester der Diözese hat damals gesagt: ‚Wir sind um des Bischofs willen froh, daß ihn der Herrgott den Heldentod hat sterben lassen, sonst hätte er in einem Sanatorium geendet'".

„Korrespondenzblatt des katholischen Klerus", 10. Juni 1925.

Steyr als Automarke

„Ehe Steyr als Automarke geboren wurde, war der Name schon ein Gütesiegel für Waffen und andere Geräte."

Halwart Schrader: „Geliebte alte Automobile", Wels 1976.

Lokalpatriotismus

„Der Staat soll keine Gefühle beanspruchen, sondern nur gemeinsame Arbeit, Rechte und Pflichten. Jene mögen dem Volksbewußtsein (Nation), den höheren Werten aufgespart bleiben; höchstens ein Gefühl nach Art des ‚Lokalpatriotismus' von heute wäre zulässig, wie etwa das Zugehörigkeitsgefühl zu Ober- oder Niederösterreich, Bayern oder Sachsen."

Robert Reininger (geboren 1869 in Linz, gestorben 1955 in Wien), in „Aphorismen", 1916.

Anselm Blumenschein. Benediktiner. Gefallen als Feldkurat 17. 4. 1916 am Col di Lana. (Geboren 20. 12. 1884 in St. Ulrich bei Steyr.)

Max Pfliegl. Kaufmann, Fabrikant, konservativer Politiker. Gestorben 4. 5. 1916 in Obernberg am Inn. (Geboren 5. 8. 1839 in Mauerkirchen.)

Kaiser Franz Joseph I. Gestorben 21. 11. 1916 in Wien. (Geboren 18. 8. 1830 in Wien.)

Der Bischof stirbt an Typhus

Rudolph Hittmair, seit 1909 Bischof von Linz, stirbt am 5. März 1915 in Linz an Flecktyphus, den er sich beim Besuch kranker serbischer Kriegsgefangener in Mauthausen zugezogen hat. Man hatte ihm abgeraten, ins Lager zu fahren, doch er erwiderte, dass er auch von jedem Kaplan verlange, sich zu den Kranken zu begeben. (Geboren 24. 7. 1859 in Mattighofen.) →

Automobile aus Steyr

Mai 1916. In Steyr beschließt der Verwaltungsrat die Errichtung einer „im großen Stile gehaltenen Fabrik zur Erzeugung von Lasten- und Personalautomobilen".

August. Vorarbeiten zum Bau der neuen Automobilfabrik, „einer der größten dieser Art überhaupt". (Die ersten Steyrer Autos werden 1920 ausgeliefert.)

Der neue Bischof

Der dritte Oberösterreicher in unmittelbarer Folge auf dem Linzer Bischofsstuhl: Johannes Maria Gföllner (1867–1941). Auch er wurde, wie Franz Maria Doppelbauer (1845–1908), in Waizenkirchen geboren. Am 16. Juli 1915 wird er zum Bischof ernannt, am 18. Oktober im noch unvollendeten Neuen Dom geweiht. Gföllners Amtszeit dauert mehr als ein Vierteljahrhundert.

Für Gott, Kaiser, Vaterland

Auf ins Feld! Bilder wie dieses entstehen überall im Land. Väter und Söhne müssen für Gott, Kaiser und Vaterland kämpfen, Millionen sehen ihre Heimat nicht mehr.

Weihnachten beim oö. Schützenbataillon

„Draußen über den schneebedeckten Bergen und Talschluchten eine sternfunkelnde Nacht, durchschnitten von den bleichen Strahlenbündeln der Scheinwerfer. Von Zeit zu Zeit zerreißt der dumpfe Hall eines durch den tiefen Schnee gedämpften Kanonenschusses oder das harte Hämmern eines Maschinengewehres und der scharfe Knall einzelner Gewehrschüsse die nächtliche Stille. Drinnen Jung-Oberösterreich im Gedenken an die Lieben in der fernen Heimat die alten Weihnachtslieder singend oder sich an den weihevollen Klängen des Kaiserliedes zu neuen Taten begeisternd."

Aus einem Brief „aus dem Felde", „Tages-Post", 2. 1. 1917.

Kalender

3.1. Eröffnung der Kriegsküche Urfahr.

13.1. Rudolf Graf von Meran (1872–1959) wird kaiserlicher Statthalter von Oberösterreich (bis 20. 10.). Er ist der Enkel von Erzherzog Johann (1782–1859) und der Ausseer Postmeisterstochter Anna Plochl (1804–1885), Gräfin von Meran.

23.1. Wegen Mangels an Rohstoffen wird der Betrieb der Gmundner Aktienbrauerei eingestellt.

19.2. In Linz findet eine Versammlung des „Sozialdemokratischen Vereins für Oberösterreich" zum Thema „Die Frauen und die Friedensbewegung" statt.

5.4. Der Linzer Bischof Johannes Maria Gföllner (1867–1941) nimmt im Dom die Fußwaschung an 13 Kriegsinvaliden vor.

17.4. In Steyr wird die Ablieferungspflicht für kupferne Deckel von eingemauerten Herdwasserschiffen verfügt.

Mai. Streiks in der Steyrer Waffenfabrik.

21.6. Der Verband der oberösterreichischen Lagerhausgenossenschaften wird unter der Bezeichnung „OÖ. landwirtschaftlicher Verband für Verwertung und Bezug" gegründet. (Seit 1946 „OÖ. Warenvermittlung, Verband der landwirtschaftlichen Genossenschaften.)

2.7. Gründungsversammlung des „Landesverbandes deutscher Krankenkassen in Oberösterreich und Salzburg" in Wels.

6.–12.7. Im Linzer Lichtspieltheater Lifka wird der Film „Die zehnte Isonzo-Schlacht" vorgeführt.

Juli. Unruhen in Bad Ischl wegen der Lebensmittelknappheit.

28.7. Der notleidenden Bevölkerung des Salzkammerguts wird bei einem Ministerbesuch der „Zuschub von Würsten und Konserven" versprochen.

17.8. In allen Orten des Kronlandes Oberösterreich wird der 30. Geburtstag von Kaiser Karl (1887–1922) gefeiert, vor allem in der Landeshauptstadt. Salutschüsse wecken um 6 Uhr früh die Linzer. Die Musikkapelle des Kaiserschützenregiments aus Wels zieht durch die Straßen der Stadt, vom Domturm erklingt das Kaiserlied. Der Bischof zelebriert im Dom ein Pontifikalamt, in anderen Linzer Kirchen werden Festgottesdienste für die Truppen der Garnisonen Linz und Urfahr abgehalten.

18.8. Feiern auch am Geburtstag des toten Kaisers. In Bad Ischl legt der oberösterreichische Jagdschutzverein beim Standbild Franz Josephs einen Kranz nieder: „Die alleruntertänigste Jägerei dem Allerhöchsten Jagdherrn des Salzkammergutes".

21.8. Amtlich wird verlautbart: „Die elfte Isonzo-Schlacht ist im vollen Gange ... Neben dem Schützenregiment 7 hat sich wieder die ruhmreiche Landsturmbrigade-Mannschaft aus Österreich unter und ob der Enns besonders ausgezeichnet."

August. Die Bezirkshauptmannschaften werden beauftragt, über Unruhen „insbesondere der organisierten Arbeiterschaft" zu berichten.

1.9. Errichtung des Linzer Jugendamtes.

12.9. Erstürmung des Monte San Gabriele durch die Linzer Hessen. →

18.11. In Steyr wird auf einer sozialdemokratischen Arbeiterversammlung über den Frieden diskutiert und ein „demonstrativer Spaziergang" durch die Stadt veranstaltet.

13.12. Der Steyrer Gemeinderat beschließt die Errichtung einer städtischen Arbeitsvermittlung.

22.12. Die Steyrer Waffenfabrik stellt die Arbeit ein.

In Stadl-Paura werden die letzten Salzstadeln abgebrochen, die durch Jahrhunderte ein wichtiger Umschlagplatz für das Salz waren. → 1776

Geburtstage

Johannes Schasching. Ordenspriester, genannt „Der Sauwald-Papst". Geboren 10. 3. 1917 in Simling, Gemeinde St. Roman. Dekan der sozialwissenschaftlichen Fakultät der päpstlichen Universität Gregoriana in Rom. → 1966

Hans Berghammer. Politiker (SP). Geboren 22. 7. 1917 in Wien. (Gestorben 1. 5. 1975 in Mattighofen, während einer Maifeier am Rednerpult.)

Walter Kögler. Komponist. Geboren 24. 7. 1917 in Karlsbad. (Gestorben 18. 12. 1982 in Wels.)

Todestage

Julius Strnadt. Pionier der historischen Landeskunde. Gestorben 5. 11. 1917 in Graz. (Geboren 23. 10. 1833 in Schwertberg.) Begründer des oberösterreichischen Landesarchivs.

Carl Rabl. Anatom und Histologe. Gestorben 24. 12. 1917 in Leipzig. (Geboren 2. 5. 1853 in Wels.)

Zensur

11. August. In einem Bericht der Linzer „Tages-Post" über Höchstpreise und Händlergewinne finden sich mehrmals weiße Flecken. Zu lesen ist, „daß ein halbwegs gehauter Bursche durch den Aufkauf von Obst an einem Tage ein Vermögen erwerben kann." Dann sind ...

.....
.....
.....
.....
.....

fünf Zeilen leer, bevor es heißt: „Angesichts solcher Zustände muß man aber auch fragen: Ist denn wirklich in Linz, dem Sitze der Statthalterei, niemand da, der ..."

.....

Zu lesen ist wieder das Ende der Frage: „... mit aller Entschiedenheit auftritt?" Mit aller Entschiedenheit ist hier vor allem die Zensurbehörde aufgetreten.

Arbeiterwohnhäuser

1917–1921. Die Arbeiterwohnhäuser in Steyr-Ennsleite werden geschaffen, die zu einer sozialdemokratischen Hochburg werden. Im Februar → 1934 kommt es hier zu Kämpfen.

Kriegspropaganda-Postkarte. So große Knödel gab es auch in Oberösterreich nicht mehr ...

Kriegsweihnacht. Ein Ölbild des als Kriegsmaler tätigen Linzers Karl Hayd (1882–1945).

Heldentat der Linzer Hessen

Daß sich die Durchbruchsschlacht von Flitsch-Tolmein für die Österreicher zum „Wunder von Karfreit" formte, ist nicht zuletzt jenen zu danken, die auf dem Gabriele um jeden Handbreit Boden kämpften. Die Angehörigen des ehemaligen Infanterieregiments Nr. 14 haben ein Recht, sich mit Stolz auf den 12. September 1917 zu besinnen. Daß dieser Stolz nicht mit Heldentümelei oder gar mit einer Verklärung des Krieges zu tun haben darf, ist in unserer Zeit selbstverständlich, aber die erhabenen Worte des Apostels Paulus sind in und zu jeder Zeit auszusprechen: „Unser Ruhm ist das Zeugnis unseres Gewissens!"

„Oberösterreichische Nachrichten" 9. 9. 1967, zum 50. Jahrestag der Erstürmung der Höhe 552 (Monte San Gabriele) durch die Linzer Hessen.

Ausgezeichnet wurde

der auf dem italienischen Kriegsschauplatze gefallene Oberleutnant i. d. Evid. Hans Bohaumilitzky mit dem Eisernen Kronenorden 3. Kl.

„Tages-Post", 2. 4. 1917.

Glocken für den Krieg

Überall im Land müssen die Glocken abgeliefert werden, weil man Metall für die Kanonen braucht. Mit Tannenreisig geschmückt, treten die Glocken ihren Weg zu den Schmelztiegeln und Schlachtfeldern an.

Die Linzer Hessen im Kampf auf dem italienischen Kriegsschauplatz. Ölbild von Leo Adler (1897–1987).

Keramische Schule

Seine Lieblingsidee verwirklicht Franz Schleiß (1884–1968), Gründer und Leiter der „Gmundner Keramik", die sich 1912 mit der „Wiener Keramik" fusionierte, im Jahre 1917: er gründet eine Lehrwerkstätte für Keramik. Viele Keramiker bezeichnen diese „Keramische Schule", an der neben Franz Schleiß und Emilie Schleiß (1880–1962) auch Franz von Zülow (1883–1963) lehrte, als ihre wesentliche Ausbildungsstätte.

Propaganda zur Zeichnung von Kriegsanleihen: Eine Werbekundgebung vor dem Linzer Landhaus, 1917.

Kriegswurst

7. April. In Linz beginnt anlässlich der Osterfeiertage die Ausgabe von Rindfleisch und Kriegswurst. Anspruch haben nur jene Haushalte, die in die Hilfsaktion für Minderbemittelte einbezogen und mit Legitimationskarten ausgestattet sind. Diese Minderbemittelten können dann nach freier Wahl entweder Rindfleisch oder Kriegswurst bis zu 15 Dekagramm zum verbilligten Preis beziehen.

Kriegsmenü

„Man nehme die Fleischkarte, wälze sie in der Eierkarte und brate sie in der Butterkarte schön braun. Die Kartoffel- und Gemüsekarte dämpfe recht weich und verdicke sie mit der Mehlkarte. Als Nachtisch brühe die Kaffeekarte auf, gebe die Milch- und Zuckerkarte dazu und tauche die Brotkarte hinein. Nach dem Essen wasche die Hände mit der Seifenkarte und trockne sie am Bezugsschein ab."

Aus einer am 24. Jänner 1918 nach Rainbach bei Freistadt geschickten Ansichtskarte.

Auch amtlich: Oberösterreich

„Als nach dem Zusammenbruch der Monarchie das Kronland Österreich ob der Enns seinen Beitritt zur Republik Österreich beschlossen hatte, erhielt es, nachdem es gleichsam namenslos als das Land ob der Enns durch Jahrhunderte existiert hatte, nun auch amtlich seinen heutigen Namen Oberösterreich."

Hans Sturmberger (1914–1999) in „Land ob der Enns und Österreich", Linz 1979.

*

„Wenn man nach einem offiziellen Datum für die amtliche Einführung der Bezeichnung ‚Oberösterreich' sucht, dann kann es nur der 2. November 1918 sein, an welchem der k.k. Statthalter in Oberösterreich der ‚provisorischen Landesregierung in Oberösterreich' die Geschäfte übergibt."

Der Historiker Roman Sandgruber in: „Kulturbericht Oberösterreich", März 2008.

1918

Kalender

1.1. Die Linzer Filiale der Lokomotivfabrik Krauß wird von der „Österreichischen Eisenbahn-Verkehrsanstalt" übernommen.

2.1. Gründung der „Oberösterreichischen Wasserkraftwerks Ges.mbH". (Das Land ist mit 20 % beteiligt, die Österreichische Waffenfabriksgesellschaft mit 33 %, die Tramway-Elektrizitäts-Gesellschaft mit 28 %, die Stadt Linz und das E-Werk Steyr mit je 5 %, Private 9 %.)

19.1. Wegen der schlechten Versorgung mit Lebensmitteln und der fortschreitenden Teuerung treten die Arbeiter mehrerer Linzer Fabriken in den Streik.

15.–21.5. Streik in Steyr. Alle verfügbaren Militärabteilungen aus der Umgebung werden nach Steyr abkommandiert, 40 Arbeiterführer werden „einrückend gemacht".

1.9. Der Linzer Hermann Bahr (1863–1934) wird Chefdramaturg des Wieners Burgtheaters und mit weitgehenden Vollmachten ausgestattet.

28.9. Das Linzer Landestheater unter neuer Direktion: Max Höller leitet die oberösterreichische Landesbühne bis 1920, dann wieder von 1922 bis 1924.

21.10. Konstituierende Sitzung der deutschsprachigen Mitglieder des cisleithanischen Abgeordnetenhauses als „provisorische Nationalversammlung für Deutschösterreich". Der Bürgermeister von Linz, Franz Dinghofer (1873–1956, Deutschnational) wird Erster Präsident, Jodok Fink (1853–1929, Christlichsozial), engster Mitarbeiter des oberösterreichischen Landeshauptmannes Johann Nepomuk Hauser, wird Zweiter Präsident, Karl Seitz (1869–1950, Sozialdemokrat), Dritter Präsident.

30.10. Präsident der „Provisorischen oberösterreichischen Nationalversammlung" (Landesversammlung) wird Johann Nepomuk Hauser (1866 bis 1927, Landeshauptmann von 1908 bis 1927.)

31.10. Arbeiter der Linzer Schiffswerft ziehen mit roten Fahnen durch Linz und brechen in Hochrufe auf die russische Revolution aus.

1.11. Gemeinsame Republik-Kundgebung der Parteien auf dem Linzer Hauptplatz. Für die Sozialdemokraten spricht Josef Dametz (1868 bis 1927), für die Großdeutschen Franz Langoth (1877–1953), für die Christlichsozialen Georg Pischitz (1861–1940).

In Linz wird ein provisorischer Soldatenrat gegründet.

2.11. Der kaiserliche Statthalter, Erasmus Freiherr von Handel (1860–1928), tritt zurück, Landeshauptmann Johann Nepomuk Hauser (Christlichsozial) und seine Stellvertreter Max Mayr (1864 bis 1944, Christlichsozial), Franz Langoth (Großdeutsch) und Josef Gruber (Sozialdemokrat, 1867–1945) bilden die Provisorische Landesregierung. → 18. 11.

Plünderungen von Kasernen und Lebensmitteldepots in Linz.

9.11. Letzte Sitzung des alten Landesausschusses des Erzherzogtums Österreich ob der Enns.

11.11. Soldatenratsversammlung in Linz, die Gründung eines Arbeiterrates wird beschlossen.

12.11. Ausrufung der Republik Deutsch-Österreich.

16.11. In Schallerbach sucht man nach Erdöl und findet Heilwasser.

18.11. Konstituierung der Provisorischen Landesversammlung für Oberösterreich mit 101 Mitgliedern. Johann Nepomuk Hauser bleibt Landeshauptmann. (Bis zu seinem Tod 1927.)

22.11. Im Bundesgesetz, das Umfang und Grenzen des Staatsgebietes festlegt, wird Österreich ob der Enns einschließlich des Kreises Deutsch-Südböhmen erwähnt.

22.11.–6.12. Der Böhmerwaldgau mit den Städten Krumau und Kaplitz, der an Oberösterreich angeschlossen werden sollte, wird von tschechischem Militär besetzt.

25.11. Gründungsversammlung der „Kinderfreunde" in Steyr.

November. Gründung einer Kommunistischen Parteiorganisation in Steyr.

Geburtstage

Helmut Schiff. Komponist. Geboren 30. 1. 1918 in Preßburg. (Gestorben 20. 12. 1982 in Linz.)

Rudolf Trauner. Dritter Präsident des oberösterreichischen Landtags (VP, 1985–1991), Präsident der oberösterreichischen Handelskammer (1980 bis 1990). Geboren 3. 4. 1918 in Roggendorf, Niederösterreich. (Gestorben 21. 11. 2004 in Linz.)

Lothar Eckhart. Archäologe. Geboren 11. 7. 1918 in Znaim. (Gestorben 19. 12. 1990 in Wien.) Er war vor allem in Oberösterreich tätig.

Josef Friedrich Doppelbauer. Komponist. Geboren 5. 8. 1918 in Wels. (Gestorben 16. 1. 1989 in Salzburg.)

Hans Krotthammer. Sänger. Geboren 23. 8. 1918 in Pischelsdorf. (Gestorben 13. 9. 1977 in Linz.) Beliebter Tenor am Linzer Landestheater.

Helmut Janatsch. Kammerschauspieler. Geboren 12. 10. 1918 in Braunau. (Gestorben 24. 11. 1989 in Salzburg.)

Harry Slapnicka. Landeshistoriker. Geboren 29. 10. 1918 in Kladno, Böhmen. (Gestorben 13. 8. 2011 in Linz.)

Katharina Dobler. Volksbildnerin. Geboren 9. 11. 1918 in Zell an der Pram. (Gestorben 10. 5. 2003 in Zell an der Pram.)

Todestage

Isidor Engl. Oberhutmann (Grubensteiger) in Hallstatt. Gestorben 15. 2. 1918 in Hallstatt. (Geboren 4. 4. 1832 in Hallstatt.) Er fertigte von den Funden im Hallstätter Gräberfeld Aquarelle an. → S. 54, 224, 225

Anton Matosch. Mundartdichter. Gestorben 10. 5. 1918 in Wien. (Geboren 10. 6. 1851 in Linz.) Mitherausgeber der Sammlung oberösterreichischer Dialektdichtungen. → 1910

Hans Claar. Direktor des Linzer Landestheaters (1906–1918). Gestorben 6. 6. 1918 in Gmunden. (Geboren 13. 9. 1861 in Wien.)

Franz Keim. Schriftsteller. Gestorben 27. 6. 1918 in Brunn am Gebirge. (Geboren 28. 12. 1840 in Alt-Lambach = Stadl-Paura.) → S. 215

Karl Sterrer. Bildhauer. Gestorben 18. 10. 1918 in Wien. (Geboren 25. 5. 1844 in Wels.)

Wilhelm Groß. Mathematiker. Gestorben 22. 10. 1918 in Wien. (Geboren 24. 3. 1886 in Molln.)

Matthias Hiptmair. Kirchenhistoriker. Gestorben 27. 11. 1918 in Linz. (Geboren 4. 1. 1845 in Schwanenstadt.)

Franz Karl Salvator. Erzherzog. Sohn von Erzherzog Franz Salvator (1866–1939) und der Tochter von Kaiser Franz Joseph I., Marie Valerie (1868–1924). Gestorben 10. 12. 1918 in Schloss Wallsee, Niederösterreich. (Geboren 17. 2. 1893 in Schloss Lichtenegg bei Wels.)

Kriegspropaganda-Postkarte aus dem Jahr 1918.

Ende der Habsburger

1. November. Kaiser Karl enthebt die letzte kaiserliche Regierung ihres Amtes. Damit endet die fast 650jährige Herrschaft der Habsburger.

23.000 Gefallene

Es ist der Krieg niemals unmittelbar nach Oberösterreich gekommen in den Jahren 1914 bis 1918, sehr zum Unterschied vom Zweiten Weltkrieg. Oberösterreich ist jenes Kronland, das am weitesten von den Fronten entfernt liegt, das kein feindlicher Soldat je betreten hat. Doch die Verluste des Landes sind groß: 23.000 Gefallene. Außer Trauer herrscht im Land Hunger und Not.

Hirtenbrief über die Republik

„Die Treue und den Gehorsam, den wir Katholiken bisher dem Kaiser entgegengebracht, übertragen wir nunmehr auf die Träger der neuen Staatsgewalt. Unser Gehorsam kennt nur eine Schranke, die uns durch Gottes Gebot oder Verbot gezogen ist; denn Gott muß man mehr gehorchen als den Menschen.“

Aus dem Hirtenbrief von Bischof Johannes Maria Gföllner, der am 1. Dezember 1918 von den Kanzeln verlesen wird.

Demonstration vor dem Linzer Landhaus im November 1918.

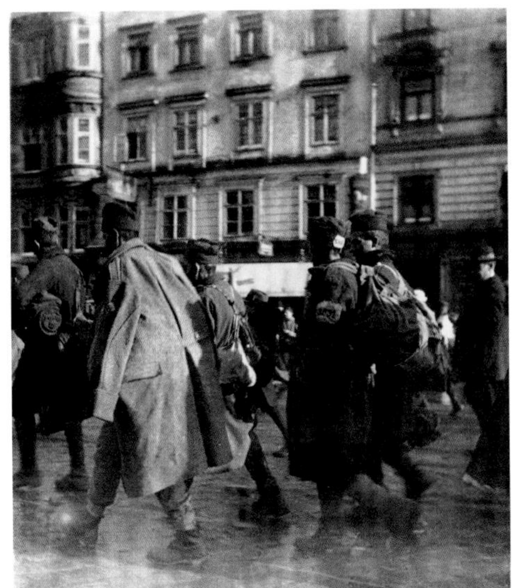

Heimkehrer auf dem Linzer Hauptplatz.

Unruhiger November

Unruhige Zeiten, auch auf den Straßen: Überall im Land kommt es zu Aufmärschen, Versammlungen, Kundgebungen. Auf dem Bild: Eine Demonstration vor dem Landhaus (Klosterstraße).

Die Heimkehrer

„Das Kriegsende war da. Die meisten Regimenter aus Oberösterreich, wie die Infanterie-Regimenter Nr. 14 und Nr. 114, die Zweier-Schützen, die Freiwilligen Schützen, das Dragoner-Regiment Nr. 4 sowie das Landsturm-Infanterie-Regiment Nr. 2 kehrten in geschlossener Ordnung in die Heimatgarnison zurück und wurden dort aufgelöst. Nach vier entbehrungsreichen Jahren waren die Reste aller Regimenter, wenn auch stark geschwächt, nach Oberösterreich heimgekehrt. Alles, wofür sie gekämpft und gelitten hatten und wofür so viele gefallen waren, bestand nicht mehr.“

Rolf Kausitz in „Das oberösterreichische Heimatbuch“, Wien 1966.

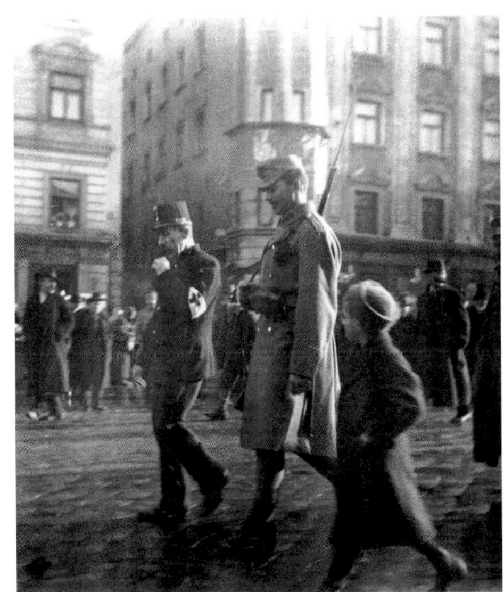

Die Montur ist entzaubert …

Märchenland Gmunden

„Plötzlich tauchst du wieder mit melancholischer Macht in meiner verdüsterten Seele des bald 60jährigen (9. 3. 1919) auf wie ein lichtes, unvergeßliches, rührendes, begeisterndes Märchenland!“

Peter Altenberg (1859–1919) über Gmunden, in „Mein Lebensabend“, 1919.

Germaniens Dom

„Ohne Jud' und Rom bauen wir Germaniens Dom.“

Motto des „Landbunds“, der bei den Landtagswahlen 1919 gemeinsam mit den Großdeutschen als „FOP“ („Freiheits- und Ordnungspartei“) kandidiert.

Kalender

4.2. Vier Tote bei Unruhen in Oberösterreich. In Linz kommt es zu Massendemonstrationen wegen Fleischmangels, rund 300 Geschäfte werden geplündert. Auch der Linzer Bischofshof wird gestürmt, wo man besondere Nahrungsmittelvorräte vermutet. Raubzüge machen auch die Gegend um Steyr unsicher.

16.2. Erste Nationalratswahlen der Republik Österreich. In Oberösterreich erhalten die Christlichsozialen elf, die Großdeutschen sechs und die Sozialdemokraten fünf Mandate.

21.2. Gründung der Kommunistischen Partei Oberösterreichs.

8.3. Die provisorische Landesversammlung Oberösterreichs beschließt die Grundzüge einer neuen Landesverfassung. Der Landeshauptmann muss nunmehr vom Landtag gewählt werden.

16.4. Ein Landesgesetz bestimmt mit Wirkung vom 1. 6. 1919 die Vereinigung von Urfahr mit der Landeshauptstadt Linz.

28.4. Gründung des oö. Bauernbundes.

5.5. Der Steyrer Gemeinderat beschließt die Umbenennung aller Straßen und Plätze, die Namen der Habsburger getragen haben.

18.5. Erste Landtagswahlen in der Republik unter Teilnahme von drei politischen Parteien. Die Mandatsverteilung: 38 Christlichsoziale, 22 Sozialdemokraten, 12 Großdeutsche (Freiheits- und Ordnungspartei = Großdeutsche und Landbund).

22.5. Zwischen Oberösterreich und der Tschechoslowakei werden Zollgrenzen errichtet.

1.6. Die Gemeinde Urfahr mit den Ortschaften Bachl, Gründberg, Hagen und Pöstlingsberg kommt zu Linz.

Mitte Juni. In Steyr beginnt die amerikanische Kinderhilfsaktion.

10.9. Im Friedensvertrag von St. Germain wird der von Oberösterreich beanspruchte „Böhmerwaldgau“ bzw. der „Kreis Deutsch-Südböhmen“ der Tschechoslowakei zugesprochen.

27.10. Eröffnung der „Kleinen Bühne“ des Linzer Landestheaters im Redoutensaal.

27.11. Die Glockengießerei in St. Florian bei Linz beginnt mit einem Guss von fünf Glocken.

13.12. Baubeginn für das Kraftwerk Partenstein, das die Wasserkraft der Großen Mühl nützt.

30.12. Streik der Linzer Theatermusiker.

Geburtstage

Max Kaindl-Hönig. Schriftsteller. Geboren 13. 2. 1919 in Grünburg. (Gestorben 21. 2. 2001 in St. Jakob am Thurn, Salzburg.)

Ernst Fehrer. Industrieller und Erfinder. Geboren 24. 3. 1919 in Linz. (Gestorben 1. 12. 2000 in Linz.)

Rudolf Bayr. Schriftsteller. Geboren 22. 5. 1919 in Linz. (Gestorben 17. 10. 1990 in Salzburg.)

Kurt Jeschko. Sportjournalist. Geboren 19. 8. 1919 in Linz. (Gestorben 7. 7. 1973 in Wien.)

Josef Schmidl. Präsident der oberösterreichischen Arbeiterkammer (1968–1982). Geboren 3. 12. 1919 in Steyr. (Gestorben 12. 6. 2006 in Steyr.)

Franz von Benak, Gründer des Stadtmuseums Wels.

Carl Beurle, Wirtschaftspionier und Politiker.

Todestage

Franz Edler von Benak. Advokat. Gestorben 4. 1. 1919 in Wels. (Geboren 14. 9. 1838 in Baden.)

Carl Beurle. Deutschnationaler Politiker, Advokat. Gestorben 4. 1. 1919 in Linz. (Geboren 24. 4. 1860 in Großhof, Mähren.)

Viktor Freiherr von Puthon. Statthalter von Oberösterreich (1890–1902). Gestorben 11. 1. 1919 in Salzburg. (Geboren 3. 3. 1842 in Wien.)

Franz Metzner. Bildhauer. Gestorben 24. 3. 1919 in Berlin. (Geboren 18. 11. 1870 in Wscherau bei Pilsen.) Stelzhamer-Denkmal in Linz.

Plünderungen und Standrecht in Linz

Die Plünderungen von Geschäften in Linz am 4. und 5. Februar führen zur Verhängung des Standrechts.

Wildererschlacht in Molln

„Nach dem Ersten Weltkrieg war es im Gebiet des Reichraminger Hintergebirges wie im Wilden Westen.“

Werner W. Widmann in „Merian“, Hamburg 1972.

*

„Die Tötung der vier Wilderer hatte die Bevölkerung aufgebracht. Ihr Begräbnis (17. 3. 1919) wurde zu einer Demonstration des Protestes gegen die Obrigkeit und der Sympathie für den Wildschützen.“

Roland Girtler in „Wilderer“, Linz 1988.

Weyer an der Enns

„Ort Weyer a. d. Enns, am Eingang ins ‚Gesäuse‘, ja es saust der enge Bergstrom Tag und Nacht, aber nicht störend, sondern bezaubernd, Ort Weyer a. d. Enns, was verdanke ich dir alles ...“

Peter Altenberg in „Mein Lebensabend“, 1919.

Die Pöstlingbergkirche brennt!

Das Wahrzeichen von Linz steht in Flammen.

17. Mai, ½8 Uhr abends. „Ein Blitzstrahl, der aus den Lüften fuhr, hatte das Unheil heraufbeschworen und das Dach der Kirche in Brand gesetzt“, berichten die Zeitungen über den Brand der Pöstlingbergkirche. Der Blitz „rumorte längere Zeit im Hause herum und sprang plötzlich auf die Sakristei über, deren mit Schindeln verschalter nordwestlicher Teil in Brand geriet“. Der Dachstuhl brennt völlig aus, das Innere der Kirche und der Seitenkapelle bleibt unversehrt.

Wien wird zum Mauerblümchen *Oberösterreich mischt kräftig mit in der Politik. Der engste Mitarbeiter des oberösterreichischen Landeshauptmannes Johann Nepomuk Hauser, Jodok Fink, ist Vizekanzler der Regierung Renner, Landeshauptmann Hauser Zweiter Nationalratspräsident. Wien sitzt – zumindest auf dieser Karikatur – als Mauerblümchen da.*

Erste NSDAP

13. Mai. In Linz gründet der Eisenbahner Alfred Proksch (1891–1981) eine Ortsgruppe der Nationalsozialistischen Deutschen Arbeiterpartei – es ist die erste in Oberösterreich. Proksch kam nach dem Krieg aus Österreichisch-Schlesien nach Oberösterreich und errichtete hier vorerst eine Organisation deutschstämmiger Eisenbahner. Schon 1920 wird er mit Hitler bekannt, dem die Partei erst 1926 unterstellt wird.

Die Feuerwehr muss warten

Um jede Sekunde kämpfen die Attnanger Feuerwehrleute, um am 10. Juni 1919 einen Brandplatz zu erreichen – doch sie stehen vor geschlossenen Bahnschranken und müssen acht Minuten warten.

Qualität der Milch

„Die Qualität der einlangenden Milch läßt nahezu alles zu wünschen übrig. Sowohl die Landwirte als auch die Fuhrleute verwenden zuwenig Sorgfalt auf die Milch. Letztere haben wenig Interesse, da ihre Bezahlung sehr gering ist.“

Aus dem Bericht des Oberösterreichischen Landeswirtschaftsrats vom 7. Juli 1920.

Mein liebes Linz

O Linz, mein Linz! Mein Saitenspiel
Wüßt' dich zu besingen und preisen noch viel;
Du bist aber selbst ein lieblicher Sang,
Dem ich lauschen will zeitlebenslang.

Hans Ernest (1862–1928): „Mein liebes Linz“, in „Linzer Lieder“, Linz 1920.

Ein Scherz in schwerer Zeit: Eine Banknote der „Nationalbank Eferding“.

1920

Kalender

1.1. Der Zugsverkehr wird durch Kohlenmangel schwer beeinträchtigt.

9.1. In Linz streiken die Leichenträger.

28.1. Der Österreichische Heilbäderverband wird in Linz gegründet.

Jänner. Im Linzer Landestheater wird gestreikt.

3.2. Demonstration der Kriegsinvaliden, Witwen und Waisen in Linz. Teile des Landhauses werden besetzt.

3.3. Die Stadt Linz gibt Notgeld aus.

13.4. Ausgabe von Landesnotgeld.

20.–23.4. Länderkonferenz in Linz. Sie ist entscheidend für die Rechtsstellung der Bundesländer im Rahmen der Bundesverfassung von 1920.

25.4. Zeitungen dürfen wegen der Papierknappheit nur höchstens acht Seiten haben.

28.4. Demonstrationen von Kriegsinvaliden und Bauarbeitern in Linz.

1.5. Auf der sozialdemokratischen Linzer Maikundgebung sprechen Landeshauptmann-Stellvertreter Josef Gruber (1867–1945) und der Linzer Bürgermeister Josef Dametz (1868–1927).

Erste Maikundgebung der KPÖ auf dem Linzer Hauptplatz.

5.5. Das Linzer Museum Francisco-Carolinum (Landesmuseum) wird vom Land Oberösterreich übernommen.

Mai. Der 28jährige Paul Wrede übernimmt die Leitung des Linzer Landestheaters.

27.6. Erster altkatholischer Gottesdienst in der Kapelle des ehemaligen Prunerstifts in Linz. Ein barocker Kirchenraum mit Freskenschmuck, der bisher als Eisenmagazin verwendet wurde, erhält damit wieder eine sinnvolle Funktion.

7.7. Ein Gesuch des Vereins der Oberösterreicher in Wien um Legitimationen für Hamsterfahrten nach Oberösterreich wird abgelehnt.

19.7. Umwandlung der 1918 gegründeten „Oberösterreichischen Wasserkraft Ges.mbH“ in die „OWEAG“, „Oberösterreichische Wasserkraft- und Elektrizitäts-Aktiengesellschaft“. (Seit 1929 ÖKA, seit 1947 OKA, seit 1999 Energie-AG.)

11./12.8. Das Linzer Landestheater veranstaltet im Märzenkeller Freilichtaufführungen.

August/September: Eine der größten Hochwasserkatastrophen im Land.

6.9. Eröffnung des neuen Linzer Güterbahnhofs.

13.9. Bergsturz in Goisern: Ein 200 Meter hoher Felsturm bricht von der Westwand des Pulverhörndls am Hohen Sandling, den Gesteinsmassen und dem folgenden Geröllstrom fallen Almen und Sennhütten zum Opfer.

17.10. Nationalratswahlen. Oberösterreich stellt 15 christlichsoziale, fünf sozialdemokratische und zwei großdeutsche Abgeordnete.

25.10. Bad Ischl wird zum Kurort erklärt.

13.11. Erster Verbandstag des Katholischen Arbeiterbundes Oberösterreichs.

1.12. Erste Sitzung des Bundesrates. Der oberösterreichische Landtag entsendet drei Christlichsoziale, zwei Sozialdemokraten und einen Großdeutschen.

In Linz wird geschossen

10.–15. Mai. Bei einer von der KPÖ veranstalteten Hungerdemonstration auf dem Linzer Hauptplatz greift die Exekutive zu den Waffen: Es sind acht Tote und zahlreiche Verletzte zu beklagen. Für Linz-Stadt, Linz-Land und Urfahr wird das Standrecht verhängt. Rund 450 Personen werden verhaftet.

Bundeskanzler Mayr

Ein Oberösterreicher als Regierungschef: Michael Mayr (1864–1922), katholisch-konservativer Politiker, wird am 20. November 1920 österreichischer Bundeskanzler. Seine Amtszeit beträgt allerdings nur sieben Monate, bis 21. Juni 1921. Ein Jahr später stirbt er. Mayr ist Mitschöpfer der österreichischen Bundesverfassung.

Die Fürstin „Fanny“

Die einzige Abgeordnete der Christlichsozialen Oberösterreichs zieht 1920 in den Bundesrat ein: Die Fürstin Franziska („Fanny“) Starhemberg (1875–1943), Präsidentin der katholischen Frauenorganisation Österreichs, Stellvertreterin des Obmanns der Christlichsozialen Partei, Mutter des vor allem als Heimwehrführer bekannt gewordenen Ernst Rüdiger Starhemberg. → *1929*

Geburtstage

Veronika Handlgruber-Rothmayer. Schriftstellerin. Geboren 7. 2. 1920 in Wien. (Gestorben 5. 9. 2003 in Wien.) Lebte in Steyr.

Hermann Friedl. Schriftsteller. Geboren 21. 2. 1920 in Linz. (Gestorben 5. 12. 1988 in Steyr.)

Marlen Haushofer (Marie Helene Frauendorfer). Schriftstellerin. Geboren 11. 4. 1920 in Frauenstein. (Gestorben 21. 3. 1970 in Wien.)

Walter Brauneis. Zentralbetriebsrat der Voest (1952–1978). Geboren 24. 4. 1920 in Linz. (Gestorben 15. 8. 2000 in Linz.)

Ludwig Fröhler. Erster Rektor (1965–1967), Prorektor (1967–1970) der neu gegründeten Linzer Hochschule (Johannes-Kepler-Universität). Geboren 28. 4. 1920 in Rohrstetten, Niederbayern. (Gestorben 5. 7. 1995 in Linz.)

Hans Buchner. Generaldirektor der Chemie Linz bzw. der Stickstoffwerke Linz (1961–1982). Geboren 9. 5. 1920 in Überackern. (Gestorben 19. 4. 1997 in Linz.)

Artur Perotti. Architekt. Geboren 9. 5. 1920 in Bregenz. (Gestorben 2. 4. 1992 in Salzburg.) Wirkte in Oberösterreich. → 1992

Kurt Steyrer. Arzt, Politiker (SP). Geboren 3. 6. 1920 in Linz. Umweltminister (1981–1986), Präsidentschaftskandidat → 1986. (Gestorben 16. 7. 2007 in Wien.)

Romuald Pekny. Kammerschauspieler. Geboren 1. 7. 1920 in Wien. (Gestorben 9. 11. 2007 in Linz.) → S. 379

Hubert Mann. Schauspieler. Geboren 7. 7. 1920 in Linz. Publikumsliebling am Linzer Landestheater.

Johannes Spalt. Architekt. Geboren 29. 9. 1920 in Gmunden. (Gestorben 2. 10. 2010 in Wien.) → S. 421

Hermann Czekal. Chefredakteur des Linzer „Tagblatts“ (1965–1985). Geboren 18. 12. 1920 in St. Veit im Mühlkreis. (Gest. 12. 7. 2008 in Linz.)

Todestage

Josef Sailer. Propst von St. Florian (1901–1920). Gestorben 29. 1. 1920 in St. Florian. (Geboren 9. 9. 1839 in Linz.)

August Zeininger. Päpstlicher Hausprälat. Gestorben 25. 3. 1920 in Linz. (Geboren 21. 5. 1844 in Linz.) 1888 Kanzler des Erzbischofs von Milwaukee (USA), seit 1890 Generalvikar, 1899 nach Linz zurückgekehrt.

Leopold Breinbauer. Orgelbauer. Gestorben 18. 5. 1920 in Ottensheim. (Geboren 15. 1. 1859 in Ottensheim.)

Alfred Cavar. Direktor des Linzer Landestheaters (1897–1903). Gestorben 15. 9. 1920 in Wien. (Geboren 2. 12. 1859 in Wien.) Bewirkte eine Glanzperiode des Linzer Theaters.

Linzer Lob für Karl Farkas

„In der unbeträchtlichen Partie des Kritikers zeigte Karl Farkas seine hervorragenden schauspielerischen Qualitäten."

„Linzer Volksblatt", 24. 9. 1920 über „Der Gardeoffizier" von Franz Molnar im Linzer Landestheater.

Hochmodern, fast sensationell

„War das Auto vom Chassis her durch und durch konventionell, konnte man den Motor als für seine Zeit hochmodern, ja fast sensationell bezeichnen."

Halwart Schrader in „Geliebte alte Automobile", Wels 1976, über den „Steyr Typ II".

Die ersten Autos aus Steyr

August. Bei der Automobilausstellung in Prag wird erstmals das Sechszylinder-Waffenauto aus Steyr vorgestellt, konstruiert von Hans Ledwinka (1878–1967). Von diesem „Typ II" werden bis 1924 insgesamt 2150 Fahrzeuge gebaut. 1920 kommen auch noch der „Typ IV", ein 7/23-PS-Vierzylinder mit Stufenschaltung, und der „Typ III", ein Sechszylinder-Lastwagen für zweieinhalb Tonnen Nutzlast, auf den Markt. →

Auf den österreichischen Straßen werden die eleganten Automobile aus Steyr bereits mit ihren ersten Modellen populär. (Ein „Steyr Typ II" aus dem Jahr 1920.)

Farkas in Linz

22. September. Erste Premiere des neu am Linzer Landestheater engagierten Karl Farkas (1893–1971), der später als Kabarettist Karriere macht. Farkas inszeniert in Linz Franz Molnárs „Gardeoffizier" und spielt den Kritiker. Im gleichen Jahr steht er noch als Dorfrichter Adam (in Kleists „Zerbrochenem Krug") und als Franz Moor (in Schillers „Räuber") auf der Bühne, ein Jahr später als Mephisto in Goethes „Faust". Farkas führt Regie in Inszenierungen von Strindberg-, Wedekind- und Hasenclever-Dramen, auch eines seiner eigenen Stücke wird aufgeführt. → 1921

Notgeldscheine oberösterreichischer Gemeinden.

Volksschüler Kirchschläger

„Als mich mein Vater in der einklassigen Volksschule in Rosenau bei Windischgarsten anmeldete, durfte ich mitgehen. Der Lehrer stellte an mich die wohl nur rhetorisch gemeinte Frage, ob ich mich auf die Schule freue – und ich habe sofort die erwartete Antwort gegeben: Ja, sehr! Aber dann kam, wohl zur Prüfung der Ehrlichkeit dieser vielleicht etwas zu schnell gegebenen Antwort, die kurze Zusatzfrage: warum? Ich sagte, weil ich Zeitunglesen lernen möchte! Nicht ein Bilderbuch mit Versen, auch keine Tiergeschichten oder Märchen, nein, Zeitung wollte ich lesen!“

Der Pensionist Rudolf Kirchschläger, Bundespräsident von 1974 bis 1986, am 12. November 1986 bei einem Vortrag in Wien.

Kalender

16.1. Poststreik in Steyr.

3.2. Forstarbeiterstreik im Salzkammergut.

Premiere des Schauspiels „Das ewige Dreieck“ des in Linz als Regisseur und Charakterdarsteller engagierten Karl Farkas. → 1920

10.2. Der Linzer Gemeinderat beschließt die Einführung einer Mietzinsauflage, um die Mittel zum Bau von 500 Wohnungen aufzubringen.

9.3. Uraufführung im Linzer Landestheater: „Christus Heimdal“ von Hermann Heinz Ortner.

19./20.3. Erste Wahl zur neuerrichteten Kammer für Arbeiter und Angestellte in Oberösterreich.

20.–23.3. Streik im Linzer Landestheater.

31.3. Ende der Laufzeit der vom Land Oberösterreich herausgegebenen Notgeldscheine.

9.4. Wegen der Inflation streiken in Linz die Bediensteten der Tramway- und Elektrizitätsgesellschaft und der Lokalbahngesellschaft.

11.4. Oberösterreichs Christlichsoziale wenden sich gegen eine Teilnahme an geplanten Anschluss-Kundgebungen.

19.4. Arbeiterdemonstration in Steyr für die Herabsetzung der Lebensmittelpreise.

8.5. Uraufführung des Einakterzyklus „Johannes“ von Ferdinand Kögl im Linzer Landestheater.

21.5. Die Kammer für Arbeiter und Angestellte in Linz nimmt ihre Tätigkeit auf.

Gründung des Welser Sportvereins „FC Hertha“.

21.6. Der Mühlviertler Johannes Schober (1874 bis 1932) wird Bundeskanzler. → 1932

27.6. Die OWEAG (später OKA) erhält die wasserrechtliche Bewilligung zur Nutzung der Enns-Wasserkraft zwischen Enns und Steyr.

3.7. Eröffnung des Hilfskraftwerkes Partenstein.

8.7. In Oberösterreich werden die fleischlosen Tage abgeschafft.

30.7. Zusammenkunft von Bundeskanzler Johannes Schober mit Landeshauptmann Johann Nepomuk Hauser in Bad Hall.

11.8. Bundespräsident Michael Hainisch (1858 bis 1940) und der tschechoslowakische Staatspräsident Jan Masaryk (1886–1948) treffen sich in Hallstatt.

26.9. Gründung der „Schwefelbad Schallerbach GmbH“.

27.10. Uraufführung im Linzer Landestheater: „Der Untergang“ von Roderich Meinhart.

1.12. Apothekerstreik in Steyr.

Geburtstage

Rupert Hartl. Landeshauptmann-Stellvertreter (SP) 1974–1982. Geboren 2. 4. 1921 in Reichenau. (Gestorben 6. 3. 2006 in Linz.)

Karl Mostböck. Maler. Geboren 12. 4. 1921 in Grein.

Hannes Haslecker. Bildhauer. Geboren 18. 4. 1921 in Linz.

Norbert Wibiral. Kunsthistoriker, Denkmalpfleger. Geboren 18. 4. 1921 in Oemau, Bezirk Kaplitz. (Gestorben 12. 5. 2011 in Linz.)

Schutz der Almen *Aus heutiger Sicht war es eine kluge und weitblickende Maßnahme, dass am 28. Juni 1921 ein Landesgesetz zum Schutz der Almen und zur Förderung der Almwirtschaft beschlossen wurde. Almen sind bis heute mit romantischen Vorstellungen verbunden, darüber hinaus spielen sie in der alpenländischen Wirtschaft und im Leben der Gebirgsbevölkerung eine große Rolle. Der Rückgang der Almwirtschaft ist jedoch keineswegs nur eine Folge der Industrialisierung und der sozialen Umstrukturierung; er begann bereits in den letzten Jahrzehnten des 18. Jahrhunderts, wo im Salzkammergut eine großzügige Aufforstung einsetzte und wo später, vor allem im kaiserlichen Jagdgebiet, Almen verlegt und stillgelegt wurden, um die Jagdtiere nicht zu vertreiben.*

Alfred Marks. Kunsthistoriker. Geboren 12. 6. 1921 in Königinhof an der Elbe. (Gestorben 31. 5. 1984 in Linz.)

Friedrich Peter. Klubobmann der FP (1970–1986). Geboren 13. 7. 1921 in Attnang-Puchheim. (Gestorben 25. 9. 2005 in Wien.)

Erwin Wenzl. Landeshauptmann (VP) 1971 bis 1977. Generaldirektor der OKA (1977–1989). Geboren 2. 8. 1921 in Annaberg, Niederösterreich. (Gestorben 17. 10. 2005 in Linz.) → 1971

Ernst Balluf. Maler und Grafiker. Geboren 2. 9. 1921 in Linz. (Gestorben 20. 4. 2008 in Hellmonsödt.) → S. 17

Maximilian Stockenhuber. Bildhauer. Geb. 28. 9. 1921 in Andrichsfurt. (Gest. 25. 4. 1998 in Linz.)

Kurt Römer. Begründer des Fotomuseums Bad Ischl. Geboren 15. 10. 1921 in Bad Ischl.

Benno Ulm. Kunsthistoriker. Geboren 22. 10. 1921 in Wien. (Gestorben 7. 12. 2000 in Linz.)

Eduard Haas. Industrieller. Geboren 23. 10. 1921 in Linz. (Gestorben 3. 6. 1990 in Linz.) Sohn des Gründers der Nährmittelfabrik Eduard Haas (1897–1986).

Franz Hillinger. Bürgermeister von Linz (SP) 1969–1984. Geboren 24. 10. 1921 in Linz. (Gestorben 10. 5. 1991 in Linz.) → 1969, 1984

Todestage

August Ontl. Oberst. Gestorben 22. 2. 1921 in Linz. (Geboren 10. 8. 1860 in Split, Dalmatien.) 1917/18 Kommandant des Feld-Infanterieregiments Nr. 14 (Hessen).

Gustav Adolf Koch. Geologe. Gestorben 27. 5. 1921 in Gmunden. (Geboren 10. 10. 1846 in Wallern.)

Julius von Hann. Meteorologe. Gestorben 1. 10. 1921 in Wien. (Geboren 23. 2. 1839 in Schloss Haus, Wartberg ob der Aist.)

Karl Kronberger. Genremaler. Gestorben 27. 10. 1921 in München. (Geboren 7. 3. 1841 in Freistadt.) Vorwiegend romantische Kleinstadtszenen.

Ludwig Bermanschläger. Priester, Dichter. Gestorben 11. 11. 1921 in Linz. (Geboren 21. 11. 1861 in Steyr.) Verfasser von Volksstücken.

Julius Titze. Industrieller. Gestorben 12. 11. 1921 in Linz. (Geboren 1. 3. 1859 in Linz.) Gründer der Feigenkaffeefabrik Titze.

Bernhard Pösinger. Stiftsarchivar. Gestorben 19. 12. 1921 in Kremsmünster. (Geboren 10. 6. 1877 in Sierning.)

D. Friedrich Koch. Evangelischer Superintendent (1907–1920). Gestorben 1921. (Geboren 15. 6. 1838 in Wallern.)

Inflation

Der Wert des Geldes sinkt von Jahr zu Jahr. 100 Schweizer Franken notierten jeweils am 1. Juli:

1919: 567 Kronen
1920: 2.702 Kronen
1921: 12.000 Kronen
1922: 360.000 Kronen

Lob dem Linzer Hauptplatz

„... Öffnet sich dieser Linzer Platz, er schließt sich auf und scheint, sachte zum enteilenden Strom hinab sich senkend, nach den Bergen über dem anderen Ufer hin sich dehnend, die Welt umarmen zu wollen; dieser Platz faßt seine Stadt nicht bloß zusammen, er führt sie fort, über sie hinaus; es ist ein bewegender Platz; ins Weite will er, an den großen Strom hinab, der dem Sonnenaufgang entgegenstürzt, zu den Bergen hinauf, wo schon die Rede der Menschen nördlich härter wird, weit in die blauen Fernen hinaus – ich weiß auf Erden keinen anderen so weittragenden Platz von dieser ausweitenden Kraft."

Hermann Bahr (1863–1934) in „Selbstbildnis", Berlin 1923.

Der Linzer Hauptplatz, wie ihn Hermann Bahr in seinen Kindheitserinnerungen bewahrt hat.

Kalender

1.1. Der Linzer Neue Dom ist auch Pfarrkirche. Die Dompfarre umfasst das Gebiet innerhalb der Promenade, Klamm-, Kapuziner-, Hopfen-, Wurm-, Sand-, Keller-, Waldegg-, Bahnhof- und Landstraße.

12.1. In der Steyrer Autofabrik werden 500 Arbeiter entlassen.

27.1. Johannes Schober (1874–1932), ein geborener Perger, wird zum zweiten Mal Bundeskanzler. → 1932

6.3. Streik im Wolfsegg-Traunthaler Kohlenrevier.

22.3. Uraufführung im Linzer Landestheater: „Ende" von Hermann Heinz Ortner.

24.3. Ausstand (Streik) der Kleinmünchner Arbeiter.

31.3. Die Turm- und Feuerwacht auf dem Steyrer Stadtpfarrturm wird aufgelassen.

25.4. Demonstration von Arbeitern der Steyrer Waffenfabrik vor dem Direktionsgebäude der Steyr-Werke.

27.4. Erregte sozialistische Angestelltenversammlung in Steyr.

23.5. Die OWEAG (später OKA und Energie AG) erhält die wasserrechtliche Bewilligung zur Nutzung der Großen Mühl und damit zur Errichtung des Wasserkraftwerks Partenstein. Baubeginn für Partenstein 27. 5. 1922, Inbetriebnahme → 1924.

Mai. Protestversammlung der Kriegsinvaliden in Steyr.

Juni. Landarbeiterstreik in der Umgebung von Steyr, Arbeiterdemonstration (21. 6.) anlässlich des Landarbeiterstreiks.

16.9. Eröffnung der Landes-Lungenheilstätte Buchberg bei Traunkirchen.

30.9. Beginn der zweiten Direktionsära Max Höller im Linzer Landestheater.

7.10. Die Linzer Straßenbahner streiken.

28.11. Gründungs-Generalversammlung der Oberösterreichischen Elektrobau-AG.

3.12. Weihe der ersten Methodistenkirche in Linz (Schubertstraße).

Geburtstage

Franz Kain. Schriftsteller. Geboren 10. 1. 1922 in Goisern. (Gestorben 27. 10. 1997 in Linz.)

Josef Gruber. Politiker (VP), Volksbildner. Geboren 10. 2. 1922 in St. Florian bei Linz. (Gestorben 3. 3. 1980 in Wels.)

Franz Wilflingseder. Direktor der Studienbibliothek Linz (1969–1985). Geboren 12. 2. 1922 in Rottenbach bei Haag am Hausruck. (Gestorben 26. 9. 1985 in Linz.)

Lydia Roppolt. Malerin. Glaskünstlerin. Geboren 17. 3. 1922 in Moskau. (Gestorben 28. 11. 1995 in Wien.) Sie arbeitete vorwiegend in Oberösterreich. → 1957

Rudolf Kolbitsch. Maler. Geboren 21. 5. 1922 in Wels. (Gestorben 7. 2. 2003 in Linz.)

Todestage

Norbert Schachinger. Abt von Schlägl (1885 bis 1922). Gestorben 27. 1. 1922 in Schlägl. (Geboren 23. 6. 1842 in Gurten.) Seit 1906 Generalabt der Prämonstratenser.

Eduard Kyrle. Liberaler Politiker. Gestorben 28. 1. 1922 in Schärding. (Geboren 22. 4. 1854 in Schärding.) Landtags- und Reichstagsabgeordneter.

Alois Höfler. Psychologe. Gestorben 26. 2. 1922 in Wien. (Geboren 6. 4. 1853 in Kirchdorf an der Krems.)

Adolf Schwayer. Dramatiker. Gestorben 16. 5. 1922 in Linz. (Geboren 12. 8. 1858 in Poysdorf, Niederösterreich.) → 1906

Michael Mayr. Christlichsozialer Politiker. Gestorben 21. 5. 1922 in Waldneukirchen. (Geboren 10. 4. 1864 in Adlwang.) Von 1920 bis 1921 österreichischer Bundeskanzler. → 1920

Friedrich Wutschl. Maler und Restaurator. Gestorben 15. 8. 1922 in Linz. (Geboren 3. 2. 1837 in Brünn.) Porträts vieler Linzer Bischöfe.

Friedrich von Kenner. Leiter des kaiserlichen Münz- und Antikenkabinetts (seit 1883). Gestorben 22. 11. 1922 in Wien. (Geboren 15. 7. 1834 in Linz.)

Oben und unten: Der erste Steyr-Lastwagen Typ III, ein Sechszylinder mit 34 PS, aus dem Jahr 1922.

Das Steyrer Kripperl, die letzte mechanische Puppenspielbühne, übersiedelt in das Heimathaus am Grünmarkt. Die Entstehung dieser originellen Kostbarkeit ist nicht ganz geklärt, Ursprünge reichen ins 18. Jahrhundert und weiter zurück.

Cosima Wagner an Göllerich

„Es ist mir eine Freude gewesen, lieber Herr Göllerich, Ihnen das Andenken zu überreichen und wenn mir Anderes gelassen worden wäre, so seien Sie versichert, dass ich Ihnen, der Sie mit mir die feierliche Stunde der Befreiung bewahrten, sei es ein Buch, sei es ein Notenheft oder sonstiges Intimes zugedacht hätte. Mit Rührung habe ich erfahren, wie das Andenken meines Vaters von Ihnen hoch und lebendig erhalten wird; namentlich freut es mich, dass Sie den Katalog seiner Werke begonnen haben. Dies ist sehr verdienstlich und sehr wichtig."

Cosima Wagner (1837–1930, Tochter von Franz Liszt, Gattin Richard Wagners seit 1870), Bayreuth d. 21te Nov. 86.

1923

Kalender

27.1. Demonstration von Arbeitslosen in Linz.

26.3. Demonstration von Arbeitslosen in Steyr.

20.4. Gesetz über die Eingemeindung von Kleinmünchen nach Linz.

11.–13.5. Diözesan-Katholikentag in Linz.

12./13.8. Reichsverbandstag der christlichsozialen Arbeitervereine in Linz. Das „Linzer Programm" wird beschlossen.

17.8. Nationalratswahlen. Aus Oberösterreich werden 14 Christlichsoziale, fünf Sozialdemokraten und ein Großdeutscher gewählt.

15.11. Bohrungen in der Nähe von Vöcklabruck deuten auf Erdöl- und Erdgasvorkommen.

Gründung der Gmundner Keramischen Werkstätten (Franz Schleiß).

Geburtstage

Franz Rieger. Schriftsteller. Geboren 23. 1. 1923 in Riedau. (Gestorben 11. 6. 2005 in Oftering.)

Rudolf Strasser. Erster Prorektor (1965–1967), Rektor (1968–1970) der Linzer Hochschule. Geboren 9. 2. 1923 in Steyr. (Gestorben 28. 10. 2010 in Linz.)

Rudolf Staudinger. Politiker (VP). Geboren 4. 3. 1923 in Schwanenstadt. 1959–1995 Bürgermeister von Schwanenstadt. 1962–1990 Abgeordneter zum Nationalrat. (Gestorben 7. 4. 1995 in Wels.)

Susanne Köllersberger. Schriftstellerin. Geboren 7. 3. 1923 in Eferding. (Gestorben 13. 3. 2002 in Linz.)

Karl Wiesinger. Schriftsteller. Geboren 13. 3. 1923 in Linz. (Gestorben 10. 2. 1991 in Linz.) → 1955

Helmut Hilpert. Pianist. Geboren 8. 6. 1923 in Reichenau. (Gefallen 25. 11. 1942 in Stalingrad.)

Fritz Riedl. Textilkünstler. Geboren 10. 6. 1923 in Wien. Lebt in Linz.

Hans Zachhuber. Keramiker. Geboren 28. 6. 1923 in Wien. Tätig in Hallstatt und Bad Ischl. → 1996

Heinrich Gattermeyer. Komponist. Geboren 9. 7. 1923 in Sierning.

Leopold Wandl. Mundartdichter. Geboren 18. 7. 1923 in Mauthausen. (Gestorben 10. 6. 2009 in Linz.)

Gerhard Possart. Landeshauptmann-Stellvertreter 1971–1989 (VP). Geboren 2. 9. 1923 in Linz. (Gestorben 25. 8. 1996 in Linz.)

Rudolf Walter Litschel. Schriftsteller. Geboren 21. 10. 1923 in Wien. (Gestorben 10. 11. 1980 in Linz.)

Ernst Reischenböck. Maler. Geboren 25. 10. 1923 in Linz. (Gestorben 13. 10. 1973 in Luxemburg.)

Rudolf Angerer. Graphiker, Karikaturist. Geboren 24. 11. 1923 in Großraming. (Gestorben 18. 5. 1996 in Wien.)

Friedrich Jahn. Gastronom. Geboren 29. 12. 1923 in Linz. (Gestorben 15. 12. 1998 in Bad Wiessee, Bayern.) Begründer einer Restaurant-Kette.

August Göllerich

Mit August Göllerich stirbt am 16. März 1923 in Linz eine der großen Musikerpersönlichkeiten Oberösterreichs: Schüler Anton Bruckners und Bruckner-Biograph, Musikpädagoge, Dirigent, Direktor des Musikvereins in Linz, Chormeister des Sängerbundes „Frohsinn", Musikschriftsteller. (Geboren 2. 7. 1859 in Wels.)

Todestage

Josef Zaunegger. Christlichsozialer Politiker. Gestorben 28. 3. 1923 in Grieskirchen. (Geboren 26. 1. 1851 in Vorchdorf.) Abgeordneter zum Reichstag und Landtag.

Matthias May. Maler. Gestorben 28. 7. 1923 in Linz. (Geboren 5. 6. 1884 in Köln.) → 1913

Das versunkene Schloss

„Die Mühl wird einmal so gewaltig ansteigen, dass alle Häuser, bis auf eines, weggerissen werden!" Ein Bettler soll das, so erzählt eine Sage, prophezeit haben. Für den Ort Langhalsen im Mühlviertel wird 1923 die Prophezeiung wahr. Langhalsen, unterhalb von Neufelden in der Talsenke der Großen Mühl gelegen, muss der modernen Technik weichen. Unter dem Stausee schlummern die Reste des Schlosses, einer Kirche, des Pfarrhofs und der Häuser.

876.698 Oberösterreicher

7. März 1923. Mit diesem Stichtag leben in Oberösterreich laut Volkszählungsergebnis 876.698 Personen. Oberösterreich ist damit nach Wien (1,918.720), Niederösterreich (1,426.885) und der Steiermark (978.816) das viertgrößte Bundesland. Linz hat 102.081 Einwohner, Steyr 22.111 und Wels 16.418.

Der Schutzbund

Mai 1923. Richard Bernaschek (1888–1945) beginnt in Oberösterreich mit dem Aufbau des Republikanischen Schutzbundes, der Selbstschutzorganistion der Sozialdemokratischen Partei.

576 Autos

31. Dezember 1923. In Oberösterreich gibt es 576 Personenautos, 307 Lastkraftwagen und 753 Motorräder.

Der Schlüssel zum Dom

„Meister Blümelhuber hat den Schlüssel zum Dom geschaffen. Eine Bildhauerarbeit aus Stahl. Stahl? Das ist doch kein wertvolles Metall? So mag mancher verwundert fragen. Der Prunkschlüssel sollte doch zumindest aus edlem Metall, etwa aus Silber sein. Nun, diesen Leuten sei gesagt: man bezahlt dem Meister seine Stahlschnittarbeiten ungefähr mit dem zehnfachen des Wertes, der dem aufgewendeten Golde zukommen würde … Der Meister hat viele Jahre daran gearbeitet, zuletzt bei künstlichem Taglichte bis in die späten Nachstunden."

„Tages-Post", 1. 5. 1924.

Kalender

14.1. Die erste elektrische Lokomotive verlässt als Gemeinschaftsprodukt mit der Firma Siemens-Schuckert die Linzer Lokomotivfabrik Krauß.

6.2. Im Weißenbachtal in Goisern ereignet sich ein Lawinenunglück. Acht mit dem Holztransport beschäftigte Goiserer werden dabei getötet. Ihre Leichen werden erst nach Tagen geborgen.

21.2. Vom Leiter der Versuchsanstalt am Technischen Museum in Wien wird in Linz das erste Radio vorgestellt.

22.2. Uraufführung im Linzer Landestheater: „Der Baum der Erkenntnis" von Franz Theodor Csokor.

6.4. Gemeinderatswahlen in Oberösterreich.

16.4. Die Gemeinde Schönau (Schallerbach) wird zum Kurort und Heilbad erklärt.

14.6. Uraufführung des Oratoriums „Der Heilige Augustinus" von Franz Xaver Müller am Südbahnhofplatz in Linz.

12.7. Der Wiener Polizeipräsident und Ex-Bundeskanzler Johannes Schober (→ 1932) wird Ehrenbürger seines Geburtsortes Perg.

9.8. Auf der Strecke Attnang-Puchheim–Stainach-Irdning wird der elektrische Betrieb aufgenommen.

25.8. Erster Vollstau im Stausee Langhalsen-Neufelden (Kraftwerk Partenstein). Der Stausee fasst 730.000 Kubikmeter Wasser.

16.–18.9. Metallarbeiterstreik in Oberösterreich.

30.10. Mit dem Kraftwerk Partenstein geht die erste Großwasserkraftanlage Österreichs in Betrieb. (Jährlich 70 Millionen Kilowattstunden.)

16.–23.11. Bruckner-Woche in Linz anlässlich des 100. Geburtstages von Anton Bruckner.

19.11. Heinrich Hagin heißt der neue Direktor des Linzer Landestheaters. Er scheidet am 4. 9. 1925 im 50. Lebensjahr freiwillig aus dem Leben.

November. Erster Abstieg durch den „Pergar-Schacht" in der Gaßl-Tropfsteinhöhle bei Ebensee bis in den „Leopoldsdom" (etwa 90 Meter unterhalb des Einganges).

Spätherbst. Die Sozialdemokratische Partei löst die Arbeiterräte auf.

23.12. Der erste echte blinde Höhlenlaufkäfer (Arctaphaenops angulipennis) der Nördlichen Kalkalpen wird in der Koppenbrüllerhöhle (Obertraun) entdeckt.

In Ried gründet Josef Fischer (senior) einen Betrieb, der Leiterwagen, Rodeln und vereinzelt auch Skier herstellt.

Im Toten Gebirge werden zwei Schutzhütten gebaut: die Pühringer Hütte (1703 m) und die Lambacher Hütte (1430 m). Auf dem Traunstein wird mit dem Bau des Naturfreundehauses (Traunsteinhaus, 1581 m) begonnen.

Geburtstage

Karl Leitl. Industrieller. Geb. 28. 1. 1924 in Eferding. (Gest. 24. 1. 1982 in Linz–Puchenau.) → 1982

Ferdinand Marschall. Fußballschiedsrichter. Geboren 19. 2. 1924 in Temesvar. (Gestorben 14. 11. 2006 in Ried im Innkreis.)

Auf einem Spruchband des Domschlüssels ist (in deutscher Übersetzung des lateinischen Textes) zu lesen: „Er öffnet und niemand schließt, er schließt und niemand öffnet."

Richard Kittler. Komponist. Geboren 23. 2. 1924 in Linz. (Gestorben 23. 10. 2009 in Linz.)

Alois Wagner. Erzbischof (seit 1992). Weihbischof von Linz (1969–1981). Geboren 20. 3. 1924 in Leopoldschlag. Vatikanvertreter bei den UNO-Organisationen in Rom, bis 1999. (Gestorben 26. 2. 2002 in Linz.)

Matthäus Fellinger. Keramiker und Maler. Geboren 11. 4. 1924 in Neukirchen an der Vöckla. (Gestorben 12. 5. 2002 in Linz.)

Helga Riemann (Schiff-Riemann). Komponistin. Geboren 8. 6. 1924 in Leipzig. (Gestorben 19. 11. 2004 in Gmunden.)

Oskar Czerwenka. Opernsänger. Geboren 5. 7. 1924 in Linz. (Gestorben 1. 6. 2000 in Vöcklabruck.)

Erich Buchegger. Grafiker. Geboren 21. 9. 1924 in Linz. (Gestorben 29. 9. 1988 in Puchenau.)

Karl Pömer. Leiter der Kulturabteilung der oö. Landesregierung (1973–1987). Geb. 23. 9. 1924 in Linz. (Gest. 8. 4. 2007 in Gallneukirchen.)

Todestage

Josef Medelsky (Pseudonym Werkmann). Tischler, Bühnenschriftsteller. Gestorben 19. 2. 1924 in der Landesirrenanstalt Linz-Niedernhart. (Geboren 22. 1. 1854 in Wien.) Lebte in Weyer, wo auch seine Stücke entstanden.

Josef Stern. Pionier der Elektrizitätswirtschaft und des Lokalbahnwesens. Gestorben 22. 3. 1924 in Gmunden. (Geboren 18. 3. 1849 in Ebenau bei Salzburg.) → 1882

Marie Valerie. Jüngste Tochter von Kaiser Franz Joseph und Kaiserin Elisabeth. Gestorben 6. 9. 1924 in Schloss Wallsee, Niederösterreich. (Geboren 22. 4. 1868 in Ofen, Ungarn.)

Michael Blümelhuber

Als Kind eines Vorarbeiters in der Ohligschen Säbelschmiede war er seit jeher vom Handwerk. Von seinem 8. bis 27. Lebensjahre trug er an einem schweren Leiden, das ihn stumm gemacht hatte und ihm nur gestattete, flüssige Nahrung zu sich zu nehmen. Der berühmte Arzt Theodor Billroth (1829–1894) befreite ihn von seinem Leiden. Dann besuchte er die Fachschule für Eisen- und Stahlbearbeitung in Steyr. Bald lenkte er die Aufmerksamkeit des Schlossherrn von Steyr, Franz Emmerich Graf von Lamberg, auf sich, der nun sein Gönner und Förderer wurde. So begann sein Aufstieg. 1910 erbauten ihm Staat, Land und die Gemeinde Steyr eigenes Heim und Werkstatt.

„Tages-Post", 1. 5. 1924, über Michael Blümelhuber (1865–1936). →

Bahn- und Elektrizitäts-Pionier: Josef Stern.

Sehnsucht nach lichten Fernen

„Langsam und stockend wanden sich die Lichterreihen durch das Dunkel der Straßen. Unablässig erschollen die frommen Gesänge zu Ehren der Gottesmutter. Vorab im Zuge schritten die Frauenvereine, dann die männlichen Kongregationen, dann die Geistlichkeit im Chorhemd, gleichfalls brennende Kerzen tragend, zuletzt die Bischöfe und Äbte, denen in geschlossenen Wägen die Kardinäle folgten. Man kann diese Lichterprozession füglich als die stimmungsvollste Veranstaltung bezeichnen. Die Dunkelheit ruhte wie ein leichtes Müdesein über der langsamen Bewegung der zahllosen Lichter. Aus all den Liedern stieg die Sehnsucht nach lichten Fernen aufwärts durch das Dunkel der Nacht."

„Tages-Post", 3. 5. 1924, zur Weihe des Linzer Doms.

Organist Johann Kirchschläger

„Mit 26. Mai hat die organistenlose Zeit in Kronstorf ihr Ende erreicht. Die Organistenstelle erhielt Herr Johann Kirchschläger."

Pfarrchronik Kronstorf, 1924.
(Johann Kirchschläger ist der Vater des späteren Bundespräsidenten Rudolf Kirchschläger.)

Nach 62jähriger Bauzeit ist der Bau des Neuen Linzer Doms (Mariä-Empfängnis-Dom) im wesentlichen abgeschlossen. Es fehlen nur noch einzelne Bauteile und vor allem vieles an der Innenausstattung.

Weihe des Neuen Doms

29. April bis 1. Mai. In allen Kirchen der Diözese Linz läuten am Dienstag, 29. April, von 12 bis 1 Uhr mittags die Glocken. Damit beginnen die Feierlichkeiten zur Einweihung des Mariä-Empfängnis-Domes. Am Abend werden in der Kirche der Barmherzigen Brüder die Reliquien verehrt, eine nächtliche Andacht schließt sich an, die bis 7 Uhr früh des nächsten Tages dauert.

Genau um 7 Uhr begibt sich bei strömendem Regen der Zug des Klerus von der Kirche der Barmherzigen Brüder durch die Herrenstraße und Baumbachstraße zum Hauptportal des Domes. Unter großer Assistenz nimmt Bischof Gföllner die Einweihung vor. Anwesend ist die kirchliche und politische Prominenz, mit dem Päpstlichen Legaten und dem Päpstlichen Nuntius, Bundespräsident Michael Hainisch und Bundeskanzler Ignaz Seipel an der Spitze. Der spätere Linzer Bischof Franciscus Salesius Zauner (→ 1956) ist als junger Student dabei.

Um 8 Uhr abend setzt der Regen aus, die Lichterprozession wird zu einem großartigen Schauspiel. (→) Die Feierlichkeiten dauern insgesamt drei Tage, bei strömenden Regen zieht sich ein Festzug durch die Straßen von Linz, eine Kundgebung beendet die Feiern.

Landeshauptmann Hauser vor dem Linzer Landhaus bei einer Parade des Bundesheeres.

Hitler will kein Österreicher sein

In einem Schreiben vom 7. April 1925 an den Magistrat Linz ersucht Adolf Hitler um seine Entlassung aus der österreichischen Staatsbürgerschaft. Am 30. April 1925 stellt die Landesregierung eine Auswanderbescheinigung aus. Von diesem Tag an ist Hitler nicht mehr österreichischer Staatsbürger.

Täglich im Bache

„... ein stiller Naturphilosoph, nächtlich bei winzigem Petroleumlämpchen französische Literatur in Kleindruck pflegend, tägliches Baden im Bache, schließlich doch erkältet, im 90. Lebensjahr eingezogen in den ewigen Frieden."

Johann Zötl über seinen Vater Josef Zötl (1836–1925), Färbermeister in Gutau.

Schweigsame Trappisten

„Man hatte ein schönes Heim, ein fertiges Kloster mit dazugehörigem Ländereibesitz und den nötigen Wirtschaftsgebäuden, namentlich aber, was Mönche mit feierlichem Chordienst besonders zu schätzen wissen, eine schöne geräumige Kirche. Und alles das in landschaftlich reizvoller und dabei so ruhiger Lage, wie sie für das Leben schweigsamer Trappisten idealer kaum gedacht werden konnte."

Aus „Abtei Engelszell an der Donau" (1932) zum Einzug der Trappisten am 15. August 1925.

Kalender

1.1. Einführung der Schilling-Währung, Ende der Inflation.

26.1. Inbetriebnahme des Dampfkraftwerks Timelkam.

17.5. Landtagswahlen. Die Mandatsverteilung (verringert von 72 auf 60): Gemeinschaftsliste Christlichsoziale mit Großdeutschen und Landbund 44, davon werden 10 Großdeutschen und Landbund überlassen (früher 38 und 12), Sozialdemokraten 16 (22). Die Nationalsozialisten erhalten 12.127 Stimmen (2,79 Prozent).

18.5. Hagel und Wolkenbrüche verursachen im Mühlviertel großen Schaden.

17.6. „Nireg" und „Petrolag" erwerben Schürfrechte in Oberösterreich.

24.–26.7. Hilde Neubauer (Arbeiter-Turnverein Linz) wird bei der Arbeiterolympiade (Frankfurt/M.) Olympiasiegerin im Achtkampf der Turnerinnen.

1.8. Die Arbeiten am Neuen Linzer Dom (Innenausstattung) müssen wegen Geldmangels eingestellt werden.

Eröffnung eines Flugbetriebs von Wien über Linz ins Salzkammergut.

15.8. Einweihung des Bauernkriegsdenkmal auf dem Haushamerfeld.

21.8. Die Verwaltung des Salzmonopols wird neu organisiert, von den sechs Salinenverwaltungen liegen drei in Oberösterreich: Bad Ischl, Ebensee, Hallstatt.

30.9. Aussperrung (Nichtbeschäftigung) von 4000 Arbeitern der Steyr-Werke.

9.–17.10. Bei der Olympia-Show in London wird der „Steyr XII" gezeigt. → 1926

30.10. Inbetriebnahme des Wasserkraftwerks Ranna als Hochdrucklaufwerk.

31.10. Erster Weltspartag in Linz.

14.11. Direktionswechsel im Linzer Landestheater. Beginn der Ära Albert Hugelmann (bis 1930).

13.12. Eröffnung der Traunfallbrücke in Roitham-Desselbrunn. → S. 366, 368

31.12. Ende der Wohnraumbewirtschaftung in Linz.

In Molln gründet der Schuhmacher Anton Lintner einen Betrieb, den sein Sohn zur größten Ski- und Bergschuhfabrik Österreichs ausbaute (Dachstein-Schuhe). → 1954, 1958, 1978, 1991

Im Toten Gebirge wird die Ischler Hütte erbaut (1365 m), im Höllengebirge das Hochleckenhaus (1572 m).

Geburtstage

Günter Rombold. Theologe, Kunsthistoriker. Geboren 2. 1. 1925 in Stuttgart. Rektor der Katholisch-Theologischen Hochschule in Linz (1984 bis 1986).

Herbert Eisenreich. Schriftsteller. Geb. 7. 2. 1925 in Linz. (Gestorben 6. 6. 1986 in Wien.) → 1986

Claus Josef Riedel. Glasarchitekt (Glashütte Schneegattern). Geboren 19. 2. 1925 in Polaun, Böhmen. (Gestorben 17. 3. 2004 in Genua.)

Einen Rückgriff auf die Gotik wagt der Linzer Architekt Julius Schulte (1881–1928) bei der Aufstockung der Linzer Postdirektion in der Kollegiumgasse. (Gebaut 1924–1926.) Schulte ist auch mit zahlreichen Schulbauten in Oberösterreich vertreten. → 1911, 1927

Sepp Moser. Bildhauer. Geboren 27. 2. 1925 in Neukirchen bei Altmünster. (Gestorben 15. 11. 1985 in Neukirchen.)

Herwig Karzel. Evangelischer Superintendent (1980–1990). Geboren 17. 3. 1925 in Bielitz. (Gestorben 29. 7. 2001 in Salzburg.)

Franz Fischbacher. Maler und Zeichner. Geboren 25. 3. 1925 in Gampern. (Gestorben 21. 9. 2006 in Linz.)

Hans Plank. Maler und Zeichner. Geboren 25. 3. 1925 in Weng. (Gestorben 25. 4. 1992 in Dietfurth, Gemeinde St. Peter am Hart.)

Alois Zauner. Direktor des Landesarchivs (1979 bis 1989). Geb. 25. 4. 1925 in Rottenbach bei Haag. (Gestorben 18. 11. 2009 in Linz.)

Heimrad Bäcker. Schriftsteller. Geboren 9. 5. 1925 in Wien. (Gestorben 8. 5. 2003 in Linz.)

Leo Frank (eigentlich Maier). Polizeioffizier und Kriminalschriftsteller. Geboren 29. 6. 1925 in Wien. (Gestorben 19. 3. 2004 in Bad Ischl.)

Elfriede Trautner. Malerin und Grafikerin. Geboren 22. 7. 1925 in Auberg bei Haslach. (Gestorben 26. 11. 1989 in Linz.)

Otto Haubner. Schriftsteller. Geboren 14. 8. 1925 in Linz. (Gestorben 29. 10. 1999 in Ried i. I.)

Heribert Apfalter. Generaldirektor der Voest (1977–1985). Geb. 22. 9. 1925 in Pregarten. (Gestorben 26. 8. 1987 in Weistrach, NÖ.) → S. 446

Alfred Stögmüller. Intendant des Linzer Landestheaters (1969–1986). Geboren 7. 10. 1925 in Kirchdorf a. d. Krems. (Gest. 10. 6. 2004 in Linz.)

Thomas Christian David. Komponist. Geboren 22. 12. 1925 in Wels. (Gest. 22. 1. 2006 in Wien.)

Die Trappisten ziehen ein

Am Fest Mariä Himmelfahrt, dem Hauptfest des Zisterzienserordens (15. August), ziehen die Trappisten in das alte Donaukloster Engelszell ein. →

Todestage

Gilbert Schartner. Abt von Schlägl (1922–1925). Gestorben 10. 1. 1925 in Schlägl. (Geboren 1. 4. 1854 in Gallneukirchen.)

Franz Hafferl. Bahnbauer. Gestorben 2. 6. 1925 in Bad Ischl. (Geboren 30. 1. 1857 in Wimsbach.) Gründungsmitglied der E-Werke Stern & Hafferl. → 1882

Evermod Hager. Chorherr des Prämonstratenserstifts Schlägl. Gestorben 30. 6. 1925 in Linz. (Geboren 13. 8. 1865 in Pram.) Lokalhistoriker und Topograph.

Franz Schnopfhagen. Arzt der Landes-Irrenanstalt Niedernhart, Pionier der Rudersports. Gestorben 17. 7. 1925 in Linz. (Geboren 31. 3. 1848 in Oberneukirchen.) Der jüngere Bruder des „Hoamatland"-Komponisten Hans Schnopfhagen (1845–1908).

Heinrich Hagin. Direktor des Linzer Landestheaters (1924–1925). Selbstmord 4. 9. 1925. (Geboren 3. 8. 1875 in Ludwigshafen.)

Georg Wieninger. Gründer einer „Bauernhochschule". Gestorben 3. 11. 1925 in Wien. (Geboren 5. 4. 1859 in Schärding.) Initiator der Butter-Verkaufsgenossenschaft Schärding. → S. 418

Der Bahnbauer Franz Hafferl.

Ein neuer Steyrer

Der „Steyr Typ XII“, ein Sechszylinder mit 1,56 Litern Inhalt, der bei 3000 U/min 30 PS leistet, wird vorgestellt. Zum Unterschied der ersten Steyr-Automobile hat dieser Typ nicht mehr den charakteristischen Spitzkühler, sondern einen moderneren Flachkühler. Vor allem die Robustheit wird an diesem Auto des Jahrgangs 1926 gerühmt.

„Tagblatt“ zum Tag der Republik

„Wir leben alle noch unter dem tiefen Eindruck des Linzer Parteitages, der uns die Richtlinien unseres Ringens und Kämpfens, unserer Arbeit nach außenhin und an uns selbst aufzeigt, der uns durch einmütigen, begeisterten Beschluß das neue Programm gegeben hat.“

„Tagblatt“, 12. 11. 1926.

Kalender

9.2. Der neue Firmenname der ehemaligen Steyrer „Österreichischen Waffenfabriks-Gesellschaft“ lautet nun „Steyr-Werke AG.“

18.4. Gründung des Brucknerbundes für Oberösterreich.

1.5. Anerkennung der Leppersdorfer Quelle (Gemeinde Scharten) als Heilquelle durch die Landesregierung.

29.6. Die OWEAG (später OKA) erhält die wasserrechtliche Konzession für die Ennsstufen Großraming und Uferer.

3.7. Schwere Hochwasserschäden in Oberösterreich.

25.7. In Mollmannsreith (Gemeinde Oberkappel) werden 24 von 39 Häusern ein Raub der Flammen.

14.8. Wahl in die Arbeiterkammer Linz.

30.10.–3.11. Sozialdemokratischer Bundesparteitag in Linz, bei dem Otto Bauer (1881–1938) ein neues Parteiprogramm vorlegt, das einstimmig beschlossen wird („Linzer Programm“). Es gilt als das klassische Dokument des Austromarxismus. →

14.11. Eröffnung eines Urnenfriedhofs im ehemaligen Urfahrer Stadtwäldchen.

Dezember. Die „Klimax-Motorenwerke“ vereinigen sich mit der „Schiffswerfte Linz AG“ zu einem Unternehmen.

In der Dinghoferstraße in Linz wird nach Plänen von Mauriz Balzarek (1872–1945) das Lehrerwohnhaus errichtet. Die Keramikreliefs stammen von Paul Ikrath (1888–1970).

Die Anton-Schosser-Hütte (bei Losenstein) wird erbaut (1157 m).

Geburtstage

Hans Lehner. Präsident der oberösterreichischen Landwirtschaftskammer (1966–1984). Geboren 12. 1. 1926 am Schreinergut in Pasching. (Gestorben 24. 8. 1984 in Marchtrenk.)

Rudolf Nemec. Karikaturist („Florian“). Geboren 8. 4. 1926 in Steyr. (Gestorben 22. 10. 1997 in Linz.)

Wilhelm Anger. Wirtschaftspionier, Erfinder, Brillenfabrikant (Traun). Geboren 21.5.1926 in Schmiedeberg (Sudetenland).

Igo Hofstetter. Operettenkomponist. Geboren 1. 6. 1926 in Linz. (Gestorben 2. 3. 2002 in Linz.)

Hans Keplinger. Maler und Grafiker. Geboren 26. 7. 1926 in Linz.

Inge Egger. Schauspielerin. Geboren 27. 8. 1926 in Linz. (Gestorben 5. 9. 1976 in Berlin.)

Velt Relin (Josef Pichler). Schauspieler, Regisseur, Maler. Geboren 24. 9. 1926 in Linz.

Manfred Mayrhofer. Sprachwissenschafter. Geboren 26. 9. 1926 in Linz.

Josef Huber. Bildhauer und Restaurator. Geboren 11. 12. 1926 in Millstatt. (Gestorben 12. 5. 2011 in Linz.)

Margret Czerni. Schriftstellerin. Geboren 27. 12. 1926 in Wien. Lebt in Linz.

Das Linzer Programm

Mächtige Kartelle diktieren dem ganzen Volk die Warenpreise. Große Industriekonzerne, die ganze Produktionszweige stillzulegen vermögen, zwingen den Regierungen und Volksvertretungen ihren Willen auf. Die Großbanken beherrschen die Produktion, sie üben auf Staat und Gesellschaft den stärksten Einfluß aus. Das ganze arbeitende Volk gerät so unter die drückende Herrschaft einer kleinen Zahl von Kapitalsmagnaten.

Je mehr die Arbeiterklasse im Kampf für ihre eigene Befreiung zur Vorkämpferin des ganzen arbeitenden Volkes gegen das alle Klassen des arbeitenden Volkes beherrschende und ausbeutende Großkapital wird, desto breitere Schichten … scharen sich um die Arbeiterklasse.

Nur wenn die Arbeiterklasse wehrhaft genug sein wird, die demokratische Republik gegen jede monarchistische oder faschistische Gegenrevolution zu verteidigen … nur dann wird daher die Arbeiterklasse die Staatsmacht mit den Mitteln der Demokratie erobern und ausüben können.

Die Sozialdemokratische Arbeiterpartei wird daher nach der Eroberung der Staatsmacht im eigenen Lande die Vergesellschaftung der im Eigentum der Kapitalisten und der Großgrundbesitzer konzentrierten Produktionsmittel immer nur in dem Maße durchführen können, in dem die Entwicklung in den anderen Staaten bereits die Voraussetzungen dafür geschaffen hat.

Die sozialistischen Arbeiterparteien haben daher die Aufgabe, die Arbeiter aller Länder zum gemeinsamen Kampfe zu vereinigen, sie zu lehren, einander in ihren Kämpfen beizustehen und die Sonderinteressen der Arbeiter jedes einzelnen Landes ein- und unterzuordnen den Gesamtinteressen der internationalen Arbeiterklasse.

Die Sozialdemokratie betrachtet den Anschluß Deutschösterreichs an das Deutsche Reich als notwendigen Abschluß der nationalen Revolution von 1918. Sie erstrebt mit friedlichen Mitteln den Anschluß an die Deutsche Republik. (Dieser letzte Punkt wird 1933 gestrichen.)

Auszug aus dem „Linzer Programm“ der Sozialdemokraten, 3. 11. 1926.

Carl Heinrich Franck. Anonymer Stich.

Klemens Brosch. Gemälde von Richard Karl Diller.

Todestage

Richard Hofmann. Zementfabrikant. Gestorben 14. 2. 1926 in Linz. (Geboren 13. 10. 1857 in Linz.) Präsident der Handelskammer (1912 bis 1925).

Josef Kyrle. Insulinforscher. Gestorben 21. 3. 1926 in Wien. (Geboren 8. 12. 1880 in Schärding.)

Josef Wokral. Bürgermeister von Steyr (1919 bis 1926). Gestorben 2. 4. 1926 in Steyr. (Geboren 26. 1. 1875 in Wien.)

Carl Wallner. Direktor des Linzer Landestheaters (1903–1906). Gestorben 22. 10. 1926 in Wien. (Geboren 10. 5. 1861 in Wien.)

Carl Heinrich Franck. Industrieller. Gestorben 2. 11. 1926 in Linz. (Geboren 16. 4. 1849 in Vaihingen an der Enz.) Nach der von ihm gegründeten Kaffeefabrik hat ein ganzer Stadtteil von Linz seinen Namen (Franckviertel). Er finanzierte Arbeiterwohnungen, soziale und kulturelle Einrichtungen.

Klemens Brosch. Maler. Selbstmord 17. 12. 1926 in Linz. (Geboren 21. 10. 1894 in Puchenau bei Linz.) → S. 484, 485

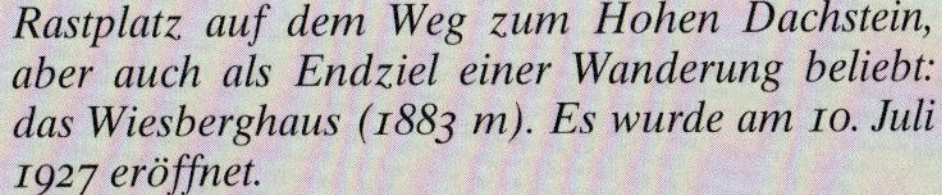

Rastplatz auf dem Weg zum Hohen Dachstein, aber auch als Endziel einer Wanderung beliebt: das Wiesberghaus (1883 m). Es wurde am 10. Juli 1927 eröffnet.

Kalender

11.1. Die hölzerne Traunbrücke bei Ebelsberg wird durch eine Eisenbetonbrücke ersetzt.

24.4. Nationalratswahlen. 15 Mandate für die Einheitsliste (Christlichsoziale und Großdeutsche), sechs Mandate für die Sozialdemokraten, ein Mandat für den Landbund.

4.6. Schwere Unwetter führen zu großen Schäden in Oberösterreich.

26.6. In Anwesenheit von Bundespräsident Michael Hainisch wird in Ebensee die Seilbahn auf den Feuerkogel eröffnet. Talstation: 426 m, Bergstation: 1600 m.

Die Feuerkogelbahn mit dem Erbauer Rudolf Ippisch.

7.7. Gründung der Oberösterreichischen Fluggesellschaft.

15.7. Sozialdemokratische Versammlung im Linzer Volksgarten im Zusammenhang mit dem „Schattendorfer Prozess“ und den blutig niedergeschlagenen Arbeiterunruhen in Wien. Am gleichen Tag brennt in Wien der Justizpalast.

11.9. Die Welser Alpenvereinssektion eröffnet im Toten Gebirge die Pühringer Hütte (am Elmsee, 1703 m).

2.10. Gautagung der NSDAP in Gmunden.

3.10. Eröffnung des nach Plänen von Clemens Holzmeister (1886–1983) errichteten Schulbaues der Kreuzschwestern in Linz.

13.11. Die Grünburger Hütte (Grünburg bei Steyr) wird eröffnet (1101 m).

6.12. Aspach und Ostermiething werden Märkte.

Geburtstage

Horst Stadlmayr. Generalmanager der LIVA (1971–1986). Geboren 18. 2. 1927 in Linz. (Gestorben 18. 6. 1998 in Linz.) Die maßgebliche Persönlichkeit beim Aufbau des modernen Konzert- und Veranstaltungwesens in Linz.

Helmut Ortner. Schauspieler, Pionier des Linzer Kellertheaters. Geboren 11. 4. 1927 in Aschach a. d. Donau.

Fritz Feichtinger. Maler. Geboren 16. 5. 1927 in St. Florian bei Linz. (Gest. 31. 10. 2002 in Linz.)

Hermann Polz. Chefredakteur der „Oberösterreichischen Nachrichten“ (1967–1992). Maler und Zeichner. Geboren 8. 8. 1927 in Linz.

Rudolf Gurtner. Präsident der oberösterreichischen Landwirtschaftskammer (1984–1990). Geboren 11. 8. 1927 in St. Georgen bei Obernberg am Inn.

Franz Ruhaltinger. Voest-Betriebsratsobmann (1978–1987). Geboren 13. 8. 1927 in Neukirchen am Walde.

Josef Fischnaller. Maler und Bildhauer. Geboren 18. 10. 1927 in Brixen. (Gest. 26. 8. 2006 in Linz.)

Hugo Schanovsky. Bürgermeister von Linz (SP) 1984–1988, Schriftsteller. Geboren 29. 11. 1927 in Steyr. → 1984

Kurt Ohnsorg. Keramiker. Geboren 25. 12. 1927 in Sigmundsherberg, Niederösterreich. (Selbstmord 22. 9. 1970 in Gmunden.)

Todestage

Viktor Freiherr von Handel-Mazzetti. Generalmajor, Archivar. Gestorben 7. 1. 1927 in Braunau. (Geboren 26. 11. 1844 in Prag.)

Johann Nepomuk Hauser. Landeshauptmann von Oberösterreich (1908–1927), Priester. Gestorben 8. 2. 1927 in Linz. (Geboren 24. 3. 1866 in Kopfing.) → 1908

Die Hauptschule Ebensee (Architekt Julius Schulte).

Joseph Ignatius Sattler. Bildhauer. Gestorben 12. 2. 1927 in Linz. (Geboren 1. 2. 1852 in Linz.) Tätig für den Neuen Linzer Dom und andere Kirchen in Oberösterreich. Hauptwerk: Krippe in Wilhering.

Edward Samhaber. Dichter. Gestorben 27. 3. 1927 in Linz. (Geboren 26. 12. 1846 in Freistadt.)

Leopold Hörmann. Mundartdichter. Gestorben 19. 6. 1927 in Linz. (Geboren 26. 10. 1857 in Urfahr.)

Otto Bahr. Musikkritiker. Gestorben 18. 7. 1927 in Linz. (Geboren 8. 1. 1866 in Linz.) Bruder des Dichters Hermann Bahr (1863–1934).

Josef Dametz. Sozialdemokratischer Politiker, Bürgermeister von Linz (1919–1927). Gestorben 21. 9. 1927 in Linz. (Geboren 26. 5. 1868 in Linz.) → 1906

Ernst Rüdiger Fürst von Starhemberg. Großgrundbesitzer und katholischer Politiker. Gestorben 16. 11. 1927 in Schloss Auhof bei Linz. (Geboren 30. 11. 1861 in Schloss Bergheim.) Vater des Heimwehrführers Ernst Rüdiger von Starhemberg (1899–1956).

Franziska Baernreither. Landschafts- und Porträtmalerin. Gestorben 30. 11. 1927 in Linz. (Geboren 3. 3. 1857 in Linz.)

Nachruf auf Landeshauptmann Hauser *Den Nachruf auf den verstorbenen Landeshauptmann Johann Nepomuk Hauser hält am 12. Februar auf dem Linzer Hauptplatz Bundeskanzler Ignaz Seipel. Bestattet wird der ehemalige Priester Johann Nepomuk Hauser auf seinen ausdrücklichen Wunsch im Stiftsfriedhof von Wilhering, um sich auch nach seinem Tod der Kompetenz des Bischofs zu entziehen.*

Bierschwefel

„Ich traf Schappeller zweimal. Seine Ansichten über Physik waren grotesker Unsinn. Ich sah mich genötigt, seine Auslassungen als Bierschwefel zu bezeichnen. Das Anhören des unsinnigen Geschwätzes wurde mir schließlich unleidlich und ich empfahl mich."

Hans Thirring (1888–1976), zu dieser Zeit der erste Physiker der Wiener Universität.

Phantasiezukunft

„Eine neue dynamische Technik erfaßt sämtliche Arten von Starkstrom- und Schwachstrommotoren. Ohne kostspielige Armaturen können in Zukunft elektrische Lokomotiven und Automobile hergestellt und durch denkbar billigste Art – durch Gewinnung elektrischer Energie aus Wasser – betrieben werden. Neuartige Flugzeuge mit magnetostatischer Antriebskraft und Steuerung, durchaus absturz- und zusammenstoßsicher, können ohne langwierige Schulung von jedermann bedient werden." Karl Schappeller.

„Sozialtheorie"

„Das Proletariat beginnt beim König und hört beim Bettler auf, die Aristokratie beginnt beim Bettler und hört beim König auf"

Karl Schappeller (1875–1947).

Vom Armenhaus zum Schlossherrn

Ein Genie? Ein Spinner? Ein Scharlatan? Ein Hanswurst? All das ist gesagt worden über Karl Schappeller, der in den Jahren 1927 bis 1930 zuerst in Oberösterreich, bald aber in ganz Osterreich und weit darüber hinaus im Gespräch war. In Aurolzmünster, wo er 1875 im Armenhaus zur Welt gekommen war, zog er als Schlossherr ein, warf mit Geld genau so um sich wie mit Sprüchen, und band Menschen an sich, die durchaus keine Dummköpfe waren.

Die entscheidende Wende im Leben von Karl Schappeller tritt ein, als sich der ehemalige deutsche Kaiser Wilhelm II. (1859 bis 1941) für seine Ideen interessiert: Eine einflussreiche Dame berichtet 1927 Wilhelm von den Plänen Schappellers. Der Ex-Monarch ist beeindruckt und beauftragt einen Geheimrat damit, die Verbindung zu Schappeller herzustellen. Nach der ersten Überweisung aus der kaiserlichen Schatulle beginnen die Restaurierungsarbeiten am Schloss Aurolzmünster, in das Schappeller inzwischen mit seiner vierköpfigen Familie eingezogen ist.

Auch als die kaiserliche Geldquelle versiegt, kommt Schappeller durchaus nicht in Bedrängnis. Eine Münchner Arztfamilie verkauft ihren Besitz in Bad Kissingen, um Schappeller zu helfen. Zu den Geldgebern zählen außerdem ein Münchner Fabrikant, ein deutscher Fürst, ein englischer Vizeadmiral.

Wer ist dieser Karl Schappeller, der in diesen schweren Zeiten der Not und Arbeitslosigkeit mit Hunderttausendern herumwerfen kann?

Schlossherr Karl Schappeller.

Er hat das ehrsame Tischlerhandwerk erlernt und war nach dem Militärdienst Postmeister in Attnang-Puchheim. Aber schon mit 44 Jahren ging er in Pension, wegen ärztlich bestätigter Geisteskrankheit.

Bald entwirft Schappeller gigantische Zukunftsprojekte und entwickelt eine Raumkraft-Theorie, die das Weltbild umkrempeln will.

Schappellers Raumkraftpläne

So sehen Karl Schappellers kühne Pläne und Prophezeiungen aus:

- Durch die Produktion von Elektrizität aus Stein wird dem Ackerboden und den Kulturpflanzen der nützliche Dünger zugeführt. Jährlich wird es zwei Ernten geben.
- Kraftzentralen, die in 10-Kilometer-Abständen über das ganze Land verteilt sind, werden durch ihre starke Strahlung die Witterung lenken und Naturkatastrophen verhindern. Sie sind eine magnetische Brücke zwischen Erde und Atmosphäre.
- Jeder Kraftverbrauch wird automatisch aus dem Erdmagnetismus ergänzt. Die Beleuchtung der Häuser und Städte wird unabhängig von Kraftwerken. Jeder erzeugt seinen Strom selbst. Eigene Glühlampen, der neuen Kraft angepasst, spenden helles, reines, unschädliches Licht.
- Durch Gewinnung von Radium und Gold und die Erzeugung von reinem Kohlenstoff in Gestalt von Diamanten können in kurzer Zeit Reichtümer geschaffen werden.
- Straßen wird man nur bauen, indem man das Gestein schmilzt und einfach wie Asphalt aufgießt.

Glück und Ende

Eine Maschinenfabrik erwirkt eine Exekution gegen Schappeller, am 6. März 1930 kommt es zur Katastrophe, Schloss Aurolzmünster wird ausgeräumt. Aber im November des gleichen Jahres taucht Schappeller wieder auf, mit einem neuen Auto, mit neuen Möbeln, mit neuen Plänen. Er sucht in seinem Schloss nach dem Grab des Hunnenkönigs Attila …

1936 kommt es wieder zu einem Konkursverfahren, das sich hinzieht. 1938 flüchtet Schappeller ins Ausland, nach dem Krieg kommt er wieder, bekommt auch sein Schloss und damit sein Konkursverfahren zurück, das erst 1957, zehn Jahre nach seinem Tod, abgeschlossen wird.

Der ehemalige Tischlergehilfe und Postmeister Karl Schappeller zieht ins Schloss Aurolzmünster ein.

Der neue Landeshauptmann

Zwei Wochen nach dem Tod von Landeshauptmann Johann Nepomuk Hauser wird der 58jährige Hofrat Josef Schlegel (1869–1955) am 23. Februar 1927 einstimmig zum Landeshauptmann von Oberösterreich gewählt. Er bleibt in diesem Amt bis 19. 2. 1934, mit 78 Jahren wird er (1947) Präsident des Rechnungshofes, mit 84 geht er in Pension.

Trotz Not und Elend Glauben an Oberösterreich

„Bringt die Rückschau über das erste Jahrzehnt der österreichischen Republik uns in Erinnerung eine Unsumme von Not, Elend, Sorge und Arbeit, so dürfen wir alle mit Genugtuung feststellen, daß innerhalb dieser zehn Jahre wertvolle Aufbauarbeit auf allen Gebieten menschlichen Schaffens geleistet wurde, die uns den Glauben an eine kraftvolle Entwicklung des Landes Oberösterreich und des ganzen Gebietes der Bundesrepublik Österreich als berechtigt erscheinen läßt."

Landeshauptmann Josef Schlegel (1869–1955) in der Festrede anlässlich des zehnjährigen Bestandes der Republik Österreich, 12. November 1928.

Kalender

1.1. Franz Dinghofer (1873–1956) wird Präsident des Obersten Gerichtshofs. (Bis 1938.)

Entlassungen im Wolfsegg-Traunthaler Kohlenrevier.

Die 75 Linzer Taxis erhalten erstmals Taxameter.

29.1. Erster oberösterreichischer Arbeitertag der christlichen Arbeiterorganisationen.

6.3. August Eigruber (1907–1947) errichtet eine Gauleitung der Hitler-Jugend.

Frühjahr. Das Rundfunk-Fernkabel Wien–Linz–Salzburg–Innsbruck wird von der Postverwaltung fertiggestellt.

23.4. Die 1925 wegen Geldmangels eingestellten Arbeiten im Neuen Linzer Dom (Innenausstattung) werden wieder aufgenommen.

21.5. Die Mühlviertler Ortschaft Langfirling (Gemeinde St. Leonhard bei Freistadt) wird ein Raub der Flammen. 21 Häuser werden vernichtet, nur vier können gerettet werden.

26.5. Die größte Hochwasserkatastrophe in Oberösterreich seit 1899.

15.6. Markterhebungen: Hofkirchen an der Trattnach und Ulrichsberg.

24.6. Der Sender Linz nimmt den Betrieb auf. → S. 326

26.6. Der Nationalrat beschließt ein Bundesgesetz zum Schutz von Naturhöhlen.

30.6. Eröffnung des Arbeiterstadions in Linz (Lustenau). → S. 326

4.7. Eröffnung des „Grand Hotel de l'Europe" in Linz (Mozartstraße; 1936–1982 Polizeidirektion).

1.8. Bischof Gföllner verbietet ein Wohltätigkeitskonzert für den Fonds der Armen in der Kirche von Mondsee, weil Kirchenkonzerte zur Profanierung der Gotteshäuser beitragen würden.

5.8. Das erste schwere Unglück in der Dachstein-Südwand. Sieben Bergsteiger verbringen drei Tage und zwei Nächte in der Wand, zwei stürzen tödlich ab.

10.8. Bei den Olympischen Spielen in Amsterdam wird das Linzer Ruderer-Paar Leo Losert und Viktor Fleßl (Wiking) im Doppelzweier Dritter. Der Ringer Eugen Wiesberger-Gerhardinger (Lask), belegt Platz 4.

Olympia-Dritte: Leo Losert und Viktor Fleßl.

28.8. Verheerende Unwetter verursachen in weiten Teilen Oberösterreichs große Schäden.

16.9. In Linz wird im Promenaden-Park für die mehr als 5000 gefallenen des Hessen-Regiments (→ 1917) ein Denkmal von Franz Seraph Forster (1896–1993) enthüllt.

2.10. Eröffnung der Linzer Arbeiter-Mittelschule.

3.10. Uraufführung im Linzer Landestheater: „Ein nächtlicher Theaterspuk" von Franz Resl.

22.10. Uraufführung im Linzer Landestheater: „Eines doch bedenke jeder" von Rudolf Holzer.

11.11. Weihe der Don-Bosco-Kirche in Linz (Fröbelstraße).

25.11. Eröffnung der neuen Straßenbrücke in Ebelsberg.

Die Landesleitung Österreich der NSDAP wird von Wien nach Linz verlegt.

In Linz findet die „Erste gemeinsame Kunstausstellung der Künstlerschaft Oberösterreichs" statt. Gezeigt werden u. a. Farbstiftzeichnungen von Matthias May (1884–1923).

Die Schoberhütte (1329 m) wird erbaut (Mondsee).

Landeshauptmann Schlegel mit dem Präsidenten des Hessen-Offiziersbundes, Oberst Heinrich Sauer.

Trinkhalle Bad Hall *In Bad Hall wird am 12. Juni die nach Plänen von Clemens Holzmeister (1886–1983) erbaute neue Trinkhalle eröffnet.*

Festspiel-Prophet

„Wie Hofmannsthals ‚Jedermann', so wird auch voraussichtlich dem Perchtenspiel Heimatrecht im Programm der Salzburger Festspiele zuteil werden."

Arthur Fischer-Colbrie (1895–1968) über die Uraufführung des „Perchtenspiels" von Richard Billinger (1890–1965) bei den Salzburger Festspielen, „Tages-Post", 29. 7. 1928.

Lob der Arbeit

„Wir sehen eine gewisse Symbolik darin, daß dieses Jubiläumsschiff ein reines Arbeitsschiff ist, das nicht wie ein stolzes Passagierschiff oder ein mächtiger Schlepper die Augen auf sich zieht, sondern im Stillen seine harte Arbeit tut. Denn die Arbeit ist es ja, die uns Österreichern vor allem nottut, sie ist es, von der allein wir uns erhoffen können, daß unser Volk und unser Vaterland glücklicheren Zeiten entgegensehe."

Der Generaldirektor der Linzer Schiffswerft, Walter Overhoff, anlässlich des Jubiläums-Stapellaufs des 750. hergestellten Schiffes, 14. Juli 1928.

Geburtstage

Hans Hoffmann-Ybbs. Maler, Grafiker und Metallplastiker. Geboren 1. 1. 1928 in Ybbs an der Donau. (Gestorben 30. 8. 2005 in Schloss Parz bei Grieskirchen.)

Georg Zauner. Bildhauer. Geboren 6. 3. 1928 in Hallstatt. (Gestorben 23. 10. 1995 in Hallstatt.) → 1996

Käthe Recheis. Schriftstellerin. Geboren 11. 3. 1928 in Engelhartszell.

Edwin Zbonek. Regisseur. Geboren 28. 3. 1928 in Linz. (Gestorben 29. 5. 2006 in St. Pölten.)

Christian Beurle. Generaldirektor der Österreichischen Brau AG (1971–1993). Geboren 12. 4. 1928 in Wien.

Kurt Klinger. Schriftsteller. Geboren 11. 6. 1928 in Linz. (Gestorben 23. 4. 2003 in Wien.) → S. 384

Ernst Neuhauser. SP-Landesrat (1972–1988), Präsident der Welser Messe (1979–1994). Geboren 17. 7. 1928 in Wels. (Gestorben 16. 7. 1997 in Wels.)

Herbert Lewinsky. Voest-Generaldirektor (1986 bis 1988). Geboren 20. 9. 1928 in Teschen, Schlesien. (Gestorben 19. 6. 1994 in Wien.)

Todestage

Erasmus Freiherr von Handel. Christlichsozialer Politiker. Gestorben 6. 6. 1928 in Salzburg. (Geboren 1. 6. 1860 in Schloss Mirskofen bei Landshut.) Statthalter von Oberösterreich 1905–1916, 1917–1918.

Friedrich Tscherne. Großkaufmann in Linz. Gest. 1. 7. 1928 in Linz. (Geb. 16. 3. 1862 in Linz.)

Karl Teutschmann. Dichter und Philosoph. Gestorben 10. 8. 1928 in Linz. (Geboren 1. 11. 1855 in St. Florian bei Linz.)

Julius Schulte. Architekt. Gestorben 11. 8. 1928 in Linz. (Geboren 14. 5. 1881 in Steyermühl.) Bauten: Weberschule, Rathausumbau Urfahr, Feuerhalle Urnenhain, Aufstockung der Postdirektion in Linz; Traunfallbrücke. → 1925, 1948

Hans Ernest (Pseudonym H. E. Linz). Schriftsteller. Gestorben 29. 8. 1928 in Linz. (Geboren 11. 8. 1862 in Linz.) → 1920

Moritz Gallois. Erfinder, Zeugdruck-Chemiker. Gestorben 2. 12. 1928 in Frankfurt am Main. (Geboren 28. 8. 1859 in Linz.)

„Perchtenspiel" *Einer der größten Erfolge des Innviertler Dichters Richard Billinger (1890 bis 1965): Die Uraufführung seines „Perchtenspiels" bei den Salzburger Festspielen am 26. Juli 1928.* →

Diözesansynode

21./22. August. Im Neuen Dom wird die zweite Linzer Diözesansynode abgehalten, an der ausschließlich Geistliche teilnehmen. Behandelt werden kirchenrechtliche und pastorale Themen, Fragen der geistlichen Standespflichten, der Verwaltung kirchlicher Gnadenmittel, „Kultus und Seelsorge", „Klerus und Laien".

Links: Der neue Linzer Sender auf dem Freinberg. Unten: Das Arbeiterstadion in Linz-Lustenau.

Arbeitslose

Die Arbeitslosenzahlen steigen rapid: In Oberösterreich gibt es am 1. August 10.665, am 15. Dezember bereits 22.458 Arbeitslose.

Dienstfahrzeug

10. Dezember. Der Gendarmerieposten von Mauthausen erhält ein Dienstfahrzeug: ein Fahrrad der Type „Styria".

Da stand ich vor mir selbst

„Da stand ich vor mir selbst. Ein Glück, daß mein Gegenüber nicht reden konnte, wer weiß, was es mir gesagt hätte."

Der Maler Hugo von Preen (1854–1941), als er bei einer Ausstellungseröffnung in Braunau vor seinem Selbstbildnis stand, 1929.

Die 29er

Bei einem Empfang, den der Linzer Diözesanbischof Maximilian Aichern 1986 gab, entdeckte Wilhelm Zauner, Rektor der Theologischen Fakultät an der Universität Linz, und der Autor der „LandesChronik Oberösterreich" eine Gemeinsamkeit: sie sind beide Jahrgang 1929.

„Das ist halt ein Jahrgang" trumpften sie auf: „Der Bundeskanzler ist ein 29er (Fred Sinowatz), der Außenminister ist ein 29er (Leopold Gratz), Landeshauptmann Ratzenböck ist ein 29er …"

„Der letzte gute Jahrgang offenbar", mischte sich Bischof Aichern ins Gespräch, „aber nachher hat's dann stark nachgelassen!" Die beiden 29er wie aus einem Mund: „Und wie …!" Darauf der Bischof: „Ich bin nämlich Jahrgang 1932!"

Kalender

1.1. Der Autokonstrukteur Ferdinand Porsche (1875–1951) wird technischer Direktor der Steyr-Werke. (Bis 1930.)

15.2. Grimmige Kälte im ganzen Land, die meisten Seen sind zugefroren. Es herrscht Kohlemangel, Schneeverwehungen machen die Straßen unpassierbar, Schulen müssen geschlossen werden. In Linz werden –32 Grad gemessen.

14.4. Gemeinderatswahlen in Oberösterreich.

15.4. Ebensee wird Markt.

26.4. Das Bundesministerium für Handel und Verkehr genehmigt die Verlängerung der Linzer Straßenbahnlinie über die neue Traunbrücke bis zum Marktplatz in Ebelsberg.

17.5. Die ersten vier Linzer Bischöfe (Ernst Johann Nepomuk Reichsgraf von Herberstein, Joseph Anton Gall, Sigismund Graf von Hohenwart und Gregorius Thomas Ziegler) werden in der Bischofsgruft des Neuen Domes beigesetzt. Der Sarg von Bischof Franz Joseph Rudigier (1811–1884) wird geöffnet; Anlass ist der Seligsprechungsprozess, der sich über Jahrzehnte hin zieht.

30.6. Die Straßenbahnlinie von Linz-Urfahr nach Ebelsberg ist durchgehend befahrbar.

4./5.7. Schwere Sturmschäden in Oberösterreich.

15.8. Der Rundfunkpionier Andreas Reischek (1892–1965) startet den ersten Versuch einer Direktübertragung eines Volksmusik-Treffens von der Blaa-Alm im Salzkammergut.

19.8. Die „Poschacher-Brauerei" in Linz vereinigt sich mit weiteren österreichischen Brauereien zur „Österreichischen Brau-AG", dem größten Braukonzern Österreichs.

15.9. Eröffnung der Landesfeuerwehrschule in Linz.

13.10. Zuckerrübenkampagne in der neu erbauten Ennser Fabrik.

14.10. Der Linzer Bürgermeister Robert Mehr (1886–1935) tritt zurück, weil bei einem Verkehrsunfall mit seinem Dienstwagen ein Mensch ums Leben kam.

19.10. Zusammenschluss der OWEAG (Österreichische Kraftwerke Aktiengesellschaft) und Stern & Hafferl zur „Österreichischen Kraftwerke Aktiengesellschaft (ÖKA), seit 1947 OKA, seit 1999 Energie-AG.

20.10. Großkundgebung des (sozialdemokratischen) Republikanischen Schutzbundes in Waxenberg.

Im Dachsteingebiet wird die höchste aller Dachsteinhütten erbaut: die Dachsteinwartehütte, später Seethaler-Hütte (2740 m). → S. 458

Graf Zeppelin über Linz *Da staunt groß und klein: Am 2. Mai überfliegt das deutsche Luftschiff „Graf Zeppelin" in einer Höhe von 500 Metern zum ersten Mal die Landeshauptstadt Linz.*

Das Krematorium in Linz (1925–1929), entworfen von Julius Schulte (1881–1928).

Geburtstage

Joseph Werndl. Komponist. Domkapellmeister in Passau (1983–2000). Geboren 27. 1. 1929 in Pischelsdorf am Engelbach.

Anton Lintner. Schuhfabrikant. Geboren 6. 3. 1929 in Molln. (Gestorben 13. 2. 1997 in Kirchdorf.)

Wilhelm Zauner. Rektor der Katholisch-Theologischen Hochschule in Linz (1978–1980). Geboren 13. 4. 1929 in Windischgarsten.

Josef Ratzenböck. Landeshauptmann von OÖ. 1977–1995 (VP). Geboren 15. 4. 1929 in Neukirchen am Walde. → 1977 und Personenregister

Avram Albert Mendler. Israelischer Generalmajor. Geboren 3. 5. 1929 in Linz. (Gefallen 10. 10. 1973 auf Sinai.)

Hans Stadlmair. Dirigent und Komponist. Geboren 3. 5. 1929 in Neuhofen an der Krems.

Alfred Peschek. Komponist. Geboren 14. 5. 1929 in Linz.

Heinrich Fasching. Weihbischof von St. Pölten (1993–2004). Geboren 24. 5. 1929 in Pierbach.

Johanna Preinstorfer. Erste Präsidentin des oberösterreichischen Landtags (VP, 1979–1991). Geboren 17. 6. 1929 in Gmunden.

Hans Gilbert Müller. Journalist und Feuerwehr-Historiker. Geboren 22. 8. 1929 in Gaspoltshofen.

Josef Fischer. Skifabrikant. Geboren 12. 9. 1929 in Ried im Innkreis.

Arnulf Rainer. Maler. Geboren 8. 12. 1929 in Baden bei Wien. Lebt in Enzenkirchen. → S. 486

Zu den schönsten Gebäuden der „gemäßigten österreichischen Moderne“ zählt das Kurmittelhaus von Bad Ischl (Clemens Holzmeister, Max Fellerer).

Todestage

Josef Pfluger. Weihbischof von Wien (1911 bis 1929), seit 1927 Titular-Erzbischof. Gestorben 10. 1. 1929 in Wien. (Geboren 7. 2. 1857 in Raab.)

Gustav Jagerspacher. Maler. Gestorben 2. 2. 1929 in Gmunden. (Geboren 16. 8. 1879 in Gmunden.)

Ludwig Linzinger. Bildhauer. Gestorben 14. 2. 1929 in Linz. (Geboren 18. 6. 1860 in München.)

Ferdinand Krackowizer. Heimatforscher. Gestorben 29. 6. 1929 in Gmunden. (Geboren 11. 12. 1851 in Gmunden.)

Jodok Fink. Christlichsozialer Politiker. Gestorben 1. 7. 1929 in Bregenz. (Geboren 19. 2. 1853 in Andelsbuch, Vorarlberg.) Einer der engsten Mitarbeiter von Landeshauptmann Johann Nepomuk Hauser (1866–1927).

Karl Friedrich Lifka. Besitzer des ältesten Linzer Kinos. Gestorben 22. 11. 1929 in Linz. (Geboren 13. 12. 1874 in Bukarest.)

Oskar Gerzer. Schriftsteller (Pseudonym Oskar Weilhart). Gestorben 28. 11. 1929 in Linz. (Geboren 26. 9. 1868 in Mattighofen.)

Ausnahmezustand in Steyr

20. Oktober. Über Steyr wird der Ausnahmezustand verhängt. 210 Gendarmen in feldmäßiger Ausrüstung mit Stahlhelm und Bajonett halten die für den Verkehr vollständig gesperrten Durchfahrtsstraßen besetzt. Die Polizei verfügt die Schließung der Haustore und Fenster.

Arbeitslose

Am 31. Oktober 1929 gibt es in Oberösterreich 14.451 unterstützte Arbeitslose, allein der Bezirk Steyr meldet 3295 Arbeitslose. Am 16. Dezember sind es 24.964 Arbeitslose, an der Spitze steht wieder Steyr mit 4810.

Die Linzer Schulschwesternschule (1927–1929).

Der Maler der Tierwelt *Demeter Koko, einer der bedeutendsten spätimpressionistischen Maler Österreichs, wurde nur 38 Jahre alt. Er ist der Maler der Tierwelt, der Schilderer des bäuerlichen Lebens. Vor allem die virtuose Behandlung des Lichts und der starke Stimmungsgehalt wird an seinen Bildern gerühmt. (Gestorben 28. 10. 1929 in Linz, geboren 13. 6. 1891 in Linz.) „Geflügel“, Öl, um 1919.*

Die Heimwehr im Vormarsch

13. Juli. Der Heimwehr-Kreisführer des Mühlviertels, Fürst Ernst Rüdiger von Starhemberg (1899–1956), wird oberösterreichischer Landesführer der Heimwehr, eines 1918/19 gegründeten bewaffneten Verbandes des Bauern- und Bürgertums. →

30. September. Heimwehraufmarsch in Steyr mit Fürst Starhemberg.

13. Oktober. Vollversammlung der Heimwehr in Steyr.

6. November. Versammlung der Heimwehr in Linz mit 3000 Teilnehmern.

Heimwehrfürst Starhemberg

Eine der umstrittensten Persönlichkeiten der Ersten Republik ist Ernst Rüdiger von Starhemberg. 1928 noch Führer der Heimwehr-Ortsgruppe Rohrbach, wird er 1929 Landesführer, ein Jahr später Bundesführer. Seine Heimwehrmänner werden vielfach als „Privatarmee des Fürsten“ bezeichnet. Später wird er Führer der Vaterländischen Front, Minister und Vizekanzler, jedoch 1936 ausgebootet.

Der Steyr 30er

„Nach dem Urteil eines Fachmannes leistet die neue Type geradezu Hervorragendes. Der temperamentvolle Sechszylindermotor und ein niedriges Wagengewicht gewährleisten raschen Anzug, blitzartige Beschleunigung, vollkommene Elastizität und hohes Steigvermögen. Die übersichtliche Konstruktion vereinfacht die Bedienung und Wartung, geringer Brennstoff- und Reifenverschleiß verbilligen den Betrieb."

„Steyrer Zeitung", 23. 11. 1930, über den Steyr „Typ 30", der in Paris vorgestellt wird.

Der erste Tonfilm

„Die Sensationspremiere eines Sensationsfilms. Nach vielen vergeblichen Versuchen endlich ein ganzes Werk, ein Beweis, daß die Stummheit des Filmbildes, die noch vor kurzem als bedauerlicher Mangel empfunden wurde, heute schon ein überwundener Standpunkt ist."

„Tages-Post", 24. 1. 1930, über die erste Linzer Tonfilmpremiere.

Kalender

16.1. Angriffe der Berliner Medizinischen Gesellschaft gegen Michael Valentin Zeileis (1873 bis 1939) aus Gallspach. Seine Methode der elektrophysikalischen Therapie wird als Massensuggestion bezeichnet.

23.1. Erste Vorführung eines Tonfilms im alten Kolosseum-Kino an der Mozartstraße. Gespielt wird „Atlantic" („Untergang der Titanic"). →

31.1. In Linz demonstrieren 2000 Erwerbslose gegen nicht ausreichende Unterstützung.

26.2. 1500 Zeileis-Patienten protestieren gegen die Angriffe auf den Arzt.

22.3. Bei einer verbotenen Freidenker-Versammlung in Steyr kommt es zu Auseinandersetzungen.

30.3. Im Linzer Landestheater beginnt für ein Monat eine Interimsdirektion.

März. In Kronstorf berichtet der 15jährige Rudolf Kirchschläger, Schriftführer der Jugendorganisation DJK (Deutsche Jugend-Kraft), über den Ankauf von Turngeräten.

8.4. Eröffnung des neu erbauten Parkbades in Linz. → S. 330

17.6. Der Landtag beschließt die Änderung der Landesverfassung und der Landtagswahlordnung. (48 statt 60 Landtagsmandate, neun statt zehn Landesregierungsmitglieder.) → 1931

21.6. Auf einer Kundgebung in Linz bezeichnet Ernst Rüdiger Fürst Starhemberg (1899–1956), Vertreter einer österreichisch-nationalen Richtung der Heimwehr, das „Korneuburger Programm" der Heimwehr als „unklar und phrasenhaft". – Am 18.5. wurde in Korneuburg (als Antwort zum Linzer Programm der Sozialdemokraten, 1926) das Ziel zur Machtergreifung mit einer Absage an Parlamentarismus und Parteienstaat und einem Bekenntnis der Heimwehrführer zum Faschismus (Austrofaschismus) formuliert.

27.6. Friedburg wird Markt. (1931 nach Lengau eingemeindet.)

28.7. Eröffnung des Neubaues der Linzer Arbeiterkammer.

10.8. Die 1880 gegründete Linzer Niederlassung der Lokomotivfabrik Krauß wird geschlossen.

29.8. Der Flugpionier Hans Wanek (geb. 1894) stürzt tödlich ab.

31.8. Für ein Heimwehrtreffen in Steyr wird die Polizei mit Einheiten aus Linz verstärkt.

2.9. Der Landesführer Ernst Rüdiger Fürst Starhemberg wird Bundesführer des „gesamten österreichischen Heimatschutzes"; Annäherung an die christlichsoziale Partei.

15.9. Baubeginn der Linzer Tabakfabrik. → 1935

21.9. Grundsteinlegung zum Neubau des Linzer Kolpinghauses.

4.10. Das Landestheater Linz wird (bis 1931) gemeinsam von Karl Meixner und Dominik Löscher geleitet.

10.10. Uraufführung im Linzer Landestheater: „Die Dame mit dem schlechten Ruf" von Wilhelm Lichtenberg.

12.10. Einweihung der Theresienkirche in Linz-Keferfeld. Architekt Hans Schachermayr. (Nach der Zerstörung im Zweiten Weltkrieg Wiedereröffnung → 1962.)

4.11. Militär und Exekutive suchen in Linz in den Spatenbrotwerken, im städtischen Gaswerk, im Wirtschaftshof und in sozialdemokratischen Parteilokalen in Linz, Steyr und im Wolfsegg-Traunthaler Kohlenrevier nach Waffen.

8.11. Uraufführung der Salzkammergut-Operette „Im weißen Rößl" von Ralph Benatzky. →

9.11. Nationalratswahlen. Die Mandate in Oberösterreich: Christlichsoziale 11 (13), Sozialdemokraten 6 (5), Schober-Block 1 (0), Heimatblock 1 (0).

23.11. Schwere Sturmschäden im ganzen Land.

16.12. Sieben junge Welser Alpinisten gründen die Hochtouristengruppe „D' Schermbergler".

29.12. Der Antikriegsfilm „Im Westen nichts Neues" wird in Oberösterreich verboten.

Für das umgestaltete „Rosenstüberl" in Linz (Bürgerstraße 3) malt Karl Hauk (1898–1974) das Riesengemälde „Weinlese" (jetzt Stadtmuseum Linz).

Im Höllengebirge wird die Rieder Hütte erbaut (1554 m).

Bürgermeister Gruber

Josef Gruber (1867–1945) wird am 28. Mai 1930 Bürgermeister von Linz (bis 13. Februar 1934). Er ist seit 1927 Landesobmann der Sozialdemokratischen Partei und vertrat seine Partei schon im Reichsrat, später im Nationalrat und Bundesrat, Landtag und Gemeinderat. Gemälde von Franz Glaubacker.

Arbeitslose – ein gewohntes Bild in diesen Jahren.

Arbeitslos, Selbstmord, auswandern ...

Seit 23. Juni 1929 werden in den Steyr-Werken siebzig Prozent der Belegschaft entlassen. Mit Stichtag 8. Jänner 1930 ist in Steyr jeder fünfte Bewohner arbeitslos. Insgesamt gibt es in dieser Stadt 2904 unterstützte Arbeitslose und 1500 sogenannte „Ausgesteuerte", bei einer Einwohnerzahl von 22.000. Immer häufiger kommt es zu Selbstmorden aus Verzweiflung.

In der Zeit vom 1. September 1929 bis 28. Februar 1930 wandern 206 Steyrer aus, einige nach Frankreich zu den Peugeot-Werken, die an Steyrer Facharbeitern interessiert sind.

Das Ereignis für die Linzer: Das Parkbad.

Polizei durchsucht das „Tagblatt“

„Heute um 9 Uhr vormittags erschien plötzlich zahlreiche Polizei in unserer ‚Tagblatt'-Druckerei und durchsuchte alle Räume der Häuser Spittelwiese 3 und 5. Sie wies dabei einen Auftrag der Polizeidirektion vor, der nicht einmal angab, auf Grund welches Paragraphen der Strafprozeßordnung die Hausdurchsuchung vorgenommen wurde. Während der Hausdurchsuchung waren die beiden Häuser von Sicherheitsbeamten abgesperrt. Diese Absperrung wurde so strenge gehandhabt, daß niemand, auch nicht die in unserem Betriebe beruflich tätigen Personen. – Genosse Gruber, der der Behörde gegenüber der Verantwortliche für das Haus ist, protestierte sowohl bei dem die Untersuchung führenden Beamten als auch beim Polizeidirektor Scholz sowie beim Landeshauptmann energisch gegen die unbegründete Willkür der Polizei. Erst gegen halb 4 Uhr ist die Untersuchung abgeschlossen worden. Man fand nichts!“

„Wahrheit“, Linz, 9. 11. 1930.

Geburtstage

Ludwig von Bogdandy. Generaldirektor der Voest (1988–1992). Geboren 10. 2. 1930 in Berlin. (Gestorben 5. 5. 1996 in Linz.)

Friedrich Achleitner. Architektur-Schriftsteller und Hochschullehrer. Geboren 23. 5. 1930 in Schalchen.

Anton Watzl. Maler und Zeichner. Geboren 26. 5. 1930 in Linz. (Gest 26. 1. 1994 in Linz.) → 1951

Eduard Ploier. Erwachsenenbildner. Geboren 19. 6. 1930 in Wels. Präsident der Katholischen Aktion 1972–1998. (Gest 4. 1. 1998 in Wels.)

Fritz Aigner. Maler. Geboren 13. 7. 1930 in Linz. (Gestorben 9. 1. 2005 in Linz.)

Franz Josef Heinrich. Schriftsteller. Geboren 15. 7. 1930 in Linz.

Maurus Paulczynski. Maler. Geboren 28. 9. 1930 in Amstetten. (Gestorben 23. 2. 1991 in Linz.)

Peter Kubovsky. Linzer Maler und Zeichner. Geboren 4. 12. 1930 in Lundenburg (Südmähren).

Das vielbesungene „Weiße Rößl“.

Das alte und das neue Parkbad. Oben eine Aufnahme vor der Umgestaltung, darunter das am 8. April 1930 neu eröffnete Parkbad.

Im weißen Rößl

8. November. In Berlin wird das Singspiel „Im weißen Rößl“ uraufgeführt, das zu einem der größten internationalen Erfolge der leichten Muse wird.

Wie kein Fremdenverkehrsmanager vorher und nachher hat der verliebte Oberkellner dieser Operette den Ruf des Landes in alle Welt getragen. Denn „im Salzkammergut, da kann ma gut lustig sein“. Und im „Weißen Rößl am Wolfgangsee, da steht das Glück vor der Tür“.

„Es ruft dir zu: Guten Morgen!
Tritt ein und vergiß deine Sorgen.
Und mußt du dann einmal fort von hier,
so tut der Abschied dir weh,
denn dein Herz, das hast du verloren
im Weißen Rößl am See!“

Obwohl die zu Evergreens gewordenen Lieder von verschiedenen Komponisten stammen, gilt das erfolgreiche Singspiel mit Recht als ein Werk von Ralph Benatzky (1887–1957), der, seinem Wunsche gemäß, in St. Wolfgang begraben wurde.

Todestage

Franz Statz. Baumeister des Linzer Doms. Gestorben 17. 6. 1930 in Köln. (Geboren 1. 12. 1848 in Köln.) Sohn von Vinzenz Statz (1819–1898).

Georg Wagnleithner (Pseudonym Stibler). Dichter und Komponist. Gestorben 2. 7. 1930 in Grieskirchen. (Geboren 30. 10. 1861 in Aspach.)

Karl Sadleder. Großdeutscher Politiker, Linzer Bürgermeister (1918–1919). Gestorben 13. 10. 1930 in Linz. (Geboren 5. 3. 1883 in Linz.)

St. Wolfgang

„Im Sommer kommen viele Menschen und noch mehr Leute nach St. Wolfgang, derzeit weniger Wiener, weil sie kein Geld haben, meistens Reichsdeutsche, die auch keines haben, aber kommen."

Alfred Polgar (1873–1955) in „Schädigende Wirkung der Kunst", 1931.

Kindskopf und Wachspuppe

„Eine Starhemberg-Versammlung in Ried verlief zwar ohne Zwischenfall, aber die meisten Besucher waren befremdet und entsetzt, wie der dreißigjährige „Fürst" durch Derbheiten und Schimpfworte über den 60jährigen Landeshauptmann loslegte und ihn als Kindskopf und Wachspuppe in den Händen anderer bezeichnete."

Ferdinand Brunnbauer: „Die Stadt in der Geschichte" in „Ried im Innkreis", Ried 1979.

Kalender

6.2. Wieder eine Interimsdirektion im Linzer Landestheater.

28.2./1.3. Landesparteitag der Sozialdemokratischen Partei Oberösterreichs.

2.3. Das Linzer Kolosseum ist wieder Varietébühne.

19.4. Landtagswahlen, 48 statt früher 60 Mandate. Mandatsverteilung: Christlichsoziale 28, Sozialdemokraten 15, Nationaler Wirtschaftsblock plus Landbund 5. Nationalsozialisten erhalten 15.800 Stimmen (3,45 Prozent), Starhembergs Heimatblock (Heimwehr) kommt auf 18.802 Stimmen (4,11 Prozent).

24.4. Großbrand in Neufelden. 17 Objekte werden ein Raub der Flammen.

14.5. Eröffnung der neuen Kneipp-Kuranstalt der Barmherzigen Brüder in Schärding.

17.5. Fußballfreuden in Linz: Österreich besiegt die Tschechoslowakei mit 3:1.

16.6. Gründung der Oberösterreichischen Fruchtbörse in Linz.

29.6. Eröffnung des neuen Kurmittelhauses in Bad Ischl.

31.7. Zugunglück in der Bahnstation Wartberg an der Krems. Der D-Zug Graz–Linz entgleist: acht Schwerverletzte.

August. Erste Vorführungen von Tonfilmen in Wels: im Party- und Greif-Kino.

6.9. Einweihung des Neubaues des Linzer Kolpinghauses.

12/13.9. Putsch → S. 332

13.9. Eröffnung der Linzer Diesterwegschule in der Khevenhüllerstraße, zu dieser Zeit das modernste Schulgebäude Österreichs. →

20.9. „Hell und jubelnd klingen zu ungewohnter Stunde die Glocken von Engelszell", heißt es in einer Festschrift (1932) zum Einzug des ersten Abtes im Trappistenkloster Engelszell. → 1925

31.10. Hugo Lischka-Raoul wird für drei Monate Direktor des Linzer Landestheaters.

6.11. Wegen der Notlage in Steyr fährt eine Abordnung zum Bundeskanzler.

6.12. Der Karmeliten-Neubau an der Linzer Landstraße ist vollendet.

8.12. Uraufführung des (allgemein als sehr schwach empfundenen) Theaterstücks „Bischof Rudigier" von Attilo Renato Bleibtreu im Linzer Landestheater.

Der LASK wird erstmals österreichischer Fußball-Meister (Bundes-Amateur-Staatsmeister).

Geburtstage

Eduard Christoph Heinisch. Schriftsteller. Geboren 14. 1. 1931 in Wien. (Gestorben 11. 11. 1999 in Salzburg.) Lebte in Vöcklabruck-Lenzing.

Gerhard Andlinger. Industrieller. Geboren 17. 1. 1931 in Linz.

Thomas Bernhard. Schriftsteller. Geboren 9. 2. 1931 in Heerlen, Holland. (Gestorben 12. 2. 1989 in Gmunden.) → S. 476/477, 1989

Rudolf Zinnhobler. Kirchenhistoriker. Geboren 18. 2. 1931 in Buchkirchen bei Wels.

Oddo Bergmair. Abt von Kremsmünster (1982 bis 2007). Geboren 22. 3. 1931 in Kremsmünster.

Oskar Zemme. Schriftsteller. Geboren 22. 3. 1931 in Zeiden, Siebenbürgen.

Fast genial

Nach Plänen von Hans Feichtelbauer (1879–1957) entsteht in den Jahren 1931/32 der „Winklerbau" in Linz (Landstraße–Bethlehemstraße), den Friedrich Achleitner (Hochschule für angewandte Kunst, Wien) „als fast genial zu bezeichnende städtebauliche Lösung" charakterisiert.

Erich Ruprecht (Ruprechter). Maler und Bildhauer. Geboren 7. 5. 1931 in Geistthal, Steiermark. Sirenenbrunnen im Linzer Brückenkopfgebäude West (1956).

Herbert Baum. Pädagoge, Schauspieler, Rezitator. Geboren 6. 8. 1931 in Innsbruck. Lebt seit seiner Kindheit in Linz.

Karl Odorizzi. Architekt. Geboren 27. 8. 1931 in Strengberg. Seit 1960 in Wels.

Fritz Freyschlag. Präsident der Kammer für Arbeiter und Angestellte in Oberösterreich (1982 bis 1999). Geboren 21. 10. 1931 in Linz. (Gestorben 26. 10. 2004 in Linz.)

Robert Himmelbauer. Krippenbauer. Geboren 18. 11. 1931 in Unterweißenbach. Lebt in Hirschbach.

Todestage

Josef Diltsch. Maler. Gestorben 3. 3. 1931 in Steyr. (Geboren 4. 2. 1863 in Scheibbs.)

Eduard Weisse. Landschaftsmaler. Gestorben 18. 4. 1931 in Linz. (Geboren 23. 7. 1875 in Prag.)

Matthias Rupertsberger. Insektenforscher, Historiker. Gestorben 31. 5. 1931 in Ebelsberg. (Geboren 29. 3. 1843 in Peuerbach.)

Johann Gföllner. Insektenforscher. Gestorben 21. 6. 1931 in Linz. (Geboren 21. 10. 1877 in Linz.)

Moritz Dolch. Chemiker. Gestorben 6. 9. 1931 in Engelhartszell. (Geboren 8. 6. 1887 in Linz.)

Die Diesterwegschule *Die Linzer Diesterwegschule (1929–1931), ein von der Architektur-Fachwelt anerkannter Bau, der Stolz der sozialdemokratischen Stadtverwaltung – von den bürgerlichen Parteien als „Schulpalast" und als Beispiel für „Großmannssucht" kritisiert. Die Sozialdemokraten antworteten darauf mit dem Hinweis auf die nicht minder großzügige Ausführung der Kreuzschwesternschule. Der Architekt der Diesterwegschule (Curt Kühne) baut zur gleichen Zeit das Parkbad.*

Der loyale Schober

„Ja, loyal war der Mann aus dem Oberösterreichischen, der es sich zum Ziel setzte, den widerspenstigen Weltstädtern Wiens auf Welser und Lambacher Art Mores beizubringen und zu diesem Behuf dem Wiener Wachecorps aus entfernten Marktflecken und Dörfern neues, zuverlässiges Blut zuführte – loyal war er immer. Loyal versicherte er dem Kaiser Karl seiner Treue, loyal schützte er die Ungestörtheit des Umsturzes, loyal wartete er als Kanzler in Genua auf Ententekredite, loyal verhandelte er in Lana mit Benesch und Masaryk, loyal schwor er dennoch auf die großdeutsche Bewegung, loyal übernahm er ein zweites Mal das Polizeipräsidium, loyal stritt er das Vorhandensein hakenkreuzlerischer Komplotte ab, loyal verhandelte er stets mit den Organisatoren der Straßenexzesse, loyal ließ er am 15. Juli 1927 in das Wiener Volk hineinschießen – nein, es ist ihm, dessen Streben doch immer nur war, alle Macht in den Händen einer reaktionären Polizei zu sammeln, keine Dienstverletzung vorzuwerfen. Mit loyaler Kaffeesiederwärme schüttelte er Hände, machte sein Buckerl, gab Versicherungen ab, während der Rechtsradikalismus unter seinen gnädigen Augen schrittweise das Feld gewann."

Anton Kuh (1890–1941) in „Die Weltbühne", 1929.

1931–1932

Der Pfrimer-Putsch

12.–13. September 1931. Der Putsch des steirischen Landeskommandanten und Bundesführers der Heimwehr, Walter Pfrimer (1881–1968), der sich selbst zum „Staatsführer" ausruft, berührt Oberösterreich nur am Rande. Zu einer größeren Aktion kommt es nur in Kirchdorf an der Krems, wo der Heimwehr-Kreisführer mit acht bewaffneten Heimwehrmännern in der Bezirkshauptmannschaft erscheint, ein Fenster einschlägt und dem dort wohnenden Bezirkshauptmann erklärt, dass er seines Postens enthoben ist. In Grünburg wird das Bezirksgericht besetzt, in Scharnstein werden Angehörige des sozialdemokratischen Schutzbundes als Geiseln genommen. Zu kleineren Heimwehr-Aktivitäten kommt es am Pyhrn- und Hengstpass, in Micheldorf, Molln, Waldneukirchen, Sierning, St. Marien und Windischgarsten. Die Bezirkshauptmannschaft Kirchdorf wird bereits am Morgen des 13. September von der Exekutive besetzt, in Grünburg zieht sich die Heimwehr noch vor Eintreffen des Bundesheeres zurück. In Steyr erklärt Bürgermeister Franz Sichelrader Schutzbündler zur Werks- und Gemeindewache.

Der Schutzbund marschiert

Aufmarsch des Republikanischen Schutzbundes in Linz.

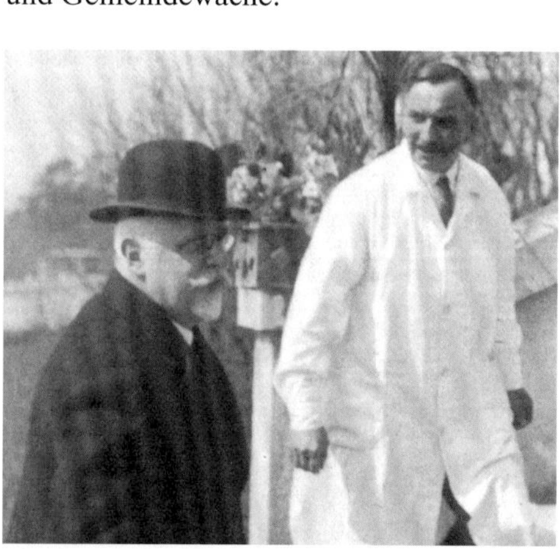

Bundeskanzler Schober im Krankenhaus Steyr.

Johannes Schober

In Baden bei Wien stirbt Johannes Schober, eine der umstrittensten Politikerpersönlichkeiten der Ersten Republik. 1927 ist er als Polizeipräsident von Wien verantwortlich für die blutige Unterdrückung der Arbeiterunruhen. Bei den Sozialdemokraten wird er als „Arbeitermörder" bezeichnet. Schober war dreimal Bundeskanzler (1921–1922, 1922, 1929–1930), außerdem Vizekanzler (1930–1932), Außenminister (1921–1922, 1930–1932), bekannt wurde er aber vor allem als Wiener Polizeipräsident. Er stand den Großdeutschen nahe und bildete mit ihnen 1930 den „Schober-Block". (Gestorben 19. 8. 1932). Begraben in Perg. (Geboren 14. 11. 1874 in Perg.) →

Arbeitslose in Steyr.

44.185 Arbeitslose

Im Februar 1931 sind 44.185 Oberösterreicher arbeitslos, in Steyr müssen 11.570 Personen befürsorgt werden.

Elendsprospekt

29. Dezember 1931. Im Steyrer Gemeinderat wird ein Elendsprospekt verlesen. Die Stadt ist bankrott, Schulen müssen gesperrt, die Straßenbeleuchtung muss eingestellt, die gesamte öffentliche kommunale Tätigkeit stillgelegt werden.

Ohne Blutvergießen

„... daß es in Oberösterreich ohne Blutvergießen abgegangen ist und daß unsere Politik doch die richtige war. Ich werde mich von dieser weder durch Lob noch durch Tadel abbringen lassen."

Landeshauptmann Josef Schlegel (1869–1955) in der Landesregierungssitzung nach dem Pfrimer-Putsch von 1931.

(Zitiert von Alfred Schlegel in „Landeshauptmann Josef Schlegel", Linz 1986.)

Arbeitslose Bettler

„Täglich kamen 15 bis 20 Arbeitslose in den Pfarrhof betteln."

Pfarrer Anton Pichler in der Pfarrchronik von Kollerschlag über das Jahr 1932.

Elendsquartiere in der besonders notleidenden Stadt Steyr.

Kalender

5.1. Die Enns und die Steyr treten aus den Ufern.

26.1. Namhafte oberösterreichische Künstler unterzeichnen den von Enrica von Handel-Mazzetti erlassenen Aufruf zur Hilfe für die notleidende Bevölkerung von Steyr. Zu den Unterzeichnern gehören Hermann Bahr, Wilhelm Kienzl, Richard Billinger, Julius Zerzer, Franz Karl Ginzkey, Paula Grogger und Arthur Fischer-Colbrie.

5.4. Die bisherige Musikvereinsschule Linz führt den Namen „Bruckner-Konservatorium".

1.7. Kurzarbeit in den Steyr-Werken.

7.7. Ried in der Riedmarkt wird Markt.

23.7. In Kollerschlag werden bei einem Großbrand 21 Häuser ein Raub der Flammen.

21.8. Eröffnung der neuen Badeanlagen in Bad Schallerbach.

18.9. Weihe der Barbarakapelle auf dem Linzer Freinberg.

19.9. Der Linzer Bischof Johannes Maria Gföllner (1867–1941) untersagt den Priestern der Diözese die Zugehörigkeit zur NSDAP.

1.10. Ignaz Brantner (1886–1960) beginnt seine Tätigkeit am Linzer Landestheater. → S. 379

5.11. Kurz vor 22 Uhr schlägt auf dem Feld eines Bauern aus Obergallsbach, Gemeinde Prambachkirchen, ein 2,12 Kilogramm schwerer Meteor ein.

4.12. 34 Verletzte bei Auseinandersetzungen zwischen Nationalsozialisten und Heimwehrmännern in Wolfern.

Kundgebung der Antifaschistischen Aktion im Oktober 1932 in Linz.

Das Exerzitienheim Subiaco in Kremsmünster, erbaut 1928–1932. Architekt Hans Steineder.

Geburtstage

Peter Klar. Chefredakteur des „Neuen Volksblatts" (1971–1995). Geboren 16. 1. 1932 in Herzogenburg.

Hubert Feichtlbauer. Journalist. Geboren 7. 2. 1932 in Obernberg am Inn.

Balduin Sulzer. Komponist, Wilheringer Ordensgeistlicher, Musikerzieher, Domkapellmeister (1981–1986). Geboren 15. 3. 1932 in Großraming. → S. 473

Hermann Bell. Generaldirektor der Oberbank (1973–2002). Geboren 10. 5. 1932 in Götzis, Vorarlberg.

Heinrich Schwarz. Bürgermeister von Steyr (SP) 1984–1991. Geboren 28. 5. 1932 in Steyr.

Maximilian Aichern. Linzer Diözesanbischof. Geboren 26. 12. 1932 in Wien. Am 17. 12. 1981 ernannt, am 17. 1. 1982 geweiht, am 18. 5. 2005 zurückgetreten. → 1981, 1982

Karl Grünner. Landeshauptmann-Stellvertreter 1982–1993 (SP). Geboren 30. 12. 1932 in Linz. (Gestorben 22. 10. 2003 in Linz.)

Im Toten Gebirge (Wurzelalm) wird am 31. Juli das Linzer Haus eröffnet (1371 m).

Todestage

Ludwig von Gallois. Direktor der Kleinmünchner Spinnerei. Gestorben 25. 2. 1932 in Linz. (Geboren 25. 4. 1858 in Linz.)

Josef Hafner. Lehrer und Politiker. Gestorben 4. 3. 1932 in Bad Ischl. (Geboren 20. 2. 1875 in Mattighofen.) Erster sozialdemokratischer Landtagsabgeordneter.

Emil Zeller. Bergpionier. Gestorben 31. 5. 1932 in Windischgarsten. (Geboren 8. 7. 1848 in Windischgarsten.) Apotheker, Anhänger der Naturheilkunde, Bürgermeister von Windischgarsten (1892 bis 1911). Erbauer der Zellerhütte (Warscheneck). → 1902

Michael Freiherr von Kast. Konservativer Politiker, Landeshauptmann von Oberösterreich (1897–1898). Gestorben 29. 7. 1932 in Ebelsberg. (Geboren 15. 10. 1859 in Nedelischt/Königgrätz.)

Hans Guritzer. Flugzeugkonstrukteur. Tödlich abgestürzt 28. 8. 1932 bei Vöcklabruck. (Geboren 19. 2. 1897 in Urfahr.)

Siegmund Ehrentletzberger. Kaufmann. Gestorben 6. 10. 1932 in Linz. (Geboren 13. 8. 1861 in Linz.)

Cupsieger 1933; der LASK.

Aufruf des Bischof

„Der Nationalsozialismus krankt innerlich an materialistischem Rassenwahn – an unchristlichem Nationalismus – an nationalistischer Auffassung der Religion – an bloßem Schein-Christentum; sein religiöses Programm weisen wir darum zurück."

Bischof Johannes Maria Gföllner (1867–1941) in einem weltweit beachteten „Hirtenbrief über wahren und falschen Nationalismus", 22. Jänner 1933.

Die Hahnenschwänzler

„Auf dem Hut die Spielhahnfeder, grün der Rock und deutsch der Mut."

Aus einem 1933 entstandenen Gedicht von Bodo Kaltenboeck (1893–1939). Wegen der Spielhahnfeder auf dem Uniformhut wurden die Heimwehrler auch „Hahnenschwänzler" genannt.

1933

Kalender

21.1. Arbeiterdemonstration in Steyr.

31.1. Fackelzug und Festversammlung in Linz anlässlich der Machtübernahme in Deutschland durch Adolf Hitler am 30. Jänner.

2.2. Leichtes Erdbeben in Linz und Umgebung.

4.2. Kommunistische Demonstration in Steyr.

6.–17.2. Die Stadt Steyr kann die Heizkosten für die Schulen nicht aufbringen und ordnet deshalb Kälteferien an.

7.2. Zehntausend Sozialdemokraten demonstrieren in Linz gegen den Faschismus.

15.2. In Steyr werden Arbeiterwohnungen nach Waffen durchsucht.

22.2. Erste Vollversammlung der neu gegründeten Landwirtschaftskammer für Oberösterreich.

2.3. Erstmals wird in einer nationalsozialistischen Versammlung in Linz eine Hitler-Rede öffentlich übertragen.

4.3. Selbstauflösung des Parlaments. Beginn des autoritären Dollfuß-Regimes.

5.3. Im Welser Bahnhofsgebäude kommt es zu Auseinandersetzungen zwischen Nationalsozialisten und Sozialdemokraten, bei denen es drei Schwerverletzte gibt.

6.3. Siegesfeier der Linzer Nationalsozialisten anlässlich des Wahlsiegs der deutschen NSDAP bei der Reichstagswahl am 5. März.

7.3. Beginn des autoritären Dollfuß-Regimes. (Nachdem es am 4. 3. bei der Abstimmung durch einen verpatzten Trick zur Selbstauflösung des Parlaments gekommen war.)

26.3. Sechs Verletzte bei Zusammenstößen zwischen Heimwehr und Sozialdemokraten in Linz.

31.3. Auflösung des Republikanischen Schutzbundes. (Wehrverband der Sozialdemokratischen Partei.)

1.4. Anschlag auf die Eisenbahn bei Marchtrenk. Schwellenschrauben und Verbindungsstücke waren gelockert worden. Ein Personenzug kann zwar nicht mehr rechtzeitig zum Stehen gebracht werden, doch entsteht beim Überfahren der gelockerten Gleise kein Schaden.

21.4. Ein Toter in Holzschlag (Bezirk Rohrbach) bei Auseinandersetzungen zwischen Heimatschützern und Sozialdemokraten.

5.5. Auflösung der kommunistischen Wehrorganisation „Arbeiterwehr".

26.5. Verbot der Kommunistischen Partei.

5.6. In Thening (Linz-Land) wird in Anwesenheit von 3000 Menschen eine Hitler-Eiche gepflanzt.

13.6. Der Landesinspektor der österreichischen NSDAP, Theodor Habicht (1898–1944), wird in Linz verhaftet und ausgewiesen.

Das „Braune Haus" in Linz wird polizeilich geschlossen.

19.6. Verbot der NSDAP-Hitlerbewegung, Verbot des Freidenkerbundes.

24.6. Bundeskanzler Engelbert Dollfuß (1892 bis 1934) spricht erstmals in Linz auf einer von 12.000 Menschen besuchten vaterländischen Kundgebung in der Südbahnhofhalle.

25.6. Bombenanschlag auf die Wohnung des Gmundner Bürgermeisters Franz Josef Thomas (1887–1949).

21.7. In Ried im Innkreis wirft ein deutsches Flugzeug nationalsozialistische Flugblätter ab.

1.8. Beginn des Aufbaues der „Vaterländischen Front" in Oberösterreich. → S. 338

21.8. Ried im Innkreis wird wieder Garnisonstadt.

17.9. In Schärding werden 40 Nationalsozialisten ausgebürgert.

18.9. In Wolfsegg werden bei einer Festnahme durch die Gendarmerie zwei Nationalsozialisten und ein unbeteiligter Sozialdemokrat getötet.

29.10. Nach Plänen von Peter Behrens (1868 bis 1940), Alexander Popp (1891–1945) und Hans Feichtelbauer (1879–1957) wird in Linz-Urfahr mit dem Bau der Christkönigkirche (Friedenskirche) begonnen. → 1951

10.11. Wiedereinführung der Todesstrafe.

30.11. Die Bischofskonferenz beschließt den Rückzug des Klerus aus der Politik. In Oberösterreich betrifft dieser Beschluss vor allem drei Priesterpolitiker: Den Bundesrat Josef Moser (1870–1952) und die Landesräte Josef Pfeneberger (1880–1952) und Ernst Hirsch (1892–1973).

14.12. Letzte Sitzung des demokratisch gewählten Landtags.

In Steyr werden die Reithofferwerke geschlossen, ein 1832 gegründetes Unternehmen.

Oben: Im Salzkammergut werden die Gablonzer Hütte (Zwieselalm, 1550 m) und (Bild unten) die Goiserer Hütte (1592 m) erbaut.

Geburtstage

Johann Krebs. Komponist. Geboren 16. 1. 1933 in Chemnitz. Lebt in Linz.

Heinrich Übleis. Post-Generaldirektor (1979 bis 1985), Bautenminister (1985–1987), Bundesbahn-Generaldirektor (1987–1993). Geboren 3. 2. 1933 in Edt bei Lambach.

Gerhard Weigl. Bildhauer. Geboren 9. 2. 1933 in Gmunden.

Fridolin Dallinger. Komponist. Geboren 16. 2. 1933 in Eferding.

Walter Schmidinger. Schauspieler. Geboren 28. 4. 1933 in Linz.

Richard Kirchweger. Generaldirektor der Chemie Linz AG (1982–1989). Geboren 7. 7. 1933 in Gföhl, Niederösterreich.

Otto Bejvl. Linzer Galerist. Geboren 20. 8. 1933 in Linz. (Gestorben 10. 6. 1981 in Linz.)

Beppo Mauhart. Wirtschafts- und Sportfunktionär. Geboren 14. 9. 1933 in Enns.

Helmuth Gsöllpointner. Eisenplastiker. Geboren 30. 9. 1933 in Brunnwald bei Leonfelden.

Erwin Reiter. Bildhauer. Geboren 25. 10. 1933 in Julbach.

Karl Bregartner. Bürgermeister von Wels (SP) 1982–1999. Geboren 15. 11. 1933 in Plank am Kamp, NÖ.

Erich Eder de Lastra. Komponist. Geboren 19. 12. 1933 in Linz.

Todestage

Josef Schießl. Installateurmeister. Gestorben 3. 1. 1933 in Linz. (Geboren 4. 2. 1868 in Wien.) Er unternahm 1911 gemeinsam mit seinem Bruder Rudolf (1879–1950) erfolgreiche Flugversuche mit dem ersten Ganzmetallflugzeug.

Julius Laska. Direktor des Linzer Landestheaters (1884–1891). Gestorben 24. 8. 1933 in Linz. (Geboren 28. 1. 1850 in Linz.)

Fritz Lach. Maler und Zeichner. Gestorben 9. 10. 1933 in Wien. (Geboren 29. 5. 1868 in Linz.) →

Ferdinand Krackowizer. Historiker und Archivar. Gestorben 20. 10. 1933 in Linz. (Geboren 27. 5. 1844 in Wels.)

Hans Hernler. Traunsteinpionier. Gestorben 30. 10. 1933 in Gmunden. (Geboren 1861 in Gmunden.) → S. 292

48.466 Arbeitslose

Die Zahl der Arbeitslosen erreicht im Februar 1933 mit 48.466 Arbeitssuchenden einen traurigen Rekord.

Die Fahrt nach Engelszell

„In all dem grünen und blühenden Gepräng.
Wo die Donau hinausschoß, schnell,
Wieder in Wildnis und Wäldereng,
Unter der Wolken schwerem Gehäng,
Da war die begnadete Stell.
Und als ich eintrat, über die Schwell,
Da wars, als ob alles zerspräng,
Als ob der Himmel herunter sich schwäng
Buntfarbig und golden hell,
Und brausend von der Verklärten Gedräng
Mit Chören der andern Welt mich empfäng
Die Kirche von Engeszell."

Aus Eugen Roth (1895–1976) „Die Fahrt nach Engelszell", als Ergebnis einer Reise in den dreißiger Jahren, in „Ernst und heiter", München 1961.

Fritz Lach
Im Zeichnen einen Fünfer

Eine Straße in seiner Geburtsstadt Linz, hie und da ein Bild in der Auslage einer Kunsthandlung, das immer sehr bald einen Käufer findet, da und dort ein Motiv auf einem Kalenderblatt, viel mehr sieht man nicht von Fritz Lach, dem Maler, „den man seit dem Tode Rudolf von Alts zu unseren erfolgreichsten, vielleicht auch für unseren bedeutendsten Aquarellisten zu halten berechtigt ist", wie es in einem Nachruf hieß. In den Jahren vor und nach dem ersten Weltkrieg war Fritz Lach einer der angesehensten und zugleich populärsten Maler.

Am Hungertuch nagte Fritz Lach nie. Nicht nur deshalb, weil er in den Anfangsjahren seiner Laufbahn seinen Brotberuf als Angestellter der Donaudampfschifffahrtsgesellschaft hatte. Ein Künstler seines Ranges konnte sich im alten Österreich einen vergleichsweise hohen Lebensstandard leisten, er genoss öffentliches Ansehen. „Fürstlichkeiten des Standes und des Geistes kamen in seine Werkstätte und standen auf Freundesfuß mit ihm", wusste in der Monarchie eine Kunstzeitschrift zu berichten. „Mitglieder des Kaiserhauses ließen alle Förmlichkeiten beiseite und luden ihn zu sich."

Auch nach dem Weltkrieg war Fritz Lach bekannt und anerkannt. Wenn eine Ausstellung mit Fritz-Lach-Bildern eröffnet wurde, kam der Bundespräsident.

Doch nicht nur bei den Spitzen der Gesellschaft war Fritz Lach der Lieblingsmaler. Die Originale wanderten in die Salons des Kaiserhauses und kunstsinniger Aristokraten, in die Museen und öffentliche Sammlungen. Gleichzeitig machten Bildbeigaben der Kunst- und Familienzeitschriften, vor allem die beliebten farbigen Postkarten mit Landschaftsansichten „nach einem Aquarell von Fritz Lach", diesen Künstler in breiten Schichten der Bevölkerung bekannt. Fritz Lach gab es für jede Brieftasche.

Fritz Lach zeichnete und malte mit Vorliebe seine Heimat: Hallstatt zum Beispiel. Bleistiftzeichnung, 1925.

Besonders in Oberösterreich verehrte man Fritz Lach, weniger deshalb, weil ausnahmsweise der Groschen auch dort etwas galt, wo er geprägt wurde, sondern weil Fritz Lach mit Vorliebe die Städte und Plätzchen seiner Heimat porträtierte. Die Gassen der Linzer Altstadt, die Häuser der Städte Steyr und Grein, die Orte Hinterstoder, Hallstatt und Aussee waren seine Lieblingsmotive.

Die Verwandtschaft war hinderlich

Fritz Lach wurde am 29. Mai 1868 in Linz geboren, als Sohn eines kleinen Beamten. Die Maler in seiner Verwandtschaft waren der Karriere eher hinderlich. Der Bruder des Großvaters war der berühmte Ferdinand Georg Waldmüller. Der Vater Fritz Lachs hatte, wenn er an den Beruf eines Malers dachte, aber eher das kümmerliche Dasein seines Bruders Andreas Lach vor Augen, der in Wien als Blumen-, Stilleben- und Porzellanmaler lebte. Sogar Waldmüller, „wohl einer der größten Maler, die Österreich hervorgebracht hat, darbte, selbst als Rektor der Akademie der bildenden Künste", erinnerte sich Fritz Lach.

Aus der Linzer Schulzeit Fritz Lachs gibt es ein bemerkenswertes Ereignis: In der Realschule hatte er ein „Ungenügend" im Zeichnen.

Entdeckt wurde das junge Talent aber ebenfalls in Linz. Das erste öffentliche Lob stand in der „Tages-Post", die über eine Ausstellung von Schülerarbeiten berichtete und den elfjährigen Fritz Lach namentlich erwähnte. Was immer noch geschrieben wurde über Fritz Lach, von Kritikern und Kunsthistorikern, auf den Kulturseiten und in Fachzeitschriften, über Ausstelllungserfolge im In- und Ausland – die Freude über die Erwähnung in der „Tages-Post" von 1879 wurde durch nichts übertroffen.

Rudolf Lehr

Nicht nur die Landschaft faszinierte Fritz Lach, auch die Menschen und ihre Arbeit. Bleistiftzeichnung, 1914.

Blutiger 1. Mai

Öffentliche Maifeiern und Aufmärsche sind untersagt. Trotzdem kommt es in der Linzer Südbahnhofhalle zu einer Versammlung des sozialdemokratischen Bezirksvereins, an der 10.000 Menschen teilnehmen. Auch in Steyr versammeln sich mehr als zweitausend Sozialdemokraten. In Linz, Mattighofen, Altheim, Braunau, Mauthausen, Steyr und Uttendorf kommt es zu Zusammenstößen, meist zwischen Nationalsozialisten und Sozialisten. In Altheim gibt es einen Toten, in Uttendorf einen Toten und sieben Verletzte.

Linz hat eine Studienbibliothek.

Die Linzer Buam

Ihr seid doch lauter fesche Buam, nennt euch doch „Linzer Buam". Es stimmten alle zu, und seitdem gibt es die Blaskapelle „Linzer Buam".

Robert Thaller über die Gründung des Blas- und Schauorchesters im Frühjahr 1934, in „Die Linzer Buam" (1979).

Kollerschlager Dokument

Alte Besteckmuster eingetroffen: Dollfuß ist tot. Alte Besteckmuster nicht eingetroffen: Dollfuß ist frei. Alte Besteckmuster unterwegs: Dollfuß ist gefangen.

Nach der Ermordung an Bundeskanzler Dollfuß fand man bei einer Leibesvisitation eines in Kollerschlag angehaltenen Mannes diese Chiffren für telegraphische Mitteilungen, in den Schuhen Blätter mit genauen Anweisungen für die nationalsozialistische Machtergreifung in Österreich im Falle des Sturzes der Regierung Dollfuß.

Am 12. Februar entstand dieses Bild

Karl Hayd (1882–1945), der sich vor allem als Landschafts- und Blumenmaler einen Namen gemacht hat und von dem nur wenige wissen, dass er während des ersten Weltkriegs als malender Kriegsberichterstatter tätig war, hat dieses bisher unbekannte Bild „Arbeiter mit Maschinengewehren in der Starhembergstraße" gemalt. Das Bild ist nicht nur kunst- und zeitgeschichtlich interessant, sondern auch von der Entstehung her: Hayd hat die Ereignisse des 12. Februar vom Fenster seines Hauses in der Volksfeststraße in Linz verfolgt und sofort zum Pinsel gegriffen.

Kalender

23.1. Der Wiener Eislauf-Weltmeister Karl Schäfer (1907–1976) führt auf dem Eislaufplatz des „Linzer Bicycle-Clubs" seine Künste vor.

25.1. Durch einen Papierbölleranschlag werden im Linzer Postdirektionsgebäude 94 Fensterscheiben zertrümmert.

6.2. Die oberösterreichische Heimwehr fordert von der Bundesregierung einen strengen, autoritären Kurs und von Landeshauptmann Schlegel die Umbildung der Landesregierung.

12.2. → S. 338

19.2. Josef Schlegel (1869–1955), Landeshauptmann seit 1927, tritt zurück. → S. 324, 338

1.3. Heinrich Gleißner (1893–1984) wird Landeshauptmann. (Bis 13. 3. 1938 und vom 26. 10. 1945 bis 2. 5. 1971.) → S. 479–481

9.3. Uraufführung im Linzer Landestheater: „Der Streit der Väter" von Karl Emmerich Baumgärtel und Franz Spindler.

18.3. Uraufführung im Linzer Landestheater: „Disharmonie" von Hannes Faßl.

22.3. Mit diesem Stichtag leben in Oberösterreich 902.965 Personen.

9.4. Der Linzer Flugplatz Katzenau wird für den Flugverkehr zugelassen.

10.4. Anschlag zwischen Oftering und Marchtrenk auf den Nacht-Schnellzug Wien–Paris: die Lokomotive mit dem Tender, zwei Postwagen, der Paketwagen, der Mitropa-Schlafwagen und zwei Personenwagen entgleisen. Der Heizer wird dabei getötet. 15 Personen werden zum Teil schwer verletzt. Die beiden Attentäter werden am 8. Jänner 1937 hingerichtet.

29.4. Bundeskanzler Dollfuß spricht in Linz vor 55.000 Menschen. Es ist die größte Kundgebung, die die Landeshauptstadt bisher erlebt hat.

1.5. Ständisch-autoritäre Verfassung.

17.6. (Namenstag Adolf Hitlers.) Anti-Hitler-Großkundgebung der Vaterländischen Front in Braunau mit Heimwehrführer Ernst Rüdiger von Starhemberg und Landeshauptmann Heinrich Gleißner.

Juli. Putsch →

20.8. Zwei Ischler Bauernburschen, Franz Unterberger und Franz Saureis, werden nach dem nationalsozialistischen Putsch wegen Verwahrung von Sprengstoff hingerichtet.

24.9. Enrica von Handel-Mazzetti erhält die Sterbesakramente, wird jedoch geheilt und lebt noch 21 Jahre. → S. 386

26.9. In der Notkirche St. Antonius (Scharlinz) wird der erste Gottesdienst abgehalten.

12.10. Verschmelzung der drei bedeutendsten Automobilfabriken Österreichs, Geburtsstunde der Steyr-Daimler-Puch AG (ab 10. 5. 1935).

13.10. Erste elektrische Verkehrsampel in Steyr.

9.11. Der Neubau der Linzer Studienbibliothek kann benützt werden. (Seit 1999 Landesbibliothek.) →

25.11. Weihe des ersten Bauabschnitts der Friedenskirche in Urfahr (Christkönigskirche).

42.955 Arbeitslose

In Oberösterreich gibt es 42.955 Arbeitslose. (Februar 1933: 48.466, Juni 1933: 35.290.)

Geburtstage

Josef Bauer. Objektkünstler. Geboren 12. 1. 1934 in Gunskirchen.

Anneliese Ratzenböck. Pionierin für die Erneuerung der Goldhauben-Tradition. Geboren 18. 7. 1934 in Oftering. → S. 460

Engelbert Kliemstein. Maler und Linzer Privatgalerie-Pionier. Geboren 4. 9. 1934 in Grieskirchen. (Gestorben 2. 7. 1961 in Linz.) → 1961

Eberhard Vollnhofer. Propst von Reichersberg (1980–2005). Geb. 20. 10. 1934 in Bromberg (NÖ).

Peter Bischof. Maler. Geboren 20. 12. 1934 in Wien. Lebt in Kößlwang (Bad Wimsbach-Neydharting).

Schutzbundführer

Die wichtigste Persönlichkeit der Februar-Ereignisse 1934 in Linz: Richard Bernaschek. → S. 338

Karl Albert Eckmayr. Landeshauptmann-Stellvertreter (VP) 1989–1995. Geb. 29. 12. 1934 in Linz.

Todestage

Anton Hanak. Bildhauer. Gestorben 7. 1. 1934 in Schloss Hetzendorf. (Geboren 22. 3. 1875 in Altbrünn.) „Volksgartenmitzi". → 1908

Hermann Bahr. Dichter und Kritiker. Gestorben 15. 1. 1934 in München. (Geboren 19. 7. 1863 in Linz.) → S. 243

Anton Bulgari. Brauereiarbeiter. Nach den Kämpfen am 12. Februar zum Tode verurteilt (21. 2.) und am 22. 2. 1934 in Linz hingerichtet. (Geboren 4. 3. 1877 in Znaim.) → S. 338, 339

Georg Eckl. Bahningenieur, deutschnationaler Politiker. Gestorben 22. 3. 1934 in Linz. (Geboren 4. 3. 1857 in Eisendorf, Böhmen.) Vater der Malerin Vilma Eckl (1892–1982).

Matthäus Bauchinger. Pionier des landwirtschaftlichen Genosssenschaftswesens. Gestorben 9. 4. 1934 in Pöchlarn. (Geboren 3. 9. 1851 in Frankenburg.)

Cölestin Baumgartner. Abt von Lambach, Politiker. Gestorben 30. 4. 1934 in Lambach. (Geboren 9. 2. 1844 in Waizenkirchen.) 24 Jahre im Landtag. Starb als der älteste Abt seines Ordens. (Seit 1890, seit 1929 mit einem Koadjutor.) Erbauer der Bahnlinien Lambach–Vorchdorf und Lambach–Haag am Hausruck.

Leonhard Angerer. Benediktiner. Gestorben 28. 5. 1934 in Linz. (Geboren 28. 2. 1861 in Kremsmünster.) Naturwissenschafter.

Viktor Kaplan. Erfinder (Kaplanturbine). Gestorben 23. 8. 1934 in Unterach. (Geboren 27. 11. 1876 in Mürzzuschlag.)

Heinrich Hinsenkamp. Deutschnationaler Politiker. Gestorben 17. 9. 1934 in Linz. (Geboren 28. 8. 1862 in Triest.) Der letzte Bürgermeister von Urfahr (1901–1919) vor der Eingemeindung.

Marie Lang. Frauenrechtlerin. Gestorben 14. 10. 1934 in Altmünster. (Geb. 8. 3. 1858 in Wien.)

Anton Freytag. Autor, Schauspieler, Regisseur. Gestorben 25. 12. 1934 in Linz. (Geboren 22. 12. 1854 in Prag.) 1906–1928 am Landestheater.

Ein Augenzeuge

„Am 25. Juli hatte ich mit Inspektor Fischer Nachtdienst. Nach Mitternacht kamen wir auf dem vorgeschriebenen Streifweg auch in den Ort Kollerschlag und hielten am Nord-West-Rand bei einem Bauernhof Vorpaß. Im kühlen Morgengrauen kam ein Schatten geradewegs auf unser Versteck zu. Als der Mann heran war, riefen wir ‚Halt' und ‚Hände hoch'! Ich hielt ihm das Gewehr vor, und Fischer nahm ihm eine Pistole und eine Hand voll Patronen ab. Dann brachten wir ihn zur Gendarmerie in Kollerschlag. Dort verweigerte er jede Aussage, hatte keinen Ausweis und nannte auch seinen Namen nicht. So wurde er mit dem Mittagsbus nach Linz gebracht, wiederum ergebnislos verhört und genauer durchsucht. Dabei fand man eingenäht in seine Krawatte den Befehl zum Losschlagen für die Nationalsozialisten in Österreich. Viel Zeit ging verloren, zuviel um die Regierung noch warnen zu können, denn inzwischen wurde Bundeskanzler Dr. Dollfuß ermordet. Diese Festnahme und das gefundene ‚Kollerschlager Dokument' erregten in der Weltpresse Aufsehen. Sogar Winston Churchill vermerkt diese Begebenheit in seinem Buch, ‚Der Zweite Weltkrieg'. Und ich war durch Zufall ein, wenn auch unerwähnter, Mitverursacher dieser Affaire geworden."

Leopold Reisetbauer, Neuhofen an der Krems.
(Aus: „Heimatbuch Kollerschlag", 1985.)

Der Juli-Putsch

25. Juli, 13.02 Uhr. Über den Rundfunk (RAVAG) wird bekanntgegeben: „Die Regierung Dollfuß ist zurückgetreten." Nationalsozialistische Putschisten waren in Wien in die Senderäume eingedrungen und hatten einen Sprecher zu dieser Durchsage gezwungen. Sie ist das Signal für den nationalsozialistischen Aufstand in ganz Östereich.

Kurz nach 13 Uhr. Im Eckzimmer des Bundeskanzleramtes trifft Bundeskanzler Engelbert Dollfuß ein tödlicher Schuß.

25.–27. Juli. Bei Julbach dringen Angehörige der „Österreichischen Legion" (Nationalsozialisten) über die Grenze, ein Schutzkorpsmann wird entwaffnet, ein anderer im Schlaf erschossen. Dreißig mit Maschinengewehren bewaffnete Legionäre zwingen die Beamten des Zollamtes Hanging zur Kapitulation. Um den Gendarmerieposten Kollerschlag wird gekämpft, ein Gendarm und ein Heimwehrmann sowie zwei Legionäre fallen. Ein weiterer Nationalsozialist wird beim Angriff einer anderen Gruppe auf das Zollamt Haselbach getötet. (Kollerschlager Dokument →)

Bei Kämpfen am Pyhrnpass werden ein Bundesheersoldat und ein Offizier getötet. Bei den Aufständischen gibt es vermutlich 14 Tote, exakt ist die Zahl der Toten nicht mehr zu ermitteln. Im Wirtshaus Kalkofen am Pyhrnpass werden von Soldaten zwei unbeteiligte Männer, die schwangere Wirtin und ihr vierjähriges Kind getötet.

Zu Unruhen kommt es auch in Bad Ischl, Goisern und Hallstatt. Ein Nationalsozialist wird bei Ahorn (Bad Ischl) getötet, in Laakirchen ein Gedarmeriebeamter erschossen. In Gaspoltshofen können Aufständische vorübergehend den Gendarmerieposten besetzen, in Wilhering wird ein Gendarm erschossen.

Insgesamt kommen bei den Kämpfen in Oberösterreich auf Regierungsseite sieben, bei den Aufständischen (vermutlich) zwanzig (einschließlich der zwei zum Tode verurteilten Ischler) und vier Unbeteiligte ums Leben. In ganz Österreich wird die Zahl der Todesopfer dieses Putsches nach jüngsten Forschungen mit 230 angegeben. (Roman Sandgruber, Universität Linz.)

Das Haus in der Landschaft *beschäftigt die Architekten in diesen Jahren. 1933/34 entstand in Unterbuchberg am Attersee das Haus Gamerith. (Architekt Ernst Anton Plischke.)*

Juli-Putsch in Kollerschlag: Vor dem Kaufhaus Baumüller liegt der gefallene Gendarm.

Das Opfer (vorne links): Gendarm Richard Hölzel.

Die politischen Kräfte

Republikanischer Schutzbund: Bewaffnete Organisation der Sozialdemokraten.

Heimwehr: Bewaffnete christlichsoziale Kampfbewegung, hervorgegangen aus den Heimatwehren 1918/19. Die Heimwehr trat für eine diktatorische Staatsführung und einen ständischen Gesellschaftsaufbau ein.

Vaterländische Front: Zusammenfassung aller „regierungstreuen Österreicher" im autoritären Dollfuß- und Schuschnigg-Regime.

Schutzkorps: Regimetreuer paramilitärischer Wehrverband.

Österreichische Legion: Organisation der nach Deutschland geflüchteten Nationalsozialisten.

Ständestaat: Autoritäres christlichsoziales Regime, Ersatz der politischen Parteien durch berufsständische Organisationen.

Linzer Gedenktafeln

Den Opfern und Kämpfern für Freiheit und Recht.

Gedenktafel an der Linzer Landstraße.

In Ausübung seiner soldatischen Pflicht starb er den Heldentod.

Gedenktafel bei der Linzer Eisenbahnbrücke.

Österreicher schießen auf Österreicher

Bürgerkrieg! Am 12. Februar 1934 erreichen die gewaltsamen Auseinandersetzungen von politischen Gegnern und ihrer bewaffneten Organisationen (Heimwehr und Schutzbund) ihren traurigen Höhepunkt. Es ist ein schwarzer Tag für Österreich. Ein schwarzer Tag auch für Oberösterreich, wo die ersten Schüsse fallen. Österreicher schießen auf Österreicher. Auf der einen Seite die sozialdemokratischen Schutzbündler, auf der anderen Seite die Verteidiger des autoritären Regimes: Heimwehr, Bundesheer und Polizei.

Am 11. Februar spricht der Heimwehrführer Emil Fey, Vizekanzler im Kabinett Dollfuß, die verhängnisvollen Worte: „Wir werden morgen an die Arbeit gehen und wir werden ganze Arbeit leisten!" Er ordnet die polizeiliche Durchsuchung des Linzer Parteiheims der Sozialdemokraten in der Landstraße an. (Hotel „Schiff", später Central-Kino, Ernst-Koref-Haus.)

Richard Bernaschek, Führer des verbotenen Republikanischen Schutzbundes in Linz, erklärt, dass gegen Waffensuchende „in Fortsetzung des Widerstandes zum Angriff" übergegangen werde, dass man den Aktionen zur „Wehrlosmachung der Sozialdemokratischen Partei" nicht untätig zuschauen könne.

Am Morgen des 12. Februar erscheinen Polizisten in der Linzer SP-Parteizentrale. Um 7.15 Uhr ruft Bernaschek Landeshauptmann Josef Schlegel an und ersucht um Zurückziehung der Einsatzkräfte, weil „sonst Schreckliches geschieht". Schlegel verspricht, sich zu erkundigen. Bei seinem Rückruf meldet sich in der Parteizentrale bereits ein Polizist. Bernaschek wird kurz vor 8 Uhr verhaftet.

Im Hintergebäude des Parteiheimes haben sich 40 Schutzbündler zurückgezogen und verschanzt. Um 8.30 Uhr feuert einer von ihnen mit dem Maschinengewehr über den Hof auf die Polizei, die das Vordergebäude besetzt hält. Daraufhin entbrennt der Kampf. Die Schutzbündler vertreiben vorerst die Polizei, nach dem Eintreffen des Bundesheeres und der Minenwerfer ergeben sie sich. Inzwischen sind die Kämpfe auch anderswo ausgebrochen: beim Parkbad, an der Eisenbahnbrücke, beim Gasthaus Jägermayr. Weitere Kampforte: Spatenbrotwerke, Wirtschaftshof, Feuerwehrschule, Polizeikaserne, Gaswerk, Südbahnhofgelände, Diesterwegschule, Petrinum. Am Polygonplatz (heute Bulgariplatz) werden drei Soldaten aus dem Auto gezerrt und erschlagen. In Steyr besetzen die Schutzbündler die Ennsleite und halten sie zwei Tage lang. In Holzleiten (Ottnang) werden Schutzbündler auf der Bühne des Arbeiterheims ohne Gerichtsverfahren erschossen. Gekämpft wird auch in Attnang, Steyrermühl und Stadl-Paura. Insgesamt gibt es in Oberösterreich bei der Exekutive und Heimwehr 28 Tote, beim Schutzbund und der Zivilbevölkerung 32 Tote, darunter zwei Frauen.

Nach den Kämpfen treten die Standgerichte in Aktion. In Oberösterreich werden zwei Todesurteile vollstreckt: In Linz wird Anton Bulgari hingerichtet, in Steyr Josef Ahrer.

Verhaftung eines Linzer Schutzbündlers.

Die Exekutive hat die Linzer Rathausgasse abgesperrt.

In Linzer SP-Parteiheim auf der Landstraße fallen die ersten Schüsse.

Fünf Jahrzehnte später

„Wesentlich sollte sein, daß man den gegnerischen Standpunkt wenigstens insofern respektiert, indem man dem Gegner subjektive Glaubwürdigkeit zubilligt."

Alfred Maleta (1906–1990), 1934 Landesführer der Vaterländischen Front, am 11. Februar 1984.

„Politische Orthodoxie ist ein Übel und führt zu folgenschwerem Starrsinn. Zivile Aufrüstung ist ein Unglück, an dessen Ende meist der Bürgerkrieg steht."

Ernst Koref (1891–1988), 1934 stellvertretender Landesparteisekretär der Sozialisten, in „Gezeiten meines Leben", Linz 1980.

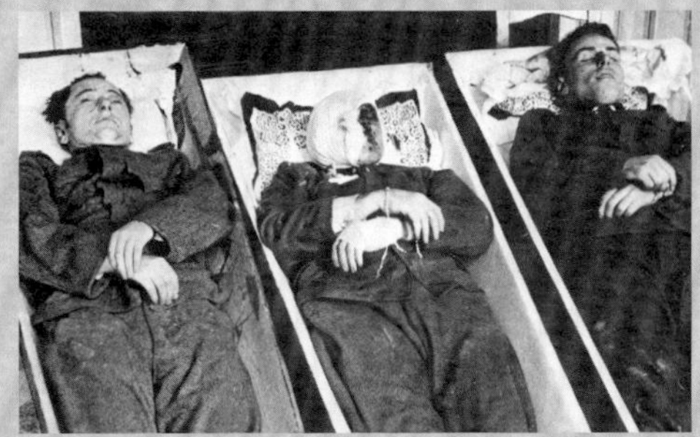

Gefallene Soldaten, aufgebahrt im „Hotel Schiff".

Der Bürgerkrieg und die Folgen

Auch Straßenpassanten werden durchsucht.

Die Chronik der Ereignisse

12. Februar
Beginn der blutigen Auseinandersetzungen von sozialdemokratischen Schutzbündlern mit Exekutive und Heimwehr in Linz, Attnang und Steyr.
Für das Bundesland Oberösterreich wird das Standrecht verhängt.
Auflösung der Sozialdemokratischen Partei und der sozialdemokratischen Vereine.
Auflösung des Gemeinderates in Linz und Steyr.
Ernennung von Regierungskommissären.
Zahlreiche Verhaftungen.

13. Februar
Fortsetzung der blutigen Kämpfe in Linz, Steyr und zahlreichen anderen Orten.

14. Februar
Noch vereinzelt Kämpfe.

Trauerfeier am 17. Februar für die Opfer der Exekutive. In der Mitte Landeshauptmann Heinrich Gleißner. → *S. 340*

17. Februar
In Steyr wird der 26-jährige Arbeiter Josef Ahrer zum Tode verurteilt und am gleichen Tag hingerichtet.

21. Februar
In Linz werden die Brauereiarbeiter Anton Bulgari (57), Franz Gschwandtner (50) und Ludwig Schwinghammer (35) zum Tode verurteilt.
Aufhebung des Standrechts.

22. Februar
Im Hof des Linzer Landesgerichts wird Anton Bulgari hingerichtet. (Franz Gschwandtner und Ludwig Schwinghammer werden zu lebenslangem Kerker begnadigt.)

Oben: Auf der Linzer Landstraße werden Schutzbündler ins Gefängnis gebracht.
Unten: Ein gefallener Schutzbündler.

27. Februar
Der oberösterreichische Landtag beschließt den Übergang zu einer „ständisch-autoritären" Landesverfassung.

9. März
Die „Illegalen Sozialdemokraten" nehmen die Bezeichnung „Revolutionäre Sozialisten" an.

2. April
Richard Bernaschek und vier Mithäftlinge flüchten gemeinsam mit dem diensthabenden Aufseher aus dem Gefangenhaus des Linzer Landesgerichts und entkommen nach Deutschland. (Bernaschek stirbt → 1945 im KZ Mauthausen.)

28. September
Selbstauflösung der Christlichsozialen Partei.

Zuviel Puccini ...

„Die Melodien sind nicht immer ganz von Tauber: der Sänger hat zuviel Puccini, Mascagni und Léhar gesungen, es ist nicht zu verwundern, daß er das gelegentlich auch komponiert.“

„Die Ovationen, die den ganzen Abend über das Haus durchbrausten, galten hauptsächlich dem Komponisten, der selbst am Dirigentenpult saß, das Orchester mit dem Einsatz seines ganzen körperlichen Ichs leitete und nach Jahren ein freudiges Wiedersehen mit seinen Landsleuten feierte.“

„Tages-Post“, 7. 1. 1935, über Richard Taubers Operette „Der singende Traum“.

Eine wilde Leidenschaft

„Ein Wilderer ist ein stets zum Meuchelmord bereiter Feigling. Wildern ist eine wilde Leidenschaft, eine Quelle von Lastern und Verbrechen, ein Frevel, eine Grausamkeit und Feigheit. Vor allem aber ist Wildern ein ganz ordinärer, gemeiner Diebstahl. Das Strafgesetzbuch formuliert das zwar weniger leidenschaftlich, es ist aber auch nicht von einem Jäger formuliert worden.“

Der Gmundner Gendarmeriekommandant Ludwig Fuchs, 1936.

Kalender

5.1. Eine ungewöhnliche Operettenpremiere im Linzer Landestheater: Der in Linz geborene Tenor Richard Tauber (1891–1948, → S. 267) dirigiert ein von ihm komponiertes Werk. →

25.2. Das Linzer Bruckner-Konservatorium erhält das Öffentlichkeitsrecht, vorläufig befristet.

16.3. Der frühere Steyrer Bürgermeister Franz Sichelrader (1895–1962) wird wegen der Februar-Revolte 1934 zu zehn Jahren, der frühere Landtagsabgeordnete Franz Schrangl (1897 bis 1945) zu 14 Jahren Kerker verurteilt.

10.5. Die neue Gesellschaft „Steyr-Daimler-Puch-AG“ wird ins Handelsregister eingetragen.

16.6. Weihe der Kirche „St. Antonius“ in Linz.

9.7. Der Landtag beschließt eine ständisch-autoritäre oberösterreichische Landesverfassung.

13.7. Bei einem Autounfall zwischen Pichling und Asten kommt die Frau von Bundeskanzler Kurt Schuschnigg, die 37jährige Herma Schuschnigg, ums Leben.

24.–28.7. Internationales Brucknerfest in Linz und St. Florian.

18.9. Die römische Ritenkongregation bestimmt den heiligen Severin (→ S. 60) zum zweiten Patron der Diözese Linz. (Nach dem heiligen Florian.)

24.9. Gründung einer illegalen Gauleitung der NSDAP für Oberösterreich.

11.11. Die neue Linzer Tabakfabrik nimmt den Betrieb auf. →

Zu den großen internationalen Leistungen des Industriebaues der dreißiger Jahre zählt das „Zigarettenfabrikationsgebäude“ der Austria Tabakwerke an der Unteren Donaulände in Linz. Architekten sind Peter Behrens (1868–1940) und Alexander Popp (1891–1947). Photographie aus dem Eröffnungsjahr 1935.

Der Heimwehrführer Ernst Rüdiger Fürst von Starhemberg (Dritter von links), seit 1934 (bis 1936) Vizekanzler. Der Eferdinger Großgrundbesitzer ist nach Engelbert Dollfuß der meistgehasste Politiker des Ständestaates. Auf dem Bild: Feier für die Opfer der Exekutive am 17. Februar 1934. Der Zivilist neben Starhemberg ist Heinrich Gleißner, Staatssekretär in der Regierung Dollfuß und ab 1. März 1934 Landeshauptmann. (Bis 1938 und dann wieder von 1945 bis 1971.)

Geburtstage

Konrad Oberhuber. Direktor der Wiener Albertina (1987–1999). Geboren 31. 3. 1935 in Linz. (Gestorben 12. 9. 2007 in San Diego, Kalifornien.)

Eike Baum. Schauspielerin, Pädagogin. Geboren 2. 4. 1935 in Inn bei Eferding.

Werner Schrotta. Verlagsdirektor der „Oberösterreichischen Nachrichten“ (1978–1998). Geboren 13. 5. 1935 in Asch, Böhmen.

Josef Ahammer. Generalvikar der Diözese Linz. (1982–2003). Geboren 18. 5. 1935 in Neukirchen bei Altmünster.

Alois Riedl. Maler. Geboren 14. 6. 1935 in St. Marienkirchen bei Schärding.

Josef Simbrunner. Generaldirektor der OKA (1989–1994). Geboren 4. 11. 1935 in Linz.

Todestage

Norbert Orthner. Arzt. Gest. 1. 3. 1935 in Salzburg. (Geboren 10. 8. 1865 in Linz.) Behandelte Kaiser Franz Joseph I. bis zu seinem Ableben.

Robert Mehr. Sozialdemokratischer Politiker, Bürgermeister von Linz (1927–1929). Gest. 21. 4. 1935 in Linz. (Geb. 1. 4. 1886 in Linz.) → 1929

Friedrich Pesendorfer. Literat, Priester. Gestorben 7. 5. 1935 in Linz. (Geboren 9. 3. 1867 in Gmunden.) Generaldirektor des Katholischen Preßvereins (1896–1925).

Martin Bartenstein. Gründer der Brau-AG. Gestorben 5. 7. 1935 in Linz. (Geboren 26. 10. 1854 in Alberschwende, Vorarlberg.)

Eduard Euller. Sozialdemokratischer Politiker. Gestorben 15. 11. 1935 in Linz. (Geboren 20. 4. 1874 in Linz.) Bürgermeister von Linz (1929 bis 1930).

Rudolf Scharitzer. Mineraloge. Gestorben 14. 12. 1935 in Freistadt. (Geboren 1. 4. 1859 in Freistadt.)

Arbeitslosen-Werkschule

„In Linz wurde die erste Arbeitslosenwerkschule in Oberösterreich eröffnet ... In erster Linie geht es darum, diejenigen jungen Kräfte zusammenzufassen, die durch die Not der Zeit keinen Lehrplatz finden können. Die Kurse sind kostenlos, die Teilnehmer der Vormittagskurse erhalten ein Mittagessen verabreicht."

„Tagblatt", Linz, 6. 11. 1936.

Das Steyrer Baby

„Der erste moderne aerodynamisch richtig gebaute Kleinwagen seiner Zeit. Er war ein besonderer Liebling der automobilinteressierten Weiblichkeit und wurde auch mit dem Werbeslogan ‚Ich möcht' von Dir ein Baby – ein Steyr-Baby' verkauft".

Hans Seper: „Österreichische Automobilgeschichte", Wien 1986, über das „Steyrer Baby" (Steyr 50), das 1936 das Licht der Welt erblickt.

Der „Steyrer Fufziger", wie er allgemein genannt wird, ist da! Bis Dezember 1937 verlassen 5000 Autos dieser beliebten Serie das Werk.

Kalender

26.1. Der Großsender auf dem Linzer Freinberg nimmt den Betrieb auf. Mit 165 m ist der Sendeturm der größte Stahlturm Österreichs.

6.3. Der „Steyr 50" wird vorgestellt, eine beliebte und erfolgreiche Autotype. Konstrukteur Karl Jentschke (1898–1969). Der Beschäftigtenstand der Steyr-Werke kann von 3000 auf 5000 erhöht werden. →

9.5. Der „kleine Grenzverkehr" zwischen Österreich und Bayern wird eingestellt.

22.5. Nationalsozialistischer Anschlag auf Schloss Waxenberg: ein Toter, zwei Schwerverletzte.

5.6. Ein Zugunglück in Asten fordert zwei Tote und 14 Verletzte.

15.6. Nördlich von Wels stürzt eine Militärmaschine ab; die zwei Flieger kommen ums Leben.

22.7. Der 18-jährige Kremsmünsterer Maturant Hans Helmut Stoiber erhält in Berlin für sein Sonett „Der Diskus" eine Bronzenmedaille.

2.8. In Kronstorf wird der Bruckner-Film „Der Spielmann Gottes" gedreht. (1938 vernichtet.)

18.10. Einweihung der Pfarrkirche St. Severin in Linz, im Stil der Neuen Sachlichkeit. Architekt Hans Feichtelbauer (1879–1957).

25.10. Der Neubau des Linzer Hauptbahnhofs wird eröffnet. →

Die beiden Linzer Alfons Dorfner und Adolf Kainz nach ihrem Olympiasieg in Berlin.

Geburtstage

Heinrich Blöchl. Maler. Geboren 11. 4. 1936 in Linz.

Kurt Krenn. Bischof von St. Pölten (1991–2004). Geboren 28. 6. 1936 in Rannariedl, Gemeinde Neustift im Mühlkreis. → 1987, 1991, 2004

Maurianus Hauseder. Abt von Engelszell (seit 1995). Geboren 28. 6. 1936 in Grieskirchen.

Augustinus Franz Kropfreiter. Augustiner-Chorherr, Komponist. Geboren 9. 9. 1936 in Hargelsberg. (Gestorben 26. 9. 2003 in St. Florian.)

Friedrich Ch. Zauner. Schriftsteller. Geboren 17. 9. 1936 in Rainbach im Innkreis.

Alois Hofinger. Abt von Schlierbach (1998–2008). Geboren 16. 11. 1936 in Heiligenkreuz.

Todestage

Michael Blümelhuber. Stahlschnittmeister. Gestorben 20. 1. 1936 in Steyr. (Geboren 23. 9. 1865 in Unterhimmel bei Steyr.) → 1924

Bertha von Tarnoczy. Malerin. Gestorben 6. 3. 1936 in Wien. (Geboren 1. 4. 1846 in Innsbruck.) Lebte in Linz.

Alexander Brenner. Chirurg, erster Präsident der oberösterreichischen Ärztekammer. Gestorben 27. 10. 1936 in Linz. (Geboren 22. 2. 1859 in Wien.)

Leopold Forstner. Maler, Mosaikkünstler, Glaserzeuger. Gestorben 5. 11. 1936 in Stockerau. (Geboren 2. 11. 1878 in Leonfelden.) Gründer der Wiener Mosaik-Werkstätte (1906). → S. 485, 486

Künstlerischer Aufputz für den neuen Linzer Hauptbahnhof: die Fresken in der Abfahrtshalle, von Karl Hauk (1898–1974) und Rudolf Steinbüchler (1901–1985). Sie wurden von Bomben zerstört.

Olympisches Gold

7./8. August 1936. Gold und Silber bei den Olympischen Sommerspielen in Berlin! Die Linzer Karl Steinhuber und Viktor Kalisch gewinnen am 7. August die Silbermedaille im Kajak-Zweier im 10-Kilometer-Bewerb. Einen Tag später werden die Linzer Alfons Dorfner und Adolf Kainz Olympiasieger im Kajak-Zweier auf der 1000-Meter-Strecke.

14. August. Silbermedaillen gibt es für die beiden Linzer Franz Berghammer und Siegfried Powolny als Mitglieder des österreichischen Handballteams, das sich erst im Endspiel Deutschland mit 6:10 geschlagen geben muss.

15. August. Der Linzer Franz Fuchsberger erkämpft mit der österreichischen Fußballmannschaft die Silbermedaille. Italien gewinnt das Endspiel gegen Österreich nach Verlängerung mit 2:1.

38.270 Arbeitslose

1936 gibt es in Oberösterreich 38.270 Arbeitslose. (1934: 42.955, 1935: 40.161.) Allein in Steyr sind 4000 Menschen ohne Arbeit, 5550 Familien sind hilfsbedürftig (bei einer Einwohnerzahl von 22.000). Ende Dezember 1936 suchen 5439 Steyrer Arbeit.

Versammlung der Vaterländischen Front in Linz.

Geistige Nahrung

„Begehrt sind vor allem die in reichsdeutschen Verlagen erscheinenden Bücher der jungen deutschen Literatur und Bücher wie ‚Mein Kampf' ‚Italien in der Welt' oder ‚Volk ohne Raum'."

Aus einem Artikel über „Die geistige Nahrung der Linzer", „Tages-Post", 6. 11. 1937.

Dreifaches „Sieg Heil!"

„Nach einer kurzen Schlußansprache des deutschen Konsuls, die in ein dreifaches ‚Sieg Heil!' auf das deutsche Volk, das deutsche Vaterland und Adolf Hitler ausklang, fand die Feierstunde mit dem Gesang der Nationallieder ein würdiges Ende."

„Tages-Post", 4. 10. 1937, Bericht über eine Veranstaltung im Klangfilmtheater Urfahr. Anlass ist der „Tag des Erntedankes" am 3. Oktober 1937, der in Deutschland zum Staatsfeiertag erklärt wurde.

Kalender

5.1. Vier im Auftrag einer englischen Firma gebaute Schiffe werden in der Linzer Schiffswerft vom Stapel gelassen.

1.3. Die Steyr-Werke bei der Automobilausstellung in Berlin. Hitler interessiert sich für den Volkswagentyp des „Steyr 50".

Großkundgebung der Vaterländischen Front in Linz mit 52.000 Teilnehmern.

16.4. Linz wird Sitz der Donauflotte und des Flottillenkommandos.

1.5. In Neufelden brennen acht Häuser ab.

6.6. In der Ruhmeshalle bei Regensburg wird eine Büste Anton Bruckners aufgestellt.

1.7. Eröffnung der neu errichteten Fluglinie Linz–Salzburg.

15.7. Gründung der „Reichswerke AG für Erzbergbau und Eisenhütten Hermann Göring" in Berlin, deren Tochtergesellschaft → 1938 in Linz gegründet werden wird.

17.7. Eröffnung der neuen Badeanlagen in Schallerbach.

17./18.7. Frontkämpfertreffen „Schulter an Schulter" in Wels.

25.7. Zu einer Gegenkundgebung der Vaterländischen Front anlässlich von „Schulter an Schulter" kommen 25.000 Teilnehmer nach Wels. →

30.8. Bundesheer-Manöver im Mühlviertel.

30.10. In Linz wird die Höhenstraße eröffnet. Der Autoverkehr durch die neu erbaute Unterführung an der Wiener Straße (Blumau) beginnt.

6.11. Die Linzer Straßenbahn fährt durch die neue Unterführung.

Das Ärztehaus in Linz (Dinghoferstraße) wird 1937/39 nach Plänen von Alexander Popp (1891 bis 1945) als kubischer Block errichtet.

Die Ahornalmhütte (Kirchdorfer Hütte) wird erbaut (1336 m).

Verzweifelte Versuche der Arbeitsbeschaffung: der österreichische Arbeitsdienst, hier beim Bau der Linzer Freinbergstraße.

Kundgebungen, Gegenkundgebungen

Beim Frontkämpfertreffen „Schulter an Schulter" in Wels und bei Gegenkundgebungen der Vaterländischen Front das Bundesheer gegen Demonstranten vor.

Geburtstage

Martin Flossmann. Direktor des Wiener Kabaretts „Simpl" (1974–1993). Geboren 16. 2. 1937 in Linz. (Gest. 28. 12. 1999 in Baden bei Wien.)

Osamu Nakajima. Bildhauer. Geboren 12. 3. 1937 in Nagasaki. Lebt in St. Georgen an der Gusen. → S. 487

Gerhard Ritschel. Pädagoge, Musikkritiker. Geboren 8. 5. 1937 in Linz. Initiator für das Linzer Musiktheater.

Leopold Hofinger. Bauer, Landesrat (VP, 1978–1997). Geboren 22. 7. 1937 in Grieskirchen. (Gestorben 25. 12. 2008 in Paschallern, Gemeinde Grieskirchen.)

Johannes Riedl. Amtsführender Präsident des Landesschulrats von Oberösterreich (1989–2001). Geboren 2. 10. 1937 in St. Georgen an der Gusen.

Gottfried Hemmelmayr. Abt von Wilhering (seit 1991). Geboren 9. 11. 1937 in Lichtenberg.

Waltraud Cooper (Bengesser). Grafikerin und Objektgestalterin. Geboren 21. 12. 1937 in Linz.

Todestage

Ignaz Gruber. Komponist, Domkapellmeister. Gestorben 17. 1. 1937 in Linz. (Geboren 26. 2. 1868 in Linz.)

Karl Steiger. Letzter Bürgermeister von Kleinmünchen (1919–1923). Gestorben 20. 6. 1937 in Linz. (Geboren 4. 5. 1873 in Linz.)

Johann Jax. Fabrikant. Gestorben 1. 7. 1937 in Linz. (Geboren 26. 9. 1842 in Schenkenfelden.)

Georg Kyrle. Prähistoriker und Höhlenforscher. Gestorben 16. 7. 1937 in Wien. (Geboren 19. 2. 1887 in Schärding.)

Hans Feigl. Schriftsteller. Gestorben 4. 9. 1937 in Wien. (Geboren 7. 6. 1869 in Urfahr.) Gründer der „Wiener Bibliophilengesellschaft".

Franz Hönig. Mundartdichter. Gestorben 29. 10. 1937 in Linz. (Geboren 24. 10. 1867 in Ried im Innkreis.)

Todesstrafen

8. Jänner. Das Gnadengesuch des Hilfsarbeiters Alois Strigl und des Sattlergehilfen Alois Scheinecker, die am 10. April 1934 zwischen Oftering und Marchtrenk einen Anschlag auf den Pariser Nacht-Schnellzug verübt hatten, wobei der Heizer getötet wurde, wird abgelehnt. Die Attentäter werden nach einer „dritten Gnadenstunde" hingerichtet.

13. Oktober. Erste Hinrichtung in Ried seit der Wiedereinführung der Todesstrafe: Ein Gattenmörder wird im Hof des Gefangenenhauses gehängt.

37.919 Arbeitslose

In Oberösterreich gibt es 37.919 Arbeitslose. (1936: 38.270.)

Aufruf des Bischofs

„Am Tage der Volksabstimmung ist es für uns Bischöfe selbstverständliche nationale Pflicht, uns als Deutsche zum Deutschen Reich zu bekennen, und wir erwarten auch von allen gläubigen Christen, daß sie wissen, was sie ihrem Volke schuldig sind."

Bischof Johannes Maria Gföllner (1867–1941) in einem Hirtenbrief zur Volksabstimmung vom 10. April 1938. (Die gleich lautenden Aufrufe aller österreichischen Bischöfe werden am 27. März 1938 in allen Kirchen verlesen.)

Flüsterwitze zum 10. April 1938

„Warum ist auf dem Stimmzettel das Ja so groß und das Nein so klein gedruckt?"
„Das eine ist für die Kurzsichtigen, das andere für die Weitsichtigen!"

„Du bist aus Oberdonau", wird ein Oberösterreicher von einem Feldwebel angeschrieen, ihr seid ja alle zu fünfzig Prozent dämlich!"
„Da ham ma uns aber sehr gebessert", antwortet der Oberösterreicher, „weil dös warn bei uns amal 99 Prozent!"

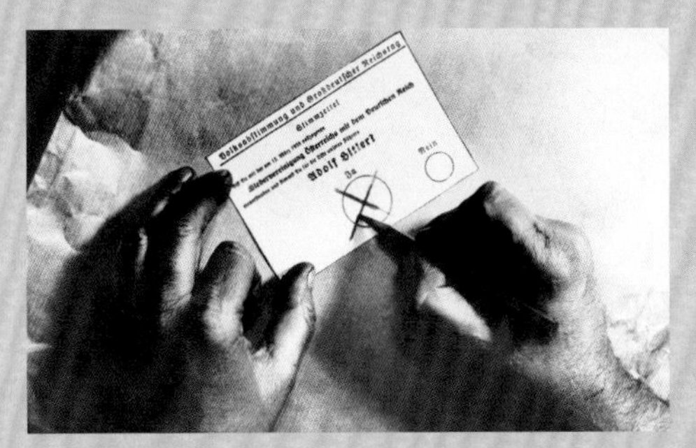

Kalender

25.1. Ein Nordlicht ist im ganzen Land zu sehen, führt zu Fehlalarmen der Feuerwehren und wird als Vorbote einer Katastrophe gedeutet.

März → S. 346

1.4. Verhandlungen der SS wegen des Erwerbs von Grundstücken in Mauthausen zur Errichtung eines Konzentrationslagers.

7.4. Adolf Hitler spricht anlässlich der bevorstehenden Volksabstimmung in Linz in der Kraußhalle vor mehr als 10.000 Menschen.

10.4. Volksabstimmung über den Anschluss. Für Oberösterreich schwanken die Angaben über die Ja-Stimmen zwischen 574.141 und 600.488 (bei 576.533 bzw. 602.581 Stimmberechtigten). Das offizielle Wahlergebnis wird mit 99,82 Prozent Ja-Stimmen angegeben, bei einer Wahlbeteiligung von 99,8 Prozent. →

Erstmals scheint in einem parteiamtlichen Schreiben der Name „Oberdonau" auf.

11.4. Die Partei- und Wirtschaftsprominenz besichtigt die Standorte Linz–St. Peter–Zizlau und Pichling–Asten für den Bau der Göring-Werke.

20.4. Der 49. Geburtstag Adolf Hitlers wird in Linz mit einer militärischen Parade begangen, in Ried im Innkreis findet aus diesem Anlass ein Festgottesdienst statt.

28.4. Hitler genehmigt für die Göring-Werke den Standort Linz. →

4.5. In Linz werden die „Reichswerke AG für Erzbergbau und Eisenhütten Hermann Göring" als Tochtergesellschaft der Reichswerke Berlin gegründet. → S. 345

Adolf Hitler in Linz. Im Fond August Eigruber (auf dem Bild rechts), vor ihm der Führer des SS-Oberabschnitts Donau, Ernst Kaltenbrunner.

9.5. Das Elternhaus Adolf Hitlers in Leonding wird von der Gauleitung gekauft. Beim Preis wird die „historische Bedeutung des Hauses berücksichtigt".

13.5. Hitler befiehlt den Bau einer neuen Donaubrücke in Linz, der Nibelungenbrücke. Ministerpräsident Hermann Göring nimmt in Linz den Spatenstich für die Hütte Linz vor. → S. 345

22.5. Alle Häuser in Oberdonau, mit denen Hitler in Verbindung stand, werden unter Denkmalschutz gestellt: das Geburtshaus in Braunau, das Haus Leonding 61, in Linz die Häuser Huemerstraße 6, Humboldtstraße 31, Blütenstraße 9, das Rauschergut in Hafeld (Gemeinde Fischlham bei Lambach), die Schmiedmühle (Lambach) und die Häuser Lambach 213 und 58, die Volksschule in Fischlham, die Linzer Realschule in der Steingasse und das Realgymnasium Steyr.

23.5. Hitler bestellt die Gauleiter der Ostmark, für Oberdonau August Eigruber (1907–1947).

31.5. Gründung der Zellwolle Lenzing AG.

Das Ausseerland kommt zu Oberdonau.

3. 6. Namensänderung der Gemeinde Schönau in Bad Schallerbach.

13.6. Der Film „Die Heimat des Führers" wird gedreht.

1.7. Einführung des Rechtsverkehrs.

24.7. Zugunglück bei Lambach: ein Toter und sechs Verletzte.

1.8. Aufbau des Konzentrationslagers Mauthausen. → S. 349

Einführung der Zivilehe.

26.8. Hochwasser im ganzen Land.

28.8. Eröffnung des Welser Volksfestes als „Landesschau der Ostmark des Reichsnährstandes".

30.8. Erste Verdunkelungsübung in Linz.

9.10. Eintopfsonntag. Sammlung für das Winterhilfswerk (WHW).

16.10. Die Bezirke Krumau und Kaplitz kommen zu Oberdonau.

19.10. Hitler kommt nach Linz und besucht die südböhmischen Gebiete des Gaues.

28.10. Erste Vorstellung der NS-Gemeinschaft „Kraft durch Freude" im Linzer Landestheater.

1.11. Ebelsberg und St. Magdalena werden zu Linz eingemeindet.

9./10.11. SA und SS zünden in der „Reichskristallnacht" in Linz die Synagoge in der Bethlehemstraße an. → 1877

14.11. Der Markt auf dem Linzer Hauptplatz übersiedelt auf den Hessenplatz.

21.11. Oberdonau zählt 2212 Mitglieder der NSDAP.

24.12. In der Weihnachtssendung des Großdeutschen Rundfunks läuten die Glocken der Städte Braunau und Linz.

„Anschluss" auch auf den österreichischen Straßen: Der Rechtsverkehr wird eingeführt.

Gauleiter August Eigruber

August Eigruber wird Gauleiter von Oberdonau. Am Tag des Einmarsches der deutschen Truppen in Linz erklärt er in einem Aufruf: „Das Zeitalter der Schande und der Schmach, der Not, des Elends und der Verfolgung ist ein für allemal abgeschlossen."

Eigruber an Hitler

„Mein Führer! Von 576.533 Stimmberechtigten Oberösterreichs stimmten mit Ja 574.141 und mit Nein 627. Oberösterreich grüßt den Führer Großdeutschlands in immer gleicher Treue."

August Eigruber als Gauwahlleiter in einem Telegramm an die Reichskanzlei in Berlin, 11. April 1938.

Aktion Juden

„Der Aktion gegen die Juden im Bereich des Gaues Oberdonau ist auf Grund der Tatsache, daß im Gau nur 650 vorhanden sind, keine übermäßig große Bedeutung beizumessen."

Aus dem Bericht des Sicherheitsdienstes vom 17. November 1938.

Hilters Edeljude

„Wenn alle Juden so wären wie er, dann gäbe es keinen Antisemitismus."

Adolf Hitler über den Hausarzt seiner Mutter, Eduard Bloch. Aus Brigitte Hamann: „Hitlers Edeljude", München 2008.

Geburtstage

Roman Zeilinger. Intendant des Linzer Landestheaters (1986–1997). Geboren 4. 2. 1938 in Wien.

Kurt Kaun. Präsident der oö. Handelskammer (1990–2000). Geboren 9. 2. 1938 in Linz.

Franz Xaver Rohrhofer. Buchautor, Chefredakteur des „Neuen Volksblatts" (1997–2004), ORF-Chefredakteur (1981–1996). Geboren 11. 4. 1938 in Linz.

Gerlinde Locker. Bühnen- und Filmschauspielerin. Geboren 28. 4. 1938 in Linz.

Helene Winter (van Damm). US-Botschafterin in Österreich (1983–1985). Geb. 4. 5. 1938 in Linz.

Othmar Zechyr (Zecher). Zeichner. Geboren 28. 5. 1938 in Linz. (Gestorben 14. 9. 1996 in Linz.)

Gotthard Schafellner. Abt von Lambach (1986 bis 2008). Geboren 2. 6. 1938 in St. Valentin.

Karl Moik. Volkstümlicher Rundfunk- und Fernsehmoderator. Geboren 19. 6. 1938 in Linz.

Horst Schender. Landesparteiobmann der FPÖ (1971–1989), Volksanwalt (1989–2001). Geboren 16. 8. 1938 in Linz.

Roswitha Zauner. Schriftstellerin. Geboren 29. 8. 1938 in Peuerbach.

Alois Brandstetter. Schriftsteller. Geboren 5. 12. 1938 in Aichmühl, Pichl bei Wels.

Auf der Fahrt zum Elterngrab in Leonding begrüßt Adolf Hitler seinen ehemaligen Linzer Lehrer und Klassenvorstand Eduard Huemer.

Jubelnder Empfang für den „Führer" Adolf Hitler.

Widerstand in Oberösterreich zwischen 1938 und 1945

Widerstand gegen das autoritäre System, gegen Krieg und Kriegsnot, Widerstand gegen den Nationalsozialismus, gepaart mit Eintreten für Menschlichkeit und einem neuen Verständnis für Österreich – all das ist zwischen 1938 und 1945 in verschiedenster Form sichtbar. Es ist vorerst ein Widerstand zahlreicher Einzelner, gelegentlich auch kleinerer und größerer Gruppen, die erst angesichts des nahenden Endes einen Zusammenhalt und eine gewisse Geschlossenheit erhalten. Für diesen Widerstand im „Gau Oberdonau" gibt es einige Berichte von Beteiligten und als unverdächtigste Zeugnisse die unzähligen Urteile und Todesurteile, die Todesmeldungen aus den Konzentrationslagern und die Hinrichtungsberichte der militärischen Einheiten, vor allem aber die unmissverständliche Sprache der wenigen erhaltenen Stimmungsberichte.

Erschwert werden Charakterisierung und Wertung durch die Einschachtelungen unterschiedlichster Aktionen in die Deliktskala von einst, die an sich schon ein Stück Propaganda und Gegenpropaganda darstellt, vor allem bei den Verurteilungen nach dem „Heimtückegesetz" der „Wehrkraftzersetzung", nach dem, was unter „Fahnenflucht", „Feigheit vor dem Feind" verstanden oder was angeblich dem „gesunden Volksempfinden" widersprechend angesehen wird. Aus den Formulierungen und Verurteilungsbegründungen von einst kann man heute nicht ganz herauskommen. Die Tatsache, dass der Nationalsozialismus sein Wollen und seine Aktionen, auch die verbrecherischsten, mit Volk, Nation, Gemeinwohl, Gesamtinteresse gleichsetzte und alle Gegner seines speziellen Systems durch Gericht und Propaganda zu Staatsfeinden abstempelte, hat nicht nur zwischen 1938 und 1945 den Widerstand gegen den Nationalsozialismus erschwert, er erleichtert auch heute die Darstellung über Widerstand der Einzelnen und der Gruppen nicht.

Harry Slapnicka in „Oberösterreich, als es ‚Oberdonau' hieß", Linz 1978.

Todestage

Ludwig Moser. Komponist, Schüler Anton Bruckners. Gestorben 7. 3. 1938 in Wien. (Geboren 26. 8. 1869 in Linz.)

Franz Bachinger. Bauer und Politiker. Gestorben 7. 7. 1938 in Gaspoltshofen. (Geboren 31. 10. 1892 in Gaspoltshofen.) Minister 1932/33.

Maurice Reinhold von Stern. Schriftsteller. Gestorben 28. 10. 1938 in Ottensheim. (Geboren 3. 4. 1860 in Reval.)

Anton Maximilian Pachinger. Kulturhistoriker und Sammler. Gestorben 30. 11. 1938 in Wien. (Geboren 22. 11. 1864 in Linz.) Seine Sammlungen bilden den Grundstock des Linzer Stadtmuseums; volkskundliche Bestände im Landesmuseum.

Gustav Freytag. Kartograph. Gestorben 19. 12. 1938 in Goisern-Steeg. (Geboren 23. 1. 1852 bei Magdeburg.)

Hans Zöttl. Heimatpfleger. Gestorben 28. 12. 1938 in Eferding. (Geb. 4. 9. 1846 in Schärding.)

„Gemütlichkeit bei der Arbeit ist Faulheit!"
Hermann Göring beim Spatenstich der Göring-Werke in Linz.

Dampferfahrt auf der Donau, veranstaltet von der NS-Gemeinschaft „Kraft durch Freude" (KdF).

Die Göring-Werke

„In wenigen Stunden wird Ministerpräsident Generalfeldmarschall Hermann Göring in unserer Stadt eintreffen, um hier den Spatenstich zu den gewaltigen Reichswerken zu vollziehen, die seinen Namen tragen. Dieser Akt ist für uns Linzer mehr als ein beliebiger symbolischer Baubeginn, er ist uns ein sichtbares Zeichen des Wandels der letzten Wochen und des wirtschaftlichen Wiederaufstieges, dem die oberösterreichische Landeshauptstadt entgegengeht." Das berichtet am 13. Mai 1938 die Mittagsausgabe der „Tages-Post".

Einige Tage zuvor, am 4. Mai, wurde in Linz die „Reichswerke A. G. für Erzbergbau und Eisenhütten Hermann Göring, in Linz" als Tochtergesellschaft der Reichswerke Hermann Göring des „Altreichsgebietes" gegründet.

Schon im März 1938, wenige Tage nach dem Anschluss, waren zehn Ingenieure der Reichswerke Berlin nach Linz gekommen, um mit der Planung des Linzer Stahlkolosses zu beginnen. Die Standortfrage wurde im April geklärt. Während Techniker ursprünglich für den Raum Asten–Enns eintraten, setzte sich Gauleiter August Eigruber mit seiner Ansicht durch, den Bau unmittelbar in Linz, im Gebiet St. Peter-Zizlau, zu errichten.

Die Errichtung dieses Werks ist ein Teil des bereits 1936 von Hitler proklamierten Vierjahresplans. „Ich habe an die Spitze des Vierjahresplanes den besten Mann gestellt, den ich für diese Aufgabe besitze", hatte der „Führer" am 18. Oktober 1936 erklärt.

Im Juni 1938 wird mit dem Hochofenbau begonnen, doch verzögert sich durch den Ausbruch des Krieges und den damit verbundenen Brennstoffmangel die Inbetriebnahme der bereits fertig gestellten Hochöfen I und II. Im Juni 1940 wird in Linz der erste Erzzug feierlich in Empfang genommen, am 16. Oktober 1941 schließlich der erste Hochofen angeblasen. Bis Kriegsende folgen noch drei weitere. Die Hochöfen V und VI werden ebenfalls fertig, jedoch nicht mehr angeblasen. Mit 541.000 Tonnen wird 1943 ein Höchststand der Produktion erreicht.

Erste Rüstungsbetriebe

24. Juni: Die Linzer Schiffswerft wird als erster oberösterreichischer Betrieb zu einem Rüstungsbetrieb und dem OKM (Oberkommando der Kriegsmarine) unterstellt.
Weitere Betriebe folgen:

15. Juli: Steyr-Werke

17. August: Solo-Fabrik Linz

18. August: Bukowansky

24. August: Max Mayrhofer

26. September: Alois Wölzl

19. November: Lederfabrik Vogl in Mattighofen

Am 13. Mai 1938 nimmt der „Taufpate" der Göring-Werke, Ministerpräsident Hermann Göring, in Linz den Spatenstich für die Hütte Linz vor.

Adolf Hitler in Leonding, wo er als Kind drei Jahre wohnte und wo das Grab seiner Eltern ist.

Die Mutter fing zu weinen an …

„Schuschnigg, unser Kanzler, hielt im Radio eine Rede und sagte, er weiche der Gewalt und Gott möge Österreich schützen. Mein Mutter fing zu weinen an …“

Käthe Recheis über den 11. März 1938 in dem Jugendbuch „Lena – Unser Dorf und der Krieg“, Wien 1987.

Mit Blumen und Busseln

„Als dann im Laufe des Vormittags die ersten deutschen Truppen in der Landeshauptstadt eintrafen, wurden sie vom Großteil der Bevölkerung mit Blumen enthusiastisch begrüßt, mit Leckereien verwöhnt und von den Mädchen abgebusselt. Wir Buben bestaunten die disziplinierten deutschen Soldaten und vor allem deren Panzerfahrzeuge.“

Helmut J. Kislinger: „Verführt und missbraucht – Ein ehemaliger Hitlerjunge erzählt aus den Jahren 1938–1945“. Verlag Ennsthaler, Steyr 2009.

1938

Die Märztage

4. März. Nach der Begegnung zwischen Hitler und dem österreichischen Bundeskanzler Kurt Schuschnigg (1897–1977) am 12. Februar auf dem Obersalzberg in Berchtesgaden richtet der oberösterreichische Landtag eine Resolution an Schuschnigg, in der ihm für „den Friedensschluß zwischen beiden deutschen Staaten“ gedankt wird.

5. März. Der österreichische Nationalsozialistenführer Arthur von Seyß-Inquart (1892–1946) spricht in Linz vor 500 NSDAP-Mitgliedern und gibt Anweisungen für die kommenden Tage.

11. März. Der Landeshauptmann teilt mit, dass die für 13. März vorgesehene Volksabstimmung auf unbestimmte Zeit verschoben wird. (Unter Hitlers Einmarschdrohung war der Forderung auf Absetzung der Volksabstimmung zugestimmt worden.)

Am Abend Fackelzug der Nationalsozialisten in Linz. Der illegale Gauleiter der NSDAP August Eigruber (1907–1947) verkündet die Machtergreifung.

12. März. Die deutschen Truppen marschieren ein. Um 16 Uhr wird Adolf Hitler in seiner Geburtsstadt Braunau umjubelt. Am Abend wiederholt sich der Jubel in Linz. Um 20.25 Uhr betritt Hitler den Balkon des Rathauses und spricht zu den Massen. →

13. März. In Linz erteilt Adolf Hitler den Auftrag für das Gesetz über die Wiedervereinigung Österreichs mit dem Deutschen Reich, das mit 14. März in Kraft tritt. (Anschlussgesetz.)

In den Mittagsstunden besucht Hitler in Leonding das Grab seiner Eltern. →

Heinrich Gleißner wird abgesetzt, August Eigruber, der bereits am 12. März als Gauleiter und Landeshauptmann einen Aufruf an die Bevölkerung erlassen hatte, übernimmt auch offiziell das Amt eines Landeshauptmannes.

Verhaftungen von Gegnern der Nationalsozialisten.

14. März. Hitler fährt von Linz nach Wien.

15. März. Heinrich Gleißner in Haft.

Ermordung des Linzer Polizeidirektors Viktor Bentz. (Geboren 31. 8. 1893 in Linz, Polizeidirektor seit 1934.)

Aufhebung aller jüdischen Vereine, Dienstenthebung der jüdischen und halbjüdischen Richter.

Der Linzer Hauptplatz wird Adolf-Hitler-Platz. (Von 1934–1938 Franz-Joseph-Platz.) Umbenennung von Straßen und Plätzen auch in vielen anderen Orten.

Festvorstellung im Linzer Landestheater zur Feier des Anschlusses.

17. März. Geldumtausch: für 1,50 Schilling erhält man eine Reichsmark.

25. März. Auf einer Donau-Dampferfahrt zwischen Linz und Tulln entwirft Hermann Göring (1893–1946) das Aufbauprogramm für Österreich, das u. a. den Bau eines Hüttenwerkes in Linz (→ S. 345), den Aufbau einer Zellstofffabrik auf Hartholzgrundlage (Lenzing), die Errichtung von 1100 km Reichsautobahn und den Bau von zwei Donaubrücken vorsieht.

31. März. Beginn des Aufbaues des Reichsarbeitsdienstes für die weibliche Jugend in Oberösterreich.

Österreicher!

Der deutsche Friede ist geschlossen. Jetzt soll er ausgebaut werden, damit nie wieder die Welt das jammervolle Schauspiel deutschen Bruderzwistes sehe.

Der Frontführer und Bundeskanzler hat zu Euch gesprochen. Er hat Euch aufgerufen, sein Wort zu bestätigen, das Wort von der Friedensbereitschaft des **freien** Österreich.

Nur ein freies, selbständiges Österreich kann seine deutsche Aufgabe im europäischen Raum erfüllen.

Nur ein freies, selbständiges Österreich bleibt ein Hort christlicher Freiheit, christlicher Kultur.

Nur ein freies, selbständiges Österreich kann seiner **sozialen** Sendung gerecht werden.

Darum, Österreicher, sagt ja zum deutschen Frieden, sagt ja zu Österreich!

Ja!! Mit Schuschnigg für Öst…

Am 9. März 1938 werden die Österreicher aufgerufen, über das künftige Schicksal des Landes zu entscheiden. Es ist zu dieser Abstimmung jedoch nie gekommen, sie war von Adolf Hitler verboten worden.

Die Grenzschranken werden beseitigt. Die Parole lautet: „Ein Volk, ein Reich, ein Führer“.

Wer erfand das Wort Oberdonau?

Das Wort Österreich war vom ersten Tag des Anschlusses an Deutschland verpönt. Es sollte auch in der Verbindung mit dem Gau nicht verwendet werden. Wer für Oberösterreich die Bezeichnung „Oberdonau“ erfand, ist nie ganz geklärt worden. Der Linzer Zeitgeschichtler Harry Slapnicka glaubt, dass es eine Empfehlung von Christian Opdenhoff war, eines Mitarbeiters von Josef Bürckel. Offiziell scheint der Name „Oberdonau“ erstmals in einer Verordnung Bürckels auf, des „Reichskommissars für die Wiedervereinigung Österreichs mit dem Deutschen Reich“ (31. 5. 1938). Bürckel, geboren 1895, kam 1944 auf mysteriöse Weise ums Leben. Angeblich wurde er zum Selbstmord gezwungen. Opdenhoff, geboren 1902 in Stanislau, von Beruf Landwirt, wurde stellvertretender Gauleiter von Oberdonau. Nach dem Krieg war er in der deutschen Autobranche tätig.

Hitler in Linz

„Wenn die Vorsehung mich einst aus dieser Stadt heraus zur Führung des Reiches berief, dann muß sie mir damit einen Auftrag erteilt haben, und es kann nur ein Auftrag gewesen sein, meine teure Heimat dem Deutschen Reich wiederzugeben."

Adolf Hitler am 12. März 1938 in Linz.

Der Pate

Am 13. März 1938 erklärt Adolf Hitler im Kreis von „alten Kämpfern", dass er die Patenschaft über die Stadt Linz übernimmt, die er seine Heimatstadt und die Stadt seiner Jugend nennt.

Deutsche Soldaten beim Einmarsch in Linz.

Vom Balkon des Linzer Rathauses aus spricht Adolf Hitler am Abend des 12. März 1938 zu den Massen.

In Massen strömen die Menschen am 12. März zum Linzer Hauptplatz, wo am Abend Hitler spricht.

Das Grab der Eltern Adolf Hitlers in Leonding wird zum Schauplatz nationalsozialistischer Verehrung.

Die Nacht vom 11. zum 12. März

Sie ist in meiner Erinnerung unauslöschlich eingegraben. Ich war mit meiner ersten, später verstorbenen Frau bei meiner Mutter, die auf dem Blumauer Platz in Linz ihre Wohnung hatte. Vom Fenster aus sah man die Bahnunterführung der auf diesen Platz breit einmündenden Wiener Reichsstraße. Abenddämmerung ... Das Radio tönte; wir hörten ergriffen und wie gelähmt die Abschiedsrede Schuschniggs ... Sie schloss mit der Bundeshymne. Noch nie war mir ihre wunderbare Melodie so tief bewusst geworden! Sie symbolisierte in ihrer getragenen, langsam verstummenden Weise den Abschied von Österreich, von allem, was uns lieb und teuer war. Die Stimmung war in geradezu tragischer Harmonie dem ‚Land der Tänzer und der Geiger' angemessen. Funkstille ... Plötzlich ertönte dieselbe Melodie, das Deutschland-Lied – zack, zack – mit seinem schnelleren Rhythmus. Ich verglich diese beiden Melodien in diesem Augenblick mit einem tropischen Schmetterling, dessen bunte Farbenpracht von einem derben Finger in ein stumpfes Grau verwandelt wurde.

Plötzlich sahen wir in der Ferne Fackeln, und der Lichterstrom einer riesigen Demonstration ergoss sich über den Platz, die das Ende des tausendjährigen Österreich und den Traum vom Beginn eines tausendjährigen Reiches aller Deutschen symbolisieren sollte. Wir saßen schweigend, wie gelähmt, jeder in Gedanken versunken ... Da läutete es an der Türe! Wer es wohl sein mag? Verhaftung? Ich öffnete – draußen stand Alois Kopp, einer meiner Mitarbeiter im Gewerkschaftsbund. Er war von Vöcklabruck auf seinem Motorrad gekommen und sagte: ‚Maleta, worauf wartest du? Ich bringe dich sofort an die Grenze. Flüchte!'

Es war jener Alois Kopp, ein ehemaliger sozialistischer Arbeiterfunktionär, den ich schon lange in Verdacht hatte, dass er gleichzeitig für die sozialistische Illegale arbeitete. Er war nach 1945 in seiner Partei wieder ein großer Mann, nämlich Präsident der Unfallkrankenkasse, aber in der Stunde der Gefahr verhielt er sich wie ein echter Freund.

Das war die Kehrseite jener Medaille, von der ich schon mehrmals berichtet habe; nämlich einerseits Untreue von solchen, mit deren Treue man gerechnet hatte; und Treue von jenen, von denen man in dieser Stunde keine Hilfe erwartet hätte.

Alfred Maleta in „Bewältigte Vergangenheit", Graz 1981.

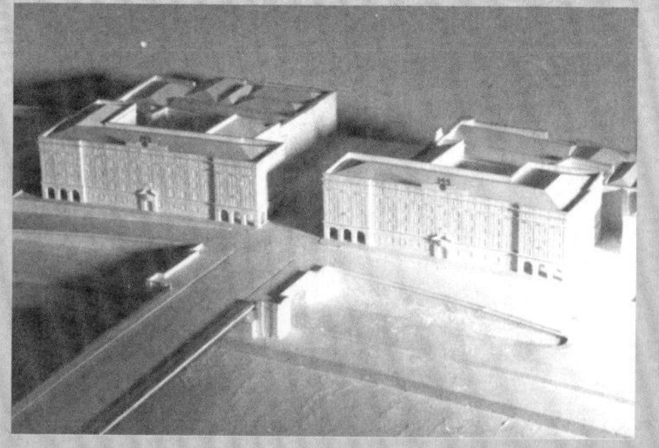

Vor allem die Donauufer-Bebauung hat es Hitler angetan: Der Entwurf für die Linzer Nibelungenbrücke.

Noch im Februar 1945, als Berlin in Trümmern liegt, studiert Adolf Hitler in seinem Befehlsbunker das Modell für die Neugestaltung von Linz.

Die Pläne von der Hitlerstadt Linz

„Dort drüben am anderen Ende der Brücke werden Gunter und Brunhild stehen." Adolf Hitler hat im April 1943, als er zum letzten Mal nach Linz kommt, seine Pläne für diese Stadt nicht aufgegeben. Sein Rüstungsminister, vorher „Generalbauinspekteur für die Neugestaltung Berlins", Albert Speer, gibt in seinen „Spandauer Tagebüchern" eine genaue Schilderung dieses Besuchs:

„Wenn das alles mal steht, ist der Grundstein für Linz als Stadt der Kunst gelegt, meine Herren. Sehen Sie, wie verwahrlost das Donauufer ist. Giesler muß mir dort eine Reihe von Gebäuden hinstellen. Eins schöner als das andere. Vor allem muß Linz ein neues Museum bekommen, eine neue Oper. Mit den Bergen im Hintergrund ist seine Lage um so vieles schöner als die von Budapest oder Wien. Dort drüben an den Berghang setzen wir ein Stadion, von da aus kann man dann alles mit einem Blick übersehen. Für die Oper ist ein erstklassiges Orchester in St. Florian zusammengestellt, Jochum wird daraus einen der besten Klangkörper der Welt machen."

Dazu Speer: „Es kam mir eine kleine Sekunde lang so vor, als sei dies alles eine grandiose Spielerei mit Bauklötzchen. Aber das verdrängte ich schnell. Es stimmte ja, daß die Landschaft hier schöner war als weiter stromabwärts bei Wien oder Budapest; Linz machte wirklich einen etwas verschlafenen und heruntergekommenen Eindruck; und was war eigentlich unerlaubt an dem Projekt, die eigene Jugendstadt zu einer kulturellen Metropole zu machen?"

Linz sollte seine Stadt werden, eine „Hitlerstadt". Ein Turm an der Donau sollte höher sein als der des Stephansdoms, eine Prachtstraße zwischen einem neuen Opernhaus und einem neuen Bahnhofsgebäude sollte breiter sein als die Wiener Ringstraße. An den Donauufern sollten die Verwaltungszentren für Partei, Gau und Stadt errichtet werden, eine „Halle der Volksgemeinschaft" für 30.000 bis 35.000 Menschen, ein Aufmarschplatz für 100.000, ein Mausoleum für Hitlers Eltern und führende verdiente Parteigenossen. Am Hang des Pöstlingbergs war die Technische Universität vorgesehen, zu diesem Zweck wurde das Petrinum enteignet, später erst sah man einen Standort an der Donaulände vor.

Adolf Hitler mit Gauleiter August Eigruber (links) und dem Star-Städteplaner Herrmann Giesler in Linz.

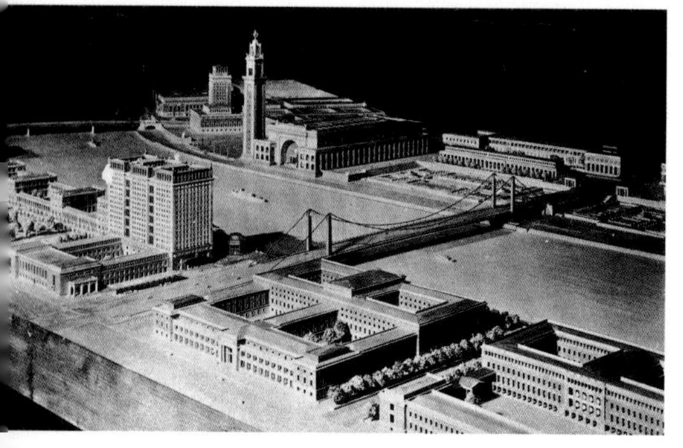

So sollte „die schönste Stadt an der Donau" nach Hitlers Plänen aussehen: Eine neue Brücke, in Urfahr eine „Halle der Volksgemeinschaft", Gärten, Galerien; auf dem Linzer Donauufer ein Hochhaus. 1938 hatte Hitler die Patenschaft über die Stadt Linz übernommen.

„Diese Stadt bedeutet mir viel!"

Speer sollte das Stadion entwerfen und einen Bau für Hitlers Gemäldesammlung. „Machen Sie aus Linz die schönste Stadt an der Donau!" lautete der Auftrag an Hermann Giesler, den Star-Städteplaner des Reiches. „Linz ist meine Heimatstadt, die Stadt meiner Jugend, und in Linz möchte ich meinen Lebensabend verbringen. Diese Stadt bedeutet mir sehr viel." So schildert Hermann Giesler ein Gespräch mit Hitler. Linz sollte noch zwei Donaubrücken erhalten, eine granitene Bogenbrücke und eine Hängebrücke. Neben einer Tonhalle, für die Hitler schon als Achtzehnjähriger Skizzen angefertigt hatte, sollten ein Opernhaus, ein Schauspielhaus, ein Operettenhaus, ein Uraufführungskino, ein Künstlerhaus mit Freiluftausstellungsgelände entstehen, ein Bismarck-Denkmal, eine Nationalsozialistische Erziehungsanstalt, eine Bibliothek, eine Waffensammlung.

Der Taubenmarkt sollte ein Verkehrsknotenpunkt werden, der Häuserblock zwischen Taubenmarkt und Hauptplatz entfernt und durch einen Torbau mit mehreren Fahrbahnen ersetzt werden, mit großzügigem Zugang zur Promenade und zum Alten Dom. Der Bahnhof sollte südlicher rücken, auch eine Anlage „Unter den Lauben" mit Nobelgeschäften war geplant.

Zum 52. Geburtstag Hitlers (1941) wendeten sich die führenden Architekten des Reiches, auch solche, die mit Aufträgen überhäuft wurden, persönlich an Hitler mit der Bitte, „im edlen Wettstreit mitwirken zu dürfen am Neubau der Stadt Linz". Sie wussten, Linz war Hitlers Lieblingskind.

Noch im Februar 1945 sprach er in seinem Befehlsbunker, inmitten der Trümmer Berlins, von seinen Linzer Plänen. „Ich konnte", beschreibt Hermann Giesler diese Tage, „Adolf Hitler als sein Architekt, der ihm sehr nahestand, ein letztes Geschenk machen: Das fertige Modell der Donauufer-Bebauung seiner Heimatstadt Linz."

Rudolf Lehr

„Schweigen ist Gold, reden ist Mauthausen."
Sprichwort in den Jahren 1938–1945.

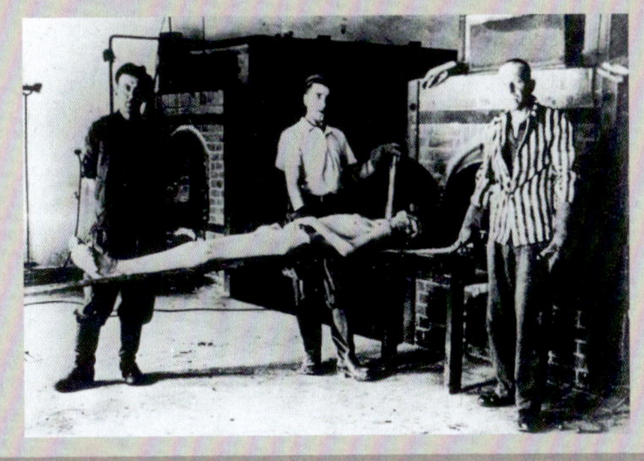

In Mauthausen und in den Nebenlagern wurden mehr als 65.000 Menschen verbrannt.

Das Konzentrationslager Mauthausen

Es gibt einen Zusammenhang zwischen den Hitler-Plänen für seine Lieblingsstadt Linz und der Errichtung des Konzentrationslagers Mauthausen: Für die monumentalen Neubauten brauchte man Granit. Und in der Gegend von Mauthausen ist bester Granit reichlich vorhanden. Die Arbeit in den Steinbrüchen sollten die Häftlinge übernehmen.

Mauthausen war ursprünglich kein reines Vernichtungslager, aber es war unter den Konzentrationslagern berüchtigt. „Tötung durch Arbeit" lautete die Maxime für Mauthausen. Schwere, oft völlig sinnlose Arbeit, wie Steinetragen im Laufschritt, minimale Verpflegung, Verpflegungsentzug als Strafe. Ab 1940 baute man „Verbrennungsöfen", später auch in den Teillagern Gusen und Ebensee.

„Mutterlager" und 48 Nebenlager

Dem „Mutterlager" Mauthausen – eine zynische Wortschöpfung, wenn man bedenkt, dass „Mutter" im allgemeinen Sprachgebrauch Geborgenheit assoziiert – unterstanden insgesamt 48 Nebenlager (allerdings nicht gleichzeitig), davon lagen zwanzig im Gau Oberdonau. Damit hielt Oberösterreich einen traurigen Rekord.

Das größte Nebenlager war Ebensee mit einem Maximalstand von mehr als 18.435 Häftlingen, sie arbeiteten vorwiegend im Stollenbau. Für das „Projekt Zement" wurde dabei auch ein unterirdisches Entwicklungswerk der deutschen Raketenproduktion gebaut. Im Lager Gunskirchen gab es bis zu 15.000 Häftlinge, in Lenzing wurde als Nebenstelle des KZ Mauthausen ein Frauenlager eingerichtet, das im April 1945 mit 565 weiblichen Häftlingen belegt war. Mehrere Lager wurden in der unmittelbaren Umgebung von Mauthausen, in Gusen und Grein, errichtet, weitere Nebenlager gab es in Linz (Reichswerke Hermann Göring), Steyr, Enns, Vöcklabruck, Redl-Zipf, Ternberg, Dippoltsau (Weyer-Land), Großraming.

Verbrannt, verhungert, erschossen

„Es ist praktisch unmöglich, nachträglich genau festzustellen, wie viel Häftlinge in all diesen Lagern leben, hausen und schuften, erst recht, wie viel hier sterben", schreibt der Zeitgeschichtler Harry Slapnicka in seinem Buch „Oberösterreich, als es ‚Oberdonau' hieß". Mit Stichtag 7. März 1945 werden als Höchstzahl der Häftlinge von Mauthausen und aller Nebenlager 84.472 Männer und 1034 Frauen vermerkt. Allein in Mauthausen waren es 19.507. Beim letzten Lager-Appell, einen Tag vor der Befreiung durch die Amerikaner, werden ohne das Teillager Gunskirchen 64.000 männliche und 1734 weibliche Häftlinge gezählt. Insgesamt waren etwa 200.000 Menschen im Konzentrationslager Mauthausen, von denen ungefähr die Hälfte ermordet wurde. Verbrannt wurden in Mauthausen mindestens 27.556 Menschen, für Gusen schätzt man 30.000, für Ebensee 8000. Nicht enthalten sind in dieser Zahl die durch Krankheit und Unterernährung Verstorbenen, die tatsächlich oder angeblich auf der Flucht Erschossenen.

Die Mühlviertler „Hasenjagd"

Zum größten Ausbruchsversuch kam es im Februar 1945. Etwa 500 Häftlingen, überwiegend gefangene Sowjetoffiziere, die im Todesblock 20 untergebracht waren, gelang die Flucht. Daraufhin setzte eine groß angelegte Suchaktion ein, die als „Mühlviertler Hasenjagd" traurige Berühmtheit erlangte und an der sich vor allem SS, Gendarmerie und Hitlerjugend beteiligten. Ein Großteil der Flüchtlinge wurde „liquidiert", nur insgesamt zwölf konnten ins „Protektorat" (Tschechei) entkommen.

Ein trauriges Schicksal ereilte noch eine Woche vor Kriegsende die in Mauthausen inhaftierten Oberösterreicher. Gauleiter August Eigruber gab den Befehl, alle im Stammlager befindlichen Oberösterreicher zu liquidieren, damit die Alliierten keine aufbauwilligen Kräfte vorfinden. Am 28. April, um die Mittagsstunde, wurden in Mauthausen 32 Oberösterreicher hingerichtet.

Rudolf Lehr

Selbstmord im elektrisch geladenen Stacheldraht.

Aktion T 4

Schloss Hartheim wurde 1940 für die „Aktion T 4" als Euthanasielager verwendet, eine Anstalt zur Vernichtung „unwerten Lebens", seit 1941 war Hartheim auch ein Vernichtungs- und Verbrennungslager für KZ-Häftlinge, die aus Dachau und Mauthausen kamen. Hartheim war kein Unterlager von Mauthausen, doch wurde die Verwaltung und Bewachung von Mauthausen aus durchgeführt. Die Zahl der in Hartheim Getöteten wird auf 12.000 geschätzt. (T 4: benannt nach der Zentrale in der Berliner Tiergartenstraße 4.)

Die berüchtigte „Todesstiege" und ein Verbrennungofen im Konzentrationslager Mauthausen.

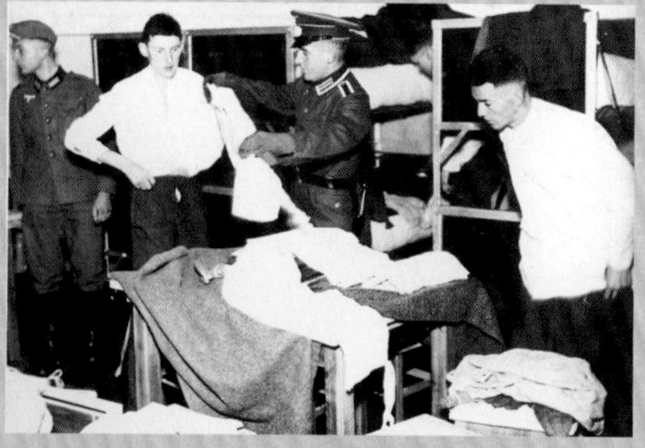

Junge Männer ziehen in den Krieg.

Kriegsweihnacht

Wir sangen nicht „Stille Nacht, heilige Nacht", sondern „Wir fahren gegen Engeland" und das Lied vom Polenfeldzug. Wir kannten diesen Krieg nur aus den Erzählungen des Lehrers, der pflichtgemäß, und wohl auch mitgerissen vom Taumel der ersten Siege, jede Stundenplaneinteilung über den Haufen stieß, um uns zu berichten, wie Deutschland seine Feinde erledige. Statt der Satzanalysen gab es täglich spannende Geschichten vom Krieg. Wie hilflos waren dagegen die Versuche des Katecheten, die wenigen Schüler, die noch am Konfessionsunterricht teilnahmen, für die Geschichte von dem Kind im Stall zu Bethlehem zu begeistern. Mit dem U-Boot-Kapitän Günther Prien, der im Hauptstützpunkt der englischen Flotte ein Schlachtschiff mit 833 Seeleuten auf den Meeresgrund schickte, konnte der Jesus von Nazareth nicht mit.

Erinnerungen eines damals Zehnjährigen, zitiert in: Rudolf Lehr „Schwanenstadt ", 2002.

1939

Kalender

2.1. Vier Tote und ein Schwerverletzter bei einem Zugunglück in Vöcklabruck.

3.1. Erste Ziviltrauung im neu eingerichteten Standesamt des Welser Rathauses.

13.1. Beschluss über den Umbau des Linzer Landestheaters.

3.2. Zum Transport des steirischen Erzes nach Linz wird die Gesäusestrecke zweigleisig ausgebaut.

17.2. Erdrutsch in der Nähe von Mondsee.

18./19.2. Hitler hält sich zu Besprechungen über die Neubaupläne in Linz auf. → S. 348

22.2. In Steyr-Münichholz bauen die Reichswerke Hermann Göring 2500 Wohnungen.

12.3. Feiern zum ersten Jahrestag des Anschlusses.

18.3. Hitler in Linz, Gespräche über die neue Stadtgestaltung und die Reichswerke.

29.3. Führererlass „über die bauliche Neugestaltung von Linz". → S. 348

8.4. Kraftfahrzeug-Kennzeichen für Oberdonau: „Od".

25.4. Gründung der „Eisenwerke Oberdonau" als Tochtergesellschaft der „Göring-Werke".

1.5. Der größte Maibaum von Oberdonau mit einer Höhe von 38 Metern steht in Schärding.

10.5. Abbruch des alten Bühnenhauses im Linzer Landestheater. Beginn des Neubaues im Juli.

12.5. Volkszählung: Oberdonau hat 1,042.000 Einwohner.

Mai. Die Seifenfabrik Josef Estermann AG übersiedelt aus Linz-Zizlau in die Gebäude der ehemaligen Seifenfabrik Henry in Wels.

7.6. Gründung der Stickstoffwerke Ostmark-AG mit dem Sitz in Linz.

12.6. Hitler in Linz, anschließend in Fischlham bei Lambach, dem Ort seiner ersten Volksschulzeit. Er ladet alle Schulkinder zu einem zweitägigen Besuch nach Berchtesgaden ein.

26.6. Hitler beauftragt den Dresdner Galeriedirektor Hans Posse (1879–1942) mit dem Aufbau der Linzer Galerie.

30.6. Erstes großdeutsches Brucknerfest in Linz und St. Florian.

Juni. Heinrich Gleißner wird aus der Haft entlassen, im September neuerlich verhaftet, am 31. Dezember wieder entlassen.

11.7. Der Bau des Aluminiumwerkes Ranshofen wird bewilligt. Die Baumwollspinnerei Kaufing bei Schwanenstadt nimmt den Betrieb auf.

27.7. Das Stift Engelszell wird beschlagnahmt, der Abt Gregorius Eisvogel (1873–1950) verhaftet.

1.8. Unwetterkatastrophe im Mühlviertel.

Pläne für die Errichtung einer technischen Hochschule in Linz.

22.8. Aus Oberdonau fahren sechs Sonderzüge zum Reichsparteitag nach Nürnberg.

28.8. Erste Ausgabe von Lebensmittelkarten.

August. In Wels entsteht in der Volksfesthalle die erste KdF-(Kraft-durch-Freude-)Bühne Oberdonaus.

1.9. Beginn des Zweiten Weltkriegs.

13.9. Die Firma Heinrich Ulbrichts Witwe in Kaufing bei Schwanenstadt wird Rüstungsbetrieb.

21.9. Razzien gegen Hamsterer in Linz.

26.9. In Linz treffen Verwundetentransporte ein.

1.10. Erstmals wird für die Katholiken der Diözese Linz ein Kirchenbeitrag erhoben. (Gesetz vom 1. 5. 1939.)

Eingemeindung von Linz-Keferfeld.

12.11. Nach dem Münchner Attentat auf Adolf Hitler nehmen in Linz 20.000 Menschen an einer Treuekundgebung für Hitler teil.

15.11. Ausgabe einer Reichskleiderkarte.

10.12. 19 Arbeiter eines Betriebsautobusses der Zellwolle Lenzing AG verunglücken tödlich.

Geburtstage

Johann Lachinger. Direktor des Adalbert-Stifter Instituts des Landes Oberösterreich (1978–2004). Geboren 16. 1. 1939 in Vöcklamarkt.

Peter Baum. Leiter der Neuen Galerie der Stadt Linz, Direktor des Lentos-Kunstmuseums (1974 bis 2004). Geboren 11. 2. 1939 in Wien.

Theodor Guschlbauer. Opernchef und Chefdirigent des Linzer Brucknerorchesters (1975–1983), Generalmusikdirektor (seit 1979). Geboren 14. 4. 1939 in Wien.

Max Stockinger. Generaldirektor der Linz AG (2000–2004). Geboren 24. 4. 1939 in Neukirchen an der Vöckla.

Manfred Bodingbauer. Dritter Präsident des oberösterreichischen Landtags (FP, 1991–2003). Geboren 10. 5. 1939 in Linz.

Horst Haitzinger. Karikaturist. Geboren 19. 6. 1939 in Eferding.

Sepp Auer. Plastiker. Geboren 20. 6. 1939 in Braunau.

Peter Paul Wiplinger. Schriftsteller. Geboren 25. 6. 1939 in Haslach.

Josef Fill. Landesrat (VP, 2000–2003). Geboren 16. 7. 1939 in Afing (Südtirol).

Richard Josef Weberberger. Bischof. Geboren 5. 9. 1939 in Leonfelden. Benediktiner von Kremsmünster. Bischof der Diözese Barreiras, Brasilien, 1979–2010. (Gestorben 17. 8. 2010 in Linz.)

Gerald Stranzinger. Gen-Wissenschaftler. Geboren 26. 10. 1939 in Altheim. Professor für Züchtungslehre in Zürich.

Erhard Koppler. Zentralbetriebsrat der Voest-Alpine (1987–2000). Geboren 21. 11. 1939 in Linz.

Waltraud Seidlhofer. Schriftstellerin. Geboren 26. 11. 1939 in Linz.

Gotthard Muhr. Grafiker. Geboren 30. 12. 1939 in Schwanenstadt.

Todestage

Egmont Colerus von Geldern. Schriftsteller. Gestorben 8. 4. 1939 in Wien. (Geboren 12. 5. 1888 in Linz.)

Hans Commenda. Heimatforscher. Gestorben 20. 4. 1939 in Linz. (Geboren 23. 12. 1853 in Linz.)

Franz Salvator. Erzherzog. Sohn von Erzherzog Karl Salvator (1839–1892), Gatte der Tochter von Kaiser Franz Joseph, Marie Valerie (1868–1924). Gestorben 20. 4. 1939 in Wien. (Geboren 21. 8. 1866 in Altmünster.)

Josef Reiter. Komponist. Gestorben 2. 6. 1939 in Bad Reichenhall. (Geboren 19. 1. 1862 in Braunau.)

Michael Valentin Zeileis. Begründer des Zeileis-Instituts für elektro-physikalische Therapie in Gallspach. Gestorben 17. 7. 1939 in Gallspach. (Geboren 7. 10. 1873 in Wachenroith, Bayern.)

Freiherr von Eiselsberg

Bei einem Eisenbahnunglück in St. Valentin verunglückt am 25. Oktober Anton Freiherr von Eiselsberg tödlich, ein Chirurg von Weltrang. Als wegweisend gelten seine Arbeiten über Impftuberkulose und Ausfallerscheinungen nach Schilddrüsenexstirpation. Er führte neue Methoden bei Magen-, Darm-, Gehirn- und Rückenmarkoperationen ein, gründete (1909) Unfallstationen und wurde damit zum Vorkämpfer der Unfallchirurgie. (Geboren 31. Juli 1860 in Schloss Steinhaus bei Wels.)

Hitlers 50. Geburtstag

20. April. Der Gau Oberdonau feiert den 50. Geburtstag von Adolf Hitler. Eine Sonderpostmarke zeigt Hitler vor der Kulisse von Braunau. Als Geschenk des Gaues erhält Hitler den von der Stahlschnittschule Steyr angefertigten Stahlschnitt „Anschlussturm".

Führerinnenschule

7. Dezember. In Schloss Tollet wird die erste Führerinnenschule des weiblichen Reichsarbeitsdienstes von Oberdonau eingerichtet.

Die Gauleitung

17 Kreise mit 483 Ortsgruppen umfasst 1940 die Gauleitung der NSDAP: Die Kreise Braunau, Budweis, Freistadt, Gmunden (einschließlich Ausseerland), Grieskirchen (einschließlich Eferding), Kaplitz, Kirchdorf, Krummau, Linz-Land, Linz-Stadt, Perg, Ried, Rohrbach, Schärding, Steyr, Vöcklabruck und Wels.

Oberdonauer Rasse

„Die Rassenforschung des Gaues hat noch keine abschließenden Ereignisse erzielt. Fest steht, daß in manchen Teilen die nordische Rasse vorherrscht, überall aber vorhanden ist."

Aus dem Band „Oberdonau, die Heimat des Führers", 1939.

Der Krieg ist nicht nach meinem Herzen

„Ob man heuer zu den Ferien in den (geliebten) Böhmerwald wieder kommt? Ich kann nur still wie ein alter Hexenmeister meine Kreise magisch ziehen. Der Krieg ist gar nicht nach meinem Herzen und für welchen Künstler wäre er das auch. Wir sind für Aufbau, in jedem Fall, für Glücksvermehrung und nie für Zertrümmern, Vernichten, Töten."

Alfred Kubin (1877–1959) an eine Freundin, Zwickledt, 29. April 1940.

Julius Wagner-Jauregg

Einer der berühmtesten Welser stirbt am 27. September 1940 in Wien: Julius Wagner-Jauregg, Psychiater von Weltrang. Er war Leiter der Psychiatrischen Klinik an der Universität Wien. 1917 führte er ein erfolgreiches Heilmittel gegen die progressive Paralyse ein. Grundlegende Arbeiten über Kropf, Erblichkeit, Gerichtsmedizin. 1927 Nobelpreis für Medizin. Hauptwerk: „Fieber und Infektionstherapie", 1936. (Geboren 7. März 1857 in Wels.)

Sammlung für das Winterhilfswerk.

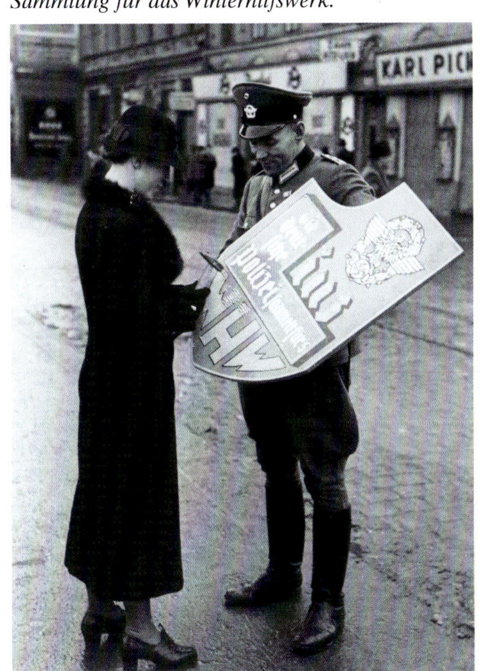

Kalender

1.1. Vier Dekanate der Diözese Budweis (Hohenfurth, Kaplitz, Krumau, Oberplan) mit 45 Pfarren kommen unter die kirchliche Verwaltung des Linzer Diözesanbischofs.

Das ehemalige Kinderheim Schloss Hartheim wird eine Euthanasieanstalt zur Vernichtung „unwerten Lebens". → S. 349

17.1. Uraufführung im Linzer Landestheater: „Martin, der Knecht" von Carl Hans Watzinger.

12.4. Gauleiter August Eigruber (1907–1947) wird Reichsstatthalter von Oberdonau.

11.5. Auflösung des Katholischen Preßvereins.

25.5. Errichtung des Teillagers Gusen I des Konzentrationslagers Mauthausen mit einem Durchschnittsbelag von 11.500 Häftlingen.

29.5. Bad Ischl wird zur Stadt erhoben.

30.5. Feier zum 70. Geburtstag von Franz Lehár in Bad Ischl in Anwesenheit des Komponisten.

1.7. 25.000 Fremdarbeiter aus 17 Nationen arbeiten zu diesem Stichtag in Oberdonau.

Die Deutsche Arbeitsfront ehrt in Steyr alte und verdiente Flößer.

20.7. Georg Ludwig Jochum (1909–1970) übernimmt die Leitung des Linzer Orchesters.

25.8. Vorwärts Steyr ist Oberdonau-Fußball-Kriegsmeister vor Amateure und LASK.

5.9. Eröffnung des umgebauten Linzer Landestheaters mit Friedrich Schillers „Wilhelm Tell."

8.9. Reichs-Erstaufführung der Lehár-Operette „Der ideale Gatte" in Linz.

25.9. Hitlers Stellvertreter, Rudolf Heß (1894 bis 1987), besucht Oberdonau.

28.9. Ignaz Brantner (1886–1960) führt am Linzer Landestheater seine Operette „Wochenend im Mai" auf. (Musik von Josef Knaflitsch.)

6.10. 767 Bessarabiendeutsche treffen in Linz ein.

10.10. Uraufführung im Linzer Landestheater: „Stadtgespräch" von Georg Fraser.

12.11. Der Abt des Stiftes Wilhering, Bernardus (Petrus) Burgstaller, wird im Zusammenhang mit der Teilnahme verschiedener Wilheringer Ordensmitglieder am österreichischen Widerstandskampf verhaftet. (Gestorben 1. 11. 1941 im Zuchthaus Anrath bei Krefeld.) → 1941

16.11. Das Stift Wilhering wird beschlagnahmt.

18.–20.12. Erste Winterbegehung des „Steinerwegs" in der Dachstein-Südwand (Rudolf Peters, Gerald Leinweber).

In Steyr wird mit der Fertigung von Flugzeugkabinen begonnen. In Nußdorf am Attersee richtet die Kriegsmarine eine Marineversuchsstation ein, die sich mit Sprengversuchen von Unterwasserbomben befasst.

Der erste Band des oberösterreichischen Dichterjahrbuchs „Stillere Heimat" erscheint. (Ab 1970 „Facetten".)

Eine Ansicht von Wels aus dem Jahr 1940.

Volksgenosse!

Volksgenosse, der du an dieser Säule stehst, wisse, daß in den Jahren 1901–1906 an dieser Stelle oftmals ein kunstbegeisterter deutscher Junge stand und hier unter anderem das erste Mal in seinem Leben Schillers „Wilhelm Tell" und Wagners „Lohengrin" sah, der später das Staatsoberhaupt und der Gründer Großdeutschlands wurde: Unser Führer Adolf Hitler! Sein Weg sei auch dir Vorbild und Ansporn.

Gedenktafel am Neubau des Linzer Landestheaters, 1940.

Hitler in den Reichswerken

„Dann fuhren wir zu den Hochöfen der Reichswerke, wir gingen durch die gigantischen Hallen der Walzstraßen. Er sagte mir, er habe den Stahl nach Linz gebracht. Mit diesem Werk sei die Zukunft der Stadt gesichert."

Hermann Giesler über einen Besuch Hitlers im Herbst 1940 in Linz, in „Ein anderer Hitler", 1977.

Bischof Zauner und die „Zaunermühle".

Die Zaunermühle

Not macht erfinderisch. Franz Zauner, der spätere Bischof von Linz, betätigte sich während des Krieges als Erfinder: Er konstruierte einen Abziehapparat mit eingebautem Elektromotor, der allgemein „Die Zaunermühle" genannt wurde. Damit wurden vor allem die Soldatenbriefe vervielfältigt, die die Verbindung der Diözese mit den Priesteramtsanwärtern herstellen sollten. Die „Zaunermühle" überstand sogar eine Hausdurchsuchung, die am 11. März 1940 in allen kirchlichen Gebäuden durchgeführt wurde.

Geburtstage

Richard Eder. Galerie-Avantgardist. Geboren 1. 1. 1940 in Linz.

Hansjörg Eichmeyer. Evangelischer Superintendent (1990–2005). Geb. 4. 1. 1940 in Vöcklabruck.

Franz Moser. Bauer, Politiker (VP), Mundartdichter. Geboren 6. 1. 1940 in Haslau (Maria Schmolln).

Alfred Havlicek. Hubschrauberpilot, Fotograf, Buchautor. Geboren 22. 1. 1940 in Stockerau. Lebt in Linz.

Hannes Leopoldseder. Informationsintendant des ORF (1998–2002). Intendant des Landesstudios Oberösterreich (1974–1998). Geboren 27. 3. 1940 in St. Leonhard bei Freistadt.

Valie Export. (Waltraud Höllinger). Experimentalfilmerin und Videokünstlerin. Geboren 17. 5. 1940 in Linz. → S. 486

Ludwig Schwarz. Linzer Diözesanbischof. Geboren 4. 6. 1940 in Preßburg. Am 6. 7. 2005 ernannt, Amtsübernahme am 18. 9. → 2005.

Edda Seidl-Reiter. Textilkünstlerin. Geboren 9. 6. 1940 in Wien. Lebt in Linz.

Gerhard Brössner. Schauspieler. Geboren 26. 7. 1940 in Temesvar, Rumänien. Publikumsliebling am Linzer Landestheater.

Christian Ludwig Attersee. (Künstlername; Familienname: Ludwig). Maler, Schriftsteller und Musiker. Geboren 28. 8. 1940 in Preßburg. Aufgewachsen in Oberösterreich (Landshaag, Aschach, Linz). → S. 487, 501

Hubert Muthspiel. Maler. Geboren 5. 10. 1940 in Linz.

Karl Breuer. Maler. Geboren 3. 11. 1940 in Linz.

Ralf Weikert. Dirigent. Geboren 10. 11. 1940 in St. Florian bei Linz.

Silvia Glogner. Schauspielerin. Geboren 19. 11. 1940 in Berlin. Seit 1976 am Linzer Landestheater, seit 2011 Kammerschauspielerin. (Gestorben 8. 9. 2011 in Linz.) → 2011

Günter Praschak. Designer und Keramiker. Geboren 30. 11. 1940 in Linz.

Todestage

Peter Behrens. Architekt. Gestorben 27. 2. 1940 in Berlin. (Geboren 14. 4. 1868 in Hamburg.) Schöpfer der Linzer Tabakfabrik. → 1935

Rudolf Poeschl. Industrieller und liberal-nationaler Politiker. Gestorben 1. 4. 1940 in Rohrbach. (Geboren 5. 5. 1852 in Rohrbach.)

Aloys Wach. (Alois Wachlmeier). Maler und Grafiker. Gestorben 18. 4. 1940 in Braunau. (Geboren 30. 4. 1892 in Lambach.) →

Kaserne Reichersberg

Stift Reichersberg wird für die Unterbringung der Soldaten der Fliegerschule Wels benützt. Das Stift wird immer mehr zur Kaserne, doch kann die Ordensgemeinschaft das klösterliche Leben fortsetzen.

Aloys Wach: Selbstporträt. Ölgemälde.

Franz de Paula Fellinger. Weihbischof und Generalvikar von Jerusalem (1929–1940). Gestorben 22. 7. 1940 in Jerusalem. (Geboren 23. 3. 1865 in St. Thomas bei Waizenkirchen.)

Eine BDM-Gruppe (Bund Deutscher Mädel).

In Marsch gesetzt

„Ich bin schon auf dem Weg zur Front, es ist ganz schnell gekommen, ich bin bereits am 24. Dezember mittag in Marsch gesetzt worden. So geht es nun wieder neuen Taten entgegen, und ich lege mein Vertrauen dem Allmächtigen in die Hände und hoffe, daß es wieder gut ausgeht."

Feldpostbrief Nr. 29.255 in die Heimat Oberdonau, 1941.

Das Schwert versagt

„Fünfzig Bewaffnete gegen ein Dutzend Leute, denen von ihrem Meister das Schwert versagt war!"

Antonius Hochreiter, Kooperator im Stift St. Florian, über die Beschlagnahme des Stifts am 21. Jänner 1941. („In unum congregati", Klosterneuburg 1975.)

Die Obermühle bei Osternberg (Braunau). Aquarell von Hugo von Preen, 1918.

Kalender

13.1. 63 Behinderte aus der Anstalt Gallneukirchen fallen der Euthanasie zum Opfer.

16.1. Im Stadttheater Steyr kommt das Theaterstück „Paradiesgärtlein" von Hermann Heinz Ortner zur „Ostmärkischen Erstaufführung".

21.1. Der Ideologe der NSDAP, Alfred Rosenberg (1893–1946) spricht in Linz.

1.2. Die Linzer Puppenspiele eröffnen als städtische Einrichtung ihren Betrieb. Franz Pühringer (1906–1977), Gründer der Puppenspiele, führt Märchen in eigener Bearbeitung auf.

2.3. Adolf Hitler bespricht in Linz die bauliche Umgestaltung der Stadt. → S. 348

12.3. Großkundgebung in der Linzer Südbahnhalle zum dritten Jahrestag des Anschlusses mit Reichsminister Josef Goebbels (1897–1945). Überraschend erscheint auch Adolf Hitler.

Die „Eisenwerke Oberdonau" beginnen mit der Panzerproduktion.

13.3. Adolf Hitler besichtigt die Eisenwerke.

14.3. In Neydharting wird die erste Reichskolonialschule errichtet.

7.4. Die Wälzlagerproduktion übersiedelt von Steyr nach Letten.

18.4. Gauleiter August Eigruber feiert seinen 34. Geburtstag. Unter den Gratulanten sind Hitler, sein Stellvertreter Rudolf Heß (1894–1987) und Hermann Göring (1893–1946).

19.4. Aus dem beschlagnahmten Stift St. Florian ziehen die letzten Patres aus. →

19.5. Die „Österreichische Kraftwerke AG" (ÖKA) wird in „Kraftwerke Oberdonau" umbenannt.

13.6. Reichsmarschall Hermann Göring besichtigt im Raum Linz Rüstungsbetriebe.

30.7. Die Stadt Linz erhält ein Sippenarchiv.

10.8. Beginn des Baues des Flugmotorenwerkes der Steyr-Werke.

9.9. Die Einwohnerzahl von Steyr steigt auf 50.000.

14.9. In St. Florian werden beim ersten (und letzten) Orgelwettbewerb des Reichsgaues Oberdonau die Brüder Joseph und Hermann Kronsteiner Gausieger.

1.10. Die Leitung der ostmärkischen Salinen wird von Wien nach Bad Ischl verlegt.

8.10. Die Strecke Attnang–Puchheim–Salzburg ist elektrifiziert.

16.10. In den Göring-Werken Linz wird der erste Hochofen angeblasen.

21.11. Das Stift Lambach wird beschlagnahmt.

18.12. Der zweite Hochofen der Göring-Werke wird angeblasen. (Stillgelegt → 1988.)

Geburtstage

Hans Köppl. Chefredakteur der „Oberösterreichischen Nachrichten" (1993–2003). Geboren 6. 1. 1941 in Wien.

Inge Dick. Malerin. Geboren am 15. 1. 1941 in Wien. Lebt in Innerschwand.

Hermann Leithenmayr. Bürgermeister von Steyr, SP (1991–2001). Geboren 22. 2. 1941 in Sierning. (Gestorben 21. 8. 2010 in Steyr.)

Wilhelm Neuwirth. Propst von St. Florian (1977 bis 2005). Geboren 12. 3. 1941 in Enns.

Franz Josef Altenburg. Keramiker. Geboren 15. 3. 1941 in Bad Ischl.

Gunter Dimt. Direktor des Oberösterreichischen Landesmuseums (1991–2000). Geboren 24. 4. 1941 in Wien.

Peter Koits. Bürgermeister von Wels (SP) seit 1999. Geboren 9. 5. 1941 in Wien.

Laurids Ortner. Architekt. Geboren 26. 5. 1941 in Linz. Mitbegründer der Wiener Architektur-, Designer- und Künstlergruppe Haus-Rucker-Co.

Fritz Hochmair. Landeshauptmann-Stellvertreter, SP (1993–2000). Geboren 21. 6. 1941 in Wels.

Hubert Wipplinger. Präsident der Arbeiterkammer Oberösterreich (1999–2003). Geboren 6. 8. 1941 in Taufkirchen an der Pram. (Gestorben 20. 10. 2004 in Linz.)

Peter Huemer. Rundfunk- und Fernseh-Journalist. Geboren 14. 9. 1941 in Linz.

Egonald Maurer. Bildender Künstler. Geboren 24. 11. 1941 in Linz.

Todestage

Hugo von Preen. Innviertler Maler und Heimatforscher. Gestorben 24. 2. 1941 in Braunau. (Geboren 25. 5. 1854 in Osternberg, Braunau.) Schöpfer des Braunauer Heimathauses. In seinem Gut Osternberg gründete Preen eine Künstlerkolonie. →

Konrad Schiffmann. Historiker und Bibliothekar. Gestorben 12. 3. 1941 in Linz. (Geboren 25. 8. 1871 in Grieskirchen.)

Wilhelm Höhnel. Gestorben 31. 3. 1941 in Linz. (Geboren 19. 3. 1871 in Linz.)

Fanny Kaltenhauser. Schriftstellerin. Gestorben 30. 5. 1941 in Enns. (Geboren 12. 12. 1863 in Wien.)

Johannes Maria Gföllner. Bischof von Linz (1915 bis 1941). Gestorben 3. 6. 1941 in Linz. (Geboren 17. 12. 1867 in Waizenkirchen.) → 1915

Emil Kugler. Vorkämpfer der Tbc-Vorsorge. Gestorben 30. 8. 1941 in Gmunden. (Geboren 17. 9. 1868 in Brixen.)

Wilhelm Kienzl. Komponist. Gestorben 3. 10. 1941. → S. 354

Simon Rabeder. Altarbauer. Gestorben 7. 10. 1941 in Ottensheim. (Geboren 10. 4. 1862 in Ottensheim.)

Bernardus (Petrus) Burgstaller. Abt des Stiftes Wilhering (1938–1941). Gestorben 1. 11. 1941 im Zuchthaus Anrath bei Krefeld. (Geboren 14. 2. 1886 in Eidenberg.) Er war 1940 im Zusammenhang mit der Teilnahme verschiedener Wilheringer Ordensmitglieder am österreichischen Widerstandskampf verhaftet worden. Auf 36 Kilo abgemagert, starb er an einem Schlaganfall.

Adalbert Depiny. Volkskundler. Gestorben 19. 12. 1941 in Linz. (Geboren 30. 8. 1883 in Budapest.) → S. 418

Bischof Joseph Fließer

Nach dem Tod von Bischof Johannes Maria Gföllner geht die Leitung der Diözese Linz auf das Kathedralkapitel über, das am 5. Juni als Kapitelvikar den Weihbischof und vormaligen Generalvikar Joseph Calasanz Fließer (1896–1960, Diözesanbischof bis 1955) wählt. Die Ernennung zum Diözesanbischof erfolgt erst → 1946.

Linzer Führermuseum

15. Jänner. Aus einem Brief des von Adolf Hitler mit dem Aufbau einer Linzer Galerie beauftragten Hans Posse (1879–1942) geht hervor, dass von den im Westfeldzug von den Deutschen in Holland requirierten Bildern etwa ein Fünftel für das Linzer Führermuseum bestimmt waren. Nach Posse wird Hermann Voss (1884–1969) mit dem Aufbau von Hitlers Gemäldesammlung beauftragt.

Bischof in schwerer Zeit

„Wohl kein Bischof hat jemals die Verantwortung für die Diözese Linz in einer ähnlichen Situation und unter ähnlichen Belastungen übernommen", konstatiert Rudolf Zinnhobler in seinem Buch „Die Bischöfe von Linz":

17 konfessionelle Schulen und Lehranstalten wurden aufgehoben.

13 zum Großteil von Schwestern geleitete Berufsschulen wurden aufgelöst.

34 konfessionelle Haupt- und Volksschulen wurden der Kirche bzw. den Orden weggenommen.

Viele Gebäude des Diözesanbesitzes wurden beschlagnahmt.

Die katholischen Pfarrbüchereien wurden enteignet.

Acht Stifte und Orden wurden enteignet.

Aus dem Besitz der Orden wurden Klöster, Stifte und Gebäude ganz oder zum Großteil von Partei und Militär beansprucht.

Mutige Bäuerin

„Ende September 1941 führte die Bäuerin Eleonore Gusenbauer aus Marbach am hiesigen Posten Beschwerde, daß durch SS-Leute wiederholt KZ-Häftlinge auf dem Arbeitsplatz im Wienergraben vor den Augen der Bevölkerung erschossen werden. Sie habe wiederholt gesehen, wie die schlecht Getroffenen, die noch lebten, stundenlang und sogar Halbtage lang liegen gelassen werden. Die Gusenbauer gab weiters an, daß ihr Anwesen auf der Anhöhe nächst des Steinbruchs Wienergraben liege, sie daher Einblick in den Bruch habe und deshalb immer wieder ungewollt Zeuge von solchen Grausamkeiten werde. Es solle doch veranlasst werden, daß solche Grausamkeiten unterbleiben oder wenigstens den Augen der Bevölkerung nicht preisgegeben werden. Der Posten erstattete Bericht an den Landesrat. Außerhalb des Lagers hörten dann diese Grausamkeiten mehr auf."

Aus der Chronik des Gendarmeriepostens Mauthausen vom September 1941.

87.210 Parteigenossen

Im Jänner 1933 gab es in Oberösterreich 690 Mitglieder der NSDAP, nach dem Anschluss an Deutschland 1938 waren es 2922, im Jahr 1941 bereits 59.671 und 1942 trotz einer Aufnahmesperre (wegen des elitären Charakters der Partei) 87.210.

Wilhelm Kienzl

Wilhelm Kienzl, einer der gefeierten Opernkomponisten um die Jahrhundertwende, stirbt am 3. Oktober 1941 in Wien. Vor allem mit dem „Evangelimann" (1885) schuf er ein Werk, das ihn weltbekannt machte, auch „Der Kuhreigen" (1911) wurde häufig aufgeführt. Kienzl hatte sich auch Jahrzehnte nach diesen Erfolgen nicht über mangelnde Anerkennung zu beklagen, trotzdem erlebte er viele Enttäuschungen. „Mich macht die Moderne ganz irre, ich kann nicht atonal sein, aber ebensowenig banal oder veraltet", schrieb er in sein Tagebuch. (Geboren 17. Jänner 1857 in Waizenkirchen.)

Kalender

1942

1.1. Gauleiter Eigruber ruft die Sportler auf, die Skier abzugeben und andere Sportarten zu betreiben. Zwölf Waggons Winterkleidung, dazu 20.000 Paar Skier, werden in Oberdonau gespendet.

17.1. Appell von Gauleiter Eigruber in Steyr zur Kraftanstrengung bei der Lebensmittelversorgung und Rüstung.

11.2. Joseph Fließer (1896–1960) erhält vom Papst die Rechte eines residierenden Diözesanbischofs.

21.2. Uraufführung im Linzer Landestheater: „Der Bauernhauptmann" von Hermann Heinz Ortner.

25.3. Erster Koksausstoß in der Kokerei der Linzer Göring-Werke.

10.5. Für zwei Schwarzschlächter beantragt das Landesgericht Linz die Todesstrafe.

1.6. Im Hause Linz Hofgasse 9 wird erstmals ein Linzer Stadtmuseum aufgestellt.

20.6. Hitler besichtigt in Linz die Eisenwerke.

15.7. Fertigstellung des Flugmotorenwerkes in Steyr.

8./9.8. In Linz wird die Widerstandsbewegung „GB" (Gegenbewegung) gegründet.

10.8. In den Göring-Werken Linz wird der dritte Hochofen angeblasen.

11.8. Einlagerung von Kartoffeln: 100 Kilo pro Person für 20 Wochen.

19.8. In Oberdonau wird die Unterbringung von 12.000 Bombenflüchtlingen befohlen.

25.8. Brand in der Nettingsdorfer Papierfabrik.

26.8. Uraufführung der Operette „Heimkehr nach Mittenwald" von Ludwig Schmidseder im Linzer Landestheater.

16.9. Ein in der Linzer Schiffswerft fertiggestelltes U-Boot wird an die Kriegsmarine übergeben.

21.9. Der Linzer Stadtrat beschließt die Stiftung von Kulturpreisen.

29.9. Die umgebaute Bühne des Linzer Redoutensaals wird unter dem Namen „Kammerspiele" mit Goethes „Torquato Tasso" eröffnet.

15.10. Baubeginn des Ennskraftwerks Großraming.

23.10. Uraufführung im Linzer Landestheater: „Die Fuchsfalle" von Richard Billinger.

27.10. Die Stickstoffwerke Linz nehmen die Produktion auf: Das System A der Gasfabrik wird gezündet.

9.11. Gedenkfeier im Linzer Landestheater für die Gefallenen.

12.11. Eröffnung der Bildtelegrafenstelle Linz.

28.11. Wegen des warmen Herbstes wird um zehn Prozent weniger Hausbrandkohle zugeteilt.

3.12. Uraufführung im Landestheater: „Ferdinand Waldmüller" von Siegfried Knapitsch.

14.12. Als zweite Stadt von Oberdonau erhält Bad Ischl ein Selbstwählamt.

19.12. Uraufführung im Linzer Landestheater: „Lotterie" von Otto Bielen.

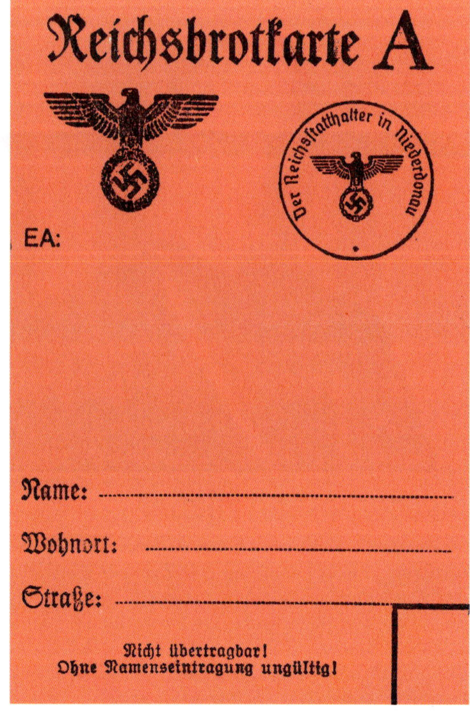

Geburtstage

1942

Evelyn Grill (Grill-Storck). Schriftstellerin. Geboren 15. 1. 1942 in Garsten.

Franz Schwabeneder. Journalist und Bühnenautor. Geboren 25. 1. 1942 in Linz. → 2006

Johann Jascha. Maler und Zeichner. Geboren 13. 2. 1942 in Mettmach.

Josef Buchner. Bundesobmann der Vereinten Grünen (1983–1994). Geboren 2. 3. 1942 in Hagenberg. Mitbegründer der Grünbewegung.

Frank Elstner. Fernseh-Quizmaster. Geboren 19. 4. 1942 in Linz.

Herwig van Staa. Landeshauptmann (VP) von Tirol (2002–2008). Geboren 10. 6. 1942 in Linz.

Franz Struzl. Generaldirektor der voestalpine (2001–2004). Geb. 3. 7. 1942 in Wiener Neustadt.

Hubert Raudaschl. Siegreicher Segler. Geboren 26. 8. 1942 in St. Gilgen. Lebt in St. Wolfgang.

Elisabeth Reinhold. Malerin. Geboren 12. 9. 1942 in Ardning. Lebt in Linz und in den USA.

Willi Bauer. Bergsteiger. Geboren 14. 9. 1942 in Seewalchen. Erreichte (→ 1986) den Gipfel des zweithöchsten Berges der Welt, K2.

Manfred Mohr. Landeskulturdirektor (1987 bis 2003). Geboren 7. 10. 1942 in Linz.

Ludwig Scharinger. Generaldirektor der Raiffeisen-Landesbank Oberösterreich (1985–2012). Geboren 19. 10. 1942 in Arnreit.

Peter Mitterbauer. Präsident der Industriellenvereinigung (1996–2004), Vorsitzender des Aufsichtsrates der Staatsholding ÖIAG (seit 2006). Geboren 14. 11. 1942 in Laakirchen.

Todestage

1942

Franz Schmidt-Renner. Charakterkomiker. Gestorben 29. 4. 1942 in Linz. (Geboren 1. 9. 1851 in Brauneisen, Mähren.) Der „Girardi von Linz" genannt; er war 37 Jahre am Landestheater Linz.

Leopold Pötsch. Geschichtslehrer Adolf Hitlers. Gestorben 16. 10. 1942 in St. Andrä, Kärnten.) (Geboren 18. 11. 1853 in St. Andrä.) 1899–1903 an der Linzer Realschule tätig. (Der einzige Lehrer, den Hitler in seinem Buch „Mein Kampf" namentlich erwähnte.) → S. 284

Helmut Hilpert. Pianist. Gefallen 25. 11. 1942 in Stalingrad. (Geboren 8. 6. 1923 in Reichenau.)

Freifrau Edith Krieg von Hochfelden. (Pseudonym Edith Salburg). Gestorben 3. 12. 1942 in Dresden. (Geboren 14. 10. 1868 in Schloss Leonstein.)

Hans Posse. Kunsthistoriker, Beauftragter Hitlers für das geplante Führermuseum in Linz. Gestorben 10. 12. 1942 in Dresden. (Geboren 6. 2. 1879 in Dresden.) → 1939, 1941

Begehrteste Werte dieser Zeit: Lebensmittelkarten.

KZ-Steine für ein Nationaldenkmal

„Das Denkmal zur Gründung des Großdeutschen Reiches soll mit einem großen Stadion verbunden werden. Die Steine hiefür liefert das KZ Mauthausen.“

Gauleiter Eigruber am 28. April 1942 über die Neuplanung von Linz.

Weihnachten an der Ostfront

„Nirgends aber etwas Schönes oder Angenehmes zu sehen. Überall Dreck, Lumpen, Gesindel und Ungeziefer. Ein vor Hunger, Not und Elend zitterndes Volk ... So ist es nun zum zweitenmal, daß ich im Felde Weihnachten feiere. Nur werden die heurigen besonders traurig sein.“

Brief von der Ostfront an die Heimat Oberdonau, 24. Dezember 1942.

Bergsteigertod

O lieber Herrgott, der mich schuf,
im Felsen hört ich Deinen Ruf.
Es riß der Tod mich von der Wand,
da fiel ich tief in Deine Hand.

Gedenktafel für die im Gosaukamm tödlich abgestürzte Lotte Wasmayer.

Deutsche Frau!

Du bist der Kamerad des Soldaten!

Dein Platz ist an der inneren Front, wo der deutsche Mann Werkbank und Arbeitstisch verlassen mußte, um mit der Waffe in der Hand das Leben seines Volkes zu sichern.

Nicht die Tapferkeit unserer Soldaten allein
erkämpft dem Reiche den Sieg,

Nicht bei der Front und ihrem heldenmütigen Kampf allein
liegt die letzte Entscheidung – sie liegt erst in dem eisernen Zusammenstehen von Heimat und Front. Nur **Arbeit** und **Kampf, Opfermut** und **Tapferkeit** werden das deutsche Volk in diesem Ringen zum Siege führen.

Deutsche Frau, darum ruft dich der Führer!
Zeige, daß du bereit bist, es dem Soldaten an der Front an Opferwillen gleich zu tun, indem du das Gleichmaß der Arbeit in der Heimat sicherst. In deine Hände ist es gelegt, daß die Maschinen der Fabriken in rastlosem Fleiße weiterarbeiten, daß Werkbank und Arbeitstisch nicht verwaist werden und damit die Heimat der Front im Kampfe zur Seite steht.

Darum, deutsche Frau, meldest auch du dich zum freiwilligen Arbeitseinsatz in der Fabrik!

Anny Dietoris
Gaufrauenschaftsleiterin

Meldungen werden bei allen Arbeitsämtern entgegengenommen

Immer mehr werden Frauen zur Arbeit herangezogen, vorerst freiwillig, später im Kriegseinsatz.

Drei Jahre nach der Gründung nehmen die Linzer Stickstoffwerke 1942 den Betrieb auf, die neben den Göringwerken allerhöchste Parteiprotektion genossen.

Tödlicher Gosaukamm

29. Juli. Auf dem Däumling im Gosaukamm, dem schwierigsten Berg des gesamten Dachsteingebirges, der nach drei Seiten mit etwa 450 Meter hohen, senkrechten, glatten Plattenwänden abstürzt, steht eine junge Frau: Die 18jährige Lotte Wasmayer. Sie muss ihren Erfolg mit dem Leben bezahlen. Beim Abseilen reißt ein Haken. →

30. August. Ein Monat später, wieder auf dem Däumling: Zwei 19jährige Burschen aus Stadl-Paura, Willi Köstler und Franz Schmuckermayr, stürzen beim Durchklettern der Däumling-Ostkante, kurz vor dem Ziel, dreihundert Meter in die Tiefe und sind auf der Stelle tot.

Adolf Hitler war in den Jahren 1939 bis 1943 mehrmals zu Gesprächen über die Stadtgestaltung und den Ausbau der neuen Großbetriebe in Linz. Rechts neben Hitler Gauleiter August Eigruber.

Das „Bruckner-Stift“ und das „Reichs-Bruckner-Orchester“

25. November. Gauleiter August Eigruber gibt die Pläne für das „Bruckner-Stift“ St. Florian und das „Bruckner-Orchester“ (seit 1944 „Linzer Reichs-Bruckner-Orchester des Deutschen Rundfunks“) bekannt: „Florian habe ich dem Reichsrundfunk vermietet auf 99 Jahre. Es werden nach dem Krieg fünf große Reichssender erstellt, darunter ein RS für symphonische Musik; und dieser Sender kommt nach Florian. Es ist ein Orchester in Gründung mit 120 Mann, das ständig in Florian Aufenthalt nehmen und Bruckner-Orchester heißen wird. Dieses Orchester soll auch der Stadt Linz zur Verfügung stehen. Es ist das auf Kosten des Reiches ein einmaliges Orchester ... Dazu kommt ein Chor mit 50 Hauptamtlichen, ergänzt aus der Linzer Chorgemeinde ... Hier werden auch die Brucknerfeste in Zukunft begonnen und auch zu Ende geführt werden, und der Sitz des Großdeutschen Bruckner-Bundes übersiedelt nach Florian, dort, wo er auch hingehört, und nicht nach Wien und nicht nach Leipzig. Damit hat die Verwendung Florians – dazu wird noch ein Musisches Gymnasium (anstelle der Regensburger Domspatzen) erstehen, bei St. Florian –, somit hat diese Stätte Anton Bruckners die würdigste Tradition und Nachfolge erhalten.“

(Stadtarchiv Linz, zitiert von Hanns Kreczi in „Das Bruckner-Stift St. Florian und das Linzer Reichs-Bruckner-Orchester“, 1986.)

St. Florian lebt auf

„St. Florian lebt auf und tritt in die zweite Phase seiner Entwicklung."

5. April 1943. Bericht des stellvertretenden Leiters des „Bruckner-Stifts", Eugen Kurt Fischer (1892–1964), über Hitlers Besuch in St. Florian, zitiert in Hanns Kreczi: „Das Bruckner-Stift St. Florian und das Linzer Reichs-Bruckner-Orchester", 1986.

In der Hand des Führers

„Wer sich und sein Schicksal in die Hand des Führers gegeben hat, ist gut aufgehoben."

Reichsminister Arthur von Seyß-Inquart (1892–1946) am 12. März 1943 in Linz, anlässlich des 5. Jahrestages des Anschlusses.

Die Linzer Nibelungenbrücke wird gebaut.

1943

Kalender

Jänner. Die Steyr-Werke entwickeln eine Panzer-Draisine.

5.2. Alle Unterhaltungsveranstaltungen im Gau Oberdonau werden wegen der Ereignisse in Stalingrad bis zum 6. Februar verboten.

8.2. Im Gedenken an die Opfer von Stalingrad führen die Gefolgschaftsmitglieder der Reichswerke in Linz und der Wolfsegg-Traunthaler eine Gratisschicht („Panzerschicht") durch.

20.2. Eröffnung des Nebenlagers I des Konzentrationslagers Mauthausen in der Hütte Linz der Reichswerke Hermann Göring. → S. 349

Der Verbrauch von Strom und Gas muss um zehn Prozent eingeschränkt werden.

18.3. Uraufführung im Linzer Landestheater: „Der Rappelkopf" (nach Goldoni) von Friedrich Schreyvogl.

21.3. Der erste mit Kalkammonsalpeter beladene Zug verlässt die Linzer Stickstoffwerke.

4.4. Hitler besichtigt die Linzer Rüstungsbetriebe und das Stift St. Florian. →

7.4. In Oberdonau befinden sich 58.300 Flüchtlinge aus anderen Reichsgauen.

15.4. Gauleiter August Eigruber wird zum SS-Gruppenführer befördert.

19.5. In Walding wird für ehrenamtliche Bauernführer die „Reichsschule Süd" eröffnet.

Juni. In der Welser Landesfrauenklinik wird die erste Frauenmilch-Sammelstelle eingerichtet.

5.9. Die Linzer Straßenbahn fährt bis zur „Neuen Welt" zweigleisig.

10.9. Nach der Kapitulation Italiens hält Gauleiter August Eigruber auf dem Linzer Adolf-Hitler-Platz (Hauptplatz) „Abrechnung mit den italienischen Dunkelmännern".

4.10. Eröffnung der Linzer Technischen Hochschule im beschlagnahmten Stift Wilhering. (Geschlossen 4. 4. 1945.)

11.10. In Redl-Zipf wird eine Produktionsstätte für flüssigen Treibstoff der V-2-Raketen eingerichtet. (V-Waffen = „Vergeltungswaffen".)

1.11. Ein über Prag geführter neuer Nachtschnellzug verbindet die Gauhauptstadt Linz mit Berlin in 15 Stunden.

18.11. Errichtung des Konzentrationslagers Ebensee das mit zuletzt 18.509 Häftlingen das zweitgrößte KZ von Oberdonau wird.

5.12. In einer Lagebesprechung befiehlt Hitler, die Flakkräfte im Raum Wien–Linz zu verstärken.

31.12. Von 337.000 Beschäftigten im Gau Oberdonau sind 182.794 Ausländer.

Ein Konservatorium Europas

4. April. Das „Bruckner-Stift", wie das Augustiner-Chorherrenstift St. Florian genannt wird, soll das bedeutendste Kunstinstitut und Konservatorium Europas werden, erklärt Adolf Hitler bei einem Besuch in Oberdonau.

Linzer Brückenkopf *Viel geschmäht nach 1945, ist die städtebauliche Lösung der Brückenkopfverbauung in Linz, wie sie 1943 fertiggestellt wird, keineswegs schlecht. (Bild unten.) Später hat man", urteilt Friedrich Achleitner (Hochschule für angewandte Kunst, Wien), „mit Ausnahme des Brucknerhauses jedenfalls im innerstädtischen Bereich an der Donau viel weniger Respekt vor der Altstadt gezeigt." Auf den Bildern oben: Bauarbeiten an der Brücke in den Jahren 1938 bis 1940.*

Aufstand des Gewissens

„Wenn man sich für jeden Menschen solche Mühe geben möchte, vor der schweren Sünde, die den ewigen Tod mit sich bringt, zu warnen und davon abzuhalten, als man mit mir sich Mühe gibt, vorm ehrlosen Tod zu warnen, so glaube ich, hätte der Satan am Jüngsten Tage eine magere Ernte zu erwarten. Immer wieder möchte man einem das Gewissen erschweren betreffs Gattin und Kinder; ob man aber, weil man Gattin und Kinder hat, Gott durch Lügen, abgesehen von allem anderen, was man noch tun soll, nicht beleidigt, kann ich natürlich nicht glauben. Hat Christus nicht selbst gesagt: Wer Vater und Mutter oder Kinder mehr liebt als mich, ist meiner nicht wert, oder: Fürchtet euch nicht vor denen, die bloß den Leib töten, die Seele aber nicht töten können, fürchtet vielmehr den, der Seele und Leib in die Hölle zu verderben vermag."

Der Innviertler Bauer Franz Jägerstätter kurz vor seiner Enthauptung am 9. August 1943 in Brandenburg.

Geburtstage

Siegfried Haider. Direktor des Landesarchivs (1989–2003). Geboren 19. 1. 1943 in Linz.

Lutz Weinzinger. Landesparteiobmann der FPÖ (2005–2010). Geboren 20. 1. 1943 in Wien.

Kurt Preßlmayr. Vierfacher Kajak-Weltmeister im Wildwasser. Geboren 6. 2. 1943 in Steyr.

Marga Persson. Textilkünstlerin. Geboren 27. 2. 1943 in Lund, Schweden. Lebt in Linz.

Anton Raidel. Keramiker. Geboren 7. 3. 1943 in Wiener Neustadt. Lebt in Gmunden.

Gerda Ritschel. Initiatorin für das Linzer Musiktheater. Geboren 24. 3. 1943 in Perg.

Ludwig Kretz. Sportler des Jahres 1975 (Radfahren). Geboren 2. 5. 1943 in Haiding bei Wels.

Elke Radlingmaier. Sportlerin des Jahres 1982 (Fechten). Geb. 15. 8. 1943 in Spital am Pyhrn.

Alarich Marko. Heimatforscher. Geboren 16. 9. 1943 in Wels.

Christian Brandstätter. Herausgeber der „Landes-Chronik Oberösterreich". Autor zahlreicher Bücher und Verleger von mehr als 1500 anspruchsvollen Werken. Geboren 21. 9. 1943 in Lambach.

Gerhard Knogler. Objektkünstler. Geboren 9. 10. 1943 in Ort im Innkreis.

Ernst Ludwig Leitner. Komponist. Geboren 14. 10. 1943 in Pennewang.

Heinrich Kurz. Computer-Wissenschafter. Geboren 7. 12. 1943 in Pennewang.

Hans Achatz. Landesparteiobmann der FPÖ (1992–2002), Landesrat (1991–2003). Geboren 19. 12. 1943 in Stadt Haag, Niederösterreich.

Der 1943 hingerichtete und 2007 seliggesprochene Bauer und Mesner Franz Jägerstätter während seiner Militärdienstzeit in Enns, 1940.

Jägerstätters Hof in St. Radegund.

Todestage

Franziska Fürstin von Starhemberg. Christlich-soziale Politikerin. Gestorben 27. 4. 1943 in Bad Darkau, Oberschlesien. (Geboren 24. 10. 1875 in Wien.) 1920–1931 im Bundesrat. → 1920

Frida Uhl. Schriftstellerin. Gestorben 28. 6. 1943 in Salzburg. (Geboren 4. 4. 1872 in Mondsee.) Tochter von Friedrich Uhl, zweite Frau von August Strindberg. Hochzeit 1893, Scheidung 1895. → S. 269, 291

Franz Jägerstätter. Bauer aus St. Radegund im Innviertel. Enthauptet 9. 8. 1943 in Brandenburg. Er weigerte sich, dem „Führer" den bedingungslosen Fahneneid zu schwören. (Geboren 20. 5. 1907 in St. Radegund.) → 1991, seliggesprochen → 2007

Heinrich Suso Waldeck. (Eigentlich Augustin Popp.) Schriftsteller. Gestorben 4. 9. 1943 in St. Veit im Mühlkreis. (Geboren 3. 10. 1873 in Wscherau bei Pilsen.)

Otto Pflanzl. Mundartdichter. Gest. 23. 9. 1943 in Salzburg. (Geboren 17. 8. 1865 in Urfahr.)

Ferdinand Wiesinger. Historiker. Gestorben 21. 10. 1943 in Wels. (Geboren 17. 11. 1864 in Wels.) Arbeiten über die Stadtgeschichte von Wels.

Viktor Fleßl. Olympiadritter 1928 im Rudern. Gefallen 18. 12. 1943. (Geb. 6. 11. 1898 in Linz.)

Justin Wöhrer. Titularabt von Säusenstein. Gestorben 18. 12. 1943 in Apolo, Bolivien. (Geboren 4. 3. 1872 in Traberg.) Gründer der Wilheringer Bolivienmission (1928).

†

Hart und schwer traf uns die Nachricht
am heiligen Weihnachtstage,
daß unser lieber, guter Sohn,
Bruder, Schwager und Enkel
KOA Wachtmeister
Beobachter in einem Art.-Reg.

Gerhard Pauer
Gymnasialabiturient
seinem Eide getreu, im Alter von
22 Jahren im Kampfe im Osten gefallen
ist, nachdem er seit Kriegsbeginn
im Felde stand. Opferbereit wie sein
Leben, war sein Sterben.

Zum Alltag geworden: Todesanzeigen von Gefallenen.

Widerstand

23. Oktober. Dem Ischler Widerstandskämpfer Sepp Plieseis (1913–1966) gelingt von einem Außenkommando des Konzentrationslagers Dachau in Hallein eine abenteuerliche Flucht über die Berge ins Salzkammergut, wo er zum Führer der Widerstandsgruppe „Willi Fred" wird, dem Schwerpunkt des Widerstands in Oberösterreich. Die Gruppe arbeitet mit den Ausseern Valentin Tarra, Hans Moser und Albrecht Gaiswinkler zusammen. → 1945

In dieser hochheiligen Nacht

„Was wird uns das Jahr 1945 bringen? Ich getraue es mich nicht zu schreiben, aber ich wünsche es, wie alle, die im Dreck des Schützenloches verkrusten: das Ende, und wenn es das Ende mit Schrecken wäre, weil es doch besser ist als der Schrecken ohne Ende, in den wir stündlich taumeln, auch in dieser hochheiligen Nacht. Es wird Zeit zur Wachablöse. Ich höre nebenan die Kochgeschirre scheppern, es gilt für stimmungsvolles Gläserklingen. Aus dem Trägerfunk tönen Musik und Lieder, sentimental zusammengestellt, als ob sich die Welt nicht geändert hätte. Leise rieselt der Schnee. Er deckt die Toten und das Leben zu."

Josef Laßl (1915–1977) über den 24. Dezember 1944.
(In den Kriegsjahren Soldat, bis 1950 in sowjetischer Gefangenschaft.)

Arbeitseinsatz

„Den Lehrkräften steht während der Ferien ein Urlaub von 14 Tagen zu, älteren Lehrpersonen über fünfzig 21 Tage. Die übrige Zeit sind sie verpflichtet, Arbeitseinsatz zu leisten."

Schulchronik Volksschule 9 (Harbachschule), Linz, 16. Juni 1944.

1944

Der Luftkrieg

Der Bombenkrieg erreicht Oberösterreich: 27 Luftangriffe bis zum Jahresende, die meisten in Linz, Wels und Steyr. Die ersten Bomben fallen am 23. und 24. Februar in Steyr. 15 Tote sind am ersten, 212 am zweiten Tag zu beklagen. Noch gibt es eine kräftige Gegenwehr: Die US-Flotte verliert 17 viermotorige Bomber. Am 30. Mai erfolgt der erste Großangriff auf Wels (89 Tote). Am 25. Juli ist erstmals die Gauhauptstadt Linz das Bombenziel (176 Tote). 16 amerikanische Bomben- und drei Jagdflugzeuge werden abgeschossen. Beim zweiten Angriff auf Linz (16. Oktober) werden in einer Linzer Berufsschule (Dürrnbergerschule) beim Einsturz eines Luftschutzraumes 35 Schülerinnen getötet. Im Dezember wird Oberösterreich durchschnittlich jeden dritten Tag von Luftangriffen heimgesucht. In Wels werden am Weihnachtstag 96 Menschen von Bomben getötet, 1700 Welser sind obdachlos.

Kalender

1.2. Für Volksstücke aus Oberdonau werden neun Preise ausgeschrieben.

10.2. Oberdonau erhält gemeinsam mit Salzburg die Postleitzahl „12 b".

11.4. In den Göring-Werken Linz wird der vierte Hochofen angeblasen.

19.4. Hitler wünscht, dass das Bruckner-Orchester die Bezeichnung „Linzer Reichs-Bruckner-Orchester des Deutschen Rundfunks" führt.

20.4. Das Linzer Holzbauwerk Schaffer wird „Kriegsmusterbetrieb".

29.4. Uraufführung im Linzer Landestheater: „Sokrates" von John Knittel.

15.5. In Linz wird die Obuslinie Hessenplatz–St. Martin in Betrieb genommen.

26.5. Ein Volksgerichtshof in Berlin verurteilt sechs Steyrer Arbeiter wegen Vorbereitung zum Hochverrat und Beteiligung an einer marxistischen Unterstützungsaktion zum Tod: Johann Palme (25), Johann Riepl (44), Anton Ulram (23), Josef Bloderer (30), Franz Draber (31), Karl Punzer (32). Bloderer, Draber und Punzer gelingt die Flucht, Punzer wird aufgegriffen und sofort hingerichtet, auch Palme, Riepl und Ulram werden hingerichtet.

Überall im Land: Flüchtlinge.

26.5. Uraufführung der Operette „Linzer Torte" von Ludwig Schmidseder (Text Ignaz Brantner und Hans Gustl Kernmayr) im Landestheater.

4.6. Das Aluminiumwerk Ranshofen nimmt die Produktion auf.

27.6. In Berlin wird der Karmelitenpater Paulus Wörndl (geboren 1894 in Schlierbach) wegen „Zersetzung der Wehrkraft" hingerichtet.

21.7. Sonderausgabe der „Oberdonau-Zeitung" anlässlich des Attentats auf Adolf Hitler.

11.8. Einführung der 72-Stunden-Woche in der Rüstungsindustrie, allgemeine Urlaubssperre.

29.8. Explosion im Werk Schlier (Redl-Zipf) bei der Produktion von Treibstoff für die V2 (V-Waffen = „Vergeltungswaffen"). Bis heute ist nicht geklärt, ob es sich um einen Betriebsunfall oder um einen Sabotageakt handelte.

7.9. Rund 100 Männer und Frauen der Welser Widerstandsgruppe werden verhaftet. 69 von ihnen werden hingerichtet.

6.10. Für die Unterbringung von Zehntausenden Jugoslawien-Deutschen werden Schulen geräumt.

30.10. Für etwa 600 Frauen wird bei Lenzing ein Nebenlager des Konzentrationslagers Mauthausen errichtet.

10.11. Gauleiter August Eigruber verfügt, dass für 50.000 Wiener Bombengeschädigte Plätze in den Kreisen Freistadt, Kaplitz, Krumau, Perg, Rohrbach und Vöcklabruck bereitgestellt werden müssen.

17.11. Der Gendarmeriepostenführer von Kleinreifling wird erschossen.

27.12. Die Linzer Theresienkirche (Keferfeld) wird durch einen Bombentreffer völlig zerstört.

Geburtstage

Wolfgang Zöhrer. Zeichner und Maler. Geboren 10. 1. 1944 in Oberwart. Lebt in Schlägl.

Harald Zuschrader. Computer-Komponist. Geboren 5. 3. 1944 in Linz.

Gernot Krenner. Direktor der Volkskreditbank (1985–2006). Geboren 16. 3. 1944 in Pregarten.

Rudolf Andreas Cuturi. Herausgeber der „Oberösterreichischen Nachrichten". Geboren 1. 4. 1944 in Eberswalde, Deutschland.

Robert Schindel. Schriftsteller. Geboren 4. 4. 1944 in Bad Hall.

Manfred Mayrhofer. Opern- und Orchesterchef am Linzer Landestheater (1984–1992). Geboren 6. 4. 1944 in Lembach.

Dennis Russell Davies. Chefdirigent des Linzer Bruckner-Orchesters (seit 2002). Geboren 16. 4. 1944 in Toledo (Ohio, USA). → 1999

Peter Strahammer. Generaldirektor der Voest (1994–2001). Geboren 5. 5. 1944 in Wels. (Tödlich verunglückt bei einem Bergunfall am 22. 8. 2001 im Gemeindegebiet von Strobl.)

Martin Pollack. Schriftsteller. Geboren 23. 5. 1944 in Bad Hall.

Helmut Berger (Steinberger). Schauspieler. Geboren 29. 5. 1944 in Bad Ischl.

Wilfried Seipel. Direktor des Oberösterreichischen Landesmuseums (1985–1990). Geboren 5. 6. 1944 in Wien.

Fritz Mayrhofer. Direktor des Linzer Stadtarchivs (1978–2004). Geboren 23. 8. 1944 in Linz.

Maximilian Mittendorfer. Generalvikar der Diözese Linz (2003–2005). Geboren 3. 9. 1944 in St. Oswald bei Freistadt.

Helmut Oberchristl. Zentralbetriebsratsobmann der voestalpine (2000–2005). Geboren 18. 10. 1944 in Bad Gastein.

Karl Drechsler. Chefredakteur der „Kronen Zeitung" Oberösterreich (1975–2000). Geboren 4. 12. 1944 in Wien.

Todestage

Anton Gerhart. Bildhauer. Gestorben 2. 2. 1944 in Gmunden. (Geboren 1. 12. 1879 in Gmunden.) Schuf das Stelzhamer-Denkmal Ried. → 1911

Hans Eder. Evangelischer Superintendent (1937 bis 1940). Gestorben 29. 2. 1944 in Wien. (Geboren 20. 3. 1890 in Buch, St. Georgen im Attergau.)

Johannes („Papa") Gruber. Priester, Widerstandskämpfer. „Engel des KZ Gusen". Ermordet am 7. 4. 1944 (Karfreitag) in Gusen. (Geboren 20. 10. 1889 in Tegernbach, Gemeinde Schlüßlberg.)

Susi Wallner. Volkstümliche Erzählerin. Gestorben 22. 4. 1944 in Linz. (Geboren 3. 3. 1868 in St. Leonhard bei Freistadt.)

Robert Bernardis. Generalstabsoffizier. Hingerichtet am 8. 8. 1944 in Berlin. (Geboren 7. 8. 1908 in Innsbruck.) Er wurde wegen Beteiligung am Attentat auf Adolf Hitler (20. Juli 1944) zum Tode verurteilt. (Bernardis war 1928 in die Heeresschule Enns eingetreten und mit einer Linzerin verheiratet.)

Carl Anton Reichel. Maler und Zeichner. Gestorben 25. 10. 1944 in Wien. (Geboren 5. 4. 1874 in Wels.) → S. 485

Karl Lafite. Operettenkomponist. Gest. 19. 11. 1944 in St. Wolfgang. (Geb. 31. 10. 1872 in Wien.)

Leander Czerny. Abt von Kremsmünster (1905 bis 1929). Gestorben 22. 11. 1944 in Pettenbach. (Geboren 4. 10. 1859 in Mödritz.)

Kunst im Salzberg

Die Salzbergwerke erweisen sich als ideale Lagerplätze für Kunstschätze, die vor den Kriegsereignissen geschützt werden sollen. Neben Altaussee, wo die für das Führermuseum vorgesehenen Werke untergebracht werden, wird am 4. November 1944 der Salzberg von Bad Ischl als Lagerplatz für Kunstwerke ausgewählt. 1250 der wertvollsten Bilder der österreichischen Museen, darunter die Breughelsammlung des Kunsthistorischen Museums in Wien, werden nach Ischl gebracht. Auch die älteste Österreicherin, die „Venus von Willendorf", überlebt die letzten Kriegstage im Salzberg.

700 Tote in Attnang

„Es waren, wie man nach Kriegsende erfuhr, 1858 hochbrisante 500-Pound-Bomben im Gesamtgewicht von 421.000 Kilo, die auf Attnang stürzten, das nicht die geringste Chance hatte, sich zu verteidigen. Nicht nur die Bahnhofanlagen werden zerstört, die angeblich von strategischer Wichtigkeit waren (zwei Wochen vor Kriegsende!), nahezu der gesamte Ort wird in Schutt und Asche gelegt. Mehr als 700 Menschenleben sind zu beklagen. Ein Ruhmesblatt der alliierten Kriegsführung ist dieser grausame Anschlag auf die Zivilbevölkerung nicht."

Aus: Rudolf Lehr: „Schwanenstadt – Bewegte Geschichte, lebenswerte Gegenwart", Schwanenstadt, 2002.

Im Attnanger Friedhof erinnern vier Grabreihen mit kleinen Eisenkreuzen und ein schlichtes Mahnmal an die Bombenopfer. Im Bahnhof wurde für die bei den ersten Aufräumungsarbeiten getöteten KZ-Häftlinge ein Denkmal errichtet.

Die letzten Tage von Oberdonau 1945

1.1. 61 Betriebe im Gau Oberdonau werden stillgelegt, vor allem Brauereien, aber auch die Papierfabriken Nettingsdorf und Laakirchen.

20.1. Beim Bombenangriff auf Linz wird der Neue Dom beschädigt. Die Ursulinenkirche wird vorübergehend Kathedralkirche.

1.2. Ende des Unterrichts in allen Linzer Schulen.

Sperrzeiten für Stromverbrauch.

Die berühmten Lipizzaner-Hengste der Spanischen Reitschule werden von Wien nach St. Martin im Innkreis gebracht.

2.2. Größter Ausbruchsversuch aus dem KZ Mauthausen (rund 500). Anschließend kommt es zur berüchtigten „Mühlviertler Hasenjagd". → S. 349

22./23.3. Die letzten Konzerte während des Krieges: Im Alten Dom erklingt die 7. Symphonie von Anton Bruckner.

6.4. Generaloberst Lothar Rendulic (1887–1971) wird von Hitler der Oberbefehl über die Heeresgruppe „Süd" erteilt.

„Oberdonau wird gehalten!"

7.4. Gauleiter August Eigruber erklärt im Rundfunk: „Oberdonau wird gehalten!"

8.4. Über dem Höllengebirge springt mit dem Fallschirm der Ausseer Albrecht Gaiswinkler ab, der gemeinsam mit Valentin Tarra, Hans Moser und dem Ischler Sepp Plieseis die Salzkammergut-Widerstandsgruppe führt. Die Gruppe macht sich um die Rettung der im Ausseer Bergwerk aufbewahrten Kunstschätze verdient. Es gelingt ihr auch, den nach Aussee verlagerten Sender Wien II. zu erbeuten und über einen „Freiheitssender Ausseerland" Informationen zu verbreiten.

10.4. Gauleiter Eigruber verbietet das Verlassen von Oberdonau und gibt im Rundfunk die Parole aus: „In Oberdonau wird gestanden und gekämpft!"

Standgerichte

12.4. Der Präsident des Gauarbeitsamtes, Gustav Böhm, wird wegen „Flucht und Wehrzersetzung" vom Standgericht Linz zum Tod verurteilt und hingerichtet.

14.4. Generaloberst Rendulic gibt den Befehl, dass jeder Soldat, der nicht bei seiner Einheit angetroffen wird, zu erschießen ist.

16.4. An der Ennsbrücke hängen zwei Leichen mit einer Tafel: „SS-Mann, getürmt am 15. April, erhängt am 16. April. Es lebe der Führer! Es lebe Großdeutschland!"

Bomben auf Attnang, Wels und Linz.

21.4. Attnang liegt drei Stunden in einem ununterbrochenen Bombenhagel. Die Zahl der Toten wird auf mehr als 700 geschätzt, nur 208 können identifiziert werden. → (Bild S. 361)

24.4. In Freistadt werden mutmaßliche Sozialdemokraten ohne besonderen Anlass verhaftet und erschossen.

25.4. Der 22. Luftangriff auf Linz. Drei Stunden lang fallen pausenlos die Bomben: 360 Tote. Ein Bombenangriff auch auf Wels. Die einzige Zeitung, die noch erscheint, schreibt am nächsten Tag: „Amerikanische Luftgangster haben gestern einen Terrorangriff schwerer Art gegen die Gauhauptstadt und Wels gerichtet. Es entstanden schwere Gebäudeschäden, die Bevölkerung hatte in beiden Städten Verluste."

26.4. Gauleiter Eigruber im Rundfunk: „Der Krieg klopft an die Tore von Oberdonau!" In der „Oberdonau-Zeitung" erklärt Eigruber: „Geben wir nach, dann sind wir endgültig verloren. Nehmen wir uns ein Beispiel am Führer. Er ist bei seinen Soldaten. Mit ihm die Berliner, entschlossen und bereit, mit Adolf Hitler zu kämpfen, zu fallen oder zu siegen! Seine Heimat steht treu zu ihm!"

Am gleichen Tag betreten die ersten alliierten Truppen oberösterreichischen Boden. Einheiten der 11. Panzerdivision (3. US-Armee) überschreiten im oberen Mühlviertel knapp die Landesgrenze, ziehen sich jedoch wieder zurück.

27.4. Dass in Wien unter Karl Renner eine provisorische österreichische Regierung gebildet wurde, weiß in „Oberdonau" so gut wie niemand.

Letzter Tieffliegerangriff auf Linz. Gauleiter Eigruber erteilt die Weisung, alle Oberösterreicher im KZ Mauthausen zu beseitigen.

Kernfestung Alpen

28.4. Hitler gibt den Befehl zum Ausbau der „Kernfestung Alpen". Diese „Alpenfestung" besteht allerdings nur auf dem Papier.

In Innertreffling bei Urfahr werden fünf Männer aus Peilstein erschossen, weil sie eine Panzersperre entfernen wollten.

Im KZ Mauthausen werden 32 Oberösterreicher hingerichtet.

30.4. Für den Gau Oberdonau wird das Standrecht ausgerufen, weil „die Frontnähe scharfe Maßnahmen gegen Volksschädlinge und Feiglinge" verlange. Als „Volksschädlinge" galten jene, die sich zur provisorischen österreichischen Staatsregierung bekennen wollten.

General Dwight David Eisenhower (1890–1969) schlägt den sowjetischen Verbündeten als Treffpunkt die Enns vor. Die Russen sind einverstanden.

Bei Oberkappel marschieren die Amerikaner ein.

1.5. Die Amerikaner in Schwarzenberg, Peilstein, Oepping, Kollerschlag, Lembach und Neufelden. In Kollerschlag wird eine Frau von einem amerikanischen Panzer überfahren.

Der ehemalige oberösterreichische Landtagsabgeordnete Leopold Kotzmann (geb. 1884) wird in Treffling bei Linz hingerichtet.

In Linz wird der Magistratsbedienstete Anton Anreiter (geb. 1890) vom „Standgericht Oberdonau" hingerichtet, weil er erklärt hatte, es werde innerhalb von 24 Stunden zum Waffenstillstand kommen, dann komme eine neue Regierung und ein freies Österreich. Es wurde ihm auch zur Last gelegt, es als unmenschlich bezeichnet zu haben, dass Ostarbeiterinnen wegen kleiner Milchdiebstähle aufgehängt wurden.

Der Rundfunk bringt die Nachricht von Hitlers Tod. (Selbstmord in der Berliner Reichskanzlei am 30. April.)

2.5. In Schärding überschreiten um Mitternacht US-Pioniere den Inn. Um 16.30 Uhr rücken die Amerikaner in Braunau ein.

Aufräumungsarbeiten in der Dinghoferstraße in Linz nach einem Luftangriff.

In einem Aufruf fordert der Gauleiter, „mit jedem Mittel das Ausstecken weißer Fahnen zu verhindern".

3.5. Kampflos erreicht das 20. US-Armeekorps Ried im Innkreis. Zum letzten Mal erscheint die „Oberdonau-Zeitung".

4.5. Widerstand gegen die vorrückenden Amerikaner im Raum Eferding, unterstützt von deutschen Jagdmaschinen vom Feldflughafen Raffelding. Vöcklabruck, Attnang, Schwanenstadt und Wels werden kampflos besetzt.

Gauleiter August Eigruber verlässt Linz und fährt nach Kirchdorf an der Krems und Windischgarsten.

Der Stadtkommandant von Linz, Generalmajor Alfred Kuzmany (1893–1961) erklärt, dass er laut Befehl von Generaloberst Rendulic die Stadt Haus für Haus in Straßenkämpfen zu verteidigen habe. Nach einem Telefonat von Gauleiter Eigruber mit Rendulic ist davon keine Rede mehr.

Aus Richtung Gramastetten wird Linz von amerikanischer Artillerie beschossen: 26 Menschen werden getötet.

In den Lazaretten und Krankenhäusern bleiben die Toten liegen, weil die für die Leichentransporte und Beerdigungen eingeteilten Fremdarbeiter nicht mehr zur Arbeit erscheinen.

Zwischen Timelkam und Vöcklabruck kämpfen ungarische SS-Soldaten und Hitlerjugend gegen die Amerikaner, ein US-Kampfwagen wird mit einer Panzerfaust abgeschossen. Die Kämpfe fordern 21 Tote, darunter acht Amerikaner. Bachmanning bei Lambach kann erst nach Kämpfen, die noch 28 Tote fordern, von den Amerikanern eingenommen werden.

Um 20.33 Uhr spricht Gauleiter Eigruber über den Drahtfunk: „Der Feind steht im Raume Vöcklabruck, in Eferding, Haag am Hausruck und stößt gegen Linz vor. Nördlich der Donau sitzt er in Walding, Rottenegg und Oberneukirchen. Unser Widerstand ist nur schwach und zögernd. Er soll Zeitgewinn bringen für die Stärkung der Front im Osten."

Die ersten US-Panzer in Linz

5.5. Die Linzer Bevölkerung ist in den Kellern. Amerikanische Artillerie feuert die ganze Nacht. Bei Lichtenberg gibt es bei der Sprengung aller

So sieht nach einem schweren Luftangriff der Rangierbahnhof von Linz aus.

Endkampf in Oberösterreich

„Oberösterreich wurde also wirklich mit aller Macht auf den Endkampf vorbereitet. Hier sollte es Krieg geben, wenn auch schon im Großteil Europas die Waffen schwiegen."

Manfried Rauchensteiner in „Der Krieg in Österreich 1945", Wien 1995.

Der schrecklichste Tag

„Für mich war der 21. April 1945 der schrecklichste Tag in meinem ganzen Leben."

Helmut Böhm, Autor des Buches „Der Tag der Tränen, Attnang-Puchheim im Bombenhagel", Wels 1988.

Die meisten Luftangriffe haben Linz zum Ziel. Dieses Bild wurde nach einem Bombardement vom 25. April 1945 aufgenommen. Am 8. Mai, drei Tage nach dem Einmarsch der Amerikaner in Linz, wird die Gauhauptstadt, die nun wieder eine Landeshauptstadt ist, von Oberbürgermeister Franz Langoth (unten) dem neuen Bürgermeister Ernst Koref übergeben. → S. 363

Waffen 14 Tote. Im Rundfunk erklärt Gauleiter Eigruber: „Die Stadt geht nach tapferer Gegenwehr verloren."

Um 11.07 Uhr rasseln die ersten amerikanischen Panzer (11. Panzerdivision) auf den Linzer Hauptplatz.

In Aurach am Hongar werden zwei flüchtende Österreicher von einem deutschen Offizier erschossen.

Die 71. US-Division überschreitet fast unangefochten die Traun und beendet ihren Vormarsch in Steyr. Die 65. US-Division rückt kampflos in Enns ein und steht damit an der zwischen den Amerikanern und Russen vereinbarten Demarkationslinie.

6.5. Die Amerikaner erreichen das KZ Mauthausen und befreien die im Freien lagernden Häftlinge – die Bewacher hatten sich rechtzeitig abgesetzt.

Bei Bad Ischl werden drei 15- bis 17jährige Hitlerjungen von Amerikanern erschossen.

Bei Königswiesen schlägt die Waffen-SS amerikanische Panzer zurück, trotz Unterstützung

durch Jagdbomber müssen die Amerikaner weichen. Auch bei Grein führt massives Artilleriefeuer der Amerikaner nicht zum Erfolg.

7.5. Um 2.41 Uhr wird im amerikanischen Hauptquartier in Reims die bedingungslose Kapitulation Deutschlands unterzeichnet, die am 8. Mai in Berlin ratifiziert wird und mit 9. Mai in Kraft tritt.

Im Mühlviertel (Königswiesen) wird jedoch am 7. Mai noch gekämpft.

Am gleichen Tag wird in Steyr der Oberbefehlshaber der Heeresgruppe „Süd" (Ostmark), Generaloberst Lothar Rendulic, vom dortigen amerikanischen Divisionsgeneral „mit militärischen Ehren empfangen", wie Rendulic in seinen Erinnerungen schreibt. „Er geleitete mich sodann zum XX. Panzerkorps nach St. Martin." („Gekämpft, gesiegt, geschlagen", Wels–Heidelberg, 1952.) In St. Martin im Innkreis unterzeichnet Rendulic vor dem US-General Walker die Kapitulation seiner Heeresgruppe.

9.5. Erst jetzt legt in Königswiesen die 3. SS-Panzerdivision die Waffen nieder.

Goebbels-Tagebuch

„Aus Italien griffen etwa 350 amerikanische viermotorige Bomber Linz an."

„Aus Italien flogen, von rund 300 Jägern geschützt, etwa 600 viermotorige Bomber Angriffe gegen Wels, Wien und den Großraum von Wien."

„Aus Italien flogen etwa 500 amerikanische Bomber Angriffe gegen Linz und Villach."

Joseph Goebbels (1897–1945) in Tagebuch-Eintragungen vom 4. und 22. März sowie vom 2. April 1945.

Brief aus Mauthausen

„Wenn die Ereignisse so forttreiben wie gerade jetzt, so hoffe ich auf ein recht baldiges Wiedersehen. Wir alle befinden uns hier in Höchstspannung. Meine Rechnung geht jetzt bis zum ersten Mai."

Sepp Teufl am 30. März 1945 in einem aus dem KZ Mauthausen geschmuggelten Brief. Am 29. April 1945 wurde Sepp Teufl ermordet. (Zitiert in „Die Pflicht zum Widerstand", Herausgeber: Hubert Hummer, Reinhard Kannonier, Brigitte Kepplinger, Wien 1986.)

Wagner-Oper mit düsterem Hintergrund

„In der letzten Zufluchtstätte der Nazis, im Norden begrenzt durch Vorarlberg, im Süden durch Bozen, im Osten durch Salzburg und Bad Ischl und Sachsenberg, will Hitler mit den ihm verbliebenen Paladinen der Welt das Schauspiel einer Wagneroper mit dem düsteren Hintergrund eines sechs Jahre geführten, unübersehbare Zerstörung und Verbrechen verursachenden Krieges geben."

Nachrichtenblatt „Rot-Weiß-Rot", verbreitet von der alliierten Luftwaffe am 10. März 1945.

Geburtstage

Heide Schmid. Schriftstellerin. Geboren 24. 1. 1945 in Linz. (Gestorben 22. 6. 2005 in St. Florian bei Linz.)

Renate Schwarzer. Malerin. Geboren 4. 2. 1945 in Freistadt. (Gestorben 2. 1. 2007 in Linz.)

Gerhard Zauner. Tauchsportpionier. Geboren 15. 2. 1945 in Hallstatt.

Silvia Stöger. Landesrätin, SP (2000–2009). Geboren 18. 2. 1945 in Hollabrunn.

Wilfried Lipp. Landeskonservator (1992–2010). Geboren 1. 3. 1945 in Bad Ischl.

Anton Zeilinger. Experimentalphysiker. Geboren 20. 5. 1945 in Ried im Innkreis. Wissenschafter des Jahres 1996.

Wolfgang Winkler. Künstlerischer Leiter der LIVA, (1998–2013). Geboren 12. 6. 1945 in Graz.

Walter Wippersberg. Schriftsteller. Geboren 4. 7. 1945 in Steyr.

Rudolf Chmelir. Erster Chefredakteur der „OÖ. Rundschau" (1985–2002). Geboren 23. 8. 1945 in Linz.

Heribert Sasse. Schauspieler, Regisseur, Intendant des Berliner Schlossparktheaters (1995 bis 2003). Geboren 28. 9. 1945 in Linz.

Franz Xaver Frenzel. (Friedemann Katt). Komponist. Geboren 8. 10. 1945 in Mittelwalde, Schlesien. Lebt in Ried im Innkreis. → 2007

Doris Eisenriegler. Dritte Präsidentin des oberösterreichischen Landtags, Grüne (2003–2009). Geboren 29. 10. 1945 in Steyr.

Ursula Haubner. Sozialministerin (2005–2007, Bundesobfrau der FP (2004–2005), Landesobfrau des BZÖ (seit 2005), Landesrätin (1997 bis 2003). Geboren 22. 12. 1945 in Goisern. (Schwester von Jörg Haider. → S. 373)

Todestage

Alois Schießer. Freund, Sekretär und Fotograf des Schriftstellers Karl May (1842–1912). Gestorben 20. 1. 1945 in Linz. (Geboren 5. 3. 1866 in Linz.)

Mauriz Balzarek. Architekt. Gestorben 17. 2. 1945 in Linz. (Geboren 21. 10. 1872 in Türnau, Mähren.) → 1907

Anton Schott. Schriftsteller. Gestorben 4. 4. 1945 in Mettnach. (Geboren 8. 2. 1866 in Hinterhäuser, Böhmen.)

Richard Bernaschek. Arbeiterfunktionär. Gestorben 18. 4. 1945 im Konzentrationslager Mauthausen. (Geboren 12.6. 1888 in Budapest.) → 1934

Sepp Teufl. Kommunistischer Funktionär. Ermordet 29. 4. 1945 in Mauthausen. (Geboren 24. 11. 1904 in Steyr.) →

Georg Meindl. Generaldirektor der Steyr-Daimler-Puch AG (1938–1945). Gestorben 10. 5. 1945, angeblich in einer Holzhütte bei Steyr verbrannt. (Geboren 1. 3. 1899 in Uttendorf.)

Cyrill (Johann) Fischer. Franziskaner, Soziologe. Gestorben 11. 5. 1945 in Santa Barbara, USA. (Geboren 12. 7. 1892 in Schwarzenberg.) Berater von Franz Werfel (1890–1945).

Auf das Steinpflaster der Puchheimer St.-Georgs-Kirche wurden die Attnanger Bombenopfer gelegt – es gab für sie keinen andern Platz. (Aus dem Buch „Der Tag der Tränen" des Attnangers Helmut Böhm, eines Augenzeugen der Bombenmorde vom 21. April 1945.)

Das völlig zerstörte Volksgartengebäude in Linz.

Eduard Bloch. Linzer Hausarzt von Hitlers Mutter Klara. Gestorben 1. 6. 1945 in New York. (Geboren 30. 1. 1872 in Frauenberg an der Moldau.) → S. 293, 344

Friedrich Frank. Maler. Gestorben 29. 6. 1945 in Werfenweng. (Geboren 23. 8. 1871 in Frankenmarkt.)

Franz Schrangl. Sozialdemokratischer Politiker. Gestorben 9. 7. 1945 in Steyr. (Geboren 27. 7. 1897 in Vöcklabruck.)

Ludwig Kasper. Bildhauer. Gestorben 28. 8. 1945 in Mauerkirchen. (Geboren 2. 5. 1893 in Gurten.)

Josef Gruber. Lehrer und sozialdemokratischer Politiker, Bürgermeister von Linz (1930–1934). Gestorben 5. 9. 1945 in Linz. (Geboren 12. 3. 1867 in Lambach.) → 1930

Julius Wimmer. Druckereibesitzer. Gestorben 8. 9. 1945 in Linz. (Geboren 9. 3. 1856 in Linz.)

Karl Hayd. Maler. Gestorben 14. 10. 1945 in Linz. (Geboren 8. 2. 1882 in Hainburg.) → S. 308, 336

Neujahrsaufruf

„Ein Jahr ist zu Ende gegangen, das die endgültige Voraussetzung für den deutschen Sieg geschaffen hat!“

Gauleiter Eigruber in seinem Neujahrsaufruf vom 1. Jänner 1945.

Innviertlerisch

Im Kriegsgefangenenlager Mauerkirchen lässt ein US-Offizier einen Schärdinger durch den Übersetzer fragen, ob er denn eigentlich wisse, vor wem er stünde. Darauf der Kriegsgefangene: „I bin a Innviertler, wer Sie san, is mir Wurscht!“

Nur noch aus Geschichten ...

„Die Kinder, die jetzt geboren werden, kennen den Krieg und die Diktatur nur noch aus den Geschichten, die wir ihnen erzählen. Und vielleicht werden sie nie ganz begreifen, was Friede und Freiheit damals für uns bedeuteten.“

Käthe Recheis in dem Jugendbuch „Lena – Unser Dorf und der Krieg“, Wien 1987.

Der Luftkrieg

In den letzten Kriegsmonaten des Jahres 1945 haben von den 42 Luftangriffen auf oberösterreichisches Gebiet die meisten Linz zum Ziel. Das Bombardement am 25. April dauert drei Stunden: 467 amerikanische Flugzeuge werfen 4425 Bomben auf die Stadt. (→ S. 359, 360) Auch Wels hat unter den Fliegerangriffen zu leiden; am schwersten sind die am 17. Februar, 20. März und 25. April. Am 21. April wird Attnang-Puchheim zerstört. (→ S. 359, 361)
Von Bomben- und Tieffliegerangriffen betroffen sind 1944/45 noch: Achenlohe (Munderfing), Ampflwang, Bad Hall, Bad Schallerbach, Breitenschützing, Bruck-Waasen, Eberschwang, Frankenmarkt, Gampern, Grieskirchen, Holzleithen (Neumarkt/Hausruck), Kalchofen (Timelkam), Kematen an der Krems, Losenstein, Mehrnbach, Mondsee, Niederthalheim, Obertrattnach, Perneck (Bad Ischl), Pram, Puchkirchen, Regau, Ried im Innkreis, Rohr, Scharnstein, Schiedlberg, Schörfling, Schwanenstadt, Steyregg, Teufelsmühle (Vichtenstein, hier werden am 11. April 1945 zwei Männer, zwei Frauen und ein Kind von Tieffliegern erschossen), Thalheim bei Wels, Vöcklabruck, Vöcklamarkt, Wimsbach und Wolfshütte (Manning).

Schwer geprüftes Linz

Nach 22 Fliegerangriffen und Artilleriebeschuss muss die Landeshauptstadt Linz eine traurige Bilanz ziehen:

- 1679 Menschen tot
- 19.434 Menschen obdachlos
- 691 Häuser vollkommen vernichtet
- 1174 Häuser schwer beschädigt
- 1284 Häuser mittelschwer beschädigt
- 8935 Häuser leicht beschädigt

40.000 Gefallene

In Zahlen läßt sich das Leid nicht ausdrücken, das der Krieg über das Land gebracht hat. Rund 40.000 Oberösterreicher sind als Soldaten gefallen. Nicht inbegriffen sind in dieser Zahl die zivilen Toten, die Bombenopfer (schätzungsweise 3000), die KZ-Opfer, die Hingerichteten.

Der Krieg ist aus – das Sterben geht weiter

Es wird nicht mehr geschossen, aber das Sterben geht weiter in Oberösterreich. In den Krankenhäusern sterben Verwundete, in den Lagern Kriegsgefangene, manche begehen Selbstmord, weil sie nicht an bessere Zeiten glauben und keinen Ausweg sehen.

Amerikanische Soldaten in der Linzer Stelzhamerstraße.

Kapitulation in Kremsmünster

Auf der Flucht vor sowjetischen Truppen kommt Jozef Tiso, Staatspräsident der slowakischen Regierung, am 4. April 1945 mit anderen Flüchtlingen – Ministern, Abgeordneten, Beamten – und einer vierzigköpfigen Wache nach Kremsmünster. (1939 war ein selbständiger slowakischer Staat ausgerufen worden, mit enger Verbindung zum deutschen Reich.)

In Kremsmünster wird am 8. Mai 1945 die Kapitulationsurkunde unterzeichnet, die das Ende des slowakischen Staates bedeutet. Tiso und die meisten anderen Mitglieder der slowakischen Regierung werden später von den Amerikanern an die Tschechoslowakei ausgeliefert. Tiso (geboren 13. 10. 1887) wird am 18. April 1947 in Preßburg hingerichtet.

Linz im Mai 1945

„Der Krieg war für Linz zu Ende. Die Stadt lag weitgehend in Trümmern. Der Schutt türmte sich auf den Straßen."

Fritz Mayrhofer / Willibald Katzinger: „Geschichte der Stadt Linz", Linz 1990.

Die amerikanischen Soldaten werden von den Oberösterreichern bestaunt.

Die ersten Tage Oberösterreichs 1945

Beim Einmarsch in Österreich erlässt General Eisenhower, der Oberkommandierende der alliierten Streitkräfte, eine Proklamation an das österreichische Volk, die jene enttäuscht, die geglaubt hatten, die Amerikaner kämen als Befreier. „Die Alliierten rücken in Österreich als Sieger ein", heißt es in dieser Proklamation, „denn Österreich hat als wesentlicher Bestandteil des Deutschen Reiches gegen die Vereinigten Nationen Krieg geführt":

26.4. Die ersten alliierten Truppen betreten oberösterreichischen Boden. → S. 359

30.4.–4.5. → S. 359

5.5. 11.30 Uhr. In den Straßen von Linz hängt ein Plakat mit dem Befehl des amerikanischen Generals: „Die Straßen sind bis längstens 13 Uhr vollständig zu räumen. Wer sich nach diesem Zeitpunkt auf der Straße befindet, wird erschossen." Und weiter: „Wenn aus einem Haus geschossen wird, werden 5 Häuser dem Erdboden gleichgemacht."

In Linz plündern zwangsbeschäftigte Ausländer bei ihrem Abzug Geschäfte, Lager und Wohnungen.

Heinrich Gleißner, Landeshauptmann von 1934 bis 1938, tritt bei der oberösterreichischen Landesregierung seinen Dienst als Leiter der Abteilung Landwirtschaft an.

6.5. In Linz wird für 36.000 Personen Suppe ausgegeben.

Durch Flüchtlinge steigt die Einwohnerzahl von Linz auf mehr als 250.000.

Der Strom der befreiten KZ-Häftlinge aus Mauthausen fließt nach Westen. Die ausgemergelten Elendsgestalten schleppen sich zu den überfüllten Krankenhäusern. In Linz sind auch Notbaracken und ausgebombte Objekte voll mit Kranken und Halbverhungerten.

7.5. Generalmajor Stanley E. Reinhart, Kommandeur der 65. amerikanischen Infanteriedivision, wird zum Militärgouverneur von Oberösterreich, Oberst Russel A. Snook zum Leiter der Militärregierung ernannt.

Erste Kontakte mit den Besatzungssoldaten.

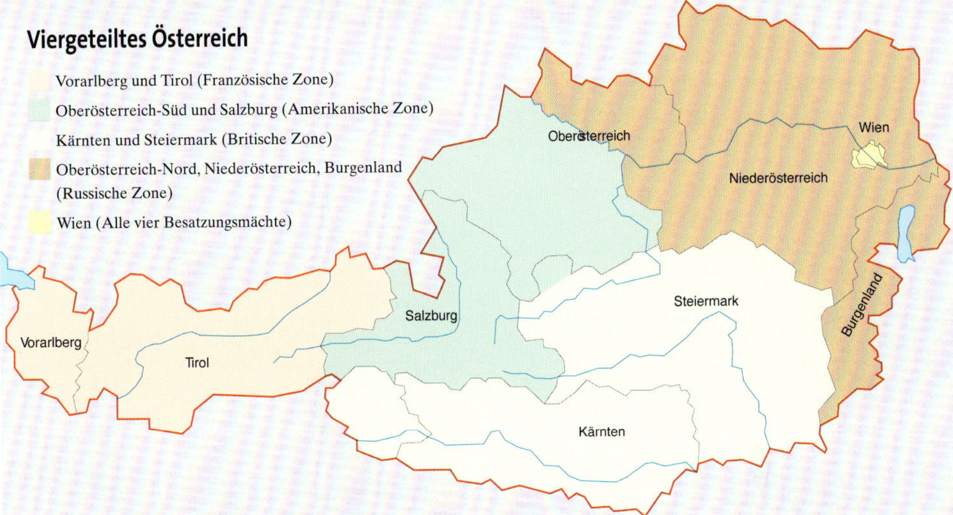

Als einziges Bundesland (außer Wien) ist Oberösterreich in zwei Besatzungszonen geteilt: südlich der Donau ist das Land amerikanisch, nördlich der Donau russisch besetzt.

In den Straßen von Linz taucht ein zweisprachiges Plakat auf, auf dem die amerikanische Militärregierung die Absetzung von Franz Langoth und die Bestellung von Ernst Koref als vorläufigem Bürgermeister mitteilt. → S. 364

8.5. Amerikaner und Russen reichen einander an der Ennsbrücke die Hände: Der kommandierende General des 20. Korps der amerikanischen 3. Armee, Generalleutnant Walton H. Walker, und von der sowjetischen 4. Gardearmee Generalleutnant Brinkow.

Franz Langoth, der im Auftrag der Amerikaner unter deren Aufsicht noch drei Tage als Linzer Bürgermeister tätig war, übergibt das Amt an Ernst Koref. Anschließend wird Langoth von den Amerikanern verhaftet. (Er bleibt bis 14. 9. 1949 in Haft.)

Im Ausländerlager Ebelsberg werden acht unbewaffnete Linzer Polizisten ermordet.

9.5. Sowjetische Besatzungssoldaten in Steyr, die Brücken über die Enns werden gesperrt, die Stadt ist (bis 4. August) zweigeteilt.

In den ehemaligen Göring-Werken in Linz, die von den Amerikanern als „deutsches Eigentum" beschlagnahmt wurden, wird die Arbeit aufgenommen.

10.–12.5. Russische Truppen besetzen im östlichen Mühlviertel 42 Gemeinden und einige oberösterreichische Gemeinden im südlichen Landesteil östlich der Enns.

Tod und Sibirien

In diesen Tagen kommt es im Mühlviertel zu einer Massenflucht von deutschen Soldaten und Zivilisten in die amerikanische Zone. Bitter enttäuscht werden jene, die als amerikanische Kriegsgefangene auf eine baldige Heimkehr hofften: Sie werden den Russen übergeben. Bei der Überstellung nach Pregarten erschießen die Amerikaner 28 Kriegsgefangene, die meist nur deshalb die Marschkolonne verlassen hatten, um ihre Notdurft zu verrichten. Viele der den Russen übergebenen Österreicher, die glaubten, bereits daheim zu sein, werden nach Sibirien gebracht – für viele Jahre. Nur wenige sehen ihre Heimat wieder.

13.5. Das durch einen Bombentreffer beschädigte Arbeiterkammergebäude in Linz wird durch einen Brand zerstört.

14.5. Erste Sitzung der amerikanischen Militärregierung für Oberösterreich.

17.5. Adolf Eigl (1883–1958) wird Chef der von den Amerikanern eingesetzten Beamten-Landesregierung. (Bis 22. 8. 1945.)

26.5. Hans Malzacher (→ 1974) wird als Leiter der ehemaligen Göring-Werke und der Stickstoffwerke eingesetzt, jedoch am 15. Oktober wegen seiner NS-Vergangenheit verhaftet.

29.5. Die amerikanische Militärregierung befiehlt, den Polizeidienst in Linz, Wels und Steyr wieder aufzunehmen.

4.6. Es erscheint die erste und einzige Nummer einer „Linzer Zeitung", die von den Amerikanern sofort verboten wird, weil sie zwar vom amerikanischen Stadtkommandanten, nicht aber von der Militärregierung genehmigt worden ist.

5.6. Der Übergang an der Enns wird gesperrt.

8.6. Der Sender Linz nimmt den Betrieb auf.

10.6. In Ried in Innkreis tritt eine „Österreichische Freiheitsbewegung" zusammen, die von der amerikanischen Besatzungsmacht jedoch nicht anerkannt wird.

11.6. Die ersten Zeitungen in Oberösterreich! Sie erscheinen mit Genehmigung der amerikanischen Besatzungsmacht: unter dem Zeitungskopf „Oberösterreichische Nachrichten" steht: „Herausgegeben von der 12. Heeresgruppe." Jedes Manuskript muss der Besatzungsmacht vorgelegt und zur Überprüfung Genehmigung zum Militärkommandanten nach Salzburg geschickt werden.

Nicht nur Befreier

„Die Besatzungssoldaten wurden daher, besonders in der ersten Zeit, nicht nur als Befreier von der vorangegangenen Diktatur empfunden, sondern vielmehr (ganz besonders im Mühlviertel) als Unterdrücker der aufbauwilligen Kräfte des Landes."

Franz Hufnagl, ehem. Bezirkshauptmann von Gmunden, in: „Der Bezirk Gmunden und seine Gemeinden", Gmunden, o. J. (1991).

Die russische Besatzung

„Die russischen Soldaten toben sich aus. Vergewaltigungen gibt es täglich, ebenso Raub, Plünderungen."

Harry Slapnicka in: „Oberösterreich – zweigeteiltes Land", Linz 1986.

*

„Ich habe nicht den russischen Menschen, sondern den Krieg für die Verbrechen der Uniformierten verantwortlich gemacht."

Johann Blöchl (1895–1987) in „Meine Lebenserinnerungen", Linz 1975.

„Zwischen dem 15. August und 31. Dezember 1945 wurden von den Gendarmen im Mühlviertel 70 Morde dokumentiert. Jene, die in den ersten Monaten nach dem Waffenstillstand ermordet, von Zwangsarbeitern und KZ-Häftlingen aus Rache erschlagen, von Amerikanern und Russen erschossen wurden, sind darin noch gar nicht inbegriffen."

Roman Sandgruber: „Als die Russen das Mühlviertel besetzten", „Oberösterreichische Nachrichten", 4. 8. 2005.

1945

16.6. Von der Remise Urfahr bis zur Blumau fahren in Linz wieder die Straßenbahnen.

22.6. Das „Neue Theater" in Steyr-Ost eröffnet.

30.6. Ernährungsämter werden eingerichtet.

4.7. Auf der Strecke Salzburg–Linz wird der Bahnbetrieb aufgenommen, es gibt auch wieder einen Briefverkehr in Oberösterreich.

18.7. Umbenennung der Göring-Werke in „Vereinigte Eisen- und Stahlwerke Österreichs".

25.7. Vorstellung im Linzer Landestheater für die amerikanischen Besatzungssoldaten.

Das zweigeteilte Oberösterreich

27.7.–8.8. Die Amerikaner verlassen das Mühlviertel, die russischen Truppen besetzen den nördlichen Landesteil Oberösterreichs. Gleichzeitig räumen die Russen die oberösterreichischen Gemeinden östlich der Enns. Zehn Jahre lang bleibt Oberösterreich zweigeteilt.

31.7. Die Amerikaner verlassen Urfahr. Zum Empfang der Russen wehen die Fahnen, doch die Straßen sind leer, die Bevölkerung bleibt in den Wohnungen und versteckt sich zum Teil in den Kellern.

1.8. Erstes Konzert des Linzer Symphonieorchesters seit Kriegsende.

4.8. Erste Sitzung des Stadtrats im sowjetisch besetzten Urfahr. In Steyr ziehen sich die sowjetischen Besatzungstruppen auf niederösterreichisches Gebiet zurück.

6.8. Konstituierung des Gewerkschaftsbundes in Linz.

10.8. Der ehemalige Gauleiter August Eigruber wird im Pyhrngebiet (bei St. Pankraz) von den Amerikanern verhaftet. Am 13. 5. 1946 wird er zum Tode verurteilt, am 27. 5. 1947 in Landsberg am Lech hingerichtet.

14.8. Im nördlichen Oberösterreich tritt die „Zivilverwaltung Mühlviertel" ihr Amt an.

18.8. In der Rosenauerstraße in Urfahr wird das Volkstheater Urfahr gegründet.

22.8. Der von den Amerikanern eingesetzte Chef der Beamtenregierung, Adolf Eigl, wird von den Amerikanern abgesetzt und verhaftet.

31.8. Erstmals wieder Straßenbeleuchtung in Linz.

8000 Oberösterreicher verhaftet

3.9. Etwa 8000 Oberösterreicher werden von den Amerikanern wegen ihrer NS-Vergangenheit verhaftet und ins Anhaltelager Glasenbach bei Salzburg gebracht.

15.9. Das Landestheater Linz nimmt unter einer interimistischen Leitung (Hans Schnepf und Ernst Kral) den Spielbetrieb in den Kammerspielen (Redoutensaal) auf.

17.9. Der Schulbetrieb beginnt in Oberösterreich Süd.

Zwei Stunden am Tag dürfen die Linzer Gas für Kochzwecke verwenden.

19.9. Die amerikanische Militärregierung genehmigt in Oberösterreich die Bildung politischer Parteien: ÖVP, SPÖ, KPÖ.

24.9. Unterrichtsbeginn auch in Oberösterreich Nord.

Auf dem Brückenkopf in Urfahr kontrollierten russische Militärposten, am rechten Donauufer die Amerikaner. *→ S. 365*

26.9. Die Papierfabrik Nettingsdorf nimmt den Betrieb auf.

27.9. Das Stadttheater Braunau spielt wieder.

28.9. Die Amerikaner heben das seit dem Einmarsch bestehende Fraternisierungsverbot auf.

1.10. Umbenennung der „Vereinigten Eisen- und Stahlwerke Österreichs" in „Vereinigte Österreichische Eisen- und Stahlwerke AG" (VÖEST bzw. VOEST und Voest).

6.10. US-General Arthur J. McChrystal verkündet die Pressefreiheit und genehmigt neben den „Oberösterreichischen Nachrichten" drei weitere Tageszeitungen („Linzer Volksblatt", VP; „Tagblatt", SP; „Neue Zeit", KP) sowie fünf Wochenzeitungen.

Die „Oberösterreichische Bauernbühne" spielt im Linzer Theresiensaal in der Jungwirthstraße.

8.10. Erstes Erscheinen der oberösterreichischen Parteizeitungen.

21.10. Landeskonferenz der Sozialistischen Partei.

26.10. Ernennung der politischen Landesregierung durch die Amerikaner mit Heinrich Gleißner als Landeshauptmann.

15.11. Viktor Pruscha (1888–1966) übernimmt die Leitung des Linzer Landestheaters. (Bis 30. 4. 1948.)

22.11. Wegen Überladung entgleist am Saurüssel ein Güterzug, mehrere russische Soldaten kommen ums Leben. Die beiden österreichischen Eisenbahner werden in die Sowjetunion verschleppt, der Lokführer stirbt dort, der Zugführer kommt erst 1953 zurück.

Die ersten freien Wahlen

25.11. Nationalratswahlen und oberösterreichische Landtagswahlen. Nationalratswahl-Ergebnisse in Oberösterreich: 276.676 VP, 179.975 SP, 12.376 KP. Die Mandatsverteilung im Landtag. 30 VP, 18 SP.

1.12. Die Arbeiterkammer in Linz nimmt die Arbeit auf.

2.12. Konstituierende Versammlung des Landesverbandes der bildenden Künstler Österreichs.

6.12. Erste Betriebswahl in der Voest.

13.12. Der Landtag wählt Heinrich Gleißner zum Landeshauptmann.

19.12. Der Alliierte Rat gibt seine Zustimmung, dass Lenzing als österreichisches Faserwerk weiterbetrieben wird.

Ernst Koref: Zwei Tage nach dem Einmarsch der Amerikaner wird er zum Bürgermeister von Linz bestellt, 1946 einstimmig gewählt. Er bleibt mehr als 16 Jahre im Amt.

7 May 1945

FRANZ LANGOTH is hereby removed as Burgermeister of Linz, and DR ERNST KOREF is hereby appointed temporary Burgermeister

By order of Military Government

N. P. GATLING J.R. MAJ.-INF.

Military Government Officer - 65th Infantry Division

---

7. Mai 1945

FRANZ LANGOTH ist als Oberbürgermeister von Linz abgesetzt und Dr. ERNST KOREF wird als vorläufiger Bürgermeister bestellt.

Über Weisung des Military Government

N. P. GATLING J.R. MAJ.-INF.

Military Government Officer - 65th Infantry Division

Übergabe an Österreich

„Diese moderne, durch Kriegseinwirkungen nicht beschädigte Fabrik, modernst ausgestattet, mit allen elektrischen Anlagen und mit allen Einrichtungen versehen, um auch die heute so notwendige Reparatur von Lokomotiven durchzuführen, ist bestimmt, ein Eckpfeiler im künftigen Wirtschaftsleben Österreichs zu werden."

Der US-Oberst Morill Ross bei der Übergabe der Vereinigten Aluminiumwerke Ranshofen an die Österreicher, 2 August 1946.

Lachen als Ausweg

„Der schönste Ausweg, der uns momentan übrigbleibt, ist das Lachen."

Aus dem Programmheft zum Linzer Kabarett „Eulenspiegel", Spielzeit 1946/47.

Mit 1. Jänner werden von der Militärregierung die viersprachigen Identitätsausweise eingeführt, die viele Oberösterreicher, die von Urfahr nach Linz zur Arbeit wollen, täglich mehrmals vorzeigen müssen.

Kalender

2.1. Die 25. Dampflokomotive, die im Mattigwerk Ranshofen seit Kriegsende in Großreparatur fertig gestellt wurde, wird an die österreichischen Staatsbahnen übergeben.

14.2. Wiedereinrichtung des Katholischen Preßvereins.

16.2. Das Welser Stadtmuseum öffnet wieder.

23.–24.2. Landesparteitag der SPÖ, Parteitag der KPÖ Oberösterreichs.

25.2. Das Kugellagerwerk Steyr wird von den Amerikanern freigegeben und kann seine Arbeit aufnehmen.

1.–6.4. Alle Welser über zwanzig Jahre müssen ihr Gewicht feststellen lassen; bei Untergewicht erhalten sie höhere Lebensmittelrationen.

8.4. Ernst Koref wird einstimmig zum Linzer Bürgermeister gewählt.

13.4. In Linz findet die erste Konferenz der österreichischen Landeshauptmänner nach dem Krieg statt.

7.5. Die berühmten Lipizzaner der Spanischen Reitschule, die 1945 nach St. Martin im Innkreis gebracht und 1946 nach Wels überstellt wurden, werden dem US-Hochkommissar für Österreich, General Mark Wayne Clark (1896–1984), vorgeführt.

11.5. Ernennung von Joseph Calasanz Fließer (1896–1960) zum Diözesanbischof von Linz (bis 1955, seit 1941 Kapitelvikar und Weihbischof von Linz.) → 1941

27.5. Die Stickstoffwerke Linz beginnen mit dem Wiederanheizen des Spaltofens A der Gasfabrik.

31.5. In Oberösterreich gibt es an diesem Stichtag 103.859 Gewerkschaftsmitglieder.

29.6. Die russische Besatzungsmacht räumt das Petrinum in Urfahr.

13.7. Eröffnung der ersten Linzer Kunstausstellung nach dem Zweiten Weltkrieg, veranstaltet von der Berufsvereinigung bildender Künstler.

16.7. US-General Mark Wayne Clark übergibt der Stadtgemeinde Linz die Eisenwerke (früher Göring-Werke). →

Lenzing wird von den Amerikanern der österreichischen Regierung übergeben.

23.7. Die Steyr-Werke werden in österreichische Verwaltung übergeben.

2.8. Die amerikanische Besatzungsmacht gibt die Industrieanlagen der Vereinigten Aluminium-Werke AG, Mattigwerk Braunau am Inn, den Österreichern zurück. →

5.8. Der Oberkommandierende der amerikanischen Besatzungstruppen in Österreich, General Mark Wayne Clark, wird in jeder oberösterreichischen Gemeinde zum Ehrenbürger ernannt.

7.8. Erster Rücktransport der im Ischler Salzberg sichergestellten Kunstschätze nach Wien.

29.8. Ignaz Brantner (→ S. 379), der auf Anordnung der amerikanischen Besatzungsmacht die Leitung des Landestheaters abgeben musste, beginnt im Linzer Theresiensaal (Jungwirthstraße) mit dem Betrieb der „Linzer Volksbühne".

September. Im Hochholz bei Gunskirchen werden die Gräber von etwa 4500 Leichen aus dem dortigen KZ-Nebenlager gefunden.

6.10. Inthronisation von Bischof Joseph Calasanz Fließer, Wiedereröffnung des Linzer Doms.

15.10. Bad Schallerbach wird Markt.

9.11. In Linz werden 11.323 Bücher, die nationalsozialistisches Gedankengut enthalten, aus den Beständen der Bibliotheken entfernt.

13.–20.12. Der Schilling wird wieder gesetzliches Zahlungsmittel.

Geburtstage

Helmut Köglberger. Sportler des Jahres 1979 (Fußball). Geboren 12. 1. 1946 in Sierning.

Alfred Imitzer. Bergsteiger. Geboren 31. 1. 1946 in Spital am Pyhrn. Erreichte (→ 1986) als erster Österreicher den Gipfel des K 2. Beim Abstieg (10. 8. 1986) tödlich verunglückt.

Peter Michaelis. Chef der Staatsholding ÖIAG (2001–2011). Geb. 18. 3. 1946 in Schwanenstadt.

Helmut Kukacka. Staatssekretär für Verkehr (2003–2007), Landesrat (1986–1987), Generalsekretär der VP (1987–1990). Geboren 1. 4. 1946 in Steyregg.

Markus Emanuel Salvator Habsburg-Lothringen. Sohn von Hubert Salvator (1894–1971), Urgroßenkel von Kaiser Franz Joseph. Geboren 2. 4. 1946 in Schloss Persenbeug. Lebt in Bad Ischl.

Edi (Eduard) Koblmüller. Extrembergsteiger. Geboren 10. 4. 1946 in Linz. → 1983, 1996

Josef Ackerl. Landeshauptmann-Stellvertreter (seit 2009), Landesparteivorsitzender der SP (seit 2009), Landesrat (1993–2009). Geboren 13. 4. 1946 in Vöcklabruck.

Günter Giselher Krenner. Schriftsteller. Geboren 11. 7. 1946 in Hagenberg.

Wolfgang Artmann. Präsident der oberösterreichischen Ärztekammer (1980–1989). Geboren 16. 8. 1946 in Wien.

Todestage

Carl Schraml. Reorganisator des Salzbergbaues Hallstatt. Gestorben 23. 1. 1946 in Linz. (Geboren 25. 10. 1862 in Linz.)

Hans Pregant. Präsident der Linzer Arbeiterkammer (1920–1933). Gestorben 3. 3. 1946 in Wien. (Geboren 19. 10. 1881 in Prevalje, heute Slowenien.)

Hermann Haböck. Der letzte Schüler Anton Bruckners. Gestorben 31. 5. 1946 in Linz. (Geboren 14. 6. 1869 in Bad Hall.)

Lambert Stelzmüller. Priester und Heimatforscher. Gestorben 11. 7. 1946 in Kefermarkt. (Geboren 1. 10. 1888 in Liebenau.)

Edmund Glaise von Horstenau. Generalstabsoffizier und großdeutscher Politiker. Selbstmord 20. 7. 1946 im Gefängnis Langwasser bei Nürnberg. (Geboren 27. 2. 1882 in Braunau.)

Leopold Erb. Lehrer, deutschnationaler Politiker. Gestorben 22. 11. 1946 in Steyr. (Geboren 1. 4. 1861 in Steyr.)

Richard Rankl. Benediktiner. Gestorben 26. 12. 1946 in Wels. (Geboren 26. 5. 1890 in Schlierbach.) Vertreter des Abtes von Kremsmünster während der NS-Zeit.

Todesurteile

13. Mai. Von einem amerikanischen Militärgericht in Dachau (Mauthausener Prozess) werden 58 der 61 Angeklagten zum Tod verurteilt, darunter der ehemalige Gauleiter von Oberdonau, August Eigruber. (Hingerichtet am 27. 5. 1947.) → 1947

1. Oktober. Der NS-Polizei- und SS-Offizier Ernst Kaltenbrunner, Chef des Reichssicherheitshauptamtes (geboren 4. 10. 1903 in Ried im Innkreis) wird im Nürnberger Kriegsverbrecherprozess zum Tod verurteilt. (Hingerichtet am 16. 10. 1946.)

Die Amerikaner übergeben den Österreichern die Eisenwerke (ehemalige Göring-Werke) in Linz. Ganz rechts General Clark, die Zivilisten in der ersten Reihe: Landeshauptmann Gleißner und (schreibend) Bundeskanzler Figl.

Besatzungssoldaten gehören zum Alltag im Land. Dieses 1947 entstandene Bild zeigt russische Soldaten auf dem Stadtplatz von Freistadt.

Heiteres und Unbeschwertes

„Sie haben sich in den Kammerspielen Strindbergs ‚Vater' angesehen oder Cocteaus ‚Eltern'. Aber – so sagen Sie – Sie möchten gerne etwas Heiteres, Unbeschwertes sehen. Sorgen und Probleme hätten Sie selbst schon genug. Bitte, auch hier wollen wir Ihnen dienen."

„Mitteilungen aus der Kanzlei des Linzer Landestheaters", 1947.

Ein Brief Alfred Kubins

„Voll Spannung ist diese Epoche. Wären wir bloß die Zuschauer."

Alfred Kubin (1877–1959) an eine Freundin, Zwickledt, 26. November 1947.

1947

US-General Mark Wayne Clark verlässt Oberösterreich. (Links Bürgermeister Ernst Koref, rechts Landeshauptmann Heinrich Gleißner.)

Kalender

3.1. Die amerikanische Militärregierung hebt die Beschlagnahme des Landesverlags auf.

5.2. Josef Schlegel, Landeshauptmann von 1927 bis 1934, wird mit 78 Jahren Präsident des Rechnungshofes und übt dieses Amt sechs Jahre aus. → 1953

18.2. In Sierning wird die Tradition des Rudenkirtags wiederaufgenommen.

26.3. Die Ennskraftwerke Staning, Mühlrading und Großraming scheiden aufgrund des Zweiten Verstaatlichtengesetzes aus dem Verband der Österreichischen Kraftwerks AG und werden in die neu gegründete Sondergesellschaft Ennskraftwerke AG (EKW) eingegliedert. Die Versorgungsrechte für das Bundesland Salzburg tritt die ÖKA an die SAFE (Salzburger AG für Elektrizitätswirtschaft) ab.

Letzter Transport der im Ischler Salzberg gelagerten Kunstschätze.

4.5. Verabschiedung des Oberkommandierenden der US-Truppen in Österreich, General Mark W. Clark, von Oberösterreich. →

31.5. Die neue Galerie der Stadt Linz wird mit einer Kubin-Ausstellung eröffnet.

15.6. In der Linzer Voest wird der Hochofen Nr. 5 angeblasen.

23.6. Der Linzer Domchor tritt erstmals im Konzertsaal öffentlich auf.

24.6. Die Amerikaner übergeben die Linzer Austria-Tabak-Werke den österreichischen Behörden.

27.6. Im Linzer Voest-Stahlwerk wird der erste Siemens-Martin-Ofen in Betrieb genommen.

31.8.–4.9. Es gibt wieder ein Rieder Volksfest! (Landwirtschaftsmesse.)

13.9. Aus der Sowjetunion trifft ein Heimkehrertransport in Linz ein.

16.9. Großeinsatz der oberöstereichischen Feuerwehren bei einem Waldbrand auf dem Schafberg. Am gleichen Tag ein Waldbrand im Hörndlholz (St. Martin im Innkreis.)

19.9. Die Serienfabrikation des Steyr-Traktors wird aufgenommen. →

21.9. Die Linzer Stickstoffwerke feiern die hunderttausendste Tonne Kalkammonsalpeter.

30.9. Die Linzer Volkshochschule nimmt den Betrieb auf.

1.10. Die Linzer Kunstschule beginnt ihre Tätigkeit.

Wolfgang Hebenstreith (1906–1968) übernimmt die Leitung des Volkstheaters Urfahr.

7.10. Aufgrund des Zweiten Verstaatlichtengesetzes wird die Firmenbezeichnung der ÖKA Landesgesellschaft für Oberösterreich in „Oberösterreichische Kraftwerke AG" (OKA) geändert. (Seit 1999 Energie AG.)

Oktober. In Wels wird im öffentlichen Bereich das Einsammeln von Baumlaub nur Personen mit einer „Laubkarte" gestattet.

8.11. Die in den letzten Kriegstagen gesprengte Traunbrücke in Desselbrunn-Roitham (am Traunfall) wird wieder eröffnet. → S. 368

9.11. Im Linzer Kabarett „Eulenspiegel" (Gasthaus „Grüner Baum", Bethlehemstraße) bricht ein Brand aus, der Bühne und Inventar vernichtet.

Der erste Steyrer Nachkriegstraktor, Typ 180.

18.11. Gründung der Salzach-Kohlenbergbau-Gesellschaft (SAKOG).

19.11. Gründung des Oberösterreichischen Volksbildungswerks. → S. 418

7.12. Weihe der nach einem Bombenschaden vergrößert aufgebauten Don-Bosco-Kirche in Linz.

12.12. Gründung des „Oberösterreichischen Werkbunds".

Geburtstage

Roman Sandgruber. Historiker. Geboren 20. 2. 1947 in Rohrbach.

Martin Felhofer. Abt von Schlägl (seit 1989). Geboren 27. 2. 1947 in Aigen im Mühlkreis.

Dietmar Brehm. Maler. Geboren 11. 3. 1947 in Linz. → S. 485

Martin Hubl. Abt von Admont (seit 1996). Geboren 17. 3. 1947 in Pettenbach.

Wolfgang Mayrhuber. Vorstandsvorsitzender der Lufthansa (2003–2010). Geboren 22. 3. 1947 in Waizenkirchen.

Josef Kronister. Zentralbetriebsratsobmann der voestalpine (2005–2008). Geboren 18. 5. 1947 in St. Pölten.

Gerhart Holzinger. Präsident des Verfassungsgerichtshofes (seit 2008). Geboren 12. 6. 1947 in Gmunden.

Helmut W. Hundstorfer. Glaskünstler. Geboren 20. 10. 1947 in Linz. Lebt in Schärding.

Markus Limberger. Generaldirektor der Sparkasse OÖ. (seit 1999). Geboren 30. 10. 1947 in Linz.

Todestage

Ferdinand Hüttner. Lehrer, Sportamtsleiter, Schutzbundführer. Gestorben 30. 1. 1947 in Linz. (Geboren 8. 3. 1893 in Linz.)

August Eigruber. NS-Politiker. Hingerichtet am 27. 5. 1947 in Landsberg am Lech. (Geboren 16. 4. 1907 in Steyr.) Von 1938 bis 1945 Gauleiter von Oberdonau. → 1938–1945, →

Viktor Kerbler. Pionier des landwirtschaftlichen Genossenschaftswesens. Gestorben 3. 7. 1947 in Linz. (Geboren 2. 1. 1856 in Linz.)

Karl Schappeller. Tischler, Postmeister, „Erfinder der Raumkraft", Schlossherr. Gestorben 13. 7. 1947 in Aurolzmünster. (Geboren 18. 7. 1875 in Aurolzmünster.) → 1927

Josef Aigner. Christlichsozialer Politiker. Gestorben 5. 8. 1947 in Linz. (Geboren 19. 3. 1884 in Linz.) Präsident des katholischen Volksvereins (1920–1934).

Hans von Hammerstein-Equord. Schriftsteller und Politiker. Gestorben 9. 8. 1947 in Micheldorf. (Geboren 5. 10. 1881 in Schloss Sitzental bei Melk.) 1934 Sicherheitsdirektor von Oberösterreich, 1935 Justizminister.

Jakob Ernst Koch (IV.). Evangelischer Superintendent (1921–1936). Gestorben 23. 10. 1947. (Geboren 3. 8. 1865 in Wallern.)

Alexander Popp. Architekt. Gestorben 7. 12. 1947 in Linz. (Geboren 10. 8. 1891 in St. Leonhard am Forst, Niederösterreich.) Mitschöpfer der Linzer Tabakfabrik. → 1935

Wünsche eines Kriegsgefangenen

„Schlafen können, nicht Wache schieben, einen Spähtrupp machen, eine Schütte Stroh haben und ein Dach über dem Kopf, die Fußlappen trocknen, sich waschen am ganzen Körper, ein frisches Hemd bekommen und für ein paar Stunden Sicherheit."

Josef Laßl (1915–1977) in der Erzählung „Tod und Verklärung", aus „In jener Zeit", Linz 1961.

Eigrubers letzte Worte

„Ich schätze es für eine Ehre, vom ungerechtesten und brutalsten Sieger der Welt gehängt zu werden!"

Zitiert vom Gefängnispriester K. Morgenschweis, Oberpfarrer a.D., Landsberg am Lech. („Wie Gauleiter Eigruber starb", Mitteilungen der Wohlfahrtsvereinigung der Glasenbacher, März 1958.)

Gemeinsame österreichisch-amerikanische Kontrollen.

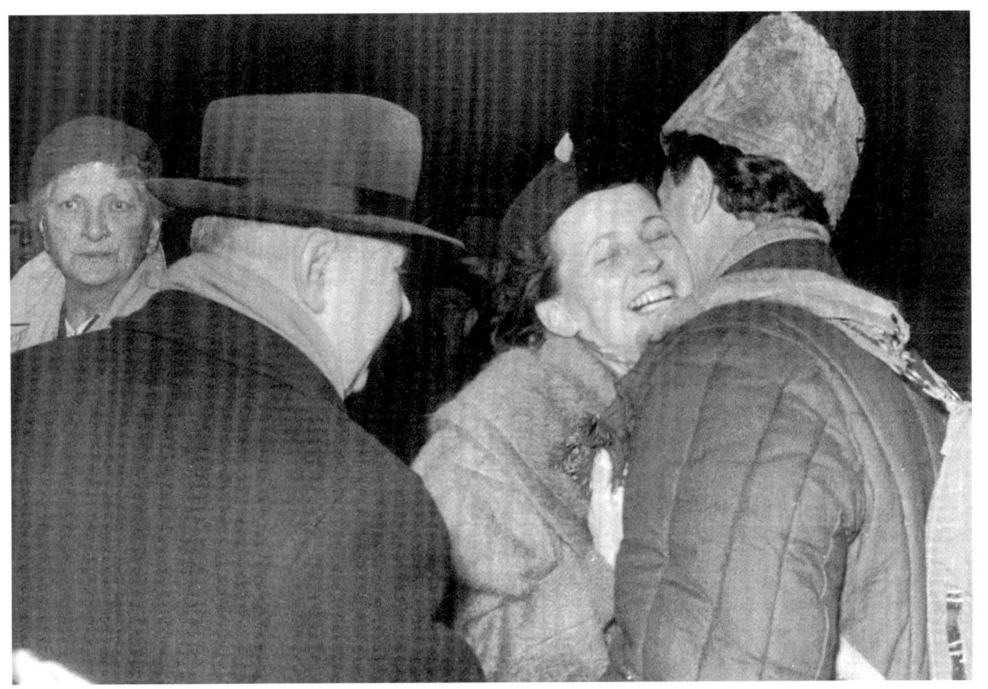

Freudennachricht im Land: Heimkehrer kommen!

Das schönste Weihnachtsgeschenk

24. Dezember. Das schönste Weihnachtsgeschenk für viele oberösterreichische Familien: Aus der Sowjetunion treffen bis zu diesem Tag 34 Heimkehrertransporte ein. Aber noch immer, mehr als zwei Jahre nach dem Krieg, sind viele Österreicher in Kriegsgefangenschaft.

Hilfe aus dem Ausland: Das Schweizer Hilfswerk.

Der Dachstein wird erschlossen

16. Jänner. Bei einer Enquete wird der Dachstein-Fremdenverkehrs-AG die Aufgabe gestellt, durch den Bau einer Seilbahn auf das Dachsteinplateau dieses dem allgemeinen Fremdenverkehr zu erschließen, die Naturschönheit der Dachsteinlandschaft einem großen Kreis von Urlaubern zugänglich zu machen und damit einen internationalen Anziehungspunkt einmaliger Art zu schaffen. →

Heilkraft des Moores

5. Mai. Otto Stöber (1902–1990) gründet in Neydharting (seit 1954 Bad Wimsbach-Neydharting) das Österreichische Moorforschungsinstitut. Die medizinische Auswertung des Neydhartinger Moores lässt sich bis ins Jahr 1364 zurückverfolgen. Zugleich mit der wirtschaftlichen Auswertung (seit 1947 werden in Neydharting Moorschwebstoffbäder verabreicht) beginnt Otto Stöber mit der wissenschaftlichen Moorforschung, 1952 findet der erste internationale Moorforschungskongress statt, 1954 wird auf seine Initiative eine Internationale Gesellschaft für Moorforschung gegründet.

Juwel der Alpen *Bundespräsident Karl Renner nimmt am 14. September 1947 den Spatenstich zur Dachsteinbahn vor, die von Obertraun zum Schönberghaus bis nahe zum Eingang in die Dachsteinhöhlen führt. Von einem „Juwel der österreichischen Alpen" spricht das Staatsoberhaupt, das durch die Seilbahn „jung und alt aus nah und fern" zugänglich gemacht werde. Vier Jahre später führt die erste Seilbahngondel in die Dachsteinwelt. → 1951*

Frohe Kunde

Ab 23. Oktober 1948 können Ofenrohre und Ofenknie bezugsscheinfrei erworben werden. Nikolaus Negrelli-Moldelbe (1899–1988), unbestritten der beste oberösterreichische Glossist der Nachkriegsjahre, widmete diesem Anlass ein Gedicht.

Es braust in vollem Chore
Durchs Land ein Jubelschrei,
Die Schwarzblech-Ofenrohre,
Sie wurden endlich frei.

Ich hör' den Jubel tosen,
So stürmisch wie noch nie;
„Ein Hoch dem markenlosen,
Dem freien Ofenknie!"

Wo immer Herde rauchen
Aus heißem Flammenschlund,
Hört man die Hausfrau hauchen,
„Gott segne unsren Bund!"

Die Wirtschaft will sich heben,
Das Aufbauwerk gedieh,
Und jauchzend läßt man leben
Das freie Ofenknie.

Im Inntal bis zur Gusen,
So weit der Himmel blaut,
Wogt jeder Köchin Busen,
Wenn sie zum Rauchrohr schaut.

In allen Küchen glosen
Die Kohlen hell wie nie,
Das kommt vom markenlosen,
vom freien Ofenknie.

Kalender

2.2. Ignaz Brantner (1886–1960) wird wieder Direktor des Landestheaters. → S. 379

4./5.2. Die Linzerin Erika (Riki) Mahringer gewinnt bei den Olympischen Winterspielen in St. Moritz zwei Bronzemedaillen: im Riesentorlauf und in der Kombination.

25.2. Die Medizinische Gesellschaft für Oberösterreich wird neu gegründet.

1.3. Die Strombeschränkungen haben ein Ende.

23.3. Die „Welser Zeitung" erscheint wieder.

12.4. In der Voest wird der Hochofen Nr. 3 wieder angeblasen.

April. Von den 83.876 als ehemalige Nationalsozialisten registrierten Oberösterreichern gelten 8293 als „belastet".

Vier Uraufführungen in einem Monat im Landestheater: „Die kleine Passion" von Elmire Koref (1.), „Zwei und zwei ist vier" von Fritz Habeck (8.), „Der Namenlose" von Georg Rendl (22.) und „Gloriana" von Arnolt Bronnen (24.).

1.5. Die von Bomben zerstörte Grottenbahn auf dem Pöstlingsberg wird wieder eröffnet.

5.5. Bei der Internationalen Automobilschau in Wien stellt Steyr-Daimler-Puch den Lastkraftwagen Typ 380 und den Diesel-Traktor 180 vor.

17.5. Die „Linzer Volksbühne" (Jungwirthstraße) spielt zum letzten Mal.

18.5. Spatenstich zur neuen Werksanlage der SAKOG (Salzach-Kohlenbergbau Trimmelkam).

16.7. Das Voest-Feinblechwalzwerk geht in Betrieb.

Der „Oberösterreichische Kunstverein" formiert sich neu.

1.7. Das Ausseerland, das 1938 dem Gau Oberdonau eingegliedert worden war, kommt wieder zur Steiermark.

10.7. Reichenthal wird Markt.

Sommer. Die in den zwanziger Jahren als Almhütte erbaute Sarsteinhütte wird von den Naturfreunden als Schutzhütte eingerichtet.

1.8. Der Bezirk Eferding, der zehn Jahre lang zu Grieskirchen gehört hat, wird wieder selbständig.

4.–12.9. Es gibt wieder ein Welser Volksfest!

11.9. Uraufführung im Linzer Landestheater: „Hofdamenkomödie" von Bruno Schuppler.

3.10. Die Amerikaner überlassen die Kontrolle an der Ennsbrücke den Österreichern.

16.10. Österreich und Bayern schließen einen Vertrag über die gemeinsame Nutzung der Wasserkräfte von Inn und Salzach.

23.10. Großbrand in der Nahrungsmittelfabrik Knorr in Wels.

3.11. Aus Jugoslawien treffen Heimkehrer ein.

6.11. In der Voest wird der Hochofen Nr. 4 wieder angeblasen.

16.12. Wieder Theater in Wels: Das wiederaufgebaute Stadttheater im „Hotel Greif" spielt Franz Lehárs „Paganini".

23.12. Der erste Maschinensatz des Ennskraftwerks Mühlrading wird in Betrieb genommen.

Geburtstage

Rudi Klausnitzer. Intendant der Wiener Vereinigten Bühnen (1993–2002). Geboren 22. 1. 1948 in Piberbach, Gemeinde Kematen an der Krems.

David Forstenlechner. Bürgermeister von Steyr, SP (2001–2009). Geboren 10. 2. 1948 in Weyer.

Hubert Bognermayr. Computer-Komponist. Geboren 6. 4. 1948 in Linz. (Selbstmord 17. 3. 1999 in Linz.)

Helmut Peter. Tourismusmanager, Politiker. Geboren 21. 4. 1948 in St. Wolfgang.

Angela Orthner. Erste Präsidentin des oberösterreichischen Landtags, VP (1991–2009). Geboren 29. 5. 1948 in Linz.

Walter Rescheneder. Landesmusikdirektor (seit 2001). Geboren 20. 6. 1948 in Linz.

Johann Huber. Landes-Feuerwehrkommandant (1991–2011). Geboren 24. 6. 1948 in Dietrichshofen (St. Marienkirchen bei Schärding).

Gottfried Kneifel. Präsident des Bundesrates (2006 und 2011). Geboren 25. 6. 1948 in Linz.

Maria Moser. Malerin. Geboren 2. 8. 1948 in Frankenburg.

Waltraud Anna Mitgutsch. Schriftstellerin. Geboren 2. 10. 1948 in Linz.

Walter Pilar. Schriftsteller. Geboren 30. 11. 1948 in Ebensee.

Todestage

Richard Tauber. Weltberühmter Tenor. Gestorben 8. 1. 1948 in London. (Geboren 16. 5. 1891 in Linz.) → S. 267

Hermann Hoernes. Flugtechniker. Gestorben 17. 1. 1948 in Linz. (Geboren 31. 7. 1858 in Venedig.)

Benedikt Sobotka. Abt von Schlägl (1925–1946). Gestorben 1. 2. 1948 in Schlägl. (Geboren 14. 11. 1866 in Leonding.)

Franz Xaver Müller. Komponist, Domkapellmeister (1924–1943), Schriftsteller. Gest. 3. 2. 1948 in Linz. (Geb. 10. 5. 1870 in Dimbach bei Grein.)

Karl Itzinger. Schriftsteller. Gestorben 13. 4. 1948 in Linz. (Geboren 26. 2. 1888 in Ried im Innkreis.) Verfasser des „Frankenburger Würfelspiels" und heimatlicher Romane. → S. 124–126

Balduin Wiesmayer. Ordensname Petrus. 1941 zum Abt des beschlagnahmten Zisterzienserstiftes Wilhering gewählt. Gestorben 17. 5. 1948 in Wilhering. (Geboren 5. 5. 1889 in Leonding.)

Rudolf Lampl. Rechtsanwalt. Gestorben 24. 6. 1948 in Linz. (Geboren 11. 10. 1872 in Urfahr.) Präsident des Bundesverbandes der Feuerwehren.

Adolf Kainz. Olympiasieger 1936 im Kajak-Zweier. Gestorben am 12. 7. 1948 in Linz. (Geboren am 5. 6. 1903 in Linz.)

Franz Lehár. Komponist. Gestorben 24. 10. 1948 in Bad Ischl. (Geboren 30. 4. 1870 in Komorn.) →

Letzte Hinrichtungen

25. Februar. Erste (und letzte) Hinrichtung der Nachkriegszeit in Linz: Wegen Ermordung von KZ-Häftlingen wird ein 29-jähriger Wiener im Hof des Linzer Landesgericht gehenkt.

11. August. In Wels wird das letzte in Oberösterreich gefällte Todesurteil vollstreckt: Ein 30-jähriger Pole, der 1946 bei einer Straßenkontrolle in Bad Ischl einen Landsmann und einen österreichischen Gendarmeriebeamten erschossen hatte, wird hingerichtet.

Trauer in der Voest

21. März. In der Voest stürzt der 72 Meter hohe, durch Bomben und Brandschäden stark mitgenommene und zur Demontage vorgesehene Gasometer zusammen. Vier Arbeiter kommen dabei ums Leben.

29. März. Fünf Menschenleben fordert ein Gasunglück beim Hochofen in der Voest.

Die Traunfallbrücke *Nach der Zerstörung in der gleichen Form wieder aufgebaut: Die Traunbrücke in Desselbrunn-Roitham (am Traunfall), ein Werk des Architekten Julius Schulte (1881–1928) aus dem Jahr 1925. Sie gilt als die schönste Bogenbrücke Oberösterreichs. (Eröffnung 8. 11. 1947.)*

Lehár über Lehár

Schreib' ich ernste Musik, ist's zu opernhaft, schreib' ich heitere Musik, ist's zu trivial, schreib' ich einen Schlager, sagt man: „Er schreibt für die Galerie!" Schreib' ich keinen Schlager, sagt man: „Es ist ihm nichts eingefallen!" Fordere ich vom Sänger viel, sagt man: „Das sind doch keine Opernsänger!", fordere ich vom Sänger wenig, sagt man: „Ja, früher, da hat man noch für Stimmen geschrieben!" Beschäftige ich den Chor, sagt man: „Überflüssige Sachen!", beschäftige ich den Chor nicht, sagt man: „Wie prachtvoll waren die alten Chöre!" Bring' ich jedes Jahr ein Werk heraus, sagt man: „Ein Vielschreiber!", bring' ich es nicht heraus, sagt man: „Dem fällt nichts mehr ein!"

Franz Lehár

Unten: Lehár bei einem Lehár-Konzert in Ischl.

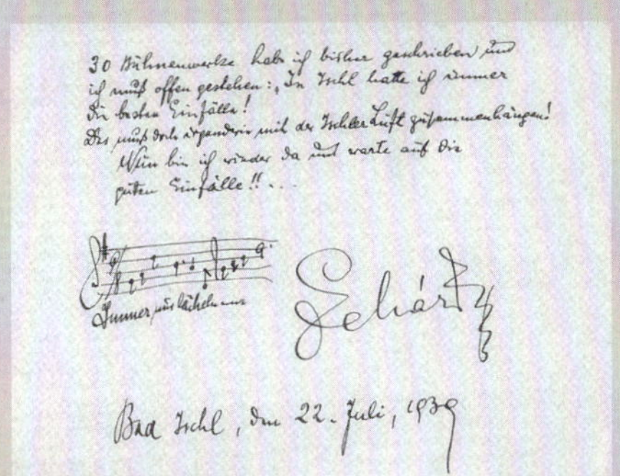

30 Bühnenwerke habe ich bisher geschrieben und ich muß offen gestehen: „In Ischl hatte ich immer die besten Einfälle!
Das muß doch irgendwie mit der Ischler Luft zusammenhängen!
Nun bin ich wieder da und warte auf die guten Einfälle!! ...

Lehár

Bad Ischl, den 22. Juli, 1939

„Immer nur lächeln ...", schrieb Franz Lehár in seiner Widmung an Bad Ischl.

Die Lehár-Villa

Die Lehár-Villa in Bad Ischl blieb im Wesentlichen unverändert so, wie sie der weltberühmte Operettenkomponist bewohnt hatte. Sie ist die bedeutendste Lehár-Gedenkstätte der Welt. Lehár hat sie der Stadt Bad Ischl zum Geschenk gemacht, mit der Auflage, sie als Lehár-Museum zu betreuen.

Randvoll mit Erinnerungen: die Lehár-Villa.

„In Ischl hatte ich die besten Einfälle ..."

Gerne und mit Recht nennt sich Bad Ischl die „Lehárstadt". 24 Operetten, von denen viele die Welt eroberten, hat Franz Lehár in seinem Haus an der Traun komponiert, in dem er schließlich auch starb. „In Ischl hatte ich immer die besten Einfälle", schrieb er in einer Widmung an die Stadt.

Als der 36-jährige und bereits erfolgreiche und gefeierte Franz Lehár im Jahr 1906 zum ersten Mal in die Kaiser- und Künstlermetropole im Salzkammergut kam, war Ischl längst zum Hauptquartier der Wiener Operette geworden und zu einer Art Operettenbörse. Hier wurde nicht nur komponiert und gedichtet, musiziert und rezitiert, sondern auch intrigiert und konspiriert, hier wurden Verträge ausgearbeitet, unterschrieben, gebrochen, hier wurden Termine ausgehandelt, Vorschüsse ausbezahlt und ausgegeben, Karrieren aufgebaut und zerstört. Aber insgesamt war es eine gemütliche, eine fröhliche Atmosphäre, verbunden mit Namen wie Johann Strauß und Franz von Suppé, Karl Millöcker und Carl Michael Ziehrer, Oscar Straus, Leo Fall, Edmund Eysler, Emmerich Kálmán, Ralph Benatzky, Robert Stolz und seit 1906 mit Lehár.

Zuerst begnügte sich Lehár mit zwei Untermietzimmern, bald jedoch bezog er die klassische Ischler Künstlerwohnung, die „Rosenvilla", in dem Jahrzehnte vor ihm Giacomo Meyerbeer gewohnt hatte und nach ihm Emmerich Kálmán Quartier nehmen sollte. „Meine Erinnerung an drei schöne Sommer inmitten der Rosen", schrieb Emmerich Kálmán, „bleibt verbunden mit dem dankbaren Andenken an meinen Freund Franz Lehár, der mir dieses wunderbare Idyll erschloß."

Lehár zog erst aus, als er 1910 in sein eigenes Haus übersiedeln konnte, das zweistöckige Gebäude an der Traun, die „Lehár-Villa".

Im Erdgeschoss richtete sich Lehár das Speisezimmer ein und einen Gartensalon mit Veranda, im ersten Stock war das Musikzimmer und ein großer Empfangsraum, auch Schlaf- und Badezimmer. Das oberste Stockwerk bestand aus einem Biedermeiersalon, einem Gastappartement und jenem Zimmer, in dem Lehár arbeitete. Vor allem in der Nacht komponierte er, bei Tag sah man ihn häufig in Knickerbockerhosen durch den Ort wandern, häufiger aber noch radeln.

Am 24. Oktober 1948 starb Franz Lehár in seinem geliebten Ischler Heim. Als man seinen Sarg langsam in die Erde senkte, spielte die Salinenkapelle eines seiner berühmtesten Lieder, das Wolgalied.

Amerikaner bringen Franz Lehár ein Ständchen.

Vom Wahlkampf genug

„Es ist höchste Zeit, Herr Bürgermeister, daß der Wahlkampf aufhört, damit wir endlich wieder Zeit für gemeinsame Interventionen in Wien haben."

Landeshauptmann Heinrich Gleißner am 3. Oktober 1949 bei der Eröffnung des Linzer Bahnhofs, sechs Tage vor den Wahlen, zum Linzer Bürgermeister Ernst Koref.

Zähes Überbleibsel

„Bald wird eine Korrespondenzkarte genügen und dann wird es ja hoffentlich aus sein mit diesem Überbleibsel des totalen Krieges."

„Oberösterreichische Nachrichten", 8. 10. 1949, über den „Lebensmittelhauptaufruf", der trotz freien Verkaufs in Geschäften und Lokalen noch immer alle vier Wochen erfolgt.

Morde im Mühlviertel 1945–1949

„1945 wurden von den Gendarmen im Mühlviertel 70 Morde dokumentiert, 1946 immer noch 33, 1947 14, 1948 24 und 1949 17."

Roman Sandgruber: „Als die Russen das Mühlviertel besetzten", „Oberösterreichische Nachrichten", 4. 8. 2005.

1949

Kalender

21.1. Uraufführung im Linzer Landestheater: „Das Haus" von Richard Billinger.

25.1. Die „Zellwolle Lenzing AG" und die „Lenzinger Zellulose-und Papierfabrik AG" trennen sich. (Zuammenführung → 1969.)

2.4. In den Linzer Puppenspielen wird der „Tragweiner Faust" von Joseph Freudenreich (→ S. 220) aufgeführt.

10.5. Der „Berufsverband der Bauwirtschaft Oberösterreichs" wird gegründet.

15.5. Der erste elektrisch geführte Zug trifft aus Salzburg in Linz ein.

23.5. Hochwasser im ganzen Land.

28.5. In Oberweis kommt es zu einem Gespräch von Spitzenfunktionären der ÖVP mit ehemaligen Nationalsozialisten.

28.5. In Gmunden wird wieder Theater gespielt.

22.6. Der 45-jährige Bauernsohn Franz Salesius Zauner aus Tollet wird zum Bischofkoadjutor mit dem Recht der Nachfolge ernannt. → 1940, 1956, 1991, 1994

27.6. Das Ennskraftwerk Ternberg nimmt den Betrieb auf.

1.7. Eröffnung der Linzer Obuslinie auf den Froschberg.

31.7. Der Steyrer Otmar Eiterer gewinnt die Goldmedaille im Slalombewerb der Wildwasser-Weltmeisterschaft.

Weltmeister Otmar Eiterer.

15.8. Franz Salesius Zauner wird zum Bischof geweiht.

31.8. In der Voest geht der zweite Siemens-Martin-Ofen in Betrieb.

1.10. Erste Ausstellung des Oberösterreichischen Kunstvereins im Landesmuseum.

3.10. Der wiederaufgebaute Linzer Hauptbahnhof wird eröffnet. Architekt ist Anton Wilhelm (1900–1984).

9.10. Nationalratswahlen und oberösterreichische Landtags- und Gemeinderatswahlen. Nationalratswahl-Ergebnisse in Oberösterreich: 268.578 VP, 184.042 SP, 18.574 KP. 1809 Sonstige. Der neue Landtag: 23 VP, 15 SP, 10 WdU (=Wahlpartei der Unabhängigen). Früher: 30 VP, 18 SP.

26.10. Das neue Geläute für das Stift Kremsmünster (fünf Glocken mit einem Gesamtgewicht von mehr als 7000 Kilogramm) wird in St. Florian bei Linz gegossen, darunter die größte Glocke, die seit 1945 in Österreich entstand, die 3325 Kilogramm schwere „Weltheilandsglocke".

10.11. Opern-Uraufführung im Linzer Landestheater: „Der Garten des Paradieses" von Felix Petyrek.

12.11. Uraufführung des Stückes „Traumfabrik" von Franz Schütz (John Kent) im Landestheater.

20.11. Das Volkstheater Urfahr wird „wegen Teilnahmslosigkeit des Publikums" („Linzer Kulturhandbuch" 1965) geschlossen.

25.11. Eröffnung des neuen Gebäudes der Linzer Arbeiterkammer.

Dezember. Ein amerikanischer Soldat spendet für eine Kinderweihnachtsfeier in Kronstorf 1000 Schilling.

Ein freudiges Ereignis für Oberösterreich ist die Eröffnung des neuen Linzer Hauptbahnhofs. (Auf dem Bild der Bahnhofsvorplatz mit dem 1952 fertiggestellten Postamt.)

Geburtstage

Klaus Liedl. Bildhauer. Geboren 15. 1. 1949 in Linz.

Christoph Leitl. Obmann des ÖVP-Wirtschaftsbundes (seit 1999), Präsident der Wirtschaftskammer Österreich (seit 2000), Landeshauptmann-Stellvertreter (1995–2000). Geboren 29. 3. 1949 in Linz.

Willibald Katzinger. Direktor des Linzer Stadtmuseums Nordico (1990–2010). Geboren 31. 3. 1949 in Altenfelden.

Brigitte Schwaiger. Schriftstellerin. Geboren 6. 4. 1949 in Freistadt. (Selbstmord 26. 7. 2010 in Wien.) → S. 476/477

Otto Pjeta. Präsident der österreichischen Ärztekammer (1999–2003), der oö. Ärztekammer (1989–2005). Geboren 26. 4. 1949 in Linz.

Willi Kreuz. Linzer Fußballer, Sportler des Jahres 1978. Geboren 29. 5. 1949 in Wien.

Helmut Obermayr. Direktor des ORF-Landesstudios Oberösterreich (2002–2011). Geboren 3. 8. 1949 in Kirchdorf an der Krems.

Werner Rohrhofer. Chefredakteur des „Neuen Volksblatts" (seit 2004). Geboren 21. 8. 1949 in Linz.

Alois Froschauer. Generaldirektor der Linz AG (seit 2004). Geboren 27. 8. 1949 in Neustift im Mühlkreis.

Erich Pröll. Filmemacher. Geboren 9. 9. 1949 in Linz.

Hans Kletzmayr. Präsident der oberösterreichischen Landwirtschaftskammer (1990–2002). Geboren 26. 9. 1949 in Steyr.

Josef Pühringer. Landeshauptmann von Oberösterreich (VP) seit 1995. Geboren 30. 10. 1949 in Linz. → S. 6, 507, 553 ff. und → Personenregister

Margit Hauft. Präsidentin der Katholischen Aktion der Diözese Linz (1998–2011) und der Katholischen Frauenbewegung Österreichs (1999 bis 2012). Geboren 13. 11. 1949 in Wels.

Edith Bolda. Bergsteigerin. Geboren 14. 12. 1949 in Linz. → 1994

Karl Peter Greul. Maler und Zeichner. Geboren 28. 12. 1949 in Engelhartszell. Lebt in Vöcklabruck → S. 37, 161

Todestage

Josef Schicker. Arzt und Historiker. Gestorben 16. 1. 1949 in Enns. (Geboren 13. 1. 1879 in Summerau bei Freistadt.)

Anton Weidinger. Trafikant. Gestorben 19. 3. 1949 in Bad Schallerbach. (Geboren 30. 10. 1894.) Landtagsabgeordneter, Landesrat, einer der ersten Funktionäre des Kriegsopferverbandes.

Viktor Wessely. Rechtsanwalt, deutschnationaler Politiker, Bergsteiger. Gestorben 4. 5. 1949 in Linz. (Geboren 12. 9. 1870 in Linz.)

Karl Mayer-Freinberg. Schriftsteller. Gestorben 17. 8. 1949 in Steyr. (Geboren 24. 8. 1875 im Bummerlhaus in Steyr.)

Franz Neuhofer. Komponist. Gestorben 15. 11. 1949 in Linz. (Geboren 8. 9. 1870 in Freistadt.)

Der Gemeinderäuber

Bürgermeister Rupert Grabner (1901–1978) hat sich, wie viele Schwanenstädter, darüber geärgert, dass der Bahnhof Schwanenstadt und das Bahnhofsrestaurant bis 1949 im Gemeindegebiet von Oberndorf lagen. Schließlich gelang die Eingemeindung. Im Wirtshaus haben die „Oberndorfinger" deshalb dem Schwanenstädter Bürgermeister prophezeit: „Auf deinen Grabstein schreiben wir: Der Räuber von Oberndorfer Gemeindegebiet."

Aus: Rudolf Lehr: „Schwanenstadt – Bewegte Geschichte, lebenswerte Gegenwart", Schwanenstadt 2002.

Eine mutige Entscheidung

„Es war eine extrem mutige Entscheidung, nach nur einem halben Jahr der Versuche ein Werk zu bauen, das mit der neuen Technologie ausgerüstet wurde."

Peter Reisinger von der Forschungs- und Entwicklungsabteilung der voestalpine, „Oberösterreichische Nachrichten", 26. 3. 2008.

Die Geburtsstunde des LD-Verfahrens

3. Juni. Das LD-Verfahren ist da! In den Vereinigten österreichischen Eisen- und Stahlwerken wird zum ersten Mal in der Geschichte der Stahlerzeugung flüssiges Roheisen durch Aufblasen reinen Sauerstoffs zu Stahl gefrischt.

Noch handelt es sich um Versuche in einem improvisierten Tiegel. Aber man sieht: es funktioniert!

Der hochwertige LD-Stahl wird für viele Jahre zu einem wichtigen Exportartikel Österreichs. → S. 376

Ein großer Tag für das Industrieland Oberösterreich: der Beginn des LD-Verfahrens in der Voest.

Was heißt LD?

Die Abkürzung bedeutet Linz-Donawitz. Gelegentlich wurden die zwei Buchstaben aber auch als Linzer Düsenverfahren oder sogar nur als Linz-Donau gedeutet.

Die ersten Saunen

12. Februar. In einem Aufruf des Senders Rot-Weiß-Rot wird empfohlen, „das Dorfbad der Nordländer" einzuführen. Bis zu diesem Zeitpunkt gibt es noch keine einzige Sauna in Oberösterreich. Die ersten Saunen entstehen in Attnang-Puchheim, Lenzing, Leonstein, Eberschwang, Urfahr und Wels.

Proteste gegen Fleischpreise

21. Oktober. Vor der Landesregierung protestieren etwa 200 ESG-Angehörige (Elektrizitäts- und Straßenbahn-Gesellschaft) gegen die Preiserhöhungen bei Fleisch. Sechzig bis siebzig Demonstranten dringen in das Sitzungszimmer des unter dem Vorsitz von Landeshauptmann Heinrich Gleißner tagenden „Aufbringungsausschusses" ein, weisen auf die unhaltbare Lage der Arbeiterschaft hin und fordern erregt Zusicherungen gegen Preiserhöhungen. Nach einer halben Stunde lärmender Diskussionen verlassen die Demonstranten den Sitzungssaal.

Bruckner-Tonhalle

„Das Land Oberösterreich und die Landeshauptstadt Linz begrüßen die Initiative der kürzlich von begeisterten Linzern gebildeten Brucknerhausgemeinde, eine großzügige Werbe- und Sammelaktion im In- und Auslande durchzuführen, deren Ergebnis für den Bau einer würdigen Bruckner-Tonhalle in Linz und für die Drucklegung der Gesamtausgabe der Werke Anton Bruckners bestimmt ist."

Aufruf von Landeshauptmann Gleißner und Bürgermeister Koref vom 2. März 1950.

Rechts: Die Linzerin Erika Mahringer wird bei der FIS-Weltmeisterschaft in Aspen (USA) Zweite im Riesentorlauf (15. 2.) und in der Abfahrt (17. 2.).

Links: Das ist mehr als eine bloße Architekturleistung, das ist fast ein Symbol dafür, dass es im Lande allmählich wieder besser wird: Der Wiederaufbau der Linzer Fleischmarkthalle, 1928 gebaut. 1945 durch Bomben zerstört, ist 1950 vollendet. (Architekt ist Curt Kühne.)

1950

Kalender

15.1. Das neue Studio der Sendergruppe Rot-Weiß-Rot im Finanzgebäude West an der Oberen Donaulände in Linz wird seiner Bestimmung übergeben. Seit 1945 war das Studio provisorisch im Linzer Landhaus untergebracht. →

11.2. Man kann wieder Schweineschmalz kaufen, wann und so viel man will.

2.3. Erste Initiative von Landeshauptmann Heinrich Gleißner und Bürgermeister Ernst Koref zur Errichtung eines Brucknerhauses in Linz. →

19.4. Nach einem Zugunglück am Bahnhof Gaisbach-Wartberg, bei dem ein Sowjetsoldat tödlich verletzt wird, kommt es zu sechs Verhaftungen.

20.4. Neugründung des „Oberösterreichischen Künstlerbundes".

1.5. Der Flugplatz Hörsching wird von den Amerikanern für den zivilen Flugverkehr freigegeben.

3.6. Das Stifter-Land Oberösterreich und die Stifter-Stadt Linz erhalten ein Adalbert-Stifter-Institut.

Wahlheimat St. Wolfgang *In St. Wolfgang stirbt am 2. Jänner 1950 Emil Jannings, einer der größten deutschsprachigen Schauspieler dieser Zeit. Der vor und während des Zweiten Weltkriegs bekannte Bühnen- und Filmschauspieler hatte St. Wolfgang zu seiner Wahlheimat gewählt. (Geboren 23. 7. 1884 in Rohrschach, Schweiz.) Auf diesem Bild aus den Kriegjahren in der Mitte, mit Joseph Goebbels (links).*

8.6. Weihe der neuerbauten Kirche „Zum guten Hirten" in der Neuen Heimat. Architekten sind Gottfried Nobl und Othmar Kainz.

26.6. Inbetriebnahme des ersten Maschinensatzes des Ennskraftwerks Großraming.

5.7. Am bisher heißesten Tag des Jahrhunderts werden bei der Wetterwarte Hörsching 37,6 Grad gemessen.

10.7. Reichenthal wird Markt.

20.8. Weihe des Traunstein-Gipfelkreuzes.

25.9. Die Landesfrauenklinik Linz, seit 1945 ein amerikanisches Hospital, wird von der Besatzungsmacht den Österreichern zurückgegeben.

30.9. Uraufführung im Linzer Landestheater: „Ein anständiger Mensch" von Georg Fraser.

20.10. Die Stickstoffwerke Linz versenden die millionste Tonne Kalkammonsalpeter (seit 1946).

22.11. Uraufführung des Stückes „Johannes Kepler" von Arthur Fischer-Colbrie im Linzer Landestheater.

17.12. Die neue Innbrücke zwischen Braunau und Simbach wird für den Personenverkehr freigegeben.

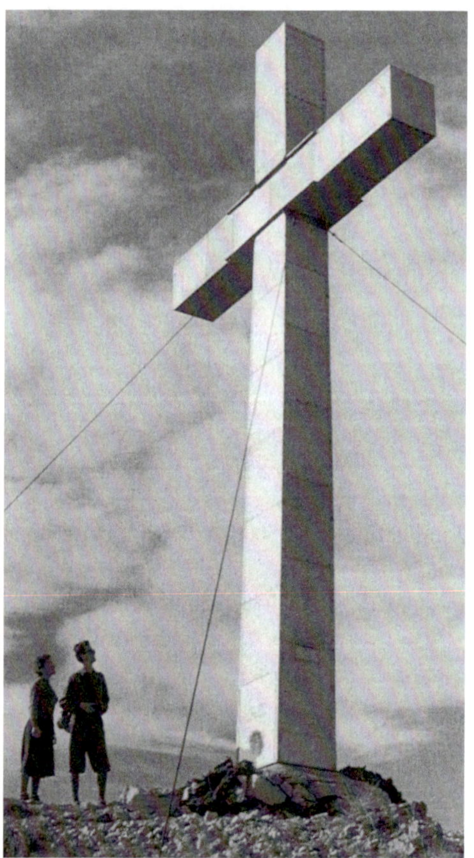

Das Traunsteinkreuz

Zum Gedenken an die Toten und Vermissten beider Weltkriege wird 1950 auf dem Traunstein das zehn Meter hohe, gewaltigste Gipfelkreuz der Alpen errichtet. Achthundert Freiwillige schleppen 1500 Kilo Stahlteile, 700 Kilo Zement, 1300 Kilo Sand und Hunderte von Bauteilen auf den Traunsteingipfel.

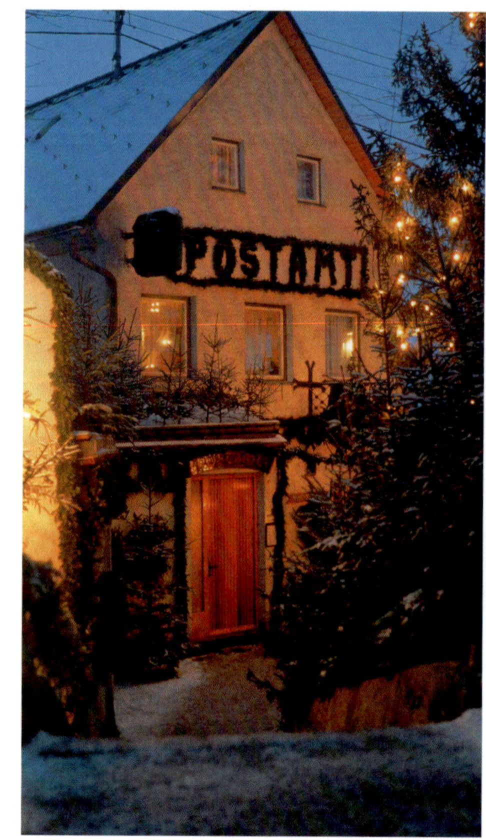

Das Postamt Christkindl bei Steyr öffnet am 15. Dezember erstmals seine Pforten und fertigt im ersten Jahr rund 42.000 Sendungen ab. In den nächsten Jahren steigen die Abstempelungen auf rund 2,000.000.

Viergeteilter Rundfunk

„Damit sind wir aber nicht zufrieden, weil für einen wirklich österreichischen Rundfunk eine wirklich österreichische Leitung notwendig ist. Man hat längst einsehen gelernt, daß man das politische und wirtschaftliche Leben Österreichs nicht in vier Teile teilen kann. Im Rundfunk besteht aber nach wie vor die Vierteilung. Sie wird von Tag zu Tag unerträglicher.“

Verkehrsminister Karl Waldbrunner (1906–1980) bei der Eröffnung des neuen Rundfunkstudios in Oberösterreich, 15. Jänner 1950.

„Kettenhunde des Kapitals“

„Die Feiglinge haben sich vor den Massen versteckt, aber die Massen bekunden mit größter Erbitterung, daß es in Österreich nicht nur Amerikaner, Kapitalisten und Kettenhunde des Kapitals, sondern auch arbeitende Menschen gibt, deren Not zum Himmel schreit.“

Ernst Fischer (1899–1972) bei einer Demonstration in Wien am 26. September 1950, einen Tag nach der in Linz begonnenen Streikbewegung.

Geburtstage

Anton Reinthaler. Komponist. Geboren 12. 1. 1950 in Offenhausen.

Jörg Haider. Politiker. Geboren 26. 1. 1950 in Goisern. Bundesparteiobmann der FPÖ 1986 bis 2000, Vorsitzender des BZÖ (Bündnis Zukunft Österreich) seit 2005, Landeshauptmann von Kärnten 1989–1991 und 1999–2008. (Tödlich verunglückt am 11. 10. 2008 in Lambichl bei Klagenfurt.) → 2008

Anselm Glück. Schriftsteller und Grafiker. Geboren 28. 1. 1950 in Linz.

Franz Schausberger. Landeshauptmann von Salzburg (1996–2004). Geboren 5. 2. 1950 in Steyr.

Norbert Gugerbauer. Generalsekretär der FP (1986–1988), Landesparteiobmann (1989–1992). Geboren 11. 2. 1950 in Schwanenstadt.

Johannes Ebner. Direktor des Diözesanarchivs Linz (seit 2000). Geboren 25. 3. 1950 in Enns.

Bert Brandstetter. Präsident der Katholischen Aktion Oberösterreich. (seit 2011). Geboren 12. 4. 1950 in Neumarkt im Mühlkreis.

Helmut Draxler. Bundesbahn-Generaldirektor (1993–2001). Geboren 25. 4. 1950 in Linz.

Erwin Zimmermann. Sechsfacher Motorboot-Weltmeister. Geboren 14. 5. 1950 in Linz. (Tödlich verunglückt 11. 5. 1980 in Traben-Trarbach.)

Rainer Mennicken. Intendant des Linzer Landestheaters (seit 2006). Geb. 12. 6. 1950 in Bielefeld.

Leopold Windtner. Generaldirektor der Energie AG, früher OKA (seit 1994), Präsident des Österreichischen Fußballverbandes (seit 2009). Geboren 30. 8. 1950 in Linz.

Wolfgang Lehner. Kaufmännischer Leiter der LIVA, seit → 1998. Geboren 9. 9. 1950 in Linz.

Siegwulf Turek. Regisseur, Bühnenbildner, Maler. Geboren 15. 10. 1950 in Salzburg. Lebt in Hallstatt.

Hannes Herndl. Präsident der oö. Landwirtschaftskammer (2002–2011). Geboren 29. 12. 1950 in Roßleithen.

Todestage

Hedda Wagner. Schriftstellerin. Gestorben 24. 3. 1950 in Linz. (Geboren 21. 1. 1876 in Linz.)

Ernst Nadler. Komponist. Gestorben 1. 5. 1950 in Wels. (Geboren 24. 6. 1869 in Wallern.)

Karl Breitenthaler. NS-Politiker. Gestorben 10. 5. 1950 in Linz. (Geboren 13. 5. 1879 in Linz.) 1940–1945 Gauhauptmann von Oberdonau. (Neben dem Gauleiter der zweite Mann im Land.)

Leopold Andres. Kartograph. Gest. 20. 5. 1950 in Kainbach, Steiermark. (Geb. 14. 11. 1866 in Linz.)

Lambert Zauner. Abt von Lambach (1934–1946). Gestorben 3. 8. 1950 in Wels. (Geboren 11. 10. 1885 in Kematen an der Krems.) 1941–1945 Verbannung nach Oberegg bei Mindelheim.

Gregor Goldbacher. Mundartdichter. Gestorben 22. 8. 1950 in Steyr. (Geb. 10. 10. 1875 in Steyr.)

Gregorius Eisvogel. Erster Trappisten-Abt von Engelszell (1931–1950). Gestorben 19. 11. 1950 in Linz. (Geboren 28. 5. 1873 in Schaffhausen.)

Fast ein Putsch

Die Verhandlungen über ein Lohn-Preis-Abkommen (das vierte) führen im Herbst 1950 zu einer Streikbewegung, die da und dort die Form eines Putschversuchs annimmt. Auch in Oberösterreich kommt es zu heftigen Auseinandersetzungen und zu einem Großeinsatz von Exekutive, wie es die Zweite Republik bisher nicht erlebt hat.

25. September. In Linz beginnen die Streiks einen Tag vor der kommunistisch geführten Streikbewegung in Wien, an der sich etwa 120.000 Arbeiter beteiligen, 40.000 aus den Usia-Betrieben. (Warenkette der sowjetischen Besatzungsmacht.)

Nicht nur kommunistische Betriebsräte treten in Linz energisch gegen das Lohn-Preis-Abkommen auf: In der Voest setzen Betriebsräte des VdU (Verband der Unabhängigen) und der KP in einer Betriebsvollversammlung einen Mehrheitsbeschluss für einen einstündigen Warnstreik durch.

26. September. Einzelheiten des Lohn-Preis-Abkommens werden bekannt, besonders die ab 1. Oktober in Kraft tretenden Preiserhöhungen. Die Protestbewegung gegen diesen „Lohn-Preis-Pakt“ verstärkt sich, in Linz ziehen etwa 15.000 Demonstranten aus vielen Linzer Großbetrieben über die Landstraße zum Landhaus, wo die zuständigen Landesräte einer zwanzigköpfigen Abordnung versprechen, dass in Oberösterreich „unnachsichtlich gegen ungerechtfertigte und voreilige Preiserhöhungen“ eingeschritten werde. Die Demonstranten ziehen zum Linzer Rathaus, die Linzer Sicherheitsdirektion hat inzwischen Alarmstufe 4 (Landesalarm) gegeben, etwa tausend Gendarmen werden in Linz konzentriert. Zu Streikaktionen kommt es in diesen Tagen aber auch in Steyr, Gmunden, Attnang-Puchheim, Lenzing und Nettingsdorf.

27. September. Die Lage verschärft sich, besonders Linz wird zum Zentrum von Ausschreitungen. Die Straßenbahnen, Autobusse und Obusse stehen still, in der Voest und in den Stickstoffwerken wird größtenteils gestreikt. Ein Zug von Demonstranten zieht über die Landstraße zur Arbeiterkammer, wo die Landesexekutive des Gewerkschaftsbundes tagt. In Sprechchören wird „Weg mit dem Schandpakt!“ gerufen. Die Kammer- und Gewerkschaftsfunktionäre, mit Heinrich Kandl (1875–1968) an der Spitze (er ist Präsident der Arbeiterkammer und Vorsitzender der Landesexekutive des Gewerkschaftsbundes) werden zum Verlassen des Gebäudes gezwungen. Es wird auch die Drohung ausgesprochen, Kandl aus dem Fenster zu werfen. Im Gebäude der Arbeiterkammer wird von Demonstranten eine Gewerkschaftsleitung gebildet, die sich „Provisorische Landesexekutive“ nennt. Das Streikkomitee, dem sämtliche Fraktionen angehören, fordert auch die Absetzung des Gewerkschaftspräsidenten.

Die Arbeiterkammer wird von den Streikenden besetzt gehalten, Überfallkommandos von Polizei und Gendarmerie mit Stahlhelmen und gefällten Bajonetten versuchen vergeblich, in das Gebäude einzudringen – sie werden von der Menge außerhalb der Arbeiterkammer abgedrängt. Erst als sich in den Abendstunden die Demonstranten verlaufen, kann die Exekutive ohne Widerstand die Arbeiterkammer übernehmen.

28. September. Es herrscht Unklarheit, wie sich die sowjetische Besatzungsmacht verhalten wird. Gendarmerieeinheiten sperren die Nibelungenbrücke, nachdem die Amerikaner ihre Posten abgezogen haben.

Die Lage beruhigt sich indessen, die Landesregierung appelliert pausenlos an die Bevölkerung und wertet die Streiks ausnahmslos als „eine provozierende Machenschaft politischer Renegaten, die aus Unruhe und Tumult für sich Vorteile ziehen wollen“. In einem Aufruf wird von den Wünschen „einer landesfremden Minderheit“ gesprochen und von „verbrecherischen Bestrebungen“, das Land zu teilen. Auch Gewerkschaft und Sozialistische Partei sprechen von einem gesetzwidrigen Vorgehen.

29. September. In Linz normalisiert sich die Lage.

30. September. In Wien kommt es zu einer vorwiegend von Kommunisten beeinflussten „Gesamtösterreichischen Betriebsrätekonferenz“, in der der Regierung ein Ultimatum gestellt und mit einem Generalstreik gedroht wird – zu dem es aber, trotz einzelner Ausschreitungen, nicht kommt.

4. Oktober. In Steyr findet noch eine Protestkundgebung von 5000 Arbeitern statt, doch ist zu diesem Zeitpunkt das vierte Lohn-Preis-Abkommen bereits in Kraft.

Glockenguss misslingt

26. Oktober. Oberösterreich will der Bundeshauptstadt zum Wiederaufbau des Wiener Stephansdomes eine neue „Pummerin“ zum Geschenk machen. Vor festlichen Zuschauern soll in St. Florian die Glocke gezeigt werden – doch der Glockenguss misslingt, die Festgäste sehen nur gelbe Dämpfe aufsteigen und sind innerhalb weniger Sekunden in dichte Rauchwolken gehüllt. Sie kommen jedoch mit dem Schrecken davon. Ein Jahr später klappt es dann – die neue „Pummerin“ tritt die Fahrt von Oberösterreich nach Wien an. → 1951, 1952

An der Spitze

9946 Buben und 9589 Mädchen werden 1951 neue Oberösterreicher. (Erfasst nach dem Wohnland der Mutter.) 13.087 Sterbefälle sind zu verzeichnen. Mit dem Geburtenüberschuss von 6448 liegt Oberösterreich an der Spitze aller Bundesländer, gefolgt von der Steiermark (5143) und Kärnten (4418). Wien hat als einziges Bundesland mehr Sterbefälle als Geburten (um 13.322). Weit vorn liegt Oberösterreich auch bei den unehelich Geborenen (3427). Nur in der Steiermark gibt es noch mehr ledige Kinder (3865).

Ergebnisse der Volkszählung 1951.

1951

Friedenskirche Urfahr

Die Christkönigkirche in Urfahr, besser bekannt als „Friedenskirche", Ölbild des Linzers Anton Watzl.

Kalender

17.2. Eröffnung des neuen Gebäudes der Druck- und Verlagsgesellschaft „Gutenberg" in der Anastasius-Grün-Straße in Linz.

10.3. Uraufführung im Linzer Landestheater: „Ruf aus dem Dunkel" von Elmire Koref.

12.3. Andorf wird Markt.

6.5. Zum ersten Mal wird der Bundespräsident in einer Volkswahl direkt gewählt. Ergebnisse in Oberösterreich: 283.266 Stimmen für Heinrich Gleißner (VP), 193.379 Stimmen für Theodor Körner (SP), 118.951 Stimmen für Burghard Breitner (WdU), 20.344 für Gottlieb Fiala (KP), 1515 Stimmen für andere. (WdU = Wahlpartei der Unabhängigen.) → 27. 5.

12.5. Mauthausen erhält eine neue Rollfähre.

16.5. Weihe der neuen Brücke zwischen Braunau und Simbach.

27.5. Bundespräsidentenwahlen (Stichwahlen). Ergebnisse in Oberösterreich: 322.681 Stimmen für Heinrich Gleißner (VP), 273.215 Stimmen für Theodor Körner (SP). Bundespräsident wird Theodor Körner (1873–1957, Amtszeit 1951 bis 1957).

21.5. In der Voest wird der Hochofen Nr. 6 angeblasen.

28.6. Die Bahnstrecke von Linz nach Amstetten ist elektrifiziert.

4.7. Eröffnung des Ennskraftwerks Großraming.

29.7. Gertrud Pertlwieser (Steyr) holt sich den Weltmeistertitel im Wildwasser-Paddeln (Kajak-Slalom).

2.8. Eröffnung der neuerbauten Brammenstraße der Voest.

3.–18.8. Weltjamboree der Pfadfinder in Bad Ischl.

1.10. Die Straßenbahnremise Kleinmünchen nimmt den Betrieb auf.

7.10. Die Friedenskirche in Linz-Urfahr (Christkönigkirche) wird eingeweiht. Architekten: Peter Behrens, Alexander Popp, Hans Feichtelbauer. Der ursprüngliche Entwurf wurde in der zweiten Bauphase abgeändert. Architekt: Hans Foschum. Nicht einhellige Zustimmung findet das Wandgemälde „Christkönig" von Max Weiler (1910–2001).

21.10. Eröffnung der Dachsteinbahn von Obertraun zum Schönberghaus (Dachsteinhöhlen). Talstation Obertraun: 608 m, Schönberghaus: 1350 m. →

26.10. Uraufführung im Linzer Landestheater: „Der König von Torelore" von Franz Pühringer.

24.11. Eröffnung des Linzer Unfallkrankenhauses.

14.12. Uraufführung der Operette „G'schichten aus dem Salzkammergut" von August Pepöck im Linzer Landestheater.

Geburtstage

Gottfried Mairwöger. Maler. Geboren 4. 2. 1951 in Tragwein.

Adalbert Cramer. Dritter Landtagspräsident (FP), seit 2009. Geboren 5. 2. 1951 in Kitzeck, Steiermark.

Kurt Mitterndorfer. Schriftsteller. Geboren 24. 2. 1951 in Linz.

Martin Sieghart. Opern- und Orchesterchef am Linzer Landestheater (1992–1998), seit 1998 Konzertleiter. Geboren 12. 3. 1951 in Wien.

Rupert Gottfried Frieberger. Komponist. Geboren 26. 3. 1951 in Linz.

Johann Holzinger. Propst von St. Florian (seit 2005). Geboren 12. 4.1951 in Vöklabruck.

Franz Dobusch. Bürgermeister von Linz (SP) seit 1988. Geboren 9. 5. 1951 in Raab. → 1988

Gerhard Haderer. Karikaturist. Geboren 29. 5. 1951 in Leonding.

Friedrich Bernhofer. Erster Landtagspräsident (VP), seit 2009. Geboren 19. 6. 1951 in Passau.

Mathias Mühlberger. Direktor der Caritas Oberösterreich (seit 2001). Geboren 2. 7. 1951 in Neustift im Mühlkreis.

Christiana Dolezal. Vizebürgermeisterin von Linz (SP), seit 2003. Geboren 17. 7. 1951 in Linz.

Thomas Christian (Thomas Christian Uitz). Geiger. Geboren 14. 8. 1951 in Linz.

Franz Fischbauer. Sportler. Geboren 6. 10. 1951 in Natternbach. Fünffacher Weltmeister, sechsfacher Europameister und 14facher Staatsmeister im Skibobfahren.

Gertrude Gebert. Sportlerin. Geboren 18. 10. 1951 in Steyrling. Siebenfache Weltmeisterin, fünffache Europameisterin und zehnfache Staatsmeisterin im Skibobfahren.

Hermann Kepplinger. Landesrat (SP) seit 2003. Geb. 26. 10. 1951 in Auberg (Haslach a. d. M.).

Heinrich Schiff. Cellist und Dirigent. Geboren 18. 11. 1951 in Gmunden.

Die „Pummerin"

Am 5. September gelingt in der Glockengießerei St. Florian bei Linz beim zweiten Anlauf der Guss der Pummerin. 1952 ist es dann soweit, dass die Oberösterreicher die Glocke dem Stephansdom in Wien schenken können. → 1952

Seit dem Jahr 1711, seit die „Pummerin" in Wien gegossen wurde, ist keine Glocke derartigen Ausmaßes in Österreich in Auftrag gegeben worden. Zum Guss der neuen, 20.000 Kilogramm schweren „Pummerin" wurden in der Glockengießerei St. Florian bei Linz zwanzig Prozent Zink und achtzig Prozent Kupfer verwendet und auf 1100 Grad erhitzt, wobei ein Teil der Glockenspeise aus den zerschellten Bestandteilen der 1945 geborstenen „Pummerin" stammt (und aus dem misslungenen Versuch von → 1950).

Silvesternacht im Schermberg

„Ich war oftmals am Einschlafen und wimmerte vor Kälte wie ein kleines Kind.“

Karl Lugmayer über die Nacht vom 31. Dezember 1950 auf 1. Jänner 1951 in der Schermberg-Nordwand; erste Winterbegehung der Linzer Route, gemeinsam mit Karl Blach. In „Edelweiß-Nachrichten“, Wien 1951.

Die erste Volkswahl

„Ich würde es schön empfinden, wenn die Präsidentenwahl eine große Demonstration der Österreicher für ihr gemeinsames Heimatland würde.“

Landeshauptmann Heinrich Gleißner, der sich 1951 um das Amt des Bundespräsidenten bewirbt. (6. und 27. Mai.)

Eine Seilbahn zu König Dachstein: Bis nahe zu den Dachsteinhöhlen führt die erste Teilstrecke.

Trauertag für das Mühlviertel

23. April. Schule, Kirche, Pfarrhof und dreizehn Wohnhäuser werden in der Gemeinde Schenkenfelden innerhalb kurzer Zeit ein Raub der Flammen. Zwei Menschenleben fordert das Großfeuer: Der 55jährige Landwirt Josef Manzenreiter und die 59jährige Magd Katharina Ratzenböck werden bei dem Versuch, Hausrat zu bergen, von den Flammen erfasst und können sich nicht mehr retten. Auch Vieh kommt in den Flammen um. Als Brandursache werden geflickte Sicherungen im Dachboden eines Gasthauses angegeben, die zu einem Kurzschluss an der elektrischen Futterschneidemaschine führten. Die meisten der Geschädigten sind nicht versichert. Die Katastrophe löst im ganzen Land eine Welle der Hilfsbereitschaft aus. Noch am Tag des Brandes treffen aus den umliegenden Gemeinden Pferdewagen mit Stroh und Heu und anderen Futtermitteln ein.

Das ganze Land steht im Banne der Brandkatastrophe in Schenkenfelden.

Es gibt 1,108.720 Oberösterreicher

1. Juni. Oberösterreich hat mit diesem Stichtag 1,108.720 Einwohner, die Landeshauptstadt Linz 184.685. Zum Vergleich:

- 1961: 1,131.623
- 1971: 1,229.972
- 1981: 1,269.540
- 1991: 1,340.017
- 2001: 1,376.797
- 2011: 1,412.640

Der Maler Wilhelm Dachauer.

Todestage

Wilhelm Dachauer. Maler. Gestorben 26. 2. 1951 in Wien. (Geboren 5. 4. 1881 in Ried im Innkreis.)

Karl Rausch. Komponist. Gestorben 7. 5. 1951 in Ried im Innkreis. (Geboren 12. 3. 1880 in Wien.)

Gustav Muher. Bildhauer. Gestorben 18. 6. 1951 in Linz. (Geboren 9. 5. 1861 in Buda, Ungarn.)

Florian Oberchristl. Linzer Domherr und Erforscher des Kefermarkter Altars. Gestorben 11. 9. 1951 in Linz. (Geboren 4. 5. 1876 in Kefermarkt.)

Geschützte Landeshymne

„Es ist strafbar, dem Wortlaut der Landeshymne eine andere Singweise oder der Singweise der Landeshymne einen anderen Wortlaut zu unterlegen.
Es ist ferner strafbar, die Landeshymne unter Begleitumständen zu singen oder zu spielen, welche die ihr gebührende Achtung verletzen."

§ 2 des Gesetzes vom 28. November 1952 über die oberösterreichische Landeshymne.

Die Inschrift der „Pummerin"

„Die dich in dieses Gotteshaus ruft, DIE GLOCKE, spendete das Land Oberösterreich".

(Das Tor des Wiener Stephansdomes spendete die Steiermark, den Steinboden Niederösterreich, die Bänke Vorarlberg, die Fenster Tirol, die Kronleuchter Kärnten, die Kommunionbank das Burgenland, den Tabernakel Salzburg, das Dach die Stadt Wien.)

Am 25. April passiert die „Pummerin" die Demarkationslinie an der Enns.

Kalender

13.2. Vertrag zwischen Bayern und Österreich über das Donaukraftwerk Jochenstein.

4.3. Stapellauf des 1000. Schiffes in der Linzer Schiffswerft.

26.4. Uraufführung der Operette „Das Mädel aus der Wachau" von Ludwig Schmidseder im Linzer Landestheater.

6.5. Konstituierung der Künstlervereinigung „Maerz".

30.5. Auf dem Bauernberg in Linz wird der Botanische Garten eröffnet. →

3.6. Goisern wird Markt.

9.6. Altmünster wird Markt.

11.6. Die sowjetische Besatzungsmacht genehmigt den Schifffahrtsbetrieb auf der Donau zwischen Wien und Linz →

14.6. Uraufführung im Linzer Landestheater: „Hervarts Heimkehr" von Kurt Atterberg.

Erste Hauptversammlung der Künstlergilde Wels.

28.6. Eröffnung des Linzer Stadions auf der Gugl. (Architekten: Otto Lehmann, Curt Kühne, Karl Treml.)

14.7. Linzer Gemeinderatsbeschluss, demzufolge der Grundstock der Sammlung Wolfgang Gurlitt für die Neue Galerie in das Eigentum der Stadt Linz übergehen soll. Der Name des Instituts wird fixiert: „Neue Galerie der Stadt Linz Wolfgang-Gurlitt-Museum." (Bis 1960.)

25.7. Beginn der „Ära Hitzinger" in der Voest. → 1975

17.8. Eine neue Betonbrücke über die Traun zwischen Marchtrenk und Weißkirchen löst die Holzbrücke aus dem Jahr 1893 ab.

30.8. Eröffnung der Vogelweide-Unterführung in Wels.

27.11. In der Linzer Voest wird das erste LD-Stahlwerk der Welt in Betrieb genommen. (Sauerstoff-Blasstoffverfahren, LD = Linz-Donawitz.) Offizielle Eröffnung 5. 1. 1953. → 1949

28.11. Der Landtag beschließt, dass das Lied „Hoamatland", nach dem Gedicht „s' Hoamatgsang" (→ S. 46) von Franz Stelzhamer (1802–1874), vertont von Hans Schnopfhagen (1845–1908), als Landeshymne gilt. →

1.12. Die SAKOG (Salzach-Kohlenbergbau) Trimmelkam beginnt mit der ersten Förderung der neuen Werksanlage.

19.12. Die Elektrifizierung der Strecke Salzburg–Wien ist abgeschlossen.

Geburtstage

Wolfgang Eder. Generaldirektor der voestalpine (seit 2004). Geboren 5. 2. 1952 in Steinbach am Attersee.

Franz Hiesl. Landeshauptmann-Stellvertreter (VP) seit 2000. Geboren 26. 3. 1952 in Waizenkirchen.

Erwin Fuchsbichler. Sportler des Jahres 1988 (Fußball). Geboren 27. 3. 1952 in Kapfenberg.

Gerhard Roiss. Generaldirektor der OMV (früher Österreichische Mineralölverwaltung), seit 2011. Geboren 2. 4. 1952 in Linz.

Typisch für die Architektur der keineswegs immer „wilden" fünfziger Jahre: Das Gebäude der Handelskammer am Linzer Hessenplatz, fertiggestellt 1952. (Architekten: Gustav Lassy, Kurt Schlauss und Paul Theer.)

Hubert Scheibl. Maler. Geboren 15. 4. 1952 in Gmunden.

Ambros Ebhart. Abt von Kremsmünster (seit 2007). Geboren 21. 7. 1952 in Heinrichs bei Weitra (NÖ).

Gerhard Prem. Maler. Geboren 20. 9. 1952 in Sandl.

Martin Heller. Intendant für das Europäische Kulturhauptstadtjahr Linz 2009. Geboren 25. 10. 1952 in Basel.

Hubert Achleitner (Pseudonym Hubert von Goisern). Volkstümlicher Musiker. Geboren 17. 11. 1952 in Goisern.

Botanischer Garten

Die Anfänge sind bescheiden, doch die Linzer freuen sich auch darüber: sie haben einen Botanischen Garten. Zwei Jahre später ist ein Tropenhaus fertig, wieder zwei Jahre später wird ein Seerosenbecken errichtet, 1960 dehnt sich der Botanische Garten, inzwischen zu einer Sehenswürdigkeit für ganz Oberösterreich geworden, weiter aus.

Todestage

Rudolf Lenoir (Schwarz). Schauspieler und Regisseur. Gestorben 18. 3. 1952 in Linz. (Geboren 30. 9. 1863 in Wien.) 1898–1902 und 1922–1929 am Landestheater Linz.

Wilhelm Gärtner. Volksbildner. Gestorben 27. 6. 1952 in Linz. (Geboren 1. 9. 1885 in Johannesthal, Böhmen.) → S. 418

Josef Moser. Priester und Politiker. Gestorben 6. 7. 1952 in Linz. (Geboren 2. 4. 1870 in Enzenkirchen.) Mitglied des Bundesrates.

Sepp Huber. Bergpionier. Gestorben 15. 12. 1952 in Wels. (Geboren 19. 12. 1871 in Enns.) Erschließer des Toten Gebirges, vor allem des Prielgebiets.

Rot-weiß-rot auf der Donau

12. Juli. Nach siebenjährigem Bitten und Fordern ist es endlich soweit: Von der Linzer Lände fährt ein Personenschiff der DDSG ab, im Logbuch steht als Fahrziel Wien. Ohne Reden und Pathos, ohne Bankett und Minister, findet dieses Ereignis statt. Landeshauptmann Gleißner und Bürgermeister Koref fühlen sich als Passagiere und nicht als Politiker. Punkt 9.30 Uhr werden die Leinen des Motorschiffes „Stadt Wien" von den Pollern des Linzer Agentiepontons genommen und das Schiff rauscht in die Mitte des Stroms. Kurz nach Mauthausen werden die Passagiere aufgefordert, die Identitätskarte vorzubereiten, die russischen Matrosen erfüllen ihre Aufgabe rasch und freundlich.

Straßenbahn-Remise als Festspielhaus

„Furtwängler, Philharmoniker und Remise, das ließ einen doch zunächst gelinde erschauern. Aber es kam nicht nur halb so schlimm, sondern eigentlich überraschend gut. Der Raum wirkte in geschickter Adaptierung gar nicht remisenartig und auch die Akustik erwies sich im allgemeinen als nicht schlecht. Eine Lösung der Konzertsaalfrage in Linz ist natürlich dadurch keineswegs gegeben."

Ludwig K. Mayer in den „Oberösterreichischen Nachrichten" vom 3. 6. 1953.

Noch 77.060 Heimatvertriebene

Mit Stichtag 1. 7. 1953 leben in der amerikanischen Besatzungszone Oberösterreichs 77.060 noch nicht eingebürgerte Heimatvertriebene, das sind 41,3 Prozent aller in Österreich lebenden Personen, die nach dem Zweiten Weltkrieg zum Verlassen ihrer Heimat gezwungen wurden.

Brunhilde Scheuringer: „30 Jahre danach", Wien 1983.

Amerikaner und Russen auf der Ennsbrücke.

Kalender

5.1. Offizielle Eröffnung des ersten nach dem neuen LD-Verfahren arbeitenden Stahlwerks der Welt. → 1949, 1952

14.1. Vertrag zwischen dem Kunsthändler Wolfgang Gurlitt und dem Magistrat der Stadt Linz: 84 Bilder und 33 Graphiken, die den Grundstock der Sammlungen der Neuen Galerie der Stadt Linz bilden, gehen in das Eigentum der Stadt über.

30.1. Gründung der Linzer Zollfreizonen-Betriebs-AG.

22.2. Nationalratswahlen. Ergebnisse in Oberösterreich: 285.308 VP, 236.944 SP, 75.065 WdU (WdU = Wahlpartei der Unabhängigen), 18.780 KP, 1215 Sonstige.

23.5. Uraufführung im Linzer Landestheater: „Der Vielgeliebte" von Martin Costa.

1.6. Konzert der Wiener Philharmoniker unter Wilhelm Furtwängler (1886–1954) in Linz. Da die Landeshauptstadt über keinen entsprechend großen Konzertsaal verfügt, findet das Konzert in der Straßenbahn-Remise der ESG statt. →

2.6. Josef Schlegel (1869–1955), Landeshauptmann von 1927 bis 1934, seit 1947 Präsident des Rechnungshofes, tritt mit 84 Jahren in den Ruhestand. →

8.6. Linz und Urfahr sind wieder eine gemeinsame Stadt! →

4.–5.7. Am ersten österreichischen Bundes-Blasmusiktreffen in Wels nehmen 218 Musikkapellen teil.

11.8. Spatenstich durch Bundespräsident Theodor Körner (1873–1957) zur zweiten Teilstrecke der Dachsteinbahn Obertraun vom Schönberghaus (Dachsteinhöhlen) zum Krippenstein.

15.8. Ende der alliierten Post- und Telefonzensur.

31.8. Ende der Ära Ignaz Brantner (→ S. 379) im Linzer Landestheater.

1.9. Oskar Walleck (1890–1976) übernimmt die Leitung des Linzer Landestheaters. (Bis 31. 8. 1956.)

17.9. Das deutsch-österreichische Innkraftwerk bei Braunau ist fertig.

27.9. Der UKW-Sender Linz-Freinberg nimmt den Betrieb auf.

1.10. Die aus der Zeit vor 1938 bekannte Tageszeitung „Tages-Post" erscheint wieder. (Bis 31. 12. 1954, dann vereinigt mit den „Oberösterreichischen Nachrichten".)

17./19.10. Das Linzer Landestheater feiert sein 150-Jahr-Jubiläum mit Heinrich von Kleists „Der zerbrochene Krug", Richard Wagners „Tannhäuser" und einer Uraufführung: „Es gibt immer zwei Möglichkeiten" von Anny Tichy. →

30.10. Das Ennskraftwerk Rosenau nimmt den Betrieb auf.

16.11. Das Linzer Bruckner-Konsevatorium kann in der Waltherstraße in ein völlig renoviertes Haus einziehen.

25.12. Uraufführung im Linzer Landestheater: „Ein Privatmann namens Cicero" von Gustav Karl Bienek.

Geburtstage

Wolfgang Böck. Schauspieler. Geboren 14. 1. 1953 in Linz.

Gerhart Marckhgott. Direktor des Landesarchivs (seit 2003). Geboren 28. 1. 1953 in Linz.

Walter Kohl. Schriftsteller. Geb. 8. 2. 1953 in Linz.

Siegfried Anzinger. Maler. Geboren 25. 2. 1953 in Weyer.

Johann Kalliauer. Präsident der Arbeiterkammer Oberösterreich (seit 2003). Geboren 26. 2. 1953 in Wels.

Kurt Kotrschal. Verhaltensbiologe. Geboren 5. 5. 1953 in Linz. Wissenschafter des Jahres 2010.

Reinhold Aumaier. Schriftsteller. Geboren 12. 5. 1953 in Linz.

Erwin Enzinger. Schriftsteller. Geboren 13. 5. 1953 in Kirchdorf an der Krems.

Gunter Waldek. Komponist. Geboren 26. 7. 1953 in Linz.

Walter Aichinger. Landesrat (VP, 1995–2003). Geboren 30. 7. 1953 in Wels. Präsident des oö. Roten Kreuzes (seit 2011).

Leopold Past. Sportler des Jahres 1976 (Turnen). Geboren 3. 10. 1953 in St. Florian am Inn.

Reinhard Mattes. Landeskulturdirektor (seit 2003). Geboren 24. 10. 1953 in Linz.

Therese Eisenmann. Malerin. Geboren 25. 10. 1953 in Gosau.

Elisabeth Reichart. Schriftstellerin. Geboren 19. 11. 1953 in Steyregg.

Richard Wall. Schriftsteller. Geboren 7. 12. 1953 in Niederwaldkirchen.

Uli Huber. Sportlerin des Jahres 1980 (Windsurfen). Geboren 16. 12. 1953 in Grieskirchen.

Christian Enichlmayr. Leiter der oö. Landesbibliothek (seit 1999). Geboren 22. 12. 1953 in Wels.

Margit Schreiner. Schriftstellerin. Geboren 22. 12. 1953 in Linz.

Rudolf Ippischs Lieblingsplatz: der Alberfeldkogel.

Todestage

Rudolf Ippisch. Erbauer der Feuerkogelseilbahn. Gestorben 2. 3. 1953 in Bad Ischl. (Geboren 4. 4. 1878 in Ebensee.)

Franz Berger. Historiker. Gestorben 6. 3. 1953 in Linz. (Geboren 23. 9. 1874 in Ried im Innkreis.)

Franz Langoth. Lehrer und Politiker. Gestorben 17. 4. 1953 in Goisern, 1944–1945 Oberbürgermeister von Linz. (Geboren 20. 8. 1877 in Linz.)

Peter Mandorfer. Bauer und christlichsozialer Politiker. Gestorben 30. 7. 1953 in Linz. (Geboren 19. 4. 1885 in Waldneukirchen.) Erster Landtagspräsident 1934–1938 und 1945–1953, Landwirtschaftsminister 1936–1938.

Wilhelm Bauer. Historiker. Gestorben 23. 11. 1953 in Linz. (Geboren 31. 5. 1877 in Wien.)

Volksfest wird zur Messe

Das Rieder Volksfest ist erstmals eine „Internationale Österreichische Landwirtschaftsmesse".

Endlich ist die Enns-Brücke keine Zonengrenze mehr.

Frage der Wirtschafterin ...

„Ich habe das angenehme Gefühl der Gelöstheit von allen Verpflichtungen, von Freiheit und Unabhängigkeit, mit meiner Pension kann ich auskommen ... nur die Frage der Wirtschafterin ist schwierig."

Tagebucheintragung von Ex-Landeshauptmann Josef Schlegel (1869–1955), nach seinem Rücktritt als Präsident des Rechnungshofes, 1953.

Heute ist der 1. April 2000

Titel in den „Oberösterreichischen Nachrichten" vom 9. Juni 1953.

(In einem in diesen Jahren sehr bekannten satirischen Film mit dem Titel „1. April 2000" zieht sich Österreich die Ungnade der strengen Weltrichter zu, weil sein Ministerpräsident zur Zerreißung der Identitätsausweise aufgefordert hatte und die Österreicher in ihrer Begeisterung dieses abgegriffene Papier zerfetzt haben.)

In der sowjetischen Kommandantur in Urfahr, unter dem Stalin-Bild, geben die russischen Offiziere die Aufhebung der Zonenkontrolle offiziell bekannt. Die Herren zwischen den Offizieren: Der Bürgermeister von Urfahr, Ferdinand Markl, der Linzer Bürgermeister Ernst Koref, der Staatsbeauftragte für das Mühlviertel, Johann Blöchl, Landeshauptmann Heinrich Gleißner.

150 Jahre Landestheater

„Im 150. Jahr seines Bestehens erscheint das Linzer Landestheater durch die geistige Haltung seiner Träger gesicherter denn je – in Dankbarkeit geht es seinen kommenden Aufgaben entgegen."

Intendant Oskar Walleck zum Jubiläum 150 Jahre Landestheater Linz.

Schreckensnacht in Ampflwang

14./15. November. Drei Brandlegungen innerhalb von fünf Stunden rauben den Ampflwangern den Schlaf. Um sieben Uhr abends steht eine Baracke der Wolfsegg-Traunthaler Kohlenwerks AG in Flammen, eineinhalb Stunden später brennt ein Bauernhof, nach Mitternacht eine Scheune. Noch ein vierter Brand sollte dem Brandleger gelingen, erst beim fünften Anschlag kann ihm das Handwerk gelegt werden.

Am 9. Juni 1953 feiert Oberösterreich die Aufhebung der Zonengrenze. Auf der Linzer Nibelungenbrücke tanzt Landeshauptmann Heinrich Gleißner mit Elmire Koref, Gattin des Linzer Bürgermeisters.

Zonengrenze fällt

6. Juni. Die sowjetische Besatzungsmacht führt die Eisenbahnkontrollen nicht mehr an der Zonengrenze, sondern in St. Valentin durch.

8. Juni. Der sowjetische Informationsdienst teilt mit, dass der stellvertretende Hochkommissar der UdSSR in Österreich, Generalmajor W. M. Kraskewitsch, den österreichischen Bundeskanzler Julius Raab empfing und ihm folgende Mitteilung machte: „Die sowjetischen Okkupationsbehörden in Österreich haben, um dem Wunsch des österreichischen Volkes zu entsprechen, mit dem 9. Juni 1953 die ständige Kontrolle an der Demarkationslinie für den Personen- und Lastenverkehr aufgehoben. Mit 9. Juni 1953 wird die Personenkontrolle an der Demarkationslinie nur periodisch nach Maßgabe der Notwendigkeit erfolgen, die Lastenkontrolle wird nur insoweit durchgeführt, als es notwendig ist, die Einfuhr von Waffen, Munition und Sprengstoffen in die Sowjetzone zu verhindern."

In Linz wartet man nicht einmal bis zum angekündigten 9. Juni. Schon am 8. Juni um 19.45 Uhr stellen die sowjetischen Militärposten am Urfahrer Brückenkopf die Kontrolle der Identitätsausweise ein.

Die Oberösterreicher sind von dieser Maßnahme derart überrascht, dass sie sich zunächst nicht über die Brücke trauen, weil die gewohnte Kontrolle fehlt. Es kommt zu einem regelrechten Stau auf der Brücke.

Mehr als acht Jahre nach Kriegsende: Die letzten Heimkehrer aus der Sowjetunion treffen ein. (15. 10. 1953.)

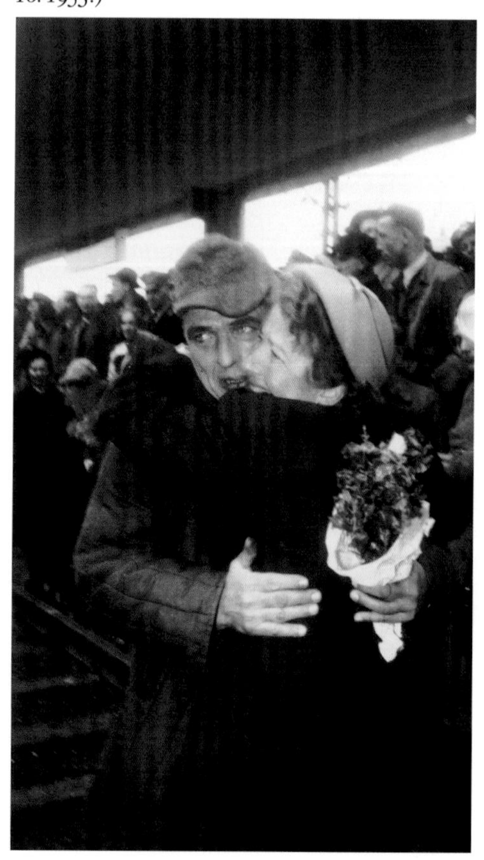

In Linz und für Linz

„Der künstlerische Wiederaufstieg des Landestheaters bleibt sein unbestreitbares Verdienst."

„Tages-Post", 1. 1. 1933.

*

„Ignaz Brantner wußte stets, daß er in Linz und für Linz zu wirken hatte. Er jagte keinem Phantom nach. Er war für seine moralische Anstalt da und nicht die moralische Anstalt für ihn."

Josef Laßl in: „Oberösterreichische Nachrichten", 22. 10. 1966.

Subventionen

Auch unter dem Sparmeister Ignaz Brantner musste das Landestheater Linz subventioniert werden, wenn auch in einem für heutige Begriffe höchst bescheidenen Maß. Bei einer Führung durch das Theatergebäude wurde zum Thema Subventionen Ignaz Brantner einmal von einer jungen Dame gefragt:

„Wie oft müsste das Theater ausverkauft sein, damit es keine Subventionen braucht?"

Die Antwort Brantners: „Haben Sie schon einen Beruf, Gnädigste? Sonst engagiere ich Sie vom Fleck weg als jugendliche Naive!"

Oberösterreichische Originale: Der Theaterdirektor Ignaz Brantner

Er war kein Pionier, er war ganz sicher auch nicht das, was man heute unter einem Managertyp versteht, dafür war er ein Vollblut-Theatermann von einer Art, wie es sie nicht mehr gibt: Ignaz Brantner (1886–1960). Er leitete die oberösterreichische Landesbühne in den Jahren 1932 bis 1945 und dann wieder von 1948 bis 1953.

Es war in den fünfziger Jahren: allmählich konnte man für sein Geld wieder etwas kaufen, und die Leute, die nur ins Theater gegangen waren, weil es sonst nichts gab, verliefen sich allmählich. „Theaterkrise" nannte man das. Im Märzenkeller, wo das Landestheater auf einer Freilichtbühne spielte, hatten sich zu einer Vorstellung von Gerhart Hauptmanns Märchendrama „Die versunkene Glocke" sieben Zuschauer eingefunden.

Verzweifelt rief der Regisseur den Direktor an: „Was sollen wir denn tun?"

Brantner schäumte: „Fragen Sie nicht so blöd! Spielen natürlich! Auch wenn nur ein einziger Zuschauer dasitzt spielen wir!"

Zweimal hatte Brantner das Linzer Landestheater in einer hoffnungslosen Situation übernommen. In seine Direktionszeit fallen die „Sondervorstellungen für Arbeitslose" in der Ersten Republik, die „Festvorstellung zur Feier des Anschlusses an das Großdeutsche Reich", die Gastspiele im damals zu „Oberdonau" gehörenden Krumau, die Umbauten am Bühnenhaus (1940), die Wiedereröffnung der Kammerspiele (1942), nach dem Krieg der Aufbau des Landabonnements.

Die Publikumswünsche erkannt

Leere Zuschauersitze, wie bei der Freilichtaufführung der „Versunkenen Glocke", waren unter der Direktion Ignaz Brantner allerdings eine Ausnahme. Denn was immer man gegen seine Spielplangestaltung einzuwenden hatte, sie war auf die Wünsche seines Publikums ausgerichtet. Natürlich kamen dabei Theaterexperimente und die Förderung der Nachwuchsdramatiker zu kurz. Populäre Opern, erfolgsichere Schauspiele, vor allem aber Operetten (zu zwei Dutzend davon schrieb er die Texte selbst) beherrschten den Spielplan.

Ignaz Brantner hatte den Stolz, das am geringsten subventionierte Theater Österreichs zu leiten. Er war als Sparmeister geradezu in Verruf, wusste das auch und machte darüber selbst Witze.

Als „Wilhelm Tell" für die Osterpremiere vorgeschlagen wurde, winkte Brantner ab: „Nana, den Tell spiel ma im Herbst, da san de Äpfel billiger!"

Ignaz Brantner, der legendäre Direktor des Linzer Landestheaters.

Sparen musste er besonders, als er, zum Trotz gegen seine ungerechte Absetzung, in den Jahren 1946 und 1948 eine Linzer Volksbühne leitete und damit zeigte, wie man mit wenig Geld und viel Idealismus publikumswirksames und trotzdem gutes Theater machen kann.

Natürlich ging manches daneben. „Friederike" von Franz Lehár sollte im Landestheater aufgeführt werden. Brantner hatte einen Tenor engagiert, der bei der Premiere kläglich versagte.

„Sag einmal, hast du dir denn nicht vorsingen lassen?" wurde Brantner von einem Freund gefragt. Darauf Brantner: „Vorsingen? Aber nein, er hat ausg'schaut wie der Goethe, da hab' ich ihn natürlich engagiert!"

Noch eine Fehleinschätzung wurde berühmt: Johanna von Koczian hatte sich am Linzer Landestheater als jugendliche Liebhaberin beworben. Ignaz Brantner ließ sich einen Text vorsprechen und urteilte dann: „Schauen Sie, es gibt soviel Berufe, Sie haben sicher auch irgendwo Ihre Talente, Sie müssen ja nicht unbedingt a Schauspielerin werden!"

Ein Jahr darauf war Johanna von Koczian in Bühne und Film ein anerkannter Star.

Es gibt auch Gegenbeispiele: Viele Schauspieler aus Brantners Ensemble machten bedeutende Karrieren. Romuald Pekny zum Beispiel, der spätere Kammerschauspieler, ist eine Brantner-Entdeckung.

Zweifellos hatte Brantner das, was man eine „richtige Theaterpratzen" nennt. Und auf seinem Theater herrschte ein echter Ensemblegeist. Brantner sagte freilich seinen Leuten allerhand, ließ sich aber andererseits auch viel sagen.

Vor der Heimfahrt von einem Betriebsausflug in Kremsmünster kletterte der Operettenkomiker Rudi Ott auf das Dach des Autobusses und brüllte:

„Volk von Kremsmünster, hier unten sehen Sie den Ignaz Brantner, das ist der Direktor vom Linzer Landestheater und zugleich im ganzen Land das größte Rindvieh!"

Wie Ignaz Brantner auf diese Majestätsbeleidigung reagierte? „Ott, kumm aba, du hast schon an Rausch!"

Nicht immer blieb Brantner so gelassen. Seine Wutausbrüche waren gefürchtet. Und wenn er aufgeregt war, kamen ihm auch manchmal die Worte durcheinander. Einer dieser Wutausbrüche gipfelte in den Worten: „Ich lasse mir doch aus meiner Schmiere kein Theater machen …!"

Rudolf Lehr

Von Brantner entdeckt: Romuald Pekny.

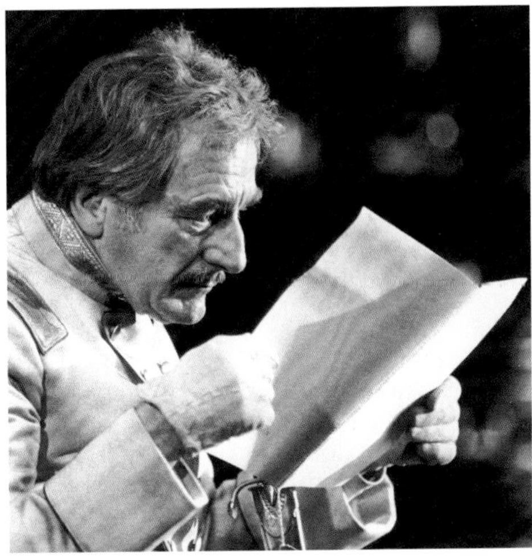

Von Brantner verkannt: Johanna von Koczian.

Da san amal der Vota und sein Bua ...

Da san amal der Vota und sein Bua in d' Schul gangen zum Herrn Lehrer, beschwern. Ja, alles, was recht is, aba direkt sekkiern derf der Lehrer ja die Kinder net.

Und grad auf'n Micherl hat's der Lehrer aso abgsehgn ghabt. Und nu dazua in der ersten Klass'. Alle Tag is der Micherl als a flennada hoamkemma.

„Na, i geh nimma in d' Schul, der Herr Lehrer sekkiert mi allweil", hat er trenzt, und in der Fruah hat d' Muatta jedsmal a Mordsgfrett ghabt, daß s' 'n Buam in d' Schul einibracht hat.

Is' s 'n Votan do amal zdumm worn, na ja, alles was recht ist, aba direkt sekkiern derf der Lehrer ja do die Kinder net – er hat'n Micherl packt und is beschwern gangen zum Herrn Lehrer.

Na, der Vota hat sauba aufdraht, na ja, alles was recht is, aba direkt sekkiern derf ma ja do a Kind net!

Der Herr Lehrer hat die Beschwerde ruhig angehert, und wia der Vota fertig war mit seiner Schimpferei, nimmt er 'n Micherl recht liab bei der Hand und sagt recht freundli zu eahm: „Micherl, damit dein Vater sieht, was du alles kannst, sage mir einmal, wieviel ist zwei mal zwei?"

Fangt der Micherl glei ins flenna an und sagt: „Siahgst as, Vota, er fangt scho wieda an zum sekkieren."

Franz Resl

1954

Kalender

16.1. Im Café Goethe beginnt das „Linzer Kellertheater" unter der Leitung von Ernst Ernsthoff (früher Voest-Bühne), Paul Blaha und Karl Wiesinger seinen Spielbetrieb mit anspruchsvollem, literarischem und avantgardistischem Programm.

1.3. In der Voest wird der Hochofen Nr. 6 angeblasen.

9.3. Uraufführung im Linzer Landestheater: „Das Wunder von Saragossa" von Franz Hauptmann.

15.3. In Linz und Salzburg übergeben die Amerikaner die Sendergruppe Rot-Weiß-Rot an die Österreicher.

15.4. Zum letzten Mal werden die drei Lehrer und zehn Schüler gesehen, die in der Karwoche auf dem Dachstein erfrieren. → S. 382

1.5. Der Moorort Neydharting erhält offiziell die Bezeichnung Bad Wimsbach-Neydharting.

12.5. Uraufführung im Linzer Landestheater: „Die Liebe der Andrea" von Rudolf Bayr.

10.6. Eröffnung der Inn-Staustufe Braunau-Simbach.

17.7. Mit dem Bau der Autobahn wird begonnen.

31.8. Eröffnung der Fernstraße Wels–Grieskirchen.

3.9. Verheerender Hagelsturm in Linz: Tausende Fensterscheiben werden zerschlagen.

12.9. 782 Häuser von Altmünster werden von einem Sturm ganz oder teilweise abgedeckt.

4.10. Uraufführung im Linzer Landestheater: „Odysseus muß wieder reisen" von Kurt Klinger.

29.11. Die Post- und Telegraphendirektion Oberösterreich macht auf die Anmeldepflicht von Fernsehempfangsgeräten aufmerksam. Bisher sind in Oberösterreich sieben Geräte angemeldet.

Anton Lintner stellt in Molln den Schuhbetrieb seines Vaters auf industrielle Fertigung um: 50 Mitarbeiter.

Geburtstage

Edith Kneifl. Schriftstellerin. Geboren 1. 1. 1954 in Wels.

Barbara Prammer. Erste Nationalratspräsidentin, SP → 2006, Zweite Nationalratspräsidentin (2004 bis 2006), Ministerin für Frauen und Konsumentenschutz (1997–2000). Geboren 11. 1. 1954 in Ottnang.

Erich Hackl. Schriftsteller. Geboren 26. 1. 1954 in Steyr.

Rudolf Trauner. Präsident der Wirtschaftskammer Oberösterreich (seit 2003). Geboren 8. 2. 1954 in Linz.

Christoph Ransmayr. Schriftsteller. Geboren 20. 3. 1954 in Wels.

Ulrike Knall-Brskovsky. OÖ. Landeskonservatorin (seit 2011). Geboren 30. 3. 1954 in Wien.

Michael Klügl. Intendant des Landestheaters (1998–2006). Geboren 3. 4. 1954 in Offenbach.

Kurt Rammerstorfer. ORF-Landesintendant von Oberösterreich (1998–2002 und ab 2012), Hörfunkdirektor (2002–2006), Landesdirektor von Tirol (2007–2011). Geboren 22. 4. 1954 in Linz.

Viktor Sigl. Landesrat (VP) seit 2003, Präsident der Wirtschaftskammer OÖ (2000–2003). Geboren 20. 6. 1954 in Kreuzen.

Christian Schacherreiter. Schriftsteller und Literaturkritiker. Geboren 22. 6. 1954 in Linz.

Gerhard Maria Wagner. Pfarrer von Windischgarsten. Geboren 17. 7. 1954 in Wartberg ob der Aist. 2009 zum Weihbischof ernannt, nach einer Protestwelle noch vor der Weihe zurückgetreten. → 2009.

Gerhard Breitenberger. Linzer Fußballer, Sportler des Jahres 1976. Geboren 14. 10. 1954 in Golling.

Andreas Gruber. Filmemacher. Geboren 2. 11. 1954 in Wels.

Todestage

Franz Resl. Humorist und Schriftsteller. Gestorben 6. 1. 1954 in Linz. (Geboren 3. 5. 1883 in Linz.) →

Oscar Straus. Operettenkomponist. Gestorben 11. 1. 1954 in Bad Ischl. (Geboren 6. 3. 1870 in Wien.)

Graf Theodor Salburg zu Sallaberg auf Falkenstein. Beamter, Schriftsteller. Gestorben 4. 11. 1954 in Schloss Altenhof im Mühlkreis. (Geboren 7. 1. 1870 in Schloss Leonstein.)

Der oberösterreichische Humorist und Schriftsteller Franz Resl stirbt am 6. Jänner 1954 in Linz.

Landeshauptmann Heinrich Gleißner im Salonwagen von Kaiser Haile Selassie.

Drei Minuten Kaiser

1. Dezember. Ein Kaiser in Linz: Haile Selassie (1892–1975), der Beherrscher Äthiopiens, wird erwartet. Rot-weiß-rote Fahnen auf dem Bahnhof, zusätzlich hatte die Bundesbahn grün-gelb-rote besorgt, zwei orientalische Teppiche werden auf dem Bahnsteig aufgelegt, zweihundert Schulkinder mit äthiopischen Fähnchen aufgeboten. Eine Trachtengruppe der Landwirtschaftskammer friert in Dirndlkleidern, es warten eine Goldhaubengruppe der Stadt Linz, die Magistratskapelle, der Landeshauptmann, der Bürgermeister und viele andere Honoratioren.

Um 11.20 Uhr trifft der Sonderzug ein. Der Salonwagen bleibt nicht vor dem Teppich stehen, sondern ein paar Meter vorher, wo zufällig ein kommunistischer Redakteur steht. Er reicht dem Kaiser einen Notizblock durch das Fenster, der Kaiser ergreift ihn, schreibt – offenbar in der Annahme, dass das zur Begrüßungszeremonie gehöre – seinen Namen drauf. Ans Aussteigen denkt der Monarch nicht. Rasch kann noch der Landeshauptmann die kaiserliche Hand drücken, drei goldhaubengeschmückte Mädchen werden in aller Eile in den Waggon geschubst – und rechtzeitig herausgeholt, denn schon setzt sich der Zug wieder in Bewegung.

Also sprach Pater Leppich

„Wer im Leben von der Kirche nichts wissen will, braucht auch beim Begräbnis den Priester nicht als Totenvogel und Begräbnisbeamten.“

Pater Leppich bei einer Massenkundgebung in Linz, 24. März 1954.

Ein oberösterreichisches Unglück

11. Juli. „Die Hochwasserkatastrophe ist ein oberösterreichisches Unglück“, erklärt Landeshauptmann Heinrich Gleißner. Sieben Todesopfer sind zu beklagen, ein achtes wird zwei Tage später gemeldet: in der Waldaist ertrinkt ein dreijähriger Bub. Ganze Ortschaften müssen von ihren Bewohnern verlassen werden. Tausende Häuser sind betroffen, mehr als fünftausend so stark, dass sie geräumt werden müssen, die Bahnlinien sind an 17 Stellen unterbrochen, 50.000 Hektar der landwirtschaftlich genutzten Fläche sind überflutet, in ganz Oberösterreich stehen 152 Betriebe still.

12. Juli. Endlich können Zeitungen und Rundfunk berichten, dass die Hochwasserkatastrophe überstanden ist. Aber erst jetzt wird das ganze Ausmaß der Schäden sichtbar. Ein Zeitungstitel dieser Tage: „Nun liegt Sonnenschein über der Verwüstung.“ Überwältigend ist die Hilfsbereitschaft, die das Land erfasst und weit darüber hinaus reicht. Sie kommt von den offiziellen Stellen, auch aus dem Ausland, die amerikanische und sowjetische Besatzungsmacht helfen. Spendenkonten werden eröffnet, Feuerwehr und Rettung arbeiten rund um die Uhr, Parteien und Vereine organisieren Hilfstruppen – am erstaunlichsten aber ist, wie sehr in diesen Tagen der Nachbar seinem Nachbarn hilft, der glücklicherweise verschont Gebliebene dem Betroffenen, der Geschädigte dem noch mehr Geschädigten.

Höchster Pegelstand

11. Juli. Der Pegelstand der Donau liegt in Linz 5,73 m über dem Normalstand. Um 6 Uhr früh werden 9,62 m abgelesen.

Katastrophenbilanz

378 Häuser sind in Oberösterreich eingestürzt, 1912 Häuser in ihrem Bestand schwer gefährdet, 297 Brücken und Stege wurden weggerissen, 18.800 Menschen mussten evakuiert werden. Enorm sind die Schäden in der Landwirtschaft: 151 Groß- und 1500 Stück Kleinvieh gingen zugrunde.

Plünderungen

12. Juli. Es kommt zu Plünderungen! Die Linzer Polizei macht darauf aufmerksam, dass alle Sicherheitsorgane angewiesen sind, auf Plünderer im Hochwassergebiet zu schießen. Da auch in Schärding ähnliche Fälle vorkamen, wurden dort bewaffnete Strompatrouillen eingesetzt.

15.000 auf dem Linzer Pfarrplatz *Am 23. März drängen sich auf dem Linzer Pfarrplatz 15.000 Menschen, um die Predigt des 39jährigen Jesuitenpaters Johannes Leppich zu hören. An den folgenden Tagen spricht er im Neuen Dom und auf dem Hauptplatz.*

Das Hochwasser an der Nibelungenbrücke in Linz, im Hintergrund die Untere Donaulände.

Die Toten mahnen

Durch Erfrieren kommen in der Karwoche 1954 auf dem Dachstein ums Leben:

Willi Alfred Dengler, 16 Jahre, Schüler
Herbert Adolf Kurz, 15 Jahre, Schüler
Peter Lehnen, 15 Jahre, Schüler
Peter Eberhard Mößner, 16 Jahre, Schüler
Rolf Richard Mößner, 14 Jahre, Schüler
Roland Georg Josef Rauschmaier, 15 Jahre, Schüler
Karl Heinz Rienecker, 16 Jahre, Schüler
Hans Werner Rupp, 24 Jahre, Lehrer
Hans Georg Seiler, 40 Jahre, Lehrer
Kurt Seitz, 14 Jahre, Schüler
Dieter Steck, 16 Jahre, Schüler
Klaus Josef Strobel, 15 Jahre, Schüler
Christa Doris Vollmer, 24 Jahre, Lehrerin

Der Todesmarsch am Karfreitag

In der Karwoche des Jahres 1954 haben auf dem Dachstein drei Lehrer und zehn Schüler ihr Leben lassen müssen, weil die Gefahren der Berge unterschätzt wurden, weil man im Hochgebirge einen Fitnessausflug unternehmen wollte. Kein anderer Bergunfall ist der Bevölkerung so lebhaft in Erinnerung.

Die Schülergruppe aus Heilbronn, 14- bis 16-jährige, verbrachte gemeinsam mit ihren Lehrern die Osterferien in der Bundessportschule Obertraun. Die jungen Menschen wollten einige Bergwanderungen unternehmen. Ihr erstes Ziel war der Krippenstein, auf den damals noch keine Seilbahn führte. Der Leiter der Bundessportschule Obertraun warnte vor diesem Vorhaben: „Im April kann das Wetter rasch umschlagen!“ Es entstand deshalb ein Wortwechsel, den der Heilbronner Lehrer Hans Seiler rasch beendete:

„Mischen Sie sich nicht in meine Angelegenheiten!“

„Das ist heller Wahnsinn!“

Während des Aufstiegs fiel der erste Regen. Um halb zehn Uhr – es war Gründonnerstag, 15. April – erreichte die Gruppe die Schönbergalm. Die Wanderer waren völlig durchnässt. Die Hüttenwirtin brachte Tee. Als sie erfuhr, dass der Lehrer noch weitergehen wollte, schlug sie die Hände über dem Kopf zusammen:

„Herr Lehrer, das ist heller Wahnsinn!“

Die Frau machte Seiler aufmerksam, dass den Kindern die nassen Kleider am Leib klebten.

„Sie müssen sich eben warm laufen“, antwortete der Lehrer.

Dichter Nebel stieg auf. Bald verwandelte sich der Regen in Schneegestöber. Man sah kaum fünfzig Meter weit.

Zum dritten Mal schickte das Schicksal seine Warnung. Zwei Arbeiter der Materialseilbahn kehrten vom Stützpunkt 5 der Baustelle zur Schönbergalm zurück. Als sie den Wanderern begegneten, redeten sie sie an: „Kehren Sie um! Ein Unwetter kommt! Wir gehen selber ins Tal!“

Seiler gab ihnen nicht einmal eine Antwort. Die beiden Arbeiter waren die letzten, die die dreizehn Heilbronner lebend gesehen haben.

Ein Rettungstrupp verirrte sich

Als die Gruppe am Abend nicht in der Bundessportschule eintraf, machten sich Skilehrer auf die Suche. Zu Tode erschöpft kamen sie in den Morgenstunden des Karfreitags ergebnislos zurück.

In den folgenden Tagen begann eine Rettungsaktion, an der sich Gendarmen, Bergrettungsmänner und freiwillige Helfer beteiligten. Ein Rettungstrupp verirrte sich im Nebel und musste eine Nacht im Freien verbringen.

Die Aussicht, die Vermissten lebend zu finden, schwand von Stunde zu Stunde.

Die erste Spur

Am Dienstag nach Ostern fand man die erste Spur: einen Brotbeutel und den Teil einer Zeitung. Einen Tag später entdeckte man in einer Schneemulde ein mit Latschenzweigen bedecktes Lager. Hier hätten die Wanderer, wären sie mit entsprechender Kleidung ausgestattet gewesen, vermutlich ausharren können, bis sie von Rettungsmännern oder den ununterbrochen kreisenden Hubschraubern entdeckt worden wären.

Das Lager war leer. Getrieben von Kälte und Todesangst mussten die Heilbronner am Karfreitag einen verzweifelten Versuch unternommen haben, zur Schönbergalm zurückzukehren.

In dem bereits drei Meter hohen Schnee konnten sie kaum vorwärts kommen. Ihre Hilferufe verhallten ungehört im tobenden Schneesturm.

Ein Leichentuch im Schnee

Der Dachstein hatte ein weißes Leichentuch über die Toten gezogen. Die Suche wurde immer aussichtsloser.

Drei Tage später, am 24. April, als der Schnee zu schmelzen begann, fand man die ersten Opfer. Der Todeskampf hatte die Kindergesichter verwandelt: Der Gendarmeriebeamte, der einen Vierzehnjährigen entdeckt hatte, meldete, dass er die Leiche des vierzigjährigen Hans Seiler gefunden habe.

Neben einem der Opfer lag ein Fotoapparat. Als man den Film entwickelte, kam ein grauenhaftes Bild zum Vorschein: Die Heilbronner ziehen trotz Schneesturms weiter bergwärts. Sie hatten ihren eigenen Todesmarsch fotografiert.

Erst nach sechs Wochen fand man die letzten Toten, obwohl schließlich fünfhundert Bergrettungsmänner, Alpingendarmen und Bergführer pausenlos gesucht hatten.

Gedächtniskreuz und Gedächtniskapelle

An die Stelle, wo man die Toten fand, erinnert heute ein schlichtes Holzkreuz, das Heilbronner Gedächtniskreuz.

Auf dem Krippenstein ist eine Kapelle dem Gedächtnis dieser Dachsteinopfer gewidmet. In diese Kapelle, die für Katholiken und Protestanten errichtet wurde, stellte man einen barocken Barbara-Altar aus Hallstatt, auf dem man eine erstaunliche Zufälligkeit entdeckte: Die Zahl der Engel auf dem barocken Altar (13) stimmt mit der Zahl der Toten der Dachsteintragödie 1954 überein. (In der Zwischenzeit wurde der Altar aus Erhaltungsgründen in das Hallstätter Museum gebracht.)

Vor dem Heilbronner Gedächtniskreuz liegen fast immer frische Blumen. An den Jahrestagen der traurigen Ereignisse finden sich regelmäßig ehemalige Mitschüler der Heilbronner ein.

Vom Krippenstein führt heute ein Wander-

Sie haben ihren eigenen Todesmarsch fotografiert: Neben einem der Toten fand man einen Fotoapparat. Als man den Film entwickelte, sah man dieses Bild – das letzte vor dem Marsch in den Tod.

Warnung und Schutzengel

„Diese Toten sollen für unsere Jugend, die in die Berge geht, eine Warnung sein – und Schutzengel zugleich.“

Landeshauptmann Heinrich Gleißner bei der Verabschiedung der Dachsteinopfer.

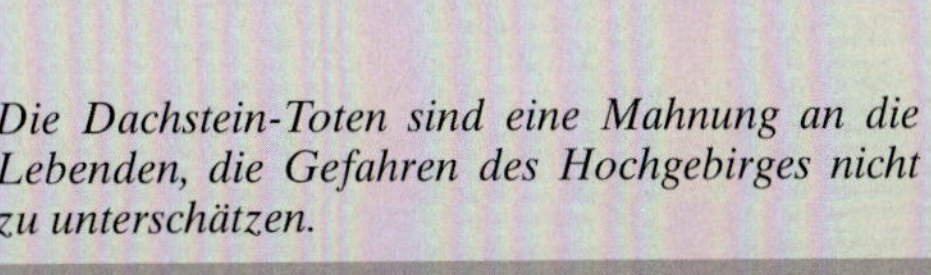

Die Dachstein-Toten sind eine Mahnung an die Lebenden, die Gefahren des Hochgebirges nicht zu unterschätzen.

weg zu dieser Gedenkstätte. Über Latschenfelder, zerklüftete Felsspalten, vorbei an abgrundtiefen Schluchten, aber der Weg ist gänzlich ungefährlich, wenn man ihn nicht verlässt. Gehzeit: 2 Stunden.

Wer hier wandert, heute auf gut markierten Wegen, erhält eine ungefähre Vorstellung von der Größe des Dachsteinmassivs. Von der Ohnmacht des Menschen gegenüber den Gewalten der Berge.

Rudolf Lehr

Zu erschütternden Szenen kommt es bei der Beisetzung der Dachsteinopfer.

Erst nach sechs Wochen findet man die letzten Toten, obwohl fünfhundert Bergrettungsmänner, Alpingendarmen und Bergführer pausenlos im Einsatz standen.

Kopf hoch, Charlie!

Zwei junge Linzer Autoren kommen in Wien zu Theaterehren: Kurt Klinger (Jahrgang 1928) mit „Odysseus muß wieder reisen" und Karl Wiesinger (Jahrgang 1923) mit „Gras für Büffel". Beide Stücke sind auch den Linzern bekannt (Klinger-Premiere 4. 10. 1954, Wiesinger 16. 12. 1960). Der Kritiker Hans Weigel (1908–1991) über die Wiener Aufführungen der Linzer Dramatiker:

Zu Karl Wiesinger:

„Schwarze sind Tiere", sagt der böse Chef – „Schwarze sind auch Menschen", sagt Karl Wiesinger. Die Trommeln werden immer lauter. Die fünf Männer können nicht mehr lauter werden, denn sie schreien schon den ganzen Abend, so laut sie können. „O.K.", sagt der böse Chef, „die Schwarzen wollen den, der ihren Häuptling niederknallte. Habe das Spiel verloren." – „Moment, Chef", sagt der edle Ingenieur, „sterbe mit dir." – „Bist ein feiner Kerl, Chef", sagt Karl Wiesinger zu Hemingway. „Kopf hoch, Charlie", sagt Hemingway zu Wiesinger, „habe auch mal ein Stück geschrieben, das danebengegangen ist."

Zu Kurt Klinger:

„Eine für das Volkstheater vorgenommene Umarbeitung änderte das Schlußbild und geriet dabei einigermaßen in den Nebel. Trotzdem ging Faszinierendes von Kurt Klinger aus. Dieser Autor hat die Gabe der Szenenführung, er hat etwas zu sagen und weiß um die primitiven Wirkungen. Wir beglückwünschen ihn zu diesem Stück, wie wir uns zu ihm beglückwünschen."

Aus: Hans Weigel „Tausend und eine Premiere", Wien 1961.

1955

Kalender

1.1. Gründung des Landesinstituts für Volksbildung und Heimatpflege.

Die „Oberösterreichischen Nachrichten" erscheinen vereinigt mit der „Tages-Post".

1.3. Aus Goisern wird „Bad Goisern".

28.3. Attnang-Puchheim wird Markt.

9.4. Die Linzer Stickstoffwerke beginnen mit der Großproduktion anorganischer Substanzen.

15.5. Unterzeichnung des Staatsvertrages.

22.5. Abschluss der Elektrifizierung der Strecke Wels–Passau.

25.5. Die sowjetischen Militärkommandanturen stellen ihre Tätigkeit ein.

2.7. Eröffnung des Donaukraftwerks Jochenstein.

16.7. Gründung der „Mühlviertler Künstlergilde".

26.7. Eröffnung der Hallstätter Salzbergbahn.

1.8. Die erste österreichische Fernsehsendung wird ausgestrahlt, von Wien-Kahlenberg, Graz-Schöckl und Linz-Freinberg.

11.8. Letzte Sitzung der „Zivilverwaltung Mühlviertel". Das Mühlviertel kehrt in die Verwaltung des übrigen Landes zurück.

13.8. Die sowjetischen „Usia-Betriebe" werden den Österreichern übergeben.

27.8. Abgesehen von den Abteilungen, die mit der Übergabe beschäftigt sind, gibt es in Oberösterreich keine Besatzungssoldaten mehr.

1.10. In Wels geben die berühmtesten Pferde der Welt, die Lipizzaner der Spanischen Reitschule in Wien, eine Abschiedsvorstellung. Sie waren 1945 nach Oberösterreich gebracht worden, zuerst nach St. Martin im Innkreis, später in die Dragonerkaserne nach Wels.

22.10. Uraufführung der Operette „Melodie aus Wien" von Emil Berté im Linzer Landestheater.

23.10. Landtags- und Gemeinderatswahlen. Der neue Landtag: 25 VP (23), 19 SP (15), 4 FW (10; 1955 Freiheitliche Wahlgemeinschaft, 1949 Wahlpartei der Unabhängigen).

9.11. Gründung der Landesgruppe Oberösterreich der Freiheitlichen Partei Österreichs.

Die Feuerwehrmänner von Oberweis wollten helfen – und fuhren in den Tod.

Geburtstage

Peter Baumgartner. Chefredakteur der „Amtlichen Linzer Zeitung" und von „Unser Oberösterreich". Geboren 19. 1. 1955 in Linz.

Irmgard Wöckinger. Sportlerin des Jahres 1977 (Leichtathletik). Geb. 17. 3. 1955 in Katsdorf.

Kurt Palm. Autor und Regisseur. Geboren 12. 4. 1955 in Vöcklabruck.

Martina Zachhuber-Leitner. Keramikerin. Geboren 24. 4. 1955 in Bad Ischl.

Wilhelm Molterer. Vizekanzler und Finanzminister (2007–2008), Landwirtschafts- und Umweltminister (1994–2003 bzw. 2000–2003), Parlaments-Clubchef (2003–2007), Bundesobmann der VP (2007–2008). Geboren 14. 5. 1955 in Steyr. → 2007

Wolfgang Kronsteiner. Landesfeuerwehrkommandant (seit 2011). Geboren 25. 6. 1955 in Linz.

Gabriele Berger. Bildhauerin. Geboren 3. 7. 1955 in Wien. Lebt in Aigen im Mühlkreis.

Helga Schager. Malerin. Geboren 17. 7. 1955 in Aschach a. d. Donau.

Manfred Scheuer. Bischof von Innsbruck (seit 2003). Geboren 10. 8. 1955 in Haibach ob der Donau.

Rainer Wimmer. Bundesvorsitzender der Gewerkschaft PRO-GE (Produktionsgewerkschaft, früher Metallergewerkschaft), seit 2009. Geboren 10. 8. 1955 in Hallstatt.

Klaus Albrecht Schröder. Direktor der Albertina in Wien (seit 2000). Geboren 15. 9. 1955 in Linz.

Helga Pargfrieder. Sportlerin des Jahres 1976 (Basketball). Geboren 16. 9. 1955 in Linz.

Gerhard Hasenöhrl. Chefredakteur, Leiter der Presseabteilung der OÖ. Landesregierung. Geboren 23. 11. 1955 in Schärding.

Reinhold Mitterlehner. Wirtschaftsminister (VP), seit 2008. Geboren 10. 12. 1955 in Helfenberg.

Ludwig Laher. Schriftsteller. Geboren 11. 12. 1955 in Linz.

Erwin Buchinger. Sozialminister (SP) 2007–2008, → 2007. Geboren 25. 12. 1955 in Mauthausen.

Todestage

Alois Wiesinger. Abt, Missionar. Gestorben 3. 1. 1955 in Schlierbach. (Geboren 3. 6. 1885 in Magdalenaberg, Kremstal.) Gründer der Landwirtschaftsschule, des Gymnasiums und der Käserei, Missionstätigkeit in Nord- und Südamerika.

Enrica von Handel-Mazzetti. Dichterin. Gestorben 8. 4. 1955 in Linz. (Geboren 10. 1. 1871 in Wien.) → S. 386

Josef Schlegel. Christlichsozialer Politiker, Landeshauptmann von Oberösterreich (1927–1934). Gestorben 27. 4. 1955 in Linz. (Geboren 29. 12. 1869 in Schönlinde, Böhmen.) →, → 1927

Robert Reininger. Philosoph. Gestorben 17. 5. 1955 in Wien. (Geboren 28. 9. 1869 in Linz.) → S. 307

Rudolf Baschant. Maler. Gestorben 1. 7. 1955 in Linz. (Geboren 29. 8. 1897 in Salzburg.)

Felix Kern. Landeshauptmann-Stellvertreter (1948 bis 1955). Gestorben 23. 10. 1955 in Linz. (Geboren 21. 5. 1892 in Unterweißenbach.)

Hans Finsterer. Chirurg. Gestorben 4. 11. 1955 in Wien. (Geboren 24. 6. 1877 in Weng im Innkreis.) Er schuf neue Operationsmethoden.

Max Hirschenauer. Maler. Gestorben 28. 11. 1955 in Schärding. (Geboren 2. 3. 1885 in Schärding.)

Alfred Polgar und Linz

„Bis März 1938 lag Linz in Oberösterreich, dann lag es im Gau Oberdonau, und jetzt liegt es in der amerikanischen Zone. Viel kommen die Städte herum neuerdings.“

Alfred Polgar (1873–1955) in „Städte, die ich nicht erreichte“.

Landeshauptmann Schlegel

„... ein unbeugsamer Verfechter der Demokratie – auch noch in Zeiten, in denen diese Regierungsform immer weniger gefragt war.“

Landeshauptmann Josef Ratzenböck über Landeshauptmann Josef Schlegel (1869–1955).

Eine seltene Aufnahme: Die Dichterin Enrica von Handel-Mazzetti bei einem Spaziergang oberhalb der Donau. → *S. 386*

Die Tragödie von Oberweis

23. Juli. Ein Fluss zwischen Oberweis und Gmunden fordert an diesem Tag gleich zweimal schreckliche Menschenopfer: Er wird „der wasserlose Bach“ genannt. Doch ein Unwetter hat den Bach in ein tosendes Gewässer verwandelt. Die Brücke hält den Wassermassen nicht stand und stürzt ein. Ein zehn Meter tiefer Abgrund tut sich auf. Ein Laakirchner und seine Freundin, die eine Urlaubsfahrt antreten wollen, sehen den Abgrund nicht und stürzen in den Tod. Wenige Minuten später besteigen sieben Männer der Freiwilligen Feuerwehr Oberweis den Rüstwagen. Sie wissen von einem Unglück und wollen helfen. Aber sie wissen nicht, dass die Straße nach Gmunden unterbrochen ist. In voller Fahrt rast der Wagen in den Abgrund und explodiert sofort. Niemand hat auch nur die geringste Überlebenschance. →

Erntedankfest am 18. September 1955 in Linz: Neben Bischof Zauner Bundeskanzler Julius Raab und Landeshauptmann Heinrich Gleißner.

Stolze Erfolgszahlen

Viele oberösterreichische Betriebe können im ersten Jahr des freien Österreich mit stolzen Erfolgszahlen aufwarten. Dazu vier Beispiele: In der Voest erreicht die Jahresproduktion an Roheisen im 3-Hochofen-Betrieb erstmals eine Million Tonnen. Die österreichischen Salinen erreichen erstmals nach dem Zweiten Weltkrieg wieder eine Produktionsmenge von 100.000 Tonnen pro Jahr, davon entfallen 69 Prozent auf die in Oberösterreich liegenden Salinen Bad Ischl, Ebensee und Hallstatt. Die SAKOG (Salzach-Kohlenbergbau) erreicht eine Jahres-Förderung von 519.300 Tonnen und einen Belegschaftsstand von nahezu 1000 Beschäftigten. Die Innviertler Skifirma Fischer, 1924 von Josef Fischer senior als Wagnereibetrieb für Leiterwagen, Rodeln und vereinzelt auch Skier gegründet, erzeugt im Jahr bereits 40.000 Paar Skier und erobert auch internationale Absatzmärkte (12,3 Prozent Exportanteil).

Die letzten russischen Soldaten verlassen Österreich.

Der letzte Fiaker

30. April. Josef Hofer, der letzte Linzer Fiaker, der seinem Gewerbe bis 1950 nachging, stirbt in Linz. (Geboren 5. September 1876 in St. Peter am Wimberg.)

Wels wird eine Filmstadt

Mai. Die „Bergland-Film Linz“ und die Süddeutsche Filmproduktion München drehen in der Welser Messehalle VI. die ersten Filme. Es ist der Beginn der „Filmstadt Wels“.

Kokoschkas berühmtes Linz-Bild

Oskar Kokoschka (1886–1980) malt sein inzwischen berühmt gewordenes Linzer Bild „Blick vom Pfenningberg“, das heute im Lentos-Kunstmuseum zu sehen ist. Es ist nicht einfach, in diesen Jahren, in denen es an Wohnungen und Schulen, Straßen und Brücken fehlt, vor der Bevölkerung die Ausgaben für einen solchen Auftrag zu rechtfertigen. Das Künstlerhonorar von über 100.000 Schilling ist auch der Anlass für heftige Diskussionen.

Erfolgsromane

Meinrad Helmpergers denkwürdiges Jahr (1900)
Jesse und Maria (1906)
Die arme Margaret (1910)
Stephana Schwertner (1912/14)
Der deutsche Held (1920)
Karl-Sand-Trilogie (1924/26)
Johann Christian Günther (1928)
Frau Maria (1929/31)
Die Waxenbergerin (1934)
Graf Reichard (1938/39)

Bildhaft und plastisch

„Bemerkenswert ist die moralische Absicht der Schriftstellerin, die, obwohl selbst strenge Katholikin, die Kraft der reinen christlichen Humanität stets über das Konfessionelle stellte. Die archaisierende Sprache, in der sich die Autorin der schlichten bäuerlichen Ausdrucksweise der steyrischen Gegend anpasst, wirkt bildhaft und plastisch."

Kindlers Literaturlexikon über „Die arme Margaret" von Enrica von Handel-Mazzetti, ein Volksroman aus dem alten Steyr.

Enrica von Handel-Mazzetti

Die wunderbare Welt der Phantasie

„Entweder die wunderbare Welt der Phantasie oder die nicht so wunderbare tatsächliche Welt", sagte die österreichische Dichterin Enrica Handel-Mazzetti, wenn man sie fragte, warum sie 44 Jahre lang ihre Wohnung im Hause Spittelwiese 15 kaum verlassen hatte. Hier entstanden die meisten ihrer großen Romane.

In diesem Haus, in einer einfachen, jedoch mit kostbaren Bildern geschmückten Wohnung, die nur ganz wenige Menschen zu sehen bekamen, lebte Enrica von Handel-Mazzetti in der Welt ihrer buntfarbigen Phantasie. Sie fand, „daß es sich solcherart für eine Dichterin sehr wohl leben läßt".

Nur um in die Kirche zu gehen oder für einen kurzen Spaziergang auf den Bauernberg verlässt sie ihre Wohnung. Als sie ihr Prinzip einmal durchbricht, geschieht es einer Schriftsteller-Kollegin zuliebe: Paula Grogger ladet im Oktober 1928 eine Anzahl literarisch interessierter Persönlichkeiten in ein Linzer Hotel.

Aber auch diese einzige Beteiligung an einer literarischen Veranstaltung bereut Enrica von Handel-Mazzetti, sie klagt nachher über allerlei Beschwerden. „Jetzt habe ich aber für lange wieder genug gesehen, was ‚die Welt' ist", meint sie. „Wie froh bin ich in meinem Schneckenhaus, schnell habe ich die Hörner wieder zurückgezogen." Ihr Grundsatz ist: „Will ich schaffen, so muß ich einsam sein." Wenn sie jemanden empfängt, ist sie nachher meist eine halbe Woche krank.

Vorboten eines Unheils

Handel-Mazzetti gesteht, dass es Nächte gibt, wo sie nicht aus den Kleidern kommt, bis die Morgenglocken zu den Frühmessen läuten. Sie arbeitet unentwegt. „Es war ein Wunder, daß meine Augen standhielten."

Sie halten nicht stand. Nach einer Sonntagsnacht mit schwerer Arbeit fällt sie in der Karmelitenkirche während einer Messe in Ohnmacht. „Seit jener Zeit", berichtet die Dichterin, „mehrten sich bei jeder Arbeit die Zustände, die ich Migräne nannte, die aber in Wahrheit Vorboten eines gräßlichen Unheils waren, der Netzhautablösung, die mit Blindheit endet. Diese Migräne mit den kaleidoskopischen Figuren, den bunten, blendenden Flimmerbändern waren die SOS-Signale der schwer gefährdeten Augen."

1934, während der Ausarbeitung des Romans „Die Waxenbergerin", tritt die Katastrophe ein. Statt der Flimmerbänder erscheinen vor den Augen graugelbe, dickflüssige, zitternde Wellen, ein Anfall der gefürchteten Netzhautablösung.

Am 24. September 1934 erhält Enrica von Handel-Mazzetti die Sterbesakramente.

Doch sie wird geheilt – und lebt noch 21 Jahre. Die tiefreligiöse Dichtern führt die Heilung auf die Fürsprache eines mexikanischen Märtyrers zurück.

Es vergeht mehr als ein Jahr, bis die Dichterin die ersten Worte über ihre Heilung niederschreiben kann. Kurz darauf entstehen neue Werke.

Die Welt kommt in Unordnung, ein Weltkrieg bricht aus. Ob Heimwehr, Schutzbund

Enrica von Handel-Mazzetti. Ein Miniaturporträt von Julie Handel-Mazzetti aus dem Jahr 1921.

oder SA-Männer, ob deutsche oder amerikanische Soldaten an ihrer Wohnung vorbeiziehen, am Leben dieser Frau ändert sich wenig.

70. Geburtstag wurde totgeschwiegen

In bescheidener Auflage erscheint vorerst sogar in der NS-Zeit ein neues Werk: „Graf Reichard". Bald jedoch wird Enrica Handel-Mazzetti von den Machthabern des Dritten Reiches boykottiert. Das Propagandaministerium in Berlin sendet an alle Redaktionen einen Geheimerlass mit dem Verbot, Artikel über die Dichterin zu publizieren. Der 70. Geburtstag im Jahr 1941 wird vollständig totgeschwiegen.

Auch als die Sirenen aufheulen und die Menschen in die Luftschutzkeller fliehen, hält Handel-Mazzetti an ihrem Lebensstil fest. Man zwingt sie nicht, bei Fliegeralarm die Wohnung zu verlassen. Das ist ein Vorrecht in dieser Zeit.

Erst knapp vor Kriegsende, am 19. Dezember 1944, als der Bombenkrieg immer grausamer wird, entschließt sie sich, für kurze Zeit zu den Elisabethinen zu übersiedeln. Unfreiwillig kommt sie dabei mit der Außenwelt in Berührung. Im Kloster arbeiten italienische Maurer, die nicht wenig erstaunt sind, dass sich eine unbekannte und unscheinbare alte Dame mit ihnen in ihrer Muttersprache fließend unterhalten kann.

Ihren Vater sah sie niemals

Ihren Vater hat Enrica niemals gesehen. Als Baron Heinrich Hypolith von Handel-Mazzetti, Hauptmann der k. u. k. Armee, 1870 im Alter von 31 Jahren an den Folgen eines Sonnenstiches stirbt, trägt seine Frau ein Kind auf dem Arm und eines unter dem Herzen. Vier Monate nach dem Tod des Vaters, am 10. Jänner 1871, kommt Enrica von Handel-Mazzetti zur Welt.

Die junge Witwe erzieht ihre beiden Töchter standesgemäß und vorbildlich. Den Volksschulunterricht erhält sie von Hauslehrern, dann folgen Bürgerschule und Klosterschule in St. Pölten, ein Studium in Wien. Schon im frühen Kindesalter beginnt Enrica ein Tagebuch zu führen, mit zehn Jahren entstehen die ersten Gedichte, mit 19 Jahren werden sie schon gedruckt. Kleine katholische Zeitschriften bringen von nun an immer wieder Beiträge aus ihrer Feder.

Verzicht auf Liebe und Familie

Nach dem Tod der Mutter völlig allein – ihre Schwester trat in ein Kloster ein –, übersiedelt die junge Baronesse 1901 nach Steyr. Dort leben ein Bruder ihres Vaters, der unverheiratet ist, und seine Schwester. Als der Onkel, Baron Anton von Handel-Mazzetti, zum Landesgerichtspräsidenten avanciert, übersiedelt Enrica 1911 mit ihm von Steyr nach Linz. Es ist die Zeit, in der sie an dem Bekenntnisroman „Stephana Schwertner" arbeitet, der die Glaubenskämpfe im alten Steyr zum Hintergrund hat.

Bis zu ihrem Tod, also 44 Jahre lang, verlässt Handel-Mazzetti die Stadt Linz nie mehr für längere Zeit.

In ihrem Heim an der Spittelwiese stirbt sie auch: am 8. April 1955, einem Karfreitag.

Handel-Mazzetti ist die Dichtern eines vergangenen Österreich. Viele bedeutsame Epochen, vor allem auch der oberösterreichischen Geschichte, wurden von ihr wieder in Erinnerung gerufen. Viel von der besonderen Eigenart Oberösterreichs ist auf diese Weise in ihrem Werk lebendig geworden.

Rudolf Lehr

Der Bischof und sein Motorrad

„Das Motorrad war ein Stück Erfüllung der Aufgaben meines Lebens und Berufes."

Bischof Zauner zum Thema Motorrad.

*

„… daß es sich hier nicht bloß um ein Hobby des Bischofs handelte, sondern daß er das Motorrad im Dienste der Seelsorge verwendete, damit zu Bildungswerkvorträgen fuhr, kranke Priester besuchte, inoffizielle Besuche in den Pfarreien machte und Baustellen kirchlicher Gebäude inspizierte."

Margit Lengauer in „Die Bischöfe von Linz", Linz 1985.

*

Auch wenn ein Bischof auf dem Motorrad sitzt, kann er eine Panne haben. Bischof Zauner bittet einen vorbeikommenden Lastwagenfahrer, ihn mit seinem Motorrad bis zur nächsten Werkstätte mitzunehmen. Auf der Fahrt fragt ihn der Fahrer:
„Wos san's denn?"
„Der Bischof von Linz!"
Darauf der Lastwagenfahrer: „Soso, naja, und i bin da Kaiser von China!"

Anekdote über Bischof Zauners Motorrad-Erlebnisse.

Kalender

1.1. Das 1939 gegründete Mattigwerk wird nach dem Staatsvertrag mit der Berndorfer Metallwarenfabrik Arthur Krupp AG fusioniert. Der neue Betrieb heißt „Vereinigte Metallwerke Ranshofen-Berndorf AG".

25.1. Uraufführung im Linzer Landestheater: „Was geschieht mit Sir Alexander?" von Victor Reingruber.

Jänner. Proteste im Salzkammergut wegen der geplanten Einstellung der Salzkammergut-Lokalbahn. Kundgebungen finden statt, ein Aktionskomitee wird gebildet, Vorsprachen in den Ministerien bringen nur Vertröstungen. (Im September → 1957 wird die Bahn eingestellt.)

15.2. Uraufführung im Linzer Landestheater: „Pilatus" von Georg Gartner.

1.3. Operetten-Uraufführung im Linzer Landestheater: „Pfälzer Musikanten" von Hans Striehl.

3.3. Eisstoß auf der Aist in Schwertberg.

14.4. Uraufführung im Linzer Landestheater: „Der Salzmarsch" von Kurt Becsi.

13.5. Nationalratswahlen. Ergebnisse in Oberösterreich: 325.871 VP, 260.938 SP, 46.224 FP, 14.169 KP.

16.6. In Altmünster wird das erste SOS-Kinderdorf außerhalb Tirols eröffnet.

9.7. Eröffnung der zweiten Teilstrecke der Dachsteinbahn Obertraun vom Schönberghaus (Dachsteinhöhlen) zum Krippenstein. (Betriebsaufnahme am 19. 5. 1956.) Talstation Obertraun: 608 m, Mittelstation Schönberghaus: 1350 m, Bergstation Krippenstein: 2079 m. →

17.7. In Micheldorf fliegt die Pulvermühle in die Luft. Zwei Arbeiter werden dabei getötet, einer schwer verletzt.

Franz Salesius Zauner übernimmt mit 1. Jänner 1956 die Leitung der Diözese Linz. Die feierliche Inthronisation findet am 8. Jänner statt. (Weihe 1949, seit 1951 Vollmachten eines residierenden Bischofs.) → 1940, 1949, 1991, 1994

Margret Bilgers Glasfenster

Die heilige Barbara, Fürsprecherin für die Sterbestunde, hält einen vom Blitz Getroffenen in der Hand. Ein 1956 von Margret Bilger (1904–1971) gestaltetes Glasfenster in der Kirche Bad Kreuzen.

28.10. Zwei Ballett-Uraufführungen im Linzer Landestheater: „Die acht Gesichter am Biwasee" von Bert Rudolf und „Mariage des Fleurs" von Robert Nessler.

27.11. Die Linzer Ruderer Alfred Sageder und Josef Kloimstein (Donau) gewinnen im Zweierbewerb der Olympischen Spiele in Melbourne die Bronzemedaille. →

Geburtstage

Maria Fekter. VP-Politikerin, Finanzministerin (seit 2011), Innenministerin (2008–2011), Volksanwältin (2007–2008), Staatssekretärin für Wirtschaft (1990–1994). Geboren 1. 2. 1956 in Attnang-Puchheim. → 2008

Hans Eichhorn. Schriftsteller. Geboren 13. 2. 1956 in Vöcklabruck.

Georg Werthner. Zehnkampfsportler. Geboren 7. 4. 1956 in Linz. Sportler des Jahres 1982.

Johannes Jetschgo. ORF-Chefredakteur (seit 1998). Geboren 22. 4. 1956 in Linz.

Ernst Strasser. Innenminister (VP) 2000–2004. Geboren 29. 4. 1956 in Grieskirchen.

Karl Heinz Klopf. Maler und Zeichner. Geboren 3. 6. 1956 in Linz.

Fritz Enzenhofer. Amtsführender Präsident des Landesschulrates (seit 2001). Geboren 10. 7. 1956 in Traun.

Herwig Berger. Maler und Zeichner. Geboren 26. 7. 1956 in Grieskirchen.

Tassilo Gruber. Sportler des Jahres 1983 (Faustball). Geboren 12. 8. 1956 in Kremsmünster.

Maria Berger. Justizministerin, SP (2007–2008). Geboren 19. 8. 1956 in Perg.

Wolfgang Anzengruber. Generaldirektor des größten österreichischen Stromkonzerns „Verbund" (seit 2009). Geboren 5. 9. 1956 in Steyr.

Elisabeth Theurer. Sportlerin des Jahres 1979, Olympiasiegerin im Dressurreiten 1980. Geboren 20. 9. 1956 in Linz. → S. 459

Sabine Gasteiger. Behindertensportlerin. Geboren 28. 10. 1956 in Bad Goisern. → 2006, 2010

Max Hagmayr. Sportler des Jahres 1981 (Fußball). Geboren 16. 11. 1956 in Sattledt.

Todestage

Franz Dinghofer. Bürgermeister von Linz (1907 bis 1918). Gestorben 12. 1. 1956 in Wien. (Geboren 6. 4. 1873 in Ottensheim.) → 1907

Margareta Brunner-Pausinger. Malerin. Gestorben 8. 2. 1956 in Lambach. (Geboren 23. 1. 1880 in Weyer.)

Ferdinand Kögl. Schriftsteller. Gestorben 14. 2. 1956 in Wien. (Geboren 17. 5. 1890 in Linz.)

Hans Strigl. Maler, Landesschulinspektor. Gestorben 17. 2. 1956 in Linz. (Geboren 13. 12. 1897 in Linz.) Begründer der Berufsvereinigung bildender Künstler.

Ernst Rüdiger Fürst von Starhemberg. Großgrundbesitzer und Politiker. Gestorben 15. 3. 1956 in Schruns. (Geboren 10. 5. 1899 in Eferding.) Heimwehrführer und Führer der Vaterländischen Front, Minister und Vizekanzler in der Ersten Republik, seit 1938 im Ausland, erst 1956 zurückgekehrt. → 1929, 1935

Kerstin Strindberg. Tochter des Dichters August Strindberg (1849–1912). Gestorben 30. 4. 1956 in Stockholm. (Geboren 26. 5. 1894 in Dornach, Gemeinde Saxen.) → S. 269

Hermann Heinz Ortner. Schriftsteller. Gestorben 18. 8. 1956 in Salzburg. (Geboren 14. 11. 1895 in Kreuzen.)

Josef Stohl. Letzter Steyrer Lebzelter. Tödlich verunglückt 26. 8. 1956 bei Steyr. (Geboren 25. 12. 1877 in Steyr.)

August Kubizek. Jugendfreund Hitlers. Gestorben 23. 10. 1956 in Linz. (Geboren 3. 8. 1888 in Linz.) Stadtamtsleiter in Eferding. Verfasser einer Hitler-Biographie.

Der Theaterintendant geht

31. August. Geht er? Muss er gehen? Die Ära Oskar Walleck (1890–1976) am Linzer Landestheater endet. Es ist alles überstürzt, noch ist auch kein Nachfolger bestellt. Der Schauspieler und Regisseur Kurt Fischer-Colbrie (1894–1960) übernimmt für ein Jahr die interimistische Leitung.

Schönheiten der Natur

„Der Seilbahnbau ist doch letzten Endes ein moderner Ausdruck der Alpinistik.“

Landeshauptmann Heinrich Gleißner bei der Eröffnung der Seilbahn auf den Krippenstein.

*

„Die Schönheiten der Natur sollten uns dem Schöpfer näherführen. Wer sein Vaterland noch nicht liebte, der müßte diese Liebe hier lernen.“

Bischof Franz Salesius Zauner.

Ein Fenster zum Dachstein *Zum Greifen nahe – aber zum Besteigen doch noch in respektvollem Abstand – ist der Dachstein mit der zweiten Teilstrecke der Dachsteinbahn geworden.*

Öl in Oberösterreich

24. Mai. An den Herrn Doktor, der ein Geologe ist, und an die Arbeiter, die er beschäftigt, hat man sich in der Gegend von Timelkam längst gewöhnt. Acht Jahre schon machen sie ihre Messungen. Doch was sich an diesem Tag ereignet, erinnert an einen Hollywoodfilm: Ohne das Nachtmahl angerührt zu haben, stürzt der Leiter der Bohrung in Puchkirchen am Trattberg (bei Timelkam) aus dem Gasthaus und eilt zum Telefon. „Herr Doktor, kommen Sie geschwind, wir haben Gas und Öl!“.

Die sachliche Aussendung der obersten Bergbehörde besagt, dass die von der Rohöl-Aufsuchungsgesellschaft (RAG) in der Nähe von Timelkam niedergebrachte Sonde Puchkirchen I. eruptiv zu fördern begonnen hat. Von einer Explorationstiefbohrung, die ölfündig wurde, sprechen die Experten. Es handelt sich vorerst um etwa zweieinhalb Kubikmeter Öl, das aus einer Tiefe von 2581 Metern stammt.

Damit ist der Grundstein für die Erdöl- und Erdgasindustrie in Oberösterreich gelegt. Die Nachricht über den ersten Ölfund in Oberösterreich wird als Sensation betrachtet, weil dieses Gebiet bisher allgemein als nicht erdölhöffig bezeichnet wurde. Die in diesen Tagen mehrfach geäußerten Hoffnungen freilich, Österreich könne neben der Sowjetunion das wichtigste europäische Erdölland werden, erfüllen sich nicht.

Bronzemedaille für die Linzer Ruderer Alfred Sageder und Josef Kloimstein.

Ölbohrungen in Puchkirchen.

Du liebe SKGLB!

Gegen alle Proteste, Demonstrationen, Unterschriftenaktionen und Interventionen wird am 30. September 1957 die Salzkammergut-Lokalbahn (SKGLB) eingestellt. Der Schriftsteller Hans Weigel (1908–1991) widmete ihr einen Nachruf:

So leb' denn wohl, du trauliche Lokalbahn,
Skurrile Zeugin einer fernen Zeit.
Oft hielt ein Mensch dich, oft sogar ein Kalb an.
Dank dir schien Salzburg uns von Ischl weit.
Du hast gestunken, warst nicht appetitlich,
Warst nicht rentabel, denn du warst zu klein.
Doch deine Fehler tauscht man unerbittlich
Nun gegen andre Übelstände ein.

Du warst nicht gut, warst altmodisch und teuer.
Und wer dich kritisierte, hatte recht.
Doch nun wird alles neuzeitlicher, neuer
Und doch nicht besser sein, und das ist schlecht.
So stirb denn wohl, du trauliche Lokalbahn,
Man stellt dich ein, jedoch um welchen Preis?
Der Weg der Welt ist eine Berg- und Talbahn …
Schreitet der Fortschritt fort? Er geht im Kreis!
Bald tut's mir weh, daß ich dich nimmer seh.'
Fahr' wohl ins Nichts, du liebe SKGLB!

Kalender

4.2. In der Voest wird der Hochofen Nr. 2 wieder angelassen. (Hochofen Nr. 1 wurde 1946 nach Schweden verkauft, die Hochöfen Nr. 3 und Nr. 4 wurden 1948, die Hochöfen Nr. 5 und Nr. 6 1947 und 1954 neu angeblasen.)

8.2. Gründung der Oberösterreichischen Ferngas-GesmbH.

4.3. In den Steyr-Werken wird die 45-Stunden-Woche eingeführt.

16.4. Die Linzer Schiffswerft erhält von der Hochseeschifffahrt einen 40-Millionen-Schilling-Auftrag.

5.5. Bundespräsidentenwahlen. Ergebnisse in Oberösterreich: 348.221 Stimmen für Wolfgang Denk (VP/FP), 316.791 Stimmen für Adolf Schärf (SP). Bundespräsident wird Adolf Schärf (1890–1965, Amtszeit 1957–1965).

13.5. Eröffnung der neuen Schiffs-Anlegestelle in Linz.

12.6. Spatenstich zum Voest-LD-Stahlwerk II.

30.6. Abschied vom lieb gewordenen, aber eben zu kleinen, 154 Jahre alten Landestheater.

16.7. Das Linzer Landestheater hat wieder einen Intendanten: Fred Schroer. (Bis 1961.)

1.9. Bei Klaus stürzt die nach einem neuen System erbaute Brücke über die Steyrling ein. Drei Arbeiter werden getötet.

7.9. Uraufführung im Linzer Landestheater: „Kennwort Morgenrot" von Heinrich Klier.

14.9. Eröffnung der Seilbahn auf den Grünberg bei Gmunden. Talstation: 460 m, Bergstation: 1004 m.

29.9. Ballett-Uraufführung im Linzer Landestheater: „Moderner Traum" von Helmut Eder.

Geburtstage

Erich Haider. Landeshauptmann-Stellvertreter (2000–2009), Landesparteivorsitzender der SP (1998–2009). Geboren 13. 1. 1957 in Ried in der Riedmark.

Andreas Renoldner. Schriftsteller. Geboren 11. 3. 1957 in Linz.

Herta Reiter. Sportlerin des Jahres 1981 (Judo). Geboren 28. 4. 1957 in Linz.

Klaus Lindenberger. Sportler des Jahres 1980 (Fußball). Geboren 28. 5. 1957 in Linz.

Gerald Hackl. Bürgermeister von Steyr (SP), seit 2009. Geboren 18. 8. 1957 in Steyr.

Marie Colbin. Schauspielerin. Geboren 18. 11. 1957 in Gmunden.

Todestage

Max Fellerer. Architekt. Gestorben 27. 3. 1957 in Wien. (Geboren 15. 10. 1889 in Linz.)

Peter Krenn. Heimatforscher, Maler, Schnitzer. Gestorben 5. 5. 1957 in Leonfelden. (Geboren 14. 6. 1873 in Leonfelden.)

Walter Nausch. Fußballer des „Wunderteams" (1931/32). Gestorben 11. 7. 1957 in Obertraun. (Geboren 5. 2. 1907 in Wien.)

Hans Feichtelbauer. Architekt. Gestorben 14. 8. 1957 in Linz. (Geboren 16. 7. 1879 in Andorf.) Schuf den Winklerbau Linz. → 1931

Leo Perutz. Schriftsteller. Gestorben 25. 8. 1957 in Bad Ischl. (Geboren 2. 11. 1882 in Prag.)

Ralph (Rudolph) Benatzky. Operettenkomponist. Gestorben 17. 10. 1957 in Zürich. (Geboren 5. 6. 1887 in Mährisch-Budwitz.) Mit der Erfolgsoperette „Im weißen Rößl" machte er das Salzkammergut in aller Welt bekannt. → 1930

Egon Ranshofen-Wertheimer. Völkerrechtler. Gestorben 27. 12. 1957 in New York. (Geboren 4. 9. 1894 in Schloss Ranshofen bei Braunau.) Funktionen in Völkerbund, US-Regierung und UNO. Sprang im Ersten Weltkrieg als erster aus einem brennenden Ballon ab.

Die neuen Kammerspiele

Der Bau der neuen Linzer Kammerspiele dauerte drei Jahre. Am 28. September findet die Eröffnung statt. Es ist das erste Theater, das Clemens Holzmeister (1886–1983) vom Grundriss an planen konnte.

Die Bindermichl-Kirche

Die Linzer Bindermichl-Kirche, auf parabelförmigem Grundriss nach Plänen von Friedrich Reischl, in Schüttbauweise und Eisenkonstruktion errichtet, wird am 29. September eingeweiht. Der umlaufende Farbfensterfries ist die bedeutendste Arbeit von Lydia Roppolt (1922–1995).

Millionen Latschen brennen!

Juli 1957. Auf dem Weg zum Großen Donnerkogel werfen zwei Bergwanderer achtlos brennende Zigarettenreste in die Latschen. Die Folgen sind verheerend: Millionen von Latschen verwandeln sich in glühende Fackeln. Von Gosau aus sieht man kilometerweit Rauchfahnen über dem Gosaukamm dahinziehen. Freiwillige holzen einen Schutzgürtel aus, um ein weiteres Vordringen des Brandes zu verhindern. Mehr kann man nicht tun. Feuerwehr und Bundesheer kämpfen drei Tage und drei Nächte. Vergeblich. Erst die Natur beendet dieses Drama – der Regen löscht den Brand. Es wird wieder Jahrhunderte dauern, bis sich hier die Landschaft erholt hat. Die Schuldigen werden ausgeforscht, vor Gericht gestellt, mangels Beweisen freigesprochen.

Die in Österreich akkreditierten Diplomaten unternehmen am 20. Juni 1958 eine Fahrt zum Stift St. Florian, wo sie von Landeshauptmann Heinrich Gleißner (links) und Außenminister Leopold Figl geführt werden.

1958

Kalender

16.1. Josef Fellinger (1910–1981) wird Bürgermeister von Steyr. (Bis 1974.)

24.4. Uraufführung im Linzer Landestheater: „Eggebrechts Haus" von Gertrud Fussenegger.

5.7. Im Hinterhof eines Hauses in der Ottensheimer Straße in Linz-Urfahr etabliert sich eine Galerie junger Künstler, die „Galerie Schableder", später „Galerie Kliemstein". Initiator ist der 24-jährige, drei Jahre später tödlich verunglückte Maler Engelbert Kliemstein. → 1959, 1961

20.7. Erste Alleinbegehung der Däumling-Ostkante durch Leo Schlömmer, eine der schwierigsten Kletterpartien im Gosaukamm.

30.8. Eröffnung des Landwirtschaftsmuseums in der Welser Burg.

1.9. Eröffnung der Landes-Heilstättenschule Gmundnerberg.

6.9. Auf dem Gelände des Welser Volksfests stürzt ein Kleinflugzeug ab. Sieben Menschenleben sind zu beklagen.

12./14.9. Im „Ahnenschacht" im westlichen Toten Gebirge erzielen Mitglieder des Landesvereins für Höhlenkunde einen oberösterreichischen Tiefenrekord: minus 320 Meter unterhalb des Einstiegs.

6.10. Garsten wird Markt.

12.10. In St. Martin im Innkreis wird die Antiesenbrücke eingeweiht.

4.11. Eröffnung der Kunsteisbahn im Linzer Parkbad. →

12.11. Für das Donaukraftwerk Aschach nimmt Österreich von der Weltbank eine Anleihe von 25 Millionen Dollar zu einem Zinssatz von sechs Prozent auf.

26.11. Münichholz bei Steyr wird von Niederösterreich an Oberösterreich zurückgegeben.

13.12. Großbrand in der Pappenfabrik Merckens in Schwertberg.

Die Mollner Schuhfabrik „Dachstein" spezialisiert sich auf Ski- und Bergschuhe. 2000 Paar pro Tag.

Geburtstage

Josef Stockinger. Landesrat, VP (2003–2010). Geboren 15. 1. 1958 in Wels.

Dietmar Füssel. Schriftsteller. Geboren 23. 1. 1958 in Wels.

Gunter Damisch. Maler. Geboren 20. 5. 1958 in Steyr.

Till Mairhofer. Schriftsteller. Geboren 29. 5. 1958 in Steyr.

Die Lourdeskirche Bad Schallerbach

Die heilige Maria von Lourdes ist die Schutzpatronin der neuen Kirche von Bad Schallerbach, die am 26. Oktober von Bischof Zauner eingeweiht wird. (Architekt ist Hans Feichtinger.)

Ulli Pitrovsky. Sportlerin des Jahres 1978 (Sportgymnastik). Geboren 9. 6. 1958 in Linz.

Wilbirg Mitterlehner. Die erste Bezirkshauptfrau Oberösterreichs (seit 1998, Bezirk Rohrbach). Geboren 2. 7. 1958 in Linz.

Franz Reisecker. Niedermoar in Huab (Hub, St. Georgen bei Obernberg am Inn). Präsident der oö. Landwirtschaftskammer (seit 2011). Geboren 11. 7. 1958 in Weilbach.

Severin Lederhilger. Generalvikar der Diözese Linz (seit 2005). Geboren 23. 7. 1958 in Lenzing.

Erich Watzl. Vizebürgermeister von Linz (VP), seit 2003. Geboren 5. 9. 1958 in Linz.

Albert Wagner. Direktor der Volkskreditbank (seit 2007). Geboren 8. 9. 1958 in Linz.

Franz Lehner. Informatiker. Geboren 14. 9. 1958 in Linz.

Gertraud Knoll. Evangelische Superintendentin des Burgenlandes (1994–2002), Bundespräsidentschaftskandidatin → 1998. Geboren 7. 12. 1958 in Linz.

Meinrad Mayrhofer. Bildhauer und Maler. Geboren 25. 12. 1958 in Zell am Moos.

Thomas Baum. Schriftsteller. Geboren 28. 12. 1958 in Linz. → 1988

Renata Hönisch. Vielfach ausgezeichnete Behindertensportlerin. Geboren 31. 12. 1958 in Linz.

Todestage

Josef Hofer. Linzer Polizeibeamter. Gestorben 6. 1. 1958 in Grieskirchen. (Geboren 9. 11. 1898 in Dorf an der Pram.) Kommt ohne Verurteilung in ein Konzentrationslager, nach seiner Entlassung der führende Kopf des Widerstands in Oberösterreich.

Hedwig Bleibtreu. Schauspielerin. Gestorben 25. 1. 1958 in Pötzleinsdorf bei Wien. (Geboren 23. 12. 1868 in Linz.)

Adolf Eigl. Landeshauptmann. Gestorben 5. 3. 1958 in Linz. (Geboren 14. 2. 1883 in St. Pölten.) Chef der von den Amerikanern eingesetzten kurzfristigen Beamtenregierung 1945. → 1945

Raoul Aslan. Kammerschauspieler. Gestorben 17. 6. 1958 in Litzlberg, Gemeinde Seewalchen am Attersee. (Geboren 16. 10. 1886 in Saloniki.)

Karl Emmerich Baumgärtel. Schriftsteller. Gestorben 27. 8. 1958 in Linz. (Geboren 3. 11. 1889 in Mauer, Niederösterreich.)

Kajetan Lang. Abt von Schlägl (1946–1958). Gestorben 16. 10. 1958 in Linz. (Geboren 28. 5. 1898 in Julbach.)

Edmund Baumgartner. Stiftshistoriker. Gestorben 11. 11. 1958 in Kremsmünster. (Geboren 5. 10. 1881 in Kirchham.)

Erich Trinks. Historiker. Gestorben 11. 11. 1958 in Wels. (Geboren 25. 3. 1890 in Ried im Innkreis.)

Franz Jäger. Heimatdichter. Gestorben 29. 12. 1958 in Gallneukirchen. (Geboren 26. 4. 1880 in Gallneukirchen.)

Die Linzer Sportler freuen sich: Im Linzer Parkbad kann man nicht nur baden, sondern auch Eis laufen.

Holzmeisters Theaterbauten

„Die beiden Theater, die Holzmeister zwischen 1953 und 1959 für Linz plante und ausführte, erweisen sich, behält man das Gesamtwerk im Auge, als stabile Mitglieder der Kette seiner Bemühungen um das Theater. Sie sind gleichsam Pfeiler einer Brücke, die sich von der Bauidee des Alten zu der des Neuen Salzburger Festspielhauses spannt"

Aus „Clemens Holzmeister" von H. Muck, G. Mladek, W. Greisenegger, Salzburg 1976.

Modern und vornehm

„Das Linzer Landestheater ist eines der modernsten Theater von Österreich. Aber es ist trotzdem nicht protzig, sondern von einer schlichten Vornehmheit."

„Nachrichten für den Sonntag", 20. 12. 1958.

Ein großer Tag für alle oberösterreichischen Theaterfreunde: Am 20. Dezember wird das neue Linzer Landestheater eröffnet. Architekt ist Clemens Holzmeister (1886–1983).

Wildererdrama im Salzkammergut

22. September. Mitten im Hochwald, in der Nähe der 1371 Meter hoch gelegenen Leonsbergalm im Dürrenweißenbachgebiet (Gemeinde Steinbach am Attersee), kracht um 8.30 Uhr ein Schuss. Die Kugel trifft einen jungen Wilderer, den Tischlergehilfen Franz N. aus Bad Ischl, der schwer verletzt liegen bleibt. Im Krankenhaus muss ihm ein Bein amputiert werden.

Der Fall erhitzt die Gemüter im Salzkammergut. Die einen meinen, es wäre nicht notwendig gewesen, auf einen flüchtenden Wilderer zu schießen. Die anderen vertreten den Standpunkt des Rechts und erklären, Wilddiebstahl sei ein Diebstahl wie jeder andere, und der junge Ischler hätte sein Bein noch, hätte er nicht gewildert. Im Bericht über die Verhandlung vor dem Kreisgericht Wels, das für das Salzkammergut zuständig ist, sieht die moderne Wilderromantik schließlich so aus: Georg L., 26 Jahre alt, ein wegen Wilddiebstahls bereits vorbestrafter Holzknecht aus M., und der 22-jährige Tischlergehilfe Franz N. waren mit rußgeschwärzten Gesichtern aufgestiegen, um Gämsen zu schießen. Gegen halb sechs Uhr früh gaben sie zwei Schüsse ab, mit denen sie zwar nichts trafen, die aber von den beiden Revierjägern Michael S. und Franz Sch. gehört wurden. Die Jäger verfolgten sofort die Spur der Wilderer und sichteten sie in einem steilen Gelände, wie sie am gegenüberliegenden Hang bergwärts gingen. Die Wilderer behaupteten, gelaufen zu sein, um rechtzeitig hinter eine schützende Kuppe zu kommen. Die Jäger erklärten, die beiden seien gemächlich gegangen, als wollten sie es auf ein Feuergefecht mit ihnen ankommen lassen. Nach fünf Warnschüssen und vorhergegangenen Warnrufen, so sagte der als Zeuge vernommene Jäger Franz Sch. vor Gericht aus, habe Franz N. sich blitzschnell umgedreht, das Gewehr von der Schulter gerissen und auf ihn angelegt. Daraufhin habe er, der Jäger, geschossen.

Der Wilderer erklärte bei der Verhandlung, er habe im Laufen zurückgeschrieen: „Ös Hund, schiaßts aufs Wild und net auf de Menschen!"

Die Jäger behaupteten, der Wilderer habe ihnen selbst dann noch, als er in den Fuß getroffen dalag, zugerufen: „Mir werdn noch mit euch abrechnen !"

Die Schlusssprengung am Schwalleck-Felsen in Grein.

Das Greiner Wahrzeichen wird gesprengt

13. Juni. Dem von den Donauschiffern gefürchteten Felsen im Greiner Strudel, ein Wahrzeichen der Gegend um Grein, wird mit 8000 Kilogramm Sprengstoff der Garaus gemacht. Das Donaustädtchen erlebt mit der Schlusssprengung am Schwalleck-Felsen ein erregendes Schauspiel.

Die Donaukraftwerke, die im Zuge der Bauvorhaben im Rückstauraum des Kraftwerkes Ybbs-Persenbeug seit zwei Jahren den mächtigen Schwalleck mit hochbrisanten Sprengstoffen bearbeitet und bisher 340.000 Kubikmeter Gestein abgesprengt haben, stört vor allem der in das Flussbett der Donau hineinragende Felskranz des einstigen Greiner Wahrzeichens: ein 186 m langer und 4 m breiter Streifen, der etwa einen Meter aus dem Wasser ragt und unterhalb des Wasserspiegels sechseinhalb Meter tief gewachsen ist.

Punkt 12.30 Uhr ertönt eine ungeheure Detonation. Die Erde bebt von der gewaltigen Erschütterung, die die Explosion auslöst. Eine Riesenwand von schwarzem Rauch und Tausenden Kubikmetern Gestein erhebt sich dreißig bis vierzig Meter hoch wie eine Fontäne aus der Donau. Sekundenlang bleibt dieses gespenstische Gebilde stehen und fällt schließlich mit Getöse in sich zusammen. Rauch- und Staubschwaden, die Donau gebärdet sich wie aufgepeitscht. Meterhoch schlagen die Wellen an die Ufer. „Gelungen!", konstatieren die Experten befriedigt. Die Natur ist korrigiert.

Autobahnbau

26. April. Als erstes Autobahnteilstück wird die 23,45 km lange Strecke von Mondsee bis zur Salzburger Landesgrenze dem Verkehr übergeben.

3. Dezember. Auch von Enns bis Sattledt kann man nun die Autobahn benützen. Von dort führt eine neue Straße zur Bundesstraße 1 nach Lambach.

Verschandelung verhindert

14. Dezember. Die Bevölkerung von Hallstatt liefert ein erstes Beispiel für die Verhinderung eines amtlichen Projekts durch eine Bürgerinitiative: In einer Volksbefragung stimmt die Mehrheit (422:311) gegen das Projekt einer Seeuferstraße, die schon beschlossene Sache war und das unvergleichliche Ortsbild zerstört hätte. (Seit 1966 ist das Problem einer Ortsumfahrung durch Tunnels gelöst.)

Galerie-Pionier Kliemstein

„wir sind keinem -ismus unterworfen, keinen ausstellungsvereinen verpflichtet; veranstalten zur eigenen freude, freiwillig im dienste der kunst, und vertreten grundsätzlich nur qualität des werkes.“

Engelbert Kliemstein (1934–1961) im Katalog zur ersten Ausstellung in seiner Privatgalerie, die am 17. April 1959 in einem Hinterhof eines Hauses in der Ottensheimer Straße in Linz-Urfahr eröffnet wird. → 1961

Schwere Goiserer Waffen

In einer amerikanischen Zeitung konnte man unter der Überschrift „Schwere Waffen“ vor einiger Zeit lesen: „Vor einem Gericht in Chikago wurde gegen George Widdes wegen versuchter schwerer Körperbeschädigung mit Hilfe tödlicher Waffen verhandelt. Die tödlichen Waffen wurden in der Anklage genauer definiert: Ein Paar Goiserer, Größe 47, befestigt am linken und rechten Fuß des Angeklagten.“

„Merian“, Heft 5, Salzkammergut, 1959.

1959

Eine Mahnung für die Gefahren der Berge: Die Kapelle auf dem Krippenstein.

Kalender

9.1. Anton Bruckners Musik in den Linzer Stickstoffwerken: Im Festsaal des Betriebs wird in einer Veranstaltung des ÖGB-Bildungsreferats und des Österreichischen Rundfunks die 3. Symphonie aufgeführt.

10.1. Die oberösterreichische Arbeiterkammer eröffnet im ehemaligen Gasthof Jägermayr am Linzer Freinberg ein Bildungsheim.

26./27.2. Die Schwefeldioxid-Konzentration in der Linzer Luft erreicht einen Wert, der 300 Prozent über den Grenzwerten liegt.

2.3. Das erste Hochseeschiff aus LD-Stahl, die „Linzertor“, absolviert erfolgreich die Probefahrt von Flensburg nach Kiel.

14.3. Konstituierung des „Kuratoriums Hochschule für Sozialwissenschaft in Linz“.

26.3. Zugunglück in der Nähe des Bahnhofs Pregarten: zwölf Verletzte.

18.4. Die Landes-Turn- und Sportschule auf der Gugl in Linz wird eröffnet.

10.5. Nationalratswahlen. Ergebnisse in Oberösterreich: 313.817 VP, 278.538 SP, 57.922 FP, 13.089 KP.

22.5. In der Linzer Frauenklinik kommen Drillinge zur Welt.

6.6. Die Glockengießerei in St. Florian bei Linz feiert den Guss des einmillionsten Kilogramms Glockenspeise seit 1945.

13.6. Eröffnung der Katrin-Seilbahn in Bad Ischl. Talstation: 468 m, Bergstation: 1418 m. →

20.6. In Steyr wird die zu diesem Zeitpunkt beste und modernste Freibadanlage eröffnet.

26.6. Paul Hindemith (1895–1963) dirigiert in Linz Bruckners e-Moll-Messe.

28.6. In St. Wolfgang wird die evangelische Friedenskirche geweiht. Architekt ist Heinz Karbus.

Juni. Die Sanierung des Linzer Schlosses wird abgeschlossen.

Der Alpenverein beginnt mit der Markierung des „Nordwaldkammweges“ vom Dreisesselberg zum Nebelstein in Niederösterreich.

11.7. Im Dachsteingebiet wird zum Gedächtnis an die Opfer der Karwoche 1954 (→ S. 382) von Bischof Franz Salesius Zauner die Krippensteinkapelle mit dem „Heilbronner Geläute“ eingeweiht. (Architekt ist Gottfried Nobl.)

15.–16.7. Hochwasser! Besonders betroffen sind das Inn- und Hausruckviertel, bei Redl-Zipf stürzt eine Bahnbrücke ein. → S. 393.

16.–19.7. Am Internationalen Askö-Bundesfest in Linz beteiligen sich rund 12.000 Sportlerinnen und Sportler aus Österreich und dem Ausland.

13.–16.8. Schon wieder Hochwasser! Vor allem Steyr und Kirchdorf, das Innviertel und das Salzkammergut sind betroffen. In Ternberg kommt ein Tapezierlehrling ums Leben, als er einem Nachbarn hilft, Vieh aus dem Stall zu bringen, in Grünburg bricht eine Frau vor Schrecken über die Hochwassergefahr tot zusammen.

22.8. Die Linzer Ruderer Alfred Sageder und Josef Kloimstein erringen bei der Europameisterschaft im Zweier ohne Steuermann eine Bronzemedaille.

August. Das Hartmayrgut in Urfahr, einer der letzten Stadtbauernhöfe in Linz, wird abgerissen.

21.9. Münzkirchen wird Markt.

26.9. Eröffnung der Europaschule in Linz.

September. Die Pharma-Abteilung der Linzer Stickstoffwerke erhält ihren ersten Großauftrag aus der Sowjetunion.

2.10. In Windischgarsten wird ein Feuerwehrmann als sechsfacher Brandstifter entlarvt.

8.10. Eröffnung der Eislauf- und Rollschuhanlage in Steyr.

9.10. In Wels nimmt das erste Fernheizwerk Oberösterreichs den Betrieb auf. →

26.10. Uraufführung im Linzer Landestheater: „X tritt 3 = 0“ von Karl Wiesinger.

31.10. In Kammer am Attersee wird die evangelische Gnadenkirche eingeweiht. (Architekt ist Hubert Taferner.)

15.11. In Vorchdorf wird die neue evangelische Heilandskirche geweiht. (Architekt ist Hubert Taferner.)

22.11. In Braunau wird das neue Gymnasium eröffnet.

8.12. In der Welser Stadtpfarrkirche wird die neue Orgel gesegnet. Sie ist eine der größten mechanischen Orgeln, die seit dem Krieg in Österreich gebaut wurden.

11.12. In Linz wird das modernste Tanklager an der Donau eröffnet.

19.12. Die Adalbert-Stifter-Jugendherberge in Aigen wird eröffnet.

Die Jahreserzeugung an OKA-Strom erreicht erstmals nach dem Zweiten Weltkrieg mehr als eine Milliarde Kilowattstunden.

Geburtstage

Josef Reiter. Sportler des Jahres 1984 (Judo). Geboren 8. 1. 1959 in Niederwaldkirchen.

Peter Ablinger. Komponist. Geboren 15. 3. 1959 in Schwanenstadt.

Christian Sery. Maler. Geboren 7. 4. 1959 in Linz.

Franz Gasselsberger. Generaldirektor der Oberbank (seit 2002). Geboren 12. 4. 1959 in Ampflwang.

Michael Lakner. Intendant des Lehár-Festivals Bad Ischl (seit 2004). Geb. 30. 5. 1959 in Wien.

Christian Steineder. Sportler des Jahres 1991 (Motorboot). Geboren 19. 8. 1959 in Linz. → 1987, 1991

Gerald Mandlbauer. Chefredakteur der „Oberösterreichischen Nachrichten“ (seit 2003). Geboren 16. 10. 1959 in Linz.

Heinrich Schaller. Vorstand der Wiener Börse (2006–2012). Generaldirektor der Raiffeisen-Landesbank Oberösterreich (seit 2012). Geboren 11. 11. 1959 in Linz.

Raimund Baumschlager. Sportler des Jahres 2009 (Motorsport). Geboren 25. 11. 1959 in Rosenau am Hengstpass.

Walter Schuster. Direktor des Linzer Stadtarchivs (seit 2004). Geboren 3. 12. 1959 in Wien.

Die Stadtverwaltung Wels bittet um Verständnis für die aufgegrabenen Straßen: Die Fernheizung wird gebaut.

Todestage

Johann Fehrer. Industrieller. Gestorben 25. 1. 1959 in Linz. (Geboren 26. 7. 1882 in Kitzingen, Deutschland.) Gründer der Rosshaarspinnerei.

Alois Janak. Fräser, Politiker. Gestorben 12. 8. 1959 in Steyr. (Geboren 20. 2. 1896 in Steyr.) Heimwehrführer, Zentralbetriebsrat der Steyr-Werke.

Alfred Kubin. Zeichner. Gestorben 20. 8. 1959 in Zwickledt bei Wernstein am Inn. (Geboren 10. 4. 1877 in Leitmeritz, Böhmen.) → S. 394

Rudolf Graf von Meran. Statthalter von Oberösterreich (1917). Enkel von Erzherzog Johann. Gestorben 17. 9. 1959 in Salzburg. (Geboren 9. 12. 1872 in Graz.) → 1917

Andreas Plenk. Arzt. Gestorben 2. 10. 1959 in Linz. (Geboren 30. 8. 1892 in Ödenburg.) Seit 1928 in Linz, Chirurg mit internationalem Ansehen.

Matthäus Schlager. Dombaumeister. Gestorben 30. 12. 1959 in Linz. (Geboren 10. 4. 1870 in Sigharting.) Baumeister des Linzer Mariä-Empfängnis-Doms seit 1909.

Bahnunfälle

Oktober. Die Bundesbahn wird von einer Pechsträhne verfolgt. Innerhalb weniger Tage entgleisen zwei Güterzüge: einer bei Zell an der Pram, einer bei Leonding. Funkenflug setzt bei Steyrling ein Schwellenlager in Brand. Am Linzer Hauptbahnhof fährt ein Personenzug auf eine Lokomotive auf, dabei werden 29 Personen schwer verletzt. Nur Sachschaden gibt es im Bahnhof Linz-Kleinmünchen beim Zusammenstoß von zwei Güterzügen.

Der Ischler Hausberg

Einen neuen Blick in die Berg- und Seenwelt des Salzkammerguts bietet die Seilbahn auf den Ischler Hausberg, die Katrin.

Das modernstes Stahlwerk

23. Oktober. Die Voest nimmt das zweite LD-Stahlwerk in Betrieb und ist damit das modernste Stahlwerk der Welt.

Der umstrittene Arnolt Bronnen

In Ost-Berlin stirbt am 12. Oktober 1959 Arnolt Bronnen, eine der umstrittensten Künstlerpersönlichkeiten. 1920 bringt er mit dem Drama „Vatermord" den Expressionismus auf die deutsche Bühne (Regie: Bert Brecht), mit dem Roman „OS" (Oberschlesien) steht er in der extremen Rechten, eine Freundschaft verbindet ihn mit Joseph Goebbels, trotzdem erhält er 1937 Berufsverbot und wird aus der Reichsschrifttumskammer ausgeschlossen. Seit 1943 ist er in Goisern, 1945 wird er erster Nachkriegs-Bürgermeister von Goisern, von 1945 bis 1951 Kulturredakteur der kommunistischen „Neuen Zeit" in Linz, anschließend Kodirektor des Neuen Theaters in der Skala in Wien, 1954–1959 lebt er in der DDR. (Geboren 19. 8. 1895 in Wien.)

Geistesgegenwart

15. Juli. Auch Katastrophen, die sich nicht ereigneten, die im letzten Augenblick verhindert werden konnten, sollen in einer Chronik vermerkt werden:

Der Wachsamkeit eines Schrankenwärters und der Geistesgegenwart und Entschlossenheit eines Bahnbeamten hatten die Passagiere des Eilzugs 745, der um 20.49 Uhr Redl-Zipf passieren sollte, vermutlich ihr Leben zu verdanken. Ein Wolkenbruch hatte eingesetzt, die Redl trat aus den Ufern. Freilich hatte der Fluss für den Bahndamm und die Brücke noch niemals eine Gefahr bedeutet. Trotzdem eilte der Schrankenwärter zum Telefon und teilte seinem Vorgesetzten von der Bahnmeisterstelle Frankenmarkt seine Sorge mit: er fürchte, das Hochwasser könnte die Eisenbahnbrücke wegreißen.

Daraufhin entschloss sich der Bahnmeister, die Verantwortung für eine schwerwiegende Maßnahme auf sich zu nehmen: Er gab die Anweisung, den Verkehr auf der Westbahn einzustellen. Wenige Minuten nach dieser Anweisung krachte die Brücke in die reißende Flut, Schienen und Schwellen hingen in der Luft …

Mit bald 63 ...

„Mit bald 63 ist's ja ohnehin schon ein Kartenhaus – jede neu daraufgelegte Karte bringt den luftigen Bau in leises Schwanken – aber solange keine argen Qualen im Körper bohren und reißen, will ich die Tage noch segnen – so reich an künstlerischen Erlebnissen sind sie."

Alfred Kubin, Zwickledt, 30. Dezember 1939.

Alfred Kubin

Alfred Kubin, aufgenommen in Zwickledt.

Alfred Kubin ist ein mit Oberösterreich erst als reifer Mann, dann allerdings bis zu seinem Tode verbundener Künstler. Es gibt drei örtliche Bezugspunkte in Oberösterreich, wo die Begegnungen mit dem 1877 in Nordböhmen Geborenen und 1959 in Zwickledt Verstorbenen bis heute nachvollzogen werden können.

Da ist einmal das bereits 1906 von Kubin erworbene Landschlösschen mit der Orts- und Hausbezeichnung Zwickledt. Es wurde nach Kubins Tod mitsamt seinem ungeschmälerten Inventar, vor allem mit der wertvollen Bibliothek, vom Land Oberösterreich erworben und als Gedenkstätte eingerichtet.

Zwei weitere Begegnungen mit dem künstlerischen Vermächtnis von Alfred Kubin vermitteln das Oberösterreichische Landesmuseum und die Neue Galerie der Stadt Linz (Lentos-Kunstmuseum).

12.000 bis 14.000 Zeichnungen

Das Gesamtwerk Alfred Kubins wird heute von Fachleuten auf 12.000 bis 14.000 Blätter geschätzt. Von diesem Bestand entfiel je ein Löwenanteil von 3500 Blättern als Vermächtnis des Künstlers an die Republik Österreich und das Land Oberösterreich gegen Ausbezahlung einer Leibrente, auf die Graphische Sammlung Albertina in Wien und das Oberösterreichische Landesmuseum in Linz.

Die Kubin-Bestände der Neuen Galerie der Stadt Linz verdankt man der persönlichen Verbindung zum Berliner Kunstsammler und Galeristen Wolfgang Gurlitt, der einen Teil seiner Bestände nach 1945 der Stadt Linz als Grundstock der später daraus entstandenen Neuen Galerie (Wolfgang Gurlitt-Museum) verkauft hat.

Das Kunstmuseum Lentos (Neue Galerie) besitzt von Alfred Kubin 586 Blätter sowie mehr als 200 illustrierte und häufig auch mit handgezeichneten Widmungen versehene Bücher und Mappenwerke. Die exakte Aufschlüsselung lautet: 27 aquarellierte Zeichnungen, 932 Bleistiftzeichnungen, 31 Tuschfederzeichnungen, drei Tuschpinselbilder, 36 Lithographien, eine Radierung, 73 Buchillustrationen, 7 Lichtdrucke und 225 Bücher und Mappenwerke.

Die künstlerische Eigenart der Linzer Gurlitt-Sammlung von Arbeiten Kubins sieht Peter Baum (Direktor des Museums von 1974 bis 2004) nicht nur in „mehreren frühen, zwischen 1900 und 1905 zu datierenden lavierten Federzeichnungen", sondern, ganz wesentlich, „in etwa 339 Bleistiftskizzen, teils auch Vorstudien zu später aufwendiger ausgeführten Einzelblättern oder Mappenwerken". In diesen Arbeiten, meint Baum, findet sich sehr viel Spontaneität und elementare Direktheit.

Kubins Leben gleicht äußere Ereignis-Armut mit dem Reichtum innerer, visionärer Wirklichkeiten und der hochsensiblen Aufarbeitung auch unscheinbarer Erlebnisse aus. Sein Vater war Geometer und übersiedelte mit der Familie früh ins Salzburgische. Die Schulzeit des zarten und leicht erregbaren Kindes war besonders durch starke Pubertäts- und Jugendkrisen geprägt. Äußere Zeichen dafür sind der Selbstmordversuch am Grab der frühverstorbenen Mutter und eine Nervenkrise beim Militärdienst. Damit wurde jedoch zugleich die künstlerische Ausrichtung des jungen Mannes deutlich, der durch den Prozess des Zeichnens und bildnerischen Darstellens die Gefährdung und Labilität seiner Existenz allmählich zu bannen lernte.

Seit 1906 in Zwickledt

Alfred Kubin besuchte von 1898 bis 1901 die private Kunstschule Schmidt-Reutte und die Gysis-Klasse an der Kunstakademie in München. Er zeigte bereits 1902 in Berlin seine erste Ausstellung und veröffentlichte 1903 sein erstes Lichtdruck-Mappenwerk.

Im selben Jahr stürzte ihn der plötzliche Tod seiner Braut Emmy Bayer in eine neuerliche schwere Krise, aus der ihn jedoch nur vier Monate später die Heirat mit der älteren Hedwig Gründler, einer jungen Witwe und Schwester des Schriftstellers Oskar A. H. Schmitz, befreite. Es folgten Reisen nach Südfrankreich und Italien sowie ein erster, auch künstlerisch genutzter Paris-Aufenthalt.

Bereits 1906 zieht sich Alfred Kubin mit seiner Frau für immer nach Zwickledt zurück, wo sein Domizil allerdings zum Be-

Die Haarschleppe. Tuschfeder. Um 1902.

Ausstellung in Linz

„Mit 6 Sachen beteilige ich mich in den nächsten Tagen an unserer Ausstellung in Linz. Vergnügen macht dies ja nicht mehr recht! Dazu hat man zu oft solche Sensationen schon gehabt."

Alfred Kubin, Zwickledt, 29. April 1940.

„Die geheimnisvollen Elemente"

„Die geheimnisvollen Elemente ziehen den Alternden fort in ein Dunkel; auch die Wirkung m. Kunst ist merkwürdig ausgebreitet, z. Bsp. darüber erfahre ich immer noch seltsames."

Zwickledt, 25. März 1941.

Alfred Kubin: „Briefe an eine Freundin", Wien 1965.

suchsmittelpunkt für immer mehr Freunde und Verehrer seiner Kunst aus dem In- und Ausland wird. Diese persönlichen Kontakte hat Kubin durch einen unermüdlichen Briefwechsel mit einer Vielzahl von Adressaten noch verstärkt.

1908, auf dem Höhepunkt seiner schöpferischen Kraft, entsteht die Niederschrift des epochalen Schlüsselromans „Die andere Seite", der 1909, mit 52 Zeichnungen des Künstlers versehen, erscheint.

Dieser Roman, der bis heute ein Klassiker visionär-surrealer Literatur geblieben ist, fasst sämtliche Charakteristika des Künstlers zusammen: Die Tag- und Nacht-Polarität des Lebens; die Vorliebe für das Bizarre und Makabre; die Hinneigung zu fernöstlicher Philosophie und Religiosität; den stets mitschwingenden autobiographischen Bezug; all das aber souverän ausgeformt in der Geschichte eines ebenso realen wie fiktiven Traumreiches, das den Fremden vernunfthell wieder entlässt.

Kubin hat diesen schriftstellerischen Erfolg in der Zukunft nie mehr wiederholen können. Er entwickelt sich allerdings zum bis heute unerreichten Buchillustrator einer ihm geistig nahestehenden Weltliteratur und hat dadurch auch eine wahrhaft internationale Beachtung, von Europa über Amerika bis Japan, gefunden.

An öffentlichen Anerkennungen seiner Künstlerschaft hat es Alfred Kubin seit 1910 kaum gefehlt. Er ist Mitglied bedeutendster deutscher Künstlervereinigungen wie des Blauen Reiters in München, die Preußische Akademie der Künste in Berlin nimmt ihn in ihre Reihen auf. Ein offizielles österreichisches Echo allerdings ist erst seit der großen Albertina-Ausstellung zum Sechziger im Jahr 1937 zu beobachten. Nach 1945 hat Österreich freilich dem großen Visionär die höchsten Auszeichnungen und Ausstellungsehren zuteil werden lassen, die hierzulande vergeben werden können.

Als kongenialer altösterreichischer Freund Alfred Kubins sei der in vielen Belangen geistig verwandte Fritz von Herzmanovsky-Orlando zitiert, ein wichtiger Briefpartner auch, der 1908 mit Alfred Kubin eine motivträchtige Reise nach Oberitalien unternahm. (Der Briefwechsel zwischen den beiden Künstlern ist 1977 in Buchform erschienen.)

Hinter der Außenhaut der Wirklichkeit entdeckt der Zeichner Kubin das Meer und den Abgrund des Unterbewussten. Das Geschlechtliche, das Böse, das Chaotische werden mit einer schier ins Unendliche ausufernden und auswuchernden Handschrift auf seinen Blättern bewältigt. Im Alter ersetzt die matter werdende irrationale Einbildungskraft ein feiner, resignierender Humor.

Die Fee. Tuschfeder. Um 1900.

Kubin wies selbst auf die ihn prägenden Einflüsse der Kinderkunst, der Fetischwelt der Primitivkulturen, der Kunst der Hypnotisierten und Medien sowie der Kunst psychisch behinderter Menschen hin.

Ein Siegelabdruck der Seele

Über die Eigenart seines Metiers und Stils als Zeichner befand er: „Zeichnung ist ein vollgültiges Kunstwerk mit kleinstem Zeitaufwand … ein Siegelabdruck der Seele … ein einmal und nie wieder vorhandenes Original – einige Minuten pulsierendes Leben, eingefangen für alle Zeiten."

Ein Anwalt des Un- und Unterbewussten, hielt er fest: „Die freie Beherrschung … des Stromes der eigenen, meist beängstigenden Träume, die sich gehorsam seiner (des Künstlers) Macht ergeben, das ist der eigentliche Sinn dieser Kunst, welche die innere Melodie des Lebens ihres Meisters tönen lässt bis der Hand das Werkzeug entfällt." („Über mein Traumleben", 1922.)

Was die Kubin-Forschung und -Rezeption angeht, nimmt die Wahlheimat Oberösterreich durchaus einen achtenswerten Platz ein: Der langjährige Hüter der Graphischen Sammlungen des Landesmuseums, Alfred Marks (1921–1984), erarbeitete den dokumentarischen Bild- und Textband „Kubin als Illustrator", der 1977 erschien. Der Neurologe und Psychiater Wolfgang K. Müller-Thalheim ortete „Erotik und Dämonie im Werk Alfred Kubins" im gleichnamigen Buch, das 1969 erschien.

Weitere bedeutende Kubin-Publikationen stammen von Wieland Schmied 1967 und Hans Bisanz 1976. Mit neueren Katalogwerken haben sich außer dem Oberösterreichischen Landesmuseum und der Neuen Galerie der Stadt Linz besonders auch die Galerie des Taxis-Palais in Innsbruck und die Staatliche Kunsthalle in Baden-Baden anlässlich einer großangelegten Wanderausstellung über „Das zeichnerische Frühwerk bis 1904" hervorgetan (1977).

Schon um 1925 hat ein Freund und Sammler von Werken des Künstlers, der Arzt Kurt Otte in Hamburg, ein Kubin-Archiv angelegt, das allerdings von ihm selbst der Stadt München zur künftigen Verwahrung und Weiterführung der Galerie im Lenbach-Haus übergeben worden ist. Die Münchner Bestände enthalten Tausende von Briefen, Tagebuchblättern, Zeichnungen, illustrierten Büchern, Zeitungsbeiträgen und Besprechungen. Als Bearbeiter des Frühwerks hat sich in München Christoph Brockhaus publizistisch hervorgetan.

Peter Kraft

„Liab is er!"

„Es staubt ihm zu sehr."

Begründung der persischen Begleitung, weil der Schah auf den Anblick des Hochofens verzichtete.

„Liab is er!"

Eine Linzerin, die das Glück hatte, den Schah zu sehen. 19. Mai 1960.

Provinztheater

„Keinem Menschen fällt es ein, der Feuerwehr in Linz vorzuwerfen, daß sie weniger Löschzüge hat als die Feuerwehr in Wien. Ist es nicht ein Unsinn, dem kulturellen Leben von Linz es zur Schande zu rechnen, daß es kein Burgtheater hat? Wer will vom Ochsen mehr Rindfleisch verlangen? Die Maßstäbe, die an Kunstbedürfnis und an die Theaterbefriedigung der Provinz zu legen sind, sollte man nicht von Paris oder New York herholen. Unbeschädigt bleibe die Eigenart. Das heißt für Linz: Das Ordentliche als Regel, das Außerordentliche als Draufgabe."

Josef Laßl (1915–1977), „Oberösterreichische Nachrichten", 24. 6. 1960.

1960

Kalender

14.1. Yul Brynner (1920–1985) kommt ins Flüchtlingslager Asten, um die Rolle eines Lagerinsassen zu spielen, wird dabei aber peinlichst vom Kontakt mit den wirklichen Lagerinsassen abgeschirmt. „Damit er seine Rolle besonders lebensecht spielen kann", witzelt man.

20.2. Uraufführung im Linzer Landestheater: „Heiter bis wolkig" von Bruno Uher.

8.4. Eröffnung einer Ausstellung mit Frauenakten der „Galerie Kliemstein" im Hinterhof eines Linzer Landstraßenhauses, die für den Galeristen und den Maler Erich Ruprechter eine Anzeige nach dem Pornografiegesetz nach sich zieht.

Eine Goldhaubenfrau begrüßt den Schah.

19.5. Der persische Schah Reza Pahlevi (1919 bis 1980) besucht Linz.

29.7. In Wels wird die Neustadt-Unterführung eröffnet.

12.8. Eröffnung des Palmen-Gewächshauses im Welser Volksgarten.

26.8. Eröffnung des Autobahnteilstücks von Sattledt nach Vorchdorf.

2.9. Das Linzer Rudererduo Alfred Sageder und Josef Kloimstein (Donau) gewinnt im Zweierrennen der Olympischen Spiele von Rom die Silbermedaille.

30.9. Opern-Uraufführung im Linzer Landestheater: „Ödipus" von Helmut Eder.

22.10. Eine gewaltige Leistung der österreichischen Energiewirtschaft: Die 220.000-Volt-Leitung von Kaprun nach St. Peter am Hart (Bezirk Braunau) ist fertig.

31.10. Die Voest weist den höchsten Umsatz auf: mehr als sechs Milliarden Schilling.

17.11. Die UKW- und Fernseh-Großsendeanlage Linz-Lichtenberg nimmt den Betrieb auf.

21.11. In Traun-St. Martin wird die Kirche zum hl. Martin eingeweiht. (Architekt ist Franz Zachhuber.)

2.12. Der Linzer Lokomotivführer Johann Heilmann verhindert bei einem Zugzusammenstoß im Bahnhof Bad Schallerbach eine Katastrophe. Er selbst wird bei der Notbremsung schwer verletzt.

17.12. Die Mauthausener Brücke wird zehn Meter stromaufwärts verschoben, um ein Jahr lang den Verkehr zu tragen.

24.12. In Rutzing bei Hörsching wird ein jungsteinzeitliches Gräberfeld entdeckt. → S. 50

Geburtstage

Johanna Rachinger. Generaldirektorin der Nationalbibliothek (seit 2001). Geboren 9. 1. 1960 in Putzleinsdorf.

Martin Huber. Bundesbahn-Holding-Chef (2004 bis 2008). Geboren 26. 2. 1960 in Wels.

Eugenie Kain. Schriftstellerin. Geboren 1. 4. 1960 in Linz. (Gestorben 8. 1. 2010 in Linz.)

Christian Steinbacher. Schriftsteller. Geboren 13. 5. 1960 in Ried im Innkreis.

Stella Rollig. Direktorin des Linzer Kunstmuseums Lentos (2004–2014). Geboren 5. 7. 1960 in Wien.

Hans-Karl Schaller. Vorsitzender des Konzernbetriebsrates der voestalpine (seit 2008). Geboren 27. 7. 1960 in Freistadt.

Franz Welser-Möst (Franz Leopold Maria Möst). Dirigent, Generalmusikdirektor der Wiener Staatsoper (seit 2010). Geboren 16. 8. 1960 in Linz. → S. 548

Alois Stöger. Gesundheitsminister (SP), seit 2008. Geboren 3. 9. 1960 in Allerheiligen im Mühlkreis.

Rudolf Habringer. Schriftsteller. Geboren 13. 9. 1960 in Desselbrunn.

Klaus Luger. Vizebürgermeister von Linz (SP), seit 2009. Geboren 8. 11. 1960 in Linz.

Rudi Anschober. Landesrat (seit 2003), Landessprecher der Grünen (seit 2002). Geboren 21. 11. 1960 in Wels.

Wilfried Steiner. Schriftsteller. Geboren 18. 12. 1960 in Linz.

Andreas Mitterlehner. Generaldirektor der Hypo-Bank, OÖ. Landesbank (seit 2004). Geboren 21. 12. 1960 in Haslach.

Die Schriftstellerin Maria von Peteani.

Todestage

Josef Raukamp. Glasmaler. Gestorben 12. 2. 1960 in Linz. (Geboren 4. 9. 1881 in Linnich bei Aachen.)

Florian Födermayr. Bauer und christlichsozialer Politiker. Gestorben 7. 3. 1960 in Linz. (Geboren 18. 4. 1877 in Kronstorf.) Initiator des Bauernbundes, Landwirtschaftsminister 1929/30.

Ferdinand Markl. Bürgermeister von Urfahr während der Besatzungszeit (1945–1955). Gestorben 25. 4. 1960 in Linz. (Geboren 5. 7. 1898 in Josefstadt, Böhmen.)

Eduard Straßmayr. Historiker und Archivar. Gestorben 31. 5. 1960 in Linz. (Geboren 25. 1. 1885 in Aschach an der Steyr.)

Joseph Calasanz Fließer. Seit 1941 Weihbischof, seit 1946 Diözesanbischof von Linz (bis 1955). Gestorben 12. 6. 1960 in Linz. (Geboren 28. 7. 1896 in Perg.) → 1941

Wilhelm Albert Jenny. Direktor des Landesmuseums (1945–1960). Gestorben 12. 6. 1960 in Linz. (Geboren 27. 9. 1896 in Linz.)

Maria von Peteani (Sauer). Schriftstellerin. Gestorben 28. 7. 1960 in Linz. (Geboren 2. 2. 1888 in Prag.)

Kurt Fischer-Colbrie. Schauspieler und Regisseur. Gestorben 2. 9. 1960 in Linz. (Geboren 28. 4. 1894 in Traun.) 1956/57 interimistischer Leiter des Linzer Landestheaters.

Ignaz Brantner. Theaterdirektor. Gestorben 24. 12. 1960 in Wien. (Geboren 22. 10. 1886 in Villach.) Leitete das Linzer Landestheater von 1932 bis 1945 und von 1948 bis 1953. → S. 379

In Linz müßte man sein …

2. Mime: Vom neuen „Jedermann" habe ich furchtbare Verrisse gelesen …
1. Mime: Ich habe immer gesagt, das Stück paßt nicht zu Salzburg …
2. Mime: Vielleicht zu Linz … In Linz müßte man sein … (Schweigen.)

Die Linzer können ihn nicht mehr hören, diesen in den sechziger Jahren aufgetauchten Spruch „In Linz müßte man sein …" Weil sie so empfindlich sind? Oder weil sie es zwar originell fanden, als Helmut Qualtinger und Gerhard Bronner das gesagt haben, weil es aber peinlich wirkt, wenn man zum tausendsten Mal das Gleiche hört. Wo immer irgendwann irgendwo in Österreich oder im Ausland ein Linzer erscheint, wird er mit dem Satz begrüßt: „In Linz müßte man sein!"

Laut Gerhard Bronner entstand der Ausspruch 1959 durch einen Zufall: Bei einer Probe des Sketches von Helmut Qualtinger (1928–1986) im Neuen Theater am Kärntnertor hat Bronner (1922–2007) den Text spontan hinzugedichtet.

Chruschtschow in Linz

„Jetzt wollen wir aber schlafen gehen, denn wir haben hier gut gegessen und getrunken, und außerdem muß der Saal ja bezahlt werden."

Der sowjetische Ministerpräsident Nikita Sergejewitsch Chruschtschow (1894–1971) am 3. Juli 1960 in Linz, kurz vor Mitternacht.

Nikita Chruschtschow, neben ihm seine Frau Nina. Links im Bild Bundeskanzler Julius Raab.

In Linz vergisst der Kreml-Boss das Protokoll

Chruschtschow in Wels. Neben Nina Chruschtschowa Voest-Generaldirektor Walter Hitzinger.

3./4. Juli. Natürlich ist es ein Lokalereignis ersten Ranges, dass der mächtigste Mann des Kreml, Nikita Sergejewitsch Chruschtschow, nach Oberösterreich kommt. Vorgesehen ist eine Kranzniederlegung im ehemaligen Konzentrationslager Mauthausen, in Linz ein Empfang im Kaufmännischen Vereinshaus, ein Besuch der Voest, wo er sich für den LD-Stahl interessiert, in Wels eine Besichtigung der Tierzuchtanstalt, wobei dem sowjetischen Ministerpräsidenten zwei Innviertler Zuchtstiere geschenkt werden. Zum Abschluss der Oberösterreich-Rundfahrt gibt es im Kurhaus Bad Ischl eine Jause.

Chruschtschow wird auch in Oberösterreich mit jener Höflichkeit empfangen, die einem hohen ausländischen Gast gebührt, durch das schöne Wetter gibt es mehr Schaulustige als in Wien.

Vorerst geht alles streng nach Protokoll – wenn man davon absieht, dass Chruschtschow beim Gala-Diner die peinlichst genau ausgeklügelte Speisen- und Getränkefolge durchbricht, als er Lust nach einem „pivo" hat. Es wird ihm auch bereitwilligst überreicht, ohne dass das Wort übersetzt werden muss. Die üblichen Festreden, anschließend eine internationale Pressekonferenz, die sich fast bis Mitternacht hinzieht. Chruschtschow wohnt im „Parkhotel", in der Nähe des Volksgartens. Er kommt verhältnismäßig spät ins Bett, niemand rechnet damit, dass sich der immerhin schon 66jährige vor der vorgesehenen Abfahrt zum Voest-Besuch blicken lassen würde. Zum Schrecken der uniformierten und zivilen österreichischen und sowjetischen Bewacher tritt er jedoch um acht Uhr früh auf die Straße, blickt kurz um sich und geht dann in Richtung Volksgartenstraße, nur begleitet von seinem Dolmetsch, ohne den er ja selbst bei einem illegalen Morgenspaziergang nicht auskommen kann. Völlig unvermutet betritt er eine Konditorei, reicht der Tochter des Hauses freundlich die Hand und ersucht sie, ihm eine Linzer Torte zu zeigen. Nachdem ihm dieser Wunsch gerne erfüllt wird, geht er in den Kaffeehausraum weiter, lässt sich die dort aufgestellte Mokkamaschine erklären und beginnt mit einer Dame, die mit ihrem Kind an einem Tischchen sitzt, zu plaudern. Er habe auch Kinder, sagt er, und verabschiedet sich dann. Anschließend geht er in zwei Autogeschäfte, wo er sich über PS und Preise informieren lässt und Vergleiche mit dem „Moskwitsch" anstellt, dann geht er noch in ein Hosengeschäft und erklärt dort zum allgemeinen Erstaunen, dass er die Blue jeans, zu dieser Zeit noch eine „amerikanische Halbstarkenmode", sehr praktisch finde. Er spaziert schließlich rund um den Volksgarten – dann wird er von seinen Betreuern eingeholt und überzeugt, dass es auch noch ein offizielles Programm des Staatsbesuches gibt. An das man sich heute in Oberösterreich jedoch viel weniger erinnert als an die kleinen Randepisoden.

Ganz in seinem Element ist der sowjetische Ministerpräsident Nikita Chruschtschow in Wels, wo ihm der österreichische Landwirtschaftsminister zwei Jungstiere schenkt, von denen der eine einen musischen und der andere einen echt oberösterreichischen Namen hat: „Komponist" und „Gustl".

Wer war Engelbert Kliemstein?

„Sein Schicksal löste eine Welle des Mitgefühls aus, und es schien, als ob sich nun erst zeige, was das Kulturleben der Landeshauptstadt am Beitrag Engelbert Kliemsteins besessen habe."

Herbert Lange (1908–1971) im „Kunstjahrbuch der Stadt Linz 1962".

„Ach Tod, schlafe noch eine Zeit lang weiter, ich will es noch einmal versuchen, sicher ist meine Kraft schon tausendmal gespalten und mit jedem Augenblick reißen sich weitere Kräfte von mir los."

Tagebuch-Eintragung von Engelbert Kliemstein (1934–1961).

1961

Kalender

4.2. Spatenstich zum Gebäude des Wirtschaftsförderungsinstituts an der Wiener Reichsstraße in Linz.

18.2. Eröffnung der dritten Teilstrecke der Dachsteinbahn Obertraun vom Krippenstein zur Gjaidalm durch Bundespräsident Adolf Schärf. Talstation Obertraun: 608 m, Mittelstation Schönberghaus: 1350 m, Bergstation Krippenstein: 2079 m, Gjaidalm: 1795 m.

Februar. Die oberösterreichische Gendarmerie setzt erstmals Alcotest-Röhrchen zur Ausforschung betrunkener Autolenker ein.

6.3. Aram Chatschaturjan (1903–1978) dirigiert in der Linzer Diesterwegschule eigene Werke, darunter die 2. Symphonie und Stücke aus dem Ballett „Gajaneh".

9.3. Großbrand in der Pappenfabrik Merckens in Schwertberg.

14.3. Wechsel auf dem Generaldirektorssessel der Voest: Walter Hitzinger (→ 1975) wird von Herbert Koller (1911–1995) abgelöst.

16.3. Großbrand in der Pappe- und Kartonagenfabrik Jacobi in Sarmingstein.

Neuer Voest-Generaldirektor: Herbert Koller.

März. Ein Teil des Nordicos in der Linzer Bethlehemstraße wird abgebrochen.

7.5. Der renovierte Sarg von Anton Bruckner wird in die Obhut des Stiftes St. Florian übergeben und in der Gruft unter der Orgel aufgestellt.

24.5. In Linz wird das „Haus der Technik" seiner Bestimmung übergeben.

31.5. Während einer Feierstunde bezeichnet Vizekanzler Bruno Pittermann (1905–1983) die Voest als „neue Schatzkammer der Zweiten Republik".

Mai. In der restaurierten Blümelhuber-Villa wird das Meisteratelier für Stahlschnitt der Bundesgewerbeschule Steyr eingerichtet.

12.6. Der Linzer Gemeinderat fasst den Grundsatzbeschluss zur Ausschreibung eines Ideenwettbewerbes für das neue Linzer Konzerthaus.

17.6. Die Österreich-Radrundfahrt wird auf dem Gelände der Voest gestartet.

Juni. Die ehemalige Sebastianskirche in Aurolzmünster wird in ein Wohnhaus umgewandelt.

1.7. In Marienthal bei Schärding wird das erste Aluminium-Schwimmbad Europas eröffnet.

12.–16.7. In Linz finden die 3. Union-Bundeskampfspiele statt.

15./16.7. Ende der Ära des Intendanten Fred Schroer im Linzer Landestheater, Beginn der Ära Karl Heinz Krahl. (Bis 1964.) →

22.7. Die letzten Waggons mit Ablöselieferungen aus dem Staatsvertrag verlassen das Werksgelände der Voest in Richtung Sowjetunion.

24.8. Hans Buchner wird neuer Generaldirektor der Österreichischen Stickstoffwerke AG.

Das Fährschiff zwischen Wernstein und Neuburg am Inn wird durch einen Bedienungsfehler überflutet. Drei Fahrgäste ertrinken.

August. Die Startbahn des Flughafens Hörsching wird auf 2000 m verlängert.

3./4.9. In Bad Goisern findet die erste Gamsbart-Olympiade statt. →

4.9. Im Krankenhaus Schärding kommen Drillinge zur Welt. Die Mutter ist aus Andorf.

Neuer Stickstoff-Generaldirektor: Hans Buchner.

17.9. Mehr als 300 Gruppen beteiligen sich am Erntedank-Festzug durch Linz.

18.9. Die Krankenpflegeschule im Linzer AKH wird eröffnet.

4.10. Eröffnung der Höheren Bundeslehranstalt für landwirtschaftliche Frauenberufe in Elmberg, am Stadtrand von Linz.

6.10. Im größten Kraftwerk Österreichs, in Aschach an der Donau, wird das größte Stemmtor Europas fertiggestellt. Es besteht aus 370 Tonnen Stahl und ist 22 Meter hoch, jeder Flügel ist 13 Meter breit. →

7.10. Das Autobahnteilstück Vorchdorf–Regau wird dem Verkehr übergeben.

16.10. Der Linzer Gemeinderat beschließt den Ankauf des Schlosses Auhof, das für die Hochschule für Sozialwissenschaften vorgesehen ist.

22.10. Landtags- und Gemeinderatswahlen. Keine Veränderungen im Landtag: 25 VP, 19 SP, 4 FP (früher FW).

2.11. Inbetriebnahme des werkseigenen Voest-Hafens.

25.11. Uraufführung im Linzer Landestheater: „Im Aschenregen" von Helmut Schwarz.

November. In der Glasmanufaktur Schöler & Co. in Kremsmünster wird aus 15 Tonnen Glas der bisher größte Kristall-Luster der Welt für einen ausländischen Auftraggeber hergestellt.

9.12. Eröffnung der neuen, 281 m langen Ennstalbrücke in Steyr.

22.12. Die neue Mauthausener Brücke wird dem Verkehr übergeben.

Geburtstage

Susanne Riess-Passer. Der erste weibliche Vizekanzler der Republik Österreich, Bundesobfrau der FP, Ministerin für Umweltreform und Sport (2000–2002). Geboren 3. 1. 1961 in Braunau.

Herbert Wähner. Münzengestalter. Geboren 28. 3. 1961 in Steyr.

Brigitte Justl. Sportlerin des Jahres 1986 (Handball). Geboren 20. 5. 1961 in Linz.

Sophie Rois. Schauspielerin (1998 Buhlschaft in Hugo von Hofmannsthals „Jedermann" in Salzburg). Geboren 1. 6. 1961 in Ottensheim.

Gerda Weichsler (Weichsler-Hauer). Zweite Präsidentin des oberösterreichischen Landtags (SP) seit 1997. Geboren 2. 6. 1961 in Steyr.

Andreas Berger. Sportler des Jahres 1987 (Leichtathletik). Geboren 9. 6. 1961 in Gmunden. → 1987, 1989

Götz Spielmann. Theater- und Filmregisseur. Geboren 11. 6. 1961 in Wels.

Regina Pintar. Leiterin des oö. Literaturhauses (Stifterhaus), seit 1993. Geb. 8. 7. 1961 in Linz.

Jürgen Werner. Sportler des Jahres 1986 (Fußball). Geboren 3. 12. 1961 in Wels.

Walter Kroneisl. Sportler des Jahres 1985 (Skibob). Geboren 4. 12. 1961 in Linz.

Walter Laserer. Extrem-Bergsteiger. Geboren 19. 12. 1961 in Gosau. Bezwinger des Mount Everest. → 2009

Stefan Ruzowitzky. Filmregisseur und Drehbuchautor, „Oscar"-Preisträger 2008. Geboren 25. 12. 1961 in Wien. Seine Schulzeit verbrachte er in Linz. → 2008

Todestage

Karl Eder. Kirchenhistoriker. Gestorben 1. 5. 1961 in Graz. (Geboren 10. 9. 1889 in Lindach.)

Engelbert Kliemstein. Maler und Gründer der ersten Linzer Privatgalerie. Gestorben 2. 7. 1961 in Linz. (Geboren 4. 9. 1934 in Grieskirchen.) →

Alfred Carl Ferdinand Kuzmany. Generalmajor. Gestorben 4. 10. 1961 in Wien. (Geboren 24. 10. 1893 in Dorna-Watra, Rumänien.) 1945 letzter deutscher Stadtkommandant von Linz.

Tödlich verunglückt: der Galeriepionier Kliemstein.

Genie

„Intendant Karl Heinz Krahl scheint ein Genie an Liebenswürdigkeit zu sein. Er sagte nichts über seinen Vorgänger."

„Oberösterreichische Nachrichten", 16. 3. 1961.

Bewölkter Theaterhimmel

„Ziehen wir nicht einen Vorhang zu lange hoch, der eine abgeräumte Szenerie zeigt, und zugleich eine, die sich eben neu bewölkt."

Hubert Razinger (1904–1967) über den Abgang Fred Schroers vom Linzer Landestheater und den Beginn der Direktion Karl Heinz Krahl, die ebenfalls von kurzer Dauer war.
„Tagblatt" 9. 9. 1961.

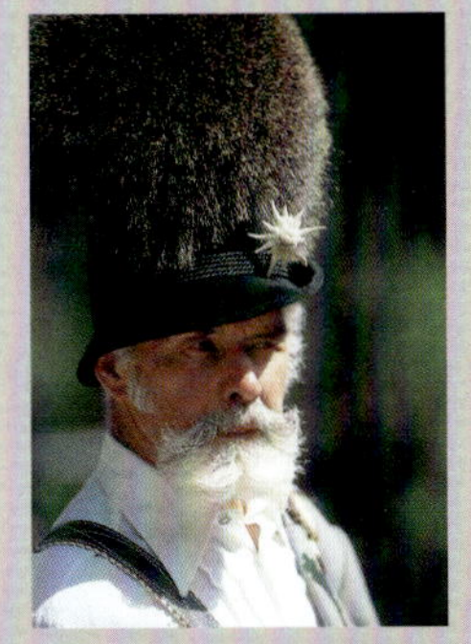

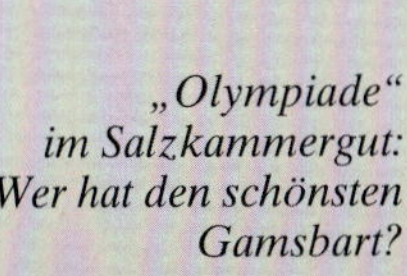

„Olympiade" im Salzkammergut: Wer hat den schönsten Gamsbart?

Der Zeichner Engelbert Kliemstein

Eine Federzeichnung des am 2. Juli 1961 nach einem Unfall verstorbenen 27jährigen Engelbert Kliemstein: Die Linzer Landstraße, 1957.

Aschach hat das größte Stemmtor Europas.

Hochsaison für Voest-Schiffe

29. Jänner. Das zweite Hochseeschiff der Voest, die „Wienertor", läuft zur Atlantikfahrt aus.

Juli. Die Voest gibt ein drittes Hochseeschiff, die „Kremsertor", in Auftrag.

9. August. In der Linzer Schiffswerft laufen die ersten beiden Donauschiffe der Voest, die „Linz" und die „Krems", vom Stapel.

Oberösterreich hat 1,131.623 Einwohner

21. März. Die Volkszählung ergibt für Oberösterreich 1,131.623 Einwohner, um 22.903 Einwohner mehr als 1951.

Kinderfreudiges Oberösterreich

21. März. Um die Bevölkerungsstatistik Österreichs wäre es besser bestellt, würden sich die übrigen Bundesländer ein Beispiel am kinderfreudigen Oberösterreich nehmen. Weit an der Spitze in der Liste der Geburtenüberschüsse steht Oberösterreich:

Oberösterreich:	+ 12.622
Steiermark:	+ 9.907
Niederösterreich:	+ 8.435
Tirol:	+ 6.054
Kärnten:	+ 5.730
Salzburg:	+ 4.047
Vorarlberg:	+ 3.612
Burgenland:	+ 1.998
Wien:	– 6.515

Auch umgerechnet auf die Einwohnerzahl liegt Oberösterreich mit 11,1 % (auf 1000 Einwohner) nur knapp hinter Salzburg (11,6 %) und Kärnten (11,5 %).

50 Hektar Wald brennen!

6.–8. April. Achtlos weggeworfene Zigarettenreste von zwei Wanderern lösen im Gimbachtal bei Ebensee den größten Waldbrand Österreichs aus. 50 Hektar Waldfläche stehen in Flammen, bis zu zwanzig Meter hoch sind die Feuersäulen. Erst nach zwei Tagen ununterbrochenem Einsatz von Feuerwehren, Gendarmerie, Bundesheer, Bergwacht und Forstarbeitern gelingt es, den Brand zu lokalisieren und einzudämmen.

Die bedeutendste Lehár-Gedenkstätte der Welt: Die Villa in Bad Ischl, in der Lehár 38 Jahre gelebt hat, in der seine wichtigsten Werke entstanden, in der er 1948 starb.

Die Operette lebt

29. April. Nun hat auch das Salzkammergut seine Festspiele: Beziehungsvoll steht das erste Festkonzert der Ischler Operettenwochen unter dem Motto „Die Operette lebt". Mit der Gründung der „Internationalen Gesellschaft zur Pflege und Förderung der Operette" werden die Voraussetzungen für die Operettenwochen geschaffen, die nirgends besser hinpassen als in diese Stadt, in der sich die Operettenkomponisten seit Johann Strauß wohl gefühlt haben. Die konstituierende Hauptversammlung im Kongress-Saal des Kurhauses wird von Fanfarenklängen eingeleitet: vier Bergknappen in historischer Tracht spielen die Franz-Lehár-Melodie „Schön ist die Welt". Im Sommer werden zwei der beliebtesten Lehár-Operetten aufgeführt, „Paganini" und „Land des Lächelns", vorerst allerdings nur konzertant. Programmatisch ist ein Abend der Operettenwochen dem musikalischen Schaffen lebender Operettenkomponisten gewidmet.

Star der Operettenwoche: Elfie Maierhofer.

Licht als Bote

„Die Decke schwebt also wieder einmal über einer Zone des Lichts. Von dort senkt sich das Licht in breiten Fensterschwärmen zur Altarstelle hinab. Die Fenster sitzen wie die Notenköpfe einer Musik in ihren Linien. Ein Barockmensch hätte vielleicht gesagt, sie säßen wie Schwärme von Engeln in dem Gerüst der wohnlichen Welt, und damit hätte er eigentlich recht, denn das Licht ist hier ja wirklich als Bote gemeint. Vorne aber, um den Altar, schweigt sein Jubel. Der irdische Bestandteil bildet eine behütete Schale rund um die Stelle, wo Gott geboren wird."

Rudolf Schwarz über seine Kirche (Theresia-Kirche Linz), in „Kirchenbau", 1960.

Kalender

14.1. Die Mauthausener Fähre tritt zur letzten Fahrt an. Fährmann Alois Gattringer hat in den 25 Jahren, die er hier seinen Dienst versah, 48 Menschen aus den Fluten der Donau gerettet.

30.3. Der deutsche Bundespräsident Heinrich Lübke (1894–1972) besucht die Voest.

10.4. In Zwickledt bei Wernstein wird ein Kubin-Museum eröffnet, in Erinnerung an den Zeichner Alfred Kubin (1877–1959), der hier gelebt hat und gestorben ist. → S. 394

31.5. In Ramla (Israel) wird Adolf Eichmann hingerichtet. Er war verantwortlich für die Steuerung der Judentransporte in die Vernichtungslager und die Massenhinrichtungen in den Konzentrationslagern. Adolf Eichmann verbrachte durch die Berufung seines Vaters zum Direktor der Linzer ESG seine Kindheit und Jugend in Linz. Nach Kriegsende gelangte Eichmann mit falschen Papieren nach Argentinien, 1960 wurde er dort vom israelischen Geheimdienst gefasst und nach Israel gebracht, wo er am 11. 12. 1961 zum Tode verurteilt wurde. (Geboren 19. 3. 1906 in Solingen.)

12.6. Oberösterreich ist im neuen Bundesrat mit acht Abgeordneten vertreten, nachdem der Ministerrat aufgrund der Volkszählungsergebnisse die Erhöhung der Mitglieder von 50 auf 54 beschlossen hat. (Wien 12, Niederösterreich 10, Steiermark 8, Kärnten 4, Burgenland 3, Salzburg 3, Tirol 3, Vorarlberg 3.)

28.6. Das Ennskraftwerk Losenstein nimmt den ersten Maschinensatz in Betrieb.

5.7. Der Nationalrat beschließt die Errichtung einer Hochschule für Sozial- und Wirtschaftswissenschaften in Linz.

15.7. Leonfelden wird zum Heilbad-Kurort „Bad Leonfelden". →

16.7. Eröffnung der Moor- und Kneippkuranstalt Leonfelden.

10.9. Der Linzer Bürgermeister Ernst Koref (SP) tritt zurück.

24.9. Edmund Aigner (SP) wird Linzer Bürgermeister. (Er übt dieses Amt bis zu seinem Tod am 3. 5. 1968 aus.)

12.10. Stapellauf des Voest-Hochseefrachters „Kremsertor". (Gesunken → 1966.)

Das Voest-Schiff „Kremsertor".

Die Linzer Theresia-Kirche *Einer der bedeutendsten modernen Kirchenbauten wird am 7. Oktober eingeweiht: die Pfarrkirche zur hl. Theresia in Linz-Keferfeld. Architekt: Rudolf Schwarz (1897 bis 1961).* →

14.10. Eröffnung des Eferdinger Heimatmuseums und des Starhembergischen Familienmuseums.

11.11. Weihe der evangelischen Kirche Schwanenstadt.

18.11. Nationalratswahlen. Ergebnisse in Oberösterreich: 330.057 VP, 280.696 SP, 54.486 FP, 12.351 KP, 1424 Sonstige.

16.12. Die Donaubrücke in Aschach wird dem Verkehr übergeben.

28.12. Starkes Treibeis auf der Donau. Die Schifffahrt muss eingestellt werden.

Dezember. In Wels wird ein privater Linienverkehr mit vorerst zwei Bussen eingerichtet.

Geburtstage

Günther Steinkellner. Landesparteiobmann der FP (2002–2005), Landesrat (2003), Stellv. Bundesparteiobmann (2004–2005). Geboren 20. 1. 1962 in Linz.

Josef Hader. Kabarettist. Geboren 14. 2. 1962 in Waldhausen.

Christian Strasser. Direktor des Wiener Museumsquartiers (seit 2011). Geboren 21. 4. 1962 in Gschwandt bei Gmunden.

Klaus Herrmann. Chefredakteur der „Kronen-Zeitung Oberösterreich" (seit 2000). Geboren 4. 5. 1962 in Graz.

Werner Thanecker. Propst von Reichersberg (2005–2011). Geboren 16. 6. 1962 in Rainbach bei Schärding.

Gerold Lehner. Evangelischer Superintendent (seit 2005). Geboren 7. 7. 1962 in Wels. → 2005

Karl Richard Benedik, genannt „RIK". Liedermacher. Geboren 7.12.1962 in Linz. (Tödlich verunglückt 29. 5. 2011 im Gemeindegebiet von Lambrechten.)

Thomas Henzinger. Informatiker, Präsident der Elite-Univeristät IST (Institute of Science and Technology Austria) in Gugging, NÖ (seit 2009). Geboren 8. 12. 1962 in Linz.

Paul Haslinger. Komponist. Geboren 11. 12. 1962 in Linz.

Todestage

Franz Sichelrader. Dreher, Politiker. Gestorben 17. 2. 1962 in Steyr. (Geboren 16. 7. 1895 in Steyr.) 1926 jüngster Bürgermeister von Steyr und damit jüngster Bürgermeister Österreichs (bis 1934), Zentralbetriebsratsobmann der Steyr-Werke.

Emilie Schleiß, geb. Simandl. Keramikerin. Gestorben 2. 5. 1962 in Gmunden. (Geboren 27. 1. 1880 in Rottenburg, Mähren.) 1909 Verehelichung mit Franz Schleiß (1884–1968). Sie schuf zahlreiche Entwürfe für die Gmundner Keramik (später Vereinigte Wiener und Gmundner Keramik).

Franz Gräflinger. Komponist, Musikkritiker und Musikschriftsteller. Gestorben 9. 9. 1962 in Bad Ischl. (Geboren 26. 11. 1876 in Linz.)

Maximilian Josef Auer. Bruckner-Biograph. Gestorben 24. 9. 1962 in Bad Ischl. (Geboren 6. 5. 1880 in Vöcklabruck.)

Wunder im Höllengebirge

5. Mai. Die Angehörigen der vier jungen Lenzinger, die seit einer Woche im Höllengebirge vermisst werden, glauben wieder an Wunder: Tagelang haben Bergrettung und Gendarmen in der Schnee- und Eishölle nach den Vermissten gesucht, da treffen sie erschöpft, aber völlig unversehrt, im Tal ein. In einer winzigen Heuhütte haben sie vor dem tobenden Schneesturm Zuflucht gefunden, mit Latschenholz geheizt und im Schneewasser eine Heusuppe gekocht.

Gagarin in der Voest

„Es wird noch die Zeit kommen, daß auch aus Voest-Stahl Weltraumschiffe hergestellt werden."

Der sowjetische Kosmonaut Juri Gagarin am 11. Mai 1962 in Linz.

Ein neuer oberösterreichischer Kurort: Bad Leonfelden.

Der Kosmonaut hat einen Motorschaden

1. Mai. Der Motorschaden, den Juri A. Gagarin (1934–1968), der erste Mensch im Weltraum, an diesem Tag hat, entsteht nicht an einem Raumfahrzeug, sondern an einem Auto. In Perg muss der Autokonvoi stehen bleiben, um den Schaden zu beheben. Trotzdem ist der Kosmonaut pünktlich in Linz, wo er und seine Gattin von Landeshauptmann und Bürgermeister empfangen werden. Gespeist wird auf dem Pöstlingberg, dann besucht der ehemalige Gießereiarbeiter auf seinen Wunsch die Voest.

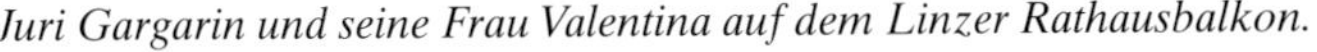

Juri Gargarin und seine Frau Valentina auf dem Linzer Rathausbalkon.

Seilbahn auf die Wurzeralm

16. September. Die Wurzeralm-Seilbahn wird eröffnet. Talstation Spital am Pyhrn: 816 m, Bergstation: 1430 m.

Wer ist die Schönste im ganzen Land?

Im Wettbewerb um das schönste Dorf Oberösterreichs, der erstmals ausgetragen wird, gewinnt die Innviertler Gemeinde Waldzell.

Entwicklung der Landwirtschaft

Arbeitskräfte: 100.627 (1953: 167.563)
Traktoren: 42.791 (1953: 9541)
Mähdrescher: 3667 (1953: 166)
Melkmaschinen: 15.887 (1953: 2955)

*

Zahlen für 1962 veröffentlicht in „Das oberösterreichische Heimatbuch", Wien 1966; Franz Handlbauer: „Oberösterreichs Landwirtschaft."

Hoamat, ön deina Erd

Han dih mein Lebtag g'ehrt
Und muaß's aft oanmal sein:
Hoamat, ön deina Erd
Schlaf ih guat ein!

Hans Reinthaler (1900–1964) in „Hoamatland", 1963.

Die Dachsteinlandschaft steht seit 1963 unter Naturschutz. Blick vom Vorderen Gosausee auf das Dachsteinmassiv.

Bruckner'sches Format

„Der Mann hatte ja Bruckner'sches Format."

Joseph Kronsteiner (1910–1988) beim Begräbnis des Komponisten Rudolf Wimmer.

1963

Kalender

6.1. Inbetriebnahme des Sessellifts auf den Sternstein.

16.1. Inbetriebnahme des Dampfkraftwerks Timelkam.

1.2. Großbrand beim Erweiterungsbau des Oberösterreichischen Landesverlags in Linz.

22.4. Die oberösterreichische Landesregierung stellt den Dachstein unter Naturschutz.

28.4. Bundespräsidentenwahlen. Ergebnisse in Oberösterreich: 298.386 Stimmen für Julius Raab (VP), 359.653 Stimmen für Adolf Schärf (SP), 23.595 Stimmen für Josef Kimmel (EFP = Europäisch-Föderalistische Partei Österreichs.) Bundespräsident wird Adolf Schärf (1890–1965, Amtszeit 1957–1963 und 1963–1965).

14.6.–31.8. Demolierung des Schlosses Hagen in Linz-Urfahr.

22.6. Zwei Uraufführungen im Linzer Landestheater: „Anamorphose" von Helmut Eder und „Im Hochhaus" von Oskar Zemme.

17.7. Der Turm der Pfarrkirche von St. Martin im Innkreis stürzt ein, die Glocken zerbersten auf der Straße, nur die kleinste von ihnen, gegossen im Jahr 1782, bleibt ganz.

31.7. Das Autobahnteilstück Seewalchen–Straß im Attergau wird, zunächst einbahnig, dem Verkehr übergeben.

23.8. Die Innbrücke Ach–Burghausen wird dem Verkehr übergeben.

23.9. Sprengstoffanschläge in Ebensee und Traunkirchen. →

27.9. Feierliche Inbetriebnahme des Donaukraftwerkes Aschach. Bisher größtes Laufkraftwerk Mitteleuropas. (Jahresleistung 1,7 Milliarden Kilowattstunden.)

Gestohlen: Die Pesenbacher Madonna.

Der Wahl-Mühlviertler Franz von Zülow.

26.10. Bei Mondsee ist das letzte Teilstück der Westautobahn auf oberösterreichischem Gebiet fertig gestellt und wird in einer Fahrtrichtung für den Verkehr freigegeben.

10.11. Ein schwerer Verlust für alle Heimat- und Kunstfreunde: Aus der Pesenbacher Kirche (Gemeinde Feldkirchen an der Donau) wird die berühmte spätgotische Madonna (1430) gestohlen.

Todestage

Franz von Zülow. Maler. Gestorben 26. 2. 1963 in Wien. (Geboren 15. 3. 1883 in Wien.) Seit 1928 Wohnsitz in Hirschach.

Wilhelm Binder. Obmann des Katholischen Preßvereins (1938–1940, 1945–1961). Gestorben 7. 3. 1963 in Linz. (Geboren 28. 5. 1887 in Linz.)

Ernst Neweklowsky. Ingenieur, Historiker. Gestorben 7. 3. 1963 in Linz. (Geboren 26. 7. 1882 in Linz.)

Harry John Collins. US-General. Gestorben 8. 3. 1963 in Salzburg. (Geboren 7. 12. 1895 in Chicago.) Befehlshaber der Truppen in der amerikanischen Zone bis 1948.

Franz Karl Ginzkey. Schriftsteller. Gestorben 11. 4. 1963 in Wien. (Geboren 8. 9. 1871 in Pola, Istrien.) Seit 1944 in Seewalchen am Attersee.

Ludwig Karl Mayer. Musikkritiker und -schriftsteller. Gestorben 12. 5. 1963 in Linz. (Geboren 9. 5. 1896 in München.)

Georg Lahner. Höhlenforscher. Gestorben 17. 5. 1963 in Linz. (Geboren 21. 1. 1873 in Linz.) Auf sein Betreiben wurde 1910 der erste oberösterreichische Verein für Höhlenkunde gegründet. → S. 297

Julius Gschaider. Bürgermeister von Steyr (1912 bis 1919). Gestorben 31. 7. 1963 in Steyr. (Geboren 8. 5. 1878 in Steyr.)

Curt Kühne. Architekt. Gestorben 25. 8. 1963 in Linz. (Geboren 8. 8. 1882 in Zeulenroda.) Linzer Bauten: Diesterwegschule, Parkbad, Stadion. → 1931

Oscar Pollak. Journalist. Gestorben 28. 8. 1963 in Hinterstoder. (Geboren 7. 10. 1893 in Wien.)

Leopold Daxsperger. Komponist und Chorleiter. Gestorben 17. 10. 1963 in Salzburg. (Geboren 11. 11. 1896 in Raab.)

Maximilian Narbeshuber. Schriftsteller. Gestorben 7. 11. 1963 in Linz. (Geboren 9. 2. 1896 in Gmunden.)

Rudolf Wernicke. Maler und Grafiker. Gestorben 28. 11. 1963 in Linz. (Geboren 6. 10. 1898 in Stuttgart.) Porträts zahlreicher Persönlichkeiten Oberösterreichs. → S. 479

Rudolf Wimmer. Komponist. Gestorben 13. 12. 1963 in Wels. (Geboren 19. 7. 1897 in Gunskirchen.) →

Auslandsstimmen zu den Terroranschlägen im Salzkammergut

„... daß verantwortungslose Buben am Werk waren, die dem österreichischen Außenminister die Dringlichkeit der Südtirolfrage auf diese erbärmliche Weise mit auf den Weg (nach York) geben wollten."

„Die Welt", Hamburg, 24. 9. 1963.

„Zweifellos aber ist es eine Angelegenheit von Faschisten, sei es aus dem deutschen oder italienischen Lager. Deren Spezialität ist ja die Schaffung und Verschärfung von Grenzkonflikten und eine Verschärfung der Gegensätze, damit das Gift auch in den führenden Kreisen Roms und Wiens, die sicherlich nicht faschistisch sind, seine Wirkung ausübt und sie Verhandlungen weniger geneigt macht."

„Il Giorno", Mailand, 24. 9. 1963.

Geburtstage

Peter Androsch. Komponist. Geboren 12. 1. 1963 in Wels.

Gabriele Burgstaller. Landeshauptfrau (SP) von Salzburg (seit 2004). Geboren 23. 5. 1963 in Schwanenstadt.

Edgar Honetschlägeraller. Bildender Künstler, Buchautor, Filmemacher. Geboren 27. 5. 1963 in Linz.

Günter Wels (Kaindlstorfer). Schriftsteller. Geboren 11. 7. 1963 in Bad Ischl.

Monika Forstinger. Ministerin FP für Verkehr, Innovation und Technologie (2000–2002). Geboren 15. 7. 1963 in Schwanenstadt.

Peter Assmann. Direktor der Oberösterreichischen Landesmuseen (seit 2000). Geboren 28. 8. 1963 in Zams (Tirol).

Oliver Dorfer. Maler. Geboren 16. 10. 1963 in Linz. → S. 485

Theresia Kiesl. Sportlerin des Jahres 1996 (Leichtathletik). Geboren 26. 10. 1963 in Sarleinsbach. → 1996, 1998

Christoph Etzlstorfer. Sportler des Jahres 1996 und 2004 (Versehrtensport). Geboren 18. 12. 1963 in Linz.

Das schönste Dorf

Zum schönsten Dorf wird wieder, wie schon im Jahr 1962, die Innviertler Gemeinde Waldzell gekürt.

Terror im Salzkammergut

Ein 42jähriger Gendarmeriebeamter kommt bei den Sprengstoffanschlägen ums Leben, die am 23. September auf die Saline von Ebensee, die Feuerkogelseilbahn und das Löwendenkmal bei Traunkirchen verübt werden. Es handelt sich, wie sich später herausstellt, um das Werk einer italienischen neofaschistischen Jugendorganisation.

Am hellichten Tag schlagen die Flammen aus den Türmen der weithin sichtbaren Pöstlingbergkirche. Zehntausende verfolgen das schaurige Schauspiel. Ältere erinnern sich noch an den Brand im Jahr 1919.

Die Pöstlingsbergkirche brennt!

31. Mai, 13.45 Uhr. Die Pöstlingsbergkirche brennt! Zwei Tage vor dem Pfingstfest geht das weit und breit bekannte Linzer Wahrzeichen zum Teil in Rauch und Flammen auf. Von Fenstern und Balkonen, sogar von Hausdächern aus beobachten Tausende die dichten Rauchwolken, die um die Zwillingstürme der Wallfahrtskirche aufsteigen. Das Prasseln des Feuers hört man bis Linz. Als feurige Fackel fällt schließlich der Helm des Nordturms auf den Dachstuhl der Kirche.
Um 15.30 Uhr ist der Brand durch den Großeinsatz der Feuerwehr lokalisiert.
Als Ursache wird zuerst ein Gewitter angenommen, später vermutet man, dass die mit Ausbesserungsarbeiten beschäftigten Spengler unvorsichtig mit einer Lötlampe hantiert haben. Das Gericht entscheidet schließlich jedoch auf Blitzschlag als Brandursache.
Ein kleines Wunder am Rande: Die Feuerwehrleute und Polizisten glauben ihren Augen nicht zu trauen, als eindreiviertel Stunden nach Ausbruch des Brandes eine Frau aus der Kirche kommt! Sie habe nur ein Taschentuch vor dem Mund gehalten, als sie den Rauch spürte, erzählt sie. Erst als sie einen Feuerwehrmann mit Helm erblickte, dachte sie, dass da etwas Ernstes los sein müsse …

Der Herr Direktor pfeift auf Linz

Linz hat einen Skandal, wie er in der Geschichte des Landestheaters einzig dasteht: Nach dem unrühmlichen Ende der Ära Fred Schroer und der Unzufriedenheit mit seinem Nachfolger Karl Heinz Krahl, die schließlich zur sofortigen Lösung des Vertrags führte, hat die oberösterreichische Landesregierung am 27. Mai 1963 als neuen Intendanten des Linzer Landestheaters Kurt Pscherer bestimmt. Der Vertrag ist angeblich perfekt, als man in einer Münchner Zeitung lesen kann, dass Pscherer Direktor des dortigen Gärtnerplatztheaters wird. Auf die Bemerkung der Münchner Zeitung, dass ihm ja auch die Direktion des Linzer Landestheaters angeboten wurde, meint Pscherer: „Genauso gut hätte man mich fragen können, ob ich Kaiser von China werden will – ich hatte mich mit dem Gedanken noch nie befasst!"

Eine der Weisesten

„Sie war eine der Weisesten in unseren Reihen, eine, deren Ratschlag man stets gerne hörte und befolgte.“

Bruno Kreisky in seinem Nachruf auf Ferdinanda Floßmann, 1964.

Die andere Seite

„Alles will auf dem Pöstlingberg heiraten, sterben kommen sie dann zu uns.“

Stoßseufzer eines Linzer Pfarrers zur Predigt des Bischofs, in der dieser die Beliebtheit der Pöstlingbergkirche als Hochzeitskirche erwähnt.

Ein Zelt Gottes *In Haid bei Ansfelden wird am 16. August die erste Autobahnkirche geweiht. (Mariä Himmelfahrt und Apostel Paulus). Die Architekten (Josef Krawina und Walter Schmutzer) verstehen sie als „Zelt Gottes“.*

Die jüngste Basilika

Die jüngste Basilika Österreichs: Mit Dekret vom 11. Juli 1964 wird die Wallfahrtskirche auf dem Pöstlingberg vom Papst mit dem Ehrentitel einer „Basilika minor“ ausgezeichnet.

Kalender

1.1. Wels wird eine Stadt mit eigenem Statut.

15.3. Opern-Uraufführung im Linzer Landestheater: „Regen am Sonntag“ von Bert Rudolf.

1.4. Der Flughafen Linz-Hörsching wird in das innerösterreichische Liniennetz der Austrian Airlines einbezogen.

18.4. Landeshauptmann Heinrich Gleißner löst den ersten Sprengschuss zum Bau der beiden Straßentunnelröhren für die Umfahrung Hallstatts aus. (Gesamtlänge 2264 m, Fertigstellung 23. 7. 1966.)

19.6. Uraufführung im Linzer Landestheater: „Cäcilie“ von Ernst Wurm.

3.7. Spatenstich zum Bau der Linzer Hochschule auf dem Gelände Auhof-Dornach.

15./16.7. Karl Heinz Krahl (1908–1992), seit 1961 Intendant des Linzer Landestheaters, tritt ab. Ein Dreierdirektorium (Kurt Wöss, Alfred Stögmüller, Adolf Holschan) übernimmt die Leitung der Landesbühne. (Bis 1969.)

1.10. Das thailändische Königspaar, König Bhumibol und Königin Sirikit, in der Voest. →

Die Voest im Zeichen eines Königsbesuchs.

4.10. Inbetriebnahme des Grenzflugplatzes Schärding-Suben.

24.10. Eröffnung des Autobahnastes Linz-Mitte.

26.10. Steyr bekommt mit der Panzerartillerie-Abteilung wieder eine Garnison.

14.11. Uraufführung der Operette „Roulette der Herzen“ von Igo Hofstetter im Linzer Landestheater.

5.12. Freigabe der zweiten Fahrbahn des Westautobahn-Abschnittes Regau-Mondsee.

11.12. Inbetriebnahme des Fernsehsenders Lichtenberg 2 für das Zweite Fernsehprogramm.

20.12. Glockenweihe in St. Martin im Innkreis. Nach dem Einsturz des Kirchturms am 17. Juli 1963 bedurfte es zahlreicher Aktionen, um die Kirche vor dem Schleifen zu retten. → 1963

Geburtstage

Gerfried Stocker. Leiter des Ars Electronica Centers in Linz (seit 1995). Geboren 26. 1. 1964 in Judenburg.

Josef Martin Penninger. Genforscher. Geboren 5. 9. 1964 in Gurten. Wissenschafter des Jahres 2003. → 2004

Gerti Ramsauer. Sportlerin des Jahres 1985 (Sportgymnastik). Geboren 9. 9. 1964 in Linz.

Petra-Maria Dallinger. Direktorin des Adalbert-Stifter-Instituts des Landes Oberösterreich (seit 2004). Geboren 2. 10. 1964 in Linz.

Todestage

Jutta Sika. Malerin. Gestorben 3. 1. 1964 in Wien. (Geboren 17. 9. 1877 in Linz.) Mitbegründerin des Vereins „Wiener Kunst im Haus“.

Louise Kartousch. Soubrette. Gestorben 13. 2. 1964 in Wien. (Geboren 18. 8. 1886 in Linz.)

Emmerich Doninger. Wilheringer Ordenspriester, Mundartdichter. Gestorben 10. 3. 1964 in Linz. (Geboren 22. 9. 1914 in St. Florian am Inn.)

Hans Reinthaler. Verfasser von Mundartgedichten und Legendenspielen. Gestorben 10. 3. 1964 in Wien. (Geboren 19. 5. 1900 in Offenhausen.) → 1963

Ferdinanda Floßmann. Sozialdemokratische Politikerin. Gestorben 13. 7. 1964 in Linz. (Geboren 12. 3. 1888 in Linz.) →

Erdbeben!

27. Oktober. Möbel wackeln, Lampen und Bilder schwanken hin und her, wer schon im Bett liegt, wird aufgeschreckt. Stärke 5 der zwölfteiligen Mercalli-Skala hat das Erdbeben, das um 20.46 Uhr vorwiegend die Ober- und Niederösterreicher in Aufregung versetzt. Hochhausbewohner laufen in die Keller. Zu Schäden kommt es nirgends.

165.000 Traktoren

Die Steyr-Werke und ihre 13.200 Beschäftigten feiern das hundertjährige Firmenjubiläum. (→ 1864) Von 1945 bis einschließlich 1963 erzeugte das Werk 165.000 Traktoren, 42.000 Lastkraftwagen und 150 Millionen Kugellager.

Das schönste Dorf

Zum dritten Mal hintereinander wird im Wettbewerb um das schönste oberösterreichische Dorf die Innviertler Gemeinde Waldzell Sieger.

Fremdenverkehr

„Es ist geradezu eine Verhöhnung der Bemühungen, Österreich als Erholungsland noch attraktiver zu machen, wenn der Gast, der zu uns kommt, pauschal als Fremder eingestuft wird.“

Staatssekretär Vinzenz Kotzina (1908–1988) bei der Eröffnung der Fachschau „Gastliches Österreich“ am 16. Mai 1965 in Wels zum Wort „Fremdenverkehr“.

Sondermarke zur Landesausstellung „Kunst der Donauschule“.

Kalender

8.2. Inbetriebnahme der ersten Erdgashochdruckleitung von Kronstorf nach Linz zur Versorgung der Linzer Stickstoffwerke.

16.2. Die Sprengstoffanschläge von Ebensee und Traunkirchen (→ 1963) sind geklärt. Als Täter wurden italienische Neofaschisten ausgeforscht.

25.2. Das historische Kurhaus in Ischl wird durch einen Großbrand fast völlig zerstört.

19.3./5.4. Schließung der Pfannensaline Ischl, die seit 1571, und der Sudhütte Hallstatt, die seit 1311 bestand.

29.3. Die Bahnstrecke Sattledt–Rohr stellt den Betrieb ein.

10.4. Ein Steinschlag zerstört ein Haus in Hallstatt.

24.4. Uraufführung im Linzer Landestheater: „Phantastisches Divertimento“ von Richard Kittler.

23.5. Bundespräsidentenwahlen. Die Ergebnisse in Oberösterreich: 360.854 Stimmen für Alfons Gorbach (VP), 343.816 Stimmen für Franz Jonas (SP). Bundespräsident wird Franz Jonas (1899 bis 1974, Amtszeit 1965–1974).

29.5. Zwei Uraufführungen im Linzer Landestheater: „Der Kardinal“ von Helmut Eder und „Raskolnikoff“ von Oswald Lutz.

30.5. Der Attnanger Peter Frisch (MYC Salzkammergut) wird Weltmeister in der Rennbootklasse B.

1.6. Ampflwang führt die neue Ortsbezeichnung „Ampflwang im Hausruckwald“.

11.6. Eröffnung des Ennskraftwerks St. Pantaleon (Niederösterreich).

20.6. Der Linzer Adi Winkler wird Europameister der Trabfahrer.

10.7. Eröffnung der Innbrücke in Obernberg.

24.8. In Altheim wird die Weinlechner-Eiche unter Naturschutz gestellt, von der man weiß, dass sie am 3. März 1899 gepflanzt wurde.

12.10. In den Steyr-Werken wird die erste vollautomatische Kugellagertransferstraße der Welt in Betrieb genommen.

1.12. Der Landtag beschließt ein einheitliches Statut für die autonomen Städte Linz, Wels und Steyr.

17.12. Eröffnung der Linzer Galerie „Maerz“.

22.12. Eröffnung des Hochficht-Skischlepplifts.

Landesausstellung in St. Florian: Kunst der Donauschule. →

Ein Fußball-Hoch *Jubelnde LASK-Anhänger: „Wir sind Meister!“ (Am 26. Juni wird der LASK österreichischer Cup-Sieger und am 3. Juli Fußball-Meister.)*

Geburtstage

Britta Grebe. Sportlerin des Jahres 1989, 1992, 1993 (Wasserski). Geboren 12. 1. 1965 in Gmunden.

Gabi Kreslehner. Schriftstellerin. Geboren 12. 3. 1965 in Linz.

Hans-Joachim Frey. Künstlerischer Leiter der LIVA (ab 2013). Geboren 10. 6. 1965 in Gehrden bei Hannover.

Gerhard Pilz. Mehrfacher Weltmeister der Naturbahnrodler. Sportler des Jahres 1990, Weltcupsieger 2001. Geboren 17. 7. 1965 in Bad Ischl.

Bernhard Treibenreif. Chef der Polizeisondereinheit „Cobra“ (seit 2004). Geboren 24. 8. 1965 in Vöcklabruck.

Max Hiegelsberger. Bauer, Landesrat (VP) seit 2010. Geboren 13. 9. 1965 in Grieskirchen.

Todestage

Eduard Schröder. Oberst. Gestorben 13. 2. 1965 in Linz. (Geboren 27. 1. 1888 in Wien.) Langjähriger Präsident des Allgemeinen Sportverbandes.

Leo Sturma. Oberbürgermeister von Linz (1940 bis 1943). Gestorben 18. 2. 1965 in Wels. (Geboren 13. 6. 1894 in Wels.)

Wolfgang Gurlitt. Kunsthändler. Gestorben 26. 3. 1965 in München. (Geboren 15. 2. 1888 in Berlin.) Seine Sammlung zählt zum Grundbestand der Neuen Galerie der Stadt Linz.

Heinz Bitzan. Kunstgewerbler. Gestorben 7. 4. 1965 in Linz. (Geboren 21. 2. 1892 in Linz.)

Richard Billinger. Schriftsteller. Gestorben 7. 6. 1965 in Linz. (Geboren 20. 7. 1890 in St. Marienkirchen bei Schärding.) →

Andreas Reischek. Oberösterreichischer Rundfunkpionier. Gestorben 13. 8. 1965 in Wien. (Geboren 11. 8. 1892 in Klosterneuburg.) Sohn des Naturforschers Andreas Reischek (1845–1902).

Max Doblinger. Historiker, Direktor des steiermärkischen Landesarchivs. Gestorben 15. 8. 1965 in Aschach an der Donau. (Geboren 18. 9. 1873 in Perg.)

Ludwig Engel. Schlosser, Industriepionier. Gestorben 26. 8. 1965 in Linz. (Geboren 3. 8. 1903 in Altker.) Seine 1945 in Schwertberg gegründete Schlosserei wurde zu einem Weltkonzern für die Erzeugung von Spritzgießmaschinen für die Kunststoffindustrie.

Oskar Sachsperger. Buchhändler, Maler. Gestorben 19. 11. 1965 in Linz. (Geboren 29. 5. 1883 in Linz.)

Franz Stiendl. Mundartdichter. Gestorben 8. 12. 1965 in Lambach. (Geboren 22. 1. 1882 in Altmünster.) Direktor des katholischen Preßvereins in den dreißiger Jahren. → S. 453

Das schönste Dorf

Die Mühlviertler Gemeinde St. Oswald bei Freistadt ist das schönste Dorf des Jahres.

Der schon von Bäumen sang ...

„Billinger ist heute ein Vergessener. Dabei könnte er als ein Gegenwärtiger gelten! Als einer, der dem Gedanken des Umweltschutzes und Naturschutzes als Erster Sprache verlieh, als einer, der schon von Bäumen sang, als andere dieses Thema noch verteufelten."

Wolfgang Johannes Bekh in „Dichter der Heimat", Regensburg 1984.

Der Prüfling

„Die vom Zahlenprofessor gestellte Prüfungsaufgabe, die nun auf der schwarzen Kathedertafel den Aufnahmeheischenden bekanntgemacht wird, findet der Sohn der Innviertler Krämerseheleute völlig unverständlich."

Aus dem Kapitel „Der Prüfling" des autobiographischen Romans „Palast der Jugend", 1946.

1965

Oberösterreichische Originale: Der Dichter Richard Billinger

Es ist ruhig geworden um den Dichter Richard Billinger, der seinerzeit mit ungewöhnlichen Bauerngedichten und einer bilderreichen Prosa die Literatur bereicherte, der mit dem „Perchtenspiel" (1928), mit „Rauhnacht" und „Rosse" (1931) die Theater in Bewegung brachte, der mit dem Schauspiel „Der Gigant" seinen größten Bühnenerfolg feierte. Die Filmversion dieses Theaterstücks, „Die goldene Stadt", erzielte die höchsten Einspielergebnisse, die man bisher beim deutschen Film kannte.

Ist Richard Billinger heute vergessen?

Vergessen ist das Stichwort für einen echten Billinger-Auftritt: Das Kulturamt der Stadt Linz hatte zu einer Lesung eingeladen. Aber Billinger las nicht. Er sprach frei. Vor ihm lag nur ein Zettel mit den Gedichttiteln, unter denen er auswählte, was ihm gerade passend erschien. Am Ende eines Gedichts murmelte er „Des war nix" und forderte das Publikum auf: „Wann's gnua hab's, sagt's ös!"

Einmal blieb Richard Billinger mitten im Gedicht stecken. Er dachte nach. Es kam nichts mehr. Eine peinliche Szene? Nicht für Billinger. „I woaß nimmer weiter", bekannte er. Und fügte gleich hinzu: „Macht nix, es war eh a schlecht's Gedicht!"

Billinger durfte Zeit seines Lebens das tun, was er wollte. Der junge, kräftige Mann saß mit Vorliebe in den Wirts- und Kaffeehäusern, aber er war alles andere als ein Kaffeehausliterat. „Seine Gedanken", so formulierte es der Literaturkritiker Josef Laßl, „waren daheim, bei den Bauern, auf den Feldern, um das Lob des Landes zu singen".

Billingers Kindheit: Bäuerliches Tageswerk in den Feldern und Wiesen des Innviertels, im Krämerladen der Mutter, Abende in der Stube und im Stall, besinnliche Andachten in der Dorfkirche, eine Wallfahrt, dass der Bub nicht auch ein Riese werden möge wie der Großvater. „Da bin ich halt dann brav bei zwei Metern stehengeblieben."

Gymnasium in Ried, Schwierigkeiten in Mathematik, Hochschulversuche. „zwei-, dreimal hörte ich mir die Germanistik an, aber dieses Sezieren von Gefühlen und Gedichten ging mich nichts an." Ein verbummelter Student für die einen, ein schöpferischer Mensch für die anderen. Die Mutter litt darunter, dass ihr Sohn „nichts geworden sei", denn vom Gedichtemachen konnte man doch nicht leben. Sie bestimmte deshalb in ihrem Testament für ihren Sohn Richard einen lebenslangen „Auszug" im Elternhaus. Dass dieser Sohn 1924 den Literaturpreis der Stadt Wien erhielt und damit sein künstlerischer Aufstieg begann, erlebte sie nicht mehr.

Ein einheitlicher Koloss

Das Lebenswerk Richard Billingers sieht sein Biograph Wilhelm Bortenschlager als „einheitlicher Koloß, vom Grund bis zum Gipfel fest gefügt", kaum eine Entwicklung, „denn auch das alte Bauerntum, das die Grundlage von Billingers Werk bildet, ist ausgezeichnet durch Beständigkeit. Dieses Bauerntum freilich ist keine Idylle, in ihm sind immer die Urkräfte lebendig". Bauerntum und Urkräfte, das ist es auch, was ihn im Dritten Reich bedenklich in die Nähe der Blut-und-Boden-Ideologie brachte. 1941 erhielt er den Gaupreis, weil in seinem Werk „Gesicht und Atem des Gaues Oberdonau in überzeugender Form festgehalten ist".

Wortgewaltig war Billinger nicht nur in seinem Werk, auch im Gespräch. Da hieß es aufpassen: Fast immer brachte er seine Diskussionspartner aus dem Konzept. In einer kleinen Runde im Linzer Landestheater war es, wo 1960 im Beisein des Dichters über die verschiedenen Rollenauffassungen in seinem Stück „Der Gigant" diskutiert wurde. Sehr gescheit natürlich: „Die Darstellerin realisierte eine Interpretation, die für die Substantialität des bayrisch-österreichischen Phänomens signifikant ist." Das geschwollene Geschwafel wäre sicher noch fortgesetzt worden, hätte es nicht Billinger mit einem kurzen Zwischenruf abgewürgt: „Aber na, schlecht wars, weil's alleweil mit'n Arsch gewackelt hat!"

Solche Szenen liebte Richard Billinger. Und jede Art von Faxen. Auch die mit seinem Geburtstag. Ein Nachschlagewerk hatte sich irreführen lassen und ihn um drei Jahre verjüngt. Billinger nahm daraufhin Glückwünsche zu runden Geburtstagen zweimal entgegen.

Richtig ist: Richard Billinger wurde am 20. Juli 1890 in St. Marienkirchen bei Schärding geboren. In einem Gedenkraum in der Volksschule seines Heimatortes können Erinnerungsstücke an den berühmten Sohn des Innviertler Ortes besichtigt werden.

Am 7. Juni 1965 starb Richard Billinger in Linz. Nach seinem Tod fand man in seiner Schreibtischschublade einen kleinen Zettel, auf dem geschrieben stand:

Das Grab meine Hab'
Das Wort meine Beute.
Ob es noch klingt
nach dem Todgeläute?

Rudolf Lehr

Dramatiker, Lyriker, Romancier, Filmautor – und ein Original: Der Innviertler Richard Billinger. Gemälde von Sergius Pauser (1896–1970), um 1929. (Kunstmuseum Lentos, Linz.)

Wohnbau-Rechnung

„Das ist eine ganz schwierige Rechnung", sagte Landeshauptmann Gleißner 1966 über den Wohnbau in Oberösterreich. „Als ich Landeshauptmann wurde, haben 30.000 Wohnungen gefehlt, inzwischen wurden 150.000 gebaut und jetzt fehlen 40.000."

Volkstrauer zwischen Sierning und Pergern

Titel der „Oberösterreichischen Nachrichten" vom 2. Jänner 1967 über die am Altjahrestag 1966 eingestellte Steyrtalbahn.

Der Sauwald-Papst

„In Stadl bin ich Köchin, Wirtschafterin, Mesner und Kaplan in einer Person."

Pater Johannes Schasching, Dekan der sozialwissenschaftlichen Fakultät der päpstlichen Universität Gregoriana Rom, der jedes Jahr seinen Urlaub in seiner Heimat, in Stadl (Gemeinde Engelhartszell), verbringt. Der „Kaplan von Stadl" oder „Der Sauwald-Papst" nennt ihn die Bevölkerung.

Kalender

20.1. Vor der britischen Ärmelkanalküste sinkt der Voest-Hochseefrachter „Kremsertor". (Stapellauf am 12. 10. 1962.)

13.2. Der Goiserer Sepp Lichteneger wird österreichischer Staatsmeister im Spezialspringen.

15.2. Uraufführung im Linzer Landestheater: „Lazar Kromlech" von Karl Wiesinger.

28.2. Spatenstich zum Neubau der Höheren Technischen Bundeslehranstalt in Linz.

6.3. Nationalratswahlen. Ergebnisse in Oberösterreich: 357.015 VP, 280.310 SP, 44.810 FP, 13.118 DFP (Demokratische Fortschrittliche Partei, Wahlgemeinschaft Franz Olah), 397 Sonstige.

10.3. Der letzte Zug der Kohlenförderbahn des Ostreviers der Wolfsegg-Traunthaler Kohlenwerks AG fährt von Breitenschützing nach Kohlgrube. (Inbetriebnahme 1843.)

18.3. In dem von der Voest errichteten LD-Stahlwerk Lipezk (UdSSR) beginnt der Probebetrieb. Damit ist der größte Lieferauftrag ausgeführt, den Österreich seit Kriegsende erhalten hat.

16.5. Zwischen Linz und Frankfurt wird der regelmäßige Flugverkehr aufgenommen.

9.6. Spatenstich der Gosaukammbahn (vom Vorderen Gosausee auf die Zwieselalm).

23.7. Eröffnung des Straßentunnels in Hallstatt, den die Bevölkerung bei den Behörden durchgesetzt hatte. Ursprünglich war eine Seeuferstraße geplant, die unweigerlich mit einer Zerstörung des unvergleichlichen Ortsbildes von Hallstatt verbunden gewesen wäre. → 1958

18./19.8. Unwetter in ganz Österreich. Am schwersten betroffen sind Kärnten und Osttirol, auch in Oberösterreich entsteht großer Schaden.

11.9. Dieter Losert und Dieter Ebner erringen bei den Ruderweltmeisterschaften in Jugoslawien in der Klasse Zweier ohne Steuermann eine Silbermedaille.

Silbermedaillengewinner Ebner (links) und Losert.

Hubert Raudaschl wird am Attersee Segel-Europameister in der Finn-Dinghi-Klasse.

14.9. Der norwegische König Olaf V. besucht Oberösterreich.

24.9. Das Linzer Schlossmuseum wird eröffnet.

29.9. Das erste Studentenheim wird in Linz-Auhof eröffnet.

8.10. Bundespräsident Franz Jonas eröffnet die Linzer Hochschule (später Johannes-Kepler-Universität).

Linz und sein „WIFI"

Zu den besten Linzer Architekturleistungen der späten fünfziger und frühen sechziger Jahre wird das Gebäude des Wirtschaftsförderungsinstituts, kurz WIFI genannt, gezählt, das am 23. Juni eröffnet wird. (Architekten: Ernst Hiesmayr, Hans Aigner.)

Eröffnung des Linzer Schlossmuseums.

10.10. An der Linzer Hochschule beginnt der Vorlesungsbetrieb.

13.10. Das neu getaufte Linzer Bruckner-Orchester gibt unter der Leitung von Kurt Wöss (1914–1987) sein erstes Konzert.

30.10. In Linz-Neue Heimat wird die von Architekt Hubert Taferner geplante evangelische Johanneskirche und in Steyr-Münichholz die katholische Christkönigkirche eingeweiht, die von den Architekten Helmut Kern und Franz Riener geplant wurde.

16.11. Der sowjetische Staatspräsident Nikolai Podgorny (1903–1983) besucht Oberösterreich.

27.11. Weihe der neuen Pfarrkirche St. Stephan in Wels-Lichtenegg. (Architekt ist Karl Odorizzi.)

1.12. Bei einem Explosionsunglück in den Linzer Stickstoffwerken werden sieben Menschen getötet und 26 verletzt.

14.12. Die EWWAG (Elektrizitätswerk Wels AG) nimmt das neue Gaswerk Wels-Neustadt und die Wehrkraftanlage Traunleiten in Betrieb.

31.12. Der letzte Zug der Steyrtalbahn fährt von Sierning nach Pergern. →

Madonna darf nicht reisen

27. September. In Frauenstein beschließt die Pfarrversammlung, entgegen der Entscheidung des Diözesankunstrates, dass die gotische Madonna der Pfarrkirche nicht zur Ausstellung „Gotik in Österreich" nach Krems-Stein gebracht werden darf. Eine Sonderpostmarke für diese Ausstellung im Jahr 1967 ist zu diesem Zeitpunkt allerdings schon im Druck. Sie zeigt als Signet der Ausstellung jene Frauensteiner Madonna, die bei der Ausstellung gar nicht zu sehen war. → S. 89

Die schönsten Dörfer

Wie schon 1965 gewinnt die Mühlviertler Gemeinde St. Oswald bei Freistadt wieder den Wettbewerb um das schönste oberösterreichische Dorf, sie muss die Ehre jedoch mit dem Innviertler Ort Gurten teilen.

Neubürgerland

„Zwanzig Jahre nach dem Kriege und der großen Völkerwanderung verblieben 400.000 Menschen in Österreich. Oberösterreich wurde vom Flüchtlingsland Numero 1 zum Neubürgerland Numero 1. Es beherbergt fast die Hälfte der neuen Bewohner, von denen wiederum der Großteil eingebürgert ist … Die Heimatvertriebenen haben Österreich, wie es heute ist, mitgeformt, das Land ihrer Kinder. Nichts bleibt bestehen, es sei denn, es formt sich von Neuem.“

Erika Kittel: „Die Neubürger“ in „Das oberösterreichische Heimatbuch“, Wien 1966.

Geburtstage

Alfred Haberpointner. Bildhauer. Geboren 13. 2. 1966 in Salzburg. Lebt in Leonding. → S. 486

Rudolf Nierlich. Weltmeister im Slalom, zweifacher Weltmeister im Riesenslalom. Geboren 20. 2. 1966 in Bad Ischl. (Tödlich verunglückt am 18. 5. 1991 in St. Wolfgang.) Sportler des Jahres 1989. → 1989, 1991

Elisabeth Vera Rathenböck. Schriftstellerin. Geboren 27. 3. 1966 in Linz.

Sigrid Kirchmann. Sportlerin des Jahres 1983 und 1990 (Leichtathletik). Geboren 29. 3. 1966 in Bad Ischl.

Gabi Sinzinger. Sportlerin des Jahres 1988 (Rudern). Geboren 14. 12. 1966 in Linz.

Roland Brunhofer. Direktor des ORF-Landesstudios Salzburg (seit 2012). Geb. 19. 12. 1966 in Steyr.

Heimwehrführer Graf Revertera.

Todestage

Peter Graf von Revertera-Salandra. Großgrundbesitzer und Politiker. Gestorben 9. 4. 1966 in Helfenberg. (Geboren 18. 3. 1893 in Paris.) Heimwehrführer, 1934–1938 Sicherheitsdirektor von Oberösterreich.

Franz Pfeffer. Gründer und Leiter des Instituts für Landeskunde (1947–1966). Gestorben 25. 4. 1966 in Linz. (Geboren 14. 7. 1901 in Mauthausen.) → S. 418

Engelbert Daringer. Maler und Restaurator. Gestorben 27. 4. 1966 in Ried im Innkreis. (Geboren 16. 9. 1882 in Wildenau bei Aspach.)

Ignaz Zibermayr. Historiker. Gest. 18. 10. 1966 in Linz. (Geb. 2. 6. 1878 in St. Florian bei Linz.)

Sepp Plieseis. Widerstandskämpfer. Gestorben 21. 10. 1966 in Bad Ischl. (Geboren 29. 12. 1913 in Bad Ischl.) → 1943, 1945

Wilhelm Bock. Politiker. Gestorben 31. 10. 1966 in Vöcklabruck. (Geb. 27. 12. 1895 in Linz.) Bürgermeister von Linz (1934–1938), 1939 im Konzentrationslager Dachau, 1943 zum Priester geweiht.

Isidor Stögbauer. Komponist und Organist. Gestorben 7. 11. 1966 in Linz. (Geboren 19. 9. 1883 in Kuschwarda, Böhmen.)

Die oberösterreichische Landesuniversität

Als die Hohe Schule zu Linz mit dem Bundesgesetz vom 5. Juli 1962 ihre rechtliche Grundlage erhielt und damit die neueren Hochschulbestrebungen der Stadt Linz seit dem Jahr 1949 verwirklicht wurden, war man nach gutem Brauch bestrebt, diese Kulturstätte in die wissenschaftliche Tradition des Landes Oberösterreich einzugliedern.

Man erinnerte sich an die Bestallungsurkunde (11. Juni 1611) des Johannes Kepler, der unter anderem auch die Mathematik, Philosophie (Naturwissenschaften) und Geschichte an der Linzer Landschaftsschule lehren sollte (1612 bis 1626). Der Kirchengeschichtler Josef Lenzenweger (1916 bis 1999) schlug daher vor, den „Kampf um eine Hochschule für Linz“ mit dem Jahr 1574 beginnen zu lassen, denn das Für und Wider um eine Hochschule für Linz, bereits im 19. Jahrhundert in einem Gutachten von Adalbert Stifter dokumentiert, erlebte bekanntlich mehr Tief- als Höhepunkte.

Sozial- und Wirtschaftswissenschaften

Die Gründungskuratoren waren sich rasch einig, die Lehrstätte Keplers und das letzte Bollwerk des donauländischen Integralhumanismus zur Vorgängerin einer „Hochschule für Sozial- und Wirtschaftswissenschaften“ zu küren.

Die protestantischen Landschaftsschulen hatten aber nicht den Rang von Hochschulen und als Bildungseinrichtungen der Reformation keinen langfristigen Bezug zur gewachsenen donauländischen Geisteskultur. Kepler trat als Landschaftsschulmeister kaum in Erscheinung, und seine unvergänglichen Beiträge lagen auf dem Gebiet der angewandten Mathematik, wie sie vor allem im Passauer Raum geprägt wurde. Die vielen Beiträge in Keplers Lebenswerk, Grundthema des Linzer Symposiums 1971, zeugten von einem weltumspannenden Geist, der alle drei Hohen Schulen in Linz beflügelte. Demzufolge hatte sich schon 1851 ein Proponentenkomitee unter Teilnahme von Angehörigen des Kaiserhauses konstituiert, das die Errichtung eines Kepler-Mathematikkollegiums betreiben sollte, und Bischof Rudigier, ein „Fels in der politischen Brandung“, unterstützte dieses Vorhaben mit seinen Segenswünschen, wobei er den Humanisten Kepler besonders würdigte.

Der geistige Mutterboden

Die Suche nach dem geistigen Mutterboden unserer Landesuniversität führt unweigerlich zu den hiesigen Prä- und Postkopernikanern, die den Weg zur astronomischen Revolution ebneten.

Johannes Krafft von Gmunden (1385 bis 1442), Sohn des Salzamtmannes im Ischelland, der vom kaiserlichen Hofkanzlisten Enea Silvio Piccolomini und späteren Humanistenpapst Pius II. die „Zierde der Wiener Universität“ genannt wurde, schuf die „Erste Wiener mathematische Schule“, eine wesentliche Voraussetzung der humanistischen und neuzeitlichen Naturwissenschaft. Sein Verdienst war es, in die scholastischen Scientiae Mathematicae das kritische Moment der Überprüfung einer Theorie anhand beobachteter Naturerscheinungen eingeführt zu haben.

Die geistige Erbschaft des Gmundners fand in seinem Landsmann Georg Aunpeck von Peuerbach (Cusanus, 1423–1461), dem Schöpfer einer deutschen Astronomie und ersten bodenständigen Humanisten an der Wiener Universität, ihren Sachwalter und Fortsetzer.

Der Peuerbacher wiederum stand mit Nikolaus von Kues (Cusanus, 1401–1464), dem deutschen Philosophen im Kardinalspurpur, in Beziehung. Der Cusaner ist nicht nur ein Thematiker der „Neuen Wissenschaft“, sondern auch der Schöpfer jener Verfahren, deren sich Kepler bediente, als er im Zuge einer Auswertung der tychonischen Himmelstatistiken die drei berühmten Planetengesetze entdeckte. Johannes Müller, genannt Regiomontanus (1436–1476), wohl der größte Mathematiker des 15. Jahrhunderts, Freund und Meisterschüler des Peuerbachers, bemängelt die antike Geozentrik und Epizyklik, die so manchen Astronomen in die Verzweiflung trieb. Sein früher Tod (1476) verhinderte jenen bereits bedachten Schritt zur Heliozentrik, der uns die Irrungen des Kopernikus und Wirrungen des Galilei erspart hätte, die zum Schisma der „beiden Kulturen“ führten.

Hier müsste man auch den Gesandten (1492/93) am Hof des dritten Friedrich, Johannes Reuchlin, erwähnen, der in Linz die Weihen der jüdischen Esoterik erhielt. Seine kabbalistischen Schriften weckten das Interesse für numerische Universalsprachen in der folgenden Barockzeit.

Aktualität der Forschung

Die damals bevorzugte Befassung mit den Zahlensprachen und einer „Characteristica universalis“ entspricht etwa der Aktualität einer gegenwärtigen Softwareproduktion.

Nach dem Tod von Johannes Müller übernahm die „Krakauer astronomische Schule“ kurzfristig die Agenden der Wiener mathematischen Schule. Des Peuerbachers Astronomie im Verein mit der Philosophie des Cusaners und die heliozentrischen Spekula-

Der Oberösterreicher und Wien

„Des Oberösterreichers Liebe zum echten Wiener ist groß. Besonders dann, wenn der Wiener im Land ob der Enns länger zu verweilen beabsichtigt als gerade einen Staatsbesuch oder eine Visitationsreise lang. Wenn man nämlich hinter den Biografien der Oberösterreicher her ist, so findet sich in Wirtschaft und Beamtenstab mancher, der eigentlich die Vater- oder Mutterwiege oder gar die eigene in Wien stehen hatte. Ist einer aus der Wienerstadt erst einmal eingesessen im Land ob der Enns, so wird er bald und gern als Landsmann aufgenommen oder, wie man heute so gewählt und hochdeutsch sagt, ‚integriert'. Daß man den Wiener dann trotzdem noch erkennt, nämlich an seinem Namen, der irgendein -ski oder -tschek oder -ini oder -olob am Ende hat, ist eine so böse Mär, daß sie gar nicht aus Oberösterreich stammen kann."

Sepp Käfer: „Der Oberösterreicher und Wien", in „Das oberösterreichische Heimatbuch", Wien 1966.

Die Fakultäten

Rechtswissenschaftliche Fakultät
Sozial- und Wirtschaftswissenschaftliche Fakultät
Technisch-Naturwissenschaftliche Fakultät

tionen des Aristarch von Samos veranlassten Nikolaus Kopernikus, diese gereiften Früchte zu ernten und die erste astronomische Revolution herbeiführen.
Kopernikus stand in Krakau auch mit dem charismatischen Wanderprediger des Integralhumanismus, Conrad Celtis, in Verbindung. Celtis gründete 1502 in Wien die erste deutsche Humanistenhochschule, und der damalige Leiter der naturwissenschaftlichen Klasse, Johannes Stabius (Stöberer) aus Steyr (um 1460–1522) kann mit vollem Recht als der Erneuerer der Wiener mathematischen Schule gesehen werden. Stabius, später auch Hofhistoriograph der Habsburger, ist vor allem durch seine Beiträge zur Kartographie bekannt.

Am 8. Oktober 1966 eröffnet Bundespräsident Franz Jonas die Linzer Hochschule (Johannes Kepler Universität). Am 10. Oktober beginnt der Vorlesungsbetrieb.

Tradition eines halben Jahrtausends

Es ist nicht vermessen, Krafft von Gmunden, Aunpeck von Peuerbach, Stabius aus Steyr und Kepler zu Linz als geistige Wegbereiter der Landesuniversität anzusprechen. Es ist legitim, in der von den Wiener Scholastikern nicht sonderlich geliebten Humanistenhochschule und der „Sodalitas danubiana" die Vorgängerschaft der Kepleriana zu erblicken!
Die Beiträge von Johannes Krafft (Instrumentum solemne, 1429), des Cusaners (De staticis experimentis, 1450) und Keplers (zur ersten Digitalrechenmaschine, 1623) verleihen etwa der „Linzer Angewandten Informatik", einer Pionierinstallation (1966) im europäischen Kulturraum, die Weihe hoher Tradition von mehr als einem halben Jahrtausend.
Wir wollen auch nicht vergessen, dass sich schon in den Jahren 1949 bis 1956 das „Technische Studium der Stadt Linz" um die Errichtung einer Technischen Hochschule in Linz bemühte und damit „den Kampf um eine Hochschule" nach etwa „hundert Jahren des relativen Friedens" wiederaufnahm. Hier sei vor allem dem Altbürgermeister Ernst Koref und der Linzer Volkshochschule gedankt. Im Verein mit Landeshauptmann Heinrich Gleißner gelang 1962 der Durchbruch.

Adolf Adam

Ein langgehegter Wunsch der Oberösterreicher geht in Erfüllung: Linz ist eine Universitätsstadt.

Bau der neuen Donaubrücke in Grein.

Weiße Gänse

Die Stadt Gmunden spendet der durch Hochwasser geschädigten Stadt Trient fünf brütende Schwanenpaare mit 15 Eiern, die samt Nest und Gelege am 11. April 1967 mit einem Lastwagen in ihre neue Heimat gebracht werden sollen. Die „weißen Gänse“ werden allerdings beim Brenner aufgehalten und es bedarf einer Intervention des Gmundner Bürgermeisters bei den zuständigen Ministerien, um den Schwänen die Einreise zu ermöglichen.

Kalender

2.1. Das Fernheizwerk Steyr geht in Betrieb.

28.1. Opern-Uraufführung im Linzer Landestheater: „Elga“ von Rudolf Weishappel.

8.2. Fünf der sechs oberösterreichischen Landesbeiräte für Naturschutz treten aus Protest gegen die ständige Brüskierung des Naturschutzgedankens durch die Behörden zurück.

23.2. Ein Orkan mit Spitzengeschwindigkeiten von 130 Stundenkilometer fegt über Oberösterreich hinweg und richtet großen Schaden an.

März. Der ehemalige Kommandant der Vernichtungslager Treblinka und Sobibor und einer der meistgesuchten Kriegsverbrecher, Franz Stangl, wird in Sao Paulo verhaftet. (1970 zu lebenslanger Haft verurteilt, 1971 gestorben. Geboren 1908 in Altmünster.)

Oberösterreich wird von einer Grippewelle erfasst, der zwölf Menschen zum Opfer fallen. Am Höhepunkt der Epidemie werden in einer einzigen Woche mehr als 4000 Erkrankte gemeldet.

Erstmals in Österreich werden in einem Linzer Krankenhaus an noch ungeborenen Kindern Bluttransfusionen vorgenommen.

15.4. Der Römerbergtunnel (Linzer Westumfahrung) wird für den Verkehr freigegeben.

8.5. In Linz beginnt der „Südtirolprozess“ gegen Norbert Burger und vierzehn Mitangeklagte wegen mehrerer Vergehen gegen das Sprengstoffgesetz. Das Gericht fällt am 31. 5. 1967 Freisprüche für alle Angeklagten.

22.5. Bei einem Verkehrsunfall auf der Autobahn nahe Preßbaum kommen die Voest-Direktoren Rudolf Lukesch (55) und Franz Ramsauer (39) und der Fahrer Engelbert Zweiner (33) ums Leben.

Mai. Das erste Linzer Freistilringer-Turnier um den „Goldenen Donaupokal“ wird auf dem Gelände des Urfahrer Jahrmarkts ausgetragen.

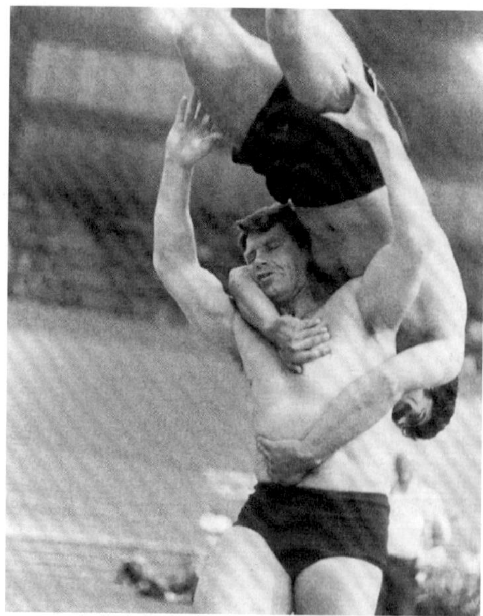

Muskel-Schauspiel: Die Freistilturniere beginnen.

9.6. Die „Hagen-Siedlung“ am Fuße des Pöstlingberges mit insgesamt 31 Häusern wird an die Mieter übergeben.

26.6. Bestellung von Alfred Schwetz (1908–1996) zum Landesintendanten des ORF-Studios Oberösterreich. (Bis 1972.)

3.7. Unter dem Vorsitz von Landeshauptmann Heinrich Gleißner konstituiert sich der Familienbeirat der Landesregierung.

6.7. Über Oberösterreich richtet ein schwerer Hagelschlag großen Schaden an.

7.7. Nach der Verkehrsfreigabe eines Straßenstückes bei Amstetten ist die Westautobahn zwischen Wien und Salzburg durchgehend zweibahnig befahrbar.

8.7. Die Linzer Stadtverwaltung hält erstmals einen „Tag der offenen Tür“ ab.

13.7. Die Linzer ESG stellt eine Autobuslinie erstmals auf schaffnerlosen Betrieb um.

Juli. Als erstes oberösterreichisches Krankenhaus setzt das Krankenhaus der Barmherzigen Schwestern in Linz die Nuklearmedizin ein.

5.8. Nach umfangreichen Umbauarbeiten wird das Gmundner Kammerhofgebäude eröffnet.

30.8. Zum letzten Mal wird auf der Enns Holz mit einem Floß transportiert.

August. Der neue Linzer Wasserbehälter wird erstmals gefüllt. Mit einer Länge von rund 90 m, einer Breite von 50 m und einer Höhe von fast 7 m fasst er etwa 30.000 Kubikmeter Wasser, die Hälfte des durchschnittlichen Linzer Tagesverbrauches.

2.9. In dem von Jakob Prandtauer (1660–1726) geplanten Barockschlösschen Hohenbrunn nahe St. Florian bei Linz wird ein Jagdmuseum eröffnet. →

6.9. Der Linzer Motorbootsportler Alwin Zimmermann (1948–1977) wird Europameister in der Sportbootklasse DU.

17.9. Die Voest erhält von der Sowjetunion einen Auftrag zur Lieferung von 50.000 Tonnen Röhrenbleche für eine innerrussische Erdgasleitung.

22.9. Großer Schul-Eröffnungstag. In Perg wird ein musisch-pädagogisches Realgymnasium, in Kirchdorf ein naturwissenschaftliches Gymnasium und in Wels ein Bundesgymnasium und ein Bundesrealgymnasium eröffnet.

24.9. Die neue, 252 m lange Donaubrücke in Grein wird ihrer Bestimmung übergeben, es ist die erste Betonbrücke über die österreichische Donau. →

25.9. Bei der Katrin-Seilbahn in Bad Ischl springt das Seil aus der Umlaufrolle und eine Gondel stürzt ab. Das Unglück fordert zwei Verletzte.

In der Linzer Landesfrauenklinik kommt ein Baby zur Welt, das fast sieben Kilo wiegt.

26.–28.9. Erste Begehung der Dachstein-Südwand in der Direttissima (Leo Schlömmer, Peter Perner). →

September. An der Linzer Fadingerstraße wird bei Grabungsarbeiten ein Pestfriedhof aus dem Jahr 1542 freigelegt.

11.10. Die sowjetische Nationalmannschaft in Linz: Der LASK erreicht im Linzer Stadion ein 1:1.

22.10. Landtags- und Gemeinderatswahlen. Der neue Landtag: 23 VP (25), 23 SP (19), 2 FP (4).

3.11. Inbetriebnahme des ersten Maschinensatzes im Ennskraftwerk Garsten-St. Ulrich.

7.11. Zwei Jagdbomber vom Typ J 29 F stoßen in der Luft zusammen und stürzen in der Nähe von Linz-Ebelsberg ab. Beide Piloten (Johann Mahringer, Kommandant des Jabo-Geschwaders Hörsching, und Siegfried Bachlechner) kommen ums Leben.

14.12. In den Linzer Stickstoffwerken wird ein neues Isotopenlaboratorium seiner Bestimmung übergeben.

20.12. Der Zehn-Jahres-Investitionsplan des ORF sieht 4,2 Milliarden Schilling für vier Funkhäuser vor: in Linz, Salzburg, Innsbruck und Dornbirn.

21.12. Im oberösterreichischen Landtag wird erstmals über die Errichtung eines Atomkraftwerks debattiert. Ein Abgeordneter schlägt als günstigsten Standort das Städtedreieck Linz–Wels–Steyr vor.

Die Kirche von Molln zeigt deutliche Sprünge.

Ist Oberösterreich erdbebensicher?

29. Jänner. Zwölf Minuten nach 1 Uhr nachts erschüttert das bisher größte Erdbeben, das in Oberösterreich je registriert wurde, weite Teile des Bundeslandes. Das Epizentrum liegt in Molln. Panikartig stürzen die Menschen, nur notdürftig bekleidet, ins Freie. In den Gehöften brüllt das Vieh. Am Morgen wird das Ausmaß des Schadens sichtbar: Es gibt in Molln kaum ein Haus, das nicht Sprünge aufweist. Die Erdbebenstärke beträgt 6,5 nach der zwölfteiligen Mercalli-Skala. Das Erdbeben gibt Anlass zur Frage, ob Oberösterreich erdbebensicher ist. Seit Jahrhunderten hat das Land diesen Ruf. Tatsächlich ist aus historischer Zeit zumindest kein schadenstiftendes Erdbeben bekannt.

18 Tage in der Südwand

„Die erste Begehung dieser stolzen und schwierigen Route war geglückt. 18 Tage und 13 Nächte hatte ich mit den Kameraden in den drohenden roten Überhängen verbracht, aber alle Mühe und alle Gefahr waren vergessen."

Leo Schlömmer über die erste Direttissima in der Dachstein-Südwand in: „Meine Welt die Berge", Graz 1973.

Die Wand aller Wände im Dachsteinmassiv: Die fast tausend Meter hohe Dachstein-Südwand. Sie liegt zwar schon jenseits der Landesgrenze, ist aus der gemeinsamen oberösterreichisch-steirischen Geschichte der Dachstein-Eroberung aber nicht wegzudenken.

Geburtstage

Franz Stefan Griebl (Franzobel). Schriftsteller. Geboren 1. 3. 1967 in Vöcklabruck.

Claudia Gusenbauer. Sportlerin des Jahres 1984 (Wasserski). Geboren 29. 4. 1967 in Linz.

Maximilian Neulinger. Abt von Lambach (seit 2008). Geboren 2. 5. 1967 in Wels.

Barbara Sadleder. Sportlerin des Jahres 1991 (Alpinski). Geboren 17. 6. 1967 in Steyr.

Thomas Draschan. Bildender Künstler. Geboren 27. 7. 1967 in Linz.

Andrea Bina. Direktorin des Linzer Stadtmuseums Nordico (seit 2010). Geboren 5. 10. 1967 in Linz.

Fritz Karl. Schauspieler. Geboren 21. 12. 1967 in Gmunden.

Todestage

Franz Xaver Roser. Jesuit, Physiker. Gestorben 12. 2. 1967 in Rio de Janeiro. (Geboren 14. 11. 1904 in St. Martin im Mühlkreis.)

Walter Franck. Industrieller. Gestorben 21. 7. 1967 in Linz. (Geboren 13. 1. 1874 in Ludwigsburg.)

August Pepöck. Operettenkomponist. Gestorben 5. 9. 1967 in Gmunden. (Geboren 10. 5. 1887 in Gmunden.)

Leopold Brellinger. Jesuitenpater. Missionsbischof in China (seit 1947). Gestorben 18. 9. 1967 in Taipeh. (Geboren 27. 7. 1893 in Ebelsberg.)

Franz Schnopfhagen. Komponist. Gestorben 9. 11. 1967 in Linz. (Geboren 10. 3. 1888 in St. Veit im Mühlkreis.)

Paul Karnitsch. Historiker, Archäologe. Gestorben 8. 12. 1967 in Linz. (Geboren 1. 9. 1905 in Linz.)

Karl Stern. Verkehrs- und Energiepionier (Stern & Hafferl). Gestorben 11. 12. 1967 in Gmunden. (Geboren 17. 6. 1880 in Altheim.) → S. 319

Rudolf Heckl. Architekt. Gestorben 12. 12. 1967 in Gmunden. (Geboren 20. 2. 1900 in Eger.) Verfasser einer oberösterreichischen Baufibel.

Hubert Razinger. Theaterkritiker, Theaterwissenschafter. Gestorben 12. 12. 1967 in Linz. (Geboren 30. 10. 1904 in Linz.)

Wilhelm Mensing-Braun. Evangelischer Superintendent (1941–1966). Gestorben 18. 12. 1967 in Salzburg. (Geboren 15. 12. 1899 in Nürnberg.)

Dachsteinpioniere des 20. Jahrhunderts

Den beiden Bergführern Leo Schlömmer (Bild) aus Bad Mitterndorf und Peter Perner aus Ramsau gelingt erstmals die Bezwingung der Dachstein-Südwand in der Direttissima. Zwei Jahre später schafft Leo Schlömmer diese Route, die seinen Namen trägt, im Alleingang. → 1969

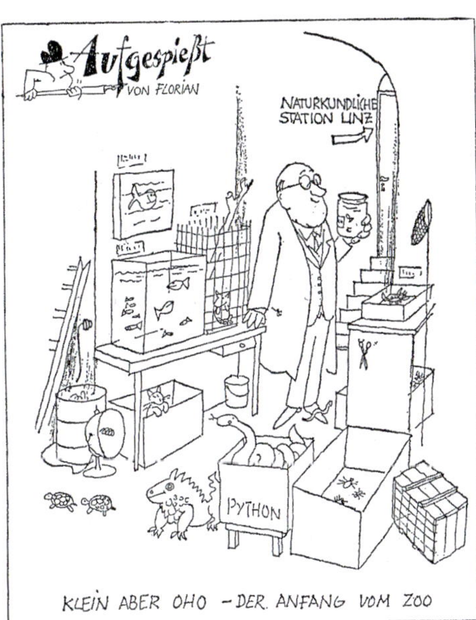

Noch ist der Linzer Tiergarten ein Thema für die Karikaturisten. Erst → 1980 wird am Fuß des Pöstlingbergs der Linzer Tiergarten (Zoo Linz) eröffnet. („Florian", „OÖ. Nachrichten".)

Das höchste Wohnhaus

Oktober. In Wels wird die behördliche Benützungsbewilligung für das 27-geschossige Wohnhaus in der Maria-Theresia-Straße erteilt. Mit 80 m ist es Österreichs höchstes Wohnhaus und das höchste Europas, das in Schüttbauweise errichtet wurde.

Das schönste Dorf

Königswiesen gewinnt den Wettbewerb um das schönste oberösterreichische Dorf.

Das Jagdmuseum im Schloss Hohenbrunn bei St. Florian.

Die Fußballfreunde freuen sich: Erstmals gibt es in Linz ein Fußball-Länderspiel. Am 1. Mai wird im Linzer Stadion vor 32.000 Zuschauern das Spiel Österreich gegen Rumänien ausgetragen. Es endet 1:1.

Wir wollen ein Atomkraftwerk!

„Oberösterreich, das Bundesland mit der höchsten Erzeugung und dem höchsten Verbrauch elektrischen Stroms in Österreich, pocht nicht nur auf die Errichtung des nächsten Donaukraftwerks Ottensheim, sondern auch auf den Bau des ersten Kernkraftwerks zur Erzeugung billigen Stroms aus Atomenergie in Österreich."

Landeshauptmann Heinrich Gleißner am 20. April 1968 in einer Rundfunkansprache.

1968

Kalender

8.1. Eine zweimotorige jugoslawische Frachtmaschine der Type DC 3 muss in St. Florian bei Linz notlanden und geht dabei zu Bruch. Es gibt keine Verletzten.

18.1. Inbetriebnahme des Maschinensatzes II im Ennskraftwerk Garsten–St. Ulrich.

22.1. In Linz-Auhof erfolgt der Spatenstich zum zweiten Institutsgebäude der Hochschule Linz.

31.1. Gründungsversammlung der Fernwärme-Versorgungsgesellschaft Linz.

Die Glashütte in Schneegattern stellt den Betrieb ein.

15.2. Uraufführung im Linzer Landestheater: „Attentate" von Oskar Zemme.

16.2. In Linz demonstrieren 80 Frauen und Männer vor dem Landhaus und der Arbeiterkammer, weil sie ihre Arbeitsplätze in einer Maschinenfabrik in Kohlgrub bei Wolfsegg verloren haben, nachdem der Betrieb aus finanziellen Gründen schließen musste.

9.3. Letzte Fahrt der Linzer Straßenbahnlinie „M"; nach 54 Jahren.

25.3. Als erste österreichische Diözese führt Linz probeweise den neuen „Vater-unser"-Text ein. Ab Ostersonntag (14.4.) ist der Text verbindlich.

29.3. Inbetriebnahme des Donaukraftwerks Wallsee-Mitterkirchen. (Jahresleistung 1,3 Milliarden Kilowattstunden.)

30.3. Ballett-Uraufführung im Linzer Landestheater: „Gesellschaft für einen Abend" von Fridolin Dallinger.

2.4. In Steyr demonstrieren 135 Schüler der Höheren Technischen Lehranstalt gegen den Weiterverbleib von zwei kriminellen Mitschülern an ihrer Schule.

Eröffnung des Bethauses der Israelitischen Kultusgemeinde Linz an der Stelle der 1938 niedergebrannten Synagoge. (Architekt: Fritz Goffitzer, Innenausstattung: Fritz Fröhlich.)

18.4. In Hallstatt wird der 36 Meter hohe Schornstein, ein Wahrzeichen der früheren Salzsudhütte, gesprengt.

April. Die Voest liefert den bisher größten in Europa gebauten Kugelschieber an das Kraftwerk Innerfragant in Kärnten aus.

4.5. Uraufführung der Operette „Alles spricht von Charpillon" von Igo Hofstetter im Linzer Landestheater.

7.5. In Lenzing wird das erste österreichische Chemiefaserwerk eröffnet.

25.5. Zum letzten Mal fährt die Steyrtalbahn von Molln nach Klaus.

30.5. Ein Großbrand verwüstet die Wegscheider Farbenfabrik in Linz. Bei den Löscharbeiten werden drei Feuerwehrmänner schwer verletzt.

5.6. Mit dem offiziellen Durchstich wird die Krems in ein neues Flussbett umgeleitet. Die Hochwassergefahr für Kirchdorf an der Krems ist damit gebannt.

9.–16.6. Im Linzer Märzenkeller findet die 7. Weltmeisterschaft im Sportkegeln auf Asphaltbahnen statt.

14.6. Im LD-Stahlwerk der Voest geht die erste Brammenstranggießanlage in Betrieb.

16.–23.6. Unter dem Motto „Linz um die Jahrhundertwende" findet in Linz ein großes Nostalgie-Fest statt.

19.6. Die Ursulinen beenden aus Mangel an Schwestern ihre pädagogische Tätigkeit in Linz.

22./23.6. Bundesjugendsingen in Linz mit 58 Chören aus Österreich und dem benachbarten Ausland.

25.6. Eröffnung des Neubaues der Oberösterreichischen Gebietskrankenkasse in Linz (Gruberstraße).

29.6. Die Tabor-Schule in Steyr, Oberösterreichs größter Schulbau seit 1945, wird von Bundespräsident Franz Jonas eröffnet.

Eröffnung des Welser „Mauth"-Stadions.

5.7. Protestmarsch von tausend Bauern in Linz wegen der tristen Einkommenssituation in der Landwirtschaft.

3.8. Eröffnung des Freilichtmuseums Anzenaumühle in Bad Goisern–Lauffen.

22.8. Inbetriebnahme des Wasserkraftwerks Gosauschmied.

27.9. Auf der Strecke St.Valentin–Steyr–Kleinreifling wird der elektrische Betrieb aufgenommen.

4.10. Nahe Ebelsberg bei Linz stürzt ein Düsenjäger des Bundesheeres vom Typ „Vampire" ab. Eine Frau wird schwer verletzt.

19.10. Eröffnung des Studienbetriebs als Bundesstaatliche Pädagogische Akademie und Pädagogische Akademie der Diözese Linz.

27.10. Weihe der Pfarrkirche Linz-St. Severin (Lederergasse). Architekt: Franz Wiesmayr.

31.10. Der Altar in der St. Laurenz-Kirche in Lorch bei Enns wird von Bischof Franziscus Salesius Zauner geweiht, die Gebeine der Märtyrer werden beigesetzt.

15.11. Beim Kraftwerk Gmunden beginnt der Aufstau. Die mehr als 100 Jahre alte Seeklause zur Regulierung des Traunseespiegels hat damit ausgedient und wird abgetragen. (Inbetriebnahme des Kraftwerks am 5. 12.)

2.12. Durch ein neues Einbahnsystem wird der Verkehr in Linz großzügig geregelt.

„Wiener Walzer" entgleist

7. März. Mit 118 Stundenkilometern jagt um 6.33 Uhr der „Wiener Walzer" in Richtung Linz durch den Bahnhof Marchtrenk. Wenige Sekunden später kommt es zur Katastrophe: Ein Schlafwagen springt aus den Schienen, stürzt um und bohrt sich in die Böschung, zwei weitere Schlafwagen werden mitgerissen. Vier Tote liegen, grässlich verstümmelt, zwischen Eisengestängen eingekeilt. Ursache des Unglücks ist eine Lichtmaschine, die sich vom Drehgestell des Schlafwagens gelöst hat, in das Drehgestell geraten ist und die Räder blockierte. Die Räder wurden abgerissen, der Waggon raste ohne Fahrwerk aus den Schienen.

7.12. Bischof Franziscus Salesius Zauner weiht die neue Rudigier-Orgel im Mariä-Empfängnis-Dom.

13.12. Auch die Strecke Amstetten–Kleinreifling-Kastenreith ist elektrifiziert.

20.12. Eröffnung des Ludwig-Boltzmann-Instituts für Geschichte der Arbeiterbewegung in Linz.

Dezember. Der alte Ortskern von Kleinreifling (16 Häuser) wird geschleift und für den Einstau des Kraftwerks Weyer vorbereitet.

Erstmals seit 1948 kann der „Mondseer Jedermann" nicht gespielt werden, weil es an engagierten Nachwuchskräften fehlt.

Geburtstage

Christine Marek. Wirtschafts-Staatssekretärin,VP (2007–2010). Geboren 26. 1. 1968 in Kempten. Seit früher Kindheit in Oberösterreich. → 2007

Hannes Trinkl. Weltmeister in der Herren-Abfahrt und Abfahrtssieger im Ski-Weltcup. Sportler des Jahres 2001. Geboren 1. 2. 1968 in Steyr. → 1998, 1999, 2001

Markus Hengstschläger. Humangenetiker. Geboren 28. 4. 1968 in Linz.

Angela Flam. Schriftstellerin. Geboren 20. 9. 1968 in Wels.

Todestage

Karl Jax. Altphilologe. Gestorben 10. 2. 1968 in Innsbruck. (Geboren 25. 11. 1885 in Linz.)

Franz Rosenauer. Hydrograph. Gestorben 3. 3. 1968 in Linz. (Geboren 16. 3. 1880 in Wels.)

Franz Haider. Landesobmann der KPÖ Oberösterreich (1946–1968). Gestorben 15. 3. 1968 in Linz. (Geboren 4. 9. 1907 in Linz.)

Edmund Aigner. Bürgermeister von Linz (SP) 1962 bis 1968. Gestorben 3. 5. 1968 in Linz. (Geboren 29. 3. 1900 in Gaspoltshofen.) →

Wolfgang Hebenstreith. Schauspieler. Gestorben 27. 6. 1968 in Wien. (Geboren 28. 8. 1906 in Linz.) Wirkte viele Jahre in Linz, zuletzt am Burgtheater Wien.

Franz Schleiß. Keramiker. Gestorben 27. 6. 1968 in Gmunden. (Geboren 1. 10. 1884 in Gmunden.) Gründete die Keramische Schule Schleiß. → 1917

Gustav von Festenberg. Schriftsteller. Gestorben 3. 8. 1968 in Wien. (Geboren 13. 3. 1892 in Wiener Neustadt.) Lebte in Oberösterreich.

Hans Pollack. Maler. Gestorben 14. 8. 1968 in Linz. (Geboren 7. 7. 1891 in Linz.) Präsident des OÖ. Künstlerbundes.

Sophie Koko. Malerin. Gestorben 3. 10. 1968 in Linz. (Geboren 27. 6. 1889 in Linz.)

Friedrich Berndt. Steyrer Stadtgeschichtsforscher. Gestorben 16. 12. 1968 in Salzburg. (Geboren 30. 6. 1885 in Wien.)

Arthur Fischer-Colbrie. Schriftsteller. Gestorben 30. 12. 1968 in Linz. (Geboren 25. 7. 1895 in Linz.)

Heinrich Kandl. Arbeiterkammerpräsident (1946 bis 1959). Gestorben 30. 12. 1968 in Linz. (Geboren 15. 7. 1875 in Riegerschlag, Böhmerwald.)

Hellseher

Josef Laßl: *„Was bringt die nächste Saison?"* Karin Mitterhauser: *„Das müßten Sie besser wissen als ich, denn Sie sind berüchtigt als Hellseher von Dingen, die noch niemand ahnt!"*

Gespräch der ans Linzer Landestheater engagierten Schauspielerin Karin Mitterhauser mit dem Kritiker Josef Laßl, 12. April 1968.

Bürgermeister Aigner

„Ein Mann ohne Feinde."

Elisabeth Oberlik über den Linzer Bürgermeister Edmund Aigner (1900–1968) in „Lebendiges Linz", Februar 1987.

Am 6. Juli eröffnet Bundespräsident Franz Jonas die Gosaukammbahn. (Talstation Gosausee: 932 m, Bergstation Zwieselalm: 1480 m.)

In Freistadt! Der Name der Stadt hat für Tschechen, denen die Flucht über die Grenze gelingt, einen besonderen Klang. In letzter Minute erreicht diese Familie aus Budweis österreichisches Gebiet. Während die Frau von Weinkrämpfen geschüttelt wird, schreibt der Mann, umgeben von seinen Kindern, beruhigende Worte an die in der Tschechoslowakei gebliebenen Angehörigen.

Hilfe für unsere nördlichen Nachbarn

August. Die kurze Freiheit in unserem nördlichen Nachbarland wird erstickt. Am 20. August um 23 Uhr marschieren Einheiten der sowjetischen, ostdeutschen, polnischen, ungarischen und bulgarischen Armee in der Tschechoslowakei ein.
Ganz Österreich ist von den Ereignissen geschockt, besonders in den Grenz- und Zollorten Oberösterreichs verfolgt man jede Nachricht gespannt. Sechs russische Panzerfahrzeuge richten ihre Geschützrohre auf die Grenzstelle Wullowitz bei Freistadt. Sie sind in Österreich nicht zu sehen, aber die aus der Tschechoslowakei Kommenden berichten darüber. Das verbreitet verständliche Nervosität.
Fahrzeugkolonnen der Exekutive auf den oberösterreichischen Straßen. Aus den südlichen Landesteilen wird Gendarmerie ins Mühlviertel verlegt. Die Aufgabe der Grenzsicherung wurde ausschließlich der Gendarmerie übertragen, die jedoch über Funksprechgeräte notfalls eine Verbindung mit den in Bereitschaft gehaltenen Bundesheereinheiten herstellen kann.
Beim österreichischen Straßenzollamt Leopoldschlag-Wullowitz kommt es bereits in den Morgenstunden des 21. August zu großen Menschenansammlungen. Noch kommen Fahrzeuge über die Grenze. Es ereignen sich dabei erschütternde Szenen, wenn Verwandte und Freunde auf österreichischem Gebiet einander in die Arme fallen. Auch Österreicher kommen über die Grenzen. Manche fahren sogar in die Tschechoslowakei, ein Ehepaar aus Lambach zum Beispiel, das die achtjährige Tochter holen will, die in der Nähe von Budweis bei einer Sportfreundin die Ferien verbracht hat.
Oberösterreich verwandelt sich in ein großes Flüchtlingslager. In Heimen und Schulen werden Notquartiere geschaffen, Hilfe wird überall gewährt.
Die meisten Tschechen wissen zuerst einmal gar nicht, was sie tun sollen, sie wollen abwarten, wie sich die Ereignisse in ihrer Heimat entwickeln. Manche wollen weiterreisen, andere, die in Österreich oder auf der Durchreise waren, wollen zurück in die Tschechoslowakei.
Rotes Kreuz, Caritas und verschiedene andere Hilfsorganisationen leisten großartige Arbeit. Der Linzer Caritas-Direktor, Hermann Pfeiffer (1907–1991), spricht aus, worauf es in diesen Tagen ankommt: „Wir betreuen die in Oberösterreich weilenden tschechoslowakischen Staatsangehörigen wie liebe Gäste."

Das schönste Dorf

Die Auszeichnung, das schönste Dorf Oberösterreichs zu sein, geht ins Innviertel, nach Gurten.

Medaillenregen

Oktober. Hubert Raudaschl (Bild) erringt bei den Olympischen Spielen in Mexiko die Silbermedaille im Finn-Segeln. Eine Bronzemedaille im Zweier-Kajak bringen Günther Pfaff (Steyr) und Gerhard Seibold (Klosterneuburg) nach Hause. Doch nicht nur die Sportler des Landes schmücken sich mit Medaillen: In Frankfurt holen sich Oberösterreichs Köche bei der „Koch-Olympiade" vier Goldmedaillen und den Großen Preis in Gold.

Wie alt ist das Eis der Eishöhle?

Lange Zeit war man sich nicht einig, ob das Eis der Dachstein-Rieseneishöhle ein Relikt aus der Eiszeit ist oder ob es erst im zweiten Jahrtausend nach Christus entstand. Es gab keine exakten Methoden, um diese Frage zu klären. 1968 löst eine genaue Analyse des im Eis enthaltenen Blütenstaubs das Rätsel: Die heutige Vereisung kann demnach erst im Anschluss an das mittelalterliche Klima-Optimum entstanden sein. Von der Universität für Bodenkultur in Wien wurden Eisproben der Dachsteinhöhle untersucht und darin fast ausschließlich Kulturpollen gefunden, also Blütenstaub von Getreide, Hopfen, Buchweizen, aber auch von Unkräutern, die nur als Begleiter der menschlichen Kultur auftreten, wie Brennesseln und Ampfer. Damit ist der Beweis erbracht, dass sich das Höhleneis erst am Beginn des 15. Jahrhunderts bildete. (Im Mittelalter waren die klimatischen Bedingungen wesentlich günstiger, in der Umgebung der Dachsteinhöhlen gab es damals sogar Nussbäume.) → S. 297

Der Spatenstich für das Linzer Brucknerhaus, wie ihn der Karikaturist „Florian“ kommentierte. („Oberösterreichische Nachrichten“.)

I richt' mit zon Geh'

Mein glüatads Volanga
Um 's Glück is voganga. –
Und neamd macht mi irr,
wann's dahingeht mit mir.

Z'Taod geigt und z'Taod trunka.
Z'Taod gliabt und z'Taod gsunga.
I richt' mit zon Geh'. –
Iatzt is d'Welt nimma sche'. –

Hans Schatzdorfer (1897–1969).

1969

Kalender

1.1. Der Fernsehsender Lichtenberg beginnt mit einem Farbfernseh-Versuchsprogramm.

3.3. Streik der oberösterreichischen Mittelschullehrer.

16.4. Bulgariens Ministerpräsident Todor Schiwkoff besucht Oberösterreich.

21.4. Perg wird zur Stadt erhoben, Ampflwang im Hausruckwald wird Markt.

5.5. In Schneegattern nimmt die modernste Glashütte Europas den Betrieb auf.

15.5. In Braunau wird ein Freizeitzentrum mit Bade- und Sportanlagen eröffnet.

16.5. Ein Wunschtraum des Linzer Konzertpublikums beginnt sich zu erfüllen: Bundespräsident Franz Jonas (1899–1974) legt den Grundstein zum Linzer Brucknerhaus, das fünf Jahre später mit Anton Bruckners Symphonie Nr. 7 in E-Dur, einem Festkonzert der Wiener Philharmoniker unter Herbert von Karajan (1908–1989), feierlich eröffnet wird. → 1974

17.5. Das erste österreichische Motorschubschiff wird im Linzer Werfthafen auf den Namen „Linz“ getauft.

21.5. Die ersten an der Linzer Hochschule ausgebildeten Magister erhalten ihre Diplome.

23.5. Das Institut für schwerstbehinderte Kinder in Hartheim wird seiner Bestimmung übergeben.

28.5. Die Linzer Glashütte in der Kapuzinerstraße, die einstmals optisches Rohglas von Weltruf herstellte, wird abgebrochen.

Mai. In einem Volksbegehren sprechen sich in Oberösterreich 50.045 Wahlberechtigte gegen das 13. Schuljahr aus.

6.6. Eröffnung des Prähistorischen Museums in Hallstatt.

17.6. In Micheldorf fliegt die Pulvermühle in die Luft. Ein Arbeiter wird getötet.

18.6. Inbetriebnahme des zweiten Maschinensatzes des Kraftwerks Gmunden.

Juni. Auf Schloss Greinburg wird die Filmkomödie „Das schwarze Kätzchen der Blondine“ gedreht.

1.7. Die „Zellwolle Lenzing AG“ und die „Lenzinger Zellulose- und Papierfabrik AG“ werden zur „Chemiefaser Lenzing AG“ zusammengeführt.

4./5.7. Rund 11.000 Blasmusiker versammeln sich in Linz zum 4. Landesmusikfest.

5.7. Die Brücke über den Steyr-Durchbruch (Länge 202 m, größte Höhe 35 m) wird dem Verkehr übergeben.

6.7. Die Bevölkerung der Gemeinde Molln spricht sich mehrheitlich (66,1 Prozent) gegen den Bau des Großspeicherkraftwerks Molln aus.

14.7. In Ranshofen erfolgt der Spatenstich zum neuen Presswerk der Vereinigten Metallwerke Ranshofen-Berndorf AG.

16.7. Der bisher im Dreierdirektorium des Linzer Landestheaters vertretene Alfred Stögmüller (1925–2004) übernimmt die Leitung. (Bis 1986.)

August. Die Bergsteiger Fritz und Klaus Walcher und der Bergführer Peter Perner aus Ramsau bezwingen die Torstein-Südwand in einer 51-stündigen Kletterei in der Direttissima.

Weihbischof Wagner

Der Leopoldschlager Alois Wagner (1924–2002) wird am 1. September 1969 zum Weihbischof von Linz ernannt, ein Amt, das er bis 1981 ausübt. Am 26. Oktober 1969 erhält er im Linzer Mariä-Empfängnis-Dom die Weihe.

6./7.9. Auf der Donau in Linz wird die Motorboot-Weltmeisterschaft ausgetragen. In der Klasse OB wird der Wahl-Attnanger Dieter Schulze Weltmeister, Erwin Zimmermann (Linz) landet auf Platz drei.

7.9. Renate Sika von Ister Linz gewinnt bei den Ruder-Europameisterschaften in Klagenfurt in der Klasse Einer die Bronzemedaille.

12.9. In Linz wird der Neubau der Landesfeuerwehrschule eröffnet.

14.9. Manfred Krausbar (Donau Linz) und Sepp Puchinger (Steiner RC) gewinnen bei den Ruder-Europameisterschaften auf dem Wörthersee im Doppelzweierbewerb die Silbermedaille.

22.9. Beginn der Abbrucharbeiten des Gebäudes der Linzer Wollzeugfabrik an der Unteren Donaulände, ein Werk des Barockbaumeisters Johann Michael Prunner (1669–1739). → S. 155

27.9. In Rohrbach wird das Bundesrealgymnasium eröffnet.

Eröffnung des Wildparks Altenfelden.

September. In Linz, Salzburg, Graz und Dornbirn wird gleichzeitig mit dem Bau der neuen ORF-Landesstudios begonnen.

1.10. Aufnahme des Studienbetriebs an der neu errichteten technisch-naturwissenschaftlichen Fakultät der Linzer Hochschule.

Das neue Linzer Fernheizwerk beliefert seine Kunden erstmals mit Wärme.

Uraufführung im Linzer Landestheater: „Die Helena des Euripides“ von Kurt Klinger.

2.10. In Vöcklabruck wird der Neubau des Bundesgymnasiums eröffnet und der Unterrichtsbeginn in der neuen Höheren Technischen Lehranstalt gefeiert.

19.10. Der Heeresbergführer Leo Schlömmer aus Bad Mitterndorf bezwingt im Alleingang die Dachstein-Südwand in der Direttissima.

25.10. Inbetriebnahme des ersten Maschinensatzes im Ennskraftwerk Weyer.

2.11. Der Goiserer Ekkehard Kunze durchklettert die „Ewige Wand“ in Bad Goisern.

16.11. Die Landwirtschaftliche Fachschule für Burschen in Freistadt wird eröffnet.

17.11. Franz Hillinger (1921–1991) tritt das Amt des Linzer Bürgermeisters an. (Bis 22. 1. 1984.)

6.12. Das Dampfkraftwerk in Riedersbach (Bezirk Braunau) wird eröffnet.

10. 12. Beim Donaukraftwerk Ottensheim-Wilhering wird statt des üblichen Spatenstichs eine Spundwand-Bohle in den Boden gerammt.

19. 12. In Vöcklabruck wird das neue Krankenhaus eröffnet.

Dezember. In Ried geht die modernste vollbiologische Großkläranlage Österreichs in Betrieb.

Geburtstage

Helmut Schmidinger. Komponist. Geboren 11. 5. 1969 in Wels.

Ulrike Schweiger. Schriftstellerin, Filmemacherin. Geboren 20. 6. 1969 in Linz.

Todestage

Hermann Bock. Höhlenforscher. Gestorben 2. 1. 1969 in Graz. (Geboren 9. 2. 1882 in Brünn.) Er hat als erster Mensch in der Dachstein-Rieseneishöhle eine Schlüsselstelle jenseits des Eisabgrundes erreicht und damit die Grundlagen für weitere Forschungen geliefert.

Josef Haberleitner. Büromöbelfabrikant. Gestorben 5. 3. 1969 in Linz. (Geboren 17. 3. 1899 in Ernsthofen.)

Hermann Voss. Kunsthistoriker, Beauftragter Hitlers für das geplante Führermuseum in Linz. Gestorben 28. 4. 1969 in München. (Geboren 30. 7. 1884 in Lüneburg.) → 1941

Malachias Birklbauer. Wilheringer Ordenspriester. Mundartdichter. Gestorben 16. 5. 1969 in Linz. (Geboren 27. 4. 1893 in Leonfelden.)

Richard Karl Diller. Maler. Gestorben 7. 6. 1969 in Linz. (Geboren 15. 3. 1890 in Wels.)

Friedrich Morton. Hallstatt-Forscher. Gestorben 10. 7. 1969 in Hallstatt. (Geboren 1. 11. 1890 in Görz.)

Franz Spindler. Schriftsteller und Mundartdichter. Gestorben 23. 7. 1969 in Linz. (Geboren 15. 2. 1901 in Linz.)

Anton Filzmoser. Maler. Gestorben 11. 9. 1969 in Braunau. (Geboren 15. 1. 1897 in Ostermiething.)

Konrad Rosenbauer. Industrieller und Feuerwehrpionier. Gestorben 30. 9. 1969 in Linz. (Geboren 30. 1. 1893 in Linz.)

Hans Schatzdorfer. Geigenbauer und Mundartdichter. Gestorben 24. 12. 1969 in Großpiesenham bei Ried. (Geboren 19. 7. 1897 in Großpiesenham.) →

Franz Koch. Germanist und Philosoph. Gestorben 26. 12. 1969 in Linz. (Geboren 21. 3. 1888 in Attnang.)

Kommentare zur Paratyphus-Epidemie

„Was die Öffentlichkeit in diesen Tagen erlebt, ist die Demonstration peinlicher Konzeptlosigkeit.“

„Oberösterreichische Nachrichten“, 27. 5. 1969.

„Vor allem in Linz bezeichnen viele die Sicherheitsvorkehrungen der Gesundheitsbehörden als unzureichend.“

„Arbeiter-Zeitung“, 30. 5. 1969.

„Beschwerden, davon viele nicht druckreif, über das Versagen der Landessanitärdirektion Oberösterreich.“

„Kronen-Zeitung“, 3. 6. 1969.

„Improvisieren kann man schließlich mit Weiterwursteln übersetzen.“

„Salzburger Nachrichten“, 14. 6. 1969.

So sieht der Architekt und Zeichner Clemens Holzmeister (1886–1983) die Dachsteinlandschaft. Bleistiftzeichnung, 1969.

Paratyphus in Oberösterreich

12. Mai. Aufregung in der Internen Abteilung des Allgemeinen Krankenhauses Linz. Patienten mit der Anfangsdiagnose „Typhus“ werden eingeliefert. Bald erhärtet sich der Verdacht, dass es sich um Paratyphus handelt. Alle Erkrankten hatten am Urfahrer Jahrmarkt Eis eines Konditors aus Waldhausen gegessen.

12. Mai. 10 Erkrankungen.

13. Mai. 127 Erkrankungen.

15. Mai. 280 Erkrankungen.

27. Mai. 752 Erkrankungen.

3. Juni. Die Epidemiebilanz erreicht die Tausendergrenze.

6. Juni. Endlich können die Zeitungen berichten: Oberösterreich darf aufatmen, die Typhusepidemie klingt langsam ab.

In diesem Jahrhundert gab es nichts Ähnliches in Oberösterreich: Rund tausend Menschen erkranken an einer Epidemie, die man in einem mitteleuropäischen Land nicht mehr anzutreffen glaubte. Zwar ist die Krankheit relativ harmlos, vergleicht man sie mit den Seuchen vergangener Jahrhunderte, aber sie hat doch klargemacht, dass wir auch im Jahrzehnt der Herztransplantationen vor Ansteckungskrankheiten nicht gefeit sind. Innerhalb weniger Tage sind die Spitäler überfüllt. Notlazarette werden eingerichtet, Bäder gesperrt, Sportveranstaltungen abgesagt, da und dort auch Schulen geschlossen. In den Fremdenverkehrsorten hagelt es Stornierungen. Die wirtschaftlichen Rückschläge sind enorm. Die medizinische Betreuung klappt vorzüglich. Doch die Behörden reagieren langsam, schwerfällig, unbeholfen. Nach den ersten Fällen schon ist klar, dass die Epidemie vom Urfahrer Jahrmarkt ausging, die Infektionen also über das ganze Land verstreut sein mussten. Trotzdem werden zunächst alle Maßnahmen so getroffen, als ob die Seuche ausschließlich auf Linz begrenzt bleiben müsse. Nach langem Zögern erst wird die Schließung der Konditorei in Waldhausen verfügt.

Nach Wochen wird ein Epidemiekomitee eingesetzt. Die Oberösterreicher erfahren auf diese Weise, dass die zuständige Landessanitätsdirektion für derartige Ereignisse keine Einsatzpläne hat.

Das schönste Dorf

Wie schon zwei Jahre vorher wird wieder Königswiesen zum schönsten Dorf Oberösterreichs gekürt.

Neue Dachsteinbahn

Der Dachstein, den sich die Oberösterreicher brüderlich mit den Bundesländern Steiermark und Salzburg teilen, ist nun auch von der steirischen Seite her durch eine Seilbahn erschlossen. Die mächtigen Südabstürze des Dachsteins liegen – wenn man es genau nehmen will – auf steirischem, die Gletscher jedoch auf oberösterreichischem Gebiet. Am 21. Juni wird die Dachstein-Südwandbahn von Bundespräsident Franz Jonas eröffnet. (Talstation Türlwandhütte: 1700 m, Bergstation Hunerkogel: 2698 m.)

Gartenstadt Puchenau

In der 1969 fertiggestellten Gartenstadt Puchenau hat der Architekt Roland Rainer (1910–2004) seine Doktrin vom ebenerdigen Wohnen verwirklicht.

Das Linzer Hochschulgebäude

Viele Köche verderben nicht immer den Brei: Die Linzer Hochschule ist dafür ein Beispiel. Entwerfer: Artur Perotti, Franz Treml, Wolfram Schindler, Helmut Eisendle, Hans Greifeneder, Bernhard Haeckel, Heribert Komlanz, Erich Scheichl, Rüdiger Stelzer; Mitarbeiter: August Kürmayr, Jakob Sabernig, Helmut Werthgarner; Statik: Kurt Wenzel. Erbaut 1964 bis 1969, geplant seit 1963.

Literarisches Oberösterreich

„In Oberösterreich lebten und publizierten 1970 etwa 40 bis 50 Autoren, ohne mit dieser Ziffer den Anspruch auf eine Gesamtheit (Quantität) noch den Anspruch auf eine Gültigkeit (Qualität) zu erfüllen. Unreifes konkurriert mit Erprobtem. Triviales gärt neben Klassischem. Aber wie viele es auch sein mögen – denn wer kennt die schweigenden Schreiber? – und wen man auch zu den Vollendeten zählen darf, es fließen die Wellen der Gestrigen, Heutigen und Morgigen ineinander, als würfe sie eine unausschöpfbare Quelle in den Strom der Unaufhörlichkeit."

Josef Laßl (1915–1977), in „Literarisches Oberösterreich", Stifter-Institut Linz, 1971.

1970

Kalender

10.1. In der Ingrid-Glashütte Schneegattern bricht ein Arbeitskonflikt wegen der Einführung der 43-Stunden Woche aus.

30.1. Eröffnung der Landwirtschaftlichen Bundeslehranstalt in St. Florian bei Linz.

23.2. Spatenstich zum Bau des Gymnasiums in Urfahr.

1.3. Nationalratswahlen. Ergebnisse in Oberösterreich: 332.284 VP, 335.931 SP, 48.120 FP, 4152 KP, 1566 Sonstige.

6.3. Der Ebenseer Skirennläufer Sepp Loidl wird als erster Oberösterreicher Staatsmeister in der Abfahrt.

8.3. In der Linzer Hochschule wird die konstituierende Vollversammlung der Linzer Diözesansynode abgehalten.

22.4. Stapellauf des ersten in der Linzer Schiffswerft gebauten österreichischen Motorgüterschiffs mit den Abmessungen des genormten „Europa-Güterkahnes".

6.5. Die Umfahrung Ottensheim mit dem 80 m langen Tunnel durch den Dürnberg wird dem Verkehr übergeben.

15.5. Das oberösterreichische Architekten- und Designer-Team Haus-Rucker-Co eröffnet im Museum of Contemporay Crafts in New York eine Ausstellung.

Mai. Eine Steyregger Bürgerinitiative schlägt gegen die Luftverschmutzung Alarm.

7.6. In Braunau werden eine Handelsakademie und eine Handesschule eröffnet.

10.6. Fusion der Papierfabriken Steyrermühl und Laakirchen zur „Steyrermühl-Laakirchen AG Papierfabriken an der Traun".

16.6. Dieter Schulze (Attnang) ist Motorboot-Weltmeister.

Am 14. Juni wird in Haslach das Webereimuseum eröffnet.

Das Linzer Bruckner-Konservatorium bezieht in der Wildbergstraße in Urfahr ein neues Haus. Die feierliche Eröffnung findet am 24. Oktober statt.

20.6. Der Neubau des psychiatrischen „Wagner-Jauregg-Krankenhauses" in Linz wird seiner Bestimmung übergeben.

28.6. Ein Unwetter verwüstet Unterlaussa.

Juni. Die Ortsmusik von Traunkirchen tritt wegen einer Differenz mit dem Bürgermeister in den Streik. Für die abendlichen Platzkonzerte engagiert der Gemeinderat eine auswärtige Kapelle.

1.7. Am Militärflughafen Hörsching treffen die ersten drei von zwanzig neuen „Saab 105 Ö"-Düsenjägern ein.

3.7. Die Linzer Straßenbahn wird auf sechs- und achtachsige Großraumwagen umgestellt.

4.7. Inbetriebnahme des Ennskraftwerkes Weyer.

6.7. In Pocahontas im US-Bundesstaat Missouri versammeln sich sämtliche aus Bad Goisern stammenden amerikanischen Lichteneggers. Die Stammeltern waren Mitte des 19. Jahrhunderts nach Amerika ausgewandert.

11.7. Der Katholische Preßverein der Diözese Linz beschließt, die Eigentums-, Verlags- und Herausgeberrechte am „Linzer Volksblatt" mit Wirkung vom 1. 1. 1971 der ÖVP Oberösterreichs zu übertragen.

Juli. Das Linzer Schlossmuseum erhält von einem Wiener Sammler rund 200 Ölgemälde, Miniaturen und Aquarelle aus dem 19. Jahrhundert als langfristige Leihgabe.

Archäologen legen in Attersee Reste einer karolingischen Wallanlage frei.

2.8. Der Steyrer Günther Pfaff und der Wiener Gerhard Seibold erkämpfen den Weltmeistertitel im Kajak-Zweier.

6.9. Auf dem Flug nach San Francisco wird ein oberösterreichischer Landwirtssohn Opfer einer Flugzeugentführung durch ein palästinensisches Terrorkommando und muss acht Tage in Jordanien zubringen.

14.9. Inbetriebnahme der erneuerten Altanlage des Steyr-Kraftwerkes Pichlern.

20.–22.9. Der Linzer Friseur Horst Grafleitner wird Weltmeister im Messerhaarschnitt.

24.9. Der rumänische Staats- und Parteichef Nicolae Ceausescu (1918–1989) besucht die Voest.

September. An allen Linzer Volksschulen wird der schulfreie Samstag eingeführt. Haupt- und Sonderschulen folgen.

2.10. Mit der Belieferung des Allgemeinen Krankenhauses nimmt das Linzer Fernheizwerk seinen Betrieb auf.

4.10. Einweihung der Kirche „Hl. Josef der Arbeiter" in Steyr-Ennsleiten. Fertigstellung des Seelsorgezentrums → 1971.

10.10. In Steyr demonstrieren 4000 Bauern mit 460 Traktoren gegen die Agrarpolitik.

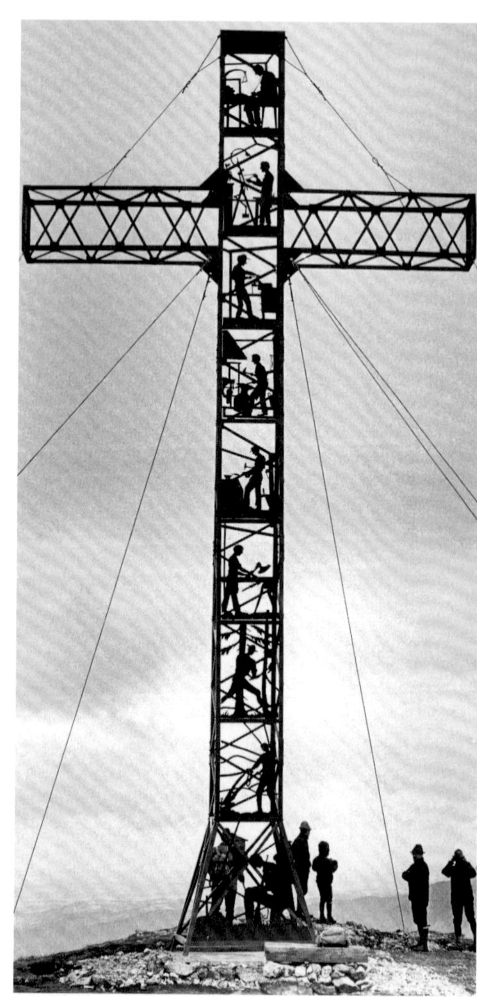

Größtes Gipfelkreuz

14 Meter hoch und das größte Gipfelkreuz der Alpen ist das auf dem 1708 m hohen Brunnkogel im Höllengebirge stehende Kreuz, das am 20. September eingeweiht wird.

ÖVP-Verdun

„Nicht dort angreifen, wo der Gegner am stärksten ist. Diesen Fehler machte das deutsche Heer vor Verdun."

Landesparteisekretär Josef Ratzenböck auf der ÖVP-Klubklausur, 8. Oktober 1970.

Zeugen für Lauriacum

„Berge kreißten und ‚Zeugen für Lauriacum' waren hervorgebracht."

„Der Schirmherr" (Josef Laßl) über den Linzer Kulturfilm „Zeugen für Lauriacum", „Oberösterreichische Nachrichten", 14. 10. 1970.

Holzmodell eines Donauschiffes aus dem Jahr 1724. Schifffahrtsmuseum Grein.

Am 13. Juni wird in Grein das Schifffahrtsmuseum eröffnet.

11.10. Die Laurentiuskirche in Lorch wird zur Basilika erhoben.

16.10. Eröffnung des Freilichtmuseums Pelmberg (Denkmalhof Mittermayer) in Hellmonsödt.

12.11. Ein Großbrand zerstört die Linzer Holzbauwerke Schaffer.

31.12. Wegen des hohen Defizits schließt die Stadt Linz die Volksküche, die seit 1887 Bedürftige mit Essen versorgt hat.

Geburtstag

Gerlinde Kaltenbrunner. Extrem-Bergsteigerin. Geboren 13. 12. 1970 in Kirchdorf an der Krems. → 2003, 2004, 2005, 2006, 2007, 2008, 2009, 2010 und S. 547

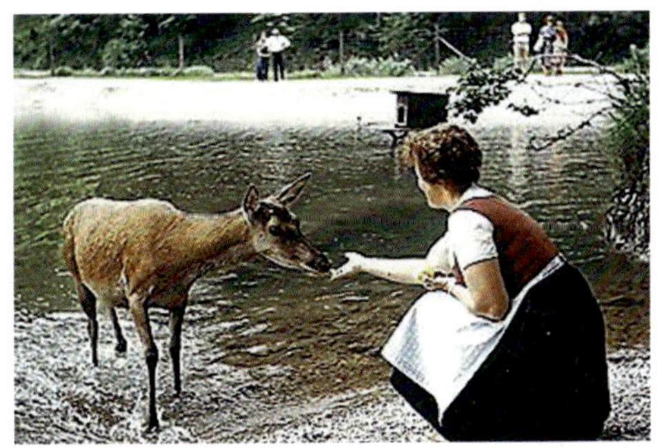

Paradies für Tiere und Besucher

In Grünau im Almtal wird am 5. September der Cumberland-Wildpark eröffnet.

Todestage

Wolfgang Denk. Chirurg. Gestorben 4. 2. 1970 in Wien. (Geboren 21. 3. 1882 in Linz.) Kandidat für die Bundespräsidentenschaft → 1957.

Paul Ikrath. Maler, Kunstpädagoge. Gestorben 13. 3. 1970 in Linz. (Geboren 28. 6. 1888 in Wien.)

Marlen Haushofer (Marie Helene Frauendorfer). Schriftstellerin. Gestorben 21. 3. 1970 in Wien. (Geboren 11. 4. 1920 in Frauenstein.)

Josef Dobretsberger. Christlichsozialer Politiker. Gestorben 23. 5. 1970 in Graz. (Geboren 28. 2. 1903 in Linz.) Sozialminister 1935/36.

Ludwig Bernaschek. Landeshauptmann-Stellvertreter 1945–1969 (SPÖ). Gestorben 31. 5. 1970 in Linz. (Geboren 15. 5. 1899 in Budapest.)

Alois (Ignaz) Schachermair. Abt von Kremsmünster (1929–1970). Gestorben 14. 6. 1970 in Kremsmünster. (Geboren 14. 11. 1877 in St. Marien.)

Heinrich Justus Schmidt. Kunsthistoriker. Gestorben 15. 8. 1970 in Linz. (Geboren 15. 1. 1903 in Wien.)

Franz Linninger. Historiker. Gestorben 12. 9. 1970 in St. Florian. (Geboren 1. 2. 1902 in St. Florian.) Kustos der Stiftssammlungen.

Kurt Ohnsorg. Keramiker. Selbstmord 22. 9. 1970 in Gmunden. (Geboren 25. 12. 1927 in Sigmundsherberg, Niederösterreich.)

Fanny Newald. Malerin. Gestorben 3. 10. 1970 in Linz. (Geboren 10. 1. 1893 in Linz.)

Konrad Meindl. Maler. Gestorben 22. 12. 1970 in Linz. (Geboren 26. 10. 1883 in Wien.) → 1913

Zwei Millionen Tonnen

Die Voest kann mit stolzen Erfolgszahlen aufwarten: Durch Inbetriebnahme eines Sendzimir-Vielwalzen-Kaltwalzgerüstes am 5. Juni 1970 wird die Produktion dünnster Bleche ermöglicht. Im 4-Hochofen-Betrieb wird eine Jahreserzeugung von zwei Millionen Tonnen überschritten.

Erster Krach in der Linzer Hochschule

Oktober. Erstmals kommt es in der Linzer Hochschule zu ernsten Auseinandersetzungen zwischen Professoren und Studenten. Anlass ist der Artikel in einer Studentenzeitschrift, in der geheime Zulagen für einzelne Professoren veröffentlicht und kritisiert werden, worauf dem Verfasser des Artikels in einer Fakultätssitzung die Bestätigung verweigert wird, als wissenschaftliche Hilfskraft angestellt zu werden. Die Studenten drohen mit einem Vorlesungsboykott, die Professoren reagieren mit der Einstellung des Lehrbetriebs. Am 28. Oktober eilt Frau Unterrichtsministerin Hertha Firnberg nach Linz. Die Gebarung des Hochschulfonds wird überprüft, besonders im Hinblick auf die umstrittenen „Aufbauzulagen", bei der Einstellung wissenschaftlicher Hilfskräfte haben nur fachliche Qualifikationen zu gelten. Der Student, dessen Artikel den Krach ausgelöst hat, wird angestellt.

St. Magdalena bei Linz. Aquarell von Franz Glaubacker, 1970. → 1974

Das schönste Dorf

ist eine Mühlviertler Gemeinde: Lasberg holt sich die begehrte Auszeichnung, das schönste Dorf Oberösterreichs zu sein.

Volkskunst- und Brauchtumausstellung im Landesbildungszentrum Schloss Zell an der Pram.

Volksbildung in Oberösterreich

Volksbildung gab es in Oberösterreich schon lange bevor man diesen Begriff kannte: in den Familien, in den Religionsgemeinschaften, in Standes- und Berufsverbänden, Vereinen und Zirkeln. Seit 1872 gibt es in Oberösterreich einen Volksbildungsverein, heute sind in der Arbeitsgemeinschaft Oberösterreichisches Volksbildungswerk rund 700 Volksbildungseinrichtungen erfasst und ein Landesinstitut für Volksbildung und Heimatpflege koordiniert die volksbildnerischen Aufgaben.

Volksbildung ist „organisierte außerschulische, in ihrer Intention auf das ganze Volk bezogene außerberufliche Bildung, getragen von der Idee der Förderung demokratischer Mündigkeit im Sinne einer Teilhabe am kulturellen und geistigen Leben des Volkes, entsprechend ihrer je spezifischen Rolle und Eigenart". Wenn man diese von der Konferenz der Erwachsenenbildung Österreichs abgesegnete Begriffsbestimmung für „Volksbildung" im Gegensatz zum Begriff „Erwachsenenbildung" (über den ersten Bildungsweg hinaus) als Grundlage heranzieht, so wird man feststellen können, dass gerade in Oberösterreich, seit es ein offizielles Volksbildungswesen gibt, die Verbindung von Bildungs- und Kulturarbeit in all ihren weit gestreuten Bereichen im Vordergrund stand.

Volksbildung in diesem Sinne gab es auch in Oberösterreich schon lange. Die alten Gemeinschaftsformen, seien es Familie und Sippe oder verschiedene Standes- und Berufsverbände, vor allem aber kirchlich-religiöse Gemeinschaften, kümmerten sich um die Weiterbildung ihrer Mitglieder. Dabei machte stets die volkskulturelle Komponente einen wesentlichen Bestandteil aus, denken wir nur an die frühen Theatergemeinschaften, nicht nur bei den Jesuiten.

Mit dem Aufstieg des Bürgertums wurden zudem manche früher nur dem Adel vorbehaltenen Bildungsformen übernommen und an die eigenen Bedürfnisse angepasst. So wurde aus dem adeligen Hauskonzert die bürgerliche Hausmusik. Und schon lange vor der Schaffung eines eigenen Vereinsgesetzes (1850) entstanden schöngeistige Zirkel, Dilettantenvereine, Männergesangsvereine, der „Verein des vaterländischen Museums" (1833; Oberösterreichischer Musealverein).

Die vereinsmäßigen Bildungsbestrebungen des aufstrebenden Arbeiterstandes fanden in den Arbeitergesangsvereinen (bereits 1880 Zusammenschluss zum Arbeitersängerbund) und in Arbeiterbildungsvereinen (1867 Hallstatt, 1868 Linz und Wels, 1869 Steyr) ihren besonderen Ausdruck.

Georg Wieninger (1859–1925), ein Pionier des landwirtschaftlichen Schulwesens und der Erwachsenenbildung im ländlichen Raum.

Volksbildungsverein

Von besonderer Bedeutung war die 1872 erfolgte Gründung des Oberösterreichischen Volksbildungsvereines. Er errichtete ein Netz von Zweigstellen und Büchereien im ganzen Land, entwickelte ein reges Vortragswesen sowie Fortbildungskurse und gab ab 1886 eine eigene Zeitschrift „Der Volksbote" heraus: 1914 zählte dieser Verein 6766 Mitglieder in fünfzig Ortsgruppen, hundert Büchereien hatten insgesamt 37.000 Bände.

Der Pionier der bäuerlichen Volksbildung in Oberösterreich ist Georg Wieninger (1859–1925), der 1890 in Otterbach bei Schärding eine „Bauernhochschule" nach dänischem Vorbild gründete.

Landesbildungszentrum Schloss Zell an der Pram.

Eine neue Situation war nach dem Ersten Weltkrieg entstanden, und zwar durch das sogenannte „Glöckel-Regulativ", benannt nach dem damaligen Leiter des Unterrichtsamtes Otto Glöckel (1874–1935). Mit Erlass vom 30. Juli 1919 wurden „Landesreferenten für das Volksbildungswesen" geschaffen. Für Oberösterreich wurden 1920 Wilhelm Gärtner (1885–1952) aus Ried im Innkreis und Adalbert Depiny (1883–1941) aus Linz dazu bestellt. Seit 1924 führte Depiny dieses Amt allein. Beide Persönlichkeiten waren nicht nur maßgeblich am Aufbau des Volksbildungswesens beteiligt, sondern darüber hinaus bedeutende Heimatforscher und Volkskulturpfleger. Depiny begründete in wirtschaftlich und ideell äußerst schwieriger Zeit, nämlich 1919, die landes- und volkskundliche Zeitschrift „Heimatgaue", die in dem 1947, also wiederum in einer Aufbauphase, von Franz Pfeffer (1901 bis 1966) begonnenen Periodikum „Oberösterreichische Heimatblätter" ihre Fortsetzung findet.

Am 14. März 1938 wurde das Volksbildungsreferat aufgelöst. Im gleichen Jahr wurde der Braunauer Arzt Eduard Kriechbaum (1887–1958) mit den ehrenamtlichen Funktionen „Gauheimatpfleger von Oberdonau" und „Referent für das ländliche Volksbildungswesen" betraut. Von 1938 bis 1943 fungierte er auch als Schriftleiter der Zeitschrift „Der Heimatgau".

Neben dieser staatlichen Einrichtung der Volksbildung wurde über maßgebliche Initiative Wilhelm Gärtners 1918/19 der „Landesverband zur Förderung der Volksbildung in Oberösterreich" gegründet, der die bereits bestehenden 59 Vereinigungen mit volksbildnerischen Zielsetzungen zusammenführen sollte, was allerdings nur sehr bedingt gelungen ist und zu einer baldigen Auflösung führte. Unter wesentlich anderen Voraussetzungen war es nach dem Zweiten Weltkrieg möglich, viele der ursprünglichen Ideen Gärtners bei der Gründung des „Oberösterreichischen Volksbildungswerkes" zu verwirklichen.

Das Volksbildungswerk

Diese von Anfang an als freie Arbeitsgemeinschaft konzipierte Organisation wurde von der oberösterreichischen Landesregierung in ihrer Sitzung vom 30. Juni 1947 beschlossen, und zwar zur Aktivierung und wirksamen Zusammenfassung und Unterstützung aller volksbildnerischen Kräfte und Bestrebungen im Lande. Als Grundsätze wurden die Erziehung zu demokratischer Gemeinschaft, einem österreichischen Staats- und Kulturbewusstsein und zum aktiven Miterleben der Kultur sowie die Hebung der Lebens- und Berufstüchtigkeit ge-

Das ganze Jahr über werden im Stift Reichersberg Seminare und Fortbildungskurse abgehalten, aber auch der Freizeitgestaltung dienende Programme sowie Ausstellungen, Exerzitien und Einkehrtage. (Stiftshof mit Blick zur Kirche.)

nannt. Die feierliche Promulgation des Oberösterreichischen Volksbildungswerkes fand am 19. November 1947 als Abschluss einer vom damaligen Bundesstaatlichen Volksbildungsreferenten für Oberösterreich, Hans Commenda (1889–1971), durchgeführten Volksbildnertagung statt. Als Leiter wurde Aldemar Schiffkorn (1915–1987) nominiert, der dann auch die Geschicke dieser Arbeitsgemeinschaft nach zäher Aufbauarbeit bis Ende 1980 lenkte.
Im Gegensatz zu Volksbildungswerken anderer Bundesländer waren von Beginn an die Katholischen Bildungswerke und die Volkshochschulen, später auch die Evangelischen Bildungswerke, die Bildungshäuser (Puchberg, St. Magdalena, Betriebsseminar Linz), die Oberösterreichische Volkswirtschaftliche Gesellschaft sowie das Bildungsreferat des Gewerkschaftsbundes integriert. Musikschulgründungen gingen vom Oberösterreichischen Volksbildungswerk aus, desgleichen die Zusammenschlüsse verschiedener volkskultureller Einrichtungen, womit die Tradition von Volksbildung und Volkskulturarbeit entsprechend weitergeführt wurde und sich bis zum heutigen Tage bestens bewährt hat.

Gründung eines Landesinstituts

Auch nach außen hin dokumentiert sich diese Verbindung in dem mit Wirkung vom 1. Jänner 1955 gegründeten Landesinstitut für Volksbildung und Heimatpflege, das als Geschäftsstelle für das Oberösterreichische Volksbildungswerk fungiert. Leiter dieses Instituts wurde ebenfalls Aldemar Schiffkorn. Mit gleichem Datum erhielt er auch die Funktion eines Bundesstaatlichen Volksbildungsreferenten als Nachfolger Hans Commendas, der 1945 diese in der NS-Zeit unbesetzt gebliebene Stelle übernommen hatte. Damit verbunden war auch die Betreuung der Volksbüchereien im Lande, für die es von 1938 bis 1945 eine eigene „Reichsbüchereistelle Oberdonau", geleitet von August Zöhrer (1888–1971), gegeben hatte. Seit 1973, und zwar in Zusammenhang mit dem Bundesgesetz über die Förderung der Erwachsenenbildung und des Volksbüchereiwesens vom 21. März 1973, werden diese der zuständigen Abteilung des Bundesministeriums für Unterricht, Kunst und Sport nachgeordneten Dienststellen „Förderungsstellen des Bundes für Erwachsenenbildung" genannt. Dieser Abteilung untersteht auch das 1956 gegründete „Bundesinstitut für Erwachsenenbildung" in St. Wolfgang, das vor allem als Bildungshaus der Aus- und Weiterbildung von Mitarbeitern aus allen Bereichen der Erwachsenenbildung und des Volksbüchereiwesens dient.

Adalbert Depiny (1883–1941), eine der großen Persönlichkeiten des oberösterreichischen Volksbildungswesens.

Die Aufgaben des Landesinstituts für Volksbildung und Heimatpflege, das seinen Sitz seit 1975 im Landeskulturzentrum Ursulinenhof hat, nahmen immer mehr zu. So wurden ihm zum Beispiel mit der Auflösung des „Instituts für Landeskunde für Oberösterreich" (1971) verschiedene Agenden dieser Institution übertragen und damit die seinerzeit von Adalbert Depiny so erfolgreich begonnene Verbindung von Volksbildung und Heimatforschung intensiviert.

Der Volksbildner Hans Commenda (1889–1971).

700 Volksbildungseinrichtungen

Derzeit sind der Arbeitsgemeinschaft „Oberösterreichisches Volksbildungswerk" rund 700 Volksbildungseinrichtungen im weitesten Sinne des Wortes angegliedert, für die allerdings zum Teil eigene Zentralstellen für Organisation und Mitarbeiterausbildung geschaffen wurden. Die Entwicklung bedarfsgerechter neuer Bildungskonzepte und Bildungsformen ist zu erwähnen, so zum Beispiel die „Bildungszentren des Oberösterreichischen Volksbildungswerkes" in den Stiften Reichersberg (seit 1969), Schlierbach (1975) und Schlägl (1975–84), im Landesbildungszentrum Schloss Zell an der Pram (1978) und in Kefermarkt (1985). Die Beratung, Förderung und Betreuung aller Bestrebungen auf dem Gebiet der Volksbildung und Heimatpflege, die Mitarbeit in verschiedenen Dachverbänden auf Bundesebene und ähnliches sind immer neue Herausforderungen, wobei das Motto „Inmitten der Mensch" Leitbild und Leitfaden für die Bildungsvermittlung als Form der Lebenshilfe sein soll.

Berufsbildung

Enorme Leistungen wurden und werden auch auf dem Gebiet der Berufsbildung erbracht. Hier sind insbesondere die von den Kammern eingerichteten Institutionen für die berufliche Aus- und Weiterbildung zu nennen: Berufsförderungsinstitut, Ländliches Fortbildungsinstitut und Wirtschaftsförderungsinstitut. Sowohl diese beruflichen als auch die allgemeinen Einrichtungen sind in freier Kooperation in der „Oberösterreichischen Konferenz der Erwachsenenbildung" zusammengeschlossen.
Abschließend sei Aldemar Schiffkorn (1915 bis 1987) zitiert: „Welche Entwicklung unsere Gesellschaft im postindustriellen Zeitalter nehmen wird, ist nicht abzusehen. Energiekrisen, Umweltverschmutzung, atomare Bedrohung, die Not in der Dritten Welt wie das Bangen um wirtschaftliche Prosperität und sichere Arbeitsplätze sind auch für die Erwachsenenbildung eine Herausforderung. Die Praxis konfrontiert uns zudem noch mit den Problemen des Konsumzwanges und Leistungsdruckes, der Lebensangst, des Alkoholismus, des Drogenmissbrauchs und schließlich mit einer zunehmenden Kriminalität. Angesichts dieser Perspektiven wären Mutlosigkeit und Pessimismus ebenso fehl am Platze wie ein blinder Bildungsoptimismus. Der Erwachsenenbildung wird aber das Wagnis nicht erspart bleiben, die Dinge offen beim Namen zu nennen, wenn es um den Menschen, seine Existenz, seine Rechte und seine Würde geht."

Dietmar Assmann

„Provinz“

„Provinz heißt nicht mehr wie im 19. Jahrhundert Einsamkeit und Untergang, sondern Eigenheit und Prägung, die sich zu behaupten wissen.“

Josef Laßl (1915–1977) in „Literarisches Oberösterreich“, Stifter-Institut Linz, 1971.

Der Weg der Mitte

„Ich werde mich immer bemühen, den Weg der Mitte einzuschlagen, keine statische, sondern eine dynamische Mitte: Dem Bewährten verbunden, aber in die Zukunft ausschreitend.“

Erwin Wenzl bei seiner Antrittsrede als neuer Landeshauptmann, 3. 5. 1971.

Kalender

7.1. Die Donau friert an vielen Stellen zu. Der Schiffsverkehr zwischen Jochenstein und Aschach muss eingestellt werden.

28.3. Gertrude Gebert aus Steyrling ist Doppel-Weltmeisterin im Skibob.

16.4. Der schwedische Ministerpräsident Olaf Palme (1927–1986) besucht die Voest.

Uraufführung im Linzer Landestheater: „Spuk“ von Friedrich Ch. Zauner.

21.4. Neben dem heiligen Florian werden auch seine Gefährten (Märtyrer von Lorch) zu Hauptpatronen der Diözese Linz erhoben. → S. 60/61

25.4. Bundespräsidentenwahlen. Die Ergebnisse in Oberösterreich: 361.932 Stimmen für Kurt Waldheim (VP), 378.136 Stimmen für Franz Jonas (SP), Amtszeit Jonas: 1965–1974.

29.4. In Linz wird das Fernheizwerk der ESG eröffnet.

3.5. Landeshauptmann Gleißner (1893–1984, Landeshauptmann seit 1934) tritt zurück. Neuer Landeshauptmann: Erwin Wenzl. →

16.5. Der Welser Adi Übleis wird in Philadelphia Weltmeister der Profi-Traber.

12.6. Roman Humenberger gewinnt als erster Oberösterreicher die Österreich-Radrundfahrt.

20.6. Die Steyrer Kurt Preßlmayr und Hans Schlecht werden gemeinsam mit dem Klagenfurter Norbert Sattler in Meran Weltmeister im Kajak-Einer-Teambewerb. Im Kajak-Einer erringt Kurt Preßlmayr die Silbermedaille.

30.6. Der ungarische Staatspräsident Ferencz Losonczi besucht die Voest.

1.7. Die Motorbootsperre auf allen oberösterreichischen Seen vom 1. Juli bis 31. August tritt erstmals in Kraft.

25.8. Die Rieder Fernstraße zwischen Wels und Ried ist durchgehend befahrbar.

29.8. Günther Pfaff (Steyr) und Gerhard Seibold (Wien) erringen bei der Kanu-Weltmeisterschaft am Save-See bei Belgrad die Silbermedaille.

1.9. Umbenennung der Philosophisch-theologischen Diözesanlehranstalt in „Philosophisch-theologische Hochschule der Diözese Linz“.

22.9. Das belgische Königspaar, Baudouin I. und Fabiola, besucht die Voest.

23.9. Eröffnung des Neubaues der OÖ. Landes-Hypothekenanstalt in Linz, Ecke Landstraße und Rudigierstraße.

10.10. Nationalratswahlen. Ergebnisse in Oberösterreich: 343.226 VP, 319.627 SP, 46.536 FP, 5914 KP.

17.10. Weihe der Leopoldskirche Linz-Auberg. (Architekt: Gottfried Nobl, Inneneinrichtung: Rudolf Kolbitsch.)

7.11. Weihe der Pfarrkirche Heiliger Geist in Linz-Auhof. (Architekten: Franz Treml und Erich Scheichl.)

21.12. Der Autobahnknoten Linz-Süd wird für den Verkehr freigegeben.

Notruf der Wälder

20. Jänner. Die Ergebnisse von Untersuchungen der forstlichen Bundesversuchsanstalt werden bekannt: Von den rund 30.000 Hektar Waldflächen, die in Österreich durch Luftverunreinigung geschädigt sind, entfällt der größte Anteil auf Oberösterreich. Die Zentren: Linz, Lenzing und Ranshofen.

Geburtstage

Christoph Sieber. Olympiasieger und Sportler des Jahres → 2000 (Windsurfer). Geboren 9. 1. 1971 in Wels.

Arnold Reinthaler. Bildhauer. Geboren 22. 2. 1971 in Wels.

Ursula Inzinger. Sportlerin des Jahres 1997, 2001 und 2004 (Karate). Geboren 14. 4. 1971 in Steyr.

Astrid Ahammer. Sportlerin des Jahres 1987. (Sportgymnastik). Geboren 5. 5. 1971 in Linz.

Todestage

Lothar Rendulic. Generaloberst (1945). Gestorben 18. 1. 1971 in Eferding. 1948 von einem amerikanischen Militärgericht zu 25 Jahren Gefängnis verurteilt, 1951 freigelassen. (Geboren 23. 11. 1887 in Wiener Neustadt.) → S. 359, 360

Hans Commenda. Volkskundler. Gestorben 25. 1. 1971 in Linz. (Geb. 5. 2. 1889 in Linz.) → S. 418

Johannes Hollnsteiner. Historiker. Gestorben 1. 2. 1971 in Linz. (Geboren 14. 3. 1895 in Linz.)

Max Bauböck. Historiker. Gestorben 22. 2. 1971 in Ried im Innkreis. (Geb. 9. 7. 1897 in Ried.)

Hubert Salvator. Erzherzog. Sohn von Erzherzog Franz Salvator (1866–1939) und der Tochter von Kaiser Franz Joseph, Marie Valerie (1868–1924). Gestorben 24. 3. 1971 in Schloss Persenbeug. (Geb. 30. 4. 1894 in Schloss Lichtenegg bei Wels.)

Herbert Lange. Schriftsteller und Kulturkritiker. Gestorben 19. 5. 1971 in Schärding. (Geboren 9. 8. 1908 in Dresden.)

Hugo Plachetta. Komponist, Tierarzt. Gestorben 21. 6. 1971 in Linz. (Geboren 16. 11. 1892 in Olmütz.) Vater des Filmschauspielers Gunther Philipp (1918–2003).

Die Malerin Margret Bilger.

Landeshauptmann Erwin Wenzl

Mit Erwin Wenzl tritt ein Mann an die Spitze des Landes, der seit 16 Jahren dem Landtag und der Landesregierung angehört und der vor allem als Referent für Straßen- und Bauwesen bekannt wurde. Er ist sechs Jahre Landeshauptmann (bis 3. 10. 1977) und wird als „Schrittmacher einer sicheren Zukunft“ (so ein ÖVP-Plakat) bezeichnet. Sein Lebensweg: Geboren 2. August 1921 in Annaberg (NÖ). 1929 übersiedelten seine Eltern nach Wolfsegg. Nach dem Krieg (Dienstgrad: Obergefreiter) beendete Wenzl sein Rechtsstudium, 1947 trat er als Sekretär beim Raiffeisenverband ein, 1952 wurde er Landesparteisekretär der ÖVP Oberösterreichs, 1955 Landesrat. Nach seinem Rücktritt als Landeshauptmann wurde Wenzl Generaldirektor der Oberösterreichischen Kraftwerke AG. Gestorben 17. 10. 2005 in Linz. (Ölgemälde von Otto Götzinger, 1981.)

Margret Bilger. Malerin, Grafikerin und Glaskünstlerin. Gestorben 24. 7. 1971 in Schärding. (Geboren 12. 8. 1904 in Graz.) → 1956

Franz Kronberger. Bildschnitzer. Gest. 4. 8. 1971 in Vöcklabruck. (Geb. 7. 9. 1884 in Uttendorf.)

Eva Brantner. (Künstlername Eva Sandor.) Schauspielerin. Gestorben 5. 8. 1971 in Steyr. (Geboren 15. 1. 1897 in Posen.)

Franz Poetsch. Maler. Gestorben 20. 8. 1971 in Puchenau bei Linz. (Geboren 28. 10. 1912 in Artholz bei Neubistritz.)

Johann Arndt. Architekt. Gestorben 28. 8. 1971 in Linz. (Geboren 23. 8. 1904 in Sulz-Laufenegg, Steiermark.)

Julius Zerzer. Schriftsteller. Gest. 29. 10. 1971 in Linz. (Geb. 5. 1. 1889 in Mureck, Steiermark.)

Andreas Markus. Schriftsteller. Gestorben 23. 12. 1971 in Linz. (Geboren 25. 9. 1884 in Linz.)

Da Rudnkirta

Am Faschingsdiensta roast an iads,
Was nua a wengal kann,
Auf Sierng, und schaut söh nachad dort
Ön Rudnkirta an.

Der in Losenstein geborene Heimatdichter Franz Xaver Blasl (1890–1971) über den Rudenkirtag in Sierning.

Urteil über Kepler

„In der Geschichte der Wissenschaften gibt es keinen Menschen, der so bestimmend für sein Gebiet war wie Johannes Kepler."

Alexander Michailow, führender sowjetischer Astronom, am 12. August 1971 in Linz.

Seelsorgezentrum Steyr-Ennsleite *Wenn von Steyr die Rede ist, denkt man an Gotik und Renaissance, an Barock und Rokoko. In der alten Eisenstadt entstehen aber auch in unserer Zeit bemerkenswerte, wenn auch nicht unumstrittene Bauten. Im Seelsorgezentrum Steyr-Ennsleite sehen manche ein Symbol der Erneuerungsbestrebungen der Kirche, der Tendenz der Entsakralisierung, Entmythologisierung und Entsymbolisierung von Kultbauten. (Architekten: Wilhelm Holzbauer, Friedrich Kurrent, Johannes Spalt, Johann Georg Gsteu.) Erbaut 1958/61, 1970/71.*

Nebelchaos auf der Autobahn

23. Jänner. Der größte Verkehrsunfall in der Autobahngeschichte Österreichs ereignet sich auf der Westautobahn im Stadtgebiet von Linz: Am Wachtberg bei Ebelsberg rast auf der Salzburger Richtungsfahrbahn ein Reisebus im dichten Neben in den Anhänger eines Lastwagens. Innerhalb weniger Minuten herrscht ein Chaos, Auffahrunfälle verstopfen die Fahrbahnen. Drei Todesopfer sind zu beklagen.

Der Linzer Hauptplatz im Zeichen des 7. Bundesturnfestes, zu dem am 17. und 18. Juli 14.000 Teilnehmer in die oberösterreichische Landeshauptstadt kommen.

Die Längsten und die Kürzesten

Den Rekord als Landeshauptmann hält Heinrich Gleißner, der insgesamt 30 Jahre (1934–1938, 1945–1971) an der Spitze des Landes Oberösterreich stand. Der Landeshauptmann mit der kürzesten Amtszeit (September bis Dezember 1871) ist Julius Graf von Falkenhayn. In Linz hat es Josef Bischoff auf eine 27-jährige Tätigkeit als Bürgermeister gebracht (1821–1848). Nur drei Tage (21.–23. 3. 1854) war Josef Heinrich Jungwirth als provisorischer Gemeindevorstand das Stadtoberhaupt von Linz.

Oberösterreich hat 1,229.972 Einwohner

12. Mai. Die Volkszählung ergibt für Oberösterreich 1,229.972 Einwohner, um 98.349 mehr als 1961. (Einschließlich der nur vorübergehend anwesenden, also nicht zur Wohnbevölkerung gezählten ausländischen Arbeitskräfte, deren Ehepartner oder Kinder im Heimatland verblieben sind.) Linz hat 202.874, Wels 47.279 und Steyr 40.822 Einwohner.

Alma mater Kepleriana

13. August. Die Linzer Hochschule erhält den Namen „Alma mater Kepleriana", ein Denkmal für Johannes Kepler von Helmut Gsöllpointner wird enthüllt, am gleichen Tag beginnt unter internationaler Beteiligung ein Kepler-Symposion.

„Florianer Stube", auch „Hohe Stube" genannt, im Linzer Schlossmuseum. Originalgetreu übertragen aus einem Bauernhaus in Hargelsberg. Um 1785.

Arbeiten in der Linzer Martinskirche.

Vom Wiederaufbau zur Dorferneuerung

Die Kulturchronik der „Amtlichen Linzer Zeitung" vom 9. Mai 1947 berichtet, dass mit 3. Februar 1947 das Linzer Landestheater wegen Erschöpfung der Kohlevorräte den Betrieb auf acht Tage eingestellt habe. Der „Oberösterreichische Kulturbericht" bringt in seiner Folge vom 2. Mai 1947 eine Meldung über Instandsetzungsarbeiten an der „schon längst" erneuerungsbedürftigen Martinskirche auf dem Römerberg in Linz und den wissenschaftlichen Untersuchungen dieses Baudenkmals.

„Bevor wir zum Wiederaufbau schreiten können, muß der Schutt weggeräumt werden, sowohl im wörtlichen als auch im übertragenen Sinn", skizzierte 1947 der Präsident des Bundesdenkmalamtes, Otto Demus, die Situation des Neubeginns. „Die Aufgaben der österreichischen Denkmalpflege sind heute im wesentlichen durch das furchtbare Erbe des Krieges und der nationalsozialistischen Herrschaft bestimmt." In Oberösterreich setzte eine Privatinitiative die ersten Akzente. Bereits im Oktober 1947 wurde der „Verein Denkmalpflege in Oberösterreich" gegründet. In seinem ersten Mitteilungsblatt (Juli/August 1947) werden die Sorgen ausgedrückt: „Aber es gibt ein Wort, das uns alle mit Sorge erfüllt, ein Wort, das nicht eine Aufgabe umreißt, sondern die Gefahren: zu spät! Darüber zu klagen, was uns der Krieg genommen, ist sinnlos; was er uns belassen, das müssen wir doppelt heilig halten und hüten. Daß wir nicht im Frieden aus Kleinmut beim Rettungswerk mehr verlieren, als uns die Bomben zerstörten, darum geht es jetzt!"
So ging es der Denkmalpflege in diesen ersten Jahren darum, rechtzeitig die Materialquellen wieder zu öffnen, rechtzeitig und ausreichend Geldmittel und Arbeitskräfte zur Verfügung zu haben.

Heimatgefühl ist die Triebfeder

Landeshauptmann Gleißner (1893–1984) hatte vom Anbeginn den Ehrenschutz über den Verein Denkmalpflege übernommen, wobei ihm wichtigstes Anliegen war, diese Aufgabe auf eine möglichst breite Basis zu stellen. Obwohl Denkmalpflege in der Kompetenz des Bundes lag, bekannte er 1956: „Jedes Kunstwerk besitzt über den allgemeinen Wert hinausgehend seine lokale Bedeutung, Verbundenheit und Gebundenheit. Es ist ein Teil der Atmosphäre des Landes, es ist sichtbares Zeugnis seiner Geschichte. Aus dieser Erkenntnis erwächst die ernste Verpflichtung zur Erhaltung des heimischen Kunstbestandes. Gesetze und Verordnungen allein können auf diesem Sektor des öffentlichen Lebens nicht helfen und nützen. Das kulturelle Heimatgefühl ist die stärkste Triebfeder der Denkmalpflege, ist ihr innerer Motor."

Die Landesausstellungen

Die Denkmalpflege ist auch in Oberösterreich aus dem engen Kreis elitärer wissenschaftlicher Betätigung herausgetreten und verknüpft worden mit den Problemen der Identität und des lebendigen Geschichtsbewusstseins. Als Beispiel sei auf die Landesausstellungen hingewiesen.
Bei allen diesen kulturpolitischen Aktionen stand immer die Denkmalpflege an der Wiege des Vorhabens. War es in St. Florian die Sanierung des Marmorsaales des Augustiner-Chorherrenstiftes (1965), so ist in Steyr 1984 mit der Restaurierung eines Industriedenkmales ein Beispiel gelungen, wie man mit musealer Funktion neue Möglichkeiten der Wiedernutzbarmachung finden kann. In Oberösterreich wurden in diesem Bereich Zeichen von überregionaler Bedeutung gesetzt.
Das Linzer Schloss, seit Generationen zur „Schlosskaserne" herabgemindert, dient seit 1965 dem Oberösterreichischen Landesmuseum als repräsentatives Ausstellungsgebäude. Das Klostergebäude der Ursulinen in Linz wurde vom Land Oberösterreich angekauft, zu einem Kulturzentrum umfunktioniert und Kunstvereinen und wissenschaftlichen Einrichtungen zur Verfügung gestellt. Schloss Zell an der Pram ist heute ein attraktives Landesbildungszentrum, im Schloss Weinberg bei Kefermarkt werden Musiklehrer, Umweltschützer und Erwachsenenbildner einziehen.

Historische Ortsbilder

Die Novellierung des Denkmalschutzgesetzes 1978 setzt mit dem Bezug auf die Bedeutung und Dringlichkeit der Erhaltung von Denkmalgruppen, von historischen Stadtvierteln und Ortsbildern neue Akzente. In der Parteistellung des jeweiligen Bürgermeisters und des Landeshauptmannes bei Unterschutzstellungsverfahren wird das öffentliche Interesse dokumentiert. Besondere Bedeutung kommt in diesem Zusammenhang der Erhaltung unserer historischen Stadtkerne zu, deren größte Veränderung mit dem wirtschaftlichen Aufschwung nach dem Zweiten Weltkrieg begonnen hat. Dienstleistungsbetriebe füllen heute die Zentren einer Stadt aus und verdrängten die Wohnungen in die Randgebiete, wodurch die Wohnnutzung im inneren Stadt-

Ein Saal im Schloss Weinberg bei Kefermarkt.

Die Weinberger Schlossapotheke, heute im Schlossmuseum Linz zu sehen.

bereich ökonomisch unrentabel wurde. Es zerbrach dadurch die durch Jahrhunderte geltende Regel des Nebeneinander von Arbeit und Wohnen.
Neu ist das allmähliche Erwachen des öffentlichen Bewusstseins. Der Bürger will wieder an den Entscheidungen in seiner Umgebung teilhaben. Er wendet sich gegen großräumige Stadtplanung, in der auf das typische Bild, die lokalen Eigenheiten und die Bedürfnisse des Einzelnen wenig Rücksicht genommen wird.
Im Gegensatz zur Denkmalpflege im ursprünglichen Sinn liegt der Schwerpunkt der Ortsbildpflege darin, keineswegs in die Augen springende Formen, die in ihrer Zusammenschau aber den Ort unverwechselbar prägen, zu erhalten. Es handelt sich um die bescheidene, aber keineswegs wertlose Formenwelt der ländlichen „anonymen" Architektur. Sie findet erst dann Beachtung, wenn sie missachtet und zerstört wird. Auch den Denkmälern im bäuerlichen Bereich wurde in den vergangenen Jahren erhöhte Aufmerksamkeit zugewendet. Angesichts des Strukturwandels, der sich in der Landwirtschaft vollzieht und unvermeidbar den Untergang vieler Bauwerke mit sich bringt, kommt in Zukunft diesen Bemühungen besondere Bedeutung zu. Die sozialen und wirtschaftlichen Veränderungen der letzten Jahrzehnte haben in unseren Dörfern zu einer Vermischung und zu einer Angleichung von städtischen und ländlichen Lebensformen geführt.

Der Lebensraum Dorf

Die Veränderung dieser Dörfer betraf daher nicht nur die „gebaute Umwelt", sondern vor allem auch die Lebensweise der Dorfbewohner. Der „Lebensraum Dorf" ist heute geprägt von der Abwanderung der Bevölkerung aus den Siedlungskernen und der Zersiedlung der Umgebung. Verfälschtes, dem Fremdenverkehr angepasstes Volkstum und die immer enger werdende Verflechtung mit den industriellen Ballungszentren tragen ebenfalls zu einer Gefährdung bei. Um das unverwechselbare Gepräge unserer Kulturlandschaft auch für die Zukunft zu sichern, ist die Dorferneuerung nicht nur zu einem Schlagwort unserer Tage geworden, sondern zu einem zentralen Thema des Europarates in Straßburg.
Es ist zu hoffen, dass diese Bemühungen in einer gemeinsamen Leistung und zu einem gemeinsamen Ergebnis führen werden, denn Denkmalpflege ist heute keine romantisierende wissenschaftliche Disziplin mehr, sondern in ihrer Einbindung in soziologische Dimensionen ein Baustein zur Bewältigung unserer Zukunft.

Manfred Mohr

Festsaal im Schloss Zell an der Pram, heute ein Landesbildungszentrum.

Die Sanierung des Linzer Schlosses kann 1959 abgeschlossen werden.

Tödlich verunglückt: der Maler Egon Hofmann.

Ein schneller Tod

„Es war immer Egon Hofmanns Wunsch gewesen, einen schnellen Tod, der den ganzen, sich seiner selbst voll bewussten Mann trifft, zu finden. Im Dunkel der Nacht ist dies nun erfüllt worden, fast wie bei einer ritterlichen Begegnung mit einem unüberwindlichen, undurchschaubaren Gegenüber."

Peter Kraft, „Oberösterreichische Nachrichten", 2. 12. 1972.

1972

Kalender

1.1. Die LIVA (Linzer Veranstaltungsgesellschaft) nimmt offiziell die Tätigkeit auf.

25.1. Oberösterreich ist im neuen Bundesrat mit neun Abgeordneten vertreten (bisher acht), nachdem der Ministerrat aufgrund der Volkszählungsergebnisse die Erhöhung der Mitglieder von 54 auf 58 beschlossen hat. (Wien 12, Niederösterreich 11, Steiermark 9, Kärnten 4, Burgenland 3, Salzburg 3, Tirol 4, Vorarlberg 3.)

26.2. Die einzige österreichische Goldmedaillengewinnerin der Olympischen Winterspiele von Sapporo, die Eiskunstläuferin Trixi Schuba, ist in Oberösterreich, wo ihr ein begeisterter Empfang bereitet wird. →

4./5.3. Marianne Gschwendtner und die Brüder Franz und Alois Fischbauer, alle aus Natternbach, werden Europameister im Skibobfahren.

10.3. Als erster Hörer wird der Schwanenstädter Peter Apathy an der Linzer Hochschule „sub auspiciis praesidentis" zum Doktor der Rechte promoviert.

14.3. Die Gebietskrankenkasse veröffentlicht alarmierende Zahlen über die Zunahme der Erkrankungen der Atemwege, vor allem bei der Bevölkerung von Linz.

16.4. Ein Erdbeben der Stärke 6 (nach der zwölfteiligen Mercalli-Skala) mit Zentrum Semmering richtet auch in Oberösterreich Schäden an.

6.5. Eröffnung des Zivilflughafens Wels.

17.5. Spatenstich für die beiden 20stöckigen Wohnhochhäuser am Harter Plateau (Leonding). Gesprengt → 13. 4. 2003

30.5. In Linz wird die erste Selbstbedienungs-Tankstelle Oberösterreichs eröffnet.

3./4.6. Die beiden Linzerinnen Gertrude Leibetseder und Eva Gruber werden im Damen-Doppelbewerb Weltmeisterinnen im Sportkegeln.

Die Kegel-Weltmeisterinnen Gertrude Leibetseder und Eva Gruber.

20.6. Die „Große Stahllösung" bringt die Verschmelzung von Voest und Alpine per 1. Jänner 1973.

6.7. Die tausend Jahre alte Eiche in Klam wird bei einem Unwetter gefällt. Der Rest des Stammes wird zu einer Marienkapelle umgestaltet.

15.7. Die Obuslinie Hessenplatz–St. Martin wird als erste mit Fahrscheinautomaten ausgestattet.

17.7. Die Landesregierung beschließt den Kauf des Linzer Ursulinenhofs, der zu einem Kulturzentrum ausgestaltet wird.

19./20.8. Der Wahloberösterreicher Dieter Schulze wird in Wilhering Motorboot-Europameister in der Klasse OB.

26.8. Bei der Eröffnung der Olympischen Spiele in München trägt Hubert Raudaschl aus St. Wolfgang die österreichische Fahne.

29.8. Fürst Rainier von Monaco und seine Frau Gracia Patricia (die frühere Hollywood-Schauspielerin Grace Kelly, 1929–1982) besuchen mit ihren Kindern Wels und das Stift Lambach.

31.8. Die Wiener Eisrevue stellt in der Schlosshalle Linz-Ebelsberg ihr neues Programm „Eiskarussel" vor und geht damit anschließend auf Welttournee.

August. Im Ostturm der ehemaligen Ennser Bürgerspitalskirche werden frühgotische Wandmalereien aus dem 13. Jahrhundert freigelegt.

3.11. Erste Promotion an der technisch-naturwissenschaftlichen Fakultät der Linzer Hochschule.

22.11. Die UNESCO verleiht ihren höchsten Preis, den Wissenschaftspreis, jenen neun österreichischen Wissenschaftern und Technikern, die maßgeblich an der Entwicklung des LD-Blasstahl-Verfahrens beteiligt waren.

28.11. Eröffnung des Neubaues der HTL (Höheren Technischen Bundeslehranstalt) II in Linz (Paul-Hahn-Straße).

Eröffnung des Neubaues des Oberösterreichischen Landesarchivs (Anzengruberstraße).

Die Umfahrung von Bad Ischl wird für den Verkehr freigegeben.

16.12. Die zweite Linzer Donau-Straßenbrücke (Autobahnbrücke, Voest-Brücke) wird dem Verkehr übergeben.

21.12. Die Solo-Industrie Linz löst sich auf.

24.12. Die Christmette in der Kirche von Christkindl wird via Eurovision in alle Welt übertragen.

Geburtstag

Andreas Goldberger. Skispringer. Sportler des Jahres 1992, 1993, 1994 und 1995 Geboren 29. 1. 1972 in Waldzell. → 1993, 1994, 1995, 1996, 1997, 2000, 2001, 2006

Todestage

Arnold Hartig. Medailleur und Bildhauer. Gestorben 2. 2. 1972 in Wien. (Geboren 12. 8. 1878 in Brand, Böhmen.) Das Ennser Museum besitzt seinen Nachlass.

Rudi Gfaller. Operettenkomponist. Gestorben 11. 2. 1972 in Bad Ischl. (Geboren 10. 11. 1882 in Wien.)

Karl Lugmayer. Politiker und Volksbildner. Gestorben 16. 4. 1972 in Wien. (Geboren 25. 2. 1892 in Ebensee.)

Otto Kranzlmayr. Richter, Staatsanwalt, Politiker (VP). Staatssekretär (1961–1963). Gestorben 4. 5. 1972 in Ried im Innkreis. (Geboren 17. 11. 1911 in Linz.)

Emanuel Scherbaum. Mundartdichter und Volksliedkomponist. Gestorben 7. 8. 1972 in Neufelden. (Geboren 27. 3. 1897 in Neufelden.)

Franz Xaver Weidinger. Maler. Gestorben 15. 10. 1972 in Bad Ischl. (Geboren 17. 6. 1890 in Ried im Innkreis.)

Hanns Wallner. Scherenschnittkünstler. Gestorben 11. 11. 1972 in Linz. (Geboren 7. 12. 1890 in Linz.)

Theodor Mayer. Verfassungs- und Landeshistoriker. Gestorben 26. 11. 1972 in Salzburg. (Geboren 24. 8. 1883 in Neukirchen an der Enknach.)

Egon Hofmann. Maler, Großindustrieller. Tödlich verunglückt bei einem Straßenbahnunglück in Linz am 30. 11. 1972. (Geboren 13. 9. 1884 in Linz-Kleinmünchen.) → S. 425, 486

Das Land wehrt sich

8. Juni. Das ist mehr als eine Aktion einer Zeitung, das ist eine demokratische Protestbewegung, die quer durch alle Parteien und Weltanschauungen geht, auch wenn sie anfangs von der Bundesregierung bagatellisiert wird: Oberösterreich setzt sich gegen die Pläne zur Wehr, die Leitung der Voest nach Wien zu verlegen, womit Linz zu einer befehlsausführenden Provinzstadt degradiert werden würde. Einem Aufruf folgen innerhalb weniger Tage 94.875 Oberösterreicher, die mit ihrer Unterschrift schließlich die Pläne vereiteln, die Bedeutung von Linz und Oberösterreich herabzusetzen. Die Aktion ist eine Dokumentation einer demokratischen Willensäußerung, wie sie bisher Österreich nicht gekannt hat.

23. Juni. „Oberösterreich und die Voest haben erreicht, was sie wollten", fasst ein Betriebsratsobmann das Ergebnis von zwei Informationskonferenzen im Wiener ÖGB-Haus zusammen. Der Sitz der Generaldirektion des fusionierten Stahlkonzerns bleibt in Linz, damit bleiben die Interessen der Voest, aber auch die der Bevölkerung von Oberösterreich gewahrt.

Staubwettbewerb

August. Wie heißt der am stärksten verstaubte Ort Österreichs? Gewonnen! Es ist Linz (20 kg auf 100m³). Die Mitte August durchgeführten Untersuchungen bringen dieses Ergebnis. Nicht erraten hätte man, wer knapp hinter Linz liegt: der Ballhausplatz in Wien (16,6 kg).

Jahr des Umweltschutzes

„Der Umweltschutz ist für uns alle zu einer echten Lebensnotwendigkeit geworden, der man auch seitens der öffentlichen Hand eine große Bedeutung zumessen muß."

Landeshauptmann Erwin Wenzl bei seiner Ankündigung, 1972 zum Jahr des Umweltschutzes zu deklarieren. 7. 12. 1971.

Feuer frei auf den ORF

„Das Fernsehen darf gar nichts, weil da jeder zuschaut, und jeder sich zutraut, daß er es besser kann ..."

Marianne Mendt in der Eröffnungssendung des Linzer Funkhauses, der „ORF-Beschimpfung" vom 8. Oktober 1972 mit dem Titel „Feuer frei auf den ORF".

Polizei besetzt das „Volksblatt"

21./22. Oktober. Die Redaktionsräume des „Volksblatts" in Linz und Wien werden von der Polizei besetzt. Über Antrag der Wiener Gebietskrankenkasse ordnete das Bezirksgericht Linz Hausdurchsuchungen an, um Hinweise auf den Verfasser eines Artikels zu finden. Das „Volksblatt" hatte, wie auch andere Zeitungen, über eine Demonstration der Wiener Ärzte und über dabei erhobene Vorwürfe gegen die Wiener Gebietskrankenkasse berichtet. Offenbar, wie Chefredakteur Peter Klar vermutet, wurde aus parteipolitischen Gründen gegen die ÖVP-Zeitung mit Polizeimaßnahmen vorgegangen. Wenn auch im nachhinein dieser Antrag vom Gericht zurückgezogen und das beschlagnahmte Manuskript zurückgestellt wird, kann dennoch die eklatante Verletzung des gesetzlich geschützten Redaktionsgeheimnisses nicht ungeschehen gemacht werden.

540 Tonnen Stahl versinken im Traunsee

29. Dezember. Ein Föhnsturm verhindert vorläufig ein für Mitteleuropa einmaliges Projekt, das in 196 Meter Seetiefe den Transport von Erdgas aus Gmunden zu den Solvay-Werken nach Ebensee vorsieht. Die neun Kilometer lange, auf Schwimmkörper liegende und für die Verlegung vorbereitete Hochdruckleitung wird an einem Ponton aus der Verankerung gerissen: 540 Tonnen Stahl versinken im Traunsee. Erst neun Monate später kann das Vorhaben verwirklicht werden.

Der Maler Egon Hofmann *Im Linzer Kunstmuseum Lentos ist er vertreten, aber auch in zahlreichen privaten Sammlungen sind die Bilder von Egon Hofmann sehr beliebt. Die Herbheit der Mühlviertler Landschaft (hier ein Bild aus dem Fuchsgraben bei Oberneukirchen) hat er sehr oft und sehr ausdrucksstark interpretiert.*

Triumphzug für Trixi

Was früher nur Kaiser und große Feldherren gewohnt waren, erlebt eine junge Sportlerin: Die Olympiasiegerin Trixi Schuba fährt im Triumphzug über die Linzer Landstraße. „So was habe ich noch nie erlebt, ich danke den Linzern und Oberösterreichern", sagt sie gerührt.

Das neue ORF-Gebäude *Es sieht aus wie ein Schlachtschiff, sagen die Linzer, aber sie gewöhnen sich bald an das Gebäude des ORF-Landesstudios Oberösterreich an der Franckstraße, das am 6. Oktober 1972 eröffnet wird. Nach Aussage des Architekten Gustav Peichl sind die Landesstudios von Linz, Salzburg, Innsbruck und Dornbirn „ein integrierendes Merkmal der im Rundfunkgesetz verankerten Rundfunkreform".*

Schloss Vichtenstein. Hauptteil aus dem 16. Jahrhundert, heute alleinstehender romanischer, in der Gotik erhöhter Bergfried.

Die Burgruine Prandegg ist auch ein beliebtes Motiv für die Maler. Dieses Aquarell stammt von dem vor allem als Komponist bekannten Franz Kinzl (1895–1978). Um 1946.

Die Burgen und Schlösser des Landes

Sowohl die einsamen, meist nur als Ruinen erhaltenen Hochburgen des Mittelalters als auch die prunkvollen Barockschlosser in prächtigen Gartenanlagen standen in enger Verbindung mit der Natur. Von der schlichten Romanik bis zum historisierenden Prestigebau haben sie Bild und Charakter der Landschaft mitgeprägt.

Das Mühlviertel ist das eigentliche „Burgenland" von Oberösterreich. Die Grenzlage gegen Norden und die reiche Aufgliederung der Grundherrschaften waren es, die mit der von Bayern ausgehenden Landnahme und Rodung im 12. bis 13. Jahrhundert diese Häufung von Wehrbauten entstehen ließ.

Von den 55 verteidigungsfähigen Burgen, Städten und Klöstern, die noch zu Ende des 16. Jahrhunderts als Fluchtorte in Kriegszeiten dauernd im Land instandgehalten wurden, waren im Mühl- und Machlandviertel 31, im Hausruckviertel 16, im Traunviertel gar nur acht gelegen. Das Hügelland von der Donau bis zum Böhmerwald bot den idealen Bauplatz zur Errichtung von Höhenburgen. Vor allem die Passauer Bischöfe, wie dann auch die Piber, Tannberger, Griesbacher oder Falkensteiner, waren im oberen Mühlviertel als Burgengründer tätig, während im östlichen Teil die Perger, Zelkinger, Kapeller, Meggauer und Salburger als Fundatoren auftraten.

In dem durch den Friedensvertrag von Teschen 1779 gewonnenen Innviertel (in den vorher zum bayerischen Rentmeisteramte Burghausen gehörigen östlich des Inn gelegenen Landgerichtsbezirken) bildeten sich kleine Edelsitze mit einzelnen Hofmarken und geringem Untertanenbesitz; im Gegensatz dazu entstanden im westlich anschließenden sanften Hügelland des Hausrucks bis zur Welser Heide vorerst befestigte, mit Ecktürmen versehene, oft durch Wassergräben und Teiche abgesicherte mächtige Burgen und Schlösser der alten Herrengeschlechter der Schaunberger, Polheimer, Volkenstorfer, Jörger und schließlich Starhemberger und Losensteiner.

Im südlichen Teil Oberösterreichs – dem Attergau, Salzkammergut, Alm- und Kremstal-Alpenvorland sowie dem Gebiet der westlichen Eisenwurzen mit dem Enns- und Steyrtal – spiegeln sich die unterschiedlichen Landschafts- und Wirtschaftsstrukturen auch in der historischen Entwicklung der Herrschaftsformen. Während das unwegsame Gebirgsland einen Burgenbau vielfach illusorisch machte, waren auch die Territorialverhältnisse sowohl im Salzkammergut als auch im Bereich der großen Verwaltungsherrschaften Kammer, Kogl, Frankenburg oder Steyr nicht so aufgespalten und zersplittert wie es im Mühlviertel der Fall war.

Burgruine Prandegg. Der runde Bergfried beherrscht die ehemals bedeutende Anlage über dem Tal der Waldaist. Wesentliche Teile aus dem 15. Jahrhundert.

Die alte Schlossapotheke im Erdgeschoss der Burg Clam (Bezirk Perg).

Die Ritterburgen

Die Frage der Errichtung der ältesten Burgen liegt meist im Dunkeln, erst Jahrzehnte später setzen urkundlich belegte Nachrichten über ihre Besitzer ein. Die steinernen Wehrbauten entstanden in Oberösterreich hauptsächlich in der Zeit vom 11. bis 13. Jahrhundert. Aus den kleinräumigen, zur Straßen- und Talsicherung errichteten Wohn- und Wachtürmen entwickelten sich vorerst die Ritterburgen mit den durch Ringmauern gesicherten Wohnbauten und ausgedehnten Vorburgen, in der Spätgotik kamen Vorwerke und Verstärkung der Mauern gegen die aufkommenden Feuerwaffen dazu.

Vom 15. bis 16. Jahrhundert an begann das Burgensterben. Hohe Erhaltungskosten, insbesondere der Schäden nach Bränden und Unwettern, bescheidene Wohnlichkeit und schließlich die daraus folgende Verle-

Wohl das bekannteste Schloss Oberösterreichs: das Seeschloss Ort bei Gmunden.

Neben dem Schloss Riedegg bei Gallneukirchen liegt die ehemalige Burg gleichen Namens, die den „Palas", die eigentliche Hauptburg, bildete. Das neue Schloss stammt aus dem 17. Jahrhundert.

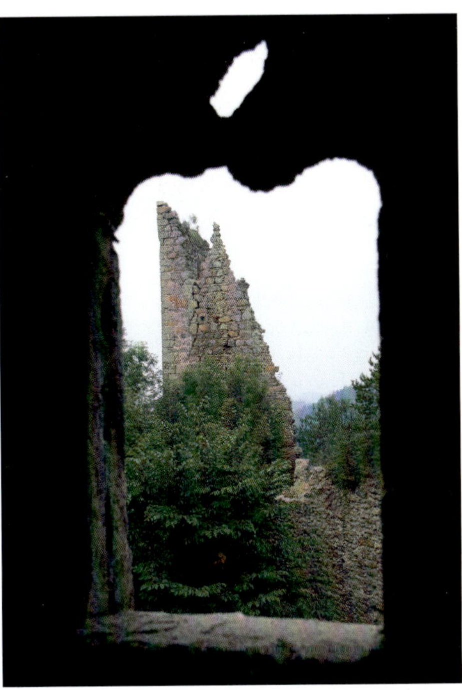

Blick aus der Burgruine Ruttenstein im Bezirk Freistadt auf einen der ehemaligen sieben Rundtürme.

gung der Herrschaftsverwaltung in leicht erreichbare Orte zwangen zur Aufgabe der meist in unwirtlichen Gegenden liegenden Objekte.

In den neuen Zentren entstanden nach und nach moderne feste Gebäude des landständischen Hoch- und Kleinadels, zuerst noch wehrhaft, zu Ende des 17. Jahrhunderts schon repräsentative Anlagen des höfischen Gesellschaftslebens.

Das Jahr 1848 setzt mit der Aufhebung des Untertanenverhältnisses dem grundherrschaftlichen Feudalwesen ein jähes Ende. Der Adel hatte seine Vormachtstellung eingebüßt, die nun vermögende Bürgerschaft griff da und dort nach den zum Kauf angebotenen, oft hoch verschuldeten Realitäten. Oftmaliger, zuweilen spekulativer Besitzerwechsel kennzeichnet in den letzten einhundert Jahren das Schicksal so manchen Schlosses.

Restauriert und revitalisiert

Jubiläen und Landesausstellungen boten und bieten einen willkommenen Anlass, mit Subventionen der öffentlichen Hand großzügige Restaurierungen und Revitalisierungen durchzuführen, etwa Schloss Lamberg in Steyr, die Burg zu Wels, Scharnstein im Almtal oder Weinberg im Mühlviertel wurden so wieder belebt. Als weitere Kulturzentren wurden adaptiert: die Schlösser Zell an der Pram, Sierning und Traun; in Sigharting, Parz bei Grieskirchen und Almegg wurden Refugien für Künstler installiert; das Schloss Puchberg bei Wels wird von der Diözese Linz als Bildungshaus geführt.

Die Einrichtung attraktiver Dauerausstellungen bieten vor allem das Linzer Schloss als Teil des Landesmuseums, die Schlösser Walchen (Kinderwelt), Scharnstein (Krimi-

Die spätgotische Greinburg besitzt einen wunderschönen, mit Bogengängen versehenen Renaissancehof.

Alles, was das Herz des Schlösserfreundes begehrt

„So bietet Oberösterreich das wechselvolle Gesicht der neun österreichischen Bundesländer, was sich auch in den Formen seiner Burgen und Schlösser auswirkt. Wehrburgen und klösterliche Lustschlösser – welch Paradoxon! –, Wasserburgen, Stadtschlösser, alles, was das Herz des Schlösserfreundes begehrt, findet man hier, immer auf das unmittelbare Land ringsherum abgestimmt, aus ihm gewachsen."

Laurin Luchner in „Schlösser in Österreich", Band 2, München 1983.

Die Burgen und Schlösser des Landes

Schloss Zell an der Pram, ursprünglich eine Wasserburg, wurde im 17. Jahrhundert großzügig barockisiert.

Schloss Feyregg bei Bad Hall birgt barocke Schätze.

nalmuseum) und Kremsegg (Oldtimer). Heimatkundliche Sammlungen fanden in der „Herzogsburg" in Braunau und im äußeren Schlosstor von Schärding eine Heimstätte, ebenso in den Starhembergischen Schlössern in Eferding und Haag am Hausruck sowie im Schloss Hochhaus (Vorchdorf), Tollet, Peuerbach (Bauernkrieg) oder Hohenbrunn (Jagd). Im Schlösschen Zwickledt richtete das Land Oberösterreich eine Gedenkstätte für Alfred Kubin ein. Im Mühlviertel sind der riesige Turm der landesfürstlichen Burg von Freistadt, der Untere Torturm in Haslach sowie das Schloss Pragstein in Mauthausen als Heimatmuseen eingerichtet, in der Greinburg ist die Donauschifffahrt mit interessanten Schaustücken präsent. Der erweiterte Schlosspark von Schmiding bei Wels ist zu einem sehenswerten zoologische Garten ausgestaltet.

Konzerte, Theater, Schulungen, Heime

Stimmungsvolle konzertante Aufführungen gibt es im Seeschloss Kammer und im Bergschloss Klaus, in den Schlössern Aistersheim, Eferding, Starhemberg/Haag, Zell an der Pram, Tillysburg und Weißenberg (bei Neuhofen an der Krems) sowie auf Burg Piberstein, den Schlössern Ebelsberg und Wildberg bei Linz. Sommertheater sind im Linzer Schloss, auf der Greinburg, im Schloss Mondsee und in der Ruine Losenstein etabliert.

Schulischen Zwecken dienen nach entsprechender Adaptierung das Landschloss Ort/Gmunden, Wagrein/Vöcklabruck sowie das Egererschlössl in Weyer, die ehemaligen Schlösser Dachsberg, Mistelbach und Bogenhofen sowie die Polheimer Burg in Wels, ebenso wie Bergheim bei Feldkirchen an der Donau. Als Schülerinternate fungieren auch die Schlösser Traunsee-Württemberg und Ebenzweier in Altmünster sowie das ehemalige Werndlsche Schloss Voglsang in Steyr. Schloss Auhof in Linz beherbergt das Rektorat der Johannes-Kepler-Universität.

Im Schloss Steegen (Peuerbach) wurde eine Sonderschule mit Heim für schwerstbehinderte Kinder untergebracht, das einstige Wasserschloss Aspach wurde von den Marienschwestern zu einem modernen Kurhaus ausgebaut; Cumberland in Gmunden und Gschwendt in Neuhofen an der Krems so-

Rittersaal mit Gemäldegalerie im Schloss Greinburg.

Das Schloss Neuwartenburg (Bezirk Vöcklabruck) wurde anlässlich eines Besuches Kaiser Karls VI. erbaut.

Hoch am Donauufer gelegen: das Schloss Rannariedl an der Mündung des Rannaflusses.

Landschaftszimmer in der Burg Clam.

wie der ehemalige Adelssitz der Fürsten Trauttmansdorff, Hall (Bad Hall), sind als Pflegeanstalten des Landes bzw. der Caritas eingerichtet. Altpernstein und Klaus werden als katholische bzw. evangelische Jugend- und Bildungsheime genutzt, während in den Schlössern Leonstein und Neuhaus/Geinberg Landeskinderheime und in der Burg Kreuzen eine Jugendherberge untergebracht sind. Die Mühlviertler Schlösser Gneisenau und Haus dienen als Bezirks-Altenheime.

Tor im Schloss Pragstein, Mauthausen.

Gastlichkeit, Ämter, Privatschlösser

Gehobene private Gastlichkeit bieten die Schlösser Hagenau am Inn, St. Martin im Innkreis, Feyregg bei Bad Hall und Puchenau bei Linz. Die Burg Krempelstein wurde Freizeitzentrum eines Motorsportklubs.

Die Burgen Wildshut, Obernberg am Inn und Raab sowie die Gmundner Stadtburg Grub und das Schloss Peuerbach sind heute jeweils Amtssitz eines Bezirksgerichtes, die Schlösser Eberschwang und Pennewang dienen als Pfarrhöfe. Nicht zuletzt haben religiöse Gemeinschaften in Schlössern ein Domizil gefunden, so die Redemptoristen in Puchheim bei Attnang, die Kamillianer in Losensteinleithen oder die Marianhiller Missionare im Schloss Riedegg bei Gallneukirchen.

An Adaptierungen von Burgruinen zu dauernden oder Wochenend-Wohnsitzen und damit durch Privatinitiative vor dem Verfall gerettet, sind zu nennen: Außenstein/Arbing, Dornach/Lasberg, Freizell an der Donau, Lobenstein, Partenstein, Piberstein, Tannberg/Hörbich, Werfenstein und Oberwesen.

Heimatvereine und örtliche Arbeitskreise haben sich im selbstlosen Einsatz und mit Hilfe der Eigentümer und öffentlicher Einrichtungen der Sanierung, Sicherung und Pflege des noch vorhandenen, oft leider nur mehr geringen Baubestandes von Ruinen angenommen, so beispielhaft Schaunberg und Stauff, Königstein am Kößlbach, Wildenstein bei Bad Ischl, Falkenstein im Mühlviertel, Haichenbach, Reichenau, Riedegg, Waldenfels und Wildberg sowie Prandegg und Windegg bei Schwertberg.

Herbert Erich Baumert

Interieur in der Burg Clam.

Traunflößer bei der Markterhebung von Stadl-Paura.

Im Tal der Antiesen

Wo im Tale der Antiesen
Steigt ein Bild so lieb und hold,
Ährenfeld und Wälder grüßen,
Leuchten auf wie Sonnengold;
Wo der Wald rauscht auf der Höhe,
Trutzig steht gleich einem Wall,
Seh' ich dich, mein lieb' Sankt Martin,
Grüß dich Gott viel tausendmal!

Der Innviertler Heimatdichter Max Karl stirbt 1973 im Alter von 93 Jahren.

Ohne Politiker-Trara

„Andere Orte haben aus geringerem Anlaß schon Festwochen gefeiert."

Der Vöcklabrucker Bezirkshauptmann Helmut Landl bei der Eröffnung der neuen Schule von Rüstorf, 30. September 1973.

Wir wollten kein großes Politiker-Trara, sondern ein familiäres Fest."

Bürgermeister Franz Bieregger, Rüstorf.

Kalender

1.1. Neuer Intendant des ORF-Landesstudios Oberösterreich wird Hermann Peter Hirner. (1926–2008). Intendant bis September 1974.

9.1. Kurz vor der Landung am Flughafen Hörsching stürzt eine Saab 105 OE ab und geht in Flammen auf. Pilot und Kopilot kommen ums Leben.

21.1. Der Linzer August Gierlinger ist Europameister der Eisstockschützen.

10.2. Gertrude Gebert (Steyrling) und Alois Fischbauer (Natternbach) sind mit je drei Goldmedaillen die großen Gewinner der Skibob-Weltmeisterschaft.

Die Skibob-Weltmeister Gertrude Gebert und Alois Fischbauer.

14.–17.2. In Linz finden die 3. Europameisterschaften für Luftgewehr- und Luftpistolenschießen statt.

15.2. Im Nationalrat wird das Gesetz zur Fusionierung der verstaatlichten Eisen- und Stahlindustrie zur Voest-Alpine AG beschlossen.

28.2. Im Donaukraftwerk Ottensheim-Wilhering nehmen sieben von neun Maschinensätzen den Betrieb auf.

4.4. In der Voest geht die Bandverzinkungsanlage im Kaltwalzwerk II in Betrieb.

9.4. Vertreter der Verbundgesellschaft und der Landesgesellschaften einigen sich mit dem Verkehrsminister, dass das zweite österreichische Atomkraftwerk an der Donau, in der Nähe der Ennsmündung, gebaut werden soll.

28.4. Das renovierte Steyrer Bummerlhaus zeigt sich in voller Schönheit.

April. Vorstand und Belegschaft der Schiffswerft Linz AG wehren sich gegen eine Fusion mit der Korneuburger Werft.

21.5. Traun wird zur Stadt erhoben. → 1974

31.5. Erstmals landet ein Jumbo-Jet vom Typ Boeing 707 B auf dem Flughafen Linz-Hörsching.

27.6. Offizielle Inbetriebnahme der Stufe Schönau, womit die Ennskraftwerkskette vollendet ist.

29.6. Bei Umbauarbeiten in der Pfarrkirche Altmünster wird das bisher verschollene Grab von Adam Graf Herberstorff (1585–1629) entdeckt.

4.7. Der sowjetische Ministerpräsident Alexej N. Kossygin (1904–1980) besucht die Voest.

12.7. Die Österreichische Stickstoffwerke AG wird in Chemie Linz AG umbenannt.

16.7. Stadl-Paura wird Markt. →

18.7. Kreuzen darf sich „Bad Kreuzen" nennen.

30.7. In der Voest nimmt das LD-Stahlwerk III die Produktion auf.

1.8. Weihbischof Alois Wagner (1924–2002) beginnt seine Tätigkeit als Generalvikar der Diözese Linz. (Bis 16. 1. 1982.)

August. Der Halleswiessee (Gemeinde St. Wolfgang) wird ohne Einspruch der Grundverkehrskommision zum Großteil an einen Deutschen verkauft.

2.9. Erwin Zimmermann (1950–1980) aus Linz gewinnt die Motorboot-Europameisterschaft.

8.9. Eröffnung des Strafrechtsmuseums im Schloss Scharnstein.

1.10. Die Linzer Kunstschule (gegründet am 1. 10. 1947) erhält den Status einer Kunsthochschule.

21.10. Landtags- und Gemeinderatswahlen. Der neue Landtag (56 statt früher 48 Abgeordnete): 28 VP (23), 24 SP (23), 4 FP (2).

23.10. Franz Lehárs „Eva" wird im Linzer Landestheater in der Neufassung uraufgeführt.

Oktober. Wegen des israelisch-arabischen Krieges kommt es in ganz Oberösterreich zu Hamsterkäufen von Zucker, Teigwaren, Reis und Öl.

23.11. Eröffnung des Linzer Tourotels.

30.11. Eröffnung des Theaterkellers des Linzer Landestheaters im Ursulinenhof.

Geburtstage

Helmut Oblinger. Europameister im Kanu-Slalom. Sportler des Jahres 2005. Geboren am 14. 3. 1973 in Schärding. → 2005

Doris Hummer. Landesrätin (VP), seit 2009. Geboren 9. 8. 1973 in Grieskirchen.

Kirchliches Zentrum

Ein neues kirchliches Zentrum für die in den letzten Jahren sprunghaft angestiegene Bevölkerung von Marchtrenk: die Stephanus-Kirche. Am 1. April 1973 wird die Kirche von Bischof Zauner eingeweiht. (Erbaut 1969/72, Architekt: Adolf Kaspar.)

Die schönsten Dörfer

Wie schon drei Jahre zuvor – dazwischen wurde der Bewerb nicht durchgeführt – ist wieder Lasberg das schönste Dorf Oberösterreichs. Es muss den Ehrentitel mit Neuhofen bei Ried im Innkreis teilen, das in der Bewertung gleichviel Punkte erhielt, gefolgt von Natternbach und Laussa.

50.000 Autos in Linz

Anfang April 1973 wird in Linz der 50.000 Personenkraftwagen zum Verkehr zugelassen.

Todestage

Emil Rameis. Landeskapellmeister des oberösterreichischen Blasmusikverbandes, Komponist. Gestorben 22. 4. 1973 in Linz. (Geboren 28. 4. 1904 in Regau.)

Max Karl. Heimatdichter. Gestorben 18. 5. 1973 in St. Martin im Innkreis. (Geboren 17. 4. 1880 in München.) →

Kurt Jeschko. Sportjournalist. Gestorben 7. 7. 1973 in Wien. (Geboren 19. 8. 1919 in Linz.)

Herbert Grau. Volkshochschulpionier. Gestorben 20. 9. 1973 in Linz. (Geboren 22. 8. 1916 in Frankenmarkt.) Leiter der Volkshochschule Linz 1947–1973.

Avram Albert Mendler. Israelischer Generalmajor. Gefallen 10. 10. 1973 auf Sinai. (Geboren 3. 5. 1929 in Linz.)

Ernst Reischenböck. Maler. Gestorben 13. 10. 1973 in Luxemburg. (Geboren 25. 10. 1923 in Linz.)

Rudolf Breinbauer. Bildhauer und Bootbauer. Gestorben 13. 11. 1973 in Ottensheim. (Geboren 13. 4. 1888 in Ottensheim.) Pionier des Kajakbaues.

Josef Ofner. Steyrer Stadthistoriker. Gestorben 29. 11. 1973 in Steyr. (Geboren 22. 8. 1903 in Molln.)

Wie Kirchschläger nach Wien kam

Bei einem zwanglosen Kaffeetratsch, zu dem Bundespräsident Rudolf Kirchschläger eine Handvoll Journalisten eingeladen hatte, kam Kirchschläger, der bekanntlich ein geborener Oberösterreicher ist, darauf zu sprechen, wie er nach Wien kam. Kirchschläger erzählte, wie er nach dem Krieg als Jurist beim Linzer Landesgericht eine Stellung suchte und dort gefragt wurde: „Waren Sie Mitglied der NSDAP?“
„Nein.“
„Bei einer ihrer Gliederungen?“
„Nein.“
„Dann müssen S' nach Wien gehen, weil hier nehmen wir nur die, die nicht nach Wien gehen können!“

Rudolf Kirchschläger, geboren am 20. März 1915 in Niederkappel, trat am 8. Juli 1974 sein Amt als österreichischer Bundespräsident an. (Bis 1986.)

Landeshauptmann Erwin Wenzl gibt es den Traunern schriftlich: Sie sind Bürger einer Stadt. Am 8. Juni 1974 beginnen die Festlichkeiten.

Kalender

1.1. Letzte Fahrt der Lokalbahn von Linz-Ebelsberg nach St. Florian. → S. 432

17.1. Der Turnsaal der Linzer Diesterwegschule dient zum letzten Mal als Konzertsaal.

18.1. Im Allgemeinen Krankenhaus Linz werden erstmals zwei Nieren transplantiert.

30.1. Die Kernkraftwerks-Planungsgesellschaft beschließt, das zweite Atomkraftwerk nicht in Oberösterreich, sondern in der Gemeinde St. Pantaleon-Erla in Niederösterreich zu errichten.

3.2. Aus der Galerie des Stiftes Schlägl werden 87 der kostbarsten Gemälde gestohlen, darunter die besonders wertvolle „Madonna mit dem Kind auf der Rosenbank“ aus dem Jahre 1505. Zwei Wochen später wird die Beute in Wien unversehrt sichergestellt.

15.2. Gertrude Gebert (Steyrling) gewinnt bei der Skibob-Europameisterschaft drei, Alois Fischbauer (Natternbach) zwei Goldmedaillen.

23.3. Eröffnung des Brucknerhauses Linz. 10.30 Uhr: Feierlicher Eröffnungsakt, 20 Uhr: Festkonzert mit den Wiener Philharmonikern unter Herbert von Karajan (1908–1989) mit Anton Bruckners Symphonie Nr. 7 in E-Dur. →

2.5. Feierliche Inbetriebnahme des Donaukraftwerkes Ottensheim-Wilhering. (Jahresleistung 1,1 Milliarden Kilowattstunden.)

13.5. Der Linzer Erwin Zimmermann wird Weltmeister im Motorboot-Rennfahren.

Mai. Die Voest-Alpine erhält aus Korea den bisher größten Auftrag in der Geschichte des Unternehmens.

1.6. SK Voest wird (nach einem 2:0 gegen Vienna) österreichischer Fußballmeister.

8.6. Eröffnung des Ennsmuseums Flößertaverne am Kasten, Kastenreith-Weyer.

Bundespräsident Kirchschläger *Ein Oberösterreicher als Staatsoberhaupt: Rudolf Kirchschläger auf Besuch in Linz. Rechts Bürgermeister Franz Hillinger.*

17.6. Offizielle Eröffnung des Linzer Stadtmuseums Nordico.

23.6. Bundespräsidentenwahlen. Ergebnisse in Oberösterreich: 367.347 Stimmen für Alois Lugger (VP), 373.594 Stimmen für Rudolf Kirchschläger (nominiert von der SP). Bundespräsident wird Rudolf Kirchschläger. (Amtszeit bis 1986, gestorben → 2000.)

6./7.7. In Linz versammeln sich beim 5. Oberösterreichischen Landesmusikfest 384 Musikkapellen mit insgesamt rund 12.000 Musikern.

26.9. Bundespräsident Rudolf Kirchschläger eröffnet die neue Linzer Sporthalle auf der Gugl.

16./17.10. Drei Alpinisten gelingt erstmals die Durchsteigung der 400 m hohen Drachenwand am Mondsee.

18.10. Eröffnung des Neubaus der Raiffeisen-Zentralsparkasse für Oberösterreich in Linz, Südbahnhofgelände. (Architekten: Gottfried Nobl, Erich Scheichl und Franz Treml.)

19.10. Hannes Leopoldseder wird zum neuen Intendanten des ORF-Landesstudios Oberösterreich bestellt. (Bis 1998.)

Oktober. Robert Jessenig aus St. Wolfgang und der Kärntner Hans Polaschegg werden zum zweiten Mal Segelweltmeister in der Tornado-Klasse.

22.11. Ein Stromausfall legt in der Voest alle fünf Hochöfen lahm.

7.12. Weihe der evangelischen Christuskirche Linz, Glimpfingerstraße.

31.12. Mit 510.734 angemeldeten Kraftfahrzeugen wird in Oberösterreich erstmals die halbe Million überschritten.

Dezember. Der Trauner Sebastian Auer erhält für die Erfindung einer „programmierbaren Geschwindigkeitsautomatik für Kraftfahrzeuge“ die höchste Auszeichnung für Erfinder, den „Grand Prix de la Chambre Syndicale“.

Landesausstellung im Stift Reichersberg am Inn: Die Bildhauerfamilie Schwanthaler.

Endlich: Das Brucknerhaus *Liebste Baustelle der Linzer: das Brucknerhaus am Donauufer. Ganz Oberösterreich ist stolz auf sein lang gewünschtes Konzerthaus, das am 23. März eröffnet wird. Oberösterreich hat damit den Kontakt zum internationalen Musikleben gefunden, denn die Weltprominenz kommt nicht nur zur Eröffnung. Die Landeshauptstadt hat nun auch ein Gebäude, das höchsten internationalen Architekturansprüchen gerecht wird. (Architekt ist Heikki Siren.) Das fertige Brucknerhaus.* *→ S. 432*

Geburtstage

Bernhard Barta. Schriftsteller. Geboren 2. 1. 1974 in Linz.

Oliver Glasner. Sportler des Jahres 2011 (Fußball). Geboren 28. 8. 1974 in Salzburg.

Christian Hoffmann. Skisportler. Olympia-Goldmedaille im 30-Kilometer-Skilanglauf (2002) und Olympia-Bronzemedaille im 50-Kilometer-Skilanglauf (1998). Sportler des Jahres 1998, 1999 und 2002. Geboren 22. 12. 1974 in Grünwald bei Aigen im Mühlkreis. → 1998, 2002, 2003, 2004, 2005

Seit 1974 eingestellt: die Florianerbahn.

Politiker-Pensionen

„Wenn ein Stadtrat mit 55 in den Ruhestand gehen kann, müßte ein Industriemanager oder ein Voest-Arbeiter schon mit 50 in Pension gehen dürfen.“

*

„Spitzenpolitiker, an die besonders große Anforderungen gestellt werden, sollten mit 55 in den Ruhestand gehen können. Bei verschiedenen Landes- und Stadtsenatsmandataren bezweifle ich das aber.“

„Ein Hochofenarbeiter sollte mit 55 pensioniert werden.“

Meinungen zu den Plänen, für die Mitglieder des Linzer Stadtsenats das Pensionsalter auf 55 Jahre herabzusetzen, wie sich das die Mitglieder der Landesregierung genehmigt hatten. („Oberösterreichische Nachrichten“, 10. 10. 1974.)

Todestage

Hanns Kobinger. Maler. Gestorben 25. 1. 1974 in Gramastetten. (Geboren 26. 7. 1892 in Linz.)

Hermann Priesner. Insektenforscher. Gestorben 11. 8. 1974 in Linz. (Geboren 19. 11. 1891 in Linz.)

Karl Hauk. Maler und Plastiker, Lehrer an der Kunstschule Linz. Gestorben 13. 8. 1974 in Wien. (Geboren 1. 5. 1898 in Klosterneuburg.)

Alfons Kral. Sänger. Gestorben 24. 9. 1974 in Linz. (Geboren 20. 9. 1905 in Wien.) Er war viele Jahre Bassist am Landestheater.

Otto Jungmair. Mundartdichter und Stifter-Forscher. Gestorben 4. 10. 1974 in Linz. (Geboren 6. 4. 1889 in Molln.)

Hans Malzacher. Montanist, Manager. Gestorben 16. 10. 1974 in Villach. (Geboren 14. 10. 1896 in Traisen, Niederösterreich.) Seit 1938 Mitglied der NSDAP, Generaldirektor der Hermann-Göring-Werke in Linz (Alpine-Montan-Gesellschaft), nach Kriegsende vorerst noch mit der Leitung der ehemaligen Göring-Werke und der Stickstoffwerke betraut, dann verhaftet, 1947 entlassen, 1948 von Kriegsverbrechen freigesprochen. Später noch in vielen Wirtschaftsfunktionen und als a. o. Hochschulprofessor für Hütten-, Betriebs- und Wirtschaftslehre der Montanistischen Hochschule Leoben tätig.

Franz Glaubacker. Maler. Gestorben 23. 10. 1974 in Linz. (Geboren 20. 6. 1896 in Sarajewo.)

Der Maler Franz Glaubacker, Selbstporträt.

Norbert Schachinger. Benediktiner. Gestorben 9. 11. 1974 in Kremsmünster. (Geboren 9. 2. 1897 in Bad Hall.) Gründer der Benediktinerinnen vom Unbefleckten Herzen Mariens.

Grete von Urbanitzky-Passini. Schriftstellerin. Gestorben 4. 11. 1974 in Genf. (Geboren 9. 7. 1893 in Linz.)

Alfred Fuchshuber. Industrieller. Gestorben 4. 12. 1974 in Linz. (Geboren 13. 10. 1894 in Wels.)

Otto Schnopfhagen. Direktor des Wagner-Jauregg-Krankenhauses Linz (1958–1974). Gestorben 9. 12. 1974 in Salzburg. (Geboren 17. 11. 1909 in Linz.)

Erstmals: Brucknerfest Linz

4. September. Aus Anlass des 150. Geburtstages von Anton Bruckner veranstaltet die LIVA (Linzer Veranstaltungsgesellschaft) erstmals ein Internationales Brucknerfest. Bruckner steht auch im Mittelpunkt des Programms, seine Symphonien Nr. 2, Nr. 4, Nr. 6, Nr. 7 und Nr. 8 werden aufgeführt. Die Wiener Philharmoniker, die Wiener Symphoniker, das Chicago Symphony Orchestra, das Sydney Symphony Orchestra, das ORF-Symphonie-Orchester und das Bruckner-Orchester Linz bestreiten die großen Konzerte. An Dirigenten kommen Claudio Abbado, Georg Solti, Carlo Maria Giulini, Willem van Otterloo, Milan Horvath und Kurt Wöss nach Linz.

Wunderbar in die Landschaft fügt sich das Linzer Brucknerhaus ein, das wenige Monate nach seiner Eröffnung zum Schauplatz des ersten internationalen Linzer Brucknerfestes wird.

Fußballwirbel beim entscheidenden Spiel des SK Voest. Die Mannschaft wird österreichischer Meister.

Das Linzer Brucknerhaus. Eine Zeichnung von Anton Watzl. (Aus dem Programmheft zum Eröffnungskonzert am 23. März 1974.)

Unten: Herbert von Karajan ergreift spontan das Mikrophon für ein Kompliment an das Linzer Brucknerhaus. Neben ihm Bundeskanzler Bruno Kreisky und Karajans Frau Eliette.

Karajan begeistert Linz Linz begeistert Karajan

Herbert von Karajan, der große Maestro, eher bekannt als sachbetonter Künstler, steigerte sich, nachdem er zur Eröffnung des Linzer Brucknerhauses Anton Bruckners Siebente Symphonie dirigiert hatte, in einen Überschwang der Gefühle. „Es war für mich ein Erlebnis von berauschender Schönheit", erklärte Karajan nach dem Konzert bei einem Empfang im Festsaal des Kaufmännischen Vereinshauses.
Der Maestro gestand auch, was er beim Dirigieren empfunden habe: „Die Töne sind auf mich hereingerauscht, in einer Klarheit und Schönheit, wie für mich noch nie in einem Konzerthaus." Karajan war vom Konzertsaal begeistert: „Der Saal ist von überragender Schönheit, groß in der Auffassung!"
Die Begeisterung der Linzer Konzertbesucher drückte der Musikkritiker Gerhard Ritschel aus: „Bei der Siebenten Bruckners, die als erste Symphonie im neuen Brucknerhaus erklang, stimmte einfach alles. Der weite Atem des längsten symphonischen Themas, das den ersten Satz mit 22 Takten eröffnet, die organischen Tempoänderungen im Adagio, der stampfende Rhythmus des Scherzo und die Erhabenheit des Finalsatzes – jede Beschreibung einer Einzelheit hieße den komplexen Gesamteindruck zerreißen, den Karajan von dem einstündigen Werk vermittelte."
(„Oberösterreichische Nachrichten", 25. 3. 1974.)

Unten: Krönender Höhepunkt der Eröffnungsfeierlichkeiten im Brucknerhaus: Die Wiener Philharmoniker unter der Leitung von Herbert von Karajan mit Anton Bruckners Siebenter Symphonie.

Ein neuer Bruckner

„Selbst unsere Zeit hat noch Überraschungen für einen Musikfreund parat. Hundertundein Jahre nach der Niederschrift erklang im Linzer Brucknerhaus am Wochenende zum erstenmal Anton Bruckners IV. Symphonie. Was die Musikwelt bisher als die ‚Romantische' gekannt und zumeist bewundert hat, ist keineswegs nur eine abgeschliffene oder gestraffte Version, sondern ein anderes Werk. Seit dem Wochenende weiß man das."

Franz Endler in „Die Presse", 22. 9. 1975.

Hinfür schaun!

Wenn dich oft ,s Schicksal packt,
Werd ja net kloaverzagt!
Auf Gott und dich vertraun
Und hinfür schaun!

Karl Gattermeyer (1891–1975).

1975

Kalender

25.1. Zwei Bombenanschläge in Steyr richten schweren Sachschaden an. Die zwei Täter werden zu je fünf Jahren verurteilt.

2.2. Gertrude Gebert (Steyrling) und Alois Fischbauer (Natternbach) sichern sich je zwei Weltmeistertitel im Skibob.

20.2. Bei den ersten Linzer Mediengesprächen werden die Pläne zur Regionalisierung des Fernsehprogramms der Öffentlichkeit präsentiert.

1.3. Die Hauskrankenpflege wird eingeführt, zunächst in den Bezirken Urfahr-Umgebung und Perg.

3.3. Die Chemie Linz AG beginnt mit den Vorbereitungen zum Bau der Acrylnitril-Produktionsanlage in der Nähe von Enns.

7.3. Die RAG (Rohöl-AufsuchungsAG) wird bei ihren Erdölbohrversuchen im Norden von Wels in einer Tiefe von 919 m fündig.

9.3. Linzer Höhlenforscher und Mitglieder des Linzer Tauchklubs „Delphin" bezwingen den „Oberen Siphon" des Pießling-Ursprungs.

1.4. In Oberösterreich treten die ersten vier Zivildiener ihren Dienst beim Roten Kreuz an.

6.4. Durch eine starke Windböe kommt es bei der Katrin-Seilbahn in Bad Ischl zu einem Unfall, bei dem eine Frau und ihre dreijährige Tochter verletzt werden.

Erstes regional gestaltetes „Österreich-Bild am Sonntag" aus Oberösterreich. (ORF 2.)

14.5. Eröffnung des Gebäudes der Landwirtschaftskammer Auf der Gugl in Linz. (Architekt: Richard Krohs.)

Die neue Landwirtschaftskammer Auf der Gugl.

22.5. Erste direkte Übertragung einer Diskussion von Spitzenpolitikern (Bruno Kreisky, Karl Schleinzer, Friedrich Peter, Erwin Wenzl, Rupert Hartl, Horst Schender) vor 4000 Menschen in einer Veranstaltung des ORF in der Linzer Sporthalle: „Politisches Forum Österreich – Nationalratswahlen 1975".

31.5. Eröffnungsfahrt auf der elektrifizierten Bahnstrecke Linz–Summerau.

2.6. Steyr startet die Aktion „Essen auf Rädern".

21.6. Das Kraftwerk Klaus wird – ohne feierliche Eröffnung – in Betrieb genommen.

24.6. Eröffnung des Neubaues der bakteriologisch-serologischen Untersuchungsanstalt in Linz, Derfflingerstraße.

Die Pädagogische Akademie *der Diözese Linz wird am 12. Mai 1975 nach siebenjähriger Bauzeit eröffnet: „Behördliche Reglementierung, die Hanglage, der Wunsch nach kurzen Wegen und einem hohen Kommunikationswert der Erschließungszonen bedingten die konzentrierte, niedrige, terrassierte Anordnung der Raumgruppen", erläutert der Erbauer Franz Riepl (gemeinsam mit Othmar Sackmauer) Aufgabenstellung und Baukonzept.*

25.6. Der Steyrer Hans Schlecht gewinnt mit den Grazern Gerhard Peinhaupt und Peter Haas bei der Wildwasser-Weltmeisterschaft die Goldmedaille im Regattabewerb.

28.6. Eröffnung des Schulzentrums Traun und des Musisch-pädagogischen Realgymnasiums in Grieskirchen.

30.6–4.7. Hochwasser in Oberösterreich.

Juni. Das Land Oberösterreich kauft die Toscana-Halbinsel in Gmunden.

21.8. Eröffnung des Wildparks Hochkreut (Altmünster).

August. Das Radon-Institut Wien bestätigt die

Am 16. Juni verlässt das größte jemals in Österreich gefertigte Werkstück, ein 210 Tonnen schwerer Druckbehälter für Libyen, den Stahl- und Apparatebau der Voest-Alpine in Linz.

Gewichtiger Voest-Boß

„Wenn ich weniger als 95 Kilo wiege, trete ich zurück", versprach Walter Hitzinger, als er 1952 zum Generaldirektor der Voest berufen wurde. „Doch ich hatte bald 105 Kilo", musste er zugeben, „aber die braucht man auch auf diesem Posten!"

Auf diese Stunde ...

Auf diese Stunde hast du zugelebt,
vertrauter Ort, der nun zur Stadt erhoben!
Von allem Anfang drängtest du nach oben –
und nun geschieht, was du so lang erstrebt.

Aus dem Prolog von Erna Blaas zur Stadterhebung von Kirchdorf an der Krems, 1975.

Diktat der Volksseele

„Er träumte von demokratischer Machtergreifung durch Hörer und Seher, vom Diktat einer sich endlich artikulierenden Volksseele."

Das Nachrichtenmagazin „profil" am 19. 2. 1975 zum Experiment des oberösterreichischen ORF-Intendanten „Das offene Mikrophon".

Qualität des radonhältigen Wassers der neuentdeckten Quelle in Zell bei Zellhof. (Seit 1976 in Bad Zell.)

11.9. Der polnische Ministerpräsident Piotr Jaroszewicz (1909–1992) besucht Steyr.

19.9. Im Linzer Brucknerhaus wird die 4. Symphonie von Anton Bruckner in der Urfassung uraufgeführt. Dirigent: Kurt Wöss. →

26.9. Einrichtung eines Naturkundlichen Lehrpfades an den Urfahrwänden.

Eröffnung des Beruflichen Bildungs- und Rehabilitationszentrums Linz.

1.10. Die Linzer Hochschule wird Johannes-Kepler-Universität.

5.10. Nationalratswahlen. Ergebnisse in Oberösterreich: 359.473 VP, 322.026 SP, 49.696 FP, 6115 KP.

13.10. St. Thomas am Blasenstein wird Markt.

27.10. Zwei neue Städte gibt es: Kirchdorf an der Krems und Leonding. → 1976

Sportler des Jahres: Ludwig Kretz (Radsport).

Geburtstage

Markus Weissenberger. Sportler des Jahres 1997 (Fußball). Geboren 8. 3. 1975 in Lauterach (Vorarlberg).

Gerald Resch. Komponist. Geb. 5. 5. 1975 in Linz.

Julia Kröhn (Pseudonym Carla Federico). Schriftstellerin. Geboren 9. 6. 1975 in Linz.

Todestage

Hans Berghammer. Politiker (SP). Gestorben 1. 5. 1975 in Mattighofen, während einer Maifeier am Rednerpult. (Geboren 22. 7. 1917 in Wien.)

Karl Gattermeyer. Mundartdichter. Gestorben 13. 7. 1975 in Linz. (Geboren 31. 7. 1891 in Sierning.) →

Fred Schlesinger. Edler von Kirchwehr. Tanzlehrer. Gestorben 4. 9. 1975 in Linz. (Geboren 2. 5. 1900 in Hainburg.) Nestor der österreichischen Tanzlehrer.

Sepp Wallner. Alpinist und Alpenschriftsteller. Gestorben 7. 9. 1975 auf dem Priel; Herztod. (Geboren 10. 4. 1909 in St. Marien.)

Georg Grüll. Landesforscher. Gestorben 18. 9. 1975 in Linz. (Geboren 21. 7. 1900 in Rechberg.)

Moriz Enzinger. Literaturhistoriker. Gestorben 4. 10. 1975 in Wien. (Geboren 30. 12. 1891 in Steyr.)

Marianne Thalmann. Literaturhistorikerin in den USA. Gestorben 5. 11. 1975 in München. (Geboren 27. 4. 1888 in Linz.)

Heinrich Ferihumer. Landesforscher. Gestorben 9. 11. 1975 in Schärding. (Geb. 28. 7. 1905 in Pola.)

Rudolf Reinhart. Metallplastiker. Gestorben 10. 11. 1975 in Hall in Tirol. (Geb. 20. 1. 1897 in Linz.)

Anton Gasperschitz. Politiker. Gestorben 11. 11. 1975 in Linz. (Geboren 5. 5. 1885 in Spittal an der Drau.) Gründungsmitglied des Katholischen Arbeiterbundes für Oberösterreich.

Willi Kefer. Mundartdichter. Gest. 11. 11. 1975 in Bad Goisern. (Geboren 13. 5. 1913 in Goisern.)

Der Stahlboss Hitzinger

Die erfolgreichsten Jahre der Voest sind mit seinem Namen verbunden: Walter Hitzinger. Der „Stahlboß mit dem Schrammelgemüt" wurde er genannt, bis heute ist er eine legendäre, anekdotenumrankte Figur. Aber „Hitzinger-Anekdoten sind nicht zum Schreiben", sagte er selbst zu diesem Thema, „die san alle zu stark." Hitzinger war das sechste Kind einer Linzer Arbeiterfamilie, studierte Maschinenbau, mit 32 war er in der Generaldirektion der Steyr-Daimler-Puch AG, 1952 trat er an die Spitze der Voest und leitete Österreichs größten Betrieb bis 1961. Er brachte für das Sauerstoff-Blasstoffverfahren „LD" (= Linz-Donawitz) den internationalen Durchbruch. (Gestorben 26. 7. 1975 in Bad Ischl, geboren 8. 4. 1908 in Linz.)

Die Landesausstellung im Stift Schlierbach ist der Malerin Margret Bilger (1904–1971) gewidmet.

Vergangenheit und Zukunft unseres Salzes

Das Jahr 1975 bringt zwei bemerkenswerte Ereignisse im heimischen Salzbergbau: Die Generaldirektion der Österreichischen Salinen verlegt mit 1. September ihren Sitz von Wien nach Bad Ischl. Das zweite Ereignis führt zurück in die Vergangenheit dieses zweifellos ältesten österreichischen Betriebs: Als archäologische Sensation gilt im Hallstätter Salzbergwerk die Entdeckung einer etwa 20 cm dicken Trampelschicht (zusammengedrückte Werkzeug- und Materialabfälle früherer Bergbauperioden). In zwei Schichten übereinander tritt deutlich zutage, dass der Salzabbau in diesem Teil des Berges mehrere Jahrhunderte gedauert haben muss. Neben Schrämspuren an den Wänden, die den Beweis für die Abbaumethoden in schweren Blöcken liefern, dürfte der angeschnittene Stollenteil auch lange Zeit als Durchgang gedient haben.

Da verblasst jedes Jägerlatein. Ein vermutlich illegal aus Polen eingewanderter Elch hält Oberösterreich fast ein Jahr lang in Spannung. Er taucht im Oktober 1975 im Mühlviertel auf, nach einer langen Verfolgungsjagd kann er in Steinbach an der Steyr betäubt, eingefangen und in den Wildpark Grünau gebracht werden. Er bricht jedoch aus, wird im Gemeindegebiet von Ebensee gesehen, bleibt dort einige Monate, schwimmt ins Salzburger Land – und ward nie mehr gesehen.
Karikatur von „Florian", „Oberösterreichische Nachrichten".

Das offene Mikrophon

5. Februar. Das ORF Landesstudio Oberösterreich wagt ein Experiment: „Das offene Mikrophon". Die Bevölkerung ist eingeladen, in einer Publikumsdiskussion am Linzer Schillerplatz zum Thema „Sind Führerscheinprüfungen in Linz gerecht oder Glückssache?" offen ihre Ansichten zu äußern. Trotz zögernder Teilnahme des Publikums hält die Intendanz an diesem Konzept eines demokratischen Forums fest. →

Was sind aller Dichter Worte …

Könnt ich danken, wie ich sollte,
Könnt ich danken, wie ich wollte,
Müßt ich an den Himmel greifen,
Alle Sterne niederstreifen
Und sie dir zu Füßen legen,
Deiner Linzer Torte wegen;
Doch ich schweige,
Und ich neige
Meine Stirne und erröte.
Wär' ein Dichter ich wie Goethe,
Könnt in Schillerschen Ekstasen
Ich durch Welt und Himmel rasen,
Dennoch würd' ich gar nichts sagen,
Würde schweigend in mir tragen
Die Empfindung der Verpflichtung –
Was ist Kunst, und was ist Dichtung,
Was sind aller Dichter Worte
Gegen eine Linzer Torte!

Ernst von Wildenbruch (1845–1909).

Spezialitäten aus Oberösterreichs Küche

Über das Essen im Lande ob der Enns könnte man Bände schreiben. Sie sind auch schon geschrieben worden, und nicht erst heutzutage. Schließlich war das „Neue Linzer Kochbuch" der Maria Elisabetha Niederederinn, das 1805 erschien, ein Standardwerk, in der gesamten österreichisch-ungarischen Monarchie verbreitet und insgesamt 25-mal neu aufgelegt. So vielgestaltig das Land, so unterschiedlich die Speisen.

Freilich gab es Gemeinsames. So etwa tischte man landauf, landab zu Festtagen und zur Erntezeit Schmalzgebackenes auf. Aber welche Vielfalt der Formen: Krapfen und „auszogne Nudeln", Handstitzeln, Hasenöhrl, Polsterzipf, Strauben, Schneeballen, Wetzsteine, Affen und „bachene Mäus", um die häufigsten zu nennen. Bratl und Geselchtes kannte man allgemein, es hing lediglich vom Reichtum einer Gegend ab, wie oft man es roch oder schmeckte.

Besonderheiten der bäuerlichen Küche ergaben sich aus dem, was Wald, Feld und Flur zu bieten hatten. Nirgendwo sonst aß man bessere Mohnnudeln und Mohnstrudel als im Unteren Mühlviertel, und die Leinöl-Erdäpfel im flachsreichen Oberen Mühlviertel machten den Kennern den Mund wässrig. Die Innviertler Rohrnudeln suchten ihresgleichen, und die Holzknechtnocken der Salzkammergütler wurden höchstens noch von den verschiedenen Schmarrnarten übertroffen, von denen der „Kaiserschmarrn" wohl die höchste Bekanntheit erfuhr.

Erfreulich sind die Bestrebungen der heimischen Gastronomie, Bodenständiges anzubieten. So feiern die köstlichen Stangerlfische im Seengebiet des Salzkammergutes fröhliche Urständ, da und dort tauchen zur Holunderblüte die Hollerstrauben auf, Powidlpofesen bereichern den Nachtisch, der Steyrer Flößerbraten, das Mostbratl, der Eisenwurzenbraten und das würzige Lebzelteromelett setzen sich wieder durch.

Zuletzt sei den Zuckerbäckern im Lande ob der Enns ein Loblied gesungen, und dies nicht nur der Linzer Torte wegen. Ihre Berühmtheit stellt andere Kreationen in den Schatten, die es sehr wohl verdienen, dass man ihrer gedenkt.

Die „Zaunerratzerl" oder Zaunerstollen aus der traditionsreichen Ischler Konditorei gehören ebenso dazu wie die Gmundner und die Traunkirchner Torte, die unvergleichlichen Gramastettner Krapferl, der Gramastettner Zwieback, die Leonfeldner Lebkuchen und die Eferdinger Muskazinerl.

Es mag wohl sein, dass Spezialitäten aus Oberösterreichs Küche, seien sie nun althergebracht oder, auf der Tradition fußend, von phantasievollen Köchen neu erdacht, nicht immer den Regeln der „nouvelle cuisine" entsprechen, aber sie sind samt und sonders eine Sünde wider die Kalorientabelle wert, und ein Kenner nimmt gern einen oder zwei Fasttage in Kauf, um sich dafür ungetrübt an ihnen zu ergötzen.

Helga Litschel

Das neue große geprüfte und bewährte
Linzer Kochbuch
in
zehn Abschnitten,
enthält:
ein tausend fünf hundert und acht Kochregeln
für
Fleisch- und Fasttäge
sehr deutlich und faßlich beschrieben.
Nebst einem
Anhang in zwey Abschnitten,
worinnen
ein allgemeiner Unterricht
vom Kochen überhaupt — von der Ordnung — von der Reinlichkeit — von der Zierlichkeit im Anrichten — von dem Fleiß — von der Sparsamkeit — vom Transchiren und Vorlegen, gründlich und ausführlich abgehandelt wird.
Beygefügt sind noch
mehrere bequem eingerichtete Speiszetteln
mit einem vollständigen Register.
Verfaßt von
Maria Elisabetha Niederederin.
Zweyte, verbesserte und mit 122 Speisen vermehrte Ausgabe.
Linz, 1807.
Im Verlag der k. k. priv. akademischen Kunst- Musik- und Buchhandlung.

Titelseite eines Linzer Kochbuchs aus 1807.

Platte eines Tisches von Peter Brunner, Hilbern (Schiedlberg). Um 1790.

Linzer Torten gibt es in verschiedenen Ausführungen und für jeden Gaumen.

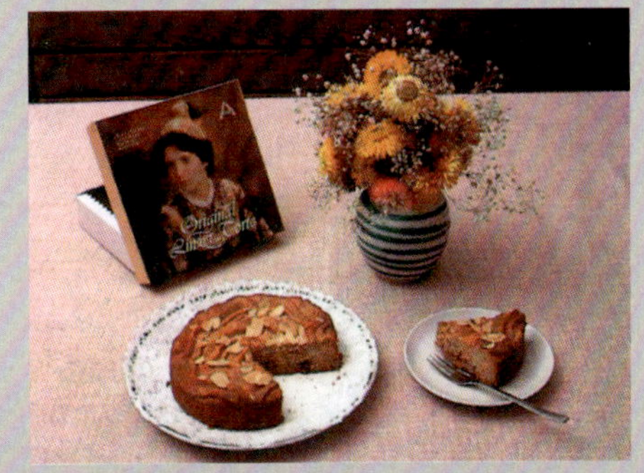

Über alle Zeiten und kulinarische Moden hinweg begehrt: Die Linzer Torte.

Gerühmt und beliebt: Die Linzer Torte

Sie ist eine Berühmtheit, man kennt sie in Europa und vielleicht sogar darüber hinaus, und sie bewirkt, dass der Name Linz mit Wohlwollen, Behaglichkeit, ja Vergnügen ausgesprochen wird: Die Linzer Torte.

Als ihr Erfinder galt lange Zeit der 1822 von Weihenzell nächst Ansbach nach Linz eingewanderte Zuckerbäcker Johann Konrad Vogel (1796–1883). Er heiratete noch im selben Jahr eine Zuckerbäckerswitwe, wodurch er deren Betrieb und das Bürgerrecht der Stadt Linz erhielt. Die Tatsache, dass er kurz darauf mit der Massenproduktion und dem Versand der wegen ihres Wohlgeschmacks gerühmten Torte begann, macht ihn aber nicht gleich zu ihrem Schöpfer.

Schon der „Hoch-Fürstlich-Saltzburgische Stadt- und Landschafft-Koch" Conrad Hagger beschreibt in seinem „Neuen Saltzburgischen Kochbuch", das 1719 bei Lotter in Augsburg gedruckt wurde, eine „Schüssel-Dorten" aus dem „guten und süßen Lintzer-Taig", und er mag sich dabei auf ältere handschriftliche Quellen gestützt haben.

Im Biedermeier nahm die Beliebtheit dieses Mürbgebäckes mit Ribiselmarmelade und Teiggitter rasch zu. Vor allem fand die Linzer Torte in Wiener Bürgerhäusern Eingang. Dort wirkten nämlich zahlreiche kochkundige Linzer Mädchen, die es zu Beginn des 19. Jahrhunderts nahezu magisch donauabwärts in die Reichtshaupt- und Residenzstadt zog. 1820 gab der Wiener Meisterkoch und Kochbuchautor F. G. Zenker ein „Kochbuch für die mittleren Stände" mit dem programmatischen Titel „Nicht mehr als sechs Schüsseln!" heraus. In ihm liest man: „Sehr allgemein ist dieß liebliche Backwerk bekannt, und eben so allgemein geliebt ..." Der Siegeszug der Linzer Torte lag demnach gleichsam in der Luft, und es bedurfte nur noch der Initiative des Johann Konrad Vogel, um ihr zum Durchbruch zu verhelfen.

Der Qualität des edlen Backwerkes ist es zuzuschreiben, dass dieser Durchbruch endgültig war. Heute wird die Linzer Torte – hell oder dunkel, mit oder ohne Mandeln, auf jeden Fall aber „original" – von Linz aus in aller Herren Länder versandt, sie ist ein beliebtes Mitbringsel und scheint auf internationalen Speisekarten auf. Gelobt wird sie allerorten, und nur Neider und Banausen behaupten, dass sie „bei den Ohren herausstaubt". Das größte Kompliment (→ S. 436) machte ihr der deutsche Schriftsteller Ernst von Wildenbruch:

Was sind aller Dichter Worte
Gegen eine Linzer Torte!

Helga Litschel

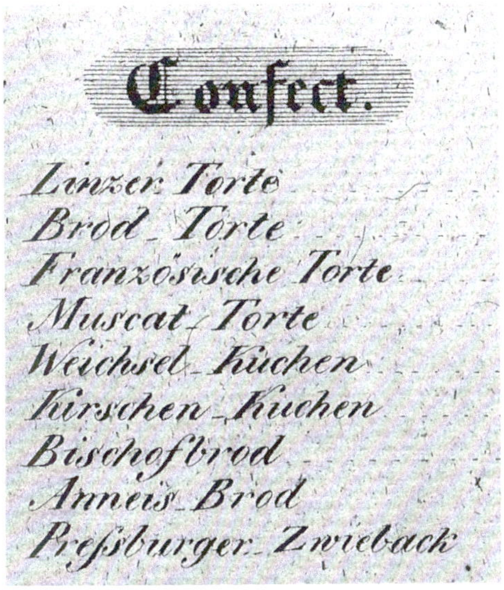

Confect.

Linzer Torte
Brod-Torte
Französische Torte
Muscat-Torte
Weichsel-Kuchen
Kirschen-Kuchen
Bischofbrod
Anneis-Brod
Preßburger-Zwieback

Konfektseite einer Speisekarte, 1. Hälfte 19. Jahrh.

Titelblatt zum „Linzer Kochbuch" von Maria Elisabetha Niederederinn, 1815.

Selchgrießknödel erfreuen sich weitum großer Beliebtheit.

Obderennsische Knödelsymphonie

Denkt der Oberösterreicher an leibliche Genüsse, so fallen ihm bestimmt zunächst die Knödel ein. Nicht, dass man andernorts solche Köstlichkeiten missachtet, aber bei uns hat sich eine eigene Knödelkultur entwickelt.

Vorspiel: Der Suppenknödel

Er tritt einem am häufigsten in Form des Leberknödels entgegen, sei er, wie im Innviertel, groß und flaumig in der Rindsuppe gesotten, sei er, wie im Hausruck, in Schmalz gebacken und in der Suppe lediglich gewärmt. Die wesentlich ältere Form aber ist der Brotknödel, in der Suppe als Hauptspeise gereicht. Eine Abart davon ist die „Wasserhenn". Sie ist im Salzkammergut daheim, hat weder etwas mit dem Federvieh, noch mit Wasser zu tun, sondern stellt eine in der Rein gebackene Semmelknödelmasse dar.

Zur feineren Verwandtschaft dieser deftigen Suppeneinlagen zählt man noch die Brösel-, Butter-, Hirn-, Grieß- und Markknödel, die einer Einmachsuppe zur Vollendung verhelfen, wobei diese Auflistung keinerlei Anspruch auf Vollständigkeit erheben will.

Hauptsatz: Der Fleischknödel

Sein prominentester Vertreter ist der „G'hackknödel". Er wird in so ziemlich allen Landesteilen genossen und unterscheidet sich vom Hascheeknödel dadurch, dass seine Fülle nicht faschiert, sondern eben gehackt wird. Zum G'hackknödel gesellen sich der Grammel- und der Speckknödel. Alle drei sind für gewöhnlich mit Erdäpfelteig umhüllt und werden mit Sauerkraut kredenzt. Eine Klasse für sich ist der gebackene Speckknödel, der gegen Ende der Backzeit mit Eierrahm übergossen wird. Zu dieser Knödeltroika kommen im Hausruck die herrlichen Bratknödel, umhüllt von feinem Nudelteig, im Kobernaußen und im östlichen Innviertel tischt man die Kübelspeckknödel auf. Diese appetitlichen Knöderl wurden früher mit roggenem Nudelteig überzogen, heute zumeist mit Brandteig oder Erdäpfelteig, und dürfen höchstens so groß sein wie ein Ping-Pong-Ball.

Doch die heimische Knödelsymphonie kennt noch viele Akzente: Im Mondseeland bereitet man aus Strudelteig die „z'sammg'legten Knödel", im Mühlviertel gesellen sich zum würzigen Geselchten die roggenen, „stauberten" Knödel, es gibt Erdäpfelknödel, Schwemmknödel und Selchgrießknödel und nicht zuletzt hüllenlos und nur wenigen „Feinzünglern" bekannt – Linzer Fleischknödel und Erzherzog-Eugen-Knödel.

Nachsatz: Der süße Knödel

Er kann auch als Hauptspeise dienen, verhilft aber viel öfter einem typisch oberösterreichischen Festschmaus zum würdigen Abschluss. Etwa Marillen- oder Zwetschkenknödel, in braunen Butterbröseln gewälzt, flaumige Topfenknödel mit Hollerröster, gebackene Apfelknödel mit Vanillesoße, Kapuzinerknödel mit Schokolade übergossen und mit Mandeln bestreut, Erdbeerknödel, Rhabarberknödel …

Wahrlich, der Oberösterreicher hat ein weites Herz, wenn es um seine Knödel geht!

Helga Litschel

Für gebackene Mühlviertler Speckknödel lohnt es sich, ein Gasthaus zu suchen, wo man diese Spezialität richtig zubereitet.

Spindelhut einer Mostpresse aus Plaik bei Kronstorf. Um 1860.

Der Mosttrinker

An Mosttrinker kennt ma ganz genau,
er umarmt zerst sein Mostkruag
und dann erst sei Frau.

Erwin Gahleitner, Neufelden.
(„Oberösterreichische Nachrichten“, 28. 4. 2004.)

Links:
Wie ist er? Mit dem Heber wird den Fässern eine Mostprobe entnommen.

Dös bössá Getränk

Dös bössá Getränk,
Wann i wiadáwöll denk,
Is allweil dá Most.
Wann i'n nur á weng kost,
So kriag i in Magn,
– Ös is frei nöt zun sagn –

So á wunáguats Gfühl,
Und gwiß ist's nöt z'vül,
Wann i frag, ob in Wein,
Soll á noh so guat sein,
Der Gschmah is, wár schad –
Den dá Most in eahm hat.

Der Innviertler und Bürgermeister von Kremsmünster Franz Hönig in „Der Mostschädl“, Linz 1923.

Vom edlen Most

Most gedeiht in allen Landesteilen und überall ist die „Landessäure“ beliebt.

Oberösterreich ist ein klassisches Mostland, sofern man unter Most nicht den frisch gepressten Traubensaft versteht. Freilich war einst auch der Rebensaft hier zu Hause, wovon die Traube im Wappen des Donaumarktes Aschach beredtes Zeugnis ablegt.

Aber es muss wohl ein rechter „Sauerampfer“ gewesen sein, der bis um 1900 gekeltert worden ist. Neben dem Wein behauptete sich stets der Most, in anderen Ländern deutscher Zunge Obstwein oder Äppelwoi, im Französischen Cidre geheißen. Doch diese Arten lässt der Oberösterreicher nicht gelten. Höchstens dass er die Erzeugnisse aus dem niederösterreichischen Mostviertel duldet, aber auch das nur ungern.

Dabei – um der Wahrheit die Ehre zu geben – erinnert man sich an Zeiten, da der gute Most als minderwertiges Getränk schief angeschaut und nur armen Schluckern als Durstlöscher zugewiesen wurde. Diese dunkle Epoche ist hoffentlich endgültig Vergangenheit. Nun ist es wieder Sitte, dass ein Wirt, der etwas auf sich und seine Getränkeauswahl hält, tadellosen Most anbietet. Meist handelt es sich dabei um Mischlingsmost, hergestellt aus Äpfeln und Birnen, hellgelb bis leicht grünlich und von ausgewogener Säure. Die Männerwelt schwärmt mehr für reinen Apfelmost, goldgelb, jahrelang gelagert, herb und trocken. Damen bevorzugen Birnenmost, nahezu wasserhell, mild und süßlich.

Mostschädel ist ein Ehrentitel

Mostobst gedeiht eigentlich in allen obderennsischen Landesteilen, wenn auch nicht in gleicher Qualität. Mühlviertler Most etwa war noch vor einigen Jahrzehnten so herb, um nicht zu sagen sauer, dass die „Weiberleut“ stets zwei oder drei Würfel Zucker mit dem hölzernen Moststessel, dem „Dirdldeitschek“, im Glas zerdrückten, weil das ungesüßte Gesöff nur Männerkehlen zugemutet werden konnte. Auch im Innviertel hat sich der Most erst nach und nach gegen das ortsübliche Bier durchgesetzt.

Heute jedoch nennt sich der Innviertler stolz einen Mostschädel, eine Bezeichnung, die der Oberösterreicher generell als Ehrentitel empfindet. Die wichtigsten Mostgegenden sind die Bezirke Grieskirchen und Wels – hier besonders die „Scharten“ – und das Kremstal.

Geschichte der „Landessäure“

Bekannt ist der Most in unseren Landen bereits seit der Keltenzeit; die Römer, die ihm den Namen (mustum) gaben, hatten, wie man weiß, nicht allzu viel für ihn übrig. Der Durchbruch zur „Landessäure“ gelang erst im 17. Jahrhundert. Und schon setzten Streitigkeiten und Geplänkel ein, denn die Wirte beklagten sich bitter darüber, dass die Bauern unversteuerten Haustrunk billig ausschenkten und ihnen das Geschäft verdarben.

In den folgenden Jahrhunderten behauptete der Most in Oberösterreich seine Vorrangstellung. 1936 zählte man etwa sechs Millionen Obstbäume, vorwiegend Mostobst. Noch 1957 stellt Hermann Gsteu in seiner „Länderkunde Österreich“ fest, dass Oberösterreich die Hälfte aller österreichischen Mostbirnen erntet.

Zur Zeit hat der Fremdenverkehr den Most sozusagen vor seinen Karren gespannt. Mostwanderwege sind entstanden, auf den Wanderkarten sind die „Mostbauern“ eingezeichnet, die den Gast mit Most und Hausmannskost laben. Und mancher Bauer zeigt stolz eine alte, ausgediente Mostpresse, reich mit Kerbschnitt verziert. Ganz sicher aber trifft man die Gerätschaften der Mostbereitung von einst – Obstwalzl und Rollnursch, Baum-, Zwang- und Spindelpresse – in den Heimathäusern und Ortsmuseen im Lande Oberösterreich und natürlich im Mostmuseum zu St. Marienkirchen an der Polsenz, wo sie dem einfühlsamen Besucher von der edlen Mostkultur erzählen.

Helga Litschel

Eine eicherne Spindelzwangpresse aus Hofkirchen an der Trattnach. 1847.

Als das Brucknerhaus zu rütteln begann

„Die ersten springen von ihren Sitzen auf. Musiker, Zuhörer. Innerhalb weniger Minuten stößt und drängt eine wirr gemischte Masse aus Smokings, dunklen Anzügen und langen Abendkleidern zu den Ausgangstüren …“

„Oberösterreichische Nachrichten“, 8. 5. 1976.

Zum Bauernkriegsjahr

„Kaum irgendwelche andere Ereignisse der Geschichte haben viele Menschen unseres Landes sosehr persönlich betroffen wie die des Jahres 1626. Über viele Generationen läßt sich der Wellenschlag der Emotionen feststellen.“

Landeshautmann Erwin Wenzl zur Landesausstellung „Der oberösterreichische Bauernkrieg“, Ausstellungskatalog 1976.

1976

Kalender

22.1. Ein Großbrand vernichtet die Verarbeitungshalle der Papierfabrik Laakirchen.

25.1. Bei der Katrin-Seilbahn (Bad Ischl) stürzt eine leere Gondel fünf Meter tief ab.

17./18.2. Bei einem offiziellen Besuch von Bundeskanzler Bruno Kreisky in der CSSR, an dem auch die Landeshauptmänner von Oberösterreich, Niederösterreich und des Burgenlandes teilnehmen, wird eine Erleichterung im Grenzverkehr versprochen.

5.3. Gründung der Bad Ischler Spezialsalz-Vertriebsgesellschaft.

9.3. Bei einem Seilbahnunglück in der Provinz Trient kommen 42 Menschen ums Leben, darunter sieben Mitglieder einer Reisegruppe der oberösterreichischen Feuerwehrjugend.

24.3. In den zweiten Linzer Mediengesprächen wird das Thema Kabelfernsehen behandelt.

6.4. Der portugiesische Ministerpräsident Admiral José Pinheiro de Azevedo (1917–1983) besucht die Voest.

April. Das Land Oberösterreich kauft den Holzöstersee in der Gemeinde Franking und beginnt mit der Sanierung des stark verschlammten und später unter Naturschutz gestellten Sees.

1.5. Versuch einer Neukonzeption zum „Tag der Arbeit“: 100.000 Menschen treffen sich in der Linzer Schiffswerft zu verschiedenen kulturellen und industriellen Darbietungen. Das ORF-Landesstudio Oberösterreich gestaltet dazu ein Schwerpunkt-Programm.

12.5. Der bulgarische Ministerpräsident Stanko Todoroff besucht die Voest.

15.5. Die neue Sendung des ORF-Landesstudios Oberösterreich, „Ein Sonntag in …“, beginnt in der ältesten Stadt Oberösterreichs, in Enns.

19.5. Eröffnung des Bildungshauses Linz-St. Magdalena.

Juni/Juli. Eine Hitzewelle in Oberösterreich, verursacht zahlreiche Wald- und Latschenbrände.

28.7. Zum dritten Mal innerhalb von zwanzig Jahren eine schwere Explosion in der Pulverfabrik Micheldorf. Zwei Arbeiter werden getötet.

Juli. Wegen Schülermangels schließt Niederranna die erst vor sieben Jahren erbaute Volksschule.

Josefine „Fini“ Limberger aus Oberschlierbach wird beim Berufswettbewerb der Landjugend Europameisterin.

25.8. Ein 13,4 km langes Teilstück der Linzer Autobahn zwischen Linz und Wels wird eröffnet.

27.8. Das ORF-Landesstudio Oberösterreich ist erstmals mit einem eigenen Studio bei der Welser Messe vertreten.

6.9. Der zum Heilbad erklärte Ort Zell bei Zellhof erhält den Namen Bad Zell.

22.9. Österreich gewinnt im Linzer Stadion das Fußball-Länderspiel gegen die Schweiz 3:1.

3.10. Uraufführung der Bauernkriegsoper „Der Aufstand“ im Linzer Landestheater. (Text: Gertrud Fussenegger, Musik: Helmut Eder.)

3.11. Diözesanbischof Franz Salesius Zauner wird bei einem Motorradunfall schwer verletzt.

2.12. Der Luftdruck fällt in Oberösterreich auf seinen tiefsten Stand seit 120 Jahren.

31.12. Die Gemeinde Ostermiething muss ihr Spital schließen.

Landesausstellungen in Linz und Scharnstein: Der oberösterreichische Bauernkrieg 1626; in St. Wolfgang: Der heilige Wolfgang.

Sportler des Jahres: Leopold Past (Turnen) und Helga Pargfrieder (Basketball).

Todestage

Joseph Ramsauer. Komponist. Gestorben 4. 2. 1976 in Bad Ischl. (Geboren 28. 7. 1905 in Ischl.)

Albert Weinschenk. Musiker. Gestorben 26. 4. 1976 in Steyr. (Geboren 9. 12. 1890 in Wien.)

Wolfgang von Wersin. Architekt, Architektur-Plastiker, Kunsthandwerker und Kunsttheoretiker. Gestorben 13. 6. 1976 in Bad Goisern. (Geboren 4. 12. 1882 in Prag.) Mitbegründer der europäischen Werkbundidee, Verfasser grundlegender Arbeiten über künstlerische Gestaltung. Seit 1944 in Oberösterreich, 1948 Berufung an die Kunstschule Linz, Gründer und Präsident des Oberösterreichischen Werkbundes.

Oskar Walleck. Intendant des Linzer Landetheaters (1953–1956). Gestorben 1. 7. 1976 in Coburg. (Geboren 27. 11. 1890 in Brünn.) → S. 387

Alexander Lernet-Holenia. Schriftsteller. Gestorben 3. 7. 1976 in Wien. (Geboren 21. 10. 1897 in Wien.) Er hatte St. Wolfgang zu seiner zweiten Heimat gewählt.

Viktor Kalisch. Olympia-Silbermedaillengewinner 1936 im Kajak-Zweier. Gestorben am 21. 7. 1976 in Linz. (Geboren am 4. 12. 1902 in Linz.)

Inge Egger. Schauspielerin. Gestorben 5. 9. 1976 in Berlin. (Geboren 27. 8. 1926 in Linz.)

Rudolf Rinesch. Voest-Hüttendirektor. Gestorben 4. 11. 1976 in Bad Zell. (Geboren 15. 7. 1911 in Bismarckhütte, Oberschlesien.) Er war maßgeblich an der Entwicklung des LD-Verfahrens beteiligt.

Ferdinand Fageth. Bergmann, Gastwirt, Politiker. Gestorben 11. 12. 1976 in Salzburg. (Geboren 22. 5. 1894 in Ottnang.) Als Schutzbundführer 1934 zu lebenslänglichem Kerker verurteilt. Bürgermeister von Braunau (1945–1949).

Wolfgang von Wersin: Vase mit türkisblauer Glasur, 1925.

Erdbebenpanik

6. Mai. Kurz nach 21 Uhr erschreckt ein Erdbeben die Menschen in Oberösterreich. (Stärke 5 nach der zwölfteiligen Mercalli-Skala.) In vielen Orten, vor allem in Linz, schwanken die Luster, klirrt das Geschirr in den Schränken. In den Hochhäusern flüchten die Bewohner im Nachthemd oder Schlafmantel auf die Straße. Im Linzer Brucknerhaus, wo Richard Wagners „Walküre“ konzertant aufgeführt wird, springen Musiker und Besucher erschrocken von den Sitzen. →

Der Wahl-Salzkammergutler Alexander Lernet-Holenia.

Mit 50 gestorben: die Schauspielerin Inge Egger, eine geborene Linzerin.

Hinweg! Hinweg!

„So schlecht hat die Sieglinde auch wieder nicht gesungen, daß bei der Stelle ‚Hinweg! Hinweg!' die Leute gleich wirklich davonlaufen müssen!"

Ein Brucknerhaus-Besucher am 6. Mai 1976 in der Konzertpause, wo über nichts anderes als das Erdbeben gesprochen wird.

200 Jahre Innviertel – Brauchtum einst und jetzt. Karikatur von „Florian" („Oberösterreichischen Nachrichten").

Die Wilderer waren schneller

22. Mai. Oberösterreich hat etwas zum Lachen. Anlass ist eine Wilderergeschichte, die sich in Gosau ereignet. Sie ist ganz unblutig verlaufen, wenn man vom Opfertod eines Birkhahns absieht.
Die Österreichischen Bundesforste luden den Landesjägermeister zum Abschuss eines Birkhahnes ein. Auf dem Kalmberg, im Grenzrevier zwischen Gosau und Bad Goisern, machten die Jäger ein Prachtexemplar aus, zu dem sie den Gast führen wollen. Wochenlang wurde der Hahn beobachtet, denn schließlich wollte man sich vor dem Landesjägermeister nicht blamieren. Alles ging programmgemäß. Bis auf eine Kleinigkeit: An dem Tag, an dem der Landesjägermeister kommen sollte, gab es keinen Birkhahn mehr. Denn nicht nur die Jäger, auch die Wilderer hatten den reservierten Hahn beobachtet. 24 Stunden früher als vorgesehen krachte ein Schuss. Ein Revierjäger hörte das, sah zwei Wilderer, nahm sofort die Verfolgung auf, stolperte aber in seiner Aufregung über einen Stein, und als er sich wieder aufgerappelt hatte, waren die Wilderer mit dem erlegten Birkhahn über alle Berge. Der Jäger konnte nur noch eine Anzeige gegen unbekannte Wilddiebe erstatten – und, was noch viel peinlicher war, den Landesjägermeister ausladen. Der hat die ganze Sache allerdings mit Humor getragen. Die Jäger aber hatten zum Schaden auch noch den Spott.

Neue Kirchenbauten *Für die Gartenstadt Puchenau wurde diese Kirche gebaut. (Architekt: Roland Rainer.) 1976 werden in Oberösterreich noch zwei Kirchen-Neubauten ihrer Bestimmung übergeben: In Braunau die Franziskus-Kirche (Eberhard Jodlbauer, Franco Fonatti) und in Linz-Oed die „Heiligste Dreifaltigkeit" (Rüdiger Stelzer. Walter Hutter).*

Eine Welle der Opferbereitschaft

Eine Welle der Opferbereitschaft und Begeisterung geht durchs Land. Die Oberösterreicher lassen sich ihre Gesundheit etwas kosten. Auch dann, wenn es nicht auf dem Umweg über die Steuergelder bezahlt wird, sondern wenn sie zu einem echten Opfer aufgefordert werden und direkt in die Tasche greifen müssen. Für eine oberösterreichische Aktion „Kampf dem Krebs" werden im Herbst 1976 mehr als zehn Millionen Schilling (exakt: 10,144.321 Schilling und 41 Groschen) aufgebracht.
Der Betrag wird bis auf den letzten Groschen widmungsgemäß verwendet. Nach einem von der oberösterreichischen Krebsgesellschaft ausgearbeiteten Plan werden in verschiedenen Orten des Landes modernste medizinische Geräte angeschafft: Krankenhäuser werden mit Laserskalpellen ausgerüstet, Laboratorien werden eingerichtet, Kameras für Isotopenstationen und Ultraschallgeräte angekauft.

Das schönste Dorf

Lohnsburg holt sich erstmals die Auszeichnung, das schönste Dorf Oberösterreichs zu sein.

Rechts: Leonding feiert am 20. Juni 1976 seine Stadterhebung. (Offizielles Datum der Stadterhebung: 27. 10. 1975.)

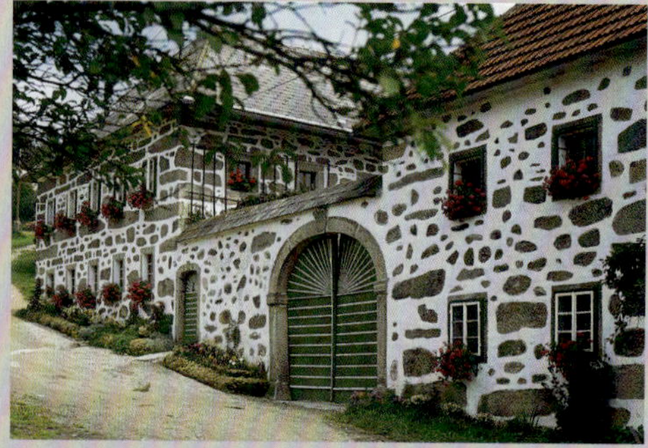

Ein typischer Mühlviertler Hof.

Volkskultur im Lande ob der Enns

Vierkanthof im Florianer Landl.

Innviertler Holzbauernhaus bei Andorf.

Ebenso wie von der Naturlandschaft Oberösterreichs kein einheitliches Bild zu zeichnen ist, kann dies auch nicht in einem Versuch, seine Volkskultur zu schildern, getan werden. Auch die oft zitierte Formel „Vier Viertel hat 's Landl" trifft insofern nicht zu, als man im Lande ob der Enns genau besehen mit fünf, wenn nicht gar mit sechs historisch und kulturell geprägten Landschaften zu rechnen hat, nämlich mit dem Oberen und Unteren Mühlviertel, mit Inn-, Traun- und Hausruckviertel und dem Salzkammergut.

Sie sind Landesteile, die sich vor allem in den Dialekten, in Siedlungs- und Gehöftformen voneinander unterscheiden. Diese Gebietsmerkmale sind auf die Einflüsse politischer Ereignisse und Vorgänge zurückzuführen.

Es muss allerdings auch der verbreiteten Meinung entgegengetreten werden, wonach man es hier mit einem bloßen Kolonialland der Bayern zu tun hätte; obendrein war es auch nicht ein Teil der von Karl dem Großen geschaffenen und von Otto I. wieder aufgerichteten Ostmark. Mit Ausnahme des Mühlviertels handelte es sich von allem Anfang an um das Siedelland der Bajuwaren, war es die Ostgrenze des Herzogtums Baiern. Das Innviertel blieb sogar bis 1779 ein Bestandteil Altbayerns, indessen das Hausruck- wie auch das Traunviertel schon 1180 mit dem alten Traungau von Baiern getrennt wurden und von da an eigenständige Merkmale entwickeln konnten. So manche, freilich inzwischen gemäßigte Spannungen der Innviertler gegenüber den benachbarten Landlern sind – obwohl beide vom gleichen Stamme kommen – auf gegensätzliche Lebensumstände zurückzuführen; so etwa auf die durch lange Zeit eingeengte Freiheit der Bauern auf österreichischem Boden. Der freie bayerische Bauer wähnte sich deshalb hoch über dem Landler zu stehen. Seine Geringschätzigkeit drückt sich in Spott- und Trutzliedern aus, die immer noch angestimmt werden, doch längst nicht mehr den Anlass und Auftakt zu den einst so gefürchteten und verrufenen Raufereien zwischen Landlern und Innviertlern führen. In solcher Schärfe zeigen sich die unterschiedlichen Wesensarten anderer Stämme nicht, obgleich auch sie sich in Sprache, Lied, Tracht, Stube und Haus deutlich voneinander unterscheiden lassen. Trotz allen Wandels am Bild und im Wesen der Oberösterreicher sind doch Reste des alten Bauernlandes festzustellen. So ist das Alltagsbild im Grunde gesehen von der

So viele Menschen lebten noch um 1900 auf einem Bauernhof: Familienbild samt Knechten und Mägden.

Das Zusammenleben der Menschen war für die Bauweise der Höfe bestimmend.

Innviertler Vierseithof.

Tracht bestimmt; die im Zuge eines durchdringenden Verstädterungsprozesses sich verändernde Umgangssprache ist auffallend mundartlich gefärbt, wie überhaupt eine durchaus positive Einstellung gegenüber allen Bemühungen um die Erneuerung der meisten Bereiche der heimischen Volkskultur offensichtlich ist. Dies trifft auf die Pflege von Volkslied und Volksmusik ebenso zu wie auf die fortschreitende Rückbesinnung auf Werte herkömmlicher, ländlicher Bauweisen und traditionell gelenkter Formen des Zusammenlebens.

Die Gehöftformen des Landes

Die Erhaltung des ländlichen Baubildes als ein besonders markanter Kulturauftrag findet seit einiger Zeit wiederum starke Beachtung. Während noch um 1975 Neubauten im Bauernland mehr geschätzt worden waren, ist die landschaftsgebundene Baukultur insofern neu belebt worden, als man sich einerseits bemüht, die Objekte traditioneller Hofformen zu sanieren und zu erhalten und andererseits bei bäuerlichen und bürgerlichen Wohngebäuden eine bewusste Orientierung am überlieferten Baubild einzuschlagen. Charakteristisch für die einzelnen Landesgebiete sind folgende Gehöftformen:

Für das Innviertel offene und geschlossene Vierseithöfe.

Der sogenannte Einspringer ist die bestimmende Gehöftform für den westlich der Traun gelegenen Teil des Landels, also für das Hausruckviertel und für Teile des oberen Mühlviertels.

Das sich östlich der Traun im Städteviereck Linz–Enns–Steyr–Wels ausbreitende Florianer Landl wird von den eindrucksvollen Vierkanthöfen beherrscht, in denen sich „die Macht und Pracht" einstigen stolzen Bauerntums auszudrücken scheint. Die Forschung nimmt an, dass der Prozess zur Bildung dieses Gehöftetypus um 1600 ansetzt. Dem Vierkanter ähneln äußerlich der „regelmäßige Vierseithof" und der Tormauerhof.

Inmitten des oberösterreichischen Kernlandes hatte sich vordem das langgestreckte Heidehaus, ein Einkanter, als kennzeichnende Hausform für die Welser Heide ausgebreitet. Infolge der wirtschaftlichen und beruflichen Veränderungen im Großraum Linz ist es aber fast verschwunden.

Eine auffallende Trennung zweier Hauslandschaften kann in der Kurstadt Bad Ischl festgestellt werden. Bis an den Zusammenfluss von Traun und Ischl reicht das Verbreitungsgebiet des würfelig-geschlossen wirkenden Mondseer Einhauses (ein Mittertennhaus) und grenzt dort an eine vom Trauntalhaus bestimmte Landschaft.

Auch die Vierkanthöfe waren um 1900 noch strohgedeckt: Bauernfamilie aus Steinhaus bei Wels.

Ennstal und Pyhrngebiet weisen sogenannte Haufenhöfe auf, deren Streuanlagen der diversen Wohn- und Wirtschaftsobjekte eines Gehöftes auf geschichtliche und wirtschaftliche Einflüsse, nicht zuletzt aber auch auf solche ihres Standortes im Gelände zurückzuführen sind.

In dem nördlich der Donau gelegenen

Innviertler Vierseithof zwischen Braunau und Altheim.

Modell eines Bundstadels. Original in Tarsdorf aus dem Jahr 1800.

Schnadahüpfl

Leg di schön zuawa,
mei Bett is net broat.
Wannst ma abifälln tätst,
dös tät ma scho load.

Mei Dirndl is a Jungfrau
und i bin ihr Bua.
Da kann s' leicht a Jungfrau sei,
wann i ihr nix tua.

Gstanzl oder Schnadahüpfl gehören zum festen Bestandteil des oberöstereichischen Volksguts.

Volkskultur im Lande ob der Enns

Sandler Hinterglasbild mit Figur der hl. Barbara. Um 1830 in Sandl entstanden.

Mühlviertel beherrscht der Dreikanter mit Doppelgiebel das Bild des einstigen Rodungslandes.

Woher kommen die -ing und -roit?

Zum bodenständigen Kulturgut gehören vor allem auch die im Lande vielfältig auftretenden Siedlungsnamen, die auf Zeiten ihrer Entstehung, auf Umstände und Anlässe der Dorf- oder Weilergründung hinweisen. Für mehrere unter ihnen lässt sich auf diese Weise schließen, dass sie bereits im 8. Jahrhundert bestanden. Bis ins 8. Jahrhundert reichen auch die weitverbreiteten Orte mit -ing-Namen zurück.

Die im Zuge der bairischen Landnahme gegründeten Siedlungen sind zumeist an Bezeichnungen wie -heim oder auch -ham erkennbar. Vor dem Jahr 1100 entstanden viele -felden, -hausen, -hofen oder -kirchen-Orte. Hierauf folgten Ortsgründungen mit Bezeichnungen, die sich aus ihrer Lage in der Landschaft ergeben hatten (-au, -berg, -tal). Es ist dies überdies auch jene Zeit, in der Teile des Siedlungsgebietes durch Rodung erweitert wurden, was sich in Ortsnamen, die auf -roit, -reit oder -reut enden, verrät. Erst aus der letzten Besiedlungsphase rühren die mit dem Hinweis -schlag, -schwand oder -schwend versehenen Ortsbezeichnungen her.

Wo immer von einer Volkskultur die Rede ist, wird sie mit dem Einfluss des Land- und Bauernlebens in Zusammenhang gebracht. Das ist insofern richtig, als eben immer eine gewisse Einheit von Wohnen und Wirtschaften bestand und sich dank diesem Zusammenleben und Zusammenwirken unter einem gemeinsamen Dach beständig Werte der geistigen Volkskultur wandeln und neu entstehen konnten. Diese das Volksleben befruchtende Quelle ist jedoch auch in dem einmal vorwiegenden Bauernland Oberösterreich fühlbar gemindert worden.

In seinem 1845 herausgebrachten „Oberösterreichischen Georgicon", ein Lehrgedicht zur Darstellung einer bäuerlichen Familie im Hausruckviertel, schildert Matthias Altmann (1790–1880): „... und in dem Garten des Herren wimmelt es überall von frohen, tätigen Menschen, welche die dankbare Erde mit freudigem Muthe bebauen, jeder kommende Morgen erblickt den fleißigen Landmann. Und wenn die Sonne sinket, so sieht sie ihn noch bei der Arbeit."

Trutzgsangl, Spottlieder, Landler

Eben in diesem Zusammenhang sind einige Merkmale der autochthonen geistigen Volkskultur anzuführen. So ist allem voraus die alpenländische Eigentümlichkeit des mehrstimmig gesungenen Volksliedes besonders im Salzkammergut zu bestätigen. Im Innviertel sowie im Landl haben sich Trutzgsangl und Spottlieder neben anderem reichen, geselligen und brauchgebundenen Volksliedgut erhalten. Trotz des merklichen Rückganges der einstmals in vielen Orten existierenden Landlergeiger, denen die Bewahrung und auch Erweiterung des Tanzmusikgutes zu danken ist, konnte sich die Freude an heimischen Volkstänzen, im be-

Sandler Hinterglasbild des hl. Florian. Um 1830.

Tanzfiguren aus dem Landlertanz. Um 1930.

Wenn der „Schleunige" ...

„Wenn der ‚Schleunige' dichte Staubwolken aufwirbelt, die Unschlittlichter an den Wänden fast erlöschen und alle Gläser auf den Tischen klirren macht, da sieht es aus, als schwänge Bacchus selbst seinen Thyrsusstab fröhlich aneifernd über dem Getümmel."

Friedrich Simony (1813–1896): „Ein österreichischer Salinenort" (Hallstatt), in „Österr. Revue", Wien 1866.

Grüngeflammte Keramik aus dem 19. Jahrhundert.

Landschaftskrippe aus dem Salzkammergut, 19. Jahrhundert.

sonderen am „Landler", nicht nur erhalten, sondern sogar vertiefen.
Im Grunde besehen sind es übrigens zwei Varianten dieses Paartanzes, dem als Entstehungsgebiet oberösterreichische Landschaften zugesprochen werden dürfen: der durch verschiedene Schrittkombinationen komplizierte Zechen- oder Zetteltanz und der vom Tanzlied bestimmte Traunviertler Landler, dessen Gestalter die Ruden sind. Eine selbständige Form hat der Landler im Salzkammergut entwickelt, wo auch der sogenannte Schleunige und der Steirertanz ihre Lebendigkeit bis auf den heutigen Tag behalten konnten. Hier im Salzkammergut spielen zum Tanz die Geigen- und Saitenmusiker auf. Doch ihnen voran sind die Schwegel- oder Seitelpfeifer hervorzuheben, die zum Bild der Volksmusikwelt der Almer und Schützen unerlässlich gehören.

Krippen und Hinterglasbilder

Als eigenständige Besonderheiten für die einzelnen Landesviertel gelten allerdings nicht nur bäuerliche Hausformen, Lied, Musik und Tanz, sondern auch einige hervorstechende Leistungen auf dem Gebiete der Volkskunst. Es sind die großartigen Weihnachtskrippen samt den damit verbundenen Krippenspielen und Gesängen anzuführen, die das Salzkammergut aufbietet. Gleichfalls muss hier die Gmundner Keramik als ein Phänomen der heimischen Volkskunst mit hinzugenommen werden. Teile des Mühlviertels sind wiederum als Ursprungsorte der Hinterglasmalerei bekannt geworden, deren in einer Art Heimindustrie entstandenen Erzeugnisse, ähnlich dem Schwarzenberger Glas aus den Schlägler Stiftswäldern im oberen Mühlviertel, einen reichen Absatz im Osten und Südosten Europas gefunden hatten. Mit der Absage an die alte patriarchalische Ordnung, die bis zum Ende des Ersten Weltkrieges im oberösterreichischen Bauernland noch gültig war, schwanden nach und nach auch die meisten brauchtümlich bestimmten Gruppen samt ihren bis dahin bestehenden Rechten und Pflichten, was schließlich das gewohnte Bild in Haus und Dorf, bei Fest und Feier sichtbar veränderte. Dieser Schwund der überlieferten Ordnung und Gemeinschaftsformen hatte auch Einbußen an Idealen und ethischen Werten, hatte die Lösung von jeglichen Bindungen und hierauf eine übermäßige Zuwendung zu materiellen Werten zur Folge. Kultur und Volkskultur wurden missverstanden und abgelehnt. Inzwischen konnte aber in Stadt und Land dank einer gezielten Pflege und entsprechender Beratung das Interesse wieder auf die tradierten Kulturwerte gelenkt werden, was vor allem an der erneuerten Kleider- und Wohnkultur abzulesen ist. So wurden neben den vielen musischen Äußerungen auch Tracht und Stube neuerdings zu repräsentativen Zeichen der ländlichen Kultur und zum Bekenntnis zu den Landschaften, die sich zwischen Böhmerwald und Dachstein, Ennsfluss und Hausruck ausbreiten.

Rudolf Fochler

Löffelrem aus dem Salzkammergut. Um 1830.

Blechgöttin Nike – Pro und Kontra

Ich sehe in dieser Arbeit zum einen ein Wahrzeichen an einem zentralen Platz mit enormem Aufmerksamkeitswert für diese Ausstellung. Zum zweiten stellt diese Arbeit eine Verfremdung im Material und in der Dimension dar, die einerseits den historischen Bezug zu einer anderen Zeit, andererseits den Bezug zur Stahlstadt Linz bringt.

Die in Ried prämierte Milchkuh Lore.

Bitte könnte man zu der Feldermaus am Hauptplatz nicht auch den Mann dazuhängen, der diese grausliche Idee der Aufhängung hatte, und den Mann, der dafür Steuergelder hergab?

*

Eine typische Meisterleistung der Kunsthochschule: scheußlich und teuer.

Meinungen zur „Nike", veröffentlicht in den „Oberösterreichischen Nachrichten" vom 30. 8., 6. 9. und 10. 9. 1977.

1977

Kalender

27.2. Der Welser Erich Goriup gewinnt bei der Skibob-Weltmeisterschaft zwei Bronzemedaillen.

7.–9.3. Bundesparteitag der ÖVP in Linz.

21.3. Eröffnung des oberösterreichischen Landeskulturzentrums im Ursulinenhof. →

30.4. Das Jagdschloss Gosau wird abgebrochen.

11.5. Premiere der regionalen Sendereihe „Ö 9", bei der erstmals die neue elektronische Technik angewendet wird.

25./26.5. Generalversammlung des Österreichischen Wirtschaftsbundes in Linz.

29./30.5. Erwin Zimmermann wird zum vierten Mal Motorboot-Weltmeister in der Klasse OC.

14.6. Dritte Linzer Mediengespräche. Thema: „Unabhängigkeit der Medien".

19.6. Am Landestrachtentreffen in Linz beteiligen sich über achtzig Trachten- und Goldhaubengruppen aus ganz Österreich und Südtirol.

23.6. In Linz-Auhof und Ried im Innkreis werden Bundesschulzentren eröffnet.

30.6. Erstmals Einsatz eines mobilen Hörfunkstudios in Oberösterreich in der Sendung „Radio Salzkammergut".

10.7. Die Oberösterreicher Harald Fereberger, Franz Eisl und Herbert Spitzbart sichern sich den Segel-Weltmeistertitel in der Drachenklasse.

13.7. Inbetriebnahme des Hochofens A in der Voest mit einer Produktionskapazität von 5300 Tonnen Roheisen pro Tag.

13.–17.7. 10.000 Sportler am Askö-Bundesfest in Linz, Steyr und Wels.

16./17.7. In Kremsmünster nehmen mehr als 10.000 Feuerwehrmänner am Landes-Feuerwehrleistungsbewerb teil.

Neues Linzer Kulturzentrum: der Ursulinenhof.

19.7. Der Steyrer Hans Schlecht ist Kajak-Weltmeister im Mannschafts-Regattabewerb.

30.8. Auf der Rieder Messe werden die Preise des Fleckviehzuchtverbandes Inn- und Hausruckviertel vergeben. Sieger werden die Kuh Lore mit einer Lebensleistung von 63.642 Liter Milch und Stier Sender, der es in seinem sechsjährigen Leben auf rund 50.000 Nachkommen brachte.

12.9. Eröffnungsfest des „Forum Metall" in Linz. An der Donaulände und im Parkareal des Brucknerhauses werden dreizehn Metallplastiken und Objekte international anerkannter Künstler aufgestellt und sorgen für lebhafte Diskussionen. →

Erstmals landet am Flughafen Hörsching eine Boeing 707 nach einem Nonstopflug von New York.

24.9. Die Strecke Linz–Spital am Pyhrn ist elektrifiziert.

28.9. Der Gmundener Franz Oberleitner ist Europameister im Wasserski-Springen.

September. Auf den Köpfen oberösterreichischer Schüler werden erstmals seit Kriegsende wieder Läuse entdeckt.

3.10. Rücktritt von Landeshauptmann Erwin Wenzl (seit 1971). Neuer Landeshauptmann: Josef Ratzenböck. (Gewählt am 19. 10.) →

6.10. Ein Großbrand zerstört weite Teile des Betriebsgeländes der Firma Isar-Rakoll-Chemie im Welser Industriegelände.

Oktober. Aus der Tschechoslowakei wechseln zwei Luchse ins Mühlviertel und werden heimisch.

Neuer Voest-General: Heribert Apfalter.

7.11. Wechsel auf dem Sessel des Generaldirektors der Voest: Herbert Koller (1911–1995) wird von Heribert Apfalter (1925–1987) abgelöst.

11.–18.11. Die Bundesheermanöver in Oberösterreich stehen unter dem Motto „Verteidigung ohne Schlacht".

26.11. Der erste Teil der Linzer Fußgeherzone zwischen Taubenmarkt und Mozartkreuzung wird eröffnet.

2.12. Das umgebaute und erweiterte Innviertler Volkskundehaus in Ried wird eröffnet.

9.12. Eröffnung der Linzer Straßenbahnlinie nach Auhof.

Landesausstellung in Kremsmünster: 1200 Jahre Stift Kremsmünster.

In Oberösterreich kommen in diesem Jahr nur 15.200 Kinder zur Welt. Der niedrigste Stand, seit es eine genaue Geburtenstatistik gibt (1871).

Sportler des Jahres: Gerhard Breitenberger (Fußball) und Irmgard Wöckinger (Leichtathletik).

Geburtstage

Birgit Minichmayr. Schauspielerin. Geboren 3. 4. 1977 in Linz.

Vera Lischka. Schwimmerin. Geboren 1. 5. 1977 in Linz. Sportlerin des Jahres 1994, 1995, 1998.

Violetta Oblinger-Peters. Sportlerin des Jahres 2000 und 2008 (Kanu). Geboren 14. 10. 1977 in Schwerte, Nordrhein-Westfalen. Lebt in Schärding. Olympia-Bronze 2008. → 2007

Todestage

Herbert Ploberger. Maler. Gestorben 22. 1. 1977 in München. (Geboren 6. 4. 1902 in Wels.)

Josef Laßl. Schriftsteller, Theater- und Kulturkritiker. Gestorben 13. 4. 1977 in Linz. (Geboren 17. 3. 1915 in Nöstlbach-St. Marien bei Linz.) → S. 358, 448

Paul Fuchsig. Chirurg. Gestorben 20. 6. 1977 in Wien. (Geboren 3. 3. 1908 in Schärding.) Arbeiten über Transfusion und Konservierung von Blut und Plasma.

Alois Großschopf. Stifter-Forscher und Leiter des Adalbert-Stifter-Institutes (1967–1976). Gestorben 1. 7. 1977 in Linz. (Geboren 6. 4. 1916 in Deutsch-Beneschau, Böhmen.)

Heinrich Klein. Komponist. Gestorben 12. 7. 1977 in Linz. (Geboren 2. 2. 1892 in Budapest.)

Franz Pühringer. Schriftsteller, Leiter der Linzer Puppenspiele. Gestorben 30. 8. 1977 in Linz. (Geboren 27. 12. 1906 in Pernegg, Steiermark.)

Hans Krotthammer. Sänger. Gestorben 13. 9. 1977 in Linz. (Geboren 23. 8. 1918 in Pischelsdorf.) Beliebter Tenor am Linzer Landestheater.

Hans Wagner. Maler. Gestorben 10. 12. 1977 in Zürich. (Geboren 8. 5. 1906 in Dietreichs, Südböhmen.) Lebte und arbeitete als Porträt- und Landschaftsmaler in Schwanenstadt.

Johann Nepomuk David. Komponist. Gestorben 22. 12. 1977 in Stuttgart. (Geboren 30. 11. 1895 in Eferding.)

Vier neue Märkte

Mitterkirchen, Molln, Seewalchen am Attersee und Sierning heißen die neuen oberösterreichischen Märkte.

Wichtigste Amtshandlung

Für den Tag seiner Angelobung war ein Empfang im Landhaus geplant. Einige Tage vor dem Fest erkundigte sich Ratzenböck: „Was gibt es zu trinken?" Die stereotype Antwort: „Mineralwasser, Rotwein, Weißwein, Fruchtsaft und Kaffee!"

„Ich möchte aber, daß auch Bier gereicht wird, denn ich bin ein Biertrinker und viele meiner Freunde auch", meinte der neue Landeschef. Der zuständige Beamte war ratlos. Bier schien ihm für einen Landesempfang nicht vornehm genug. Er pilgerte nochmals zu Ratzenböck, um ihn aufmerksam zu machen, dass es Bier bisher nicht gegeben hatte. Sturschädelig beharrte der trotzdem auf seinem Wunsch: „Ab sofort gibt es Bier, und zwar bei jedem Empfang!"

Als eine der letzten Amtshandlungen führte Ratzenböck auch noch Most als würdiges Getränk für die Landesempfänge ein.

Aus: Anneliese Ratzenböck „Mit herzlichen Grüßen Euer Josef Ratzenböck", Linz, 1996.

Oben: Für lebhafte Diskussionen sorgt das „Forum Metall" im Linzer Donaupark.

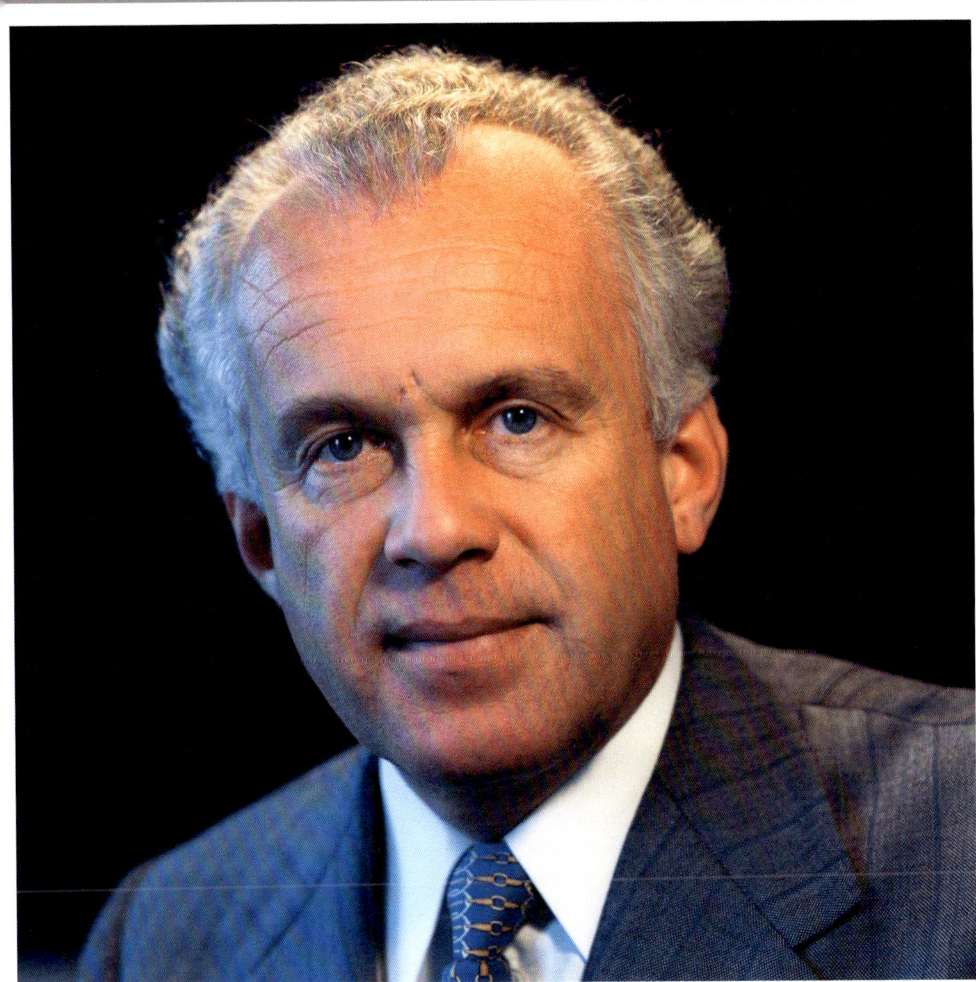

Landeshauptmann Josef Ratzenböck: Ein „echter Landesvater"

Mit dieser Überschrift hat der Publizist Hubert Feichtlbauer die Persönlichkeit und das Wirken von Landeshauptmann Josef Ratzenböck charakterisiert. Auch andere waren echte Landesväter, „aber Josef Ratzenböck hat diese Rolle in einzigartiger Weise zur Perfektion reifen lassen".

Fast 18 Jahre, vom 3. Oktober 1977 bis 2. März 1995, ist er Oberösterreichs Landesvater. Schon in seinen früheren Aufgabenbereichen war er ein Mann des Volkes, der (so Feichtlbauer) „auf jeden zugehen und mit bezwingend einfacher, klarer, ein wenig schulmeisterlicher Sprache und festem Blick Ohren und Herzen gewann". Die „Gabe des Herzens" würdigte auch Bundespräsident Rudolf Kirchschläger: „Er hat diese Gabe eindrucksvoll gelebt und praktiziert."

Der Lebensweg von Josef Ratzenböck: Geboren am 15. April 1929 als Sohn eines Gast- und Landwirtsehepaares in Neukirchen am Walde. Noch in den letzten Kriegsmonaten 1945 musste der kaum 16jährige in den Waffenrock schlüpfen und Kriegsdienst in der zur Front gewordenen Heimat leisten. Ratzenböck schloss 1952 an der Wiener Universität das Rechtsstudium ab. Der einjährigen Gerichtspraxis folgte die Anstellung im Sekretariat der ÖVP-Landesparteileitung in Linz. Seine politische Tätigkeit war bald erfolgreich: Gründung des oberösterreichischen Pensionisten- und Rentnerbundes (später Seniorenbund), Geschäftsführer der Wohnungsfreunde, seit 1969 Landesparteisekretär. 1973 wurde Ratzenböck in die Landesregierung berufen und mit den Referaten Finanzen und Kultur betraut. 1977 löste er Erwin Wenzl als Landeshauptmann und Landesparteiobmann der ÖVP ab. Nach den Landtagswahlen 1979, 1985 und 1991 wurde Josef Ratzenböck als Landeshauptmann wiedergewählt. 1995 trat er zurück. → Personenregister

Die Blechgöttin Nike

29. August. Über dem Linzer Hauptplatz schwebt eine metallene Siegesgöttin, „Nike von Samothrake", das sieben Meter hohe Aushängeschild des „Forum Metall", gedacht als Paraphrase zur berühmten Figur der Antike, die im Pariser Louvre zu sehen ist, gestaltet von der oberösterreichischen Architektengruppe „Haus-Rucker-Co", von den Linzern bald als „Blechvogerl" und „Fetzenengerl" apostrophiert. Es gibt, wie vielleicht beabsichtigt, lebhafte Debatten um diese Aluminiumplastik. Schließlich befristet man ihre Aufenthaltsdauer auf ein Jahr, 1979 verfügt das Linzer Bauamt die Entfernung. Die Linzer verlieren damit eines ihrer liebsten Streitobjekte.

Liebstes Streitobjekt der Linzer: der Aluminiumengel „Nike", der von 1977 bis 1979 über dem Hauptplatz schwebt. Rechts die Dreifaltigkeitssäule.

Radio Bruckner

Als Beitrag des ORF zum „Internationalen Brucknerfest Linz 1977" startet das Landesstudio Oberösterreich am 4. September mit „Radio Bruckner" ein Experiment, das in dieser Konsequenz zum ersten Mal in der Rundfunkgeschichte durchgeführt wird: Ein ganzer Tag, von 6 Uhr früh bis 23 Uhr nachts, steht im Zeichen Anton Bruckners.

Josef Laßl, Federzeichnung von Antonn Watzl.

„Sie haben es gut ..."

„Sie haben es gut", seufzte Josef Laßl, als er der Garderobefrau seinen Mantel aushändigte, „Sie brauchen nicht einigehn!"

Oberösterreichische Originale: Der Kritiker Josef Laßl

Der Kritiker Josef Laßl (1915–1977) hat sich mit seiner unerbittlichen Schärfe viel Feindschaft zugezogen. Obwohl immer zuerst eine schlechte Aufführung war, dann erst eine scharfe Laßl-Kritik.

Scharfe Kritik? „Das Publikum kritisiert viel schärfer", lautete Laßls Antwort. „Wenn ich das schreiben würde", sagte er einmal vor der Fernsehkamera, „was die Leute sagen, müsste ich dauernd im Gefängnis sitzen!" Nach diesen Worten folgte noch ein typischer Laßl-Nachsatz: „Obwohl ich zugeben muss, dass das Einsitzen im Gefängnis sicher nicht so schlimm ist wie manchmal das Sitzen im Theater!"

Sieg über Festspielregisseur

Nicht gerade ins Gefängnis, aber immerhin vor Gericht brachte ihn ein prominenter Festspielregisseur. Denn das haben selbst jene, die mit Laßls Kritiken nicht einverstanden waren, immer anerkennen müssen: Er hat vor den großen Stars nicht haltgemacht. Die Auseinandersetzung mit dem Regisseur Leopold Lindtberg, die Josef Laßl nicht nur geistig, sondern auch gerichtlich gewonnen hat, ist ein Höhepunkt in den vielen Erinnerungen an ihn.

Von einem „Bravourstück der Abschreckung" hatte Josef Laßl geschrieben, anlässlich einer Aufführung von Nestroys „Lumpazivagabundus" bei den Salzburger Festspielen 1962, die der Regisseur Leopold Lindtberg und der Komponist Georg Kreisler „grauslich vollbrachten", von einer „billigen Banalisierung" und von einer „Trivialisierung".

Da lief der Regisseur zu Gericht und klagte wegen Ehrenbeleidigung. Der an internationale Erfolge gewöhnte Theatermann glaubte, mit dem kleinen Kritiker aus Linz ein leichtes Spiel zu haben. Er sollte sich täuschen. Zuerst kam er selbst gar nicht zur Gerichtsverhandlung, sondern schickte nur seinen Anwalt. Nicht irgendeinen Anwalt natürlich, sondern den prominentesten, den Wien zu bieten hatte. Sind die Worte „Banalisierung" und „Trivialisierung" eine Beleidigung? Diese Frage hatte das Gericht zu klären. „Es mag vielleicht zum Wortschatz von Doktor Laßl gehören", erklärte der Anwalt des Regisseurs, „aber normalerweise ist es eine Beleidigung!" Laßl blieb seinem Gegner nichts schuldig. Blitzschnell zog er aus seiner Aktentasche ein Blatt Papier hervor und las: „Laut Herrn Duden heißt banal und trivial: platt, abgedroschen, seicht, alltäglich, flach, fade, niedrig! Wo bleibt da die Beleidigung?"

Es wurde noch dramatischer bei dieser Gerichtsverhandlung. Laßl führte den im Gerichtssaal anwesenden Theaterleuten vor, wie man einen guten Gag platzieren kann. Zu einem echten Theatereffekt gehört es, dass man nicht merkt, wann er kommt. Der Richter fragte den Kritiker routinemäßig, wie er sich zu den Anschuldigungen stelle.

Da zitierte Laßl ein Beispiel aus der Musikgeschichte, um das Thema „Plagiat" zu erörtern, denn der Regisseur hatte in Laßls Kritik auch den Vorwurf des Plagiats herausgehört. Laßl: „Donizetti schrieb einst einen Entschuldigungsbrief an Rossini, weil er zum Aufputz einer Arie einen Einfall Rossinis übernommen hatte. ‚Meister, was soll ich tun?' hieß es in dem Brief. Rossini antwortete großzügig: ‚Schreiben wir beide einen Dankesbrief an Mozart!'"

Laßls Kommentar zu seinem Sieg: „Jetzt möchte ich gerne von einem Künstler geklagt werden, weil ich ihn zu sehr gelobt habe. Da ließe ich mich lachend verurteilen!"

Lyriker und Trakl-Preisträger

Weniger bekannt als der Kritiker ist der Literaturwissenschafter Josef Laßl, der Erzähler Josef Laßl, der Lyriker und Trakl-Preisträger Josef Laßl. Er war nicht nur ein witziger Schreiber und Plauderer, sondern auch ein ernster Denker. „Wer bin ich?" fragte er in einem Gedicht:

„Wie Tausende neben mir, aber aus der Gnade des
Tages, den Mund des Gottes voll, seht, welch ein
Mensch bin ich, dem das Wort sich genaht hat: und
Der Stern über dem Hause glänzt."

Rudolf Lehr

Er lachte gern: Josef Laßl (rechts) und LandesChronik-Autor Rudolf Lehr.

Symphonie für Blasorchester

„Der große Erfolg der Wiedergabe ist ein Beweis dafür, daß das Wagnis geglückt ist, die symphonische Form auf den Klangkörper Blasmusik zu übertragen.“

Franz Zamazal über die am 15. Mai 1960 im Landestheater Linz uraufgeführte „Symphonie in c-Moll für großes Blasorchester“ von Franz Kinzl. „Mühlviertler Heimatblätter“, 2/1975.

Blasmusik und Musik für Bläser

„Man soll ‚Blasmusik‘ und ‚Musik für Bläser‘ nicht verwechseln.“

Franz Kinzl im Programm zur Uraufführung seiner Blasmusik-Symphonie, 15. 5. 1960.

„Gar nicht schlecht“

„Eine Blasmusikkapelle spielt am Linzer Hauptplatz auf. Kinzl ist unter den Zuhörern. Kommt ein Stück, dem er aufmerksam lauscht, und dann fachmännisch meint: ‚Gar nicht schlecht.‘ Dann schaut er nach, von wem das ist. Es stammte von Franz Kinzl.“

Reinhold Tauber in „Oberösterreichische Nachrichten“, 22. 2. 1974.

Oberösterreichische Originale: Der Komponist Franz Kinzl

In Österreich ist es Tradition, dass Komponisten erst dann verehrt werden, wenn sie gestorben sind. Bei Franz Kinzl (1895–1978) war das allerdings anders. Ihm gelang schon zu Lebzeiten das Kunststück, mit seiner Musik moderne Wege zu gehen und trotzdem verstanden zu werden.

Er war bei den Konzertbesuchern und Konzertmusikern genau so geachtet und beliebt wie bei den Blasmusikkapellen, für die er zahlreiche originale und originelle Kompositionen schrieb.

Er war Volksschullehrer, Volksschuldirektor, vor allem war er Künstler: er beherrschte eine Vielzahl von Instrumenten, er malte auch (→ S. 426) und lebte davon einige Zeit, er dichtete. Am bekanntesten aber ist und bleibt er als Komponist.

Seinen Freunden bleibt er in Erinnerung als Original. Es ist unmöglich, an Franz Kinzl zu denken, ohne an ein heiteres Erlebnis erinnert zu werden.

Vor einer Aufführung in Wien war es, als Franz Kinzl noch rasch „auf einen Kaffee“ ging, wie er immer sagte, wenn er ein Vierterl wollte. Am Nachbartisch saß Hermann Thimig. Kinzl stand auf und ging auf ihn zu. Der Schauspieler, offenbar in der Annahme, um ein Interview, zumindest aber um ein Autogramm gebeten zu werden, blickte entsprechend erwartungsvoll auf den zu ihm Tretenden. Und wunderte sich sehr. Denn alles, was Franz Kinzl wollte, war dieses: „Bitte, wo ist denn hier das Pissoir?“

Stichwort Vierterl: „Wer niemals einen Rausch gehabt!“ ist eines der erfolgreichsten Werke Franz Kinzls, eine nach allen Regeln der Kunst gebaute „Scherzfuge“, wie er es nannte. „Es ist eine echte Fuge“, fügte Kinzl hinzu. „Ich möchte meinen Namen nicht drunterschreiben unter das, was heute als Fuge bezeichnet wird!“

Zu jeder Tages- und Nachtzeit setzte sich Franz Kinzl gern ans Klavier. Schon eher Nachtzeit war es, als er einen Freund aufforderte, ihm ein Thema zu geben. „Ich kann nicht Klavier spielen“, erklärte der Freund. „Das macht nichts“, antwortete Kinzl, „probier's!“ Daraufhin schlug der Freund unbekümmert auf irgendwelche Tasten. Kinzl reagierte so, wie es niemand erwarten konnte: „Interessant“, konstatierte er. Und aus den Zufallstönen entstand, in immer neuen Variationen, unter den Händen von Franz Kinzl eine faszinierende Klangfolge. Es war mehr als eine Improvisation, es war eine vollendete Stegreif-Komposition.

Kinzl mit und ohne „e“

Häufig wurde Franz Kinzl mit dem „Evangelimann“-Komponisten verwechselt, der ein „e“ mehr im Namen hat. Bei der Generalprobe einer Symphonie von Franz Kinzl hatte der Portier den strengen Auftrag, nur Musiker in den Probesaal zu lassen. Als Kinzl ohne Instrument kam, wurde ihm der Eintritt verwehrt. „Ich bin der Komponist von dem, was da geprobt wird“, sagte Kinzl. Das überzeugte den Hüter des Probesaales keineswegs. „Da wird nicht komponiert“, meinte der Kunstkenner, „da wird was Schönes gespielt!“ Glücklicherweise kam dem zwar geschmeichelten, aber auch schwitzenden Kinzl ein Musiker zu Hilfe. „Aber lassen S' doch den Kapellmeister Kinzl hinein“, sagte dieser zum Portier. Da ging plötzlich ein Leuchten über das Gesicht des Mannes, er verneigte sich tief und sprach: „Entschuldigen Sie vielmals, Meister, warum haben Sie denn nicht gleich gesagt, daß Sie der Herr Evangelimann sind?“

Warum soll ein Portier wissen, was ein Intendant des Linzer Landestheaters nicht wusste? Als Kinzl bei einer Pressekonferenz des Landestheaters seinen Namen nannte, war Intendant Fred Schroer verblüfft: „Was? Kinzl? Ach, Sie leben noch? Wie mich das freut ...!“ Vermutlich hatte der Intendant auch die Zusage zur Aufführung einer Oper von Franz Kinzl unter der Annahme gegeben, dass dieser Kinzl nicht mehr am Leben sei. Denn nach dieser Begegnung mit dem lebendigen Kinzl hatte man von seinem Versprechen nie mehr etwas gehört.

Eine Bieroper für den Urfahrer Markt

Kinzl machte sich nichts draus. Er hatte sich über zu wenig Anerkennung nicht zu beklagen. Und er fand die Anerkennung häufig dort, wo sie am schwierigsten zu erringen war: Für das Bierzelt auf dem Urfahrer Jahrmarkt zum Beispiel hatte Kinzl eine Bieroper geschrieben: „Der Keuschheitsgürtel“. Die Aufführung war keineswegs einfach. Eine misstrauische, sich lärmend unterhaltende, völlig amusische und da und dort bereits alkoholdurchtränkte Gesellschaft für anspruchsvolle, moderne Musik zu begeistern, das war etwas, was außer Franz Kinzl noch kaum einem Komponisten gelungen ist.

Er war nicht nur ein Original, er war ein begnadeter Künstler.

Rudolf Lehr

Franz Kinzl bei der Ehrung anlässlich seines 80. Geburtstages.

Der durchschaute Oberösterreicher

„Der durchschnittliche Oberösterreicher ist ein sehr gewissenhafter, arbeitsamer Mensch, der aber starr an altmodischen, konservativen Wertvorstellungen festhält."

Filmbericht im „Ö-Bild am Sonntag", 5. 2. 1978 zum Thema „Mir san mir – Der durchschaute Oberösterreicher".

Der ortsansässige Dichter

„Stell dir vor, sagt Blumauer, in einer Preisrede sagte unser ortsansässiger Dichter, daß es nichts zu loben gibt, nimmt den Preis an, steckt das Preisgeld ein und sagt: Es gibt nichts zu loben! Wer unseren ortsansässigen Dichter auszeichnen will, sagt Blumauer, muß erstens dafür bezahlen und zweitens muß er sich dafür beschimpfen und verspotten und verhöhnen lassen."

Alois Brandstetter in „Was Thomas Bernhard nicht lesen durfte", „Kleine Zeitung", Klagenfurt, 23. 6. 1978.

1978

Kalender

9.1. Ein Novum in Österreich stellt die vom ORF-Landesstudio Oberösterreich als Mehrwegkommunikation konzipierte Sendereihe „Radio weißrot" dar, die mit diesem Tag das „Wunschkonzert" ablöst.

18.1. Am Flughafen Hörsching treffen die Brennstäbe für das Atomkraftwerk Zwentendorf ein. Eine Demonstration von Kernkraftgegnern wird von der Gendarmerie aufgelöst.

24.1. Erste Operation am freigelegten Herzen im Allgemeinen Krankenhaus der Stadt Linz.

2.2. Der spanische König Juan Carlos I. besucht die Voest.

1.3. Die ORF-Landesstudios erhalten die Fernseh-Erstausstattung.

Eröffnung des Neubaues des Welser Landesverlags.

18.3. Beim neuen TV-Quizspiel „Allein gegen alle" tritt Linz gegen eine deutsche und eine Schweizer Stadt an und scheitert an der Frage, mit welcher Erfindung ein englischer Uhrmacher berühmt würde. (Richtig wäre gewesen: das Wasserklosett.)

12.4. In der Linzer Landesfrauenklinik kommen Drillinge zur Welt.

8.5. Vierte Linzer Mediengespräche. Thema: Medienrecht.

24.5. Eröffnung der Ausstellung „Textilkunst 78" in Linz.

11.6. Bundespräsident Rudolf Kirchschläger feiert mit den Gmundnern das 700-Jahr-Jubiläum der Stadt.

12.6. Ein Unteroffizier wirft in einem Linzer Restaurant eine Handgranate: Drei Tote.

14.6. Gründung des Anton-Bruckner-Instituts Linz.

16.6. Eröffnung des Theaters des Kindes in Linz.

18.6. Landes-Goldhaubentreffen in Perg.

21.6. Im Wagner-Jauregg-Krankenhaus in Linz nimmt das Zentrum für Computertomographie den Betrieb auf.

28.6. Zwei tschechische Landarbeiter mähen im Grenzgebiet irrtümlich auf österreichischer Seite eine 2000 m² große Wiese.

9.7. Linz: Beginn der 6. internationalen Union-Bundeskampfspiele. Es ist die größte Sportveranstaltung, die jemals in Österreich abgehalten wurde.

14.7. Spatenstich zur zweiten Etappe der Gartenstadt Puchenau.

24.7. Leck im Voest-„Hochofen A": 100 Tonnen Roheisen ergießen sich in die Werkshalle.

29.7. Durch Brandstiftung gehen die Betriebsgebäude der Firma Markgraf in der Magazinstraße in Wels in Flammen auf.

1.–12.8. Pfadfindertreffen in St. Georgen im Attergau.

10.8. Eröffnung der neuen Standseilbahn auf die Wurzeralm. Talstation Spital am Pyhrn: 816 m, Bergstation Wurzeralm: 1430 m. →

13.8. Bei einer nächtlichen Bootspartie auf dem Attersee ertrinken fünf junge Menschen.

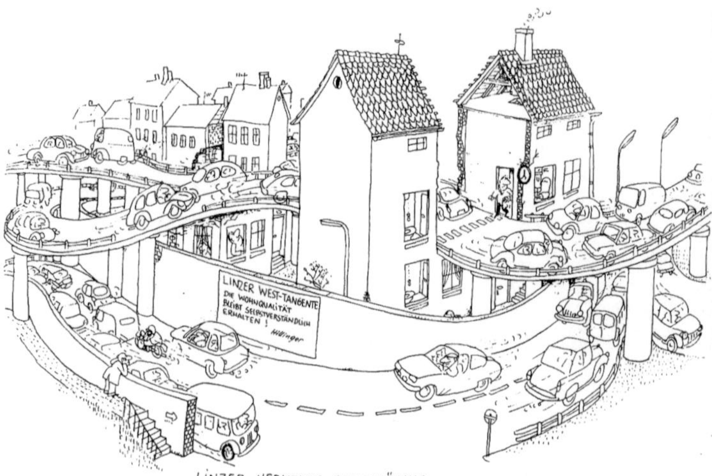

Trotz heftiger Proteste der Anrainer geht in Linz die Autobahntrasse der „Westtangente" ihrer Vollendung entgegen. Karikatur von „Florian" („Oberösterreichische Nachrichten").

1.–10.9. Eine Hundertjährige feiert: die Welser Messe.

22.9. Der 93 m hohe Richtfunkturm der Post in Ansfelden nimmt seinen Betrieb auf.

29.9. Uraufführung im Linzer Landestheater: „Wie Gott in Frankreich" von Pavel Kohout.

2.10. Eröffnung des Behindertendorfes Altenhof am Hausruck.

Oberösterreich und Salzburg schließen einen Vertrag zur Zusammenarbeit in Fragen der Raumordnung im gemeinsamen Grenzgebiet.

8.10. Eröffnung des Freilichtmuseums in St. Florian-Samesleiten. →

30.10. Baubeginn des Bosruck-Autobahntunnels.

5.11. Bei der Volksabstimmung über die Inbetriebnahme des Atomkraftwerkes Zwentendorf stimmen 47,3 % der Oberösterreicher mit „Ja" und 52,7 % mit „Nein". Wahlbeteiligung 68 %.

20.11. Gründung der Arbeitsgemeinschaft Alpen-Adria. → 1987

21.12. Die BMW-Motorengesellschaft m. b. H. mit Sitz in Steyr wird gegründet.

25.12. Errichtung der Katholisch-Theologischen Fakultät in Linz.

29.12. In Weigetschlag bei Bad Leonfelden wird (neben Wullowitz) der zweite Grenzübergang zwischen Oberösterreich und der Tschechoslowakei eröffnet.

Landesausstellung „Die Schaunberger" auf Schloss Starhemberg, Eferding.

Sportler des Jahres: Willi Kreuz (Fußball) und Ulli Pitrovsky (Sportgymnastik).

Die Mollner Schuhfabrik „Dachstein" erreicht eine Produktionskapazität von jährlich 400.000 Paar Skischuhen und 500.000 Paar Berg- und Wanderschuhen.

Union-Bundeskampfspiele in Linz: Turnerinnen auf der Linzer Promenade.

Was ist „gschmah"?

Was ist „gschmah" und was ist „schiahlih"? Geschmackvoll, nett das eine, häßlich und furchterregend das andere. Solche Auskünfte gibt das „Wörterbuch zur oberösterreichischen Volksmundart", das im Oktober 1978 erscheint, gesammelt von Otto Jungmair, bearbeitet von Albrecht Etz, herausgegeben vom Stelzhamerbund; für alle Freunde der oberösterreichischen Mundart ein wertvolles Nachschlagewerk.

Kinderreim

„Ih lög mih nieder",
Soat der Wider.
„Ih lög mih ah",
Soat dö old A.
„Ih lög mih auf mein Wamperl",
Soat des kloanwinzi Lamperl.

Kinderreim aus Kremsmünster, Wörterbuch zur oberösterreichischen Volksmundart, Linz, 1978.

(Ein „A" ist ein altes Mutterschaf.)

Jäger und Wild

„Die Jäger werden immer mehr, das Wild immer weniger!"

Emmerich Lehner über das Jagdjahr 1977/78 in Altenfelden. In „Altenfelden, Rückblick – Rundblick", 1978.

Sommer und Winter ein beliebtes Ausflugsziel ist das Gebiet der Wurzeralm, das nun auch mit einer Standseilbahn zu erreichen ist.

Von alter Bauernherrlichkeit erfüllt: Das neue Freilichtmuseum beim „Sumerauer z'Samesleiten" in St. Florian-Samesleiten bei Linz.

Geburtstage

Yvonne Schuring. Sportlerin des Jahres 2011 (Flachwasser-Kanu). Geboren 4. 1. 1978 in Wolfen, Deutschland. Lebt in Oberösterreich. Goldmedaille 2011.

Günther Weidlinger. Sportler des Jahres 2006 (Leichtathletik). Geboren 5. 4. 1978 in Braunau.

Manfred Haimbuchner. Landesrat (FP), seit 2009, Landesparteiobmann seit 2010. Geboren 12. 8. 1978 in Wels.

Todestage

Gerhart Baron. Schriftsteller. Gestorben 7. 3. 1978 in Linz. (Geboren 7. 5. 1904 in Kandrzin, Oberschlesien.)

Josef Schadler. Geologe. Gestorben 8. 4. 1978 in Lambach. (Geboren 29. 8. 1889 in Gmunden.)

Franz Kinzl. Komponist. Gestorben 23. 4. 1978 in Lambach. (Geboren 2. 7. 1895 in Mettmach.) → S. 426, 449

Wilhelm Jerger. Komponist und Direktor des Linzer Brucknerkonservatoriums (1958–1974). Gestorben 24. 4. 1978 in Linz. (Geboren 27. 9. 1902 in Wien.)

Johann Diwold. Präsident der Landwirtschaftskammer (1959–1966), seit 1966 Landesrat. Gestorben 19. 5. 1978 in Linz. (Geboren 5. 4. 1911 in Ried in der Riedmark.)

Felix Neumüller (Pater Willibrord.) Historiker. Gestorben 17. 6. 1978 in Kremsmünster. (Geboren 8. 12. 1909 in Wien.)

Koloman (Ignaz) Holzinger. Einer der bedeutendsten Äbte des Stiftes Admont. Gestorben 2. 9. 1978 in Admont. (Geboren 13. 1. 1915 in Bad Hall.)

Josef Walk. Bürgermeister von Steyr (1934 bis 1938). Gestorben 18. 10. 1978 in Linz. (Geboren 22. 5. 1902 in München.) Bürgermeister-Stellvertreter in Linz, Voest-Generaldirektor-Stellvertreter.

Ein „Troadkasten" wanderte von Pinsdorf ins Freilichtmuseum St. Florian-Samesleiten.

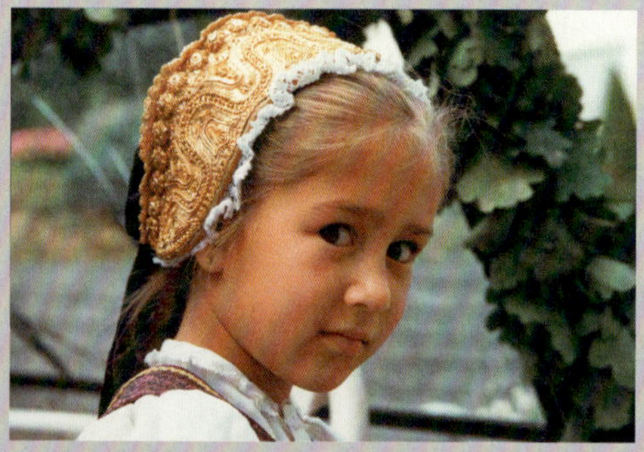

Auch die kleinen Mädchen gefallen sich mit dem goldenen Häubchen und in einem festlichen Dirndlkleid. Meist ist beides, das Häubchen und das Kleid, von der Mutter selbst angefertigt.

Das Landl und sein Gwandl

Mit Freude dürfen wir sagen: die Tracht lebt in Oberösterreich, sie ist zu Hause in den Kleiderkästen, auf der Straße, im Festsaal und in den Schulklassen.

Man weiß nie, wenn man über Trachten in Oberösterreich reden oder schreiben will, ob man beim Gestern oder beim Heute beginnen soll. Vielleicht ist das aber ohnehin bedeutungslos.
Eines steht aber fest: Ins Alltagsleben und ins Festefeiern so selbstverständlich eingebunden wie Essen und Trinken, das sind die Trachten im Land, das ist vielleicht das besondere oberösterreichische Geheimnis.

Zwischen Mode und Kitsch

Es hat Zeiten gegeben, da war von einer lebendigen Volkstracht nicht mehr die Rede. Stockfleckig und muffig geworden, vegetierten Reste der Trachtenvorliebe zwischen Mode und Kitsch dahin. Tracht degenerierte zur Kostümierung, und dort, wo einst handwerkliche Kunstfertigkeit herrschte, regierte Geschmacklosigkeit.
Nun sind wir doch beim Gestern. Fest steht, dass alle Trachten, die wir heute in solcher Vielfalt in Oberösterreich tragen, aus dem 19. Jahrhundert stammen. Auf dem langen Weg durch die Geschichte, von der Hallstattzeit zur römischen Besatzung in Noricum ripense, über die Völkerwanderung und das Auftauchen der Bajuwaren bis ins Mittelalter bildeten sich Bekleidungselemente heraus, die wir später dann in den Volkstrachten finden. Mit dem Erscheinen des Leibchenrockes im 16. Jahrhundert schlägt sozusagen die Geburtsphase der Frauentracht. Man trifft auf sie in bildlichen Darstellungen, in Textilfunden und in Reiseberichten. Tracht wird das, was ein Volk, was eine Gemeinschaft trägt und was von den Lebensgewohnheiten und der Landschaft geprägt ist.

Kleidung und sozialer Rang

Die Kleidung bezeichnete in den vergangenen Jahrhunderten den sozialen Rang. Im Mittelalter schuf man sogar eigene Kleiderordnungen, um einem reichen Bürger- und Handwerksstand zu verwehren, sich in höfischer Tracht zu produzieren. Umgekehrt griff aber einige Jahrhunderte später der Adel nach der Kleidung des Volkes, als sich etwa die Damen des kaiserlichen Hofes, die in Ischl Urlaub machten, im rosaroten Leiblkittel der Sennerin gefielen.
Besondere Kennzeichen der Volkstrachten waren bei Männern wie bei Frauen immer auch die Kopfbedeckungen. Der Jodlhut des oberösterreichischen Bauern ist aus der Zeit der Bauernkriege geradezu als Symbol in die Geschichte eingegangen. Ebenso zwei Jahrhunderte später die aus dem Biedermeier stammende Linzer Goldhaube, die zugleich mit der schönen Linzerin von vielen Schriftstellern der Zeit verherrlicht wurde.

Goldhauben und schwarze Kopftücher, wie sie in der Inn-Salzach-Gegend gebräuchlich sind.

Die Goldhaube als Statussymbol

Die Goldhaube entwickelte sich aus der Bodenhaube zu einer speziellen Fasson, provokant und majestätisch war sie Krone und

Almtaler in Festtagstracht bei einer goldenen Hochzeit. Photographie gegen Ende des 19. Jahrhunderts.

D' Goldhaubn

Ganz kreuzvágnüagt sán allö Leut,
Schaun an dö glanzád Herrlichkeit. –
Am mehrán gfallt eahn nuh dö Gschicht,
Stöckt untán Gold á herzigs Gsicht.

Franz Stiendl (1882–1965): „D' Goldhaubn"
(Aus „Hoamatgsang", Linz, 1930).

Linzer Goldhaube aus der Biedermeierzeit. Oberösterreichisches Landesmuseum.

Das Trachtenreich Oberösterreich gestern und heute

Porträt Barbara Hierzenberger mit Goldböndelhaube und Hut aus dem Kremstal. 1792. Die Goldböndelhaube ist die Ausgangsform der Linzer Goldhaube.

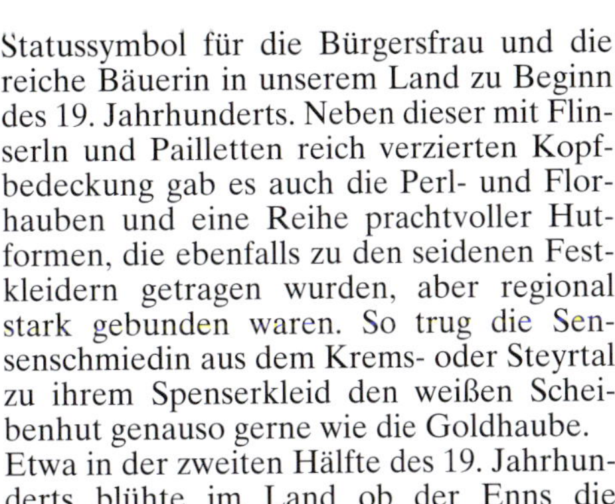

Statussymbol für die Bürgersfrau und die reiche Bäuerin in unserem Land zu Beginn des 19. Jahrhunderts. Neben dieser mit Flinserln und Pailletten reich verzierten Kopfbedeckung gab es auch die Perl- und Florhauben und eine Reihe prachtvoller Hutformen, die ebenfalls zu den seidenen Festkleidern getragen wurden, aber regional stark gebunden waren. So trug die Sensenschmiedin aus dem Krems- oder Steyrtal zu ihrem Spenserkleid den weißen Scheibenhut genauso gerne wie die Goldhaube. Etwa in der zweiten Hälfte des 19. Jahrhunderts blühte im Land ob der Enns die Tracht in ungeheurer Vielfalt. „Höhepunkt und Krisis fallen hier allerdings zusammen", stellt der oberösterreichische Trachtenexperte Franz Carl Lipp fest. Geschichtliche und politische Ereignisse zeigten eben auch Wirkung auf die Leute, auf das, was sie trugen und wie sie es trugen.

Nach 1848, also nach der Bauernbefreiung durch Hans Kudlich, begann man sich von manchen Zwängen der trachtlichen Kleidung zu befreien, die Frauen legten zuerst die steifen, schweren Hauben und Hüte ab und banden das Kopftuch um, aber auch die Männer wurden ein wenig frecher und lockerer im Bekleidungsstil.

Kopftuch für den Kirchgang

Freilich, die Damenwelt erfand bald das kunstvoll verschlungene Taftgebilde des Kopftuches, das wiederum weniger Bequemlichkeit als vielmehr Würde verlieh. Das Kopftuch hat die Wende vom 19. ins 20. Jahrhundert und auch die Zeit danach, die die Frauen aus dem Korsett befreite, überstanden. Lange war es das selbstverständliche Attribut für den sonntäglichen Kirchgang der Bäuerin. Trotzdem, es ging bergab mit der Tracht. Geringgeschätzt und nicht mehr beliebt, rettete sie sich im Schutz

Bildnis der Juliane Weinmeister, Sensengewerkin in Spital am Pyhrn. Ölbild von Franz Xaver Bobleter, um 1845.

Festtracht aus der Gegend von Kremsmünster. Lithographie, um 1830.

Typische Innviertler Trachten. Photographie, 1890.

Des Kaisers Lederhose

„Wenn Kaiser Franz Joseph bei seinen Sommeraufenthalten in Ischl, wo er, nicht nur im ehernen Jagdstandbild, noch allgegenwärtig ist, bei jeder passenden Gelegenheit in der ‚Kurzen' erschien, so geschah das nicht, um ein Beispiel für die Erhaltung der Tracht zu geben – dies war im Salzkammergut ohnehin nicht nötig –, sondern um seine Volksverbundenheit zu demonstrieren."

Franz J. Grieshofer in „Die Lederhose", Wien 1978.

von Gruppen und Vereinen über so manches Jahrzehnt der Ablehnung und Lieblosigkeit, die dieser Kleidung von einem großen Teil der Bevölkerung entgegengebracht wurde.

Schönheit ins Leben tragen

Diese Zeit ist vorbei – heute ist es ganz anders. So vielfältig, vielgestaltig wie dieses Land Oberösterreich ist auch seine Tracht. Sie stellt sich in jedem Viertel ein bisschen anders dar. Als gemeinsamen Besitz schätzen die Oberösterreicherinnen ihre großen Festtrachten mit Goldhaube, Kopftuch oder Hut. 18.000 Frauen haben sich in diesem Land in Gruppen zusammengeschlossen, um bei Festen und Feiern mit diesen Trachten „Schönheit ins Leben zu tragen", um Tracht und Brauchtum zu pflegen und sinnerfüllt in die Gegenwart einzubinden. Stolz tragen auch die Kinder ihre Festkleider und das goldbestickte Mädchenhäubchen.
Alle Trachtenvereine sorgen für engagierte Trachten- und Heimatpflege. Trotzdem, die Tracht würde nicht leben, wenn sie nicht selbstverständliche Kleidung auch außerhalb der Gruppe wäre. Es würde etwas fehlen, wenn man den Leiblkittel nicht hätte. Ob aus Blaudruck oder Leinen, aus Wollbrokat oder Seide, er eignet sich zusammen mit den vielen Blusenformen einfach für jede Gelegenheit. Die Schürzen sind in Material und Farbe harmonisch abgestimmt. Die regionalen Festtrachten, die nach den Vierteln, den Bezirksstädten oder nach anderen Orten benannt sind, tragen ihre Namen nach den Fundorten der alten Vorbilder. Die Unterschiede und Besonderheiten der Trachten offenbaren sich in den Ausschnittformen, den mehr oder weniger prachtvollen Verzierungen durch Borten, Posamenten, Samtblenden oder Rüschen. Gleich bleiben immer das auf Figur gearbeitete Leibchen, ob mit Ärmeln aus dem Stoff des Kleides oder mit weißer Bluse, und der in Stehfalten gezogene Rock.

Das schwarze „hintribundene" Kopftuch wird wieder modern. Zeichnung aus der Biedermeierzeit.

Kaiserliches Genrebild von der alljährlichen Ischler Jagd.

Oberösterreicher-Anzug und Dirndl

Die Männer tragen den „Oberösterreicher", so liebevoll wird dieser olivgrüne Trachtenanzug bezeichnet. Daneben gibt es aber viele andere Möglichkeiten, Heimatverbundenheit mit einem Mühlviertler, Hausruckviertler oder Innviertler Trachtenanzug zu demonstrieren. Das Traunviertel prunkt ja mit seinem Hammerherrenanzug, mit dem einst die reichen Hammerherren Standesbewusstsein zeigten.
Die oberösterreichischen Trachten sind kostbar und edel, verlangen nach exaktem Handwerk und liebevoller Ausführung. Ramsch und Kitsch haben keinen Platz. Gleich nach dem Zweiten Weltkrieg setzte die Bemühung um die Erneuerung der

Goldhaubengruppe aus Neufelden in prachtvoller Tracht. Gruppenaufnahme Ende 19. Jahrhundert.

Tracht ein, ausgehend vom damals neu gegründeten Heimatwerk und subtil geleitet vom Wissenschafter der Volkskunde, Universitätsprofessor Franz C. Lipp (1913 bis 2002). Sein Name ist untrennbar mit der lebendigen, der erneuerten oberösterreichischen Volkstracht verbunden.

Erneuerung heißt, dass eine Tracht den Bedürfnissen der Gegenwart angepasst wird, ohne ihre prinzipiellen Stilelemente zu verändern. Bequeme Armausschnitte, eine Taille, die sich am richtigen Platz befindet, und eine Rocklänge, die in etwa mit der Mode geht, gehören zu den Wünschen, die die Zeit diktiert. Selbstverständlich sind auch die neuen Materialien, Mischgewebe und Kunstfasern eingebunden. Trotzdem herrscht die größere Nachfrage nach reiner Seide und Reinwollbrokat für die Festtracht, nach Leinen und natürlicher Baumwolle für sommerliche Dirndln. Das Dirndl ist hierzulande also nicht nur eine Mädchen-, sondern auch eine Trachtenkleidung, die für alle Altersstufen tragbar ist.

Mehr als 100 Frauentrachten

In Oberösterreich finden wir zwischen Böhmerwald und Dachstein, vom Inn bis zur Enns weit über hundert verschiedene Frauentrachten. Lange nicht so viele Männertrachten gibt es, aber doch genug, um auch hier das Abwechslungsbedürfnis zu befriedigen.

Gewinner der „Gamsbart-Olympiade" in Bad Goisern.

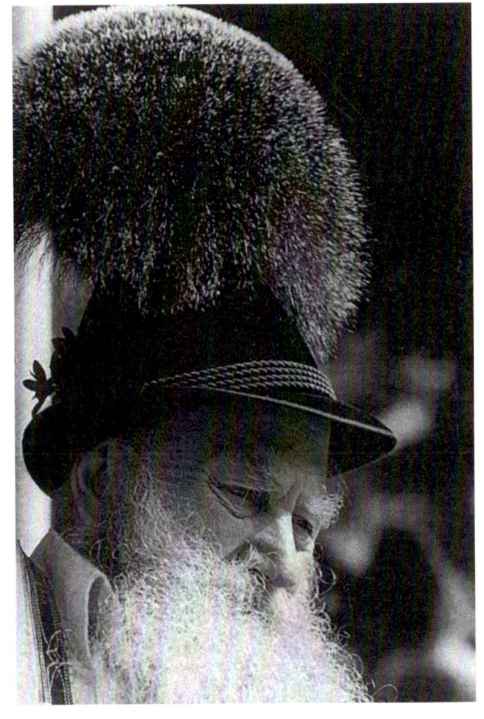

Auch die Menschen von heute fühlen sich wohl in der Tracht.

Das Landl und sein Gwandl, das reimt sich so schön, und es gibt tatsächlich keine Ungereimtheiten bei der oberösterreichischen Tracht. Wir kennen die echten Trachten und wissen sie genau von der Trachtenmode abzugrenzen, die natürlich auch aus dem unerschöpflichen Quell der Volksphantasie schöpft.

Ein Bundesland wie Oberösterreich, das tausend Jahre brauchte, um sich aus vielen Teilen zu einem Ganzen zusammenzufinden, braucht die Tracht als wichtiges Element, um Landesbewusstsein aufzubauen. Das Sprichwort „Kleider machen Leute" gebraucht man nicht gern, aber es bleibt trotzdem die Tatsache bestehen, dass Tracht auf alle Fälle Landsleute macht.

Anneliese Ratzenböck

In Steyr wird das Kulturzentrum mit Stadttheater und Stadtsaal eröffnet.

Bruckner-Fest oder Bruckner-Missbrauch?

„Bruckner ist unverwundbar"
„Kronen-Zeitung", 20. 9. 1979.

„Bisher größtes Kultur-Spektakel"
„Neues Volksblatt", Linz, 19. 9. 1979.

„Bruckner-Mißbrauch"
„Die Furche", Wien, 19. 9. 1979.

„Bruckners größte Zuhörerschaft"
„Tagblatt", Linz, 20. 9. 1979.

Kalender

15.1. Das Hotel „Ebelsbergerhof" in Linz-Ebelsberg brennt ab.

9.2. Mit der Verkehrsfreigabe des Voest-Knotens ist die Mühlkreis-Autobahn im Stadtbereich Linz durchgehend kreuzungsfrei befahrbar.

10.2. In Thalham bei St. Georgen im Attergau treffen die ersten Vietnam-Flüchtlinge ein.

12.2. Naarn wird Markt.

23.2. Das Inventar des traditionsreichen Linzer Hotels „Schwechaterhof" an der Landstraße wird versteigert. Der Bau wird abgerissen.

Februar. Bei der Linzer Nibelungenbrücke wird ein Schiff der deutschen Kriegsmarine gehoben.

15.3. Die Fertigstellung des Schwerlasthafenbeckens an der Traun ermöglicht der Voest die Verschiffung von Werkstücken bis zu 750 Tonnen.

29.3. Eröffnung des neuen Verwaltungszentrums der Allgemeinen Sparkasse in Urfahr.

30.3. Feierliche Inbetriebnahme des Donaukraftwerkes Abwinden-Asten.

2.4. Annemarie Pröll, die weltbeste Skirennläuferin, wird im Triumphzug durch Linz geleitet.

9.4. Das Rieder Chemiewerk Kanol wird durch einen Großbrand vernichtet.

20.–24.4. Mehr als 43.000 Besucher kommen zur Goldhaubenschau in den Linzer Ursulinenhof.

6.5. Nationalratswahlen. Ergebnisse in Oberösterreich: 320.995 VP, 385.883 SP, 55.347 FP, 5588 KP.

26.5. Das Gebäude der ehemaligen Linzer Solo-Fabrik wird gesprengt. Damit ist der Platz für den Ausbau des Bahnhofes frei.

3.6. Elisabeth Theurer aus Leombach (Sipbachzell) wird Europameisterin im Dressurreiten. → S. 459

15.6. Mit Reinhard Waldenberger wird bei der Österreich-Radrundfahrt erstmals ein Oberösterreicher Glocknerkönig.

21.6. Grundsteinlegung zur Errichtung des BMW-Motorenwerks in Steyr.

Juni. Der Hörschinger Düsenjägerpilot Erich Wolf wird bei den Weltmeisterschaften im Militär-Kunstflug Weltmeister.

9.7. Wilhering wird Markt.

11.7. Der Benediktiner Richard Weberberger (1939–2010) aus Kremsmünster wird zum Bischof von Barreiras in Bahia (Brasilien) geweiht.

18.7. In Nigeria wird das neue LKW- und Traktorenwerk der Steyr-Nigeria-Lloyd eröffnet.

28.7. Auf Einladung der Gemeinde kommen 300 abgewanderte Großraminger für einen Tag zurück, um mit den „Daheimgebliebenen" die Kontakte aufzufrischen.

29.7. Fünf junge Oberösterreicher überleben fast unverletzt am Bahnhof von Madrid einen Terroranschlag.

Juli. Die OKA weist als Folge der Volksabstimmung gegen das Atomkraftwerk Zwentendorf (1978) in ihrer Bilanz erstmals einen Verlust aus.

1.8. Erstmals in Österreich werden befruchtete Eier, die Kühen in Kanada entnommen wurden, oberösterreichischen Kühen implantiert.

5.8. Der Steyrer Dieter Morawek rettet sechs Menschen – davon fünf Nichtschwimmer – aus der Donau, die mit ihrem Motorboot gekentert waren.

22.–25.8. In Linz wird die Schieß-Weltmeisterschaft auf dem „Laufenden Keiler" ausgetragen.

28.8.–1.9. Die erste Armbrust-Weltmeisterschaft wird in Linz durchgeführt.

31.8. Eröffnung der neuen Saline in Ebensee-Steinkogl.

August/September. In Fragen der Raumordnung im gemeinsamen Grenzgebiet kommt es zu Verträgen Oberösterreichs mit Niederösterreich und der Steiermark.

3.9. Die Landeshauptmänner von Ober- und Niederösterreich eröffnen gemeinsam die erste Ausbaustufe des Industriehafens Enns-Ennsdorf.

12.9. Eröffnung der Steyregger Brücke. Sie verkürzt die Fahrt von Mauthausen nach Linz um zwanzig Kilometer.

22.9. In Steyr werden die neuen Hauptbrücken über Enns und Steyr eröffnet.

28.9. Eröffnung der Neuen Galerie der Stadt Linz im Lentia 2000.

September. Das Kulturzentrum Steyr, mit Stadttheater und Stadtsaal, wird eröffnet. →

1.10. Die Kleiderfabrik Müller-Wipperfürth in Neufelden wird an die Spinnerei und Weberei Ebensee AG verkauft.

6.10. Opern-Uraufführung im Linzer Landestheater: „George Dandin" von Helmut Eder.

7.10. Landtags- und Gemeinderatswahlen. Der neue Landtag: 29 VP (28), 23 SP (24), 4 FP (4).

8.10. Das Linzer Bauamt verfügt, dass die „Blechgöttin" Nike, die seit zwei Jahren über dem Hauptplatz schwebt und für hitzige Debatten sorgt, demontiert werden muss. → 1977

24.10. Im Krankenhaus Schärding kommen Drillinge zur Welt.

10.11. Das schwedische Königspaar Carl Gustaf und Silvia kommt zu einem privaten Besuch nach Grein und St. Nikola an der Donau.

Landesausstellung „Die Bildhauerfamilie Zürn" in Braunau.

Sportler des Jahres: Helmut Köglberger (Fußball) und Elisabeth Theurer (Dressurreiten).

Geburtstage

Terese Präauer. Bildende Künstlerin und Schriftstellerin. Geboren 28. 2. 1979 in Linz

Mario Knögler. Europameister 2006 (Schießen). Geboren 2. 7. 1979 in Wels. → S. 469

Johannes Berauer. Komponist. Geboren 30. 10. 1979 in Wels. → 2011

Theater-Hitler in Leonding

Die Uraufführung des Schauspiels „Heimatland" von Oskar Zemme am 5. Oktober im Linzer Landestheater sorgt für Aufregung: Der Autor lässt in diesem Stück eine Stadt in Hitler-Hysterie verfallen, nachdem ein alter Landstreicher von einer Wirtshausrunde für den heimgekehrten „Führer" gehalten wird. Ort dieser Handlung ist Leonding, das durch Hitlers Elterngrab unerwünschte Berühmtheit erlangte. „In Leonding ist man gegen Hitler-Bezüge allergisch", wurden die Proteste einer Gemeinderatsfraktion vom Intendanten des Landestheaters kommentiert.

Das Linzer Prunerstift *Das Linzer Prunerstift, ein kulturhistorisch wertvolles Gebäude aus der ersten Hälfte des 18. Jahrhunderts (→ S. 155), war Armenhaus, Irrenhaus, Gebär- und Findelanstalt, Polizeidirektion, Obdachlosenheim, Wohnhaus. Seit 25. September 1979 ist im restaurierten barocken Gebäude die Linzer Musikschule untergebracht.*

„Heute wird Bruckner allen jenen enteignet, die ihn als ihren Privatbesitz betrachten."
„hepo" in den „Oberösterreichischen Nachrichten", 18. 9. 1979.

„Woodstock für E-Musik"
„profil", 24. 9. 1979.

„Klingende Industriestadt"
„Frankfurter Allgemeine Zeitung", 28. 9. 1979.

„Selbstmord mit Musik"
„Die Welt", Hamburg, 25. 9. 1979.

„16 Takte c-Moll durch den Computer-Wolf"
„Süddeutsche Zeitung", München, 24. 9. 1979.

„Swinging Toni"
„Der Spiegel", Hamburg, 24. 9. 1979.

„Es war phantastisch!"
„Ganz großer Käse!"
Zwei Stimmen aus dem Publikum.

Ein Elektronik-Gerät, das Musik in Bilder umsetzt

Beklatscht und beschimpft: die Linzer Klangwolke.

Das neue Salinengebäude in Ebensee-Steinkogl.

Haben auch unsere Kinder noch genug Salz?

Die wirtschaftliche Verwaltung des Salzmonopols erhält mit 1. Jänner 1979 eine neue Rechtsform und ermöglicht den Österreichischen Salinen, die 1975 die Generaldirektion von Wien nach Bad Ischl verlegt, eine Anpassung an die Wirtschaft von heute. Der Bedarf an Salz wird durch die österreichischen Salinen voll gedeckt. Der Schwerpunkt der Sole- und Salzgewinnung Österreichs ist fast immer in Oberösterreich gelegen. Salzbergbau gibt es in Hallstatt, Altaussee, Bad Ischl und Hallein, soleverarbeitende Betriebe in Bad Aussee, Hallein und Ebensee.

Werden bei einem seit Jahrtausenden betriebenen Salzbergbau auch unsere Kinder und Enkel noch genug Salz haben? Die Salinenfachleute beruhigen uns. Sie sprechen von sicheren, wahrscheinlichen und möglichen Salzvorräten. Die sicheren Vorräte an Haselgebirge (Gemenge von Steinsalz, Ton und Gips) werden allein im Hallstätter Salzberg mit 90 Millionen Kubikmeter, die wahrscheinlichen mit 170 Millionen Kubikmeter und die möglichen mit 350 Millionen Kubikmeter beziffert. Ein Kubikmeter Haselgebirge ergibt etwa eine Tonne Salz. Demnach können Österreichs Frauen zumindest in den nächsten paar hundert Jahren nach Herzenslust die Suppen versalzen.

Todestage

Franz Dirrank. Der bisher älteste Linzer stirbt am 15. 1. 1979 im 105. Lebensjahr. (Geboren 4. 6. 1874.)

Gustav Putz. Journalist. Gestorben 2. 2. 1979 in Linz. (Geboren 27. 7. 1900 in Linz.)

Toni Hofer. Grafiker. Gestorben 27. 9. 1979 in Linz. (Geboren 24. 5. 1903 in Linz.) Meister der Schrift und des Holzschnitts.

Hans Kinzl. Geograph, Gletscherforscher. Gestorben 23. 10. 1979 in Innsbruck. (Geboren 5. 10. 1898 in St. Florian am Inn.)

Die ganze Stadt hört Bruckner

18. September. So etwas hat Oberösterreich noch nicht erlebt: Die „Linzer Klangwolke" führt zu Oberösterreichs größter Bevölkerungswolke. 100.000 Menschen aus ganz Oberösterreich pilgern zum Donauufer zwischen Nibelungen- und Eisenbahnbrücke, um bei der Bruckner-Freiluftaufführung dabeizusein. Über vier gewaltige Lautsprechersäulen mit je 5000 Watt Leistung ertönt Bruckners achte Symphonie. Das Bruckner-Volksfest ruft bei Tausenden Menschen Begeisterung, bei ebenso vielen Kopfschütteln, Entrüstung und Enttäuschung hervor.

„Der Wurm im Klavier". Der Humor fehlt nicht bei der Linzer Ars Electronica.

Die Ars Electronica

18. bis 21. September. Um Spannungsverhältnis und Wechselbeziehungen zwischen Mensch und Technik, zwischen Kunst und Technologie, zwischen der Kulturstadt Linz und der Industriestadt Linz geht es in der Ars Electronica, eine Veranstaltung, die innerhalb des Internationalen Brucknerfestes Linz zum erstenmal durchgeführt wird.

Das schönste Dorf

ist im Jahr 1979 die Gemeinde Laussa.

Die höchstgelegene Hütte im Dachsteingebiet, die Dachsteinwartehütte, trägt heute den Namen des Bergführers und Hüttenwirts Sepp Seethaler.

„Mitn Auto herfahrn ...

„Mitn Auto herfahrn, mit da Seilbahn aufafahrn, übern Gletscher führn lassen, mitn Steirergwandl und einer Aktentaschn auftauchen und dann kommandieren wolln? Na, des geht bei mir net!"

Sepp Seethaler über den Besuch eines Kontrollbeamten auf seiner Schutzhütte.
Aus Rudolf Lehr: „Dachstein – Abenteuer in Vergangenheit und Gegenwart", Linz 1982.

1980

Oberösterreichische Originale: Der Hüttenwirt Sepp Seethaler

„Hoch vom Dachstein an, wo der Aar noch haust", heißt es im Dachsteinlied. Für einen Aar ist es nichts Besonderes, auf dem Dachstein zu hausen. Ungewöhnlicher schon ist es, wenn ein Mensch den Großteil seines Lebens in einer Gegend verbringt, wo es außer Schnee und Steinen nichts gibt. Kein Blümchen, keinen Strauch, kein Stück Holz, keine Quelle, kein elektrisches Licht. Fünfzig Jahre seines Lebens verbrachte Josef Seethaler (1907–1980) auf der Dachsteinwartehütte, die heute seinen Namen trägt.

Bei einem Schneesturm – und in diesen Höhen sind Schneestürme auch im Sommer üblich – wusste der Sepp: er muss hinaus. Denn auf dem Rauchfang bildet sich im Nu eine Eiskruste, die ihre Kreise immer enger und enger zieht und oft in wenigen Minuten den Rauchabzug völlig verschließt. So kletterte er noch mit 72 Jahren aufs Dach, um trotz peitschender Stürme und beißender Kälte das Eis abzukratzen.

Es war kein wahres Vergnügen, in diesen Höhen zu leben. Die Seethaler-Hütte ist mit 2740 Metern die höchstgelegene aller Dachsteinhütten.

Im Winter verkroch sich Sepp Seethaler in seinem Heimatort Hallstatt. Wie es Frühling wurde, war er oben auf seiner Hütte. Von der war um diese Jahreszeit allerdings meist nicht einmal das Dach zu sehen.

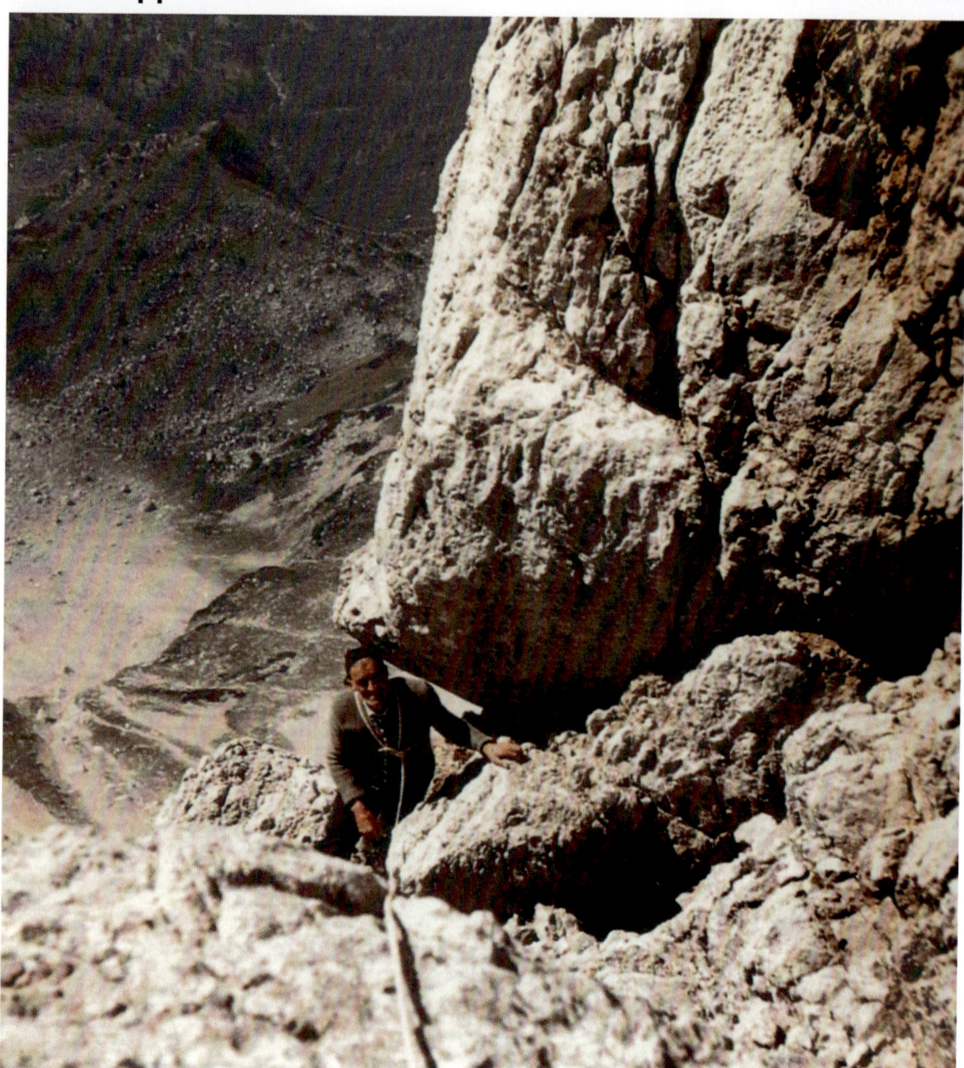

Fünfzig Jahre lebte der Seethaler-Sepp auf dem Dachstein.

Mit 22 Jahren Hüttenwirt

Schon als Bub war der Sepp in den Bergen und musste oft von Hallstatt aus seinem Vater das Essen auf die Simonyhütte bringen, wo die Seethaler-Brüder als Bergführer auf Kundschaft warteten. Mit 18 Jahren begann auch der Sepp zu führen.

22 Jahre war er alt, als er sich für das Einsiedlerleben in der eisigen Dachsteinlandschaft entschloss.

In diesem Alter interessiert man sich gewöhnlich auch für andere Dinge als für Eis und Schnee. „Eine Frau bleibt da heroben net, die wär erfroren", meinte der Sepp zu diesem Thema. Aber er fand doch eine.

„I hab's mitgenommen", plauderte der Sepp aus. „Einen Sommer lang is da blieben, dann hat's ihr greicht!"

Als Geschenk ein Scheit Holz

Von der Hütte konnte er natürlich nicht leben, also verdingte er sich als Bergführer. Einmal, so erinnerte sich der Sepp, hatte er an einem Tag drei Bergsteigergruppen von der Simonyhütte über den Dachsteingipfel zur Adamekhütte geführt. Von zwei Uhr früh bis neun Uhr abends war er unterwegs.

Wenn es das Wetter nur halbwegs erlaubte, stieg er täglich zur Simonyhütte ab, um Proviant auf seine Warte zu tragen. Nicht selten

wog dann seine „Kraxen" 70 bis 80 Kilo. Es war jene Zeit, als die Bergsteiger dem Sepp als Geschenk ein Scheit Holz auf die Hütte brachten, denn auch Brennholz gab es hier weit und breit nicht. Erst seit vom Süden her eine Seilbahn in die Eisregionen des Dachsteins führt, ist es bequemer geworden, die Hütte zu erreichen.

Wie oft hat der Sepp sein Leben eingesetzt, um in Not geratene Bergsteiger zu retten?

„I woaß net, vielleicht fufzigmal!"

Was ein Bergführer für so eine Lebensrettung bekomme, wurde der Seethaler-Sepp auch manchmal gefragt.

„Die meisten ham ma de Hand gebn und habn Dankeschön gesagt! Aber einige ham a auf dös vergessen!"

Rudolf Lehr

„Da hab' ich geschluckt ..."

„Wehe, wenn ich nicht gewonnen hätte! Dann wär' ich verrissen worden."

*

„Als mir die Medaille umgehängt wurde und die Hymne erklang, da hab' ich heftig geschluckt."

Elisabeth Theurer nach ihrer Heimkehr aus Moskau.

Ein Gruß von Heinz Conrads

„Ein herzlicher Gruß an die Linzerin Elisabeth Theurer, die im Dressurreiten so geduldig ist. Sie ist fesch und soll auch noch lieb sein. Da müßte man schon ein Pferd sein, wenn man sich nicht dressieren ließe."

Heinz Conrads (1913–1986) in Marco Schenz „Heinz Conrads", Wien 1987.

Goldmedaille für Elisabeth Theurer

Das ist ein Sportsieg, der in die Geschichte eingeht: Elisabeth Theurer aus Leombach (Sipbachzell) ist die erste Oberösterreicherin, die eine Olympia-Goldmedaille erringt. Aus Moskau kommt am 1. August 1980 die Nachricht, dass Elisabeth Theurer auf ihrem Pferd „Mon Cherie" den Olympiasieg im Dressurreiten errungen hat.

Es regnet Ehrungen und Lobeshymnen. Auch bei ihren Gegnern.

„Pferd und Reiterin zeigten die höchste Schule der Reitkunst, ‚Mon Cherie' hat natürliche, leichte, weiche Bewegungen und Elisabeth Theurer sitzt leicht im Sattel", steht in der „Prawda". Die sowjetische Sportzeitung „Sowjetski Sport" schreibt unter das Bild der Olympiasiegerin kurz „Bravo Elisabeth! Bravo Mon Cherie!"

Aber auch zu Hause weiß man, was man an Elisabeth Theurer hat, an „Sissy Theurer", wie sie auch genannt wird. Sie wird vom Landeshauptmann empfangen, zur oberösterreichischen „Sportlerin des Jahres" ist sie schon 1979, nach ihrem Europameistertitel, gewählt worden.

Sie ist Erfolge gewöhnt. Aber gerade deshalb nervös. „Es beunruhigt einen, wenn man schon vorher zur Favoritin gestempelt wird", sagt Elisabeth Theurer dazu. „Und warum", lautet eine der vielen Fragen an die Olympiasiegerin, „lächeln Sie beim Reiten?" „Warum soll ich finster dreinschauen?", antwortet sie mit einer Gegenfrage. Außerdem „schaut es auch besser aus". Und „vielleicht kommt das davon, dass ich einmal Turniertänzerin war".

Bleibt nur noch die Frage nach dem Mit-Sieger, ihrem Pferd. Was bekam der siegreiche Schimmel für den Sieg?

„Äpfel, Zucker und Küsse!"

Die Olympiasiegerin, Tochter des international erfolgreichen Unternehmers Josef Theurer (Plasser & Theurer), ist seit 30. Juli 1983 mit Hans Max verheiratet, mit jenem Mann, der als Trainer wesentlich an ihrem großen Sporterfolg beteiligt war.

Elisabeth Theurer mit ihrem Pferd „Mon Cherie".

Ankunft in Linz, mit Gold im Gepäck.

1000 Jahre Steyr

„Jeder Besuch in Steyr ist für mich eine Reise in meine Jugend. Der Stadt Steyr gelten mein besonders herzlicher Gruß und meine aufrichtigen Wünsche am Beginn des zweiten Jahrtausends der Geschichte."

Bundespräsident Rudolf Kirchschläger zum Fest „Tausend Jahre Steyr", 1980.

„Schauspieler"

„Heute sind wir Politiker die Schauspieler."

Landeshauptmann Josef Ratzenböck bei der Wiedereröffnung des Braunauer Stadttheaters am 7. September 1980.

Kalender

3.2. In Linz werden die Ringbrotwerke ein Raub der Flammen.

8.3. In Pasching wird ein Kulturzentrum eröffnet.

12.3. Eine verheerende Explosion verwüstet das Zementwerk Hatschek in Gmunden.

Der Präsident von Tansania, Julius Nyerere (1922–1999), besucht die Voest.

12.4. Uraufführung im Linzer Landestheater: „Die Unerlösten" von Franz Josef Heinrich.

Das neue Diözesanhaus

Das bedeutendste Bauwerk der Kirche Oberösterreichs in den letzten Jahren, das neue Diözesanhaus Linz, wird am 24. April 1980 geweiht. Es wird als eine „Dienststelle" im besten Wortsinn für das karitative und seelsorgliche Wirken der Kirche in Oberösterreich gewürdigt.

9.5. Eröffnung des Linzer Tiergartens (Zoo Linz) am Fuße des Pöstlingbergs.

18.5. Bundespräsidentenwahlen. Ergebnisse in Oberösterreich: 585.224 Stimmen für Rudolf Kirchschläger (nominiert von der SP), 119.844 Stimmen für Wilfried Gredler (FP), 24.018 Stimmen für Norbert Burger (NDP). Rudolf Kirchschläger tritt seine zweite Amtsperiode an. (Bis 1986.) Gestorben → 2000

Der Mühlviertler Josef Reiter erringt bei der Judo-Europameisterschaft die Silbermedaille.

22.5. Fünfte Linzer Mediengespräche. Thema: „Die neuen Medien".

23.5. Eröffnung des Neubaues der Landesverlags-Druckerei in Ried im Innkreis.

2.6. Saxen wird Markt.

7.6. Festzug in Steyr zum 1000-Jahr-Jubiläum.

13.6. Die Standseilbahn auf den Hallstätter Salzberg wird eröffnet. Talstation: 513 m, Bergstation: 838 m.

20.6. Eröffnung des OKA-Traun-Kraftwerks Marchtrenk.

21.6. Eröffnung des Bildungszentrums der Arbeiterkammer Steyr.

25.6. Das neue Verwaltungszentrum der Oberbank an der Unteren Donaulände in Linz wird eröffnet.

27.6. Eröffnung des „Forum Design" an der Hafenstraße in Linz.

11.7. Die Linzer ESG feiert „100 Jahre Tramway" mit einem großen Festzug.

12.7. „Europäische Wochen Passau" erstmals in Engelhartszell.

20.7. Die oberösterreichischen Segler Harald Fereberger, Herbert Spitzbart und Erwin Zelder werden auf dem Attersee Weltmeister in der erstmals ausgetragenen Yngling-Klasse.

29.7. Hubert Raudaschl (St. Wolfgang) und Karl Ferstl gewinnen bei den Olympischen Spielen die Silbermedaille in der Starboot-Klasse.

12.8. Ende der Regierungszeit von Bischof Franz Salesius Zauner (1904–1994, Diözesanbischof seit 1956, bis 1981 apostolischer Administrator). → 1940, 1949, 1956, 1991, 1994

27.8. Der Linzer Peter Pflügl wird Europameister im Wasserski-Barfußlaufen.

August. Die Mitarbeiter der Sparkasse Kirchdorf an der Krems stellen mit 337.130 Zehngroschenstücken (rund 370 kg) einen neuen Weltrekord im Münzenauflegen auf.

3.9. Bundeskanzler Bruno Kreisky stellt am SP-Pensionistentag im Linzer Brucknerhaus ein 10-Punkte-Programm zur Erneuerung der politischen Moral vor.

6.9. Beginn der zweiten Linzer Ars Electronica.

7.9. Wiedereröffnung des Stadttheaters Braunau.

11.9. Der Linzer Hauptplatz als riesige Musikarena: „Mach-mit-Konzert" bei der Ars Electronica.

12.9. Uli Huber aus Aurolzmünster wird Weltmeisterin im Windsurfen.

13.9. König Carl Gustaf von Schweden und seine Frau Silvia kommen zu einem privaten Besuch nach Grein.

19.9. Mit dem Verkauf des Meierhofes in Pürnstein (Neufelden) zerfällt das Imperium des deutschen Kleiderfabrikanten Müller-Wipperfürth in Oberösterreich.

21.9. Mehr als 5000 Besucher kommen zum bisher größten Rockkonzert in Oberösterreich nach Lichtenberg bei Linz.

25.–29.9. Im Linzer Brucknerhaus wird die Weltmeisterschaft im Computerschach ausgetragen. Der Titel geht nach Amerika.

29.9. Der amerikanische Autokonzern Ford gibt bekannt, dass er pro Jahr bis zu 100.000 Dieselmotoren bei Steyr-BMW kaufen wird.

30.9. Eröffnung des Bildungszentrums Dominikanerhaus in Steyr.

5.10. Das „Forum Design" endet mit einem finanziellen Debakel.

10.10. Die Saline wird bei Bohrungen im Sondenfeld Sulzbach (Bad Ischl) fündig und trifft auf ein mächtiges Salzgebirge.

17.10. Die neue Donau-Straßenbrücke in Niederranna wird dem Verkehr übergeben.

22.10. Die Fußgeherunterführung Hinsenkampplatz in Linz-Urfahr wird ihrer Bestimmung übergeben.

23.10. Im Linzer Diakonissenkrankenhaus kommen Drillinge zur Welt.

31.10. Ein 3,2 km langes Stück der Mühlkreisautobahn wird dem Verkehr übergeben.

Oktober. Die Westbahnstrecke zwischen Linz und Wels wird für Geschwindigkeiten bis 180 km/h ausgebaut.

Am 1. Juni kommen anlässlich der 1000-Jahr-Feier von Steyr 6000 Goldhaubenfrauen in die Stadt. Auf dem Bild Landeshauptmann Ratzenböck mit der Landesobfrau der Goldhaubengruppen, Anneliese Ratzenböck.

Eine kostspielige Entschuldigung

„Die museale Erhaltung ist eine kostspielige Entschuldigung vor der Vergangenheit, die uns ja schließlich in die Gegenwart gebracht hat."

Wilhelm Angeli, wissenschaftlicher Leiter der Landesausstellung „Die Hallstattkultur" im Ausstellungskatalog, 1980.

Saure Wiesen

„Meine Lebenserfahrung geht eben dahin, dass Sumpfblüten unauffällig nur in einem Sumpfe wachsen können. Beginnen wir also überall mit der Trockenlegung der Sümpfe, und nehmen wir, weil wir auf einer Landwirtschaftsmesse sind, auch gleich die sauren Wiesen dazu."

Bundespräsident Rudolf Kirchschläger (1915–2000) bei der Eröffnung der Welser Messe am 29. August 1980 in Anspielung auf Korruptionsskandale.

Ruine Waxenberg. Ölbild des Mühlviertler Malers Albrecht Dunzendorfer.

11.11. Die Voest erhält von der DDR den Auftrag zur Lieferung eines Stahlwerkes.

12.11. Der Staatsratsvorsitzende der DDR, Erich Honecker (1912–1994), besucht die Voest.

23.11. Uraufführungen im Linzer Landestheater: „Die Vorladung" von Kurt Franz und „Monte Carlo" von Werner Stangel.

28.11. Eröffnung des Neubaues der Pädagogischen Akademie des Bundes an der Kaplanhofstraße in Linz.

Landesausstellung in Steyr: Hallstattkultur.

Sportler des Jahres: Klaus Lindenberger (Fußball) und Uli Huber (Windsurfen).

Geburtstage

Wolfgang Loitzl. Skispringer. Geboren 13. 1. 1980 in Bad Ischl. Vierschanzentourneesieger 2008/2009, Weltmeister 2009.

Sybille Bammer. Sportlerin des Jahres 2007, 2009. (Tennis). Geboren 27. 4. 1980 in Linz.

Sabrina Filzmoser. Sportlerin des Jahres 2006, 2010 und 2011 (Judo). Geboren 12. 6. 1980 in Wels. Europameisterin 2008, 2011. → 2011

Clemens Doppler. Sportler des Jahres 2003, 2008, 2010 (Beachvolleyball). Geboren 6. 9. 1980 in Kirchdorf an der Krems. → 2003, 2007

Die West-Austria-Gasleitung

29. Mai. Die „WAG" (West-Austria-Gasleitung) der Österreichischen Mineralölverwaltung (ÖMV) wird in Betrieb genommen. An dieses neue internationale Transportsystem, das auf österreichischem Gebiet von Baumgarten (Niederösterreich) bis Oberkappel an der oberösterreichisch-deutschen Grenze eine Länge von 245 Kilometer aufweist, wird gleichzeitig das oberösterreichische Gasnetz durch eine 37 Kilometer lange Verbindungsleitung von Freistadt nach Enns angeschlossen.

Geburtenüberschuss

Oberösterreich hält die Spitzenposition in der Bevölkerungsstatistik hinsichtlich des Geburtenüberschusses: 3432 mehr Geburten als Todesfälle gibt es im Jahr 1980. (Tirol + 3083, Vorarlberg + 2485, Salzburg +2019, Kärnten +1260, Steiermark + 492. Burgenland – 255, Niederösterreich – 3133, Wien – 10.953.)

Todestage

Josef Gruber. Politiker (VP), Volksbildner. Gestorben 3. 3. 1980 in Wels. (Geboren 10. 2. 1922 in St. Florian bei Linz.)

Odulf Danecker. Propst des Stifts Reichersberg (1963–1980). Gestorben 4. 5. 1980 in Ried im Innkreis. (Geboren 16. 6. 1910 in Ried im Innkreis.)

Erwin Zimmermann. Sechsfacher Motorboot-Weltmeister. Tödlich verunglückt am 11. 5. 1980 in Traben-Trarbach, Deutschland. (Geboren 14. 5. 1950 in Linz.)

Tödlich verunglückt. Weltmeister Erwin Zimmermann.

Wilhelm Traeger. Maler und Grafiker. Gestorben 10. 7. 1980 in Ried im Innkreis. (Geboren 27. 5. 1907 in Wien.)

Sepp Seethaler. Bergführer, Hüttenwirt der Dachsteinwartehütte (Seethaler-Hütte). Gestorben 15. 9. 1980 in Hallstatt. (Geboren 18. 8. 1907 in Hallstatt.) → S. 458

Herbert Dimmel. Maler. Gestorben 21. 10. 1980 in Linz. (Geboren 31. 8. 1894 in Ried im Innkreis.)

Albrecht Dunzendorfer. Maler. Gestorben 31. 10. 1980 in Hellmonsödt. (Geboren 12. 9. 1907 in Oberneukirchen.)

Rudolf Walter Litschel. Schriftsteller. Gestorben 10. 11. 1980 in Linz. (Geboren 21. 10. 1923 in Wien.)

Karl Ludwig Diernhofer. Veterinär. Gestorben 11. 12. 1980 in Schwertberg. (Geboren 12. 6. 1895 in Schwertberg.) 1929–1954 an der veterinärmedizinischen Universität Wien.

Das neue Stadttheater in Braunau.

Fetzenfasching in Ebensee.

Weltweite Anerkennung

Das ehrenvolle Prädikat „Immaterielles Weltkulturerbe“ wurde den Ebenseern für ihren Fetzenzug (seit 2011) und ihren Glöcklerlauf (seit 2010) verliehen.

Das Brauchtumsland Oberösterreich

Oberösterreich ist ein Trachten- und Brauchtumsland besonderer Prägung. Denn die Brauchtumslandschaften unterscheiden sich hier stark: etwa das einst bayerische Innviertel und das obere und untere Mühlviertel; in vielen Bräuchen wird noch die Nähe zu den Bistümern Passau und Salzburg sichtbar.

Seit längerem wird wieder die Frage nach dem Brauchtum, nach dem Überlieferten laut. Nachdem so viele „feste Garanten“ des Glücks für die Zukunft versagt haben (uneingeschränkte Machbarkeit der lebensnotwendigen Dinge, das ständige Wirtschaftswachstum, die „völlige“ Freiheit des Menschen), beginnen immer mehr Menschen zu fragen, wie die Ahnen das Leben gelebt haben. Die Antworten sind einleuchtend: Brauchtum bringt Abwechslung in das Wohlstandsleben. Besonders im Familienalltag sorgen die hergebrachten Speisen und sonstigen Bräuche und Feste für die Strukturierung des Alltags.

Fastenzeiten (Advent- und Fastenzeit) lassen die darauffolgenden Festtage – Weihnachten und Ostern – mit ihren Festessen noch interessanter und willkommener erscheinen.

Die Seeprozessionen am Fronleichnamsfest in Hallstatt (Bild) und Traunkirchen sind inzwischen auch zu Attraktionen des Fremdenverkehrs geworden. Ganz allgemein geht es mit dem Fronleichnamsbrauchtum, dem Fest der triumphierenden Kirche, in Oberösterreich wieder aufwärts.

Schützenscheibe aus der Gmundner Gegend. Um 1750 geschnitzt und bemalt

Die ganz alten Fruchtbarkeitsbräuche leben in Oberösterreich entweder nicht mehr oder nur verändert fort. Was sich früher gegen die Winterunholden richtete, wie etwa der Glöcklerlauf in Ebensee und Gmunden und die Narrenumzüge, ist längst zu einer Schau geworden, die wir veranstalten, weil uns diese urigen Auf- und Umzüge gefallen und wohl auch weil unsere Fremdenverkehrsgäste sie suchen und erwarten.

Die sonstigen Wachstumsbräuche sind landesweit verchristlicht. Die ländlich-bäuerlichen Menschen gehen mit den Segenssymbolen der Kirche hinaus in die Natur. Die Palmbuschen auf den Feldern nehmen in ganz Oberösterreich von Jahr zu Jahr zu.

Maibaumkraxeln, Maibaumstehlen

Immer mehr Maibäume werden von jungen Menschen aufgerichtet, obzwar gerade dieser Brauch in vielen Orten nicht mehr das ist, was er einmal war, nämlich eine Möglichkeit für die jungen Burschen, zu beweisen, dass sie jedes Problem im Leben bewältigen können und schon mannbar sind. Beim Maibaumsetzen, beim Stehlen und beim Kraxeln ging es nämlich in erster Linie darum, zu zeigen, wie stark, wie flink und geschickt man ist, wie lautlos die schwierigsten Arbeiten verrichtet werden können und wie schlau die Wache abgelenkt werden kann, um den Baum entführen zu können. Das Klettern war eine Möglichkeit, den Mitmenschen und besonders den Mädchen zu zeigen, wie stark und geschickt man sei.

Dasselbe gilt auch für die in vielen Orten Oberösterreichs geübte Bosheits- oder Störnacht. Ursprünglich ist dies ein guter Brauch, weil an diesem Abend (fast überall der Pfingstsonntag) alles um die Häuser Herumliegende von den Besitzern aufgeräumt wird, damit es die Nachtbuben nicht verschleppen können. Leider haben die jungen Leute, die diesen Brauch pflegen, keine Phantasie mehr. Anstatt witzige Einfälle mit den entführten Dingen zu verwirklichen, werfen sie meist alles auf den Marktplatz oder vor die Kirchentüren hin, so dass die Störnacht fast nur mehr Ärger hervorruft, während man über so manchen guten Einfall schmunzeln können sollte.

Wieder gepflegt: Herbergsuchen

An Arbeitsbrauchtum hatten wir manchen Verlust hinzunehmen, wenn die entsprechende Arbeit, die entsprechenden Geräte oder Menschen, Knechte und Mägde, verschwanden, an die die Bräuche gebunden waren. Da hilft auch die beste Absicht, diese Bräuche wiederzubeleben, nichts. Ein Brauch wird dann aus der Vergessenheit auftauchen, wenn ein Bedarf besteht. Ein Beispiel dafür ist das Herbergsuchen, das

Ein ergreifender Anblick

„Es ist ein wunderbar ergreifender Anblick – diese Hunderte in Anbetung versunkenen Menschen inmitten einer im vollsten Frühlingsschmucke prangenden Alpenlandschaft, in welche die schneebedeckten Häupter der Berge wie gewaltige Zeugen der Allmacht Desjenigen herniederschauen, dessen Mensch gewordenem Sohne hier das Opfer des Glaubens gebracht wird."

Friedrich Simony (1813–1896):
„Ein österreichischer Salinenort" (Hallstatt),
in „Österr. Revue", Wien 1866.

seit einigen Jahren wieder gepflegt und heute schon in vielen Pfarren geübt wird.
Dieser Brauch ist ganz besonders für die Dorf- und Hausgemeinschaft wichtig. Vierzehn Tage oder vier Wochen vor Weihnachten wird ein Marienbild von einer Familie zur anderen getragen, wo es als ein lieber Gast aufgenommen wird. Man singt und betet davor, man setzt sich anschließend aber auch zu einem kurzen oder längeren Plausch zusammen und hat wieder einmal den Weg zueinander gefunden, der heute so selten gelingt.
Gegen die Verkommerzialisierung des Weihnachtsfestes stellt sich das Krippenbrauchtum quer. Während die Gesellschaft zu Weihnachten immer mehr auf den Umsatz sieht, entfaltet sich um die Krippe die häusliche Gemütlichkeit und Besinnlichkeit. Die Krippenvereine, die zahlreich besuchten Schnitzkurse und die vielen Krippenausstellungen und Krippenfahrten helfen den Menschen bei der Suche nach dem verlorenen Paradies, nach der Stille, nach Frieden und Geborgenheit beim Kind von Bethlehem.
Der Nikolaus hat dem Krampus den Rang abgelaufen. Selten nur mehr stapfen sie einträchtig durch den Schnee. Die Pfarren schicken „Nikoläuse" nach Bestellung, und der Krampus als das böse und dunkle Element wird verdrängt. So ist das erzieherische Moment dieses Brauches, der Schlag mit der Rute, die eigentlich ein Segenszweig ist, denn sie soll die ungezogenen Kinder bessern, verlorengegangen!

Die Bräuche des Jahres

Das ganze Brauchtum vor und nach Weihnachten mit den Lostagen und Rauhnächten verliert immer mehr seine Bedeutung, weil kaum jemand in unserem Staat auf diese milden Gaben angewiesen ist. Am ehesten wird noch das Räuchern (die Haussegnung) und das Lösselbrauchtum (der Blick in die Zukunft) gepflegt. Wir haben vier Rauhnächte, zwei feiste und zwei dürre: 21. und 24. Dezember und 31. Dezember und 5. Jänner, sie finden in der Küche noch Beachtung.
Das Dreikönigs-Brauchtum ist endgültig zu einem Brauch der katholischen Jugend und der Ministranten geworden, die von Neujahr bis zum 6. Jänner von Wohnung zu Wohnung gehen und Gaben für den Ankauf von Missionsautos einsammeln.
Der Fasching mit seinen närrischen Umzügen und da und dort auch mit dem Eingraben einer Puppe (Winter eingraben) wird noch fast überall gefeiert. Zum Blasiussegen und zur Einäscherung treten die Kirchenbesucher in großen Scharen an. Je weniger Wert die Kirche auf solche Sakramen-

Der berühmte Glöcklerlauf in Ebensee.

In Traunkirchen findet die Fronleichnamsprozession seit 1632 auf dem Traunsee statt.

Alte Photographie von einem Almabtrieb bei Ebensee.

Das Brauchtumsland Oberösterreich

Das Sternsingen ist auch heute wieder beliebt, wie auf diesem Gemälde aus dem 19. Jahrhundert.

tale zu legen scheint, umso mehr wollen sie die Pfarrkinder.
Die Fastenzeit hat viel von ihrem Ernst und von ihrer Abstinenz verloren. Die Palmbuschen werden wieder begehrter, man erinnert sich wieder der grünen Bäume mit Äpfeln und Bändern, und mancher Ort tritt fast in einen Wettbewerb mit seinen Nachbarn. Die Palmweihe weist vielerorts einen Besuch auf, wie sonst nur die Weihnachtsmette und die Auferstehungsfeier.
Die Ostereier werden immer kunstvoller verziert und gelten heute kaum noch als ein bloßer Liebesbeweis, sie sind vielmehr eine Gabe der Freundschaft und als solche sehr gefragt.
Die Maiandachten sind nach wie vor bei der Bevölkerung sehr beliebt. Als besonders schön werden die Andachten bei Feldkreuzen oder dörflichen Kapellen empfunden, weil dabei betend durch die blühende Landschaft gegangen wird.
Im Mai und im Oktober gibt es viele Wallfahrten. Dieser sinnige Brauch ist im Aufblühen, man fährt nicht nur mit dem Autobus und dem Auto, sondern auch mit dem Rad oder geht zu Fuß. Die Menschen erkennen mehr und mehr, dass nicht alles machbar – und der Segen Gottes nach wie vor notwendig ist. Dies zeigt auch das Interesse an den Flurumzügen und dem Kornfeldbeten, das schon ausgestorben schien und jetzt da und dort wieder aufgenommen wird, wie dies auch mit dem samstäglichen Rosenkranzbeten in Stuben und Kapellen geschieht.

Totgesagte Bräuche kehren wieder

Mit dem Fronleichnamsbrauchtum, dem Fest der triumphierenden Kirche, geht es wieder aufwärts. Für eine kurzfristige Ein-

Das liebt der Innviertler: Rösser und Volksfeste feiern.

Im Herbst findet in Bad Goisern das Stachelschießen statt. Im Bild ein „Zieler".

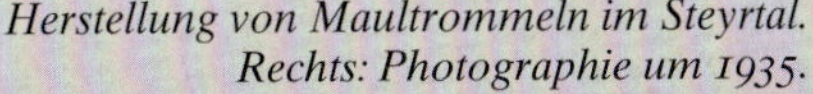

Herstellung von Maultrommeln im Steyrtal.
Rechts: Photographie um 1935.

Allerlei Späße gibt es beim Leopoldischießen der Lauffener Feuerschützen.

dämmung der Umzüge war wohl die Kirche selbst verantwortlich.

Die Sonnwendfeuer leuchten wieder über die Felder. Die Hauptträger des Brauches sind die Turner und die Landjugendgruppen.

Der Brauch der Kräuterweihe im August und September war schon fast vergessen, wird aber besonders von den Goldhaubenfrauen wieder erweckt und greift stark um sich, wohl auch, weil er sich so gut mit der Rückkehr zur Natur und zu den Heilkräutern verbinden lässt.

Das Erntebrauchtum, obwohl rein bäuerlicher Natur, hat sich auch den anderen Berufen geöffnet. Es werden Produkte der Arbeit im Kirchenzug mitgetragen. Die Liebe zu diesem Fest macht die Frauen geradezu erfinderisch im Anordnen der Gaben, die in Körben mitgetragen werden, im Schmücken der Erntekrone, der Wagen.

Die Leonhardi- und Georgiritte zu den bestimmten Patroziniums- und Wallfahrtskirchen Oberösterreichs kann man nicht als brauchtümliche Schau bezeichnen. Sie sind weitgehend noch Bräuche, weil dabei viel Volk betend mitwallfahrtet. Einige der wichtigsten Orte sind Heiligenleithen bei Pettenbach, Desselbrunn und Micheldorf (Georgenberg).

Seinen festen Platz in dörflichen und städtischen Gemeinden hat der Kathreintanz. Die Zechen (Burschentanzgemeinschaften), die man vielleicht vor zwanzig oder dreißig Jahren schon totgesagt hatte, sind wieder erstanden und der Rudenkirtag in Sierning gibt davon in lebendigster Weise Zeugnis.

Erfolgreich breitet sich das Adventsingen aus. Es ist ein eigentlich noch junger Brauch und ist so weit verbreitet wie die „Christbäume für alle“ und die Weihnachtsbeleuchtung in Städten und sogar schon in Dörfern.

Leider haben die Kirchweihtage, Kirtage, weitgehend ihren Glanz eingebüßt, aber wo sie sich gehalten haben, sind sie echte Anziehungspunkte für die Menschen der ganzen Umgebung.

Das Brauchtum hat deshalb eine Chance, weil es Abwechslung und Buntheit ins Leben bringt, weil es die Menschen aus der Vereinsamung zusammenführt und verbindet, wohl aber auch, weil es Sicherheit im Umgang und im Rollenspiel des Lebens gibt. Aus der Sehnsucht nach diesen Lebensformen, der Abwechslung, der Ordnung, der Mitmenschlichkeit und der Geborgenheit, entsteht auch neues Brauchtum besonders in Städten und in den Wohnräumen der nicht bäuerlichen Bevölkerung. Mangel gibt es an Arbeitsbrauchtum in den Berufen, die erst in jüngster Zeit entstanden sind. Aber trotz der Nüchternheit und Unpersönlichkeit, die in Industrie und Wirtschaft herrschen, wird die Urkraft auch dieses harte Pflaster mit dem Moos des Brauchtums überziehen.

Katharina Dobler

Maultrommeln aus Molln

Die einzige Erzeugungsstätte für dieses kleinste, in unserem Brauchtum nach wie vor beliebte Volksinstrument befindet sich in Molln. Hier werden Maultrommeln, auch „Brummeisen“ genannt, die Vorläufer der Mundharmonika, seit vierhundert Jahren erzeugt. Sie sind, sagen Maultrommel-Musikanten, den englischen Maultrommeln weit überlegen. Maultrommelmacher war in Molln ein beliebter Beruf.

Von Heiligenleithen aus zieht alljährlich der Leonhardiritt nach Pettenbach.

Er hört auf das Neue

„Er hört aufgeschlossen auf Neues, weiß aber genau um das bleibende, wertvolle Alte."

Vorgänger-Bischof Franciscus Salesius Zauner über den neuen Linzer Bischof Maximilian Aichern. (Zitiert in den „Oberösterreichischen Nachrichten" vom 18. 12. 1981.)

Statistik-Propheten

1981 wagten die Statistiker einen Blick in die Zukunft und prognostizierten 1,374.000 Einwohner für die Jahresmitte 2000. Sie liegen damit erstaunlich richtig. Die Volkszählung 2001 ergab 1,376.797 Einwohner.

Peinlich, peinlich ...

„Ich hätte mich am liebsten selbst gebissen, so peinlich ist mir diese Geschichte."

Der Besitzer der Linzer Discothek, in die Harry Belafonte nicht eingelassen wurde.

1981

Kalender

1.1. Als erstes Bundesland führt Oberösterreich eine Landesbeihilfe für Fernpendler ein.

22.1. Erstmals taucht der Plan für ein Speicherkraftwerk im Reichraminger Hintergebirge auf, was zu massiven Auseinandersetzungen zwischen Gegnern und Befürwortern des Kraftwerks führt. →

12.2. Die Gosauer bauen den größten Schneemann der Welt: Er ist 17,84 m hoch, hat einen Umfang von 20,85 m, besteht aus rund 180 m^3 Schnee und wird in das „Buch der Rekorde" aufgenommen.

13.2. In einem Privatzoo in Walding kommt ein Kamel zur Welt.

21./22.2. Höhlenforscher erreichen den tiefsten Punkt der Dachstein-Mammuthöhle. Er liegt 624 m unterhalb des Einstiegs, fast am Niveau der Talstation der Dachstein-Seilbahn.

Februar. Erstmals seit 18 Jahren friert der Hallstätter See zu.

3.3. Die Linzer Eisenbahnbrücke über die Donau muss wegen Rostschäden gesperrt werden.

13.3. Die oberösterreichische Caritas stellt den Erdbebenopfern in Süditalien eine komplette vierklassige Schule zur Verfügung.

Die beiden Steirer Robert Roßkogler und Fredl Leitner stellen in Linz mit acht Stunden und sechs Minuten einen neuen Weltrekord im Dauerjodeln auf.

März. Im Innviertel werden zwei Biberpärchen heimisch.

Mit der Verhaftung eines deutschen Staatsbürgers beim Grenzübergang Obernberg kommt man einem Schmugglerring auf die Spur, der seit Jahren mit verbotenen Tierpräparaten ein enormes Geschäft machte.

3.4. Uraufführung im Linzer Landestheater: „1:1 für die anderen" von Karl Lackner.

9.4. Der sowjetische Ministerpräsident Nikolai A. Tichonow (1905–1997) besucht die Voest.

17.4. Die Metallpulverfabrik Mepura in Ranshofen wird von einer schweren Explosion erschüttert.

27.4. St. Georgen am Walde wird Markt.

13.5. Sechste Linzer Mediengespräche. Thema: „Satellitenrundfunk".

28.–30.5. Im Hummelhofbad wird das „1. Internationale Folk-Festival Linz" abgehalten.

2.–14.6. Die beiden Linzer Piloten Reinhard Kramar und Heinz König werden beim transatlantischen Flugrennen von Paris nach New York und zurück unter mehr als hundert Teilnehmern Zehnte.

16.6. Inbetriebnahme der vierten Stranggießanlage in der Voest.

17.6. In einem Fußball-Länderspiel besiegt Österreich im Linzer Stadion Finnland mit 5:1.

3.7. Teile des Inn- und Mühlviertels werden von schweren Unwettern heimgesucht.

7.7. In den Linzer Ringbrotwerken bricht innerhalb von eineinhalb Jahren der zweite Großbrand aus.

Der neue Bischof

Der 49jährige Maximilian Aichern wird neuer Bischof von Linz.

8.7. Voest-Generaldirektor Heribert Apfalter gibt einen Verlust von über einer Milliarde Schilling für das abgelaufene Geschäftsjahr bekannt.

12.7. Während eines Zeltfestes am Fuße des Ameisberges werden 60 Gäste vom Blitz gestreift. Zum Glück gibt es nur einen Verletzten.

27.8. Im Welser Bahnhof stoßen ein Schnellzug und ein Güterzug zusammen. Eine Frau wird getötet, 82 Fahrgäste werden zum Teil schwer verletzt.

August. In Volkersdorf bei Enns wird ein Langzeittherapiezentrum für Drogenabhängige eröffnet.

Oberösterreichs Jäger stellen fest, dass der Waschbär in den Revieren heimisch wird.

3.9. Die Dachstein-Mammuthöhle macht ihrem Namen alle Ehre: Durch Zusammenschluss mit dem Däumelkogel-Schacht beträgt der Höhenunterschied 1180 m. Mit diesem Erfolg oberösterreichischer Höhlenforscher ist die Mammuthöhle (zu diesem Zeitpunkt) die tiefste Höhle Österreichs.

4.9. Michael Farthofer, Rudolf Holler und Georg Vartian (SC Kammer) sind Europameister im Segeln (Soling-Klasse).

7.9. Eröffnung der Ausstellung „Textilkunst Linz 81".

14.9. Beginn der dritten Linzer Ars Electronica.

September. Die neuerbaute Polizeidirektion in Linz wird in Betrieb genommen.

4.10. St. Marienkirchen an der Polsenz eröffnet ein Mostmuseum.

12.10. Kronstorf wird Markt.

14.10. Nach der endgültigen Fertigstellung wird das Behindertendorf Altenhof am Hausruck eröffnet. →

21.10. Eröffnung des Zahnambulatoriums der Gebietskrankenkasse in Linz.

12.11. Spatenstich zum Bau des neuen Linzer Tierheimes.

10.12. Papst Johannes Paul II. beruft den Linzer Weihbischof Alois Wagner als Vizepräsident des Päpstlichen Rates „Cor unum" (für Mission und Entwicklungsförderung) in den Vatikan. (Weihbischof 1969–1981, Generalvikar 1973–1982.)

14.12. Oberkappel wird Markt.

17.12. Der Abt des Benediktinerstiftes St. Lambrecht (Steiermark) und Abtpräses der österreichischen Benediktiner, Maximilian Aichern, wird von Papst Johannes Paul II. zum neuen Linzer Bischof ernannt. → 1982, 2005

Landesausstellung in Mondsee: Mondseeland.

Sportler des Jahres: Max Hagmayr (Fußball) und Herta Reiter (Judo).

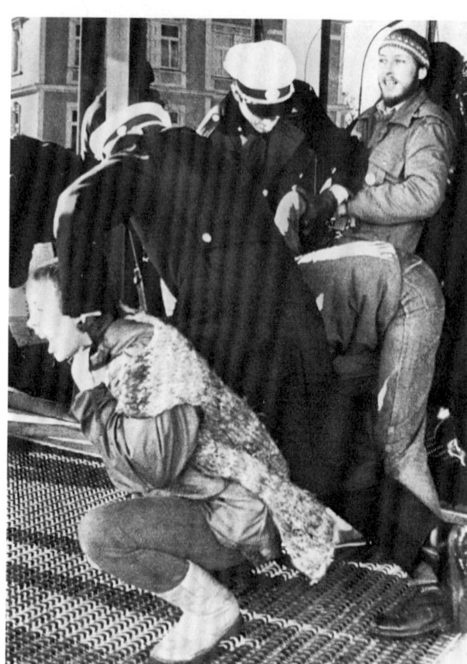

In Steyr kommt es zu Auseinandersetzungen um das Reichraminger Hintergebirge.

1,269.540 Oberöstereicher

12. Mai. Die Volkszählung ergibt für Oberösterreich 1,269.540 Einwohner, um 39.568 mehr als 1971. Linz rutscht mit 197.962 Einwohnern unter die 200.000-Grenze (1971: 202.874). Leonding hat mit 30,3 Prozent den größten Zuwachs. Auch der Geburtenüberschuss ist in Oberösterreich beruhigend: Oberösterreich: + 4210, Tirol + 3342, Vorarlberg + 2388, Salzburg + 2084, Kärnten + 1007, Steiermark + 648. Burgenland – 163, Niederösterreich – 2137, Wien – 10.130.

Stimme des Volkes

Ich schäme mich jetzt besonders für Österreich. Gerade wegen dieser lächerlichen Entschuldigungen.

*

Es ist ein Skandal, welches Theater man wegen Belafonte macht. Er ist auch kein Gott.

*

Wieviel Farbige mussten vor Harry Belafonte auf Grund des Schildes umkehren? Wer hat darüber berichtet? Sicherlich wird die Blamage, Harry Belafonte nicht in den „Stadt-Tanz-Club" einzulassen, auch Leuten bekannt, deren Muttersprache nicht Deutsch ist.

*

Warum soll ein Gastwirt nicht das Recht haben, in sein Lokal einzulassen, wen er will?

*

Wer gibt uns das Recht, Menschen anderer Hautfarbe nicht als unseresgleichen zu betrachten?

Leserstimmen, abgedruckt in den „Oberösterreichischen Nachrichten" vom 14. 11. 1981.

Lokalverbot für Belafonte

30. Oktober. Mit einem unliebsamen Vorfall kommt Linz in die Weltpresse. In einem Linzer Lokal wird dem farbigen Weltstar Harry Belafonte der Einlass verwehrt. Eine Garderobefrau habe ihn mit einem Randalierer verwechselt, der einmal ungut aufgefallen war, entschuldigt sich der Lokalbesitzer. Den Vorwurf des Rassismus weist er zurück. Die Erklärung wird ihm aber nicht abgenommen, denn beim Eingang zum Lokal ist eine Tafel angebracht, auf der steht, dass nur Leute mit Deutsch als Muttersprache erwünscht sind. Der Fall weitet sich zur Staatsaffäre aus, der Linzer Bürgermeister Franz Hillinger entschuldigt sich beim US-Sänger, der Wiener Kulturstadtrat Helmut Zilk bezeichnet die Haltung des Linzer Lokalbesitzers als „faschistoid" und entschuldigt sich ebenfalls, auch Handelsminister Josef Staribacher entschuldigt sich. Der Fall erregt wochenlang die Gemüter. →

Handelsminister Josef Staribacher entschuldigt sich beim amerikanischen Sänger Harry Belafonte für den peinlichen Vorfall in einem Linzer Lokal.

Todestage

Alfred Proksch. Eisenbahner, Politiker. Gestorben 3. 1. 1981 in Wien. (Geboren 8. 3. 1891 in Larischau, Österreichisch-Schlesien.) Gründete in Linz die erste oberösterreichische Ortsgruppe der NSDAP. → 1919

Altmann Kellner. Benediktiner. Gestorben 27. 3. 1981 in Wels. (Geboren 18. 11. 1902 in Vöcklabruck.) Komponist, Kirchenmusiker.

Otto Bejvl. Linzer Galerist. Gestorben 10. 6. 1981 in Linz. (Geboren 20. 8. 1933 in Linz.)

Franz Hueber. Heimwehrführer. Gestorben 10. 7. 1981 in Salzburg. (Geboren 10. 1. 1884 in Grünburg.)

Johann Hazod. Maler und Grafiker. Gestorben 30. 7. 1981 in Linz. (Geboren 30. 3. 1897 in Oberkappel.)

Josef Fellinger. Bürgermeister von Steyr (SP) 1958–1974. Gestorben 14. 11. 1981 in Steyr. (Geboren 11. 1. 1910 in Wien.)

Das neue Lokalradio

26. Oktober. Das ORF-Landesstudio Oberösterreich startet im Programm Ö-Regional das neue „Lokalradio". Der Name „Radio Oberösterreich" markiert die oberösterreichische Färbung des lokalen Programms. „Radio Oberösterreich" versteht sich als Kontaktradio, das den Hörer vom Morgen bis in die Nacht begleitet. Als die wichtigsten Faktoren des neuen Programmschemas bezeichnet Landesintendant Hannes Leopoldseder: Orientierung in der Heimat, Kontaktmedium, Diskussionsforum, Ombudstätigkeit, Impulsgeber, die Radiotrümpfe „Live", Unmittelbarkeit, Tempo.

Das schönste Dorf

Rainbach im Mühlkreis wird zum schönsten Dorf Oberösterreichs gekürt.

Markuskirche Urfahr *Die Markuskirche in Linz-Gründberg wird am 29. November eingeweiht. Durch die einheitliche Ausstattung des Salzburger Künstlers Erich Wulz (1906–1984) – bis zu den Paramenten und Messgeräten – stellt dieses Gotteshaus ein besonderes Beispiel des modernen Kirchenbaues dar. (Architekten: Erich Scheichl und Franz Treml.)*

Im Behindertendorf Altenhof am Hausruck.

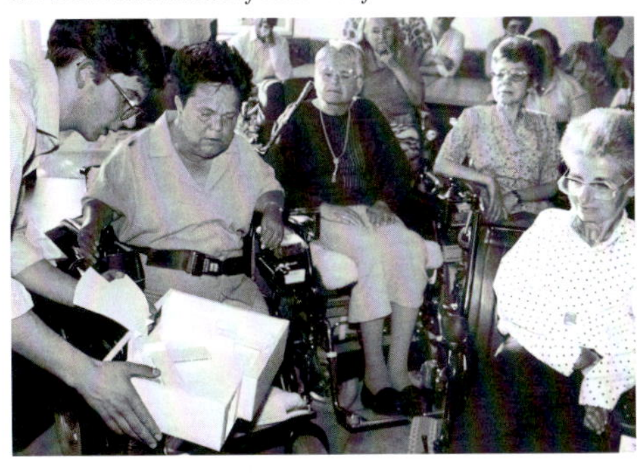

Nicht nur die Spitze

„Wir haben ein sehr gutes Fördersystem, das nicht nur die Spitze erfasst, sondern bis in den Nachwuchsbereich hineingeht. Dazu kommen Top-Trainer und ein Olympiazentrum, um das uns andere Bundesländer beneiden. Oberösterreich hat rechtzeitig die Weichenstellungen vorgenommen und als erster Bundesländer-Standort damit neue Maßstäbe österreichweit im Spitzensport gesetzt."

Landeshauptmann und Landessportreferent Josef Pühringer, Interview mit dem Unions-Verbandsmagazin „Winner", Juli 2008.

Organisatorische Qualität

„Oberösterreich ist ein begehrter Veranstalter von großen internationalen Sportereignissen, weil die organisatorische Qualität in jeder Hinsicht stimmt."

Der oberösterreichische Landessportkonsulent Franz Schiefermair, Sportsekretär des Landeshauptmanns und Union-Vizepräsident, zum Autor dieses Beitrags, Juli 2008.

Sportland Oberösterreich

Das Welser Budokan ist ein Treffpunkt fernöstlicher Kampfsportarten und Teil der Infrastruktur des oberösterreichischen Olympiazentrums auf der Linzer Gugl.

Jahr für Jahr sammelt Oberösterreichs Sport große internationale Erfolge, wertvolle Medaillen und so viele Staatsmeistertitel wie kein anderes Bundesland. Alles Zufall? Keineswegs. Hervorragende Rahmen- und Arbeitsbedingungen für unsere Sportlerinnen und Sportler und dazu eine beispielhafte Nachwuchsbetreuung sind die optimalen Voraussetzungen für diese Vormachtstellung im österreichischen Sport.

Mag wo anders der Sport als notwendiges Übel betrachtet und mitgeschleppt werden – in Oberösterreich wird ihm seit Jahrzehnten bei Förderungen und bei der Budgeterstellung jener Stellenwert eingeräumt, den er verdient. Immerhin bekommt Oberösterreichs Sport jährlich über 16,4 Millionen Euro – so viel wie in keinem anderen Bundesland. „Dieses Geld wird von den Verantwortlichen optimal verwaltet und eingesetzt", lobt Landeshauptmann Josef Pühringer als oberster Sportchef des Landes die Arbeit der drei Dachverbände Askö, Asvö und Union.

Seit 20 Jahren Sportreferent

Oberösterreichs Spitzenposition im Sport sei aber auch ein Verdienst tausender ehrenamtlicher Funktionäre. „Ohne diese unbezahlten, unheimlich engagierten Mitarbeiter würde die größte finanzielle Unterstützung wenig nützen", weiß Pühringer, der im Jahr 2009 ein in Österreich seltenes Jubiläum feiert. Immerhin ist Gerhart Posarts Nachfolger dann bereits seit 20 Jahren Sportreferent des Landes. Ein Amt, das er neben seinen anderen Tätigkeiten als Landeshauptmann mit großer Begeisterung ausübt.

Es sind zwei Jahrzehnte, in denen sich im oberösterreichischen Sport viel getan hat. Denken wir nur an die vielen neuen oder modernisierten Sportstätten, an denen die Spitzensportförderung, an die neue Linzer Sporthalle, an die Anstellung der zahlreichen Landestrainer, an die Aufnahme der vom Bundesheer ausquartierten Spitzensportler auf der Gugl, an den von Wirtschaftstreibenden gegründeten Verein Freunde des Spitzensports, an das Linzer BORG für Leistungssport und das Kolping-Internat, an das Olympiazentrum oder an die immer besser werdenden sportärztlichen Untersuchungsmöglichkeiten. Kein anderes Bundesland kann mit so vielen gut funktionierenden Projekten für den Breiten-, Nachwuchs- und Spitzensport aufwarten.

Ein Prunkstück unter den oberösterreichischen Sportstätten ist das neue Rieder Stadion. Es erfüllt alle internationalen Anforderungen und ist die Heimstätte des Rieder Bundesligaclubs SV Josko Ried.

Gelebte Dreieinigkeit

All das würde nichts nützen, wenn nicht alle drei Dachverbände bei wichtigen Entscheidungen für den Sport geschlossen in eine Richtung marschieren würden. Die seit Jahrzehnten viel gepriesene Dreieinigkeit besteht nicht nur auf dem Papier, sie wird immer wieder mit Taten unterstrichen. „Uns geht es um den Sport und nicht um Politik oder egoistische Verbandsinteressen", sind sich die drei Präsidenten Fritz Hochmair (Askö), Christian Angleitner (Asvö) und Gerhard Hauer (Union) einig. Sie unterstützen nicht nur den Hochleistungssport, sondern denken auch an die Zukunft und sagen mit verschiedenen Kinder- und Jugendaktionen der wachsenden Bewegungsarmut erfolgreich den Kampf an. „Mehr Sport ist die beste Medizin. Darum müssen wir Jugendlichen Freude und Spaß an sportlicher Betätigung und an gesundem Lebensstil vermitteln." Dieses Ziel verfolgt auch die alljährliche Sportmesse in Ried, bei der sich neben traditionellen Disziplinen auch der Trendsport erfolgreich präsentiert.

Gefragter Veranstalter

Nicht nur die vielen Siege machen Oberösterreich zu einem führenden Sportland, auch als Gastgeber von großen Veranstaltungen erntet das Land immer wieder internationales Lob. Mehr als 70.000 Zuschauer sahen 2007 die Unter-19-Europameister-

Alle helfen zusammen

„Wenn es um Österreichs Spitzensportler geht, helfen die verschiedenen Institutionen zusammen, um den Sportlern bestmögliche Trainingsbedingungen und perfekte Wettkampfvorbereitung zu ermöglichen."

Lui Jia, Tischtennis-Europameisterin in dem Buch „Peking-Linz und zurück" von Peter Lenglachner, Verlag Trauner (Linz), 2008.

Daumenhalten

„Da hat keiner mehr einen Notizblock oder den Bleistift gehalten, Daumenhalten war angesagt."

Der Sportjournalist Christoph Zöpfl über den Sportler des Jahres 1999 und Olympiasieger 2002, Christian Hoffmann. „Oberösterreichische Nachrichten", 31. 12. 1999.

Seniorensport

„2025 sind etwa 15 Prozent der Bevölkerung unter 30 Jahren und 30 Prozent der Bevölkerung über 60. Es wäre unverantwortlich, wenn wir die Sportvereine nicht langsam gezielt auf die Schiene des Seniorensports führen würden. Der Seniorensport wird in zwanzig Jahren eine Bedeutung haben, von der wir heute noch keine Ahnung haben."

Landeshauptmann und Landes-Sportreferent Josef Pühringer in einem Interview, „OÖ. Nachrichten", 18. 11. 2003.

schaft der Fußballer, das Generali-Turnier bietet Jahr für Jahr hervorragende Tenniskost, die Ebelsberger Reiter-Gala ist ein Fixpunkt im Sportkalender, Hinterstoder ist aus dem Weltcup-Kalender nicht mehr wegzudenken und die Ruderer ermittelten im Sommer 2008 auf der prächtig ausgebauten und allen internationalen Erfordernissen gerecht werdenden Ottensheimer Regattastrecke sogar ihre Weltmeister. Auch die Fußballfreunde kommen in Oberösterreich auf die Rechnung. Ried spielt seit Jahren in der höchsten Liga eine gute Rolle und der LASK befindet sich nach jahrelangen Turbulenzen dank der Unterstützung der heimischen Wirtschaft auf dem besten Weg, wieder eine dauerhafte Spitzenmannschaft zu werden.

Oben: Nach jahrelangen wirtschaftlichen Krisen hat der LASK dem Linzer Stadion wieder neues Leben eingehaucht.

Unten: Treffpunkt der alpinen Skistars ist bei Weltcuprennen immer wieder die Hannes-Trinkl-Rennstrecke in Hinterstoder. Der oberösterreichische Abfahrtsweltmeister ist Namensgeber und Streckenchef der äußerst selektiven Piste.

Einzigartiges Olympiazentrum

Auch ein Beweis für die gute Arbeit der Sportverantwortlichen und Trainer im ganzen Land: Noch nie war Oberösterreichs Sport bei Olympischen Spielen so stark vertreten wie 2008 in Peking. Nicht nur die aus China stammende und seit Jahren für Österreich Tischtennis spielende Liu Jia führt das Großaufgebot auf großzügige Unterstützungen und Förderungen zurück: „In Österreich und Oberösterreich werden uns Athleten in jeder Hinsicht alle Rahmenbedingungen geboten, damit wir in der Weltelite mitmischen können."

So wie zum Beispiel die heimischen Schwimmer, die einst nicht einmal annähernd mit der österreichischen Spitze mithalten konnten und heute mit internationalen Spitzenzeiten aufhorchen lassen. Längst macht sich die Installierung des im Jahr 2006 eröffneten Olympiazentrums bezahlt. Spitzensportlerinnen und Spitzensportler können sich auf der Linzer Gugl optimal auf Großereignisse vorbereiten. Neben einer hervorragenden Sportstätteninfrastruktur gibt es dort auch eine umfassende Betreuung in den Bereichen Sportmedizin, Biomechanik, Physiotherapie und Massage.

Hubert Potyka

Ein Aushängeschild des oberösterreichischen Spitzensports ist der Schütze Mario Knögler. Auf dem Bild: Der Europameister wird vom Sportreferenten des Landes, Landeshauptmann Josef Pühringer, geehrt.

Gib di net als Linzer aus

Nur weilst da wohnst wegn dem bist du nu
laung ka Linza;
gibst di als solcha aus, kost mi des nur an Grin-
za.
Du roast umadum, kennst de halwate Wät,
do ans steht fest, unsa Linz kennst net.
Drum gib de net als Linza aus, du bist ja kana
waunst vom Proda schwärmst, vom
Watschnmann
und nia nu bist gfahrn mit da Grottnbahn,
waunst von Hradschin dazöst wiara schen ist
und groß
und zgleich hast ka Aunung von Linza-Schloß,
waunst durch d'Fjord bist gondlt mit an Trum
Schiff
da Pesnbach und d'Aist san da kan Begriff
waunst alle dazöst, daß'd nach Rio wirst fliagn
und allweil kennst nu net de Wossastiagn,
waunst Paris bewundast und schüdast sei
Pracht
und an Donauspaziergang hast nu nia gmacht,
waunst schwärmst vo deine vüln Fahrtn
dabei warst nu nia in Botanischen Gartn.
Waunst nix kennst von Linz, als wia wost
wohnst des Haus,
dann sei so guat, fahr furt, do gib di net als
Linza aus.

Hans Schobesberger, 1982, ausgewählt bei einem Gedichtwettbewerb der „Oberösterreichischen Nachrichten".

1982

Kalender

15.1. Elf Stunden dauert die erste „Linzer Rocknacht" in der Sporthalle.

16.1. Bischof Maximilian Aichern übernimmt die Amtsgeschäfte der Diözese Linz. (→) Weihbischof Alois Wagner beendet seine Tätigkeit als Generalvikar (seit 1. 8. 1973).

Der neue Bischof

Der 50-jährige Maximilian Aichern wird am 17. Jänner zum Linzer Diözesanbischof geweiht.

22.1. „Durchschlag" beim Bosruck-Autobahntunnel.

27.1. Der Linzer Walter Kroneisl wird vierfacher Weltmeister im Skibob.

28.2. 16.000 kommen zu einer Friedenskundgebung nach Linz.

Letzte Fahrt der Steyrtalbahn.

1.3. Die Steyr-Daimler-Puch AG zieht sich aus der BMW-Steyr-Motorenfabrikation zurück.

5.–7.3. Erstmals eine Seniorenmesse in Linz.

12.3. Eröffnung des Linzer Spielcasinos.

14.3. Eröffnung der ESG-Hauptwerkstätte in Linz-Kleinmünchen.

Die Mühlviertlerin Herta Reiter sichert sich den Europameistertitel im Judo.

21.4. Die Voest-Alpine-Tochterfirma Intertrading schließt den ersten Ölhandelsvertrag mit dem Iran ab.

27.4. In Linz wird ein Übergangswohnheim für psychisch Behinderte eröffnet.

8.5. Uraufführung im Linzer Landestheater: „Agonie oder Das Sterben der Rosa B." von Peter Slavik.

29.5. Am Pleschingersee wird ein FKK-Gelände eröffnet.

3.6. Siebente Linzer Mediengespräche. Thema: „Zukunft der Zeitung".

10.6. Erstmals wird in Aschach die Fronleichnamsprozession auf der Donau abgehalten.

25.6. Spatenstich zum Neubau des Allgemeinen Krankenhauses in Linz.

Juni. Der Steyrer Wehrgraben ist nach jahrelangem Gerangel gerettet: Das Bundesdenkmalamt spricht ein Machtwort, der kulturhistorisch wertvolle Kanal darf nicht zugeschüttet werden. →

7.7. Das alte Fabriksgebäude der ehemaligen Kleinmünchner Spinnerei in Linz wird durch einen Brand zerstört.

Eröffnung der neuen Großkläranlage Linz-Asten.

10.7. Eine Explosionskatastrophe in der Chemie Lenzing AG fordert 22 Verletzte und richtet Millionenschaden an.

18.7. Mitglieder mehrerer Steyregger Vereine stellen mit 500.000 Zehngroschenstücken einen neuen Weltrekord im Münzenauflegen auf. Bisheriger Rekordhalter war Kirchdorf an der Krems mit rund 337.000 Zehnerln.

Juli. Die alte Polizeidirektion in der Linzer Mozartstraße wird abgebrochen.

5.8. Dritter Brand in den Linzer Ringbrotwerken. → 1980, 1981

10.8. Sowjetische Kosmonauten besuchen die Voest.

16.8. Das Gebäude der bankrotten Eumig-Werke in Kirchdorf wird an einen deutschen Sportartikel-Produzenten verkauft.

27.8. Offizielle Verkehrsübergabe des Autobahnteilstücks bei Pichl (bei Wels).

Johanneskirche Leonding

Eine moderne Architektur, die die Anerkennung der Fachwelt findet, die aber zugleich auch von der Bevölkerung angenommen wird: Die Johanneskirche in Leonding (Harterfeldstraße). Die Kirche wird am 27. November eingeweiht. Architekt ist Josef Oemer.

1.9. In Gutau wird ein Färbermuseum eröffnet. Das Färberhandwerk ist im Mühlviertel seit dem 17. Jahrhundert angesiedelt und erlebte seine Blüte mit dem Flachsanbau und den unzähligen häuslichen Leinenwebereien.

Die sanierte Linzer Eisenbahnbrücke wird wieder für den Verkehr freigegeben.

24.9. Bei der Ars Electronica wird am Linzer Hauptplatz die „Linzer Stahloper" von Giorgio Battistelli uraufgeführt.

September. Im Linzer Allgemeinen Krankenhaus werden die ersten Herzklappen implantiert.

13.10. Der portugiesische Staatspräsident Antonio Ramalho Eanes besucht die Voest.

19.10. Inbetriebnahme der neuen Soleleitung von Bad Ischl nach Ebensee-Lahnstein.

5.11. In Gmunden wird das Kongresshaus Toscana eröffnet.

16.11. Der tschechoslowakische Präsident Gustav Husak (1913–1991) besucht die Voest.

23.11. Die Landtagspräsidentin Johanna Preinstorfer wird in Ohlsdorf als erster weiblicher Bürgermeister Oberösterreichs angelobt.

31.12. Am Marktplatz von Gaflenz wird Europas größte Kerze (3,60 m hoch und etwa 600 kg schwer) als Friedenskerze entzündet.

Der ausgebaute Flughafen Hörsching nimmt den Betrieb auf.

Landesausstellung in Enns: Severin zwischen Römerzeit und Völkerwanderung.

Sportler des Jahres: Georg Werthner (Leichtathletik) und Elke Radlingmaier (Fechten).

Nike wandert aus

In Linz denkt man kaum noch an die „Blechgöttin Nike", die von 1977 bis 1979 über dem Linzer Hauptplatz schwebte und zum liebsten Streitobjekt der Oberösterreicher wurde. (→ 1977) Seit drei Jahren lagert sie im Linzer Wirtschaftshof. Ein Düsseldorfer Sammler soll sich für den sieben Meter großen Aluminiumengel interessiert haben, doch er starb vorzeitig. Erst im Juli 1982 wird das umstrittene Objekt aus dem Linzer Exil befreit und wandert in ein Architekturmuseum nach Frankfurt.

Stinkwut

27. März. Eine Stinkwut löst die „Stinkwut" aus, ein Umweltschutz-Theaterstück des Bayern Fitzgerald Kusz, das im Linzer Landestheater aufgeführt wird. In einem Radio-Probenausschnitt ist der Name des Linzer Bürgermeisters und der der Chemie Linz zu hören. Der Bürgermeister protestiert, in einer Betriebsversammlung sprechen etwa tausend Beschäftigte von einem Rufmord an den verstaatlichten Betrieben, der ihre Arbeitsplätze gefährde. Bei der Aufführung unterbleiben daraufhin die Namensnennungen.

Leonhart statt Lienhart

Die Frage, ob Astl, der Schöpfer des Flügelaltars von Hallstatt, Leonhart, Bernhart oder Lienhart geheißen hat, wird nach einer Restaurierung des Altars neu aufgerollt. Auf dem Schultertuch des Hohenpriesters, wo sich der Bildschnitzer verewigt hat, war nur "... NHART ASTL" zu lesen. Fotografische Analysen haben vor dem „N" ein „O" sichtbar werden lassen, so dass es wohl Leonhart heißen muss. In den meisten kulturhistorischen Publikationen wird Astl als Lienhart bezeichnet.

Urteile über Vilma Eckl

„Ihr Lebensraum ist Oberösterreich mit seinen Menschen."

Otto Wutzel in „Oberösterreichischer Kultur-Bericht", 12. 5. 1961.

„Nicht nur für unseren Staat, sondern – man kann mit gutem Recht sagen – für die Welt ein Begriff."

Erich Widder in „Oberösterreichischer Kultur-Bericht", 7. 12. 1961.

Gerettet: der Steyrer Wehrgraben.

Geburtstage

Liu Jia. Sportlerin des Jahres 1999, 2002, 2003, 2005. (Tischtennis). Europameisterin 2005. Geboren 16. 2. 1982 in Peking. Seit 1996 in Oberösterreich.

Alexander Koll. Sportler des Jahres 2007 (Ski). Geboren 24. 5. 1982 in Linz.

Christina Stürmer. Popsängerin. Geboren 9. 6. 1982 in Altenberg bei Linz.

Reinhard Kaiser-Mühlecker. Schriftsteller. Geboren 10. 12. 1982 in Kirchdorf a.d. Krems.

Todestage

Alfons Dorfner. Olympiasieger 1936 im Kajakfahren. Gestorben am 22. 1. 1982 in Linz. (Geboren 27. 1. 1911 in Lambach.)

Karl Leitl. Industrieller. Gestorben 24. 1. 1982 in Linz-Puchenau. (Geboren 28. 1. 1924 in Eferding.) Pionier der partnerschaftlichen Zusammenarbeit. (Vater von Christoph Leitl. → 1949)

Vilma Eckl. Malerin und Zeichnerin. Gestorben 10. 6. 1982 in Linz. (Geboren 26. 6. 1892 in Lorch.) →

Albert II. Bruckmayer. Abt von Kremsmünster (1964–1982). Gestorben 26. 6. 1982 in Wels. (Geboren 3. 12. 1913 in Schärding.) Renovator des Klosters zum Jubiläum 1977.

Maria Jeritza. Sängerin. Gestorben 10. 7. 1982 in Orange, New Jersey. (Geboren 6. 10. 1887 in Brünn.) Sie lebte viele Jahre in Unterach.

Hubert Hauttmann. Miterfinder des LD-Verfahrens. Gestorben 19. 9. 1982 in Linz. (Geboren 11. 12. 1895 in Kammer am Attersee.)

Gudrun Baudisch. Keramikerin, Bildhauerin und Malerin (Hallstatt-Keramik). Gestorben 16. 10. 1982 in Salzburg. (Geboren 17. 3. 1907 in Pöls ob Judenburg.)

Eckart Lindinger. Wissenschafter. Gestorben 21. 10. 1982 in Schärding. (Geboren 6. 9. 1907 in Obernberg am Inn.)

Leo Losert. Olympiadritter 1928 im Rudern. Gestorben 22. 10. 1982 in Linz. (Geboren 31. 10. 1902 in Linz.)

Richard Strasser. Sozialdemokratischer Politiker. Gestorben 22. 10. 1982 in Linz. (Geboren 28. 3. 1889 in Eferding.)

Walter Kögler. Komponist. Gestorben 18. 12. 1982 in Wels. (Geboren 24. 7. 1917 in Karlsbad.)

Helmut Schiff. Komponist. Gestorben 20. 12. 1982 in Linz. (Geboren 30. 1. 1918 in Preßburg.)

Vilma Eckl und ihre Tänzerinnen

Die Stadien der Bewegungen von Tänzerinnen zeichnete Vilma Eckl mit Vorliebe. Farbkreide, um 1950.

Drei Millionen Tonnen

11. Dezember. In der Chemie Linz AG erreicht die Erzeugung von Harnstoff drei Millionen Tonnen. Der synthetische Harnstoff ist nicht nur der stickstoffreichste Handelsdünger, er wird auch als technischer Harnstoff zur Herstellung von Kunststoffharzen und als Zwischenprodukt für die pharmazeutische Industrie verwendet.

Vier neue Märkte

Reichersberg, Vorchdorf, Wallern an der Trattnach und Wartberg an der Krems heißen die neuen oberösterreichischen Märkte.

Seitelpfeifer beim Stachelschießen in Bad Goisern.

Der Interpret

„Menschen sollten nach einer Aufführung begeistert von dem Werk sein, das aufgeführt wurde. Erst dann hat der Interpret seine Arbeit richtig gemacht.“

Franz Welser-Möst
in: „Kadenzen“, Styria-Verlag, 2007.

Das Musikleben der Gegenwart

Das oberösterreichische Musikleben verzeichnet eine Lebendigkeit und Vielfalt, welche auf einigen untereinander netzartig verbundenen Pfeilern basieren, von der öffentlichen Hand auf breiter Basis tatkräftig unterstützt werden und über Linz weit hinaus alle Bezirke des Landes mit Aufführungen und Unterrichtsmöglichkeiten erfassen. Im Vergleich dazu nimmt sich das Entstehen neuer Kompositionen viel bescheidener aus.

Eine besondere Tragfähigkeit zeichnet das oö. Landesmusikschulwerk aus. Es kann auf eine rasante Entwicklung zurückblicken, betreut jetzt mit 1450 Lehrkräften – viele davon mit Hochschulausbildung – in 149 Musikschulen und Zweigstellen 55.000 Schüler und schuf in vielen Fällen die Basis für ein berufsbezogenes Hochschulstudium. Überdies brachte es mehrere gute Ensembles hervor, organisiert Konzerte und lässt sich die Weiterbildung der Lehrkräfte angelegen sein.

Eine sich ähnlich vervielfachende Wirkung zeigt das Linzer Musikgymnasium, das den Schulbetrieb mit intensivem Musikunterricht verbindet. Die Leistungen von Chor und Orchester dieser Anstalt haben auch im Ausland berechtigte Anerkennung gefunden. Für einen der Absolventen, den Dirigenten Franz Welser-Möst, führt die internationale Karriere unter anderem über die Chefposition beim Philharmonic Orchestra London und am Zürcher Opernhaus seit 2002 zum Cleveland Orchestra in den USA und ab 2010 in die Wiener Staatsoper.

Die Salinenmusiker von Hallstatt.

Johann Nepomuk David, der bedeutendste oberösterreichische Komponist des 20. Jahrhunderts, an seinem 80. Geburtstag (1975).

Das Bruckner-Konservatorium (seit 2004 Anton-Bruckner-Privatuniversität) ist eine traditionsreiche Ausbildungsstätte für alle musikalischen Fächer, weiß sich einer Offenheit in künstlerischen und pädagogischen Belangen verpflichtet und pflegt internationale Kontakte. Das Angebot an Aufführungen und Konzerten unterschiedlicher Art, auch außerhalb von Linz, wird gerne angenommen. Seit 1992 dient das Konservatorium für Kirchenmusik der Diözese Linz der Aus- und Weiterbildung von Chorleitern, Kantoren und Organisten.

Die kräftigen Rückflüsse aller hier genannten pädagogischen Leistungen und Einrichtungen befruchten das ganze Land. Wesentliche, insbesondere lokal bezogene Impulse gehen vom Blasmusikwesen aus. 482 Kapellen (20.500 Musikerinnen und Musiker, 8000 Jugendliche in Ausbildung) bestreiten pro Jahr etwa 20.000 Veranstaltungen. Parallel dazu wird der steten Qualitätsverbesserung auf mehreren Ebenen ein hoher Stellenwert eingeräumt.

Überraschende Einblicke in das heimische Chorwesen gewährt die Statistik. Aus mehr als 28.000 Sängern formen sich etwa 1000 Ensembles, deren Programme, Konzerte, weltliche und kirchliche Feste umfassen. Nur einen Teilaspekt betrifft das Nachwuchsproblem: Große, traditionsreiche Vereinigungen klagen über den Mangel an jungen Stimmen; aber kleinere mit vielen heranwachsenden Kräften machen auch mit recht anspruchsvollen Werken auf sich aufmerksam.

Einem Wandel sind auch die Kirchenchöre unterworfen. Die einen haben sich aufgelöst, andere entwickeln gesunden Ehrgeiz, die Kräfte an großen Kompositionen zu messen.

Art und Umfang des örtlichen Musiklebens richtet sich in erster Linie nach den eigenen verfügbaren Kräften und finanziellen Möglichkeiten. Aber die Kurzformel, je größer der Ort, desto vielgestaltiger erweist sich das Angebot, greift nicht immer. Oft genügt bereits eine einzelne musikbegeisterte Persönlichkeit, einen Aufschwung herbeizuführen. Während der einst toten Saison ist nun ein regelrechter Konzertboom zu verzeichnen, wobei auch der Fremdenverkehr eine Rolle spielt. Einen Anreiz für vokale und instrumentale Konzerte bilden architektonisch schöne Gebäude oder interessante Orgeln. Für Veranstaltungsreihen in Stiften dienen als Beispiele Wilhering und Reichersberg, für solche in Schlössern Tillysburg, Wildberg, Kammer, in Kirchen der Alte und Neue Dom in Linz, St. Magdalena, Waldhausen, Steinbruch bei Neufelden, Brunnenthal bei Schärding und St. Georgen im Attergau. Eine bemerkenswerte Kontinuität verzeichnen die „Internationalen Orgelkonzerte“ im Stift St. Florian seit vielen Jahrzehnten, der „Musiksommer Kremstal-Pyhrn“ und die weitgespannten Aktivitäten im Stift Schlägl. Eine besondere Anziehungskraft üben die „OÖ. Stiftskonzerte“ aus, eine Gründung der Pianisten Hans Petermandl und Heinz Medjimorec. Nicht zuletzt ist auf das Linzer Brucknerfest (seit 1974) zu verweisen.

Linz lässt es sich angelegen sein, sein Image einer Industriestadt in eines der Kultur zu verwandeln. Das Brucknerhaus als Veranstaltungsort mit großer Anziehungskraft und mit rund 90 Konzerten in eigener Verantwortung aus einem ausgesprochen weit gefassten musikalischen Spektrum entspricht einem Kristallisationspunkt. Dazu kommen noch vielfältige, thematisch unterschiedliche Initiativen wie „Alte Musik im Linzer Schloss“, „Musica sacra“ usw., die aus dem Erscheinungsbild der Stadt nicht mehr wegzudenken sind.

Eine bemerkenswerte Entwicklung nahm die Auseinandersetzung mit alter Musik. Hier bewirkte die Vorbildwirkung erstklassiger auswärtiger Experten in verhältnismäßig kurzer Zeit das Aufblühen einer eigenen Szene, die sich jetzt schon weit über die Landesgrenzen hinaus einen Namen machte.

Oberinnviertler Musikanten.
Ansichtskarte Ende 19. Jahrhundert.

Das Musikleben der Gegenwart

Musiktheater

Das Linzer Landestheater erfasst mit seinem Dreispartenbetrieb und einem umfangreichen Abonnementsystem fast das ganze Land. Der musikalische Bereich mit dem Angebot aus überwiegend bekannten Titeln verfügt nur über wenig Freiraum, Uraufführungen heimischer Komponisten herauszubringen; diesen nützt es aber zu überregional beachteten Leistungen.
Die Kapazität des Bruckner-Orchesters Linz, aus dem Klangkörper des Linzer Landestheaters hervorgegangen, dient mit seinen 110 Mitgliedern etwa je zur Hälfte dem Theaterbetrieb und dem Konzertleben in Linz (mit einer Heimstätte im Brucknerhaus), in Oberösterreich, mit Gastspielen in anderen Bundesländern und infolge der internationalen Nachfrage auch im Ausland sowie CD-Produktionen.
Am wachsenden Bekanntheitsgrad der Operettenfestspiele Bad Ischl war seit 1961 der Dirigent Eduard Macku (1901–1999) maßgeblich beteiligt; die Intendanz ist seit 2004 (nunmehr Lehár-Festival) Michael Lakner übertragen. Weitere Opern- bzw. Operettenproduktionen haben Fuß gefasst in Wildberg, Wilhering („Opera da Camera Linz"), Bad Hall, St. Wolfgang, Gmunden, Grein („Donaufestwochen im Strudengau"), Wels („Richard-Wagner-Festival"), Freistadt, Schärding („Junge Oper Oberösterreich") und Bad Leonfelden.

Bad Ischl zählt längst zu den klassischen österreichischen Festspielorten: Seit 1961 Operettenwochen, heute Lehár-Festival. Die Pflege des mit Bad Ischl innig verbundenen Komponisten steht im Vordergrund, daneben werden auch andere Erfolgsoperetten aufgeführt. 2011 war das Ralph Benatzkys „Weißes Rößl".

Einer der angesehensten und erfolgreichsten zeitgenössischen Komponisten: der Wilheringer Ordensgeistliche Balduin Sulzer.

Zeitgenössische Komponisten

Das stilistisch vielfältige Erscheinungsbild des zeitgenössischen Schaffens auf dem Sektor der ernsten Musik lässt sich in Oberösterreich nur bedingt nach einer einheitlichen Linie ausrichten. Am ehesten kann eine Auflistung von Lehrer-Schüler-Verhältnissen genügen, denn damit ergibt sich eine gewisse Strukturierung nach Stilmerkmalen.
Johann Nepomuk David (1895–1977) als bedeutendster Komponist aus Oberösterreich nach Bruckner, übte durch seine formal strenge Schreibweise einen großen Einfluss aus. Zu seinen Schülern zählte Helga Schiff-Riemann, die durch Kriegsereignisse nach Oberösterreich kam. In Helmut Eder (1916–2005), der eine herausragende Position unter den österreichischen Zeitgenossen mit Aufführungen in der ganzen Welt einnimmt, lebt das Arbeitsethos des Altmeisters weiter. Davon lernten in früheren Jahren die Eder-Schüler Fridolin Dallinger und Augustinus Franz Kropfreiter, deren Schaffen weite Verbreitung findet, sowie Gunter Waldek.
Ein eigener Platz gebührt den Brüdern Joseph und Hermann Kronsteiner (1910 bis 1988, 1914–1994), deren Kirchenmusik wegen ihrer praktischen Verwendbarkeit, kraftvollen Eigenheit und volkstümlichen Melodik weit über den deutschen Sprachraum hinaus gedrungen ist.
Der durch Kriegseinflüsse nach Linz verschlagene Robert Schollum (1913–1987) war engagiert für zeitgenössische Musik tätig und übertrug seine Begeisterung für die Zwölftonmusik auch auf Richard Kittler (1924–2009); einen unermüdlichen Anwalt findet die Moderne auch in Alfred Peschek. Balduin Sulzer, ein vielseitiger Musiker in barocker Dimension, war erfolgreicher Pädagoge (Musikgymnasium Linz), anerkannter Chorfachmann (Mozartchor Linz) und Linzer Domkapellmeister von 1981 bis 1986. Als Komponist verfügt er über eine breite Skala an Ausdrucksmöglichkeiten, darunter Humor und Witz, für das bereits umfangreiche Schaffen einschließlich zweier Opern.
Namhafte internationale Aufführungen verzeichnet auch der Welser Ernst Ludwig Leitner. Wichtige Erfolge erzielen weiters Wolfgang Fürlinger, Werner Steinmetz, Rupert Gottfried Frieberger und Rudolf Jungwirth.
Unter den Jungen und Jüngeren regen sich viele schöpferische Kräfte, von denen, soweit sie Talentförderungsprämien des Landes Oberösterreich erhielten, festzuhalten sind: Wolfgang Kubizek, Wolfgang Maria Reiter, Wolfram Wagner, Helmut Rogl, Thomas Doss, Christoph Herndler, Walter Kienesberger, Erland Maria Freudenthaler, Helmut Schmidinger, Robert Spour, Georg Nußbaumer, Ines Kargel, Peter Androsch, Hannes Raffaseder.

Franz Zamazal

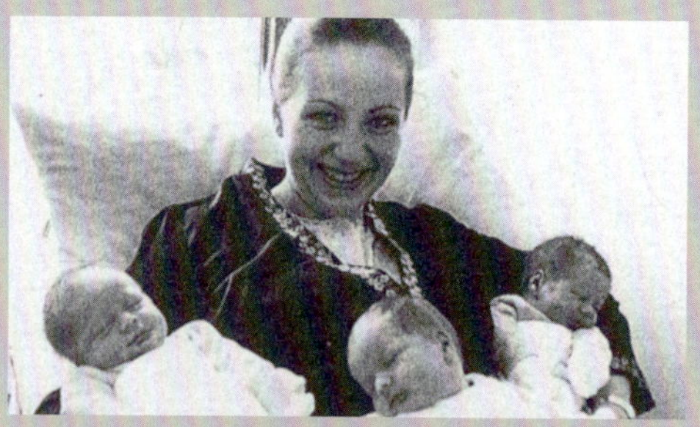

Die Linzer Lehrerin Jutta Wiesinger schenkt im März 1983 in Linz prächtigen Drillingen das Leben: einem Mädchen und zwei Buben.

Vertrauen in die Chemie

„Ich habe den Zeitpunkt für meinen offiziellen Besuch in der Chemie Linz AG bewusst jetzt gewählt, in einer Zeit, in der der absolute Glaube an die Technik und im besonderen an die Chemie geschwunden ist und sich die öffentliche Meinung häufig gegen die Chemie als Ganzes richtet. Dieser Besuch soll ein Zeichen meines starken und kraftvollen Vertrauens in das Verantwortungsbewusstsein der Unternehmensführung und in die hohe Qualifikation der Mitarbeiter der Chemie Linz sein."

Bundespräsident Rudolf Kirchschläger anlässlich der Eröffnung der neuen Anlage zur Erzeugung des von der Chemie Linz AG entwickelten Pflanzenschutzmittels Pyridate am 14. Dezember 1983 in Linz.

1983

Kalender

27.1. Auf Oberösterreich geht rötlichbrauner Staub nieder, der aus der Sahara, aber auch von einem Vulkanausbruch stammen könnte.

30.1. Der Skirennläufer Franz Gruber aus Molln gewinnt als erster Oberösterreicher ein Weltcuprennen. (Weltcup-Slalom in Kransjka Gora, Jugoslawien.)

Jänner. Der wärmste Jänner in Oberösterreich seit 208 Jahren.

23.2. Der Linzer Walter Kroneisl wird Slalom-Weltmeister im Skibob.

25.2. In Wilhering heiratet Markus Emanuel Salvator Habsburg-Lothringen, ein Urenkel von Kaiser Franz Joseph, die Alkovenerin Hilde Jungmayr.

Habsburger-Hochzeit in Wilhering.

Die Firma Engel in Schwertberg, die sich aus einer kleinen Schlosserei zu einem auf dem Weltmarkt führenden Hersteller von Spritzgießmaschinen entwickelt hat, eröffnet am 18. Mai 1983 das Forschungszentrum Engel-Technikum

10.3. Eröffnung der BMW-Motorenwerke Steyr. Die Region Steyr erhält dadurch neue Arbeitsplätze und neue Impulse.

25.3. Voest-Zentralbetriebsrat und Vorstand einigen sich auf die Frühpensionierung von mehr als 3000 Beschäftigten im Gesamtkonzern.

März. Linz erhält ein „Mobiles Einsatzkommando" (Polizei-Spezialtruppe für Blitzeinsätze).

Anfang April. Ein Pinsdorfer Amateurfunker fängt die Meldung von einem schweren Unfall eines leitenden Angestellten des Steyr-Zweigwerkes in Nigeria auf und leitet eine Rettungsaktion ein.

20.4. Während der Reparaturarbeiten stürzt eine Autobahnbrücke bei Mondsee ein. Ein Arbeiter wird getötet.

24.4. Nationalratswahlen. Ergebnisse in Oberösterreich: 351.110 VP, 373.443 SP, 48.083 FP, 4091 KP, 18.606 VGÖ (Vereinte Grüne), 11.069 ALÖ (Alternative Liste).

9.5. Die Austria Campingsportfabrik in Eggenberg wird durch einen Brand zum Teil vernichtet. Vier Tage später bricht erneut Feuer aus.

12.–15.5. Über 400 „Riesen" (Mindestgröße bei Männern über 1,90 m, bei Frauen 1,80 m) aus sechs Ländern nehmen am 16. Longinus-Europatreffen in Linz teil.

16.6. Die Schuhfabrik Steinkogler in Ebensee wird ein Raub der Flammen.

16.–19.6. Erstes Welser Stadtfest.

18.6. In Gmunden wird ein neuer „Weltrekord für Bootslinien auf Binnengewässern" aufgestellt: rund 400 Bootsbesitzer bilden eine dreieinhalb Kilometer lange Schlange.

7.7. In Linz treffen 52 Kinder aus dem vom Bürgerkrieg zerrissenen Nordirland zu einem dreiwöchigen Urlaub bei Gastfamilien ein.

Heftige Unwetter im Innviertel.

8.7. Eröffnung des Kraftwerkes in Traun-Pucking.

12.7. Spatenstich in Steyr für den Tunnelabstieg von der Tomitzstraße zur Schwimmschulstraße.

17.7. Der Linzer Bergsteiger Edi Koblmüller erreicht den Gipfel des 8125 m hohen Nanga Parbat im Himalaja. Sein Begleiter Fred Pressl muss 150 m unter dem Gipfel umkehren.

19.7. Die Chemie Linz legt als Konsequenz des massiven öffentlichen Drucks die Trichlorphenolanlage still, bei der als Nebenprodukt das hochgiftige Dioxin anfällt.

Juli. Erster Aids-Todesfall in Linz.

1.8. Ein Orkan beendet die vierwöchige Hitzeperiode und zieht eine Spur der Verwüstung durch Oberösterreich.

7.–13.8. In St. Georgen im Attergau findet das 8. Internationale Landeslager der Pfadfinder statt. 3200 Buben und Mädchen aus 18 Ländern nehmen daran teil.

18.8. Eröffnung der Linzer Volkssternwarte auf dem Freinberg.

20./21.8. Über 100.000 Zuschauer kommen zur großen Flugshow „Air '83" nach Hörsching.

22.–28.8. Erstmals in Österreich wird in Linz die Berufsolympiade abgehalten.

31.8./1.9. Brandstiftung im Linzer Maschinenzentrum Schachermayer in der Industriezeile. Das Gebäude wird bis auf die Außenmauern zerstört. → 1989

1.9. Kirchdorf an der Krems wird Garnisonstadt: Das Landwehrstammregiment 44 zieht ein.

15.9. Eröffnung des Neubaues der Volkskreditbank Linz an der Mozartkreuzung.

5.10. Auseinandersetzungen zwischen Mitgliedern der Umweltschutzorganisation „Greenpeace" und der Belegschaft der Chemie Linz AG.

13.10. Gleichenfeier des neuen Linzer Rathauses.

14.10. Eröffnung der ersten oberösterreichischen Antiquitätenmesse im Brucknerhaus Linz.

20.10. Eröffnung der Höheren Technischen Lehranstalt in Wels.

21.10. Eröffnung des Bosruck-Autobahntunnels.

30.10. Lutherfest in der Linzer Sporthalle.

14.12. Eröffnung der Pyridate-Produktionsanlage in der Chemie Linz AG. →

Dezember. Sternsinger der Linzer Christkönigpfarre singen im Vatikan vor Papst Johannes Paul II.

Landesausstellung in Wels: 1000 Jahre Oberösterreich.

Sportler des Jahres: Tassilo Gruber (Faustball) und Sigrid Kirchmann (Leichtathletik), LASK.

Parteien und Politiker

Die Parteien plagen sich mit der Zukunft, wir mit der Gegenwart.

*

Ein Politiker braucht viele Gesichter, damit er immer wieder eines verlieren kann.

*

Politikern braucht man nicht das Wort im Mund umzudrehen. Das machen sie schon selbst.

„hepo" (Hermann Polz) in „Der Punkt", „Oberösterreichische Nachrichten", 1983.

Die Flugshow „Air '83".

Landesausstellung in Wels: 1000 Jahre Oberösterreich.

Geburtstag

Thomas Arzt. Schriftsteller. Geboren 9. 10. 1983. in Kirchdorf a.d. Krems.

Todestage

Hans Franta. Maler und Zeichner. Gestorben 19. 3. 1983 in Linz. (Geboren 17. 6. 1893 in Linz.) → S. 39

Alfred Hoffmann. Landeshistoriker. Gestorben 3. 7. 1983 in Bad Ischl. (Geboren 11. 4. 1904 in Linz-Urfahr.)

Max Kislinger. Bild-Chronist oberösterreichischer Volkskultur. Gestorben 11. 10. 1983 in Linz. (Geboren 4. 4. 1895 in Linz.)

Schreckliche Nachricht für Welser Familien

7. Mai. Bei einem Hotelbrand in Istanbul kommen elf Welser ums Leben, Mitarbeiter des Magistrats Wels und Mandatare, die einen Betriebsausflug unternommen hatten.

Die Linzer Dreifaltigkeitssäule wird saniert.

Eröffnung der BMW-Werke in Steyr.

100.000 Zuschauer bei der Flugshow in Hörsching.

Kishon und Linz

Oktober 1983. „Linz ist das Letzte". In einer Wiener Zeitschrift war eine Satire des israelischen Schriftstellers Ephraim Kishon (1924–2005) mit diesem Titel versehen worden. Die Linzer ärgerten sich. Auch Kishon ärgerte sich. Er hatte eine Satire mit „gutmütigem Spott" über einen „Anfängerreporter" geschrieben, der ihn anlässlich einer Lesung in Linz interviewt hatte, die Satire hieß „Linzer Torte", und keineswegs wollte er damit Linz beleidigen. „Das ist eine ganz bösartige Sache", erklärte Kishon dazu, als er bei seiner Ankunft in Wien die Zeitschrift zu Gesicht bekam, „das darf ich mir einfach nicht gefallen lassen, denn ich habe Linz sehr gerne und habe dort ein äußerst liebes Publikum gefunden." Die Linzer Bürgerseelen sind daraufhin beruhigt.

Fünf neue Märkte

Altenfelden, Liebenau, Mettmach, St. Martin im Innkreis und Wartberg ob der Aist heißen die neuen oberösterreichischen Märkte.

Das schönste Dorf

Die Auszeichnung, das schönste Dorf Oberösterreichs zu sein, holt sich Natternbach.

Schneyder über Bernhard

„In fünfzehn Jahren hat der Mann absolut keine Geltung mehr."

Der Schriftsteller, Regisseur und Ex-Kabarettist Werner Schneyder über Thomas Bernhard. „Profil", 15. Februar 1999.

Leitfigur der Literatur

„Eine zentrale Leitfigur des literarischen Lebens."

Landeshauptmann Josef Pühringer zum Tod von Gertrud Fussenegger.

*

„Gertrud Fussenegger bündelte in ihrer Person das 20. Jahrhundert mit all seinen furchtbaren Brüchen und Umbrüchen."

Der Literaturkritiker Reinhold Tauber, „OÖ. Nachrichten", 20. März 2009.

Landschaft der literarischen Einzelgänger

Die Literatur-Landschaft Oberösterreich ist geprägt von überdurchschnittlich hoher Dichte und Präsenz der Autorenschaft. Bemerkenswert erscheint die sich verstärkende Position der Frauen. Eine oberösterreichische Besonderheit ist die Verlagsaktivität: Zwei Dutzend Klein- und Mittelverlage gestalten ein EU-Modell für wirkungsvolle regionale Kulturpflege.

Trotz vielfältiger Vernetzungen ist Oberösterreich eine Landschaft der literarischen Einzelgänger. Die traditionsreiche Kultur-Vereinigung „Maerz" in Linz wäre berufen, für vielfältig gestaltete Literatur Sammelpunkt zu sein. Sie konzentriert dieses Segment ihrer Aufgaben inzwischen auf konsequente Sprach-Avantgarde. Traditionspflege betreibt die Oberösterreich-Vertretung des Pen-Clubs. Verdienstvolle Betreuung regionalen Sprachguts besorgt der Stelzhamerbund, aktiv in der Bewahrung von Mundart als Basis aller Sprach-Fortentwicklung.

Ein Kristallisationspunkt wurde das Literaturhaus im ehemaligen Wohnhaus Adalbert Stifters in Linz. Diese Einrichtung hat sich zur wirkungsvollsten Plattform für literarische Aktivitäten (auch in Verbindung mit bildender Kunst) in der Landeshauptstadt entwickelt. Für die formelle Vereinigung der Literaten, die „IG Autoren", ist dieses Haus ebenfalls Heimstatt.

Dass Oberösterreich über ein überdurchschnittlich großes Potential an dichterischen Begabungen verfügt, darüber geben Publikationen Auskunft, die der regionalen Autorenschaft als Forum zur Verfügung stehen. Zeitlich gesehen stehen die „Facetten" (früher „Stillere Heimat") an der Spitze, die seit 1952 in ununterbrochener Reihenfolge als von der Stadt Linz publizierter Jahres-Almanach über das aktuelle Literaturschaffen berichten, auch über den geographischen Bereich der Stadt Linz hinaus. Seit 1975 wird vom Land Oberösterreich „die rampe" herausgegeben: ein präziser Seismograph der vielfach schattierten literarischen Befindlichkeit zwischen Inn und Enns, dessen sich Belletristen und Essayisten des gesamten deutschsprachigen Raums bedienen. Außer einer jährlichen Texte-Anthologie gemäß traditionellen Auswahlkriterien wird jedes Jahr eine herausragende Autoren-Persönlichkeit umfassend in einer Schwerpunkt-Publikation vorgestellt. Jährlich treten zu einem vorgegeben Thema Literaten in einen Dialog.

Eine weit über Österreich hinaus beachtete Sonderstellung nimmt die von dem Germanisten Heimrad Bäcker (1925–2003) begründete und inzwischen in Grazer Verlagsheimat fortgeführte „edition neue texte" ein. Dieses Medium hat sich der Sammlung „Konkreter Poesie" aus dem gesamten deutschen Sprachraum verpflichtet. Die Arbeit auf Linzer Boden ergänzt mit ähnlicher Verlagsideologie Christian Steinbacher.

Alois Brandstetter: Sprachlehre mit Ironie.

Dem zweifellos bekanntesten, erfolgreichsten und umstrittensten Schriftsteller Oberösterreichs, Thomas Bernhard, ist 1984 in Linz ein Kolloquium gewidmet. Mit dem Schauspieler Bruno Ganz (links) und Claus Peymann (rechts), der viele Werke von Thomas Bernhard inszenierte und der von 1986 bis 1999 Direktor des Wiener Burgtheaters war.

Beachtlicher Anteil der Frauen

Auffallend ist der Anteil von Frauen am literarischen Gesamtangebot im Land. Wenn man die Liste etwa bei Enrica von Handel-Mazzetti (1871–1955) beginnen lässt, sie über Gertrud Fussenegger (1912–2009), hinausführt, muss ein Name wie Marlen Haushofer (1920–1970) als schon historisch genannt werden.

Die nächste Generation: Aufsehen erregte die Freistädterin Brigitte Schwaiger (1949 bis 2010) mit ihrem Regionalroman „Wie kommt das Salz ins Meer". Die Steyreggerin Elisabeth Reichart schrieb sich mit ihrer Prosa „Februarschatten" (inzwischen auch dramatisiert) in die starke Riege jener Literaten, die unaufgearbeitete regionale Zeitgeschichte beleuchten. Ein Name, der in den achtziger Jahren rasch bekannt wurde: Waltraud Anna Mitgutsch, promovierte Sprachwissenschafterin, deren auch ursprünglich von der Aufarbeitung der eigenen Jugend ausgehende dynamische Prosa über den deutschen Sprachraum hinaus Anerkennung findet.

Weitere Namen als Beispiele für die aktive Literatinnenszene: Margret Czerni mit traditionsverpflichteter feinsinniger Prosa, Roswitha Zauner aus dem Innviertel (Lyrik, jugenddramatische Arbeiten, Hörspiel),

Drei Generationen

„Selbst der geduldigste Rückblick vermittelt keine endgültige Bestandsaufnahme. Von den drei Generationen, die zur gleichen Zeit schaffen, sind die Mittleren, die zwischen den gewaltigen Auseinandersetzungen, am geringsten zur Entfaltung gekommen. Sie hatten sich falsch programmiert, als sie sich zum Ewigen der Werte und Worte bekannten. Da sie mündig wurden, glaubten sie ihrer Hoffnung, etwas zu leisten, das Bestand haben würde; da sie heimkehrten, sahen sie, daß es nur Versuche gewesen waren, die sie zurückgelassen hatten. Sie mußten neu anfangen. Aber die Jahre reichten nicht mehr. Sie fanden keinen Anschluß. Dennoch wurden sie nicht mutlos, obwohl sie in ihrer Zunge weder mit den Alten noch mit den Jungen reden konnten."

Josef Laßl (1915–1977) in einem „Versuch einer Überschau und Wertung" des literarischen Oberösterreich aus der Sicht des Jahres 1971. In „Literarisches Oberösterreich", Stifter-Institut Linz, 1971.

Landschaft der literarischen Einzelgänger

Evelyn Grill und Elfriede Kern, die 1999 als erste mit dem von der Arbeiterkammer geschaffenen „Buch-Preis 99" ausgezeichnet wurde – dem Nachfolgewettbewerb des Literaturpreises mit dem Namen des Arbeitswelt-Autors Max von der Grün (1926–2005).

Der Bereich Kinder- und Jugendliteratur wird beispielhaft von Käthe Recheis betreut. Auch in diesem Bereich rücken Jüngere nach, auch hier braucht das Land keine Zukunftsangst zu haben.

Der Frauenliteratur wird in Zukunft verstärkt Augenmerk zugewendet. Die Stadt Linz schrieb 1999/2000 erstmals einen Autorinnen vorbehaltenen Preis aus, der den Namen der mit Linz verbundenen Goethe-Vertrauten Marianne Willemer trägt und perspektivisch in die Medienzukunft reicht. Er wird auch für Literatur vergeben, die die speziellen Möglichkeiten der Elektronik (Internet) nutzt.

Direkte Vorbildwirkung auf den Nachwuchs hat im Land keiner der älteren Autoren, die sich in der Bestenliste personell oder thematisch mit Oberösterreich verbundener Literatur einschrieben: von Herbert Eisenreich (1925–1986) und Franz Tumler (1912–1998) über Karl Kleinschmidt (1913–1984) bis zu Franz Kain (1922–1997) und Kurt Klinger (1928–2003).

Auch nicht der signifikante Einzelgänger, der eine überragende Position im literarischen Schaffen der zweiten Hälfte des 20. Jahrhunderts einnimmt: Thomas Bernhard. Leicht groteske Züge nahm die Auseinandersetzung um das Recht der Veröffentlichung der Werke des 1989 verstorbenen Dichters in Österreich an, ausgelöst von Bernhards Testament. (→ S. 494)

Einer, dessen Schaffen sein Leben lang auf ein einziges Werk hin konzentriert war, wodurch das übrige Werk nur wie ein Nebenprodukt wirkte, war der Linzer Herbert Eisenreich, dessen Lebensbilanz „Die abgelegte Zeit" als gewaltiger Torso noch 1985 der Öffentlichkeit übergeben werden konnte – ein Jahr vor seinem Tod.

Ein Beispiel für Kraft in der Behandlung eines Themas und Achtung vor der Sprache, dem Jüngere nacheifern (können), lieferte Hermann Friedl (1920–1988), der den Bereich literarisch aufgearbeiteter Psychoanalyse und des Ärztelebens abdeckte (und auch schon Nachfolger in diesem Genre fand).

Eine literarische Technik besonderer Art entwickelte der Sprachwissenschafter Alois Brandstetter. Er lässt Sprachlehre mit Ironie, Groteske und oft auch virtuos gehandhabtem Humor eine literarische Symbiose eingehen, die im Land ohne Parallele bleibt.

Franz Rieger verweist auf fast ein Dutzend Romane über Menschen und Situationen im Umfeld einer Großstadt (auch in Verbindung mit Zeitgeschichte), deren Atmosphäre und sprachliche Disziplin sie im besten Sinn des Wortes als Heimatdichtung erscheinen lassen.

Gertrud Fussenegger dominierte mehr als ein halbes Jahrhundert die Frauenliteratur in Österreich.

Was dieses Genre anlangt, ist der Innviertler Friedrich Ch. Zauner zu dessen Ehrenrettung angetreten: mit einem gewaltigen, vierteiligen Romanwerk „Das Ende der Ewigkeit", das die Geschichte unseres Jahrhunderts fokussiert auf ein aus Realelementen montiertes fiktives oberösterreichisches Dorf. Mit dieser großen Prosa wird der Begriff „Heimatroman" aus einer negativ besetzten Begriffsposition gelöst, sie gibt die Chance zu einer Neu-, zumindest erweiterbaren Definition dieser Gattung.

Einen Platz in der literarischen Landeschronik haben sich Franz Kain, um dessen Werk verlegerisches Bemühen registrierbar ist, mit ebensolchem Engagement, Franz Josef Heinrich mit seinem sozialkritisch bis phantastisch-düster gefärbten lyrischen, theatralischen und Prosawerk gesichert.

Ein Prosaist, der etwas zu Unrecht im Schatten vordergründig Erfolgreicherer stand, war der Innviertler Otto Haubner (1925–1999). Der ebenfalls im Innviertel beheimatete Gottfried Glechner (1916 bis 2004) ist mit seiner launig-besinnlichen, literarisch gefertigten Heimatkunde in Mundart einer der erfolgreichsten Vertreter der Dialektdichtung seiner Generation. Er und seine Generationskollegen haben Nachfolger etwa in Fritz Lichtenauer, der aus dem Kreis der Konkreten Poeten hervorging.

In den neunziger Jahren nahm nicht nur die Verlagsszene in Oberösterreich einen Aufschwung, auch die Autorenszene wurde (und wird) von immer mehr nachrückenden Namen besetzt, die in beeindruckendem Tempo zuweilen auch europaweit zu vermerken sind. Dazu gehört Christoph Ransmayr, dessen (mit internationalen Literaturpreisen bestätigter) Ruf als einer der wesentlichen Autoren der mittleren Generation von Belletristen im deutschen Sprachraum gefestigt erscheint, oder der Steyrer Erich Hackl, dessen Roman-Dokumentationen Geschichte unseres Jahrhunderts – nicht nur Oberösterreichs, sondern Europas, auch (bisher) Lateinamerikas – beklemmend personalisieren.

Es hat sich neben Linz besonders eine Stadt auf literarischem Gebiet in den Vordergrund geschoben, samt ihrem geographischen Umfeld: Steyr. Nicht nur Marlen Haushofer stammte aus diesem Bereich, nicht nur Enrica von Handel-Mazzetti war mit Steyr verbunden. Die Gegenwart: Da ist der erwähnte Erich Hackl, da ist der rasch aufgeflammte, früh verloschene Manfred Maurer (1958–1998), da ist der vielseitig tätige Walter Wippersberg, da ist Andreas Renoldner, da ist der auch scharf ironische Regional-Kommentator Erwin Einzinger, da ist der sich um die Jugend kümmernde Till Mairhofer. Sie alle haben das literarische Profil des Alpenvorlandes vertieft, sind keine Eintagsfliegen im schnelllebigen literarischen Betrieb, sondern arbeiten mit nachhaltiger Wirkung.

Andere Regionen, andere Namen, geprägt von ihrem Umfeld: Inn- und Hausruckviertel verweisen auf das Ehepaar Zauner, auf Franz Xaver Hofer, auf Rudolf Weilhartner, auf Otto Haubner und Gottfried Glechner.

Das Mühlviertel – eine literarisch stark vertretene Landschaft seit Franz Tumlers „Schloß in Österreich" – verweist auf Brigitte Schwaiger, Günter Giselher Krenner, Hans Dieter Mairinger, Hermann Obermüller, Reinhold Aumaier.

Und auf Linzer Boden markieren Dramatiker wie Harald Kislinger oder Thomas Baum, sozial engagierte Autorinnen wie Eugenie Kain (1960–2010) ironische, nachdenkliche, auch aggressive Positionen jüngerer oberösterreichischer Literatur, in deren Gefolge wieder Jüngere nachrücken, die Talent und künstlerisch artikulierten Intellekt demonstrieren. „Facetten" und „rampe" geben regelmäßig davon Kunde.

Reinhold Tauber

Die Lenzinger

„Wer vermag nun zu urteilen, wer ein Lenzinger ist: der Alteingesessene, der vom Krieg Verschlagene, der Flüchtling? Sie alle sind's, denn Arbeit schafft Heimat. Hier war Arbeit und hier wurde die Arbeit angepackt, und wer anpackte, der war willkommen."

Eduard Christoph Heinisch: „Die Lenzinger", Festschrift zur Markterhebung.

Vorbild Hinterstoder

„Wenn die Österreicher genau so tüchtig sind wie die Jäger von Hinterstoder, so stramm und unentwegt wie die Leute dort, dann habe ich allen Grund, anzunehmen, dass dieses Land kämpfen wird, um seine Neutralität zu verteidigen."

NATO-General William P. Rogers, der 1946 auf Urlaub in Hinterstoder war, am 21. April 1984 in einem Pressegespräch.

Kalender

12.1. Arbeitssitzung der Bundesregierung in Steyr unter dem Druck bevorstehender Kündigungen. →

16.1. Nach dem Brand 1983 Wiedereröffnung des Maschinenzentrums Schachermayer in der Linzer Industriezeile.

22.1. Wechsel in der Linzer Bürgermeisterstube: Franz Hillinger (1921–1991) beendet seine Tätigkeit (seit 1969), Hugo Schanovsky tritt mit 26. 1. sein Amt an. → (Bis 1988.)

31.1. Der Fußballverein Union Wels steigt mitten in der Meisterschaftsrunde aus finanziellen Gründen aus der 1. Fußballdivision aus.

3.2. Steyr-Daimler-Puch kündigt 250 Mitarbeiter. Für 100 Frauen wird eine Teilzeitlösung erarbeitet.

10.2. Jugendliche bauen in Spital am Pyhrn die Schneedame „Zenzi": Sie ist 6,5 m groß und hat eine Oberweite von 11,5 m.

Februar. Bei der Renovierung des alten Wachszieherhauses in Weyer werden Renaissancefresken aus der Zeit um 1540 freigelegt.

10.3. Das neu gestaltete Linzer Parkbad wird eröffnet.

17.3. Opern-Uraufführung im Linzer Landestheater: „In seinem Garten liebt Don Perlimplin Belisa" (nach Federico García Lorca) von Balduin Sulzer.

19.3. Konflikt um die Einsparungen freiwilliger Sozialleistungen in der Voest: Nach Intervention der Regierung muss der Voest-Vorstand die Einsparungspläne zurückziehen.

Bronzemedaillengewinner Josef Reiter.

Scheidet: Der Linzer Bürgermeister Franz Hillinger.

Der Nachfolger: Hugo Schanovsky.

März. Das Land Oberösterreich kauft den Wildpark Altenfelden und verpachtet ihn an einen Verein.

4.4. Das Landwirtschaftsministerium schließt die umstrittene Sondermülldeponie in Bachmanning.

27.4. In Linz-Kleinmünchen müssen 18 Brunnen gesperrt werden, weil giftige Abwässer in das Grundwasser gelangten.

5.5. Das DDSG-Schiff „Austria" fährt erstmals auf der Strecke Linz–Passau.

20.5. Im Stiftsmeierhof von St. Florian bei Linz wird das Feuerwehrmuseum eröffnet. → S. 272

15.6. In Bad Ischl wird die Nordumfahrung eröffnet, deren Herzstück ein rund 700 m langer Tunnel ist.

16.6. Tanzweltmeisterschaft in der Linzer Sporthalle.

23.6. In Beirut wird der Verwaltungsattaché an der österreichischen Botschaft, der gebürtige Welser Gerhard Loitzenbauer, auf offener Straße ermordet.

1.7. Abschlusskonzert des Landesmusikfestes auf dem Linzer Hauptplatz mit 15.000 Musikern von 430 Kapellen.

7.7. In Gmunden wird der größte Stammtisch der Welt aufgebaut: Er ist 3103 m lang, etwa 12.000 bis 15.000 Menschen haben daran Platz.

13.7. Eigroße Hagelschloßen prasseln in vielen Gegenden Oberösterreichs nieder.

Juli. Im Mühlviertel breitet sich die Tollwut aus.

5.8. Am Hiltschnerberg (Leopoldschlag) wird die Wallfahrtskirche Maria Schnee eingeweiht.

Der 25-jährige Judokämpfer Josef Reiter aus Niederwaldkirchen erringt bei den Olympischen Spielen in Los Angeles eine Bronzemedaille.

1.9. Eröffnung des alternativen Linzer Kulturzentrums im Posthof.

3.9. Die Linzer Fußballfans sind empört: Entgegen der Zusagen des ÖFB-Präsidenten wird am 14. November das Weltmeisterschafts-Qualifikationsspiel gegen Holland nicht in Linz, sondern in Wien ausgetragen.

8./9.9. Auf der Enns finden erstmals Motorboot-Europameisterschaften statt.

10.9. Die Generalsanierung der Linzer Dreifaltigkeitssäule ist beendet. Das Linzer Wahrzeichen erstrahlt in voller Schönheit.

16.9. Knapp 3000 oberösterreichische Handwerksmeister feiern im Stift St. Florian den „Tag des Handwerks".

28. 9. Mit einem Großbrand auf dem Messegelände beginnt in Wels eine Serie von Brandstiftungen.

28./29.9. Eröffnung der Bummelzone am Welser Stadtplatz.

September. In den Steyr-Werken kann die ursprünglich bis Februar 1985 befristete Kurzarbeit vorzeitig beendet werden.

14.10. Am Flughafen Hörsching landet nach einem Flug von Paris erstmals eine „Concorde" der Air France.

20.10. Die Burg Krempelstein wird durch einen Großbrand verwüstet.

Aus der Linzer Sporthalle wird die 50. Sendung des Fernseh-Quiz „Auf los geht's los" ausgestrahlt.

23.10. In Steyrermühl nimmt die modernste und breiteste Zeitungsdruckpapiermaschine in Österreich den Betrieb auf: die PM (Papiermaschine) III. Jahreskapazität: 150.000 Tonnen Zeitungsdruck- und Rollenoffsetpapier.

29.10. Bei einer Massenkarambolage auf der Westautobahn verbrennen fünf Menschen, 25 werden schwer verletzt.

Oktober. Im Krankenhaus der Elisabethinen in Linz wird das erste Gerät Österreichs für Stoßwellenzertrümmerung von Nieren- und Harnleitersteinen in Betrieb genommen.

5.11. Die Chemie Linz AG erhält von der DDR einen Großauftrag.

14.11. Eröffnung des Neubaues der Linzer Universitätsbibliothek.

23.11. Über Linz fegt ein Sturm mit Spitzengeschwindigkeiten bis zu 140 km/h. 15 Menschen werden von herabstürzenden Dachziegeln verletzt.

Volkes Stimme

„Wenn die Parteien nicht soviel Leute in den Steyrer Betrieb einipresst hätten, müssten jetzt nicht soviel gekündigt werden."

*

„Drei Monate muss man auf einen Traktor warten und wir haben keine Arbeit ..."

*

Zitate aus den Gasthausdiskussionen am 12. Jänner 1984, an denen die Regierungsmitglieder anlässlich ihrer Klausur in Steyr teilnahmen.

In Wels gibt es eine „Bummelzone".

1984

November. Mit einem Speziallabor und einer eigenen Forschergruppe setzt die Chemie Linz AG erste Schritte in Richtung Biotechnologie und Gentechnik.

7. 12. Uraufführung im Linzer Landestheater: „Der Teufel mit den drei goldenen Haaren" von Gertrud Fussenegger.

17.12. Eröffnung der Mehrzweckhalle im Steyrer Wehrgraben.

21.12. Dem Formel-I-Weltmeister Niki Lauda wird in Linz ein begeisterter Empfang bereitet. Im offenen Wagen fährt der Sportler im Schritttempo über die Landstraße.

Landesausstellung im Stift Reichersberg am Inn: 900 Jahre Stift Reichersberg – Augustiner-Chorherren zwischen Passau und Salzburg.

Sportler des Jahres: Josef Reiter (Judo) und Claudia Gusenbauer (Wasserski), LASK.

Fünf neue Märkte

Asten, Kollerschlag, Laakirchen, Lenzing und St. Martin im Mühlkreis heißen die neuen oberösterreichischen Märkte.

Die höchste Höhle

Winter 1984/85. Mit einer Höhe von 350 m (Niveaudifferenz) ist das „Kühlloch" im Rettenbachtal bei Bad Ischl die höchste Höhle Oberösterreichs. Mit diesem Ergebnis warten Linzer Höhlenforscher auf, die in Kletterei durch tosende Wasserfälle diesen Höhenunterschied überwunden haben.

Rekordergebnis

Lenzing ist das größte Viskose- und Modalfaserwerk der Welt. Mit der zweieinhalbmillionsten Fasertonne aus den Lenzinger Spinnmaschinen und einer Jahresproduktion von 114.000 Tonnen stößt das Werk auf den Spitzenplatz vor.

Heinrich Gleißner gilt in der Bevölkerung vor allem als der Mann, der in Zusammenarbeit mit dem politischen Partner, insbesondere mit dem Linzer Bürgermeister Ernst Koref, die Probleme des Nachkriegs, der Besetzung und des Wiederaufbaues bewältigt hat. (Gemälde von Rudolf Wernicke.)

Geburtstag

Anna Weidenholzer. Schriftstellerin. Geboren 21. 1. 1984 in Linz.

Todestage

Hans Weibold. Maler. Gestorben 14. 1. 1984 in Linz. (Geboren 8. 8. 1902 in Linz.)

Heinrich Gleißner. Landeshauptmann von Oberösterreich 1934–1938, 1945–1971. Gestorben 18. 1. 1984 in Linz. (Geboren 26. 1. 1893 in Linz.) → S. 480

Marc Wayne Clark. US-General. Gestorben 17. 4. 1984 in Charleston, USA. (Geboren 1. 5. 1896 in Madison Barracks, New York.) Oberkommandierender der amerikanischen Besatzungstruppen in Österreich, US-Hochkommissar und Mitglied des alliierten Rates (1945–1947). → 1946, 1947

Josef Günther Lettenmair. Schriftsteller. Gestorben 20. 5. 1984 in Linz. (Geboren 1. 3. 1899 in Kremsmünster.)

Alfred Marks. Kunsthistoriker. Gestorben 31. 5. 1984 in Linz. (Geboren 12. 6. 1921 in Königinhof an der Elbe.)

Hans Lehner. Landwirtschaftskammer-Präsident (1966–1984). Gestorben 24. 8. 1984 in Marchtrenk. (Geboren 12. 1. 1926 in Pasching.)

Carl Martin Eckmair. Schriftsteller. Gestorben 25. 9. 1984 in Linz. (Geb. 28. 10. 1907 in Eferding.)

Hans Joachim Breustedt. Maler. Gestorben 28. 9. 1984 in Verey am Genfersee. (Geboren 16. 9. 1901 in Steinach, Thüringerwald.) Lebte in Taufkirchen an der Pram.

Franz Schütz. Handelskammerpräsident (1957 bis 1980). Gestorben 17. 11. 1984 in Linz. (Geboren 26. 5. 1908 in Linz.)

Erwin Schaller. Komponist. Gestorben 20. 12. 1984 in Wien. (Geboren 9. 2. 1904 in Linz.)

Hans Alexander Puluj. Kulturfilmproduzent. Gestorben 31. 12. 1984 in Litzldorf bei Rosenheim. (Geboren 12. 5. 1901 in Prag.) Seit 1948 in Linz.

Motorräder made in Austria

Ein Weltmeistertitel für den Österreicher Heinz Kinigadner ist auch eine Anerkennung für den oberösterreichischen Motorradhersteller KTM. Erstmals gewann KTM 1974 die 250-ccm-Moto-Cross-Weltmeisterschaft, dann 1977 und 1978. Kinigadner wird 1984 zum ersten Mal Weltmeister. Mit Recht freut man sich im Mattighofener Werk mit, denn die Sporterfolge sind Leistungsbeweise der Firma, die sich als europäischer Motorradhersteller gegen die japanische Konkurrenz durchzusetzen vermag.

Heimat Oberösterreich

„Gleich Österreich liebt Oberösterreich den richtigen Herzschlag, den nicht zu langsamen und nicht zu schnellen, jenen, den auch die Welt an uns liebt. In allen Situationen, den hellen und den dunklen, verstehen es die Menschen dieses Landes, Maß zu halten, das Überspitzte zu meiden und den Weg zwischen den Extremen vorzuziehen. Oberösterreich liegt nicht nur geographisch in der Mitte der Republik, auch nach dem Charakter und der Denkart seiner Bewohner nimmt es einen Platz der Mitte ein."

Heinrich Gleißner: Heimat Oberösterreich, in „Oberösterreich in Farben", Innsbruck 1971.

Wir brauchen diesen Geist

„Wir brauchen diesen Geist in der Politik".

Landeshauptmann Josef Pühringer zum 110. Geburtstag von Landeshauptmann Heinrich Gleißner und dessen Botschaft, das Gemeinsame über das Trennende zu stellen. Empfang im Gleißner-Haus Linz, 15. 1. 2003.

Oberösterreichische Originale: Landeshauptmann Heinrich Gleißner

Er konnte sich über sich selbst lustig machen. Das war einer der sympathischsten Züge an Heinrich Gleißner (1893–1984). Mit heiteren Gedanken, wie sie dem Wesen dieses Mannes entsprachen, wird er auch in der Erinnerung vieler Oberösterreicher fortleben.

Es war beim Abschied der Amerikaner nach dem Staatsvertrag 1955. „Das war das einzige Mal, dass ich probiert hab', englisch zu sprechen", gestand Gleißner, der das, was er nicht konnte, niemals verheimlicht hat. „Nachher kam ein amerikanischer Offizier auf mich zu und sagte mir offensichtlich etwas Nettes. Der Dolmetscher übersetzte es mir: Der Major hat gesagt, dass er Ihnen zu Ihrer Rede gratulieren möchte. Er bedauerte nur, dass er nicht viel verstanden hat, weil er nicht Deutsch kann ..."

Ein paar Jahre früher, als Oberösterreich in zwei Besatzungszonen geteilt war und die Linzer Brücken auf der einen Seite von Amerikanern und auf der anderen von russischen Besatzungssoldaten bewacht wurden, charakterisierte Gleißner diese Situation mit einem inzwischen berühmt gewordenen Satz: „Wir haben die längste Brücke der Welt – sie beginnt in Washington und endet in Sibirien!"

Freudig tanzte er, als 1953 die Brückenkontrolle aufgelassen wurde, auf der Nibelungenbrücke mit Elmire Koref, der Frau des Linzer Bürgermeisters. Russen und Amerikaner applaudierten gemeinsam.

Probleme des Pensionisten

Mit 78 ist er zurückgetreten, 37 Jahre zuvor wurde er, damals 41 Jahre alt, Landeshauptmann. 13 Jahre genoss er, wie es in solchen Fällen heißt, den „wohlverdienten Ruhestand".

Er war rüstig und fesch und überall dabei. Seine Pensionistenprobleme aber hatte auch er. Er schilderte selbst diese Probleme so: „Das Gefährliche ist, dass man deppert werden kann im Alter. Deswegen hab' ich den Fellinger gefragt, was ich tun soll, damit ich's früher merke als die anderen, wenn ich deppert werde. Der Fellinger ist ja ein berühmter Arzt, der muss es wissen, was man da tun soll. Er hat mir auch einen Rat gegeben: Schau, Herr Landeshauptmann, hat er gesagt, solange du weißt, wer du bist, ist alles in Ordnung! Ich hab' mich an das Rezept gehalten und frag' mich jetzt jeden Tag gleich nach dem Aufstehen: Wer bist? Und dann sag' ich: Ich bin der Gleißner! Alles recht und schön, bis das einmal meine Frau gehört hat. Jetzt weiß ich zwar, dass mit mir alles in Ordnung ist, aber meine Frau glaubt, dass ich deppert bin!"

Der Landesvater Heinrich Gleißner.

Dem Land und der Natur verbunden: Der Wanderer Heinrich Gleißner.

„Immer nur etwas Heiteres ..."

Die Heiterkeit bezeichnete Gleißner als das Um und Auf in seinem Leben. „Soviel Erschütterndes habe ich mitgemacht, gemerkt habe ich mir aber immer nur die heiteren Sachen. Wenn Sie mich über alle Stationen des Lebens fragen, fällt mir nur etwas Heiteres ein!"

Arbeit und Freude sind weitere Merkworte im Leben Heinrich Gleißners. „Es war für mich nie ein Opfer, an einem Sonntag hinauszufahren zu einem Fest oder zu einer Eröffnung. Ich bin allerdings froh, dass man beim Schließen nicht auch ein Fest feiert, da hätte ich noch öfter hinaus müssen!"

In einem Gespräch mit Heinrich Gleißner, der damals schon weit über achtzig war, habe ich den Alt-Landeshauptmann zum Thema Alter gefragt: „Haben Prominente einen Pakt mit dem lieben Gott?"

Kirchschläger über Gleißner

„Dr. Heinrich Gleißner war und bleibt ein großer Sohn unserer Heimat. Die geistige Saat, die er gesät hat, trägt auch heute Früchte. Lassen wir sie nicht verdorren, schon allein um unserer Liebe zur gemeinsamen Heimat willen!“

Rudolf Kirchschläger, Bundespräsident 1974–1986.

Ratzenböck über Gleißner

„Der geistreiche Redner Gleißner, der wusste, daß er vor allem auch durch kurze Reden zu beeindrucken vermochte, war in all diesen Jahren nicht nur erster Arbeiter, Redner und Repräsentant seines Oberösterreich; er wurde oft genug weit über Oberösterreich hinaus Botschafter eines neuen, fleißigen, selbstbewusst gewordenen Österreich.“

Josef Ratzenböck, Landeshauptmann 1977–1995.

Koref über Gleißner

„Sein Name wird in Oberösterreich immer den besten Klang behalten.“

Ernst Koref, Bürgermeister von Linz 1945–1962.

Dreißig Jahre steht Heinrich Gleißner an der Spitze des Landes Oberösterreich.

Volkstümlich, faszinierend, geistreich: Heinrich Gleißner als Redner.

„Das nicht“, erwiderte Gleißner, „aber ich glaube, sie haben im Himmel meinen Akt verlegt – ich rühr' mich nicht!“
„Nehmen Sie Medikamente?“
„Natürlich schicken mir schon seit vielen Jahren gutmeinende Ärzte Pulverl ins Haus“, erläuterte der Alt-Landeshauptmann seine Auffassung über Medikamente. „Ich habe sie früher immer unserer Großmutter gegeben. Sie hat sie genommen, aber manchmal hat sie schon gesagt, es war ihr dann nicht recht gut!“
Sparsamer Medikamentenverbrauch hieß das Rezept, das Gleißner älteren Menschen empfahl. Er selbst brauchte auch im hohen Alter nicht einmal ein Schlafmittel, auch kein Kopfwehpulver.
Hinaus zog es noch den Neunzigjährigen. Wandern und Baden bezeichnete er als die zwei besten Medizinen. „Und neugierig sein“, ergänzte er sofort. „Ich bin in der Früh immer neugierig, was passiert ist, was der Tag bringen wird!“
Es gibt auch Leute, die sagen, sie freuen sich auf die Pension, weil sie dann den ganzen Tag auf dem Diwan liegen können. Dazu Heinrich Gleißner: „Denen sag' ich: Schreibt gleich eure Parte, sonst überseht ihr's noch!“

Rudolf Lehr

Im Linzer Dom nimmt Oberösterreich Abschied von seinem Landeshauptmann.

Siegreiche Heimkehrer von der Berufsolympiade.

Boß der Stahlkocher

„Der Boß der Stahlkocher wurde zum alten Eisen geworfen, als hieße er Abfall-ter."

Peter Orthofer zum Rücktritt von Voest-Generaldirektor Apfalter 1985. „Wer ist who in Österreich", Wien 1986.

Im Öl voestgefahrn

„Die Verstaatlichte is im Öl voestgfahrn."

Jokl im „Neuen Volksblatt", 29. 11. 1985.

„Neun Spitzenmanager haben den Hut genommen. Und mit dem Hut natürlich auch das Geld, das ihnen laut Vertrag zusteht."

„Tagblatt", 29. 11. 1985.

*

„Nicht nur mit unser aller Steuermilliarden haben sie gespielt, sondern auch mit dem guten Ruf Zehntausender von Voest-Arbeitern und -Angestellten, die in treuer Hingabe und mit größtem Anstand ihre Arbeit getan haben."

„Oberösterreichische Nachrichten", 30. 11. 1985.

Kalender

9.1. In Reichersberg fällt das Thermometer auf 32,2 Grad unter Null.

24.1. Der 1951 wegen Kriegsverbrechens zu lebenslanger Haft verurteilte SS-Sturmbannführer (Major) Walter Reder (1915–1991), ein Ex-Linzer, wird aus der italienischen Haft entlassen.

9.2. Vorstand und Betriebsrat der Steyr-Daimler-Puch AG einigen sich über ein Sanierungskonzept.

18.2. Beginn der Abbrucharbeiten der alten Ebenseer Saline.

25.2. Spatenstich zur zweiten Ausbaustufe der BMW-Motorenwerke Steyr.

3.3. Uraufführung im Theaterkeller des Linzer Landestheaters: „Heilung" von Dieter B. Marell.

13.3. Bei der Explosion einer Lackfabrik in Linz-Ebelsberg kommen zwei Arbeiter ums Leben.

29.3. Durch mutwilliges Öffnen eines Kesselwagenventils wird das Grundwasser von Wels und Umgebung verseucht.

22.4. Das Kraftwerksprojekt im Reichraminger Hintergebirge, Anlaß für massive Auseinandersetzungen zwischen Gegnern und Befürwortern, wird zurückgestellt. → 1981

28.4. In Neukirchen an der Vöckla wird ein Dreschmaschinen-Museum eröffnet.

In den Linzer Ringbrotwerken bricht zum vierten Mal Feuer aus. → 1980, 1981, 1982

10.5. Eröffnung des neuen Tierheims in Linz-Dornach.

Eröffnung der neuen Linzer Eishalle auf dem Parkbadgelände.

18.5. Uraufführung im Linzer Landestheater: „Die beiden edlen Vettern oder Feindschaft wider Willen" von Kurt Klinger.

19.5. In Wartberg an der Krems wird die erste Kräutermesse abgehalten.

Der Lambacher August Auinger gewinnt als erster Oberösterreicher einen Motorrad-Weltmeisterschaftslauf.

23.5. Eröffnung des Straßentunnels Tomitzstraße–Schwimmschulstraße in Steyr.

21.6. Auf der Schönbergalm (Obertraun) wird ein Höhlenmuseum eröffnet.

24.6. Eröffnung des neuen Teilstücks der Linzer Straßenbahnlinie 1 nach Auwiesen.

3.7. Erstmals landet eine Boeing 747 (Jumbo-Jet) auf dem Flughafen Linz-Hörsching.

12.7. Spatenstich für den Neubau der Salpetersäureanlage der Chemie Linz AG.

17.7. Der Konkurs einer Baufirma in Bad Goisern wird zum größten oberösterreichischen Pleitefall seit dem Krieg.

18.–21.7. In Vöcklabruck wird die 8. Feuerwehrolympiade abgehalten. Drei „Goldene" gehen nach Oberösterreich.

Juli. In Oberösterreich werden rund 10.000 Liter mit Chemikalien versetzter Wein beschlagnahmt.

6.8. Eine gewaltige Sturmböe schleudert das Turmdach der Kirche von Kirchberg bei Kremsmünster in den Friedhof.

17./18.8. Die Linzerin Claudia Gusenbauer erringt bei den Wasserski-Weltmeisterschaften der Juniorinnen zwei Goldmedaillen.

August. Großauftrag aus Saudi-Arabien für die Steyr-Werke.

7./8.9. Der Linzer Mike Cerveny wird bei der Motorboot-Weltmeisterschaft in Grein Weltmeister in der Klasse OD.

9.9. Inbetriebnahme der elektrolytischen Bandverzinkungsanlage in der Voest.

5.10. Weihe der St. Franziskus-Kirche an der Neubauzeile in Linz. (Architekt Hans Riener.)

6.10. Landtags- und Gemeinderatswahlen. Der neue Landtag: 30 VP (29), 23 SP (23), 3 FP (4).

13.10. Selbst Ärzte sprechen von einem Wunder: Ein amerikanischer Wanderer zieht sich bei einem Sturz am Rande des Hallstätter Gletschers schwere Verletzungen zu und kann trotzdem, bis man ihn nach mehr als drei Wochen findet, überleben.

24.10. In Perg wird ein Kind entführt. Für Lösegeld wird es nach zwölf Stunden freigelassen, die Entführer können festgenommen werden.

25.10. Ganz ohne große Formalitäten besucht eine tschechische Volksschulklasse eine Schule in Windhaag bei Freistadt.

Oktober. Die oberösterreichischen Teilnehmer an der Berufsolympiade in Osaka kehren mit einer Gold- und einer Bronzemedaille zurück. →

21.11. Das 21 Kilometer lange Teilstück der Innkreisautobahn Walchhausen–Tumeltsham wird eröffnet.

26.11. Der Vorstand der Voest, mit Generaldirektor Heribert Apfalter an der Spitze, tritt zurück.

30.11. Richard Kirchweger wird für vier Monate zum Voest-Generaldirektor bestellt.

3.12. Wegen der starken Luftverschmutzung wird für Linz Smogbereitschaft – die Vorstufe zum Smogalarm – gegeben.

8.12. Im Linzer Dom feiern 12.000 Gläubige den Abschluss des Jubiläumsjahres „200 Jahre Diözese Linz". →

11.12. Im Linzer Spielcasino spuckt ein Automat 3,5 Millionen Schilling aus.

31.12. BMW Steyr beendet die erste (sechsjährige) Ausbaustufe und hat in dieser Zeit nahezu 300.000 Benzin- und Dieselmotore produziert.

Anton Lintner III. übernimmt in Molln die Schuhfabrik („Dachstein").

Landesausstellung in Garsten: Kirche in Oberösterreich – 200 Jahre Bistum Linz.

Sportler des Jahres: Walter Kroneisl (Skibob) und Gerti Ramsauer (Sportgymnastik), LASK.

Die letzte Kohle

Die Salzach-Kohlenbergbau Ges.m.b.H. Trimmelkam erreicht mit 700.000 Tonnen die höchste Jahresförderung. Doch das Ende naht. 1993 wird die Kohleförderung eingestellt.

Industrieland Oberösterreich

Ein junges Unternehmen mit Tradition: die Austria Metall AG. Die Keimzelle des Unternehmens ist die 1939 am Inn gebaute Aluminiumhütte Ranshofen, die damals mit einer Kapazität von 60.000 Tonnen Hüttenaluminium das größte und modernste Werk in Europa war. 1985 werden für einzelne Produktbereiche der Vereinigten Metallwerke Ranshofen-Berndorf eigene Gesellschaften gegründet. Mit der Namensänderung präsentiert sich das Unternehmen in die Division Aluminium (Bereiche Hütte und Halbzeug), die Division Buntmetall (Bereiche Hütte und Halbzeug) und den Industrieanlagenbau.

Nichts für ungut

„Nichts für ungut, sagen die Männer schließlich. Das ist in Oberösterreich schon so etwas wie ein Abschiedsgruß, und er bedeutet nicht immer genau das, was er eigentlich besagt. Ähnlich wie die Amerikaner. ‚How do you do?' sagen, was eigentlich, Wie tust du tun? bedeutet, aber etwas ganz anderes meint."

Alois Brandstetter: „Theater im Bauernhof", in: „Sprachbilder", Linz 1985.

Drittes Jahrtausend

„Aufbruch ins dritte Jahrtausend."

Bürgermeister Hugo Schanovsky über das neue Linzer Rathaus.

*

„Man lässt das Herz auf der linken Seite des Stromes schlagen."

Landeshauptmann Josef Ratzenböck über das neue Linzer Rathaus.

242 Tonnen Akten

Zwanzig Mann sind mit sechs Lastwagen bis zu zehn Stunden täglich unterwegs, um die 242 Tonnen Akten aus allen Linzer Magistratsdienststellen in den Rathausneubau nach Urfahr zu bringen.

Beamten-Vierkanter *Eine kleine Sensation: Billiger und ein Jahr früher als geplant wird das neue Linzer Rathaus am Brückenkopf von Urfahr fertig. (Eröffnung 27. 9. 1985.) Nicht alle Linzer sind von diesem Bau begeistert, der auch schon einen Spitznamen hat („Beamten-Vierkanter"), eines aber ist sicher: erstmals können die Linzer in die auf einem Platz vereinigten Ämter kommen. (Architekt: Rupert Falkner.)*

Milliardenpleite

November/Dezember. Der Jahresverlust der Voest-Alpine wird deutlich über die 2,5 Milliarden Schilling des Vorjahres hinausgehen. Täglich werden neue Horrorzahlen bekannt. Sie steigen ins Gigantische, als die Verluste der Voest-Tochter Intertrading bei den Ölspekulationen bekannt werden. Insgesamt beträgt der Verlust des Voest-Alpine-Konzerns, wie sich später herausstellt, 11,8 Milliarden Schilling. Dazu kommen Verluste der Chemie-Tochter Merx.

Beim Stand von vier Milliarden tritt der Vorstand der Voest-Alpine geschlossen zurück. Die Staatsanwaltschaft greift ein. Der Ex-Chef der Intertrading flüchtet ins Ausland und wird erst Ende 1986 gefasst.

Oberösterreich in der Direttissima

16. Juli. Es gibt auch heute noch Abenteuer. In zwölf Tagen durchqueren sieben Unentwegte Oberösterreich pfeilgerade: vom Plöckenstein bis zum Dachstein, in Luftlinie 146 Kilometer. Die Donau muss durchschwommen werden. 10.000 Höhenmeter sind zu überwinden. Täglich zwölf bis vierzehn Stunden ist das Team unterwegs, bevor es auf dem Marktplatz von Hallstatt eintrifft: erschöpft, aber glücklich.

Das schönste Dorf

Oberösterreichs schönstes Dorf ist Rechberg.

Geburtstag

Viktoria Schwarz. Sportlerin des Jahres 2011 (Flachwasser-Kanu). Geboren 2. 7. 1985 in Linz. Goldmedaille 2011.

Todestage

Paul Pleiger. Generaldirektor der „Reichswerke Hermann Göring" (1938/41, 1942/45). Görings Vertrauensmann für die Eisen- und Stahlindustrie, der maßgebliche Mann für die Hütte Linz. 1949 zu 15 Jahren Haft verurteilt, 1951 entlassen. Gestorben 22. 7. 1985 in Buchholz, Deutschland. (Geboren 28. 9. 1899 in Buchholz.)

Hermann Schweigl. Maler und Bildhauer. Gestorben 8. 8. 1985 in Wels. (Geboren 6. 9. 1913 in Weyer.)

Alois Dorn. Bildhauer und Holzplastiker. Gestorben 24. 8. 1985 in Leonding. (Geboren 20. 5. 1908 in Mühlheim am Inn.)

Franz Wilfingseder. Direktor der Studienbibliothek Linz (1969–1985). Gestorben 26. 9. 1985 in Linz. (Geboren 12. 2. 1922 in Rottenbach bei Haag am Hausruck.)

Herbert Bayer. Maler, Plastiker, Architekt. Gestorben 30. 9. 1985 in Montecito, USA. (Geboren 5. 4. 1900 in Haag am Hausruck.) → S. 486

Rudolf Steinbüchler. Maler. Gestorben 11. 10. 1985 in Linz. (Geboren 12. 2. 1901 in Linz.)

Sepp Moser. Bildhauer. Gestorben 15. 11. 1985 in Neukirchen bei Altmünster. (Geboren 27. 2. 1925 in Neukirchen.)

Der Maler und Plastiker Herbert Bayer.

Fünf neue Märkte

Feldkirchen an der Donau, Marchtrenk, Prambachkirchen, Rainbach im Mühlkreis und Ternberg heißen die neuen oberösterreichischen Märkte.

Franz von Zülow:
Laubwald mit Schierlingen,
Tusche und Tempera auf Papier, 1903.

Gottfried Mairwöger:
Ohne Titel, Öl auf Leinwand, 1990.

Tradition und Neuerungen

Kunst ist und hält in Bewegung. Das beachtliche Potenzial an bildender Kunst, über das Oberösterreich im Rahmen einer kontinuierlich verbesserten Infrastruktur heute verfügt, beeindruckt in seinen Spitzenleistungen ebenso wie in einem breiten Mittelfeld pluralistischer Bestrebungen, Tendenzen und Resultate, in denen sich ein legitimes Anschließen an Traditionen ebenso findet wie Neues und Experimentelles. Kunst und Kultur haben den Wandel von Linz bewirkt und entscheidend dazu beigetragen, dass zur ehemals vorrangigen Industriestadt eine Kulturstadt hinzugekommen ist, die im gesamtösterreichischen Wettbewerb profiliert zu punkten vermag. Seit ungefähr 1970, deutlicher jedoch ab 1980, lässt sich sowohl bei Künstlern als auch beim Publikum ein quantitativer Aufschwung verzeichnen, der Produktion und Rezeption gleichermaßen betrifft und in einem beträchtlichen Ausmaß auch hohen qualitativen Ansprüchen stand hält. Die von der öffentlichen Hand geführten Institutionen in Stadt und Land sind als Veranstalter und Impulsgeber ebenso dafür verantwortlich wie viele private Vereine, alternative Gruppen, Kunstorganisationen und Galerien, die in Summe ein dichtes, über das gesamte Bundesland reichende Kulturnetz spannen.

Klemens Brosch: Das Wetterleuchten. Öl auf Leinwand, 1913.

Museen als Impulsgeber

Von heute aus rückgeblendet haben Linz und Oberösterreich mit dem im Mai 2003 eröffneten „Lentos Kunstmuseum Linz“ ein ideal gelegenes, großzügig und zweckorientiert geplantes Haus erhalten, das höchsten internationalen Ansprüchen standhält. Die unglaublich rasche, ja optimale Akzeptanz vor Ort deckt sich bei dem von Weber und Hofer, Zürich, errichteten Bau mit der Anerkennung der Architekturkritik, die übereinstimmend feststellte, dass zusätzlich zum Fluidum des mit beleuchtbaren Glaslamellen ummäntelten Bauwerks ein auf Anhieb überschaubares Raum- und Funktionsprogramm optimale Bedingungen für die großzügige Präsentation der beachtlichen, umfangreichen Museumsbestände bietet.

Das Lentos ging aus der Neuen Galerie der Stadt Linz hervor, deren verdienstvolle Schrittmacherrolle bereits knapp nach dem Zweiten Weltkrieg einsetzte. Zunächst unter Wolfgang Gurlitt und Walter Kasten unter bescheidensten Verhältnissen am Hauptplatz situiert, konfrontierte das stets mit knappem Budget agierende Museum ein wachsendes Publikum Jahrzehnte hindurch mit einem international ausgerichteten Programm, das neben Malerei, Graphik, Plastik, Objektkunst sowie vielgestaltigen Begleitprogrammen mit Durchhaltevermögen auch auf Photographie setzte. Die programmatische Balance zwischen moderner Klassik und Zeitgenössischem mit Großausstellungen von Toulouse-Lautrec, Picasso, Chagall, Matisse und Miró über Zeitgenossen wie Tàpies, Rainer, Baselitz, Lüpertz, Attersee, Staudacher, Nitsch, Hanson, Niki de Saint Phalle oder Warhol bis hin zur jüngeren Szene mit ihrem ab den achtziger Jahren des vorigen Jahrhunderts besonders großen Anteil oberösterreichischer Künstler, erwies sich als richtig und fruchtbringend.

In guter Ergänzung zu Neuer Galerie und Lentos, dem Stadtmuseum Nordico, dem Oberösterreichischen Kunstverein und der

Herbert Bayer: Kulissenbild, Tempera auf Papier, 1925.

Oliver Dorfer: Seestück 2, Farbpigment und Schellack auf Gipsgrund, 1999.

Dietmar Brehm: Schwarzer Garten (Stillleben), Acryl auf Leinwand, 1995.

Künstlervereinigung „Maerz" konnten sich zuletzt mit fachlicher Kompetenz und dennoch vielseitigem Programm die Landesgalerie profilieren. Sie agiert bewusst überregional und international, fördert jedoch zentral Oberösterreichs Kunst und Künstler. Dass dabei die Vergangenheit nicht zu kurz kommt und in wichtigen Beispielen wissenschaftliche Aufarbeitung erfährt, nimmt man innerhalb der ausgewogenen programmatischen Linie ebenso gern zur Kenntnis wie das offensichtliche Interesse an der unmittelbaren Gegenwart.

Das gleichfalls vom Land Oberösterreich unterhaltene Offene Kulturhaus (OK) besitzt Laborcharakter, zeigt aber auch zumeist international orientierte Ausstellungen und setzt stark auf Artists in Residence, auf den, wie es so schön heißt, „grenzüberschreitenden Diskurs" unter Einbezug neuer und neuester Technologien.

In spezifischer Ausrichtung und dennoch thematisch breit gefächert hat sich in den letzten zwei Jahrzehnten das AEC (Ars-Electronica-Center) zu einem internationalen Fixpunkt von Computerkunst, Neuen Medien und grenzüberschreitend orientierter Medienforschung in soziologischem Kontext entwickelt. Das AEC bezeichnet sich selbst als „Museum der Zukunft", forscht, experimentiert, besitzt Laborcharakter und konfrontiert vor allem Schüler und Jugendliche mit seinen Anliegen, Apparaten, Modellen und Inhalten. Vieles, was dort geschieht, steht in engem Kontext zu den klassischen Bildmedien, zu Film, Video und Photographie, anderes gilt vorrangig der Weiterentwicklung neuer Technologien beziehungsweise komplexen Vernetzungs- und Kommunikationsstrategien. Der von AEC und ORF durchgeführte Prix Ars Electronica hat die Position des weltweit bekanntesten Wettbewerbs im Bereich elektronischer Medien erobert, die jeweils im Herbst stattfindenden internationalen Symposien gelten als wichtige Plattform einschlägiger Diskurse und Peformances.

Vor diesem Hintergrund begünstigender Einrichtungen und Aktivitäten, die nicht zuletzt in der Lehrtätigkeit der inzwischen zur Universität umgeformten Hochschule für künstlerische und industrielle Gestaltung zusätzliches Gewicht erhalten, lässt sich ein Klima konstatieren, das über einen befriedigenden Anteil an kulturellem Selbstverständnis verfügt.

Gegenüber heute waren Bedingungen und Entwicklungschancen der bildenden Kunst in der ersten Hälfte des 20. Jahrhunderts bescheiden, durch vieles behindert, während der Zeit des Nationalsozialismus fehlgesteuert und bewusst unterbunden. Dennoch können sich die Resultate sehen lassen. Sie sind eine solide Basis einer Identifikationsfindung und stellen substanziell so manches in den Schatten, das heute unter ungleich günstigeren Verhältnissen und jeder Menge an Förderung nicht gelingt.

Oben: Leopold Forstner: Schwimmende. Mosaik mit Glas, Perlmutter, Metall, 1908.

Kubin, Brosch und Reichel

Sieht man von dem 1906 von München nach Zwickledt bei Wernstein am Inn übersiedelten Alfred Kubin (→ S. 394) ab, so fand Oberösterreichs Kunst zwischen 1900 und etwa 1930 vor allem in dem ihm vergleichbaren Zeichner Klemens Brosch (1894 bis 1926) ein Pendant. Brosch, der durch Selbstmord endete, zählt zu den wichtigsten Wiederentdeckungen der jüngeren österreichischen Kunstgeschichte. Sein von persönlicher Leiderfahrung und großer Sensibilität geprägter Zeichenstil deckt die Psyche des Menschen an ihren schwärzesten Stellen auf. Die auf genauem Naturstudium fußenden Zeichnungen besitzen Präzision und eine auf das Seelische gerichtete Schärfe. In seinem von Max Klinger mitbeeinflussten, auch an Schiele gemahnenden Oeuvre werden Tendenzen des Surrealismus und der Neuen Sachlichkeit vorweggenommen.

Ein Einzelgänger von Graden war auch Carl Anton Reichel (1874–1944), dessen neben Zeichnungen und Aquarellen rund 300 Kaltnadelradierungen umfassendes Oeuvre im Spannungsfeld von jugendstilbeeinflusster Phantastik und eigenwilligem Realismus zu sehen ist.

Spätimpressionismus, die Münchner Schule und der Expressionismus prägten Maler wie Anton Lutz, Demeter Koko, Vilma Eckl, Hanns Kobinger und Aloys Wach. Sie repräsentieren die Qualität einer gemäßigten Moderne, die sich gegen überlebte Akademismen wandte, wirkliche Neuanstöße jedoch nur bedingt vermitteln konnte.

Franz Sedlacek: Übungswiese. Öl auf Sperrholz, 1926.

Gunter Damisch: Blaufeld-Weißkonstrukte. Öl auf Leinwand, 1999/2000.

Alfred Haberpointner: Gehacktes Holzobjekt, 1991.

Unten: Arnulf Rainer: O.T., Kreuz, Öl auf Photo auf Holz, 1987.

Tradition und Neuerungen

Matthias May und Egon Hofmann

Der aus Köln nach Linz gekommene Matthias May (1894–1923), orientiert an Leibl, Liebermann und Corinth, ein feinsinniger Maler in der Balance impressionistischer und expressionistischer Erkenntnisse, errang vor allem durch seine Malschule viel Einfluss. Er wurde für Linz und Oberösterreich zu einer ähnlichen Leitfigur wie Egon Hofmann (1884–1972), der sich als Maler, Holzschneider, Lyriker und gesellschaftliche Stütze der Moderne viele Verdienste erwarb. Nicht zuletzt trugen Leute wie er zu jener Aufgeschlossenheit und Offenheit des Klimas bei, das nach 1950 zahlreichen anspruchsvollen, international orientierten Kunstprojekten wie dem Forum Metall (1977), dem Forum Design (1980) oder der Ars Electronica zum Durchbruch verhalfen.

Leopold Forstner

Wichtigster aus Oberösterreich stammender Künstler des Jugendstils war Leopold Forstner (1878–1936), der sich vor allem mit seinen Glasmosaiken einen Namen machte und auf diesem Gebiet Auftragsarbeiten nach Entwürfen von Gustav Klimt für das von Josef Hoffmann erbaute Palais Stoclet in Brüssel ausführte.
Franz Sedlacek, Hermann Ploberger und der frühe Wilhelm Traeger markieren Tendenzen des Magischen Realismus und der Neuen Sachlichkeit, der aus Gmunden stammende, in Deutschland bekannt gewordene und erst spät von seiner Heimat wieder vereinnahmte Karl Rössing (1897–1987) war ein großer Linol- und Holzschneider, ein hervorragender Lehrer (Akademie Stuttgart und München) und ein in den zwanziger Jahren besonders gefragter Illustrator.

Herbert Bayer

Ein eigenes Kapitel würde dem aus Haag am Hausruck stammenden universellen Gestalter Herbert Bayer (1900–1985) gebühren. Der durch das Bauhaus entscheidend geprägte Künstler machte seine Karriere in Berlin, New York, Denver und Kalifornien. Bayer zählt zu den Pionieren moderner Typographie und Gebrauchsgraphik vor dem Zweiten Weltkrieg, zu den Erfindern der Photomontage und den Pionieren von Corporate Identidy. Seine freie Malerei fußt auf den Erkenntnissen der Geometrischen Abstraktion, gepaart mit der Poesie eines Paul Klee und grundsätzlichen Anschauungen seines Lehrers Wassily Kandinsky. Das Lentos Kunstmuseum Linz verfügt mit 80 Werken nahezu aller Disziplinen über die wichtigste Sammlung seiner Werke in Österreich, vor dem Brucknerhaus steht eine 1977 errichtete Brunnenplastik von ihm.
Für den künstlerischen Brückenschlag aus der Zwischenkriegszeit zu den Aufbruchsjahren nach 1945 stehen neben manchen der Genannten auch noch Margret Bilger, der feinsinnige Graphiker Rudolf Baschant, Maler Hans Joachim Breustedt, Alfons Ortner, Herbert Dimmel, Fritz Fröhlich, der Bildhauer Walter Ritter und der vielseitig tätig gewesene Graphiker, Zeichner, Maler und Kunstgewerbler Franz von Zülow (1883–1963).

Zuzug und Abwanderung

Viele von ihnen waren von Geburt nicht Oberösterreicher, lebten jedoch Jahrzehnte hindurch in diesem Land, dessen Kunstszene sie entscheidend mitprägten. Auch heute verhält es sich ähnlich, denkt man daran, dass Arnulf Rainer seit Jahrzehnten in Enzenkirchen bei Schärding lebt, Xenia Hausner in Traunkirchen oder Peter Bischof in Kößlwang. Umgekehrt gehen und gingen viele Oberösterreicher nach Wien oder ins Ausland, angefangen von Valie Export über Anzinger, Damisch und Scheibl bis zu Blaas, Klopf, Honetschläger, Glück, Estermann, Hanghofer und Zitko.

Bildhauer, Plastiker, Objektkünstler

Wichtigster Bildhauer nach 1945 ist der bei Wotruba ausgebildete Rudolf Hoflehner (1916–1995), der ebenso wie Rössing entscheidende Jahre als Professor an der Stuttgarter Akademie verbrachte. Seine massiven Eisenplastiken der sechziger Jahre bilden den Kulminationspunkt eines Künstlers, der auch ein hervorragender Druckgraphiker und veritabler, an einem existenziellen Menschenbild engagierter Maler war. Hoflehner führt die Generation der altersmäßig Nachrückenden an: Hannes Haslecker, der Steinbildhauer und Symposionsgründer von Mauthausen, Helmuth Gsöllpointner, Schöpfer zahlreicher variabler Holz- und Metallobjekte, Desinger, verdienstvoller Lehrer, Anreger und unentwegter Kulturarbeiter (Forum Metall, Forum Design etc.) und Erwin Reiter, der aus dem Mühlviertel stammende Bildhauer, der gleichfalls aus der Wotruba-Schule hervorging. Osamu Nakajima ließ sich vor mehr als dreißig Jahren aus Kaijyo (Japan) kommend in St. Georgen an der Gusen nieder und entwickelte sich zu einem Steinbildhauer unverkennbaren Profils. Seine präzisen, geometrisch artikulierten Plastiken konfrontieren mit einer meditativen Grundhaltung und überzeugenden Raumkonzepten. Sepp Auer, Klaus Liedl, Manfred Wakolbinger, Michael Kienzer und Alfred Haberpointner gehen jeder für sich eigenständige Wege zwischen den Polen klassischer Bildhauerei und den pluralistischen Möglichkeiten expandierender Plastik. Josef Bauer, Gerhard Knogler und Manfred Lichtenauer sind Vertreter einer zwischen Bild und Text vermittelnden, Aspekte der Concept Art und Landart aufgreifenden, Objektkunst und Graphik im Umkreis des 2003 verstorbenen Heimrad Bäcker.

Export, Cooper, Sommerer

Bedeutend ist die aus Linz stammende Medienkünstlerin und Filmerin Valie Export. Sie nimmt auch international eine führende Position ein. Ähnliches gilt für Waltraud Cooper. deren geometrisch serielle Schichtungen aus Plexiglas vielfach mit Lichtabläufen kombiniert werden und in komplexeren Beispielen computergesteuert sind. Unter den interessantesten Vertreterinnen der jüngeren Generation nimmt die Computerkünstlerin Christa Sommerer einen unikaten Rang ein. Sie arbeitet mit neuesten Technologien, ist eine herausfordernde Denkerin und lässt dennoch weder Sinnlichkeit noch Poesie in ihren medienüberschreitenden Werken vermissen.
Die kleinkalibrige Zeichnerin Ingrid Kowarik und ihr figuraler Exotismus, die kraftvoll pastos agierende, abstrakt-expressive Maria Moser, Brigitta Malche, Sabine Bitter, Gudrun Bielz und Priska Riedl verdeutlichen des weiteren die Spannweite bildender Kunst zwischen den klassischen Techniken der Malerei und Graphik, Photographie, Video, Film, Computer und Internet.
Elfriede Trautner (1925–1994) blieb zeitle-

Sämtliche auf den Seiten 484 bis 487 abgebildete Werke befinden sich in der Sammlung des Kunstmuseums Lentos, ausgenommen „Das Kreuz" von Arnulf Rainer (Besitz des Künstlers) und das Gemälde von Gottfried Mairwöger aus der Sammlung der Raiffeisen-Landesbank Linz.

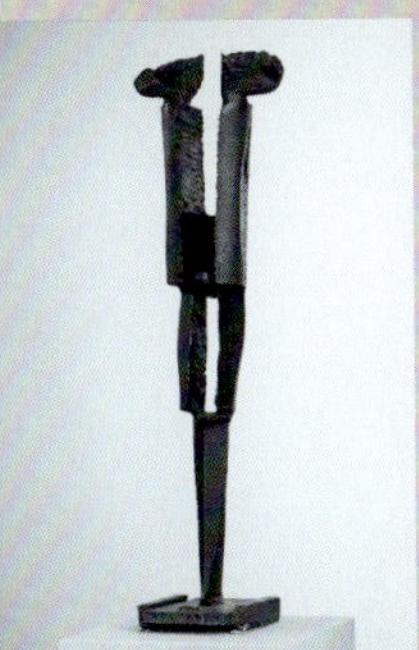

Rudolf Hoflehner: Figur. Eisen massiv, 1961.

Osamu Nakajima: Granit (82-34) und (91-8), 1989.

Anselm Glück: Dem Leben liegt es immer wieder in Gefängnisse zu entkommen. Öl auf Leinwand, 2003.

bens im Hintergrund, schuf jedoch mit ihren eigenwilligen Kaltnadelradierungen ein kritisches, bissig-skurriles Menschenbild, das in den ernsten, mächtigen Existenzbeschwörungen Gotthard Muhrs ein Gegenstück besitzt. Nicht selten über die Symbolik des Tieres beschwörte auch der auf Schloss Parz arbeitende Hans Hoffmann-Ybbs (1928–2005) Tiere, Landschaften und Menschen. Er erreichte seine besten Resultate in der Federzeichnung und Kaltnadelradierung.
Vorrangig Zeichner und Graphiker war auch Anton Watzl (1930–1994) und in erster Linie Zeichner ist auch der Landschafter Peter Kubovsky, der mit seinem unverkennbaren, sensiblen Strich in der Tradition eines Kurt Absolon, Rudolf Hradil und Kurt Moldovan steht.

Attersee, Zechyr, Anzinger

Christian Ludwig Attersee (→ S. 501), der in Linz aufwuchs, zur Schule ging und teilweise studierte, hat vor allem als Maler, Zeichner und Druckgraphiker ein großes, europaweit bekanntes, unverwechselbares Oeuvre geschaffen. In beherrschter Balance expressiver Ausdrucksmittel und stets von der Zeichnung dominiert konfrontiert es voller Sinnlichkeit, Vitalität und Erotik mit einem Furioso origineller bildhafter Einfälle und Anekdoten.
Othmar Zechyr (1938–1996) ist der wohl wichtigste Zeichner nach 1950. Seine anfangs maschinesken Utopien und technischen Prospekte vermitteln zwischen Natur und Technik. In ihrer stillen Komplexität bestechen sie durch die Intensität und Energetik eines Jahrzehnte hindurch geforderten Strichs, der Virtuosität und Brüchigkeit mit der Rastlosigkeit eines Talents verbindet, das seine Entsprechung in der Unabdingbarkeit der Kunst gefunden hatte.
Von seinem Rang her Zechyr am nächsten kann der Maler, Zeichner und Plastiker Siegfried Anzinger gesehen werden. Er ist die Leitfigur der um 1985 zur Hochblüte gelangten Neuen Wilden, ein immer lyrischer und empfindsamer gewordener Neoexpressionist, dessen behutsame und eindringliche Auseinandersetzung mit dem Menschenbild auch in traditioneller Attitüde überzeugend berührt.
Ähnlich wie Anzinger kann auch Gunter Damisch mit einem äußerst vielseitigen Werk reüssieren. Hubert Scheibl hat sich zu einem der führenden Künstler einer sehr differenzierten, meditativen Malerei entwickelt, in deren Umfeld der Untersuchung malerischer Textur auch Rudi Stanzl, Josef Ramaseder, Josef Schwaiger und Robert Schuster anzusiedeln sind.

Unten: Othmar Zechyr: Ohne Titel (Berg). Feder in Tusche auf Diamantpapier, 1985.

Wolfgang Stifter, Gottfried Mairwöger, Alois Riedl, Robert Mittringer, der universelle Maler und Experimentalfilmer Dietmar Brehm, Franz Blaas, Karl Heinz Klopf, Rudolf Leitner-Gründberg, Klaus Pinter, Johannes Deutsch, Otto Mittmannsgruber, Christian Sery, Leo Schatzl, Manfred Hebenstreit, Lorenz Estermann, Gottfried Ecker, Michael Haas, Ulrich Waibel und Hubert Schatz, Anatole Ak, der Objektkünstler Pepi Maier, Günther Selichar, Wolfgang Hanghofer und der junge Zeichner Tobias Raphael Pils stehen in Summe für unterschiedlichste künstlerische Positionen, für den Pluralismus und die Heterogenität von heute.
Gerwald Rockenschaub, anfangs im Bereich weiterführender geometrischer Abstraktion und Farbfeldmalerei tätig und später mit daraus radikal entwickelten räumlichen Interventionen erfolgreich, nimmt bereits seit längerem eine ebenso eigenständige, klar abgrenzbare Position im überregionalen Kunstgeschehen ein wie der gestisch-expressive Zeichner Otto Zitko. Zitkos Vorliebe gilt Wand- und Raumzeichnungen, die mit ihren komplexen, unterschiedlich dichten, vielfarbigen Strichgefügen und zügigen Lineamenten innenarchitektonische Gegebenheiten suggestiv verändern.
Johann Jascha ist ein immer vielseitiger gewordener Manierist mit Wurzeln in einer leicht surrealen Phantastik. Seine Zeichnungen verbinden äußere Anstöße, Anregungen und Eindrücke mit der psychologisierenden Schlüssigkeit des inzwischen dekorativer gewordenen Analytikers, dessen Aktionsschrei allerdings noch nicht verhallt ist.
Die Symbiose von Zeichnung und Malerei, die bei Anselm Glück zur unverkennbaren Trademark wurde und das Werk des Schriftstellers gleichrangig ergänzt, bleibt stets graphisch bestimmt, geprägt durch den gekonnt linkischen Strich eines stringenten Poeten und Verbindungsstürmers zwischen Zeiten und Stilen, Emotionen und Eingebungen.
Eigenständigkeit und Unverwechselbarkeit kennzeichnet auch das Oeuvre von Oliver Dorfer. Seine neueren Gemälde ab ca. 1995 mit Farbpigmenten und Schellak auf Gipsgrund halten die Balance zwischen Phantasie und Wirklichkeit, Gegenstand und Abstraktion, Charakter und Ausstrahlung sind herb, voller Poesie unter Betonung von Struktur, Textur und einer differenzierten, vielschichtigen Farbigkeit.

Peter Baum

Dahoam is dahoam

„Ich habe mich bemüht, ein Bundespräsident für alle neun Bundesländer zu sein, aber natürlich kenne ich das Gedicht von Franz Stelzhamer ‚Dahoam is dahoam'. Und ich fühle auch so!"

Bundespräsident Rudolf Kirchschläger bei der Eröffnung der oberösterreichischen Landesausstellung „Welt des Barock" am 25. April 1986 im Stift St. Florian. Am 8. Juli 1986 tritt Rudolf Kirchschläger, auf den Tag genau zwölf Jahre nach seinem Amtsantritt, in den Ruhestand.

Die Schlitzaffäre

„Der Schlitz im Kleid war einfach zu lang, das hat Anstoß erregt."

Die oberösterreichische VP-Frauenchefin Romana Pretzl am 20. Februar 1986 über die Landessekretärin. Erst mit dem Rücktritt der Frauenchefin wegen Arbeitsüberlastung wird der Schlussstrich unter diese Affäre gezogen.

Der Schriftsteller Herbert Eisenreich.

1986

Kalender

13.1. Mattighofen wird Stadt.

16.1. Bundeskanzler Fred Sinowatz spricht am Linzer Hauptplatz in einer Großkundgebung vor 40.000 Beschäftigten von Voest, Chemie Linz, Bahn und Post zu den Problemen der verstaatlichten Industrie.

17.1. Eröffnung der Seilbahn auf die Hutterer Höss. Talstation Hinterstoder: 604 m, Bergstation Huttererböden: 1400 m. →

29.1. Eröffnung der neuen Seilbahn auf den Feuerkogel. Talstation: Ebensee-Kohlstatt (475 m), Bergstation: Feuerkogel (1580 m).

Eröffnung der Landesgalerie im renovierten Gebäude des Oberösterreichischen Landesmuseums.

14.2. Herbert Lewinsky wird zum neuen Voest-Generaldirektor bestellt. (Bis → 1988.)

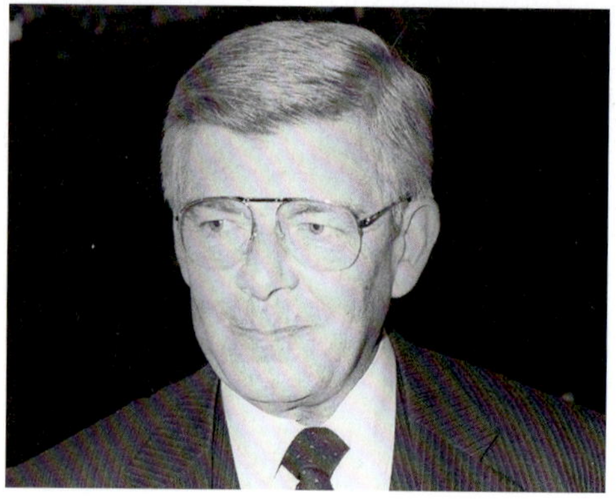

Neuer Voest-Generaldirektor: Herbert Lewinsky.

2.3. Das Wettrennen einer Dampflokomotive der Steyrtalbahn mit einem Schlittenhundegespann über zweimal 2,5 km endet unentschieden.

24.3. Rohrbach wird Stadt.

1.4. Wechsel in der Generaldirektion der Steyr-Daimler-Puch AG: Michael Malzacher (seit 1976) tritt zurück, Rudolf Streicher wird neuer Generaldirektor. (Bis 24. 6.)

4.4. Vermessungsarbeiten von Hallstätter und Obertrauner Höhlenforschern ergeben, dass die Hirlatzhöhle bei Hallstatt die längste Höhle Österreichs ist. (Ganglänge 45 km.) Horizontal erstreckt sich die Höhle in West-Ost-Richtung über fast 5,1 km bei einer Niveaudifferenz von 715 m innerhalb des Höhlensystems. → 1989

April. Studenten der Linzer Universität knacken ohne ungesetzliche Mittel die Datenbank des Uni-Rechenzentrums.

4.5. Bundespräsidentenwahlen. Ergebnisse in Oberösterreich: 384.334 Stimmen für Kurt Waldheim (VP), 346.332 Stimmen für Kurt Steyrer (SP), 34.438 Stimmen für Freda Blau-Meissner (Grüne), 10.064 Stimmen für Otto Scrinzi (Ex-FP-Abgeordneter). → 8. 6. 1986

5.5. Die 1488 gegossene Kaiserglocke Friedrich III. wird von der Linzer Stadtpfarrkirche in das Kremsmünsterer Stiftshaus überstellt.

8.6. Bundespräsidentenwahlen (Stichwahlen). Ergebnisse in Oberösterreich: 400.415 Stimmen für Kurt Waldheim, 353.356 Stimmen für Kurt Steyrer (1920–2007). Bundespräsident wird Kurt Waldheim (1918–2007), Amtszeit bis 1992.

20.6. Eröffnung des Eternit Dachstein-Werks in Vöcklabruck, in dem pro Jahr eine Million Quadratmeter Dachfläche produziert werden können.

21.6. Eröffnung der Luftfahrtmesse „Air Tech Austria" in Wels.

22.6. In der Linzer Frauenklinik kommen Drillinge zur Welt.

24.6. Otto Voisard wird Generaldirektor der Steyr-Daimler-Puch AG. (Bis 1992.)

11.7. „Schwarzer Freitag" in Linz: Um 4 Uhr früh erreicht die Belastung der Linzer Luft durch Schwefeldioxid 1,2 Milligramm pro Kubikmeter, das entspricht 857 Prozent des Grenzwertes.

27.7. Erstes Internationales „Glatzentreffen" in Hallstatt.

4.8. Alfred Imitzer aus Spital am Pyhrn, Willi Bauer aus Seewalchen und der Tiroler Hannes Wieser bezwingen als erste Österreicher den zweithöchsten Berg der Welt, den 8611 m hohen K 2 im Himalaja. Beim Abstieg kommen Alfred Imitzer und Hannes Wieser ums Leben.

31.8. Die Kreuzfahrt von Bundespräsident Kurt Waldheim auf dem Attersee hat einen historischen Aspekt: Es ist die erste eines österreichischen Staatsoberhaupts seit Kaiser Franz Joseph.

1.9. Roman Zeilinger nimmt seine Tätigkeit als Intendant des Landestheaters auf. (Bis 1997.)

2.9. Die Voest-Alpine stellt ein Reformkonzept vor.

16.9. Im Linzer Landesgericht muss aus einem nicht alltäglichen Grund ein Prozess in einen anderen Saal verlegt werden: Das Gericht findet den Geruch toter Ratten als nicht mehr zumutbar.

17.9. Das Linzer Kontrollamt kritisiert das schlechte Management der Ars Electronica, das zu einem Millionendefizit führte.

Steyr-Generaldirektor geht: Michael Malzacher.

25.9. Eröffnung des neuen Druck- und Verlagshauses des Oberösterreichischen Landesverlags an der Unteren Donaulände in Linz.

September. Die Volksschule in Haid, Gemeinde Königswiesen, wird geschlossen, weil nur noch vier Kinder angemeldet waren.

1.10. In Traunkirchen stoßen ein Eilzug und ein Güterzug zusammen. 50 Personen werden verletzt.

20.10. Der Wahlkampf macht es möglich: Bund, Land und die Stadt Linz einigen sich, Maßnahmen zur Verbesserung der Linzer Luft früher als vorgesehen in Angriff zu nehmen. Mit einer Fünf-Milliarden-Investition können auch 450 Kündigungen in der Voest zumindest auf drei Jahre aufgeschoben werden.

23.10. Linz deklariert sich als Friedensstadt.

8.11. Die aufwendigste TV-Show des deutschsprachigen Raums, „Wetten, daß …", wird aus der Linzer Sporthalle übertragen. Quizmaster Frank Elstner ist ein geborener Linzer.

16.11. Uraufführung im Linzer Landestheater: „Die Störung" von Oskar Zemme.

23.11. Nationalratswahlen. Ergebnisse in Oberösterreich: 337.376 VP, 342.078 SP, 89.606 FP, 39.604 Grüne, 4992 KP.

18.12. Bischof Maximilian Aichern entgeht bei einer Weihnachtsandacht in der Gefängniskapelle von Garsten nur knapp einer Geiselnahme.

21.12. Hinterstoder ist der Austragungsort von Ski-Weltcup-Rennen.

Sportler des Jahres: Jürgen Werner (Fußball) und Brigitte Justl (Handball), Faustball-Team.

Todestage

Walter Ritter. Bildhauer. Gestorben 3. 2. 1986 in Linz. (Geboren 26. 5. 1904 in Graz.)

Anton Mitmannsgruber. Heimatforscher. Gestorben 21. 2. 1986 in Amstetten. (Geboren 16. 1. 1895 in Liebenau.)

Hans Gillesberger. Kapellmeister und Chorleiter (der Wiener Sängerknaben). Gestorben 4. 3. 1986 in Wien. (Geboren 29. 11. 1909 in Ebensee.)

Lelio Spannocchi. Landtagspräsident (1971 bis 1973). Gestorben 15. 3. 1986 in Sarleinsbach. (Geboren 20. 10. 1911 in Salzburg.)

Herbert Eisenreich. Schriftsteller. Gestorben 6. 6.1986 in Wien. (Geboren 7. 2. 1925 in Linz.) →

Manfred Reiffenstein. Erfinder. Gestorben 24. 6. 1986 in Wien. (Geboren 10. 8. 1894 in Mondsee.) Erfinder der „Wirbelstrahlturbine", „Reiffenstein-Reaktionsturbine", „Reiffenstein-Regellaufradturbine" und „Reiffenstein-Ejektorturbine".

Theodor Grill. Bürgermeister von Linz (SP) 1968–1969. Gestorben 6. 8. 1986 in Linz. (Geboren 15. 10. 1902 in Ischl.)

Harald Reinl. Filmregisseur. Ermordet 10. 10. 1986 auf Teneriffa. (Geboren 9. 7. 1908 in Bad Ischl.) Am bekanntesten wurde Harald Reinl (Pseudonym für Karl Reiner) in den sechziger Jahren mit den Karl-May- und Edgar-Wallace-Filmen.

Eduard Haas. Industrieller. Gestorben am 13. 10. 1986 in Wien. (Geboren 19. 6. 1897 in Untergaumberg.) Gründer der Nährmittelfabrik Haas.

Der Mühlviertler Herbert Eisenreich

Wenngleich ich drüber der Donau, in Linz, geboren bin, empfand ich als meine eigentliche Heimat doch stets, und von Jahrzehnt zu Jahrzehnt bewußter, das Mühlviertel: Ich hatte als Kind in Dürnberg bei Ottensheim, als Schüler in Pregarten, als junger Schriftsteller in Oberneukirchen gewohnt, jeweils zwischen Aufenthalten in meiner Vaterstadt oder in Enns, in Wien, im Ausland. Indessen – ich merkte das freilich immer erst im nachhinein – war ich da überall nur zu Gast gewesen, und mit voller Selbstverständlichkeit zu Hause fühlte ich mich nur im Mühlviertel. Hier, nur hier, hatten die äußeren Dinge genau jenes Maß, welches mit dem in meiner Brust übereinstimmt; hier, nur hier bewegte sich meine Seele ganz in ihrem Element: was ich innerlich empfand, stand außen greifbar da. Wenn ich es je zuwege brächte, dies Land zu beschreiben, dann hätte ich damit auch schon das treueste Selbstporträt gezeichnet – jedoch: mir will's nicht gelingen, den mir so durchaus natürlichen Anblick in Worte zu übersetzen: zu nahe sind sie einander, Land und Seele, eins und ein Ganzes, gleichsam die noch nicht getrennten Hälften aus Platons berühmtem Bild von der Liebe.

Herbert Eisenreich (1925–1986): „Nicht bloß Gast auf dieser Erde", in: Literarisches Oberösterreich (Zeitschrift „Oberösterreich"), 1964.

Entdecktes Barock *Die Oberösterreicher, aber auch Tausende Gäste aus anderen Bundesländern und dem Ausland, entdecken das Barock: 330.000 Besucher kamen zur Landesausstellung „Welt des Barock" in das Stift St. Florian.*

Architektur und Elektronik *Nichts mit Bauarbeiten hat dieses größte freistehende Gerüst Österreichs zu tun, das die Dreifaltigkeitssäule auf dem Linzer Hauptplatz umschließt. Das Gerüst trägt die Hauptmasse der Licht-Batterien, die am 20. Juni bei der Ars Electronica 1986 aufflammen. 40.000 Menschen kommen zu diesem Großspektakel, bei dem es angeblich um eine Verbindung von Architektur und Elektronik geht.*

Die Auberg-Kirche brennt!

11./12. Mai. Kerzen von Erstkommunikanten, die in der Tageskirche der St.-Leopold-Kirche in Linz-Auberg abgestellt wurden, lösen in der Nacht einen Brand aus. Das Feuer greift im Nu auf die zum Teil holzvertäfelte Hauptkirche über und vernichtet die gesamte Inneneinrichtung.

Wunschstadt Linz

Gibt es irgendwo in Europa schönere Kirchen als in Linz? Bei allem lokalpatriotischen Stolz ist das wohl keine ernsthafte Frage. Umso erstaunlicher ist die Vorgeschichte einer Trauung, die am 27. November 1986 in Linz stattfindet. Ein junger amerikanischer Rechtsanwalt und seine Braut hatten es sich in den Kopf gesetzt, in einer alten europäischen Kirche zu heiraten. Sie erkundigten sich und erhielten den Rat: am schönsten wäre es in der Linzer Stadtpfarrkirche. So kamen sie nach Linz und wurden hier vereint.

400 Millionen Wälzlager

Das Wälzlagerwerk der Steyr-Daimler-Puch AG meldet, dass seit der Aufnahme der Produktion im Jahr 1921 mehr als 400 Millionen Wälzlager erzeugt wurden.

Keine Überlebenschance *Bestürzung und Trauer über den Tod von Landesrat Hans Winetzhammer (61), von seinem Sekretär Robert Bauchinger (44) und dem Chauffeur des Landesregierungs-Dienstwagens Rudolf Lorenz (53). Am 26. Mai, kurz nach 23 Uhr, war auf der Westautobahn zwischen St. Pölten und Melk der Wagen mit hoher Geschwindigkeit auf einen Sattelschlepper aufgefahren. Alle drei Oberösterreicher waren auf der Stelle tot. Elf Kinder verlieren damit ihre Väter. Winetzhammer zählte zu den beliebtesten Landespolitikern. Auf dem Bild von links nach rechts: Hans Winetzhammer, Robert Bauchinger und Rudolf Lorenz.*

Dichterschauen

„Die Leute gehen am Wochenende, so wie sie früher Affenschauen gegangen sind, jetzt Dichterschauen. Das ist günstiger. Sie fahren nach Ohlsdorf und umstellen mein Haus. Ich schaue dann wie ein Sträfling oder wie ein Verrückter hinterm Vorhang hervor. Unerträglich."

Thomas Bernhard (1931–1989) in „Süddeutsche Zeitung", 17. 1. 1987.

Erstmals ist eine Landesausstellung der Arbeitswelt und ihrer Geschichte gewidmet.

Industrielle Arbeitswelt

„Ein Museum darf sich nicht darauf beschränken, Vergangenes zu zeigen, sondern muß auch die Probleme der Gegenwart behandeln, für die Zukunft Perspektiven bieten und ständig für Neuerungen offen sein. Eine Veranstaltung also in und durch die Zeit."

Arbeiterkammerpräsident Fritz Freyschlag zum „Museum Industrielle Arbeitswelt" in Steyr, eröffnet mit der Landesausstellung „Arbeit – Mensch – Maschine" am 29. April 1987. (In „Fabrik wird Museum", Steyr 1986.)

Kalender

15.1. In den Steyr-Werken wird für 16 Wochen die Kurzarbeit eingeführt. Betroffen sind 4000 Mitarbeiter.

Mitte Jänner. Im Linzer Stadtarchiv wird eine Urkunde entdeckt, die für die Linzer Stadtpfarrkirche eine Orgel schon für das Jahr 1380 nachweist.

26.1. Ein 25-jähriger Oberösterreicher überlässt beim Lottospielen die Auswahl seiner Glückszahlen dem Zufallsgenerator seines Heimcomputers – und gewinnt damit 5,777.908 Schilling.

28.1. Das Bezirksgericht Lembach weist die Klage eines Mühlviertler Landwirts gegen die atomare Wiederaufarbeitungsanlage im bayerischen Wackersdorf mit der Begründung ab, dass sich in einer Phase, in der sich die Anlage im Bau befinde, der Kläger nicht gefährdet fühlen könne.

3.2. Das extreme Inversionswetter lässt die Abgase in der Linzer Luft nicht abziehen, es wird die Smogalarm-Bereitschaft ausgerufen.

4.–15.2. Die 21-jährige Nicoletta Lenzenwöger aus Seewalchen wird in Oslo bei den Winterspielen für Gehörlose Weltmeisterin im Riesentorlauf und Vize-Weltmeisterin im Slalom.

11.2. Das Bundesdenkmalamt stellt fest, dass es sich bei der Linzer Tuchfabrik Kleinmünchen um ein erhaltenswertes Industriedenkmal handelt.

4.3. Noch nie war es Anfang März in Oberösterreich so kalt. In Freistadt sackt die Quecksilbersäule auf minus 25,5 Grad.

7.3. Papst Johannes Paul II. ernennt den Mühlviertler Kurt Krenn zum Weihbischof von Wien. Weihe am 26. 4. 1987. → 1991

18.3. Der Linzer Walter Kroneisl wird Abfahrts-Weltmeister im Skibob.

19./20.3. Der kleine Flügelaltar von Hallstatt, ein um 1450 entstandenes spätgotisches Meisterwerk, wird von Kunstdieben demoliert, die vier Tafelbilder werden gestohlen.

10.4. Eröffnung des neugestalteten Wagnereimuseums im Schloss Tollet, Grieskirchen.

25.4. Start einer großen Spendenkampagne zur Rettung des Bannwaldes von Hallstatt im Rahmen der österreichweiten Aktion „Der Wald sitzt auf Nadeln".

Eröffnung des Dampfkraftwerks Riedersbach II (Bezirk Braunau).

3.5. Das barocke „Bergschlössl" in Linz wird bei einem Brand zerstört. Es wird wieder aufgebaut.

9.5. Der 26-jährige Steyrer Peter Reiter vom SK Voest gewinnt bei der Judo-Europameisterschaft die Bronzemedaille.

12.5. Der Linzer Vizebürgermeister Carl Hödl schreibt an den Präsidenten des Jüdischen Weltkongresses, Edgar Bronfman, der den Rücktritt von Bundespräsident Kurt Waldheim gefordert hatte, einen Brief, der wegen antisemitischer Äußerungen sowohl in Österreich als auch im Ausland heftige Diskussionen und Kritik auslöst.

13.5. Opern-Uraufführung im Linzer Landestheater: „Kirbisch" von Heinrich Gattermeyer.

26.5. Giftige Abfallstoffe eines Betriebs in Linz-Urfahr legen ein Fünftel der Wasserversorgung der Landeshauptstadt lahm. Es ist die größte Trinkwasserverseuchung, die es in Linz jemals gab.

2.6. Fusion des „Oberösterreichischen Tagblatts" mit der „Neuen AZ" („Arbeiter-Zeitung").

11.6. In der Reihe der Sonderpostmarken über die Naturschönheiten in Österreich erscheint die Sondermarke „Dachstein-Rieseneishöhle".

26.6. Eröffnung der neuen Salpetersäureanlage in der Chemie Linz AG. Durch dieses größte Umweltprojekt der chemischen Industrie Österreichs wird die Stickoxidbelastung im Großraum Linz nahezu halbiert.

26.6.–5.7. In der Region Pyhrn-Eisenwurzen findet unter internationaler Beteiligung das erste österreichische Märchenfestival („Saga '87") statt.

7.7. Enttäuschung für die Region Braunau: Das Projekt eines Neubaues der Aluminium-Elektrolyse in Ranshofen, an das sich die Hoffnungen vieler Bediensteter der Austria Metall AG klammerten, wird endgültig aufgegeben.

9.7. Der sowjetische Ministerpräsident Nikolai Ryschkow besucht die Voest.

16.7. Mit einer Operngala werden die Gmundner Festspiele eröffnet. (Später Gmundner Festwochen.)

20.7. Lohnsburg am Kobernaußerwald wird Markt.

13.8. Landeshauptmann Josef Ratzenböck startet im Oberösterreichischen Landesverlag den Druck des ersten Bogens der „LandesChronik Oberösterreich".

23.8. Treffen der größten Menschen Österreichs in Friedburg-Lengau anlässlich des 100. Todestages des „Riesen von Lengau", Franz Winkelmeier. → S. 263

30.8. Der Alkovener Christian Steineder wird Motorboot-Weltmeister. → 1991

31.8. Die Steyr-Daimler-Puch AG sieht sich zu drastischem Personalabbau gezwungen. Voest und Chemie Linz kündigen für die nächsten Jahre den Verlust von rund 5000 Arbeitsplätzen an.

26.9. Uraufführung des Schauspiels „Heim" von Felix Mitterer im Linzer Landestheater.

28.9. Die „LandesChronik Oberösterreich" erscheint erstmals. Feierliche Buchpräsentation mit Landeshauptmann Josef Ratzenböck im Steinernen Saal des Linzer Landhauses.

Ansfelden wird zur Stadt erhoben.

29.9. Enns wird durch die Nachricht von der beabsichtigten Stilllegung der Zuckerfabrik schockiert, die die Kündigung von 300 Mitarbeitern bedeutet und auch die oberösterreichischen Rübenbauern hart trifft.

22.10. Einigung zwischen Betriebsrat und Vorstand der Voest-Alpine über die Neuorganisation der verstaatlichten Betriebe in Branchenholdings.

Landesausstellung in Steyr: „Arbeit, Mensch, Maschine – Der Weg in die Industriegesellschaft". →

Sportler des Jahres: Andreas Berger (Leichtathletik) und Astrid Ahammer (Sportgymnastik) Vorwärts Steyr, Fußballmannschaft.

Todestage

Leo Adler. Maler und Grafiker. Gestorben 21. 2. 1987 in Ried im Traunkreis. (Geboren 19. 1. 1897 in Wels.)

Johann Blöchl. Bauer und Politiker. Gestorben 4. 4. 1987 in Lasberg. (Geboren 12. 7. 1895 in Lasberg.) „Vater des Mühlviertels"; Staatsbeauftragter für das Mühlviertel (1945–1955), Landeshauptmann-Stellvertreter (1955–1966).

Franz Oehner. Textilkünstler. Gestorben 2. 7. 1987 in Gramastetten. (Geboren 16. 7. 1899 in Linz.)

Karl Rössing. Holz- und Linolschneider. Gestorben 19. 8. 1987 in Wels. (Geboren 25. 9. 1897 in Gmunden.)

Heribert Apfalter. Generaldirektor der Voest (1977–1985). Gestorben 26. 8. 1987 in Weistrach, Niederösterreich. (Geboren 22. 9. 1925 in Pregarten.) → S. 446

Heinz Fischer-Karwin. Journalist. Gestorben 27. 10. 1987 in Wien. (Geboren 23. 4. 1915 in Linz.)

Hans Gerstmayr. Stahlschnittkünstler (in Steyr). Gestorben 27. 10. 1987 in Mauthausen. (Geboren 14. 4. 1882 in St. Valentin.)

Aldemar Schiffkorn. Volksbildner. Gestorben 22. 11. 1987 in Wels. (Geboren 26. 7. 1915 in Graz.)

Kurt Wöss. Dirigent. Gestorben 4. 12. 1987 in Dresden. (Geboren 2. 5. 1914 in Linz.)

Armbrust-Weltmeister

Die jüngste Stadt Oberösterreichs, Rohrbach, ist vom 12. bis 18. Juli Schauplatz der Armbrust-Weltmeisterschaft, an der mehr als 200 Schützen aus Europa und Übersee teilnehmen.

Ein Theaterstück „Linz"

13. Februar. In den Münchner Kammerspielen wird ein Theaterstück von Herbert Achternbusch mit dem Titel „Linz" uraufgeführt. „Die Welt" über Achternbusch: „Mit seiner biersensiblen Ambacher Nilpferd-Mentalität fuhrwerkt er hier im Land Österreich herum, spielt sich in Hitlers Lieblingsstadt (die auch die seine ist, sagt er) als

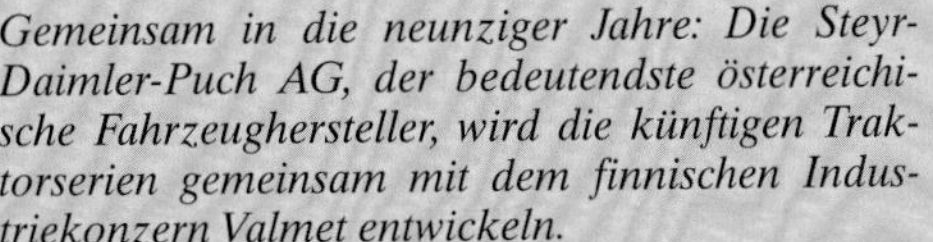

Gemeinsam in die neunziger Jahre: Die Steyr-Daimler-Puch AG, der bedeutendste österreichische Fahrzeughersteller, wird die künftigen Traktorserien gemeinsam mit dem finnischen Industriekonzern Valmet entwickeln.

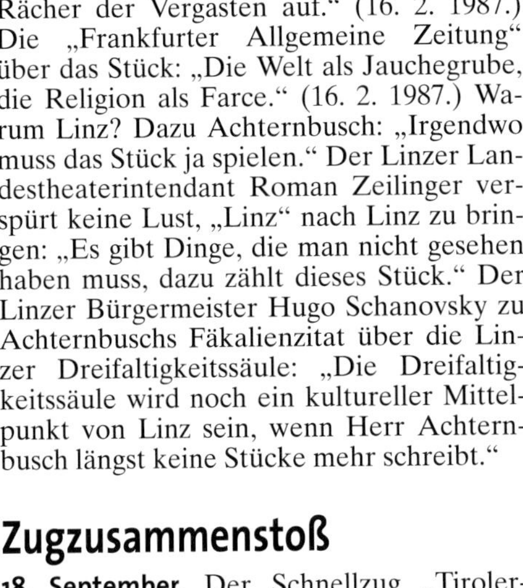

Rächer der Vergasten auf." (16. 2. 1987.) Die „Frankfurter Allgemeine Zeitung" über das Stück: „Die Welt als Jauchegrube, die Religion als Farce." (16. 2. 1987.) Warum Linz? Dazu Achternbusch: „Irgendwo muss das Stück ja spielen." Der Linzer Landestheaterintendant Roman Zeilinger verspürt keine Lust, „Linz" nach Linz zu bringen: „Es gibt Dinge, die man nicht gesehen haben muss, dazu zählt dieses Stück." Der Linzer Bürgermeister Hugo Schanovsky zu Achternbuschs Fäkalienzitat über die Linzer Dreifaltigkeitssäule: „Die Dreifaltigkeitssäule wird noch ein kultureller Mittelpunkt von Linz sein, wenn Herr Achternbusch längst keine Stücke mehr schreibt."

Zugzusammenstoß

18. September. Der Schnellzug „Tirolerland" stößt zwischen den Bahnhöfen Lambach und Neukirchen frontal gegen einen Eilzug. Das Unglück fordert vier Tote, 14 Schwer- und 63 Leichtverletzte. Ursache ist das Versagen von zwei Fahrdienstleitern.

Vier neue Gasfunde

Die Rohöl-Aufsuchungs G.m.b.H. (RAG) wird in Oberösterreich viermal gasfündig: in Astätt, Gilgenberg und Feldkirchen (Bezirk Braunau) sowie in Lindach (Bezirk Gmunden).

Oberösterreich international

22. Mai. Zwischen den Regierungschefs von Oberösterreich und Südböhmen wird in Linz ein Vertrag über eine Zusammenarbeit unterzeichnet, der die Verbesserung der nachbarschaftlichen Beziehungen auf allen Ebenen, insbesondere auf den Gebieten Kultur, Sport und Fremdenverkehr anstrebt. In der 1978 gegründeten Interessengemeinschaft „Alpen-Adria" werden über Staatsgrenzen und Gesellschaftsordnungen hinaus völlig neue Formen der Zusammenarbeit gepflegt, wie es dem Geist dieser historisch gewachsenen Kulturregion Mitteleuropas entspricht. Der Arbeitsgemeinschaft gehören derzeit die Bundesländer Oberösterreich, Salzburg, Steiermark, Kärnten und Burgenland, der Freistaat Bayern, die ungarischen Komitate Vas und Györ-Sopron, die Republiken Slowenien und Kroatien sowie die Regionen Friaul-Julisch-Venetien, Veneto, Trentino-Südtirol und Lombardei an.

Das schönste Dorf

Oberösterreichs schönstes Dorf ist die Marktgemeinde Wallern an der Trattnach.

Oberösterreichs Lieblingskommentatoren

Was sagt Vitus Mostdipf? Was der Herr Strudl? Was der Jokl? Was steht bei „Aufg'weckt? Die liebsten Kommentatoren Oberösterreichs sind damit genannt. Sie sind beheimatet in den „Oberösterreichischen Nachrichten", in der „Neuen Kronen-Zeitung Oberösterreich" im „Neuen Volksblatt" und im „Oberösterreichischen Tagblatt". (Seit der Fusion mit der „Neuen AZ" wurde das „Aufg'weckt" von den „Frosch-Perspektiven" abgelöst.)

„I hab jetzt langsam gnua von der Kältn. Warm wird ma nur, wann i an mei Heizrechnung denk."

„Herr Strudl" am Höhepunkt der besonders in Oberösterreich krassen Kältewelle, 4. 2. 1987.

„I hab immer glaubt, Aluminium is a Leichtmetall. Wia schwer es aber is, des zoagt si jetzt bei Ranshofen."

„Jokl" am 11. 3. 1987.

„Die verstaatlichte Industrie is ganz stolz auf ihr neues Weltpatent: Fässer ohne Boden."

„Vitus Mostdipf" am 6. 3. 1987.

„Daß am Freitag, dem 13., nu dazua Vollmond is, stört mi überhaupt net, weil man eh vor lauter Smog net siacht."

„Aufg'weckt" vom Freitag, 13. Februar 1987, an dem in Linz die Smogalarm-Bereitschaft ausgerufen wurde.

Der Papst in Mauthausen

„Mensch von gestern und von heute, wenn das System der Vernichtungslager auch heute noch irgendwo in der Welt fortdauert, sage uns, was kann unser Jahrhundert an die Nachfolgenden übermitteln? Sage uns, haben wir nicht mit allzu großer Eile deine Hölle vergessen? Löschen wir nicht in unserem Gedächtnis und Bewusstsein die Spuren der Verbrechen aus?"

Papst Johannes Paul II. am 24. Juni 1988 im ehemaligen Konzentrationslager Mauthausen.

50 Jahre später

„Vor fünfzig Jahren wurde hier in Linz der Name Österreich von der Landkarte getilgt. Als junger Mensch möchte ich besonders sorgfältig und ohne Überheblichkeit des im nachhinein Besserwissenden das Gedenken an das Jahr 1938 begehen. Ich darf daher ein aufrichtiges antifaschistisches Bekenntnis am Tage meiner Angelobung ablegen und dabei versprechen, alles in meiner Macht Stehende zu tun, alle neofaschistischen und antidemokratischen Tendenzen nicht zu dulden, sondern sie auch zu bekämpfen. Zugleich darf ich der vielen Opfer des Naziterrors gedenken."

Der neue Linzer Bürgermeister Franz Dobusch bei seiner Antrittsrede am 21. 1. 1988.

1988

Kalender

20.1. Hugo Schanovsky (SP) tritt als Bürgermeister von Linz zurück. (Seit → 1984.)

21.1. Franz Dobusch (SP) tritt das Amt des Linzer Bürgermeisters an. →

Der Linzer Walter Kroneisl wird wieder Abfahrtsweltmeister im Skibob.

26.1. Der ehemalige Geschäftsführer der Linzer Voest-Tochter Noricum gesteht, dass Kanonen gesetzwidrig in den kriegführenden Iran geliefert wurden. 1985 hatten die Ölspekulationen der Voest-Handelsfirma Intertrading die Krise der verstaatlichten Industrie ausgelöst. → 1985, 1989, 1990, 1991, 1993, 1994

8.2. Heftige Wintergewitter richten in vielen Landesteilen große Schäden an. In Lochen zerstört ein durch mehrere Blitze ausgelöster Brand den Kirchturm.

11.3. Landtag und Landesregierung gedenken des „Anschlusses" vor fünfzig Jahren. In der Minoritenkirche des Landhauses zelebriert Diözesanbischof Maximilian Aichern eine Messe, nach einer Sondersitzung des Landtags legen die Politiker im ehemaligen Konzentrationslager Mauthausen und im Linzer St.-Barbara-Friedhof Kränze nieder.

28.3. Ein entscheidender Schritt zur Flusssanierung in Oberösterreich: In Steyrermühl wird die alte Zellstoffanlage stillgelegt, was die Wasserqualität der Traun schlagartig verbessert.

Neuer Linzer Bürgermeister: Franz Dobusch.

6. November, 15.02 Uhr. Ein Weltereignis in der Stahlgeschichte: in der Voest wird – erstmals in Österreich, zum dritten Mal in der Welt – ein Hochofen gesprengt. Der baufällige Hochofen II war 1941 angefahren worden.

11.4.–14.6. Erster Prozess in Linz gegen den ehemaligen Chef der Voest-Tochter Intertrading, Gernot Preschern, der zu zwei Jahren Haft verurteilt wird. → 1985, 1989, 1991

1.–3.5. In Ebensee stehen 50 Hektar Wald in Flammen. Wertvolle Baumbestände des Schutzwaldes am Wimmersberg werden zerstört.

2.5. Die erste Sendung von „Oberösterreich heute" aus dem ORF-Landesstudio Linz.

7.5. Der 68-jährige Walter Scheel, deutscher Bundespräsident 1974–1979, tritt in der Kirche von Gebertsham (Bezirk Braunau) mit seiner ihm standesamtlich bereits angetrauten Gattin Barbara vor den Traualtar.

14.5. In Haslach wird ein Kaufmannsmuseum eröffnet.

26.–28.5. Erster Österreichischer Museumstag in Linz.

29.5. Auf der Bahnstrecke Lambach–Gmunden-Seebahnhof wird der Personenverkehr eingestellt.

6.–8.6. Der Luftverschmutzer-Prozess in Linz wegen des „Schwarzen Freitags" (→ 11. 7. 1986) endet mit einem Freispruch der beschuldigten Chemie-Bediensteten. → 1989

16.–17.6. Linzer Mediengespräche: „Wirkung von Gewalt und Aggression in den Medien".

30.6. Im Linzer Diakonissenkrankenhaus wird das erste oberösterreichische Retortenbaby geboren.

1.7. Glanzstoff-Austria AG St. Pölten wird ein Tochterunternehmen der Lenzing AG.

18.7. Ein Großbrand in der Glashütte Riedel in Schneegattern verwüstet Teile des Fabriksgeländes.

2.8. Das schwerste Hagelgewitter seit Menschengedenken zertrümmert in Fornach, Pfaffing, Vöcklamarkt und Grünau 500 Hausdächer. Dutzende Autos werden demoliert, die Ernte wird vernichtet.

6.9. Das Pop-Ereignis des Jahres: Im Linzer Stadion wird der amerikanische Showstar Michael Jackson von Zehntausenden bejubelt.

11.9. Mit 150.000 Besuchern erlebt die Jubiläums-Klangwolke in Linz (seit → 1979) einen Rekord.

25.9. Uraufführung des kritischen Voest-Schauspiels „Rauhe Zeiten" von Thomas Baum im Theaterkeller des Linzer Landestheaters. →

1.10. In Bad Leonfelden wird im ältesten Pfarrschulhaus Österreichs, in dem von 1577 bis 1850 unterrichtet wurde, das erste Schulmuseum Oberösterreichs eröffnet.

15.11. Eröffnung des Neubaues der Katholisch-Theologischen Hochschule in Linz (Bethlehemstraße).

21.11. Gunskirchen wird Markt.

Landesausstellung im Schloss Weinberg bei Kefermarkt: „Das Mühlviertel – Natur, Kultur, Leben".

Sportler des Jahres: Erwin Fuchsbichler (Fußball) und Gabi Sinzinger (Rudern), Mediarent Wels, Basketball-Mannschaft.

Linzer Kanonenschüsse

„Schön wärs, wann ma de Mitwisser an der Waffenaffäre so ausdruckn könnt wia Mitesser."

Vitus Mostdipf, „Oberösterreichische Nachrichten", 28. 1. 1988.

*

„Ich habe keine Lust, mich immer tiefer in die Diskussion zu verwickeln, die ich nicht führen kann, weil das vor meiner Zeit lag."

Voest-Generaldirektor Herbert Lewinsky zur Noricum-Affäre, 3. 2. 1988.

Pro und Kontra „Rauhe Zeiten"

„Wir sind nicht dazu da, museales Theater zu spielen, sondern wir versuchen auch am Puls der Zeit zu bleiben, ob bequem oder unbequem."

Theaterintendant Roman Zeilinger über das Schaupiel „Rauhe Zeiten" von Thomas Baum, September 1988.

*

„Für mich ist es eine Gemeinheit. Für das Stück hat der auch noch ein Staatsstipendium bekommen! Prozentuell gesehen hat Peymann am Burgtheater mehr Leute entlassen als wir."

Voest-Zentralbetriebsratsobmann Erhard Koppler über das Schauspiel „Rauhe Zeiten" von Thomas Baum, September 1988.

Geburtstag

Dominik Landertinger. Biathlon-Weltmeister 2009. Geboren 13. 3. 1988 in Braunau.

Todestage

Joseph Kronsteiner. Komponist und Domkapellmeister (1943–1981). Gestorben 15. 5. 1988 in Linz. (Geboren 15. 2. 1910 in Losenstein.)

Nikolaus Negrelli-Moldelbe. Schriftsteller und Journalist. Gestorben 7. 9. 1988 in Linz. (Geboren 20. 7. 1899 in Linz.) → 1948

Erich Buchegger. Grafiker. Gestorben 29. 9. 1988 in Puchenau. (Geboren 21. 9. 1924 in Linz.)

Ernst Koref. Bürgermeister von Linz von 1945 bis 1962 (SP). Gestorben 15. 11. 1988 in Linz. (Geboren 11. 3. 1891 in Linz.)

Johanna Dorn-Fladerer. Malerin. Gestorben 28. 11. 1988 in Schärding. (Geboren 22. 12. 1913 in Suben.)

Hermann Friedl. Schriftsteller. Gestorben 5. 12. 1988 in Steyr. (Geboren 21. 2. 1920 in Linz.)

Johann Kapsamer. Industrieller. Gestorben 9. 12. 1988 in Wels. (Geboren 15. 5. 1900 in Eferding.) Gründer der Joka-Werke Schwanenstadt.

Frida Kern. Komponistin. Gestorben 23. 12. 1988 in Linz. (Geboren 9. 3. 1891 in Wien.)

Ende einer Voest-Ära

30. Juni. Mit der Gründung der „Voest-Alpine Stahl AG" und der Aufteilung in vier Branchenholdings endet eine Ära der „Voest-Alpine" und die des Voest-Generaldirektors Herbert Lewinsky (seit → 1986).

Der Papst in Oberösterreich

24./25. Juni. Erstmals seit 206 Jahren (→ S. 185) ist wieder ein Papst in Oberösterreich. Aus Wien kommend, trifft Johannes Paul II. (1920–2005) am 24. Juni in Linz-Hörsching ein und begibt sich anschließend zu einer Gedenkfeier in das ehemalige Konzentrationslager Mauthausen. (→) Am Tag darauf findet auf der Lorcher Festwiese eine Großveranstaltung mit 70.000 Gläubigen statt. Nach einem Mittagessen im Pfarrzentrum Enns-Lorch fliegt der Papst nach Hörsching und von dort nach Klagenfurt.

Begrüßung des Papstes in Mauthausen durch Landeshauptmann Josef Ratzenböck und den Linzer Diözesanbischof Maximilian Aichern.

Thomas Bernhards Testament

„Weder aus dem von mir selbst bei Lebzeit veröffentlichten, noch aus dem nach meinem Tod gleich wo immer noch vorhandenen Nachlass darf auf die Dauer des gesetzlichen Urheberrechtes innerhalb der Grenzen des österreichischen Staates, wie immer dieser Staat sich kennzeichnet, etwas, in welcher Form auch immer, von mir Verfaßtes, Geschriebenes aufgeführt, gedruckt oder auch nur vorgetragen werden. Ausdrücklich betone ich, daß ich mit dem österreichischen Staat nichts zu tun haben will, und ich verwahre mich nicht nur gegen jede Einmischung, sondern auch gegen jede Annäherung dieses österreichischen Staates, meine Person und meine Arbeit betreffend, in aller Zukunft. Nach meinem Tod darf aus meinem eventuell gleich wo noch vorhandenen Nachlass, worunter auch Briefe und Zettel zu verstehen sind, kein Wort mehr veröffentlicht werden."

Aus dem Testament von Thomas Bernhard, das am Tag der Bekanntgabe seines Todes, am 16. Februar 1989, veröffentlicht wird.

1989

Kalender

14.–17.2. Der Linzer Walter Kroneisl wird dreifacher Skibob-Weltmeister: in der Abfahrt, im Riesentorlauf und in der Kombination.

18.2. Der Vöcklabrucker Andreas Berger wird Hallen-Europameister über 60 m.

10.3. In Linz wird der ehemalige Chef der Voest-Tochter Intertrading, Gernot Preschern, in einem zweiten Prozess zu acht Jahren Haft verurteilt. → 1985, 1988, 1991

12.3. Opern-Uraufführung im Linzer Landestheater: „Kohlhaas" von Karl Kögler.

17.3. Ein ehemaliger Lehrling gesteht, den Großbrand im Linzer Maschinenzentrum Schachermayer (→ 1983) gelegt zu haben.

8.4. Uraufführung des Musicals „Die Goldenen Zwanziger" von Fridolin Dallinger im Linzer Landestheater.

9.4. Eröffnung der Ägypten-Großausstellung „Götter, Gräber und die Kunst" im Linzer Schlossmuseum.

20.4. Im Linzer Luftverschmutzer-Prozess wegen des „Schwarzen Freitags" (→ 11. 7. 1986) werden die beschuldigten Chemie-Bediensteten auch in zweiter Instanz freigesprochen.

21.5. In Sandl wird ein Hinterglasmuseum eröffnet.

1.–8.9. Erstmals finden die „Musiktage Mondsee" statt.

8.9. Der Münchner Konzern MAN kauft achtzig Prozent des Steyrer Lastwagenwerks.

9.9. Eröffnung des Schulmuseums in Kasten bei Haslach. →

6.10. Kampflustige Ischler stoppen den Abtransport der beim Gasthaus „Zur Ischlerbahn" abgestellten Zuggarnitur der ehemaligen Salzkammergut-Lokalbahn, die in ein in Mondsee geplantes Museum gebracht werden sollte.

12.10. Wechsel in der Landesspitze: Gerhard Possart geht, Karl Albert Eckmayr wird neuer Landeshauptmann-Stellvertreter.

14.10. In Traun-Oed wird die Kirche St. Josef eingeweiht. Architekt ist Othmar Kainz.

20.10. Im Hallstätter Salzbergwerk findet man einen 2500 Jahre alten „Schuh im Salz" (Größe 37/38). Er gehörte vermutlich einem Buben, der als Beleuchter gearbeitet hat.

29.10. Im Theaterkeller des Linzer Landestheaters wird das Schauspiel „Aller Tage Abend" von Friedrich Ch. Zauner uraufgeführt.

31.10. Oberösterreichische Höhlenforscher berichten, dass von der längsten Höhle Österreichs, der Hirlatzhöhle bei Hallstatt, nunmehr eine Ganglänge von 60 Kilometern erforscht ist.

11.12. In Wullowitz wird mit dem Abbau des „Eisernen Vorhangs" begonnen. →

12.12. Gründung des Theaters Phönix in Linz mit „Rozznjogd" von Peter Turrini. →

14.12. Die Spitze des Pöstlingbergs wird unter Denkmalschutz gestellt.

16.12. Erstmals schmückt ein Christbaum aus Oberösterreich den Petersplatz von Rom. Papst Johannes Paul II. bedankt sich für das Geschenk aus Kopfing.

Landesausstellung im Stift Lambach: „Die Botschaft der Graphik".

Sportler des Jahres: Rudi Nierlich (Alpinski). Britta Grebe (Wasserski), Faustball-Team.

Oberösterreichs erster Skiweltmeister *Rudi Nierlich aus St. Wolfgang gewinnt am 9. Februar bei der Ski-Weltmeisterschaft in Vail (USA) die Goldmedaille im Riesentorlauf, drei Tage später die Goldmedaille im Slalom. (Tödlich verunglückt am 18. Mai 1991 in St. Wolfgang.)*

Rock-Giganten in Linz

23. 6. Trotz strömenden Regens kommen mehr als 25.000 Fans ins Linzer Stadion, als die „Rock-Giganten" Pink Floyd mit einer Monstershow aus Musik, Licht und Laser auftreten.

Die Voest macht wieder Gewinne

20. Juni. Der weltweite Stahlboom, die Rationalisierungsmaßnahmen im eigenen Unternehmen und der steigende Anteil höherwertiger Produkte haben der Voest-Alpine Stahl AG zu einer Verbesserung des Betriebsergebnisses innerhalb eines Jahres verholfen. Während ein Jahr zuvor noch ein Verlust von 3379 Millionen Schilling erwirtschaftet wurde, konnte im zu Ende gegangenen Geschäftsjahr ein saldiertes positives Betriebsergebnis von 1021 Millionen Schilling erzielt werden. Das wirtschaftlich stärkste Unternehmen der Stahlholding ist die Stahl Linz GesmbH.

Phönix flieg!

„Der Traum vom ersten freien Theater in Linz ist Wirklichkeit geworden."

„Tagblatt", 12. Dezember 1989.

*

„Ich umarme euch, ich spucke euch über die Schulter, ich rufe toi, toi, toi! Phönix flieg!"

Franz Schwabeneder in den „Oberösterreichischen Nachrichten", 12. Dezember 1989.

In Kasten bei Haslach, Gemeinde St. Peter am Wimberg, wurde die alte Dorfschule im „Glockenhäusl" mit Originalgegenständen so eingerichtet, wie sie zur Jahrhundertwende ausgesehen hat.

Das schönste Dorf

Oberösterreichs schönstes Dorf ist die Gemeinde Adlwang (Steyr-Land).

Todestage

Josef Friedrich Doppelbauer. Komponist. Gestorben 16. 1. 1989 in Salzburg. (Geboren 5. 8. 1918 in Wels.)

Ludwig Schwarzer. Maler. Gestorben 5. 2. 1989 in Linz. (Geboren 16. 10. 1912 in Wien.)

Thomas Bernhard. Schriftsteller. Gestorben 12. 2. 1989 in Gmunden. (Geboren 9. 2. 1931 in Heerlen, Holland.) →

Karl Seemann. Bildschnitzer. Gestorben 18. 3. 1989 in Hallstatt. (Geboren 16. 10. 1902 in Hallstatt.)

August Karl Stöger. Schriftsteller. Gestorben 18. 4. 1989 in Bad Ischl. (Geb. 19. 1. 1905 in Ischl.)

Rudolf Hans Seidl. Generaldirektor der Zellwolle Lenzing bzw. Chemiefaser Lenzing (1960–1976). Gestorben 9. 7. 1989 in Gmunden. (Geboren 3. 1. 1907 in Wien.)

Friederike Renate Stolz. Bildhauerin. Gestorben 14. 7. 1989 in Gallspach. (Geboren 23. 1. 1913 in Linz.) Schöpferin der Märchenwelt in der Linzer Grottenbahn.

Helmut Janatsch. Kammerschauspieler. Gestorben 24. 11. 1989 in Salzburg. (Geboren 12. 10. 1918 in Braunau.)

Elfriede Trautner. Malerin und Grafikerin. Gestorben 26. 11. 1989 in Linz. (Geboren 22. 7. 1925 in Auberg bei Haslach.)

„Nie mehr Zäune zwischen uns!" *„Wir wollen gute Nachbarn sein und nie mehr Zäune zwischen uns errichten", erklären gemeinsam die oberösterreichischen und südböhmischen Politiker, die selbst tatkräftig mithelfen, als am 11. Dezember in Wullowitz mit dem Abbau des „Eisernen Vorhangs" begonnen wird. In der Bildmitte Oberösterreichs Landeshauptmann Josef Ratzenböck, rechts Landeshauptmann-Stellvertreter Karl Grünner.*

Dann wende den Blick auch nordwärts

„Dann wende den Blick auch nordwärts; da ruhen die breiten Waldesrücken und steigen lieblich, schwarzblau dämmernd, ab gegen den Silberblick der Moldau."

Adalbert Stifter: Der Hochwald", 1841.

Wie eine versteinerte Träne

„Oft entstieg mir ein und derselbe Gedanke, wenn ich an diesen Gestaden saß: – als sei es ein unheimlich Naturauge, das mich hier ansehe – tief schwarz – überragt von der Stirne und Braue der Felsen, gesäumt von der Wimper dunkler Tannen – drin das Wasser regungslos, wie eine versteinerte Träne."

Adalbert Stifter über den Plöckensteinersee, „Der Hochwald", 1841.

Böhmen – Bayern – Oberösterreich

Oberösterreich entsteht im Spannungsfeld zwischen Bayern und Böhmen. Das frühe Mittelalter kennt nämlich kein „Land" im nationalstaatlichen Sinn, sondern bewegliche Gemeinschaften regionaler Machthaber, deren Grenzen und Konturen sich so rasch verschieben wie Einflusssphären und Bündnisse.

Ob der Enns gehörte zuerst zum bayrischen Herzogtum, eine Grenzmark, die slawisches Siedlungsgebiet berührte, seit die Slawen unter dem Druck der Awaren im Zuge der Völkerwanderung in die Ostalpen kamen. Klöster wie Kremsmünster, 777 gegründet, dienen sowohl der Rodung als auch der Slawenmission. Die bayerisch-fränkische Kirche konkurriert in Böhmen mit der byzantinischen, erst im 9. Jahrhundert erringen die Stammesfürsten der Přemysliden die Vollmacht in Zentralböhmen, 973 entlässt der heilige Wolfgang (924–994) als Regensburger Diözesanbischof Prag aus seiner Oberhoheit und verhilft so der tschechischen Kirche zur Eigenständigkeit. Drei Jahre später erhalten die Babenberger die Ostmark. Als sie im Investiturstreit (1075–1122) zwischen Papst und deutschem König gemeinsam mit dem Passauer Bischof gegen König Heinrich IV. (1050–1106) rebellieren, entzieht ihnen dieser die Mark Osterreich und verleiht sie Herzog Wratislaw von Böhmen (um 1035–1092), der – königstreu – die Babenberger vernichtend schlägt. Aber, ein Beispiel dynastischer Hochzeiten, schon in der nächsten Generation vermählt sich eine Babenberger Prinzessin mit dem böhmischen Prinzen.

1156 erfolgt im berühmten Privilegium minus die landrechtliche Trennung Österreichs von Bayern, kurz darauf (1158) verleiht Kaiser Barbarossa (um 1125–1190) seinem böhmischen Reichsfürsten und Herzog die Königswürde. Die Geburt Oberösterreichs als eigenständiges Territorium vollzieht sich im 13. Jahrhundert. 1246 sterben die Babenberger aus, im Land zeichnet sich ein Machtverfall ab, den die österreichischen Adelsherren dadurch stoppen, dass sie im Spätherbst 1251 den „jüngeren König" Böhmens, Přemysl Ottokar (Ottokar II., um 1230–1278), als Herzog ins Land rufen, der die Schwester des letzten Babenbergers heiratet. Die oberösterreichischen Schaunberger und die niederösterreichischen Kuenringer zählen zu seinen engsten Gefolgsleuten. Přemysl Ottokar, der „goldene König", festigt Oberösterreichs Selbständigkeit. Die damals zur Steiermark gezogene Landesgrenze gilt bis heute.

Nicht nur Přemysliden und Babenberger waren verwandtschaftlich verknüpft, auch die südböhmischen Rosenberger mit den oberösterreichischen Schaunbergern.

Wok von Rosenberg (um 1220–1262) bekleidet das Landrichteramt ob der Enns, gründet 1259 Kloster Hohenfurth (Vyšší Brod) und besiedelt das Moldaukloster mit Zisterziensern aus dem Donaustift Wilhering. Auch das Prämonstratenserstift Schlägl erhält von den Nachfahren Witikos zwei Pfarren im Böhmerwald, Kirchschlag (Světlík) und Friedberg (Frymburk) und trägt seitdem die fünfblättrige Waldrose der Rosenberger im Wappen.

Im Zuge einer europaweiten Siedlerbewegung ziehen im 12. Jahrhundert deutsche Volksgruppen nach Böhmen, der böhmische König fördert diese Kolonisation. Die Klöster in den bislang unzugänglichen Wäldern werden zum Motor, das deutsche Recht zu einem attraktiven Instrument, die Bauern zu motivieren.

Tschechen und Deutsche

Tschechen und Deutsche leben von nun an miteinander. Die Rosenberger verheirateten sich in drei Generationen mit den oberösterreichischen Schaunbergern, bezogen ihre Waren auf Linzer Märkten, verteidigten im Herbst 1380 gemeinsam mit ihren Verwandten die Stadt Eferding und die Burg der Schaunberger gegen Bayern und gegen Habsburg. Als Geisel eines machtvollen böhmischen Adelsbundes wird sogar der böhmische König Wenzel IV. (1361–1419) nach seinem Justizmord am Hofprediger Johannes Nepomuk (um 1350–1393) über Wittinghausen bis nach Wildberg verschleppt.

Als der letzte Rosenberger 1618 stirbt, stehen in Oberösterreich die protestantischen Stände, Herren, Ritter und Städte, im Zenit ihrer Macht. Sie bauen das Linzer Landhaus, dreiviertel der Bevölkerung sind protestantisch. An der Spitze des reformierten oberösterreichischen Adels steht Freiherr Georg Erasmus von Tschernembl (1567 bis 1626), der auf eine ständische Adelsrepublik hinarbeitet. Er holt Johannes Kepler (1571–1630) nach Linz und profiliert sich als Diplomat. Er sucht Kaiser Ferdinand II. (1578–1637) im Konflikt mit den Protestanten Böhmens zum friedlichen Einlenken zu bewegen und argumentiert mit der wichtigen Handelsbeziehung: „Aus Böheim haben wir Hopfen, Malz, Fische, Roß und Tuch, und was aus Meißen und Sachsen ins Land bracht wird, hergegen versilbern wir ihnen unser Salz und Eisen."

Tschernembl wird schließlich zum Kontrahenten des Habsburger-Kaisers: Getragen von evangelischer ständischer Solidarität schließt Oberösterreich 1619 einen Pakt mit den rebellierenden Böhmen. Mit der Schlacht am Weißen Berg bei Prag siegt aber der habsburgische Katholizismus über die protestantische Union, auch Oberösterreich scheitert im Zangengriff zwischen Habsburg und Bayern und wird vom Kaiser als Kriegskostenersatz an die bayerischen Wittelsbacher gegeben. Für die Tschechen schwindet in der Zukunft ihre nationale Selbständigkeit.

Joseph Johann Nepomuk Fürst von Schwarzenberg (1769–1833) besucht den Schwemmkanal und die Scheiterschwemme am Tunnel von Hirschbergen (Jelení). Die dargestellte Scheiterschwemme durch den Tunnel wurde 1824 in Betrieb genommen. (Aquarell von Joseph Langweil.)

Diese merkwürdige Wasserstraße

„Wie es jetzt vollendet ist, führt diese merkwürdige Wasserstraße 6 3/4 deutsche Meilen weit vom Lichtwasser, am Fuß des Dreisesselberges beginnend, in unzähligen Windungen am ersten Drittel der Bergeshöhe hin über den Paß bei Aigen hinaus nach Oberösterreich."

Ferdinand von Hochstetter (1829–1884): „Allgemeine Zeitung", Augsburg 1855. (Zitiert in Georg Pfligersdorffer: „Der Böhmerwald in Schilderungen der Stifterzeit", Linz 1977.)

Stolz auf die Holzflößkanäle

„Rühmt sich die Lombardei ihrer Kanäle zur Bewässerung des Reises, Holland seiner Kanäle zur Entwässerung und Fruchtbarmachung des morastigen Bodens, Böhmen kann auf seine Holzflößkanäle stolz sein, unter welchen derjenige, der sich unseren Augen zeigt, der größte, der bedeutendste ist."

Joseph Wenzig, bei Wenzig-Krejči: „Der Böhmerwald", Prag 1860. (Zitiert in Georg Pfligersdorffer: „Der Böhmerwald in Schilderungen der Stifterzeit", Linz 1977.)

Als kaiserlicher General kommt nun auch Karl Bonaventura von Buquoy (1571 bis 1621) nach Böhmen. Er erhält Rosenberg, Gratzen und Kaplitz. Bald werden familiäre Bande zum Grafen Traun-Abensberg geknüpft. Später, zur Zeit der Aufklärung, führten die Buquoy fortschrittliche Sozialreformen durch und 1771 gründet Ferdinand Kindermann (1740–1801) in Kaplitz eine moderne Musterschule, die zum Modell der „Volksschule" werden sollte, wie wir sie noch heute kennen.

Stifter und das Humanitätsideal

Dieses Humanitätsideal wirkt weiter. Josef Jenne (1772–1847), „Musterlehrer" in Oberplan, und Pater Placidus Hall (1774–1853), Benediktiner in Kremsmünster, beide waren Schüler Kindermanns und Lehrer Adalbert Stifters (1805–1868).

Adalbert Stifter sollte zur literarischen Brückenfigur zwischen tschechischer und deutschsprachiger Kultur, zwischen Prag, Wien und Linz werden.

Pferdebahn und Schwemmkanal

In der Zeit der Romantik erwacht der Nationalstolz, heikle Berührungen nehmen zu, tschechische Siedler leben seit dem Bau der „Salzbahn" in Oberösterreich. Diese Pferdebahn zwischen Linz und Budweis, erbaut von Franz Josef Ritter von Gerstner (1756 bis 1832) und seinem Sohn Franz Anton (1796–1840), war 1832 der erste kontinentale Schienenweg. Ein zweiter Pionierbau stand damals schon lange in Betrieb: 1790 einigte man sich im Holzfällerdorf Sonnenwald bei Ulrichsberg auf den Bau des Schwarzenbergischen Schwemmkanals.

Projektiert von Joseph Rosenauer (1735 bis 1804) in Krumau, entstand eine 43 Kilometer lange künstliche Holztrift, die die kontinentale Wasserscheide im Böhmerwald überwand und die forstliche Erschließung unzugänglicher Nordhänge im Schwarzenbergischen Waldbesitz ermöglichte. 14 Millionen Raummeter Holz wurden so binnen hundert Jahren von Südböhmen bis Linz, Wien und Budapest transportiert.

Der Goldene Steig aus dem Inntal nach Prachatitz, ein Säumerpfad, der in den Wirren des Dreißigjährigen Kriegs verwilderte, die Salzbahn Linz–Budweis und der Schwarzenbergische Schwemmkanal, dessen Holzbringung überdies den Glashütten der Region die Existenz stärkte, waren die historisch bedeutendsten Wirtschaftsachsen zwischen Böhmen und Oberösterreich.

1903 beginnen sich die Nationalitätenfragen des Vielvölkerreichs auch in Oberösterreich scharf abzuzeichnen. Tschechische Gottesdienste, seit der Mitte des 19. Jahrhunderts in der Linzer Martinskirche zur Tradition geworden, werden von Einheimischen gesprengt. Im oberösterreichischen Landtag wird heftig über eine Beschäftigungsbeschränkung für Tschechen debattiert, die Angst um Arbeitsplätze und Löhne mischt sich mit starrem Nationalbewusstsein, in dem hier wie dort „Deutschtum" und „Slawentum" als historische Polarität und vereinfachtes Denkmuster genauso kultiviert werden wie die Sprachbarriere. Böhmen war wirtschaftlich dominant und leistet zeitweise zwei Drittel des Gesamtsteueraufkommens der Monarchie. Tschechische Banken kaufen oberösterreichische Bauernhöfe auf, was oberösterreichische Abgeordnete wiederum argwöhnen lässt, man wolle „ein deutsches Kronland vertschechen".

Die Burg Rosenberg, Stammsitz der Rosenberger.

Nach dem Ersten Weltkrieg scheitert 1918 die Idee, die deutschsprachigen Gebiete des Böhmerwaldes in eine Republik Deutsch-Österreich einzugemeinden. In der neugegründeten Tschechoslowakischen Republik bleibt eine verbitterte deutsche Minderheit, deren Wunsch nach nationaler Selbstbestimmung später von der sudetendeutschen Partei Konrad Henleins (1898–1945) irregeleitet wurde. Diese Partei machte sich 1937 bewusst zum Instrument Adolf Hitlers. Im September 1938 wird Stift Schlägl zur Schaltstelle für die Besetzung Südböhmens durch deutsche Wehrmachtseinheiten umfunktioniert, im Tafelzimmer des Klosters wird die Eingliederung von Krumau und Kaplitz in den damaligen „Gau Oberdonau" proklamiert. Die erste tschechoslowakische Republik scheiterte einerseits an ihrer Minderheitenpolitik, die in der Zwischenkriegszeit verabsäumte, das Zusammenleben verschiedener, auch der deutschen Bevölkerungsgruppe, in sichere demokratische Bahnen zu lenken, andererseits an der aggressiven Expansionsstrategie Adolf Hitlers, dessen erklärtes Ziel es war, die Tschechoslowakei zu „zerschlagen".

Von 1945 bis 1989

1945 wurde der Nationalsozialismus als Kollektivschuld allen Deutschen der Tschechoslowakei angelastet. Die Tschechische Volksmiliz begann mit wilden Vertreibungen, dann entvölkerte man systematisch die deutschsprachigen Gebiete. Grundbesitz und Vermögen wurden entschädigungslos beschlagnahmt. Einige Jahre später wurden im Böhmerwald auf tschechischer Seite schließlich noch viele leerstehende Dörfer geschleift. Das Land rückt aus dem Gesichtsfeld Oberösterreichs, die gemeinsame Tradition wird zur Erinnerung, etwa in den Werken von Alfred Kubin (1877–1959) oder Gertrud Fussenegger (1912–2009). Der „Eiserne Vorhang" senkt sich über einen „Friedhof der Menschlichkeit", der von „organisiertem Hass" zurückgelassen worden war, wie es der Prager Erzbischof Miloslav Vlk bei einem Besuch an der oberösterreichisch-tschechischen Grenze 1990 formulierte.

Erst die tschechische Bürgerrechtsbewegung „Charta 77" zog die tabuisierte und belastete Nachkriegszeit und ihre Vorgeschichte wieder ans Licht der Öffentlichkeit. 1989 sind dann die führenden Köpfe der „Charta 77" die treibende Kraft der „Sanften Revolution", die eine neue Nachbarschaft einleitet: Am 11. Dezember 1989 rücken bei Wullowitz Arbeitskommandos der tschechischen Armee aus, um das bedrückende Symbol einer ganzen Epoche, den „Eisernen Vorhang", niederzureißen.

Johannes Jetschgo

Die weltberühmte Forschungsstätte mit der Graugans-Station im Wildpark Grünau, nach dem Tod des österreichischen Nobelpreisträgers Konrad Lorenz (1903–1989) vom Zusperren bedroht, kann mit Spendengeldern von der „Gesellschaft zur Förderung des Konrad-Lorenz-Forschungsinstitutes" gerettet werden. Trägerverein ist das Oberösterreichische Landesmuseum. Das Institut soll eine Bildungsstätte für Studenten und Schüler aus dem In- und Ausland sein.

1990

Kalender

2.1. Auch in Oberösterreich werden die ersten neuen polizeilichen Kraftfahrzeug-Kennzeichen (schwarze Schrift auf weißem Grund) ausgegeben.

8./9.1. Hinterstoder ist Austragungsort von Ski-Weltcup-Rennen.

22.–26.1. Streik in Steyr wegen der Kündigung von 167 Arbeitern und 30 Angestellten. Die Kündigungen werden zurückgezogen, der aus Kostengründen notwendige Personalabbau in der Steyr-Daimler-Puch AG wird erst nach Erstellung eines Sozialplans vollzogen.

28.1. Der Welser Andreas Gruber wird in Saarbrücken für seinen Film „Schalom, General" mit dem Max-Ophüls-Preis ausgezeichnet.

29.1. Kopfing im Innkreis wird Markt.

13.2. Der größte jemals in Oberösterreich gefundene Quarzstein ist fast einen Meter lang, 55 Zentimeter breit und 130 Kilogramm schwer. Der genaue Fundort des Mühlviertler Quarzkristalls wird geheimgehalten, um einen Massenansturm von Steinesammlern zu vermeiden.

5.3. Attnang-Puchheim wird Stadt.

14.3. Diözesanbischof Maximilian Aichern ruft die Wohnungseigentümer im Linzer Zentralraum und in den Zentren Vöcklabruck, Braunau und Perg auf, nicht benötigte Räume vorübergehend der Caritas für Flüchtlinge zu überlassen.

29.3. Ein Sieg der Welser im „Messekrieg": Die Aussteller von Landmaschinen kommen auch 1990 nach Wels. Der Versuch der Wiener Messe, sie mit einem Gratisangebot nach Wien zu locken, scheiterte.

31.3. In Budweis nimmt der Linzer Diözesanbischof Maximilian Aichern gemeinsam mit den Bischöfen von St. Pölten und Passau die Weihe des Bischofs von Budweis, Miloslav Vlk, vor.

11.4. Politiker und hohe Beamte aus Oberösterreich, Südböhmen und Bayern treffen sich in Ulrichsberg, um gemeinsam über die jahrzehntelang „tote Grenze" zum Plöckensteinersee zu marschieren. Am 1. Juni wird der grenzüberschreitende Wanderweg wieder für Touristen geöffnet. In Linz verhandeln die drei Nachbarländer über die Grundlagen zur Errichtung eines „Internationalen Naturparks Böhmerwald".

18.–20.5. Mit einem großen Fest feiert Linz das Jubiläum „500 Jahre Landeshauptstadt". →

21.5. Taiskirchen im Innkreis wird Markt.

8.6. Im Hafen der Linzer Schiffswerft explodiert ein fast fertiggestelltes Schiff. Vier Arbeiter kommen ums Leben.

14.6. In Ach an der Salzach (Gemeinde Hochburg-Ach) zerstört eine Mure den halben Ort.

19.7. In Lauffen (Bad Ischl) wird das Museum „Fahrzeug – Technik – Luftfahrt" eröffnet.

31.8. In Aschach an der Donau wird Österreichs erste Produktionsanlage für Biodiesel (Rapsölmethylester) eröffnet. Mit diesem Treibstoff wird vor allem die heimische Landwirtschaft, aber auch die Industrie versorgt.

1.9. Der Vöcklabrucker Hansjörg Eichmeyer wird evangelischer Superintendent.

13.9. Erstmals setzt sich eine Bühne über das testamentarische Aufführungsverbot, das Thomas Bernhard (1931–1989) für österreichische Bühnen verfügt hat (→ 1989), hinweg. „Die Berühmten. Versuch. Ein Stück von Thomas Bernhard" wird vom Linzer Theaterensemble Phönix aufgeführt. Auf Antrag des Verlags werden einen Tag nach der Premiere weitere Aufführungen durch eine gerichtliche Verfügung untersagt.

20.9. In der Neuen Galerie der Stadt Linz wird die Ausstellung „Oberösterreich – Avantgarde 1900–1990" eröffnet.

29.9. Uraufführung im Theaterkeller des Linzer Landestheaters: „Alfred und Berta" von Ernst Pichler.

7.10. Nationalratswahlen. Ergebnisse in Oberösterreich: 334.481 SP, 264.883 VP, 127.689 FP, 32.844 GAL (Grün-Alternative), 20.630 VGÖ (Vereinte Grüne), 3097 KP, 6457 VDS (Verband der Sozialversicherten), 5768 CWG (Christliche Wählergemeinschaft).

15.10. „Chemie zum Anfassen" wird das Chemieprodukt Melamin bei der Eröffnung einer neuen, umweltschonenden Produktionsanlage in Linz genannt. Haupteinsatzgebiet ist die Möbelindustrie. In Spanplattenleimen bindet Melamin das giftige Formaldehyd.

4.12. In Bad Ischl wird ein weiteres Salzlager entdeckt, aus dem bis zu zwei Millionen Kubikmeter Rohsole erwartet werden.

Landesausstellung zum Jubiläum „500 Jahre Landeshauptstadt Linz": im Schlossmuseum „Mensch und Kosmos" und in der Neuen Galerie „Ursprung und Moderne". →

Sportler des Jahres: Gerhard Pilz (Rodeln), Sigrid Kirchmann (Leichtathletik), Askö Linz.

Der Noricum-Prozess

4. April. Im Landesgericht Linz beginnt der größte Prozess in der Geschichte der Zweiten Republik: Es geht um die illegalen Waffengeschäfte der Voest-Firma „Noricum" in kriegführende Länder. → 1991, 1993, 1994

Der Orkan wütet *Ein Orkan mit Spitzengeschwindigkeiten bis zu 180 Stundenkilometern führt am 1. März in Oberösterreich zu Verwüstungen. Dächer werden abgedeckt, Mauerteile fliegen durch die Luft, Autos werden zerdrückt, ganze Wälder dem Erdboden gleichgemacht, sogar ein Lastwagen wird umgeblasen. In Ampflwang stürzt eine Fichte auf ein Auto, der Fahrzeuglenker erleidet tödliche Verletzungen.*

Links: *Anlässlich ihres Besuches im Konrad-Lorenz-Institut wurde die weltberühmte Schimpansenforscherin Jane Goodall von neugierigen Graugänsen umgeben. Mit dabei war der Musiker Hubert (Achleitner) von Goisern.*

Die „LandesChronik" bringt die Heimat näher

„Vor Ihnen liegt ein überaus wertvolles Buch: Es repräsentiert Ihr Heimatland Oberösterreich in Wort und Bild, so umfassend, so informativ und so ansprechend, wie dies bisher noch kein Buch über unser Bundesland vermochte."

*

„Die LandesChronik Oberösterreich bringt Ihnen die Heimat näher. Ich bin davon überzeugt, daß Ihnen das Buch gefällt und mit der Zeit wie ein guter Freund ans Herz wächst."

Landeshauptmann Josef Ratzenböck im Vorwort zur Jungbürgerausgabe der „LandesChronik Oberösterreich".

Geburtstag

Marcus Mendy Swoboda. Behindertensportler. Geboren 5. 2. 1990 in Linz. Mit 7 Jahren verlor er beide Beine. Europa- und Weltmeister im Para-Kanu. → 2010

Todestage

Alfred Maleta. Politiker. Gestorben 16. 1. 1990 in Salzburg. (Geboren 15. 1. 1906 in Mödling.) Wirkte lange in Oberösterreich. → S. 292, 339, 347

Hans Sittner. Präsident der Akademie für Musik und darstellende Kunst (1948–1971). Gestorben 9. 5. 1990 inWien. (Geboren 9. 8. 1903 in Linz.)

Sepp Wolkerstorfer. Oberbürgermeister von Linz (1938–1940). Gestorben 20. 5. 1990 in Linz. (Geboren 1. 9. 1905 in Linz.)

Eduard Haas. Industrieller. Gestorben 3. 6. 1990 in Linz. (Geboren 23. 10. 1921 in Linz.) Sohn des Gründers der Nährmittelfabrik Eduard Haas (1897–1986).

Erna Blaas. Schriftstellerin. Gestorben 8. 9. 1990 in Salzburg. (Geboren 19. 2. 1895 in Kirchdorf an der Krems.)

Rudolf Bayr. Schriftsteller. Gestorben 17. 10. 1990 in Salzburg. (Geboren 22. 5. 1919 in Linz.)

Otto Stöber. Moor-Pionier. Gestorben 25. 10. 1990 in Leoding. (Geboren 18. 7. 1902 in Hermsdorf, Böhmen.) → 1947

Lothar Eckhart. Archäologe. Gestorben 19. 12. 1990 in Wien. (Geboren 11. 7. 1918 in Znaim.) War vor allem in Oberösterreich tätig.

Endlich wieder zu den Stifter-Gedenkstätten

Juli. Das Adalbert-Stifter-Institut des Landes Oberösterreich organisiert die ersten Fahrten zu den endlich wieder zugänglichen Stifter-Gedenkstätten Südböhmens.

LandesChronik als Jungbürgerbuch

Am 2. August liegt das erste Exemplar einer Sonderausgabe der „LandesChronik Oberösterreich" vor, die von der Oberösterreichischen Landesregierung den Jungbürgern überreicht wird.

Das schönste Dorf

Oberösterreichs schönstes Dorf ist Hofkirchen im Mühlkreis.

500 Jahre Landeshauptstadt Linz *„Linzkunst – Kunstlinz" ist das Motto einer Veranstaltung zum Jubiläum „500 Jahre Landeshauptstadt Linz". Ein auf dem Hauptplatz aufgebautes Schiff, ein „Harfen-Blues" auf dem Schiffsdeck und dahinter der Alte Dom symbolisieren die Verknüpfung von Industrie, aktueller Kunst und alter Architektur.*

Als Magnet bei der Landesausstellung, die mit 575.000 Besuchern einen Rekord aufweisen kann, erweist sich das Mega-Kino. Die spektakulären Aufnahmen lassen den Betrachter die Abenteuer in einer Raumfähre miterleben.

Streifenautos ohne „Pickerl“

„Das werden Autofahrer, die schon einmal wegen einer abgelaufenen Prüfungsplakette amtsbehandelt wurden, mit grimmiger Schadenfreude vernehmen: Viele Gendarmen in Oberösterreich fahren selbst mit Streifenautos, bei denen das ‚Pickerl‘ abgelaufen ist.“

„Oberösterreichische Nachrichten“, 15. 6. 1991.

Da Hausruck

Da geh amal einö und schmeck,
wias da duft,
dös kann er, da Hausruck,
dös is nuh a Luft.

Walter Egger in „Mein erst's Büacherl“, Linz 1991.

1991

Kalender

1.1. Rückwirkend per 1.1.1991 erfolgt im September 1991 die Neuordnung der Organisation der ÖMV Chemie (Chemie Linz AG) mit dem neuen Firmennamen „Chemie Linz Gesellschaft m. b. H.“.

8.1. Der Mollner Skischuhproduzent Dachstein meldet den Ausgleich an, der mit einem Konkurs endet.

28.1. Hagenberg im Mühlkreis wird Markt.

1.2. Der Noricum-Prozess in Linz (→ 1990) endet für 14 angeklagte Manager mit Schuldsprüchen wegen des Vergehens gegen das Kriegsmaterialgesetz oder Verletzung der Neutralität. → 1993, 1994

3.2. Rudi Nierlich aus St. Wolfgang gewinnt bei der Ski-Weltmeisterschaft in Saalbach-Hinterglemm die Goldmedaille im Riesentorlauf. Wenige Wochen später kommt er bei einem Verkehrsunfall ums Leben. →

11.3. In Linz wird der ehemalige Chef der Voest-Tochter Intertrading, Gernot Preschern, in einem neuen Prozess zu fünf (früher acht) Jahren Haft verurteilt. Das Urteil von insgesamt sieben Jahren Haft wird am 14. 11. 1991 vom Oberlandesgericht Linz bestätigt. → 1985, 1988, 1989

6.4. Auf dem Feuerkogel wird die 1911 erbaute Kranabethsattelhütte von einem Brand zerstört.

3.5. Eröffnung des Hallstattzeit-Museums in Mitterkirchen.

6.5. Der Linzer Monsterbau Lentia 2000 ist desolat: Nicht einmal 14 Jahre nach seiner Fertigstellung muss das Gebäude, von vielen als „größte Linzer Bausünde“ bezeichnet, saniert werden.

7.5. Mit einem Appell wendet sich der Linzer Diözesanbischof Maximilian Aichern vor Beginn der Hauptreisezeit an die heimische Gastronomie: sie soll gegenüber Osttouristen Preisdisziplin üben und diesen Urlaubern ohne Vorurteile begegnen.

23.5. Der Premierminister von Luxemburg, Jacques Santer, besucht die Voest.

26.5. „Commedia Commedia“ von Ioan C. Toma, nach Molières „Die Späße des Scappino“, wird im Linzer Landestheater uraufgeführt.

27.5. Beim Absturz einer Boeing 767 der österreichischen Lauda-Air kommen in Thailand 223 Menschen ums Leben; unter den 96 Österreichern befinden sich zwölf Oberösterreicher.

12.6. Eine Einladung aus Japan wertet das Linzer Brucknerfest international auf: In Tokio und Osaka soll das Brucknerfest 1994 mit denselben Künstlern und Ensembles wiederholt werden.

28.6. Der Hallstätter Gletschergarten, ein eiszeitliches Naturdenkmal, ist wieder zugänglich.

11.7. Der Mühlviertler Kurt Krenn wird zum Bischof von St. Pölten ernannt. Weihe am 15. 9. 1991. (Bis 2004.)

17.7. Das Innenministerium verfügt die Schließung von 31 Gendarmerieposten in Oberösterreich.

21.7. Der Alkovener Christian Steineder wird Motorboot-Weltmeister. →

29.7. Im erst kürzlich eröffneten Hallstattzeit-Museum von Mitterkirchen vernichtet ein Brand einen Teil der Anlage.

2.–5.8. Hochwasser in weiten Teilen des Landes. In Linz ertrinkt ein fünfjähriger Bub im reißenden Dießenleithenbach.

5.8. Pettenbach wird Markt.

13.8. Nach jahrelangen Überlegungen und Überprüfungen wird als Standort für die erste Sondermülldeponie des Landes Aichkirchen-Bachmanning bestimmt.

6.10. Landtags- und Gemeinderatswahlen. Der neue Landtag: 26 VP (30), 19 SP (23), 11 FP (3).

20.10. Die Jäger im Bezirk Freistadt stellen fest, dass das Wild aus den grenznahen Gebieten verstärkt nach Böhmen wechselt, wo die Landschaft dünner besiedelt ist.

29.10. Eröffnung des neuen Landesverlagshauses „Amadeus“ auf der Linzer Landstraße. Mit 4000 Quadratmeter Verkaufsfläche ist dies die größte Buchhandlung Österreichs. →

30.10. Konstituierung des neuen Landtags. Landeshauptmann Josef Ratzenböck (VP) wird wiedergewählt. Erster Präsident ist wieder eine Frau: Angela Orthner (VP). Erstmals seit 1949–1955 (WdU=VdU) ist (mit Hans Achatz, FP) eine dritte Partei in der Landesregierung vertreten.

3.11. Alt-Bischof Franciscus Salesius Zauner (Bischof 1956–1980) feiert im Neuen Dom sein diamantenes (60.) Priesterjubiläum.

19.–21.11. In Linz werden auf der größten Umwelt-Kongress-Messe Europas, der Utec-Absorga '91, Geschäftsabschlüsse in Milliardenhöhe getätigt.

21.11. Linzer Mediengespräche: „Kunst und Kultur im öffentlich-rechtlichen Rundfunk“.

9.12. Der weltweite Rückgang des Motorradgeschäfts führt das Mattighofener Unternehmen KTM in den Konkurs. 600 Arbeitnehmer sind davon betroffen. → 1996

Sportler des Jahres: Christian Steineder (Motorboot), Barbara Sadleder (Alpinski), Stahl Linz, Fußballmannschaft.

Kirchschlag für japanische Studenten

„Vielleicht können Sie die Eigenschaften dieses Berges in größeren Entfernungen bekanntmachen, als es bis jetzt der Fall ist.“ In Adalbert Stifters „Winterbriefen aus Kirchschlag“ findet sich dieser Wunsch. Er geht in einer Art in Erfüllung, die sich Stifter nie hätte träumen lassen. Die Winterbriefe mit der Huldigung an Kirchschlag wurden ins Japanische übersetzt und dienen als Textgrundlage für Deutsch-Studenten. (Mitteilung des Leiters des Adalbert-Stifter-Instituts, Johann Lachinger, bei der Jahrestagung der Instituts-Mitglieder, 24. 10. 1991.)

In einen riesigen See hat sich die Donau verwandelt. In Mauthausen liegt der Wasserstand rund drei Meter über dem Normalpegel.

Am Beispiel einer Schule

„Ein festliches Ereignis war der erste Schultag am 1. Oktober 1941 ganz gewiß nicht. Warum also feiern wir diesen Jahrestag? Um uns allen, Lehrern, Schülern und Eltern, am Beispiel des Schicksals unserer Schule vor Augen zu führen, was der Krieg bedeutete und welches Glück es ist, im Frieden zu leben.“

Die Direktorin der Linzer Volksschule 26, Oberschulrat Petronella Lehr, bei der Feier „50 Jahre Volksschule Harbach“, 19. 6. 1991. (Drei Kinder dieser Schule wurden 1945 bei Bombenangriffen getötet.)

200.000 Schülerinnen und Schüler

„Wir haben in Oberösterreich heute 200.000 Schülerinnen und Schüler. Den Kindern eine Vorstellung gebend, wäre das aneinandergereiht, wenn wir uns die Hände reichen, eine Menschenkette von Linz bis Graz.“

Landesschulratspräsident Johannes Riedl bei der Feier „50 Jahre Volksschule Harbach“, Linz, 19. 6. 1991.

Todestage

Karl Wiesinger. Schriftsteller. Gestorben 10. 2. 1991 in Linz. (Geboren 13. 3. 1923 in Linz.) → 1955

Maurus Paulczynski. Maler. Gestorben 23. 2. 1991 in Linz. (Geboren 28. 9. 1930 in Amstetten.) Porträts im alten Linzer Rathaus.

Hans Dibold. Arzt und Schriftsteller. Gestorben 10. 5. 1991 in Linz. (Geboren 18. 12. 1904 in Linz.) Bekannt wurde er vor allem mit dem autobiographischen Roman „Arzt in Stalingrad“.

Franz Hillinger. Bürgermeister von Linz (1969 bis 1984). Gestorben 10. 5. 1991 in Linz. (Geboren 24. 10. 1921 in Linz.) → 1984

Rudolf Nierlich. Weltmeister im Slalom, zweifacher Weltmeister im Riesenslalom. Tödlich verunglückt am 18. 5. 1991 in St. Wolfgang. (Geboren 20. 2. 1966 in Bad Ischl.) Sportler des Jahres 1989. → 1989

Hans Linser. Biologe. Gestorben. 2. 11. 1991 in Regensburg. (Geboren 4. 7. 1907 in Linz.) Pflanzenphysiologe und philosophischer Schriftsteller. Langjähriger Direktor des Instituts für Pflanzenernährung an der Justus-Liebig-Universität in Gießen.

Für die Seligsprechung

31. Juli. Im Schlussbericht einer von Diözesanbischof Maximilian Aichern eingesetzten Expertenkommission wird die Seligsprechung des im Zweiten Weltkrieg wegen Verweigerung des Fahneneids hingerichteten Innviertler Bauern Franz Jägerstätter (1907–1943) befürwortet. Die Kommission stellte fest: „Jägerstätter war ein normaler, gesunder, tüchtiger Mann, der (...) zu einer Tiefe des Glaubens gefunden hat, die ihn befähigte, auch unter Hingabe seines Lebens Gott mehr zu gehorchen als den Menschen.“ (Zitiert aus dem „Neuen Volksblatt“, 1. 8. 1991.) → 1943, seliggesprochen → 2007

„Tagblatt“ adieu

In Riesenlettern stand „Adieu“ auf der Titelseite der letzten Ausgabe des Linzer „Tagblatts“, das gemeinsam mit dem Zentralorgan der SPÖ, der „Arbeiter-Zeitung“, mit 31. Oktober 1991 eingestellt wurde. In wenigen Jahren hätte das „Tagblatt“ den hundertsten Geburtstag feiern konnen: Am 5. Februar 1897 erschien die erste Nummer der Vorläuferzeitung „Wahrheit“, dem Untertitel nach ein „Organ zur Verbreitung socialdemokratischer Grundsätze“. → S. 275

Das schönste Dorf

Oberösterreichs schönstes Dorf ist Aichkirchen (Wels-Land).

„Wetterspiel“: Klar lesbare Symbolik *Christian Ludwig Attersee schuf für die Linzer Buchhandlung „Amadeus“ das 38 Quadratmeter große Deckengemälde „Wetterspiel“. Die „klar lesbare Symbolik“, so die Interpretation von Neue-Galerie-Direktor Peter Baum, „liefert dem Besucher, der als Betrachter nach den Absichten des Künstlers ein Teil des Bildes wird, zahllose Anhaltspunkte für eine stets von neuem anregende Auseinandersetzung.“*

Wiener Kaffeehaus in Linz

„Die Herren Ober in Schwarz, die Serviermädchen schwarzweiß, zu jedem Kaffee auf Wunsch auch zehn Gläser Wasser und die gesamte österreichische Tagespresse, alle Illustrierten und auch eine Auswahl ausländischer Zeitungen: ein Wiener Kaffeehaus nicht in Wien (da sind sie auch schon recht selten), sondern in Linz."

„Österreich – Guide für Gourmets 1992", Salzburg 1991.

Kaiser Franz Joseph 1992 in Bad Ischl

Der Darsteller des Kaisers bei den Operettenwochen in Bad Ischl:

„Im Lehár-Orchester spielen Wiener und Ungarn, Tschechen und Slowaken, Russen und Polen …"

Kaiser Franz Joseph:

„Das ist die Auferstehung der Monarchie!"

„Habsburg City", Theaterstück von Dieter Neumann

Aus: Dieter Neumann / Rudolf Lehr: „Bad Ischl und die Habsburger", Bad Ischl 1992.

Weltmeister-Zitat

„In Bad Goisern feierst net nur a Nacht lang."

Der Goiserer Gerhard Pilz nach seinem dritten Weltmeistertitel, 2. 2. 1992.

Kalender

10.1. Oberösterreichs Gendarmen protestieren, weil für das Jahr 1992 kein einziger neuer Gendarm bewilligt wurde.

14./15.1. Hinterstoder ist Austragungsort von Ski-Weltcup-Rennen.

16.1. In Traunkirchen verüben rechtsradikale Jugendliche einen Brandanschlag auf ein Ausländerquartier. Nur durch glückliche Umstände sind keine Opfer zu beklagen.

12.2. Philips gibt die Schließung der Glühlampenerzeugung in Gmunden zum Jahresende 1992 bekannt. 157 Beschäftigte sind davon betroffen.

27.2. In St. Florian drohen die Fresken in der Stiftskirche abzuplatzen, die Orgel ist schadhaft, die Feuchtigkeit hat an der Fassade und am Marmorboden Schäden verursacht, das Chorgestühl ist vom Holzwurm zerfressen. Was Stift, Pfarre, Diözese, Bund, Land und Gemeinde an finanziellen Mitteln aufbringen, genügt nicht, deshalb ruft ein Kuratorium zu einer Spendenaktion auf.

26.4. Bundespräsidentenwahlen. Ergebnisse in Oberösterreich: 311.752 Stimmen für Rudolf Streicher (SP), 293.334 für Thomas Klestil (VP), 117.748 Stimmen für Heide Schmidt (FP), 43.982 Stimmen für Robert Jungk (Grüne). → 24. 5.

13.5. Der Landesschulratspräsident gibt grünes Licht für die Fünftagewoche in den Berufsschulen ab dem Schuljahr 1992/93.

17.5. Der Freizeitmodesport Rafting fordert drei Todesopfer, als in der Koppentraun zwischen Bad Aussee und Obertraun zwei Boote an einem Felsen umkippen.

24.5. Bundespräsidentenwahlen (Stichwahlen). Ergebnisse in Oberösterreich: 317.521 Stimmen für Rudolf Streicher, 416.748 Stimmen für Thomas Klestil. Bundespräsident wird Thomas Klestil. (Erste Amtszeit bis 1998, zweite Amtszeit bis zu seinem Tod am 6. 7. 2004).

4.6. Der Welser Gemeinderat beschließt die Ausgliederung der Welser Messe aus dem Magistratsbereich und die Umwandlung in eine eigene GesmbH.

16.7. Von 1200 einreisenden Kraftfahrzeugen, die an der Grenze bei Wullowitz an 16 Kontrolltagen überprüft werden, weisen 463 schwere Mängel auf, viele sind so desolat, dass sie sofort aus dem Verkehr gezogen werden müssen.

30.7. In Ölkam (Gemeinde St. Florian bei Linz) wird ein bronzezeitlicher Töpferofen gefunden.

3.9. Eröffnung der als Linzer „Luxusmeile" bezeichneten Taubenmarkt-Arkade.

11.11. Uraufführung der Farce „Moldaublick – Eine Heimsuchung" von Harald Kislinger im Linzer Landestheater.

21.11. Im Linzer Neustadtviertel kommt es zu Ausschreitungen zwischen türkischen Gruppen.

29.12. In Ranshofen wird die Elektrolyseanlage der AMAG geschlossen. 1200 Beschäftigte sind davon betroffen.

Landesausstellung im Stift Schlägl: Bauern – unser Leben, unsere Zukunft.

Sportler des Jahres: Britta Grebe (Wasserski), Andreas Goldberger (Skispringen), SV Ried.

22 Stunden lebend begraben *Beim Bau des Eisenbahntunnels in Lambach (Edt) stürzt am 30. Juni um etwa 22.30 Uhr ein Stollen ein. Die fünf eingeschlossenen Tunnelarbeiter können nach einer 22-stündigen Rettungsaktion befreit werden.*

Todestage

Josef Buttinger. Politiker (SP), Publizist. 1935 bis 1938 Führer der „Revolutionären Sozialisten". Gestorben 4. 3. 1992 in New York. (Geboren 30. 4. 1906 in Waldzell.)

Artur Perotti. Architekt. Gestorben 2. 4. 1992 in Salzburg. (Geboren 9. 5. 1920 in Bregenz.) Erstes Linzer Wohnhochhaus am Froschberg (1955/56), Dachstein-Seilbahn.

Hans Plank. Maler und Zeichner. Gestorben 25. 4. 1992 in Dietfurth, Gemeinde St. Peter am Hart. (Geboren 25. 3. 1925 in Weng.)

Anton Lutz. Maler. Gestorben 2. 5. 1992 in Linz. (Geboren 19. 2. 1894 in Prambachkirchen.)

Otto Voisard. Generaldirektor der Steyr-Daimler-Puch AG (1986–1992). Gestorben 11. 5. 1992 in Wien. (Geboren 18. 5. 1927 in Wien.)

Alfons Ortner. Maler und Grafiker. Erster Rektor der Linzer Kunsthochschule (1974–1977). Gestorben 14. 6. 1992 in Linz. (Geboren 17. 4. 1907 in Linz.)

Bert Rudolf. Komponist. Gestorben 7. 11. 1992 in Linz. (Geboren 25. 4. 1905 in Seifersdorf, Österreichisch-Schlesien.)

Hedwig Schraml. Keramikerin. Gestorben 2. 12. 1992 in Bad Ischl. (Geboren 17. 12. 1897 in Hallstatt.)

Mehr Ausländerkinder

12. Februar. In den oberösterreichischen Pflichtschulen werden 6767 Kinder mit „nichtdeutscher Muttersprache" unterrichtet, um 1621 (+ 31,5 %) mehr als im vergangenen Schuljahr. Dies führt kurzfristig zu einem Engpass bei den Lehrern.

Weltmeister aus Bad Goisern

2. Februar: Auf der Naturrodelbahn seines Heimatortes wird der Goiserer Gerhard Pilz zum dritten Mal Weltmeister (nach 1986 und 1990).

Für eine Kontrolle des Fortschritts

„Der ständigen Weiterentwicklung der Technik sind bewusst dort Grenzen zu setzen, wo sie sich gegen den Menschen richtet. Mehr denn je brauchen wir die soziale und humane Kontrolle des materiellen Fortschritts."

Der neue SPÖ-Landesparteivorsitzende Fritz Hochmair in seiner Antrittsrede am 26. Februar 1993 in der Kürnberghalle Leonding.

Wie die Minister tanzen

„I wollt amal schaun, wia de Minister tanzen könnan."

Skispringer Andreas Goldberger zur Sportlergala am 20. Februar 1993 im Linzer Brucknerhaus.

Kalender

21.1. Im Noricum-Prozess (→ 1990, 1991, 1994) setzt der Oberste Gerichtshof die Strafen herab: die meisten der seinerzeit verurteilten Manager werden freigesprochen, zwei erhalten bedingte Freiheitsstrafen.

25.1.–1.2. 85.222 Oberösterreicher (8,95 Prozent der 952.467 Wahlberechtigten) unterschreiben das Volksbegehren „Österreich zuerst".

28.1. Am 125. Todestag von Adalbert Stifter wird das Wohn- und Sterbehaus an der Unteren Donaulände in Linz, nunmehr Adalbert-Stifter-Platz 1, das zu einem Literatur- und Kunstzentrum ausgebaut wurde, in einem Festakt in die Obhut des Adalbert-Stifter-Instituts übergeben.

29.1. Der italienische Staatspräsident Oscar Luigi Scalfaro besucht das ehemalige Konzentrationslager Mauthausen.

26.2. Die Lenzing AG beschließt die Beteiligung an einer Zellstoff-Fabrik in Brasilien.

1.3. Das neue Zeitalter der österreichischen Eisenbahnen beginnt auf der Strecke Linz–Wels: Erstmals fährt ein Zug mit 200 km/h.

10.3. Im Wiener Landesgericht geht es um die politische Verantwortung der illegalen Waffengeschäfte der Voest-Firma „Noricum". Ex-Bundeskanzler Fred Sinowatz, Ex-Außenminister Leopold Gratz und Ex-Innenminister Karl Blecha wird vorgeworfen, den Export der Noricum-Kanonen in den Irak unterstützt zu haben. Der Prozess endet (am 24. 6. 1993) mit Freisprüchen. → 1990, 1991, 1994

19.4. Hörsching wird Markt.

26.4. Gaspoltshofen wird Markt.

16.5. In Wolfsegg wird das Erste Österreichische Friedensmuseum eröffnet.

17.5. Beim Versuch, die noch nicht restlos erforschte Kesselkarsthöhle zwischen Hallstatt und Obertraun zu erreichen, kommen zwei Taucher ums Leben.

6.7. In Bad Zell wird die „Mühlviertler Alm" aus der Taufe gehoben, eine Arbeitsgemeinschaft von Gemeinden, Wirtschaftstreibenden und Bauern.

22.8. Die Ebenseerin Sigrid Kirchmann holt sich bei den Weltmeisterschaften in Stuttgart mit 1,97 m eine Bronzemedaille im Hochsprung.

13.9. Uraufführung der Kirchenoper „Das hohe Lied, Szenische Meditationen über die Liebe" (Text: Peter Paul Kaspar, Musik: Gunter Waldek) in der Linzer Ursulinenkirche.

19.9. Der Greiner Johann Kronsteiner wird in seiner Heimatstadt Weltmeister bei der Motorrad-WM der Kategorie 0-700.

21.9. Uraufführung des Schauspiels „H. J." von Thomas Baum im Linzer Theater Phönix.

23.9. Uraufführung des Schauspiels „Abraham" von Felix Mitterer in den Kammerspielen des Linzer Landestheaters.

27.9. Uraufführung im Linzer Theaterkeller: „Was geschah wirklich mit Robert K.?" von Harald Gebhartl.

Oktober. Die Salzach-Kohlenbergbau GesmbH Trimmelkam stellt die Kohleförderung ein.

12.11. Ende der verstaatlichten „Austrian Industries" (AI) und Rückkehr zu den Grundstrukturen der alten Voest mit den Holdings Voest Stahl und Voest Technologie mit Firmensitz in Linz.

11.12. Uraufführung im Linzer Theaterkeller: „Maria" von Oskar Zemme.

Oberösterreichs schönster Ort ist Windhaag bei Freistadt.

Sportler des Jahres: Britta Grebe (Wasserski), Andreas Goldberger (Skispringen), Askö Linz, Handballmannschaft.

Todestage

Florian Pröll. Abt von Schlägl (1958–1989). Gestorben 19. 5. 1993 in Schlägl. (Geboren 6. 7. 1913 in Dietrichschlag bei Ulrichsberg.)

Franz Seraph Forster. Bildhauer. Gestorben 20. 5. 1993 in St. Florian bei Linz. (Geboren 25. 5. 1896 in St. Florian.) → 1928

Simony war ein „lediges Kind"

24. Jänner. Durch das für eine Fernsehsendung im böhmischen Geburtsort des Dachsteinpioniers Friedrich Simony (1813–1896) entdeckte Taufbuch wird bekannt, dass in der Biographie Simonys seit hundert Jahren geschwindelt wurde: Friedrich Simony war ein „lediges Kind". Was aus heutiger Sicht ein unerhebliches Detail ist, macht die Biographie des berühmten Alpenforschers historisch noch interessanter. Denn zur Zeit Simonys wurde eine uneheliche Geburt als Makel empfunden und galt als unüberwindliches Hindernis einer wissenschaftlichen Laufbahn und eines gesellschaftlichen Ansehens. Über das Taufbuch gelang es auch, in Hrochowteinitz Simonys Geburtshaus ausfindig zu machen, ein ehemaliges Klostergebäude. → S. 218, 508

Das Wunder von Schärding

9. März. Von den Ärzten aufgegeben, wacht ein 37-jähriger Bauer aus Brunnenthal bei Schärding, der nach einem Arbeitsunfall seit fast sechs Jahren im Koma lag, wieder auf. Auch die Fachärzte sind sich einig, dass das vor allem auf die Liebe seiner Frau, die ihn täglich besucht und gepflegt hat, zurückzuführen ist. Tagelang spricht man in Österreich vom „Wunder von Schärding".

Innviertler holt Medaillen *Der Innviertler Andreas Goldberger wird im Jänner Sieger der Vierschanzentournee, bei der Nordischen Ski-Weltmeisterschaft in Falun (Schweden) gewinnt er im Februar und März eine Silber- und zwei Bronzemedaillen und wird erstmals Weltcupsieger.*

Justiz und Voest-Kanonen

„Ich werde oft darauf angesprochen, ob die Justiz denn nichts anderes zu tun hat als Voest-Angehörige zu verfolgen. Noch dazu wegen Waffengeschäften, mit denen sich viel Geld verdienen lässt."

Der neue Staatsanwalt Reinhard Führlinger am 2. März in einem neuen Prozess gegen Manager der Voest und deren Waffentochter „Noricum" wegen des Verkaufs von Kanonen an den Irak in den Jahren 1982 bis 1985.

Der Bischof mit seiner Maschin'

„Wann und wo immer der Doppeldoktorbischof auftauchte – meist mit seiner Maschin' – da rührte sich etwas. Bischof Zauner wirkte auch sehr aktiv am Konzil 1962 bis 1965 mit und wurde mit der größten Mehrheit aller Bischöfe in die Liturgiekommission gewählt. Am nachhaltigsten wirkt sich sein Einsatz für den Aufbau der Katholischen Aktion der Diözese aus. Sein unbedingtes Einstehen für sie bewirkte allerdings auch ein etwas kühleres Verhältnis zu engagierten Katholiken im christlichen Verbandswesen, zum Beispiel im CV."

p.k. (Peter Klar) in:
„Neues Volksblatt, 22. 2. 1994.

1994

Kalender

11.1. Hinterstoder ist Austragungsort von Ski-Weltcup-Rennen.

10.2. In St. Wolfgang zerstört ein Großbrand die Hälfte des Hotels „Peter". Der benachbarte „Berghof" kann von Feuerwehren gerettet werden.

20.2. Der Skispringer Andreas Goldberger aus Waldzell holt sich bei den Olympischen Winterspielen in Lillehammer (Norwegen) auf der großen Schanze eine Bronzemedaille. → 1993

11.3. Großbrand im Linzer Schlachthof.

17.3., 14.08 Uhr. Als erster Mensch durchbricht der Oberösterreicher Andreas Goldberger bei der Skiflug-Weltmeisterschaft in Planica (Slowenien) mit 202 m die 200-Meter-Traummarke im Skifliegen. 19 Minuten später springt jedoch der Finne Toni Nieminen um einen Meter weiter.

23.3. Im Linzer Stadion wird das Fußball-Freundschaftsspiel Österreich-Ungarn ausgetragen. Es endet 1:1 (0:0).

März. Ein fünfjähriger Braunbär wird in Grünau, später im Gebiet der Ödseen und in Steyrling gesichtet. Die Experten geben ihm den Namen „Nurmi" (nach dem legendären finnischen Langstreckenläufer).

13.4. Uraufführung des Theaterstücks „Der Zwäpfelbirschenblütenbaum" von Margret Czerni im Linzer Theater des Kindes.

1.5. Eröffnung des Mostmuseums in Trosselsdorf bei Neumarkt im Mühlkreis.

22.5. Die erste Himalajaexpedition, an der ausschließlich Bergsteigerinnen teilnahmen, kehrt nach Österreich zurück. Als erste Österreicherin stand die Linzerin Edith Bolda auf einem Achttausender, dem Sisha Pangma (8046 Meter).

12.6. Volksabstimmung über den Beitritt Österreichs zur Europäischen Union. Ergebnisse in Oberösterreich: 539.965 Ja-Stimmen (65,49%), 284.547 Nein-Stimmen (34,51%). Gesamtergebnis von Österreich: 3,145.981 Ja-Stimmen (66,58%), 1,578.850 Nein-Stimmen (33,42%).

27.6. Wolfern wird Markt.

Eröffnung des neuen Linzer Bahnhofpostamtes.

29.6. Mit sieben Schuldsprüchen und einem Freispruch endet in Linz der zweite Prozess gegen Manager und Berater im staatlichen Waffenverkauf („Noricum"). → 1988, 1990, 1991,1992, 1993

2.7. Der chinesische Ministerpräsident Li Peng besucht Steyr-Daimler-Puch und die Voest.

14.7. Im Bereich des weltberühmten Hallstätter Gräberfeldes werden zwei Gräber mit wertvollen Funden entdeckt.

26.7. In Leonding wird das Skelett einer Frau gefunden, die vor rund 7000 Jahren gelebt hat.

11.8. Am Traunstein lösen zwei in Bergnot geratene Kletterer mit einer Leuchtpistole ein Feuer aus.

16.8. In Ried im Innkreis wird ein 33-jähriger Serbe, der 1993 im „Donaukurier" in der Nähe von Schärding zwei bayerische Grenzpolizisten erschoss, zu lebenslanger Haft verurteilt.

3.10. Start für die Fachhochschulen in Wels und Hagenberg, in denen Spezialisten für automatisierte Anlagen- und Prozesstechnik bzw. Softwaretechniker ausgebildet werden.

3./4.10. Die Bären erhitzen nach wie vor die Gemüter. In Steinbach am Ziehberg reißt ein Bär vier Schafe, am 11. 10. wird ein Bär erlegt, doch war es offenbar nicht der legendäre Bär „Nurmi", denn kurz darauf stillte in den Bezirken Kirchdorf und Steyr-Land weiterhin ein Bär seinen Hunger mit Schafen.

9.10. Nationalratswahlen. Ergebnisse in Oberösterreich: 275.744 SP, 231.201 VP, 180.293 FP, 60.460 Grüne, 37.789 Liberales Forum, 1371 VGO (Liste Adi Pinter), 1584 KP, 6333 Nein (Bürgerliste gegen den Verkauf Österreichs), 3751 CWG (Christliche Wählergemeinschaft), 1433 ÖNP (Österreichische Naturgesetz-Partei).

22.10. In Hallstatt und Obertraun beunruhigt ein lokales Beben die Bevölkerung. Verletzt wird niemand. Über die Stärke sagt ein Fachmann von Kremsmünster: „Das ist so, wie wenn ein Zug vorbeifährt, da tut sich am Seismographen nicht viel."

5.12. Peuerbach wird zur Stadt erhoben. → 1995

Landesausstellung in Engelhartszell: „Die Donau".

Linz hat ein Design Center

Am 20. Jänner wird in Linz das Design Center eröffnet. Architekt ist der Münchner Thomas Herzog.

Adel der Architekten

„Sie tragen den Namen Herzog zu Recht, Sie gehören eindeutig zum Adel der Architekten."

Landeshauptmann Josef Ratzenböck bei der Eröffnung des Design Centers (Architekt: Thomas Herzog) am 20. 1. 1994 in Linz.

Der Platz ist kein Platz

„Beim Design Center fehlt jede Geschlossenheit der Plätze. Idee und Konzept decken sich nicht, die Plätze sind keine Plätze, und man spürt, daß die entstandenen Freiflächen etwas sein wollen, was sie nicht sein können. Man vermißt die ästhetische Ausgereiftheit als Pendant zur technologischen Perfektion."

Die Linzer Architekturkritikerin Margit Ulama über das Design Center. in: „Oberösterreichische Nachrichten", 16. 2. 1994.

Oberösterreichs schönster Ort ist Klam (Bezirk Perg).

Sportler des Jahres: Vera Lischka (Schwimmen) und Andreas Goldberger (Skispringen), LASK.

Todestage

Anton Watzl. Gestorben 26. 1. 1994 in Linz. (Geboren 26. 5. 1930 in Linz). → S. 374

Franciscus Salesius Zauner. Bischof von Linz (1956–1980). Gestorben 20. 2. 1994 in Linz. (Geboren 11. 12. 1904 in Grieskirchen.) → 1940, 1949, 1956, 1991

Heinrich Richter-Brohm. Generaldirektor der Voest (1947–1952). Gestorben 12. 4. 1994. (Geboren 9. 1. 1904 in Kehl, Deutschland.)

Herbert Lewinsky. Voest-Generaldirektor (1986 bis 1988). Gestorben 19. 6. 1994 in Wien. (Geboren 20. 9. 1928 in Teschen, Schlesien.)

Fritz Störk. Maler und Zeichner. Gestorben 22. 7. 1994 in Linz. (Geboren 23. 9. 1909 in Linz.) → S. 26

Carl Hans Watzinger. Schriftsteller. Gestorben 27. 9. 1994 in Linz. (Geboren 7. 9. 1908 in Steyr.)

Hermann Kronsteiner. Komponist. Gestorben 13. 11. 1994 in Linz. (Geboren 25. 3. 1914 in Losenstein.)

Luxuswaggon ins Salzkammergut *Ihren einzigen Pullmannwaggon hat die Bundesbahn renoviert. Zwischen 21. Juli und 23. August wird der Luxuswaggon aus dem Jahr 1927 auf der Strecke von Attnang-Puchheim nach Stainach-Irdning eingesetzt.*

Erfolge mit Corex-Verfahren

Als einer der wichtigsten Exportartikel erweist sich das in Linz entwickelte Corex-Verfahren zur Roheisengewinnung. Südafrika und Korea bestellen bei der Voest-Alpine-Industrie-Anlagenbau (VAI) Corex-Anlagen. Corex ist ein Schmelz-Reduktionsverfahren, mit dem erstmals Roheisen in bester Hochofenqualität ohne Kokerei und ohne Sinteranlage erzeugt werden kann. Durch den neuartigen Metallurgie-Verband ist beim Kohleverbrauch eine Einsparung bis zu einem Viertel möglich. Stahl kann dadurch auch mit deutlich verringerter Umweltbelastung erzeugt werden.

Abenteuer Dachsteinhöhlen

Die Höhlenwelt des Dachsteins ist noch immer nicht gänzlich erforscht und bietet ständig neue Überraschungen. Dieses Bild zeigt den Abstieg in die tiefsten Teile der Mammuthöhle, in die der Besucher allerdings niemals kommt und wohl auch keine Lust dazu verspürt. Steile Wände müssen überwunden, Tümpel überquert werden. Das Bild stammt vom Linzer Höhlenpionier Erhard Fritsch.

Die älteste Eishöhle der Alpen

November/Dezember. Zwölf Jahre, nachdem drei oberösterreichische Höhlenforscher in der Eisgruben-Eishöhle unter dem Sarstein in Tiefen von 60 bzw. 95 Metern Holzreste gefunden hatten, werden diese Funde wissenschaftlich untersucht; das Ergebnis ist sensationell: Es handelt sich um die älteste Eishöhle der Alpen. Ein Holzstück weist ein Alter von 5180 Jahren auf. Die Genauigkeit dieser Angabe wird von der Bundesforschungsanstalt Arsenal in Wien mit plus/minus 130 Jahren angegeben. Zum Vergleich: In der weltbekannten öffentlich zugänglichen Dachstein-Rieseneishöhle (→ S. 297, 413) ist das Eis nur etwa 600 Jahre alt. Der Zugang der Eisgruben-Eishöhle bleibt allerdings den Forschern vorbehalten: Um zu den unterirdischen Eisflächen zu gelangen, mussten die Höhlenforscher Erhard Fritsch (Linz), Anton Achleitner (Bad Ischl) und Rudolf Bengesser (Bad Goisern) durch eine Enge von etwa vierzig Zentimetern kriechen und sich in vereiste Schachte abseilen.

Ohne Fernseher und ohne Computer

„Wenn ich so etwas daheim hätte, würde ich ständig davor sitzen.“

Der mit dem Leibniz-Preis ausgezeichnete Linzer Informatiker Emo Welzl auf die Frage, warum er weder einen Fernsehapparat noch einen Computer zu Hause habe. „Oberösterreichische Nachrichten“, 14. 1. 1995.

Landeshauptstadt Peuerbach?

„Ich habe einmal eine mittelalterliche Karte gesehen, auf der Peuerbach so groß eingezeichnet ist, daß ein Fremder es für die Landeshauptstadt hätte halten können.“

Ex-Landeshauptmann Josef Ratzenböck zur Stadterhebung von Peuerbach, „Oberösterreichische Nachrichten“, 6. 9. 1995.

Hofübergabe im Landhaus

Es ist schwer, die Position des Landeshauptmannes aufzugeben, gleichzeitig aber empfindet jeder eine Erleichterung, wenn die Last der Verantwortung von ihm genommen wird. Es ist eine große Verantwortung für ein wichtiges und großes Bundesland mit 1,4 Millionen Einwohnern. Ich hab' diese Last gern getragen.“

Der scheidende Landeshauptmann Josef Ratzenböck am Tag der Bekanntgabe der Hofübergabe an Josef Pühringer, 26. 1. 1995.

1995

Kalender

1.1. Österreich ist Mitglied der Europäischen Union (EU). Im Landhaus wird die Europafahne gehisst.

6.1. Der Innviertler Skispringer Andreas Goldberger gewinnt in Bischofshofen mit dem letzten Bewerb die Vierschanzentournee. → 1993, 1994

13.1. Der in Berlin tätige Linzer Informatiker Emo Welzl erhält für seine Entwicklung superschneller Rechenverfahren den Leibniz-Preis, auch „Deutscher Nobelpreis“ genannt. →

14.1. Die Freiheitliche Partei Österreichs ändert bei ihrem außerordentlichen Parteitag in Linz ihren Namen auf „Die Freiheitlichen“.

12.2. Andreas Goldberger gewinnt das Holmenkollen-Springen von Oslo und sichert sich damit den Gesamtsieg des Weltcups.

2.3. Rücktritt von Landeshauptmann Josef Ratzenböck (seit 1977, → S. 447). Neuer Landeshauptmann: Josef Pühringer. →

Tumulte bei der Premiere von Edward Bonds „Gerettet“ in den Linzer Kammerspielen. „Aufhören! Sauerei! Skandal! Schweine!“ rufen Zuschauer. Die Zeitungen registrieren eine „Besuchermassenflucht“.

10.3. Im Bezirksgericht Urfahr erschießt ein 64-jähriger Pensionist nach einem Ehrenbeleidigungsprozess, den er verliert, fünf Menschen; zwei Richter, seinen Verteidiger, seinen Kontrahenten und eine Zeugin – eine vierfache Mutter. Der Täter begeht Selbstmord.

18.3. Andreas Goldberger (→ 6. 1.) gewinnt bei der Weltmeisterschaft in Thunder Bay (Kanada) eine Silbermedaille. → 1993, 1994

2.4. Im Theaterkeller des Linzer Landestheaters wird „Sonst wird dich“ uraufgeführt, ein Einakter des Linzers Walter Kohl, Sieger im Dramatikerwettbewerb des Linzer Landestheaters 1995.

23.4. Dem wegen Mordes an einer Prostituierten zu lebenslanger Haft verurteilten ehemaligen Linzer Rennfahrer Tibor Foco gelingt an der Linzer Universität, wo er unter Bewachung Jus studieren durfte, die Flucht. → 1997

12.5. Trauer und Enttäuschung in Lenzing: Trotz aller Proteste wird die Lyocell-Anlage im burgenländischen Heiligenkreuz gebaut.

18.5. Die letzte Fahrt in die Gruben von Ampflwang. Damit endet nach mehr als 200 Jahren der Kohleabbau im Hausruckviertel. → 1757/1760

24.5. Der Extrembergsteiger Sepp Hinding aus Weyer an der Enns, im Zivilberuf Briefträger, erreicht im Alleingang den höchsten Gipfel der Welt, den Mount Everest.

9.6. Einer 27-jährigen in Ungarn geborenen Linzerin werden bei einem Briefbombenattentat die Endglieder von zwei Fingern abgerissen.

15.6. Eröffnung des mit Wasserrutschen, Wildwasserkanal und Wellenbecken ausgestatteten „Aquapulco“ in Bad Schallerbach.

2.7. Der oberösterreichische Schriftsteller Franzobel gewinnt in Klagenfurt den Ingeborg-Bachmann-Preis.

7.7. Die BMW-Motoren GmbH geben ihren Beschluss bekannt, im Motorenwerk Steyr drei Milliarden Schilling zu investieren – ohne zuvor mit Bund und Land über Förderungen zu feilschen. Qualität und Produktivität der Steyrer Mitarbeiter seien ein großes Kapital, erklärt der Unternehmensleiter, das war für die Entscheidung für Steyr maßgeblich.

30.8. In Lambach wird ein Kriminalfall bekannt, der zugleich eine Blamage für Kunstexperten ist: 26 der 176 Dürer-Grafiken des Stiftes erweisen sich als plumpe Fälschungen.

16.9. In Andorf wird der Vierseithof „Brunnbauerhof“ als Freilichtmuseum eröffnet.

24.9. Uraufführung in den Kammerspielen des Linzer Landestheaters: „Grenzpaß“ von Thomas Baum.

25.10. Steyr ist offiziell auch Hochschulstadt: Im

Gorbatschow in Linz *7. Dezember. Der ehemalige Präsident der Sowjetunion, Michail Sergejewitsch Gorbatschow, der Mann, mit dem die Weltgeschichte eine neue Wendung nahm, kommt bei seinem Österreich-Besuch auch nach Linz. Links Raiffeisen-Generaldirektor Ludwig Scharinger.*

„Ich werde jetzt zweieinhalb Jahre fleißig arbeiten, versuchen, die Probleme der Menschen dieses Landes zu lösen, für die Bürger dieses Landes da zu sein – und dann wird, wie in der Demokratie üblich, eben das Urteil der Bürger über uns gesprochen.“

Der designierter Landeshauptmann Josef Pühringer in einem ORF-Interview mit Franz Rohrhofer, 26. 1. 1995.

„Ich lade alle zur Zusammenarbeit ein.“

Josef Pühringer in seiner Eröffnungsrede, 2. 3. 1995.

„Da werden wir jetzt die eine oder andere Wurst-in-Essig-und-Öl-Orgie feiern, mit Knoblauch. Die Zwänge seines Amtes haben das bisher verhindert.“

Aus einem ORF-Interview von Klaus Obereder mit Anneliese Ratzenböck, 26. 1. 1995.

„Ich sage trotzdem weiter Papa zu ihm!“

Die vierjährige Katharina Pühringer zu der Nachricht, dass ihr Vater Landeshauptmann wird, 26. 1. 1995.

„Landeshauptmann von Oberösterreich zu sein, das ist ein Traumberuf, den ich nur jedem empfehlen kann.“

Landeshauptmann Josef Ratzenböck in seiner Abschiedsrede, 2. 3. 1995.

„Sie haben die Goldhaube zum Wahrzeichen Oberösterreichs gemacht, obwohl Sie selbst nie eine getragen haben.“

Landesrat Hans Achatz (Freiheitliche) zu Josef Ratzenböck, 2. 3. 1995.

Wehrgraben beginnt der Fachhochschulzweig Produktions- und Managementtechnik seine Tätigkeit.

12.11. Eröffnung eines neuen Seelsorgezentrums mit Kirche und Pfarrheim in Treffling (Gemeinde Gallneukirchen). Die Kirche ist „Christus dem Auferstandenen“ geweiht. (Architekt: Josef Schütz.)

14.11. Großbrand und Giftgasalarm in Freistadt: In einem Dämmstoffwerk bricht ein Brand aus und greift auf benachbarte Betriebe über.

17.12. Nationalratswahlen. Ergebnisse in Oberösterreich: 319.985 SP, 247.981 VP, 181.347 FP, 42.616 Grüne, 36.923 Liberales Forum, 9571 Nein (Bürgerliste gegen den Verkauf Österreichs), 1785 KP.

Bei dem seit 1995 möglichen Schuldenregulierungsverfahren steht Oberösterreich mit 206 Privatkonkursen an der Spitze, gefolgt von Wien (150) und Kärnten (99).

Zum schönsten Ort Oberösterreichs wird Königswiesen gekürt.

Sportler des Jahres: Vera Lischka (Schwimmen) und Andreas Goldberger (Skispringen), SV Ried.

Todestage

Gertrude Schleiß. Keramikerin. Gestorben 25. 2. 1995 in Gmunden. (Geboren 15. 2. 1911 in Gmunden.)

Rudolf Staudinger. Politiker (VP). Gestorben 7. 4. 1995 in Wels. 1959–1995 Bürgermeister von Schwanenstadt, 1962–1990 Abgeordneter zum Nationalrat. (Geboren 4. 3. 1923 in Schwanenstadt.)

Herbert Koller. Voest-Generaldirektor (1961 bis 1977). Gestorben 27. 4. 1995 in Krems. (Geboren 19. 7. 1911 in Wösendorf, NÖ.) → 1961

Franz Stoß. Schauspieler, Regisseur und Theaterleiter. Gestorben 21. 6. 1995 in Steinbach am Attersee. (Geboren 28. 5. 1909 in Wien.)

Ludwig Fröhler. Erster Rektor der Linzer Hochschule. Gestorben 5. 7. 1995 in Linz. (Geboren 28. 4. 1920 in Rohrstetten, Niederbayern.)

Rudolf Hoflehner. Bildhauer und Eisenplastiker. Gestorben 3. 9. 1995 in Collalto, Gasole d'Elsa, Italien. (Geboren 8. 8. 1916 in Linz.)

Georg Zauner. Bildhauer. Gestorben 23. 10. 1995 in Hallstatt. (Geboren 6. 3. 1928 in Hallstatt.) → 1996

Lydia Roppolt. Malerin, Glaskünstlerin. Gestorben 28. 11. 1995 in Wien. (Geboren 17. 3. 1922 in Moskau.) Wirkte vorwiegend in Oberösterreich. → 1957

Hugo Dachinger. Maler und Erfinder. Gestorben 2. 12. 1995 in London. (Geboren 19. 9. 1908 in Gmunden.)

Hans Köttenstorfer. Medailleur. Gestorben 3. 12. 1995 in Steyr. (Geboren 29. 11. 1911 in Steyr.) Chefmedailleur des Hauptmünzamtes.

Albert Siebenhüter. Abt von Lambach (1972 bis 1986). Gestorben 28. 12. 1995 in Lambach. (Geboren 28. 7. 1913 in Bergheim, Bayern.)

Fritz Eckhardt. Schauspieler, Bühnen-, Film- und Fernsehautor. Gestorben 31. 12. 1995 in Klosterneuburg. (Geboren 30. 11. 1907 in Linz.)

Landeshauptmann Josef Pühringer: Augenmaß und Leidenschaft

„Augenmaß und Leidenschaft“, diesen Titel hat der Publizist Hubert Feichtlbauer seinem Buch über Josef Pühringer gegeben. Die Wahlmanager haben noch andere Eigenschaften von Landeshauptmann Pühringer unterstrichen: Weitblick, Zuversicht, Dynamik, Vernunft, Erfahrung.

Sein Vorgänger Josef Ratzenböck bestätigt Josef Pühringer, dass er sich in allen Positionen, die er früher eingenommen hatte, bewährte. Er sei entscheidungsfreudig, verwirkliche Beschlüsse mit großer Konsequenz, „und vor allem mag er die Menschen, und die Menschen mögen ihn“.

Der einzige politische Rat, den Pühringers Vater dem Sohn mitgab: „Vergiss die kleinen Leute nicht!“

„Daran werde ich mich halten“, verspricht Pühringer am Tag seiner Wahl zum Landeshauptmann.

Bei seinem Antritt legt er auch seine Leitlinie fest. Er werde dafür stehen, „dass Bewährtes fortgesetzt, aber auch auf neue Fragen neue Antworten gegeben werden“.

Der Lebensweg von Josef Pühringer: Geboren am 30. Oktober 1949 in Linz als Sohn eines Schneidermeisterehepaares aus Traun. Von 1970 bis 1976 war Pühringer als Religionslehrer in Traun tätig, daneben studierte er Rechtswissenschaften und trat 1976 als Beamter in die Kulturabteilung der Landesregierung ein. Seit 1973 war Pühringer kommunalpolitisch in seiner Heimatstadt Traun tätig. Zuerst als Stadtrat, ab 1981 als ÖVP-Stadtparteiobmann und von November 1985 bis April 1988 als Vizebürgermeister. Von 1984 bis 1995 bekleidete er auch die Funktion des ÖVP-Bezirksparteiobmannes von Linz-Land. 1979 wurde Pühringer in den Landtag gewählt. 1986/87 war er Landesparteisekretär, 1987 erfolgte seine Bestellung zum Landesrat. 1990 wurde er auch stellvertretender Landesparteiobmann der ÖVP Oberösterreich. Am 11. Februar 1995 wurde er zum Landesparteiobmann der ÖVP Oberösterreichs gewählt. Seit 2. März 1995 ist er Landeshauptmann, nach den Landtagswahlen 1997, 2003 und 2009 wurde er als Landeshauptmann wiedergewählt. → Personenregister

Besuchen Sie die Wehrmachtsausstellung?

„Selbstverständlich. Ich hoffe, dass man einen offenen, ehrlichen Dialog führt und dass man die Kriegsgeneration nicht pauschal verurteilt."

Landeshauptmann Josef Pühringer (VP), „Oberösterreichische Nachrichten", 22. November 1996.

„Es muß, vor allem im Interesse der Jugend, aufgezeigt werden, wie schrecklich Krieg ist, ohne dabei jemanden schuldig werden zu lassen."

Landeshauptmann-Stellvertreter Fritz Hochmair (SP), „OÖ. Nachrichten", 25. November 1996.

„Die Zeitgeschichte ist aufgerufen, nicht zu verurteilen, sondern eine Sprache zu finden, die es ermöglicht, mit jenen meist älteren Menschen, die zum Objekt dieser Ausstellung geworden sind, in einen konstruktiven Dialog einzutreten."

Roman Sandgruber, Vorstand des Instituts für Sozial- und Wirtschaftsgeschichte der Linzer Universität, „Oberösterreichische Nachrichten", 22. November 1996.

1996

Kalender

4.1. Der Motorradhersteller KTM aus Mattighofen hat sein wirtschaftliches Tief überwunden und mischt auf dem Weltmarkt wieder kräftig mit.

18.1. Verkauf der Chemie Linz an den niederländischen Chemiekonzern DSM.

25.1. Auf der Baustelle des OKA-Kraftwerkes Lambach stößt man auf ein Massengrab, das für große Aufregung sorgt. Vorerst glaubt man, es handle sich um die Überreste von jüdischen KZ-Opfern oder von deutschen Kriegsgefangenen, die in einem amerikanischen Auffanglager gestorben sind. Die Untersuchungen ergeben jedoch, dass die Skelette viel älter sind und es sich um Opfer des Bauernkriegs (1626) handelt.

31.1. In Niederkappel wird ein Wolf erlegt, der über die bayerische oder tschechische Grenze gekommen war. Da es sich um ein geschütztes Tier handelt, wird gegen den Jäger ein Verfahren eingeleitet. Er erklärt, den Wolf für einen Fuchs gehalten zu haben.

Jänner. Im Lambach kampieren Umweltschützer in den Traunauen, um gegen den Bau eines OKA-Kraftwerks zu protestieren.

10.2. Hinterstoder ist Austragungsort von Ski-Weltcup-Rennen.

11.2. Gold für „Goldi" Andreas Goldberger. Der Innviertler gewinnt die Skiflug-Weltmeisterschaft am Kulm (Bad Mitterndorf).

27.2. Heidi Achleitner aus Hartkirchen wird in Villach Weltmeisterin in der Skibob-Abfahrt.

8.3. Der amerikanische Flugzeughersteller McDonnell Douglas vergibt einen Milliardenauftrag an die Flugzeugbauteile-Tochter des Rieder Skiherstellers Fischer.

17.3. Der Skispringer Andreas Goldberger holt sich am Holmenkollen in Oslo seinen dritten Weltcupsieg. → 1993

19.3. In Lambach wird Landeshauptmann Josef Pühringer auf dem Weg zu einer Diskussion über den Kraftwerksbau von einem Kraftwerksgegner mit einem Faustschlag attackiert.

11.4. Der Verwaltungsgerichtshof hat wegen Verfahrensmängel den Wasserrechtsbescheid für das Projekt des Kraftwerks Lambach aufgehoben, was einen Baustopp zur Folge hat.

14.4. Der Abschluss der Restaurierung der Stiftskirche von St. Florian und der Brucknerorgel wird mit einem Dankgottesdienst gefeiert.

24.4. Der Oberösterreicher Franz Schausberger wird zum Landeshauptmann von Salzburg gewählt.

25.4. Eröffnung der Ausstellung „Ein Leben für den Dachstein – Friedrich Simony zum 100. Todestag" im Landesmuseum. →

13.5. Micheldorf wird Markt.

24.5. Uraufführung der Oper „Kojiki (Tage der Götter)" von Toshiro Mayuzumi im Linzer Landestheater.

Der Dachsteinpionier Friedrich Simony *Am 20. Juli, dem 100. Todestag des Dachsteinpioniers Friedrich Simony (1813–1896), wird an seinem Geburtshaus vom Bürgermeister des nordböhmischen Ortes Hrochowteinitz, Jan Zidek, und vom Bürgermeister der Marktgemeinde Hallstatt, Peter Scheutz (links), eine Gedenktafel enthüllt, die der Bad Ischler Keramikkünstler Hans Zachhuber geschaffen hat. Die Tafel wurde vom Musealverein Hallstatt gestiftet. Die tschechischen Gastgeber veranstalten aus diesem Anlass ein kleines Volksfest, zu dem 40 Teilnehmer aus Hallstatt angereist sind.*

1.6. In Hallstatt wird ein Denkmal für den Entdecker des Hallstätter Gräberfelds, Johann Georg Ramsauer (1795–1874) enthüllt. Schöpfer des Denkmals ist der Hallstätter Bildhauer Georg Zauner (1928–1995).

19.6. In Dietach bei Steyr zerstört ein Großbrand das Zentrallager des Möbelherstellers Braunsberger.

21.6. 30.000 begeisterte Fans jubeln auf dem Welser Flugplatz beim Open-Air-Konzert von Jon Bon Jovi.

26.6. Die Dachstein-Mammuthöhle hat eine neue Attraktion: Im 30 Meter hohen „Mitternachtsdom" sorgt eine Höhlenvision für zauberhafte Stimmung: untermalt von klassischer Musik werfen sieben Diaprojektoren Bilder an die Wände der Höhle.

28.6. Eine Gasexplosion in der Linzer Altstadt fordert zehn zum Teil schwer Verletzte. Ein junger Türke hatte im Hause Hofgasse 10 aus Eifersucht ein Feuer gelegt.

2.7. Der Regen dämpft die Begeisterung der Fans beim Auftritt der „Flying Pickets" im Linzer Schlosspark.

11.7. Großbrand in einem Furnierwerk in Rosenau am Hengstpass.

12.8. Der deutsche Bundespräsident Roman Herzog besucht die Landesausstellung in Mondsee.

16.8. Der bayerische Ministerpräsident Edmund Stoiber bespricht bei seinem Besuch in Linz mit Landeshauptmann Josef Pühringer die Maßnahmen zur Bekämpfung der Kriminalität nach dem Fall der Grenzen.

19.8. In Wien kommt es zur Einigung zwischen dem Bund und dem Land Oberösterreich über die Finanzierung des Nationalparks Kalkalpen im Gebiet des Reichraminger Hintergebirges und des Sengsengebirges. → 1997

28.8. Vor der Einfahrt in den Linzer Hauptbahnhof prallt ein Eilzug mit zwei Verschubtriebwagen zusammen. 47 Personen werden verletzt, davon sieben schwer. Die Unglücksursache: Ein Lokführer übersah ein Haltesignal.

2.9. Eröffnung des Museums der Zukunft im neuen Ars-Electronica-Center in Linz-Urfahr.

17.9. In Oberösterreich wird ein gigantischer Menschenschmuggel aufgedeckt: Eine perfekt organisierte Schlepperbande kassierte von etwa 5000 illegalen Einwanderern rund eine halbe Milliarde Schilling. Mit Drogen und Waffen wurde zusätzlich verdient.

20.9. Bei den Grabungen in der steinzeitlichen Siedlung Ölkam (St. Florian bei Linz) wird ein 6500 Jahre altes menschliches Skelett gefunden.

1.10. Start des Fernsehsenders „OÖ. Vision".

13.10. Österreich wählt die Abgeordneten ins Parlament der Europäischen Union. Die Mandate: 7 VP, 6 SP, 1 Grüne, 1 Liberales Forum. Ergebnisse in Oberösterreich: 186.579 SP, 202.459 VP, 184.351 FP, 22.594 Liberales Forum, 42.671 Grüne, 9774 N (Die Neutralen, Bürgerinitiative), 4701 FH (Forum Handicap), 2402 KP. Wahlbeteiligung: 69,2 Prozent. (Österreichweit 67,2 Prozent.)

29.10. Uraufführung im Theaterkeller des Landestheaters „Donauballade" von Oskar Zemme.

„Ich weiß über diese Zeit Bescheid und werde mir nicht in dieser Schau Geschichtskenntnisse besorgen."

Landesrat Franz Achatz (FP), „Oberösterreichische Nachrichten", 22. November 1996.

Erlebnis Motorrad

„Die wesentlichste Erfolgskomponente von KTM ist darin zu finden, dass es uns gelungen ist, aus dem Moto-Cross-Eck herauszukommen und unsere Produkte, im speziellen die Viertaktmotorräder, im Bereich Erlebnis, Abenteuer, Fernreise zu positionieren."

KTM-Vorstand Stefan Pierer in der Fernsehsendung „Schilling", 4. 1. 1996.

Vor dem Olympia-Start

„Nicht einmal vor meiner Hochzeit war ich so nervös."

Olympia-Bronzemedaillengewinnerin Theresia Kiesl über ihren Start zum Finallauf über 1500 Meter am 3. August 1996.

Schloss Ort als Fernsehstar

Am 6. November erscheint zum erstenmal das „Schlosshotel Ort" auf den Fernsehschirmen, das zu den größten Serienerfolgen werden sollte. Auf dem Bild Fritz Muliar, Elfriede Ott und Claus Wildbolz.

Oktober. Im Herbstsemester beginnt im Software-Zentrum Hagenberg ein neuer Fachhochschul-Studiengang für Medientechnik und Mediendesign.

5.11. Der Linzer Extrem-Bergsteiger Edi Koblmüller (50) erreicht gemeinsam mit seinem Sohn Michael (22) den sechsthöchsten Berg der Welt, den 8167 m hohen Dhaulagiri (Himalaja).

7.11. In Höhnhart brennt ein Sägewerk völlig ab.

22.11. In der Kunsthochschule Linz wird die Ausstellung „Vernichtungskrieg – Verbrechen der Wehrmacht 1941–1944" eröffnet. →

25.11. Spatenstich für den bedeutendsten Krankenhausneubau der Jahrtausendwende in Oberösterreich. Fertigstellung → 2003

13.12. Die Linzerin Vera Lischka gewinnt bei der Kurzbahn-Europameisterschaft in Rostock die Silbermedaille über 100 m Brust.

31.12. Die Austria-Faserwerke Lenzing, ein Tochterbetrieb der deutschen Hoechst-Trevira, werden aufgelöst. Das Unternehmen wurde ein Opfer der europaweiten Textilkrise. Von der Schließung sind 110 Mitarbeiter betroffen.

Landesausstellung „Vom Ruf zum Nachruf": Anton Bruckner (Stift St. Florian), Künstlerschicksale in Österreich (Mondsee).

Oberösterreichs schönster Ort ist Kopfing im Innkreis.

Wissenschafter des Jahres: Anton Zeilinger (Physiker).

Sportler des Jahres: Christoph Etzlstorfer (Versehrtensport), Theresia Kiesl (Leichtathletik), LASK.

Todestage

Ludwig von Bogdandy. Generaldirektor der Voest (1988–1992). Gestorben 5. 5. 1996 in Linz. (Geboren 10. 2. 1930 in Berlin.)

Rudolf Angerer. Graphiker. Gestorben 18. 5. 1996 in Wien. (Geboren 24. 11. 1923 in Großraming.)

Gerhard Possart. Landeshauptmann-Stellvertreter 1971–1989 (VP). Gestorben 25. 8. 1996 in Linz. (Geboren 2. 9. 1923 in Linz.)

Othmar Zechyr (Othmar Zecher). Zeichner. Gestorben 14. 9. 1996 in Linz. (Geboren 28. 5. 1938 in Linz.) → S. 487

Heinz Bruno Gallée. Architekt und Bühnenbildner. Gestorben 9. 11. 1996 in Linz. (Geboren 15. 2. 1920 in Wien.)

Ludwig Daxsperger. Komponist, Organist. Gestorben 20. 11. 1996 in Zell an der Pram. (Geboren 8. 7. 1900 in Raab.)

Tausche Zulassungsschein gegen Freikarte

Eine ungewöhnliche Aktion an der Ozon-Front lassen sich das Land Oberösterreich und die Stadt Linz einfallen: Wer in den Monaten Juli und August auf das Auto verzichtet, kann den Zulassungsschein gegen eine Freikarte für alle öffentlichen Verkehrsmittel im Linzer Stadtgebiet tauschen.

Olympia-Bronze *Theresia Kiesl gewinnt am 3. August bei den Olympischen Sommerspielen in Atlanta (USA) die Bronzemedaille im 1500-m-Lauf. Die Traunerin, eine geborene Mühlviertlerin, ist die erste österreichische Medaillengewinnerin bei olympischen Laufbewerben.*

Der glücklichste Mensch

„Wenn das oberösterreichische Wahlergebnis einen Einfluss auf die Bundespolitik hat, bin ich der glücklichste Mensch."

Landeshauptmann Josef Pühringer bei der VP-Klausur in Telfs am 13. Oktober 1997.

Nach der Wahl

„Niemand hat das Evangelium allein, und als Obmann der stärksten Partei in diesem Hause und zugleich als Landeshauptmann biete ich eine korrekte Gesprächs- und Verhandlungsbasis an."

Josef Pühringer nach seiner Wahl zum Landeshauptmann von Oberösterreich. 31. Oktober 1997.

„Wer mich kennt, weiß, dass ich nicht frage, von wem gute Ideen kommen, sondern nach dem Wert der Idee."

Landeshauptmann Josef Pühringer im Gespräch mit Chefredakteur Franz Rohrhofer, „Neues Volksblatt", 3. 11. 1997.

Kalender

10.1. In Großraming unterzeichnen Umweltminister Martin Bartenstein und Landeshauptmann Josef Pühringer den Staatsvertrag zur Errichtung des Nationalparks Kalkalpen. →

9.2. Uraufführung der Oper „Die Welt der Mongolen" von Kurt Schwertsik im Linzer Landestheater.

27.2. Der Schuldspruch gegen den 1987 wegen Mordes verurteilten und → 1995 geflohenen Tibor Foco wird aufgehoben und der Fall damit in das Stadium der Voruntersuchung zurückversetzt.

18.3. Im Linzer Stadion verliert Österreich gegen Slowenien im Qualifikationsspiel für die Fußball-Weltmeisterschaft 0:2 (0:0).

14.4. Die staatliche Salinen AG wird verkauft. Neue Eigentümer sind mit je 48,75 Prozent der ehemalige Finanzminister Hannes Androsch und die oberösterreichische Raiffeisen-Landesbank.

20.4. Der Skispringer Andreas Goldberger (→ 1993, 1994, 1995, 1996) gesteht in der Fernsehsendung „Sport am Sonntag", einmal Kokain „aus Neugier probiert" zu haben. Er wird deshalb am 15. 5. 1997 von der Disziplinarkommission des Österreichischen Skiverbandes rückwirkend mit 21. 4. 1997 gesperrt, außerdem wird eine Geldstrafe von 100.000 Schilling verhängt.

9.5. Ein Berliner Gericht hebt das Urteil gegen den am 9. 8. 1943 hingerichteten Franz Jägerstätter auf. → 1943, seliggesprochen → 2007

21.5. Die Linzer Fußballklubs LASK und FC Linz (früher SK Vöest) beschließen die Fusion zum „LASK Linz".

31.5. Ein Großbrand vernichtet die Produktionshallen der Ziegelindustrie Fritz Hannak in Breitenschützing (Gemeinde Schlatt) bei Schwanenstadt. → 2004

24.6. Zwei Triebwagen der Donauuferbahn stoßen bei Arbing (Bezirk Perg) frontal zusammen. 94 Menschen werden verletzt.

18.–27.7. An einem der größten Chorsängertreffen („Europa Cantat") in Linz nehmen rund 3000 Sänger aus 40 Ländern teil.

21.7. Im Patentstreit mit einem kritischen Konkurrenten um das Herstellungsverfahren für Lyocell-Fasern hat ein US-Gericht der Lenzing AG recht gegeben.

23.7. Ein mit zehn Oberösterreichern besetzter Kleinbus stürzt auf der griechischen Insel Rhodos in eine Schlucht: 5 Tote (zwei Frauen und ein Kind aus Linz, zwei Männer aus Hörsching), 5 Schwerverletzte.

Juli. Das Hochwasser beschädigt allein in Oberösterreich 800 Gebäude und 1200 landwirtschaftliche Kulturen.

30.8. Eröffnung des August-Strindberg-Museums in Saxen.

11.9. Das Höchstgericht (Verwaltungsgerichtshof) gibt „grünes Licht" für den Bau des OKA-Kraftwerkes Lambach.

16.9. Der größte Schlag, der bisher in Österreich gegen die Zigarettenmafia gelungen ist: Eine Sonder-Einsatzgruppe des Zollamtes Wels entdeckt in einem tschechischen Kühltransporter elf Millionen geschmuggelte Zigaretten.

21.9. Der israelische Ministerpräsident Benjamin Netanjahu besucht die Gedenkstätte im ehemaligen Konzentrationslager Mauthausen, abgeschirmt von israelischen und österreichischen Anti-Terror-Spezialisten. Die Öffentlichkeit ist total ausgeschlossen. Es ist die gewaltigste Sicherheitszone, die jemals in Österreich für einen Staatsbesuch geschaffen wurde.

28.9. Uraufführung des Schauspiels „Das gelobte Land" von Susanna Germano in den Kammerspielen des Linzer Landestheaters.

30.9. Der Linzer Polizei gelingt in Zusammenarbeit mit der Einsatzeinheit zur Bekämpfung des Terrorismus und mit deutschen Beamten einer der größten Schläge gegen das Schlepperunwesen in Österreich: 31 Mitglieder einer Organisation für Menschenschmuggel werden verhaftet, darunter auch die Drahtzieher der Schlepperorganisation, die in den vergangenen fünf Jahren mindestens 10.000 Menschen, hauptsächlich Kosovo-Albaner, nach Österreich und Deutschland geschmuggelt und dafür rund 200 Millionen Schilling kassiert hatten.

Herbst. Ein sensationeller, wegen der Raubgefahr vorläufig geheim gehaltener Schatzfund in der Nähe von Freistadt. → 1998

1.10. Ein Gericht verhängt gegen den Skispringer Andreas Goldberger wegen des Konsums von Kokain eine Geldstrafe.

5.10. Landtags-, Gemeinderats- und Bürgermeisterwahlen. Der neue Landtag: 25 VP (26), 16 SP (19), 12 FP (11), 3 Grüne (0).

9.10. In Leonding wird ein rund 2500 Jahre alter keltischer Opferschacht mit etwa zwanzig Skeletten gefunden. Dazu der Archäologe Manfred Pertlwieser: „Eine Sensation in ganz Mitteleuropa". Man nimmt an, dass es sich um die Reste von Menschenopfern handelt, wie sie vor Schlachten oder nach Siegen den Göttern dargebracht wurden. → S. 56

16.10. Im Linzer Brucknerhaus wird das Requiem in memoriam Leonard Bernstein (1918–1990) von Ernst Ludwig Leitner uraufgeführt.

19.10. In 28 oberösterreichischen Gemeinden kann erst durch eine Stichwahl der Bürgermeister ermittelt werden.

31.10. Konstituierung des neuen Landtags und Wahl des Landeshauptmannes. Josef Pühringer (VP) wird wiedergewählt →. Erste Landtagspräsidentin ist wieder Angela Orthner (VP).

9.11. Weihe der neuen Seelsorgestelle „Zur heiligen Familie" in Schlüßlberg, Pfarre Grieskirchen. (Architekt Josef Königsmaier.)

18.11. Die Umweltorganisationen erklären ihren Verzicht auf aktiven Widerstand gegen den Kraftwerksbau in Lambach.

19.11. Das Arbeitsgericht in Ried im Innkreis entscheidet, dass der Skispringer Andreas Goldberger für einen anderen Staat starten darf.

Weltkulturerbe Hallstatt-Dachstein *In Neapel fasst eine UNESCO-Kommission (Organisation der Vereinten Nationen für Erziehung, Wissenschaft und Kultur) den Beschluss, der Region Hallstatt, Obertraun und Dachstein den Status eines „Weltkulturerbes" zu verleihen. In Österreich wurden bisher nur das Schloss Schönbrunn und die Altstadt von Salzburg mit diesem Prädikat ausgezeichnet. (UNESCO-Konferenz 1.–6. 12., die Urkunde trägt das Datum 6. 12. 1997.) Überreichung der Urkunde → 1998.*

Goldbergers Bruchlandung

Bei der Staatsbürgerschaft handle es sich eh nur um „ein Papierl".

Andreas Goldberger über seinen Wechsel vom österreichischen zum jugoslawischen Staatsbürger, „Oberösterreichische Nachrichten", 1. 12. 1997, in einem Kommentar von Helmut Wahl.

„Vom Adler zum komischen Vogel."

„News", 4. 12. 1997.

„Die meisten bitten den Andreas darum, eine Lösung mit dem ÖSV zu suchen und weiter für Österreich zu springen."

Hertha Goldberger, Mutter des Skispringers, „Oberösterreichische Nachrichten", 5. 12. 1997.

„Seine Wiedereinbürgerung ist ein Kinderspiel, seine Glaubwürdigkeit dürfte aber irgendwo zwischen Belgrad und Waldzell auf der Strecke bleiben."

Christoph Zöpfl in den „Oberösterreichischen Nachrichten", 11. 12. 1997.

Wasserschloss der Nation

„Wegen seiner vielen Flüsse, Bäche und Quellen wird er oft auch als ‚Wasserschloss der Nation' bezeichnet."

Bundespräsident Thomas Klestil über den Nationalpark Oberösterreichische Kalkalpen, in: „Themen meines Lebens", Verlag Styria (Graz-Wien-Köln), 1997.

23.11. In Uttendorf entdeckt ein Gendarmeriehund einen gehbehinderten Landwirt, der nach einem Unfall sechs Tage im Wald ohne Wasser und Essen verbringen musste und wie durch ein Wunder überlebt hat.

26.11. In Adlhaming bei Vorchdorf wird ein sechsjähriger Bub von einem Schulbus zweieinhalb Kilometer weit mitgeschleift. Eine Schnur seines Anoraks hatte sich in der Tür eingeklemmt, die Fahrzeuglenkerin hatte das nicht bemerkt. Das schwerverletzte Kind überlebt.

Oberösterreichs schönster Ort ist Neustift im Mühlkreis.

Sportler des Jahres: Ursula Inzinger (Karate) und Markus Weissenberger (Fußball), Almliesl Wels, Basketballmannschaft.

Todestage

Anton Lintner. Schuhfabrikant. Gestorben 13. 2. 1997 in Kirchdorf a. d. Krems. (Geboren 6. 3.1929 in Molln.)

Hans Buchner. Generaldirektor der Chemie Linz AG bzw. der Stickstoffwerke Linz (1961–1982). Gestorben 19. 4. 1997 in Linz. (Geboren 9. 5. 1920 in Überackern.)

Ernst Neuhauser. Politiker (SP), Landesrat (1972 bis 1988), Präsident der Welser Messe (1979 bis 1994). Gestorben 16. 7. 1997 in Wels. (Geboren 17. 7. 1928 in Wels.)

Hermann Derschmidt. Volkstumspfleger. Gestorben 17. 7. 1997 in Wels. (Geboren 15. 2. 1904 in Kollerschlag.) Herausgeber einer Volkstanzsammlung.

Rudolf Nemec. Karikaturist („Florian"). Gestorben 22. 10. 1997 in Linz. (Geboren 8. 4. 1926 in Steyr.)

Franz Kain. Schriftsteller. Gestorben 27. 10. 1997 in Linz. (Geboren 10. 1. 1922 in Goisern.)

Erstmals direkte Bürgermeisterwahl

5. Oktober. Erstmals werden in Oberösterreich die Bürgermeister direkt gewählt. Dabei ergeben sich zwischen den Stimmen für die einzelnen Parteien und den Kandidaten dieser Parteien für das Bürgermeisteramt zum Teil erhebliche Differenzen.

Linz:

35.743 SP	45.584 Franz Dobusch
19.769 VP	18.116 Karl Blöchl
20.160 FP	14.303 Franz Obermayr

Steyr:

9.443 SP	10.787 Hermann Leithenmayr
3.569 VP	3.462 Gunter Mayrhofer
4.810 FP	4.416 Leopold Pfeil

Wels:

10.878 SP	15.027 Karl Bregartner
5.666 VP	5.191 Martin Stieger
7.217 FP	4.647 Bernhard Wieser

Nationalpark Kalkalpen *25. Juli. In Windischgarsten wird der Nationalpark Kalkalpen eröffnet, dessen Zentren im Reichraminger Hintergebirge und im Sengsengebirge liegen. Nationalparkgemeinden sind: Molln, Reichraming, Großraming, Weyer, Rosenau, Edlbach, Windischgarsten, Roßleithen und St. Pankraz. Das 185 Quadratkilometer große Gebiet gilt als das größte zusammenhängende Waldgebirge der Ostalpen, es ist ein Reservat vieler vom Aussterben bedrohter Pflanzen und Tiere.*

Posse um und mit Andreas Goldberger

November/Dezember. Der Innviertler Skispringer Andreas Goldberger wird am 29. November jugoslawischer Staatsbürger und verliert damit die österreichische Staatsbürgerschaft. Sie wird ihm nach heftig geführten Diskussionen ein paar Tage später nach einem Gelöbnis auf die Republik Österreich wieder zuerkannt (12. Dezember). Ausdrücklich verzichtet Goldberger gleichzeitig auf die jugoslawische Staatsbürgerschaft. Am 14. Dezember kommt es bei der Fernsehdiskussion „Zur Sache" vor laufender Kamera zu einem medienwirksamen Handschlag zwischen dem Skispringer und dem ÖSV-Präsidenten. Goldberger darf wieder für Österreich springen. →

Ungeplanter Theaterdialog

In den Kammerspielen des Linzer Landestheaters, während der Aufführung des Stücks „Paradies" von Franzobel am 3. November 1998:

TOPFENHOPFER, gespielt von dem Schauspieler Günter Rainer:

„Es kann hier kein Publikum geben."

ZWISCHENRUF EINES ZUSCHAUERS:

„Doch. Aber nicht mehr lange!"

Ein paar Minuten später:

KIENZ gespielt von dem Schauspieler Gerhard Brössner:

„Vielleicht kann man, wenn der Rainer es überlebt, eine Ersatzvorstellung geben."

ZWISCHENRUF DES ZUSCHAUERS:

„Nur das nicht!"

1998

Kalender

1.1. Eine Silvesterrakete ist die Ursache für den größten Brand in der Welser Nachkriegsgeschichte. Die Volksbank-Hauptanstalt brennt völlig ab.

Michael Klügl nimmt seine Tätigkeit als Intendant des Linzer Landestheaters auf. (Bis 2006.)

8.1. Mit der 39-jährigen Wilbirg Mitterlehner hat Oberösterreich die erste Bezirkshauptfrau. Die Behörde heißt trotzdem noch Bezirkshaupt„mann"schaft Rohrbach.

9./29.1. Der 1954 nach Kanada ausgewanderte Österreicher Franz Strohsack, der sich seither Frank Stronach nennt, Gründer und Eigentümer der Europa-Holding des kanadischen Magna-Konzerns (→), gibt bekannt, dass er die Aktienmehrheit der Steyr-Daimler-Puch-AG übernehmen will (66,8%). Der Zuschlag erfolgt am 24. 3. 1998.

2.2. Schwerer Schaden entsteht bei einem Brand im Sensen- und Mähmesserwerk Franz de Paul Schröckenfux AG in Roßleithen.

9.2. Wie → 1997 wird wieder ein Kind von einem Schulbus mitgeschleift: In Reichenau im Mühlkreis verhängt sich der Anorak eines Siebenjährigen an der Tür des Kleinbusses, der Bub wird 360 Meter weit mitgeschleift und schlägt dabei immer wieder mit dem Kopf auf den Asphalt auf, bevor es ihm gelingt, aus dem Anorak zu schlüpfen. Das Kind überlebt.

12.2. Nach rund tausend Jahren wird ein Streit zwischen dem Habsburgerreich und dem Erzbistum Salzburg (später zwischen den Bundesländern Oberösterreich und Salzburg) beendet und der genaue Grenzverlauf des Wolfgangsees von den Bürgermeistern von St. Wolfgang, St. Gilgen und Strobl besiegelt.

28.2. Die Leichtathletin Theresia Kiesl (→ 1996) erringt bei der Hallen-Europameisterschaft in Valencia (Spanien) die Goldmedaille über 1500 Meter.

8.3. Uraufführung der Oper „Proteus oder Alte Griechen und junge Frauen" von Balduin Sulzer im Linzer Landestheater.

März. Beim sechsspurigen Ausbau der Westautobahn wird bei St. Florian ein Siedlungsgebiet entdeckt, das bis in die Jungsteinzeit (etwa um 5000 vor Christus) zurückreicht.

23.3.–2.4. In Linz tagt die Vollversammlung der katholischen Bischöfe Österreichs.

1.4. Start des oberösterreichischen Regional-Radiosenders „Life Radio".

6.4. Der Linzer Diözesanbischof Maximilian Aichern überreicht der Sozialministerin Lore Hostasch 269.000 Unterschriften, in denen die „Rettung des Sonntags" gefordert wird.

In Linz fliegt ein Skandal um eine Mühlviertler Handelsfirma auf, die verdächtigt wird, mit Aids- und Herpes-B-Viren belastetes Blut aus Afrika billig importiert zu haben, um es teuer an Spitäler in Indien und China weiterzuverkaufen. In das Millionengeschäft sind rund ein Dutzend ausländische Firmen involviert. Dass verseuchte Medikamente auf den österreichischen Markt gekommen sind, schließen die Gesundheitsbehörden aus.

19.4. Bundespräsidentenwahlen. Ergebnisse in Oberösterreich: 108.409 Stimmen für Gertraud Knoll (SP), 66.649 Stimmen für Heide Schmidt (Liberales Forum), 463.349 Stimmen für Thomas Klestil (VP), 55.313 Stimmen für Richard Lugner, 14.481 Stimmen für Karl Nowak. Bundespräsident Thomas Klestil tritt seine zweite Amtsperiode an. (Gestorben am 6. 7. 2004 in Wien, zwei Tage vor dem Ende seiner Amtszeit. Geboren 4. 11. 1932 in Wien.)

21./22.4. Einen Schaden in Millionenhöhe verursacht ein Brand in der Chemie Linz.

4.5. Nach zweijähriger Bauzeit wird in Geinberg eine Therme eröffnet, die zu den heißesten und ergiebigsten Heilquellen Mitteleuropas zählt.

17.5. Erstmals kommt der Hochgeschwindigkeitszug ICE (InterCity Express) nach Linz. Ab 24. 5. führen die Österreichischen Bundesbahnen in Kooperation mit der Deutschen Bahn diesen Zug auf der Strecke Wien–Hamburg–Wien.

19.5. Der SV Ried holt als zweiter oberösterreichischer Verein (nach dem LASK im Jahr → 1965) den Sieg im heimischen Fußball-Cup.

21.5. In den Kammerspielen des Linzer Landestheaters wird das Theaterstück „Die Frau im Auto" von Felix Mitterer uraufgeführt.

13.6. Der Direktor des UNESCO-Welterbezentrums, Bernd von Droste zu Hülshoff, übergibt in Hallstatt Bürgermeister Peter Scheutz die Urkunde über die Aufnahme der „Historischen Kulturlandschaft Hallstatt–Dachstein–Salzkammergut" in die Liste des Weltkulturerbes der UNESCO. → 1997

31.7. Ein Todesopfer fordert in Neuhofen an der Krems der Zusammenstoß eines Lastzuges mit einer auf einer Überstellfahrt befindlichen und daher ohne Fahrgäste besetzten Zuggarnitur. Der Zugbegleiter wird getötet.

Im nächtlichen Park vor der Kaiservilla in Bad Ischl singen drei Weltstars der Oper, Placido Domingo, José Carreras und Thomas Hampson, unsterbliche Lieder des Wahl-Ischlers Franz Lehár.

8.8. Zum Gedenken an den 60. Jahrestag des Baubeginns des Konzentrationslagers Mauthausen versammeln sich im ehemaligen Steinbruch des Lagers 7000 Menschen zu einer Wort- und Klang-Gedenkaktion.

9.8. Die Gmundnerin Britta Grebe holt sich in Steyregg zum achten Mal den Europameistertitel im Wasserskispringen.

Der Dalai-Lama mit Gamsbart

11. Juni. Der Dalai-Lama, das geistliche Oberhaupt der Tibeter, beweist bei seinem Besuch in Bad Ischl auch Humor: Er setzt sich einen Trachtenhut mit Gamsbart auf.

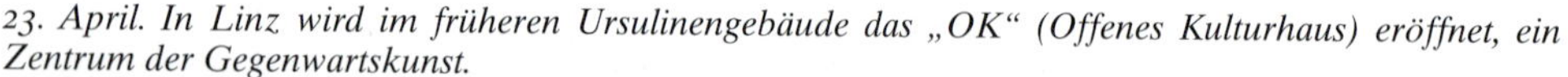

23. April. In Linz wird im früheren Ursulinengebäude das „OK" (Offenes Kulturhaus) eröffnet, ein Zentrum der Gegenwartskunst.

Die erste Soldatin

„Ich habe es mir ärger vorgestellt!“ Die erste oberösterreichische Soldatin, die 21jährige Traunerin Birgit Schneeberger, nach den Eignungstests.

„Oberösterreichische Nachrichten“, 20. 2. 1998.

Wem Gott will rechte Gunst erweisen ...

„Wem Gott will rechte Gunst erweisen, den schickt er in die weite Welt. Und wem er noch mehr Gunst erweisen will, den schickt er wieder heim.“

Der austro-kanadische Unternehmer Frank Stronach in „Zeit im Bild“, ORF, 9. 1. 1998.

Die neuen LIVA-Chefs

„Wenn man etwas gestalten und nicht einfach beobachten kann, ist das schön.“

Wolfgang Winkler, neuer künstlerischer Leiter der LIVA, OÖN. 31. Jänner 1998.

„Es herrscht nun wieder das Vier-Augen-Prinzip im Unternehmen, das der Rechnungshof schon 1986 urgiert hat.“

Wolfgang Lehner, kaufmännischer Vorstandsdirektor der LIVA, OÖN. 31. Jänner 1998.

Auf dem Gelände des Chemieparks Linz (Agrolinz) explodiert ein Kesselwagen. Teile des Kessels werden Hunderte Meter weit weggeschleudert, verletzt wird niemand.

18.8. In den Wallfahrtsort Frauenstein wird die Urne des am 14. 8. 1998 in seinem Haus in Seeham bei Salzburg verstorbenen Schauspielers Hans-Joachim Kulenkampff, des beliebtesten Showmasters des deutschsprachigen Raums in den Jahren 1964 bis 1987 („Einer wird gewinnen“) beigesetzt. (Geboren 27. 4. 1921 in Bremen.)

1.10. Offiziell trägt die Linzer Kunsthochschule den Namen „Universität für künstlerische und industrielle Gestaltung (Kunstuniversität)“.

1. und 25.10. Das Linzer Landestheater führt zwei Stücke von Franzobel auf: in der Spielstätte Eisenhand „Nathans Dackel“ und in den Kammerspielen „Paradies“. →

26.10. Kurt Rammerstorfer wird ORF-Landesintendant. (Bis 2002 und wieder ab 2012.)

20.11. Uraufführung der Oper „Die Eisprinzessin“ von Michael Jan Haase im Linzer Landestheater.

22.11. Ein Großbrand vernichtet eine Reifenlagerhalle der Firma Bruckmüller in Kremsmünster.

29.11. Weihe der neuen Kirche in Kirchham bei Gmunden. (Architekt: Friedrich Kurrent.)

5.12. Vier Tote und 40 zum Teil schwer Verletzte. Das ist die Bilanz eines Busunglücks in Edlbach bei Windischgarsten: Ein Stockbus kam von der spiegelglatten Fahrbahn ab und stürzte vier Meter ab.

6.12. Die erste Sonntagsmesse in einem Linzer Himmelreich: Der Nordteil der ehemaligen Tuchfabrik Himmelreich & Zwicker in Linz-Auwiesen wurde in eine Kirche verwandelt, die den Namen des französischen Widerstandskämpfers und Märtyrers Marcel Callo (1921–1945) trägt, der im KZ Mauthausen ums Leben kam und 1987 seliggesprochen wurde. (Architektengruppe Schremmer-Jell.)

26.12. Einem Großbrand fällt im Linzer Hafengelände das Warenlager der Technik-Quelle zum Opfer.

Traurige Drogenbilanz: Während bundesweit die Zahl der Drogentoten zurückgeht, gibt es in Oberösterreich einen negativen Rekord: 14 Rauschgifttote im Jahr 1998, das sind um vier mehr als im Vorjahr.

Landesausstellung in 26 Orten an der oberösterreichischen Eisenstraße: „Land der Hämmer – Heimat Eisenwurzen“.

Sportler des Jahres: Vera Lischka (Schwimmen) und Christian Hoffmann (Skilanglauf), SV Ried.

Todestage

Eduard Ploier. Erwachsenenbildner. Präsident der Katholischen Aktion Oberösterreichs (1972 bis 1998). Gestorben 4. 1. 1998 in Wels. (Geboren 19. 6. 1930 in Wels.)

Maximilian Stockenhuber. Bildhauer. Gestorben 25. 4. 1998 in Linz. (Geboren 28. 9. 1921 in Andrichsfurt.)

Horst Stadlmayr. Generalmanager der LIVA (1971–1986). Gestorben 18. 6. 1998 in Linz. (Geboren 18. 2. 1927 in Linz.) Die maßgebliche Persönlichkeit beim Aufbau des modernen Linzer Musik- und Veranstaltungswesens.

Franz Tumler. Schriftsteller. Gestorben 20. 10. 1998 in Berlin. (Geboren 16. 1. 1912 in Gries bei Bozen.) Begann als Volksschullehrer in Oberösterreich.

Friedrich Jahn. Gastronom. Gestorben 15. 12. 1998 in Bad Wiessee, Bayern. (Geboren 29. 12. 1923 in Linz.) Begründer einer internationalen Hendl-Restaurant-Kette.

Ein Schatz wie im Märchen

25. September. Von einem sensationellen Fund berichtet das Oberösterreichische Landesmuseum. In der Nähe von Freistadt hatte ein Spaziergänger Tausende Silbermünzen und aus den siebziger Jahren des 13. Jahrhunderts entdeckt, die ein Bauer beim Pflügen, ohne es bemerkt zu haben, freigelegt hatte. „Das größte Ensemble spätmittelalterlicher Schmuckstücke, das bisher in Europa entdeckt wurde“, urteilen die Experten. Der Fund wurde erst nach dem Kauf durch das Landesmuseum bekanntgegeben. Der Bauer als Grundbesitzer und der Finder erhalten je eine halbe Million Schilling.

Oberösterreich und die Europäische Union

Oberösterreich ist während des österreichischen Ratsvorsitzes in der Europäischen Union dreimal Schauplatz von europäischen Konferenzen: Vom 10. bis 12. September tagen im Linzer Design Center die Kulturminister der EU und der beitrittswilligen Länder (acht Staaten Osteuropas plus Zypern), vom 20. bis 22. September verhandeln die Landwirtschaftsminister der EU in St. Wolfgang – diese Konferenz ist von Demonstrationen protestierender Bauern begleitet. Vom 2. bis 4. Dezember tagt im Design Center die Versammlung der Regionen Europas.

Zwei Oberösterreicher holen Olympia-Medaillen *Februar/März. Als erster Oberösterreicher holt der 30jährige Hannes Trinkl (links) aus St. Pankraz bei den Olympischen Winterspielen in Nagano (Japan) eine Medaille im alpinen Skilauf: Bronze in der Herren-Abfahrt (13. 3.). Am letzten Olympiatag sorgt der 23jährige Christian Hoffmann (rechts) aus Aigen im Mühlkreis für eine Überraschung: Er gewinnt eine Bronzemedaille im 50-Kilometer-Langlauf (22. 2.).*

Oberösterreich und der ORF

„Ich will Oberösterreich nicht nur in der ‚Zeit im Bild' sehen, wenn es um das Krankenhaus Freistadt geht."

Landeshauptmann Josef Pühringer in seiner Eigenschaft als neuer ORF-Kurator. „Oberösterreichische Nachrichten", 17. 11. 1999.

Wer ist verantwortlich?

„Soll vielleicht eine Putzfrau als Verantwortliche für den Freistädter Spitalskandal übrig bleiben?"

Karl Frais, Chef der SP-Landesfraktion über die Versuche, die Verantwortung abzuschieben, „Oberösterreichische Nachrichten", 23. 10. 1999.

„Ich bin schon genug!"

Landeshauptmann Josef Pühringer zu seinem 50. Geburtstag am 30. Oktober 1999 auf die Frage, ob er noch höhere Ambitionen habe.

Kalender

1.1. Die Linzer Bundesstaatliche Studienbibliothek wird als Oberösterreichische Landesbibliothek geführt.

Die OKA (Oberösterreichische Kraftwerke AG) ändert den Firmennamen auf „Energie AG Oberösterreich".

31.1. Uraufführung des Stücks „Hotel Abendland" von Stefan Schütz in den Kammerspielen des Linzer Landestheaters.

19.3. Das barocke Bergschlössl auf der Linzer Gugl, das → 1987 bei einem Brand zerstört wurde, wird nach der Restaurierung als „feine Dependance" des Design Centers eröffnet.

13.6. Österreich wählt die Abgeordneten ins Parlament der Europäischen Union. Die Mandate: 7 VP, 7 SP, 5 FP, 2 Grüne. Ergebnisse in Oberösterreich: 170.627 VP, 163.715 SP, 133.133 FP, 46.089 Grüne, 10.143 Liberales Forum, 6622 CSA (Christlich Soziale Allianz, Liste Karl Habsburg), 2876 KP. Wahlbeteiligung: 55,7 Prozent. (Österreichweit 49,4 Prozent).

20.6. Eröffnung des Linzer Stadtmuseums Genesis im alten Rathaus – auf den Tag genau 1200 Jahre nach der ersten schriftlichen Erwähnung des Namens „Linze" → S. 63

20.7. In Vöcklabruck wird das Baby von Prinzessin Caroline von Monaco und Prinz Ernst Albert von Hannover geboren. Einen Antrag auf Verleihung der Ehrenbürgerschaft an das adelige Kind zieht der Bürgermeister noch vor einer Debatte im Gemeinderat zurück.

26.7. Sattledt wird Markt.

Juli. Der 24-jährige Linzer Bergsteiger Michael Koblmüller (→ 1996) wird im Karakorum von einer Lawine getötet.

11.8., 12,41 Uhr: Für zwei Minuten und 41 Sekunden wird es dunkel in großen Teilen Oberösterreichs, die in der Totalitätszone der Sonnenfinsternis liegen. Ein solches Naturschauspiel gab es bei uns zuletzt 1842, das nächste wird es erst im Jahr 2081 geben.

17.8. Zum ersten Mal geht die höchste Auszeichnung, die ein sportlicher Weltverband zu vergeben hat, an eine Frau: Der ehemaligen Spitzensportlerin und langjährigen Leichtathletikbetreuerin Erika Strasser wird in Sevilla die „IAAF-Plaquet of Merit" überreicht.

August. Funde auf der Burgwiese in Ansfelden weisen auf eine jungsteinzeitliche Siedlung hin.

3.10. Nationalratswahlen. Ergebnisse in Oberösterreich: 268.207 SP, 232.298 VP, 217.442 FP, 21.688 Liberales Forum, 59.680 Grüne, 2680 KP, 3538 NEIN (Bürgerinitiative Neutrales Österreich Nein zu NATO und EU), 5786 DU (Die Unabhängigen, Liste Lugner).

9.10. Uraufführung des Stücks „Februarschatten" von Elisabeth Reichart in den Kammerspielen des Linzer Landestheaters.

23.–27.10. Die Stiftskirche St. Florian feiert die Erhebung zur Basilika.

26.10. Eröffnung des Stadtmuseums Leonding im Turm 9 der im 19. Jahrhundert erbauten Maximilianischen Befestigungsanlage. → S. 211

8.11. Buchkirchen bei Wels wird Markt.

11.11. In Linz wird der Vertrag zwischen Landeshauptmann Josef Pühringer und dem 55-jährigen US-Amerikaner Dennis Russell Davies unterzeichnet, der das Bruckner-Orchester ab 2002 leiten wird.

16.–21.11. Festival des europäischen Films („Kinova") in Wels.

20.11. Uraufführung eines Stücks für Kinder im Linzer Landestheater (Ursulinenhof): „Spatz Fritz" von Rudolf Herfurtner.

4.12. Der Oberösterreicher Hannes Trinkl gewinnt die Abfahrt beim Ski-Weltcup in Lake Loise (Kanada).

8.12. Eröffnung des Kino- und Entertainmentcenters „Cineplexx World Linz". In zehn Sälen ist Platz für 2300 Besucher.

10.12. Der oberösterreichische Landeshauptmann-Stellvertreter Christoph Leitl wird mit 155 : 86 Stimmen zum Obmann des Wirtschaftsbundes gewählt.

Zum schönsten Ort wird Mondsee gekürt.

Sportler des Jahres: Liu Jia (Tischtennis) und Christian Hoffmann (Skilanglauf), Askö Urfahr, Faustballmannschaft.

Todestage

Josef Lenzenweger. Kirchenhistoriker. Gestorben 20. 2. 1999 in Wien. (Geboren 13. 2. 1916 in Kleinreifling.)

Hubert Bognermayr. Pionier der Computermusik. Selbstmord 17. 3. 1999 in Linz. (Geboren 6. 4. 1948 in Linz.) Mitbegründer der Ars Electronica und der Linzer Klangwolke.

Eduard Macku. Komponist, Intendant der Ischler Operettenwochen. Gestorben 11. 4. 1999 in Wien. (Geboren 30. 6. 1901 in Linz.)

Hans Sturmberger. Historiker. Gestorben 22. 8. 1999 in Linz. (Geboren 29. 1. 1914 in Kirchdorf an der Krems.)

Otto Haubner. Schriftsteller. Gestorben 29. 10. 1999 in Ried im Innkreis. (Geboren 14. 8. 1925 in Linz.)

Eduard Christoph Heinisch. Schriftsteller. Gestorben 11. 11. 1999 in Salzburg. (Geboren 14. 1. 1931 in Wien.) Lebte in Vöcklabruck-Lenzing.

Martin Flossmann. Direktor des Wiener Kabaretts „Simpl" (1974–1993). Gestorben 28. 12. 1999 in Baden bei Wien. (Geboren 16. 2. 1937 in Linz.)

Streit um Musiktheater

Am 17. Mai fasst die oberösterreichische Landesregierung wichtige Beschlüsse für den Bau eines neuen Musiktheaters, das am Schlossberg, zum Teil im Berg, an der Oberen Donaulände entstehen soll. Eine von der Freiheitlichen Partei initiierte Kampagne gegen den Theaterneubau, für eine Volksbefragung zu diesem Thema, bringt es auf 76.184 Unterschriften. → 2000, 2006, 2009, 2011

Spitalskandal um ärztliche Fehler

11./12. August. Im Landeskrankenhaus Freistadt wird ein Skandal bekannt, der in den kommenden Wochen und Monaten die zuständigen Instanzen der Landesregierung und der Justiz beschäftigt und durch den das Vertrauen der Bevölkerung zu den Krankenhäusern schwer erschüttert wird. Mindestens zwei Menschen sollen durch fragwürdige Vorfälle ums Leben gekommen sein. Die Vorwürfe richten sich vor allem gegen die chirurgische Abteilung und beziehen sich auf Fälle in den Jahren 1997 bis 1999, wo es bei Operationen durch unangemessene Methoden zu schweren Verletzungen gekommen sei. Auch in einigen anderen Spitälern werden Missstände aufgedeckt. Zu klären war nicht nur die Frage, welche medizinischen Fehler gemacht wurden und welche Maßnahmen gesetzt werden müssen, um ähnliche Vorkommnisse zu vermeiden. Zu klären war auch, wer von den Fehlern wusste, ob Informationen über ärztliche Fehler absichtlich zurückgehalten wurden, wie das medizinische Personal ausgewählt und die Primarärzte bestellt wurden. Nach den Konsequenzen für die Verantwortlichen im Krankenhaus Freistadt stellte sich auch die Frage, wie die Aufsicht in den oberösterreichischen Spitälern wahrgenommen wird und wer die fachliche, administrative und politische Verantwortung trägt. Nicht zuletzt geht es um die Sicherstellung von Patientenrechten. → 2001

Brand in Diskothek

22. Oktober. Verheerende Folgen hat es, als in einer Diskothek in St. Agatha (Bad Goisern) ein 20-jähriger bei einer „Styropor-Party" mit dem Feuerzeug einen Polyester-Würfel anzündet: In Sekundenschnelle steht das Lokal in Brand. 35 Jugendliche kommen mit leichten Verletzungen und Rauchgasvergiftungen davon und werden von Hausärzten versorgt, 95 Besucher müssen ambulant oder bis zu zwei Tagen im Krankenhaus behandelt werden, 15 Discogäste erleiden schwere Verletzungen.

Kraftwerk Lambach nimmt den Betrieb auf

9. November. Das umstrittene Traunkraftwerk Lambach der Energie AG (früher OKA) nimmt den Probebetrieb auf. Die Turbinentaufe findet am 20. November statt. Inbetriebnahme → 2000.

Der Rufmörder

„Ein schwerer Schlag für das Ansehen der Feuerwehr. Die Freiwilligen Feuerwehren Oberösterreichs sind 1999 zu 7181 Bränden und 29.672 technischen Einsätzen ausgerückt, haben 1394 Menschen und 30.505 Tiere sowie Sachwerte in der Höhe von 1,9 Milliarden Schilling gerettet. Aber das zählt nicht. Ein 16-jähriger bringt sie in Misskredit. Jetzt, wo die Feuerwehrmänner von Haus zu Haus sammeln gehen, fällt immer wieder das Wort ‚Häuslanzünder'. Bis zum Letzten Abendmahl war Judas ein Kamerad der Apostel. Doch niemand machte deshalb den Jüngern einen Vorwurf."

Der Journalist und Abteilungsbrandinspektor Hans Gilbert Müller bei einer Diskussion im Landesfeuerwehrkommando, 8. 2. 2000.

Kalender

3.1. Bei einem Großbrand im Plattenwerk der Holzfirma Wiesner-Hager in Altheim werden zwei Hallen, Produktionsanlagen und Fertigprodukte zerstört. Es entsteht ein Schaden von rund 200 Millionen Schilling. Am gleichen Tag legt in St. Georgen an der Gusen ein Unbekannter innerhalb von drei Monaten den elften Brand. →

6.1. Ein glücklicher Ausgang eines Lawinenabgangs: Oberhalb des Krippenstein-Hotels donnert eine Schneewächte in die Tiefe. Es gibt keine Verschütteten.

6./7.1. Der zwölfte Brandanschlag in St. Georgen an der Gusen. →

11.1. Über den SK Vorwärts Steyr wird nach der Ablehnung des Ausgleichsantrags das Konkursverfahren eröffnet. Die Bundesliga hat dem Fußball-Erstdivisionär die Lizenz entzogen. Damit ist das Kapitel dieses traditionsreichen Vereins, der am 14. 4. 1919 gegründet wurde (damals: „Steyrer Fußballclub Vorwärts") zumindest vorläufig beendet.

26.1. Der deutsche Autohersteller BMW will im Jahr 2000 rund eine Milliarde Schilling in sein Motorenwerk Steyr investieren. Die Dieselproduktion soll ausgeweitet, der gesamte Pleuel-Bedarf des Konzerns (acht Millionen Stück pro Jahr) in Steyr produziert werden. Das bringt hundert neue Arbeitsplätze.

27.1. Der Landtag debattiert den Untersuchungsbericht zum Freistädter Spitalskandal. (→ 1999) Die Untersuchungskommission kritisiert ärztliche Grabenkämpfe, Paragraphendschungel, Laschheit von Aufsichtsbeamten und fehlende politische Verantwortung.

30.1. Da ist der Schutzengel am Werk: Niemand glaubt, dass es für den fünfjährigen Buben eine Hoffnung gibt, der in Vorderweißenbach in einen eiskalten Bach fällt und erst nach 25 Minuten, mit nur 22 Grad Körpertemperatur, aus dem Wasser gezogen wird. Doch der Bub überlebt.

7.2. Die Hörer von Radio Oberösterreich und die Leser der „Oberösterreichischen Nachrichten" wählen die „Oberösterreicher des Jahrhunderts": Heinrich Gleißner und Ernst Koref (Politik), Thomas Bernhard (Kultur), Alois Wagner (Soziales), Julius Wagner-Jauregg (Wissenschaft), Franz Welser-Möst (Musik), Josef Fischer (Wirtschaft), Elisabeth Theurer (Sport) und Frank Elstner (Show).

28.2. Die Innviertlerin Susanne Riess-Passer, seit 4. 2. Vizekanzlerin, wird Bundesobfrau der Freiheitlichen Partei (offiziell ab 1. 5., Rücktritt 8. 9. 2002).

2.3. Der Linzer Gemeinderat beschließt den Neubau der Neuen Galerie im Donaupark.

6.3. Regau wird Markt.

11.3. Hinterstoder ist Austragungsort von Ski-Weltcup-Rennen.

18.3. Andreas Goldberger (→ S. 503) erreicht beim Skifliegen in Planica (Slowenien) 225 Meter und stellt damit einen neuen Weltrekord auf.

20.3. In Kirchdorf an der Krems stürzt ein Bundesheer-Hubschrauber ab. Die drei Insassen sind tot.

Auf vielen Plätzen des Landes wird das Jahr 2000 begrüßt, doch kommen, zumindest auf dem Hauptplatz in Linz, weniger Besucher als bei den Silvesterfeiern in den vergangenen Jahren.

5.5. In St. Pankraz wird das Wilderermuseum eröffnet, das bei der Landesausstellung 1998 erstmals eingerichtet wurde.

8.5. Thalheim bei Wels wird Markt.

14.5. Uraufführung des Stücks „Volksoper" von Franzobel in den Kammerspielen des Linzer Landestheaters.

9.6. Eröffnung der Umfahrung Linz-Ebelsberg.

28.6. Christoph Leitl, seit 1995 Landeshauptmann-Stellvertreter von Oberösterreich, wird zum Präsidenten der Wirtschaftskammer Österreich gewählt.

2.7. Bei der Weltmeisterschaft der Rettungshunde in Rohrbach, an der Hundeteams aus 16 Ländern teilnehmen, holen sich die Österreicher eine Gold- und zwei Silbermedaillen.

3.7. Militante Tierschützer verüben auf den in Linz-Urfahr gastierenden Österreichischen Nationalzirkus Louis Knie einen heimtückischen Brandanschlag, bei dem ein Millionenschaden entsteht.

4.7. Eigroße Hagelschloßen, sintflutartige Regenfälle und Sturmspitzen bis zu hundert Stundenkilometer richten in Oberösterreich, Niederösterreich und Salzburg verheerende Schäden an. Ein Linzer Bauarbeiter wird beim Einsturz einer Mauer getötet.

7.–16.7. In Linz und Umgebung findet die erste Chorolympiade der Welt statt, an der 18.000 Sänger in 350 Chören aus 60 Nationen teilnehmen.

23.7. Auch in Oberösterreich wird die Diskussion um ein Verbot von Kampfhunden geführt: In Kirchschlag wird eine Radfahrerin von einem Pitbullterrier angefallen und in den Oberschenken gebissen. Der Hundebesitzer wird wegen fahrlässiger Körperverletzung angezeigt.

24.7. Die Katholisch-theologische Hochschule Linz wird die erste Privatuniversität Österreichs, nachdem der weisungsfreie Akkreditierungsrat zum Linzer Ansuchen eine positive Stellungnahme abgab.

6.8. Sintflutartige Regenfälle. Das Mühlviertel wird zum Katastrophengebiet erklärt.

21.8. In Traun kommt es zu einem Zusammenstoß eines Eilzugs mit einem Regionalzug. 48 Personen werden verletzt. Die Unfallsursache: Ein Lokführer übersah ein Haltesignal.

August. Archäologen berichten von einer neuen Grabungssensation am Hallstätter Salzberg. Lage und Funde in neun neu entdeckten Grabstätten lassen vermuten, dass das weltberühmte Gräberfeld viel dichter belegt war als bisher angenommen. Auch von einer „kritischen Revision der Interpretation des hallstattzeitlichen Lebens" sprechen die Archäologen.

7.9. Eröffnung der Böhmerwaldschule im Forsthaus des Stiftes Schlägl, Gemeinde Ulrichsberg.

15.9. Ersttag einer Sondermarke über die (→ 1997) zum Weltkulturerbe erklärte Region Hallstatt-Dachstein.

16.9. In Rutzenmoos wird ein Museum eröffnet, das der Geschichte des Protestantismus in Oberösterreich gewidmet ist.

1.10. Die Linzer ESG (Elektrizitäts-, Fernwärme- und Verkehrsbetriebe AG) und die SBL-Stadtbetriebe Linz GesmbH vereinigen sich zur „Linz AG".

13.11. Pram wird Markt.

12.12. In Melk wird ein Abkommen über das grenznahe tschechische Atomkraftwerk Temelin beschlossen. (Unterzeichnung in Brüssel → 2001.)

Landesausstellung im ehemaligen Minoritenkloster Wels: „Zeit – Mythos, Phantom, Realität".

Sportler des Jahres: Violetta Oblinger-Peters (Kanu) und Christoph Sieber (Surfen), Askö Pasching, Fußballmannschaft

Die jüngste Stadt

Mit 1. 1. 2000 ist die Stadterhebungsurkunde ausgestellt: Genau um Mitternacht wird Marchtrenk zur Stadt erhoben.

Ein großer Oberösterreicher

„Mit Alt-Bundespräsident Rudolf Kirchschläger verliert Oberösterreich einen großen Landesbürger, der sich in all den Jahren immer mit seinem Heimat-Bundesland besonders verbunden fühlte. Kirchschläger war als Bundespräsident ein großer Ermahner und ein großer Ermunterer; ich denke an seine Rede bei der Welser Messe von den sauren Wiesen. Sein Wort war glaubwürdig, weil Reden und Tun im Einklang gestanden sind. Er war bei der Bevölkerung äußerst beliebt. Er war populär, obwohl er kein Populist war. Wir verlieren mit ihm einen großen Oberösterreicher."

Landeshauptmann Josef Pühringer in der Fernsehsendung „Oberösterreich heute", ORF 2, 30. März 2000.

Todestage

Friedrich Gulda. Pianist und Komponist. Gestorben 27. 1. 2000 in seinem Haus in Weißenbach, Gemeinde Steinbach am Attersee. (Geboren 16. 5. 1930 in Wien.)

Rudolf Kirchschläger. Bundespräsident (1974 bis 1986). Gestorben 30. 3. 2000 in Wien. (Geboren 20. 3. 1915 in Niederkappel, Bezirk Rohrbach.) → S. 42, 306, 316, 329, 431, 460, 461, 474, 488

Oskar Czerwenka. Opernsänger. Gestorben 1. 6. 2000 in Vöcklabruck. (Geb. 5. 7. 1924 in Linz.)

Walter Brauneis. Zentralbetriebsrat der Voest (1952–1978). Gestorben 15. 8. 2000 in Linz. (Geboren 24. 4. 1920 in Linz.)

Karl Fellinger. Arzt von internationalem Ruf. Gest. 8. 11. 2000 in Wien. (Geb. 19. 6. 1904 in Linz.)

Leopold Temmel. Evangelischer Superintendent (1966–1980). Gestorben 11. 11. 2000 in Golling. (Geboren 11. 12. 1913 in Krieglach.)

Ernst Fehrer. Industrieller und Erfinder. Gestorben 1. 12. 2000 in Linz. (Geb. 24. 3. 1919 in Linz.)

Benno Ulm. Kunsthistoriker. Gestorben 7. 12. 2000 in Linz. (Geboren 22. 10. 1921 in Wien.)

Kurt Holter. Stadtgeschichtsforscher und Kunsthistoriker. Gestorben 28. 12. 2000 in Wels. (Geboren 3. 10. 1911 in Wels.)

Proteste gegen AKW Temelin

2. September. Eine Minute vor zwölf beginnen mit einer Blockade der Grenzübergänge zwischen Oberösterreich und Tschechien die Protestaktionen gegen das grenznahe tschechische Atomkraftwerk Temelin. Tschechien wendet sich wegen dieser Blockaden an die Europäische Union. Bis zum Jahresende 2000 kommt es in Temelin zu fünf Störfällen, trotzdem geht der erste Reaktorblock ans Netz.

Nein zum Musiktheater

26. November. Erstmals findet in Oberösterreich eine Volksbefragung statt: Soll in Linz ein Musiktheater gebaut werden? Das Ergebnis: ein klares Nein. 291.739 Nein-Stimmen (59,69%), 197.040 Ja-Stimmen (40,31%). Das Linzer Ergebnis: 35.019 Nein-Stimmen (54,5%), 29.239 Ja-Stimmen (45,5%). Die Wahlbeteiligung ist mit 50,05% überraschend hoch. Stimmberechtigt sind 984.337 Oberösterreicher, abgegebene Stimmen: 492.698.

Geburtenrückgang

Anlässlich des Jahreswechsels ins Jahr 2000 rechnen die Statistiker nach, dass Oberösterreich vor hundert Jahren um rund 570.000 Einwohner weniger hatte, aber pro Jahr doppelt so viele Menschen geboren wurden. (Vor hundert Jahren: 25.000 Geburten im Jahr. Heute: 12.000 bis 13.000 Geburten im Jahr.)

Weltende 2000

Wie sich die Bilder gleichen: Fürchtete man im Jahr 1000 das Ende der Welt (→ S. 68), so hatte man mit dem Wechsel zum Jahr 2000 Angst vor einem Computer-Weltuntergang. Von Pannen bei der Stromversorgung über das Chaos bei den Banken bis zur durch Computerfehler ausgelösten atomaren Katastrophe reichten die Horrorszenarien. Doch „Alles in Ordnung" melden die EDV-Zentralen, „Keine Abstürze" heißt es bei der oberösterreichischen Energie AG. Abstürze gibt es nur in der Gastronomie, denn viel mehr als vermutet bleiben in der Silvesternacht zu Hause.

Kirchschlägers letzter Weg *„Oberösterreich verliert einen großen Landesbürger", erklärt Landeshauptmann Josef Pühringer. Die sterblichen Überreste des Bundespräsidenten werden nach dem Trauergottesdienst aus dem Stephansdom getragen.*

Worte des Trostes versagen

„Welchen Sinn soll eine solche Katastrophe haben, wenn Kinder plötzlich ohne Eltern und Eltern ohne Kinder dastehen. Dieses Fragen tut weh. Erwarten Sie nicht, dass ich auf die existenziellen Fragen irgendwelche Antworten anbieten kann, womöglich vorschnell und oberflächlich. Ich bin selber zu sehr betroffen, zu sehr am Suchen. Ich bin aber überzeugt, es ist gut, dass diese Fragezeichen gesetzt werden, dass diese Fragen gestellt werden, dass wir unsere menschliche Ratlosigkeit nicht verstecken, ja selbst: es ist verständlich, wenn wir in dieser Ratlosigkeit Vorwürfe an Gott und seine Güte zulassen. Ich verneige mich in Respekt, Ehrfurcht und Demut vor unseren toten Landsleuten. Die Herr schenke ihnen das ewige Leben."

Landeshauptmann Josef Pühringer beim ökumenischen Trauerakt für die 44 oberösterreichischen Todesopfer der Brandkatastrophe am Kitzsteinhorn. (Wels, 18. November 2000.)

*

„Menschliche Worte des Trostes versagen angesichts des großen Leides. Die für den menschlichen Verstand vorhandene Sinnlosigkeit dieses Sterbens trifft selbst gläubige Menschen schwer."

Diözesanbischof Maximilian Aichern am 18. November 2000 in Wels.

Lambach und Stadl-Paura am See

Seit 1999 liegen Lambach und Stadl-Paura an einem See. Am 27. Mai 2000 wird das Traun-Kraftwerk Lambach eröffnet. Die Naturschützer sind mit dieser Lösung des Kraftwerksbaues einverstanden.

Nach 13 Bränden gefasst

11. Jänner. Die Bevölkerung von St. Georgen an der Gusen atmet auf: Der Serienbrandstifter ist endlich gefasst. Ein 16-jähriger Elektrikerlehrling gesteht, 13 Brände gelegt zu haben, zuletzt im Gasthaus seiner Mutter. Als Feuerwehrmann hat er bei allen Löscharbeiten tatkräftig mitgeholfen und am 22. November 1999 in der ORF-Sendung „Thema" sogar ein Interview gegeben. „Ein Bauernhaus, das braucht nicht viel", sagte er. „Man geht einfach her und das brennt gleich!" →

Olympia-Gold für Windsurfer

Der Windsurfer Christoph Sieber aus Stadl-Paura erringt am 24. September bei den Olympischen Sommerspielen in Sydney die Goldmedaille in der Mistralklasse.

Landestrauer

11. November. „Es ist eines der dunkelsten Kapitel im Geschichtsbuch unseres Landes", sagt Landeshauptmann Josef Pühringer über die Brandkatastrophe im Tunnel der Kapruner Standseilbahn zum Kitzsteinhorn. Unter den 155 Todesopfern sind 44 Oberösterreicher, darunter 13 Welser Magistratsbedienstete, die ihren jährlichen Skiausflug unternommen hatten. Vier Welser Kinder werden zu Vollwaisen. Die Bundesregierung ordnet für zwei Tage Staatstrauer an, in Oberösterreich wehen zum Zeichen der Landestrauer eine Woche lang schwarze Fahnen. (Die Opferbilanz: 92 Österreicher, 37 Deutsche, 10 Japaner, 8 US-Amerikaner, 4 Slowenen, 2 Niederländer, 1 Engländer, 1 Tscheche.) → 2005

„... weil er uns gehört!"

„Mit Hannes Trinkl hat eine großartige Sportlerpersönlichkeit ein Kapitel im sportlichen Geschichtsbuch Oberösterreichs geschrieben."

Landeshauptmann Josef Pühringer, „Oberösterreichische Nachrichten", 8. 2. 2001.

*

„Wer hätte gedacht, dass ein Oberösterreicher diesen wichtigen Weltmeistertitel holen kann?"

Wirtschaftskammerpräsident Christoph Leitl, „Oberösterreichische Nachrichten", 8. 2. 2001.

*

„Auch ich danke Ihnen für Ihr Vorbild in Sport und Leben, das Sie unserer Heimat, besonders auch der Jugend sind."

Diözesanbischof Maximilian Aichern, „Oberösterreichische Nachrichten", 8. 2. 2001.

*

„Die ganze Welt hat auf Hannes Trinkl geschaut, und wir Oberösterreicher sind stolz, weil er uns gehört!"

Landeshauptmann Josef Pühringer bei der Feier für den Weltmeister in St. Pankraz am 9. Februar 2001.

2001

Kalender

7.1. Die Oper „Zeichner im Schnee" von Peter Androsch wird im Linzer Landestheater uraufgeführt.

14.1. Uraufführung des Schauspiels „Heesters in den Sträuchern" von Andreas Jungwirth in den Kammerspielen des Linzer Landestheaters.

16.1. In Wels gelingt den österreichischen Drogenfandern der bisher größte Erfolg gegen internationale Schmugglerbanden: Auf dem ÖBB-Terminal spürt ein Suchtgifthund in einem türkischen Lastwagen 107 Kilo Heroin im Marktwert von 100 Millionen Schilling auf. Das Rauschgift war über die Balkanroute in die Niederlande unterwegs.

17.1. Die „LandesChronik Oberösterreich" in der „Top-Ten"-Bücherliste. (Veröffentlicht auf der Literaturseite der „Oberösterreichischen Nachrichten".)

7.2. Oberösterreich hat einen neuen Volkshelden. Bei der alpinen Ski-Weltmeisterschaft in St. Anton gewinnt der Oberösterreicher Hannes Trinkl (Bild auch → S. 513) in der als Königsdisziplin geltenden Abfahrt die Goldmedaille. →

17.2. Gerhard Pilz aus Bad Goisern holt sich in Hüttau (Salzburg) erstmals den Weltcup-Gesamtsieg im Naturbahnrodeln. → S. 502

25.2. Der oberösterreichische Skispringer Andreas Goldberger steht wieder auf dem Siegespodest, gemeinsam mit Wolfgang Loitzl, Stefan Horngacher und Martin Höllwarth. Die Österreicher erkämpfen sich bei der Nordischen Skiweltmeisterschaft in Lahti (Finnland) die Goldmedaille im Teamspringen.

5.3. Bad Leonfelden und Gallneukirchen werden Städte.

23.4. Niederwaldkirchen wird Markt.

24.5. Das letzte Spiel des LASK in der Bundesliga. Bis → 2007 muß sich der Fußballklub mit der zweiten Spielklasse begnügen.

14.6. Uraufführung von „Boccaleone" von Marlene Streeruwitz in den Linzer Kammerspielen.

2.7. Großbrand mitten in Linz in der Rosshaarspinnerei und Matratzenfabrik Fehrer.

Juli. Rückenwind für die Gegner des tschechischen Atomkraftwerks Temelin: Die deutsche Bundesregierung spricht sich gegen die Inbetriebnahme aus, nachdem es beim Probebetrieb Pannen um Pannen gab.

5.7. Bei der Geißelsäule (1769) in Linzer Landhauspark, an jener Stelle, an der der Überlieferung nach der Bauernführer Stefan Fadinger am 28. 6. 1626 tödlich verwundet wurde, wird ein Gedenkstein enthüllt. „Ein Mahnmal für politische und religiöse Toleranz", erklärt Landeshauptmann Josef Pühringer. → S. 126

25.7. Im Linzer Winterhafen explodiert ein holländisches Tankschiff.

20.8. Bad Hall wird eine Stadt.

27.8. Bei einem Österreich-Aufenthalt kommt der UNO-Generalsekretär Kofi Annan nach St. Wolfgang, wo ihn eine Kindertrachtengruppe begrüßt.

1.9. Nichts ist es mit der Linzer Klangwolke. Heftige Windböen hätten eine Projektionsfläche zerstört, hieß es. Es handelt sich „um eine windige Ausrede", berichten die „Oberösterreichischen Nachrichten".

28.9. Uraufführung von „Jesus Loves You" von Karl M. Sibelius in der Spielstätte Eisenhand des Linzer Landestheaters.

12.11. Mit einem Freispruch des ehemaligen Oberarztes wird die Spitalaffäre Freistadt (1999) strafrechtlich abgeschlossen.

21.11. Uraufführung der 3. Symphonie von Fridolin Dallinger im Linzer Brucknerhaus. (Bruckner-Orchester Linz, Dirigent Dennis Russel Davies.)

29.11. Uraufführung des Theaterstücks „Herbert der Letzte" von Rudolf Habringer im Linzer Theater Phönix.

Sportler des Jahres: Ursula Inzinger (Karate), Hannes Trinkl (Ski-Abfahrtsweltmeister 2001), Black Wings. (Eishockey).

Weltmeister

St. Pankraz, der Geburtsort von Hannes Trinkl, feiert am 9. Februar die Ankunft des Weltmeisters mit einem Volksfest.

Todestage

Linus Kefer. Schriftsteller. Gestorben 10. 1. 2001 in Kirchdorf an der Krems. (Geboren 21. 7. 1909 in Garsten.)

Max Kaindl-Hönig. Schriftsteller. Gestorben 21. 2. 2001 in St. Jakob am Thurn, Salzburg. (Geboren 13. 2. 1919 in Grünburg.)

Herwig Karzel. Evangelischer Superintendent (1980–1990). Gestorben 29. 7. 2001 in Salzburg. (Geboren 17. 3. 1925 in Bielitz.)

Peter Strahammer. Generaldirektor der Voest (seit 1994). Tödlich verunglückt am 22. 8. 2001 bei einem Bergunfall im Gemeindegebiet von Strobl. (Geboren 5. 5. 1944 in Wels.)

Fritz Fröhlich. Maler. Gestorben 19. 11. 2001 in Linz. (Geboren 13. 5. 1910 in Linz.)

Keine Sprechstunde

Am 21. August 2001, dem Tag, an dem der SC Schwan Schwanenstadt den SC Pasching in einem Elfmeter-Krimi aus dem ÖFB-Cup befördern konnte, beendete Bürgermeister Karl Staudinger seine Sprechstunde vorzeitig mit der Bemerkung: „Heute kommt eh keiner mehr. Es sind sowieso alle im Stadion!“

Aus: Rudolf Lehr „Schwanenstadt – Bewegte Geschichte, lebenswerte Gegenwart“, Schwanenstadt 2002.

Wo sich die Tiere wohl fühlen, kann es auch der Mensch. Der Nationalpark Kalkalpen wird im Juli um 1800 Hektar vergrößert.

Das umstrittene Atomkraftwerk Temelin

Zwischen dem österreichischen Bundeskanzler Wolfgang Schüsssel, dem tschechischen Ministerpräsidenten Milos Zeman und dem EU-Erweiterungskommissar Günter Verheugen wird am 29. November 2001 in Brüssel ein Abkommen über das in unmittelbarer Grenznähe zu Oberösterreich gelegene tschechische Atomkraftwerk Temelin geschlossen: Österreich verzichtet auf die Forderung, Temelin stillzulegen, Tschechien verpflichtet sich zur Einhaltung der von Österreich geforderten Sicherheitsmaßnahmen. (Beschlossen wurde die Vereinbarung am 12. 12. 2000 in Melk.) → 2005, 2006

Die Reaktionen über dieses Abkommen sind unterschiedlich:

„Was erreicht wurde, ist anzuerkennen. Natürlich kann das nicht darüber hinwegtäuschen, dass die Hauptforderung, die Nicht-Inbetriebnahme, nicht durchgesetzt werden konnte.“

Landeshauptmann Josef Pühringer (VP).

„In Brüssel wurden leichtfertig Sicherheitsinteressen verspielt. Die Bundesregierung hat einen Totalumfaller hingelegt und die Atomindustrie hat sich durchgesetzt.“

Landeshauptmann-Stellvertreter Erich Haider (SP).

*

„Schüssel wird die Meinung der Österreicher berücksichtigen müssen.“

Landesrat Hans Achatz (FP).

*

„De facto heißt das Abkommen, dass Österreich das AKW Temelin nicht mehr in Frage stellt. Das kann von Oberösterreich nicht akzeptiert werden.“

Rudi Anschober, Landtagsklubobmann der Grünen.

1,376.797 Oberösterreicher

Das Ergebnis der Volkszählung 2001 im Vergleich:

- 2001: 1,376.797

- 2011: 1,412.640
- 1991: 1,333.480
- 1981: 1,269.540
- 1961: 1,131.623
- 1939: 1,042.000 (Oberdonau)
- 1934: 902.965
- 1900: 810.854
- 1800: 626.000
- 1700: 450.000
- 1600: 380.000
- 1527: 335.000

Käme Stelzhamer zurück

Duris Tal bin i gfahrn
mit da Seubah Berge hoch
und die Sunn hat vabrennt mi
wei im Hümmi is a Loch.

Deine Wegal, deine Straßn
san mit schwarzn Baz augschmiert
tausnd Lastwagn brausn drüber
maunches Viechal flach krepiert.

Saura Regn auf deine Wöda
gifti Wasser rinnt im Bach
und des Öl in deine Latschn
macht in Rengbog'n so sche noch.

Red'n dant Leit nur mit an Kastl
fria hät ma gsagt „a Narr"
ratschn lusti, laut und munta
bis de Wertkartn is goa.

Weil dahoam koa Platz mehr is
sperrt ma Alte einfach zaum,
und de Stubn, wo de Moam war
is jetzt a Kompjuta-Raum.

Und des Wirtshaus, nem da Kircha
hoast jetzt „Pizza Napoli"
statt an Gselchtn und an Bratl
Pizza, Pasta, Spaghetti.

Dass de Leit mein Text singan
tuat mi wirkli sakrisch gfrein
leida hat's mit meina Hoamat
aba nimma recht vü gmein.

Klaus Aichberger, Kirchdorf, zum 200. Geburtstag von Franz Stelzhamer („Oberösterreichische Nachrichten", 30. 4. 2002, Auszug.)

2002

Kalender

1.1. Währungsumstellung von Schilling auf Euro.

12.1. In den Kammerspielen des Landestheaters wird das Stück „An wen soll ich schreiben? An Gott?" von Karl Fallend uraufgeführt.

14.–21.1. Volksbegehren gegen das nahe der österreichischen Grenze gelegene tschechische Atomkraftwerk Temelin in Verbindung mit einer Veto-Drohung für einen Beitritt Tschechiens zur Europäischen Union. Oberösterreich hat mit 236.721 Unterschriften (23,5 Prozent) die meisten Unterstützer des Volksbegehrens. (925.220 Unterschriften in ganz Österreich.)

24.1. Uraufführung des Stückes „Shit happens" von Thomas Baum im Linzer Theater Phönix.

26.1. Der Goiserer Gerhard Pilz (Bild → S. 502) wird wieder Weltcupsieger im Naturbahnrodeln.

8.2. Helmut Obermayr wird neuer Direktor des ORF-Landesstudios Oberösterreich. (Bis 2011.) Der bisherige Landesintendant Kurt Rammerstorfer wird Hörfunkdirektor des ORF (bis 2006). → 2011

9.2. Der Mühlviertler Christian Hoffmann (Bild → S. 513) holt bei den Olympischen Winterspielen in Salt Lake City (USA) im 30-Kilometer-Skilanglauf die Silbermedaille. Wegen Disqualifizierung des Erstplatzierten (Doping) wird ihm später die Goldmedaille zuerkannt. → 2003, 2004

19.2. Eine Kunstexpertin identifiziert ein Bild aus der grafischen Sammlung des Linzer Stadtmuseums Nordico als Arbeit aus einer Miniaturhandschrift der indischen Mogulkunst aus dem 17. Jahrhundert. Das Bild war 1971 mit 600 anderen Blättern als Schenkung in den Besitz des Stadtmuseums gekommen und im Zuge einer wissenschaftlichen Aufarbeitung in seinem sensationellen Wert erkannt worden.

21.2. 2500 Fans feiern in Aigen im Mühlkreis, dem Heimatort des Medaillengewinners Christian Hoffmann, ihren Olympioniken.

5.3. Der ehemalige sowjetische Ministerpräsident Michail Gorbatschow kommt in seiner Funktion als Präsident der Umweltorganisation „Grünes Kreuz" nach Linz, besucht am

6.3. die Energiesparmesse in Wels und überreicht im Linzer Design Center den Umweltpreis „Energy Globe", eine Art Energiespar-Oscar, den der Energiesparverband Oberösterreich verleiht.

6.3. Die in Linz tagende Konferenz der Landeshauptleute beschließt, vom Bund eine verfassungsrechtliche Absicherung zu verlangen, die ihnen in Katastrophenfällen einen Status als oberste Krisenmanager sichert.

15.3. Beitritt der oberösterreichischen Energie AG zur Energie Allianz. Die Allianz beliefert 77 Prozent der österreichischen Stromkunden.

18.3. Vorderweißenbach wird Markt.

Ende März. Hochwasser, vor allem im Machland.

3.–10.4. Volksbegehren „Sozialstaat Österreich". Oberösterreich liegt mit 158.320 Stimmen (15,79 Prozent) über dem österreichischen Durchschnitt. (12,20 Prozent, insgesamt 717.314 Unterschriften.)

8.4. Steinerkirchen an der Traun wird Markt.

14.4. Marathon-Lauf in Linz, ein Ereignis, das in den kommenden Jahren zur größten und populärsten Sportveranstaltung Oberösterreichs wird. → 2009

20.4. Eine Eislawine am Mont Blanc verschüttet vier Skifahrer, als einziger überlebt ein 64-jähriger Vöcklabrucker das Unglück.

29.4. Die österreichische Stromlösung wird beschlossen: Eine Kooperation zwischen dem Verbund und der EAA (Energie Allianz Austria). Oberösterreich ist über die Linz AG und die Energie AG (früher OKA) an der Energie Allianz und damit an der Stromlösung beteiligt. Vertragsunterzeichnung am 2. 7. 2002, Aufnahme der operativen Tätigkeit am 1. 1. 2003.

Einer der beiden zur Werkskläranlage der Lenzing AG gehörenden Kühltürme gerät in Brand.

4.5. Uraufführung der Oper „Weils Kind schlafen will" von Christoph Coburger (Text: Franzobel) am Linzer Landestheater.

14.5. Michail Gorbatschow ist wieder in Linz. Er ist am 15. 5. Hauptreferent des Raiffeisen-Voest-Alpine-Forums.

29.5. Die Fußballer des SV Plus City Pasching steigen in die Bundesliga auf. Noch nie zuvor hatte eine Mannschaft den Durchmarsch von der Regional- in die Bundesliga geschafft.

10.6. Parteieneinigkeit in der Landesregierung: Der Anbau von Gentechnikpflanzen wird in Oberösterreich verboten. → 2003, 2005, 2007, 2009, 2010

Eröffnung des Klettersteigs auf den Großen Donnerkogel (2005 m).

15.6. In der Wiener Staatsoper wird die Oper „Der Riese von Steinfeld" uraufgeführt, die das Schicksal des 2,58 m großen Innviertlers Franz Winkelmeier (→ S. 263) zum Inhalt hat. Musik: Friedrich Cerha. Text: Peter Turrini. →

20.–30.6. Gelungener Versuch in Linz mit einem Theaterfestival „Schäxpir".

21.6. Uraufführung des Stücks „Onysos Kinder" von Heidelinde Leutgöb auf der Ursulinenhof-Bühne des Linzer Landestheaters.

4.7. Uraufführung des Stücks „Don Quichotte" von Henry Mason (nach Motiven von Miguel de Cervantes) im Sommertheater Schwanenstadt.

11.7. Eröffnung des neugestalteten Hallstätter Museums.

13.7. Der Linzer Roman Rametsteiner erkämpft beim ersten Mountainbike-Marathon in Bad Goisern eine Bronzemedaille.

27.7. In einer Linzer Diskothek explodiert eine Handgranate. 27 Jugendliche werden zum Teil schwer verletzt.

12.9. Die vier im Landtag vertretenen Parteien einigen sich nach monatelangem Streit auf eine Neuordnung der Gerichtsorganisation: Das bedeutet 28 statt bisher 43 Bezirksgerichte in Oberösterreich. → 2003

19.9. Der Linzer Gemeinderat beschließt, das künftige „Lentos Kunstmuseum Linz" und das „Nordico – Museum der Stadt Linz" zu einem gemeinsamen Unternehmen unter der Bezeichnung „Museen der Stadt Linz" zusammenzuführen.

21.9. Bei ihrem Österreich-Besuch werden der chinesische Ministerpräsident Zhu Rongji und seine Begleitung in St. Wolfgang von Kindern in der Salzkammergut-Tracht empfangen.

30.9. Die größte Massenkarambolage in der Geschichte der Westautobahn fordert acht Tote und 57 Verletzte. Zwischen Schörfling und Seewalchen verstellt plötzlich auftretender Nebel den Autofahrern die Sicht, im dichtesten Frühverkehr verkeilen sich in beiden Fahrtrichtungen 94 Fahrzeuge ineinander.

8.10. Ein Felssturz führt auf der Selzthalbahn zu einem Zugunglück: Zwischen Schönau an der Enns und Kleinreifling entgleist ein Güterzug, die Lokomotive springt aus den Gleisen und stürzt auf den Schleusenvorbau des Kraftwerks. Der Linzer Lokführer kommt ums Leben.

18.10. Eröffnung des neuen Finanz-Dienstleistungszentrums der Raiffeisen-Landesbank am Europaplatz in Linz.

24.11. Nationalratswahlen. Zum ersten Mal seit 1966 wird die ÖVP wieder stimmenstärkste Partei im Nationalrat. Die Ergebnisse in Oberösterreich: 316.009 SP, 88.790 FP, 363.497 VP, 74.043 Grüne, 3979 KP, 7247 LIF.

9.12. Natternbach wird Markt.

Landesausstellung in Waldhausen: „Feste feiern".

Sportler des Jahres: Liu Jia (Tischtennis) und Christian Hoffmann (Skilanglauf), Plus City Pasching, Fußballmannschaft.

Todestage

Susanne Köllersberger. Schriftstellerin. Gest. 13. 2. 2002 in Linz. (Geboren 7. 3. 1923 in Eferding.)

Alois Wagner. Erzbischof (seit 1992), Weihbischof von Linz (1969–1981). Gestorben 26. 2. 2002 in Linz. (Geb. 20. 3. 1924 in Leopoldschlag.)

Igo Hofstetter. Operettenkomponist. Gestorben 2. 3. 2002 in Linz. (Geboren 1. 6. 1926 in Linz.)

Matthäus Fellinger. Keramiker und Maler. Gestorben 12. 5. 2002 in Linz. (Geboren 11. 4. 1924 in Neukirchen an der Vöckla.)

Franz Carl Lipp. Volkstumsforscher. Gestorben 30. 5. 2002 in Bad Ischl. (Geboren 30. 7. 1913 in Bad Ischl.) Erneuerer der oberösterreichischen Trachten. → S. 192 ff.

Hilde Hager-Zimmermann. Komponistin. Gestorben 21. 9. 2002 in Steyr. (Geboren 17. 4. 1907 in Rosenthal im Böhmerwald.)

Fritz Feichtinger. Maler. Gestorben 31. 10. 2002 in Linz. (Geb. 16. 5. 1927 in St. Florian bei Linz.)

Der vierte Oberösterreicher

Mit dem Amtsantritt von Herwig van Staa am 26. Oktober 2002 ist Tirol das vierte Bundesland mit einem Oberösterreicher als Landeshauptmann. (Neben Josef Pühringer sind auch die Landeshauptmänner von Salzburg und Kärnten, Franz Schausberger und Jörg Haider, geborene Oberösterreicher.) In Salzburg gibt es ab → 2004 mit Gabriele Burgstaller die erste Oberösterreicherin als Landeshauptfrau.

Bleibt in Österreich

„Die Verfügungsgewalt über den Rohstoff Wasserkraft bleibt in Österreich. Das ist ein nicht zu unterschätzender gesamtwirtschaftlicher Vorteil für das Land."

Erich Hirtl in der „Zeit im Bild", ORF 2, 20. 4. 2002.

Im Salzkammergut ...

„Im Salzkammergut lässt sich nicht nur gut leben, sondern auch gut arbeiten."

Gastgeber Landeshauptmann Josef Pühringer in seinen Begrüßungsworten zur Regierungsklausur in St. Wolfgang, 7. 3. 2002.

Denkmal für den Innviertler Riesen

„Dem tragischen Riesen aus Oberösterreich ist ein eindrucksvolles Denkmal gesetzt."

„Neues Volksblatt", 17. 6. 2002, über die Uraufführung der Oper „Der Riese von Steinfeld" in der Wiener Staatsoper. (Nach dem „Riesen von Lengau", der von 1860 bis 1887 gelebt hat.)

*

„Kurzes Leben auf langen Beinen."

„Oberösterreichische Nachrichten", 17. 6. 2002.

Das Hochwasser wütet

„Ein blühendes Land, von einer Katastrophe heimgesucht, wie wir sie in der Zweiten Republik noch nie erlebt haben", sagt Landeshauptmann Josef Pühringer am 12. August 2002 in der vom Hochwasser am schwersten heimgesuchten Stadt Steyr. Seit 6. August wütet das Hochwasser in fast allen Teilen Oberösterreichs. Dämme bersten, viele Orte sind von den Wassermassen eingeschlossen. Die Autobahnen im Raum Linz verwandeln sich in reißende Flüsse. Erst ab 14. August senken sich die Rekord-Pegelstände allmählich, das Ausmaß der Katastrophe wird sichtbar: zerstörte Brücken, Straßen, Bahnlinien, Häuser und Wohnungen, Betriebsanlagen und Landwirtschaften. Etwa 300 oberösterreichische Gemeinden sind betroffen. Drei Menschenleben sind in Oberösterreich zu beklagen (in Kirchheim im Innkreis, Adlwang und Hartkirchen), in ganz Österreich fordert das Hochwasser sieben Todesopfer.

Polizist rettet vier Menschen aus reißender Flut

Unter Einsatz seines Lebens rettete der Linzer Polizeimajor Johannes Prager (39) Montagabend vier Menschen auf der überfluteten Westautobahn. Für einen Pensionisten kam die Rettung in letzter Sekunde. Er saß wie gelähmt in seinem Skoda. Das Wasser reichte fast bis zum Dach. Prager sprang in die braune Brühe. Die Strömung riss ihn mit. Er konnte sich noch am Heckscheibenwischer festhalten. „Drehn's die Scheibe runter", forderte der Offizier. Erst dann reagierte der Lenker. Der Retter öffnete die Tür und brachte den Mann schwimmend in Sicherheit. Danach hatte der Offizier auch noch die Kraft, eine Familie schwimmend von einem Autodach zu bergen. „Übermenschlich", sagen die Kollegen. „Es war meine Pflicht", meint der mehrfache Retter.

„Oberösterreichische Nachrichten", 14. 8. 2002.

Sehr oft ist die Bergung nur mit dem Hubschrauber möglich. Auf dem Bild die überflutete Rohrbacher Bundesstraße.

Schuldenfrei

22. März. Mit dem Eingang von 1,5 Milliarden Euro aus dem Verkauf von Teilen der Wohnbauförderung ist das Land Oberösterreich schuldenfrei. „Sparen und Schuldenfreiheit sind kein Selbstzweck", erklärt dazu Landeshauptmann Pühringer. „Vielmehr schaffen sie Spielraum für wichtige Investitionen in die Zukunft des Landes."

Ein Milliardenbild

Den Weltrekordpreis für einen alten Meister erzielt ein Bild aus Oberösterreich: das Gemälde „Der Bethlehemitische Kindermord" von Peter Paul Rubens (1577–1640). Eine 89-jährige hatte das Bild einem Londoner Auktionshaus angeboten, wo es am 10. Juli 2002 um den unvorstellbaren Betrag von 49,5 Millionen Pfund (77,3 Millionen Euro) verkauft wurde. Als das noch rund eine Milliarde Schilling war, hing das Gemälde unerkannt im Stift Reichersberg. Die Frau hatte es 1923 geerbt und weil es ihr nicht gefiel, dem Stift geliehen. Als das Werk als echter Rubens identifiziert wurde, kletterte sein Wert in Rekordhöhe. Das Bundesdenkmalamt hatte, in Unkenntnis seines Wertes, die Ausfuhrgenehmigung erteilt. So kam das Kunstwerk in die Hände eines amerikanischen Milliardärs – für Österreich ist es damit verloren.

Pro und Kontra Voest-Privatisierung

„Der richtige Weg von einem teilverstaatlichten zu einem freien Unternehmen“.

Wolfgang Eder,
designierter Voest-Generaldirektor.

*

„Über die Vorkaufsrechte haben wir ein Sicherheitsnetz.“

Landeshauptmann Josef Pühringer.

*

„Ein schwarzer Freitag für uns alle. Verkauft sind wir worden.“

Voest-Zentralbetriebsrat Helmut Oberchristl.

*

„Sommerschlussverkauf in der ÖIAG: Voest-Anteile für Schnäppchenjäger.“

Kolumne „Herr Hofrat und sein Leopold“.
Alles zitiert aus: „Die Presse“, 20. 9. 2003.

Erstmals schwarz-grün

„Ich glaube, dass das gemeinsame Arbeitsübereinkommen doch eine Grundlage ist, auf der man sechs Jahre vernünftig arbeiten kann, ohne seine Identität zu verlieren und ohne dass man ununterbrochen vor großen Krisen steht.“

Landeshauptmann Josef Pühringer
zum Abkommen mit den Grünen.
„Oberösterreich heute“, ORF 2, 21. 10. 2003.

2003

Kalender

1.1. Oberösterreich ist von der Reform der Bezirksgerichte stark betroffen. Mit 1. 1. 2003 werden folgende Bezirksgerichte aufgelöst: Aigen, Engelhartszell, Grein, Grünburg, Haag am Hausruck, Kremsmünster, Lembach, Neufelden, Raab, Unterweißenbach und Wildshut. (Mit 1. 1. 2005 dann die Bezirksgerichte Mauerkirchen, Neuhofen an der Krems, Obernberg am Inn und Schwanenstadt.)

5.1. Uraufführung der Theaterrevue „Das Herz in der Lederhose“ von Günter Rainer und Joachim Rathke in den Kammerspielen des Linzer Landestheaters.

13.1. Schlüßlberg wird Markt.

16.1. Strengere EU-Genzwerte für Feinstaub stellen die Stadt Linz vor Probleme: 35 Überschreitungen wären zulässig, Linz registriert bis zu 79 Überschreitungen im Jahr.

Uraufführung des Stücks „Unter Fischen“ des 26-jährigen Volker Schmidt, der den vom Phönix Theater Linz und der oberösterreichischen Arbeiterkammer ausgeschriebenen Wettbewerb für ein „junges radikales Stück“ gewonnen hat.

20.1. Pregarten wird eine Stadt.

22.1. Im Brucknerhaus Linz kommt die 5. Symphonie des Oberösterreichers Balduin Sulzer zur europäischen Erstaufführung. →

30.1. Der Linzer Gemeinderat beschließt, aus der Sammlung des Kunstmuseums Lentos das Bild „Städtchen am Fluß“ (Krumau) an die Erben der ursprünglichen jüdischen Besitzerin zurückzugeben.

Uraufführung „Betthupferl“, Minidramen verschiedener oberösterreichischer Autoren. (Eisenhand-Bühne des Linzer Landestheaters.)

3.2. Walding wird Markt.

5.2. Das traditionsreiche Welser Waschmaschinenwerk Eudora muss den Konkurs anmelden.

14.2. Uraufführung des Stücks „Schwejk“ von Werner Fritsch in den Kammerspielen des Linzer Landestheaters.

12.3. Das Theaterstück „Mobbing“ der Linzer Autorin Margret Czerni wird vom Ensemble Theater (ET) in Wien uraufgeführt.

17.3. Die Landesregierung fasst den Beschluss, mit Wirkung vom 4. 5. 2004 den heiligen Florian zum zweiten Landespatron zu ernennen. → 2004

13.4. Die Linzer „Black Wings“ holen den Eishockey-Meistertitel erstmals nach Oberösterreich.

24.4. Altheim wird zur Stadt erhoben.

2.5. Der niederländische Getränkekonzern Heineken kauft den Linzer Braukonzern BBAG (Österreichische Brau-Beteiligungs AG).

4.5. Im Linzer Schlossmuseum eröffnet Landeshauptmann Josef Pühringer die Ausstellung „Worauf wir stehen – Archäologie in Oberösterreich 2003“.

6.5. Der erste großflächige Streik in Österreich seit mehr als fünfzig Jahren richtet sich gegen die geplante Pensionsreform der Regierung. In Oberösterreich wird vor allem in den Großbetrieben gestreikt, die öffentlichen Verkehrsmittel stellen für einige Stunden den Betrieb ein, es erscheinen keine Tageszeitungen.

18.5. Das „Lentos Kunstmuseum Linz“ wird eröffnet. (Architekturbüro Weber+Hofer aus der Schweiz.) →

29.5. Für die Freunde des oberösterreichischen Fußballsports stürzt eine Welt ein: Nach acht Jahren muss der Bundesligaverein Josko Ried (nach einer 0:3-Niederlage gegen Admira im Rieder Stadion) von der höchsten Spielklasse Abschied nehmen. → 2005

3.6. Der Höhepunkt der von der Gewerkschaft organisierten Streikaktionen. In Oberösterreich beteiligen sich etwa 400 Betriebe am Streik. Die öffentlichen Verkehrsmittel stehen 24 Stunden still, die Schulen bleiben geschlossen.

5./6.6. In dem im Mai eröffneten Linzer Kunstmuseum Lentos richten Vandalen arge Schäden an, vor allem durch Besprühungen in der Skulpturenhalle.

6.6. Eröffnung des Neubaues der Landesnervenklinik Wagner-Jauregg in Linz. Von einem „Meilenstein im Spitalsbau in Oberösterreich“ sprechen Landeshauptmann Josef Pühringer und Gesundheits-Landesrätin Silvia Stöger.

20.6. Als erste Österreicherin bezwingt die 32-jährige Oberösterreicherin Gerlinde Kaltenbrunner den 8125 m hohen Nanga Parbat.

Frühling/Sommer. Der heißeste Juni seit 150 Jahren. Auch im Juli und August purzeln die Hitzerekorde.

3.7. Der Landtag beschließt mit den Stimmen von VP, SP und Grünen einen Theaterneubau (Musiktheater) in Linz. → 2006

7.7. In Oberösterreich wird ein internationaler Rauschgiftring zerschlagen. „Es war österreichweit eine der größten, wenn nicht die größte Suchtgift-Amtshandlung“, heißt es im Polizeibericht. Hauptumschlagplatz der von Schwarzafrikanern organisierten Drogengeschäfte war ein Parkplatz in Vöcklabruck.

14.7., 5.24 Uhr. Ein leichtes Erdbeben (Stärke 4 nach der zwölfteiligen Mercalli-Skala) schreckt die Bewohner von Bad Goisern und Hallstatt aus dem Schlaf. Schäden entstanden nicht.

23.7. Beim Abstieg vom Dachsteingipfel stürzt nach einem Blitzschlag ein 30-jähriger Linzer 50 Meter auf die Randkluft. Er überlebt den Sturz nicht, vier weitere Bergsteiger stürzten ebenfalls ab, fallen aber nicht in die Tiefe und überleben.

28.7. Die Dürre vernichtet ein Drittel der Futterbestände Oberösterreichs. Ein Krisengipfel der Landesregierung beschließt eine finanzielle Hilfe für die Landwirtschaft.

13.8. Eine Explosion im Linzer Chemiepark fordert 18 Verletzte.

20.8. Bei den Festwochen in Gmunden wird das Stück „Black Jack“ des oberösterreichischen Autors Franzobel uraufgeführt.

23.–28.8. Ein Großbrand vernichtet im Gebiet des Hohen Nock (Sengsengebirge) 16 Hektar Latschen- und Waldfläche des Nationalparks Kalkalpen. Als Brandursache wird ein Blitzschlag angenommen.

31.8. Der Steyrer Clemens Doppler wird mit seinem Partner Nik Berger Europameister im Beachvolleyball.

2.9. Die EU-Kommission verbietet Oberösterreich, sich gesetzlich zur gentechnikfreien Zone zu erklären. → 2002, 2005, 2007, 2009, 2010

Sommer/Herbst. Wichtige Autobahnabschnitte werden eröffnet: Das Voralpenkreuz in Sattledt, die Tunnelkette Klaus und die Welser Westspange.

11.9. Eröffnung des Druckzentrums des Medienhauses Wimmer in Pasching.

13./14.9. 75.000 Zuschauer beim Powerboot-Rennen am Traunsee.

Ein paar Tage später hat Oberösterreich etwas zum Lachen: Der viel bestaunte und von den Fernsehkameras belagerte Scheich, der mit Bodyguards und Haremsdamen zum Rennen erschien, demaskiert sich als Schulwart von Reindlmühl bei Altmünster. Er und seine Begleiter sind Mitglieder einer Faschingsgilde.

28.9. Landtags-, Gemeinderats- und Bürgermeisterwahlen. Der neue Landtag: 25 VP (25), 22 SP (16), 5 Grüne (3), 4 FP (12). Wahlbeteiligung: 78,65 Prozent.

29.9. Der Wechsel in der Generaldirektion der voestalpine wird beschlossen. → 2004

12.10. In 31 Gemeinden ist eine Stichwahl notwendig, weil bei den Bürgermeisterwahlen am 28. 9. kein Kandidat die 50-Prozent-Hürde schaffte. In Weyregg muss am 26. 10. nochmals gewählt

Die Voest wird privatisiert

5. September. Die staatliche ÖIAG (Österreichische Industrieholding AG) beschließt die Privatisierung der Voest (voestalpine). Die Staatsanteile (34,7 Prozent) werden zum Teil über die Börse, zum Teil an die Mitarbeiter und zum Teil über eine Umtauschanleihe verkauft. Am Vorabend wird in Linz mit einer Menschenkette, die von der Voest bis zum Landhaus reicht, gegen die Privatisierung protestiert. Die Polizei registriert 12.000 Teilnehmer. Mit verschiedenen Aktionen wehren sich die Oberösterreicher seit Juni gegen den drohenden Verkauf des größten Betriebes im Lande.

19. September. Einer der am heißesten diskutierten Börsengänge: 19,7 Prozent an der Voest werden von der ÖIAG über die Börse verkauft: an die Mitarbeiter, an Banken und Versicherungen, internationale Investoren und Kleinanleger. Die neue Eigentümerstruktur: 39 Prozent Streubesitz Österreich (24,23 Prozent entfallen auf oberösterreichische Aktionäre), 35,6 Prozent Streubesitz Ausland, 15 Prozent Umtauschanleihe der ÖIAG, 10,4 Prozent Mitarbeiter.) Gemeinsam mit der Mitarbeiterbeteiligung und der Beteiligung oberösterreichischer Unternehmen hat Oberösterreich damit einen Anteil von 34,63 Prozent an der Voest. Auf die Anteile der oberösterreichischen Unternehmen hat das Land ein Vorkaufsrecht.

Hochhaus-Bewohner erinnern sich

„Ich habe elf Jahre im Hochhaus gewohnt. Wir hatten einen wunderbaren Ausblick."

*

„Das Wohngefühl in der neuen Siedlung ist super. Es gibt nur 23 Parteien anstatt 900, und alles ist hell und freundlich. Aber die schöne Aussicht fehlt mir."

Aus „Oberösterreichische Nachrichten", 13. 4. 2004. (Ein Jahr nach der Sprengung.)

Applaus für ein Hupkonzert

Vor dem Haus in friedlicher Höh' grasen Kühe, ihre Halsglocken scheppern. Drunten, auf der Bundesstraße, gibt's einen Stau. Es wird auf Teufel komm 'raus gehupt, dann geht es flott weiter. Solche Assoziationen zwingt Balduin Sulzer dem Hörer auf mit seiner 5. Symphonie, die mit Beifall bedankt wurde nach der exzellenten europäischen Erstaufführung im Brucknerhaus.

Reinhold Tauber in den „Oberösterreichischen Nachrichten", 24. 1. 2003.

Ein Haus der Literatur

Das StifterHaus positioniert sich gleichermaßen als literaturwissenschaftliches Institut, als Gedenkstätte und Museum wie auch als Literaturhaus. Im StifterHaus gehen die wissenschaftliche Erforschung der Literatur, die Vermittlung der Forschungsergebnisse sowie die Präsentation von Gegenwartsliteratur Hand in Hand.

Folder zum Fest „10 Jahre StifterHaus" (OÖ. Literaturhaus im Adalbert-Stifter-Institut), 14. März 2003.

Nach 5,5 Sekunden ein Schutthaufen *13. April 2003, 14.43 Uhr: Ein Knopfdruck – und innerhalb von fünfeinhalb Sekunden stürzen die beiden Wohntürme auf dem Harter Plateau in sich zusammen. Die Hochhäuser, zu einem ungeliebten Wahrzeichen von Leonding geworden, fallen exakt in die berechneten Richtungen. Mit 50.000 Zuschauern übertrifft dieses größte Sprengspektakel Europas alle Besucherrekorde von Sport- und Musikveranstaltungen in Oberösterreich. Rund 300.000 Oberösterreicher begnügen sich damit, die Sprengung vor dem Fernsehschirm zu erleben.*

werden, weil der Zweitstärkste der Wahl vom 28. 9. bei der Stichwahl am 12. 10. nicht mehr kandidierte.

23.10. Konstituierung des neuen Landtages und Wahl des Landeshauptmannes. Josef Pühringer (VP) wird wiedergewählt. Erstmals eine Zusammenarbeit von VP und Grünen in einer österreichischen Landesregierung.

Oktober–Dezember. Vier Uraufführungen im Landestheater: „Hydra Krieg" von Werner Fritsch in den Kammerspielen (18. 10.), die Jugendstücke „Jäzz & Jäzzica" von Henry Mason im Ursulinenhof (31. 10.) und „Der Feuervogel" von Philipp Engelmann in den Kammerspielen (13. 11.), „Sünderinnen" von Verena Koch und Andreas Jungwirth in der Spielstätte Eisenhand (6. 12.).

3.11. Pucking wird Markt.

4.11. Die österreichischen Eisenbahner streiken zwölf Stunden als Protest gegen die geplante Reform der Bundesbahnen.

6.11. Die Brillenfirma Carrera/Optyl in Traun wird zugesperrt, die Produktion nach Italien verlegt. 473 Mitarbeiter verlieren ihren Arbeitsplatz.

12.11., 0,00 Uhr. Beginn eines Streiks der Eisenbahner, Bahn- und Postbusbediensteten. Am gleichen Tag fixiert die Regierung die Bahnreform. Die Postbusse verkehren bereits nach 24 Stunden wieder, am 14. 11. um 17,40 Uhr wird der bisher längste Eisenbahnerstreik in Österreich beendet.

12.11. Anlässlich des Umweltschutz-Oscars „Energy-Globe-Award" kommt auch Weltprominenz ins Linzer Design Center, darunter der amerikanische Fernsehdetektiv Peter Falk (Columbo), der Meeresforscher Hans Hass, die Schauspielerin Ornella Muti, der Schlagerstar Helmut Lotti und die als „Skandalnudel" etikettierte Nina Hagen.

13.11. Das beste Halbjahresergebnis in der Konzerngeschichte der voestalpine: Sowohl der Umsatz (um 12 Prozent auf 2,26 Milliarden Euro) als auch das Betriebsergebnis (um 62 Prozent auf 147 Millionen Euro) sind gegenüber dem Vorjahr deutlich gestiegen.

3.12. Zusammenschluss der Gosauer Seilbahn GmbH mit der Dachstein AG.

4.12. Im Linzer Theater Phönix wird „Schlafende Hunde" von Thomas Baum uraufgeführt.

9.12. In der Volksschule Riedlbach (Gemeinde Oberwang) löst sich eine vor 35 Jahren schlampig montierte Schultafel und trifft einen Buben, der vier Tage später seinen Verletzungen erliegt – fünf Tage vor seinem neunten Geburtstag.

Wissenschafter des Jahres: Josef Martin Penninger (Genforscher).

Sportler des Jahres: Liu Jia (Tischtennis), Clemens Doppler (Beachvolleyball), Black Wings. (Eishockey).

Betonschachtel oder Juwel an der Donau?

„Das Lentos ermöglicht mit seinem Fenster auf Urfahr einen sich ständig ändernden Blick auf die Stadt."

Jürg Weber, der Schweizer Architekt des „Lentos-Kunstmuseums".

*

„Für mich gehört das Lentos sicher zu den schönsten und auch zweckmäßigsten Kunstmuseen Europas."

Lentos-Direktor Peter Baum.

„Das Lentos hat im Bewusstsein der Bevölkerung einen totalen Wandel durchgemacht: von dem anfänglich als Betonschachtel bezeichneten Gebäude zum nun wunderschönen Bauwerk."

Der Linzer Bürgermeister Franz Dobusch.

*

„Das beste Kunstmuseum Österreichs"
„Das neue Juwel an der Donau"

„Oberösterreichische Nachrichten", 13. Mai 2003.

„Ein Schiff voll mit Kunst"

„Neues Volksblatt", 20. 3. 2003.

*

„Schweizer Kiste mit Durchblick"
„Autobahnbrücke in der Stadt"
„Denkmal der Stadtverschandler"
„Künstlergefängnis"
„Wie es gebaut wurde, war ich schockiert, aber jetzt gefällt es mir ganz gut!"

Stimmen des Volkes.

Todestage

Rudolf Kolbitsch. Maler. Gestorben 7. 2. 2003 in Linz. (Geboren 21. 5. 1922 in Wels.)

Kurt Klinger. Schriftsteller. Gestorben 23. 4. 2003 in Wien. (Geboren 11. 6. 1928 in Linz.) → S. 384, 477

Josef Rosenhammer. Franziskaner, Missionsbischof in Bolivien (1949–1974). Gestorben 26. 4. 2003 in San Ignacio, Bolivien. (Geboren 1. 1. 1900 in Mauerkirchen.)

Heimrad Bäcker. Schriftsteller. Gestorben 8. 5. 2003 in Linz. (Geboren 9. 5. 1925 in Wien.) → S. 476

Katharina Dobler. Volksbildnerin. Gestorben 10. 5. 2003 in Zell an der Pram. (Geboren 9. 11. 1918 in Zell an der Pram.)

Hanns Kreczi. Historiker und Schriftsteller. Gestorben 25. 6. 2003 in Linz. (Geboren 10. 2. 1912 in Wien.)

Veronika Handlgruber-Rothmayer. Schriftstellerin. Gestorben 5. 9. 2003 in Wien. (Geboren 7. 2. 1920 in Wien.) Sie lebte in Steyr.

Augustinus Franz Kropfreiter. Augustiner-Chorherr, Komponist. Gestorben 26. 9. 2003 in St. Florian. (Geboren 9. 9. 1936 in Hargelsberg.)

Karl Grünner. Landeshauptmann-Stellvertreter 1982–1993 (SP). Gestorben 22. 10. 2003 in Linz. (Geboren 30. 12. 1932 in Linz.)

Späte Goldmedaille

18. Dezember. Der Mühlviertler Christian Hoffmann wird fast zwei Jahre nach den Olympischen Winterspielen (→ 2002) nachträglich zum Olympiasieger im 30-Kilometer-Skilanglauf gekürt. „Eine späte Gerechtigkeit" kommentiert der Sportjournalist Hubert Potyka die Zuerkennung der Goldmedaille. Der internationale Sportgerichtshof (CAS) hatte den seinerzeit Erstplatzierten wegen Dopings disqualifiziert. Die Überreichung der Goldmedaille erfolgt erst am 21. 6. 2004.

Drei Präsidentinnen

Nach den Landtagswahlen 2003 besteht das Präsidium des oberösterreichischen Landtags erstmals aus Frauen: Angela Orthner (VP) ist wieder erste Landtagspräsidentin, Gerda Weichsler (SP) wieder zweite und neu Doris Eisenriegler (Grüne) als dritte Landtagspräsidentin.

17 Minuten zum Arzt

17 Minuten dauert in Oberösterreich im Schnitt der Fußweg zum praktischen Arzt. Schneller geht es in keinem anderen Bundesland, sogar die Stadt Wien liegt mit 19 Minuten darüber.

(„Neues Volksblatt", 19. 3. 2003, Bericht über eine Pressekonferenz der OÖ. Gebietskrankenkasse vom 18. 3. 2003.)

Das neue Kunstmuseum Lentos *zieht die Aufmerksamkeit der Linzer auf sich: Bewunderer und Ablehner. Unwahrscheinlich rasch haben sich die Linzer mit diesem vorerst heftig kritisierten Bau nicht nur abgefunden, sondern sogar angefreundet und sehen darin einen neuen Blickfang auf der Kulturmeile an der Donau. Das Lentos Kunstmuseum zählt zu den wichtigsten Museen moderner Kunst in Österreich.*

Lehren aus dem 12. Februar 1934

„Alle Verantwortungsträger aus beiden großen Lagern, die sich nach 1945 die Hände gereicht haben, haben sich allein durch diese Versöhnung einen Platz in den Geschichtsbüchern verdient."

Landeshauptmann Josef Pühringer in der Sondersitzung des Landtags zum Jahrestag der Februarereignisse des Jahres 1934 (12. Februar 2004).

Gipfelbezwingerin

„Ich besteig den Berg, bezwingen tu ich ihn nicht!"

Die Extrem-Bergsteigerin Gerlinde Kaltenbrunner, „Oberösterreich heute", ORF 2, 13. August 2004.

Größte Verkehrsoffensive

„Wir haben im öffentlichen Verkehr die größte Offensive seit 1945."

Landeshauptmann-Stellvertreter Erich Haider, Verkehrsreferent des Landes, „Oberösterreichische Nachrichten", 26. August 2004.

Die Menschen am Inn

Die erste grenzüberschreitende bayerisch-oberösterreichische Landesausstellung wird am 22. April eröffnet. Sie steht unter dem Motto „Grenzenlos – Geschichte der Menschen am Inn". In Schärding geht es um das Thema „Stadt, Menschen, Leben", im Stift Reichersberg um die Bauern „drent und herent", im bayerischen Asbach um Adelsherrschaft und Klosterleben und in Passau um Glanz und Ende des Fürstbistums.

Gemeinsam in der EU *An der nördlichen Grenze Oberösterreichs wird gefeiert: Mit 1. Mai 2004 gehört die Tschechische Republik zur Europäischen Union. Am Abend des 30. April beginnt im Grenzort Guglwald das „Fest zur EU-Erweiterung", der Kreishauptmann von Südböhmen, Jan Zahradnik (links) und Landeshauptmann Josef Pühringer reichen einander die Hände.*

Kalender

1.1. Die voestalpine hat einen neuen Generaldirektor: Wolfgang Eder. (Offiziell endet der Vertrag von Franz Struzl mit 31. 3. 2004.)

6.1. Uraufführung der Oper „Schiff der Träume" von Karl M. Sibelius in den Kammerspielen des Linzer Landestheaters.

7.1. Nach der überraschenden Mitteilung des Salzburger Landeshauptmannes Franz Schausberger (VP), während der kommenden Legislaturperiode zurückzutreten, spitzt sich der Wahlkampf für die Landtagswahlen am 7. März auf ein Duell mit der SP-Spitzenkandidatin Gabriele Burgstaller zu. Beide sind geborene Oberösterreicher. →

18.1. Zum vierten Mal in Folge sind es die Maschinen des Innviertler Motorradherstellers KTM, mit denen die Dakar-Rallye gewonnen wird.

19.1. Altenberg wird Markt.

27.1. Der 39-jährige Gen-Forscher Josef Martin Penninger, ein geborener Innviertler, wird zu Österreichs Wissenschafter des Jahres 2003 gekürt. →

9.2. St. Marienkirchen an der Polsenz wird Markt.

23.2. Das Linzer Bruckner-Konservatorium erhält den Status einer „Anton-Bruckner-Privatuniversität".

24.2. Die voestalpine gibt die größte Industrie-Investition bekannt, die mit Zustimmung aller vier Landtagsparteien beschlossen wurde. Das Ausbauprojekt „Linz 2010" bedeutet: Mehr Arbeitsplätze, mehr Stahlproduktion, weniger Umweltbelastung. →

10.3. Uraufführung der Sinfonie Nr. 2 von Ernst Ludwig Leitner im Linzer Brucknerhaus.

11.3. Mit der Sprengung des Schlotes endete die bis ins Jahr 1918 zurückreichende Geschichte des Ziegelwerkes Hannak in Breitenschützing bei Schwanenstadt.

15.3. Scharnstein wird Markt.

22.–29.3. Volksbegehren über die Pensionsreform. In Oberösterreich werden 148.379 Unterschriften registriert. (In ganz Österreich 627.559.)

28.3. Spatenstich für das größte Biomasse-Kraftwerk Österreichs in Timelkam, errichtet von der Energie AG.

25.4. Bundespräsidentenwahlen. Ergebnisse in Oberösterreich: 340.958 Stimmen für Benita Ferrero-Waldner (VP), 376.497 Stimmen für Heinz Fischer (SP). Bundespräsident wird Heinz Fischer.

5.5. Uraufführung der Kantate „Babylon" von Johann Krebs im Brucknerhaus Linz.

6.5. Demonstrationen der Belegschaftsvertreter des Linzer Technologiekonzern VA Tech vor dem Linzer Landhaus. Seit der Hauptversammlung des Unternehmens sind die Oberösterreicher um die Zukunft des Betriebs besorgt.

8.5. In Aschach an der Donau wird ein Schopper- und Fischermuseum eröffnet. (Schoppen: Abdichten der Fugen mit Moos zwischen den Brettern der Holzschiffe.)

18.5. Im Brucknerhaus werden zwei Werke von Alfred Peschek uraufgeführt: „Duale V" und (als Auftragswerk des Brucknerhauses) „Tredeciesquinque".

23.5. Uraufführung des Schauspiels „Das Münchhausen-Syndrom" von Matthias Kaschig in der Spielstätte Eisenhand des Linzer Landestheaters.

10.6. In Rainbach im Innkreis wird das Evangelienspiel „Passion" von Friedrich Ch. Zauner uraufgeführt. Auch in den kommenden Jahren werden Evangelienspiele veranstaltet.

13.6. Österreich wählt die Abgeordneten ins Parlament der Europäischen Union. Weniger als die Hälfte aller Wahlberechtigten gibt ihre Stimme ab: 42,2 Prozent. Die Mandate: 7 SP, 6 VP, 2 Grüne, 2 Liste Hans-Peter Martin, 1 FP. Die Ergebnisse in Oberösterreich: 154.019 SP, 156.017 VP, 27.891 FP, 51.246 Grüne, 2890 Linke, 61.239 Liste Hans-Peter Martin. Wahlbeteiligung: 45,2 Prozent.

21.6. Endlich, mit einer Verspätung von 863 Tagen, wird dem ersten österreichischen Langlauf-Olympiasieger, dem Mühlviertler Christian Hoffmann, von Bundeskanzler Wolfgang Schüssel die Goldmedaille ausgehändigt. (Hoffmann war der Sieg erst zuerkannt worden, nachdem der am 9. 2. 2002 Erstplatzierte wegen Dopings disqualifiziert wurde.) → 2002, 2003

24.6.–4.7. Nach dem Erfolg von 2002 gibt es wieder ein Internationales Theaterfestival „Schäxpir", das sich in Linz, Wels, Steyr und Gmunden speziell an ein junges Publikum wendet.

29.6. Nach langem Streit fällt die Entscheidung für den Standort des neuen Linzer Musiktheaters. Es wird auf dem Areal des alten Unfallkrankenhauses an der Blumau gebaut. → 2006, 2009

1.7. Der Linzer Gemeinderat beschließt die Bewerbung als Europäische Kulturhauptstadt 2009.

3.7. Die Oberösterreicherin Ursula Haubner (Schwester von Jörg Haider) wird auf dem FP-Parteitag in Linz zur Bundesobfrau gewählt, der oberösterreichische Parteiobmann Günther Steinkellner zu einem ihrer Stellvertreter.

6.7. Die voestalpine baut ein neues Ausbildungszentrum und kann künftig tausend Lehrlinge aufnehmen.

11.–18.7. Erstes Internationales Sensenfestival mit Veranstaltungen in Micheldorf, Leonstein, Molln, Großraming, Roßleithen und Scharnstein.

25.7. Die 33-jährige Diplomkrankenschwester Gerlinde Kaltenbrunner aus Spital am Pyhrn bezwingt als erste Frau im pakistanisch-chinesischen Grenzgebiet ihren achten Achttausender, den Gasherbrum I (8080 m). Sie schafft damit einen Weltrekord. →

29.7. Erstmals seit Menschengedenken wird in einem Almgebiet (in Innerschwand, Mondseeland) eine Wildsau erlegt. Wildschweine gehören zu den gefürchteten Schädlingen.

9.8. Wieder, wie schon im Vorjahr, eine Explosion im Chemiepark Linz. Es entsteht beträchtlicher Schaden, aber es gibt keine Verletzten.

17.8. Dem aus Gurten stammenden Genforscher Josef Martin Penninger gelingt die Identifizierung des Schlüsselmoleküls für Arthritis.

Kulturhauptstadt Linz

„In Oberösterreich hat in der Kulturpolitik Zukunft stattgefunden und das ist honoriert worden."

Landeshauptmann Josef Pühringer zur Nominierung von Linz als Kulturhauptstadt 2009. „Oberösterreich heute" (ORF), im Jahresrückblick, 29. Dezember 2004.

Freude und Sorgen

„Es gibt Sorgen diesseits und jenseits der Grenze: Der Arbeitsmarkt, die Heimatvertriebenen, grenznahe Atomkraftwerke. Es wäre falsch, in der Stunde der Freude des Beitritts nicht festzuhalten, dass es diese Probleme auch gibt. Es wäre falsch, alles mit Jubel zuzudecken. Nein. Freude darüber, dass das Europa weitergebaut wird, aber Ernstnehmen der Unsicherheiten, der Ängste und Sorgen der Menschen."

Landeshauptmann Josef Pühringer beim Grenzfest in Guglwald am 30. April 2004.

Die rote Gabi

„Die rote Gabi: das nette Mädel vom Bauernhof."

*

„Jung, dynamisch, modern und eben nett."

Die „Salzburger Nachrichten" vom 8. 3. 2004 nach dem Wahlsieg der Oberösterreicherin Gabriele Burgstaller bei den Salzburger Landtagswahlen.

19.8. 60 Jahre Ehe: Kurt Waldheim (86), UNO-Generalsekretär von 1971 bis 1981, österreichischer Bundespräsident von 1986 bis 1992, feiert mit seiner Frau Sissy (82) in Nußdorf am Attersee die diamantene Hochzeit.

31.8. Wenige Monate vor der Fertigstellung des neuen Linzer Hauptbahnhofes wird die 1,9 Kilometer lange „Mini-U-Bahn", wie die Straßenbahn-Unterführung genannt wird, eröffnet. Sie führt vom Volksgarten zur Herz-Jesu-Kirche.

14.9. Die Solvay Austria (Ebensee) stellt Mitte 2005 die Soda- und Natriumproduktion ein. 130 Mitarbeiter sind von der Schließung betroffen.

29.9. Der St. Pöltener Bischof Kurt Krenn, ein geborener Mühlviertler, gibt seinen Rücktritt bekannt, „auf Wunsch des Papstes". Am

7.10. bestätigt der Vatikan den Rücktritt.

12.10. Im Salzbergwerk Hallstatt finden Archäologen eine Holzstiege. Sie lässt sich, wie spätere Untersuchungen ergaben, exakt in das Jahr 1344 vor Christus datieren und ist damit die ältere Treppe Europas. → S. 52

16.10. Auf der Grünberg-Seilbahn (Gmunden) springt eine leere Gondel aus der Verankerung und prallt auf eine nachkommende Gondel: Eine Dreijährige und ihre Großmutter werden schwer verletzt.

Uraufführung in den Kammerspielen des Landestheaters: „Drei mal Cevapcici" von Verena Koch.

20.10. Als erster israelischer Staatspräsident besucht Moshe Katsav, begleitet vom österreichischen Bundespräsidenten Heinz Fischer, das ehemalige Konzentrationslager Mauthausen.

24.10. Uraufführung eines Oratoriums über den heiligen Florian in der Stiftsbasilika von St. Florian, eine Komposition des 2003 verstorbenen Augustinus Franz Kropfreiter.

28.10. Großbrand in der Linzer Wurstfabrik „Landhof".

30.10. Die Generalsanierung der A1 (Westautobahn) zwischen Haid und Sattledt ist abgeschlossen.

6.11. Ballett-Uraufführung im Landestheater: „Mo(vi)ment" mit klassischer und moderner Musik.

20.11. Uraufführung in der Landestheater-Spielstätte Eisenhand: „Absurdistan oder Wo ich geh' und steh' tut mir mein Herz so weh'" von Günter Rainer und Joachim Rathke.

28.11. Uraufführung des Theaterstücks „Das letzte Testament" von Michaela Obertscheider im Linzer Theater Phönix.

Ende für Machland-Dörfer

Das größte freiwillige Aussiedlungsprojekt in Europa: In den Machland-Gemeinden Eizendorf, Froschau, Hütting, Mettensdorf und Pitzing werden 270 Häuser, die der geplante Hochwasserdamm nicht schützen kann, abgerissen. Ein neues Dorf wird geplant: Eizenau.

30.11. Die Post gibt die Schließung von 357 Postämtern bekannt, davon 79 in Oberösterreich.

3.12. Festliche Eröffnung des umgebauten Linzer Hauptbahnhofes und des neuen Bahnhofviertels mit dem Landesdienstleistungszentrum (LDZ). →

14.12. Der Ministerrat beschließt die Nominierung von Linz als Kulturhauptstadt Europas für das Jahr 2009. →

18.12. Feierliche Eröffnung der Umfahrung Kirchdorf-Micheldorf. Damit ist das letzte Teilstück der A9 (Pyhrn-Autobahn) fertiggestellt.

21.12. Das Land Oberösterreich, die Salinen AG und die österreichischen Bundesforste beschließen ein Investitionsprogramm für die Dachsteinregion, vor allem für die Eishöhlen und die Krippenstein-Seilbahn.

Sportler des Jahres: Ursula Inzinger (Karate) und Christoph Etzlstorfer (Versehrtensport), FC Superfund Pasching.

Opfer der Flutkatastrophe

26.12. Eine der größten Naturkatastrophen der Geschichte, ausgelöst von einem Seebeben (Tsunami), fallen in Südostasien 230.000 Menschen zum Opfer. Vor allem in Thailand und Sri Lanka werden viele Urlauber von den gigantischen Flutwellen getötet. Unter den Toten bzw. hoffnungslos Vermissten befinden sich 86 Österreicher, darunter sechs Oberösterreicher. Als Tote identifiziert wurden ein Ehepaar aus Oberhofen am Irrsee, je eine Frau aus Bad Ischl, Braunau und St. Martin im Mühlkreis sowie ein Attnanger.

30.12. Die österreichische Regierung erklärt diesen Tag zum nationalen Trauertag.

31.12. Die Stadt Linz sagt das Silvesterfest auf dem Hauptplatz ab.

Landeshauptfrau aus Oberösterreich

Nach den Landtagswahlen in Salzburg am 7. März wird die am 23. 5. 1963 in Schwanenstadt geborene Gabriele Burgstaller, Bauerntochter aus Penetzdorf (Gemeinde Niederthalheim bei Schwanenstadt), am 28. April zur Landeshauptfrau gewählt. Damit sind (neben Josef Pühringer, Jörg Haider und Herwig van Staa) wieder vier Oberösterreicher Landeshauptleute. (Der abgewählte Salzburger Landeshauptmann Franz Schausberger war ebenfalls ein Oberösterreicher.)

Der heiße Riese

Der Ausbau des Standortes Linz der voestalpine wird schneller als geplant umgesetzt. Die erste Phase mit dem Neubau des Hochofens kann 2004 abgeschlossen werden, der alte Hochofen A wird abgetragen, der neue Hochofen („Der heiße Riese") am 26. Oktober in Betrieb genommen. Er kann täglich 6000 bis 8000 Tonnen Roheisen „ausspucken". Für das Projekt „Linz 2010" werden zwei Milliarden Euro in den Standort Linz investiert.

Aufregung um ein Benesch-Denkmal in Krumau

Ein Denkmal für den ehemaligen tschechischen Ministerpräsidenten Eduard Benesch, aufgestellt im Hof eines prominenten Hotels in Krumau (Česky Krumlov) und versehen mit einem Benesch-Zitat, sorgt für Aufregung:

„Es kommt bald die Zeit, da die Mörder uns beschuldigen und ihre Rechte einfordern werden. Erzählt es den nächsten Generationen, was sie uns angetan haben."

Inschrift bei der Benesch-Büste.

*

„Die Büste ist eine Huldigung von Benesch, der für die Vertreibung von drei Millionen und den Tod von 240.000 Menschen verantwortlich ist."

Peter Ludwig, Landesobmann der Sudetendeutschen Landsmannschaft.

*

„Wir haben die Sudetendeutschen in unserem Land als anständige Menschen erlebt. Diese Globalverurteilung ist eine grobe Geschichtsfälschung."

Landeshauptmann Josef Pühringer.

*

„Die Idee der Kollektivschuld, also ganze Volksgruppen für Geschehenes haftbar zu machen, taugt nicht für ein neues Europa."

ORF-Chefredakteur Johannes Jetschgo.

*

„Das ist eine Privatangelegenheit des Hotelbesitzers, eines Weltkriegsveteranen. Krumau freut sich weiterhin auf Gäste aus Österreich und Deutschland."

Frantisek Mikes, Bürgermeister von Krumau.

*

(Zitiert aus „Oberösterreich heute", ORF 2, 22. 6. 2004 und „Oberösterreichische Nachrichten", 23. 6. 2004.)

Niedrigste Arbeitslosenrate

„Auch 2004 erreichen wir in Oberösterreich die niedrigste Arbeitslosenrate aller Bundesländer."

Landeshauptmann Josef Pühringer, „Oberösterreichische Nachrichten", 30. Dezember 2004.

Von den Fahrgästen honoriert

„Im Sommer hat man noch bei jedem Schritt schauen müssen, wo man hinsteigt. Unglaublich, wie schnell das Gebäude jetzt fertig geworden ist."

Bundespräsident Heinz Fischer bei der Eröffnung des neuen Linzer Hauptbahnhofes, 3. Dezember 2004

*

„Ein Bahnhof ohne Menschen ist wie ein Gesicht ohne Züge."

Bürgermeister Franz Dobusch in seiner Festrede, 3. Dezember 2004.

*

„Das Ergebnis zeigt, dass die Neugestaltung der Bahnhöfe von den Fahrgästen honoriert wird."

Christian Gratzer, Sprecher des Verkehrsclubs Österreich zur Wahl zum „schönsten Bahnhof", 2006.

Der schönste Bahnhof Österreichs *2004 eröffnet und daraufhin gleich dreimal zum „schönsten Bahnhof Österreichs" gewählt: Der neue Linzer Hauptbahnhof. Das von Architekt Wilhelm Holzbauer errichtete Gebäude geht in den Jahren 2005, 2006 und 2007 in einer Befragung des Verkehrsclubs Österreich als Sieger hervor.*

Todestage

Claus Josef Riedel. Glasarchitekt. (Riedel-Glashütte Schneegattern.) Gestorben 17. 3. 2004 in Genua. (Geb. 19. 2. 1925 in Polaun, Böhmen.)

Leo Frank (Maier). Kriminalschriftsteller. Gestorben 19. 3. 2004 in Bad Ischl. (Geboren 29. 6. 1925 in Wien.) Er lebte seit 1949 in Oberösterreich.

Alfred Stögmüller. Intendant des Linzer Landestheaters (1969–1986). Gestorben 10. 6. 2004 in Linz. (Geboren 7. 10. 1925 in Kirchdorf/Krems.)

Alexander Hammid. Fotograf, Filmemacher. Gestorben 26. 7. 2004 in New York. (Geboren 17. 12. 1907 in Linz.) Oscar-Preisträger 1966.

Gottfried Glechner. Schriftsteller und Heimatforscher. Gestorben 10. 10. 2004 in Braunau. (Geboren 3. 7. 1916 in Freiling, Gemeinde Gurten.)

Hubert Wipplinger. Präsident der Arbeiterkammer Oberösterreichs (1999–2003). Gestorben 20. 10. 2004 in Linz. (Geboren 6. 8. 1941 in Taufkirchen an der Pram.)

Fritz Freyschlag. Präsident der Arbeiterkammer Oberösterreichs (1982–1999). Gestorben 26. 10. 2004 in Linz. (Geboren 21. 10. 1931 in Linz.)

Helga Riemann. (Schiff-Riemann). Komponistin. Gestorben 19. 11. 2004 in Gmunden. (Geboren 8. 6. 1924 in Leipzig.)

Rudolf Trauner. Dritter Präsident des oberösterreichischen Landtags (VP, 1985–1991), Präsident der oberösterreichischen Handelskammer (1980 bis 1990). Gestorben 21. 11. 2004 in Linz. (Geboren 3. 4. 1918 in Roggendorf, Niederösterreich.)

Das Florianjahr

In der Basilika St. Laurenz in Enns wird am 1. Mai das Florianjahr eröffnet. Schon 2003 war der heilige Florian (→ S. 60) mit einem Beschluss der Landesregierung (17. 3.) zum zweiten Landespatron (neben dem heiligen Leopold) ernannt worden. Aus diesem Anlass finden festliche Gottesdienste, Ausstellungen und Wallfahrten statt. Das Datum der offiziellen Ernennung ist der 4. Mai, der 1700. Todestag des Heiligen. Freude für die Schüler: Ab 2005 ist der 4. Mai schulfrei. Der Wermutstropfen: Dafür ist der Leopolditag (15. November) ein Schultag.

Vogelfänger sind keine Tierquäler

„Ich bin über die Entscheidung nicht glücklich, denn damit stellt man die Salzkammergutler, die Vogelfänger sind, die anständige Menschen sind, in das Eck der Tierquäler, was sie absolut nicht sind. Man wird auch durch eine Verordnung aus Wien einen Brauch, eine Volkskultur, die über vierhundert Jahre gepflegt wird im inneren Salzkammergut, den Salzkammergutlern nicht einfach wegnehmen können."

Landeshauptmann Josef Pühringer in „Oberösterreich heute", ORF 2, 29. 7. 2005.

Der alte und der neue Bischof

„Du hast Dir im Geschichtsbuch der Diözese und des Landes, vor allem aber in den Herzen der Oberösterreicher einen guten Platz gesichert."

Landeshauptmann Josef Pühringer zum scheidenden Bischof Maximilian Aichern

„Ab heute sind Sie Oberösterreicher. Wir hoffen, Sie sehen das als eine Beförderung an."

Landeshauptmann Josef Pühringer zum neuen Bischof Ludwig Schwarz.

(Bei der Amtseinführung von Bischof Schwarz im Neuen Linzer Dom am 18. September 2005.)

Geburtenrückgang gebremst

10. Februar. Mit 13.794 Geburten im Jahr 2004 gehört Oberösterreich zu den Bundesländern mit den meisten Geburten. (Zuwachs gegenüber 2003: 3,3 Prozent.)

Verbot von Singvögel-Ausstellungen

28. Juli. Die Gesundheitsministerin (Maria Rauch-Kallat) verbietet Ausstellungen von Singvögeln. Der Verband der Vogelfänger im Salzkammergut spricht von einer beschämenden Entscheidung einer ahnungslosen Gesundheitsministerin, die vor militanten Tierschützern in die Knie gegangen ist. Singvögel zu fangen und auszustellen ist im Salzkammergut ein jahrhundertealtes Brauchtum, argumentieren die Vogelfänger. Applaus erhält die Ministerin von Tierschutzorganisationen.

4. September. Bei einem Solidaritätsfest in Bad Goisern protestieren 1500 Salzkammergutler gegen das Verbot des Singvögelfangs.

15. September. Die Bezirkshauptmannschaft Gmunden erteilt vorerst 434 Genehmigungen für den Vogelfang. Die rechtliche Situation bleibt aber verworren: Das Ausstellen der gefangenen Singvögel ist verboten, nicht aber deren Fang und Aufbewahrung über den Winter. Das Gesetz kann umgangen werden, wenn künftig Ausstellungen und Prämierungen der schönsten Vögel im privaten Rahmen stattfinden. →

(Vom Verfassungsgerichtshof wird das Ausstellungsverbot → 2007 aufgehoben.)

Die neue Kirchenführung

Ludwig Schwarz (links) ist seit 18. September katholischer Bischof der Diözese Linz. Am 4. Dezember tritt der neue evangelische Superintendent Gerold Lehner (rechts) sein Amt an.

Kalender

11.1. Die oberösterreichische Landesregierung beschließt, den Ländern der Flutkatastrophe 2004 in den kommenden drei Jahren insgesamt 1,7 Millionen Euro für den Wiederaufbau zur Verfügung zu stellen.

10.2. Eine der größten Übernahmen in der österreichischen Industriegeschichte: Der Technologiekonzern VA Tech wird von der Siemens AG Österreich übernommen und geht damit in einem deutschen Weltkonzern auf.

Uraufführung der Symphonie Nr. 3 des 2003 verstorbenen Augustiner Chorherrn Augustinus Franz Kropfreiter im Linzer Brucknerhaus.

12.2. In den Linzer Kammerspielen kommt das Stück „Augenzeuge – der Fall Jägerstätter" des israelischen Autors Joshua Sobol zur österreichischen Erstaufführung.

18.2. 600 Millionen Euro, davon 300 für die Forschung, pumpt Oberösterreich bis 2010 in die Wirtschaft. 10.000 neue Firmen und 20.000 Arbeitsplätze sollen entstehen. Ein Drittel dieses Geldes kommt vom Land, der Rest von Firmen und von der EU.

28.2. Rainer Mennicken wird zum Intendanten des Linzer Landestheaters bestellt. (Ab 2006.)

2.3. Eine Massenkarambolage auf der Westautobahn bei Schörfling fordert zwei Tote und neun zum Teil schwer Verletzte. Die Nebelwarnanlage wurde von den meisten Autofahrern ignoriert, trotz einer Sichtweite von dreißig Metern krachen 44 Fahrzeuge ineinander.

6.3. Der Mühlviertler Christian Hoffmann wird beim Langlauf-Weltcup (15 km Freistil) in Lahti (Finnland) Zweiter.

10.3. Im Linzer Theater Phönix wird die Oper „Pussycats" von Peter Androsch uraufgeführt.

31.3. Die Entdeckung eines 22 Kilometer langen Höhlensystems im Nationalpark Kalkalpen (Karlahöhle) wird bekanntgegeben. Die Riesenhöhle ist allerdings schwer erreichbar und der Öffentlichkeit nicht zugänglich.

2./3.4. Die in Peking geborene 23jährige Linzerin Liu Jia wird in Aarhus (Dänemark) am 3. 4. Europameisterin im Tischtennis. Am Vortag gewinnt sie gemeinsam mit dem Niederösterreicher Werner Schlager die Bronzemedaille im Mixed Bewerb. →

3.4. In Niederkappel, dem Geburtsort von Bundespräsident Rudolf Kirchschläger (1915–2000), wird ein Kirchschläger-Zentrum eröffnet, ein Museum mit Dokumenten und Bildern des Staatsoberhauptes in den Jahren 1974 bis 1986.

4.4. Ein Teil der „Blauen" verfärbt sich auf „Orange": Der Kärntner Landeshauptmann und frühere FP-Bundesobmann Jörg Haider gründet das orange „Bündnis Zukunft Österreich" (BZÖ) und wird deren Vorsitzender. Ursula Haubner legt ihre Funktion als Bundesobfrau zurück, der oberösterreichische FP-Chef Günther Steinkellner seine Funktion als stellvertretender Bundesparteiobmann. Am 7. 4. wird Jörg Haider aus der FP ausgeschlossen.

8.4. Zur größten Trauerfeier aller Zeiten, dem Begräbnis des am 2. April verstorbenen Papstes Johannes Paul II., pilgern auch viele Oberösterreicher nach Rom. Insgesamt werden drei Millionen Gläubige und Zuschauer gezählt, Milliarden verfolgen die Zeremonie auf den Bildschirmen.

18.4. Die Spaltung der FP (→) und die Absicht des FP-Landesobmanns Günther Steinkellner auf Eigenständigkeit der oberösterreichischen FP führen dazu, dass der interimistische Bundesobmann der Rest-FP die Linzer Parteizentrale besetzen lässt. Der Landesobmann und andere FP-Funktionäre werden aus der Partei ausgeschlossen, im Gegenzug schließt Landesobmann Steinkellner den von Wien als Landesobmann eingesetzten Werner Neubauer aus der Partei aus.

21.4. Bei einem angeblich nicht statutenkonformen Sonderparteitag bei der oberösterreichischen FP in Ried im Innkreis entscheidet sich eine Zweidrittelmehrheit für einen eigenständigen Weg der Landesgruppe.

26.4. Der 1,9 Kilometer lange Tunnel Ottsdorf an der Pyhrnautobahn (A 9) erreicht bei einem europäischen Test die höchste Punktezahl für Verkehrssicherheit.

28.4. In Oberösterreich konstituiert sich eine Landesgruppe des BZÖ.

4.5. Die Post gibt bekannt, dass in Oberösterreich 73 Postämter geschlossen werden. Für sechs gibt es eine Bewährungsfrist bis 2006.

7.5. Die 34jährige Oberösterreicherin Gerlinde Kaltenbrunner bezwingt den 8027 m hohen Shisha Pangma. → 21. 7.

Oberösterreich und der bayerische Papst

„Jeder Papst kennt seine Heimat und das Umfeld seiner Heimat. So objektiv ein Papst für die gesamte Kirche da sein soll, wird er doch seine Heimat nicht vergessen können und dabei den einen oder anderen Akzent setzen."

Diözesanbischof Maximilian Aichern über den am 19. April 2005 zum Papst gewählten, am 16. April 1927 in Marktl am Inn (Bayern) geborenen Joseph Ratzinger, der als Papst den Namen Benedikt XVI. angenommen hat. („Oberösterreichische Nachrichten", 20. 4. 2005.)

„Wenn Sie nur 6,2 Kilometer weiter südlich geboren worden wären, dann wäre ich jetzt Ihr Landeshauptmann!"

Landeshauptmann Josef Pühringer zu Papst Benedikt XVI. bei der Audienz am 17. 12. 2005.

Stifter im 21. Jahrhundert

„Es ist unser kulturpolitischer Auftrag, nicht das Denkmal zu feiern, sondern eine zeitgenössische Wiederentdeckung zu betreiben. Wir wollen Stifter ins 21. Jahrhundert hereinholen."

Landeshauptmann Josef Pühringer zu den Veranstaltungen anlässlich des 200. Geburtstages von Adalbert Stifter. „Neues Volksblatt", 14. 12. 2004.

9.5. Veteranen der US-Armee, die vor 60 Jahren Österreich vom NS-Regime befreit haben, werden im Landhaus von Landeshauptmann Josef Pühringer empfangen.

17.5. Beim Festival „Kunst & Wirtschaft" in Bad Leonfelden wird ein Klavierwerk von Balduin Sulzer zum Adalbert-Stifter-Thema „Bunte Steine" uraufgeführt.

18.5. Diözesanbischof Maximilian Aichern tritt überraschend zurück.

23.5. Hochwasser im Ennstal: In St. Ulrich, Losenstein, Laussa und Reichraming werden Häuser überflutet, Straßen verschüttet, Autos weggespült.

27.5. Mit einem 3:2 Sieg über Kapfenberg ist der SV Josko Ried wieder in der Bundesliga.

30.5. Die oberösterreichische Spitalsreform wird nach langen und heftig geführten politischen Debatten und Kontroversen von allen vier Landtagsfraktionen beschlossen.

7.6. Die Schließung der erst 1983 errichteten Bundesheer-Kaserne in Kirchdorf an der Krems und des Truppenübungsplatzes am Dachstein Oberfeld (Obertraun) wird beschlossen.

9.6. Uraufführung in den Kammerspielen des Linzer Landestheaters: „Mit dem Gurkenflieger in die Südsee" von Christoph Nußbaumer. In Rainbach im Innkreis wird das Evangelienspiel „Zeichen und Wunder" von Friedrich Ch. Zauner uraufgeführt.

26.6. Der Schärdinger Helmut Oblinger wird in Tacen (Slowenien) Europameister im Kanu-Slalom. →

3.7. Wieder ein aufsehenerregender Fund in Hallstatt: Armreifen und Lockenringe aus der späten Bronzezeit (etwa 1000 v. Chr.).

6.7. Der 65jährige Wiener Weihbischof Ludwig Schwarz wird von Papst Benedikt XVI. zum neuen Linzer Diözesanbischof ernannt. Amtsantritt 18. 9. →

15.7. Der 53jährige Schweizer Martin Heller wird per 1. 9. zum künstlerischen Intendanten für die Kulturhauptstadt Linz (2009) bestellt.

Rekordgewinne der voest

22. November. Der Vorstandsvorsitzende der voestalpine, Wolfgang Eder, legt Rekordzahlen vor: Zum Halbjahr wurde zum vierten Mal in Folge das Betriebsergebnis verdoppelt, mehr als 600 Millionen Euro wird das Unternehmen 2005 verdienen. Eder: „In den 65 Jahren in Linz und in den 120 Jahren Donawitz gab es noch nie solche Ergebnisse."

Oberösterreich-Dorf für Sri Lanka

Mit oberösterreichischen Spendengeldern wird in Sri Lanka für die Opfer der Flutkatastrophe ein Dorf mit 250 Häusern gebaut. Das Baumaterial wird in Sri Lanka gekauft, lokale Arbeitskräfte werden beschäftigt, die Fischer mit Booten und Netzen ausgerüstet.

21.7. Ein neuer Gipfelsieg von Gerlinde Kaltenbrunner: Sie steht auf dem 8034 m hohen Gasherbrum II.

27.7. Ab Herbst wird die Linzer Altstadt und die Unterführung Hinsenkampplatz in Urfahr mit Videokameras überwacht, beschließen die Linzer Stadtpolitiker. Ständige Überfälle, Schlägereien und blutige Krawalle machten diese Polizeimaßnahme notwendig.

3.8. In Neubau bei Hörsching wird eine riesige Keltensiedlung entdeckt. → S. 56

5.8. „Hunt oder Der totale Februar", ein Stück um die Ereignisse im Februar 1934 (Autor: Franzobel) wird in Kohlgrube-Wolfsegg uraufgeführt („Theater am Hausruck").

15.8. In St. Ulrich im Mühlkreis wird Österreichs erstes Hopfenmuseum eröffnet.

19.8. In Wels gelingt die Beschlagnahme von 68 Kilo Heroin im Schwarzmarktwert von 40 Millionen Euro. Es ist das die drittgrößte Menge, die je in Österreich sichergestellt werden konnte.

30.8. Die ÖIAG (Österreichische Industrieholding AG) zieht sich vollständig aus der voest zurück. Damit ist das Kapitel der verstaatlichten Industrie endgültig abgeschlossen. → 2003

5.9. Unter dem neuen Namen „Thalia" wird an der Linzer Landstraße das größte Buch- und Medienhaus Österreichs eröffnet. (Früher „Amadeus".)

17.9. Der Welser Gerold Lehner wird zum evangelischen Superintendenten Oberösterreichs gewählt. →

26./27.9. Die Berufungsverhandlung über die Schuldfrage des Seilbahnunglücks am Kitzsteinhorn (→ 2000) findet in Linz statt. Das Oberlandesgericht bestätigt die vom Salzburger Erstgericht ausgesprochenen Freisprüche für alle Angeklagten, weil die Katastrophe nicht vorhersehbar war.

1.10. Nach nur 23 Monaten Bauzeit wird die sanierte und auf je drei Fahrspuren erweiterte Westautobahn (A1) zwischen Haid und Sattledt feierlich eröffnet. (Am 7. 10. für den Verkehr freigegeben.)

5.10. Das Land Oberösterreich darf den Anbau von gentechnisch veränderten Pflanzen nicht verbieten, entscheidet der Europäische Gerichtshof und folgt damit einem Urteil der EU-Kommission. (→ 2002, 2003). Im Landtag wird daraufhin am

6.10. mit Zustimmung aller Parteien ein Gentechnik-Vorsorgegesetz beschlossen (das 2006 in Kraft tritt), wodurch der Anbau von gentechnisch veränderten Pflanzen erschwert wird. → 2007, 2009, 2010

22.10. Im Linzer Landestheater wird „Schwarze Erde" uraufgeführt, zwölf Gesänge nach Adalbert Stifter, komponiert von Peter Androsch.

23.10. Als Abschluss des Gedenkjahres zum 200. Geburtstag von Adalbert Stifter findet in der Pfarrkirche von Kirchschlag die Vor-Uraufführung der Symphonie Nr. 6 „Adalbert Stifter" von Balduin Sulzer statt, ein Auftragswerk des Landes Oberösterreich. (Uraufführung im Linzer Brucknerhaus am 25. 10.)

28.10. Uraufführung von „Hotel Normandie", einer „musikalischen Erinnerung" von Daniel Gollme in den Linzer Kammerspielen.

7.11. Eggelsberg wird Markt.

14.11. In Brüssel beschließen die 25 Kulturminister der Europäischen Union, die Stadt Linz (gemeinsam mit der litauischen Stadt Wilna Vilnius) 2009 zur europäischen Kulturhauptstadt zu erklären.

18.11. Die Endstation der Linzer Lokalbahn („Lilo") ist in den Hauptbahnhof eingebunden.

24.11. Die Gemeinderäte von Weyer-Markt und Weyer-Land beschließen den Zusammenschluss zu einer Gemeinde. → 2007

Uraufführung im Linzer Theater Phönix: „Alles Helden" von Andreas Jungwirth.

25.11. Eröffnung des neuen Hauptbahnhofs in Wels. → S. 32

26.11. Feierliche Eröffnung der Bindermichl-Umfahrung (A 7) in Linz. (Für den Verkehr freigegeben am 28. 11.)

Gründungskonvent des BZÖ Oberösterreich (Bündnis Zukunft Österreich) in Hörsching. Landesobfrau wird Ursula Haubner.

16.12. „David und Madonna", ein Stück für Jugendliche von Ralf N. Höhfeld, wird in der Landestheater-Spielstätte Ursulinenhof uraufgeführt.

17.12. Auf dem Petersplatz in Rom wird ein Christbaum aus Afiesl (Bezirk Rohrbach) aufgestellt. In einer Privataudienz bedankt sich Papst Benedikt XVI. bei den Oberösterreichern.

23.12. Der Waffenproduzent Steyr Mannlicher darf keine Produkte mehr an die USA verkaufen. Begründet wird das Verkaufsverbot damit, dass die (bereits 2004 erfolgte) Lieferung von Gewehren an den Iran gegen US-Gesetze verstoße.

Landesgartenschau in Bad Hall: „Ein Park blüht auf".

Sportler des Jahres: Liu Jia (Tischtennis) und Helmut Oblinger (Kanu), Allianz Swans Gmunden, Basketballmannschaft.

Todestage

Fritz Aigner. Maler. Gestorben 9. 1. 2005 in Linz. (Geboren 13. 7. 1930 in Linz.)

Helmut Eder. Komponist. Gestorben 8. 2. 2005 in Salzburg. (Geboren 26. 12. 1916 in Linz.) → S. 473

Franz Rieger. Schriftsteller. Gestorben 11. 6. 2005 in Oftering. (Geboren 23. 1. 1923 in Riedau.)

Heide Schmid. Schriftstellerin. Gestorben 22. 6. 2005 in St. Florian. (Geboren 24. 1. 1945 in Linz.)

Friedrich Neugebauer. Schriftenkünstler. Gestorben 3. 8. 2005 in Bad Goisern. (Geboren 16. 11. 1911 in Kojetin, Mähren.)

Hans Hoffmann-Ybbs. Maler, Grafiker und Metallplastiker. Gestorben 30. 8. 2005 in Schloss Parz bei Grieskirchen. (Geboren 1. 1. 1928 in Ybbs an der Donau.)

Friedrich Peter. Klubobmann der FP (1970-1986). Gestorben 25. 9. 2005 in Wien. (Geboren 13. 7. 1921 in Attnang-Puchheim.)

Erwin Wenzl. Landeshauptmann (VP) 1971-1977, Generaldirektor der OKA (1977–1989). Gestorben 17. 10. 2005 in Linz. (Geboren 2. 8. 1921 in Annaberg, Niederösterreich.) → 1971

Pühringer zu den Vertreibungen

„Wir wollen ein Europa, in dem Vertreibungsdekrete keinen Platz haben."

Landeshauptmann Josef Pühringer in seiner Dankesrede zur Verleihung des Karlspreises, Nürnberg, 3. 6. 2006.

Goldbergers Abschiedsflug

„Wenn man so Siege feiert und wenn man so drinnen ist in seiner Euphorie, da kann's schon passieren, dass man glaubt, die Bam wachsen in Himmel und ich hab das tatsächlich a glaubt. Aber die Realität hat mi schneller eingholt wia's ma liab war."

„... dass fleißig sein, Demut und Bescheidenheit im Erfolg große Tugenden san."

Andreas Goldberger in seinen Abschiedsworten am 13. 1. 2006 am Kulm (Bad Mitterndorf).

*

„Du hast uns viele schöne Stunden beschert. Du bist das, was man in Oberösterreich einen klassen Burschen, einen klassen Kerl nennt."

Landeshauptmann Josef Pühringer zu Andreas Goldberger am 13. 1. 2006 am Kulm.

Schwindelerregende Ausblicke

Auf dem Krippenstein wird am 7. Oktober eine fünfteilige gläserne Plattform „Five Fingers" eröffnet, die über eine 400 Meter hohe Wand hinausragt und schwindelerregende Ausblicke gewährt.

Kalender

11.1. Beim Training für seinen Abschiedsflug auf dem steirischen Kulm erreicht der 34jährige Skispringer Andreas Goldberger 215,5 Meter, das ist ein inoffizieller Schanzenrekord.

13.1. Der letzte Flug des Innviertlers Andreas Goldberger findet außer Konkurrenz bei der Weltmeisterschaft im Skifliegen statt. Andreas Goldberger erreicht nahezu im Blindflug (durch wetterbedingte Verzögerungen war es Abend geworden) 185 Meter und wird von tausenden Fans bejubelt. →

14.1. In Ried beschließt die Landes-FP die Wiedereingliederung in die Bundes-FP.

16.1. Das Land beschließt den Ausbau des Südflügels im Linzer Schloss, der im Jahr 1800 ein Opfer des Stadtbrandes geworden war. → 2008.

11.2. Uraufführung in den Kammerspielen des Landestheaters: „Mindlfinger Goldquell" von Christoph Nußbaumeder. →

10.–26.2. An den Olympischen Winterspielen in Turin nehmen 82 österreichische Sportler teil, die 23 Medaillen erobern. (9 Gold, 7 Silber, 7 Bronze.) Der Mühlviertler Christian Hoffmann, Olympiasieger von 2002, durfte wegen einer Lungenerkrankung nicht starten.

15.2. Die Europäische Union erklärt sich für die Beschwerde des Landes Oberösterreich wegen der nicht eingehaltenen Sicherheitsbestimmungen im grenznahen tschechischen Atomkraftwerk Temelin für nicht zuständig, obwohl sie → 2001 das Melker Abkommen mit unterschrieben hat.

16.2. Wegen der in der Steiermark aufgetretenen Vogelgrippe wird in 151 oberösterreichischen Gemeinden eine Stallpflicht für Geflügel und ein Jagdverbot für Wildvögel erlassen. → März/April

3.3. Der Welser Mario Knögler wird in Moskau Europameister im Schießen (100 Meter Luftgewehr-Einzel).

6.–13.3. Volksbegehren der FP „Österreich bleib frei!" (Für Neutralität und Senkung des EU-Beitrags, gegen die EU-Verfassung und den Beitritt der Türkei zur EU.) In Oberösterreich werden 55.448 Unterschriften registriert. (In ganz Österreich 258.277.)

7.3. Die oberösterreichischen Stromgesellschaften Energie AG und Linz AG beschließen den Ausstieg aus der Energie-Allianz. Auch die Eigentümer (das Land und die Stadt Linz) sind sich einig, nicht weiter Spielball der ostösterreichischen Stromkonzerne zu sein und riskieren lieber eine Lösung ohne Partner.

11.3. 10.000 Schaulustige beobachten die Sprengung des alten Krankenhauses in Vöcklabruck.

14.3. Die sehbehinderte 49jährige Skifahrerin Sabine Gasteiger aus Bad Goisern gewinnt bei den Paralympics (Olympische Veranstaltung für behinderte Sportler) in Sestriere (Italien) eine Goldmedaille im Super G. Ihr Ehemann gab als Begleitläufer per Zuruf Richtung und Tempo vor. Vorher hatte die Oberösterreicherin bereits eine Silbermedaille (Abfahrt) gewonnen, es folgten noch Bronze im Riesentorlauf (17. 3.) und Silber im Slalom (19. 3.)

17.3. Eröffnung der neuen Landes-Frauen- und -Kinderklinik in Linz.

Die Österreichischen Bundesbahnen verkaufen die Schafbergbahn und die Wolfgangsee-Schifffahrt an die Salzburg AG.

22.3. Das Bundesdenkmalamt stellt die Pöstlingbergbahn unter Denkmalschutz.

27.3. Eröffnung des Kooperationsbaues der beiden Linzer Krankenhäuser Barmherzige Schwestern und Barmherzige Brüder.

März/April Auch Oberösterreich ist von der in Europa grassierenden Vogelgrippe betroffen. In den Bezirken Schärding, Perg, Vöcklabruck, Gmunden, Wels und Linz werden mit dem H5N1-Virus infizierte Wasservögel gefunden und die entsprechenden Gebiete zu Schutz- und Überwachungszonen erklärt.

5.4. Entscheidung über den Standort des Linzer Musiktheaters: Das Siegerprojekt trägt den Namen „Theater am Park" (Volksgarten) und stammt von der englischen Architektengruppe „Terry Pawson Architects".

13.5. Der erste Fall von BSE (Rinderwahnsinn) in Oberösterreich wird aus einem Bauernhof in Bad Kreuzen gemeldet. Die Fachleute stehen vor einem Rätsel, weil alle anderen Rinder des Bauern, auch die Nachkommen der erkrankten Kuh, völlig gesund sind. Eine Gefährdung für Menschen besteht nicht.

14.5. Die 35jährige Oberösterreicherin Gerlinde

Österreich und die EU

29.–30. März. Auch Oberösterreich ist Schauplatz einer wichtigen, im Zusammenhang mit der österreichischen EU-Präsidentschaft stehenden Konferenz. In Bad Ischl tagen die 33 Jugendminister der Mitgliedsländer und der Beitrittskandidaten zur Europäischen Union.

Dreckstheater

„Es war fürchterlich, hat nichts mit Theater zu tun."
„Es ist mir zu primitiv!"
„Dass es einmal ein bisschen Dreckstheater in Linz gibt, das fand ich cool!"
„Mir haben die Schauspieler leid getan."

Publikumsstimmen zur Uraufführung von „Windlfinger Goldquell" in den Linzer Kammerspielen, zu hören in der Fernsehsendung „Oberösterreich heute", ORF 2, 12. Februar 2006.

Träume eines Autors

„Ich träume jede Nacht von schief gegangenen Proben. Und bin jeden Morgen nach dem Aufwachen froh, dass ich nur geträumt habe."

Der Bühnenautor Franz Schwabeneder über seine Regietätigkeit bei seinem ersten Stück „Die elektrische Großmutter", „Oberösterreichische Nachrichten", 9. 6. 2006.

Reform der Reform

„Dass Bildung und Schule nicht etwas ist, was man wie ein Fahrzeug steuert, einmal nach links einlenkt, einmal nach rechts lenkt, aufs Gas steigt und bremst."

Der oberösterreichische Landesschulratspräsident Fritz Enzenhofer zur Reform der Rechtsschreibreform. „Oberösterreich heute", ORF 2, 3. März 2006.

Kaltenbrunner steht auf dem 8586 m hohen Kangchendzönga und hat damit als erste Frau neun der 14 Achttausender bestiegen.

15.5. 32.000 Fans jubeln in der Linzer Intersport-Arena der US-Rockband mit dem Star Jon Bon Jovi zu.

3.6. Landeshauptmann Josef Pühringer erhält in Nürnberg den von der Sudetendeutschen Landsmannschaft verliehenen Karlspreis. (Benannt nach Kaiser Karl IV.) Damit wird Pühringers Eintreten für die Heimatvertriebenen und sein Bemühen um Gerechtigkeit nach der gewaltsamen Vertreibung gewürdigt. →

15./17.6. In Rainbach im Innkreis werden zwei Evangelienspiele von Friedrich Ch. Zauner uraufgeführt: „Johannes der Täufer" mit der Bühnenmusik von Fridolin Dallinger und „Abraham und Isaak".

19.6. St. Florian am Inn wird Markt.

22.6. Zwei Uraufführungen in Linz: Im Theater Phönix „Die elektrische Großmutter" von Franz Schwabeneder (→), auf der Ursulinenhof-Bühne des Landestheaters „Kriegskindl" von Susanne Lietzow.

1.7. Der Ennser Gottfried Kneifel wird für ein halbes Jahr Präsident des Bundesrates. Deshalb weht erstmals in der Geschichte der Zweiten Republik auf dem Parlamentsgebäude in Wien die Fahne Oberösterreichs. (Auch im ersten Halbjahr 2011 übernimmt Kneifel diese Funktion.)

Einweihung der Seelsorgestelle Elia in der Linzer Solar-City.

19.7.–2.8. In der Nähe der Brombergalm im Offenseegebiet (Gemeinde Ebensee) wird eine Fläche von 43 Hektar ein Raub der Flammen. Ausgelöst durch die Hitzewelle bricht auch in den Steinbergwänden zwischen Offensee und Almsee ein Waldbrand aus.

Die in Ottnang geborene Barbara Prammer wird am 30. Oktober zur Ersten Nationalratspräsidentin gewählt. Auf dem Bild mit Bundespräsident Heinz Fischer.

27.7. Der fast 103jährige Johannes Heesters tritt in Bad Ischl bei einem Galaabend auf, plaudert und singt das Lied, das ihn berühmt gemacht hat: „Heut geh' ich ins Maxim" aus der Operette „Die lustige Witwe". Vor 60 Jahren, erzählt Heesters, habe ihn Franz Lehár mit dem Satz geadelt: „Sie sind mein bester Danilo!" (Johannes Heesters starb am 24. 12. 2011, 19 Tage nach seinem 108 Geburtstag.)

9.8. Der deutsche Bundespräsident Horst Köhler, der seinen Urlaub im Salzkammergut verbringt, trifft sich in St. Wolfgang mit dem österreichischen Bundespräsidenten Heinz Fischer.

August. In Berg im Attergau entdecken Archäologen in einem Hügelgrab prunkvollen Schmuck und Textilreste aus der Hallstattzeit.

6.9. In Bad Ischl formulieren die Sozialpartner in einer Deklaration ihre Zukunftsziele: Humane Marktwirtschaft und Vollbeschäftigung bis zum Jahr 2016. An diesem „Ischler Dialog" nehmen die Präsidenten der Wirtschaftskammer (Christoph Leitl), des Gewerkschaftsbundes (Rudolf Hundstorfer) und der Landwirtschaftskammer (Rudolf Schwarzböck) teil.

11.9. Fast 5000 Oberösterreicher nehmen im bayerischen Altötting an einer Messe mit dem deutschen Papst Benedikt XVI. teil, die von insgesamt 60.000 Pilgern besucht wird.

18.9. Grundsatzbeschluss für den Hochwasserschutz im Machland. Geplant sind Schutzmaßnahmen von Mauthausen bis zur Landesgrenze.

1.10. Nationalratswahlen. Die SPÖ wird stimmen- und mandatsstärkste Partei. Die Ergebnisse in Oberösterreich: 292.998 VP, 300.790 SP, 101.743 FP, 85.232 Grüne, 21.840 BZÖ, 6793 KP, 23.056 Hans-Peter Martin. Wahlbeteiligung: 81,40 Prozent (österreichweit 78,48 Prozent).

13.10. Im Ursulinenhof wird ein Auftragswerk des Landestheaters uraufgeführt: „Motte & Co" von Gertrud Pigor.

16.11. Uraufführungen in Linz: Das Theaterstück „Harte Bandagen" von Thomas Baum im Theater Phönix, ein Liederzyklus des Welsers Helmut Schmidinger nach Mozart-Briefen im Brucknerhaus.

27.11. Ohne Vorwarnung werden von den 2693 in Oberösterreich aufgestellten Briefkästen etwa 400 abmontiert, davon 118 im Stadtgebiet von Linz.

1.12. Die Salinen AG beschließt die Übersiedlung der Generaldirektion von Bad Ischl in den Produktionsstandort Ebensee.

4.12. Entscheidung über den Bau der neuen Anton-Bruckner-Privatuniversität: Sie wird auf dem Gelände des ehemaligen Schlosses Hagen am Fuße des Pöstlingbergs gebaut.

11.12. Eröffnung des Olympiazentrums auf der Linzer Gugl.

20./21.12. Hinterstoder ist Austragungsort von Ski-Weltcup-Rennen.

21.12. Bei einer Explosion im Chemiepark Linz kommen zwei Arbeiter ums Leben.

Landesausstellung in Ampflwang: „Kohle und Dampf".

Sportler des Jahres: Günther Weidlinger (Leichtathletik), Sabrina Filzmoser (Judo), LASK.

Das Land versinkt im Schnee

Februar/März. Seit 7. Februar schneit es mehrere Tage ununterbrochen, weite Teile Oberösterreichs versinken im Schnee. Viele Dächer halten der tonnenschweren Schneelast nicht stand, Gebäude stürzen ein, Schulen werden geschlossen, Notquartiere eingerichtet, Straßen und Bahnlinien gesperrt. Tage- und nächtelang schaufeln Betroffene und Helfer die ungeheuren Schneemassen von den einsturzgefährdeten Gebäuden. Es kommt zu zahlreichen Unfällen, drei Todesopfer sind zu beklagen: In Bad Ischl stürzt ein Pensionist vom Dach und erliegt seinen Verletzungen, in Julbach wird ein Pensionist von einer Dachlawine getötet. In Königswiesen erstickt ein Jäger aus Linz unter den von einem zur Wildfütterung benützten Stadel donnernden Schneemassen. Auch nach den Schneefällen stürzen Gebäude ein, weil durch den Regen die Last noch schwerer geworden ist. 30.000 Feuerwehrleute, 1700 Soldaten und zahlreiche andere freiwillige Helfer haben hunderte gefährdete Menschen und Häuser gerettet. Noch am 9. März stürzen in Ulrichsberg, Bruck-Waasen und Julbach, am 22. März in Pabneukirchen und Bad Goisern Dächer unter dem Schneedruck ein.

Todestage

Thomas Christian David. Komponist. Gestorben 22. 1. 2006 in Wien. (Geb. 22. 12. 1925 in Wels.)

Oskar Sakrausky. Evangelischer Bischof von Österreich (1968–1983.) Gestorben 10. 2. 2006 in Friesach. (Geboren 24. 3. 1914 in Linz.)

Rupert Hartl. Landeshauptmann-Stellvertreter (SP) 1974–1982. Gestorben 6. 3. 2006 in Linz. (Geboren 2. 4. 1921 in Reichenau.)

Edwin Zbonek. Regisseur. Gestorben 29. 5. 2006 in St. Pölten. (Geboren 28. 3. 1928 in Linz.)

Josef Schmidl. Präsident der oberösterreichischen Arbeiterkammer (1968–1982). Gest. 12. 6. 2006 in Steyr. (Geboren 3. 12. 1919 in Steyr.)

Josef Fischnaller. Maler und Bildhauer. Gest. 26. 8. 2006 in Linz. (Geboren 18. 10. 1927 in Brixen.)

Franz Fischbacher. Maler und Zeichner. Gest. 21. 9. 2006 in Linz. (Geb. 25. 3. 1925 in Gampern.)

Ferdinand Marschall. Fußball-Schiedsrichter. Gestorben 14. 11. 2006 in Ried im Innkreis. (Geboren 19. 2. 1924 in Temesvar.)

Naturschutzgebiete

Gebiete, die sich durch völlige oder weitgehende Ursprünglichkeit oder Naturnähe auszeichnen oder die selten gewordene Tierarten, Pflanzen oder Pflanzengesellschaften beherbergen oder reich an Naturdenkmälern sind.

In Oberösterreich gibt es 113 Naturschutzgebiete.

Landschaftsschutzgebiete

Gebiete, die sich wegen ihrer besonderen landschaftlichen Eigenart oder Schönheit auszeichnen oder durch ihren Erholungswert besondere Bedeutung haben.

In Oberösterreich gibt es 16 Landschaftsschutzgebiete, davon 2 Nationalparks.

Geschützte Landschaftsteile

Kleinräumige, naturnah erhaltene Landschaftsteile oder Kulturlandschaften, Parkanlagen sowie Alleen, die das Landschaftsbild besonders prägen und die zur Belebung oder Gliederung des Landschaftsbildes beitragen oder die für die Erholung der Bevölkerung bedeutsam sind.

In Oberösterreich gibt es 8 geschützte Landschaftsteile.

Die Naturschutzgebiete in Oberösterreich

Stand 2011

Almauen (Bad Wimsbach-Neydharting, Steinerkirchen a.d. Traun)
Almsee (Grünau)
Aschachtal (Stroheim)
Atzmoos (Bad Ischl)
Aufhamer Uferwald (Attersee)
Bosruck
Bruckangerlau (St. Oswald bei Freistadt)
Buchenwald Ranshofen
Bumau (Liebenau)
Dachstein
Edelkastanienwald (Unterach am Attersee)
Edlbacher Moor
Egelsee in Unterach am Attersee
Egelseemoor (Unterach am Attersee)
Eglsee samt angrenzender Niedermoorflächen (St. Lorenz)
Eibenwald (Laussa)
Ettenau (St. Radegrund, Ostermiething)
Ettenau II (St. Radegrund, Ostermiething)
Feuchtgebiet Teichstätt (Lengau)
Fischlhamerau (Fischlham, Steinhaus)
Frankinger Moos (Franking, Moosdorf)
Gerlhamer Moor (Seewalchen am Attersee)
Gierer Streuwiese (Roßleithen)
Gleinkersee (Spital am Pyhrn)
Glöckl-Teich (Roßleithen)
Gmöser Moor (Laakirchen)
Großer Ödsee (Grünau)

Rechts: Das Sengsengebirge im Nationalpark Kalkalpen.
Unten: Das Tanner Moor bei Liebenau ist eine wahre botanische Wunderwelt. Mit 96 Hektar ist es das größte Latschenhochmoor Österreichs.

Großes Langmoos (Bad Ischl)
Großes Löckenmoos und Grubenalmmoor (Gosau)
Grünberg (Frankenburg)
Haller Mauern
Hangwald Puckinger Leiten
Hangwälder im Tal der Großen Mühl
Haslauer Moos (Oberwang)
Heratingersee (Eggelsberg)
Hinterer Langbathsee
Hobelsberg-Riesn (Frankenburg)
Hollereck (Altmünster)
Höllerersee (St. Pantaleon, Haigermoos)
Holzöstersee (Franking)
Imsee (Palting)
Irrsee-Moore
Jackenmoos auf dem Mühlberg (Geretsberg)
Kalksteinmauer Laussa
Kammerschlager Flachmoorwiese (Kirchschlag bei Linz)
Katrin
Kleiner Ödsee (Grünau)
Kleines Langmoos (Bad Ischl)
Kleines Löckenmoos (Gosau)
Koaserin (Heiligenberg, Neukirchen am Walde, Peuerbach)

Das Naturschutzgesetz

Dieses Gesetz hat zum Ziel, die heimische Natur und Landschaft in ihren Lebens- oder Erscheinungsformen zu erhalten, sie zu gestalten und zu pflegen und dadurch dem Menschen eine ihm angemessene bestmögliche Lebensgrundlage zu sichern.

Oasen der Stille

„Die Einmaligkeit und Vielfalt unserer Alpen, aber auch der Seen und Moore, der natürlichen Flussläufe und Auen, der Wälder und Almen und der dort geschützten Flora und Fauna, kann nirgends vollkommener erhalten werden als in unseren Nationalparks. Unsere Kinder und Enkel werden es uns danken, wenn wir ihnen Oasen der Stille, Schönheit und Naturbelassenheit hinterlassen".

Bundespräsident Thomas Klestil (1932–2004) in: „Themen meines Lebens", Verlag Styria, 1997.

Die Naturschutzgebiete in Oberösterreich

Kremsauen
Kreuzbauernmoor (Pfaffing)
Kreuzberg (Weyer)
Kuhschellenrasen Wirt am Berg (Gunskirchen)
Langmoos (St. Lorenz)
Laudachsee und Laudachmoor (Gmunden, St. Konrad)
Leckenmoos (Bad Ischl)
Magerwiese Fuchsgraben (Oberneukirchen)
Moor bei Vorderweißenbach
Moorwiesen (Waldhausen)
Moosalm (St. Wolfgang)
Mooswiesen bei Rading (Roßleithen)
Mösl im Ebenthal (Rosenau am Hengstpass)
Mündungsbereich der Fuschler Ache (St. Lorenz, Mondsee)
Neydhartinger Moor
Nordmoor am Grabensee (Palting, Perwang)
Nordmoor am Mattsee (Lochen)
Nussensee (Bad Ischl)
Offensee (Ebensee)
Orchideenwiese im Pechgraben (Laussa)
Orchideenwiese in Freundorf (Klaffer am Hochficht)
Orter Bucht (Gmunden)
Pesenbachtal
Pfeiferanger (Eggelsberg, Moosdorf)
Pichlwald in Loibichl (Innerschwand)
Pitzingmoos (Bad Ischl)
Planwiesengebiet (Grünburg)
Pleschinger Austernbank
Predigtstuhl (Hartkirchen)
Quellflur bei Grueb (Tiefgraben)
Radriedlmoos (Bad Ischl)
Rannatal
Reinthalermoos (Attersee)
Richterbergau (Liebenau)
Rote Auen (Weitersfelden)
Schlossberg Neuhaus (St. Martin im Mühlkreis)
Schwarzenbergwiese (Grünburg)
Schwarzensee (St. Wolfgang)
Seeleithensee und angrenzende Streuwiesen (Eggelsberg)
Spießmoja, Spießmoller (St. Johann am Walde)
Stadlau (Klaffer am Hochficht)
Stadler-Wiese (Ottenschlag im Mühlkreis)
Staninger Leiten (Dietach, Steyr)
Sumpfwiese Walleiten = Hendorfer Waldungen (St. Aegidi)
Taferlklaussee (Altmünster)
Tal der Kleinen Gusen
Tal des Kleinen Kößlbaches
Tanner Moor (Liebenau)
Torfau (Ulrichsberg)
Traun-Donau-Auen (Linz)
Traunauen bei St. Martin (Traun)
Traunstein (Gmunden)
Untere Steyr (Steyr, Garsten, Sierning)
Unterer Inn
Unterhimmler Au (Steyr)
Urfahrwänd (Linz, Puchenau)
Vorderer Langbathsee
Warscheneck Nord
Warscheneck-Süd – Purgstall – Brunnsteiner Kar
Warscheneck-Süd – Stubwies
Warscheneck-Süd – Wurzeralm
Wildmoos (Tiefgraben)
Zeller- oder Irrsee

Nationalpark O.ö. Kalkalpen

Der Nationalpark Kalkalpen wurde aufgrund des oö. Natuschutzgesetzes 1997 von der oö. Landesregierung verordnet. Einschließlich späterer Erweiterungen umfaßt das Gebiet derzeit eine Fläche von etwa 20.800 Hektar.

Schutzgebiete

nach FFH- und Vogelschutzrichtlinie (FFH = Fauna-Flora-Habitat)

Europaschutzgebiete

Böhmerwald und Mühltäler
Dachstein
Ettenau
Maltsch
Mondsee und Attersee
Nationalpark O.ö. Kalkalpen → S. 511, 519
Oberes Donau- und Aschachtal
Oberes Donautal
Pfeiferanger (Eggelsberg, Moosdorf)
Reinthaler Moos (Attersee)
Untere Traun
Unterer Inn
Wiesengebiete im Freiwald
Wiesengebiete und Seen im Alpenvorland

Natura-2000-Gebiete

Auwälder am Unteren Inn
Frankinger Moos
Kalksteinmauer und Orchideenwiese Laussa
Radinger Moorwiesen (Roßleithen)
Rannatal
Salzachauen
Tal der Kleinen Gusen
Tanner Moor (Liebenau)
Traun-Donau-Auen
Unteres Trauntal
Waldaist Naarn

Natura 2000 – Europaschutzgebiete

Natura 2000 ist ein europaweites System von Schutzgebieten, das mit dem Ziel errichtet wird, die Vielfalt der Lebensräume und wildlebender Tier- und Pflanzenarten auf Dauer zu erhalten.
Die oberösterreichische Gebietsliste umfasst 25 Natura-2000 und Europaschutzgebiete mit einer Gesamtfläche von etwas mehr als 70.000 Hektar. Oberösterreich hat Anteil an der alpinen und kontinentalen Region. Die Listen der Gebiete von gemeinschaftlicher Bedeutung wurden von der Europäischen Kommission 2003 bzw. 2004 verabschiedet und seither mehrmals aktualisiert.
Mit dem OÖ. Natur- und Landschaftsschutzgesetz 2001 wurde die neue Schutzgebietskategorie „Europaschutzgebiete" eingeführt. Gebiete von gemeinschaftlicher Bedeutung und Vogelschutzgebiete sind durch Verordnung der Landesregierung als „Europaschutzgebiete" zu bezeichnen.

Landschaftsschutzgebiete

Altpernstein (Micheldorf)
Fasanenau (Vöcklabruck)
Feldaisttal
Kulturterrassen in Ödenkirchen (Ulrichsberg)
Pfandler Au (Bad Ischl)
Puchheimer Au (Attnang-Puchheim)
Roadlberg (Alberndorf i.d. Riedmark, Ottenschlag)
Schalchhamer Auwald (Regau)
Tal der Kleinen Gusen
Unterhimmel (Steyr)
Warscheneck-Süd – Frauenkar
Warscheneck-Süd – Wurzeralm
Weyr-Welsern (Neukirchen an der Vöckla)
Wiesmoos (Gosau)

Landschaftsschutzgebiete – Naturparks

Naturpark Mühlviertel
Naturpark Obst-Hügel-Land (Scharten, St. Marienkirchen an der Polsenz)

Geschützte Landschaftsteile

Ascherweiher (Braunau)
Himmelreich (Micheldorf)
Krottensee (Gmunden)
Moosleithen (Andorf)
Pfarrerhölzl (Hohenzell)
Schlüßlberg
Unterriedl (St. Stefan am Walde)
Welset Pühret (Haslach an der Mühl)

Pühringer zum Fremdengesetz

„Wir brauchen Lösungen für Härtefälle und zugleich eine konsequente Sicherheitspolitik und Fremdengesetze – fair, gerecht, aber auch mit dem Augenmaß für das Mögliche. Wir können nicht Tür und Tor für alle öffnen."

Landeshauptmann Josef Pühringer „Oberösterreichische Nachrichten", 4. 10. 2007.

Wir wehren uns

„Wir haben die Aufgabe, die Position der Länder zu stärken. Wir wehren uns schon, oft mehr, als manchem in Wien recht ist."

Landeshauptmann Josef Pühringer am 1. Jänner 2007 bei der Übergabe des Vorsitzes in der Landeshauptleutekonferenz von Oberösterreich an Salzburg, auf einem Wolfgangseeschiff, an der Grenze von Oberösterreich und Salzburg.

Millionen für die Forschung

28. September. *Oberösterreich schneidet bei der Verteilung von Fördermitteln für die Forschung ungewöhnlich gut ab. Von den insgesamt 320 Millionen Euro fließt fast ein Drittel (110 Millionen) nach Oberösterreich. In einem Science Park bei der Universität Linz wird ein wissenschaftliches Zentrum für Mechatronik errichtet, außerdem werden noch Kompetenzzentren für Metallurgie, Software und Holztechnik gefördert, bei denen oberösterreichische Forschungsstellen und Betriebe maßgeblich beteiligt sind.*

Der Orkan tobt

18./19. Jänner. Ein Orkan tobt in weiten Teilen Westeuropas und verursacht auch in Österreich schwere Schäden, vor allem in Oberösterreich, Niederösterreich und Salzburg. Dächer werden abgetragen, Bäume stürzen auf Gebäude und Autos, Straßen und Bahnlinien müssen gesperrt werden. Menschenleben sind in Österreich nicht zu beklagen, doch gibt es zahlreiche Verletzte, auch in Oberösterreich. 588 oberösterreichische Feuerwehren werden zu 5200 Einsätzen gerufen, 130.000 Haushalte sind ohne Strom. Auf dem Feuerkogel werden Stürme mit 207 Stundenkilometern gemessen, das ist österreichweit ein Rekord. Die Sturmspitzen in Oberösterreich: Wolfsegg 147 km/h, Gmunden 144, Linz-Hörsching 137, Kremsmünster 133, Windischgarsten 108. Bei Waldarbeiten kommen am 20. und 22. Jänner in Grünburg und Regau zwei Menschen ums Leben.

Vizekanzler Wilhelm Molterer beim Erntedankfest in seiner Heimatgemeinde Sierning, hier in der Rolle als Taufpate für einen Wein (rechts). Ganz links Bürgermeister Manfred Kalchmair, daneben der Weinhändler und Pfarrer Karl Sperker. Im Vordergrund Wolfgang Maier von der Bürgergarde Sierning.

Kalender

5.1. Uraufführung des Schauspiels „Spielfeld" in den Linzer Kammerspielen. Autor ist der Welser Götz Spielmann.

9.1. Der SP-Landeschef von Oberösterreich, Erich Haider, und auch einige andere oberösterreichische Mitglieder des SP-Parteivorstands stimmen gegen den Regierungspakt mit der VP, weil sie mit der Ressortverteilung und einigen inhaltlichen Punkten nicht einverstanden sind. →

19.1. In der Eisenhand-Bühne wird das Stück „Nur für drei Tage" von Georg Staudacher uraufgeführt, ein Auftragswerk des Linzer Landestheaters.

22.1. Laakirchen wird eine Stadt.

8.2. Die Innviertler Bezirkshauptstadt Ried hat eine Symphonie: Im Keine-Sorgen-Saal wird die zum 150. Jahrestag der Stadterhebung in Auftrag gegebene „Rieder Symphonie" des Wahl-Rieders Franz Xaver Frenzel uraufgeführt.

10.2. Die neue Justizministerin Maria Berger, eine geborene Pergerin, erklärt bei ihrem Besuch in Oberösterreich, dass entgegen ursprünglicher Pläne die Bezirksgerichte von Bad Leonfelden, Mauthausen, Pregarten, Weyer und Windischgarsten nicht geschlossen werden.

29.3. Uraufführung der musikalischen Haus- und Gartenrevue „Tapetenwechsel" von Verena Koch in den Linzer Kammerspielen.

11.4. Uraufführung des Balletts „Lorenzaccio" von Alexander Balanescu im Linzer Landestheater.

21.4. Vizekanzler Wilhelm Molterer (→) wird vom ÖVP-Parteitag in Salzburg zum Bundesparteì-Obmann gewählt – der erste Oberösterreicher in dieser Funktion.

4.5. Die von den Gemeinderäten von Weyer-Markt und Weyer-Land 2005 beschlossene Zusammenlegung der beiden Gemeinden wird mit der Amtsübernahme eines gemeinsamen Bürgermeisters abgeschlossen.

Vizekanzler aus Sierning

11. Jänner. In der neuen Regierung mit Bundeskanzler Alfred Gusenbauer (SP) an der Spitze sind vier Oberösterreicher vertreten: Vizekanzler und Finanzminister wird der in Steyr geborene und von seinem Onkel, einem Sierninger Bauern, adoptierte Wilhelm Molterer (VP), Justizministerin die EU-Parlamentarierin Maria Berger (SP), eine Bauerntochter aus Perg, Sozialminister der in Mauthausen geborene und in Berg bei Rohrbach aufgewachsene Salzburger Landesrat Erwin Buchinger (SP), Wirtschafts-Staatssekretärin Christine Marek (VP), die ihre Kindheit in Eferding verbrachte und ihre Berufslaufbahn bei der Voest begann. (Nur bis → 2008 gibt es diese Regierung.)

9.5. Als Auftragswerk des Linzer Landestheaters wird in der Spielstätte Eisenhand die Operette „Die listige Witwe" von Peter Androsch uraufgeführt

11.5. Ein 1:1 in Leoben reicht dem LASK für den Meistertitel in der Ersten Fußball-Liga und den Aufstieg in die Bundesliga. Damit gibt es nach sechs Jahren wieder einen Linzer Fußballklub in der ersten Spielklasse.

13.5. Die oberösterreichische Bergsteigerin Gerlinde Kaltenbrunner wird beim Versuch, ihren zehnten Achttausender zu bezwingen, am Dhaulaghiri in Nepal in 6650 Meter Seehöhe in ihrem Zelt von einer Lawine verschüttet und entgeht nur knapp dem Tod. Zwei spanische Berggefährten kommen ums Leben. →

16.5. Uraufführung des Theaterstücks „Lady Di" von Franzobel im Linzer Theater Phönix.

20.5. Das letzte Spiel des SV Pasching der Fußball-Bundesliga. Nach einem Lizenzverkauf war der Verein zum Abstieg verurteilt.

24.5. Uraufführung der Symphonie Nr. 4 von Fridolin Dallinger im Linzer Brucknerhaus.

Mai. Der Konflikt um den teilweisen Börsegang der Energie AG (früher OKA), den die ÖVP forciert und die SPÖ ablehnt, führt zu einem zerrütteten Klima in der Landespolitik. Beide Kontrahenten sprechen von einer Radikalisierung. → 5. 7. und 19. 12. 2007, 9. 1. 2008

6.6. Der Oberösterreicher Franz Welser-Möst wird zum Generalmusikdirektor der Wiener Staatsoper bestellt. →

15.6. In Rainbach im Innkreis wird das Evangelienspiel „Das Grab ist leer" von Friedrich Ch. Zauner uraufgeführt. Bühnenmusik: Fridolin Dallinger.

16.6. Die Schärdingerin Violetta Oblinger-Peters gewinnt bei der Wildwasser-Europameisterschaft in Liptovsky Mikulas (Slowenien) die Goldmedaille im Kajak-Einer.

5.7. Der Landtag beschließt mit Mehrheit (VP, Grüne und FP) gegen die Stimmen der SP, einen Minderheitsanteil der Energie AG an die Börse zu bringen. → 19. 12. 2007, 9. 1. 2008

12.7. Die Extrembergsteigerin Gerlinde Kaltenbrunner steht auf dem 8051 Meter hohen Broad Peak. Sie ist damit die einzige Frau der Welt, die zehn Achttausender bezwungen hat. → 2008, 2009, 2010, S. 547

16.–20.7. Hitzewelle in Österreich. Oberösterreichs Spitzenwerte: 36,6 Grad am 16. in Gmunden, 34,5 Grad am 20. in Windischgarsten.

Singvögel-Ausstellungen erlaubt

September. *Im Salzkammergut dürfen wieder Singvögel gefangen und ausgestellt werden, nachdem der Verfassungsgerichtshof das → 2005 von der Gesundheitsministerin Maria Rauch-Kallat erlassene Ausstellungsverbot aufgehoben hat. Das Ausstellen der Singvögel ist der Höhepunkt eines Brauchtums, das im Jahr 1579 erstmals erwähnt wird.*

Stahlhochzeit

6. Juni. *Die voestalpine übernimmt für zwei Milliarden Euro die Mehrheit am Edelstahlproduzenten Böhler-Uddeholm. Der neue Stahlriese mit einem Umsatz von rund zwölf Milliarden Euro ist mit etwa 40.000 Mitarbeitern einer der größten Arbeitgeber Österreichs. Am gleichen Tag präsentiert die voestalpine historische Erfolgszahlen: Einen Umsatz von mehr als sieben Milliarden Euro, einen Nettogewinn von 765 Millionen Euro.*

Neue Heimstätten unserer Schätze

In Reichraming wird ein Messingmuseum eröffnet (27. 4.), im Schloss Pragstein in Mauthausen ein Apothekenmuseum (18. 5.), in Lohnsburg ein Polizei- und Militärmuseum (3. 6.). Die Schwanenstädter freuen sich über die Eröffnung ihres neuen Heimatmuseums in der ehemaligen Pausinger-Villa (26. 5.), in Haslach erhält das Museum für mechanische Musik und Volkskunst ein neues Zuhause (6. 6.), in Ampflwang wird das Eisenbahn- und Bergbaumuseum eröffnet (30. 6.).

19.7. Uraufführung des Stücks „Zipf" von Franzobel im Kohlebrecher in Kohlgrube-Wolfsegg („Theater am Hausruck").

26.8. Der 27jährige Steyrer Clemens Doppler wird in Valencia gemeinsam mit seinem Wiener Partner Peter Gartmayer Beachvolleyball-Europameister.

August. Junge Forscher vom Landesverein für Höhlenkunde entdecken im Toten Gebirge die längste Höhle innerhalb der Europäischen Union: eine Verbindung von der im Ausseerland gelegenen Raucherkarhöhle zum oberösterreichischen Feuertal-Höhlensystem. Mit mehr als 120 Kilometern Länge gehört die Schönberghöhle (nach dem Schönberg bei Ebensee) zum größten unterirdischen Labyrinth der Erde. Insgesamt wurden im Toten Gebirge in jüngster Zeit 300 neue Höhlen entdeckt.

7.–9.9. Benedikt XVI. besucht Österreich (Wien, Mariazell, Heiligenkreuz). Etwa 2500 Oberösterreicher pilgern zum Papst, großteils mit Sonderbussen.

13.9. Oberösterreich darf den Anbau von gentechnisch veränderten Lebensmitteln nicht verbieten. Der Europäische Gerichtshof hat entschieden, was Oberösterreich darf und was es nicht darf. Ein Einspruch des Landes gegen ein schon 2005 gefälltes Urteil wurde zurückgewiesen. → 2002, 2003, 2005, 2009, 2010

19.9. Im Linzer Posthof wird „Gut gegen Nordwind" uraufgeführt, eine Bühnenfassung nach einem Roman von Daniel Glattauer.

26.9. Nach der Abschiebung ihrer Familie in den Kosovo taucht ein 15jähriges, in Frankenburg lebendes Mädchen unter und droht mit Selbstmord. Der Fall ist wochenlang in den Schlagzeilen und spaltet Politik und öffentliche Meinung: Die einen fordern ein humanitäres Bleiberecht, andere sagen, Fremdengesetze müssen eingehalten werden und eine Ausnahme wäre eine Ungerechtigkeit gegenüber jenen, die nicht mit spektakulären Aktionen für einen Medienrummel sorgen. → 2010

28.9. Eine Hiobsbotschaft für die 275 Mitarbeiter der Linzer Tabakfabrik: Mit Ende 2009 wird das Werk an der Unteren Donaulände in Linz geschlossen. (Die österreichischen Tabakwerke wurden 1784 gegründet, 1850 entstand die Produktionsstätte auf dem Gelände der aufgelassenen Wollzeugfabrik, → 1935 wurde das neue Gebäude eröffnet, seit 2007 ist die Japan Tobacco International Eigentümer der Austria Tabak.) → 2009

30.9. Uraufführung in den Kammerspielen des Landestheaters: „Candide oder Der Optimismus", Rock-Pop-Comic von Henry Mason.

5.10. Im Linzer Theater des Kindes wird das Stück „Olga ist verdreht" der oberösterreichischen Autorin Elisabeth Vera Rathenböck uraufgeführt.

10.10. In Wels wird das Messezentrum Neu eröffnet

15.10. Landeshauptmann Josef Pühringer erklärt, dass es nach dem Wegfall der Kontrollen an der tschechischen Grenze (ab 21. Dezember) keinen Abbau der Grenzpolizei, sondern eine Neuverteilung der Dienststellen geben wird. Das sei kein Misstrauen gegenüber den tschechischen Behörden, doch müsse auch den Sorgen der Bevölkerung im Grenzraum entsprochen werden.

Oberösterreichs Weltwunder *Weltwunder gibt es nicht nur in fernen Ländern, auch in Oberösterreich. Bei einer Wahl der „Oberösterreichischen Nachrichten", an der sich tausende Oberösterreicher beteiligten, gingen als Sieger die Schärdinger Silberzeile (Bild), Hallstatt (→ S. 510) und die Dachstein-Eishöhlen (→ S. 297) hervor. Es folgten der Flügelaltar von Kefermarkt (→ S. 96/97), der Marmorsaal des Stiftes St. Florian (→ S. 150), die Schafbergbahn (→ S. 263) und die Pöstlingbergbahn (→ S. 279).*

17.10. Sechs junge Burschen aus dem Raum Altheim werden als jene Brandstifter ausgeforscht, die im Vorjahr im Innviertel ein Dutzend Brände gelegt hatten. Als Motiv geben sie an: Jux und Langeweile.

13.11. Die voestalpine plant den Bau eines Stahlwerks am Schwarzen Meer. Es soll ein voll integrierter Bestandteil des Standortes Linz sein, von Linz aus geführt werden und ab 2013 jährlich fünf Millionen Tonnen Stahl erzeugen. Das Linzer Werk kann von derzeit 5,5 Millionen nur noch auf höchstens sechs Millionen Tonnen ausgeweitet werden.

Die Rektorin der Anton-Bruckner-Privatuniversität Linz, die 48jährige Marianne Betz, wird in ihr Amt eingeführt. Sie ist die erste Frau an der Spitze einer oberösterreichischen Universität.

27.11. Ein dramatischer Hangrutsch im Gschliefgraben am Traunsee-Ostufer in Gmunden beginnt. Hunderttausende Kubikmeter Gestein und Geröll rutschen Richtung Traunsee, 55 Häuser mit rund 100 Bewohnern müssen evakuiert werden.

28.11. Eröffnung der neuen Linzer Donaupark-Eishalle (neben der alten Halle auf dem Parkbad-Areal an der Unteren Donaulände).

Uraufführung einer mobilen Produktion des Linzer Landestheaters für Volksschulkinder: „Die Kuh Rosmarie" von Claudia Federspieler.

4.12. Uraufführung des Stücks „Einer weniger" von Matthias Wittekindt im Linzer Theater Phönix.

9.12. Uraufführung in der Spielstätte Eisenhand des Landestheaters: „Tristan und Isolde", Splattercomic von Eilhart von Oberg.

16.12. Ein Freudentag für Traunkirchen. Endlich wälzt sich nicht mehr der gesamte Verkehr durch den idyllischen Salzkammergutort. Der 2100 Meter lange Umfahrungstunnel wird für den Verkehr freigegeben. (Offizielle Eröffnung ist am 19. 4. 2008.)

18.12. Uraufführung im Linzer Posthof: „Nachtgewächse" von Gabriele Deutsch und Maxi Blaha.

19.12. Aufsichtsrat und Hauptversammlung der Energie AG beschließen einen Börsegang, der seit Wochen im Landtag heftige Turbulenzen ausgelöst hat. Die SP sammelt daraufhin 89.885 Unterschriften für eine Volksbefragung. Schließlich wird der Börsegang (→ 2008) abgesagt und eine andere Art der Teilprivatisierung gewählt.

21.12. Die Grenzkontrollen zu Tschechien und weiteren acht EU-Staaten fallen. (Nach dem am 14. 6. 1985 im Luxemburger Ort Schengen unterzeichneten Abkommen.) → 15. 10.

Landesgartenschau in Vöcklabruck: „Wo Gärten Brücken schlagen".

Sportler des Jahres: Sybille Bammer (Tennis), Alexander Koll (Ski), LASK.

Dramatischer Gletscherrückgang

„Das Mini-Warnlämpchen, dass der Gletscherrückgang stattfindet, blinkt, seit ich mich erinnern kann. In den sechziger Jahren ist bei den oberen Eisseen der Gletscher angegangen und jetzt sind wir von dort zwanzig Minuten gegangen, bis wir beim Eis waren.“

Toni Rosifka, 27 Jahre Hüttenwirt auf der Simonyhütte, über den dramatischen Gletscherrückgang auf dem Dachstein. „Oberösterreich heute“, ORF 2, 22. 1. 2007.

Klimaforscher prophezeien, dass am Ende dieses Jahrhunderts vom angeblich „ewigen Eis“ nichts mehr da ist. Die Ursache: Der Klimawandel und die damit verbundene Erderwärmung. Derzeit nehmen sämtliche Dachsteingletscher eine Fläche von etwa 560 Hektar ein. Um die Mitte des 19. Jahrhunderts wurden 1091 Hektar gemessen.

Seligsprechung in Linz *Die erste Seligsprechung in Oberösterreich: Am 26. Oktober wird der 1943 wegen Wehrdienstverweigerung hingerichtete Innviertler Bauer und Mesner Franz Jägerstätter im Neuen Dom in Linz als „Märtyrer des Glaubens“ seliggesprochen. Auf dem Bild: Die 94jährige Witwe Jägerstätters übergibt jenes Gefäß, in dem ein Knochensplitter ihres Mannes eingearbeitet ist, an Bischof Ludwig Schwarz, der es in einen Reliquienschrein einsetzt.*

Linz will hoch hinaus *Drei neue Türme im Linzer Bahnhofsviertel: Mit exakt 97,11 Metern ist der Terminal-Tower das höchste Hochhaus von Linz (links). 75 Meter hoch ist der Power-Tower, die neue Zentrale der Energie-AG, 63 Meter hoch der Wissensturm der Stadt Linz (rechts) mit der Volkshochschule und der Stadtbibliothek.*

Der Prophet aus dem Innviertel

„Ein Prophet mit Weitblick und Durchblick“.

Der Linzer Diözesanbischof Ludwig Schwarz.

„Ich freue mich besonders, einen verheirateten Laien in das Verzeichnis der Seligen einschreiben zu dürfen.“

Kardinal José Saraiva Martins, Vertreter des Papstes.

„Man kann schon sagen, dass ich stolz auf ihn bin.“

Die Witwe Franz Jägerstätters, Franziska Jägerstätter.

„Die Kirche wollte auch, dass er einrückt. Aber er war nie gehorsam.“

Maria Dammer, Tochter von Franz Jägerstätter.

„Es ist bekannt, dass Franz Jägerstätter in seiner monatelangen Gewissensnot auch Bischof Fließer in Linz aufsuchte, in der Hoffnung, dass dieser ihm helfen würde. Doch da war er an den Falschen geraten. Noch hoffnungsloser, ja verwirrter und an der Kirche zweifelnd musste er den Heimweg antreten.“

Der Theologe Kurt Brändle, Bad Goisern.

Alles aus: „Oberösterreichische Nachrichten“, 24. 10. (5.), 25. 10. (1., 3., 4.) und 27. 10. 2007 (2.).

Todestage

Renate Schwarzer. Malerin. Gestorben 2. 1. 2007 in Linz. (Geboren 4. 2. 1945 in Freistadt.)

Karl Pömer. Leiter der Kulturabteilung der oö. Landesregierung (1973–1987). Gestorben 8. 4. 2007 in Gallneukirchen. (Geboren 23. 9. 1924 in Linz.)

Helmuth Josseck. Volksanwalt, FP (1983–1989). Gestorben 2. 5. 2007 in Wels. (Geboren 15. 6. 1921 in Graz.)

Kurt Steyrer. Arzt, Politiker (SP). Bundespräsidentschaftskandidat → 1986. Umweltminister (1981–1986). Gestorben 16. 7. 2007 in Wien. (Geboren 3. 6. 1920 in Linz.)

Konrad Oberhuber. Direktor der Wiener Albertina (1987–1999), Gestorben 12. 9. 2007 in San Diego, Kalifornien, USA. (Geboren 31. 3. 1935 in Linz.)

Romuald Pekny. Kammerschauspieler. Gestorben 9. 11. 2007 in Linz. (Geboren 1. 7. 1920 in Wien.) → S. 379

Elfriede Gollmann. Schauspielerin. Gestorben 18. 11. 2007 in Linz. (Geboren 8. 6. 1914 in Linz.)

Abschied von der Pöstlingbergbahn

„Während anderswo Museumsbahnen gehegt und gepflegt werden, glauben die Mächtigen von Linz, sie müssen hier unbedingt mit der ‚Modernisierung' weitermachen."

Leserbrief an die „Oberösterreichischen Nachrichten", 26. 3. 2008.

Das Unrecht der Vertreibung

„Die Vertreibung und Enteignung der Volksdeutschen aus ihrer Heimat gehört zu den großen Unrechtsakten, die in Europa im vergangenen Jahrhundert passiert sind. Die Spuren dieses Unrechts müssen beseitigt werden und es kann die Ignoranz des tschechischen Staates von der Europäischen Union nicht einfach hingenommen werden."

Landeshauptmann Josef Pühringer beim Erinnerungstag der Heimatvertriebenen in Marchtrenk am 14. Juni 2008.

Erfolgreiche voest

„Wenn uns vor vier Jahren jemand diese Entwicklung vorhergesagt hätte, wir hätten es ihm nicht geglaubt."

voestalpine-Generaldirektor Wolfgang Eder in der Bilanzpressekonferenz am 5. Juni 2008.

Neue Ära im Dachstein-Tourismus *Am 12. Jänner wird in Anwesenheit von Bundespräsident Heinz Fischer und Landeshauptmann Josef Pühringer die neue Dachstein-Seilbahn eröffnet. Die beiden Teilstrecken von Obertraun auf den Krippenstein wurden in einer Rekordzeit von acht Monaten erneuert. Nach Investitionen von 15 Millionen Euro bricht für den Dachstein-Tourismus eine neue Ära an.*

Kalender

9.1. Nach heftigen politischen Turbulenzen wird der geplante Börsegang der Energie AG abgesagt und eine andere Art der Teilprivatisierung vorgestellt: Das Land Oberösterreich ist mit 51 Prozent Haupteigentümer, die Linz AG stockt ihren Anteil auf, weitere Aktionäre sind oberösterreichische Banken, Versicherungen und Wirtschaftsunternehmen, westösterreichische Energieversorger sowie Mitarbeiter der Energie AG. (Landtagsbeschluss 31. 1., EU-Zustimmung 17. 6., Vertragsunterzeichnung 3. 7.).

24.1. Uraufführung im Linzer Theater Phönix: „Volksgarten" von Alexander Jungwirth.

8.2. Linz entscheidet sich für ein neues Logo: „Linz verändert".

25.2. Für seinen Film „Die Fälscher" wird der Österreicher Stefan Ruzowitzky, der seine Schulzeit in Linz verbrachte, mit dem „Oscar" für den besten nicht englischsprachigen Film ausgezeichnet.

1.3. Ein Orkan mit Spitzengeschwindigkeiten bis zu 183 km/h tobt über Österreich und tötet vier Menschen (in Tirol, Salzburg und Niederösterreich). In Oberösterreich gibt es zahlreiche Verletzte und schwere Sachschäden: Dächer werden abgetragen, Autos zertrümmert. Insgesamt waren in Oberösterreich 617 Feuerwehren mit 15.699 Helfern im Einsatz.

7./8.3. Pakete mit Zigarrenbehältern, die mit ätzender Säure gefüllt waren, werden an drei Gemeindepolitiker von Weißkirchen an der Traun, den Bauamtsleiter von Raab und einen Referenten der Bezirkshauptmannschaft Wels-Land geschickt. Der ehemalige Bürgermeister von Weißkirchen wird beim Öffnen des Paketes verletzt, bei den anderen Paketempfänger konnte die Polizei rechtzeitig eingreifen.

24.3. Die letzte Fahrt mit der alten Pöstlingbergbahn. Das bedeutet auch einen Abschied von den alten Garnituren und von der Spurweite 1000 mm. Ab Frühjahr 2009 werden neue Garnituren auf der Straßenbahn-Spurweite 900 mm bis zum Hauptplatz fahren. →

26.3. Eine Tote, 78 Verletzte, davon 18 Schwerverletzte, 62 kaputte Autos, 18 beschädigte Schwerfahrzeuge – das ist die Bilanz einer Massenkarambolage auf der Westautobahn zwischen Seewalchen und St. Georgen im Attergau. Die Ursachen: Dichtes Schneetreiben, Nebel und Leichtsinn. → 2002, 2005

29.3. In den USA wird die aus dem Irak überstellte Leiche des 26jährigen Bert Nussbaumer identifiziert. Der in Neukirchen bei Altmünster beheimatete Mann war bei einer amerikanischen Sicherheitsfirma beschäftigt und am 16. November 2006 entführt worden.

3.4. Der im Privatbesitz befindliche Mondsee wird verkauft. Die Besitzerin bestätigt Verhandlungen mit den Österreichischen Bundesforsten.

Freude für die 700 Einwohner von Kirchheim im Innkreis: Die Gemeinde darf sich 2010, gemeinsam mit elf anderen Orten, Europäisches Kulturdorf nennen. → 2010

AEC – ein Fass ohne Boden

15. Dezember. *Kurz vor der Eröffnung des neuen Ars Electronica Centers (AEC) wird die wirtschaftliche Krise des Prestigeobjekts der Stadt Linz bekannt. Der jährliche Zuschuss der Stadt wird 4,8 Millionen Euro betragen statt wie bisher zwei Millionen. Die Schuldentilgung wird 42,8 Jahre dauern, heißt es im Bericht des Haushalts- und Beteiligungsmanagements der Stadt Linz. „Die AEC-Krise hat hausgemachte Gründe", berichten die „Oberösterreichischen Nachrichten" (Erhard Gstöttner): „Fünf kaufmännische Geschäftsführer wurden in den bisherigen zwölf Jahren des Betriebs im Haus am Donauufer in Linz-Urfahr verschlissen."*

Das unterschätzte Linz

„Linz ist die unterschätzteste Stadt in Österreich."

Der Filmregisseur Götz Spielmann, „Oberösterreich heute", ORF 2, 15. 5. 2008.

2008

11.4. Die Welser Judo-Sportlerin Sabrina Filzmoser wird in Lissabon Europameisterin in der Klasse bis 57 Kilo.

16.4. Ein Hauch von Hollywood in Linz: Im Design Center wird der von der Linzerin Lilly Berger produzierte und mit Hollywood-Schauspielern in Oberösterreich gedrehte Film „Jump" uraufgeführt.

29.4. Eröffnung des Motorradmuseums in Vorchdorf.

1.5. Bad Ischl verabschiedet sich von der Bezeichnung „Kaiser-Therme", Bad Hall von der „Tassilo-Therme". Gemeinsam mit Bad Schallerbach werden die landeseigenen Kuranstalten unter dem Namen „EurothermenResorts" vermarktet.

3.5. Auch die Linzer lachen: Burschen aus Reichenau haben auf dem Linzer Hauptplatz den Maibaum gestohlen. Für eine Jause mit Getränken bringen sie ihn zurück.

März-Juni. Die Linzer Theater sind im Uraufführungsfieber. In den Spielstätten des Landestheaters: Das Kinderstück „Mampf" von Henry Mason (28. 3.), „Lebenstraum Österreich", ein Projekt, in dem zum Thema Migration Betroffene zu Wort kommen (3. 4.), die Oper „Die Architektur des Regens" von Klaus Lang (28. 4.), die Ballette „Campo Amor" von Jochen Ulrich (3. 5.) und „Die Spielzeugschachtel" von Jochen Ulrich und Fabrice Jucquois (14. 6.). Im Theater Phönix: „Pretty Woman Revisited" von Stefan Fent (1. 4.). Auf der Linzer Posthof-Bühne: als Ein-Frau-Stück die Dramatisierung von Stefan Zweigs „Brief einer Unbekannten", von Simone Neumayr und Doris Schüchner. (22. 4.)

Mai. Mit der Einschränkung der Rechte für ausgebildete Laien in der katholischen Kirche (Verbot von Predigten und Taufen) verärgert Bischof Ludwig Schwarz viele Katholiken, erhält jedoch die Zustimmung der Bischofskonferenz.

5.6. Die voestalpine präsentiert die vierte Rekordbilanz in Folge, die sechste mit steigenden Zahlen: Erstmals mehr als zehn Milliarden Euro Umsatz, ein Betriebsergebnis von 1,5 Milliarden Euro.

Tödlich verunglückt: Der in Goisern geborene Kärntner Landeshauptmann Jörg Haider.

Der Südflügel des Linzer Schlosses, *der beim Stadtbrand im Jahr 1800 vernichtet wurde, wird im Stil des 21. Jahrhunderts neu gebaut. Die Gleichenfeier findet am 6. Juni 2008 statt. Das Bild zeigt das Gebäude nach der Fertigstellung im Juni 2009. Das neue Schlossmuseum ist das größte Universalmuseum Österreichs.*

12.6. Bei der Europameisterschaft in Wien schießt der 1996 eingebürgerte LASK-Fußballer Ivica Vastic in der 93. Spielminute ein Elfmetertor und verhindert mit einem 1:1 gegen Polen das Ausscheiden Österreichs. Das ganze Land feiert das wie einen Sieg. Vier Tage später, nach einer 0:1-Niederlage gegen Deutschland, ist der Traum vom Viertelfinale ausgeträumt. Österreich ist bei der Europameisterschaft – genauso wie die Schweiz – nur noch Gastgeber und Zuschauer.

20.6. Uraufführung des Stücks „Florinda und Pankratius oder Die Musik der Sterne" von Franz Schwabeneder beim Theaterfestival Schäxpir im Linzer Posthof.

In Rainbach im Innkreis wird das Evangelienspiel „Passion" von Friedrich Ch. Zauner uraufgeführt. Bühnenmusik: Fridolin Dallinger.

21.6. In Linz wird das „Haus der Volkskultur" eröffnet. (Promenade 33.)

28.6. 12.500 begeisterte Zuhörer für klassische Musik: Auf dem Linzer Hauptplatz spielt das Bruckner-Orchester mit dem Chor des Landestheaters unter dem Dirigenten Dennis Russell Davies die Neunte Symphonie von Ludwig van Beethoven.

Eröffnung des Kulturhauses Schnopfhagen in Oberneukirchen, Feier im Geburtsort des Komponisten der Landeshymne, Hans Schnopfhagen. → S. 46

1.7. Die Attnangerin Maria Fekter ist Innenministerin (VP). Damit sind fünf Oberösterreicher (→ 2007) in der Bundesregierung, deren Ende sich jedoch bereits abzeichnet. → S. 549

7.7. Vizekanzler Wilhelm Molterer kündigt die Regierungskoalition mit der SP und präsentiert sich als VP-Spitzenkandidat für die kommenden Nationalratswahlen.

8.7. Den beiden Oberösterreichern im ÖVP-Parteivorstand, Landeshauptmann Josef Pühringer und Wirtschaftskammer-Präsident Christoph Leitl, wäre ein anderer Weg aus der Regierungskrise lieber gewesen. Sie enthielten sich als einzige der Stimme. „Wir haben in Oberösterreich noch nie eine Wahlperiode vorzeitig beendet", erklärte dazu der Landeshauptmann, „sondern den Auftrag der Wähler immer sehr ernst genommen. Diese Grundhaltung wollte ich zum Ausdruck bringen".

Todestage

Maria Kaitinger. Die älteste Oberösterreicherin stirbt am 17. 3. 2008 in Linz, kurz nach ihrem 109. Geburtstag. (Geboren 7. 3. 1899 in Linz.)

Ernst Balluf. Maler und Grafiker. Gestorben 20. 4. 2008 in Hellmonsödt (Geboren 2. 9. 1921 in Linz.) → S. 17

Hermann Czekal. Chefredakteur des Linzer „Tagblatts" (1965–1985). Gestorben 12. 7. 2008 in Linz. (Geboren 18. 12. 1920 in St. Veit i. M.)

Jörg Haider. Gestorben 11. 10. 2008 bei einem Verkehrsunfall südlich von Klagenfurt (Lambichl). Bundesparteiobmann der FPÖ 1986-2000, Vorsitzender des BZÖ (Bündnis Zukunft Österreich) seit 2005, Landeshauptmann von Kärnten 1989–1991 und 1999–2008, (Geboren 26. 1. 1950 in Goisern.) →

Leopold Hofinger. Bauer, Landesrat (VP, 1978 bis 1997). Gestorben 25. 12. 2008 in Paschallern, Gemeinde Grieskirchen. (Geboren 22. 7. 1937 in Grieskirchen).

Lautstarkes Oberösterreich

„Wenn ich den Eindruck habe, dass Oberösterreich wenig Gehör in Wien findet, dann verstärke ich die Lautstärke ganz gewaltig."

Landeshauptmann Josef Pühringer im ORF-Oberösterreich-Sommergespräch, ORF 2, 1. August 2008.

Vier Oberösterreicher in der Regierung

2. Dezember. *Neben der Innenministerin Maria Fekter (VP) aus Attnang-Puchheim und der in Oberösterreich aufgewachsenen Wirtschafts-Staatssekretärin Christine Marek (VP), die bereits in der vergangenen Regierung in ihren Ämtern waren, werden zwei Mühlviertler als Minister angelobt: Reinhold Mitterlehner (VP) wird Wirtschaftsminister, Alois Stöger (SP) Gesundheitsminister.*

Daran sterben die Oberösterreicher

Im Jahr 2008 starben 11.966 Oberösterreicher – 5505 Männer und 6461 Frauen. 5291 Menschen starben nach einer Erkrankung des Herz-Kreislauf-Systems, das sind fast 50 Prozent. 42 Oberösterreicher überlebten ihr erstes Lebensjahr nicht. 6031 starben in Krankenhäusern oder Heimen.

8.8. Uraufführung der Oper „Die Sennenpuppe" von Ernst Ludwig Leitner im Stadttheater Gmunden.

15.8. Die Schärdingerin Violetta Oblinger-Peters erkämpft bei den Olympischen Spielen in Peking eine Bronzemedaille im Wildwasser-Kanu.

20.9. Die deutsche Bundeskanzlerin Angela Merkel nimmt an einem VP-Wirtschaftskongress im Linzer Design Center teil.

28.9. Nationalratswahlen. Die SPÖ wird stimmen- und mandatsstärkste Partei. Die Ergebnisse in Oberösterreich: 264.315 SP, 232.153 VP, 85.970 Grüne, 165.139 FP, 78.901 BZÖ, 8162 „Rettet Österreich", 11.437 Liberales Forum, 5386 KP, 7361 „Die Christen", 359 „Die Linke", 8595 Fritz (Dinkhauser). Wahlbeteiligung: 81,99% (österreichweit 78,81 Prozent).

25.10. Eröffnung des SOS-Kinderdorfes Rechberg.

2.11. Mit einem Festgottesdienst im Neuen Dom und einem Festakt im Landestheater feiert das Land „90 Jahre Oberösterreich – Vom Erzherzogtum zur Zukunftsregion". →

5.11. Im Bezirk Schärding wird bei einem Rind die Blauzungenkrankheit festgestellt. In Österreich müssen daraufhin fünf Millionen Rinder, Schafe und Ziegen geimpft werden.

20.11. Der weltgrößte Internet-Konzern Google wird in Kronstorf auf einem 75 Hektar großen Areal ein neues Rechenzentrum errichten. Zwölf europäische Länder hatten sich um dieses Projekt beworben. Für die Region bedeutet das 50 bis 100 neue Arbeitsplätze.

Bei der Feier „100 Jahre LASK" wird Helmut Köglberger zum Fußballer des Jahrhunderts gewählt.

Uraufführung im Linzer Theater Phönix: „Der Zwerg ruft" von Kurt Palm.

27.11. ORF-Generaldirektor Alexander Wrabetz kündigt den Abbau von 1000 Mitarbeitern bis zum Jahr 2012 an. Auch im Landesstudio Oberösterreich wird der Personalstand empfindlich reduziert.

Der drohende Verkauf des Faserherstellers Lenzing AG wird abgewendet. Durch eine Haftung des Landes kann ein Verkauf verhindert werden.

18.12. Die voestalpine verschiebt wegen der weltweiten rückläufigen Wirtschaftsentwicklung den Bau eines Stahlwerks in Osteuropa „auf unbestimmte Zeit".

31.12. Bundespräsident Heinz Fischer eröffnet das Jahr der Kulturhauptstadt Linz. → 2009

Sportler des Jahres: Violetta Oblinger-Peters (Kanu), Clemens Doppler (Beachvolleyball), SV Josko Fenster Ried (Fußball).

Beste Bergsteigerin der Welt

Am 1. Mai steht Gerlinde Kaltenbrunner, die erfolgreichste Extrembergsteigerin der Welt, auf ihrem elften Achttausender, dem 8167 Meter hohen Dhaulagiri. Ein Jahr zuvor wurde sie auf diesem Berg von einer Lawine verschüttet und entging nur knapp dem Tod. → 2007, S. 547

Oberösterreich feiert Geburtstag

„Ich nutze diese Gelegenheit, die Wertschätzung der gesamten Republik für Oberösterreich zum Ausdruck zu bringen."

Bundespräsident Heinz Fischer bei der Feier „90 Jahre Oberösterreich – Vom Erzherzogtum zur Zukunftsregion" im Linzer Landestheater, 2. November 2008.

*

„Der 2. November 1918 stand im Zeichen einer echten Zeitenwende. Aus den Untertanen des Kaisers wurden Bürger eines Landes."

Landeshauptmann Josef Pühringer (VP) bei der 90-Jahr-Feier.

*

„Die Oberösterreicher und Oberösterreicherinnen sind weltoffen und heimatverbunden, mit vielen Begabungen und Fähigkeiten. Alle Menschen sprechen voll Stolz und Begeisterung von unserem Land."

Landeshauptmann-Stellvertr. Erich Haider (SP).

*

„Die Leistungen der Oberösterreicher und Oberösterreicherinnen, der Fleiß der Menschen in unserem Land ist auffallend. In Oberösterreich reden die Menschen miteinander."

Landeshauptmann-Stellvertr. Franz Hiesl (VP).

„Oberösterreich ist ein Land der Vielfalt. Wir sind überall dort besonders erfolgreich, wo es uns gelingt, eine Verbindung zwischen scheinbaren Gegensätzen zu schaffen."

Landesrat Rudi Anschober (Grüne).

*

„Oberösterreich ist Heimat. Man muss Oberösterreich einfach erleben."

Klubobmann Günther Steinkellner (FP).

(Haider, Hiesl, Anschober und Steinkellner: „Oberösterreichische Nachrichten", 13. November 2008.)

Konjunkturpaket

19. Dezember. Anläßlich der weltweiten Finanzkrise und um einen Konjunkturabschwung entgegenzuwirken, beschließen die vier oberösterreichischen Landtagsparteien ein Konjunkturpaket von rund 350 Millionen Euro: Investitionsmaßnahmen sollen vermehrt und vorgezogen werden, Bauzeiten verkürzt und mehr Kredite vergeben werden. Damit hofft man der Wirtschaft zu helfen und etwa 3500 Arbeitsplätze zu sichern.

Die erfolgreichste Landesausstellung *Mit 565.127 Besuchern war die Landesausstellung „Salzkammergut" die bisher erfolgreichste. Landeshauptmann Josef Pühringer erklärt den Besucherrekord so: „Das Salzkammergut ist eine wunderbare Landschaft, da kommen die Leute gern. Und vor allem: Die Menschen in der ganzen Region sind dahintergestanden. Das war von entscheidender Bedeutung für den Erfolg." (ORF-Interview, 3. 11. 2008.) Außer im Schloss Ort bei Gmunden waren noch 13 weitere Salzkammergut-Orte an der Landesausstellung beteiligt: Ohlsdorf, Laakirchen-Steyrermühl, Altmünster, Traunkirchen (Bild), Ebensee, Bad Ischl, Bad Goisern, Gosau, Hallstatt, Obertraun, St. Wolfgang, Strobl und St. Gilgen.*

Wirtschaftskrise

„Für die Gaunereien in Amerika kann weder der Landeshauptmann von Oberösterreich, noch der von Niederösterreich oder Vorarlberg was."

Landeshauptmann Josef Pühringer. „Oberösterreichische Nachrichten", 21. März 2009.

Rohstofflager des Wissens

„Ein Impuls, der weit über den neuen Kulturbezirk hinaus Stadt und Land aufwerten wird."

Christian Enichlmayr, Leiter der oö. Landesbibliothek.

*

„Die Landesbibliothek stellt so etwas wie ein Kompetenzzentrum und ‚Rohstofflager' historischen und gegenwärtigen Wissens dar."

Landeshauptmann Josef Pühringer. (Festschrift der Landesbibliothek, 27. 8. 2009.)

Straßendreck des Regietheaters

Bei den Wagner-Festspielen in Wels wird „das Erbe Wagners vor dem Straßendreck des Regietheaters bewahrt".

Der Tenor René Kollo als Festredner der Eröffnungspremiere von „Lohengrin" in Wels, 24. Mai 2009.

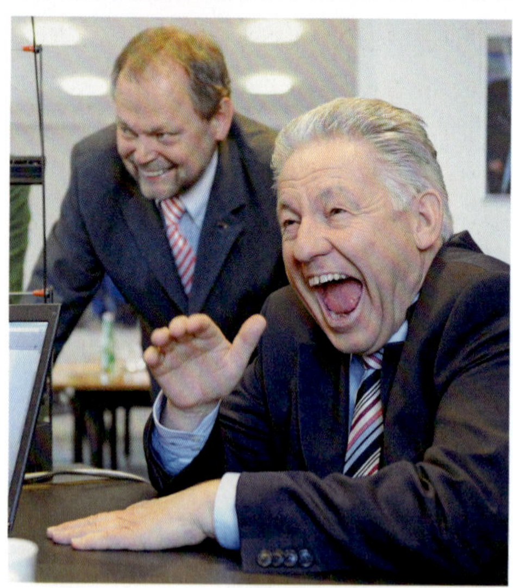

Der lachende Wahlsieger Landeshauptmann Josef Pühringer mit seinem Parteifreund Landesrat Josef Stockinger.

Pühringers Triumph

27. September. Landtags-, Gemeinderats- und Bürgermeisterwahlen in Oberösterreich. Das Wort Triumph findet sich am nächsten Tag in vielen Zeitungstiteln. Kommentar von Landeshauptmann Pühringer: „Ich bin von meinem Naturell her kein Triumphator!" („Oberösterreichische Nachrichten", 29. 9. 2009.) Er bekennt aber auch: „Das ist sicher mein allerschönster Erfolg!"

Das Wahlergebnis:

VP:	400.365 = 46,76%
	(2003: 339.179 = 43,42%)
SP:	213.555 = 24,94%
	(2003: 299.402 = 38,88%)
Grüne:	78.569 = 9,18%
	(2003: 70.742 = 9,06%)
FP:	130.937 = 15,29%
	(2003: 65.643 = 8,40%)
BZÖ:	24.268 = 2,83%
Die Christen:	3.721 = 0,43%
KP:	4.812 = 0,56%
	(2003: 8.119 = 0,78%)

Die Mandatsverteilung im Landtag: 28 VP (25), 14 SP (22), 5 Grüne (5), 9 FP (4). Die Wahlbeteiligung stieg von 78,65% im Jahr 2003 auf 80,35%. (Die Wahlbeteiligung bei den Gemeinderats- und Bürgermeisterwahlen lag bei je 79%.)

11. Oktober. In 37 Gemeinden, darunter in der Stadt Wels, ist eine Stichwahl notwendig, weil bei den Bürgermeisterwahlen kein Kandidat die 50-Prozent-Hürde schaffte.

23. Oktober. Konstituierung des neuen Landtages und Wahl des Landeshauptmannes. ÖVP und Grüne beschließen eine Fortsetzung der Zusammenarbeit. Josef Pühringer (VP), seit 1995 Landeshauptmann, wird wiedergewählt. Landeshauptmann-Stellvertreter: Josef Ackerl (SP) und Franz Hiesl (VP). Landtagspräsidenten bzw. Landtagspräsidentinnen: Friedrich Bernhofer (VP), Gerda Weichsler-Hauer (SP), Adalbert Cramer (FP).

Kalender

25.1. Bei den Wahlen der Landwirtschaftskammer Oberösterreich verteidigt der VP-Bauernbund mit 27 Sitzen in der Vollversammlung (–2) seine Zweidrittelmehrheit. SP-Bauern 3, Unabhängiger Bauernverband 3 (+2), Freiheitliche Bauernschaft 2.

2.2. Schardenberg wird Markt.

21./28.2. Weltmeistertitel für zwei geborene Oberösterreicher: In Pyeongchang (Südkorea) wird der in Braunau geborene 20jährige Dominik Landertinger jüngster Biathlon-Weltmeister (Massenstart), auch am Staffel-Silber ist er beteiligt. In Liberec (Tschechei) wird der in Bad Ischl geborene Wolfgang Loitzl Skisprung-Weltmeister, eine Woche später darf er sich über den fünften Mannschaftstriumph freuen und ist somit mit insgesamt sechs Titeln der bei Weltmeisterschaften erfolgreichste Skispringer.

28.2. Leopold Windtner, Generaldirektor der Energie AG, wird zum Präsidenten des Österreichischen Fußballverbandes gewählt.

1.3. Bei den Salzburger Landtagswahlen kann die in Oberösterreich geborene Gabi (Gabriele) Burgstaller (SP) ihre Position als Landeshauptfrau verteidigen. Die Sitze im Landtag: 15 SP, 14 VP, 5 FP, 2 Grüne. (2004: 17 SP, 14 VP, 3 FP, 2 Grüne.) Angelobung am 22. 4.

2.3. Die EU-Kommission scheitert mit dem Versuch, die österreichische Anbauverbote für zwei Gentechnik-Maissorten zu kippen. → 2010

13.3. Ein wichtiger und schöner Umbau im Linzer Landestheater: Das Vestibül, das die Kammerspiele mit dem Großen Haus verbindet, wird eröffnet.

16.–28.3. Bei den Arbeiterkammerwahlen in Oberösterreich entscheiden sich 59,3 Prozent für die Fraktion Sozialdemokratischer Gewerkschafter (–7,7), 25,3 Prozent für die Fraktion Christlicher Gewerkschafter (+1,9), 10,1 Prozent für die Freiheitlichen Gewerkschafter (+5,4) und 3,7 Prozent für Grüne und Alternative Gewerkschafter (3,7). Die Wahlbeteiligung ist gegenüber 2004 von 50,11 auf 43,5 Prozent gesunken.

15.4. Spatenstich für das Linzer Musiktheater an der Blumau.

24.4. Die größte Demonstration in Linz seit es Polizeiprotokolle gibt: 12.000 Schüler und Schülerinnen protestieren gegen die Streichung von schulfreien Tagen.

27.4. Taufkirchen an der Trattnach wird Markt.

2.5. Eröffnung des Kulturhauses mit einem Stelzhamer-Museum in Pramet.

16.5. Eröffnungsfest für das neue Gebäude der Arbeiterkammer in der Linzer Volksfeststraße.

21.–23.5. Etwa 8000 junge Musiker aus 27 Nationen beteiligen sich am Musikfestival „megahertz" in Linz und vielen anderen Orten Oberösterreichs.

29.5. Auf den Tag genau 111 Jahre nach der Eröffnung (1898) fährt die nunmehr ab dem Hauptplatz geführte Pöstlingbergbahn auf den Linzer Hausberg. Im Gebäude der früheren Talstation wird ein Pöstlingbergbahn-Museum eingerichtet.

7.6. Österreich wählt die Abgeordneten ins Parlament der Europäischen Union. Österreichweit gibt weniger als die Hälfte der Wahlberechtigten ihre Stimme ab: 45,97 Prozent. Die Mandate: 6 VP, 4 SP, 3 Liste Hans-Peter Martin, 2 FP, 2 Grüne. (2004: 6 VP, 7 SP, 2 Liste Martin, 1 FP, 2 Grüne.) Die Ergebnisse in Oberösterreich: 171.907 VP, 131.632 SP, 93.004 Liste Martin, 75.803 FP, 46.816 Grüne, 22.989 BZÖ, 3022 KP, 2993 Junge Liberale Österreich. Wahlbeteiligung: 51,3 Prozent.

In Timelkam wird das Gaskraftwerk der Energie AG offiziell in Betrieb genommen, eine der modernsten Anlagen weltweit.

Beim Musiksommer Bad Schallerbach werden alte Mostlieder des Welser Komponisten Helmut Schmidinger uraufgeführt.

11.6. In Rainbach im Innkreis wird das Evangelienspiel „Hiob" von Friedrich Ch. Zauner uraufgeführt. Bühnenmusik: Gunter Waldek.

Kritiker verhindern Weihbischof

15. Februar. Zumindest in der Diözese Linz gab es das noch nie: Noch vor Inkrafttreten wird eine päpstliche Entscheidung revidiert: Der vom Papst zum Weihbischof von Linz ernannte Pfarrer von Windischgarsten, Gerhard Maria Wagner, ersucht um Rücknahme seiner Ernennung. Unmittelbar darauf entspricht der Heilige Stuhl der Bitte.

Die Entscheidung für diesen erzkonservativen Geistlichen hatte auch bei kirchlichen Amtsträgern weitgehend Enttäuschung, Empörung, Kritik und Proteste ausgelöst.

Restitutionen

Mai/Juni. Das Oberösterreichische Landesmuseum übergibt 180 Wertgegenstände, die aus dem in der NS-Zeit aufgehobenen Stift Hohenfurth (Vyšši Brod) stammen, an das tschechische Kloster zurück. Der Linzer Gemeinderat beschließt am 4. Juni, aus der Sammlung des Kunstmuseums Lentos das „Damenbildnis" von Gustav Klimt an die Erben der ehemaligen jüdischen Besitzerin zurückzugeben. Es wird von ihr → 2010 um 22,670.000 Euro verkauft. In den vergangenen Jahren wurden auch andere Kunstwerke des Lentos, darunter → 2003 Egon Schieles „Städtchen am Fluß" (Krumau), restituiert.

Die neue Pöstlingbergbahn

„Ein unverfälschtes Denkmal ist die Pöstlingbergbahn nimmer."

Erhard Gstöttner in den „Oberösterreichischen Nachrichten", 26. Mai 2009..

Das neue Prielkreuz

„Da müsste der Gipfel umfallen, das Kreuz würde das aushalten."

Der Metallbauer Reinhard Kogler, „Oberösterreich heute", ORF 2, 17. August 2009.

Mini-Disneyland

„Ohne klare Ausrichtung wird AEC zum Mini-Disneyland."

Erhard Gstöttner in „Oberösterreichische Nachrichten", 16. April 2009.

Sisis Mutter als Hellseherin

„Morgen reisen wir in aller Früh nach Bad Ischl ab", sagt im neuen Sisi-Film die Mutter von Kaiserin Elisabeth. Offenbar war die bayerische Herzogin Ludovika eine Hellseherin, die schon 1853 wusste, dass die Kaiserresidenz Ischl mehr als ein halbes Jahrhundert später (→ 1906) das Prädikat „Bad" erhalten sollte. Oder haben sich die Filmemacher gedacht: Bei einem historischen Film werden wir uns doch nicht auch noch um historische Fakten kümmern!

3.7. Der neue Südtrakt des Linzer Schlosses wird eröffnet. Er beherbergt das größte Universalmuseum Österreichs an einem Ort. → S. 538

27.7.–3.8. Ein Volksbegehren „Stopp dem Postraub" will die Schließung weiterer Postämter verhindern. In Oberösterreich werden 21.135 gültige Eintragungen und Unterstützungserklärungen registriert. Österreichweit: 140.582.

29.7. In Wolfsegg beginnt das Theater Hausruck eine Theaterreise mit dem Stück „A Hetz oder die letzten Tage des Menschlichkeit" nach Texten von Franzobel.

1.8. Auf der Burg Reichenau im Mühlkreis wird das Bauerndrama „Gehzeit" von Oskar Zemme uraufgeführt.

17.8. Ottnang wird Markt.

Auf dem Großen Priel (2515 m) wird mit einem Lastenhubschrauber ein neues, 1,8 Tonnen schweres Gipfelkreuz montiert, nachdem im Vorjahr ein Sturm das → 1870 erstmals errichtete und seither mehrmals restaurierte ebenfalls acht Meter hohe Kreuz geknickt hatte. →

27.8. Eröffnung der neuen Oberösterreichischen Landesbibliothek. →

19.–24.10. Internationaler Kongress der Schriftstellervereinigung PEN im Linzer Design Center.

20.10. Großbrand im Kartonagenlager der Linz Textil. → 13. 12. 2009, 9. 1. 2010

27.10. Im Streit um das tschechische Atomkraftwerk Temelin wird die Klage des Landes Oberösterreich vom Europäischen Gerichtshof abgewiesen. Die Richter in Luxemburg vertreten die Ansicht, dass die in EU-Ländern genehmigten Atomanlagen nicht von einem anderen Land angefochten werden können. Oberösterreich hatte in einer im Jahr 2001 eingebrachten Klage erklärt, dass die nur 60 Kilometer vom Kraftwerk entfernt liegenden Anbauflächen der oberösterreichischen Landwirtschaftsschule durch die Immissionen des Kraftwerks beeinträchtigt werden. Nach dem Urteil der EU-Richter kündigt Landeshauptmann Pühringer weitere Schritte gegen das tschechische Atomkraftwerk an.

7.11. Eröffnung des Museums voestalpine Stahlwerk in Linz.

12.11. Die Wirtschaftskrise trifft auch das Land Oberösterreich hart. Von den erwarteten Steuereinnahmen fehlen nächstes Jahr 355 Millionen.

16.11. Die mehr als 1000 Mitarbeiter des Versandhauses Quelle in Linz verlieren völlig unverschuldet ihren Arbeitsplatz. Ursache für den Konkurs des Unternehmens ist die Pleite des deutschen Mutterkonzerns. Die Insolvenz von Quelle Österreich ist eine der größten Handelspleiten in der österreichischen Wirtschaftsgeschichte.

12.12. Die „Haager Lies" (Lokalbahn Lambach – Haag am Hausruck) wird nach 108 Jahren eingestellt.

13.12. Der zweite Großbrand innerhalb von zwei Monaten in der Linz Textil. → 20. 10. 2009

16. und 20.12. Die neue Sisi-Version flimmert über die Bildschirme. Für die Rolle der österreichischen Kaiserin Elisabeth hat Regisseur Xaver Schwarzenberger die Italienerin Cristiana Capotondi engagiert. Das in der Biographie von Elisabeth wichtige Ischl wird in dem Zweiteiler nur einmal kurz erwähnt – und auch da falsch. →

18.12. Die Tabakfabrik wird an die Stadt Linz übergeben. Das ist der Schlusspunkt in der Geschichte des → 1850 gegründeten Betriebes, von den Linzern etwas respektlos, aber durchaus liebevoll „Tschickbude" genannt.

Landesausstellung im Stift Schlierbach: „Mahlzeit".

Landesgartenschau in Bad Schallerbach: „Botanica".

Sportler des Jahres: Raimund Baumschlager (Motorsport), Sybille Bammer (Tennis), Askö Linz AG Froschberg (Tischtennis).

Gipfelsiege, Niederlagen, Tod

Am 20. Mai steht die 38jährige Gerlinde Kaltenbrunner, gemeinsam mit ihrem Mann Ralf Dujmovits, auf dem 8516 Meter hohen Lhotse, ihrem zwölften Achttausender. Den Plan, den 8611 Meter hohen K2 zu besteigen, muss die Bergsteigerin nach zwei Versuchen am 4. August 300 Meter vor dem Gipfel aufgeben. → S. 547

Der 47jährige Gosauer Walter Laserer steht am 23. Mai auf dem Mount Everest (8848 m). Er widmet den Gipfelsieg seinem nepalesischen Sherpa, der Anfang Mai beim Aufstieg zum höchsten Berg der Welt ums Leben kam. Laserer ist damals nur knapp dem Tod durch eine Eislawine entkommen.

Am 10. Juli stürzt der 55jährige Alpinist Wolfgang Kölblinger, Vizebürgermeister von Traunkirchen, Bezirksoberförster und Bergretter, kurz nach seinem Gipfelsieg auf dem Nanga Parbat (8125 m) tödlich ab.

Todestage

Gertrud Fussenegger (Dietz). Schriftstellerin. Gestorben 19. 3. 2009 in Linz. (Geboren 8. 5. 1912 in Pilsen.) → S. 476/477

Leopold Wandl. Mundartdichter. Gestorben 10. 6. 2009 in Linz. (Geboren 18. 7. 1923 in Mauthausen.)

Richard Kittler. Komponist. Gestorben 23. 10. 2009 in Linz. (Geboren 23.2.1924 in Linz.)

Alois Zauner. Direktor des Landesarchivs (1979 bis 1989). Gestorben 18. 11. 2009 in Linz. (Geboren 25. 4. 1925 in Rottenbach bei Haag.)

14.573 Marathonläufer in Linz *Am 17. Mai steht Linz wieder im Zeichen des Sports. Der 8. Marathonlauf bricht mit 14.573 aktiven Teilnehmern und 120.000 Zuschauern die bisherigen Rekorde. Landeshauptmann Josef Pühringer: „Das ist die größte und populärste Sportveranstaltung Oberösterreichs."*

Der Ursulinenhof brennt *Ein Großbrand im Linzer Ursulinenhof vernichtet ein Viertel des Gebäudes. Es ist dies der größte Brand seit dem Zweiten Weltkrieg. Das Feuer wurde am 3. Juni bei Reparaturarbeiten im Keller ausgelöst. Verletzt wurde niemand, wertvolle Bilder konnten gerettet werden.*

Einer von 130.000

„Obwohl es so kalt ist, mag ich nicht weggehen."

Ein Besucher des Eröffnungsfestes „Linz 09" in der Neujahrsnacht 2008/2009 auf dem Linzer Hauptplatz.

Sprachfehler

„War Ars kein Sprachfehler?"

ORF, Ö1, Radiosendung „Guglhupf", 11. Jänner 2009.

Volle Begeisterung

„Volles Programm, voller Besuch, volle Begeisterung".

Linz09-Intendant Martin Heller im Interview mit Josef Alexander Winklmayr. Life-Radio, 19. Oktober 2009.

Mehr Flop als Erfolg

„Auch die Beredsamkeit des Züricher Kulturmachers kann nicht übertönen, dass die Kulturhauptstadt bisher mehr Flop als Erfolg war."

Erhard Gstöttner in: „Oberösterreichische Nachrichten", 15. April 2009.

Europäische Kulturhauptstadt Linz 09

Dreitägiges Eröffnungsfest

Nach der feierlichen Eröffnung am Silvesterabend 2008 mit verschiedenen Rahmenveranstaltungen steht am

1. Jänner, kurz nach Mitternacht, eine „Raketensinfonie" am Beginn des Jahres „Kulturhauptstadt Linz". 130.000 Menschen bevölkern den Donauraum zwischen Hauptplatz, Nibelungenbrücke, Ars Electronica Center, Lentos Kunstmuseum und Brucknerhaus, um ein gewaltiges Feuerwerk und ein musikalisches Spektakel zu erleben.

Am Nachmittag des Neujahrstages wird das Eröffnungskonzert vom Brucknerhaus auf den Hauptplatz übertragen. Dennis Russell Davies dirigiert das Bruckner-Orchester Linz. Aufgeführt wird die Symphonie Nr. 7 von Philip Glass.

2. Jänner. Am Vormittag wird das umgebaute Ars Electronica Center eröffnet, am Abend die eigens für „Linz 09" erbaute Hafenhalle 09, eine Spielstätte im dritten Linzer Hafenbecken. Aufgeführt wird mit dem Bruckner-Orchester Linz unter Dennis Russell Davies ein Musiktheater von Michel van der Aa: „Das Buch der Unruhe" nach Texten des portugiesischen Dichters Fernando Pessoa (1888–1935), die von dem Weltstar Klaus Maria Brandauer gesprochen werden.

Der letzte Tag

31. Dezember. 25.000 Menschen feiern auf dem Linzer Hauptplatz das Ende des Jahres der europäischen Kulturhauptstadt Linz.

Die Bilanz

5000 Künstler und Künstlerinnen aus 66 Nationen waren bei den rund 220 Projekten mit etwa 7700 Veranstaltungen beteiligt, 2,8 Millionen Veranstaltungsbesucher weist die Erfolgsbilanz des Kulturhauptstadt-Jahres aus.

„Was bleibt in Erinnerung?" fragt die Publizistin Silvia Nagl in den „Oberösterreichischen Nachrichten" vom 28. Dezember 2009 und führt an:

- Die umstrittene „Best of Austria" im Lentos („Schönste Rumpelkammer").
- Die vieldiskutierte Dokumentationsschau „Kulturhauptstadt des Führers" im Schlossmuseum.
- Die Veranstaltungen im „Circus"-Zelt oder des „Linz09-Festivals mit der Eroberung neuer Freiluftbühnen.
- Die Klangwolke.
- Das gelbe Haus „Bellevue".
- Den Wissenszirkel „Kepler-Salon", in dem es keine „blöden Fragen" gibt.
- Am erfolgreichsten war das Projekt „Höhenrausch", das mit Kultur allerdings nichts zu tun hatte. 272.800 besuchten die Ausstellung auf den Dächern.

Das größte Debakel, darüber sind sich alle einig, war das Projekt „Linzer Auge", das sich auf der Donau drehen sollte, aber einfach nicht drehen wollte. In der Nacht vom 4. auf 5. Juni 2010 hat die leicht angestiegene Donau das angeblich hochwassersichere peinliche Relikt aus dem Kulturhauptstadtjahr weggespült.

Adieu

„Intendant Heller wird Ende März seinen Posten räumen, wenige weinen ihm und seinen Wanderheuschrecken nach, nachdem er Linz ja als kulturellen Kongo verstanden hat, dem man erst die Grundbegriffe des Zugangs zu Weltläufigkeit und Großzügigkeit beibringen müsse. Adieu."

Gerald Mandlbauer in den „Oberösterreichischen Nachrichten", 6. März 2010.

„Linz ist eine schöne Stadt!"

„Linz als Kulturhauptstadt Europas? Wer hätte das vor zwanzig oder dreißig Jahren für möglich gehalten?"

Bundespräsident Heinz Fischer.

„Ich hoffe, dass wir durch ‚Linz 09' jene Beachtung auch international finden, die Linz und Oberösterreich verdienen."

Landeshauptmann Josef Pühringer.

„Wir erleben das erfolgreichste Jahr der kulturellen Entwicklung von Linz in der Geschichte."

Bürgermeister Franz Dobusch.

„2009 wird den Linzerinnen und Linzern, aber auch den Gästen der Landeshauptstadt, kulturell einiges geboten. Mit rund 220 Projekten über das ganze Jahr verteilt

Start ins Kulturhauptstadtjahr *Mit einer riesigen Linzer Torte startet Linz ins Kulturhauptstadtjahr: Von links nach rechts:, Landtagspräsidentin Angela Orthner, Bundespräsident Heinz Fischer, Landeshauptmann Josef Pühringer und Bürgermeister Franz Dobusch.*

Künstlerischer Höhepunkt *Ein Geschenk zum Nationalfeiertag am 26. Oktober wurde zum künstlerischen Höhepunkt für die Kulturhauptstadt Linz: Ein vielbejubeltes und vom ORF übertragenes Konzert der Wiener Philharmoniker unter George Prêtre im Linzer Brucknerhaus.*

Kreatives Chaos

„Es scheint, dass Linz das überholte Image von der dreckigen Industriestadt mit Provinzmentalität im Ausland korrigieren kann, allein dafür lohnt sich Linz09."

Christian Schacherreiter, Literaturkritiker.

*

„Die Stadt ist an allen Ecken und Enden lebendiger und spannender geworden."

Bernhard Lichtenberger, Kulturredakteur.

*

„Das Kulturhauptstadtjahr wirkt ein wenig wie ein kreatives Chaos."

Erna Cuesta, Fernseh-Moderatorin.

Alles aus „Oberösterreichische Nachrichten", 4. Juli 2009.

Chancen der Kulturhauptstadt

„Die Kulturhauptstadt bietet die Gelegenheit, festgefahrene Dinge zu verflüssigen und in Bewegung zu bringen, wenn die Menschen auf die Angebote eingehen."

Linz09-Intendant Martin Heller. „Frankfurter Allgemeine Zeitung", 23. Jänner 2009.

ist Abwechslung und Unterhaltung auf höchstem Niveau garantiert."

Vizebürgermeister Erich Watzl.

„Ich hoffe, dass die Kulturhauptstadt Linz den Menschen der Stadt Linz und über die Stadt hinaus viel positive Energie gibt."

Landeshauptmann-Stellvertreter Erich Haider.

„Kulturell freue ich mich, dass sehr viel geboten wird."

Maria Haider, Lehrerin, Gattin von Landeshauptmann-Stellvertreter Erich Haider.

„Linz ist eine schöne Stadt! Hier werden Kunst und Kultur hoch gehalten. Alle können sich glücklich schätzen, die in Linz leben und künstlerisch tätig sind."

Der amerikanische Komponist Philip Glass.

„Vor dreißig Jahren hat es immer geheißen die Stahlstadt. Mit Schmutz und der schlechten Luft wurden wir in Verbindung gebracht."

Gerda Ritschel, „Freunde des Linzer Musiktheaters".

Quellen: Eröffnungsrede am 31. 12. 2008 im Brucknerhaus Linz (Fischer), Eröffnungsrede beim Brucknerfest am 13. 9. 2009 (Dobusch), „Lebendiges Linz", Dezember 2008 (Watzl), alle anderen „Oberösterreich heute", ORF 2, 1. 1. 2009.

Ohne Pöstlingberg

31. März. Das Linzer Wahrzeichen, der Pöstlingberg, wird keine Rolle spielen im Programm der Kulturhauptstadt Linz. Das Projekt „Der heilige Berg" wird aus Geldknappheit abgesagt. Dass bei einem fixen Budget von 65 Millionen Euro der Betrag von 850.000 nicht unterzubringen war, wird von vielen bezweifelt.

Uraufführungsflut

Das Jahr der Kulturhauptstadt beschert Linz eine Flut von Uraufführungen. Das beginnt mit einem musikalischen Spektakel in der Neujahrsnacht, komponiert von Orlando Gough. Am 13. Jänner wird in verschiedenen Spielstätten das „Linz 09-Festival" eröffnet.

Weitere Uraufführungen gibt es im Linzer Landestheater bzw. in den Kammerspielen, im Ursulinenhof und in der Eisenhand-Bühne. Ferner im Theater Phönix, im Posthof, in der Hafenhalle 09, in der Landesgalerie, im Cembran-Keller (im ehemaligen Linzer Luftschutz-Stollensystem), in einem Park auf dem Freinberg, im Bus der Linie 27, unter der Voest-Brücke und sogar mit einem „LinzWalzer" von Thomas Mandl, beim Magistratsball im Linzer Brucknerhaus (10. 1.). Zwei Opernereignisse erinnern an die Geschichte von Linz: „Kepler" von Philip Glass (29. 9. Landestheater) und „Fouché" von Franz Hummel (9. 1. Posthof).

Das ewig unterschätzte Linz

„2009 nun soll das ewig unterschätzte Linz als Europäische Kulturhaupstadt festlich explodieren, mit einem opulenten Jahresprogramm zum nachhaltigen Imagewandel aufspielen."

„Die Zeit" (Hamburg), 31. 12. 2008.

„Mit dieser Riesenshow präsentiert sich die österreichische Industriestadt, die lange fast nur für Stahl, Chemie und Smog bekannt war (und als Jugendwohnort und Lieblingsstadt Adolf Hitlers), nun als „Kulturhauptstadt Europas"."

„Der Spiegel" (Hamburg), 29. 12. 2008.

„Als eine der beiden Europäischen Kulturhauptstädte 2009 will die Stadt an der Donau jetzt zeigen, wie eindrucksvoll ihr der Sprung in die Moderne geglückt ist."

„Frankfurter Allgemeine Zeitung", 29. 12. 2008.

„Diese Leut' tun intellektuell fortgeschritten, aber in Wirklichkeit ist alles nur altbacken und banal."

Der Autor und Regisseur Kurt Palm, zitiert von der „Weltwoche" (Zürich), 12. 1. 2009.

„Linz's year of culture kicks off with eye-popping music musings."

"The Guardian" (London), 6. 1. 2009.

"Linz, un paradise da scoprire."
(Linz, ein Paradies zu entdecken)

„Avanti" (Rom), 8. 1. 2009.

Linz im Höhenrausch *Manche Linzer sehen keinen Zusammenhang zwischen dem Motto „Kulturhauptstadt" und dem Riesenrad, das auf ein Haus in der Innenstadt gesetzt wurde – aber ein Publikumserfolg ist die Aktion „Höhenrausch", die ab 29. Mai angeboten wird, zweifellos.*

Zukunftsweisend *„Beim AEC muß auch die Hülle zukunftsweisend sein", sagt der Linzer Bürgermeister Franz Dobusch. Am 2. Jänner wird das erweiterte Ars Electronica Center eröffnet, das als Museum der Zukunft bezeichnet wird.*

Die Kraft der Dorfkultur

„Die meisten Entscheidungen werden heutzutage in Städten getroffen. Dabei wissen und können die Menschen auf dem Land auch etwas. Das wollen wir zeigen."

Bernhard Kern, Bürgermeister von Kirchheim im Innkreis.

„Linz09 war ein Projekt der Gebäude. Kirchheim 2010 wird ein Projekt der Menschen. Sie werden zeigen, welche Kraft Dorfkultur hat."

Hans Hartl, langjähriger Bürgermeister von Kirchheim im Innkreis und Organisator des Kulturdorfjahres.

(Zitate aus „Oberösterreichische Nachrichten", 10. Dezember 2009.)

Das Europäische Kulturdorf Kirchheim im Innkreis

Kirchheim im Innkreis darf sich im Jahr 2010 Europäisches Kulturdorf nennen: Tourismusgemeinde der Region „'s Innviertel", 430 Meter Seehöhe, 10,28 Quadratkilometer, 718 Einwohner, 228 Häuser, 252 Haushalte.

Kulturdorf Europas *Der langjährige Bürgermeister und Organisator des Jahres „Kulturdorf Europas 2010", Hans Hartl aus Kirchheim im Innkreis.*

Kalender

9.1. Der dritte Großbrand innerhalb weniger Monate in der Linz Textil (→ 2009). Eindeutig handelt es sich um Brandstiftung.

19.–31.1. Handball-Europameisterschaft auch in Linz.

21.1. Uraufführung im Linzer Theater Phönix: „Linz auf der Couch" von Katrin Mackowski.

1.2. Taufkirchen an der Pram wird Markt.

8.2. Luftenberg an der Donau wird Markt.

23.2. Uraufführung des Tanzstückes „Snap ... she was never the same" von Frey Faust im Linzer Posthof.

2.3. Herta Müller, Literatur-Nobelpreisträgerin 2009, liest im Linzer Redoutensaal aus ihren Werken.

14./16.3. Die stark sehbehinderte Skifahrerin Sabine Gasteiger aus Bad Goisern gewinnt bei den Paralympics (Olympische Veranstaltung für behinderte Sportler) in Kanada die Goldmedaille im Slalom, zwei Tage später die Silbermedaille im Riesentorlauf.

18.3. Uraufführung auf der Ursulinenhof-Bühne des Landestheaters: „Shanti und der Tiger" von Dana Csapo und Holger Schober.

31.3. Ein Rekord bei den Austritten aus der katholischen Kirche: In der Diözese Linz sind es von Jänner bis März 5440. → 2011

6.4. Die Linzer Eisenbahnbrücke, die täglich von mehr als 15.000 Fahrzeugen befahren wird, ist bei starkem Wind einsturzgefährdet und praktisch nicht mehr sanierbar. Ein Gutachten der Technischen Universität Wien kommt zu diesem Ergebnis. Das Bundesdenkmalamt stellt sich gegen einen Neubau der Brücke. →

7.4. Uraufführung in der Ursulinenhof-Bühne des Landestheaters: „Küssen verboten!" von Holger Schober.

16.–21.4. Die Aschewolke eines isländischen Gletschervulkans legt nahezu den gesamten europäischen Luftraum lahm. Mehr als 100.00 Flüge fallen aus. Für den Flughafen Linz-Hörsching (Blue Danube Airport) bedeutet das: 190 Flüge müssen abgesagt werden, etwa 4000 Fluggäste sind davon betroffen. Der Schaden beläuft sich auf etwa 200.000 Euro. Einige Flüge müssen auch noch am 9. und 10. 5. ausfallen.

20.–25.4. Linzer Filmfestival „Crossing Europe".

22.4. Bei der Judo-Europameisterschaft in Wien erobert die Oberösterreicherin Sabrina Filzmoser eine Silbermedaille.

23.4.–2.5. Linz steht im Zeichen der Blasmusik, des „Brass-Festivals".

24.4. Uraufführung des Tanzstücks „Nomen Nescio" von Marina Koraiman im Linzer Posthof.

22.5. 95.000 Fans pilgern zu dem von Regengüssen begleiteten Open-Air-Konzert der weltberühmten australischen Rockband AC/DC auf das Welser Flughafengelände. Es ist das größte Konzert, das es in Österreich je gab. Umweltschützer protestieren gegen den Veranstaltungsort, weil dort die Brutplätze von geschützten Vogelarten sind. (AC/DC = alternating current , direct current = Wechselstrom, Gleichstrom.)

24.5. Die Oberösterreicherin Gerlinde Kaltenbrunner steht auf dem höchsten Berg der Welt, dem 8848 Meter hohen Mount Everest. Es ist ihr 13. Achttausender. →

1.6. Trotz Gewinneinbußen hat die voestalpine die Wirtschaftskrise besser bewältigt als die internationale Konkurrenz. Konzernchef Wolfgang Eder: „Wir sind im schwierigsten Jahr Europameister geworden!"

2.6. Das größte Passagierflugzeug der Welt, der Airbus A380, landet zum ersten Mal auf dem Linzer Blue Danube Airport und zieht 20.000 Besucher an.

5.6. Die „Lange Nacht der Bühnen" in Linz präsentiert 184 Veranstaltungen auf 25 Spielstätten mit 704 Mitwirkenden und mehr als 17.000 Besuchern.

7.6. In Gosau wird mit den Dreharbeiten für die Verfilmung des Romans „Die Wand" der Oberösterreicherin Marlen Haushofer (1920–1970) begonnen.

14.6. In dem jahrelang geführten Verfahren um den Aufenthalt eines inzwischen 18jährigen Mädchens aus dem Kosovo, ihrer Mutter und zwei ihrer Brüder trifft der Verfassungsgerichtshof eine Entscheidung und lehnt die neuerliche

Rekordtief bei Bundespräsidentenwahlen

25. April. Bundespräsidentenwahlen mit einem bedenklichen Rekord: Mehr als die Hälfte aller Wahlberechtigten ging nicht zur Wahl oder wählte ungültig. Die Ursache für den historischen Tiefstand der Wahlbeteiligung wird vor allem darin gesehen, dass von den im Parlament vertretenen fünf Parteien nur zwei einen Kandidaten nominiert haben.

In Oberösterreich gingen von 1,092.760 Wahlberechtigten nur 618.531 zur Wahl (56,60 Prozent). 455.852 (79,31 Prozent) stimmten für den amtierenden Bundespräsidenten Heinz Fischer (SP, diesmal als unabhängiger Kandidat angetreten), 86.055 (14,97 Prozent) für Barbara Rosenkranz (FP) und 32.879 (5,72 Prozent) für Rudolf Gehring („Die Christen"). 43.745 Stimmen waren ungültig (7,07 Prozent). Österreichweit machten von den 6,355.800 Wahlberechtigten nur 3,404.646 von ihrem Wahlrecht Gebrauch (53,57 Prozent) und von denen, die zur Wahl gingen, wählten 242.682 (7,13 Prozent) ungültig. Die gültigen Stimmen: 2,508.373 (79,33 Prozent) für den damit wiedergewählten Heinz Fischer, 481.923 (15,24 Prozent) für Barbara Rosenkranz und 171.668 (5,43 Prozent) für Rudolf Gehring.

„Wir lassen uns das nicht bieten"

„Wir lassen uns das nicht bieten, wir sind nicht die Deppen der Nation!"

Der Hallstätter Bürgermeister Alexander Scheutz.

*

„Ich habe vierzig Jahre in diesem Metier gearbeitet, es ist die erste Konfrontation dieser Art."

Der Leiter des Bundesdenkmalamtes für Oberösterreich, Wilfried Lipp.

*

„Ich sitze im Zentrum von Ihrem geplanten Reservat. Wenn das unsere Zukunft sein soll, dann ist in wenigen Jahren das Schönste an unseren Häusern die Tafel vom Denkmalschutz."

Der Hallstätter Alfred Lenz an die Adresse des Denkmalamtes.

*

„Ich glaube, dass eine öffentliche Einrichtung die Bürgerinnen und Bürger als Kunden zu behandeln hat und nicht als Untertanen."

Der Landtagsabgeordnete Arnold Schenner (SP), Gmunden.

„Wir gehen in kein Haus hinein, in dem wir nicht in dem Sinne willkommen sind, dass man sagt: Schauen Sie sich das an!"

Der Leiter des Bundesdenkmalamtes für Oberösterreich, Wilfried Lipp.

Zitat 1: Bei der Konfrontation mit dem Landeskonservator Wilfried Lipp. „Oberösterreich heute", ORF 2, 15. April 2010.

Alle anderen Zitate: Bei der Live-Diskussion von Radio Oberösterreich am 12. 5. 2010 im Kultur- und Kongresszentrum Hallstatt.

Beschwerde gegen den Ausweisungsbescheid ab. Die Begründung: Aus einer beharrlichen Missachtung der Gesetze kann kein Rechtsanspruch entstehen. Nach Möglichkeiten für eine rechtmäßige Rückkehr nach Österreich wird gesucht. Der Fall der illegal in Frankenburg lebenden Mitglieder der Familie hatte schon → 2007 einen Medienrummel ausgelöst. (Ausreise am 15. 7., Rückkehr nach Österreich mit Schülervisen bzw. einer Arbeitserlaubnis für die Mutter am 24. 11.)

17.6. In Rainbach im Innkreis wird das Evangelienspiel „Ruth" von Friedrich Ch. Zauner uraufgeführt. Bühnenmusik: Gunter Waldek.

19.6. Der britische Pop-Weltstar Elton John gastiert in der Linzer Tips-Arena.

23.6. Das Damenbildnis von Gustav Klimt, das vom Linzer Lentos-Museum → 2009 an die Erben der ursprünglichen jüdischen Besitzerin restituiert wurde, wird in London für 22,670.000 Euro verkauft.

8.7. 26.000 Besucher beim Konzert des US-Popstars Pink im Linzer Stadion.

In Wels kommt ein Mädchen zur Welt, dem eine Woche später drei weitere folgen. Jedes der Vierlinge wiegt um die 500 Gramm.

9.7. Mit einem Spezialhubschrauber wird ein vier Tonnen schwerer Felsbrocken aus China auf den Gipfel des Hohen Dachsteins gebracht. Der Alpenverein protestiert gegen diese als Kunstprojekt ausgegebene Aktion.

6.8. Wieder sensationelle Funde im Hallstätter Gräberfeld: Das Skelett eines Mannes wird entdeckt, der in einem Bärenfell bestattet war und offenbar zur Oberschicht in der Hallstattzeit (800-400 v. Chr.) gehört hat, man findet auch künstlerisch hochwertige und gut erhaltene Grabbeigaben: Einen eineinhalb Meter großen Eimer, der als Mischgefäß für Weine gedient hat und ein bronzenes Schöpfgefäß mit einem Henkel in Form einer Kuh und eines Kälbchens. Ein ähnlicher Fund wurde schon 1858 von Johann Georg Ramsauer ausgegraben. → S. 225

17.–21.8. Landeshauptmann Josef Pühringer pilgert mit einigen ÖVP-Funktionären von St. Florian nach Mariazell. Er löst damit ein Versprechen vor den Landtagswahlen → 2009 ein, diese Wallfahrt zu unternehmen, wenn bei den Prozentzahlen vorne ein Vierer steht. (Es waren 46,76 Prozent.)

22.8. Der 20jährige Marcus Mendy Swoboda aus Altenberg, der im Alter von sieben Jahren beide Beine verlor, wird bei der Kanu-Weltmeisterschaft in Posen (Polen) Weltmeister in der Para-Klasse mit körperlicher Behinderung.

1.9. Der 50jährige Oberösterreicher Franz Welser-Möst tritt sein Amt als Generalmusikdirektor der Wiener Staatsoper an. → S. 548

2.-11.9. Beim Ars-Electronica-Festival „repair – sind wir noch zu retten" ist erstmals die ehemalige Tabakfabrik, einer der architektonisch wichtigsten Industriebauten Mitteleuropas, öffentlich zugänglich.

11.9. Zwei Oberösterreicherinnen holen sich bei Weltmeisterschaften Bronzemedaillen: Sabrina Filzmoser (Judo) in Tokio, Violetta Oblinger-Peters (Kajak-Einer) im Wildwasser von Tacen (Slowenien).

Hallstatt wehrt sich

25. März. Protestversammlung in Hallstatt. Die Bevölkerung lehnt die Pläne des Bundesdenkmalamtes, den gesamten Ort unter Denkmalschutz zu stellen, vehement ab. Man sieht darin eine Bevormundung und einen Eingriff in die Privatsphäre. Man wehrt sich gegen die Zwangseintragung ins Grundbuch, das Betretungsrecht für Beamte des Denkmalschutzes und die bescheidmäßige Unterschutzstellung der Häuser.

15. April. Unterstützung für die verärgerten Bewohner von Hallstatt kommt von allen Fraktionen des oberösterreichischen Landtags. In einer Resolution wird die Bundesregierung aufgefordert, den Denkmalschutz nur dann zuzulassen, wenn mit der Gemeinde und den betroffenen Hausbesitzern Einvernehmen hergestellt wurde.

9. Mai. Protestkundgebung auf dem Marktplatz von Hallstatt.

12. Mai. Bei einer Live-Diskussion von Radio Oberösterreich im Kultur- und Kongresszentrum stellt sich erstmals der Leiter des Denkmalamtes Linz der Diskussion und macht kleine Zugeständnisse. →

7. Juni. Der Widerstand der Hallstätter hat sich gelohnt: Nach einem Gespräch von Bürgermeister Alexander Scheutz mit der zuständigen Ministerin Claudia Schmied sind die Pläne für einen Ensembleschutz für Hallstatt vom Tisch. Eine Arbeitsgruppe, in die auch der Denkmalschutz eingebunden wird, soll Konzepte für die Zukunft des Salinenortes erarbeiten.

Missbrauch in kirchlichen Einrichtungen

17. März. Jeder Tag bringt neue Vorwürfe und Enthüllungen über sexuelle Übergriffe und Gewalttätigkeiten an Jugendlichen in kirchlichen Einrichtungen in Österreich. Zu den Missbrauchsfällen in der Diözese Linz erklärt Bischof Ludwig Schwarz: „Die diözesane Kommission arbeitet alle Vorwürfe nach professionellen Richtlinien ab. Das Opfer steht an erster Stelle. Soweit Beschuldigte in der pfarrlichen Seelsorge eingesetzt sind, werden die notwendigen Maßnahmen, auch Dienstfreistellungen, getroffen." (Interview in den „Oberösterreichischen Nachrichten".)

Zuerst verboten, dann geehrt *Vor fünf Jahren verboten, zwei Jahre später wieder erlaubt, 2010 schließlich zum „immateriellen Kulturerbe" erklärt wird der im Salzkammergut jahrhundertealte Brauch des Vogelfangs. Die gleiche Ehrung spricht die österreichische UNESCO-Kommission für den Ebenseer Glöcklerlauf und die apothekeneigenen Hausspezialitäten der Kurapotheke Bad Ischl aus. → 2005, 2007*

Eine Brücke zum Anschauen?

„Es kann ja nicht sein, dass man eine Brücke weder begehen noch befahren darf, aber dass sie bestehen bleiben muss."

Der Linzer Bürgermeister Franz Dobusch zur Ansicht des Bundesdenkmalamtes, die einsturzgefährdete Eisenbahnbrücke zu erhalten. „Oberösterreich heute", ORF 2, 6. April 2010.

Da staunte selbst der Bischof

„In der Zeit von Jesus bis 1945 sind in Linz nicht so viele Kirchen gebaut worden wie von 1945 bis heute."

Der Festredner Bürgermeister Franz Dobusch zum Ausstellungsbesucher Alt-Bischof Maximilian Aichern bei der Eröffnung der Ausstellung „Linz 1945-2009" im Wissensturm, 6. April 2010.

Hoffnungsjahr

„Was als Krisenjahr begonnen hat, geht als Hoffnungsjahr zu Ende."

Landeshauptmann Josef Pühringer in seinem Jahresrückblick auf 2010. Oberösterreich hat die Wirtschaftskrise besser überstanden als zu Jahresbeginn vorhergesehen wurde. („Oberösterreichische Nachrichten", 18. Dezember 2010.)

12.9. Uraufführung der Auftragskomposition „Die Bringer Beethovens" von Ingo Ingensand zur Eröffnung des Linzer Brucknerfestes.

13.9. Eröffnung eines Forschungszentrums der voestalpine (Innovationscenter Stahl) in Linz, in dem 70 Forscher und Prüftechniker mit der Entwicklung neuer Technologien beschäftigt sind.

18.9. Die Energie-AG eröffnet in Eberstalzell das größte Sonnenkraftwerk Österreichs, das bereits seit einigen Monaten umweltfreundlichen Strom liefert.

19.9. Die in Oberösterreich lebende „Susi" Liu Jia erkämpft bei der Tischtennis-Europameisterschaft in Ostrau (Ostrava, Tschechien) eine Silbermedaille.

22.9. Uraufführung im Linzer Posthof: „Die Blusen des Böhmen" von Edi Jäger.

24.9. Durch eine Optimierung der Logistik auf dem Werksgelände der voestalpine werden jährlich 500 Tonnen CO_2-Emissionen eingespart. Dafür gibt es eine Auszeichnung für Klimaschutz.

2.10. Uraufführung des Schauspiels „Frühlings Erwachen" nach Frank Wedekind von Holger Schober in den Kammerspielen des Linzer Landestheaters.

9.10. Eröffnung der Skisprungarena in Hinzenbach (Bezirk Eferding), der größten Skisprungschanze Oberösterreichs.

14.10. Uraufführung des Schauspiels „Das Ende einer Geschichte" von March Höld im Linzer Theater Phönix.

22.10. Uraufführung des Schauspiels „Schwindelfrei" von Alois Mandl im Theater Gugg in Braunau.

29.10. Medienrummel um den Besuch des Hollywoodstars Demi Moore (47) und ihres 15 Jahre jüngeren Ehegatten Ashton Kutcher in Linz und in der PlusCity Leonding. Anlass war eine Sammlung für Hilfsprojekte.

Uraufführung des Jugendkrimis „Schmiere stehen" von Jörg Menke-Peitzmeyer in der Spielstätte Ursulinenhof des Linzer Landestheaters.

4.11. Erstmals als Finanzreferent muss Landeshauptmann Josef Pühringer für das kommende Jahr ein Landesbudget präsentieren, das eine Verschuldung vorsieht. Der Grund: Die Einnahmen blieben hinter den Erwartungen zurück. (Das Budget für 2011 wird am 16. 12. im Landtag beschlossen.)

13.11. An die Standfestigkeit der Oberösterreicher soll die 28 Meter hohe Fichte erinnern, die auf dem Wiener Rathausplatz als Weihnachtsbaum aufgestellt wird. Der sechs Tonnen schwere Baum stammt aus dem Mühlviertler Ort Afiesl (Gemeinde Helfenberg).

17.11. Landeshauptmann-Stellvertreter Josef Ackerl übergibt in Wien an die Parlamentspräsidentin Barbara Prammer die in einer Kampagne der SP Oberösterreich gesammelten 55.307 Unterschriften für die Einführung einer Millionärssteuer.

28.11. SV Josko Ried ist Herbstmeister der Fußball-Bundesliga.

17.12. Uraufführung des Kinderstücks „Ente, Tod und Tulpe" von Nora Dirisamer nach einem Buch von Wolf Erlbruch in der Spielstätte Ursulinenhof des Linzer Landestheaters.

Die Wirtschaft erholt sich. (Seit 2008 waren in Oberösterreich mehr als 17.000 Arbeitnehmer von der Kurzarbeit betroffen.)

Landesausstellung: „Renaissance und Reformation" im Schloss Parz bei Grieskirchen.

Wissenschafter des Jahres: Kurt Kotschral (Verhaltensbiologe).

Sportler des Jahres: Sabrina Filzmoser (Judo), Clemens Doppler (Beachvolleyball), SV Josko Ried (Fußball).

„Kriegserklärung" an Oberösterreich

29. Oktober. Als „Kriegserklärung an das Bundesland Oberösterreich" bezeichnet Landeshauptmann Josef Pühringer (VP) die Absage der Verkehrsministerin Doris Bures (SP) zum Bau des Linzer Westrings. (Stadtautobahn mit Tunnel unter den Freinberg und vierte Donaubrücke.) Auch der Linzer Bürgermeister Franz Dobusch (SP) lehnt jede andere Verkehrslösung als „unerträglich" und „unakzeptabel" ab, Vizebürgermeister Klaus Luger (SP) nennt die von der Ministerin vorgeschlagene Billigvariante rundweg einen „Blödsinn". (ORF 2, Oberösterreich heute, 29. 10., „Oberösterreichische Nachrichten", 30. 10., 2. 11.). → 2011

Tod am K2

6. August. Der schwedische Begleiter der oberösterreichischen Extrembergsteigerin Gerlinde Kaltenbrunner, Fredrik Ericsson, stürzt beim Aufstieg zum 8611 Meter hohen K2 tausend Meter in die Tiefe. Daraufhin kehrt Gerlinde Kaltenbrunner um und gibt ihren Plan, den letzten und schwierigsten der 14 Achttausender zu besteigen, vorläufig auf. → 24. 5. 2010, S. 547

Sieg gegen Brüssel *Auf den österreichischen Feldern wird kein gentechnisch veränderter Mais geerntet. Das Land Oberösterreich hat sich in Brüssel nach einem acht Jahre dauernden Kampf für ein Anbauverbot von gentechnisch verändertem Saatgut durchgesetzt. (Gemeinsam mit anderen Ländern, die sich zu einem Netzwerk der gentechnikfreien Regionen Europas zusammengeschlossen hatten.) Die EU-Kommission gibt am 13. Juli bekannt, die Entscheidung beim Anbau oder Verbot von gentechnisch verändertem Saatgut den Nationalstaaten und Regionen zu überlassen.*

Todestage

Eugenie Kain. Schriftstellerin. Gestorben 8. 1. 2010 in Linz. (Geboren 1. 4. 1960 in Linz.)

Brigitte Schwaiger. Schriftstellerin. Selbstmord 26. 7. 2010 in Wien. (Geboren 6. 4. 1949 in Freistadt.) → S. 476/477

Richard Josef Weberberger. Bischof von Barreiras, Brasilien (1979–2010). Benediktiner von Kremsmünster. Gestorben 17. 8. 2010 in Linz. (Geboren 5. 9. 1939 in Leonfelden.)

Hermann Leithenmayr. Bürgermeister von Steyr, SP (1991–2001). Gestorben 21. 8. 2010 in Steyr. (Geboren 22. 2. 1941 in Sierning.)

Johannes Spalt. Architekt. Gestorben 2. 10. 2010 in Wien. (Geboren 29. 9. 1920 in Gmunden.) → S. 421

Rudolf Strasser. Erster Prorektor (1965–1967), Rektor (1968–1970) der Linzer Hochschule. Gestorben 28. 10. 2010 in Linz. (Geboren 9. 2. 1923 in Steyr.)

Josef Schweighofer. Erster Präsident des oberösterreichischen Landtages, (VP, 1969–1973). Gestorben 29. 12. 2010 in Linz. (Geboren 4. 10. 1910 in Linz.)

„Ich habe weinen müssen!“

„Es war ein majestätischer Moment für mich, ein ergreifender Moment, und ich habe dann einfach weinen müssen.“

Gerlinde Kaltenbrunner in einem Telefonat nach der Rückkehr ins Basislager. „Oberösterreich heute“, ORF 2, 25. August 2011.

Historischer Gipfelsieg

„Gerlindes historischer Gipfelsieg.“

„Kronen-Zeitung“

„Gerlinde hat's geschafft.“

„Neues Volksblatt“

„Königin der Gipfel.“

„Süddeutsche Zeitung“

Zahnschmerzen im Karakorum

„Kurz vor dem Beginn des Anmarsches plagen mich heftige Zahnschmerzen und der Gedanke, dass diese schon das Ende meiner Expedition bedeuten könnten. Zu Hause kein Problem, man geht zu einem Zahnarzt. Aber hier in der Abgeschiedenheit der pakistanischen Bergwelt und weitab von den Zentren westlicher Medizin?“

Gerlinde Kaltenbrunner über die Tage vor dem Aufstieg zum Gasherbrum II., 2005. In: „Grenzerfahrungen, in der Todeszone“, 2009.

Gerlinde Kaltenbrunner auf dem Gipfel ihrer Träume

Den Einstieg in die Welt der Berge hat Gerlinde Kaltenbrunner dem Pfarrer ihrer Heimatgemeinde Spital am Pyhrn zu danken. Das sagt die inzwischen weltberühmt gewordene Extrembergsteigerin bei jeder Gelegenheit. Seit früher Jugend kennt sie nur eines: Bergsteigen und Klettern, Skitouren und Eistouren. Mit 23 Jahren besteigt sie in Pakistan einen Vorgipfel des Broad Peak und überschreitet damit erstmals die magische Achttausenderhöhe. Am 23. August 2011, wenige Monate vor ihrem 41. Geburtstag, erfüllt sich der Traum ihres Lebens: sie steht auf dem Gipfel des K2 und hat damit als erste Frau alle Achttausender ohne Verwendung von künstlichem Sauerstoff bezwungen.

In Kirchdorf an der Krems wird Gerlinde Kaltenbrunner am 13. Dezember 1970 geboren. Ihre Kindheit ist überschattet von der Trennung ihrer Eltern. Sie ist 15 Jahre alt und zieht zu ihrer um fast zehn Jahre älteren Schwester, einer Krankenschwester. Diesen Beruf ergreift auch Gerlinde.

In jeder freien Minute steigt sie auf die Berge. Sehr oft begleitet und geführt von Pfarrer Erich Tischler, von dem man sagt, dass er sogar unter dem Messgewand die Kletterhose trägt.

Die Gipfel der umliegenden Berge sind Gerlinde Kaltenbrunner bald zu wenig. Immer höhere Ziele steckt sie sich.

Steil bergauf geht es bei diesen Bergtouren nicht nur im wörtlichen Sinn. Auch ihre Karriere geht steil bergauf. Mit 33 Jahren, nach ihrem Gipfelsieg auf dem Nanga Parbat, wird sie das, was man eine Profibergsteigerin nennt.

Jedes Jahr ein Achttausender: 2003 Nanga Parbat, 2004 Annaburna I., ebenfalls 2004 Gasherbrum I., 2005 Shisha Pangma und Gasherbrum II., 2006 Kangchendzönga, 2007 Broad Peak, 2008 Dhaulagiri, 2009 Lhotse.

Beim Gipfelkuss auf diesem Himalaja-Riesen bleibt alles in der Familie: Gerlinde Kaltenbrunner steht gemeinsam mit ihrem Mann, den um neun Jahre älteren deutschen Bergsteiger Ralf Dujmovits, auf der Spitze des Lhotse.

Am 23. August 2011, um 18.18 Uhr Ortszeit, hat die Oberösterreicherin Gerlinde Kaltenbrunner ihr Lebensziel erreicht: Sie steht auf dem Gipfel des zweithöchsten Berges der Welt, dem 8611 m hohen K2. Sie ist die erste Frau, die alle Achttausender ohne Verwendung von künstlichem Sauerstoff bestiegen hat.

Sieben Jahre vorher haben sich die beiden kennengelernt. In 4800 Meter Höhe, in einem Basislager am Fuße des Manaslu. „Wo hätte ich sonst jemand kennenlernen können“, sagt Gerlinde Kaltenbrunner. „In eine Disko geh' ich nicht!“

Ein Jahr später beschließen die beiden, auch im Tal gemeinsame Wege zu gehen, 2007 heiraten sie. Ihren ständigen Wohnsitz haben sie im Schwarzwald.

Noch fehlen zwei Achttausender: der Mount Everest und der K2.

Wie nah Glück und Unglück, Freude und Trauer beisammen sein können, erlebt Gerlinde Kaltenbrunner im Jahr 2010. Am 24. Mai steht sie auf dem höchsten Berg der Welt, dem 8848 m hohen Mount Everest. Es ist ihr 13. Achttausender. Wenige Monate später, am 6. August, stürzt ihr schwedischer Bergbegleiter auf dem K2 tausend Meter in die Tiefe. Daraufhin gibt sie ihren Plan, den letzten und schwierigsten Achttausender zu besteigen, vorläufig auf.

Ein Jahr später, und auch da nicht beim ersten Versuch, erfüllt sich der Traum ihres Lebens: Sie steht auf dem Gipfel des K2.

Sie ist, wie eine deutsche Zeitung schreibt, die „Königin der Gipfel“.

Erfolge sind ein Geschenk. Gerlinde Kaltenbrunner weiß das. „Gott begleitet mich immer“, sagt sie. Und spricht damit dem Mann, dem sie die Liebe zu den Bergen verdankt, aus dem Herzen.

Rudolf Lehr

Gerlindes 14 Gipfelsiege

Cho Oyu	8201 m	6.5.1998
Makalu	8463 m	15.5.2001
Manaslu	8163 m	10.5.2002
Nanga Parbat	8125 m	20.6.2003
Annapurna I.	8091 m	28.5.2004
Gasherbrum I.	8080 m	25.7.2004
Shisha Pangma	8027 m	7.5.2005
Gasherbrum II.	8034 m	21.7.2005
Kangchendzönga	8586 m	14.5.2006
Broad Peak	8051 m	12.7.2007
Dhaulagiri	8167 m	1.5.2008
Lhotse	8516 m	20.5.2009
Mount Everest	8848 m	24.5.2010
K2	8611 m	23.8.2011

Ein musikalischer Diener

„Einem solchen Haus musikalisch dienen zu können, was Schöneres gibt es kaum."

Franz Welser-Möst zu seiner Bestellung zum Generalmusikdirektor der Wiener Staatsoper, die er seit 2010 gemeinsam mit dem Staatsoperndirektor Dominique Meyer leitet. In „Zeit im Bild", ORF, 6. Juni 2007.

Die Lehrerin hatte den 15jährigen Geigenschüler fotografiert, um ihm die richtige Bogenhaltung zu erklären.

Prophet im eigenen Land

„Er ist der Beweis dafür, dass man auch im eigenen Land Prophet werden kann."

Der Komponist und Musikkritiker Balduin Sulzer über den zu einem „Oberösterreicher des Jahrhunderts" gewählten Dirigenten Franz Welser-Möst. „Oberösterreichische Nachrichten", 8. Februar 2000.

Der Dirigent Franz Welser-Möst: Talent reicht nicht aus

„Talent reicht nicht aus", sagte Franz Welser-Möst, wenige Tage vor Beginn seiner Tätigkeit als neuer Generalmusikdirektor der Wiener Staatsoper. Und er fügte hinzu: „Dazu gehören eine eiserne Disziplin und unendlich viel Fleiß." („Oberösterreichische Nachrichten", 28. 8. 2010.)

Disziplin? Fleiß? Das ist nicht gerade in Mode in unserer Zeit. Umso bemerkenswerter ist es, wenn ein junger und erfolgreicher Künstler sich zu einer solchen Auffassung bekennt.

Fleißig und diszipliniert war der am 16. August 1960 in Linz geborene Franz Leopold Maria Möst schon als Kind. Mit 14 Jahren begann er am Linzer Musikgymnasium Geige und Klavier zu lernen. Ein Verkehrsunfall änderte jedoch die Lebenspläne des 18jährigen. Durch eine motorische Beeinträchtigung der linken Hand war an eine professionelle Ausübung der Instrumente Violine und Klavier nicht mehr zu denken. Ermutigt und gefördert von seinem Lehrer (und wie wir heute wissen: seinem Entdecker) Balduin Sulzer, der inzwischen zu den angesehensten zeitgenössischen Komponisten des Landes zählt, konzentrierte sich der junge Franz Möst auf die Kunst des Dirigierens.

1980 geht er als Musikstudent an die Staatliche Musikschule nach München. Er beurteilt diese Zeit mit einem einzigen Wort: „Furchtbar". Im gleichen Jahr leitet er bereits das Linzer Jeunesse-Orchester. „Die Praxis am Pult eines Jugendorchesters war, wie sich zeigte, weitaus förderlicher als die Arbeit im Studierzimmer", urteilt der Koautor eines 2007 erschienenen Buches von und über Franz Welser-Möst, Wilhelm Sinkovicz.

Im Jahr 1985, in dem aus Franz Möst ein Franz Welser-Möst geworden ist, debütiert der 25jährige bei den Salzburger Festspielen. Ein Jahr später wird er Chefdirigent eines schwedischen Symphonie-Orchesters.

Die weiteren Stationen seiner Karriere: Chefdirigent in Winterthur, Assistent des Musikdirektors Claudio Abbado an der Wiener Staatsoper. Das London Philharmonic Orchestra ernennt den Dreißigjährigen zum Musikdirektor. Auf seinen Gastspielreisen kommt der inzwischen international gefragte junge Musiker 1994 auch in seine Geburtsstadt Linz, wo er im Brucknerhaus die Richard-Strauss-Opern „Salome" und „Elektra" dirigiert. Seit 1995 ist Welser-Möst Chefdirigent der Zürcher Oper, für die gleiche Funktion engagiert ihn ab 2002 das weltberühmte Cleveland Orchestra.

Am 1. September 2010 beginnt Franz Welser-Möst seine Tätigkeit als Generalmusikdirektor der Wiener Staatsoper. Er ist der erste Oberösterreicher, der an die Spitze

Franz Welser-Möst ist der erste Oberösterreicher, der ein Neujahrskonzert der Wiener Philharmoniker dirigiert (2011).

des Hauses am Wiener Ring berufen wird. Und erstmals auch dirigiert ein Oberösterreicher am 1. Jänner 2011 das Neujahrskonzert der Wiener Philharmoniker, das in aller Welt auf den Bildschirmen miterlebt wird.

Seiner oberösterreichischen Heimat ist auch der weltweit bekannte Dirigent verbunden geblieben. Seine Eltern leben in Wels (darum der Künstlername Welser-Möst), er pflegt alte Freundschaften, er hat ein Haus am Attersee, er ist ein begeisterter Bergsteiger.

Über den Künstler Franz Welser-Möst wurde und wird viel geschrieben. Wie er ein Orchester leitet, wie er mit dem Taktstock die musikalischen Meisterwerke in einer unverwechselbaren persönlichen Art interpretiert, das wird von den Musikkritikern in aller Welt kommentiert. In Interviews, Artikeln und Reden hat sich Welser-Möst auch mehrfach darüber geäußert, wie und was er bei seiner Arbeit, über seinen Beruf, über Musik und Theater denkt. Am deutlichsten in seinem Buch, das er als „Eindrücke und Momentaufnahmen aus dem Leben eines Suchenden" bezeichnet.

Außer seinem Bekenntnis zu Fleiß und Disziplin ist noch etwas bemerkenswert an den Ansichten von Franz Welser-Möst: Dass er nämlich mutig gegen den Strom der Zeit schwimmt und sich in deutlichen Worten gegen die Auswüchse des modischen Regietheaters wendet. „Ich persönlich empfinde es als Dekonstruktion der Kunst, sich als Interpret in den Vordergrund zu spielen", erklärt er im Gespräch mit dem Koautor seines Buches. „Ein Interpret muß begreifen", so Welser-Möst, „dass nicht er, sondern nur das Kunstwerk, das er als Interpret – im genauen Wortsinn: als ‚Zwischenträger' – zum Leben erwecken soll, zeitlos ist".

Und er spart nicht mit Kritik: „Es gibt zu viele, auch erfolgreiche Zeitgenossen, die für mein Gefühl so agieren, als wäre es umgekehrt. Sie mißbrauchen Musik für ihre eigenen Zwecke."

Ob man viel oder wenig ins Theater geht, ob man sich alles gefallen läßt, was sich an Unsinn und Arroganz auf unseren Bühnen austobt, ob man enttäuscht und verärgert dem Theater den Rücken kehrt – es tut wohl, aus dem Mund eines der bedeutendsten Musikinterpreten unserer Zeit solche Worte zu hören.

Rudolf Lehr

Steter Tropfen höhlt den Stein

„Ich glaube, dass der stete Tropfen den Stein höhlt und dass es vielleicht durch diese Formulierung des Ungehorsams einen kleinen Schritt weitergeht."

Der ehemalige Schwanenstädter Pfarrer Gilbert Schandera in „Oberösterreich heute", ORF 2, 6. November 2011.

Starkes Selbstbewusstsein

„Wir haben als Oberösterreicher weder ein Wien-Syndrom noch sonst irgendetwas. Wir haben nur eine entsprechende Portion an Selbstbewusstsein, und die braucht man, wenn man ein starkes Land vertritt."

Landeshauptmann Josef Pühringer, „Oberösterreich heute", ORF 2. 3. Jänner 2011.

Das sind die Unterschiede

„Wenn ein kleiner Unternehmer versagt, steht er vorm Konkursrichter. Wenn ein großer Manager versagt, steht er am Golfplatz."

Wirtschaftskammerpräsident Christoph Leitl bei der Eröffnung der Rieder Messe, 7. September 2011.

121 Einsätze pro Tag

26. Jänner. Im Jahr 2010 waren die oberösterreichischen Feuerwehren im Durchschnitt bei 121 Einsätzen pro Tag tätig. Der Mitarbeiterstand der 924 Feuerwehren stieg auf 92.731.

Alarmierende Kirchenaustritte

11. Jänner. Alarmierende Zahlen über Kirchenaustritte werden bekannt: 87.383 Österreicher haben im Jahr 2010 die katholische Kirche verlassen, davon 13.942 in der Diözese Linz. Seit der Hitlerzeit gab es keine derartige Austrittswelle.

Aufruf zum Ungehorsam

19. Juni. Die Pfarrerinitiative „Aufruf zum Ungehorsam" sorgt in der katholischen Kirche für Aufregung. Die reformentschlossenen Priester wollen sich nicht an das Predigtverbot für Laien halten und wiederverheirateten Geschiedenen und sogar Ausgetretenen die Kommunion spenden. Man spricht sich auch für die Zulassung von Frauen und verheirateten Männern zum Priesteramt aus. Ein Großteil dieser Priester stammt aus Oberösterreich. Der österreichische Episkopat verurteilt diese Vorgehensweise mit scharfen Worten („Kirchenspalter", „Gefahr für die Einheit der Kirche"). Der → 2009 vom Papst als Weihbischof von Linz ernannte, aber wegen einer Protestwelle gleich wieder zurückgetretene Windischgarstener Pfarrer Gerhard Maria Wagner nennt die Priesterinitiative einen „Skandal" und spricht von einem „Abfall vom Glauben". (Interview in den „OÖ. Nachrichten", 8. 9. 2011.)

6. November. In einer Vollversammlung in der Linzer Ursulinenkirche bekräftigen die progressiven Priester ihre Forderungen.

11. November. Die österreichischen Bischöfe erteilen den Kirchenreformern eine klare Absage.

Das Linzer Finanzdebakel Swap 4175

Mit dem Rücktritt des Linzer Finanzdirektors (31. März 2011) wird ein Finanzdebakel bekannt, das der Stadt Linz dreistellige Millionenverluste beschert und das sich zu einer Bedrohung des Stadtbudgets ausweitet. Hinter dem Kürzel Swap 4175 verbirgt sich ein Vertrag, den die Stadt Linz am 12. Februar 2007 mit der Bawag (Bank für Arbeit und Wirtschaft) abgeschlossen hat. Es geht um Finanztermingeschäfte, mit denen sich die Stadt Linz gegen die hohen Zinsen bestehender Anleihen in Schweizer Franken absichern wollte. Das Gegenteil trat ein. Durch den steigenden Kurs des Schweizer Franken stiegen die Verluste der Stadt in gigantische Höhen. Es kommt zu Schuldzuweisungen, Unschuldsbeteuerungen, Rücktritten und Rücktrittsforderungen und Prozessen, die sich über Jahre hinziehen werden.

Baustelle Musiktheater *Das neue Linzer Musiktheater nimmt Gestalt an. Der Andrang zu den Führungen durch die größte Baustelle des Landes ist beachtlich. Es bleibt zu hoffen, dass die Menschen ab 2013 auch in das fertige Theater drängen.*

Die Attnangerin Maria Fekter, bisher Innenministerin, tritt am 21. April ihr Amt als Finanzministerin an.

Standort Oberösterreich

16. Juni. Oberösterreichs Landeshauptmann Josef Pühringer setzt sich in Brüssel in einem Gespräch mit dem EU-Kommissionspräsidenten José Manuel Barroso für die Wettbewerbsfähigkeit des Landes ein. Pühringer warnt vor weiteren Umweltvorgaben, die zu einem Abzug der Industrieproduktion aus Europa führen würden. Der Umwelt sei nicht gedient, denn das CO_2 würde nur wo anders ausgestoßen. Barroso erklärt, sich für internationale Klimaschutzregeln einzusetzen, bis dahin wird es keine ungerechtfertigten Forderungen an die Industrie geben.

Todestage

Josef Huber. Bildhauer und Restaurator. Gestorben 12. 5. 2011 in Linz. (Geboren 11. 12. 1926 in Millstatt.)

Norbert Wibiral. Kunsthistoriker, Denkmalpfleger. Gestorben 12. 5. 2011 in Linz. (Geboren 18. 4. 1921 in Oemau, Bezirk Kaplitz.)

Karl Richard Benedik, genannt „RIK", Liedermacher. Tödlich verunglückt am 29. 5. 2011 im Gemeindegebiet Lambrechten. (Geboren 7. 12. 1962 in Linz.)

Harry Slapnicka. Landeshistoriker. Gestorben 13. 8. 2011 in Linz. (Geboren 29. 10. 1918 in Kladno, Böhmen.)

Silvia Glogner. Kammerschauspielerin. Gestorben 8. 9. 2011 in Linz. (Geboren 19. 11. 1940 in Berlin.) →

Stimmbildung ist Menschenbildung

„Stimmbildung ist Menschenbildung. Das gemeinsame Singen im Chor bildet die Persönlichkeit und stärkt die soziale Kompetenz."

Landeshauptmann Josef Pühringer beim zehnjährigen Bestandsjubiläum des Landesjugendchores im Linzer Landhaus, 17. September 2011.

Chinesische Hallstatt-Kopie

Über die Absicht der Chinesen, die am 14. Juni durchsickert, wundert, freut, ärgert oder amüsiert man sich in Oberösterreich: In der Nähe von Hongkong soll der Ortskern von Hallstatt spiegelverkehrt 1:1 nachgebaut werden, einschließlich eines Teils vom Hallstätter See. „Ein Copyright auf das Weltkulturerbe gibt es nicht", erklären Denkmalschützer und UNESCO-Vertreter. „Eine tolle Werbung" sieht Hallstatts Bürgermeister Alexander Scheutz in den fernöstlichen Kopierplänen. „Viele werden das originale Hallstatt sehen wollen!"

Kalender

1.1. Erstmals dirigiert ein Oberösterreicher das Neujahrskonzert der Wiener Philharmoniker in Wien: Der in Linz geborene Franz Welser-Möst, seit → 2010 Generalmusikdirektor der Wiener Staatsoper. → S. 548

29.1. Uraufführung der Oper „Kaspar H." von Balduin Sulzer in den Kammerspielen des Linzer Landestheaters. Libretto: Elisabeth Vera Rathenböck.

5./6.2. Hinterstoder ist Austragungsort von Ski-Weltcup-Rennen.

12.2. Einweihung einer neuen Kirche auf dem voest-Werksgelände. (Betriebsseelsorge Treffpunkt Mensch und Arbeit, Standort voest-alpine.) Geplant wurde die neue Kirche vom Linzer Architektenbüro „x architekten".

13.2. Erstmals seit 1955 hat Braunau einen ÖVP-Bürgermeister, den 44jährigen Johannes Waidbacher.

17.2. Uraufführung des Kinderstücks „Die Insel" von Armin Greder in der Spielstätte Ursulinenhof des Linzer Landestheaters.

26.2. Uraufführung des Balletts „Die Winterreise" von Jochen Ulrich im Linzer Landestheater.

22.3. Neu im UNESCO-Verzeichnis für das immaterielle Kulturerbe: Der Ebenser Fetzenzug, der Lichtbratlmontag in Bad Ischl, die Wirlinger Böllerschützen von St. Wolfgang und der Windischgarstener Niglo-Umzug.

25.3. Die Expertenkommission präsentiert ihre Vorschläge für die oberösterreichische Spitalsreform und löst heftige Diskussionen aus.

12.–17.4. Linzer Filmfestival „Crossing Europe".

16.4. Eröffnung des Mitmach-Museums „Welios – OÖ Science Center Wels". → S. 33

21.4. Das Gemälde „Litzlberg am Attersee" von Gustav Klimt (1862–1918) muss das Salzburger Museum der Moderne an den Enkel einer jüdischen Vorbesitzerin übergeben. Das Bild wird am 2. 11. in New York um 30 Millionen Euro verkauft.

11.5. Eine gute Nachricht aus Lenzing, vom weltgrößten Faserproduzenten: Das erste Quartal 2011 war das beste in der Konzerngeschichte. Das Betriebsergebnis stieg gegenüber dem Vergleichszeitraum 2010 um 83,6 Prozent auf 90,7 Millionen Euro.

12.5. Über den Dächern von Linz gibt es wieder (wie schon → 2009) einen hölzernen Pfad, bezeichnet als „Höhenrausch 2".

Uraufführung des Schauspiels „Franckstraße 127" von Thomas Baum am Linzer Theater Phönix.

15.5. Uraufführung von „Der Knabe im Dschungel" von Marlen Haushofer in der Oberösterreichischen Landesbibliothek. (Theaterkollektiv Nordlicht.)

23.5. Die Konsumgenossenschaft Salzkammergut ist pleite. Die Schulden betragen 4,3 Millionen Euro. Mit dem Konkursverfahren endet die fast 150jährige Geschichte der Genossenschaft. → S. 244, 288

29.5. Der SV Josko Ried wird zum zweiten Mal (nach → 1998) Fußball-Cupsieger.

31.5. „Wir sind wieder zurück", erklärt der voestalpine-Generaldirektor Wolfgang Eder, die Finanzkrise ist überwunden. Die Stammbelegschaft beträgt wieder mehr als 40.700, davon 18.500 in Österreich. Inklusive der Leasing-Mitarbeiter beschäftigt der Betrieb 45.000 Personen. Im Vorjahr war die Belegschaft auf 39.400 gesunken.

8.6. Linz hat ein neues kleines Brucknermuseum, die Brucknerstiege. Der Aufgang zur Orgel im Alten Dom wurde mit Dokumenten ausgestattet, die daran erinnern, dass Anton Bruckner in dieser Kirche zwölf Jahre (1856-1868) als Organist tätig war.

11.6. In La Seu d'Urgell (Spanien) holt das österreichische Kanu-Damen-Trio (die Oberösterreichische Violetta Oblinger-Peters gemeinsam mit Corina Kuhnle und Viktoria Wolffhardt) bei der Europameisterschaft eine Silbermedaille im Wildwasser-Slalom.

17.6. In Rainbach im Innkreis wird das Evangelienspiel „Abraham im Exil" von Friedrich Ch. Zauner uraufgeführt.

18.6. Uraufführung des Balletts „Rumi – In Flammen" von Jochen Ulrich im Linzer Landestheater. Musik von Mohammad Reza Mortazavi.

22.6.–3.7. Das Festival der Regionen 2011 steht unter dem Motto „Umsteigen" und bietet zahlreiche Veranstaltungen in Attnang-Puchheim, auch umstrittene. Uraufführungen: „Why Attnang?" von Franz Fellner und Michael John, „Zwischen Himmel und Erdnuss" von Andreas Kurz. →

23.6.–3.7. Linzer Theaterfestival „Schäxpir". Uraufführungen: „Du Hitler" von Kristo Sagor (Kammerspiele, 24.6.), „Marial Girl von Marianne Strauhs (Theater Phönix, 24. 6.), „Der vergessene Maler" von Alexander Kratzer (Theater des Kindes, 30. 6.). →

Für die tote Kollegin *Die Welser Judo-Sportlerin Sabrina Filzmoser wird am 21. April in Istanbul Europameisterin in der Klasse bis 57 Kilo. Sie widmet ihre Goldmedaille ihrer Teamkollegin Claudia Heill, die im Alter von 29 Jahren freiwillig aus dem Leben geschieden ist.*

Endlich eine Einigung: Linzer Westring wird gebaut

11. Jänner. Das Ende einer Kraftprobe zwischen Oberösterreich und Wien um den Bau des Linzer Westrings (→ 2010): Bei einem Gipfeltreffen in Wien, an dem auf oberösterreichischer Seite Landeshauptmann Josef Pühringer (VP), die Landeshauptmann-Stellvertreter Josef Ackerl (SP) und Franz Hiesl (VP) sowie der Linzer Bürgermeister Franz Dobusch (SP), für die Bundesregierung Bundeskanzler Werner Faymann (SP), Vizekanzler Josef Pröll (VP), Verkehrsministerin Doris Bures (SP) und Wirtschaftsminister Reinhold Mitterlehner (VP) teilnehmen, kommt es zu einer Einigung. Eine abgespeckte Variante des Projekts sieht den Vollausbau der Autobahn (A 26) vor, mit einer vierten Donaubrücke und einem Freinberg-Tunnel. Als Baubeginn ist 2014 vorgesehen. Lediglich das Projekt einer Nordspange wird weiter nicht verfolgt.

5344 Händ' und Fiaß

In Adlwang sind am 13. August beim 60-Jahre-Jubiläum der Landjugend 5344 Händ' und Fiaß in Bewegung: 1336 junge Menschen betätigen sich als Schuhplattler.

Jugendfestival „Schäxpir"

„Das Jugend- und Kinderfestival ‚Schäxpir' ist das größte Theaterfestival für junges Publikum auf den ganzen Welt."

Landeshauptmann Josef Pühringer, „Oberösterreich heute", ORF 2, 24. Juni 2011.

Passantenbeschimpfung

Während des Festivals der Regionen werden am Bahnhof Attnang-Puchheim Reisende damit überrascht, entweder freundlich begrüßt oder beschimpft zu werden. „Publikumsbeschimpfung" lautet das Motto einer Performancegruppe. Manche lachen drüber, manche nehmen es hin, manche ärgern sich, die meisten finden es nur blöd.

Mühlviertler schafft neue Euro-Münze

Der aus Haslach stammende 38jährige Graveur Helmut Andexlinger setzt sich gegen eine Konkurrenz von 800 Münz-Designern durch: Die von ihm entworfene 2-Euro-Münze wird in einer Auflage von 90 Millionen geprägt und 2012 zum 10-Jahres-Jubiläum des Euro im gesamten EU-Raum im Umlauf sein.

24.6./22.7. Der 56jährige Italiener Adelmo Zucchero und der 67jährige britische Blues-Sänger Joe Cocker geben Konzerte auf der Burg Clam.

27.6. Die österreichischen Pfahlbausiedlungen, davon drei am Attersee und eine am Mondsee, werden von der UNESCO zum Weltkulturerbe erklärt.

11.–20.7. Der Linzer Kulturverein veranstaltet in der ehemaligen Tabakfabrik die Linzer Musenspiele.

13.7. In der Scheune des Stifts Wilhering wird das Stück „Der Don Quijote vom Bindermichl" von Rudolf Habringer und Joachim Rathke uraufgeführt.

14.7. Der polnische Staatspräsident Bronislaw Komoroski besucht die KZ-Gedenkstätte Mauthausen.

21.7. Open-Air-Uraufführung des Musicals „Der Watzmann ruft" im Schlossgraben Steyr; „Rustikal" von Manfred Tauch, Wolfgang Ambros und Joesi Prokopetz,

25.–31.7. 3000 junge Sozialisten treffen sich in einem Jugendlager in Weißenbach am Attersee. Unter den Ehrengästen Bundeskanzler Werner Faymann und die Chefs der deutschen und schwedischen Sozialisten, Sigmar Gabriel und Hakan Juholt.

13.8. Eröffnung der verlängerten Linzer Straßenbahnlinie 3 vom Hauptbahnhof zum Harter Plateau in Leonding.

20.8. Die 26jährige Linzerin Viktoria Schwarz und die 33jährige Wahl-Oberösterreicherin Yvonne Schuring erkämpfen sich bei der Weltmeisterschaft der Flachwasser-Kanuten in Szeged (Ungarn) eine Goldmedaille im Kanu-Zweier.

22.8. Von der Talstation Ebensee balanciert der 46jährige Schweizer Artist Freddy Nock ungesichert auf dem bis zu 150 Meter über dem Boden schwebenden Drahtseil bis zur Bergstation auf dem Feuerkogel. Das bedeutet eine Strecke von 2700 Metern und einen Höhenunterschied von mehr als 1100 Metern. Und das bei sengender Hitze. Der Lohn: Es ist ein Weltrekord.

23.8. Die oberösterreichische Bergsteigerin Gerlinde Kaltenbrunner steht auf dem Gipfel des K2 und ist damit die erste Frau, die alle 14 Achttausender ohne Verwendung von künstlichem Sauerstoff bestiegen hat. → S. 547

1.9. „Mythendämmerung in der Zeltstadt – Raumfahrt trifft große Oper" ist der Titel einer Installation des Theaters Hausruck (Pettenfirst) beim Ars Electronica Festival.

3.9. 120.000 erleben die Linzer Klangwolke.

4.9. Als erste Schauspielerin des Linzer Landestheaters wird Silvia Glogner mit dem Titel Kammerschauspielerin ausgezeichnet. Es war eine letzte Freude für die beliebte Schauspielerin. Vier Tage später stirbt sie. Silvia Glogner war 35 Jahre am Landestheater tätig und in vielen tragenden Rollen zu sehen.

11.9. Bei der Eröffnung des Linzer Brucknerfestes wird als Auftragsarbeit des Brucknerhauses ein symphonisches Werk des 31jährigen Welsers Johannes Berauer uraufgeführt.

15.9. Kurt Rammerstorfer wird zum Direktor des ORF-Landesstudios Oberösterreich bestellt. Der in Steyr geborene Roland Brunhofer wird ORF-Landesdirektor in Salzburg. (Ab 2012.)

1.10. Uraufführung „Der fliegende Holländer" von Lisa Fuchs und Erik Etschel im Linzer Theater Phönix.

4.10. Uraufführung der Kammeroper „Zum Beispiel Franz" des Welser Komponisten Helmut Schmidinger im Stadttheater Wels.

8.10. Uraufführung des Tanzballetts „Michelangelo" von Jochen Ulrich (Linzer Landestheater).

25.10. Der tschechische Präsident Václav Klaus erklärt bei seinem Besuch in Linz auf die Frage, ob er die Sorge der Menschen in Oberösterreich über den Ausbau des Atomkraftwerkes Temelin verstehe, unumwunden und in deutscher Sprache, dass er dafür kein Verständnis hat. „Ich habe mein Wochenendhaus dreißig Kilometer vor Temelin und habe keine Angst!"

1.11. Der chinesische Staatspräsident Hu Jintao und seine Frau besuchen St. Wolfgang und sind angeblich von Dirndln und Lederhosen begeistert.

3.–10.11. Der Großindustrielle und frühere SP-Politiker Hannes Androsch veranlasst ein Volksbegehren für Bildungsinitiative. Das angepeilte Ziel wurde weit verfehlt. Statt der erwarteten 850.000 Unterschriften waren es 383.820 (6,07 Prozent der Wahlberechtigten), davon 60.648 in Oberösterreich (5,57 Prozent).

7.11. Der 63jährige pensionierte Tischlermeister Josef Kettl aus Hohenzell gewinnt den erstmals vergebenen Franz-Stelzhamer-Preis für Kurzgeschichten in der Mundart.

25.11. Ein neues OÖ. Kulturquartier wird es ab März 2012 in Linz geben. (Bisher Landeskulturzentrum und Offenes Kulturhaus.)

1.12. Uraufführung im Linzer Theater Phönix: „Bad Fucking" von Kurt Palm.

1.–4.12. Latschenbrand im Pass-Gschütt-Gebiet.

10.12. SV Josko Ried ist wieder Herbstmeister der Fußball-Bundesliga.

11.12. Die private Westbahn nimmt den Betrieb auf.

Landesgartenschau in Ansfelden-Ritzlhof: „Sinfonie in Grün".

Sportler des Jahres: Sabrina Filzmoser (Judo), Oliver Glasner (Fußball), Viktoria Schwarz und Yvonne Schuring (Kanu-Duo). Ausgezeichnet wird auch die 77jährige Behindertensportlerin Emilie Schwarz aus Hellmonsödt.

Rekord bei BMW Steyr

26. Jänner. Alle 17 Sekunden läuft im BMW-Motorenwerk Steyr ein neuer Motor vom Band. Insgesamt wurden im Vorjahr 1,036 Millionen Motoren produziert, so viele wie noch nie zuvor. Auch der Umsatz erreichte mit 3,1 Milliarden Euro einen neuen Rekord. Sieben von zehn weltweit ausgelieferten BMW- und Mini-Fahrzeugen sind mit einem Steyrer Motor ausgestattet.

Oberösterreicher singen gern

Rund tausend Chöre singen regelmäßig und mehr als die Hälfte der Oberösterreicher hören gerne beim Singen zu. Frauen singen lieber als Männer (54 bzw. 25 Prozent). →

Herzstück der Republik

„Oberösterreich ist ein Land, das Grund hat, mit Zuversicht in ein weiteres Jahrzehnt seiner Geschichte einzutreten. Oberösterreich ist ein weltoffenes Land, ein starkes Herzstück der Republik Österreich."

Bundespräsident Heinz Fischer. „Oberösterreichische Nachrichten", 13. November 2008.

Ein Land der Arbeit ...

„Oberösterreich muss auch zukünftig ein Land der Arbeit, ein Land der sozialen Wärme und ein Land der geistigen Weite sein."

Landeshauptmann Josef Pühringer in seinem Beitrag in der „Landes-Chronik Oberösterreich".

Zukunftswunsch

Gott schütze Land und Leute
und sei der Heimat hold.

Norbert Hanrieder (1842–1913).

2012 –

2012. Verbündet – Verfeindet – Verschwägert – Bayern und Österreich. Im ehemaligen Kloster Ranshofen (Braunau), im Schloss Mattighofen und in der bayerischen Feste Burghausen.
In einer länderübergreifenden Landesausstellung geht es um die Habsburger und die Wittelsbacher, aber nicht nur um die gemeinsame verwandtschaftliche Vergangenheit von Österreich und Bayern. Es gab auch Kriege zwischen den heute befreundeten Ländern.
Das Bild zeigt die Ankunft der Kaiserbraut Elisabeth am 21. April 1854 in Linz. Hier begrüßte der junge Kaiser Franz Joseph die bayerische Prinzessin auf österreichischem Boden.

2013. Musiktheater. Das ist es, das heiß ersehnte, leidenschaftlich diskutierte, vehement geschmähte, bei einer Volksbefragung mehrheitlich abgelehnte, aber trotzdem gebaute und schließlich weitgehend positiv aufgenommene Linzer Musiktheater.

2013. Oberösterreich und Südböhmen. Eine länderübergreifende Landesausstellung in die andere Richtung. (Freistadt, Bad Leonfelden, Krumau und Hohenfurth.)

2015. Des Kaisers neue Gärten. Die Landesgartenschau in Bad Ischl ist diesem Thema gewidmet.

2015. Pflege, Gesundheit. Landessonderausstellung in Gallneukirchen.

2016. Mensch und Pferd. Landesausstellung in Lambach und Stadl-Paura.

2018. Die Römer am Limes. Landesausstellung in Enns.

Ein Zentrum für die Kultur der Vergangenheit und Gegenwart: das Brucknerhaus Linz.

Oberösterreich – Starke Region im Herzen Europas

Niedrigste Arbeitslosigkeit und höchste Exportquote

Oberösterreich zählt zu den innovativsten und wettbewerbsstärksten Regionen in Europa. Eine starke Wirtschaft ist der Motor für die Lebensqualität, die Sicherheit und den Wohlstand der Menschen in unserem Land. Doch um auch in Zukunft weiter wirtschaftlich erfolgreich zu sein, ist es wichtig, bereits heute in Innovation, Forschung und Qualifikation zu investieren. Für die Entwicklung Oberösterreichs waren in unserer jüngeren Geschichte zwei markante Ereignisse entscheidend: der Fall des Eisernen Vorhangs und der Beitritt Österreichs zur Europäischen Union.
Beide Ereignisse haben Oberösterreich aus einer Randlage wieder in das Herz Europas gerückt. Gerade die Wirtschaft bekam durch das Fallen der Grenzen einen kräftigen Wachstumsschub. Vor allem konnte Oberösterreich seine Position als Exportland Nr. 1 der Republik weiter ausbauen. Oberösterreich ist die rot-weiß-rote „Exportlokomotive". Die Exportquote stieg seit dem EU-Beitritt von 33 auf 52 Prozent. Jeder zweite Arbeitsplatz in unserem Land hängt heute direkt oder indirekt vom Export ab. Die Exporterfolge der heimischen Wirtschaft finden auch auf dem Arbeitsmarkt ihren Niederschlag. Zu Beginn der neunziger Jahre lag die Arbeitslosenquote in Oberösterreich etwa im Bundesschnitt. Seither ist es gelungen, sich von diesem Bundesschnitt abzukoppeln und deutlich niedrigere Arbeitslosenquoten zu verzeichnen. In aller Regel gelingt es uns sogar seit dem Jahr 2000, jährlich die niedrigste Jahresquote aller Bundesländer zu erreichen.
Damit das in Zukunft so bleibt, müssen wir uns auf zukunftsfähige Schlüsselbereiche konzentrieren. Einen davon fasst die Wirtschaftswissenschaft unter dem Begriff „intelligentes Wachstum" zusammen. Damit ist Bildung, Wissen, Forschung und die digitale Gesellschaft gemeint. Hier haben wir Stärken – hier müssen wir aber auch Stärken haben. Denn weltweit gibt es Mitbewerber, die sich in einem ständigen Aufholprozess befinden und deutlich billiger als bei uns in Europa produzieren können.

Zentrum für zukunftsorientierte Bildung: die Pädagogische Akademie der Diözese Linz.

Heute ein Zentrum einer bürgernahen Verwaltung des Landes: das Linzer Landhaus. Auf dem Bild: das Renaissance-Portal mit dem oberösterreichischen Wappen, um 1570.

Oberösterreichs Bildungspolitik hat in den letzten Jahren einen Schwerpunkt auf die Techniker-Ausbildung gelegt.

Erfinderland Nr. 1

Die Zahlen des Österreichischen Patentamts bestätigen es jährlich: Einmal mehr haben die oberösterreichische Wirtschaft und die Industrie die Nase vorne, wenn es um die Schutzrechte für Patente und Gebrauchsmuster geht. Von den 2980 Erfindungen, die im Jahr 2009 von Österreicherinnen und Österreichern angemeldet worden sind, stammen 765 aus Oberösterreich. Somit liegt Oberösterreich vor Wien und der Steiermark unangefochten an erster Stelle. Oberösterreich ist damit 2009 mit den meisten Patenterteilungen seit 2004 zum sechsten Mal in Folge rot-weiß-roter Patentkaiser.

„Innovatives OÖ 2010plus"

Das strategischen Wirtschafts- und Forschungsprogramm „Innovatives OÖ 2010 plus", das von 2010 bis Ende 2013 läuft und 450 Millionen Euro umfasst, soll Stärkefelder wie Mechatronik und Kunststoff unterstützen und Zukunftsthemen wie Energieeffizienz und -management auf- bzw. ausbauen. Über 60 Prozent des Programmvolumens sind für Forschung und Entwicklung vorgesehen. Wir setzen auf Forschung und Entwicklung, Innovation und Technologisierung und begleiten unsere Betriebe mit ihren neuen, innovativen Produkten auf neue Exportmärkte. Wir wollen mit unseren ausgezeichneten Unternehmen und deren engagierten Mitarbeiterinnen und Mitarbeitern weltweit mit Innovationen made in Upper Austria punkten.

Der neue Südflügel des Linzer Schlosses.

Der Tourismus als wichtiger Wirtschaftsfaktor

Der Tourismus stellt in Oberösterreich einen wichtigen Wirtschaftsfaktor dar. Mehr als 11.500 Tourismus- und Freizeitbetriebe decken eine breite Angebotspalette für unterschiedlichste Interessen und Geschmäcker ab. Jeder siebte Euro, der in

Links: Die Schönheit der Landschaft für zukünftige Generationen bewahrt: Bauernland bei Waizenkirchen.

Rechts: Einer der schönsten Plätze des Landes: das Wasserschloss Ort am Traunsee.

Landeshauptmann Josef Pühringer

Oberösterreichs Betriebe (im Bild die voestalpine) setzen sich im Export auch auf hart umkämpften internationalen Märkten durch.

Intakte Natur für die Oberösterreicher und ihre Gäste: Blick vom Schafberg in das Mondseeland.

Oberösterreich erwirtschaftet wird, kommt aus der Tourismus- und Freizeitbranche, die Arbeitsplätze für rund 30.000 Menschen im Land sichern. Sie alle tragen dazu bei, dass sich die in- und ausländische Gästeschar – rund 2,3 Millionen Ankünfte und 6,9 Millionen Nächtigungen im Jahr 2009 – wohlfühlt.

Bildung macht das Leben lebenswerter

Bildung und Weiterbildung sind wesentliche Voraussetzungen für die Realisierung persönlicher Lebens- und Berufschancen. Zukünftige Berufslaufbahnen werden nicht mehr so einseitig verlaufen wie in der Vergangenheit. Mehrere ausgeübte Berufe werden immer mehr zum Normalfall. Doch Globalisierung und moderne Technologien schaffen auch neue Chancen. Es ist aber auch von sehr großer Bedeutung für unser gesellschaftliches Zusammenleben, dass die Schülerinnen und Schüler auch soziale Kompetenzen entwickeln und die Herzensbildung nicht vergessen. Und für die Berufsqualifikation der Zukunft wird es immer wichtiger, dass Kreativität gefördert wird. Wissen ist der Rohstoff des 21. Jahrhunderts, daher setzt das Land Oberösterreich zahlreiche Initiativen zur Aus- und Weiterbildung:

- Gratis-Kindergarten als wichtiger erster Bildungsschritt
- OÖ Schule Innovativ – eine neue Art des Unterrichts
- 25 Schüler pro Klasse für optimalen individuellen Unterricht
- Neue Zukunftschancen für Lehrlinge durch kostenlose „Lehre mit Matura“
- Bildungskonto NEU – finanzielle Unterstützung für berufliche Weiterentwicklung.

Hervorragender Hochschulstandort

Oberösterreich steht für gute Ausbildung, hohe Beschäftigung, soziale Sicherheit, Wohlstand und Lebensqualität. Zukunftsorientierte Lehrinhalte, innovative Forschungsinitiativen und exzellente Vernetzung machen die Universitäten und Fachhochschulen in Oberösterreich zu national und international angesehenen Bildungsanbietern. Die Johannes-Kepler-Universität ist die größte Universität des Landes und einer Forschung und Lehre auf international höchstem Niveau verpflichtet. Ihre spezifischen Kernkompetenzen liegen in den Sozial- und Wirtschaftswissenschaften, den Rechtswissenschaften sowie den Technik- und Naturwissenschaften (TNF). An diesen drei Fakultäten studieren rund 16.500 Studenten und Studentinnen.

Im neu errichteten Science Park soll die Zusammenarbeit von Forschung und Industrie

Links: Lebensader des Landes: die Donau. (Schlögener Schlinge.)

Rechts: Der beste Rohstoff, den es gibt: Das Wissen, Können und die Qualifikation der Menschen in Oberösterreich.

noch besser werden: neben den Mechatronik- und Kunststofftechnik-Instituten sind dort auch Firmen wie das Linz Center of Mechatronics (LCM) oder das Austrian Competence Center of Mechatronics (ACCM) untergebracht.

Die besten Fachhochschulen Österreichs

Die Studiengänge der Fachhochschulen Oberösterreich bieten seit der Einführung des Fachhochschulstudiums in Österreich im Jahr 1994 ein praxisnahes und gleichzeitig akademisches Studium. Mit ihren Standorten in Linz, Hagenberg, Wels und Steyr zählt die FH OÖ zu den qualitativ besten Fachhochschulen Österreichs. An den vier Fakultäten „Informatik, Kommunikation und Medien" (Hagenberg), „Gesundheit und Soziales" (Linz), „Management" (Steyr) und „Technik und Umweltwissenschaften" (Wels) sind rund 4000 Studentinnen und Studenten inskribiert.

Der Softwarepark Hagenberg ist eines der dynamischsten und erfolgreichsten Technologiezentren Österreichs und verbindet Wirtschaft, Forschung und Ausbildung. Waren im Gründungsjahr 1989 25 Mitarbeiter und Studierende in Hagenberg, so zählt der Technologiepark nunmehr über 1000 Mitarbeiterinnen und Mitarbeiter und 1400 Studierende in acht Forschungseinrichtungen, 20 Universitäts- und Fachhochschul-Studiengängen sowie über 40 Firmen.

Aufgaben der Kulturpolitik

Seit den siebziger Jahren des vorigen Jahrhunderts gilt es als Ziel von Kulturpolitik, eine vielgestaltige Kulturlandschaft in einer offenen, pluralen und partizipativen demokratischen Gesellschaft zu formen. Kulturpolitik ist aber schon länger mit sozial- und gesellschaftspolitischen Fragen verknüpft. Und vor allem ist ganz entscheidend: Kultur und Demokratie brauchen Menschen, die sich für sie einsetzen, die sich ihrer Funktionen und den damit verknüpften Verantwortungen bewusst sind, ihre Aufgaben respektvoll für das Wohl der Allgemeinheit und nicht zynisch für das persönliche Machtstreben wahrnehmen, die das System stärken, anstatt es auszuhöhlen.

Welche Aufgaben hat Kultur in einem demokratischen System? Seit den siebziger Jahren gibt es den Anspruch der Kulturpolitik, aktiv an der Gestaltung des gesellschaftlichen Wandels mitzuwirken. Kulturpolitik muss, wie alle Politik, sich daran messen lassen, ob und inwieweit sie Gegenwart gestaltet und Wege in die Zukunft weist. „Kultur für alle", lautet das Motto.

Oberösterreich investiert viel in aktive Arbeitsmarktpolitik. Gemeinsam mit der erfolgreichen Wirtschaft gelingt es so, die niedrigste Arbeitslosenquote aller Bundesländer zu erreichen.

Eine Aufgabe für die Zukunft: gewinnbringende und zugleich umweltverträgliche Betriebe. Auf dem Bild: Papierproduktion in Nettingsdorf.

Investitionen in die kulturelle Infrastruktur

Nachhaltig prägende Weichen wurden in der kulturellen Infrastruktur gestellt. Seit 2003 wird das größte kulturelle Bauprogramm in der Geschichte des Landes umgesetzt. Allein in der Landeshauptstadt Linz umfasst es ein Bauvolumen von 250 Millionen Euro. Teile des Bauprogramms sind:

- Neues Musiktheater
- Neubau der Anton Bruckner Privatuniversität
- Wiederaufbau des Ursulinenhofes
- Südtrakt des Linzer Schlosses
- Sanierung und Erweiterung der Landesbibliothek
- Umbau und Erweiterung des Offenen Kulturhauses

Musikland Oberösterreich: Das Landesmusikschulwerk hat international Modellcharakter.

Es ist ein besonderes Anliegen der Initiative „Genussland Oberösterreich", die regionalen Köstlichkeiten bekannt zu machen, um die Wertschöpfung zu stärken und Arbeitsplätze in der Lebensmittel- und Landwirtschaft zu sichern.

Der Begriff Heimatverbundenheit hat heute wieder einen hohen Stellenwert. Oben: Mühlviertler Landschaft. Unten: St. Wolfgang und der Wolfgangsee.

Das kulturelle Bauprogramm ist aber nicht nur auf die Landeshauptstadt Linz beschränkt. Als wichtige Kulturzentren in den Regionen haben sich die Landesmusikschulen etabliert: hier wurden in der Zeit von 1991 bis 2011 insgesamt 130 bauliche Maßnahmen (Neubauten, Erweiterungen und Sanierungen) mit einem Gesamtbauvolumen von rund 247 Millionen Euro gesetzt. Unter den realisierten Projekten sind architektonisch wegweisende, die vor allem durch die Kombination aus Erhaltung historischer Bauten in Verbindung mit modernen Nutzungskonzepten Aufmerksamkeit erregen (z. B. Herminenhof Wels, Landesmusikschule Vöcklabruck usw.).

Internationale Vernetzung

Das Europäische Kulturhauptstadtjahr Linz09 war für ganz Oberösterreich von zentraler Bedeutung. Dieses Großprojekt hat die international orientierte Kulturpolitik der letzten Jahre entscheidend geprägt. Das Land Oberösterreich hat sich mit 20 Millionen Euro wesentlich an der Finanzierung beteiligt, die Kultureinrichtungen des Landes haben rund 30 Projekte konzipiert, gefördert und entwickelt (z. B. Höhenrausch, Toulouse-Lautrec und Kulturhauptstadt des Führers). Auch die grenzüberschreitenden Landesausstellungen (2012 mit Bayern, 2013 mit Südböhmen) sind Teil der internationalen Vernetzungsarbeit.

Das führende Musikland

Bestes Beispiel für den hohen Stellenwert, den nicht nur die Kultur, sondern auch die Ausbildung künstlerischer Talente im Land hat, ist das OÖ. Landesmusikschulwerk. Das beginnt bei den Landesmusikschulen und reicht bis hin zur Anton Bruckner Privatuniversität des Landes und dem Bruckner Orchester. Das Landesmusikschulwerk legt die Basis für eine breite musische Bildung. Derzeit gibt es 151 Standorte. Nach dem Aufbau und der Stabilisierung des 1977 gegründeten Netzwerkes ging die Entwicklung vor allem in zwei Richtungen: einerseits die Öffnung hin zu neuen Unterrichtsangeboten (z.B. Jazz, Rock und Tanz), andererseits die verstärkte Kooperation der im musischen Bereich tätigen Kultureinrichtungen des Landes (Bruckner Orchester mit der Bruckner Universität).

Soziale Wärme

Oberösterreich muss auch zukünftig ein Land der Arbeit, ein Land der sozialen Wärme und ein Land der geistigen Weite sein. Ein enges soziales Netz, eine moderne Spitalslandschaft, vielfältige Präventionsmaßnahmen und die Seniorenbetreuung wie -pflege zeichnen Oberösterreich als

Das neue Linzer Musiktheater, das im Frühjahr 2013 eröffnet wird, in einer Grafik der Erbauer Terry Pawson Architects.

Land der sozialen Wärme aus. Die Spitalsreform garantiert:

- eine flächendeckende Versorgung: wer ein Krankenhaus braucht, erreicht es auch künftig innerhalb kürzester Zeit.
- Spitzenmedizin für Oberösterreich: wer spezialisierte Spitzenmedizin benötigt, erhält sie weiterhin von bestens ausgebildeten Ärztinnen und Ärzten.
- Und das zu Kosten, die für uns alle gemeinsam finanzierbar bleiben.

Von den 11.800 Plätzen in den Alten- und Pflegeheimen wurden in den letzten 15 Jahren rund zwei Drittel saniert oder neu errichtet. Mit der 1996 beschlossenen Alten- und Pflegeheimverordnung wurden höchste Qualitätsstandards für die Heimbewohner vorgeschrieben, die durch viele bauliche Maßnahmen und die Ausbildungsoffensive auch erreicht wurden. Der Ausbau der Heimplätze und die Sanierungen werden weiter vorangetrieben, ebenso wie der verstärkte Ausbau der Mobilen Dienste.

Umwelt- und Naturschutz

Umweltpolitik muss dort ansetzen, wo natürlicher Lebensraum durch menschliche Einmischung zu leiden beginnt. Oberösterreich ist bei modernen Biomasseanlagen, Solar- und Photovoltaikanlagen, bei der Ökowärme und bei der CO_2-Verringerung die Nummer Eins in Österreich. Der Umweltschutz hat in Oberösterreich bereits 14.500 neue Arbeitsplätze geschaffen, heimische Ökoenergiefirmen erwirtschaften einen Jahresumsatz von zwei Milliarden Euro und bereits jede fünfte Solaranlage in der EU stammt aus heimischer Produktion. Mit 36 Prozent erneuerbaren und alternativen Energieträgern im gesamten Energieverbrauch liegt Oberösterreich, trotz seiner Rolle als Industrieland, an der europäischen Spitze.
Vielfach agiert der Naturschutz heute als Partner der Land- und Forstwirtschaft, aber auch des Tourismus und der Raumentwicklung. Der 20.800 Hektar große und durch ausgedehnte Waldflächen geprägte Nationalpark Oberösterreichische Kalkalpen ist ein internationales Aushängeschild.

Oberösterreich: ein Genuss

Jede Region und jedes Viertel hat typische kulinarische Spezialitäten zu bieten, die oft in Verfahren hergestellt werden, die seit Generationen unverändert überliefert sind. Es ist ein besonderes Anliegen der Initiative „Genussland Oberösterreich", diese regionalspezifischen Köstlichkeiten bekannt zu machen, gleichzeitig die Wertschöpfung in der Region zu stärken und Arbeitsplätze in der Lebensmittelwirtschaft zu sichern. Jeder sechste Arbeitsplatz in Oberösterreich hängt unmittelbar von der Lebensmittelbranche ab, knapp 98.000 Arbeitsplätze sichert der „Patriotismus" beim Lebensmitteleinkauf. Lebensmittelqualität und der Genussfaktor unserer Regionen sind Imageträger für das Bundesland und wichtig für den Tourismus. Denn Lebensmittel aus Oberösterreich stehen für echten, unverwechselbaren Genuss und große Vielfalt.

Die Zukunft der Familien liegt Landeshauptmann Pühringer besonders am Herzen. Oberösterreich soll daher auch kommenden Generationen eine lebens- und liebenswerte Heimat sein.

Herrscher – Landeshauptmänner – Statthalter – Bischöfe – Superintendenten

Nähere Angaben im Textteil → Personenregister. Die Jahreszahlen betreffen hier die Regierungs- bzw. Amtszeiten

Österreich unter den Babenbergern
Regierende Markgrafen und Herzöge

976–994 Leopold I., der Erlauchte
Sohn (oder Enkel) Arnulfs von Bayern
994–1018 Heinrich I., der Starke
Sohn von Leopold I.
1018–1055 Adalbert der Siegreiche
Sohn von Leopold I.
1055–1075 Ernst der Tapfere
Sohn von Adalbert
1075–1095 Leopold II., der Schöne
Sohn von Ernst
1095–1136 Leopold III., der Heilige (Landespatron)
Sohn von Leopold II.
1136–1141 Leopold IV., der Freigebige
Sohn von Leopold III.
1141–1177 Heinrich II., Jasomirgott
Sohn von Leopold III.
1177–1194 Leopold V., der Tugendhafte
Sohn von Heinrich II.
1195–1198 Friedrich I., der Katholische
Sohn von Leopold V.
1198–1230 Leopold VI., der Glorreiche
Sohn von Leopold V.
1230–1246 Friedrich II., der Streitbare
Sohn von Leopold VI.

Die habsburgischen Herzöge von Österreich im Mittelalter

1278–1282 Graf Rudolf IV. → Könige: Rudolf I.
Sohn von Graf Albrecht IV. von Habsburg
1282–1308 Albrecht I. → Könige
Sohn von Rudolf I.
1282–1283 Rudolf II.
Sohn von Rudolf I.
1298–1307 Rudolf III.
Sohn von Albrecht I.
1306–1330 Friedrich I., der Schöne → Könige
Sohn von Albrecht I.
1306–1326 Leopold I., der Glorwürdige
Sohn von Albrecht I.
1330–1358 Albrecht II., der Weise
Sohn von Albrecht I.
1330–1339 Otto, der Fröhliche
Sohn von Albrecht I.
1358–1365 Rudolf IV., der Stifter
Sohn von Albrecht II.
1365–1395 Albrecht III.
Sohn von Albrecht II.
1365–1386 Leopold III.
Sohn von Albrecht II.
1395–1404 Albrecht IV.
Sohn von Albrecht III.
1395–1406 Wilhelm, der Freundliche
Sohn von Leopold III.
1395–1411 Leopold IV.
Sohn von Leopold III.
1402–1424 Ernst, der Eiserne
Sohn von Leopold III.
1406–1439 Friedrich IV. („Friedl mit der leeren Tasche")
Sohn von Leopold III.
1411–1439 Albrecht V. → Könige: Albrecht II.
Sohn von Albrecht IV.
1452–1457 Ladislaus Postumus
Sohn von König Albrecht II.
1439–1493 Friedrich V. → Kaiser: Friedrich III.
Sohn von Ernst dem Eisernen
1439–1463 Albrecht VI.
Sohn von Ernst dem Eisernen
1446–1490 Sigmund, der Münzreiche
Sohn von Friedrich IV.
1486–1519 Maximilian I., König → Kaiser
Sohn von Kaiser Friedrich III.

Österreich unter den Habsburgern

Deutsche Könige und Kaiser. Seit 1804 Kaiser von Österreich. Seit 1867 Kaiser der österreichisch-ungarischen Monarchie

1273–1291 Rudolf I.
Sohn von Graf Albrecht IV. von Habsburg
1298–1308 Albrecht I.
Sohn von Rudolf I.
1314–1330 Friedrich I., der Schöne
Sohn von Albrecht I.
1438–1439 Albrecht II. (als Herzog Albrecht V.)
Sohn von Albrecht IV.

Ab hier Kaiser (in der Klammer: Jahr der Königskrönung)

1452–1493 Friedrich III. (1442)
Sohn von Ernst dem Eisernen
1508–1519 Maximilian I. (1486)
Sohn von Friedrich III.
1520–1556 Karl V. (1520)
Sohn von Philipp I.
1556–1564 Ferdinand I. (1531)
Sohn von Philipp I.
1564–1576 Maximilian II. (1562)
Sohn von Ferdinand I.
1576–1612 Rudolf II. (1575)
Sohn von Maximilian II.
1612–1619 Matthias
Sohn von Maximilian II.
1619–1637 Ferdinand II.
Sohn von Karl II. von Innerösterreich
1637–1657 Ferdinand III. (1636)
Sohn von Ferdinand II.
1658–1705 Leopold I.
Sohn von Ferdinand III.
1705–1711 Joseph I. (1690)
Sohn von Leopold I.
1711–1740 Karl VI.
Sohn von Leopold I.
1740–1780 Maria Theresia
Tochter von Karl VI. Gemahlin von
1745–1765 Franz I. Stephan
Sohn von Herzog Leopold von Lothringen
1765–1790 Joseph II. (1764)
Sohn von Maria Theresia und Franz I. Stephan
1790–1792 Leopold II.
Sohn von Maria Theresia und Franz I. Stephan
1792–1835 Franz II. (als österreichischer Kaiser Franz I.)
Sohn von Leopold II.
1835–1848 Ferdinand I.
Sohn von Franz II. (I.)
1848–1916 Franz Joseph I.
Sohn von Franz Karl = Bruder von Franz II. (I.)
1916–1918 Karl I.
Sohn von Otto Franz Joseph = Neffe von Franz Joseph I.

Die Landeshauptmänner von 1264 bis heute (Landrichter ob der Enns, Hauptmänner ob der Enns)

Wer war der erste Landeshauptmann von Oberösterreich? Die Frage ist nicht leicht zu beantworten.

Eine Arbeit über den 1253 verstorbenen Albero von Polheim (in der vom Oberösterreichischen Landesarchiv herausgegebenen Schriftenreihe „Oberösterreicher") trägt den Titel „Erster Hauptmann des Landes ob der Enns?". Aber als gewissenhafte Historikerin legt die Autorin Herta Hageneder die Betonung doch eindeutig auf das Fragezeichen. Zweifellos war Albero von Polheim so etwas wie ein Vorläufer eines Hauptmannes ob der Enns.

Noch früher (1204) beginnt ein „Catalogus aller im Ertz-Herzogthum Oesterreich ob der Ennß gewester Haupt- und Landts-Hauptleuth", den der 1642 verstorbene Sekretär der Innerberger Hauptgewerkschaft von Steyr, Valentin Preuenhueber, verfasst hat – eine erstaunlich genaue Zusammenfassung für diese Zeit, die aber doch von der historischen Forschung korrigiert wurde.

Nachweisbar ist im Jahr 1240 ein „Meinhard, Schreiber des Herzogs in Enns" (Meinhardus scriba ducis in Aneso). Bei einem Schreiber in dieser Zeit handelt es sich, so der Historiker und Landes-Chronik-Mitarbeiter Willibald Katzinger, keineswegs um irgendeinen Kanzleibeamten, sondern zweifellos um eine einflussreiche Persönlichkeit.

Wer war der erste Landeshauptmann?

Wahrscheinlich war es Konrad von Summerau. Er hat am 1. Juli 1264 als „iudex provinciae Austriae superioris" (Richter in der Provinz des oberen Österreich) einen Gerichtsbrief zugunsten des Abtes von Garsten ausgestellt. (Max Weltin, Ausstellungskatalog „Tausend Jahre Oberösterreich".) Sowohl Willibald Katzinger als auch der Historiker Siegfried Haider glauben, dass Konrad von Summerau als erster Landeshauptmann von Oberösterreich angesprochen werden kann.

Als einen Landeshauptmann im heutigen Sinn haben wir uns dieses Amt aber nicht vorzustellen. Es war auch ein relativ kleines Gebiet, das einem „Hauptmann ob der Enns", wie sich die Wallseer seit etwa 1330 nannten, unterstand. Dieses mit den Habsburgern ins Land gekommene schwäbische Adelsgeschlecht hat den Zuständigkeitsbereich der Hauptmannschaft ob der Enns auf die Herrschaft Steyr, das Salzkammergut, das Machland und die Grafschaft Schaunberg ausgedehnt. Die Wallseer haben das Amt eines Landrichters ob der Enns, der späteren Landeshauptmannschaft, durch fast zwei Jahrhunderte (mit geringen Unterbrechungen) von Generation zu Generation weitergegeben. Der Name Landeshauptmann wurde erst 1478 mit der Vierteleinteilung des Landes üblich. → S. 82/83, 98

1264	Konrad von Summerau (Sumerau, Sommerau, Somerau, Conradus I. de Sumerowe. Sumerawe)
1274/76	Burkhard von Klingenberg (böhmischer Militärkommandant)
1279–1288	Ulrich von Kapellen
1288–1325	Eberhard IV. von Wallsee (nach neueren Forschungen Eberhard III.)
1325–1361	Eberhard V. von Wallsee (nach neueren Forschungen Eberhard IV.)
1361–1363	Hanns (Jans) von Traun
1363–1369/71	Eberhard V. (IV.) von Wallsee
1369/71–1373	Ulrich (I.) von Schaunberg
1374–1379	Heinrich VI. von Wallsee
1379–1422	Reinprecht II. von Wallsee
1422–1450	Reinprecht IV. von Wallsee unterstützte seinen Vater Reinprecht II. seit 1421
1454–1466	Wolfgang V. von Wallsee
1467–1478	Reinprecht V. von Wallsee
1478–1484	Bernhard von Schärffenberg
1485–1486	Ulrich von Starhemberg
1486–1493	Gotthard von Starhemberg
1493–1501	Georg von Losenstein
1501–1512	Wolfgang Freiherr von Polheim und Wartenburg
1513–1521	Wolfgang Jörger von Tollet
1521–1533	Cyriak Freiherr von Polheim und Wartenburg
1533–1539	Helferich Freiherr von Meggau
1539–1543	Julius Graf zu Hardegg
1544–1559	Balthasar von Prösing
1559–1570	Georg von Mamming
1571–1577	Dietmar (V.) von Losenstein
1577–1581	Leonhard (V.) Graf von Harrach
1582–1584	Ferdinand Helfrich Freiherr von Meggau
1590–1592	Sigmund von Lamberg
1592–1602	Hanns Jakob (II.) Freiherr von Löbl
1604–1607	Georg Sigmund Graf von Lamberg
1607–1610	Jakob Freiherr von Molart
1610–1616	Wolf Wilhelm (II.) von Volkenstorf
1619–1620	Sigmund Ludwig von Polheim

1620–1628 Verpfändung des Landes Oberösterreich an Bayern

1620–1628	Adam Graf von Herberstorff (bayer. Statthalter)
1628–1629	Adam Graf von Herberstorff (Landeshauptmann)
1630–1657	Hans Ludwig Graf von Kueffstein
1657–1671	David (II.) Ungnad Graf von Weißenwolff
1671–1675	Heinrich Wilhelm Graf von Starhemberg
1675–1686	Helmhard Christoph Ungnad Graf von Weißenwolff
1686–1712	Franz Josef Graf von Lamberg
1713–1738	Christoph Wilhelm Graf von Thürheim (der Ältere)
1738–1748	Ferdinand Bonaventura Ungnad Graf von Weißenwolff

In den Jahren 1748 bis 1763 gibt es keinen Landeshauptmann. Es wird eine mit landesfürstlichen Beamten besetzte Landesbehörde installiert. Vorübergehend wird das Land auch dem Erzherzogtum unter der Enns unterstellt. Präsident der neuen Landesbehörde ist

1748–1763	Franz Reinhold Graf von Andlern-Witten, *der ebenfalls als Landeshauptmann bezeichnet wird, seit 1754 auch offiziell. Der letzte Landeshauptmann der alten Art ist*
1763–1783	Christoph Wilhelm Graf von Thürheim (d. Jüngere)

Ab 1783 (bis 1848) tritt an die Stelle der Landeshauptmannschaft ein Landesregierungpräsident. In den ersten drei Jahren ist dies der frühere Landeshauptmann

1783–1786	Christoph Wilhelm Graf von Thürheim (d. Jüngere)

Fast acht Jahrzehnte (1783 bis 1861) gibt es keinen Landeshauptmann. Seit 1. 1. 1850 bis zum Ende der Monarchie (1918) liegt die Verwaltung des Kronlandes ob der Enns in den Händen eines k. k. Statthalters als Vertreter des Monarchen. Erst seit der autonomen Landesverwaltung 1861 gibt es neben dem kaiserlichen Statthalter auch wieder einen Landeshauptmann.

1861–1868	Dominik Anton Lebschy
1868–1871	Moriz Ritter von Eigner
1871	Julius Graf von Falkenhayn
1871–1884	Moriz Ritter von Eigner
1884–1897	Leonard Achleuthner
1897–1898	Michael Freiherr von Kast
1898–1907	Alfred Ebenhoch
1908–1927	Johann Nepomuk Hauser
1927–1934	Josef Schlegel
1934–1938	Heinrich Gleißner
1938–1945	August Eigruber *Seit 13. 3. 1938 Landeshauptmann, seit 23. 5. 1938 Gauleiter von Oberdonau, seit 12. 4. 1940 (bis 5. 5. 1945) Reichsstatthalter von Oberdonau.*
1945	*Der Versuch des SP-Politikers Alois Oberhummer (1886–1958) unmittelbar nach dem Einmarsch der Amerikaner Landeshauptmann zu werden, wird offiziell nicht registriert.* Adolf Eigl *17. 5.–22. 8. Chef der von der amerikanischen Militärverwaltung eingesetzten Beamtenregierung, am 22. 8. von den Amerikanern abgesetzt und verhaftet.*
1945–1971	Heinrich Gleißner *Am 26. 10. 1945 von der amerikanischen Militärregierung bestellt, am 13. 12. vom Landtag gewählt.*
1971–1977	Erwin Wenzl
1977–1995	Josef Ratzenböck
1995–	Josef Pühringer

Die Statthalter von Oberösterreich 1850–1918

Mit 1. 1. 1850 wird für Oberösterreich das Amt eines k. k. Statthalters als Chef der politischen Verwaltung geschaffen. (Bis 1918.) Der Statthalter ist der Vertreter des Kaisers im Land, er hat auch bei der Bestellung des Landeshauptmannes (den es seit 1861 wieder gibt) das entscheidende Wort.

1850–1851 Alois Fischer

Der 1848 vom Kaiser ernannte Chef des Kronlandes ob der Enns ist noch bis 1851 Statthalter. Er ist ein Bürgerlicher (Rechtsanwalt). Alle weiteren 15 Statthalter in den Jahren 1851 bis 1918 sind Adelige.

1851–1862	Eduard Freiherr von Bach
1863–1867	Franz Freiherr von Spiegelfeld
1867	Eduard Graf von Taaffe
1867–1868	Ignaz Freiherr von Schurda
1868–1871	Karl Sigmund Graf zu Hohenwart-Gerlachstein
1871–1872	Sigmund Freiherr Conrad von Eybesfeld
1872–1877	Otto Freiherr von Wiedenfeld
1877–1879	Bohuslav Ritter von Widmann
1879–1881	Felix Maria Freiherr Pino von Friedenthal
1881–1889	Philipp Freiherr von Ebenhof-Weber
1889–1890	Franz Graf von Merveldt
1890–1902	Viktor Freiherr von Puthon
1902–1904	Artur Graf von Bylandt-Rheidt
1905–1916	Erasmus Freiherr von Handel
1917	Rudolf Graf von Meran
1917–1918	Erasmus Freiherr von Handel

Die katholischen Bischöfe von Linz

1785–1788	Ernest Johann Nepomuk Reichsgraf von Herberstein
1789–1807	Joseph Anton Gall
1809/15–1825	Sigismund Graf von Hohenwart
1827–1852	Gregorius Thomas Ziegler
1853–1884	Franz Joseph Rudigier
1885–1888	Ernest Maria Müller
1889–1908	Franz Maria Doppelbauer
1909–1915	Rudolph Hittmair
1915–1941	Johannes Marie Gföllner
1946–1955	Joseph Calasanz Fließer seit 1941 Kapitelvikar und Weihbischof
1956–1980	Franciscus Salesius Zauner
1981–2005	Maximilian Aichern
2005–	Ludwig Schwarz

Die Bischöfe der Mutterdiözese Passau bis zur Gründung der Diözese Linz 1783/85

739–?	Vivilo
753?–754	Beatus
753–754?	Sidonius
?–?	Anthelm
ca.770–777	Wisurich
777–804/805	Waltrih (Waldrich)
804/805–806	Urolf
806–817	Hatto
818–838	Reginhar
840–866	Hartwig
866–874	Ermenrich (Ermanrich)
875–899	Engelmar
899–902	Richar
903–915	Burkhard (Burchard)
915–931	Gumpold
932–946	Gerhard
946–970/971	Adalbert
971–991	Pilgrim (Piligrim, Piligrin)
991–1013	Christian
1013–1045	Berengar
1045–1065	Egilbert (Engilbert, Engelbert)
1065–1091	Altmann
1085–1087	Hermann von Eppenstein (kaiserlicher Gegenbischof)
1087–1092?	Thiemo (kaiserlicher Gegenbischof)
1092–1121	Ulrich I. (Udalrich)
1121–1138	Reginmar
1138–1147/48	Reginbert
1148/49–1164	Konrad I. (auch Erzbischof von Salzburg, Sohn von Leopold III., dem „Heiligen")
1164–1165	Rupert
1165–1169	Albo(no)
1169–1172	Heinrich Graf von Berg
1172–1190	Diepold (Theobald) Graf von Berg
1191–1204	Wolfger von Erla
1204–1206	Poppo
1206–1215	Menegold (Mangold Graf von Berg)
1215–1221	Ulrich II.
1222–1232	Gebhard Graf von Pleyen (Plain)
1233–1250	Rudigier von Bergheim (Radeck)
1250–1254	Berthold Graf von Pietengau (Peiting)
1254–1265	Otto von Lonsdorf
1265–1280	Petrus (Peter von Breslau)
1280–1282	Weikard (Weichart, Wichard) von Polheim
1282–1285	Gottfried von Osnabrück
1285–1313	Bernhard von Prambach
1317–1319	Heinrich Delphin Graf von Vienne
1320–1342	Albert Herzog von Sachsen-Wittenberg
1342–1362	Gottfried von Weißeneck (Weißenegg)
1363–1380	Albert von Winkel
1381–1387	Johann von Schärffenberg
1387–1390	Rupert Herzog von Jülich-Berg
1390–1423	Georg Graf von Hohenlohe
1423–1451	Leonhard von Laiming
1451–1479	Ulrich von Nußdorf
1480–1482	Georg Heßler (Hasler)
1482–1485	Friedrich Mauerkircher
1485–1490	Friedrich Graf von Öttingen
1490–1500	Christoph von Schachner
1500–1517	Wiguläus Fröschl von Marzoll
1517–1540/41	Ernst Herzog von Bayern
1541–1555	Wolfgang Graf von Salm
1555–1561	Wolfgang von Closen
1561–1598	Urban von Trennbach
1598–1625	Leopold V. Erzherzog von Österreich-Tirol
1625–1662	Leopold Wilhelm Erzherzog von Österreich
1662–1664	Karl Joseph Erzherzog von Österreich
1664–1673	Wenzeslaus Graf von Thun
1673–1689	Sebastian Graf von Pötting
1689–1712	Johann Philipp Graf von Lamberg
1713–1722	Raymund Ferdinand Graf von Rabatta
1723–1761	Joseph Dominikus Graf von Lamberg
1761–1763	Joseph Maria Graf von Thun-Hohenstein
1763–1783	Leopold Ernst Graf von Firmian
1783–1795	Joseph Franz Anton Graf von Auersperg

Oberösterreichische Superintendenten der Evangelischen Kirche A. B.

1783–1827	Johann Christian Thielisch
1832–1854	D. Johann Steller (seit 1827 provisorisch)
1855–1856	Johann Theodor Wehrenfennig (seit 1833 in Vertretung)
1856	Jakob Ernst Koch
1857–1880	Erich Martin Sääf
1880–1907	Jakob Ernst Koch (III.)
1907–1920	D. Friedrich Koch
1921–1936	Jakob Ernst Koch (IV.)
1937–1940	Hans Eder
1941–1966	Wilhelm Mensing-Braun
1966–1980	Leopold Temmel
1980–1990	Herwig Karzel
1990–2005	Hansjörg Eichmeyer
2005–	Gerold Lehner

Quellen und Literatur

Achleitner, Friedrich: Österreichische Architektur im 20. Jahrhundert, Salzburg 1980.
Arlt, Peter / Broquard, Dimitri / Voegeli, Jonas: Linz Atlas, Wien 2009.
Arthofer, Leopold: Geschichte von Garsten, Steyr 1928.
Auffanger, Loys: Braunau einst und jetzt, Braunau 1979.
Awecker, Hertha: Mondsee, Linz 1952.

Bachinger, Eva Maria: Die besten Bergsteigerinnen der Welt, Wien 2010.
Bahr, Hermann: Rudigier, München 1916.
Bahr, Hermann: Tagebücher, Innsbruck 1919.
Barth, Fritz Eckart: Bronzezeitliche Graphitkeramik vom Salzbergtal bei Hallstatt, Wien 1983.
Bauer, Rolf: Österreich, Berlin 1970.
Baumer, Franz: Adalbert Stifter, der Zeichner und Maler, Passau 1979.
Baumert, Herbert Erich: Die Wappen der Städte und Märkte Oberösterreichs, Linz 1958.
Baumert, Herbert Erich / Grüll, Georg: Burgen und Schlösser in Oberösterreich, Wien 1987[3].
Baumgartner, Johann: Die Pfarre Peilstein, Peilstein 1982.
Binsteiner, Alexander: Rätsel der Steinzeit zwischen Donau und Alpen, Linz 2011.
Binsteiner, Alexander / Ruprechtsberger, Erwin M.: Das Donau-Enns-Paläolithikum, Linz 2011.
Binsteiner, Alexander / Ruprechtsberger, Erwin M.: Späte Altsteinzeit im Linzer Raum, Linz 2009.
Blaukopf, Kurt: Mahler, Wien 1976.
Böhm, Helmut: Der Tag der Tränen, Attnang-Puchheim im Bombenhagel, Wels-München 1988.
Bortenschlager, Wilhelm: Richard Billinger, Wels 1981.
Brandl, Manfred: Neue Geschichte von Steyr, Steyr 1980.
Brandl, Manfred: Personenkraftwagen aus Steyr, in: Oberösterreich, Linz 1979.
Brandstätter, Christian: Linz, Donaustadt am Alpenrand, Wien 1981.
Brandstätter, Christian: Oberösterreich, Wien 1975.
Brandstetter, Hans: Der Markt Obernberg am Inn, Obernberg 1974.
Braumann, Franz: Franz Stelzhamer, Linz 1974.
Braumann, Franz / Löbl, Robert: Oberösterreich in Farben, Innsbruck 1971.
Brusatti, Alois / Haas, Wilhelm / Pollak, Walter: Geschichte der Sozialpolitik in Dokumenten, Linz 1962.
Buchowiecki, Walther: Die Baukunst in Salzburg und Oberdonau, Baden bei Wien 1939.

Commenda, Hans: Erinnerungen eines Linzer Volksbildners, Linz 1961.
Commenda, Hans: Franz Stelzhamer, Linz 1953.
Conzemius, Viktor: Propheten und Vorläufer, Wegbereiter des neuzeitlichen Katholizismus, Zürich 1972.

Daniek, Edmund: Joseph Fouché als Emigrant in Österreich, in: Historisches Jahrbuch der Stadt Linz, Linz 1961.
Danner, Max: Sierning, Sierning 1985.
Dawid, Maria: Österreichische Kunstschätze, Innsbruck 1977.
Decker, Heinrich: Die Barockplastik in den Alpenländern, Wien 1943.
Decker, Heinrich: Meinrad Guggenbichler, Wien 1949.
Dienst, Heide: Hexenprozesse, in: Ausstellungskatalog Hexen und Zauberer, Graz 1987.
Doblinger, Max: Die Herren von Walsee, Wien 1906.
Doebel, Günter: Johannes Kepler, Graz-Wien-Köln 1983.
Dopsch, Heinz (Hg.): Geschichte Salzburgs, Salzburg 1981.
Dorn, Theophil: Abriß der Baugeschichte Kremsmünsters, Linz 1931.
Dorschel, Andreas: Hugo Wolf, Reinbek bei Hamburg 1985.
Doubek, Katja: Katharina Kepler, München 2004.
Drimmel, Heinrich: Franz Joseph, Wien 1983.

Ebner, Johannes / Würthinger, Monika: Historische Dokumente für die Zukunft, Linz 2002.
Eilenstein, Arno: Der Kupferstecher P. Koloman Felner, in: Heimatgaue, Linz 1934.
Eilenstein, Arno: Die Benediktinerabtei Lambach, Linz 1936.
Eisenreich, Herbert: Rhythmus der Landschaft, in: Literarisches Oberösterreich, Linz 1964.
Engl, Franz: Die Reichersberger Chorherren in der Waldmark, in: Oberösterreich, Linz 1974.
Engl, Franz: Schärding am Inn, Ried/Innkreis 1979.
Etschmann, Wolfgang: Die Kämpfe in Österreich im Juli 1934, in: Militärhistorische Schriftenreihe, Wien, o. J.

Fattinger, Franz: Stephan Fadinger und Christoph Zeller, in: Oberösterreichische Heimatblätter, Sonderdruck, Linz 1965.
Feichtlbauer, Hubert: Josef Pühringer – Augenmaß und Leidenschaft, Linz 2002.
Feuchtmüller, Rupert: Kunst in Österreich, Wien 1972.
Fiereder, Helmut: Nebenlager des Konzentrationslagers Mauthausen, in: Historisches Jahrbuch der Stadt Linz 1985, Linz 1986.
Fischer, Kurt Gerhard: Anton Bruckner, Salzburg 1974.
Fischer, Kurt Gerhard: Documenta Paedagogica Austriaca Adalbert Stifter, Linz 1961.
Forstner, Heribert / Marckhgott, Gerhart / Zauner, Alois / Slapnicka, Harry: Oberösterreicher, Band 4, Linz 1985.
Frank, Hans / Litschel, Rudolf Walter: Oberösterreich in alten Photographien 1848–1918, Linz 1979.
Frey, Nivard: Stift Schlierbach, in: Ausstellungskatalog Margret Bilger, Linz 1975.
Freylinger, Maria Josepha: Enrica von Handel-Mazzetti, Wien 1971.

Giesler, Hermann: Ein anderer Hitler, Leoni am Starhemberger See 1977.
Götting, Wilhelm / Grüll, Georg: Burgen und Schlösser in Oberösterreich, Linz 1967.
Grabherr, Norbert: Burgen und Schlösser in Oberösterreich, Linz 1976[3].
Grabherr, Norbert: Historisch-topographisches Handbuch der Wehranlagen und Herrensitze Oberösterreichs, Wien 1975.
Gradauer, Peter: Spital am Pyhrn, Linz 1957.
Grimschitz, Bruno: Johann Michael Prunner, Wien 1960[2].
Großegger, Elisabeth: Theater, Feste und Feiern zur Zeit Maria Theresias, Wien 1987.
Großschopf, Alois: Adalbert Stifter, Linz 1967.
Grüll, Georg: Bauer, Herr und Landesfürst, Linz 1963.
Grüll, Georg: Bauernkriege und Revolten in Oberösterreich, in: Oberösterreich, Linz 1968.
Grüll, Georg: Die Vierteleinteilung in Österreich ob der Enns, ungedrucktes Typoskript, OÖ. Landesarchiv.
Guby, Rudolf: Die Stiftskirchen zu Wilhering und Engelszell, in: Jahrbuch des Kunsthistorischen Institutes, Wien 1918.

Hageneder, Herta: Albero von Polheim, in: Oberösterreicher, Band 7 , Linz 1991.
Haider, Siegfried: Geschichte Oberösterreichs, Linz 1987.
Haider, Siegfried: Wehrorganisation und Landesverteidigung, in: 1000 Jahre Oberösterreich, Linz 1983.
Hainisch, Erwin: Die Kunstdenkmäler Österreichs, Oberösterreich, Dehio-Handbuch, Wien 1956.
Hammer, Katharina: Glanz im Dunkel, Wien 1986.
Handel-Mazzetti, Viktor Freiherr von: Die Zakking-Sumerauer, in: Jahrbuch für Landeskunde von Niederösterreich, Wien 1913.
Hattinger, Günther: Das Salinenwesen im Salzkammergut, unveröffentlicht.
Hattinger, Günther: Die Sole- und Salzgewinnung in der Gegenwart, in: Oberösterreich, Linz 1984.
Hawlik-van de Water, Magdalena: Die Kapuzinergruft, Wien 1987.
Heilingsetzer, Georg: Der oberösterreichische Bauernkrieg, in: Militärhistorische Schriftenreihe, Wien, o. J.
Heilingsetzer, Georg: Zur Bildung ländlicher Unterschichten, in: Mitteilungen des Oberösterreichischen Landesarchivs, Linz 1986.
Hein, Alois Raimund: Adalbert Stifter, sein Leben und seine Werke, Prag 1904.
Herm, Gerhard: Die Kelten, Düsseldorf/Wien 1975.
Herre, Franz: Kaiser Franz Joseph von Österreich, Köln 1978.
Hiereth, Sebastian: Geschichte der Stadt Braunau. Braunau 1960, 1973.
Hillbrand, Erich: Die Einschließung von Linz 1741/42, in: Militärhistorische Schriftenreihe, Wien, o. J.
Hindinger, Gabriele: Das Kriegsende und der Wiederaufbau demokratischer Verhältnisse in Oberösterreich im Jahre 1945, Wien 1968.
Hitler, Adolf: Mein Kampf, München 1941.
Hödl, Günther: Habsburg und Österreich 1273 bis 1493, Wien/Köln/Graz 1988.
Hoffmann, Alfred: Österreich und das Land ob der Enns, Wien 1981.
Hoffmann, Alfred: Staat und Wirtschaft im Wandel der Zeit, Wien 1979.
Howell, E. Clark: Der Mensch der Vorzeit, New York 1965, Reinbek bei Hamburg 1975.
Hubensteiner, Benno: Die Donauklöster Wilhering und Engelszell, in: Oberösterreich, Linz 1967.

Itzinger, Karl: Das Blutgericht am Haushamerfeld, Leipzig 1937.
Itzinger, Karl: Es muß sein, Leipzig 1936.

Jerger, Wilhelm: Mozart in Linz, in: Jahresbericht 1972/73 des Bruckner-Konservatoriums Linz, Linz 1974.
Jerger, Wilhelm: Vom Musikverein zum Brucknerkonservatorium 1823–1963, Linz 1963.
Jetschgo, Johannes: Südböhmen, Linz 1991.
Jetzinger, Franz: Hitlers Jugend, Wien 1956.
Johann, Erzherzog von Österreich: Der Brandhofer und seine Hausfrau, Graz 1982.
Jungmair, Otto: Adalbert Stifter als Denkmalpfleger, Linz 1973.
Jungmair, Otto: Adalbert Stifters Linzer Wohnung, Linz 1958.
Jungmair, Otto: „Dichtung" und Wahrheit, in: Vierteljahresschrift des Adalbert-Stifter-Instituts, Linz 1953.
Jungmair, Otto: Neue Zeugnisse um Amalia und Juliane, in: Vierteljahresschrift des Adalbert-Stifter-Instituts, Linz 1955.

Kaltenbrunner, Gerlinde, u. a.: Grenzerfahrungen in der Todeszone, München 2009.
Kaltenbrunner, Marina: Die Solequellen von Gosau und der „Salzkrieg", in: Jahrbuch des OÖ. Musealvereines, Linz 1981.
Karnitsch, Paul: Die Linzer Altstadt, Linz 1962.
Kastner, Otfried / Ulm, Benno: Mittelalterliche Bildwerke im Oberösterreichischen Landesmuseum, Linz 1958.
Katzinger, Willibald: 800 Jahre Georgenberger

Handfeste, zum Erscheinen der Sonderpostmarke, Wien 1986.
Katzinger, Willibald: Geschichte von Enns, Enns 1996.
Katzinger, Willibald: Zufallsfunde zum Revolutionsjahr 1848, in: Historisches Jahrbuch der Stadt Linz 1985, Linz 1986.
Katzinger, Willibald / Mayrhofer, Fritz: Geschichte der Stadt Linz, Linz 1990.
Kausitz, Rolf: Die Oberösterreicher in den Weltkriegen, in: Das oberösterreichische Heimatbuch, Wien 1966.
Kellner, Altman: Profeßbuch des Stiftes Kremsmünster, Klagenfurt 1968.
Kirchner-Doberer, Erika: Spital a. P., in: Oberösterreich, Linz 1951.
Kisser, Peter: 7000 Jahre Vergangenheit, Wien 1981.
Kleindel, Walter: Österreich, Daten zur Geschichte und Kultur, Wien 1978.
Kleyle, Franz Joachim: Rückerinnerungen an eine Reise in Oesterreich und Steyermark im Jahre 1810, Wien 1814.
Klinger, Joachim (Hg.): Augustiner-Chorherrenstift St. Florian, Wien 1986.
Knaipp, Friedrich: Hinterglasbilder, Linz 1973.
Knappinger, Ursula: Linz – Eine kurze Geschichte der Stadt, Linz 2003.
Kneidinger, Josef: Die Steinzeit Oberösterreichs, in: Oberösterreichische Heimatblätter, Linz 1948.
Kneifel, Gottfried: Stadtführer Enns, Linz 1982.
Koller, Heinrich: Kaiser Friedrich III. und die Stadt Linz, in: Historisches Jahrbuch der Stadt Linz 1985, Linz 1986.
König, E. H.: Alt-Gmundner Fayencen, Linz 1964.
Konrad, Helmut: Die Anfänge der Arbeiterbewegung, in: „WISO“, Linz 1981.
Korb, Willi: Richard Tauber, Wien 1966.
Korth, Thomas: Stift St. Florian, Nürnberg 1975.
Kovarik, Paul: Rudigier, Steyr 1984.
Krackowizer, Ferdinand: Geschichte der Stadt Gmunden, Gmunden 1898.
Krackowizer, Ferdinand / Berger, Franz: Biographisches Lexikon des Landes ob der Enns, Linz 1931.
Krawarik, Hans: 850 Jahre Windischgarsten, Windischgarsten 1970.
Kreczi, Hanns: Das Bruckner-Stift St. Florian und das Linzer Reichs-Bruckner-Orchester, Linz 1986.
Kreczi, Hanns: Linz, Stadt an der Donau, Linz 1951.
Kromer, Karl: Die frühen Europäer, Innsbruck 1980.
Kromer, Karl: Vom frühen Eisen und reichen Salzherren, Wien 1964.
Kubin, Alfred: Briefe an eine Freundin, Wien 1965.
Kubizek, August: Adolf Hitler, mein Jugendfreund, Graz 1953.
Kuppelwieser, Gottfried: Grüße vom Wolfgangsee, Linz 1981.
Kuppelwieser, Wolfgang: Grüße aus Bad Ischl, Linz 1980.
Kyselak, Joseph: Zu Fuß durch Österreich, Wien 1829, Neudruck Wien 1982.

Lampl, Rudolf: 140 Jahre Linzer Landestheater, Linz 1943.
Lange, Herbert: Leben in Linz, Linz 1961.
Langoth, Franz: Kampf um Österreich, Wels 1951.
Laßl, Josef: Das kleine Brucknerbuch, Salzburg 1965.
Laßl, Josef: Literarisches Oberösterreich, in: Vierteljahresschrift des Adalbert-Stifter-Instituts, Linz 1971.
Lechner, Karl: Die Babenberger, Wien 1996[6].
Lehr, Rudolf: Dachstein – Abenteuer in Vergangenheit und Gegenwart, Linz 1980.
Lehr, Rudolf: Der Kampf um den Dachstein, Linz 1976[3].
Lehr, Rudolf: Die unbekannte Königin Elisabeth, Hallstatt 2011.
Lehr, Rudolf: Duell mit den Bergen, Linz 1977[2].
Lehr, Rudolf: Ein Leben für den Dachstein, Ausstellungskatalog, Linz 1996.
Lehr, Rudolf: Hallstatt – Geschichte und Gegenwart, Linz 1978.
Lehr, Rudolf: Hallstatt – Schönheiten und Schätze, Hallstatt 1985[2].
Lehr, Rudolf: Im Salzkammergut, Wels 1987.
Lehr, Rudolf: Schwanenstadt – Bewegte Geschichte, lebenswerte Gegenwart, Schwanenstadt 2002.
Lehr, Rudolf: Vergnügliche Ausflüge ins k. u. k. Salzkammergut, Linz 1982.
Lehr, Rudolf / Lintner, Rudolf: Ein vorletztes Paradies, Linz 1986[2].
Lehr, Rudolf / Neumann, Dieter: Bad Ischl und die Habsburger, Bad Ischl 1992.
Leidinger, Severin: 900 Jahre Lambach, Lambach 1956.
Leidl, August: Die Bischöfe von Passau 739–1968, in: Kurzbiographien, Passau 1978.
Leitner, Kajetan Franz von: Vaterländische Reise von Grätz über Eisenerz nach Steyer (1798), Neuauflage Wien 1983.
Lenk, Rudolf: Oberdonau, die Heimat des Führers, München 1940.
Leskovar, Jutta: Von Menschen und Dingen – Ur- und Frühgeschichte in Oberösterreich, in: Ausstellungskatalog „Worauf wir stehen“, Linz 2003.
Linninger, Franz: Führer durch St. Florian, St. Florian 1962.
Lipp, Franz Carl: Art und Brauch im Land ob der Enns, Salzburg 1952.
Lipp, Franz Carl: Oberösterreichische Bauernmöbel, Wien 1986.
Litschel, Helga: Hupfauf und Rauberbraten, Linz 1983[3].
Litschel, Rudolf Walter: Das Gefecht bei Ebelsberg, in: Militärhistorische Schriftenreihe, Wien, o. J.
Litschel, Rudolf Walter: Der bayerische Erbfolgekrieg 1778/79 und der Erwerb des Innviertels, Linz 1978.
Litschel, Rudolf Walter: Grüße aus dem Innviertel, Linz 1979.
Litschel, Rudolf Walter: Kunststätten in Oberösterreich, Linz 1974[2].
Litschel, Rudolf Walter: Spannungsfeld im Herzen Europas, in: Das Innviertel, Linz 1983.
Ludwig, Wilhelm: Die Berge grüßen, Pfaffenhofen 1979.
Luger, Walter: Beiträge zur Baugeschichte des Stiftes Schlägl, in: Oberösterreich, Linz 1981.
Luger, Walter: Das Zisterzienserstift Schlierbach, in: Oberösterreich, Linz 1976.
Luger, Walter: Die Benediktiner-Abtei Lambach, Linz 1982.
Luger, Walter: Stifte in Oberösterreich, Linz 1969.

Maleta, Alfred: Bewältigte Vergangenheit, Graz 1981.
Marks, Alfred: Oberösterreich in alten Ansichten, Linz, o. J. (1967).
Maser, Werner: Adolf Hitler – Legende, Mythos, Wirklichkeit, München 1971.
Mathie, Hermann: Heimatbuch des oberen Mühlviertels, Linz 1951.
Matl, Gottfried F.: Chronik der Saline Ebensee, Ebensee 1985.
Mayer, Ludwig Karl: Oberösterreich im Leben und Werk Anton Bruckners, in: Oberösterreich, Linz 1962.
Mayrhofer, Fritz: Oberösterreichischer Kulturführer, Linz 1984.
Mayrhofer, Fritz / Katzinger Willibald: Geschichte der Stadt Linz, Linz 1990.
Mayrhofer, Fritz (Hg.) / Schuster, Walter (Hg.): Linz im 20. Jahrhundert, Linz 2011.
Meindl, Konrad: Geschichte der Stadt Ried in Oberösterreich, München 1899, Nachdruck Ried im Innkreis 1997.
Meindl, Konrad: Leben und Wirken des Bischofes Franz Joseph Rudigier, Linz 1891/1892.
Messner, Reinhold: Freiklettern mit Paul Preuß, München 1986.
Miedl, Hans / Litschel, Rudolf Walter: Eferding an der Nibelungenstraße, Eferding, o. J.
Mohr, Angela: Die Schutzmantelmadonna von Frauenstein, Steyr 1983.
Morton, Friedrich: Hallstatt und die Hallstattzeit, Hallstatt 1955.
Morton, Friedrich: Salzkammergut, Hallstatt 1956.

Narzt, Ingrid: Begegnung mit Linz, Linz 1985.
Negrelli-Moldelbe, Nikolaus: Heiteres aus ernsten Tagen, Linz 1971.
Neugebauer, Johannes-Wolfgang / Simperl, Kurt: Als Europa erwachte, Salzburg 1979.
Neumann, Dieter / Lehr, Rudolf: Bad Ischl und die Habsburger, Bad Ischl 1992.
Neweklowsky, Ernst: Die Schiffahrt und Flößerei im Raum der oberen Donau, Linz 1954.
Neweklowsky, Max: Marianne Willemer und Linz, in: Historisches Jahrbuch der Stadt Linz, Linz 1980.
Niederederin(n), Maria Elisabetha: Das Linzerische Kochbuch, Linz 1805.
Niederstätter, Alois: Die Herrschaft Österreich, in: Österreichische Geschichte 1278–1411, Wien 2001.
Nowak, Leopold: Anton Bruckner, Linz 1973.

Oberchristl, Florian: Der Linzer Dom, Linz 1948.
Offenberger, Johann: Die „Pfahlbauten“ der Salzkammergutseen, in: Ausstellungskatalog „Das Mondseeland“, Linz 1981.
Ofner, Josef: Die Eisenstadt Steyr, Steyr 1956.
Oswald, Josef: Alte Klöster in Passau und Umgebung, Passau 1954.

Pertlwieser, Margarita: Johann Georg Ramsauer, in: Oberösterreichische Heimatblätter, Linz 1980.
Pfarl, Wolfgang: Das Salzkammergut, Wien 1975.
Pfligersdorffer, Georg: Der Böhmerwald in Schilderungen der Stifterzeit, Linz 1977.
Pichler, Isfried (Hg.): Aigen-Schlägl, Linz 1979.
Pichler, Isfried: Totenbuch des Stiftes Schlägl, Aigen-Schlägl 1984.
Pilz, Karl: Bad Goisern in alten Ansichten, Zaltbommel (Niederlande) 1984.
Pisar, Friedrich: Der Bezirk Vöcklabruck, Vöcklabruck 1981.
Pittioni, Richard: Die urgeschichtlichen Grundlagen der europäischen Kultur, Wien 1949.
Pollak, Walter (Hg.): 1000 Jahre Österreich, Wien 1973.
Pömer, Karl: kotzengrob und bázwoach, Ried i. Innkreis 2002.
Pömer, Karl: Kunst in Oberösterreich, Linz 1983–1985.
Pömer, Karl: Oberösterreich, Linz 1979.
Preuenhuber, Valentin: Annales Styrenses, Nürnberg 1740.
Prillinger, Elfriede: Große Erinnerungen einer kleinen Stadt, in: Oberösterreich, Linz 1963.
Prillinger, Elfriede: Grüße aus Gmunden, Linz 1979.
Pritz, Franz Xaver: Geschichte des Landes ob der Enns, Linz 1846/47.
Pröll, Laurenz: Geschichte des Prämonstratenser-Stiftes Schlägl, Linz 1980[2].
Putz, Erna: Franz Jägerstätter, Linz 1985.

Raabe, Wilhelm: Gesammelte Erzählungen, Berlin 1896 bzw. Göttingen 1962.
Ramsauer, Johann Georg: Protokolle, zitiert aus: Das Gräberfeld von Hallstatt, Florenz 1959.
Ratzenböck, Anneliese: Mit herzlichen Grüßen Euer Josef Ratzenböck, Linz 1996.
Rauchensteiner, Manfried: Krieg in Österreich, 1945, Schriften des Heeresgeschichtlichen Museums (Militärwissenschaftliches Institut), Wien 1970.
Rausch, Wilhelm: Handel an der Donau, Linz 1969.
Rausch, Wilhelm: Josef Urbanski, in: Historisches Jahrbuch der Stadt Linz, Linz 1958.
Reclams Kunstführer: Österreich I., Stuttgart 1961.

Rehberger, Karl: Die Augustiner-Chorherrenstifte am Inn, in: Oberösterreich, Linz 1984.
Rehberger, Karl: Die Stifte und Klöster Oberösterreichs, Ausstellungskatalog Kirche in Oberösterreich, Linz 1985.
Reingrabner, Gustav: Protestanten in Österreich, Wien 1981.
Reisberg, Arnold: Februar 1934, Wien 1974.
Reischl, Friedrich: Stift Schlägl, Aigen-Schlägl 1973.
Reitinger, Josef: Die ur- und frühgeschichtlichen Funde in Oberösterreich, Linz 1968.
Reitinger, Josef: Die Völker im oberösterreichischen Raum am Ende der Antike, in: Severin, Ausstellungskatalog, Linz 1982.
Reitinger, Josef: Oberösterreich in ur- und frühgeschichtlicher Zeit, Linz 1979.
Resl, Franz: Da is amal ... Da san amal ... Da hat amal ... Salzburg 1951.
Rieß, Wilhelm Ludwig: Vom Most und den Mostschädeln, Linz 1983.
Rohrhofer, Franz Xaver: Oberösterreich 1945–1955 – Wiederaufbau und Neubeginn. Linz 2005.
Röhrig, Floridus: Alte Stifte in Österreich, Wien 1966.
Rolleder, Anton: Genealogie der Familie Lamberg, Steyr 1912.
Rossiwall, Theo: Die letzten Tage, Wien 1969.
Ruprechtsberger, Erwin M. / Binsteiner, Alexander: Das Donau-Enns-Paläolithikum, Linz 2011.
Ruprechtsberger, Erwin M. / Binsteiner, Alexander: Alexander: Späte Altsteinzeit im Linzer Raum, Linz 2009.

Sandgruber, Roman: Wir Oberösterreicher, Linz, 2009.
Scheibelreiter, Georg: Die Babenberger, Wien-Köln-Weimar, 2010.
Schick, Paul: Karl Kraus, Reinbek bei Hamburg 1965.
Schlegel, Alfred: Landeshauptmann Josef Schlegel, Linz 1986.
Schmidt, Justus: Johann Kepler, Linz 1970.
Schneiderreit, Otto: Richard Tauber, Berlin 1981.
Schönthan, Gaby von / Grumbach-Palme, Joseph M.: Die Konditorei Zauner, München 1982.
Schrader, Halwart: Geliebte alte Automobile, Wels 1976.
Schraml, Carl: Das oberösterreichische Salinenwesen, Wien 1936[3].
Schraml, Carl: Die Salinen der Ostmark, o. O., 1941.
Schreiber, Georg: Die Römer in Österreich, Frankfurt 1974.
Schreiber, Georg: Franz I. Stephan, Graz 1986.
Schultes, Joseph August: Reisen durch Oberösterreich (Reisen durch Oberösterreich in den Jahren 1794, 1795, 1802, 1803, 1804 und 1808), Tübingen 1809, Reprint Linz 2008.
Schuster, Walter: Die „Sammlung Gurlitt“ der Neuen Galerie der Stadt Linz. Linz 1999.
Schuster, Walter (Hg.) / Mayrhofer, Fritz (Hg.): Linz im 20. Jahrhundert, Linz 2011.
Schweiger, Anneliese: Die Stadt Linz in den Napoleonischen Kriegen, in: Historisches Jahrbuch der Stadt Linz 1980, Linz 1981.
Sedlak, Gerhard: Erhaltung durch Revitalisierung, in: ARX, Zeitschrift des österr. Burgenvereines, Wien 1984.
Seper, Hans: Österreichische Automobilgeschichte, Wien 1986.
Simony, Friedrich: Das Dachsteingebiet, Wien 1895.
Simony, Friedrich: Die Alterthümer vom Hallstätter Salzberg und dessen Umgebung, Wien 1851.
Slapnicka, Harry: Christlichsoziale in Oberösterreich, Linz 1984.
Slapnicka, Harry: Oberösterreich in Karten und Zahlen, Linz 1977.
Slapnicka, Harry: Oberösterreich unter Kaiser Franz Joseph, Linz 1982.
Slapnicka, Harry: Oberösterreich von der Monarchie zur Republik, Linz 1975.
Slapnicka, Harry: Oberösterreich zwischen Bürgerkrieg und „Anschluß“, Linz 1975.
Slapnicka, Harry: Oberösterreich – als es „Oberdonau“ hieß, Linz 1978.
Slapnicka, Harry: Oberösterreich – die politische Führungsschicht 1918–1938, Linz 1976.
Slapnicka, Harry: Oberösterreich – die politische Führungsschicht 1861–1918, Linz 1983.
Slapnicka, Harry: Die politische Führungsschicht ab 1945, Linz 1989.
Slapnicka, Harry: Oberösterreich – zweigeteiltes Land, Linz 1986.
Speer, Albert: Spandauer Tagebücher, Frankfurt 1975.
Sperl, Hans: Eferdinger Land, Eferding 1985.
Sperner, Wolfgang: Ausflugsziele in Oberösterreich, Linz 1974.
Stahl, Eva: Wolf Dietrich von Salzburg, Wien 1987[2].
Stenzel, Gerhard: Von Burg zu Burg in Österreich, Wien 1973.
Stenzel, Gerhard: Von Schloß zu Schloß in Österreich, Wien 1976.
Stenzel, Gerhard: Von Stift zu Stift in Österreich, Wien 1977.
Stifter, Adalbert: Sämmtliche Werke, Prag 1908.
Stollenmayer, Pankraz / Widder, Erich: Der Kelch des Herzogs Tassilo, Rosenheim 1976.
Streicher, Gustav: Am Nikolotag, Linz 1902.
Strnad, Julius: Der Bauernkrieg in Oberösterreich, Wels 1902.
Sturmberger, Hans: Adam Graf Herberstorff, Wien 1976.
Sturmberger, Hans: Das Innviertel – zweimal gewonnen, in: Oberösterreich, Linz 1966.
Sturmberger Hans: Die Landeshauptmänner von Oberösterreich seit 1861, in: Oberösterreich, Linz 1970.
Sturmberger, Hans: Land ob der Enns und Österreich, Linz 1979.

Tremmel, Leopold: Evangelisch in Oberösterreich, Linz 1982.
Trost, Ernst: Franz Joseph I., Wien 1980.

Ubl, Hannsjörg: Österreich in römischer Zeit, in: Severin, Ausstellungskatalog, Linz 1982.
Urstöger, Hans Jörgen: Hallstatt-Chronik, Hallstatt 1984.

Vajda, Stephan: Felix Austria, Wien 1980.
Vancsa, Max: Geschichte Nieder- und Oberösterreichs, Stuttgart/Gotha 1927.
Veiter, Theodor: Das 34er Jahr, Wien 1984.

Wacha, Georg: Dreihundert Jahre Wasserapotheke, in: Historisches Jahrbuch der Stadt Linz 1973/74, Linz 1974.
Wacha, Georg: Johann van Beethoven, in: Historisches Jahrbuch der Stadt Linz 1972, Linz 1973.
Walter, Bruno: Gustav Mahler, Wien 1936.
Weinberger, Gabriel / Stasny, Horst: Wilhering, Linz 1983.
Weiß, Gerhoch: Chorherrenstift Reichersberg, Ried 1934.
Weissensteiner, Friedrich: Ein Aussteiger aus dem Kaiserhaus: Johann Orth, Wien 1985.
Welser-Möst, Franz: Kadenzen, Wien-Graz-Klagenfurt, 2009.
Weltin, Max: Vom „Östlichen Baiern“ zum „Land ob der Enns“, in: Ausstellungskatalog „Tausend Jahre Oberösterreich“, Linz 1983.
Wessling, Berndt W: Gustav Mahler, Hamburg 1974.
Widder, Erich: Glanz des Ewigen, Linz, o. J.
Wiesauer, Franz: Ebensee in alten Ansichten, Zaltbommel (Niederlande) 1980.
Wiesflecker, Hermann: Kaiser Maximilian I., Wien 1971.
Wimmer, Heinrich: Das Linzer Landestheater 1803–1958, Linz 1958.
Winkler, Herbert: Die Schiffahrt auf dem Attersee, Mondsee, Wolfgangsee; Mistelbach 1980.
Winkler, Herbert: Die Schiffahrt auf dem Traunsee, Hallstätter See, Grundlsee; Mistelbach 1980.
Wirtanen, Atos: August Strindberg, Reinbek bei Hamburg 1962.
Würthinger, Monika / Ebner, Johannes: Historische Dokumente für die Zukunft, Linz 2002.
Wurzbach, Constant: Biographisches Lexikon des Kaiserthums Österreich, Wien 1876.
Wutzel, Otto: Das Chorherrenstift St. Florian, Linz 1971.
Wutzel, Otto: Stifte in Österreich, Linz 1962.

Zacharasiewicz, Traute: Emilie von Binzer, Linz 1983.
Zahn, Gordon C.: The Life and Death of Franz Jägerstätter, in: Solitary Witness, New York 1964.
Zauner, Alois / Slapnicka, Harry: Oberösterreicher, Band 1, Linz 1981.
Zauner, Alois / Slapnicka, Harry: Oberösterreicher, Band 2, Linz 1982.
Zauner, Alois / Slapnicka, Harry: Oberösterreicher, Band 3, Linz 1984.
Zauner, Friedrich Ch.: Oberösterreich, Innsbruck 1984.
Zeitlinger, Josef: Sensen, Sensenschmiede und ihre Technik, in: Jahrbuch des Vereines für Landeskunde und Heimatpflege, Linz 1944.
Zellinger, Alois: Die Stadt Vöcklabruck im Jahr 1945, Vöcklabruck 2001.
Zerlik, Alfred: Adolf Hitler in den Schulprotokollen der Realschule, in: Jahresbericht des Bundesgymnasiums Linz, 1974/75.
Zerlik, Alfred: Sudetendeutsche in Oberösterreich, Linz 1981.
Ziegler, Peter: Die ruhelose Kaiserin, St. Michael 1981.
Zinnhobler, Rudolf: Das Bistum Linz im Dritten Reich, Linz 1979.
Zinnhobler, Rudolf (Hg.): Die Bischöfe von Linz, Linz 1985.
Zoege von Manteuffel, Claus: Die Bildhauerfamilie Zürn, Weißenborn 1959.
Zöpfl, Helmut: Rudolf Wimmer, Aspach 1998.

*

Adalbert Stifters Leben und Werk in Briefen und Dokumenten, Frankfurt 1962.
Ampflwang im Hausruckwald, Ampflwang 1969.
Arbeit – Mensch – Maschine, Ausstellungskatalog, Linz 1987.
Das Mondseeland, Ausstellungskatalog, Linz 1981.
Der Bauernkrieg in Oberösterreich, Wels 1902.
Der Bezirk Gmunden und seine Gemeinden, Gmunden, o. J. (1991).
Der Bezirk Grieskirchen, Linz, o. J.
Der Bezirk Urfahr-Umgebung, Linz 1982.
Der Bezirk Vöcklabruck, Vöcklabruck 1981.
Der Oberösterreicher, Oberösterreichischer Amtskalender 2004/2005, Linz 2004.
Die Alpenvereinshütten, München 1982.
Die Bildhauerfamilie Schwanthaler, Ausstellungskatalog, Linz 1974.
Die Bildhauerfamilie Zürn, Ausstellungskatalog, Linz 1979.
Die Habsburgermonarchie 1848–1918, Wien 1980.
Die Hallstattkultur, Ausstellungskatalog, Linz 1980.
Die Hallstattkultur, Bericht über das Symposium in Steyr 1980, Linz 1981.
350 Jahre Amtliche Linzer Zeitung, Festschrift, Linz, o. J. (1980).
Festschrift zum 7. Europäischen Knappentag, Ampflwang 1977.
Festschriften der oberösterreichischen Feuerwehr.
Geschichte von Vöcklamarkt, Pfaffing und Fornach, Vöcklamarkt 1975.
Gmunden – 700 Jahre Stadt, Gmunden 1978.
Heimatbuch Kollerschlag, 1985.
Heimatbuch Mauthausen, 1985.
Heimatbuch Tragwein, 1987.
Heimatfest 500 Jahre Markt Wolfsegg, Wolfsegg 1950.

Hermann Bahr: Briefwechsel mit seinem Vater, Wien 1971.
Hermann Bahr – der Herr aus Linz, Linz 1984.
Höhlenbär und Bärenjäger, Ausstellungskatalog, Linz 1986.
Hugo Wolf's Briefe an Emil Kauffmann, Berlin 1903.
100 Jahre Österreichischer Ingenieur- und Architektenverein, Landesverein Oberösterreich, Linz, o. J. (1985).
Jahrbuch des Vereins für Landeskunde und Heimatpflege im Gau Oberdonau, Linz 1944.
Johannes Kepler, Ausstellungskatalog, Linz 1971.
Kirche in Oberösterreich, 200 Jahre Bistum Linz, Ausstellungskatalog, Linz 1985.
Krieger und Salzherren, Ausstellungskatalog, Mainz 1970.
Kunstdenkmäler in Österreich, München-Berlin 1967.
Linz baut auf, Linz 1948.
Linzer Kulturhandbuch, Linz 1965.
Marianne von Willemer, Goethe-Museum, Frankfurt 1984.
Neue Galerie der Stadt Linz, Sammlungskatalog, Linz 1979.
900 Jahre Stift Reichersberg, Ausstellungskatalog, Linz 1984.
Oberösterreich – Grenzland des römischen Reiches, Ausstellungskatalog, Linz 1986.
Oberösterreich im Bild bis 1850, Ausstellungskatalog, Linz 1969.
Österreichische Kunsttopographie, Wien 1977[2].
Oberösterreichischer Adel, J. Siebmacher's großes und allgemeines Wappenbuch, Nürnberg 1885–1904.
Paläste und Bürgerhäuser in Österreich, Wien 1970.
Rainbach im Mühlkreis, Festschrift 1986.
Renaissance in Österreich, Ausstellungskatalog, Wien 1974.
Ried im Innkreis, Ried 1979.
St. Martin im Innkreis, Ried 1984.
Schätze im Boden: Österreichs Boden im Wandel der Zeit, Wien 1982.
Schwanenstadt einst und jetzt, Schwanenstadt 1927.
Severin, Ausstellungskatalog, Linz 1982.
Stadt Kirchdorf an der Krems, Kirchdorf 1976.
Statistisches Handbuch für die Republik Österreich, Wien 1985.
Statistisches Jahrbuch der Stadt Linz 1959, Linz 1960.
Straßentunnel Hallstatt, Festschrift, Linz 1966.
Tausend Jahre Oberösterreich, Ausstellungskatalog, Linz 1983.
Tausend Jahre Steyr, Steyr 1980.
1150 Jahre Kronstorf, Kronstorf-Steyr 1984.
Wartberg ob der Aist, Festschrift 1984.
Welt des Barock, Ausstellungskatalog, Linz 1986.
Worauf wir stehen (Archäologie in Oberösterreich), Ausstellungskatalog, Linz 2003.
200 Jahre Tageszeitung in Österreich, Wien 1983.
200 Jahre Wolfsegger Kohle, Ampflwang 1985.

Zeitungen und Zeitschriften

Amtliche Linzer Zeitung, Linz.
Heimatgaue, Linz.
Historisches Jahrbuch der Stadt Linz, Linz.
Ischler Wochenblatt, Ischl.
Ischler Wochenblatt, Ischl.
Jahrbücher Adalbert-Stifter-Institut des Landes Oberösterreich, Linz.
Jahrbücher des deutschen und österreichischen Alpenvereins.
Linz aktiv, Linz.
Mitteilungen des Oberösterreichischen Landesarchivs, Linz.
Neue Kronenzeitung, Oberösterreich, Linz.
Neues Volksblatt (Linzer Volksblatt), Linz.
Oberösterreich, Kulturzeitschrift, Linz.
Oberösterreichische Heimatblätter, Linz.
Oberösterreichische Nachrichten, Linz.
Oberösterreichisches Tagblatt, Linz.
Salzkammergut-Zeitung, Gmunden.
Tages-Post, Linz.

Personenregister

Fettgedruckte Hinweise beziehen sich auf Bilder.

C

D

E

F

G

H

L

Q

R

T

U

V

W

Orts- und Sachregister

Fettgedruckte Hinweise beziehen sich auf Bilder.

F

G

L

N

O

P

Q

R

S

T

Bildnachweis

Amt der Oberösterreichischen Landesregierung, Presseabteilung, Linz: 6 u., 468 (2), 469 (3), 493, 495 u. (beide A. Scheucher), 555 o. r. (Kosina), 557 o. (Terry Pawsons Architects), u. (Dedl); Amt für Presse und Fremdenverkehr, Linz: 483 l.; Ali Andreß, Wien: 140 u.; APA/picturedesk: 475 M., 478 o. r., 494 (afp/Wilkins), 498 o. r., (Markovsky), 509 (Kiesl), 511 (Mayr), 516, 549 l., 552 M. (Gindl), 530 (Kellner), 531 (Fohringer), 540, 541 u. l., 543 r. (Parzer), 542 l., 543 l. (Rubra), r. (Schafler), 548 r. (Pessenlehner), 549 r. (Neubauer), 550 (Robichon); Archiv der Seethalerhütte/Dachsteinwartehütte: 458 o., M.; Archiv der Freiwilligen Feuerwehr Gmunden: 384 o.; Archiv der Max-Reinhardt-Forschungs- und Gedenkstätte, Salzburg: 326 o.; Archiv der Oberösterreichischen Nachrichten, Linz: 20 u., 88 o., 98 o. (Köpf), 265 l. (K. Prokosch), r., 284 o., 292 u. (2) (Oberbreyer), 300 o., M., 300 u. (Schwarz), 301 u., 309 o. l., 313 u., 322 l., 323 o., 324 u. l., 332 l., 333 M. r., 334 M. (Leeb), 337 u. (2), 339 u. l., 341 o., M., 344 u., 346 o., 355 r. (2), 357 o. (Scheidl), 357 u., 366 o., 367 u. (Feichtenberger), 370 (2), 373, 374 u., 375 r. (3), 376 u. (Sokoloff), 379 o., u., r., 380 o., 380 u. (Harrer), 381 o. (Prokosch), 382, 383 o., 384 u., 387 u. r., 388 o., u. r., 388 u. l. (Basch), 389 u., 398 M. (Froschauer), 393 o., u., 396 o., 396 u. (Prieth), 397 u., 399 u. l., u. r. (Foto Hofer), 400 u., 401 l. u., 402 M., 404 u., 405 u., 407 u. (2), 409 (2), 410 o., M., 411 u. l., 412, 413 (4), 414 o., 415 M., u. l. (Scheurecker), 417 o., u. l., 418 o. (Wodicka), 418 M., u. (W. Baier), 419 u., 420 u. (Leclerc), 421 u. (Aigner), 422 o. r., 423 u., 424 (2), 425 u. l., 430 o., M., 431 M., 432 o., l., 433 M., u., 434 M., u., 435 o., u., 436 o. (Kranzmayr), 440 u. (2), 441 o., u., 446 o., M., 447 o. (Kneidinger), 448 (3), 449, 450 (2), 455 u. (Schenner), 457 u. r. (Lindinger), 460 u., 461 o. r. (Prokosch), 461 u. (Baier), 466 r., 467 u. r. (M. Singer), 469 o., 469 u. l. (A. Durchan), 469 u. r. (GEPA/Lischka), 473 M., 474 o., u., 475 o., l., l. u., r., 476 o., 477, 479 o. (H. Erhardt), u., 480 (2), 481 (2), 483 r., 488 u. (S. Woll). 489 o. l., u., 490 (2), 491 (5), 492 o., 495 o., 498 o. l., u., 499 (2), 500, 502 o., u. (G. Pilz), 510 (Pigneter), 513 r., 517 u. (Gepa), 518 (Haijes), 523, 528 l. (Diözese Linz), r. (Weihbold); Archiv der Stadt Linz: 198 r., 200 u., 213 o., 267 u., 275 l., 279 (2), 280 u., 290, 295 o., 306 o., 314 u., 318 u., 319 o. r., 321 u., 322 r., 325 o., 327 u., 331 (2), 338 (3), 339 o., M. (2), u. r., 340 o., 345 u., 347 o., M. (2), 348 o. (2), 356 M. u., 359, 361 u., 363 o., u., 365 u., 366 M., 367 M. r., 376 M., 378 M., 389 o. l., 397 o., M., 398 r., 406, 407 o., 415 u. r., 416 o., 425 u. r., 431 u., 432 M., 534 (Hütmeyer); 536 (3), 546 (Weihbold), 537 (D & E-Strubreiter); Austria Metall AG, Ranshofen: 482 u.; Ernst Balluf, Linz: 17 o. r.; Herbert Bayer „Kulissenbild", 1925. © VBK, Wien, 2012; Bayerische Staatsbibliothek, München: 98 u.; A. M. Begsteiger: Gleisdorf: 451 l. o., 471 o., 478 o. l.; Archiv Helmut Böhm, Attnang-Puchheim: 361 o.; Bezirkshauptmannschaft Braunau: 22 o., u., 23 o. (2), M., u. r.; Bezirkshauptmannschaft Freistadt: 10 (3), 11 M.; Bezirkshauptmannschaft Grieskirchen: 30 M. (H. Kraml); Bezirkshauptmannschaft Kirchdorf: 41 M.; Bezirkshauptmannschaft Perg: 14 o., 84 o., 349 o. l., Bezirkshauptmannschaft Rohrbach: 12 o., u. l., 13 M., u.; Bezirkshauptmannschaft Schärding: 18 M.; Bezirkshauptmannschaft Steyr-Land: 45 M., u. (Nationalpark Kalkalpen); Verlag Christian Brandstätter/Archiv, Wien: 11 o., 12 u. r., 20 o., 21 o. (2), 29 o., 38 o., 40 o., 44 o., 50 u., 51 o., 56 r., 59 u. r., 74 M., 75 l., 87 o., u. l., 88 M. l., 92 o., 93 u. r., 103 o., 119 o., 127 o., u., 131 o. l., 134 u., 135 o., 136 o. (2), u, 137 (2), 152 o., 153 o., 157 o., 160 o., u. l., 169 u., 170 l., 173, 175 u., 180 r., 184 M. l., 187 o. r., 188 o. l., u., 189 o. l., 199 u. r., 202 o., 204 M., 209 o., u. (2), 214 M., 221 u., 223 u., 224 o., 228 o., 229 M., 239 (2), 241 o., 243 o., 248 o. r., 249 o., 252 o., 258 o. l., 261 o., u., 266 o., 268, 270 o., 283 l., 291, 293 o r., 294 M. (2), u. l., 329 o., 334 o., 336 u., 343 o., 346 M., u., 348 u., 363 M. (P. Sachartschenko), 375 o., 386, 408, 419 M., 464 o.; Bruckner-Konservatorium, Linz: 248 u.; Buchhandlung Amadeus Linz: 501; CORBIS: 51 u. r. (© Bettmann/CORBIS); Diözesanbildstelle, Linz: 286 l., 293, 321 o. r., 352 l., 353 u., 387 u. l., 390 M., 400 o., 404 o. r., 414 u., 421 o. (2), 441 M., 460 l., 466 l., 470 l.; Diözesanmuseum, Wien: 86 u.; Dokumentationsarchiv des Österreichischen Widerstands, Wien: 349 o. r., M.; Foto A. Durchan, Linz: 432 u., 459 l.; Energie AG Oberösterreich, Linz: 517 o.; Engel-Technikum, Schwertberg: 474 M.; Wilhelm Fettinger, Bad Goisern: 334 u., 464 u. r., 472 o.; Foto Fleischmann, Linz: 435 u.; Freilichtmuseum St. Florian-Samesleiten: 451 u. r.; Erhard Fritsch, Linz: 505 u.; Fotoclub Grein: 391 u.; Werner Gamerith, Waldhausen: 532 u.; Geschichte-Club-VOEST: 371 (2), 492 u.; Franz Grabner; Eferding: 93 o.; 519; Hans Peter Graner, Wien: 532 o.; Graphische Sammlung Albertina, Wien: Vorsatz u. Nachsatz, 102 u. r., 201 u.; Walter Greifeneder, Ried im Innkreis: 255 o., 256; Thomas Hackl: 553 l.; Hans Haider, Pregarten: 431 o.; Alfred Harrer, Linz: 506, 515; Christian Herzenberger: 541 u. r.; Foto Hofer; Bad Ischl: 369 o., M. l., u.; Kunstverlag Hofstetter, Ried im Innkreis: 79 u. M., 156 u. (2); Reinhard Hörmandinger, Ebensee: 545; IMAGNO/Oskar Anrather,: 117 l., r. o.; IMAGNO/Austrian Archives: 3, 8 (5), 14 M., 15 o., 17 M., u., 18 o., 20 M. r., 22 o., 27 u., 30 o., u., 32 o. l., M., 33 o. r., 34 u., 36 o., 37 o., 38 u. (2), 39 o., u., 42 (2), 43 u., 44 u., 45 o. (2), 47 o., 57, 59 o., 63 u., 66, 67, 72 u., 73 o. l., 81 o., u. l., 86 o., 99 (2), 103 M., u., 105 (2), 107 u., 109 o. r., 113 u., 114, 115 o., 118 o., u., 120 M., 122 o., 124 M., 128 o., 130 o., 138 (2), 149 o., 169 o., M., 171 M. r., 178 u., 181 o., 184 u., 187 o. l., 188 o. r., 190, 191 r., 199 o., 206 (2), 207 (3), 208 u. (3), 209 M. l., 210 o., 212 o., 214 o., u., 216 M., 217 o., u. r., 218 M., 219 M., 220 o., u., 222, 226 o. r., u., 227, 229 o., 230 o., 231 u. (2), 232 u., 233 o. (2), 235 (2), 236, 238 (3), 241 u., 242 o., 243 u., 245 u., 246 M., u., 247 u., 252 u. l., 253, 254 o., 255 M., 258 u., 263 (2), 264 (3), 269, 276 u., 278 o. l., 280 o., 281 M. u., 282 (2), 284 M., u., 285 u. (2), 287 (3), 288, 289 (2), 292 o., 295 u., 296 M. r., u., 297 o., 299 M. l., 302 (2), 303 (5), 304 (3), 305 u. M., 307 r., 308 (2), 309 o. r., 310, 314 o., 315 l., r. u., 317 o., 318 o., 325 u. r., 330 l., 349 u. r., 350 u., 351 o., 354 (2), 355 l., 361 o., 368, 378 u. r., 392, 393 M., 394 o., 405 o., 436 o., 437 u. (2), 442 u., 443 o. l., M., 444 u., 452 u., 453 u. r., 454 M., 455 o., 463 o., 464 M., 465 o. r., 473 o., 552 o., Schutzumschlag-Rückseite; IMAGNO/ Franz Gangl: 1, 6 o. (2), 7 o., 14 u., 19 u., 24 o., 36 M., 41 o. r., 46 (2), 49, 50 o., 51 M., 52 M., 61 u.

l., 62 (2), 68 M., 69 (2), 72 o., 76 u. (2), 77 u. l., 80 r., 84 u., 88 M. r., 89 u. r., 96 o., M., 102 M., 108 M., u. r., 11 u., 115 u., 116, 120 u. (2), 122 u., 124 u. (2), 126 o., 129 o. r., 136 M., 143 r., 144 u., 145 o. l., 148 o., 152 u., 156 o., 163 M., 166 o. (2), M., 170 u. (2), 176 o., u. r., 177 o., 178 o., 179 u. l., 186 M. u., u., 187 u. l., 191 l., 192 (2), 193 o., M., 194 (4), 195 (3), 211 o., 212 u. (2), 213 M., u., 215 u., 219 o., u., 223 o., 252 M. (2), u. r., 257 o., 259 M., 260, 270 M., u., 271 u., 272 o., u., 273 M., u., 274, 276 o., 277 (2), 278 u., 294 u. r., 298 l. o., 309 u. l., 319 o. l., 324 u. r., 328 M., u. r., 335 (2), 352 o. r., 374 o., 402 u., 420 o., 425 o., 436 u. l., 437 o., 438 u. r., 439 u., 444 o., M. (2), 445 (3), 447 M., 451 u. l., 452 M., 453 o., M. l., 454 u., 455 M., 461 o. l., 465 u., 471 u., 472 u., 475 l. o., 479 M., 481 o., 553 M. o., 554 u., Schutzumschlag-Vorderseite; IMAGNO/Alfred Havlicek: 28 u., 29 M., 36 u., 39 M., 110 M., 539; IMAGNO/Franz Hubmann: 15 u. r., 33 o. l., 43 o. l., 53 u., 65 u., 78 l., 79 o., u. l., u. r., 88 u. r., 89 u. l., 106 o., 109 u., 110 o., 112 r., 119 u., 125 r., 126 M., 128 u., 134 M., 141 u., 145 u., 146 u., 150 M., 162 M., 163 o. l., 166 M., 168, 175 o., M. l., 197 u., 427 u., 428 u., 429 o., u. l., 442 M. (2), 443 u.; IMAGNO/Erich Lessing: 52 o., u. (3), 53 o., M., 54 u., 55 u., 60 M., 71 M., 92 u., 93 u. l., 118 M., 123, 175 M. r., 180 l., 199 u. l., 200 o., 201 o., 204 o., u. l., u. r., 224 u., 225 (2); IMAGNO/Helmut Nemec: 161 o. l. (2); IMAGNO/Barbara Pflaum: 306 u.; IMAGNO/ÖNB: 8/9, 73 u., 100 r., 172 o., 203 r., 205, 218 o., 258 o. r., 262, 267 o., 281 r., 283 r. (2), 294 o., 314 M., 328 o., 372 r. o.; IMAGNO/ÖNB/Lothar Rübelt: 325 u. l., 332 u. r., 333 o.; IMAGNO/ÖNB/Harry Weber: 383 u. (2); IMAGNO/Gerhard Trumler: 7 u., 13o., 18 u. l., 19 o., 22 M., 26 u., 41 o. l., 43 o. r., M., 55 o., 58 u., 59 u. l., 70 (2), 73 o. r., 78 r., 79 M., 85 r. (3), 88 u. l., 89 M. l., 90 o. r., 91 M. r., 95 (2), 96 u., 97 u., 100, 104, 110 u. r., 111 o., 130 o., 119 M., 128 o. l., M., 131 o. r., 135 u., 140 o., 142 u. (2), 144 M., 150 o., u., 151 (4), 155 M., u., 157 M., u., 158 o., 163 M., 164 o., 166 u., 167 o., 179 u. r., 209 M. r., 220 M., 226 o. l., 232 M., 233 u., 249 u., 261 M., 272 M., 278 o. r., 298 l. u., 349 u. l., 399 o., 417 M., 426 o. l., M., u., 427 M. r., 428 o. r., 429 M. (2), u. r., 438 o. l., 442 o., 463 u., 465 o. l., 470 r., 554 o. r., 556 M.; IMAGNO/Ullstein: 348 M., 538 u.; IMAGNO/ Kurt Michael Westermann: 85 l.; IMAGNO/Erich Widder: 11 u., 15 u. l., 17 o. l., 26 M., 28 o., u. r., 32 o. r., 35 u., 41 u., 44 M., 58 M., 59 M., 60 o., u. l., 61 o., u. r., 63 o., 64 o., u., 65 o., 68 o., 71 o., u., 74 o. (2), u., 75 r., 76 o., M., 77 o., u. r., 80 l., 81 M., 84 M., 89 o. (2), 90 o. l., M., u., 91 o. l., M. l., 94 (4), 102 o., u. l., 107 M., 108 o., u. l., u. M., 110 u. l., 112 l., 117 r. u., 120 o., 125 l., 126 u., 129 u., 130 u., 131 u. (3), 132 M., 134 o., 139 o., 141 o., 143 l., 144 o. l., 145 o. r., M., 146 o., 147 (2), 148 u., 149 M., u., 154, 155 o., 158 u., 159, 160 u. r., 161 M. (2), 162 u., 163 o. r., 164 u., 167 u., 171 o., l., 174 o., 182 o., 184 o., 185 (4), 187 o. l., M., u. l., 188 o. r., 189 o. r., M. l., u., 196 o., 198 l., 210 u. (2), 211 u., 221 o., 228 u. (2), 240, 244, 247 o., 250 o., 251 (2), 255 u., 259 o., 275 r., 281 M. o., 286 r., 296 M. l., 299 u. r., 320 l., 323 M. r., 333 u., 351 u. r., 352 u., 356 o., 387 o., 389 o. r., 391 o., 403 o., 404 o. l., 422 o. l., u., 423 M., 427 M. l., 428 o. l., 430 u., 434 o., 463 u., 467 u. l., 470 u.; Janu, Hallstatt: 48 o.; Pressefoto Fritz Kern, Wien: 367 M. l., 378 o., 385 u. l.; Rudolf Kiesenhofer, Kefermarkt: 452 o.; Oskar Kokoschka: „Linzer Landschaft", 1955. © VBK, Wien, 2012: 385 u. r.; Köttl'sche Fischzuchtanstalt, Neukirchen a. d. Vöckla: 242 u.; Herbert Kofler, Wien: 385 M., 390 o.; Johann Kräftner, Wien: 34 o., 321 o. l.; Alfred Kubin: „Die Haarschleppe", um 1902. © VBK, Wien, 2012: 394; Alfred Kubin: „Die Schieber", um 1920. © VBK, Wien, 2012: 395 o.; Alfred Kubin: „Die Fee", um 1900. © VBK, Wien, 2012: 395 u.; Kunstsammlung der Raiffeisenbank Linz: 484 o. r.; LA-Verein Schärding: 535; Manfred Lang, Linz: 193 u.; Rudolf Lang, Linz: 454 o., 457 u. l.; Archiv/Sammlung Rudolf Lehr, Linz: 26 o., 37 u. (© Karl Peter Greul), 38 o. r., 161 o. r. (© Karl Peter Greul), 266 u., 336 M., 353 o., 385 u. r., 415 o., 417 u. r., 426 o. r., 433 o.; Lentos Kunstmuseum Linz: 271 o. (Oskar Prokosch), 484 o. l., M., u., 485 (4), 486 o. (2), 487 (4); Hannes Loderbauer, Gmunden: 216 u. r., 372 l., 377 M., 411 o., 416 u. r.; Magistrat der Stadt Linz: 24 M., u., 25 o. l., M, u., 527, 538 o. (Haimo Pertlwieser); Magistrat der Stadt Wels: 32 u., 33 u. (2), 524; Bildagentur Mauritius, Wien: 497; Elfriede Mejchar: 23 u. l., 40 u., 83, 91 o. r., u., 101 u. l., 132 o. (2), 133 (3), 139 u., 142 o., 146 M., 153 u., 161 u., 163 u., 172 u., 177 r., 186 o., M. o., 187 u. r., 188 M., 189 M. r., 273 o., 328 u. l., 411 u. r.; Münze Österreich: 551 (Helmut Andexlinger); Museum der Stadt Bad Ischl: 208 o.; Museum Hallstatt: 54 (3), 55 u., 224 u., 225 o.; Niederösterreichisches Landesmuseum, St. Pölten: 207 M.; Nordico, Museum der Stadt Linz: 68 u. r., 111 M., 128 o., 165 (2), 171 u. l., 177 l., 179 o., 182 u., 190, 202 u., 210 u. l., 213 M., 259 u., 296 o., 298, 305 o., 309 u. r., 317 (4), 312 u., 313 o. r., 326 l., u., 329 u., 332 o., 333 M. l., 336 o., 340 u., 342 o., u., 343 M., u., 345 o., 350 o., 351 u. l., 358, 360 (3), 362, 364 (3), 365 o., 367 o., 381 u., 440 o., 456 u., 496; Oberösterreich Tourismus: 556 o.; Oberösterreichische Landesbibliothek, Linz: 63 u.; Oberösterreichische Landesmuseen, Linz: 6 o. r., 41 o. r., 48 u., 49, 51 M., 52 M., 53 M., u., 56 l., 57, 60 u. (2), 61 l., 62 o., M., 72 o., 97 o., 103 u., 109 o. r., 114, 120 u. r., 121 M., 122 u., 124 o., 124 u. r., 125 o., 126 o., 170 r. o., 171 u. r., 176 u. l., 177 o., 178 o., 192 (2), 193 o., M., 194 u. (3), 195 u. (2), 196 u., 197 o., 204 r. o., 210 M., 211 o., 214 u., 215 o., u., 223 o., 230 u., 232 o., 246 o., 248 o. l., 276 u., 304 u., 309 o. r., u. l., 394 u., 395 (2), 423 o., 436 u. l., 438 u. r., 439 u., 444 o. (3), 445 (3), 453 o.; Oberösterreichische Landeskulturdirektion: 31 o. (R. Pichlbauer); Oberösterreichische Landespresse, Linz: 525, 553 M. u. (Kosina), r. u. (Grilnberger), 554 M., 555 u. (3), Oberösterreichischer Landesfremdenverkehrsverband, Linz: 254 u. (Laimer); Oberösterreichisches Landesarchiv, Linz: 80 r., 81 l., 84 u. (2), 86 o., 120 M., 186 u., 323 l. u., 341 u., 342 M.; ORF/Cizek: 509 l.; Österreichisches Institut für Zeitgeschichte, Wien: 343 l., 344 o.; Barbara Opferkuch, Linz: 16 (2), 19 M., 554 o. l.; Foto Oswald, Graz: 257 u.; Peter Perner, Ramsau: 411 M.; Foto Peter Peter, Linz: 446 u., 457 o., 476 u., 489 o. r.; Pferdezentrum Stadl-Paura: 552 u. (Christiane Slawik), Photomuseum des Landes Oberösterreich, Bad Ischl: 245 o.; Vassily Pivtsov: 547; Elfriede Prillinger, Gmunden: 229 u., 231 o., 462 u., 465 M.; Privatbesitz: 548 o.; Erich Prokosch, Linz: 462 o.; Kurt Prokosch Linz: 405 M.; Oskar Prokosch, Linz: 472 M.; Arnulf Rainer, Wien: 486 u.; Franz Ratzinger, Wels: 107 o., 109 o. l.; Kurt Römer, Linz: 301 o., 372 o., 377 u., 378 u. l., 390 u., 403 u., 401 l. o., r.; Rubrafoto Pressebildagentur, Ottensheim: 398 l., 478 u., 488 M., 503, 507, 518 l., 521; Foto Schaffler, Linz: 439 o.; Klaus Schenner, Bad Goisern: 178 M.; Foto Schulz, Eidenberg: 438 u. l.; Maximilian Singer, Hallstatt: 54 o. M., 218 u., 458 u., 508; Rupert Steiner: 337 o. (www.rupertsteiner.com); Stadtamt Grein: 1, 14 u., 46 o., 103 M.; Stadtamt Ried im Innkreis: 20 M. l., 21 u.; Stadtkommunikation Linz: 553 o.; Stadtmuseum Enns: 58 u., 59 u. l., 81 u. r.; Stadtmuseum Steyr: 186 o., M. o.; Stadtmuseum Wels: 58 o., 60 M., 87 u. r., 106 u., 285 o., 312 o. l.; Steiermärkisches Landesmuseum, Joanneum; Graz: 203 M.; Steyr-Daimler-Puch Fahrzeugtechnik, Steyr: 315 r. o., 317 M. u., 366 u.; Adalbert-Stifter-Gesellschaft, Wien: 236, 237 o., 287 o.; Adalbert-Stifter-Institut, Linz: 162 o., 203 l., 237 u.; Stiftssammlungen Kremsmünster: 51 u. l. (P. Amand Kraml), 63 o., 64 u., 65, 184 M. r (P. Amand Kraml), 228 u. (2); Stiftssammlungen Lambach: 71 o., 74 M.; Stiftssammlungen St. Florian: 88 u. l., 91 M. r., 92 u., 104; Foto Sündhofer, Wien: 410 u.; Verlag Ed. Hölzel, Wien: 46/47; Foto Votava, Wien: 459 r., 467 o.; Hermann Wakolbinger, Linz: 544; Helmut Wansch, Gallspach: 31 u.; Waldemar Wassermann, Linz: 35 o., M., 347 u., 504, 505 o., 512 M.; Webereimuseum Haslach: 416 u. l.; Josef Wellinger, St. Marienkirchen: 438 o. r., 464 u. l.; Werbung Österreich: Bohnacker: 216 o., 462 o.; Carniel: 38 M., 555 o. l.; Diejun: 399 M.; Dücker: 419 o.; Jezierzansky: 25 o. r., 427 o.; Kneidinger: 217 u. l.; Markowitsch: 369 M. r., 372 r. u.; Popp: 402 o.; Porizka: 297 u.; Schwager: 457 M.; Simoner 132 u., M., Weinhäupl: 216 u. l., 556 u., Wiesenhofer: 27 o., 174 u., 462 M.; Wien Museum: 209 M., 217 o.; Hans Wöhrl. Linz: 250 u., 293 o. l.; Wikipedia: 294 o. (Dralon); Konditorei Wrann, Linz: 436 u. r.; Leo Ziganek, Wien: 447 u. r.